Linux-Administrationshandbuch

open source library

open source library

Open Source Software wird gegenüber kommerziellen Lösungen immer wichtiger. Addison-Wesley trägt dieser Entwicklung Rechnung mit den Büchern der **Open Source Library**. Administratoren, Entwickler und User erhalten hier professionelles Know-how, um freie Software effizient einzusetzen. Behandelt werden sowohl Themen wie Betriebssysteme, Netzwerke und Sicherheit als auch Programmierung.

Eine Auswahl aus unserem Programm:

Wenn ein Buch den Aufstieg von Linux im deutschsprachigen Raum begleitet hat, dann dieses: Michael Koflers „Linux"-Buch, auch schlicht „der Kofler" genannt. Seit mehr als zehn Jahren gilt dieses Buch als DAS Standardwerk für Linux-Einsteiger und Anwender. Es richtet sich an alle, die ihr Betriebssystem nicht nur einsetzen, sondern auch hinter die Kulissen blicken möchten.
Das Buch wurde für die 8. Auflage vollständig überarbeitet und neu strukturiert. Es erscheint in neuem Design: übersichtlicher, leichter lesbar und mit noch mehr Inhalt.

Neu in der achten Auflage:

- Desktop-Suche mit Beagle und Tracker
- 3D-Desktop: XGL, AIGLX, Compiz, Beryl
- Netzwerk: NetworkManager, dnsmasq
- Sicherheit: SELinux, AppArmor
- Virtualisierung: Xen, VMware, Virtual Box, KVM
- Distributionen: Debian und Ubuntu

Linux
Michael Kofler
1344 Seiten
Euro 59,95 (D), 61,70 (A)
ISBN 978-3-8273-2478-8

Diese Neuauflage wurde auf die Debian GNU/Linux-Version 4 „Etch" hin aktualisiert und überarbeitet. Sie wendet sich an Nutzer, die vielleicht schon eine Linux-Distribution ausprobiert haben, aber dennoch eine grundlegende Einführung benötigen. Autor Frank Ronneburg bietet genau das: einen Einstieg in alle Bereiche der täglichen Arbeit mit Debian von der Installation auf verschiedensten Plattformen über Netzwerkeinsatz, Office- und Grafikanwendungen bis hin zu Multimedia. Ein Schwerpunkt des Buch liegt auf der Debian-eigenen Paketverwaltung apt-get.

Debian GNU/Linux 4 Anwenderhandbuch
Frank Ronneburg
ca. 850 Seiten
Euro 59,95 (D), 61,70 (A)
ISBN 978-3-8273-2523-5

Evi Nemeth, Garth Snyder, Trent R. Hein

Linux-Administrations-handbuch

Übersetzt von G&U Language & Publishing Services GmbH

An imprint of Pearson Education

München • Boston • San Francisco • Harlow, England
Don Mills, Ontario • Sydney • Mexico City
Madrid • Amsterdam

Die Deutsche Bibliothek – CIP-Einheitsaufnahme

Die Deutsche Bibliothek verzeichnet diese Publikation in der Deutschen
Nationalbibliografie; detaillierte bibliografische Daten sind im Internet
über http://dnb.ddb.de abrufbar.

Die Informationen in diesem Produkt werden ohne Rücksicht auf einen eventuellen Patentschutz
veröffentlicht.
Warennamen werden ohne Gewährleistung der freien Verwendbarkeit benutzt.
Bei der Zusammenstellung von Texten und Abbildungen wurde mit größter Sorgfalt vorgegangen.
Trotzdem können Fehler nicht vollständig ausgeschlossen werden.
Verlag, Herausgeber und Autoren können für fehlerhafte Angaben und deren Folgen weder eine
juristische Verantwortung noch irgendeine Haftung übernehmen.
Für Verbesserungsvorschläge und Hinweise auf Fehler sind Verlag und Herausgeber dankbar.

Alle Rechte vorbehalten, auch die der fotomechanischen Wiedergabe und der Speicherung in
elektronischen Medien.
Die gewerbliche Nutzung der in diesem Produkt gezeigten Modelle und Arbeiten ist nicht zulässig.

Autorisierte Übersetzung der amerikanischen Originalausgabe »Linux Administration Handbook«.
Authorized translation from the English language edition, entitled Linux Administration Handbook
by Nemeth, Snyder, Hein published by Prentice Hall 2007.

Fast alle Hardware- und Softwarebezeichnungen und weitere Stichworte und sonstige Angaben, die in diesem
Buch verwendet werden, sind als eingetragene Marken geschützt. Da es nicht möglich ist, in allen Fällen zeitnah zu
ermitteln, ob ein Markenschutz besteht, wird das ® Symbol in diesem Buch nicht verwendet.

Umwelthinweis:
Dieses Produkt wurde auf chlorfrei gebleichtem Papier gedruckt.
Die Einschrumpffolie – zum Schutz vor Verschmutzung – ist aus umweltverträglichem und
recyclingfähigem PE-Material.

10 9 8 7 6 5 4 3 2 1

08 07

ISBN 978-3-8273-2532-7

© 2007 by Addison-Wesley Verlag,
ein Imprint der Pearson Education Deutschland GmbH
Martin-Kollar-Straße 10–12, D-81829 München/Germany
Alle Rechte vorbehalten
Übersetzung: G&U Language & Publishing Services GmbH, Flensburg (www.GundU.com)
Einbandgestaltung: Marco Lindenbeck, webwo GmbH (mlindenbeck@webwo.de)
Lektorat: Boris Karnikowski, bkarnikowski@pearson.de
Herstellung: Monika Weiher, mweiher@pearson.de
Fachlektorat: Jochen Kellner, Alfter-Gielsdorf
Korrektur: Brigitte Hamerski, Willich
Satz: reemers publishing services gmbh, Krefeld (www.reemers.de)
Druck: Bercker Graph. Betrieb, Kevelaer
Printed in Germany

Inhaltsübersicht

Geleitwort von Linus Torvalds 41
Über die Autoren 43
Über die Beitragsautoren 45
Vorwort 47
Danksagung 51

Teil A   Grundlegende Verwaltung 53
1   Erste Schritte 55
2   Starten und Herunterfahren 77
3   Die Macht von root 105
4   Prozesse steuern 117
5   Das Dateisystem 139
6   Neue Benutzer hinzufügen 169
7   Eine Festplatte hinzufügen 193
8   Periodische Prozesse 241
9   Backups 251
10   Syslog und Protokolldateien 303
11   Software- und Konfigurationsverwaltung 331

Teil B   Netzwerke 387
12   TCP/IP-Netzwerke 389
13   Routing 467
14   Netzwerkhardware 487
15   DNS (Domain Name System) 515
16   NFS (Network File System) 649
17   Systemdateien zentral verwalten 673
18   E-Mail 707
19   Netzwerkverwaltung und Debugging 855

20 Sicherheit 889
21 Webhosting und Internetserver 951

Teil C   Verschiedenes 975
22 Das X Window System 977
23 Drucken 1001
24 Wartung und Betriebsumgebung 1037
25 Leistungsanalyse 1051
26 Kooperation mit Windows 1073
27 Serielle Geräte 1099
28 Treiber und der Kernel 1131
29 Daemons 1153
30 Management und Geschäftspolitik 1177
    Stichwortverzeichnis 1261

Inhaltsverzeichnis

Geleitwort von Linus Torvalds		41
Über die Autoren		43
Über die Beitragsautoren		45
Vorwort		47
Unsere Beispieldistributionen		48
Der Aufbau dieses Buches		48
Unsere Beitragsautoren		49
Kontaktinformationen		50
Danksagung		51
Teil A	**Grundlegende Verwaltung**	**53**
1	**Erste Schritte**	**55**
1.1	Vorausgesetztes Grundwissen	55
1.2	Die Beziehung von Linux zu UNIX	56
1.3	Die Geschichte von Linux	57
1.4	Linux-Distributionen	58
1.4.1	Welche Distribution ist die Beste?	61
1.4.2	Distributionsspezifische Verwaltungstools	62
1.5	Schreibweisen in diesem Buch	62
1.5.1	Distributionsspezifische Informationen	63
1.6	Informationen finden	64
1.6.1	Aufbau der man-Seiten	65
1.6.2	man: man-Seiten lesen	66
1.6.3	Andere Informationsquellen über Linux	67
1.7	Software finden und installieren	68
1.8	Wesentliche Aufgaben des Systemadministrators	70
1.8.1	Benutzerkonten hinzufügen, entfernen und verwalten	70
1.8.2	Hardware hinzufügen und entfernen	70
1.8.3	Backups durchführen	71
1.8.4	Software installieren und aktualisieren	71
1.8.5	Das System überwachen	72

	1.8.6	Fehlerbehebung	72
	1.8.7	Die lokale Dokumentation pflegen	72
	1.8.8	Die Sicherheit aufmerksam überwachen	72
	1.8.9	Benutzern helfen	73
1.9	Der schanghaite Systemadministrator		73
	1.9.1	Systemadministratorensyndrom (Persönlichkeitsstörung)	74
1.10	Empfohlene Literatur		75
1.11	Übungen		76

2 Starten und Herunterfahren … 77

2.1	Booten		77
	2.1.1	Automatisches und manuelles Booten	78
	2.1.2	Die Phasen des Startvorgangs	78
	2.1.3	Kernelinitialisierung	79
	2.1.4	Hardwarekonfiguration	79
	2.1.5	Kernelthreads	80
	2.1.6	Eingreifen des Bedieners (nur manueller Start)	81
	2.1.7	Startskripte ausführen	82
	2.1.8	Mehrbenutzerbetrieb	82
2.2	PCs starten		83
2.3	Bootlader verwenden: LILO und GRUB		84
	2.3.1	GRUB (Grand Unified Boot Loader)	84
	2.3.2	LILO: Der traditionelle Linux-Bootlader	86
	2.3.3	Kerneloptionen	87
	2.3.4	Multibooting auf PCs	88
	2.3.5	Multiboot-Konfiguration mit GRUB	88
	2.3.6	Multiboot-Konfiguration mit LILO	89
2.4	Starten im Einzelbenutzermodus		90
	2.4.1	Einzelbenutzermodus mit GRUB	91
	2.4.2	Einzelbenutzermodus mit LILO	91
2.5	Startskripte verwenden		91
	2.5.1	Ausführungsebenen in init	92
	2.5.2	Startskripte für Red Hat und Fedora	95
	2.5.3	Startskripte für SUSE	98
	2.5.4	Startskripte für Debian und Ubuntu	100
2.6	Neustart und Herunterfahren		101
	2.6.1	Den Strom abschalten	102
	2.6.2	shutdown: Der elegante Weg	102

2.6.3		halt: Eine einfache Möglichkeit	103
2.6.4		reboot: Schneller Neustart	103
2.6.5		telinit: Die Ausführungsebene ändern	103
2.6.6		poweroff: Linux soll ausschalten	103
2.7		Übungen	104

3 Die Macht von root ... **105**

3.1	Besitz von Dateien und Prozessen	105
3.2	Der Superuser	107
3.3	Ein root-Passwort auswählen	108
3.4	Als root arbeiten	110
3.4.1	su: Benutzeridentitäten ersetzen	110
3.4.2	sudo: su mit Einschränkung	111
3.5	Andere Pseudobenutzer	114
3.5.1	bin: Veralteter Besitzer von Systemkommandos	114
3.5.2	daemon: Besitzer nicht privilegierter Systemsoftware	114
3.5.3	nobody: Der generische NFS-Benutzer	115
3.6	Übungen	115

4 Prozesse steuern ... **117**

4.1	Bestandteile eines Prozesses	117
4.1.1	PID: Prozess-ID	118
4.1.2	PPID: Eltern-PID	118
4.1.3	UID und EUID: Echte und effektive Benutzer-ID	119
4.1.4	GID und EGID: Echte und effektive Gruppen-ID	120
4.1.5	Nettigkeit	120
4.1.6	Steuerterminal	121
4.2	Der Lebenszyklus eines Prozesses	121
4.3	Signale	122
4.4	kill und killall: Signale senden	126
4.5	Prozesszustände	127
4.6	nice und renice: Die Zeitplanpriorität beeinflussen	128
4.7	ps: Prozesse überwachen	129
4.8	top: Prozesse noch besser überwachen	132
4.9	Das /proc-Dateisystem	133
4.10	strace: Signale und Systemaufrufe verfolgen	134
4.11	Runaway-Prozesse	135

4.12	Empfohlene Literatur	137
4.13	Übungen	137

5 Das Dateisystem 139

5.1	Pfadnamen	141
5.2	Ein- und Aushängen von Dateisystemen	142
5.3	Der Aufbau des Dateibaums	145
5.4	Dateitypen	148
5.4.1	Reguläre Dateien	149
5.4.2	Verzeichnisse	149
5.4.3	Zeichen- und Blockgerätedateien	150
5.4.4	Lokale Domänensockets	152
5.4.5	Benannte Pipes	152
5.4.6	Symbolische Links	152
5.5	Dateiattribute	153
5.5.1	Die Berechtigungsbits	154
5.5.2	Die setuid- und setgid-Bits	155
5.5.3	Das Sticky-Bit	155
5.5.4	Dateiattribute anzeigen	156
5.5.5	chmod: Berechtigungen ändern	158
5.5.6	chown: Besitz und Gruppe ändern	159
5.5.7	umask: Standardberechtigungen zuweisen	160
5.5.8	Bonusflags	161
5.6	Zugriffssteuerungslisten	162
5.6.1	Überblick über die Zugriffssteuerungslisten	163
5.6.2	Standardeinträge	167
5.7	Übungen	167

6 Neue Benutzer hinzufügen 169

6.1	Die Datei /etc/passwd	169
6.1.1	Loginname	170
6.1.2	Verschlüsseltes Passwort	172
6.1.3	UID-Nummer (Benutzer-ID)	173
6.1.4	Standard-GID-Nummer	175
6.1.5	GECOS-Feld	175
6.1.6	Heimatverzeichnis	176
6.1.7	Login-Shell	177
6.2	Die Datei /etc/shadow	177

6.3		Die Datei /etc/group	180
6.4		Benutzer hinzufügen	181
	6.4.1	Die Dateien passwd und shadow bearbeiten	183
	6.4.2	Die Datei /etc/group bearbeiten	183
	6.4.3	Ein Anfangspasswort festlegen	184
	6.4.4	Das Heimatverzeichnis des Benutzers anlegen	184
	6.4.5	Die Standard-Startdateien kopieren	185
	6.4.6	Festlegen des Mail-Homes für den Benutzer	186
	6.4.7	Das neue Login verifizieren	187
	6.4.8	Status- und Kontaktinformationen des Benutzers aufzeichnen	187
6.5		Benutzer entfernen	188
6.6		Logins deaktivieren	189
6.7		Konten verwalten	189
6.8		Übungen	191

7 Eine Festplatte hinzufügen ... 193

7.1		Festplattenschnittstellen	193
	7.1.1	Die PATA-Schnittstelle	194
	7.1.2	Die SATA-Schnittstelle	196
	7.1.3	Die SCSI-Schnittstelle	197
	7.1.4	SCSI und IDE im Vergleich	201
7.2		Aufbau von Festplatten	202
7.3		Linux-Dateisysteme	204
	7.3.1	ext2fs und ext3fs	204
	7.3.2	ReiserFS	205
	7.3.3	XFS und JFS	205
7.4		Überblick über die Installation von Festplatten	206
	7.4.1	Die Festplatte anschließen	206
	7.4.2	Die Festplatte formatieren	207
	7.4.3	Die Festplatte partitionieren	208
	7.4.4	Dateisysteme in Festplattenpartitionen erstellen	210
	7.4.5	Die Dateisysteme einhängen	211
	7.4.6	Automatisches Einhängen	212
	7.4.7	Auslagerung aktivieren	214
7.5		hdparm: IDE-Schnittstellenparameter festlegen	215
7.6		fsck: Dateisysteme überprüfen und reparieren	218
7.7		Schritt für Schritt: Eine Festplatte hinzufügen	221

7.8		Festplattenverwaltung für Fortgeschrittene: RAID und LVM	226
	7.8.1	Software-RAID unter Linux	227
	7.8.2	Verwaltung logischer Volumes	228
	7.8.3	Eine Beispielkonfiguration mit LVM und RAID	229
	7.8.4	Fehlerhafte Festplatten	233
	7.8.5	Speicherplatz neu zuweisen	235
7.9		USB-Laufwerke einhängen	236
7.10		Übungen	238

8 Periodische Prozesse 241

8.1		cron: Kommandos planen	241
8.2		Das Format von Crontab-Dateien	242
8.3		crontab-Verwaltung	244
8.4		Häufige Verwendungszwecke für cron	245
	8.4.1	Das Dateisystem bereinigen	246
	8.4.2	Konfigurationsdateien im Netzwerk verteilen	247
	8.4.3	Rotation von Protokolldateien	248
8.5		Andere Jobsteuerungen: anacron und fcron	248
8.6		Übungen	249

9 Backups 251

9.1		Friede, Freude, Eierkuchen	252
	9.1.1	Nehmen Sie alle Backups auf einem Rechner vor	252
	9.1.2	Beschriften Sie die Medien	252
	9.1.3	Wählen Sie ein sinnvolles Backupintervall	253
	9.1.4	Wählen Sie die Dateisysteme sorgfältig aus	253
	9.1.5	Passen Sie die täglichen Backups an die Mediengröße an	253
	9.1.6	Machen Sie die Dateisysteme kleiner als das Medium	254
	9.1.7	Lagern Sie Ihre Medien anderenorts	254
	9.1.8	Schützen Sie Ihre Backups	255
	9.1.9	Schränken Sie die Aktivität während des Backups ein	255
	9.1.10	Überprüfen Sie die Medien	256
	9.1.11	Richten Sie einen Medienlebenszyklus ein	257
	9.1.12	Gestalten Sie Ihre Daten für das Backup	258
	9.1.13	Bereiten Sie sich auf den schlimmsten Fall vor	258
9.2		Backupgeräte und -medien	258
	9.2.1	Optische Medien: CD-R/RW, DVD•R/RW und DVD-RAM	259
	9.2.2	Wechselfestplatten (USB und FireWire)	260

	9.2.3	Kleine Bandgeräte: 8 mm und DDS/DAT	261
	9.2.4	DLT/S-DLT	261
	9.2.5	AIT und SAIT	262
	9.2.6	VXA/VXA-X	262
	9.2.7	LTO	262
	9.2.8	Jukeboxen, Stacker und Bandbibliotheken	263
	9.2.9	Festplatten	263
	9.2.10	Zusammenfassung der Medientypen	264
	9.2.11	Kaufentscheidung	265
9.3	Ein inkrementelles Backupverfahren mit dump einrichten		265
	9.3.1	Dateisysteme sichern	266
	9.3.2	Backupsequenzen	269
9.4	Backups mit restore wiederherstellen		270
	9.4.1	Einzelne Dateien wiederherstellen	271
	9.4.2	Ganze Dateisysteme wiederherstellen	273
9.5	Backup und Wiederherstellung bei Aktualisierungen		275
9.6	Andere Archivierungsprogramme verwenden		276
	9.6.1	tar: Paketdateien	276
	9.6.2	cpio: Archivierungsprogramm aus uralten Zeiten	277
	9.6.3	dd: Mit Bits herumspielen	277
9.7	Mehrere Dateien auf einem Band		278
9.8	Bacula		279
	9.8.1	Das Bacula-Modell	280
	9.8.2	Bacula einrichten	281
	9.8.3	Die Datenbank und die Bacula-Daemons installieren	281
	9.8.4	Die Bacula-Daemons konfigurieren	282
	9.8.5	bacula-dir.conf: Den Director konfigurieren	283
	9.8.6	bacula-sd.conf: Den Speicher-Daemon konfigurieren	287
	9.8.7	bconsole.conf: Die Konsole konfigurieren	289
	9.8.8	Den Datei-Daemon auf dem Client installieren und konfigurieren	289
	9.8.9	Die Bacula-Daemons starten	290
	9.8.10	Medien zu Pools hinzufügen	291
	9.8.11	Ein manuelles Backup ausführen	291
	9.8.12	Einen Wiederherstellungsjob ausführen	293
	9.8.13	Bacula-Konfigurationen überwachen und debuggen	296
	9.8.14	Alternativen zu Bacula	298

	9.9	Kommerzielle Backup-Produkte	299
		9.9.1 ADSM/TSM	299
		9.9.2 Veritas	300
		9.9.3 Weitere Alternativen	300
	9.10	Empfohlene Literatur	300
	9.11	Übungen	301
10	**Syslog und Protokolldateien**		**303**
	10.1	Protokollierungsverfahren	303
		10.1.1 Protokolldateien verwerfen	303
		10.1.2 Rotation von Protokolldateien	304
		10.1.3 Protokolldateien archivieren	306
	10.2	Linux-Protokolldateien	307
		10.2.1 Besondere Protokolldateien	310
		10.2.2 Kernel- und Bootprotokollierung	311
	10.3	logrotate: Protokolldateien verwalten	312
	10.4	Syslog: Die Systemereignisprotokollierung	314
		10.4.1 Alternativen zu Syslog	315
		10.4.2 Architektur von Syslog	315
		10.4.3 syslogd konfigurieren	316
		10.4.4 Ein passendes Protokollierungsverfahren entwerfen	320
		10.4.5 Beispiele für die Konfigurationsdatei	321
		10.4.6 Beispielausgabe von Syslog	323
		10.4.7 Nutzung von Syslog	324
		10.4.8 Syslog debuggen	325
		10.4.9 Syslog aus Programmen heraus verwenden	326
	10.5	Protokolldateien auf nützliche Informationen reduzieren	328
	10.6	Übungen	330
11	**Software- und Konfigurationsverwaltung**		**331**
	11.1	Grundlegende Linux-Installation	331
		11.1.1 PCs über das Netzwerk starten	333
		11.1.2 PXE für Linux einrichten	334
		11.1.3 Nicht-PCs über das Netzwerk starten	335
		11.1.4 Kickstart: Der automatisierte Installer für Enterprise Linux und Fedora	335
		11.1.5 AutoYaST: Das automatisierte Installationstool von SUSE	339
		11.1.6 Der Installer für Debian und Ubuntu	340
		11.1.7 Installation über ein Mastersystem	341

11.2		Clients ohne Festplatten	342
11.3		Paketverwaltung	344
	11.3.1	Verfügbare Paketverwaltungssysteme	345
	11.3.2	rpm: RPM-Pakete verwalten	346
	11.3.3	dpkg: Pakete im Debian-Stil verwalten	348
11.4		Meta-Paketverwaltungssysteme	348
	11.4.1	Paket-Repositorys	350
	11.4.2	RHN (Red Hat Network)	351
	11.4.3	APT (Advanced Package Tool)	352
	11.4.4	apt-get konfigurieren	353
	11.4.5	Ein Beispiel für die Datei /etc/apt/sources.list	354
	11.4.6	Proxys zur Skalierung von apt-get verwenden	355
	11.4.7	Einen internen APT-Server aufsetzen	356
	11.4.8	apt-get automatisieren	357
	11.4.9	yum: Releaseverwaltung für RPM	358
11.5		Revisionssicherung	359
	11.5.1	Backupdateien erstellen	360
	11.5.2	Formelle Revisionssicherungssysteme	360
	11.5.3	RCS (Revision Control System)	362
	11.5.4	CVS (Concurrent Versions System)	365
	11.5.5	Subversion: CVS de luxe	367
11.6		Lokalisierung und Konfiguration	369
	11.6.1	Die Lokalisierung gestalten	370
	11.6.2	Testen	372
	11.6.3	Lokale Kompilierung	373
	11.6.4	Lokalisierungen verteilen	374
	11.6.5	Zeitplanprobleme lösen	375
11.7		Tools für die Konfigurationsverwaltung	375
	11.7.1	cfengine: Das Immunsystem des Computers	376
	11.7.2	LCFG: Ein Konfigurationssystem für große Umgebungen	377
	11.7.3	Das Arusha-Projekt (ARK)	377
	11.7.4	Template Tree 2: Hilfe für cfengine	377
	11.7.5	DMTF/CIM (Common Information Model)	378
11.8		Software über NFS freigeben	379
	11.8.1	Paket-Namespaces	380
	11.8.2	Verwaltung von Abhängigkeiten	381

	11.8.3	Wrapperskripte	381
	11.8.4	Implementierungstools	382
11.9		Empfohlene Software	382
11.10		Empfohlene Literatur	385
11.11		Übungen	385

Teil B		**Netzwerke**	**387**
12		**TCP/IP-Netzwerke**	**389**
12.1		TCP/IP und das Internet	390
	12.1.1	Kleine Geschichtsstunde	390
	12.1.2	Wie das Internet heute verwaltet wird	391
	12.1.3	Netzwerkstandards und Dokumentation	392
12.2		Netzwerkübersicht	394
12.3		Pakete und Kapselung	395
	12.3.1	Die Sicherungsschicht	396
	12.3.2	Paketadressierung	399
	12.3.3	Ports	400
	12.3.4	Adresstypen	401
12.4		IP-Adressen in allen Einzelheiten	401
	12.4.1	IP-Adressklassen	402
	12.4.2	Subnetze und Subnetzmasken	402
	12.4.3	Die IP-Adresskrise	406
	12.4.4	CIDR (Classless Inter-Domain Routing)	407
	12.4.5	Adresszuweisung	410
	12.4.6	Private Adressen und NAT	411
	12.4.7	IPv6-Adressierung	413
12.5		Routing	415
	12.5.1	Routingtabellen	416
	12.5.2	ICMP-Redirect	417
12.6		ARP (Address Resolution Protocol)	418
12.7		Einen Computer zu einem Netzwerk hinzufügen	420
	12.7.1	Hostname und IP-Adresse zuweisen	421
	12.7.2	ifconfig: Netzwerkschnittstellen konfigurieren	423
	12.7.3	mii-tool: Automatische Aushandlung und andere medienspezifische Optionen konfigurieren	426

	12.7.4	route: Statische Routen konfigurieren	428
	12.7.5	Standardrouten	430
	12.7.6	DNS-Konfiguration	430
	12.7.7	Der Netzwerkstack von Linux	432
12.8		Distributionsspezifische Netzwerkkonfiguration	433
	12.8.1	Netzwerkkonfiguration für Red Hat und Fedora	433
	12.8.2	Netzwerkkonfiguration für SUSE	435
	12.8.3	Netzwerkkonfiguration für Debian und Ubuntu	436
12.9		DHCP (Dynamic Host Configuration Protocol)	437
	12.9.1	DHCP-Software	438
	12.9.2	Funktionsweise von DHCP	438
	12.9.3	Der DHCP-Server von ISC	439
12.10		Dynamische Umkonfiguration und Optimierung	441
12.11		Sicherheitsfragen	443
	12.11.1	IP-Weiterleitung	443
	12.11.2	ICMP-Redirect	444
	12.11.3	Sourcerouting	444
	12.11.4	Broadcast-Pings und andere Arten gerichteter Broadcasts	444
	12.11.5	IP-Adressfälschung	445
	12.11.6	Hostbasierte Firewalls	446
	12.11.7	Virtuelle private Netzwerke	446
	12.11.8	Sicherheitsrelevante Kernelvariablen	447
12.12		NAT mit Linux	447
12.13		PPP (Point-to-Point Protocol)	448
	12.13.1	Leistungsprobleme von PPP	449
	12.13.2	Netzwerkverbindungen mit PPP	450
	12.13.3	PPP für Ihren Host	450
	12.13.4	PPP-Verbindungen steuern	450
	12.13.5	Eine Adresse zuweisen	451
	12.13.6	Routing	452
	12.13.7	Sicherheit gewährleisten	452
	12.13.8	Chatskripte verwenden	453
	12.13.9	Linux-PPP konfigurieren	453
12.14		Tricks und Kniffe für Linux-Netzwerke	461
12.15		Empfohlene Literatur	462
12.16		Übungen	464

13 Routing ... 467

- 13.1 Einzelheiten der Paketweiterleitung ... 468
- 13.2 Routingdaemons und Routingprotokolle ... 471
  - 13.2.1 Distanzvektorprotokolle ... 472
  - 13.2.2 Verbindungsstatusprotokolle ... 473
  - 13.2.3 Kostenmetriken ... 474
  - 13.2.4 Innere und äußere Protokolle ... 474
- 13.3 Parade der Protokolle ... 475
  - 13.3.1 RIP (Routing Information Protocol) ... 475
  - 13.3.2 RIP-2 (Routing Information Protocol Version 2) ... 476
  - 13.3.3 OSPF (Open Shortest Path First) ... 477
  - 13.3.4 IGRP und EIGRP (Interior Gateway Routing Protocol) ... 477
  - 13.3.5 IS-IS: Der ISO-»Standard« ... 478
  - 13.3.6 MOSPF, DVMRP und PIM: Multicast-Routingprotokolle ... 478
  - 13.3.7 Router Discovery Protocol ... 478
- 13.4 routed: Routensuche mit RIP ... 478
- 13.5 gated: Es ruhe in Frieden ... 479
- 13.6 Auswahlkriterien für Routingverfahren ... 480
- 13.7 Cisco-Router ... 481
- 13.8 Empfohlene Literatur ... 484
- 13.9 Übungen ... 485

14 Netzwerkhardware ... 487

- 14.1 LAN, WAN oder MAN? ... 488
- 14.2 Ethernet: Das übliche LAN ... 488
  - 14.2.1 Funktionsweise von Ethernet ... 490
  - 14.2.2 Ethernet-Topologie ... 490
  - 14.2.3 UTP-Kabel ... 491
  - 14.2.4 Ethernet-Netzwerke verbinden und erweitern ... 494
- 14.3 Drahtlos – Das LAN für Reiselustige ... 497
  - 14.3.1 Sicherheit im drahtlosen Netzwerk ... 499
  - 14.3.2 Drahtlose Switches ... 499
- 14.4 FDDI: Das enttäuschende, teure und veraltete LAN ... 500
- 14.5 ATM: Das verheißene (aber arg gebeutelte) LAN ... 502
- 14.6 Frame Relay: Das aufopferungsvolle WAN ... 503
- 14.7 ISDN: Das einheimische WAN ... 504

14.8	DSL und Kabelmodems: Das Volks-WAN		504
14.9	Wohin entwickelt sich die Netzwerktechnologie?		505
14.10	Netzwerke testen und debuggen		506
14.11	Die Verkabelung legen		507
	14.11.1	Verkabelungsmöglichkeiten mit UTP	507
	14.11.2	Anschlüsse in Büros	507
	14.11.3	Verkabelungsstandards	508
14.12	Probleme des Netzwerkentwurfs		509
	14.12.1	Netzwerk- und Gebäudearchitektur	510
	14.12.2	Bestehende Netzwerke	510
	14.12.3	Erweiterung	511
	14.12.4	Staus	511
	14.12.5	Wartung und Dokumentation	511
14.13	Verwaltungsfragen		512
14.14	Empfohlene Hersteller		513
	14.14.1	Kabel und Konnektoren	513
	14.14.2	Testequipment	513
	14.14.3	Router/Switches	513
14.15	Empfohlene Literatur		514
14.16	Übungen		514

15 DNS (Domain Name System) ... 515

15.1	DNS für Ungeduldige: Einen neuen Computer hinzufügen		516
15.2	Die Geschichte von DNS		518
	15.2.1	BIND-Implementierungen	518
	15.2.2	Andere Implementierungen von DNS	519
15.3	Wer braucht DNS?		520
15.4	Der DNS-Namespace		521
	15.4.1	Meister der Domänen	525
	15.4.2	Einen Domänennamen auswählen	526
	15.4.3	Domäneninflation	526
	15.4.4	Namen für Secondleveldomänen registrieren	527
	15.4.5	Eigene Subdomänen anlegen	527
15.5	Funktionsweise von DNS		527
	15.5.1	Delegation einer DNS-Zone	528
	15.5.2	Zwischenspeicherung und Effizienz	529
	15.5.3	Das erweiterte DNS-Protokoll	530

15.6	Neu im DNS		531
15.7	Die DNS-Datenbank		534
	15.7.1	Ressourceneinträge	534
	15.7.2	Der SOA-Eintrag	538
	15.7.3	NS-Einträge	541
	15.7.4	A-Einträge	542
	15.7.5	PTR-Einträge	543
	15.7.6	MX-Einträge	544
	15.7.7	CNAME-Einträge	546
	15.7.8	Der CNAME-Hack	547
	15.7.9	LOC-Einträge	549
	15.7.10	SRV-Einträge	550
	15.7.11	TXT-Einträge	551
	15.7.12	IPv6-Ressourceneinträge	552
	15.7.13	IPv6-Forwardeinträge	553
	15.7.14	IPv6-Reverseeinträge	554
	15.7.15	Sicherheitsrelevante Einträge	554
	15.7.16	Befehle in Zonendateien	555
	15.7.17	Verbindungseinträge (glue records) für Zonen	556
15.8	Die BIND-Software		559
	15.8.1	BIND-Versionen	560
	15.8.2	Die Version herausfinden	560
	15.8.3	BIND-Komponenten	562
	15.8.4	named: Der BIND-Nameserver	562
	15.8.5	Maßgebliche und Caching-Server	563
	15.8.6	Rekursive und nichtrekursive Server	565
	15.8.7	Die Resolver-Bibliothek	566
	15.8.8	Shell-Schnittstellen für DNS	567
15.9	Eine DNS-Umgebung entwerfen		567
	15.9.1	Namespace-Verwaltung	567
	15.9.2	Maßgebliche (authoritative) Server	568
	15.9.3	Caching-Server	569
	15.9.4	Sicherheit	569
	15.9.5	Zusammenfassung	570
	15.9.6	Aufstellung der DNS/BIND-Aufgaben	570
15.10	Den BIND-Client betreffend		571
	15.10.1	Resolver-Konfiguration	571

	15.10.2	Resolver-Tests	572
	15.10.3	Auswirkungen auf das restliche System	573
15.11	Serverkonfiguration für BIND		573
	15.11.1	Hardwarevoraussetzungen	573
	15.11.2	Konfigurationsdateien	574
	15.11.3	Die include-Anweisung	576
	15.11.4	Die options-Anweisung	576
	15.11.5	Die acl-Anweisung	584
	15.11.6	Die key-Anweisung	585
	15.11.7	Die trusted-keys-Anweisung	585
	15.11.8	Die server-Anweisung	586
	15.11.9	Die masters-Anweisung	587
	15.11.10	Die logging-Anweisung	588
	15.11.11	Die zone-Anweisung	588
	15.11.12	Die controls-Anweisung	593
	15.11.13	Geteiltes DNS und die view-Anweisung	595
15.12	Konfigurationsbeispiele für BIND		596
	15.12.1	Die Zone localhost	597
	15.12.2	Ein kleines Sicherheitsunternehmen	598
	15.12.3	Das Internet Systems Consortium (isc.org)	602
15.13	named starten		604
15.14	Zonendateien aktualisieren		605
	15.14.1	Zonentransfers	605
	15.14.2	Dynamische Aktualisierungen	607
15.15	Sicherheitsfragen		610
	15.15.1	Zugriffssteuerungslisten, Teil 2	611
	15.15.2	named einschränken	612
	15.15.3	Die Kommunikation zwischen Servern mit TSIG und TKEY schützen	613
	15.15.4	DNSSEC	617
	15.15.5	Negative Antworten	624
	15.15.6	Microsoft und DNS	625
15.16	Tests und Debugging		628
	15.16.1	Protokollierung	628
	15.16.2	Beispielkonfiguration für die Protokollierung	633
	15.16.3	Debugging-Ebenen	634
	15.16.4	Debugging mit rndc	635
	15.16.5	BIND-Statistiken	636

Inhaltsverzeichnis

		15.16.6	Debugging mit dig	637
		15.16.7	Lame delegation	639
		15.16.8	doc (Domain Obscenity Control)	640
		15.16.9	Andere Prüfwerkzeuge für DNS	642
		15.16.10	Leistungsprobleme	642
	15.17	Distributionsspezifische Informationen		642
	15.18	Empfohlene Literatur		646
		15.18.1	Mailinglisten und Newsgroups	646
		15.18.2	Bücher und andere Dokumentationsformen	646
		15.18.3	Onlinequellen	646
		15.18.4	RFCs	647
	15.19	Übungen		647
16	**NFS (Network File System)**			**649**
	16.1	Allgemeine Informationen über NFS		649
		16.1.1	Versionen des NFS-Protokolls	649
		16.1.2	Wahl des Transportprotokolls	650
		16.1.3	Dateisperren (File locking)	651
		16.1.4	Festplattenkontingente (Quotas)	651
		16.1.5	Cookies und zustandsloses Einhängen	652
		16.1.6	Namenskonventionen für gemeinsam genutzte Dateisysteme	652
		16.1.7	NFS und die Sicherheit	653
		16.1.8	root-Zugang und das nobody-Konto	654
	16.2	Serverseitiges NFS		655
		16.2.1	Die Datei exports	656
		16.2.2	nfsd: Dateianforderungen bedienen	659
	16.3	Clientseitiges NFS		660
		16.3.1	Remote-Dateisysteme beim Booten einhängen	663
		16.3.2	Exporte zu unsicheren Ports beschränken	664
	16.4	nfsstat: NFS-Statistiken anzeigen		664
	16.5	Dedizierte NFS-Dateiserver		665
	16.6	Automatisches Einhängen		666
		16.6.1	automount: Dateisysteme nach Bedarf einhängen	666
		16.6.2	Die Masterdatei	668
		16.6.3	Map-Dateien	668
		16.6.4	Ausführbare Maps	669
	16.7	Empfehlenswerte Literatur		670
	16.8	Übungen		670

17 Systemdateien zentral verwalten ... 673
- 17.1 Was lässt sich gemeinsam nutzen? ... 674
- 17.2 nscd: Suchergebnisse zwischenspeichern ... 676
- 17.3 Dateien kopieren ... 677
  - 17.3.1 rdist: Dateien verteilen ... 678
  - 17.3.2 rsync: Dateien sicher übertragen ... 681
  - 17.3.3 Dateien abrufen ... 683
- 17.4 NIS (Network Information Service) ... 684
  - 17.4.1 Funktionsweise von NIS ... 686
  - 17.4.2 Vor- und Nachteile von NIS abwägen ... 688
  - 17.4.3 Prioritäten für Quellen von Verwaltungsinformationen vergeben ... 690
  - 17.4.4 Netzgruppen verwenden ... 692
  - 17.4.5 Eine NIS-Domäne anlegen ... 693
  - 17.4.6 Zugriffssteuerungsoptionen in /etc/ypserv.conf festlegen ... 694
  - 17.4.7 NIS-Clients konfigurieren ... 696
  - 17.4.8 Besonderheiten der einzelnen Distributionen ... 696
- 17.5 LDAP (Lightweight Directory Access Protocol) ... 697
  - 17.5.1 Die Struktur von LDAP-Daten ... 698
  - 17.5.2 Der Zweck von LDAP ... 699
  - 17.5.3 Dokumentation und Spezifikationen für LDAP ... 700
  - 17.5.4 OpenLDAP: LDAP für Linux ... 701
  - 17.5.5 LDAP als NIS-Ersatz ... 702
  - 17.5.6 Sicherheit von LDAP ... 704
- 17.6 Empfohlene Literatur ... 704
- 17.7 Übungen ... 704

18 E-Mail ... 707
- 18.1 Mail-Systeme ... 710
  - 18.1.1 Benutzeragenten ... 711
  - 18.1.2 Transportagenten ... 712
  - 18.1.3 Zustellungsagenten ... 712
  - 18.1.4 Nachrichtenspeicher ... 713
  - 18.1.5 Zugriffsagenten ... 714
  - 18.1.6 Mail-Einlieferungsagenten ... 714
- 18.2 Die Anatomie einer E-Mail-Nachricht ... 715
  - 18.2.1 Mail-Adressierung ... 716
  - 18.2.2 Interpretation des Headers ... 716

18.3		Grundgedanken der E-Mail-Verwaltung	721
	18.3.1	Mail-Server verwenden	722
	18.3.2	Mail-Homes verwenden	725
	18.3.3	IMAP oder POP verwenden	725
18.4		Mail-Aliase	727
	18.4.1	Mailinglisten aus Dateien gewinnen	730
	18.4.2	Mails an Dateien senden	731
	18.4.3	Mails an Programme senden	732
	18.4.4	Beispiele für Aliase	732
	18.4.5	Mails weiterleiten	734
	18.4.6	Die Aliase-Datenbank	736
18.5		Mailinglisten und Software für ihre Handhabung	736
	18.5.1	Softwarepakete zur Pflege von Mailinglisten	737
	18.5.2	LDAP (Lightweight Directory Access Protocol)	741
18.6		sendmail: Der Direktor des E-Mail-Zirkus	744
	18.6.1	sendmail-Versionen	745
	18.6.2	sendmail von sendmail.org installieren	746
	18.6.3	sendmail auf Debian- und Ubuntu-Systemen	750
	18.6.4	Die Umschaltdatei	750
	18.6.5	Betriebsmodi	751
	18.6.6	Die Mail-Warteschlange	752
18.7		Konfiguration von sendmail	755
	18.7.1	Der m4-Präprozessor	757
	18.7.2	Einzelheiten der sendmail-Konfiguration	758
	18.7.3	Eine Konfigurationsdatei aus einer MC-Beispieldatei erstellen	759
	18.7.4	Die sendmail-Konfiguration ändern	760
18.8		Grundlegende Elemente der sendmail-Konfiguration	761
	18.8.1	Das VERSIONID-Makro	761
	18.8.2	Das OSTYPE-Makro	761
	18.8.3	Das DOMAIN-Makro	764
	18.8.4	Das MAILER-Makro	765
18.9		Anspruchsvollere Elemente der sendmail-Konfiguration	766
	18.9.1	Das FEATURE-Makro	767
	18.9.2	Die Funktion use_cw_file	767
	18.9.3	Die Funktion redirect	768
	18.9.4	Die Funktion always_add_domain	768
	18.9.5	Die Funktion nocanonify	769

	18.9.6	Tabellen und Datenbanken	770
	18.9.7	Die Funktion mailertable	771
	18.9.8	Die Funktion genericstable	772
	18.9.9	Die Funktion virtusertable	773
	18.9.10	Die Funktion ldap_routing	774
	18.9.11	Maskierung mit dem Makro MASQUERADE_AS	776
	18.9.12	Die Makros MAIL_HUB und SMART_HOST	777
	18.9.13	Maskierung und Routing	778
	18.9.14	Die Funktion nullclient	779
	18.9.15	Die Funktionen local_lmtp und smrsh	780
	18.9.16	Die Funktion local_procmail	781
	18.9.17	Die LOCAL_*-Makros	781
	18.9.18	Konfigurationsoptionen	781
18.10	sendmail-Funktionen zur Spamvermeidung		784
	18.10.1	Relays	786
	18.10.2	Die Datenbank access	789
	18.10.3	Schwarze Listen für Benutzer und Sites	792
	18.10.4	Headerprüfung	793
	18.10.5	Quoten- und Verbindungsbeschränkungen	795
	18.10.6	Slamming	796
	18.10.7	Miltering: Mail-Filter	796
	18.10.8	Umgang mit Spam	797
	18.10.9	SpamAssassin	798
	18.10.10	SPF und Absender-ID	798
18.11	Fallstudie zu Konfigurationsdateien		799
	18.11.1	Clientrechner auf sendmail.com	799
	18.11.2	Mastercomputer auf sendmail.com	800
18.12	Sicherheit von sendmail		803
	18.12.1	Besitzverhältnisse	804
	18.12.2	Berechtigungen	806
	18.12.3	Sichere Mail an Dateien und Programme	807
	18.12.4	Datenschutzoptionen	808
	18.12.5	sendmail mit chroot (Paranoia erforderlich)	810
	18.12.6	DoS-Angriffe	810
	18.12.7	Fälschungen	811
	18.12.8	Vertraulichkeit von Nachrichten	812
	18.12.9	SASL (Simple Authentication and Security Layer)	813

18.13		Leistung von sendmail	814
	18.13.1	Zustellungsmodi	814
	18.13.2	Warteschlangengruppen und Envelope-Aufteilung	815
	18.13.3	Daemons zur Warteschlangenausführung	817
	18.13.4	Steuerung der Durchschnittslast	817
	18.13.5	Nicht zustellbare Nachrichten in der Warteschlange	817
	18.13.6	Kerneloptimierung	819
18.14		Statistiken, Tests und Debugging für sendmail	820
	18.14.1	Tests und Debugging	820
	18.14.2	Ausführliche Zustellung	822
	18.14.3	Kommunikation in SMTP	823
	18.14.4	Warteschlangen überwachen	824
	18.14.5	Protokollierung	825
18.15		Das Mail-System Exim	827
	18.15.1	Geschichte	827
	18.15.2	Exim unter Linux	828
	18.15.3	Konfiguration von Exim	828
	18.15.4	Ähnlichkeiten zwischen Exim und sendmail	829
18.16		Postfix	830
	18.16.1	Architektur von Postfix	830
	18.16.2	Mails empfangen	831
	18.16.3	Der Warteschlangenmanager	831
	18.16.4	Mails senden	832
	18.16.5	Sicherheit	832
	18.16.6	Kommandos und Dokumentation von Postfix	833
	18.16.7	Postfix konfigurieren	833
	18.16.8	Was gehört in main.cf?	834
	18.16.9	Grundeinstellungen	834
	18.16.10	postconf	835
	18.16.11	Nachschlagetabellen	836
	18.16.12	Lokale Zustellung	837
	18.16.13	Virtuelle Domänen	838
	18.16.14	Virtuelle Aliasdomänen	839
	18.16.15	Virtuelle Postfachdomänen	840
	18.16.16	Zugriffssteuerung	841
	18.16.17	Zugriffstabellen	842
	18.16.18	Clientauthentifizierung	844
	18.16.19	Spam- und Virenabwehr	845

	18.16.20	Black-Hole-Listen	845
	18.16.21	SpamAssassin und procmail	846
	18.16.22	Richtliniendaemons	846
	18.16.23	Inhaltsfilterung	847
	18.16.24	Debugging	848
	18.16.25	Die Warteschlange einsehen	848
	18.16.26	Soft_bounce verwenden	849
	18.16.27	Die Zugriffssteuerung testen	849
18.17	Empfohlene Literatur		850
18.18	Übungen		851

19 Netzwerkverwaltung und Debugging ... **855**

19.1	Fehlerbehebung im Netzwerk	856
19.2	ping: Nach einem aktiven Host suchen	857
19.3	traceroute: IP-Pakete verfolgen	860
19.4	netstat: Netzwerkstatistiken abrufen	863
	19.4.1 Informationen über die Schnittstellenkonfiguration untersuchen	863
	19.4.2 Den Zustand von Netzwerkverbindungen überwachen	865
	19.4.3 Lauschende Netzwerkdienste ermitteln	866
	19.4.4 Die Routingtabelle untersuchen	867
	19.4.5 Betriebsstatistiken für Netzwerkprotokolle anzeigen	868
19.5	sar: Die aktuelle Schnittstellenaktivität untersuchen	869
19.6	Paketsniffer	870
	19.6.1 tcpdump: Der König der Sniffer	872
	19.6.2 Wireshark: Ein visueller Sniffer	873
19.7	Netzwerkverwaltungsprotokolle	874
19.8	SNMP (Simple Network Management Protocol)	875
	19.8.1 Gliederung von SNMP-Daten	875
	19.8.2 SNMP-Operationen	877
	19.8.3 RMON: MIB für die Remoteüberwachung	878
19.9	Der NET-SNMP-Agent	878
19.10	Netzwerkverwaltungsanwendungen	880
	19.10.1 Die NET-SNMP-Tools	880
	19.10.2 Erfassung und grafische Darstellung von SNMP-Daten	882
	19.10.3 Nagios: Ereignisgestützte SNMP- und Dienstüberwachung	883
	19.10.4 Kommerzielle Verwaltungsplattformen	884

19.11	Empfohlene Literatur		885
19.12	Übungen		886
20	**Sicherheit**		**889**
20.1	Ist Linux sicher?		890
20.2	Wie die Sicherheit unterlaufen wird		891
	20.2.1	Social Engineering	891
	20.2.2	Schwachstellen in der Software	892
	20.2.3	Konfigurationsfehler	893
20.3	Zertifikate und Standards		894
	20.3.1	Zertifikate	895
	20.3.2	Standards	896
20.4	Sicherheitstipps und Grundeinstellung		898
	20.4.1	Paketfilter	898
	20.4.2	Unnötige Dienste	898
	20.4.3	Softwarepatches	898
	20.4.4	Backups	899
	20.4.5	Passwörter	899
	20.4.6	Wachsamkeit	899
	20.4.7	Allgemeine Grundeinstellung	899
20.5	Sicherheitsprobleme in /etc/passwd und /etc/shadow		900
	20.5.1	Passwörter auswählen und prüfen	901
	20.5.2	Ablauf von Passwörtern	902
	20.5.3	Gruppen- und gemeinsam genutzte Logins	903
	20.5.4	Benutzer-Shells	903
	20.5.5	root-artige Einträge	903
	20.5.6	PAM: Schaumschlägerei oder Wunder der Authentifizierung?	904
20.6	POSIX- Capabilitys		906
20.7	Setuid-Programme		907
20.8	Wichtige Dateiberechtigungen		908
20.9	Verschiedene Sicherheitsprobleme		909
	20.9.1	Remote-Ereignisprotokollierung	909
	20.9.2	Sichere Terminals	909
	20.9.3	/etc/hosts.equiv und ~/.rhosts	910
	20.9.4	Sicherheit von NIS	910
	20.9.5	Sicherheit von NFS	911
	20.9.6	Sicherheit von sendmail	911

	20.9.7	Sicherheit und Backups	911
	20.9.8	Viren und Würmer	912
	20.9.9	Trojanische Pferde	913
	20.9.10	Rootkits	914
20.10		Sicherheitstools	914
	20.10.1	nmap: Netzwerkports abtasten	914
	20.10.2	Nessus: Der Netzwerkscanner der nächsten Generation	916
	20.10.3	John the Ripper: Unsichere Passwörter finden	917
	20.10.4	host_access: Zugriffssteuerung für den Host	918
	20.10.5	Samhain: Hostbasiertes Intrusion-Detection-System	919
	20.10.6	Security-Enhanced Linux (SELinux)	920
20.11		Kryptografietools	922
	20.11.1	Kerberos: Ein einheitlicher Ansatz zur Netzwerksicherheit	923
	20.11.2	PGP (Pretty Good Privacy)	924
	20.11.3	SSH (Secure Shell)	924
	20.11.4	Einmal-Passwörter	927
	20.11.5	Stunnel	927
20.12		Firewalls	930
	20.12.1	Firewalls zur Paketfilterung	930
	20.12.2	Wie Dienste gefiltert werden	931
	20.12.3	Dienstproxy-Firewalls	932
	20.12.4	Statusbehaftete Inspection-Firewalls	933
	20.12.5	Wie sicher sind Firewalls?	933
20.13		Firewall-Funktionen von Linux: iptables	934
20.14		Virtuelle private Netzwerke (VPNs)	939
	20.14.1	IPsec-Tunnel	939
	20.14.2	Ich brauche nichts als ein VPN, oder?	940
20.15		Linux-Distributionen mit verstärkter Sicherheit	941
20.16		Was tun bei einem Angriff?	941
20.17		Informationensquellen zum Thema Sicherheit	944
	20.17.1	CERT: Ein Dienst der Carnegie Mellon University	944
	20.17.2	SecurityFocus.com und die BugTraq-Mailingliste	944
	20.17.3	Der Crypto-Gram-Newsletter	945
	20.17.4	SANS (System Administration, Networking, and Security Institute)	945
	20.17.5	Quellen zur Sicherheit für einzelne Distributionen	945
	20.17.6	Weitere Mailinglisten und Websites	946

	20.18	Empfohlene Literatur	947
	20.19	Übungen	948

21 Webhosting und Internetserver ... **951**

	21.1	Grundlagen des Webhostings		951
		21.1.1	URLs	952
		21.1.2	Funktionsweise von HTTP	953
		21.1.3	Inhaltserstellung im laufenden Betrieb	954
		21.1.4	Lastausgleich	955
	21.2	Installation eines HTTP-Servers		957
		21.2.1	Einen Server auswählen	957
		21.2.2	Apache installieren	958
		21.2.3	Apache konfigurieren	959
		21.2.4	Apache ausführen	960
		21.2.5	Protokolldateien analysieren	961
		21.2.6	Hosting von statischen Inhalten auf hohe Leistung optimieren	961
	21.3	Virtuelle Schnittstellen		962
		21.3.1	Namensbasierte virtuelle Hosts	962
		21.3.2	Virtuelle Schnittstellen konfigurieren	963
		21.3.3	Apache über virtuelle Schnittstellen informieren	964
	21.4	SSL (Secure Sockets Layer)		965
		21.4.1	Ein Zertifikat anfordern	966
		21.4.2	Apache für die Verwendung von SSL konfigurieren	967
	21.5	Zwischenspeicherung und Proxyserver		968
		21.5.1	Der Squid-Cache- und Proxyserver	969
		21.5.2	Squid einrichten	970
	21.6	Einen anonymen FTP-Server einrichten		971
	21.7	Übungen		973

Teil C Verschiedenes ... **975**

22 Das X Window System ... **977**

	22.1	Der X-Anzeigemanager		979
	22.2	Eine X-Anwendung ausführen		980
		22.2.1	Die Umgebungsvariable DISPLAY	981
		22.2.2	Clientauthentifizierung	982
		22.2.3	Weiterleitung von X-Verbindungen mit SSH	984

Inhaltsverzeichnis

22.3 Einen X-Server konfigurieren 986
 22.3.1 Device-Abschnitte 988
 22.3.2 Monitor-Abschnitte 988
 22.3.3 Screen-Abschnitte 989
 22.3.4 InputDevice-Abschnitte 990
 22.3.5 ServerLayout-Abschnitte 992
22.4 Fehlerbehebung und Debugging 993
 22.4.1 Besondere Tastaturkürzel für X 993
 22.4.2 Wenn der X-Server versagt 994
22.5 Kleine Hinweise zu Desktopumgebungen 996
 22.5.1 KDE 997
 22.5.2 GNOME 997
 22.5.3 Was ist besser, GNOME oder KDE? 998
22.6 Empfohlene Literatur 999
22.7 Übungen 999

23 Drucken 1001
23.1 Drucker sind kompliziert 1002
23.2 Druckersprachen 1003
 23.2.1 PostScript 1003
 23.2.2 PCL 1004
 23.2.3 PDF 1004
 23.2.4 XHTML 1005
 23.2.5 PJL 1005
 23.2.6 Druckertreiber und ihre Handhabung von Druckersprachen 1006
23.3 Architektur von CUPS 1008
 23.3.1 Dokumente drucken 1008
 23.3.2 Die Druckwarteschlange anzeigen und bearbeiten 1009
 23.3.3 Mehrere Drucker 1009
 23.3.4 Druckerinstanzen 1009
 23.3.5 Drucken im Netzwerk 1010
 23.3.6 Das zugrunde liegende Protokoll von CUPS: HTTP 1011
 23.3.7 PPD-Dateien 1012
 23.3.8 Filter 1013
23.4 CUPS-Serververwaltung 1015
 23.4.1 Einen Netzwerk-Druckserver einrichten 1016
 23.4.2 Automatische Konfiguration von Druckern 1016

	23.4.3	Netzwerkdrucker konfigurieren	1017
	23.4.4	Beispiele für die Konfiguration von Druckern	1018
	23.4.5	Die Druckerklasse einrichten	1018
	23.4.6	Dienste beenden	1019
	23.4.7	Weitere Konfigurationsaufgaben	1020
	23.4.8	Papiergrößen	1020
	23.4.9	Kompatibilitätskommandos	1022
	23.4.10	Gebräuchliche Drucksoftware	1023
	23.4.11	CUPS-Dokumentation	1024
23.5	Tipps zur Fehlerbehebung		1024
	23.5.1	CUPS-Protokollierung	1025
	23.5.2	Probleme beim direkten Drucken	1025
	23.5.3	Probleme beim Drucken im Netzwerk	1025
	23.5.4	Distributionsspezifische Probleme	1026
23.6	Druckereigenschaften		1026
	23.6.1	Druckerauswahl	1027
	23.6.2	GDI-Drucker	1027
	23.6.3	Doppelseitiger Ausdruck	1027
	23.6.4	Weiteres Druckerzubehör	1028
	23.6.5	Serielle und parallele Drucker	1028
	23.6.6	Netzwerkdrucker	1029
23.7	Weitere Ratschläge zu Druckern		1029
	23.7.1	Verwenden Sie Bannerseiten nur dann, wenn Sie sie brauchen	1029
	23.7.2	Stellen Sie Altpapierbehälter bereit	1029
	23.7.3	Verwenden Sie die Druckvorschau	1030
	23.7.4	Kaufen Sie billige Drucker	1030
	23.7.5	Halten Sie Reservekartuschen bereit	1031
	23.7.6	Achten Sie auf die Druckkosten pro Seite	1032
	23.7.7	Erwägen Sie den Einsatz eines Kostenstellenzählers	1032
	23.7.8	Sichern Sie Ihre Drucker	1033
23.8	Drucken unter KDE		1033
	23.8.1	kprinter: Dokumente drucken	1035
	23.8.2	Mit Konqueror drucken	1035
23.9	Empfohlene Literatur		1036
23.10	Übungen		1036

24 Wartung und Betriebsumgebung ... 1037

- 24.1 Grundlagen der Hardwarewartung ... 1037
- 24.2 Wartungsverträge ... 1038
  - 24.2.1 Wartung vor Ort ... 1038
  - 24.2.2 Komponentenaustausch ... 1039
  - 24.2.3 Garantie ... 1039
- 24.3 Umgang mit elektronischen Bauteilen ... 1040
  - 24.3.1 Statische Elektrizität ... 1040
  - 24.3.2 Einsetzen von Platinen ... 1040
- 24.4 Monitore ... 1041
- 24.5 Speichermodule ... 1041
- 24.6 Vorbeugende Wartung ... 1042
- 24.7 Betriebsumgebung ... 1043
  - 24.7.1 Temperatur ... 1043
  - 24.7.2 Luftfeuchtigkeit ... 1043
  - 24.7.3 Kühlung im Büro ... 1044
  - 24.7.4 Kühlung im Serverraum ... 1044
  - 24.7.5 Temperaturüberwachung ... 1046
- 24.8 Strom ... 1046
- 24.9 Racks ... 1047
- 24.10 Standards für Datencenter ... 1047
- 24.11 Werkzeuge ... 1048
- 24.12 Empfohlene Literatur ... 1049
- 24.13 Übungen ... 1049

25 Leistungsanalyse ... 1051

- 25.1 Maßnahmen zur Leistungssteigerung ... 1052
- 25.2 Leistungsfaktoren ... 1054
- 25.3 Überprüfen der Systemleistung ... 1055
  - 25.3.1 Die CPU-Nutzung analysieren ... 1055
  - 25.3.2 Speicherverwaltung unter Linux ... 1058
  - 25.3.3 Die Speichernutzung analysieren ... 1061
  - 25.3.4 Die Festplatten-E/A analysieren ... 1064
  - 25.3.5 Einen E/A-Scheduler auswählen ... 1066
  - 25.3.6 sar: Statistiken erfassen und melden ... 1067
  - 25.3.7 oprofile: Umfassende Profilerstellung ... 1068

25.4	Hilfe! Mein System ist auf einmal so langsam!	1068
25.5	Empfohlene Literatur	1071
25.6	Übungen	1071

26 Kooperation mit Windows 1073
26.1 Login an einem Linux-System über Windows 1073
26.2 Zugriff auf Remote-Desktops 1074
    26.2.1 Einen X-Server auf einem Windows-Computer ausführen 1075
    26.2.2 VNC: Virtual Network Connecting 1076
    26.2.3 Windows RDP: Remote Desktop Protocol 1077
26.3 Windows und Windows-ähnliche Anwendungen ausführen 1078
    26.3.1 Dual-Boot oder: Warum Sie das lieber lassen sollten 1079
    26.3.2 Die Alternative OpenOffice.org 1079
26.4 Kommandozeilenwerkzeuge unter Windows verwenden 1080
26.5 Kompatibilität von Windows mit E-Mail- und Webstandards 1081
26.6 Dateien mit Samba und CIFS freigeben 1081
    26.6.1 Samba: CIFS-Server für UNIX 1082
    26.6.2 Samba installieren 1083
    26.6.3 Dateinamenkodierung 1085
    26.6.4 Suchen in der Netzwerkumgebung 1085
    26.6.5 Benutzerauthentifizierung 1086
    26.6.6 Grundlegendes zur Dateifreigabe 1087
    26.6.7 Gruppenfreigaben 1088
    26.6.8 Umleitung im Hintergrund mit MS-DFS 1089
    26.6.9 smbclient: Ein einfacher CIFS-Client 1090
    26.6.10 Das Dateisystem smbfs 1090
26.7 Drucker mit Samba freigeben 1092
    26.7.1 Einen Druckertreiber von Windows aus installieren 1094
    26.7.2 Einen Drucker an der Kommandozeile installieren 1095
26.8 Samba debuggen 1096
26.9 Empfohlene Literatur 1098
26.10 Übungen 1098

27 Serielle Geräte 1099
27.1 Der RS-232C-Standard 1099
27.2 Alternative Stecker 1104
    27.2.1 Die Mini-DIN-8-Variante 1104
    27.2.2 Die DB-9-Variante 1105

	27.2.3 Die RJ-45-Variante	1106
	27.2.4 Der Yost-Standard für die RJ-45-Verkabelung	1107
27.3	Hard Carrier und Soft Carrier	1110
27.4	Hardware-Flusskontrolle	1111
27.5	Kabellänge	1111
27.6	Dateien für serielle Geräte	1112
27.7	setserial: Parameter für den seriellen Port festlegen	1112
27.8	Softwarekonfiguration für serielle Geräte	1113
27.9	Konfiguration für hartverdrahtete Terminals	1114
	27.9.1 Der Loginvorgang	1114
	27.9.2 Die Datei /etc/inittab	1116
	27.9.3 Unterstützung für Terminals: Die Datenbanken termcap und terminfo	1119
27.10	Sonderzeichen für den Terminaltreiber	1119
27.11	stty: Terminaloptionen festlegen	1121
27.12	tset: Optionen automatisch festlegen	1122
27.13	Terminalprobleme lösen	1123
27.14	Modems	1123
	27.14.1 Protokolle zur Modulation, Fehlerkorrektur und Datenkomprimierung	1124
	27.14.2 minicom: Einwählen	1125
	27.14.3 Bidirektionale Modems	1126
27.15	Serielle Verbindungen debuggen	1126
27.16	Andere gebräuchliche E/A-Anschlüsse	1127
	27.16.1 USB (Universal Serial Bus)	1128
27.17	Übungen	1129

28 Treiber und der Kernel — 1131

28.1	Kernelanpassung	1132
28.2	Treiber und Gerätedateien	1133
	28.2.1 Gerätedateien und -nummern	1134
	28.2.2 Gerätedateien erstellen	1135
	28.2.3 sysfs: Das Fenster zur Seele der Geräte	1135
	28.2.4 Namenskonventionen für Geräte	1136
28.3	Kernelkonfiguration – Wie und warum?	1137
28.4	Linux-Kernelparameter optimieren	1138

28.5 Einen Linux-Kernel erstellen 1140
    28.5.1 Reparieren Sie nichts, was nicht kaputt ist 1141
    28.5.2 Kerneloptionen konfigurieren 1142
    28.5.3 Die Binärdatei des Kernels erstellen 1143
28.6 Einen Linux-Gerätetreiber hinzufügen 1144
    28.6.1 Geräte erkennen 1146
28.7 Ladbare Kernelmodule 1147
28.8 Hot Plugging 1149
28.9 Bootoptionen festlegen 1150
28.10 Empfohlene Literatur 1151
28.11 Übungen 1151

29 Daemons 1153
29.1 init: Der Urprozess 1154
29.2 cron und atd: Zeitplanung für Kommandos 1155
29.3 xinetd und inetd: Daemons verwalten 1156
    29.3.1 xinetd konfigurieren 1157
    29.3.2 inetd konfigurieren 1159
    29.3.3 Die Datei services 1162
    29.3.4 portmap: RPC-Dienste zu TCP- und UDP-Ports zuordnen 1163
29.4 Kerneldaemons 1163
    29.4.1 klogd: Kernelnachrichten lesen 1164
29.5 Druckdaemons 1164
    29.5.1 cupsd: Scheduler für CUPS 1164
    29.5.2 lpd: Druckverwaltung 1165
29.6 Daemons für Dateidienste 1165
    29.6.1 rpc.nfsd: Dateien bereitstellen 1165
    29.6.2 rpc.mountd: Auf Einhängeanforderungen antworten 1165
    29.6.3 amd und automount: Dateisysteme bei Bedarf einhängen 1166
    29.6.4 rpc.lockd und rpc.statd: NFS-Sperren verwalten 1166
    29.6.5 rpciod: NFS-Blöcke zwischenspeichern 1166
    29.6.6 rpc.rquotad: Remote-Kontingente bereitstellen 1166
    29.6.7 smbd: Datei- und Druckdienste für Windows-Clients bereitstellen .. 1166
    29.6.8 nmbd: NetBIOS-Namensserver 1167
29.7 Daemons für administrative Datenbanken 1167
    29.7.1 ypbind: NIS-Server finden 1167
    29.7.2 ypserv: NIS-Server 1167

		29.7.3	rpc.ypxfrd: NIS-Datenbanken übertragen	1167
		29.7.4	lwresd: Schlanker Resolver-Bibliotheksserver	1167
		29.7.5	nscd: Cachedaemon für den Namensdienst	1168
	29.8	E-Mail-Daemons		1168
		29.8.1	sendmail: E-Mail übertragen	1168
		29.8.2	smtpd: SMTP-Daemon	1168
		29.8.3	popd: Einfacher Postfachserver	1168
		29.8.4	imapd: Postfachserver de luxe	1168
	29.9	Daemons für Remote-Login und Befehlsausführung		1169
		29.9.1	sshd: Sicherer Remote-Loginserver	1169
		29.9.2	in.rlogind: Veralteter Remote-Loginserver	1169
		29.9.3	in.telnetd: Noch ein Remote-Loginserver	1169
		29.9.4	in.rshd: Server zur Remote-Befehlsausführung	1170
	29.10	Boot- und Konfigurationsdaemons		1170
		29.10.1	dhcpd: Dynamische Adresszuweisung	1170
		29.10.2	in.tftpd: Server für die einfache Dateiübertragung	1171
		29.10.3	rpc.bootparamd: Erweiterte Unterstützung für festplattenlose Clients	1171
		29.10.4	hald: Daemon für die Hardwareabstraktionsschicht	1171
		29.10.5	udevd: Geräteverbindungsnachrichten serialisieren	1171
	29.11	Weitere Netzwerkdaemons		1171
		29.11.1	talkd: Netzwerk-Chatdienst	1171
		29.11.2	snmpd: Netzwerkdienste für die Remote-Verwaltung bereitstellen .	1172
		29.11.3	ftpd: Server für die Dateiübertragung	1172
		29.11.4	rsyncd: Dateien auf mehreren Hosts synchronisieren	1172
		29.11.5	routed: Routingtabellen pflegen	1173
		29.11.6	gated: Komplizierte Routingtabellen pflegen	1173
		29.11.7	named: DNS-Server	1173
		29.11.8	syslogd: Protokollnachrichten verarbeiten	1173
		29.11.9	in.fingerd: Benutzer nachschlagen	1174
		29.11.10	httpd: WWW-Server	1174
	29.12	ntpd: Zeitsynchronisierungsdaemon		1174
	29.13	Übungen		1176
30	**Management und Geschäftspolitik**			**1177**
	30.1	Machen Sie alle glücklich		1177
	30.2	Bestandteile einer funktionierenden IT-Organisation		1179

37

30.3 Die Rolle der Geschäftsführung 1180
    30.3.1 Führung 1181
    30.3.2 Personalverwaltung 1182
    30.3.3 Aufgaben zuweisen und verfolgen 1186
    30.3.4 Das obere Management 1187
    30.3.5 Konfliktlösung 1189

30.4 Die Rolle der Verwaltung 1190
    30.4.1 Verkauf 1191
    30.4.2 Einkauf 1191
    30.4.3 Buchhaltung 1193
    30.4.4 Personalabteilung 1193
    30.4.5 Marketing 1194
    30.4.6 Verschiedene Verwaltungsaufgaben 1195

30.5 Die Rolle der Entwicklungsabteilung 1195
    30.5.1 Architektonische Prozesse 1196
    30.5.2 Anatomie von Managementsystemen 1198
    30.5.3 Der Werkzeugkasten des Systemadministrators 1199
    30.5.4 Prinzipien der Softwareentwicklung 1200

30.6 Die Rolle der Geschäftsvorgänge 1201
    30.6.1 Minimale Ausfallzeiten 1202
    30.6.2 Abhängigkeiten dokumentieren 1202
    30.6.3 Ältere Hardware umwidmen oder entfernen 1203

30.7 Die Arbeit der Supportabteilung 1204
    30.7.1 Verfügbarkeit 1204
    30.7.2 Umfang der Dienstleistung 1205
    30.7.3 Spektrum der Fähigkeiten 1207
    30.7.4 Zeitmanagement 1209

30.8 Dokumentation 1209
    30.8.1 Standardisierte Dokumentation 1210
    30.8.2 Hardwarebeschriftung 1212
    30.8.3 Benutzerdokumentation 1213

30.9 Nachverfolgung von Anforderungen und Fehlerberichterstattung ... 1214
    30.9.1 Übliche Funktionen von Fehlerticketsystemen 1214
    30.9.2 Akzeptanz von Ticketsystemen 1215
    30.9.3 Ticketsysteme 1216
    30.9.4 Ticketausgabe 1217

30.10		Notfallwiederherstellung	1218
	30.10.1	Backups und Offline-Informationen	1219
	30.10.2	Verantwortliche für den Notfall	1220
	30.10.3	Strom und Klimaanlagen	1221
	30.10.4	Netzwerkredundanz	1222
	30.10.5	Sicherheitszwischenfälle	1223
	30.10.6	Lehren aus den Angriffen auf das World Trade Center	1223
30.11		Schriftliche Richtlinien	1224
	30.11.1	Sicherheitsrichtlinien	1227
	30.11.2	Benutzerrichtlinien	1228
	30.11.3	Richtlinien für die Systemadministration	1231
30.12		Rechtsfragen	1232
	30.12.1	Verschlüsselung	1232
	30.12.2	Urheberrecht	1233
	30.12.3	Datenschutz	1235
	30.12.4	Ungelesene Endbenutzer-Lizenzverträge	1237
	30.12.5	Richtlinien durchsetzen	1238
	30.12.6	Kontrolle = Verantwortung	1238
	30.12.7	Softwarelizenzen	1240
	30.12.8	Einhaltung gesetzlicher Bestimmungen	1241
30.13		Softwarepatente	1242
30.14		Standards	1244
	30.14.1	LSB (Linux Standard Base)	1244
	30.14.2	POSIX	1245
	30.14.3	ITIL (Information Technology Interface Library)	1245
	30.14.4	COBIT (Control Objectives for Information and related Technology)	1246
30.15		Linux-Kultur	1247
30.16		Mainstream-Linux	1248
30.17		Organisationen, Konferenzen und andere Quellen	1251
	30.17.1	Konferenzen und Messen	1252
	30.17.2	LPI (Linux Professional Institute)	1254
	30.17.3	Mailinglisten und Quellen im Web	1255
	30.17.4	Umfragen unter Systemadministratoren	1255
30.18		Empfohlene Literatur	1256
	30.18.1	Infrastruktur	1256
	30.18.2	Geschäftsleitung	1256

  30.18.3 Richtlinien und Sicherheit 1257
  30.18.4 Rechtsfragen, Patente und Datenschutz 1257
  30.18.5 Allgemeine Branchennachrichten 1258
30.19 Übungen 1258

Stichwortverzeichnis **1261**

Geleitwort von Linus Torvalds

Es war für mich sehr spannend, vorab diese rein auf Linux ausgerichtete Ausgabe des *UNIX System Administration Handbook* durchzusehen. In der dritten Ausgabe des *USAH* wurde zwar auch Red Hat behandelt, aber nur als eine von vier verschiedenen UNIX-Varianten. Diese Version des Buches spricht mehrere bedeutende Linux-Distributionen an und lässt die Themen aus, die keinen Bezug zu Linux haben. Ich war sehr neugierig darauf, was für einen Unterschied das machte.

Einen sehr großen, wie sich herausstellte. Linux-Distributionen nutzen einen gemeinsamen Pool von Open Source-Software und sind einander daher sehr viel ähnlicher als andere Versionen von UNIX. Daher ist der Text sehr viel spezifischer. Anstatt verschiedene Möglichkeiten vorzustellen, wie sich Ihr System verhalten *könnte*, erklären Ihnen die Autoren nun genau, wie es sich tatsächlich *verhält*.

Gleichzeitig wird dabei aber natürlich auch die Reichhaltigkeit und Mannigfaltigkeit der UNIX-Software immer noch angesprochen. Heutzutage läuft praktisch sämtliche populäre Software auch unter Linux, und wer Linux einsetzt, muss immer weniger Kompromisse eingehen. Die großen Hersteller wie IBM, Oracle und Silicon Graphics haben Linux angenommen, und es entwickelt sich schnell zu einem universellen Standard, mit dem andere Versionen von UNIX verglichen werden (und nicht immer zu deren Vorteil!).

Dieses Buch zeigt, dass Linux-Systeme genauso funktional, sicher und zuverlässig sind wie ihre proprietären Gegenstücke. Dank der stetigen Anstrengungen Tausender Entwickler ist Linux mehr als je zuvor bereit für den Einsatz in der Praxis. Die Autoren dieses Buches kennen ihr Terrain sehr gut, und ich bin froh, Sie in ihren kompetenten Händen zu wissen. Ich wünsche Ihnen viel Freude!

Linus Torvalds

Über die Autoren

Allgemeine Kommentare und Hinweise zu Fehlern richten Sie bitte (in englischer Sprache) an *linux@book.admin.com*. Aufgrund der Menge an E-Mails, die über diesen Alias eingehen, können wir leider keine technischen Fragen beantworten.

Evi Nemeth (*sailingevi@yahoo.com*) ist von der Informatik-Fakultät der Universität Colorado emeritiert, beschäftigt sich aber bei CAIDA (Cooperative Association for Internet Data Analysis) am San Diego Supercomputer Center immer noch mit Netzwerkforschung. Zurzeit erforscht sie die Karibik mit ihrem neuen Spielzeug, der 10-m-Segelyacht *Wonderland*.

Garth Snyder (*garth@grsweb.us*) hat bei NeXT und Sun gearbeitet und hat einen akademischen Grad in Elektrotechnik vom Swarthmore College sowie einen MD- und einen MBA-Grad von der Universität Rochester.

Trent R. Hein (*trent@atrust.com*) ist Mitbegründer von Applied Trust Engineering, einem Unternehmen, das Beratungsdienste zur Sicherheit und Leistung von Netzwerkinfrastruktur anbietet. An der Universität von Colorado hat er den Bachelor of Science in Informatik erworben.

Über die Beitragsautoren

Lynda McGinley ist seit 20 Jahren mit System- und Netzwerkadministration in einer Schulungsumgebung beschäftigt und hat Beiträge zur dritten Ausgabe des *UNIX System Administration Handbook* geleistet. Zurzeit arbeitet sie bei der University Corporation for Atmospheric Research als Ingenieurin für Systemsicherheit. Lynda glaubt, den besten Eindruck habe sie als Evis Systemadministratorin während vieler Jahre an der Universität von Colorado hinterlassen. :-)

Ben Whaley ist leitender Ingenieur bei Applied Trust Engineering. Er hat einen akademischen Grad in Informatik von der Universität von Colorado und ist Red Hat Certified Engineer. Er macht sich nicht nur seine Hände mit Perl- und PHP-Programmierung schmutzig, sondern ist auch Mentor im Programm »Big Brother Big Sister«.

Adam Boggs war studentischer Administrator in den Vordiplomlabs der Universität von Colorado in den späten 1990ern. Die letzten Jahre hat er als Kernelentwickler für Dateisysteme und Speicherung für Solaris und Linux zugebracht. Zurzeit arbeitet er als Netzwerk-, Speicher- und Clusteradministrator für Supercomputer in der Atmosphärensimulation.

Jeffrey S. Haemer (*js@usenix.org*) hat seit 1983 kommerziell mit UNIX und Linux gearbeitet und seitdem niemals Microsoft Word verwendet. Elf dieser Jahre brachte er bei den verschiedenen Inkarnationen des Druckerherstellers QMS zu. Evi hat Jeff das Fahren beigebracht. Sein Lieblingspalindrom lautet: »A man, a plan, a canal, Suez.«

Tobi Oetiker (*tobi@oetiker.ch*) ist gelernter Elektrotechniker und Systemadministrator aus Berufung. In diesem Feld arbeitet er bereits seit 1994. Nachdem er jahrelang eine Luxus-Computerumgebung für Studenten und Mitarbeiter der ETH Zürich ausgestattet und einige populäre Open Source-Anwendungen wie MRETG, RRDtool und SmokePing geschrieben hat, arbeitet er jetzt bei Oetiker + Partner AG, einem Anbieter von IT- und Beratungsdiensten. Er ist verheiratet und lebt in der Schweiz. Weitere Informationen über ihn finden Sie unter *tobi.oetiker.ch*.

Fritz Zaucker ist Physiker. Nach einigen Jahren der Forschungsarbeit zum Klimawandel hat er die letzten zehn Jahre als Leiter der IT Support Group (ISG.EE) bei der Abteilung für Informatik und Elektrotechnik an der ETH Zürich zugebracht. Zusammen mit einer Gruppe engagierter Mitarbeiter hat er die ISG.EE in eine professionelle Organisation umgewandelt, die sich auf effiziente Systemadministration, zuverlässige IT-Infrastruktur und Kundenzufriedenheit konzentriert. Er hat sich nun einigen seiner Freunde und Kollegen bei der Oetiker + Partner AG angeschlossen, einer IT- und Beratungsfirma, die auch IT-Dienste anbietet. Besuchen Sie Fritz Zaucker auf *www.zaucker.ch*. Fritz ist zusammen mit Evi und deren Nichten auf dem Mittelmeer gesegelt und empfiehlt von ganzem Herzen, Evi auf der *Wonderland* zu begleiten.

Scott Seidel ist leitender Ingenieur bei Applied Trust Engineering, wo er sich auf Unternehmenssicherheit und Leistungsverwaltung spezialisiert hat. Er hat einen akademischen Grad in Unternehmensverwaltung mit Schwerpunkt auf Informationssysteme und Finanzen von der Universität von Colorado in Boulder. Zu seinen Forschungsgebieten zählen Systemüberwachung und Servervirtualisierung. Wenn er nicht gerade Linux-Systeme verwaltet, findet man Scott in der Küche, wo er ein neues Rezept optimiert.

Bryan Buus ist stellvertretender Leiter der Ingenieursabteilung von Adeptive Software, einem Unternehmen zur Entwicklung maßgeschneiderter Software. Vor dem Dot-Com-Rummel war Bryan stellvertretender Leiter der Entwicklung bei XOR, wo er die Web- und Internetdienste der Firma leitete. Bryan hat Bachelor- und Mastergrade in Informatik von der Universität Boston.

Ned McClain (*ned@atrust.com*) ist Mitbegründer und CTO von Applied Trust Engineering. Bei technischen Konferenzen wie USENIX in den USA und APRICOT in Asien tritt er als Redner zu verschiedenen Themen über Systemadministration und Sicherheit auf. Ned hat einen akademischen Grad in Informatik vom College of Engineering der Cornell University und ist CISSP Nr. 39389.

David Schweikert arbeitet als Systemadministrator bei der ETH Zürich, wo er zusammen mit anderen für das E-Mail-System der Abteilung für Elektrotechnik verantwortlich zeichnet. Er ist der Entwickler der Open Source-Projekte Mailgraph (einem Tool, das Mailstatistiken ausgibt) und Postgrey (einer Greylisting-Implementierung für Postfix). David interessiert sich auch für Datenbanken und die großmaßstäbliche Systemadministration.

Vorwort

Als wir (vor ungefähr fünf Jahren) die erste (US-)Auflage dieses Buches geschrieben haben, begann sich Linux gerade erst in der Geschäftswelt zu beweisen. Wir hofften, dass das *Linux Administration Handbook* die Botschaft verbreiten würde, dass Linux ein First-Tier-Betriebssystem ist, das mit den Angeboten von Sun, HP und IBM mithalten kann.

Linux *ist* jetzt IBM. Für alle, die auf ein deutliches Signal dafür gewartet haben, dass die Linux-Gewässer auch für professionelle Schwimmer sicher sind, muss die Ankündigung von IBM im Jahre 2004, Linux in allen Serverproduktlinien zu unterstützen, sehr tröstlich gewesen sein. Niemand ist jemals gefeuert worden, weil er IBM-Produkte kaufte. Heute ist Linux im Allgemeinen eine ebenso sichere Option.[1]

Wir haben uns vorgenommen, ein Buch zu schreiben, das der ständige Begleiter eines professionellen Linux-Systemadministrators ist. Wo es geeignet erschien, haben wir die bewährten Konzepte und Inhalte aus unserem beliebten (US-)Buch *UNIX System Administration Handbook* übernommen. Dazu haben wir eine ganze Wagenladung Linux-spezifischen Materials hinzugefügt und den Rest aktualisiert, aber die erörterten Themen sind im Grunde genommen die gleichen. Wir hoffen, Sie stimmen mit uns darin überein, dass dabei ein qualitativ hochwertiger Leitfaden zur Linux-Administration herausgekommen ist, der von den Erfahrungen seiner früheren Inkarnation profitiert.

Kein anderes Buch über Linux-Systemadministration bietet die erforderliche Breite und Tiefe, um Linux in Geschäftsumgebungen effektiv einzusetzen. Die folgenden Merkmale unterscheiden unser Buch von allen anderen:

- Unser Ansatz ist praxisorientiert. Wir möchten nicht den Inhalt der Handbücher wiederholen, sondern unsere gesammelte Erfahrung in der Systemadministration wiedergeben. Dieses Buch enthält unzählige Veteranengeschichten und reichlich pragmatische Ratschläge.

---

1 *Zumindest im Serverbereich. Der Kampf entbrennt heute um den Desktopcomputer, einen Bereich, den Microsoft Windows immer noch praktisch allein beherrscht. Der Ausgang dieses Kampfes lässt sich nur schwer vorhersagen. Während wir diese Zeilen schreiben, bietet Windows nach wie vor eine elegantere Benutzeroberfläche. Aber das ist natürlich kein Argument gegen »freie Software«.*

- In diesem Buch geht es nicht darum, wie Sie Linux zu Hause, in Ihrer Garage oder auf Ihrem PDA ausführen. Wir beschreiben den Einsatz von Linux in einer Produktionsumgebung für Unternehmen, Regierungsstellen und Universitäten.

- Wir behandeln Linux-Netzwerke ausführlich. Dies ist der schwierigste Aspekt der Systemadministration und das Gebiet, auf dem wir unserer Meinung nach am besten helfen können.

- Wir vereinfachen die Themen nicht zu stark. Unsere Beispiele spiegeln Situationen aus der Praxis mit all ihren hässlichen Einzelheiten und Komplikationen wider. In den meisten Fällen wurden die Beispiele direkt einem Produktionssystem entnommen.

- Wir decken fünf der wichtigsten Linux-Distributionen ab.

Unsere Beispieldistributionen

Wie viele andere Betriebssysteme, hat sich Linux in unterschiedliche Richtungen entwickelt. Obwohl die Entwicklung des Kernels überraschend zentralisiert geblieben ist, obliegt das Packen und Verteilen vollständiger Linux-Betriebssysteme der Aufsicht verschiedener Gruppen mit jeweils eigenen Zielen.

Wir behandeln ausführlich fünf Linux-Distributionen:

- Red Hat Enterprise Linux 4.3 ES
- Fedora Core 5
- SUSE Linux Enterprise 10.2
- Debian GNU/Linux 4 »Etch« (Testrelease 9/06)
- Ubuntu 6.06 »Dapper Drake«

Wir haben diese Distributionen ausgewählt, da sie zu den beliebtesten gehören und die Linux-Gemeinde im Ganzen repräsentieren. Die meisten Inhalte dieses Buches gelten jedoch auch für andere verbreitete Distributionen.

Bei jedem Thema, das wir besprechen, geben wir ausführliche Informationen zu den einzelnen Beispieldistributionen. Kommentare zu einem bestimmten Betriebssystem sind mit dem Logo der jeweiligen Distribution gekennzeichnet.

Der Aufbau dieses Buches

Dieses Buch ist in drei Teile gegliedert: Grundlegende Verwaltung, Netzwerke und Verschiedenes.

Der Abschnitt über die grundlegende Verwaltung gibt einen breiten Überblick über Linux aus der Sicht des Systemadministrators. Die Kapitel in diesem Teil behandeln die meisten Fakten und Techniken, die Sie zum Betrieb eines eigenständigen Linux-Systems benötigen.

Im Abschnitt »Netzwerke« werden die von Linux-Systemen verwendeten Protokolle und die Techniken zum Aufsetzen, Erweitern und Warten von Netzwerken beschrieben. Auch höher angesiedelte Netzwerksoftware wird hier behandelt. Zu den angesprochenen Themen gehören DNS (Domain Name System), NFS (Network File System), Routing, `sendmail` und Netzwerkmanagement.

Der Teil »Verschiedenes« umfasst eine Vielzahl ergänzender Informationen. In einigen Kapiteln geht es um optionale Softwarepakete wie das Linux-Drucksystem, in anderen erhalten Sie Rat zu verschiedenen Themen von der Hardwarewartung bis zu den »politischen« Aspekten beim Betrieb einer Linux-Installation.

Im Anschluss an jedes Kapitel finden Sie eine Reihe von Übungen, wobei wir sie nach dem von uns geschätzten erforderlichen Aufwand gekennzeichnet haben. Mit »Aufwand« ist hier sowohl die Schwierigkeit der Aufgabe als auch die erforderliche Zeit zur Bearbeitung gemeint.

Es gibt dabei vier verschiedene Grade:

kein Stern	Einfach, sollte ohne Aufwand zu lösen sein
☆	Schwieriger oder länger; kann Laborarbeit erfordern
★★	Am schwierigsten bzw. längsten; kann Laborarbeit und Recherche erfordern
★★★★★	Semesterprojekte (nur in wenigen Kapiteln)

Einige der Übungen erfordern `root`- oder `sudo`-Zugriff auf das System, andere die Berechtigung der lokalen Gruppe der Systemadministratoren. Weitere Anforderungen werden jeweils im Text der Aufgabe erwähnt.

Unsere Beitragsautoren

Wir sind froh, dass uns Adam Boggs, Bryan Buus und Ned McClain wieder als Beitragsautoren unterstützt haben. In dieser Ausgabe heißen wir außerdem Ben Whaley, Tobi Oetiker, Fritz Zaucker, Jeffrey S. Haemer, David Schweikert und Scott Seidel als Mitarbeiter und Freunde willkommen. Ihr umfangreiches Wissen in einer Vielzahl von Gebieten hat den Inhalt dieses Buches sehr bereichert. Vor allem möchten wir Lynda McGinley danken, die nicht nur einen erheblichen Anteil des Textes übernommen hat, sondern auch unermüdlich damit beschäftigt war, die Arbeit unserer Mitarbeiter zu organisieren und zu erleichtern.

Kontaktinformationen

Senden Sie Anregungen, Kommentare und Berichte zu Fehlern bitte (in englischer Sprache) an *linux@book.admin.com*. Wir beantworten die meisten Mails, aber haben Sie bitte Geduld; es kann manchmal einige Tage dauern, bis einer von uns zum Antworten kommt. Aufgrund der Menge an E-Mails, die wir über diese Adresse empfangen, können wir leider keine technischen Fragen beantworten. Eine Kopie der aktuellen Errataliste und andere neueste Informationen erhalten Sie auf unserer Website *www.admin.com*.

Wir hoffen, dass Sie viel Freude an diesem Buch haben, und wünschen Ihnen viel Glück beim Abenteuer Systemadministration!

Evi Nemeth

Garth Snyder

Trent R. Hein

Danksagung

Viele Personen haben uns auf die eine oder andere Weise bei diesem Buch geholfen, sei es durch fachliche Überprüfung, Vorschläge für Übungsaufgaben oder moralische Unterstützung. Folgenden Menschen gebührt unser besonderer Dank für ihre Mitarbeit:

Bo Connell	Jon Corbet	Jim Lane
Sam Leffler	Cricket Liu	Derek Martin
Laszlo Nemeth	Eric Robinson	Sam Stoller
Paul Vixie	Aaron Weber	Greg Woods

Unsere Lektorinnen bei Prentice Hall, Catherine Nolan und Mary Franz, verdienen nicht nur unseren Dank, sondern auch einen Sonderpreis für den erfolgreichen Umgang mit durchgeknallten Autoren und einer Heerschar von Beitragsautoren, die sich manchmal wie ein ganzes Tausend von Co-Autoren ausnahm.

Mary Lou Nohr hat wiederum herausragende Arbeit als Lektorin geleistet. Wir möchten ihr gern sagen, dass wir auch in Zukunft wieder gern mit ihr zusammenarbeiten werden, aber das Futur hat sie uns untersagt.

Mark G. Sobells sorgfältige Indizierung hat sich bezahlt gemacht. Mit dem Ergebnis sind wir sehr glücklich.

Schließlich möchte sich Evi bei den unzähligen Strandbars und Cafés in der Karibik bedanken (und sich bei ihnen entschuldigen), deren kostenlose drahtlose Verbindungen sie ausgenutzt hat, indem sie an dem Ort mit dem stärksten Signalempfang vor Anker ging. Während sie da mit ihren Kapiteln kämpfte, ohne dem Paradies um sie herum Beachtung zu schenken, hat sie sich geschworen, dass dies ihre letzte Ausgabe sei. Aber wer soll ihr das schon glauben?

Teil A
Grundlegende Verwaltung

1 Erste Schritte

Wir möchten ein Buch schreiben, das der treue Begleiter eines Systemadministrators ist, indem es ihm die praktischen Ratschläge und die grundlegende Theorie bietet, die er beim Lesen der man-Seiten nicht erhält. Daher ist dieses Buch so gestaltet, dass es die vorhandene Linux-Dokumentation ergänzt – nicht ersetzt.

Das Buch hilft Ihnen auf fünf Arten:

- Es gibt einen Überblick über die wichtigsten Verwaltungssysteme, stellt deren verschiedene Bestandteile dar und erläutert, wie sie zusammenarbeiten.
- Es führt allgemeine Techniken zur Systemverwaltung ein, die nach unserer Erfahrung leistungsfähig und nützlich sind.
- Es hilft Ihnen dabei, Lösungen auszuwählen, die auch dann noch gut funktionieren, wenn die Größe und Komplexität Ihrer Umgebung wachsen.
- Es hilft dabei, gute von schlechten Ideen zu unterscheiden, und klärt Sie über Geschmacksverirrungen der Distributoren auf.
- Es fasst häufig verwendete Verfahren zusammen, sodass Sie sich nicht durch die ausufernden Details der man-Seiten quälen müssen, um einfache Aufgaben zu erledigen.

Es ist unmöglich, diese Aufgaben vollkommen objektiv auszuführen, aber wir glauben, dass wir unsere Vorlieben im gesamten Text recht deutlich gemacht haben. Einer der interessanten Gesichtspunkte der Systemadministration besteht darin, dass vernünftige Leute drastisch verschiedene Ansichten über die geeignetsten Richtlinien und Verfahren haben können. Wir bieten Ihnen unsere subjektiven Meinungen als Rohdaten an. Sie müssen für sich selbst entscheiden, wie viel Sie davon annehmen und bis zu welchem Grad unsere Kommentare auf Ihre Umgebung zutreffen.

1.1 Vorausgesetztes Grundwissen

In diesem Buch nehmen wir an, dass Sie eine gewisse Erfahrung mit Linux oder UNIX haben. Insbesondere sollten Sie eine allgemeine Vorstellung davon haben, wie Linux aus der Perspektive eines Benutzers aussieht, bevor Sie sich in die Administration stürzen. Es gibt mehrere gute Bücher, die Sie auf Kurs bringen (siehe die Literaturliste am Ende dieses Kapitels).

Für die meisten Verwaltungsaufgaben bearbeiten Sie Konfigurationsdateien oder schreiben Skripte, sodass Sie mit einem Texteditor vertraut sein müssen. Zum Schrecken vieler ist die Verwendung von Microsoft Word als einzigem Texteditor eine merkliche Behinderung einer erfolgreichen Systemadministration.

Wir empfehlen daher dringend, dass Sie die Bedienung von *vi* erlernen (der auf den meisten Linux-Systemen in seiner umgeschriebenen Form *vim* vorhanden ist). Er ist auf allen UNIX- und Linux-Systemen Standard, und auch wenn er im Vergleich zu den etwas schickeren Angeboten wie z. B. *emacs* etwas farblos erscheinen mag, ist er leistungsfähig und vollständig. Uns gefällt auch *pico*, ein einfacher und schlanker »Anfängereditor«, der gut für neue Systemadministratoren geeignet und in vielen Distributionen enthalten ist. Hüten Sie sich vor Nicht-Standard-Editoren. Wenn Sie von einem abhängig sind, werden Sie es bald überdrüssig werden, ihn immer mitzuschleppen und auf jedem neuen System zu installieren.

Eine der Hauptstützen der Administration (und ein Thema, das Sie im ganzen Buch begleiten wird) ist die Verwendung von Skripten, um Verwaltungsaufgaben zu automatisieren. Um als Administrator effektiv zu sein, müssen Sie Perl- und *sh*-Skripte (die in der Linux-Welt eigentlich *bash*-Skripte sind) lesen und verändern können. Skripte, die Sie neu schreiben, können in der Shell- oder Skriptsprache Ihrer Wahl geschrieben werden.

Auf *cpan.org* finden Sie eine vollständige Auswahl nützlicher Perl-Software.

Für neue Skriptprojekte empfehlen wir Perl oder Python. Als Programmiersprache ist Perl ein wenig seltsam (nun gut, mehr als ein wenig). Es enthält jedoch viele Eigenschaften, die für Administratoren unerlässlich sind. Das bei O'Reilly erschienene Buch *Programmieren mit Perl* von Larry Wall et al. ist der Standardtext; es ist auch ein Musterbeispiel für gute technische Literatur. Vollständige Informationen zum Buch finden Sie am Ende dieses Kapitels.

Viele Administratoren ziehen Python vor, und wir kennen Sites, die eine gemeinschaftliche Anstrengung unternehmen, von Perl auf Python umzustellen. Python ist eleganter als Perl, und Python-Skripte sind im Allgemeinen lesbarer und einfacher zu warten. Eine nützliche Linksammlung zum Vergleich von Python mit anderen Skriptsprachen (einschließlich Perl) finden Sie unter *www.python.org/doc/Comparisons.html*.

Wir empfehlen Ihnen auch, *expect* zu lernen. Es ist keine Programmiersprache, sondern eher ein Front-End zum Steuern interaktiver Programme. Sie werden *expect* vermutlich recht schnell begreifen.

1.2 Die Beziehung von Linux zu UNIX

Die gemeinsame Nennung von Linux und UNIX in einem Satz ist wie das Betreten eines politischen Minenfelds oder vielleicht wie das Versinken in einer großen Fläche Treibsand. Hier ist unsere kurze Version der Fakten, so klar und objektiv ausgedrückt, wie es uns möglich ist.

Linux ist eine Neuimplementierung und Weiterentwicklung von UNIX. Es erfüllt den POSIX-Standard, läuft auf mehreren Hardwareplattformen und ist mit nahezu jeder vorhandenen UNIX-Software kompatibel. Es unterscheidet sich von den meisten anderen UNIX-Varianten dahingehend, dass es frei, Open Source und gemeinschaftlich entwickelt ist, mit Beiträgen Tausender unterschiedlicher Personen und Organisationen. Linux enthält technische Verfeinerungen, die in den ursprünglichen UNIX-Versionen nicht enthalten waren, sodass es mehr als nur ein UNIX-Klon ist. Es führt auch juristisch ein selbstständiges Dasein und kann streng genommen nicht als »UNIX« bezeichnet werden.

Es ist erwähnenswert, dass Linux nicht das einzige freie UNIX-artige Betriebssystem auf der Welt ist. FreeBSD, NetBSD und OpenBSD, alles Abkömmlinge der Berkeley Software Distribution von der Universität Berkeley, haben glühende Verehrer. Diese Betriebssysteme sind in ihren Eigenschaften und ihrer Zuverlässigkeit im Allgemeinen mit Linux vergleichbar, obwohl sie etwas weniger Unterstützung durch Software-Drittanbieter haben.

Linux-Software ist UNIX-Software. Im Wesentlichen wurde dank des GNU-Projekts der überwiegende Teil der wichtigen Software, aus der der Wert der UNIX-Systeme resultiert, mit einer Form des Open Source-Modells entwickelt. Auf Linux- und Nicht-Linux-Systemen ist derselbe Quelltext lauffähig. Zum Beispiel kümmert es den Apache-Webserver wenig, ob er auf Linux oder HP-UX ausgeführt wird. Aus der Sicht der Anwendungen ist Linux einfach die am besten unterstützte UNIX-Variante.

UNIX- und Linux-Systeme werden seit vielen Jahren in Produktionsumgebungen eingesetzt.[1]

1.3 Die Geschichte von Linux

Linux entstand 1991 als persönliches Projekt von Linus Torvalds, einem finnischen Studenten. Er entwickelte es ursprünglich als bescheidenen Abkömmling von Minix, einem modellhaften Betriebssystem von Andrew S. Tannenbaum. Linux erweckte jedoch ein beträchtliches Interesse auf der ganzen Welt, und der Kernel entwickelte bald ein Eigenleben. Unter Ausnutzung der Möglichkeiten, die eine gemeinschaftliche Entwicklung bietet, war Torvalds in der Lage, einen wesentlich anspruchsvolleren Plan anzugehen. Die Kernelversion 1.0 erschien 1994; während der Arbeit an diesem Buch (September 2006) liegt die aktuelle stabile Version des Linux-Kernels bei 2.6.17.

Da Linux seinen UNIX-Vorfahren viel verdankt, ist es nicht ganz fair, den Beginn der Linux-Ära auf 1991 zu legen. Die Geschichte von UNIX führt mehrere Jahrzehnte zurück in das Jahr 1969, als UNIX als Forschungsprojekt in den Bell Labs von AT&T

---

1 Der Ausdruck »Produktionsumgebung« bezeichnet eine Umgebung, auf die eine Organisation angewiesen ist, um ihre Geschäftsprozesse auszuführen (im Gegensatz zu Test-, Forschungs- und Entwicklungsumgebungen).

begann. 1976 wurde UNIX für Universitäten kostenfrei zur Verfügung gestellt und bildete daher die Grundlage vieler Betriebssystemkurse und akademischer Forschungsprojekte.

Berkeley UNIX wurde 1977 in Angriff genommen, als die Computer Systems Research Group (CSRG) an der Universität Berkeley den Quelltext von AT&T lizenzierte. Die Versionen von Berkeley (genannt BSD für Berkeley Software Distribution) begannen mit 1BSD für die PDP-11 und gipfelten in 4.4BSD im Jahre 1993.

Als UNIX kommerzielle Anerkennung erlangte, stieg der Preis für Quelltextlizenzen rasant an. Schließlich setzte Berkeley sich das langfristige Ziel, den AT&T-Code aus BSD zu entfernen, was ein umfangreicher und zeitaufwändiger Prozess war. Bevor die Arbeit abgeschlossen werden konnte, verlor Berkeley die Geldmittel für die Betriebssystemforschung und die CSRG wurde aufgelöst.

Vor ihrer Auflösung gab die CSRG ihre abschließende Sammlung von AT&T-freiem Quelltext heraus, bekannt als 4.4BSD-Lite. Die meisten aktuellen Versionen von BSD UNIX (einschließlich FreeBSD, NetBSD, Mac OS X[2] und OpenBSD) nehmen 4.4BSD-Lite als Vorfahr für sich in Anspruch.

Der überwiegende Teil der anderen bedeutenden UNIX-Versionen (einschließlich HP-UX und Solaris) sind Abkömmlinge der ursprünglichen AT&T-Familie. Linux hat keinen Quellcode mit den UNIX-Versionen von AT&T oder Berkeley gemeinsam, liegt aber funktional irgendwo zwischen den beiden.

1.4 Linux-Distributionen

Linux unterscheidet sich von anderen UNIX-Varianten dadurch, dass das grundlegende Kernelprojekt lediglich einen Betriebssystemkernel definiert. Der Kernel muss mit Befehlen, Daemonen und anderer Software gebündelt werden, um ein brauchbares und vollständiges Betriebssystem zu bilden – im Linux-Sprachgebrauch eine »Distribution«. Alle Linux-Distributionen stammen von demselben Kernel ab, aber das Zusatzmaterial, das diesen Kernel begleitet, kann je nach Distribution sehr unterschiedlich sein.

Tipp

Weitere Informationen zu Distributionen finden Sie in Abschnitt 30.16.

---

2 Streng genommen ist der Kernel von MAC OS X eine Variante von Mach, einem Hybridsystem, das sowohl BSD-Bestandteile als auch Teile enthält, die wenig nach UNIX aussehen.

1.4 Linux-Distributionen

Dieses »Zusatzmaterial« besteht aus einer umfangreichen Softwaresammlung, die während der letzten dreißig Jahre von Tausenden Einzelpersonen entwickelt wurde. Es wurde mit einer gewissen Berechtigung eingewandt, dass die schlichte Bezeichnung des vollständigen Betriebssystems als »Linux« nicht die Beiträge dieser Entwickler und den geschichtlichen Zusammenhang, in dem sie arbeiteten, anerkennt. Unglücklicherweise hat die am häufigsten vorgeschlagene Alternative »GNU/Linux« ihre eigene politische Belastung und wurde offiziell nur von der Debian-Distribution gebilligt. Der Wikipedia-Artikel »GNU/Linux-Namensstreit« gibt einen Überblick über die Argumente beider Seiten.

Distributionen unterscheiden sich in ihrem Schwerpunkt, ihrem Support und ihrer Beliebtheit. Tabelle 1.1 führt die beliebtesten Universal-Distributionen auf. Sie sind in alphabetischer Reihenfolge und nicht nach Vorlieben oder Beliebtheit sortiert.

Distribution	Website	Kommentare
CentOS	www.centos.org	Freie Version von Red Hat Enterprise Linux
Debian	www.debian.org	Eine populäre, nichtkommerzielle Distribution
Fedora	fedora.redhat.com	Entkommerzialisiertes Red Hat Linux
Gentoo	www.gentoo.org	Quelltextbasierte Distribution
Mandriva[a]	www.mandriva.com	Eine der benutzerfreundlichsten Distributionen
openSUSE	www.opensuse.org	Freie Version von SUSE Linux Enterprise
Red Hat Enterprise	www.redhat.com	Superkommerzialisiertes Red Hat Linux
Slackware	www.slackware.com	Stabile, grundlegende, nackte Distribution
SUSE Linux Enterprise	www.novell.com/linux	Stark in Europa, mehrsprachig
TurboLinux	www.turbolinux.com	Stark in Asien, mehrsprachig
Ubuntu	www.ubuntu.com	Aufgeräumte Version von Debian

Tabelle 1.1: Die beliebtesten Linux-Universal-Distributionen

a) *Zuvor Mandrakelinux*

Viele kleinere Distributionen sind nicht in Tabelle 1.1 aufgeführt, und viele nicht angegebene Spezial-Distributionen wenden sich an Gruppen mit besonderen Bedürfnissen (wie z. B. an Entwickler eingebetteter Systeme).

Eine nicht in Tabelle 1.1 erwähnte nützliche Distribution ist Knoppix (*www.knoppix.com*), eine Linux-Version auf einer bootfähigen CD. Ihr Hauptwert besteht in der Verwendung als Rettungs-CD für ein Linux-System, das aufgrund eines Sicherheits-

oder technischen Problems nicht mehr gestartet werden kann. Das Konzept der bootfähigen CD hat sich als derart beliebt herausgestellt, dass die meisten großen Distributionen sich in diese Richtung bewegen. Da Ubuntu jetzt von der Distributions-CD starten kann, wird Knoppix weniger wichtig. Eine aktuelle Liste bootfähiger Linux-Distributionen finden Sie unter *www.frozentech.com/content/livecd.php*.

Red Hat ist seit fast einem Jahrzehnt eine treibende Kraft in der Linux-Welt und ihre Distributionen sind in Nordamerika vorherrschend. 2003 wurde die ursprüngliche Red Hat Linux-Distribution in eine produktionsorientierte Linie namens Red Hat Enterprise Linux (die wir in diesem Buch manchmal als RHEL bezeichnen) und ein gemeinschaftlich orientiertes Entwicklungsprojekt namens Fedora aufgeteilt. Die Spaltung beruhte auf verschiedenen technischen, wirtschaftlichen, logistischen und rechtlichen Gründen, aber bisher blieben die Distributionen ähnlich. RHEL bietet eine großartige Unterstützung und Stabilität, es ist jedoch ohne die Zahlung von Lizenzgebühren an Red Hat nicht nutzbar.

Das CentOS-Projekt (*www.centos.org*) sammelt Quellcode, den Red Hat unter verschiedenen Lizenzbestimmungen veröffentlichen muss (in erster Linie unter der GNU Public Licence), und stellt ihn zu einer vollständigen Distribution zusammen, die Red Hat Enterprise Linux sehr stark ähnelt, aber kostenfrei ist. Ihr fehlen das Red Hat-Markenzeichen und einige proprietäre Tools, sie ist aber ansonsten äquivalent. CentOS strebt nach vollständiger Binärkompatibilität mit RHEL – sozusagen Bug für Bug.

CentOS ist eine hervorragende Wahl für Unternehmen, die eine produktionsorientierte Distribution einsetzen möchten, ohne Gebühren an Red Hat zu bezahlen. Es ist auch eine Mischform möglich: Server in der ersten Reihe arbeiten unter Red Hat Enterprise Linux und genießen die hervorragende Unterstützung von Red Hat, während Arbeitsplatzrechner mit CentOS ausgestattet sind. Diese Zusammenstellung deckt die wichtigen Aspekte Risiko und Unterstützung ab, während sie gleichzeitig die Kosten und die Komplexität der Verwaltung minimiert.

SUSE, inzwischen zu Novell gehörend, ist kürzlich dem Weg von Red Hat gefolgt und hat sich in zwei verwandte Distributionen aufgespalten: Eine, die ausschließlich freie Software enthält (openSUSE), sowie eine weitere, die Geld kostet, eine formale Unterstützung enthält und etwas Zusatzmaterial anbietet (SUSE Linux Enterprise). Früher schien es Bemühungen zu geben, das Vorhandensein einer freien SUSE-Version zu verbergen, doch Novell geht offener damit um als die ehemaligen Besitzer von SUSE. Heute finden Sie die neuesten Informationen direkt unter *www.opensuse.org*. In diesem Buch wird nichts spezifisch für die eine oder die andere SUSE-Distribution erwähnt, sodass wir beide einfach mit »SUSE« bezeichnen.

Die Distributionen Debian und Ubuntu verfechten eine ideologische Verpflichtung zur gemeinschaftlichen Entwicklung und zu freiem Zugang, sodass es niemals irgendwelche Unklarheiten darüber gibt, welche Teile der Distribution frei oder weiterverteilbar sind. Debian überlebt mit dem Eifer und dem guten Willen der GNU-Gemeinschaft, während Ubuntu momentan philanthropische Mittel des südafrikanischen Unternehmers Mark Shuttleworth genießt. Ubuntu schickt Ihnen sogar Gratis-CDs per Post, portofrei.

1.4.1 Welche Distribution ist die Beste?

Welche Distribution für Sie die Richtige ist, hängt davon ab, wie Sie das System nutzen möchten, mit welchen UNIX-Varianten Sie vertraut sind, welche politischen Sympathien Sie haben und welche Unterstützung Sie benötigen.

Die meisten Linux-Distributionen können alles, was Sie jemals mit einem Linux-System tun möchten. Manche erfordern zur vollen Funktionalität die Installation zusätzlicher Software, und einige vereinfachen bestimmte Aufgaben; die Unterschiede zwischen ihnen sind jedoch nicht sehr groß. Tatsächlich ist es ein wenig rätselhaft, warum es so viele verschiedene Distributionen gibt, von denen jede als entscheidendes Merkmal eine »einfache Installation« und eine »umfangreiche Softwarebibliothek« für sich beansprucht. Es ist schwer, nicht zu dem Schluss zu kommen, dass Menschen einfach nur gerne neue Linux-Distributionen zusammenstellen.

Da unser Schwerpunkt in diesem Buch auf der Verwaltung umfangreicher Linux-Installationen liegt, bevorzugen wir Distributionen wie Red Hat Enterprise Linux, die die Verwaltung von Rechnernetzwerken einbeziehen. Einige Distributionen wurden für den Einsatz in Produktionsumgebungen entworfen, andere nicht. Diese zusätzlichen Eigenschaften, die die produktionsorientierten Systeme anbieten, können bei der Erleichterung der Verwaltung einen deutlichen Unterschied ausmachen.

Wenn Sie eine Distribution erwerben, investieren Sie in die Art und Weise, wie ein bestimmter Hersteller vorgeht. Anstatt sich nur die Eigenschaften der installierten Software anzuschauen, sollten Sie darüber nachdenken, wie Ihre Organisation und dieser Hersteller in den kommenden Jahren miteinander zusammenarbeiten werden. Einige wichtige Fragen dabei sind:

- Wird es diese Distribution auch in fünf Jahren noch geben?
- Sind für diese Distribution stets die neuesten Sicherheits-Updates verfügbar?
- Gibt diese Distribution aktualisierte Software zügig heraus?
- Kann ich mich bei Problemen an den Hersteller wenden?

In diesem Licht betrachtet sehen einige der interessanteren, ausgefallenen, kleinen Distributionen nicht so reizvoll aus. Andererseits sind die lebensfähigsten Distributionen nicht unbedingt die kommerziellen. Wir erwarten z.B., dass Debian (ja, ja, Debian GNU/Linux!) noch ein wenig am Leben bleibt, obwohl Debian keine Firma ist, nichts verkauft und keine formelle Unterstützung nach Bedarf anbietet.

Eine ausführliche Liste mit Distributionen, einschließlich vieler nicht englischsprachiger, finden Sie unter *www.linux.org/dist*, *lwn.net/Distributions* und *distrowatch.com*.

In diesem Buch verwenden wir für unsere Beispiele fünf populäre Distributionen: Red Hat Enterprise Linux 4.3 ES, Fedora Core 5, SUSE Linux Enterprise 10.2, Ubuntu 6.06 (»Dapper Drake«) sowie die (im September 2006) aktuelle Testversion von Debian GNU/Linux 4 (»Etch«). Diese Systeme stellen einen Querschnitt des Linux-Markts für Unternehmen dar und bilden gemeinsam den Großteil der heute in großen Installationen verwendeten Distributionen.

1.4.2 Distributionsspezifische Verwaltungstools

Viele Distributionen enthalten grafisch orientierte Werkzeuge (wie z. B. das Red Hat Network Administration Tool oder YaST2 von SUSE), die Ihnen bei der Konfiguration oder Verwaltung ausgewählter Bereiche des Systems helfen. Diese Tools können sehr nützlich sein, insbesondere für Anfänger auf dem Gebiet der Systemadministration, doch sie verbergen leider die Einzelheiten, die bei Änderungen tatsächlich ablaufen. In diesem Buch behandeln wir aus unterschiedlichen Gründen die zugrunde liegenden Mechanismen, auf die die grafischen Werkzeuge verweisen, und nicht die Tools selbst.

Erstens neigen diese grafischen Tools dazu, proprietär oder zumindest distributionsspezifisch zu sein – sie führen Varianten in Prozesse ein, die eigentlich auf einer niedrigeren Ebene über verschiedene Distributionen hinweg gleich sein sollten. Zweitens sind wir der Meinung, dass es für Administratoren wichtig ist, ein genaues Verständnis davon zu haben, wie ihr System arbeitet. Wenn das System Schwierigkeiten macht, sind die grafischen Tools in der Regel nicht hilfreich dabei, die Probleme zu lokalisieren und zu beheben. Schließlich ist die manuelle Konfiguration oftmals einfach besser: schneller, flexibler, zuverlässiger und einfacher als Skript zu schreiben.

1.5 Schreibweisen in diesem Buch

Dateinamen, Befehle und Literalargumente von Befehlen erscheinen in diesem Buch in nichtproportionaler Schrift bzw. innerhalb von Listings in Fettschrift, Platzhalter (also Befehlsargumente, die nicht wörtlich zu übernehmen sind) in Kursivschrift. In dem Befehl

```
cp datei verzeichnis
```

wird z. B. erwartet, dass Sie *datei* und *verzeichnis* durch die Namen einer tatsächlichen Datei und eines tatsächlichen Verzeichnisses ersetzen.

Auszüge aus Konfigurationsdateien und Terminalsitzungen sind in Nichtproportionalschrift angegeben. Manchmal kommentieren wir interaktive Sitzungen mit kursivem Text, wie in dem folgenden Beispiel:

```
$ grep Bob /pub/phonelist    /* Bobs Telefonnummer nachschlagen */
Bob Knowles 555-2834
Bob Smith 555-2311
```

Im Allgemeinen verwenden wir dieselben Konventionen wie die man-Seiten, um die Syntax von Befehlen anzugeben:

- Alles zwischen eckigen Klammern ([und]) ist optional.
- Drei Punkte geben an, dass der vorhergehende Ausdruck wiederholt werden kann.
- Geschweifte Klammern ({ und }) bedeuten, dass Sie eine der durch senkrechte Striche (|) getrennten Optionen angeben müssen.

1.5 Schreibweisen in diesem Buch

Zum Beispiel treffen auf die Angabe

```
bork [ -x ] { on | off } filename ...
```

die folgenden Befehle zu:

```
bork on /etc/passwd
bork -x off /etc/passwd /etc/termcap
bork off /usr/lib/tmac
```

Für die Mustererkennung verwenden wir Shell-Globbing-Zeichen:

- Ein Stern (*) steht für null oder mehrere beliebige Zeichen.
- Ein Fragezeichen (?) steht für ein beliebiges Zeichen.
- Eine Tilde (~) gibt das Heimatverzeichnis des aktuellen Benutzers an.
- ~user gibt das Heimatverzeichnis des Benutzers user an.

Wir können z. B. die Verzeichnisse für die Startskripte von Debian, /etc/rc0.d, /etc/rc1.d usw., mit der Abkürzung /etc/rc*.d bezeichnen.

1.5.1 Distributionsspezifische Informationen

Die Informationen in diesem Buch gelten im Allgemeinen für alle unsere Beispieldistributionen, sofern keine bestimmte Bezeichnung angegeben ist. Einzelheiten für eine bestimmte Distribution sind mit dem Logo des Herstellers gekennzeichnet:

   Red Hat Enterprise Linux 4.3 ES

   Fedora Core 5

   SUSE Linux Enterprise 10.2

   Ubuntu 6.06 »Dapper Drake«

   Debian GNU/Linux 4 »Etch« (Testrelease von September 2006)

Wir verwenden diese Logos mit der freundlichen Genehmigung ihrer jeweiligen Besitzer. Die Distributoren haben den Inhalt dieses Buchs jedoch weder überprüft noch bestätigt.

1.6 Informationen finden

Die Linux-Dokumentation ist über eine Vielzahl von Quellen verstreut, von denen Sie einige auf Ihrem System und einige im Web finden. Die Wichtigsten sind:

- Die man-Seiten, die mit dem Befehl man gelesen werden
- Texinfo-Dokumente, gelesen mit dem Befehl info
- HOWTOs, kurze Anmerkungen zu verschiedenen Objekten (*www.tldp.org*)
- Anleitungen, längere Abhandlungen über verschiedene Objekte (*www.tldp.org*)
- Distributionsspezifische Informationen
- Webseiten zu einzelnen Softwareprojekten

Die man-Seiten und Texinfo-Dokumente bilden die traditionelle »Online«-Dokumentation (obwohl natürlich die gesamte Dokumentation auf irgendeine Art online ist). Diese Dokumentationen werden normalerweise mit dem System zusammen installiert; programmspezifische man-Seiten sind in der Regel dabei, wenn Sie ein neues Paket installieren.

Die man-Seiten sind knappe Beschreibungen einzelner Befehle, Treiber, Dateiformate oder Bibliotheksroutinen. Sie sprechen keine allgemeineren Themen an wie z. B. »Wie installiere ich ein neues Gerät?« oder »Warum ist mein System so langsam?« Für solche Fragen sollten Sie die HOWTOs zurate ziehen.

Texinfo-Dokumente wurden vor langer Zeit von der GNU-Gemeinde als Reaktion auf die Tatsache eingeführt, dass die Rechte an dem Befehl nroff zum Formatieren der man-Seiten bei AT&T lagen. Heute gibt es für diese Zwecke ein eigenes groff von GNU, sodass das nroff-Problem unbedeutend ist. Leider besteht die Dokumentation vieler GNU-Pakete weiterhin aus Texinfo-Dateien statt aus man-Seiten. Texinfo ist nicht nur ein unnötiger zweiter Dokumentationsstandard, sondern auch ein recht unübersichtliches kleines Hypertextsystem für sich selbst.

Um der Texinfo-Hölle zu entkommen, übergeben Sie die Ausgabe von info per Pipe an den Befehl less, sodass Sie das eingebaute Navigationssystem von info umgehen. Als Nebeneffekt profitieren Sie so auch von den in less eingebauten Suchfunktionen.

Glücklicherweise installieren Pakete, die mit Texinfo dokumentiert sind, in der Regel eine rudimentäre man-Seite, die darauf hinweist, dass Sie weitere Informationen über das entsprechende Paket mit dem Befehl info abrufen können. Zum Durchsuchen der man-Seiten können Sie sich auf den Befehl man verlassen und müssen nur dann in das info-Land abtauchen, wenn Sie dazu aufgefordert werden. info info führt Sie in die dunklen Geheimnisse von Texinfo ein.

HOWTOs und Anleitungen werden vom Linux-Dokumentationsprojekt (The Linux Documentation Project) unterhalten und sind online unter *www.tldp.org* erreichbar. Das LDP ist eine zentrale Quelle für alle Arten nützlicher Linux-Dokumentationen. Es koordiniert auch die Bemühungen, Dokumente zu Linux in andere Sprachen zu übersetzen.

1.6 Informationen finden

Einige freie, online verfügbare LDP-Anleitungen mit besonderer Relevanz für Systemadministratoren sind *The Linux System Administrators' Guide* von Lars Wirzenius, Joanna Oja, Stephen Stafford und Alex Weeks, der *Advanced Bash-Scripting Guide* von Mendel Cooper, *The Linux Network Administrator's Guide, Second Edition* von Olaf Kirch und Terry Dawson sowie *Linux System Administration Made Easy* von Steve Frampton.

Leider werden viele der LDP-Dokumente nicht regelmäßig gepflegt. Da Linux-Jahre in ihrem Bezug zur tatsächlichen Zeit ähnlich wie Hundejahre zu messen sind, neigen vernachlässigte Dokumente dazu, schnell zu veralten. Überprüfen Sie stets die Datumsangabe eines HOWTOs oder einer Anleitung und wägen Sie die Glaubwürdigkeit entsprechend ab.

Viele der wichtigsten Teile der Softwarebasis von Linux werden von neutralen Dritten wie dem Internet Systems Consortium und der Apache Software Foundation gewartet. Diese Gruppen erstellen in der Regel ausreichende Dokumentationen zu den von ihnen verbreiteten Paketen. Distributionen bündeln manchmal die Software, geizen jedoch mit der Dokumentation, sodass es oftmals nützlich ist, die Originalquelle daraufhin zu überprüfen, ob zusätzliches Material verfügbar ist.

Eine weitere nützliche Informationsquelle zur Gestaltung vieler Linux-Softwarepakete ist die Dokumentenreihe »Request for Comments«, die die im Internet verwendeten Protokolle und Verfahren beschreibt. Nähere Informationen finden Sie in Abschnitt 12.1.

1.6.1 Aufbau der man-Seiten

Die man-Seiten von Linux sind in der Regel in neun Abschnitte unterteilt, wie in Tabelle 1.2 angegeben.

Abschnitt	Inhalt
1	Befehle und Anwendungen auf Benutzerebene
2	Systemaufrufe und Fehlercodes des Kernels
3	Bibliotheksaufrufe
4	Gerätetreiber und Netzwerkprotokolle
5	Standard-Dateiformate
6	Spiele und Demos
7	Verschiedene Dateien und Dokumente
8	Systemadministrationsbefehle
9	Obskure Kernelspezifikationen und -schnittstellen

Tabelle 1.2: Abschnitte der man-Seiten für Linux

Einige Abschnitte sind noch weiter unterteilt. Zum Beispiel enthält der Abschnitt 3M die man-Seiten zur Mathematikbibliothek des Systems. Die Abschnitte 6 und 9 sind in der Regel leer. Viele Systeme haben einen Anschnitt l für lokale man-Seiten. Eine weitere gebräuchliche Konvention ist n für softwarespezifische Unterbefehle (wie z. B. bash-Integration).

Die nroff-Eingaben für man-Seiten befinden sich in der Regel in der Verzeichnissen /usr/share/man/manX, wobei X eine Ziffer von 1 bis 9 oder l bzw. n ist. Die Seiten sind normalerweise mit gzip komprimiert, um Platz zu sparen. (Der Befehl man weiß, wie sie im laufenden Betrieb zu dekomprimieren sind.) Formatierte Versionen der man-Seiten befinden sich in /var/cache/man/catX. Der Befehl man formatiert die man-Seiten bei Bedarf; wenn die cat-Verzeichnisse Schreibrechte haben, legt man sie beim Erstellen auch hier ab und erstellt so einen Cache für häufig gelesene man-Seiten.

Der Befehl man durchsucht tatsächlich eine Anzahl verschiedener Verzeichnisse, um die angeforderten man-Seiten zu finden. Mit dem Befehl manpath können Sie den Suchpfad vorgeben. Der folgende Pfad (von Fedora) ist typisch:

```
$ manpath
/usr/kerberos/man:/usr/local/share/man:/usr/share/man/en:/usr/share/man
```

Falls es erforderlich ist, können Sie Ihre Umgebungsvariable MANPATH setzen, um den Standardpfad zu überschreiben. Darüber hinaus können Sie den systemweiten Standard in /etc/man.config (RHEL und Fedora) oder /etc/manpath.config (SUSE, Debian und Ubuntu) angeben.

1.6.2 man: man-Seiten lesen

man *titel* formatiert eine einzelne man-Seite und sendet sie mit less (oder welches Programm auch immer in Ihrer Umgebungsvariable PAGER steht) an Ihr Terminal. *titel* ist in der Regel ein Befehl, ein Gerät oder ein Dateiname. Die Abschnitte der man-Seiten werden normalerweise in annähernd numerischer Ordnung durchsucht, wobei jedoch Abschnitte, die Befehle beschreiben (die Abschnitte 1, 8 und 6) üblicherweise zuerst an die Reihe kommen.

Mit der Form man *abschnitt titel* erhalten Sie eine man-Seite aus einem bestimmten Abschnitt. So zeigt man tty z. B. die man-Seite zum Befehl tty und man 4 tty die Seite für den Terminaltreiber.

man -k *stichwort* gibt eine Liste von man-Seiten aus, bei denen *stichwort* in der einzeiligen Übersicht steht:

```
$ man -k translate
objcopy (1)        - copy and translate object files
dcgettext (3)      - translate message
tr (1)             - translate or delete characters
snmptranslate (1)  - translate SNMP OID values into more useful information
tr (1p)            - translate characters
```

```
gettext (1)       - translate message
ngettext (1)      - translate message and choose plural form
...
```

1.6.3 Andere Informationsquellen über Linux

Es gibt eine große Linux-Fangemeinde. Wir können unmöglich jede nützliche Sammlung von Linux-Informationen erwähnen, nicht einmal die größten, doch einige wichtige Informationsquellen finden Sie in Tabelle 1.3.

Website	Beschreibung
linux.slashdot.org	Linux-spezifischer Zweig von Slashdot, einem großen Anbieter für technische Nachrichten
lwn.net	Sammlung von Nachrichten zu Linux und Open Source
www.freshmeat.net	Großer Index für Linux- und UNIX-Software
www.kernel.org	Offizielle Site für den Linux-Kernel
www.linux.com	Informationsseite für Linux (inoffiziell)
www.linux.org	Weitere Informationsseite für Linux (inoffiziell)
www.linuxhq.com	Zusammenstellung von Informationen zum Kernel und Kernelpatches
www.linuxworld.com	Onlinemagazin von Computerworld
www.tldp.org	Linux-Dokumentationsprojekt (The Linux Documentation Project)
www.tucows.com	Multiplattform-Softwarearchiv mit Inhalten zu Linux

Tabelle 1.3: Linux-Quellen im Internet

Sie können auch auf allgemeine UNIX-Quellen zugreifen – die meisten Informationen sind direkt auf Linux anwendbar. Im Internet gibt es die verschiedenartigsten Informationen zur Systemadministration in Hülle und Fülle. Zum Beispiel können Sie einfach entsprechende Fragen in eine der verbreiteten Suchmaschinen wie Google, Yahoo! oder Ask eingeben. Eine Liste weiterer Quellen für »Anfänger« finden Sie in Kapitel 30, »Management und Geschäftspolitik«.

Viele Sites bieten direkt etwas für die Bedürfnisse von Systemadministratoren. Hier sind einige, die uns besonders gut gefallen:

- *www.ugu.com* – das UNIX Guru Universe; viele Dinge für Systemadministratoren
- *www.stokely.com* – eine gute Sammlung von Links zu Sysadmin-Quellen
- *www.tucows.com* – Windows- und Mac-Software, nach Qualität ausgewählt
- *slashdot.org* – »die« Stelle für Neuigkeiten für Computerfreaks
- *www.cpan.org* – zentrale Quelle für Perl-Skripte und -Module

- *securityfocus.com* – Sicherheitsinformationen; große, durchsuchbare Datenbank zu Sicherheitslücken

Eine weitere nützliche Quelle ist »Rosetta Stone« von Bruce Hamilton unter *bhami.com/rosetta.html*. Sie enthält Verweise auf Befehle und Werkzeuge für verschiedene Administrationsaufgaben auf vielen verschiedenen Betriebssystemen.

1.7 Software finden und installieren

Linux-Distributionen teilen ihre Software in Pakete auf, die unabhängig voneinander installiert werden können. Wenn Sie Linux neu auf einem Computer installieren, wählen Sie in der Regel eine Reihe von »Startpaketen« aus, die auf das System kopiert werden.

Diese Architektur vereinfacht viele Aspekte der Systemkonfiguration und ist einer der Hauptvorteile von Linux gegenüber den traditionellen UNIX-Versionen. Leider erschwert dieses Modell auch die Aufgabe, über diese Distributionen zu schreiben, weil es niemals wirklich klar ist, welche Pakete »Bestandteil« einer gegebenen Distribution sind. Wann gehört ein Paket dazu – wenn es auf der Installations-CD, aber nicht Bestandteil der Standardinstallation ist? Nur wenn es auf jedem Computer mit dieser Distribution vorhanden ist? Wenn es auf der Bonus-CD ist, die nur mit der Premiumversion der Distribution ausgeliefert wird?

In diesem Buch beschreiben wir allgemein die Standardinstallation unserer Beispieldistributionen. Wenn wir sagen, dass ein bestimmtes Paket nicht in der Standardinstallation enthalten ist, bedeutet das nicht notwendigerweise, dass das Paket sich nicht auf *Ihrem* System befindet oder nicht von Ihrer Distribution unterstützt wird. Im Folgenden sehen Sie, wie Sie herausfinden, ob Sie es haben, und wie Sie es erhalten, wenn dies nicht der Fall ist.

Verwenden Sie zunächst den Shell-Befehl `which`, um festzustellen, ob ein bestimmter Befehl bereits in Ihrem Suchpfad liegt. Der folgende Befehl zeigt z.B., dass der GNU-C-Compiler auf diesem Rechner bereits in `/usr/bin` installiert ist:

```
$ which gcc
/usr/bin/gcc
```

Wenn `which` den von Ihnen gesuchten Befehl nicht finden kann, versuchen Sie es mit `whereis`. Es durchsucht einen größeren Bereich von Systemverzeichnissen und ist unabhängig vom Suchpfad Ihres Systems. Beachten Sie auch, dass der Befehl `which` auf einigen Systemen keine Dateien anzeigt, für die Sie keine Ausführungsrechte haben.

```
$ which ipppd
/usr/bin/which: no ipppd in (/bin:/usr/bin:/sbin:/usr/sbin)
$ whereis ipppd
ipppd: /usr/sbin/ipppd
$ ls -l /usr/sbin/ipppd
-rwx------   1 root     root       124924 Aug  3  2000 /usr/sbin/ipppd
```

1.7 Software finden und installieren

Eine weitere Alternative ist der sehr nützliche Befehl locate, der einen zuvor erstellten Index des Dateisystems heranzieht, um Dateinamen zu finden, die einem bestimmten Muster entsprechen. Er ist nicht auf Befehle oder Pakete beschränkt, sondern kann jeden Dateityp finden. Wenn Sie z. B. nicht sicher sind, wo Sie die Include-Datei signal.h finden (die maßgebliche Quelle für die Signaldefinitionen von Linux), können Sie die folgende Eingabe ausprobieren:

```
$ locate signal.h
/usr/include/asm/signal.h
/usr/include/linux/signal.h
/usr/include/signal.h
/usr/include/sys/signal.h
```

Die Datenbank von locate wird standardmäßig jede Nacht mit dem Befehl updatedb neu erstellt, der von cron ausgeführt wird. Daher spiegeln die Ergebnisse eines locate-Aufrufs nicht immer die letzten Änderungen am Dateisystem wider.

Wenn Sie den Namen eines gesuchten Pakets kennen, können Sie auch direkt mithilfe der Paketverwaltung Ihres Systems abfragen, ob es vorhanden ist. Auf einem Red Hat-, Fedora- oder SUSE-System überprüft z. B. der folgende Befehl das Vorhandensein der Skriptsprache Python:

```
$ rpm -q python
python-1.5.2-27
```

In Kapitel 11, »Software- und Konfigurationsverwaltung«, finden Sie weitere Informationen über die Paketverwaltungsbefehle unserer Beispieldistributionen.

Wenn das Paket, für das Sie sich interessieren, nicht installiert zu sein scheint, ist Ihre erste Anlaufstelle das automatische Paketverwaltungssystem Ihrer Distribution. Jede Distribution unterstützt ein internetbasiertes System zur Aktualisierung alter und zum Auffinden neuer Pakete. Die gebräuchlichsten sind *yum* und APT, die beide im Abschnitt 11.4, »Meta-Paketverwaltungssysteme«, beschrieben werden.

Auf einem Debian-System, das APT verwendet, kann z. B. der folgende Befehl verwendet werden, um die aktuelle Version von Python zu erhalten und zu installieren:

```
# apt-get install python
```

Die meiste Linux-Software wird von unabhängigen Gruppen entwickelt, die die Software als Quellcode veröffentlichen. Die Linux-Distributoren nehmen dann diesen Quellcode, kompilieren ihn nach den Konventionen für den Einsatz in ihrem bestimmten System und bündeln die so erhaltenen Binärdateien. Es ist meistens einfacher, ein distributionsspezifisches Binärpaket zu installieren, als den ursprünglichen Quellcode herunterzuladen und zu kompilieren. Distributoren liegen jedoch manchmal eine oder zwei Versionen hinter der aktuellen Version.

Die Tatsache, dass zwei Distributionen dasselbe Paketverwaltungssystem einsetzen, bedeutet nicht zwingend, dass die Pakete für die beiden Systeme austauschbar sind.

Zum Beispiel verwenden sowohl Red Hat als auch SUSE RPM, doch ist der Aufbau ihrer Dateisysteme etwas unterschiedlich. Es ist immer das Beste, die für Ihre Distribution erstellten Pakete zu verwenden, sofern sie verfügbar sind.

Wenn alles andere fehlschlägt, versuchen Sie, das Paket auf einer Downloadsite wie *freshmeat.net* zu finden oder bei Google nach dem Namen des Pakets zu suchen.

1.8 Wesentliche Aufgaben des Systemadministrators

Die nachfolgenden Abschnitte fassen kurz einige der Aufgaben zusammen, die von einem Systemadministrator erwartet werden. Diese Aufgaben müssen nicht notwendigerweise von einer Person ausgeführt werden, und in vielen Organisationen ist die Arbeit auf mehrere Personen verteilt. Es muss jedoch mindestens einer alle Aufgaben verstehen und sicherstellen, das irgendjemand sie ausführt.

1.8.1 Benutzerkonten hinzufügen, entfernen und verwalten

Der Systemadministrator fügt Konten für neue Benutzer hinzu und entfernt die Konten derjenigen, die nicht mehr aktiv sind. Diese Vorgänge lassen sich automatisieren, aber es sind weiterhin bestimmte administrative Entscheidungen zu fällen, bevor ein neuer Benutzer hinzugefügt werden kann (Wo soll das Heimatverzeichnis des Benutzers liegen? Auf welchen Rechnern soll das Konto erstellt werden? usw.).

Tipp

In Kapitel 6 finden Sie weitere Informationen zum Hinzufügen neuer Benutzer.

Wenn ein Benutzer keinen Zugang mehr zum System haben soll, muss sein Konto deaktiviert werden. Alle zum Konto gehörigen Dateien sollten auf Band gesichert und gelöscht werden, damit das System mit der Zeit keinen unerwünschten Ballast anhäuft.

1.8.2 Hardware hinzufügen und entfernen

Wenn Hardware neu gekauft oder von einem Rechner in einen anderen eingebaut wird, muss das System konfiguriert werden, um diese Hardware zu erkennen und zu nutzen. Die mit der Hardware verbundenen Aufgaben reichen von einfachen Dingen wie dem Hinzufügen eines neuen Druckers bis zu komplexeren Tätigkeiten wie dem Einbau eines neuen Festplatten-Arrays.

1.8 Wesentliche Aufgaben des Systemadministrators

Tipp

In den Kapiteln 7, 23 und 28 finden Sie weitere Informationen zu diesen Themen.

1.8.3 Backups durchführen

Das Durchführen von Backups ist die vielleicht wichtigste Aufgabe des Systemadministrators, und es ist gleichzeitig die Tätigkeit, die am häufigsten ignoriert oder nur nachlässig ausgeführt wird. Backups sind zeitaufwändig und langweilig, doch sie sind absolut notwendig. Sie können automatisiert und an einen Mitarbeiter delegiert werden, aber es ist dann immer noch die Aufgabe des Administrators, sicherzustellen, dass sie fehlerfrei und plangemäß ausgeführt werden (und dass die Dateien tatsächlich aus dem Backupmedium wiederhergestellt werden können).

Tipp

In Kapitel 9 gibt es weitere Informationen über Backups.

1.8.4 Software installieren und aktualisieren

Wenn neue Software angeschafft wird, muss sie installiert und getestet werden, oftmals auf verschiedenen Betriebssystemen und mit unterschiedlichen Hardwaretypen. Sobald die Software einwandfrei läuft, müssen die Benutzer darüber informiert werden, dass sie verfügbar ist und wo sie sich befindet. Wenn Patches und Sicherheitsaktualisierungen herausgegeben werden, müssen sie reibungslos in die lokale Umgebung eingefügt werden.

Tipp

In Kapitel 11 finden Sie weitere Informationen zur Softwareverwaltung.

Lokale Software sollte an einer Stelle installiert werden, in der sie einfach von Systemsoftware zu unterscheiden ist. Dies vereinfacht Betriebssystemaktualisierungen, da die lokale Software dann nicht überschrieben werden kann.

1.8.5 Das System überwachen

Große Installationen erfordern eine aufmerksame Kontrolle. Zu den täglichen Aufgaben gehört es, darauf zu achten, dass die E-Mail- und Webdienste fehlerfrei arbeiten, die Protokolldateien auf frühe Anzeichen für Probleme zu überprüfen, sicherzustellen, dass alle lokalen Netzwerke korrekt verbunden sind sowie ein wachsames Auge auf Systemressourcen wie Festplattenkapazitäten zu haben.

1.8.6 Fehlerbehebung

Linux-Systeme und die Hardware, auf denen sie ausgeführt werden, versagen manchmal. Es ist die Aufgabe des Administrators, die Probleme zu diagnostizieren und bei Bedarf Experten zurate zu ziehen. Es ist oftmals schwieriger, ein Problem zu finden, als es zu beheben.

1.8.7 Die lokale Dokumentation pflegen

Wenn das System an die Bedürfnisse eines Unternehmens angepasst wird, unterscheidet es sich von dem in der Dokumentation beschriebenen Standardsystem. Es ist die Pflicht des Systemadministrators, die besonderen Aspekte des Systems für die lokale Umgebung zu dokumentieren. Diese Aufgabe umfasst die Dokumentation jeglicher Software, die installiert wurde, aber nicht beim Betriebssystem dabei war, die Dokumentation darüber, wo die Kabel verlegt und wie sie aufgebaut sind, Wartungsaufzeichnungen für sämtliche Hardware, Aufzeichnungen des Status der Backups sowie die Dokumentation lokaler Verfahren und Richtlinien.

Tipp

In Abschnitt 30.8 finden Sie Vorschläge zum Thema Dokumentation.

1.8.8 Die Sicherheit aufmerksam überwachen

Der Systemadministrator muss eine Sicherheitsrichtlinie einführen und regelmäßig kontrollieren, um sicherzustellen, dass die Sicherheit des Systems nicht verletzt wurde. Auf nicht sicherheitskritischen Systemen reichen oberflächliche Überprüfungen auf unerlaubten Zugriff aus. Für Systeme mit hohen Sicherheitsanforderungen kann dazu ein ausgefeiltes Netzwerk aus Barrieren und Überprüfungsprogrammen gehören.

> **Tipp**
>
> In Kapitel 20 werden weitere Informationen zum Thema Sicherheit beschrieben.

1.8.9 Benutzern helfen

Obwohl die Hilfestellung für Benutzer bei verschiedenen Problemen selten in der Arbeitsplatzbeschreibung enthalten ist, beansprucht sie viel Arbeitszeit der Administratoren. Sie werden mit Problemen von »Gestern lief mein Programm noch und heute nicht mehr. Was haben Sie verändert?« bis »Ich habe Kaffee über meine Tastatur verschüttet. Soll ich Wasser darüber gießen, um sie auszuwaschen?« bombardiert.

1.9 Der schanghaite Systemadministrator

Systemadministratoren tanzen auf vielen Hochzeiten. Im Alltagsleben sind es oftmals Personen mit anderen Aufgaben, die gefragt wurden, ob sie nebenbei auf ein paar Computer aufpassen können. Wenn Sie in dieser Situation sind, sollten Sie darüber nachdenken, wohin das möglicherweise führen kann.

Je besser Sie Ihr System kennen lernen, desto mehr werden die Benutzer auf Sie angewiesen sein. Netzwerke wachsen ständig, und Sie können gezwungen sein, einen zunehmenden Anteil Ihrer Zeit mit der Administration zu verbringen. Sie werden bald herausfinden, dass Sie der Einzige in Ihrem Unternehmen sind, der weiß, wie eine Vielzahl der wichtigen Aufgaben auszuführen sind.

Sobald Mitarbeiter Sie als den lokalen Systemadministrator betrachten, ist es schwierig, sich aus dieser Rolle zu befreien. Wir kennen mehrere Personen, die einfach den Job gewechselt haben, um dem zu entkommen. Da viele administrative Aufgaben unbestimmt sind, kann es passieren, dass von Ihnen erwartet wird, sowohl ein Vollzeitsystemadministrator als auch ein Vollzeitingenieur oder -sachbearbeiter zu sein.

Einige unfreiwillige Administratoren versuchen Anfragen durch Launenhaftigkeit und schlechten Service abzuwehren. Diesen Ansatz empfehlen wir nicht – er lässt Sie schlecht aussehen und führt zu zusätzlichen Problemen.

Stattdessen schlagen wir vor, dass Sie die Zeit dokumentieren, die Sie mit der Systemadministration verbringen. Ihr Ziel sollte darin bestehen, die Arbeit auf einem realisierbaren Niveau zu halten und Belege zusammenzutragen, die Sie nutzen können, um von den administrativen Aufgaben entbunden zu werden. In den meisten Unternehmen müssen Sie die Geschäftsleitung ein halbes bis ein Jahr darum bitten, dass Sie ersetzt werden: Planen Sie also im Voraus.

Auf der anderen Seite finden Sie vielleicht heraus, dass Ihnen die Systemadministration gefällt und Sie ein Vollzeitsystemadministrator werden möchten. Ihre Aussichten auf eine Anstellung sind gut. Leider werden sich Ihre politischen Probleme vermutlich verschärfen. In Kapitel 30, »Management und Geschäftspolitik«, finden Sie einen Ausblick auf die politischen Aspekte der Systemadministration.

1.9.1 Systemadministratorensyndrom (Persönlichkeitsstörung)

Ein bedauerlicher, aber verbreiteter pathologischer Zustand, der aus der Arbeit als Systemadministrator herrührt, ist als *Systemadministratorensyndrom* bekannt und zählt zu den Persönlichkeitsstörungen. Der Ausbruch dieser Krankheit beginnt in der Regel im frühen dritten Jahr der Karriere eines Systemadministrators, und das Syndrom kann leicht bis zur Rente andauern. Im Folgenden sind charakteristische Symptome skizziert, die jedoch nicht auf diese Punkte beschränkt sind:

- Akute Phantompager-Phobie: Das beunruhigende Gefühl, dass Ihr Pager ausgegangen ist (obwohl das nicht der Fall ist), und dass Ihr friedlicher Abend mit ihrer besseren Hälfte kurz vor dem abrupten Ende steht und von einem 72-stündigen Arbeitsmarathon ohne Nahrungsaufnahme abgelöst wird.

- Benutzer-Voodoografie: Das zwanghafte Basteln von Voodoopuppendarstellungen der Benutzer, die offenbar nicht verstehen, dass ihr ständiger Planungsmangel für Sie keinen Notfall darstellt.

- Ideopathische anale Bandlese-Aplexie: Der plötzliche, spätnächtliche Trieb, Backupbänder zu »mounten«, um zu überprüfen, ob sie tatsächlich lesbar und korrekt beschriftet sind.

- Scientifica Inapplicia: Das starke Verlangen, Systemadministratorkollegen gewaltsam zu schütteln, die offenbar niemals die wissenschaftliche Methode kennen gelernt haben.

Es gibt viele Heiltherapien für diesen bedauerlichen Zustand. Die effektivsten sind ein ausgeprägter Sinn für Humor und die Errichtung eines kleinen, aber gut sortierten Büro-Weinkellers. Sie können auch den meditativeren Ansatz erwägen, schweigsam in den Himmel zu starren und Ihre Hacken zusammenzuschlagen, sobald der Satz »Ist der Server wieder ausgefallen?« in Ihrer Umgebung zu hören ist. Wenn alles andere fehlschlägt, sollten Sie in Urlaub gehen.

1.10 Empfohlene Literatur

Die besten Quellen für Systemadministratoren im gedruckten Bereich (mit Ausnahme dieses Buchs) sind die Bücher von O'Reilly. Diese Serie wurde vor über zwanzig Jahren mit dem Buch *UNIX in a Nutshell* begründet und enthält nun für fast jedes wichtige UNIX- und Linux-Subsystem und jeden Befehl einen eigenen Band. Zur Serie gehören auch Bücher über das Internet, über Windows und andere Nicht-UNIX-Themen. Alle Bücher sind zu einem vernünftigen Preis erhältlich, aktuell und auf das Thema konzentriert. Tim O'Reilly entwickelte großes Interesse an der Open Source-Bewegung und veranstaltet OSCON, eine Konferenz zu diesem Thema, sowie weitere Konferenzen zu modernen technischen Fragen. OSCON wird zweimal pro Jahr abgehalten, einmal in den USA und einmal in Europa. Weitere Informationen erhalten Sie unter *www.oreilly.com*.

Obwohl es auf dem Markt eine Vielzahl Linux-Einführungsbücher gibt, haben wir noch keins gefunden, das wir uneingeschränkt empfehlen können. Im Allgemeinen kommen Sie besser mit den UNIX-»Klassikern« zurecht. Fast alles, was Sie dort lesen, gilt genauso gut für Linux.

Ellen Siever, Aaron Weber und Stephen Figgins. *Linux in a Nutshell*. Köln: O'Reilly, 2005.

Linda Lamb und Arnold Robbins. *Textverarbeitung mit dem vi-Editor*. Köln: O'Reilly, 1999.

Shelly Powers, Jerry Peek, Tim O'Reilly und Mike Loukides. *UNIX Power Tools (3rd Edition)*. Sebastopol: O'Reilly Media, 2003.

Larry Wall, Tom Christiansen und Jon Orwant. *Programmieren mit Perl*. Köln: O'Reilly, 2001.

Tom Christiansen und Nathan Torkington. *Perl Kochbuch*. Köln: O'Reilly, 2004.

Mike Gancarz. *Linux and the Unix Philosophy*. Boston: Digital Press, 2003.

Salus, Peter. *The Daemon, the GNU & the Penguin*. Groklaw. 2006.

Die faszinierende Geschichte der Open Source-Bewegung, geschrieben von den bekanntesten UNIX-Historikern, wird bei *groklaw.com* unter der Creative Commons License als Fortsetzung veröffentlicht und ist zurzeit zu ca. 75% fertig. Der URL des Buchs selbst ist relativ lang; suchen Sie unter *groklaw.com* nach dem aktuellen Link oder versuchen Sie es mit dieser komprimierten Version: *tinyurl.com/d6u7j*.

1.11 Übungen

1. Welchen Befehl verwenden Sie, um etwas über den Systemaufruf `sync` (*nicht* über den Befehl `sync`) herauszufinden? Wie lesen Sie die lokale `man`-Seite von `sync`, die in `/usr/local/share/man` liegt?

2. Steuert in Ihrer Umgebung eine systemweite Datei das Verhalten der `man`-Seiten? Welche Zeilen fügen Sie dieser Datei hinzu, wenn Sie lokale Unterlagen in `/doc/man` speichern möchten? Welche Verzeichnisstruktur müssen Sie in `/doc/man` verwenden, damit es ein vollwertiges Mitglied in der Hierarchie der `man`-Seiten wird?

3. Was sind die Hauptunterschiede zwischen `man` und `info`? Wie lauten die jeweiligen Vorteile?

☆ 4. Was ist der aktuelle Status der Linux-Kernelentwicklung? Wie lauten die dringlichsten Fragen? Nennen Sie einige der Hauptakteure. Wie wird das Projekt verwaltet?

☆ 5. Untersuchen Sie mehrere Linux-Distributionen (in Tabelle 1.1 finden Sie eine Liste für den Anfang) und empfehlen Sie eine Distribution für die folgenden Anwendungen. Erläutern Sie Ihre Wahl.

   a. Ein einzelner Benutzer in einem Heimbüro

   b. Das Labor für Informatik einer Universität

   c. Der Webserver eines Unternehmens

☆ 6. Angenommen, Sie stellen fest, dass eine bestimmte Eigenschaft des `httpd` von Apache nicht so arbeitet, wie in der Dokumentation von Fedora Core 5 angegeben.

   a. Was sollten Sie tun, bevor Sie den Fehler melden?

   b. Wenn Sie der Meinung sind, dass es sich tatsächlich um einen Fehler handelt, wen sollten Sie benachrichtigen und wie?

   c. Welche Angaben müssen enthalten sein, damit der Fehlerbericht nützlich ist?

2 Starten und Herunterfahren

Linux ist ein komplexes Betriebssystem, und das An- und Ausschalten von Linux-Systemen ist komplizierter, als lediglich den Netzschalter zu betätigen. Beide Vorgänge müssen fehlerfrei ausgeführt werden, damit das System stabil bleibt.

Obwohl der Bootvorgang schon immer etwas geheimnisvoll war, war er in jenen Tagen einfacher, als die Hersteller alle Aspekte der Hard- und Software des Systems unter Kontrolle hatten. Heute, da Linux auf PC-Hardware ausgeführt wird, muss der Bootvorgang die PC-Regeln beachten und mit einer großen Zahl möglicher Konfigurationen zurechtkommen.

Dieses Kapitel erscheint ziemlich weit vorne im Buch, aber es bezieht sich auf Material, das erst viele hundert Seiten später ausführlich behandelt wird. Es ist insbesondere hilfreich, wenn Sie mit dem Stoff aus den Kapiteln 5, »Das Dateisystem«, 28, »Treiber und der Kernel«, sowie 29, »Daemons«, vertraut sind. Wenn Ihr System bereits problemlos bootet, können Sie dieses Kapitel zunächst überspringen und später zu ihm zurückkommen.

2.1 Booten

»Booten« ist der Standardausdruck für »Hochfahren des Computers«. Während des Startvorgangs sind die normalen Eigenschaften des Betriebssystems nicht verfügbar, sodass der Computer sich »an seinen eigenen Stiefelschlaufen (bootstraps) hochziehen« muss. Dabei wird der Kernel in den Speicher geladen und beginnt zu arbeiten. Es finden eine Vielzahl von Initialisierungsaufgaben statt, woraufhin das System für Benutzer zur Verfügung gestellt wird.

Der Bootvorgang ist eine besonders sensible Zeit. Fehler in Konfigurationsdateien, fehlende oder unzuverlässige Ausstattung und beschädigte Dateisysteme können das Hochfahren eines Computers verhindern. Die Bootkonfiguration ist oft eine der ersten Aufgaben, die ein Administrator auf einem neuen System durchführen muss. Leider gehört sie auch zu den schwierigsten und erfordert einige Vertrautheit mit vielen anderen Aspekten von Linux.

Wenn ein Computer eingeschaltet wird, führt er einen Bootcode aus, der im ROM gespeichert ist. Dieser Code wiederum versucht herauszufinden, wie er den Kernel laden und starten kann. Der Kernel untersucht die Hardware des Systems und führt dann den init-Prozess aus, der stets die Prozessnummer 1 hat.

Bevor die Login-Aufforderung erscheint, müssen mehrere Dinge geschehen. Dateisysteme müssen überprüft und eingehängt (»gemountet«) und System-Daemons gestartet werden. Diese Vorgänge werden von einer Reihe Shellskripten erledigt, die init nacheinander ausführt. Die Startskripte werden wegen ihres Namens häufig als »rc-Dateien« bezeichnet; »rc« steht für »runcom« oder »run command«, ein historisches Überbleibsel des Betriebssystems CTSS von ungefähr 1965. Der genaue Entwurf der Startskripte und die Art, wie sie ausgeführt werden, ist von System zu System verschieden. Wir behandeln die Einzelheiten weiter hinten in diesem Kapitel.

2.1.1 Automatisches und manuelles Booten

Linux-Systeme können entweder im automatischen oder im manuellen Modus booten. Im ersten Fall führt das System den gesamten Startvorgang selbst aus, ohne Unterstützung von außen. Im manuellen Modus folgt es bis zu einem bestimmten Punkt einem automatischen Prozess, gibt jedoch die Steuerung an einen Operator ab, bevor die meisten Initialisierungsskripte ausgeführt wurden. Der Computer ist dann in einem »Einzelbenutzermodus«. Die meisten Systemprozesse werden nicht ausgeführt, und andere Benutzer können sich nicht anmelden,

Im täglichen Betrieb wird fast ausschließlich das automatische Booten verwendet. Ein typischer Startvorgang eines modernen Computers besteht für einen Benutzer darin, den Netzschalter zu betätigen und darauf zu warten, dass das System in Betrieb geht. Nichtsdestoweniger ist es wichtig, den automatischen Bootprozess zu verstehen und zu wissen, wie Sie manuell starten. Das müssen Sie tun, wenn Probleme das automatische Booten verhindern, z. B. ein beschädigtes Dateisystem oder eine fehlerhaft konfigurierte Netzwerkkarte.

2.1.2 Die Phasen des Startvorgangs

Ein typischer Bootvorgang bei Linux besteht aus sechs unterschiedlichen Phasen:

- Laden und Initialisieren des Kernels
- Geräteerkennung und -konfiguration
- Erstellen von Kernelthreads
- Operatoreingriff (nur beim manuellen Start)
- Ausführen der Startskripte des Systems

Über die meisten dieser Schritte haben Administratoren wenig Kontrolle. Den größten Einfluss auf die Bootkonfiguration haben wir durch Bearbeiten der Startskripte des Systems.

2.1.3 Kernelinitialisierung

Der Linux-Kernel ist selbst ein Programm, und die erste Aufgabe beim Booten besteht darin, dieses Programm in den Speicher zu laden, damit es ausgeführt werden kann. Der Pfadname des Kernels ist normalerweise /vmlinuz oder /boot/vmlinuz.

Linux führt einen zweiphasigen Ladeprozess durch. Während der ersten Phase lädt das System-ROM ein kleines Bootprogramm von der Festplatte in den Speicher. Dieses Programm sorgt dann dafür, dass der Kernel geladen wird.

Der Kernel führt Speichertests durch, um herauszufinden, wie viel RAM verfügbar ist. Einige innere Datenstrukturen des Kernels haben eine statische Größe, sodass der Kernel beim Starten einen festen Bereich des Hauptspeichers für sich selbst reserviert. Dieser Speicher kann nicht für Benutzerprozesse verwendet werden. Der Kernel gibt auf der Konsole eine Nachricht aus, die den Gesamtbetrag des physischen Speichers und den für Benutzerprozesse verfügbaren angibt.

Tipp
In Kapitel 28 finden Sie weitere Informationen zum Kernel.

2.1.4 Hardwarekonfiguration

Eine der ersten Aufgaben des Kernels besteht darin, die Umgebung des Rechners daraufhin zu untersuchen, welche Hardware vorhanden ist. Wenn Sie einen Kernel für Ihr System bauen, teilen Sie ihm mit, welche Geräte er erwarten soll. Wenn der Kernel dann ausgeführt wird, versucht er, alle diese Geräte zu finden und zu lokalisieren, und gibt zu jedem gefundenen Gerät eine Zeile mit kryptischen Informationen aus. Heute enthalten die Distributionen Kernel, die auf den meisten Rechnerkonfigurationen funktionieren und (wenn überhaupt) nur eine minimale Anpassung erfordern.

Die bei der Kernelkonfiguration angegebenen Geräteinformationen sind oft nicht vollständig. In diesen Fällen versucht der Kernel, die weiteren benötigten Angaben durch Absuchen des Busses nach Geräten oder Abfragen der zugehörigen Treiber zu ermitteln. Die Treiber von fehlenden oder nicht antwortenden Geräten werden deaktiviert. Wenn ein Gerät später mit dem System verbunden wird, ist es auch möglich, den zugehörigen Treiber im laufenden Betrieb zu laden oder zu aktivieren. Einzelheiten finden Sie in Kapitel 28, »Treiber und der Kernel«.

2.1.5 Kernelthreads

Sobald die grundlegende Initialisierung abgeschlossen ist, erstellt der Kernel mehrere »spontane« Prozesse im Userspace. Sie heißen spontan, weil sie nicht über den normalen *fork*-Mechanismus des Systems angelegt werden (weitere Einzelheiten finden Sie in Abschnitt 4.2).

Die Anzahl und die Natur der spontanen Prozesse sind von System zu System verschieden. Unter Linux gibt es keine sichtbare PID 0. Der Prozess init (der stets die PID 1 hat) wird von mehreren Speicher- und Kernelhandlerprozessen begleitet, einschließlich der in Tabelle 2.1 gezeigten. Alle diese Prozesse haben niedrige PIDs und können in der Ausgabe von ps an den eckigen Klammern um ihren Namen erkannt werden (z. B. [kacpid]). Manchmal enden die Prozessnamen mit einem Schrägstrich und einer Ziffer am Ende, z. B. [kblockd/0]. Die Zahl gibt den Prozessor an, auf dem der Thread ausgeführt wird, was bei einem Mehrprozessorsystem von Interesse sein kann.

Tipp
In Abschnitt 4.7 finden Sie weitere Informationen über ps.

Thread	Zweck
kjournald	Überträgt Aktualisierungen des ext3-Journals auf die Festplatte[a]
kswapd	Lagert Prozesse in den Auslagerungsbereich (Swapspace) aus, wenn der freie physische Speicher gering ist
kreclaimd	Fordert Speicherseiten zurück, die nicht kürzlich verwendet wurden
ksoftirqd	Wickelt mehrere Schichten von Soft-Interrupts ab
khubd	Konfiguriert USB-Geräte

Tabelle 2.1: Einige gebräuchliche Linux-Kernelprozesse

a) *Zu jedem eingehängten ext3-Dateisystem gibt es ein* kjournald.

Von diesen Prozessen ist nur init ein tatsächlich vollständiger Benutzerprozess. Die anderen sind in Wirklichkeit Teile des Kernels, die für das Scheduling oder aus Gründen der Architektur herausgeputzt wurden, um wie Prozesse auszusehen.

Nachdem die spontanen Prozesse erstellt wurden, ist die Rolle des Kernels im Bootvorgang beendet. Es ist jedoch weder einer der Prozesse vorhanden, die die grundlegenden Operationen (wie das Entgegennehmen von Logins) abwickeln, noch sind die meisten Linux-Daemons gestartet. Um alle diese Aufgaben kümmert sich init (in einigen Fällen indirekt).

2.1.6 Eingreifen des Bedieners (nur manueller Start)

Wenn das System im Einzelbenutzermodus gestartet werden muss, erfährt init dies durch ein beim Start übergebenes Befehlszeilenargument (das Wort »single«). Der Prozess init gibt die Kontrolle schließlich an sulogin ab, eine abgespeckte Version von login, die nach dem root-Passwort fragt.[1] Wenn Sie das richtige Passwort eingegeben haben, startet das System eine root-Shell. Sie können anstelle des Passworts [Strg]-[D] eingeben, um den Einzelbenutzermodus zu umgehen und im Mehrbenutzermodus fortzufahren. Weitere Einzelheiten finden Sie in Abschnitt 2.4.

Tipp

In Kapitel 3 erhalten Sie weitere Informationen über das root-Konto.

Aus der Einzelbenutzershell heraus können Sie in fast derselben Weise Befehle ausführen, als ob Sie an einem vollständig hochgefahrenen System angemeldet wären. Auf SUSE-, Debian- und Ubuntu-Systemen ist jedoch normalerweise nur die Wurzelpartition eingehängt; Sie müssen andere Dateisysteme manuell einhängen, um Programme verwenden zu können, die sich nicht in /bin, /sbin oder /etc befinden.

Tipp

In Kapitel 5 finden Sie mehr Informationen über Dateisysteme sowie über das Ein- und Aushängen.

---

1 Weitere Informationen erhalten Sie auf den man-Seiten zu inittab und sulogin. Leider erfordern selbst moderne Versionen von Red Hat oder Fedora standardmäßig kein Passwort, um in den Einzelbenutzermodus zu gelangen.

In vielen Einzelbenutzerumgebungen wird das Dateisystem des Wurzelverzeichnisses zunächst nur zum Lesen eingehängt. Wenn /tmp zum Wurzeldateisystem gehört, verweigern viele Befehle, die temporäre Dateien verwenden (wie z. B. vi), die Ausführung. Um dieses Problem zu beheben, müssen Sie Ihre Einzelbenutzersitzung damit beginnen, / im Lese/Schreib-Modus neu einzuhängen. Das geschieht mit folgendem Befehl:

```
# mount -o rw,remount /
```

 Der Einzelbenutzermodus von Red Hat und Fedora ist ein bisschen aggressiver als normal. Wenn Sie an der Eingabeaufforderung der Shell angekommen sind, haben diese Distributionen bereits versucht, alle lokalen Dateisysteme einzuhängen. Obwohl das zunächst hilfreich aussieht, kann es sich als problematisch herausstellen, wenn Sie ein beschädigtes Dateisystem haben.

Während eines automatischen Boots wird in der Regel der Befehl fsck ausgeführt, um Dateisysteme zu überprüfen und zu reparieren. Wenn Sie das System im Einzelbenutzermodus starten, müssen Sie fsck möglicherweise manuell ausführen. In Abschnitt 7.6 erfahren Sie mehr über fsck.

Beim Verlassen der Einzelbenutzershell versucht das System, weiter in den Mehrbenutzermodus zu booten.

2.1.7 Startskripte ausführen

Wenn das System zum Ausführen der Startskripte bereit ist, ist es als Linux erkennbar. Obwohl es noch nicht ganz wie ein vollständig gebootetes System aussieht, gibt es im Bootvorgang keine »Zauberschritte« mehr. Die Startskripte sind einfach normale Shellskripte, und sie werden von init über einen Algorithmus ausgewählt und ausgeführt, der – auch wenn er manchmal verschlungen scheint – relativ leicht verständlich ist.

Die Pflege, Einrichtung und Systematik der Startskripte verdienen einen eigenen Hauptabschnitt. Wir behandeln dieses Thema in Abschnitt 2.5 ausführlicher.

2.1.8 Mehrbenutzerbetrieb

Nachdem die Startskripte ausgeführt wurden, ist das System voll funktionsfähig, mit der Ausnahme, dass sich niemand anmelden kann. Damit Logins auf einem Terminal (einschließlich der Konsole) akzeptiert werden, muss ein getty-Prozess auf sie horchen. init erstellt diese getty-Prozesse direkt und schließt damit den Bootvorgang ab. Er ist auch für das Starten grafischer Loginsysteme wie xdm oder gdm verantwortlich, wenn das System dafür konfiguriert wurde.

> **Tipp**
>
> In Abschnitt 27.9.1 erhalten Sie weitere Informationen über den Loginvorgang.

Denken Sie daran, dass `init` auch nach dem Beenden des Bootvorgangs weiterhin eine wichtige Rolle spielt. Er hat eine Ausführungsebene (»Runlevel«) für den Einzelbenutzer- und mehrere für den Mehrbenutzermodus, die bestimmen, welche Systemressourcen aktiviert werden. Ausführungsebenen werden in Abschnitt 2.5.1 beschrieben.

2.2 PCs starten

Bis hierhin haben Sie einen allgemeinen Überblick über den Bootprozess erhalten. Jetzt nehmen wir uns einige der wichtigeren (und komplizierteren) Schritte vor.

Das Thema »PCs starten« zu behandeln, ist eine langatmige Tortur, die zur Erläuterung ein wenig Hintergrundinformationen erfordert. Wenn ein Rechner hochgefahren wird, führt er zunächst einen im ROM gespeicherten Code aus. Der genaue Speicherort und die Art dieses Codes hängen vom Typ Ihres Rechners ab. Auf einem explizit für UNIX oder einem anderen proprietären Betriebssystem konfigurierten Computer handelt es sich dabei in der Regel um Firmware, die weiß, wie sie die mit dem Rechner verbundenen Geräte nutzt, wie sie grundlegend mit dem Netzwerk kommuniziert und wie sie Festplatten-Dateisysteme versteht. Eine solche intelligente Firmware ist für Systemadministratoren praktisch. Sie können z. B. lediglich den Dateinamen eines neuen Kernels eingeben, und die Firmware weiß, wie sie die Datei finden und lesen kann.

Auf PCs heißt der auslösende Bootcode im Allgemeinen BIOS (Basic Input/Output System) und ist im Vergleich zu der Firmware eines proprietären Rechners äußerst einfach. Tatsächlich hat ein PC mehrere BIOS-Ebenen: eine für den Rechner selbst, eine für die Grafikkarte, eine für die SCSI-Karte (sofern vorhanden) und manchmal für weitere Peripheriegeräte wie z. B. Netzwerkkarten.

Das eingebaute BIOS kennt einige der Geräte auf der Hauptplatine, gewöhnlich die IDE-Controller (und -Laufwerke), Netzwerkkarten, die Tastatur sowie serielle und parallele Schnittstellen. SCSI-Karten kennen normalerweise nur die an sie angeschlossenen Geräte. In den letzten Jahren wurden die für die Zusammenarbeit dieser Geräte komplexen Wechselwirkungen standardisiert, sodass nur ein geringer manueller Eingriff erforderlich ist.

Moderne BIOSe sind ein bisschen klüger als die alten. Üblicherweise bieten sie zum Startzeitpunkt einen Konfigurationsmodus an, den Sie durch Drücken von einer oder zwei besonderen Tasten erreichen können. Die meisten BIOSe teilen Ihnen mit, um welche Tasten es sich handelt, sodass Sie nicht im Handbuch nachschlagen müssen.

Im BIOS können Sie normalerweise auswählen, von welchen Geräten Sie booten möchten, was sich vielversprechender anhört, als es tatsächlich ist. In der Regel können Sie so etwas angeben wie: »Versuche, von der Diskette zu booten, danach vom CD-ROM-Laufwerk und schließlich von der Festplatte.« Leider sind einige BIOSe darauf beschränkt, vom ersten IDE-CD-ROM-Laufwerk oder der ersten IDE-Festplatte zu booten. Es gibt sogar ein BIOS, das die Existenz von SCSI-Karten erkennt.

Sobald Ihr Rechner herausgefunden hat, von welchem Gerät er booten soll, versucht er, die ersten 512 Bytes der Festplatte zu laden. Dieses 512 Bytes große Segment wird als Master Boot Record oder MBR bezeichnet. Es enthält ein Programm, das dem Computer mitteilt, von welcher Festplattenpartition er das sekundäre Bootprogramm (den »Bootlader«) laden soll. Weitere Informationen zu Festplattenpartitionen auf PCs und zum MBR erhalten Sie in Kapitel 7, »Eine Festplatte hinzufügen«. Der Standard-MBR enthält ein kleines Programm, das dem Computer sagt, dass er den Bootlader auf der ersten Partition der Festplatte findet. Linux bietet einen ausgefeilteren MBR, der weiß, wie mit mehreren Betriebssystemen und Kernels umzugehen ist.

Sobald der MBR eine Partition zum Booten ausgewählt hat, versucht er, den Bootlader dieser Partition zu laden. Der Bootlader ist dann für das Laden des Kernels zuständig.

2.3 Bootlader verwenden: LILO und GRUB

Was wäre das Leben ohne Wahlmöglichkeiten? In der Linux-Welt werden zwei Bootlader eingesetzt: LILO und GRUB. LILO ist der traditionelle Bootlader. Er ist sehr stabil und gut dokumentiert, wird jedoch immer mehr von GRUB in den Schatten gestellt, der zum Standard-Bootlader in Red Hat-, SUSE- und Fedora-Systemen geworden ist. Aktuelle Red Hat- und Fedora-Distributionen enthalten LILO bereits nicht mehr. Andererseits nutzt Debian immer noch LILO als den Bootlader seiner Wahl.

2.3.1 GRUB (Grand Unified Boot Loader)

GRUB ist insbesondere bei Benutzern beliebt, die mehrere Betriebssysteme auf demselben Rechner ausführen (z. B. Windows, OpenBSD, FreeBSD usw.) oder die aktiv an der Kernelentwicklung mitarbeiten. Außerdem ist GRUB für Personen nützlich, die häufig ihre Systemkonfiguration ändern. Im Gegensatz zu LILO, der nach jeder Neukonfiguration wieder im MBR installiert werden muss, liest GRUB seine Konfigurationsdatei zur Bootzeit, was einen administrativen Schritt beseitigt, der leicht vergessen werden kann.

2.3 Bootlader verwenden: LILO und GRUB

Sie installieren GRUB auf Ihrem Bootlaufwerk durch Ausführen von `grub-install`. Dieser Befehl übernimmt den Namen des Geräts, von dem Sie booten, als Argument. Die Art, wie GRUB die physischen Geräte benennt, unterscheidet sich von der standardmäßigen Linux-Konvention (obwohl GRUB auch standardmäßige Linux-Namen verwenden kann). Ein Gerätename in GRUB sieht wie folgt aus:

```
(hd0,0)
```

Der erste numerische Wert gibt die physische Laufwerksnummer an (beginnend bei null), der zweite die Partitionsnummer (wiederum von null an). Das Beispiel `(hd0,0)` entspricht dem Linux-Gerät `/dev/hda1`. Wenn Sie also GRUB auf Ihrer ersten Festplatte installieren möchten, verwenden Sie den folgenden Befehl:

```
# grub-install '(hd0,0)'
```

Die Hochkommata sind erforderlich, um zu verhindern, dass die Shell die Klammern auf ihre eigene Art und Weise interpretiert.

Standardmäßig liest GRUB seine Bootkonfiguration aus `/boot/grub/grub.conf`. Hier sehen Sie ein Beispiel für die Datei `grub.conf`:

```
default=0
timeout=10
splashimage=(hd0,0)/boot/grub/splash.xpm.gz
title Red Hat Linux (2.6.9-5)
    root (hd0,0)
    kernel /boot/vmlinuz-2.6.9-5 ro root=/dev/hda1
```

Dieses Beispiel konfiguriert nur ein einzelnes Betriebssystem, das GRUB automatisch bootet (`default=0`), wenn es innerhalb von zehn Sekunden keine Tastatureingabe erhält (`timeout=10`). Das Wurzeldateisystem für die Konfiguration »Red Hat Linux« ist das GRUB-Gerät `(hd0,0)`. GRUB lädt den Kernel aus `/boot/vmlinuz-2.6.9-5` und zeigt beim Laden den Begrüßungsbildschirm aus der Datei `/boot/grub/splash.xpm.gz` an.

GRUB hat eine leistungsfähige Befehlszeilenschnittstelle sowie Möglichkeiten, um Einträge der Konfigurationsdatei im laufenden Betrieb zu bearbeiten. Um in den Befehlszeilenmodus zu gelangen, drücken Sie [c], während der GRUB-Bildschirm sichtbar ist. Sie können dann von der Befehlszeile aus Betriebssysteme booten, die nicht in `grub.conf` aufgeführt sind, sich Systeminformationen anzeigen lassen und rudimentäre Tests der Dateisysteme durchführen. Sie profitieren auch von den shellartigen Eigenschaften der Befehlszeile wie Befehlsvervollständigung und Cursorpositionierung. Alles, was mit der Datei `grub.conf` möglich ist, kann auch über die GRUB-Befehlszeile ausgeführt werden.

Mithilfe der Tabulatortaste erhalten Sie eine schnelle Übersicht der möglichen Befehle. In Tabelle 2.2 sind einige der nützlicheren aufgeführt.

Befehl	Bedeutung
reboot	Weicher Neustart des Systems
find	Suchen nach einer Datei auf allen einhängbaren Partitionen
root	Angabe des Root-Geräts (einer Partition)
kernel	Laden eines Kernels vom Root-Gerät
help	Interaktive Hilfe für einen Befehl
boot	Booten des Systems vom angegebenen Kernelimage

Tabelle 2.2: Befehlszeilenoptionen von GRUB

Ausführliche Informationen über GRUB und seine Befehlszeilenoptionen erhalten Sie im offiziellen Handbuch unter *www.gnu.org/software/grub/manual/*.

2.3.2 LILO: Der traditionelle Linux-Bootlader

LILO wird mit dem Befehl lilo konfiguriert und installiert. Grundlage für die installierte Konfiguration ist dabei der Inhalt der Datei /etc/lilo.conf. Um Ihre Bootkonfiguration zu ändern, aktualisieren Sie einfach diese Datei und führen lilo erneut aus. Sie müssen LILO jedes Mal neu konfigurieren, wenn sich der Bootvorgang ändert – insbesondere jedes Mal, wenn Sie eine neue Bootpartition oder einen neuen Kernel hinzufügen möchten.

Sie können LILO entweder im MBR der Festplatte oder im Bootsektor der Wurzelpartition von Linux installieren.

Nachfolgend geben wir eine grundlegende lilo.conf-Datei für ein Linux-System an, die Einträge für sowohl einen Produktions- als auch für einen Reservekernel enthält:

```
boot=/dev/hda  # Bootlader in den MBR
root=/dev/hda1 # Angabe der Wurzelpartition
install=/boot/boot.b
map=/boot/map
delay=20              # 2 s für Unterbrechung durch Benutzer
image=/vmlinuz        # Zu bootender Kernel
    label=linux       # Label zur Kennzeichnung dieses Eintrags
    read-only
image=/vmlinuz-backup # Backup-Eintrag
    label=backup
    read-only
```

Jedes mögliche Bootszenario hat eine Bezeichnung (Label). Zur Bootzeit können Sie LILO mitteilen, welchen Eintrag er verwenden soll, indem Sie das entsprechende Label eingeben. Das erste in lilo.conf eingetragene Label wird zum Standard.

2.3 Bootlader verwenden: LILO und GRUB

In unserem Beispiel wird standardmäßig die Datei /vmlinuz gebootet (gekennzeichnet mit linux). Die Zeile read-only gibt an, dass der Kernel sein Wurzeldateisystem nur zum Lesen einhängen soll. Diese Option sollte stets angegeben sein; die Startskripte sorgen dafür, die Partition zur geeigneten Zeit lese- und schreibfähig neu einzuhängen. Die Konfiguration ermöglicht das Booten eines Reservekernels, /vmlinuz-backup. Es ist immer gut, eine solche Alternative zu haben; eine beschädigte Kernelkonfiguration kann zu einem nicht bootfähigen System führen.

Das Ausführen von lilo ohne Argumente erstellt und installiert den Bootlader und teilt Ihnen mit, welche Einträge verfügbar sind. Neben dem Standardimage erscheint ein Stern. Wenn Sie jedoch einen Fehler in die Datei lilo.conf eingebaut haben, bemerkt lilo das Problem erst nach der Hälfte der Bootladerinstallation. Wenn das geschieht, ist der Bootlader in einem unsauberen Zustand. *Booten Sie auf keinen Fall das System*, ehe Sie lilo nicht erfolgreich ausgeführt haben.

Um diese Situation zu vermeiden, können Sie die Konfiguration mit lilo -t testen, ohne sie zu installieren. Wenn alles gut aussieht, können Sie lilo ausführen. Es ist etwas sonderbar, dass lilo diesen Vorabtest nicht standardmäßig ausführt.

Die Ausgabe von lilo mit der oben angegebenen Konfigurationsdatei sieht wie folgt aus:

```
# lilo
Added linux*
Added backup
```

Wenn das System bootet, gibt LILO die folgende Eingabeaufforderung aus:

```
LILO:
```

Er wartet dann 2 Sekunden (20 Zehntelsekunden, gesetzt mit delay), bootet den Kernel /vmlinuz und hängt die erste Partition der ersten IDE-Festplatte als Wurzelpartition ein. Wenn Sie die Tabulatortaste drücken, sehen Sie eine Liste der definierten Bootszenarien:

```
LILO: [⇥]
linux   backup
LILO:
```

Um mit einem anderen Szenario zu booten, geben Sie an der Eingabeaufforderung einfach dessen Bezeichnung ein.

2.3.3 Kerneloptionen

LILO und GRUB ermöglichen die Übergabe von Befehlszeilenoptionen an den Kernel. Diese Optionen verändern in der Regel die Werte von Kernelparametern, weisen den Kernel an, nach bestimmten Geräten zu suchen, geben den Pfad zu init an oder legen ein bestimmtes Root-Gerät fest. Tabelle 2.3 zeigt einige Beispiele.

Option	Bedeutung
init=/sbin/init	Weist den Kernel an, /sbin/init als init-Programm zu verwenden
init=/bin/bash	Startet nur die bash-Shell; nützlich für Wiederherstellungsversuche im Notfall
root=/dev/foo	Weist den Kernel an, /dev/foo als Root-Gerät zu verwenden
single	Bootet im Einzelbenutzermodus

Tabelle 2.3: Beispiele für Kerneloptionen zur Bootzeit

2.3.4 Multibooting auf PCs

Da auf PCs viele Betriebssysteme lauffähig sind, ist es eine weit verbreitete Praxis, einen Rechner so aufzusetzen, dass er mehrere verschiedene Systeme booten kann. Damit das funktioniert, müssen Sie einen Bootlader so konfigurieren, dass alle verschiedenen Betriebssysteme auf Ihren Festplatten erkannt werden. In den nächsten Abschnitten behandeln wir einige alltägliche Stolpersteine zu diesem Thema und schauen uns dann einige Beispielkonfigurationen an.

Jede Festplattenpartition kann ihren eigenen Bootlader für die zweite Phase haben, es gibt jedoch nur einen MBR. Wenn Sie eine Multiboot-Konfiguration aufsetzen, müssen Sie sich entscheiden, welcher Bootlader der »Master« sein soll. Ihre Wahl wird dabei oft von den Extravaganzen der beteiligten Betriebssysteme bestimmt. LILO und GRUB sind die beste Wahl für ein System mit einer Linux-Partition. In einer Multiboot-Situation ist GRUB LILO überlegen.

2.3.5 Multiboot-Konfiguration mit GRUB

Ein Multiboot-System mit GRUB ähnelt sehr dem Einzelboot. Installieren Sie zunächst alle gewünschten Betriebssysteme, bevor Sie Änderungen an /boot/grub/grub.conf vornehmen.

Die Konfiguration von grub.conf zum Booten von Windows unterscheidet sich von der für UNIX oder Linux:

```
title Windows XP
    rootnoverify (hd0,0)
    chainloader +1
```

Die Option chainloader lädt den Bootlader vom angegebenen Ort (in diesem Fall Sektor 1 der ersten Partition der primären IDE-Festplatte), während rootnoverify sicherstellt, dass GRUB nicht versucht, die angegebene Partition einzuhängen. Sie verhindert, dass GRUB sich in Partitionen einmischt, die er nicht verstehen kann, wie z. B. NTFS-Partitionen oder Partitionen außerhalb des für GRUB lesbaren Bereichs.

2.3 Bootlader verwenden: LILO und GRUB

Die nachfolgend angegebene Datei `grub.conf` kann Windows XP aus Partition 1, Red Hat Enterprise Linux aus Partition 2 und Fedora aus Partition 3 booten:

```
default=0
timeout=5
splashimage=(hd0,2)/boot/grub/splash.xpm.gz
hiddenmenu
title Windows XP
    rootnoverify (hd0,0)
    chainloader +1
title Red Hat
    root (hd0,1)
    kernel /boot/vmlinuz
title Fedora
    root (hd0,2)
    kernel /boot/vmlinuz
```

In dieser Konstellation ist es sinnvoll, entweder die Konfiguration zwischen RHEL und Fedora zu synchronisieren oder (noch besser) die nicht verwendete Datei zu entfernen. Auch wenn das andere Linux gebootet ist, kann man die Konfigurationsdatei bearbeiten (sofern /boot dieser Partition verfügbar ist). Beim nächsten Booten wird die neue Konfiguration verwendet.

2.3.6 Multiboot-Konfiguration mit LILO

Um ein Multiboot-System mit LILO im MBR zu konfigurieren (z. B. Linux mit Windows XP), beginnen Sie mit der zuvor angegebenen LILO-Standardkonfiguration. Sie können dann zurückkommen und in /etc/lilo.conf Einträge für die anderen Betriebssysteme hinzufügen.

Den folgenden Eintrag benötigen Sie, um Windows von der ersten Partition Ihrer ersten IDE-Festplatte zu booten:

```
other = /dev/hda1
label = windows
table = /dev/hda
```

Eine komplette `lilo.conf`-Datei, die Windows von Partition 1, Linux von Partition 2 und FreeBSD von Partition 3 startet, sieht ungefähr folgendermaßen aus:

```
boot = /dev/hda   # Boot Loader in den MBR der 1. IDE-Platte installieren
delay = 20        # 2 Sek. für die Boot-Auswahl des Benutzers warten
default = linux   # Falls keine Eingabe erfolgt, Linux von der 2. Partition booten
image = /boot/vmlinuz-2.6.9
    root = /dev/hda2
    label = linux
    read-only
other = /dev/hda1 # von der 1. Partition booten
```

```
    label = windows
    table = /dev/hda
other = /dev/hda3 # von der 3. Partition booten
    label = freebsd
    table = /dev/hda
```

Nachdem Sie diese Einträge in `lilo.conf` hinzugefügt haben, müssen Sie `lilo` erneut ausführen. Denken Sie daran, zunächst `lilo -t` einzugeben, um die Konfigurationsdatei zu testen. In Abschnitt 7.4.3 erhalten Sie weitere Informationen zum Thema Partitionierung.

Hersteller (oder Freiwillige) geben oft Patches für Linux-Distributionen heraus, wobei der Kernel keine Ausnahme darstellt. Regelmäßig werden Patches für Sicherheitslücken, Programmierfehler und neue Eigenschaften hinzugefügt. Im Gegensatz zu anderen Softwarepaketen werden Kernelpatches jedoch nicht aktualisiert, sondern stattdessen neben dem vorhandenen Kernel installiert. Das hilft einem Administratoren dabei, auf einfache Weise von einem Upgrade zurückzutreten, wenn ein Kernelpatch sein System lahm legt. Mit der Zeit füllen sich die Bootmenüs von LILO und GRUB mit allerlei verschiedenen Kernelversionen. Es ist in der Regel sicher, den Standardeintrag zu verwenden, aber denken Sie an diese einfache Lösung, wenn Ihr System nach der Aktualisierung nicht mehr bootet.

2.4 Starten im Einzelbenutzermodus

Der Einzelbenutzermodus ist eine vorzügliche Möglichkeit, die Systemkonfiguration zu ändern oder Wartungsaufgaben durchzuführen, ohne sich darum sorgen zu müssen, von anderen Benutzern beeinträchtigt zu werden. Er ist auch ein Lebensretter, wenn Sie mit einem beschädigten System arbeiten.

Üblicherweise erreichen Sie den Einzelbenutzermodus durch die Übergabe von Argumenten an den Bootlader. Sie können ihn in der Regel aber auch aus einer anderen Ausführungsebene durch die Eingabe des Befehls `telinit 1` ansteuern. Ein Neustart des Systems ist nicht erforderlich, es sei denn, Sie untersuchen ein bootabhängiges Problem.

Tipp

Im nächsten Abschnitt erhalten Sie weitere Informationen zu Ausführungsebenen.

Als Vorsichtsmaßnahme gegen ein möglicherweise instabiles System wird das Wurzelverzeichnis des Dateisystems zunächst nur zum Lesen eingehängt. Das kann für

Ihren Auftrag kontraproduktiv sein, wenn Sie versuchen, ein Problem mit einer Konfigurationsdatei oder einem Befehl aus dem Wurzeldateisystem zu beheben oder wenn Sie einen Befehl ausführen müssen, der Dateien verändert. Um dieses Problem zu lösen, hängen Sie das Wurzeldateisystem im Lese-Schreib-Modus erneut ein:

```
# mount -o remount -w /
```

Das genaue Vorgehen zum Aufrufen des Einzelbenutzermodus zur Bootzeit ist bei GRUB und LILO unterschiedlich.

2.4.1 Einzelbenutzermodus mit GRUB

Sie müssen nicht die Befehlszeile verwenden, um mit GRUB in den Einzelbenutzermodus zu booten. Die Autoren von GRUB haben erkannt, dass Bootoptionen leicht veränderbar sein sollten, und entschieden sich für die Taste [a] als geeignetes Werkzeug. Markieren Sie den gewünschten Kernel im Begrüßungsbildschirm von GRUB und drücken Sie die Taste [a], um etwas an die Bootoptionen anzuhängen (»append«). Um den Einzelbenutzermodus zu starten, fügen Sie den Schalter single an das Ende der vorhandenen Kerneloptionen an. Nachfolgend ein Beispiel für eine typische Konfiguration:

```
grub append> ro root=LABEL=/ rhgb quiet single
```

2.4.2 Einzelbenutzermodus mit LILO

Die Distributionen bieten verschiedene Wege, um an die Eingabeaufforderung von LILO zu gelangen. Wenn Sie LILO auf Red Hat, Fedora oder SUSE den Vorzug vor GRUB gegeben haben, wählen Sie die Option für die Befehlszeile aus der bunten grafischen Benutzeroberfläche aus. Benutzer von Debian und Ubuntu sollten die Umschalttaste gedrückt halten, gleich nachdem das BIOS seine Speicherprüfungen und andere Selbsttests durchgeführt hat.

An der Eingabeaufforderung von LILO geben Sie das Label der Konfiguration an, die Sie booten möchten (wie in lilo.conf angegeben), gefolgt von -s oder single. Die Standardkonfiguration von Debian heißt z. B. »linux«, sodass Sie zum Hochfahren dieser Konfiguration im Einzelbenutzermodus den folgenden Befehl verwenden:

```
LILO: linux single
```

2.5 Startskripte verwenden

Wenn Sie den Einzelbenutzermodus verlassen (bzw. wenn Sie den Punkt erreichen, an dem bei der automatischen Bootreihenfolge die Einzelbenutzershell ausgeführt wird), führt init die Startskripte des Systems aus. Dies sind eigentlich nur ganz normale Shellskripte, die von sh (genauer gesagt bash) interpretiert werden. Der genaue

Speicherort, der Inhalt und der Aufbau dieser Skripte hängen erheblich vom verwendeten System ab.

Von Startskripten werden häufig folgende Aufgaben ausgeführt:

- Den Computernamen setzen
- Die Zeitzone setzen
- Die Festplatten mit `fsck` überprüfen (nur im automatischen Modus)
- Die Systempartitionen einhängen
- Alte Dateien aus dem Verzeichnis `/tmp` entfernen
- Netzwerkkarten konfigurieren
- Daemons und Netzwerkdienste starten

Die meisten Startskripte sind recht wortreich und geben eine Beschreibung aller ihrer Tätigkeiten aus. Diese Angaben können eine enorme Hilfe darstellen, wenn das System mitten im Bootvorgang hängen bleibt oder wenn Sie einen Fehler in einem der Skripte ausfindig machen wollen.

Früher war es gängige Praxis der Administratoren, die Startskripte abzuändern, um sie an eine bestimmte Umgebung anzupassen. Die feingliedrige Bündelung der Software und die häufigen Updates über das Internet erfordern jedoch einen solideren Ansatz. Heute umfassen die Systeme eine Vielzahl kleiner Startskripte, die von individuellen Softwarepaketen installiert werden, und diese Skripte lesen die Informationen zu ihrer lokalen Konfiguration aus gesonderten Dateien. Diese lokalen Konfigurationsdateien haben in der Regel die Form kleiner `sh`-Skripte, die die Werte von Shellvariablen setzen; diese Variablen werden dann von den Skripten verwendet.

2.5.1 Ausführungsebenen in init

Traditionell definiert `init` sieben Ausführungsebenen, von denen jede eine bestimmte Zusammenstellung von Diensten darstellt, die das System ausführen sollte:

- Ebene 0 ist die Ebene, auf der das System vollständig heruntergefahren ist.
- Ebene 1 oder S steht für den Einzelbenutzermodus.
- Die Ebenen 2 bis 5 sind Mehrbenutzerebenen.
- Ebene 6 ist eine »Neustart«-Ebene.

Die Ebenen 0 und 6 sind anders, da das System nicht in ihnen verweilen kann; als Nebeneffekt fährt es beim Übergang in diese Ebenen herunter oder startet neu. Die allgemeinen Mehrbenutzerebenen sind 2 und 3. Die Ausführungsebene 5 wird oft für X-Window-Loginprozesse wie `xdm` verwendet. Ausführungsebene 4 wird selten genutzt, und die Ebenen 1 und S sind auf jedem System anders definiert.

Der Einzelbenutzermodus war traditionell die Ebene 1. Sie beendete alle Mehrbenutzer- und entfernten Loginprozesse und stellte sicher, dass das System nur eine minimale Zusammenstellung von Software ausführte. Da der Einzelbenutzermodus den `root`-Zugang zum System erlaubt, wünschten Administratoren jedoch, dass sie jedes Mal nach dem Passwort für `root` gefragt werden, wenn das System in den Einzelbenutzermodus gebootet wird. Für diese Anforderung wurde die Ausführungsebene S angelegt: Sie erstellt einen Prozess, der nach dem `root`-Passwort fragt. Unter Linux dient sie nur diesem Zweck und hat keine eigene Bedeutung.

Es scheinen mehr Ausführungsebenen definiert zu sein, als streng genommen nötig oder nützlich sind. Die übliche Erklärung dafür ist, dass ein Telefonumschalter sieben Ausführungsebenen hat, sodass man der Meinung war, ein UNIX-System sollte mindestens genauso viele haben. Linux unterstützt tatsächlich bis zu zehn Ausführungsebenen, jedoch sind die Ebenen 7 bis 9 undefiniert.

Die Datei `/etc/inittab` teilt `init` mit, was in den einzelnen Ausführungsebenen zu tun ist. Das Format dieser Datei ist von System zu System unterschiedlich, doch das Grundprinzip besteht darin, dass `inittab` Befehle definiert, die auszuführen sind (oder aktiv bleiben), wenn das System in die einzelnen Ebenen eintritt.

Wenn der Rechner hochfährt, beginnt `init` seinen Weg von der Ausführungsebene 0 bis zur Standardebene, die ebenfalls in `/etc/inittab` gesetzt ist. Um den Übergang zwischen den einzelnen Paaren nebeneinanderliegender Ausführungsebenen zu vollziehen, führt `init` die dafür in `/etc/inittab` angegebenen Aktionen durch. Derselbe Ablauf findet beim Herunterfahren des Rechners in umgekehrter Reihenfolge statt.

Leider ist die Semantik der Datei `inittab` rudimentär. Um deren Möglichkeiten ein wenig flexibler zu gestalten, führen Linux-Systeme eine zusätzliche Abstraktionsschicht in Form eines Skripts zum »Ändern der Ausführungsebenen« ein (normalerweise `/etc/init.d/rc`), das von `inittab` aufgerufen wird. Dieses Skript ruft wiederum andere Skripte aus einem von der Ausführungsebene abhängigen Verzeichnis auf, um das System in seinen neuen Zustand zu überführen.

Heute fahren die meisten Linux-Distributionen standardmäßig in die Ausführungsebene 5 hoch, was für Server, die X nicht benötigen, sicherlich nicht angemessen ist. Die Standard-Ausführungsebene lässt sich leicht ändern. Der folgende Auszug aus der `inittab` eines SUSE-Rechners legt den Standard auf die Ebene 5 fest:

```
id:5:initdefault:
```

Systemadministratoren müssen sich normalerweise nicht direkt mit `/etc/inittab` befassen, da die skriptbasierte Schnittstelle für die meisten Anwendungen ausreichend ist. Im Rest dieses Kapitels ignorieren wir stillschweigend die Datei `inittab` und die übrigen Bindeglieder, die `init` mit der Ausführung der Startskripte verbinden. Behalten Sie nur im Hinterkopf, dass die Verbindung nicht so direkt ist, wenn wir erwähnen, dass `init` dieses oder jenes Skript ausführt.

Die zentralen Kopien der Startskripte befinden sich im Verzeichnis /etc/init.d. Jedes Skript ist für einen Daemon oder einen bestimmten Aspekt des Systems verantwortlich. Die Skripte verstehen die Argumente start und stop, die bedeuten, dass der zugehörige Dienst gestartet oder angehalten werden soll. Die meisten verstehen auch restart, was normalerweise dasselbe wie stop gefolgt von start ist. Als Systemadministrator können Sie einzelne Dienste manuell starten und beenden, indem Sie die zugehörigen init.d-Skripte von Hand ausführen.

Als Beispiel sehen Sie nachfolgend ein einfaches Startskript, das sshd starten, stoppen und neu starten kann:

```
#! /bin/sh
test -f /usr/bin/sshd || exit 0
case "$1" in
    start)
            echo -n "Starting sshd: sshd"
            /usr/sbin/sshd
            echo "."
            ;;
    stop)
            echo -n "Stopping sshd: sshd"
            kill `cat /var/run/sshd.pid`
            echo "."
            ;;
    restart)
            echo -n "Stopping sshd: sshd"
            kill `cat /var/run/sshd.pid`
            echo "."
            echo -n "Starting sshd: sshd"
            /usr/sbin/sshd
            echo "."
            ;;
    *)
            echo "Usage: /etc/init.d/sshd start|stop|restart"
            exit 1
            ;;
esac
```

Obwohl die Skripte in /etc/init.d einzelne Dienste starten und beenden können, benötigt das von init ausgeführte zentrale Steuerungsskript zusätzliche Angaben darüber, welches Skript auszuführen ist (und mit welchen Argumenten), um in eine gegebene Ausführungsebene zu wechseln. Anstatt beim Übergang in eine neue Ausführungsebene direkt im Verzeichnis init.d nachzusehen, schaut das Zentralskript in ein Verzeichnis namens *rcebene*.d, wobei *ebene* die zu erreichende Ausführungsebene ist (z. B. rc0.d, rc1.d usw.).

Diese *rcebene*.d-Verzeichnisse enthalten symbolische Links, die wiederum auf die Skripte im Verzeichnis init.d verweisen. Die Namen dieser symbolischen Links begin-

2.5 Startskripte verwenden

nen alle mit S oder K, gefolgt von einer Zahl und dem Namen des Dienstes, den das Skript steuert (z. B. S34named). Wenn init von einer »niedrigeren« Ebene in eine »höhere« wechselt, führt es alle Skripte, die mit einem S anfangen, in aufsteigender numerischer Reihenfolge mit dem Argument start aus. Beim Übergang von einer höheren in eine niedrigere Ebene werden alle Skripte, die mit einem K (für »kill«) anfangen, in absteigender numerischer Reihenfolge mit dem Argument stop ausgeführt.

Dieses Schema ermöglicht dem Administrator eine detaillierte Kontrolle über die Reihenfolge, in der die Dienste gestartet werden. Es ist z. B. sinnlos, SSH zu starten, bevor die Netzwerkkarten aktiv sind. Obwohl sowohl das Netzwerk als auch sshd auf einem Fedora-System in der Ausführungsebene 2 starten, erhält das network-Skript die Nummer 10 und das sshd-Skript die Nummer 55, sodass network mit Sicherheit zuerst gestartet wird. Vergewissern Sie sich, dass Sie diese Abhängigkeiten beachten, wenn Sie einen neuen Dienst hinzufügen.

Um dem System mitzuteilen, wann es einen neuen Daemon starten soll, müssen Sie in den entsprechenden Verzeichnissen symbolische Links anlegen. Wenn Sie es z. B. anweisen wollen, CUPS in der Ausführungsebene 2 zu starten und es vor dem Herunterfahren des Systems sauber anzuhalten, reicht das folgende Linkpaar aus:

```
# ln -s /etc/init.d/cups /etc/rc2.d/S80cups
# ln -s /etc/init.d/cups /etc/rc0.d/K80cups
```

Die erste Zeile teilt dem System mit, das Startskript /etc/init.d/cups als eines der letzten Dinge beim Übergang in die Ausführungsebene 2 mit dem Argument start auszuführen. Die zweite Zeile weist das System an, beim Herunterfahren des Systems /etc/init.d/cups relativ frühzeitig mit dem Argument stop auszuführen. Einige Systeme behandeln das Herunterfahren und das Neustarten unterschiedlich, sodass wir auch einen symbolischen Link in das Verzeichnis /etc/rc6.d eintragen müssen, um dafür zu sorgen, dass der Daemon beim Neustart des Systems ordnungsgemäß heruntergefahren wird.

2.5.2 Startskripte für Red Hat und Fedora

  Die Startskripte für Red Hat und Fedora waren früher eher schlampig gestaltet. Eingebettet in den Code können Sie eine Vielzahl von Kommentaren wie folgenden sehen:

```
# Yes, this is an ugly, but necessary hack
```

Auf jeder Ausführungsebene ruft init das Skript /etc/rc.d/rc mit der neuen Ausführungsebene als Argument auf. Es wird in der Regel im »normalen« Modus ausgeführt, in dem es einfach seine Aufgaben ausführt, kann aber auch im »Bestätigungsmodus« laufen, in dem es vor der Ausführung jedes einzelnen Startskripts nachfragt.

Red Hat und Fedora enthalten den Befehl chkconfig, der Ihnen beim Verwalten der Dienste behilflich ist. Dieser Befehl fügt dem System Startskripte hinzu oder entfernt sie, verwaltet die Ausführungsebenen, auf denen sie arbeiten, und listet die Ausführungsebenen auf, für die ein Skript momentan konfiguriert ist. Informationen zum Gebrauch dieses einfachen und praktischen Werkzeugs erhalten Sie über man chkconfig.

Red Hat hat auch ein rc.local-Skript, ähnlich dem auf BSD-Systemen. Dies ist das letzte Skript, das als Bestandteil des Startvorgangs ausgeführt wird. Früher wurde rc.local vom Paket initscripts überschrieben. Das hat sich jedoch geändert, und Sie können hier jetzt Ihre eigenen Startanpassungen eintragen.

Nachfolgend sehen Sie ein Beispiel für einen Start von Red Hat:

```
[kernel information]
INIT: version 2.85 booting
Setting default font (latarcyrhev-sun16):    [  OK  ]
    Welcome to Red Hat Linux
    Press 'I' to enter interactive startup.
Starting udev:                               [  OK  ]
Initializing hardware... storage network audio done
Configuring kernel parameters:               [  OK  ]
Setting clock  (localtime): Tue Mar 29 20:50:41 MST 2005:
[  OK  ]
...
```

Sobald Sie die Meldung »Welcome to Red Hat Linux« sehen, können Sie die Taste [i] drücken, um in den Bestätigungsmodus zu wechseln. Leider sagt Ihnen Red Hat nicht, dass Sie die richtige Taste betätigt haben, sondern fährt fröhlich mit dem Einhängen der lokalen Dateisysteme fort, aktiviert die Auslagerungspartition, lädt die Tastaturtabelle und lokalisiert seine Kernelmodule. Erst nachdem es in die Ausführungsebene 3 gewechselt hat, beginnt es tatsächlich damit, Bestätigungen von Ihnen einzuholen:

```
Welcome to Red Hat Enterprise Linux WS
    Press 'I' to enter interactive startup.
Starting udev:                               [  OK  ]
Initializing hardware... storage network audio done
Configuring kernel parameters:               [  OK  ]
setting clock  (localtime): tue mar 29 20:50:41 mst 2005:
[  OK  ]
Setting hostname rhel4:                      [  OK  ]
Checking root filesystem
/dev/hda1: clean, 73355/191616 files, 214536/383032 blocks
                                             [  OK  ]
Remounting root filesystem in read-write mode: [  OK  ]
Setting up Logical Volume Management:        [  OK  ]
Checking filesystems
Mounting local filesystems:                  [  OK  ]
Enabling local filesystem quotas:            [  OK  ]
Enabling swap space:                         [  OK  ]
```

2.5 Startskripte verwenden

```
INIT: Entering runlevel: 3
Entering interactive startup
Start service kudzu (Y)es/(N)o/(C)ontinue? [Y]
```

Der interaktive Startprozess und der Einzelbenutzermodus beginnen beide an demselben Punkt im Bootvorgang. Wenn der Startprozess so beschädigt ist, dass Sie diesen Punkt nicht sicher erreichen können, können Sie zum Booten eine Rettungsdiskette oder -CD verwenden.

Sie können dem Kernel auch das Argument `init=/bin/sh` übergeben, um ihn zum Ausführen einer Einzelbenutzershell zu verleiten, bevor `init` überhaupt startet.[2] Wenn Sie diesen Kurs einschlagen, müssen Sie die gesamte Arbeit des Startvorgangs manuell ausführen, einschließlich `fsck` und dem Einhängen der lokalen Dateisysteme.

Ein Großteil der Konfiguration des Bootvorgangs von Red Hat kann durch Verändern der Konfigurationsdateien in `/etc/sysconfig` erledigt werden. Tabelle 2.4 fasst die Funktion einiger bekannter Einträge im Verzeichnis `/etc/sysconfig` zusammen.

Datei/Verzeichnis	Funktion oder Inhalt
clock	Gibt den Uhrentyp an, den das System hat (fast immer UTC)[a]
console	Ein mysteriöses Verzeichnis, das immer leer ist
httpd	Legt fest, welches Apache-Verarbeitungsmodell zu verwenden ist
hwconf	Enthält alle Hardwareinformationen des Systems; wird von Kudzu verwendet
i18n	Enthält die lokalen Systemeinstellungen (Datumsformate, Sprachen usw.)
init	Stellt ein, wie Meldungen aus den Startskripten dargestellt werden
keyboard	Setzt den Tastaturtyp (verwenden Sie `de` für die deutsche Standardtastatur)
mouse	Setzt den Typ der Maus; wird von X und `gpm` verwendet
network	Stellt die globalen Netzwerkoptionen ein (Hostname, Gateway, Weiterleitung usw.)
network-scripts	Enthält zusätzliche Skripte und Netzwerkkonfigurationsdateien.
sendmail	Setzt die Optionen für `sendmail`

Tabelle 2.4: Dateien und Unterverzeichnisse im Verzeichnis /etc/sysconfig von Red Hat

a) Wenn Sie einen Multiboot-PC haben, können Sie nicht mehr darauf wetten, wie die Zeitzone eingestellt wird.

---

2 Wir hatten einmal eine beschädigte Tastaturtabelle, und da diese Datei auch im Einzelbenutzermodus geladen wird, war dieser Modus sinnlos. `init=/bin/sh` war die einzige Möglichkeit, das System in einen nutzbaren Einzelbenutzermodus zu booten, um das Problem zu beheben. Das kann auch in anderen Situationen ein nützlicher Trick sein.

Einige der Einträge aus Tabelle 2.4 erfordern zusätzliche Kommentare:

- Die Datei `hwconf` enthält die gesamten Hardwareinformationen. Der Kudzu-Dienst überprüft sie, um festzustellen, ob Sie irgendeine Hardware hinzugefügt oder entfernt haben, und fragt Sie, was mit den Änderungen geschehen soll. Auf einem Produktionssystem sollten Sie diesen Dienst deaktivieren, da er den Bootvorgang immer dann verlängert, wenn er eine Änderung der Hardwarekonfiguration feststellt, was zu einer zusätzlichen Ausfallzeit von 30 Sekunden pro Hardwareänderung führt.

- Das Verzeichnis `network-scripts` enthält zusätzliches Material zur Netzwerkkonfiguration. Hier müssen Sie höchstens Änderungen an den Dateien `ifcfg-schnittstelle` vornehmen. So enthält z. B. `network-scripts/ifcfg-eth0` die Konfigurationsparameter für die Netzwerkschnittstelle `eth0`. Sie setzt die IP-Adresse der Schnittstelle sowie Netzwerkoptionen. In Abschnitt 12.7 erhalten Sie weitere Informationen über die Konfiguration von Netzwerkschnittstellen.

- Die Datei `sendmail` enthält zwei Variablen: `DAEMON` und `QUEUE`. Wenn `DAEMON` auf `yes` gesetzt ist, startet das System `sendmail` beim Booten im Daemonmodus (`-bd`). `QUEUE` sagt `sendmail`, wie lange zwischen zwei Läufen der Warteschlange (`-q` für »queue«) zu warten ist; der Standardwert beträgt eine Stunde.

2.5.3 Startskripte für SUSE

Obwohl der Systemstart von SUSE dem von RHEL und Fedora ähnelt, sind die Startskripte von SUSE ein Bereich, auf dem diese Distribution die anderen Linux-Varianten wirklich in den Schatten stellt. Sie sind gut gegliedert, solide und gut dokumentiert. Die Personen, die diesen Teil des Betriebssystems warten, verdienen eine Goldmedaille.

Wie bei Red Hat und Fedora ruft `init` das Skript `/etc/init.d/rc` auf jeder Ausführungsebene mit der jeweiligen Ebene als Argument auf. Paketspezifische Skripte befinden sich im Verzeichnis `/etc/init.d`, die Konfigurationsdateien in `/etc/sysconfig`. In `/etc/init.d/README` finden Sie eine hervorragende Einführung in den Startvorgang von SUSE.

Obwohl sowohl SUSE als auch RHEL/Fedora ihre Bootkonfigurationsdateien in `/etc/sysconfig` zusammenfassen, unterscheiden sich die konkreten Dateien in diesem Verzeichnis. (Um nur einen Punkt zu nennen: Die Dateien von SUSE sind im Allgemeinen gut kommentiert.) Umgebungsvariablen der Shell setzen die Optionen, und die Skripte aus `/etc/init.d` verwenden dann diese Variablen. Einige Subsysteme erfordern eine umfangreichere Konfiguration als andere, und diejenigen, die mehrere Konfigurationsdateien benötigen, haben eigene Unterverzeichnisse, z. B. das Verzeichnis `sysconfig/network`.

2.5 Startskripte verwenden

Die Datei windowmanager ist ein typisches Beispiel für das Verzeichnis sysconfig:

```
## Path:        Desktop/Window manager
## Description:
## Type:        string(kde,fvwm,gnome,windowmaker)
## Default:     kde
## Config:      profiles,kde,susewm
#
# Here you can set the default window manager (kde, fvwm, ...)
# changes here require at least a re-login
DEFAULT_WM="kde"
## Type:        yesno
## Default:     yes
#
# install the SUSE extension for new users
# (theme and additional functions)
#
INSTALL_DESKTOP_EXTENSIONS="yes"
```

Jeder Variable ist eine von YaST[3] lesbare Information zur Konfiguration und eine ausführliche Beschreibung ihres Einsatzzwecks vorangestellt. In der Datei windowmanager setzt z. B. die Variable DEFAULT_WM den von X verwendeten Desktop-Fenstermanager.

SUSE hat insbesondere mit den Dateien aus dem Unterverzeichnis /etc/sysconfig/network gute Arbeit geleistet. Dieses Verzeichnis enthält sowohl globale Konfigurationsdateien (die Optionen setzen, die für alle Netzwerkkarten gelten) als auch netzwerkspezifische Dateien. Die Datei network/routes enthält z. B. globale Routing-Informationen und könnte auf einer typischen SUSE-Installation wie folgt aussehen:

```
# Destination   Dummy/Gateway      Netmask        Device
default         192.168.10.254     0.0.0.0        eth0
```

Routen, die nur dann vorhanden sein sollen, wenn eine bestimme Netzwerkschnittstelle aktiv ist, können in einer Datei namens ifroute-*schnittstelle* angegeben werden. Für eine Schnittstelle namens eth1 heißt diese Datei z. B. ifroute-eth1, und ihr Inhalt kann folgendermaßen lauten:

```
# Destination   Dummy/Gateway      Netmask        Device
10.10.0.0/24    10.10.0.254
```

Die Netzwerkmaske und das Gerät können Sie angeben, wenn Sie das wünschen, aber die Startskripte leiten die korrekten Werte ab.

SUSE enthält auch den Befehl chkconfig zum Verwalten der Startskripte. Er unterscheidet sich völlig von der Red Hat-Version, stellt jedoch trotzdem ein effektives Werkzeug dar und sollte den Vorzug vor der manuellen Skriptverwaltung erhalten.

---

3   YaST ist ein SUSE-spezifisches grafisches Konfigurationswerkzeug, das alle Aspekte eines SUSE-Systems abdeckt. Weitere Informationen erhalten Sie in Kapitel 11.

Egal, ob Sie YaST oder `chkconfig` verwenden oder Ihre Startskripte von Hand warten, ist es eine gute Idee, sich das Verzeichnis /etc/sysconfig anzuschauen und über seinen Inhalt nachzudenken.

Ein typischer Bootvorgang von SUSE sieht wie folgt aus:

```
[kernel information]
INIT: version 2.85 booting
System Boot Control: Running /etc/init.d/boot
Mounting /proc filesystem                                done
Mounting sysfs on /sys                                   done
Mounting /dev/pts                                        done
Boot logging started on /dev/tty1(/dev/console) at Tue Mar 29 14:04:12 2005
Mounting shared memory FS on /dev/sh                     done
Activating swap-devices in /etc/fstab...
Adding 1052248k swap on /dev/hda2. Priority:42 extents:1 done
Checking root file system...
...
```

2.5.4 Startskripte für Debian und Ubuntu

Wenn SUSE das Musterbeispiel für einen gut entworfenen und sauber ausgeführten Plan zum Verwalten der Startskripte ist, dann ist Debian das genaue Gegenteil. Die Debian-Skripte sind empfindlich, undokumentiert und sehr inkonsistent. Traurig – es scheint, dass das Fehlen eines Standards zum Aufsetzen der Skripte in diesem Fall zu einem Chaos geführt hat. (Böses Debian!)

Auf jeder Ausführungsebene ruft `init` das Skript /etc/init.d/rc mit der neuen Ausführungsebene als Argument auf. Jedes Skript ist verantwortlich dafür, seine eigenen Konfigurationsangaben zu finden, sei es in Form von anderen Dateien in /etc, /etc/default, einem anderen Unterverzeichnis von /etc oder irgendwo im Skript selbst.

Wenn Sie den Hostnamen des Systems suchen – er steht in der Datei /etc/hostname, die vom Skript /etc/init.d/hostname.sh gelesen wird. Parameter für die Netzwerkschnittstellen und das Standardgateway sind in /etc/network/interfaces gespeichert, die vom Befehl `ifup` aus /etc/init.d/networking aufgerufen wird. Einige Netzwerkoptionen können auch in /etc/network/options angegeben werden.

Debian und Ubuntu enthalten mit `update-rc.d` eine Art heimliches Programm zur Verwaltung der Startskripte. Obwohl seine man-Seite vor dem interaktiven Einsatz warnt, ist es unserer Meinung nach ein nützlicher, wenn auch weniger benutzerfreundlicher Ersatz für `chkconfig`. Um z. B. `sshd` in den Ausführungsebenen 2, 3, 4 und 5 zu starten und in 0, 1 und 6 zu beenden, geben Sie Folgendes ein:

```
$ sudo /usr/sbin/update-rc.d sshd start 0123 stop 456
```

2.6 Neustart und Herunterfahren

Linux-Dateisysteme puffern Änderungen im Speicher und schreiben sie nur sporadisch auf die Festplatte zurück. Dieses Verfahren beschleunigt Zugriffe auf die Festplatte, macht das Dateisystem aber auch anfällig für Datenverlust, wenn das System unsanft angehalten wird.

Traditionelle UNIX- und Linux-Rechner waren sehr empfindlich beim Herunterfahren. Moderne Systeme sind inzwischen wesentlich weniger anfällig (insbesondere wenn sie ein robustes Dateisystem wie ext3fs verwenden), doch es ist immer anzuraten, den Rechner möglichst sanft herunterzufahren. Ein unsauberes Anhalten kann alle möglichen Auswirkungen haben, von subtilen, hinterhältigen Problemen bis hin zu einer größeren Katastrophe.

Auf kommerziellen Betriebssystemen ist ein Neustart des Betriebssystems ein geeigneter erster Versuch zur Behebung fast aller Probleme. Bei Linux-Systemen ist es besser, erst nachzudenken und dann zu booten. Linux-Probleme neigen dazu, subtiler und komplexer zu sein, sodass ein blinder Neustart in einer geringeren Anzahl von Fällen nützlich ist. Außerdem benötigen Linux-Systeme relativ lange für einen Neustart, und es könnten mehrere Benutzer beeinträchtigt werden.

Sie müssen das System möglicherweise neu starten, wenn Sie eine neue Hardware hinzugefügt haben oder wenn ein vorhandenes Hardwaregerät so durcheinandergeraten ist, dass es nicht zurückgesetzt werden kann. Wenn Sie eine Konfigurationsdatei verändern, die nur zur Startzeit verwendet wird, müssen Sie den Rechner neu starten, damit die Änderungen wirksam werden. Falls das System so gestört ist, dass Sie sich nicht anmelden können, um eine saubere Problemdiagnose durchzuführen, bleibt Ihnen offensichtlich keine Alternative zu einem Neustart.

Immer wenn Sie ein Startskript verändern, sollten Sie neu starten, nur um sicherzustellen, dass das System wieder erfolgreich hochfährt. Wenn Sie ein Problem erst mehrere Wochen später bemerken, erinnern Sie sich höchstwahrscheinlich nicht mehr an die zuletzt durchgeführten Änderungen.

Im Gegensatz zum Booten, das eigentlich nur auf eine Art und Weise durchgeführt werden kann, gibt es für das Herunterfahren und das Neustarten mehrere Möglichkeiten:

- Den Strom abschalten
- Den Befehl shutdown
- Die Befehle halt und reboot
- Den Befehl telinit zum Ändern der Ausführungsebene von init
- Den Befehl poweroff, um das System anzuweisen, den Strom abzuschalten

2.6.1 Den Strom abschalten

Selbst für ein Desktopsystem ist es keine gute Idee, zum Herunterfahren den Strom abzuschalten. Sie könnten Daten verlieren und das Dateisystem beschädigen.

Viele Rechner haben einen »weichen« Netzschalter. Wenn Sie ihn betätigen, führt der Computer noch einige Befehle aus, um ein sauberes Herunterfahren zu gewährleisten. Falls Sie sich nicht sicher sind, ob ein Rechner dieses Merkmal bietet, drücken Sie nicht den Netzschalter, um es herauszufinden! Es ist besser, wenn Sie selbst die Befehle zum Herunterfahren eingeben.

Das heißt jedoch nicht, dass das Abschalten des Stroms das Ende der Welt bedeutet. Es ist in Ordnung, den Strom in einem Notfall abzuschalten, wenn es nicht mehr möglich ist, den Rechner sauber herunterzufahren. Früher hatten Rechnerräume oft einen Notschalter, der alles auf einmal abstellte. Unsere Systemadministratoren haben ihn einmal mit einem schlecht gezielten Fußball ausgelöst ...

2.6.2 shutdown: Der elegante Weg

Der Befehl shutdown ist das sicherste, vorsichtigste und gründlichste Verfahren, um ein Herunterfahren oder einen Neustart einzuleiten oder in den Einzelbenutzermodus zurückzukehren.

Sie können shutdown anweisen, vor dem Herunterfahren des Systems etwas zu warten. Während der Wartezeit sendet shutdown angemeldeten Besuchern in kürzer werdenden Abständen Nachrichten und warnt sie vor der drohenden Ausfallzeit. Standardmäßig besagen diese Meldungen lediglich, dass das System heruntergefahren wird, und geben die verbleibende Zeit an; Sie können auch eine kurze eigene Nachricht angeben. Darin sollten Sie mitteilen, warum das System heruntergefahren wird, und mitteilen, wie lange es ungefähr dauern wird, bis die Benutzer sich wieder anmelden können (z. B. »Sie können sich voraussichtlich um 11:00 Uhr wieder anmelden.«). Wenn shutdown aktiv ist, kann sich kein Benutzer anmelden, doch er sieht Ihre Nachricht, sofern Sie eine angegeben haben.

Sie können dem Befehl shutdown mitteilen, ob das System nach dem erfolgten Herunterfahren anhalten (-h für »halt«) oder neu starten (-r für »reboot«) soll. Des Weiteren können Sie angeben, ob Sie nach dem Neustart ein fsck der Dateisysteme erzwingen wollen (-F) oder nicht (-f). Standardmäßig überspringt Linux die fsck-Prüfung automatisch, wenn die Dateisysteme sauber ausgehängt wurden.

Ein shutdown-Befehl, der die Benutzer an eine geplante Wartung erinnert und das System um 9:30 Uhr anhält, kann z. B. wie folgt aussehen:

```
# shutdown -h 09:30 "Das System wird wegen geplanter Wartung
heruntergefahren. Die erwartete Ausfallzeit beträgt 1 Stunde"
```

2.6 Neustart und Herunterfahren

Es ist auch möglich, für das Herunterfahren eine relative Zeit anzugeben. Der folgende Befehl fährt das System z. B. 15 Minuten nach seiner Ausführung herunter:

```
# shutdown -h +15 "Das System wird wegen einer Notfall-
Festplattenreparatur heruntergefahren."
```

2.6.3 halt: Eine einfache Möglichkeit

Der Befehl halt führt die notwendigen Aufgaben durch, um das System herunterzufahren. Er wird von shutdown -h aufgerufen, kann aber auch direkt eingegeben werden. Dabei protokolliert er das Herunterfahren, beendet nicht notwendige Prozesse, führt den Systemaufruf sync aus (aufgerufen von und äquivalent zum Befehl sync), wartet, bis die Schreibvorgänge für die Dateisysteme beendet sind, und hält dann den Kernel an.

halt -n verhindert den Aufruf von sync. Diese Option wird von fsck aufgerufen, nachdem es die Wurzelpartition repariert hat. Würde fsck den Parameter -n nicht angeben, könnte der Kernel die Reparaturen von fsck mit alten Versionen des Superblocks überschreiben, die im Speicher zwischengespeichert waren.

2.6.4 reboot: Schneller Neustart

Der Befehl reboot ist mit halt fast identisch, außer dass er zu einem Neustart des Rechners statt zum Anhalten führt. reboot wird von shutdown -r aufgerufen. Er unterstützt wie halt den Schalter -n.

2.6.5 telinit: Die Ausführungsebene ändern

Sie können telinit verwenden, um init zu einer bestimmten Ausführungsebene zu dirigieren. Zum Beispiel überführt der folgende Befehl das System in den Einzelbenutzermodus:

```
# telinit 1
```

Wenn Sie telinit verwenden, erhalten Sie nicht die praktischen Warnmeldungen und Wartezeiten, die shutdown bietet, sodass Sie diesen Befehl besser vermeiden sollten. Der Einsatz von telinit eignet sich am besten dazu, Änderungen an der Datei inittab zu überprüfen.

2.6.6 poweroff: Linux soll ausschalten

Der Befehl poweroff ist gleichbedeutend mit halt, wobei jedoch nach dem Herunterfahren von Linux eine Anfrage an das Energieverwaltungssystem gesendet wird (auf Systemen, die ein solches besitzen), um den Strom auszuschalten. Diese Eigenschaft erleichtert das entfernte Abschalten von Computern (z. B. während eines Gewitters).

Leider gibt es keinen entsprechenden Befehl `poweron`. Die Gründe für dieses offensichtliche Versehen überlassen wir dem Leser als Übungsaufgabe.

2.7 Übungen

1. Warum ist es wichtig, vor der Installation des Bootladers LILO den Befehl `lilo -t` auszuführen? Wie booten Sie einen Kernel, der einen anderen Namen als `vmlinuz` hat?

2. Warum sollte ein Linux-System nicht mit dem Netzschalter am Gehäuse ausgeschaltet werden? Nennen Sie einige Alternativen.

3. Verwenden Sie die Befehlszeile von GRUB, um einen Kernel zu booten, der nicht in `grub.conf` aufgeführt ist.

☆ 4. Erläutern Sie das Konzept der Ausführungsebenen. Geben Sie die in Linux definierten Ebenen an und beschreiben Sie sie jeweils kurz. Wie lautet die Beziehung zwischen den Ausführungsebenen 1 und S?

☆ 5. Schreiben Sie ein Startskript für den Daemon `foo` (`/usr/local/sbin/foo`), einen Netzwerkdienst. Zeigen Sie, wie Sie ihn in das System einbinden, damit er beim Booten automatisch gestartet wird.

☆ 6. Besorgen Sie sich das Programm `mactime` von Dan Farmer und Wietse Venema und installieren Sie es (es gehört zum TCT-Toolkit). Führen Sie `mactime` aus, um eine erste Datenbank der mit ihren Systemdateien verbundenen Zeitstempel zu erhalten. Starten Sie den Computer neu. Führen Sie `mactime` erneut aus, und ermitteln Sie, welche Dateien durch das Booten des Rechners verändert wurden. Auf welche Dateien wurde zugegriffen, ohne dass sie geändert wurden?

★★ 7. Ein System wird auf der Ausführungsebene 4 betrieben, und Sie führen den Befehl `telinit 1` aus. Welche Schritte unternimmt `init` in diesem Fall? Was ist das abschließende Ergebnis dieses Befehls?

★★ 8. Zeichnen Sie ein Abhängigkeitsdiagramm, das zeigt, welche Daemonen auf Ihrem Linux-System vor anderen Daemons gestartet werden müssen.

★★ 9. Geben Sie die Reihenfolge der Schritte an, um ein arbeitsfähiges Multibootsystem aufzubauen, das Linux und Windows enthält. Verwenden Sie GRUB sowie den Bootlader von Windows.

3 Die Macht von root

Jede Datei und jeder Prozess auf einem Linux-System gehören einem bestimmten Benutzerkonto. Andere Benutzer haben ohne die Erlaubnis des Besitzers keinen Zugriff auf diese Objekte, daher schützt diese Konvention den Benutzer sowohl vor absichtlichen als auch vor unbeabsichtigten Missetaten anderer.

Systemdateien und Prozesse gehören üblicherweise einem fiktiven Benutzer namens root, auch als der Superuser bekannt. Wie bei jedem Konto, ist das Eigentum von root vor der Einmischung anderer Benutzer geschützt. Um administrative Änderungen vorzunehmen, müssen Sie eine der in diesem Kapitel beschriebenen Verfahren für den Zugang zum root-Konto einsetzen.

Das root-Konto hat einige »magische« Eigenschaften. root kann als Besitzer jeder Datei und jedes Prozesses handeln. root kann außerdem mehrere besondere Tätigkeiten ausführen, die für andere Benutzer verboten sind. Dieses Konto ist sowohl mächtig als auch, in sorglosen oder böswilligen Händen, möglicherweise gefährlich.

Dieses Kapitel führt Sie in die Grundlagen des Superuser-Zugangs für Administratoren ein. Kapitel 20, »Sicherheit«, beschreibt, wie Sie den unerwünschten Superuser-Zugriff durch andere verhindern. Kapitel 30, »Management und Geschäftspolitik«, behandelt die einschlägigen politischen und administrativen Gesichtspunkte.

3.1 Besitz von Dateien und Prozessen

Jede Datei hat einen Besitzer und einen »Gruppenbesitzer«. Der Besitzer hat ein besonderes Privileg, das er mit niemandem im System teilt: die Fähigkeit, die Berechtigungen der Datei zu verändern. Insbesondere kann er die Berechtigungen einer Datei so weit einschränken, dass kein anderer Zugriff auf sie hat.[1] In Kapitel 5, »Das Dateisystem«, erfahren Sie mehr über Dateiberechtigungen.

---

[1] Tatsächlich können die Berechtigungen so restriktiv gesetzt werden, dass nicht einmal der Besitzer der Datei auf sie zugreifen kann.

Obwohl der Besitzer einer Datei stets eine Einzelperson ist, können viele Personen Gruppenbesitzer der Datei sein, sofern sie alle Mitglieder in einer einzelnen Linux-Gruppe sind. Gruppen werden herkömmlicherweise in der Datei /etc/group definiert, doch heute ist es gebräuchlicher, die Gruppeninformationen auf einem NIS- oder LDAP-Server im Netzwerk zu speichern. Einzelheiten dazu finden Sie in Kapitel 17, »Systemdateien zentral verwalten«.

Tipp

Weitere Informationen über Gruppen erhalten Sie in Abschnitt 6.1.4.

Der Besitzer der Datei gibt an, was die Gruppenbesitzer mit ihr machen können. Dieses Verfahren ermöglicht die gemeinsame Nutzung von Dateien durch Mitarbeiter desselben Projekts. Wir verwenden z. B. eine Gruppe, um den Zugriff auf die Quelldateien für die Website *www.admin.com* zu steuern.

Beide Zugehörigkeiten einer Datei können mit dem Befehl ls -l *dateiname* bestimmt werden. Betrachten Sie das folgende Beispiel:

```
$ ls -l /staff/scott/todo
-rw-------   1   scott    staff    1258   Jun 4 18:15   /staff/scott/todo
```

Die Datei gehört dem Benutzer scott und der Gruppe staff.

Linux verwaltet Benutzer und Gruppen jedoch in Form von Zahlen und nicht als Namen. Im einfachsten Fall werden Identifizierungsnummern (kurz UIDs genannt) in der Datei /etc/passwd auf Benutzernamen und Gruppenidentifizierungsnummern (GIDs) in der Datei /etc/group auf Gruppennamen abgebildet. Die Namen, die zu den UIDs und GIDs gehören, dienen nur der Bequemlichkeit für die menschlichen Benutzer des Systems. Wenn Befehle wie ls die Angaben zu den Besitzern in einem für Menschen lesbaren Format ausgeben, müssen sie jeden Namen in der entsprechenden Datei oder Datenbank nachschlagen.

Der Besitzer eines Prozesses kann dem Prozess Signale schicken (siehe Abschnitt 4.3) und außerdem seine Priorität herabsetzen. Prozesse sind tatsächlich mit mindestens sieben Identitäten verknüpft: einer realen, effektiven und gespeicherten UID, einer realen, effektiven und gespeicherten GID sowie unter Linux einer »Dateisystem-UID«, die nur zur Bestimmung der Dateizugriffsberechtigungen verwendet wird. Grob gesprochen dienen die realen IDs der Buchführung und die effektiven der Bestimmung der Zugriffsberechtigungen. In der Regel sind sie identisch.

Gespeicherte IDs haben keine unmittelbare Auswirkung. Sie ermöglichen Programmen, eine inaktive ID für den späteren Gebrauch zu »parken«, und erleichtern damit die sparsame Verwendung erweiterter Privilegien. Die Dateisystem-ID wird im Allgemeinen als Implementierungsdetail von NFS beschrieben und ist in der Regel dieselbe wie die effektive UID.

Obwohl ein Prozess normalerweise seine Besitzerrechte nicht ändern kann, gibt es einen besonderen Fall, in dem die effektiven Benutzer- und Gruppen-IDs abgewandelt werden können. Wenn der Kernel eine Datei ausführt, deren setuid- oder setgid-Berechtigungsbit gesetzt ist, ändert er die effektive UID oder GID des sich ergebenden Prozesses auf die UID oder GID der Datei, die das Programm enthält, statt auf die UID oder GID des Benutzers, der das Programm ausführt. Die Berechtigungen des Benutzers werden also nur für das Ausführen dieses bestimmten Befehls heraufgestuft.

Tipp

In Abschnitt 5.1 finden Sie weitere Informationen über Berechtigungsbits.

Der Einsatz von setuid unter Linux erlaubt Programmen, die von normalen Benutzern ausgeführt werden, das root-Konto auf eingeschränkte und streng kontrollierte Weise zu nutzen. Zum Beispiel ist der Befehl passwd, den Benutzer zum Ändern ihres Anmeldepassworts ausführen, ein setuid-Programm. Er ändert die Datei /etc/shadow (oder /etc/passwd) auf wohldefinierte Art und Weise und beendet sich dann. Natürlich hat auch dieses begrenzte Verfahren die Möglichkeit eines Missbrauchs, sodass passwd vom Benutzer fordert, sein aktuelles Passwort einzugeben, bevor die geforderte Änderung durchgeführt wird.

3.2 Der Superuser

Das kennzeichnende Merkmal des root-Kontos ist seine UID von 0. Linux hindert Sie nicht daran, den Benutzernamen dieses Kontos zu ändern oder zusätzliche Konten mit der UID 0 zu erstellen, doch das sind beides keine guten Ideen. Solche Änderungen neigen dazu, unvorhergesehene Lücken in der Systemsicherheit zu öffnen. Sie sorgen auch für Verwirrung, wenn andere Personen sich mit der seltsamen Art herumschlagen müssen, in der Sie Ihr System konfiguriert haben.

Das traditionelle UNIX erlaubt dem Superuser (d.h., jedem Prozess, dessen effektive UID gleich 0 ist), jede gültige Operation an jeder Datei und jedem Prozess auszuführen.[2] Darüber hinaus können einige Systemaufrufe (Anfragen an den Kernel) nur vom Superuser ausgeführt werden. Im Folgenden sehen Sie einige Beispiele derart eingeschränkter Operationen:

- Das Wurzelverzeichnis eines Prozesses mit `chroot` ändern
- Gerätedateien anlegen
- Die Systemuhr stellen
- Nutzungsbeschränkungen für Ressourcen und Prozessprioritäten erhöhen[3]
- Den Hostnamen des Systems setzen
- Netzwerkkarten konfigurieren
- Privilegierte Netzwerkports (Ports unterhalb 1024) öffnen
- Das System herunterfahren

Ein Beispiel für die Macht des Superusers ist die Fähigkeit, die UID und GID eines Prozesses zu ändern, der `root` gehört. Das Programm `login` und seine grafischen Gegenstücke sind ein solcher Fall. Der Prozess, der Sie beim Anmelden am System nach Ihrem Passwort fragt, wird als `root` ausgeführt. Wenn das von Ihnen eingegebene Passwort und der Benutzername anerkannt wurden, ändert das Loginprogramm seine UID und GID in Ihre UID und GID und fährt Ihre Benutzerumgebung hoch. Sobald ein `root`-Prozess seinen Besitzer geändert hat und ein normaler Benutzerprozess geworden ist, kann er seinen vorherigen privilegierten Zustand nicht zurück erlangen.

Linux-Systeme sind theoretisch dazu in der Lage, die Privilegien des `root`-Kontos gemäß dem POSIX-Standard für »Fähigkeiten« (Capabilitys) zu unterteilen. Aus verschiedenen Gründen, darunter Problemen mit der aktuellen Implementierung, ist diese Eigenschaft für Systemadministratoren nicht so hilfreich oder von Bedeutung, wie es zunächst scheinen mag. Weitere Kommentare zu POSIX-Capabilitys finden Sie in Abschnitt 20.6.

3.3 Ein root-Passwort auswählen

Das `root`-Passwort sollte mindestens acht Zeichen lang sein, denn Passwörter mit sieben Zeichen sind wesentlich einfacher zu knacken. Auf Systemen, die DES-Passwörter verwenden, nützt es nichts, ein längeres Passwort zu verwenden, da nur die ersten acht Zeichen von Bedeutung sind. Im Abschnitt 6.1.2 finden Sie Informationen darüber, wie Sie MD5-Passwörter aktivieren, die länger als acht Zeichen sein können.

---

2 Das Wort »gültig« ist hier wichtig. Manche Tätigkeiten (z. B. eine Datei auszuführen, deren Ausführungsbit nicht gesetzt ist) sind sogar dem Superuser verboten.

3 Ab der Kernelversion 2.16.12 ermöglicht eine neue Ressourcenbeschränkung Nicht-Superusern das Erhöhen von Prozessprioritäten, wenn der Systemadministrator das erlaubt.

3.3 Ein root-Passwort auswählen

Es ist wichtig, das root-Passwort so zu wählen, dass es nicht einfach erraten oder durch Versuche herausgefunden werden kann. In der Theorie bestehen die sichersten Passwörter aus einer zufälligen Folge von Buchstaben, Satzzeichen und Ziffern. Doch da sich ein solches Passwort schlecht merken und in der Regel schwer eingeben lässt, ist es möglicherweise nicht optimal sicher, wenn Administratoren es aufschreiben oder langsam tippen.

Bis vor Kurzem war ein Passwort aus zwei zufällig gewählten, durch ein Satzzeichen getrennten Wörtern ein recht guter Kompromiss zwischen Sicherheit und Merkbarkeit, doch leider können solche Passwörter jetzt ziemlich schnell geknackt werden, sodass wir dieses Verfahren ausdrücklich ablehnen.

Tipp

In Abschnitt 20.10.3 gibt es weitere Informationen zum Knacken von Passwörtern.

Wir empfehlen, dass Sie ein root-Passwort bilden, indem Sie einen Satz aus »schockierendem Blödsinn« zusammenfassen, wie es von Grady Ward in einer früheren Version der FAQ zu PGP Passphrase definiert wurde:

> *»Schockierender Blödsinn« bedeutet, eine kurze Wortfolge oder einen Satz aufzustellen, der sowohl sinnlos als auch im kulturellen Umfeld des Benutzers schockierend ist. Das bedeutet, er enthält äußerst obszöne, rassistische, unmögliche oder anderweitig extreme Aneinanderreihungen von Ideen. Diese Methode ist erlaubt, weil die Passphrase naturgemäß niemals jemandem gezeigt wird, dessen Gefühle verletzt werden könnten.*
>
> *Es ist äußerst unwahrscheinlich, dass derselbe schockierende Blödsinn irgendwo anders nochmal auftaucht, da er keine Tatsachen beschreibt, die jemand anders zufällig ebenfalls beschreibt. Aufgrund der starken emotionalen Wirkung kann der Urheber seinen Satz auch nicht so leicht wieder vergessen. Ein eher harmloses Beispiel für solchen schockierenden Blödsinn könnte etwa lauten: »Mollusken fressen meine davongaloppierenden Geschlechtsteile.« Der Leser kann sich ohne Schwierigkeiten eigene weit schockierendere oder unterhaltsamere Beispiele ausdenken.«*

Sie können einen solchen Satz zu einem Passwort verkürzen, indem Sie nur den ersten Buchstaben eines jeden Worts verwenden oder eine ähnliche Transformation durchführen. Die Passwortsicherheit wird gewaltig erhöht, wenn Sie auch Ziffern, Satzzeichen oder Großbuchstaben verwenden.

Wann sollten Sie das root-Passwort ändern?

- Mindestens ca. alle drei Monate
- Jedes Mal, wenn jemand, der das Passwort kennt, Ihr Unternehmen verlässt

- Immer wenn Sie der Meinung sind, die Sicherheit könnte gefährdet sein
- An einem Tag, an dem Sie nicht vorhaben, abends so lange zu feiern, dass Sie das Passwort am nächsten Morgen vergessen haben
- Nicht unmittelbar vor Ihrem Urlaub

3.4 Als root arbeiten

Da root nur ein weiterer Benutzer ist, können Sie sich direkt mit dem root-Konto anmelden. Das erweist sich jedoch als schlechte Idee. Zunächst einmal wird bei dieser Vorgehensweise nicht aufgezeichnet, welche Operationen als root ausgeführt wurden. Das ist schlimm genug, wenn Sie feststellen, dass Sie in der letzten Nacht um 3:00 Uhr etwas kaputt gemacht haben und sich nicht mehr daran erinnern können, was Sie geändert haben; es ist noch schlimmer, wenn es einen unerlaubten Zugriff gegeben hat und Sie versuchen, herauszufinden, was der Eindringling mit Ihrem System angestellt hat. Ein weiterer Nachteil besteht darin, dass es bei einer direkten Anmeldung mit root keine Aufzeichnung darüber gibt, wer die Arbeit tatsächlich ausgeführt hat. Wenn mehrere Personen Zugang zum root-Konto haben, können Sie nicht nachvollziehen, wer es wann benutzt hat.

Aus diesen Gründen bieten die meisten Systeme die Möglichkeit, root-Logins auf Terminals und über das Netzwerk zu deaktivieren – überall, außer auf der Systemkonsole.[4] Wir empfehlen Ihnen, dass Sie diese Möglichkeiten nutzen. Im Abschnitt 20.9.2 können Sie nachlesen, welche Datei Sie auf Ihrem System dazu bearbeiten müssen.

3.4.1 su: Benutzeridentitäten ersetzen

Ein etwas besserer Zugriff auf das root-Konto ist die Verwendung des Befehls su. Ohne Argumente aufgerufen, erwartet su die Eingabe des root-Passworts und startet dann eine root-Shell. Die Privilegien dieser Shell bleiben bestehen, bis sie beendet wird (über Strg-D oder den Befehl exit). su protokolliert nicht die als root ausgeführten Befehle, erstellt aber einen Protokolleintrag, der angibt, wer root wurde und wann.

Der Befehl su kann auch andere Identitäten als root setzen. Manchmal besteht die einzige Möglichkeit, das Problem eines Benutzers zu reproduzieren oder zu debuggen, darin, su für sein Konto auszuführen, sodass Sie die Umgebung, in der das Problem auftritt, nachstellen können.

---

[4] Ubuntu geht sogar noch weiter. Standardmäßig hat das System kein gültiges root-Kennwort und fordert den Einsatz von sudo, was weiter hinten in diesem Abschnitt genauer erläutert wird.

Wenn Sie das Passwort eines anderen Benutzers kennen, können Sie direkt auf dessen Konto zugreifen, indem Sie su *benutzername* aufrufen. Wie bei su für root, werden Sie nach dem Kennwort für *benutzername* gefragt. Sie können auch zunächst su für root ausführen und dann su für ein anderes Konto; root kann su für jedes Konto ausführen, ohne ein Passwort anzugeben.

Sie sollten sich angewöhnen, den vollständigen Pfadnamen des Befehls su einzugeben (d. h. /bin/su), anstatt darauf zu vertrauen, dass die Shell ihn für Sie findet. Das schützt Sie vor Programmen mit dem Namen su, die in Ihren Suchpfad geraten sein könnten, um Passwörter auszuspionieren.[5]

3.4.2 sudo: su mit Einschränkung

Da die Privilegien des Superuser-Kontos nicht aufgeteilt werden können (zumindest nicht willkürlich), ist es schwierig, jemandem die Erlaubnis für eine Aufgabe zu geben (z. B. Backups durchzuführen), ohne ihm einen Freifahrtschein für das System auszustellen. Wenn das root-Konto von mehreren Administratoren verwendet wird, haben Sie nur eine vage Vorstellung davon, wer es nutzt und was er getan hat.

Die am weitesten verbreitete Lösung für dieses Problem ist ein Programm namens sudo, das zurzeit von Todd Miller gewartet wird. Es ist standardmäßig in allen unseren Beispieldistributionen enthalten, aber auch unter *www.courtesan.com* als Quellcode erhältlich.

sudo übernimmt einen Befehl als Argument, der als root (oder als anderer eingeschränkter Benutzer) auszuführen ist. Es liest die Datei /etc/sudoers ein, die auflistet, welche Benutzer zur Ausführung von sudo berechtigt sind und welche Befehle sie auf den einzelnen Rechnern ausführen dürfen. Wenn der gewünschte Befehl zulässig ist, fragt sudo den Benutzer nach *seinem eigenen* Passwort und führt den Befehl aus.

Während eines fünfminütigen Zeitraums (konfigurierbar) ohne weitere sudo-Aktivitäten kann der »Sudoer« zusätzliche sudo-Befehle ausführen, ohne sein Passwort erneut eingeben zu müssen. Diese Zeitbeschränkung dient als vernünftiger Schutz vor Benutzern mit sudo-Berechtigung, die ihr Terminal unbeaufsichtigt lassen.

Der Befehl sudo protokolliert die ausgeführten Befehle, die Rechner, auf denen sie ausgeführt wurden, wer sie angefordert hat, das Verzeichnis, aus denen sie aufgerufen wurden, sowie die zugehörige Uhrzeit. Diese Angaben können von syslog oder in einer Datei Ihrer Wahl aufgezeichnet werden. Wir empfehlen die Verwendung von syslog, um die Einträge an einen sicheren zentralen Rechner weiterzuleiten.

---

[5] Aus demselben Grund empfehlen wir dringend, ».« (das aktuelle Verzeichnis) nicht in den Suchpfad der Shell aufzunehmen. Diese Konfiguration ist zwar bequem, erleichtert es aber, aus Versehen »besondere« Versionen von Systembefehlen auszuführen, die ein Benutzer oder Eindringling als Falle hinterlegt hat. Für root gilt dieser Rat natürlich doppelt.

Ein Protokolleintrag für den Benutzer randy, der sudo /bin/cat /etc/sudoers ausführt, kann wie folgt aussehen:

```
Dec 7 10:57:19 tigger sudo: randy: TTY=ttyp0 ; PWD=/tigger/users/randy; USER=root ;
COMMAND=/bin/cat /etc/sudoers
```

Die Datei sudoers ist so aufgebaut, dass eine einzige Version gleichzeitig auf vielen verschiedenen Rechnern verwendet werden kann. Nachfolgend sehen Sie ein typisches Beispiel:

```
# Define aliases for machines in CS & Physics departments
Host_Alias    CS = tigger, anchor, piper, moet, sigi
Host_Alias    PHYSICS = eprince, pprince, icarus
# Define collections of commands
Cmnd_Alias    DUMP = /sbin/dump, /sbin/restore
Cmnd_Alias    PRINTING = /usr/sbin/lpc, /usr/bin/lprm
Cmnd_Alias    SHELLS = /bin/sh, /bin/tcsh, /bin/bash, /bin/ash, /bin/bsh
# Permissions
mark, ed    PHYSICS = ALL
herb    CS = /usr/sbin/tcpdump : PHYSICS = (operator) DUMP
lynda    ALL = (ALL) ALL, !SHELLS
%wheel    ALL, !PHYSICS = NOPASSWD: PRINTING
```

Die ersten fünf Zeilen ohne Kommentarzeichen geben Gruppen von Rechnern und Befehlen an, auf die weiter unten in den Berechtigungsangaben verwiesen wird. Diese Listen könnten wortgetreu in den Spezifikationen enthalten sein, doch die Verwendung von Aliasen erleichtert die Lesbarkeit und Verständlichkeit der Datei sudoers sowie deren spätere Aktualisierung. Es ist auch möglich, Aliase für Gruppen von Benutzern zu erstellen, unter denen Befehle ausgeführt werden dürfen.

Jede Zeile, die Berechtigungen beschreibt, enthält die folgenden Angaben:

- Die Benutzer, auf die die Zeile zutrifft
- Die Rechner, die diese Zeile beachten sollten
- Die Befehle, die die angegebenen Benutzer ausführen können
- Die Benutzer, unter denen die Befehle ausgeführt werden können

Die erste Zeile im Abschnitt Permissions aus dem Beispiel betrifft die Benutzer mark und ed auf den Rechnern der Gruppe PHYSICS (eprince, pprince und icarus). Der eingebaute Befehlsalias ALL erlaubt ihnen, alle Befehle auszuführen. Da keine Benutzerliste in Klammern angegeben ist, führt sudo nur Befehle als root aus.

Die zweite Zeile dieses Abschnitts erlaubt dem User herb, den Befehl tcpdump auf den Rechnern der Gruppe CS und die Befehle der Gruppe DUMP auf Rechnern der Gruppe PHYSICS auszuführen. Die DUMP-Befehle können jedoch nur als operator ausgeführt werden, nicht als root. Die Befehlszeile, die herb eingeben muss, lautet also wie folgt:

```
$ sudo -u operator /sbin/dump 0u /dev/hda2
```

3.4 Als root arbeiten

Der Benutzer `lynda` kann Befehle als jeder Benutzer auf jedem Rechner ausführen, mit der Ausnahme einiger üblicher Shells. Bedeutet das, dass `lynda` tatsächlich keine root-Shell erhalten kann? Natürlich nicht:

```
$ cp -p /bin/bash /tmp/bash
$ sudo /tmp/bash
```

Allgemein gesagt ist jeder Versuch, »alle Befehle außer ...« zu erlauben, zum Scheitern verurteilt, zumindest im technischen Sinne. Es kann sich jedoch trotzdem lohnen, die Datei auf diese Art einzurichten, als Erinnerung daran, dass Shells missbilligt werden. Somit können sie vor dem gelegentlichen Einsatz von Shells abschrecken.

Die letzte Zeile erlaubt Benutzern der Gruppe `wheel`, die Befehle `lpc` und `lprm` auf allen Rechnern mit Ausnahme von `eprince`, `pprince` und `icarus` als `root` auszuführen. Darüber hinaus ist zum Ausführen der Befehle kein Kennwort erforderlich.

Beachten Sie, dass Befehle in `/etc/sudoers` mit vollem Pfadnamen angegeben sind, um die Benutzer davon abzuhalten, ihre eigenen Programme und Skripte als `root` auszuführen. Obwohl hier keine Beispiele dafür vorgestellt worden sind, ist es auch möglich, die Argumente anzugeben, die für die einzelnen Befehle erlaubt sind. Diese einfache Konfigurationsdatei zeigt bei Weitem nicht alle Möglichkeiten an, die die Datei `sudoers` bietet.

Nutzen Sie zum Ändern der Datei `/etc/sudoers` den Befehl `visudo`, der sicherstellt, dass kein anderer die Datei gerade bearbeitet, einen Editor aufruft und dann vor der Installation die Syntax der geänderten Datei verifiziert. Besonders der letzte Schritt ist wichtig, da eine ungültige `sudoers`-Datei Sie daran hindern könnte, `sudo` erneut aufzurufen, um den Fehler zu beheben.

Die Verwendung von `sudo` bietet folgende Vorteile:

- Die Rechenschaftslegung wird aufgrund der Befehlsprotokollierung stark vereinfacht.
- Operatoren können Aufgaben ohne unbegrenzte `root`-Berechtigungen durchführen.
- Das Wissen um das tatsächliche `root`-Passwort kann einem oder zwei Mitarbeitern vorbehalten sein.
- Es geht schneller, mit `sudo` einen einzelnen Befehl auszuführen, als mit `su` den Benutzer zu wechseln oder sich als `root` anzumelden.
- Privilegien können widerrufen werden, ohne das `root`-Passwort ändern zu müssen.
- Es gibt eine verbindliche Liste aller Benutzer mit `root`-Privilegien.
- Die Wahrscheinlichkeit für unbeaufsichtigt gelassene `root`-Shells sinkt.
- Der Zugriff für ein ganzes Netzwerk kann über eine einzige Datei gesteuert werden.

Das Verfahren birgt auch einige Nachteile. Der größte liegt darin, dass jede Verletzung der Sicherheit des persönlichen Kontos einer für sudo berechtigten Person auch die Sicherheit des root-Kontos selbst betrifft. Gegen diese Bedrohung können Sie nicht viel mehr machen, als Ihre Mitarbeiter zu warnen, ihr persönliches Konto so zu schützen, als wäre es das root-Konto. Sie können auch regelmäßig John the Ripper mit den Passwörtern der sudo-Benutzer ausführen, um sicherzustellen, dass sie gut gewählt sind.

Tipp

In Abschnitt 20.10.3 finden Sie weitere Informationen über John the Ripper.

Die Befehlsprotokollierung von sudo kann durch Tricks wie Escape-Zeichen der Shell aus einem erlaubten Programm heraus oder durch sudo sh und sudo su untergraben werden, sofern Sie das zulassen.

3.5 Andere Pseudobenutzer

root ist der einzige Benutzer, der aus der Sicht des Kernels einen besonderen Status hat, doch es sind noch mehrere andere Pseudobenutzer im System definiert. Es ist üblich, das verschlüsselte Passwortfeld dieser besonderen Benutzer in /etc/passwd durch einen Stern zu ersetzen, sodass sich niemand mit diesen Konten anmelden kann.

3.5.1 bin: Veralteter Besitzer von Systemkommandos

Auf einigen älteren UNIX-Systemen gehörten dem Benutzer bin die Verzeichnisse, die die Systembefehle enthielten, sowie auch die meisten dieser Befehle. Heute wird dieses Konto oft als überflüssig angesehen (oder vielleicht sogar als ein wenig unsicher), deshalb verwenden moderne Systeme (einschließlich Linux) im Allgemeinen einfach das root-Konto. Andererseits kann das bin-Konto, da es nun zum »Standard« gehört, nicht einfach entfernt werden.

3.5.2 daemon: Besitzer nicht privilegierter Systemsoftware

Dateien und Prozesse, die Teil des Betriebssystems sind, aber nicht root gehören müssen, werden manchmal an daemon gegeben. Die Idee dahinter war, die mit root verbundenen Sicherheitsrisiken zu vermeiden. Aus ähnlichen Gründen gibt es eine Gruppe namens daemon. Die meisten Linux-Distributionen nutzen das daemon-Konto jedoch ebenso wenig wie das bin-Konto.

3.5.3 nobody: Der generische NFS-Benutzer

Das Network File System (NFS) nutzt das Konto nobody, um root-Benutzer auf anderen Systemen zwecks gemeinsamer Dateinutzung darzustellen. Um entfernte root-Benutzer ihrer Macht zu berauben, muss die entfernte UID 0 auf etwas anderes als die lokale UID 0 abgebildet werden. Das Konto nobody handelt als allgemeines Alter Ego für diese entfernten roots.

> **Tipp**
>
> In Abschnitt 16.1.8 finden Sie weitere Informationen über das Konto nobody.

Da das nobody-Konto einen allgemeinen Benutzer mit relativ wenig Berechtigungen darstellen soll, sollten ihm keine Dateien gehören. Andernfalls könnten entfernte roots die Kontrolle darüber übernehmen. nobody sollten keine Dateien gehören!

Traditionell wurde für nobody die UID -1 oder -2 verwendet, und der Linux-Kernel nutzt standardmäßig immer noch die UID 65534 (das 16-Bit-Zweierkomplement -2). Einige Distributionen geben nobody eine niedrige User-ID (z. B. verwenden Red Hat und Fedora die Zahl 99), was sinnvoller ist, da User-IDs jetzt 32 Bit groß sind. Der einzige Haken ist, dass exportfs die Datei passwd nicht zu beachten scheint, sodass Sie ihm mit der Option anonuid mitteilen müssen, eine andere UID für nobody zu verwenden.

3.6 Übungen

☆ 1. Verwenden Sie den Befehl find mit der Option -perm, um auf Ihrem System fünf setuid-Dateien zu finden. Erläutern Sie zu jedem Befehl, warum das setuid-Verfahren für die einwandfreie Funktion des Befehls erforderlich ist.

☆ 2. Erstellen Sie drei Passphrasen nach dem Prinzip »schockierender Blödsinn«, aber behalten Sie sie für sich. Führen Sie für alle drei Passphrasen den Befehl md5sum aus. Warum ist es sicher, anderen die MD5-Ergebnisse mitzuteilen?

☆ 3. Geben Sie eine Abfolge von Befehlen an, die den Passworteintrag eines Benutzers ändern, und zeigen Sie, wie Sie Ihre Spuren verwischen. Nehmen Sie an, dass Sie lediglich sudo-Berechtigung haben (alle Befehle außer Shells und su sind erlaubt).

☆ 4. Erstellen Sie zwei Einträge für die Konfigurationsdatei sudoers:

   a. Einen Eintrag, der den Benutzern matt, adam und drew die Bedienung und das Entsperren des Druckers sowie den Neustart der Druck-Daemons auf dem Rechner printserver ermöglicht.

   b. Einen Eintrag, der den Benutzern drew, smithgr und jimlane das Abbrechen von Jobs und den Neustart von Rechnern im Studentenlabor erlaubt.

☆ 5. Konfigurieren Sie sudo so, dass Sie im Falle der unrechtmäßigen Verwendung per E-Mail benachrichtigt werden. Verwenden Sie den Befehl, um die sudo-Einträge der vorangegangenen Frage mit lokalen Benutzer- und Rechnernamen zu testen. Überprüfen Sie, dass sudo korrekt in syslog protokolliert. Schauen Sie sich die von Ihren Tests erstellten Syslog-Einträge an. (Erfordert root-Zugriff; Sie müssen wahrscheinlich auch /etc/syslog.conf anpassen.)

4 Prozesse steuern

Ein Prozess ist die von Linux verwendete Abstraktion zur Darstellung eines ausgeführten Programms. Es ist das Objekt, durch das der Verbrauch eines Programms an Speicher, Prozessorzeit und E/A-Ressourcen verwaltet und überwacht werden kann.

Es gehört zur Philosophie von Linux und UNIX, dass so viel Arbeit wie möglich im Kontext von Prozessen und nicht vom Kernel ausgeführt wird. System- und Benutzerprozesse befolgen dieselbe Regel, sodass Sie beide mit denselben Werkzeugen verwalten können.

4.1 Bestandteile eines Prozesses

Ein Prozess besteht aus einem Adressraum und einer Sammlung von Datenstrukturen innerhalb des Kernels. Der Adressraum ist ein Satz von Speicherseiten[1], die der Kernel für die Benutzung durch den Prozess gekennzeichnet hat. Er enthält den Code und die Bibliotheken, die der Prozess ausführt, die Variablen des Prozesses, seine Stacks und verschiedene Zusatzinformationen, die der Kernel während der Ausführung benötigt. Da Linux ein virtuelles Speichersystem hat, gibt es keinen Zusammenhang zwischen der Adresse einer Seite in einem Adressraum und ihrer Position im physischen oder Auslagerungsspeicher des Computers.

Die internen Datenstrukturen des Kernels zeichnen verschiedene Informationen über alle Prozesse auf. Zu den Wichtigeren gehören:

- Die Übersicht über den Adressraum des Prozesses
- Der aktuelle Zustand des Prozesses (schlafend, angehalten, ausführbar usw.)
- Die Ausführungspriorität des Prozesses
- Informationen über die vom Prozess verwendeten Ressourcen
- Informationen über die vom Prozess geöffneten Dateien und Netzwerkports
- Die Signalmaske des Prozesses (eine Liste der blockierten Signale)
- Der Eigentümer des Prozesses

---

1 Seiten sind die Einheiten, in denen der Hauptspeicher verwaltet wird, auf PCs in der Regel 4 KB.

Einige dieser Attribute können von mehreren Prozessen gemeinsam genutzt werden, die dann eine »Threadgruppe« bilden, das Linux-Analogon zu einem Multithread-Prozess in traditionellen UNIX-Systemen. Obwohl sie einen gemeinsamen Adressraum verwenden, haben die Mitglieder einer Threadgruppe ihre eigenen Ausführungsprioritäten und -zustände. In der Praxis nutzen nur wenige der für Systemadministratoren interessanten Prozesse mehrere Ausführungsthreads, und selbst diejenigen, die sie verwenden (wie z. B. named von BIND 9), benötigen im Allgemeinen auf dieser Ebene keine administrative Aufmerksamkeit.

Viele der mit einem Prozess verbundenen Parameter wirken sich unmittelbar auf seine Ausführung aus: die ihm zugewiesene Prozessorzeit, die Dateien, auf die er zugreifen kann, usw. In den folgenden Abschnitten behandeln wir die Bedeutung und die Wichtigkeit der aus Sicht eines Systemadministrators interessantesten Parameter. Diese Attribute gelten für alle Versionen von Linux und UNIX.

4.1.1 PID: Prozess-ID

Der Kernel weist jedem Prozess eine eindeutige Identifikationsnummer (PID) zu. Die meisten Befehle und Systemaufrufe, die Prozesse beeinflussen, erfordern die Angabe einer PID, um das Ziel der Operation zu erkennen. PIDs werden in der Reihenfolge der erzeugten Prozesse zugewiesen.

4.1.2 PPID: Eltern-PID

Linux bietet keinen Systemaufruf, der einen neuen Prozess zum Ausführen eines bestimmten Programms erzeugt. Stattdessen muss sich ein vorhandener Prozess zu diesem Zweck klonen. Der Klon kann dann das von ihm ausgeführte Programm durch ein anderes ersetzen.

Wenn ein Prozess geklont wird, wird der Originalprozess als Elternprozess und die Kopie als Kind bezeichnet. Das Attribut PPID eines Prozesses ist die PID des Elternprozesses (»Parent«-PID), aus dem er geklont wurde.[2]

Die PPID ist nützlich, wenn Sie es mit einem unbekannten (und sich möglicherweise falsch verhaltenden) Prozess zu tun haben. Das Zurückführen des Prozesses auf seinen Ursprung (sei es eine Shell oder ein anderes Programm) kann eine bessere Vorstellung seines Zwecks und seiner Bedeutung geben.

---

2 Zumindest am Anfang. Wenn der ursprüngliche Elternprozess beendet ist, übernimmt init diese Rolle (siehe Abschnitt 4.2).

4.1.3 UID und EUID: Echte und effektive Benutzer-ID

Die UID eines Prozesses ist die Benutzer-ID (user identification number) der Person, die ihn erzeugt hat, oder genauer gesagt, sie ist eine Kopie des UID-Werts des Elternprozesses. Normalerweise haben nur der Erzeuger (auch als »Eigentümer« bezeichnet) und der Superuser das Recht, einen Prozess zu beeinflussen.

Die EUID ist die »effektive« Benutzer-ID, eine zusätzliche UID, um zu bestimmen, auf welche Ressourcen und Dateien ein Prozess zu einem gegebenen Zeitpunkt zugreifen darf. In den meisten Fällen sind die UID und die EUID gleich, die übliche Ausnahme stellen setuid-Programme dar.

Tipp

In Abschnitt 6.1.3 erhalten Sie weitere Informationen über UIDs.

Warum gibt es sowohl eine UID als auch eine EUID? Einfach weil es nützlich ist, einen Unterschied zwischen Identität und Berechtigung zu wahren, und weil ein setuid-Programm nicht die ganze Zeit mit erweiterten Rechten arbeiten sollte. Die effektive UID kann gesetzt und deaktiviert werden, um die zusätzlichen durch sie gegebenen Berechtigungen zu erlauben oder zu verbieten.

Linux verfolgt auch eine »gespeicherte UID«, die eine Kopie der EUID des Prozesses zu dem Zeitpunkt ist, an dem seine Ausführung begann. Sofern der Prozess keine Schritte unternimmt, diese gespeicherte UID zu tilgen, bleibt sie wie die echte und effektive Benutzer-ID verfügbar. Ein vorsichtig geschriebenes setuid-Programm kann daher für die meiste Zeit der Ausführung auf seine speziellen Berechtigungen verzichten und nur an den bestimmten Punkten, die besondere Privilegien benötigen, auf sie zugreifen.

Linux definiert auch einen Nicht-Standard-Prozessparameter FSUID, der die Bestimmung von Dateisystemberechtigungen (FS, file system) steuert. Er wird selten außerhalb des Kernels genutzt.

Die Auswirkungen dieses Multi-UID-Systems können recht subtil sein. Wenn Sie in die Details abtauchen müssen, ist das frei verfügbare Online-Buch *Secure Programming for Linux and Unix HOWTO* von David A. Wheeler eine hervorragende Quelle. Sie finden es unter *www.dwheeler.com*.

4.1.4 GID und EGID: Echte und effektive Gruppen-ID

Die GID ist die Gruppenidentifikationsnummer eines Prozesses. Die EGID steht mit der GID in demselben Zusammenhang wie die EUID zur UID, sodass sie durch das Ausführen eines setgid-Programms »befördert« werden kann. Der Kernel unterhält eine gespeicherte GID, die eine ähnliche Absicht wie die gespeicherte UID hat.

Tipp

In Abschnitt 6.1.3 erhalten Sie weitere Informationen über UIDs.

Das Attribut GID eines Prozesses ist größtenteils verkümmert. Zu Zwecken der Zugriffsbestimmung kann ein Prozess gleichzeitig Mitglied mehrerer Gruppen sein. Die vollständige Gruppenliste wird getrennt von GID und EGID gespeichert. Eine Bestimmung der Zugriffsberechtigungen berücksichtigt normalerweise die EGIG und die zusätzliche Gruppenliste, aber nicht die GID.

Der einzige Zeitpunkt, zu dem die GID ins Spiel kommt, ist dann, wenn ein Prozess neue Dateien erstellt. Abhängig davon, wie die Dateisystemberechtigungen eingestellt sind, können neue Dateien die GID des Erzeugerprozesses übernehmen. Weitere Informationen finden Sie in Abschnitt 5.5.

4.1.5 Nettigkeit

Die Priorität eines Prozesses bestimmt den Anteil an CPU-Zeit, die er erhält. Der Kernel berechnet Prioritäten mithilfe eines dynamischen Algorithmus, wobei er in Betracht zieht, wie viel CPU-Zeit der Prozess zuletzt verbraucht und wie lange er auf die Ausführung gewartet hat. Der Kernel berücksichtigt auch einen administrativ gesetzten Wert, der normalerweise »Nettigkeit« (»niceness« oder »nice value«) genannt wird, weil er darüber Auskunft gibt, wie nett Sie zu anderen Benutzern oder zum System sein wollen. In Abschnitt 4.6 behandeln wir dieses Thema ausführlicher.

Um eine bessere Unterstützung für Low-Latency-Anwendungen zu bieten, hat Linux das traditionelle Schedulingmodell von UNIX um »Zeitplanklassen« (»scheduling classes«) erweitert. Es gibt momentan drei davon, und jeder Prozess ist einer Klasse zugewiesen. Leider werden die Echtzeitklassen weder breit genutzt noch sind sie auf der Befehlszeile gut unterstützt. Alle Systemprozesse verwenden den traditionellen, auf der Nettigkeit basierenden Scheduler. In diesem Buch behandeln wir nur den Standardzeitplaner. Auf *www.realtimelinuxfoundation.org* finden Sie weitere Erörterungen zum Thema Echtzeitplanung.

4.1.6 Steuerterminal

Den meisten Nicht-Daemon-Prozessen ist ein Steuerterminal zugewiesen. Es bestimmt Standardverknüpfungen zu den Kanälen Standardeingabe (STDIN), Standardausgabe (STDOUT) und Standardfehler (STDERR). Wenn Sie einen Befehl aus der Shell heraus starten, wird das Terminal in der Regel zum Steuerterminal des Prozesses. Das Konzept der Steuerterminals betrifft auch die Verteilung von Signalen, die in Abschnitt 4.3 behandelt werden.

4.2 Der Lebenszyklus eines Prozesses

Um einen neuen Prozess zu erstellen, kopiert ein Prozess sich normalerweise mit dem Systemaufruf fork selbst. fork erzeugt eine Kopie des ursprünglichen Prozesses, der weitestgehend mit dem Elternprozess identisch ist. Der neue Prozess hat eine eigene PID und eigene Verwaltungsinformationen.

fork hat die einzigartige Eigenschaft, zwei Werte zurückzugeben. Aus Sicht des Kindprozesses gibt er null zurück, der Elternprozess erhält die PID des neu erstellten Kindprozesses. Da die beiden Prozesse ansonsten identisch sind, müssen beide den Rückgabewert auswerten, um herauszufinden, welche Rolle ihnen zugedacht ist.

Nach einem fork verwendet der Kindprozess oft einen Systemaufruf aus der Familie von exec, um mit der Ausführung eines neuen Programms zu beginnen.[3] Diese Aufrufe ändern den Programmtext, den der Prozess ausführt und setzen die Daten und Stapelsegmente auf einen vordefinierten Anfangszustand zurück. Die verschiedenen Formen von exec unterscheiden sich nur in der Art, auf die sie die Befehlszeilenargumente und die Umgebung angeben, die an das neue Programm übergeben werden.

In Linux gibt es eine Alternative zu fork, genannt clone. Dieser Aufruf erstellt einen Satz von Prozessen, die Speicher, E/A-Adressen oder beides gemeinsam nutzen. Diese Eigenschaft ist analog zu den Multithread-Möglichkeiten, die es auf den meisten UNIX-Versionen gibt, jedoch wird jeder Ausführungsthread als voll ausgestatteter Prozess im Gegensatz zu spezialisierten »Thread«-Objekten dargestellt.

Wenn das System startet, erstellt und installiert der Kernel autonom mehrere Prozesse. Der wichtigste von ihnen ist init, der stets die PID 1 hat. init ist für das Ausführen der Startskripte des Systems zuständig. Alle Prozesse mit Ausnahme der vom Kernel erstellten sind Abkömmlinge von init.

---

3 Tatsächlich handelt es sich bei allen bis auf einen um Bibliotheksroutinen, nicht um Systemaufrufe.

Tipp

In Kapitel 2 erhalten Sie weitere Informationen zum Bootvorgang und zum Daemon init.

init spielt noch eine weitere wichtige Rolle in der Prozessverwaltung. Wenn ein Prozess sich beendet, ruft er eine Funktion namens _exit auf, um den Kernel davon zu unterrichten, dass er bereit ist, zu »sterben«. Er gibt einen Exitcode heraus (eine ganze Zahl), der besagt, warum er sich beendet. Gemäß Vereinbarung gibt 0 ein normales oder »erfolgreiches« Ende an.

Bevor einem Prozess erlaubt wird, vollständig zu verschwinden, fordert Linux, dass sein »Tod« vom Elternprozess quittiert wird, was der Elternprozess mit einem Aufruf von wait durchführt. Er erhält eine Kopie des Exitcodes vom Kindprozess (oder eine Angabe, warum der Kindprozess beendet wurde, wenn er sich nicht freiwillig beendet hat) und kann auf Wunsch auch eine Zusammenfassung des Ressourcenverbrauchs des Kindprozesses erhalten.

Dieses Verfahren funktioniert gut, wenn Eltern ihre Kinder überleben und daran denken, wait aufzurufen, sodass der tote Prozess beseitigt werden kann. Wenn der Elternprozess jedoch als erster stirbt, stellt der Kernel fest, dass kein wait mehr verfügbar ist, und bereinigt die Sache, indem er die Waise zu einem Kind von init macht. init nimmt diese verwaisten Prozesse auf und führt das benötigte wait aus, um sie bei ihrem späteren Tod loszuwerden.

4.3 Signale

Signale sind Unterbrechungsanfragen auf Prozessebene. Es sind ungefähr dreißig verschiedene Arten definiert, und sie werden auf verschiedene Weisen genutzt:

- Sie können als Kommunikationsmittel zwischen Prozessen versendet werden.

- Sie können vom Terminaltreiber versendet werden, um Prozesse zu beenden, zu unterbrechen oder auszusetzen, wenn spezielle Tastenkombinationen wie Strg-C oder Strg-Z betätigt werden.[4]

- Sie können vom Administrator geschickt werden (mit dem Befehl kill), um verschiedene Ergebnisse zu erzielen.

- Sie können vom Kernel verschickt werden, wenn ein Prozess eine unerlaubte Aktion wie eine Division durch null durchführt.

---

[4] *Die Funktionen von Strg-C und Strg-Z können mithilfe des Befehls stty anderen Tasten zugewiesen werden, doch das kommt in der Praxis selten vor. In diesem Kapitel verwenden wir ihre üblichen Zuweisungen.*

4.3 Signale

- Sie können vom Kernel versandt werden, um einen Prozess über ein »interessantes« Ereignis wie das Ende eines Kindprozesses oder die Verfügbarkeit von Daten auf einem E/A-Kanal zu unterrichten.

Wenn ein Signal empfangen wird, erfolgt eine von zwei möglichen Aktionen. Wenn der empfangende Prozess eine Routine zur Behandlung dieses bestimmten Signals (einen »Handler«) benannt hat, wird diese Funktion mit den Informationen über den Kontext, in dem das Signal verschickt wurde, aufgerufen. Andernfalls führt der Kernel im Namen des Prozesses einige Standardaktionen durch, die je nach Signal verschieden sind. Viele Signale beenden den Prozess, einige erstellen auch ein Speicherabbild (Coredump).

Hinweis

Ein Coredump ist ein Speicherabbild des Prozesses. Er kann zur Fehlersuche verwendet werden.

Die Angabe eines Signalhandlers innerhalb eines Programms wird als »Abfangen« des Signals bezeichnet. Wenn die Routine fertig ist, fährt das Programm an der Stelle fort, an der das Signal empfangen wurde.

Um das Ankommen von Signalen zu verhindern, können Programme fordern, dass sie entweder ignoriert oder blockiert werden. Ein ignoriertes Signal wird einfach verworfen und hat keine Auswirkung auf den Prozess. Ein blockiertes Signal wird zur Auslieferung in eine Warteschlange gestellt, doch der Kernel fordert keine Behandlung durch den Prozess, solange die Blockierung des Signals nicht explizit aufgehoben wurde. Der Handler wird dann nur einmal aufgerufen, auch wenn das Signal während der Blockierung mehrmals empfangen wurde.

In Tabelle 4.1 sind einige Signale aufgeführt, mit denen alle Administratoren vertraut sein sollten. Die Bezeichnungen der Signalnamen mit Großbuchstaben leitet sich aus der Tradition der Programmiersprache C ab. Manchmal sehen Sie aus ähnlichen Gründen Signalnamen auch mit der Vorsilbe SIG (z. B. SIGHUP).

Nr.	Name	Beschreibung	Standardreaktion	Abfangen möglich?	Blockierung möglich?	Speicherabbild möglich?
1	HUP	Auflegen	Beenden	Ja	Ja	Nein
2	INT	Interrupt	Beenden	Ja	Ja	Nein
3	QUIT	Quit	Beenden	Ja	Ja	Ja

Tabelle 4.1: Signale, die jeder Administrator kennen sollte

4 Prozesse steuern

Nr.	Name	Beschreibung	Standardreaktion	Abfangen möglich?	Blockierung möglich?	Speicherabbild möglich?
9	KILL	Kill	Beenden	Nein	Nein	Nein
a[a)]	BUS	Busfehler	Beenden	Ja	Ja	Ja
11	SEGV	Segmentation fault (Schutzverletzung)	Beenden	Ja	Ja	Ja
15	TERM	Software Termination	Beenden	Ja	Ja	Nein
a	STOP	Stop	Anhalten	Nein	Nein	Nein
a	TSTP	Keyboard stop	Anhalten	Ja	Ja	Nein
a	CONT	Continue after stop	Ignorieren	Ja	Nein	Nein
a	WINCH	Fenstergröße geändert	Ignorieren	Ja	Ja	Nein
a	USR1	benutzerdefiniert	Beenden	Ja	Ja	Nein
a	USR2	benutzerdefiniert	Beenden	Ja	Ja	Nein

Tabelle 4.1: Signale, die jeder Administrator kennen sollte (Forts.)

a) *Hängt von der Hardwarearchitektur ab, siehe* man 7 signal.

Es gibt weitere Signale, die nicht in Tabelle 4.1 aufgelistet sind. Die meisten davon melden unklare Fehler wie »unerlaubte Anweisung«. Die Standardreaktion auf Signale dieser Art ist das Abbrechen mit einem Speicherabbild. Das Abfangen und Blockieren ist im Allgemeinen erlaubt, weil einige Programme intelligent genug sind und versuchen, bevor sie weitermachen, das Problem zu lösen, das den Fehler verursacht hat.

Sie Signale BUS und SEGV sind auch Fehlersignale. Wir haben sie in die Tabelle aufgenommen, weil sie sehr verbreitet sind: In 99 Prozent, in denen ein Programm abstürzt, wird es schließlich durch eines dieser beiden Signale beendet. Die Signale selbst haben keinen bestimmten diagnostischen Wert. Sie zeigen Versuche an, Speicher fehlerhaft zu verwenden oder falsch auf ihn zuzugreifen.[5]

Die Signale KILL und STOP können nicht abgefangen, blockiert oder ignoriert werden. Das KILL-Signal zerstört den Empfängerprozess, und STOP hält ihn an, bis ein CONT-Signal empfangen wird. CONT kann abgefangen oder ignoriert, aber nicht blockiert werden.

---

5 *Genauer gesagt, beruhen Busfehler auf Verletzungen der Zugriffsregeln der Hardware (Zugriffe auf Speicherbereiche einer gewissen Größe – z.B. Worte, Long-Integer-Variablen oder Zeiger – liegen immer an einer geraden oder durch die Länge des Speicherbereichs teilbaren Adresse) oder der Verwendung ungültiger Adressen. SEGV-Signale stellen Schutzverletzungen dar, wie z. B. das Schreiben auf schreibgeschützte Bereiche des Adressraums.*

4.3 Signale

TSTP ist eine »weiche« Version von STOP, die am besten als Aufforderung zum Anhalten beschrieben werden kann. Es ist das Signal, das der Terminaltreiber auslöst, wenn die Tastenkombination [Strg]-[Z] eingegeben wird. Programme, die dieses Signal empfangen, räumen in der Regel ihren Zustand auf und senden sich dann selbst ein STOP-Signal, um die Operation abzuschließen. Alternativ können sie TSTP ignorieren, um sich vor dem Anhalten durch die Tastatur zu schützen.

Terminalemulatoren senden ein WINCH-Signal, wenn sich ihre Konfigurationsparameter ändern (z. B. die Anzahl der Zeilen im virtuellen Terminal). Diese Vereinbarung ermöglicht es Programmen, die mit Emulatoren umzugehen wissen (z. B. Texteditoren), sich bei Änderungen selbst umzukonfigurieren. Wenn Sie die Größe von Fenstern nicht sauber ändern können, sollten Sie sicherstellen, dass WINCH ausgelöst und sauber weitergegeben wird.[6]

Die Signale KILL, INT, TERM, HUP und QUIT klingen so, als ob sie alle ungefähr dasselbe tun, doch ihre Verwendungen sind tatsächlich ganz verschieden. Es ist unglücklich, dass für sie so unpräzise Ausdrücke ausgewählt wurden. Nachfolgend finden Sie einen Leitfaden zur Entschlüsselung:

- KILL ist nicht blockierbar und beendet einen Prozess auf der Kernelebene. Ein Prozess kann dieses Signal niemals tatsächlich »empfangen«.

- INT ist das Signal, das der Terminaltreiber auslöst, wenn Sie [Strg]-[C] eingeben. Es ist eine Aufforderung, die aktuelle Operation zu beenden. Einfache Programme sollten ihre Ausführung einstellen (wenn sie das Signal abfangen) oder einfach ihre Beendigung ermöglichen, was das Standardverhalten ist, wenn das Signal nicht abgefangen wird. Programme, die eine Befehlszeile haben, sollten mit ihren Tätigkeiten aufhören, aufräumen und wieder auf Benutzereingaben warten.

- TERM ist eine Aufforderung, die Ausführung vollständig zu beenden. Es wird erwartet, dass der empfangende Prozess seinen Zustand aufräumt und sich beendet.

- HUP hat zwei gebräuchliche Interpretationen. Erstens wird er von vielen Daemons als Aufforderung zum Zurücksetzen verstanden. Wenn ein Daemon seine Konfigurationsdatei neu einlesen und sich den Änderungen ohne einen Neustart anpassen kann, kann HUP im Allgemeinen zum Auslösen dieses Verhaltens verwendet werden.

- Zweitens werden HUP-Signale manchmal vom Terminaltreiber erzeugt, in dem Versuch, die Prozesse, die einem bestimmten Terminal zugewiesen sind, »aufzuräumen« (d.h., zu beenden). Dieses Verhalten ist größtenteils ein Überbleibsel aus den

---

6 Was einfacher gesagt als getan ist. Der Terminalemulator (z. B. xterm), der Terminaltreiber und Befehle auf Benutzerebene können alle bei der Weitergabe von SIGWINCH eine Rolle spielen. Zu den üblichen Problemen gehört, das Signal nur an den Vordergrundprozess des Terminals zu schicken (statt an alle mit dem Terminal verbundenen Prozesse) und das Fehlschlagen der Übermittlung von Meldungen zur Größenänderung über das Netzwerk an einen entfernten Rechner. Protokolle wie TELNET oder SSH erkennen explizit Änderungen der lokalen Terminalgröße und übertragen diese Informationen an den entfernten Computer. Einfachere Protokolle (z. B. direkte serielle Verbindungen) können das nicht.

Zeiten der über Kabel angeschlossenen Terminals und Modemverbindungen, daher der Name »hangup« (»auflegen«).

- Shells aus der Familie der C-Shells (tcsh u. a.) sorgen in der Regel dafür, dass Hintergrundprozesse immun gegen HUP-Signale sind, sodass sie weiterlaufen können, nachdem der Benutzer sich abgemeldet hat. Benutzer der Bourne-artigen Shells (ksh, bash usw.) können dieses Verhalten mit dem Befehl nohup nachbilden.

- QUIT ähnelt TERM, außer dass es standardmäßig ein Speicherabbild erstellt, wenn es nicht abgefangen wird. Einige wenige Programme vereinnahmen dieses Signal und deuten es als etwas anderes.

Die Signale USR1 und USR2 haben keine feste Bedeutung. Programme können sie nutzen, wofür sie wollen. Der Apache Webserver interpretiert das Signal USR1 z. B. als Anfrage für einen weichen Neustart.

4.4 kill und killall: Signale senden

Wie der Namen schon sagt, wird der Befehl kill meistens zum Beenden eines Prozesses verwendet. Er kann jedes beliebige Signal versenden, aber sendet standardmäßig ein TERM. Normale Benutzer können ihn für ihre eigenen Prozesse, der Superuser kann ihn für alle Prozesse verwenden. Die Syntax lautet wie folgt:

kill [-signal] pid

Hier ist signal die Nummer oder der symbolische Name des zu sendenden Signals (wie in Tabelle 4.1 angegeben) und pid ist die PID des Zielprozesses. Eine pid von -1 sendet das Signal an alle Prozesse mit Ausnahme von init.

Ein kill ohne eine Signalnummer garantiert nicht, dass der Prozess beendet wird, weil das TERM-Signal abgefangen, blockiert oder ignoriert werden kann. Der Befehl

kill -KILL pid

»garantiert« die Beendigung des Prozesses, weil das Signal 9 (KILL) nicht abgefangen werden kann. Wir setzen das Wort »garantiert« in Anführungszeichen, da Prozesse gelegentlich so festgeklemmt sein können, dass sogar KILL keine Auswirkungen auf sie hat (in der Regel wegen einer E/A-Sperre wie dem Warten auf eine Festplatte, die nicht mehr rotiert). Um diese Prozesse loszuwerden, hilft normalerweise nur ein Neustart des Rechners.

Die meisten Shells haben ihre eigene eingebaute Implementierung von kill, die die oben beschriebene Syntax beachtet. Gemäß der man-Seite für den alleinstehenden Befehl kill sollte dem Signalnamen oder der -nummer eigentlich der Schalter -s vorangestellt werden (z. B. kill -s HUP pid). Aber da einige Shells diese Version der Syntax nicht verstehen, schlagen wir vor, bei der Form -HUP zu bleiben, was das alleinstehende kill auch versteht. Somit brauchen Sie sich nicht darum zu kümmern, welche Version von kill Sie tatsächlich einsetzen.

Wenn Sie die PID des Prozesses, an den Sie ein Signal schicken möchten, nicht kennen, suchen Sie sie normalerweise mithilfe des Befehls `ps`, der in Abschnitt 4.7 beschrieben wird. Eine andere Option ist der Befehl `killall`, der diese Suche für Sie übernimmt. Um z. B. den `xinetd`-Daemon anzuweisen, seine Konfiguration neu einzulesen, könnten Sie den folgenden Befehl eingeben:

```
$ sudo killall -USR1 xinetd
```

Beachten Sie, dass `killall` Signale an alle Prozesse sendet, auf die die angegebene Zeichenkette passt.

Der einfache Befehl `kill` hat in der Tat eine ähnliche Eigenschaft, doch sie scheint beim Erkennen der Befehlsnamen nicht so schlau wie `killall` zu sein. Bleiben Sie bei `killall`.[7]

4.5 Prozesszustände

Ein Prozess ist nicht automatisch dazu berechtigt, CPU-Zeit zu erhalten, nur weil es ihn gibt. Sie müssen die vier in Tabelle 4.2 aufgeführten Ausführungszustände beachten.

Zustand	Bedeutung
ausführbar (runable)	Der Prozess kann ausgeführt werden.
ruhend (sleeping)	Der Prozess wartet auf eine Ressource.
Zombie	Der Prozess versucht zu »sterben«.
angehalten (stopped)	Der Prozess ist ausgesetzt (darf nicht ausgeführt werden).

Tabelle 4.2: Prozesszustände

Ein ausführbarer Prozess ist zur Ausführung bereit, wann immer CPU-Zeit verfügbar ist. Er hat alle benötigten Ressourcen erhalten und wartet lediglich auf CPU-Zeit, um seine Daten zu verarbeiten. Sobald der Prozess einen Systemaufruf ausführt, der nicht sofort beendet werden kann (wie die Anfrage, einen Teil einer Datei zu lesen), lässt Linux ihn ruhen.

Ruhende Prozesse warten darauf, dass ein bestimmtes Ereignis eintritt. Interaktive Shells und System-Daemons verbringen den Großteil ihrer Zeit im Ruhezustand, während sie auf Terminaleingaben oder Netzwerkverbindungen warten. Da ein ruhender Prozess effektiv blockiert ist, bis seine Anfrage erfüllt wurde, erhält er keine CPU-Zeit, solange er kein Signal empfängt.

---

7 *Aber Achtung; auf anderen Systemen wird ALLEN Prozessen das Signal gesendet: Meist ist dies nicht das, was Sie wollen.*

Einige Operationen überführen Prozesse in einen nicht unterbrechbaren Ruhezustand. Dieser Zustand ist normalerweise vorübergehend und in der Ausgabe von ps nicht zu sehen (angezeigt durch ein D in der Zeile STAT, siehe Abschnitt 4.7). Es gibt jedoch einige wenige Situationen, in denen dieser Zustand dauerhaft bleibt. Den häufigsten Grund stellen Serverprobleme auf einem NFS-Dateisystem dar, das mit der Option hard eingehängt wurde. Da Prozesse im nicht unterbrechbaren Ruhezustand auch nicht zum Bedienen eines Signals aufgeweckt werden können, ist ein Beenden nicht möglich. Um sie loszuwerden, müssen Sie das zugrunde liegende Problem beheben oder den Rechner neu starten.

Zombies sind Prozesse, die ihre Ausführung beendet haben, deren Rückgabewert jedoch noch nicht eingesammelt wurde. Wenn Sie Zombies sehen, überprüfen Sie mit ps ihre PPID, um zu sehen, woher sie kommen.

Angehaltenen Prozessen ist die Ausführung verboten. Prozesse werden durch den Empfang eines STOP- oder TSTP-Signals angehalten und mit CONT wieder gestartet. »Angehalten« ist ähnlich wie »ruhend«, aber es gibt für diese Prozesse keine Möglichkeit, ihren Zustand zu verlassen, außer dass ein anderer Prozess sie aufweckt (oder beendet).

4.6 nice und renice: Die Zeitplanpriorität beeinflussen

Die »Nettigkeit« eines Prozesses ist ein numerischer Hinweis an den Kernel, wie der Prozess im Verhältnis zu anderen Prozessen im Wettstreit um die CPU behandelt werden sollte. Diese seltsame Bezeichnung wird davon abgeleitet, dass sie angibt, wie nett Sie zu den anderen Benutzern des Systems sind. Eine hohe Nettigkeit bedeutet eine niedrige Priorität für Ihren Prozess: Sie sind nett. Ein niedriger oder ein negativer Wert bedeutet hohe Priorität: Sie sind nicht sehr nett. Die erlaubten Werte für die Nettigkeit liegen im Bereich von -20 bis +19.

Sofern der Benutzer keine besonderen Schritte unternimmt, erbt der neu erstellte Prozess die Nettigkeit seines Elternprozesses. Der Prozessbesitzer kann die Nettigkeit erhöhen, aber nicht senken, auch nicht zurück auf die standardmäßige Nettigkeit. Diese Beschränkung hindert Prozesse mit niedriger Priorität daran, hochpriorisierte Kindprozesse zu starten. Der Superuser kann die Nettigkeiten beliebig setzen.

Heute gibt es selten eine Gelegenheit, Prioritäten manuell einzustellen. Auf den kleinen Systemen der 70er und 80er Jahre wurde die Leistung deutlich davon beeinflusst, welchen Prozess die CPU verarbeitete. Heute, da die meisten Arbeitsplatzrechner mehr als ausreichende CPU-Leistungen haben, verrichtet der Zeitplaner normalerweise eine gute Arbeit für alle Prozesse. Durch das Hinzufügen von Zeitplanklassen erhalten Entwickler eine zusätzliche Steuerungsmöglichkeit in Fällen, in denen eine niedrige Antwortzeitverzögerung erforderlich ist.

Die E/A-Leistung hat mit der Entwicklung schneller CPUs nicht mitgehalten, sodass die Laufwerke auf den meisten Systemen den größten Engpass darstellen. Leider hat die Nettigkeit eines Prozesses keinen Einfluss darauf, wie der Kernel den ihm zugeordneten Speicher oder die E/A verwaltet; Prozesse mit hoher Nettigkeit können weiterhin einen unverhältnismäßig hohen Anteil dieser Ressourcen für sich in Anspruch nehmen.

Die Nettigkeit eines Prozesses kann zum Startzeitpunkt mit dem Befehl nice gesetzt und später mit renice neu eingestellt werden. nice übernimmt einen Befehl als Argument und renice eine PID oder einen Benutzernamen. Etwas verwirrend ist, dass renice eine absolute Priorität fordert, aber nice eine Prioritäts*zunahme*, die dann zur aktuellen Priorität der Shell hinzugefügt oder von ihr abgezogen wird.

Nachfolgend einige Beispiele:

```
$ nice -n 5 ~/bin/longtask    // Erniedrigt die Priorität (erhöht die
                                 Nettigkeit) um 5
$ sudo renice -5 8829         // Setzt die Nettigkeit auf -5
$ sudo renice 5 -u boggs      // Setzt die Nettigkeit der Prozesse des Benutzers
                                 boggs auf 5
```

Um die Sache zu verkomplizieren, haben die C-Shell und einige andere gebräuchliche Shells eine eingebaute Version von nice (nicht aber die bash). Wenn Sie nicht den vollen Pfad des nice-Befehls eingeben, erhalten Sie die Version der Shell und nicht die des Betriebssystems. Das kann verwirrend sein, da sich beide Versionen in der Syntax unterscheiden: Die Shell möchte die Angabe der Prioritätszunahme als +*incr* bzw. -*incr* erhalten, während der alleinstehende Befehl den Schalter -n gefolgt von der Prioritätszunahme erwartet.[8]

Der heutzutage am häufigsten mit nice eingestellte Prozess ist xntpd, der Daemon zur Zeitsynchronisierung. Da die pünktliche Verfügbarkeit der CPU für seine Aufgabe entscheidend ist, erhält er normalerweise eine Nettigkeit von 12 unter dem Standardwert (d. h. eine höhere Priorität als normal).

Wenn ein Prozess durchdreht und die mittlere Systemlast auf 65 erhöht, sollten Sie mit nice eine hochpriorisierte Shell starten, bevor Sie Befehle zur Untersuchung des Problems ausführen. Andernfalls könnten Sie Probleme bekommen, selbst die einfachsten Befehle auszuführen.

4.7 ps: Prozesse überwachen

Das wichtigste Werkzeug des Systemadministrators zur Überwachung von Prozessen ist ps. Dieser Befehl zeigt die PID, die UID, die Priorität und das Steuerterminal von Prozessen an. Es gibt auch Informationen darüber, wie viel Speicher ein Prozess verwendet, wie viel CPU-Zeit er verbraucht hat und welchen aktuellen Status er hat (ausführbar, angehalten, ruhend usw.). Zombies erscheinen in der ps-Liste als <defunct>.

---

[8] Tatsächlich ist es sogar noch schlimmer: Das alleinstehende nice interpretiert nice -5 als Erhöhung um 5, während das in die Shell integrierte nice dieselbe Eingabe als Erniedrigung um 5 versteht.

4 Prozesse steuern

Das Verhalten von ps unterscheidet sich stark zwischen den einzelnen UNIX-Varianten, und viele Implementierungen sind in den letzten Jahren recht komplex geworden. Um sich denjenigen anzupassen, die sich an ps-Befehle anderer Systeme gewöhnt haben, bietet Linux eine dreigeschlechtliche Zwitterversion, die viele Optionen anderer Implementierungen kennt und eine Umgebungsvariable nutzt, um zu wissen, welche Persönlichkeit sie annehmen soll.

Lassen Sie sich nicht von dieser Komplexität erschrecken, sie ist hauptsächlich für Kernelentwickler und nicht für Systemadministratoren gedacht. Obwohl Sie ps häufig einsetzen werden, müssen Sie nur einige bestimmte Optionen kennen.

Einen allgemeinen Überblick über alle auf dem System ausgeführten Prozesse erhalten Sie mit ps aux. Nachfolgend sehen Sie ein Beispiel (wir haben die Spalte START entfernt, damit das Beispiel auf die Seite passt und geben nur einen Teil der Ausgabezeilen an):

```
$ ps aux
   USER     PID   %CPU %MEM   VSZ   RSS  TTY  STAT  TIME   COMMAND
   root       1    0.1  0.2  3356   560    ?  S     0:00   init [5]
   root       2    0    0       0     0    ?  SN    0:00   [ksoftirqd/0]
   root       3    0    0       0     0    ?  S<    0:00   [events/0]
   root       4    0    0       0     0    ?  S<    0:00   [khelper]
   root       5    0    0       0     0    ?  S<    0:00   [kacpid]
   root      18    0    0       0     0    ?  S<    0:00   [kblockd/0]
   root      28    0    0       0     0    ?  S     0:00   [pdflush]
...
   root     196    0    0       0     0    ?  S     0:00   [kjournald]
   root    1050    0    0.1  2652   448    ?  S<s   0:00   udevd
   root    1472    0    0.3  3048  1008    ?  S<s   0:00   /sbin/dhclient -1
   root    1646    0    0.3  3012  1012    ?  S<s   0:00   /sbin/dhclient -1
   root    1733    0    0       0     0    ?  S     0:00   [kjournald]
   root    2124    0    0.3  3004  1008    ?  Ss    0:00   /sbin/dhclient -1
   root    2182    0    0.2  2264   596    ?  Ss    0:00   syslogd -m 0
   root    2186    0    0.1  2952   484    ?  Ss    0:00   klogd -x
   rpc     2207    0    0.2  2824   580    ?  Ss    0:00   portmap
   rpcuser 2227    0    0.2  2100   760    ?  Ss    0:00   rpc.statd
   root    2260    0    0.4  5668  1084    ?  Ss    0:00   rpc.idmapd
   root    2336    0    0.2  3268   556    ?  Ss    0:00   /usr/sbin/acpid
   root    2348    0    0.8  9100  2108    ?  Ss    0:00   cupsd
   root    2384    0    0.6  4080  1660    ?  Ss    0:00   /usr/sbin/sshd
   root    2399    0    0.3  2780   828    ?  Ss    0:00   xinetd -stayalive
   root    2419    0    1.1  7776  3004    ?  Ss    0:00   sendmail: accepi
...
```

Befehlsnamen in Klammern stellen keine tatsächlichen Befehle dar, sondern als Prozesse eingeplante Kernelthreads. Die Bedeutung der einzelnen Felder wird in Tabelle 4.3 erklärt.

4.7 ps: Prozesse überwachen

Feld	Inhalt
USER	Benutzername des Prozessbesitzers
PID	Prozess-ID
%CPU	Prozentualer CPU-Anteil dieses Prozesses
%MEM	Prozentueller Hauptspeicheranteil dieses Prozesses
VSZ	Virtuelle Größe des Prozesses
RSS	Größe des vom Prozess belegten physischen Hauptspeichers (Anzahl Seiten im Speicher)
TTY	Name des Steuerterminals
STAT	Aktueller Prozessstatus R = ausführbar (runnable), D = ununterbrechbar ruhend (uninterruptible sleep), S = ruhend (sleeping) unter 20 s, T = getraced oder angehalten, Z = Zombie Zusätzliche Markierungen: W = Prozess ist ausgelagert, < = Prozess hat höhere Priorität als normal, N = Prozess hat niedrigere Priorität als normal, L = Einige Speicherseiten sind im Kern gesperrt, s = Prozess ist Anführer einer Session (Session leader)
START	Zeit, zu der der Prozess gestartet wurde
TIME	CPU-Zeit, die der Prozess verbraucht hat
COMMAND	Befehlsname und Argumente[a]

Tabelle 4.3: Erläuterung der Ausgabe von ps aux

a) Programme können diese Information verändern, sodass sie die tatsächliche Befehlszeile nicht notwendigerweise genau widerspiegelt.

Eine weitere nützliche Kombination von Argumenten ist `lax`, sie gibt stärker technisch orientierte Informationen aus. Sie wird auch etwas schneller ausgeführt, da sie nicht jede UID in einen Benutzernamen übersetzen muss – das kann wichtig sein, wenn das System bereits von einigen anderen Prozessen verlangsamt wurde.

Wie nachfolgend in einem gekürzten Beispiel gezeigt, enthält `ps lax` Felder, wie die PID des Elternprozesses (PPID), die Nettigkeit (NI) und Ressourcen, auf die der Prozess wartet.

```
$ ps lax
   F   UID   PID  PPID  PRI   NI    VSZ   RSS  WCHAN  STAT  TIME  COMMAND
   4     0     1     0   16    0   3356   560  select S     0:00  init [5]
   1     0     2     1   34   19      0     0  ksofti SN    0:00  [ksoftirqd/0]
   1     0     3     1    5  -10      0     0  worker S<    0:00  [events/0]
   1     0     4     3    5  -10      0     0  worker S<    0:00  [khelper]
   5     0  2186     1   16    0   2952   484  syslog Ss    0:00  klogd -x
   5    32  2207     1   15    0   2824   580       - Ss    0:00  portmap
   5    29  2227     1   18    0   2100   760  select Ss    0:00  rpc.statd
```

```
1    0    2260   1    16    0    5668   1084   -        Ss    0:00   rpc.idmapd
1    0    2336   1    21    0    3268   556    select   Ss    0:00   acpid
5    0    2384   1    17    0    4080   1660   select   Ss    0:00   sshd
1    0    2399   1    15    0    2780   828    select   Ss    0:00   xinetd -sta
5    0    2419   1    16    0    7776   3004   select   Ss    0:00   sendmail: a
...
```

4.8 top: Prozesse noch besser überwachen

Da Befehle wie ps nur einen Schnappschuss des Systems zu einem einzigen Zeitpunkt anbieten, ist es oftmals schwierig, eine umfassende Übersicht darüber zu erhalten, was wirklich vor sich geht. Der Befehl top liefert eine regelmäßig aktualisierte Zusammenfassung der aktiven Prozesse und ihres Ressourcenverbrauchs. Betrachten Sie dazu das nachfolgende Beispiel:

```
top - 16:37:08 up 1:42,  2 users,  load average: 0.01, 0.02, 0.06
Tasks:  76 total,   1 running,  74 sleeping,   1 stopped,   0 zombie
Cpu(s): 1.1% us,  6.3% sy,  0.6% ni, 88.6% id,  2.1% wa,  0.1% hi,  1.3% si
Mem:    256044k total,  254980k used,    1064k free,   15944k buffers
Swap:   524280k total,       0k used,  524280k free,  153192k cached
  PID USER      PR  NI  VIRT  RES  SHR S %CPU %MEM   TIME+  COMMAND
 3175 root      15   0 35436  12m 4896 S  4.0  5.2 01:41.9  X
 3421 root      25  10 29916  15m 9808 S  2.0  6.2 01:10.5  rhn-applet-gui
    1 root      16   0  3356  560  480 S  0.0  0.2 00:00.9  init
    2 root      34  19     0    0    0 S  0.0  0   00:00.0  ksoftirqd/0
    3 root       5 -10     0    0    0 S  0.0  0   00:00.7  events/0
    4 root       5 -10     0    0    0 S  0.0  0   00:00.0  khelper
    5 root      15 -10     0    0    0 S  0.0  0   00:00.0  kacpid
   18 root       5 -10     0    0    0 S  0.0  0   00:00.0  kblockd/0
   28 root      15   0     0    0    0 S  0.0  0   00:00.0  pdflush
   29 root      15   0     0    0    0 S  0.0  0   00:00.3  pdflush
   31 root      13 -10     0    0    0 S  0.0  0   00:00.0  aio/0
   19 root      15   0     0    0    0 S  0.0  0   00:00.0  khubd
   30 root      15   0     0    0    0 S  0.0  0   00:00.2  kswapd0
  187 root       6 -10     0    0    0 S  0    0   00:00.0  kmirrord/0
  196 root      15   0     0    0    0 S  0    0   00:01.3  kjournald
...
```

Standardmäßig wird die Ausgabe alle 10 Sekunden aktualisiert. Die aktivsten Prozesse erscheinen oben in der Liste. top nimmt auch Eingaben über die Tastatur entgegen und ermöglicht das Senden von Signalen sowie renice-Befehlen an Prozesse, sodass Sie beobachten können, wie Ihre Tätigkeiten die Gesamtsituation des Rechners beeinflussen.

root kann top mit der Option q ausführen, um ihm die höchstmögliche Priorität zu geben. Das kann sehr nützlich sein, wenn Sie versuchen, einen Prozess ausfindig zu machen, der das System bereits in die Knie gezwungen hat.

4.9 Das /proc-Dateisystem

Die Linux-Versionen von ps und top lesen ihre Prozessstatusinformationen aus dem Verzeichnis /proc, einem Pseudodateisystem, in dem der Kernel eine Reihe interessanter Informationen über den Zustand des Systems preisgibt. Ungeachtet des Namens /proc (und dem Namen des zugrunde liegenden Dateisystemtyps »proc«), sind diese Informationen nicht auf Prozesse beschränkt – hier werden auch vom Kernel erstellte Statusinformationen und Statistiken dargestellt. Sie können sogar einige Parameter verändern, indem Sie in die entsprechende /proc-Datei schreiben – in Abschnitt 28.4 finden Sie hierzu einige Beispiele.

Obwohl ein Teil der Angaben am einfachsten über Frontend-Befehle wie vmstat und ps abgerufen werden, müssen einige der weniger gebräuchlichen Informationen direkt aus /proc gelesen werden. Es lohnt sich, in diesem Verzeichnis zu stöbern, um sich mit allem, was es dort gibt, vertraut zu machen. Auch man proc führt einige nützliche Tipps und Tricks auf.

Da der Kernel den Inhalt der /proc-Dateien im laufenden Betrieb erstellt (während sie gelesen werden), scheinen die meisten in der Ausgabe von ls -l leer zu sein. Sie müssen sie mit cat oder more ausgeben, um ihren tatsächlichen Inhalt zu sehen. Aber seien Sie vorsichtig – einige Dateien enthalten binäre Daten oder einen Verweis darauf, die bei direkter Ausgabe ihren Terminalemulator verwirren können.

Prozessspezifische Informationen werden in nach den PIDs benannten Unterverzeichnissen aufgeteilt. Zum Beispiel ist /proc/1 stets das Verzeichnis, das Informationen über init enthält. Tabelle 4.4 führt die nützlichsten der pro Prozess vorhandenen Dateien auf.

Datei	Inhalt
cmd	Befehl oder Programm, das der Prozess ausführt
cmdline[a]	Vollständige Befehlszeile des Prozesses (mit null getrennt)
cwd	Symbolischer Link auf das aktuelle Verzeichnis des Prozesses
environ	Die Umgebungsvariablen des Prozesses (mit null getrennt)
exe	Symbolischer Link auf die ausgeführte Datei
fd	Unterverzeichnis mit Links auf jeden offenen Dateideskriptor
maps	Informationen zur Speicherabbildung (gemeinsam genutzte Segmente, Bibliotheken usw.)
root	Symbolischer Link auf das Wurzelverzeichnis des Prozesses (mit chroot gesetzt)
stat	Allgemeine Prozessinformationen (am besten mit ps entschlüsselt)
statm	Informationen zur Speichernutzung

Tabelle 4.4: Prozessinformationsdateien in /proc (nummerierte Unterverzeichnisse)

a) Ist möglicherweise nicht verfügbar, wenn der Prozess aus dem Speicher ausgelagert ist.

Die einzelnen in den Dateien `cmdline` und `environ` enthaltenen Komponenten sind nicht mit Zeilenumbrüchen, sondern mit Nullzeichen getrennt. Um sie lesbarer zu machen, können Sie ihren Inhalt mit `tr "\000" "\n"` filtern.

Das Unterverzeichnis `fd` stellt offene Dateien in Form symbolischer Links dar. Dateideskriptoren, die mit Pipes oder Netzwerk-Sockets verbunden sind, ist kein Dateiname zugeordnet. Der Kernel stellt als Ziel des Links stattdessen eine allgemeine Beschreibung zur Verfügung.

Die Datei `maps` kann nützlich sein, um festzustellen, mit welchen Bibliotheken ein Programm gelinkt ist oder von welchen es abhängt.

4.10 strace: Signale und Systemaufrufe verfolgen

Auf traditionellen UNIX-Systemen kann es schwierig sein, herauszufinden, was ein Prozess tatsächlich tut. Sie müssen möglicherweise basierend auf Dateisystemdaten und Werkzeugen wie `ps` fundierte Annahmen machen können. Im Gegensatz dazu bietet Linux Ihnen die Möglichkeit, einen Prozess direkt mit dem Befehl `strace` zu beobachten, der jeden Systemaufruf zeigt, den der Prozess durchführt, und jedes Signal, das er empfängt. Sie können `strace` sogar an einen laufenden Prozess anhängen, für eine Weile »schnüffeln« und dann wieder lösen, ohne den Prozess zu stören.[9]

Obwohl Systemaufrufe auf einer relativ niedrigen Abstraktionsebene auftreten, können Sie in der Regel aus der Ausgabe von `strace` einiges über die Aktivitäten eines Prozesses herausfinden. Zum Beispiel wurde das nachfolgende Protokoll durch Ausführen von `strace` für eine aktive Kopie von `top` erstellt:

```
$ sudo strace -p 5810
gettimeofday( {1116193814, 213881}, {300, 0} ) = 0
open("/proc", O_RDONLY|O_NONBLOCK|O_LARGEFILE|O_DIRECTORY) = 7
fstat64(7, {st_mode=S_IFDIR|0555, st_size=0, ...} ) = 0
fcntl64(7, F_SETFD, FD_CLOEXEC) = 0
getdents64(7, /* 36 entries */, 1024)    = 1016
getdents64(7, /* 39 entries */, 1024)    = 1016
stat64("/proc/1", {st_mode=S_IFDIR|0555, st_size=0, ...} ) = 0
open("/proc/1/stat", O_RDONLY)  = 8
read(8, "1 (init) S 0 0 0 0 -1 4194560 73"..., 1023)   = 191
close(8)    = 0
...
```

`strace` zeigt nicht nur den Namen aller vom Prozess ausgeführten Systemaufrufe, sondern entschlüsselt auch die Argumente und gibt den Rückgabewert des Kernels an.

---

9 Nun, zumindest normalerweise. In einigen Fällen kann `strace` Systemaufrufe unterbrechen. Der überwachte Prozess muss dann darauf vorbereitet sein, sie neu zu starten. Das ist eine Standardregel der UNIX-Softwarehygiene, die aber nicht immer beachtet wird.

In diesem Beispiel beginnt top damit, die aktuelle Zeit zu überprüfen. Er öffnet dann das Verzeichnis /proc, führt ein stat darauf aus und liest den Verzeichnisinhalt, wodurch er eine Liste aller aktuell ausgeführten Prozesse erhält. Er fährt mit einem stat des Verzeichnisses fort, das den init-Prozess darstellt und öffnet dann /proc/1/stat, um die Statusinformationen von init zu lesen.

4.11 Runaway-Prozesse

Es gibt zwei Arten Runaway-Prozesse: Benutzerprozesse, die übermäßig hohe Beträge einer Systemressource verbrauchen, wie CPU-Zeit oder Festplattenspeicher, und Systemprozesse, die plötzlich durchdrehen und ein wildes Verhalten an den Tag legen. Der erstgenannte Typ zeigt nicht unbedingt ein Fehlverhalten, er könnte lediglich ein Ressourcenfresser sein. Von Systemprozessen wird stets ein vernünftiges Verhalten erwartet.

Tipp

Weitere Informationen zu Runaway-Prozessen finden Sie in Abschnitt 25.4.

Sie können Prozesse erkennen, die eine übermäßig hohe CPU-Zeit verbrauchen, indem Sie sich die Ausgaben von ps oder top ansehen. Wenn es offensichtlich ist, dass ein Benutzerprozess mehr CPU-Zeit verbraucht als vernünftigerweise zu erwarten wäre, müssen Sie den Prozess untersuchen. Der erste Schritt auf einem Server oder einem gemeinschaftlich genutzten System besteht darin, Kontakt mit dem Prozessbesitzer aufzunehmen und ihn zu fragen, was los ist. Wenn der Besitzer nicht ausfindig zu machen ist, müssen Sie selbst ein wenig herumstöbern. Obwohl Sie normalerweise vermeiden sollten, in das Heimatverzeichnis eines Benutzers zu schauen, ist es akzeptabel, wenn Sie versuchen, den Quellcode eines Runaway-Prozesses ausfindig zu machen, um festzustellen, was er tut.

Es gibt zwei Gründe, warum Sie herauszufinden sollten, was ein Prozess tun möchte, bevor Sie sich in ihn einmischen. Zunächst kann der Prozess sowohl berechtigt und für den Benutzer wichtig sein. Es ist unvernünftig, Prozesse aufs Gratewohl zu beenden, nur weil sie zufällig viel CPU-Zeit verbrauchen. Zweitens könnte der Prozess bösartig oder zerstörerisch sein. In diesem Fall müssen Sie herausfinden, was er tut (z. B. Passwörter knacken), damit Sie den Schaden reparieren können.

Wenn der Grund für das Vorhandensein eines Runaway-Prozesses nicht gefunden werden kann, beenden Sie ihn mit einem STOP-Signal und schicken dem Besitzer eine E-Mail, in der Sie erläutern, was geschehen ist. Der Prozess kann später mit einem CONT-Signal neu gestartet werden. Beachten Sie, dass einige Prozesse durch eine lange Ruhezeit zerstört werden können, sodass dieses Verfahren nicht immer günstig ist. Ein Prozess könnte z. B. wieder aufwachen und feststellen, dass einige seiner Netzwerkverbindungen nicht mehr da sind.

Wenn ein Prozess eine außergewöhnlich hohe CPU-Zeit benutzt, aber vernünftig und sauber zu arbeiten scheint, könnten Sie mit renice eine höhere Nettigkeit (niedrigere Priorität) einstellen und den Benutzer bitten, in Zukunft nice zu verwenden.

Prozesse, die relativ zum physischen Speicher des Systems übermäßig viel Speicher nutzen, können ernsthafte Leistungsprobleme verursachen. Sie können die Speichergröße eines Prozesses mithilfe von top überprüfen. Die Spalte VIRT zeigt die den einzelnen Prozessen zugewiesene virtuelle Speichergröße, die Spalte RES den Anteil dieses Speichers, der momentan auf bestimmte Speicherseiten abgebildet ist (die »residente Menge«).

Beide Zahlen können gemeinschaftlich genutzte Ressourcen wie z. B. Bibliotheken enthalten, wodurch sie möglicherweise irreführend sind. Ein direkteres Maß des prozessspezifischen Speicherverbrauchs finden Sie in der Spalte DATA, die standardmäßig nicht angezeigt wird. Um sie in der Ausgabe von top hinzuzufügen, betätigen Sie die Taste ⨍, sobald top ausgeführt wird, und wählen Sie aus der Liste DATA aus. Dieser Wert zeigt den Betrag des Speichers in den Daten- und Stack-Segmenten eines jeden Prozesses an, sodass er für einzelne Prozesse relativ spezifisch ist (modulo Shared-Memory-Segmente). Achten Sie auf zeitliches Wachstum sowie auf absolute Größe.

Runaway-Prozesse, die Ausgaben erzeugen, können ein ganzes Dateisystem füllen und zahlreiche Probleme verursachen. Wenn ein Dateisystem gefüllt ist, werden viele Meldungen auf der Konsole protokolliert und Versuche, in das Dateisystem zu schreiben, führen zu Fehlermeldungen.

Als erstes müssen Sie in dieser Situation den Prozess anhalten, der das Dateisystem gefüllt hat. Wenn Sie einen vernünftigen Betrag im Dateisystem frei gelassen haben, können Sie ziemlich sicher sein, dass etwas schief gelaufen ist, wenn es plötzlich gefüllt wird. Es gibt keinen Befehl analog zu ps, der Ihnen sagt, wer am schnellsten Festplattenspeicher verbraucht, jedoch mehrere Werkzeuge, die aktuell geöffnete Dateien und die zugehörigen Prozesse erkennen können. Schauen Sie sich für weitere Informationen die Abschnitte zu zu fuser und lsof in Abschnitt 5.2 an.

Sie können alle verdächtig aussehenden Prozesse anhalten, bevor Sie denjenigen finden, der das Problem verursacht hat, aber denken Sie daran, die nicht betroffenen Prozesse neu zu starten, wenn Sie fertig sind. Wenn Sie den Übertäter finden, entfernen Sie die Dateien, die er erstellt hat.

Ein alter und wohlbekannter Trick ist das Starten einer unendlichen Schleife aus der Shell heraus, die Folgendes ausführt:

```
while 1
    mkdir adir
    cd adir
    touch afile
end
```

Dieses Programm ist hin und wieder auf einem öffentlich zugänglichen System anzutreffen, das versehentlich angemeldet hinterlassen wurde. Es verbraucht nicht viel Festplattenspeicher, füllt jedoch die Inode-Tabelle des Dateisystems auf und hindert andere Benutzer daran, neue Dateien zu erstellen. Sie können nur die Hinterlassenschaften aufräumen und die Benutzer warnen, ihre Konten besser zu schützen. Da der von diesem kleinen Schmuckstück hinterlassene Verzeichnisbaum in der Regel zu groß für rm -r ist, müssen Sie ein Skript schreiben, das bis auf den Grund des Baums hinabsteigt und dann beim Aufsteigen die Verzeichnisse löscht.

Wenn das Problem in /tmp auftritt und Sie /tmp als eigenständiges Dateisystem eingerichtet haben, können Sie /tmp mit mkfs neu initialisieren, anstatt zu versuchen, einzelne Dateien zu löschen. In Kapitel 7 erhalten Sie weitere Informationen zur Dateisystemverwaltung.

4.12 Empfohlene Literatur

Daniel P. Bovetand und Marco Cesati. *Understanding the Linux Kernel*. Sebastopol: O'Reilly Media, 2006.

Robert Love. *Linux-Kernel-Handbuch*. Addison-Wesley, 2006.

4.13 Übungen

1. Erläutern Sie den Zusammenhang zwischen der UID einer Datei sowie der echten und effektiven UID eines laufenden Prozesses. Was ist außer der Dateizugriffssteuerung der Zweck der effektiven UID eines Prozesses?
2. Angenommen, ein Benutzer Ihrer Firma hat einen langlaufenden Prozess gestartet, der einen beträchtlichen Anteil der Rechnerressourcen verbraucht.
   a. Woran würden Sie einen ressourcenfressenden Prozess erkennen?
   b. Angenommen, der sich schlecht benehmende Prozess ist legitim und sollte nicht beendet werden. Geben Sie die Befehle an, mit denen Sie ihn »auf Eis« legen können (temporär anhalten, während Sie Ihre Untersuchungen fortführen).
   c. Später entdecken Sie, dass der Prozess Ihrem Chef gehört und weiterlaufen muss. Geben Sie die Befehle an, mit denen Sie den Prozess wieder starten.

d. Nehmen Sie alternativ an, der Prozess muss beendet werden. Welche Signale senden Sie und warum? Was ist, wenn Sie sicherstellen müssen, dass der Prozess beendet wird?

3. Suchen Sie ein Programm mit einem Speicherleck (schreiben Sie selbst eins, wenn Sie keins zur Hand haben). Überwachen Sie den Speicherverbrauch des ausgeführten Programms mit ps oder top.

☆ 4. Schreiben Sie ein einfaches Perl-Skript, das die Ausgabe von ps verarbeitet, um die gesamte VSZ und RSS der auf dem System ausgeführten Prozesse zu bestimmen. Wie verhalten sich diese Zahlen zum tatsächlichen physischen Speicher und dem Auslagerungsspeicher des Systems?

5 Das Dateisystem

Kurze Frage: Welche der folgenden Punkte würden Sie in einem »Dateisystem« erwarten?

- Prozesse
- Serielle Anschlüsse
- Datenstrukturen des Kernels und Optimierungsparameter
- Kanäle für die Kommunikation zwischen Prozessen

Handelt es sich bei dem System um Linux, lautet die Antwort: alle Punkte. Möglicherweise finden Sie dort sogar einige Dateien.[1]

Der hauptsächliche Zweck eines Dateisystems besteht darin, die Speicherressourcen des Systems darzustellen und zu gliedern. Programmierer wollten das Rad allerdings nicht neu erfinden, wenn es darum ging, andere Objekttypen zu verwalten. Als zweckmäßig hat sich dabei erwiesen, diese Objekte auf den Namespace des Dateisystems abzubilden. Diese Vereinheitlichung weist einige Vorteile auf (einheitliche Programmierschnittstelle, einfacher Zugriff über die Shell), hat aber auch Nachteile (Implementierung von Dateisystemen vergleichbar mit der Erschaffung von Frankensteins Monster). Ob es Ihnen nun gefällt oder nicht – dies ist der UNIX- (und folglich auch der Linux-)Weg.

Das Dateisystem können Sie sich aus vier Hauptkomponenten aufgebaut vorstellen:

- Ein Namespace – eine Möglichkeit, Objekte zu benennen und sie in einer Hierarchie anzuordnen
- Eine API[2] – ein Satz an Systemaufrufen zur Steuerung und Beeinflussung von Objekten
- Ein Sicherheitsmodell – ein Schema, um Objekte zu schützen, zu verbergen und freizugeben

---

1 Vielleicht ist es genauer, wenn wir sagen, dass diese Entitäten innerhalb des Dateisystems dargestellt werden. In den meisten Fällen dient das Dateisystem als Treffpunkt, um Clients mit den gesuchten Treibern und Servern zu verbinden.
2 Anwendungsprogrammierschnittstelle (Application Programming Interface, API), ein Oberbegriff für Routinen, die eine Bibliothek, ein Betriebssystem oder Softwarepakete zum Aufruf für Programmierer bereithält.

- Eine Implementierung – Software, die das logische Modell mit Hardware verbindet

Linux definiert eine abstrakte Schnittstelle (das VFS – Virtual File System) auf Kernelebene, die sich vielen verschiedenen Back-End-Dateisystemen anpasst. Einige Teilbereiche des Dateibaums werden durch herkömmliche plattenbasierte Implementierungen verarbeitet, andere von einzelnen Treibern innerhalb des Kernels. Das NFS-Dateisystem wird z. B. von einem Treiber verarbeitet, der die angeforderten Operationen an einen anderen Server weiterleitet.

Tipp

NFS, das Network File System, wird in Kapitel 16 beschrieben.

Leider sind die architektonischen Grenzen nicht eindeutig gezogen, und außerdem gibt es einige Sonderfälle. Gerätedateien ermöglichen z. B. die Kommunikation von Programmen mit Treibern innerhalb des Kernels. Es handelt sich dabei nicht um echte Datendateien. Sie werden jedoch vom grundlegenden Dateisystemtreiber bearbeitet, und ihre Eigenschaften werden auf Platte gespeichert. Die Details würden möglicherweise etwas anders aussehen, wäre das Dateisystem aufgrund der Erfahrungen der letzten Jahrzehnte neu implementiert worden.

Linux unterstützt mehrere Typen plattenbasierter Dateisysteme, was das Ganze nicht gerade einfacher macht, aber letztlich vorteilhaft ist. In der Kategorie der besten modernen Technologien befinden sich die Dateisysteme ext3fs, das in den meisten Distributionen Standard ist, sowie ReiserFS, JFS von IBM und XFS von SGI. Der Vorläufer von ext3fs, das ältere ext2fs, wird noch für längere Zeit von allen Distributionen unterstützt.

Tipp

Weitere Informationen zu ReiserFS finden Sie unter *www.namesys.com*.

Außerdem gibt es viele fremde Dateisysteme, wie FAT und NTFS von Windows und ISO 9660, die auf CD-ROMs zum Einsatz kommen. Linux unterstützt mehr Dateisystemtypen als jede andere UNIX-Variante. Seine breite Palette an Auswahlmöglichkeiten gibt Ihnen ein hohes Maß an Flexibilität und erleichtert die Freigabe von Dateien für andere Systeme.

Das Dateisystem ist ein umfangreiches Thema, das wir von verschiedenen Seiten betrachten werden. Dieses Kapitel gibt Aufschluss darüber, wie Sie sich in Ihrem System zurechtfinden und beschreibt die Eigenschaften von Dateien, die Bedeutung der Berechtigungsbits und die Verwendung einiger grundlegender Befehle, mit denen Sie Attribute betrachten und setzen können. In Kapitel 7, »Eine Festplatte hinzufügen«, finden Sie die eher technisch orientierten Themen des Dateisystems, wie die Festplattenpartitionierung. Kapitel 16, »NFS (Network File System)«, beschreibt die Freigabe von Dateien, wie sie normalerweise unter Linux eingesetzt wird. Sehen Sie sich auch Kapitel 26, »Kooperation mit Windows«, an, in dem die Software vorgestellt wird, die Linux verwendet, um Dateisysteme für Computer mit Microsoft Windows freizugeben.

Bei derart vielen verschiedenen von Linux unterstützten Dateisystemen kann es verwundern, dass sich dieses Buch so liest, als würde es nur ein Linux-Dateisystem geben. Wir müssen bei den einzelnen Implementierungen nicht ins Detail gehen, da die meisten modernen Dateisysteme entweder versuchen, die Funktionen der älteren Dateisysteme auf schnellere und verlässlichere Weise zu unterstützen oder zusätzliche Funktionen in einer Schicht oberhalb der standardmäßigen Dateisystemlogik hinzuzufügen (einige Dateisysteme machen beides). Ob es uns gefällt oder nicht, stützt sich der größte Teil der aktuellen Software auf das in diesem Kapitel beschriebene Modell.

5.1 Pfadnamen

Das Dateisystem wird als eine einzige einheitliche Hierarchie[3] dargestellt, die beim Verzeichnis / beginnt und sich abwärts durch eine beliebige Anzahl von Unterverzeichnissen fortsetzt. / wird auch als Stammverzeichnis, Wurzelverzeichnis oder root-Verzeichnis bezeichnet.

Die Abfolge der Verzeichnisse, die Sie durchsuchen müssen, um eine bestimmte Datei mit ihrem Dateinamen zu finden, bildet einen Pfadnamen. Pfadnamen können entweder absolut (/tmp/foo) oder relativ (book4/filesystem) sein. Relative Pfadnamen beginnen im aktuellen Verzeichnis. Sie sind eventuell daran gewöhnt, sich das gegenwärtige Verzeichnis als Einrichtung der Shell vorzustellen; jeder Prozess hat jedoch eins.

Die Begriffe *Datei*, *Dateiname*, *Pfadname* und *Pfad* sind mehr oder weniger austauschbar (zumindestens verwenden wir sie in diesem Buch so). Sie können *Dateiname* und *Pfad* sowohl für absolute als auch für relative Pfade verwenden. *Pfadname* weist im Allgemeinen auf einen absoluten Pfad hin.

---

[3] Das System mit einer einzigen Hierarchie unterscheidet sich von dem in Windows verwendeten Konzept, bei dem plattenspezifische Namespaces verwendet werden.

Das Dateisystem kann beliebig tief sein. Jeder Bestandteil eines Pfadnamens darf jedoch maximal 255 Zeichen lang sein, und ein einzelner Pfad darf nicht mehr als 4.095 Zeichen umfassen. Möchten Sie auf eine Datei mit einem längeren Pfadnamen zugreifen, müssen Sie mit `cd` in ein Zwischenverzeichnis wechseln und einen relativen Pfadnamen[4] angeben.

Es gibt im Wesentlichen keine Einschränkungen bei der Benennung von Dateien und Verzeichnissen, mit der Ausnahme, dass Namen in ihrer Länge begrenzt sind und keinen Schrägstrich und keine Hex-0 oder ASCII-0 enthalten dürfen. Die Ziffer »0« ist sehr wohl erlaubt. Leerzeichen sind gestattet. Unglücklicherweise hat UNIX eine lange Tradition in der Trennung von Befehlszeilenargumenten bei Leerraumzeichen. Aus diesem Grund kann alte Software bei Dateinamen, die Leerzeichen enthalten, zum Absturz neigen.

Leerzeichen in Dateinamen fanden sich einst hauptsächlich in Dateisystemen, die für Macs und PCs freigegeben waren. Heute haben Sie sich auch in der Linux-Welt wie eine Geschwulst verbreitet und befinden sich auch in einigen Standard-Softwarepaketen. Es gibt daher keinen Zweifel: Verwaltungsskripte müssen mit Leerzeichen umgehen können.

Sie können Dateinamen, die viele Leerzeichen enthalten, in der Shell und in Skripten in Anführungszeichen setzen, um sie zusammenzuhalten. Der folgende Befehl bewahrt z. B. `My excellent file.txt` als einzelnes Argument von `less`:

```
$ less "My excellent file.txt"
```

Sie können einzelne Leerzeichen auch mit einem Backslash voneinander abgrenzen. In der Regel übernimmt das die Shell für Sie mit der Funktion der Dateinamenvervollständigung (normalerweise über die TAB-Taste).

Ein wirksames Werkzeug beim Schreiben von Skripten ist die Option `-print0` von `find`. In Kombination mit `xargs -0` funktioniert die Option `find`/`xargs` unabhängig von den Leerzeichen innerhalb eines Dateinamens einwandfrei. Der folgende Befehl druckt z. B. mit `ls` eine umfangreiche Ansicht von jeder über ein Megabyte großen Datei der Partition /home aus:

```
$ find /home -size +1M -print0 | xargs -0 ls -l
```

5.2 Ein- und Aushängen von Dateisystemen

Das Dateisystem wird von kleineren Einheiten, die auch als Dateisysteme bezeichnet werden, gebildet. Jede dieser Einheiten besteht aus einem Verzeichnis, dessen Unterverzeichnissen und Dateien. Normalerweise hängt es vom Kontext ab, was Dateisys-

---

4 *Für den Fall, dass dies unklar ist: Die meisten Plattenformate der Dateisysteme bestimmen nicht selbst die Beschränkung der Pfadnamenlänge. Das System verlangt für einen erfolgreichen Zugriff auf das Dateisystem Zeichenketten von maximal 4.095 Zeichen.*

5.2 Ein- und Aushängen von Dateisystemen

tem jeweils bedeutet. Aus Gründen der Übersichtlichkeit verwenden wir den Begriff »Dateibaum«, wenn wir uns auf das gesamte Layout des Dateisystems beziehen, und behalten uns das Wort »Dateisystem« für die Einheiten vor, die mit dem Baum verbunden sind.

Bei den meisten Dateisystemen handelt es sich um Plattenpartitionen. Wie bereits erwähnt, können sie alles sein, was der geeigneten API folgt: Netzwerk-Dateiserver, Kernelkomponenten, speicherbasierte Plattenemulatoren usw. Linux verfügt sogar über ein raffiniertes Loopback-System, mit dem Sie einzelne Dateien wie Geräte einhängen (»mounten«) können.

Dateisysteme werden durch den Befehl mount mit dem Baum verbunden. Innerhalb des bestehenden Dateibaums (Einhängepunkt) verknüpft mount ein Verzeichnis mit dem Stammverzeichnis des neu angebundenen Dateisystems. Die vorherigen Inhalte des Einhängepunkts bleiben so lange nicht erreichbar, wie ein anderes Dateisystem hier eingehängt ist. Einhängepunkte sind standardmäßig leere Verzeichnisse.

Der folgende Befehl installiert z. B. das Dateisystem, das auf der Plattenpartition /dev/hda4 gespeichert ist: unter dem Pfad /users

```
# mount /dev/hda4 /users
```

Mit ls /users können Sie sich dann den Inhalt des Dateisystems ansehen.

Ein Verzeichnis der Dateisysteme, die standardmäßig ins jeweilige System eingehängt werden, finden Sie in der Datei /etc/fstab. Die dort enthaltenen Informationen ermöglichen es, Dateisysteme beim Booten automatisch zu überprüfen (fsck -A) und einzuhängen (mount -a). Sie dienen außerdem als Dokumentation für das Layout der Dateisysteme auf der Platte und ermöglichen Kurzbefehle wie mount /usr (der Standort des einzuhängenden Dateisystems wird in fstab nachgeschlagen). Informieren Sie sich in Abschnitt 7.4 umfassend über die Datei fstab.

Dateisysteme werden mit dem Befehl umount ausgehängt. Sie können kein Dateisystem aushängen, das gerade benutzt wird, und es darf keine geöffneten Dateien oder Prozesse geben, deren aktuelle Verzeichnisse sich hier befinden. Enthält das Dateisystem ausführbare Programme, dürfen diese nicht ausgeführt werden.

In den Linux-Kerneln 2.4.11 und höher wird eine verzögerte Aushängeoption definiert (aufgerufen durch umount -l), die das Dateisystem zwar aus der Namenshierarchie entfernt, es aber in Wirklichkeit so lange nicht aushängt, bis alle bestehenden Dateiverknüpfungen geschlossen sind. Man kann darüber streiten, ob das sinnvoll ist. Es gibt keine Garantie, dass bestehende Verweise sich überhaupt von selbst schließen. Hinzu kommt, dass der halbausgehängte Zustand des Dateisystems für Programme, die es benutzen, inkonsistent ist. Sie können zwar durch vorhandene Dateihandles lesen und schreiben, jedoch keine neuen Dateien öffnen oder andere Operationen am Dateisystem ausführen.

Wenn der Kernel reklamiert, dass Sie versuchen, ein Dateisystem auszuhängen, das sich noch in Betrieb befindet, können Sie fuser ausführen, um den Grund dafür herauszufinden. Wird `fuser` mit `-mv`-Flags und einem Einhängepunkt aufgerufen, wird jeder Prozess angezeigt, der eine Datei oder ein Verzeichnis in diesem Dateisystem benutzt:

```
$ fuser  -mv  /usr
             USER  PID  ACCESS  COMMAND
/usr         root  444  ....m   atd
             root  499  ....m   sshd
             root  520  ....m   lpd
```

Die Buchstabencodes in der Spalte ACCESS zeigen an, was der jeweilige Prozess unternimmt, um Sie dabei zu stören, ein Gerät auszuhängen. Tabelle 5.1 beschreibt die Bedeutung der Codes.

Code	Bedeutung
f	Der Prozess hat eine offene Datei zum Lesen und Schreiben.
c	Das aktuelle Verzeichnis des Prozesses befindet sich im Dateisystem.
e	Der Prozess führt gerade eine Datei aus.
r	Das Stammverzeichnis des Prozesses befindet sich im Dateisystem (mit `chroot` gesetzt).
m	Der Prozess hat eine Datei oder eine gemeinsam verwendete Bibliothek zugeordnet (normalerweise eine inaktive, die ausführbar ist).

Tabelle 5.1: Aktivitätscodes von fuser

Führen Sie einfach `ps` mit der durch `fuser` zurückgegebenen Liste der PIDs aus, um die störenden Prozesse genau zu bestimmen, zum Beispiel wie folgt:

```
$ ps  -fp "444 499 520"
   UID PID PPID C STIME TTY   TIME     CMD
daemon 444  1   0 April ?     00:00:00 /usr/sbin/atd
  root 499  1   0 April ?     00:00:23 /usr/sbin/sshd
    lp 520  1   0 April ?     00:00:00 [lpd]
```

Die Anführungszeichen zwingen die Shell, die Liste der PIDs als einzelnes Argument an `ps` zu übergeben.

Mit `fuser` können Sie außerdem einen Bericht über die Verwendung von bestimmten Dateien (im Gegensatz zu vollständigen Dateisystemen) erhalten. Die Syntax lautet `fuser -v` *Dateiname*. Die Option `-k` wird auch von `fuser` akzeptiert, um einen störenden Prozess zu beenden (oder ein Signal zu senden). Das ist gefährlich – außerdem müssen Sie als `root` angemeldet sein (oder `sudo` verwenden; siehe Abschnitt 3.4).

Eine Alternative zu `fuser` stellt das Werkzeug `lsof` von Vic Abell von der Universität Purdue dar. Es kann auf vielen unterschiedlichen UNIX- und Linux-Varianten ausgeführt werden, wobei es besonders nützlich ist, dass es aus Skripten heraus gestartet werden kann, die auf zahlreichen Systemen laufen müssen. Das Programm `lsof` ist komplexer und ausgeklügelter als `fuser` und seine Ausgabe ist im Verhältnis dazu enorm.

Skripte haben bei der Suche nach bestimmten Informationen die Möglichkeit, Dateien direkt in `/proc` zu lesen. Eine einfachere und besser zu portierende Lösung ist `lsof -F`, das die Ausgabe von `lsof` für eine einfache maschinelle Analyse formatiert. Verwenden Sie zusätzliche Befehlszeilenflags, um die benötigten Informationen anzufordern.

5.3 Der Aufbau des Dateibaums

Dateisysteme in der UNIX-Familie waren noch nie besonders gut aufgebaut. Verschiedene unverträgliche Namenskonventionen werden nebeneinander verwendet und unterschiedliche Dateitypen werden zufällig im Namensraum (Namespace) verstreut. In vielen Fällen werden Dateien nach ihrer Funktion unterschieden und nicht danach, mit welcher Wahrscheinlichkeit sie sich ändern. Das macht die Aktualisierung des Betriebssystems schwierig. Das Verzeichnis `/etc` enthält z. B. einige Dateien, die nie angepasst werden, und einige, die ausschließlich von lokaler Bedeutung sind. Wie können Sie erkennen, welche Dateien Sie bei einer Aktualisierung aufbewahren müssen? Nun, Sie müssen es einfach wissen...

Mit Neuerungen wie `/var` konnten einige Probleme gelöst werden. Die meisten Systeme sind jedoch immer noch ein unorganisiertes Durcheinander. Nichtsdestoweniger gibt es für alles einen angestammten Platz. Es ist enorm wichtig, nicht mit der Standardstruktur des Dateibaums unter Linux durcheinanderzugeraten, da Softwarepakete und ihre Installationswerkzeuge häufig vage Annahmen über den Aufenthaltsort von Dateien machen (wie auch einige Systemadministratoren!).

Das Wurzeldateisystem enthält das Stammverzeichnis und einen minimalen Satz an Dateien und Unterverzeichnissen. Die Datei, die den Kernel enthält, befindet sich innerhalb des Wurzeldateisystems im Verzeichnis `/boot`. Ihr Name beginnt normalerweise mit `vmlinuz`.[5] Weitere Bestandteile des Wurzeldateisystems sind `/dev` für Gerätedateien (außer `/dev/pts`, das separat eingehängt wird), `/etc` für kritische Systemdateien, `/sbin` und `/bin` für wichtige Werkzeuge und manchmal `/tmp` für temporäre Dateien.

Tipp

In Kapitel 28 finden Sie weitere Informationen über das Konfigurieren des Kernels.

---

5   Früher war es üblich, `/boot` als separates Dateisystem einzurichten, vor allem, da sich der Kernel am Anfang der Bootplatte befinden musste, um für das BIOS erreichbar zu sein. Moderne PCs haben dieses Problem nicht mehr, weshalb `/boot` eher ein typischer Bestandteil des Wurzeldateisystems ist.

Die Verzeichnisse /usr und /var sind ebenfalls sehr wichtig. In /usr befinden sich die meisten Standardprogramme sowie verschiedene Extras wie Onlinehandbücher und die meisten Bibliotheken. Es ist nicht unbedingt notwendig, dass es sich bei /usr um ein separates Dateisystem handelt. Um die Verwaltung angenehm zu gestalten, ist das aber meistens der Fall. Sowohl /usr als auch /var müssen verfügbar sein, um das System im Mehrbenutzermodus betreiben zu können. In /var werden Spoolverzeichnisse, Protokolldateien, Nutzungsinformationen und verschiedene andere Dinge beherbergt. Diese wachsen oder ändern sich schnell und unterscheiden sich von Host zu Host. Es ist eine gute Idee, /var in ein eigenes Dateisystem zu legen, da seine Protokolldateien bei Störungen schnell anwachsen.

Tipp

In Abschnitt 7.4 finden Sie einige Gründe für die Partitionierung sowie Faustregeln zur Anleitung.

Heimatverzeichnisse von Benutzern werden häufig auf einem getrennten Dateisystem bereitgestellt und in das Stammverzeichnis eingehängt. Sie können separate Dateisysteme auch zum Speichern von umfangreichen Objekten wie Quellcode-Bibliotheken und Datenbanken verwenden.

Einige der wichtigeren Standardverzeichnisse sind in Tabelle 5.2 aufgeführt.

Pfadname	Inhalt
/bin	Befehle für den Minimalbetrieb des Systems
/boot	Kernel und Dateien, die zum Laden des Kernels benötigt werden
/dev	Geräteeinträge für Festplatten, Drucker, Pseudoterminals usw.
/etc	Kritische Boot- und Konfigurationsdateien
/home	Heimatverzeichnis für Benutzer
/lib	Bibliotheken und Teile des C-Compilers
/media	Einhängepunkte für Dateisysteme auf Wechselmedien
/opt	Optionale Softwareanwendungen (zzt. nicht umfassend genutzt)
/proc	Information über alle laufenden Prozesse
/root	Heimatverzeichnis des Superusers (oft einfach /)

Tabelle 5.2: Standardverzeichnisse und ihr Inhalt

5.3 Der Aufbau des Dateibaums

Pfadname	Inhalt
/sbin	Befehle für den Start, die Reparatur und Wiederherstellung des Systems
/tmp	Temporäre Dateien, die zwischen Neustarts verschwinden können
/usr	Hierarchie sekundärer (weniger wichtiger) Dateien und Befehle
/usr/bin	Die häufigsten Befehle und ausführbaren Dateien
/usr/include	Headerdateien für die Kompilierung von Programmen in C
/usr/lib	Bibliotheken; auch Unterstützungsdateien für Standardprogramme
/usr/local	Lokale Software (Software, die Sie schreiben oder installieren)
/usr/local/bin	Lokale ausführbare Dateien
/usr/local/etc	Lokale Systemkonfigurationsdateien und -befehle
/usr/local/lib	Lokale Unterstützungsdateien
/usr/local/sbin	Lokale Systemverwaltungsbefehle
/usr/local/src	Quellcode für /usr/local/*
/usr/man	Seiten der Onlinehilfe
/usr/sbin	Weniger wichtige Befehle für die Systemverwaltung und -reparatur
/usr/share	Daten, die von mehreren Systemen genutzt werden können (schreibgeschützt)
/usr/share/man	Seiten der Onlinehilfe
/usr/src	Quellcode für nicht lokale Softwarepakete (selten genutzt)
/var	Systemspezifische Daten- und Konfigurationsdateien
/var/adm	Unterschiedlich: Protokolle, Aufzeichnungen über die Systeminstallation, »komische« Verwaltungsbits
/var/log	Verschiedene Systemprotokolldateien
/var/spool	Spoolverzeichnisse für Drucker, E-Mail usw.
/var/tmp	Weiterer temporärer Platz (wird bei Neustarts beibehalten)

Tabelle 5.2: Standardverzeichnisse und ihr Inhalt (Forts.)

Der sich weiter entwickelnde Filesystem Hierarchy Standard *(www.pathname.com/fhs)* versucht, die Standardverzeichnisse zu kodifizieren, zu rationalisieren und zu erklären. Es ist eine ausgezeichnete Quelle, um herauszufinden, wo man Objekte ablegen kann. Wir erörtern einige zusätzliche Regeln und Vorschläge für das Design lokaler Hierarchien in Abschnitt 11.6.3.

5.4 Dateitypen

In Linux sind sieben Dateitypen definiert. Selbst wenn Entwickler dem Dateibaum etwas Neues und Wundervolles hinzufügen (wie z. B. die Prozessinformation unter /proc), muss es wie einer dieser sieben Typen aufgebaut sein:

- Reguläre Dateien
- Verzeichnisse
- Zeichengerätedateien
- Blockgerätedateien
- Lokale Domänensockets
- Benannte Pipes (FIFOs)
- Symbolische Links

Sie können den Typ einer vorhandenen Datei mit `ls -ld` bestimmen. Das erste Zeichen der Ausgabe von `ls` gibt den Typ an. Das folgende Beispiel zeigt, dass es sich bei /usr/include um ein Verzeichnis handelt:

```
$ ls -ld /usr/include
drwxr-xr-x  27 root  root  4096 Jul 15 20:57 /usr/include
```

In Tabelle 5.3 finden Sie die Codes, die `ls` verwendet, um die verschiedenen Dateitypen darzustellen.

Dateityp	Symbol	Erstellt durch	Entfernt durch
Reguläre Datei	-	Editoren, cp usw.	rm
Verzeichnis	d	mkdir	rmdir, rm -r
Zeichengerätedatei	c	mknod	rm
Blockgerätedatei	b	mknod	rm
Lokaler Domänensocket	s	socket(2)	rm
Benannter Pipe	p	mknod	rm
Symbolischer Link	l	ln -s	rm

Tabelle 5.3: Angabe der Dateitypen durch ls

Wie Sie Tabelle 5.3 entnehmen können, ist `rm` das universelle Werkzeug, um nicht mehr benötigte Dateien zu löschen. Wie löschen Sie aber eine Datei mit einem Namen wie `-f`? Es handelt sich dabei um einen in den meisten Dateisystemen absolut legitimen Dateinamen. Allerdings funktioniert `rm -f` nicht, da `-f` als rm-Flag interpretiert wird. Sie müssen sich entweder mit einem umfangreicheren Pfadnamen (wie `./-f`) behelfen oder das Argument `--` von `rm` verwenden. Damit zeigen Sie, dass es sich beim Nachfolgenden um einen Dateinamen und nicht um eine Option handelt (z. B. `rm -- -f`).

5.4 Dateitypen

Dateinamen, die Steuerzeichen enthalten, stellen ein ähnliches Problem dar, da die Eingabe dieser Namen über die Tastatur schwierig oder nicht möglich sein kann. In diesem Fall können Sie die Pfadnamenerweiterung (Pattern Matching) verwenden, um die zu löschenden Dateien zu erkennen. Dabei sollten Sie sich mit der Option `-i` für `rm` vertraut machen, um das Löschen jeder Datei zu bestätigen. Diese Funktion schützt Sie vor dem Löschen »guter Dateien«, die irrtümlich in Ihr Suchmuster passen. Um eine Datei namens foo[Strg]-[D]bar zu löschen, können Sie Folgendes ausführen:

```
$ ls
foo?bar  foose  kde-root
$ rm  -i  foo*
rm: remove 'foo\004bar'? y
rm: remove 'foose'? n
```

Beachten Sie, dass das Steuerzeichen von `ls` als Fragezeichen angezeigt wird, was ein wenig irreführend sein kann.[6] Wenn Sie nicht daran denken, dass das ? ein Zeichen der Shell für das Pattern Matching ist, und versuchen `rm foo?bar` auszuführen, löschen Sie möglicherweise mehr als eine Datei (in diesem Beispiel allerdings nicht). Denken Sie daran: `-i` ist eine äußerst nützliche Option!

Um die Dateien mit den fürchterlichsten Namen zu löschen, müssen Sie eventuell auf `rm -i *` zurückgreifen.

Eine weitere Möglichkeit, Dateien mit derartigen Namen zu löschen, besteht in der Verwendung einer alternativen Schnittstelle zum Dateisystem, wie z. B. dem Dired-Modus von Emac oder einem visuellen Werkzeug wie Nautilus.

5.4.1 Reguläre Dateien

Eine reguläre Datei ist nur eine Sammlung von Bytes. Linux stülpt seinen Inhalten keine Struktur über. Textdateien, Datendateien, ausführbare Programme sowie freigegebene Bibliotheken werden alle als reguläre Dateien gespeichert. Erlaubt sind sowohl der sequenzielle als auch der wahlfreie Zugriff.

5.4.2 Verzeichnisse

Ein Verzeichnis enthält benannte Verweise zu anderen Dateien. Sie können Verzeichnisse mit `mkdir` erstellen und mit `rmdir` löschen, falls sie leer sind. Verzeichnisse, die nicht leer sind, löschen Sie mit `rm -r` (samt Inhalt).

Die besonderen Einträge ».« und »..« beziehen sich auf das Verzeichnis selbst sowie sein Elternverzeichnis. Sie können nicht entfernt werden. Da das Stammverzeichnis kein Elternverzeichnis hat, entspricht »/..« dem Pfad »/.« (und beide entsprechen /).

---

6 Die Sonderzeichen werden durch `ls -b` als Oktalzahlen angezeigt, was sehr nützlich sein kann. [Strg]-[A] ist 1 (\001 oktal), [Strg]-[B] ist 2 usw.

Ein Dateiname wird innerhalb seines Elternverzeichnisses gespeichert, nicht in der Datei selbst. Tatsächlich können mehrere Verzeichnisse (oder mehr als ein Eintrag in einem einzelnen Verzeichnis) gleichzeitig auf eine Datei verweisen. Der Verweis kann unterschiedliche Bezeichnungen haben. Solch eine Anordnung erweckt den Eindruck, dass sich eine Datei an mehreren Stellen gleichzeitig befindet.

Diese zusätzlichen Verweise (»Links«) sind von der Originaldatei nicht zu unterscheiden. Soweit es Linux betrifft, sind sie gleichwertig. Linux pflegt eine Summe der Links, die auf jede Datei verweisen, und löst die Datenblöcke der Datei nicht, solange die letzte Verknüpfung nicht gelöscht worden ist. Links können keine Dateisystemgrenzen überschreiten.

Solche Verweise werden im Gegensatz zu symbolischen Verknüpfungen, die weiter unten beschrieben werden, als »harte Links« (hard links) bezeichnet. Sie erstellen »harte Links« mit ln und entfernen sie mit rm.

Es ist einfach, sich die Syntax von ln zu merken, wenn Sie sich klar machen, dass sie die Syntax von cp widerspiegelt. Der Befehl cp oldfile newfile erstellt eine Kopie von oldfile, die als newfile bezeichnet wird. Der Name newfile wird durch ln oldfile newfile zu einem zusätzlichen Verweis auf oldfile.

Es ist wichtig zu verstehen, dass harte Links kein eindeutiger Dateityp sind. Anstatt ein separates »Objekt« namens harter Link zu definieren, gestattet das Dateisystem, dass mehr als ein Verzeichniseintrag auf eine Datei zeigen kann. Neben dem Inhalt der Datei werden die hinterlegten Attribute der Datei (wie Besitz und Berechtigungen) gemeinsam genutzt.

5.4.3 Zeichen- und Blockgerätedateien

Gerätedateien ermöglichen Programmen die Kommunikation mit der Systemhardware und der Peripherie. Bei der Konfiguration des Kernels werden die Module, die mit den einzelnen Systemgeräten kommunizieren können, eingebunden.[7] Das Modul eines einzelnen Geräts, Treiber genannt, kümmert sich um die Einzelheiten.

> **Tipp**
>
> In Kapitel 28 finden Sie weitere Informationen über Geräte und Treiber.

---

7 *Diese Module können vom Kernel auch dynamisch geladen werden.*

Gerätetreiber stellen eine Standardkommunikationsschnittstelle dar, die wie eine reguläre Datei aussieht. Erhält der Kernel eine Anforderung, die sich auf eine Zeichen- oder Blockgerätedatei bezieht, gibt er sie einfach an den zugehörigen Gerätetreiber weiter. Es ist jedoch wichtig, Gerätedateien von Gerätetreibern zu unterscheiden. Die Dateien sind lediglich »Treffpunkte«, die zur Kommunikation mit den Treibern verwendet werden. Sie sind selbst keine Treiber.

Zeichengerätedateien erlauben den mit ihnen verknüpften Treibern das Puffern ihrer eigenen Ein- und Ausgabe. Blockgerätedateien werden von Treibern verwendet, die E/A in großen Portionen verwalten und den Kernel zur Pufferung bewegen wollen. Früher wurden einige wenige Hardwaretypen sowohl durch Block- als auch durch Zeichengerätedateien dargestellt; derartige Konfigurationen sind heute eher selten.

Gerätedateien werden durch zwei Zahlen charakterisiert, die man als große (major device) und kleine Gerätezahl (minor device) bezeichnet. Die große Gerätezahl teilt dem Kernel mit, auf welchen Treiber sich die Datei bezieht, und die kleine Gerätezahl teilt dem Treiber mit, welche physische Einheit er ansprechen soll. Die große Gerätenummer 6 zeigt auf einem Linux-System z. B. den Treiber für die parallele Schnittstelle an. Die erste parallele Schnittstelle (/dev/lp0) hat die große Gerätenummer 6 und die kleine Nummer 0.

Treiber können die an sie übermittelten kleinen Gerätenummern interpretieren, wie es ihnen beliebt. Bandtreiber verwenden z. B. die kleine Gerätenummer, um zu bestimmen, ob das Band zurückgespult werden soll, wenn die Gerätedatei geschlossen wird.

Sie können Gerätedateien mit mknod erstellen und mit rm entfernen. Nur in seltenen Fällen ist es jedoch notwendig, Gerätedateien manuell zu erstellen. Wird die Hardware vom Kernel erkannt, verwenden die meisten Distributionen udev, um Gerätedateien automatisch zu erstellen und zu entfernen. Mit udev halten Sie /dev in Ordnung, weil die Anzahl an störenden Gerätedateien begrenzt und sicher gestellt wird, dass die den Dateien zugewiesene Gerätenummern mit den vom Kernel erwarteten übereinstimmen. Weitere Informationen finden Sie auch in Kapitel 28, »Treiber und der Kernel«.

Ein älteres Skript namens MAKEDEV ist eine gute Ergänzung für udev, für den Fall, dass Sie Gerätedateien per Hand erstellen müssen. Das Skript entschlüsselt die konventionellen Namen und Gerätenummern für verschiedene Geräteklassen, sodass Sie diese Werte nicht selbst nachschlagen müssen. Mit MAKEDEV pty erstellen Sie z. B. die Gerätedateien für Pseudo-Terminals.

Müssen Sie doch einmal bestimmen, welche großen und kleinen Gerätenummern von einem Treiber verwendet werden, können Sie diese Information in Abschnitt 4 der man-Seiten über Treiber (zum Beispiel unter man 4 tty) finden.

5.4.4 Lokale Domänensockets

Sockets sind Verbindungen zwischen Prozessen, die es ihnen ermöglichen, ohne Störungen miteinander zu kommunizieren. Linux verfügt über unterschiedliche Arten von Sockets, von denen die meisten ein Netzwerk voraussetzen. Auf lokale Domänensockets kann nur vom lokalen Host aus zugegriffen werden. Außerdem wird eher durch ein Dateisystemobjekt auf sie verwiesen als durch einen Netzwerkanschluss. Manchmal werden sie auch als »UNIX-Domänensockets« bezeichnet.

Obwohl Socketdateien für andere Prozesse als Verzeichniseinträge sichtbar sind, können sie von Prozessen, die nicht an der Verbindung beteiligt sind, weder gelesen noch beschrieben werden. Einige Standardeinrichtungen, die lokale Domänensockets verwenden, sind das Drucksystem, das X Window-System und syslog.

Tipp

Schlagen Sie in Kapitel 10 nach, um mehr über syslog zu erfahren.

Lokale Domänensockets werden mit dem Systemaufruf socket erstellt und können entweder mit dem Befehl rm oder dem Systemaufruf unlink entfernt werden, wenn sie keine Benutzer mehr haben.

5.4.5 Benannte Pipes

Benannte Pipes ermöglichen wie lokale Domänensockets die Kommunikation zwischen zwei Prozessen, die auf demselben Host laufen. Sie werden auch als »FIFO-Dateien« (First in, First out) bezeichnet. Benannte Pipes können Sie mit mknod erstellen und mit rm entfernen.

5.4.6 Symbolische Links

Ein symbolischer oder »weicher« Link zeigt über einen Namen auf eine Datei. Wenn der Kernel beim Nachschlagen eines Pfadnamens auf einen symbolischen Link trifft, richtet er seine Aufmerksamkeit auf den Pfadnamen, der als Inhalt des Links gespeichert ist. Der Unterschied zwischen harten Links und symbolischen Links besteht darin, dass ein harter Link ein direkter Bezug ist, wohingegen ein symbolischer Link ein Verweis über den Namen ist. Symbolische Links sind etwas anders als die Dateien, auf die sie zeigen.

Sie erstellen symbolische Links mit `ln -s` und entfernen sie mit `rm`. Diese Links können beliebige Pfade enthalten und daher auf Dateien in anderen Dateisystemen oder auf nicht existierende Dateien verweisen. Mehrere symbolische Links können auch eine Schleife bilden.

Ein symbolischer Link kann sowohl einen absoluten als auch einen relativen Pfad enthalten. Mit dem folgenden Befehl wird z. B. /var/log/secure mit /var/log/archived/secure durch einen relativen Pfad verknüpft:

```
# ln -s archived/secure /var/log/secure
```

Erstellt wird der symbolische Link /var/log/secure mit dem Ziel archived/secure, wie Sie der Ausgabe von ls entnehmen können:

```
$ ls -l /var/log/secure
lrwxrwxrwx 1 roor root 18 2005-07-05 12:54
/var/log/secure -> archived/secure[8]
```

Das gesamte Verzeichnis /var/log kann an jeden beliebigen Ort verschoben werden, ohne dass der symbolische Link in seiner Funktion beeinträchtigt wird (das Verschieben dieses Verzeichnisses ist aber nicht empfehlenswert).

Es ist ein weit verbreiteter Irrtum zu denken, dass das erste Argument von `ln -s` irgendetwas mit Ihrem momentanen Arbeitsverzeichnis zu tun hat. Durch ln wird das Verzeichnis nicht als Dateiname aufgelöst, sondern unmittelbar als Ziel für den symbolischen Link benutzt.

5.5 Dateiattribute

Im traditionellen UNIX- und Linux-Dateisystemmodell hat jede Datei einen Satz von neun Berechtigungsbits, die steuern, wer lesen, schreiben und die Inhalte der Datei ausführen darf. Diese Bits bilden mit drei weiteren Bits, die in erster Linie die Funktion von ausführbaren Programmen betreffen, den »Modus« der Datei.

Die zwölf Modusbits werden zusammen mit vier Bits gespeichert, die Informationen zum Dateityp enthalten. Diese vier Bits werden bei der ersten Erstellung der Datei gesetzt und können nicht verändert werden. Der Besitzer der Datei und der Superuser können die zwölf Modusbits mit dem Befehl chmod (change mode) bearbeiten. Verwenden Sie `ls -l` (oder `ls -ld` für ein Verzeichnis), um die Werte dieser Bits zu untersuchen. Ein Beispiel finden Sie in Abschnitt 5.5.4.

---

[8] Die Dateiberechtigungen, die ls für einen symbolischen Link, lrwxrwxrwx, anzeigt, sind Dummy-Werte. Die Berechtigung, den Link zu erstellen, zu entfernen oder ihm zu folgen, wird durch das Verzeichnis gesteuert, das ihn besitzt. Dabei werden die Lese-, Schreib- und Ausführungsberechtigung für das Linkziel durch die eigenen Berechtigungen des Ziels gewährt. Aus diesem Grund benötigen (und haben) symbolische Links keine eigenen Berechtigungsinformationen.

5.5.1 Die Berechtigungsbits

Neun Berechtigungsbits legen fest, welche Operationen an einer Datei ausgeführt werden können und durch wen. Traditionelles UNIX erlaubt keine Berechtigungen für einzelne Benutzer (obwohl Linux mittlerweile Zugriffssteuerungslisten (ACL, access control lists) in allen Hauptdateisystemen unterstützt; siehe den Abschnitt 5.6). Stattdessen definieren drei Sätze von Berechtigungen den Zugriff für den Besitzer der Datei, die Gruppenbesitzer der Datei und alle anderen. Jeder Satz verfügt über drei Bits: ein Lesebit, ein Schreibbit und ein Ausführungsbit.

Es ist bequem, Dateiberechtigungen in Form von Oktalzahlen zur Basis 8 anzugeben, da jede Stelle aus einer Oktalzahl drei Bits darstellt und jede Gruppe von Berechtigungsbits aus drei Bits besteht. Die ersten drei Bits (mit den Oktalwerten 400, 200 und 100) steuern den Zugriff für den Besitzer, die folgenden drei Ziffern (40, 20 und 10) den Zugriff für die Gruppe. Die letzten drei (4, 2 und 1) geben Zugriff für alle anderen (»die Welt«) an. In jedem Tripel ist das hohe Bit das Lesebit, das Mittelbit das Schreibbit und das niedrige Bit das Ausführungsbit.

Jeder Benutzer passt nur zu einem der drei Berechtigungssätze, wobei jeweils die spezifischen Berechtigungen verwendet werden. Der Zugriff des Besitzers einer Datei wird beispielsweise durch die Berechtigungsbits des Besitzers bestimmt und niemals durch die Berechtigungsbits der Gruppe. Es ist möglich, dass die Kategorien »alle anderen« und »Gruppe« mehr Zugriffsrechte als der Besitzer haben, wobei diese Konfiguration selten vorkommt.

In einer regulären Datei gestattet das Lesebit das Öffnen und Lesen der Datei, während das Schreibbit die Veränderung und Kürzung der Datei erlaubt. Die Fähigkeit zum Löschen oder Umbenennen (oder zum Löschen und Wiedererstellen!) der Datei wird jedoch durch die Berechtigungen in dessen Elternverzeichnis gesteuert, um dort die Zuordnung von Namen zum Datenraum tatsächlich zu speichern.

Das Ausführungsbit erlaubt das Ausführen der Datei. Es gibt zwei Typen von ausführbaren Dateien: Binärdateien, welche die CPU direkt ausführt, und Skripte, die durch eine Shell oder ein anderes Programm interpretiert werden müssen. Konventionsgemäß beginnen Skripte mit einer Zeile, die der Folgenden ähnelt und einen geeigneten Interpreter festlegt:

```
#!/usr/bin/perl
```

Handelt es sich um nicht binäre ausführbare Dateien, die keinen Interpreter angeben, nimmt die Shell an, dass es sich um bash- oder sh-Skripte handelt.[9]

---

9 Der Kernel versteht die Syntax #! (»Shebang«) und setzt sie direkt um. Ist der Interpreter jedoch nicht korrekt und vollständig spezifiziert, weigert sich der Kernel, die Datei auszuführen. Die Shell unternimmt dann einen zweiten Versuch, das Skript auszuführen, indem sie sh aufruft.

Das Ausführungsbit bei einem Verzeichnis (in diesem Zusammenhang häufig »Such-« oder »Scan«-Bit genannt) erlaubt das Wechseln in das Verzeichnis oder Durchlaufen des Verzeichnisses, während ein Pfadname überprüft wird, nicht aber die Anzeige seines Inhalts. Die Kombination von Lese- und Ausführungsbit erlaubt den Verzeichnisinhalt aufzulisten und in das Verzeichnis zu wechseln. Die Kombination von Schreib- und Ausführungsbit ermöglicht das Erstellen, Löschen und Umbenennen von Dateien innerhalb des Verzeichnisses.

5.5.2 Die setuid- und setgid-Bits

Die Bits mit den Oktalwerten 4000 und 2000 sind die setuid- und die setgid-Bits. Werden sie bei ausführbaren Dateien gesetzt, gestatten sie Programmen Zugriff auf Dateien und Prozesse, die für den Benutzer, der sie ausführt, anderenfalls nicht erreichbar wären. Der setuid-/setgid-Mechanismus für ausführbare Dateien wird in Abschnitt 3.1 beschrieben.

Wird das setgid-Bit bei einem Verzeichnis gesetzt, zwingt es neu darin erstellte Dateien, den Gruppenbesitz des Verzeichnisses zu übernehmen statt den der Standardgruppe des Benutzers, der die Datei erstellt hat. Diese Konvention macht es leichter, ein Dateiverzeichnis für mehrere Benutzern freizugeben, solange alle derselben Gruppe angehören. Diese Interpretation des setgid-Bits unterscheidet sich von seiner Bedeutung bei der Verwendung für eine ausführbare Datei. Die Bedeutung ist jedoch stets klar.

Sie können das setgid-Bit auch bei nicht ausführbaren einfachen Dateien setzen, um bei einer geöffneten Datei ein besonderes Sperrverhalten anzufordern. Wir haben jedoch nie gesehen, dass diese Funktion verwendet wird.

5.5.3 Das Sticky-Bit

Sticky-Bit wird das Bit mit einem Oktalwert von 1000 genannt. Es ist von historischer Bedeutung als Modifizierer von ausführbaren Dateien in frühen UNIX-Systemen. Mittlerweile ist diese Bedeutung des Sticky-Bits jedoch hinfällig geworden, weshalb moderne Systeme es stillschweigend ignorieren.

Wird das Sticky-Bit für ein Verzeichnis gesetzt, erlaubt Ihnen das Dateisystem nicht, eine Datei zu löschen oder umzubenennen, sofern Sie nicht Besitzer des Verzeichnisses bzw. der Datei oder Superuser sind. Die Schreibberechtigung für das Verzeichnis ist nicht ausreichend. Diese Konvention hilft dabei, Verzeichnisse wie /tmp etwas privater und sicherer zu machen.

5.5.4 Dateiattribute anzeigen

Das Dateisystem verwaltet um die 40 Informationen für jede Datei. Die meisten davon sind nur für das Dateisystem selbst von Nutzen. Als Systemadministrator haben Sie es meistens mit Linkzähler, Besitzer, Gruppe, Modus, Größe, letztem Zugriff, letzter Veränderung und Typ zu tun. Sie können sich alle mit ls -l (oder ls -ld für ein Verzeichnis) ansehen.

Für jede Datei wird auch die Attributänderungszeit gepflegt. Der konventionelle Name für diese Zeit (die ctime, kurz für »change time«) führt dazu, dass manche glauben, es handele sich um die Zeit, zu der die Datei erstellt worden ist. Das ist leider nicht so. Sie gibt lediglich die Zeit an, zu der die Dateiattribute (Besitzer, Modus usw.) zuletzt geändert wurden (im Gegensatz zu der Zeit, in der der Dateiinhalt modifiziert worden ist).

Betrachten Sie folgendes Beispiel:

```
$ ls -l    /bin/gzip
-rwxr-xr-x  3  root   root   57136 Jun 15   2004   /bin/gzip
```

Das erste Feld legt den Dateityp und -modus fest. Das erste Zeichen ist ein Bindestrich, somit ist die Datei eine reguläre Datei (weitere Codes finden Sie in Tabelle 5.3).

Bei den neun folgenden Zeichen in diesem Feld handelt es sich um die drei Sätze der Berechtigungsbits. Die Reihenfolge ist Besitzer-Gruppe-Andere und die Reihenfolge der Bits innerhalb jedes Satzes lautet Lesen-Schreiben-Ausführen. Obwohl diese Bits nur Binärwerte aufweisen, zeigt ls sie symbolisch mit den Buchstaben r, w und x für Lesen (read), Schreiben (write) und Ausführen (execute) an. In diesem Fall hat der Besitzer alle Berechtigungen für diese Datei, jeder andere aber nur die Berechtigungen zum Lesen und Ausführen.

Wurde das setuid-Bit gesetzt, wird das x, das die Ausführungsberechtigung für den Besitzer bedeutet, durch ein s ausgetauscht. Beim setgid-Bit wird das x für die Gruppe ebenfalls durch ein s ersetzt. Das letzte Zeichen der Berechtigungen (Berechtigung zum Ausführen für alle) wird als t angezeigt, wenn das Sticky-Bit der Datei eingeschaltet ist. Wenn sowohl das setuid- als auch das setgid-Bit oder das Sticky-Bit gesetzt wurden, das entsprechende Ausführungsbit jedoch nicht, dann erscheinen diese Bits als S oder T.

Das nächste Feld im Listing ist der Linkzähler für die Datei. In diesem Fall handelt es sich um die 3, was bedeutet, dass /bin/gzip einer von drei Namen für diese Datei ist (die anderen sind /bin/gunzip und /bin/zcat). Immer wenn ein harter Link zu einer Datei erstellt wird, nimmt der Zähler um 1 zu.

Alle Verzeichnisse haben wenigstens zwei harte Links: den vom Elternverzeichnis und den der besonderen Datei ».« innerhalb des Verzeichnisses selbst. Symbolische Links beeinflussen den Linkzähler nicht.

5.5 Dateiattribute

Die nächsten beiden Felder in der ls-Ausgabe sind der Besitzer und der Gruppenbesitzer der Datei. In diesem Beispiel ist der Besitzer der Datei root, wobei die Datei außerdem zur Gruppe mit dem Namen root gehört. Im Dateisystem werden jedoch nicht die Namen, sondern Benutzer- und Gruppen-ID-Nummern gespeichert. Lassen sich die Textversionen (Namen) nicht bestimmen, dann enthalten diese Felder Zahlen. Das kann vorkommen, wenn der Benutzer oder die Gruppe, die die Datei besitzt, aus der Datei /etc/passwd oder /etc/group gelöscht wurde. Es kann sich auch um ein Problem mit Ihrer NIS- oder LDAP-Datenbank handeln (sofern Sie eine benutzen); siehe auch Kapitel 17.

Das nächste Feld ist die Größe der Datei in Bytes. Diese Datei hat eine Länge von 57.136 Bytes oder um die 56 K.[10] Als Nächstes kommt das Datum der letzten Änderung: 15. Juni 2004. Das letzte Feld im Listing ist der Dateiname, /bin/gzip.

Der ls-Ausdruck sieht für eine Gerätedatei wie in folgendem Beispiel aus:

```
$ ls -l /dev/tty0
crw-rw---- 1 root  root   4,  0 Jun 11 20:41 /dev/tty0
```

Die meisten Felder sind gleich. Anstelle der Größe in Bytes zeigt ls die großen und die kleinen Gerätenummern an. Die aktuelle virtuelle Konsole ist /dev/tty0. Sie wird von Gerätetreiber 4 (dem Terminaltreiber) gesteuert.

Eine nützliche Option, um harte Links auszureizen, ist -i, die ls veranlasst, die einzelnen »Inode-Nummern« der Datei anzuzeigen. Ohne zu sehr ins Detail der Dateisystemeinrichtung zu gehen, können wir einfach sagen, dass es sich bei der Inode-Nummer um einen Index innerhalb einer Tabelle handelt, der alle Dateien im Dateisystem auflistet. Inodes sind die »Objekte«, auf die durch Verzeichniseinträge gezeigt wird. Einträge, bei denen es sich um harte Links zur selben Datei handelt, haben dieselbe Inode-Nummer. Um ein komplexes Netzwerk an Links zu ermitteln, benötigen Sie zur Anzeige von Linkzählern und Inode-Nummern ls -li zusammen mit find, um nach Treffern zu suchen.[11]

Das System zeichnet automatisch Veränderungen an Zeitstempeln, Linkzählern und Informationen zur Dateigröße auf. Umgekehrt ändern sich Berechtigungsbits, Besitz und Gruppenbesitz nur, wenn sie ausdrücklich modifiziert werden.

Einige andere ls-Optionen, die Sie kennen sollten, sind -a, um alle Einträge in einem Verzeichnis anzuzeigen (selbst Dateien, deren Namen mit einem Punkt beginnen), -t,

---

10 K steht für Kilo, also 1000, was in der Informatik aber zu 2^{10} oder 1.024 verfälscht wurde. Ebenso entspricht ein Megabyte nicht wirklich einer Million Bytes, sondern 2^{20} oder 1.048.576 Bytes. Die International Electrotechnical Commission wirbt für einen neuen Satz an numerischen Präfixen (wie kibi- und mebi-), die explizit auf Potenzen von 2 basieren. Zurzeit scheint es unwahrscheinlich, dass sich der allgemeine Sprachgebrauch ändern wird. Um die Verwirrung zu vervollständigen, werden nicht einmal die Zweierpotenzen durchgehend benutzt. RAM wird als Zweierpotenzen, Netzwerkbandbreite aber in Zehnerpotenzen ausgedrückt. Speicherplatz wird von Herstellern in Zehnerpotenzen angegeben, von jedem anderen jedoch in Zweierpotenzen.

11 Probieren Sie find Einhängepunkt -xdev -inum Inode -print aus.

um Dateien nach ihrem Änderungsdatum zu sortieren (oder -tr, um sie in umgekehrter Reihenfolge zu sortieren), -F, um die Dateinamen so anzuzeigen, dass die Verzeichnisse von ausführbaren Dateien unterschieden werden, -R, um rekursiv aufzulisten, und -h, um Dateigrößen in einer lesbaren Form anzuzeigen (z. B. 8 K oder 53 M).

5.5.5 chmod: Berechtigungen ändern

Der Befehl chmod ändert die Berechtigungen für eine Datei. Nur der Besitzer einer Datei oder der Superuser können dies tun. Um den Befehl auf früheren UNIX-Systemen anzuwenden, mussten Sie sich ein wenig mit der Oktalnotation beschäftigen. Die aktuellen Versionen akzeptieren sowohl die Oktalnotation als auch eine mnemonische Syntax. Die Oktalsyntax ist im Allgemeinen unter Administratoren gebräuchlicher, kann aber auch zur Spezifizierung eines absoluten Werts für das Berechtigungsbit verwendet werden. Die mnemonische Syntax kann einige Bits verändern, während sie andere unverändert lässt.

Das erste Argument für chmod ist eine Spezifikation der Berechtigungen, die zugewiesen werden sollen, die weiteren Argumente sind die Namen der Dateien, für die Berechtigungen geändert werden sollen. Bei der Oktalnotation steht das erste Oktal für den Besitzer, das zweite für die Gruppe und das dritte für alle anderen. Möchten Sie setuid-, setgid- oder Sticky-Bits einschalten, verwenden Sie lieber vier oktale Einheiten statt drei, wobei die drei besonderen Bits die erste Stelle bilden.

Tabelle 5.4 stellt die acht möglichen Kombinationen für jeden der drei Bitsätze dar. Dabei stehen r, w und x für Lesen (read), Schreiben (write) und Ausführen (execute).

Oktal	Binärwert	Berechtigungen	Oktal	Binärwert	Berechtigungen
0	000	- - -	4	100	r - -
1	001	- - x	5	101	r - x
2	010	- w -	6	110	r w -
3	011	- w x	7	111	r w x

Tabelle 5.4: Berechtigungscodes für chmod

Der Befehl chmod 711 myprog übergibt z. B. alle Berechtigungen an den Besitzer und nur die Berechtigung Ausführen an alle anderen.[12]

Die vollständigen Einzelheiten der mnemonischen Syntax von chmod finden Sie in der entsprechenden man-Seite. Einige Beispiele der mnemonischen Spezifikationen werden in Tabelle 5.5 gezeigt.

---

12 Wäre myprog ein Shellskript, bräuchte es sowohl die Berechtigung Lesen als auch die Ausführungsberechtigung. Für das Skript, das in einem Interpreter ausgeführt wird, muss es wie eine Textdatei geöffnet und gelesen werden. Binärdateien werden direkt vom Kernel ausgeführt und benötigen aus diesem Grund keine Leseberechtigung.

Spezifikationen	Bedeutung
u+w	Fügt für den Besitzer die Schreibberechtigung hinzu
ug=rw,o=r	Erteilt Besitzer und Gruppe die Berechtigung r/w und allen anderen die Leseberechtigung
a-x	Entfernt die Ausführungsberechtigung in Kategorien (Besitzer/Gruppe/Andere)
ug=srx,o=	Setzt bei den Dateien das setuid- und setgid -Bit und erteilt nur dem Besitzer und der Gruppe die Berechtigung r/x
g=u	Setzt die Berechtigungen der Gruppe mit denen des Besitzers gleich

Tabelle 5.5: Beispiele für die mnemonische Syntax von chmod

Das Schwierigste bei der Verwendung der mnemonischen Syntax liegt darin, sich daran zu erinnern, ob o für Besitzer (owner) oder Andere (other) steht, wobei Letzteres richtig ist. Stellen Sie sich u und g als Analogie zu UID und GID vor; es bleibt nur eine Möglichkeit übrig.

Sie können die Modi auch analog zu einer bestehenden Datei spezifizieren. Zum Beispiel wird der Modus von filea durch chmod--reference=filea fileb zum Modus von fileb. Die Dateiberechtigungen können mit chmod innerhalb eines Verzeichnisses rekursiv mit der Option -R aktualisiert werden. Dies ist jedoch komplizierter, als es den Anschein hat, da die enthaltenen Verzeichnisse und Dateien nicht alle dieselben Attribute nutzen müssen (einige sind z. B. ausführbare Dateien, während andere Textdateien sind). Die mnemonische Syntax ist vor allem mit -R nützlich, da jedes Bit, dessen Werte Sie nicht explizit gesetzt haben, unangetastet lässt. Zum Beispiel fügt folgender Befehl dem Verzeichnis mydir und seinem Inhalt für die Gruppe die Schreibberechtigung hinzu, ohne die ausführbaren Bits der Verzeichnisse und Programme durcheinanderzubringen:

```
$ chmod  -R  g+w  mydir
```

5.5.6 chown: Besitz und Gruppe ändern

Der Befehl chown ändert den Besitz und den Gruppenbesitz an einer Datei. Seine Syntax spiegelt die von chmod wider, mit der Ausnahme, dass das erste Argument den neuen Besitzer und die neue Gruppe in der Form *benutzer:gruppe* festlegt. Sie können sowohl *benutzer* als auch *gruppe* weglassen. Ist keine Gruppe vorhanden, können Sie einen Doppelpunkt einfügen, um mit **chown** die Standardgruppe des Benutzers als Gruppe zu verwenden; Sie brauchen es aber nicht. Das Format *benutzer.gruppe* wird aus historischen Gründen auch akzeptiert, wenngleich es überholt ist, da Benutzernamen Punkte enthalten können.

Um eine Dateigruppe zu ändern, müssen Sie entweder der Besitzer der Datei sein und der betreffenden Gruppe angehören oder Superuser sein. Sie müssen Superuser sein, wenn Sie den Dateibesitzer ändern wollen.

Wie chmod bietet chown das rekursive Flag -R an, um die Einstellungen eines Verzeichnisses und aller Dateien darin zu ändern. Die folgende Sequenz kann z. B. verwendet werden, um das Heimatverzeichnis eines neuen Benutzers einzurichten, nachdem die Startdateien hineinkopiert wurden:

```
# chmod    755   ~matt
# chmod    -R    matt:staff   ~matt
```

Stellen Sie sicher, dass Sie mit chown nicht die Dateien des neuen Benutzers, die einen Punkt aufweisen, mit einem Befehl wie dem Folgenden bearbeiten:

```
# chown   -R matt:staff   ~matt/.*
```

Das Suchmuster stimmt mit ~matt/.. überein und kann aus diesem Grund dazu führen, dass die Besitzverhältnisse des Elternverzeichnisses und möglicherweise der Heimatverzeichnisse anderer Benutzer geändert werden.

Traditionelles UNIX verwendet den separaten Befehl chgrp, um den Gruppenbesitzer einer Datei zu ändern. Linux verfügt ebenfalls über chgrp, das wie chown funktioniert. Verwenden Sie einfach diesen Befehl, wenn Sie ihn sich leichter merken können.

5.5.7 umask: Standardberechtigungen zuweisen

Sie können die Standardberechtigungen der Dateien, die Sie erstellt haben, mit dem eingebauten Shellbefehl umask beeinflussen, der aus dreistelligen Oktalwerten für die Berechtigungen besteht, die entfernt werden sollen. Beim Erstellen einer Datei werden die Berechtigungen ganz nach Belieben des jeweiligen Programms abzüglich dessen festgelegt, was durch umask verboten wird. Dabei gestatten die entsprechenden Stellen von umask die in Tabelle 5.6 gezeigten Berechtigungen.

Oktal	Binär	Berechtigungen	Oktal	Binär	Berechtigungen
0	000	rwx	4	100	-wx
1	001	rw-	5	101	-w-
2	010	r-x	6	110	--x
3	011	r--	7	111	---

Tabelle 5.6: Berechtigungscodes von umask

Beispielsweise gibt umask 027 dem Besitzer alle Berechtigungen, verbietet aber das Schreiben für alle anderen. Der Standardwert für umask ist meistens 022, was die Schreibberechtigung für die Gruppe und alle anderen verbietet, die Leseberechtigung jedoch gestattet.

Sie können Benutzer nicht zwingen, einen bestimmten umask-Wert anzunehmen, da sie ihn jeweils auf jeden beliebigen Wert zurücksetzen können. Sie können jedoch einen passenden Standard in den .profile- und .cshrc-Dateien verankern, den Sie neuen Benutzern mitgeben.

Tipp

In Kapitel 6 finden Sie weitere Informationen zu Startdateien.

5.5.8 Bonusflags

Die Linux-Dateisysteme ext2fs und ext3fs definieren einige zusätzliche Attribute, die Sie aktivieren können, um besondere Funktionen des Dateisystems anzufordern (die Betonung liegt auf »Anforderung«, da viele Flags tatsächlich noch gar nicht implementiert sind). Zum Beispiel erlaubt ein Flag nur das Anhängen an eine Datei (z. B. bei Protokolldateien), während ein anderes vor Veränderungen und dem Löschen schützt.

Da diese Flags zu keinen anderen Dateisystemen als denen der ext*-Serie gehören, verwendet Linux die besonderen Befehle lsattr und chattr, um sie betrachten und ändern zu können. Tabelle 5.7 führt die Flags auf, die tatsächlich funktionieren (gegenwärtig sind dies nur ungefähr 50% derjenigen, die auf der man-Seite aufgeführt sind).

Flag	Bedeutung
A	Die Zugriffszeit wird nie aktualisiert (st_atime; zur Leistungssteigerung)
a	Lässt Schreiben nur im Anhängemodus zu (kann nur durch root gesetzt werden)
D	Erzwingt das synchrone Schreiben von Verzeichnisaktualisierungen
d	Kein Backup – veranlasst dump, diese Datei zu ignorieren
i	Macht die Datei unveränderbar (immutable) und nicht löschbar (kann nur durch root gesetzt werden)
j	Führt ein Journal der Änderungen an Daten und Metadaten
S	Erzwingt das synchrone Schreiben von Änderungen (keine Pufferung)

Tabelle 5.7: Bonusflags von ext2fs und ext3fs

Sehen wir einmal von der möglichen Ausnahme des Flags »kein Backup« ab, ist es nicht offensichtlich, dass diese Funktionen für die tägliche Arbeit sinnvoll sind. Die Flags für den Änderungsschutz und den Nur-anhängen-Modus wurden vor allem als Möglichkeit erdacht, das System gegenüber Hackern oder schädlichem Code widerstandsfähiger zu machen. Unglücklicherweise können sie die Software durcheinanderbringen und nur vor den Hackern schützen, die nicht genug über chattr -ia wissen.[13] Die Praxis hat gezeigt, dass diese Flags viel häufiger *von* Hackern verwendet werden als *gegen* sie.

Die Optionen S und D für synchrones Schreiben verdienen erhöhte Aufmerksamkeit. Da sie dafür sorgen, dass alle mit einer Datei oder einem Verzeichnis verbundenen Dateisystemseiten bei Veränderungen sofort ausgeschrieben werden, können sie auch zusätzlichen Schutz gegen Datenverlust im Falle eines Absturzes anbieten. Die Reihenfolge für synchrone Updates ist jedoch ungewöhnlich und kann bei fsck zu Verwirrung führen. Die Wiederherstellung eines beschädigten Systems kann sich daher eher schwieriger als zuverlässiger gestalten. Die Protokollierung des Dateisystems, wie sie von ext3fs unterstützt wird, ist normalerweise die bessere Option. Mit der Option j können Sie die Aufzeichnung von Daten für ausgesuchte Dateien erzwingen, obgleich dies zu Lasten der Geschwindigkeit geht.

5.6 Zugriffssteuerungslisten

Das 9-Bit-Steuersystem Besitzer-Gruppe-Andere hat sich als stark genug erwiesen, um den meisten administrativen Anforderungen zu genügen. Obwohl das System klare Begrenzungen hat, stimmt es doch in hohem Maße mit den UNIX-Traditionen (manche sagen auch »frühere Traditionen«) von Einfachheit und Sicherheit überein.

Praktisch alle Betriebssysteme, die nicht auf UNIX basieren, verwenden ein wesentlich komplizierteres System zur Zugriffsbeschränkung auf Dateien, die so genannten Zugriffssteuerungslisten, kurz ACL (Access Control Lists) genannt. ACLs sind in der Länge nicht eingeschränkt und können Berechtigungsspezifikationen für viele Benutzer oder Gruppen enthalten. Die raffinierteren Systeme ermöglichen Administratoren, Teilberechtigungen oder Negativberechtigungen zu setzen. Einige haben außerdem Vererbungsfunktionen, die den Zugriff über mehr als eine ACL gleichzeitig ermöglichen. Diese Systeme sind natürlich leistungsfähiger als das traditionelle UNIX-Modell, aber sie sind sowohl für Administratoren als auch für Softwareentwickler um ein Vielfaches komplexer.

---

13 *Der in Abschnitt 20.6 beschriebene »Fähigkeits-Mechanismus« kann das Ausschalten dieser Bits erschweren. Dieses Feature wird jedoch nicht sehr häufig eingesetzt.*

5.6 Zugriffssteuerungslisten

Als ein Ergebnis der Versuche, ACLs in die POSTFIX-Spezifikation einzubinden, unterstützen viele UNIX-Varianten einen relativ standardisierten ACL-Mechanismus, der parallel zum traditionellen 9-Bit-Modell von UNIX läuft. Unter Linux werden ACLs von ext2, ext3, ReiserFS, XFS und JFS unterstützt. Sie sind standardmäßig deaktiviert. Verwenden Sie die Option `-o acl` von `mount`, um sie zu aktivieren.

Tipp

In Abschnitt 7.4.5 erhalten Sie weitere Informationen über den Befehl `mount` und das Einhängen von Dateisystemen.

Der Vollständigkeit halber beschreiben wir hier das ACL-Modell von Linux. Aber lassen Sie sich nicht von den schönen Farben verleiten – ACLs sind notwendigerweise nicht besser als traditionelle Dateiberechtigungen, und sachkundige Administratoren sollten sie mit einer gewissen Vorsicht einsetzen. Sie sind nicht nur kompliziert anzuwenden, sondern können auch in Zusammenhang mit NFS, Backup-Systemen und Programmen wie Texteditoren zu Problemen führen. Sie neigen zur Entropie und können so mit der Zeit nicht mehr gewartet werden.

Der plausibelste Grund für den Einsatz von ACLs besteht darin, die Kompatibilität zu anderen Betriebssystemen zu gewährleisten. Die für die Freigabe von Daten verwendete Samba-Suite erkennt eine ACL und versucht nach bestem Wissen und Gewissen zwischen den ACLs von Linux und Windows zu übersetzen.

Tipp

In Abschnitt 26.6 finden Sie weitere Informationen zum Thema Samba.

5.6.1 Überblick über die Zugriffssteuerungslisten

Die ACLs von Linux sind meistens eine direkte Erweiterung des standardmäßigen 9-Bit-Modells. Die Berechtigungen zum Lesen, Schreiben und Ausführen sind die einzigen Fähigkeiten, die das System besitzt. Schnörkel wie die `setuid`- und Sticky-Bits werden exklusiv von den traditionellen Modusbits wahrgenommen.

ACLs erlauben es, die rwx-Bits individuell für jede Kombinationsmöglichkeit von Benutzern und Gruppen zu setzen. Tabelle 5.8 zeigt, wie die einzelnen Einträge in einer ACL aussehen können.

Format	Beispiel	Berechtigung für
user : : berechtigungen	user::rw-	Besitzer der Datei
user : : benutzername : berechtigungen	user::trent:rw-	Angegebener Benutzer
group : : berechtigungen	group::r-x	Gruppe, die die Datei besitzt
group : gruppenname : perms	group:staff:rw-	Angegebene Gruppe
other : : berechtigungen	other::---	Alle anderen
mask : : perms	mask::rwx	Alle außer Besitzer und andere[a]

Tabelle 5.8: Mögliche Einträge in einer ACL

a) Masken sind etwas komplizierter und werden im weiteren Verlauf dieses Abschnitts erklärt.

Benutzer und Gruppen können durch ihren Namen oder durch die UID/GID identifiziert werden. Die genaue Anzahl der Einträge, die eine ACL haben kann, variiert mit der Implementierung des Dateisystems und reicht von 25 bei XFS bis zu einer praktisch unbegrenzten Anzahl bei ReiserFS und JFS. Die Dateisysteme ext2 und ext3 erlauben 32 Einträge, was eine vernünftige Grenze für die Verwaltbarkeit darstellt.

Der Befehl getacl zeigt die aktuelle ACL einer Datei an, während setacl sie anpasst oder einrichtet. Verwenden Sie setacl -b datei, um die ACL zu löschen, setacl -m acl-spezifikation datei, um sie anzupassen oder zu erweitern, und setfacl -x acl-spezifikation datei, um einzelne Einträge in der Liste zu löschen. (Vermeiden Sie bei der Verwendung von -x die Angabe der Berechtigungen in der acl-spezifikation.). Die acl-spezifikation kann mehr als einen Listeneintrag haben, sofern die Einträge mit einem Komma getrennt sind.

Dateien mit ACLs behalten ihre ursprünglichen Modusbits, die Konsistenz wird allerdings automatisch durchgesetzt, sodass die zwei Berechtigungssätze nie in Konflikt miteinander geraten. Das folgende Beispiel zeigt, dass die ACL-Einträge als Reaktion auf die durch chmod durchgeführten Änderungen automatisch aktualisiert werden:

```
$ touch /tmp/example
$ ls -l /tmp/example
-rw-rw-r-- 1 garth  garth    0 Jun 14 15:57 /tmp/example
$ getfacl /tmp/example
getfacl: Removing leading '/' from absolute path names
# file: tmp/example
# owner: garth
# group: garth
user::rw-
group::rw-
```

```
other::r--
$ chmod 640 /tmp/example
$ getfacl --omit-header /tmp/example
user::rw-
group::r--
other::---
```

Diese erzwungene Konsistenz ermöglicht älterer Software, die keine Kenntnis von ACLs hat, sich in der ACL-Welt zurechtzufinden. Es gibt hier allerdings eine Einschränkung. Obwohl der Eintrag `group::ACL` weiter oben den mittleren Satz an traditionellen Modusbits aufzuzeichnen scheint, ist dies nicht immer der Fall.

Um das verstehen zu können, nehmen Sie am besten an, dass ein altes Programm die Schreibbits innerhalb sämtlicher drei Berechtigungssätze des traditionellen Modus löscht (z. B. `chmod ugo-w datei`). Das Ziel besteht natürlich darin, die Datei für jeden unbeschreibbar zu machen. Was aber, wenn die ACL als Ergebnis wie folgt aussieht?

```
user::r--
group::r--
group:staff:rw-
other::r--
```

Aus der Perspektive älterer Programme scheint die Datei unveränderbar zu sein; sie ist allerdings durch jedes der Gruppenmitglieder beschreibbar. Das ist nicht gut. Um Mehrdeutigkeiten und Missverständnisse zu verringern, gelten in Linux die folgenden Regeln:

- Die ACL-Einträge `user::` und `other::` sind der Definition nach identisch mit den Berechtigungsbits für den Besitzer und alle anderen des traditionellen Dateimodus. Eine Veränderung des Modus ändert die korrespondierenden Einträge in der ACL und umgekehrt.

- In sämtlichen Fällen sind die effektiven Zugriffsberechtigungen für den Besitzer der Datei und die nicht näher erwähnten Benutzer jene, die in den ACL-Einträgen `user::` und `other::` stehen.

- Hat eine Datei keine eindeutige ACL oder eine, die nur aus einem Eintrag `user::`-, `group::`- und `other::`-Eintrag besteht, dann sind diese ACL-Einträge identisch mit den drei Sätzen der traditionellen Berechtigungsbits. Dies ist in dem weiter oben beschriebenen Beispiel zu `getfacl` der Fall (eine solche ACL wird als »minimal« bezeichnet und muss nicht als logisch getrennte ACL implementiert werden).

- In komplexeren ACLs korrespondieren die traditionellen Gruppenberechtigungen mit dem besonderen ACL-Eintrag `mask` statt dem ACL-Eintrag `group::`. Die Maske beschränkt den Zugriff, den die ACL für *alle* benannten Benutzer und Gruppen *und* die Standardgruppe gewährt.

Mit anderen Worten: Die Maske legt eine obere Grenze für den Zugriff fest, den die ACL einzelnen Gruppen und Benutzern zuweisen kann. Vom Konzept her ähnelt sie dem Befehl `umask`, mit der Ausnahme, dass die ACL-Maske immer in Kraft ist und die

Genehmigungen statt der Verweigerungen festlegt. ACL-Einträge für benannte Benutzer, Gruppen und die Standardgruppe können Berechtigungsbits enthalten, die in der Maske nicht vorhanden sind; der Kernel ignoriert sie jedoch einfach.

Die traditionellen Modusbits können den Zugriff, der durch die ACL gewährt wird, niemals vollständig wiedergeben. Darüber hinaus wird beim Löschen eines Bits aus dem Gruppenteil des traditionellen Modus das korrespondierende Bit in der ACL-Maske entfernt und daher die Berechtigung für alle mit Ausnahme des Dateibesitzers und jenen, die in die Kategorie »andere« fallen, verweigert.

Wird die ACL aus dem vorherigen Beispiel erweitert, um Einträge für einen bestimmten Benutzer und eine bestimmte Gruppe einzufügen, verwendet setfacl automatisch eine geeignete Maske:

```
$ setfacl -m user::r,user:trent:rw,group:admin:rw /tmp/example
$ ls -l /tmp/example
-r--rw----+ 1 garth    staff     0 Jun 14 15:57 /tmp/example
$ getfacl --omit-header /tmp/example
user::r--
user:trent:rw-
group::r--
group:admin:rw-
mask::rw-
other::---
```

Wie Sie hier sehen können, erstellt setfacl eine Maske, die alle Berechtigungen in der ACL genehmigt.

Möchten Sie die Maske per Hand einrichten, nehmen Sie sie in die Eintragsliste der ACL für setfacl auf oder verwenden Sie die Option -n, um setfacl daran zu hindern, sie neu zu erstellen.

Bei einem Zugriff wird die effektive UID mit der UID verglichen, die die Datei besitzt. Stimmen sie überein, wird der Zugriff durch die user::-Berechtigungen der ACL bestimmt. Gibt es andererseits einen übereinstimmenden benutzerspezifischen Eintrag in der ACL, werden die Berechtigungen durch diesen Eintrag in Kombination mit der ACL-Maske bestimmt. Gibt es keinen benutzerspezifischen Eintrag, gewinnt der Eintrag other::.

Wenn Sie den traditionellen Befehl chmod verwenden, um die Gruppenberechtigungen in einer Datei mit ACL zu verändern, müssen Sie darauf achten, dass Ihre Änderungen nur die Maske betreffen. Um das vorherige Beispiel fortzusetzen:

```
$ chmod 770 /tmp/example
$ ls -l /tmp/example
-rwxrwx---+ 1 garth    staff     0 Jun 14 15:57 /tmp/example
$ getfacl --omit-header /tmp/example
user::rwx
user:trent:rw-
```

```
group::r--
group:admin:rw-
mask::rwx
other::---
```

Der Ausgabe von `ls` ist in diesem Fall irreführend.[14] Trotz der scheinbar großzügigen Gruppenberechtigungen hat aufgrund der Gruppenmitgliedschaft tatsächlich niemand das Recht, die Datei auszuführen. Sie müssen die ACL selbst bearbeiten, um solche Berechtigungen zu gewähren.

5.6.2 Standardeinträge

Neben den Eintragstypen aus Tabelle 5.8 können die ACLs für Verzeichnisse »Standard«-Einträge enthalten, die an die ACLs von neu erstellten Dateien und die darin enthaltenen Unterverzeichnisse weitergereicht werden. Unterverzeichnisse erhalten diese Einträge sowohl in Gestalt von aktiven ACL-Einträgen als auch in Form von Standardwerten. Aus diesem Grund können sich die Originalstandardwerte eventuell durch mehrere Ebenen der Verzeichnishierarchie abwärts bewegen.

Die Verbindung zwischen den Eltern- und Sohn-ACLs bleibt nicht erhalten, sobald die Standardeinträge kopiert worden sind. Hat sich der übergeordnete Standardeintrag geändert, werden die Änderungen nicht in den ACLs der bestehenden Unterverzeichnisse widergespiegelt.

5.7 Übungen

1. Was bedeutet `umask`? Formulieren Sie einen `umask`-Befehl, der der Gruppe und »der Welt« keine Berechtigung erteilt.
2. Was ist der Unterschied zwischen harten Links und symbolischen (weichen) Links? Wann sollte der eine, wann der andere verwendet werden?
3. Lesen Sie die `man`-Seite über die Datei `/etc/fstab`. Schreiben Sie einen Eintrag, der die Windows-Partition `/dev/hda1` automatisch beim Booten einhängt. Verwenden Sie den Einhängepunkt `/mnt/win_c`.
☆ 4. Bei der Installation eines Linux-Systems ist es wichtig, die Festplatte so zu partitionieren, dass jedes Dateisystem (`/var`, `/usr` usw.) genügend Platz für jetzige und spätere Anforderungen aufweist. Die Linux-Distribution »Foobar« verwendet die folgenden Standards:

---

14 Immerhin gibt `ls` durch ein »+« am Ende der Berechtigungsbits an, dass ACL verwendet wird.

☆ /100 MB
/var 50 MB
/boot 10 MB
\<swap\> 128 MB
/usr Restlicher Platz

Worin liegen einige potenzielle Probleme dieser Anordnung bei einem aktiven Server?

5. Warum ist es gut, einige Partitionen (wie /var, /home und swap) auf ein separates Laufwerk getrennt von anderen Datendateien und Programmen zu legen? Was ist mit /tmp? Geben Sie die besonderen Gründe für jedes der aufgeführten Dateisysteme an.

☆ 6. Schreiben Sie ein Skript, das alle harten Links in einem Dateisystem findet.

☆ 7. Formulieren Sie Befehle, um die folgenden Aufgaben zu erfüllen:

☆   a. Setzen Sie die Berechtigungen der Datei *README* auf Lesen/Schreiben für den Besitzer und Lesen für alle anderen.

    b. Aktivieren Sie das setuid-Bit einer Datei, ohne dass Sie die aktuellen Berechtigungen ändern (oder kennen).

    c. Listen Sie den Inhalt des aktuellen Verzeichnisses auf, wobei Sie ihn nach der Änderungszeit sortieren und die zuletzt geänderten Dateien als letzte anzeigen lassen.

    d. Ändern Sie die Gruppe einer Datei mit dem Namen shared von »Benutzer« auf »Freunde«.

6 Neue Benutzer hinzufügen

Das Hinzufügen und Entfernen von Benutzern (Accounts oder Benutzerkonten) ist auf den meisten Systemen eine Routinetätigkeit. Diese Aufgaben sind einfach, aber auch langweilig; die meisten Administratoren erstellen Werkzeuge, um diesen Vorgang zu automatisieren, und delegieren dann die eigentliche Arbeit an einen Assistenten oder Operator.

Heute erleben wir zusätzlich zu verteilten Servern mit lediglich zwei Benutzern eine Wiederauferstehung zentralisierter Server mit Hunderten von Benutzerkonten. Administratoren benötigen ein tiefgehendes Verständnis des Kontensystems, um Netzwerkdienste zu verwalten und Konten passend für die lokale Rechnerumgebung zu konfigurieren.

Auch Kontenhygiene ist ein Schlüsselfaktor zur Systemsicherheit. Selten genutzte Konten stellen eines der Hauptziele für Angreifer dar, ebenso wie Konten mit einfach zu erratenden Passwörtern. Auch wenn Sie für das Hinzufügen und Entfernen von Benutzern die automatisierten Werkzeuge Ihres Systems verwenden, ist es wichtig, die Änderungen zu verstehen, die das Werkzeug durchführt.

In diesem Kapitel untersuchen wir zunächst das den automatisierten Werkzeugen zugrunde liegende Modell und beschreiben dann die Werkzeuge selbst (useradd, userdel usw.). Das Standardtool useradd ist tatsächlich recht gut und sollte für die Bedürfnisse der meisten Umgebungen ausreichen. Leider ist userdel nicht so sorgfältig wie wir es gerne hätten.

6.1 Die Datei /etc/passwd

Die Datei /etc/passwd ist eine Liste der dem System bekannten Benutzer. Das System befragt diese Datei beim Login, um unter anderem die UID und das Heimatverzeichnis eines Benutzers zu bestimmen. Jede Zeile in der Datei stellt einen Benutzer dar und enthält sieben mit Doppelpunkten getrennte Felder:

- Loginname
- Verschlüsseltes Passwort oder Platzhalter für das Passwort (siehe Abschnitt 6.1.2)
- UID-Nummer (Benutzer-ID)
- Standard-GID-Nummer (Gruppen-ID)

- »GECOS«-Informationen: vollständiger Name, Büro, Durchwahl, private Telefonnummer
- Heimatverzeichnis
- Login-Shell

Die folgenden Zeilen sind z. B. syntaktisch gültige Einträge in /etc/passwd:

```
root:lga5FjuGpZ2so:0:0:The System,,x6096,:/:/bin/sh
jl:x:100:0:Jim Lane,ECT8-3,,:/staff/jl:/bin/sh
dotty:$1$Ce8QpAQI$L.DvJEWiHlWetKTMLXFZO/:101:20: :/home/dotty:/bin/tcsh
```

Es ist nicht akzeptabel, verschlüsselte Passwörter für jedermann sichtbar zu lassen. Mit schneller Hardware können sie innerhalb von Minuten »geknackt« werden. Alle UNIX- und Linux-Versionen ermöglichen das Verstecken der verschlüsselten Passwörter in einer gesonderten Datei, die nicht für alle Benutzer lesbar ist. Dieses Verfahren ist als »Schattenpasswort« (shadow password) bekannt und ist auf den meisten Systemen Standard.

Das Schattenpasswortsystem hat mehr Sinn, wenn es als Erweiterung des traditionellen Verfahrens mit /etc/passwd erläutert wird (was es historisch gesehen ist), sodass wir dieses Thema in Abschnitt 6.2 besprechen. Eine allgemeinere Erörterung der Auswirkungen von Schattenpasswörtern auf die Sicherheit finden Sie in Abschnitt 20.5.

Der Inhalt von /etc/passwd wird oft gemeinsam mit Systemen mit einer Datenbank wie NIS oder LDAP genutzt. In Kapitel 17, »Systemdateien zentral verwalten«, erhalten Sie weitere Informationen zu diesem Thema.

Die folgenden Abschnitte behandeln die Felder aus /etc/passwd ausführlicher.

6.1.1 Loginname

Loginnamen (auch als Benutzernamen bezeichnet) müssen eindeutig und dürfen nicht länger als 32 Zeichen sein. Sie können alle Zeichen[1] außer Doppelpunkten und Zeilenumbrüchen enthalten. Wenn Sie NIS verwenden, sind Loginnamen unabhängig vom Betriebssystem auf acht Zeichen beschränkt.

> **Tipp**
>
> In Abschnitt 17.4 erhalten Sie weitere Informationen zu NIS.

---

1 Adduser liefert eine Fehlermeldung, wenn Sie Umlaute im Benutzernamen verwenden wollen. Mit Recht – denn viele Programme rechnen nicht damit ...

6.1 Die Datei /etc/passwd

Einige ältere UNIX-Versionen beschränken die erlaubten Zeichen auf alphanumerische und verlangen eine Beschränkung auf acht Stellen. In heterogenen Umgebungen ist es anzuraten, die jeweils stärksten Beschränkungen zu beachten. Eine solche Richtlinie vermeidet mögliche Konflikte mit älterer Software und stellt sicher, dass Benutzer auf allen Rechnern dieselben Loginnamen haben können. Beachten Sie: Wenn Sie heute eine homogene Umgebung haben, heißt das nicht, dass das morgen auch noch der Fall sein wird.

Loginnamen unterscheiden zwischen Groß- und Kleinbuchstaben, gemäß RFC822 wird jedoch die Groß- und Kleinschreibung in E-Mail-Adressen ignoriert. Uns sind keine Probleme mit Loginnamen bekannt, die beide Arten der Darstellung enthalten, doch traditionell werden Kleinbuchstaben verwendet, die auch einfacher einzugeben sind.

Loginnamen sollten einfach zu merken sein, sodass zufällige Buchstabenfolgen keine guten Loginnamen bilden. Wir empfehlen, Spitznamen zu vermeiden, auch wenn Ihr Unternehmen eher informell ist. Sie sind nicht wirklich lustig und können Spott nach sich ziehen – Namen wie *DarkLord* oder *Knuffi* gehören vor *@web.de*. Sie sollten etwas an die allgemeine Glaubwürdigkeit Ihrer Firma denken.

Da Loginnamen oft als E-Mail-Adressen verwendet werden, ist es sinnvoll, ein Standardformat einzuführen. Es sollte den Benutzern möglich sein, fundierte Annahmen über die Loginnamen der Kollegen zu machen. Vornamen, Nachnamen, Initialen oder eine Kombination daraus sind sinnvolle Namensschemata.

Jedes feste Schema zur Wahl von Loginnamen führt irgendwann auf Duplikate oder Namen, die zu lang sind, sodass Sie manchmal Ausnahmen machen müssen. Im Fall eines langen Namens können Sie die Aliasfunktionen Ihres Mail-Systems verwenden, um zwei Versionen des Namens zuzulassen, zumindest bezüglich E-Mail.

Tipp

In Abschnitt 18.4 erhalten Sie weitere Informationen über Mail-Aliase.

Angenommen, Sie verwenden den Anfangsbuchstaben des Vornamens sowie den Nachnamen eines Mitarbeiters. Bruno Hildebrand wäre daher bhildebrand, was elf Zeichen lang und damit möglicherweise inkompatibel zu einigen Systemen ist. Stattdessen könnten Sie den Namen brunoh zuweisen und bhildebrand als Eintrag in der Datei aliases belassen:

```
bhildebrand: brunoh
```

Wenn Ihre Umgebung eine globale Datei für Mail-Aliase hat, muss sich jeder neue Loginname von allen Aliasen in dieser Datei unterscheiden. Falls das nicht der Fall ist, wird die E-Mail eher an den Alias als an den neuen Benutzer ausgeliefert.

In großen Umgebungen ist es üblich, ein E-Mail-Adressierungsverfahren mit vollständigen Namen zu verwenden (z. B. Bruno.Hildebrand@example.com), das die Loginnamen vor der restlichen Welt verbirgt. Das ist eine schöne Idee, doch Sie sollten sich dennoch an die oben gegebenen Ratschläge zur Benennung halten. Und wenn es nur der Gesundheit der Administratoren dient, sollten Loginnamen am besten eine deutliche und vorhersehbare Verbindung zu den wirklichen Namen der Benutzer haben.

Loginnamen sollten auf zwei Arten eindeutig sein. Erstens sollte ein Benutzer auf jedem Rechner denselben Loginnamen haben. Diese Regel dient hauptsächlich der Bequemlichkeit, sowohl Ihrer als auch der der Benutzer.

Zweitens sollte ein bestimmter Loginname immer zur selben Person gehören. Einige Befehle (z. B. ssh) können so konfiguriert werden, dass sie entfernte Benutzer gemäß ihrer Loginnamen bestätigen. Auch wenn schmitt@venus und schmitt@mars zwei verschiedene Personen sind, könnte der eine sich am Konto des anderen anmelden, ohne ein Passwort einzugeben, wenn die Benutzerkonten nicht sauber eingerichtet sind.

Tipp

In Abschnitt 20.9 finden Sie eine Erörterung zu Fragen der Login-Äquivalenz.

Die Erfahrung zeigt auch, dass doppelte Namen bei E-Mails verwirrend sein können. Dem E-Mail-System mag es vollkommen klar sein, welcher schmitt welcher ist, doch Benutzer senden oft E-Mails an die falsche Adresse.

6.1.2 Verschlüsseltes Passwort

Eine kurze Erinnerung, bevor wir uns in die Einzelheiten zum Thema Passwort begeben: Die meisten Systeme verwahren verschlüsselte Passwörter jetzt in /etc/shadow statt in /etc/passwd auf. Die Bemerkungen in diesem Abschnitt gelten jedoch unabhängig davon, wo sich die Passwörter tatsächlich befinden.

Passwörter werden in verschlüsselter Form gespeichert. Sofern Sie Verschlüsselungsalgorithmen nicht im Kopf ausführen können (wir würden Sie gerne kennen lernen), müssen Sie Passwörter entweder mit dem Befehl passwd setzen (yppasswd, wenn Sie NIS einsetzen) oder ein verschlüsseltes Passwort von einem anderen Konto kopieren.

6.1 Die Datei /etc/passwd

Wenn Sie /etc/passwd manuell bearbeiten, um ein neues Konto anzulegen, geben Sie im Passwortfeld einen Stern oder ein x ein. Der Stern verhindert eine nicht genehmigte Kontoverwendung, bis Sie ein tatsächliches Passwort gesetzt haben. Lassen Sie dieses Feld niemals leer – ansonsten bauen Sie eine riesengroße Sicherheitslücke ein, da für den Zugriff auf dieses Konto kein Passwort erforderlich ist. Auch wenn Sie Schattenpasswörter verwenden, ist es anzuraten, mit dem Passwort in /etc/passwd sehr vorsichtig umzugehen. Sie können niemals wissen, wann ein veraltetes Programm oder Skript es ausliest, um irgendeine Form von Sicherheitsentscheidung zu treffen.[2]

Größere Linux-Distributionen kennen mehrere Verfahren zur Passwortverschlüsselung, und sie können das verwendete Verfahren durch Untersuchen der verschlüsselten Daten für jedes einzelne Passwort bestimmen. Es ist nicht erforderlich, dass alle Passwörter des Systems die gleiche Verschlüsselung verwenden.

Die meisten Linux-Distributionen nutzen standardmäßig die MD5-Verschlüsselung. MD5 ist kryptografisch etwas besser als der frühere DES-Standard und ermöglicht Passwörter beliebiger Länge. Längere Passwörter sind sicherer – wenn Sie sie tatsächlich verwenden. Wir empfehlen den Einsatz von MD5 für alle Systeme, die dieses Verfahren unterstützen.

Verschlüsselte Passwörter haben eine konstante Länge (34 Zeichen bei MD5, 13 bei DES), die unabhängig von der Länge des unverschlüsselten Passworts ist. Passwörter werden zusammen mit einem zufälligen »Salz« (salt) verschlüsselt, sodass ein gegebenes Kennwort viele verschiedene verschlüsselte Formen haben kann. Wenn zwei Benutzer zufällig dasselbe Kennwort auswählen, kann diese Tatsache normalerweise nicht durch Untersuchung der verschlüsselten Passwörter herausgefunden werden. MD5-Passwörter sind einfach zu erkennen, da sie stets mit 1 beginnen.

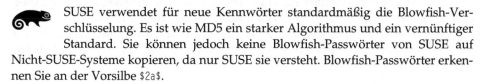

SUSE verwendet für neue Kennwörter standardmäßig die Blowfish-Verschlüsselung. Es ist wie MD5 ein starker Algorithmus und ein vernünftiger Standard. Sie können jedoch keine Blowfish-Passwörter von SUSE auf Nicht-SUSE-Systeme kopieren, da nur SUSE sie versteht. Blowfish-Passwörter erkennen Sie an der Vorsilbe $2a$.

6.1.3 UID-Nummer (Benutzer-ID)

UIDs sind 32-Bit-Ganzzahlen ohne Vorzeichen. Um die Zusammenarbeit mit älteren Systemen zu ermöglichen, empfehlen wir Ihnen, die höchste UID in Ihrer Umgebung möglichst auf 32.767 zu beschränken (der größten vorzeichenbehafteten 16-Bit-Ganzzahl).

Definitionsgemäß hat root die UID 0. Die meisten Systeme definieren auch die Pseudobenutzer bin, daemon und viele weitere. Es ist üblich, solche vorgetäuschten Login-

---

[2] Jon Corbet, einer unserer technischen Gutachter, bemerkte: »Wenn Sie nicht wissen, wann Sicherheitsentscheidungen getroffen werden, sind Sie bereits in Schwierigkeiten. Administratoren sollten von solchen Dingen nicht überrascht sein.«

namen an den Anfang der Datei /etc/passwd zu stellen und ihnen niedrige UIDs zu geben. Weisen Sie diesen Loginnamen niemals eine wirkliche Shell zu! Um ausreichend Platz für alle nichtmenschlichen Benutzer zu lassen, die Sie in der Zukunft hinzufügen könnten, empfehlen wir, mit den UIDs für tatsächliche Benutzer bei 500 (oder höher) zu beginnen.

Es ist nicht zu empfehlen, mehrere Konten mit der UID 0 einzurichten. Obwohl es bequem aussieht, mehrere root-Logins mit verschiedenen Shells und Passwörtern zu haben, bringt diese Konstellation lediglich weitere mögliche Sicherheitslücken und zusätzliche abzusichernde Logins mit sich. Wenn jemand weitere Möglichkeiten benötigt, sich als root anzumelden, stehen Sie sich mit einem Programm wie sudo besser.

Tipp

In Abschnitt 3.4.2 gibt es weitere Informationen zu sudo.

Vermeiden Sie das Wiederverwenden von UIDs so lange wie möglich, auch für Mitarbeiter, die das Unternehmen verlassen haben und deren Konten dauerhaft entfernt wurden. Diese Vorsichtsmaßnahme verhindert Verwirrungen, wenn Dateien später aus Sicherungen wiederhergestellt werden und Benutzer anhand der UID und nicht anhand des Loginnamens identifiziert werden.

UIDs sollten in Ihrer gesamten Firma eindeutig sein. Das bedeutet, eine bestimmte UID sollte auf jedem Rechner demselben Loginnamen und derselben Person zugeordnet sein. Nichteindeutige UIDs können Sicherheitsprobleme bei Systemen wie NFS auslösen und zu Verwechslungen führen, wenn ein Benutzer aus einer Arbeitsgruppe in eine andere wechselt.[3]

Tipp

In Kapitel 16 erhalten Sie weitere Informationen über NFS.

---

[3] *Ein weiteres mit NFS verbundenes Problem ist die UID für* nobody, *die üblicherweise verwendet wird, um den Zugriff von entfernten* root-*Benutzern einzuschränken. Weitere Einzelheiten finden Sie in Abschnitt 16.18.*

Es kann schwierig sein, einheitliche UIDs zu verwalten, wenn Gruppen von Rechnern von verschiedenen Mitarbeitern oder Organisationen betreut werden. Die Probleme sind sowohl technischer als auch politischer Natur. Die beste Lösung besteht darin, eine zentrale Datenbank zu verwenden, die für jeden Benutzer einen Eintrag enthält und Eindeutigkeit erzwingt. (Wir verwenden eine selbsterstellte Datenbank, um dieses Problem anzugehen.) Ein einfacheres Verfahren besteht darin, jeder Gruppe in Ihrem Unternehmen einen Bereich von UIDs zuzuweisen, den sie selbst verwalten kann. Diese Lösung trennt die UID-Bereiche (eine Forderung, wenn Sie Dateisysteme mit NFS gemeinsam nutzen), aber löst nicht das Parallelproblem der eindeutigen Loginnamen. Auch LDAP wird zu einem verbreiteten Verwaltungswerkzeug für UIDs.

6.1.4 Standard-GID-Nummer

Wie eine UID ist die GID-Nummer eine 32-Bit-Ganzzahl. Die GID 0 ist für die Gruppe mit Namen root reserviert, GID 1 ist die Gruppe bin und GID 2 die Gruppe daemon.

Gruppen werden in der Datei /etc/group definiert, wobei das GID-Feld in /etc/passwd die Standard- (oder »effektive«) GID beim Anmelden angibt. Die Standard-GID wird bei der Zugriffsbestimmung nicht gesondert behandelt,[4] sie ist nur bei der Erstellung neuer Dateien und Verzeichnisse relevant. Neue Dateien gehören normalerweise der effektiven Gruppe des Benutzers. In Verzeichnissen, für die das setgid-Bit gesetzt ist (02000) und in mit der Option grpid eingehängten Dateisystemen, haben neue Dateien jedoch die GID ihres Elternverzeichnisses.

Tipp

In Abschnitt 5.5.2 erhalten Sie weitere Informationen über setgid-Verzeichnisse.

6.1.5 GECOS-Feld[5]

Das GECOS-Feld wird allgemein dazu verwendet, persönliche Informationen zu jedem Benutzer zu speichern. Es hat keine genau definierte Syntax. Ursprünglich enthielt es die Login-Informationen, die erforderlich waren, um Batch-Jobs von UNIX-

---

4 Linux berücksichtigt bei der Berechnung von Zugriffsberechtigungen alle Gruppenmitgliedschaften. Kernel vor 2.6.4 erlauben maximal 32 Gruppenmitgliedschaften, doch neuere Kernel legen hier keine Begrenzung auf.
5 Als Honeywell die Computerabteilung von General Electric übernahm, wurde GECOS in GCOS geändert – beide Bezeichnungen haben bis heute überlebt.

Systemen bei den Bell Labs auf einen Großrechner mit GECOS (dem General Electric Comprehensive Operating System) zu übertragen – heute ist nur noch der Name geblieben. Einige Programme ersetzen ein & im GECOS-Feld mit dem Loginnamen des Benutzers, was ein bisschen Schreibarbeit spart. Sowohl finger als auch sendmail führen diese Ersetzung durch, viele Programme jedoch nicht. Am besten verlässt man sich nicht auf diese Funktion.

Obwohl Sie Ihre eigenen Formatierungskonventionen verwenden können, interpretiert finger durch Kommata getrennte GECOS-Einträge in der folgenden Reihenfolge:

- Vollständiger Name (oftmals das einzige verwendete Feld)
- Büronummer und Gebäude
- Dienstliche Telefondurchwahl
- Private Telefonnummer

Mithilfe des Befehls chfn können Benutzer ihre eigenen GECOS-Informationen ändern. Er ist sinnvoll, um Angaben wie Telefonnummern aktuell zu halten, kann aber missbräuchlich verwendet werden: Ein Benutzer kann den Inhalt auf etwas Obszönes oder Falsches abändern. Die meisten Universitätsrechenzentren deaktivieren chfn. Die GECOS-Information ist ein idealer Kandidat zur Übertragung nach LDAP.

Tipp

In Abschnitt 17.5 finden Sie weitere Informationen über LDAP.

6.1.6 Heimatverzeichnis

Benutzer-Shells wechseln bei der Anmeldung per cd in ihr Heimatverzeichnis. Wenn dieses Verzeichnis bei der Anmeldung fehlt, gibt das System eine Meldung wie »no home directory« aus.[6] Wenn DEFAULT_HOME in /etc/login.defs auf no gesetzt ist, darf das Login nicht weiter fortfahren, andernfalls landet der Benutzer im Wurzelverzeichnis.

Beachten Sie: Wenn Heimatverzeichnisse über NFS eingehängt werden, können sie bei Server- oder Netzwerkproblemen nicht verfügbar sein.

---

6 Diese Nachricht erscheint, wenn Sie sich an der Konsole oder einem Terminal anmelden, jedoch nicht, wenn Sie sich über einen Display-Manager wie xdm, gdm oder kdm anmelden. Sie sehen nicht nur keine Meldung, sondern werden im Allgemeinen sofort wieder abgemeldet, weil der Display-Manager nicht in das entsprechende Verzeichnis (z. B. ~/.gnome) schreiben kann.

6.1.7 Login-Shell

Die Login-Shell ist normalerweise ein Befehlsinterpreter wie die Bourne- oder die C-Shell (/bin/sh oder /bin/csh), sie kann aber ein beliebiges Programm sein. Der Standard ist bash und wird verwendet, wenn in /etc/passwd keine Login-Shell angegeben ist. Auf Linux-Systemen sind sh und csh in Wirklichkeit lediglich Links auf bash (die »Bourne again«-Shell von GNU) bzw. tcsh (eine Obermenge der C-Shell). Viele Distributionen bieten auch eine Public-Domain-Version der Korn-Shell ksh.

Benutzer können ihre Shell mit dem Befehl chsh ändern. Die Datei /etc/shells enthält eine Liste »gültiger« Shells, die mit chsh ausgewählt werden dürfen. SUSE und Debian setzen diese Liste durch, doch Red Hat warnt lediglich, wenn die gewählte Shell nicht in der Liste ist. Wenn Sie der Datei shells neue Einträge hinzufügen, müssen Sie absolute Pfadnamen verwenden, da chsh und andere Programme das erwarten.

6.2 Die Datei /etc/shadow

Die Datei /etc/shadow ist nur für den Superuser lesbar und dient dazu, verschlüsselte Passwörter vor neugierigen Blicken zu verbergen. Die Verwendung von Schattenpasswörtern ist auf einigen Distributionen Standard und wird bei anderen als optionales Paket konfiguriert. Auch wenn Schattenpasswörter optional sind, ist es eine gute Idee, sie so zu behandeln, als wären sie Standard.

Wenn Schattenpasswörter verwendet werden, sollte das altmodische Passwortfeld in /etc/passwd stets ein x enthalten.

Die Datei shadow ist keine Obermenge der Datei passwd, und die Datei passwd wird nicht aus ihr generiert; Sie müssen beide Dateien pflegen (oder Werkzeuge wie useradd verwenden, die sie in Ihrem Namen verwalten). Wie /etc/passwd enthält /etc/shadow eine Zeile für jeden Benutzer. Jede Zeile enthält die folgenden neun durch Doppelpunkte getrennte Felder:

- Loginname
- Verschlüsseltes Passwort
- Datum der letzten Passwortänderung
- Minimale Anzahl von Tagen zwischen Passwortänderungen
- Maximale Anzahl von Tagen zwischen Passwortänderungen
- Anzahl der Tage, um den Benutzer im Voraus über das Ablaufen des Passworts zu informieren
- Anzahl der Tage nach Ablaufen des Passworts, nach denen das Konto deaktiviert wird
- Ablaufdatum des Kontos
- Ein reserviertes Feld, das momentan stets leer ist

Die einzigen Felder, die gefüllt sein müssen, sind der Benutzername und das Passwort. Absolute Datumsangaben sind in /etc/passwd als Tage (*nicht* Sekunden) seit dem 1. Januar 1970 angegeben, was nicht dem Standard der Zeitberechnung auf UNIX-Systemen entspricht. Glücklicherweise können Sie das Ablaufdatum mit dem Programm usermod setzen.

Tipp

Im Abschnitt 6.7 erhalten Sie weitere Informationen zu usermod.

Ein typischer Eintrag in shadow sieht wie folgt aus:

```
millert:$1$buJ6v3Ch$BwLIoF5eaCh9Nv.OEzD3TO:13348:0:180:14: :14974:
```

Nachfolgend finden Sie eine genauere Beschreibung der einzelnen Felder:

- Der Loginname ist derselbe wie in /etc/passwd. Dieses Feld verbindet die Einträge in passwd und shadow.

- Das verschlüsselte Passwort ist vom Konzept und der Ausführung her identisch mit dem zuvor in passwd gespeicherten.

- Das Feld der letzten Änderung speichert die Zeit, zu der das Kennwort des Benutzers das letzte Mal geändert wurde. Es wird im Allgemeinen vom Befehl passwd gefüllt.

- Das vierte Feld setzt die Anzahl der Tage, die zwischen Passwortänderungen verstreichen müssen. Die Idee besteht darin, authentische Änderungen zu erzwingen, indem die Benutzer daran gehindert werden, nach einer geforderten Änderung sofort wieder ein bekanntes Passwort einzustellen. Wir halten diese Funktion jedoch für etwas gefährlich, wenn es einen unerlaubten Zugriff gegeben hat, und empfehlen, das Feld auf 0 zu setzen.

- Das fünfte Feld enthält die maximale Anzahl der Tage, die zwischen Passwortänderungen verstreichen darf. Diese Funktion ermöglicht dem Administrator, Passwortänderungen zu erzwingen; weitere Informationen erhalten Sie in Abschnitt 20.5. Die tatsächlich aufgezwungene maximale Anzahl von Tagen ist die Summe aus diesem Feld und dem siebten Feld, der Nachfrist.

- Das sechste Feld gibt sie Anzahl der Tage vor dem Ablauf des Passworts an, bei denen das login-Programm anfangen sollte, den Benutzer über den bevorstehenden Verfall zu warnen.

6.2 Die Datei /etc/shadow

- Das siebte Feld gibt an, wie viele Tage nach Erreichen des maximalen Passwortalters gewartet werden soll, bevor der Login als abgelaufen behandelt werden soll. Der genaue Zweck dieser Funktion ist unklar.

- Das achte Feld legt den Tag fest (in Tagen seit dem 1. Januar 1970), an dem das Benutzerkonto abläuft. Nach diesem Tag darf sich der Benutzer nicht mehr anmelden, bis das Feld vom Administrator zurückgesetzt wurde. Wenn das Feld freigelassen wird, läuft das Konto niemals ab.

- Das neunte Feld ist für eine zukünftige Verwendung reserviert.

Da Sie nun wissen, was jedes einzelne Feld bedeutet, sehen Sie sich noch einmal die Beispielzeile an:

```
millert:$1$buJ6v3Ch$BwLIoF5eaCh9Nv.OEzD3TO:13348:0:180:14: :14974:
```

In diesem Beispiel hat der Benutzer millert sein Passwort zuletzt am 18. Juli 2006 geändert. Es muss innerhalb von 180 Tagen wieder geändert werden, und millert erhält zwei Wochen vor Ablauf dieser Frist Warnungen, dass er sein Passwort ändern muss. Das Konto läuft am 31. Dezember 2010 ab.

Sie können das Hilfsprogramm pwconv verwenden, um den Inhalt der Datei shadow mit dem der Datei passwd abzugleichen, neue Benutzer hinzuzufügen und alte zu löschen, die nicht mehr in passwd aufgeführt sind. pwconv füllt die meisten der Parameter in shadow mit den in /etc/login.defs angegebenen Standardwerten.

Das folgende Beispiel veranschaulicht das Format der Datei login.defs. Die Kommentare erläutern die verschiedenen Parameter. Dieses spezielle Beispiel stammt von einem Fedora-System – der Standardinhalt weist zwischen den Distributionen eine große Variationsbreite auf, wie auch die Parameter, die angegeben werden können.

```
# *REQUIRED*
#   Directory where mailboxes reside, _or_ name of file, relative to the
#   home directory.  If you _do_ define both, MAIL_DIR takes precedence.
#   QMAIL_DIR is for Qmail
#  QMAIL_DIR      Maildir
MAIL_DIR         /var/spool/mail
# MAIL_FILE      .mail
# Password aging controls:
# PASS_MAX_DAYSMaximum # of days a password may be used.
# PASS_MIN_DAYS Minimum # of days allowed between password changes.
# PASS_MIN_LEN  Minimum acceptable password length.
# PASS_WARN_AGENumber of days warning given before a password expires.
PASS_MAX_DAYS    99999
PASS_MIN_DAYS    0
PASS_MIN_LEN     5
PASS_WARN_AGE    7
# Min/max values for automatic uid selection in useradd
UID_MIN          500
UID_MAX          60000
```

```
# Min/max values for automatic gid selection in groupadd
GID_MIN         500
GID_MAX         60000
# If defined, this command is run when removing a user.
# It should remove any at/cron/print jobs etc. owned by
# the user to be removed (passed as the first argument).
# USERDEL_CMD   /usr/sbin/userdel_local
# If useradd should create home directories for users by default
# On RH systems, we do. This option is ORed with the -m flag on
# useradd command line.
CREATE_HOME     yes
```

6.3 Die Datei /etc/group

Die Datei /etc/group enthält die Namen der UNIX-Gruppen und eine Auflistung der einzelnen Gruppenmitglieder. Nachfolgend ist ein Beispiel angegeben:

```
wheel:x:10:trent,ned,evi,garth,lynda,boggs,millert
csstaff:*:100:lloyd,evi
student:*:200:dotty
```

Jede Zeile stellt eine Gruppe dar und enthält die folgenden vier Felder:

- Gruppenname
- Verschlüsseltes Kennwort oder ein x, das auf eine Datei gshadow verweist
- GID-Nummer
- Liste der Mitglieder, durch Kommata getrennt (achten Sie darauf, keine Leerzeichen hinzuzufügen)

Die Felder sind wie in /etc/passwd mit Doppelpunkten getrennt. Gruppennamen sollten aus Kompatibilitätsgründen auf acht Zeichen beschränkt sein, obwohl Linux das nicht wirklich fordert. Es ist zwar möglich, ein Gruppenpasswort anzugeben (um Benutzern, die nicht zu einer Gruppe gehören, zu ermöglichen, mit dem Befehl newgrp in sie zu wechseln), was aber selten verwendet wird.[7] Die meisten Umgebungen füllen einen Stern in das Passwortfeld, aber Sie können es problemlos leer lassen, sofern Sie möchten. Der Befehl newgrp wechselt nicht zu einer Gruppe ohne Passwort, sofern der Benutzer nicht bereits als Mitglied dieser Gruppe aufgeführt ist. Alle unsere Beispieldistributionen sind standardmäßig mit einer Datei /etc/gshadow konfiguriert, die konzeptionell analog zu /etc/shadow ist, aber eine weit geringere Bedeutung hat (Gruppenpasswörter werden selten verwendet).

---

7 Der einzige uns bekannte Grund dafür, dass jemand den Befehl newgrp unter Linux verwenden könnte, ist das Setzen der Standardgruppe für neu erstellte Dateien.

Wie bei Benutzernamen und UIDs sollten Gruppennamen und GIDs über Rechner, die Dateien per NFS gemeinschaftlich nutzen, konsistent gehalten werden. Das kann in heterogenen Umgebungen schwierig sein, da verschiedene Betriebssysteme für dieselben Gruppennamen unterschiedliche GIDs verwenden. Wir haben herausgefunden, dass man am besten mit diesem Problem umgeht, indem man vermeidet, dass eine Systemgruppe als Standard-Logingruppe für Benutzer verwendet wird.

Wenn ein Benutzer gemäß /etc/passwd einer Gruppe als Standardgruppe zugeordnet, jedoch in /etc/group nicht in dieser Gruppe aufgeführt ist, gewinnt die Datei /etc/passwd. Die zum Anmeldezeitpunkt gewährten Gruppenmitgliedschaften ergeben sich tatsächlich aus der Union der Dateien passwd und group. Es ist jedoch zu empfehlen, beide Dateien konsistent zu halten.

Um mögliche Konflikte mit herstellervergebenen GIDs zu vermeiden, schlagen wir vor, die Nummerierung lokaler Gruppen bei einer GID von 500 oder höher zu beginnen.

Gemäß der UNIX-Tradition werden neue Benutzer einer Gruppe zugeordnet, die ihre allgemeine Zugehörigkeit darstellt, wie z. B. »studenten« oder »finanzen«. Sie sollten jedoch beachten, dass diese Konvention die Wahrscheinlichkeit dafür erhöht, dass Benutzer wegen schlampiger Vergabe von Berechtigungen ihre Dateien gegenseitig lesen können, auch wenn das nicht die Absicht des Besitzers ist. Um dieses Problem zu vermeiden, empfehlen wir, für jeden Benutzer eine eindeutige Gruppe zu erstellen. Sie können für den Benutzer und die Gruppe denselben Namen verwenden und auch die GID und die UID gleich halten.

Die persönliche Gruppe eines Benutzers sollte nur diesen Benutzer enthalten. Wenn Sie es ermöglichen möchten, dass Benutzer Dateien über die Gruppenfunktion gemeinsam nutzen, sollten Sie für diesen Zweck eigene Gruppen anlegen. Die Idee der persönlichen Gruppen besteht nicht darin, grundsätzlich die Verwendung von Gruppen zu missbilligen – es ist lediglich einfacher, für jeden Benutzer eine *Standardgruppe* mit stärkeren Einschränkungen einzurichten, damit Dateien nicht aus Versehen gemeinsam genutzt werden.

 Auf allen unseren Beispieldistributionen mit Ausnahme von SUSE besteht das Standardverhalten von useradd darin, Benutzern ihre eigene persönliche Gruppe zuzuweisen.

6.4 Benutzer hinzufügen

Bevor Sie ein Konto für einen neuen Benutzer in der Umgebung einer Firma, einer Regierungsbehörde oder einer Universität anlegen, ist es *sehr* wichtig, dass der Benutzer eine Kopie Ihrer lokalen Benutzerrichtlinien unterschreibt. (Wie bitte?! Bei Ihnen gibt es keine Benutzerrichtlinien? In Abschnitt 30.11.2 können Sie nachlesen, warum Sie welche benötigen und was sie enthalten sollten.)

Für Benutzer gibt es keinen ersichtlichen Grund, warum sie eine Benutzerrichtlinie unterschreiben sollten, sodass es Ihr Vorteil ist, sich ihre Unterschriften zu sichern, solange Sie noch ein Druckmittel in der Hand haben. Wir haben festgestellt, dass es wesentlich schwieriger ist, eine unterschriebene Erklärung zu erhalten, nachdem das Benutzerkonto freigegeben wurde. Wenn Ihre Abläufe es ermöglichen, sollte der Papierkram vor dem Erstellen des Kontos erledigt werden.

Technisch gesehen besteht das Verfahren zum Hinzufügen neuer Benutzer aus vier vom System benötigten Schritten, zwei Schritten, die für den Benutzer eine nützliche Umgebung einrichten und mehreren zusätzlichen Schritten für Ihren eigenen Komfort als Administrator.

Die folgenden Schritte sind erforderlich:

- Bearbeiten Sie die Dateien `passwd` und `shadow`, um das Benutzerkonto zu definieren.
- Fügen Sie den Benutzer der Datei `/etc/group` hinzu.
- Vergeben Sie ein Anfangspasswort.
- Erstellen Sie das Heimatverzeichnis des Benutzers und führen Sie darauf `chown` und `chmod` aus.

Die nützliche Umgebung für den Benutzer richten Sie wie folgt ein:

- Kopieren Sie die standardmäßigen Startdateien in das Heimatverzeichnis des Benutzers.
- Legen Sie das Mail-Home für den Benutzer fest und richten Sie eine E-Mail-Adresse ein.

Und für Ihre Zwecke gehen Sie schließlich folgendermaßen vor:

- Überprüfen Sie, dass das Konto richtig eingerichtet ist.
- Tragen Sie die Kontaktinformationen des Benutzers sowie den Kontostatus in Ihrer Datenbank ein.

Im Abschnitt 6.7, »Konten verwalten«, behandeln wir den Befehl `useradd` und seine Geschwister, die einige dieser Schritte automatisieren. In den nächsten Abschnitten schauen wir uns die Schritte jedoch so an, als ob Sie sie von Hand ausführen – hauptsächlich damit Sie sehen können, was die mitgelieferten Werkzeuge tun. In der Praxis ist es im Allgemeinen vorzuziehen (schneller und weniger fehleranfällig), `useradd` oder ein ähnliches selbstgeschriebenes Skript auszuführen.

Sie müssen jeden Schritt als `root` ausführen oder ein Programm wie `sudo` verwenden, das Ihnen das Ausführen der Befehle als `root` ermöglicht. Weitere Informationen zu `sudo` erhalten Sie in Abschnitt 3.4.2.

6.4.1 Die Dateien passwd und shadow bearbeiten

Um die Datei `passwd` sicher zu bearbeiten, führen Sie `vipw` aus, das einen Texteditor mit einer Kopie der Datei aufruft. Der Standardeditor ist `vi`, aber Sie können einen anderen angeben, indem Sie die Umgebungsvariable `EDITOR` setzen. Das Vorhandensein der temporären Kopie dient als Sperre; `vipw` erlaubt nur einer Person gleichzeitig, die Datei `passwd` zu bearbeiten, und er hindert andere Mitarbeiter daran, ihr Passwort zu ändern, während `passwd` in Bearbeitung ist. Wenn der Editor beendet wird, ersetzt `vipw` die Originaldatei `passwd` durch die bearbeitete Kopie.

Auf Fedora- und RHEL-Systemen fragt `vipw` automatisch, ob Sie anschließend auch noch die Datei `shadow` bearbeiten möchten. SUSE, Debian und Ubuntu verwenden dazu den Aufruf `vipw -s`.

Das Hinzufügen der folgenden Zeile zu `/etc/passwd` definiert z. B. ein Konto namens `tyler`:

```
tyler:x:2422:2422:Tyler Stevens, ECEE 3-27, x7919,:/home/tyler:/bin/sh
```

Wir fügen auch einen entsprechenden Eintrag in `/etc/shadow` ein:

```
tyler :*::::::14974:
```

Diese Zeile in `shadow` enthält kein verschlüsseltes Passwort und kein vorgegebenes Passwortalter. Das Konto läuft am 31. Dezember 2010 ab.

6.4.2 Die Datei /etc/group bearbeiten

Als Nächstes sollten wir einen Eintrag in der Datei `/etc/group` für die persönliche Gruppe von `tyler` erstellen, die auch `tyler` heißt. Diese Gruppe sollte die GID 2422 erhalten, um mit der UID übereinzustimmen. Das ist die Standard-GID, die wir in `passwd` zugewiesen haben.[8]

```
tyler::2422:tyler
```

Streng genommen ist `tyler` in Gruppe 2422, unabhängig davon, ob er in `/etc/group` aufgeführt ist oder nicht, da der Eintrag in `passwd` ihm bereits diese Mitgliedschaft zugeteilt hat. Den Kernel interessiert der Inhalt von `/etc/passwd` und `/etc/group` nicht, er kümmert sich lediglich um die UID- und GID-Nummern. Der Hauptzweck für das Eintragen persönlicher Gruppen in der Datei `group` besteht darin, sicherzustellen, dass Befehle wie `ls` die Namen dieser Gruppen korrekt darstellen. Natürlich ist es immer schön, eine maßgebliche Liste der von Ihnen erstellten Gruppen und der enthaltenen Mitglieder zu haben.

Wenn wir `tyler` weiteren Gruppen hinzufügen möchten, fügen wir einfach seinen Loginnamen in `/etc/group` anderen Gruppen hinzu.

---

8 *Die Benennung und Nummerierung sind rein konventionell, siehe weiter vorne in diesem Kapitel.*

6.4.3 Ein Anfangspasswort festlegen

root kann das Passwort eines jeden Benutzers mit dem Befehl passwd ändern:

`# passwd user`

oder

`$ sudo passwd user`

Der Befehl passwd fordert Sie auf, ein neues Passwort einzugeben und es zu wiederholen. Wenn Sie ein kurzes, nur aus Kleinbuchstaben bestehendes oder anderweitig ungeeignetes Kennwort wählen, beschwert sich passwd und verlangt etwas Komplexeres. Die meisten Linux-Systeme überprüfen künftige Passwörter auch mithilfe eines Wörterbuchs, um für eine höhere Sicherheit zu sorgen.

Tipp

Regeln zur Auswahl guter Passwörter finden Sie in Abschnitt 20.5.1.

Mit dem Hilfsprogramm mkpasswd aus dem Paket expect von Don Libes ist es sehr einfach, zufällige Passwörter für neue Benutzer zu erstellen. Das Zuweisen eines zufälligen Passworts »zwingt« neue Benutzer – mit allen Vor- und Nachteilen – dazu, ihr Passwort sofort zu ändern, da die zufälligen schwer zu merken sind.[9] Verwechseln Sie nicht das mkpasswd von expect mit dem gleichnamigen Standardbefehl, der lediglich eine gegebene Zeichenkette als Passwort kodiert.

Belassen Sie niemals ein neues Konto (bzw. jedes Konto, das Zugriff auf eine Shell hat) ohne Passwort.

6.4.4 Das Heimatverzeichnis des Benutzers anlegen

Jedes Verzeichnis, das Sie als root erstellen, gehört anfänglich root, sodass Sie den Besitzer und die Gruppe mit den Befehlen chown und chgrp ändern müssen. Die folgende Befehlsfolge erstellt ein für unseren Beispielbenutzer geeignetes Heimatverzeichnis:

---

[9] Die Passwörter sind nicht zufällig, sondern eher pseudozufällig. Wenn ein Passwort oder mehrere in einer pseudozufällig erstellten Folge geknackt werden, kann es möglich sein, die Folge zu berechnen und weitere Passwörter zu entdecken, obwohl das in der Realität sehr unwahrscheinlich ist. Wir können gut mit diesem Risiko leben.

```
# mkdir /home/tyler
# chown tyler:staff /home/tyler
# chmod 700 /home/tyler
```

6.4.5 Die Standard-Startdateien kopieren

Sie können einige Befehle und Hilfsprogramme anpassen, indem Sie Konfigurationsdateien in das Heimatverzeichnis eines Benutzers stellen. Startdateien beginnen traditionell mit einem Punkt und enden auf die Buchstaben `rc`, eine Abkürzung für »run command«, ein Relikt aus den Zeiten des Betriebssystems CTSS. Der führende Punkt sorgt dafür, dass `ls` diese Dateien bei Verzeichnisauflistungen auslässt, sofern nicht die Option `-a` angegeben wird – die Dateien werden als »uninteressant« betrachtet. In Tabelle 6.1 sind einige verbreitete Startdateien aufgeführt.

Befehl	Dateiname	Typische Verwendungen
csh/tcsh	.login	Setzt den Terminaltyp (wenn benötigt)
		Setzt die Schalter `biff` und `mesg`
	.cshrc	Setzt die Umgebungsvariablen
		Setzt die Befehlsaliase
		Setzt den Suchpfad
		Setzt den Wert von `umask` zum Steuern von Berechtigungen
		Setzt `cdpath` für die Suche nach Dateinamen
		Setzt die Variablen `prompt`, `history` und `savehist`
bash[a]	.bashrc	Ähnlich .cshrc für die bash
	.bash_profile	Ähnlich .login für die bash
vim	.vimrc	Setzt die Optionen für den Editor vim
emacs	.emacs	Setzt die Optionen für den Editor emacs
		Setzt die Tastaturbelegung für emacs
mail/mailx	.mailrc	Definiert persönliche Mail-Aliase
		Setzt Optionen für das E-Mail-Leseprogramm
xrdb[b]	.Xdefaults	Gibt die X11-Konfiguration an: Fonts, Farben usw.
startx	.xinitrc	Gibt die anfängliche X11-Umgebung an
	.Xclients	Gibt die anfängliche X11-Umgebung an (RHEL, Fedora)
xdm	.xsession	Gibt die anfängliche X11-Umgebung an

Tabelle 6.1: Verbreitete Startdateien und ihr Gebrauch

[a] bash *liest als Emulation von* sh *auch* .profile *und* /etc/profile *ein.*
[b] *Die genauen Einzelheiten von X Window hängen von der Implementierung und dem verwendeten Fenstermanager ab; nähere Informationen erhalten Sie in Kapitel 22.*

Sofern Sie noch keine guten Standard-Startdateien haben, ist /usr/local/bin/skel ein zweckmäßiger Platz für sie. Kopieren Sie einige Dateien dorthin, mit denen Sie anfangen möchten, und bearbeiten Sie sie mit einem Texteditor. Sie können mit vom Hersteller gelieferten Dateien aus dem Verzeichnis /etc/skel beginnen, wenn Ihr System sie enthält. Achten Sie darauf, sinnvolle Standardwerte für umask anzugeben, wir empfehlen 077, 027 oder 022, je nach Freundlichkeit und Größe Ihrer Umgebung.

Abhängig von der Shell des Benutzers kann /etc systemweite Startdateien enthalten, die vor den Startdateien des Benutzers verarbeitet werden. Beispielsweise liest bash die Datei /etc/profile, bevor sie ~/.bash_profile verarbeitet. Für Detailfragen zu anderen Shells schauen Sie in die jeweiligen man-Seiten.

Es ist üblich geworden, dass die Shell im Verzeichnis /etc/profile.d nach weiteren Konfigurationsdateien für systemweite Einstellungen sucht. Diese Konvention bietet eine saubere Lösung für Softwarepakete, Standards auf Shell-Ebene anzugeben. Zum Beispiel sind die Dateien /etc/profile.d/colorls.* auf Fedora- und RHEL-Systemen für die Technicolor-Ausgabe von ls verantwortlich. (Ja, sie können gefahrlos gelöscht werden.)

Die Befehlsfolge zum Installieren der Startdateien für den neuen Benutzer tyler sieht wie folgt aus:

```
# cp /usr/local/lib/skel/.[a-zA-Z]* ~tyler
# chown tyler:staff ~tyler/.[a-zA-Z]*
# chmod 600 ~tyler/.[a-zA-Z]*
```

Beachten Sie, dass wir nicht den folgenden Befehl verwenden können:

```
# chown tyler:staff ~tyler/.*
```

Dem Benutzer tyler würden dann nicht nur seine eigenen Dateien, sondern auch das Elternverzeichnis »..« (/home) gehören. Das ist ein sehr verbreiteter und gefährlicher Fehler von Systemadministratoren.

6.4.6 Festlegen des Mail-Homes für den Benutzer

Es ist komfortabel, wenn jeder Benutzer auf nur einem Rechner E-Mails empfängt. Dieses Verfahren wird oft mit einem Eintrag in der globalen Alias-Datei /etc/mail/aliases oder der userDB von sendmail auf dem zentralen Mailserver implementiert. In Kapitel 18 erhalten Sie allgemeine Informationen über E-Mails. Die verschiedenen Möglichkeiten, Mail-Homes einzurichten, werden in Abschnitt 18.3.2 behandelt.

6.4.7 Das neue Login verifizieren

Um zu überprüfen, ob ein neues Konto richtig konfiguriert wurde, melden Sie sich zunächst ab und als der neue Benutzer an. Führen Sie dann die folgenden Befehle aus:

```
$ pwd        /* Zur Überprüfung des Heimatverzeichnisses */
$ ls -la     /* Besitzer und Gruppe der Startdateien prüfen */
```

Sie müssen neue Benutzer über ihre Loginnamen und die Anfangspasswörter benachrichtigen. In vielen Umgebungen werden diese Informationen per E-Mail verschickt, was aus Sicherheitsgründen jedoch keine gute Idee ist. Ein neues Benutzerkonto kann missbraucht und mit einer Hintertür versehen werden, bevor der Benutzer sich überhaupt angemeldet hat. Dies ist auch eine gute Gelegenheit, die Benutzer auf zusätzliche Dokumentationen zu lokalen Sitten und Gebräuchen hinzuweisen, sofern Sie welche haben.

Tipp

In Abschnitt 30.11.2 erhalten Sie weitere Informationen über schriftliche Benutzerrichtlinien.

Wenn Ihre Benutzer eine schriftliche Richtlinie unterschreiben müssen, müssen Sie sicherstellen, das dieser Schritt durchgeführt wurde, bevor Sie das Konto freigeben. Das festigt die legale Grundlage jeglicher Sanktionen, die Sie möglicherweise später auferlegen müssen. Vergessen Sie nicht, die Benutzer daran zu erinnern, dass sie ihr Passwort sofort ändern. Wenn Sie möchten, können Sie das erzwingen, indem Sie das Passwort nach einer kurzen Zeit ablaufen lassen. Eine weitere Option besteht darin, mit einem Skript zu überprüfen, ob neue Benutzer ihre verschlüsselten Passwörter in der Datei shadow geändert haben.[10]

6.4.8 Status- und Kontaktinformationen des Benutzers aufzeichnen

In einer Umgebung, in der Sie alle Benutzer persönlich kennen, ist es relativ einfach, zu verfolgen, wer ein System nutzt und warum. Doch wenn Sie einen großen und veränderlichen Benutzerstamm verwalten, benötigen Sie eine formalere Möglichkeit, die Konten im Auge zu behalten. Die Pflege einer Datenbank mit Kontaktinformationen

---

10 Da ein- und dasselbe Passwort mehrere verschlüsselte Darstellungen haben kann, prüft dieses Verfahren lediglich, dass der Benutzer das Passwort zurückgesetzt hat, nicht dass es tatsächlich auf ein anderes Passwort gesetzt wurde. Es gibt keine praktikable Möglichkeit, Benutzer zu zwingen, ihre Passwörter tatsächlich zu ändern, außer eine Datenbank mit allen vorangegangenen Werten zu pflegen.

und Kontozuständen hilft Ihnen dabei, herauszufinden, wer jemand ist und warum er ein Konto benötigt, sobald sie vergessen haben, dass sie es angelegt haben. Es ist zu empfehlen, dass Sie vollständige Kontaktinformationen zur Hand haben, damit Sie die Benutzer in Fällen von Problemen oder Fehlverhalten erreichen können.

6.5 Benutzer entfernen

Wenn ein Benutzer Ihr Unternehmen verlässt, sollten Sie sein Konto und seine Dateien vom System entfernen. Dazu gehört das Entfernen aller Verweise auf den Loginnamen, die Sie oder das Programm useradd hinzugefügt haben. Wenn Sie einen Benutzer manuell entfernen, sollten Sie die folgende Checkliste verwenden:

- Entfernen Sie den Benutzer aus allen lokalen Benutzerdatenbanken und Telefonlisten.
- Entfernen Sie den Benutzer aus der Datei aliases oder richten Sie eine Weiterleitungsadresse ein.
- Entfernen Sie die crontab-Datei des Benutzers und alle anstehenden at-Jobs.
- Beenden Sie alle Prozesse des Benutzers, die noch ausgeführt werden.
- Entfernen Sie den Benutzer aus den Dateien passwd, shadow, group und gshadow.
- Entfernen Sie das Heimatverzeichnis des Benutzers.
- Entfernen Sie den Mail-Spool des Benutzers.

Stellen Sie vor dem Entfernen des Heimatverzeichnisses des Benutzers sicher, dass Sie alle Dateien kopieren, die von anderen Benutzern benötigt werden. Da Sie häufig nicht sicher sein können, welche Dateien das sind, empfiehlt es sich immer, vor dem Löschen eine zusätzliche Sicherung des Heimatverzeichnisses und des Mail-Spools durchzuführen.

Nachdem Sie einen Benutzer gelöscht haben, sollten Sie sich vergewissern, dass keine Dateien mehr zu der alten UID gehören. Um die Pfadnamen verwaister Dateien zu finden, können Sie den Befehl find mit dem Argument nouser verwenden. Da find, wenn Sie nicht vorsichtig sind, auf Netzwerkserver »verschwinden« kann, ist es in der Regel am besten, die Dateisysteme individuell mit -xdev zu durchsuchen:

```
# find filesystem -xdev -nouser
```

Wenn Ihre Firma den Benutzern eigene Arbeitsplatzrechner zur Verfügung stellt, ist es im Allgemeinen am einfachsten und effizientesten, das ganze System aus einem Mastersystem neu zu installieren, bevor sie es einem neuen Benutzer übergeben. Es ist jedoch zu empfehlen, dass Sie vor der Neuinstallation alle lokalen Dateien auf der Festplatte für den Fall sichern, dass sie in der Zukunft benötigt werden.

6.6 Logins deaktivieren

Gelegentlich muss das Login eines Benutzers vorübergehend deaktiviert werden. Eine direkte Möglichkeit dafür ist, vor das verschlüsselte Passwort in der Datei /etc/shadow einen Stern oder ein anderes Zeichen zu setzen. Diese Maßnahme verhindert die meisten passwortgesteuerten Zugriffe, da das Passwort nicht mehr sinnvoll entschlüsselt werden kann. Befehle wie ssh überprüfen die Systempasswörter jedoch nicht notwendigerweise und können weiterhin funktionieren.

Auf allen unseren Beispieldistributionen mit Ausnahme von SUSE bieten die Befehle usermod -L *user* und usermod -U *user* eine einfache Möglichkeit, Passwörter zu sperren und zu entsperren.

Ein alternatives (und vielleicht sichereres) Verfahren besteht darin, die Shell des Benutzers mit einem Programm zu ersetzen, das eine Nachricht ausgibt, warum das Login deaktiviert wurde und Anweisungen bietet, wie die Situation zu beheben ist. Diese Pseudoshell sollte nicht in /etc/shells aufgeführt sein – viele Daemons, die einen Systemzugang ohne Login anbieten, (z. B. ftpd), prüfen, ob die Shell eines Benutzers in /etc/shells vorhanden ist, und verweigern den Zugang, falls das nicht der Fall ist (was das von Ihnen gewünschte Verhalten ist). Leider ist diese Nachricht nicht zu sehen, wenn der Benutzer sich über ein Window-System anmeldet.

Es gibt jedoch noch ein weiteres Problem mit dieser Methode zum Deaktivieren von Logins. Standardmäßig liefert sendmail keine E-Mail an Benutzer aus, deren Shells nicht in /etc/shells erscheinen. Es ist im Allgemeinen nicht zu empfehlen, den Mail-Fluss zu behindern, auch wenn der Benutzer die E-Mail nicht sofort lesen kann. Sie können das Verhalten von sendmail vereiteln, indem Sie eine vorgetäuschte Shell namens /SENDMAIL/ANY/SHELL in /etc/shells eintragen (obwohl das zu unerwünschten Nebeneffekten führen kann).

6.7 Konten verwalten

Der Befehl useradd fügt der Datei passwd neue Benutzer hinzu (und, wenn zutreffend, auch der Datei shadow). Er bietet eine befehlszeilengesteuerte Schnittstelle, die leicht manuell ausgeführt oder von einem selbstgeschriebenen adduser-Skript aufgerufen werden kann. Der Befehl usermod ändert die passwd-Einträge vorhandener Benutzer. userdel entfernt einen Benutzer aus dem System und löscht optional sein Heimatverzeichnis. Die Befehle groupadd, groupmod und groupdel bearbeiten die Datei /etc/group.

Um zum Beispiel einen neuen Benutzer hilbert mit useradd (unter Verwendung der Systemstandards) zu erstellen, können Sie einfach den folgenden Befehl ausführen:

```
# useradd hilbert
```

Dieser Befehl erzeugt den nachfolgend angegebenen Eintrag in /etc/passwd. Beachten Sie, dass useradd einen Stern in das Kennwortfeld einträgt und somit das Konto tatsächlich deaktiviert, bis Sie ein reales Kennwort zuweisen.

```
hilbert:*:105:20::/home/hilbert:/bin/bash
```

Aus irgendeinem Grund verwendet SUSE eine ähnliche, aber unabhängig entwickelte Menge von Befehlen zur Manipulation von Benutzern und Gruppen. Sie haben dieselben Namen, es gibt jedoch subtile Unterschiede in der Bedeutung einiger Optionen und im Standardverhalten. Beispielsweise erstellen die meisten Distributionen für neue Benutzer eine eigene persönliche Gruppe, wenn Sie auf der Befehlszeile nichts anderes angeben. Der Befehl useradd von SUSE fügt neue Benutzer der Gruppe 100 hinzu. (In der Standardkonfiguration fügt er sie auch den Gruppen video und dialout hinzu. Hmm.)

Der Befehl useradd ist im Allgemeinen nützlicher, wenn er zusätzliche Argumente erhält. Im folgenden Beispiel geben wir an, dass die primäre Gruppe von hilbert die Gruppe faculty sein soll und er darüber hinaus in die Gruppe famous aufgenommen werden soll. Außerdem überschreiben wir das standardmäßige Heimatverzeichnis und bitten useradd darum, es zu erstellen, sofern es noch nicht vorhanden ist.

```
# useradd -c "David Hilbert" -d /home/math/hilbert -g faculty -G famous -m -s /bin/sh hilbert
```

Dieser Befehl erstellt den folgenden Eintrag in der Datei passwd:

```
hilbert:x:1005:30:David Hilbert:/home/math/hilbert:/bin/sh
```

(Die zugewiesene UID ist um eins höher als die größte UID im System.) Weiterhin wird der entsprechende Eintrag in der Datei shadow angelegt:

```
hilbert:!:11508:0:99999:7:0::
```

Der Befehl fügt hilbert auch den Gruppen faculty und famous in /etc/group hinzu, erstellt das Verzeichnis /home/math/hilbert und bevölkert es in Übereinstimmung mit dem Verzeichnis /etc/skel.

Auf allen unseren Beispieldistributionen mit Ausnahme von SUSE können Sie die Standardeinstellungen von useradd durch Ausführen von useradd -D bestimmen. Sie können den Schalter -D auch in Kombination mit anderen Argumenten verwenden, um die entsprechenden Standards zu setzen.

Sogar bei SUSE sind die Standards in /etc/default/useradd gespeichert und können direkt bearbeitet werden, wenn Sie das vorziehen.

Der Befehl usermod verändert ein Konto, das bereits vorhanden ist, und übernimmt viele der gleichen Optionen wie useradd. Wir könnten beispielsweise den folgenden Befehl verwenden, um das Ablaufdatum für das Konto von hilbert auf den 4. Juli 2007 zu setzen:

```
# usermod -e 2007-07-04 hilbert
```

Der Befehl userdel löscht Benutzerkonten und macht alle von useradd durchgeführten Änderungen wirkungsvoll rückgängig. Um hilbert zu entfernen, verwenden wir den folgenden Befehl:

```
# userdel hilbert
```

Er entfernt Verweise auf hilbert in den Dateien passwd, shadow und group. Standardmäßig entfernt er das Heimatverzeichnis von hilbert nicht.[11] Mit der Option -r entfernt userdel auch das Heimatverzeichnis des Benutzers, doch auch mit seiner aggressivsten Einstellung führt userdel nur die letzten drei Aufgaben aus der Liste der »Aufgaben zur Benutzerentfernung« durch.

Obwohl die Befehle useradd und userdel komfortabel sind, reichen sie in der Regel nicht aus, alle lokalen Richtlinien eines Unternehmens umzusetzen. Zögern Sie nicht, Ihre eigenen Skripte adduser und rmuser zu schreiben; es ist in den meisten größeren Umgebungen üblich. (Für diese Aufgabe ist im Allgemeinen Perl das Werkzeug der Wahl.) Ihre selbstgeschriebenen Skripte können die Standardwerkzeuge aufrufen, um einen Teil der Arbeit durchzuführen.

6.8 Übungen

1. Wie wird die Standardgruppe eines Benutzers bestimmt? Wie können Sie sie ändern?
2. Erläutern Sie die Unterschiede zwischen den folgenden Werten von umask: 077, 027, 022 und 755. Wie können Sie einen dieser Werte als systemweiten Standard für neue Benutzer einrichten? Können Sie Ihren Benutzern einen Standard für umask auferlegen?
3. Wozu dient die Passwortdatei shadow?
☆ 4. Führen Sie die Schritte auf, die benötigt werden, um ohne Zuhilfenahme des Programms useradd einem System einen Benutzer hinzuzufügen. Welche zusätzlichen Schritte sind in Ihrer lokalen Umgebung erforderlich?

---

11 *In unserer Umgebung lassen wir die Heimatverzeichnisse gelöschter Benutzer im Allgemeinen einige Wochen stehen. Diese Richtlinie minimiert die Notwendigkeit, Daten von Sicherungsbändern wieder herzustellen, wenn ein gelöschter Benutzer zurückkehren sollte oder wenn andere Benutzer einen Zugriff auf seine Dateien benötigen.*

☆ 5. Bestimmen Sie die Namenskonventionen für neue Benutzer in Ihrer Umgebung. Wie lauten die Regeln? Wie wird die Eindeutigkeit sichergestellt? Können Sie sich irgendwelche Nachteile vorstellen? Wie werden Benutzer entfernt?

★★ 6. Suchen Sie eine Namensliste (z. B. aus einem lokalen Online-Telefonbuch) und verwenden Sie sie als Eingabe für ein Skript, das Loginnamen gemäß der Namenskonvention Ihrer Umgebung bildet. Wie viele Benutzer können Sie verarbeiten, bevor Sie einen Konflikt erhalten? Wie viele Konflikte gibt es insgesamt? Nutzen Sie die Ergebnisse, um Ihre Namenskonventionen zu beurteilen, und schlagen Sie Verbesserungen vor.

★★ 7. Schreiben Sie ein Skript, um den Zustand der Datei /etc/passwd zu überwachen. (Die Teile b und e erfordern root-Zugriff, es sei denn, Sie sind schlau.)

   a. Finden Sie alle Einträge mit der UID 0.
   b. Finden Sie alle Einträge ohne Passwort (benötigt /etc/shadow).
   c. Finden Sie alle Einträge mit doppelten UIDs.
   d. Finden Sie alle Einträge mit doppelten Loginnamen.
   e. Finden Sie alle Einträge ohne Ablaufdatum (benötigt /etc/shadow).

7 Eine Festplatte hinzufügen

Es ist schwer zu glauben, dass wir trotz der Fortschritte der letzten Jahrzehnte in den Bereichen Chip-, Netzwerk und Softwaretechnologie immer noch im Wesentlichen dieselbe Speichertechnologie für Langzeitdaten verwenden, die bereits vor 40 Jahren verbreitet war. Die Speicherdichten haben sich um mehrere Größenordnungen erhöht (und die Preise sind entsprechend gefallen), doch die grundlegende Idee bleibt unverändert.

Unglücklicherweise traten ständig neue Verwendungszwecke für Festplattenspeicher auf, insbesondere durch die weite Verbreitung des Internets. In vielen Fällen ist Festplattenspeicher immer noch sehr gesucht. MP3-Dateien, Video-Streams und anderer Multimedia-Inhalt sorgen dafür, dass Systemadministratoren sich abstrampeln, um am Ball zu bleiben. Eine einwandfreie Festplattenverwaltung ist wichtig wie eh und je.

In vielen Serversystemen sind die Festplatten über einen Standard-Peripheriebus angeschlossen, genannt SCSI (Small Computer Systems Interface, ausgesprochen »Skasi«). Desktops und Laptops haben standardmäßig eine alternative Schnittstelle namens IDE (Integrated Drive Electronics). Wir beginnen dieses Kapitel mit einer allgemeinen Erörterung der SCSI- und IDE-Standards und dem Aufbau moderner Festplatten. Anschließend behandeln wir die allgemeinen Mechanismen zur Formatierung und Partitionierung von Festplatten und das Verfahren zum Initialisieren von Dateisystemen. Schließlich besprechen wir fortgeschrittene Funktionen wie RAID und Volume-Manager.

7.1 Festplattenschnittstellen

Heute sind nur wenige Schnittstellenstandards verbreitet, obwohl einige neue Technologien am Horizont erscheinen. Es ist wichtig, Festplatten auszuwählen, die zu den Schnittstellen des Systems passen, auf dem sie installiert werden. Wenn ein System mehrere Schnittstellen unterstützt, sollten Sie die verwenden, die Ihre Anforderungen hinsichtlich Geschwindigkeit, Redundanz, Mobilität und Kosten am besten unterstützt.

- PATA (auch als IDE bekannt) wurde als einfache, kostengünstige Schnittstelle für PCs entwickelt. Sie hieß ursprünglich Integrated Drive Electronics, weil der Hardware-Controller sich in demselben Gehäuse wie die Platten befand und für die

Kommunikation zwischen dem Computer und der Festplatte ein Protokoll auf relativ hoher Ebene verwendet wurde. Sie stellt nun die Standardarchitektur für moderne Festplatten dar, doch der Name lebt weiter. Die Geschwindigkeit von IDE-Festplatten ist mittel bis schnell, die Kapazität hoch, und sie sind unglaublich günstig. Im nächsten Abschnitt erhalten Sie weitere Informationen über IDE.

- Serial ATA (SATA) ist der Nachfolger der konventionellen IDE-Schnittstelle. Zusätzlich zur Unterstützung wesentlich höherer Übertragungsraten erleichtert SATA den Anschluss durch eine einfachere Verkabelung und einer höheren maximalen Kabellänge. SATA enthält eine eingebaute Unterstützung für Hot-Swapping und eine (optionale) Befehlswarteschlange – zwei Funktionen, die IDE schließlich in Serverumgebungen zu einer brauchbaren Alternative zu SCSI machen.

- Obwohl nicht mehr so verbreitet wie früher, ist SCSI eine der am besten unterstützten Festplattenschnittstellen. Es gibt verschiedene Standards, die alle mehrere Geräte an einem Bus sowie verschiedene Geschwindigkeiten und Kommunikationsarten unterstützen. SCSI wird ausführlicher in Abschnitt 7.1.3 beschrieben.

- Fibre Channel ist eine serielle Schnittstelle, die sich im Enterprise-Umfeld wachsender Beliebtheit erfreut, dank ihrer hohen Bandbreite und der großen Anzahl von Geräten, die gleichzeitig angeschlossen werden können. Fibre Channel-Geräte werden mit einem Glasfaser- oder zweiadrigem Kupferkabel verbunden. Die aktuellen Übertragungsraten beginnen bei 100 MB/s. Zu den verbreiteten Technologien gehören »Loops«, genannt Fibre Channel Arbitrated Loop (FC-AL), und »Fabrics«, die mit Fibre-Channel-Switches aufgebaut werden. Fibre Channel versteht mehrere unterschiedliche Protokolle, darunter SCSI und sogar IP. Fibre Channel-Geräte werden durch eine fest vergebene Identifikationsnummer, genannt World Wide Name, unterschieden, ähnlich der MAC-Adresse von Netzwerkkarten.

- Die USB-Schnittstelle (Universal Serial Bus) wurde durch die Verbindung von Geräten wie Tastatur und Maus bekannt, die aktuellen Versionen haben jedoch eine ausreichende Bandbreite, um Festplatten und CD-ROM-Laufwerke zu unterstützen. USB ist auf PCs verbreitet und ermöglicht das einfache Austauschen von Geräten zwischen Systemen.

IDE und SCSI sind mit Abstand die wichtigsten Vertreter im Festplattengeschäft. Wir behandeln nur diese Schnittstellen ausführlicher.

7.1.1 Die PATA-Schnittstelle

PATA (Parallel Advanced Technology Attachment), auch IDE genannt, wurde als einfache und günstige Schnittstelle entworfen. Sie ist am häufigsten auf PCs und auf Workstations der unteren Preisklasse anzutreffen. IDE verbreitete sich in den späten achtziger Jahren. Kurz danach wurde ATA-2 entwickelt, um die wachsenden Ansprüche der Kunden und Festplattenhersteller zufriedenzustellen.

ATA-2 fügt die schnelleren Modi PIO (Programmed I/O) und DMA (Direct Memory Access) hinzu und erweitert die »Plug and Play«-Fähigkeiten des Busses. Weiterhin enthält es eine Funktion namens LBA (Logical Block Addressing), die (kombiniert mit einem erweiterten PC-BIOS) ein Problem beseitigt, das BIOSen den Zugriff hinter die ersten 1024 Zylinder einer Festplatte verwehrte. Diese Beschränkung limitierte die Größe von Festplatten zuvor auf 504 MB. Wer hätte sich vorstellen können, dass eine Festplatte so groß werden könnte!

Da das BIOS einen Teil des Bootvorgangs verwaltet, musste man früher eine kleine bootfähige Partition innerhalb der ersten 1024 Zylinder einrichten, um sicherzustellen, dass der Kernel von einem alten BIOS geladen werden konnte. Sobald der Kernel aktiv war, wurde das BIOS nicht mehr benötigt, und der Zugriff auf den Rest der Festplatte war möglich. Auf moderner Hardware ist diese umständliche Taktik nicht mehr erforderlich, seit LBA die Adressierung über Zylinder, Köpfe und Sektoren (CHS, Cylinder-Head-Sector) auf ein lineares Verfahren umgestellt hat.

ATA-3 bringt eine besondere Zuverlässigkeit, eine ausgeklügeltere Energieverwaltung und Funktionen zur Selbstüberwachung mit sich. Ultra-ATA versucht die Lücke zwischen ATA-3 und ATA-4 zu überbrücken, indem es die Hochleistungsmodi Ultra DMA/33 und Ultra DMA/66 einführt, die die Busbandbreite von 16 MB/s auf 33 MB/s bzw. 66 MB/s erhöhen. ATA-4 ist auch ein dringend benötigter Versuch, ATA-3 mit dem ATAPI-Protokoll (ATA Packet Interface) zu vereinigen, das den Betrieb von CD-ROM- und Bandlaufwerken am IDE-Bus ermöglicht.

Neuere Mitglieder der Familie, ATA-5 und ATA-6, enthalten eine verbesserte Leistungsverwaltung und Fehlerhandhabung, die beide die Leistung in einer Mehrbenutzerumgebung wie Linux verbessert. ATA-7 wird voraussichtlich die letzte Erweiterung zu PATA sein, mit Übertragungsraten von 133 MB/s.

IDE-Festplatten werden fast ausschließlich intern verwendet (es sei denn, Sie bezeichnen eine Festplatte, die zu Testzwecken aus dem Computergehäuse heraushängt, als »extern«). Die maximale Kabellänge für einen ATA-2-Bus beträgt lediglich 45 cm, sodass es schon schwierig sein kann, den obersten Festplatteneinschub zu erreichen. Zusätzlich zur kurzen Kabellänge kann ein IDE-Bus nur zwei Laufwerke versorgen. Um diese Unzulänglichkeiten auszugleichen, bestücken die meisten Hersteller ihre Hauptplatinen mit mehr als einem IDE-Bus (normalerweise zwei, die als erster (primary) und zweiter (secondary) bezeichnet werden).

Der Zugriff auf ältere IDE-Geräte erfolgte »zusammenhängend«, was bedeutete, dass immer nur ein Gerät zur Zeit aktiv sein konnte. Die Leistung dieser alten IDE-Festplatten war am besten, wenn sie auf mehrere Busse verteilt waren. Der erweiterte IDE-Standard (EIDE) umgeht diese Beschränkung, indem er auf einer einzigen Schnittstelle zwei IDE-Schnittstellen simuliert, sodass zwei Festplatten gleichzeitig aktiv sein können. Natürlich können sie nicht gleichzeitig Daten über das Kabel senden, aber das gilt auch für SCSI-Geräte.

Der IDE-Steckverbinder besteht aus einem 40-poligen Kopf, der die Festplatte mit der Schnittstelle über ein Flachbandkabel verbindet. Neuere IDE-Standards wie Ultra DMA/66 verwenden ein anderes Kabel mit mehr Masseleitern und daher geringerem elektrischen Grundrauschen. Wenn ein Kabel oder eine Festplatte nicht kodiert ist, müssen Sie sicherstellen, dass Pin 1 der Festplatte mit Pin 1 der Schnittstellenkarte verbunden wird. Normalerweise ist Pin 1 mit einer kleinen »1« auf einer Seite des Verbinders gekennzeichnet. Auf dem Flachbandkabel ist Pin 1 in der Regel rot markiert. Gibt es auf Ihrem Kabel keinen roten Streifen, sorgen Sie nur dafür, dass Sie das Kabel so platzieren, dass Pin 1 mit Pin 1 verbunden ist, und markieren Sie es für das nächste Mal deutlich.

Wenn Sie mehr als ein Gerät an einem IDE-Bus betreiben, müssen Sie eins als Master und das andere als Slave kennzeichnen. Die Jumperstellung »cable select« auf modernen Festplatten (in der Regel die Standardeinstellung) lässt die Geräte selbst bestimmen, welches welche Rolle übernimmt. Master zu sein bringt keine Leistungsvorteile. Einige ältere IDE-Festplatten sind nicht gerne Slave – wenn Sie also Probleme haben, Ihre Konfiguration zum Laufen zu bringen, versuchen Sie, die Rollen der Festplatten zu tauschen. Wenn es immer noch nicht funktioniert, machen Sie jedes Gerät zum Master seines eigenen IDE-Busses.

Wenn Sie IDE-Hardware in Betracht ziehen, sollten Sie die folgenden Punkte bedenken:

- Neue IDE-Festplatten arbeiten mit älteren Karten und alte IDE-Festplatten mit neueren Karten. Natürlich werden nur die Funktionen unterstützt, die beide Seiten bieten.

- Mit 45 cm ist die maximale Kabellänge äußerst kurz, sodass das Hinzufügen eines weiteren Geräts an den Bus schwierig werden kann. Wenn Sie unregelmäßige Aussetzer haben, sollten Sie die Kabellänge überprüfen.

- Neuere Kabeltechniken verwenden runde, statt der üblichen Flachbandkabel für IDE-Geräte. Das ist ein wirksamer Schritt hin zu einem aufgeräumteren Gehäuse und verbesserter Luftzirkulation.

7.1.2 Die SATA-Schnittstelle

Je größer die Übertragungsraten für PATA-Geräte wurden (insbesondere seit dem Aufkommen von ATA-7), desto offensichtlicher traten die Nachteile des Standards hervor. Elektromagnetische Interferenzen und andere elektrische Probleme führten zu Bedenken bezüglich der Zuverlässigkeit bei hohen Geschwindigkeiten. Um diese Probleme zu lösen, wurde SATA (Serial ATA) entwickelt. Obwohl es das Konzept bereits seit dem Jahr 2000 gibt, hat SATA erst kürzlich den Einzug in Konsumentenrechner gefunden.

SATA glättet viele der scharfen Kanten von PATA. Obwohl die ersten SATA-Festplatten mit 150 MB/s nur wenig schneller als ATA-7 sind, wird SATA-2 im Jahr 2008 schließlich Übertragungsraten von 600 MB/s unterstützen.[1] Zu weiteren bemerkenswerten Änderungen zählen eine bessere Fehlererkennung, die Möglichkeit des Austauschs im laufenden Betrieb (Hot-Swapping), eine eingebaute Befehlswarteschlange und diverse Leistungsverbesserungen. Schließlich beendet SATA die Notwendigkeit für Master- und Slave-Zuweisungen, da an jeden Kanal nur ein Gerät angeschlossen werden kann.

SATA überwindet die Beschränkung von PATA auf eine Kabellänge von 45 cm und führt neue Standards für Kabel und Steckverbinder mit 7 bzw. 15 Leitern ein.[2] Diese Kabel sind unendlich flexibler und wesentlich einfacher zu verarbeiten als ihre Vorgänger, die Flachbandkabel – kein Biegen und Verdrehen mehr, um zwei Geräte an einem Kabel zu befestigen!

7.1.3 Die SCSI-Schnittstelle

Mehrere Chipsätze implementieren den SCSI-Standard, sodass die Hersteller manchmal die SCSI-Unterstützung direkt auf der Hauptplatine unterbringen. SCSI definiert eine allgemeine Datenleitung, die von allen möglichen Peripheriegeräten genutzt werden kann. In der Vergangenheit wurde es für Festplatten, Bandlaufwerke, Scanner und Drucker verwendet, doch heutzutage haben die meisten Peripheriegeräte SCSI zugunsten von USB aufgegeben. Der SCSI-Standard gibt nicht an, wie eine Festplatte hergestellt oder aufgebaut ist, sondern lediglich, wie sie mit anderen Geräten kommuniziert.

Der SCSI-Standard hat mehrere Revisionen erfahren, wobei SCSI-3 die aktuelle Version ist. SCSI-1 wurde 1986 als ANSI-Standard basierend auf der SASI-Schnittstelle (Shugart Associates System Interface) entwickelt, einem kommerziell verfügbaren Systembus. SCSI-2 stammt aus dem Jahr 1990. Es ist rückwärtskompatibel zu SCSI-1, fügt aber mehrere Leistungsfunktionen hinzu. Zu ihnen gehören eine Befehlswarteschlange, die den Geräten das Umordnen von E/A-Anfragen zur Durchsatzoptimierung ermöglicht, sowie Scatter-Gather-I/O, der direkten Speicherzugriff (DMA) aus nichtzusammenhängenden Speicherbereichen erlaubt.

Sie können für SCSI-2-Geräte Bezeichnungen wie »Fast« oder »Wide« finden, sie besagen, dass die Busgeschwindigkeit verdoppelt wurde oder die Anzahl der gleichzeitig übertragenen Bits höher ist, in der Regel 16 oder 32 Bit im Gegensatz zu den üblichen 8.[3] Wide-SCSI-Chains können auch bis zu 16 Geräte unterstützen, die üblichen lediglich 8. »Fast« und »Wide« sind zwei verschiedene Funktionen, die üblicherweise aus Synergiegründen gemeinsam genutzt werden.

---

1   Werden wir Festplatten haben, die tatsächlich Daten mit 600 MB/s lesen und schreiben können? Nein, aber bereits heute ist der Bus nicht der beschränkende Faktor.
2   Das ist richtig: Aus irgendeinem Grund ist das Netzkabel komplizierter als das Datenkabel.
3   32-Bit SCSI-Busse sind nicht sehr verbreitet. Einige benötigen mehrere Kabel, bezeichnet mit Kabel A und Kabel B.

SCSI-3 ist in Wirklichkeit eine Familie von Standards. Es enthält Spezifikationen für verschiedene physische Medien, einschließlich der üblichen parallelen Busse und seriellen Hochgeschwindigkeitsmedien wie Fibre Channel und IEEE 1394 (»FireWire«). Es definiert auch den SCSI-Befehlssatz und führt Verbesserungen zur Unterstützung der Autokonfiguration, Multimedia-Anwendungen sowie neue Gerätetypen ein.

Obwohl die SCSI-3-Spezifikation seit 1993 entwickelt wird, ist sie immer noch nicht fertig gestellt. Viele der Funktionen haben den Markt jedoch bereits erreicht, oftmals unter dem Namen »Ultra SCSI«. SCSI-3 schließt SCSI-2 ein, sodass ein gewisser Grad an Rückwärtskompatibilität enthalten ist. Bedenken Sie jedoch, dass ein altes Gerät an einem neueren Bus den gesamten Bus verlangsamen kann. Es hat auch Einfluss auf die maximale Kabellänge.

Tabelle 7.1 fasst die verschiedenen SCSI-Versionen und die mit ihnen verbundenen Busbandbreiten und Kabellängen zusammen.

Version	Frequenz	Breite	Geschw.	Länge	Diff-Länge
SCSI-1	5 MHz	8 Bit	5 MB/s	6 m	25 m
SCSI-2	5 MHz	8 Bit	5 MB/s	6 m	25 m
Fast SCSI-2	10 MHz	8 Bit	10 MB/s	3 m	25 m
Fast/wide SCSI-2	10 MHz	16 Bit	20 MB/s	3 m	25 m
Ultra SCSI	20 MHz	8 Bit	20 MB/s	1,5 m[a]	25 m
Wide Ultra SCSI[b]	20 MHz	16 Bit	40 MB/s	1,5 m[a]	25 m
Wide Ultra2 SCSI[b]	40 MHz	16 Bit	80 MB/s	–[c]	25 m (HVD)[d] 12 m (LVD)
Wide SCSI[e]	80 MHz	16 Bit	160 MB/s	–[c]	12 m (LVD)

Tabelle 7.1: Die Entwicklung von SCSI

a) Variiert; siehe Bemerkungen im Text.
b) Wide Ultra SCSI und Wide Ultra2 SCSI werden manchmal Fast-20-Wide-SCSI bzw. Fast-40-Wide-SCSI genannt.
c) Diese SCSI-Versionen nutzen nur differenzielle Signalpegel.
d) HVD steht für »High-Voltage-Differential« und LVD für »Low-Voltage-Differential«. HVD wird für frühere SCSI-Versionen verwendet und über Ultra2 SCSI nicht definiert.
e) Wide Ultra3 SCSI wird manchmal Ultra-160 genannt. Ähnliche Standards, die die Datenübertragungsraten verdoppeln oder verdreifachen sind Ultra-320 bzw. Ultra-640. Die meisten neueren Laufwerke sind Ultra-320.

Die maximale Kabellänge für einseitig terminiertes Ultra und Wide Ultra SCSI hängt von der Anzahl der verwendeten Geräte ab. Bei acht Geräten beträgt das Maximum 1,5 m; werden nur vier Geräte genutzt, kann der Bus bis zu 3 m lang werden. Wide Ultra SCSI unterstützt alle 16 Geräte nur im differenziellen Modus.

7.1 Festplattenschnittstellen

Für SCSI-Geräte werden viele Arten von Steckverbindern genutzt. Sie hängen von der eingesetzten Version und der Verbindungsart ab (intern oder extern). Herkömmliche SCSI-Geräte haben 50 und Wide-SCSI-Geräte 68 Anschlusspins. Interne Geräte verwenden normalerweise einen 50-Pin-Kopf oder einen Mini-Micro-Stecker mit 68 Pins an einem Flachbandkabel. Externe Laufwerke werden üblicherweise über einen hochverdichteten Mini-Micro-Stecker mit 50 oder 68 Pins mit dem Computer verbunden.

Eine interessante Variante, die insbesondere für im laufenden Betrieb austauschbare Festplatten-Arrays nützlich ist, ist der SCA-Stecker (Single Connector Attachment). Er ist ein 80-Pin-Steckverbinder, der die Busverbindungen, den Strom und die SCSI-Konfiguration enthält, sodass ein einzelner Verbinder alle Bedürfnisse der Festplatte erfüllt.

Abbildung 7.1 zeigt zwei Bilder der am meisten verbreiteten Steckverbinder. Jedes Modell wird von vorne gezeigt, als ob Sie den Stecker an Ihrer Stirn anschließen wollten.

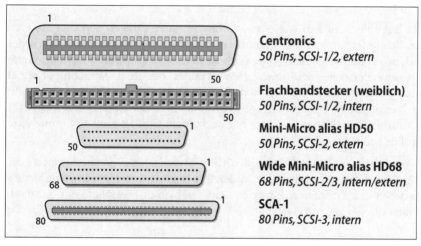

Abbildung 7.1: Verbreitete SCSI-Steckverbinder (Frontansicht; Stecker, sofern nicht anders angegeben)

SCSI-Busse verwenden eine Kettenkonfiguration, daher haben die meisten externen Geräte zwei SCSI-Ports. Sie sind identisch und austauschbar, sodass jeder als Eingang dienen kann. Aus unerfindlichem Grund scheinen sich Scannerhersteller außerhalb der normalen physikalischen Gesetze zu bewegen und bieten nur einen SCSI-Port an. Sofern sie nicht intern terminiert sind, benötigen diese Geräte einen besonderen Terminatortyp.

Interne SCSI-Geräte sind normalerweise an einem Flachbandkabel angebracht; an dem tatsächlichen SCSI-Gerät wird nur ein Port benötigt, da die Verbinder in der Mitte des Kabels befestigt werden können. Wenn Sie ein Flachbandkabel verwenden, müssen Sie sicherstellen, dass Pin 1 auf dem SCSI-Bus mit Pin 1 an der Festplatte verbunden ist. (Pin 1 ist normalerweise mit einem roten Streifen gekennzeichnet.)

Beide Enden eines SCSI-Busses müssen einen Abschlusswiderstand (»Terminator«) haben. Diese Widerstände absorbieren Signale, wenn sie das Ende des Busses erreichen und verhindern auf den Bus zurückreflektiertes Rauschen. Es gibt Terminatoren in verschiedenen Formen, von kleinen externen Steckern, die Sie auf einem regulären Port anbringen, bis hin zu Sätzen von kleinen Widerstandspaketen, die auf den Schaltkreisen eines Geräts installiert werden. Die meisten modernen Geräte haben eine Selbstterminierung.

Ein Ende des Busses wird normalerweise im Rechner terminiert, entweder auf dem SCSI-Controller oder auf einer internen SCSI-Schnittstelle. Das andere Ende terminiert entweder auf einem externen Gerät oder auf dem SCSI-Controller, wenn es keine externen Geräte gibt. Wenn Sie scheinbar zufällige Hardwareprobleme mit Ihrem SCSI-Bus haben, überprüfen Sie zunächst, dass beide Enden des Busses sauber terminiert sind. Eine falsche Terminierung stellt eine der häufigsten SCSI-Konfigurationsfehler dar, und die dadurch hervorgerufenen Fehler können unklar sein und nur zeitweilig auftreten.

Jedes Gerät hat eine SCSI-Adresse oder »Gerätenummer«, die es von den anderen Geräten am Bus unterscheidet. Gerätenummern beginnen bei 0 und gehen bis 7 oder 15, je nachdem, ob der Bus schmal oder breit ist. Der SCSI-Controller zählt als Gerät mit und ist normalerweise Gerät Nr. 7 (aus Gründen der Rückwärtskompatibilität auch auf einem breiten Bus). Die Gerätenummern aller anderen Geräte müssen auf eindeutige Werte gesetzt werden. Ein weit verbreiteter Fehler ist, zu vergessen, dass der SCSI-Controller eine Gerätenummer hat und einem Gerät dieselbe Nummer wie dem Controller zuzuweisen.

Eine SCSI-Adresse ist im Wesentlichen willkürlich. Technisch gesehen bestimmt sie die Priorität des Geräts auf dem Bus, doch in der Praxis gibt es so gut wie keine Unterschiede zwischen den Prioritäten. Einige Systeme wählen die Festplatte mit der niedrigsten Gerätenummer als standardmäßige Boot-Festplatte, andere fordern dafür die Nummer 0.

Wenn Sie Glück haben, hat ein Gerät ein externes Stellrädchen, mit dem die Gerätenummer eingestellt werden kann. Andere verbreitete Möglichkeiten zum Setzen der Gerätenummer sind DIP-Switches und Jumper. Wenn es nicht offensichtlich ist, wie Sie die Nummer auf einem Gerät setzen müssen, ziehen Sie das Handbuch zurate. Die meisten Hardwarespezifikationen können Sie heute im Webangebot des Herstellers finden; für das Installieren einer Festplatte ohne Datenblatt war früher viel Ausprobieren erforderlich.

Der SCSI-Standard unterstützt eine Form der Unteradressierung, genannt »Logische Einheitennummer« (Logical Unit Number, LUN). Jedes Gerät kann mehrere logische Einheiten enthalten. Ein einleuchtendes Beispiel ist ein Festplatten-Array mit mehreren Festplatten, aber nur einem SCSI-Controller. Logische Einheiten werden in der Praxis jedoch selten genutzt. Wenn Sie den Begriff »SCSI-Einheitennummer« hören, sollten Sie annehmen, dass in Wirklichkeit eine Gerätenummer gemeint ist, so lange nicht das Gegenteil bewiesen ist. Wenn ein SCSI-Gerät nur eine logische Einheit enthält, ist die LUN in der Regel standardmäßig gleich 0.

7.1 Festplattenschnittstellen

SCSI-Busse sind im Allgemeinen recht einfach zu konfigurieren, es können jedoch viele Dinge schief laufen. Im Folgenden geben wir einige Beispiele:

- Viele Workstations enthalten interne SCSI-Geräte. Überprüfen Sie die Auflistung der aktuellen Geräte, bevor Sie den Rechner zum Hinzufügen eines neuen Geräts neu starten.

- Nachdem Sie ein neues SCSI-Gerät hinzugefügt haben, sollten Sie beim Neustart die Liste der vom Kernel erkannten Geräte überprüfen, um sicherzustellen, dass alles vorhanden ist, was Sie erwarten. Die meisten SCSI-Treiber erkennen keine mehrfachen Geräte, die dieselbe SCSI-Adresse haben – eine unerlaubte Konfiguration. SCSI-Adresskonflikte können ein sehr seltsames Verhalten zur Folge haben.

- Einige Erweiterungseinheiten (Gehäuse mit einem Stromanschluss und einem oder mehreren SCSI-Geräten) terminieren den Bus im Inneren der Einheit. Wenn Geräte nach dem Anschluss einer Erweiterungseinheit hinzugefügt werden, können Sie Probleme mit der Zuverlässigkeit aller am Bus angeschlossenen Geräte bekommen. Überprüfen Sie stets, dass Sie genau zwei Terminatoren haben und beide sich an den Enden des Busses befinden.

- Das Stellrädchen zum Einstellen einer SCSI-Geräteadresse ist manchmal etwas schwerfällig. In diesem Fall ändert es zwar die SCSI-Adresse, nicht jedoch den angezeigten Wert.

- Wenn Sie die Länge Ihres SCSI-Busses berechnen, müssen Sie die Länge der Kabel innerhalb der Geräte und Erweiterungseinheiten berücksichtigen. Sie können recht lang sein. Denken Sie auch stets daran, dass die erlaubte Länge sich verringert, wenn Sie ältere SCSI-Geräte an einen neueren Bus anschließen.

- Vergessen Sie nie, dass Ihr SCSI-Controller eine der SCSI-Adressen verwendet!

7.1.4 SCSI und IDE im Vergleich

In früheren Auflagen dieses Buches war SCSI der eindeutige Gewinner für Serveranwendungen. Durch die Einführung von SATA liefert SCSI jedoch nicht mehr den Mehrwert wie zuvor. SATA-Festplatten behaupten sich gegenüber gleichwertigen SCSI-Festplatten in fast allen Kategorien (und übertreffen sie sogar in einigen Fällen). Gleichzeitig sind SATA-Geräte wesentlich günstiger im Preis und viel besser erhältlich.

Ein Vorteil von SCSI-Festplatten stellt der im Controller integrierte Prozessor dar, der die System-CPU entlastet, damit sie sich anderen Dingen widmen kann. Auf vielbeschäftigten Systemen kann das zu großen Leistungssteigerungen führen. Natürlich müssen Sie entscheiden, ob diese Steigerungen die wesentlich höheren Kosten rechtfertigen.

In einigen Situationen ist SCSI zu empfehlen oder sogar unumgänglich:

- Wenn Sie unbedingt die bestmögliche Leistung benötigen, wählen Sie SCSI. Festplattenhersteller nutzen die Aufteilung in IDE und SCSI, um den Markt aufzugliedern. Einige IDE-Festplatten mögen SCSI im Spitzendurchsatz übertreffen, doch SCSI liefert fast immer einen besseren Dauerdurchsatz.

- Server und Mehrbenutzersysteme benötigen SCSI. Das SCSI-Protokoll ist unerreicht in der Fähigkeit, viele gleichzeitige Zugriffe effizient zu verwalten. Auf einem gut ausgelasteten System werden Sie eine messbare Leistungssteigerung beobachten.

- Wenn Sie viele Geräte anschließen möchten, ist SCSI wiederum der Sieger. SCSI-Geräte arbeiten gut mit anderen zusammen; IDE-Geräte reißen alles an sich und schlagen sich um den Bus.

7.2 Aufbau von Festplatten

Die Geometrie einer Festplatte und die verwendete Terminologie zur Benennung der einzelnen Teile werden in Abbildung 7.2 gezeigt. Wir bieten diese Informationen hauptsächlich an, um Ihr allgemeines Wissen zu verbessern. Moderne Festplatten basieren immer noch auf demselben grundsätzlichen Aufbau, aber die Software weiß nicht mehr viel über den physischen Aufbau der Festplatte (oder braucht es nicht mehr zu wissen).

Eine typische Festplatte besteht aus rotierenden Scheiben, die mit einem magnetischen Film beschichtet sind. Die Daten werden von einem kleinen Kopf gelesen und geschrieben, der die Ausrichtung der magnetischen Partikel auf der Oberfläche dieser Scheiben verändert. Die Datenscheiben sind vollständig versiegelt, damit kein Staub oder Schmutz eintreten kann. Aufgrund dieser Eigenschaft sind fest eingebaute Festplatten wesentlich zuverlässiger als Wechselmedien.

In den frühen Anfängen der Computerhardware bestanden Festplatten in der Regel aus einer Scheibe. Die Speicherkapazität wurde durch Vergrößerung des Scheibendurchmessers gesteigert. An der Wand einer unserer Benutzerbereiche hatten wir eine alte Festplattenscheibe mit einem Durchmesser von mehr als 1,20 m angebracht, die ungefähr 280 KB Daten speichern konnte.

Heute enthalten Festplatten in der Regel mehrere kleine aufeinandergesteckte Scheiben, statt einer großen Scheibe. Beide Seiten einer Scheibe speichern Daten, obwohl eine Seite normalerweise lediglich Positionierungsangaben enthält und nicht für die eigentliche Datenspeicherung verwendet werden kann. Die Dichten einzelner Scheiben liegen momentan bei 130 GB.

Die Scheiben rotieren mit einer konstanten Geschwindigkeit. Kleine schwebende Köpfe, die wie die Nadel eines Schallplattenspielers vor und zurück bewegt werden, lesen von der Scheibe bzw. schreiben auf sie. Die Köpfe schweben sehr dicht über der Scheibenoberfläche, berühren sie aber nicht. Der Abstand zwischen dem Kopf und der rotierenden Scheibe kann mit einem F-16 Kampfflugzeug verglichen werden, das mit Höchstgeschwindigkeit drei Meter über dem Boden fliegt. Wenn ein Kopf eine Scheibe berührt, spricht man vom einem Head-Crash – er kann sehr zerstörerisch sein.

7.2 Aufbau von Festplatten

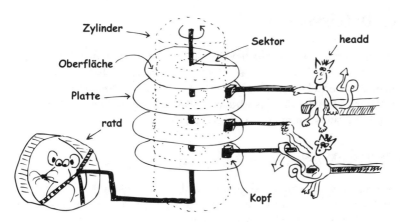

Abbildung 7.2: Aufbau einer Festplatte

Die Rotationsgeschwindigkeiten haben sich mit der Zeit dramatisch erhöht. Ältere Festplatten liefen mit 3.600 bis 5.400 min^{-1}. Aktuell beträgt der Massenmarktstandard 7.200 min^{-1}, wobei im Hochleistungsbereich 10.000 und 15.000 min^{-1} verbreitet sind. Höhere Rotationsgeschwindigkeiten verringern die Antwortzeit und erhöhen die Bandbreite von Datenübertragungen, können aber möglicherweise aufgrund erhöhter Wärmeerzeugung thermische Probleme nach sich ziehen. Stellen Sie sicher, dass Sie eine ausreichende Luftzirkulation haben, wenn Sie den Kauf einer Festplatte der Spitzenklasse planen.

Für jede Oberfläche wird mindestens ein Kopf benötigt. Die Köpfe früher Festplatten mussten große Entfernungen zurücklegen, doch die moderne Geometrie kleiner, gestapelter Scheiben ist effizienter. Die Festplattendurchmesser gehen noch zurück, von 14 Zoll vor 20 Jahren über 5,25 Zoll vor 10 Jahren bis hin zu 3,5 Zoll und kleiner heutzutage.

Das Bewegen des Kopfs an die richtige Stelle, um bestimmte Daten auszulesen, wird Suchen genannt. Jede Position, die der Kopf einnehmen kann, während sich die Scheibe unter ihm bewegt, heißt Spur. Spuren sind weiter in Sektoren unterteilt, die in der Regel 512 Bytes lang sind.

Ein Satz von Spuren auf verschiedenen Scheiben, die denselben Abstand zur Achse haben, ist ein Zylinder. Wenn sich alle Köpfe zusammen bewegen, was bei den meisten Festplatten aus dem Massenmarkt der Fall ist, können die in einem einzelnen Zylinder gespeicherten Daten ohne eine weitere Bewegung gelesen werden. Obwohl sich die Köpfe erstaunlich schnell bewegen, ist diese Bewegung noch wesentlich langsamer als die Rotation der Festplatte. Daher ist jeder Festplattenzugriff schneller, der keine neue Einstellung der Kopfposition erfordert.

7.3 Linux-Dateisysteme

Die Dateisystemunterstützung von Linux hat sich rasch entwickelt, wobei Linux viele Funktionen aus einer Vielzahl von Betriebssystemen übernommen hat. Die virtuelle Dateisystemschicht des Kernels (Virtual File System, VFS) ist insbesondere auf PCs sehr nützlich, da sie das Gerüst für das Einhängen »natürlicher« Dateisysteme wie dem berüchtigten FAT-Dateisystem von Windows bildet.

7.3.1 ext2fs und ext3fs

Das zweite erweiterte Dateisystem, im Allgemeinen als ext2fs bekannt, war für lange Zeit das Hauptdateisystem von Linux. Es wurde in erster Linie von Rémy Card, Theodore Ts'o und Stephen Tweedie entworfen und implementiert. Obwohl der Code für ext2fs speziell für Linux geschrieben wurde, übernimmt er viele Konzepte des BSD FFS-Dateisytems, das 1984 von Kirk McKusick und seinem Team entwickelt und eingeführt wurde.

Das dritte erweiterte Dateisystem, ext3fs, ist eine bemerkenswerte Erweiterung von ext2fs, die ursprünglich von Stephen Tweedie entwickelt wurde. Es ist jetzt das von den meisten Distributionen verwendete Standarddateisystem. ext3fs fügt dem vorhandenen Code von ext2fs die Fähigkeit des Journaling hinzu, eine konzeptionell einfache Änderung, die die Zuverlässigkeit enorm erhöht. Noch interessanter ist, dass die Erweiterungen für ext3fs ohne Änderung der fundamentalen Struktur von ext2fs implementiert wurden. Somit können Sie ein ext3fs-Dateisystem weiterhin als ext2fs einhängen – nur das Journaling wäre nicht mehr aktiv.

Mit `tune2fs` ist es möglich, ein vorhandenes ext2fs-Dateisystem nach ext3fs umzuwandeln. Wenn Sie z. B. ein ext2fs-Dateisystem auf `/dev/hda4` haben, können Sie es wie folgt konvertieren:

```
# tune2fs -j /dev/hda4
```

Sie müssen dann den zugehörigen Eintrag in `/etc/fstab` von `ext2` auf `ext3` anpassen (in Abschnitt 7.4.6 erhalten Sie weitere Informationen über die Datei `fstab`).

ext3fs reserviert einen Bereich auf der Festplatte für die Journaling-Datei. Wenn eine Dateisystemoperation erfolgt, werden die notwendigen Änderungen zunächst in die Journaling-Datei geschrieben. Wenn die Aktualisierung des Journals vollständig ist, wird ein »Bestätigungseintrag« geschrieben, um das Ende des Eintrags zu markieren. Erst dann wird das normale Dateisystem modifiziert. Wenn während der Aktualisierung ein Systemausfall erfolgt, können Sie mithilfe des Journaling-Protokolls ein vollkommen konsistentes Dateisystem wiederherstellen.

7.3 Linux-Dateisysteme

Das Journaling verringert die Zeit, die für Konsistenzüberprüfungen von Dateisystemen erforderlich ist (siehe den Abschnitt 7.6 über `fsck`) auf ungefähr eine Sekunde pro Dateisystem. Abgesehen von einigen Hardwarefehlern, kann der Zustand eines ext3fs-Dateisystems nahezu sofort eingeschätzt und wiederhergestellt werden.

ext3fs ist das einzige Dateisystem, das wir in diesem Kapitel ausführlicher beschreiben.

7.3.2 ReiserFS

Das von Hans Reiser geschriebene ReiserFS ist ein weiteres, erfolgreiches Dateisystem für Linux und das bevorzugte Dateisystem der SUSE-Distribution. Wie ext3fs ist es auch ein Journaling-Dateisystem und kann daher trotz Ereignissen wie Systemausfällen oder ungeplanter Neustarts (die bei Laptops oder Arbeitsplatzrechnern vorkommen können) die Dateisystemkonsistenz bewahren. Die Version 4 von ReiserFS wurde im August 2004 herausgegeben und ist in der Standardinstallation von Ubuntu enthalten. Fedora und SUSE verwenden momentan noch eine ältere Version.

Zusätzlich zu den Fähigkeiten des Journaling bietet Reiser4 eine modulare Dateisystemschnittstelle, über die Anwendungsentwickler und Systemadministratoren angeben können, wie Dateien auf einer sehr granularen Ebene behandelt (und gesichert) werden sollen. Diese Funktion erhöht die Sicherheit von Dateien in spezialisierten Umgebungen. ReiserFS wird von DARPA[4] gefördert und ist das einzige Open Source-Dateisystem, das den Anspruch erhebt, für militärische Sicherheitsanforderungen entworfen zu sein.

Neue Algorithmen in Reiser4 sind platzsparender als ihre Vorgänger. Andere Dateisysteme (wie auch ältere Versionen von ReiserFS) verwenden die Algorithmen balancierter Bäume, um Blöcke auf der Festplatte zuzuteilen. Obwohl dieser bewährte Ansatz sich als stabil erwiesen hat, gibt es einen charakteristischen Kompromiss zwischen der Geschwindigkeit und der Festplattennutzung. Die »tanzenden Bäume« von Reiser4 zwingen Administratoren nicht mehr, sich für eine Sache zu entscheiden.

7.3.3 XFS und JFS

Zwei weitere Bewerber in der Kategorie »modernes, etabliertes Linux-Dateisystem« sind XFS von SGI und JFS von IBM. Beide werden von aktuellen Kerneln und Distributionen von Haus aus unterstützt, und beides sind hochleistungsfähige Journaling-Dateisysteme. Jedes hat seine Befürworter, doch keins von beiden scheint so weit verbreitet zu sein wie ext3fs oder ReiserFS.

Es ist schwierig, mit einiger Sicherheit zu erklären, warum das so ist, aber das grundlegende Problem liegt darin, dass diese Dateisysteme sich nur wenig von ext3fs und ReiserFS unterscheiden. Natürlich sind die Einzelheiten der Implementierung unter-

---

4 *Die Defense Advanced Research Projects Agency, dieselbe Institution, die das Internet begründete.*

schiedlich, und jedes Dateisystem hat bescheidene Bereiche, in denen es überlegen ist (z. B. hat XFS eine bessere Fragmentierungs- und Erweiterungsverwaltung). Trotzdem ist die Leistungsfähigkeit der Hauptbewerber ähnlich, und Anwendungen, die es einem einzelnen Dateisystem erlauben, wirklich zu glänzen, sind selten.

Wenn Sie diese Dateisysteme im Einzelnen beurteilen möchten, finden Sie weitere Informationen im Internet. Schauen Sie für JFS bei *jfs.sourceforge.net* und für XFS bei *oss.sgi.com/projects/xfs* nach.

7.4 Überblick über die Installation von Festplatten

Die Vorgehensweise zum Hinzufügen neuer Festplatten umfasst die folgenden Schritte:

- Die Festplatte an den Computer anschließen
- Die Festplatte formatieren, falls erforderlich (normalerweise nicht)
- Die Festplatte partitionieren
- Dateisysteme in Festplattenpartitionen erstellen
- Die Dateisysteme einhängen
- Das automatische Einhängen einrichten
- Auslagerung aktivieren

Die folgenden Abschnitte behandeln diese Schritte ausführlich. In Abschnitt 7.7 zeigen wir den vollständigen Vorgang von Anfang bis Ende für eine beispielhafte Festplatte.

7.4.1 Die Festplatte anschließen

Die Art des Anschlusses einer Festplatte an das System hängt von der verwendeten Schnittstelle ab. Der Rest besteht aus Anbringen von Haltern und Kabeln. Wenn es sich um eine IDE-Festplatte handelt, sollten Sie versuchen, das System mit nur einem IDE-Gerät pro Bus einzurichten. Überprüfen Sie die Ausrichtung der Kabel und die Master-Slave-Einstellung aller Festplatten. Wenn Sie SCSI verwenden, müssen Sie sicherstellen, dass Sie beide Enden des SCSI-Busses vorschriftsmäßig terminiert haben, die Kabellänge unterhalb der für Ihre SCSI-Variante maximal zulässigen bleibt und das neue SCSI-Gerät nicht in Konflikt mit dem Controller oder einem anderen am Bus angeschlossenen Gerät tritt. Weitere Einzelheiten erhalten Sie in den systemspezifischen Abschnitten am Ende dieses Kapitels.

Bevor Sie auf eine neue Festplatte zugreifen können, benötigen Sie Gerätedateien in /dev, die auf sie verweisen. Für die meisten verbreiteten Festplatten erstellt Linux die Dateien automatisch. Weitere Informationen über Gerätedateien erhalten Sie in Abschnitt 5.4.3.

Durch zufälliges Schreiben auf die Festplatte ist es möglich, ein Dateisystem innerhalb von Sekunden zu zerstören, sodass Sie die Berechtigungen auf die Gerätedateien von Festplatten stark einschränken sollten. Ziehen Sie in Erwägung, dem Gruppenbesitzer (`operator` oder `disk`) Leseberechtigung zu erteilen – so können Operatoren ohne Superuserberechtigung den Befehl `dump` ausführen, während alle anderen am direkten Lesen aus der Gerätedatei gehindert werden.

7.4.2 Die Festplatte formatieren

Hersteller geben Festplattenkapazitäten in der Anzahl der unformatierten Bytes an. Ungefähr 10% dieser Kapazität werden in der Regel zur Kennzeichnung der Plattenoberflächen genutzt, damit die Hard- und die Software die dort geschriebenen Daten finden kann. Denken Sie beim Kauf von Festplatten stets in formatierter Größe und vergleichen Sie die Preise entsprechend.

Festplattengrößen werden in Megabytes angegeben, die Millionen Bytes bedeuten, im Gegensatz zum Hauptspeicher, der in Megabytes zu 2^{20} (1.048.576) Bytes angegeben wird. Der Unterschied beträgt ungefähr 5%.[5] Überprüfen Sie die Einheiten genau, wenn Sie Kapazitäten abschätzen und vergleichen.

Der Formatierungsvorgang schreibt Adressinformationen und Zeitmarkierungen auf die Platten, um alle Sektoren zu kennzeichnen. Er erkennt auch beschädigte Bereiche (»bad blocks«), Fehler im Medium, durch die Bereiche entstehen, auf denen keine zuverlässigen Lese- und Schreibvorgänge ausgeführt werden können. Moderne Festplatten haben eine eingebaute Blockverwaltung, sodass weder Sie noch der Treiber sich darüber Sorgen machen müssen.[6]

Alle Festplatten werden vorformatiert ausgeliefert, und diese Fabrikformatierung ist normalerweise präziser als jede Formatierung, die Sie selbst ausführen. Falls es nicht unbedingt erforderlich ist, sollte eine Low-Level-Formatierung möglichst vermieden werden. Wenn Sie Lese- oder Schreibfehler auf einer Festplatte bemerken, überprüfen Sie zunächst die Verkabelung, die Terminierung und Adressprobleme, die ähnliche Symptome wie ein beschädigter Bereich zeigen. Wenn Sie danach immer noch davon überzeugt sind, dass die Festplatte fehlerhaft ist, sollten Sie sie besser mit einer neuen auswechseln, anstatt stundenlang auf eine Formatierung zu warten.

IDE-Festplatten sind normalerweise nicht für eine Formatierung außerhalb der Fabrik vorgesehen. Es kann jedoch möglich sein, dass Sie spezielle Formatierungssoftware vom Hersteller erhalten, in der Regel für Windows. Überprüfen Sie, dass die Software mit der zu formatierenden Festplatte übereinstimmt und befolgen Sie sorgfältig die Anweisungen des Herstellers.

---

5 *Natürlich bedeutet die Vorsilbe »Mega« in Wirklichkeit »Million«, sodass diese Praxis nicht ganz unhaltbar ist.*
6 *Jedoch werden alle beschädigten Bereiche, die nach der Formatierung auftreten, nicht »behandelt«; sie können sich in Lese- und Schreibfehlern sowie in Datenverlust zeigen.*

SCSI-Festplatten formatieren sich selbst in Folge eines Befehls, den Sie vom Rechner aus abschicken. Das Verfahren zum Absenden des Befehls ist von System zu System unterschiedlich. Auf PCs können Sie ihn oftmals im BIOS des SCSI-Controllers eingeben.

Es gibt eine Vielzahl Hilfsprogramme, mit denen Sie die Integrität einer Festplatte überprüfen können, die Zufallsmuster auf die Festplatte schreiben und wieder auslesen. Sorgfältige Tests benötigen eine lange Zeit (Stunden) und haben nur einen geringen Vorhersagewert. Sofern Sie keinen Verdacht haben, dass eine Festplatte fehlerhaft ist und Sie nicht in der Lage sind, sie einfach auszutauschen (oder nach Stunden bezahlt werden), sollten Sie diese Tests meiden. Ansonsten lassen Sie die Tests über Nacht laufen. Haben Sie keine Bedenken, eine Festplatte durch zu hohe Belastung oder aggressives Testen »abzunutzen«. Festplatten sind dafür gedacht, eine ständige Aktivität auszuhalten.

7.4.3 Die Festplatte partitionieren

Nachdem eine Festplatte formatiert und ihre beschädigten Sektoren remapped (durch funktionsfähige Reserve-Sektoren ersetzt) wurden, muss sie in Bereiche, genannt *Partitionen*, aufgeteilt werden. Die Partitionierung ermöglicht es, die Festplatte als Gruppe unabhängiger Datenbereiche statt als ausgedehnte Fläche von Blöcken zu behandeln. Sie ermöglicht auch, dass einige »Bonuspunkte«, wie die Bootblöcke oder die Partitionstabelle selbst, vor Software auf höherer Ebene (z. B. dem Dateisystem) verborgen werden. Der Kernel vereinfacht die Anordnung der Festplatte; andere Software arbeitet mit der aufgeräumten Abstraktion von Partitionen.

Partitionen erleichtern Backups, verhindern, dass Benutzer sich gegenseitig Speicherplatz wegschnappen, erhöhen die Leistung und beschränken möglichen Schaden durch amoklaufende Programme. Die Partitionstabelle befindet sich auf der Festplatte in einem Eintrag namens *Label*. Das Label belegt normalerweise die ersten Blöcke der Festplatte. Sein genauer Inhalt ist unterschiedlich, doch im Allgemeinen sind genug Informationen enthalten, damit das System starten kann.

Partitionen sind vom Begriff her selbstständig und getrennt voneinander. Die Datei /dev/sda ist jedoch die Blockgerätedatei der Festplatte, im Wesentlichen ein Abbild der gesamten Festplatte. Befehle auf Benutzerebene können über diese Gerätedatei »direkt« auf die Festplatte zugreifen. Beispielsweise kann ein Benutzerprozess das Label der Festplatte beschreiben oder ihren Inhalt mithilfe des Befehls dd auf eine Backup-Festplatte schreiben. Natürlich muss diese besondere Datei vorsichtig genutzt werden, da durch sie alle Partitionen auf der Festplatte auf einmal zerstört werden können.

Einige Systeme gehen diesen trügerischen Weg sogar noch weiter und ermöglichen die Definition mehrerer überlappender Partitionsgruppen. Zum Beispiel könnten die Partitionen 1, 2 und 3 die Festplatte auf eine Art und die Partitionen 4 und 5 sie auf eine andere Art aufteilen. Sie müssen dann einen Satz selbstkonsistenter Partitionen verwenden und die anderen einfach ignorieren. In der Realität laden solche überlappenden Partitionen zu Operatorenfehlern ein und stellen eine mögliche Ursache für zufällige Datenbeschädigung dar.

Moderne Systeme neigen dazu, weniger Partitionen als ihre Vorgänger zu verwenden, aber auf den meisten Systemen finden Sie mindestens zwei:

- Die Wurzelpartition: Hier liegt alles, was benötigt wird, um das System in den Einzelbenutzermodus hochzufahren. In Notfällen kann eine auf einer anderen Festplatte gespeicherte Kopie dieser Partition nützlich sein.
- Die Auslagerungspartition (Swap-Partition): Ein Auslagerungsbereich speichert Seiten virtuellen Speichers, wenn es nicht genügend physischen Speicher gibt, der sie aufnehmen kann. Jedes System sollte mindestens eine Auslagerungspartition haben.

Es gibt unterschiedliche Meinungen darüber, wie man eine Festplatte am besten in Partitionen einteilt. Nachfolgend erhalten Sie einige Hinweise:

- Wenn Sie mehrere Festplatten haben, legen Sie auf einer eine Kopie des Wurzeldateisystems an und stellen Sie sicher, dass Sie davon booten können.
- Wenn Sie Ihrem Computer Speicher hinzufügen, sollten Sie auch den Auslagerungsbereich erweitern. Das Zuweisen von Auslagerungsbereichen ist zur Anpassung an die Arbeitslast Ihres Systems erforderlich. In Abschnitt 25.3 erhalten Sie weitere Informationen über virtuelle Speicher.
- Das Aufteilen des Auslagerungsbereichs auf mehrere Festplatten erhöht die Leistungsfähigkeit. Diese Technik funktioniert auch für Dateisysteme: Legen Sie die aktivsten auf verschiedene Festplatten. Weitere Hinweise zu diesem Thema finden Sie in Abschnitt 25.3.4.
- Wenn Sie planen, eine Partition zu sichern, darf sie nicht größer als die Kapazität Ihres Backupgerätes sein (siehe Abschnitt 9.1).
- Versuchen Sie, Informationen, die sich schnell ändern, auf einigen wenigen Partitionen zusammenzufassen, die häufig gesichert werden.
- Das Einrichten eines gesonderten Dateisystems für /tmp beschränkt die Dateien auf eine bestimmte Größe und erspart Ihnen die Sicherung.
- Da Protokolldateien in /var gespeichert werden, ist es ratsam, für /var eine eigene Festplattenpartition einzurichten. Wenn Sie /var in einer kleinen Wurzelpartition belassen, kann diese leicht gefüllt und der Rechner zum Stillstand gebracht werden.
- Es kann nützlich sein, für /home eine eigene Partition zu definieren. Auch wenn die Wurzelpartition beschädigt ist, gibt es eine gute Chance dafür, dass Benutzerdaten unversehrt bleiben. Umgekehrt kann ein System weiterarbeiten, wenn das fehlgeleitete Shellskript eines Benutzers /home auffüllt.

7.4.4 Dateisysteme in Festplattenpartitionen erstellen

Auch wenn eine Festplatte konzeptionell in Partitionen aufgeteilt wurde, ist sie noch nicht zur Aufnahme von Dateien bereit. Das Dateisystem muss noch etwas eigenen Overhead hinzufügen, bevor die Festplatte gebrauchsfertig ist.

Um in einer Festplattenpartition ein ext3fs-Dateisystem zu erstellen, geben Sie den Befehl `mke2fs -j` ein. (Es gibt keinen Befehl `mke3fs`; die Option `-j` weist `mke2fs` an, ein ext3fs-Journal zu erstellen.) Sofern Sie nichts Seltsames tun, sollten Sie in der Lage sein, das Dateisystem lediglich durch die Angabe von `mke2fs -j` und dem Partitionsnamen zu erstellen. Seien Sie vorsichtig mit `mke2fs`; ein Fehler kann Ihr System zerstören und die Datenwiederherstellung extrem schwierig, wenn nicht unmöglich machen.

Ein ext3fs-Dateisystem besteht aus fünf strukturellen Komponenten:

- Einem Satz von Inode-Speicherzellen
- Einem Satz verstreuter »Superblocks«
- Einer Map der Festplattenblöcke im Dateisystem
- Einer Zusammenfassung der Blocknutzung
- Einem Satz von Datenblöcken

Das Journal wird wie eine reguläre Datei in der Wurzel des neuen Dateisystems behandelt, sodass es keine wirklich eigene strukturelle Komponente ist.

Jede Dateisystempartition ist in Blockgruppen aufgeteilt. Strukturen wie Inode-Tabellen liegen zwischen den Blockgruppen, sodass Blöcke, auf die gemeinsam zugegriffen wird, in nahe beieinanderliegenden Bereichen der Festplatte gespeichert werden können. Diese Gruppierung verringert die Notwendigkeit, auf der gesamten Platte zu suchen, wenn ein Zugriff auf Blöcke derselben Datei erfolgt.

Inodes sind Tabelleneinträge fester Länge, die Informationen über eine Datei enthalten. Da bei der ursprünglichen Strukturierung des Dateisystems ein Bereich für Inodes reserviert wird, müssen Sie im Voraus entscheiden, wie viele Sie erstellen möchten. Es ist unmöglich, genau vorauszusagen, wie viele Dateien (Inodes) eines Tages benötigt werden – die Befehle zum Erstellen von Dateisystemen verwenden eine empirische Formel, um eine geeignete Zahl abzuschätzen, basierend auf der Partitions- und einer durchschnittlichen Dateigröße.

Sie können die Anzahl der Inodes beim Erstellen des Dateisystems entweder nach oben oder nach unten anpassen: Viele Inodes für Dateisysteme mit vielen kleinen Dateien (wie z. B. Aufbewahrungsorte für Quellcodedateien) und weniger für Dateisysteme mit wenigen großen Dateien (wie z. B. ein Dateisystem, das eine Datenbank enthält).

Ein Superblock ist ein Eintrag, der die Eigenschaften des Dateisystems beschreibt. Er enthält Informationen über die Länge eines Festplattenblocks, die Größe und den Ort der Inode-Tabellen, den Blockplan der Festplatte und Angaben zur Nutzung, die Größe der Blockgruppen sowie einige weitere wichtige Parameter des Dateisystems.

Da eine Beschädigung des Superblocks einige extrem wichtige Informationen löschen könnte, werden mehrere Kopien von ihm in verstreuten Bereichen unterhalten (zu Beginn einer jeden Blockgruppe).

Der Kernel unterhält für jedes eingehängte Dateisystem sowohl eine Kopie des Superblocks im Hauptspeicher als auch mehrere Kopien auf der Festplatte. Der Systemaufruf sync kopiert die gepufferten Superblöcke auf ihre jeweiligen Zielbereiche auf der Festplatte und macht somit das Dateisystem für den Bruchteil einer Sekunde konsistent. Diese periodische Sicherung minimiert den Schaden, der bei einem Ausfall des Rechners entstehen würde, wenn das Dateisystem die Superblöcke nicht aktualisiert hätte. sync kopiert auch veränderte Inodes und zwischengespeicherte Datenblöcke. Traditionell erfolgt die Synchronisierung in Intervallen von 30 Sekunden, bei ext3fs jedoch alle fünf Sekunden.

Der Blockplan einer Festplatte ist eine Tabelle der freien Blöcke. Wenn neue Dateien geschrieben werden, wird dieser Plan zurate gezogen, um eine rationale Speicheranordnung zu finden. Die Zusammenfassung der Blocknutzung speichert grundlegende Informationen über die Blöcke, die bereits in Benutzung sind.

7.4.5 Die Dateisysteme einhängen

Ein Dateisystem muss eingehängt (»gemountet«) werden, bevor es für Prozesse sichtbar ist. Der Einhängpunkt (»Mountpoint«) kann dabei jedes beliebige Verzeichnis sein, doch ist kein Zugriff auf die Dateien und Unterverzeichnisse darunter möglich, solange das Dateisystem dort eingehängt ist. In Abschnitt 5.2 erhalten Sie weitere Informationen über das Einhängen von Dateisystemen.

Nach der Installation einer neuen Festplatte sollten Sie neue Dateisysteme von Hand einhängen, um sicher zu sein, dass alles korrekt funktioniert. Betrachten Sie z. B. den folgenden Befehl:

```
# mount /dev/sda1 /mnt
```

Er hängt das Dateisystem in der durch die Gerätedatei /dev/sda1 dargestellten Partition im Verzeichnis /mnt ein, einer üblichen Pfadangabe für vorübergehend eingehängte Dateisysteme. Wenn das Dateisystem brandneu ist, sollte sein Inhalt wie folgt aussehen:

```
# ls /mnt
lost+found
```

Das Verzeichnis lost+found wird beim Aufbau eines Dateisystems automatisch erstellt[7]. Es wird von fsck in Notfällen verwendet; löschen Sie es nicht. Es enthält einige zusätzlich im Voraus reservierte Speicherbereiche, damit fsck »verwaiste« Dateien dort speichern kann, ohne zusätzliche Verzeichniseinträge in einem instabilen Dateisystem anfordern zu müssen.

---

7 Wenn Sie das Verzeichnis aus Versehen gelöscht haben, können Sie es mittels mk lost + found *neu erstellen.*

Die Größe eines Dateisystems können Sie mit dem Befehl df überprüfen. Hier sehen Sie ein Beispiel:

```
$ df /home
Filesystem   1K-blocks   Used     Available  Use%  Mounted on
/dev/hda5    4128448     697968   3220768    18%   /home
```

Die von df angezeigten Standardeinheiten sind Blöcke der Größe 1KB, doch Sie können die Option -h verwenden, um »menschenlesbare« (human-readable) Werte zu erhalten (z. B. 2.4G).

7.4.6 Automatisches Einhängen

Im Allgemeinen möchten Sie das System so konfigurieren, dass lokale Dateisysteme beim Starten automatisch eingehängt werden. Die Datei /etc/fstab enthält eine Liste von Geräten, die Dateisystemen entsprechen.

Die Datei fstab, die das oben gezeigte Dateisystem enthält, könnte wie folgt aussehen:

```
LABEL=/       /              ext3     defaults          1  1
none          /dev/pts       devpts   gid=5,mode=620    0  0
/dev/hda5     /home          ext3     defaults          1  2
none          /proc          proc     defaults          0  0
none          /dev/shm       tmpfs    defaults          0  0
/dev/cdrom    /media/cdrom   iso9660  ro,noauto,owner   0  0
/dev/hda3     /usr           ext3     defaults          1  2
/dev/hda6     /var           ext3     defaults          1  2
/dev/hda2     swap           swap     defaults          0  0
```

Pro Zeile gibt es sechs durch Leerzeichen getrennte Felder. Jede Zeile beschreibt ein einzelnes Dateisystem. Aus Gründen der Lesbarkeit sind die Felder standardmäßig angeordnet, was aber nicht erforderlich ist.

Die erste Spalte gibt den Gerätenamen oder das Label an, das mit e2label zugewiesen wurde (die LABEL=Form). Die Datei fstab kann auch Einträge für entfernte Dateisysteme enthalten – in diesem Fall enthält die erste Spalte einen NFS-Pfad. Die Angabe server:/export bezeichnet das Dateisystem /export auf dem Rechner server. Dateisysteme, hinter denen kein tatsächlicher Speicher steht (wie /proc und /dev/shm im obigen Beispiel), erhalten im Gerätefeld den Platzhalter none.

Tipp

In Kapitel 16 erhalten Sie weitere Informationen zu NFS.

Die zweite Spalte gibt den Einhängpunkt an und die dritte benennt den Typ des Dateisystems. Der genaue Name zur Identifizierung lokaler Dateisysteme ist je nach Systemkonfiguration verschieden. Die Namen `ext2` und `ext3` werden für ext*fs verwendet und `reiserfs` bezeichnet ReiserFS.

Die vierte Spalte führt die Optionen für das Einhängen auf. Das Schlüsselwort `defaults` gibt eine Kombination der Optionen `rw`, `suid`, `dev`, `exec`, `auto`, `nouser` und `async` an (in der `man`-Seite zu `mount` finden Sie Einzelheiten zu allen diesen Optionen). Eventuell möchten Sie `acl` hinzufügen, um auch Zugriffssteuerungslisten zu aktivieren (siehe Abschnitt 5.6).

Die Journalverwaltung von ext3fs wird mit der Option `data=mode` gesetzt, wobei `mode` entweder `ordered`, `writeback` oder `journal` ist. Der Modus ist eine Wahl für den Betrieb, keine Eigenschaft des Dateisystems selbst – daher erscheint er in `fstab` und nicht als Argument von `mke2fs`.

Die Optionen definieren drei Kompromisse zwischen Leistungsfähigkeit und Zuverlässigkeit:

- Der Standardmodus (`ordered`) garantiert, dass das Dateisystem immer konsistent ist und daher Dateien niemals durch einen Systemausfall beschädigt werden. Er stellt für die meisten Umgebungen die beste Wahl dar.

- Der Modus `writeback` kann nach einem Systemausfall zu beschädigten Dateien führen, ist aber in einigen Fällen schneller. Das ist tatsächlich die Art und Weise, wie die meisten Journaling-Dateisysteme arbeiten, und nicht wesentlich risikoreicher als das Standardverhalten von ext2fs.

- Der Modus `journal` verwendet eine größere Journaldatei, die die Wiederherstellung beim Neustart verlangsamen, aber schneller in Verbindung mit einer Datenbankanwendung sein kann.

Die fünfte Spalte in der `fstab` gibt den Wert für eine »Dumpfrequenz« an, der theoretisch von Produkten für Backups verwendet werden kann, was jedoch normalerweise nicht der Fall ist.

Die sechste Spalte gibt die Reihenfolge (»pass«) an, in der `fsck` Dateisysteme überprüfen soll. Dateisysteme mit demselben Wert in dieser Spalte werden wenn möglich gleichzeitig überprüft. Dieses Feld war vor dem Aufkommen von Journaling-Dateisystemen sehr wichtig, als `fsck` ein zeitraubender Vorgang war, hat jedoch heute an Bedeutung verloren. Geben Sie für zwei Nicht-Journaling-Dateisysteme auf derselben Festplatte nicht denselben Wert an, oder Sie sorgen dafür, dass der Festplattenkopf sich so stark vor und zurück bewegt, dass die Leistung merklich abfällt. Nur Dateisysteme auf verschiedenen Festplatten sollten parallel überprüft werden.

> **Tipp**
>
> fsck wird in Abschnitt 7.6 beschrieben.

Die Befehle mount, umount, swapon und fsck lesen alle die Datei fstab, daher ist es wichtig, dass die hier vorgestellten Daten richtig und vollständig sind. mount und umount nutzen die fstab, um herauszufinden, was zu tun ist, wenn Sie auf der Befehlszeile nur einen Partitionsnamen oder einen Einhängpunkt angeben. Beispielsweise bedeutet mit der oben gezeigten Datei fstab der Befehl

```
# mount /media/cdrom
```

dasselbe wie

```
# mount -t iso9660 -o ro,noauto,owner /dev/cdrom /media/cdrom
```

Der Befehl mount -a hängt alle in der Datei fstab aufgeführten regulären Dateisysteme ein; er wird normalerweise beim Systemstart von den Startskripten ausgeführt. Der Schalter -t beschränkt die Operation auf Dateisysteme eines bestimmten Typs. Zum Beispiel würde der Befehl

```
# mount -at ext3
```

alle lokalen ext3-Dateisysteme einhängen. Der Befehl mount liest die Zeilen aus fstab der Reihe nach. Daher müssen Dateisysteme, die unterhalb anderer eingehängt werden, in der Datei fstab nach ihrer Elternpartition erscheinen. Zum Beispiel muss die Zeile /var/log nach der Zeile für /var stehen, sofern /var ein eigenes Dateisystem ist.

Die Syntax des Befehls umount zum Aushängen von Dateisystemen ist ähnlich. Sie können kein Dateisystem aushängen, das ein Prozess gerade als sein aktuelles Verzeichnis nutzt oder aus dem Dateien geöffnet sind. Es gibt Wege, diese Beschränkungen zu umgehen, siehe Abschnitt 5.2.

7.4.7 Auslagerung aktivieren

Einer der ersten Vorteile von UNIX war die Einführung von virtuellem Speicher. Mit dieser Funktion kann das Betriebssystem vorgaukeln, dass der Rechner mehr Speicher enthält als tatsächlich vorhanden ist. Wenn Prozesse versuchen, diesen »zusätzlichen« Speicher zu nutzen, werden die Festplatten des Systems als Art extrem langsamer Hauptspeicher ins Spiel gebracht. Das Jonglieren des Speicherinhalts von und zur Festplatte wird als Paging bezeichnet. Idealerweise hat das System ausreichend viel physischen Speicher zur Verfügung, sodass diese quälend langsame Aktivität niemals eintritt.

Für den Auslagerungsbereich werden in der Regel »rohe« Partitionen an Stelle von strukturierten Dateisystemen verwendet, um die Auslagerung effizienter zu machen. Anstatt mithilfe eines Dateisystems den Inhalt des Auslagerungsbereichs zu verfolgen, unterhält der Kernel seine eigene vereinfachte Zuordnung von Speicher- auf Festplattenblöcke. Es ist auch möglich, in eine Datei einer Festplattenpartition auszulagern, doch mit älteren Kerneln ist diese Konfiguration langsamer als die Verwendung einer dedizierten Partition.

Je größer der Auslagerungsbereich ist, desto mehr virtuellen Speicher kann einem Prozess zugewiesen werden. Der virtuelle Speicher erreicht seine beste Leistungsfähigkeit, wenn der Auslagerungsbereich über mehrere Festplatten verteilt ist (oder noch besser, über mehrere SCSI-Busse).

> **Tipp**
>
> In Abschnitt 25.3 erhalten Sie weitere Informationen zum Aufteilen von Auslagerungsbereichen.

Normalerweise können Sie die Auslagerung auf ein bestimmtes Gerät manuell aktivieren, doch im Allgemeinen sollte diese Funktion beim Systemstart automatisch ausgeführt werden. Auslagerungsbereiche können in der Datei fstab aufgeführt werden, derselben Datei, in der einhängbare Dateisysteme aufgezählt werden. Ein entsprechender Eintrag sieht wie folgt aus:

```
/dev/hda2    swap    swap    defaults    0    0
```

Während des Systemstarts wird der Befehl swapon ausgeführt, um die Auslagerung für alle in der Datei fstab aufgeführten Auslagerungspartitionen zu aktivieren.

7.5 hdparm: IDE-Schnittstellenparameter festlegen

Das Programm hdparm arbeitet mit dem IDE-Treiber von Linux zusammen, um Festplattenparameter abzurufen und zu verändern. Unter anderem kann hdparm Drive Power Options festlegen, DMA ein- und ausschalten, den Nur-Lese-Schalter setzen sowie ausführliche Festplatteninformationen ausgeben. Sie können durch Optimieren einiger dieser Festplattenparameter deutliche Leistungssteigerungen erreichen. Dieses Hilfsprogramm ist IDE-spezifisch und funktioniert nicht für SCSI- und USB-Festplatten.

Die Syntax lautet wie folgt:

```
hdparm [optionen] [gerät]
```

7 Eine Festplatte hinzufügen

Das Ausführen von hdparm ohne Angabe von Optionen gibt den aktuellen Zustand einiger der interessanteren Einstellungen aus.

```
$ sudo /sbin/hdparm -d /dev/hdb
/dev/hdb:
    multcount     = 0 (off)
    IO_support    = 0 (default 16-bit)
    unmaskirq     = 0 (off)
    using_dma     = 0 (off)
    keepsettings  = 0 (off)
    readahead     = 256 (on)
    geo
```

Aus Sicht der Festplattenleistung lassen diese Einstellungen einiges zu wünschen übrig.

- DMA (Direct Memory Access, direkter Speicherzugriff) ist deaktiviert. Alle modernen Festplatten können Daten direkt an den Hauptspeicher senden und dabei die CPU umgehen. Es ist fast immer zu empfehlen, DMA zu aktivieren, doch es kann gelegentlich dazu führen, dass eine schlecht konstruierte Hardware nicht korrekt funktioniert. Testen Sie es immer erst auf einem System, das nicht produktiv ist.

- Die 32-Bit-E/A-Unterstützung ist deaktiviert. Ohne 32-Bit-E/A nutzen die Daten den PCI-Bus nur mit 16 Bit und halbieren möglicherweise die Leistung.

- Das Demaskieren von Interrupts ist ausgestellt. Das Aktivieren dieser (etwas obskuren) Funktion ermöglicht es dem Festplattentreiber, bestehende Interrupts zu demaskieren, während er einen aktuellen Interrupt der Festplatte bedient und damit die Leistung verbessert.

hdparm enthält einen eingebauten Leistungstest für Festplatten, um bei der Beurteilung der Auswirkungen dieser Einstellungen zu helfen. Mit den Standardwerten für eine ältere IDE-Festplatte lieferte unser System die folgenden Ergebnisse:

```
$ sudo /sbin/hdparm -Tt /dev/hdb
/dev/hdb:
    Timing cached reads:       228 MB in 2.41 seconds = 94.70 MB/sec
    Timing buffered disk reads:6 MB in 4.62 seconds   =  1.30 MB/sec
```

»Cached reads« gibt die Geschwindigkeit der Datenübertragung auf dem IDE-Bus an (unabhängig vom Durchsatz der physischen Festplatte), während »buffered reads« den Lese-Overhead von den physischen Platten beinhaltet. Wie zu erwarten, ist die physische Festplatte wesentlich langsamer als der Bus. Trotzdem sind 1,3 MB/s ziemlich trostlos.

Da DMS ein sehr wichtiges Merkmal moderner Hardware ist, verdient es sofortige Optimierungsaufmerksamkeit. Tabelle 7.2 fasst die Geschwindigkeiten der verschiedenen DMA-Modi für alle verbreiteten DMA-Technologien zusammen.

7.5 hdparm: IDE-Schnittstellenparameter festlegen

Modus	0	1	2	3	4	5	6
PIO	3,3	5,2	8,3	11,1	16,7		
SDMA	2,4	4,2	8,3				
MDMA	4,2	13,3	16,7				
UDMA	16,7	25,0	33,3	44,4	66,7	100,0	133,0

Tabelle 7.2: Maximale Übertragungsraten (in MB/s) für verschiedene DMA-Modi

Mithilfe dieser Tabelle können Sie das geeignete an hdparm zu übergebende Argument leicht herausfinden. Sie aktivieren DMA unter Verwendung von UDMA2 durch die Eingabe des folgenden hdparm-Befehls:

```
$ sudo /sbin/hdparm -d1 -Xudma2 /dev/hdb
/dev/hdb:
    setting using_dma to 1 (on)
    setting xfermode to 66 (UltraDMA mode2)
    using_dma = 1 (on)
```

Sie aktivieren die 32-Bit-E/A-Unterstützung wie folgt:

```
$ sudo /sbin/hdparm -c1 /dev/hdb
/dev/hdb:
    setting 32-bit IO_support flag to 1
    IO_support = 1 (32-bit)
```

Der Wert für das Demaskieren von Interrupts ist schließlich binär. Sie schalten es wie folgt an:

```
$ sudo /sbin/hdparm -u1 /dev/hdb
/dev/hdb:
    setting unmaskirq to 1 (on)
    unmaskirq = 1 (on)
```

Die Auswirkungen dieser Veränderungen können Sie sich mit den Leistungsmessungen von hdparm anschauen:

```
$ sudo /sbin/hdparm -Tt /dev/hdb
/dev/hdb:
    Timing cached reads:      256 MB in  2.00 seconds= 127.83 MB/sec
    Timing buffered disk reads:40 MB in  3.01 seconds =  13.30 MB/sec
```

Einige Konfigurationskniffe mit hdparm führten zu deutlichen Verbesserungen beider Werte.

Um die optimalen Einstellungen für Ihre Festplatte zu finden, sollten Sie mit verschiedenen Einstellungen experimentieren. Es ist zu empfehlen, die Leistungsmessungen mit jeder Einstellung mehrmals auszuführen, um die genauesten Daten zu erhalten.

7.6 fsck: Dateisysteme überprüfen und reparieren

Moderne Dateisysteme sind erstaunlich zuverlässig, und sogar die Implementierungen ohne Journaling scheinen bemerkenswert gut mit Systemausfällen und verrückt spielender Hardware zurechtzukommen. Trotzdem können Dateisysteme zerstört oder auf vielerlei Arten beschädigt werden.

Bei jeder Kernelpanik und jedem Stromausfall können kleine Inkonsistenzen in Dateisysteme eingeführt werden, die unmittelbar vor dem Ausfall aktiv waren. Da der Kernel sowohl Datenblöcke als auch Metadaten wie Verzeichniseinträge puffert, ist das aktuellste Abbild des Dateisystems zwischen Festplatte und Hauptspeicher aufgeteilt. Während eines Ausfalls geht der Speicheranteil des Abbilds verloren. Die gepufferten Blöcke werden tatsächlich mit den Versionen »überschrieben«, die zuletzt auf der Festplatte gespeichert wurden.

Es gibt mehrere Ansätze, um dieses Problem zu beheben. Kleinere Schäden können normalerweise mit dem Befehl fsck (Dateisystemkonsistenzüberprüfung, filesystem consistency check, ausgesprochen »fs check« oder »fisk«) behoben werden. Das ist keine architektonisch elegante Art, dieses Problem anzugehen, doch es funktioniert wunderbar für alle üblichen Inkonsistenzen.

Journaling-Dateisysteme wie ReiserFS und ext3fs schreiben Metadaten in eine sequenzielle Protokolldatei, die auf die Festplatte geschrieben wird, bevor jeder einzelne Befehl zurückkehrt. Die Metadaten wandern schließlich aus der Protokolldatei zu ihrem dauerhaften Speicherort im Dateisystem. Wenn das System ausfällt, kann die Protokolldatei bis zum aktuellsten Konsistenzpunkt abgearbeitet werden – eine vollständige Dateisystemüberprüfung ist nicht erforderlich. fsck wird weiterhin beim Systemstart ausgeführt, um sicherzustellen, dass das Dateisystem in einem konsistenten Zustand ist, doch es läuft wesentlich schneller als bei der Überprüfung eines herkömmlichen ext2-Dateisystems. Diese Funktion kann Ihnen auf einem System mit großen Dateisystemen beim Systemstart viel Zeit ersparen.

Wenn keine Form des Journaling verfügbar ist, müssen Sie darauf warten, dass fsck sein Wunder vollbringt. Die fünf am weitesten verbreiteten Arten von Beschädigungen sind:

- Nicht referenzierte Inodes
- Unerklärlich hohe Linkzähler
- Ungenutzte Datenblöcke, die nicht in den Blockplänen aufgezeichnet sind
- Als »frei« aufgeführte Datenblöcke, die auch in einer Datei verwendet werden
- Falsche Zusammenfassungsinformationen im Superblock

7.6 fsck: Dateisysteme überprüfen und reparieren

fsck kann diese fünf Probleme sicher und automatisch beheben. Wenn der Befehl an einem Dateisystem Korrekturen ausführt, sollten Sie ihn erneut ausführen, bis die Überprüfung fehlerlos ist.

Festplatten werden normalerweise beim Systemstart mit fsck -p überprüft. Dieser Befehl untersucht alle in /etc/fstab aufgeführten Dateisysteme und behebt die fünf oben genannten Fehler. Linux merkt sich, welche Dateisysteme sauber ausgehängt wurden und überprüft nur die »unsauberen«. Wenn eine Form des Journaling aktiviert ist, teilt fsck Ihnen lediglich mit, dass es sich um ein Journaling-Dateisystem handelt, und wickelt die Protokolldatei bis zum letzten konsistenten Zustand ab.

Sie können fsck -p auch für ein bestimmtes Dateisystem ausführen, wie im folgenden Beispiel gezeigt:

```
# fsck -p /dev/sda5
```

Wenn fsck -p die Datei fstab liest, um herauszufinden, welche Dateisysteme zu überprüfen sind, beachtet es die von der letzten Spalte angegebene Reihenfolge. Dateisysteme werden in aufsteigender numerischer Anordnung überprüft. Wenn sich zwei Dateisysteme auf verschiedenen Festplatten befinden, können sie dieselbe Sequenznummer erhalten. Diese Konfiguration sorgt dafür, dass fsck sie gleichzeitig überprüft und die Wartezeit für Festplatten-E/A minimiert wird. Überprüfen Sie immer zuerst die Wurzelpartition.

Linux kann so eingerichtet werden, dass ein Dateisystem nach einer gewissen Anzahl von Einhängvorgängen überprüft werden muss, auch wenn es stets »sauber« ausgehängt wurde. Diese Vorkehrung stellt eine sinnvolle Pflegemaßnahme dar, und der Standardwert (normalerweise 20) ist in den meisten Fällen geeignet. Auf Systemen, die Dateisysteme häufig einhängen, wie z. B. Arbeitsplatzrechnern, kann diese Frequenz jedoch lästig werden. Um das Intervall auf 50 Einhängvorgänge zu erhöhen, verwenden Sie den Befehl tune2fs:

Tipp

In der man-Seite zu tune2fs finden Sie weitere (weniger nützliche) Optionen.

```
$ sudo /sbin/tune2fs -c 50 /dev/sda3
tune2fs 1.35 (28-Feb-2004)
Setting maximal mount count to 50
```

Fehler, die nicht in eine der fünf oben genannten Kategorien fallen, können ernst sein. Sie bewirken, dass fsck -p nach Hilfe fragt und dann abbricht. Führen Sie in diesem Fall fsck ohne die Option -p aus. Im manuellen Modus fragt fsck bei jeder anstehenden Reparatur nach einer Bestätigung. Die folgende Aufstellung führt einige der Fehler auf, die fsck als gefährlich genug einstuft, um den Eingriff durch einen Administrator zu rechtfertigen:

- Blöcke, die von mehr als einer Datei beansprucht werden
- Blöcke, die außerhalb des Dateisystems liegen
- Zu kleine Linkzähler
- Blöcke, die nicht verzeichnet sind
- Verzeichnisse, die auf nicht zugewiesene Inodes verweisen
- Verschiedene Formatfehler

Ohne ausführliche Kenntnisse der Dateisystemimplementierung ist es schwierig, eine Festplatte manuell zu reparieren. Versuchen Sie niemals, das Dateisystem direkt über die Gerätedateien anzusprechen.

In der Praxis bedeutet diese Situation, dass Sie keine andere Wahl haben, als die von fsck vorgeschlagenen Reparaturen zu akzeptieren. Sie können Probleme minimieren, indem Sie die von fsck ausgegebenen Meldungen sorgfältig aufzeichnen, da Sie Ihnen manchmal einen Tipp zu der Datei oder den Dateien geben, die Probleme verursachen. Wenn fsck um Erlaubnis fragt, eine Datei zu löschen, sollten Sie vor der Bestätigung versuchen, sie auf ein anderes Dateisystem zu kopieren. Beachten Sie, dass Sie bei dem Versuch, auf ein beschädigtes Dateisystem zuzugreifen, eine Systempanik riskieren.

Wenn ein beschädigtes Dateisystem (das fsck nicht automatisch reparieren kann) wertvolle Daten enthält, sollten Sie *keine* Experimente unternehmen, bevor Sie nicht ein wasserdichtes Backup haben. Sie können versuchen, ein dump der Festplatte auszuführen, doch da dump ein unbeschädigtes Dateisystem erwartet, könnten im erstellten Abbild Daten fehlen (oder der Befehl könnte abbrechen). Die beste Versicherung ist ein dd der gesamten Festplatte in eine Backupdatei oder auf eine Backup-Festplatte.

Tipp

In Kapitel 9 erhalten Sie Informationen zu Backups.

Wenn `fsck` eine Datei findet, deren Elternverzeichnis nicht gefunden werden kann, verschiebt es sie in das Verzeichnis `lost+found` auf der obersten Ebene des Dateisystems. Da der Name einer Datei nur in ihrem Elternverzeichnis aufgezeichnet wird, gibt es keine Namen für verwaiste Dateien, und die nach `lost+found` verschobenen Dateien werden nach ihren Inode-Nummern benannt. Die Inode-Tabelle enthält die UID des Dateibesitzers, sodass es relativ einfach ist, die Datei ihrem ursprünglichen Besitzer zurückzugeben.

7.7 Schritt für Schritt: Eine Festplatte hinzufügen

In diesem Abschnitt gehen wir die Konfiguration einer neuen Festplatte durch. Wir richten sie mit mehreren Partitionen ein, einschließlich einer Auslagerungspartition. Auf den übrigen Partitionen erstellen wir ext3fs-Dateisysteme.

Nachdem Sie eine neue Festplatte installiert haben, sollten Sie sicherstellen, dass das System das neue Gerät erkennen kann, bevor Sie den Kernel starten. Wenn es sich um eine IDE-Festplatte handelt, überprüfen Sie, dass sie im BIOS-Setup erkannt wurde, das Sie normalerweise durch Eingabe einer bestimmten Tastenkombination nach dem Einschalten des Computers erreichen. Schauen Sie in den Handbüchern Ihres PCs oder Motherboards nach speziellen Informationen zur BIOS-Konfiguration für IDE-Festplatten. In den meisten Fällen sollte keine besondere Konfiguration erforderlich sein.

Auch viele SCSI-Karten haben ein BIOS-Setup, das Sie vor dem Systemstart aufrufen können. Wenn diese Option verfügbar ist, scannen Sie den SCSI-Bus, um sicherzustellen, dass das neue Gerät erscheint. Wenn dieser Vorgang hängt oder eine Warnung ausgibt, kann es sein, dass Sie eine SCSI-ID gewählt haben, die bereits in Benutzung ist, oder dass Sie die Terminatoren nicht an den richtigen Stellen angeschlossen haben.

Wenn Ihre SCSI-Karte keine eigene Benutzerschnittstelle hat, können Sie immer einfach versuchen, das System zu starten und die vom Kernel angezeigten Meldungen beobachten. Wenn Sie keine Meldungen von einem SCSI-Treiber sehen, müssen Sie vermutlich den Treiber installieren, bevor die Festplatte vom Kernel erkannt werden kann.

Tipp

In Abschnitt 28.6 erhalten Sie weitere Informationen zur Installation von Gerätetreibern.

7 Eine Festplatte hinzufügen

In unserem Fall sahen wir die folgenden Meldungen unseres BusLogic SCSI-Hostadapters:

```
scsi0 : BusLogic BT-948
scsi : 1 host.
  Vendor: SEAGATE    Model: ST446452W        Rev: 0001
  Type:   Direct-Access                      ANSI SCSI revision: 02
Detected scsi disk sda at scsi0, channel 0, id 3, lun 0
scsi0: Target 3: Queue Depth 28, Asynchronous
SCSI device sda: hdwr sector=512 bytes. Sectors=91923356 [44884 MB] [44.9 GB]
sda: unknown partition table
```

Wir ignorieren Warnungen zur Partitionstabelle, da dies der erste Einsatz der Festplatte ist. Sobald das System den Bootvorgang beendet hat, können wir mit der Partitionierung beginnen.

Vorher müssen wir noch überprüfen, ob bereits Gerätedateien für die Festplatte vorhanden sind (was der Fall sein sollte). Bei Linux haben die Namen der Gerätedateien für SCSI-Festplatten die Form /dev/sdXN, wobei X ein Kleinbuchstabe ist, der die Festplatte identifiziert (a ist das Gerät mit der niedrigsten Nummer, b das nächste usw.[8]), und N die Partitionsnummer, beginnend mit 1. Wenn Sie die ganze Festplatte meinen, lassen Sie einfach die Partitionsnummer weg. Unter Linux gibt es keine zeichenorientierten (rohen oder raw) Geräte.

In diesem Beispiel ist unsere Festplatte die erste in der SCSI-Kette. Wie in den meisten PC-Betriebssystemen heißt das Werkzeug für die Partitionierung unter Linux fdisk. Obwohl alle Versionen von fdisk ungefähr dasselbe tun (sie implementieren das Standard-Partitionierungssystem von Microsoft), gibt es unter ihnen viele Varianten. Sie sollten die man-Seite Ihres speziellen Systems lesen, um sicher zu sein, dass es mit dem übereinstimmt, was wir hier zeigen.

```
# fdisk /dev/sda
Device contains neither a valid DOS partition table, nor Sun, SGI or OSF disklabel
Building a new DOS disklabel. Changes will remain in memory only,
until you decide to write them. After that, of course, the previous
content won't be recoverable.
The number of cylinders for this disk is set to 5721.
There is nothing wrong with that, but this is larger than 1024,
and could in certain setups cause problems with:
1) software that runs at boot time (e.g., LILO)
2) booting and partitioning software from other OSs
   (e.g., DOS FDISK, OS/2 FDISK)
```

---

8 Beachten Sie, dass dieser Buchstabe sich auf die Reihenfolge der Gerätenummern bezieht, nicht auf die Nummern selbst. Wenn Sie eine Festplatte hinzufügen oder entfernen, ändern sich die Buchstaben aller Festplatten!

7.7 Schritt für Schritt: Eine Festplatte hinzufügen

Da wir diese Festplatte nur auf unserem Linux-System einsetzen, können wir die hilfreiche Warnung ignorieren. Früher war es manchmal wichtig, die erste Partition klein zu halten, um sicherzustellen, dass sie mit einem alten BIOS und anderen auf dem System installierten Betriebssystemen zusammenarbeitet.

Das Programm fdisk ist interaktiv. Die Eingabe von [m] zeigt eine Liste aller Befehle an. Hier verwenden wir die Folgenden:

- n oder new, um eine neue Partition zu erstellen
- t oder type, um den Typ einer Partition zu ändern
- p oder print, um die Partitionstabelle auszugeben
- w oder write, um die Partitionstabelle auf die Festplatte zu schreiben

Da unsere Festplatte noch keine Partitionen enthält, beginnen wir mit dem Erstellen einer neuen. Falls Partitionen aus einer früheren Verwendung der Festplatte vorhanden sein sollten, müssen Sie diese möglicherweise mit dem Befehl delete von fdisk löschen, bevor Sie neue erstellen können. Das Programm fdisk ändert nichts auf der Festplatte, solange Sie ihm nicht sagen, dass es die Partitionstabelle schreiben soll.

Die Partitionstabelle hat Platz für vier »primäre« Partitionen, die Daten enthalten können. Alternativ können Sie eine »erweiterte« Partition erstellen, das ist eine primäre Partition, die auf eine andere Partitionstabelle verweist und ihnen vier weitere »logische« Partitionen zur Verfügung stellt. Obwohl bei der Verwendung erweiterter Partitionen die normale Beschränkung auf vier Partitionen entfällt, ist es am einfachsten, bei vier primären Partitionen zu bleiben, wenn nur wenige benötigt werden, und das tun wir in unserem Beispiel:

```
Command (m for help): new
Command action
    e    extended
    p    primary partition (1-4): p
Partition number (1-4): 1
First cylinder (1-5721, default 1): 1
Last cylinder or +size or +sizeM or +sizeK (1-5721, default 5721): +2G
Command (m for help): print
Disk /dev/sda: 255 heads, 63 sectors, 5721 cylinders
Units = cylinders of 16065 * 512 bytes
    Device    Boot   Start   End    Blocks    Id    System
    /dev/sda1          1     255    2048256   83    Linux
```

Auf ähnliche Weise erstellen wir eine Auslagerungspartition, mit dem Unterschied, dass wir den Typ von Linux auf Linux swap ändern. Obwohl der Kernel sich nicht um den Partitionstyp kümmert, versuchen einige Programme und Skripte herauszufinden, was jede einzelne Partition für eine Bedeutung hat. Wir geben eine Größe von 2 GB an, was für die meisten Anwendungen vermutlich zu viel ist, aber da wir Festplattenkapazität übrig haben, können wir auch großzügig sein. mkswap warnt uns, wenn wir nicht den gesamten zugewiesenen Bereich nutzen können.

```
Command (m for help): new
   e   extended
   p   primary partition (1-4): p
Partition number (1-4): 2
First cylinder (256-5721, default 256): 256
Last cylinder or +size or +sizeM or +sizeK (256-1275, default 1275): 511
Command (m for help): type
Partition number (1-4): 2
Hex code (type L to list codes): 82
Changed system type of partition 2 to 82 (Linux swap)
```

Die dritte Partition, die den Rest der Festplatte enthält, wird ähnlich definiert. Wir sehen uns die Partitionstabelle ein letztes Mal an, bevor wir sie schreiben.

```
Command (m for help): print
Disk /dev/sda: 255 heads, 63 sectors, 5721 cylinders
Units = cylinders of 16065 * 512 bytes
   Device    Boot  Start  End   Blocks     Id  System
   /dev/sda1        1     255   2048256    83  Linux
   /dev/sda2        256   511   2056320    82  Linux swap
   /dev/sda3        512   5721  41849325   83  Linux
```

Wenn die Partition nicht auf einer Zylindergrenze endet, erscheint neben der Blockzahl ein Stern. Wir können die Partition dann entweder löschen und neu erstellen, indem wir (wie oben) die Anzahl der Zylinder eingeben, oder mit der Tatsache leben, dass ein kleiner Bereich auf der Festplatte ungenutzt bleibt. Wir sind mit der neuen Partitionstabelle zufrieden, sodass wir das Label auf die Festplatte schreiben:

```
Command (m for help): write
The partition table has been altered!
Calling ioctl() to re-read partition table.
Syncing disks.
```

Nun sind wir bereit, die Dateisysteme zu erstellen. Um ein ext3fs-Dateisystem einzurichten, geben wir einfach mke2fs -j ein und geben den Gerätenamen als Argument an.

```
# mke2fs -j /dev/sda1
mke2fs 1.36 (05-Feb-2005)
Filesystem label=
OS type: Linux
Block size=4096 (log=2)
Fragment size=4096 (log=2)
245280 inodes, 489974 blocks
...
Superblock backups stored on blocks:
        32768, 98304, 163840, 229376, 294912
Writing inode tables: done
```

7.7 Schritt für Schritt: Eine Festplatte hinzufügen

```
Creating journal (8192 blocks): done
Writing superblocks and filesystem accounting information: done
This filesystem will be automatically checked every 34 mounts or
180 days, whichever comes first.  Use tune2fs -c or -i to override.
done
```

Beim Erstellen des Dateisystems können Sie auch die Option `-J` verwenden, um explizit entweder die Größe der Journaldatei anzugeben, die in dem neuen Dateisystem liegt (`-J size=`*x*), oder die Bezeichnung für ein externes Gerät, das die Journaldatei enthält (`-J device=`*y*). Übliche Installationen legen die Journaldatei (die zwischen 1.024 und 102.400 Dateisystemblöcken groß sein muss) im Dateisystem selbst ab.

Der Vorgang zum Erstellen des größeren Dateisystems ist derselbe, aber er benötigt deutlich mehr Zeit. Wenn Sie wissen, dass Sie nicht alle Inodes benötigen, die `mke2fs` standardmäßig reserviert, können Sie die Anzahl der Inodes pro Gruppe verringern, womit Sie `mke2fs` beschleunigen und mehr Raum für tatsächliche Daten erhalten. Ebenso könnten Sie die Anzahl der Inodes für Dateisysteme erhöhen, die eine große Anzahl sehr kleiner Dateien enthalten werden. Es ist wesentlich besser, zu viele Inodes als zu wenig zu haben, da ein Ausschöpfen der Inodes das Erstellen neuer Dateien verhindert. Nachdem ein Dateisystem erstellt wurde, können Sie keine weiteren Inodes hinzufügen. Wenn Sie in diese Situation geraten, müssen Sie die Daten im Dateisystem mit `dump` auf ein Band oder eine andere Partition kopieren, `mke2fs` noch einmal mit einer größeren Anzahl von Inodes (`-i`) ausführen und dann die Daten mit `restore` auf die Partition zurückschreiben. Wir wünschen Ihnen vergnügliche Tage!

Wir führen auf unseren Dateisystemen `fsck` aus, um sicherzustellen, dass sie korrekt angelegt wurden. Der Schalter `-f` zwingt `fsck`, neue Dateisysteme zu überprüfen, anstatt anzunehmen, dass sie in Ordnung sind.

```
# fsck -f /dev/sda1
fsck 1.36 (05-Feb-2005)
e2fsck 1.36 (05-Feb-2005)
Pass 1: Checking inodes, blocks, and sizes
Pass 2: Checking directory structure
Pass 3: Checking directory connectivity
Pass 4: Checking reference counts
Pass 5: Checking group summary information
/dev/sda1: 11/245280 files (9.1% non-contiguous), 16629/489974 blocks
```

Sobald die Einhängpunkte erstellt sind, können wir die neuen Dateisysteme einhängen:

```
# mkdir /bkroot
# mount /dev/sda1 /bkroot
# df /bkroot
Filesystem  1k-blocks   Used    Available   Use%    Mounted on
/dev/sda1   1981000     13      1878575     0%      /bkroot
```

Um sicherzustellen, dass das System die neuen Dateisysteme beim Systemstart einhängt, fügen wir für jedes eine Zeile in der Datei /etc/fstab ein. Jede Zeile führt, wie gefordert, den Namen des Geräts, den Einhängpunkt, den Dateisystemtyp, die Einhängoptionen, die Backupfrequenz und die Reihenfolge für fsck an.

```
/dev/sda1    /bkroot   ext3    defaults    0   1
/dev/sda3    /new      ext3    defaults    0   2
```

Damit die Festplatte bootfähig ist, muss ein Bootlader auf sie geschrieben werden. Abhängig von der Installation führt einer der Befehle lilo oder grub die tatsächliche Installation aus. Weitere Informationen zur Konfiguration und Installation eines Bootladers erhalten Sie in Abschnitt 2.3.

Abschließend muss der Auslagerungsbereich erstellt und dem System hinzugefügt werden. Wir initialisieren Auslagerungspartitionen mit dem Befehl mkswap, der den Gerätenamen und die Partition als Argumente übernimmt. Es ist nicht mehr erforderlich, die Größe der Auslagerungspartition anzugeben. Nachdem der Auslagerungsbereich erstellt wurde, aktivieren wir ihn mit dem Befehl swapon. Er stellt auch sicher, dass der Auslagerungsbereich korrekt hinzugefügt wurde.

```
# mkswap /dev/sda2
Setting up swapspace version 1, size = 2105667584 bytes
# swapon /dev/sda2
# swapon -s
Filename      Type       Size      Used   Priority
/dev/hda5     partition  133020    688    -1
/dev/sda2     partition  2056316   0      -2
```

Die neue Auslagerungspartition muss wie reguläre Dateisysteme in die Datei /etc/fstab eingetragen werden, damit das System sich beim nächsten Startvorgang an sie erinnert. Der folgende Eintrag ist für die Festplatte aus unserem Beispiel ausreichend:

```
/dev/sda2   swap   swap   defaults   0   0
```

Schließlich führen wir einen Neustart durch, um die in der Datei /etc/fstab vorgenommenen Änderungen zu testen und um sicherzustellen, dass die neuen Dateisysteme und der Auslagerungsbereich einwandfrei eingebunden werden.

7.8 Festplattenverwaltung für Fortgeschrittene: RAID und LVM

Die bislang behandelten Verfahren zum Hinzufügen neuer Festplatten, Dateisysteme und Auslagerungsbereiche ähneln denen für die meisten UNIX-Systeme. Linux hat jedoch noch einige Asse im Ärmel, von denen andere Betriebssysteme nur träumen

7.8 Festplattenverwaltung für Fortgeschrittene: RAID und LVM

können. Zwei eigenständige Technologien, Software-RAID und die Verwaltung logischer Volumes, fügen der Linux-Festplattenverwaltung eine weitere Ebene der Flexibilität und Zuverlässigkeit hinzu.

Festplatten fallen häufig aus, und selbst mit aktuellen Sicherungen können die Folgen eines Festplattenausfalls verheerend sein. RAID (Redundant Array of Independent Disks, Redundante Anordnung unabhängiger Festplatten) ist ein System, das mehrere Festplatten verwendet, um Daten über sie zu verteilen oder zu kopieren. RAID hilft nicht nur dabei, Datenverlust zu vermeiden, sondern minimiert auch die mit einem Hardwareausfall verbundene Ausfallzeit (oftmals auf null) und erhöht auch die Leistungsfähigkeit. RAID-Systeme können in die Hardware implementiert sein, doch Linux führt alle benötigten Komponenten mit Software aus.

Ein zweites und gleichermaßen nützliches Werkzeug namens LVM (Logical Volume Management, Verwaltung logischer Volumes) unterstützt Administratoren effizient dabei, den verfügbaren Festplattenspeicher auf die Partitionen aufzuteilen. Stellen Sie sich eine Welt vor, in der Sie nicht genau wissen, wie groß eine Partition sein muss. Sechs Monate nach Erstellen der Partition stellen Sie fest, dass sie viel zu groß ist, aber dass eine Nachbarpartition nicht genügend Platz mehr hat ... Klingt das bekannt? LVM ermöglicht die dynamische Umschichtung des Festplattenspeichers von einer Partition zur anderen.

Obwohl diese Werkzeuge für sich leistungsfähig sind, sind sie gemeinsam besonders stark. Die folgenden Abschnitte stellen eine konzeptionelle Übersicht beider Systeme dar und zeigen ein Beispiel, das die detaillierte Konfiguration beschreibt.

7.8.1 Software-RAID unter Linux

Kürzlich hatten wir einen Ausfall eines Festplattencontrollers auf einem wichtigen Produktionsserver. Obwohl die Daten über mehrere physische Laufwerke verteilt waren, zerstörte ein fehlerhafter Hardware-RAID-Controller die Daten auf allen Festplatten. Es folgte ein langwieriger und unangenehmer Wiederherstellungsprozess von Band, und es dauerte mehr als zwei Monate, bis der Server vollkommen wiederhergestellt war. Der neu aufgebaute Server vertraut bei der Verwaltung seiner RAID-Umgebung nun auf die Software des Kernels und umgeht somit die Möglichkeit eines weiteren RAID-Controller-Ausfalls.

RAID kann zwei grundsätzliche Dinge ausführen. Erstens kann es die Leistung verbessern, indem es Daten über mehrere Festplatten verteilt (»Striping«), sodass mehrere Festplatten gleichzeitig arbeiten, um einen einzelnen Datenstrom zur Verfügung zu stellen oder aufzunehmen. Zweitens kann es Daten über mehrere Festplatten duplizieren oder »spiegeln« und so die mit dem Ausfall einer einzelnen Festplatte verbundenen Risiken minimieren. Linux-RAID hat einige subtile Unterschiede zum herkömmlichen RAID, ist aber weiterhin logisch in mehrere Ebenen aufgeteilt:

- Der lineare Modus bietet keine Datenredundanz oder Leistungssteigerungen. Es fasst lediglich die Blockadressen mehrerer Festplatten zusammen, um eine einzelne (größere) virtuelle Festplatte zu erstellen.

- Die RAID-Ebene 0 wird ausschließlich zur Leistungssteigerung verwendet. Sie nutzt zwei oder mehr Festplatten gleicher Größe, um die Schreib- und Zugriffszeiten zu verringern.

- Die RAID-Ebene 1 ist die erste Ebene, die Redundanz anbietet. Die Daten werden gleichzeitig auf zwei oder mehr Festplatten dupliziert. Dieser Modus spiegelt die Daten, schadet jedoch der Leistungsfähigkeit, da die Informationen mehr als einmal geschrieben werden müssen.

- Die RAID-Ebene 4 steht im Wettbewerb mit Ebene 5 (den sie durchweg verliert). Sie führt ein Striping durch, reserviert jedoch eine Festplatte für Paritätsinformationen, sodass Wartezeiten beim Schreiben auf die Paritätsplatte auftreten. Sofern Sie keinen sehr guten Grund haben, RAID 4 einzusetzen, geben Sie RAID 5 den Vorzug.

- Die RAID-Ebene 5 ist das Xanadu von RAID. Durch Striping sowohl der Daten als auch der Paritätsinformationen bildet sie eine redundante Architektur, während sie gleichzeitig die Lese- und Schreibzeiten verbessert. RAID 5 benötigt mindestens drei Festplatten.

Software-RAID ist in Linux seit dem Kernel 2.0 eingebaut, doch waren frühe Versionen fehlerhaft und unvollständig. Wir empfehlen, Implementierungen aus Kerneln vor 2.4 zu vermeiden.

7.8.2 Verwaltung logischer Volumes

LVM ist ein optionales Subsystem, das eine Art Turboversion der Festplattenpartitionierung definiert. Es ermöglicht das Gruppieren einzelner Festplatten in »Volume-Gruppen« (Volume Groups). Die vereinigte Kapazität einer Volume-Gruppe kann dann logischen Volumes zugewiesen werden, die als reguläre Blockgeräte angesprochen werden. Mithilfe von LVM sind Sie in der Lage, die folgenden Dinge auszuführen:

- Festplattenspeicher effizienter zu nutzen und zuzuweisen
- Logische Volumes zwischen verschiedenen physischen Geräten zu verschieben
- Die Größe logischer Volumes im laufenden Betrieb zu vergrößern und zu verkleinern
- »Schnappschüsse« ganzer Dateisysteme zu bilden
- Festplatten, die aktuell in Benutzung sind, ohne Dienstunterbrechung auszutauschen

Die Bestandteile eines logischen Volumes können auf verschiedene Arten zusammengebaut werden. Die Verkettung belässt die physischen Blöcke der einzelnen Geräte beisammen und reiht die Geräte nacheinander auf. Striping verschachtelt die Komponenten, sodass aneinandergrenzende virtuelle Blöcke tatsächlich über mehrere physische Platten verstreut sind. Durch Verringern der aus einzelnen Festplatten gebildeten Engpässe kann das Striping oft eine höhere Bandbreite und geringere Antwortzeiten bieten.

7.8.3 Eine Beispielkonfiguration mit LVM und RAID

Unser vorangegangenes Beispiel verdeutlichte die Konfiguration einer einfachen Festplatte. In diesem Abschnitt gehen wir ein Verfahren durch, das sowohl RAID als auch LVM verwendet. Es ist insbesondere für Produktionsserver nützlich.

Unser Ziel besteht darin, aus drei leeren Festplatten ein RAID-5-Array aufzubauen. Auf diesem RAID-Array definieren wir zwei LVM-Partitionen, web1 und web2. Diese Struktur bietet gegenüber einem herkömmlichen System mehrere Vorteile:

- RAID 5 verleiht Redundanz. Wenn eine der Festplatten ausfällt, bleiben unsere Daten intakt. Im Gegensatz zu RAID 4 ist es egal, welche Festplatte ausfällt.
- Dank LVM sind die Partitionsgrößen veränderbar. Wenn ein enthusiastischer Webmaster web2 auffüllt, können wir einfach etwas Speicher von web1 abzweigen.
- Irgendwann könnte auf beiden Partitionen mehr Kapazität benötigt werden. Der Entwurf ermöglicht das Hinzufügen weiterer Festplatten zu dem RAID-5-Array. Sobald das durchgeführt ist, können die vorhandenen LVM-Gruppen um den zusätzlichen Speicher erweitert werden, ohne irgendwelche Partitionen neu zu erstellen.

Nach Angabe der ursprünglichen Konfiguration beschreiben wir, wie eine ausgefallene Festplatte zu behandeln ist und wie die Größe einer LVM-Partition verändert wird.

In unserem System haben wir vier gleich große SCSI-Festplatten:

```
# fdisk -l
Disk /dev/sda: 18.2 GB, 18210036736 bytes
255 heads, 63 sectors/track, 2213 cylinders
Units = cylinders of 16065 * 512 = 8225280 bytes
    Device    Boot    Start    End      Blocks     Id    System
    /dev/sda1  *      1        13       104391     83    Linux
    /dev/sda2         14       144      1052257+   82    Linux swap
    /dev/sda3         145      2213     16619242+  8e    Linux LVM1G
Disk /dev/sdb: 18.2 GB, 18210036736 bytes
255 heads, 63 sectors/track, 2213 cylinders
Units = cylinders of 16065 * 512 = 8225280 bytes
    Device    Boot    Start    End      Blocks     Id    System
Disk /dev/sdc: 18.2 GB, 18210036736 bytes
255 heads, 63 sectors/track, 2213 cylinders
Units = cylinders of 16065 * 512 = 8225280 bytes
    Device    Boot    Start    End      Blocks     Id    System
Disk /dev/sdd: 18.2 GB, 18210036736 bytes
255 heads, 63 sectors/track, 2213 cylinders
Units = cylinders of 16065 * 512 = 8225280 bytes
    Device    Boot    Start    End      Blocks     Id    System
```

7 Eine Festplatte hinzufügen

Die erste SCSI-Festplatte, /dev/sda enthält unsere Systempartition. Die anderen drei (sdb, sdc und sdd) haben keine Partitionstabellen.

Um anzufangen, erstellen wir die Partitionen auf jeder unserer SCSI-Festplatten. Da die Festplatten identisch sind, führen wir für alle dieselben Befehlsfolgen aus.

```
# fdisk /dev/sdb
...
Command (m for help): new
Command action
   e   extended
   p   primary partition (1-4): p
Partition number (1-4): 1
First cylinder (1-2213, default 1): <Enter>
Using default value 1
Last cylinder or +size or +sizeM or +sizeK (1-2213, default 2213): <Enter>
Using default value 2213
Command (m for help): type
Selected partition 1
Hex code (type L to list codes): fd
Changed system type of partition 1 to fd (Linux raid autodetect)
Command (m for help): write
The partition table has been altered!
Calling ioctl() to re-read partition table.
Syncing disks.
```

Nach dem Schreiben der Partitionslabels für die beiden anderen beiden Festplatten, wird es Zeit, das RAID-Array aufzubauen. Die meisten modernen Distributionen verwenden für die RAID-Verwaltung einen einzelnen Befehl namens mdadm. Frühere Versionen von RHEL nutzten die Befehlssammlung raidtools, doch wir wählen mdadm, da es gegenüber raidtools sowohl leistungsfähiger als auch einfacher zu handhaben ist.

Der folgende Befehl erstellt aus unseren drei SCSI-Partitionen ein RAID-5-Array:

```
# mdadm --create /dev/md0 --level=5 --raid-devices=3 /dev/sdb1 /dev/sdc1 /dev/sdd1
mdadm: array /dev/md0 started.
```

Während das Array aufgebaut wird, zeigt die Datei /proc/mdstat die folgenden Fortschrittsangaben:

```
# cat /proc/mdstat
Personalities : [raid5]
md0 : active raid5 sdb1[3] sdc1[1] sdd1[2]
      35566336 blocks level 5, 64k chunk, algorithm 2 [3/2] [_UU]
      [====>................]  recovery = 22.4% (3999616/17783168) finish=5.1min speed=44800K/sec
unused devices: <none>
```

7.8 Festplattenverwaltung für Fortgeschrittene: RAID und LVM

Diese Datei spiegelt zu jeder Zeit den aktuellen Zustand des RAID-Systems des Kernels wider. Insbesondere nach Hinzufügen einer neuen Festplatte oder dem Auswechseln einer ausgefallenen ist es nützlich, ein Auge auf diese Datei zu werfen. (watch cat /proc/mdstat ist ein praktischer Ausdruck.)

Sobald der Aufbau des Arrays abgeschlossen ist, sehen wir eine Benachrichtigung in der Datei /var/log/messages:

```
RAID5 conf printout:
--- rd:3 wd:3 fd:0
disk 0, o:1, dev:sdb1
disk 1, o:1, dev:sdc1
disk 2, o:1, dev:sdd1
```

Der anfängliche Befehl zum Erstellen des Arrays dient auch dazu, es zu »aktivieren« (für den Gebrauch verfügbar zu machen), doch bei nachfolgenden Systemstarts müssen wir es in einem gesonderten Schritt aktivieren, normalerweise aus einem Startskript heraus. RHEL, Fedora, Debian und SUSE enthalten beispielhafte Startskripte für RAID.

Der Befehl mdadm benötigt genau genommen keine Konfigurationsdatei, obwohl er eine verwendet, wenn sie angegeben wird (in der Regel /etc/mdadm.conf). Wir empfehlen dringend die Verwendung einer Konfigurationsdatei. Sie dokumentiert die RAID-Konfiguration auf eine standardmäßige Art und Weise und bietet damit Administratoren beim Auftreten von Problemen eine schnelle Möglichkeit zum Nachschlagen von Informationen. Die Alternative zur Verwendung einer Konfigurationsdatei besteht darin, die Konfiguration bei jeder Aktivierung des Arrays auf der Befehlszeile anzugeben.

mdadm --detail --scan schreibt die aktuelle RAID-Konfiguration in eine Konfigurationsdatei. Leider ist die ausgegebene Konfiguration nicht ganz vollständig. Der folgende Befehl richtet eine vollständige Konfigurationsdatei für unser Beispiel ein:

```
# echo DEVICE /dev/sdb1 /dev/sdc1 /dev/sdd1 > /etc/mdadm.conf
# mdadm --detail --scan >> /etc/mdadm.conf
# cat /etc/mdadm.conf
DEVICE /dev/sdb1 /dev/sdc1 /dev/sdd1
ARRAY /dev/md0 level=raid5 num-devices=3 UUID=21158de1:faaa0dfb:841d3b41:76e93a16
   devices=/dev/sdb1,/dev/sdc1,/dev/sdd1
```

Diese Datei kann mdadm jetzt beim Systemstart oder beim Herunterfahren lesen, um das Array auf einfache Weise zu verwalten. Um das Array beim Hochfahren mit der neu erstellten Datei /etc/mdadm.conf zu aktivieren, würden wir den folgenden Befehl ausführen:

```
# mdadm -As /dev/md0
```

Um das Array manuell anzuhalten, verwenden wir folgenden Befehl:

```
# mdadm -S /dev/md0
```

Nun haben wir unsere drei Festplatten zu einer einzelnen logischen RAID-Festplatte zusammengebaut. Jetzt ist es an der Zeit, logische Volume-Gruppen zu definieren, auf denen wir vergrößerbare (und verkleinerbare) Dateisysteme erstellen können. Die LVM-Konfiguration geht mit einigen einzelnen Phasen weiter:

- Erstellen (genauer gesagt, Definieren) und Initialisieren physischer Volumes
- Hinzufügen der physischen Volumes zu einer Volume-Gruppe
- Erstellen von logischen Volumes auf der Volume-Gruppe

Die Werkzeugsammlung LVM2 kann alle diese Aufgaben ausführen und erleichtert die spätere Verwaltung der Volumes. Eine gute Einführung in das System und seine Werkzeuge bietet man lvm.

In der LVM-Terminologie sind die physischen Volumes »Dinge«, die zusammengesetzt werden, um einen Speichervorrat (»Volume-Gruppen«) zu bilden. »Physisches Volume« ist jedoch ein etwas verwirrender Ausdruck, da die physischen Volumes keine direkte Entsprechung zu physischen Geräten haben müssen. Sie *können* Festplatten sein, aber auch Festplattenpartitionen oder (wie in diesem Beispiel) RAID-Objekte auf einer höheren Ebene, die ihre eigene zugrunde liegende Struktur haben.

LVM-Befehle beginnen mit Buchstaben, die verdeutlichen, auf welcher Abstraktionsebene sie arbeiten: pv-Befehle bedienen physische Volumes, vg-Befehle Volume-Gruppen und lv-Befehle logische Volumes.

Ältere Versionen von LVM erforderten als ersten Schritt das Ausführen des Befehls vgscan, was jedoch nicht mehr notwendig ist. Stattdessen starten Sie die Initialisierung eines jeden physischen Geräts direkt mit pvcreate. In diesem Beispiel verwenden wir das gerade erstellte RAID-5-Gerät /dev/md0.

```
# pvcreate /dev/md0
Physical volume "/dev/md0" successfully created
```

Diese Operation zerstört alle Daten auf dem Gerät oder der Partition, sodass wir äußerst vorsichtig waren! Obwohl wir in diesem Beispiel nur ein einzelnes physisches Gerät verwenden, erlaubt uns LVM das Hinzufügen mehrerGeräte verschiedener Typen zu einer einzelnen Volume-Gruppe.

Unser physisches Gerät ist nun bereit für das Hinzufügen zu einer Volume-Gruppe:

```
# vgcreate LVM1 /dev/md0
Volume group "LVM1" successfully created
```

Um einen Schritt zurückzutreten und unsere Handarbeit zu begutachten, benutzen wir den Befehl vgdisplay:

```
# vgdisplay LVM1
--- Volume group ---
VG Name          LVM1
System ID
```

7.8 Festplattenverwaltung für Fortgeschrittene: RAID und LVM

```
Format          lvm2
Metadata Areas  1
Metadata Sequence No1
VG Access       read/write
VG Status       resizable
MAX LV          0
Cur LV          0
Open LV         0
Max PV          0
Cur PV          1
Act PV          1
VG Size         33.92 GB
PE Size         4.00 MB
Total PE        8683
Alloc PE / Size 0 / 0
Free            PE / Size8683 / 33.92 GB
VG UUID         nhkzzN-KHmY-BfV5-6F6Y-3LF8-dpd5-JM5lMp
```

Die letzten Schritte bestehen darin, logische Volumes in der Volume-Gruppe LVM1 und Partitionen auf den Volumes zu erstellen. Wir legen beide logischen Volumes mit einer Größe von 10 GB an:

```
# lvcreate -L 10G -n web1 LVM1
Logical volume "web1" created
# lvcreate -L 10G -n web2 LVM1
Logical volume "web2" created
```

Da wir nun zwei logische Volumes, web1 und web2, in unserer Volume-Gruppe LVM1 angelegt haben, können wir unsere Dateisysteme erstellen und einhängen.

```
# mke2fs -j /dev/LVM1/web1
...
# mke2fs -j /dev/LVM1/web2
...
# mkdir /web1 /web2
# mount /dev/LVM1/web1 /web1
# mount /dev/LVM1/web2 /web2
```

Jetzt sind die Dateisysteme fertig zur Verwendung. Wir fügen Sie der Datei /etc/fstab hinzu und starten das System neu, um sicherzustellen, das alles erfolgreich hochfährt.

7.8.4 Fehlerhafte Festplatten

Unser sorgfältig entworfenes System sieht jetzt schick aus, doch wegen der vielen Ebenen, auf denen es arbeitet, kann es zu unangenehmen Problemen kommen. Wenn eine Festplatte ausfällt oder eine Partition beschädigt wird (oder einfach vollläuft), müssen Sie wissen, wie Sie das Problem schnell und einfach lösen. Sie verwenden für die Systemverwaltung und zum Beheben von Problemen dieselben Werkzeuge wie für die ursprüngliche Konfiguration.

Betrachten Sie den Fall einer ausgefallenen Festplatte. Da RAID 5 eine Datenredundanz bietet, funktioniert das im vorangegangenen Abschnitt aufgebaute RAID-5-Array im Falle eines Festplattenausfalls fröhlich weiter – die Benutzer werden nicht notwendigerweise Probleme bemerken. Sie müssen die Systemprotokolle genau beobachten, um Probleme frühzeitig zu erkennen (oder ein Programm einsetzen, das diese Aufgabe für Sie erledigt; siehe Abschnitt 10.5).

mdadm bietet eine nützliche Option, die eine ausgefallene Festplatte simuliert:

```
# mdadm /dev/md0 -f /dev/sdc1
mdadm: set /dev/sdc1 faulty in /dev/md0
# tail /var/log/messages
May 30 16:14:55 harp kernel: raid5: Disk failure on sdc, disabling device. Operation
continuing on 2 devices
kernel: RAID5 conf printout:
kernel:  --- rd:3 wd:2 fd:1
kernel:  disk 0, o:1, dev:sdb1
kernel:  disk 1, o:0, dev:sdc1
kernel:  disk 2, o:1, dev:sdd1
kernel: RAID5 conf printout:
kernel:  --- rd:3 wd:2 fd:1
kernel:  disk 0, o:1, dev:sdb1
kernel:  disk 2, o:1, dev:sdd1
```

Wie hier gezeigt, enthält /var/log/messages unmittelbar nach dem (simulierten) Ausfall Informationen darüber. Ähnliche Informationen sind in der RAID-Statusdatei /proc/mdstat verfügbar. An diesem Punkt sollte der Administrator die folgenden Aktionen in Angriff nehmen:

- Die Festplatte aus dem RAID-Array entfernen
- Eine Ausfallzeit einplanen und den Computer herunterfahren (falls erforderlich)
- Die physische Festplatte auswechseln
- Die neue Festplatte dem Array hinzufügen

Um die Festplatte aus der RAID-Konfiguration zu entfernen, verwenden Sie mdadm:

```
# mdadm /dev/md0 -r /dev/sdc1
mdadm: hot removed /dev/sdc1
```

Sobald die Festplatte logisch entfernt wurde, können Sie das Gerät auswechseln. Im laufenden Betrieb auswechselbare Festplattenhardware (»Hot-Swapping«) ermöglicht den Austausch, ohne das System auszuschalten oder neu zu starten.

Wenn Ihre RAID-Komponenten »rohe« Festplatten (raw disks) sind, sollten Sie sie nur durch baugleiche Geräte ersetzen. Partitionsbasierte Komponenten können durch eine Partition ähnlicher Größe ersetzt werden, obwohl es für das Zusammenarbeiten der Bandbreiten am besten ist, wenn die Hardware der Festplatten ähnlich ist. (Wenn Ihre RAID-Konfiguration auf Partitionen aufgebaut ist, müssen Sie fdisk ausführen, um die Partitionen passend zu definieren, bevor Sie die Ersatzfestplatte dem Array hinzufügen.)

In unserem Beispiel ist der Ausfall lediglich eine Simulation, sodass wir die Festplatte dem Array wieder hinzufügen können, ohne die Hardware auszutauschen:

```
# mdadm /dev/md0 -a /dev/sdc1
mdadm: hot added /dev/sdc1
```

Linux baut das Array wieder auf und gibt den Fortschritt wie immer in /proc/mdstat aus.

7.8.5 Speicherplatz neu zuweisen

Noch häufiger als Festplattenausfälle sind Fälle, in denen Benutzer oder Protokolldateien Partitionen auffüllen. Wir haben alles erlebt, von Servern, die für private MP3-Sammlungen genutzt wurden bis hin zu einer Abteilung voller E-Mail-Hamsterer.

Nehmen Sie in unserem Beispiel an, dass /web1 stärker als erwartet angewachsen ist und zusätzliche Speicherkapazität benötigt. Das Ändern der Größe von LVM-Partitionen umfasst nur einige kurze Schritte. Der genaue Befehl hängt vom verwendeten Dateisystem ab. Im folgenden Beispiel sehen Sie die Schritte für ein ext3-Dateisystem:

- Untersuchen der aktuellen LVM-Konfiguration
- Ändern der Partitionsgröße mit lvextend und ext2online
- Überprüfen der Änderungen

Glücklicherweise haben wir etwas Platz in unserer Volume-Gruppe belassen, den wir /web1 zuweisen können, sodass wir keinen Speicher aus einem anderen Volume auftreiben müssen. Wir verwenden vgdisplay, um den in der Volume-Gruppe verfügbaren Speicher zu sehen, und df, um zu bestimmen, wie wir ihn neu zuweisen:

```
# vgdisplay LVM1
--- Volume group ---
VG Name                 LVM1
System ID
Format                  lvm2
Metadata Areas          1
Metadata Sequence No    3
VG Access               read/write
VG Status               resizable
```

```
MAX LV                    0
Cur LV                    2
Open LV                   2
Max PV                    0
Cur PV                    1
Act PV                    1
VG Size                   33.92 GB
PE Size                   4.00 MB
Total PE                  8683
Alloc PE / Size           5120 / 20.00 GB
Free                      PE / Size3563 / 13.92 GB
VG UUID                   nhkzzN-KHmY-BfV5-6F6Y-3LF8-dpd5-JM5lMp
# df -h /web1
Filesystem                Size   Used   Avail   Use%   Mounted on
/dev/mapper/LVM1-web1     9.9G   7.1G   2.3G    76%    /web1
```

Diese Befehle zeigen, dass in der Volume-Gruppe 13,96 GB frei sind und /web1 zu 76% belegt ist. Wir werden /web1 10 GB hinzufügen.

Zunächst verwenden wir lvextend, um dem logischen Volume Speicher hinzuzufügen, und dann ext2online, um die Dateisystemstrukturen zu vergrößern, damit sie den zusätzlichen Speicher einschließen.

```
# lvextend -L+10G /dev/LVM1/web1
    Extending logical volume web1 to 20.00 GB
    Logical volume web1 successfully resized
# ext2online -d /dev/LVM1/web1
...
ext2_close
```

Das war's! Die Ausgabe von df zeigt die Änderungen an:

```
# df -h /web1
Filesystem                Size   Used   Avail   Use%   Mounted on
/dev/mapper/LVM1-web1     20G    7.1G   12G     38%    /web1
```

Benutzer von ReiserFS müssen die Partition vor dem Ausführen von lvextend aushängen. Darüber hinaus wird zum Ändern der Dateisystemgröße an Stelle von ext2online ein Werkzeug verwendet, das unter dem kreativen Namen resize_reiserfs bekannt ist.

7.9 USB-Laufwerke einhängen

Disketten sind inzwischen so gut wie ausgestorben, und wir sind froh darüber. An ihre Stelle treten schnelle USB-Laufwerke. Es gibt verschiedene Typen dieser Laufwerke: persönliche USB-Sticks, Digitalkameras, iPods und große externe Festplatten, um nur einige zu nennen. Aktuelle Linux-Distributionen enthalten eine eingebaute Kernelunterstützung für alle diese nützlichen Geräte.

7.9 USB-Laufwerke einhängen

Stellen Sie nach dem Anschluss eines USB-Laufwerks zunächst sicher, dass Linux es erkennt. Der folgende Befehl zählt die vom Kernel erkannten USB-Geräte auf:

```
$ sudo /sbin/lsusb
Bus 001 Device 003: ID 0781:7108 SanDisk Corp.
Bus 001 Device 001: ID 0000:0000
```

In diesem Fall wurde ein SanDisk-Laufwerk angeschlossen. Wenn keine Geräte aufgeführt werden, das Gerät aber angeschlossen ist, enthält der Kernel möglicherweise keine USB-Unterstützung und muss neu kompiliert werden.

Finden Sie als Nächstes heraus, wie der Kernel das Gerät erkannt hat und mit welcher Gerätedatei er es darstellt. Die Kernelmeldungen werden durch syslog aufgezeichnet.

```
$ sudo tail -n 20 /var/log/messages | grep kernel[9]
Jul 27 20:52:13 harp kernel: USB Mass Storage support registered.
Jul 27 21:02:57 harp kernel: usb 1-2: USB disconnect, address 2
Jul 27 21:14:09 harp kernel: ohci_hcd 0000:00:0f.2: wakeup
Jul 27 21:14:09 harp kernel: usb 1-2: new full speed USB device using addr 3
Jul 27 21:14:09 harp kernel: scsi3 : SCSI emulation for USB Storage devices
Jul 27 21:14:09 harp kernel: Vendor: SanDisk Model: Cruzer Titanium Rev: 2000
Jul 27 21:14:09 harp kernel: Type: Direct-Access ANSI SCSI revision: 02
Jul 27 21:14:09 harp kernel: SCSI device sde: 512-byte hdwr sectors (520 MB)
Jul 27 21:14:09 harp kernel: sde: Write Protect is off
Jul 27 21:14:09 harp kernel: sde: assuming drive cache: write through
Jul 27 21:14:10 harp kernel: sde: sde1
Jul 27 21:14:10 harp kernel: Attached scsi removable disk sde at scsi3, channel 0, id 0, lun 0
```

Die Kernelmeldungen zeigen an, dass es sich um einen 520 MB SanDisk Cruzer Titanium handelt. (Wenn Sie sich einen Stick zulegen wollen, das ist ein hervorragender USB-Stick!) Der Kernel hat dem Laufwerk die Gerätedatei /dev/sde zugewiesen, und das Laufwerk enthält nur eine einzige Partition, sde1.

Das Laufwerk muss eingehängt werden, bevor Linux es verwenden kann. Erstellen Sie einen Einhängpunkt und hängen Sie es ein:

```
$ sudo mkdir /mnt/usb
$ sudo mount /dev/sde1 /mnt/usb
```

Das Laufwerk ist nun in /mnt/usb eingehängt und gebrauchsfähig. Um diesen Vorgang beim nächsten Einsatz des USB-Sticks zu vereinfachen, könnten Sie die folgende Zeile zu /etc/fstab hinzufügen:

```
/dev/sde1       /mnt/usb        auto    users,noauto,uid=ben,gid=users 0    0
```

---

[9] Schauen Sie auf Debian- und Ubuntu-Systemen unter /var/log/kern.log nach.

Die angegebenen Optionen erkennen den Dateisystemtyp automatisch und erlauben dem Benutzer ben, das Laufwerk einzuhängen.

7.10 Übungen

1. Welche SCSI-Steckverbinder passen zu welchen Varianten der Spezifikation? Was sind, abgesehen von den unterschiedlichen Verbindern, die Kompatibilitätsprobleme zwischen den verschiedenen SCSI-Versionen?

2. Worin besteht der Unterschied zwischen dem Formatieren und dem Partitionieren einer Festplatte? Was ist der Unterschied zwischen dem Partitionieren und dem Erstellen eines Dateisystems?

3. Geben Sie die Befehle und Argumente an, die Sie in jeder der folgenden Situationen zum Erstellen eines Dateisystems auf einer Festplatte verwenden würden.

   a. Die Festplatte wird als Speicher für Heimatverzeichnisse verwendet.

   b. Die Festplatte wird als Auslagerungsbereich verwendet.

   c. Die Festplatte speichert die Mail-Warteschlange eines großen Spam-Versenders.

   d. Die Festplatte enthält eine MySQL InnoDB-Datenbank.

4. Die LVM-Werkzeugsammlung ist leistungsfähig, sie kann jedoch verwirrend sein, wenn sie nicht richtig verstanden wird. Üben Sie das Hinzufügen, Entfernen und Ändern der Größe von Festplatten in einer Volume-Gruppe. Zeigen Sie, wie Sie ein Gerät erfolgreich aus einer Volume-Gruppe entfernen und einer anderen hinzufügen würden.

☆ 5. Suchen Sie mithilfe gedruckter Informationen oder Informationen aus dem Internet die leistungsfähigsten SCSI- und IDE-Festplatten. Spiegeln die angewendeten Benchmarks zur Beurteilung dieser Festplatten die Art wider, auf die ein gut ausgelasteter Linux-Server seine Boot-Festplatte einsetzt? Welchen Betrag wären Sie bereit, für SCSI zu zahlen, und welche Leistungsverbesserungen (wenn überhaupt) würden Sie für das zusätzlich ausgegebene Geld erhalten?

☆ 6. Fügen Sie Ihrem System eine Festplatte hinzu. Machen Sie eine Partition auf der neuen Festplatte zu einer Backup-Wurzelpartition, installieren Sie einen Kernel und starten Sie von ihr. Führen Sie eine Dokumentation über alle für diese Aufgabe notwendigen Schritte. Der Befehl script könnte dabei von Nutzen sein. (Erfordert root-Zugriff.)

☆ 7. Was ist ein Superblock und wofür wird er verwendet? Suchen Sie die Superblockstruktur von ext3fs in den Headerdateien des Kernels und erörtern Sie, was jedes einzelne Feld in dieser Struktur darstellt.

7.10 Übungen

☆ 8. Verwenden Sie mdadm mit der Option -f, um einen Festplattenausfall in einem RAID-Array zu simulieren. Entfernen Sie die Festplatte aus dem Array und fügen Sie sie wieder hinzu. Wie sieht /proc/mdstat bei jedem einzelnen Schritt aus?

★★ 9. Welche Felder sind in einem Inode eines ext3fs-Dateisystems gespeichert? Geben Sie den Inhalt des Inodes an, der die Datei /etc/motd darstellt. Wo ist der Dateiname dieser Datei gespeichert? (Werkzeuge wie hexdump und ls -i könnten helfen.)

★★ 10. Untersuchen Sie den Inhalt einer Verzeichnisdatei mit einem Programm wie hexdump oder od. Jeder Eintrag variabler Länge stellt eine Datei in diesem Verzeichnis dar. Suchen Sie die Struktur eines Eintrages dieses Verzeichnisses und erläutern Sie jedes Feld unter Verwendung einer tatsächlichen Verzeichnisdatei. Schauen Sie sich als Nächstes das Verzeichnis lost+found auf einem beliebigen Dateisystem an. Warum gibt es hier so viele Namen, obwohl das Verzeichnis leer zu sein scheint?

★★★★★ 11. Schreiben Sie ein Programm, das das Dateisystem durchläuft und den Inhalt der Dateien /etc/motd und /etc/termcap ausgibt. Öffnen Sie die Dateien jedoch nicht direkt. Öffnen Sie stattdessen die rohe Gerätedatei der Wurzelpartition und verwenden Sie die Systemaufrufe seek und read, um das Dateisystem zu entschlüsseln und die entsprechenden Datenblöcke zu finden. /etc/motd ist in der Regel kurz und enthält vermutlich nur direkte Blöcke. /etc/termcap erfordert höchstwahrscheinlich das Entschlüsseln indirekter Blöcke. Hinweis: Stellen Sie beim Lesen der System-Headerdateien sicher, dass Sie die »on-disk« Inode-Struktur des Dateisystems gefunden haben, nicht die »in-core« Inode-Struktur. (Erfordert root-Zugriff.)

8 Periodische Prozesse

Der Schlüssel, um die Kontrolle über Ihr System zu behalten, besteht darin, so viele Aufgaben wie möglich zu automatisieren. Ein adduser-Programm kann beispielsweise neue Benutzer schneller anlegen als Sie, wobei gleichzeitig die Möglichkeit, Fehler zu machen, geringer wird. Fast jede Aufgabe lässt sich als Perl-, Python-, Shell- oder expect-Skript kodieren.

Häufig ist es hilfreich, ein Skript oder einen Befehl ohne jeglichen menschlichen Eingriff ablaufen zu lassen. Beispielsweise können Sie ein Skript (z. B. alle halbe Stunde) prüfen lassen, ob Ihre Netzwerk-Router und -Brücken richtig arbeiten, und eine E-Mail senden lassen, wenn Probleme entdeckt werden.[1]

8.1 cron: Kommandos planen

Unter Linux wird die periodische Ausführung normalerweise vom cron-Daemon gehandhabt. cron startet, wenn das System bootet, und läuft so lange, wie das System ausgeführt wird. Der Daemon liest eine oder mehrere Konfigurationsdateien mit einer Liste von Befehlszeilen und Zeiten, zu denen sie aufgerufen werden sollen. Die Befehlszeilen werden von sh ausgeführt, sodass fast alles, was Sie von Hand von der Shell aus tun können, auch mit cron ausgeführt werden kann.[2]

cron erschien erstmals in den 1970ern im UNIX-Stammbaum. Linux-Distributionen enthalten eine Version namens ISC cron oder »Vixie-cron« nach dem Autor Paul Vixie. Dabei handelt es sich um eine moderne Neuimplementierung, die zusätzliche Funktionalität bei geringerer Unordnung bietet.

Eine cron-Konfigurationsdatei wird als Abkürzung von »cron-Tabelle« »Crontab« genannt. cron sucht Crontab-Dateien an drei verschiedenen Orten: /var/spool/cron (/var/spool/cron/tabs unter SUSE und /var/spool/cron/crontabs unter Debian), /etc/cron.d und /etc/crontab.

---

[1] Viele Unternehmen gehen darüber hinaus und lassen eine Textnachricht an den Pager des Administrators senden, sobald ein Problem entdeckt wird.

[2] /bin/sh unter Linux ist in Wirklichkeit ein Link auf die bash-Shell, eine verbesserte (und neu implementierte) Version der herkömmlichen Bourne-Shell von UNIX-Systemen. Sie können cron so konfigurieren, dass auch andere Shells verwendet werden.

Neben dem /etc/cron.d-Mechanismus installieren Linux-Distributionen auch Crontab-Einträge vor, die die Skripte in einer Gruppe wohlbekannter Verzeichnisse ausführen und dadurch Softwarepaketen eine andere Möglichkeit bieten, periodische Aufgaben zu installieren, ohne eine Crontab-Datei zu bearbeiten. Beispielsweise werden die Skripte in /etc/cron.daily einmal täglich ausgeführt und die Skripte in /etc/cron.weekly einmal pro Woche.

Crontab-Dateien für einzelne Benutzer werden unter /var/spool/cron abgelegt. Normalerweise gibt es (mindestens) eine Crontab-Datei pro Benutzer, eine für root, eine für jsmith usw. Crontab-Dateien werden mit den Loginnamen der entsprechenden Benutzer benannt, wobei cron diese Dateinamen verwendet, um herauszufinden, unter welcher UID die Befehle in den einzelnen Dateien ausgeführt werden sollen. Der crontab-Befehl überträgt Crontab-Dateien von und zu diesem Verzeichnis.

Crontab-Dateien mit geplanten Tasks zur Systempflege und anderen vom Systemadministrator definierten Aufgaben werden in der Datei /etc/crontab und in anderen Dateien im Verzeichnis /etc/cron.d gespeichert. Diese Dateien haben ein geringfügig anderes Format als die benutzerbezogenen Crontab-Dateien, weil sie zulassen, dass Befehle unter einem beliebigen Benutzer ausgeführt werden. cron behandelt die Einträge in /etc/crontab und /etc/cron.d genau gleich. Grundsätzlich dient /etc/crontab als Datei, die der Systemadministrator von Hand pflegt, wogegen /etc/cron.d als Ort bereitgestellt wird, an dem Softwarepakete alle benötigten Crontab-Einträge installieren können.

Wenn cron startet, liest es alle Konfigurationsdateien ein, legt sie im Hauptspeicher ab und geht dann in den Schlafmodus. Einmal pro Minute wacht cron auf, prüft die Änderungszeiten der Crontab-Dateien, lädt alle geänderten Dateien neu und führt dann alle Tasks aus, die für diese Minute eingeplant wurden, bevor es wieder schlafen geht.

 Aus nicht bekannten Gründern wurde cron unter Red Hat in crond umbenannt.

cron protokolliert seine Aktivitäten durch syslog mit der »cron«-Einrichtung, wobei die meisten Meldungen mit der Priorität »info« übertragen werden. Standardmäßige syslog-Konfigurationen senden die cron-Protokolldaten grundsätzlich an ihre eigene Datei.

8.2 Das Format von Crontab-Dateien

Alle Crontab-Dateien eines Systems haben ein ähnliches Format. Kommentare werden mit einem Nummernzeichen (#) in der ersten Spalte einer Zeile eingeleitet. Jede Nichtkommentarzeile enthält sechs oder sieben Felder und stellt einen Befehl dar:

Minute Stunde Tag Monat Wochentag [Benutzername] Befehl

8.2 Das Format von Crontab-Dateien

Die ersten sechs Felder werden durch Leerzeichen getrennt, wobei im Feld *Befehl* Leerzeichen 1:1 übernommen werden. Der *Benutzername* kommt nur in /etc/crontab und in Dateien im Verzeichnis /etc/cron.d vor. Er gibt an, unter welchem Benutzer der Befehl ausgeführt werden soll. Dieses Feld ist in den benutzerspezifischen Crontab-Dateien (die unter /var/spool/cron abgelegt sind) weder vorhanden noch erforderlich, weil die UID implizit durch den Dateinamen festgelegt ist.

Die Felder *Minute*, *Stunde*, *Tag*, *Monat* und *Wochentag* legen fest, wann der Befehl ausgeführt wird. Ihre Interpretation wird in Tabelle 8.1 gezeigt.

Feld	Beschreibung	Bereich
Minute	Minute der Stunde	0 bis 59
Stunde	Stunde des Tages	0 bis 23
Tag	Tag des Monats	1 bis 31
Monat	Monat des Jahres	1 bis 12
Wochentag	Tag der Woche	0 bis 6 (0 = Sonntag)

Tabelle 8.1: Crontab-Zeitangaben

Jedes der zeitbezogenen Felder kann Folgendes enthalten:

- Einen Stern, der allem entspricht
- Eine einzelne ganze Zahl, die genau einem Wert entspricht
- Zwei durch einen Bindestrich getrennte ganze Zahlen, die einem Wertebereich entsprechen
- Eine durch Kommata getrennte Folge von ganzen Zahlen oder Bereichen, die allen aufgeführten Werten entspricht

Wertebereiche können eine Schrittweite enthalten. Die Folge 0,3,6,9,12,15,18 kann beispielsweise kürzer als 0-18/3 geschrieben werden. Sie können auch Textabkürzungen für die Namen der Monate und Tage angeben, aber nicht zusammen mit Bereichen.

Die folgende Zeitangabe bedeutet »10:45, Montag bis Freitag«:

```
45  10  *  *  1-5
```

Ein Hinweis: Stellen Sie nie einen Stern in das erste Feld, es sei denn, der Befehl soll jede Minute ausgeführt werden.

Es gibt eine mögliche Zweideutigkeit bei den Feldern *Wochentag* und *Tag*, die Sie beachten müssen. Jeder Tag ist sowohl ein Tag der Woche als auch ein Tag des Monats. Wenn sowohl *Wochentag* als auch *Tag* angegeben sind, muss ein Tag nur eine der beiden Bedingungen erfüllen, um ausgewählt zu werden. Betrachten Sie dazu das folgende Beispiel:

```
0,30  *  13  *  5
```

Dies bedeutet »jede halbe Stunde am Freitag und jede halbe Stunde am 13. des Monats« und nicht »jede halbe Stunde am Freitag den 13«.

Der *Befehl* ist der sh-Befehl, der ausgeführt werden soll. Es kann sich um jeden gültigen Shellbefehl handeln, aber er sollte nicht in Anführungszeichen stehen. Der *Befehl* wird bis zum Zeilenende betrachtet und kann Leerzeichen oder Tabulatoren enthalten.

Mit einem Prozentzeichen (%) wird im Feld *Befehl* eine neue Zeile angegeben. Nur der Text bis zum ersten Prozentzeichen wird in den aktuellen Befehl aufgenommen. Die übrigen Zeilen werden dem Befehl als Standardeingabe übergeben.

Hier folgen einige Beispiele für gültige Crontab-Befehle:

```
echo The time is now `date` > /dev/console
mail -s Reminder evi@anchor % Don't forget to write your chapters.
cd /etc; /bin/mail -s "Password file" evi < passwd
```

Und hier sind einige Beispiele für vollständige Crontab-Einträge:

```
30 2 * * 1     (cd /users/joe/project; make)
```

Dieser Eintrag wird jeden Montagmorgen um 2:30 Uhr aktiviert und führt make im Verzeichnis /users/joe/project aus. Ein solcher Befehl kann verwendet werden, um eine lange Kompilierung zu einer Zeit zu starten, zu der keine anderen Benutzer das System verwenden. Im Allgemeinen wird die gesamte Ausgabe des cron-Befehls an den »Besitzer« der Crontab gemailt.

```
20 1 * * *     find /tmp -atime +3 -exec rm -f { } ';'
```

Dieser Befehl wird jeden Morgen um 1:20 Uhr ausgeführt. Er entfernt alle Dateien im Verzeichnis /tmp, auf die in den letzten drei Tagen nicht zugegriffen wurde.

```
55 23 * * 0-3,6    /staff/trent/bin/checkservers
```

Diese Zeile führt checkservers **jeden Tag außer Donnerstag und Freitag um 23:55 Uhr** aus.

Es ist auch möglich, in einer Crontab-Datei eine Umgebungsvariable und deren Werte anzugeben. Nähere Einzelheiten finden Sie auf der man-Seite crontab(5).

8.3 crontab-Verwaltung

crontab *Dateiname* installiert die genannte Datei als Ihre Crontab und ersetzt alle früheren Versionen. crontab -e checkt eine Kopie Ihrer Crontab aus, ruft Ihren Editor mit ihr auf (wie in der Umgebungsvariablen EDITOR angegeben) und stellt sie dann wieder in das Crontab-Verzeichnis. crontab -l listet den Inhalt Ihrer Crontab auf der Standardausgabe auf und crontab -r entfernt sie. –e und –r liegen auf der Tastatur direkt nebeneinander, also Achtung. Und, es ist wirklich sinnvoll ein Backup von /var/spool/cron zu haben ...

root kann einen Benutzernamen als Argument übergeben, um die Crontabs anderer Benutzer zu bearbeiten oder anzusehen. crontab -u jsmith -r löscht beispielsweise die Crontab des Benutzers jsmith.

Ohne Befehlszeilenargumente versuchen die meisten Versionen von crontab, eine Crontab von der Standardeingabe zu lesen. Wenn Sie versehentlich in diesen Modus geraten, versuchen Sie nicht, ihn mit Strg-D zu verlassen, weil das Ihre gesamte Crontab löscht. Verwenden Sie stattdessen Strg-C. Einige Versionen wurden so geändert, dass Sie einen Gedankenstrich als Dateinamenargument angeben müssen, damit crontab seine Standardeingabe beachtet.

Die beiden Konfigurationsdateien /etc/cron.deny und /etc/cron.allow geben an, welche Benutzer Crontab-Dateien bereitstellen dürfen. Wenn die allow-Datei vorhanden ist, enthält sie eine Liste aller Benutzer, die Crontabs bereitstellen können, mit einem Benutzer pro Zeile. Nur aufgeführte Personen dürfen den crontab-Befehl aufrufen. Wenn die allow-Datei nicht vorhanden ist, wird die deny-Datei geprüft. Auch sie enthält einfach eine Liste von Benutzern, wobei aber die Bedeutung umgekehrt ist: Jedem außer den aufgeführten Benutzern ist der Zugriff erlaubt. Wenn weder die allow- noch die deny-Datei vorhanden ist, darf bei den meisten Systemen nur root Crontabs bereitstellen. (Debian und Ubuntu gestatten standardmäßig allen Benutzern die Bereitstellung.)

Es ist wichtig zu beachten, dass die Zugriffssteuerung von crontab implementiert wird und nicht von cron. Wenn ein Benutzer mit anderen Mitteln eine Crontab-Datei in das entsprechende Verzeichnis einschleust, wird cron die enthaltenen Befehle blind ausführen.

8.4 Häufige Verwendungszwecke für cron

Verschiedene Standardaufgaben sind besonders für den Aufruf durch cron geeignet und bilden den Großteil der Einträge in der Crontab von root. In diesem Abschnitt betrachten wir eine Vielzahl solcher Aufgaben und die Crontab-Zeilen für ihre Implementierung.

Linux-Systeme werden häufig mit vorinstallierten Crontab-Einträgen geliefert, meist in /etc/cron.d. Wenn Sie die Standardeinträge deaktivieren wollen, kommentieren Sie sie aus, indem Sie ein Nummernzeichen (#) am Anfang der Zeile einfügen. Löschen Sie sie nicht, denn möglicherweise benötigen Sie sie später wieder.

Viele Unternehmen haben tückische, aber wiederkehrende Netzwerkprobleme gehabt, weil Administratoren cron so konfiguriert haben, dass auf Hunderten von Computern der gleiche Befehl genau zur selben Zeit lief. Die Synchronisation der Uhr mit NTP verschärft das Problem, das mit einem zufällig verzögerten Skript oder einer Anpassung der Konfigurationsdatei leicht zu beheben ist. Die Diagnose kann aber sehr knifflig werden, weil die Symptome schnell und vollständig wieder verschwinden.

8.4.1 Das Dateisystem bereinigen

Einige Dateien auf jedem Linux-System sind wertloser Abfall (nein, nicht die Systemdateien). Wenn beispielsweise ein Programm abstürzt, schreibt der Kernel möglicherweise eine Datei namens core, die ein Abbild des Adressbereichs des Programms enthält.[3] core-Dateien sind für Softwareentwickler nützlich, aber für Administratoren sind sie meist nur verschwendeter Platz. Benutzer wissen häufig nichts von core-Dateien, sodass sie nicht dazu neigen, sie selbstständig zu löschen.

NFS ist eine weitere Quelle für zusätzliche Dateien. Da NFS-Server zustandslos sind, müssen sie eine besondere Konvention verwenden, um Dateien zu erhalten, die lokal gelöscht sind, aber noch von einem anderen Computer verwendet werden. Die meisten Implementierungen benennen solche Dateien in .nfsxxx um, wobei xxx eine Zahl ist. Verschiedene Situationen können dazu führen, dass diese Dateien vergessen und übrig gelassen werden, nachdem angenommen wird, dass sie gelöscht sind.

Tipp

Das Netzwerkdateisystem NFS wird in Kapitel 16 beschrieben.

Viele Programme legen temporäre Dateien in /tmp oder /var/tmp an, die aus irgendeinem Grund nicht gelöscht werden. Manche Programme, besonders Editoren, legen gern Sicherungskopien aller bearbeiteten Dateien an.

Eine Teillösung des Problems der Abfalldateien besteht darin, mit cron eine Art von nächtlicher Plattenbereinigung aufzusetzen. Moderne Systeme werden mit so etwas ausgeliefert, aber Sie sollten Ihr System auf sein Standardverhalten hin untersuchen, damit sichergestellt ist, dass es für Ihre Situation geeignet ist.

Im Folgenden finden Sie mehrere übliche, mit dem find-Befehl implementierte Ausdrücke:

```
find / -xdev -type f '(' -name core -o name 'core.[0-9]*' ')' -atime +7
-exec rm -f { } ';'
```

Dieser Befehl entfernt Speicherabbilder, auf die eine Woche lang nicht zugegriffen wurde. Das Argument -xdev stellt sicher, dass find nicht zu anderen Dateisystemen als dem Wurzeldateisystem übergeht. Diese Einschränkung ist wichtig für Netz-

---

3 Das Wort »core« bedeutet hier »Speicher«. Dieser Begriff stammt von den frühen Computersystemen, die als Speicherelemente kleine Ferritringe in einem verflochtenen Netz verwendeten.

werke, in denen viele Dateisysteme über Kreuz eingehängt sind. Falls Sie mehr als ein Dateisystem säubern wollen, verwenden Sie für jedes einen eigenen Befehl (beachten Sie, dass /var üblicherweise ein eigenes Dateisystem ist).

Die Namenskonvention für core-Dateien kann der Systemadministrator in der /proc/sys/kernel/core_pattern-Datei einstellen. Der zuvor gezeigte find-Befehl erkennt nur die standardmäßigen Namen (core oder core.PID). Das Argument -type f ist wichtig, weil die Linux-Kernelquelle ein Verzeichnis namens core enthält, das Sie nicht löschen wollen.

```
find / -xdev -atime +3 '(' -name '#*' -o -name '.#*' -o -name '*.CKP' -o
-name '*~' -o -name '.nfs*' ')' -exec rm -f { } ';'
```

Dieser Befehl löscht Dateien, auf die drei Tage lang nicht zugegriffen wurde und die mit # oder .# oder .nfs beginnen oder mit ~ oder .CKP enden. Diese Muster sind für zahlreiche Arten von temporären oder Editor-Sicherungsdateien typisch.

Zur Leistungssteigerung verwenden einige Administratoren die Einhängeoption noatime, damit das Dateisystem keine Zeitstempel führt. Diese Konfiguration bringt die beiden find-Beispielbefehle durcheinander, weil auf die Dateien scheinbar nicht zugegriffen wurde, auch wenn sie vor kurzem aktiv waren. Unglücklicherweise werden diese Dateien dann gelöscht. Achten Sie deshalb darauf, dass die Zugriffszeiten geführt werden, bevor Sie diese Befehle wie gezeigt einsetzen.

```
cd /tmp; find . ! -name . ! -name lost+found -type d
-mtime +3
-exec /bin/rm -rf { } ';'
```

Dieser Befehl entfernt rekursiv alle Unterverzeichnisse von /tmp, auf die 72 Stunden lang nicht zugegriffen wurde. Einfache Dateien in /tmp werden beim Booten von den Startskripten des Systems entfernt, aber einige Systeme löschen keine Verzeichnisse. Falls ein Verzeichnis mit dem Namen lost+found vorhanden ist, wird es besonders behandelt und nicht entfernt. Das ist wichtig, wenn /tmp ein eigenes Dateisystem ist. Weitere Informationen über lost+found finden Sie in Abschnitt 7.4.5.

Wenn Sie einen dieser Befehle verwenden, sollten Sie darauf achten, dass die Benutzer über Ihr Bereinigungsverfahren unterrichtet sind.

8.4.2 Konfigurationsdateien im Netzwerk verteilen

Wenn Sie ein Netzwerk betreiben, ist es häufig bequem, eine einzige, netzwerkweite Version der Konfigurationsdateien wie beispielsweise die Datenbank für Mail-Aliase (normalerweise /etc/mail/aliases) zu führen. Masterversionen dieser Dateien können dann jede Nacht mit rsync, rdist oder einem expect-Skript verteilt werden.

Tipp

Weitere Informationen über freigegebene Konfigurationsdateien finden Sie in Kapitel 17.

Manchmal ist eine Nachbearbeitung erforderlich. Sie müssen beispielsweise vielleicht den newaliases-Befehl starten, um eine Textdatei mit Mail-Aliasen in das Hash-Format von sendmail zu konvertieren, falls die Option AutoRebuildAliases in Ihrer sendmail.cf-Datei nicht gesetzt ist. Möglicherweise müssen Sie auch Dateien in eine Verwaltungsdatenbank wie NIS laden.

8.4.3 Rotation von Protokolldateien

Linux macht seine Sache bei der Verwaltung der meisten Protokolldateien gut, aber einige Dateien wachsen ohne Begrenzung, bis sie manuell zurückgesetzt werden. Es gibt zahlreiche Möglichkeiten, Protokolldateien am Überlauf zu hindern, wobei die einfachste darin besteht, sie einfach periodisch abzuschneiden.

Ein konservativeres Vorgehen ist die »Rotation« von Protokolldateien, bei der mehrere ältere Versionen aufbewahrt werden. Dieses Verfahren verhindert, dass Protokolldateien außer Kontrolle geraten, lässt Sie aber nie ohne die jüngsten Protokollinformationen. Da die Rotation von Protokolldateien ein wiederkehrendes und regelmäßig eingeplantes Ereignis ist, handelt es sich um eine ideale Aufgabe für cron. Weitere Einzelheiten finden Sie unter Rotation von Protokolldateien in Abschnitt 10.1.

8.5 Andere Jobsteuerungen: anacron und fcron

Im Allgemeinen holt cron keine Befehle nach, die ausgefallen sind, während das System ausgeschaltet war, und gleicht auch Abweichungen bei der Uhrzeit nicht aus. Allerdings versucht Vixie-cron nach bestem Wissen und Gewissen, das Richtige für Aufgaben zu tun, die weniger als stündlich eingeplant sind, wenn sich die Uhrzeit um weniger als drei Stunden ändert. Es handhabt kleinere Anpassungen wie beispielsweise die Umstellung zwischen Sommer- und Winterzeit gut.

Laptops und andere Computer, die nur gelegentlich eingeschaltet werden, haben eine gespanntere Beziehung zu cron und können Alternativen nutzen. Eine gute Ergänzung zu cron ist anacron, ein auf Intervallen beruhender Zeitplaner. Falls anacron nicht zur Standardinstallation gehört, können Sie es mit der standardmäßigen Paketverwaltung des Systems installieren.

Anstatt anzugeben, dass ein bestimmter Befehl Montagmorgen um 2:00 Uhr laufen soll, veranlassen Sie anacron einfach, ihn jede Woche zu starten. Im Gegensatz zu cron merkt sich anacron die letzte Ausführungszeit jedes Befehls, sodass es einfach diese Zeit, das angegebene Intervall und die aktuelle Zeit vergleichen muss, um festzustellen, ob der Befehl wieder ausgelöst werden muss.

anacron bietet mehrere Eigenschaften, die zu vermeiden helfen, dass ein neu gebooteter Rechner in einem Schwall von gleichzeitig gestarteten Verwaltungstasks untergeht. Jede Aufgabe kann eine eigene Startverzögerung haben und anacron kann die Befehle, die es ausführt, serialisieren, sodass jeweils nur ein Befehl gleichzeitig aktiv ist.

Die Zeitplanung nach Intervallen ist für Verwaltungsaufgaben im Allgemeinen wahrscheinlich nützlicher als eine Zeitplanung aufgrund fester Zeiten. Unglücklicherweise müssen die Intervalle für anacron in Tagen angegeben werden, was die Nützlichkeit als Hauptinstrument für die Zeitplanung einschränkt.

anacron selbst muss von cron aus gestartet werden. Obwohl die Auflösung von anacron bei der Zeitplanung Tage beträgt, ist es sinnvoll, anacron mehr als einmal pro Tag laufen zu lassen – falls Sie wissen, dass cron jeden Tag zur gleichen Zeit anacron starten kann, werden Sie anacron wahrscheinlich gar nicht erst verwenden. Ebenso ist es sinnvoll, anacron auch beim Starten des Systems laufen zu lassen.

Eine aggressivere Variante von cron mit anacron-artigen Eigenschaften ist fcron (siehe *fcron.free.fr*). Im Gegensatz zu anacron zielt fcron ausdrücklich darauf ab, Vixie-cron zu ersetzen. Es gestattet eine Anzahl anspruchsvoller Zeitangaben, die sich in den Konfigurationssprachen von cron und anacron nicht ausdrücken lassen. Dennoch muss man sich fragen, ob der praktische Wert dieser Eigenschaften die zusätzliche Komplexität von fcron und die Mühe des Einsatzes einer nicht standardmäßigen Zeitplanung rechtfertigt.

8.6 Übungen

1. Ein lokaler Benutzer Ihres Systems hat die Crontab-Privilegien missbraucht und in regelmäßigen Intervallen aufwändige Tasks gestartet. Nachdem Sie ihn mehrmals dazu aufgefordert haben, das zu unterlassen, sind Sie gezwungen, seine Privilegien herabzusetzen. Führen Sie die erforderlichen Schritte auf, seine aktuelle Crontab zu löschen und sicherzustellen, dass er keine neue anlegen kann.

2. Denken Sie sich drei Aufgaben aus (andere als die in diesem Kapitel erwähnten), die periodisch ausgeführt werden. Schreiben Sie Crontab-Einträge für jede Aufgabe und geben Sie an, in welchen Crontab-Dateien die Einträge vorgenommen werden sollen.

3. Wählen Sie drei Einträge aus den Crontab-Dateien Ihres Systems aus. Erklären Sie jeden und beschreiben Sie, wann er gestartet wird, was er leistet und warum Sie glauben, dass der Eintrag erforderlich ist. (Dazu ist root-Zugriff erforderlich.)

☆ 4. Schreiben Sie ein Skript, das Ihre Startdateien (~/.[a-z]*) zwischen allen Computern synchron hält, auf denen Sie ein Benutzerkonto haben. Planen Sie dieses Skript so ein, dass es regelmäßig von cron ausgeführt wird. (Ist es sicher, blind jede Datei zu kopieren, deren Name mit einem Punkt beginnt? Sollten die auf den Zielcomputern ersetzten Dateien gesichert werden, bevor sie überschrieben werden?)

☆ 5. Schreiben Sie mit den man-Seiten der Befehle du, sort und head als Referenz ein Skript, das bestimmt, welche zehn Heimatverzeichnisse auf dem System die größten sind. Planen Sie das Skript so ein, dass es jede Montagnacht um 12:00 Uhr gestartet wird und seine Ausgabe an Sie mailt. Tipp: Sie sollten eine umgekehrte numerische Sortierung verwenden. (Dazu ist root-Zugriff erforderlich.)

9 Backups

Bei den meisten Unternehmen sind die auf den Computern gespeicherten Informationen wertvoller als die Computer selbst. Außerdem sind sie viel schwerer zu ersetzen. Das Schützen dieser Informationen ist eine der wichtigsten (und leider langweiligsten) Aufgaben des Systemadministrators.

Es gibt Hunderte kreative und weniger kreative Möglichkeiten, Daten zu verlieren. Softwarefehler zerstören laufend Dateien. Benutzer löschen versehentlich ihr Lebenswerk. Hacker und verärgerte Mitarbeiter löschen Festplatten. Hardwareprobleme und Naturkatastrophen löschen ganze Rechenzentren aus.

Wenn sie richtig ausgeführt werden, kann ein Administrator mit Backups ein Dateisystem (oder einen Teil eines Dateisystems) in dem Zustand wiederherstellen, in dem es zum Zeitpunkt des letzten Backups war. Backups müssen sorgfältig und nach einem strengen Plan ausgeführt werden. Das Backupsystem und die Backupmedien müssen außerdem regelmäßig geprüft werden, um sicherzustellen, dass sie fehlerfrei funktionieren.

Die Integrität der Backupmedien beeinflusst unmittelbar die Grundlagen Ihres Unternehmens. Das Management muss verstehen, wozu Backups tatsächlich dienen, im Gegensatz zu dem, was es von Backups erwartet. In der Informatikabteilung einer Universität mag es in Ordnung sein, die Arbeit eines Tages zu verlieren, aber wahrscheinlich ist das in einer Warenhandelsfirma nicht in Ordnung.

Wir beginnen dieses Kapitel mit der grundlegenden Backup-Philosophie, worauf eine Besprechung der gebräuchlichsten Backupgeräte und -medien (ihrer Stärken, Schwächen und Kosten) folgt. Als Nächstes untersuchen wir Linux-Backup- und -Archivierungsbefehle und schlagen vor, welche Befehle in welchen Situationen am günstigsten sind. Dann sprechen wir über das Design eines Backupverfahrens und untersuchen den Mechanismus der verbreiteten dump- und restore-Programme. Schließlich betrachten wir Bacula, ein freies Netzwerkbackup-Paket, und geben dann einige Kommentare zu kommerziellen Alternativen.

9.1 Friede, Freude, Eierkuchen

Bevor wir zum Eingemachten von Backups übergehen, wollen wir über einige allgemeine Hinweise sprechen, die wir im Laufe der Zeit (gewöhnlich auf dem mühsamen, schmerzhaften Weg) gelernt haben. Keiner dieser Vorschläge stellt eine feste Regel dar, aber Sie werden feststellen, je mehr Sie diese Regeln befolgen, desto glatter verlaufen Ihre Sicherungen.

9.1.1 Nehmen Sie alle Backups auf einem Rechner vor

Bei vielen Backup-Programmen können Sie Sicherungen über das Netzwerk ausführen. Obwohl es einige Leistungseinbußen bei der Anfertigung von Sicherungen auf diese Art gibt, ist es für die Vereinfachung der Verwaltung sinnvoll. Wir haben festgestellt, dass die beste Methode darin besteht, ein Skript von einer zentralen Stelle auszuführen, das rdump (über rsh oder ssh) auf jedem Rechner ausführt, der gesichert werden muss. Sie können auch ein Softwarepaket (kommerziell, frei oder Shareware) verwenden, um diesen Vorgang zu automatisieren. Alle Sicherungen sollten auf demselben Backupgerät ausgeführt werden (natürlich ohne Rückspulen).

Falls Ihre Systeme zu groß sind, um auf einem einzigen Backupgerät gesichert zu werden, sollten Sie immer noch versuchen, Ihr Backupsystem so zentralisiert wie möglich zu halten. Die Zentralisierung erleichtert die Verwaltung und gestattet es Ihnen, die Integrität der Sicherung zu prüfen. Abhängig vom verwendeten Medium können Sie häufig mehr als ein Laufwerk für Backup-Medien auf einen Server bringen, ohne die Leistungsfähigkeit einzuschränken.

9.1.2 Beschriften Sie die Medien

Beschriften Sie jedes der Backupmedien deutlich und vollständig – ein unbeschriftetes Band ist ein frei verwendbares Band. Beschriften Sie jedes Backupmedium sofort, um seinen Inhalt eindeutig zu kennzeichnen. Schreiben Sie auf die Hülle weitere Informationen, beispielsweise Listen der Dateisysteme und Sicherungszeiten.

Sie müssen die Dateisysteme root und /usr eines kritischen Servers wiederherstellen können, ohne auf die Sicherungsskripte zu schauen. Beschriften Sie die Medien entsprechend, führen Sie die Dateisysteme auf, die sie enthalten, das Format der Sicherung, die genaue Syntax der Befehle, mit denen sie erstellt wurden, und alle anderen Informationen, die Sie benötigen, um das System wiederherzustellen, ohne die Onlinedokumentation heranzuziehen.

Freie und kommerzielle Beschriftungsprogramme sind reichlich vorhanden. Ersparen Sie sich eine Menge Kopfschmerzen und investieren Sie in eines. Wenn Sie Aufkleber für Ihren Laserdrucker kaufen, kann der Hersteller der Aufkleber meistens auch (Windows-)Software bereitstellen, die Beschriftungen herstellt. Besser ist es allerdings, wenn Sie einen besonderen Beschriftungsdrucker für Windows kaufen. Diese sind preiswert und funktionieren gut.

9.1.3 Wählen Sie ein sinnvolles Backupintervall

Je häufiger Sicherungen angefertigt werden, desto weniger Daten gehen bei einem Absturz verloren. Allerdings belegen Sicherungen Systemressourcen und Operatorzeit. Sie müssen ausreichende Datenintegrität zu vertretbaren Kosten an Zeit und Material bereitstellen.

Bei intensiv genutzten Systemen ist es grundsätzlich ausreichend, Dateisysteme mit Heimatverzeichnissen jeden Arbeitstag zu sichern. Bei Systemen, die weniger stark benutzt werden oder deren Daten weniger flüchtig sind, können Sie möglicherweise entscheiden, dass mehrere Sicherungen pro Woche ausreichend sind. Bei einem kleinen System mit nur einem Benutzer ist es wahrscheinlich angemessen, einmal pro Woche zu sichern. Wie viele Daten möchten Ihre Benutzer verlieren?

9.1.4 Wählen Sie die Dateisysteme sorgfältig aus

Dateisysteme, die nur selten geändert werden, müssen nicht so oft gesichert werden wie die Heimatverzeichnisse der Benutzer. Falls sich nur wenige Dateien in einem ansonsten statischen Dateisystem ändern (wie beispielsweise /etc/passwd im Wurzeldateisystem), können Sie diese Dateien täglich auf eine andere Partition kopieren, die regelmäßig gesichert wird.

Falls /tmp ein eigenes Dateisystem ist, sollte es nicht gesichert werden. Das /tmp-Verzeichnis sollte nichts Wesentliches enthalten, sodass es keinen Grund gibt, es aufzubewahren. Auch wenn das offensichtlich zu sein scheint, kennen wir doch eine große Firma, bei der /tmp täglich gesichert wird.

9.1.5 Passen Sie die täglichen Backups an die Mediengröße an

In einer perfekten Welt können Sie all Ihre Dateisysteme täglich auf ein einziges Band sichern. Medien hoher Dichte wie DLT, AIT und LTO machen dieses Ziel für einige Unternehmen praktisch erreichbar. Den Vorgang können Sie automatisieren, indem Sie Ihr Backupmedium täglich einlegen, bevor Sie Feierabend machen, und cron die Sicherung für Sie ausführen lassen. Auf diese Art wird zu einer Zeit gesichert, wenn sich die Dateien wahrscheinlich nicht ändern, und die Sicherung hat eine minimale Auswirkung auf die Benutzer.

Tipp

Weitere Informationen über cron finden Sie in Kapitel 8.

Seit sich unsere Arbeitsgewohnheiten geändert haben und das Arbeiten von zu Hause üblicher wurde, nimmt die »gute« Zeit für Sicherungen ab. Aus unseren Protokollen wissen wir, dass die beste Zeit zwischen 3:00 und 6:00 Uhr ist. Allerdings ist es nicht möglich, 80 TB an Daten innerhalb von drei Stunden zu sichern.

Ein weiteres wesentliches Problem ist die schnelle Zunahme an Plattenplatz, die sich aus den fallenden Preisen für Festplatten ergibt. Sie können kein Desktopsystem mit weniger als 100 GB an Plattenplatz ab Lager kaufen. Warum sollten Sie Ihre Festplatten aufräumen und Quoten vorschreiben, wenn Sie für wenig Geld das Problem lösen und mehr Plattenplatz bereitstellen können? Allerdings kann es leicht passieren, dass die Größe des Onlinespeichers Ihre Sicherungsmöglichkeiten überschreitet.

Wenn Ihre tägliche Sicherung nicht mehr auf ein Band passt, haben Sie mehrere Optionen:

- Kaufen Sie ein Backupgerät höherer Kapazität.
- Kaufen Sie einen Autoloader oder eine Bibliothek und führen Sie einem Gerät mehrere Medien zu.
- Ändern Sie Ihre Sicherungssequenz.
- Schreiben Sie ein klügeres Skript.
- Verwenden Sie mehrere Backupgeräte.

Ihr automatisches Sicherungssystem sollte immer den Namen jedes gesicherten Dateisystems aufzeichnen. Mit guten Aufzeichnungen können Sie schnell zu dem richtigen Dateisystem vorspringen, wenn Sie eine Datei wiederherstellen wollen. Außerdem ist es eine gute Idee, die Reihenfolge der Dateisysteme außen auf dem Band aufzuzeichnen. (Wir haben es schon gesagt und wir sagen es wieder: Achten Sie darauf, ein Gerät zu verwenden, das nicht zurückspult, wenn Sie mehrere Sicherungen auf ein Medium schreiben.)

9.1.6 Machen Sie die Dateisysteme kleiner als das Medium

dump und andere fertig verfügbare Programme sind perfekt dazu geeignet, Dateisysteme auf mehrere Medien zu sichern. Wenn eine Sicherung allerdings mehrere Bänder umfasst, muss ein Operator oder ein Bandroboter anwesend sein, um das Medium zu wechseln, und das Medium muss sorgfältig beschriftet werden, damit Wiederherstellungen leicht ausgeführt werden können. Solange Sie keinen guten Grund dafür haben, ein wirklich großes Dateisystem anzulegen, verzichten Sie darauf.

9.1.7 Lagern Sie Ihre Medien anderenorts

Die meisten Unternehmen heben ihre Backups anderenorts auf, sodass eine Katastrophe wie beispielsweise ein Brand nicht sowohl die Originaldaten als auch die Backups zerstören kann. »Anderenorts« reicht von einem Bankschließfach bis zur Wohnung des

Vorstands oder Geschäftsführers. Unternehmen, die sich auf die sichere Aufbewahrung von Backupmedien spezialisiert haben, garantieren eine sichere und klimatisierte Umgebung für Ihre Archive. Achten Sie immer darauf, dass Ihr Archivanbieter angesehen, zuverlässig und versichert ist. Heute gibt es Onlineunternehmen, die auf die Absicherung Ihrer Daten spezialisiert sind.

Die Geschwindigkeit, mit der Backupmedien an andere Orte gebracht werden, sollte davon abhängen, wie häufig Sie Dateien wiederherstellen müssen und wie viel Verzögerung Sie hinnehmen können. Einige Unternehmen vermeiden diese Entscheidung, indem sie zwei Sicherungen auf unterschiedliche Backupgeräte schreiben, eine, die vor Ort bleibt, und eine, die sofort weggebracht wird.[1]

9.1.8 Schützen Sie Ihre Backups

Dan Geer, ein Sicherheitsberater, hat gesagt: »Was leistet ein Backup? Es verletzt zuverlässig auf Distanz die Dateiberechtigungen«. Hm.

Sichern Sie Ihre Backupmedien. Sie enthalten alle Daten Ihres Unternehmens und können von jedem gelesen werden, der physischen Zugriff auf sie hat. Sie sollten Ihre Medien nicht nur an einem anderen Ort aufbewahren, sondern auch unter Verschluss halten. Falls Sie zu diesem Zweck eine kommerzielle Speichermöglichkeit verwenden, sollte das entsprechende Unternehmen die Vertraulichkeit der Bänder garantieren, die in seiner Aufbewahrung sind.

Die Verschlüsselung der Backupmedien ist eine Option, die Sie in Betracht ziehen sollten. Viele kommerzielle Backup-Programme gestalten die Verschlüsselung ziemlich einfach. Andererseits müssen Sie sicherstellen, dass die Verschlüsselungsschlüssel nicht verloren gehen oder zerstört werden können und dass sie im Notfall verfügbar sind.

Einige Unternehmen glauben so fest an die Wichtigkeit Ihrer Backups, dass sie Kopien anlegen, was wirklich keine schlechte Sache ist.

9.1.9 Schränken Sie die Aktivität während des Backups ein

Die Aktivität der Dateisysteme sollte während der Sicherung eingeschränkt werden, weil Änderungen dazu führen können, dass Ihr Backup-Programm Fehler macht. Sie können die Aktivität entweder einschränken, indem Sie die Sicherung fahren, wenn wenige aktive Benutzer da sind (mitten in der Nacht oder am Wochenende), oder indem Sie das Dateisystem nur für das Backup-Programm zugreifbar machen. (Die letztere Vorkehrung klingt theoretisch gut, lässt sich aber selten in die Praxis umset-

---

[1] *Ein großes Finanzunternehmen im World Trade Center bewahrte seine Backups »an einem anderen Ort«, nämlich ein oder zwei Etagen unter seinen Büroräumen auf. Bei dem Bombenanschlag auf das Gebäude im Jahr 1993 wurden die Backup-Bänder (sowie die Computer) zerstört. Achten Sie darauf, »anderenorts« wörtlich zu nehmen.*

zen. Benutzer wollen einen 24/7-Zugriff auf alle Dateisysteme. Heute ist es unmöglich, eine Sicherung ohne Plattenaktivität durchzuführen.)

Eigene Dateiserver wie die von Network Appliance bieten Onlinebackups mit Snapshots des Dateisystems[2] in regelmäßigen, einstellbaren Intervallen. Diese Eigenschaft ermöglicht sichere Backups eines aktiven Dateisystems und ist einer der wichtigsten Vorteile von speziellen Dateiservern.

Tipp

Weitere Informationen über Dateiserver finden Sie in Abschnitt 16.5.

9.1.10 Überprüfen Sie die Medien

Wir haben viele Schauergeschichten über Systemadministratoren gehört, die Probleme mit ihrem Sicherungskonzept erst nach einem schweren Systemfehler bemerkt haben. Es ist wichtig, dass Sie Ihre Backup-Prozedur kontinuierlich überwachen und prüfen, ob sie richtig funktioniert. Bedienfehler ruinieren mehr Sicherungen als jedes andere Problem.

Die erste Prüfung besteht darin, Ihre Backupsoftware anzuweisen, die Bänder unmittelbar nach Abschluss der Sicherung wieder einzulesen.[3] Das Scannen eines Bandes, ob es die richtige Anzahl von Dateien enthält, ist eine gute Prüfung. Am besten wird jedes Band gescannt, was aber für große Unternehmen mit Hunderten von Bändern am Tag nicht mehr praktikabel erscheint. Eine zufällige Stichprobe ist in dieser Umgebung das Vernünftigste.

Häufig ist es hilfreich, für jedes Dateisystem ein Inhaltsverzeichnis zu erstellen (Benutzer von dump können restore -t verwenden) und das Ergebnis auf der Festplatte abzulegen. Diese Kataloge sollten so benannt werden, dass sie sich auf das entsprechende Band beziehen, beispielsweise okra:usr.Jan.13. Die Aufzeichnungen einer Woche vereinfachen es herauszufinden, auf welchem Medium eine verloren gegangene Datei steht. Sie suchen einfach mit grep nach dem Dateinamen und nehmen die neueste Instanz.

---

2 LVM kann das auch.
3 Sie können ein mit dump erstelltes Sicherungsband mit restore -C gegen einen Verzeichnisbaum prüfen.

Tipp

Weitere Informationen über restore finden Sie in Abschnitt 9.4.

Das erfolgreiche Lesen des Inhaltsverzeichnisses vom Band liefert nicht nur einen Katalog der Bänder, sondern ist auch ein guter Hinweis, dass die Sicherung in Ordnung ist und dass Sie wahrscheinlich das Medium lesen können, wenn Sie es benötigen. Ein schneller Versuch, eine beliebige Datei wiederherzustellen, gibt Ihnen sogar noch mehr Vertrauen in Ihre Möglichkeit, von diesem Medium wiederherstellen zu können.[4]

Sie sollten periodisch versuchen, von zufälligen Medien wiederherzustellen, um sicherzustellen, dass die Wiederherstellung noch möglich ist. Versuchen Sie genau so häufig von einem alten (Monate oder Jahre) Sicherungsmedium wiederherzustellen. Bei Bandlaufwerken ist bekannt, dass sie im Laufe der Zeit ihre Justierung verändern und ihre alten Bänder nicht mehr lesen können. Das Medium kann von einer Firma gerettet werden, die sich auf solche Dienstleistungen spezialisiert hat, was aber teuer ist.

Eine entsprechende Prüfung besteht darin, festzustellen, ob Sie das Medium auf einer anderen Hardware als Ihrer eigenen lesen können. Falls Ihr Computerraum ausbrennt, ist es nicht besonders gut zu wissen, dass die Sicherung auf einem Bandlaufwerk lesbar wäre, das jetzt zerstört ist. DAT-Bänder waren in der Vergangenheit besonders anfällig für dieses Problem, aber die neueren Geräte dieser Technik wurden verbessert.

9.1.11 Richten Sie einen Medienlebenszyklus ein

Jedes Medium hat eine begrenzte Lebensdauer. Es ist sinnvoll, Ihre Medien wiederzuverwenden, aber achten Sie darauf, die Empfehlungen des Herstellers bezüglich der Lebensdauer einzuhalten. Die meisten Bandhersteller geben diese Lebensdauer als Anzahl der Durchläufe an, die ein Band aushält: eine Sicherung, eine Wiederherstellung und ein mt fsf (file skip forward, Dateien vorwärts bewegen) stellen jeweils einen Durchlauf dar. Andere Technologien haben eine viel längere Lebensdauer, die manchmal als mittlere Zeit bis zum Ausfall (mean-time-to-failure, MTTF) angegeben wird.

Bevor Sie Ihre alten Bänder wegwerfen, denken Sie daran, sie zu löschen oder unlesbar zu machen. Ein Bandlöschgerät (ein großer Elektromagnet) kann dabei helfen,

---

[4] restore -t liest beispielsweise nur das Inhaltsverzeichnis der Sicherung, die am Anfang des Bandes gespeichert ist. Wenn Sie tatsächlich eine Datei wiederherstellen, prüfen Sie einen ausgedehnteren Bereich des Mediums.

aber achten Sie darauf, ihn weit, weit entfernt von Computern und aktiven Medien zu halten. Zerschneiden oder Herausziehen eines Teils des Sicherungsbandes trägt nicht wirklich viel zum Schutz Ihrer Daten bei, weil ein Band leicht geklebt oder umgespult werden kann. Firmen zur Dokumentenvernichtung zerstören Bänder gegen eine Gebühr.

9.1.12 Gestalten Sie Ihre Daten für das Backup

Seit Festplatten so billig und neue Speicherarchitekturen so zuverlässig sind, ist es verlockend, nicht alle Daten zu sichern. Eine vernünftige Speicherarchitektur – geplant und nicht mit zunehmendem Speicherbedarf wild gewachsen – kann viel dazu beitragen, Sicherungen gestaltbarer zu machen. Beginnen Sie damit, Ihre Speicheranforderungen aufzunehmen:

- Die verschiedenen Arten von Daten, die Ihre Firma handhabt.
- Die erwartete Flüchtigkeit (Änderungshäufigkeit).
- Die Sicherungshäufigkeit, die Sie benötigen, um sich bei möglichen Verlusten sicher zu fühlen.
- Die politischen Grenzen, über die die Daten verteilt sind.

Entwerfen Sie mit diesen Informationen die Speicherarchitektur Ihres Unternehmens und beachten Sie dabei Sicherungen und mögliche Zuwächse. Das Führen von Projektverzeichnissen und der Heimatverzeichnisse der Benutzer auf dedizierten Dateiservern kann die Verwaltung Ihrer Daten vereinfachen und deren Schutz sicherstellen.

9.1.13 Bereiten Sie sich auf den schlimmsten Fall vor

Nachdem Sie eine Backup-Prozedur eingerichtet haben, untersuchen Sie den schlimmsten Fall: Ihr Unternehmen ist völlig zerstört. Stellen Sie fest, wie viele Daten verloren gehen würden und wie lange es dauern würde, Ihr System wieder zum Leben zu erwecken (einschließlich der Zeit für die Beschaffung neuer Hardware). Entscheiden Sie anschließend, ob Sie mit den Antworten leben können.

9.2 Backupgeräte und -medien

Viele Fehler können mehrere Teile der Hardware gleichzeitig beschädigen, sodass Sicherungen auf eine Art wechselbarem Medium geschrieben werden sollten. Die Sicherung einer Festplatte auf eine andere des gleichen Rechners bietet kaum Schutz gegen einen Controllerfehler, obwohl das sicher immer noch besser ist als überhaupt keine Sicherung. Firmen, die ihre Daten über das Internet sichern, werden immer beliebter, aber die meisten Sicherungen werden immer noch lokal gespeichert.

9.2 Backupgeräte und -medien

Verschiedene Medien speichern Daten mithilfe magnetischer Teilchen. Diese Medien können durch elektrische und magnetische Felder zerstört werden. Sie sollten sich vor den folgenden Quellen von Magnetfeldern hüten: Lautsprecher, Transformatoren und Netzteile, nicht abgeschirmte Elektromotoren, Tischlüfter, Röhrenbildschirme und selbst längeres Aussetzen der Hintergrundstrahlung der Erde. Alle magnetischen Bänder werden möglicherweise nach einer Anzahl von Jahren unlesbar. Die meisten Bandmedien halten drei Jahre aus, aber wenn Sie Daten länger als diese Zeitspanne speichern wollen, sollten Sie entweder ein anderes Medium verwenden oder die Daten neu auf das Band schreiben.

In den folgenden Abschnitten werden einige der Medien beschrieben, die für Sicherungen verwendet werden können. Die Medien werden ungefähr nach zunehmender Kapazität aufgeführt.

Hersteller geben die Kapazität ihrer Hardware gern für komprimierte Daten an. Häufig gehen sie optimistisch von einer Kompressionsrate von 2:1 und mehr aus. Im folgenden Abschnitt vernachlässigen wir die Kompression zugunsten der tatsächlichen Anzahl von Bytes, die physisch auf jedes Medium gespeichert werden können.

Die Kompressionsrate beeinflusst auch die Durchsatzrate eines Laufwerks. Wenn ein Laufwerk physisch 1 MB/s auf das Band schreiben kann und der Hersteller von einer 2:1-Kompression ausgeht, nimmt der Durchsatz wunderbarerweise auf 2 MB/s zu. Wie bei der Darstellung der Kapazität, haben wir im Folgenden die Inflation des Durchsatzes ignoriert.

Obwohl sowohl Kosten als auch Kapazität der Medien sinnvolle Erwägungen darstellen, ist es wichtig, auch den Durchsatz zu berücksichtigen. Schnelle Medien lassen sich angenehmer handhaben und ermöglichen eine größere Flexibilität bei der Planung von Sicherungen.

Disketten als Sicherungsmedien sind nicht mehr zeitgemäß. Da Sie kaum noch einen Laptop mit Diskettenlaufwerk kaufen können, haben wir diese Elemente aus unserer Liste gestrichen. Obwohl Disketten beim Datenaustausch nützlich sind, sind sie wegen ihrer hohen Medienkosten eine schlechte Wahl für Sicherungen.

9.2.1 Optische Medien: CD-R/RW, DVD±R/RW und DVD-RAM

Bei Kosten von ungefähr € 0,40 pro Stück sind CDs und DVDs eine attraktive Option für die Sicherung kleiner, isolierter Systeme. CDs fassen ungefähr 650 MB und DVDs 4,7 GB. Dual-Layer DVDs, die langsam modern werden, liegen bei 8,5 GB.

Laufwerke zum Schreiben dieser Medien sind für alle gebräuchlichen Busse (SCSI, IDE, USB usw.) verfügbar und in vielen Fällen so preiswert, dass sie im Wesentlichen kostenlos sind. CD-Medien sind gewöhnlich auch kostenlos, aber das Überangebot scheint vorbei zu sein. Nachdem sich die Preise von CD und DVD aneinander angepasst haben, gibt es keinen Grund mehr, CDs zu verwenden, außer dass CD-Laufwerke im Großen und Ganzen immer noch gebräuchlicher sind.

Optische Medien werden mit einem fotochemischen Prozess beschrieben, an dem ein Laser beteiligt ist. Obwohl Daten über die Langlebigkeit unzuverlässig sind, wird in weiten Kreisen geglaubt, dass optische Medien eine wirklich längere Haltbarkeit als magnetische Medien haben. Allerdings sind selbst die nur einmal beschreibbaren Versionen (CD-R, DVD-R und DVD+R) nicht so haltbar wie hergestellte (gepresste) CDs und DVDs.

CD-R ist keine besonders gute Wahl für normale Sicherungen, ist aber gut zur Archivierung von Daten geeignet, die Sie weit in der Zukunft wiederherstellen wollen. CD-RW funktioniert gut für die regelmäßige Archivierung geringer Mengen persönlicher Daten.

Heute bieten schnelle DVD-Brenner Geschwindigkeiten gleich wie Bandlaufwerke – wenn nicht sogar schneller. Die nur einmal beschreibbaren Versionen sind DVD-R (1997 von Pioneer entwickelt) und DVD+R (2002 von einem Konsortium entwickelt). DVD-RW, DVD+RW und DVD-RAM sind wiederbeschreibbar. Das DVD-RAM-System verfügt über eine eingebaute Fehlerverwaltung und ist deshalb verlässlicher als die anderen optischen Medien. Auf der anderen Seite ist es teurer.

Hersteller gehen für diese Medien von einer Lebensdauer von Hunderten von Jahren aus, wenn sie richtig gelagert werden. Zu deren Empfehlungen für die richtige Lagerung gehören einzelne Hüllen, Aufbewahrung bei konstanter Temperatur von 5 bis 20 Celsius bei einer relativen Luftfeuchtigkeit von 30 bis 50 %, keine direkte Sonneneinstrahlung und Beschriftung nur mit wasserlöslichen Markern. Unter durchschnittlichen Bedingungen ist eine Haltbarkeit von 1 bis 5 Jahren realistischer.

Wie zahlreiche unabhängige Untersuchungen bestätigen, ist die Zuverlässigkeit von optischen Medien sehr vom Hersteller abhängig. Das ist einer der Fälle, in denen es sich auszahlt, mehr Geld für erstklassige Medien auszugeben. Unglücklicherweise schwankt die Qualität von Produkt zu Produkt, selbst bei einer Produktlinie eines Herstellers, sodass es keinen sicheren Tipp für einen Hersteller gibt. In den vergangenen Jahren hat Taiyo Yuden die Verlässlichkeitstabellen angeführt, aber nur mit in Japan gefertigten Medien. Taiyo Yuden-Medien, die in anderen Ländern gefertigt wurden, haben eine weniger gleichmäßige Aufzeichnung.

Ein jüngster Zugang zum Markt der optischen Datenspeicherung ist die Blu-Ray-Disk, deren verschiedene Ausprägungen 25 bis 100 GB Daten speichern. Die hohe Kapazität ist eine Folge der kurzen Wellenlänge (405 nm) des zum Lesen und Schreiben verwendeten Lasers (daher rührt das »Blue« in Blu-Ray). Die ersten Abspielgeräte waren in den USA im Juni 2006 verfügbar. Diese Technologie ist es wert, beobachtet zu werden, und verspricht eine gute Lösung für Backups zu werden.

9.2.2 Wechselfestplatten (USB und FireWire)

Externe Speichergeräte, die über eine USB- oder FireWire-Schnittstelle (IEEE 1394) angeschlossen werden, sind gang und gäbe. Die zugrunde liegende Speichertechnologie ist normalerweise eine Art Festplatte, aber am unteren Ende sind Flashspei-

9.2 Backupgeräte und -medien

chergeräte (die allgegenwärtigen »Jumplaufwerke«) üblich. Die Kapazitäten reichen von 1 MB bis zu 600 GB und mehr. Die Grenze von Flashspeichergeräten liegt gegenwärtig bei ungefähr 4 GB.

Die wesentliche Einschränkung dieser Geräte ist die Geschwindigkeit des Busses, aber mit der Einführung von USB 2.0 und FireWire 800 haben die beiden Ausprägungen den beachtlichen Durchsatz im Bereich von 50 bis 90 MB pro Sekunde erreicht.

Die Lebensdauer von Flashspeichergeräten ist hauptsächlich eine Funktion der Anzahl der Schreibzyklen. Bei Geräten der Mittelklasse werden mehrere Millionen Zyklen angenommen.

9.2.3 Kleine Bandgeräte: 8 mm und DDS/DAT

Verschiedene Ausprägungen von 8 mm- und DDS/DAT-Bandlaufwerken bilden das untere Ende des Bandspeichermarktes. Exabyte 8 mm-Bandlaufwerke waren die frühen Favoriten, aber die Laufwerke neigen dazu, alle 6 bis 12 Monate dejustiert zu sein und zur Reparatur eingeschickt werden zu müssen. Es war nicht ungewöhnlich, dass Bänder vom Transportmechanismus gedehnt und dadurch unzuverlässig wurden. Die Kapazität von 2 bis 7 GB dieser Bänder machte sie zur Sicherung der heutigen Desktopsysteme ineffizient und ließ nur Server übrig.

DDS/DAT-Laufwerke (Digital Audio Tape) sind Schrägspur-Geräte, die 4 mm Kassetten verwenden. Obwohl diese Laufwerke gewöhnlich als DAT-Laufwerke bezeichnet werden, handelt es sich tatsächlich um DDS-Laufwerke (Digital Data Storage). Die genaue Unterscheidung ist unwichtig. Das ursprüngliche Format fasste ca. 2 GB, aber nachfolgende Generationen haben die DDS-Kapazität merklich erhöht. Die gegenwärtige Generation (DAT 72) fasst bis zu 32 GB Daten bei einer Transferrate von 3,5 MB/s. Die Bänder sollen 100 Sicherungen überdauern und haben eine berichtete Haltbarkeit von 10 Jahren.

9.2.4 DLT/S-DLT

Digital Linear Tape/Super Digital Linear Tape ist ein aktuelles Backupmedium. Diese Laufwerke sind verlässlich, erschwinglich und haben hohe Kapazitäten. Sie haben sich aus den TK-50- und TK-70-Kassettenlaufwerken von DEC entwickelt. DEC verkaufte die Technologie an Quantum, die die Laufwerke populär machten, indem sie ihre Geschwindigkeit und Kapazität erhöhten und ihren Preis senkten. Im Jahr 2002 erwarb Quantum Super DLT, eine Technologie von Benchmark Storage Innovations, die den Schreibkopf vor und zurück neigt, um das Übersprechen zwischen benachbarten Spuren zu verringern.

Quantum bietet jetzt zwei Hardwarereihen an: eine leistungsfähige und eine günstige Baureihe. Sie bekommen, was Sie bezahlen. Die Bandkapazitäten variieren von DLT-4 bei 800 GB bis DLT-4 bei 160 GB in der Wertlinie mit Transferraten von 60 MB/s bzw. 10 MB/s. Die Hersteller rühmen sich, dass die Bänder 20 bis 30 Jahre halten – also falls noch immer die Hardware vorhanden ist, sie zu lesen. Wie viele 9-Spur-Bandlaufwerke funktionieren noch und sind heute in Gebrauch?

Der Nachteil von S-DLT sind die Medienkosten, die bei ungefähr € 30 bis 45 pro Band liegen. Etwas zu teuer für eine Universität, aber vielleicht nicht für eine Investmentbank.

9.2.5 AIT und SAIT

Advanced Intelligent Tape ist das 8mm-Produkt von Sony auf Steroiden. 1996 löste Sony seine Beziehung mit Exabyte und stellte AIT-1 vor, ein 8mm Schrägspurgerät mit der doppelten Kapazität der 8mm Laufwerke von Exabyte. Heute bietet Sony eine Version von AIT-1 mit höherer Kapazität und deren Folgetechnologie AIT-4 an, die für sich Kapazitäten von 200 GB und eine maximale Transferrate von 24 MB/s in Anspruch nimmt.

SAIT ist ein Produkt halber Bauhöhe von Sony, das größere Medien verwendet und eine größere Kapazität als AIT besitzt. SAIT-Bänder fassen bis zu 500 GB Daten und können sich mit einer Transferrate von 30 MB/s sehen lassen. Dieses Produkt findet sich am häufigsten in Form von Bandbibliotheken wieder.

Die AME-Bänder (Advanced Metal Evaporated), die in AIT- und SAIT-Laufwerken benutzt werden, haben einen langen Lebenszyklus. Sie besitzen außerdem ein eingebautes EEPROM, das dem Medium selbst einige Intelligenz verleiht. Allerdings wird eine Softwareunterstützung benötigt, um das EEPROM tatsächlich zu nutzen. Die Preise von Laufwerken und Bändern liegen ungefähr bei denen von DLT.

9.2.6 VXA/VXA-X

Zu den aktuellen Angeboten von Exabyte gehören die VXA- und VXA-X-Technologien. Die VXA-Laufwerke verwenden etwas, das Exabyte als Pakettechnologie für den Datentransfer bezeichnet. Die VXA-X-Produkte sind wegen des AME-Mediums immer noch von Sony abhängig. Die V-Serie kann aufgerüstet werden, sobald Medien größerer Kapazität verfügbar werden. Die VX- und X-Serien haben Kapazitäten im Bereich von 33 bis 160 GB bei einer Transferrate von 24 MB/s.

9.2.7 LTO

LTO (Linear Tape-Open) wurde von IBM, HP und Quantum als Alternative zum proprietären DLT-Format entwickelt. Die letzte Version LTO-3 hat eine Kapazität von 400 GB bei einer Geschwindigkeit von 80 MB/s. LTO-Medien haben eine voraussichtliche Speicherlebenszeit von 30 Jahren, sind aber anfällig für magnetische Felder. Die Medienkosten betragen ungefähr € 80 für 400 GB-Bänder.

9.2.8 Jukeboxen, Stacker und Bandbibliotheken

Bei den heutigen geringen Festplattenkosten haben die meisten Firmen so viel Plattenplatz, dass eine vollständige Sicherung viele Bänder benötigt, selbst bei 100 GB pro Band. Eine mögliche Lösung für diese Unternehmen ist eine Jukebox, ein Autoloader oder eine Bandbibliothek.

Ein Autoloader ist einfach ein Bandwechsler, der mit einem standardmäßigen Bandlaufwerk verwendet wird. Er besitzt einen Vorratsbehälter, den Sie mit Bändern beschicken. Gefüllte Bänder werden entladen, sobald sie aus dem Laufwerk ausgeworfen werden und durch leere Bänder aus dem Vorratsbehälter ersetzt. Die meisten Autoloader fassen ungefähr zehn Bänder.

Eine Jukebox ist ein Hardwaregerät, das automatisch die Wechselmedien einer begrenzten Anzahl von Laufwerken austauschen kann, so ähnlich wie die alten Musikboxen, die Platten für einen Plattenspieler wechselten. Jukeboxen stehen für alle hier besprochenen Medien zur Verfügung. Sie werden häufig zusammen mit einer besonderen Software angeboten, die weiß, wie der Wechsler bedient wird. Storage Technology (jetzt Sun Microsystems) und Sony sind zwei große Hersteller dieser Produkte.

Bandbibliotheken sind eine hardwaremäßige Backuplösung für große Mengen von Daten, gewöhnlich Terabytes. Es gibt schrankgroße Mechanismen mit mehreren Bandlaufwerken (oder CD-Laufwerken) und einem Roboterarm, der die Medien aus den vielen Fächern entnimmt und wieder hineinstellt. Wie Sie sich vorstellen können, sind sie beim Kauf und im Unterhalt ziemlich teuer. Außerdem stellen sie besondere Anforderungen an die Stromversorgung, den Aufstellplatz und die Klimatisierung. Die meisten Käufer von Bandbibliotheken schließen mit dem Hersteller zusätzlich einen Wartungsvertrag über den Betrieb ab, um das Gerät zu optimieren und einzusetzen. Die Bibliotheken haben natürlich auch eine Softwarekomponente, die das Gerät tatsächlich betreibt. Storage Technology (Sun Microsystems) ist ein führender Hersteller von Bandbibliotheken.

9.2.9 Festplatten

Die fallenden Kosten von Festplatten führen dazu, dass Backups von Festplatte zu Festplatte eine attraktive und betrachtenswerte Option darstellen. Obwohl wir empfehlen, eine Festplatte nicht auf eine andere des gleichen physischen Computers zu duplizieren, stellen Festplatten eine gute und kostengünstige Lösung für Sicherungen über das Netzwerk dar.

Ein offensichtliches Problem besteht darin, dass der Festplattenplatz begrenzt ist und möglicherweise wiederverwendet werden muss. Backups von Festplatte zu Festplatte sind allerdings eine ausgezeichnete Möglichkeit, sich gegen das versehentliche Löschen von Dateien zu schützen. Falls Sie ein älteres Festplattenabbild an einem wohlbekannten Ort aufbewahren, der über NFS oder CIFS freigegeben ist, können die Benutzer ihre eigenen Fehler selbst beheben, ohne einen Administrator zu benötigen. Andere verbreitete Optionen zur Sicherung einzelner Desktoprechner sind die heutigen FireWire- und USB-Festplatten hoher Kapazität. Das Cintre ZDisc 1-Button Instant Backup ist eine externe USB 2.0-Festplatte, eine attraktive Option für ungefähr € 100.

9.2.10 Zusammenfassung der Medientypen

Es gibt eine Menge Möglichkeiten. In Tabelle 9.1 werden die Eigenschaften der in den vorhergehenden Abschnitten besprochenen Medien zusammengefasst.

Medium	Kapazität[a]	Geschwindigkeit	Laufwerk	Medium	Kosten/GB	Wiederverwendbar?	Wahlfreier Zugriff?[b]
CD-R	650 MB	4 MB/s	€ 15	€ 0,20	€ 0,32	Nein	Ja
CD-RW	650 MB	4 MB/s	€ 20	€ 0,30	€ 0,48	Ja	Ja
DVD±R	4.7 GB	10 MB/s	€ 50	€ 0,40	€ 0,09	Nein	Ja
DVD+R DL[c]	8.5 GB	10 MB/s	€ 50	€ 2	€ 0,24	Nein	Ja
DVD±RW	4.7 GB	10 MB/s	€ 50	€ 0,80	€ 0,17	Ja	Ja
DDS-4 (4mm)	20 GB	10 MB/s	€ 300	€ 5	€ 0,25	Ja	Nein
DLT/S-DLT	160 GB	10 MB/s	€ 1.000	€ 20	€ 0,13	Ja	Nein
AIT-4 (8mm)	200 GB	6 MB/s	€ 2.500	€ 40	€ 0,20	Ja	Nein
SAIT-1	500 GB	30 MB/s	€ 6.500	€ 126	€ 0,25	Ja	Nein
VXA-172	86 GB	12 MB/s	€ 600	€ 30	€ 0,35	Ja	Nein
VXA-320	160 GB	12 MB/s	€ 800	€ 60	€ 0,35	Ja	Nein
LTO-3	400 GB	30 MB/s	€ 3.000	€ 65	€ 0,16	Ja	Nein

Tabelle 9.1: Vergleich von Backupmedien

a) Unkomprimierte Kapazität und Geschwindigkeit
b) Ist wahlfreier Zugriff auf jeden Teil des Mediums möglich?
c) Dual-Layer

W. Curtis Preston hat eine hervorragende Referenzliste von Backupgeräten nach Herstellern zusammengestellt, die unter *www.backupcentral.com/hardware-drives.html* zu finden ist.

9.2.11 Kaufentscheidung

Wenn Sie ein Backupsystem kaufen, erhalten Sie ziemlich genau das, was Sie in Tabelle 9.1 sehen. Alle Medien funktionieren angemessen gut. Zwischen Technologien, die preislich zusammenliegen, gibt es im Allgemeinen keinen zwingenden Grund, eine der anderen vorzuziehen. Kaufen Sie ein System, das Ihren Anforderungen und Ihrem Budget entspricht.

DDS-, AIT- und LTO-Laufwerke stellen ausgezeichnete Lösungen für kleine Arbeitsgruppen und für einzelne Rechner mit sehr viel Speicher dar. Die Einstiegskosten sind relativ bescheiden, die Medien sind weit verbreitet und mehrere Hersteller verwenden die Standards. All diese Systeme sind schnell genug, viele Daten in begrenzter Zeit zu sichern.

DLT, AIT und LTO-3 sind schwer zu vergleichen. Unter diesen Dreien gibt es keinen klaren Sieger. Selbst wenn es einen gäbe, würde sich die Situation zweifellos in wenigen Monaten ändern, sobald neue Versionen der Formate entwickelt werden. All diese Formate sind gut eingeführt und lassen sich leicht in ihre Umgebung integrieren, sei es eine Universität oder ein Unternehmen.

In den folgenden Abschnitten verwenden wir den allgemeinen Begriff »Band«, um das für Sicherungen ausgewählte Medium zu bezeichnen. Beispiele für Backupbefehle werden in den Bandlaufwerken verwendet.

9.3 Ein inkrementelles Backupverfahren mit dump einrichten

Die dump- und restore-Befehle sind die gebräuchlichste Möglichkeit, ein Backup zu erstellen und wieder einzuspielen. Diese Programme sind seit langer Zeit im Einsatz und ihr Verhalten ist wohlbekannt. Bei den meisten Organisationen sind dump und restore die grundlegenden Befehle der automatisierten Backupsoftware.

Möglicherweise müssen Sie dump und restore ausdrücklich auf Ihrem Linux-System installieren, je nach den Optionen, die Sie bei der ursprünglichen Installation gewählt haben. Auf all unseren Beispielsystemen steht ein Paket zur leichten Installation zur Verfügung. Die aktuellen Versionen von Red Hat und Fedora Core bieten bei der Installation ein Systemverwaltungspaket an, das dump enthält.

Unter Linux ist nichts statisch gebunden, sodass Sie die freigegebenen Bibliotheken unter /lib benötigen, wenn Sie irgendetwas Nützliches tun wollen. Statisches Binden macht die Wiederherstellung nach einer Katastrophe einfacher, weil dann restore völlig eigenständig ist.

9.3.1 Dateisysteme sichern

dump baut eine Liste von Dateien auf, die seit einem vorhergehenden Dump geändert wurden, und packt dann diese Dateien in eine einzelne große Datei, um sie auf einem externen Gerät zu archivieren. dump hat gegenüber den meisten anderen in diesem Kapitel beschriebenen Programmen mehrere Vorteile:

- Backups können mehrere Bänder umfassen.
- Dateien jeder Art (selbst Gerätedateien) können gesichert und wiederhergestellt werden.
- Berechtigungen, Eigentumsverhältnisse und Änderungszeiten bleiben erhalten.
- Lückenhafte Dateien werden richtig gehandhabt.[5]
- Sicherungen können inkrementell ausgeführt werden (wobei nur die zuletzt geänderten Dateien auf Band geschrieben werden).

Die bei Linux verwendete GNU-Version von tar bietet auch alle diese Eigenschaften. Allerdings handhabt dump inkrementelle Sicherungen (die später behandelt werden) etwas anspruchsvoller als tar. Falls Sie komplexe Anforderungen haben, werden Sie die zusätzliche Leistung zu schätzen wissen.

Tatsächlich hat der zwingendste Grund, dump in einer Linux-Umgebung tar vorzuziehen, überhaupt nichts mit Linux zu tun. Unglücklicherweise fehlen der tar-Version der meisten UNIX-Distributionen viele der Eigenschaften von GNU-tar. Falls Sie Sicherungen für Linux und UNIX-Varianten unterstützen müssen, ist dump die beste Wahl. Es ist der einzige Befehl, der diese Aspekte (ziemlich) einheitlich zwischen den Plattformen handhabt. Wenn Sie das Glück haben, sich in einer völlig homogenen Linux-Umgebung zu befinden, wählen Sie Ihren Favoriten. dump ist etwas weniger sättigend, aber tar schmeckt großartig!

Der dump-Befehl versteht das Layout von Raw-Dateisystemen und liest die Inode-Tabelle eines Dateisystems direkt, um zu entscheiden, welche Dateien gesichert werden müssen. Durch diese Kenntnis des Dateisystems ist dump sehr effizient, unterliegt aber auch einigen Einschränkungen.[6]

---

[5] Lücken sind Blöcke, die noch nie Daten enthalten haben. Wenn Sie eine Datei öffnen, ein Byte schreiben, ein MB weit in die Datei springen und dann ein weiteres Byte schreiben, belegt die sich ergebende »dünnbesiedelte« Datei nur zwei Festplattenblöcke, obwohl sie logisch viel größer ist. Dateien, die mit Berkeley DB oder ndbm erstellt wurden, enthalten viele Lücken.

[6] dump benötigt den Zugriff auf Raw-Festplattenpartitionen. Jeder, der Dumps erstellen darf, kann mit geringem Aufwand alle Dateien des Systems lesen.

9.3 Ein inkrementelles Backupverfahren mit dump einrichten

Die erste Einschränkung besteht darin, dass jedes Dateisystem getrennt gedumpt werden muss. Wenn Ihre Festplatte partitioniert ist, müssen Sie jede Partition einzeln dumpen. Die andere Einschränkung ist, dass nur Dateisysteme auf dem lokalen Computer gedumpt werden können. Sie können kein NFS-Dateisystem dumpen, das von einem anderen Rechner eingehängt ist. Allerdings können Sie ein lokales Dateisystem mit dumps teuflischem Zwilling rdump auf ein anderes Band dumpen.

Tipp

Weitere Informationen über NFS finden Sie in Kapitel 16.

Die wichtigste Eigenschaft von dump ist die Unterstützung des Konzepts des »inkrementellen« Backups. Obwohl Sie jeden Tag das gesamte System sichern können, ist das nicht praktikabel. Mit inkrementellen Dumps können Sie nur die Dateien sichern, die seit dem letzten Backup geändert wurden.

Bei der Ausführung eines Dumps weisen Sie ihm eine Backupebene zu, die eine Zahl von 0 bis 9 sein kann. Eine Dumpebene N sichert alle Dateien, die seit dem letzten Dump einer Ebene kleiner als N geändert wurden. Ein Backup der Ebene 0 schreibt das gesamte Dateisystem auf das Band. Bei einem inkrementellen Backupsystem müssen Sie möglicherweise Dateien von mehreren Sätzen von Backupbändern wieder einspielen, um ein Dateisystem in den Zustand zurückzuversetzen, den es während des letzten Backups hatte.[7]

Eine weitere schöne Eigenschaft von dump besteht darin, dass es sich nicht um die Länge von Dateinamen kümmert. Hierarchien können beliebig tief sein und lange Dateinamen werden richtig gehandhabt.

Das erste Argument von dump muss die inkrementelle Dumpebene sein. Dump verwendet die Datei /etc/dumpdates, um zu bestimmen, wie weit ein inkrementeller Dump gehen muss. Die Option -u veranlasst dump, automatisch /etc/dumpdates zu aktualisieren, wenn der Dump abgeschlossen ist. Das Datum, die Dumpebene und der Name des Dateisystems werden aufgezeichnet. Falls Sie die Option -u nie verwenden, erhalten alle Dumps die Ebene 0, weil keine früher gedumpten Dateisysteme aufgezeichnet wurden. Wenn Sie den Namen eines Dateisystems ändern, können Sie die Datei /etc/dumpdates von Hand bearbeiten.

dump sendet seine Ausgabe an ein Standardgerät, gewöhnlich an das erste Bandgerät. Um ein anderes Gerät anzugeben, verwenden Sie die Option -f. Wenn Sie mehrere

---

[7] Tatsächlich berücksichtigt dump nicht, dass Dateien gelöscht wurden. Wenn Sie mit inkrementellen Backups wiederherstellen, werden gelöschte Dateien wieder angelegt.

Dumps auf ein einzelnes Band schreiben, achten Sie darauf, ein nicht rückspulendes Bandgerät anzugeben (eine Gerätedatei, die das Band nicht zurücklaufen lässt, wenn sie geschlossen wird – für die meisten Bandlaufwerke gibt es einen Standard- und einen nicht rückspulenden Geräteeintrag).[8] Für das erste SCSI-Bandlaufwerk verwendet Linux /dev/st0 für das rückspulende und /dev/nst0 für das nicht rückspulende Gerät.

Tipp

Weitere Informationen über Gerätenummern finden Sie in Abschnitt 28.2.1.

Falls Sie versehentlich ein rückspulendes Gerät auswählen, sichern Sie schließlich nur das zuletzt gedumpte Dateisystem. Da dump nicht weiß, wo das Band positioniert ist, führt dieses Versehen nicht zu einem Fehler. Die Situation wird erst ersichtlich, wenn Sie versuchen, Dateien wiederherzustellen.

Wenn Sie mit rdump ein Dateisystem dumpen, geben Sie die Identität des anderen Bandlaufwerks als Hostname:Gerät an, beispielsweise wie folgt:

```
# rdump -0u -f anchor:/dev/nst0 /spare
```

Die Berechtigung für den Zugriff auf andere Bandlaufwerke sollte über einen SSH-Tunnel gesteuert werden. Weitere Informationen finden Sie in Abschnitt 20.11.3.

In der Vergangenheit mussten Sie dump genau mitteilen, wie lang Ihre Bänder waren, damit es mit dem Schreiben aufhören konnte, bevor es über das Ende eines Bandes hinausgelaufen war. Moderne Bandlaufwerke können mitteilen, wann sie das Ende eines Bandes erreicht haben und diese Tatsache an dump zurückmelden, das dann das aktuelle Band zurückspult und auswirft und ein neues Band anfordert. Da die Veränderlichkeit der Hardwarekompression die »virtuelle Länge« jedes Bandes etwas unbestimmt macht, ist es immer am besten, auf die Bandende-Erkennung zu vertrauen, falls Ihre Hardware diese unterstützt. Falls nicht, können Sie die Bandlänge mit der Option -B in Kilobyte angeben.

```
# dump -5u -B 2000000 -f /dev/nst0 /work
DUMP: Date of this level 5 dump: Wed May  8 16:59:45 2006
DUMP: Date of last level 0 dump: the epoch
DUMP: Dumping /dev/hda2 (/work) to /dev/nst0
DUMP: mapping (Pass I) [regular files]
```

---

8   Alle Einträge für eine Bandeinheit verwenden dieselbe Major-Gerätenummer. Die Minor-Gerätenummer teilt dem Bandgerätetreiber das spezielle Verhalten (Rückspulen, Byte-Vertauschung usw.) mit.

```
DUMP: mapping (Pass II) [directories]
DUMP: estimated 18750003 tape blocks on .23 tape(s)
....
```

Auf die Option -5u folgen die Optionen -B (Länge des Bandes: 20 GB) und -f (Bandgerät: /dev/nst0). Das letzte Argument ist notwendig und ist der Name des Dateisystems, das gedumpt werden soll (hier /work).

9.3.2 Backupsequenzen

Da Dumpebenen nur in Bezug auf andere Ebenen bedeutungsvoll sind, können Dumps nach verschiedenen Plänen ausgeführt werden.

Der für Sie richtige Zeitplan hängt ab von:

- Der Aktivität Ihres Dateisystems.
- Der Kapazität Ihres Dumpgeräts.
- Der von Ihnen gewünschten Redundanz.
- Der Anzahl von Bändern, die Sie kaufen wollen.

Zu der Zeit, als für die Sicherung eines Dateisystems viele Bänder erforderlich waren, waren komplizierte Backupsequenzen nützlich, um die Anzahl der vom täglichen Backup belegten Bänder zu minimieren. Als die Bandkapazität zugenommen hatte, wurde es weniger hilfreich, feine Unterscheidungen zwischen den Dumpebenen zu treffen.

Da sich die meisten Dateien nie ändern, entfernt selbst der einfachste inkrementelle Plan viele Dateien aus den täglichen Dumps. Sowie Sie weitere zusätzliche Ebenen in Ihre Backupsequenz einführen, teilen Sie die relativ wenigen aktiven Dateien in immer kleinere Abschnitte ein.

Eine komplexe Backupsequenz bietet die folgenden drei Vorteile:

- Sie können die Daten häufiger sichern und damit die möglichen Verluste begrenzen.
- Sie können weniger Bänder pro Tag verwenden (oder alles auf ein Band bringen).
- Sie können mehrfache Kopien aller Dateien aufbewahren, um sich vor Bandfehlern zu schützen.

Im Allgemeinen besteht die Auswahl einer Sequenz daraus, in all diesen Bereichen Ihre Anforderungen festzustellen. Mit diesen Randbedingungen können Sie einen Plan auf der geeigneten Anspruchsebene entwerfen. Wir beschreiben ein paar mögliche Sequenzen und die Beweggründe hinter ihnen. Einer davon ist vielleicht für Ihre Firma richtig – oder Ihre Anforderungen schreiben unter Umständen einen völlig anderen Plan vor.

Ein einfaches Verfahren

Falls der Gesamtbetrag Ihres Plattenplatzes kleiner als die Kapazität Ihres Bandgeräts ist, können Sie eine völlig alltägliche Backupsequenz verwenden. Führen Sie jeden Tag von jedem Dateisystem einen Dump der Ebene 0 durch. Verwenden Sie eine Gruppe von Bändern wieder, aber heben Sie alle N Tage (wobei N durch die Anforderungen Ihres Unternehmens bestimmt wird) das Band für immer auf. Dieses Schema kostet Sie

(365/N) * (Preis pro Band)

pro Jahr. Nehmen Sie nicht genau dasselbe Band für jeden nächtlichen Dump. Es ist besser, den Bandsatz zu rotieren, sodass Sie immer noch auf die vorhergehende Nacht zurückgreifen können, falls der Dump einer Nacht verloren geht.

Dieser Plan stellt massive Redundanz sicher und macht die Wiederherstellung von Daten einfach. Es ist eine gute Lösung für eine Firma mit viel Geld, aber begrenzter Zeit (oder Befähigung) des Operators. Aus Sicht der Sicherheit und Bequemlichkeit ist dieser Plan ideal. Verwerfen Sie ihn nicht ohne besonderen Grund (beispielsweise, um Bänder oder Aufwand zu sparen).

Ein angemessenes Verfahren

Ein vernünftigeres Verfahren für die meisten Organisationen besteht darin, ein Band für jeden Wochentag, jede Woche des Monats (Sie benötigen fünf) jeden Monat des Jahres zuzuweisen. Führen Sie jeden Tag einen Dump der Ebene 9 auf das tägliche Band durch. Führen Sie jede Woche einen Dump der Ebene 5 auf das wöchentliche Band durch. Und führen Sie jeden Monat einen Dump der Ebene 3 auf das monatliche Band durch. Führen Sie einen Dump der Ebene 0 aus, wann immer die Inkremente zu groß werden, um auf ein Band zu passen, was am wahrscheinlichsten bei einem monatlichen Band zutrifft. Führen Sie mindestens ein Mal pro Jahr einen Dump der Ebene 0 aus.

Die Auswahl der Ebenen 3, 5 und 9 ist beliebig. Sie können mit den gleichen Auswirkungen die Ebenen 1, 2 und 3 verwenden. Die Lücken zwischen den Dumpebenen geben Ihnen aber einigen Spielraum, falls Sie sich später dazu entschließen, eine weitere Dumpebene hinzuzufügen.

Für diese Sequenz sind 24 Bänder zuzüglich der Bänder erforderlich, die Sie für die Dumps der Ebene 0 benötigen. Obwohl die Sequenz nicht zu viele Bänder braucht, bietet sie auch nicht viel Redundanz.

9.4 Backups mit restore wiederherstellen

Das Programm, das Daten von mit dump geschriebenen Bändern wiederherstellt, heißt restore. Wir besprechen zuerst das Wiederherstellen einzelner Dateien (oder kleiner Gruppen von Dateien) und erläutern anschließend, wie ein vollständiges Dateisystem wiederhergestellt wird.

9.4.1 Einzelne Dateien wiederherstellen

Der erste Schritt, den Sie unternehmen, wenn Sie darüber benachrichtigt werden, dass eine Datei verloren gegangen ist, besteht darin festzustellen, welche Bänder Versionen dieser Datei enthalten. Benutzer wünschen meist die letzte Version der Datei, was aber nicht immer der Fall ist. Ein Benutzer, der beispielsweise eine Datei verloren hat, weil er versehentlich eine andere Datei darüber kopiert hat, möchte die Version bekommen, die vor dem Unfall vorhanden war. Es ist hilfreich, wenn ein Benutzer so kommuniziert, dass er Ihnen nicht nur mitteilt, welche Dateien fehlen, sondern auch, wann sie verloren gegangen sind und wann sie zuletzt geändert wurden. Wir halten es für hilfreich, die Antworten der Benutzer mit einem Fragebogen zu strukturieren.

Falls Sie keine Onlinekataloge führen, müssen Sie Bänder einlegen und immer wieder versuchen, die fehlende Datei wiederherzustellen, bis Sie das richtige Band finden. Wenn sich der Benutzer daran erinnert, wann die Datei das letzte Mal geändert wurde, können Sie vielleicht mehr als bloß vermuten, auf welchen Bändern sich die Datei befinden könnte.

Nachdem Sie bestimmt haben, von welchen Bändern Sie Daten lesen wollen, erstellen Sie ein temporäres Verzeichnis wie /var/restore und wechseln Sie mit cd dorthin, wo eine tiefe Verzeichnishierarchie angelegt werden kann. Die meisten Versionen von restore müssen alle Verzeichnisse anlegen, die zu einer bestimmten Datei führen, bevor die Datei wiederhergestellt werden kann. Verwenden Sie nicht /tmp – Ihre Arbeit könnte bei einem Systemabsturz und dem folgenden Reboot gelöscht werden, bevor Sie die wiederhergestellten Daten an die ursprüngliche Stelle verschoben haben.

Der restore-Befehl weist viele Optionen auf. Am hilfreichsten sind -i zum interaktiven Wiederherstellen einzelner Dateien und Verzeichnisse und -r zur vollständigen Wiederherstellung eines gesamten Dateisystems. Möglicherweise benötigen Sie auch -x, was angegebene Dateien nicht interaktiv wiederherstellt – achten Sie darauf, keine vorhandenen Dateien zu überschreiben.

restore -i liest das Inhaltsverzeichnis eines Bandes und lässt Sie dann mit Befehlen namens ls, cd und pwd wie durch einen normalen Verzeichnisbaum navigieren. Sie kennzeichnen die Dateien, die Sie wiederherstellen wollen, mit dem Befehl add. Wenn Sie mit der Auswahl fertig sind, geben Sie extract ein, um die Dateien vom Band zu extrahieren.

Wenn Sie mehrere Dateien auf ein einzelnes Band gestellt haben, müssen Sie das Band mit dem Befehl mt auf die richtige Backupdatei positionieren, bevor Sie restore starten. Denken Sie daran, ein nicht rückspulendes Gerät zu verwenden!

> **Tipp**
>
> Eine Beschreibung von mt finden Sie später in Abschnitt 9.7.

Um beispielsweise die Datei /users/janet/iamlost von einem anderen Bandlaufwerk wiederherzustellen, können Sie die folgenden Befehle verwenden. Angenommen, Sie haben das richtige Band gefunden, unter tapehost:/dev/nst0 eingehängt und festgestellt, dass das Dateisystem, das Janets Heimatverzeichnis enthält, das Vierte auf dem Band ist.

```
# mkdir /var/restore
# cd /var/restore
# ssh tapehost mt -f /dev/nst0 fsf 3
# rrestore -i -f tapehost:/dev/nst0
restore> ls
. :
janet/  garth/  lost+found/  lynda/
restore> cd janet
restore> ls
afile bfile cfile iamlost
restore> add iamlost
restore> ls          9
afile bfile cfile iamlost*
restore> extract
You have not read any volumes yet.
Unless you know which volume your files are on you should
start with the last volume and work towards the first.
Specify next volume #: 1
set owner/mode for '.'? [yn] n
```

Volumes (Bänder) werden beginnend mit 1 und nicht mit 0 nummeriert, sodass Sie für einen Dump, der auf ein einzelnes Band passt, 1 angeben. Sobald restore Sie fragt, ob Sie für ».« den Besitzer und den Modus einstellen wollen, fragt es, ob es das aktuelle Verzeichnis als Wurzel des Bandes einstellen soll. Solange Sie kein ganzes Dateisystem wiederherstellen, wollen Sie das wahrscheinlich nicht.

Nachdem restore abgeschlossen ist, müssen Sie die Datei an Janet übergeben:

```
# cd /var/restore
# ls janet
```

---

9 Der Stern neben iamlost zeigt, dass es zur Wiederherstellung markiert ist.

9.4 Backups mit restore wiederherstellen

```
iamlost
# ls ~janet
afile bfile cfile
# cp -p janet/iamlost ~janet/iamlost.restored
# chown janet ~janet/iamlost.restored
# rm -rf /var/restore
# mail janet
Your file iamlost has been restored as requested and has
been placed in /users/janet/iamlost.restored.
Your name, Humble System Administrator
```

Manche Administratoren ziehen es vor, Dateien in einem besonderen Verzeichnis wiederherzustellen, aus dem die Benutzer ihre Dateien von Hand kopieren können. Bei dieser Vorgehensweise muss der Administrator die Privatsphäre der wiederhergestellten Dateien schützen und ihren Besitzer und ihre Zugriffsberechtigungen prüfen. Falls Sie sich für ein solches System entscheiden, denken Sie daran, das Verzeichnis gelegentlich zu bereinigen.

Wenn Sie ein Backup mit rdump erstellt haben und mit restore keine Dateien daraus wiederherstellen können, versuchen Sie stattdessen, rrestore laufen zu lassen. Um mögliche Probleme zu minimieren, verwenden Sie zum Lesen des Bandes den gleichen Host wie beim Schreiben.

restore -i ist gewöhnlich die einfachste Art, wenige Dateien oder Verzeichnisse aus einem Dump wiederherzustellen. Das funktioniert allerdings nicht, wenn das Bandgerät nicht datensatzweise zurückpositioniert werden kann (ein Problem bei einigen 8 mm-Laufwerken). Falls restore -i versagt, versuchen Sie restore -x, bevor Sie aus dem Fenster springen. Bei restore -x müssen Sie an der Befehlszeile den vollständigen Pfad der Datei angeben, die Sie wiederherstellen wollen (relativ zur Wurzel des Dumps). Die folgende Befehlssequenz wiederholt das vorherige Beispiel, aber dieses Mal mit -x:

```
# mkdir /var/restore
# cd /var/restore
# ssh tapehost mt -f /dev/nst0 fsf 3
# rrestore -x -f tapehost:/dev/nst0 ./janet/iamlost
```

9.4.2 Ganze Dateisysteme wiederherstellen

Mit etwas Glück müssen Sie nie ein ganzes Dateisystem nach einem Systemversagen wiederherstellen. Allerdings tritt diese Situation gelegentlich auf. Bevor Sie versuchen, das Dateisystem wiederherzustellen, sollten Sie absolut sicher sein, dass das Problem, welches auch immer das Dateisystem ursprünglich zerstört hat, beseitigt ist. Es ist witzlos, zahlreiche Stunden mit dem Umspulen von Bändern zu verbringen, nur um das Dateisystem wieder zu verlieren.

Bevor Sie mit einer vollständigen Wiederherstellung beginnen, erstellen Sie das Zieldateisystem und hängen es ein. In Kapitel 7, »Eine Festplatte hinzufügen«, finden Sie weitere Informationen darüber, wie das Dateisystem vorbereitet wird. Um die Wiederherstellung zu beginnen, wechseln Sie mit cd zu dem Einhängpunkt des neuen Dateisystems, legen Sie das erste Band des letzten Dumps der Ebene 0 in das Bandlaufwerk ein und geben Sie restore -r ein.

restore fordert alle Bänder des Dumps an. Nachdem der Dump der Ebene 0 wiederhergestellt wurde, legen Sie die inkrementellen Dumps ein und stellen Sie sie wieder her. Stellen Sie inkrementelle Dumps in der Reihenfolge wieder her, in der sie erstellt wurden. Wegen der Redundanz der Dumps ist es vielleicht nicht erforderlich, alle inkrementellen Sicherungen wiederherzustellen. Es folgt der Algorithmus zur Bestimmung, welche Dumps wiederhergestellt werden müssen:

- Schritt 1: Stellen Sie den letzten Dump der Ebene 0 wieder her.
- Schritt 2: Stellen Sie den Dump der niedrigsten Ebene wieder her, der nach dem eben wiederhergestellten Dump gemacht wurde. Wenn auf dieser Ebene mehrere Sicherungen ausgeführt wurden, stellen Sie die Letzte wieder her.
- Schritt 3: Falls das der letzte jemals angefertigte Dump war, sind Sie fertig.
- Schritt 4: Ansonsten gehen Sie zu Schritt 2 zurück.

Es folgen einige Beispiele von Backupsequenzen. Sie müssen nur die fett geschriebenen Ebenen wiederherstellen.

```
0 0 0 0 0 0
0 5 5 5 5
0 3 2 5 4 5
0 9 9 5 9 9 3 9 9 5 9 9
0 3 5 9 3 5 9
```

Wir wollen eine vollständige Befehlsfolge untersuchen. Wenn die letzte Sicherung die erste monatliche Sicherung nach der jährlichen Ebene 0 in dem »angemessenen« Plan in Abschnitt 9.3 ist, sehen die Befehle zum Wiederherstellen von /home auf dem physischen Gerät /dev/sda1 wie folgt aus (die Gerätenamen hängen von der Hardware ab):

```
# /etc/mke2fs -j /dev/sda1
# /mount /dev/sda1 /home
# cd /home
/* Mount first tape of level 0 dump of /home. */
# restore -r
/* Mount the tapes requested by restore. */
/* Mount first tape of level 3 monthly dump. */
# restore -r
```

> **Tipp**
> Weitere Informationen über `mke2fs` und `mount` finden Sie in Kapitel 7.

Wenn Sie mehrere Dateisysteme in einer Sicherung haben, springen Sie mit dem Befehl `mt` bis zum richtigen Dateisystem vor, bevor Sie eine Wiederherstellung starten. Eine Beschreibung von `mt` finden Sie in Abschnitt 9.7.

Diese Folge stellt das Dateisystem in dem Zustand wieder her, in dem es war, als der Dump der Ebene 3 ausgeführt wurde, mit der Ausnahme, dass alle gelöschten Dateien makabererweise wiederbelebt werden. Dieses Problem kann besonders unangenehm sein, wenn Sie ein aktives Dateisystem oder eine nahezu volle Festplatte wiederherstellen. Es ist ziemlich wahrscheinlich, dass eine Wiederherstellung versagt, weil das Dateisystem mit Geisterdateien gefüllt wurde.

9.5 Backup und Wiederherstellung bei Aktualisierungen

Wir empfehlen, dass Sie bei jeder wichtigen Betriebssystemaktualisierung alle Dateisysteme mit einem Dump der Ebene 0 sichern und möglicherweise wiederherstellen. Die Wiederherstellung ist nur erforderlich, falls neue Betriebssysteme ein anderes Dateisystemformat verwenden oder Sie die Partitionierung der Festplatten ändern. Allerdings müssen Sie Backups als Absicherung gegen alle Probleme anfertigen, die während der Aktualisierung auftreten können. Mit einem vollständigen Sicherungssatz haben Sie auch die Option, das alte Betriebssystem wieder zu installieren, falls sich die neue Version als nicht zufriedenstellend herausstellt. Glücklicherweise werden Sie bei den fortschrittlichen Aktualisierungssystemen, die die meisten Distributionen heute verwenden, diese Bänder wahrscheinlich nicht benötigen.

Achten Sie darauf, alle systemspezifischen Dateien zu sichern und wiederherzustellen, die in den `root`-Dateisystemen oder `/usr` stehen, wie beispielsweise `/etc/passwd`, `/etc/shadow` oder `/usr/local`. Die Verzeichnisstruktur von Linux mischt lokale Dateien mit den von der Distribution gelieferten Dateien, was es ziemlich schwierig gestaltet, Ihre lokalen Anpassungen herauszuziehen.

Sie sollten einen vollständigen Satz von Dumps der Ebene 0 auch unmittelbar nach einer Aktualisierung anfertigen. Die Aktualisierungsprozeduren der meisten Distributionen setzen die Änderungszeiten der Systemdateien auf die Zeit, zu der sie zusammengestellt wurden, und nicht auf die aktuelle Zeit. Folglich genügen inkrementelle Sicherungen relativ zur Ebene 0 vor der Aktualisierung nicht, um Ihr System nach einem Absturz wieder in den Zustand nach der Aktualisierung zu versetzen.

9.6 Andere Archivierungsprogramme verwenden

dump ist nicht das einzige Programm, mit dem Sie Dateien auf Bändern archivieren können. Allerdings ist es normalerweise die effizienteste Möglichkeit, ein vollständiges System zu sichern. tar, cpio und dd können auch Dateien von einem Medium zu einem anderen bewegen.

9.6.1 tar: Paketdateien

tar liest mehrere Dateien oder Verzeichnisse und packt sie in eine Datei, häufig eine Banddatei. tar ist eine nützliche Möglichkeit, alle Dateien zu sichern, deren kurzfristige Wiederherstellung Sie erwarten. Wenn beispielsweise ein Benutzer für sechs Monate abwesend ist und das System wenig Plattenplatz hat, können Sie mit tar die Dateien des Benutzers auf ein Band stellen und anschließend von der Festplatte löschen.

tar ist auch hilfreich, um Verzeichnisbäume von einem Ort an einen anderen zu bewegen, insbesondere falls Sie Dateien als root kopieren. tar behält die Benutzer- und Zeitinformationen bei, aber nur, wenn Sie es dazu auffordern. Der folgende Befehl kopiert beispielsweise den Verzeichnisbaum fromdir nach todir:

```
tar -cf - fromdir | ( cd todir ; tar --atime-preserve -xpf - )
```

Vermeiden Sie die Verwendung von »..« im todir-Argument, da symbolische Verknüpfungen und Automounter es anders interpretieren können, als Sie erwarten. Wir sind mehrfach hereingefallen.

tar folgt standardmäßig keinen symbolischen Verknüpfungen, kann aber dazu angewiesen werden, ihnen zu folgen. tar kann auch angewiesen werden, nur die Dateien aufzunehmen, die seit einem angegebenen Datum geändert wurden. Diese Option ist nützlich, wenn Sie Ihr eigenes inkrementelles Backupschema erstellen wollen. Diese und andere hilfreiche Eigenschaften finden Sie auf der man-Seite von tar.

Ein Problem bei einigen nicht-Linux Versionen von tar besteht darin, dass Pfadnamen standardmäßig auf 100 Zeichen beschränkt sind. Diese Einschränkung hindert tar daran, tiefe Hierarchien zu archivieren. Wenn Sie auf Ihren Linux-Systemen tar-Archive erstellen und mit anderen austauschen, denken Sie daran, dass möglicherweise manche mit dem Standard-tar die von Ihnen erstellten Bänder nicht lesen können.

Mit der Option -b von tar können Sie eine »Blockgröße« angeben, die beim Schreiben eines Bandes verwendet wird. Die Blockgröße wird in 512-Byte Blöcken angegeben und bestimmt, wie viele Daten tar intern puffert, bevor eine Schreiboperation ausgeführt wird. Einige DAT-Geräte funktionieren nicht richtig, wenn die Blockgröße nicht auf einen bestimmten Wert eingestellt ist, während andere Geräte diese Einstellung nicht benötigen.

9.6 Andere Archivierungsprogramme verwenden

Auf einigen Systemen führen bestimmte Blockgrößen zu einer besseren Leistung als andere. Die optimale Blockgröße schwankt je nach Computer und Hardware des Bandlaufwerks stark. In vielen Fällen werden Sie keinen Unterschied bei der Geschwindigkeit feststellen. Im Zweifelsfall versuchen Sie eine Blockgröße von 20.

Linux-tar expandiert Lücken in Dateien, solange Sie nicht die Option -S beim Anlegen des ursprünglichen Archivs verwenden. Linux-tar ist gegenüber Bandfehlern relativ intolerant.

9.6.2 cpio: Archivierungsprogramm aus uralten Zeiten

cpio ähnelt tar in der Funktionalität. Es ist sehr alt und wird nur noch selten eingesetzt.

Wie tar kann cpio Verzeichnisbäume verschieben. Der folgende Befehl erstellt eine Kopie des Verzeichnisbaums fromdir nach todir:

find *fromdir* -depth -print | cpio -pdm *todir*

Die GNU-Version von cpio, die unter Linux verwendet wird, lässt im Gegensatz zu den meisten Versionen mehrere Bandvolumes zu. Nur der Superuser kann besondere Dateien kopieren. Selbst wenn Sie von anderen Systemen mit cpio vertraut sind, empfehlen wir, die man-Seite sorgfältig zu studieren, weil sich die Optionen zwischen Systemen stark unterscheiden.

9.6.3 dd: Mit Bits herumspielen

dd ist ein Programm zum Kopieren und Konvertieren. Solange es zu keiner bestimmten Art Konvertierung aufgefordert wird, kopiert dd einfach aus seiner Eingabedatei in seine Ausgabedatei. Wenn ein Benutzer ein Band mitbringt, das auf einem nicht-Linux System geschrieben wurde, ist dd vielleicht die einzige Möglichkeit, es zu lesen.

Eine historische Verwendung von dd war die Erstellung einer Kopie eines gesamten Dateisystems. Heute ist es aber besser, das Zieldateisystem mit mke2fs anzulegen und dann dump in einer Pipe zu restore laufen zu lassen. dd kann manchmal Partitionsinformationen durcheinanderbringen, wenn es falsch verwendet wird. Es kann Dateisysteme nur zwischen genau gleich großen Partitionen kopieren.

Mit dd kann auch eine Kopie eines Magnetbands angefertigt werden. Bei den beiden Bandlaufwerken /dev/st0 und /dev/st1 verwenden Sie beispielsweise den folgenden Befehl:

```
$ dd if=/dev/st0 of=/dev/st1 cbs=16b
```

Mit einem Laufwerk (/dev/st0) verwenden Sie diese Befehlsfolge:

```
$ dd if=/dev/st0 of=tfile cbs=16b
/* Change tapes. */
$ dd if=tfile of=/dev/st0 cbs=16b
$ rm tfile
```

Falls Sie nur über ein Bandlaufwerk verfügen, müssen Sie natürlich genügend Plattenplatz haben, um ein Abbild des gesamten Bands zu speichern.

9.7 Mehrere Dateien auf einem Band

Ein Magnetband enthält in Wirklichkeit einen langen Datenstrom. Allerdings ist es häufig nützlich, mehr als ein »Ding« auf einem Band zu speichern, sodass Laufwerke und ihre Linux-Treiber zusammenwirken und Ihnen etwas mehr Struktur bieten. Wenn dump oder ein anderer Befehl einen Bytestrom auf ein Bandgerät schreibt und dann die Gerätedatei schließt, wird automatisch ein Endekennzeichen auf das Band geschrieben. Dieses Kennzeichen trennt den Strom von anderen Strömen, die im Folgenden geschrieben werden. Wenn der Strom wieder eingelesen wird, endet das Lesen automatisch beim EOF (End-of-file, Dateiende).

Sie können ein Band mit dem mt-Befehl auf einen bestimmten Strom oder »Dateisatz« (file set) positionieren, wie mt ihn bezeichnet. mt ist besonders nützlich, wenn Sie mehrere Dateien (beispielsweise mehrere Dumps) auf ein einzelnes Band stellen. Es verfügt außerdem über einige der interessantesten Fehlermeldungen aller Linux-Programme. Das grundlegende Format des Befehls lautet wie folgt:

mt [-f tapename] *Befehl* [count]

Es gibt zahlreiche Auswahlmöglichkeiten für den *Befehl*. Sie unterscheiden sich zwischen den Plattformen, sodass wir nur die besprechen, die zum Sichern und Wiederherstellen wichtig sind:

- **Rew** spult das Band an den Anfang zurück (rewind).
- **Offl** bringt das Band Offline. Bei den meisten Bandlaufwerken spult dieser Befehl das Band zurück und wirft es aus dem Laufwerk. Die meisten Skripte verwenden diesen Befehl, um das Band auszuwerfen, sobald sie fertig sind, was deutlich anzeigt, dass alles richtig fertig gestellt wurde.
- **status** gibt Informationen über den aktuellen Zustand des Bandlaufwerks aus (ob ein Band geladen ist usw.).
- **fsf** [count] spult das Band schnell vorwärts. Wenn *count* nicht angegeben ist, springt fsf eine Datei nach vorn. Mit einem numerischen Argument überspringt es die angegebene Anzahl von Dateien. Verwenden Sie diesen Befehl, um bei einem Band mit mehreren Dumps zum richtigen Dateisystem vorwärtszuspringen.

- **bsf** [*count*] sollte *count* Dateien zurückgehen. Das genaue Verhalten dieser Anweisung hängt von der Hardware des Bandlaufwerks und des entsprechenden Treibers ab. In manchen Situationen wird die aktuelle Datei mitgezählt, in anderen nicht. Bei einigen Implementierungen macht bsf stillschweigend gar nichts. Falls Sie ein Band zu weit vorspulen, ist die sicherste Methode, mt rew laufen zu lassen und von vorne zu beginnen.

Eine Liste der unterstützten Befehle finden Sie in der man-Seite von mt.

Wenn Sie in der glücklichen Lage sind, über eine Bandbibliothek mit Roboter zu verfügen, können Sie den Bandwechsler steuern, indem Sie das Paket mtx installieren, eine verbesserte Version des mt-Befehls. Wir verwenden es beispielsweise für einen unbeaufsichtigten Bandtausch auf unserem tollen HP 6x24 DAT-Bandkassettensystem.

9.8 Bacula

Bacula ist eine unternehmensweite Client/Server-Backuplösung, die Sicherung, Wiederherstellung und Prüfung von Dateien über ein Netzwerk verwaltet. Bacula läuft auf einer Vielzahl von UNIX- und Linux-Systemen, einschließlich all unserer Beispieldistributionen. Es sichert auch Daten mehrerer Betriebssysteme, einschließlich Microsoft Windows.

Früher war Amanda unser bevorzugtes nichtkommerzielles Sicherungstool. Falls Sie Informationen über Amanda benötigen, finden Sie die in der ersten (US-)Ausgabe dieses Buches oder unter *www.amanda.org*. Die folgende Liste von Eigenschaften erklärt, warum Bacula unser neuer Favorit ist:

- Es hat ein modulares Design.
- Es sichert UNIX-, Linux- und Windows-Systeme.
- Es unterstützt MySQL, PostgreSQL oder SQLite als Backend-Datenbank.
- Es unterstützt eine einfach zu benutzende menügesteuerte Befehlszeilenkonsole.
- Es ist unter einer Open Source-Lizenz verfügbar.
- Seine Sicherungen können mehrere Bandvolumes überspannen.
- Seine Server können auf mehreren Plattformen laufen.
- Es erstellt für jede gesicherte Datei SHA1- oder MD5-Signaturdateien.
- Es prüft Backupjobs.
- Es unterstützt Bandbibliotheken und automatische Wechsler.
- Es kann vor oder nach einem Backupjob Skripte oder Befehle ausführen.
- Es zentralisiert die Backupverwaltung für ein gesamtes Netzwerk.

9.8.1 Das Bacula-Modell

Um Bacula bereitzustellen, sollten Sie seine wichtigsten Bestandteile verstehen. Abbildung 9.1 erläutert die allgemeine Architektur von Bacula.

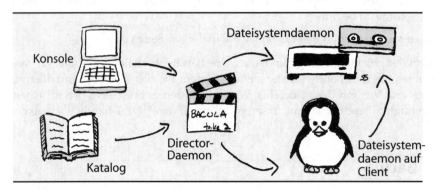

Abbildung 9.1: Die Bestandteile von Bacula und ihre Beziehung
Exponat B baculaarchitecture

Der Bacula-Director ist der Daemon, der die Operationen zur Sicherung, Wiederherstellung und Prüfung koordiniert. Sie können dem Director-Daemon Sicherungs- und Wiederherstellungsjobs über die Bacula-Konsole übergeben. Sie können den Director-Daemon auch den Bacula-Storage-Daemon oder die Dateisystemdaemons auf den Clientcomputern abfragen lassen.

Sie kommunizieren mit dem Director-Daemon über die Bacula-Konsole, die entweder als GNOME-GUI oder als Befehlszeilentool laufen kann. Die Konsole kann überall laufen. Sie muss nicht auf dem gleichen Computer wie der Director-Daemon liegen.

Ein Storage-Daemon ist die Bacula-Komponente, die Bänder oder andere Backupmedien liest und schreibt. Dieser Dienst muss auf dem Rechner laufen, an dem das Bandlaufwerk bzw. das für Backups verwendete Speichergerät angeschlossen ist. Er muss aber nicht auf dem gleichen Server wie der Director installiert sein (auch wenn das möglich ist).

Auf jedem System, das gesichert werden soll, läuft ein Bacula-Dateidaemon. Die Implementierungen des Dateidaemons der unterstützten Betriebssysteme senden die entsprechenden Dateidaten und -attribute an den Storage-Daemon, wenn Backupjobs ausgeführt werden.

Die letzte Bacula-Komponente ist der Katalog, eine relationale Datenbank, in der Bacula Informationen über jede Datei und jedes Volume speichert, die es sichert. Der Katalog macht Bacula bei einer Wiederherstellung schnell und effizient, weil die gesamte Sicherungshistorie online verfügbar ist. Bacula weiß, welche Speichervolumes zur Wiederherstellung einer bestimmten Datei benötigt werden, bevor es ein einziges Band einliest. Bacula unterstützt derzeit drei verschiedene Datenbanken:

MySQL, PostgreSQL und SQLite. Die Katalog-Datenbank muss nicht auf dem gleichen Server wie der Director liegen.

Eine weitere optionale Komponente ist die Bacula-Rettungs-CD-ROM. Dieser Bestandteil ist ein getrennt herunterladbares Paket, das individuelle, bootbare Rettungs-CDs für Linux-Systeme erstellt, die für die Wiederherstellung nach Katastrophen verwendet werden können. Die CDs enthalten eine statisch gebundene Kopie des Dateidaemons des Systems sowie angepasste Shell-Skripte, die Konfigurationsinformationen über die Festplatten, den Kernel und die Netzwerkschnittstellen des Systems enthalten. Wenn bei einem Linux-System ein katastrophaler Fehler auftritt, können Sie seine Rettungs-CD verwenden, um das System zu booten, die Festplatte neu zu partitionieren und mit dem Bacula-Director zu verbinden, um über das Netzwerk eine vollständige Wiederherstellung durchzuführen.

9.8.2 Bacula einrichten

Wegen der Komplexität von Bacula, seinen fortschrittlichen Eigenschaften und seinem modularen Design gibt es viele Möglichkeiten, ein unternehmensweites Backup einzurichten. In diesem Abschnitt begleiten wir Sie bei einer grundlegenden Bacula-Konfiguration.

Im Allgemeinen bringen fünf Schritte Bacula zum Laufen:

- Installieren Sie eine unterstützte Datenbank eines Drittanbieters und die Bacula-Daemons.
- Konfigurieren Sie die Bacula-Daemons.
- Installieren und konfigurieren Sie die Clientdatei-Daemons.
- Starten Sie die Bacula-Daemons.
- Fügen Sie mit der Bacula-Konsole Medien zu den Medienpools hinzu.

Unsere Beispieleinrichtung besteht aus den beiden Rechnern harp und bull. Der Computer harp ist der Client, auf dem nur ein Datei-Daemon läuft. Die übrigen vier Bacula-Bestandteile (Director-Daemon, Storage-Daemon, Katalog und Konsole) laufen alle auf dem Server bull. Das Speichergerät ist eine SureStore LTO1-Bandbibliothek. Unser Backupverfahren besteht aus wöchentlichen vollständigen Sicherungen, gefolgt von täglichen inkrementellen Sicherungen. Für den Katalog wird MySQL verwendet.

9.8.3 Die Datenbank und die Bacula-Daemons installieren

Bevor Sie Bacula installieren können, müssen Sie zuerst die Backend-Datenbank für den Katalog installieren. Für die einfachste Integration mit Bacula empfehlen wir MySQL mit den standardmäßigen Konfigurationspfaden.

Stabilität und Zuverlässigkeit einer Backup-Plattform sind zwingend erforderlich, sodass wir empfehlen, dass Sie nach der Installation der Datenbank den neuesten stabilen Quellcode von der Bacula-Website herunterladen und installieren. Zum Quellcode gehört im Verzeichnis docs eine schrittweise Installationsanleitung. Die Dokumentation ist außerdem online unter *www.bacula.org* sowohl im HTML- als auch im PDF-Format verfügbar. Zusätzlich finden Sie hier hilfreiche Kurse und Entwicklerhandbücher.

Nach dem Auspacken des Quellcodes führen Sie den folgenden Befehl aus:

```
./configure --with-mysql --prefix=/etc/bacula
```

Danach starten Sie make, um die Binärdateien zu kompilieren und schließlich make install, um die Installation abzuschließen.

Nachdem Bacula installiert wurde, besteht der nächste Schritt darin, die aktuelle MySQL-Datenbank mit ihren Tabellen zu erstellen. Wir stellen sicher, dass MySQL läuft, wechseln mit cd in das Installationsverzeichnis (/etc/bacula) und starten die drei Shell-Skripte, die als Teil der make install-Prozedur angelegt wurden. Das Skript grant_mysql_privileges richtet für den Bacula-Benutzer Zugriffsberechtigungen auf MySQL ein. Das Skript create_mysql_database erstellt die Bacula-Datenbank und das Skript make_mysql_tables bestückt schließlich die Datenbank mit den erforderlichen Tabellen.

9.8.4 Die Bacula-Daemons konfigurieren

Bevor wir unsere Beispieleinrichtung detailliert besprechen, definieren wir zuerst einige Bacula-Schlüsselbegriffe:

- »Jobs« sind die Einheiten der Bacula-Aktivität. Es gibt sie in den beiden Ausprägungen Sichern und Wiederherstellen.
- »Pools« sind Gruppen physischer Medien, die Jobs speichern. Unsere Beispielkonfiguration verwendet zwei Pools, einen für vollständige und einen anderen für inkrementelle Sicherungen.
- »Dateisets« sind Listen von Partitionen und Dateien. Dateisets können in Sicherungs- und Wiederherstellungsjobs ausdrücklich ein- oder ausgeschlossen werden.
- Die »Bootstrap«-Datei ist eine besondere, von Bacula erstellte Textdatei, die Informationen über Dateien enthält, die wiederhergestellt werden sollen. Bootstrap-Dateien werden während des restore-Befehls oder während einer Sicherung erstellt, wenn für den Sicherungsjob der Parameter Write Bootstrap definiert ist.
- »Nachrichten« sind die Kommunikation zwischen Daemons (tatsächliche Protokolleinträge) über den Status von Daemons und Jobs. Nachrichten können auch als E-Mail gesendet und in Protokolldateien geschrieben werden.

Die Konfigurationsdateien liegen in dem Verzeichnis, das während der Installation mit der Option `--prefix` angegeben wurde, gewöhnlich `/etc/bacula`. In den nächsten Abschnitten behandeln wir die Optionen des Director-Daemons (`bacula-dir.conf`), des Storage-Daemons (`bacula-sd.conf`) und der Konsole (`bconsole.conf`).

Wir behandeln nicht alle möglichen Konfigurationsparameter in unseren Beispielkonfigurationsdateien. Stattdessen beginnen wir jeden Abschnitt mit einem allgemeinen Überblick und zeigen dann einige Parameter auf, von denen wir denken, dass sie entweder besonders nützlich oder schwer zu verstehen sind.

9.8.5 bacula-dir.conf: Den Director konfigurieren

Die Datei `bacula-dir.conf` ist die komplexeste Bacula-Konfigurationsdatei. Im Folgenden betrachten wir ihre zehn logischen Abschnitte: Director, Catalog, JobDefs, Job, FileSet, Schedule, Pool, Client, Storage und Messages. Weitere Informationen über alle Abschnitte und die in ihnen vorhandenen Parameter finden Sie in der Online-Dokumentation.

Jeder Ressourcenabschnitt ist in geschweifte Klammern eingeschlossen. Kommentare werden in allen Bacula-Konfigurationsdateien mit einem #-Zeichen begonnen.

```
# Sample Bacula director configuration file, /etc/bacula-dir.conf
Director {
    Name = bull-dir
    DIRport = 9101
    Query File = "/etc/bacula/query.sql"
    Working Directory = "/var/Bacula/working"
    Pid Directory = "/var/run"
    Maximum Concurrent Jobs = 1
    Password = "B@cul@Lik3s,fRu17"
    Messages = Standard
}
```

Die Director-Ressource ist mehr oder weniger der Mittelpunkt der Bacula-Welt. Ihre Parameter definieren den Namen und das grundlegende Verhalten des Directors. Optionen stellen die Kommunikationsschnittstelle ein, über die andere Daemons mit dem Director kommunizieren, den Ort, an dem der Director seine temporären Dateien ablegt, und die Anzahl paralleler Jobs, die der Director gleichzeitig handhaben kann.

Der Parameter `Password` definiert das Kennwort, das das Konsolenprogramm verwendet, um sich selbst bei dem Director zu authentifizieren. Ein identisches Kennwort muss in der Director-Ressource der Konsolendefinitionsdatei `bconsole.conf.` gesetzt werden. Obwohl das Kennwort in den Konfigurationsdateien im Klartext erscheint, wird es nie über das Netzwerk übertragen.

In unserer Beispielkonfiguration sind der Director und die Konsole auf dem gleichen Rechner beherbergt. Es ist allerdings immer noch in beiden Konfigurationsdateien ein Kennwort erforderlich.

```
# Generic catalog service
Catalog {
    Name = ATE
    DBName = bacula;
    user = bacula;
    password = "fRu17,BOwL"
}
```

Die Catalog-Ressource bezeichnet die Datenbank, in der Bacula während des Betriebs seine Aufzeichnungen speichert. Der Einfachheit halber definieren wir einen Katalog für alle Jobs. Bacula unterstützt allerdings mehrere Kataloge. Diese Eigenschaft ist nützlich, wenn Sie es vorziehen, für jede Gruppe von Clients eine eigene Datenbank zu führen. Zurzeit müssen alle Katalogdatenbanken auf dem gleichen physischen Datenbankserver liegen.

Der Parameter `DBName` ist der Name der Katalogdatenbank. Diese Datenbank wird während der Installation entsprechend den zur Konfiguration übergebenen Datenbankoptionen eingerichtet. Baculas vordefinierte Skripte zur Erstellung der Datenbank finden Sie im Verzeichnis `src/cats` in der Quellcode-Distribution von Bacula.

```
# Job definitions
Job {
    Name = "harp"
    Level = Full
    Write Bootstrap = "/atrust/admin/backups/bootstraps/harp.bsr"
    Client = harp
    File Set = harp
    Storage = SureStore
    Pool = SSFullPool
    Incremental Backup Pool = SSIncrementalPool
    Schedule = Nightly
}
```

Eine Job-Ressource definiert die standardmäßigen Parameter für einen bestimmten Backupjob. Im Allgemeinen gibt es für jeden Client eine Jobdefinition. Die meisten Parameter sind selbsterklärend, aber einige verdienen eine weitere Besprechung.

`Write Bootstrap` teilt Bacula mit, wohin die Bootstrap-Informationen geschrieben werden sollen, die während einer Wiederherstellung verwendet werden. Bootstrap-Dateien führen die Dateien und Volumes auf, die für einen Wiederherstellungsjob benötigt werden. Sie sind nicht zwingend erforderlich, aber dringend empfohlen. Bootstrap-Dateien werden während kompletter Sicherungen überschrieben und während inkrementellen Backups angehängt.

9.8 Bacula

Die Parameter Client, File Set, Storage, Pool und Schedule sind Vorwärtsverweise auf Ressourcen, die später in der Datei bacula-dir.conf definiert werden.

```
# File set definitions
FileSet {
    Name = "harp"
    Include {
        Options {
            signature=MD5
            compression=GZIP
        }
        File = "/"
        File = "/boot"
        File = "/usr"
        File = "/usr/local"
        File = "/var"
    }
    Exclude = { /proc /tmp /.journal /.fsck }
}
```

Eine FileSet-Ressource definiert die Dateien und Verzeichnisse, die in einen Backupjob aufgenommen oder von ihm ausgeschlossen werden sollen. Jedes Fileset kann mehrere Include- und Exclude-Parameter zusammen mit individuellen Optionen enthalten. Standardmäßig sichert Bacula Verzeichnisse rekursiv, aber keine darunter eingehängte Partitonen. Achten Sie darauf, alle Partitionen, die Sie sichern wollen, in eigenen File-Parametern aufzuführen.

Es werden viele weitere Optionen unterstützt, einschließlich regulären Ausdrücken und Ersetzungszeichen. Zwei erwähnenswerte Optionen sind signature (SHA1 oder MD5), die für jede gesicherte Datei einen Hash-Wert berechnet, und compression, die die Daten vor dem Schreiben auf das Band komprimiert. Die Option signature erhöht den CPU-Aufwand bei der Sicherung, kann sich aber als wertvoll herausstellen, wenn der Verdacht eines Hacker-Zwischenfalls besteht.

```
Schedule {
    Name = "Nightly"
    Run = Level=Full Pool=SSFullPool 1st-5th tue at 20:10
    Run = Level=Incremental Pool=SSIncrementalPool wed-mon at 20:10
}
```

Schedule-Ressourcen definieren Zeitpläne für Sicherungsjobs. Der Parameter Name und mindestens ein Parameter Run werden für automatische Sicherungsjobs benötigt, aber in einem einzelnen Schedule können mehrere Run-Parameter enthalten sein. In unserem Beispiel laufen volle Sicherungen jeden Dienstag um 20:10 Uhr und inkrementelle Sicherungen jede Woche von Mittwoch bis Montag um 20:10 Uhr.

Die Datums- und Zeitangaben bilden den einzigen erforderlichen Teil des Run-Parameters, aber wie Sie diesem Beispiel entnehmen können, lassen sich weitere zusätzliche Parameterwerte einfügen. Diese Werte überschreiben dann die standardmäßigen Parameter, die in der Jobspezifikation eingestellt wurden. In diesem Beispiel haben wir für jede Sicherung die Backupebene und den verwendeten Medienpool gesetzt.

Eine vollständige Aufstellung der Schlüsselworte für die Spezifikation von Datum und Zeit und der Jobparameter finden Sie in der Online-Dokumentation von Bacula.

```
# Pool definitions -- first pool is default
Pool {
    Name = SSFullPool
    Pool Type = Backup
    Recycle = yes
    Accept Any Volume = yes
}
Pool {
    Name = SSIncrementalPool
    Pool Type = Backup
    Recycle = yes
    Accept Any Volume = yes
}
```

Die Pool-Ressource gruppiert Sicherungsmedien, gewöhnlich Bänder, zu Sätzen, die für bestimmte Sicherungsjobs verwendet werden. In diesem Beispiel führen wir wöchentlich volle und täglich inkrementelle Sicherungen aus, sodass wir zwei Pool-Ressourcen erstellt haben. Viele Optionen verändern das Verhalten der Pool-Ressource. Zwei besonders nützliche Parameter sind `Recycle` und `Accept Any Volume`. Wenn der `Recycle`-Parameter auf `yes` gesetzt ist, verwendet Bacula automatisch entleerte Bänder, deren `recycle`-Kennzeichen gesetzt ist, wenn es ein erweiterbares Volume für einen Sicherungsjob benötigt. Der Parameter `Accept Any Volume` gibt an, ob Bacula auf jedes erweiterbare Volume des Pools schreiben darf. Falls diese Option auf `no` gesetzt ist, füllt Bacula Volumes sequentiell und lässt kein erweiterbares Volume außer der Reihe zu.

```
Client {
    Name = harp
    Address = 192.168.7.2
    FDPort = 9102
    Catalog = ATE
    Password = "Ch@ch1s@Fru17"
    File Retention = 3 months
    Job Retention = 36 months
    AutoPrune = yes
}
```

Client-Ressourcen geben die zu sichernden Computer an. Für jeden Computer ist eine erforderlich. Die Parameter `File Retention` und `Job Retention` spezifizieren, wie lange Datei- und Jobaufzeichnungen für diesen Client im Katalog behalten werden. Falls der Parameter `AutoPrune` gesetzt ist, werden die abgelaufenen Daten aus dem Katalog gelöscht. Dieser Parameter wirkt sich nur auf die Katalogaufzeichnungen und nicht auf die tatsächlich auf den Sicherungsbändern gespeicherten Dateien aus.

```
# Definition of file storage devices
Storage {
    Name = SureStore
    Address = bull.atrust.com
    SDPort = 9103
    Password = "Fru1t&V3gg1es"
    Device = SureStoreDevice
    Autochanger = yes
    Media Type = LTO1
}
```

Die Storage-Ressource beschreibt, wie mit dem Storage-Daemon kommuniziert wird, der die Sicherungsgeräte steuert. In unserem Beispiel haben wir eine SureStore LTO1-Bandbibliothek mit unserem primären Bacula-Server (bull.atrust.com) verbunden. Der Storage-Daemon besitzt seine eigene Konfigurationsdatei, die in Abschnitt 9.8.6 beschrieben wird.

```
Messages {
    Name = Standard
    mailcommand = "/sbin/bsmtp -h localhost -f \"\(Bacula\)
    bacula@atrust.com\" -s \"Bacula: %t %e of %c %l\" %r"
    operatorcommand = "/sbin/bsmtp -h localhost -f \"\(Bacula\)
    bacula@atrust.com\" -s \"Bacula: Intervention needed for %j\" %r"
    mail = Bacula@atrust.com = all, !skipped
    operator = bacula-pager@atrust.com = mount
    console = all, !skipped, !saved
    append = "/var/log/bacula.log" = all, !skipped
}
```

Die Messages-Ressource teilt Bacula mit, wie bestimmte Nachrichtenarten behandelt werden, die von jedem Bacula-Daemon generiert werden. Mehrere Messages-Ressourcen können definiert und den einzelnen Jobs in deren Job-Ressourcen zugewiesen werden.

Dieser Ressourcentyp ist sehr konfigurierbar. Eine vollständige Aufstellung der Variablen und Befehle ist in der Online-Dokumentation zu finden. Die vorhergehende Konfiguration sendet Informationen über den Status der Daemons und Jobs an die Konsole und an eine Standardprotokolldatei und verteilt sie auch als E-Mail.

9.8.6 bacula-sd.conf: Den Speicher-Daemon konfigurieren

Storage-Daemons übernehmen Daten von den Datei-Daemons und übertragen sie auf das eigentliche Speichermedium (oder umgekehrt bei einer Wiederherstellung). In der bacula-sd.conf-Datei müssen vier Ressourcen definiert werden: Storage, Device, Messages und Director. Es folgt eine vollständige Beispielkonfiguration:

```
# Storage daemon configuration file, bacula-sd.conf
Storage {
    Name = bull-sd
    SDPort = 9103
    Working Directory = "/var/bacula/working"
    Pid Directory = "/var/run"
}
Device {
    Name = SureStoreDevice
    Media Type = LT01
    Archive Device = /dev/nst0
    Autochanger = yes
    Changer Device = /dev/sg0
    Changer Command = "/etc/bacula/mtx-changer %c %o %S %a %d"
    AutomaticMount = yes;
    Always Open = yes;
    Removable Media = yes;
    Random Access = no;
}
Messages {
    Name = Standard
    director = bull-dir = all
}
Director {
    Name = bull-dir
    Password = "Fru1t&V3gg1es"
}
```

Die Konfigurationsdatei eines Storage-Daemons darf nur eine Storage-Ressource enthalten.

Diese Ressourcen sind ziemlich geradlinig. Sie definieren einige grundlegende Arbeitsparameter, beispielsweise die Netzwerkschnittstelle des Daemons und das Arbeitsverzeichnis, und geben den Director-Daemon an, an den der Storage-Daemon seine Nachrichten senden soll.

Die Device-Ressource beschreibt das tatsächliche Sicherungsgerät. In unserem Fall ist das ein LTO-Laufwerk (Linear Tape-Open) mit einem automatischen Bandwechsler. Sie können mehrere Device-Ressourcen definieren. Der Parameter Archive Device benennt die Gerätedatei des Bandlaufwerks. Beachten Sie, dass /dev/nst0 ein nicht rückspulendes Gerät ist. Der automatische Bandwechsler hat seine eigene Gerätedatei. Wir geben diese nicht nur an, sondern setzen auch den Parameter Autochanger. Der Parameter Always Open teilt Bacula mit, dass das Gerät geöffnet bleiben soll, bis ein Administrator es ausdrücklich aushängt. Diese Option erspart Zeit und Bandbeanspruchung, weil die Rückspul- und Positionierungsbefehle zwischen den Jobs vermieden werden.

9.8.7 bconsole.conf: Die Konsole konfigurieren

Sie verwenden das Konsolenprogramm, um mit dem Director zu kommunizieren, um Jobs einzuplanen, den Status von Jobs zu prüfen oder Daten wiederherzustellen. Sie können die Konsole aus dem Installationsverzeichnis durch Eingabe von `./bconsole` starten.

`bconsole.conf` teilt der Konsole mit, wie sie mit dem Bacula-Director-Daemon kommuniziert. Die in dieser Datei angegebenen Parameter müssen mit denen in der Director-Ressource in der Konfigurationsdatei des Directors (`bacula-dir.conf`) übereinstimmen, mit Ausnahme des `address`-Parameters.

```
# Console configuration file, bconsole.conf
Director {
    Name = bull-dir
    DIRport = 9101
    address = bull.atrust.com
    Password = "B@cu1@Lik3s,fRu17"
}
```

9.8.8 Den Datei-Daemon auf dem Client installieren und konfigurieren

Der Datei-Daemon auf den Sicherungs-Clients kommuniziert mit dem Bacula-Storage-Daemon, wenn Sicherungen und Wiederherstellungen ausgeführt werden. Dieser Daemon muss auf jedem Computer installiert und konfiguriert werden, der mit Bacula gesichert werden soll.

Für Windows-Clients können vorgefertigte Binärdateien von der Bacula-Website heruntergeladen werden. Bacula ist großartig für die Sicherung von Windows-Datendateien, aber nicht so gut für die Erstellung eines bombensicheren Backups der Ebene 0 eines Windows-Systems. Unglücklicherweise verfügt Bacula über kein Konzept für die Dateisperren von geöffneten Windows-Dateien, für die Windows-Registrierung oder den Systemstatus, sodass weitere Schritte erforderlich sind, damit diese Daten wirklich gesichert werden, bevor ein Bacula-Dump ausgeführt wird. In der Online-Dokumentation werden diese Themen angesprochen.

Auf UNIX- und Linux-Systemen können Sie den Daemon installieren, indem Sie den Bacula-Quellbaum auf alle Clients kopieren und den folgenden Befehl ausführen:

```
./configure --enable-client-only --prefix=/etc/bacula
```

Danach starten Sie `make` und `make install`.

Nachdem die Binärdateien installiert wurden, konfigurieren Sie den Datei-Daemon, indem Sie die Datei `/etc/bacula/bacula-fd.conf` bearbeiten:

```
# File daemon configuration for harp, bacula-fd.conf
Director {
    Name = bull-dir
    Password = "Ch@ch1s@Fru17"
}
# "Global" file daemon configuration specifications
FileDaemon {
    Name = harp
    FDport = 9102
    Working Directory = /var/bacula/working
    Pid Directory = /var/run
}
# Send all messages except skipped files back to the director
Messages {
    Name = Standard
    director = bull-dir = all, !skipped
}
```

Die Konfigurationsdatei ist in drei Teile gegliedert. Der erste Teil besteht aus der Director-Ressource, die dem Datei-Daemon mitteilt, welcher Director Sicherungen des Clients dieses Datei-Daemons einplanen kann. Die Director-Ressource kann auch den `Password`-Parameter enthalten, der mit dem Kennwort übereinstimmen muss, das in der Client-Ressource der eigenen Konfigurationsdatei des Directors aufgeführt ist. Der zweite Teil ist die FileDaemon-Ressource, die den Client benennt und die Schnittstelle angibt, auf der der Datei-Daemon auf Befehle vom Director-Daemon hört. Der letzte Bestandteil ist die Messages-Ressource, die definiert, wie lokale Nachrichten gehandhabt werden sollen.

9.8.9 Die Bacula-Daemons starten

Nachdem wir jetzt unsere Server-Daemons installiert und unseren Client konfiguriert haben, besteht der nächste Schritt darin, die Daemons zu starten, indem wir im Installationsverzeichnis des Servers das Startskript (`./bacula start`) laufen lassen. Der gleiche Befehl wird auch auf allen Clients verwendet, um den Datei-Daemon zu starten. Dieses Skript sollte auch in den `rc`- und `init.d`-Verzeichnissen mit den Startskripten der entsprechenden Ebene verknüpft werden.

Nachdem die Bacula-Daemons laufen, können Sie mit dem Konsolenprogramm (bconsole im Installationsverzeichnis) deren Status prüfen, Medien zu den Pools hinzufügen und Sicherungs- und Wiederherstellungsjobs ausführen. Sie können bconsole auf jedem Computer starten, solange er richtig installiert und konfiguriert wurde.

```
$ sudo ./bconsole
Password: <Passwort-Eingabe>
Connecting to Director bull:9101
1000 OK: bull-dir Version: 1.38.11 (29 June 2006)
Enter a period to cancel a command.
```

Verwenden Sie den help-Befehl der Konsole, um eine vollständige Liste der unterstützten Befehle zu bekommen.

9.8.10 Medien zu Pools hinzufügen

Bevor Sie Sicherungsjobs ausführen können, müssen Sie einige Bänder beschriften und den Medienpools zuweisen, die in der Konfigurationsdatei des Directors definiert sind. Verwenden Sie dazu den label-Befehl der Konsole.

```
* label
Automatically selected Storage: SureStore
Enter new Volume name: 003061L1
Enter slot (0 for none): 14
Defined Pools:
     1: SSFullPool
     2: SSOneOffPool
...
Select the Pool (1-5): 1
Connecting to Storage daemon SureStore at bull.atrust.com:9103
...
Sending label command for Volume "003061L1" Slot 14 ...
...
3001 Mounted Volume: 003061L1
3001 Device /dev/nst0 is mounted with Volume "003061L1"
```

In diesem Beispiel wurde das Band im Schacht 14 des automatischen Bandwechslers 003061L1 genannt und dem Pool SSFullPool zugewiesen. Verwenden Sie den list media-Befehl, um sicherzustellen, dass das Band zum richtigen Pool hinzugefügt und als erweiterbar gekennzeichnet wurde.

9.8.11 Ein manuelles Backup ausführen

Verwenden Sie den run-Befehl der Konsole, um eine manuelle Sicherung auszuführen. Es werden keine Argumente benötigt. Die Konsole zeigt alle in der Konfigurationsdatei des Directors definierten Sicherungsjobs an. Sie können im run-Befehl alle Optionen ändern, indem Sie den menügetriebenen Eingabeaufforderungen der Konsole folgen.

Das folgende Beispiel zeigt eine manuelle vollständige Sicherung des Servers harp mit den in unseren Konfigurationsdateien definierten Vorgaben:

```
$ sudo ./bconsole
...
Connecting to Director bull:9101
1000 OK: bull-dir Version: 1.34.6 (28 July 2004)
Enter a period to cancel a command.
* run
```

```
A job name must be specified.
The defined Job resources are:
    1: harp
    2: RestoreFiles
Select Job resource (1-2): 1
Run Backup job
JobName:   harp
FileSet:   harp
Level:     Full
Client:    harp
Storage:   SureStore
Pool:      SSFullPool
When:      2006-07-08 13:14:24
Priority:  10
OK to run? (yes/mod/no): yes
Run command submitted.
```

Nachdem der Sicherungsjob erfolgreich an den Director übergeben wurde, können Sie seinen Status mit dem status-Befehl der Konsole verfolgen. Sie können auch den messages-Befehl verwenden, um genaue Aktualisierungen zu bekommen, sobald sie eintreffen. Je nachdem, wie Sie die Message-Ressource eingerichtet haben, wird auch ein detaillierter Bericht an den Bacula-Administrator gesendet. Die folgende Ausgabe wurde von dem messages-Befehl erstellt, nachdem der Sicherungsjob erfolgreich fertiggestellt wurde. Sie enthält eine Menge nützlicher Übersichtsinformationen.

```
* messages
08-Jul-2006 14:21 bull-dir: Start Backup JobId 5216, Job=harp.2006-07-08_14.21.03
08-Jul-2006 14:23 bull-sd: 3301 Issuing autochanger "loaded drive 0" command.
08-Jul-2006 14:23 bull-sd: 3302 Autochanger "loaded drive 0", result is Slot 6.
08-Jul-2006 14:23 bull-sd: 3303 Issuing autochanger "unload slot 6, drive 0" command.
08-Jul-2006 14:24 bull-sd: 3304 Issuing autochanger "load slot 14, drive 0" command.
08-Jul-2006 14:25 bull-sd: 3305 Autochanger "load slot 14, drive 0", status is OK.
08-Jul-2006 14:25 bull-sd: Volume "003048L1" previously written, moving to end of data.
08-Jul-2006 14:25 bull-sd: Ready to append to end of Volume "003048L1" at file=7.
08-Jul-2006 14:54 bull-dir: Bacula 1.34.6 (28Jul04): 08-Jul-2006 14:54
JobId:    5216
Job:      harp.2006-07-08_14.21.03
Backup Level:   Full
Client:   harp
FileSet:   "harp" 2006-01-06 20:37:06
Start time:    08-Jul-2006 14:21
End time:      08-Jul-2006 14:54
FD Files Written:   176,451
SD Files Written:   176,451
FD Bytes Written:   12,968,821,897
SD Bytes Written:   12,993,427,904
Rate:     6379.2 KB/sSoftware Compression:None
Volume name(s):    003048L1
```

```
Volume Session Id:      263
Volume Session Time:    1149888981
Last Volume Bytes:      13,298,706,752
Non-fatal FD errors:    0
SD Errors:      0
FD termination status:  OK
SD termination status:  OK
Termination:    Backup OK
08-Jul-2006 14:54 bull-dir: Begin pruning Jobs.
08-Jul-2006 14:54 bull-dir: No Jobs found to prune.
08-Jul-2006 14:54 bull-dir: Begin pruning Files.
08-Jul-2006 14:55 bull-dir: Pruned 2,206 Files from 48 Jobs for client harp from
catalog.
08-Jul-2006 14:55 bull-dir: End auto prune.
```

9.8.12 Einen Wiederherstellungsjob ausführen

Um Dateien wiederherzustellen, starten Sie die Konsole und lassen den restore-Befehl laufen. Genau wie run, ist auch restore menügesteuert. Er beginnt damit, Ihnen zu helfen herauszufinden, welche Jobs gelesen werden müssen, um die Zieldateien wiederherzustellen. restore bietet Ihnen verschiedene Methoden, die relevanten Job-IDs anzugeben. Nachdem Sie einen Satz von Jobs ausgewählt haben, können Sie aus diesen Jobs die Dateien auswählen, die wiederhergestellt werden sollen.

```
* restore
To select the JobIds, you have the following choices:
    1: List last 20 Jobs run
    2: List Jobs where a given File is saved
    3: Enter list of comma separated JobIds to select
    4: Enter SQL list command
    5: Select the most recent backup for a client
    6: Select backup for a client before a specified time
    7: Enter a list of files to restore
    8: Enter a list of files to restore before a specified time
    9: Cancel
Select item: (1-9):
```

Die beiden nützlichsten Abfragen sind wahrscheinlich »Select the most recent backup for a client« (Nummer 5, Wähle die aktuellste Sicherung eines Clients) und »List Jobs where a given File is saved« (Nummer 2, Liste die Jobs, in denen eine angegebene Datei gesichert ist). Die letzte Option ist für diejenigen Benutzer bequem, die sich scheinbar nie erinnern können, wo die versehentlich entfernte Datei wirklich liegt. Ein weiterer mächtiger Befehl ist die Option Nummer 4, »Enter SQL list command« (Gib einen SQL-Listbefehl ein), mit dem Sie jede richtig formatierte SQL-Abfrage eingeben können.

Angenommen, ein Benutzer benötigt eine Kopie seines Skripts pw_expire.pl ungefähr vom April 2006, ist sich aber nicht sicher, welchen Rechner er damals für die Entwicklung verwendet hat. Außerdem möchte er, dass die Dateien im /tmp-Verzeichnis des ursprünglichen Computers wiederhergestellt werden. Eine solche Anfrage bringt manche Systemadministratoren zur Verzweiflung, aber für den Bacula-Administrator ist das eine Kleinigkeit. (Unglücklicherweise ist das Bacula-Format für Suchergebnisse so umfassend, sodass wir es im Folgenden auf nahezu unsichtbare Größe zusammenschrumpfen mussten.)

```
* restore
To select the JobIds, you have the following choices:
    1: List last 20 Jobs run
    2: List Jobs where a given File is saved
    3: Enter list of comma separated JobIds to select
...
    9: Cancel
Select item: (1-9): 2
Enter Filename: pw_expire.pl
```
<<Abbildung BaculaSearch.eps>>

Die Bacula-Liste der pw_expire.pl-Instanzen offenbart, dass die Version von April 2006 auf dem Client harp lag und als Teil des Jobs 4,523 gesichert wurde. Bacula bringt uns anschließend zurück zum restore-Menü, wo wir die Option Nummer 3, »Enter list of comma separated JobIds to select« (Gib eine Liste von durch Kommata getrennter JobIDs zur Auswahl ein) verwenden können, um uns auf diesen bestimmten Job zu konzentrieren.

```
Select item: (1-9): 3
Enter JobId(s), comma separated, to restore: 4523
You have selected the following JobId: 4523
Building directory tree for JobId 4523 ...
1 Job inserted into the tree.
You are now entering file selection mode, where you add and
remove files to be restored. All files are initially added.[10]
Enter "done" to leave this mode.
cwd is: /
$  cd /home/seidel
cwd is: /home/seidel
$  dir
...
-rwxr-xr-x   1 seidel    atrust      321  2005-10-27 11:25:24
 /home/seidel/pw_expire.pl
$  mark pw_expire.pl
1 files marked.
$  done
```

---

10 Das stimmt so nicht. Wenn Sie zur Wiederherstellungsphase weitergehen, ohne eine Datei ausgewählt zu haben, teilt Ihnen Bacula mit, dass keine Dateien ausgewählt wurden.

9.8 Bacula

Beachten Sie, dass wir das Komma ausgelassen haben, als wir die ID wieder eingegeben haben, obwohl Bacula die Job-ID ursprünglich mit einem Komma angezeigt hat. Ansonsten würde Bacula 4,523 als die beiden Jobs 4 und 523 ansehen.

Nachdem Bacula den angegebenen Job geladen hat, beginnt es einen interaktiven Wiederherstellungsmodus, in dem Sie zu der Datei weitergehen und sie mit dem mark-Befehl auswählen können. Wenn Sie mit dem Markieren von Dateien fertig sind, verlässt der done-Befehl den interaktiven Modus.

```
Bootstrap records written to /var/bacula/working/restore.bsr
The restore job will require the following Volumes:

   003048L1
1 file selected to be restored.
Defined Clients:
    1: bull
    2: harp
Select the Client (1-2): 2
```

Bacula schreibt dann eine Bootstrap-Datei, mit der es die Wiederherstellung durchführen wird, zeigt den Namen des benötigten Band-Volumes an und fordert Sie dazu auf, einen Client zu wählen, auf dem die Dateien wiederhergestellt werden sollen. In diesem Beispiel haben wir auf dem ursprünglichen Host harp wiederhergestellt.

```
Run Restore job
JobName:    RestoreFiles
Bootstrap:  /var/Bacula/working/restore.bsr
Where:      /scratch02/restore/
Replace:    always
FileSet:    BullHomes
Client:     harp
Storage:    SureStore
When:       2006-07-08 16:45:20
Priority:   10
OK to run? (yes/mod/no): mod
```

Für diesen besonderen Job ändern wir die standardmäßigen Einstellungen. Insbesondere ist der richtige Dateisetname harp, was dem standardmäßig in der Konfigurationsdatei des Director-Daemons eingestellten Dateiset entspricht. Zusätzlich ändern wir den Ort dieser Wiederherstellung in Übereinstimmung mit der Anforderung des Benutzers in /tmp.

```
Select parameter to modify (1-11): 9
Please enter path prefix for restore (/ for none): /tmp
Run Restore job
JobName:    RestoreFiles
Bootstrap:  /var/Bacula/working/restore.bsr
Where:      /tmp
Replace:    never
```

```
FileSet:    harp
Client:     harp
Storage:    SureStore
When:       2006-07-08 16:45:20
Priority:   10
OK to run? (yes/mod/no): yes
Run command submitted.
Restore command done.
```

Nach Ausführung der Änderungen übergeben wir den Job an den Director, der ihn ausführt. Dann verwenden wir den messages-Befehl, um die Protokollausgabe des Jobs zu betrachten.

```
* messages
08-Jul-2006 17:06 bull-dir: Start Restore Job RestoreFiles.2006-07-08_17.06.02
08-Jul-2006 17:06 bull-sd: Ready to read from volume "003048L1" on device /dev/nst0.
08-Jul-2006 17:06 bull-sd: Forward spacing to file:block 11:0.
08-Jul-2006 17:08 bull-sd: End of Volume at file 11 on device /dev/nst0, Volume
                          "003048L1"
08-Jul-2006 17:08 bull-sd: End of all volumes.
08-Jul-2006 17:08 harp: -rwxr-xr-x   1 seidel    atrust       321 2005-10-27 11:25:24
/tmp/home/seidel/pw_expire.pl
08-Jul-2006 17:08 bull-dir: Bacula 1.34.6 (28Jul04): 08-Jul-2006 17:08
JobId:   5217
Job:     RestoreFiles.2006-07-08_17.06.02
Client:  harp
Start time:     08-Jul-2006 17:06
End time:       08-Jul-2006 17:08
Files Expected:   1
Files Restored:   1
Bytes Restored:   321
Rate:    0.0 KB/s
FD Errors:        0
FD termination status:   OK
SD termination status:   OK
Termination:     Restore OK
08-Jul-2006 17:08 bull-dir: Begin pruning Jobs.
08-Jul-2006 17:08 bull-dir: No Jobs found to prune.
08-Jul-2006 17:08 bull-dir: Begin pruning Files.
08-Jul-2006 17:08 bull-dir: No Files found to prune.
08-Jul-2006 17:08 bull-dir: End auto prune.
```

9.8.13 Bacula-Konfigurationen überwachen und debuggen

Sie können mit dem status-Befehl der Konsole Informationen von den verschiedenen Bacula-Daemons abfragen. Das folgende Beispiel zeigt Informationen über den Director-Daemon. Die Ausgabe enthält Informationen über anstehende Jobs, aktuell laufende Jobs und Jobs, die beendet wurden.

9.8 Bacula

```
* status dir
bull-dir Version: 1.34.6 (28 July 2004) i686-redhat-linux-gnu redhat Enterprise
release
Daemon started 09-Jun-06 15:36, 269 Jobs run since started.
Scheduled Jobs:
Level      Type     Scheduled       Name      Volume
===================================================
Incremental  Backup   08-Jul-06 20:10    harp      003005L1
Running Jobs:
JobId    Level    Name       Status
===================================================
 5216    Full     harp.2006-07-08_14.21.03    is running
Terminated Jobs:
JobId    Level   Files    Bytes      Status    Finished          Name
===================================================
 5205    Incr    204      898,066,578  OK     06-Jul-06 20:36   harp
```

Bacula-Jobs erstellen einen Jobbericht, der entsprechend der Message-Ressource des Jobs in der Konfigurationsdatei des Director-Daemons weitergeleitet wird. Der Bericht enthält grundlegende Informationen über die verwendeten Volumes, die Größe und Anzahl der gesicherten Dateien und alle Fehler, die möglicherweise aufgetreten sind. Der Bericht liefert Ihnen normalerweise genug Informationen, um kleinere Probleme beheben zu können.

Zwei Themen, die gelegentlich zur Sprache kommen, sind Datei-Daemons, die auf dem Client nicht laufen, und Storage-Daemons, die kein erweiterbares Bandvolume finden können. Im folgenden Beispiel meldet der Director-Daemon, dass ein Sicherungsjob mit einem schwerwiegenden Fehler beendet wurde, weil er nicht mit dem Datei-Daemon auf dem Host harp kommunizieren konnte. Dieser Fehler kann am Ende des zusammenfassenden Berichts mehrmals zu finden sein.

```
bull-dir: Start Backup JobId 5215, Job=harp.2006-07-08_13.19.49
bull-dir: harp.2006-07-08_13.19.49 Error: Bacula 1.34.6 (28Jul04): 08-Jul-2006 13:49
JobId:         5215
Job:           harp.2006-07-08_13.19.49
Backup Level:  Full
Client:        harp
FileSet:       "harp" 2006-01-06 20:37:06
Start time:    08-Jul-2006 13:19
End time:      08-Jul-2006 13:49
FD Files Written:   0
SD Files Written:   0
FD Bytes Written:   0
SD Bytes Written:   0
Rate:    0.0 KB/s
Software Compression:    None
Volume name(s):
Volume Session Id:       262
```

```
Volume Session Time:    1149888981
Last Volume Bytes:      0
Non-fatal FD errors:    0
SD Errors:      0
FD termination status:
SD termination status:      Waiting on FD
Termination:      *** Backup Error ***
bull-dir: harp.2006-07-08_13.19.49 Warning: bnet.c:666 Could not connect to File
daemon on 192.168.7.2:9102. ERR=Connection refused Retrying ...
bull-dir: harp.2006-07-08_13.19.49 Fatal error: bnet.c:672 Unable to connect to File
daemon on 192.168.7.2:9102. ERR=Connection refused
```

Das folgende Beispiel zeigt den Storage-Daemon Bericht, dass keine Bandvolumes des entsprechenden Pools für die angeforderte Sicherung zur Verfügung stehen. Sie können das Problem beheben, indem Sie entweder ein neues Volume zu dem Pool hinzufügen oder ein vorhandenes Volume leeren und wiederverwenden. Es gibt keinen Grund, den Job neu zu starten. Bacula sollte mit der Ausführung fortfahren, bis Sie sie ausdrücklich abbrechen.

```
bull-sd: Job baikal.2006-07-04_20.10.06 waiting. Cannot find any appendable volumes.
Please use the "label" command to create a new Volume for:
    Storage:      SureStoreDevice
    Media type:   LTO1
    Pool:     SSFullPool
```

Falls Sie jemals detailliertere Informationen über die Arbeit der Daemons sehen müssen, können Sie sie viele Debug-Informationen an die Konsole senden lassen, indem Sie die Option -dnnn an den start-Befehl anhängen, beispielsweise:

```
$ sudo ./bacula start -d100
```

nnn steht für die Debug-Ebene. Übliche Werte liegen zwischen 50 und 200. Je höher die Zahl, desto mehr Informationen werden angezeigt. Sie können mit dem setdebug-Befehl das Debuggen auch von der Konsole aus aktivieren.

9.8.14 Alternativen zu Bacula

Mehrere andere freie oder Shareware-Backuptools stehen zum Herunterladen bereit. Die folgenden Pakete sind besonders erwähnenswert. Alle werden immer noch aktiv entwickelt.

- Amanda: Ein sehr verbreitetes und ausgereiftes System, das UNIX- und Linux-Systeme auf einem einzelnen Bandlaufwerk sichert. Weitere Informationen finden Sie unter *www.amanda.org*.

- Mondo Rescue: Ein Hilfsprogramm, das Linux-Systeme auf CD-R, DVD-R, Band oder Fastplatte sichert. Dieses Werkzeug ist besonders hilfreich für reine Wiederherstellungen. Weitere Informationen finden Sie unter *www.mondorescue.org*.

- `rsync`: Ein freies Werkzeug, das Bestandteil von vielen standardmäßigen Linux-Installationen ist. Es kann Dateien zwischen Computer synchronisieren und zusammen mit SSH verwendet werden, um Daten sicher über das Internet zu übertragen. Eine weitere Besprechung von `rsync` finden Sie in Abschnitt 17.3.2.
- `star`: Eine schnellere Implementierung von `tar`. `star` ist in allen unseren Beispieldistributionen enthalten.

9.9 Kommerzielle Backup-Produkte

Wenn Sie kommerzielle Sicherungslösungen betrachten, sollten Sie berücksichtigen, ob sie alle anderen Betriebssysteme handhaben können, für deren Sicherung Sie verantwortlich sind. Die meisten heutigen Produkte widmen sich plattformübergreifenden Themen und gestatten Ihnen, UNIX-, Windows- und Macintosh-Arbeitsplätze in Ihr Linux-Backupverfahren aufzunehmen. Sie müssen auch nicht-Linux Speicher-Arrays und Dateiserver in Betracht ziehen.

Die Laptops der Benutzer und andere Rechner, die nicht durchgängig mit Ihrem Netzwerk verbunden sind, sollten auch gegen Fehler abgesichert werden. Wenn wir kommerzielle Produkte betrachten, werden Sie sich fragen, ob alle Produkte klug genug sind, identische Dateien von allen Laptops zu sichern. Wie viele Kopien von `command.com` benötigen Sie wirklich?

Da wir glauben, dass Bacula unsere Anforderungen erfüllt, haben wir nicht viel Erfahrung mit kommerziellen Produkten. Wir haben einige unserer Bekannten bei kommerziellen Unternehmen nach kurzen Eindrücken der Systeme gefragt, die sie einsetzen. Deren Kommentare werden hier wiedergegeben.

9.9.1 ADSM/TSM

Das Produkt ADSM wurde von IBM entwickelt und später von Tivoli erworben. Heute wird es als Tivoli Storage Manager (TSM) vermarktet, obwohl das Produkt wieder IBM gehört. TSM ist ein Werkzeug zur Datenverwaltung, das auch Sicherungen handhaben kann. Weitere Informationen finden Sie unter *www-306.ibm.com/software/tivoli*.

Vorteile:

- Gehört IBM und wird dort bleiben.
- Attraktive Preis- und Leasingoptionen.
- Sehr geringe Fehlerrate.
- Verwendet Festplattencache, was bei der Sicherung langsamer Clients hilfreich ist.
- Unterstützt Windows-Clients.
- Ausgezeichnete Dokumentation (die getrennt bezahlt wird).

Nachteile:

- Schlecht entworfene GUI-Oberfläche.
- Jeweils zwei Dateien = 1 K in der Datenbank.
- Das Sicherungsverfahren besteht nur aus inkrementellen Sicherungen.

9.9.2 Veritas

Veritas schloss sich 2005 mit Symantec zusammen. Sie verkaufen Backuplösungen für eine Anzahl von Systemen. Wenn Sie deren Website (*www.symantec.com*) besuchen, achten Sie darauf, das für Sie geeignete Produkt zu wählen.

Vorteile:

- Ordentliche GUI-Oberfläche.
- Direkte Verbindung zu Netzwerkdatenspeichern.
- Push-Installation für Linux.
- Kann Bänder im GNU-`tar`-Format schreiben.
- Zentralisierte Datenbasis, kann aber ein verteiltes Backupsystem unterstützen.

Nachteile:

- Einige Fehler.
- Die Preisgestaltung ist verwirrend.

9.9.3 Weitere Alternativen

W. Curtis Preston, der Autor des O'Reilly Buchs »UNIX Backup and Recovery«, unterhält unter *www.backupcentral.com* eine Webseite über Themen im Zusammenhang mit Backup (Produkte zur Plattenspiegelung, fortschrittliche Dateisystemprodukte, Produkte zur Sicherung anderer Systeme usw.). Es ist nicht sicher, ob diese Informationen noch aktualisiert werden, aber das vorhandene Material ist immer noch sehr nützlich.

9.10 Empfohlene Literatur

Preston, W. Curtis. *Backup & Recovery*. Sebastopol, O'Reilly Media, 2006.

9.11 Übungen

1. Untersuchen Sie die Sicherungsprozedur, die in Ihrem Unternehmen verwendet wird. Welche Rechner führen die Sicherung aus? Welche Art von Speichergeräten werden benutzt? Wo werden die Bänder aufbewahrt? Schlagen Sie Verbesserungen des aktuellen Systems vor.

2. Welche Schritte sind erforderlich, um auf einem Bacula-System Dateien wiederherzustellen? Wie finden Sie das richtige Band?

☆ 3. Identifizieren Sie anhand der folgenden Ausgabe von df und /etc/dumpdates die erforderlichen Schritte, um die drei angeforderten Wiederherstellungen durchzuführen. Zählen Sie Ihre Annahmen auf. Gehen Sie davon aus, dass die Wiederherstellung am 18. Januar angefordert wird.

df-Ausgabe des Rechners khaya.cs.colorado.edu:

```
/dev/hda8     256194      81103    161863    33%    /
/dev/hda1      21929       4918     15879    24%    /boot
/dev/hda6    3571696      24336   3365924     1%    /local
/dev/hda10    131734       5797    119135     5%    /tmp
/dev/hda5    1815580    1113348    610004    65%    /usr
/dev/hda7     256194      17013    225953     7%    /var
```

/etc/dumpdates von khaya.cs.colorado.edu:

```
/dev/hda8    2 Tue Jan   17    22:59:23 2006
/dev/hda6    3 Tue Jan   17    22:51:51 2006
/dev/hda7    3 Tue Jan   17    22:50:24 2006
/dev/hda5    9 Tue Jan   17    22:46:25 2006
/dev/hda5    1 Thu Jan   12    22:45:42 2006
/dev/hda7    0 Thu Jan   12    23:14:47 2006
/dev/hda6    1 Thu Jan   12    23:14:32 2006
/dev/hda8    1 Thu Jan   12    23:14:17 2006
/dev/hda6    0 Tue Jan   10    22:47:31 2006
/dev/hda1    1 Sun Jan    8    22:16:05 2006
/dev/hda7    1 Sat Jan    7    22:08:09 2006
/dev/hda1    4 Tue Jan    3    22:51:53 2006
/dev/hda7    2 Sat Dec   24    22:53:52 2005
/dev/hda5    0 Thu Nov    3    22:46:21 2005
/dev/hda1    0 Wed Sep   21    22:46:29 2005
/dev/hda8    0 Wed Aug   24    23:01:24 2005
/dev/hda1    3 Fri Jul   29    22:52:20 2005
/dev/hda6    2 Fri Jul   29    23:01:32 2005
```

a. »Stellen Sie bitte mein Heimatverzeichnis (/usr/home/clements) im Zustand von vor einigen Tagen wieder her. Anscheinend habe ich den gesamten Code meines letzten Projekts verloren.«

b. »Ich habe auf meinem Rechner khaya versehentlich sudo rm -rf /* ausgeführt. Können Sie bitte alle Dateisysteme aus den letzten Sicherungen wiederherstellen?«

c. »Alle MP3-Dateien, die ich während des letzten Monats von BitTorrent gesammelt habe, sind weg. Sie waren unter /tmp/mp3/ abgelegt. Können Sie sie bitte für mich wiederherstellen?«

☆ 4. Entwerfen Sie einen Backup-Plan für die folgenden Szenarien. Gehen Sie davon aus, dass alle Computer eine 100 GB Festplatte und lokal gespeicherte Heimatverzeichnisse der Benutzer haben. Wählen Sie ein Sicherungsgerät, das zwischen Kosten und Unterstützungsanforderungen ausgleicht und erläutern Sie Ihren Gedankengang. Listen Sie alle getroffenen Annahmen auf.

a. Eine Forschungseinrichtung hat 50 Rechner. Jeder Computer enthält eine Menge Daten, die sich häufig ändern.

b. Ein kleines Softwareunternehmen verfügt über 10 Computer. Der Quellcode wird auf einem zentralen Server mit 500 GB Festplattenplatz abgelegt. Der Quellcode ändert sich während des Tages. Die Heimatverzeichnisse der Benutzer ändern sich nicht sehr oft. Die Kosten sind nicht so bedeutsam und die Sicherheit ist von äußerster Wichtigkeit.

c. Ein Heimnetzwerk besteht aus zwei Rechnern. Die Kosten sind der wichtigste Punkt.

☆ 5. Entwerfen Sie für jede vorhin aufgeführte Situation eine Wiederherstellungsstrategie.

☆ 6. Umreißen Sie die Schritte, die Sie für einen sicheren rdump über einen sicheren SSH-Tunnel unternehmen.

★★ 7. Schreiben Sie Bacula-Konfigurationsbefehle, die die Backup-Pläne aus Übung 4. implementieren.

10 Syslog und Protokolldateien

System-Daemons, der Kernel und verschiedene Hilfsprogramme produzieren ständig Daten, die protokolliert und letztendlich auf Festplatten mit begrenzter Speicherkapazität gesichert werden. Die meisten dieser Daten sind nur eine bestimmte Zeit lang nützlich und müssen zusammengefasst, komprimiert, archiviert und schließlich entsorgt werden.

10.1 Protokollierungsverfahren

Welches Protokollierungsverfahren angewendet wird, ist von Unternehmen zu Unternehmen verschieden, in der Regel kommen aber folgende Methoden zum Einsatz:

- Alle Protokolldateien umgehend verwerfen
- Protokolldateien in regelmäßigen Abständen zurücksetzen
- Protokolldateien zyklisch wiederverwenden und für einen bestimmten Zeitraum aufbewahren
- Protokolldateien komprimieren und auf Band oder anderen dauerhaften Speichermedien archivieren

Welches dieser Verfahren sich am besten für Ihr Unternehmen eignet, hängt davon ab, wie viel Festplattenspeicher Sie zur Verfügung haben und wie hoch Ihr Sicherheitsbedürfnis ist. Selbst Systeme mit ausreichendem Festplattenspeicher müssen irgendwie mit der stetig wachsenden Menge von Protokolldateien fertig werden.

Unabhängig davon, für welche Methode Sie sich entscheiden, sollten Sie die Wartung der Protokolldateien mithilfe von cron automatisieren. Mehr zum Thema cron lesen Sie in Kapitel 8, »Periodische Prozesse«.

10.1.1 Protokolldateien verwerfen

Es ist nicht ratsam, alle Protokollinformationen zu verwerfen. Bei Unternehmen mit potenziellen Sicherheitsproblemen zeigt sich immer wieder, dass Protokolldateien wertvolle Hinweise auf mögliche Hackerangriffe geben können. Außerdem können sie helfen, mögliche Hard- und Softwareprobleme aufzuspüren. Wenn Sie also über genügend Festplattenspeicher verfügen, empfiehlt es sich, die Daten im Allgemeinen wenigstens einen Monat lang aufzubewahren. In der Praxis kann es nämlich so lange dauern, bis Sie einen möglichen Angriff von außen bemerken und daraufhin Ihre Protokolldateien überprüfen. Falls Sie weiter zurückliegende Daten einsehen müssen, können Sie ältere Protokolldateien aus den Datensicherungen wiederherstellen.

Manche Administratoren lassen ihre Protokolldateien bis auf eine gerade noch vertretbare Größe anwachsen und fangen dann wieder bei Null an. Diese Vorgehensweise ist besser, als überhaupt keine Daten zu speichern, gewährleistet aber auch nicht, dass Protokolleinträge für eine bestimmte Dauer aufbewahrt werden. Auch wird hierbei möglicherweise im Schnitt mehr Festplattenspeicher benötigt als bei anderen Methoden.

In seltenen Fällen kann ein Unternehmen zu dem Schluss kommen, dass einzelne Protokolldateien eher gegen die Firma eingesetzt werden können, als dass sie einem sinnvollen Zweck dienen. Die Protokolldaten werden dann wahrscheinlich mehrere Wochen lang aufbewahrt, doch es wird sichergestellt, dass die Dateien nicht auf permanente Datenträger gesichert werden. Ein typisches Beispiel: Microsoft wurde in der letzten Zeit in mehr als einem Gerichtsverfahren bezichtigt, Verwaltungsrichtlinien für Protokolldateien und E-Mails zu befolgen, die Daten zerstören. Die Kläger behaupten, dass Microsofts Richtlinien zur Datenaufbewahrung Beweise zerstören, ungeachtet der Tatsache, dass die Löschungen (oder zumindest die Löschrichtlinien) der jeweilgen Gerichtsklage vorausgingen. Leider ist es noch zu früh, um voraussagen zu können, wie die Gerichte in dieser Sache entscheiden werden[1]. In den USA wurden kürzlich durch das Sarbanes-Oxley-Gesetz neue Vorgaben zur Datenaufzeichnung festgelegt (siehe Abschnitt 30.12).

10.1.2 Rotation von Protokolldateien

Es ist gängige (aber nicht allgemein gültige) Praxis, die Protokolldateien einer Woche oder eines Monats in einer eigenen Datei zu speichern. Die periodisch aufgezeichneten Dateien werden für einen bestimmten Zeitraum aufbewahrt und dann wieder gelöscht. Es empfiehlt sich, für diesen Zweck eine eigene Festplattenpartition (/var/log) auf einem zentralen Hostrechner zu reservieren.

Am Ende jedes Rotationszeitraums benennt ein Skript oder Hilfsprogramm automatisch jede Datei um, damit ältere Daten ans Ende der Protokollkette verschoben werden. Wenn beispielsweise ein Protokoll logfile heißt, werden die Sicherungskopien z. B. logfile.1, logfile.2 usw. genannt. Bei einer wöchentlichen Rotation und einem Aufbewahrungszeitraum von acht Wochen gibt es dann eine Datei mit dem Namen logfile.8, aber keine mit dem Namen logfile.9. Jede Woche werden die Daten in logfile.8 mit denen aus logfile.7 überschrieben.

---

1 Hierzu sollte erwähnt werden, dass es zweifellos unangemessen ist, die relevanten E-Mails und Protokolldateien zu löschen, sobald ein Gerichtsverfahren bevorsteht (oder noch schlimmer, während es bereits im Gange ist). Nur eine explizite, fortlaufende Strategie der Nichtaufzeichnung von Daten hat Aussicht auf gesetzliche Billigung.

10.1 Protokollierungsverfahren

Um die mögliche Aufbewahrungszeit bei gleichem Platzbedarf zu verlängern, können Sie die Daten komprimieren, obgleich dies mit einem etwas größeren Aufwand verbunden ist. Mit `zgrep` können Sie in komprimierten Dateien suchen, ohne sie ständig entpacken zu müssen.

Angenommen, eine Datei muss wöchentlich votiert werden und Sie möchten ihren Inhalt drei Wochen lang archivieren (um das Beispiel kurz zu halten). Mit dem folgenden Skript implementieren Sie eine angemessene Rotationsstrategie:

```
#!/bin/sh
cd /var/log
mv logfile.2 logfile.3
mv logfile.1 logfile.2
mv logfile logfile.1
cat /dev/null > logfile
chmod 600 logfile
```

Für einige Protokolldateien sind Besitzinformationen wichtig. Möglicherweise müssen Sie das Rotationsskript von `cron` aus als Besitzer der Protokolldatei ausführen, anstatt als `root` oder ein `chown`-Kommando in die Sequenz einfügen.

Die meisten Linux-Distributionen (einschließlich aller Beispiele in diesem Buch) enthalten ein sehr nützliches Rotationshilfsprogramm namens `logrotate`, das wir weiter hinten in Abschnitt 10.3 beschreiben. Es zu nutzen, ist sehr viel einfacher (und zuverlässiger), als ein eigenes Skript zu schreiben, daher lohnt es sich, es zu suchen und zu installieren, falls es in Ihrer Distribution nicht enthalten ist.

Manche Anwender bezeichnen Protokolldateien mit dem Datum, anstatt mit einer laufenden Nummer (z. B. `logfile.tues` oder `logfile.2005.04.01`). Dieses System ist ein wenig schwerer zu implementieren, doch der Aufwand kann sich lohnen, wenn Sie häufig auf ältere Protokolldateien zugreifen müssen. Die Einrichtung in Perl ist sehr viel unkomplizierter als in `sh`. Ein nützliches Kommando, das keinerlei Programmierung erfordert, ist das Folgende:

```
mv logfile logfile.$(date +%Y.%m.%d)
```

Dieses Verfahren hat außerdem den Vorteil, dass sich die Protokolldateien mit `ls` chronologisch ordnen lassen. (In Verbindung mit der Option `-t` ordnet `ls` die Dateien chronologisch nach dem Zeitpunkt der letzten Änderung in jedem Verzeichnis, doch es ist natürlich schöner, wenn die Dateien von selbst in der richtigen Reihenfolge sortiert werden.)

Bei einigen Daemons sind die Protokolldateien immer geöffnet. Aufgrund der Funktionsweise des Dateisystems funktioniert das oben gezeigte einfache Skript bei solchen Daemons nicht. Statt in die neu erstellte Datei `logfile` werden neue Protokolldaten weiterhin in die Datei `logfile.1` geschrieben; der aktive Verweis auf die Originaldatei besteht weiter, selbst nachdem die Datei umbenannt wurde. Um eine neue Protokolldatei zu installieren, müssen Sie dem Daemon entweder ein Signal schicken oder ihn abbrechen und neu starten. Jedes Programm verhält sich in Bezug auf die Protokollierung anders. Werfen Sie einen Blick in das entsprechende Kapitel dieses Buchs (oder Ihrer Anleitung), um herauszufinden, welche Prozeduren jeweils notwendig sind.

Das folgende, detailliertere Beispiel verwendet sowohl Komprimierung als auch Signale:

```
#!/bin/sh
cd /var/log
mv logfile.2.gz logfile.3.gz
mv logfile.1.gz logfile.2.gz
mv logfile logfile.1
cat /dev/null > logfile
chmod 600 logfile
kill -signal pid
gzip logfile.1
```

signal steht für das entsprechende Signal an das Programm, das die Protokolldatei schreibt; *pid* steht für seine Prozess-ID. Das Signal kann hartkodiert werden, doch Sie müssen die Prozess-ID des Daemons dynamisch ermitteln, entweder durch Lesen einer Datei, die der Daemon zurückgelassen hat (z. B. /var/run/syslogd.pid, siehe unten), oder durch Verwendung der killall-Variante des Kommandos kill, mit deren Hilfe die Prozess-ID aus der Prozesstabelle ausgelesen werden kann. So ist z. B. das Kommando

```
killall -e -HUP syslogd
```

identisch mit dem Folgenden:

```
kill -HUP $(cat /var/run/syslogd.pid)
```

10.1.3 Protokolldateien archivieren

Sofern Sie es nicht explizit vermeiden wollen, eine nachvollziehbare Dokumentation zu hinterlassen, sollten Sie Ihre Protokolldateien immer in Ihre reguläre Backup-Sequenz mit einbeziehen. Da Protokolldateien wichtige Informationen für das Untersuchen von Sicherheitsproblemen enthalten, sollten sie so häufig gesichert werden, wie es Ihr Backup-Zeitplan erlaubt. Da Protokolldateien sich ständig ändern, repräsentieren sie einen bedeutenden Teil der bei inkrementellen Backups gespeicherten Systeminformationen. Behalten Sie beim Aufstellen Ihrer Protokollierungs- und Backup-Strategien stets deren gegenseitige Interaktion im Hinterkopf.

Tipp

Weitere Informationen zum Thema Backups finden Sie in Kapitel 9.

Neben der Sicherung in den regulären Backups können Protokolldateien auch auf einer Reihe separater Speichermedien archiviert werden. Separate Medien sind zwar unhandlicher, verursachen jedoch weniger Dokumentationsaufwand. Außerdem können Sie Ihre Backup-Medien möglicherweise besser wiederverwenden. Bei separaten Speichermedien empfiehlt sich das tar-Format sowie der Einsatz eines Skripts zur Automatisierung des Protokolldatei-Backups.

10.2 Linux-Protokolldateien

Traditionelle UNIX-Systeme werden oft wegen ihres inkonsistenten und sogar ein wenig bizarr anmutenden Ansatzes hinsichtlich der Protokollierung kritisiert. Zum Glück haben Linux-Systeme hier im Allgemeinen eine etwas vernünftigere Herangehensweise, obwohl jede Distribution ihre eigene Methode für das Benennen und Aufteilen der Protokolldateien aufweist. Die meisten Linux-Pakete senden ihre Protokolldaten jedoch an Dateien im Verzeichnis /var/log, bei manchen Distributionen werden einige Protokolle auch unter /var/adm gespeichert.

Die meisten Programme senden ihre Protokolleinträge zu einem zentralen Clearing-System namens syslog, das wir später in diesem Kapitel behandeln. Die standardmäßige syslog-Konfiguration legt die meisten dieser Meldungen irgendwo im Verzeichnis /var/log ab. Prüfen Sie die syslog-Konfigurationsdatei /etc/syslog.conf, um den genauen Speicherort herauszufinden.

Tipp

Das Format der Datei syslog.conf wird in Abschnitt 10.4.2 beschrieben.

In Tabelle 10.1 finden Sie Informationen über einige der gängigsten Protokolldateien unserer Beispieldistributionen. Im Einzelnen werden folgende Punkte aufgelistet:

- Die Protokolldateien, die archiviert, zusammengefasst oder abgeschnitten werden sollen
- Das Programm, das die jeweiligen Dateien erzeugt
- Ein Hinweis darauf, wie jeder Dateiname festgelegt wird
- Die empfohlene Cleanup-Häufigkeit
- Die Distributionen (unter unseren Beispielen), die die Protokolldatei verwenden
- Eine Beschreibung der Dateiinhalte

Die Dateinamen beziehen sich auf das Verzeichnis /var/log, sofern nicht anders angegeben.

Datei	Programm	Ort[a]	Häufigkeit[a]	Distribution[a]	Inhalt
auth.log	su usw. [b]	S	M	DU	Autorisierungen
apache2/*	httpd Version 2	F	T	SDU	Apache-HTTP-Server-Protokolle (v2)
boot.log	rc-Skripte	F [c]	M	RF	Ausgabe von Systemstart-Skripten
boot.msg	Kernel	H	-	S	Backup des Kernelmeldungspuffers
cron	cron	S	W	RF	cron-Jobs und -Fehlermeldungen
cups/*	CUPS	C	W	alle	Druckerbezogene Meldungen (CUPS)
daemon.log	Verschiedene	S	W	DU	Alle Meldungen von Daemon-Kategorien
debug	Verschiedene	S	T	DU	Debugging-Ausgabe
dmesg	Kernel	H	-	RFDU	Backup des Kernelmeldungspuffers
dpkg.log	dpkg	F	M	DU	Paketverwaltungsprotokoll
faillog	login	H	W	SDU	Nicht erfolgreiche Anmeldeversuche
httpd/logs/*	httpd	F	T	RF	Apache-HTTP-Server-Protokolle
kern.log	Kernel	S	W	DU	Alle Meldungen der Kern-Kategorie
lastlog	login	H	–	alle	Letzte Anmeldung je Benutzer (binär)
mail*	E-Mail-spezifisch	S	W	alle	Alle Meldungen von Mail-Kategorien
messages	Verschiedene	S	W	alle	Oftmals die Hauptsystemprotokolldatei
rpmpkgs	cron.daily/rpm	H	T	RF	Liste installierter RPM-Pakete
samba/*	smbd usw.	C	W	–	Samba (Windows/CIFS-Datenfreigabe)

Tabelle 10.1: Die gängigsten Protokolldateien

10.2 Linux-Protokolldateien

Datei	Programm	Ort[a]	Häufigkeit[a]	Distribution[a]	Inhalt
secure	sshd, sudo usw.	S	M	RF	Private Autorisierungsmeldungen
syslog	Verschiedene	S	W	DU	Oftmals die Hauptsystemprotokolldatei
warn	Verschiedene	S	W	S	Alle Meldungen der Ebene Warnung/Fehler
wtmp	login	H	M	all	Anmeldeaufzeichnungen (binär)
Xorg.n.log	Xorg	F	W	RFS	X Window-Server-Fehler
yum.log	yum	F	M	RF	Paketverwaltungsprotokoll

Tabelle 10.1: Die gängigsten Protokolldateien (Forts.)

a) *Ort:* S = syslog, H = hartkodiert, F = Konfigurationsdatei
   Häufigkeit: T = Täglich, W = Wöchentlich, M = Monatlich
   Distribution: R = Red Hat Enterprise Linux, F = Fedora, D = Debian, S = SUSE, U = Ubuntu
b) passwd, login *und* shutdown *schreiben auch in das Autorisierungsprotokoll, das bei Red Hat- und Fedora-Systemen unter* var/adm *liegt.*
c) *Protokolliert eigentlich durch syslog, doch Hilfsprogramm und Ebene werden in* /etc/initlog.conf *konfiguriert.*

Der Buchstabe in der Spalte *Ort* zeigt an, wie die Protokolldatei spezifiziert wird: **S** steht für Programme, die syslog verwenden, **F** für Programme, die eine Konfigurationsdatei nutzen, und **H** weist darauf hin, dass der Dateiname hartkodiert ist. Die Spalte *Häufigkeit* zeigt die empfohlene Cleanup-Häufigkeit an, die Spalte *Distribution* listet die Distributionen auf, für die die jeweiligen Einträge gelten.

In der Regel ist der Besitzer von Protokolldateien root, obwohl die Konventionen für Besitz und Modus der Protokolldateien bei den einzelnen Distributionen leicht voneinander abweichen. Unserer Ansicht nach empfiehlt es sich in den meisten Fällen, den Modus 600 (Lese- und Schreibrechte nur für den Besitzer) auf Protokolldateien anzuwenden, da ihre Inhalte von potenziellem Nutzen für Hacker sein können. Wenn Ihre Benutzer relativ anspruchsvoll sind, können sie von der Möglichkeit profitieren, die Protokolle zu prüfen. In diesem Fall ist es sinnvoll, die Schreib-/Leserechte für einen Teil der Protokolldateien auszuweiten.

Ein weiterer sinnvoller Kompromiss ist es, für den Gruppenbesitzer der Protokolldateien eine Gruppe anzugeben, die Sie zuvor eigens für diesen Zweck angelegt haben, und so die Dateien für eine Gruppe lesbar machen. Sie können dann die lokalen Systemadministratoren zu dieser Gruppe hinzufügen, sodass sie Protokolldateien ohne den Einsatz von sudo überprüfen können. Diese Maßnahme ist vor allem dann nützlich, wenn es in Ihrem Unternehmen Junior-Systemadministratoren gibt, die keine vollen sudo-Rechte haben.

Zumindest sollten die Dateien secure, auth.log und sudo.log für Unbefugte tabu sein. Übertragen Sie die Schreibrechte für Protokolldateien grundsätzlich nur dem Besitzer.

Es gilt zu beachten, dass zwar viele der Protokolldateien aus Tabelle 10.1 von syslog verwaltet werden, die standardmäßigen syslog-Konfigurationen der einzelnen Systeme sich aber stark voneinander unterscheiden. Eine konsistentere Datei /etc/syslog.conf würde zu einheitlicheren Protokolldateien bei den einzelnen Linux-Distributionen beitragen.

10.2.1 Besondere Protokolldateien

Die meisten Protokolldateien sind Textdateien, in die etwas geschrieben wird, sobald »interessante« Ereignisse auftreten. Einige der in Tabelle 10.1 aufgelisteten Protokolle haben jedoch einen völlig anderen Kontext.

Die Datei /var/log/wtmp enthält Aufzeichnungen über alle Benutzeran- und -abmeldungen sowie darüber, wann das System neu gestartet oder heruntergefahren wurde. Hierbei handelt es sich um eine ganz typische Protokolldatei, bei der neue Einträge einfach am Ende hinzugefügt werden; die Datei wird jedoch im Binärformat verwaltet. Mit dem Kommando last können Sie die enthaltenen Informationen dekodieren. Da wtmp naturgemäß keine Größenbeschränkung hat, sollte die Datei trotz ihres ungewöhnlichen Formats wie jede andere Protokolldatei regelmäßig wiederverwendet oder abgeschnitten werden.

Die Datei /var/log/lastlog enthält ähnliche Informationen wie /var/log/wtmp, zeichnet jedoch nur den Zeitpunkt der letzten Anmeldung eines jeden Benutzers auf. Es handelt sich dabei um eine binäre UID-indizierte Datei mit geringer Dichte. Sie können ihren Umfang reduzieren, wenn Sie die UIDs in numerischer Reihenfolge zuordnen, doch darüber müssen Sie sich in der Praxis wahrscheinlich kaum den Kopf zerbrechen. Die Datei lastlog muss nicht per Rotationsverfahren wiederverwendet werden, da ihre Größe konstant bleibt, sofern sich keine neuen Benutzer anmelden.

Tipp

Weitere Informationen zu Dateien mit geringer Dichte finden Sie in der Fußnote in Abschnitt 9.3.1.

10.2.2 Kernel- und Bootprotokollierung

Im Hinblick auf die Protokollierung stellen die Skripte für den Kernel- und Systemstart eine besondere Herausforderung dar. Beim Kernel besteht das Problem darin, eine permanente Aufzeichnung des Bootvorgangs und des Kernelbetriebs zu erreichen, und zwar unabhängig von einzelnen Dateisystemen oder der Organisation der Dateisysteme. Bei den Systemstartskripten liegt die Schwierigkeit darin, die Startprozedur fortlaufend zu protokollieren, ohne irgendeinen der System-Daemons permanent an eine Systemstartprotokolldatei zu binden, Konflikte mit der Protokollierung anderer Programme zu verursachen oder die Startskripte mit Doppeleinträgen oder Ausgabeumleitungen zu überfrachten.

Bei der Kernelprotokollierung speichert der Kernel seine Protokolleinträge in einem internen Puffer von begrenzter Größe, der jedoch groß genug ist, um die Meldungen über alle Bootaktivitäten des Kernels unterzubringen. Sobald das System hochgefahren ist, greift ein Benutzerprozess auf den Protokollpuffer des Kernels zu und nimmt eine endgültige Speicherung der Inhalte vor. Bei den meisten Linux-Distributionen geschieht das durch Ausführen des Kommandos dmesg und Umleiten der Ausgabe in /var/log/dmesg (RHEL, Fedora, Debian und Ubuntu) oder in /var/log/boot.msg (SUSE). Hier finden Sie auch Einzelheiten über den aktuellen Boot-Zyklus.

Die fortlaufende Protokollierung des Kernels wird durch den Daemon klogd ausgeführt, der einen Großteil der Funktionen von dmesg umfasst; neben dem Backup des Kernelprotokolls kann er auch Meldungen aus dem Kernelpuffer sofort bei deren Erstellung lesen und sie an eine Datei oder an syslog weitergeben. Bei normalem Betrieb läuft klogd in diesem zuletzt genannten Modus. Syslog verarbeitet die Meldungen aufgrund der Anweisungen für die »Kern«-Einrichtung (üblicherweise werden sie an /var/log/messages gesendet).

Die Startskripte der Beispieldistributionen verwenden beim ersten Backup der Protokollmeldungen nicht das dmesg-Flag -c, sodass der Kernelmeldungspuffer zwar gelesen, aber nicht zurückgesetzt wird. Wenn der Daemon klogd dann gestartet wird, findet er dieselben Meldungen vor, auf die dmesg im Puffer gestoßen ist, und gibt sie an syslog weiter. Aus diesem Grund tauchen einige Einträge sowohl in dmesg als auch boot.msg sowie in einer anderen, von syslog verwalteten Datei wie /var/log/messages auf.

Ein weiterer wichtiger Punkt bei der Kernelprotokollierung ist die ordnungsgemäße Verwaltung der Systemkonsole. Während des Systemstarts ist es wichtig, dass alle Ausgaben in die Konsole geschrieben werden. Ist das System jedoch erst hochgefahren und betriebsbereit, sind Meldungen in der Konsole unter Umständen eher ärgerlich als hilfreich, vor allem dann, wenn sie für Anmeldezwecke genutzt wird.

Sowohl mit dmesg als auch mit klogd lässt sich durch ein Kommandozeilen-Flag der Protokollierungsgrad der Kernelkonsole festlegen, z. B. wie folgt:

```
$ sudo dmesg -n 2
```

Grad 7 ist am umfangreichsten und umfasst Fehlerbehebungsinformationen, Grad 1 enthält dagegen nur Panikmeldungen (je niedriger der Grad, desto schwerwiegender die Meldungen). Alle Kernelmeldungen werden weiterhin zum zentralen Puffer (und zu syslog) gegeben, unabhängig davon, ob sie zur Konsole weitergeleitet werden oder nicht.

Der Kernel stellt im Verzeichnis /proc/sys einige Steuerdateien bereit, um Unmengen von wiederholten Protokollmeldungen bereits im Keim zu ersticken. Mehr über den allgemeinen Mechanismus für das Einstellen von Kernelparametern erfahren Sie in Abschnitt 28.4. Die erste dieser Steuerdateien ist /proc/sys/kernel/printk_ratelimit, die festlegt, wie viele Sekunden zwischen den einzelnen Kernelmeldungen mindestens verstreichen müssen, sobald der Steuermechanismus aktiviert wurde (Standard 5); die zweite ist /proc/sys/kernel/printk_ratelimit_burst, die festsetzt, wie viele gruppierte Meldungen durchgelassen werden, bevor der Steuermechanismus aktiviert wird (Standard 10). Diese Parameter dienen lediglich als Richtlinie und bieten daher keine absolute Garantie für die Eindämmung großer Mengen von Meldungen.

Leider ist die Protokollierung für die Systemstartskripte nicht so gut durchorganisiert wie die Kernelprotokollierung. Red Hat Enterprise Linux verwendet das Kommando initlog, um die Ausgabe von Startbefehlen zu erfassen und an syslog weiterzuleiten. Unglücklicherweise muss initlog explizit erwähnt werden, wann immer ein Kommando ausgeführt wird, was die ganze Sache etwas komplexer macht. Die Meldungen landen schließlich in /var/log/boot.log.

Die anderen Beispielsysteme machen sich nicht die Mühe, den Verlauf der Ausgabe der Startskripte einheitlich festzuhalten. Einige Informationen werden von einzelnen Kommandos und Daemons protokolliert, doch viele werden gar nicht aufgezeichnet.

Fedora verwendete früher dasselbe initlog-System wie Red Hat, doch die Kommandos zum Versenden von Protokolleinträgen wurden in den Startdateien auskommentiert. Zum Glück gibt es aber eine zentrale Bibliothek mit Hilfsprogrammfunktionen, /etc/init.dfunctions, wo Sie die initlog-Zeilen wieder aktivieren können.

10.3 logrotate: Protokolldateien verwalten

Das exzellente Hilfsprogramm logrotate von Erik Troan implementiert eine Reihe von Protokollverwaltungsverfahren und ist standardmäßig in allen Beispieldistributionen enthalten.

Eine logrotate-Konfigurationsdatei besteht aus einer Reihe von Spezifikationen für Gruppen von zu verwaltenden Protokolldateien. Optionen, die außerhalb des Kontexts einer Protokolldateispezifikation erscheinen (z.B. errors, rotate und weekly im folgenden Beispiel), gelten für alle folgenden Spezifikationen; sie können innerhalb der Spezifikation für eine bestimmte Protokolldatei überschrieben und auch später in der Datei neu festgelegt werden, um die Standardwerte anzupassen.

10.3 logrotate: Protokolldateien verwalten

Hier ein entsprechendes Beispiel, das die einzelnen Protokolldateien verarbeitet:

```
# Globale Optionen
errors errors@book.admin.com
rotate 5
weekly
# Definitionen und Optionen für die Protokolldatei-Rotation
/var/log/messages {
    postrotate
        /bin/kill -HUP `cat /var/run/syslogd.pid`
    endscript
}
/var/log/samba/*.log {
    notifempty
    copytruncate
    sharedscripts
    postrotate
        /bin/kill -HUP `cat /var/lock/samba/*.pid`
    endscript
}
```

Diese Konfiguration führt eine wöchentliche Rotation von /var/log/messages durch. Sie speichert fünf Versionen der Datei und benachrichtigt syslog bei jeder Zurücksetzung. Die Samba-Protokolldateien (von denen es mehrere geben kann) werden ebenfalls wöchentlich zyklisch wiederverwendet, doch anstatt sie umzubenennen und die Folge neu zu starten, werden sie kopiert und dann abgeschnitten. Die Samba-Daemons erhalten erst dann HUP-Signale, nachdem alle Protokolldateien durchlaufen sind.

Tabelle 10.2 listet die nützlichsten Optionen von lograte.conf auf.

Option	Bedeutung
compress	Komprimiert alle nicht aktuellen Versionen der Protokolldatei
daily, weekly, monthly	Tauscht die Protokolldateien nach einem festgelegten Zeitplan zyklisch aus
delaycompress	Komprimiert alle Versionen außer den jüngsten und zweitjüngsten
endscript	Kennzeichnet das Ende eines prerotate- oder postrotate-Skripts
errors emailaddr	Sendet Fehlerbenachrichtigungen an die als emailaddr angegebene E-Mail-Adresse
missingok	Verhindert Fehlermeldungen, wenn die Protokolldatei nicht existiert
notifempty	Verhindert, dass leere Protokolldateien in der Rotation verwendet werden

Tabelle 10.2: Die Optionen von logrotate

Option	Bedeutung
olddir *Verzeichnis*	Legt fest, dass ältere Versionen der Protokolldateien im angegebenen Verzeichnis platziert werden
postrotate	Führt ein Skript ein, das nach der Rotation des Protokolls ausgeführt wird
prerotate	Führt ein Skript ein, das vor der Durchführung von Änderungen ausgeführt wird
rotate *n*	Bezieht *n* Versionen des Protokolls in den Rotationsplan ein
sharedscripts	Führt Skripte nur einmal für die gesamte Protokollgruppe aus
size=*Protokolldateigröße*	Veranlasst die Rotation, wenn die Größe der Protokolldateien den angegebenen Wert übersteigt (z. B. 100K, 4M)

Tabelle 10.2: Die Optionen von logrotate (Forts.)

logrotate wird normalerweise einmal täglich mithilfe von cron ausgeführt. Die Standardkonfigurationsdatei ist /etc/logrotate.conf, es können jedoch mehrere Konfigurationsdateien (oder Verzeichnisse mit Konfigurationsdateien) in der Kommandozeile von logrotate auftauchen. Diese Eigenschaft findet effektiven Einsatz in unseren Beispieldistributionen, die jeweils /etc/logrotate.d als Standardverzeichnis für die Konfigurationsdateien von logrotate definieren. Softwarepakete, die logrotate berücksichtigen (und davon gibt es eine ganze Reihe), können im Rahmen des Installationsvorgangs Protokollverwaltungsanweisungen geben, was die Verwaltung immens vereinfacht.

Neben logrotate bieten Debian und Ubuntu noch ein einfacheres Programm namens savelog, das die Rotation einzelner Dateien steuert. Es ist ein wenig unkomplizierter als logrotate und verwendet (bzw. benötigt) keine Konfigurationsdatei. Einige Pakete ziehen ihre eigenen savelog-Konfigurationen gegenüber logrotate vor.

10.4 Syslog: Die Systemereignisprotokollierung

Syslog, das ursprünglich von Eric Allman geschrieben wurde, ist ein umfassendes Protokollierungssystem und hat zwei Hauptfunktionen: Einerseits soll es den Programmierer vom langwierigen Prozess der Protokolldateierstellung befreien und andererseits dem Administrator mehr Kontrolle über die Protokollierung verschaffen. Bevor es syslog gab, konnte jedes Programm seine eigene Protokollierungsstrategie anwenden und Systemadministratoren hatten keine Kontrolle darüber, welche Informationen aufbewahrt bzw. wo sie gespeichert wurden.

Syslog ist recht flexibel; es ermöglicht die Sortierung von Meldungen nach Quelle und Priorität (»Schweregrad«) sowie ihre Weiterleitung an verschiedene Zielorte: Protokolldateien, Benutzerterminals oder sogar andere Computer. Eine der wertvollsten Eigenschaften von Syslog ist die Möglichkeit der zentralisierten Protokollierung innerhalb eines Netzwerks.

10.4.1 Alternativen zu Syslog

 Obwohl syslog unter UNIX und Linux lange Zeit das führende Protokollierungssystem war, wurden mit der Zeit verschiedene Alternativen entwickelt, die darauf abzielten, einige der Mängel von syslog zu beheben. Eine davon, syslog-ng (Syslog Next Generation), wird inzwischen standardmäßig bei SUSE-Systemen eingesetzt. Hinsichtlich der Konfiguration unterscheidet sich syslog-ng deutlich vom ursprünglichen syslog, jedoch werden wir im Rahmen dieses Buchs nicht im Detail darauf eingehen. syslog-ng ist unter *www.balabit.com* erhältlich, falls Sie es auf anderen Systemen als SUSE ausprobieren möchten.

Syslog-ng bietet zusätzliche Konfigurationseinrichtungen, eine auf Meldungsinhalten basierende Filterung, Meldungsintegrität sowie bessere Unterstützung von Firewall-Einschränkungen für das Senden von Meldungen über das Netzwerk.

Bei SDSC Secure Syslog (erstellt vom San Diego Supercomputing Center) handelt es sich um ein besonders leistungsfähiges syslog, das durch die Unterstützung neuer syslog-Spezifikationen (RFC 3195) ein äußerst zuverlässiges Überwachungssystem bietet. Es wurde für Systeme mit hoher Auslastung entworfen und enthält eine Reihe von Leistungsverbesserungen. Der Quellcode kann unter *sourceforge.net/projects/sdsc-syslog* heruntergeladen werden.

10.4.2 Architektur von Syslog

Syslog besteht aus drei Teilen:

- `syslogd`, der Protokollierungsdaemon (zusammen mit der Konfigurationsdatei `/etc/syslog.conf`)
- `openlog` und andere; Bibliotheksroutinen, die Meldungen an `syslogd` senden
- `logger`, ein Kommando, das Protokolleinträge aus der Shell versendet

In den folgenden Abschnitten behandeln wir zunächst die Konfiguration von `syslogd` und zeigen Ihnen danach kurz, wie Sie syslog aus Perl-Skripten heraus verwenden.

syslogd wird während des Bootvorgangs gestartet und läuft ab da kontinuierlich; es lässt sich nicht mithilfe von `inetd` steuern. Programme, die syslog berücksichtigen, schreiben Protokolleinträge (mithilfe der syslog-Bibliotheksroutine) in die dafür vorgesehene Datei `/dev/log`, einem UNIX-Domänen-Socket. syslogd liest die Meldungen aus dieser Datei, konsultiert seine Konfigurationsdatei und sendet dann jede Meldung zum entsprechenden Zielort.

Ein Hangup-Signal (HUP, Signal 1) veranlasst `syslogd` dazu, seine Protokolldateien zu schließen, seine Konfigurationsdatei abermals zu lesen und erneut mit der Protokollierung zu beginnen. Falls Sie die Datei `/etc/syslog.conf` modifizieren, müssen Sie ein Hangup-Signal an `syslogd` senden, damit die Änderungen wirksam werden. Ein TERM-Signal veranlasst `syslogd` zum Abbruch.

syslogd schreibt seine Prozess-ID in die Datei /var/run/syslogd.pid. Diese Konvention erleichtert das Senden von Signalen an syslogd aus einem Skript heraus. So sendet z. B. das folgende Kommando ein Hangup-Signal:

```
# kill -HUP `/bin/cat /var/run/syslogd.pid`
```

Der Versuch, eine Protokolldatei zu komprimieren oder zyklisch zu tauschen, in die syslogd gerade hineinschreibt, ist keinesfalls zu empfehlen und kann unvorhersehbare Folgen haben. Stattdessen sollten Sie lieber das alte Protokoll beiseite legen, ein neues mit denselben Besitzern und Berechtigungen anlegen und dann ein HUP-Signal an syslogd senden. Diese Prozedur lässt sich leicht mithilfe von logrotate umsetzen (ein Beispiel finden Sie in Abschnitt 10.3).

10.4.3 syslogd konfigurieren

Die Konfigurationsdatei /etc/syslog.conf steuert das Verhalten von syslogd und ist eine Textdatei von relativ einfachem Format. Leere Zeilen und Zeilen mit einem Nummernzeichen (#) in Spalte eins werden ignoriert. Das grundlegende Format sieht folgendermaßen aus:

selektor `<Tab>` *aktion*

So sorgt beispielsweise die folgende Zeile dafür, dass Meldungen des E-Mail-Systems in der Datei /var/log/maillog gespeichert werden:

```
mail.info       /var/log/maillog
```

Der Selektor steht für das Programm (»Kategorie«), das eine Protokollmeldung sowie deren Schweregrad mit der folgenden Syntax sendet:

kategorie.schweregrad

Sowohl der Name der Kategorie als auch der Schweregrad müssen aus einer kurzen Liste mit vorgegebenen Werten ausgewählt werden; die Programme können keine eigenen Vorgaben verwenden. Die Kategorien werden für den Kernel, allgemeine Hilfsprogrammgruppen und lokal geschriebene Programme definiert. Alles andere wird der generischen Kategorie »User« zugeordnet.

Ein Selektor darf die besonderen Schlüsselwörter * (alles) und none (nichts) sowie mehrere durch Komma getrennte Kategorien umfassen, außerdem können mehrere Selektoren durch Semikolons getrennt aneinandergereiht und so miteinander kombiniert werden.

```
kategorie.grad                          aktion
kategorie1.kategorie2.grad      aktion
kategorie1.grad1;kategorie2.grad2 aktion
*.grad                                  aktion
*.grad;unerwünschte_kategorie.none      aktion
```

10.4 Syslog: Die Systemereignisprotokollierung

Tabelle 10.3 listet die gültigen Kategorien auf, derzeit gibt es 21.

Kategorie	Programm, das die Kategorie nutzt
a)	Alle Kategorien außer »mark«
auth	Sicherheits- und autorisierungsspezifische Kommandos
authpriv	Vertrauliche/private Autorisierungsmeldungen[a]
cron	cron-Daemon
daemon	System-Daemons
ftp	FTP-Daemon, ftpd
kern	Kernel
local0-7	Acht Arten von lokalen Meldungen
lpr	Das Spooling-System des Zeilendruckers
mail	Sendmail und andere E-Mail-spezifische Software
mark	In regelmäßigen Abständen generierte Zeitstempel
news	Usenet-Nachrichtensystem
syslog	Interne Meldungen von syslogd
user	Benutzerprozesse (der Standardwert, wenn nicht festgelegt)
uucp	Veraltet, zu ignorieren

Tabelle 10.3: Kategorien von Syslog

a) *Tatsächlich sind alle autorisierungsspezifischen Meldungen vertraulich. Weder* authpriv- *noch* auth- *Meldungen sollten frei lesbar sein.*

syslogd selbst erzeugt Zeitstempelmeldungen, die protokolliert werden, sobald die Kategorie mark in syslog.conf auftaucht, um einen Zielort für diese Meldungen festzulegen. Mithilfe von Zeitstempeln können Sie den Zeitpunkt eines möglichen Computerabsturzes genauer eingrenzen, z. B. zwischen 03:00 Uhr und 03:20 Uhr (und nicht »irgendwann letzte Nacht«). Eine solche Information kann von großem Nutzen sein, wenn Sie regelmäßig auftretende Probleme untersuchen und beheben wollen (etwa »mysteriöse Abstürze«, die immer dann auftreten, wenn spät abends die Putzfrau ihren Staubsauger anschließt und dabei versehentlich die Schutzschalter betätigt).

Wenn Ihr System ziemlich ausgelastet ist, bieten oft auch andere Meldungen ausreichende Zeitstempelinformationen, doch gerade in den frühen Morgenstunden ist das nicht immer der Fall.

Tabelle 10.4 enthält eine Liste der Schweregrade von syslog, nach Priorität in absteigender Reihenfolge geordnet.

Grad	Ungefähre Bedeutung
emerg	Paniksituationen
alert	Dringende Situationen
crit	Kritische Bedingungen
err	Andere Fehlerbedingungen
warning	Warnmeldungen
notice	Untersuchungswürdige Ereignisse
info	Informationsmeldungen
debug	Ausschließlich zur Fehlerbehebung

Tabelle 10.4: Schweregrade von syslog (nach Priorität in absteigender Reihenfolge)

Der Schweregrad einer Meldung entscheidet über ihre Priorität. Die Unterscheidung zwischen den verschiedenen Graden ist nicht immer einfach. Während der Unterschied zwischen notice und warning (und zwischen warning und err) klar sein dürfte, sind die Grenzen zwischen alert und crit in vielen Fällen sicherlich fließend. Tabelle 10.7 listet die spezifischen Grade auf, die von einer Reihe gängiger Programme verwendet werden.

In der Datei syslog.conf geben die Grade die *Mindest*priorität an, die eine Meldung haben muss, um protokolliert zu werden. So entspricht beispielsweise eine Meldung des Mailsystems mit dem Grad warning sowohl dem Selektor mail.warning als auch den Selektoren mail.info, mail.notice, mail.debug, *.warning, *.notice, *.info und *.debug. Wenn in syslog.conf festgelegt wurde, dass mail.info-Meldungen in einer Datei protokolliert werden, so gilt das automatisch auch für mail.warning-Meldungen.

In der Linux-Version von syslog können zur Verfeinerung der grundlegenden Syntax noch die Zeichen = (nur diese Priorität) und ! (außer dieser Priorität und höher) vor die Prioritätsgrade gesetzt werden. Tabelle 10.5 enthält einige Beispiele.

Selektor	Bedeutung
mail.info	Mail-spezifische Meldungen der Priorität info und höher
mail.=info	Nur Meldungen mit der Priorität info
mail.info;mail.!err	Nur Prioriäten info, notice und warning
mail.debug;mail.!=warning	Alle Prioritäten außer warning

Tabelle 10.5: Beispiele für Prioritätsgrad-Abfragekriterien in syslog.conf

Das Feld *Aktion* besagt, wie mit einer Meldung verfahren wird; die entsprechenden Optionen finden Sie in Tabelle 10.6.

10.4 Syslog: Die Systemereignisprotokollierung

Aktion	Bedeutung
`filename`	Hängt die Meldung an eine Datei auf dem lokalen Rechner an
`@hostname`	Leitet die Meldung an `syslogd` auf dem unter `hostname` angegebenen Host-Rechner weiter
`@ipaddress`	Leitet die Meldung an `syslogd` auf dem Host-Rechner mit der unter `ipaddress` angegebenen IP-Adresse weiter
`fifoname`	Schreibt die Meldung in die benannte Pipe `fifoname`[a]
`user1,user2,…`	Gibt die Meldung auf dem Monitor der Benutzer aus, sofern diese angemeldet sind
`*`	Gibt die Meldung an alle Benutzer aus, die gerade angemeldet sind

Tabelle 10.6: Aktionen von syslog

a) *Weitere Informationen finden Sie unter* `info mkfifo`.

Wird eine `filename`- (oder `fifoname`)-Aktion verwendet, sollte der Name als absoluter Pfad angegeben werden. Existiert der angegebene Dateiname nicht, erstellt `syslogd` die Datei, sobald erstmals eine Meldung an sie weitergeleitet wird.[2] Sie können einer `filename`-Aktion einen Bindestrich voranstellen, um anzugeben, dass `sync` nicht nach jedem Protokolleintrag auf das Dateisystem angewendet werden soll. Die Anwendung von `sync` kann einerseits im Falle eines Absturzes helfen, so viele Protokollinformationen wie möglich zu erhalten, jedoch andererseits bei stark ausgelasteten Protokolldateien auf Kosten der Systemleistung gehen.

Falls anstelle einer IP-Adresse ein Hostname (`hostname`) verwendet wird, so muss dieser durch einen Übersetzungsmechanismus wie DNS oder NIS auflösbar sein.

Obwohl mehrere Kategorien und Grade innerhalb eines Selektors erlaubt sind, gibt es keine Vorkehrung für mehrere Aktionen. Um eine Meldung an zwei Zielorte zu senden (etwa an eine lokale Datei und an einen zentralen Protokollhost), müssen Sie in der Konfigurationsdatei zwei Zeilen mit demselben Selektor einfügen.

Da syslog-Meldungen zu Denial-of-Service-Angriffen genutzt werden können, akzeptiert `syslogd` keine Protokollmeldungen von anderen Rechnern, sofern es nicht mit der Option `-r` gestartet wird. `syslogd` lehnt es außerdem standardmäßig ab, als dritte Instanz bei der Weiterleitung von Meldungen zu fungieren; Meldungen, die von einem Netzwerkhost eintreffen, können nicht an einen anderen weitergesendet werden. Mithilfe der Option `-h` können Sie dieses Verhalten außer Kraft setzen. (Sollen diese Optionen die ganze Zeit über aktiviert sein, müssen sie unter RHEL und Fedora in `/etc/sysconfig/syslog` und unter Debian und Ubuntu in `/etc/init.d/sysklogd` eingefügt werden.)

---

2 *Beachten Sie, dass dieses Verhalten das genaue Gegenteil der ursprünglichen syslog-Implementierung darstellt, die eine Erstellung der Datei im Vorfeld erforderte.*

10.4.4 Ein passendes Protokollierungsverfahren entwerfen

In einem kleinen Unternehmen ist es in der Regel ausreichend, die Protokollierung so einzurichten, dass wichtige Systemfehler und -warnungen in einer Datei auf jedem Computer gespeichert werden, ähnlich wie es vor den Zeiten von syslog gehandhabt wurde. Die Datei syslog.conf kann für jeden Host unabhängig konfiguriert werden.

Innerhalb eines großen Netzwerks hingegen ist eine zentralisierte Protokollierung unerlässlich, da durch sie die Flut von Informationen leichter zu verwalten ist und Überwachungsdaten für Unbefugte und Eindringlinge unzugänglich gemacht werden. Hacker verändern oft Systemprotokolle, um ihre Spuren zu verwischen; je schneller also neue Protokollinformationen aus der Reichweite von Hackern gebracht werden, desto schwerer ist es, sie zu zerstören. Ihre systemübergreifende Firewall sollte es nicht erlauben, dass externe Systeme Meldungen an syslogd senden können.

Bedenken Sie, dass jeder syslog aufrufen und die Protokolleinträge eines beliebigen Daemons oder Hilfsprogramms fälschen kann. Syslog verwendet außerdem das UDP-Protokoll, dessen Zuverlässigkeit nicht garantiert ist; Meldungen können verloren gehen.

Wählen Sie einen stabilen Rechner als Protokollierungsserver, vorzugsweise einen gut abgesicherten mit wenigen Benutzeranmeldungen. Andere Computer können eine generische syslog-Konfigurationsdatei verwenden, die an einem zentralen Ort aufbewahrt wird; auf diese Weise müssen nur zwei Versionen von syslog.conf verwaltet werden. Dieser Ansatz erlaubt eine vollständige Protokollierung ohne allzu großen Verwaltungsaufwand.

Tipp

Einzelheiten über das Verteilen von Dateien innerhalb eines Netzwerks lesen Sie in Kapitel 17.

Um maximale Sicherheit zu gewährleisten, sollte der syslog-Server innerhalb des Netzwerks durch eine Firewall geschützt werden, sodass Verbindungen lediglich über den syslog-Port hergestellt werden bzw. nur autorisierte Hosts Verbindungen aufbauen können. Je nach persönlichem Sicherheitsempfinden, können eventuell auch SSH-Verbindungen von den Computern der Administratoren aus zugelassen werden, um das Überprüfen der Protokolle zu erleichtern.

In sehr großen Unternehmen ist es unter Umständen sinnvoll, die Protokollierungshierarchie um zusätzliche Grade zu erweitern. Leider speichert syslog den Namen des Ursprungshosts nur für einen einzigen Schritt. Sendet beispielsweise der Host »Client« einige Protokolleinträge an den Host »Server«, der sie wiederum an den Host »Master« weitergibt, so stammen die Daten für »Master« nicht von »Client«, sondern von »Server«.

10.4.5 Beispiele für die Konfigurationsdatei

Die syslog-Konfiguration ist einer der Bereiche, in dem sich die verschiedenen Linux-Distributionen erheblich voneinander unterscheiden. Da eine syslog.conf-Datei relativ einfach zu lesen ist, werden wir die Konfigurationsdateien der Beispieldistributionen nicht im Detail durchgehen; sie sind alle recht überschaubar. Stattdessen werfen wir einen Blick auf einige gängige Protokollierungskonfigurationen, die interessant sein können, falls Sie sich entschließen, von den Standardeinstellungen Ihres Systems abzuweichen oder sie zu erweitern.

Die folgenden drei Beispiele für syslog.conf-Dateien beziehen sich auf einen Einzelcomputer innerhalb eines kleinen Netzwerks, einen Clientrechner innerhalb eines größeren Netzwerks und einen zentralen Protokollhost (netloghost genannt[3]) in demselben großen Netzwerk.

Einzelcomputer

Eine grundlegende Konfiguration für einen Einzelcomputer sieht folgendermaßen aus:

```
# syslog.conf-Datei für kleine Netzwerke oder Einzelcomputer
# Warnmeldungen: allen angemeldeten Benutzern mitteilen
*.emerg         *
#  wichtige Meldungen
*.warning;daemon,auth.info;user.none    /var/log/messages
#  Druckerfehler
lpr.debug       /var/log/lpd-errs
```

Die erste nicht kommentierte Zeile gibt Warnmeldungen auf den Monitoren aller gerade angemeldeten Benutzer aus. Warnmeldungen dieser Art werden beispielsweise durch shutdown erzeugt, kurz bevor das System heruntergefahren wird.

Die zweite Zeile schreibt wichtige Meldungen in /var/log/messages. Der Grad info liegt unterhalb von warning, weshalb die Klausel daemon.auth.info zusätzliche Protokolleinträge von passwd, su und Daemon-Programmen umfasst. Die dritte Zeile schreibt Druckerfehler-Meldungen in /var/log/lpd-errs.

Netzwerkclient

Ein Netzwerkclient leitet wichtige Meldungen in der Regel an einen zentralen Protokollierungsrechner weiter:

---

[3] Genauer gesagt verwendet er netloghost als einen seiner Hostnamen-Aliase. Dadurch lässt sich die Identität des Loghosts mit geringem Konfigurationsaufwand ändern. Ein Alias kann in /etc/hosts hinzugefügt oder mit einem CNAME-Eintrag in DNS eingerichtet werden. Weitere Informationen über CNAME-DNS-Einträge finden Sie in Kapitel 15.

```
# syslog.conf-Datei für Netzwerkclients
# Warnmeldungen: allen angemeldeten Benutzern mitteilen
*.emerg;user.none         *
# Wichtige Meldungen an zentralen Loghost senden
*.warning;lpr,local1.none            @netloghost
daemon,auth.info                     @netloghost
# Einige lokale Dateien an zentralen Loghost senden
local2.info;local7.debug             @netloghost
# Druckerfehler lokal verwalten
lpr.debug                            /var/log/lpd-errs
# sudo protokolliert in local2 - auch hier eine Kopie behalten
local2.info                          /var/log/sudo.log
# Kernelmeldungen lokal verwalten
kern.info                            /var/log/kern.log
```

Diese Konfiguration verwaltet nicht sehr viele Protokollinformationen lokal. Beachten Sie, dass die Protokollmeldungen unwiederbringlich verloren sind, wenn netloghost heruntergefahren oder nicht erreichbar ist. Sie sollten daher von wichtigen Meldungen stets Kopien auf dem lokalen Rechner speichern.

Sind auf dem Rechner viele lokale Programme installiert, kann es passieren, dass eine Menge Meldungen fälschlicherweise unter der Kategorie user und dem Grad emerg protokolliert werden. In diesem Beispiel wurde user/emerg mit der Klausel user.none in der ersten Zeile explizit ausgeschlossen.

Die zweite und dritte Zeile sorgen dafür, dass alle wichtigen Meldungen zum zentralen Protokollhost weitergeleitet werden; Meldungen vom Druckersystem und vom systemweiten Kartenzugriffssystem (local1) werden explizit ausgeschlossen. Durch die Angaben in Zeile 4 wird ein Teil der lokalen Protokollinformationen ebenfalls an netloghost gesendet. Die letzten drei Einträge führen dazu, dass Kopien von Druckerfehlern, sudo- und Kernelmeldungen lokal aufbewahrt werden.

Tipp

Mehr über sudo lesen Sie in Abschnitt 3.4.2.

Zentraler Loghost

Das folgende Beispiel bezieht sich auf netloghost, den zentralen, sicheren Protokollhost für ein mittelgroßes Netzwerk mit ca. 7.000 Hostrechnern.

10.4 Syslog: Die Systemereignisprotokollierung

```
# syslog.conf-Datei für den zentralen Protokollhost
# Warnmeldungen mit Zeitangabe an die Konsole und die Protokolldatei senden
*.emerg         /dev/console
*.err;kern,mark.debug;auth.notice        /dev/console
*.err;kern,mark.debug;user.none       /var/log/console.log
auth.notice     /var/log/console.log
# Andere Meldungen an die normalen Protokolldateien senden
*.err;user.none;kern.debug      /var/log/messages
daemon,auth.notice;mail.crit      /var/log/messages
lpr.debug       /var/log/lpd-errs
mail.debug      /var/log/mail.log
# Lokale Autorisierungseinrichtungen wie sudo und npasswd
local2.debug    /var/log/sudo.log
local2.alert    /var/log/sudo-errs.log
auth.info       /var/log/auth.log
# Andere lokale Kategorien
local4.notice   /var/log/da.log
local7.debug    /var/log/tcp.log
# Benutzereinrichtungen (Standard, wenn keine Kategorie festgelegt wurde)
user.info       /var/log/user.log
```

Meldungen, die von lokalen Programmen sowie syslogds innerhalb des Netzwerks eingehen, werden in Protokolldateien geschrieben. In einigen Fällen werden die Ausgaben der einzelnen Kategorien jeweils in einer eigenen Datei gespeichert.

Der zentrale Protokollhost erzeugt für jede Meldung, während sie geschrieben wird, einen Zeitstempel, der jedoch nicht die Zeit des Ursprungshosts widerspiegelt. Falls sich Ihre Computer in unterschiedlichen Zeitzonen befinden oder die Systemuhren nicht synchronisiert sind, können Zeitstempel ein wenig irreführend sein.

10.4.6 Beispielausgabe von Syslog

Das folgende Beispiel zeigt einen Auszug aus einer der Protokolldateien des syslog-Masterhosts in der Abteilung für Computerwissenschaften der Universität von Colorado.

```
Dec 18 15:12:42 av18.cs.colorado.edu sbatchd[495]: sbatchd/main: ls_info() failed:
    LIM is down; try later; trying …
Dec 18 15:14:28 proxy-1.cs.colorado.edu pop-proxy[27283]: Connection from
    128.138.198.84
Dec 18 15:14:30 mroe.cs.colorado.edu pingem[271]: maltese-office.cs.colorado.edu has
    not answered 42 times
Dec 18 15:15:05 schwarz.cs.colorado.edu vmunix: Multiple softerrors: Seen 100
    Corrected Softerrors from SIMM J0201
Dec 18 15:15:16 coyote.cs.colorado.edu PAM_unix[17405]: (sshd) session closed for
    user trent
Dec 18 15:15:48 proxy-1.cs.colorado.edu pop-proxy[27285]: Connection from
    12.2.209.183
Dec 18 15:15:50 av18.cs.colorado.edu last message repeated 100 times
```

Dieses Beispiel enthält Einträge von verschiedenen Hostrechnern (`av18`, `proxy-1`, `schwarz`, `mroe` und `coyote`) und Programmen: `sbatchd`, `pop-proxy`, `pingem` sowie die Bibliothek Pluggable Authentication Modules.

Beachten Sie die letzte Zeile, in der angemerkt wird, dass eine Meldung 100 Mal wiederholt wurde. Um die Protokolle zu verkürzen, versucht syslog im Allgemeinen, doppelte Meldungen zusammenzufügen und sie durch eine Zusammenfassung dieser Art zu ersetzen. Allerdings akzeptiert der Rechner, von dem dieses Beispiel stammt, auch Protokolleinträge von vielen anderen Hosts. Insofern ist diese Meldung ein wenig irreführend, da sie sich eigentlich auf den vorherigen Protokolleintrag von `av18` bezieht und nicht auf den Eintrag, der diesem im zusammenfassenden Protokoll unmittelbar vorausgeht.

Es empfiehlt sich, die Protokolldateien regelmäßig durchzugehen. Versuchen Sie, den Normalzustand zu ermitteln, sodass Sie leichter erkennen können, wenn Ungereimtheiten auftreten. Am besten richten Sie dazu einen Protokoll-Postprozessor wie `swatch` ein, der solche Fälle automatisch aufzeichnet (lesen Sie dazu den Abschnitt 10.5).

10.4.7 Nutzung von Syslog

In Tabelle 10.7 finden Sie einige Programme aufgelistet, die syslog verwenden, die Kategorien und Grade, die sie für die Protokollierung nutzen, sowie eine kurze Beschreibung zu jedem Programm.

Programm	Kategorie	Grad	Beschreibung
cron	cron, daemon	info	Daemon für Aufgabenzeitpläne
cups	lpr	info-err	Allgemeines UNIX-Druckersystem
ftpd	ftp	debug-crit	FTP-Daemon (wu-ftpd)
inetd	daemon	warning, err	Internet-Super-Daemon (Debian)
imapd	mail	info-alert	IMAP-Mail-Server
login	authpriv	info-err	Anmeldeprogramme
lpd	lpr	info-err	BSD-Drucker-system
named	daemon	info-err	Namensserver (DNS)
ntpd	daemon, user	info-crit	Netzwerkzeit-Daemon
passwd	auth	notice, warning	Programm zur Passwortfestlegung
popper	local0	debug, notice	POP3-Mail-Server
sendmail	mail	debug-alert	Mail-Transportsystem
ssh	auth	info	Secure Shell (Remot-Logins)
su	auth	notice, crit	Wechselt UIDs

Tabelle 10.7: Programme, die syslog verwenden

10.4 Syslog: Die Systemereignisprotokollierung

Programm	Kategorie	Grad	Beschreibung
sudo	local2	notice, alert	Begrenztes su-Programm
syslogd	syslog, mark	info-err	Interne Fehler, Zeitstempel
tcpd	local7	debug-err	TCP-Wrapper für inetd
vmlinuz	kern	*alle*	Kernel
xinetd	*konfigurierbar*	info (Standard)	Variante von inetd (Red Hat, SUSE)

Tabelle 10.7: Programme, die syslog verwenden (Forts.)

Eigentlich sollte es mithilfe dieser Informationen ein Leichtes sein, zu entscheiden, welche Meldungen aufbewahrt werden sollten und welche nicht. Vielleicht aber auch nicht, denn in der Praxis müssen Sie nach und nach herausfinden, welche Protokollierungsgrade am geeignetsten für Ihr System sind. Am besten protokollieren Sie anfangs so viel wie möglich und filtern dann allmählich die Fälle heraus, die Sie nicht benötigen, bis Sie schließlich mit der durchschnittlichen Datenrate zufrieden sind.

10.4.8 Syslog debuggen

Das Kommando logger eignet sich für das Senden von Protokolleinträgen aus Shell-Skripten; es lässt sich aber auch einsetzen, um Änderungen in der Konfigurationsdatei von syslogd zu testen. So können Sie beispielsweise prüfen, ob die gerade eingefügte Zeile

```
local5.warning          /tmp/evi.log
```

funktioniert, indem Sie das folgende Kommando ausführen:

```
$ logger -p local5.warning "testmeldung"
```

Eine Zeile mit dem Inhalt »testmeldung« sollte in /tmp/evi.log geschrieben werden. Ist das nicht der Fall, haben Sie möglicherweise vergessen, ein Hangup-Signal an syslogd zu senden.

Gehen Sie mit Bedacht vor, wenn Sie Protokolle in die Konsole /dev/console oder ein beliebiges Pseudo-Terminal oder einen Port mit Flusssteuerung schreiben. Hat jemand Strg+S in die Konsole eingegeben, wird die Ausgabe gestoppt. Jeder Aufruf von syslog blockiert das System, sodass sich dessen Geschwindigkeit auf Schneckentempo reduziert. Um festzustellen, ob ein solcher Zustand vorliegt, senden Sie einfach mit logger eine syslog-Meldung an die Konsole. Kommt es dabei zu Hängern, müssen Sie den blockierenden Port ausfindig machen, Strg+Q drücken und Ihre Protokollierungsstrategie überdenken.

Ein weiterer Nachteil der Protokollierung in der Konsole besteht darin, dass die durch ein größeres Problem verursachte Flut von Meldungen die Konsole genau in dem Moment unbrauchbar machen kann, wenn sie am dringendsten benötigt wird. Bei bestimmten Arten von Frame-Puffern mit nicht optimierten Konsolentreibern können große Mengen von Meldungen unter Umständen das gesamte System lahm legen.

Je nachdem, wie Ihre Konsole konfiguriert ist und verwaltet wird (z. B. durch einen Konsolentreiber), kann die Konsolenprotokollierung außerdem Sicherheitsprobleme mit sich bringen.

10.4.9 Syslog aus Programmen heraus verwenden

Die Bibliotheksroutinen `openlog`, `syslog` und `closelog` ermöglichen Programmen die Nutzung des syslog-Systems. Versionen dieser Routinen sind für C, Perl, Python und PHP erhältlich, wir beschreiben hier aber nur die Perl-Schnittstelle.

Um die Definitionen der Bibliotheksroutinen zu importieren, fügen Sie im Kopf des Perl-Skripts folgende Zeile ein:

```
use Sys::Syslog;
```

Die Routine `openlog` initialisiert die Protokollierung unter Verwendung des entsprechenden Kategorienamens:

```
openlog(ident, logopt, kategorie);
```

Die Meldungen werden mit den durch *logopt* festgelegen Optionen protokolliert und beginnen mit der Identifizierungszeichenfolge *ident*. Wird `openlog` nicht verwendet, entspricht *ident* standardmäßig dem aktuellen Benutzernamen, *logopt* einer leeren Zeichenfolge und *einrichtung* der Angabe user. Die Zeichenfolge unter *logopt* sollte eine durch Komma getrennte Auflistung von Optionen aus Tabelle 10.8 enthalten.

Option	Bedeutung
pid	Einfügen der PID des aktuellen Prozesses in jede Protokollmeldung
ndelay	Sofortige Verbindung mit syslog (und nicht erst wenn eine Nachricht ansteht)
cons	Senden der Meldungen an die Systemkonsole, falls syslogd nicht erreichbar ist
nowait	Keine für das Schreiben von Konsolenmeldungen gestarteten Kindprozesse abwarten (`wait(3)`)

Tabelle 10.8: Protokollierungsoptionen für die Routine openlog

Ein sinnvoller Aufruf von `openlog` ist folgendes Beispiel:

```
openlog("adminscript", "pid,cons", "local4");
```

10.4 Syslog: Die Systemereignisprotokollierung

Die Routine `syslog` sendet eine Meldung an `syslogd`, die sie dann mit der festgelegten Priorität protokolliert:

`syslog(priorität, meldung, …);`

Datum, Uhrzeit, Hostname und *ident*-Zeichenfolge des `openlog`-Aufrufs werden der Meldung in der Protokolldatei vorangestellt. Auf *meldung* können verschiedene Parameter folgen, die dazu dienen, eine Ausgabespezifikation im Stil von `printf` festzulegen, und Text sowie Inhalte anderer Variablen enthalten können – z. B. wie folgt:

`syslog("info", "Delivery to '%s' failed after %d attempts.", $user, $nAttempts);`

Das Symbol %m wird zu einer aus dem aktuellen Wert von `errno` (dem aktuellen Fehlercode) abgeleiteten Fehlermeldung erweitert.

Eine Prioritätenzeichenfolge im Format *grad | einrichtung* legt sowohl Schweregrad als auch Kategorienamen fest. Haben Sie `openlog` nicht aufgerufen und keine *ident*-Zeichenfolge festgelegt, überprüft die `syslog`-Routine auch, ob *meldung* das Format einer Standardfehlermeldung wie die Folgende aufweist:

`adminscript: User "nobody" not found in /etc/passwd file.`

Ist das der Fall, wird der Teil vor dem Doppelpunkt als *ident*-Zeichenfolge übernommen. Diese hilfreichen (aber undokumentierten) Eigenschaften machen es unnötig, `openlog` überhaupt aufzurufen; dennoch ist es keine schlechte Idee, es trotzdem zu tun, denn es ist besser, den Kategorienamen an einer einzigen Stelle festzulegen (im `openlog`-Aufruf), als ihn im Code ständig wiederholen zu müssen.

Die Routine `closelog` schließt den Protokollierungskanal:

`closelog ();`

Diese Routine müssen Sie aufrufen, wenn Sie den Protokollierungskanal mit anderen Optionen neu öffnen möchten. Es entspricht den allgemeinen Konventionen, `closelog` aufzurufen, wenn ein Programm abgebrochen wird, es ist jedoch nicht zwingend nötig.

Hier ein vollständiges Beispiel:

```
use Sys::Syslog;
openlog("adminscript", "cons,pid", "user");
syslog("warning", "Diejenigen, denen die Götter nicht wohlgesonnen sind, lehren sie
zuerst Basic.");
closelog();
Dieses Skript produziert den folgenden Protokolleintrag (191 steht für die PID von
adminscript):
Dec 28 22:56:24 moet.colorado.edu adminscript[191]: Diejenigen, denen die Götter
nicht wohlgesonnen sind, lehren sie zuerst Basic.
```

10.5 Protokolldateien auf nützliche Informationen reduzieren

Syslog eignet sich hervorragend zum Sortieren und Weiterleiten von Protokollmeldungen, dennoch bleibt am Ende immer ein ganzes Bündel von Protokolldateien übrig. Zwar enthalten diese alle möglichen nützlichen Informationen, doch im Falle von Fehlfunktionen müssen Sie sich die relevanten Hinweise schon selbst daraus zusammensuchen. Es muss also eine zusätzliche Software her, die das Analysieren von Protokollen übernimmt und sicherstellt, dass wichtige Meldungen nicht unter den Tisch fallen.

Es gibt eine Reihe kostenloser Tools für diesen Zweck und die meisten sind sich in ihrer Funktionsweise recht ähnlich – sie überprüfen aktuelle Protokolleinträge, vergleichen sie mit einer Datenbank regulärer Ausdrücke, verarbeiten die wichtigen Meldungen und geben dabei dem Anwender ein entsprechendes Feedback, z. B. per E-Mail, audio-visuell oder mit mehrfarbigen Ausdrucken. Die einzelnen Programme unterscheiden sich hauptsächlich hinsichtlich ihrer Flexibilität sowie in der Größe ihrer vorgegebenen Musterdatenbanken.

Zwei der am weitesten verbreiteten Protokoll-Postprozessoren sind swatch von Todd Atkins und logcheck von Craig Rowland. Beide sind unter *sourceforge.net* erhältlich (logcheck enthält zusätzlich das Paket sentrytools: *sourceforge.net/projects/sentrytools*).

swatch ist ein Perl-Skript, das seine Anweisungen aus einer Konfigurationsdatei bezieht. Die Konfigurationssyntax ist relativ flexibel und bietet auch Zugriff auf die gesamten Musterabgleich-Funktionen von Perl. Obwohl swatch eine ganze Datei auf einen Streich verarbeiten kann, ist es in erster Linie für den ständigen Betrieb gedacht, sodass es neue Meldungen sofort bei Eingang überprüfen kann, ähnlich wie das Kommando tail -f. Ein Nachteil des Programms ist, dass Sie Ihre eigene Konfiguration praktisch von Grund auf aufbauen müssen, da es nicht auf spezielle Systeme und die darin erzeugten Protokolldateien ausgerichtet ist.

Bei logcheck handelt es sich um ein einfacheres, in sh geschriebenes Skript. Die Distribution umfasst auch ein C-Programm, mit dessen Hilfe logcheck vermerkt, wo genau es sich gerade innerhalb einer Protokolldatei befindet. Somit weiß die Software immer, bis zu welcher Stelle sie eine Protokolldatei bereits gelesen hat, weshalb es vermutlich seltener zum Verlust von Meldungen beim Starten oder Herunterfahren des Systems kommt. Darüber hinaus kann logcheck in bestimmten Abständen mithilfe von cron ausgeführt werden und muss nicht ständig laufen.

logcheck enthält Beispieldatenbanken für verschiedene Versionen von UNIX und Linux. Selbst wenn Sie das eigentliche Skript nicht nutzen möchten, lohnt sich eventuell ein Blick auf die Muster, um zu sehen, ob Sie etwas davon für den eigenen Bedarf gebrauchen können.

10.5 Protokolldateien auf nützliche Informationen reduzieren

Beide vorgestellten Tools haben den Nachteil, dass sie jeweils nur eine Datei bearbeiten können. Falls Ihre syslog-Konfiguration Meldungen in viele verschiedene Dateien aufteilt, ist es unter Umständen sinnvoll, einige Meldungen zu duplizieren und in einer zentralen Datei zusammenzuführen, die regelmäßig abgeschnitten wird, und diese zusammengefasste Datei dann in das Postprozess-Skript einzuspeisen. Das ist einfacher, als ein kompliziertes Netzwerk von Skripten zur Verarbeitung mehrerer Dateien einzurichten.

Ein weiteres erwähnenswertes Programm ist logwatch von Kirk Bauer. Seine Hauptfunktion besteht eher darin, Protokolle zusammenzufassen, als sie fortlaufend zu überwachen und Warnungen herauszugeben; dafür ist es relativ simpel. Es ist unter Fedora und Red Hat standardmäßig installiert und sowohl als RPM- als auch als APT-Paket erhältlich.

Eine andere Variante von Protokollverwaltungstools ist der Simple Event Correlator, kurz SEC. Dabei handelt es sich um ein Perl-Skript, das Zeilen aus Dateien, benannten Pipes oder Standardeingaben liest und sie in diverse Klassen von »Eingabeereignissen« konvertiert, indem es sie mit regulären Ausdrücken vergleicht. Konfigurationsregeln legen dann fest, wie die Eingabeereignisse in Ausgabeereignisse (z. B. die Ausführung eines bestimmten Skripts oder die Ausgabe einer Meldung an eine bestimmte Pipe) umgewandelt werden sollen.

Die SEC-Distribution ist unter *kodu.neti.ee/~risto/sec* erhältlich und enthält eine umfangreiche Anleitung mit Beispielen; weitere Beispiele finden Sie auf der Website. SEC ist im Gegensatz zu den anderen vorgestellten Tools weniger eine Software »von der Stange«, aber sie bildet eine gute Grundlage zum Aufbau eines maßgeschneiderten Analyseprogramms.

Unabhängig davon, welches System Sie zum Überprüfen von Protokolldateien einsetzen, gibt es eine Reihe von Punkten, auf die Sie stets achten und die Sie ggf. sofort dem Administrator mitteilen sollten:

- Die meisten sicherheitsrelevanten Meldungen sollten sofort überprüft werden. Es ist oftmals hilfreich, fehlgeschlagene Anmelde-, su- und sudo-Versuche zu überwachen, um potenziellen Angriffen von außen vorzubeugen. Wenn jemand lediglich sein Passwort vergessen hat (was meist der Fall ist), macht ein promptes, auf Eigeninitiative beruhendes Hilfsangebot immer einen guten Eindruck und bringt Ihnen nachhaltig den Ruf ein, hellsehen zu können.

- Meldungen über ausgelastete Festplatten sollten vermerkt und augenblicklich in Angriff genommen werden, da ein solcher Zustand laufende und nützliche Arbeiten unter Umständen zum Stillstand bringen kann.

- Meldungen, die immer wieder auftauchen, verdienen Aufmerksamkeit, selbst wenn es nur aus Gründen der Ordnung und Übersichtlichkeit ist.

10.6 Übungen

1. Was sind die Hauptgründe für das Aufbewahren alter Protokolldateien?
2. Was ist der Unterschied zwischen `lastlog` und `wtmp`? Welche Rotationsstrategie eignet sich dafür jeweils am besten?
3. Analysieren Sie die folgende `syslog.conf`-Zeile:

   ```
   *.notice;kern.debug;lpr.info;mail.crit;news.err    /var/log/messages
   ```

   Ist diese Angabe sinnvoll?
4. Durchsuchen Sie Ihre Protokolldateien nach Einträgen von `named`, dem DNS-Namensserver. Versuchen irgendwelche Ihrer Computer, die Domänendateien dynamisch zu aktualisieren? Funktioniert dieser Vorgang? (Erfordert möglicherweise `root`-Zugriff.)
5. ☆ Wo finden Sie das Bootprotokoll Ihres Rechners? Welche Probleme können die Protokollierung während des Bootvorgangs beeinträchtigen? Wie löst `klogd` diese Probleme?
6. ☆ Untersuchen Sie die Protokollierungsstrategie Ihres Systems einschließlich des Rotationsverfahrens. Wie viel Festplattenspeicher ist für die Protokollierung reserviert? Wie lange werden die Protokolldateien aufbewahrt? Gibt es Umstände, unter denen Ihre Strategie unzureichend wäre? Welche Lösung schlagen Sie für diesen Fall vor? (Erfordert `root`-Zugriff.)
7. ☆ Einige Protokollmeldungen sind äußerst wichtig und sollten sofort durch einen Administrator geprüft werden. Welches System können Sie einrichten, um dies sicherzustellen?
8. ☆ Schreiben Sie ein Programm oder Skript, das Meldungen an syslog mit der Kategorie `user` sendet. (Erfordert möglicherweise `root`-Zugriff.)

11 Software- und Konfigurationsverwaltung

Obwohl Linux-Distributionen immer umfangreicher und benutzerfreundlicher ausgestattet werden, hat die Konfigurationsverwaltung im Bereich der Administration immer noch einen hohen Stellenwert. Neben einfachen Standardinstallationen müssen Sie alle für Ihre Umgebung notwendigen und geeigneten Anpassungen vornehmen.

Administratoren haben üblicherweise folgende Aufgaben:

- Automatisierte Installation von Betriebssystemen auf mehreren Rechnern
- Anpassung des Systems an die örtlichen Gegebenheiten
- Einspielen von Patches und Aktualisieren des Systems
- Verwalten zusätzlicher Softwarepakete

Den Prozess, eine Standarddistribution seinen Bedürfnissen (und den örtlichen Richtlinien für Sicherheit, Verzeichnisstruktur und Netzwerktopologie) anzupassen, nennt man »Lokalisierung«. Dieses Kapitel erklärt einige Techniken und stellt Anwendungen vor, die das Installieren von Software erleichtern und die nötige Arbeit reduzieren.

11.1 Grundlegende Linux-Installation

Alle aktuellen Linux-Distributionen bieten einfache Methoden zur Installation an. Sie booten von CD-ROM oder Diskette, beantworten einige Fragen und geben an, welche Softwarepakete auf die Festplatte überspielt werden sollen. Die meisten Distributionen bieten außerdem gute Installationsanleitungen.

 Die Enterprise-Versionen von Red Hat enthalten ein Installationshandbuch in gedruckter Form. Es findet sich aber zusammen mit anderen Handbüchern auch im Internet unter: *www.redhat.com/docs/manuals*.

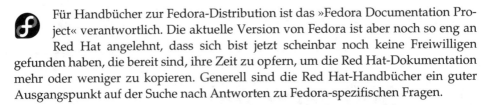 Für Handbücher zur Fedora-Distribution ist das »Fedora Documentation Project« verantwortlich. Die aktuelle Version von Fedora ist aber noch so eng an Red Hat angelehnt, dass sich bist jetzt scheinbar noch keine Freiwilligen gefunden haben, die bereit sind, ihre Zeit zu opfern, um die Red Hat-Dokumentation mehr oder weniger zu kopieren. Generell sind die Red Hat-Handbücher ein guter Ausgangspunkt auf der Suche nach Antworten zu Fedora-spezifischen Fragen.

 Das Komplettangebot von SUSE Linux Enterprise enthält ebenso Installationshandbücher. Online sind sie unter folgender Adresse erhältlich: *www.novell.com/documentation/suse.html*. Die entsprechenden openSUSE-Handbücher gibt es hier: *www.opensuse.org/Documentation*.

 Sie können das Debian-Installationshandbuch hier herunterladen: *www.debian.org/releases/stable/installmanual*.

 Ubuntu fasst die Installationsmöglichkeiten hier schön in Wiki-Form zusammen: *https://wiki.ubuntu.com/Installation*.

Müssen Sie das Betriebssystem auf mehr als einem Computer installieren, dann erreichen Sie schnell die Grenzen der interaktiven Installation. Zunächst einmal ist das Verfahren schlecht geeignet, um vielfach wiederholt zu werden. (Können Sie aus Hunderten von Softwarepaketen immer wieder exakt die gleiche Kombination wählen?) Sie können zwar einige grundsätzliche Fehler mit einer »Lokalisierungs-Checkliste« verhindern, aber auch diese Maßnahme kann nicht jedes erdenkliche Problem berücksichtigen. Abgesehen davon, ist die interaktive Installation sehr zeit- und arbeitsintensiv.

Die Installer unserer Beispieldistributionen lassen sich alle durch Skripte steuern. Eine weitere Möglichkeit ist es, eine Diskette oder CD-ROM zu erstellen, die die gewünschte Konfiguration enthält. Auf diese Weise lässt sich zwar das Problem der lästigen Wiederholungen vermeiden, aber es ist immer noch keine ideale Lösung. Wenn Sie das Betriebssystem auf Hunderten von Rechnern installieren, ist es sehr mühsam und langwierig, dafür Hunderte von Konfigurations-CDs zu erstellen und einzusetzen.

Es ist aber auch möglich, eine automatische Installation über ein Netzwerk vorzunehmen, und das ist normalerweise auch die bequemste Möglichkeit, wenn Hunderte oder sogar Tausende von Systemen aktualisiert werden sollen. Alle oben genannten Distributionen können über das Netzwerk installiert werden, allerdings benötigen Standarddistributionen etwas Konfigurationsarbeit, bevor der Installationsvorgang sauber abläuft.

Auch einige Open Source-Projekte arbeiten an Netzwerk-Installationsprogrammen, ein Beispiel ist SystemImager. Mehr dazu gibt es weiter hinten in diesem Kapitel.

11.1 Grundlegende Linux-Installation

11.1.1 PCs über das Netzwerk starten

Beim Starten eines PCs über das Netzwerk kommt man ganz ohne Festplatte, Diskette oder CD-ROM aus. Das ist bei Softwareinstallationen sehr bequem, denn es bedeutet, dass man an seinem Schreibtisch sitzen bleiben und einen Rechner an einem ganz anderen Ort starten kann, ohne irgendwo hingehen zu müssen, um dort ein physisch vorhandenes Bootmedium einzusetzen.

Während Hersteller bestimmter UNIX-Versionen das Starten über ein Netzwerk schon seit längerer Zeit ermöglichen, ist es für PCs erst seit kurzem zum Standard geworden.

Nachdem es jahrelang Hilfslösungen mit selbst angefertigten Boot-PROMS gab (*etherboot.sourceforge.net*), hat uns Intel jetzt den Gefallen getan, den PXE-Standard zu etablieren (Pre-boot eXecution Environment). PXE ist zwar nicht perfekt, aber ein Standard mit Schwächen ist besser als gar keiner (jedenfalls meistens).

PXE verhält sich wie ein Mini-Betriebssystem, das sich auf einem ROM-Chip auf der Netzwerkkarte befindet. Es bietet eine standardisierte API, mit deren Hilfe das System-BIOS auf die Netzwerkfähigkeiten der Karte zugreifen kann. Dadurch wird es möglich, Linux mit einem einfachen Bootlader über das Netzwerk zu starten, ohne dass für jede Netzwerkkarte ein eigener Treiber nötig ist.

Der netzwerkseitige Teil des PXE-Protokolls ist unkompliziert und benutzt ähnliche Abläufe wie andere Lösungen zum Starten über das Netzwerk. Der Host sendet die DHCP-Anforderung `discover` mit gesetzter PXE-Option als Broadcast, woraufhin der DHCP-Server oder Proxy mit einem DHCP-Paket antwortet, das die PXE-Optionen enthält (den Namen des Bootservers und die Bootdatei). Der Client lädt dann seine Bootdatei mittels TFTP (oder wahlweise multicast TFTP) und führt sie danach aus.

Tipp

In Abschnitt 12.9 erhalten Sie mehr Informationen zu DHCP.

Obwohl die PXE-Spezifikation nicht vollständig kompatibel mit dem generischen DHCP ist, bieten praktisch alle modernen DHCP-Server die Möglichkeit, über PXE zu booten.

Der Grad der PXE-Unterstützung in den Installationsprogrammen variiert zwischen den Distributionen. Da aber auf diesem Gebiet gerade eine lebhafte Entwicklung stattfindet, werden PXE-basierte Systeme zunehmend üblich. Es gibt zahlreiche Dokumentationen zu PXE, ein guter Ausgangspunkt ist das *Remote Boot HowTo*, erhältlich von *www.tdlp.org*.

11.1.2 PXE für Linux einrichten

Es gibt eine ganze Reihe von Netzwerk-Bootsystemen, die auf PXE basieren. Das zurzeit am besten funktionierende System ist Peter H. Anvins PXELINUX, Teil der SYSLINUX-Suite, die Bootlader für jede Gelegenheit enthält – zu finden unter *syslinux.zytor.com*.

PXELINUX enthält eine Bootdatei, die man in das Verzeichnis `tftpboot` seines Servers installiert und die dann vom startenden PC heruntergeladen wird, wenn PXE die Kontrolle übernimmt. Der PC führt daraufhin die Bootdatei aus und lädt die Konfigurationsdatei vom Server, in der festgelegt ist, welcher Kernel genutzt werden soll. Dieser Vorgang kann ganz automatisch ablaufen, ohne dass ein Eingreifen nötig wäre, auf Wunsch kann aber auch ein Bootmenü erstellt werden.

PXELINUX benutzt die PXE-API für seine Downloads und ist daher den ganzen Bootprozess hindurch hardwareunabhängig. Es ist nicht auf Linux beschränkt und kann auch andere Betriebssysteme starten. Mithilfe des MEMDISK-Kernels, der ebenfalls zum SYSLINUX-Paket gehört, kann sogar von Diskettenimages gebootet werden.

Serverseitig sollte darauf geachtet werden, den DHCP-Server von ISC (Internet Systems Consortium) zu benutzen. Wenn Sie einen anderen Server verwenden, müssen Sie entweder weitere DHCP-Einstellungen vornehmen oder numerische Entsprechungen in der Konfigurationsdatei angeben.

Kapitel 14 des *Red Hat Enterprise Linux 3 System Administration Guide* dreht sich ganz um PXE und das Booten über das Netzwerk. Finden können Sie es bei *www.redhat.com/docs/manuals*.

Bei RHELs freier Schwester Fedora erreichen Sie das grafische »Netboot Configuration System« durch Aufruf des Systembefehls `system-config-netboot`.

SUSE wird ohne PXE-Pakete geliefert, es lassen sich jedoch die von Red Hat nutzen. YaST kann auf einfache Weise dazu gebracht werden, mit PXE zu arbeiten, auch wenn eine solche Konfiguration offiziell nicht unterstützt wird.

Der Debian-Installer kann ohne Probleme über das Netzwerk gebootet werden; besorgen Sie sich dazu nur das »Netboot«-Kernelimage von *www.debian.org/devel/debian-installer*. Es gibt sogar ein Wiki mit Verweisen zu den wichtigsten Quellen: *wiki.debian.net/index.cgi?DebianInstallerNetbootPXE*.

Als dieses Buch geschrieben wurde, war der offizielle »Ubuntu Installation Guide« für Version 6.06 noch nicht fertig gestellt. Ein Entwurf kann/konnte zwischenzeitlich bei *doc.ubuntu.com* gefunden werden. Eine Kurzübersicht der Optionen bieten die Kapitel *Installation/Netboot* und *Installation/LocalNet* des allgemeinen Installations-Wikis: *https://wiki.ubuntu.com/Installation/Netboot*.

11.1.3 Nicht-PCs über das Netzwerk starten

PXE ist als Intel-Produkt auf IA-32- und IA-64-Hardware beschränkt. Andere Architekturen haben ihre eigenen Methoden, über das Netzwerk zu booten, und diese sind fast immer eleganter als PXE. Ein interessanter Nebeneffekt der »Netboot«-Geschichte ist, dass viele UNIX-Systeme inzwischen die Möglichkeit bieten, Linux anstatt ihres eigenen Betriebssystems zu starten.

Eine Betrachtung der vielen Unterschiede zwischen den Architekturen sprengt den Rahmen dieses Buches, aber eine ganze Reihe von Quellen im Web bieten Hilfe.

SPARC-Rechner und die meisten PowerPC-Modelle benutzen Open Firmware, mit dem sich leicht über das Netzwerk booten lässt (geben Sie `boot net` ein). Die Ultra-Linux-FAQ (*www.ultralinux.org*) enthält einen praktischen Leitfaden, um Linux auf SPARC-Prozessoren über das Netzwerk zu starten. Alpha-Rechner nutzen generell die SRM-Konsolen-Software zum Booten. Das *SRM HowTo* beschreibt dessen Nutzung. Bei Macs, RS/6000s und anderen PowerPC-Systemen hängt die Netzwerk-Bootprozedur sowohl von der Hardware als auch vom genutzten Bootlader ab, nachzulesen in der entsprechenden Bootlader-Dokumentation. AMD64-Rechner nutzen PXE genauso wie ihre x86-Geschwister.

11.1.4 Kickstart: Der automatisierte Installer für Enterprise Linux und Fedora

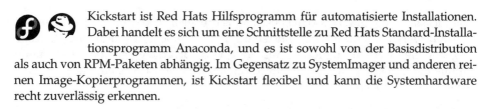

Kickstart ist Red Hats Hilfsprogramm für automatisierte Installationen. Dabei handelt es sich um eine Schnittstelle zu Red Hats Standard-Installationsprogramm Anaconda, und es ist sowohl von der Basisdistribution als auch von RPM-Paketen abhängig. Im Gegensatz zu SystemImager und anderen reinen Image-Kopierprogrammen, ist Kickstart flexibel und kann die Systemhardware recht zuverlässig erkennen.

Wenn in Ihrer Umgebung viel Lokalisierung nötig ist, dann können Sie ein Postinstallationsskript benutzen, um das System mit den örtlichen Gegebenheiten in Übereinstimmung zu bringen. Obwohl solche Skripte ihren Zweck erfüllen, neigen sie unserer Meinung nach dazu, mit der Zeit lang und wartungsunfreundlich zu werden. Eine andere Möglichkeit ist es, ein RPM-Paket zu erstellen, das die örtlichen Anpassungen enthält. Wir empfehlen diesen Weg. Er erleichtert die Versionsverwaltung, unterstützt spätere Aktualisierungen, bietet Unterstützung für Abhängigkeiten und alle anderen schönen Dinge, die ein Paketsystem mit sich bringt.

Eine Kickstart-Konfigurationsdatei einrichten

Das Verhalten von Kickstart wird von einer einzigen Konfigurationsdatei gesteuert, die im Allgemeinen `ks.cfg` heißt. Das Format dieser Datei ist unkompliziert. Für den Fall, dass Sie eine grafische Benutzeroberfläche bevorzugen, enthält Red Hat ein praktisches GUI-Tool. Es nennt sich `redhat-config-kickstart` in der Enterprise Version und `system-config-kickstart` bei Fedora und ermöglicht es, sich durch die `ks.cfg` zu klicken.[1]

Die `ks.cfg` ist auch recht leicht programmtechnisch zu erstellen. Angenommen, Sie wollen jeweils eine verschiedene Kombination von Paketen auf Server und Clients installieren und haben auch zwei Büros, die eine leicht unterschiedliche Anpassung erfordern. Sie können dann ein kleines Perl-Skript schreiben, das einen Mastersatz von Parametern benutzt, um die Konfigurationsdatei für die Server und Clients in jedem Büro zu erstellen. Ein Wechsel der Paketzusammenstellung erfordert dann nur eine Änderung dieses einen Perl-Skripts, anstatt jede Konfigurationsdatei bearbeiten zu müssen. Es kann sogar Fälle geben, in denen Sie eine eigene Konfigurationsdatei für jeden Host erstellen müssen. In dieser Situation werden Sie sicherlich die Dateien automatisch erstellen wollen.

Eine schöne Anleitung für Kickstart (mit einer Liste aller Optionen) kann in Abschnitt II des *The Red Hat Enterprise Linux System Administration Guide* gefunden werden. Es ist unter *www.redhat.com/docs/manuals* erhältlich.

Eine Warnung zur Kickstart-Konfigurationsdatei: Wenn Sie einen Fehler machen, besteht die Fehlerdiagnose aus einem unverständlichen Python-Traceback, der vielleicht mit etwas Glück eine versteckte Meldung enthalten kann, die Sie dann zum Fehler führt. Einer der Hauptvorteile von `redhat-config-kickstart` oder `system-config-kickstart` liegt darin, dass die erstellte Konfigurationsdatei wenigstens syntaktisch korrekt ist.

Eine Kickstart-Konfigurationsdatei besteht aus drei geordneten Teilen. Der erste Teil ist der Befehlsabschnitt, in dem Einstellungen wie Sprache, Tastatur und Zeitzone vorgenommen werden. In diesem Abschnitt wird auch die Quelle der Distribution mithilfe der Option `url` festgelegt (im folgenden Beispiel ist dies ein Host mit dem Namen `installserver`).

Hier ist ein Beispiel eines vollständigen Befehlsabschnitts:

```
text
lang de_DE.UTF-8      # lang is used during the installation...
langsupport de_DE.UTF-8   # ...and langsupport at run time.
keyboard de-latin1-nodeadkeys    # Use an American keyboard.
timezone --utc Europe/Berlin    # --utc means hardware clock is on UTC (GMT)
mouse
rootpw whatever
reboot    # Reboot after installation. Always a good idea.
bootloader --location=mbr    # Install default boot loader in the MBR.
install    # Install a new system instead of upgrading.
url --url http://installserver/redhat
```

---

[1] Anmerkung: Fedora hat alle `redhat-config-*`-Tools in `system-config-*` umbenannt. Diese Namensänderung ist Teil der Bemühungen, Fedora von der Marke Red Hat zu trennen, bedeutet aber (noch) keine zugrunde liegenden technischen Unterschiede.

11.1 Grundlegende Linux-Installation

```
clearpart --all --initlabel     # Clear all existing partitions
part / --fstype ext3 --size 4096
part swap --size 1024
part /var --fstype ext3 -size 1 --grow
network --bootproto dhcp
auth --useshadow --enablemd5
firewall --disabled
xconfig --defaultdesktop=GNOME --startxonboot --resolution 1280x1024 --depth 24
```

Kickstart benutzt standardmäßig eine grafische Oberfläche, die dem Ziel einer unbeaufsichtigten Installation entgegensteht. Das Schlüsselwort `text` ganz oben im Beispiel ändert das.

Die Option `rootpw` legt das neue `root`-Passwort des Rechners fest. Standardmäßig wird das Passwort in Klartext eingegeben, was ein nicht unerhebliches Sicherheitsrisiko darstellt. Sie können die Option `--isencrypted` benutzen, um ein bereits verschlüsseltes Passwort anzugeben, MD5-Passwörter werden allerdings nicht unterstützt.

Mit den Direktiven `clearpart` und `part` wird eine Liste von Festplattenpartitionen mit ihrer Größe angegeben. Sie können die Option `--grow` benutzen, um bei einer der Partitionen festzulegen, dass sie sich vergrößert, sodass sie den verbleibenden freien Platz auf der Festplatte ausfüllt. Diese Möglichkeit macht es einfach, Systeme mit unterschiedlichen Festplattengrößen in Einklang zu bringen.

Die zweite Sektion ist eine Liste der zu installierenden Pakete und beginnt mit der Direktive `%packages`. Diese Liste kann einzelne Pakete enthalten, Sammlungen wie zum Beispiel `@ GNOME` oder auch den Eintrag `@ Everything`, um alle verfügbaren Pakete zu installieren. Wenn einzelne Pakete ausgewählt werden, dann darf nur der Paketname angegeben werden, nicht die Version oder die Endung `.rpm`. Hier ist ein Beispiel:

```
%packages
@ Networked Workstation
@ X Window System
@ GNOME
mylocalpackage
```

In der dritten Sektion der Kickstart-Konfigurationsdatei können Sie beliebige Shell-Kommandos angeben, die Kickstart ausführen soll. Es sind zwei verschiedene Gruppen von Kommandos möglich: Die einen werden durch `%pre` eingeleitet und vor der Installation ausgeführt und die anderen durch `%post` und laufen danach. In beiden Abschnitten gibt es einige Beschränkungen in der Fähigkeit, Hostnamen aufzulösen, sodass es am sichersten ist, IP-Adressen zu benutzen, falls Sie auf das Netzwerk zugreifen möchten. Außerdem können die durch `%post` eingeleiteten Befehle nicht auf das Installationsmedium zugreifen, da sie in einer `chroot`-Umgebung laufen.

Einen Kickstart-Server aufsetzen

Kickstart erwartet die Installationsdateien am gleichen Ort wie auf der Distributions-CD, wobei die Pakete im Verzeichnis RedHat/RPMS oder Fedora/RPMS des Servers abgelegt werden. Sie können eigene Pakete einfach zu diesem Verzeichnis hinzufügen, es gibt allerdings einige Punkte zu beachten.

Erstens: Wenn Sie Kickstart anweisen, alle Pakete zu installieren (mit einem @Everything-Eintrag in der ks.cfg-Datei), werden die eigenen Pakete in alphabetischer Reihenfolge nach den Basispaketen installiert. Falls Ihr Paket von anderen Paketen abhängt, die nicht zum Basissatz gehören, dann sollten Sie ihm einen Namen wie zum Beispiel zzmypackage.rpm geben, um sicherzustellen, dass es als Letztes installiert wird.

Wenn Sie nicht alle Ihre Pakete installieren wollen, können Sie entweder Ihre zusätzlichen Pakete einzeln in der %packages-Sektion der ks.cfg-Datei auflisten oder in eine oder mehrere der Paketsammlungen packen. Die Sammlungen werden durch Einträge wie @ GNOME angegeben und stehen für einen vordefinierten Satz von Paketen, die dann in den Dateien RedHat/base/comps oder Fedora/base/comps des Servers aufgezählt sind. Leider ist das Format der Datei comps nicht sehr gut dokumentiert. Die Sammlungen sind die Zeilen, die mit 0 oder 1 beginnen, womit festgelegt wird, ob die jeweilige Sammlung standardmäßig ausgewählt sein soll. Im Allgemeinen ist es keine gute Idee, an den vorgegebenen Sammlungen herumzubasteln. Wir empfehlen, sie zu lassen wie von Red Hat vorgegeben, und alle zusätzlichen Pakete einzeln in der ks.cfg aufzulisten.

Kickstart auf die Konfigurationsdatei hinweisen

Wenn Sie die Konfigurationsdatei einmal erstellt haben, gibt es eine Reihe von Möglichkeiten, Kickstart dazu zu bringen, sie zu benutzen. Die offizielle Version ist, von Diskette oder CD-ROM zu booten und eine Kickstart-Installation durch Eingabe von linux ks an der Eingabeaufforderung boot: zu starten. Wenn Sie keine weiteren Argumente übergeben, bezieht das System seine Netzwerkadresse mithilfe von DHCP. Dann erhält es den DHCP-Bootserver und die Bootdateioptionen, versucht den Bootserver mit NFS einzuhängen und benutzt die an der boot:-Eingabeaufforderung angegebene Option als Konfigurationsdatei für Kickstart. Wurde keine Bootdatei angegeben, dann wird nach einer Datei mit dem Namen /kickstart/*hostipadresse*-kickstart gesucht.

Alternativ kann Kickstart auch angewiesen werden, seine Konfigurationsdatei auf einem anderen Weg zu bekommen, indem Sie einen Pfad als Argument für die Option ks angeben. Es gibt mehrere Möglichkeiten. Die folgende Anweisung weist Kickstart an, HTTP anstatt NFS zum Herunterladen zu benutzen:

```
boot: linux ks=http:server:/path
```

11.1 Grundlegende Linux-Installation

Wird `ks=floppy` angegeben, dann sucht Kickstart nach `ks.cfg` auf dem lokalem Diskettenlaufwerk.

Um die Benutzung von Bootmedien komplett zu vermeiden, müssen Sie auf PXE umsteigen. In Abschnitt 11.11.1 erhalten Sie mehr Informationen hierüber.

11.1.5 AutoYaST: Das automatisierte Installationstool von SUSE

YaST2 ist das umfassende Installations- und Konfigurationswerkzeug von SUSE. Es hat eine schöne GUI und es macht Spaß, es zu benutzen, wenn ein einzelnes System installiert werden soll. Ältere SUSE-Ausgaben haben auch eine auf dem normalen YaST basierende Automatisierung der Installation zugelassen, die Ergebnisse waren allerdings nicht jedermanns Sache. Mit SUSE 8 wurde ein Tool namens AutoYaST eingeführt, das die SUSE-Installation automatisiert. Es ist die leistungsfähigste Software für automatisierte Installation, die in diesem Buch beschrieben wird. Sie können eine detaillierte Dokumentation von *www.suse.com/~ug* herunterladen.

SUSE teilt den Installationsprozess in drei Phasen auf: Vorbereitung, Installation und Konfiguration. Die einleitende Vorbereitung wird mit dem AutoYaST-Modul durchgeführt:

```
$ /sbin/yast2 autoyast
```

Dieses Modul hilft, die Details der gewünschten Installation festzulegen. Als Ergebnis wird eine XML-Steuerungsdatei erstellt, durch die dem Installationsprogramm mitgeteilt wird, wie es das SUSE-System konfigurieren soll. Die Struktur dieser Datei ist in der erwähnten Onlinedokumentation beschrieben.

Eine Reihe von Tastaturkürzeln können den Konfigurationsprozess beschleunigen. AutoYaST kann Kickstart-Konfigurationsdateien von Red Hat lesen, um so einen Umstieg zu erleichtern. Wenn Sie die Konfiguration des Systems übernehmen wollen, an dem Sie gerade arbeiten, gibt es eine weitere Option, die dies automatisiert ermöglicht.

Um die eigentliche Installation durchzuführen, werden drei Netzwerkdienste benötigt:

- Ein DHCP-Server in demselben Subnetz wie der Rechner, auf dem Sie Linux installieren wollen
- Ein SUSE-Installationsserver oder Paket-Repository
- Ein Server, der die Konfigurationsinformationen für die Installation bereitstellt

Der letztgenannte Server kann die Konfigurationsdateien je nach Ihrer Wahl mittels HTTP, NFS oder TFTP liefern.

Für ein ganz einfaches Setup erstellen Sie eine eigene Steuerungsdatei für jeden betroffenen Rechner. AutoYaST benutzt die IP-Adresse des Clientrechners, um die richtige Steuerungsdatei auszuwählen. Dieses Vorgehen ist allerdings nicht sehr effizient, wenn Sie Linux auf einer ganzen Serie von leicht unterschiedlichen Rechnern installieren müssen.

Sie können komplexere Setups mithilfe eines Regelsystems erstellen. Basierend auf Systemeigenschaften, zum Beispiel der Festplattengröße, Host-ID oder Verfügbarkeit von PCMCIA, werden verschiedene Steuerungsdateien mit dem Zielsystem verglichen. Der Inhalt aller ausgewählten Dateien wird zusammengeführt, wobei im Konfliktfall die letzte Steuerungsdatei die vorherigen überschreibt. (Das Zusammenführen ist nötig, da eine Steuerungsdatei nicht alle Bereiche einer Systemkonfiguration abdecken muss.)

In den Steuerungsdateien können auch Rechnerklassen basierend auf Hostnamen oder IP-Adressbereichen definiert werden, und jeder Klasse kann wiederum eine eigene untergeordnete Steuerungsdatei zugeordnet werden. Ein Rechner kann zu keiner, einer oder mehreren Klassen gehören und seine Konfiguration schließt den Inhalt aller auf ihn zutreffenden Klassensteuerungsdateien ein.

Dank seiner Fähigkeiten, den Inhalt mehrerer Steuerungsdateien mit einzubeziehen, erlaubt AutoYaST, komplexe Setups ohne viel Redundanz zu definieren. Die XML-Steuerungsdateien sind zwar für Menschen unbequem zu lesen, aber dafür mit jedem verfügbaren XML-Tool zu verarbeiten und zu editieren.

11.1.6 Der Installer für Debian und Ubuntu

Der Installer von Debian (der treffenderweise den Namen debian-installer erhalten hat) wurde für das »Sarge«-Release vollständig neu entwickelt und ist jetzt ein Tool, mit dem es Spaß macht, zu arbeiten. Er wird ebenso von Ubuntu genutzt, wobei Ubuntu die offensichtlich Debian-spezifischen Dateinamen beibehält (was unserer Meinung nach eine weise Entscheidung ist).

Das neue System ist modular aufgebaut und in einer Kombination von C-Programmen und Shell-Skripten geschrieben. Es kann von zwei Disketten auf Rechnern mit gerade mal 32 MB Speicher gestartet werden und holt sich alle für die Installation erforderlichen Dateien direkt aus dem Netz, einschließlich einer Liste der benötigten Dateien.

Alle interaktiven Teile des Debian-Installers nutzen das Programm cdebconf, um zu entscheiden, welche Fragen gestellt und welche Antworten als Vorgabe angeboten werden. Sie können den Installer vollständig automatisieren, indem Sie cdebconf mit einer Datenbank von vorformulierten Antworten versorgen. Die Datenbank kann entweder von Hand erstellt werden (es ist nur eine Textdatei) oder dadurch, dass Sie eine interaktive Installation an einem Beispielsystem durchführen und dann mit folgenden Kommandos die cdebconf-Antworten speichern:

11.1 Grundlegende Linux-Installation

```
# debconf-get-selections --installer > config.cfg
# debconf-get-selections >> config.cfg
```

Stellen Sie sicher, dass die Konfigurationsdatei im Netz verfügbar ist, und übergeben Sie sie dem Kernel zur Installationszeit mit folgendem Kernelargument:

preseed/url=http://*host/path/to/preseed*

Falls Sie Debian automatisiert aufsetzen wollen, dann sehen Sie sich auch das cde-bootstrap-Paket an. Es basiert auf demselben Quellcode wie der Debian-Installer und ermöglicht es, ein Installationsimage in einem Unterverzeichnis der lokalen Festplatte zu erstellen. Dabei holt es sich die erforderlichen Pakete direkt von einem Debian-Repository. Dies ist eine sehr praktische Einrichtung für selbst erstellte Skripte für ein automatisiertes Setup.

In den früheren Releases von Debian war der Installer eine Ursache zahlreicher Beschwerden. Aus der Notwendigkeit heraus haben viele Systemadministratoren ihre eigenen Installations- und Konfigurationssysteme erstellt, von denen eine Auswahl hier aufgeführt ist: *www.linuxmafia.com/faq/Debian/installers.html*.

Eine weitere Alternative zu den Standard-Debian-Tools ist ein Paket mit dem Namen FAI (Fully Automatic Installation). Die Homepage dazu ist *www.informatik.uni-koeln.de/fai*.

Diese alternativen Systeme braucht man heute weniger als in der Vergangenheit, aber sie sind immer noch einen Blick wert, wenn Sie einen anderen Weg als den des Standard-Installers gehen wollen.

Obwohl Ubuntu nicht von Red Hat abstammt, hat es Kompatibilität für Kickstart-Steuerungsdateien auf seinen eigenen Installer aufgesetzt. Ubuntu enthält auch das system-config-kickstart-Tool, um diese Steuerungsdateien zu erstellen. Die Kickstart-Funktionalität in Ubuntu ist noch nicht zu 100% zuverlässig, aber sie scheint vollständig genug zu sein, um benutzt werden zu können. Die Kickstart-Kompatibilität teilt Ubuntu bis jetzt noch nicht mit Debian.

11.1.7 Installation über ein Mastersystem

Wenn Sie gezwungen sind, einen anderen Weg als den über den Standardinstaller ihrer Distribution zu gehen, sollten Sie überlegen, ob Ihre Hardware ähnlich genug ist, um einfach die Distribution von einem Rechner zum anderen zu kopieren. Das Kopieren könnte schneller als eine traditionelle Installation sein und die Garantie, gleiche Systeme zu haben ist etwas größer.

Hilfreich kann folgendes »Kochrezept« sein:

- Installieren und konfigurieren Sie das Mastersystem. Benutzen Sie dafür entweder den normalen Installationsprozess der Distribution oder ein Skript, zum Beispiel debootstrap von Debian.

- Starten Sie den Rechner, auf den Sie die Distribution kopieren wollen, und benutzen Sie dafür entweder eine bootfähige CD-ROM wie Knoppix[2] oder eine auf PXE basierende Methode.
- Partitionieren Sie die Festplatte, entweder interaktiv mit cfdisk oder skriptgesteuert mit sfdisk.
- Erstellen Sie ein Dateisystem, legen Sie Auslagerungsplatz fest, und hängen Sie alles unter /mnt ein.
- Kopieren Sie die Masterinstallation unter Benutzung von ssh und rsync (siehe Abschnitt 17.3.2) auf die neu partitionierte Festplatte. Achten Sie darauf, die Verzeichnisse /tmp, /proc und /sys vom Kopieren auszuschließen.
- Bearbeiten Sie alle Dateien, bei denen eine Anpassung nötig ist (z. B. /etc/modules oder /etc/fstab), oder, noch besser, automatisieren Sie diesen Prozess.
- Machen Sie den neuen Rechner bootfähig, indem Sie GRUB oder LILO im Master Boot Record der Festplatte installieren (siehe Abschnitt 2.3).

11.2 Clients ohne Festplatten

In den 1980er Jahren, als Festplatten teuer waren, wurden an vielen Stellen Arbeitsstationen ohne lokale Festplatte eingesetzt. Diese Computer hatten ihr Dateisystem von einem Netzwerkserver aus eingehängt. Heute sind Festplatten günstig, und kaum jemand benutzt noch Clients ohne Festplatte. Die ganze Idee wirkt heute so altmodisch wie Bandlaufwerke oder Nadeldrucker.

Aber halt! Festplattenfreier Betrieb ist immer noch möglich und für bestimmte Installationsarten tatsächlich als sinnvolle Option in Betracht zu ziehen. Unter anderem bietet er folgende Vorteile:

- In einem festplattenlosen Aufbau liegen alle relevanten Daten auf dem Server. Festplattenlose Clients gehen nie offline in dem Sinne, dass auf ihre Konfigurationsinformationen nicht zugegriffen werden kann. Bei administrativen Prozessen müssen ausgeschaltete Rechner also nicht als möglicher Sonderfall berücksichtigt werden.
- Die Menge der tatsächlich lokalen Konfigurationsinformationen ist minimal. Es gibt fast keine administrativen Aufgaben, die es erfordern, physisch vor einem Clientrechner zu sitzen.

---

2 *Knoppix ist eine Debian-Version, die direkt von einer bootfähigen CD-ROM läuft; eine Installation auf Festplatte ist nicht nötig. Es eignet sich ideal zur Benutzung während einer Installation, als Rettungssystem oder zur Handhabung von Sicherheitsproblemen. Mehr erfahren Sie auf www.knoppix.org. Auch viele andere Distributionen (z. B. Ubuntu) sind mehr und mehr direkt von einer Live-CD lauffähig.*

11.2 Clients ohne Festplatten

- Neue Clientrechner können eingerichtet werden, bevor sie laufen oder sogar, bevor es sie überhaupt gibt. Clientrechner verhalten sich eher wie logische Funktionseinheiten als wie physisch vorhandene.

- Bedeutende Änderungen an der Clientkonfiguration brauchen zur Durchführung nur die Zeit, die ein Neustart benötigt. Ein aktualisierter Verzeichnisbaum kann neben einem aktiven existieren, um im richtigen Moment aktiviert zu werden. Sie können schnelleren und zuverlässigeren Service bieten und gleichzeitig einfachere Software und Konzepte zur Updateverteilung nutzen.

- Für viele Anwendungen kann ein teures und komplexes RAID-Array, das sich bei einem Server lohnen kann, schneller als eine billige lokale Festplatte sein, selbst wenn Netzwerkverzögerungen berücksichtigt werden. Der Netzwerkserver ist wahrscheinlich auch zuverlässiger. Festplatten können ausfallen, aber durch einen redundanten Serveraufbau kann ein ganzes Netzwerk von festplattenlosen Clients geschützt werden.

- Es gibt keine Regeln, die Ihnen vorschreiben, dass festplattenlose Clients wirklich keine Festplatte haben dürfen. Wenn Sie wollen, können Sie eine lokale Festplatte als Cache oder Auslagerungsspeicher nutzen. Der entscheidende Punkt ist in der heutigen Zeit nicht mehr, dass die Clients keine physische Festplatte haben, sondern dass sie nichts darauf speichern, was administrative Beachtung benötigt.

- Viele Anwendungen sind von der CPU, aber nicht von der Festplattengeschwindigkeit abhängig. Andere, potenziell festplattenlästige Anwendungen können mithilfe von zusätzlichem Speicher CPU-abhängiger gemacht werden. Webserver, Datenbankserver und Server für Netzwerkprotokolle fallen alle in diese Kategorie.

In einer festplattenlosen Umgebung haben die Clientrechner üblicherweise einen kleinen, nur für sie bestimmten Verzeichnisbaum. Das gemeinsame schreibgeschützte Verzeichnis /usr können sich die Clients teilen, weil hier keine rechnerspezifischen Informationen abgelegt sind und im normalen Betrieb nicht schreibend darauf zugegriffen wird.

Red Hat Enterprise Linux ist die einzige Linux-Distribution, die ein standardisiertes System zum Einrichten festplattenloser Clients schon von Haus aus mitbringt. Aber auch ohne ausgefeilte Unterstützung durch den Anbieter ist das Einrichten keine Wissenschaft, sondern leicht allein zu bewältigen. Viele Systeme bieten Mechanismen, um X Window-Terminals über das Netzwerk zu booten, was als Ausgangspunkt zum Starten von Arbeitsstationen genutzt werden kann.

Falls Ihre Distribution keine Anweisungen zum Hochfahren festplattenloser Clients enthält, dann fangen Sie damit an, das Wurzeldateisystem eines neu eingerichteten Rechners auf den Server zu kopieren. Damit haben Sie eine Grundlage, um neue Rechner zu klonen. Finden Sie heraus, wie Sie Ihr System mit einem NFS-Wurzelverzeichnis über das Netzwerk starten können. Sorgen Sie für einen gemeinsamen Zugriff auf die schreibgeschützten Teile des Dateibaumes (z. B. /usr).

Wenn Sie den Verzeichnisbaum eines Clients klonen, müssen Sie eventuell Folgendes anpassen:

- Mountingtabelle
- Unterstützung für Hardware (wenn das Netzwerk nicht homogen ist)
- Netzwerkkonfiguration (eventuell)
- Skripte für den Systemstart (eventuell)

Hardware für den Massenmarkt wird oftmals mit billigen IDE-Festplatten geliefert. Benutzen Sie diese als lokalen Auslagerungsplatz oder für Scratch-Partitionen.

Die heutigen günstigen RAM-Preise sind ein großer Segen für festplattenlose Netzwerkknoten. Ziehen Sie ein Dateisystem im RAM als Zusatzspeicher für die Verzeichnisse /tmp und /dev in Betracht (oder als Cache für häufig genutzte Dateien, die dann schon zur Bootzeit geladen werden).[3] Den /dev-Verzeichniszweig im RAM zu halten, kann die Leistung spürbar steigern, weil Programme, die häufig auf /dev zugreifen, nicht durch die NFS-Verzögerung beeinflusst werden.

Tipp

Mehr Informationen über RAM-Platten finden Sie in Abschnitt 25.3.

11.3 Paketverwaltung

Alle Linux-Distributionen benutzen irgendeine Form von Paketsystem, um die Konfigurationsverwaltung zu erleichtern. Traditionell werden Pakete verwendet, um Software zu verteilen, aber sie können genauso gut eingesetzt werden, um Konfigurationsdateien oder Verwaltungsdaten zusammenzufassen. Sie haben gegenüber den herkömmlichen unstrukturierten .tar.gz-Archiven mehrere Vorteile. Der vielleicht wichtigste ist, dass sie versuchen, den Installationsprozess so atomar wie möglich zu gestalten. Wenn ein Fehler auftritt, können Pakete einfach wieder zurückgenommen oder neu installiert werden.

UNIX-Anbieter haben häufig besondere Verfahren, um Patches unter ihren Kunden zu verteilen, aber Linux-Distributoren nutzen den Vorteil ihrer Standard-Paketverwaltungsmöglichkeiten. Um einen Patch auszugeben, veröffentlichen die Distributoren einfach ein aktualisiertes Paket. Wenn der Kunde es installiert, ersetzt die neue Version die alte.

---

3 Aber beachten Sie, dass /dev in einem Kerneldateisystem schon existieren kann.

11.3 Paketverwaltung

Paketverwaltungsprogramme berücksichtigen Konfigurationsdateien und überschreiben normalerweise keine durch den Administrator durchgeführten lokalen Anpassungen. Sie legen entweder Sicherungskopien vorhandener Konfigurationsdateien an oder stellen beispielhafte Konfigurationsdateien unter einem anderen Namen bereit (z. B. `pkg.conf.rpmnew`). Wenn Sie feststellen, dass ein neu installiertes Paket irgendeinen Schaden an Ihrem System angerichtet hat, können Sie es, zumindest in der Theorie, wieder zurücknehmen, um das System wieder in den ursprünglichen Zustand zurückzuversetzen. Natürlich ist Theorie != Praxis, weshalb Sie es nicht an einem Produktionssystem ohne vorherigen Test ausprobieren sollten.

Paketsysteme besitzen ein Abhängigkeitsmodell, das es den Paketentwicklern ermöglicht, sicherzustellen, dass alle Bibliotheken und weiteren Unterstützungsdateien, von denen ihre Anwendung abhängt, richtig installiert werden. Pakete können während der Installation an vielen Stellen Skripte starten, sodass sie viel mehr machen können, als nur neue Dateien auszupacken. (Diese Fähigkeit ist vermutlich auch für viele der Fehler verantwortlich, die beobachtet wurden, wenn Pakete beim Deinstallieren das System wieder in den ursprünglichen Zustand versetzen sollen.)

Pakete sind auch ein schöner Weg, eigene Lokalisierungen zu verbreiten. Sie können einfach ein Paket erstellen, das die Lokalisierungsinformationen eines Rechners liest (oder aus einer zentralen Datenbank abruft) und diese Informationen nutzt, um lokale Konfigurationsdateien einzurichten. Darüber hinaus können Sie Ihre lokalen Anwendungen mit ihren Abhängigkeiten in Paketen bündeln oder Pakete von Anwendungen anderer Anbieter erstellen, die normalerweise nicht in Paketform verbreitet werden. Sie können Ihre Pakete versionieren und die Abhängigkeitsmechanismen nutzen, um Rechner automatisiert zu aktualisieren, wenn eine neue Version Ihres lokalisierten Pakets installiert wird.

Sie können die Abhängigkeitsmechanismen auch nutzen, um Pakete zu gruppieren. Zum Beispiel ist es möglich, ein Paket zu erstellen, das selbst gar nichts installiert, aber von vielen anderen Patches abhängig ist. Wird dieses Paket mit eingeschalteten Abhängigkeiten installiert, so werden als Ergebnis alle Patches in einem einzigen Schritt installiert.

11.3.1 Verfügbare Paketverwaltungssysteme

Zwei Paketformate werden allgemein verwendet. Red Hat, Fedora, SUSE und einige andere Distributionen nutzen RPM, den Red Hat Package Manager. Debian und Ubuntu verwenden ein eigenes `.deb`-Format. Funktionsmäßig sind beide Formate ähnlich.

Mit einem Tool wie `alien` von *kitenet.net/programs/alien* ist es leicht, das eine Format in das andere zu konvertieren. `alien` weiß nichts über die Software im Paket, wenn sie also nicht schon kompatibel mit Ihrer Distribution ist, wird `alien` nicht helfen. Im Allgemeinen ist es besser, bei dem Paketsystem zu bleiben, das die Distribution von Haus aus nutzt.

11 Software- und Konfigurationsverwaltung

Sowohl das RPM- als auch das .deb-Paketsystem sind inzwischen umfangreiche Werkzeuge für die Konfigurationsverwaltung auf zwei Ebenen. Auf der unteren Ebene bewegen sich die Tools zum Installieren, Deinstallieren und Abfragen von Paketen: rpm für RPM und dpkg für .deb.

Auf diesen Befehlen aufbauend gibt es Systeme zum Auffinden von Paketen im Internet und zum Analysieren der Abhängigkeit zwischen den Paketen sowie solche, die alle Pakete auf einem Rechner aktualisieren. Die Hauptkontrahenten auf dieser Ebene sind yum, der mit dem RPM-System arbeitet, Red Hat Network, das Red Hat-spezifisch ist und RPM nutzt, und das Advanced Package Tool (APT) von Debian, das seinen Ursprung im .deb-Universum hat, aber inzwischen mit .deb- und RPM-Paketen gleich gut umgehen kann.

Auf den nächsten Seiten werden wir uns die Befehle der unteren Ebene, rpm und dpkg, näher ansehen. Im Abschnitt »Meta-Paketverwaltungssysteme« erläutern wir die umfangreichen Aktualisierungssysteme (z. B. APT und yum), die auf diesen Befehlen aufbauen.

11.3.2 rpm: RPM-Pakete verwalten

Das Kommando rpm installiert und verifiziert Pakete und fragt ihren Status ab. Ursprünglich konnte es auch Pakete erstellen, aber diese Funktion wurde in das rpm-build-Kommando ausgelagert. Die Parameter von rpm haben allerdings immer noch komplexe Interaktionen und können nur in bestimmten Kombinationen zusammen verwendet werden. Es ist am nützlichsten, sich rpm wie mehrere verschiedene Kommandos vorzustellen, die sich denselben Namen teilen.

Der Modus, in den Sie rpm anweisen zu wechseln (zum Beispiel --install oder --query) gibt an, welche der »multiplen Persönlichkeiten« von rpm sie zu erreichen hoffen. rpm --help listet alle Optionen geordnet nach Modus auf, aber es ist die Zeit wert, sich die man-Seite im Detail durchzulesen, falls man häufig mit RPM-Paketen zu tun haben wird.

Die Standardoptionen sind --install, --upgrade, --erase und --query. Die --query-Option ist ein wenig trickreich, da sie nur dazu dient, weitere Optionen zu ermöglichen; Sie müssen eine zusätzliche Kommandozeilenoption angeben, um eine bestimmte Frage zu stellen. Das Kommando rpm --query --all listet zum Beispiel alle Pakete auf, die auf dem System installiert sind.

Sehen wir uns ein Beispiel an: Angenommen, Sie müssen eine neue Version von OpenSSH installieren, weil vor kurzem ein Sicherheitsupdate herausgegeben wurde. Wenn Sie das Paket auf Ihren lokalen Rechner heruntergeladen haben, starten Sie rpm --upgrade, um die alte Version durch die neuere zu ersetzen:

```
# rpm --upgrade openssh-2.9p2-12.i386.rpm
error: failed dependencies:
    openssh = 2.9p2-7 is needed by openssh-askpass-2.9p2-7
```

11.3 Paketverwaltung

```
openssh = 2.9p2-7 is needed by openssh-askpass-gnome-2.9p2-7
openssh = 2.9p2-7 is needed by openssh-clients-2.9p2-7
openssh = 2.9p2-7 is needed by openssh-server-2.9p2-7
```

Aber nein, so einfach ist es vielleicht doch nicht. Hier sehen wir, dass die aktuell installierte Version von OpenSSH, 2.9p2-7, von einer Reihe anderer Pakete benötigt wird. rpm lässt uns OpenSSH nicht aktualisieren, weil die Änderungen die Funktionsfähigkeit dieser anderen Pakete beeinflussen könnten. Dieser Konflikt kommt immer wieder vor und ist eine der Hauptmotivationen für die Entwicklung von Systemen wie APT oder yum. In der Praxis würden wir nicht versuchen, die Abhängigkeiten von Hand zu entwirren, aber für dieses Beispiel werden wir mit rpm allein fortfahren.

Wir könnten die Aktualisierung mit der --force-Option erzwingen, was aber meistens eine schlechte Idee ist. Aber dies ist nicht Windows; die Abhängigkeitsinformationen sind dazu da, Zeit und Ärger zu ersparen, und nicht, um Ihnen im Weg zu stehen. Es gibt wenig, was einem Systemadministrator mehr den Morgen verderben kann, als ein funktionsuntüchtiges SSH auf einem entfernten Rechner.

Stattdessen holen wir uns auch die aktualisierten Versionen der abhängigen Pakete. Wenn wir schlau gewesen wären, dann hätten wir diese anderen von OpenSSH abhängigen Pakete sogar schon vor unserem Aktualisierungsversuch herausfinden können:

```
# rpm --query --whatrequires openssh
openssh-askpass-2.9p2-7
openssh-askpass-gnome-2.9p2-7
openssh-clients-2.9p2-7
openssh-server-2.9p2-7
```

Angenommen, wir haben jetzt die aktualisierten Versionen aller benötigten Pakete, dann könnten wir sie alle eines nach dem anderen installieren. Aber rpm ist intelligent genug, alle auf einmal zu bewältigen. Wenn Sie in der Kommandozeile mehrere RPMs angeben, dann sortiert rpm sie vor der Installation nach Abhängigkeiten.

```
# rpm --upgrade openssh-*
```

Schön! Es sieht aus, als hätte es funktioniert:

```
# rpm --query openssh
openssh-2.9p2-12
```

Beachten Sie, dass rpm weiß, welches Paket wir meinen, auch wenn wir nicht den vollen Paketnamen oder die Version angegeben haben.

11.3.3 dpkg: Pakete im Debian-Stil verwalten

So wie es für RPM-Pakete den Universalbefehl rpm gibt, haben Debian-Pakete das Kommando dpkg. Nützliche Optionen sind --install, --remove und -l, um die auf dem System installierten Pakete aufzulisten. Beachten Sie, dass der Befehl dpkg --install eine auf dem System vorhandene ältere Version vor dem Installieren entfernt.

Angenommen, das Debian-Sicherheitsteam hat vor kurzem eine verbesserte Version von nvi herausgegeben, um ein mögliches Sicherheitsproblem zu beheben. Nachdem wir uns das Paket besorgt haben, starten wir dpkg, um es zu installieren. Wie Sie sehen, ist dpkg viel mitteilsamer als rpm, und erzählt uns genau, was es macht:

```
# dpkg --install ./nvi_1.79-16a.1_i386.deb
(Reading database ... 24368 files and directories currently installed.)
Preparing to replace nvi 1.79-14 (using ./nvi_1.79-16a.1_i386.deb) ...
Unpacking replacement nvi ...
Setting up nvi (1.79-16a.1) ...
Checking available versions of ex, updating links in /etc/alternatives ...
(You may modify the symlinks there yourself if desired - see 'man ln'.)
Leaving ex (/usr/bin/ex) pointing to /usr/bin/nex.
Leaving ex.1.gz (/usr/share/man/man1/ex.1.gz) pointing to
/usr/share/man/man1/nex.1.gz.
...
```

Um zu überprüfen, ob die Installation erfolgreich war, können wir jetzt dpkg -l benutzen. Der Schalter -l akzeptiert ein optionales Suchmuster, sodass wir gezielt nach nvi suchen können:

```
$ dpkg -l nvi
Desired=Unknown/Install/Remove/Purge
  | Status=Not/Installed/Config-files/Unpacked/Failed-config/Half-installed
  | / Err?=(none)/Hold/Reinst-required/X=both-problems (Status,Err: uppercase=bad)
  | | /Name    Version    Description
+++-===============-===============-================================
i   invi     1.79-16a.1    4.4BSD re-implementation of vi.
```

Unsere Installation scheint sauber abgelaufen zu sein.

11.4 Meta-Paketverwaltungssysteme

Meta-Paketverwaltungssysteme wie APT, yum und das Red Hat Network verfolgen gemeinsam verschiedene Ziele:

- Das Auffinden und Herunterladen von Paketen zu vereinfachen
- Den Prozess der Aktualisierung oder Erweiterung zu automatisieren
- Die Verwaltung von Abhängigkeiten zwischen den Paketen zu erleichtern

11.4 Meta-Paketverwaltungssysteme

Natürlich gehört mehr zu diesen Systemen als nur die clientseitigen Kommandos. Sie alle erfordern, dass die Distributionsanbieter ihre Angebote auf eine Art und Weise organisieren, auf die sie sich geeinigt haben, sodass die Software von den Clients aus zugänglich ist und ausgewertet werden kann.

Da kein Anbieter die ganze Welt der Linux-Software umfassen kann, erlauben alle Systeme die Existenz von mehreren Software-Repositorys. Die Repositorys können sich innerhalb des lokalen Netzwerkes befinden und sind so eine gute Grundlage für ein eigenes internes Distributionssystem.

Das Red Hat Network ist eng mit Red Hat Enterprise Linux verknüpft. Es ist ein kommerzieller Dienst, der Geld kostet, aber in Sachen attraktiver Benutzeroberfläche und Automatisierungsmöglichkeiten mehr bietet als APT oder yum. Leider hat es unter seiner Oberfläche etwas von einer mysteriösen »Black Box«. Clientseitig können yum- und APT-Repositorys referenziert werden. Diese Fähigkeit ermöglicht es Distributionen wie CentOS, die Client-GUI für den nichtproprietären Gebrauch anzupassen.

APT ist besser dokumentiert als das Red Hat Network, es ist deutlich portabler und es ist frei. Es lässt sich auch flexibler einsetzen. APT hat seinen Ursprung in der Welt von Debian und dpkg, aber es wurde erweitert, um RPMs einzuschließen, und es sind Versionen erhältlich, die mit allen unseren Beispieldistributionen arbeiten. Es ist momentan das, was einem universellen Standard für Softwaredistributionen am nächsten kommt.

yum ist ein RPM-spezifisches Gegenstück zu APT. Es ist die Standardpaketverwaltung von Fedora, läuft aber auf jedem RPM-basierten System, vorausgesetzt, man nutzt passend formatierte Repositorys.

Im direkten Vergleich wird yum im Allgemeinen der RPM-Version von APT vorgezogen, obwohl es nicht unbedingt stichhaltige technische Gründe dafür gibt. yum ist tiefer in der RPM-Welt verwurzelt, was vermutlich für den Vorsprung verantwortlich ist. Für die Zukunft von APT-RPM zogen Anfang 2005 dunkle Wolken am Himmel auf, als der ursprüngliche Entwickler, Gustavo Niemeyer, sich davon abwendete, um an einem umfassenderen System zu arbeiten (dem Smart Package Manager von labix.org; noch nicht etabliert, aber es wird allgemein angenommen, dass ihm die Zukunft gehören wird). Die Entwicklung von APT-RPM wurde letztendlich von Panu Matilainen fortgeführt, das Projekt wird momentan aktiv weiterentwickelt.

Wir mögen APT und betrachten es als eine solide Wahl, wenn Sie Ihr eigenes automatisiertes Paketverteilungsnetzwerk unabhängig von Ihrer momentan genutzten Distribution einrichten wollen. Mehr Informationen finden Sie im Abschnitt 11.4.7.

SUSE ist ein wenig die lahme Ente auf dem Gebiet der Paketverwaltung. Es nutzt RPM-Pakete, aber ältere Ausgaben haben nur das SUSE-eigene Tool YaST Online Update unterstützt, um Systemaktualisierungen durchzuführen. In einem Anflug von Freizügigkeit hat SUSE kürzlich zu einem gewissen Grade Unterstützung für yum, APT-RPM und den Novell-eigenen ZENworks Linux Management-Agent hinzugefügt, worunter ZENworks der Standard-Updatemanager ist. (Als Kommandozeilenschnittstelle dient rug.)

ZENworks ist Teil einer größeren Produktlinie, die Novells Bemühen um Dominanz auf dem Feld der plattformübergreifenden Konfigurationsverwaltungssysteme darstellt. Ist es die beste Lösung für Sie? Vielleicht, wenn Sie ohnehin dies und andere Novell-Lösungen im Einsatz haben und an bezahltem Support interessiert sind. Wenn Sie aber Ihre Paketverwaltung kostenlos und relativ unparteiisch halten wollen, sollten Sie sich den zuvor erwähnten Smart Package Manager ansehen.

11.4.1 Paket-Repositorys

Linux-Distributoren betreiben Software-Repositorys, die Hand in Hand mit den von ihnen gewählten Paketverwaltungssystemen arbeiten. In ihrer Standardkonfiguration arbeiten die Paketverwaltungssysteme mit mehr oder weniger bekannten Web- oder FTP-Servern, die vom jeweiligen Distributor betrieben werden.

Allerdings ist es nicht immer offensichtlich, was solche Repositorys umfassen sollen – nur Paketsammlungen, die als offizielle »Major Releases« gelten? Offizielle Releases plus aktuelle Sicherheitsupdates? Aktuelle Versionen aller Pakete, die zum offiziellen Release gehören? Nützliche Software von Drittanbietern, die nicht offiziell vom Distributor unterstützt wird? Quellcode? Binärdateien für verschiedene Hardwarearchitekturen? Wenn Sie apt-get upgrade oder yum upgrade starten, um das System auf einen aktuellen Stand zu bringen, was soll das dann genau bedeuten?

Üblicherweise müssen Paketverwaltungssysteme all diese Fragen beantworten und es Firmen einfach machen, eine spezifische Auswahl zu treffen, die sie dann als ihre »Softwarewelt« bezeichnen können. Die folgenden Begriffe helfen, diesen Prozess zu strukturieren:

- Ein »Release« ist ein in sich konsistenter Schnappschuss einer Auswahl aus allen existierenden Paketen. Vor der Internet-Ära waren Betriebssystemreleases mehr oder weniger unveränderlich und mit einem bestimmten Zeitpunkt verknüpft. Sicherheitspatches wurden separat veröffentlicht. Heute ist der Releasebegriff etwas verschwommener. Einige Releases wie zum Beispiel Red Hat Enterprise Linux sind besonders dafür entworfen, sich langsam weiter zu entwickeln. Standardmäßig werden nur Sicherheitsupdates eingebunden. Andere Releases, wie Betaversionen, ändern sich häufig und grundlegend. Aber in allen Fällen ist das Release eine Grundlinie, das Ziel, das »Ding, nach dem mein aktualisiertes System aussehen soll«.

- Eine »Komponente« ist eine Teilmenge der Software in einem Release. Distributionen haben ihre eigene interne Aufteilung, aber eine übliche Unterscheidung ist die zwischen der »Kern«-Software des Distributors und weiterer Software, die durch die breite Gemeinschaft zur Verfügung gestellt wird. Eine andere, in der Linux-Welt übliche Unterscheidung, ist die zwischen den freien Open Source-Teilen eines Releases und denjenigen, die mit einer restriktiveren Lizenz behaftet sind.

11.4 Meta-Paketverwaltungssysteme

- Von einem administrativen Standpunkt aus sind minimal aktive Komponenten von Bedeutung, die nur Sicherheitsupdates enthalten. Einige Releases erlauben es, eine Sicherheitskomponente mit einer unveränderlichen Basiskomponente zu kombinieren, um eine relativ stabile Version der Distribution zu bilden.

- Eine »Architektur« repräsentiert eine Klasse bestimmter Hardware. Die Erwartung dahinter ist, dass die Rechner innerhalb einer Architekturklasse gleichartig genug sind, um dieselben Binärdateien zu nutzen. Architekturen sind bestimmte Ausgaben eines Releases, zum Beispiel »Fedora Core 5 für die i386-Architektur«. Da Komponenten eine Unterabteilung von Releases sind, gibt es für jede von ihnen ebenso eine architekturspezifische Variante.

- Einzelne Pakete sind die Elemente, welche die Komponenten und daher indirekt die Releases bilden. Pakete sind normalerweise architekturspezifisch und erhalten ihre Versionsnummer unabhängig vom Hauptrelease oder anderen Paketen. Der Zusammenhang zwischen Paketen und Releases ergibt sich implizit durch den Aufbau des Netzwerk-Repositorys.

Die Existenz von Komponenten, die nicht durch den Distributor gepflegt werden (z. B. »contrib« bei Debian oder »extras« bei Fedora) wirft die Frage auf, in welcher Beziehung diese Komponenten zum Kernrelease des Betriebssystems stehen. Kann man sie wirklich als »Komponente« des Releases bezeichnen, oder sind sie etwas ganz anderes? Aus der Sicht der Paketverwaltung ist die Antwort klar: Extras sind eine echte Komponente. Sie sind mit einem bestimmten Release verknüpft und entwickeln sich parallel mit ihm. Die Trennung der Verantwortlichkeiten ist vom administrativen Standpunkt aus interessant, aber sie beeinflusst nicht das Paketverteilungssystem.

11.4.2 RHN (Red Hat Network)

Seit sich Red Hat aus dem Linux-Endverbrauchergeschäft zurückgezogen hat, ist das Red Hat Network die Systemverwaltungsplattform für Red Hat Enterprise Linux geworden. Sie kaufen das Recht, auf das Red Hat Network zuzugreifen, indem Sie es abonnieren. Im einfachsten Fall lässt sich das Red Hat Network als ein besseres Webportal und als Mailingliste nutzen. Dann unterscheidet es sich nicht wesentlich von den Mailinglisten zur Bekanntmachung von Patches, die schon seit Jahren von verschiedenen UNIX-Anbietern betrieben werden. Mehr Funktionen sind aber erhältlich, wenn Sie bereit sind, dafür zu zahlen. Unter *rhn.redhat.com* können Sie die aktuellen Gebühren und weitere Informationen einsehen.

Das Red Hat Network besitzt eine schöne grafische Benutzeroberfläche, um neue Pakete herunterzuladen, und bietet eine Kommandozeilenalternative. Es lässt Sie sogar neue Pakete herunterladen und installieren, ohne dass ein manueller Eingriff nötig wäre. Einmal registriert, erhalten Ihre Rechner alle benötigten Patches und Bugfixes, ohne dass Sie jemals Ihre Quake-Sitzung beenden müssten. Die Kehrseite der automatischen Registrierung ist, dass Red Hat entscheidet, welche Aktualisierungen Sie benötigen. Sie müssen sich überlegen, wie weit Sie es Red Hat (und den Softwareentwicklern, dessen Produkte diese Firma packt) tatsächlich zutrauen, die Aktualisierung nicht zu vermasseln. Angesichts der Auswahl, die Red Hat in der Vergangenheit bei einigen kleineren Dingen, wie zum Beispiel dem mitgelieferten Compiler, getroffen hat, könnten Sie schon skeptisch sein.

Es kann ein vernünftiger Kompromiss sein, einen Rechner in Ihrem Unternehmen für automatische Updates anzumelden. Sie können dann in regelmäßigen Zeitabständen Schnappschüsse von diesem Rechner nehmen, um mögliche Kandidaten für interne Releases zu testen. Sehen Sie sich aber unbedingt noch einmal die Red Hat-Lizenzbedingungen (erhältlich unter *www.redhat.com/licenses*) an, bevor Sie diesen Weg beschreiten. Sie könnten überrascht sein, zu erfahren, dass Red Hat Eigentumsrechte an der Open-Source-Software beansprucht, die über das Red Hat Network verbreitet wird, ganz davon zu schweigen, dass Sie sich damit einverstanden erklärt haben, dass Red Hat nach Belieben Ihr System überprüfen kann.

11.4.3 APT (Advanced Package Tool)

APT ist eines der ausgereiftesten Paketverwaltungssysteme. Es ist möglich, ein ganzes System voller Software mit einem einzigen `apt-get`-Befehl zu aktualisieren oder sogar (wie beim Red Hat Network) die Rechner sich fortlaufend selbsttätig auf dem aktuellen Stand halten zu lassen, ohne dass manuelles Eingreifen nötig wäre.

Da es aus dem Debian-Universum stammt, unterstützte das ursprüngliche APT nur `.deb`-Pakete, wurde jedoch später für den RPM-Paketmechanismus portiert. Diese Version, als APT-RPM bekannt, ist erhältlich von *apt-rpm.org*. Das `yum`-System bietet ähnliche RPM-Funktionalität und wird direkt vom Fedora-Release unterstützt. Wenn Sie sich zwischen `yum` und APT-RPM entscheiden müssen, dann sind die Verschiedenartigkeit Ihrer Rechner und die Vorzüge Ihrer Distribution entscheidender als die technischen Unterschiede zwischen den Systemen. Nehmen Sie das, was gut unterstützt wird und einfach anzuwenden ist.

Die erste Regel bei der Benutzung von `apt-get` auf Debian-Systemen (und der Paketverwaltung von Debian im Allgemeinen) lautet, die Existenz von `dselect`, einer Oberfläche für das Paketsystem, zu ignorieren. Von der Idee her ist die Oberfläche zwar nicht schlecht, aber recht dürftig. In der Debian-Dokumentation werden Sie in Richtung `dselect` gelenkt, aber Sie sollten hart bleiben.

Wenn Sie `apt-get` nutzen, um eine Debian- oder Ubuntu-Installation von einem Standard-Mirror zu verwalten, dann ist der einfachste Weg, die verfügbaren Pakete zu sehen, die Hauptliste bei *packages.debian.org* oder *packages.ubuntu.com* zu besuchen. Beide Distributionen bieten gute Suchmöglichkeiten. Wenn Sie einen eigenen `apt-get`-Server aufgesetzt haben, dann wissen Sie natürlich, welche Pakete Sie verfügbar gemacht haben, und können sie auf die Art auflisten, die Ihnen am besten gefällt.

Distributionen enthalten üblicherweise Dummy-Pakete, die nur dazu da sind, andere Pakete als Voraussetzung zu verlangen. `apt-get` lädt und aktualisiert, wenn erforderlich, die vorausgesetzten Pakete. Dadurch vereinfachen es die Dummy-Pakete, mehrere Pakete in einem Stück zu installieren oder zu aktualisieren. Installieren Sie zum Beispiel das Paket gnome-desktop-environment, dann werden alle Pakete, die erforderlich sind, um die Benutzeroberfläche GNOME auszuführen, heruntergeladen und installiert.

Wenn Sie erst einmal die Datei sources.list erstellt haben und den Namen des gewünschten Paketes kennen, müssen Sie nur noch apt-get update starten, um den Paket-Informationscache von apt-get zu aktualisieren. Danach rufen Sie einfach apt-get install *Paketname* auf, um das Paket zu installieren. Mit demselben Befehl aktualisieren Sie ein bereits installiertes Paket.

Angenommen, wir wollen eine neue Version des sudo-Pakets installieren, in dem eine Sicherheitslücke behoben wurde. Zuerst ist es immer sinnvoll, apt-get update auszuführen:

```
$ sudo apt-get update
Get:1 http://http.us.debian.org stable/main Packages [824kB]
Get:2 http://non-us.debian.org stable/non-US/main Release [102B]
...
```

Jetzt können wir das Paket tatsächlich abrufen. Beachten Sie, dass wir sudo benutzen, während wir uns das neue sudo-Paket holen – apt-get kann sogar Pakete aktualisieren, die gerade in Gebrauch sind!

```
$ sudo apt-get install sudo
Reading Package Lists... Done
Building Dependency Tree... Done
1 packages upgraded, 0 newly installed, 0 to remove and 191 not upgraded.
Need to get 0B/122kB of archives. After unpacking 131kB will be used.
(Reading database ... 24359 files and directories currently installed.)
Preparing to replace sudo 1.6.1-1 (using .../sudo_1.6.2p2-2_i386.deb) ...
Unpacking replacement sudo ...
Setting up sudo (1.6.2p2-2) ...
Installing new version of config file /etc/pam.d/sudo ...
```

11.4.4 apt-get konfigurieren

apt-get zu konfigurieren, ist unkompliziert. So ziemlich alles, was Sie wissen müssen, können Sie im *APT HOWTO* unter *www.debian.org/doc/manuals/apt-howto* finden.

Die wichtigste Konfigurationsdatei für APT ist /etc/apt/sources.list, durch die apt-get mitgeteilt wird, wo die Pakete zu finden sind. Jede Zeile enthält Folgendes:

- Den Pakettyp, zurzeit deb oder deb-src für Pakete nach Debian-Art bzw. rpm oder rpm-src für RPMs.
- Einen URL, der auf eine Datei, eine CD-ROM, einen HTTP- oder FTP-Server verweist, von dem die Pakete zu holen sind.

- Eine »Distribution« (tatsächlich ein Release-Name), die es ermöglicht, mehrere Versionen eines Paketes liefern zu lassen. Distributoren benutzen dies für »Major Releases«, für Ihr internes Distributionssystem können Sie es natürlich verwenden, wie Sie wollen.
- Eine mögliche Liste von Komponenten (Kategorien von Paketen innerhalb eines Releases).

Wenn Sie nicht gerade Ihr eigenes APT-Repository oder einen Cache einrichten wollen, sollte die Standardkonfiguration im Allgemeinen ihren Zweck erfüllen. Falls Sie eine vernünftige Netzwerkverbindung haben, sollten Sie die Zeilen für die Distributions-CDs auskommentieren. Möchten Sie Quellcode herunterladen, dann entfernen Sie die Auskommentierung bei den Zeilen, die deb-src oder rpm-src spezifizieren.

Sofern Sie die Datei bearbeiten, sollten Sie einen Mirror in Ihrer Nähe angeben. Eine vollständige Liste von Mirrors für Debian finden Sie unter *www.debian.org/misc/ README.mirrors*.

 Ubuntu pflegt eine ähnliche Liste bei *wiki.ubuntu.com/Archive*.

Um die Sache noch mehr zu erleichtern, erzeugt ein Debian-Tool namens netselect-apt die Datei sources.list automatisch für Sie. Es sucht sich, auf der Grundlage der Ping-Zeit den nächsten Mirror, den es finden kann. netselect-apt ist Teil des netselect-Paketes, erhältlich vom nächstliegenden Mirror. (Von Haus aus ist netselect-apt recht eng mit dem Debian-Mirror-System verknüpft, aber die meisten Pakete funktionieren mit Ubuntu ebenso gut.)

Stellen Sie sicher, dass Sie *security.debian.org* oder *security.ubuntu.com* als Quelle mit auflisten, sodass Sie Zugang zu den aktuellsten Sicherheitspatches haben.

11.4.5 Ein Beispiel für die Datei /etc/apt/sources.list

Das folgende Beispiel nutzt *http.us.debian.org* als stabiles Archiv, fügt aber auch *non-us.debian.org* für nicht US-amerikanische Pakete hinzu (dies war bis vor kurzem für Kryptografiepakete wichtig, ist inzwischen aber weniger von Bedeutung). Wir haben für die Sicherheitspatches *security.debian.org* hinzugefügt, ebenso unseren lokalen APT-Server *local-debian-server*. Schließlich haben wir noch das Herunterladen des Quellcodes eingeschaltet.

```
# General format: type uri distribution [components]
deb http://ftp.us.debian.org/debian stable main contrib non-free
deb http://non-us.debian.org/debian-non-US stable/non-US main contrib non-free
deb http://security.debian.org stable/updates main contrib non-free
deb http://local-debian-server/mypackages/ ./
```

11.4 Meta-Paketverwaltungssysteme

```
deb-src http://http.us.debian.org/debian stable main contrib non-free
deb-src http://non-us.debian.org/debian-non-US stable/non-US main contrib non-free
deb-src http://security.debian.org stable/updates main contrib non-free
```

Die Felder distribution und components helfen apt-get, in der Hierarchie des Debian-Repository-Dateisystems zu navigieren, die ein standardisiertes Layout hat. Die Wurzel distribution kann stable für die aktuellste etablierte Distribution sein, unstable (oder testing) für die sich aktuell in Entwicklung befindliche Distribution oder den Namen eines bestimmten Releases tragen, zum Beispiel etch. Verfügbare Komponenten sind üblicherweise main, contrib und non-free.

Dieses Beispiel nutzt die stabilen Repositorys, die sich nicht so häufig ändern wie andere Quellen. Die neuesten Pakete sind alle in der brandaktuellen unstable-Distribution Debian enthalten. »Unstable« heißt nicht (notwendigerweise), dass die Pakete selbst »instabil« sind, sondern eher, dass die Zusammensetzung der gesamten Distribution noch stark schwankt. Wöchentliche Updates von über 100 MB sind typisch.

Die Zeilen von sources.list werden der Reihe nach abgearbeitet, sodass Sie theoretisch die unstable- und testing-Zeilen an das Ende der Datei stellen könnten, um den stabilen Versionen den Vorzug zu geben. Das Problem bei dieser Herangehensweise ist die Abhängigkeitsprüfung von APT. Ein unstable-Paket kann andere, aktualisierte unstable-Versionen der Pakete nachladen, von denen es abhängt, die wiederum andere unstable-Versionen nachladen und so weiter. Ein fauler Apfel verdirbt das ganze Fass; spielen Sie nicht mit unstable-Paketen auf Ihrem Produktionssystem.

Wenn Sie ein unstable-Paket in Ihre Produktionsumgebung einbauen müssen, dann sollten Sie einen »Backport« nutzen, der auf dem stabilen Release kompiliert wurde, um mit den stabilen Bibliotheken zusammenzuarbeiten. Um diese Backports und andere Spezialitäten zu finden, sehen Sie sich die APT-Suchmaschine unter *www.apt-get.org* an. Viele Backport-Pakete (und nicht nur Verweise darauf) können Sie auf Norbert Tretkowskis Site *www.backports.org* finden. Die Backports in diesem Repository sind von exzellenter Qualität und haben minimale externe Abhängigkeiten.

11.4.6 Proxys zur Skalierung von apt-get verwenden

Wenn Sie planen, apt-get auf einer großen Anzahl von Rechnern zu benutzen, dann werden Sie sicherlich Pakete auf einem lokalen Rechner zwischenspeichern wollen. Jedes Paket auf jeden einzelnen Rechner herunterzuladen, ist keine sinnvolle Nutzung der zur Verfügung stehenden externen Bandbreite. Manchmal müssen Sie apt-get durch einen Proxy hindurchlenken, wenn z. B. Ihre Firewall es erfordert.

apt-get benutzt die normalen Protokolle HTTP und FTP, sodass Sie jeden beliebigen Webproxy nutzen können, den Sie zufällig installiert haben. apt-get beachtet die Umgebungsvariable http_proxy, aber Sie können mit einer Zeile in /etc/apt/apt.conf auch explizit einen Proxy angeben:

```
Acquire::http::Proxy "http://proxyserver:8080/n
```

Eine Alternative zu einem gewöhnlichen Webproxy ist eine Anwendung namens apt-proxy. Trotz ihres Namens handelt es sich nicht um einen richtigen Proxy, sondern um eine Anwendung, die einen Paketcache aufbaut, indem sie mit rsync auf den richtigen APT-Server zugreift. apt-proxy ist erhältlich unter *sourceforge.net/projects/apt-proxy*.

11.4.7 Einen internen APT-Server aufsetzen

Anstatt einen Proxy zu verwenden, können Sie auch Ihren eigenen autonomen Server einrichten und Ihre internen Clients so konfigurieren, dass sie Ihre APT-Server verwenden. Mit dieser Variante können Sie die Pakete, die Sie Ihren Clients anbieten, optimieren, Aktualisierungen schnell durchführen (installieren Sie neue Versionen einfach auf dem Server), Ihre eigenen Anwendungen als Pakete verteilen und, was am wichtigsten ist, Ihre eigenen Distributionsversionen anbieten.

Weil apt-get Standardprotokolle (HTTP oder FTP) zum Herunterladen seiner Pakete nutzt, handelt es sich beim Aufsetzen eines APT-Servers um nichts anderes als die Einrichtung eines Web- oder FTP-Servers, auf dem sich die passenden Inhalte befinden.[4] Wegen der breiten Verfügbarkeit von HTTP-spezifischen Servern und Tools ist HTTP wahrscheinlich die unkomplizierteste Wahl für APT.

Tipp

Tipps zum Aufsetzen eines Apache-Webservers finden Sie in Abschnitt 21.2.

Die Pakete können sich auf dem Server alle in einem Verzeichnis befinden, sie können aber auch in einer Hierarchie wie auf den Debian- und Ubuntu-Mirrors angeordnet werden.

Zusätzlich zu den Paketdateien müssen Sie zwei Dateien anlegen, die eine Zusammenfassung enthalten: Packages.gz und Contents.gz Packages.gz müssen eine Liste der Pakete auf dem Server mit ihren Abhängigkeiten im gzip-Format sein. apt-get update nutzt diese Liste, um die verfügbaren Paketkomplemente zu bestimmen. In Contents.gz findet sich eine Zuordnung aller Dateien zu ihren Paketen; sie wird allerdings von apt-get selbst nicht benutzt. Das Kommando apt-ftparchive, das im apt-utils-Paket enthalten ist, erstellt beide Dateien automatisch für Sie.

---

[4] Es gibt aber auch noch andere Möglichkeiten. Zum Beispiel können Sie einen NFS-Server aufsetzen, der die Update-Dateien enthält, oder eine CD brennen und damit von Rechner zu Rechner gehen.

Haben Sie einmal die Dateien angelegt, ist der Rest einfach. Eine Zeile wie die folgende in der Datei /etc/apt/sources.list verbindet apt-get mit Ihrem lokalen Server:

deb http://local-server/mypackages/ ./

Starten Sie apt-get update auf jedem Client und benutzen Sie danach apt-get wie gewohnt.

Um auch Quellcode anzubieten, brauchen Sie nur die entspechenden Quellcodepakete auf dem Server abzulegen. Anders als RPM mit seinem SRPM-Äquivalent für Quellcodepakete, verbreitet Debian die Quellcodepakete in drei Teilen: der eigentlichen .tar.gz-Datei, einer optionalen .diff.gz-Datei (die von den Paketerstellern genutzt wird, um die Änderungen gegenüber dem ursprünglichen Code aufzuzeigen) und einer .dsc-Datei, die eine Beschreibung des Pakets enthält. Das Quellcode-Äquivalent zu Packages.gz ist Sources.gz und wird ebenfalls durch apt-ftparchive erstellt.

Die vorstehende Beispielzeile aus sources.list enthält keinen Parameter für eine Distribution. Wenn Sie wollen, können Sie Distributionsnamen als eine Form der internen Versionierung nutzen. Platzieren Sie einfach alle Pakete, die Sie zu einem »Release« zusammenfassen wollen, in einem eigenen Unterverzeichnis, und ändern Sie das ./ in der Datei sources.list in den Releasenamen oder die Releasenummer.

Es ist oft nützlich, allgemein benannte Releases zu erstellen, zum Beispiel »test« oder »production«, analog zu den »stable«- und »testing«-Releases von Debian. Benutzen Sie symbolische Links auf dem Server, um diese Verzeichnisnamen auf spezifische Releases verweisen zu lassen. Sie können dann später den Inhalt des Releases neu definieren, indem Sie einfach das Ziel der Links ändern. Sobald Sie beispielsweise überzeugt sind, dass ein »test«-Release sicher eingesetzt werden kann, können Sie das »production«-Release auf dasselbe Verzeichnis verweisen lassen. Clients, die sich mit dem »production«-Release synchronisieren, nehmen dann automatisch die Änderungen an.

11.4.8 apt-get automatisieren

Sie können apt-get nach einem regelmäßigen cron-Zeitplan ausführen. Selbst wenn Sie keine Pakete automatisch installieren, können Sie apt-get update regelmäßig ausführen, um die Zusammenfassungen Ihrer Pakete aktuell zu halten.

apt-get dist-upgrade lädt neue Versionen jeglicher gegenwärtig auf dem Computer installierter Pakete herunter und installiert diese. dist-upgrade ähnelt upgrade, verfügt jedoch über eine geringfügig intelligentere Behandlung von Abhängigkeiten. Seien Sie auf Überraschungen vorbereitet, denn dist-upgrade wird Pakete löschen, die es als zwingend inkompatibel mit dem aktualisierten System betrachtet.

Wenn Sie wirklich mit dem Feuer spielen wollen, lassen Sie die Computer den Aktualisierungsvorgang automatisch durch Verwendung der -yes-Option ausführen. Diese beantwortet jede zu bestätigende Frage von apt-get mit einem enthusiastischen: »Ja!«

Wahrscheinlich ist es keine gute Idee, automatisierte Aktualisierungen direkt vom Distributions-Spiegelserver auszuführen. Jedoch ist dies in Zusammenarbeit mit Ihren eigenen APT-Servern, Paketen und Releasesteuerungssystemen eine perfekte Art, Clients synchron zu halten. Ein kurzes Shellskript wie das Folgende hält einen Rechner durch seinen APT-Server auf dem aktuellen Stand.

```
#!/bin/sh
apt-get update
apt-get -yes dist-upgrade
```

Rufen Sie dieses Skript als cron-Job auf, wenn Sie es nachts ausführen wollen. Sie können auch aus einem Systemstartskript darauf verweisen, um die Aktualisierung des Computers beim Booten vorzunehmen. Weitere Informationen über cron erhalten Sie in Kapitel 8, »Periodische Prozesse«; Informationen über Systemstartskripte finden Sie in Kapitel 2, »Starten und Herunterfahren«.

Wenn Sie Aktualisierungen aus cron heraus auf vielen Computern ausführen, ist es sinnvoll, zufällige Startzeiten zu verwenden, damit sichergestellt ist, dass nicht alle gleichzeitig versuchen, sich zu aktualisieren. Das kurze Perl-Skript in Abschnitt 17.3 kann bei dieser Aufgabe helfen.

Wenn Sie Ihrer Paketquelle nicht völlig vertrauen, erwägen Sie den automatischen Download aller geänderten Pakete, ohne diese zu installieren. Verwenden Sie dazu die --download-only-Option von apt-get. Überprüfen Sie dann die Pakete manuell und installieren Sie diejenigen, die Sie aktualisieren möchten. Heruntergeladene Pakete werden in /var/cache/apt abgelegt. Mit der Zeit kann dieses Verzeichnis auf eine beträchtliche Größe anwachsen. Entfernen Sie die nicht verwendeten Dateien von diesem Verzeichnis mit apt-get autoclean.

Wenn Sie eine offizielle, stabile Debian-Distribution verwenden, können wir automatische Aktualisierungen vorbehaltlos empfehlen. Änderungen an der stabilen Distribution beschränken sich im Allgemeinen auf Sicherheitsaktualisierungen, deren Integration gründlich getestet wird. Die einzig mögliche Problematik besteht darin, dass Sie vielleicht keine automatische Aktualisierung wünschen, wenn ein neues Hauptrelease erscheint. Um dieses Problem zu vermeiden, geben Sie einen expliziten Distributionsnamen anstelle des Schlüsselwortes stable in sources.list an.

11.4.9 yum: Releaseverwaltung für RPM

yum (Yellowdog Updater Modified) ist ein auf RPM basierender Metapaketmanager.[5] Es mag etwas unfair sein, yum als Klon von apt-get zu bezeichnen. Er ist thematisch und hinsichtlich seiner Ausführung ähnlich, in der Praxis aber makelloser und langsamer. yum ist das offizielle Paketmanagementsystem für Fedora und bei vielen anderen Distributionen vorinstalliert. Gegebenenfalls können Sie die neueste Version bei *linux.duke.edu/yum* erhalten.

---

5 Nicht zu verwechseln mit Yum-Fischködern mit der Live Prey Technology (LPT), yum3x.com.

Wie bei `apt-get`, erstellt ein serverseitiger Befehl (`yum-arch`) eine Datenbank mit Headerinformationen großer Paketsätze (häufig eines ganzen Releases). Die Headerdatenbank wird dann zusammen mit den Paketen durch HTTP oder FTP verteilt. Clients verwenden den Befehl `yum`, um Pakete abzuholen und zu installieren; `yum` rechnet Abhängigkeitseinschränkungen aus und verrichtet alles, was auch immer an Zusatzarbeiten nötig ist, um die Installation der angeforderten Pakete abzuschließen. Wenn ein angefordertes Paket von anderen Paketen abhängt, lädt `yum` diese ebenfalls herunter und installiert sie.

Die Ähnlichkeiten zwischen `apt-get` und `yum` reichen bis zu den von ihnen verstandenen Befehlszeilenoptionen. Zum Beispiel lädt `yum install foo` die neueste Version des `foo`-Paketes (und ggf. seiner Abhängigkeiten) herunter und installiert sie. Allerdings gibt es mindestens einen trügerischen Unterschied: `apt-get update` frischt den Zwischenspeicher mit seinen Paketinformationen auf, während `yum update` jedes Paket auf dem System aktualisiert (das entspricht `apt-get upgrade`). Um die Verwirrung noch zu steigern, gibt es auch `yum upgrade`, was das Gleiche wie `yum update` ist, allerdings mit impliziter `--obsoletes`-Verarbeitung.

`yum` verarbeitet keine Teilpaketnamen, es sei denn, Sie schließen Shell-Jokerzeichen (wie * und ?) ein, um dies explizit zu veranlassen. Zum Beispiel aktualisiert `yum update 'perl*'` alle Pakete, deren Name mit »perl« beginnt. Denken Sie daran, die Jokerzeichen in Anführungszeichen zu setzen, damit sich die Shell nicht an ihnen stört.

Im Gegensatz zu `apt-get` gleicht `yum` standardmäßig seinen Paketinformationscache bei jeder Ausführung mit dem Inhalt des Netzwerkrepositorys ab. Verwenden Sie die `-C`-Option, um die Überprüfung zu verhindern. Verwenden Sie `yum makecache` für die Aktualisierung des lokalen Caches (die Ausführung dieses Kommandos dauert eine Weile). Leider bewirkt `-C` wenig, um die geringe Geschwindigkeit von `yum` zu verbessern.

Die Konfigurationsdatei von `yum` ist `/etc/yum.conf`. Sie enthält allgemeine Optionen und Zeiger auf Paketrepositorys. Mehrere Repositorys können gleichzeitig aktiv sein. Jedes Repository kann mit mehreren URLs verknüpft sein.

Fedora enthält Metadaten im `yum`-Format in seinen Standarddistributionsbäumen. Somit brauchen Fedora-Anwender lediglich ihre `yum.conf`-Dateien auf den nächsten Spiegelserver zu richten und können nach Belieben aktualisieren.

RHEL folgt diesem Beispiel nicht, vermutlich, um den Absatz von Abonnements im Red Hat-Netzwerk zu fördern.

11.5 Revisionssicherung

Fehler gehören zum Leben. Deshalb ist es wichtig, vorgenommene Änderungen im Auge zu behalten, damit Sie leicht zu einer als funktionierend bekannten Konfiguration zurückkehren können, falls diese Änderungen Probleme bereiten. Die Definition formaler interner Releases macht ein Zurücksetzen einfach. Es ist jedoch eine Schwergewichtslösung, die nur großmaßstäblich funktioniert. Was ist, wenn Sie lediglich eine oder zwei Dateien anpassen müssen?

In diesem Abschnitt erörtern wir einige übliche Wege zur Verwaltung von Änderungen auf der Ebene einzelner Dateien. Diese Methoden ergänzen sich gegenseitig und die umfangreicheren Aspekte interner Releasesteuerung – wählen Sie eine Toolsammlung, die zu Ihren lokalen Bedürfnissen und deren Komplexität passt.

11.5.1 Backupdateien erstellen

Sicherungskopien von modifizierten Dateien zu machen, ist eine altehrwürdige administrative Tradition, die von Lokalisierungsskripten ebenso gut wie mit einzelnen Administratoren ausgeführt werden kann. Backupdateien ermöglichen Ihnen, Konfigurationen in einen früheren Zustand zurückzusetzen. Vielleicht ist es jedoch bedeutender, dass Sie es ihnen ebenso erlauben, mit `diff` Unterschiede zwischen der aktuellen und früheren Versionen einer Datei abzuleiten, um die gemachten Änderungen zu erkennen.

Am besten können Sie Backupdateien erstellen, indem Sie die Originaldatei (mit `mv`) unter einem neuen Namen wie `Dateiname.old` oder `Dateiname.bak` verschieben und sie anschließend unter ihrem Originalnamen zurückkopieren. Verwenden Sie bei `cp` die Option `-p`, um die Dateiattributeinstellungen zu bewahren.

Sobald Sie die aktive Version der Datei aktualisieren, gibt ihre Änderungszeit die neueste Änderung wieder, während die Änderungszeit der Backupdatei die Zeit der vorhergehenden Änderung widerspiegelt. (Wenn Sie bloß mit `cp` kopiert haben, dann haben beide Dateien ähnliche Änderungszeiten.) Die Originaldatei zu verschieben, geht auch mit dem Fall um, dass ein aktiver Prozess eine offene Referenz zu der Datei hat: Änderungen an der jetzt aktiven Kopie sind für diesen Prozess so lange nicht sichtbar, bis die Datei geschlossen und wieder geöffnet wird.

Systeme, die regelmäßig auf Band gesichert werden, können dennoch von der Verwendung manuell erstellter Backupdateien profitieren. Die Wiederherstellung von einer Backupdatei ist schneller und einfacher als von einem Band. Außerdem bewahren manuelle Backups ein zusätzliches Stück der Änderungshistorie.

11.5.2 Formelle Revisionssicherungssysteme

Backupdateien sind sehr nützlich, jedoch nur in kleinen Betrieben zweckmäßig. Auf der nächsten Komplexitäts- und Stabilitätsstufe gibt es formelle Revisionssicherungssysteme. Das sind Softwarepakete, die vielfache Dateiänderungen aufzeichnen, archivieren und den Zugang zu den Aufzeichnungen bereitstellen. Diese Pakete entstanden in der Welt der Softwareentwicklung, aber sind auch für Systemadministratoren ziemlich nützlich.

11.5 Revisionssicherung

Revisionssicherungssysteme sind auf verschiedene Aufgabenstellungen ausgerichtet. Zunächst bieten sie einen organisierten Weg zur Aufzeichnung des Dateiänderungsverlaufs, sodass die Änderungen im Kontext verstanden und frühere Versionen wiederhergestellt werden können. Zweitens erweitern sie das Konzept der Versionssteuerung über die Stufe einzelner Dateien hinaus. Verwandte Gruppen von Dateien können derart gemeinsam versioniert werden, dass ihre gegenseitigen Abhängigkeiten berücksichtigt werden. Letztlich koordinieren Revisionssicherungssysteme die Aktivitäten mehrerer, parallel arbeitender Editoren, sodass die Race Conditions nicht den dauerhaften Verlust der Änderung von irgendjemandem bewirken können[6] und inkompatible Änderungen mehrerer Editoren nicht gleichzeitig aktiviert werden.

Das einfachste allgemein gebräuchliche Revisionssicherungssystem ist RCS (Revision Control System). Es existiert Jahrzehnte und ist auf vielen Systemen vorinstalliert.

Eine andere Möglichkeit ist ein CVS (Concurrent Versions System) genanntes Open Source-System, das RCS um einige Funktionalität ergänzt. Es unterstützt ein verteiltes Modell (zum Gebrauch mit einem Remoteserver) und bessere Mehrentwicklerunterstützung. In vielen Einsatzbereichen wird CVS für Systemadministratorenaufgaben verwendet; besonders die Client/Server-Fähigkeit kann recht nützlich sein. Leider hat CVS einige konzeptionelle Mängel, sodass CVS kein Allheilmittel ist.

Ein neuerer (trotzdem lange erprobter) Zugang zur Open Source-Bühne ist Subversion, ein System, das alle Vorzüge von CVS und scheinbar ein vernünftigeres Grundverhalten bietet. Sein Hauptnachteil für die Systemadministration besteht darin, dass das Verzeichnis im Mittelpunkt des Projektmodells steht. Wie dem auch sei, ist es bis jetzt ein feines System und eine vernünftige Wahl für den administrativen Gebrauch.

Die letzten Jahre haben einen Boom an Open Source-Versionssteuerungssystemen gebracht. Die verfügbaren Wahlmöglichkeiten haben sich um fast eine Größenordnung erweitert. Bedeutendere Konkurrenten unter den neueren Systemen sind z. B. Monotone, Darcs, Arch und Bazaar-NG. Es sind alles interessante Systeme, aber sie scheinen eine Tendenz zu dezentraler Arbeit zu teilen: vielfache Projektabspittungen, vielfache Repositorys, sehr viel Parallelentwicklung. Nach unserer Ansicht ist das traditionelle »zentrale Repository« für Versionsüberwachung im Zusammenhang mit Systemadministration geeigneter.

Einige kommerzielle Revisionssicherungssysteme sind ebenfalls verfügbar. Wenn Sie in der Entwicklungsbranche arbeiten, haben Sie möglicherweise schon auf eines Zugriff und könnten versucht sein, es für Administrationsdaten anzupassen. Gehen Sie dennoch mit Vorsicht daran; unsere Erfahrung hat gezeigt, dass diese kommerziellen Systeme gewöhnlich für den Systemadministratorengebrauch überladen sind.

---

6 Stellen Sie sich beispielsweise vor, dass die Systemadministratoren Alice und Bob dieselbe Datei bearbeiten und jeder einige Änderungen vornimmt. Alice sichert zuerst. Wenn Bob seine Dateikopie sichert, überschreibt dies die Version von Alice. Falls Alice den Editor beendet hat, sind ihre Änderungen vollständig verschwunden und nicht wiederherstellbar.

Wenn Sie ganz von vorn anfangen, empfehlen wir, mit RCS zu beginnen, um ein Gefühl für Revisionssicherung im Allgemeinen zu bekommen. Wenn Sie ein zentralisiertes Repository für Systemadministrationsinformationen aufbauen möchten, ist Subversion das Richtige für Sie.

11.5.3 RCS (Revision Control System)

RCS ist weithin eine der ältesten UNIX-Anwendungen und ein ziemlich einfaches System. Es führt auf der Ebene einzelner Dateien und Speicher den Änderungsverlauf einer jeden Datei in einer separaten Schattendatei. Der Name der Schattendatei ist der gleiche wie der Originalname, jedoch mit den angehängten Zeichen ,v. Wenn Sie zum Beispiel /etc/syslog.conf der Steuerung von RCS unterstellen, hält RCS deren Änderungen in /etc/syslog.conf,v fest.

Um Wirrwarr zu reduzieren, sucht RCS ein Verzeichnis namens RCS im Verzeichnis der Originaldatei. Wenn es existiert, versteckt RCS die ,v-Datei dort, anstatt sie in der offenen Ansicht zu belassen. Verzeichnisauflistungen werden auf diese Weise viel aufgeräumter, weil sich viele Dateien ein RCS-Verzeichnis teilen können. Das ist ein hervorragendes Merkmal, das wir äußerst empfehlen.

Das von RCS verwendete Grundmodell besteht darin, dass Sie Dateien vor ihrer Modifizierung auschecken. Danach checken Sie Ihre Änderungen ein, um sie festzuschreiben. Dementsprechend sind die einzigen RCS-Befehle, die Sie kennen müssen, co, um Dateien auszuchecken, ci, um sie einzuchecken, sowie rcs, der verschiedene Routinearbeiten ausführt. Wenn Sie den emacs-Editor verwenden, können Sie die Befehlszeilenwerkzeuge ganz vermeiden, weil die RCS-Unterstützung integriert ist.

Um die RCS-Aufzeichnung einer Datei zu initiieren, checken Sie diese zuerst ein:

```
# ci -u syslog.conf
RCS/syslog.conf,v <-- syslog.conf
enter log message, terminated with single '.' or end of file:
NOTE: This is NOT the log message!
>> This is the syslog configuration file.
```

Der -u-Schalter bringt ci sofort dazu, die syslog.conf-Datei in einen nicht gesperrten (nicht bearbeitbaren) Zustand auszuchecken. Würden Sie diese Option weglassen, so würde ci die Datei einchecken und die Originalkopie löschen, was Sie wahrscheinlich nicht bezwecken.

Jedes Mal, wenn Sie eine von RCS gesteuerte Datei ändern möchten, müssen Sie diese auschecken und mit co -l sperren:

```
# co -l syslog.conf
RCS/syslog.conf,v --> syslog.conf revision 1.2 (locked)
done
```

11.5 Revisionssicherung

Diese Operation sagt RCS, dass Sie im Begriff sind, die Datei zu modifizieren. RCS lässt niemand anderen die Datei auschecken, bis Sie sie wieder zurück eingecheckt haben.

RCS entfernt Schreibberechtigung auf nicht gesperrten Dateien als Erinnerung daran, sie nicht zu bearbeiten, bis Sie sie so ausgecheckt haben, wie es sein soll.

Ein häufiger Fehler ist es, eine Datei in Ihren Editor zu laden, Änderungen vorzunehmen und nicht zu bemerken, dass Sie die Datei vorher hätten auschecken müssen, bis sich Ihr Editor weigert, die Änderungen zu speichern. In diesem Fall halten Sie lediglich den Editor an oder öffnen Sie Shell in einem anderen Fenster, führen co -l aus und wiederholen die Speicherungsoperation. Sie könnten auch die Datei mittels chmod beschreibbar machen, was aber RCS untergraben und durcheinanderbringen würde.

In der Theorie verhindert eine RCS-Sperre, dass zwei verschiedene Personen eine Datei zeitgleich modifizieren. In der Praxis müssen Sie root sein, um Systemdateien zu modifizieren. Also kann irgendjemand mit sudo-Privilegien eine Datei modifizieren, sobald diese mit root-Berechtigung ausgecheckt worden ist. Wenn jedoch ein zweiter Administrator ein weiteres co-l versucht, bemerkt RCS, dass schon eine beschreibbare Version existiert, und gibt eine Warnung aus. Systemadministratoren sollten sich angewöhnen, stets zu versuchen, die von RCS gesteuerten Dateien, die sie modifizieren wollen, auszuchecken. Der Umstand, dass eine Datei schon beschreibbar ist, bedeutet: »Stopp! Jemand anderes hat diese Datei schon ausgecheckt.«

Gelegentlich können Sie feststellen, dass jemand anderes eine Datei geändert und gesperrt verlassen oder – noch schlimmer – RCS außer Kraft gesetzt und die Datei geändert hat, ohne sie zu sperren. Sie können die vom Übeltäter vorgenommenen Änderungen mit rcsdiff überprüfen, was eine Version von diff für RCS ist. Beispiel:

```
# rcsdiff syslog.conf
===========================================================
RCS file: RCS/syslog.conf,v
retrieving revision 1.3
diff -r1.3 syslog.conf 4c4
< define(LOGHOST,moonbase)
---
> define(LOGHOST,spacelounge)
```

Als letzten Ausweg können Sie die Sperre mit dem Befehl rcs -u *Dateiname* aufheben. Dieser Befehl fordert Sie auf, eine Erklärung Ihrer Aktionen einzugeben, und sendet dem Benutzer eine Nachricht, der die Datei zuvor gesperrt hatte (normalerweise root, leider).

Sobald Sie mit Ihren Änderungen an einer ausgecheckten Datei zufrieden sind, checken Sie sie mit ci -u wieder ein. Sie werden zu einem Kommentar aufgefordert, der Ihre ausgeführte Aktion beschreibt. Lassen Sie diesen Schritt nicht aus, aber schreiben Sie auch keinen Roman. Wenn Sie in ein paar Jahren versuchen, nachzuvollziehen, warum Sie eine bestimmte Änderung vorgenommen haben, können Ihnen sinnvolle Kommentare den Tag retten.

```
# ci -u syslog.conf
RCS/syslog.conf,v <-- syslog.conf
new revision: 1.3; previous revision: 1.2
enter log message, terminated with single '.' or end of file:
>> Started logging debug messages to track down SSH problem
>> .
done
```

Mit dem `rlog`-Befehl können Sie den Änderungsverlauf einer Datei ansehen:

```
# rlog syslog.conf
RCS file: RCS/syslog.conf,v
Working file: syslog.conf
head: 1.3
branch:
locks: strict
access list:
symbolic names:
keyword substitution: kv
total revisions: 3; selected revisions: 3
description:
----------------------------
revision 1.3
date: 2002/01/10 00:44:58; author: adam; state: Exp; lines: +1 -0
Started logging debug messages to track down problem
----------------------------
revision 1.2
date: 2000/07/19 08:23:10; author: evi; state: Exp; lines: +2 -0
Changed log destination to new logmaster
----------------------------
revision 1.1
date: 1998/03/14 11:13:00; author: matthew; state: Exp;
Initial revision
=============================================
```

Wenn Sie wissen möchten, wie eine Datei aussah, bevor Sie zu einem neuen Protokollmaster wechselten, können Sie die Revision 1.2 der Datei mit der `co -r`-Option auschecken:

```
# co -r1.2 syslog.conf
RCS/syslog.conf,v --> syslog.conf
revision 1.2
done
```

Da dieser Befehl die aktuelle `syslog.conf`-Datei durch die ältere Version ersetzt, sorgen Sie dafür, dass Sie danach ein normales `co` ausführen, da Sie (und `syslogd`) anderenfalls sehr irritiert werden. Eine weitere Option ist `co -r1.2 -p syslog.conf`, die die Inhalte der gewünschten Version auf der Standardausgabe ausgibt; leider gibt es keine Möglichkeit, die Datei unter einem anderen Namen auszuchecken. Checken Sie niemals gesperrte Kopien älterer Änderungen aus (mit `co -l`), weil dieser Vorgang Verzweigungen im Versionsbaum hervorruft. Versionszweige sind gelegentlich für Quellcode nützlich, werden aber fast nie für die Systemadministratorenarbeit benutzt; um sich Ihr Leben einfacher zu machen, ignorieren Sie einfach die ganze RCS-Dokumentation, die davon handelt.

Mehr Information über RCS finden Sie bei *www.cs.purdue.edu/homes/trinkle/RCS/*.

11.5.4 CVS (Concurrent Versions System)

RCS hat einige bedeutsame Schwächen. Sie müssen darauf achten, Ihren Kollegen beim Bearbeiten von Dateien nicht auf die Füße zu treten, und einen besonderen Verfahrensablauf einhalten. Mehrere Dateien können Sie nicht zeitgleich sicher modifizieren, ohne Ihr System Ihren unvollendeten Modifikationen preiszugeben. Diese Mängel (und andere) riefen den Entwurf des fortschrittlicheren Concurrent Versions Systems hervor, das gegenwärtig das am häufigsten verwendete Revisionssicherungssystem auf UNIX- und Linux-Systemen ist.

Einer der Grundgedanken von CVS ist es, Projektdateien (und ihre früheren Versionen) an einem zentralen Ort zu speichern. Wie in RCS, checken Sie Kopien von Dateien aus, um sie zu bearbeiten, und wieder ein, wenn Sie fertig sind. Eine feine Sache bei CVS ist, dass es nicht über das Konzept von »gesperrtem« und »ungesperrtem« Auschecken verfügt; mehrere Personen können zu derselben Zeit (deshalb »concurrent«) dieselben Dateien auschecken und modifizieren.

Da CVS nicht verhindert, dass mehrere Personen eine Datei modifizieren, muss es einen Weg vorsehen, der ihre Änderungen zusammenführt, wenn die Dateien wieder eingecheckt werden. Dieses Verschmelzen geschieht normalerweise automatisch, aber es funktioniert nur bei Textdateien und nur dann, wenn die verschiedenen Änderungen kompatibel sind. Anderenfalls überlässt CVS es der Person, die das Einchecken ausführt, Konflikte manuell zu lösen. Im Fall unvereinbarer Änderungen an einer Textdatei fügt CVS hilfreiche Kommentare ein, die zeigen, wo der Konflikt auftritt.

So viel zur Theorie. Es klingt toll, und tatsächlich ist es das auch – sogar das Verschmelzen funktioniert gut. Aber CVS hat noch einige Probleme:

- Es unterstützt keinen »atomaren Commit«. Wenn zwei Personen versuchen, eine umfangreiche Modifikation einzuchecken, die eine Vielzahl von Dateien betrifft, kann die Übermittlung beider Versionen auf halbem Wege damit enden, dass jedem Anwender die Lösung einer zufälligen Auswahl von Konflikten übertragen wird. Unschön.

- Um eine Datei umzubenennen, müssen Sie sie unter einem neuen Namen kopieren und die Originaldatei löschen, wobei die Aufzeichnung des ganzen Dateiverlaufs verloren geht. Gleichermaßen ist es unmöglich, Verzeichnisse umzubenennen, außer dadurch, sie zu kopieren und die Originalversionen zu entfernen.

- Dateiattribute werden nicht von der Revisionssicherung verwaltet. Sie verbleiben in dem Zustand, den die Datei hatte, als sie erstmals eingecheckt wurde.

Dennoch wird CVS in vielen Open Source-Softwareprojekten verwendet. Nicht so sehr, weil es grenzenlos grandios ist, sondern eher, weil es früher an funktionsfähigen Alternativen mangelte. Diese Situation hat sich geändert, weil viele Gruppen am Ersatz von CVS gearbeitet haben. Heute sind die Wahlmöglichkeiten zahlreich, und voraussichtlich werden Glaubenskriege über die Streitfrage ausgetragen, welches Revisionssicherungssystem CVS folgen sollte. Die Website der *Better SCM Initiative* (*better-scm.berlios.de*) von Shlomi Fish stellt die meisten Kandidaten vor und präsentiert einen systematischen (obgleich einen undatierten) Vergleich ihrer Merkmale.

Das Folgende stellt einen Schnelldurchlauf der wichtigsten CVS-Befehle vom Standpunkt eines Benutzers dar. Die erste Stufe beim Modifizieren eines Projekts ist das Anmelden am Server und Auschecken des Moduls, an dem Sie arbeiten wollen. Hier arbeiten wir an einem Modul namens `sort`.

```
$ cvs -d :pserver:username@servername:/path/to/repository login
CVS password: password
$ cvs -d :pserver:username@servername:/path/to/repository co sort
```

Hier ist `pserver` die Zugangsmethode, die verwendet wird, um Verbindung zu dem Repository herzustellen, das in diesem Fall ein bestimmter CVS-Kennwortserver ist. Die `login`-Operation überprüft das Kennwort auf dem Server und macht eine Kopie davon zum Gebrauch in späteren Transaktionen. Die `co`-Operation ist genau analog zu der von RCS.

Jetzt können Sie Ihre lokale Kopie des `sort`-Verzeichnisses aufrufen und Dateien bearbeiten. Wenn Sie bereit sind, Dateien zurück in das CVS-Repository einzuchecken, brauchen Sie den `-d`-Schalter nicht zu benutzen, weil CVS eine Kopie aller notwendigen lokalen Informationen im `sort/CVS`-Unterverzeichnis angelegt hat.

```
$ cd sort
$ vi foo.c
$ cvs commit foo.c -m "effizientere Sortierroutine hinzugefügt"
```

Wenn Sie eine Zeit lang an Ihrer Kopie des Moduls gearbeitet haben und Ihre lokalen Kopien der Dateien, die andere Personen seit Ihrem Checkout modifiziert (und eingecheckt) haben, aktualisieren möchen, können Sie den `cvs update`-Befehl benutzen. Die `-d`-Option bedeutet, dass alle Unterverzeichnisse eingeschlossen werden, `-P` fordert CVS auf, alle leeren Verzeichnisse zu entfernen.

```
$ cvs update -dP
```

Bedenken Sie, dass dies eine Art der Integration ist, obwohl Sie Ihre Dateien nicht im zentralen Repository einchecken. Es ist immer möglich, dass die Änderungen anderer Benutzer mit Ihren kollidieren. CVS teilt Ihnen mit, wenn es Konflikte gibt, um die Sie sich kümmern müssen.

11.5.5 Subversion: CVS de luxe

Obwohl CVS gegenwärtig das vorherrschende Revisionssicherungssystem ist, empfehlen wir, dass Administratoren, die sich von RCS aus neu orientieren, direkt den Sprung zu Subversion machen. Dieses Paket wurde von Karl Fogel und Jim Blandy geschrieben, die im Jahr 1995 Cyclic Software gründeten, um Supportverträge für CVS zu verkaufen. Im Jahr 2000 wurden sie von CollabNet vertraglich verpflichtet, einen Open Source-Ersatz für CVS zu schreiben. Subversion ist das Ergebnis; nach einer langen Entwicklung wurde Version 1.0 im Februar 2004 freigegeben.

Subversion hat all die oben erwähnten »fehlenden« Merkmale (und dann noch einige), opfert ihnen aber weder Übersichtlichkeit noch Bedienbarkeit. Wie in CVS, speichert ein zentrales Repository alle Dateien unter Versionsüberwachung. Subversion kann Binärdateien handhaben und ist schneller als CVS.

Standardmäßig ist der Subversion-Server ein Modul im Apache 2.x-Webserver – großartig für verteilte Softwareentwicklung, aber vielleicht für administrative Zwecke nicht so gut. Glücklicherweise bietet Subversion eine zweite Art Server in Form eines Daemons namens svnserve. Sie können svnserve von Ihrem Heimatverzeichnis ausführen, während Sie mit Subversion experimentieren. Im Produktionsbetrieb sollte er aber sein eigenes Benutzerkonto haben und von inetd ausgeführt werden.

Die Erstausgabe von Subversion verwendete die Berkeley DB-Datenbank als Speicher für das Repository, doch Subversion 1.1 fügt Unterstützung für ein als FSFS bekanntes, alternatives System hinzu. Beide Speicher haben Vorteile und Nachteile. Einer der Hauptunterschiede liegt darin, dass Berkeley DB sich auf eine memory-mapped-I/O stützt und sich deshalb nicht mit dem Dateisystem NFS[7] verträgt. Subversion-Repositorys, die Berkeley DB verwenden, müssen sich lokal auf dem Computer befinden, auf dem der Subversion-Server läuft. FSFS-Repositorys haben diese Beschränkung nicht. Unter *subversion.tigris.org* erfahren Sie mehr zu weiteren Vor- und Nachteilen. Das Einrichten des Repositorys ist leicht. Zum Beispiel erstellen die folgenden Schritte ein neues Subversion-Repository namens admin:

```
# cd /home/svn
# mkdir repositories
# cd repositories
# svnadmin create admin
# chmod 700 admin
```

Wenn Sie das FSFS-Format für Ihr Repository anstelle der Standard-Berkeley-DB verwenden möchten, fügen Sie dem svnadmin create-Befehl die Option --fs-type=fsfs hinzu. Treffen Sie eine weise Auswahl; das Repository-Format ist danach schwierig zu ändern.

---

[7] Weitere Information dazu finden Sie bei *www.sleepycat.com*.

Wenn Sie in das `admin`-Verzeichnis sehen, finden Sie eine gut gegliederte Repository-Struktur einschließlich einer README-Datei. Die Konfigurationsdatei `svnserve.conf` kann im `conf`-Unterverzeichnis gefunden werden. Diese Datei sagt dem Serverdaemon, wie der Zugang zum neuen Repository bereitzustellen ist. Die folgende Beispielkonfiguration ist für administrative Dateien geeignet:

```
[general]
anon-access = none
auth-access = write
password-db = passwd
realm = The Sysadmin Repository
```

Weil eines der Entwurfsziele von Subversion darin bestand, die Zusammenarbeit zwischen Personen an verschiedenen Orten zu erleichtern, hat es ein Zugriffssteuerungsmodell, das vom Betriebssystem getrennt ist. Die Datei `passwd` (in demselben Verzeichnis) enthält eine Liste von Benutzern und deren Klartext(!)-Passwörter. Die Klartextdarstellung ist nicht gut, aber die Passwörter werden niemals im Klartext über das Netzwerk übermittelt. Sie werden auch niemals aus dem Gedächtnis von Benutzern eingegeben, also können Sie auch Passwörter festlegen, die lang und zufällig genug sind, um sicher zu sein. Beispiel:

```
[users]
tobi = lkadslfkjasdljkhe8938uhau7623rhkdfndf
evi = 09uqalkhlkasdgfprghkjhsdfjj83yyouhfuhe
fritz = kd939hjahkjaj3hkuyasdfaadfk3ijdkjhf
```

Natürlich sollten Berechtigungen für die `passwd`-Datei eingeschränkt gesetzt werden.

Alles, was zu tun bleibt, ist, den Server auf dem neuen Repository zu starten:

```
# svnserve --daemon --root /home/svn/repositories
```

Als ein nicht privilegierter Benutzer können Sie jetzt das `admin`-Archiv von überall im Netzwerk auschecken.

```
$ svn checkout --username tobi svn://server.atrust.com/admin checkout
Authentication realm: <svn://server.atrust.com:3690> The Sysadmin Repository
Password for 'tobi': <Passwort>
```

Wenn Sie das Passwort zum ersten Mal eingeben, archiviert Subversion eine Kopie in einem `.subversion`-Verzeichnis in Ihrem Heimatverzeichnis. Um Dateien innerhalb Ihrer lokalen Kopie des Projekts hinzuzufügen oder zu verschieben, verwenden Sie den `svn`-Befehl:

```
$ cd checkout
$ vi foo.c
$ svn add foo.c
```

Sobald Sie fertig sind, schreiben Sie Ihre Änderungen im Repository fest:

```
$ svn commit -m "Initial checkin; added foo.c"
```

Es ist nicht erforderlich, die geänderten Dateien, die Sie bestätigen möchten, aufzuzählen, obwohl Sie es tun können, wenn Sie möchten; svn findet es allein heraus. Wenn Sie die -m-Option weglassen, startet svn einen Editor für Sie, sodass Sie die Commitnachricht bearbeiten können.

Um die letzten Aktualisierungen vom Repository zu erhalten, führen Sie svn update innerhalb des Projekts aus. Wie CVS führt Subversion eine Mischoperation an jeder Datei aus, die sowohl in Ihrer lokalen Projektkopie als auch im Hauptrepository modifiziert wurde. Dateien mit unlösbaren Konflikten sind als »conflicted« markiert. Subversion erlaubt es so lange nicht, diese Dateien einzuchecken, bis Sie die Probleme behoben und dies Subversion mitgeteilt haben.

```
$ svn resolved foo.c
```

Wenn Sie wissen möchten, wer welche Zeilen einer Datei geändert hat, können Sie Subversion auffordern, den Schuldigen zu melden.

```
$ svn blame bar.c
```

Dieser Befehl druckt eine kommentierte Version der Datei, die aufzeigt, wann und von wem die einzelnen Zeilen zuletzt modifiziert wurden. (Diejenigen mit einer mehr vergebenden oder optimistischeren Natur können das Synonym svn praise (preisen) verwenden.) Abweichungen bei einem bestimmten Datum oder einer bestimmten Version können ebenfalls leicht ermittelt werden. Wenn Sie beispielsweise wissen möchten, was sich in foo.c seit dem 2. Juni 2006 geändert hat, wird Ihnen das folgender Befehl mitteilen:

```
$ svn diff -r "{2006-06-02}" foo.c
```

Die neueste Version von Subversion können Sie bei *subversion.tigris.org* herunterladen. Die Standarddokumentation ist das Buch *Versionskontrolle mit Subversion*, herausgegeben von O'Reilly. Der vollständige englische Text ist online bei *svnbook.red-bean.com* verfügbar.

Subversion hat auch eine hervorragende Windows-GUI; siehe *tortoisesvn.tigris.org*. Wir verwendeten sie, um die Quelldateien für dieses Buch zu verwalten.

11.6 Lokalisierung und Konfiguration

Computer an Ihre lokale Umgebung anzupassen, ist eine der wesentlichen Aufgaben von Systemadministratoren: Informieren Sie das System über alle im Netzwerk verfügbaren Drucker, starten Sie den Lizenzierungsdaemon, fügen Sie den cron-Job hinzu, der das /scratch-Verzeichnis einmal in der Woche bereinigt, integrieren Sie die

Unterstützung für den Scanner, der in der Grafikabteilung gegenüber benutzt wird usw. Es ist ein zentrales Ziel des Architekturdenkens, sich um diese Angelegenheiten auf eine strukturierte und nachvollziehbare Weise zu kümmern.

Beachten Sie die folgenden Punkte:

- Benutzer haben keine root-Privilegien. Jeder Bedarf an root-Privilegien im normalen Betrieb ist verdächtig und deutet darauf hin, dass etwas mit Ihrer lokalen Konfiguration faul ist.
- Benutzer ruinieren das System nicht absichtlich. Planen Sie die interne Sicherheit so, dass sie vor unabsichtlichen Fehlern und der breiten Verteilung von administrativen Privilegien schützt.
- Benutzer, die sich auf unbedeutende Weise daneben benehmen, sollten befragt werden, bevor sie bestraft werden. Benutzer reagieren häufig auf ineffiziente administrative Verfahren mit dem Versuch, diese zu untergraben, sodass es klug ist, die Möglichkeit in Betracht zu ziehen, dass Nichtbefolgung ein Hinweis auf Architekturprobleme ist.
- Seien Sie kundenorientiert. Reden Sie mit Benutzern und fragen Sie sie, welche Aufgaben sie schwierig finden. Finden Sie Wege, diese Aufgaben einfacher zu machen.
- Ihre persönlichen Vorlieben sind Ihre Sache. Lassen Sie Ihren Benutzern ihre eigenen Vorlieben. Bieten Sie, wo immer möglich, Wahlmöglichkeiten an.
- Wenn Ihre administrativen Entscheidungen den Eindruck des Systems auf die Benutzer beeinflussen, seien Sie sich der Gründe für Ihre Entscheidungen bewusst. Geben Sie Ihre Gründe bekannt.
- Halten Sie Ihre lokale Dokumentation aktuell und leicht zugänglich. In Abschnitt 30.8 finden Sie weitere Informationen über dieses Thema.

11.6.1 Die Lokalisierung gestalten

Wenn Sie tausend Computer haben und jeder Computer seine eigene Konfiguration hat, verbringen Sie einen größeren Teil Ihrer Arbeitszeit damit, herauszufinden, warum ein Rechner ein besonderes Problem und eine anderer dieses nicht hat. Klar, die Lösung ist, jeden Computer gleich zu machen, richtig? Allerdings machen die Zwänge der Praxis und die sich verändernden Bedürfnisse Ihrer Benutzer dies normalerweise unmöglich.

Es gibt einen großen Unterschied in der Administrierbarkeit mehrfacher und unzähliger Konfigurationen. Der Trick ist, Ihre Ausrüstung in handhabbare Stückchen aufzuteilen. Sie werden feststellen, dass einige Teile der Lokalisierung auf alle verwalteten Hosts zutreffen, während sich andere nur auf wenige beziehen und noch andere spezifisch für einzelne Rechner sind.

11.6 Lokalisierung und Konfiguration

Zusätzlich zu Installationen von Grund auf, müssen Sie auch ständig Aktualisierungen einführen. Bedenken Sie, dass einzelne Hosts verschiedene Bedürfnisse hinsichtlich Aktualität, Stabilität und Betriebszeit haben.

Ein besonnener Systemadministrator sollte Softwareneuerscheinungen niemals gehäuft einführen, sondern stufenweise nach einem Plan, der die Bedürfnisse anderer Gruppen berücksichtigt und Zeit zur Entdeckung von Problemen lässt, solange deren Potenzial zur Verursachung von Schäden noch begrenzt ist.[8]

Wie auch immer Sie Ihr Lokalisierungssystem gestalten, vergewissern Sie sich, dass alle Originaldaten in einem Revisionssteuerungssystem geführt werden. Diese Vorsichtsmaßnahme gestattet Ihnen, im Auge zu behalten, welche Änderungen gründlich getestet worden und zum Einsatz bereit sind. Außerdem lässt sie Sie den Urheber problematischer Änderungen identifizieren. Je mehr Personen in den Prozess eingebunden sind, desto wichtiger wird dies.

Es ist vorteilhaft, das Basisbetriebssystemrelease vom Lokalisierungsrelease zu trennen. Je nach dem Stabilitätsbedarf Ihrer Umgebung, können Sie kleinere lokale Releases ausschließlich zur Fehlerbehebung verwenden. Jedoch haben wir festgestellt, dass das Hinzufügen neuer Merkmale in kleinen Dosen sanfter abläuft als Änderungen im Stil von »Monster«-Releases in die Warteschlange einzustellen und damit eine größere Betriebsunterbrechung zu riskieren.

Häufig ist es eine gute Idee, eine Maximalanzahl von »Releases« festzulegen, die Sie zu gegebener Zeit unterstützen wollen. Manche Administratoren glauben, dass es keinen Grund gibt, Software in Ordnung zu bringen, die nicht beschädigt ist. Sie weisen darauf hin, dass das grundlose Nachrüsten von Systemen Zeit und Geld kostet und darauf, dass »das Neueste« allzu oft »das Unerprobte« bedeutet. Wer so vorgeht, muss bereit sein, einen umfangreichen Katalog aktiver Releases anzuhäufen.

»Durchschnitts«-Systemadministratoren dagegen weisen auf die Komplexität von Releases und die Schwierigkeit hin, eine willkürliche Releaseansammlung, die Jahre zurück in die Vergangenheit datiert, zu unterhalten (geschweige denn zu verwalten). Ihre Trumpfkarten sind Sicherheitspatches, die typischerweise universell und zeitnah angewandt werden müssen. Überalterte Betriebssystemversionen zu reparieren, ist oft nicht möglich, sodass Administratoren vor der Wahl stehen, Aktualisierungen auf einigen Computern zu übergehen oder diese Rechner im Eilverfahren auf ein neueres internes Release zu aktualisieren. Nicht gut.

Keine dieser Ansichten ist beweisbar richtig, aber wir neigen zu denjenigen, die eine beschränkte Anzahl von Releases favorisieren. Es ist besser, Ihre Aktualisierungen nach Ihrem eigenen Zeitplan durchzuführen, als wenn Ihnen eine Notfallsituation dies diktiert.

---

[8] Sicherheitspatches sind die mögliche Ausnahme zu dieser Regel. Es ist wichtig, Sicherheitslücken zu schließen, sobald sie gefunden sind. Andererseits schleusen Sicherheitspatches manchmal Fehler ein.

11.6.2 Testen

Es ist wichtig, Änderungen zu testen, bevor sie auf die Welt losgelassen werden. Zumindest bedeutet dies, dass Sie Ihre eigenen Konfigurationsänderungen testen müssen.

Jedoch sollten Sie auch die Software richtig testen, die Ihr Händler liefert. Ein großer UNIX-Hersteller gab einmal eine Fehlerkorrektur aus, die `rm -rf /` ausführte, wenn sie in einer bestimmten Weise angewandt wurde. Stellen Sie sich vor, dieses Patch überall in Ihrer Firma zu installieren, ohne es zuerst zu testen.

Testen ist besonders wichtig, wenn Sie einen Dienst wie `apt-get` oder das Red Hat-Netzwerk benutzen, das eine automatische Patchfähigkeit bietet. Unternehmenskritische Systeme sollten niemals direkt mit einem herstellereigenen Aktualisierungsdienst verbunden werden. Wählen Sie einen Computer als Opfer aus, der mit dem Dienst verbunden wird, und führen Sie die Änderungen von diesem Computer aus auf anderen Rechnern erst nach entsprechenden Tests ein. Schalten Sie Aktualisierungen während Ihrer Testphase aus; anderenfalls kann es passieren, dass Ihr Lieferant neue Änderungen freigibt und diese vorzeitig in Ihre Produktionssysteme eindringen.

Wenn Sie das Auftreten von für die Benutzer erkennbaren Problemen oder Änderungen im Zusammenhang mit einer geplanten Aktualisierung voraussehen, benachrichtigen Sie die Benutzer im Voraus und geben Sie ihnen Gelegenheit, um mit Ihnen zu kommunizieren, wenn sie Besorgnisse bezüglich Ihrer beabsichtigten Änderungen oder Ihrer Zeitplanung haben. Stellen Sie sicher, dass die Benutzer eine einfache Möglichkeit haben, Fehler zu melden.

Tipp

In Abschnitt 30.9 gibt es weitere Informationen zum Thema Problemverfolgung.

Wenn Ihr Unternehmen geografisch verteilt ist, vergewissern Sie sich, dass andere Büros beim Testen helfen. Internationale Beteiligung ist besonders wertvoll in Mehrsprachenumgebungen. Wenn niemand im deutschen Büro Japanisch spricht, wäre es besser, das Büro in Tokio etwas testen zu lassen, das möglicherweise die Unterstützung der Kanji-Schriftzeichen beeinflusst.

Eine überraschende Anzahl von Systemparametern variiert mit dem Standort. Testet das deutsche Büro Änderungen an der Druckinfrastruktur mit US-Letter-Papier oder müssen sich die US-Büros auf eine Überraschung gefasst machen?

11.6.3 Lokale Kompilierung

In der Frühzeit von UNIX, als es viele verschiedene Architekturen gab, wurden Programme gewöhnlich in Form von Quellarchiven, üblicherweise .tar.Z-Dateien vertrieben, die Sie dekomprimieren und dann kompilieren konnten. Wenn das Programm einmal erstellt war, haben Sie die Software an einem Ort wie /usr/local installiert. Heute bedeutet die Verwendung von Paketmanagementsystemen, dass weniger Programme auf diese Weise installiert werden müssen. Es bedeutet auch, dass Administratoren weniger Entscheidungen treffen, seit Pakete bestimmen, wo ihr Inhalt installiert wird.

Selbst mit einfach anzuwendender Paketverwaltung ziehen es einige Leute immer noch vor, ihre eigene Software[9] zu kompilieren. Wenn Sie Ihren eigenen Build ausführen, können Sie die in der Softwarekompilierung verwendeten Optionen besser beeinflussen. Sie geben allerdings auch Ihrer Paranoia Raum, weil Sie den Quellcode kontrollieren können, den Sie kompilieren. Einige scheinen zu denken, dass diese flüchtige Überprüfung wichtig ist. Wir denken aber, der Mehrwert an Sicherheit ist minimal, es sei denn, Sie haben die Zeit und Fähigkeit, jede Zeile eines 20.000-zeiligen Softwarepakets zu überprüfen.

Da nicht alle Software in der Welt für jede Linux-Distribution verpackt worden ist, ist es wahrscheinlich, dass Sie zumindest einigen Programmen begegnen werden, die Sie selbst installieren müssen, besonders wenn Ihre Computer nicht 32-Bit-Intel-Systeme sind. Was dazu kommt, wenn Ihre Site eigene Software entwickelt: Sie müssen überlegen, wo Sie Ihre eigene, lokal entwickelte Software platzieren.

Historisch ist der üblichste Platz für lokale Software /usr/local gewesen. Dieser Konvention wird noch heute weitgehend gefolgt. Der UNIX/Linux Filesystem Hierarchy Standard (FHS) gibt an, dass /usr/local bestehen und nach der Erstinstallation des Betriebssystems leer sein muss. Viele Pakete setzen voraus, dass sie dort installiert werden.

Eine erdrückend große Anzahl anderer Pakete (besonders kommerzielle Anwendungen) erwartet in /usr installiert zu werden, was im Allgemeinen außerhalb des Kontexts eines Paketmanagementsystems eine schlechte Idee ist.[10] Nach unserer Erfahrung arbeiten viele Anwendungen, obwohl sie versuchen, in /usr installiert zu werden, gewöhnlich problemlos, wenn sie irgendwo anders installiert werden.

Im seltenen Fall des Fehlverhaltens eines Paketes können Sie die Sache oft durch Hinzufügen symbolischer Links in /usr beheben, die auf ein Installationsverzeichnis an einem anderen Ort verweisen. Eine andere Möglichkeit besteht darin, zu prüfen, ob

---

9 Der harte Kern derjenigen, die selbst kompilieren, sollte die Linux-Distribution Gentoo ausprobieren, die so entworfen ist, dass sie von Grund auf auf dem Zielsystem rekompiliert werden muss.

10 Der Sinn, x-beliebige Software aus /usr und anderen Systemverzeichnissen herauszuhalten, ist die Trennung lokaler Anpassungen von der Systemsoftware. Unter der Steuerung eines Paketmanagementsystems bieten Pakete selbst eine Überwachungsaufzeichnung, sodass es sinnvoller ist, dass Pakete Systemverzeichnisse modifizieren.

die Anwendung mit dem Fehlverhalten eine Umgebungsvariable zum Auffinden ihres Installationsverzeichnisses kennt; normalerweise, aber nicht immer, ist ein solches Merkmal dokumentiert.

Obwohl /usr/local traditionell ist, empfinden es viele als unhandliche Müllhalde. Der herkömmliche Aufbau (im Grunde das Gleiche wie /usr mit Binärprogrammen in /usr/local/bin, man-Seiten in /usr/local/man usw.) ruft in manchen Umgebungen eine Vielzahl Probleme hervor: Es ist schwierig, mehrere Versionen derselben Software installiert zu haben, die Verzeichnisse können groß sein, es ist mühsam, mannigfaltige Architekturen zu verwalten usw.

11.6.4 Lokalisierungen verteilen

Ihr Lokalisierungssystem muss sowohl die Erstinstallation als auch die stückweise Aktualisierungen handhaben. Die Aktualisierungen können besonders heikel sein. Effizienz kann das Hauptproblem sein, da Sie den ganzen Lokalisierungstanz wahrscheinlich nicht wiederholen wollen, um die Rechte an einer einzelnen Datei zu aktualisieren. Obwohl der Prozess automatisiert ist, macht das Wiederholen von Anfang an Aktualisierungen zu einem teuren und zeitraubenden Prozess.

Eine einfache und skalierbare Art, Lokalisierungen zu organisieren, besteht darin, Dateien in einer Baumstruktur zu unterhalten, die das (vereinfachte) Dateisystem eines Produktionsrechners nachbildet. Ein dezidiertes Installationsskript kann den Baum zum Zielcomputer kopieren und weitere erforderliche Bearbeitungen vornehmen.

Diese Art der Einrichtung hat mehrere Vorteile. Sie können so viele Lokalisierungsbäume wie nötig unterhalten, um Ihr lokales administratives Verfahren in Kraft zu setzen. Einige der Bäume sind Alternativen, wobei jeder Computer nur eine der verfügbaren Auswahlmöglichkeiten erhält. Andere Bäume können bereits vorhandene Bäume überlagern. Lokalisierungsbäume können, falls nötig, Dateien überschreiben, aber auch völlig getrennt angeordnet sein. Jeder eventuell unabhängig installierte Baum sollte ein eigenes Revisionssicherungsprojekt darstellen.

Der Ansatz sich überlagernder Bäume bietet Flexibilität in seiner Implementierung. Wenn Sie ein Paketsystem zur Verteilung Ihrer lokalen Anpassungen benutzen, können diese Überlappungen einfach in unabhängige Pakete aufgeteilt werden. Die entsprechenden Skripte zur Anpassung können in dem Paket als Teil des Installationsprozesses integriert werden.

Eine weitere gute Idee zur Implementierung ist es, rsync zu verwenden, um Zielrechner gemäß ihren Overlay Trees einzurichten. rsync kopiert nur veraltete Dateien, sodass es für das Verteilen inkrementeller Änderungen sehr effizient sein kann. Dieses Verhalten ist mit einem Paketsystem allein schlecht zu simulieren. In Abschnitt 17.3.2 finden Sie weitere Informationen über rsync.

11.6.5 Zeitplanprobleme lösen

Mancherorts werden sämtliche Systeme nach einem regelmäßigen Plan aktualisiert. Dieser Plan ist möglicherweise lästig, hat aber den Vorteil der Definition zeitlicher Obergrenzen, wie veraltet Clientsysteme maximal sein können. Andere Unternehmen aktualisieren ihre Systeme zum Bootzeitpunkt. Diese Option ist relativ sicher, kann aber bedeuten, dass eine lange Zeit zwischen den Aktualisierungen liegt. In einigen Bereichen wird technisch erfahrenen Benutzern gestattet, selbst zu bestimmen, wann ihre Computer zu aktualisieren sind. Dies ist eine kooperative und freundliche Absicht, die aber dazu führt, dass eines der anderen Verfahren zusätzlich nötig sein wird, weil einige Benutzer nie aktualisieren wollen.

Aktualisierungen können vom Aktualisierungsserver (normalerweise mittels `cron`) ausgelöst oder von einzelnen Clientsystemen angefordert werden. Ein anforderndes System kann seinen eigenen Aktualisierungsplan besser steuern. Beispielsweise kann es in einem Unternehmen mit weltweiten Einrichtungen leichter sein, nächtliche Aktualisierungen mit einem anfordernden System zu realisieren; eine mitternächtliche Aktualisierung in den USA entspricht der Aktualisierung inmitten des Arbeitstages in Asien.

Je nach Anzahl der von Ihnen administrierten Computer und der geografischen Größe des von Ihnen umspannten Bereiches, können Sie entweder einen einzelnen Verteilungsserver oder eine Hierarchie von Servern einrichten.

Zum Beispiel können Sie einen Hauptserver haben, der Aktualisierungen an einen Nebenrechner in jedem Gebäude verteilt, wobei der Nebenrechner die Änderungen wiederum der Reihe nach direkt an die Clientsysteme verteilt. Bei geografisch verstreuten Standorten kann diese Anordnung den Verbrauch an WAN-Bandbreite drastisch reduzieren.

11.7 Tools für die Konfigurationsverwaltung

Lokalisierungssysteme sind meistens im eigenen Haus entwickelt. Dies liegt zum Teil an den großen Unterschieden zwischen den Unternehmen und ihren manchmal bizarren Bedürfnissen. Wie auch immer, das NIH-Syndrom (»Not invented here«) trägt dazu bedeutend bei. Vielleicht hat das Fehlen eines vorherrschenden Open Source-Tools zur Konfigurationsverwaltung bewirkt, dass wir denken, diese Problematik läge außerhalb des Bereichs standardisierter Tools.

Dennoch existieren diese Tools und sind es wert, dass Sie sie begutachten, sei es nur, um Klarheit darüber zu erhalten, warum Sie sie nicht benutzen wollen. Die folgenden Abschnitte geben einen Überblick über die beliebteren Systeme in grober Reihenfolge von Beliebtheit und Ähnlichkeiten.

11.7.1 cfengine: Das Immunsystem des Computers

Eines der bekanntesten Lokalisierungswerkzeuge ist cfengine von Mark Burgess. Es wurde als eine Art »Computer-Immunsystem« vorgestellt, dessen Funktion auf einem Modell basiert, wie das System konfiguriert sein sollte. Wenn es eine Diskrepanz zwischen dem Modell und der Realität erkennt, ergreift cfengine die entsprechenden Maßnahmen, um das System anzupassen. Wegen dieses zugrunde liegenden Modells, ist cfengine für eine permanente Wartung der Konfiguration wirklich nützlich.

cfengine kann Sicherungskopien der von ihm modifizierten Dateien erstellen und ein detailliertes Protokoll seiner Änderungen führen. Es kann auch in einem Modus ohne Aktion ablaufen, in dem es die Änderungen beschreibt, die es machen möchte, ohne sie tatsächlich durchzuführen.

Sie verwenden die besondere Sprache von cfengine, um zu beschreiben, wie Sie Ihre Computer konfigurieren lassen wollen. Dabei können Sie Regeln angeben wie »Die Datei xyz muss in /etc existieren, Berechtigungen 644 haben und root gehören.« Ebenso können Sie Regeln bezüglich des Inhalts einzelner Dateien schreiben. Zum Beispiel können Sie angeben, dass /etc/hosts die Zeile »192.168.0.1 Router« enthalten muss. cfengine fügt diese Zeile hinzu, wenn sie fehlt.

Die Konfigurationssprache von cfengine lässt Sie einzelne Regeln je nach Faktoren wie dem Hostnamen, dem Betriebssystem oder dem Subnetz einschalten. Dieses Merkmal erleichtert es, eine einzelne Konfigurationsdatei zu schreiben, die die Bedürfnisse aller Computer in Ihrem Verwaltungsbereich abdeckt.

Nachfolgend sehen Sie ein einfaches Beispiel aus der UNIX-Welt. Es stellt sicher, dass /bin eine symbolische Verknüpfung zu /usr/bin auf Sun-Rechnern ist, prüft zusätzlich einige Verknüpfungen auf Computern mit dem Betriebssystem OSF und entfernt alles aus /var/scratch, was älter als sieben Tage ist.

```
control:
actionsequence = ( links tidy )
links:
sun4::
/bin -> /usr/bin
# andere Links
osf::
# einige osf-spezifische Links:
tidy:
/var/scratch pattern=* age=7 recurse=inf
```

Auf der Homepage *www.iu.hio.no/cfengine* von cfengine erhalten Sie weitere Informationen.

11.7.2 LCFG: Ein Konfigurationssystem für große Umgebungen

LCFG wurde ursprünglich von Paul Anderson an der Edinburgh University im Jahr 1993 entwickelt. Seine letzte Version ist als LCFG(ng) bekannt und hat eine Anzahl von Benutzern außerhalb der Universität hinzugewonnen. LCFG ist in erster Linie auf die Verwaltung großer Red Hat-Installationen abgestimmt, aber Portierungen für Mac OS X und Solaris sind absehbar. Die LCFG-Website ist *www.lcfg.org*.

Wie `cfengine`, definiert LCFG eine eigene Konfigurationssprache. Die Konfigurationen aller verwalteten Computer sind auf einem zentralen Server in einem Satz von Masterkonfigurationsdateien gespeichert. Daraus generiert LCFG angepasste XML-Dateien, die die Konfiguration jedes verwalteten Hosts beschreiben. Ein Daemon auf dem zentralen Server überwacht die Änderungen der Masterkonfigurationsdateien und erneuert die XML-Dateien wie erforderlich.

Die XML-Dateien werden auf einem internen Webserver veröffentlicht, von dem Clients dann ihre eigenen Konfigurationen beziehen können. Die Clients verwenden eine Vielzahl von Skriptkomponenten, um sich nach den XML-Vorlagen zu konfigurieren.

11.7.3 Das Arusha-Projekt (ARK)

Das Arusha-Projekt wurde von Willen Parain von der Glasgow University gegründet. Die Motivation hinter Arusha ist die Erkenntnis, dass die meisten Systemadministratoren im Grunde genommen die gleichen Dinge, aber nicht genau die gleichen tun. Oder wie Will es ausdrückt: »Ich möchte, dass mein Dienst das Gleiche tut wie deren Dienste, aber mit diesen kleinen Unterschieden ...« Die Arusha-Projektwebsite bei *ark.sf.net* geht mehr ins Detail bezüglich der philosophischen Grundlagen des Systems.

Das Arusha-Projekt basiert auf einer objektorientierten Sprache, ARK genannt. Sie wird in XML formuliert und erlaubt dem Administrator, Objekte wie Hosts, Lizenzen, Websites, Mailinglisten usw. zu definieren. Sie können die Abhängigkeiten zwischen diesen Objekten mit ARK beschreiben und Methoden und Daten mitliefern, die deren gegenseitige Beziehungen erklären. Wie in objektorientierter Softwareentwicklung, ist es möglich, Objekte wiederzuverwenden und in Subklassen einzuteilen, wobei nur die Teile überschrieben werden, die geändert werden müssen, damit sie in Ihrer lokalen Umgebung funktionieren.

11.7.4 Template Tree 2: Hilfe für cfengine

Template Tree 2 wurde an der Eidgenössischen Technischen Hochschule Zürich von Tobias Oetiker geschaffen. Es ist ein komponentenbasiertes System, das von einer zentralen Konfiguration gesteuert wird. Sie reduziert die Komplexität durch den Ansatz einer zweistufigen Konfigurationsdefinition und kann mit umgesiedelten Wurzelverzeichnissen laufwerksloser Computer umgehen.

Auf der unteren Ebene besteht das System aus einer Anzahl »Funktionsbündel« (feature pack). Ein Funktionsbündel ist eine Sammlung von Dateien mit einer META-Datei, die die Installation dieser Dateien auf dem Zielsystem beschreibt.

Eine Funktion kann irgendetwas aus einer Netzwerkkonfiguration bis hin zu der neuesten Version von OpenSSH sein. Funktionen können konfigurierbare Parameter aufweisen, die in der Masterkonfigurationsdatei gesetzt werden können.

Die obere Konfigurationsebene bildet eine Masterkonfigurationsdatei, in der Sie die Funktionen bündeln und mit Computern oder Computergruppen verbinden. Auf dieser Ebene müssen Sie Werte für die freien Konfigurationsparameter angeben, die von den einzelnen Funktionen verlangt werden. Zum Beispiel kann einer der Parameter für eine Mailserverfunktion der Name der Maildomäne sein.

Template Tree 2 kombiniert die Information der Masterkonfigurationsdatei mit denen der META-Dateien zu den einzelnen Funktionen, um eine globale Konfigurationsdatei für cfengine zu generieren. Da jede Funktion eine Dokumentation über ihren Zweck und ihre Anwendung enthalten muss, kann Template Tree 2 auch eine Gesamtdokumentation generieren.

11.7.5 DMTF/CIM (Common Information Model)

Die Distributed Management Task Force (DMTF), eine Vereinigung von »mehr als 3.000 aktiven Teilnehmern«, hat seit 1992 an der Entwicklung des Common Information Model (CIM) in dem Bestreben gearbeitet, Standards für ein objektorientiertes, plattform-übergreifendes Verwaltungssystem zu schaffen.

In DMTF-eigenen Worten ist CIM »ein Verwaltungsverfahren [...] um ein allgemeines konzeptionelles Framework auf der Ebene einer grundlegenden Topologie zu etablieren, sowohl hinsichtlich der Klassifizierung und Zusammenarbeit als auch hinsichtlich der Basismenge von Klassen für den Aufbau eines gemeinsamen Frameworks zur Beschreibung der verwalteten Umgebung«. Oder was auch immer.

Alle großen Hersteller von Microsoft bis Sun sind Mitglieder der DMTF. Leider sind die geschaffenen Standards eine beeindruckende Demonstration der Verschleierungskünste und Phrasen. Die beteiligten Unternehmen scheinen eifrig bemüht zu sein, ihre Bereitwilligkeit zu zeigen, ganz gleich was auch immer zu standardisieren. Die Standards konzentrieren sich auf XML und Objektorientierung. Jedoch warten wir darauf, dass ihnen ein vernünftiges Produkt aufgesetzt wird.

Weil die Standardisierungsbemühung in erster Linie von unseren alten Closed-Source-Herstellerfreunden forciert wird, sind die Ergebnisse das, was man davon erwarten darf. Sun lieferte zum Beispiel ein auf diesen Techniken basierendes System zur Verwaltung laufwerksloser Clients mit Solaris 8 aus. Ein näherer Blick offenbarte einen von einem javabasierten Client ausgelösten javabasierten Server, der ein Shellskript ausspuckte, das dann die eigentliche Arbeit erledigte. Wenn Probleme auftraten, instruierte das Handbuch die Benutzer, die Protokolldatei zu prüfen, die aus einer javabasierten Binärstruktur bestand und nur durch eine javabasierte Protokoll-Viewer-Anwendung einsehbar war.

Wenn es einen Nutzen bei diesem Sumpf gibt, dann sind es die Bestrebungen der DMTF, von den Herstellern zumindest zu verlangen, dass sie zeitgemäß zugängliche Konfigurationsschnittstellen zu ihren Systemen liefern, die auf einem offenen Standard basieren.

Für UNIX- und Linux-Umgebungen ist dies nichts Neues, aber die DMTF ist kein UNIX-Geschöpf. Sie umfasst Cisco, Microsoft, Symantec und viele andere Unternehmen mit einer Geschichte, in der sie bewusst Wege erfanden, ihren Systemen ihre Handschrift zu verleihen. Es ist eine gute Sache, diesen Produkten ein Konfigurations-API zu geben, selbst wenn die Umsetzung immer noch mangelhaft ist.

11.8 Software über NFS freigeben

Wo sollte zusätzliche Software installiert werden: auf einzelnen Clients oder auf einem zentralen Dateiserver, von dem aus sie über NFS freigegeben werden kann? Die Linux-Standardantwort lautet »auf den Clients«, aber die NFS-Lösung macht Aktualisierungen schneller (es ist schneller und zuverlässiger, zehn NFS-Server als 1.000 Clients zu aktualisieren) und spart Plattenspeicherplatz auf den Clients (nicht, dass dies in der Zeit von 400-GByte-Platten viel ausmacht).

Die Frage läuft tatsächlich auf Verwaltbarkeit gegen Zuverlässigkeit hinaus. Der NFS-Zugriff ist zentralisiert, im Alltag leichter zu verwalten und macht Fehlerkorrekturen und neue Pakete für alle Clients sofort verfügbar. Jedoch kann die Ausführung über das Netzwerk etwas langsamer als der Zugriff auf eine lokale Platte sein. Außerdem bürdet das Netzwerkservermodell dem Netzwerk- und dem Dateiserver Abhängigkeiten auf, nicht nur, weil es mögliche Fehlerquellen hinzufügt, sondern auch, weil es verlangt, dass Clients und Server in solchen Dingen wie der gemeinsamen Benutzung freigegebener Bibliotheken und deren installierten Versionen übereinstimmen. Fazit ist, dass NFS-Softwarebibliotheken eine fortschrittliche administrative Technik sind und nur in Umgebungen angestrebt werden sollten, die einen hohen Grad zentraler Koordinierung zulassen.

Wenn Sie in einer Umgebung mit effizienten Netzen arbeiten und sich ein schnelles RAID für den zentralen Server gönnen, können Sie feststellen, dass der Netzwerkserver sogar schneller als eine lokale IDE-Platte arbeitet. Allerdings ist der Einfluss auf die Leistung eher gering; Geschwindigkeitsüberlegungen sollten diese besondere architektonische Entscheidung nicht dominieren.

Im Allgemeinen ziehen Netzwerke heterogener Systeme den meisten Nutzen aus gemeinsamen Softwarerepositorys. Wenn Sie ein Betriebssystem zum Standard erklärt haben und dieses akzeptable Paketverwaltungsmöglichkeiten einschließt, sind Sie wahrscheinlich besser beraten, dem ursprünglichen System treu zu bleiben.

11.8.1 Paket-Namespaces

Traditionelles UNIX verteilt den Inhalt neuer Pakete über mehrere Verzeichnisse. Bibliotheken kommen in /usr/lib, Binärprogramme in /usr/bin, Dokumentation in /usr/share/doc usw. Linux hat mehr oder weniger das gleiche System geerbt, wobei der Filesystem Hierarchy Standard hilft, die Speicherorte etwas vorhersehbarer zu machen. (Schauen Sie unter *www.pathname.com/fhs* nach, um weitere Informationen über FHS zu erhalten.)

Der Vorteil dieser Konvention besteht darin, dass Dateien an bekannten Stellen erscheinen – sofern Ihre PATH-Umgebungsvariable auf /usr/bin und andere Standardbinärverzeichnisse verweist, sind beispielsweise neu installierte Programme sofort verfügbar.

Nachteile sind, dass die Herkunft von Dateien explizit nachverfolgt werden muss (mittels Paketmanagementsystemen) und dass die verstreuten Dateien in einem Netzwerk schwierig gemeinsam zu nutzen sind. Zum Glück haben Systemadministratoren, die bereit sind, etwas Zusatzarbeit aufzuwenden, einen akzeptablen Ausweg aus diesem Dilemma: Paket-Namespaces.

Das Wesentliche an diesem Verfahren ist die Installation der einzelnen Pakete in einem eigenen Wurzelverzeichnis. Zum Beispiel können Sie gimp in /tools/graphics/gimp installieren, wobei das ausführbare Programm in /tools/graphics/gimp/bin/gimp liegt. Dann können Sie ein binäres Gesamtverzeichnis für Ihre Werkzeugsammlung nachbilden, indem Sie symbolische Links in einem Verzeichnis wie /tools/bin platzieren:

```
/tools/bin/gimp -> /tools/graphics/gimp/bin/gimp
```

Dann können Benutzer das Verzeichnis /tools/bin ihrer PATH-Variable hinzufügen, um sicher zu sein, dass alle zentral installierten Werkzeuge darin aufgenommen sind.

Es gibt verschiedene Möglichkeiten der Strukturierung des /tools-Verzeichnisses. Ein hierarchischer Ansatz (z. B. /tools/graphics, /tools/editors usw.) unterstützt und beschleunigt das Suchen. Möglicherweise möchten Sie die Softwareversion, Hardwarearchitektur, das Betriebssystem oder die Initialen verantwortlicher Personen in Ihre Namenskonventionen einbeziehen, damit die gleiche Toolsammlung vielen Arten von Clients angeboten werden kann. Zum Beispiel können Solaris-Benutzer /tools/sun4/bin und Fedora-Benutzer /tools/fedora/bin in ihre Pfade aufnehmen.

Wenn Sie eine neue Version eines wichtigen Programms installieren, ist es ratsam, ältere Versionen auf unbestimmte Zeit beizubehalten, insbesondere, wenn Benutzer bedeutende Zeit und Aufwand in Projekte investiert haben, die das Tool benutzen. Idealerweise wären neue Toolversionen mit alten Dateien und alter Software abwärtskompatibel, aber in der Praxis sind Reinfälle weit verbreitet. Es ist in Ordnung, wenn Benutzer einige Konfigurationsschwierigkeiten auf sich nehmen müssen, um auf eine ältere Version eines Pakets zuzugreifen; es ist aber nicht vertretbar, ihre bestehenden Arbeitsergebnisse nichtig zu machen und sie mit den Konsequenzen im Regen stehen zu lassen.

11.8.2 Verwaltung von Abhängigkeiten

Einige Pakete hängen von Bibliotheken oder von anderen Softwarepaketen ab. Wenn Sie Software lokal durch ein Paketmanagementsystem installieren, bekommen Sie eine Menge Hilfe, um diese Problemstellung zu lösen. Falls Sie jedoch Ihr eigenes netzwerkweites Softwarerepository aufbauen, müssen Sie diese Abhängigkeiten explizit angeben.

Wenn Sie Bibliotheken auf dieselbe Weise verwalten wie Anwendungen, können Sie Tools so kompilieren, dass sie Bibliotheken innerhalb des gemeinsamen /tools-Verzeichnisses verwenden. Bei dieser Konvention können mehrere Versionen einer Bibliothek gleichzeitig aktiv sein. Da abhängige Anwendungen mit bestimmten Versionen der Bibliothek verknüpft sind, bleibt die Anordnung selbst dann stabil, wenn neue Versionen der Bibliothek veröffentlicht werden. Der Nachteil ist, dass diese Art der Einrichtung recht kompliziert zu benutzen und auf lange Sicht schwierig zu warten ist.

Widerstehen Sie der Versuchung, Links auf ein globales /tools/lib-Verzeichnis anzugeben, das generisch benannte Links auf gemeinsame Bibliotheken enthält. Wenn Sie die Links ändern, können Sie in unerwartete und schwer zu diagnostizierende Schwierigkeiten geraten. Gemeinsam genutzte Bibliothekssysteme sind so entworfen, dass sie eventuelle Nackenschläge verkraften, aber es ist sinnvoll, bei einem komplizierten Aufbau auf Nummer Sicher zu gehen.

Die Maßnahmen, die nötig sind, damit der Linker eine bestimmte Version einer gemeinsam genutzten Bibliothek verwendet, variieren von System zu System. Unter Linux können Sie die LD_LIBRARY_PATH- Umgebungsvariable setzen oder die Option -R des Linkers benutzen.

11.8.3 Wrapperskripte

Leider ist Kompatibilität auf Bibliotheksebene nur die halbe Miete. Die Tatsache, dass Werkzeuge einander aufrufen, verursacht eine andere Konfliktmöglichkeit. Nehmen Sie beispielsweise an, dass ein Hilfsprogramm namens foo häufigen Gebrauch vom Hilfsprogramm bar macht. Wenn Sie die Standardversion von bar aktualisieren, funktioniert foo vielleicht plötzlich nicht mehr.

In diesem Fall können Sie folgern, dass foo in irgendeinem Verhalten von bar abhing, das nicht mehr unterstützt wird (oder zumindest nicht mehr der Standard ist).

Wenn Ihr Softwarerepository mehrere Versionen (z. B. /tools/util/bar-1.0 und /tools/util/bar-2.0) unterstützt, können Sie dieses Problem beheben, indem Sie die Originalversion von foo unter dem Namen foo.real speichern und durch ein kleines Wrapperskript ersetzen:

```
#!/bin/sh
# Stellen Sie sicher, dass das Programm zuerst alle Dateien findet,
#  die mit ihm zusammen paketiert wurden, selbst wenn es keinen expliziten Pfad
benutzt
```

```
PATH=/tools/util/bar-1.0/bin:$PATH
export PATH
exec /tools/util/foo-1.0/bin/foo.real "$@"
```

Jetzt wird `foo` mit einer angepassten `PATH`-Umgebungsvariablen gestartet und ruft bevorzugt die alte Version von `bar`, statt der neuen auf.

Wrapper sind leistungsfähige Tools, die nicht nur Paketabhängigkeiten, sondern auch Belange wie Sicherheit, Architektur- und Betriebssystemabhängigkeiten und Erstellung einer Nutzungsstatistik bewältigen können. Mancherorts werden alle gemeinsam genutzten Binärdateien mit Wrappern gehandhabt.

11.8.4 Implementierungstools

Die Wartung gemeinsam genutzter Softwarerepositorys ist eine alltägliche Aufgabe der Systemadministration. Administratoren haben diverse Softwarelösungen entwickelt, die helfen, den Prozess zu erleichtern. Wie bei der Lokalisierung, herrschen gewöhnlich selbstgestrickte Lösungen vor, aber wie immer lohnt es sich, auszuprobieren, ob eines der verfügbaren Systeme Ihren Bedürfnissen entspricht.

Um einige der klassischen Systeme zu finden, suchen Sie bei Google nach CMU Depot, CERN ASIS bzw. CITES Encap. Manche dieser Projekte sind immer noch gesund und munter, während andere aufgrund der Verbreitung von Windows-Computern und der allgegenwärtigen Verfügbarkeit von RPM-paketierten Aktualisierungen aufgegeben worden sind. Es gibt auch mehrere relativ neue Projekte:

- GNU Stow (*www.gnu.org/software/stow*) unterhält Links von einem zentralen Binärdateiverzeichnis zu den tatsächlichen Binärdateien, die sich in paketspezifischen Verzeichnissen befinden.

- Swpkg von Chrisophe Kalt (*web.taranis.org/swpkg*) ist eine Sammlung von Tools für die meisten Schritte, die beim Aufbau eines Repositorys für gemeinsam genutzte Software erforderlich sind.

- Das Pack Management Project (*pack.sunsite.dk*) von Peter Kristensen begann mit dem verwegenen Ehrgeiz, nicht nur ein System zur Softwareinstallation, sondern ebenso eine selbst vorpaketierte Software (mit dem Hauptgewicht auf Solaris) bereitzustellen. Die Vorpaketierung ist inzwischen aufgegeben worden, aber die Arbeit an den Softwaretools läuft weiter.

- Das SEPP-System, erstellt an der Eidgenösischen Technischen Hochschule Zürich (*www.sepp.ee.ethz.ch*), setzt die meisten der oben behandelten Ideen um.

11.9 Empfohlene Software

Einige Tools sind so wichtig, dass wir sie als obligatorisch für alle Computer betrachten. Andere Pakete, die wir mögen, können auf ausgewählten Rechnern notwendig oder nützlich sein.

11.9 Empfohlene Software

Jedoch macht es der Preis von Plattenspeicher heutzutage leichter, alles überall zu installieren und die Konsistenz des lokalen Softwarebaums sicherzustellen. Tabelle 11.1 zeigt unsere Softwareliste, die ein Muss ist.

Paket	Beschreibung und Kommentare
ssh/scp	Sichere Shell – verwendet Kryptografie; legte keine Passwörter offen
sudo	su-Ersatz – fügt Zugriffskontrolle und Protokollierung hinzu
sendmail oder postfix	Eine Auswahl von Mailübertragungsprogrammen
traceroute	Netzwerkrouten verfolgen – benötigt zum Testen von Netzwerkproblemen
tcpdump oder Wireshark	Eine Auswahl von Netzwerksniffern zur Analyse des Netzwerkdatenverkehrs
gzip	GNU-Datenkomprimierer – zum Entpacken heruntergeladener Dateien nötig
mozilla oder firefox	Eine Auswahl von Webbrowsern – muss man haben
RCS/CVS/Subversion	Revisionssicherungssysteme – sowohl für für Administratoren als auch für Benutzer nützlich
Perl	Skriptsprache – Problemlösung für allgemeine Zwecke

Tabelle 11.1: Notwendige Softwarepakete

Tabelle 11.2 zeigt unsere Auswahl netter, aber nicht unverzichtbarer Programme; wir haben sie in einen Systemadministratoren- und einen allgemeinen Benutzerbereich eingeteilt.

Alle in Tabellen 11.1 und 11.2 aufgeführten Programme sind kostenlos. Die meisten von ihnen sind im Internet verfügbar (versuchen Sie es bei *freshmeat.net*), aber einige werden noch immer ausschließlich über FTP verbreitet. Wenn sie nicht in Ihrer Distribution enthalten sind, benutzen Sie eine Suchmaschine, um sie ausfindig zu machen, oder schauen Sie, ob an anderer Stelle in diesem Buch ein Hinweis gegeben wird (schlagen Sie im Index nach, ob ein Befehl an anderer Stelle erörtert wird).

Paket	Beschreibung und Kommentare
Tools für Administratoren	
gcc	C/C++-Compiler – ein hochwertiger Compiler von GNU
BIND	Tools für den Namensdienst – holen Sie sich die aktuelle Version (aus Sicherheitsgründen) [a]
npasswd	Ersatz für passwd – zwingt Benutzer, gute Paswörter zu wählen

Tabelle 11.2: Hilfreiche Softwarepakete

Paket	Beschreibung und Kommentare
xntpd	Zeitdaemon – hält die Computeruhren auf einem richtigen und synchronisierten Stand
Samba	Windows-SMB – gibt Dateien/Drucker an Windows-Systemen frei
Apache	Webserver
Squid	Software für den Einsatz als Webproxy und Cache
imapd/procmail	Mailtools – für den Zugriff auf E-Mails und deren Filterung
mrtg, RRDtool	Überwachungstools – für den Netzwerkdatenverkehr und andere Daten
Tools für Benutzer	
Acrobat Reader	PDF-Dateianzeige, ein nettes (kostenloses) Tool von Adobe [b]
gimp	Editor für Bilddateien
xfig	Einfaches X Window-Zeichenprogramm
GnuPG	Signiert, prüft und ver- und entschlüsselt Nachrichten
nvi/vim	vi-ähnliche Texteditoren – für Systemadministratoren empfehlenswert
emacs	Texteditor/Betriebssystem – gut für Experten
pico, nedit	Texteditoren – recht nette Auswahl für Anfänger
enscript, mpage	Dienstprogramme für das Drucken – Pretty-Printer und N-up-Formatierer
pine	Für Anfänger geeignetes Programm zum Lesen von Mails
thunderbird	Programm zum Lesen von Mails für diejenigen, die eine grafische Benutzeroberfläche bevorzugen
mh/exmh	Programm zur Verarbeitung großer Mengen von Mails (nicht gut gepflegt)
glimpse	Tool zum Indizieren – indiziert Ihre Dateien und führt schnelle Suchvorgänge durch
gs, gv, ghostview	Tools für die Vorschau und den Druck von Postskriptdokumenten

Tabelle 11.2: Hilfreiche Softwarepakete (Forts.)

a) Das BIND-Paket enthält dig, host und nslookup.
b) Das kostenlose Packet Evince ist ein sinnvoller Ersatz für den Acrobat Reader unter GNOME.

11.10 Empfohlene Literatur

Intel Corporation und SystemSoft. *Preboot Execution Environment (PXE) Specification, Version 2.1.* 1999. *www.pix.net/software/pxeboot/archive/pxespec.pdf*

Jim Mintha und Pieter Krul. *UltraLinux FAQ. www.ultralinux.org/faq.html*

PXELinux Questions. syslinux.zytor.com/pxe.php

Josip Rodin. *Debian New Maintainers' Guide. www.debian.org/doc/maint-guide*
This document contains good information about .deb packages.

Gustavo Noronha Silva. *APT HOWTO. www.debian.org/doc/manuals/apt-howto*

Dirk Hohndel und Fabian Herschel. *Automated Installation of Linux Systems Using YaST. www.usenix.org/events/lisa99/full_papers/hohndel/hohndel_html*

Marc Vuilleumier Stückelberg und David Clerc. *Linux Remote-Boot mini-HOWTO: Configuring Remote-Boot Workstations with Linux, DOS, Windows 95/98 and Windows NT.* 1999. *tldp.org/HOWTO/Remote-Boot.html*

The Red Hat Enterprise Linux System Administration Guide. www.redhat.com/docs

Alf Wachsmann. *How to Install Red Hat Linux via PXE and Kickstart. www.stanford.edu/~alfw/PXE-Kickstart/PXE-Kickstart.html*

Mark Burgess. *Cfengine: A Site Configuration Engine.* USENIX Computing Systems, Jg. 8, Nr. 3. 1995. *www.cfengine.org*

Tobias Oetiker. SEPP: *Software Installation and Sharing System.* Boston: LISA 1998. *people.ee.ethz.ch/oetiker/sepp*

11.11 Übungen

1. Stellen Sie die Unterschiede zwischen Kickstart und AutoYaST heraus. Wann würden Sie eine Alternative zu den distributionsspezifischen Installationsroutinen suchen?

2. Installieren Sie eine Kopie von Subversion von *subversion.tigris.org*. Richten Sie svnserve ein und erstellen Sie ein Repository. Wie können Sie das Repository für jeden im Netzwerk verfügbar machen und gleichzeitig eine akzeptable Sicherheit beibehalten?

3. Betrachten Sie noch einmal die Installation und Wartung Ihrer lokalen Software. Ist das System skalierbar? Ist es leicht zu benutzen? Geben Sie Erläuterungen.

☆ 4. Stellen Sie die nötigen Schritte zur Erstellung eines RPM-Pakets dar. Verwenden Sie dieses Verfahren zur Paketierung eines Softwareprodukts Ihrer Wahl.

☆ 5. Wiederholen Sie die vorhergehende Übung, aber erstellen Sie dabei ein .deb-Paket im Debian-Format.

★★ 6. Richten Sie eine Netzwerkinstallationsroutine Ihrer Wahl ein und installieren Sie einen neuen Computer unter Verwendung Ihres Servers. Skizzieren Sie alle nötigen Schritte zur Erledigung dieser Aufgabe. Welche Fallgruben gab es? Welche Skalierbarkeitsprobleme traten bei der von Ihnen gewählten Installationsroutine auf?

Teil B
Netzwerke

12 TCP/IP-Netzwerke

Es ist schwierig, die Bedeutung des Netzwerks für die moderne Datenverarbeitung zu übertreiben, obwohl die Leute es immer wieder zu versuchen scheinen. In vielen Umgebungen stellen der Zugriff auf Internet und E-Mail heute das Haupteinsatzgebiet für Computer dar. Anfang 2006 wurde das Internet auf mehr als eine Milliarde Nutzer geschätzt, ein Wachstum von 55% gegenüber der Schätzung für 2001. Die Wartung lokaler Netzwerke, von Internetverbindungen, Websites und netzwerkbezogener Software ist heute ein einträglicher Bestandteil der Arbeit der meisten Systemadministratoren.

TCP/IP ist die Netzwerkprotokollfamilie, die am häufigsten von Linux/UNIX, Mac OS, Windows sowie den meisten anderen Betriebssystemen verwendet wird. Es ist auch die ursprüngliche Sprache des Internets. TCP steht für »Transmission Control Protocol« und IP für »Internet Protocol«.

Geräte, die das TCP/IP-Protokoll sprechen, können trotz ihrer vielen Unterschiede Daten austauschen (»zusammenarbeiten«). IP, das der Familie zugrunde liegende Zustellungsprotokoll, ist das Arbeitstier des Internets. TCP und UDP (das »User Datagram Protocol«) sind auf IP aufgebaute Transportprotokolle, die Pakete an bestimmte Anwendungen ausliefern.

TCP ist ein verbindungsorientiertes Protokoll, das eine Kommunikation zwischen zwei Programmen erleichtert. Es funktioniert in vielen Aspekten wie ein Telefonanruf: Die Wörter, die Sie sprechen, werden an die angerufene Person ausgeliefert und umgekehrt. Die Verbindung bleibt auch bestehen, wenn keiner etwas sagt. TCP bietet eine zuverlässige Übermittlung, eine Flusssteuerung und eine Staukontrolle (congestion control).

UDP ist ein paketorientierter Dienst, analog zum Senden eines Briefs mit der Post. Es ist ein verbindungsloses Protokoll, enthält keine Form von Staukontrolle und garantiert nicht, dass die Pakete in der ausgesendeten Reihenfolge beim Empfänger ankommen (geschweige denn, dass sie ausgeliefert werden).

TCP ist ein höfliches Protokoll, das konkurrierende Benutzer zwingt, sich die Bandbreite zu teilen und im Allgemeinen ein Verhalten an den Tag zu legen, das gut für die Produktivität des gesamten Netzwerks ist. Im Gegensatz dazu schleudert UDP die Pakete so schnell heraus, wie es kann.

Je beliebter und überfüllter das Internet wird, desto mehr muss der Datenverkehr auf TCP beruhen, um Staus zu vermeiden und die vorhandene Bandbreite effektiv zu teilen. Heute bestreitet TCP die überwältigende Mehrheit des Internetverkehrs, während UDP und ICMP abgeschlagen an zweiter bzw. dritter Stelle landen. UDP-Anwendungen wie Spiele, Musik, Sprache und Video sind zwar fühlbar, werden jedoch vom Web und von Programmen wie BitTorrent erdrückt, die bekannte Bandbreitenfresser sind, für den Transport aber TCP statt UDP nutzen.

Dieses Kapitel führt die TCP/IP-Protokolle im politischen und technischen Zusammenhang des Internets ein. Leider stellen allein die Grundlagen der Netzwerktechnik ein zu umfangreiches Thema für ein einzelnes Kapitel dar. Zu weiteren netzwerkbezogenen Kapiteln in diesem Buch gehören Kapitel 13, »Routing«, Kapitel 19, »Netzwerkverwaltung und Debugging«, Kapitel 15, »DNS (Domain Name System)« und Kapitel 20, »Sicherheit«.

Die nächsten Abschnitte enthalten Hintergrundmaterial zu den Protokollen und der Politik des Internets und sind recht schulmeisterlich und anspruchslos. Blättern Sie vor zu Abschnitt 12.4, um direkt zu den harten Einzelheiten von IP zu gelangen, oder zu Abschnitt 12.8, in dem Sie Informationen zur Konfiguration bestimmter Distributionen finden.

12.1 TCP/IP und das Internet

TCP/IP und das Internet haben eine gemeinsame Vergangenheit, die mehrere Jahrzehnte zurückreicht. Der technische Erfolg des Internets beruht zum größten Teil auf dem eleganten und flexiblen Design von TCP/IP und der Tatsache, dass TCP/IP eine offene, nichtproprietäre Protokollfamilie ist. Umgekehrt hat der Einfluss des Internets dabei geholfen, dass TCP/IP sich gegen mehrere konkurrierende Protokolle durchgesetzt hat, die zu der einen oder anderen Zeit aus politischen oder wirtschaftlichen Gründen vorgezogen wurden.

12.1.1 Kleine Geschichtsstunde

Im Gegensatz zur verbreiteten Meinung, ist das Internet kein Produkt von Microsoft, das 1995 herauskam, noch die Erfindung eines früheren US-Vizepräsidenten. Der Vorläufer des modernen Internets war ein Netzwerk namens ARPANET, das 1969 von der DARPA (Defense Advanced Research Project Agency) gegründet wurde, der Forschungs- und Entwicklungsabteilung des US-Verteidigungsministeriums. Das ARPANET wurde schließlich zum Backbone des NSFNET, das Standorte von Supercomputern und regionale Netzwerke verband.

Gegen Ende der 1980er Jahre war das Netzwerk kein Forschungsprojekt mehr, und es wurde Zeit für die National Science Foundation, sich aus dem Netzwerkgeschäft zurückzuziehen. Der Übergang zum kommerziellen Internet nahm mehrere Jahre in Anspruch; das NFSNET wurde im April 1994 ausgeschaltet. Der heutige Internet-

Backbone ist eine Ansammlung privater Netzwerke, die Internet-Service-Providern (ISPs) gehören und an vielen so genannten Peering Points miteinander in Verbindung stehen.

Mitte der 1980er Jahre bestand das Internet im Wesentlichen aus den ursprünglichen ARPANET-Standorten und einer Handvoll Universitäten mit VAX-Computern von DEC (Digital Equipment Corporation), auf denen Berkeley UNIX in einem 10 Mbit/s-Netzwerk ausgeführt wurde und die mit gemieteten digitalen Telefonleitungen von 56 Kbit/s verbunden waren. Jedes Jahr im September, wenn die Studenten wieder zur Universität gingen, erlitt das Internet den später so genannten Staukollaps. Van Jacobsen, damals ein Forscher in der Netzwerkforschungsgruppe bei den Lawrence Berkeley Labs, schaute sich das Verhalten des Protokolls unter Last an und korrigierte es. In diesem Zusammenhang entstanden die Algorithmen, die wir heute als *Slow Start*, *Congestion Avoidance*, *Fast Retransmit* und *Fast Recovery* kennen.

Das Gesetz von Moore (die Faustregel, dass sich die Rechenleistung alle 18 Monate verdoppelt) und der Druck des Markts haben die Entwicklung des Internets stark beschleunigt. Seit den späten 1980er Jahren, als die aktuellen TCP-Algorithmen stabilisiert wurden, erhöhte sich die Geschwindigkeit von Netzwerkkarten um den Faktor 1.000 (von einer Auslastung von 6% in frühen 10 Mbit/s-Ethernets bis zu einer Auslastung von fast 100% in 10 Gbit/s-Ethernets), die Geschwindigkeit von Mietleitungen um den Faktor 12.000 und die Gesamtanzahl der Rechner um den Faktor 80.000.

Jeder, der ein Softwaresystem entworfen und erlebt hat, das es bei Erscheinen der nächsten Hardwaregeneration oder Betriebssystemversion veraltet ist, weiß, wie erstaunlich es ist, dass unser Internet immer noch gesund und munter ist, während es im Grunde auf derselben TCP/IP-Protokollfamilie basiert, die vor 30 Jahren für ein ganz anderes Internet entwickelt wurde. Wir ziehen den Hut vor Bob Kahn, Vint Cerf, Jon Postel, Van Jacobson und allen anderen, die es möglich gemacht haben.

12.1.2 Wie das Internet heute verwaltet wird

Die Entwicklung des Internets war stets eine gemeinschaftliche und offene Leistung. Nun, da es eine treibende Kraft in der Weltwirtschaft ist, befürchten manche, dass das Internet in der Hand einer Gruppe von Computerfreaks ist, vielleicht ein wenig geleitet von der US-Regierung. Ob Sie es mögen oder nicht, eine Kontrolle des Internets wird kommen.

Mehrere Organisationen sind beteiligt, darunter die Folgenden:

- ICANN, die Internet Corporation for Assigned Names and Numbers. Wenn von irgendjemandem gesagt werden kann, er sei verantwortlich für das Internet, so ist es diese Gruppe. (*www.icann.org*)

- ISOC, die Internet Society. ISOC ist eine Mitgliederorganisation, die Internetbenutzer vertritt. (*www.isog.org*)

- IETF, die Internet Engineering Task Force. Diese Gruppe überwacht die Entwicklung und die Standardisierung technischer Aspekte des Internets. Sie ist ein offenes Forum, an dem jeder teilnehmen kann. (*www.ietf.org*)

Von diesen Gruppen hat die ICANN die schwierigste Aufgabe: Sie muss sich selbst als verantwortliche Autorität für das Internet Geltung verschaffen, die Fehler der Vergangenheit rückgängig machen und die Zukunft voraussehen.

Zusätzlich zu diesen Organisationen hat eine internationale Gruppe akademischer Forscher, Regierungseinheiten und führende Vertreter der Industrie ein Netzwerkkonsortium namens Internet2 gebildet. Diese Organisationen haben sich zusammengeschlossen, um Ideen beizusteuern und Technologien zu entwickeln, die für die Fortentwicklung des Internets entscheidend sind. Im Gegensatz zu regelmäßig erscheinenden Medienberichten, ist das Internet2 kein vom Internet getrenntes Netzwerk. Obwohl es einen privaten Netzwerk-Backbone namens Abilene für Forschungszwecke verwendet, wird es das heute bekannte Internet nicht ersetzen. Mehr über das Internet2 erfahren Sie unter *www.internet2.edu*.

12.1.3 Netzwerkstandards und Dokumentation

Die technischen Aktivitäten der Internetgemeinschaft werden in Dokumenten zusammengefasst, die als RFCs (Requests for Comment) bekannt sind. Protokollstandards, Änderungsvorschläge und Informationsmitteilungen enden in der Regel als RFCs. Das Leben eines RFCs beginnt als »Internet Draft« (Entwurf), der nach einer Reihe von E-Mail-Diskussionen und IETF-Konferenzen entweder ad acta gelegt oder in die Reihe der RFCs befördert wird. Jeder, der Kommentare zu einem Entwurf oder vorgeschlagenem RFC hat, sollte antworten. Zusätzlich zur Standardisierung der Internetprotokolle dokumentieren oder erläutern die RFCs manchmal nur bestimmte Gesichtspunkte der vorhandenen Praxis.

RFCs werden der Reihe nach durchnummeriert; momentan gibt es ungefähr 4.000. Sie haben beschreibende Titel (z. B. *Algorithms for Synchronizing Network Clocks*), aber um Missverständnissen vorzubeugen, werden sie normalerweise mit ihrer Nummer bezeichnet. Der Inhalt eines RFCs wird nach der Veröffentlichung niemals geändert. Aktualisierungen erscheinen als neue RFCs mit einer eigenen Referenznummer. Vereinbarungsgemäß enthalten aktualisierte RFCs alle Punkte, die relevant bleiben, sodass sie die alten vollständig ersetzen, zumindest in der Theorie.

Der Prozess zur Veröffentlichung von RFCs ist selbst in dem RFC *Internet Official Protocol Standards* beschrieben, der auch Verweise auf die aktuellsten RFCs für verschiedene Protokollstandards enthält. Da sich die Informationen häufig ändern, wird dieser RFC alle 100 RFCs neu herausgegeben. Der Prozess für Internetstandards wird ausführlich in RFC2026 behandelt. Ein weiterer nützlicher Meta-RFC ist RFC2555, *30 Years of RFCs*, der einige der kulturellen und technischen Zusammenhänge hinter dem RFC-System beschreibt.

Lassen Sie sich nicht von der Fülle der technischen Details in den RFCs abschrecken. Die meisten enthalten Einführungen, Zusammenfassungen und Grundprinzipien, die für Systemadministratoren nützlich sind. Einige sind speziell als Übersichtsartikel oder allgemeine Einführungen geschrieben. Die RFCs sind nicht die einfachste Möglichkeit zur Einarbeitung in ein Thema, aber sie sind maßgebend, prägnant und kostenlos.

Nicht alle RFCs sind trocken und voller langweiliger technischer Details. Einige unserer Favoriten der einfacheren Art (oftmals am 1. April geschrieben) sind die RFCs Nr. 1118, 1149, 1925, 2324 und 2795, deren Überschriften Sie nachfolgend finden:

- RFC1118 – The Hitchhiker's Guide to the Internet
- RFC1149 – A Standard for the Transmission of IP Datagrams on Avian Carriers[1]
- RFC1925 – The Twelve Networking Truths
- RFC2324 – Hyper Text Coffee Pot Control Protocol (HTCPCP/1.0)
- RFC2795 – The Infinite Monkey Protocol Suite (IMPS)

Sie sind gut lesbar und geben ein wenig Aufschluss über die Leute, die unser Internet entwerfen und aufbauen.

Zusätzlich zu seiner Seriennummer kann einem RFC auch eine FYI- (For Your Information), eine BCP- (Best Current Practise) oder eine STD-Nummer (Standard) zugewiesen werden. FYIs, STDs und BCPs sind Untermengen der RFCs, die Dokumente von besonderem Interesse oder besonderer Bedeutung enthalten.

FYIs sind Einführungs- oder Informationsdokumente, die sich an ein breiteres Publikum wenden. Sie stellen in der Regel einen hervorragenden Ausgangspunkt für Forschungen auf einem fremden Gebiet dar. STDs dokumentieren Internetprotokolle, die das Prüfungs- und Testverfahren der IETF bestanden haben und formell als Standards angenommen wurden. BCPs beschreiben empfohlene Vorgehensweisen für Internetsites; sie enthalten administrative Vorschläge und sind für Systemadministratoren oft die wertvollste RFC-Untermenge.

RFCs, FYIs, STDs und BCPs werden jeweils der Reihe nach durchnummeriert, sodass ein Dokument mehrere verschiedene Identifikationsnummern haben kann. Beispielsweise ist der RFC1635, *How to Use Anonymous FTP*, auch als FYI0024 bekannt.

RFCs sind aus einer Vielzahl von Quellen erhältlich. Eine Auflistung aktiv betreuter RFC-Spiegel gibt es auf *www.rfc-editor.org*, der Zentrale für Angelegenheiten in Sachen RFC.

---

[1] Eine Gruppe von Linux-Enthusiasten der BLUG, der Bergen Linux User Group aus Norwegen, implementierte tatsächlich das in RFC1149 spezifizierte Carrier Pigeon Internet Protocol (CPIP). Einzelheiten finden Sie auf der Webseite www.blug.linux.no/rfc1149!

12.2 Netzwerkübersicht

Mit den gelieferten Hintergrundinformationen im Rücken, wollen wir uns nun die TCP/IP-Protokolle selbst anschauen. Es handelt sich um eine »Protokollfamilie«, eine Gruppe von Netzwerkprotokollen, die so entworfen sind, dass sie reibungslos zusammenarbeiten. Die Protokolle enthalten mehrere Komponenten, die alle von einem RFC oder einer Folge von RFCs aus der Reihe der Standards definiert werden.

- IP, das Internetprotokoll, das Daten von einem Rechner zum anderen leitet (RFC791)
- ICMP, das Internet Control Message Protocol, das mehrere Arten der Low-Level-Unterstützung für IP bietet, einschließlich Fehlermeldungen, Routingunterstützung und Hilfe zur Fehlersuche (RFC792)
- ARP, das Address Resolution Protocol, das IP-Adressen in Hardwareadressen umwandelt (RFC823)[2]
- UDP, das User Datagram Protocol, und TCP, das Transmission Control Protocol, die Daten an bestimmte Anwendungen des Zielrechners ausliefern. UDP bietet »so gut wie möglich« ungeprüften Transport für einzelne Nachrichten, wohingegen TCP eine verlässliche, flussgesteuerte und fehlerkorrigierte Vollduplex-Kommunikation zwischen zwei Rechnern garantiert (RFCs 768 und 793).

TCP/IP wurde gemäß des in Tabelle 12.1 gezeigten Schichtenmodells entworfen.

Schicht	Funktion
Anwendungsschicht	Anwendungsprogramme für Endbenutzer
Transportschicht	Lieferung von Daten an Anwendungen[a]
Netzwerkschicht	Grundlegende Kommunikation, Adressierung und Routing
Sicherungsschicht	Netzwerkhardware und Gerätetreiber
Bitübertragungsschicht	Das Kabel oder das physische Medium selbst

Tabelle 12.1: Das Netzwerkmodell von TCP/IP

a) Optional verlässliche Adressierung und Flusssteuerung

Nachdem TCP/IP implementiert und eingesetzt wurde, brachte die ISO (International Organization for Standardization) ihre eigene siebenschichtige Protokollfamilie namens OSI heraus. Es handelte sich um einen am grünen Tisch entworfenen, vollendeten, nutzlosen Gegenstand, der sich aufgrund seiner Komplexität und Ineffizienz

---

[2] Das ist eigentlich eine kleine Notlüge. ARP ist nicht wirklich ein Bestandteil von TCP/IP und kann zusammen mit anderen Protokollfamilien genutzt werden. Es ist jedoch ein fester Bestandteil der Art und Weise, wie TCP/IP auf den meisten LAN-Medien arbeitet.

niemals richtig durchsetzte. Einige Leute sind der Meinung, dass den ursprünglichen sieben OSI-Schichten noch eine finanzielle und eine politische Schicht hinzugefügt werden sollte.³

Abbildung 12.1 zeigt, wie die verschiedenen Komponenten und Clients von TCP/IP in die allgemeine Architektur und in das Schichtenmodell passen.

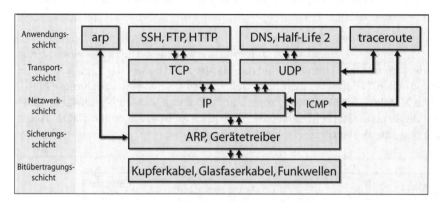

Abbildung 12.1: Eine große, glückliche TCP/IP-Familie

12.3 Pakete und Kapselung

UNIX und Linux können eine Vielzahl physischer Netzwerke unterstützen, einschließlich Ethernet, FDDI, Token Ring, ATM (Asynchronous Transfer Mode), drahtloses Ethernet und auf seriellen Verbindungen basierende Systeme. Die Hardware wird in der Link-Layer-Schicht der TCP/IP-Architektur verwaltet, und Protokolle auf höherer Ebene kennen die verwendete Hardware nicht bzw. kümmern sich nicht darum.

Daten bewegen sich in einem Netzwerk in Form von *Paketen*, das sind Datenschübe mit einer vom Link Layer auferlegten maximalen Länge. Jedes Paket enthält einen Header und eine Nutzlast. Der Header gibt Auskunft darüber, woher das Paket kommt und wohin es geht. Er kann auch Prüfsummen, protokollspezifische Informationen oder andere Handlungsanweisungen enthalten. Die Nutzlast sind die zu übertragenden Daten.

Der Name der grundlegenden Dateneinheit hängt von der Protokollschicht ab. Auf der Sicherungsschicht spricht man von *Frames*, auf der IP-Schicht von *Paketen* und auf der TCP-Schicht von *Segmenten*. Wir benutzen hier die Bezeichnung »Paket« als allgemeinen Ausdruck, der alle diese Fälle einschließt.

---

3 *Tatsächlich gibt es ein T-Shirt, das dieses erweiterte Neun-Schichten-Modell zeigt und über die Webseite des ISC (Internet Systems Consortium, www.isc.org) erhältlich ist.*

Wenn ein Paket bei der Sendungsvorbereitung den Protokollstapel von oben nach unten durchläuft (vom TCP- oder UDP-Transport über IP und Ethernet zum physischen Kabel), fügt jedes Protokoll seine eigenen Headerinformationen hinzu. Das fertige Paket eines jeden Protokolls wird zur Nutzlast des vom nächsten Protokoll erstellten Pakets. Diese Verschachtelung wird als Kapselung bezeichnet. Auf dem Empfangsrechner wird sie umgedreht und das Paket durchläuft den Protokollstack von unten nach oben.

Beispielsweise enthält ein UDP-Paket, das über Ethernet verschickt wird, drei verschiedene Hüllen oder Umschläge. Auf dem Ethernetkabel wird es mit einem einfachen Header »umrahmt« (framed), der die Hardwareadressen der Quelle und des Ziels der aktuellen Teilstrecke, die Länge des Frames sowie seine Prüfsumme (CRC) enthält. Die Nutzlast des Ethernet-Frames ist ein IP-Paket, dessen Nutzlast ein UDP-Paket und dessen Nutzlast schließlich die tatsächlich zu übertragenden Daten. Abbildung 12.2 zeigt die Bestandteile eines solchen Frames.

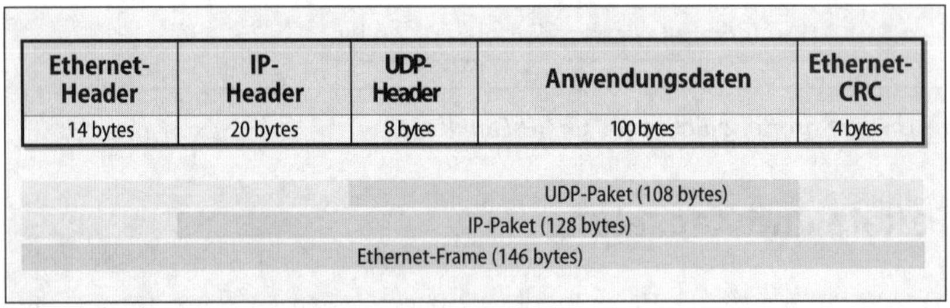

Ethernet-Header	IP-Header	UDP-Header	Anwendungsdaten	Ethernet-CRC
14 bytes	20 bytes	8 bytes	100 bytes	4 bytes

UDP-Paket (108 bytes)
IP-Paket (128 bytes)
Ethernet-Frame (146 bytes)

Abbildung 12.2: Ein typisches Netzwerkpaket

Mit dem Ausdruck »Byte« bezeichnen wir eine Dateneinheit von 8 Bit. In alten Zeiten war »Byte« ein allgemeinerer Begriff, sodass Sie in RFCs des Öfteren die Bezeichnung »octet« (»Oktett«) sehen werden.

12.3.1 Die Sicherungsschicht

In diesem Abschnitt behandeln wir mehrere Themen, die die Lücke zwischen den untersten Schichten der Netzwerksoftware und der Netzwerkhardware selbst schließen.

Ethernet-Standards für Frames

Eine der Hauptaufgaben der Sicherungsschicht besteht darin, den Paketen Header hinzuzufügen und Trennzeichen zwischen sie zu setzen. Die Header enthalten die Adressinformationen und Prüfsummen der Sicherungsschicht, und die Trennzeichen stellen sicher, dass die Empfänger erkennen können, wo ein Paket aufhört und das nächste beginnt. Das Hinzufügen dieser zusätzlichen Bits wird allgemein als Rahmung (framing) bezeichnet.

Heute ist nur ein einziger Standard für 10 Mbit/s Ethernet-Frames verbreitet: DIX Ethernet II.[4] Historisch war in Novell-basierten Netzwerken ein anderer, unter der Bezeichnung IEEE 802.2 LLC/SNAP bekannter Standard üblich. Einige Administratoren könnten Überbleibsel dieses Frame-Typs in ihrem Netzwerk finden.

Die von einem Rechner verwendeten Frames werden sowohl von der Netzwerkkarte als auch dem zugehörigen Netzwerkkartentreiber bestimmt. Auf PCs mit Windows können Sie wählen, welchen Frame-Typ Sie wünschen, auf Linux aber in der Regel nicht. Aus der Sicht von Linux arbeiten beide Frame-Typen gut zusammen. Andererseits können Windows-Rechner, die unterschiedliche Frame-Typen in demselben Netzwerk verwenden, nicht miteinander kommunizieren. Als Systemadministrator müssen Sie sich normalerweise nicht um nicht zusammenpassende Frames kümmern, sofern Sie keine Fehlersuche auf niedrigster Ebene in einem gemischten Netzwerk durchführen.

Ethernet-Standards für Verkabelung und Signale

Die Verkabelungsoptionen für die verschiedenen Ethernetgeschwindigkeiten (10 Mbit/s, 100 Mbit/s, 1Gbit/s und jetzt 10 Gbit/s) werden in der Regel als Bestandteile der Standardisierungsbemühungen der IEEE angegeben. Nach Erscheinen einer neuen Technologie wird oftmals ein einzelner Kabeltyp mit kurzen Entfernungsbeschränkungen anerkannt. Später werden günstigere Medientypen und großzügigere Grenzwerte hinzugefügt.

In Kapitel 14, »Netzwerkhardware«, erhalten Sie weitere Informationen zu den verschiedenen Ethernetstandards. Eine weitere nützliche Referenz für die ständigen Veränderungen des Ethernet stellt die Webseite *www.ethermanage.com/ethernet/* dar, die von Charles Spurgeon betreut wird.

Drahtlose Netzwerke

Der Standard IEEE 802.11 versucht, Frame- und Signalstandards für drahtlose Verbindungen zu definieren. Leider war er ursprünglich sehr vage und enthielt einige Parameter und Optionen, die nicht vollständig angegeben waren. Ein Interoperabilitätsproblem, das Sie möglicherweise beachten müssen, ist die »Übersetzung« (translation) im Gegensatz zur »Kapselung« (encapsulation).

Die Übersetzung wandelt ein Paket von einem Format in ein anderes um, während die Kapselung das Paket mit dem gewünschten Format einhüllt. Windows-Systeme tendieren standardmäßig zur Kapselung und Linux-Systeme zur Übersetzung, die drahtlosen Basisstationen müssen explizit konfiguriert werden. Wenn Sie ein drahtloses Netzwerk aufbauen, müssen Sie sicherstellen, dass die Basisstationen und alle beteiligten Arbeitsplatzrechner in demselben Modus arbeiten.

---

4 *Die Sicherungsschicht ist tatsächlich in zwei Teile aufgeteilt: MAC, die Teilschicht Media Access Control, und LLC die Teilschicht Link Layer Control. Die MAC-Schicht behandelt das Medium und überträgt Pakete auf das Kabel. Die LLC-Schicht kümmert sich um die Frames.*

Maximale Übertragungseinheit (MTU)

Die Paketgröße kann in einem Netzwerk sowohl durch Hardwarespezifikationen als auch durch Protokollkonventionen beschränkt sein. Die Nutzlast eines Ethernet-Frames kann zum Beispiel nicht größer als 1.500 Bytes sein. Die Größenbeschränkung ist mit dem Protokoll der Sicherungsschicht verknüpft und wird als Maximale Übertragungseinheit (MTU, *Maximum Transfer Unit*) bezeichnet. Tabelle 12.2 zeigt übliche Werte für die MTU.

Netzwerktyp	MTU
Ethernet	1.500 Byte (1.492 mit 802.2-Rahmen)
FDDI	4.470 Byte (4.352 Byte für IP/FDDI)
Token Ring	Konfigurierbar[a]
PPP Modemverbindung	Konfigurierbar, oftmals 512 oder 576 Byte
PC-Stacks	Konfigurierbar, normalerweise Standardwert von 512 Byte
Point-to-Point WAN-Verbindungen (T1, T3)	Konfigurierbar, oftmals 1.500 oder 4.500 Byte

Tabelle 12.2: MTUs für verschiedene Typen der Sicherungsschicht

[a] *Übliche Werte sind 552, 1.064, 2.088, 4.508 und 8.232. Manchmal 1.500 zur Anpassung ans Ethernet.*

In der TCP/IP-Protokollfamilie trennt die IP-Schicht Pakete auf, damit sie der MTU einer bestimmten Netzwerkverbindung entsprechen. Wenn ein Paket durch mehrere Netzwerke geleitet wird, kann eines der dazwischenliegenden Netzwerke eine kleinere MTU als das Ursprungsnetzwerk haben. In diesem Fall unterteilt der Router, der das Paket an das Netzwerk mit der kleineren MTU weiterleitet, das Paket weiter. Dieses Verfahren wird Fragmentierung genannt und ist für einen beschäftigten Router eine nicht gern gesehene Aufgabe.

Das TCP-Protokoll kann die kleinste MTU auf dem Weg zum Ziel bestimmen und diese Größe von Anfang an verwenden. UDP ist nicht so nett und weist die zusätzliche Arbeit der IP-Schicht zu. Im neuen Protokoll IPv6, das seinen Weg durch den Standardisierungsprozess schlängelt, können zwischengeschaltete Router keine Fragmentierung mehr durchführen, stattdessen ist eine MTU-Erkennung erforderlich.

Fragmentierungsprobleme können hinterhältig sein. Obwohl die MTU-Erkennung für die Strecke MTU-Konflikte automatisch auflösen sollte, muss ein Administrator manchmal einschreiten. Wenn Sie zum Beispiel eine Tunnelarchitektur für ein VPN verwenden, sollten Sie die Größe der Pakete betrachten, die den Tunnel durchqueren. Sie sind anfangs oft 1.500 Byte groß, wachsen jedoch nach Hinzufügen des Tunnelheaders auf ca. 1.540 Byte an und müssen fragmentiert werden. Wenn Sie die MTU der Verbindung auf einen kleineren Wert setzen, vermeiden Sie die Fragmentierung und erhöhen die Gesamtleistung des getunnelten Netzwerks. In der man-Seite von `ifconfig` erfahren Sie, wie Sie die MTU einer Netzwerkschnittstelle einrichten.

12.3.2 Paketadressierung

Wie Briefe oder E-Mails, müssen Netzwerkpakete sauber adressiert sein, damit sie ihr Ziel erreichen. Es werden mehrere Adressverfahren kombiniert:

- MAC-Adressen (Medium Access Control) für die Hardware
- IP-Adressen für Software
- Hostnamen für Menschen

Die Netzwerkkarte eines Rechners hat normalerweise auf der Sicherungsschicht eine MAC-Adresse, die sie von anderen Rechnern im physischen Netzwerk unterscheidet, eine IP-Adresse, die sie im globalen Internet identifiziert und einen von Menschen verwendeten Hostnamen.

Die niedrigste Adressierungsebene wird von der Netzwerkhardware diktiert. Beispielsweise erhalten Ethernetgeräte bei der Herstellung eine eindeutige, sechs Byte große Hardwareadresse.[5] Token-Ring-Netzwerkkarten haben eine ähnliche Adresse, die auch sechs Byte groß ist. Einige Point-to-Point-Netzwerke (wie z. B. das in Abschnitt 12.13 beschriebene PPP) benötigen gar keine Hardwareadressen; die Identität des Ziels wird beim Aufbau der Verbindung angegeben.

Eine Sechs-Byte-Ethernetadresse besteht aus zwei Teilen: Die ersten drei Byte geben den Hardwarehersteller an, und die letzten drei sind eine eindeutige Seriennummer, die der Hersteller vergibt. Systemadministratoren können oftmals zumindest die Marke eines Rechners bestimmen, der das Netzwerk überflutet, indem sie den ersten Teil der Adresse in einer Herstellertabelle nachschlagen. Eine aktuelle Tabelle erhalten Sie unter *www.iana.org/assignments/ethernet-numbers*. Diese Angaben wurden regelmäßig in der RFC-Reihe veröffentlicht, werden heute jedoch nicht mehr auf diese Weise bekannt gegeben. Der letzte RFC mit dem Titel *Assigned Numbers* war RFC1700 aus dem Jahr 1994. Das offizielle Verzeichnis aller für das Internet relevanten Zahlen ist *www.iana.org/numbers.html*.

Ethernet-Hardwareadressen sollten dauerhaft zugewiesen und unveränderbar sein; leider ermöglichen einige Netzwerkkarten die Eingabe einer Hardwareadresse. Vor allem drahtlose Netzwerkkarten sind in dieser Hinsicht schlecht. Vergeben Sie keine Werte im Multicast-Adressbereich (ungerade zweite Ziffer) oder verwenden Sie spezielle Werte.

---

[5] *Zumindest theoretisch eindeutig. Einmal duplizierte die Firma 3Com Ethernetadressen auf Karten mit unterschiedlichen Steckertypen; es wurde angenommen, dass Kunden nur einen einzigen Typ bestellen würden. Diese Abkürzung führte zum Chaos in Umgebungen, die Übergänge zwischen verschiedenen Medien durchführen, und verursachte sogar Probleme im eigenen internen Netzwerk von 3Com. MAC-Adresskonflikte in demselben Netzwerk sind tödlich, stellen in durch Router getrennten Netzwerken jedoch keine Probleme dar.*

Linux ermöglicht das Ändern der Hardwareadresse einer Ethernetkarte, doch tun Sie das bitte nicht; es kann Firewalls und einige DHCP-Implementierungen zerstören. Diese Funktion kann jedoch hilfreich sein, wenn Sie einen defekten Rechner oder eine Netzwerkkarte austauschen und aus irgendeinem Grund die alte MAC-Adresse verwenden müssen (sie wird zum Beispiel von allen Switches gefiltert und ein DHCP-Server gibt IP-Adressen anhand von MAC-Adressen aus).

Auf der nächsthöheren Ebene über der Hardware kommt die Internetadressierung zum Einsatz (besser bekannt als IP-Adressierung). Charakteristischerweise erhält jede Netzwerkkarte eine[6] vier Byte große IP-Adresse. IP-Adressen sind weltweit eindeutig[7] und hardwareunabhängig. Im nächsten Abschnitt behandeln wir das Thema IP-Adressen auf mehreren Seiten.

Die Abbildung von IP- auf Hardwareadressen erfolgt in der Sicherungsschicht des TCP/IP-Modells. In Netzwerken, die Brodcasting unterstützen (d. h. Netzwerken, in denen Pakete an »alle Rechner in diesem physischen Netzwerk« versendet werden können), kann das ARP-Protokoll die Zuweisungen automatisch ohne Unterstützung eines Systemadministrators erkennen.

Tipp

In Abschnitt 12.6 erhalten Sie weitere Informationen über ARP.

Da IP-Adressen lange, scheinbar zufällige Zahlen sind, sind sie für Menschen schwer zu behalten. Linux-Systeme ermöglichen die Zuweisung von einem oder mehreren Hostnamen zu einer IP-Adresse, sodass die Benutzer *yahoo.com* anstelle von *216.115.108.245* eingeben können. Diese Zuordnung kann auf verschiedene Arten eingerichtet werden, von einer statischen Datei (/etc/hosts) über das NIS-Datenbanksystem hin zu DNS, dem weltweiten Domain Name System. Denken Sie stets daran, dass Hostnamen nur eine bequeme Abkürzung für IP-Adressen sind.

12.3.3 Ports

IP-Adressen identifizieren Rechner, oder genauer gesagt, Netzwerkkarten in einem Rechner. Sie sind nicht präzise genug, um bestimmte Prozesse oder Dienste anzu-

---

[6] Tatsächlich können Netzwerkkarten mehr als eine zugewiesene IP-Adresse haben, doch das ist eine spezielle Konfiguration, die nur unter bestimmten Umständen verwendet wird. Weitere Informationen erhalten Sie im Abschnitt 21.3.

[7] Das ist eine kleine Lüge, die in den meisten Situationen wahr ist. In der Erörterung von NAT weiter hinten in diesem Kapitel erhalten Sie Insiderinformationen zu nichteindeutigen IP-Adressen.

sprechen. TCP und UDP erweitern IP-Adressen mit einem als »Port« bekannten Konzept. Ein Port ist eine 16-Bit-Zahl, die eine IP-Adresse um die Angabe eines bestimmten Kommunikationskanals ergänzt. Standarddienste wie E-Mail, FTP und HTTP verbinden sich mit »wohlbekannten« (*well known*) Ports, die in der Datei /etc/services definiert sind. Um einem Missbrauch dieser Dienste vorzubeugen, beschränkt Linux Serverprogramme am Zugang zu Ports unterhalb von 1.024, sofern sie nicht als root ausgeführt werden. (Jeder kann jedoch mit einem Dienst kommunizieren, der auf einer niedrigen Portnummer läuft; die Beschränkung gilt nur für die Übernahme der Portkontrolle.)

12.3.4 Adresstypen

Sowohl die IP- als auch die Sicherungsschicht definieren mehrere verschiedene Adresstypen:

- Unicast – Adressen, die sich auf einen Rechner (genauer gesagt eine Netzwerkkarte) beziehen
- Multicast – Adressen, die eine Rechnergruppe angeben
- Broadcast – Adressen, die alle Rechner im lokalen Netzwerk einschließen

Multicastadressen erleichtern Anwendungen wie Videokonferenzen, bei denen dieselben Pakete an alle Teilnehmer gesendet werden müssen. Das Protokoll IGMP (Internet Group Management Protocol) erstellt und verwaltet Rechnergruppen, die als ein einziges Multicastziel behandelt werden. Multicast IP-Adressen beginnen mit einem Byte aus dem Bereich 224 bis 239.

Broadcastadressen erreichen alle Rechner im lokalen Netzwerk, indem sie eine bestimmte Adressform mit Platzhaltern verwenden, in der die Binärdarstellung des Hostteils (wird im nächsten Abschnitt definiert) nur aus Einsen besteht.

Multicast wird im heutigen Internet praktisch nicht genutzt, es gibt jedoch einige aktive Forschungsprojekte. Weitere Informationen erhalten Sie unter *www.internet2.org*.

12.4 IP-Adressen in allen Einzelheiten

Eine IP- oder Internetadresse ist vier Byte lang und besteht aus einem Netzwerk- und einem Hostteil. Der Netzwerkteil identifiziert ein logisches Netzwerk, auf das die Adresse verweist, und der Hostteil einen Rechner in diesem Netzwerk.

Vereinbarungsgemäß werden IP-Adressen als Dezimalzahlen geschrieben (eine für jedes Byte), die durch Punkte getrennt sind. Beispielsweise wird die IP-Adresse für unseren Rechner boulder als 128.138.240.1 geschrieben. Das am weitesten links stehende Byte ist das höchstwertige und gehört immer zum Netzwerkteil.

Wenn das erste Byte einer Adresse den Wert 127 hat, bezeichnet es das »Loopback-Netzwerk«, ein fiktives Netzwerk, zu dem keine reale Netzwerkkarte und nur ein Host gehört. Die Loopback-Adresse 127.0.0.1 bezeichnet immer den aktuellen Rechner. Ihr symbolische Name lautet localhost.

Die IP-Adresse und andere Parameter einer Netzwerkkarte werden mit dem Befehl ifconfig eingerichtet. Eine ausführliche Beschreibung von ifconfig erhalten Sie in Abschnitt 12.7.2.

12.4.1 IP-Adressklassen

Historisch wurden IP-Adressen in »Klassen« zusammengefasst, die von den ersten Bits des linken Byte abhängen. Die Klasse bestimmte, welche Bytes der Adresse den Netzwerk- und welche den Hostteil bildeten. Heute verwenden Routingsysteme eine explizite Maske zur Angabe des Netzwerkteils und können die Grenze zwischen zwei beliebigen Bits und nicht nur zwischen Bytegrenzen ziehen. Die traditionellen Klassen werden jedoch immer noch als Standards verwendet, wenn keine ausdrückliche Trennung angegeben ist.

Die Klassen A, B und C bezeichnen reguläre IP-Adressen, die Klassen D und E werden für Multicast- und Forschungsadressen verwendet. Tabelle 12.3 beschreibt die Eigenschaften dieser Klassen. Der Netzwerkanteil einer Adresse wird mit N bezeichnet, der Hostanteil mit H.

Klasse	Erstes Byte	Format	Kommentare
A	1-126	N.H.H.H	Sehr frühe Netzwerke, für das amerikanische Verteidigungsministerium reserviert
B	128-191	N.N.H.H	Große Sites, in der Regel in Subnetze untergliedert, waren schwierig zu erhalten
C	192-223	N.N.N.H	Einfach zu erhalten, oftmals in Gruppen
D	224-239	–	Multicastadressen, nicht dauerhaft zugewiesen
E	240-255	–	Experimentelle Adressen

Tabelle 12.3: Historische Internetadressklassen

12.4.2 Subnetze und Subnetzmasken

Es ist selten, dass ein physisches Netzwerk mehr als hundert angeschlossene Computer hat. Daher sind Adressen der Klassen A und B (die Netzwerke mit 16.777.214 bzw. 65.534 Rechnern ermöglichen) ziemlich albern und verschwenderisch. Zum Beispiel benutzt das Klasse-A-Netzwerk 126 die Hälfte des verfügbaren Adressraums.

12.4 IP-Adressen in allen Einzelheiten

Sites, die diese Adressen haben, verwenden eine Verfeinerung des Adressschemas unter Verwendung von Subnetzen, bei denen ein Teil des Hostteils »ausgeliehen« wird, um den Netzwerkteil zu erweitern. Zum Beispiel werden die vier Byte einer Adresse der Klasse B normalerweise als N.N.H.H. interpretiert. Wenn mithilfe von Subnetzen das dritte Byte dem Netzwerk und nicht dem Host zugeordnet wird, liest die Adresse sich als N.N.N.H. Auf diese Weise wird ein einzelnes Klasse-B-Netzwerk in 256 Klasse-C-artige Netzwerke umgewandelt, von denen jedes 254 Rechner unterstützen kann.

Diese Neuzuweisung erfolgt mithilfe des Befehls ifconfig, der eine Netzwerkkarte mit einer expliziten »Subnetzmaske« verknüpft. Jedes Bit der Subnetzmaske, die zum Netzwerkanteil der IP-Adresse gehört, wird auf 1, und die Hostbits werden auf 0 gesetzt. Die Subnetzmaske für die Konfiguration N.N.N.H. ist z. B. dezimal 255.255.255.0 oder hexadezimal 0xFFFFFF00. Normalerweise verwendet ifconfig die Klasse einer Adresse, um die Bits des Netzwerkteils zu bestimmen. Wenn Sie eine explizite Netzwerkmaske angeben, überschreiben Sie dieses Verhalten einfach.

Tipp

Weitere Informationen zu ifconfig erhalten Sie in Abschnitt 12.7.2.

Die Grenze zwischen Netzwerk- und Hostteil muss nicht auf eine Bytegrenze fallen. Die Netzwerkbits müssen jedoch zusammenhängend sein und am höheren Ende der Adresse liegen.[8]

Subnetzmasken, die nicht auf einer Bytegrenze liegen, sind schwierig zu entschlüsseln und werden oft als /XX angegeben, wobei XX die Anzahl der Bits im Netzwerkteil der Adresse ist. Das wird manchmal als CIDR-Notation (Classless Inter-Domain Routing) bezeichnet. Die Netzwerkadresse 128.138.243.0/26 bezeichnet z. B. das erste von vier Netzwerken mit den drei ersten Byte 128.138.243. Das vierte Byte der anderen drei Netzwerke lautet 64, 128 bzw. 192. Die mit diesen Netzwerken verknüpfte Subnetzmaske lautet 255.255.255.192 oder 0xFFFFFFC0, in der Binärdarstellung 26 Einsen gefolgt von sechs Nullen. Abbildung 12.3 zeigt die Beziehungen zwischen diesen Zahlen etwas detaillierter.

---

[8] Konfigurationen wie N.N.H.N waren einmal erlaubt, aber unüblich. Heute sind sie nicht mehr zulässig.

IP-Adresse	128	.	138	.	243	.	0
Dezimale Netzmaske	255	.	255	.	255	.	192
Hexadez. Netzmaske	f f	.	f f	.	f f	.	c 0
Binäre Netzmaske	1111 1111	.	1111 1111	.	1111 1111	.	1100 0000

Abbildung 12.3: Umwandlung der Subnetzmaskenbasis

In einem /26-Netzwerk stehen noch sechs Bits (32 – 26 = 6) für Hosts zur Verfügung. 2^6 ist gleich 64, sodass das Netzwerk 64 mögliche Hostadressen enthält. Tatsächlich kann es jedoch nur 62 Rechner versorgen, da die Adressen, in denen alle Hostbits 0 bzw. 1 sind, für die Netzwerk- bzw. Broadcastadresse reserviert sind.

Es ist verwirrend, wenn Sie alle diese Bitspielereien in Ihrem Kopf durchführen, aber einige Tricks können es vereinfachen. Die Anzahl der Hosts in einem Netzwerk und der Wert des letzten Byte in der Subnetzmaske ergänzen sich immer zu 256:

Letztes Byte der Subnetzmaske = 256 – Netzwerkgröße

Zum Beispiel gilt 256 – 64 = 192, was das letzte Byte der Subnetzmaske im vorangegangenen Beispiel ist. Eine weitere rechnerische Tatsache ist, dass das letzte Byte einer tatsächlichen Netzwerkadresse (im Gegensatz zu einer Subnetzmaske) glatt durch die Anzahl der Hosts pro Netzwerk teilbar sein muss. Das können wir in unserem Beispiel daran erkennen, dass die letzten Bytes – 0, 64, 128 und 192 – alle glatt durch 64 teilbar sind.

Die durch die Subnetzbildung erhaltenen zwei zusätzlichen Bits der Netzwerkadresse im angegebenen Beispiel können die Werte 00, 01, 10 und 11 annehmen. Das Netzwerk 128.138.243.0/24 wurde somit in die vier folgenden /26-Netzwerke aufgeteilt:

- 128.138.243.0/26 (dezimal 0 ist binär **00**000000)
- 128.138.243.64/26 (dezimal 64 ist binär **01**000000)
- 128.138.243.128/26 (dezimal 128 ist binär **10**000000)
- 128.138.243.192/26 (dezimal 192 ist binär **11**000000)

Die fett dargestellten Bits des letzten Byte einer jeden Adresse sind die Bits, die zum Netzwerkteil dieses Byte gehören.

Ohne die zugehörige Netzwerkmaske einer gegebenen IP-Adresse (z. B. 128.138.243.100) können wir nicht erkennen, wie die Netzwerk- und die Broadcastadresse aussehen. Tabelle 12.7 zeigt die Möglichkeiten für /16 (Standard für Adressen der Klasse B), /24 (einem vernünftigen Wert) und /26 (einem realistischen Wert, wenn der Adressraum knapp ist).

12.4 IP-Adressen in allen Einzelheiten

IP-Adresse	Subnetzmaske	Netzwerkadresse	Broadcastadresse
128.138.243.100/16	255.255.0.0	128.138.0.0	128.138.255.255
128.138.243.100/24	255.255.255.0	128.138.243.0	128.138.243.255
128.138.243.100/26	255.255.255.192	128.138.243.64	128.138.243.127

Tabelle 12.4: Beispiele für die Entschlüsselung einer IP-Adresse

Ein praktisches Online-Skript mit dem Namen IP Calculator von Krischan Jodies (erhältlich unter *www.jodies.de/ipcalc*) kann bei der Umrechnung von binären und hexadezimalen Subnetzmasken helfen. ipcalc zeigt alles an, was Sie über eine Netzwerkadresse und ihre Subnetzmaske, Broadcastadresse, Hosts usw. wissen müssen. Zusätzlich zur Onlineversion gibt es ein tar-Archiv; Debian und Ubuntu enthalten standardmäßig die Befehlszeilenversion von ipcalc.

Nachfolgend sehen Sie eine Beispielausgabe von IP Calculator mit einer etwas veränderten Formatierung:

```
Address:    24.8.175.69          00011000.00001000.10101111.01000101
Netmask:    255.255.255.0 = 24   11111111.11111111.11111111.00000000
Wildcard:   0.0.0.255            00000000.00000000.00000000.11111111
=>
Network:    24.8.175.0/24        00011000.00001000.10101111.00000000 (Class A)
Broadcast:  24.8.175.255         00011000.00001000.10101111.11111111
HostMin:    24.8.175.1           00011000.00001000.10101111.00000001
HostMax:    24.8.175.254         00011000.00001000.10101111.11111110
```

Die Ausgabe bietet leicht zu verstehende Versionen der Adresse sowie Versionen für »Cut and Paste«. Klasse.

 Red Hat enthält ein Programm, das auch den Namen ipcalc hat, jedoch recht lahm ist und in den meisten Fällen annimmt, dass IP-Adressen in den Klassen A, B oder C liegen.

Der Original-RFC zur Subnetzbildung (RFC950) erlaubte nicht die Verwendung des ersten und des letzten Subnetzes (alles Nullen oder alles Einsen). In unserem Beispiel mit dem /26-Netzwerk würde diese Regel die Hälfte der Subnetze ausschließen: die Subnetze 0 und 192. Jeder ignorierte diesen RFC, mit Ausnahme von Novell und Cisco. (In frühen Versionen des Betriebssystems IOS von Cisco musste man das Subnetz 0 explizit mit dem Befehl ip subnet zero aktivieren. Ab Version 12.0 ist das Subnetz 0 standardmäßig verfügbar.)

Der RFC ist falsch, obwohl die Absichten gut waren. Das Subnetz 0 wurde nicht zugelassen, weil man glaubte, dass es zu Verwirrungen führen könnte, wenn eine Subnetzadresse sich nicht von einer nicht per Subnetz gebildeten Netzwerkadresse unterscheiden würde. Die Befürchtung erwies sich jedoch als grundlos, und heute sind auch die Subnetze, die überall Nullen bzw. Einsen enthalten, im Einsatz. Der Hostteil darf jedoch nicht vollständig aus Nullen oder Einsen bestehen.

Die Netzwerk- und die Broadcastadresse stehlen aus jedem Netzwerk zwei Hosts, sodass es den Anschein hat, dass das kleinste mögliche Netzwerk vier mögliche Hosts enthält: zwei tatsächliche Hosts – normalerweise an beiden Enden einer Punkt-zu-Punkt-Verbindung – sowie die Netzwerk- und Broadcastadresse. Vier Werte für Hosts erfordern zwei Bits im Hostanteil, sodass ein solches Netzwerk ein /30-Netzwerk mit der Subnetzmaske 255.255.255.252 oder 0xFFFFFFFC wäre. Jedoch wird ein /31-Netzwerk als besonderer Fall behandelt (siehe RFC3021) und hat weder eine Netzwerk- noch eine Broadcastadresse. Beide Adressen dieses Netzwerks werden für Hosts verwendet, und seine Subnetzmaske ist 255.255.255.254.

Obwohl die Rechner eines Netzwerks vereinbaren, dass sie Subnetzadressen verwenden, weiß der Rest der Welt nichts davon und behandelt diese Adressen weiterhin gemäß ihrer ursprünglichen Klasse.[9] Anstatt jedes Subnetz in der Welt bekannt zu geben, müssen Sie in unserem Beispiel mit der Adresse 128.138.243.100 nur ein einzelnes Klasse-B-Netzwerk veröffentlichen. Sobald ein Paket an dem in Subnetze aufgeteilten Bereich ankommt, wird seine Zieladresse mit den lokalen Subnetzmasken neu interpretiert, das eigentliche Zielnetzwerk »entdeckt« und das Paket an seinen genauen Zielpunkt geleitet.

12.4.3 Die IP-Adresskrise

Die Internetgemeinschaft bemerkte ungefähr im Jahr 1992, dass das ursprüngliche Zuweisungsverfahren zu drei grundlegenden Problemen führte.

- Erstens: Die Adressen der Klasse B – die wünschenswertesten für einigermaßen große Unternehmen – würden Mitte 1995 aufgebraucht sein.
- Zweitens: Die Routingtabellen der Router im Internet-Backbone werden so groß, dass sie nicht in den Speicher der verfügbarer Router hineinpassen.
- Drittens: IP-Adressen werden nach dem Prinzip »Wer zuerst kommt, mahlt zuerst« herausgegeben, ohne Rücksicht auf die Geografie. Das bedeutet, dass numerisch aufeinanderfolgende Adressen innerhalb desselben Unternehmens oder auf verschiedenen Kontinenten liegen können. Stellen Sie sich die Verwirrung vor, wenn Postleitzahlen in einer solch willkürlichen Art und Weise vergeben würden.

Zur Lösung dieser Probleme wurden zwei Lösungen gleichzeitig vorgebracht: eine für die unmittelbare Zukunft und eine langfristige.

Die kurzfristige Lösung, das Classless Inter-Domain Routing (CIDR), ist eine andere Art der Verwaltung des vorhandenen Vier-Byte-Adressraums. CIDR nutzt nämlich die verfügbaren Adressen effizienter und vereinfacht die Routingtabellen durch Berücksichtigung benachbarter Zahlen. Wir behandeln CIDR im nächsten Abschnitt ausführlicher.

---

9   *Eine weitere Lüge im Namen einer einfachen aber noch unvollständigen Beschreibung; die ganze Wahrheit erfahren Sie im Abschnitt 12.4.4.*

Die langfristige Lösung, IPv6, ist eine Überarbeitung des IP-Protokolls. IPv6 erweitert den Adressraum auf 16 Byte und schließt einige andere aus dem Einsatz von IP in den letzten 25 Jahren gelernte Lektionen ein. Es räumt einige Funktionen von IP beiseite, die erfahrungsgemäß nur von geringem Wert sind, und macht das Protokoll somit potenziell schneller und einfacher zu implementieren. IPv6 integriert auch Sicherheit und Authentifizierung in das Basisprotokoll und beseitigt die Fragmentierung auf Zwischenroutern.

IPv6 befindet sich noch in der frühen Einsatzphase, aber CIDR ist seit Jahren voll funktionsfähig. CIDR wird vom Internet-Backbone und den großen Routerherstellern unterstützt und eingesetzt. Auch NAT (Network Address Translation), ein Verfahren zur Wiederverwendung von IP-Adressen, das in Abschnitt 12.4.6 behandelt wird, spielt eine große Rolle bei der Senkung des Bedarfs an Internetadressen.

Die Komplexität von IPv6, die Leistungsfähigkeit von CIDR und NAT sowie die Trägheit eines Internets, das bereits sehr gut funktioniert, legen die Vermutung nahe, dass es noch etwas dauert, bevor wir zu IPv6 wechseln. Obwohl viele Anwendungen und Betriebssysteme bereits eine eingebaute Unterstützung für IPv6 haben, sind nach Meinung vieler Leute aus den Vereinigten Staaten alleine die Kosten untragbar. Nichtsdestoweniger haben umfangreiche Anstrengungen von Seiten der Distributoren und freiwilligen Entwickler dafür gesorgt, dass Linux bereit ist, wenn das Netzwerk auf IPv6 umgestellt wird.

Der Adressmangel von IPv4 ist außerhalb der USA stärker zu spüren, sodass IPv6 hier freundlicher empfangen wurde. In den USA bedarf es womöglich einer Killeranwendung, um IPv6 über den Berg zu helfen, z. B. einer neuen Generation von Mobiltelefonen, die IPv6-Adressen auf eine Telefonnummer abbilden. (Auch Voice-over-IP-Systeme würden von einer stärkeren Übereinstimmung zwischen Telefonnummern und IPv6-Adressen profitieren.)

Einige zusätzliche Einzelheiten zur IPv6-Adressierung erhalten Sie in Abschnitt 12.4.7.

12.4.4 CIDR (Classless Inter-Domain Routing)

CIDR, definiert in RFC1519 von September 1993, beseitigt das Klassensystem, das zuvor den Netzwerkteil einer IP-Adresse bestimmt hat. Wie die Subnetzbildung, deren direkte Erweiterung es ist, benötigt es eine explizite Subnetzmaske, um die Grenze zwischen dem Netzwerk- und dem Hostteil einer Adresse zu bestimmen. Doch im Gegensatz dazu ermöglicht es, den Netzwerkteil zu Routingzwecken *kleiner* zu halten, als die implizite Klasse der Adresse besagt. Eine kürzerer Subnetzmaske entspricht dem Zusammenfassen mehrerer Netzwerke. Daher wird CIDR manchmal auch als Supernetzbildung bezeichnet.

Mit CIDR können einer Site mehrere Netzwerke der Klasse C zugewiesen werden, ohne dass das Internet eigene Routingtabelleneinträge für jedes von ihnen benötigt. Die Site könnte auch eine Untermenge von Adressen der Klassen A oder B erhalten.

Angenommen, Sie haben einen Block von acht Klasse-C-Adressen von 192.144.0.0 bis 192.144.7.0 erhalten (in CIDR-Notation 192.144.0.0/21). Intern könnte die Site sie folgendermaßen verwenden:

- Ein Netzwerk der Länge /21 mit 2.046 Hosts,[10] Subnetzmaske 255.255.248.0
- 8 Netzwerke der Länge /24 mit je 254 Hosts, Subnetzmaske 255.255.255.0
- 16 Netzwerke der Länge /25 mit je 126 Hosts, Subnetzmaske 255.255.255.128
- 32 Netzwerke der Länge /26 mit je 62 Hosts, Subnetzmaske 255.255.255.192

und so weiter. Es ist auch möglich, Bereiche mit Subnetzmasken unterschiedlicher Länge zusammenzulegen, sofern alle Teile ohne Überschneidungen zusammenpassen. Dieses Verfahren heißt Subnetzbildung mit variablen Längen. Ein ISP mit der Zuweisung 192.144.0.0/21 könnte z. B. einige /30-Netzwerke für PPP-Einwahlkunden, einige /24-Netzwerke für große Kunden und einige /27-Netzwerke für kleinere definieren.

Wenn Sie Adressen so zusammenlegen, müssen alle Rechner in einem bestimmten Netzwerk mit derselben Subnetzmaske konfiguriert sein. Sie können nicht einen Rechner mit /24 und einen anderen in demselben Netzwerk mit /25 betreiben.

Der Vorteil von CIDR besteht darin, dass es aus Sicht des Internets nicht erforderlich ist, für diese Adressen 256, 128 oder auch nur 32 Einträge in Routingtabellen vorzunehmen. Sie gehören alle derselben Organisation und alle Pakete gehen an dieselbe Stelle. Es reicht ein einziger Routingeintrag für die Adresse 192.144.0.0/21. Darüber hinaus erleichtert CIDR die Zuweisung von Adressbereichen der Klassen A und B und erhöht somit die Anzahl der verfügbaren Adressen.

Seit der Einführung von CIDR sind Systemadministratoren gut im Rechnen mit binären und hexadezimalen Zahlen geworden oder haben herausgefunden, dass das Linux-Tool bc unter Verwendung der Anweisungen ibase und obase in jeder Basis rechnen kann.[11] Sie können die Tabelle 12.5 als Spickzettel benutzen.

Länge[a]	Hostbits	Hosts pro Netzwerk[b]	Dezimale Subnetzmaske	Hexadezimale Subnetzmaske
/20	12	4094	255.255.240.0	0xFFFFF000
/21	11	2046	255.255.248.0	0xFFFFF800
/22	10	1022	255.255.252.0	0xFFFFFC00

Tabelle 12.5: Netzwerkkonfigurationen für verschiedene Längen der Subnetzmaske

---

10 Das ursprüngliche Ethernet mit dem Koaxialkabel RG-11 erlaubte höchstens 1.024 Hosts in einem einzelnen Netzwerk. Mit den heutigen Switches ist es möglich (aber nicht sehr sinnvoll), wirklich große Netzwerke aufzubauen.

11 Passen Sie jedoch auf, dass Sie sich nicht in die Ecke manövrieren ... Dieses Rätsel überlassen wir dem Leser als Übung.

12.4 IP-Adressen in allen Einzelheiten

Länge[a]	Hostbits	Hosts pro Netzwerk[b]	Dezimale Subnetzmaske	Hexadezimale Subnetzmaske
/23	9	510	255.255.254.0	0xFFFFFE00
/24	8	254	255.255.255.0	0xFFFFFF00
/25	7	126	255.255.255.128	0xFFFFFF80
/26	6	62	255.255.255.192	0xFFFFFFC0
/27	5	30	255.255.255.224	0xFFFFFFE0
/28	4	14	255.255.255.240	0xFFFFFFF0
/29	3	6	255.255.255.248	0xFFFFFFF8
/30	2	2	255.255.255.252	0xFFFFFFFC

Tabelle 12.5: Netzwerkkonfigurationen für verschiedene Längen der Subnetzmaske (Forts.)

a) Die Länge des Netzwerkteils plus die Anzahl der Hostbits beträgt immer 32, da wir den immer gleich großen »Kuchen« einer 32-Bit IP-Adresse aufteilen.

b) Mathe-Freaks werden bemerken, dass die Anzahl der Hosts pro Netzwerk gleich $2^{Hostbits} - 2$ ist. Die -2 trägt der Tatsache Rechnung, dass die Hostadressen mit nur Nullen und nur Einsen eine Sonderrolle spielen.

Als CIDR im Jahre 1993 eingeführt wurde, enthielten die Routingtabellen des Backbones ungefähr 20.000 Routen. Das langsame, aber stetige Wachstum des Internets seit dem Zusammenbruch des Neuen Markts hat die Größe der Routingtabellen auf ca. 250.000 im Jahre 2006 erhöht.[12]

Ein nicht vereinigter Bereich des Adressraums, der so genannte 192er Sumpf (und kleinere Bereiche in den Bereichen 199 und 205), besteht aus frühen Klasse-C-Adressen, deren Besitzer sie nicht vereinigen können und nicht willens sind, sie zurückzugeben und ihr Netzwerk neu zu nummerieren. Die Vereinigten Staaten sind in dieser Hinsicht besonders schlimm. Europa und Asien, die etwas später eingestiegen sind, konnten aus den Fehlern lernen und leisteten bei der Zuweisung von Adressen eine wesentlich bessere Arbeit. Sites mit einem nicht vereinigten 192er Netzwerk sollten es an die Registrierungsbehörde ARIN (American Registry for Internet Numbers) zurückgeben und von ihrem ISP einen neuen Block erhalten. Leider halten die Kosten für eine Neunummerierung (zumindest im IPv4-Namensraum) die meisten Sites davon ab.

Obwohl CIDR nur als Zwischenlösung gedacht war, hat es sich als mächtig genug erwiesen, mit den Wachstumsproblemen des Internets in der absehbaren Zukunft fertig zu werden. In der Tat funktioniert die Kombination von CIDR und NAT so gut, dass es nicht klar ist, ob wir wirklich ein neues IP-Protokoll benötigen. Die Spezifikationen für IPv6 und die Produkteinführungen haben unglaublich viel Ingenieursarbeit verschlungen, sodass es eine Schande wäre, diese Arbeit ungenutzt zu lassen.

---

12 Auf bgp.potaroo.net erhalten Sie aktuelle Informationen über die BGP-Routingtabelle.

Eine Massenverbreitung von IPv6 benötigt vermutlich eine neue Muss-Anwendung, die nur für IPv6 geschrieben ist, ein Yuppie-Spielzeug, das IPv6-Adressierung nutzt, oder eine Entscheidung von Microsoft, IPv4 aufzugeben.

12.4.5 Adresszuweisung

In den frühen Tagen des Internets bewarben sich einzelne Sites beim InterNIC (Internet Network Information Center) um Adressräume. In Amerika ist das InterNIC jetzt durch ARIN und LACNIC ersetzt. Nur ISPs, die pro Jahr einen bedeutsamen Anteil von Adressen benötigen, sind berechtigt, an das ARIN heranzutreten. Alle anderen Sites müssen sich an ihren ISP wenden.

Es werden lediglich Netzwerknummern formal zugewiesen; die Sites müssen zur Vervollständigung der IP-Adressen ihre eigenen Hostnummern definieren. Sie können den erhaltenen Adressraum nach Belieben in Subnetze untergliedern.

Die ICANN (Internet Corporation for Assigned Names and Numbers) hat Adressblöcke administrativ an fünf regionale Internetregistrierungsstellen delegiert, die dafür verantwortlich sind, Unterblöcke sparsam an ISPs aus ihren Regionen zu vergeben (siehe Tabelle 12.6). Diese ISPs zerlegen wiederum ihre Blöcke und geben Teile an einzelne Kunden heraus. Nur große ISPs sollten direkt mit einer der von der ICANN finanzierten Registrierungsstelle in Kontakt treten.

Name	Webadresse	Region
ARIN	*www.arin.net*	Nordamerika, Teile der Karibik
APNIC	*www.apnic.net*	Asien/Pazifik
AfriNIC	*www.afrinic.net*	Afrika
LACNIC	*www.lacnic.net*	Mittel- und Südamerika, Teile der Karibik
RIPE	*www.ripe.net*	Europa und umliegende Gebiete

Tabelle 12.6: Regionale Internetregistrierungsstellen

Die Delegation vom ICANN an regionale Registrierungsstellen und dann an nationale oder international ISPs hat eine weitere Zusammenfassung der Routingtabellen des Backbones ermöglicht. ISP-Kunden, denen Adressen aus dem Block des ISPs zugewiesen wurden, benötigen keine eigenen Routingeinträge im Backbone. Es reicht ein einziger Eintrag für den Block, der an den ISP verweist.

Ursprünglich wurde der Adressraum nicht sehr fair vergeben. Die US-Regierung reservierte ungefähr die Hälfte des Adressraums für sich selbst und vergab relativ kleine Blöcke an Europa und Asien. Europa und Asien verwalteten ihren Adressraum jedoch wesentlich klüger als die Vereinigten Staaten. Die Adressraumkarte unter *www.caida.org/analysis/learn/ipv4space* verdeutlicht diese Tatsache recht deutlich. Sie zeigt den IP-Adressraum als Ganzes, die zugewiesenen Bereiche, die Bereiche, die geroutet (und somit erreichbar) sind, sowie die Adressen, für die ein Netzwerkverkehr an mehreren größeren Knotenpunkten in den USA beobachtet wurde.

12.4.6 Private Adressen und NAT

Eine weitere Lösung für den Raubbau am Adressraum ist die Verwendung privater IP-Adressräume, die in RFC1918 (Februar 1996) beschrieben sind. In der CIDR-Ära erhält eine Site ihre IP-Adressen normalerweise von ihrem Internet Service Provider. Wenn sie den ISP wechseln möchte, muss sie sich durch die Kosten für eine Neunummerierung ihres Netzwerks loskaufen. Der ISP übergab ihr den Adressraum für die Dauer der Kundenbeziehung. Nun muss sie den alten ISP überzeugen, dass er ihr den Adressraum überlässt, und den neuen ISP, dass er das Routing für die alten Adressen korrekt auf den neuen Standort umstellt. In der Regel möchten sich ISPs nicht mit diesem Problem herumschlagen und werden vom Kunden verlangen, dass er die Neunummerierung durchführt.

Eine Alternative zur Verwendung von durch einen ISP zugewiesenen Adressen sind private Adressen, die Ihr ISP nie zu Gesicht bekommt. RFC1918 reserviert ein Klasse-A-Netzwerk, 16 Klasse-B- und 256 Klasse-C-Netzwerke, die niemals global zugewiesen werden und von jeder Site intern verwendet werden können. Der Haken an der Sache ist, dass Pakete mit diesen Adressen niemals ins Internet hinaus dürfen. Um sicherzugehen, sollten Sie sie an Ihren Grenzroutern ausfiltern. Wenn einige Pakete durchrutschen, sollten Sie die entsprechende Fehlkonfiguration ausfindig machen.

Tabelle 12.7 zeigt die für private Adressen reservierten Netzwerknummern. (Die Spalte *CIDR-Bereich* zeigt den Bereich für jede Klasse in der kompakteren CIDR-Notation, sie enthält keine zusätzlichen Informationen.)

IP-Klasse	Von	Bis	CIDR-Bereich
Klasse A	10.0.0.0	10.255.255.255	10.0.0.0/8
Klasse B	172.16.0.0	172.31.255.255	172.16.0.0/12
Klasse C	192.168.0.0	192.168.255.255	192.168.0.0/16

Tabelle 12.7: Für private Verwendung reservierte IP-Adressen

Sites können ein Netzwerk der Größe wählen, die am besten zu Ihrem Unternehmen passt.

Um Rechnern, die diese privaten Adressen verwenden, eine Kommunikation mit dem Internet zu ermöglichen, muss auf den Grenzroutern der Site ein System namens NAT (Network Address Translation) ausgeführt werden. NAT fängt Adressen mit diesen nur für den internen Gebrauch bestimmten Adressen ab und verändert ihre Quelladresse, indem es eine reale externe IP-Adresse und eventuell eine andere Quellportnummer verwendet. Es unterhält auch eine Tabelle der durchgeführten Zuweisungen von internen zu externen Paaren von Adressen und Quellports, sodass die Rückübersetzung erfolgen kann, wenn die Antwortpakete aus dem Internet kommen.

NATs Verwendung von Portnummernzuweisungen ermöglicht das gleichzeitige Betreiben mehrerer Verbindungen über dieselbe IP-Adresse, sodass viele interne Rechner gemeinsam eine Adresse verwenden können. In einigen Fällen reicht eine »reale« IP-Adresse für eine Site aus.

Eine Site, die NAT einsetzt, benötigt immer noch einen Adressraum von seinem ISP, doch die meisten dieser Adressen werden für NAT-Zuweisungen verwendet und nicht einzelnen Rechnern zugewiesen. Wenn die Site später den ISP wechseln möchte, müssen nur die Grenzrouter und ihre NAT-Konfigurationen verändert werden, nicht die Einstellungen der einzelnen Hosts.

NAT ist im Verbraucherbereich wie auch in Unternehmen weit verbreitet. Es ist auch möglich, dass ein Linux-Rechner die NAT-Funktionalität ausführt, obwohl viele Sites diese Aufgabe an einen ihrer Router oder Netzwerkgeräte vergeben. Einzelheiten erhalten Sie in den herstellerspezifischen Abschnitten weiter hinten in diesem Kapitel. Aus bestimmten Gründen wurde in der Linux-Welt der Ausdruck »IP masquerading« für NAT verwendet. Nach der Einführung des 2.4er Kernels wird jedoch auch hier die Bezeichnung NAT verwendet.

Eine fehlerhafte NAT-Konfiguration kann zur Folge haben, dass Pakete aus privaten Adressräumen in das Internet entwischen. Diese Pakete erreichen ihr Ziel, doch Antwortpakete können nicht zurückkehren. CAIDA,[13] eine Organisation, die alles misst, was in den Backbone-Netzwerken sichtbar ist, hat herausgefunden, dass 0,1% bis 0,2% der Pakete auf dem Backbone entweder private Adressen oder ungültige Prüfsummen enthalten. Das klingt nach einer verschwindenden Prozentzahl und ist es auch, bedeutet aber ungefähr 20.000 Pakete alle zehn Minuten auf einem beschäftigten Knoten bei MAE-West (einer der größten öffentlichen Vermittlungsstellen, an der verschiedene ISPs ihren Verkehr austauschen). Unter *www.caida.org* erhalten Sie weitere interessante Statistiken und Tools zur Netzwerkmessung.

Ein Nachteil von NAT (oder vielleicht auch ein Vorteil) ist, dass ein beliebiger Rechner aus dem Internet sich nicht direkt mit den internen Rechnern Ihrer Site verbinden kann. Mit einigen Implementierungen (z. B. Linux und Cisco PIX) können Sie »Tunnel« einrichten, die direkte Verbindungen für bestimmte Rechner ermöglichen.

Ein weiteres Problem besteht darin, dass einige Anwendungen IP-Adressen im Datenteil der Pakete einbetten; diesen Anwendungen macht NAT einen Strich durch die Rechnung oder verwirrt sie. Beispiele hierfür sind einige Routingprotokolle, Streamingprogramme wie RealVideo und SHOUTcast, einige FTP-Befehle wie PORT und PASV, ICQ Instant Messaging sowie viele Spiele. NAT behindert manchmal auch VPNs (Virtual Private Networks).

---

13 CAIDA, ausgesprochen »kaida« ist die Cooperative Association for Internet Data Analysis im San Diego Supercomputer Center auf dem Campus der UCSD (www.caida.org).

Große Unternehmen, die NAT und Adressen gemäß RFC1918 verwenden, müssen eine Art zentrale Koordinierungsstelle einrichten, damit alle Hosts, unabhängig von ihrer Abteilung oder administrativen Gruppe, eindeutige IP-Adressen haben. Die Lage kann kompliziert werden, wenn eine Firma, die RFC1918-Adressen verwendet, eine andere Firma aufkauft, die ebenfalls diese Adressen einsetzt. Dann müssen oftmals Teile der vereinigten Firmen neu nummeriert werden.

NAT verbirgt die interne Struktur. Das sieht wie ein Sicherheitsgewinn aus, doch die Sicherheitsleute sagen, dass NAT die Sicherheit nicht wirklich erhöht und keinesfalls eine Firewall überflüssig macht. NAT vereitelt auch Versuche, die Größe oder Topologie des Internets zu messen.

Als Versuch zur Identifizierung NAT-nutzender Rechner wurde zumindest ein Tool entwickelt. Sein Algorithmus vergleicht bekannte TTL-Werte von Betriebssystemen mit den erwarteten TTL-Werten in einem Netzwerk. Wenn diese Werte nicht zusammenpassen, wird die Quell-IP-Adresse als NAT-Gerät erkannt. Diese Idee ist theoretisch effektiv, jedoch teuer und in der Realität nur auf plumpe Weise einzurichten. Mehr über dieses Verfahren erfahren Sie unter *www.sflow.org/detectNAT*.

12.4.7 IPv6-Adressierung

Eine IPv6-Adresse ist 128 Bit groß. Diese großen Adressen waren ursprünglich dazu gedacht, das Problem der Erschöpfung der IP-Adressen zu lösen. Da sie nun vorhanden sind, sollen sie dazu genutzt werden, Unterstützung bei Problemen mit Routing, Mobilität und örtlicher Lage zu bieten.

IP-Adressen wurden niemals wie Telefonnummern oder Postleitzahlen geografisch zugeordnet. Mit der nun vorgeschlagenen Aufteilung des IPv6-Adressraums werden sie zumindest für ISPs zusammengefasst. Die Grenze zwischen dem Host- und dem Netzwerkteil ist auf /64 festgelegt, die Grenze zwischen der öffentlichen und der lokalen Topologie einer Site auf /48. Tabelle 12.15 zeigt die verschiedenen Bestandteile einer IPv6-Adresse.

Bits	Abkürzung	Übersetzung
1-3	FP	Formatpräfix; der Adresstyp, z. B. Unicast
4-16	TLA ID	Bündelungs-ID (top-level aggregation ID) auf höchster Ebene, wie Backbone-ISP
17-24	RES	Reserviert für zukünftige Verwendung
25-48	NLA ID	Bündelungs-ID auf nächster Ebene (next-level aggregation ID), z. B. regionale ISPs und Site-ID
49-64	SLA ID	Bündelungs-ID auf Site-Ebene (side-level aggregation ID), wie lokales Subnetz
65-128	INTERFACE ID	Schnittstellen-ID (MAC-Adresse plus Padding)

Tabelle 12.8: Die Bestandteile einer IPv6-Adresse

Von diesen Teilen gehören nur die SLA ID und die INTERFACE ID zum Host und seiner Site. Die anderen Teile steuert der weiter oben liegende ISP bei. Die SLA gibt ein lokales Subnetz an. Die 64 Bit große Interface-ID identifiziert die Netzwerkkarte des Hosts. Es enthält normalerweise die 18 Bit große MAC-Adresse mit der Hexadezimalzahl 0xFFFE in der Mitte. Ein spezielles Bit in der MAC-Adresse (Bit 6 im ersten Byte, wobei die Zählung von links erfolgt und bei 0 beginnt), genannt das »universal/local Bit«, muss invertiert werden (siehe RFC2373). Dieses Verfahren ermöglicht die automatische Nummerierung der Hosts, was eine schöne Eigenschaft für Systemadministratoren ist, da nur die Subnetze verwaltet werden müssen.

In IPv6 ist die MAC-Adresse auf der IP-Schicht zu sehen, was sowohl gute als auch schlechte Auswirkungen hat. Die Marke und das Modell der Netzwerkkarte sind in der ersten Hälfte der MAC-Adresse verschlüsselt, sodass Hackern mit einem Code für eine bestimmte Architektur geholfen wird. Die Sichtbarkeit dieser Informationen hat auch einige Datenschützer beunruhigt. Die Antwort der IPv6-Experten besagte, dass Sites nicht gezwungen sind, MAC-Adressen zu verwenden. Sie können den Hostteil beliebig gestalten. Es wurde auch ein Adressierungsverfahren vorgeschlagen, das eine Zufallszahl im lokalen Teil der IP-Adresse vorsieht. Zu viele Bits zum Spielen!

Auf der anderen Seite sollte die Zuweisung von IPv6-Adressen einfacher als die von IPv4-Adrssen sein, da nur die Subnetzadressen verfolgt werden müssen. Die Hosts können sich selbst konfigurieren – zumindest ist das die Theorie.

Das Formatpräfix gibt den Typ der IPv6-Adresse an: Unicast, Multicast oder Anycast. Unicastadressen setzen FP auf 001 (binär). Die TLA und NLA IDs identifizieren Ihren IP-Backbone-Träger sowie die lokalen ISPs bis hin zu ihren Backbone-Provider.

Heute sind die meisten Hersteller bereit für IPv6. Fast alle Distributionen enthalten eine eingebaute IPv6-Unterstützung, und die Netzwerkhardware unterstützt es fast seit einem Jahrzehnt.

ARIN vergibt IPv6-Bereiche im Allgemeinen nur an große ISPs oder lokale Internetregistrierungsbehörden, die planen, große Bereiche von Adressräumen in der nahen Zukunft zu vergeben. Diese Organisationen können dann ihren weiter unten in der Hierarchie stehenden Kunden Unterräume zuweisen. Die Kostenstruktur liegt zwischen einer minimalen Gebühr von 1.250 US-$/Jahr und einem Maximum von 36.000 US-$/Jahr. ARIN hat einen Gebührenverzicht für Mitglieder mit guter Bonität verlängert.

Nachfolgend finden Sie einige nützliche Quellen für Informationen über IPv6:

- *www.ipv6tf.net* – Ein Informationsportal zu IPv6
- *www.ipv6.org* – Häufige Fragen (FAQ) und technische Informationen
- *www.ipv6forum.com* – Marketing und Propaganda für IPv6

Ein großer Vorteil von IPv6 besteht darin, dass das Protokoll das Problem der Neunummerierung löst. In der Welt von IPv4 weisen ISPs Kunden Adressräume zu, aber die Adressen sind nicht portierbar; wenn der Kunde einen ISP verlässt, muss er alle Adressen zurückgeben und eine neue Nummerierung mit den Adressen des neuen ISPs durchführen. Bei IPv6 gibt der neue ISP Ihnen ein Adresspräfix, das Sie einfach den lokalen Teilen Ihrer Adressen voranstellen, vorzugsweise an Ihrem Grenzrouter. Dieser Vorgang ähnelt dem von NAT bei der IPv4-Adressierung, hat aber keines der kleinen Probleme von NAT.

Es wurden verschiedene Verfahren vorgeschlagen, den Übergang von IPv4 auf IPv6 zu erleichtern, einschließlich der Verwendung von NAT, um IPv6-Adresssen zu verbergen, während Pakete durch die vorhandene IPv4-Infrastruktur getunnelt werden.

12.5 Routing

Routing ist das Verfahren, um ein Paket durch das Netzwerklabyrinth, das zwischen seiner Quelle und seinem Ziel liegt, zu leiten. Im TCP/IP-System ähnelt es dem Fragen nach der Richtung in einem fremden Land. Die erste Person, mit der Sie sprechen, kann Sie zur richtigen Stadt weisen. Sobald Sie dem Ziel etwas näher sind, kann die nächste Person Ihnen sagen, wie Sie zur gesuchten Straße gelangen. Irgendwann sind Sie nahe genug, dass Ihnen jemand das gesuchte Gebäude zeigen kann.

TCP/IP-Routinginformationen liegen in Form von Regeln (»Routen«) vor wie »Um Netzwerk A zu erreichen, senden Sie Pakete durch den Rechner C.« Es kann auch eine Standardroute geben, die angibt, was mit Paketen geschehen soll, die an ein Netzwerk gerichtet sind, für das es keine explizite Route gibt.

Routinginformationen sind in einer Tabelle im Kernel gespeichert. Jeder Tabelleneintrag enthält mehrere Parameter, einschließlich einer Netzwerkmaske für jedes aufgeführte Netzwerk (früher optional, aber heute erforderlich, wenn die Standard-Subnetzmaske nicht korrekt ist). Um ein Paket an eine bestimmte Adresse zu leiten, sucht der Kernel die genaueste der passenden Routen heraus (die Route mit der längsten Subnetzmaske). Wenn er keine passende und keine Standardroute findet, gibt er dem Absender die ICMP-Fehlermeldung »network unreachable« zurück.

Das Wort »Routing« wird üblicherweise für zwei verschiedene Dinge verwendet:

- Das Nachschlagen einer Netzwerkadresse in der Routingtabelle, um ein Paket an sein Ziel weiterzuleiten
- Den ersten Aufbau der Routingtabelle

In diesem Abschnitt untersuchen wir die Weiterleitungsfunktion und schauen uns an, wie Routen der Routingtabelle manuell hinzugefügt oder aus ihr entfernt werden können. Das kompliziertere Thema der Routingprotokolle, die die Routingtabelle aufbauen und unterhalten, verschieben wir auf Kapitel 13.

12.5.1 Routingtabellen

Sie können die Routingtabelle eines Rechners mit dem Befehl netstat -r untersuchen. Verwenden Sie netstat -rn, um DNS-Suchen zu vermeiden und die Informationen numerisch darzustellen. Wir behandeln netstat in Abschnitt 19.4 ausführlicher, aber hier ist ein kurzes Beispiel, um Ihnen eine bessere Vorstellung davon zu geben, wie Routen aussehen. Dieser Rechner enthält zwei Netzwerkkarten: 132.236.227.93 (eth0) im Netzwerk 132.236.227.0/24 und 132.236.212.1 (eth1) im Netzwerk 132.236.212.0/26.

```
$ netstat -rn
Kernel IP routing table
Destination     Genmask           Gateway          Fl  MSS   Iface
132.236.227.0   255.255.255.0     132.236.227.93   U   1500  eth0
default         0.0.0.0           132.236.227.1    UG  1500  eth0
132.236.212.0   255.255.255.192   132.236.212.1    U   1500  eth1
132.236.220.64  255.255.255.192   132.236.212.6    UG  1500  eth1
127.0.0.1       255.255.255.255   127.0.0.1        U   3584  lo
```

Das Feld Destination ist normalerweise eine Netzwerkadresse, das Gateway muss eine Hostadresse sein. Zum Beispiel besagt die vierte Route, dass Pakete, die das Netzwerk 132.236.220.64/26 erreichen sollen, über die Netzwerkschnittstelle eth1 an 132.236.212.6 geschickt werden müssen. Der zweite Eintrag ist eine Standardroute. Pakete, die nicht ausdrücklich an eines der drei aufgeführten Netzwerke (oder den Rechner selbst) adressiert sind, werden an den Gatewayrechner 132.236.227.1 gesendet. Rechner können Pakete nur an Gateways leiten, die unmittelbar an ihr eigenes Netzwerk angebunden sind.

Routingtabellen können statisch, dynamisch oder mit einer Kombination beider Ansätze konfiguriert werden. Eine statische Route ist eine, die Sie explizit mit dem Befehl route eintragen. Statische Routen sollten in der Routingtabelle stehen bleiben, solange das System aktiv ist; sie werden oftmals beim Bootvorgang durch eines der Startskripte des Systems gesetzt. Die beiden folgenden Linux-Befehle fügen z. B. die vierte und die zweite Route aus der obigen Ausgabe von netstat -rn hinzu:

Tipp

In Abschnitt 12.7.4 erhalten Sie weitere Informationen über den Befehl route.

```
route add -net 132.236.220.64 netmask 255.255.255.192 \
          gw 132.236.212.6 eth1
route add default gw 132.236.227.1 eth0
```

12.5 Routing

(Die erste und die dritte Route in der Ausgabe wurden von `ifconfig` hinzugefügt, als die Netzwerkschnittstellen `eth0` und `eth1` konfiguriert wurden.)

Die letzte Route wird auch beim Systemstart hinzugefügt. Sie konfiguriert ein Pseudogerät, genannt Loopback-Schnittstelle. Sie verhindert, dass Pakete, die ein Rechner an sich selbst schickt, in das Netzwerk hinausgehen; stattdessen werden sie innerhalb des Kernels direkt aus der Ausgangs- an die Eingangswarteschlange für das Netzwerk übergeben.

In einem stabilen lokalen Netzwerk ist statisches Routing eine leistungsfähige Lösung. Es ist einfach zu verwalten und zuverlässig. Es erfordert jedoch, dass der Systemadministrator die Topologie des Netzwerks zum Zeitpunkt des Systemstarts genau kennt und dass sie sich nicht häufig ändert.

Die meisten Rechner in einem lokalen Netzwerk haben nur eine Möglichkeit, an das übrige Netzwerk hinaus zu gelangen, sodass das Routingproblem einfach ist. Eine während des Bootvorgangs hinzugefügte Standardroute reicht aus, um den Weg nach draußen zu zeigen. Rechner, die DHCP verwenden (siehe Abschnitt 12.9), um ihre IP-Adressen zu erhalten, können auf diesem Weg auch eine Standardroute erhalten.

Bei komplizierteren Netzwerktopologien ist ein dynamisches Routing erforderlich. Es wird normalerweise von einem Daemonprozess durchgeführt, der die Routingtabellen verwaltet und ändert. Routingdaemonen auf verschiedenen Rechnern kommunizieren miteinander, um die Netzwerktopologie zu bestimmen und um herauszufinden, wie entfernte Ziele zu erreichen sind. Es sind mehrere Routingdaemons verfügbar.

12.5.2 ICMP-Redirect

Obwohl IP sich im Allgemeinen nicht selbst um die Verwaltung der Routinginformationen kümmert, enthält es eine kleine Funktion zur Schadenskontrolle namens ICMP-Redirect. Wenn ein Router ein Paket an einen Rechner aus demselben Netzwerk weiterleitet, aus dem das Paket ursprünglich kam, ist mit Sicherheit etwas falsch gelaufen. Da der Absender, der Router und der Router für die nächste Teilstrecke alle in demselben Netzwerk liegen, hätte das Paket mit einem anstatt mit zwei Hops ausgeliefert werden können. Der Router kann daraus schließen, dass die Routingtabellen des Absenders falsch oder unvollständig sind.

In dieser Situation kann der Router den Absender von seinem Problem in Kenntnis setzen, indem er ein ICMP-Redirect-Paket sendet. Tatsächlich besagt ein Redirect: »Du solltest Pakete für den Host *xxx* nicht an mich, sondern an *yyy* schicken.« Das ICMP-Protokoll ermöglicht das Senden von Redirects sowohl an einzelne Hostadressen als auch an vollständige Netzwerke. Viele Implementierungen versenden jedoch nur Host-Redirects; Netzwerk-Redirects sind heute relativ nutzlos, das sie nur auf Netzwerke der Klassen A, B und C anwendbar sind.

Nach Erhalt eines Redirect aktualisiert ein naiver Absender seine Routingtabelle, sodass zukünftige an diesen Empfänger gerichtete Pakete den kürzeren Weg nehmen. In den frühen Tagen von Multicasting gab es einige Systeme, die Multicastpakete mit ICMP-Redirects beantworteten. Moderne Systeme haben dieses Problem nicht mehr.

Das standardmäßige ICMP-Verfahren schließt keinen Schritt zur Authentifizierung ein. Ihr Router empfängt einen Redirect, der vorgibt, von einem anderen, wohlrespektierten Router zu sein, und weist Sie an, Ihren Verkehr woanders hinzuschicken. Sollten Sie darauf hören? Das Befolgen von Redirects ruft tatsächlich ein gewisses Sicherheitsproblem hervor. Sie werden im Allgemeinen von Linux (aus Sicherheitsgründen) und von Cisco-Routern (weil sie Router sind) ignoriert. Es ist keine gute Idee, wenn nicht vertrauenswürdige Hosts Ihre Routingtabellen ändern.

Unter Linux steuert die Variable `accept_redirects` aus der Hierarchie von `/proc` die Anerkennung von ICMP-Redirects. In Abschnitt 12.10 finden Sie Hinweise zur Prüfung und Umsetzung dieser Variablen.

12.6 ARP (Address Resolution Protocol)

Obwohl man sich IP-Pakete normalerweise im Sinne von IP-Adressen vorstellt, müssen für den eigentlichen Datentransport auf der Sicherungsschicht eines Netzwerks Hardwareadressen verwendet werden.[14] ARP, das Address Resolution Protocol, erkennt die Hardwareadresse, die mit einer bestimmten IP-Adresse verknüpft ist. Es kann auf jeder Art Netzwerk verwendet werden, das Broadcasting unterstützt, wird aber in der Regel mit Ethernetbegriffen beschrieben.

Wenn Host A ein Paket an Host B auf demselben Ethernet senden möchte, verwendet er ARP, um die Hardwareadresse von B zu bestimmen. Wenn B nicht in demselben Netzwerk wie A liegt, nutzt A das Routingsystem, um den Router für die nächste Teilstrecke auf der Route nach B zu bestimmen, und verwendet dann ARP, um die Hardwareadresse des Routers herauszubekommen. Da ARP Broadcastpakete versendet, die keine Netzwerkgrenzen überschreiten können,[15] kann es nur dafür genutzt werden, die Hardwareadressen von Rechnern zu finden, die unmittelbar an das lokale Netzwerk des sendenden Hosts angeschlossen sind.

Jeder Rechner unterhält im Hauptspeicher eine Tabelle namens ARP-Cache, der die Ergebnisse kürzlich durchgeführter ARP-Anfragen enthält. Unter normalen Umständen werden viele der Adressen, die ein Rechner benötigt, kurz nach dem Systemstart erkannt, sodass ARP zu keinem hohen Netzwerkverkehr führt.

---

[14] Mit Ausnahme von Punkt-zu-Punkt-Verbindungen, bei denen die Identität des Ziels manchmal eindeutig ist.
[15] Router können oftmals konfiguriert werden, Broadcastpakete in andere Netzwerke weiterzuleiten – tun Sie das nicht!

12.6 ARP (Address Resolution Protocol)

ARP funktioniert über Broadcasting[16] mit einem Paket der Form »Kennt jemand die Hardwareadresse für 128.138.116.4?« Der Rechner, nach dem gesucht wird, erkennt seine eigene IP-Adresse und sendet eine Antwort zurück: »Ja, das ist die IP-Adresse einer meiner Netzwerkkarten, und die entsprechende Ethernetadresse lautet 8:0:20:0:fb:6a.«

Die Originalanfrage enthält die IP- und die Ethernetadresse des Anfragenden, sodass der gesuchte Rechner antworten kann, ohne selbst eine ARP-Anfrage durchführen zu müssen. Daher lernen beide Rechner die ARP-Zuordnung des jeweils anderen mit nur einem Paketaustausch kennen. Auch andere Rechner, die den ursprünglichen Broadcast des Anfragenden mithören, können sich diese ARP-Zuordnung merken. Das passive Abhören von ARP-Verkehr wird manchmal als Snooping bezeichnet.

Der Befehl arp untersucht und verändert den ARP-Cache des Kernels, fügt Einträge hinzu oder entfernt sie, leert die Tabelle oder zeigt sie an. Der Befehl arp -a zeigt den Inhalt des ARP-Cache an, wie im folgenden Beispiel gezeigt:

```
redhat$ /sbin/arp -a
sprint-gw (192.168.1.254) at 00:02:4B:5B:26:45 [ether] on eth0
inura-local.toadranch.com (192.168.1.101) at 00:04:76:37:AE:7E [ether] on eth0
```

Der Befehl arp ist meistens nur zur Fehlersuche und in Situationen nützlich, die spezielle Hardware erfordern. Einige Geräte sind nicht schlau genug, um mit ARP zu kommunizieren (z. B. Netzwerkdrucker oder spezielle Grafikdisplays). Um solche Geräte zu unterstützen, müssen Sie eventuell einen anderen Rechner als Proxy-ARP-Server für die einfachere Hardware konfigurieren, was normalerweise auch mit dem Befehl arp (unter Verwendung des Schalters -s) erfolgt, wie im folgenden Beispiel dargestellt:

```
# /sbin/arp -s printer.toadranch.com 00:50:04:ce:ef:38
```

Linux-Kernel ab 2.4 unterstützen keinen Proxy-ARP-Dienst für komplette Subnetze, agieren aber automatisch als Proxy-ARP-Server, wenn eine Route vorhanden ist und die Schnittstelle für das Weiterleiten von Paketen konfiguriert ist.

Wenn zwei Hosts in einem Netzwerk dieselbe IP-Adresse verwenden, hat einer von ihnen den richtigen ARP-Tabelleneintrag und der andere den falschen. Mithilfe des Befehls arp können Sie den falsch konfigurierten Rechner ausfindig machen.

Manchmal müssen Hardwareadressen in IP-Adressen umgewandelt werden. Viele eingeschränkte Hardwaregeräte (z. B. festplattenlose Arbeitsplatzrechner, Netzwerkcomputer, Drucker) müssen diese Umsetzung beim Systemstart durchführen. Damit IP-Adressen nicht fest in eine Konfigurationsdatei eingetragen werden müssen, kann das Gerät einen zentralen Server abfragen, um seine eigene Adresse herauszufinden.

---

16 *ARP verwendet die Broadcastingkonventionen der zu Grunde liegenden Sicherungsschicht, kein IP-Broadcasting.*

Damit ist unsere Abhandlung zum Hintergrundmaterial über Netzwerke beendet. In den folgenden Abschnitten wenden wir uns den Punkten zu, die erforderlich sind, um Linux-Rechner für ein lokales Netzwerk und das Internet zu konfigurieren.

12.7 Einen Computer zu einem Netzwerk hinzufügen

Es sind nur einige Schritte erforderlich, um einen neuen Rechner in ein vorhandenes LAN einzufügen, jedoch verstecken einige Hersteller die Dateien, die Sie ändern müssen, und machen die Aufgabe meistens schwierig.

Nachfolgend sehen Sie die grundlegenden Schritte, um einen Computer zu einem lokalen Netzwerk hinzuzufügen:

- Eine eindeutige IP-Adresse und einen Hostnamen zuweisen.
- Den neuen Rechner so einrichten, dass er seine Netzwerkkarten beim Systemstart konfiguriert.
- Eine Standardroute und eventuell ein ausgefalleneres Routing einrichten.
- Auf einen DNS-Server verweisen, um den Zugriff auf den Rest des Internets zu ermöglichen.

Natürlich können Sie dieser Abfolge auch einen Debuggingschritt hinzufügen. Nach jeder Änderung, die das Booten beeinflusst, sollten Sie stets einen Neustart durchführen, um sicherzustellen, dass der Rechner korrekt hochfährt. Sechs Monate später, wenn der Strom ausfällt und der Rechner nicht mehr startet, ist es schwer, sich daran zu erinnern, welcher der durchgeführten Schritte das Problem verursacht haben könnte. (Schlagen Sie auch in Kapitel 19, »Netzwerkverwaltung und Debugging« nach.)

Wenn Ihr Netzwerk DHCP, das Dynamic Host Configuration Protocol, verwendet, führt der DHCP-Server diese Aufgaben für Sie durch. In Abschnitt 12.9 erhalten Sie allgemeine Informationen zu DHCP sowie Einzelheiten dazu, wie Sie unsere Beispieldistributionen zur Verwendung von DHCP beim Systemstart konfigurieren.

Zunächst behandeln wir einen allgemeinen Überblick über diese Schritte und kehren dann in einer Folge von herstellerspezifischen Abschnitten zu den Einzelheiten einer jeden Distribution zurück. Die Befehle umfassen den Netzwerkstack des Kernels und sind für verschiedene Distributionen gleich. Jedoch hat jede Distribution ihre eigenen Konfigurationsdateien zum Automatisieren der Netzwerkkonfiguration beim Systemstart, wie in Tabelle 12.9 zusammengefasst.

12.7 Einen Computer zu einem Netzwerk hinzufügen

System	Datei	Inhalt
Red Hat, Fedora	/etc/sysconfig/network	Hostname, Standardroute
	network-scripts/ifcfg-*ifname*	IP-Adresse, Subnetzmaske, Broadcastadresse
SUSE	/etc/rc.config	Hostname, IP-Adresse, Subnetzmaske und mehr
	/etc/route.conf	Standardroute
Debian, Ubuntu	/etc/hostname	Hostname
	/etc/network/interfaces	IP-Adresse, Subnetzmaske, Standardroute

Tabelle 12.9: Netzwerkkonfigurationsdateien

Das Verfahren für den Entwurf und die Installation eines physischen Netzwerks haben wir in Kapitel 14, »Netzwerkhardware«, behandelt. Wenn Sie mit einem vorhandenen Netzwerk arbeiten und eine allgemeine Vorstellung davon haben, wie es eingerichtet ist, ist es vielleicht nicht mehr nötig, dass Sie wesentlich mehr über die physischen Aspekte der Netzwerktechnik lesen – es sei denn, Sie planen eine Erweiterung des bestehenden Netzwerks.

Wir beschreiben das Verfahren zur Netzwerkkonfiguration mit Ethernetbegriffen, andere Technologien sind im Wesentlichen ähnlich.

12.7.1 Hostname und IP-Adresse zuweisen

Administratoren haben verschiedene Ansichten darüber, wie die Umwandlung von Hostnamen in IP-Adressen in einer lokalen Site am besten gepflegt wird: über die Datei hosts, NIS, das DNS-System oder vielleicht einer Kombination dieser Quellen. Wenn Sie unterschiedliche Systeme haben, benötigen Sie auch einen vernünftigen Plan, wie sie zusammenarbeiten sollen. Hierbei stehen sich auf der einen Seite Skalierbarkeit und Wartbarkeit und auf der anderen ein System gegenüber, das flexibel genug ist, dass Rechner auch dann booten können, wenn nicht alle Dienste verfügbar sind (und flexibel genug, die Heterogenität Ihrer Site zu berücksichtigen).

Tipp

In Kapitel 15 erhalten Sie weitere Informationen zu DNS.

Ein weiteres langfristiges Problem ist das der Neunummerierung. Wenn Ihre Site den ISP wechselt, müssen Sie möglicherweise Ihre alten IP-Adressen zurückgeben und mit den vom neuen ISP zugewiesenen Adressen eine neue Nummerierung durchführen. Das kann zu einer beängstigenden Aufgabe werden, wenn Sie jeden Rechner im Netzwerk aufsuchen müssen, um ihn neu zu konfigurieren. Um einen solchen Prozess zu beschleunigen, sollten Sie in Konfigurationsdateien Hostnamen verwenden und die Übersetzung von Hostnamen zu IP-Adressen nur in den DNS-Datenbankdateien vornehmen. Andererseits verringert der Einsatz von IP-Adressen in Konfigurationsdateien Abhängigkeiten während des Systemstarts, wenn noch nicht alle Dienste verfügbar sind. Was Sie auch machen, es ist verkehrt.

Die Datei /etc/hosts ist die älteste und einfachste Möglichkeit, Namen auf IP-Adressen abzubilden. Jede Zeile beginnt mit einer IP-Adresse, gefolgt von den verschiedenen symbolischen Namen, unter denen diese Adresse bekannt ist.

Hier sehen Sie eine typische Datei /etc/hosts für den Rechner lollipop:

```
127.0.0.1        localhost
192.108.21.48    lollipop.xor.com lollipop loghost
192.108.21.254   chimchim-gw.xor.com chimchim-gw
192.108.21.1     ns.xor.com ns
192.225.33.5     licenses.xor.com license-server
```

Eine minimalistische Version würde nur die ersten beiden Zeilen enthalten. localhost ist üblicherweise der erste Eintrag in der Datei.

Da die Datei /etc/hosts nur lokale Zuordnungen enthält, nutzen die meisten modernen Systeme sie nur für Adressen, die während des Systemstarts benötigt werden. Zum Auffinden der Zuweisungen für den Rest des lokalen Netzwerks und den Rest der Welt wird dann das DNS befragt. Sie können die Datei /etc/hosts auch für Einträge verwenden, die der Rest der Welt nicht wissen soll und die Sie deshalb nicht im DNS veröffentlichen möchten.

Früher war diese Datei während des Startvorgangs wichtig, weil DNS noch nicht verfügbar war und Konfigurationsdateien manchmal Hostnamen anstelle von IP-Adressen enthielten. Moderne Linux-Distributionen benötigen sie nicht unbedingt, doch sie sollte wenigstens die Auflösungen für den Rechner selber und die Loopback-Adresse enthalten. Einträge für den Standardgateway und einen DNS-Server können auch hilfreich sein. Viele Sites tragen alle ihre wirklich wichtigen Rechner, Server und Gateways in die Datei /etc/hosts ein, andere nur den Rechner und die Loopback-Adresse, wiederum andere alle lokalen Rechner und ihre auswärtigen Backup-DNS-Server.

Unsere Beispiel-Linux-Systeme haben unterschiedliche /etc/hosts-Dateien. Die von Debian und Ubuntu enthalten localhost auf 127.0.0.1, den Hostnamen des Systems auf 127.0.0.1 sowie einige IPv6-Informationen. Die von Red Hat und Fedora definieren localhost und den Rechner selbst, während die von SUSE localhost und IPv6-Adressen für localhost und einige besondere IPv6-Namen enthält.

12.7 Einen Computer zu einem Netzwerk hinzufügen

Der Befehl hostname weist einem Rechner einen Hostnamen zu. Er wird üblicherweise beim Systemstart von einem der Startskripte ausgeführt, die den Namen aus einer Konfigurationsdatei erhält. Natürlich benennt jeder Hersteller diese Datei anders. Informationen zu Ihrer bestimmten Distribution erhalten Sie in Abschnitt 12.8. Die meisten Systeme weisen heute einen FQN-Namen (Fully Qualified Name) zu (das ist ein Name, der sowohl den Host- als auch den DNS-Domänennamen enthält, wie z. B. anchor.cs.colorado.edu).

In einer kleinen Umgebung können Sie Hostnamen und IP-Adressen einfach per Hand ausgeben. Wenn jedoch viele Netzwerke und viele verschiedene administrative Gruppen beteiligt sind, ist eine zentrale Koordinierungsstelle sinnvoll, die für Eindeutigkeit sorgt. Bei dynamisch zugewiesenen Netzwerkparametern achtet DHCP auf die Eindeutigkeit. Einige Sites nutzen jetzt LDAP-Datenbanken, um die Zuweisungen von Hostnamen und IP-Adressen zu verwalten.

Tipp

In Abschnitt 17.5 erhalten Sie weitere Informationen zu LDAP.

12.7.2 ifconfig: Netzwerkschnittstellen konfigurieren

Der Befehl ifconfig aktiviert oder deaktiviert eine Netzwerkschnittstelle, richtet ihre IP-Adresse und Subnetzmaske sowie verschiedene andere Optionen und Parameter ein. Er wird normalerweise beim Systemstart ausgeführt (mit Befehlszeilenparametern, die aus Konfigurationsdateien gelesen werden), kann Änderungen aber auch im laufenden Betrieb durchführen. Seien Sie vorsichtig, wenn Sie mit ifconfig Änderungen durchführen und über das Netzwerk angemeldet sind. Viele Systemadministratoren haben sich auf diese Weise ausgesperrt und mussten zum Rechner fahren, um die Dinge zu bereinigen.

Der Befehl ifconfig hat üblicherweise die folgende Form:

ifconfig *schnittstelle adresse optionen* ...

Zum Beispiel:

ifconfig eth0 192.168.1.13 netmask 255.255.255.0 up

Der Parameter *schnittstelle* gibt die Hardwareschnittstelle an, auf die sich der Befehl bezieht. Auf UNIX-Systemen ist das normalerweise ein Gerätename aus zwei oder drei Buchstaben (abgeleitet vom auf der Netzwerkkarte verwendeten Chipsatz), gefolgt von einer Zahl, aber bei Linux ist es fast immer etwas wie eth0.[17] Die wahre Identität der

Hardware und die Abbildung auf einen geeigneten Gerätetreiber sind in der Datei /etc/modprobe.conf in einer Aliaszeile gespeichert. Die Loopback-Schnittstelle heißt lo.

Der Befehl `ifconfig schnittstelle` zeigt die aktuellen Einstellungen für *schnittstelle* an, ohne sie zu ändern. Viele Systeme verstehen -a als »alle Schnittstellen«, sodass `ifconfig -a` genutzt werden kann, um herauszufinden, welche Schnittstellen im System vorhanden sind. Wenn Ihr System `ifconfig -a` nicht versteht, verwenden Sie `netstat -i`, um die Namen der Schnittstellen zu erhalten.

Der Parameter *adresse* gibt die IP-Adresse der Schnittstelle an. Viele Versionen von `ifconfig` akzeptieren auch einen Hostnamen als Adressparameter. Wir ziehen die tatsächliche IP-Adresse vor. Wenn `ifconfig` ein Hostname übergeben wird (oder die Ausgabe des Befehls `hostname`), besteht ein höheres Risiko für Probleme während des Startvorgangs. Wenn es ein Problem mit der Auflösung des Hostnamens gibt, startet der Rechner nicht, oder er startet in einem Zustand, in dem er über das Netzwerk nicht erreichbar ist, sodass Sie persönlich zu ihm hingehen müssen, um das Problem zu lösen. DNS-Abfragen, die nicht fertig werden, benötigen eine lange Zeit, bevor sie unterbrochen werden, während der Rechner scheinbar hängt. Wenn Sie andererseits einmal Ihr Netzwerk neu nummerieren müssen, kann es ein Albtraum sein, alle in Konfigurationsdateien fest eingetragenen IP-Adressen zu finden.

Das Schlüsselwort up aktiviert die Schnittstelle; down fährt sie herunter. Wenn `ifconfig` wie im oben gezeigten Beispiel einer Schnittstelle eine IP-Adresse zuweist, ist der Parameter up inbegriffen und muss nicht extra erwähnt werden.

`ifconfig` versteht viele weitere Optionen. Wir behandeln nur die gebräuchlichsten; ziehen Sie wie immer die man-Seiten für das letzte Wort auf einem bestimmten System zurate. Alle Optionen von `ifconfig` haben symbolische Namen. Einige benötigen ein Argument, das der Option unmittelbar folgen muss.

Die Option netmask setzt die Subnetzmaske für die Schnittstelle und ist erforderlich, wenn das Netzwerk nicht gemäß seiner Adressklasse (A, B oder C) in Subnetze untergliedert ist. Die Maske kann in gepunkteter Dezimalform oder als 4-Byte-Hexadezimalzahl beginnend mit 0x angegeben werden. In beiden Fällen gehören auf 1 gesetzte Bits zum Netzwerk- und auf 0 gesetzte Bits zum Hostteil.

Die Option broadcast gibt die IP-Broadcastadresse für die Schnittstelle an, entweder in hexadezimaler oder gepunkteter Dezimalform. In der korrekten Broadcastadresse ist der Hostteil komplett auf Einsen gesetzt, und die meisten Systeme setzen diesen Wert automatisch; sie verwenden die Subnetzmaske und die IP-Adresse, um die Broadcastadresse zu berechnen.

---

17 *Sie können einer Schnittstelle mehrere IP-Adressen zuweisen, indem Sie das Konzept »Virtuelle Netzwerkkarte« oder »IP-Aliase« verwenden. Administratoren nutzen diese Funktion häufig, damit ein Rechner mehrere Websites beherbergen kann. Auf Linux-Systemen heißen die virtuellen Schnittstellen* eth0:0, eth0:1 *usw. Sie müssen diese Schnittstellen nicht im Voraus konfigurieren, verwenden Sie nur* ifconfig, *um sie einzurichten. Weitere Informationen erhalten Sie in* Abschnitt 12.7.2.

12.7 Einen Computer zu einem Netzwerk hinzufügen

Unter Linux können Sie die Broadcastadresse auf jede beliebige IP-Adresse setzen, die für das Netzwerk gültig ist, an das der Host angeschlossen ist. Einige Umgebungen haben verrückte Werte für sie gewählt, in der Hoffnung, bestimmte Arten von Denial-of-Service-Angriffen zu vermeiden, die auf Broadcast-Pings beruhen. Dieser Ansatz gefällt uns aus verschiedenen Gründen nicht.

Zunächst müssen Sie dazu die Broadcastadressen auf jedem Rechner im lokalen Netzwerk einrichten, was in einem großen Netzwerk sehr zeitaufwändig sein kann. Zweitens müssen Sie ganz sicher gehen, dass Sie jeden Rechner neu konfigurieren, denn ansonsten kann es zu Broadcaststürmen kommen, bei denen Pakete von Rechner zu Rechner wandern, bis ihre Lebensdauer (TTL, Time to Live) abläuft.

Broadcaststürme treten auf, weil dieselbe Broadcastadresse der Sicherungsschicht für den Pakettransport verwendet werden muss, unabhängig davon, auf welchen Wert die IP-Broadcastdresse gesetzt wurde. Nehmen Sie z. B. an, Rechner X meint, die Broadcastadresse sei A1, und Rechner Y meint, sie sei A2. Wenn X ein Paket an A1 sendet, erhält auch Y das Paket (weil die Zieladresse der Sicherungsschicht die Broadcastadresse ist), erkennt, dass das Paket nicht an sich und auch nicht an die Broadcastadresse gerichtet ist (weil Y A2 für die Broadcastadresse hält), und leitet das Paket zurück in das Netzwerk.[18] Wenn zwei Rechner im Zustand von Y sind, zirkuliert das Paket so lange, bis seine TTL abläuft. Broadcaststürme können an Ihrer Bandbreite nagen, insbesondere in einem großen geswitchten Netzwerk.

Eine bessere Lösung zur Vermeidung von Problemen mit Broadcast-Pings besteht darin, Ihre Grenzrouter an der Weiterleitung dieser Pakete zu hindern und die einzelnen Rechner anzuweisen, nicht auf sie zu antworten. In Abschnitt 12.11.4 erhalten Sie weitere Anweisungen dazu, wie Sie diese Beschränkungen einrichten.

Die Broadcastadresse aus dem Beispiel zu `ifconfig` am Beginn dieses Abschnitts lautet 192.168.1.255, da es sich um ein /24-Netzwerk handelt, wie durch die Subnetzmaske 255.255.255.0 angegeben ist.

Das Ausführen von `ifconfig` ergibt die folgende Ausgabe:

```
redhat$ /sbin/ifconfig eth0
eth0   Link encap:Ethernet   HWaddr 00:02:B3:19:C8:86
       inet addr:192.168.1.13  Bcast:192.168.1.255  Mask:255.255.255.0
       UP BROADCAST RUNNING MULTICAST  MTU:1500  Metric:1
       RX packets:206983 errors:0 dropped:0 overruns:0 frame:0
       TX packets:218292 errors:0 dropped:0 overruns:0 carrier:0
       collisions:0 txqueuelen:100
       Interrupt:7 Base address:0xef00
```

Das Fehlen von Kollisionen auf der Ethernetschnittstelle in diesem Beispiel kann auf ein sehr gering ausgelastetes oder, was wahrscheinlicher ist, auf ein geswitchtes Netzwerk hinweisen. In einem gemeinsam genutzten Netzwerk (mit Hubs anstelle von

---

18 Dazu muss auf Rechner Y die Einstellung `ip_forwarding` aktiviert sein.

Switches) sollten Sie diese Zahl überprüfen, um sicherzustellen, dass ihr Wert um ungefähr 5% unterhalb der Zahl der ausgehenden Pakete liegt. Viele Kollisionen weisen auf ein stark ausgelastetes Netzwerk hin, das überwacht und möglicherweise in mehrere Subnetze aufgeteilt oder in eine geswitchte Infrastruktur überführt werden muss.

Lassen Sie uns einige vollständige Beispiele betrachten.

```
# ifconfig lo 127.0.0.1 up
```

Dieser Befehl konfiguriert die Loopback-Schnittstelle, was normalerweise keine Einstellung von Optionen erfordert. Eine Änderung der Standardkonfiguration dieser Schnittstelle sollte niemals erforderlich sein. Die implizite Subnetzmaske von 255.0.0.0 ist korrekt und muss nicht manuell überschrieben werden.

```
# ifconfig eth0 128.138.243.151 netmask 255.255.255.192
broadcast 128.138.243.191 up
```

Das ist ein typisches Beispiel für eine Ethernetschnittstelle. Die IP- und die Broadcastadresse werden auf 128.138.243.151 bzw. 128.138.243.191 gesetzt. Die Netzwerkklasse ist B (das erkennen Sie am ersten Byte der Adresse), doch sie wurde durch weitere 10 Bits in ein /26-Netzwerk untergliedert. Die Zahl 192 in der Subnetzmaske lautet binär 11000000 und fügt somit den in den ersten drei Oktetts (255.255.255) vorhandenen 24 Bits zwei weitere Bits hinzu. Die 191 in der Broadcastadresse lautet binär 10111111, was alle sechs Hostbits auf Einsen setzt und angibt, dass diese Schnittstelle zum dritten Netzwerk (die ersten zwei Bits 01) der vier aus dem vierten Oktett gebildeten Netzwerke gehört. (Das ist eine der Situationen, in denen ein IP-Kalkulator praktisch ist!)

Da Sie nun wissen, wie Sie eine Netzwerkschnittstelle manuell konfigurieren, müssen Sie jetzt herausfinden, wie die Parameter für `ifconfig` gesetzt werden, wenn die Maschine startet, und Sie müssen sicherstellen, dass die neuen Werte korrekt eingegeben werden. Normalerweise geschieht das durch Bearbeiten einer oder mehrerer Konfigurationsdateien; wir verweisen dazu auf die herstellerspezifischen Angaben unter Abschnitt 12.8.

12.7.3 mii-tool: Automatische Aushandlung und andere medienspezifische Optionen konfigurieren

Gelegentlich gibt es Netzwerkhardware mit einstellbaren Optionen, die speziell für ihren Medientyp gelten. Ein äußerst verbreitetes Beispiel stellt das moderne Ethernet dar, bei dem eine Netzwerkkarte 10, 100 oder sogar 1000 Mbit/s im sowohl Halb- als auch Vollduplexmodus unterstützen kann. Die meisten Geräte handeln die Werte standardmäßig automatisch aus (autonegotiation), indem sowohl die Netzwerkkarte als auch die weiter aufwärts liegende Verbindung (in der Regel der Port eines Switches) herauszufinden versuchen, was das jeweils andere Gerät verwenden möchte.

12.7 Einen Computer zu einem Netzwerk hinzufügen

Früher hat die automatische Aushandlung ungefähr so gut funktioniert, wie man mit verbundenen Augen einen Bullen mit dem Lasso einfängt. Seit Kurzem arbeiten die Netzwerkgeräte der Hersteller besser zusammen, aber die automatische Aushandlung ist weiterhin eine häufige Fehlerquelle. Hohe Verlustraten (vor allem für große Pakete) sind eine bekannte Folge einer fehlgeschlagenen Aushandlung.

Die beste Methode, dieser Falle zu entgehen, besteht darin, die Geschwindigkeit und den Duplexmodus der Schnittstelle sowohl auf den Servern als auch an den Switchports, mit denen sie verbunden sind, fest einzustellen. Automatische Aushandlung ist sinnvoll für Ports in öffentlichen Bereichen, in denen mobile Laptops auf einen Besuch vorbeikommen, doch sie hat bei statisch angeschlossenen Rechnern keinen Sinn. Wenn Sie Probleme mit seltsamen Paketverlusten haben, stellen Sie als Erstes überall die automatische Aushandlung ab.

Unter Linux gibt es den Befehl mii-tool, der medienspezifische Parameter wie Verbindungsgeschwindigkeiten und Duplex abfragen und setzen kann. Sie können den Status einer Schnittstelle mit dem Schalter -v abfragen. Bei der Schnittstelle eth0 aus dem folgenden Beispiel ist die automatische Aushandlung aktiviert:

```
$ mii-tool -v eth0
eth0: negotiated 100baseTx-FD flow-control, link ok
  product info: vendor 00:10:5a, model 0 rev 0
  basic mode:   autonegotiation enabled
  basic status: autonegotiation complete, link ok
  capabilities: 100baseTx-FD 100baseTx-HD 10baseT-FD 10baseT-HD
  advertising:  100baseTx-FD 100baseTx-HD 10baseT-FD 10baseT-HD flow-control
  link partner: 100baseTx-FD 100baseTx-HD 10baseT-FD 10baseT-HD flow-control
```

Um diese Schnittstelle fest auf 100 Mbit/s vollduplex einzustellen, verwenden Sie den folgenden Befehl:

```
# mii-tool -force=100BaseTx-FD eth0
```

Um die Einstellung dauerhaft zu machen, tragen Sie diesen Befehl in ein Startskript ein. Anschließend gibt die Statusabfrage Folgendes zurück:

```
$ mii-tool -v eth0
eth0: 100 Mbit, full duplex, link ok
  product info:  vendor 00:10:5a, model 0 rev 0
  basic mode:    100 Mbit, full duplex
  basic status:  link ok
  capabilities:  100baseTx-FD 100baseTx-HD 10baseT-FD 10baseT-HD
  advertising:   100baseTx-FD 100baseTx-HD 10baseT-FD 10baseT-HD flow-control
```

12.7.4 route: Statische Routen konfigurieren

Der Befehl route definiert statische Routen, explizite Routingtabelleneinträge, die sich (wie Sie hoffen) niemals ändern, auch wenn Sie einen Routingdaemon ausführen. Wenn Sie Ihrem LAN einen neuen Rechner hinzufügen, müssen Sie in der Regel nur eine Standardroute angeben; weitere Einzelheiten dazu finden Sie im nächsten Abschnitt.

In diesem Buch verteilen wir das Thema Routing auf diesen Abschnitt und auf Kapitel 13, »Routing«. Obwohl der Großteil der grundlegenden Informationen zum Routing und der Befehl route hier behandelt werden, könnte es hilfreich sein, dass Sie die ersten Abschnitte von Kapitel 13 lesen, wenn Sie mehr Informationen benötigen.

Routing wird auf der IP-Schicht durchgeführt. Wenn ein Paket eintrifft, das an einen anderen Host gerichtet ist, wird die Ziel-IP-Adresse mit den Routen in der Routingtabelle des Kernels verglichen. Wenn die Adresse ganz oder teilweise zu einer Route in der Tabelle passt, wird das Paket an den Gateway der nächsten Teilstrecke (»next-hop gateway«) weitergeleitet, der mit dieser Route verknüpft ist.

Es gibt zwei besondere Fälle. Erstens kann ein Paket für einen Host in einem direkt angeschlossenen Netzwerk bestimmt sein. In diesem Fall ist die Adresse des Gateways der nächsten Teilstrecke in der Routingtabelle eine der eigenen Schnittstellen des lokalen Rechners, und das Paket wird direkt an sein Ziel gesendet. Diese Art Route wird der Routingtabelle bei der Konfiguration einer Schnittstelle mit dem Befehl ifconfig hinzugefügt.

Zweitens kann es sein, dass keine Route zur Zieladresse passt. In diesem Fall wird die Standardroute herangezogen, sofern eine vorhanden ist. Anderenfalls erhält der Absender eine ICMP-Meldung »network unreachable« oder »host unreachable« zurück. Viele LANs haben nur einen Ausgang, auf den die Standardroute zeigt. Im Backbone des Internets haben die Router keine Standardroute – hier bleibt der Karren stehen. Wenn Sie keinen Routingeintrag für ein Ziel haben, kann es nicht erreicht werden.

Jeder route-Befehl fügt eine Route hinzu oder entfernt eine. Das Format lautet

route [*op*] [*typ*] *ziel* gw *gateway* [*metrik*] [dev *schnittstelle*]

Das Argument *op* lautet zum Hinzufügen einer Route add und zum Entfernen del, für das Anzeigen der Routingtabellen wird es weggelassen. *ziel* kann eine Hostadresse (*typ* ist dann -host), eine Netzwerkadresse (*typ* gleich -net) oder das Schlüsselwort default sein. Wenn *ziel* eine Netzwerkadresse ist, sollten Sie auch eine Subnetzmaske angeben.

gateway ist der Rechner, an den Pakete weitergeleitet werden sollten. Er *muss* im direkt angeschlossenen Netzwerk liegen; die Weiterleitung ist nur für einen Hop zur Zeit möglich. Unter Linux können Sie eine Schnittstelle anstelle von (oder zusammen mit) *gateway* angeben. Das Schlüsselwort dev in der Angabe der Schnittstelle ist optional und kann weggelassen werden.

metrik ist die Anzahl der Weiterleitungen (der Hopzähler), die zum Erreichen des Ziels erforderlich sind. Linux benötigt keinen Hopzähler und verwendet ihn nicht, aber wenn Sie ihn setzen, trägt es den Wert in die Routingtabellen ein, sodass die Routingprotokolle ihn verwenden können.

Das optionale Argument *typ* unterstützt Hostrouten, die für eine vollständige IP-Adresse (einen bestimmten Host) anstelle einer Netzwerkadresse gelten. Er kann die Werte -net und -host annehmen. Ist *typ* nicht angegeben, überprüft route den Hostteil der Zieladresse, um zu sehen, ob er gleich null ist. In diesem Fall, oder wenn die Adresse ein in der Datei /etc/networks definiertes Netzwerk ist, wird die Route als normale Netzwerkroute angenommen.[19]

Da der Befehl route nicht von alleine wissen kann, in welchen Netzwerknummern Subnetze gebildet wurden, müssen Sie zur Eingabe bestimmter Routen häufig den Parameter *typ* angeben. Beispielsweise bezieht sich die Adresse 128.138.243.0 auf ein untergliedertes Klasse-B-Netzwerk an unserem Standort, aber für route sieht es wie eine Adresse der Klasse B von 128.128 mit dem Hostteil von 243.0 aus, sodass Sie die Option -net angeben müssen, um route nicht zu verwirren. Im Allgemeinen ist es zu empfehlen, *typ* für alle Routen anzugeben, die Subnetze umfassen.

route del *ziel* entfernt eine bestimmte Route aus der Routingtabelle. Andere UNIX-Systeme haben eine weitere Option für route, normalerweise -f oder flush, der die Routingtabelle vollständig leert und neu beginnt. Linux unterstützt diese Option nicht, sodass Sie viele Male route del eingeben müssen, um eine große Routingtabelle zu leeren – stellen Sie sicher, dass Sie lokal angemeldet sind, ansonsten sind Sie plötzlich halb fertig und nicht mehr verbunden!

Um vorhandene Routen zu untersuchen, verwenden Sie den Befehl netstat -nr oder netstat -r, wenn Sie Namen statt Nummern sehen möchten. Beim Debuggen sind Nummern oftmals besser, da die Namensauflösung gestört sein könnte.

```
redhat$ netstat -nr
Kernel IP routing table
Destination  Gateway        Genmask         Flags MSS Window irtt Iface
192.168.1.0  0.0.0.0        255.255.255.0   U     0   0      0    eth0
127.0.0.0    0.0.0.0        255.0.0.0       U     0   0      0    lo
0.0.0.0      192.168.1.254  0.0.0.0         UG    0   0      0    eth0
redhat$ netstat -r
Kernel IP routing table
Destination  Gateway        Genmask         Flags MSS Window irtt Iface
192.168.1.0  *              255.255.255.0   U     0   0      0    eth0
127.0.0.0    *              255.0.0.0       U     0   0      0    lo
default      sprint-gw      0.0.0.0         UG    0   0      0    eth0
```

---

[19] Die Datei /etc/networks *kann Namen auf Netzwerknummern abbilden, ähnlich wie die Datei* /etc/hosts *Hostnamen auf vollständige IP-Adressen abbildet. Viele Befehle, die eine Netzwerknummer erwarten, können einen Netzwerknamen annehmen, wenn er in* /etc/networks *(oder im DNS) angegeben ist.*

Die `Genmask` ist die mit dem Ziel verbundene Subnetzmaske. `Flags` gibt den Status der Route, wie sie gelernt wurde sowie andere Parameter an. Schließlich ist `Iface` die Schnittstelle, durch die Pakete gesendet werden, die diese Route verwenden. Diese Beispiele stammen von einem Red Hat-System, sehen aber bei SUSE und Debian identisch aus, außer dass Debian die Loopback-Route standardmäßig nicht anzeigt.

12.7.5 Standardrouten

Eine Standardroute sorgt dafür, dass alle Pakete, deren Zielnetzwerk nicht in der Routingtabelle des Kernels gefunden wird, an das angegebene Gateway gesendet werden. Um sie zu setzen, tragen Sie einfach die folgende Zeile in Ihre Startdateien ein:

`route add default gw` *gateway-IP-adresse*

Anstatt eine explizite IP-Adresse fest in die Startdateien einzutragen, lassen die meisten Hersteller die Gateway-IP-Adresse aus einer Konfigurationsdatei auslesen. Wie die lokalen Routinginformationen in die Startabfolge eingebaut werden, ist leider für jedes unserer Linux-Systeme verschieden (das wäre eine dringende Aufgabe für die LSB, die Linux Standard Base). Tabelle 12.10 fasst die notwendigen Zauberformeln zusammen.

System	Zu ändernde Datei	Zu ändernde Variable
Red Hat, Fedora	/etc/sysconfig/network	GATEWAY
SUSE	/etc/route.conf	Zeile hinzufügen: default *IP-adresse maske schnittstelle*
Debian, Ubuntu	/etc/network/interfaces	gateway

Tabelle 12.10: Wie die Standardroute gesetzt wird

12.7.6 DNS-Konfiguration

Um einen Rechner als DNS-Client zu konfigurieren, müssen Sie nur eine oder zwei Dateien bearbeiten: Alle Systeme erfordern Änderungen an der Datei /etc/resolv.conf und einige auch die Änderung eines »Serviceswitch«.

Die Datei /etc/resolv.conf listet die DNS-Domänen auf, die durchsucht werden sollten, um unvollständige Namen aufzulösen (d.h., nicht voll qualifizierte Namen wie *anchor* anstelle von *anchor.cs.colorado.edu*), sowie die IP-Adressen der DNS-Server, die zum Nachschlagen zu kontaktieren sind. Nachfolgend zeigen wir ein Beispiel; weitere Einzelheiten erhalten Sie in Abschnitt 15.10.

```
search cs.colorado.edu colorado.edu
nameserver 128.138.242.1
nameserver 128.138.243.151
nameserver 192.108.21.1
```

Der »nächstgelegene« stabile DNS-Server sollte als erster in /etc/resolv.conf aufgeführt sein, weil der Server an der ersten Stelle auch als erster angesprochen wird. Sie können bis zu drei DNS-Server eintragen. Wenn möglich, sollten Sie immer mehr als einen haben. Der Timeout für eine DNS-Abfrage ist recht lang, sodass Ihre Benutzer es bemerken werden, wenn der erste Server nicht antwortet.

Manchmal sehen Sie eine Zeile, die mit domain, anstatt mit search beginnt. Das weist entweder auf eine alte resolv.conf-Datei hin, die noch nicht auf die Anweisung search aktualisiert wurde, oder auf ein veraltetes Auflösungsverfahren, das search nicht versteht. domain gibt lediglich die aktuelle Domäne an, wohingegen search bis zu sechs verschiedene abzufragende Domänen akzeptiert. Daher ist search vorzuziehen.

Einige alte Systeme nutzen DNS nicht standardmäßig, auch wenn eine korrekt definierte Datei resolv.conf vorhanden ist. Diese Systeme haben einen »Serviceswitch«, der bestimmt, mit welchem Verfahren Hostnamen auf IP-Adressen aufgelöst werden. Priorisierung und Informationsquellen werden ausführlicher in Abschnitt 17.4 behandelt, aber wir erwähnen dieses Thema auch hier, weil es manchmal Ihre Pläne durchkreuzt, einen alten Rechner zu konfigurieren.

Tipp

In Kapitel 17 erhalten Sie weitere Informationen zu NIS.

In der Serviceswitchdatei können Sie angeben, in welcher Reihenfolge DNS, NIS und /etc/hosts befragt werden sollen. In den meisten Fällen können Sie bestimmte Datenquellen auch vollständig ausschließen. Ihre Auswahl der Reihenfolge beeinflusst die Bootfähigkeit des Rechners und die Art und Weise, wie der Startvorgang mit dem Inhalt der Datei /etc/hosts umgeht.

Wenn DNS als erste zu befragende Datenquelle ausgewählt wurde, benötigen Sie einen DNS-Server im lokalen Netzwerk sowie seinen Hostnamen und die IP-Adresse in der Datei hosts, damit beim Startvorgang alles funktioniert.

Tabelle 12.11 führt den Speicherort der relevanten Konfigurationsdateien und die Standardkonfiguration zum Nachschlagen von Hosts auf allen unseren Beispielsystemen auf.

System	Serviceschalterdatei	Standard zum Nachschlagen von Hosts
Ubuntu	/etc/nsswitch.conf	files dns mdns[a]
	/etc/host.conf	hosts, bind
Andere	/etc/nsswitch.conf	files dns
	/etc/host.conf	hosts, bind

Tabelle 12.11: Serviceschalterdateien nach System

a) mdns = Multicast-DNS, ein etwas ungewöhnliches Protokoll, das eine DNS-artige Namensauflösung in einem kleinen Netzwerk ohne lokalen DNS-Server ermöglicht.

12.7.7 Der Netzwerkstack von Linux

Der Netzwerkstack in Linux-Kerneln ab 2.2 unterstützt virtuelle Netzwerkschnittstellen und SACKs (Selective Acknowledgements). Kernel ab 2.4 enthalten ECN (Explicit Congestion Notification, Explizite Überlastungsmitteilung).

Tipp

In Abschnitt 21.3 erhalten Sie weitere Informationen über virtuelle Schnittstellen.

ECN kennzeichnet TCP-Pakete, um den entfernten Empfänger von Überlastungsproblemen in Kenntnis zu setzen, damit verloren gegangene Pakete nicht das einzige Anzeichen dafür sind, dass etwas schief gelaufen ist. ECN wurde in RFC2481 (Januar 1999) spezifiziert und ist nun ein vorgeschlagenes Standarddokument in RFC3168. RFC2484 (Juli 2000) enthielt eine Beurteilung der Leistungsfähigkeit von ECN. Es zeigte sich, dass ECN einer Vielzahl von Netzwerktransaktionen zugute kommt.

Linux ist immer einer der ersten Netzwerkstacks, der neue Funktionen enthält. Die Linux-Entwickler sind manchmal so schnell, dass der Rest der Netzwerkinfrastruktur nicht mithalten kann. Zum Beispiel kollidierte die ECN-Funktion von Linux (die standardmäßig aktiviert ist) mit falschen Standardeinstellungen in einem älteren Firewall-Produkt von Cisco, was dazu führte, dass alle Pakete mit einem gesetzten ECN-Bit verworfen wurden. Hoppla!

Linux-Entwickler basteln gerne und implementieren häufig Funktionen und Algorithmen, die noch keine akzeptierten Standards sind. Ein Beispiel sind die in Kernel 2.6.13 hinzugefügten steckbaren (dynamisch austauschbaren) Algorithmen zur Überlastungssteuerung. Zu den Optionen zählen Variationen für verlustreiche Netzwerke, Hochgeschwindigkeits-WANs mit hohen Paketverlusten, Satellitenverbindungen und viele mehr. Die standardmäßigen »Reno«-Mechanismen von TCP (Slow Start, Congestion Avoidance, Fast Retransmit und Fast Recovery) werden weiterhin standardmäßig genutzt, für Ihre Umgebung könnte es jedoch eine geeignetere Variante geben.

12.8 Distributionsspezifische Netzwerkkonfiguration

Kapitel 2 beschreibt die Einzelheiten der Startverfahren unserer Beispielsysteme. In den nächsten Abschnitten fassen wir einfach die Aufgaben zusammen, die zur Konfiguration eines Netzwerks gehören. Unsere Beispielsysteme konfigurieren die Loopback-Schnittstelle automatisch; diesen Teil der Konfiguration sollten Sie niemals ändern müssen. Darüber hinaus sind alle Systeme etwas verschieden.

Jedes unserer Beispielsysteme enthält die folgenden vier Dateien: /etc/hosts, /etc/resolv.conf, /etc/nsswitch.conf und /etc/host.conf. Sie wurden in den Abschnitten zur allgemeinen Netzwerkkonfiguration weiter vorne in diesem Kapitel behandelt und brauchen, mit Ausnahme von resolv.conf und möglicherweise hosts, in der Regel nicht geändert zu werden, wenn Sie einen Rechner zum Netzwerk hinzufügen.

Nach jeder Änderung an einer Datei, die die Netzwerkkonfiguration beim Systemstart steuert, sollten Sie entweder das System neu starten oder die Netzwerkschnittstelle deaktivieren und wieder aktivieren, damit die Änderungen wirksam werden. Auf allen unseren Beispieldistributionen können Sie dazu die Befehle ifup und ifdown verwenden.

12.8.1 Netzwerkkonfiguration für Red Hat und Fedora

Tabelle 12.12 zeigt die Netzwerkkonfigurationsdateien von Red Hat und Fedora.

Datei in /etc/sysconfig	Was hier eingestellt wird
network	Hostname, Standardroute
static-routes	Statische Routen
network-scripts/ifcfg-*ifname*	Schnittstellenspezifische Parameter: IP-Adresse, Netzwerkmaske usw.

Tabelle 12.12: Netzwerkkonfigurationsdateien von Red Hat und Fedora

Den Hostnamen des Rechners legen Sie in /etc/sysconfig/network fest, die auch Zeilen enthält, die die DNS-Domäne des Rechners und das Standardgateway angeben. Hier sehen Sie z. B. eine network-Datei für einen Rechner mit einer einzelnen Ethernetschnittstelle:

```
NETWORKING=yes
HOSTNAME=redhat.toadranch.com
DOMAINNAME=toadranch.com    #### optional
GATEWAY=192.168.1.254
```

Schnittstellenspezifische Daten sind in /etc/sysconfig/network-scripts/ifcfg-*ifname* gespeichert, wobei *ifname* der Name der Netzwerkschnittstelle ist. In diesen Konfigurationsdateien sehen Sie die IP-Adresse, Subnetzmaske, Netzwerk- und Broadcastadresse für jede Schnittstelle. Sie enthalten auch eine Zeile, die angibt, ob die Schnittstelle beim Startvorgang aktiviert werden soll.

Normalerweise sind Dateien für eine Ethernetschnittstelle (eth0) und die Loopback-Schnittstelle (lo) vorhanden. Der eben in der Datei network beschriebene Rechner *redhat.toadranch.com* enthält z. B. die beiden folgenden Dateien ifcfg-eth0 und ifcfg-lo:

```
DEVICE=eth0
IPADDR=192.168.1.13
NETMASK=255.255.255.0
NETWORK=192.168.1.0
BROADCAST=192.168.1.255
ONBOOT=yes
```

und

```
DEVICE=lo
IPADDR=127.0.0.1
NETMASK=255.0.0.0
NETWORK=127.0.0.0
BROADCAST=127.255.255.255
ONBOOT=yes
NAME=loopback
```

Eine Reihe praktischer Skripte erleichtern die Schnittstellenverwaltung. ifup und ifdown übernehmen den Namen einer Netzwerkschnittstelle als Argument und aktivieren bzw. deaktivieren sie. Nach Änderungen der Netzwerkinformationen in einem der Verzeichnisse unterhalb /etc/sysconfig müssen Sie ifdown *ifname* gefolgt von ifup *ifname* ausführen. Noch besser wäre es, wenn Sie das System neu starten, um sicherzustellen, dass Ihre Änderungen keine subtilen Probleme zur Folge haben. Es gibt keine man-Seiten zu ifup und ifdown, doch es sind Shellskripte (im Verzeichnis /sbin), sodass Sie einen Blick hineinwerfen können, um zu sehen, was sie im Einzelnen machen.

Wenn Sie alle Schnittstellen auf einmal verwalten müssen, führen Sie das Skript /etc/rc.d/init.d/network aus, das die Argumente start, stop, restart und status übernehmen kann. Es wird beim Systemstart mit dem Argument start ausgeführt.

Die Startskripte können auch statische Routen einrichten. Alle in die Datei /etc/sysconfig/static-routes eingetragenen Routen werden beim Systemstart in die Routingtabelle eingetragen. Die Einträge geben Argumente für route add an, jedoch in einer anderen Reihenfolge (die Schnittstelle steht am Anfang und nicht am Ende):

```
eth0 net 130.225.204.48 netmask 255.255.255.248 gw 130.225.204.49
eth1 net 192.38.8.0 netmask 255.255.255.224 gw 192.38.8.129
```

Zuerst wird die Schnittstelle angegeben, gefolgt von den Argumenten für route: der Routentyp (net oder host), das Zielnetzwerk, die mit diesem Netzwerk verbundene Subnetzmaske und schließlich das Gateway der nächsten Teilstrecke. Das Schlüsselwort gw ist erforderlich. Aktuelle Kernel verwenden den Metrikparameter für route nicht, er kann aber eingetragen und in der Routingtabelle verwaltet werden, damit Routingdaemons ihn nutzen können. Das oben stehende Beispiel für static-routes würde die folgenden route-Befehle auslösen:

```
route add -net 130.225.204.48 netmask 255.255.255.248 gw 130.225.204.49 eth0
route add -net 192.38.8.0 netmask 255.255.255.224 gw 192.38.8.129 eth1
```

12.8.2 Netzwerkkonfiguration für SUSE

Tabelle 12.13 zeigt die von SUSE verwendeten Netzwerkkonfigurationsdateien.

Datei in /etc/sysconfig	Was hier eingestellt wird
ifcfg-*schnittstelle*	Hostname, IP-Adresse, Subnetzmaske und mehr
ifroute-*schnittstelle*	Schnittstellenspezifische Routendefinitionen
routes	Standardroute und statische Routen für alle Schnittstellen
config	Viele seltener genutzte Netzwerkvariablen

Tabelle 12.13: Netzwerkkonfigurationsdateien für SUSE

SUSE verwendet ein eindeutiges Netzwerkkonfigurationsschema. Mit Ausnahme der DNS-Parameter und des Hostnamens des Systems, setzt SUSE die meisten Optionen zur Netzwerkkonfiguration in Dateien namens ifcfg-*schnittstelle* im Verzeichnis /etc/sysconfig/network. Zu jeder Schnittstelle des Systems sollte eine Datei vorhanden sein.

Für eine wirkliche Netzwerkschnittstelle (d. h. nicht dem Loopback) hat der Dateiname die erweiterte Form ifcfg-*schnittstelle*-id-*MAC*, wobei *MAC* die Hardwareadresse der Netzwerkkarte ist (z. B. ifcfg-eth-id-00:0c:29:d4:ea:26).

Über die Angabe der IP-Adresse, des Gateways und Broadcastinformationen für eine Schnittstelle hinaus, können in den Dateien ifcfg-* viele weitere Netzwerkeinstellungen vorgenommen werden; die Datei ifcfg.template ist eine gut kommentierte Übersicht über die möglichen Parameter.

Das Werkzeug YaST von SUSE enthält eine für Schwiegermütter geeignete Schnittstelle zur Netzwerkkonfiguration. Sie arbeitet einwandfrei, und wir empfehlen sie zur Verwaltung der Dateien ifcfg-*, wann immer es möglich ist. Wenn Sie das Netzwerk manuell konfigurieren, finden Sie nachfolgend ein einfaches Muster mit unseren Kommentaren:

```
BOOTPROTO='static'                 # Statisch ist inbegriffen, aber es schadet nicht, es
                                     extra zu erwähnen.
IPADDR='192.168.1.4/24'            # Die /24 definiert die Variablen NETWORK und NETMASK
NAME='AMD PCnet - Fast 79C971'     # Zum Starten und Stoppen der Schnittstelle
                                     verwendet.
STARTMODE='auto'                   # Automatischer Start beim Booten
USERCONTROL='no'                   # Steuerung durch das GUI kinternet/cinternet
                                     deaktivieren
```

Globale statische Routinginformationen für ein SUSE-System (einschließlich der Standardroute) werden in der Datei routes gespeichert. Jede Zeile in dieser Datei ist wie ein route-Befehl mit ausgelassenem Befehlsnamen: Ziel, Gateway, Subnetzmaske, Schnittstelle und optionale weitere Parameter, die in der Routingtabelle zur Verwendung durch die Routingdaemons gespeichert werden. Für den oben konfigurierten Rechner, der nur eine Standardroute hat, enthält die Datei routes die folgende Zeile:

```
default 192.168.1.1 - -
```

Routen, die nur für bestimmte Schnittstellen gelten, werden in den Dateien ifroute-*schnittstelle* gespeichert, wobei die Nomenklatur der Komponente *schnittstelle* wie bei den Dateien ifcfg-* lautet. Der Inhalt hat dasselbe Format wie in der Datei routes.

12.8.3 Netzwerkkonfiguration für Debian und Ubuntu

Wie in Tabelle 12.14 gezeigt, konfigurieren Debian und Ubuntu das Netzwerk hauptsächlich in /etc/hostname und /etc/network/interfaces, mit ein bisschen Hilfe der Datei /etc/network/options.

Datei	Was hier eingestellt wird
/etc/hostname	Hostname
/etc/network/interfaces	IP-Adresse, Subnetzmaske, Standardroute
/etc/network/options	Netzwerkoptionen auf niedriger Ebene (IP-Weiterleitung etc.)

Tabelle 12.14: Netzwerkkonfigurationsdateien von Debian und Ubuntu

Der Hostname wird in /etc/hostname gesetzt. Der Name in dieser Datei sollte voll qualifiziert sein; er wird in einer Vielzahl von Zusammenhängen verwendet, von diesen viele den FQN-Namen erfordern. Die Standardinstallation von Debian lässt hier jedoch einen kurzen Namen stehen.

Die IP-Adresse, die Subnetzmaske und die Standardroute werden in /etc/network/interfaces eingetragen. Jede Schnittstelle wird durch eine mit dem Schlüsselwort iface beginnende Zeile eingeführt. Dieser Zeile können eingerückte Zeilen folgen, die zusätzliche Parameter angeben, wie im folgenden Beispiel zu sehen ist:

```
iface lo inet loopback
iface eth0 inet static
    address 192.168.1.102
    netmask 255.255.255.0
    gateway 192.168.1.254
```

Die Befehle `ifup` und `ifdown` lesen diese Datei und aktivieren oder deaktivieren die Schnittstellen, indem sie Befehle auf niedrigerer Ebene (wie z. B. `ifconfig`) mit den geeigneten Parametern aufrufen. Das Schlüsselwort `inet` in der `iface`-Zeile steht für die Adressenfamilie; es lautet immer `inet`. Das Schlüsselwort `static` wird eine »Methode« genannt und gibt an, dass die IP-Adresse und die Subnetzmaske für `eth0` direkt zugewiesen sind. Die Zeilen `address` und `netmask` sind für `static` Konfigurationen erforderlich; frühere Versionen des Linux-Kernels erforderten auch die Angabe der Netzwerkadresse, doch inzwischen ist der Kernel schlauer und kann die Netzwerkadresse aus der IP-Adresse und der Subnetzmaske herausfinden. Die Zeile `gateway` gibt die Adresse des Standardgateways an und wird zur Installation einer Standardroute verwendet.

Die Datei `options` ermöglicht das Setzen von Netzwerkvariablen während des Systemstarts. Standardmäßig stellt Debian die IP-Weiterleitung aus, die Spoof-Protection an und Syn-Cookies aus.

12.9 DHCP (Dynamic Host Configuration Protocol)

DHCP ist in den RFCs 2131 und 2132 definiert.

Um Linux-Rechner einem Netzwerk hinzuzufügen, war früher eine manuelle Konfiguration erforderlich. Wenn Sie einen Mac oder einen PC an einem Netzwerk anschließen, funktioniert es einfach. Warum kann Linux das nicht? Das Dynamic Host Configuration Protocol (DHCP) bringt diese berechtigte Erwartung einige Schritte näher an die Realität.

Das Protokoll ermöglicht einem DHCP-Client, eine Reihe von Netzwerk- und administrativen Parametern von einem zentralen Server zu »leasen«, der für die Verteilung autorisiert ist. Das Leasing-Paradigma ist besonders geeignet für PCs, die bei Nichtgebrauch ausgeschaltet werden, und für ISPs, die nur zeitweise angemeldete Einwahlkunden haben.

Die folgenden Parameter und viele weitere (siehe RFC2132) können geleast werden:

- IP-Adressen und Subnetzmasken
- Gateways (Standardrouten)
- DNS-Server
- Syslog-Hosts
- WINS-Server, Server für X-Fonts, Proxyserver, NTP-Server
- TFTP-Server (um ein Bootimage zu laden)

Die exotischeren Parameter werden in der realen Welt jedoch selten genutzt. In vielen Fällen liefert ein DHCP-Server nur grundlegende Netzwerkparameter wie IP-Adressen, Subnetzmasken, Standardgateways und DNS-Server.

Clients müssen sich regelmäßig beim DHCP-Server zurückmelden, um ihre Lease-Zeit zu verlängern. Wird sie nicht erneuert, läuft sie irgendwann ab. Der DHCP-Server kann dann die Adresse (oder was immer geleast wurde) einem anderen Client zuweisen. Die Lease-Zeit ist einstellbar, sie ist aber in der Regel recht lang (Stunden oder Tage).

DHCP kann einem ehemals unglücklichen Systemadministrator viel Zeit und Leiden ersparen. Sobald der Server aktiv ist, können Clients ihn nutzen, um ihre Netzwerkkonfiguration automatisch beim Systemstart zu beziehen. Kein großes Aufheben mehr.

12.9.1 DHCP-Software

Linux-Distributionen brachten früher eine Vielzahl verschiedener DHCP-Server und -Clients mit. Heute sind alle mehr oder weniger gemäß der Referenzimplementierung des ISC (Internet Systems Consortium) standardisiert. Der ISC-Server spricht auch das BOOTP-Protokoll, das ein ähnliches Konzept wie DHCP hat, aber älter und weniger raffiniert ist. Die DHCP-Client-Software wird standardmäßig auf allen modernen Distributionen installiert, jedoch müssen Sie manchmal zusätzliche Pakete installieren, um den DHCP-Server und den Relay-Agenten zu aktivieren.

DHCP-Clients treten mit dem DHCP-Server in Kontakt, indem sie die allgemeine nur aus Einsen bestehende Broadcast-Adresse verwenden – sie kennen ihre Subnetzmaske noch nicht und können daher nicht die Broadcastadresse des Subnetzes nutzen.

Der DHCP-Server vom ISC spricht das DNS Dynamic Update Protocol. Er gibt nicht nur Ihren Rechner die IP-Adresse und weitere Netzwerkparameter, sondern aktualisiert auch die DNS-Datenbank mit der korrekten Zuweisung des Hostnamens auf die IP-Adresse. In Abschnitt 15.14.2 erhalten Sie weitere Informationen über dynamische DNS-Aktualisierungen.

In den nächsten Abschnitten besprechen wir kurz das DHCP-Protokoll, erläutern, wie ein ISC-Server mit diesem Protokoll einzurichten ist, und erörtern dann einige Punkte zur Client-Konfiguration.

12.9.2 Funktionsweise von DHCP

DHCP ist eine rückwärtskompatible Erweiterung von BOOTP, einem Protokoll, das ursprünglich dazu gedacht war, festplattenlosen UNIX-Workstations das Booten zu ermöglichen. BOOTP stattet Clients mit ihrer IP-Adresse, Subnetzmaske, Standardgateway und TFTP-Bootinformationen aus. DHCP verallgemeinert die zu versorgenden Parameter und fügt das Leasingkonzept hinzu.

12.9 DHCP (Dynamic Host Configuration Protocol)

Ein DHCP-Client beginnt seine Kontaktaufnahme mit einem DHCP-Server mit dem Broadcast einer Meldung »Hilfe! Wer bin ich?« Wenn ein DHCP-Server im lokalen Netzwerk vorhanden ist, verhandelt er mit dem Client, um ihm eine IP-Adresse zu leihen und andere Netzwerkparameter zur Verfügung zu stellen (Subnetzmaske, Informationen zum DNS-Server und Standardgateway). Wenn es im lokalen Netzwerk keinen DHCP-Server gibt, können auch Server in anderen Subnetzen den ursprünglichen Broadcast über einen Proxy empfangen, der als »Relay Agent« bezeichnet wird.

Wenn die Lease-Zeit eines Clients zur Hälfte abgelaufen ist, erneuert er das Leasing. Der Server ist verpflichtet, über die ausgegeben Adressen Buch zu führen, und diese Informationen müssen auch nach einem Neustart noch vorhanden sein. Auch von Clients wird erwartet, dass sie ihren Lease-Status nach einem Neustart behalten, obwohl viele das nicht tun. Das Ziel besteht darin, die Stabilität in der Netzwerkkonfiguration zu maximieren.

Nebenbei bemerkt, wird normalerweise kein DHCP verwendet, um Einwahl-PPP-Schnittstellen zu konfigurieren. Das PPP eigene PPPCP (PPP Control Protocol) füllt diese Rolle aus.

12.9.3 Der DHCP-Server von ISC

Um den DHCP-Server dhcpd zu konfigurieren, bearbeiten Sie die Beispieldatei dhcpd.conf und kopieren Sie sie nach /etc/dhcpd.conf.[20] Sie müssen auch eine leere Lease-Datenbankdatei namens /var/db/dhcp.leases anlegen – verwenden Sie dazu den Befehl touch. Überprüfen Sie, dass dhcpd in diese Datei schreiben kann. Um die Datei dhcpd.conf einzurichten, benötigen Sie die folgenden Informationen:

- Die Subnetze, für die dhcpd IP-Adressen verwalten soll, und die Bereiche der auszugebenden Adressen
- Die anfängliche und die maximale Lease-Dauer in Sekunden
- Konfigurationen für BOOTP-Clients, sofern Sie welche haben (sie haben statische IP-Adressen, und ihre Hardware-(MAC-)Adresse muss ebenfalls aufgeführt sein)
- Alle weiteren Optionen, die der Server an die DHCP-Clients übergeben sollte: Subnetzmaske, Standardroute, DNS-Domäne, DNS-Server usw.

Die man-Seite von dhcpd fasst den Konfigurationsprozess zusammen. Die man-Seite zu dhcpd.conf behandelt die genaue Syntax der Konfigurationsdatei. Beide liegen im Unterverzeichnis sever der Source-Distribution. Einige Distributionen enthalten im Verzeichnis /etc eine Beispieldatei für dhcpd.conf; ändern Sie sie ab, damit sie zur Netzwerkkonfiguration Ihrer Umgebung passt.

---

[20] *Seien Sie vorsichtig: Das Dateiformat von* dhcpd.conf *ist etwas empfindlich. Wenn Sie ein Semikolon vergessen, erhalten Sie eine unverständliche, wenig hilfreiche Fehlermeldung.*

dhcpd sollte beim Systemstart automatisch aktiviert werden. Es kann hilfreich sein, den Start des Daemons vom Vorhandensein der Datei /etc/dhcpd.conf abhängig zu machen.

Hier sehen Sie eine Beispieldatei für dhcpd.conf von einem Linux-Rechner mit zwei Netzwerkkarten: einer internen und einer, die mit dem Internet verbunden ist. Dieser Rechner führt eine NAT-Übersetzung für das interne Netzwerk durch und vergibt auch einen Bereich von zehn IP-Adressen an dieses Netzwerk. Die Datei dhcpd.conf enthält einen Dummy-Eintrag für die externe Schnittstelle (erforderlich) und einen Hosteintrag für einen bestimmten Rechner, der eine feste Adresse benötigt.

```
# dhcpd.conf
#
# global options
option domain-name "synack.net";
option domain-name-servers gw.synack.net;
option subnet-mask 255.255.255.0;
default-lease-time 600;
max-lease-time 7200;
subnet 192.168.1.0 netmask 255.255.255.0 {
    range 192.168.1.51 192.168.1.60;
    option broadcast-address 192.168.1.255;
    option routers gw.synack.net;
}
subnet 209.180.251.0 netmask 255.255.255.0 {
}
host gandalf {
    hardware ethernet 08:00:07:12:34:56;
    fixed-address gandalf.synack.net;
}
```

Von DHCP zugewiesene Adressen können möglicherweise in Widerspruch zu dem Inhalt der DNS-Datenbank stehen. Sites weisen jeder dynamisch geleasten Adresse oftmals einen allgemeinen Namen zu (z. B. dhcp1.synack.net) und erlauben den Namen der einzelnen Rechner, mit ihren IP-Adressen »mitzulaufen«. Wenn Sie eine aktuelle Version von BIND haben, die dynamische Aktualisierungen unterstützt, können Sie dhcpd auch so konfigurieren, dass er bei der Ausgabe neuer Adressen die DNS-Datenbank aktualisiert. Die Lösung mit den dynamischen Aktualisierungen ist komplizierter, hat aber den Vorteil, dass die Hostnamen aller Rechner bestehen bleiben.

Tipp

In Kapitel 15 erhalten Sie weitere Informationen zu DNS.

dhcpd speichert jeden Leasingvorgang in der Datei dhcp.leases. Er sichert diese Datei regelmäßig, indem er sie in dhcp.leases~ umbenennt und die Originaldatei aus seiner im Hauptspeicher gehaltenen Datenbank neu erstellt. Wenn dhcpd während dieses Vorgangs abstürzt, kann es sein, dass nur noch die Datei dhcp.leases~ vorhanden ist. In diesem Fall verweigert dhcpd den Start, und Sie müssen die Datei umbenennen, bevor Sie den Dienst wieder starten können. Erstellen Sie *nicht* nur eine leere Datei dhcp.leases, ansonsten ist das Chaos vorprogrammiert, da Sie Clients mit doppelten IP-Adressen erhalten.

Der DHCP-Client erfordert keine wirkliche Konfiguration. Er speichert Statusdateien zu jeder Verbindung im Verzeichnis /var/lib/dhcp oder /var/lib/dhclient, deren Namen sich nach der jeweiligen Schnittstelle richtet. Beispielsweise enthält die Datei dhclient-eth0.leases alle Netzwerkparameter, die dhclient für die Schnittstelle eth0 eingerichtet hat.

12.10 Dynamische Umkonfiguration und Optimierung

Linux hat seine eigene besondere Art für das Einstellen von Kernel- und Netzwerkparametern. Anstelle einer regulären Konfigurationsdatei, die zum Bestimmen der entsprechenden Werte ausgelesen wird, gibt es für jede einstellbare Variable eine Darstellung im virtuellen Dateisystem /proc. Die Netzwerkvariablen befinden sich in /proc/sys/net/ipv4:

```
$ cd /proc/sys/net/ipv4; ls -F
conf/                               ip_local_port_range      tcp_mem
icmp_echo_ignore_all                ip_nonlocal_bind         tcp_moderate_rcvbuf
icmp_echo_ignore_broadcasts         ip_no_pmtu_disc          tcp_no_metrics_save
icmp_errors_use_inbound_ifaddr      neigh/                   tcp_orphan_retries
icmp_ignore_bogus_error_responses   route/   tcp_reordering
icmp_ratelimit                      tcp_abc                  tcp_retrans_collapse
icmp_ratemask                       tcp_abort_on_overflow    tcp_retries1
igmp_max_memberships                tcp_adv_win_scale        tcp_retries2
igmp_max_msf                        tcp_app_win              tcp_rfc1337
inet_peer_gc_maxtime                tcp_congestion_control   tcp_rmem
inet_peer_gc_mintime                tcp_dma_copybreak        tcp_sack
inet_peer_maxttl                    tcp_dsack                tcp_stdurg
inet_peer_minttl                    tcp_ecn                  tcp_synack_retries
inet_peer_threshold                 tcp_fack                 tcp_syncookies
ip_autoconfig                       tcp_fin_timeout          tcp_syn_retries
ip_default_ttl                      tcp_frto                 tcp_timestamps
ip_dynaddr                          tcp_keepalive_intvl      tcp_tso_win_divisor
ip_forward                          tcp_keepalive_probes     tcp_tw_recycle
ipfrag_high_thresh                  tcp_keepalive_time       tcp_tw_reuse
ipfrag_low_thresh                   tcp_low_latency          tcp_window_scaling
ipfrag_max_dist                     tcp_max_orphans          tcp_wmem
ipfrag_secret_interval              tcp_max_syn_backlog
ipfrag_time                         tcp_max_tw_buckets
```

Viele Variablen mit rate und max im Namen werden genutzt, um Denial-of-Service-Angriffe zu vereiteln. Das Unterverzeichnis conf enthält Variablen, die pro Schnittstelle gesetzt werden. Es enthält die Unterverzeichnisse all und default sowie ein Unterverzeichnis für jede Schnittstelle (einschließlich Loopback). Jedes Unterverzeichnis enthält den gleichen Satz Dateien.

```
$ cd conf/default; ls -F
accept_redirects       bootp_relay          log_martiansrp_filter
accept_source_route    disable_policy       mc_forwardingsecure_redirects
arp_announce           disable_xfrm         medium_idsend_redirects
arp_filter             force_igmp_version   promote_secondariesshared_media
arp_ignore             forwarding           proxy_arptag
```

Wenn Sie Änderungen im Unterverzeichnis all vornehmen, gelten diese für alle Schnittstellen. Wenn Sie die gleiche Variable z. B. im Unterverzeichnis eth0 ändern, ist nur eine Schnittstelle betroffen. Das Unterverzeichnis defaults enthält die ausgelieferten Standardwerte.

Das Verzeichnis neigh enthält ein Unterverzeichnis für jede Schnittstelle. Die Dateien in den einzelnen Unterverzeichnissen steuern die Verwaltung der ARP-Tabelle und die IPv6-Nachbarerkennung für die jeweilige Schnittstelle. Nachfolgend finden Sie eine Liste von Variablen; diejenigen, die mit gc beginnen (für garbage collection), bestimmen das Timeout der ARP-Tabelleneinträge und wie sie verworfen werden.

```
$ cd neigh/default; ls -F
anycast_delay              gc_interval      locktimeretrans_time_ms
app_solicit                gc_stale_time    mcast_solicitucast_solicit
base_reachable_time        gc_thresh1       proxy_delayunres_qlen
base_reachable_time_ms     gc_thresh2       proxy_qlen
delay_first_probe_time     gc_thresh3       retrans_time
```

Den Wert einer Variablen können Sie mit cat auslesen; um eine Variable zu setzen, verwenden Sie ein in die richtige Datei umgeleitetes echo. Betrachten Sie z. B. den folgenden Befehl:

```
$ cat icmp_echo_ignore_broadcasts
0
```

Er zeigt, dass der Wert der Variablen gleich 0 ist, was bedeutet, dass Broadcast-Pings nicht ignoriert werden. Um sie auf 1 zu setzen (und zu vermeiden, Opfer von Denial-of-Service-Angriffen zu werden), führen Sie den folgenden Befehl aus dem Verzeichnis /proc/sys/net aus:

```
$ sudo sh -c "echo 1 > icmp_echo_ignore_broadcasts"
```
[21]

---

[21] Wenn Sie diesen Befehl in der Form sudo echo 1 > icmp_echo_ignore_broadcasts eingeben, erhalten Sie lediglich die Fehlermeldung »permission denied« – Ihre Shell versucht, die Ausgabedatei zu öffnen, bevor sie sudo ausführt. Der Befehl sudo soll sowohl für echo als auch für die Umleitung gelten. Daher müssen Sie eine root-Subshell erzeugen, die den gesamten Befehl ausführt.

Üblicherweise sind Sie beim Bearbeiten dieser Variablen über dasselbe Netzwerk angemeldet, an dem Sie Einstellungen vornehmen, seien Sie also vorsichtig! Die Dinge können derart schief laufen, dass Sie zur Behebung einen Neustart von der Konsole aus durchführen müssen, was etwas ungünstig sein könnte, wenn das System sich in Alaska befindet und gerade Januar ist. Testen Sie die Einstellungen für diese Variablen auf Ihrem Desktopsystem, bevor Sie auch nur daran denken, eine produktive Maschine anzugehen.

Um einen dieser Parameter dauerhaft zu ändern (oder genauer, ihn bei jedem Systemstart neu zu setzen), tragen Sie die entsprechenden Variablen in die Datei ein, die während des Systemstarts von dem Befehl `sysctl` gelesen wird. Das Format dieser Datei ist *variable=wert* anstelle von `echo` *wert* > *variable*, was Sie von der Shell ausführen würden, um die Variable manuell zu setzen. Die Variablennamen sind Pfadnamen relativ zu /proc/sys; Sie können auch Punkte statt Schrägstriche verwenden. Zum Beispiel stellt jede der folgenden zwei Zeilen in /etc/sysctl.conf die IP-Weiterleitung (für diesen Rechner) aus:

```
net.ipv4.ip_forward=0
net/ipv4/ip_forward=0
```

Das von den SUSE-Leuten verfasste Dokument /usr/src/linux/Documentation/proc.txt ist ein schöner Leitfaden über das Kerneltuning mit /proc.[22] Es gibt Auskunft darüber, was die Variablen wirklich bedeuten, und schlägt manchmal Werte vor. Es ist ein wenig veraltet – die Linux-Entwickler scheinen schneller zu arbeiten als die Autoren der Dokumentation.

12.11 Sicherheitsfragen

Wir behandeln das Thema Sicherheit in einem eigenen Kapitel (Kapitel 20), doch einige für IP-Netzwerke relevante Sicherheitsfragen sind bereits hier erwähnenswert. In diesem Abschnitt betrachten wir kurz ein paar Netzwerkfunktionen, die den Ruf erworben haben, Sicherheitsprobleme hervorzurufen, und empfehlen Mittel und Wege, ihre Auswirkungen zu minimieren. Die Einzelheiten des Standardverhaltens unserer Linux-Beispielsysteme (und geeignete Verfahren, diese zu ändern) behandeln wir weiter hinten in diesem Abschnitt.

12.11.1 IP-Weiterleitung

Ein Linux-Rechner mit aktivierter IP-Weiterleitung kann als Router eingesetzt werden. Sofern Ihr System nicht mehrere Netzwerkkarten hat und nicht als Router vorgesehen ist, ist es ratsam, diese Funktion auszuschalten. Rechner, die Pakete weiterleiten, können manchmal dazu gezwungen sein, die Sicherheit zu beeinträchtigen,

---

22 Um eine Kopie dieser Datei zu erhalten, müssen Sie den Quellcode des Kernels installieren.

indem sie externe Pakete so aussehen lassen, als kämen sie aus ihrem eigenen Netzwerk. Dieser Trick kann bösartigen Paketen dabei helfen, Netzwerkscannern und Paketfiltern zu entkommen.

12.11.2 ICMP-Redirect

ICMP-Redirects können in böser Absicht verwendet werden, um Verkehr umzuleiten und sich in die Routingtabellen einzumischen. Die meisten Betriebssysteme hören auf sie und befolgen standardmäßig ihre Anweisungen. Es wäre schlecht, wenn Ihr gesamter Netzwerkverkehr für einige Stunden an das Netzwerk eines Mitbewerbers umgeleitet werden würde, insbesondere dann, wenn Backups durchgeführt werden! Wir empfehlen, dass Sie Ihre Router (und als Router eingesetzte Rechner) so konfigurieren, dass sie ICMP-Redirects ignorieren und vielleicht protokollieren.

12.11.3 Sourcerouting

Mithilfe des Sourceroutingmechanismus von IP können Sie eine explizite Folge von Gateways vorgeben, die ein Paket auf dem Weg zu seinem Ziel durchlaufen soll. Er umgeht den Routingalgorithmus für die nächste Teilstrecke (next hop), der normalerweise auf jedem Gateway ausgeführt wird, um zu bestimmen, wie ein Paket weitergeleitet werden sollte.

Sourcerouting war Bestandteil der ursprünglichen IP-Spezifikation; es sollte in erster Linie dazu dienen, das Testen zu vereinfachen. Es kann Sicherheitsprobleme hervorrufen, da Pakete oftmals entsprechend ihrer Quelle gefiltert werden. Wenn jemand ein Paket so schlau leiten kann, dass es aus Ihrem Netzwerk, anstatt aus dem Internet zu kommen scheint, könnte es durch Ihre Firewall schlüpfen. Wir empfehlen, quellgeroutete Pakete weder anzunehmen noch weiterzuleiten.

12.11.4 Broadcast-Pings und andere Arten gerichteter Broadcasts

Pingpakete, die an die Broadcastadresse eines Netzwerks gerichtet sind (anstatt an eine bestimmte Hostadresse), werden üblicherweise an jeden Host im Netzwerk zugestellt. Solche Pakete wurden in Denial-of-Service-Angriffen verwendet; beispielsweise in den so genannten Smurf-Attacken. Die meisten Rechner bieten eine Möglichkeit, Broadcast-Pings zu deaktivieren – d.h., der Rechner kann so konfiguriert werden, dass er nicht auf Broadcast-Pings antwortet oder sie nicht weiterleitet. Auch Ihr Internetrouter kann Broadcast-Pings ausfiltern, bevor sie das interne Netzwerk erreichen. Es ist zu empfehlen, Sicherheitsmaßnahmen sowohl auf Host- als auch auf Firewallebene durchzuführen, sofern möglich.

Broadcast-Pings sind eine Art »gerichteter Broadcast«, da es sich um Pakete handelt, die an die Broadcastadresse eines entfernten Netzwerks gesendet werden. Die Standardbehandlung solcher Pakete hat sich allmählich geändert. Beispielsweise leitete Cisco IOS bis zur Version 11.x gerichtete Broadcastpakete standardmäßig weiter,

IOS-Versionen ab 12.0 jedoch nicht mehr. Es ist normalerweise möglich, den TCP/IP-Stack davon zu überzeugen, dass er von weither kommende Broadcast-Pings ignoriert, aber da dieses Verhalten auf jeder Netzwerkschnittstelle eingerichtet werden muss, kann es in großen Umgebungen eine nichttriviale Aufgabe darstellen.

12.11.5 IP-Adressfälschung

Die Quelladresse in einem IP-Paket wird normalerweise von der TCP/IP-Implementierung des Kernels gefüllt und ist die IP-Adresse des Rechners, der das Paket ausgesendet hat. Wenn die Software, die das Paket erstellt, jedoch ein raw-Socket verwendet, kann sie jede beliebige Quelladresse eintragen. Das wird IP-Adressfälschung (IP-Spoofing) genannt und normalerweise mit boshaftem Netzwerkverhalten in Verbindung gebracht. Der Rechner, zu dem die gefälschte Quell-IP-Adresse gehört (sofern es eine reale Adresse ist), ist oftmals das Opfer in diesem Plan. Fehler- und Antwortpakete können die Netzwerkverbindungen des Opfers zerstören oder überfluten.

Sie sollten IP-Adressfälschung an Ihren Grenzroutern verbieten, indem Sie ausgehende Pakete blockieren, deren Quelladresse nicht in Ihrem Adressraum liegt. Diese Vorsichtsmaßnahme ist insbesondere dann wichtig, wenn Ihre Site eine Universität ist, wo Studenten gerne experimentieren und oftmals rachsüchtig gegenüber »Blödmännern« aus ihren Lieblings-Chat-Kanälen sind.

Wenn Sie intern einen privaten Adressraum verwenden, können Sie gleichzeitig eine Filterung nach jeglichen internen Adressen durchführen, die in das Internet hinauswollen. Solche Pakete können niemals beantwortet werden (weil es keine Route im Backbone gibt) und weisen in der Regel darauf hin, dass es in Ihrer Umgebung einen internen Konfigurationsfehler gibt.

Mit Linux-basierten Firewalls, die im nächsten Abschnitt beschrieben werden, können Sie eine solche Filterung pro Host durchführen. Die meisten Sites ziehen es jedoch vor, diese Art der Filterung an ihren Grenzroutern, anstatt auf jedem einzelnen Rechner durchzuführen, was auch unsere Empfehlung ist. Wir beschreiben hostbasierte Firewalls nur zur Vollständigkeit und zur Verwendung in speziellen Situationen.

Sie müssen sich auch gegen Hacker schützen, die die Quelladresse von externen Paketen fälschen, damit Ihre Firewall denkt, sie kämen aus Ihrem internen Netzwerk. Der Kernelparameter `rp_filter` (einstellbar im Verzeichnis /proc/sys/net/ipv4/conf/*ifname*) kann beim Entdecken solcher Pakete helfen; die Buchstaben `rp` stehen für »reverse path«. Wenn Sie diese Variable auf 1 setzen, verwirft der Kernel Pakete, die auf einer Netzwerkschnittstelle ankommen, die nicht mit der übereinstimmt, von der sie ausgesendet werden würden, wenn die Quell- die Zieladresse wäre. Dieses Verhalten ist standardmäßig aktiviert.

Wenn Ihre Site mehrere Verbindungen ins Internet hat, kann es völlig berechtigt sein, dass ein- und ausgehende Routen unterschiedlich sind. Setzen Sie in diesem Fall rp_filter auf 0, damit Ihr Routingprotokoll einwandfrei funktioniert. Wenn Ihre Site nur einen Ausgang zum Internet hat, ist der Wert 1 für rp_filter in der Regel sicher und angemessen.

12.11.6 Hostbasierte Firewalls

Linux enthält Software zur Paketfilterung (auch bekannt als »Firewall«). Obwohl wir diese Software weiter hinten in diesem Kapitel in Abschnitt 12.12 und auch in Kapitel 20, »Sicherheit«, in Abschnitt 20.12 beschreiben, empfehlen wir den Einsatz einer Workstation als Firewall nicht. Die Sicherheit von Linux ist schwach (insbesondere, wie es von unseren freundlichen Herstellern ausgeliefert wird), und die Sicherheit von Windows ist noch schlechter. Wir empfehlen den Kauf einer dedizierten Hardwarelösung als Firewall. Sogar eine anspruchsvolle Softwarelösung wie das Produkt FireWall-1 von Check Point (das auf einem Solaris-Rechner läuft) ist nicht so gut wie ein Stück dedizierte Hardware wie z. B. die PIX-Box von Cisco – und der Preis ist nahezu derselbe!

Tipp

Eine ausführlichere Erörterung firewallbezogener Fragen finden Sie in Abschnitt 20.12.

12.11.7 Virtuelle private Netzwerke

Viele Unternehmen, die in verschiedenen Teilen der Welt Büros unterhalten, würden gerne alle diese Standorte zu einem großen privaten Netzwerk verbinden. Leider sind die Kosten für das Mieten eines transozeanischen oder auch nur transkontinentalen Kabels untragbar. Solche Unternehmen können das Internet tatsächlich wie eine private Datenverbindung nutzen, indem sie eine Reihe sicherer, verschlüsselter »Tunnel« zwischen ihren verschiedenen Standorten aufbauen. Ein »privates« Netzwerk, das solche Tunnel enthält, wird als virtuelles privates Netzwerk oder VPN bezeichnet.

Einige VPNs verwenden das Protokoll IPSec, das von der IETF im Jahre 1998 standardisiert wurde. Andere nutzen proprietäre Lösungen, die normalerweise nicht kompatibel zueinander sind. Wenn Sie eine VPN-Funktionalität benötigen, empfehlen wir Ihnen, sich Produkte wie Ciscos 3660 Router oder die Watchguard Firebox anzuschauen, die beide tunneln und verschlüsseln können. Das Gerät von Watchguard nutzt zur Verwaltung PPP über eine serielle Schnittstelle. Ein Systemadministrator kann sich in das Gerät einwählen, um es zu konfigurieren oder um zu Testzwecken auf das VPN zuzugreifen.

> **Tipp**
> In Abschnitt 20.14.1 erhalten Sie weitere Informationen zu IPSec.

Eine VPN-Lösung für den kleinen Geldbeutel finden Sie im Beispiel in Abschnitt 12.13.9, das PPP über eine `ssh`-Verbindung nutzt, um ein virtuelles privates Netzwerk aufzubauen.

12.11.8 Sicherheitsrelevante Kernelvariablen

Tabelle 12.15 zeigt das Standardverhalten von Linux in Bezug auf verschiedene heikle Netzwerkfragen. Eine kurze Beschreibung der Auswirkungen dieser Verhalten finden Sie in Abschnitt 12.11. Wir empfehlen, dass Sie die Werte dieser Variablen dahingehend ändern, dass Sie keine Broadcast-Pings beantworten, nicht auf Routing-Umleitungen hören und keine quellgerouteten Pakete annehmen.

Funktion	Host	Gateway	Steuerdatei (in /proc/sys/net)
IP-Weiterleitung	aus	an	`ipv4/ip_forward` für das gesamte System, `ipv4/conf/schnittstelle/forwarding` pro Schnittstelle[a]
ICMP-Redirect	beachtet	ignoriert	`ipv4/conf/schnittstelle/accept_redirects`
Quellrouting	ignoriert	beachtet	`ipv4/conf/schnittstelle/accept_source_route`
Broadcast-Ping	beantwortet	beantwortet	`ipv4/icmp_echo_ignore_broadcasts`

Tabelle 12.15: Standardmäßiges sicherheitsbezogenes Netzwerkverhalten unter Linux

a) *Schnittstelle kann entweder ein bestimmter Schnittstellenname oder* `all` *sein.*

12.12 NAT mit Linux

Linux enthält traditionell nur eine beschränkte Form von NAT (Network Address Translation), die besser PAT (Port Address Translation) genannt wird. Anstatt einen Bereich von IP-Adressen zu verwenden, wie es eine tatsächliche NAT-Implementierung macht, betreibt PAT alle Verbindungen auf einer einzelnen Adresse. Um die Verwirrung zu vervollständigen, bezeichnen viele Linux-Dokumente diese Funktion weder als NAT noch als PAT, sondern als »IP-Maquerading«. Die Einzelheiten und Unterschiede haben keine große praktische Bedeutung, sodass wir die Linux-Implementierung aus Konsistenzgründen als NAT bezeichnen.

iptables führt nicht nur NAT, sondern auch Paketfilterung durch. In älteren Linux-Versionen war das ein wenig unordentlich, aber iptables hat eine wesentlich klarere Trennung zwischen den NAT- und den Filterfunktionen.

Paketfilterfunktionen werden ausführlicher in Abschnitt 20.12 behandelt. Wenn Sie NAT verwenden, damit lokale Rechner auf das Internet zugreifen können, *müssen* Sie einen vollständigen Satz von Firewall-Filtern einsetzen. Die Tatsache, dass NAT »kein richtiges IP-Routing ist« macht ein Linux-NAT-Gateway nicht sicherer als einen Linux-Router. Aus Platzgründen beschreiben wir hier nur die tatsächliche NAT-Konfiguration; sie stellt jedoch nur einen kleinen Teil der Gesamtkonfiguration dar.

Damit NAT funktionsfähig ist, müssen Sie im Kernel die IP-Weiterleitung aktivieren, indem Sie die Kernelvariable /proc/sys/net/ipv4/ip_forward auf 1 setzen. Zusätzlich müssen Sie die passenden Kernelmodule installieren:

```
$ sudo /sbin/modprobe iptable_nat
$ sudo /sbin/modprobe ip_conntrack
$ sudo /sbin/modprobe ip_conntrack_ftp
```

Der Befehl iptables, um Pakete mit NAT zu routen, lautet:

```
$ sudo iptables -t nat -A POSTROUTING -o eth1 -j SNAT --to 63.173.189.1
```

In diesem Beispiel ist die Schnittstelle eth0 mit dem Internet verbunden, und ihre IP-Adresse ist die im Argument zu --to. Die Schnittstelle eth1 ist mit dem internen Netzwerk verbunden.

Für Rechner im Internet sieht es so aus, als ob alle Pakete von Rechnern aus dem internen Netzwerk die IP-Adresse von eth0 haben. Der NAT ausführende Rechner erhält eingehende Pakete, schlägt ihre wahren Bestimmungsorte nach, schreibt sie mit der entsprechenden internen IP-Adresse neu und schickt sie auf ihren Weg.

12.13 PPP (Point-to-Point Protocol)

Kennzeichnend für PPP (Point-to-Point Protocol) ist, dass es sowohl auf den langsamsten als auch auf den schnellsten Internetverbindungen zum Einsatz kommt. In seiner synchronen Form ist es das einhüllende Protokoll, das in Hochgeschwindigkeitsverbindungen verwendet wird, die an beiden Enden leistungsfähige Router haben. In seiner asynchronen Form ist es ein einhüllendes Protokoll für serielle Verbindungen, das angibt, wie IP-Pakete zur Übertragung über eine langsame (und oftmals unzuverlässige) serielle Verbindung umkodiert werden müssen. Serielle Verbindungen übertragen einfach Bitströme und wissen nichts vom Beginn oder Ende eines Pakets. Der PPP-Gerätetreiber ver- und entpackt Daten in/aus Paketen auf der seriellen Verbindung; er fügt einen Header auf Verbindungsebene hinzu sowie Markierungen, die Pakete trennen.

12.13 PPP (Point-to-Point Protocol)

PPP wird manchmal für die neueren Heimtechnologien wie DSL und Kabelmodems eingesetzt, doch diese Tatsache bleibt Ihnen als Systemadministrator normalerweise verborgen. Die Kapselung führt üblicherweise der Schnittstellentreiber durch, und der Verkehr wird auf das Ethernet überbrückt. Sie sehen lediglich eine Ethernetverbindung.

Von einer Kommission entworfen, ist PPP das Kapselungsprotokoll für alles. Es ist durch die Protokolle SLIP (Serial Line IP) von Rick Adams und CSLIP (Compressed SLIP) von Van Jacobsen beeinflusst. PPP unterscheidet sich von diesen Systemen, indem es die Übertragung mehrerer Protokolle über eine einzelne Verbindung ermöglicht. Es ist in RFC1331 spezifiziert.

12.13.1 Leistungsprobleme von PPP

PPP bietet alle Funktionalitäten von Ethernet, aber mit *wesentlich* kleineren Geschwindigkeiten. Normale Büro-LANs werden mit 100 Mbit/s oder 1 Gbit/s betrieben – das sind 100.000 bis 1.000.000 Kbit/s. Eine Einwahlverbindung arbeitet bei ungefähr 28 bis 56 Kbit/s. Um sich diese Zahlen besser vorstellen zu können: Es dauert ungefähr fünf Minuten, um eine 1 MB große Datei über eine PPP-Verbindung zu übertragen. Diese Geschwindigkeit ist in Ordnung für E-Mail oder Web-Browsing ohne Grafik, doch bunte Webseiten werden Sie in den Wahnsinn treiben. Um die interaktive Leistungsfähigkeit zu verbessern, können Sie die MTU der PPP-Verbindung auf einen relativ niedrigen Wert setzen. Der Standardwert beträgt normalerweise 512 Bytes; versuchen Sie 128, wenn Sie viele interaktive Tätigkeiten durchführen. Wenn Sie PPP über Ethernet verwenden, können Sie mit `tcpdump` die Größe der über das Netzwerk gehenden Pakete sehen und die MTU entsprechend setzen. Die MTU von Ethernet ist 1500, aber die PPP-Kapselung macht etwas kleinere Werte effizienter. `pppoe` schlägt z. B. 1412 Byte für Hosts hinter der PPP-Verbindung und 1492 auf der PPP-Verbindung vor. Sie möchten sicherlich nicht, dass Ihre Pakete alle fragmentiert werden, weil Sie Ihre standardmäßige MTU zu groß gewählt haben.

Das Ausführen von NFS über eine PPP-Verbindung kann sehr langsam sein. Sie sollten es nur dann in Betracht ziehen, wenn Sie NFS über TCP, anstatt über UDP ausführen können.

Tipp

In Kapitel 16 erhalten Sie weitere Informationen zu NFS.

Das X-Window System verwendet TCP, sodass es möglich ist, X-Anwendungen über eine PPP-Verbindung auszuführen. Programme wie xterm funktionieren gut, aber vermeiden Sie Anwendungen, die besondere Fonts oder Bitmap-Grafiken verwenden.

12.13.2 Netzwerkverbindungen mit PPP

Um einen Rechner über ein Netzwerk mit PPP zu verbinden, müssen drei Voraussetzungen erfüllt sein:

- Der Kernel des Rechners muss in der Lage sein, IP-Pakete über eine serielle Verbindung zu senden, wie im PPP-Protokollstandard angegeben.
- Es muss ein Programm auf Benutzerebene geben, das ermöglicht, PPP-Verbindungen aufzubauen und aufrechtzuerhalten.
- Am anderen Ende der seriellen Verbindung muss ein Rechner das verwendete Protokoll verstehen.

12.13.3 PPP für Ihren Host

Damit eine PPP-Verbindung aufgebaut werden kann, muss der Host in der Lage sein, PPP-Pakete zu senden und zu empfangen. Auf Linux-Systemen ist PPP ein ladbares Kernelmodul, das Netzwerkpakete in die Ausgangswarteschlange des seriellen Geräts stellt und umgekehrt. Dieses Modul gibt normalerweise vor, nur eine weitere Netzwerkschnittstelle zu sein, sodass es mit Standardkonfigurationswerkzeugen wie ifconfig bearbeitet werden kann.

> **Tipp**
> In Abschnitt 12.7.2 erhalten Sie weitere Informationen zu ifconfig.

12.13.4 PPP-Verbindungen steuern

Die genaue Abfolge der Ereignisse beim Aufbau einer PPP-Verbindung hängt von Ihrem Betriebssystem und dem Typ des Servers ab, in den Sie sich einwählen. Verbindungen können entweder manuell oder dynamisch aufgebaut werden.

Um eine PPP-Verbindung manuell aufzubauen, führen Sie einen Befehl aus, der mithilfe eines Modems einen anderen Rechner anwählt, sich am entfernten Rechner anmeldet und das entfernte PPP-Protokoll startet. Wenn der Vorgang erfolgreich ist, wird anschließend die serielle Schnittstelle als Netzwerkschnittstelle eingerichtet.

12.13 PPP (Point-to-Point Protocol)

Diese Option lässt die Verbindung normalerweise für eine lange Zeit aktiv, sodass sie am besten für eine Telefonleitung geeignet ist, die nur für IP-Verbindungen vorgesehen ist.

In einer dynamischen Konfiguration überwacht ein Daemon die serielle »Netzwerk«-schnittstelle, um festzustellen, ob Pakete in der Warteschlange stehen. Wenn jemand versucht, ein Paket zu senden, wählt der Daemon automatisch mithilfe des Modems, um die Verbindung aufzubauen, und überträgt das Paket. Wenn die Verbindung wieder in den Ruhezustand übergeht, beendet er sie nach einer geeigneten Zeitdauer. Die dynamische Einwahl wird oftmals verwendet, wenn eine Telefonleitung sowohl für Sprach- als auch Datenübertragung gedacht ist oder wenn die Verbindung große Entfernungen überbrückt bzw. hohe Verbindungsgebühren verursacht.

Software, die diese beiden Verbindungsarten unterstützt, ist in den meisten Versionen von PPP enthalten.

12.13.5 Eine Adresse zuweisen

Wie einem neuen Rechner im Ethernet, müssen Sie auch jeder PPP-Schnittstelle eine IP-Adresse zuweisen. Für diese Aufgabe gibt es mehrere Möglichkeiten (einschließlich der Zuweisung überhaupt keiner Adresse). Wir behandeln hier nur das einfachste Verfahren.

Tipp

In Abschnitt 12.4 erhalten Sie weitere Informationen über die Zuweisung von IP-Adressen.

Stellen Sie sich PPP als eigenständiges Netzwerk vor, d.h., ein Netzwerk aus genau zwei Rechnern, auch »Punkt-zu-Punkt«-Netzwerk genannt. Sie müssen der Verbindung genau wie einem neuen Ethernetsegment eine Netzwerknummer zuweisen, unter Verwendung der an Ihrem Standort gültigen Regeln. Sie können sich zwei beliebige Hostadressen für dieses Netzwerk auswählen und jedem Ende der Verbindung eine zuweisen. Befolgen Sie auch andere lokale Verfahren, wie z. B. Standards zur Subnetzbildung. Jeder Rechner wird dann ein »Gateway« für das Punkt-zu-Punkt-Netzwerk, sofern es den Rest der Welt betrifft. (In Wirklichkeit kontrollieren Sie normalerweise nicht beide Enden der Verbindung; Ihr ISP gibt Ihnen die IP-Adresse, die Sie an Ihrem Ende verwenden müssen.)

Auch DHCP kann die IP-Adresse am Ende einer PPP-Verbindung zuweisen. Einige ISPs bieten Dienste für Privatkunden an, die DHCP verwenden, und Dienste für Geschäftskunden, die teurer sind, aber einen Satz statischer Adressen enthalten.

12.13.6 Routing

Da PPP erfordert, dass der entfernte Server als IP-Router fungiert, müssen Sie sich um IP-Routing so kümmern, als wäre es für ein »wirkliches« Gateway, wie z. B. einen Rechner, der zwei Ethernets verbindet. Der Zweck des Routings besteht darin, Pakete durch Gateways zu leiten, damit sie ihre endgültigen Ziele erreichen können. Es kann auf mehrere verschiedene Arten konfiguriert werden.

> **Tipp**
> In Kapitel 13 erhalten Sie weitere Informationen über Routing.

Ein alltäglicher PPP-Client sollte eine Standardroute haben, die Pakete an den PPP-Server weiterleitet. Gleichfalls muss der Server den anderen Rechnern in seinem Netzwerk als das Gateway für die Endgeräte bekannt sein.

Die meisten PPP-Pakete erledigen diese Routingaufgaben automatisch.

12.13.7 Sicherheit gewährleisten

Sicherheitsfragen treten immer dann auf, wenn Sie einen Rechner einem Netzwerk hinzufügen. Da ein über PPP verbundener Rechner ein echtes Mitglied des Netzwerks ist, müssen Sie ihn auch so behandeln: Stellen Sie sicher, dass das System keine Benutzerkonten ohne oder mit unsicheren Passwörtern hat, dass alle Sicherheitsaktualisierungen des Herstellers installiert wurden usw. In Abschnitt 12.11 erfahren Sie einige Besonderheiten zur Netzwerksicherheit. PPP unter Linux unterstützt zwei Authentisierungsprotokolle: PAP, das Password Authentication Protocol, und CHAP, das Challenge Handshake Authentication Protocol.

> **Tipp**
> In Kapitel 20 erhalten Sie weitere Informationen zum Thema Sicherheit.

12.13.8 Chatskripte verwenden

Die PPP-Implementierung für die serielle Verbindung unter Linux verwendet ein »Chatskript«, um mit dem Modem zu kommunizieren und um sich am entfernten Rechner anzumelden und einen PPP-Server zu starten. Ein Chatskript besteht aus einer Abfolge von zu sendenden und zu empfangenden Zeichenketten mit einer begrenzten Form bedingter Anweisungen, die Konzepte wie dieses ausdrücken können: »Erwarte die Zeichenkette Login, aber wenn du sie nicht erhältst, schicke einen Wagenrücklauf und warte erneut.«

Die Idee zu einem Chatskript stammt aus dem »Speichern-und-Weitersenden«-System von UUCP (Unix to Unix CoPy) aus vergangenen Tagen. In den 1980er Jahren riefen sich Rechner mitten in der Nacht an, meldeten sich über Chatskripte an und tauschten Dateien aus. Trotz allgemeiner Forderungen ist UUCP immer noch nicht ganz tot: Der Benutzer uucp ist der Gruppenbesitzer der seriellen Gerätedateien auf SUSE, und Sie müssen ein Mitglied der Gruppe uucp sein, um ein Modem zur Auswahl über PPP verwenden zu können.

Die meisten PPP-Implementierungen enthalten Beispiel-Chatskripte, die Sie für Ihre Umgebung anpassen können. Sie müssen sie bearbeiten, um Parameter wie die anzurufende Telefonnummer und den nach einer erfolgreichenden Anmeldung auszuführenden Befehl einzutragen. Die meisten Chatskripte enthalten ein Passwort im Klartext; setzen Sie die Berechtigungen entsprechend.

12.13.9 Linux-PPP konfigurieren

Modems waren (wie auch Drucker) schon immer ein Dorn im Auge eines Systemadministrators. Und das ist kein Wunder, wenn die Software zur Konfiguration einer PPP-Verbindung über ein beliebiges Modem mehr als 125 verschiedene Optionen besitzt – viel zu viele, um sie abzuwägen und sorgfältig zu konfigurieren.

Alle unsere Distributionen außer Debian enthalten in der Standardinstallation das PPP-Paket von Paul Mackerras. Es verwendet einen Daemon namens pppd und speichert die meisten seiner Konfigurationsdateien in /etc/ppp. Mit dem Befehl pppd --version können Sie erkennen, welche Version des PPP-Pakets in Ihrer bestimmten Distribution installiert ist. Mit apt-get install ppp installieren Sie dieses Paket auf Debian.

Unsere Referenzsysteme enthalten eine PPP-Version von Roaring Penguin Software, die für den Einsatz über Ethernet entworfen ist (z. B. auf einer DSL-Verbindung zu einem lokalen ISP). Das Referenzsystem enthält auch eine PPP-Unterstützung für ISDN-Verbindungen. Die Konfigurationsdateien für diese zusätzlichen Medien liegen zusammen mit denen für PPP über serielle Schnittstellen im Verzeichnis /etc/ppp. Die Dateinamen sind üblicherweise ähnlich, aber mit dem Zusatz oe für »over Ethernet« oder i für ISDN. Tabelle 12.16 zeigt die Speicherorte der relevanten Befehle und Konfigurationsdateien.

System	Befehle oder Konfigurationsdateien	Beschreibung
Alle	/usr/sbin/pppd	PPP-Daemon
	/usr/sbin/chat	Kommuniziert mit dem Modem
	/usr/sbin/pppstats	Zeigt Statistiken der PPP-Verbindung
	/usr/sbin/pppdump	Macht PPP-Pakete ASCII-lesbar
	/etc/ppp/options	Konfigurationsdatei für PPP
Debian, Ubuntu	/usr/bin/pon	Startet eine PPP-Verbindung
	/usr/bin/poff	Beendet eine PPP-Verbindung
	/usr/bin/plog	Zeigt das Ende von ppp.log
	/usr/sbin/pppconfig	Konfiguriert pppd
	/etc/ppp/peers/provider	Optionen für pon zur Kontaktaufnahme mit dem ISP
	/etc/chatscripts/provider	Chatskript für pon, um mit dem ISP zu kommunizieren
Red Hat (DSL)	/usr/sbin/pppoe	PPP-over-Ethernet-Client
	/usr/sbin/pppoe-server	PPP-over-Ethernet-Server
	/usr/sbin/pppoe-sniff	Sniffer, der ein Debugging für die Tricks des Providers durchführt
	/usr/sbin/adsl-connect	Skript, das Verbindungen verwaltet
	/usr/sbin/adsl-setup	Skript, das pppoe konfiguriert
	/usr/sbin/adsl-start	Skript, das die pppoe-Verbindung startet
	/usr/sbin/adsl-stop	Skript, das die pppoe-Verbindung beendet
	/usr/sbin/adsl-status	Zeigt den Status der pppoe-Verbindung an
	/etc/ppp/pppoe.conf	Von adsl-* verwendete Konfigurationsdatei
	/etc/ppp/pppoe-server-options	Datei mit zusätzlichen Optionen für den Server
SUSE (DSL)	/usr/sbin/pppoed	PPP-over-Ethernet-Server
	/etc/pppoed.conf	Konfigurationsdatei für pppoed
Alle (ISDN)	/usr/sbin/ipppd	PPP-over-Ethernet-Daemon
	/usr/sbin/ipppstats	Zeigt ISDN-PPP-Statistiken
	/etc/ppp/ioptions	Optionen für ipppd

Tabelle 12.16: Befehle und Konfigurationsdateien für PPP, nach System

12.13 PPP (Point-to-Point Protocol)

In unseren Beispielen für Konfigurationsdateien ist /dev/modem der Name für den seriellen Port, an den ein Modem angeschlossen ist. Einige Distributionen haben tatsächlich eine Datei /dev/modem, die ein Link zu einem der seriellen Ports des Systems ist (normalerweise /dev/ttyS0 oder /dev/ttyS1), aber diese Praxis ist nicht zu empfehlen. Setzen Sie den für Ihre Situation geeigneten Gerätenamen ein.

> **Tipp**
>
> In Abschnitt 27.6 erhalten Sie weitere Informationen über die Namen serieller Ports.

Zusätzlich zur PPP-Software enthält jede Distribution das Programm wvdial, um das Telefon tatsächlich zu wählen und eine Verbindung aufzubauen.

Wir sprachen oben von den Modemports und der Wählsoftware; jetzt geht es darum, wie pppd eingerichtet wird, um sie zu nutzen. Die globalen Optionen werden in der Datei /etc/ppp/options eingetragen, Optionen für bestimmte Verbindungen können in den Verzeichnissen /etc/ppp/peers und /etc/chatscripts (auf Debian und Ubuntu) gespeichert werden. Red Hat, Fedora und SUSE tendieren dazu, Chatskripte in das Verzeichnis /etc/ppp mit Namen wie chat.*remotehost* zu stellen. Alternativ kann auf Red Hat die Datei /etc/sysconfig/network-scripts/ifcfg-*ttyname* verbindungsspezifische Optionen für eine bestimmte PPP-Schnittstelle enthalten.

Standardmäßig befragt pppd zunächst die Datei options, dann die persönliche Startdatei ~/.ppprc des Benutzers, dann die verbindungsspezifische Datei options-*ttyname* (sofern vorhanden) und schließlich seine Befehlszeilenargumente.

Ein praktischer Tipp, der von Jonathan Corbet, einem alten Linux-Hasen, vorgeschlagen wurde, besteht darin, mehr als eine PPP-Schnittstelle zu definieren: eine für zu Hause, eine für Hotels auf Reisen usw. Auf diese Weise kann man die Umgebung einfacher wechseln.

wvdial ist schlauer als chat und zeigt ein sinnvolles Standardverhalten, wenn keine Parameter angegeben sind. wvdial erhält seine Konfigurationsinformationen aus /etc/wvdial.conf: Modemdetails, Loginname, Passwort, Telefonnummer usw. Sie können in einer Konfigurationsdatei Angaben zu mehreren Zielen machen. Verwenden Sie das Programm wvdialconf, um die Charakteristika Ihres Modems herauszufinden und eine initiale Datei wvdial.conf zu erstellen.

Die nachfolgend gezeigten Konfigurationsdateien sind aus verschiedenen PPP-Konfigurationen genommen. Die aktiven Optionen für jede Distribution werden wie gezeigt ausgeliefert:

Red Hat und Fedora /etc/ppp/options:

```
lock
```

 SUSE /etc/ppp/options:

```
noipdefault
noauth
crtscts
lock
modem
asyncmap 0
nodetach
lcp-echo-interval 30
lcp-echo-failure 4
lcp-max-configure 60
lcp-restart 2
idle 600
noipx
file /etc/ppp/filters
```

 Debian und Ubuntu /etc/ppp/options:

```
asyncmap 0
auth
crtscts
lock
hide-password
modem
proxyarp
lcp-echo-interval 30
lcp-echo-failure 4
noipx
```

Wir würden gerne die folgende Datei options **verwenden:**

```
# Globale PPP-Optionen
lock                 # Das verwendete Gerät stets sperren
asyncmap 0x00000000  # Standardmäßig keine Escapes
crtscts              # Hardware-Flusskontrolle verwenden
```

12.13 PPP (Point-to-Point Protocol)

```
defaultroute         # Standardroute durch die PPP-Schnittstelle hinzufügen
mru 552              # MRU/MTU 512 (Daten) + 40 (Header)
mtu 552
```

Die folgende Datei /etc/sysconfig/network-scripts/ifcgf-ppp0 stammt von einem Red Hat-System. Die skelettartige Datei wurde vom Hilfsprogramm linuxconf erstellt.

```
        PERSIST=yes
        DEFROUTE=yes
        ONBOOT=no
INITSTRING=ATZ
MODEMPORT=/dev/modem
LINESPEED=115200
ESCAPECHARS=no
DEFABORT=yes
HARDFLOWCTL=yes
DEVICE=ppp0
PPPOPTIONS=
DEBUG=yes
PAPNAME=remote
REMIP=
IPADDR=
BOOTPROTO=none
MTU=
MRU=
DISCONNECTTIMEOUT=
RETRYTIMEOUT=
USERCTL=no
```

Hier sehen Sie ein Beispiel-Chatskript (chat-ppp0), das zu der oben gezeigten Datei ifcgf-ppp0 gehört (mit seiner knappen und manchmal bizarren Syntax):

```
'ABORT' 'BUSY'
'ABORT' 'ERROR'
'ABORT' 'NO CARRIER'
'ABORT' 'NO DIALTONE'
'ABORT' 'Invalid Login'
'ABORT' 'Login incorrect'
'ATZ'
'OK' 'ATDT phone-number'
'CONNECT' ' '
'TIMEOUT' '120'
'ogin:' 'account'
'ord:' 'password'
'TIMEOUT' '5'
'~--'
```

Mehrere Zeile in diesem Chatskript enthalten einen Nullparameter, angezeigt durch ein paar einfacher Hochkommata.

Sie können normalerweise ein vorhandenes Chatskript übernehmen, ohne zu sehr darüber nachdenken zu müssen, wie es genau funktioniert. Hier legen die ersten Zeilen einige allgemeine Bedingungen fest, bei denen das Skript abbrechen sollte. Die nächsten Zeilen initialisieren das Modem und führen die Einwahl durch, und die übrigen Zeilen warten auf eine Verbindung und geben den Benutzernamen und das Passwort ein.

Der Timeout im Chatskript muss eingestellt werden, damit es mit den komplizierten Wählsituationen wie z. B. in Hotels oder in Firmen mit lokalen Telefonvermittlungen oder mit dem Sprachsignal, das einige Telefongesellschaften vor dem eigentlichen Wählton verwenden, klarkommt. Bei den meisten Modems bedeutet ein Komma in der Telefonnummer eine Wählpause. Eventuell benötigen Sie mehrere Kommata, wenn Sie eine bestimmte Ziffer wählen und dann auf einen zweiten Wählton warten müssen, bevor Sie fortfahren können.

PPP-Logins sind in unserer Umgebung nur Benutzernamen mit einem P davor. Mithilfe dieser Konvention kann man leicht behalten, wem ein bestimmter PPP-Rechner gehört.

Die Verbindung zwischen `ifcfg-ppp0` und `chat.ppp0` stellt der Befehl `ifup` her, der während des Starts automatisch ausgeführt wird, da die Datei `ifcfg` vorhanden ist. Sie können `pppd` auch explizit mit einer verbindungsspezifischen Optionsdatei als Argument aufrufen, vorausgesetzt, diese Datei enthält einen »connect« Parameter, der den Namen der entsprechenden Chatdatei angibt.

Unser nächstes Einwahlbeispiel stammt von einem Debian-System. Es verwendet das Verzeichnis `peers`, stellt sein Chatskript in das Verzeichnis `/etc/chatscripts` und verwendet das PAP-Authentifizierungsverfahren, anstatt das Passwort im Chatskript zu speichern. Zunächst sehen Sie die Optionen für diese Verbindung, `/etc/ppp/peers/my-isp`:

```
/dev/modem      ### Tragen Sie den seriellen Port Ihres Modems ein
debug
crtscts
name username   ### Benutzername beim ISP
remotename my-isp
noauth
noipdefault
defaultroute
connect '/usr/sbin/chat -v -f /etc/chatscripts/my-isp'
/etc/chatscripts/my-isp' enthält die folgenden Einträge:
'ABORT' 'BUSY'
'ABORT' 'ERROR'
'ABORT' 'NO CARRIER'
'ABORT' 'NO DIALTONE'
'ATZ'
'OK' 'ATDT phonenumber'
```

12.13 PPP (Point-to-Point Protocol)

```
'CONNECT'
'TIMEOUT' 15
'~--'
```

Die zur Verbindung mit dem ISP benötigte Authentifizierungsdatei, /etc/ppp/pap-secrets, muss die folgende Zeile enthalten:

username my-isp passwort

wobei *my-isp* der Wert der Variablen remotename in den obigen Optionen ist. Um diese Verbindung zu aktivieren, verwenden Sie den Befehl pppd call my_isp.

Nachfolgend finden Sie ein Beispiel, das PPP über eine vorhandene allgemeine Internetverbindung nutzt, aber mit ssh zusammenarbeitet, um eine sichere Verbindung über ein virtuelles privates Netzwerk (VPN) aufzubauen. Wir zeigen sowohl die Konfiguration des Servers als auch die des Clients.

Die Datei /etc/ppp/options des Servers sieht wie folgt aus:

```
noauth
logfile pppd.log
passive
silent
nodetach
```

Zu jeder Verbindung gibt es eine Datei /etc/ppp/options.*ttyname*, die die IP-Adresszuweisungen für die Verbindung enthält:

lokale-IPAdresse:*remote-IPAdresse*

Die Shell des PPP-Benutzers ist serverseitig auf /usr/sbin/pppd gesetzt, damit der Serverdaemon automatisch startet. Alle Authentifizierungsschlüssel müssen im Voraus mit ssh-agent eingerichtet werden, damit kein Passwort abgefragt wird. Auf der Clientseite wird die Konfiguration im Verzeichnis /etc/ppp/peers mithilfe einer für diesen Server angelegten Datei durchgeführt – nennen wir die Konfiguration »my-work«. Die Datei /etc/ppp/peers/my-work des Clients hat dann den folgenden Inhalt:

```
noauth
debug
logfile pppd.log
passive
silent
pty "ssh -t benutzer@remotehost"
```

Um sich von zu Hause über eine sichere PPP-Verbindung mit der Arbeitsstelle zu verbinden, gibt der Benutzer lediglich pppd call my-work ein.

Schließlich liefern wir ein Beispiel, das den Befehl wvdial und seine einfache Konfiguration verwendet, um die ganze anscheinend notwendige Zauberei der Chatskripte zu vermeiden:

```
/etc/wvdial.conf:
[Dialer Defaults]
Phone = telefonnummer
Username = loginname
Password = passwort
Modem = /dev/ttyS1
[Dialer Kreditkarte]
Phone = provider-zugriffscode,,,telefonnummer,,kreditkartennummer
```

Wenn wvdial ohne Argumente aufgerufen wird, verwendet der Befehl die Standardeinwahloptionen aus der Datei /etc/wvdial.conf aus Ihrem Verzeichnis ~/.wvdialrc, um den Anruf durchzuführen und PPP zu starten. Wird er mit einem Parameter aufgerufen (z. B. wvdial kreditkarte), nutzt er den gleichnamigen Abschnitt der Konfigurationsdatei, um die entsprechenden Standardparameter zu überschreiben.

Um eine PPP-Verbindung zu beenden, verwenden Sie am besten ifdown, anstatt nur den pppd-Daemon zu beenden, denn ansonsten bemerkt Linux das und startet ihn neu.

```
$ sudo ifdown ppp0
```

Wenn Sie einen tragbaren Rechner haben und manchmal Ethernet statt PPP verwenden, kann es vor dem Start von pppd eine Standardroute für die Ethernetschnittstelle geben. Leider ist pppd zu höflich, um diese Route zu eliminieren, was Sie eigentlich möchten. Um das Problem zu beheben, führen Sie einfach ifdown für die entsprechende Schnittstelle aus, um die Route zu entfernen.

Nachfolgend sehen Sie, wie die Konfiguration der PPP-Schnittstelle und die Routingtabelle aussehen, nachdem die PPP-Verbindung aktiviert wurde:

```
$ ifconfig ppp0
ppp0   Link encap:Point-to-Point Protocol
       inet addr:10.0.0.56  P-t-P:10.0.0.55  Mask:255.255.255.255
       UP POINTOPOINT RUNNING NOARP MULTICAST  MTU:1500  Metric:1
       RX packets:125 errors:0 dropped:0 overruns:0 frame:0
       TX packets:214 errors:0 dropped:0 overruns:0 carrier:0
       collisions:0 txqueuelen:3
       RX bytes:11446 (11.1 Kb)  TX bytes:105586 (103.1 Kb)
$ netstat -nr
Kernel IP routing table
Destination Gateway     Genmask         Flags MSS Window irtt Iface
10.0.0.55   0.0.0.0     255.255.255.255 UH    40  0      0    ppp0
0.0.0.0     10.0.0.55   0.0.0.0         UG    40  0      0    ppp0
```

Mit dem Befehl `pppstats` können Sie Statistiken über die PPP-Verbindung und die von ihr übertragenen Pakete erhalten:

```
$ pppstats
   IN    PACK VJCOMP VJUNC VJERR |   OUT    PACK VJCOMP VJUNC NON-VJ
 11862   133    8     96    0   | 110446   226    27     89    110
```

Die Spalte `VJCOMP` zählt Pakete, die die Headerkomprimierung von Van Jacobsen nutzen, die Spalte `VJUNC` diejenigen, die dieses Verfahren nicht nutzen. Einzelheiten dazu finden Sie in RFC1144.

Das Debuggen einer PPP-Verbindung kann eine regelrechte Qual sein, da es so viele Mitspieler gibt. `pppd` schickt auf Red Hat Protokolleinträge über den Kanal `daemon` den Syslog-Daemon und auf SUSE über den Kanal `local2`. Sie können den Protokollierungsgrad mit dem Schalter `debug` auf der Befehlszeile von `pppd` oder durch Angabe in der Optionsdatei erhöhen. `pppd` liefert im Fehlerfall auch detaillierte Exitcodes. Wenn Sie also `pppd` ausführen und es sich weigert, geben Sie (bevor Sie irgendetwas anderes tun) `echo $status` ein, um den Exitcode zu erhalten, und schlagen Sie den Wert in der man-Seite von `pppd` nach.

SUSE bietet Beispielkonfigurationsdateien für jedes Subsystem; sie enthalten hauptsächlich Kommentare, die das Format und die Bedeutung der verfügbaren Optionen erläutern. Die Dateien im Verzeichnis `/etc/ppp` von SUSE stellen keine Ausnahme dar – sie sind gut kommentiert und enthalten für viele Parameter sinnvolle Vorschläge.

Auch Debian enthält gut kommentierte Beispielkonfigurationsdateien für PPP. Es gibt ein Unterverzeichnis, `/etc/chatscripts`, das Chatskripten gewidmet ist. Um eine Schnittstelle mit PPP zu aktivieren, können Sie sie zusammen mit der Methode `ppp` und der Provideroption in die Datei `/etc/network/interfaces` eintragen. Die Provideroption (in unserem Fall `my-isp`) verweist auf eine Datei im Verzeichnis `/etc/peers` (`/etc/peers/my-isp`). Betrachten Sie das folgende Beispiel:

```
iface eth0 inet ppp
   provider my-isp
```

In diesem Fall verwalten die Debian-spezifischen Befehle `pon` und `poff` die Verbindung.

12.14 Tricks und Kniffe für Linux-Netzwerke

Im Gegensatz zu den meisten Kerneln, beachtet Linux die TOS-Bits (type-of-service) in IP-Paketen und bedient Pakete, die als interaktiv gekennzeichnet sind, schneller (niedrige Latenz). Klasse! Leider erzwingt ein Denkfehler seitens Microsoft, dass Sie dieses vollkommen sinnvolle Verhalten abschalten.

Alle Pakete, die von älteren Windows-Versionen stammen, sind unabhängig von ihrem Zweck als interaktiv gekennzeichnet. Auf der anderen Seite kennzeichnen UNIX-Systeme in der Regel keine Pakete als interaktiv. Wenn Ihr Linux-Gateway ein gemischtes Netzwerk aus UNIX- und Windows-Systemen bedient, erhalten die Windows-Pakete konsequenterweise eine bevorzugte Behandlung. Wenn Sie in einer Umgebung arbeiten, in der es noch ältere Technologien gibt, kann die Leistungsminderung für UNIX durchaus bemerkbar sein.

Sie können die TOS-basierte Paketsortierung beim Kompilieren des Linux-Kernels abstellen. Verneinen Sie einfach die Option »IP: use TOS value as routig key.«

Wenn IP-Masquerading (NAT) aktiviert ist, weist es den Kernel an, Paketfragmente vor dem Weiterleiten zu einem vollständigen Paket zusammenzustellen, auch wenn der Kernel das Paket sofort neu fragmentieren muss, um es loszuschicken. Diese Zusammenstellung kann einige CPU-Zyklen kosten, doch CPUs sind heute so schnell, dass es auf modernen Rechnern kein Problem darstellen sollte.

Mit Linux können Sie die MAC-Adressen bestimmter Netzwerkkartentypen ändern:

```
redhat$ ifconfig eth1
eth1   Link encap:Ethernet   HWaddr 00:02:B3:19:C8:87
       BROADCAST MULTICAST   MTU:1500  Metric:1
       RX packets:0 errors:0 dropped:0 overruns:0 frame:0
       TX packets:0 errors:0 dropped:0 overruns:0 carrier:0
       collisions:0 txqueuelen:100
       Interrupt:7 Base address:0xee80
redhat$ sudo ifconfig eth1 hw ether 00:02:B3:19:C8:21
redhat$ ifconfig eth1
eth1   Link encap:Ethernet   HWaddr 00:02:B3:19:C8:21
       BROADCAST MULTICAST   MTU:1500  Metric:1
       RX packets:0 errors:0 dropped:0 overruns:0 frame:0
       TX packets:0 errors:0 dropped:0 overruns:0 carrier:0
       collisions:0 txqueuelen:100
       Interrupt:7 Base address:0xee80
```

Das ist eine gefährliche Funktion, die Fehler verursachen kann. Sie kann praktisch sein, aber nutzen Sie sich nur als Notnagel.

12.15 Empfohlene Literatur

W. Richard Stevens. *TCP/IP Illustrated, Volume One: The Protocols*. Reading: Addison-Wesley, 1994.

Gary R. Wright und W. Richard Stevens. *TCP/IP Illustrated, Volume Two: The Implementation*. Reading: Addison-Wesley, 1995.

Diese beiden Bücher bilden einen hervorragenden und sorgfältigen Leitfaden für den TCP/IP-Protokollstack. Etwas veraltet, aber immer noch fundiert.

12.15 Empfohlene Literatur

W. Richard Stevens. *UNIX Network Programming*. Upper Saddle River: Prentice Hall, 1990.

W. Richard Stevens, Bill Fenner und Andrew M. Rudoff. *UNIX Network Programming, Volume 1, The Sockets Networking API (3rd Edition)*. Upper Saddle River: Prentice Hall PTR, 2003.

W. Richard Stevens. *UNIX Network Programming, Volume 2: Interprocess Communications (2nd Edition)*. Upper Saddle River: Prentice Hall PTR, 1999.

Diese Bücher sind die Bibel für Studenten in Netzwerkklassen, die das Thema Programmierung einschließen. Wenn Sie nur das Berkeley-Socketinterface benötigen, ist die ursprüngliche Ausgabe eine gute Referenz. Wenn Sie auch die STREAM-Schnittstelle brauchen, ist die dritte Ausgabe, die IPv6 beinhaltet, eine gute Wahl. Alle drei sind natürlich im typischen Rich-Stevens-Stil geschrieben.

Andrew Tanenbaum. *Computer Networks (4th Edition)*. Upper Saddle River: Prentice Hall PTR, 2003.

Dies war der erste Netzwerktext, und er ist immer noch ein Klassiker. Er enthält eine gründliche Beschreibung aller wesentlichen Details, die auf der Bitübertragungs- und der Sicherungsschicht des Protokollstacks ablaufen. Die letzte Ausgabe enthält Abhandlungen über drahtlose Netzwerke, Gigabit-Ethernet, Peer-to-Peer-Netzwerke, Voice over IP u.v.m.

Peter H. Salus. *Casting the Net, From ARPANET to INTERNET and Beyond*. Reading: Addison-Wesley Professional, 1995.

Dies ist eine wundervolle Geschichte des ARPANET, wie es zum Internet wurde, geschrieben von einem Historiker, der lange genug mit UNIX-Leuten zusammen war, um wie einer von ihnen zu klingen!

Douglas Comer. *Internetworking with TCP/IP Volume 1: Principles, Protocols, and Architectures (5th Edition)*. Upper Saddle River: Pearson Prentice Hall, 2006.

Doug Comers Reihe *Internetworking with TCP/IP* war lange Zeit die Standardreferenz für die TCP/IP-Protokolle. Die Bücher sind als Lehrbücher für das Grundstudium entworfen und bieten eine gute Einführung in Hintergrundmaterial.

Charles Hedrick. *Introduction to the Internet Protocols*. Rutgers University, 1987.

Dieses Dokument ist eine leichte Einführung in TCP/IP. Es hat anscheinend keinen festen Platz, ist aber im Internet breit verstreut – suchen Sie es.

Craig Hunt. *TCP/IP Network Administration (3rd Edition)*. Sebastopol: O'Reilly Media, 2002.

12.16 Übungen

1. Wie kann das Befolgen von ICMP-Weiterleitungen einem unautorisierten Benutzer ermöglichen, ein Netzwerk zu kompromittieren?
2. Was ist die MTU einer Netzwerkverbindung? Was passiert, wenn die MTU einer gegebenen Verbindung zu hoch ist? Was, wenn sie zu niedrig ist?
☆ 3. Erklären Sie das Konzept der Subnetzbildung und erläutern Sie, warum es sinnvoll ist. Was sind Subnetzmasken? Wie verhalten sie sich zur Grenze zwischen Netzwerk- und Hostteil einer IP-Adresse?
☆ 4. Das Netzwerk 134.122.0.0/16 wurde in /19-Netzwerke aufgeteilt.
    a. Wie viele /19-Netzwerke gibt es? Zählen Sie sie auf. Wie lautet ihre Netzmaske?
    b. Wie viele Rechner kann jedes Netzwerk aufnehmen?
    c. Bestimmen Sie, zu welchem Netzwerk die IP-Adresse 134.122.67.124 gehört.
    d. Wie lautet die Broadcastadresse der einzelnen Netzwerke?
☆ 5. Der Rechner 128.138.2.4 im Netzwerk 128.138.2.0/24 möchte ein Paket an den Rechner 128.138.129.12 im Netzwerk 128.138.129.0/24 senden. Nehmen Sie Folgendes an:
    a. Der Host 128.138.2.4 hat eine Standardroute über 128.138.2.1.
    b. Der Host 128.138.2.4 wurde gerade gestartet und hat noch keine Pakete gesendet oder empfangen.
    c. Alle anderen Rechner im Netzwerk sind bereits länger aktiv.
    d. Der Router 128.138.2.1 hat eine direkte Verbindung zu 128.138.129.1, dem Gateway des Subnetzes 128.138.129.0/24.
    e. Geben Sie alle Schritte an, die zum Senden des Pakets erforderlich sind. Bestimmen Sie die Quell- und Ziel-Ethernet- und -IP-Adressen aller übertragenen Pakete.
    f. Würde sich Ihre Antwort ändern, wenn das Netzwerk 128.138.0.0/16 wäre? Wenn ja, wie? Wenn nein, warum nicht?
    g. Würde sich Ihre Antwort ändern, wenn das Netzwerk 128.138.2.0 ein /26 statt eines /24 wäre? Wenn ja, wie? Wenn nein, warum nicht?
★★ 6. Wie würden Sie die in diesem Kapitel genannten Sicherheitsprobleme nach der Installation eines neuen Linux-Systems angehen? Überprüfen Sie, ob irgendeins der Sicherheitsprobleme auf den Linux-Systemen in Ihrer Testumgebung berücksichtigt wurde. (Erfordert eventuell Zugang als root.)
★★ 7. Welche Schritte sind erforderlich, um dem Netzwerk in Ihrer Testumgebung einen neuen Rechner hinzuzufügen? Verwenden Sie bei der Antwort für Ihr Netzwerk und Ihre lokale Situation geeignete Parameter. Nehmen Sie an, dass auf dem neuen Rechner bereits Linux installiert ist.

12.16 Übungen

★★ 8. Geben Sie die Konfigurationsdatei an, die benötigt wird, um einen DHCP-Server im Bereich 128.138.192.[1-55] einzurichten. Verwenden Sie eine Lease-Dauer von zwei Stunden und stellen Sie sicher, dass der Rechner mit der Ethernetadresse 00:10:5A:C7:4B:89 stets die IP-Adresse 128.138.192.55 erhält.

13 Routing

Es ist keine leichte Aufgabe, den Fluss des Netzwerkverkehrs im Auge zu behalten. In Kapitel 12 haben wir die IP-Paketweiterleitung kurz eingeführt. In diesem Kapitel werden wir den Prozess der Weiterleitung genauer betrachten und verschiedene Netzwerkprotokolle untersuchen, die es Routern ermöglichen, wirtschaftliche Routen automatisch zu entdecken. Routingprotokolle verringern nicht nur die tägliche administrative Last, die Routinginformationen zu pflegen, sondern ermöglichen auch die schnelle Umleitung von Netzwerkverkehr beim Ausfall eines Routers oder Netzwerks.

Es ist wichtig, zwischen der tatsächlichen Weiterleitung von IP-Paketen und der Verwaltung der Routingtabelle, die diesen Vorgang steuert, zu unterscheiden, da beide Prozesse als »Routing« bezeichnet werden. Die Paketweiterleitung ist einfach, wohingegen die Berechnung der Route kompliziert ist. Folglich wird die zweite Bedeutung des Worts häufiger in der Praxis verwendet. Dieses Kapitel beschreibt nur das Unicast-Routing. Das Multicast-Routing bringt eine Vielzahl sehr unterschiedlicher Probleme mit sich und würde den Rahmen dieses Buches sprengen.

In Kapitel 12, »TCP/IP-Netzwerke«, finden Sie alles, was Sie in den meisten Fällen über Routing wissen müssen. Ist die geeignete Netzwerkinfrastruktur bereits vorhanden, können Sie eine einzelne statische Route einrichten (wie es im Abschnitt 12.5 »Routing« beschrieben wird), und siehe da, Sie verfügen über genügend Informationen, um im Internet nahezu jeden Punkt zu erreichen. Sollten Sie mit einer komplexen Netzwerktopologie zurechtkommen müssen oder ein Linux-System als Bestandteil der Netzwerkinfrastruktur verwenden, dann helfen Ihnen die Informationen dieses Kapitels über dynamische Routingprotokolle und Werkzeuge.

Nach gängiger Meinung ist das IP-Routing außergewöhnlich schwierig und wird nur von einigen wenigen langhaarigen Hippies verstanden, die in den Fernwärmeröhren unter dem Unigelände der Lawrence Berkeley Laboratories in Kalifornien leben. In Wahrheit ist das natürlich nicht der Fall, solange Sie verstehen, dass die grundlegende Voraussetzung für IP-Routing das »Next-Hop-Routing« ist. Sie müssen an jedem gegebenen Punkt nur den *nächsten* Host oder Router bestimmen, den ein Paket auf seiner Reise zu seinem endgültigen Bestimmungsort passieren soll. Dieser Ansatz unterscheidet sich von dem vieler alter Protokolle, die den genauen Pfad bestimmen, den ein Paket auf seiner Reise zurücklegt, bevor es seinen Ursprungshost verlässt. Dieses Modell wird als Quellrouting (Source Routing) bezeichnet.[1]

---

[1] IP-Pakete können auch mittels Quellrouting weitergeleitet werden, was jedoch fast nie gemacht wird. Dieses Feature findet aus Sicherheitserwägungen keine breite Unterstützung.

13.1 Einzelheiten der Paketweiterleitung

Bevor wir in die Verwaltung von Routingtabellen eintauchen, lassen Sie uns einen genaueren Blick auf deren Verwendung werfen. Stellen Sie sich ein Netzwerk vor, wie es in Abbildung 13.1 gezeigt wird.

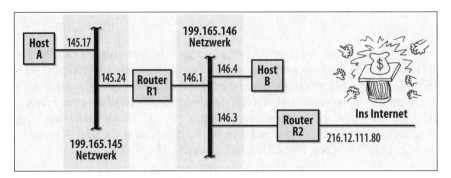

Abbildung 13.1: Beispielnetzwerk

Router R1 verbindet die beiden Netzwerke miteinander, und Router R2 verbindet eins der Netze mit der Außenwelt. (Wir nehmen fürs Erste an, dass es sich bei R1 und R2 eher um Linux-Computer als um dedizierte Router handelt.) Lassen Sie uns einen Blick auf einige Routingtabellen und besondere Situationen der Paketweiterleitung werfen. Im Folgenden sehen Sie zuerst die Routingtabelle von Host A:

```
A$ netstat -rn
Kernel IP routing table
Destination     Gateway         Genmask         Flags MSSWindow irtt Iface
199.165.145.0   0.0.0.0         255.255.255.0   U     0 0        0    eth0
127.0.0.0       0.0.0.0         255.0.0.0       U     0 0        0    lo
0.0.0.0         199.165.145.24  0.0.0.0         UG    0 0        0    eth0
```

Host A weist die einfachste Routingkonfiguration der vier Rechner auf. Die beiden ersten Routen beschreiben die eigene Netzwerkschnittstelle des Rechners in üblichen Fachbegriffen des Routings. Diese Einträge sind vorhanden, damit die Weiterleitung zu direkt verbundenen Netzwerken nicht als Sonderfall behandelt werden muss. Bei eth0 handelt es sich um die Ethernet-Schnittstelle von Host A und bei lo um die Loopback-Schnittstelle, eine virtuelle Netzwerkschnittstelle, die durch Software emuliert wird. Der Befehl `ifconfig` fügt derartige Einträge normalerweise automatisch beim Konfigurieren einer Netzwerkschnittstelle hinzu.

13.1 Einzelheiten der Paketweiterleitung

Tipp

In Abschnitt 12.7.2 erhalten Sie weitere Informationen über `ifconfig`.

Die Standardroute auf Host A leitet alle Pakete, die nicht an die Loopback-Adresse oder das Netzwerk 199.165.145 gerichtet sind, an Router R1 mit der Netzwerkadresse 199.165.145.24 weiter. Das Flag G weist darauf hin, dass diese Route zu einem Gateway führt und nicht zu einer der lokalen Schnittstellen von A. Gateways dürfen nur einen Hop entfernt sein.

Stellen Sie sich vor, dass ein Prozess auf A ein Paket an B mit der Adresse 199.165.146.4 sendet. Die IP-Implementierung schaut nach einer Route zum Zielnetzwerk mit der IP-Adresse 199.165.146, aber keine der Routen passt. Die Standardroute wird aufgerufen und das Paket an R1 weitergeleitet. Abbildung 13.2 zeigt das Paket, das tatsächlich in das Ethernet geht (die Adressen im Ethernet-Header sind die MAC-Adressen der Schnittstellen von A und R1 im 145er-Netz).

Tipp

In Abschnitt 12.3.2 erhalten Sie weitere Informationen über die Adressierung.

Ethernet-Header	IP-Header	UDP-Header und Daten
From: A To: R1 Type: IP	From: 199.165.145.17 To: 199.165.146.4 Type: UDP	1100101011010101110101011010101 0111011011011101010001010010010 0101111011010101010011101010000

                                                                          UDP-Paket
                            IP-Paket
Ethernet-Frame

Abbildung 13.2: Ethernet-Paket

Die Hardwareadresse des Ziels im Ethernet ist die von Router R1, wobei das IP-Paket, das innerhalb des Ethernet-Frames versteckt ist, R1 überhaupt nicht erwähnt. Wenn R1 das erhaltene Paket untersucht, sieht er anhand der IP-Zieladresse, dass er nicht das endgültige Ziel des Pakets ist. Er benutzt dann seine eigene Routingtabelle, um das Paket an Host B weiterzuleiten, ohne dabei den IP-Header neu zu schreiben, sodass weiterhin angezeigt wird, dass das Paket von A kommt.

Nachfolgend sehen Sie die Routingtabelle für Host R1:

```
R1$ netstat -rn
Kernel IP routing table
Destination    Gateway         Genmask        Flags MSSWindow irtt Iface
127.0.0.0      0.0.0.0         255.0.0.0      U     0 0       0    lo
199.165.145.0  0.0.0.0         255.255.255.0  U     0 0       0    eth0
199.165.146.0  0.0.0.0         255.255.255.0  U     0 0       0    eth1
0.0.0.0        199.165.146.3   0.0.0.0        UG    0 0       0    eth1
```

Diese Tabelle ähnelt der von Host A, mit der Ausnahme, dass sie zwei physische Netzwerkschnittstellen zeigt. In diesem Fall verweist die Standardroute auf R2, da es sich dabei um den Gateway für die Verbindung ins Internet handelt. Pakete, die in eines der 199.165er-Netzwerke unterwegs sind, können direkt zugestellt werden.

Host B verfügt wie Host A nur über eine echte Netzwerkschnittstelle. B benötigt jedoch eine zusätzliche Route, um einwandfrei zu funktionieren, da er direkte Verbindungen zu zwei verschiedenen Routern hat. Der Verkehr für das 199.165.145er-Netz muss durch R1 übermittelt werden, während sonstiger Verkehr durch R2 ins Internet gehen sollte.

```
B$ netstat -rn
Kernel IP routing table
Destination    Gateway         Genmask        Flags MSSWindow irtt Iface
127.0.0.0      0.0.0.0         255.0.0.0      U     0 0       0    lo
199.165.145.0  199.165.146.1   255.255.255.0  U     0 0       0    eth0
199.165.146.0  0.0.0.0         255.255.255.0  U     0 0       0    eth0
0.0.0.0        199.165.146.3   0.0.0.0        UG    0 0       0    eth0
```

Sie können Host B so konfigurieren, dass er zunächst nur ein Gateway kennt, und dabei auf die Hilfe von ICMP-Redirects vertrauen, um zusätzliche Hops zu eliminieren. Im folgenden Beispiel sehen Sie eine mögliche Anfangskonfiguration für Host B:

Tipp

In Abschnitt 12.5.2 erhalten Sie eine Erklärung zu ICMP-Redirects.

```
B$ netstat -rn
Kernel IP routing table
Destination    Gateway         Genmask         Flags MSSWindow irtt Iface
127.0.0.0      0.0.0.0         255.0.0.0       U     0   0       0  lo
199.165.146.0  0.0.0.0         255.255.255.0   U     0   0       0  eth0
0.0.0.0        199.165.146.3   0.0.0.0         UG    0   0       0  eth0
```

Sendet B daraufhin ein Paket an Host A (199.165.145.17), passt keine Route, weshalb das Paket zur Auslieferung an R2 weitergeleitet wird. R2 (der als Router vermutlich vollständig über das Netzwerk informiert ist) sendet das Paket an R1 weiter. Da sich R1 und B in demselben Netzwerk befinden, sendet R2 außerdem einen ICMP-Redirect-Hinweis an B, damit B seiner Routingtabelle wie folgt eine Hostroute für A hinzufügt:

```
199.165.145.17 199.165.146.1 255.255.255.255 UGHD 0 0 0 eth0
```

Diese Route sendet sämtlichen zukünftigen Verkehr für A direkt durch R1, was jedoch nicht das Routing für andere Hosts im Netzwerk von A beeinflusst. Diese müssen durch getrennte Redirects von R2 weitergeleitet werden.

Einige Unternehmen haben sich dazu entschlossen, ICMP-Redirects als ihr primäres Routing-»Protokoll« auszuwählen, und dabei gedacht, dass dieser Ansatz dynamisch sei. Hat der Kernel unglücklicherweise einmal eine Route von einem Redirect gelernt, muss die Route entweder manuell gelöscht oder der Rechner erneut gestartet werden, wenn sich diese Information ändert. Wegen dieses Problems und einiger anderer Nachteile von Redirects (erhöhte Netzwerklast, erhöhte Last für R2, Durcheinander in der Routingtabelle, Abhängigkeit von zusätzlichen Servern), empfehlen wir die Verwendung von Redirects für derartige Konfigurationen nicht.

In einem sauber konfigurierten Netzwerk sollten Redirects niemals in der Routingtabelle erscheinen.

13.2 Routingdaemons und Routingprotokolle

In einfachen Netzwerken, wie dem aus Abbildung 13.1, ist es absolut sinnvoll, das Routing manuell zu konfigurieren. Ab einem bestimmten Punkt kann es jedoch zu kompliziert werden, Netzwerke auf diese Weise zu handhaben (möglicherweise aufgrund ihrer Wachstumsrate). Um nicht jedem Computer und jedem Netzwerk explizit sagen zu müssen, wie jeder andere Computer und jedes andere Netzwerk zu erreichen ist, wäre es schön, wenn Computer einfach ihre Köpfe zusammenstecken und dies untereinander aushandeln könnten. Dies ist die Aufgabe von Daemons und den von ihnen implementierten Routingprotokollen.

Routingprotokolle haben einen großen Vorteil gegenüber Systemen mit statischen Routen, indem sie auf veränderte Bedingungen im Netzwerk reagieren und sich anpassen können. Bricht eine Verbindung zusammen, können die Routingdaemons schnell alternative Routen aufspüren (sofern es sie gibt) und sie an die entsprechenden Netzwerke verbreiten.

Routingdaemons sammeln Informationen aus drei Quellen: Konfigurationsdateien, bestehende Routingtabellen und Routingdaemons anderer Systeme. Diese Informationen werden miteinander verknüpft, um den optimalen Satz an Routen zu berechnen. Die neuen Routen werden dann in die Routingtabelle des Systems (und eventuell mittels eines Routingprotokolls auch in andere Systeme) eingepflegt. Routingdaemons müssen sich von Zeit zu Zeit untereinander rückversichern, dass die Routinginformationen noch aktuell sind, da Netzwerkbedingungen sich mit der Zeit ändern.

Der genaue Weg, auf dem Routen berechnet werden, hängt vom Routingprotokoll ab. Im Allgemeinen werden zwei Protokolltypen verwendet: Distanzvektorprotokolle und Verbindungsstatusprotokolle.

13.2.1 Distanzvektorprotokolle

Distanzvektorprotokolle (auch »geschwätzige« Protokolle genannt) basieren auf folgender grundsätzlichen Idee: »Wenn sich Router X fünf Hops von Netzwerk Y entfernt befindet, und ich mit Router X verbunden bin, dann muss ich sechs Hops von Netzwerk Y entfernt sein.« Sie verkünden, wie weit Sie glauben, von den bekannten Netzwerken entfernt zu sein. Kennen Ihre Nachbarn keinen besseren Weg, um zu den einzelnen Netzwerken zu gelangen, werden sie Sie als besten Gateway kennzeichnen. Kennen sie dagegen bereits eine kürzere Route, werden sie Ihr Angebot ignorieren.[2] Mit der Zeit sollten sich sämtliche Routingtabellen einem stabilen Zustand annähern.

Es handelt sich dabei um eine wirklich sehr elegante Idee. Routing wäre ziemlich einfach, wenn es wie angekündigt funktionieren würde. Leider kann dieser Algorithmustyp nicht besonders gut mit Veränderungen in der Topologie umgehen. In manchen Fällen können Endlosschleifen (d.h., Router X erhält Informationen von Router Y und sendet sie weiter an Router Z, der sie wiederum an Router Y zurücksendet) Routen davon abhalten, überhaupt zu konvergieren. In der Praxis müssen Distanzvektorprotokolle solche Probleme vermeiden, indem sie eine komplexe Heuristik einführen oder willkürliche Beschränkungen erzwingen, wie bei der Auffassung von RIP (Routing Information Protocol), nach der jedes Netzwerk, das mehr als 15 Hops entfernt ist, als unerreichbar gilt.

Selbst in Fällen, in denen keine Probleme auftreten, kann es mehrere Updatezyklen dauern, bis alle Router einen stabilen Status erreicht haben. Aus diesem Grund muss die Zykluszeit kurz gehalten werden, um zu garantieren, dass das Routing nicht für längere Zeit blockiert wird. Daher erscheint die ganze Klasse der Distanzvektorprotokolle als »geschwätzig«. RIP erfordert z.B., dass Router ihre gesamten Routinginformationen alle 30 Sekunden senden. IGRP und EIGRP senden alle 90 Sekunden Aktualisierungen.

---

2 Tatsächlich ist es nicht so leicht, da es Bestimmungen für den Umgang mit Änderungen in der Topologie gibt, die bestehende Routen verlängern können. Einige DV-Protokolle wie EIGRP pflegen Informationen über mehrere mögliche Routen, sodass sie immer einen Notfallplan haben. Die genauen Einzelheiten sind dabei nicht wichtig.

Auf der anderen Seite übermittelt BGP, Border Gateway Protocol, die gesamte Tabelle einmal und sendet Änderungen dann, wenn sie auftreten. Diese Optimierung verringert das Potenzial für »geschwätzigen« (und meistens unnötigen) Verkehr wesentlich.

Tabelle 13.1 führt die Distanzvektorprotokolle auf, die heute verwendet werden.

Protokoll	Vollständiger Name	Anwendung
RIP	Routing Information Protocol	Interne LANs
IGRP	Interior Gateway Routing Protocol (veraltet)	Kleine WANs
EIGRP	Enhanced Interior Gateway Routing Protocol	WANs, Firmen-LANs
BGP	Border Gateway Protocol	Internetbackbone-Routing

Tabelle 13.1: Gebräuchliche Distanzvektor-Routingprotokolle

13.2.2 Verbindungsstatusprotokolle

Verbindungsstatusprotokolle verbreiten Informationen im Rohzustand. Die Informationen, die unter den Routern ausgetauscht werden, sehen ungefähr so aus: »Router X ist mit Router Y verbunden, und die Verbindung ist OK.« Ein vollständiger Satz solcher Aufzeichnungen bildet die Verbindungskarte des Netzwerks, aus der jeder Router seine eigene Routingtabelle berechnen kann. Der hauptsächliche Vorteil von Verbindungsstatusprotokollen im Vergleich zu Distanzvektorprotokollen besteht in der Fähigkeit, beim Eintreten einer Katastrophe schnell eine funktionierende Routinglösung auszubilden. Der Nachteil besteht darin, dass die Pflege einer vollständigen »Karte« des Netzwerks an jedem Knoten Speicher und CPU-Leistung erfordert, was bei einem Routingsystem mit Distanzvektorprotokoll nicht benötigt wird.

Die Nachrichten zwischen den Routern können in einem Verbindungsstatusprotokoll so implementiert werden, dass keine Übermittlungsschleifen auftreten. Dies liegt daran, dass die Protokolle nicht Bestandteil des gegenwärtigen Algorithmus sind, der die Route berechnet. Aktualisierungen an der Topologiedatenbank werden effizient im Netzwerk verbreitet, und das zu niedrigeren Kosten für die Netzwerkbandbreite und die Prozessorzeit.

Verbindungsstatusprotokolle neigen dazu, komplizierter zu sein als Distanzvektorprotokolle. Diese Komplexität kann zum Teil dadurch erklärt werden, dass Verbindungsstatusprotokolle die Implementierung fortgeschrittener Features, z. B. Type-of-Service-Routing oder mehrere Routen zum selben Ziel, erleichtern. Keine dieser Funktionen wird durch Linux-Systeme von der Stange unterstützt. Sie müssen dedizierte Router verwenden, um davon profitieren zu können.

In Tabelle 13.2 finden Sie die gängigen Verbindungsstatusprotokolle.

Protokoll	Vollständiger Name	Anwendung
OSPF	Open Shortest Path First	Interne LANs, kleine WANs
IS-IS	Intermediate System to Intermediate System	Laborexperimente

Tabelle 13.2: Gängige Verbindungsstatus-Routingprotokolle

13.2.3 Kostenmetriken

Damit ein Routingprotokoll den kürzesten Pfad zu einem Netzwerk bestimmen kann, muss es den Begriff »kürzesten« erst einmal definieren. Handelt es sich um den Pfad mit der geringsten Anzahl an Hops? Ist es der Pfad mit der geringsten Wartezeit? Der größten minimalen mittleren Bandbreite? Der geringsten Kosten?

Die Qualität einer Verbindung wird beim Routing durch eine Zahl, die so genannte Kostenmetrik, dargestellt. Die Kosten eines Pfads werden aus der Summe der Kosten von jeder Verbindung im Pfad gebildet. In den einfachsten Systemen hat jede Verbindung Kosten von 1, die zur Anzahl von Hops als Pfadmetrik führen. Jede der weiter oben angestellten Überlegungen kann jedoch in eine numerische Kostenmetrik konvertiert werden.

Netzwerkexperten haben lange und hart daran gearbeitet, die Definition der Kostenmetrik flexibel zu gestalten, und einige moderne Protokolle ermöglichen sogar die Verwendung von verschiedenen Metriken, die für unterschiedliche Arten von Netzwerkverkehr verwendet werden können. Nichtsdestoweniger können Sie diese gesamte Arbeit in 99% der Fälle getrost ignorieren. Die Standardmetriken der meisten Systeme funktionieren recht gut.

Es kann für Sie Situationen geben, in denen der tatsächlich kürzeste Weg zu einem Ziel keine gute Standardroute darstellt. Sie können in diesen Fällen die Kosten der kritischen Verbindungen künstlich in die Höhe schrauben, um sie weniger attraktiv erscheinen zu lassen, und den Rest der Routingkonfiguration unbeachtet lassen.

13.2.4 Innere und äußere Protokolle

Ein »autonomes« System ist eine Gruppe von Netzwerken, die sich unter der administrativen Aufsicht einer einzelnen Einheit befinden. Die Definition ist vage; In der Wirklichkeit reichen autonome Systeme von weltweiten Unternehmensnetzwerken bis zu einzelnen akademischen Abteilungen. Alles hängt von der Art und Weise ab, wie Sie das Routing steuern möchten. Die allgemeine Tendenz geht in die Richtung, autonome Systeme so groß wie möglich zu machen. Diese Konvention vereinfacht die Administration und macht das Routing so effizient wie möglich.

Das Routing *innerhalb* eines autonomen Systems unterscheidet sich in einigen Punkten vom Routing *zwischen* autonomen Systemen. Protokolle, die über autonome Systeme hinweg arbeiten (»äußere« Protokolle), müssen häufig Routen für viele Netzwerke aushandeln und taktvoll mit der Tatsache umgehen, dass benachbarte Router von anderen Personen gesteuert werden. Äußere Protokolle sagen nichts über die Topologie innerhalb eines autonomen Systems aus. Sie können sich die Protokolle in gewisser Hinsicht auf der zweiten Ebene in der Routinghierarchie vorstellen, die eher mit Netzwerken als mit einzelnen Hosts oder Kabeln arbeitet.

In der Praxis müssen Standorte von kleiner und mittlerer Größe selten ein äußeres Protokoll ausführen, solange sie nicht mit mehr als einem ISP verbunden sind. Bei mehreren ISPs versagt die einfache Aufteilung von Netzwerken in lokale und Internetdomänen, sodass Router entscheiden müssen, welche Route ins Internet für die jeweilige Adresse die beste ist. (Das bedeutet jedoch nicht, dass *jeder* Router über diese Information verfügen muss. Die meisten Hosts können dumm bleiben und ihre Standardpakete durch ein besser informiertes, internes Gateway leiten.)

Obwohl sich äußere Protokolle nicht so sehr von ihren internen Pendants unterscheiden, konzentriert sich dieses Kapitel auf die internen Protokolle und die Daemons, die sie unterstützen. Falls Sie auch ein externes Protokoll nutzen müssen, werfen Sie einen Blick auf die empfohlenen Literaturhinweise in Abschnitt 13.8.

13.3 Parade der Protokolle

Es gibt verschiedene interne Routingprotokolle, die häufig eingesetzt werden. In diesem Abschnitt führen wir die wichtigsten Protokolle ein und zeigen die wesentlichen Vorteile und Schwächen auf.

13.3.1 RIP (Routing Information Protocol)

RIP, das in RFC1058 definiert ist, ist ein altes Xerox-Protokoll, das für IP-Netzwerke angepasst worden ist. Dieses Protokoll wird von routed verwendet. RIP ist ein einfaches Distanzvektorprotokoll, das die Anzahl von Hops als Kostenmetrik benutzt. Es geht davon aus, dass jeder Host, der sich 15 oder mehr Hops entfernt befindet, unerreichbar ist. Das liegt daran, dass RIP in einer Ära entwickelt worden ist, in der ein einzelner Computer mehrere Hunderttausende Dollar gekostet hat und Netzwerke verglichen mit heutigen Netzen relativ klein waren. Aus diesem Grund können große lokale Netzwerke, die entlang eines einzigen Pfads mehr als 15 Router einsetzen, das RIP-Protokoll nicht verwenden.

Obwohl RIP wegen seines extensiven Gebrauchs von Broadcasts ein Ressourcenfresser ist, leistet es gute Arbeit, wenn ein Netzwerk häufig verändert wird oder die Topologie der Remote-Netzwerke unbekannt ist. Bricht eine Verbindung zusammen, kann es jedoch bei der Stabilisierung langsam sein.

Viele Unternehmen verwenden routed im Modus -q (»quiet«), bei dem er die Routingtabellen verwaltet und auf Routingaktualisierungen im Netzwerk lauscht, aber selbst keine Informationen sendet. Dabei werden die eigentlichen Routenberechnungen von einem effizienteren Protokoll namens OSPF (siehe nächster Abschnitt) ausgeführt. Die berechneten Routen werden zur Verwendung durch Rechner ohne Routerfunktionalität zu RIP-Updates konvertiert. routed ist im Modus -q »schlank« und wird universell unterstützt, sodass die meisten Rechner die Vorzüge des dynamischen Routings ohne eine besondere Konfiguration nutzen können.

RIP ist auf Plattformen ohne Linux weit verbreitet. Eine große Auswahl an gebräuchlichen Geräten von Druckern bis hin zu Netzwerkkomponenten, die per SNMP verwaltet werden, kann auf die RIP-Benachrichtigungen hören und dadurch etwas über mögliche Gateways erfahren. Zusätzlich ist routed für alle Versionen von UNIX und Linux erhältlich, sodass RIP de facto das Routingprotokoll mit dem kleinsten gemeinsamen Nenner ist. RIP wird häufig beim LAN-Routing eingesetzt, wohingegen ein Protokoll mit einem größeren Funktionsumfang für die Verbindung mit Fernnetzen verwendet wird.

13.3.2 RIP-2 (Routing Information Protocol Version 2)

Bei RIP-2 handelt es sich um eine leichte Überarbeitung von RIP, die Unterstützung für einige Features hinzufügt, die im ursprünglichen Protokoll fehlen. Die wichtigste Änderung besteht darin, dass RIP-2 Netzmasken zusammen mit Adressen für den nächsten Hop verbreitet, sodass seine Unterstützung für Netzwerke mit Subnetzen und CIDR besser als die von RIP ist. Eine Verbesserung der Sicherheit von RIP wurde vage angedeutet, wobei die Entwicklung eines besonderen Authentifizierungssystems in die Zukunft verschoben wurde.

Tipp

In Abschnitt 12.4.4 erhalten Sie Informationen zur klassenlosen Adressierung (CIDR).

RIP-2 bietet einige Funktionen, die gezielt auf diese Multiprotokollumgebung ausgerichtet zu sein scheinen. Aktualisierungen für den nächsten Hop ermöglichen Sendern, Routen anzubieten, für die sie nicht die tatsächlichen Gateways sind. »Route Tag«-Befehle erlauben die Verbreitung von extern ermittelten Routen über RIP.

Sie können RIP-2 in einem Kompatibilitätsmodus ausführen, der die neuen Funktionen von RIP-2 beibehält, ohne einfache RIP-Receiver vollständig außen vor zu lassen. In den meisten Punkten ist RIP-2 identisch zu RIP und sollte immer dann verwendet werden, wenn es von Ihren Systemen unterstützt wird. Im Allgemeinen unterstützen Linux-Distributionen es standardmäßig nicht.

13.3.3 OSPF (Open Shortest Path First)

OSPF wird in RFC2328 definiert. Es handelt sich dabei um ein Verbindungsstatusprotokoll. »Shortest path first« bezieht sich auf den mathematischen Algorithmus, der für die Berechnung der Routen verwendet wird; »open« wird im Sinne von »herstellerunabhängig« gebraucht.

OSPF war das erste Verbindungsstatus-Routingprotokoll, das allgemein verwendet wurde, und ist immer noch am populärsten. Seine weite Verbreitung wurde hauptsächlich durch die Unterstützung von `gated` gefördert, einem beliebten Multiprotokoll-Routingdaemon, auf den wir später noch näher eingehen werden. Leider ist das Protokoll selbst komplex und lohnt sich aus diesem Grund nur für Standorte mit signifikanter Größe (wo das Verhalten von Routingprotokollen wirklich einen Unterschied ausmacht).

Die Spezifikation für das OSPF-Protokoll verfügt über keine besondere Kostenmetrik. Die Implementierung von Cisco verwendet standardmäßig die Anzahl an Hops, kann aber auch für die Verwendung der Netzwerkbandbreite als Kostenmetrik eingerichtet werden.

OSPF ist ein professionelles Protokoll, das gut in großen, komplizierten Topologien arbeitet. Es bietet einige Vorteile gegenüber RIP, wie z. B. die Fähigkeit, mehrere Pfade zu einem einzelnen Ziel zu verwalten, und die Fähigkeit, das Netzwerk in Abschnitte aufzuteilen, die nur Routinginformationen hoher Ebene teilen.

13.3.4 IGRP und EIGRP (Interior Gateway Routing Protocol)

IGRP und sein frisierter Nachfolger EIGRP sind proprietäre Routingprotokolle, die nur auf Cisco-Routern ausgeführt werden. IGRP wurde entwickelt, um einige Beschränkungen von RIP aufzuheben, bevor es solidere Protokolle wie OSPF gab. Mittlerweile wurde es von EIGRP als veraltet eingestuft, obwohl es noch häufig eingesetzt wird. EIGRP ist ähnlich aufgebaut wie IGRP, obwohl es sich tatsächlich ein wenig in seinem zugrunde liegenden Protokolldesign unterscheidet. IGRP bearbeitet nur Ankündigungen für Routen, die die Grenzen der traditionellen IP-Adressierungsklassen respektieren, EIGRP versteht dagegen beliebige CIDR-Netzmasken. Sowohl IGRP als auch EIGRP sind zwar Distanzvektorprotokolle, wurden aber entwickelt, um die Schleifen- und Konvergenzprobleme wie sie in anderen DV-Systemen auftreten zu vermeiden. Vor allem EIGRP wird weithin als Vorbild für Distanzvektorprotokolle angesehen. Für die meisten Zwecke weisen EIGRP und OSPF dieselbe Funktionalität auf. Nach unserer Meinung ist es am besten, sich an ein etabliertes, herstellerunabhängiges und vielfach implementiertes Routingprotokoll wie OSPF zu halten. Es gibt mehr Menschen, die mit OSPF arbeiten als mit EIGRP, und es sind mehrere Implementierungen erhältlich.

13.3.5 IS-IS: Der ISO-»Standard«

Das domäneninterne Routingprotokoll IS-IS (Intermediate System to Intermediate System) ist die Antwort der International Organization for Standardization auf OFPS. Es wurde ursprünglich zur Verwaltung des Routings für die OSI-Netzwerkprotokolle entwickelt und später um IP-Routing erweitert. Sowohl IS-IS als auch OSPF wurden in den frühen Neunzigern entwickelt, als ISO-Protokolle politisch angesagt waren. Die frühe Berücksichtigung durch die IETF half dabei, IS-IS den Anstrich von Rechtmäßigkeit für IP zu verleihen, aber es scheint in seiner Beliebtheit mehr und mehr hinter OSPF zurückzufallen. Heute wird IS-IS nur selten außerhalb von Testumgebungen für Herstellerzertifizierungen verwendet. Das Protokoll selbst ist mit einer Menge ISO-Ballast überfrachtet und sollte in der Regel gemieden werden.

13.3.6 MOSPF, DVMRP und PIM: Multicast-Routingprotokolle

MOSPF (Multicast OSPF), DVMRP (Distance Vector Multicast Routing Protocol) und PIM (Protocol Independent Multicast) sind Protokolle, die IP-Multicasting unterstützen, eine Technik, die noch nicht weit verbreitet ist. Unter *www.mbone.com* finden Sie weitere Hinweise auf Informationen über diese Protokolle.

13.3.7 Router Discovery Protocol

Das Router Discovery Protocol verwendet ICMP-Nachrichten, die an die IP-Multicasting-Adresse 224.0.0.1 gesendet werden, um andere Router im Netzwerk zu finden und anzukündigen. Leider veröffentlichen gegenwärtig nicht alle Router diese Ankündigungen und nicht alle Hosts lauschen. Die Hoffnung besteht, dass dieses Protokoll eines Tages beliebter wird.

13.4 routed: Routensuche mit RIP

routed war lange Zeit der Standard-Routingdaemon in UNIX und wird noch immer mit den meisten UNIX- und Linux-Distributionen ausgeliefert. routed in Linux spricht nur RIP. Sollten Sie die Verwendung von RIP-2 planen, ist der Routingdaemon von Nexus, der leicht zu konfigurieren ist und den Sie unter *sourceforge.net/projects/nx-routed* erhalten, erste Wahl. RIP-2 ist nur wichtig, wenn Sie Subnetze mit Netzmasken haben, die nicht an Bytegrenzen sind.

Sie können routed im Server- (-s) oder im stillen Modus (-q) ausführen. Beide Modi lauschen auf Broadcasts, wobei lediglich die Server ihre eigenen Informationen verbreiten. Nur Rechner mit mehreren Schnittstellen sollten Server sein. Sind weder -s noch -q festgelegt, wird routed auf Hosts mit einer Schnittstelle im stillen Modus und auf Hosts mit mehr als einer Schnittstelle im Servermodus ausgeführt.

Die entdeckten Routen werden durch routed der Routingtabelle des Kernels hinzugefügt. Routen müssen wenigstens alle vier Minuten erneut empfangen werden, um nicht entfernt zu werden. routed kennt jedoch die hinzugefügten Routen und entfernt keine statischen Routen, die mit dem route-Befehl installiert worden sind.

Tipp

In Abschnitt 12.7.4 erhalten Sie weitere Informationen über route.

Sie können routed -t verwenden, um Fehler beim Routing zu suchen. Mit dieser Option wird routed im Vordergrund ausgeführt und zeigt alle gesendeten und erhaltenen Pakete an.

routed entdeckt Routinginformationen normalerweise dynamisch und benötigt keine Konfiguration. Unterhalten Sie jedoch Gateways ins Internet oder zu anderen autonomen Systemen, müssen Sie einige zusätzliche Schritte unternehmen, um diesen Verbindungen eine Zusammenarbeit mit routed zu ermöglichen.

Haben Sie lediglich ein einzelnes nach außen gehendes Gateway, können Sie es als globale Standardroute ankündigen (advertise), indem Sie dort routed mit dem Flag -g ausführen. Dies entspricht der Einrichtung einer Standardroute auf einem einzelnen Rechner mit dem Unterschied, dass sie in Ihrem Netzwerk angekündigt wird.

routed unterstützt außerdem eine Konfigurationsdatei namens /etc/gateways, die entwickelt wurde, um statische Informationen über Gateways anzubieten, die vorab in die Routingtabelle von routed geladen werden.

13.5 gated: Es ruhe in Frieden

gated war ein fantastisches und zeitweise frei erhältliches Routing-Framework, durch das zahlreiche unterschiedliche Routingprotokolle simultan verwendet werden konnten. Sie konnten mit der Hilfe von gated die angekündigten Routen präzise steuern, Adressen, Vertrauensrichtlinien und Metriken als Broadcast senden. Mit gated wurden Routen unter mehreren Protokollen aufgeteilt und haben damit die Errichtung von Routing-Gateways zwischen Zonen ermöglicht, die für unterschiedliche Routingsysteme standardisiert waren. Außerdem verfügt gated über eine der besten administrativen Schnittstellen und Konfigurationen sämtlicher Verwaltungssoftware, die unter Linux läuft.

gated begann als kostenlose Software, wurde aber 1992 privatisiert und an das Konsortium von Merit GateD übergeben. Kommerzielle Versionen von gated wurde nur an Mitglieder des Konsortiums abgegeben. Das Konsortium wurde schließlich aufgelöst und die Rechte an gated wurden von NextHop erworben, einem Zusammenschluss von Softwareentwicklern. Diese Übertragung hat das Leben von gated in der Open Source-Welt letztlich beendet und dabei einen Hauch Bitterkeit zurückgelassen.

Ein viel versprechendes Projekt namens XORP (eXtensible Open Router Platform) ist dann in die Lücke gesprungen, die durch den Untergang von gated entstanden ist. Obwohl sich XORP immer noch im Beta-Stadium befindet, ist es für den Produktionseinsatz fertig gestellt, und wir haben die Hoffnung, dass es wachsen kann, um die Nische von gated zu besetzen. Informieren Sie sich über den aktuellen Fortschritt unter *www.xorp.org*.

In der Zwischenzeit können Unternehmen, die Multiprotokoll-Routing benötigen, GNU Zebra (*www.zebra.org*) einsetzen, ein schnörkelloses Paket, das auf den meisten Linux-Plattformen läuft. Leider fehlen ihm die meisten Features, der Erstellungskomfort und eine detaillierte Dokumentation, die benötigt werden, um dynamisches Routing in einer Produktionsumgebung verwalten zu können. In diesem Fall kann die beste Verwendung Ihrer Mittel darin bestehen, sich einen dedizierten Router, z. B. von Juniper oder Cisco anzuschaffen.

13.6 Auswahlkriterien für Routingverfahren

Das Routing für ein Netzwerk kann im Wesentlichen auf vier Stufen unterschiedlicher Komplexität bewältigt werden:

- Kein Routing
- Nur statische Routen
- Zum größten Teil statische Routen, Clients lauschen aber auf RIP-Aktualisierungen
- Dynamisches Routing überall

Die Topologie des gesamten Netzwerks hat dramatische Auswirkungen auf die Routinganforderungen für jedes einzelne Segment. Unterschiedliche Netze können einen ganz unterschiedlichen Grad an Routingunterstützung erfordern. Die folgenden Faustregeln können Ihnen dabei helfen, die richtige Strategie auszuwählen:

- Ein alleinstehendes Netzwerk benötigt kein Routing.
- Besitzt ein Netzwerk nur einen Ausgang, sollten Clients (keine Gateway-Rechner) in diesem Netzwerk eine statische Route zu diesem Gateway haben.
- Sowohl ein Gateway mit einer kleinen Anzahl an Netzwerken auf der einen Seite als auch ein Gateway in die »Welt« auf der anderen Seite kann eindeutige statische Routen haben, die auf Ersteres verweisen, und eine Standardroute für Letzteres. Dynamisches Routing ist jedoch ratsam, wenn beide Seiten mehr als eine Wahlmöglichkeit für das Routing haben.

- Vermeiden Sie die Verwendung von routed im aktiven Modus, wenn Sie RIP einsetzen und über die damit verbundene Netzwerk- und Systemlast besorgt sind – es sendet in kurzen Intervallen alles, was es weiß, unabhängig davon, ob es richtig oder falsch ist. Verwenden Sie den Befehl routed -q, um Clients zu veranlassen, passiv auf Routing-Updates zu hören, ohne ihre eigenen Informationen zu senden.

- Viele Personen werden Ihnen sagen, dass RIP ein schreckliches Protokoll ist und dass es sich bei routed um eine Ausgeburt des Teufels handelt. Es muss nicht zwangsläufig so sein. Gehen Sie einfach darüber hinweg, wenn es bei Ihnen funktioniert und Sie mit der Leistung zufrieden sind. Sie haben keinen Vorteil, wenn Sie Ihre Zeit mit einer übertechnisierten Routingstrategie verbringen.

- routed hört auf jeden und glaubt alles, was es hört. Selbst wenn Sie RIP verwenden, sollten Sie den Austausch von Routingdaten mit einem dedizierten Router (z. B. von Cisco) regeln und routed nur auf einem Client-Host ausführen.

- Verwenden Sie dynamisches Routing an Punkten, an denen Netzwerke politische oder administrative Grenzen kreuzen.

- Verwenden Sie falls möglich OSPF in Netzwerken mit dynamischem Routing, die Schleifen oder redundante Pfade enthalten.

- Router, die über mehrere Upstream-Provider mit dem Internet verbunden sind, müssen BGP verwenden. Die meisten mit dem Internet verbundenen Router haben jedoch lediglich einen Upstream-Pfad und können aus diesem Grund eine einfache statische Standardroute benutzen.

Eine gute Routingstrategie besteht für ein Netzwerk mittlerer Größe mit einer relativ stabilen lokalen Struktur und einer Verbindung in irgendein anderes Netz darin, eine Kombination aus statischem und dynamischem Routing zu verwenden. Rechner innerhalb der lokalen Struktur, die kein Gateway zu externen Netzwerken haben, können statisches Routing verwenden und alle unbekannten Pakete an einen Standardrouter weiterleiten, der die Außenwelt versteht und dynamisches Routing praktiziert.

Ein Netzwerk sollte dynamisches Routing einsetzen, wenn es zu kompliziert ist, um mit dem vorgenannten Verfahren verwaltet zu werden. Sie können statische Standardrouten noch in Blattnetzwerken (leaf networks, Netzwerke, die nur mit einem Pfad angebunden sind) verwenden. Rechner, die sich jedoch in Netzwerken mit mehr als einem Router befinden, sollten routed im passiven Modus ausführen.

13.7 Cisco-Router

Router von Cisco Systems sind heute der De-facto-Standard für das Internetrouting. Mit einem Marktanteil von über 70% sind Cisco-Produkte weithin bekannt und Mitarbeiter, die sich mit der Handhabung auskennen, relativ leicht zu finden. Bevor Cisco auf den Markt kam, wurden häufig UNIX-Rechner mit mehreren Netzwerkschnittstellen als Router verwendet. Heute sind dedizierte Router die bevorzugten

Geräte für den Einbau in Serverräumen und an den Stellen, wo die über den abgehängten Decken verlegten Netzwerkkabel zusammentreffen. Sie sind billiger, schneller und sicherer als ihre UNIX- oder Linux-Gegenstücke.

Die meisten Cisco-Router führen ein Betriebssystem namens Cisco IOS aus, das proprietär und ohne Bezug zu Linux ist. Sein Befehlssatz ist recht umfangreich; die vollständige Dokumentation füllt um die anderthalb Regalmeter. Wir können Cisco IOS an dieser Stelle nicht vollständig behandeln; mit einigen Grundlagen können Sie jedoch recht weit kommen.

IOS legt zwei Zugriffsebenen fest (Benutzer und privilegiert), die beide mit einem Kennwort geschützt sind. Sie können sich standardmäßig per `telnet` mit einem Cisco-Router verbinden, um in den Benutzermodus zu gelangen.[3] Dabei werden Sie aufgefordert, das Zugriffskennwort auf Benutzerebene einzugeben, wie Sie nachfolgend sehen können:

```
$ telnet acme-gw.acme.com
Connected to acme-gw.acme.com.
Escape character is '^]'.
User Access Verification
Password:
```

Wenn Sie das richtige Kennwort eingeben, erhalten Sie eine Eingabeaufforderung durch den Befehls-Interpreter EXEC von Cisco.

```
acme-gw.acme.com>
```

Sie können an dieser Eingabeaufforderung Befehle wie `show interfaces` eingeben, um die Netzwerkschnittstellen des Routers anzuzeigen, oder `show ?`, um Hilfe zu allen anderen Dingen zu erhalten.

Geben Sie `enable` ein, um in den privilegierten Modus zu gelangen, und geben Sie bei Aufforderung das privilegierte Kennwort ein. Haben Sie die privilegierte Ebene erreicht, endet Ihre Kommandozeile mit einem # wie folgt:

```
acme-gw.acme.com#
```

Seien Sie vorsichtig – Sie können an dieser Eingabeaufforderung alles machen, auch die Routerkonfiguration und sein Betriebssystem löschen. Holen Sie sich Rat aus den Handbüchern von Cisco oder aus einem der umfangreichen Bücher, die von Cisco Press veröffentlicht worden sind, wenn Sie sich im Zweifel befinden.

Sie können `show running` eingeben, um sich die zurzeit ausgeführte Konfiguration des Routers anzusehen, und `show config`, um die aktuelle permanente Konfiguration zu betrachten. Meistens sind die beiden identisch.

---

[3] *Sie können eine Vielzahl von Zugriffsmethoden einrichten. Für den Fall, dass Sie bereits Router von Cisco einsetzen, nehmen Sie Kontakt zu Ihrem Administrator auf, um herauszufinden, welche Methoden verwendet werden.*

13.7 Cisco-Router

Hier sehen Sie eine typische Konfiguration:

```
acme-gw.acme.com# show running
Current configuration:
version 12.1
hostname acme-gw
enable secret xxxxxxxx
ip subnet-zero

interface Ethernet0
description Acme internal network
ip address 192.108.21.254 255.255.255.0
no ip directed-broadcast
interface Ethernet1
description Acme backbone network
ip address 192.225.33.254 255.255.255.0
no ip directed-broadcast

ip classless
line con 0
transport input none

line aux 0
transport input telnet
line vty 0 4
password xxxxxxxx
login

end
```

Die Konfiguration des Routers kann auf verschiedene Weise verändert werden. Cisco bietet grafische Werkzeuge an, die unter einigen UNIX- und Linux-Versionen sowie unter Windows ausgeführt werden können. Wahre Netzwerkadministratoren verwenden diese nie; die Eingabeaufforderung ist immer die »beste Wahl«. Es ist auch möglich, eine Konfigurationsdatei mit `tftp` zu oder von einem Router zu übertragen, sodass Sie sie mit Ihrem bevorzugten Editor bearbeiten können.[4]

Geben Sie `config term` ein, um die Konfiguration von der Eingabeaufforderung aus zu ändern:

```
acme-gw.acme.com# config term
Enter configuration commands, one per line.  End with CNTL/Z.
acme-gw(config)#
```

---

[4] Kleiner Tipp: Microsoft Word ist für diese Anwendung nicht die beste Wahl.

Sie können dann neue Konfigurationsbefehle so eingeben, wie Sie sie in der Ausgabe von show running erscheinen lassen wollen. Wir können z. B. Folgendes eingeben, wenn wir die IP-Adresse der Schnittstelle Ethernet0 im obigen Beispiel verändern wollten:

```
interface Ethernet0
ip address 192.225.40.253 255.255.255.0
```

Haben Sie die Eingabe der Konfigurationsbefehle beendet, drücken Sie ⌈Strg⌉-⌈Z⌉, um zur regulären Eingabeaufforderung zurückzugelangen. Geben Sie write mem ein, wenn Sie mit der neuen Konfiguration zufrieden sind und sie im permanenten Speicher sichern wollen.

Nachfolgend erhalten Sie einige Tipps für den erfolgreichen Umgang mit Cisco-Routern:

- Benennen Sie den Router mit dem Befehl hostname. Diese Vorsichtsmaßnahme bewahrt Sie vor Unfällen, die durch Änderungen an der Konfiguration eines falschen Routers entstehen. Der Hostname erscheint immer in der Eingabeaufforderung.

- Halten Sie immer eine Sicherung der Routerkonfiguration bereit. Sie können mit expect ein kurzes Skript schreiben, das mit tftps die laufende Konfiguration jede Nacht auf einen Linux-Rechner sichert.

- Steuern Sie den Zugriff auf die Eingabeaufforderung des Routers, indem Sie die VTYs des Routers mit Zugriffslisten versehen (VTYs entsprechen PTYs auf einem Linux-Rechner). Diese Vorsichtsmaßnahme bewahrt Sie vor unliebsamen Eindringlingen in Ihren Router.[5]

- Steuern Sie den Netzwerkverkehr in Ihrem Netzwerk durch Zugriffslisten an jeder Schnittstelle. In Kapitel 20 (im Abschnitt 20.12.1) finden Sie weitere Informationen über die Einrichtung von Zugriffslisten.

- Sichern Sie Router physisch ab. Es ist leicht, das privilegierte Kennwort zurückzusetzen, wenn Sie physischen Zugriff auf ein Cisco-Gerät haben.

13.8 Empfohlene Literatur

Radia Perlman: *Bridges, Router, Switches und Internetworking-Protokolle*, Addison-Wesley, 2003.

Dies ist das Standardwerk zu diesem Thema. Wenn Sie nur ein Buch über Netzwerkgrundlagen kaufen möchten, dann dieses. Verpassen Sie auch keine Gelegenheit, Radia zu treffen – sie ist sehr humorvoll und verfügt über ein unglaubliches Wissen.

---

[5] Moderne Versionen von IOS unterstützen das SSH-Protokoll. Sie sollten es anstelle der standardmäßigen Telnet-Schnittstelle verwenden, wenn es in Ihrer Umgebung zur Verfügung steht.

Christian Huitema: *Routing in the Internet (2. Auflage)*. Upper Saddle River: Prentice Hall PTR, 2000.

Bei diesem Buch handelt es sich um eine verständlich geschriebene Einführung in das Routing, beginnend mit den Grundlagen. Es behandelt die meisten Protokolle, die allgemein eingesetzt werden, und außerdem fortgeschrittene Themen wie Multicasting.

John T. Moy: *OSPF: Anatomy of an Internet Routing Protocol*. Reading,MA: Addison-Wesley, 1998.

Eine sorgfältige Darstellung über OSPF vom Autor des OSPF-Protokollstandards.

John W. Stewart: *BGP4 Inter-domain Routing in the Internet*. Reading,MA: Addison-Wesley, 1999.

Es gibt zahlreiche RFCs zum Thema Routing. Die Wichtigsten sehen Sie in Tabelle 13.3.

RFC	Titel	Autoren
2328	OSPF Version 2	John T. Moy
1058	Routing Information Protocol	C. Hedrick
2453	RIP Version 2	Gary Scott Malkin
1256	ICMP Router Discovery Messages	Stephen E. Deering
1142	OSI IS-IS Intra-domain Routing Protocol	David R. Oran
1075	Distance Vector Multicast Routing Protocol	D. Waitzman et al.
4632	CIDR: an Address Assignment and Aggregation Strategy	Vince Fuller et al.
4271	A Border Gateway Protocol 4 (BGP-4)	Yakov Rekhter et al.

Tabelle 13.3: RFCs zum Thema Routing

13.9 Übungen

1. Untersuchen Sie den Linux-Befehl `route` und beschreiben Sie kurz, was er bewirkt. Wie erledigen Sie mit `route` folgende Aufgaben:
    a. Fügen Sie eine Standardroute zu 128.138.129.1 hinzu, die die Schnittstelle `eth1` verwendet.
    b. Löschen Sie eine Route zu 128.138.129.1.
    c. Bestimmen Sie, ob eine Route durch ein Programm wie `routed` oder durch eine ICMP-Umleitung hinzugefügt wurde.
2. Vergleichen Sie statische und dynamische Routen und führen Sie jeweils mehrere Vor- und Nachteile auf. Beschreiben Sie Situationen, in denen sie jeweils geeignet wären, und erklären Sie die Gründe dafür.

☆ 3. Betrachten Sie die nachfolgende Ausgabe von `netstat -rn`. Beschreiben Sie die Routen und finden Sie heraus, wie das Netzwerk aufgebaut ist. Welches Netzwerk, 10.0.0.0 oder 10.1.1.0, ist dem Internet näher? Welcher Prozess fügt die einzelnen Routen hinzu?

```
Destination Gateway   Genmask         Flags MSSWindow irtt Iface
10.0.0.0    0.0.0.0   255.255.255.0   U     40 0      0    eth1
10.1.1.0    0.0.0.0   255.255.255.0   U     40 0      0    eth0
0.0.0.0     10.0.0.1  0.0.0.0         UG    40 0      0    eth1
```

☆☆ 4. Finden Sie heraus, welches Routingverfahren in Ihrem Unternehmen eingesetzt wird. Welche Protokolle werden verwendet? Welche Rechner sind direkt mit dem Internet verbunden? Sie können im lokalen Netzwerk mit `tcpdump` nach Aktualisierungspaketen schauen und außerhalb mit `traceroute` das Netzwerk jenseits des lokalen Netzes erkunden. (Hierfür wird `root`-Zugriff benötigt.)

☆☆ 5. Wie würden Sie Ihr Routing einrichten, wenn Sie ein ISP mittlerer Größe wären? Ziehen Sie dabei nicht nur die Gateway-Router zwischen dem Internet-Backbone und Ihrem eigenen Netzwerk in Erwägung, sondern auch jeden internen Router, der in Gebrauch sein kann. Zeichnen Sie ein Netzwerkdiagramm, das Ihre Routingarchitektur darstellt.

14 Netzwerkhardware

Ob es sich um Videobilder von der anderen Seite des Globus oder um die Stimme Ihres Sohnes aus dem Hausflur handelt, fast alles wird in der heutigen Welt in digitaler Form übermittelt. Jeder möchte Daten schnell von einem Ort zum anderen bewegen. Dahinter steckt einfallsreiche Netzwerkhardware und, wie Sie sich sicherlich schon gedacht haben, eine riesige Sammlung an Programmen, die aus den dunklen Höhlen von UNIX stammten. Wenn es einen Bereich gibt, in dem die Technik von UNIX das menschliche Leben berührt hat, dann ist es die praktische Umsetzung des Transports von großen Datenmengen in Form von Paketen.

Es ist eine Herausforderung, mit diesen sich schnell bewegenden Bits mitzuhalten. Selbstverständlich haben Geschwindigkeit und Ausfallsicherheit Ihres Netzwerks einen direkten Einfluss auf die Produktivität Ihrer Firma. Die heutige Vernetzung ist jedoch so durchdringend, dass sich die Beschaffenheit eines Netzwerks auf viele grundlegende menschliche Interaktionen auswirkt, z. B. die Vermittlung eines Telefonanrufs. Ein schlecht aufgebautes Netzwerk ist eine persönliche und berufliche Peinlichkeit, die katastrophale soziale Folgen nach sich ziehen kann. Außerdem kann die Reparatur sehr teuer sein.

Mindestens vier Hauptfaktoren tragen zu einer erfolgreichen Installation bei:

- Entwicklung eines sinnvollen Netzwerkentwurfs
- Auswahl von Hardware hoher Qualität
- Saubere Installation und Dokumentation
- Fachkundige, permanente Bedienung und Wartung

Die ersten Abschnitte dieses Kapitels erörtern die Medien, die normalerweise in lokalen und Weitbereichsnetzen eingesetzt werden, einschließlich Ethernet, ATM, Frame Relay, drahtlos sowie DSL. Anschließend decken wir Probleme beim Entwurf auf, denen Sie voraussichtlich sowohl in alten als auch in neuen Netzwerken begegnen werden.

14.1 LAN, WAN oder MAN?

In gewisser Weise ist es ein Glück, dass TCP/IP leicht über eine Vielzahl an Medien transportiert werden kann. In Wirklichkeit spaltet sich der Markt für Netzwerkhardware jedoch in zahlreiche verwirrende Klassen auf.

Netzwerke, die sich innerhalb eines oder mehrerer benachbarter Gebäude befinden, werden im Allgemeinen als lokale Netze oder LANs (Local Area Network) bezeichnet. Günstige Hochgeschwindigkeitsverbindungen sind dabei vorherrschend. Weitbereichsnetze – WANs (Wide Area Network) – sind Netzwerke, in denen sich die Endpunkte räumlich weit verstreut befinden, möglicherweise durch Tausende von Kilometern voneinander getrennt. In diesen Netzwerken ist hohe Geschwindigkeit mit hohen Kosten verbunden, wobei es nahezu keine Beschränkungen für Standorte gibt, die Sie in Ihr Netzwerk einbinden können (z. B. von Brügge in Belgien bis nach Sitka in Alaska!). MAN ist ein Marketingbegriff aus der Telekommunikation für ein »Metropolitan Area Network« und bezeichnet ein Medium mit hoher Geschwindigkeit zu moderaten Kosten, das innerhalb einer Stadt oder einem Ballungsgebiet verwendet wird. Wir beschreiben in diesem Kapitel einige der Technologien, die zur Implementierung dieser Netzwerke eingesetzt werden.

14.2 Ethernet: Das übliche LAN

Durch seinen Marktanteil von über 90% am weltweiten LAN-Markt können Sie Ethernet fast überall in seinen zahlreichen Formen finden. Es begann mit der Doktorarbeit von Bob Metcalfe am MIT. Nach seiner Promotion ging Bob zu Xerox PARC und entwickelte dort schließlich zusammen mit DEC und Intel Ethernet zu einem Produkt. Es war eine der ersten Gelegenheiten, bei der konkurrierende Unternehmen ihre Kräfte in einem technischen Projekt gebündelt haben.[1]

Ethernet wurde ursprünglich auf 3 Mbit/s (Megabit pro Sekunde) festgelegt, entwickelte sich aber direkt im Anschluss zu 10 Mbit/s weiter. Im Jahr 1994 erlangte Ethernet größere Aufmerksamkeit, als es für 100 Mbit/s ausgelegt wurde. Im Jahre 1998, also 19 Jahre nach seiner Entwicklung, war es bereit, eine neue Spitzenposition im Bereich von 1 Gbit/s einzunehmen. Mittlerweile ist Ethernet als Erwachsener in seinen späten Zwanzigern in der Lage, über Glasfaser auf 10 Gbit/s zu kommen, und hat damit seine Rivalen verblassen lassen. Im Juli 2006 wurde ein Standard über 10 Gbit/s für Kupferkabel (802.3an) durch die IEEE anerkannt. Tabelle 14.1 zeigt Ihnen die Höhepunkte in der Entwicklung der verschiedenen Ethernet-Standards.[2]

---

[1] Bob Metcalfe hat auch »Metcalfes Gesetz« formuliert, nach dem der Wert eines Netzwerks exponentiell mit der wachsenden Anzahl an Benutzern steigt.
[2] Wir haben einige Ethernet-Standards ausgelassen, die sich als unpopulär erwiesen haben, z. B. 100BaseT4 und 100BaseVG-Any-LAN.

14.2 Ethernet: Das übliche LAN

Jahr	Geschwindigkeit	Name	IEEE-Nr.	Reichweite	Medien[a]
1973	3 Mbit/s	Xerox Ethernet	–	?	Koaxialkabel
1976	10 Mbit/s	Ethernet 1	–	500 m	RG-11-Koaxialkabel
1982	10 Mbit/s	DIX Ethernet (Ethernet II)	–	500 m	RG-11-Koaxialkabel
1985	10 Mbit/s	10Base5 (»Thicknet«)	802.3	500 m	RG-11- Koaxialkabel
1985	10 Mbit/s	10Base2 (»Thinnet«)	802.3	180 m	RG-58- Koaxialkabel
1989	10 Mbit/s	10BaseT	802.3	100 m	UTP-Kupferkabel Kategorie 3
1993	10 Mbit/s	10BaseF	802.3	2 km	MM-Glasfaser
				25 km	SM-Glasfaser
1994	100 Mbit/s	100BaseTX (»100 meg«)	802.3u	100 m	UTP-Kupferkabel Kategorie 5
1994	100 Mbit/s	100BaseFX	802.3u	2 km	MM-Glasfaser
				20 km	SM-Glasfaser
1998	1 Gbit/s	1000BaseSX	802.3z	260 m	62,5-μm-MM-Glasfaser
				550 m	50-μm-MM-Glasfaser
1998	1 Gbit/s	1000BaseLX	802.3z	440 m	62,5-μm-MM-Glasfaser
				550 m	50-μm-MM-Glasfaser
				3 km	SM-Glasfaser
1998	1 Gbit/s	1000BaseCX	802.3z	25 m	Twinax
1999	1 Gbit/s	1000BaseT (»Gigabit«)	802.3ab	100 m	Cat-5E- und 6-UTP-Kupferkabel
2002	10 Gbit/s	10GBase-SR	802.3ae	300 m	MM-Glasfaser
		10GBase-LR		10 km	SM-Glasfaser
2006	10 Gbit/s	10GBase-T	802.3an	100 m	UTP-Kupferkabel Kategorie 7
2006	100 Gbit/s[b]	TBD	TBD	TBD	Glasfaser
2008	1 Tb/s	TBD	TBD	TBD	CWDM-Glasfaser
2010	10 Tb/s	TBD	TBD	TBD	DWDM-Glasfaser

Tabelle 14.1: Die Evolution von Ethernet

a) MM = Multimode, SM = Single Mode, UTP = Unshielded Twisted Pair, CWDM = Coarse Wavelength Division Multiplexing, DWDM = Dense Wavelength Division Multiplexing
b) Branchenvorhersage

14.2.1 Funktionsweise von Ethernet

Sie können sich Ethernet als eine nette Dinner-Party vorstellen, bei der die Gäste (Computer) den jeweils anderen nicht unterbrechen, sondern eher auf eine Pause in der Unterhaltung warten (kein Verkehr auf dem Netzwerkkabel), bevor sie sprechen. Wenn zwei Gäste zur gleichen Zeit anfangen zu sprechen (eine Kollision), halten sie an, entschuldigen sich und warten einen Augenblick, bevor dann einer von ihnen wieder mit der Unterhaltung beginnt.

Die technische Bezeichnung für dieses System lautet CSMA/CD:

- Carrier Sense: Sie können feststellen, ob sich jemand unterhält.
- Multiple Access: Jeder kann sprechen.
- Collision Detection: Sie wissen, wenn Sie jemanden unterbrechen.

Die tatsächliche Verzögerung nach Erkennen der Kollision ist in gewissem Rahmen zufällig. Mit dieser Konvention wird ein Szenario vermieden, in dem zwei Hosts gleichzeitig senden, die Kollision erkennen, die gleiche Zeitspanne abwarten, dann wieder mit dem Senden beginnen und dabei das Netzwerk mit Kollisionen überfluten. Das war nicht immer so!

14.2.2 Ethernet-Topologie

Die Ethernet-Topologie ist ein verzweigter Bus ohne Schleifen, bei dem es nur einen Weg gibt, auf dem ein Paket zwischen zwei Hosts in demselben Netzwerk reisen kann. In einem Segment können drei Pakettypen ausgetauscht werden: Unicast, Multicast und Broadcast. Unicast-Pakete werden nur an einen Host adressiert, Multicast-Pakete dagegen an eine Gruppe von Hosts. Broadcastpakete werden an alle Hosts in einem Segment übergeben.

Eine »Broadcastdomäne« ist die Gruppe Hosts, die Pakete erhält, die für die Broadcastadresse der Hardware bestimmt sind. Für jedes logische Ethernet-Segment gibt es genau eine Broadcastdomäne. Zu Zeiten der frühen Ethernet-Standards und -Medien (z. B. 10Base5) stimmten physische und logische Segmente genau überein, da alle Pakete über ein großes Kabel reisten, das mit Host-Schnittstellen an der Seite versehen war.[3]

Mit der Einführung von Switches bestehen logische Segmente heute aus vielen (möglicherweise Dutzenden oder Hunderten) physischen (oder manchmal drahtlosen) Segmenten, an die nur zwei Geräte angeschlossen sind: der Switch-Port und der Host. Die Switches sind dafür verantwortlich, die Multicast- und Unicast-Pakete zu den physischen (oder drahtlosen) Segmenten zu begleiten, in denen sich die bestimmungsgemäßen Empfänger befinden. Broadcastverkehr wird in einem logischen Segment an alle Ports weitergeleitet.

---

[3] *Kein Scherz! Beim Anschließen eines neuen Computers mussten Sie mit einem Spezialwerkzeug ein Loch in den äußeren Mantel des Kabels bohren, um den inneren Leiter zu erreichen. Eine so genannte »Vampirklemme«, die in den äußeren Leiter »hineinbiss«, wurde dann mit Schrauben daran befestigt.*

14.2 Ethernet: Das übliche LAN

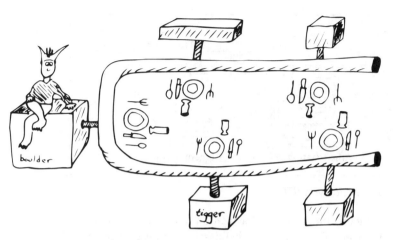

Abbildung 14.1: Nette Ethernet-Dinner-Party

Ein einzelnes logisches Segment kann aus physischen (oder drahtlosen) Segmenten bestehen, die mit unterschiedlichen Geschwindigkeiten arbeiten (10 Mbit/s, 100 Mbit/s, 1 Gbit/s oder 10 Gbit/s). Demzufolge müssen Switches über die Fähigkeit der Zwischenspeicherung und der Zeitsteuerung verfügen, um potenzielle Konflikte eliminieren zu können.

14.2.3 UTP-Kabel

UTP-Kabel (Unshielded Twisted Pair) ist das bevorzugte Kabel für das Ethernet. Es wird in Form einer Sterntopologie eingesetzt und weist gegenüber anderen Medien zahlreiche Vorteile auf:

- Es handelt sich um kostengünstige Kupferkabel, die direkt eingesetzt werden können. (Manchmal kann auch vorhandenes Telefonkabel benutzt werden).
- UTP-Kabel lässt sich leichter installieren und auf Fehler überprüfen als Koaxialkabel oder Glasfaser. Maßgeschneiderte Längen können leicht angefertigt werden.
- UTP verwendet RJ-45-Stecker, die billig, zuverlässig und leicht zu installieren sind.
- Die Verbindung zu den einzelnen Rechnern ist unabhängig (und privat!), sodass es unwahrscheinlich ist, dass ein Kabelproblem an einer Verbindung andere Hosts im Netzwerk betrifft.

Die allgemeine »Form« eines UTP-Netzwerks ist in Abbildung 14.2 dargestellt.

UTP-Kabel, das in modernen LANs verwendet werden kann, wird in acht Klassen unterteilt. Das Ratingsystem für die Geschwindigkeit wurde zuerst durch Anixter eingeführt, einem großen Kabelanbieter. Diese Standards wurden durch die TIA (Telecommunications Industry Association) formalisiert und sind heute als Kategorie 1 bis Kategorie 7 und einer mittleren Sonderkategorie 5E bekannt.

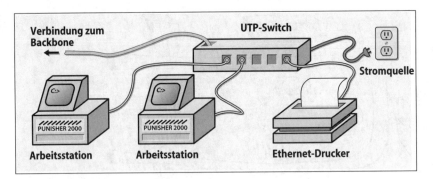

Abbildung 14.2: Installation von UTP

Die International Organization for Standardization (ISO) hat sich ebenfalls in die aufregende und sehr profitable Welt der Kabelklassifizierung gestürzt und Standards gefördert, die in etwa den höher nummerierten TIA-Kategorien entsprechen. TIA-Kabel der Kategorie 5 entspricht z. B. dem ISO-Class-D-Kabel. Tabelle 14.2 stellt die Hauptunterschiede zwischen den verschiedenen heutigen Klassifizierungen dar. Mit diesem Wissen können Sie auf Partys Eindruck schinden.

Parameter[a]	Kategorie 5 Klasse D[b]	Kategorie 5E	Kategorie 6 Klasse E	Kategorie 7 Klasse F
Frequenzbereich	100 MHz	100 MHz	250 MHz	600 MHz
Dämpfung	24 dB	24 dB	21,7 dB	20,8 dB
NEXT	27,1 dB	30,1 dB	39,9 dB	62,1 dB
ACR	3,1 dB	6,1 dB	18,2 dB	41,3 dB
ELFEXT	17 dB	17,4 dB	23,2 dB	?[c]
Rückflussdämpfung	8 dB	10 dB	12 dB	14,1 dB
Ausbreitungsverzögerung	548 ns	548 ns	548 ns	504 ns

Tabelle 14.2: Eigenschaften von UTP-Kabel

a) NEXT = Near-End Crosstalk (Übersprechen am nahen Ende), ACR = Attenuation-to-Crosstalk Ratio (Dämpfungs/Übersprech-Verhältnis), ELFEXT = Equal Level Far-End Xtalk (Übersprechen am fernen Ende relativ zum Empfangspegel).
b) Enthält Anforderungen von TIA und ISO bzw. TSB95 und FDAM 2.
c) Bis auf Weiteres noch nicht spezifiziert.

In der Praxis sind Kategorie-1- und Kategorie-2-Kabel, wenn überhaupt, nur für Sprachanwendungen zu gebrauchen. Kategorie-3-Kabel ist so schwach, dass Sie es gerade noch in einem LAN einsetzen können; es handelt sich um den Standard für 10 Mbit/s-10BaseT. Kategorie-4-Kabel passt für keine bestimmte Anwendung so richtig. Es wird gelegentlich in UTP-Token-Ring-Netzen mit 16 Mbit/s oder in extravaganten 10BaseT-Installationen eingesetzt. Kategorie-5-Kabel kann 100 Mbit/s unter-

14.2 Ethernet: Das übliche LAN

stützen und ist der am häufigsten verwendete Standard in Datenverkabelungen. Kategorie 5E und Kategorie 6 unterstützen 1 Gbit/s. Kategorie 7 ist für den Einsatz von 10 Gbit/s vorgesehen, sobald der Ethernet-über-Kupfer-Standard für diese Geschwindigkeit fertig gestellt ist.

10BaseT-Verbindungen benötigen zwei Paar Kategorie-3-Adern, wobei jede Verbindung auf eine Länge von 100 m begrenzt ist. 100BaseT weist dieselben Längenbeschränkungen auf, benötigt jedoch zwei paar Adern der Kategorie 5. Sie erhalten sowohl Adern mit PVC- als auch mit Teflonummantelung. Die Umhüllung sollten Sie in Abhängigkeit von der Umgebung auswählen, in der die Kabel installiert werden. Abgeschlossene Bereiche, die in das Belüftungssystem des Gebäudes führen (Abluftschächte), benötigen typischerweise Teflon.[4] PVC ist billiger und einfacher in der Handhabung.

Tipp

Sehen Sie in Abschnitt 14.11 nach, um weitere Informationen über Verdrahtung zu erhalten.

Für die Verbindungen werden RJ-45-Stecker benutzt, bei denen die Stifte 1, 2, 3 und 6 belegt sind. Obwohl nur zwei Aderpaare für eine funktionierende 10-Mbit/s- oder 100-Mbit/s-Verbindung ausreichen, empfehlen wir für die Installation eines neuen Netzwerks die Verwendung von vierpaarigem Kabel der Kategorie 5E und die Verbindung von allen acht Stiften mit dem RJ-45-Stecker.

Wir empfehlen die Verwendung des Kabelstandards TIA/EIA-568A RJ-45, um das vierpaarige UTP-Kabel an Patchfeldern und RJ-45-Anschlussdosen abzuschließen. Dieser Standard, der mit weiteren Einsatzbereichen von RJ-45 (z. B. RS-232) kompatibel ist, ist ein geeigneter Weg, um die Verkabelung an beiden Enden der Verbindung konsistent zu halten. Dies geschieht unabhängig davon, ob die Kabelpaare selbst leicht erreichbar sind. Der Standard 568A wird detailliert in Tabelle 14.3 dargestellt.

Tipp

Weitere Informationen über den RS-232-Standard finden Sie in Abschnitt 27.1.

---

4 Beachten Sie hierbei die örtlichen Brandschutzbestimmungen.

Paar	Farben	Verdrahtet mit	Paar	Farben	Verdrahtet mit
1	Weiß/Blau	Stifte 5/4	3	Weiß/Grün	Stifte 1/2
2	Weiß/Orange	Stifte 3/6	4	Weiß/Braun	Stifte 7/8

Tabelle 14.3: Der TIA/EIA-568A-Standard für die Verdrahtung von vierpaarigem UTP mit einem RJ-45-Stecker

In Abhängigkeit von der Art und dem Zeitpunkt der Installation kann die bestehende Gebäudeverkabelung entweder für den Netzwerkgebrauch geeignet sein oder auch nicht. Viele alte Gebäude wurden in den 50er und 60er Jahren mit neuen Kabeln nachgerüstet. Leider unterstützt dieses Kabel normalerweise nicht einmal 10 Mbit/s.

14.2.4 Ethernet-Netzwerke verbinden und erweitern

Ethernet-Netzwerke können an mehreren Punkten des siebenschichtigen OSI-Referenzmodells logisch verbunden werden. In Schicht 1, der Bitübertragungsschicht, können Sie sowohl Hardware-Verbindungen als auch Repeater einsetzen (die heute als Hubs bezeichnet werden). Sie übermitteln das Signal direkt, in etwa wie zwei Blechdosen, die mit einer Schnur verbunden sind.

In Schicht 2, der Sicherungsschicht, werden Switches benutzt. Sie übermitteln Frames anhand der Quell- und Zieladressen der Hardware. Das ist in etwa so, als würden Sie eine Flaschenpost zustellen, indem Sie lediglich das Etikett lesen.

In Schicht 3, der Vermittlungsschicht, werden Router eingesetzt. Router übermitteln Nachrichten eher an den nächsten Hop (in Abhängigkeit von der Adresse des endgültigen Empfängers), als die tatsächliche Adresse mit einem Blick auf den Inhalt der Flaschenpost festzustellen.

Hubs

Hubs (die auch als Konzentratoren bezeichnet werden) sind aktive Geräte, die physische Segmente in UTP-Ethernet-Netzwerken verbinden. Sie benötigen externen Strom. In seiner Arbeitsweise als Repeater stellt der Hub Ethernet-Frames wieder her und plant sie neu ein. Er interpretiert sie jedoch nicht und hat keine Ahnung, wohin die Pakete gehen oder welches Protokoll sie verwenden.

Die beiden am weitesten entfernten Punkte in einem Netzwerk dürfen nicht mehr als vier Hubs auseinanderliegen. Für die Ethernet-Versionen 1 und 2 wurden höchsten zwei Hubs hintereinander in Netzwerken festgelegt. Der IEEE 802.3-Standard hat die Begrenzung auf vier Geräte für 10-Mbit/s-Ethernet-Netzwerke erweitert. Ethernet-Netzwerke mit 100 Mbit/s gestatten zwei Repeater, 1000BaseT-Ethernets nur einen und solche mit 10 Gbit/s überhaupt keinen. Abbildung 14.3 zeigt sowohl eine gültige als auch eine ungültige Konfiguration für ein Netzwerk mit 10 Mbit/s.

14.2 Ethernet: Das übliche LAN

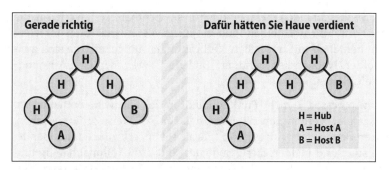

Abbildung 14.3: Zähle die Hubs

Hubs benötigen gelegentlich die Aufmerksamkeit des Systemadministrators und sollten sich aus diesem Grund nicht an obskuren und schwer zugänglichen Standorten befinden. Normalerweise können sie sich von einer Störung durch kurzzeitiges Aus- und Wiedereinschalten erholen.

Switches

Switches verbinden Ethernet-Netzwerke auf der Sicherungsschicht (Schicht 2) des OSI-Modells. Ihr Zweck liegt im Verbinden zweier physischer Netzwerke, sodass sie wie ein großes physisches Netzwerk erscheinen. Switches sind heute der Industriestandard für die Verbindung von Ethernet-Geräten.

Switches erhalten Hardware-Pakete und erstellen und senden sie erneut.[5] Die meisten Switches verwenden einen dynamischen Lernalgorithmus. Sie beobachten, welche Quelladressen von dem einen Port und welche von dem anderen kommen, und leiten Pakete nur zwischen Ports weiter, wenn dies notwendig ist. Zuerst werden alle Pakete weitergeleitet. Nach einigen Sekunden hat der Switch jedoch die Standorte der meisten Hosts gelernt und kann gezielter vorgehen.

Da nicht alle Pakete zwischen Netzwerken weitergeleitet werden, ist jedes Kabelsegment mit einem geringeren Verkehr gesättigt, als befänden sich alle Rechner an demselben Kabel. Weil die Kommunikation dazu neigt, meistens ortsgebunden stattzufinden, kann die Zunahme an sichtbarer Bandbreite dramatisch sein. Da das logische Modell eines Netzwerks nicht durch das Vorhandensein eines Switches beeinflusst wird, zieht seine Installation nur wenige administrative Folgen nach sich.

Manchmal können Switches durcheinandergeraten, wenn Ihr Netzwerk Schleifen enthält. Es kommt zu dieser Irritation, da Pakete eines einzelnen Hosts an zwei (oder mehreren) Ports des Switches zu sein scheinen. Ein einzelnes Ethernet-Netzwerk kann keine Schleifen enthalten. Verbinden Sie jedoch mehrere von ihnen durch Router und Switches, kann die Topologie mehrere Pfade zu einem Host aufweisen. Für den Fall, dass die Hauptroute zusammenbricht, halten einige Switches alternative

---

5 Vollständig vermittelte Netzwerke leiden nicht unter den in Abbildung 14.3 gezeigten Begrenzungen der Repeater-Zählung, da Pakete erneuert und neu eingeplant werden.

Routen in Reserve. Sie beschneiden so lange das für sie sichtbare Netzwerk, bis die verbleibenden Abschnitte nur noch einen Pfad zu jedem Netzwerkknoten anbieten. Einige Switches können auch mit doppelten Verbindungen umgehen, die sich zwischen denselben beiden Netzwerken befinden, und den Verkehr in einem Round-Robin-Verfahren weiterleiten.

Switches werden umso besser, je mehr Funktionalität in der Firmware enthalten ist. Einige können verwendet werden, um die Sicherheit im Netzwerk zu überwachen. Sie zeichnen jede fremde Ethernet-Adresse auf, die sie sehen, erkennen dabei Geräte, die neu verbunden sind, und melden diese. Switches sind protokollunabhängig und können jede Mischung aus Pakettypen hoher Ebene (z. B. IP, AppleTalk oder Net-BEUI) verarbeiten, da sie auf der Ethernet-Schicht tätig sind.

Switches müssen jedes Paket untersuchen, um zu bestimmen, ob es weitergeleitet werden soll. Ihre Geschwindigkeit wird sowohl durch die Paketerkennungs- als auch die Paketweiterleitungsrate gemessen. Viele Hersteller erwähnen in ihren Ausführungen zur Geschwindigkeit nicht die Paketgröße, sodass die tatsächliche Geschwindigkeit geringer sein kann.

Obwohl Hardware für das Ethernet-Switching immer schneller wird, ist sie keine vernünftige Technologie, wenn es darum geht, mehr als einhundert Hosts in einem einzelnen logischen Segment zu verbinden. Probleme wie »Broadcaststürme« plagen häufig große Netzwerke mit Switches, da der Broadcastverkehr zu allen Ports in einem Segment mit Switches weitergeleitet werden muss. Verwenden Sie einen Router, um dieses Problem zu lösen und den Broadcastverkehr zwischen den vermittelten Segmenten zu isolieren und dabei mehr als ein logisches Ethernet-Netzwerk zu erstellen.

Große Unternehmen können von Switches profitieren, die ihre Ports (durch Softwarekonfiguration) in Untergruppen aufteilen können, die so genannten virtuellen lokalen Netze oder kurz VLANs. Ein VLAN ist eine Gruppe von Ports, die zu demselben logischen Segment gehören, so als ob sie mit ihrem eigenen dedizierten Switch verbunden wären. Diese Aufteilung steigert die Fähigkeit des Switches, Verkehr zu isolieren, was sowohl Vorteile für die Sicherheit als auch für die Geschwindigkeit bringt.

Verkehr zwischen VLANs wird von einem Router verarbeitet oder in manchen Fällen durch ein Routing-Modul oder eine Routing-Softwareschicht innerhalb des Switches. Eine Erweiterung dieses Systems, die als »VLAN-Trunking« bekannt ist (so wie es im Protokoll IEEE 802.1Q festgelegt ist), ermöglicht physisch getrennten Switches die Bereitstellung von Ports in demselben logischen VLAN.

Die Auswahl eines Switches kann schwierig sein. Der Markt für Switches ist in der Computerindustrie heiß umkämpft und mit teilweise unzutreffenden Werbesprüchen behaftet. Bei der Auswahl eines Herstellers sollten Sie sich eher auf unabhängige Untersuchungen verlassen als auf die Daten, die vom Anbieter selbst herausgegeben werden. In letzter Zeit ist es normal geworden, dass ein Hersteller für einige Monate das »beste« Produkt hat und dann durch versuchte Verbesserungen dessen Geschwindigkeit oder Vertrauenswürdigkeit wieder zerstört, was einen anderen Hersteller mit einem verbesserten Produkt an die Spitze bringt.

Stellen Sie in jedem Fall sicher, dass die Geschwindigkeit der Busplatine des Switches ausreichend ist – es handelt sich dabei um die Zahl, die schließlich und endlich tatsächlich zählt. Ein gut bemessener Switch sollte eine Geschwindigkeit der Busplatine aufweisen, die größer ist als die Summe der Geschwindigkeiten all seiner Ports.

Router

Router sind dedizierte Computer, die zwei oder mehr Netzwerkschnittstellen enthalten; sie steuern den Verkehr in der dritten Schicht des OSI-Protokollstapels (Netzwerkschicht).

Sie transportieren Pakete anhand der in den TCP/IP-Protokollheadern enthaltenen Informationen zu ihrem Endziel. Router können auch andere Funktionen ausführen als nur einfach Pakete von einem Punkt zum anderen zu bewegen, wie z. B. Paketfilterung (für Sicherheit), Priorisierung (für Dienstqualität) und das Aufspüren von umfangreichen Netzwerktopologien. In Kapitel 13 können Sie sich über alle Einzelheiten des Routings informieren.

In einem einzelnen Router können Sie viele verschiedene Hardwareschnittstellen finden (z. B. SONET, Ethernet und ATM). Seitens der Software können einige Router auch mit Verkehr umgehen, der nicht IP verwendet, z. B. IPX oder Apple Talk. Die Router und ihre Schnittstellen müssen in diesen Konfigurationen für jedes Protokoll eingerichtet werden, mit dem Sie arbeiten wollen. Heute ist es generell eine gute Idee, sich von diesen alten Protokollen zu lösen und stattdessen einfach TCP/IP zu unterstützen.

Router können eine oder zwei Formen annehmen: eine feste und eine modulare Konfiguration. Router mit einer festen Konfiguration besitzen besondere Netzwerkschnittstellen, die werksseitig fest installiert sind. Sie sind normalerweise für kleine, spezialisierte Anwendungen geeignet. Ein Router mit einer E1- und einer Ethernet-Schnittstelle kann z. B. eine gute Wahl sein, wenn Sie ein kleines Unternehmen mit dem Internet verbinden möchten.

Modulare Router verfügen über einen Steckplatz oder eine Busarchitektur, in die der Endbenutzer Schnittstellen einfügen kann. Obwohl dieser Ansatz teurer ist, ermöglicht er im Betrieb eine größere Flexibilität. In Abhängigkeit von Ihrem Bedarf an Zuverlässigkeit und der erwarteten Verkehrslast kann ein dedizierter Router günstiger oder teurer sein als ein Linux-System, das für die Verwendung als Router konfiguriert worden ist. Ein dedizierter Router weist jedoch eine bessere Geschwindigkeit und Zuverlässigkeit auf. In der Regel ist es empfehlenswert, gleich mehr Geld anzulegen, um spätere Bauchschmerzen zu vermeiden.

14.3 Drahtlos – Das LAN für Reiselustige

Drahtlose Netzwerke sind ein stark wachsender Marktsektor und produktionsreife Geräte sind bereits seit einiger Zeit für akzeptable Preise zu haben. Betrachtet man die letzten Fortschritte bei drahtgebundenen Netzwerktechnologien, scheinen die

Geschwindigkeiten von drahtlosen Netzwerken (normalerweise zwischen 2 Mbit/s und 54 Mbit/s) für den Unternehmenseinsatz etwas gering zu sein. Für viele Zwecke sind diese Geschwindigkeiten jedoch absolut in Ordnung. Ein drahtloses Netzwerk mit 11 Mbit/s zu Hause oder in einer kleinen Unternehmensumgebung kann der Traum eines Systemadministrators sein. In einem Unternehmensumfeld kann man drahtlose Technik mit 54 Mbit/s akzeptieren. Zusätzlich kann drahtloser Zugang für Verkaufsveranstaltungen, Cafés, Yachthäfen, Flughäfen und weitere öffentliche Plätze für viele Personen einen langweiligen Tag in einen Tag mit vielen Verbindungen verwandeln.

Die verheißungsvollsten drahtlosen Standards sind heute die Spezifikationen IEEE 802.11g und 802.11a. 802.11g arbeitet auf dem 2,4- GHz-Frequenzband und unterstützt einen LAN-ähnlichen Zugang bis zu 54 Mbit/s. Die Reichweite, die von der Ausstattung und dem Gelände abhängt, liegt zwischen 100 m und 40 km. 802.11a unterstützt ebenfalls bis zu 54 Mbit/s Bandbreite, verwendet aber ein 5,4-GHz-Frequenzband. Einige aktuelle Geräte können zwei Kanäle bündeln, um 108 Mbit/s Bandbreite zu ermöglichen. Der zukünftige Standard 802.11n soll eine Bandbreite von mehr als 200 Mbit/s haben und – Stand zur Drucklegung dieses Buches – Mitte 2007 von der IEEE verabschiedet werden.

Obwohl 802.11g und 802.11a mit einer Arbeitsleistung von 54 Mbit/s angepriesen werden, können ihre Ziele und die tatsächlich erreichten Bandbreiten sehr unterschiedlich sein. 802.11g ist in erster Linie für den Verbrauchermarkt gedacht. Es ist in der Regel billiger als 802.11a und bietet gegenüber 12 Kanälen bei 802.11a drei Datenkanäle an, die sich nicht überlappen. Kanäle verhalten sich in etwa so wie die Fahrspuren einer Autobahn: Je mehr Kanäle verfügbar sind, desto größer ist die Anzahl an Clients, die ihr volles Potenzial an Bandbreite ausschöpfen können.

Für kleine Unternehmen sind beide Standards in Ordnung. Größere Unternehmen oder Universitäten werden wohl eher 802.11a in Erwägung ziehen, da es ein größeres Spektrum abdeckt. In der Praxis können die meisten aktuellen drahtlosen Netzwerkgeräte und Netzwerkkarten mit beiden Netzwerktypen verwendet werden.

Heute sind 802.11b- (11 Mbit/s), 802.11g- und 802.11a-Netzwerke im allgemeinen Einsatz. Die Karten sind günstig und für die meisten Laptops sowie Desktops-PCs erhältlich (oder eingebaut). Die am häufigsten verwendete Architektur für ein 802.11-Netzwerk benutzt wie beim drahtlosen Ethernet einen Hub (»Access-Point« in der Drahtlos-Terminologie) als Verbindungspunkt für mehrere Clients. Access-Points können mit herkömmlichen kabelgebundenen Netzwerken verbunden oder drahtlos mit anderen Access-Points verknüpft werden. Diese Konfiguration wird auch als »drahtloses Netzwerk« bezeichnet.

Sie können einen Linux-Rechner dazu bringen, als 802.11a/b/g-Access-Point zu arbeiten, wenn Sie über die richtige Hardware und die richtigen Treiber verfügen. Wir kennen mindestens einen Chipsatz, der diese Konfiguration unterstützt, den Intersil Prism II. Der AirPort Express von Apple ist eine ausgezeichnete unabhängige, drahtlose Basisstation für 802.11b/g, die sowohl für das Home-Office als auch für das

14.3 Drahtlos – Das LAN für Reiselustige

kleine Büro geeignet ist. Dieses wie ein Steckernetzteil aussehende Produkt ist günstig (um die 100 €) und in höchstem Maße funktionell.[6] Kaufen Sie am besten noch heute eins!

Dutzende von Herstellern gehen mit drahtlosen Access-Points hausieren. Sie können sie in Kaufhausketten oder sogar bei Discountern kaufen. Das Sprichwort, das »Sie das bekommen, wofür Sie bezahlt haben« trifft, wie vorherzusehen war, zu. Billige Access-Points neigen dazu, schlechte Arbeit zu leisten, wenn sie große Dateien übertragen oder mehr als einen aktiven Client bedienen müssen.

Die Fehlerbehebung in einem drahtlosen Netzwerk hat etwas von schwarzer Magie. Sie müssen einen großen Bereich an Variablen in Erwägung ziehen, wenn Sie mit Problemen zu tun haben. Möglicherweise müssen Sie in ein Analyseprogramm für drahtlose Netzwerke investieren, wenn Sie ein entsprechendes Netzwerk mit der Größenordnung eines Unternehmens einsetzen möchten. Wir empfehlen dringend die Analyseprodukte von AirMagnet.

14.3.1 Sicherheit im drahtlosen Netzwerk

Die Sicherheit in drahtlosen Netzwerken ist schon immer sehr schwach gewesen. WEP (Wired Equivalent Privacy) ist ein Protokoll, das in Verbindung mit 802.11b-Netzwerken verwendet wird und eine 40-Bit-, 104-Bit- oder 128-Bit-Verschlüsselung für Pakete ermöglicht, die über den Äther gehen. Dieser Standard enthält leider einen fatalen Entwicklungsfehler, der Schnüfflern nahezu Tür und Tor öffnet. Jemand, der sich außerhalb Ihrer Wohnung oder Ihres Gebäudes befindet, kann direkt und unerkannt auf Ihr Netzwerk zugreifen.

In jüngerer Zeit haben die WPA-Sicherheitsstandards (Wi-Fi Protected Access) für neues Vertrauen in drahtlose Sicherheit gesorgt. Heute sollten Sie WPA anstelle von WEP in allen neuen Installationen einsetzen. Ohne WPA sollten drahtlose Netzwerke sowohl mit als auch ohne WEP als absolut unsicher betrachtet werden.

802.11i, auch WPA 2 genannt, ist eine jüngere Alternative zu WPA, die weitere Authentifizierungsmechanismen für unternehmensweite drahtlose Netzwerke hinzufügt.

14.3.2 Drahtlose Switches

Auf die gleiche Art und Weise, wie sich Ethernet-Hubs zu Ethernet-Switches entwickelt haben, werden drahtlose Produkte für den Einsatz in großen Unternehmen einer schrittweisen Veränderung unterzogen. Einige Anbieter (wie Airespace) stellen jetzt »drahtlose« Switches her, die mit vielen über das gesamte Gelände verteilten Access-Points zusammenarbeiten. Nach der Theorie kann eine Menge an billigen Access-

---

[6] Sie können es auch mit Ihrer Stereoanlage verbinden, um Musik drahtlos von Ihrem PC oder Laptop abzuspielen.

Points verteilt und zentral von einem »intelligenten« Switch verwaltet werden. Der Switch verwaltet die Konfigurationseinstellungen über WAP und unterstützt Authentifizierung und Roaming reibungslos.

Es ist definitiv keine Zeitverschwendung, diese Produktkategorie zu bedenken, wenn Sie drahtlose Netzwerkdienste mit hoher Netzkapazität für mittlere bis große Unternehmen bereitstellen müssen. Sie verringern nicht nur den Aufwand für die Verwaltung des WLAN, sondern sind auch ein Hilfsmittel, um die Dienstqualität (Quality of Service, QoS) für die Benutzer zu steuern und aufzuzeichnen.

Ein recht netter Trick besteht darin, an Ihrem Standort ein 802.11a/b/g-Netzwerk einzusetzen und es für die Unterstützung von mobilen VoIP-Telefonen der Mitarbeiter einzusetzen. Sie verfügen dann über ein kostenloses Netztelefon!

14.4 FDDI: Das enttäuschende, teure und veraltete LAN

Das Ethernet der 80er Jahre bot mit seinen 10 Mbit/s nicht genügend Bandbreite für manche Netzwerkanforderungen, z. B. das Verbinden von Arbeitsgruppen durch ein Unternehmens- oder Hochschul-Backbone. Das ANSI-X3T9.5-Komitee hat in einem Versuch, Optionen mit größerer Bandbreite anzubieten, den FDDI-Standard (Fiber Distributed Data Interface) als Alternative zu Ethernet geschaffen.[7] Als Token Ring mit 100 Mbit/s erstellt und vermarktet, sah FDDI einst aus, als wäre es für viele Unternehmen *die* einfache Lösung für den Bedarf an Bandbreite.

Leider hat FDDI auf der ganzen Linie enttäuscht und sollte heute in keiner Produktionsumgebung eingesetzt werden. Wir erwähnen FDDI an dieser Stelle aus rein historischen Gründen (und für den Fall, dass Sie es vermutlich noch in einigen dunklen Ecken Ihres Netzwerks im Einsatz finden).

FDDI benötigt für eine gute Geschwindigkeit eine wesentlich größere MTU, als es standardmäßig für Ethernet üblich ist. Ein MTU-Wert von 4.352 (mit `ifconfig` eingerichtet) kommt ungefähr hin.

Tipp

In Abschnitt 12.3 erhalten Sie weitere Informationen über MTUs.

Der FDDI-Standard legt ein voll ausgestattetes LAN mit 100 Mbit/s mit Tokenweitergabe und einem Doppelring fest, das Glasfaserkabel als Medium verwendet, wie es in

---

7 *FDDI wurde auch als ISO-Standard anerkannt.*

14.4 FDDI: Das enttäuschende, teure und veraltete LAN

Abbildung 14.4 dargestellt ist. Die Doppelring-Architektur enthält einen primären Ring, der für die Datenübertragung verwendet wird und einen zweiten Ring als Reserve für den Fall, dass der Ring unterbrochen wird (entweder physisch oder elektronisch).

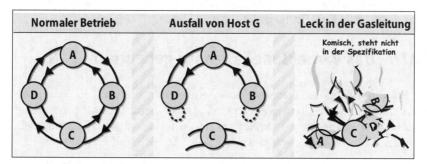

Abbildung 14.4: FDDI als Dual-Token-Ring

Hosts können sowohl mit beiden Ringen (sie können dann als Class-A oder »doppelt angebundene« Hosts bezeichnet werden) oder mit dem primären Ring (Class-B oder »einzeln angebundene« Hosts) verbunden werden. Backbone-Router und Konzentratoren sind in der Regel doppelt angebunden, wohingegen Arbeitsstationen normalerweise einzeln mittels eines Konzentrators (einer Art Glasfaser-Hub) angebunden sind.

Ein Vorteil von Token-Ring-Systemen besteht darin, dass der Zugriff auf das Netzwerk durch ein geplantes Protokoll gesteuert wird. Es gibt keine Kollisionen, sodass die Geschwindigkeit des Netzwerks unter hoher Last nicht abnimmt, wie es bei Ethernet vorkommen kann. Viele Token-Ring-Systeme können mit 90–95% ihrer Kapazität arbeiten, wenn sie mehrere Clients bedienen.

Der FDDI-Standard empfiehlt für physische Medien zwei Arten von Glasfaser: Single-Mode und Multi-Mode. Bei »Mode« handelt es sich um eine Lichtwelle, die in einem bestimmten Winkel auf die Glasfaser trifft. Single-Mode-Glasfaser erlaubt genau einer Lichtwelle, ihren Pfad zu beschreiben, und benötigt daher einen Laser als Ausgangsquelle.[8] Multi-Mode-Glasfaser gestattet mehrere Pfade und wird in der Regel durch weniger kostspielige und gefährliche LEDs angetrieben. Single-Mode-Glasfaser kann über wesentlich größere Distanzen eingesetzt werden als Multi-Mode. In der Praxis wird für FDDI meistens Multi-Mode-Glasfaser mit 62,5 µm verwendet.

---

8 *Die meisten (aber nicht alle) Laser, die in Glasfasernetzwerken verwendet werden, sind Class-1-Geräte, was entweder bedeutet »sicher für Ihre Augen« oder »nicht sicher für Ihre Augen; das Gerät wurde aber so entwickelt, dass bei normalem Gebrauch eine Strahlungsbelastung vermieden wird«. Der Begriff »normaler Gebrauch« umfasst leider auch, dass man nicht mit beschädigten Kabeln herumhantieren sollte. Somit gibt es tatsächlich keine Sicherheitsgarantie. Leuchten Sie nicht mit dem Laser in Ihre Augen, selbst wenn alle coolen Burschen es zu tun scheinen.*

Bei FDDI werden mehrere Verbindungsstandards für Glasfaser verwendet, die sich von Hersteller zu Hersteller unterscheiden. Denken Sie unabhängig von den verwendeten Konnektoren daran, dass eine saubere Glasfaserverbindung für betriebssicheres Arbeiten notwendig ist. Obwohl es für Glasfaser Terminierungs-Kits zum Selbstbau gibt, empfehlen wir, wo immer es möglich ist, die Enden der Glasfaserabschnitte durch eine professionelle Kabelfirma installieren zu lassen.

14.5 ATM: Das verheißene (aber arg gebeutelte) LAN

ATM steht für Asynchronous Transfer Mode, einige interpretieren es jedoch als »Another Technical Mistake« (ein weiterer technischer Fehler). Ein Sprecher der Datenkommunikationsindustrie beschreibt es als »ein Versuch der Telefongesellschaft, Ihr Netzwerkproblem in etwas umzuwandeln, das sich tarifieren lässt«.

ATM ist technisch gesehen etwas Besonderes, da es die Philosophie vertritt, dass kleine Pakete fester Größe (»Zellen« genannt) der effizienteste Weg sind, um Gigabit-Netzwerke zu implementieren. ATM verspricht außerdem Fähigkeiten, die von anderen Medien traditionell nicht angeboten werden, wie z. B. die Reservierung von Bandbreite und die Garantie der Dienstqualität.

Oberhalb der 53-Byte-Zellen von ATM werden fünf ATM-Anpassungsschichten (ATM Adaption Layers, AALs) für den Zellentransport beschrieben. Die Anwendungen für die einzelnen Schichten sind in Tabelle 14.4 zusammengefasst.

AAL	Anwendung
1	Anwendungen mit konstanter Bitrate wie Tonübertragung (erfordert eingeschränkte[a] Verzögerung)
2	Anwendungen mit variabler Bitrate, die eingeschränkte Verzögerung erfordern
3	Verbindungsorientierte Datenanwendungen
4	Datenanwendungen ohne Verbindung
5	Allgemeiner Datentransport (vor allem IP-Verkehr, ersetzt 3 und 4)

Tabelle 14.4: Anwendungsschichten bei ATM

a) *Hier ist gemeint, das ein Paket maximal nur eine recht kleine Zeitspanne verzögert werden darf.*

Es ist nicht klar, wie AAL 2 jemals in der Praxis eingesetzt werden sollte. Es gibt gegenwärtig keinen festgelegten Standard dafür. AAL 3 und 4 haben sich als ziemlich ähnlich herausgestellt und wurden miteinander kombiniert. Eine Gruppe von Herstellern, die ATM implementieren sollten, waren mit AAL 3 und 4 wegen ihrer hohen Kosten sehr unglücklich. Sie haben daher ihre eigene Lösung entwickelt, SEAL (Simple and Efficient Adaptation Layer), die kurze Zeit später zu AAL 5 wurde.

ATM wurde in den 90er Jahren weithin als vermitteltes Netzwerkmedium vermarktet, das für LAN-, WAN- und MAN-Anforderungen gleichermaßen eingesetzt werden konnte. Heute ist ATM nahezu tot und nur noch in WAN-Umgebungen erhalten geblieben, in denen große Telekommunikationsunternehmen immer noch versuchen, ihre Fehlinvestitionen in ATM-Hardware zu amortisieren.

Hersteller von ATM-Switches fahren damit fort, ihre Produkte aggressiv zu vermarkten, und es ist an vielen Orten möglich, eine ATM-Leitung zu bestellen. Es ist jedoch besser, andere Technologien als ATM für neue Netzwerkentwicklungen zu verwenden.

14.6 Frame Relay: Das aufopferungsvolle WAN

Bei Frame Relay handelt es sich um eine WAN-Technologie, die zu vernünftigen Kosten einen Datenservice mit der Vermittlung von Paketen anbietet. Es stimmt zwar nicht genau, doch von Frame Relay wird häufig behauptet, dass es ein erneut vermarktetes X.25 ist — eine schaurige Technologie für die Paketvermittlung aus den Mittsiebzigern. Es ist zum Glück dermaßen weit verbreitet, dass sich Geräte, Software und Support als solide und funktionsfähig erwiesen haben.

Traditionell hätten sich Benutzer, die sich mit Remote-Standorten verbinden wollen, eine dedizierte Leitung wie einen DDS- oder E1-Anschluss mit 64 Kilobit/s von der Telefongesellschaft gekauft. Hierbei handelt es sich um Datenleitungen mit Punkt-zu-Punkt-Anschluss, die 24 Stunden am Tag verbunden sind. Dieser Verbindungstyp ist leider häufig teuer, da es erforderlich ist, dass die Telefongesellschaft für die Verbindung Geräte und Bandbreite bereitstellt.

Dagegen ist Frame Relay ein Versuch für Wirtschaftlichkeit auch im kleineren Maßstab. Die Telefongesellschaft erstellt ein Netzwerk (häufig als »Wolke« bezeichnet[9]), das ihre Filialen miteinander verbindet. Benutzer übermitteln Daten in kleinen Paketen an Remote-Standorte. Die Telefongesellschaft leitet die Pakete durch die geeigneten Filialen und liefert sie letztlich an ihre Bestimmungsorte aus. In diesem Modell spekulieren Sie und die Telefongesellschaft darauf, dass die Gesamtmenge an Verkehr zu keinem Zeitpunkt die Bandbreite des Netzwerks übersteigt (eine Bedingung, die euphemistisch »überzeichnet sein« genannt wird).

Ein Router kapselt IP-Verkehr über Frame-Relay-Verbindungen. Pakete werden über unsichtbare »permanente virtuelle Leitungen« (Permanent Virtual Circuit, PVC) vermittelt, sodass Pakete nur zu den Standorten reisen, für die Sie bezahlt haben. Diese PVCs erfordern seitens der anderen Standorte, die mit dem Frame-Relay-Netzwerk verbunden sind, einen gewissen Schutz der Privatsphäre.

---

9 *Ein allzu passender Name – es ist nie ganz klar, wie das Wetter in einem Frame Relay wird. Sturm? Regen? Graupel? Hagel?*

Der größte Vorteil von Frame Relay liegt darin, dass es normalerweise nicht teuer ist. In einer Welt, in der Sie »das erhalten, wofür Sie bezahlt haben«, werden Sie jedoch feststellen, dass die Geschwindigkeit von Frame Relay manchmal gering ist. Frame Relay-Verbindungen weisen einen Overhead für die Vermittlung auf, und die Verbindungsgeschwindigkeit kann zu Zeiten hoher Nutzung absinken.

14.7 ISDN: Das einheimische WAN

ISDN (Integrated Services Digital Network) ist ein Angebot der Telefongesellschaft, das in zahlreichen Formen daherkommt. In seiner gebräuchlichsten und anwendbarsten Form, die BRI (Basic Rate Interface) genannt wird, ist es im Wesentlichen eine Telefonleitung, die vollständig digital ist und zwei 64-KBit/s-Einwählkanäle (B-Kanäle) und einen einzelnen 16-KBit/s Signalkanal D besitzt. Jeder B-Kanal kann sowohl für Sprache als auch für Daten verwendet werden (eine Sprachleitung kann über einen einzelnen 64-Kbit/s-Kanal transportiert werden).

ISDN bietet eine digitale Leitung mit relativ hoher Geschwindigkeit zu vernünftigen Kosten. Terminaladapter wandeln die Telefonleitung in eine vertrautere Schnittstelle wie RS-232 um. Sie werden wie Modems benutzt und haben in etwa denselben Preis. Die meisten Adapter können die beiden B-Kanäle zu einem 128-Kbit/s-Datenkanal bündeln.

ISDN kann anstelle von normalen (analogen) Einwählnetzwerken und auch als WAN-Technologie eingesetzt werden, die einen Router oder eine Bridge verwendet, um weit voneinander entfernte Unternehmen über eine Leitung miteinander zu verbinden.

14.8 DSL und Kabelmodems: Das Volks-WAN

Es ist leicht, große Datenmengen zwischen Unternehmen und anderen großen Datenzentren zu bewegen. Technologien wie E1, E3, SONET, ATM und Frame Relay bieten relativ einfache Leitungen, um Bits von einem Ort zum anderen zu transportieren. Diese Technologien stellen jedoch keine realistischen Optionen für die Verbindung von Privatwohnungen und Heimbüros dar, da sie zu teuer sind und die benötigte Infrastruktur nicht überall erhältlich ist.

DSL (Digital Subscriber Line) verwendet gewöhnliches Telefonkabel aus Kupfer, um Daten mit Geschwindigkeiten von bis zu 16 Mbit/s zu übermitteln (obwohl typische DSL-Verbindungen von 256 Kbit/s bis 3 Mbit/s reichen). Da fast alle Häuser bereits über eine Telefonverkabelung verfügen, ist DSL ein praktikabler Weg, um die »letzte Meile« von der Telefongesellschaft bis nach Hause zu vervollständigen. DSL-Verbindungen werden normlerweise in einem Kasten terminiert, der als TCP/IP-Router arbeitet und sich über Ethernet mit anderen Geräten im Haus verbindet. DSL ist in der Regel billiger und schneller als ISDN, sodass es mittlerweile für private Anwender die bevorzugte Technologie darstellt.

Im Gegensatz zu herkömmlichen Telefon- und ISDN-Verbindungen, die die Anwahl eines Zielpunkts erfordern, bieten die meisten DSL-Implementierungen einen reservierten Dienst, der permanent verbunden ist. Dieses Merkmal macht DSL noch attraktiver, da kein spezieller Verbindungsaufbau notwendig ist und es keine Verbindungsverzögerung gibt, wenn der Benutzer Daten übermitteln möchte.

DSL gibt es in mehreren Varianten und wird daher auch als xDSL bezeichnet, wobei das x für eine Untertechnologie steht, z. B. A für asymmetrisch, S für symmetrisch, H für Hochgeschwindigkeit, RA für Rate Adaptive und I für DSL-über-ISDN (nützlich für Orte, die zu weit vom zentralen Büro entfernt liegen, um DSL zu unterstützen). Welche Varianten in Ihrer Gegend verfügbar und wie hoch die Übertragungsgeschwindigkeiten für Daten sind, hängt von der Ausrüstung ab, für die sich Ihre Telefongesellschaft entschieden hat.

Dieser Wettbewerb um die Anbindung der »letzten Meile« von Hunderten von Millionen Häusern ist heiß umkämpft. Er wird außerdem stark politisiert, gut mit Kapital ausgestattet und übermäßig beworben. DSL verwendet die oft bestehende Infrastruktur aus Kupferleitungen, die von den etablierten Telefongesellschaften in den 80er und 90er Jahren verwendet wurde. In manchen Gegenden wurde die Infrastruktur auf Glasfaser umgestellt – dort ist kein DSL verfügbar. In Gegenden, wo Telefongesellschaften aus der Kupfer-Technik hohe Gewinne erwirtschaftet haben, anstatt in »moderne« Technologien zu investieren, da haucht DSL der Kupfer-Technik neues Leben ein.

Gesellschaften für Kabelfernsehen, die bereits in manchen Gegenden eine Infrastruktur auf der Grundlage von Glasfaser im Einsatz haben, bewerben ihre eigenen Lösungen für die »letzte Meile« und bieten ähnliche (dabei asymmetrische) Hochgeschwindigkeitsverbindungen für zu Hause an. Die Kabelmodembranche hatte vor kurzem eine Eingebung über die Datenstandards und bewirbt gegenwärtig den Standard DOCSIS (Data Over Cable Service Interface Specification). Dieser Standard definiert die technischen Spezifikationen sowohl für Kabelmodems als auch für die in den Kabelfirmen verwendete Ausrüstung und ermöglicht dabei eine markenübergreifende Zusammenarbeit.

Alles in allem reduziert sich der Kampf zwischen Kabelmodem- und DSL-Technologien auf die Aussage: »Unser Marketingbudget ist höher als eures.« DSL hat dabei einen Vorteil, da jede Verbindung zum einzelnen Kunden privat ist; benachbarte Kabelmodems teilen sich die Bandbreite und können manchmal den Verkehr der anderen belauschen.

14.9 Wohin entwickelt sich die Netzwerktechnologie?

Wenn Sie die oben beschriebenen Technologien genau betrachten, erkennen Sie ein allgemeines Grundprinzip: Die einfachen, günstigen gewinnen, wohingegen die komplexen und teuren schnell zugrunde gehen. Wohin führt uns das?

Ethernet hat seine Gegner geschlagen, da es sehr günstig ist. Es ist so leicht zu implementieren, dass Sie heute sogar Mikrowellenherde mit Ethernet-Schnittstelle kaufen können. Ethernet lässt sich gut skalieren: In vielen Unternehmen ist die Ethernet-Infrastruktur mit 10 Mbit/s aus den frühen 80ern noch immer in Gebrauch, aber mit Segmenten von 100 Mbit/s und 1 Gbit/s verbunden. Es gibt bereits Ethernet mit 10 Gbit/s über Glasfaser und wir werden es bald weit verbreitet über Kupferkabel sehen. Wir gehen davon aus, dass sich dieser Trend mit immer schnelleren Switches, die alles miteinander verbinden, fortsetzen wird.

Bei der Verbindung zu Hause haucht DSL dem müden alten Kupferkabel neues Leben ein. Die starke Zunahme von Kabelmodems hat es möglich gemacht, dass Millionen von Haushalten Zugriff auf hohe Geschwindigkeit (und echte Sicherheitsprobleme) haben können.

Das wirklich Großartige an diesen neuen Entwicklungen ist – unabhängig vom Medium oder der Geschwindigkeit – die Kompatibilität mit TCP/IP.

14.10 Netzwerke testen und debuggen

Ein wesentlicher Vorteil der weit verbreiteten Migration zu Ethernet (und anderen UTP-basierten Technologien) besteht in der Leichtigkeit des Debuggens. Da diese Netzwerke Verbindung für Verbindung analysiert werden können, lassen sich Hardwareprobleme häufig eher in Sekunden als in Tagen isolieren.

Der Schlüssel zum Debuggen eines Netzwerks liegt darin, es in seine Bestandteile zu zerlegen und jeden Abschnitt so lange zu testen, bis Sie das störende Gerät oder Kabel gefunden haben. Die »Idiotenlichter« an Switches und Hubs (z. B. »Verbindungsstatus« und »Paketverkehr«) stellen oft unmittelbare Anhaltspunkte für die Ursache des Problems dar. Eine erstklassige Dokumentation Ihres Verkabelungsschemas ist essentiell dafür, dass die Indikatorlichter in Ihrem Sinne arbeiten.

Wie bei fast allem, ist der Besitz der richtigen Werkzeuge für eine Aufgabe bereits die halbe Miete, um den Job korrekt und ohne Verzögerung ausführen zu können. Auf dem Markt werden hauptsächlich zwei Arten von Werkzeugen zum Debuggen von Netzwerken angeboten (die allerdings schnell zusammenwachsen).

Das Erste ist der tragbare Kabelanalysator. Dieses Gerät kann die elektrischen Eigenschaften eines Kabels messen, einschließlich der Länge (mit einer tollen Technik, die »Zeitbereichsreflektometrie« genannt wird). Diese Analysatoren können normalerweise auch auf einfache Fehler aufmerksam machen, z. B. ein gebrochenes oder falsch verdrahtetes Kabel. Unser Lieblingsprodukt für die Kabelanalyse eines LANs ist LanMeter von Fluke. Es handelt sich dabei um einen Analysator mit sämtlichen Funktionen in einem Gerät, der sogar IP-Pings über das Netzwerk ausführen kann. High-End-Versionen haben ihren eigenen Webserver, der Ihnen Verlaufsstatistiken anzeigen kann. Für WAN-Leitungen (Telco) ist der Analysator T-BERD die erste Wahl. Er und sein High-End-Gegenstück für das Testen von LANs, die FIREBERD-Serie, werden von Acterna hergestellt (*www.acterna.com*).

Das zweite Tool ist der Netzwerk-Sniffer. Dieses Gerät zerlegt Netzwerkpakete, um nach Protokollfehlern, fehlerhaften Einstellungen und allgemeinem Durcheinander zu sehen. Sie können kommerzielle Sniffer im Handel erwerben; wir sind allerdings der Ansicht, dass das frei erhältliche Programm Wireshark (*www.wireshark.org*) normalerweise die beste Option ist, wenn Sie es auf einem gut ausgestatteten Laptop ausführen. [10]

14.11 Die Verkabelung legen

Wir empfehlen Ihnen, die beste Kabelqualität zu verwenden, die Sie bekommen können – egal, ob Sie Gigabit-Ethernet oder nur serielle Kabel einsetzen. Sie verbessern damit Ihre Chancen, dasselbe Kabel auch noch in zehn Jahren verwenden zu können. Es ist billiger, wenn Sie ein komplettes Gebäude auf einmal verkabeln, als wenn Sie Verbindung für Verbindung vorgehen.

14.11.1 Verkabelungsmöglichkeiten mit UTP

Kabel der Kategorie 5E bietet heute normalerweise das beste Preis/Leistungs-Verhältnis. Sein normales Format besteht aus vier Paaren pro Mantel, die direkt für zahlreiche Datenverbindungen von RS-232 bis Gigabit-Ethernet eingesetzt werden können.

Die Spezifikation für die Kategorie 5E erfordert, dass die Verdrillung zur Punchdown-Klemme innerhalb von gut einem Zentimeter der Verbindung beibehalten werden muss. Dazu muss jedes Kabel mit mehr als vier Paaren pro Mantel festgeklebt oder gesichert werden, da es für mehr als eine Verbindung da ist.

Für Kabel der Kategorie 5E müssen Sie zusätzlich Abschlusswiderstände verwenden, die dafür geeignet sind. Den größten Erfolg hatten wir mit Elementen von Siemon.

14.11.2 Anschlüsse in Büros

Eine Verbindung pro Büro ist eindeutig zu wenig. Sollten Sie aber zwei oder vier verwenden? Wir empfehlen aus folgenden Gründen vier:

- Sie können für serielle Verbindungen eingesetzt werden (Modem, Drucker usw).
- Sie können für Sprachtelefone benutzt werden.
- Sie können für Besucher oder Demorechner eingesetzt werden.
- Die Materialkosten belaufen sich normalerweise auf 5–10% der Gesamtkosten.

---

[10] *Wie viele populäre Programme, sieht sich auch Wireshark zahlreichen Angriffen durch Hacker ausgesetzt. Stellen Sie sicher, dass Sie immer mit der aktuellen Version arbeiten.*

- Wenn Sie Ihre beste Schätzung verdoppeln, liegen Sie meistens auf der richtigen Seite.
- Es ist wesentlich billiger, alles auf einmal zu verkabeln, als später einzelne Kabel hinzuzufügen.
- Wenn zu wenig Anschlüsse da sind, werden Hubs mit 10 Mbit/s im nächsten Elektromarkt gekauft und dann beschweren sich die Benutzer beim Help-Desk über die Verbindungsgeschwindigkeit.

Wenn Sie dabei sind, ein ganzes Gebäude zu verkabeln, denken Sie auch darüber nach, einige Anschlussdosen in den Fluren, den Konferenzräumen, Aufenthaltsräumen, Waschräumen und natürlich in den Gebäudedecken für drahtlose Access-Points zu installieren. Vergessen Sie dabei jedoch nicht die Sicherheit und legen Sie die öffentlich zugänglichen Ports auf ein »Gast«-VLAN, das keinen Zugriff auf Ihre internen Netzwerkressourcen zulässt.

14.11.3 Verkabelungsstandards

Moderne Gebäude erfordern häufig eine große und komplexe Verkabelungsinfrastruktur, um sämtliche Aktivitäten, die im Inneren stattfinden, zu unterstützen. Sie bekommen garantiert dieses flaue Gefühl in der Magengrube, wenn Sie einen durchschnittlichen Telekommunikationsraum betreten und sehen, wie gleichfarbige, unbeschriftete Kabel über die Wände laufen.

Die Telecommunications Industry Association hat im Februar 1993 den Verwaltungsstandard TIA/EIA-606 für die Telekommunikation in gewerblichen Gebäuden veröffentlicht, um die Gebäudeverkabelung zu vereinheitlichen und nachvollziehbarer zu machen.

EIA-606 deckt folgende Themen ab:

- Abschluss-Hardware
- Kabel
- Kabelkanäle
- Räume für Ausrüstung
- Farbkodierung für die Infrastruktur
- Symbole für Standardkomponenten

Es werden vor allem die Standardfarben für die Verdrahtung festgelegt. Die Einzelheiten finden Sie in Tabelle 14.5.

Abschlusstyp	Farbe	Code[a]	Anmerkungen
Demarkationspunkt	Orange	150C	Zentrale Abschlusswiderstände für Büros
Netzwerkverbindungen	Grün	353C	Werden auch für AUX-Ringabschlüsse verwendet
Standardgeräte[b]	Violett	364C	Abschlusswiderstände für die hauptsächlichen Switches und Datengeräte
First-Level-Backbone	Weiß	–	Kabelabschlusswiderstände
Second-Level-Backbone	Grau	422C	Kabelabschlusswiderstände
Station	Blau	291C	Horizontale Kabelabschlusswiderstände
Backbone zwischen Gebäuden	Braun	465C	Kabelabschlusswiderstände für Campus
Verschiedene	Gelb	101C	Instandhaltung, Reparatur, usw.
Haupttelefonsysteme	Rot	184C	–

Tabelle 14.5: Farbtabelle zu EIA-606

a) Nach der Farbpalette von Pantone®
b) Telefonanlagen, Hosts, LANs, Multiplexgeräte usw.

Pantone verkauft mittlerweile Software, die es ermöglicht, die Pantone-Systeme für Tintendruckpapier, Textilfarben und farbiges Plastik untereinander zuzuordnen. Sie könnten damit die Farben für die Verkabelung, die Uniformen der Monteure und die Verkabelungsdokumentation koordinieren! Andererseits ...

14.12 Probleme des Netzwerkentwurfs

Dieser Abschnitt behandelt den logischen und physischen Entwurf des Netzwerks und zielt auf Installationen mittlerer Größe ab. Die dargelegten Ansätze eignen sich für bis zu einige Hundert Hosts, sind jedoch für drei Rechner des Guten zu viel und für Tausende unzureichend. Wir gehen außerdem davon aus, dass Sie über ein ausreichendes Budget verfügen und ganz von vorn anfangen, was wahrscheinlich nur zum Teil zutrifft.

Der größte Teil des Netzwerkentwurfs besteht aus folgenden Spezifikationen:

- Verwendete Medientypen
- Topologie und Führung der Kabel
- Verwendung von Switches und Routern

Ein weiteres Schlüsselproblem im Netzwerkentwurf ist die Vermeidung von Überlastung (congestion control). Die Dateifreigabe über ein Backbone-Kabel ist nicht erwünscht, da z. B. Protokolle für den gemeinsamen Datenzugriff, wie NFS und CIFS, das Netzwerk sehr stark belasten.

Die typischen Probleme, die in den folgenden Abschnitten dargestellt werden, müssen Sie in jedem Netzwerkentwurf bedenken.

14.12.1 Netzwerk- und Gebäudearchitektur

Die Architektur des Netzwerks ist normalerweise flexibler als die Gebäudearchitektur; beide müssen jedoch nebeneinander bestehen. Seien Sie verschwenderisch, wenn Sie in der glücklichen Position sind, das Netzwerk zu planen, bevor das Gebäude konstruiert wird. In den meisten Fällen bestehen Gebäude und Gebäudeverwaltung bereits und sind damit in gewisser Hinsicht unflexibel.

In bestehenden Gebäuden muss das Netzwerk die Gebäudearchitektur nutzen und sie nicht bekämpfen. Moderne Gebäude enthalten neben Hochspannungsleitungen und Wasser- oder Gasleitungen häufig auch Kabelkanäle für Daten- und Telefonkabel. Sie verwenden oft abgehängte Decken, die für Netzwerktechniker ein Segen sind. Viele Universitätsgelände und Organisationen verfügen über Versorgungstunnel im Untergrund, die Netzwerkinstallationen beherbergen.

Brandschutzmauern müssen erhalten bleiben[11]; wenn Sie ein Kabel durch eine Brandwand führen, muss das Loch geschützt und mit einer nichtbrennbaren Substanz gefüllt werden. Berücksichtigen Sie bei der Auswahl des Kabels auch den Abluftschacht. Sollten Sie bei Verstößen gegen die Brandschutzbestimmungen erwischt werden, müssen Sie mit einem Bußgeld rechnen und die Probleme, die Sie verursacht haben, selbst beheben. Das kann auch zur Folge haben, dass Sie das gesamte Netzwerk abreißen und es wieder korrekt aufbauen müssen.

Der logische Aufbau Ihres Netzwerks muss zu den physischen Beschränkungen des entsprechenden Gebäudes passen. Denken Sie bei der Planung des Netzwerks daran, dass es leicht ist, eine logische, gute Lösung zu entwerfen, die dann aber physisch schwierig oder gar nicht zu implementieren ist.

14.12.2 Bestehende Netzwerke

Im Mittelpunkt dieser Erörterung stehen Computer. Viele Unternehmen haben jedoch bereits CATV- und Telefonnetzwerke im Einsatz, die in der Lage sind, Daten zu übermitteln – häufig Verbindungen über Glasfaser. Kaufen Sie eine Menge an zusätzlichen Glasfaserkabeln und installieren Sie diese auf einmal, wenn Ihr Unternehmen bereit ist, ein neues Telefonsystem zu installieren.

Wir hatten diese Gelegenheit vor einigen Jahren und fragten die Auftragnehmer, ob sie für uns nicht etwas Glasfaser zusammenschließen könnten. Sie sagten: »Sicher, das kostet nichts extra.«, und waren etwas angefressen, als wir mit einer LKW-Ladung Glasfaserkabel aufgetaucht sind.

---

[11] Dabei handelt es sich um eine Mauer aus Beton, Ziegelstein oder feuerhemmendem Material, die Flammen davon abhält, sich in einem Gebäude auszubreiten und es abzubrennen. Sie ist genauso wichtig wie eine Firewall für die Sicherheit im Netzwerk, auch wenn sie sich von dieser stark unterscheidet.

14.12.3 Erweiterung

Es ist sehr schwierig, vorauszusagen, welche Anforderungen es in 10 Jahren geben wird. Dies trifft vor allem auf den Computer- und Netzwerkbereich zu. Aus diesem Grund ist es wichtig, beim Entwurf des Netzwerks Erweiterungen und zunehmende Bandbreite im Hinterkopf zu behalten. Sie sollten bei der Installation von Kabeln vor allem in schwer zugänglichen Bereichen die drei- bis vierfache Menge dessen mitnehmen, was Sie eigentlich brauchen. Denken Sie daran: Das Teuerste bei der Installation ist die Arbeit und nicht das Material.

Selbst wenn Sie keine aktuellen Pläne für die Verwendung von Glasfaserkabel haben, ist es weise, einige bei der Verkabelung Ihres Gebäudes zu verlegen, da es schwierig ist, Kabel zu einem späteren Zeitpunkt zu installieren. Setzen Sie sowohl Multi-Mode- als auch Single-Mode-Glasfaser ein. Das, was Sie in der Zukunft brauchen, ist immer das, was Sie nicht installiert haben.

14.12.4 Staus

Ein Netzwerk verhält sich wie eine Kette: Es ist nur so gut wie seine schwächste oder langsamste Verbindung. Die Geschwindigkeit von Ethernet nimmt, wie in vielen anderen Netzwerkarchitekturen auch, mit zunehmender Last des Netzwerks nichtlinear ab.

Überlastete Switches, falsch zugeordnete Schnittstellen sowie langsame Verbindungen können alle zum Stau führen. Es ist hilfreich, lokalen Verkehr zu isolieren, indem Subnetze erstellt und Verbindungsgeräte wie z. B. Router eingesetzt werden. Subnetze können auch zur Isolation von Rechnern verwendet werden, die für Experimente eingesetzt werden. Es ist schwierig, ein Experiment durchzuführen, das mehrere Rechner mit einbezieht, wenn es keinen leichten Weg gibt, diese Rechner sowohl physisch als auch logisch vom restlichen Netzwerk zu trennen.

14.12.5 Wartung und Dokumentation

Wir haben herausgefunden, dass die Qualität der Wartung eines Netzwerks in hohem Maße mit der Qualität seiner Dokumentation zusammenhängt. Eine genaue, vollständige und aktuelle Dokumentation ist absolut unerlässlich.

Kabel sollten alle paar Meter und an beiden Enden beschriftet werden, sodass sie in einer Decke oder Wand leicht identifiziert werden können.[12] Es ist eine gute Idee, Kopien der lokalen Kabelkarten in Räumen mit Kommunikationsausrüstung abzulegen, sodass sie bei Änderungen direkt angepasst werden können. Die Änderungen sollten einmal alle paar Wochen von jemandem in eine entsprechende Datenbank eingespeist werden.

---

12 *Einige Kabelhersteller beschriften die Kabelspulen für Sie alle paar Meter im Voraus.*

Verbindungsstellen zwischen den Hauptknotenpunkten in Gestalt von Switches und Routern können das Debuggen erleichtern, indem Teile des Netzwerks isoliert und getrennt nach Fehlern durchsucht werden können. Es ist auch hilfreich, Verbindungsstellen zwischen administrativen Domänen einzurichten.

14.13 Verwaltungsfragen

Einige Dinge müssen zentralisiert, einige verteilt und einige lokal behandelt werden, wenn Ihr Netzwerk einwandfrei arbeiten soll. Vernünftige Grundregeln und Richtlinien müssen formuliert und freigegeben werden.

Eine typische Umgebung enthält Folgendes:

- Ein Backbone-Netzwerk zwischen Gebäuden
- Subnetze für Abteilungen, die mit dem Backbone verbunden sind
- Subnetze für Gruppen innerhalb der Abteilungen
- Verbindungen zur Außenwelt (Internet oder Außenstellen)

Einige Facetten des Netzwerkentwurfs und der Implementierung benötigen unternehmensweite Steuerung, Verantwortlichkeit, Wartung und Finanzierung. Netzwerke mit Gebührenverrechnung für jede Verbindung wachsen auf bizarre, aber vorhersehbare Weise, da die Abteilungen versuchen, ihre eigenen lokalen Kosten zu minimieren. Die Hauptgebiete für eine zentrale Steuerung sind:

- Der Netzwerkentwurf einschließlich der Verwendung von Subnetzen, Routern, Switches usw.
- Das Backbone-Netzwerk selbst, einschließlich seiner Verbindungen
- IP-Adressen der Hosts, Namen der Hosts und Subdomänen
- Protokolle, vor allem, um sicherzustellen, dass sie zusammenarbeiten
- Eine Richtlinie für das Routing ins Internet

Domänennamen, IP-Adressen und Netzwerknamen werden in gewisser Weise bereits zentral von Autoritäten wie ARIN und ICANN verwaltet. Allerdings muss ihr Einsatz in Ihrem Unternehmen außerdem lokal koordiniert werden.

Eine zentrale Autorität hat den Gesamtüberblick über das Netzwerk: seinen Entwurf, seine Kapazität und das erwartete Wachstum. Sie kann sich eine eigene Überwachungsausrüstung leisten (und die Belegschaft, um sie zu betreiben), um das Backbone-Netzwerk gesund zu erhalten. Sie kann auf einem korrekten Netzwerkentwurf beharren, selbst dann, wenn das bedeutet, dass man einer Abteilung vorschreiben muss, einen Router anzuschaffen und ein Subnetz für die Verbindung mit dem Backbone-Netz einzurichten. Eine derartige Entscheidung kann notwendig sein, damit eine neue Verbindung das vorhandene Netzwerk nicht negativ beeinflusst.

Wenn ein Netzwerk viele Arten von Rechnern, Betriebssystemen und Protokollen bedient, ist es immer entscheidend, einen guten Router (z. B. von Cisco) als Gateway zwischen den Netzen einzusetzen.

14.14 Empfohlene Hersteller

In den letzten mehr als 15 Jahren, in denen wir Netzwerke in der ganzen Welt installiert haben, waren wir häufig verärgert über Produkte, die die Spezifikationen nicht erfüllt haben oder falsch dargestellt worden sind, die überteuert waren oder einfach nicht unseren Erwartungen entsprochen haben. Nachfolgend finden Sie eine Liste der Händler in den Vereinigten Staaten, denen wir nach wie vor vertrauen und die wir empfehlen.

14.14.1 Kabel und Konnektoren

AMP (heute Bestandteil von Tyco)
+1 (800) 522-6752
www.amp.com

Anixter
+1 (800) 264-9837
www.anixter.com

Belden Cable
+1 (800) 235-3361
+1 (765) 983-5200
www.siemon.com

Black Box Corporation
+1 (724)746-5500
www.blackbox.com

Newark Electronics
+1 (800) 463-9275
www.newark.com

Siemon
+1 (860) 945-4395
www.belden.com

14.14.2 Testequipment

Fluke
+1 (800) 443-5853
www.fluke.com

Siemon
+1 (860) 945-4395
www.siemon.com

Acterna
+1 (866) 228-3762
www.acterna.com

14.14.3 Router/Switches

Cisco Systems
+1 (415) 326-1941
www.cisco.com

14.15 Empfohlene Literatur

David Barnett, David Groth und Jim McBee: *Cabling: The Complete Guide to Network Wiring* (3. Auflage), San Francisco: Sybex, 2004.

Rich Seifert: *Gigabit Ethernet: Technology and Applications for High Speed LANs*. Reading: Addison-Wesley, 1998.

ANSI/TIA/EIA-568-A: Commercial Building Telecommunications Cabling Standard und *ANSI/TIA/EIA-606, Administration Standard for the Telecommunications Infrastructure of Commercial Buildings*. Die Standardwerke der Telekommunikationsbranche über Gebäudeverkabelung. Leider sind sie nicht kostenfrei erhältlich. Informieren Sie sich unter *www.tiaonline.org*.

Charles Spurgeon: »*Guide to Ethernet*«, *www.ethermanage.com/ethernet*

14.16 Übungen

1. Die meisten Bürogebäude beherbergen heute Computernetzwerke und sind mittels UTP-Ethernet verkabelt. Um diese Netzwerke zu unterstützen, benötigen Sie eine Mischung aus Hubs und Switches. In vielen Fällen sind die beiden Ausrüstungstypen austauschbar. Nennen Sie die jeweiligen Vor- und Nachteile.

☆ 2. Zeichnen Sie ein einfaches imaginäres Netzwerkdiagramm, das einen Rechner aus Ihrem Computerraum mit amazon.com verbindet. Integrieren Sie LAN-, MAN- und WAN-Komponenten. Zeigen Sie, welche Technologie für jede Komponente verwendet wird. Stellen Sie einige Hubs, Switches und Router dar.

☆☆ 3. Untersuchen Sie das Temporal Key Integrity Protocol von WPA. Zeigen Sie im Einzelnen auf, welche Vorteile es gegenüber WEP aufweist und vor welchen Angriffsarten es schützt.

4. Bei TTCP handelt es sich um ein Werkzeug, mit dem Sie die Geschwindigkeit von TCP und UDP messen können (sehen Sie unter *www.rpmfind.net* nach). Installieren Sie TTCP auf zwei Rechnern im Netzwerk und messen Sie die Verbindungsgeschwindigkeit zwischen ihnen. Was geschieht mit der Bandbreite, wenn Sie die Größe des Zwischenspeichers nach oben oder unten anpassen? Inwiefern sind Ihre beobachteten Werte mit der theoretischen Kapazität des physischen Mediums kompatibel?

15 DNS (Domain Name System)

Unzählige Hosts sind mit dem Internet verbunden. Wie behalten wir den Überblick, wenn sie zu verschiedensten Ländern, Netzwerken und Verwaltungsgruppen gehören? Zwei wesentliche Infrastrukturelemente halten alles zusammen: DNS (Domain Name System), das im Auge behält, wer die Hosts sind, und das Internet-Routingsystem, das sich darum kümmert, wie sie miteinander verknüpft sind.

In diesem Kapitel (manche würden es als kleines Buch bezeichnen) geht es um DNS, das zwar für verschiedene Zwecke geschaffen wurde, dessen Hauptaufgabe aber die Zuordnung von Hostnamen und IP-Adressen ist. Benutzer und Programme auf Benutzerebene bezeichnen Computer gern mit Namen, die maschinennahe Software versteht aber nur Zahlen. DNS ist das Mittel, das alle glücklich macht. Außerdem spielt es inzwischen beim E-Mail-Routing, beim Zugriff auf Webserver und zahlreichen anderen Diensten eine wichtige Rolle.

DNS ist eine »verteilte« Datenbank, d.h., dass die Daten über meine Rechner an meinem Standort, die Daten über Ihre Rechner an Ihrem Standort gespeichert werden und die Standorte irgendwie automatisch kooperieren und Daten gemeinsam nutzen, wenn der eine Daten des anderen nachschlagen muss.

Unsere DNS-Erörterung lässt sich in drei wesentliche Abschnitte unterteilen:

- Das DNS-System im Allgemeinen: Geschichte, Daten und Protokolle
- BIND, eine besondere Implementierung des DNS-Systems
- Betrieb und Wartung von BIND-Servern einschließlich verwandter Themen wie Sicherheit

Wenn Sie die DNS-Server Ihres Standorts einrichten oder warten müssen und bereits eine allgemeine Vorstellung besitzen, wie DNS funktioniert, können Sie den Anfang ruhig überspringen.

Lassen Sie uns einen kleinen Abstecher machen, bevor wir uns mit dem allgemeinen Hintergrund von DNS beschäftigen, um zunächst die am häufigsten gestellte Frage zu beantworten: Wie gliedere ich einen neuen Rechner in ein Netzwerk ein, das bereits BIND benutzt? Was Sie nun lesen, ist eine Art Kochrezept, das keine Begriffe definiert oder erläutert und sich wahrscheinlich nicht genau in Ihre lokalen Administratorrichtlinien und Verfahren einfügt. Verwenden Sie es mit aller Vorsicht.

15.1 DNS für Ungeduldige: Einen neuen Computer hinzufügen

Wenn Ihr Netzwerk für DHCP (Dynamic Host Configuration Protocol) eingerichtet ist, brauchen Sie möglicherweise gar keine manuelle Konfiguration für DNS vorzunehmen. Wenn ein neuer Rechner hinzugefügt wird, informiert der DHCP-Server ihn, welche DNS-Server er für Abfragen benutzen soll. Die von der Außenwelt zu verwendende Zuordnung von Hostnamen zu IP-Adressen wurde wahrscheinlich bei der Konfigurierung des DHCP-Servers eingerichtet und wird durch die dynamische Aktualisierung von DNS automatisch übermittelt.

Das folgende Rezept zeigt, wie Sie die DNS-Konfiguration bei Netzwerken aktualisieren, die kein DHCP verwenden, indem Sie die Einträge für einen ähnlichen Rechner kopieren und ändern.

Schritt 1: Wählen Sie gemeinsam mit den lokalen Systemadministratoren oder Ihrem Internet-Dienstanbieter einen Hostnamen und eine IP-Adresse für den neuen Rechner aus.

Schritt 2: Suchen Sie einen ähnlichen Rechner in demselben Subnetz, dessen Einträge Sie als Modell für die neuen verwenden können. In diesem Beispiel benutzen wir den Rechner `templatehost.my.domain` als Modell.

Schritt 3: Melden Sie sich am Masternameserver an.

Schritt 4: Arbeiten Sie die Konfigurationsdatei des Nameservers durch, die üblicherweise `/etc/named.conf` heißt:

- Suchen Sie die Verzeichniszeile in der `options`-Anweisung, in der steht, welche Dateien für Zonendaten an Ihrem Standpunkt geführt werden (siehe Abschnitt 15.11.4). Die Zonendateien enthalten die aktuellen Daten über den Host und die IP-Adresse.

- Suchen Sie in den `zone`-Anweisungen die Namen für die Forward- und die Reversezonendatei für Ihre neue IP-Adresse (siehe Abschnitt 15.11.11).

- Überzeugen Sie sich anhand der `zone`-Anweisungen, dass der Server tatsächlich der Masterserver für die Domäne ist. Die Forwardzonenanweisung sollte folgendermaßen aussehen:

```
zone "my.domain" {
    type master;
    ...
```

Schritt 5: Wechseln Sie in das Verzeichnis der Zonendateien und bearbeiten Sie die Forwardzonendatei. Suchen Sie die Einträge für den Modellhost, die Sie schon ermittelt hatten. Sie sehen etwa folgendermaßen aus:

15.1 DNS für Ungeduldige: Einen neuen Computer hinzufügen

```
templatehost   IN   A    128.138.243.100
               IN   MX   10   mail-hub
               IN   MX   20   templatehost
```

Möglicherweise fehlen in Ihrer Version die MX-Zeilen, die für Mailrouting verwendet werden.

Schritt 6: Kopieren Sie diese Einträge und passen Sie sie an Ihren Host an. Die Zonendatei ist möglicherweise nach Hostnamen geordnet; halten Sie sich an die bestehende Konvention. Denken Sie daran, auch die Seriennummer im SOA-Eintrag am Anfang der Datei zu ändern (die erste der fünf Zahlen im SOA-Eintrag). Sie sollte nur steigen; addieren Sie 1, falls Ihr Standort eine willkürliche Seriennummer benutzt, oder setzen Sie das Feld auf das aktuelle Datum, wenn Ihr Standort so verfährt.

Schritt 7: Bearbeiten Sie die Reversezonendatei[1], kopieren Sie den Eintrag für den Modellhost und aktualisieren Sie ihn. Er sollte etwa folgendermaßen aussehen:

```
100   IN   PTR   templatehost.my.domain.
```

Beachten Sie, dass der Hostname mit einem nachgestellten Punkt versehen ist; lassen Sie ihn nicht weg. Dann müssen Sie noch die Seriennummer im SOA-Eintrag der Reversezonendatei aktualisieren.

Enthält Ihre Reversezonendatei mehr als nur das letzte Byte der IP-Adressen der einzelnen Hosts, müssen Sie die Bytes in umgekehrter Reihenfolge eingeben. Der folgende Host hat zum Beispiel die IP-Adresse 128.138.243.100 (die Reversezone bezieht sich hier nicht auf *243.138.128.in-addr.arpa*, sondern auf *138.128.in-addr.arpa*):

```
100.243   IN   PTR   templatehost.my.domain.
```

Schritt 8: Starten Sie `rndc reload`, während Sie noch am Masternameserver angemeldet sind. Wenn der Server ausgelastet ist, laden Sie einfach die Domänen (oder Sichten) neu, die Sie geändert haben:

```
# rndc reload forward-zone-name
# rndc reload reverse-zone-name
```

Schritt 9: Prüfen Sie die Konfiguration mit `dig` (siehe Abschnitt 15.16.5). Sie können auch versuchen, den Namen Ihres neuen Hosts mit `ping` oder `traceroute` zu erreichen, selbst wenn er noch nicht eingerichtet ist. Die Meldung »unknown host« bedeutet, dass Sie irgendetwas falsch gemacht haben; »host not responding« heißt wahrscheinlich, dass alles in Ordnung ist.

---

[1] Möglicherweise ist die Reversezone an anderer Stelle untergebracht (beispielsweise bei Ihrem Dienstanbieter). In diesem Fall muss der Eintrag dort geändert werden.

Am häufigsten kommen folgende Fehler vor:

- Sie vergessen, die Seriennummer zu aktualisieren und den Nameserver neu zu laden.
- Sie vergessen, am Ende des Hostnamens im PTR-Reverseeintrag einen Punkt zu setzen.

15.2 Die Geschichte von DNS

Die formelle DNS-Spezifikation in den RFCs 882 und 883 (1983) stammt von Paul Mockapetris und wurde in den RFCs 1034 und 1035 (1987) aktualisiert. Sie enthielt zwei wesentliche Konzepte: hierarchische Hostnamen und verteilte Zuständigkeit.

15.2.1 BIND-Implementierungen

Die ursprüngliche UNIX-Implementierung wurde 1984 in Berkeley von den vier Absolventen Douglas Terry, Mark Painter, David Riggle und Songnian Zhou entwickelt, Mitte der 80er Jahre von Kevin Dunlap in die Berkeley-UNIX-Distribution aufgenommen und unter der Bezeichnung BIND (Berkeley Internet Name Domain-System) bekannt. Derzeit wird BIND von Paul Vixie und dem ISC (Internet Systems Consortium, *www.isc.org*, vor 2004 Internet Software Consortium) gepflegt. Es handelt sich um ein Open Source-Projekt. In den Jahren 2000 und 2001 entwickelte das ISC mit finanzieller Unterstützung mehrerer Anbieter, Regierungsbehörden und anderer Organisationen eine vollkommen neue Version – BIND 9.

Außerdem stellt das ISC Support unterschiedlicher Art für diese Produkte bereit, zum Beispiel Hilfe bei der Konfiguration, Schulungen zu BIND und DNS und sogar individuelle Programmierung. Diese Dienste sind ein Segen für Standorte, die einen Supportvertrag benötigen, bevor sie Open-Source Software einsetzen können. Manche Firmen verwenden Supportverträge als Methode der Unterstützung des ISC – sie erwerben teure Verträge, nutzen sie aber nicht.

Dank eines Ports von Nortel steht BIND sowohl für Windows als auch für UNIX/Linux zur Verfügung. Da das DNS-Protokoll standardisiert ist, können DNS-Implementierungen für UNIX- und Nicht-UNIX-Systeme zusammenarbeiten und Daten gemeinsam nutzen. Viele Standorte betreiben UNIX-Server, um DNS für ihre Windows-Rechner bereitzustellen; diese Kombination funktioniert gut.

Die RFCs 1034 und 1035 gelten immer noch als Ausgangsspezifikation für DNS, aber im Lauf des letzten Jahrzehnts wurden sie von über 40 weiteren verdrängt, die für verschiedene Aspekte des Protokolls und der Einträge ausgearbeitet wurden (siehe die Liste am Kapitelende). Im Augenblick gibt es keinen Standard und keinen RFC, der alle Teile zusammenfasst. Historisch gesehen wurde DNS mehr oder weniger als das definiert, »was BIND implementiert«, obwohl diese Formulierung mit dem Aufkommen weiterer DNS-Server immer weniger zutrifft.

15.2.2 Andere Implementierungen von DNS

Anfangs war BIND die einzige, weit verbreitete DNS-Implementierung. Heute gibt es mehrere, sowohl Open Source- als auch kommerzielle Varianten. Viele setzen nicht sämtliche Spezifikationen um, die die zahlreichen RFCs definieren, die sich in der Standardisierung befinden. Tabelle 15.1 listet die bekannteren Implementierungen auf und zeigt, wo Sie weitere Informationen finden.

Name	Autor	Quelle	Bemerkungen
BIND	ISC	isc.org	Maßgeblich (Authoritative) oder Caching
NSD	NLnet Labs	www.nlnetlabs.nl	Nur maßgeblich
PowerDNS	PowerDNS BV	www.powerdns.com	Nur maßgeblich
djbdns[a]	Dan Bernstein	tinydns.org	Verletzt einige RFCs
Microsoft DNS	Microsoft	microsoft.com	Hat unzählige Sünden begangen
ANS, CNS	Nominum	www.nominum.com	Maßgeblich oder Caching

Tabelle 15.1: Einige bekannte DNS-Implementierungen

a) Wird auch als tinydns bezeichnet, die Serverkomponente des Pakets djbdns.

Die fortlaufende Domänenstatistik des ISC verfolgt die verschiedenen DNS-Implementierungen und die Anzahl der Nameserver, die sie benutzen. Die aktuelle Demografie finden Sie unter der Adresse *www.isc.org*. Klicken Sie nacheinander auf ISC INTERNET DOMAIN SURVEY, LATEST SURVEY RESULTS und schließlich auf DOMAIN SERVER SOFTWARE DISTRIBUTION. Einige große Standorte verwenden DNS-Appliances wie Infoblox (*www.infoblox.com*), erscheinen aber noch nicht in der Übersicht.

In diesem Buch beschäftigen wir uns nur mit BIND, das als Referenzimplementierung von DNS gilt. Es ist die Implementierung, die bei weitem am häufigsten eingesetzt wird, und eignet sich für die meisten Standorte. BIND hält alle bestehenden und vorgeschlagenen Standards der IETF ein und implementiert Features häufig schon, bevor ihre Spezifikation abgeschlossen ist. Das ist gut, weil einige Features, die in die Standards aufgenommen werden möchten, sich als Fehlschlag erweisen – die Aufnahme in BIND macht es möglich, Probleme zu erkennen und zu beheben, bevor sie zum »Gesetz« erhoben werden.

NSD, der Name Server Daemon, wurde 2003 von NLnet Labs in Amsterdam entwickelt. Es handelt sich um einen schnellen, sicheren, maßgeblichen Nameserver für root- und Toplevel-Domänenserver. (Ein maßgeblicher Server ist geeignet, Antworten auf Abfragen zu Hosts in Ihrer Domäne zu geben, kann aber nichts über andere Domänen sagen.)

PowerDNS ist ein maßgeblicher Open Source-Nameserver, der ein einmalig flexibles Back-End-System bereitstellt. Die DNS-Daten stammen aus Dateien oder einer langen Liste anderer Quellen: MySQL, Oracle (8i und 9i), DB2 von IBM, PostgreSQL, SQL Server von Microsoft, LDAP, ODBC, XDB oder sogar einer UNIX-Pipe.

djbdns ist ein alternatives Nameserverpaket, das aus dem maßgeblichen Server tinydns und dem Caching-Server dnscache besteht. Es behauptet, sicher und sehr schnell zu sein, obwohl einige uns bekannte Messdaten dies nicht beweisen. Sein wesentlicher Nachteil besteht darin, dass es die DNS-Standards häufig und bewusst verletzt, was die Zusammenarbeit mit anderen DNS-Servern schwierig macht.

Microsoft stellt einen DNS-Server für Windows bereit, aber diese Implementierung hat spezielle Eigenheiten und Unterschiede. Sie arbeitet mit BIND zusammen, neigt aber dazu, das Netz mit unnötigen und ungültigen/fehlerhaften Paketen zu überschwemmen.

Nominum, der Vertragspartner, der die erste Version von BIND 9 für das ISC schrieb, verkauft eigene Nameserver und Tools für die Netzwerkverwaltung. Die Nominum-Server sind blitzschnell und berücksichtigen die meisten derzeit vorgeschlagenen Standards.

15.3 Wer braucht DNS?

DNS definiert Folgendes:

- Einen hierarchischen Namensraum (Namespace) für Hosts und IP-Adressen
- Eine verteilte Datenbank mit Hostnamen- und Adressdaten
- Einen »Resolver« zum Abfragen dieser Datenbank
- Verbessertes E-Mail-Routing
- Einen Mechanismus, um Dienste in einem Netzwerk zu finden
- Ein Protokoll zum Austausch von Hostnamen- und Adressdaten

Um vollwertige Bürger des Internets zu sein, benötigen Standorte DNS. Es ist unmöglich, eine Datei /etc/hosts mit Zuordnungen für alle Hosts lokal zu unterhalten, mit denen Sie jemals Kontakt aufnehmen wollen.

Jeder Standort unterhält ein oder mehrere Teile der verteilten Datenbank, die das weltweite DNS-System bilden. Ihr Stück der Datenbank besteht aus Textdateien, die Einträge für jeden Ihrer Hosts enthalten. Jeder Eintrag umfasst eine einzige Zeile, die aus einem Namen (üblicherweise einem Hostnamen), einem Eintragstyp und einigen Datenwerten besteht. Das Namensfeld kann fehlen, wenn darin derselbe Wert steht wie in der vorhergehenden Zeile.

Die folgenden Zeilen

```
bark    IN  A   206.168.198.209
        IN  MX  10 mailserver.atrust.com.
```

in der »Forwarddatei« und

```
209     IN  PTR bark.atrust.com.
```

in der »Reversedatei« verknüpfen beispielsweise *bark.atrust.com* mit der IP-Adresse 206.168.198.209 und leiten E-Mails für diesen Rechner an den Host *mailserver.atrust.com*.

DNS ist ein Client/Server-System. Server (»Nameserver«) laden die Daten aus Ihren DNS-Dateien in den Arbeitsspeicher und verwenden sie zur Beantwortung von Abfragen interner Clients und anderer Server draußen im Internet. Ihre Hosts sollten alle DNS-Clients sein, aber nur relativ wenige müssen DNS-Server sein.

Wenn Ihr Unternehmen klein ist (mit wenigen Hosts in einem einzigen Netzwerk), können Sie einen Server auf einem Host ausführen oder Ihren Dienstanbieter bitten, Ihnen DNS-Dienste zu liefern. Ein Standort mittlerer Größe mit mehreren Subnetzen sollte mehrere DNS-Server betreiben, um die Abfragelatenz zu reduzieren und die Zuverlässigkeit zu erhöhen. Ein sehr großer Standort kann seine DNS-Domäne unterteilen und für jede Subdomäne mehrere Server einrichten.

15.4 Der DNS-Namespace

Der DNS-Namespace ist so organisiert, dass er in der Mathematikersprache als Baum bezeichnet wird, wobei jeder Domänenname einem Knoten im Baum entspricht. Ein Zweig dieses Baums ordnet Hostnamen IP-Adressen zu, ein zweiter IP-Adressen in umgekehrter Richtung Hostnamen. Der erste Zweig beschreibt die so genannte Forwardzuordnung; die zugehörigen BIND-Datendateien heißen Forwardzonendateien. Der andere dient zur Reversezuordnung; seine Datendateien werden als Reversezonendateien bezeichnet. Leider pflegen manche Standorte ihre Reversezuordnungen nicht.

Jede Domäne steht für einen bestimmten Bereich des Namespaces und wird von einer einzigen Organisation lose verwaltet. Der Stamm des Baums wird mit einem Punkt (.) oder *dot* bezeichnet, unter dem die Toplevel- oder root-Level-Domänen angeordnet sind.

Aus historischen Gründen sind derzeit zwei verschiedene Namensarten für Topleveldomänen in Gebrauch. In den USA beschrieben sie ursprünglich Organisations- und politische Strukturen und bekamen dreistellige Namen wie *com* und *edu*. Einige dieser Domänen (in erster Linie *com*, *org* und *net*) werden auch außerhalb der USA verwendet; sie werden als generische Topleveldomänen, kurz gTLDs, bezeichnet.

Früher lagen die Topleveldomänen relativ fest, aber Ende 2000 genehmigte die ICANN sieben neue: *biz, info, name, pro, museum, aero* und *coop*[2]. Vor kurzem wurde noch *job* in die gTLD-Liste aufgenommen. Diese Domänen sind jetzt in Betrieb und stehen zur Verwendung bereit. Die Domänen *biz, info* und *name* werden als »sponsorenfreie« Domänen bezeichnet und stehen jedermann offen, während *museum, aero, jobs, pro* und *coop* »gesponsert« und auf bestimmte Bewerber beschränkt sind.

Tabelle 15.2 enthält die wichtigsten gTLDs und ihre ursprünglichen Zwecke. Als gute Namen in der Domäne *com* knapp wurden, begannen die Registrierungsstellen, Namen in *org* und *net* ohne Rücksicht auf deren ursprüngliche Beschränkungen anzubieten. In der linken Tabellenspalte stehen die ursprünglichen Domänen von etwa 1988 an, in der rechten die seit 2001 hinzugefügten.

Domäne	Zweck	Domäne	Zweck
com	Kommerzielle Unternehmen	aero	Luftfahrtbranche
edu	US-Bildungsinstitutionen	biz	Unternehmen
gov	US-Regierungsbehörden	coop	Kooperativen
mil	US-Militärstellen	info	Uneingeschränkte Nutzung
net	Netzwerkanbieter	jobs	Stellenvermittlung
org	Nicht gewinnorientierte Organisationen	museum	Museen
int	Internationale Organisationen	name	Einzelpersonen
arpa	Anker für IP-Adressstruktur	pro	Buchhalter, Rechtsanwälte usw.

Tabelle 15.2: Generische Topleveldomänen

Für die meisten Domänen außerhalb der USA werden zweistellige ISO-Ländercodes benutzt. Sie werden als ccTLDs (Country-Code Top-Level Domains) bezeichnet. Die geografisch und die nach der Organisation benannten Domänen befinden sich in demselben globalen Namespace. In Tabelle 15.3 finden Sie einige häufig verwendete Ländercodes.

Code	Land	Code	Land	Code	Land
au	Australien	fi	Finnland	hk	Hongkong
ca	Kanada	fr	Frankreich	ch	Schweiz
br	Brasilien	jp	Japan	mx	Mexiko
de	Deutschland	se	Schweden	hu	Ungarn

Tabelle 15.3: Häufig verwendete Ländercodes

---

2 ICANN ist die Internet Corporation for Assigned Names and Numbers.

15.4 Der DNS-Namespace

Einige Länder außerhalb der USA haben eine Organisationshierarchie mit Domänen zweiter Ebene. Die Namenskonventionen sehen unterschiedlich aus. Eine akademische Institution kann beispielsweise in den USA zur Domäne *edu* gehören, in Japan dagegen zur Domäne *ac.jp*.

Die Topleveldomäne *us* wird in den USA auch manchmal verwendet, vorzugsweise für kommunale Domänen. Zum Beispiel bezeichnet *bvsd.k12.co.us* den Boulder Valley School District in Colorado. Diese Domäne wird niemals mit einer Organisationsdomäne verknüpft – es gibt (noch) keine Domäne *edu.us*. Der Vorteil der *us*-Domänennamen besteht darin, dass die Registrierung wenig Aufwand erfordert; Einzelheiten finden Sie unter *www.nic.us*. Die Beschränkungen für Domänen zweiter Ebene unterhalb von *us* (die früher auf US-Bundesstaaten beschränkt waren) wurden gelockert, sodass jetzt Domänennamen wie *evi-nemeth.us* möglich sind.

In einigen Fällen haben Domänensammler den Namespace eines ganzen Landes aufgekauft. Die Domäne für Moldavien, *md*, wird zum Beispiel gerade an Ärzte und Einwohner des Bundesstaats Maryland (MD) in den USA vertrieben. Ein weiteres Beispiel ist Tuvalu mit dem Ländercode *tv*. Der erste Handel dieser Art betraf Tonga (*to*), der lebhafteste ist im Augenblick Niue (*nu*), und am attraktivsten ist vielleicht *tm* für Turkmenistan. Diese Vereinbarungen verliefen für die Länder mit den begehrten Codes zum Teil fair, zum Teil nicht.

Auch Domänenbesetzung ist weit verbreitet: Benutzer registrieren Namen, von denen sie meinen, dass sie in Zukunft nachgefragt werden, und verkaufen sie dann an die Unternehmen weiter, deren Namen sie erwischt haben. Vor Jahren waren die Domänen sämtlicher Skigebiete in Colorado auf dieselbe Person registriert, die durch den Wiederverkauf eine Menge Geld machte, als die Skigebiete auf das Internet aufmerksam wurden.

Der gängige Preis für einen guten Namen in der Domäne *com* liegt zwischen mehreren Tausend und einigen Millionen Dollar. Für den Namen *admin.com*, den wir vor Jahren erworben hatten, als *sysadmin.com* bereits im Besitz der Zeitschrift */Sys/Admin* war, wurden uns 50.000 Dollar geboten. Der bisher höchste Preis (zumindest der höchste öffentlich bekannte) waren die 7,5 Millionen Dollar, die während des Höhepunkts des Tech-Aktienbooms für *business.com* gezahlt wurden. Heute liegt der übliche Bereich zwischen 20.000 und 100.000 Dollar, aber Verkäufe für mehrere Millionen kommen noch vor, zum Beispiel der von *CreditCards.com* für 2,75 Millionen Dollar im Juli 2004.

Es war die Rede davon, dass der Internetunternehmer Dan Parisi mehrere Millionen Dollar für den ehemaligen Pornografiestandort *whitehouse.com* bekommen sollte, der Anfang 2004 auf den Markt kam. Mehrere Unternehmen haben den Namen seitdem verwendet, aber die genauen Konditionen und finanziellen Details wurden nie veröffentlicht.

Im Augenblick bestehen gültige Domänennamen ausschließlich aus Buchstaben, Zahlen und Bindestrichen. Jeder Namensbestandteil kann höchstens 63 Zeichen umfassen, wobei der gesamte Name kürzer als 256 Zeichen sein muss. Die Internationalisierung des DNS-Systems und die Unterstützung anderer Zeichensätze als ASCII wird die Benennungsregeln schließlich ändern, aber derzeit werden Namen aus anderen Zeichensätzen in ASCII umgesetzt (siehe Abschnitt 15.6).

Domänennamen berücksichtigen keine Groß-/Kleinschreibung. »Colorado« ist dasselbe wie »colorado« und »COLORADO«, soweit es DNS betrifft. Aktuelle DNS-Implementierungen müssen die Groß-/Kleinschreibung bei Vergleichen ignorieren, geben sie jedoch weiter, wenn sie übermittelt wird. Früher war es üblich, für Topleveldomänen Großbuchstaben und für Domänen zweiter Ebene einen Großbuchstaben am Anfang zu verwenden. Heute sind die Finger tippmüde, sodass reine Kleinschreibung die Norm ist[3].

Der vollständig qualifizierte Name eines Internethosts wird durch Anhängen seines Domänennamens an den Hostnamen gebildet. Der vollständig qualifizierte Name des Hosts *boulder* an der University of Colorado lautet beispielsweise *boulder.colorado.edu*. Andere Standorte können den Hostnamen *boulder* ohne Konfliktrisiko verwenden, weil ihr vollständig qualifizierter Name anders ist.

Innerhalb des DNS-Systems werden vollständig qualifizierte Namen mit einem Punkt abgeschlossen, also *boulder.colorado.edu.*. Das Fehlen eines abschließenden Punkts kann ein Hinweis auf eine relative Adresse sein. Je nachdem, in welchem Kontext sie verwendet wird, können weitere Komponenten hinzugefügt werden. Die Konvention mit dem schließenden Punkt bleibt den normalen Benutzern von DNS im Allgemeinen verborgen. Manche Systeme (beispielsweise Mail) funktionieren nicht, wenn Sie den Punkt selbst hinzufügen.

Mehrere Namen für einen Host sind durchaus üblich. Der Host *boulder.colorado.edu* kann auch unter *www.colorado.edu* oder *ftp.colorado.edu* bekannt sein, wenn sein Name die von ihm bereitgestellten Dienste wiedergeben soll. Es ist in der Tat eine bewährte Vorgehensweise, Hostnamen für Dienste wie www »mobil« zu gestalten, damit Sie Serverdienste von einem Rechner auf einen anderen verlagern können, ohne den Primärnamen eines Rechners ändern zu müssen. Zusätzliche Namen werden mit dem Konstrukt `CNAME` zugewiesen (siehe Abschnitt 15.7.7).

Als wir den Namen *colorado.edu* bekamen, hatten wir die Garantie, dass *colorado* in der Domäne *edu* einmalig war. Wir haben die Domäne anhand von Fachbereichsgrenzen weiter in Subdomänen unterteilt. Der Host-Anker im Fachbereich Informatik heißt im Internet zum Beispiel *anchor.cs.colorado.edu*.

Das Anlegen einer neuen Subdomäne muss mit den Administratoren der darüber liegenden Domäne abgestimmt werden, um Eindeutigkeit zu garantieren. Einträge in den Konfigurationsdateien für die übergeordnete Domäne delegieren die Zuständigkeit für den Namespace an die Subdomäne.

---

3 BIND behält die Groß-/Kleinschreibung bei, aber einige Implementierungen (zum Beispiel die von Microsoft und djbdns) ändern die Schreibweise nach ihren Vorgaben. So viel zu strengen Standards.

15.4.1 Meister der Domänen

Die Verwaltung der Topleveldomänen *com*, *org*, *net* und *edu* wurde früher nach einem Vertrag mit der National Science Foundation von Network Solutions Inc. koordiniert. Diese Monopolsituation hat sich inzwischen geändert, sodass auch andere Organisationen Namen in diesen generischen Domänen registrieren können. Die übrigen Topleveldomänen, beispielsweise diejenigen für einzelne Länder, werden von regionalen Organisationen verwaltet.

Es hat verschiedene Vorschläge gegeben, Privatfirmen den Betrieb eigener Topleveldomänen zu erlauben, und wahrscheinlich werden in naher Zukunft weitere Topleveldomänen zur Verfügung stehen. Unter der Adresse *www.icann.org* finden Sie aktuelle Informationen dazu.

Die meisten Internetdienstanbieter stellen gebührenpflichtige Registrierungsdienste für Domänennamen bereit. Sie verhandeln in Ihrem Auftrag mit der Stelle für Topleveldomänen und richten ihre DNS-Server für Namenssuchen in Ihrer Domäne ein. Sich auf die Server eines Dienstanbieters zu verlassen, hat jedoch den Nachteil, dass Sie die direkte Kontrolle über die Verwaltung Ihrer Domäne verlieren.

Um Ihre DNS-Dienste selbst zu erledigen, müssen Sie sich trotzdem mit Ihrem Dienstanbieter abstimmen. Die meisten stellen Reversezuordnungen für IP-Adressen innerhalb ihrer CIDR-Blocks zur Verfügung. Wenn Sie die DNS-Verwaltung Ihrer Adressen übernehmen, sollten Sie darauf achten, dass Ihr Dienstanbieter seinen Dienst für diese Adressen deaktiviert und die Zuständigkeit dafür an Sie delegiert.

Tipp

In Abschnitt 12.4.4 finden Sie weitere Informationen über CIDR.

Die Forward- und Reversezuordnung einer Domäne sollte möglichst an derselben Stelle erfolgen. Einige Dienstanbieter sind froh, wenn Sie Ihre Forwarddateien selbst verwalten, weigern sich aber, Ihnen die Kontrolle der Reversezuordnungen zu überlassen. Verteilte Verwaltung dieser Art kann Synchronisierungsprobleme hervorrufen. In Abschnitt 15.7.8 finden Sie einen eleganten (?) Hack, mit dem das Delegieren selbst für kleine Teile des Adressraums funktioniert.

DNS-Domänen sollten (müssen nach RFC 1219 eigentlich) von mindestens zwei Servern bedient werden. Eine übliche Verfahrensweise sieht vor, dass der Standort einen eigenen Masterserver betreibt und die Server des Dienstanbieters als Slaves fungieren.

Sobald das System konfiguriert ist, laden die Server des Dienstanbieters automatisch die Hostdaten vom Masterserver herunter. Änderungen der DNS-Konfiguration werden ohne explizite Arbeit des jeweiligen Administrators auf die Slaveserver übertragen.

Bringen Sie nicht sämtliche DNS-Server in demselben Netzwerk unter, sonst ist das Netzwerk für Ihre Benutzer lahmgelegt, wenn DNS nicht mehr arbeitet. Verteilen Sie Ihre DNS-Server, damit Sie nicht am Ende ein verletzliches System mit einem einzigen Ausfallpunkt (single Point of failure, SPOF) haben. Wenn DNS sorgfältig konfiguriert wurde, ist es ziemlich belastbar.

15.4.2 Einen Domänennamen auswählen

Bisher lautete unser Rat, kurze, einfach einzugebende Namen zu wählen, die das Unternehmen beschreibt, das sie verwendet. Heute sieht die Wirklichkeit so aus, dass alle guten kurzen Namen vergeben sind, wenigstens in der Domäne *com*. Es verlockt, dafür Domänenbesetzer verantwortlich zu machen, aber die meisten guten Namen werden tatsächlich benutzt. Im Jahr 2004 galt dies für über 60 % der registrierten Namen, vorher dagegen für weniger als die Hälfte.

15.4.3 Domäneninflation

DNS wurde mit dem Ziel entworfen, den Domänennamen eines Unternehmens einem Nameserver für dieses Unternehmen zuzuordnen. Daher ging man davon aus, dass es sich der Anzahl der Unternehmen weltweit anpassen muss. Nachdem das Internet nun ein Ort für Massenkultur geworden ist, werden Domänennamen jedoch für alle möglichen Produkte, Filme, Sportereignisse, Begriffe usw. vergeben. Namen wie *twinkies.com* haben keinen (direkten) Bezug zu der Firma, die das Produkt herstellt, sondern werden lediglich zur Werbung benutzt. Es ist nicht gesagt, dass DNS weiter in dieser Art wachsen kann. Das wirkliche Problem besteht darin, dass die DNS-Namensstruktur als Datenstruktur effizienter ist, wenn sie eine gewisse Hierarchie aufweist und nicht vollkommen flach ist. Wenn jedes Unternehmen mehreren Hundert oder Tausend Produkten Namen der obersten Ebene gibt, geht die Hierarchie unter.

Was wir wirklich brauchen, ist ein Verzeichnisdienst, der Marken- und Marketingnamen Firmen zuordnet, damit DNS für die Handhabung von IP-Adressen frei bleibt. Eine weitere mögliche Lösung ist das Erzwingen systeminterner Hierarchie, zum Beispiel *twinkies.hostess-foods.com*. So weit wird es jedoch nicht kommen – wir sind auf dem Marketingpfad bereits zu weit vorangeschritten.

Sony handelt vom DNS-Standpunkt gesehen richtig – alle Produkte der Firma sind Subdomänen von *sony.com*. Die Suche nach dem gewünschten Produkt erfordert zwar einen oder zwei Klicks mehr, aber DNS schätzt die Hierarchie.

15.4.4 Namen für Secondleveldomänen registrieren

Um einen Namen für eine Secondleveldomäne zu erhalten, müssen Sie sich an einen Registrator für die gewünschte Topleveldomäne wenden. Die ICANN erkennt verschiedene Stellen als Teilnehmer ihres gemeinsamen Registrierungsprojekts für Namen in den generischen Topleveldomänen an. Während ich dies schreibe, gibt es etwa 500 Möglichkeiten. Die definitive Liste finden Sie unter *www.icann.org*.

Um sich für einen Namen mit Ländercode in Europa zu registrieren, nehmen Sie Kontakt mit dem Council of European National Top-level Domain Registries unter der Adresse *www.centr.org* auf, um Ihre lokal zuständige Stelle zu finden, und beantragen einen Domänennamen. Für die Region Asien-Pazifik ist das Asia-Pacific Network Information Center (*www.apnic.net*) zuständig.

Um die Formulare für die Registrierung der Domäne auszufüllen, müssen Sie eine Kontaktperson für technische Fragen, eine für die Verwaltung und mindestens zwei Hosts angeben, die als Server für die Domäne fungieren.

15.4.5 Eigene Subdomänen anlegen

Um eine Subdomäne anzulegen, gehen Sie ähnlich vor wie bei einer Secondleveldomäne, abgesehen davon, dass die zentrale Stelle jetzt lokal ist (genauer gesagt, innerhalb Ihrer eigenen Firma). Im Einzelnen unternehmen Sie folgende Schritte:

- Wählen Sie einen im lokalen Kontext eindeutigen Namen.
- Geben Sie mindestens zwei Hosts als Server für Ihre neue Domäne an.
- Stimmen Sie sich mit dem Administrator der übergeordneten Domäne ab.

Übergeordnete Domänen sollten dafür sorgen, dass die Nameserver der untergeordneten Domänen in Betrieb sind, bevor sie die Delegierung durchführen, andernfalls kommt es zu einer »lame delegation«, sodass Sie möglicherweise ärgerliche E-Mails bekommen, die Sie auffordern, Ihre DNS-Daten zu löschen. In Abschnitt 15.16.6 werden solche Delegierungen ausführlicher behandelt.

15.5 Funktionsweise von DNS

Jeder Host, der DNS benutzt, ist entweder Client des Systems oder gleichzeitig Client und Server. Wenn Sie nicht vorhaben, DNS-Server zu betreiben, brauchen Sie die nächsten Abschnitte nicht zu lesen (setzen Sie bei Abschnitt 15.10.1, wieder ein), obwohl sie zur Entwicklung eines tieferen Verständnisses der DNS-Architektur beitragen.

15.5.1 Delegation einer DNS-Zone

Alle Nameserver entnehmen die Identität der Rootserver aus einer lokalen config-Datei. Die Rootserver wiederum kennen *com*, *net*, *fi*, *de* und andere Topleveldomänen. Weiter unten in der Kette kennt *edu* die Domäne *colorado.edu*, *com* die Domäne *admin.com* usw. Jede Zone kann die Zuständigkeit ihre Subdomänen an andere Server delegieren.

Sehen wir uns ein Beispiel aus der Praxis an. Angenommen, wir wollen vom Rechner *lair.cs.colorado.edu* aus die Adresse des Rechners *vangogh.cs.berkeley.edu* nachschlagen. Der Host *lair* bittet seinen lokalen Nameserver, *ns.cs.colorado.edu*, die Antwort herauszufinden. Abbildung 15.1 zeigt, was daraufhin geschieht.

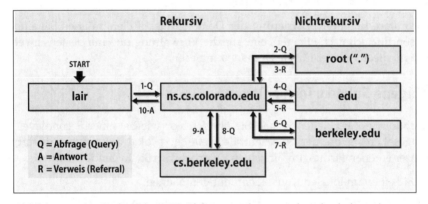

Abbildung 15.1: Verlauf der DNS-Abfrage nach vangogh.cs.berkeley.edu

Die Zahlen auf den Pfeilen zwischen den Servern zeigen die Reihenfolge der Ereignisse, ein Buchstabe kennzeichnet die Art der Transaktion (Abfrage, Verweis oder Antwort). Wir gehen davon aus, dass außer den Namen und IP-Adressen der Server der Rootdomäne keine der benötigten Informationen zwischengespeichert wurde.

Der lokale Nameserver kennt die Adresse nicht; darüber hinaus weiß er auch nichts über *cs.berkeley.edu*, *berkeley.edu* oder *edu*. Er kennt jedoch einige Server für die Rootdomäne, und da es sich um einen rekursiven Server handelt, fragt er einen Rootserver nach *vangogh.cs.berkeley.edu* und erhält einen Verweis auf die Server für *edu*.

Dann sendet der lokale Nameserver seine Abfrage (nach *vangogh.cs.berkeley.edu*) an einen *edu*-Server und bekommt einen Verweis auf die Server für *berkeley.edu*. Er wiederholt seine Abfrage in der genannten Domäne. Wenn der Berkeley-Server die Antwort nicht im Cache hat, gibt er einen Verweis auf *cs.berkeley.edu* zurück. Der Server dieser Domäne ist für die geforderten Informationen maßgeblich (authoritative) und liefert die Adresse von *vangogh*.

Wenn sich der Staub gelegt hat, hat *ns.cs.colorado.edu* die Adresse von *vangogh* im Cache, außerdem die Daten der Server für *edu*, *berkeley.edu* und *cs.berkeley.edu*.

15.5 Funktionsweise von DNS

15.5.2 Zwischenspeicherung und Effizienz

Zwischenspeichern (Caching) erhöht die Effizienz von Suchvorgängen: Eine zwischengespeicherte Antwort erfordert fast keinen Aufwand und ist normalerweise korrekt, weil sich die Zuordnung von Hostnamen zu Adressen üblicherweise kaum ändert. Die Antwort wird für einen Zeitraum gespeichert, der als Lebensdauer (Time To Live, TTL) bezeichnet und vom Besitzer des fraglichen Eintrages festgelegt wird. Die meisten Abfragen betreffen lokale Hosts und lassen sich schnell auflösen. Auch die Benutzer tragen unabsichtlich zur Effizienz bei, indem sie viele Abfragen wiederholen; nach dem ersten Vorkommen erfordern die übrigen fast keinen Aufwand mehr.

Lange Zeit wurden nur positive Ergebnisse zwischengespeichert. Wenn Name oder Adresse eines Hosts nicht gefunden wurde, wurde dies nicht festgehalten. Ein System für negatives DNS-Zwischenspeichern wurde in RFC1034 beschrieben, war jedoch unvollständig und wurde kaum implementiert. Ein besseres System wurde 1998 in RFC2308 skizziert, in BIND 8.2 als optionales Feature implementiert und ist jetzt in BIND 9 stets aktiv.

Eine Messung auf dem RIPE Rootserver in Europa zeigte, dass 60 % der DNS-Abfragen nicht existente Daten betrafen (viele Abfragen zielten auf *127.in-addr.arpa* oder Microsoft-Dienste als Hostnamen). Diese Informationen weiter unten in der DNS-Struktur zwischenzuspeichern sollte die Belastung der Rootserver erheblich reduzieren.

Beim negativen Zwischenspeichern werden Antworten folgender Art festgehalten:

- Weder ein Host noch eine Domäne stimmt mit dem abgefragten Namen überein.
- Daten der angeforderten Art sind für diesen Host nicht vorhanden.
- Der zu fragende Server reagiert nicht.
- Der Server ist aufgrund von Netzwerkproblemen nicht erreichbar.

Die negativen Daten der beiden ersten Katagorien werden standardmäßig zehn Minuten lang aufbewahrt. Mithilfe eines Parameters im SOA-Eintrag, der in Abschnitt 15.7.2 erörtert wird, lässt sich dieser Zeitraum auf drei Stunden, mit einer BIND-Option auf eine Woche ausdehnen.

Die meisten Implementierungen führen kein negatives Zwischenspeichern der beiden letzten Arten aus. BIND »bestraft« nicht reagierende Server jedoch und fragt sie erst wieder ab, wenn keine Alternativen zur Verfügung stehen. Wenn kein Server einer Zone reagiert, speichert BIND diesen Umstand nicht.

Nicht maßgebliche Antworten *können*, maßgebliche *müssen* gespeichert werden. BIND hält sich an diese Leitlinien der RFCs, Windows-Rechner scheinen die TTLs dagegen selektiv zu implementieren, wenigstens was negatives Zwischenspeichern angeht. Sie verwenden den korrekten Standardwert (`minimum` aus dem SOA-Eintrag) bei der ersten Rückgabe von NXDOMAIN (»no such domain«), setzen die TTL dann auf 15 Minuten zurück und lassen sie normal ablaufen.

Ein Nameserver erhält auf eine Abfrage häufig mehrere DNS-Einträge. Die Frage nach den Nameservern der Rootdomäne würde beispielsweise eine Antwort ergeben, die alle 13 Rootserver umfasst. Welchen soll Ihr Server nehmen?

Wenn der BIND-Nameserver unter mehreren Remoteservern wählen muss, ermittelt er zunächst für jeden die Übermittlungszeit (Round Trip Time, RTT) im Netzwerk, sortiert die Server dementsprechend in »Behälter« und entscheidet sich für einen aus dem schnellsten. Die Server in einem Behälter werden als gleichwertig betrachtet und in einer Art Umlaufverfahren (round robin) eingesetzt.

Eine primitive, aber effiziente Form des Lastausgleichs lässt sich erreichen, indem Sie einem Hostnamen mehrere IP-Adressen zuweisen (die tatsächlich verschiedene Rechner sind):

```
www    IN    A    192.168.0.1
       IN    A    192.168.0.2
       IN    A    192.168.0.3
```

Hinter stark gefragten Webservern wie Yahoo! und Google steht in Wirklichkeit nicht nur ein Rechner, sondern lediglich ein einziger Name in DNS. Ein Nameserver mit mehreren Einträgen für ein und denselben Namen und Eintragstyp gibt dem Client alle Rechner zurück, aber im Umlaufverfahren. Die Reihenfolge für die A-Einträge im Beispiel oben lautet dabei für die erste Abfrage 1, 2, 3, für die zweite 2, 3, 1, für die dritte 3, 1, 2 usw.

15.5.3 Das erweiterte DNS-Protokoll

Die ursprüngliche Definition des DNS-Protokolls entstand Ende der 80er Jahre und verwendet UDP und TCP über Port 53. UDP wird üblicherweise für Abfragen und Antworten eingesetzt, TCP für Zonentransfers zwischen Master- und Slaveservern. Leider beträgt die maximale Größe für Pakete, deren Funktionieren für alle UDP-Implementierungen garantiert wird, nur 512 Byte, viel zu wenig für einige neue DNS-Features (zum Beispiel DNSSEC), die in jedes Paket digitale Signaturen aufnehmen müssen.

Die Beschränkung auf 512 Byte wirkt sich auch auf Anzahl und Namen der Rootserver aus. Damit alle Rootserverdaten in ein 512-Byte-Paket passen, ist die Anzahl der Server auf 13 beschränkt, die alle mit einem Einzelbuchstaben benannt sind.

Viele Resolver starten zuerst eine UDP-Abfrage und wiederholen die Abfrage über TCP, wenn sie eine gekappte Antwort bekommen. Damit wird die Grenze umgangen, aber die Lösung ist nicht sehr effizient. Möglicherweise meinen Sie, DNS sollte sich einfach von UDP trennen und immer TCP einsetzen, aber TCP-Verbindungen sind erheblich kostspieliger. Der UDP-Austausch mit einem Nameserver kann sich auf zwei Pakete beschränken: die Abfrage und die Antwort. Ein TCP-Austausch benötigt mindestens sieben Pakete: ein dreifaches Handshaking (three way handshake) zum Starten der Konversation, eine Abfrage, eine Antwort und ein abschließendes Handshaking, um die Verbindung zu schließen.

15.6 Neu im DNS

Die jüngsten Entwicklungen im DNS-Bereich fallen eher in die politische Kategorie als in die technische. VeriSign, die Registrierungsfirma, die ein Monopol für die Registrierung von Domänennamen besaß und die im Augenblick für die Zonen *com* und *net* zuständig ist, erweiterte diese Zonen um einen Jokeradresseintrag, was dazu führte, dass jeder, der sich bei einem Domänennamen vertippte, an eine Site umgeleitet wurde, dessen Inhaber ein Anzeigenkunde von VeriSign war. Dieser Dienst war unter dem Namen Site Finder bekannt.

Die Internetgemeinde regte sich derart über dieses unfaire Verhalten auf, dass die ISC eine Option »Nur delegieren« in BIND einfügte, die diese Jokerergebnisse erkannte und anstelle der von VeriSign begünstigten Adressen die richtigere Antwort »no such domain« zurückgab. Diese Korrektur war für die meisten Topleveldomänen in Ordnung, aber nicht für alle, sodass später eine Ausnahmeklausel hinzugefügt wurde, um eine genauere Steuerung zu ermöglichen. Diese neuen BIND-Optionen werden in Abschnitt 15.11.4 vorgestellt. Nach einem Monat voller Klagen löschte VeriSign den Eintrag und schaltete den Dienst aus. Nachdem die Anwälte die Lage geklärt haben, werden sie ihn wahrscheinlich wieder aufnehmen. Möglicherweise verschärft die IETF die Spezifikation schließlich dahingehend, dass Jokereinträge nicht mehr zulässig sind.

In den letzten Jahren gab es einige erhebliche technische Änderungen an DNS. Insbesondere hat die IETF die DNS betreffenden Standards für IPv6 und die DNS-Sicherheit radikal überarbeitet, sodass die Darstellung dieser Themen in den älteren Ausgaben dieses Buches überhaupt nicht mehr zutrifft. Tabelle 15.4 nennt die wichtigsten Änderungen und gibt die Seiten an, auf denen die RFCs ausführlicher behandelt werden.

Abschnitt	RFCs	Beschreibung
15.6	3492	Internationalisierte Domänennamen über Punycode
15.7.1	2671	EDNS0, Protokolländerungen und Erweiterungen
15.7.2	1996	Asynchrone Benachrichtigung über Zonenänderungen
15.7.8	2317	Klassenlose *in-addr*-Delegation (der Hack mittels CNAME)
15.7.10	2782, 3958	SRV-Einträge aus Aufspüren von Diensten
15.7.13	–	AAAA-Einträge für IPv6-Adressen (A6 ist überholt)
15.7.12	2672–3	Aufgabe von DNAME-Einträgen
15.7.14	–	*ip6.arpa* für IPv6-Reversezuordnungen; *ip6.int* wird nicht mehr verwendet
	3596, 3646	IPv6-Unterstützung

Tabelle 15.4: Die jüngsten Entwicklungen in DNS und BIND

Abschnitt	RFCs	Beschreibung
15.14.1	1995	Inkrementelle Zonentransfers
15.14.2	2136	Dynamische Aktualisierung (für Standorte, die DHCP einsetzen)
15.15.3	2845, 2930, 3645	TSIG/TKEY-Transaktionssignaturen und -Schlüsselaustausch
15.15.4	3225-6, 4033-5	DNSSEC, Authentifizierung und Sicherheit für Zonendaten[a]

Tabelle 15.4: Die jüngsten Entwicklungen in DNS und BIND (Forts.)

a) *2004 völlig umgearbeitet.*

Einige neue Features sind gewaltige Projekte, deren Standardisierung die IETF noch nicht abgeschlossen hat. Die Arbeitsgruppen, die die Standards verfassen, haben zwar gute Schreiber, aber zu wenige Kämpfernaturen; die jüngsten Spezifikationen lassen sich möglicherweise zum Teil nur schwer oder gar nicht umsetzen. Die aktuelle BIND-Version (9.4) enthält die meisten neuen Features.

Zwei wesentliche neue Features, IPv6 und DNSSEC, rechtfertigen einen Kommentar. IPv6 erweitert die Länge von IP-Adressen von 32 auf 128 Bit. Wird es jemals vollständig implementiert, wird es einen riesigen Einfluss auf das Internet haben. BIND 9 unterstützt die bisher standardisierten Bestandteile, aber es ist unwahrscheinlich, dass IPv6 während der Lebensdauer dieses Buches umfassend zum Einsatz kommt. Deshalb erörtern wir die Unterstützung von BIND 9 dafür nur kurz. In diesem Kapitel steht genug, um Ihnen einen allgemeinen Eindruck zu verschaffen, aber nicht so viel, dass Sie Ihren Standort auf IPv6 migrieren und DNS dafür einrichten könnten.

Tipp

IPv6 wird in Abschnitt 12.4.7 genauer beschrieben.

Der Standard DNSSEC erweitert die DNS-Datenbank und ihre Server um Authentifizierungsdaten. Er überprüft die Quelle und die Integrität der DNS-Daten mithilfe der Public-Key-Verschlüsselung und setzt DNS zur Verteilung der Schlüssel und der Hostdaten ein.

Außerdem wurden auch einfachere Authentifizierungsmechanismen eingeführt, beispielsweise die Unterstützung der Authentifizierung durch ein »gemeinsames Geheimnis«. Dieses muss jedoch jedem Serverpaar mitgeteilt werden, das gegenseitige Authentifizierung durchführen will. Das funktioniert zwar bei einem lokalen Standort mit

15.6 Neu im DNS

einer Handvoll Server ganz gut, lässt sich aber nicht auf die Internetebene übertragen. BIND 9 implementiert sowohl das Public-Key-System von DNSSEC als auch das TSIG-System (Transaction Signatures) des gemeinsamen Geheimnisses.

Die BIND-Versionen ab 9.3 implementieren die neuen Spezifikationen für DNSSEC. Als jedoch vor einigen Jahren das Experimentieren mit signierten Zonen begann, stellte sich heraus, dass das ursprüngliche DNSSEC-System unpraktisch ist. Darin signierte eine übergeordnete Zone den Schlüssel einer untergeordneten, wobei in beiden Zonen je eine Kopie der signierten Schlüssel unterhalten wurde. Wollte die untergeordnete Zone ihren Schlüssel ändern, musste sie mit der übergeordneten verhandeln und beantragen, ihren neuen Schlüssel zu signieren. So weit, so gut. Wollte jedoch die übergeordnete Zone ihren Schlüssel ändern, musste sie sämtliche Schlüssel in ihrer eigenen und allen untergeordneten Zonen aktualisieren, was sich für umfangreiche Zonen wie *com* als undurchführbar erwies, weil während der Aktualisierung ständig einige untergeordnete Zonen unerreichbar wären. Deren Schlüssel wären nicht mehr synchron, sodass DNS die Signaturen nicht mehr überprüfen könnte.

Bei der aktuellen Lösung werden die signierten Schlüssel der einzelnen untergeordneten Zonen nur dort aufbewahrt, während gleichzeitig in der übergeordneten Zone ein neuer Ressourceneintrag eingeführt wird: DS für den Unterzeichner der Delegation (Delegation Signer). DNSSEC wird in Abschnitt 15.15.4 ausführlicher behandelt.

Die Einführung internationalisierter Domänennamen, die nichtenglische Zeichen ermöglicht, schreitet mithilfe eines Hacks voran, der Unicode-Zeichen ASCII-Zeichen zuordnet. Ein System namens Punycode führt dies eindeutig und umkehrbar mit einem Algorithmus durch, der als Bootstring bezeichnet wird (Genaueres dazu in RFC3492). Seit 2005 veröffentlichen die Registratoren die Punycode-Namen, und die meisten Browser haben eine Form des Systems implementiert. Leider sind im Zusammenhang mit Punycode auch einige Spoofing- und Sicherheitsprobleme aufgetreten. Außerdem reduzieren internationalisierte Domänennamen die maximal zulässige Länge von DNS-Namen merklich (sowohl für Komponenten als auch insgesamt).

Das aktuelle System der Internationalisierung umging ein wichtiges Problem, das Antialiasing, weil es sehr schwer zu beheben ist. Es muss Inkonsistenzen bei der Zuordnung asiatischer Schriftzeichen zu Punycode-kodierten Unicode-Zeichen auflösen, die sie in DNS darstellen. Kann ein Zeichen in Unicode drei, vier oder zehn unterschiedliche Bedeutungen haben, müssen sich die Sprachspezialisten auf Übersetzungsstandards einigen, und die auf dem Computerbildschirm angezeigten Zeichen müssen so aussehen, dass die verschiedenen Bedutungen klar sind.

Diese drei großen Probleme (IPv6, DNSSEC und die Internationalisierung) lassen die DNS-Einträge erheblich anschwellen, was die Wahrscheinlichkeit erhöht, dass DNS an die Grenzen der UDP-Paketgröße stößt.

Mitte der 90er Jahre wurden inkrementelle Zonentransfers (wie ein `diff` zwischen alten und neuen Zonendateien, inspiriert von Larry Walls Programm `patch`), asynchrone Benachrichtigungen (um Slaves über Aktualisierungen der Masterdatendateien zu informieren) und dynamische Aktualisierungen (für DHCP-Hosts) in das DNS-Protokoll aufgenommen. Diese Änderungen brachten neue Features, konnten das grundlegende Transportproblem aber nicht wirklich beheben.

Ende der 90er Jahre ging EDNS0 (Extended DNS Version 0) einige Mängel des DNS-Protokolls im heutigen Internet an. Damit können Sprecher die Puffergröße für den Neuaufbau, die unterstützten Optionen und die von ihnen beherrschten Protokollversionen mitteilen. Reagiert der empfangende Nameserver mit einer Fehlermeldung, fällt der Absender in das ursprüngliche DNS-Protokoll zurück. BIND 9 implementiert EDNS0 für den Server und den Resolver.

15.7 Die DNS-Datenbank

Die DNS-Datenbank einer Domäne besteht aus einer Reihe von Textdateien, die der Systemadministrator auf dem Masternameserver der Domäne unterhält und die häufig als Zonendateien bezeichnet werden. Sie enthalten zwei Arten von Einträgen: Parserbefehle (wie $ORIGIN und $TTL) und Ressourceneinträge (Resource Records, RRs). Nur die Letzteren sind eigentlich Bestandteile der Datenbank; die Parserbefehle stellen lediglich eine Abkürzung dar, um Einträge hinzuzufügen.

Am Anfang dieses Abschnitts beschreiben wir die DNS-Ressourceneinträge, die in den RFCs 1035, 1183, 1876, 2230, 2782, 2930, 3596 und 3658 beschrieben sind. Die Erörterung der Parsereinträge verschieben wir auf Abschnitt 15.7.16.

15.7.1 Ressourceneinträge

Zu jeder Zone der DNS-Hierarchie gehört eine Reihe von Ressourceneinträgen, deren Grundformat aussieht wie folgt:

[name] [ttl] [class] type data

Die Felder werden durch Leerraum getrennt (Tabulatoren oder Leerzeichen) und können die in Tabelle 15.5 aufgeführten Sonderzeichen enthalten.

Zeichen	Bedeutung
;	Leitet einen Kommentar ein
@	Aktueller Zonenname
( )	Ermöglicht Daten, Zeilen zu überschreiten
*	Joker[a] (nur Feld *name*)

Tabelle 15.5: Sonderzeichen in Ressourceneinträgen

a) In Abschnitt *finden Sie einige Warnanweisungen.*

15.7 Die DNS-Datenbank

Das Feld name bezeichnet die Entität (normalerweise einen Server oder eine Domäne), die der Eintrag beschreibt. Beziehen sich mehrere aufeinanderfolgende Einträge auf dieselbe Entität, kann der Name nach dem ersten Eintrag fehlen, solange die folgenden mit Leerraum beginnen. Ist er vorhanden, muss das Feld name in Spalte 1 beginnen.

Ein Name kann relativ oder absolut sein. Absolute Namen enden mit einem Punkt und sind vollständig. Intern befasst sich die Software nur mit absoluten Namen; sie hängt die aktuelle Domäne und einen Punkt an jeden Namen an, der keinen Punkt aufweist. Dieses Feature ermöglicht kürzere Namen, ruft aber auch häufig Fehler hervor.

In der Domäne *cs.colorado.edu* wird der Name *anchor* zum Beispiel als *anchor.cs.colorado.edu* gedeutet. Bei der Eingabe von *anchor.cs.colorado.edu* weist das Fehlen des abschließenden Punkts auf einen relativen Namen hin und die Standarddomäne wird angehängt, sodass *anchor.cs.colorado.educs.colorado.edu* herauskommt. Dieser Fehler passiert sehr oft.

Das Feld ttl gibt in Sekunden an, wie lange das Datenelement zwischengespeichert werden kann und noch gültig ist. Es wird mit Ausnahme der Datei mit den Rootserververhinweisen häufig weggelassen. Der Standardwert wird in der Direktive $TTL am Anfang der Datendatei für die Zone festgelegt, die in BIND 9 vorgeschrieben ist. Wenn die Direktive in BIND 8 fehlt, wird als Standard ein zonenbezogener Wert genommen, der im SOA-Eintrag der Zone steht.

Tipp

In Abschnitt 17.4 finden Sie weitere Informationen über NIS.

Eine Erhöhung des Werts für den Parameter ttl auf etwa eine Woche reduziert den Netzwerkverkehr und die DNS-Auslastung erheblich. Sobald Einträge jedoch außerhalb Ihres lokalen Netzwerks zwischengespeichert werden, können Sie ihre Löschung nicht mehr erzwingen. Falls Sie eine erhebliche Neunummerierung planen, sollten Sie den Wert niedrig ansetzen (zum Beispiel auf eine Stunde), sodass veraltete Einträge, die anderswo im Internet gespeichert sind, bald ablaufen.

Manche Standorte legen den TTL-Wert für Einträge auf Servern, die zum Internet weisen, auf einen niedrigen Wert, damit der Administrator bei Serverproblemen (Netzwerkausfall, Hardwareausfall, DoS-Angriff usw.) mit einer Änderung der Zuordnung von Servername zu IP-Adresse reagieren kann. Da die ursprünglichen TTL-Werte niedrig waren, werden die neuen schnell verbreitet. Der Name *google.com* hat zum Beispiel einen Wert von fünf Minuten, die Nameserver von Google jedoch einen von vier Tagen (345.600 Sekunden):

15 DNS (Domain Name System)

```
google.com.         300      IN   A    216.239.37.99
google.com.         345600   IN   NS   ns1.google.com.
ns1.google.com.     345600   IN   A    216.239.32.10
```

Diese Daten haben wir mit dem Befehl dig gefunden (dig @ns1.google.com google.com); die Ausgabe ist hier verkürzt dargestellt.

BIND 9 erzwingt die so genante TTL-Harmonisierung, die dazu führt, dass alle Einträge in einem RR-Satz (also Einträge desselben Typs, die denselben Knoten betreffen) denselben TTL-Wert haben. Tatsächlich verwendet wird der Wert für den ersten Eintrag des Knoten-Typ-Paars.

Das Feld class gibt den Netzwerktyp an, für den drei Werte erkannt werden:

- IN für das Internet
- HS für Hesiod
- CH für ChaosNet

Standardwert für die Klasse ist IN. Trotzdem wird er in Zonendatendateien häufig explizit angegeben. Hesiod, der am MIT entwickelt wurde, ist ein Datenbankdienst auf der Grundlage von BIND, ChaosNet ein veraltetes Netzwerkprotokoll, das früher von Lisp-Rechnern der Firma Symbolics verwendet wurde.

Heute werden normalerweise nur zwei Bestandteile der Identifikationsdaten in der Klasse chaosNet untergebracht: die Versionsnummer der Nameserversoftware und der Name des Hosts, auf dem der Server läuft. Diese Datenteilchen lassen sich mit dig extrahieren. Administratoren stellen anhand der Versionsnummer des Nameservers fest, welche Server aktualisiert werden sollten, und verwenden die Hostbezeichnung zur Fehlersuche auf Nameservern, die mithilfe von Anycastrouting repliziert werden. Das Verfügbarmachen dieser Daten durch die Klasse CH war ursprünglich ein Feature (manche bezeichnen es als Hack) der BIND-Implementierungen, wird jetzt aber von der IETF in den ordnungsgemäßen DNS-Standard aufgenommen[4].

Es gibt zahlreiche unterschiedliche Definitionen für DNS-Einträge, häufiger verwendet werden aber weniger als zehn, wobei IPv6 noch einige mehr bringt. Wir gliedern sie in vier Gruppen:

- Zoneneinträge – sie bezeichnen Domänen und deren Nameserver
- Grundlegende Einträge – sie ordnen Namen Adressen zu und leiten Mail weiter
- Sicherheitsrelevante Einträge – sie ergänzen Zonendateien durch Authentifizierung und Signaturen
- Optionale Einträge – sie liefern zusätzliche Informationen über Hosts oder Domänen

---

4 Leider gibt es einen Streit über den Namen, unter dem diese Daten festgehalten werden sollen: version.bind, hostname.bind, id-server oder ... oder ...

15.7 Die DNS-Datenbank

Der Inhalt des Felds data hängt von Typ des Eintrags ab. Tabelle 15.6 fasst die gängigen Eintragstypen zusammen.

	Typ	Name	Funktion
Zone	SOA	Beginn der Zuständigkeit	Definiert eine DNS-zone
	NS	Nameserver	Bezeichnet Zonenserver, delegiert Subdomänen
Grundlegend	A	IPv4-Adresse	Übersetzung von Namen in Adressen
	AAAA[a]	IPv6-Adresse	Übersetzung von IPv6-Namen in Adressen
	PTR	Pointer	Übersetzung von Adressen in Namen
	MX	Mail Exchanger	Steuert die Weiterleitung von E-Mails
Sicherheit	DS	Delegation Signer	Hashwert des signierenden Schlüssels für die signierte untergeordnete Zone
	DNSKEY	Public Key	Öffentlicher Schlüssel für einen DNS-Namen
	NSEC	Next Secure	Wird mit DNSSEC für negative Antworten verwendet
	RRSIG	Signature	Signierter und authentifizierter Satz von Ressourceneinträgen
Optional	CNAME	Canonical Name	Nick- oder Aliasnamen eines Hosts
	LOC	Location	Geografischer Ort und Ausdehnung
	SRV	Services	Ort wohlbekannter Dienste
	TXT	Text	Kommentare oder nicht typisierte Informationen

Tabelle 15.6: DNS-Eintragstypen

a) *Die AAAA- und A6 IPv6-Adresseinträge waren in den letzten Jahren in der IETF Sparringspartner. AAAA hat schließlich gewonnen und wechselte von veraltet zu Standard, während A6 jetzt als experimentell gilt.*

Manche Eintragstypen sind überholt, experimentell oder nicht besonders verbreitet. In der BIND-Dokumentation finden Sie eine vollständige Liste. Die meisten Daten/Sätze werden von Hand gepflegt (durch Editieren von Textdateien), die Sicherheitsressourceneinträge erfordern jedoch kryptografische Verarbeitung und müssen deshalb mit Softwaretools bearbeitet werden. Sie werden in Abschnitt 15.15.4 beschrieben.

Die Reihenfolge der Ressourceneinträge ist fast willkürlich. Früher musste der SOA-Eintrag für eine Zone an erster Stelle stehen, aber dies wurde inzwischen gelockert. Darauf folgen normalerweise die NS-Einträge. Die Einträge für einen bestimmten Host werden üblicherweise zusammengehalten. Es ist gängige Praxis, sie anhand des Felds name zu sortieren, obwohl einige Standorte dafür die IP-Adresse verwenden, sodass sich unbenutzte Adressen leichter erkennen lassen.

Bei der ausführlicheren Beschreibung der verschiedenen Eintragstypen in den nächsten Abschnitten untersuchen wir einige Beispiele aus den Datendateien von *cs.colorado.edu*. Die Standarddomäne ist in diesem Kontext *cs.colorado.edu*, der als *anchor* bezeichnete Host heißt tatsächlich also *anchor.cs.colorado.edu*.

15.7.2 Der SOA-Eintrag

Ein SOA-Eintrag markiert den Beginn einer Zone, einer Gruppe von Ressourceneinträgen, die sich an derselben Stelle innerhalb des DNS-Namespaces befinden. Dieser Knoten der DNS-Struktur wird auch als Delegationspunkt (delegation point) oder Zonenschnitt (zone cut) bezeichnet. Wie wir in den Abschnitten 15.7.4 und 15.7.5 eingehender zeigen, enthalten die Daten für eine DNS-Domäne üblicherweise mindestens zwei Zonen: eine für das Umsetzen von Hostnamen in IP-Adressen und eine für die umgekehrte Richtung. Die DNS-Struktur umfasst einen nach Namen organisierten Forward- und einen nach IP-Adressen organisierten Reversezweig.

Jede Zone hat genau einen SOA-Eintrag, der den Namen der Zone, eine Kontaktperson für technische Fragen und verschiedene Ablaufwerte umfasst. Ein Beispiel:

```
; Beginn des Zuständigkeitseintrags für cs.colorado.edu
@    IN    SOA    ns.cs.colorado.edu. .hostmaster.cs.colorado.edu. (
                  2004111300    ; Seriennummer
                  7200          ; Auffrischen   (2 Stunden)
                  1800          ; Wiederholen   (30 Minuten)
                  604800        ; Ablauf        (1 Woche)
                  7200 )        ; Minimum       (2 Stunden)
```

Das Feld name enthält hier das Symbol @, eine Abkürzung für den Namen der aktuellen Zone. In diesem Beispiel hätte stattdessen cs.colorado.edu. verwendet werden können. Der Wert von @ ist der in der Zonenanweisung in der Konfigurationsdatei des Nameservers angegebene; er kann mit der Parserdirektive $ORIGIN (siehe weiter hinten) aus der Zonendatei heraus geändert werden.

Dieses Beispiel enthält kein Feld ttl. Die Klasse ist IN für Internet, der Typ SOA, die übrigen Elemente bilden das Feld data.

Der Masternameserver der Zone heißt *ns.cs.colorado.edu*.

Die E-Mail-Adresse der technischen Kontaktperson ist im Format *Benutzer.Host* anstelle des üblichen *Benutzer@Host* angegeben und lautet *hostmaster.cs.colorado.edu.*. Ersetzen Sie diesen ersten Punkt einfach durch @ und löschen Sie den abschließenden

15.7 Die DNS-Datenbank

Punkt, wenn Sie eine E-Mail an den Administrator der Domäne schicken müssen. Oft verwenden Standorte Aliasnamen wie *admin* oder *hostmaster*, anstelle eines echten Anmeldenamens. Der als Hostmaster fungierende Systemadministrator kann wechseln, und ein Eintrag in der Datei aliases (siehe weiter hinten) lässt sich leichter ändern als alle Zonendateien, falls Sie die Kontaktperson aktualisieren müssen.

Die Klammern führen den SOA-Eintrag über mehrere Zeilen fort. In BIND 4 oder 8 ist ihre Platzierung nicht freigestellt – wir haben versucht, die erste Zeile durch Aufteilen vor der Kontaktadresse zu kürzen, aber BIND hat danach den SOA-Eintrag nicht erkannt. In einigen Implementierungen werden Klammern nur in SOA- und TXT-Einträgen erkannt. Der Parser von BIND 9 ist besser; Klammern können an beliebigen Stellen gesetzt werden.

Der erste numerische Parameter ist die Seriennummer der Konfigurationsdaten der Zone, anhand derer die Slaveserver ermitteln, ob sie aktualisierte Daten abrufen sollen. Dies kann eine beliebige 32-Bit-Integerzahl sein, die bei jeder Änderung der Datendatei für die Zone hochgesetzt werden sollte. Viele Standorte kodieren das Änderungsdatum der Datei in der Seriennummer, sodass 2004111300 zum Beispiel die erste Änderung der Zone am 13. November 2004 bezeichnet.

Seriennummern müssen nicht ununterbrochen sein, wohl aber gleichmäßig steigen. Falls Sie auf dem Masterserver versehentlich einen ziemlich hohen Wert festlegen und dieser auf die Slaves übertragen wird, funktioniert eine Korrektur auf dem Masterserver nicht. Die Slaves fodern erst dann neue Daten an, wenn die Seriennummer des Masterservers größer ist als ihre.

Dieses Problem lässt sich auf drei Arten beheben, wobei in BIND 9 nur die beiden ersten funktionieren.

- Eine Möglichkeit besteht darin, die Eigenschaften des Folgeraums zu nutzen, in dem sich die Nummern befinden. Bei diesem Verfahren addieren Sie einen großen Wert (2^{31}) zu der übergroßen Zahl, die alle Slaveserver veranlasst, Daten zu übertragen, und setzen die Seriennummer dann auf einen beliebigen Wert. Diese eigenartige Arithmetik wird in dem DNS-Buch des Verlags O'Reilly mit expliziten Beispielen ausführlich behandelt, und RFC1982 beschreibt den Folgeraum.

- Eine schleichende, aber anstrengendere Methode ändert die Seriennummer auf dem Masterserver, killt die Slaveserver, löscht ihre Sicherungsdateien für die Daten, sodass sie gezwungen sind, die Daten vom Master neu zu laden, und startet die Slaveserver neu.

- BIND 4.9 und BIND 8 enthalten einen Hack, mit dem Sie die Seriennummer für ein Auffrischungsintervall auf 0 setzen und dann die Nummerierung neu starten können. Der Wert 0 veranlasst immer ein Neuladen; vergessen Sie also nicht, einen echten Wert festzulegen, nachdem alle Slaves die Zone mit der Seriennummer 0 neu geladen haben.

Häufig wird der Fehler gemacht, die Datendateien zu ändern, aber das Aktualisieren der Seriennummer zu vergessen. Ihr Server bestraft Sie, indem er den Slaves die Änderungen nicht mitteilt.

Die nächsten vier Einträge des SOA-Eintrags sind Ablaufwerte in Sekunden, die steuern, wie lange Daten an verschiedenen Stellen in der weltweiten DNS-Datenbank zwischengespeichert werden können. Die Zeit lässt sich auch in Minuten, Stunden, Tagen oder Wochen ausdrücken, wenn Sie das Suffix m, h, d bzw. w verwenden. Der Wert 1h30m heißt beispielsweise 1 Stunde 30 Minuten. Ablaufwerte stellen einen Kompromiss zwischen Effizienz (alte Werte zu verwenden kostet weniger Aufwand als neue zu holen) und Genauigkeit dar (neue Werte sollten genauer sein).

Es folgt ein weiteres Exemplar desselben SOA-Beispieleintrags:

```
; Beginn des Zuständigkeitseintrags für cs.colorado.edu
@    IN    SOA    ns.cs.colorado.edu. hostmaster.cs.colorado.edu. (
                  2004111300    ; Seriennummer
                  7200          ; Auffrischen    (2 Stunden)
                  1800          ; Wiederholen    (30 Minuten)
                  604800        ; Ablauf         (1 Woche)
                  7200 )        ; Minimum        (2 Stunden)
```

Der erste Ablaufwert gilt für das *Auffrischen*. Er gibt an, wie häufig Slaveserver prüfen sollten, ob sich die Seriennummer der Zonenkonfiguration geändert hat. Bei jeder Änderung der Zone müssen die Slaves ihre Kopie der Zonendaten aktualisieren. Der Slave vergleicht die Seriennummer; ist die des Masters größer, fordert er einen Zonentransfer an, um die Daten zu aktualisieren. Häufig werden Werte zwischen einer und sechs Stunden gewählt (3.600 bis 21.600 Sekunden).

Anstatt passiv zu warten, bis die Slaveserver den Ablaufwert erreichen, benachrichtigen BIND-Server ihre Slaves jetzt über jede Zonenänderung, es sei denn, der betreffende Parameter wurde in der Konfigurationsdatei ausdrücklich ausgeschaltet. Slaves, die die Benachrichtigung verstehen, führen so eine Auffrischung durch. Eine Aktualisierungsbenachrichtigung kann jedoch aufgrund von Netzwerkstau (congestion) verloren gehen, sodass der Ablaufwert für die Auffrischung immer sinnvoll gesetzt werden sollte.

Versucht ein Slaveserver, die Seriennummer des Masters zu prüfen, bekommt jedoch keine Antwort, versucht er es nach Ablauf des Werts für die *Wiederholung* erneut. Unsere Erfahrung zeigt, dass 20 bis 60 Minuten (1.200 bis 3.600 Sekunden) ein guter Wert sind.

Fällt ein Masterserver längere Zeit aus, versuchen die Slaves mehrfach vergeblich, ihre Daten aufzufrischen. Jeder Slave sollte schließlich zu dem Ergebnis kommen, dass der Master nicht zurückkehrt und seine Daten mit Sicherheit veraltet sind. Der Parameter expire bestimmt, wie lange die Slaves bei Ausfall des Masters die Daten der Domäne weiter als maßgeblich liefern. Das System sollte überleben können, wenn der Master einige Tage ausfällt, sodass dieser Parameter ziemlich hoch sein sollte. Wir empfehlen einen Wert zwischen einer Woche und einem Monat.

15.7 Die DNS-Datenbank

Der Parameter maximum im SOA-Eintrag legt die Lebensdauer für negative Einträge fest, die zwischengespeichert werden[5]. Der Standardwert für positive Antworten (also echte Einträge) wird am Anfang der Zonendatei in der Direktive $TTL gesetzt. Die Erfahrung legt Werte von einigen Stunden bis zu wenigen Tagen für $TTL und von ein paar Stunden bis zu einem Tag für minimum nahe. Der Wert $TTL muss größer oder gleich dem für minimum sein.

Die Parameter $TTL, expire und minimum zwingen schließlich jeden DNS-Benutzer, alte Datenwerte zu verwerfen. Der erste DNS-Entwurf stützte sich auf den Umstand, dass die Hostdaten relativ stabil waren und sich nicht oft änderten. DHCP und mobile Hosts haben die Regeln jedoch verändert. BIND versucht verzweifelt mitzuhalten, indem es die Mechanismen für dynamische Aktualisierungen und inkrementellen Zonentransfer bereitstellt, die in Abschnitt 15.14 beschrieben werden. Weitere Informationen über TTLs und die so genannte TTL-Harmonisierung haben Sie in Abschnitt 15.7.1 bereits gelesen.

15.7.3 NS-Einträge

Nameservereinträge nennen die Server, die für eine Zone maßgeblich (authoritative) sind (also alle Master- und Slaveserver) und delegieren Subdomänen an andere Organisationen. Sie folgen üblicherweise auf den SOA-Eintrag und haben folgendes Format:

zone [ttl] IN NS *hostname*

Ein Beispiel:

```
cs.colorado.edu.    IN    NS    ns.cs.colorado.edu.
cs.colorado.edu.    IN    NS    anchor.cs.colorado.edu.
cs.colorado.edu.    IN    NS    ns.cs.utah.edu.
```

Da der Name der Zone derselbe ist wie der im Feld name des SOA-Eintrags, der vor diesen NS-Einträgen steht, kann das Feld leer bleiben. Die unmittelbar auf den SOA-Eintrag für *cs.colorado.edu* folgenden Zeilen

```
    IN    NS    ns.cs.colorado.edu.
    IN    NS    anchor.cs.colorado.edu.
    IN    NS    ns.cs.utah.edu.
```

sind also gleichwertig.

Um für die Außenwelt sichtbar zu sein, sollte ein maßgeblicher Server von *cs.colorado.edu* sowohl in der Zonendatei für *cs.colorado.edu* als auch in der Datei für die übergeordnete Zone *colorado.edu* aufgeführt sein. Server, die nur zwischenspeichern,

---

[5] Vor BIND 8.2 legte dieser Parameter die Standardlebensdauer für Ressourceneinträge fest. Er war Bestandteil jedes Ressourceneintrags und wurde benutzt, um die zwischengespeicherten Einträge auf nicht maßgeblichen Servern ablaufen zu lassen.

könnnen nicht maßgeblich sein; schreiben Sie sie nicht in die Liste. Kein Parameter in den NS-Einträgen legt fest, ob ein Server Master oder Slave ist, sondern diese Informationen sind in der Konfigurationsdatei des Nameservers zu finden.

BIND ermittelt anhand der NS-Einträge der Zone die Slaveserver, wenn Benachrichtigungen über Zonenänderungen gesendet werden sollen. Dieselben NS-Einträge definieren in der übergeordneten Zone (*colorado.edu*) die Subdomäne *cs* und delegieren die Zuständigkeit für sie an die betreffenden Nameserver. Wird die Liste der Nameserver der übergeordneten Zone nicht auf demselben Stand wie die in der Zone gehalten, werden alle neu hinzugefügten Server »Tarnkappenserver«, die nicht zum Beantworten von Abfragen von draußen eingesetzt werden. Dies kommt gelegentlich entwurfsbedingt, aber auch aufgrund von Vergesslichkeit vor. Es ist solange nicht schwerwiegend, wie die übergeordnete Zone mindestens einen gültigen NS-Eintrag für die untergeordnete hat.

Ein schneller Blick auf unsere eigenen Delegierungen brachte einen wichtigen Server für *coloradu.edu* zum Vorschein, den die Domäne *edu* nicht kannte. Handeln Sie nicht nach unseren Taten, sondern nach unseren Worten: Überprüfen Sie Ihre Delegierungen mit dig, um sicherzustellen, die sie eine geeignete Gruppe von Servern festlegen (siehe Abschnitt 15.16).

Tipp

In Abschnitt 15.7.17 finden Sie weitere Informationen über Delegierung.

15.7.4 A-Einträge

A-Einträge (Adresseinträge) bilden den Kern der DNS-Datenbank. Sie stellen die Forwardzuordnung von Hostnamen zu IP-Adressen bereit, die früher in der Datei /etc/hosts zu finden waren. Ein Host weist üblicherweise für jede seiner Netzwerkschnittstellen einen A-Eintrag in folgendem Format auf:

hostname [ttl] IN A *IP address*

Ein Beispiel:

Anchor   IN   A   128.138.243.100

Ein Rechner mit mehreren Netzwerkschnittstellen kann einen einzigen Hostnamen benutzen, der mit allen Schnittstellen verknüpft ist, oder für jede Schnittstelle einen eigenen Hostnamen haben.

15.7.5 PTR-Einträge

PTR-Einträge (Zeigereinträge) erledigen die Reversezuordnung von IP-Adressen zu Hostnamen. Jeder Host braucht für jede Netzwerkschnittstelle außer einem Adresseintrag auch einen PTR-Eintrag. Bevor wir diese beschreiben, müssen wir jedoch abschweifen und über eine besondere Topleveldomäne mit dem Namen *in-addr.arpa* sprechen.

Vollständig qualifizierte Domänennamen lassen sich als Schreibweise betrachten, bei der der »signifikanteste Bestandteil« rechts steht. Bei dem Namen *anchor.cs.colorado.edu* zum Beispiel befindet sich *anchor* in *cs*, *cs* in *colorado* und *colorado* in *edu*. Bei IP-Adressen steht dieser dagegen links. Bei der Adresse 128.138.243.100 befindet sich Host 100 im Subnetz 243, das wiederum zum Netzwerk 128.138 gehört.

Die Domäne *in-addr.arpa* wurde angelegt, damit derselbe Satz Softwaremodule und dieselbe Namensstruktur sowohl die Forwardzuordnung von Hostnamen zu IP-Adressen als auch die Reversezuordnung durchführen konnten. Domänen unterhalb von *in-addr.arpa* werden wie IP-Adressen mit umgekehrter Byte-Reihenfolge benannt. Die Zone für unser Subnetz 243 heißt also *243.138.128.in-addr.arpa*.

Das allgemeine Format eines PTR-Eintrags sieht folgendermaßen aus:

address [ttl] IN PTR *hostname*

Der PTR-Eintrag in der Zone *243.138.128.in-addr.arpa*, der zum A-Eintrag von *anchor* gehört, lautet wie folgt:

```
100    IN    PTR    anchor.cs.colorado.edu.
```

Der Name *100* endet nicht mit einem Punkt und ist demzufolge relativ. Aber wozu? Nicht zu *cs.colorado.edu*. Damit dieser Beispieleintrag korrekt ist, muss die Standarddomäne *243.138.128.in-addr.arpa.* sein.

Sie können die Domäne festlegen, indem Sie die PTR-Einträge für jedes Subnetz in einer eigenen Datei unterbringen wie in diesem Beispiel. Die zu der Datei gehörende Standarddomäne wird in der Konfigurationsdatei des Nameservers festgelegt. Eine andere Methode für die Reversezuordnung ist die Aufnahme von Einträgen folgender Art mit der Standarddomäne *138.128.in-addr.arpa*:

```
100.243    IN    PTR    anchor.cs.colorado.edu.
```

Manche Standorte bringen alle Reverseeinträge in derselben Datei unter und geben das Subnetz mithilfe von $ORIGIN-Direktiven an. Beachten Sie, dass der Hostname *anchor.cs.colorado.edu* mit einem Punkt enden muss, um zu verhindern, dass *138.128.in-addr.arpa* angehängt wird.

Da *cs.colorado.edu* und *243.138.128.in-addr.arpa* unterschiedliche Regionen im DNS-Namespace sind, konstituieren sie zwei getrennte Zonen. Jede benötigt einen eigenen SOA-Eintrag und eigene Ressourceneinträge. Sie sollten also für jedes echte Netzwerk nicht nur eine *in-addr.arpa*-Zone, sondern auch eine Zone definieren, die für das loopback-Netzwerk 127.0.0.0 zuständig ist.

Alles dies funktioniert gut, solange sich die Subnetze an Bytegrenzen befinden. Wie handhaben Sie aber die Reversezuordnung für ein Subnetz 128.138.243.0/26? Ein eleganter, in RFC2317 definierter Hack nutzt `CNAME`-Ressourceneinträge, um dieses Kunststück zu vollbringen (siehe Abschnitt 15.7.8).

Die von PTR-Einträgen bereitgestellten Reversezuordnungen werden von allen Programmen verwendet, die eingehenden Netzwerkverkehr authentifizieren. Zum Beispiel kann `sshd` Remoteanmeldungen ohne Passwort zulassen, wenn der Ausgangsrechner mit seinem Namen in der Datei ~/.shosts eines Benutzers aufgeführt ist. Empfängt der Zielhost eine Verbindungsanfrage, kennt er den Ausgangsrechner nur unter seiner IP-Adresse. Mit DNS konvertiert er diese in einen Hostnamen, der wiederum mit der betreffenden Datei verglichen wird. `netstat`, `tcpd`, `sendmail`, `sshd`, X Windows und `ftpd` verwenden alle die Reversezuordnung, um aus IP-Adressen Hostnamen zu erfahren.

A-Einträge müssen unbedingt mit den zugehörigen PTR-Einträgen übereinstimmen. Abweichungen und fehlende PTR-Einträge führen zu Authentifizierungsfehlern, die Ihr System quälend langsam machen können. Dieses Problem ist an sich schon ärgerlich, kann aber zusätzlich DoS-Angriffe gegen Anwendungen erleichtern, die die Reversezuordnung zum Vergleich mit dem A-Eintrag benötigen.

15.7.6 MX-Einträge

Das Mailsystem verwendet MX-Einträge zur effizienteren Weiterleitung von E-Mails. Ein MX-Eintrag überschreibt das Ziel der Nachricht und leitet sie meistens nicht an die Workstation des Empfängers, sondern an einen Mailhub an seinem Standort.

Ein MX-Eintrag hat folgendes Format:

name [*ttl*] IN MX *preferred host* ...

Unten sehen Sie zwei Beispiele, eins für einen Host, der seine E-Mails selbst entgegennimmt, solange er nicht außer Betrieb ist, und eins für einen Host, der überhaupt keine E-Mails empfangen kann:

```
piper     IN   MX    10 piper
          IN   MX    20 mailhub
          IN   MX    50 boulder.colorado.edu.
xterm1    IN   MX    10 mailhub
          IN   MX    20 anchor
          IN   MX    50 boulder.colorado.edu.
```

Hosts mit niedrigen Präferenzwerten werden zuerst versucht: 0 ist der beliebteste, 65.535 der schlechteste. In diesem Beispiel werden an bob@xterm1 adressierte E-Mails an *mailhub* gesendet, wenn er erreichbar ist, als zweite Wahl an *anchor* und wenn

15.7 Die DNS-Datenbank

weder der eine noch der andere in Betrieb ist, an *boulder*. Beachten Sie, dass der Name von *boulder* vollständig qualifiziert sein muss, weil er nicht zur Standardzone gehört (hier *cs.colorado.edu.*).

Die Liste der Präferenzen und Hosts kann vollständig in derselben Zeile stehen, aber einzelne Zeilen lassen sich leichter lesen. Lassen Sie numerischen »Platz« zwischen den Präferenzwerten, sodass Sie nicht neu nummerieren müssen, wenn Sie ein neues Ziel einfügen.

MX-Einträge sind in zahlreichen Situationen nützlich:

- Wenn ein zentraler Mailhub vorhanden ist
- Wenn der Zielhost außer Betrieb ist
- Wenn der Zielhost vom Internet aus nicht direkt erreichbar ist
- Wenn der Zielhost kein SMTP beherrscht
- Wenn der lokale Systemadministrator besser als Ihre Korrespondenzpartner weiß, wohin die E-Mails gehen sollen

Im ersten Fall gehen die E-Mails an den Mailhub, den Computer, an dem die meisten Benutzer sie lesen. Im zweiten Fall werden sie an einen Host in der Nähe übermittelt und weitergeleitet, wenn das Ziel wieder erreichbar ist.

Hosts, die nicht direkt vom (öffentlichen) Internet aus erreichbar sind, können trotzdem MX-Einträge haben. Dabei kann es sich um Rechner hinter einer Firewall, von einem Dienstanbieter oder einem Hostingdienst gehostete Domänennamen oder nicht ständig laufende Rechner handeln. `sendmail` kann keine Verbindung zum Zielhost aufnehmen, aber die E-Mails dichter heranbringen, indem es Verbindung mit einem MX-Host des Zielrechners aufnimmt.

Der letzte und wichtigste Grund für die Verwendung von MX-Einträgen liegt darin, dass die lokalen Systemadministratoren die Mailarchitektur wahrscheinlich wesentlich besser kennen als Ihre Korrespondenzpartner. Sie müssen das letzte Wort darüber haben, wie Ihr Standort seinen E-Mail-Stream kanalisiert.

Jeder Host, der der Außenwelt bekannt ist, sollte MX-Einträge haben. Bei unwichtigeren Hosts genügen eine oder zwei Alternativen, ein großer, wichtiger braucht mehr Einträge. Die folgende Gruppe von Einträgen könnte sich für einen Standort eignen, an dem jeder Host selbst E-Mails sendet und empfängt:

- Einen für den Host selbst als erste Wahl
- Einen Abteilungs-Mailhub als zweite Wahl
- Einen zentralen Mailhub für die Domäne oder die übergeordnete Domäne als Notnagel

Die Domäne selbst sollte einen MX-Eintrag für einen Mailhubrechner haben, damit die Adresse *user@domain* funktioniert. Natürlich setzt diese Konfiguration voraus, dass die Benutzernamen auf den Rechnern der gesamten Domäne eindeutig sind. Um zum Beispiel E-Mails an *evi@cs.colorado.edu* zu senden, brauchen wir einen Rechner *cs* und MX-Einträge in *cs.colorado.edu* oder beides.

```
cs   IN   MX   10 mailhub.cs.colorado.edu.
     IN   MX   20 anchor.cs.colorado.edu.
     IN   MX   50 boulder.colorado.edu.
```

Ein Rechner, der E-Mails für einen anderen Host annimmt, muss diesen in seinen `sendmail`-Konfigurationsdateien aufführen. Das `sendmail`-Feature `use_cw_file` und die Datei `local-host-names` werden in Abschnitt 18.9 behandelt.

Außerdem sehen Sie in der DNS-Datenbank gelegentlich MX-Einträge mit Jokern:

```
*    IN   MX   10 mailhub.cs.colorado.edu.
```

Auf den ersten Blick wirkt dieser Eintrag, als erspare er eine Menge Tipparbeit und füge einen MX-Standardeintrag für alle Hosts hinzu, aber solche Einträge funktionieren nicht ganz so, wie Sie vielleicht erwarten. Sie passen auf alles im Feld `name` eines Ressourceneintrags, das *noch nicht* als expliziter Name in einem anderen Ressourceneintrag aufgeführt ist.

Daher können Sie das Sternchen *nicht* zum Festlegen eines Standardwerts für alle Ihre Hosts verwenden, unverständlicherweise aber wohl, um einen Standardwert für Namen zu setzen, die nicht Ihre Hosts sind. Dieser Umstand führt dazu, dass eine große Anzahl E-Mails nur an Ihren Hub gesendet wird, um dann abgelehnt zu werden, weil der Hostname, für den das Sternchen steht, tatsächlich nicht zu Ihrer Domäne gehört. Verzichten Sie also lieber auf MX-Einträge mit Jokern.

15.7.7 CNAME-Einträge

CNAME-Einträge weisen einem Host zusätzliche Namen (Nicknamen) zu, die häufig dazu dienen, eine Funktion mit dem Host zu verknüpfen oder einen langen Hostnamen abzukürzen. Der echte Name wird häufig als Canonical Name bezeichnet (daher »CNAME«).

Es folgen einige Beispiele:

```
ftp  IN   CNAME   anchor
kb   IN   CNAME   kibblesnbits
```

Der CNAME-Eintrag hat folgendes Format:

nickname [*ttl*] IN CNAME *hostname*

Trifft die DNS-Software auf einen CNAME-Eintrag, beendet sie ihre Abfrage nach dem Nicknamen und wendet sich dem echten Namen zu. Liegt für einen Host ein CNAME-Eintrag vor, müssen seine übrigen Einträge (A, MX, NS usw.) auf seinen Realnamen verweisen, nicht auf den Nicknamen[6]. Die folgenden Zeilen sind beispielsweise korrekt:

```
colo-gw   IN   A       128.138.243.25
moogie    IN   CNAME   colo-gw
www       IN   CNAME   moogie
```

Es wäre jedoch ein Fehler, *www* oder *moogie* in diesem Beispiel eine Adresse oder eine Mail-Priorität zuzuweisen (mit einem A- bzw. MX-Eintrag).

CNAME-Einträge können in BIND bis zur Tiefe 8 verschachtelt werden, d.h., ein CNAME-Eintrag kann auf einen anderen CNAME zeigen, dieser wiederum auf einen dritten und so weiter, bis zu siebenmal; das achte Ziel muss der echte Hostname mit einem A-Eintrag sein.

Normalerweise können Sie CNAMEs ganz und gar vermeiden, indem Sie einfach A-Einträge für den Realnamen des Hosts und seine Nicknames verwenden.

15.7.8 Der CNAME-Hack

CNAMEs werden auch eingesetzt, um die bestehende Semantik von DNS zur Unterstützung von Reversezonen für Netzwerke zu zwingen, deren Subnetzgrenzen nicht an einer Bytegrenze liegen. Bevor die CIDR-Adressierung allgemein üblich war, fanden die meisten Subnetzzuweisungen an Bytegrenzen oder innerhalb derselben Organisation statt, sodass die Reversedelegierungen leicht zu handhaben waren. Wurde zum Beispiel für das Klasse-B-Netzwerk 128.138 eine Reihe Klasse-C-ähnlicher Netzwerke angelegt, bildete jedes Subnetz ein hübsches Paket für die Domäne *in-addr.arpa*. Die Reversezone für das Subnetz 243 hieß dann *243.138.128.in-addr.arpa*.

Tipp

In Abschnitt 12.4.4 finden Sie weitere Informationen über CIDR.

---

6 Diese Regel für CNAMEs wurde für DBNSSEC explizit gelockert, das jedem Satz DNS-Ressourceneinträge digitale Signaturen hinzufügt. Der RRSIG-Eintrag für den CNAME verweist auf den Nicknamen.

Was geschieht jedoch, wenn das Subnetz 243 in vier weitere /26-Netzwerke unterteilt wird? Werden alle vier derselben Organisation zugewiesen, gibt es kein wirkliches Problem. Die vier Subnetze können weiterhin eine Datei gemeinsam nutzen, die alle PTR-Einträge enthält. Wird das Subnetz 243 jedoch einem Internetdienstanbieter zugewiesen, der jedes /26-Netzwerk an einen anderen Kunden delegieren will, ist eine komplexere Lösung erforderlich. Entweder muss er die Reverseeinträge für die einzelnen Kunden in deren Auftrag selbst warten oder eine Möglichkeit finden, das dritte Oktett der IP-Adresse (in diesem Fall 243) in vier unterschiedliche Stücke zu teilen, die unabhängig voneinander delegiert werden können.

Fällt eine Verwaltungsgrenze mitten in ein Byte, müssen Sie geschickt vorgehen. Außerdem müssen Sie eng mit der Domäne ober- oder unterhalb zusammenarbeiten. Der Trick sieht folgendermaßen aus: Fügen Sie für jede mögliche Hostadresse in der natürlichen *in-addr.arpa*-Zone einen CNAME hinzu, der die Suche an eine Zone umleitet, die vom Besitzer des betreffenden Subnetzes gesteuert wird. Dieses System sorgt für unsaubere Zonendateien bei der übergeordneten Stelle, ermöglicht es aber, die Zuständigkeit an die tatsächlichen Benutzer der einzelnen Subnetze zu delegieren.

Nun zu den Einzelheiten des Systems. Die übergeordnete Organisation (in unserem Fall der Dienstanbieter) erstellt CNAME-Einträge für jede mögliche IP-Adresse mit einer zusätzlichen Fake-Komponente (ein durch einen Punkt abgetrennter Block), die das Subnetz bezeichnet. In dem gerade beschriebenen /26-Subnetz enthält das erste Viertel der Adressen dann zum Beispiel den Bestandteil 0-63, das zweite 64-127 usw. Das sieht dann folgendermaßen aus:

```
$ORIGIN 243.138.128.in-addr.arpa.
1    IN    CNAME    1.0-63
2    IN    CNAME    2.0-63
...
63   IN    CNAME    63.0-63
64   IN    CNAME    64.64-127
65   IN    CNAME    65.64-127
...
```

Um den Block 0-63 der Reversezone an den Kunden zu delegieren, dem dieses Subnetz zugewiesen wurde, fügen wir die folgenden NS-Einträge hinzu:

```
0-63    IN    NS    ns1.customer1.com.
0-63    IN    NS    ns2.customer1.com.
...
```

Der Standort von customer1.com hat dann eine Zonendatei mit den Reversezuordnungen für die Zone *0-63.243.138.128.in-addr.arpa*, die folgendermaßen aussehen könnte:

```
1    IN    PTR    host1.customer1.com.
2    IN    PTR    host2.customer1.com.
...
```

Durch diesen zusätzlichen Bestandteil erzeugen wir einen neuen »Schnitt«, an dem die Delegierung stattfinden kann. Wenn jemand zum Beispiel die Reversezuordnung für 128.138.243.1 nachschlägt, leitet der CNAME-Eintrag in *1.243.138.128.in-addr.arpa* die Suche an den Namen *1.0-63.243.138.128.in-addr.arpa* um, der vom Kunden kontrolliert wird.

Die Dateien des Kunden sind sauber; nur der Dienstanbieter muss sich mit einem wenig eleganten Konfigurationschaos befassen. Aber es kann noch komplizierter werden. customer1 kann selbst Dienstanbieter sein, der seine Adressen weiter unterteilen möchte. Das ist in Ordnung: BIND unterstützt CNAME-Ketten, die bis zu acht Links lang sind, und da ein Byte nur acht Bits hat, kann es niemals knapp werden. CNAME-Ketten sind nach den RFCs nicht verboten, sondern nur nicht gern gesehen; sie verlangsamen nämlich die Namensauflösung, weil jeder Link darin verfolgt und eine neue Abfrage nach dem Ziel ausgelöst wird.

Bereits in einem frühen Stadium des CNAME-Hacks wurde der Befehl $GENERATE (siehe weiter hinten) in das BIND-Repertoire aufgenommen, um das Erstellen von Ressourceneinträgen in der übergeordneten Zone zu erleichtern. Die folgenden Zeilen erstellen zum Beispiel die Einträge für das erste Subnetz:

```
$ORIGIN 243.138.128.in-addr.arpa.
$GENERATE 0-63 $ CNAME $.0-63
0-63    NS    ns1.customer1.com.
0-63    NS    ns2.customer1.com.
```

Das Dollarzeichen in $GENERATE führt zu einer Wiederholung von 0 bis 63 und legt 64 verschiedene CNAME-Einträge an. Die übrigen drei /26-Subnetze werden ähnlich behandelt.

15.7.9 LOC-Einträge

Ein LOC-Eintrag beschreibt den geografischen Ort und optional die physische Größe (den Durchmesser) eines DNS-Objekts. LOC-Einträge wirken sich derzeit nicht auf den technischen Betrieb des Internets aus und werden von keiner Standardsoftware verwendet. Es wurden jedoch schon verschiedene interessante Nutzungsmöglichkeiten für diese Daten vorgeschlagen, darunter Routenverfolgung und -optimierung, automatische Zuordnung und Netzwerkforschung.

> **Tipp**
> LOC-Einträge sind in RFC1819 definiert.

Sie haben folgendes Format:

name [*ttl*] IN LOC *lat lon* [*alt* [*size* [*hp* [*vp*]]]]

lat und *lon* werden in Grad, Minuten und Sekunden durch Leerzeichen getrennt angegeben, worauf N, S, E oder W folgt. Die Sekunden können weggelassen werden und in diesem Fall auch die Minuten.

Die übrigen Felder werden in Zentimetern (ohne Dimension) oder Metern (m) angegeben.

alt ist die Höhe des Objekts, *size* der Durchmesser der Kugel, die das Objekt begrenzt, *hp* die horizontale und *vp* die vertikale Präzision des Maßes. Die Standardgröße beträgt 1 Meter, die vorgegebene horizontale und vertikale Präzision 10 Meter bzw. 10 Kilometer.

Das folgende Beispiel gilt für *caida.org* in San Diego (Kalifornien):

caida.org.   IN   LOC   32 53 01 N 117 14 25 W 107m 30m 18m 15m

Zahlreiche von CAIDA (Cooperative Association for Internet Data Analysis) entwickelte Tools erfordern Längen- und Breitendaten, und die Standorte werden angeregt, sie in ihr DNS aufzunehmen. Wenn Sie jedoch paranoid sind und einen Server oder Dienst betreiben, wollen Sie möglicherweise nicht, dass die breite Öffentlichkeit den genauen Standort Ihrer Rechner kennt. In diesem Fall empfehlen wir, ungenaue Werte zu verwenden, indem Sie den Parameter für die horizontale Präzision sehr hoch setzen. Selbst ungenaue LOC-Einträge sind für diejenigen, die Netzwerkforschung betreiben, von Wert, bieten jedoch eine gewisse Anonymität.

15.7.10 SRV-Einträge

Ein SRV-Eintrag gibt den Rechner innerhalb einer Domäne an, der den Dienst bereitstellt. Er ermöglicht zum Beispiel, eine Remotedomäne direkt abzufragen und den Namen ihres FTP-Servers zu suchen. Bisher mussten Sie meistens raten. Um den FTP-Server einer Remotedomäne zu kontaktieren, mussten Sie hoffen, dass die Systemadministratoren dort sich an die geltende Sitte gehalten und einen CNAME für FTP in die DNS-Einträge ihrer Server aufgenommen hatten.

SRV-Einträge ähneln verallgemeinerten MX-Einträgen mit Feldern, die dem lokalen DNS-Administrator die Steuerung und Lastverteilung bei eingehenden Verbindungen ermöglichen. Sie haben folgendes Format:

service.proto.name [ttl] IN SRV pri wt port target

Dabei ist *service* ein in der IANA-Datenbank zugewiesener Nummern (siehe *www.iana.org/numbers.htm*) definierter Dienst, *proto* entweder tcp oder udp, *name* die Domäne, auf die sich der Eintrag bezieht, *pri* eine Priorität ähnlich wie bei den MX-Einträgen, *port* der Port, über den der Dienst ausgeführt wird, und *target* der Hostname des Servers, der den Dienst bereitstellt. Mit der Antwort auf eine SRV-Abfrage wird üblicherweise automatisch der A-Eintrag des Ziels zurückgegeben. Der Wert 0 für den Parameter wt bedeutet, dass kein besonderer Lastausgleich stattfinden soll, der Wert . für das Ziel, dass der Dienst nicht an dem betreffenden Standort ausgeführt wird.

Das folgende Beispiel stammt aus den RFCs 2052 und 2782 (in denen SRV definiert wurde) und wurde an die Domäne *cs.colorado.edu* angepasst:

```
_ftp._tcp       SRV   0  0  21    ftp-server.cs.colorado.edu.
; finger nicht mehr zulassen (target = .)
_finger._tcp    SRV   0  0  79    .
; 1/4 der Verbindungen an den alten Rechner, 3/4 an den neuen
_ssh._tcp       SRV   0  1  22    old-slow-box.cs.colorado.edu.
                SRV   0  3  22    new-fast-box.cs.colorado.edu.
; Hauptserver über Port 80, Sicherung auf neuem Rechner, Port 8000
_http._tcp      SRV   0  0  80    www-server.cs.colorado.edu.
                SRV  10  0  8000  new-fast-box.cs.colorado.edu.
; sowohl http://www.cs.colo… als auch http://cs.colo… funktionieren also
_http._tcp.www  SRV   0  0  80    www-server.cs.colorado.edu.
                SRV  10  0  8000  new-fast-box.cs.colorado.edu.
; alle anderen Dienste blockieren (target = .)
*._tcp          SRV   0  0  0     .
*._udp          SRV   0  0  0     .
```

Dieses Beispiel veranschaulicht sowohl die Verwendung des Parameters wt (für SSH) als auch des Prioritätsparameters (HTTP). Beide SSH-Server werden benutzt und die Arbeit auf sie verteilt. Der HTTP-Backupserver wird nur benutzt, wenn der Hauptserver nicht erreichbar ist. Der Dienst finger ist nicht eingeschlossen, auch keine sonstigen Dienste, die nicht explizit erwähnt sind. Der Umstand, dass der Daemon finger nicht in DNS erscheint, bedeutet nicht, dass er nicht ausgeführt wird, sondern nur, dass Sie den Server nicht über DNS finden.

WKS (Well-Known Services) war ein älterer, dienstbezogener DNS-Eintrag, der sich nicht durchgesetzt hat. Anstatt Sie an den Host zu verweisen, der einen bestimmten Dienst für eine Domäne bereitstellte, listete er die Dienste auf, die ein bestimmter Host anbot. Er erscheint irgendwie unnütz, galt außerdem als Sicherheitsrisiko und fand keine Verbreitung.

15.7.11 TXT-Einträge

Ein TXT-Eintrag fügt den DNS-Einträgen eines Hosts beliebigen Text hinzu. Wir haben zum Beispiel einen solchen Eintrag, der unseren Standort bezeichnet:

```
IN   TXT   "University of CO, Boulder Campus, CS Dept"
```

Er folgt direkt auf die SOA- und NS-Einträge für die Zone *cs.colorado.edu.* und erbt daher das Feld *name* von ihnen.

Ein TXT-Eintrag hat folgendes Format:

name [*ttl*] IN TXT *info* ...

Alle *info*-Elemente müssen in Anführungszeichen gesetzt werden. Sie können einen einzigen String oder mehrere Strings verwenden, die einzeln in Anführungszeichen stehen. Achten Sie darauf, dass die Anführungszeichen korrekt gesetzt sind – fehlende Zeichen führen zu Schwierigkeiten mit Ihren DNS-Daten, weil alle Einträge zwischen dem fehlenden Zeichen und dem nächsten Vorkommen eines Anführungszeichens auf geheimnisvolle Weise verschwinden.

Viele Administratoren benutzen TXT-Einträge, um die Namen der Rechner an ihren Standorten zu veröffentlichen, von denen zulässige E-Mails kommen. Andere Standorte können diese so genannten SPF-Einträge (Sender Policy Framework) zum Erkennen und Löschen von Spam einsetzen. Die SPF-Daten stehen im *info*-Teil des TXT-Eintrags; es gibt für sie keine eigenen Einträge.

Hier sehen Sie einige Beispiele:

```
sendmail.com.   IN    TXT    "v=spf1 ip4:209.246.26.40 ip4:63.211.143.38
ip4:209.246.26.36 ip4:209.246.26.12 ip4:209.246.26.18 ip4:209.246.26.10 ~all"
example.com.    IN    TXT    "v=spf1 MX PTR -all"
```

In der ersten Zeile listet die Domäne *sendmail.com* die IP-Adressen ihrer Mailserver auf. Wenn eine E-Mail behauptet, von *sendmail.com* zu kommen, aber nicht von einem Rechner stammt, dessen IP-Adresse in der Liste des SPF-Eintrags steht, ist sie gefälscht und sollte gelöscht werden. Die zweite Zeile setzt voraus, dass übereinstimmende MX- und PTR-Einträge für den absendenden Rechner in DNS stehen, um ihn für gültig zu erklären.

Die Klausel v=spf1 bezieht sich auf die Version des SPF-Protokolls; derzeit ist nur Version 1 definiert bzw. implementiert. Einige Mailtransportagents (darunter sendmail, Postfix und exim) unterstützen SPF-Verarbeitung. Mithilfe von SPF-Einträgen lässt sich noch zahlreicher anderer Schnickschnack betreiben; in Abschnitt 18.10.10 finden Sie mehr darüber.

TXT-Einträge haben keine vorgegebene Reihenfolge. Wenn Sie mehrere verwenden, um Informationen in Ihr DNS einzufügen, können sie durcheinanderstehen, wenn named und UDP mit ihnen fertig sind.

15.7.12 IPv6-Ressourceneinträge

IPv6 ist eine neue Version des Protokolls IP. Die Spezifikation dauert schon über zehn Jahre und ist noch nicht beendet[7]. IPv6 wurde ursprünglich durch den zunehmenden

---

[7] Tony Li, ein aktives Mitglied der IETF-Gemeinde, beschrieb IPv6 einmal als »zu wenig, zu früh«.

15.7 Die DNS-Datenbank

Bedarf an Netzwerkadressen angeregt. Die provisorischen Lösungen dieses Problems – CIDR, NAT und die striktere Vergabe von Adressen – sind jedoch so erfolgreich, dass eine massenhafte Umstellung auf IPv6 sich als nicht so dringend und wichtig erwiesen hat, wie zunächst angenommen wurde. Der Einsatz von IPv6 wird heute von Asien angetrieben, wo IPv4-Adressen weniger dicht verteilt sind. Die Mobiltelefone der nächsten Generation, die möglicherweise IP-Adressen haben, tragen vielleicht dazu bei, dass die Waage zugunsten von IPv6 ausschlägt.

Tipp

In Kapitel 12 wird IPv6 ausführlicher behandelt.

Frühere Vorschläge für IPv6-Unterstützung in DNS gingen weitgehend dahin, den gemeinsamen Besitz von IPv6-Adressen mit A6- und DNAME-Einträgen zu unterstützen. Diese Eintragstypen machten zwar die Neunummerierung von Adressen einfacher, waren aber so kompliziert, dass die IETF nun von ihrem ursprünglichen Plan abgewichen ist und sich den wesentlich einfacheren AAAA-Einträgen für die Forwardzuordnung und der Domäne *ip6.arpa* für die Reversezuordnung zugewandt hat. In diesem Buch beschreiben wir keine A6- oder DNAME-Einträge und keine Bitstrings mehr. Falls Sie neugierig sind, finden Sie Näheres zu ihrer vorgesehenen Funktionsweise in älteren Versionen oder in den RFCs.

15.7.13 IPv6-Forwardeinträge

Das Format eines AAAA-Eintrags sieht folgendermaßen aus:

```
hostname [ttl] IN AAAA   ipaddr
```

Ein Beispiel:

```
anchor   IN    AAAA   3ffe:8050:201:9:a00:20ff:fe81:2b32
```

Jeder durch Doppelpunkt abgetrennte Block umfasst vier Hexadezimalziffern, wobei führende Nullen üblicherweise weggelassen werden. Zwei Doppelpunkte hintereinander heißen »genügend Nullen, um die 128 Bit für eine vollständige IPv6-Adresse zu füllen«. Eine Adresse kann höchstens einen solchen doppelten Doppelpunkt enthalten.

15.7.14 IPv6-Reverseeinträge

In IPv4 stehen Reversezuordnungen in der Domäne *in-addr.arpa*, Forwardzuordnungen in den übrigen Zweigen der Domänenstruktur (zum Beispiel unter *com* oder *edu*). In IPv6 befinden sich die Reversezuordnungsdaten für einen AAAA-Adresseintrag in einem PTR-Eintrag in der Topleveldomäne *ip6.arpa*[8].

Das »Nibble«-Format kehrt einen AAAA-Adresseintrag um, indem es die durch Doppelpunkt getrennten Adressblöcke auf die vollen vier Hexadezimalzahlen erweitert, dann die Reihenfolge dieser Ziffern umkehrt und am Ende *ip6.arpa* anhängt. Der PTR-Eintrag, der zu unserem AAAA-Beispieleintrag für *anchor* gehört, lautet also wie folgt:

> **Tipp**
> Die IPv4-Version der PTR-Einträge wurde bereits in Abschnitt 15.7.5 behandelt.

```
2.3.b.2.1.8.e.f.f.f.0.2.0.0.a.0.9.0.0.0.1.0.2.0.0.5.0.8.e.f.f.3.ip6.arpa PTR
anchor.cs.colorado.edu.
```

Der Systemadministrator wird dies sicher nicht gern eingeben, auf Fehler untersuchen oder auch nur lesen wollen. In Ihren echten DNS-Zonendateien verbirgt die Anweisung $ORIGIN natürlich einen Teil der Komplexität.

IPv6 ist noch jung, wenigstens unter dem Gesichtspunkt der Benutzung in der Praxis. Die Registrierungsstellen beginnen gerade mit der Zuweisung von Adressen, und der Vorgang wird mit zunehmender Erfahrung glatter laufen. Einige Rootnameserver haben vor kurzem angefangen, IPv6-Adressen zu verwenden. Noch sind Fragen zum Standardverhalten offen. Soll DNS zum Beispiel auf eine Abfrage nach einem AAAA-Eintrag für einen Namen, der zwar eine IPv4-, aber keine IPv6-Adresse hat, »no such adress« sagen oder lieber den IPv4-Eintrag zurückgeben?

15.7.15 Sicherheitsrelevante Einträge

Die Ressourceneinträge im Zusammenhang mit DNSSEC (DNSKEY, DS, RRSIG und NSEC) bilden ein wichtiges Thema für sich. Wir behandeln sie in Abschnitt 15.15 über DNS-Sicherheit. Sie unterscheiden sich insofern grundlegend von den meisten anderen, als sie üblicherweise nicht von Hand eingegeben, sondern mit Softwaretools erzeugt werden.

---

8 Der IPv6-Reversezweig der Benennungsstruktur hieß ursprünglich *ip6.int*.

15.7.16 Befehle in Zonendateien

Nachdem wir uns alle grundlegenden Ressourceneinträge angesehen haben, sollten wir einen Blick auf die Befehle werfen, die in eine Zonendatei eingebettet werden können. Es handelt sich eigentlich um Parserdirektiven, die zur besseren Lesbarkeit und einfacheren Wartung der Zonendateien beitragen. Entweder beeinflussen sie die Art, wie der Parser die nachfolgenden Einträge interpretiert, oder sie erweitern sich selbst zu mehreren DNS-Einträgen.

Nachdem eine Zonendatei eingelesen und vom Interpreter bearbeitet ist, sind diese Befehle nicht mehr Bestandteil der Zonendaten (zumindest nicht in ihrer ursprünglichen Form).

Es gibt vier Befehle:

```
$ORIGIN domain-name
$INCLUDE filename [origin]
$TTL default-ttl
$GENERATE lots-of-args
```

Befehle müssen in der ersten Spalte anfangen und in einer eigenen Zeile stehen. Die Befehle $ORIGIN und $TTL sind in den RFCs spezifiziert und sollten von allen Nameservern verstanden werden. $INCLUDE und $GENERATE waren ursprünglich BIND-spezifisch, wurden aber von einigen anderen DNS-Implementierungen übernommen.

Beim Lesen einer Zonendatei fügt der Nameserver allen Namen, die nicht bereits vollständig qualifiziert sind, die Standarddomäne hinzu (den Ursprung bzw. Origin). Er wird anfangs auf den Domänennamen gesetzt, der in der entsprechenden Zonenanweisung in der Konfigurationsdatei des Nameservers steht, Sie können ihn jedoch manuell mit der Direktive $ORIGIN in der Zonendatei festlegen.

Die Verwendung relativer Namen an Stellen, an denen vollständig qualifizierte erwartet werden, spart eine Menge Tipparbeit und macht die Zonendateien leichter lesbar. Die Reverseeinträge für einen Klasse-B-Standort mit Subnetzen lassen sich zum Beispiel alle in einer Zonendatei unterbringen, wobei $ORIGIN-Anweisungen den Kontext für die einzelnen Subnetze setzen. Vor den Einträgen für das Subnetz 243 könnte eine Anweisung folgender Art stehen:

```
$ORIGIN 243.138.128.in-addr.arpa
```

Viele Standorte verwenden in ihren Zonendatenbankdateien die Direktive $INCLUDE, um Verwaltungseinträge von Dateneinträgen oder logische Teile einer Zonendatei voneinander zu trennen oder um Kryptografieschlüssel in einer Datei mit eingeschränkten Berechtigungen abzulegen. Die Syntax dieser Direktive lautet wie folgt:

```
$INCLUDE filename [origin]
```

Die angegebene Datei wird an der Stelle in die Datenbank eingelesen, an der die Direktive steht; falls ein Ursprung angegeben ist, steht eine $ORIGIN-Direktive vor dem

Inhalt der einzulesenden Datei. Enthält *filename* keinen absoluten Pfad, wird er relativ zum root-Verzeichnis des ausgeführten Nameservers interpretiert.

Die Direktive $TTL legt einen Standardwert für die Lebensdauerfelder der auf sie folgenden Einträge fest. Sie sollte vor dem SOA-Eintrag für die Zone stehen. Die Standardeinheit für den Wert ist Sekunden, Sie können Zahlen aber auch mit h für Stunden, m für Minuten, d für Tage und w für Wochen kennzeichnen. Die folgenden Zeilen setzen die Lebensdauer zum Beispiel alle auf einen Tag:

```
$TTL 86400
$TTL 24h
$TTL 1d
```

$GENERATE, ein relativ neues Konstrukt, bietet eine einfache Möglichkeit, eine Folge ähnlicher Einträge zu erzeugen. Es dient hauptsächlich dazu, klassenlose *in-addr.arpa*-Zuordnungen im Stil von RFC2317 (dem CNAME-Hack für Reversezonendateien) für Fälle zu erzeugen, in denen die Grenzen der Administratorzuständigkeit nicht mit den Bytegrenzen in einer IP-Adresse übereinstimmen.

Die Direktive $GENERATE hat folgendes Format:

```
$GENERATE start-stop/[step] lhs type rhs [comment]
```

Sie erzeugt Zeilen folgender Form:

```
lhs type rhs
```

Die Felder *start* und *stop* geben den Wertebereich für einen einzelnen numerischen Iterator an. Für jeden Wert des Intervalls wird eine Zeile angelegt. Der Iteratorwert wird mit dem Zeichen $ in *lhs* (left-hand side) und *rhs* (right-hand side) einbezogen. Wenn Sie außerdem *step* angeben, findet die Iteration in entsprechenden Schritten statt. *type* steht für den Typ des Eintrags. BIND 9 unterstützt $GENERATE für die Eintragstypen CNAME, PTR, NS, DNAME, A und AAAA. Ein Beispiel dafür haben Sie bereits in Abschnitt 15.7.8 gesehen.

15.7.17 Verbindungseinträge (glue records) für Zonen

Jede Zone steht mit eigenen Datendateien, Nameservern und Clients für sich allein. Die Zonen müssen aber verbunden werden, um eine kohärente Hierarchie zu bilden: *cs.colorado.edu* ist Bestandteil von *colorado.edu*, und wir brauchen eine Art DNS-Verknüpfung zwischen ihnen.

Da DNS-Verweise nur von über- auf untergeordnete Domänen erfolgen, braucht ein Nameserver nichts über die ihm übergeordneten Domänen (genauer: Zonen) der DNS-Hierarchie zu wissen. Die Server einer übergeordneten Domäne müssen dagegen die IP-Adressen der Nameserver aller ihrer Subdomänen kennen. Genau genommen können in Reaktion auf externe Abfragen *nur* die der übergeordneten Zone bekannten Nameserver als Verweise zurückgegeben werden.

15.7 Die DNS-Datenbank

In DNS-Begriffen muss die übergeordnete Zone die NS-Einträge für alle delegierten Zonen enthalten. Da NS-Einträge nicht in Form von IP-Adressen, sondern als Hostnamen geschrieben werden, muss der übergeordnete Server außerdem über eine Möglichkeit zur Auflösung der Hostnamen verfügen, entweder mithilfe einer normalen DNS-Abfrage (falls dabei keine Abhängigkeitsschleife entsteht) oder durch Besitz von Kopien der zugehörigen A-Einträge.

Es gibt zwei Möglichkeiten, dieses Erfordernis zu erfüllen: die direkte Einbindung der notwendigen Einträge oder die Verwendung von Stubzonen.

Bei der ersten binden Sie einfach die benötigten NS- und A-Einträge in die übergeordnete Zone ein. Die Zonendatei für *colorado.edu* enthält dann zum Beispiel folgende Einträge:

```
; Subdomänendaten
cs       IN    NS    ns.cs.colorado.edu.
         IN    NS    piper.cs.colorado.edu.
         IN    NS    ns.atrust.com.
ee       IN    NS    ns.ee.colorado.edu.
         IN    NS    ns.cs.colorado.edu.
; Verbindungseinträge
ns.cs    IN    A     128.138.243.151
piper.cs IN    A     128.138.204.4
ns.ee    IN    A     128.138.200.1
```

Die »auswärtigen« A-Einträge werden als Verbindungseinträge bezeichnet, weil sie nicht wirklich in diese Zone gehören. Sie werden hier nur wiederholt, um die neue Domäne mit der Benennungsstruktur zu verbinden. Fehlende oder falsche Verbindungseinträge machen Teile Ihres Namespaces unerreichbar, sodass die Benutzer, die darauf zugreifen wollen, die Meldung »host unknown« erhalten.

Häufig wird der Fehler gemacht, Verbindungseinträge für Hosts einzubinden, die keine benötigen. Der Name *ns.atrust.com* im Beispiel oben lässt sich mit einer normalen DNS-Abfrage auflösen. Ein A-Eintrag ist zunächst einfach überflüssig, kann aber später geradezu in die Irre führen, wenn sich die Adresse des Rechners ändert. Die Faustregel besagt, nur für solche Hosts A-Einträge einzubinden, die sich in der aktuellen Domäne oder einer ihrer Subdomänen befinden. Aktuelle BIND-Versionen ignorieren nicht benötigte Verbindungseinträge und protokollieren ihr Vorhandensein als Fehler.

Das gerade beschriebene System ist die Standardmethode zur Verbindung von Zonen, die jedoch voraussetzt, dass die untergeordnete Zone mit der übergeordneten in Kontakt bleibt und dieser Änderungen oder Ergänzungen ihres Nameserverbestands mitteilt. Da über- und untergeordnete Zonen häufig von unterschiedlichen Standorten betrieben werden, stellen Aktualisierungen oft eine mühsame manuelle Aufgabe dar, die Koordination über Verwaltungsgrenzen hinweg erfordert. Infolgedessen ist diese Art Konfiguratioin in der Praxis häufig überholt.

Die zweite Methode zur Unterhaltung von Verbindungen ist die Verwendung von Stubzonen. Dabei handelt es sich Grunde um dasselbe wie Slavezonen, wobei die Stubzone jedoch nur die NS-Einträge der Zone enthält. Die automatische Aktualisierung der Stubzone macht Kommunikation zwischen über- und untergeordneter Zone überflüssig. Eine wesentliche Fehlerquelle liegt darin, dass Stubzonen auf dem Master- und den Slaveservern der *übergeordneten Zone* identisch eingerichtet sein müssen. Am einfachsten ist es möglicherweise, manuell mit der übergeordneten Domäne Kontakt zu halten und deren Konfiguration mehrmals im Jahr zu überprüfen (insbesondere, wenn sie lokal ist).

Mit dem Befehl dig können Sie feststellen, welche Ihrer Server Ihre übergeordnete Domäne aktuell bekannt macht. Um die Nameserver der übergeordneten Domäne zu ermitteln, führen Sie zunächst den folgenden Befehl aus:

```
$ dig parent-domain ns
```

Wählen Sie einen aus und führen Sie den folgenden Befehl aus, um Ihre Liste öffentlicher Nameserver anzuzeigen:

```
$ dig @name-server.parent-domain child-domain ns
```

Im folgenden echten Beispiel wurde ein Teil des Wortreichtums von dig gelöscht:

```
$ dig colorado.edu ns
;;    ...
;; ANTWORTABSCHNITT:
colorado.edu.          5h9m22s IN NS    ns1.westnet.net.
colorado.edu.          5h9m22s IN NS    boulder.colorado.edu.
colorado.edu.          5h9m22s IN NS    cujo.colorado.edu.
$ dig @boulder.colorado.edu cs.colorado.edu ns
;;; ANTWORTABSCHNITT:
cs.colorado.edu.       6H IN NS         cs.colorado.edu.
cs.colorado.edu.       6H IN NS         huizil.cs.colorado.edu.
cs.colorado.edu.       6H IN NS         anyns.pch.net.
cs.colorado.edu.       6H IN NS         pacifier.com.
```

Für die Außenwelt sind nur vier Server der Domäne *cs.colorado.edu* sichtbar. Aus der Abteilung heraus ergibt dig eine andere Liste:

```
;; ANTWORTABSCHNITT:
cs.colorado.edu.       2H IN NS         cs.colorado.edu.
cs.colorado.edu.       2H IN NS         moet.cs.colorado.edu.
cs.colorado.edu.       2H IN NS         piper.cs.colorado.edu.
cs.colorado.edu.       2H IN NS         anchor.cs.colorado.edu.
cs.colorado.edu.       2H IN NS         vulture.cs.colorado.edu.
```

Beachten Sie, dass sich die TTL-Werte abhängig davon unterscheiden, ob die Abfrage von außen oder aus der Abteilung selbst kommt (zwei bzw. sechs Stunden). Das liegt daran, dass mit der view-Anweisung von BIND interne und externe Datensichten definiert wurden (siehe Abschnitt 15.11.13). (Beide Werte sind recht kurz gewählt, einige Tage bis eine Woche wäre besser.)

Stubzonen sind besonders dann sinnvoll, wenn Ihr internes Netzwerk privaten Adressraum nach RFC1918 nutzt und Sie die RFC1918-Delegationen synchron halten müssen. Das Beispiel von *isc.org* aus Abschnitt 15.12.2 verwendet Stubzonen in großem Ausmaß.

Einige Feinheiten von Stubzonen sind noch erwähnenswert:

- Stubzonen sind keine maßgeblichen Kopien der Zonendaten, und Stubserver sollten nicht in den NS-Einträgen der Zone aufgeführt werden.
- Da Stubserver nicht in den NS-Einträgen vorkommen, werden sie bei Änderung der Zonendaten nicht automatisch benachrichtigt. Sie warten einfach, bis die Zone bei Ablauf des Auffrischungsintervalls aktualisiert wird, das im SOA-Eintrag der Zone festgelegt ist. Wenn das Intervall lang ist, kann dies zu vorübergehenden »lame delegations« führen (siehe Abschnitt 15.16.6).
- Theoretisch ist es für einen Nameserver nicht sinnvoll, Kopien der NS-Einträge einer Zone zu besitzen, wenn er nicht auch die passenden A-Einträge bekommen kann. Der Nameserver kann sich jedoch selbst booten, indem er die IP-Adresse des Masters aus seiner Konfigurationsdatei benutzt (die masters-Klausel der zone-Anweisung, siehe Abschnitt 15.11.11).
- Warum sich auf NS-Einträge beschränken? Warum nicht einfach als zweiter Server für die Subdomänen fungieren? Auch das funktioniert. Wenn jedoch jeder Server der übergeordneten Domäne gleichzeitig Server einer untergeordneten Domäne ist, kommt es niemals zu Verweisen auf Server weiter unterhalb. Die Server der übergeordneten Domäne erledigen den gesamten DNS-Dienst für die Subdomäne. Vielleicht wollen Sie es so, vielleicht aber auch nicht.

Jetzt haben wir den Großteil der Hintergrundinformationen behandelt, die das Domain Name System allgemein und seine Datenbank betreffen. Im nächsten Abschnitt befassen wir uns weiter mit DNS; dort geht es um spezifische Konfigurationsdetails für BIND-Implementierungen.

15.8 Die BIND-Software

BIND, das Berkeley Internet Name Domain-System, ist ein Open Source-Softwarepaket von ISC, dem Internet Systems Consortium, das das DNS-Protokoll für Linux-, UNIX-, Mac OS- und Windows-Systeme implementiert.

15.8.1 BIND-Versionen

Es gibt bisher drei wesentliche Versionen von BIND: BIND 4, BIND 8 und BIND 9. BIND 4 kam Ende der 80er Jahre heraus (was etwa dem Erscheinen der RFCs 1034 und 1035 entspricht). BIND 8 erschien 1997, BIND 9 Mitte 2000. BIND 5, 6 und 7 gibt es nicht; BIND 8 war eine so umfassende Aktualisierung, dass die Autoren der Meinung waren, es verdiene eine doppelt so hohe Versionsnummer wie die alte[9]. Nun, nicht wirklich ... BIND 8 kam zusammen mit 4.4BSD heraus (der Berkeley Software Distribution von UNIX), deren Versionsnummern alle auf 8 angehoben wurden. Auch sendmail übersprang einige Nummern und wechselte zur selben Zeit auf Version 8.

BIND 8 enthielt zahlreiche technische Fortschritte, die Effizienz, Belastbarkeit und Sicherheit verbesserten. BIND 9 erhöhte den Einsatz mit Mehrprozessorunterstützung, threadsicherem Betrieb, echter Sicherheit (Public-Key-Verschlüsselung), IPv6-Unterstützung, inkrementellen Zonentransfers und vielen weiteren Features noch mehr. Eine neue Datenstruktur (zumindest für BIND neu), der rot-schwarze Baum, legt Zonendaten im Arbeitsspeicher ab. BIND 9 wurde vollständig neu entworfen und implementiert. Es isoliert die betriebssystemspezifischen Teile des Codes, was die Portierung auf Nicht-UNIX-Systeme vereinfacht. Die Interna von BIND 9 sehen erheblich anders aus, der Konfigurationsvorgang ist jedoch gleich geblieben. In diesem Buch geht es ausschließlich um BIND 9.

15.8.2 Die Version herausfinden

Es scheint nicht oft vorzukommen, dass Anbieter dokumentieren, welche Version eines externen Softwarepakets sie in ihre Systeme einbezogen haben. Daher müssen Sie möglicherweise ein wenig Detektivarbeit leisten, um genau herauszufinden, mit welcher Softare Sie es zu tun haben. Was BIND betrifft, können Sie die Versionsnummer manchmal mit einer raffinierten dig-Abfrage feststellen, einem Befehl, der zu BIND gehört. Die folgende Zeile gibt die Versionsnummer zurück, es sei denn, jemand hat dafür gesorgt, dass diese Information zurückgehalten wird, indem er sie in der BIND-Konfigurationsdatei geändert hat:

```
$ dig @server version.bind txt chaos
```

Für *isc.org* funktioniert das Beispiel:

```
$ dig @ns-ext.isc.org version.bind txt chaos
version.bind.          0S CHAOS TXT    "9.4.0a0"
```

Bei *cs.colorado.edu* klappt es jedoch nicht:

```
$ dig @mroe.cs.colorado.edu version.bind txt chaos
version.bind.          0S CHAOS TXT "wouldn't you like to know..."
```

---

9 Wer behauptet eigentlich, Marketing und Entwicklung vertrügen sich nicht?

15.8 Die BIND-Software

Einige Standorte richten BIND so ein, dass die Versionsnummer verborgen bleibt, weil dies ein gewisses Maß an »Sicherheit durch Unkenntnis« bieten soll. Wir befürworten dieses Vorgehen nicht, obwohl es vielleicht einige Skriptkiddies abwehrt. In Abschnitt 15.11.4 gehen wir ausführlicher auf dieses Thema ein.

In der Ausgabe dieser Abfrage ist OS enthalten. 0 steht für die Ziffer Null und bezeichnet den TTL-Wert. Das S steht für Sekunden, was jedoch für TTL-Werte Standard ist und normalerweise nicht ausgegeben wird. Vielleicht sollten wir dies als Fehler melden – beim flüchtigen Hinsehen sieht es wie OS für Betriebssystem aus.

Die IETF ist fleißig dabei, die Daten in dieser merkwürdigen Zone der Klasse CHAOS zu standardisieren und allgemeiner zu fassen, damit auch andere Implementierungen diese Konvention benutzen können. Viele tun es bereits und wählen den Variablennamen version.bind; andere verhalten sich beleidigt, weil der Name »bind« enthält. Da sich die IETF immer noch um Variablennamen streitet, hat das ISC in der aktuellen Version sämtliche Kandidaten implementiert. Sie können die Klasse CHAOS zum Beispiel auch nach *hostname.bind* oder der allgemeineren Formulierung *id.server* abfragen.

Die BIND-Version lässt sich normalerweise auch aus den Protokolldateien in /var/log entnehmen. Der Serverdaemon von BIND, named, hält seine Versionsnummer beim Start im Systemprotokoll (syslog) (unter »daemon«) fest. Suchen Sie mit grep nach Zeilen folgender Art:

Tipp

In Kapitel 10 finden Sie weitere Informationen über syslog.

```
Feb 23 00:25:13 senna named[433]: starting BIND 9.4.0a0 -c /var/named/named.ns-ext.conf
```

Wenn named installiert ist, von Ihrem System aber normalerweise beim Hochfahren nicht gestartet wird, führen Sie einfach named -v aus, damit er die Versionsnummer ausgibt und wieder beendet wird.

Tabelle 15.7 enthält die in unseren Beispieldistributionen vorkommenden BIND-Versionen. In Debian und Ubuntu haben Sie die Wahl zwischen dem Paket bind, das BIND 8 installiert, und einem Paket bind9, das BIND 9 installiert. Ältere Versionen als 9.3.1 oder 8.4.6 weisen bekannte Sicherheitsprobleme auf; vergessen Sie BIND 4. Die aktuellen Versionen bieten die höchste Sicherheit.

System	Betriebssystemversion	BIND-Version
ISC	-	9.4.0b
RHEL	4.3	9.2.4 über rpm
Fedora	FC5	9.3.2
SUSE	10.2	9.3.2
Debian	3.2b	8.4.6 oder 9.2.4
Ubuntu	6.06	8.4.6 oder 9.3.2

Tabelle 15.7: BIND-Versionen in unseren Beispielsystemen

Die meisten Linux-Distributoren portieren Sicherheitskorrekturen auch auf ältere Versionen.

15.8.3 BIND-Komponenten

Das BIND-System besteht aus drei Komponenten:

- Einem Nameserver-Daemon namens named, der Abfragen beantwortet
- Bibliotheksroutinen, die Hostabfragen durch Kontaktieren der Server der verteilten DNS-Datenbank auflösen
- Befehlszeilenschnittstellen zu DNS: nslookup, dig und host

In DNS-Begriffen heißt ein Daemon wie named (oder der Rechner, auf dem er läuft) Nameserver, und der Clientcode, der ihn kontaktiert, Resolver. Wir befassen uns jetzt kurz mit der Funktion der einzelnen Komponenten, verschieben jedoch die eigentliche Konfiguration von BIND auf Abschnitt 15.11.

15.8.4 named: Der BIND-Nameserver

named beantwortet Abfragen nach Hostnamen und IP-Adressen. Weiß er die Antwort nicht, fragt er andere Server und speichert die Ergebnisse zwischen. Außerdem führt er so genannte Zonentransfers durch, um Daten zwischen den Servern einer Domäne zu kopieren. (Denken Sie daran, dass eine Zone im Grunde eine Domäne ohne ihre Subdomänen ist. Nameserver haben mit Zonen zu tun, aber häufig wird »Domäne« gesagt, wenn eigentlich »Zone« gemeint ist.)

Nameserver können in unterschiedlichen Modi arbeiten. Die Unterschiede liegen in verschiedenen Bereichen, sodass die Kategorisierung häufig nicht besonders sauber ausfällt. Um es noch verwirrender zu machen, kann ein Server für unterschiedliche Zonen andere Rollen übernehmen. Tabelle 15.8 listet einige Begriffe auf, mit denen Nameserver beschrieben werden. Eingerückte Einträge sind den nicht eingerückten Überschriften lose zugeordnet.

15.8 Die BIND-Software

Servertyp	Beschreibung
Maßgeblich (authoritative)	Offizieller Repräsentant der Zone
Master	Primärserver einer Zone; erhält Daten von einer auf Festplatte gespeicherten Datei
Slave	Kopiert seine Daten vom Master (wird auch als sekundärer Server bezeichnet)
Stub	Ähnlich wie Slave, kopiert aber nur Nameserverdaten (keine Hostdaten)
Distribution	Ein Server, der nur innerhalb einer Domäne sichtbar[a] ist (auch als Tarnkappenserver bezeichnet)
nicht maßgeblich[b] (nonauthoritative)	Beantwortet eine Frage aus dem Cache, ohne zu wissen, ob die Daten noch gültig sind
Caching	Speichert Daten aus früheren Abfragen zwischen; hat üblicherweise keine lokalen Zonen
Forwarder	Beantwortet Abfragen im Auftrag zahlreicher Clients; baut einen umfangreichen Cache auf
rekursiv	Fragt in Ihrem Auftrag ab, bis er eine Antwort oder einen Fehler zurückgibt
nicht rekursiv	Verweist Sie an einen anderen Server, wenn er eine Abfrage nicht beantworten kann

Tabelle 15.8: Eine Nameserver-Taxonomie

a) *Ein Distributionsserver kann für jeden sichtbar sein, der seine IP-Adresse kennt.*
b) *Streng genommen ist »nicht maßgeblich« ein Attribut für eine Antwort auf eine DNS-Abfrage, nicht für einen Server.*

Diese Kategorisierungen basieren auf der Datenquelle des Servers (maßgeblich, Caching, Master, Slave), dem Typ der gespeicherten Daten (Stub), dem Abfragepfad (Forwarder), der Vollständigkeit ausgegebener Antworten (rekursiv, nicht rekursiv) und schließlich auf der Sichtbarkeit des Servers (Distribution). In den nächsten Abschnitten erfahren Sie weitere Einzelheiten über die wichtigsten Unterschiede; die übrigen werden an anderer Stelle dieses Kapitels beschrieben.

15.8.5 Maßgebliche und Caching-Server

Masterserver, Slaveserver und Server, die nur zwischenspeichern, unterscheiden sich durch zwei Merkmale: die Herkunft der Daten und den Umstand, ob der Server für die Domäne maßgeblich ist.

In jeder Zone gibt es einen einzigen Masternameserver, auf dessen Festplatte das offizielle Exemplar der Zonendaten gespeichert ist. Der Systemadministrator ändert diese Daten, indem er die Datendateien des Masterservers bearbeitet.

Ein Slaveserver erhält seine Daten per Zonentransfer vom Masterserver. In einer Zone kann es mehrere Slavenameserver geben, wobei mindestens einer vorhanden sein *muss*. Ein Stubserver ist ein Slave besonderer Art, der nur die NS-Einträge vom Master lädt. Eine Erläuterung, warum dieses Verhalten erwünscht sein kann, folgt in Abschnitt 15.11.11. Es ist günstig, wenn ein Rechner gleichzeitig Masterserver für Ihre und Slaveserver für andere Zonen ist. Eine Kooperation dieser Art sorgt für gute DNS-Nachbarn.

Tipp

In Abschnitt 15.14.1 finden Sie weitere Informationen über Zonentransfers.

Ein reiner Caching-Server lädt die Adressen der Server der Rootdomäne aus einer Startdatei und sammelt seine übrigen Daten, indem er die Antworten auf die Abfragen zwischenspeichert, die er auflöst. Ein reiner Caching-Nameserver besitzt keine eigenen Daten und ist für keine Zone außer vielleicht *localhost* maßgeblich.

Eine maßgebliche Antwort von einem Nameserver gilt als »garantiert« richtig, während eine nicht maßgebliche veraltet sein kann. Trotzdem trifft auch ein großer Anteil der nicht maßgeblichen Antworten zu. Master- und Slaveserver sind für ihre eigenen Zonen maßgeblich, jedoch nicht für Informationen, die sie über andere Domänen erhalten haben. Um bei der Wahrheit zu bleiben: Selbst maßgebliche Antworten können falsch sein, wenn der Systemadministrator die Daten des Masterservers ändert, aber vergisst, die Änderungen weiterzugeben (d.h., ihre Seriennummer nicht ändert).

Der Masterserver einer Zone sollte auf einem Rechner untergebracht werden, der stabil ist, nicht viele Benutzer hat, relativ geschützt und mit einer unterbrechungsfreien Stromversorgung ausgestattet ist. Er sollte mindestens zwei Slaves haben, einen davon außerhalb des Standorts. Slaves am selben Standort sollten zu unterschiedlichen Netzwerken gehören und von verschiedenen Stromkreisen versorgt werden. Wenn der Namensdienst ausfällt, sind auch alle normalen Netzwerkzugriffe unterbrochen.

Caching-Server sind zwar nicht maßgeblich, können aber trotzdem die für die Benutzer spürbare Latenz und die Menge des DNS-Datenverkehrs in Ihren Netzwerken reduzieren. Sie sollten in jedem Subnetz einen Caching-Server vorsehen. An den meisten Standorten bedienen sich stationäre PCs eines solchen Servers, um Abfragen nach Hosts im Internet aufzulösen.

15.8 Die BIND-Software

In BIND 4 und BIND 8 war es nicht günstig, einen einzigen Nameserver als maßgeblichen Server für die eigenen Zonen und als Caching-Server für seine Benutzer einzusetzen. Jede named-Instanz verfügte nur über eine einzige Datenbank im Arbeitsspeicher, sodass es zur gegenseitigen Beschädigung kommen konnte, wenn der Arbeitsspeicher knapp und zwischengespeicherte mit maßgeblichen Daten vermischt waren. In BIND 9 ist dieses Problem behoben; Sie können also mischen. Sicherheit und allgemeine DNS-Hygiene sprechen aber immer noch dafür, die Bereitstellung der maßgeblichen Daten für die Außenwelt von der Bereitstellung der Außenweltdaten für Ihre Benutzer zu trennen.

15.8.6 Rekursive und nichtrekursive Server

Nameserver sind entweder rekursiv oder nichtrekursiv. Wenn ein nichtrekursiver Server die Antwort auf eine Abfrage aus einer früheren Transaktion in seinem Cache findet oder wenn er für die Domäne, auf die sich die Abfrage bezieht, maßgeblich ist, liefert er eine passende Reaktion, andernfalls gibt er keine echte Antwort zurück, sondern einen Verweis auf die maßgeblichen Server einer anderen Domäne, die die Antwort wahrscheinlich wissen. Ein Client eines nichtrekursiven Servers muss bereit sein, Verweise zu akzeptieren und damit zu arbeiten.

Nichtrekursive Server mögen zwar »faul« erscheinen, haben aber gute Gründe, keine zusätzliche Arbeit zu übernehmen. Rootserver und Topleveldomänenserver gehören grundsätzlich dazu, aber bei über 10.000 Abfragen pro Sekunde können wir ihnen nachsehen, dass sie die Kurve schneiden.

Ein rekursiver Server gibt nur echte Antworten und Fehlermeldungen zurück. Er verfolgt Verweise selbst und enthebt seine Clients dieser Zuständigkeit. Ansonsten ist das Verfahren für die Auflösung einer Abfrage im Grunde dasselbe. Aus Sicherheitsgründen sollten die von außen erreichbaren Nameserver eines Unternehmens immer nichtrekursiv sein.

Resolver-Bibliotheken verstehen *keine* Verweise; alle lokalen Nameserver, auf die Clients zeigen, müssen rekursiv sein.

Eine Nebenwirkung des Umstands, dass Sie einen Nameserver haben, der Verweisen folgt, besteht darin, dass sein Cache Informationen über Domänen sammelt, die als Zwischenstation zum Ziel dienen. In einem lokalen Netzwerk ist dieses Verhalten häufig erwünscht, weil nachfolgende Suchen eines Hosts im Netzwerk von der Vorarbeit des Nameservers profitieren. Der Server für eine hoch angesiedelte Domäne wie *com* oder *edu* sollte dagegen keine Informationen aufzeichnen, die ein Host mehrere Domänen unter ihm anfordert.

Frühe BIND-Versionen erforderten Änderungen und erneute Kompilierung des Quellcodes, um die Rekursivität eines Servers zu ändern. Später wurde diese Option in ein Befehlszeilen-Flag (-r) umgewandelt; heute ist sie ein Parameter der Konfigurationsdatei. Außerdem lässt sich ein Server als rekursiv für seine Clients und nichtrekursiv für Außenstehende einrichten.

Nameserver erzeugen hierarchische Verweise. Kann ein Server beispielsweise die Adresse für *lair.cs.colorado.edu* nicht liefern, verweist er auf die Server für *cs.colorado.edu*, *colorado.edu*, *edu* oder die Rootdomäne. Ein Verweis muss Adressen für die Server der Domäne enthalten, auf die er zielt, sodass die Wahl nicht willkürlich erfolgt; der Server muss auf eine Domäne verweisen, deren Server er bereits kennt.

Im Allgemeinen wird die längste bekannte Domäne zurückgegeben. Ist die Adresse von *lair* nicht bekannt, wohl aber die Nameserver für *cs.colorado.edu*, wird die Adresse dieser Server zurückgegeben. Ist *cs.colorado.edu* unbekannt, *colorado.edu* dagegen bekannt, wird die letztere Domäne genannt usw.

Nameserver füllen ihre Caches im Voraus aus einer »hints«-Datei, die die Server für die Rootdomäne auflistet. Einige Verweise sind immer möglich, selbst wenn sie nur lauten: »Frag einen Rootserver!«

15.8.7 Die Resolver-Bibliothek

Clients schlagen Hostnamenzuordnungen nach, indem sie die Bibliotheksroutinenfamilie getbyhostname aufrufen. Deren ursprüngliche Implementierung suchte Namen in der Datei /etc/hosts. Um DNS zu verwenden, müssen diese Routinen die Resolver-Bibliotheken benutzen, die wissen, wie sie Nameserver finden und mit ihnen kommunizieren. Der Resolver ist üblicherweise in die Standardbibliotheken integriert, mit denen Anwendungen kompiliert werden.

Die Implementierungen von getbyhostname auf den meisten Systemen können Informationen aus mehreren Quellen ziehen: aus einfachen Testdateien wie /etc/hosts, DNS und möglicherweise aus einem lokalen Datenbanksystem für die Verwaltung wie NIS. Eine Switchdatei ermöglicht dem Administrator, detailliert zu steuern, welche Quellen in welcher Reihenfolge durchsucht werden. In Abschnitt 15.17 oder in Abschnitt 17.4.3 finden Sie weitere Informationen. In den distributionsspezifischen Abschnitten unserer DNS-Erörterung ab Abschnitt 15.17 wird dieses Thema häppchenweise behandelt, soweit es sich auf die Suche nach Hosts bezieht.

Anwendungen, die das Netzwerk benutzen, sind normalerweise mit einer gekappten Resolver-Bibliothek verknüpft, die DNS-Abfragen an einen lokalen Caching-Server sendet. Die Unterstützung von IPv6 macht die Sache komplizierter, aber BIND 9 stellt eine »abgespeckte« Resolver-Bibliothek und einen ebensolchen Resolver-Daemon, lwresd, für Standorte zur Verfügung, die IPv6 nicht zu beherrschen brauchen. Der Begriff »abgespeckt« klingt im Kontext von DNS möglicherweise wie ein Widerspruch in sich, bezieht sich hier aber auf das für die Kommunikation zwischen Resolver-Bibliothek und -Daemon verwendete Protokoll. Wenn die lwres-Anweisung in der Konfigurationsdatei von named enthalten ist, fungiert auch der Nameserver selbst als abgespeckter Resolver. Derzeit setzt der Resolver-Daemon die oben erwähnte Schaltdatei des Namensdienstes nicht ein: Er verwendet für die Namensauflösung nur DNS.

15.8.8 Shell-Schnittstellen für DNS

Die BIND-Softwaredistribution enthält die Befehle `dig`, `host` und `nslookup`, die Befehlszeilenschnittstellen für die Ausführung von DNS-Abfragen bereitstellen. Sie sind nützliche Hilfen bei der Fehlersuche und Werkzeuge zur Gewinnung von Informationen aus DNS. Obwohl sie sich in der Funktion ähneln, unterscheiden sie sich etwas in der Gestaltung. In Abschnitt 15.16 finden Sie genauere Informationen.

15.9 Eine DNS-Umgebung entwerfen

Zahlreiche Faktoren beeinflussen den Entwurf eines belastbaren und effizienten DNS-Systems für Ihre konkrete Umgebung: die Größe Ihres Unternehmens, ob Sie in Ihrem lokalen Netzwerk private IP-Adressen nach RFC1918 benutzen, ob Sie DHCP einsetzen, ob Sie Active Directory von Microsoft verwenden, ob Ihr internes Netzwerk mit Routern oder Switches arbeitet und wo sich Ihre Firewall im Verhältnis zu Ihrem DNS-Server befindet, um nur einige zu nennen. Möglicherweise empfinden Sie es als hilfreich, das Problem in drei Bereiche zu unterteilen:

- Verwaltung der Namespace-Hierarchie: Subdomänen, mehrere Ebenen usw.
- Bereitstellen der maßgeblichen Daten über Ihren Standort für die Außenwelt und
- Bereitstellen von Namenssuchen für Ihre Benutzer.

15.9.1 Namespace-Verwaltung

Bei einem kleinen und unabhängigen Standort sind Subdomänen weder notwendig noch wünschenswert, es sei denn, die Firmenleitung legt aus einem nicht technisch bedingten Grund Wert darauf. In einem mittelgroßen Unternehmen mit mehreren unabhängigen Systemadministratorgruppen können Subdomänen dagegen standortweite Koordination überflüssig machen. (Am häufigsten werden Subdomänen anhand geografischer oder Abteilungsgrenzen eingerichtet.) Ein großes Unternehmen kann kaum hoffen, standortweit eindeutige Namen zu erzwingen, und benötigt daher Subdomänen, vielleicht sogar mehrere Ebenen.

Subdomänen anzulegen, setzt Kommunikation und Kooperation zwischen den Systemadministratoren voraus, die für die über- bzw. die untergeordneten Domänen zuständig sind. Denken Sie während der Delegierung und Einrichtung der Subdomäne daran, sich zu notieren, wen Sie kontaktieren müssen, wenn Sie Server hinzufügen, ändern oder löschen wollen. Sorgen Sie dafür, dass Ihre Firewall den Zugriff auf die Server der Subdomäne nicht blockiert, wenn diese von außerhalb des Unternehmens erreichbar sein soll.

Wenn Sie Subdomänen zur Verwaltung Ihres Namespaces einsetzen, sollten Sie einmal wöchentlich das Tool `doc` (Domain Obscenity Control) per `cron` ausführen, um sicherzustellen, dass Ihre Delegierungen synchron bleiben und Sie nicht unbeabsichtigt lahme Delegierungen anlegen. Der Abschnitt über DNS-Tools (Abschnitt 15.16) beschreibt doc und einige weitere Tools, die zur Aufrechterhaltung der Funktionsfähigkeit von DNS beitragen.

15.9.2 Maßgebliche (authoritative) Server

Die DNS-Spezifikationen schreiben mindestens zwei maßgebliche Server für jede Domäne vor. Master- und Slaveserver sind maßgeblich, Caching- und Stubserver dagegen nicht. Idealerweise besitzt ein Standort mehrere maßgebliche Server, jeweils in einem eigenen Netzwerk und in einem eigenen Stromkreis. Viele Standorte unterhalten einen maßgeblichen Server außerhalb des Standorts, häufig bei ihrem Internet-Dienstanbieter. Wenn Ihr Dienstanbieter dies nicht macht, können Sie es bei einem DNS-Dienstanbieter versuchen oder mit einem lokalen Unternehmen (das idealerweise kein Konkurrent ist) oder einer Universität verhandeln.

Vor einigen Jahren wurde Microsoft dabei erwischt, dass es die Regel getrennter Netzwerke verletzte. Alle drei maßgeblichen Server befanden sich in demselben Subnetz, und als der Router ausfiel, der die Verbindung zum Internet herstellte, waren die Server nicht erreichbar. Als zwei Stunden später die zwischengespeicherten Einträge ungültig wurden, fielen *microsoft.com* und alle übrigen Microsoft-Domänen aus dem Internet heraus. Die Anzahl der Abfragen nach Namen, die mit Microsoft zu tun hatten, auf den Rootservern stieg von normalen 0,000001 auf 25 Prozent der Gesamtauslastung (10.000 Abfragen pro Sekunde). Diese Probleme dauerten einige Tage an. Als sich der Staub legte, hatte Microsoft den Router repariert und seinen DNS-Dienst ausgelagert!

Maßgebliche Server halten ihre Daten mittels Zonentransfers synchron. Setzen Sie TSIG-Schlüssel ein, um die Zonentransfers von Ihren Masterservern auf die Slaveserver zu authentifizieren und zu steuern. In Abschnitt 15.15.13 finden Sie mehr über die TSIG-Konfiguration.

Möglicherweise wollen Sie die Antworten Ihrer maßgeblichen Server auf Abfragen in gewissem Maß vom Fragesteller abhängig machen. Eine Abfrage von außerhalb Ihres Netzwerks wird in diesem Fall anders beantwortet, als wenn sie aus dem Unternehmen selbst kommt (im zweiten Fall vollständiger). Diese Konfiguration wird als »split DNS« bezeichnet und nicht auf Server-, sondern auf Zonenebene implementiert.

Jede Version der Zone wird nach der view-Anweisung, mit der sie in der BIND-Konfigurationsdatei eingerichtet ist, als Ansicht bezeichnet. Externe Benutzer sehen eine Ansicht der Daten, interne eine andere. Dieses Feature dient häufig dazu, die Existenz interner Rechner vor neugierigen Blicken zu verbergen und sicherzustellen, dass Rechner, die private IP-Adressen nach RFC1918 benutzen, diese nicht ins Internet verbreiten. Die Fehlersuche in Ansichten ist knifflig, aber die umfangreichen Protokollierungsfunktionen von BIND können in Verbindung mit dem klugen Einsatz des Befehls dig dabei hilfreich sein; in Abschnitt 15.16.5 finden Sie einige Hinweise.

15.9.3 Caching-Server

Rekursive Caching-Server beantworten die Abfragen lokaler Benutzer nach Standorten im Internet. Jeder Computer an Ihrem Standort sollte Zugriff auf einen lokalen Caching-Server haben, vorzugsweise auf einen in demselben Subnetz.

Unternehmen einer bestimmten Größe sollten eine Hierarchie in Betracht ziehen, in der ein oder mehrere Rechner als »Forwarder« bestimmt werden, über die die Caching-Server des lokalen Subnetzes ihre Abfragen weiterleiten. Dadurch entwickeln die Forwarder einen Cache, den mehrere Subnetze gemeinsam nutzen.

Je nach Größe Ihres Standorts, können die Forwarder unabhängig oder in einer Hierarchie untergebracht sein. Subnetzserver können zum Beispiel an einen Abteilungsserver weiterleiten, der die Abfragen wiederum an einen Gateway für den ganzen Standort weitergibt. Dieser speichert dann alle Namen, die von den Benutzern am Standort angefordert wurden. Diese Anordnung reduziert die für den Namensdienst erforderliche externe Bandbreite und ermöglicht allen lokalen Rechnern, gemeinsam einen großen Cache zu benutzen. Forwarder werden in Abschnitt 15.11.4 behandelt.

Wenn ein Caching-Server ausfällt, funktioniert im Grunde das Netzwerk für alle diejenigen Benutzer nicht mehr, die Clients dieses Servers waren. (Und Ihr Telefon fängt an zu klingeln.) Starten Sie Ihre Caching-Server mit einem Skript, das sie nach wenigen Sekunden neu startet, wenn sie ausfallen. Das folgende Beispielskript hält einen Rechner am Laufen, auf dem zwei getrennte Instanzen von named ausgeführt werden. Es übernimmt ein einziges Argument, das festlegt, welche Protokolldatei und welche Nameserver-Konfigurationsdatei benutzt werden sollen:

```sh
#!/bin/sh
PATH=/usr/local/sbin:/usr/sbin:/sbin:$PATH
export PATH
trap "" 1
while :; do
    named -f -c /var/named/named.$1.conf >> /var/log/named.$1 2>&1 < /dev/null
    logger "named ($1) restart"
    sleep 15
done
exit
```

Das Skript wartet 15 Sekunden (ein beliebiger Wert), bevor es named neu startet, und führt den Befehl logger aus, um einen Systemprotokolleintrag bereitzustellen, sobald der Server neu gestartet werden muss.

15.9.4 Sicherheit

Der DNS-Sicherheit hat einen eigenen Abschnitt (Abschnitt 15.15). Wir wollen diese Erörterung hier nicht doppelt ausführen, sondern Sie nur daran erinnern, dass Sie bei Verwendung einer Firewall dafür sorgen sollten, dass Ihr DNS-System keine Abfragen startet, deren Beantwortung die Firewall blockiert. Im Grunde bedeutet dies, dass

Ihre DNS-Administratoren ständig mit den für die Sicherheit und das Netzwerk zuständigen Administratoren kommunizieren müssen. Standardmäßig benutzt DNS für Abfragen UDP mit zufälligen, nicht privilegierten Quellports (> 1023); die Antworten sind an dieselben Ports adressierte UDP-Pakete.

15.9.5 Zusammenfassung

Abbildung 15.2 veranschaulicht den in den vorhergehenden Absätzen empfohlenen Entwurf. Sie zeigt eine Weiterleitungshierarchie mit zwei Ebenen, was für kleine Standorte übertrieben ist. Versuchen Sie, ein Gleichgewicht zwischen den Servern für ein- und ausgehende Abfragen herzustellen, sodass keine Gruppe überlastet ist.

Beachten Sie außerdem die Nutzung des Slaveservers außerhalb des Standorts, der sehr zu empfehlen ist. Firmen mit mehreren Büros können einen Ort als Master festlegen, der in Bezug auf die übrige Firma »außerhalb« liegt.

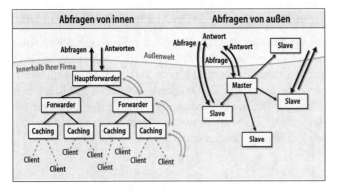

Abbildung 15.2: DNS-Serverarchitektur

15.9.6 Aufstellung der DNS/BIND-Aufgaben

Tabelle 15.9 fasst zusammen, was für wen und wie oft erledigt werden muss, wenn BIND und DNS eingesetzt werden. Ein Eintrag in der Spalte »Häufigkeit«, der das Wort »verteilen« enthält, bedeutet, dass Sie dies einmal pro Subnetz oder Architektur machen und das Ergebnis dann mit einem Tool wie `rdist` oder `rsync` auf die betreffenden Hosts kopieren.

Tipp

In Kapitel 17 finden Sie weitere Informationen über die Verteilung von Dateien in einem Netzwerk.

Aufgabe	Für	Häufigkeit
Domänennamen ermitteln	Standort	Einmal
Nameserver auswählen	Standort	Einmal oder öfter
BIND-Distribution ermitteln	Standort	Einmal, aber aktuell halten
Resolver einrichten	Client	Einmal und verteilen
Effizienten Resolver einrichten	Client	Jedes Subnetz und verteilen
Service-Switch einrichten	Client	Jede Architektur und verteilen
Beim Start named starten	Server	Jeder Nameserver
Konfigurationsdatei für named einrichten	Server	Jeder Servertyp
Hinweisdatei einrichten	Server	Einmal[a] und an Server verteilen
Zonendateien einrichten	Master	Einmal
Zonendateien aktualisieren	Master	Nach Bedarf
Protokolldateien überprüfen	Protokollhost	Mindestens wöchentlich
Benutzer schulen	Alle Hosts	Ständig und immer wieder

Tabelle 15.9: Installations- und Wartungsaufgaben für BIND

a) Muss wiederholt werden, wenn sich die Rootserver ändern.

15.10 Den BIND-Client betreffend

Da jeder Host im Netzwerk BIND-Client sein muss, beginnen wir unsere eingehende Erörterung mit den Aufgaben auf Clientseite.

15.10.1 Resolver-Konfiguration

Jeder Linux-Host im Netzwerk weist eine Datei mit dem Namen /etc/resolv.conf auf, die die DNS-Server auflistet, die der Host abfragen soll. Erhält der Host seine IP-Adressen und Netzwerkparameter von einem DHCP-Server, sollte diese Datei automatisch eingerichtet werden; andernfalls müssen Sie sie manuell bearbeiten. Sie hat folgendes Format:

```
search domainname ...
nameserver ipaddr
```

Bis zu drei Nameserver können aufgeführt sein. Hier ist eine Beispieldatei:

```
search cs.colorado.edu colorado.edu ee.colorado.edu
nameserver 128.138.243.151    ; ns
nameserver 128.138.204.4      ; piper
nameserver 128.138.240.1      ; anchor
```

Für die Datei `resolv.conf` wurden nie Kommentare definiert. Sie werden insofern in gewisser Weise unterstützt, als alles ignoriert wird, was nicht erkannt wird. Kommentare können ohne Risiko am Ende der Nameserver-Zeilen untergebracht werden, weil der Parser nur nach IP-Adressen sucht und den Rest der Zeile ignoriert. Da die Suchzeile mehrere Argumente enthalten kann, können dort Kommentare zu Problemen führen.

In der Suchzeile stehen die Domänen, die abgefragt werden sollen, wenn ein Hostname nicht vollständig qualifiziert ist. Gibt ein Benutzer beispielsweise den Befehl `ssh foo` ein, vervollständigt der Resolver den Namen mit der ersten Domäne der Suchliste (in der Datei `resolv.conf` oben also *cs.colorado.edu*) und sucht *foo.cs.colorado.edu*. Wenn er diesen Namen nicht findet, versucht er es auch mit *foo.colorado.edu* und *foo.ee.colorado.edu*. Wie viele Domänen in einer Suchdirektive angegeben werden können, ist resolverspezifisch; die meisten lassen sechs bis acht zu.

Die in der Datei `resolv.conf` aufgeführten Server müssen rekursiv sein, da der Resolver keine Verweise versteht. Die Server in den Nameserverzeilen werden nacheinander kontaktiert; solange der erste Abfragen beantwortet, werden die übrigen ignoriert. Tritt ein Problem auf, überschreitet die Abfrage die Wartezeit und der nächste Nameserver kommt zum Zug. Alle Server werden der Reihe nach bis zu viermal angesprochen. Mit jedem Fehlschlag steigt das Ablaufintervall.

Die meisten Resolver lassen maximal drei Nameserver in der Liste zu. Werden mehr angegeben, werden sie stillschweigend ignoriert. Wenn ein Host selbst als Nameserver fungiert, sollte er in seiner `resolv.conf`-Datei als Erster aufgeführt werden. Sind keine Nameserver genannt, wird *localhost* angenommen.

Ältere BIND-Versionen benutzten anstelle der Suchdirektive die `domain`-Direktive in `resolv.conf`. Sie gab eine einzige Domäne an, die an nicht vollständig qualifizierte Namen angehängt wurde. Wir empfehlen, Domänen- durch Suchdirektiven zu ersetzen. Sie schließen sich gegenseitig aus, sodass nur eine vorhanden sein sollte. Wenn Ihr Resolver älter ist und beide Direktiven in der Datei `resolv.conf` enthalten sind, wird die zuletzt stehende verwendet.

15.10.2 Resolver-Tests

Die meisten Linux-Distributionen versuchen standardmäßig, Hostnamen im DNS zu finden, solange in der Datei `/etc/resolv.conf` eine Nameserverzeile steht. Die Reihenfolge verschiedener Quellen für Hostnameninformationen einschließlich DNS ist in der Datei `/etc/nsswitch.conf` festgelegt.

Nach der Einrichtung von `/etc/resolv.conf` (und unter der Voraussetzung, dass Ihre lokale Netzwerkverbindung in Betrieb ist) sollten Sie in der Lage sein, andere Rechner nicht mit der IP-Adresse, sondern mit ihrem Namen anzusprechen. Wenn Sie versuchen, einen anderen lokalen Rechner zu erreichen, und der Befehl steckenbleibt, können Sie versuchen, ihn mit der IP-Adresse anzusprechen. Funktioniert es dann, liegt das Problem in Ihrer DNS-Konfiguration. Sorgen Sie dafür, dass die IP-Adressen der Nameserver in `/etc/resolv.conf` korrekt sind und dass die Server, auf die Sie zeigen, Abfragen aus Ihrem Netzwerk zulassen. Wenn Sie von einem funktionierenden Rechner aus `dig` ausführen, finden Sie möglicherweise die Lösung.

15.10.3 Auswirkungen auf das restliche System

Der Wechsel von statischen Hosttabellen zu DNS kann Abhängigkeiten beim Starten und bei der Konfiguration verursachen, gegen die Sie Vorkehrungen treffen müssen.

Beim Starten des Hosts sind Verweise auf Hostnamen in den Startdateien nicht auflösbar, wenn sie ins Spiel kommen, bevor das Netzwerk betriebsbereit ist. Die Befehle in den Startdateien versuchen vergeblich, Kontakt mit DNS aufzunehmen. Dank der Robustheit des Resolvers machen sie mehrere Versuche bei mehreren Servern und verlängern das Zeitlimit bei jedem Versuch. Ein paar Minuten später scheitert der Befehl, der den Hostnamen benötigt, dann endgültig.

Um dieses Problem zu vermeiden, sollten Sie im Frühstadium des Startvorgangs nur IP-Adressen als Literal verwenden. Da Linux-Systeme mithilfe der Switch-Datei die parallele Verwendung von DNS und `/etc/hosts` unterstützen, können Sie auch eine Datei `hosts` mit den zur Startzeit benötigten Serveradressen installieren. Sorgen Sie dafür, dass sie vor DNS geprüft wird, damit sie nicht auf Zeitüberschreitung bei DNS warten müssen.

15.11 Serverkonfiguration für BIND

In diesem Abschnitt gehen wir davon aus, dass Ihre politischen Aufgaben abgeschlossen sind, d.h., wir setzen voraus, dass Sie einen Domänennamen haben (möglicherweise eine Subdomäne), der mit dem DNS-Administrator der übergeordneten Domäne abgesprochen ist, und Ihnen ein Adressraum in der *in-addr.arpa*-Reversestruktur delegiert wurde. Sie haben einen Masternameserver und mehrere Sekundärserver ausgewählt und BIND installiert.

15.11.1 Hardwarevoraussetzungen

BIND ist ein Speicherfresser. Seine Datenbank wird im Arbeitsspeicher gehalten. Mit wachsendem Cache wird auch der `named`-Prozess umfangreicher. Einige neue Features in BIND 9 sind außerdem prozessorintensiv, insbesondere DNSSEC. Um diese Belastung zu reduzieren, arbeitet BIND 9 mit mehreren Threads und kann Mehrprozessorsysteme voll ausnutzen. Außerdem verfügt es über Konfigurationsoptionen, die die Ressourcennutzung von `named` steuern.

Ob ein Nameserver ausreichend Arbeitsspeicher hat, lässt sich am besten feststellen, indem man ihn eine Weile laufen lässt und dabei die Größe des `named`-Prozesses beobachtet. Es dauert eine oder zwei Wochen, bis sich eine stabile Größe entwickelt hat, bei der die alten Cacheeinträge etwa in demselben Umfang auslaufen wie neue hinzukommen. Danach sollte keine Auslagerung vorkommen und die Paging-Raten akzeptabel sein.

Läuft Ihr Nameserver auf einem dedizierten Computer, besagt eine gute Faustregel, dass der Arbeitsspeicher doppelt so groß sein sollte wie der Platz, den named nach einer Woche Laufzeit belegt. Die Speichernutzung wird mit den Befehlen top und vmstat angezeigt; der Abschnitt 25.3.3 enthält weitere Informationen.

15.11.2 Konfigurationsdateien

Die vollständige Konfiguration für named besteht aus der Konfigurationsdatei, der Hinweisdatei für die Rootnameserver und für Masterserver zusätzlich den Zonendatendateien mit den Adresszuordnungen für die einzelnen Hosts. Die Konfigurationsdatei für named hat ein eigenes Format, während alle übrigen Sammlungen einzelner DNS-Dateneinträge sind, die der DNS-Spezifikation entsprechen. In den beiden folgenden Abschnitten geht es um die Konfigurationsdatei. Das Format der DNS-Dateneinträge wird in Abschnitt 15.7 beschrieben.

Die Konfigurationsdatei für named, named.conf legt die Rollen des betreffenden Hosts (Master, Slave, Stub oder Caching) und die Art und Weise fest, wie er seine Kopie der Daten für die einzelnen Zonen erhält, die er bedient. Außerdem sind darin die Optionen festgehalten – sowohl die globalen, die den Gesamtbetrieb von named betreffen, als auch die server- oder zonenspezifischen Optionen, die nur für einen Teil des DNS-Verkehrs gelten.

Die Konfigurationsdatei besteht aus einer Reihe von Anweisungen, die jeweils durch ein Semikolon abgeschlossen sind. Die Token sind durch Leerraum getrennt, der Zeilenschaltungen enthalten kann. Gelegentlich werden geschweifte Klammern zum Gruppieren verwendet, jedoch nur in bestimmten Kontexten. Das Format ist ziemlich empfindlich, sodass ein fehlendes Semikolon zu Problemen führen kann.

Glücklicherweise bringt BIND 9 einige praktische Tools mit, um die Syntax der Konfigurationsdatei und der Zonendatendateien zu prüfen (named-checkconf bzw. named-checkzone). Sie suchen nach Fehlern und Auslassungen. Das zweite Tool teilt Ihnen zum Beispiel mit, dass Sie vergessen haben, eine $TTL-Direktive aufzunehmen. Leider findet es nicht alles. Fehlende Verbindungseinträge (glue records, siehe Abschnitt 15.7.17) werden zum Beispiel nicht gemeldet, obwohl sie den Root- und die gTLD-Server stark belasten können.

Kommentare dürfen überall erscheinen, wo Leerraum zulässig ist. Kommentare im C-, C++- und Shell-Stil werden verstanden:

```
/* Dies ist ein Kommentar. Er kann über mehrere Zeilen gehen. */
// Alles bis zum Zeilenende ist Kommentar.
# Alles bis zum Zeilenende ist Kommentar.
```

15.11 Serverkonfiguration für BIND

Jede Anweisung beginnt mit einem Schlüsselwort, das ihren Typ angibt. Alle Anweisungstypen außer `options` und `logging` dürfen mehrfach vorkommen. Anweisungen und Anweisungsteile können auch weggelassen werden, was dazu führt, dass für die fehlenden Elemente das Standardverhalten gilt. In Tabelle 15.10 sind die verfügbaren Anweisungen zusammengefasst.

Anweisung	Abschnitt	Funktion
include	15.11.3	Inkludiert eine Datei (zum Beispiel vertrauenswürdige Schlüssel, die nur für named lesbar sind)
options	15.11.4	Legt globale Optionen und Standardwerte für die Nameserverkonfiguration fest
acl	15.11.5	Definiert Zugriffssteuerungslisten
key	15.11.6	Definiert Authentifizierungsdaten
trusted-keys	15.11.7	Verwendet vorkonfigurierte Schlüssel
server	15.11.8	Legt serverspezifische Optionen fest
masters	15.11.9	Definiert eine Liste von Masterservern zur Einbindung in Stub- und Slavezonen
logging	15.11.10	Legt Protokollierungskategorien und ihre Ziele fest
zone	15.11.11	Definiert eine Zone mit Ressourceneinträgen
controls	15.11.12	Definiert Kanäle zur Steuerung des Nameservers mit rndc
view	15.11.13	Definiert eine Ansicht der Zonendaten
lwres	–	Legt fest, dass der Nameserver auch Resolver sein soll

Tabelle 15.10: Anweisungen in der Datei named.conf

Bevor wir diese Anweisungen und die Art ihrer Verwendung zur Konfiguration von named beschreiben, müssen wir uns mit einer Datenstruktur befassen, die in vielen Anweisungen benutzt wird: der Adressvergleichsliste (address match list). Dabei handelt es sich um eine Verallgemeinerung einer IP-Adresse, die folgende Elemente enthalten kann:

- Eine IP-Adresse, entweder IPv4 oder IPv6 (zum Beispiel 199.165.145.4)
- Ein IP-Netzwerk, das durch eine CIDR-Netzmaske[10] beschrieben ist (zum Beispiel 199.165/16)
- Den Namen einer zuvor definierten Zugriffssteuerungsliste
- Den Namen eines kryptografischen Authentifizierungsschlüssels
- Das Ausrufungszeichen als Negation

---

10 *CIDR-Netzmasken werden in* Abschnitt 12.4.4 *beschrieben.*

Adressvergleichslisten dienen als Parameter für zahlreiche Anweisungen und Optionen, zum Beispiel:

```
{ ! 1.2.3.13; 1.2.3/24; };
{ 128.138/16; 198.11.16/24; 204.228.69/24; 127.0.0.1; };
```

Die erste Liste schließt den Host 1.2.3.13 aus, den Rest des Netzwerks 1.2.3/24 dagegen ein; die zweite definiert die der University of Colorado zugewiesenen Netzwerke. Die Klammern und das abschließende Semikolon gehören eigentlich nicht zur Adressvergleichsliste, wurden aber zur Veranschaulichung eingefügt. Sie gehören zu den umschließenden Anweisungen, deren Bestandteil die Listen sind.

Beim Vergleich einer IP-Adresse oder eines Netzwerks mit der Liste wird diese der Reihe nach durchsucht, bis eine Übereinstimmung entdeckt wird. Dieser Algorithmus des »ersten Treffers« verleiht der Reihenfolge der Einträge Bedeutung. Die erste Adressvergleichsliste hätte zum Beispiel nicht die gewünschte Wirkung, wenn die beiden Einträge vertauscht wären, weil 1.2.3.13 auf 1.2.3/24 passt und der negative Eintrag keine Rolle mehr spielt.

Und nun zu den Anweisungen! Manche sind kurz und schön, andere rechtfertigen beinahe ein eigenes Kapitel.

15.11.3 Die include-Anweisung

Um eine umfangreiche Konfiguration zu unterteilen oder besser zu ordnen, können Sie Teile in eigene Dateien verlagern. Solche Dateien werden mit einer include-Anweisung in named.conf eingebunden:

```
include "path";
```

Wenn *path* relativ ist, wird die Angabe relativ zu dem in der Option directory angegebenen Verzeichnis interpretiert. Die include-Anweisung wird häufig verwendet, um kryptografische Schlüssel einzubinden, die nicht für jedermann lesbar sein sollen. Anstatt den Lesezugriff für die gesamte Datei named.conf zu verweigern, verwahren manche Standorte Schlüssel in Dateien mit eingeschränktem Zugriff, die nur named lesen kann. Sie werden anschließend mit include in named.conf eingebunden.

15.11.4 Die options-Anweisung

Die options-Anweisung legt globale Optionen fest, die später möglicherweise für bestimmte Zonen oder Server überschrieben werden. Das allgemeine Format lautet folgendermaßen:

```
options {
  option;
  option;
  ...
};
```

15.11 Serverkonfiguration für BIND

Ist in `named.conf` keine `options`-Anweisung enthalten, werden Standardwerte verwendet.

BIND 8 umfasste ca. 50 Optionen, BIND 9 hat über hundert. Eine vollständige Liste finden Sie in der BIND-Dokumentation[11] oder im O'Reilly-Buch *DNS und BIND* von Paul Albitz und Cricket Liu (BIND 8 und 9 werden in der vierten Auflage behandelt). Wir haben die Erörterung dieser Optionen gestrafft und behandeln nur diejenigen, deren Verwendung wir empfehlen. (Außerdem haben wir die BIND-Entwickler um Vorschläge gebeten, welche wir behandeln sollen, und uns an ihren Rat gehalten.) Die Standardwerte sind in eckigen Klammern neben den einzelnen Optionen aufgeführt. Sie sind für die meisten Standorte gut geeignet. Die Reihenfolge der Optionen in unserer Liste hat keine Bedeutung.

`directory "path";` [*Verzeichnis in dem der Server gestartet wurde*]

Die `directory`-Anweisung veranlasst `named`, in das angegebene Verzeichnis zu wechseln. Relative Pfadnamen in den Konfigurationsdateien werden auf dieses Verzeichnis bezogen. Der Pfad sollte absolut sein. Alle Ausgabedateien (Fehlersuche, Statistiken usw.) werden ebenfalls in das genannte Verzeichnis geschrieben.

Wir empfehlen, alle Konfigurationsdateien für BIND (außer `named.conf` und `resolv.conf`) in ein Unterverzeichnis von `/var` zu verlagern (oder wo auch immer Sie die Konfigurationsdateien für andere Programme verwahren). Wie verwenden das Verzeichnis `/var/named`.

```
version "string";      [Server-Version]
hostname "string";     [Hostname des Servers]
server-id "string";    [none]
```

Die Versionszeichenfolge nennt die Version der auf dem Server laufenden Nameserver-Software, die Hostnamenzeichenfolge genau wie die Server-ID den Server selbst. Mithilfe dieser Versionen können Sie die tatsächlichen Werte verschleiern. Alle schreiben Daten in TXT-Einträge der CHAOS-Klasse, in denen neugierige Betrachter danach suchen.

Es gibt zwei Denkrichtungen hinsichtlich des Verbergens der Versionsnummer der Nameserversoftware. Manche glauben, ihre Server seien anfälliger für Angriffe, wenn die Hacker die Version feststellen können. Andere halten das Verbergen der Versionsdaten für kontraproduktiv, da die Hacker ihr Glück ohnehin versuchen und die gerade festgestellten Fehler in allen Versionen vorkommen.

Wir empfehlen, die Versionszeichenfolge nicht zu manipulieren. Die Möglichkeit, die Nameserver nach der Version abzufragen, ist recht praktisch (zum Beispiel, wenn Sie wissen möchten, ob Ihr Händler eine aktuelle Version liefert, oder wenn Sie sich davon überzeugen müssen, dass Sie tatsächlich alle Server auf die neueste Version umgestellt haben).

---

11 *Die Datei* `doc/misc/options` *in der Source-Distribution enthält die Syntax der Konfigurationssprache und schließt alle Optionen ein.*

Die Parameter für Hostnamen und Server-ID sind neuere Ergänzungen, die durch die Verwendung von Anycast-Routing zum Betrieb von mehreren Instanzen des Root- und der gTLD-Server angeregt wurden. Beispielsweise gibt es weltweit zwanzig Instanzen von f.root-servers.net, und wenn Sie als Benutzer oder Systemadministrator versuchen, Fehler zu finden, haben Sie keine Vorstellung davon, welcher dieser zwanzig Server Ihre Abfrage beantwortet hat und welcher nicht. Wenn Sie *hostname.bind* in der CHAOS-Klasse abfragen, erfahren Sie, welche Instanz des Rootservers F geantwortet hat (solange sich das Routing in der Zwischenzeit nicht geändert hat). »Server-ID« ist die politisch korrekte Bezeichnung für *hostname.bind*, weil nicht auf allen Nameservern BIND eingesetzt wird.

```
notify yes | no;  [yes]
also-notify servers_ipaddrs;  [empty]
```

Wenn notify auf yes gesetzt ist und diese named-Instanz Masterserver für eine oder mehrere Zonen ist, benachrichtigt named automatisch die Slaveserver der betreffenden Zonen, wenn sich die zugehörige Zonendatenbank ändert. Dann können die Slaveserver Kontakt mit dem Master aufnehmen, um ihre Zonendaten zu aktualisieren. Die Option lässt sich sowohl global als auch zonenspezifisch einsetzen. Sie führt dazu, dass die Zonendaten nach Änderungen wesentlich schneller wieder übereinstimmen.

Normalerweise ermittelt named durch einen Blick auf die NS-Einträge einer Zone, welche Rechner als ihre Slaveserver fungieren. Wenn also -notitify angegeben ist, können auch weitere Server benachrichtigt werden, die nicht mit NS-Einträgen bekanntgemacht werden. Dieser Trick ist manchmal notwendig, wenn Ihr Standort über interne Server verfügt. Wenden Sie ihn nicht auf Stubserver an, denn diese sind nur an den NS-Einträgen der Zone interessiert und können den regulären Aktualisierungszyklus abwarten. Das Ziel einer solchen zusätzlichen Benachrichtigung muss eine Liste von IP-Adressen sein. Bei der Reversezone für localhost ist es sinnvoll, die Benachrichtigung auszuschalten.

Tipp

Im Abschnitt 15.11.11 finden Sie weitere Informationen über Stubzonen.

```
recursion yes | no;  [yes]
allow-recursion { address_match_list };[all hosts]
```

15.11 Serverkonfiguration für BIND

Mit der Option `recursion` geben Sie an, ob `named` andere Nameserver im Auftrag von Clients abfragt, wie es in Abschnitt 15.8 beschrieben wurde. Es ist ziemlich unüblich, einen Nameserver ohne Rekursion einzurichten, aber möglicherweise wollen Sie Rekursion nur für Ihre eigenen Clients zulassen, für Abfragen von außerhalb dagegen nicht.

Mit der Option `allow-recursion` und einer Adressliste, die die Hosts und Netzwerke enthält, für die Sie rekursive Abfragen ausführen wollen, lässt sich die Rekursion feiner steuern.

```
transfer-format one-answer | many-answers;   [many-answers]
```

Sie beeinflusst, wie DNS-Dateneinträge von Masterservern auf ihre Slaves repliziert werden. Die eigentliche Übertragung von Datensätzen erfolgte früher einzeln, was als Rezept für Trägheit und Ineffizienz gelten kann. Mit BIND 8.1 kam eine Option hinzu, um mehrere Datensätze zu einem Paket zusammenzufassen (`many-answers`), die in BIND 9 zum Standard wurde. In einer gemischten Umgebung können Sie in einzelnen Serveranweisungen ein Übertragungsformat festlegen, das die globale Option überschreibt. Die jeweilige Servermischung bestimmt, ob Sie global die Option `many-answers` wählen und sie für bestimmte Server überschreiben oder umgekehrt.

```
transfers-in number;           [10]
transfers-out number;          [10 (V9 only)]
transfers-per-ns number;       [2]
transfer-source IP-address;    [system dependent]
```

Ein großer Standort – einer, der eine sehr große Zone (zum Beispiel *com*, die derzeit über zwei Gigabyte umfasst) oder einige Tausend Zonen bedient – muss möglicherweise einige dieser Zonentransferoptionen noch feiner abstufen.

Die Optionen `transfer-in` und `transfer-out` beschränken die Anzahl der gleichzeitig möglichen ein- bzw. ausgehenden Zonentransfers[12]. Die Option `transfers-per-ns` legt fest, wie viele eingehende Zonentransfers gleichzeitig von demselben Remoteserver erfolgen können. Für große Standorte kann es erforderlich sein, die ein- oder ausgehenden Transfers zu erhöhen, wobei Sie jedoch darauf achten sollten, dass Ihnen die Dateideskriptoren für den `named`-Prozess nicht ausgehen. Den Wert für `transfers-per-ns` sollten Sie nur dann hochsetzen, wenn alle Remotemasterserver bereit sind, mehr als zwei gleichzeitige Zonentransfers durchzuführen. Es ist günstiger, diese Zahl für jeden Server einzeln mit der `transfers`-Klausel der `servers`-Anweisung zu ändern, um die Konvergenz der Slavezonen feiner zu steuern.

Mit der Option `transfer-source` legen Sie die Adresse der Schnittstelle für eingehende Transfers fest. Sie muss mit der in der `allow-transfer`-Klausel des Masters genannten übereinstimmen.

---

12 Der BIND-Code enthält eine harte Beschränkung auf 20 für den Parameter `transfers-in`.

Wie bei jeder grundlegenden Änderung von Parametern, sollten Sie genau beobachten, was anschließend geschieht, um sicher zu sein, dass der Rechner nicht zusammenbricht. Dabei erweisen sich die Protokolldateien als hilfreich.

```
files number;        [unlimited]
datasize number;     [OS default value, system dependent]
```

Die Option `files` besagt, wie viele Dateien auf dem Server gleichzeitig geöffnet sein dürfen. Der Standardwert liegt möglichst dicht an der vom Kernel unterstützten Anzahl offener Dateien. (Um diese Zahl zu ändern, müssen Sie den Wert für /proc/sys/fs/file-max setzen wie in Abschnitt 28.4 beschrieben.)

Die Option `datasize` betrifft die maximale Menge des Datenspeichers, die der Server nutzen darf. Als Einheit ist Byte vorgegeben, aber named versteht auch G für Gigabyte, M für Megabyte usw. Diese Option sollten Sie nicht einsetzen, um die Größe des Caches zu steuern, denn es handelt sich um eine harte Grenze, die je nachdem, an welcher Stelle sie im Code steht, zum Zusammenbruch oder Stillstand des Servers führen kann. Normalerweise dient sie dazu, die Standardgrenze des Betriebssystems für den maximalen Arbeitsspeicher pro Prozess hochzusetzen. Um den Cache zu steuern, stehen die Optionen `max-cache-size` und `recursive-clients` zur Verfügung.

```
max-cache-size number;    [unlimited]
recursive-clients number; [1000]
```

Die erste beschränkt die Arbeitsspeichermenge, die der Server zum Zwischenspeichern von Antworten auf Abfragen belegen darf. Wird der Cache zu groß, werden Einträge daraus entfernt, bevor ihre Lebensdauer abgelaufen ist, um sicherzustellen, dass die Speichernutzung im erlaubten Bereich bleibt.

Die zweite, `recursive-clients`, beschränkt die Anzahl der gleichzeitigen rekursiven Abfragen, die der Server verarbeitet. Jede Abfrage belegt ein Stück Arbeitsspeicher auf dem Server. Server mit begrenztem Arbeitsspeicher sind möglicherweise gezwungen, diese Grenze unter den Standardwert zu senken.

```
query-source address ip_addr port ip_port;      [random]
listen-on port ip_port address_match_list;      [53 any]
```

Schnittstelle und Port, über die named andere Nameserver abfragt, werden mit der Option `query-source` festgelegt. Die Option `listen-on` bestimmt, auf welchen Netzwerkschnittstellen und -ports named auf Abfragen lauscht. Die Standardwerte für diese Optionen entsprechen dem Standardverhalten von named: Lauschen auf Port 53 an allen Schnittstellen und Verwenden eines UDP-Ports mit hoher Nummer und einer beliebigen Schnittstelle für Abfragen.

Wenn Ihr Standort mit einer Firewall ausgestattet ist, möchten Sie möglicherweise externen DNS-Abfragen mithilfe der Option `query-source` ein bestimmtes erkennbares Profil verleihen. Manche Standorte schreiben vor, dass named Port 53 als Quellport (und auch als Port zum Lauschen) verwendet, damit die Firewall ausgehenden DNS-

15.11 Serverkonfiguration für BIND

Verkehr als vertrauenswürdige Pakete von einem Ihrer Nameserver erkennen kann. Diese Konvention erschwert Paketfiltern jedoch die Unterscheidung zwischen ein- und ausgehendem DNS-Verkehr. Solange die Firewall weiß, welche Ports wofür verwendet werden, können Sie einen anderen als 53 benutzen.

Setzen Sie den Quellport aber nicht auf 0 – dieser Port ist unzulässig, sodass named die Abfrage als Fehler protokolliert und nicht beantwortet. Ein großer Internetdienstanbieter beschäftigt einen Systemadministrator, der Port 0 liebt und zahlreiche Nameserver seines Arbeitgebers wirkungslos gemacht hat, indem er ihn in der Klausel query-source verwendete. Es ist schon merkwürdig, dass die Kunden nichts merken und sich nicht beschweren.

```
avoid-v4-udp-ports { port_list };    [empty]
avoid-v6-udp-ports { port_list };    [empty]
```

Wenn Sie die Option query-source nicht einsetzen, verwendet BIND 9 üblicherweise eine beliebige ausgehende Schnittstelle und weist einen zufälligen Quellport für die Abfrage aus dem Bereich der nicht privilegierten Ports zu (> 1023). Blockiert die Firewall Ihres Standorts bestimmte davon, wird es problematisch. Einige Firewalls betrachten Port 1024 zum Beispiel fälschlich als zu den privilegierten Ports gehörend oder blockieren völlig zu Recht Port 2049 (SunRPC) für die Außenwelt. Wenn Ihr Nameserver eine Abfrage sendet und einen der blockierten Ports als Quelle nutzt, blockiert die Firewall die Antwort, sodass der Nameserver schließlich das Warten aufgibt und die Abfrage erneut sendet. Das ist nicht gefährlich, aber ärgerlich für den Benutzer, der diesem Kreuzfeuer ausgeliefert ist.

Um dieses Problem zu vermeiden, sollten Sie BIND mithilfe der Option avoid-v4-udp-ports von den blockierten Ports fernhalten. Die Liste sollte sämtliche von der Firewall blockierten Ports mit hoher Nummer aufführen[13]. Denken Sie daran, auch sie zu aktualisieren, falls Sie die Firewall aufgrund eines angedrohten Angriffs auf den neuesten Stand bringen.

```
forwarders { in_addr; in_addr; ... };    [empty list]
forward only | first;                     [first]
```

Anstatt jeden Nameserver eigene externe Abfragen durchführen zu lassen, können Sie einen oder mehrere als Forwarder bestimmen. Ein durchschnittlicher Server kann in seinem Cache und den Einträgen nachsehen, für die er maßgeblich ist. Wird er dort nicht fündig, kann er die Abfrage an einen Forwarder senden. Auf diese Weise bauen die Forwarder Caches auf, von denen der gesamte Standort profitiert. Die Ernennung erfolgt implizit – in der Konfigurationsdatei steht nichts, das besagt: »Hallo, du bist Forwarder.«

---

[13] Einige Firewalls sind zustandsbehaftet und möglicherweise intelligent genug, um die DNS-Antwort als zu der entsprechenden Abfrage eine Sekunde vorher gehörig zu erkennen. Firewalls dieser Art benötigen die Hilfe dieser Option nicht.

15 DNS (Domain Name System)

Die Option `forwarders` listet die IP-Adressen der Server auf, die als Forwarder dienen sollen. Sie werden abwechselnd abgefragt. Der Einsatz eines Forwarders umgeht das normale DNS-Verfahren, bei einem Rootserver anzufangen und der Verweiskette zu folgen. Achten Sie sorgfältig darauf, dass Sie keine Weiterleitungsschleifen anlegen.

Ein Server vom Typ `forward only` speichert Werte zwischen und fragt Forwarder ab, aber niemals andere Server. Antworten die Forwarder nicht, schlagen die Abfragen fehl. Ein Server vom Typ `forward first` zieht es vor, mit Forwardern umzugehen, sendet aber bei Bedarf auch direkte Abfragen.

Da es für die Option `forwarders` keinen Standardwert gibt, findet Weiterleitung nur statt, wenn sie ausdrücklich eingerichtet wurde. Dies kann global oder innerhalb einzelner `zone`-Anweisungen erfolgen.

```
allow-query { address_match_list };      [all hosts]
allow-transfer { address_match_list };   [all hosts]
blackhole { address_match_list };        [empty]
```

Die genannten Optionen geben an, welche Hosts (oder Netzwerke) Ihren Nameserver abfragen und Blocktransfers Ihrer Zonendaten anfordern können. Die Adressliste `blackhole` enthält Server, mit denen Sie in keinem Fall kommunizieren möchten; `named` akzeptiert keine Abfragen von dort und bittet sie nicht um Antworten.

```
sortlist { address_match_list };    [should die, don't use]
```

Die Option `sortlist` erwähnen wir nur, um Sie davor zu warnen. Ursprünglich sollte sie primitive Resolver unterstützen, die Einträge nicht korrekt sortierten. Sie lässt Sie festlegen, in welcher Reihenfolge mehrere Antworten zurückgegeben werden, arbeitet allerdings gegen die internen Feinheiten der aktuellen BIND-Version an.

Mit der Reihenfolge von Dingen befassen sich auch die BIND-Anweisung `rrset-order`, die festlegt, ob mehrere Antworten in zyklischer (Umlaufverfahren), fester oder zufälliger Anordnung zurückgegeben werden, und die Anweisung `topology`, die vorherzusagen versucht, nach welchem System BIND Remoteserver zum Abfragen auswählt. Meistens besteht auch für den Einsatz dieser Anweisungen keine Notwendigkeit.

```
lame-ttl number;         [600 (10 minutes)]
max-ncache-ttl number;   [10800 (3 hours)]
max-cache-ttl number;    [604800 (1 week)]
```

Die TTL-Optionen legen Grenzen für die Lebensdauerwerte fest, die das Zwischenspeichern positiver, negativer und ergebnisloser Abfrageergebnisse steuern. Alle eingehenden Ressourceneinträge enthalten eigene TTL-Werte; mit diesen Optionen kann der lokale Server jedoch eigene Grenzen aufstellen, um den von den gespeicherten Daten belegten Platz zu beschränken. Die mit `max-` beginnenden Optionen deckeln die TTL-Werte und erhöhen sie niemals. Die DNS-Spezifikationen schreiben vor, dass die Lebensdauer für negative Antworten (zum Beispiel »no such domain«) geringer ist als für echte Daten.

Mit `lame-ttl` wird festgelegt, wie viele Sekunden der Hinweis auf einen lahmen Server gespeichert wird. Der Maximalwert beträgt 1.800 Sekunden oder 30 Minuten. Die meisten lahmen Server (siehe Abschnitt 15.16.6) bleiben dauerhaft in diesem Zustand, weil ihre Besitzer nicht wissen, dass sie nicht mit ihrer übergeordneten Zone synchron sind. Es ist angemessen, diesen Parameter möglichst hoch zu setzen. `max-ncache-ttl` enthält die TTL-Grenze für negatives Zwischenspeichern. Der Standardwert beträgt drei Stunden, der Maximalwert eine Woche. `max-cache-ttl` gibt dagegen die maximale Lebensdauer für eine positive Antwort auf eine Abfrage an.

`enable-dnssec yes | no;     [no]`

Mit dieser Option wird die Unterstützung für DNSSEC eingerichtet. Der aktuelle Standardwert lautet no, er wird aber hoffentlich in einem oder zwei Jahren auf yes umgestellt.

`edns-udp-size number;     [4096]`

Die alte Standardgröße für UDP-Pakete liegt bei 512 Byte. Sämtliche Rechner im Internet müssen in der Lage sein, ein fragmentiertes UDP-Paket von höchstens 512 Byte neu zusammenzusetzen. Diese Begrenzung war zwar in den 80er Jahren des vorherigen Jahrhunderts sinnvoll, ist es jetzt aber nicht mehr. Sie hat schwerwiegende Folgen für Programme wie Nameserver, die UDP für Abfragen und Antworten einsetzen.

BIND 9 hebt die Standardgröße für UDP-Pakete auf 4.096 Byte an (die maximal zulässige), um den neuen Features wie DNSSEC, IPv6 und internationalisierten Domänennamen gerecht zu werden. Einige (fehlerhafte) Firewalls lassen jedoch keine größeren UDP-Pakete als 512 Byte durch; liegen Sie hinter einer solchen Firewall, dann sind Sie auf diese Option als Umgehungsmethode angewiesen, bis Sie Ihre Firewall repariert haben. Die zulässigen Werte reichen von 512 bis 4.096 Byte.

`ixfr-from-differences yes | no;     [no]`

Inkrementelle Zonentransfers (IXFRs) wurden bisher nur für Zonen unterstützt, die dynamische Aktualisierungen nutzten (die in Abschnitt 15.14.2 beschrieben werden). Mithilfe dieser Option können jetzt auch manuell (d. h. mit einem Texteditor) gewartete Zonen von inkrementellen Transfers profitieren. Sie sparen Netzwerkbandbreite, benötigen aber ein wenig Prozessorleistung und Arbeitsspeicher, um die Zoneneinträge zu sortieren und die Unterschiede zu berechnen und zu übernehmen. Die Option bedient sich derselben robusten Journalführung wie die dynamischen Aktualisierungen.

```
root-delegation-only exclude { namelist };    [empty]
zone "name" { type delegation-only; };
```

Das VeriSign-Tool Site Finder versucht, sämtliche Tippfehler mithilfe eines DNS-Eintrags mit Jokerzeichen an die Server des eigenen Unternehmens umzuleiten. Es gibt Versuche, diese Form der Piraterie auf politischem Weg zu verhindern, aber BIND 9 hat inzwischen einen Zonentyp `delegation-only`, eine Option gleichen Namens und die globale Option `root-delegation-only` als Notlösung implementiert. Sie beschränken Root- und TLD-Server darauf, Delegationsinformationen bereitzustellen (NS-Einträge und die Adressen der Nameserver) und verbieten ihnen, Hostdaten weiterzugeben. Wenn sie aktiviert sind, geben Ihre lokalen Caching-Server als Antwort auf falsch geschriebene Abfragen »no such domain« zurück.

Tipp

Mehr Hintergrundwissen über Site Finder können Sie in Abschnitt 15.6 nachlesen.

Die Klausel `exclude` wurde hinzugefügt, weil nicht alle Topleveldomänen ausschließlich delegierende Zonen sind. Die Domänen *museum*, *us* und *de* sind es nicht, *com*, *net* und *org* sollten es dagegen sein. Der folgende Auszug aus den Zonendateien der Domäne *cs.colorado.edu* veranschaulicht die Verwendung dieses neuen Zonentyps zur Neutralisierung von Site Finder:

```
// um den Site Finder-Murks von VeriSign auszuschalten
zone "com" { type delegation-only; };
zone "net" { type delegation-only; };
```

15.11.5 Die acl-Anweisung

Eine Zugriffssteuerungsliste (ACL, Access contol list) ist nichts weiter als eine Adressvergleichsliste mit einem Namen:

```
acl acl_name {
   address_match_list
};
```

Eine Zugriffssteuerungsliste kann überall dort eingesetzt werden, wo eine Adressvergleichsliste benötigt wird.

Sie muss als Toplevelanweisung in der Datei `named.conf` aufgeführt sein; versuchen Sie also nicht, sie unter ihre übrigen Optionsdeklarationen zu mischen. Die Konfigurationsdatei wird in einem Zug gelesen, sodass Zugriffssteuerungslisten erst definiert werden müssen, bevor sie eingesetzt werden können. Es gibt vier vordefinierte Listen:

15.11 Serverkonfiguration für BIND

- any – alle Hosts
- localnets – alle Hosts im lokalen Netzwerk
- localhost – der Rechner selbst
- none – kein Rechner

Die Liste localnets enthält alle Netzwerke, mit denen der Host direkt verbunden ist. Anders ausgedrückt: Es handelt sich um eine Liste dessen, was beim Abzug der Netzwerkmasken von den Netzwerkadressen des Rechners übrigbleibt.

15.11.6 Die key-Anweisung

Die key-Anweisung definiert einen benannten Verschlüsselungsschlüssel für die Authentifizierung bei einem bestimmten Server. Hintergrundinformationen über die BIND-Unterstützung kryptografischer Authentifizierung finden Sie in Abschnitt 15.15. Hier befassen wir uns kurz mit der Mechanik dieses Vorgangs.

Um einen Schlüsseleintrag zu erstellen, geben Sie den gewünschten Algorithmus und ein »gemeinsames Geheimnis« (also ein Passwort) in Form einer mit Base64 verschlüsselten Zeichenkette an:

```
key Schlüssel-id {
   algorithm string;
   secret string;
};
```

Wie eine Zugriffssteuerungsliste, muss auch die Schlüssel-ID mit einer key-Anweisung definiert werden, bevor sie verwendet wird. Um den Schlüssel mit einem bestimmten Server zu verknüpfen, binden Sie die ID einfach in die key-Klausel der server-Anweisung des betreffenden Servers ein. Der Schlüssel wird sowohl zum Überprüfen der Anforderungen des Servers als auch zum Unterzeichnen der Antworten darauf eingesetzt.

15.11.7 Die trusted-keys-Anweisung

Die trusted-keys-Anweisung für die DNSSEC-Sicherheit ist in RFC2535 spezifiziert. Jeder Eintrag ist ein Fünffach-Tupel, der den Domänennamen, die Flags, das Protokoll, den Algorithmus und den Schlüssel enthält, die zum Überprüfen der Daten in der betreffenden Domäne benötigt werden. Er hat folgendes Format:

```
trusted-keys {
  domain flags protocol algorithm key;
  domain flags protocol algorithm key;
  ...
}
```

Jede Zeile steht für den vertrauenswürdigen Schlüssel einer Domäne. Die Werte für `flags`, `protocol` und `algorithm` sind nichtnegative Integerzahlen, der für `key` eine mit Base64 kodierte Zeichenkette.

Das Konstrukt `trusted-keys` soll verwendet werden, wenn eine Zone signiert ist, ihre übergeordnete aber nicht, damit Sie sicher sein können, dass der öffentliche Schlüssel für die Zone, den Sie von DNS bekommen, relativ sauber ist. Das Eingeben eines vertrauenswürdigen Schlüssels mit einer `trusted-keys`-Anweisung (mithilfe von out-of-band-Methoden) gewährleistet, dass Sie wirklich den richtigen Schlüssel für die fragliche Domäne haben.

DNSSEC wird in Abschnitt 15.15.4 ausführlicher behandelt.

15.11.8 Die server-Anweisung

`named` kann mit zahlreichen Servern kommunizieren, die nicht alle die neueste BIND-Version haben und nicht alle auch nur halbwegs korrekt funktionieren. Die `server`-Anweisung übermittelt `named` die Merkmale seiner Remotepartner.

```
server ip_addr {
    bogus yes | no;             [no]
    provide-ixfr yes | no;      [yes]
    request-ixfr yes | no;      [yes]
    edns yes | no;              [yes]
    transfers number;           [2]
    transfer-format one-answer | many-answers;   [many-answers]
    keys { key-id; key-id; … };
    transfer-source ip-address [port]
      transfer-source-v6 ipv6-address [port]
};
```

Mit der `server`-Anweisung können Sie die Werte serverbezogener Konfigurationsoptionen überschreiben. Führen Sie einfach diejenigen auf, für die Sie vom Standard abweichendes Verhalten einrichten wollen.

Wenn Sie einen Server als `bogus` markieren, sendet `named` keine Abfragen an ihn. Diese Direktive sollte für Server reserviert bleiben, die tatsächlich gefälscht sind. Diese Option unterscheidet sich insofern von der globalen Option `blackhole`, als sie nur ausgehende Abfragen unterdrückt. Im Gegensatz dazu blockiert `blackhole` sämtliche Formen der Kommunikation mit den aufgelisteten Servern.

Ein BIND-9-Server, der als Master für eine Zone fungiert, führt inkrementelle Zonentransfers durch, wenn `provide-ixfr` auf `yes` gesetzt ist. Dementsprechend fordert ein als Slave fungierender Server inkrementelle Zonentransfers vom Master an, wenn `request-ixfr` auf `yes` gesetzt ist.

Die Klausel `edns` bestimmt, ob der lokale Server versucht, bei der Kontaktaufnahme mit dem Remoteserver das erweiterte DNS-Protokoll zu verwenden. Ein Großteil der neuen Features von BIND 9 (zum Beispiel IPv6 und DNSSEC) erzeugen größere Pakete als 512 Byte und setzen daher die Benutzung des Protokolls EDNS voraus, um die höhere UDP-Paketgröße auszuhandeln.

Slaveserver bleiben mit ihren Mastern synchron, indem sie bei einer Änderung der Daten einen Zonentransfer empfangen (mehr über Zonentransfers in Abschnitt 15.14). Die Klausel transfers beschränkt die Anzahl gleichzeitig eingehender Transfers vom Remoteserver. Es handelt sich um eine serverspezifische Version von transfers-in, die aber wie ein Überschreiben der Option transfers-per-ns auf einem einzigen Server wirkt, weil sie nur für einen gilt. Die Unterschiede im Namen dienen dazu, die Kompatibilität mit BIND 8 zu wahren.

Die transfer-format-Klauseln sind die serverspezifische Form der weiter vorn behandelten Optionen. Verwenden Sie sie, wenn Sie sowohl mit BIND-8/9- als auch mit BIND-4-Servern kommunizieren oder wenn in Ihrem Netzwerk alte Microsoft-Nameserver vorhanden sind. Windows NT beherrscht nur das Format mit einer Antwort, Windows 2000 und höher kommen mit beiden zurecht, obwohl die frühen Versionen nur DNS-Nachrichten bis zu 16 K verarbeiten können.

Die key-Klausel enthält eine Schlüssel-ID, die zuvor in einer key-Anweisung für die Verwendung mit TSIG-Transaktionssignaturen definiert wurde (siehe Abschnitt 15.15.3). Alle an den Remoteserver gesendeten Anforderungen werden mit diesem Schlüssel signiert. Anforderungen, die vom Remoteserver stammen, müssen nicht signiert werden; sind sie aber signiert, wird die Signatur geprüft.

Die transfer-source-Klausel gibt die IPv4- oder IPv6-Adresse der Schnittstelle (und optional den Port) an, die als Quelladresse (bzw. -port) für Zonentransferanforderungen benutzt werden sollen. Sie wird nur benötigt, wenn das System mehrere Schnittstellen hat und der Remoteserver in seiner allow-transfer-Klausel eine bestimmte IP-Adresse festgelegt hat.

15.11.9 Die masters-Anweisung

Mit der masters-Anweisung können Sie eine Gruppe aus einem oder mehreren Masterservern benennen, indem Sie ihre IP-Adressen und ihre kryptografischen Schlüssel angeben. Diesen Namen können Sie anschließend in der masters-Klausel von zone-Anweisungen benutzen, anstatt die IP-Adressen und die Schlüssel zu wiederholen.

Tipp

Wie kann es mehrere Master geben? Die Antwort finden Sie in Abschnitt 15.11.11.

Diese Möglichkeit kann sinnvoll sein, wenn mehrere Slave- oder Stubzonen ihre Daten von denselben Remoteservern erhalten. Ändern sich die Adressen oder kryptografischen Schlüssel dieser Server, können Sie die masters-Anweisung aktualisieren, die sie einführt, anstatt zahlreiche zone-Anweisungen ändern zu müssen.

Die Syntax lautet wie folgt:

masters name { ip_addr [port ip_port] [key key] ; ... } ;

15.11.10 Die logging-Anweisung

Derzeit ist named Träger der Auszeichnung »bestkonfigurierbares Protokollierungssystem der Welt«. Das Systemprotokoll überlässt es dem Programmierer, die Priorität von Protokollnachrichten festzulegen, und dem Systemadministrator, sie zu verteilen. Bei einer bestimmten Priorität hatte der Systemadministrator jedoch keine Möglichkeit, sich mit einer Nachricht zu befassen, mit einer anderen gleicher Priorität jedoch nicht. BIND 8 führte Kategorien ein, die Protokollnachrichten nach Typ klassifizieren, und Kanäle, die die Wahlmöglichkeiten für die Verteilung der Nachrichten erweitern. Die Kategorien werden vom Programmierer festgelegt, die Kanäle vom Systemadministrator.

Da das Thema Protokollierung ein Randthema liegt (besonders angesichts der benötigten Menge an Erklärungen), erörtern wir es im Abschnitt über Fehlersuche (Abschnitt 15.16).

15.11.11 Die zone-Anweisung

zone-Anweisungen bilden den Kern der Datei named.conf. Sie teilen named mit, für welche Zonen der Server maßgeblich ist, und legen die Optionen für die Verwaltung der einzelnen Zonen fest. Außerdem dient eine zone-Anweisung dazu, die Rootserverhinweise im Voraus zu laden – die Namen und Adressen der Rootserver, die die DNS-Suche starten.

Das genaue Format einer zone-Anweisung hängt von der Rolle ab, die named für die betreffende Zone spielen soll. Um konkret zu werden: Mögliche Zonentypen sind master, slave, hint, forward, stub und delegation-only. Der Typ delegation-only wurde bereits beschrieben, die übrigen kommen in den folgenden Abschnitten an die Reihe.

Viele der weiter vorn in diesem Kapitel behandelten globalen Optionen können in einer zone-Anweisung vorkommen und überschreiben die zuvor definierten Werte. Wir wiederholen sie hier nicht, sondern erwähnen nur einige, die häufig benutzt werden.

15.11 Serverkonfiguration für BIND

Den Masterserver für eine Zone einrichten

Folgendes Format brauchen Sie für eine Zone, deren Masterserver named ist:

```
zone "domain_name" {
  type master;
  file "path";
};
```

Der Domänenname in einer Zonenspezifikation muss immer in doppelten Anführungszeichen stehen.

Die Zonendaten werden auf der Festplatte in einer für Menschen les- und änderbaren Datei abgelegt. Da es keinen Standardwert für den Dateinamen gibt, müssen Sie bei der Deklaration einer Masterzone eine Dateianweisung bereitstellen. Eine Zonendatei ist lediglich eine Sammlung von DNS-Ressourceneinträgen in dem in Abschnitt 15.7.1 beschriebenen Format.

In der zone-Anweisung werden häufig weitere serverspezifische Attribute angegeben, wie im folgenden Beispiel:

```
allow-query  { address_match_list };    [any]
allow-transfer { address_match_list };  [any]
allow-update { address_match_list };    [none]
zone-statistics yes | no                [no]
```

Die Zugriffssteuerungsoptionen sind zwar nicht vorgeschrieben, aber vorteilhaft. Werden für diese Zone dynamische Aktualisierungen durchgeführt, ist die Klausel allow-update mit einer Adressvergleichsliste erforderlich, die die Hosts begrenzt, von denen Aktualisierungen möglich sind. Dynamische Aktualisierungen betreffen nur Masterzonen; die entsprechende Klausel kann nicht für eine Slavezone verwendet werden. Achten Sie darauf, dass die Klausel nur Ihre lokalen DHCP-Server einschließt, nicht das gesamte Internet[14].

Die Option zone-statistics veranlasst named, Abfrage/Antwort-Statistiken zu führen, zum Beispiel über Anzahl und Prozentsatz der Antworten, die Verweise waren, die Rekursion erforderten oder die zu Fehlern führten. Beispiele finden Sie in Abschnitt 15.16.4.

Angesichts all dieser zonenspezifischen Optionen (und der etwa 30 weiteren, die wir nicht behandelt haben), klingt die Konfiguration kompliziert. Eine Masterzonendeklaration, die lediglich aus dem Pfad zur Zonendatei besteht, ist jedoch auch sinnvoll. In BIND 4 konnten Sie gar nicht mehr angeben. Das folgende, leicht veränderte Beispiel stammt aus der BIND-Dokumentation:

---

[14] Außerdem benötigen Sie Zugangsfilterung an der Firewall (siehe Abschnitt 20.12). Noch besser ist die Verwendung von TSIG zur Authentifizierung.

```
zone "example.com" {
  type master;
  file "forward/example.com";
  allow-query { any; };
  allow-transfer { my-slaves; };
}
```

In diesem Fall ist `my-slaves` eine zuvor definierte Zugriffssteuerungsliste.

Einen Slaveserver für eine Zone konfigurieren

Die `zone`-Anweisung für einen Slave sieht ähnlich aus wie die für den Master:

```
zone "domain_name" {
  type slave | stub;
  file "path";
  masters { ip_addr [port ip_port] [key keyname]; ... };[no default]
  allow-query { address_match_list };      [any]
  allow-transfer { address_match_list };   [any]
};
```

Üblicherweise unterhalten Slaveserver eine vollständige Kopie der Datenbank ihrer Zone. Ist ihr Typ jedoch nicht `slave`, sondern `stub`, werden nur NS-Einträge übertragen. Stubzonen ermöglichen den `named`-Daemons für die übergeordnete Zone, automatisch festzustellen, welche Rechner DNS-Dienste für ihre delegierten untergeordneten Zonen bereitstellen, nur für den Fall, dass der Administrator der untergeordneten Zone es mit der Information über Änderungen nicht so genau nimmt. Die übergeordnete Zone braucht diese Informationen, um korrekte Verweise zu liefern oder rekursive Abfragen durchzuführen.

Die `file`-Anweisung gibt eine lokale Datei an, in der die replizierte Datenbank abgelegt werden kann. Jedes Mal, wenn der Server eine neue Kopie der Zone holt, speichert er die Daten in dieser Datei. Wenn er abstürzt und neu gestartet wird, kann die Datei von der lokalen Festplatte erneut geladen werden, ohne über das Netzwerk gehen zu müssen.

Sie sollten diese Cache-Datei nicht manuell bearbeiten, da sie von `named` selbst gepflegt wird. Es kann jedoch interessant sein, einen Blick darauf zu werfen, wenn Sie den Verdacht haben, dass Sie in der Datendatei des Masterservers einen Fehler gemacht haben. Die auf der Festplatte des Slaves gespeicherte Datei zeigt, wie `named` die ursprünglichen Zonendaten interpretiert hat; relative Namen und Ursprungsdirektiven sind erweitert. Sehen Sie in der Datendatei einen Namen, der wie einer der Folgenden aussieht, können Sie ziemlich sicher sein, dass Sie irgendwo einen nachgestellten Punkt vergessen haben:

```
128.138.243.151.cs.colorado.edu.
anchor.cs.colorado.edu.cs.colorado.edu.
```

15.11 Serverkonfiguration für BIND

Die `masters`-Klausel listet die Adressen eines oder mehrerer Rechner auf, von denen die Zonendatenbank zu erhalten ist. Außerdem kann sie den Namen einer Masterliste enthalten, die in einer früheren `masters`-Anweisung definiert wurde.

Wir haben gesagt, dass nur ein Rechner Master für eine Zone sein kann. Warum ist es dann möglich, mehr als eine Adresse aufzuführen? Es gibt zwei Gründe. Zum einen kann der Mastercomputer mehrere Netzwerkschnittstellen und damit mehrere IP-Adressen haben. Wenn eine Schnittstelle nicht erreichbar ist (aufgrund von Netzwerk- oder Routingproblemen), können die anderen dennoch zur Verfügung stehen. Deshalb hat es sich bewährt, sämtliche topologisch unterschiedlichen Adressen des Masters anzugeben.

Zum zweiten ist es `named` in Wirklichkeit gleichgültig, woher die Zonendaten stammen. Es kann sie genauso leicht von einem Slaveserver abrufen wie vom Master. Sie können dieses Feature nutzen, um einen Slaveserver mit guter Anbindung als eine Art Sicherungsmaster fungieren zu lassen, da die IP-Adressen nacheinander probiert werden, bis ein funktionierender Server gefunden ist. Theoretisch können Sie sogar eine Serverhierarchie aufbauen, bei der ein Master mehrere Secondlevelserver bedient, die wiederum zahlreiche Thirdlevelserver versorgen.

Die Hinweise für die Rootserver einrichten

Eine andere Form der `zone`-Anweisungen verweist `named` an eine Datei, aus der es seinen Cache im Voraus mit den Namen und Adressen der Rootnameserver füllen kann:

```
zone "." {
  type hint;
  file "path";
};
```

Diese »hints« (Hinweise) sind DNS-Einträge, die Server für die Rootdomäne enthalten. Sie werden benötigt, um `named` einen Ausgangspunkt für die Suche nach den Domänen anderer Standorte zu bieten. Ohne sie würde `named` nur die Domänen, die es bedient, und deren Subdomänen kennen.

Beim Start lädt `named` die Hinweise von einem der Rootserver neu. Alles funktioniert also bestens, solange Ihre Hinweisdatei mindestens einen gültigen und erreichbaren Rootserver enthält.

BIND 9 lässt die Rootserverhinweise in den Code kompilieren, sodass eine Konfiguration der Rootzone nicht wirklich erforderlich ist. Stellen Sie jedoch eine Hinweisdatei bereit, wird sie benutzt. Wir empfehlen explizite Hinweise, denn im DNS-Bereich ist es üblich geworden, Rootnameserver und deren Adressen weniger beständig zu gestalten.

Die Hinweisdatei trägt häufig den Namen root.cache. Sie enthält die Antwort, die Sie bekommen, wenn Sie einen Rootserver nach den NS-Einträgen der Rootdomäne fragen. Sie können die Datei tatsächlich auf diese Weise anlegen, indem Sie dig starten:

```
$ dig @f.root-servers.net . ns > root.cache
```

Denken Sie an den Punkt. Wenn *f.root-servers.net* nicht reagiert, können Sie die Abfrage ohne Angabe eines bestimmten Servers ausführen:

```
$ dig . ns > root.cache
```

Die Ausgabe sieht genauso aus; Sie bekommen die Liste der Rootserver aber nicht aus einer maßgeblichen Quelle, sondern aus dem Cache eines lokalen Nameservers. Das sollte auch in Ordnung sein – selbst, wenn Ihr Nameserver seit einem oder zwei Jahren durchgehend läuft, hat er seine Rootservereinträge regelmäßig bei Ablauf ihrer Lebensdauer aufgefrischt.

Die Cachedatei sieht aus wie folgt (gekürzte Ausgabe von dig @f.root-servers.net . ns):

```
; <<>> DiG 9.3.0rc1 <<>> @f.root-servers.net . ns
;; globale Optionen:   printcmd
;; Antwort erhalten:
;; ->>HEADER<<- opcode: QUERY, Status: NOERROR, id: 28797
;; Flags: qr aa rd; ABFRAGE: 1, ANTWORT: 13, <<AUTHORITY>>: 0, ZUSÄTZLICH: 13
;; FRAGEABSCHNITT:
;.                              IN      NS
;; ANTWORTABSCHNITT:
.       518400  IN      NS      I.ROOT-SERVERS.NET.
.       518400  IN      NS      J.ROOT-SERVERS.NET.
.       518400  IN      NS      K.ROOT-SERVERS.NET.
.       518400  IN      NS      L.ROOT-SERVERS.NET.
...
;;ZUSATZABSCHNITT:
I.ROOT-SERVERS.NET.3600000      IN      A       192.36.148.17
J.ROOT-SERVERS.NET.3600000      IN      A       192.58.128.30
K.ROOT-SERVERS.NET.3600000      IN      A       193.0.14.129
L.ROOT-SERVERS.NET.3600000      IN      A       198.32.64.12
...
;; Abfragedauer: 3 msec
;; SERVER: 192.5.5.241#53(f.root-servers.net)
;; ZEIT: Wed Jul  7 13:54:26 2004
;; Empfangene Nachrichtengröße: 436
```

Beachten Sie die Punkte, mit denen die erste Gruppe von Einträgen beginnt; es handelt sich nicht um Fliegendreck, sondern sie definieren die Domäne (den Root), für die die NS-Einträge gelten.

15.11 Serverkonfiguration für BIND

Eine Forwardzone einrichten

Eine Zone vom Typ forward überschreibt die globalen Weiterleitungseinstellungen von named (siehe Abschnitt 15.11.4) für eine bestimmte Domäne:

```
zone "domain_name" {
  type forward;
  forward only | first;
  forwarders { ip_addr; ip_addr; … };
};
```

Möglicherweise benutzen Sie eine solche Zone, wenn Ihr Unternehmen eine strategische Arbeitsbeziehung mit einer anderen Gruppe oder Firma hat und Sie den Datenverkehr unter Umgehung des üblichen Abfragewegs direkt an die dortigen Nameserver leiten wollen.

15.11.12 Die controls-Anweisung

Die controls-Anweisung legt fest, wie rndc einen laufenden named-Prozess steuert. Es kann named starten und beenden, seinen Status ausgeben, es in den Fehlersuchmodus versetzen usw. Bei rndc handelt es sich um ein Netzwerkprogramm, das bei nicht ordnungsgemäßer Konfiguration jeden Internetnutzer mit Ihrem Nameserver herumspielen lassen kann. Die Syntax der Anweisung sieht folgendermaßen aus:

```
controls {
  inet ip_addr port ip-port allow { address_match_list } keys { key_list };
}
```

Standardmäßig benutzt rndc zur Kommunikation mit named Port 953, wenn in der port-Klausel kein anderer festgelegt ist.

Die Fernsteuerung Ihres Nameservers ist praktisch und gefährlich zugleich. Strenge Authentifizierung mithilfe eines Schlüsseleintrags in der allow-Klausel ist unverzichtbar; die Schlüssel in der Adressvergleichsliste werden ignoriert und müssen in der key-Klausel der controls-Anweisung explizit angegeben werden.

In BIND 9 können Sie mit dem Befehl rndc-confgen einen Authentifizierungsschlüssel zur Verwendung zwischen rndc und named generieren. Es gibt im Wesentlichen zwei Methoden, um dies einzurichten: Sie können sowohl rndc als auch named den Schlüssel aus derselben Konfigurationsdatei abrufen lassen (/etc/rndc.key) oder den Schlüssel in die Konfigurationsdateien von rndc und named aufnehmen (/etc/rndc.conf für rndc und /etc/named.conf für named). Die zweite Möglichkeit ist komplizierter, aber notwendig, wenn named und rndc auf verschiedenen Rechnern ausgeführt werden sollen.

Wenn keine controls-Anweisung vorhanden ist, verwendet BIND 9 standardmäßig die loopback-Adresse für die Adressvergleichsliste und sucht den Schlüssel in der Datei /etc/rndc.key. Da in BIND 9 strenge Authentifizierung vorgeschrieben ist, können Sie named nicht mit dem Befehl rndc steuern, wenn kein Schlüssel vorhanden ist.

Das mag etwas drakonisch erscheinen, aber Sie sollten Folgendes bedenken: Selbst wenn `rndc` nur von 127.0.0.1 aus funktioniert und diese Adresse an der Firewall gegenüber der Außenwelt abgeschirmt ist, verlassen Sie sich Sie trotzdem noch darauf, dass die lokalen Benutzer nicht mit Ihrem Nameserver herumspielen. Jeder Benutzer könnte eine Telnet-Verbindung mit dem Steuerport aufnehmen und `stop` eingeben – ein sehr wirkungsvoller DoS-Angriff.

Das folgende Beispiel zeigt die Ausgabe von `rndc-confgen` (an das Standardausgabegerät) nach Anforderung eines 256-Bit-Schlüssels. Diese Länge haben wir gewählt, weil sie auf die Seite passt. Normalerweise nehmen Sie einen längeren Schlüssel und leiten die Ausgabe in die Datei /etc/rndc.conf. Die Kommentare am Ende der Ausgabe zeigen, welche Zeilen in `namded.conf` eingefügt werden müssen, damit `named` und `rndc` zusammenarbeiten.

```
$ ./rndc-confgen -b 256
# Anfang von rndc.conf
key "rndc-key" {
    algorithm hmac-md5;
    secret "orZuz5amkUnEp52zlHxD6cd5hACldOGsG/elP/dv2IY=";
};
options {
    default-key "rndc-key";
    default-server 127.0.0.1;
    default-port 953;
};
# Ende von rndc.conf
# Zusammen mit dem Folgenden in named.conf verwenden und die Zulassungsliste nach
  Bedarf anpassen:
# key "rndc-key" {
#       algorithm hmac-md5;
#       secret "orZuz5amkUnEp52zlHxD6cd5hACldOGsG/elP/dv2IY=";
# };
#
# controls {
#       inet 127.0.0.1 port 953
#              allow { 127.0.0.1; } keys { "rndc-key"; };
# };
# Ende von named.conf
```

Der »automatische« Modus zum Generieren einer gemeinsam genutzten Konfigurationsdatei ist einfacher. Als Root gestartet erzeugt `rndc-confgen -a -b 256` die Datei /etc/rndc.key, die folgende Zeilen enthält:

```
key "rndc-key" {
    algorithm hmac-md5;
    secret "laGbZj2CobycOm/jFVNCu8OJzsLKNH+CCb2JCWY6yJw=";
};
```

Die Datei hat den Modus 600 und sollte im Besitz des named-Benutzers oder von root sein. Anschließend kann sie mit der include-Anweisung in die Datei named.conf eingebunden werden.

15.11.13 Geteiltes DNS und die view-Anweisung

Viele Standorte wünschen, dass sich die interne Ansicht Ihres Netzwerks von der aus dem Internet sichtbaren unterscheidet. Vielleicht wollen Sie den internen Benutzern sämtliche Hosts einer Zone zeigen, aber die externe Ansicht auf einige wohlbekannte Server beschränken. Sie können auch in beiden Ansichten dieselben Hosts präsentieren, internen Benutzern aber zusätzliche (oder andere) Einträge zugänglich machen. Der MX-Eintrag für Mailrouting kann zum Beispiel von außerhalb der Domäne auf einen einzigen Mailhub zeigen, für interne Benutzer dagegen auf einzelne Workstations.

Eine geteilte DNS-Konfiguration ist besonders für Standorte sinnvoll, die in ihren internen Netzwerken private IP-Adressen nach RFC1918 verwenden. Eine Abfrage des Hostnamens für die IP-Adresse 10.0.0.1 kann das globale Adresssystem zum Beispiel nie beantworten, aber im Kontext des internen Netzwerks hat sie eine Bedeutung. Vier bis fünf Prozent der Abfragen, die bei den Rootnameservern eingehen, *stammen* entweder von einer IP-Adresse in einem privaten Adressraum oder *betreffen* eine dieser Adressen. Weder die eine noch die andere Art kann beantwortet werden, weil es sich um das Ergebnis Fehl-Konfiguration handelt, entweder des geteilten DNS von BIND oder der »Domänen« von Microsoft.

> **Tipp**
> In Abschnitt 12.4.6 können Sie mehr über private Adressräume lesen.

Die view-Anweisung stellt eine Adressliste zusammen, die Folgendes steuert: Welche Clients welche Ansicht sehen, einige Optionen für alle in der Ansicht enthaltenen Zonen und schließlich die Zonen selbst. Ihre Syntax lautet wie folgt:

```
view view-name {
   match-clients { address_match_list } ;
   view_option; ...
   zone_statement; ...
} ;
```

Die `match-clients`-Klausel steuert, wer die Ansicht sehen kann. Die Ansichten werden der Reihe nach verarbeitet, weshalb Sie die restriktivsten an den Anfang setzen sollten. Zonen in unterschiedlichen Ansichten können gleiche Namen haben, erhalten ihre Daten aber aus unterschiedlichen Dateien. Ansichten bieten alles oder nichts; werden sie eingesetzt, müssen sämtliche `zone`-Anweisungen der Datei `named.conf` im Kontext einer Ansicht erscheinen.

Das folgende Beispiel stammt aus der BIND-9-Dokumentation. Die beiden Ansichten definieren dieselbe Zone, aber mit anderen Daten:

```
view "internal" {
   match-clients { our_nets; };    // nur interne Netzwerke
   recursion yes;                  // nur interne Clients
   zone "example.com" {            // vollständige Ansicht der Zone
      type master;
      file "example-internal.db";
   };
};
view "external" {
   match-clients { any; };         // alle Abfragen zulassen
   recursion no;                   // aber keine Rekursion
   zone "example.com" {            // nur "öffentliche" Hosts
      type master;
      file "example-external.db";
   }
};
```

Wird die Reihenfolge der Ansichten umgekehrt, ist die interne Ansicht niemals sichtbar. Interne Hosts vergleichen den Wert `any` dann mit der `match-clients`-Klausel der externen Ansicht, bevor sie die interne erreichen.

Unser zweites Beispiel einer DNS-Konfiguration in Abschnitt 15.12.2 zeigt weitere Ansichten.

15.12 Konfigurationsbeispiele für BIND

Nachdem wir die Wunder der Datei `named.conf` untersucht haben, sehen wir uns nun einige vollständige Beispiele an. In den folgenden Abschnitten geht es um mehrere Beispielkonfigurationen:

- Die Zone *localhost*
- Eine kleine Sicherheitsfirma, die geteiltes DNS einsetzt
- Die Spezialisten: *isc.org*, das Internet Systems Consortium

15.12.1 Die Zone localhost

Die Adresse 127.0.0.1 bezeichnet einen Host und sollte dem Namen *localhost* zugeordnet werden[15]. Manche Standorte wählen auch *localhost.localdomain*, manche beides. Die entsprechende IPv6-Adresse lautet *::1*.

Wenn Sie vergessen, die Zone *localhost* zu definieren, fragt Ihr Standort schließlich die Rootserver nach entsprechenden Informationen. Bei den Rootservern laufen so viele Abfragen auf, dass die Operatoren erwägen, eine allgemeine Zuordnung von *localhost* zu 127.0.0.1 auf Rootebene hinzuzufügen. Bei Messungen auf dem Rootserver F in San Francisco im März 2004 nahm *localhost* den dritten Rang bei der Abfragehäufigkeit von Domänen nach *arpa* und *com* ein. Das ist für einen gefragten Nameserver eine Menge sinnloser Abfragen.

Die Forwardzuordnung für den Namen *localhost.localdomain* kann in der Forwardzonendatei für die Domäne oder in der eigenen Datei des Servers definiert werden. Jeder Server, selbst ein Caching-Server, ist üblicherweise Master für seine eigene Reversedomäne *localhost*.

Mit folgenden Zeilen in der Datei named.conf wird *localhost* eingerichtet:

```
zone "localhost" {// localhost-Forwardzone
    type master;
    file "for/localhost";
    allow-update { none; };
};
zone "0.0.127.in-addr.arpa" {// localhost-Reversezone
    type master;
    file "rev/127.0.0";
    allow-update { none; };
};
```

Die entsprechende Forwardzonendatei, for/localhost, enthält folgende Zeilen:

```
$TTL 30d
; localhost.
@    IN   SOA    localhost. postmaster.localhost. (
                 1998050801    ;serial
                 3600          ;refresh
                 1800          ;retry
                 604800        ;expiration
                 3600 )        ;minimum
          NS     localhost.
          A      127.0.0.1
```

---

15 Tatsächlich bezeichnet das gesamte Klasse-A-Netzwerk 127/8 localhost, aber meistens wird 127.0.0.1 benutzt.

Die Zeilen der Reversezonendatei, rev/127.0.0, lauten wie folgt:

```
$TTL 30d
; 0.0.127.in-addr.arpa
@     IN    SOA    localhost. postmaster.localhost. (
                   1998050801     ;serial
                   3600           ;refresh
                   1800           ;retry
                   604800         ;expiration
                   3600 )         ;minimum
            NS     localhost.
1           PTR    localhost.
```

Die Zuordnung für die Adresse *localhost* (127.0.0.1) ändert sich nie, sodass die Ablaufwerte hoch sein können. Beachten Sie die Seriennummer, die das verschlüsselte Datum enthält: Die Datei wurde 1998 zuletzt geändert. Achten Sie weiterhin darauf, dass der einzige Masterserver für die Domäne *localhost* aufgeführt ist. Das Zeichen @ bedeutet hier 0.0.127.in-addr.arpa.

15.12.2 Ein kleines Sicherheitsunternehmen

Unser erstes Beispiel aus der Praxis zeigt ein kleines Unternehmen, das sich auf Sicherheitsberatung spezialisiert hat. Es betreibt BIND 9 auf einer neueren Version von Red Hat Enterprise Linux und implementiert mithilfe von Ansichten ein geteiltes DNS-System, in dem interne und externe Benutzer unterschiedliche Hostdaten zu sehen bekommen. Außerdem wird intern ein privater Adressraum benutzt; Abfragen, die diese Adressen betreffen, sollten nicht ins Internet gelangen und dort das globale DNS-System belasten. Die Datei named.conf des Unternehmens sieht leicht umformatiert und mit einigen Kommentaren versehen folgendermaßen aus:

```
options {
   directory "/var/domain";
   version "root@atrust.com";
   allow-transfer {82.165.230.84; 71.33.249.193; 127.0.0.1; };
   listen-on { 192.168.2.10; 192.168.2.1; 127.0.0.1; 192.168.2.12; };
};
include "atrust.key";    // defn von atkey in Mode 600 file
controls {
   inet 127.0.0.1 allow { 127.0.0.1; } keys { atkey; };
};
view "internal" {     // interne Ansicht
   match-clients { 192.168.0.0/16; 206.168.198.192/28; 172.29.0.0/24; };
   recursion yes;
   zone "." IN {     // Roothinweiszone
      type hint;
      file "named.cache";
   };
```

15.12 Konfigurationsbeispiele für BIND

```
    zone "localhost" IN {    // localhost-Forwardzone
        type master;
        file "localhost.forw";
        allow-update { none; };
    };
    zone "0.0.127.in-addr.arpa" IN {    // localhost-Reversezone
        type master;
        file "localhost.rev";
        allow-update { none; };
    };
    zone "atrust.com" IN {    // interne Forwardzone
        type master;
        file "internal/atrust.com";
    };
    zone "1.168.192.in-addr.arpa" IN {    // interne Reversezone
        type master;
        file "internal/192.168.1.rev";
        allow-update { none; };
    };    // zahlreiche weitere Reversezonen weggelassen
    zone "atrust.us" {    // Slave in interner Ansicht
        type slave;
        file "internal-slave/atrust.us";
        masters { 127.0.0.1; };
    };
    zone "atrust.org" {
        type slave;
        file "internal-slave/atrust.org";
        masters { 127.0.0.1; };
    };    // zahlreiche weitere Zonen weggelassen
};    // Ende der internen Ansicht
view "world" {    // externe Ansicht
    match-clients { any; };
    recursion no;
    // Zonenanweisungen für dot und localhost wie oben, zwecks Kürzung weggelassen
    zone "atrust.com" {    // externe Forwardzone
        type master;
        file "world/atrust.com";
        allow-update { none; };
    };
    zone "189.173.63.in-addr.arpa" {    // externe Reversezone
        type master;
        file "world/63.173.189.rev";
        allow-update { none; };
    };
    zone "atrust.us" {    // Master in der Ansicht für die Außenwelt
        type master;
        file "world/appliedtrust.com-aggregate";
        allow-update { none; };
    };
```

```
    zone "atrust.org" {    // es handelt sich um dieselbe Datei
        type master;
        file "world/appliedtrust.com-aggregate";
        allow-update { none; };
    };         // zahlreiche weitere
    zone "admin.com" {    // Masterzonen nur in der Ansicht für die Außenwelt
        type master;
        file "world/admin.com";
        allow-update { none; };
    };         // zahlreiche weitere Masterzonen weggelassen
    zone "eldoraskipatrol.org" {    // Slavezonen nur in der Ansicht für die Außenwelt
        type slave;
        file "world-slave/eldoraskipatrol.org";
        masters { 192.231.139.1; };
    };         // zahlreiche weitere Slavezonen weggelassen
}; // Ende der externen Ansicht
```

Die Datei atrust.key enthält die Definition des Schlüssels atkey.

```
key "atkey" {
    algorithm hmac-md5;
    secret "shared secret key goes here";
};
```

Die Zonen sind nach Ansicht und Typ (Master/Slave) geordnet und die Benennungskonvention für die Zonendatendateien richtet sich ebenfalls danach. Dieser Server ist rekursiv für die interne Ansicht, die sämtliche lokalen Hosts einschließt, darunter viele, die private Adressierung benutzen. Für die externe Ansicht ist er nichtrekursiv; diese Ansicht enthält nur ausgewählte Hosts bei *atrust.com* und die externen Zonen, für die das Unternehmen DNS-Master- oder -Slavedienste bereitstellt.

Im Folgenden sehen Sie Teile der Dateien internal/atrust.com und world/atrust.com. Zuerst die interne:

```
; atrust.com - interne Datei
$TTL 86400
$ORIGIN com.
atrust            3600    SOA    ns1.atrust.com. trent.atrust.com. (
                                 2004012900 10800 1200 3600000 3600 )
                  3600    NS     NS1.atrust.com.
                  3600    NS     NS2.atrust.com.
                  3600    MX     10 mailserver.atrust.com.
                  3600    A      66.77.122.161
$ORIGIN atrust.com.
ns1                       A      192.168.2.11
ns2                       A      66.77.122.161
www                       A      66.77.122.161
mailserver                A      192.168.2.11
exchange                  A      192.168.2.100
```

15.12 Konfigurationsbeispiele für BIND

```
secure                      A    66.77.122.161
bark                        A    192.168.2.10
superg                      A    192.168.1.249
at-dmz-gw                   A    192.168.1.254
at-external-gw              A    192.168.2.254
at-external-outside-gw      A    206.168.198.220
indras-gw                   A    206.168.198.222
; DHCP-Hostbereich
dhcp-0-hardwire        IN   A    192.168.1.64
dhcp-1-hardwire        IN   A    192.168.1.65
; ...
; booklab-"Subdomäne", beachten Sie, dass es sich um eine Subdomäne, aber keine
    Subzone handelt
redhat.booklab         IN   A    192.168.10.1
redhat-ent.booklab     IN   A    192.168.10.2
debian.booklab         IN   A    192.168.10.3
fedora.booklab         IN   A    192.168.10.4
freebsd.booklab        IN   A    192.168.10.5
suse.booklab           IN   A    192.168.10.6
macos.booklab          IN   A    192.168.10.7
solaris.booklab        IN   A    192.168.10.8
```

Die externe Ansicht derselben Domäne sieht von *world/atrust.com* folgendermaßen aus:

```
; atrust.com - externe Datei
$TTL 57600
$ORIGIN .
atrust.com         SOA    ns1.atrust.com. trent.atrust.com. (
                          2004020400 10800 1200 3600000 3600 )
                   NS     NS1.atrust.com.
                   NS     NS2.atrust.com.
                   MX     10 mailserver.atrust.com.
                   A      66.77.122.161
ns1.atrust.com.    A      206.168.198.209
ns2.atrust.com.    A      66.77.122.161
$ORIGIN atrust.com.
www                A      66.77.122.161
mailserver         A      206.168.198.209
bark               A      206.168.198.209
secure             A      66.77.122.161
; reverse maps
exterior1          A      206.168.198.209
209.198.168.206    PTR    exterior1.atrust.com.
exterior2          A      206.168.198.213
213.198.168.206    PTR    exterior2.atrust.com.
exterior3          A      206.168.198.220
```

```
220.198.168.206    PTR    exterior3.atrust.com.
exterior4          A      206.168.198.210
210.198.168.206    PTR    exterior4.atrust.com.
```

Beachten Sie, dass zusätzlich erforderliche Namen für einen Rechner nicht als CNAME-, sondern als A-Einträge dargestellt werden. In der Ansicht für die Außenwelt sind nur sehr wenige Hosts tatsächlich sichtbar.

Die Lebensdauer ist in diesen Zonendateien auf 16 Stunden (57.600 Sekunden) gesetzt. Für interne Zonen beträgt sie einen Tag (86.400 Sekunden). Den meisten Einzeleinträgen in den Zonendateien ist kein expliziter TTL-Wert zugewiesen. Er ist optional und kann direkt vor dem Eintragstyp in jede einzelne Zeile der Zonendatei eingefügt werden.

Die auffälligen PTR-Einträge am Ende der externen Datei geben dem Internetdienstanbieter von *atrust.com* die Möglichkeit, die Reversezuordnung eines ziemlich kleinen Adressraumblocks zu delegieren. CNAME-Einträge am Standort des Dienstanbieters bilden die Voraussetzung dafür, dass diese Variante des CNAME-Hacks funktioniert (in Abschnitt 15.7 finden Sie mehr darüber).

15.12.3 Das Internet Systems Consortium (isc.org)

Das ISC hat BIND entwickelt, pflegt es und unterhält außerdem den Rootnameserver F. Darüber hinaus betreibt es einen TLD-Server, der über sechzig Topleveldomänen bedient. Daher können wir es wirklich als Expertengremium bezeichnen.

Im Folgenden sind Teile der ISC-Konfigurationsdateien abgedruckt. Beachten Sie, dass sowohl IPv4 als auch IPv6 verwendet werden. Die Authentifizierung zwischen Mastern und Slaves für Zonentransfers erfolgt mittels TSIG-Verschlüsselung. Die transfer-source-Optionen gewährleisten, dass die IP-Quelladressen für ausgehende Zonentransferanforderungen mit den allow-transfers-Anweisungen auf den Masterservern übereinstimmen.

Die Datei named.conf lautet wie folgt:

```
// Der TLSD-Nameserver für isc.org
options {
    directory "/var/named";
    datasize 1000M;
    listen-on { 204.152.184.64; };
    listen-on-v6 { 2001:4f8:0:2::13; };
    recursion no;
    transfer-source 204.152.184.64;
    transfer-source-v6 2001:4f8:0:2::13;
};
// rndc-Schlüssel
key rndc_key {
    algorithm hmac-md5;
```

15.12 Konfigurationsbeispiele für BIND

```
      secret "<secret>";
};
// TSIG-Schlüssel für den Nameserver ns-ext
key ns-ext {
   algorithm hmac-md5;
   secret "<secret>";
};
server 204.152.188.234 { keys { ns-ext; }; };
controls {
   inet 204.152.184.64 allow { any; } keys { rndc_key; };
};
include "inf/named.zones";   // Root, localhost, 127.0.0.1, ::1
include "master.zones";      // Zonen, für die wir Master sind
include "slave.zones";       // zahlreiche Slaves
```

Die `include`-Anweisungen halten die Datei `named.conf` kurz und sauber. Wenn Sie zahlreiche Zonen bedienen, sollten Sie Ihre Konfiguration wie hier in Häppchen unterteilen. Noch wichtiger ist es, die Dateisystemhierarchie so zu gestalten, dass Ihr Verzeichnis nicht Tausend Zonendateien enthält. Moderne Linux-Dateisysteme handhaben umfangreiche Verzeichnisse zwar effizient, können jedoch in der Verwaltung aufwendig sein.

Aus der Datei `master.zones` stammen folgende Zeilen:

```
zone "isc.org" {     // ISC
   type master;
   file "master/isc.org";
   allow-update { none; };
   allow-transfer { none; };
};
zone "sfo2.isc.org" {    // ISC
   type master;
   file "master/sfo2.isc.org";
   allow-update { none; };
   allow-transfer { none; };
};
// zahlreiche Zonen gekappt
```

Nun ein Auszug aus `slaves.zones`:

```
zone "vix.com" {
   type slave;
   file "secondary/vix.com";
   masters { 204.152.188.234; };
};
zone "cix.net" {
   type slave;
```

```
    file "secondary/cix.net";
    masters { 204.152.188.234; };
};
```

Nachdem wir den DNS-Hintergrund und die BIND-Konfiguration bewältigt haben, wenden wir uns jetzt den betriebsbezogenen Fragen zur Unterhaltung eines Nameservers zu, darunter Wartung der Zonendateien, Sicherheitsfragen, Tests und Fehlersuche.

15.13 named starten

Das Vorhandensein von BIND in Linux-Distributionen hängt sowohl von der Distribution als auch von den bei der Installation der Distribution ausgewählten Optionen ab. Scheint BIND nicht installiert zu sein, müssen Sie das BIND-Paket beschaffen und installieren. Dabei wird auch ein Startskript für named installiert, das von init gestartet wird. Bei RHEL, Fedora und SUSE heißt das Skript /etc/init.d/named und für Debian und Ubuntu heißt es /etc/init.d/bind9.

named wird beim Booten gestartet und läuft durchgehend. Zum Steuern eines laufenden Exemplars von named dient die Befehlszeilenschnittstelle rndc, die in Abschnitt 15.16 ausführlich beschrieben wird.

Gelegentlich stellen die Startskripte für named zusätzliche Parameter/Aufruf-Möglichkeiten (zum Beispiel reload) bereit, die für Systemadministratoren gedacht sind. Ihre Implementierung in einigen Distributionen ist jedoch fragwürdig, und rndc ist sowieso einfacher zu benutzen. Wir empfehlen Ihnen, die Startskripte dem Betriebssystem und init zu überlassen und für die Steuerung von named nach dem Start rndc einzusetzen.

named verwendet das Systemprotokoll, weshalb syslogd vor dem Start von named gestartet werden sollte. Verwalten Sie named nicht mit inetd oder xinetd, denn dann wird named jedes Mal neu gestartet, wenn es benötigt wird, was die Reaktionszeiten verlängert und den Aufbau eines nützlichen Caches verhindert. Manche Standorte setzen ein Skript ein, das den Startbefehl für named in eine Endlosschleife schreibt, um ein Beenden von named zu verhindern (ein Beispiel dafür in Abschnitt 15.9). Die BIND-Distribution enthält das Skript nanny, das einen ähnlichen Zweck verfolgt.

Tipp

In Abschnitt 29.3 finden Sie weitere Informationen über inetd.

15.14 Zonendateien aktualisieren

Wenn Sie eine Domäne ändern (beispielsweise einen Host hinzufügen oder löschen), müssen die Datendateien auf dem Masterserver aktualisiert werden. Außerdem müssen Sie die Seriennummer im SOA-Eintrag der Zone hochsetzen und dann rndc reload ausführen, um named zu signalisieren, dass es die Änderungen übernehmen soll. Sie können named auch beenden und neu starten, aber in diesem Fall werden die zwischengespeicherten Daten aus anderen Domänen gelöscht.

Frühere BIND-Versionen benutzten Signale und den Befehl kill, um named zu steuern, aber als den Entwicklern gerade die Signalnummern ausgingen, kam rndc daher und behob alle Probleme. Das herkömmliche »Signalzeug« wurde in BIND 9 beseitigt (abgesehen von HUP, um die Konfigurationsdatei neu einzulesen, Zonen neu zu laden und named neu zu starten sowie TERM und INT zum Beenden von named). Deshalb empfehlen wir Ihnen, bei rndc zu bleiben.

Die aktualisierten Zonendaten werden umgehend an die Slaveserver übermittelt, weil die Option notify standardmäßig aktiviert ist. Falls Sie sie versehentlich ausgeschaltet haben, übernehmen Ihre Slaveserver die Änderungen erst nach der in refresh festgelegten Anzahl von Sekunden, die in den SOA-Einträgen der Zone steht (üblicherweise eine bis sechs Stunden). Wenn eine Aktualisierung trotz Deaktivierung von notify früher erfolgen soll, führt rndc reload auf einem Slave dazu, dass dieser die Daten auf dem Master prüft, die Änderung feststellt und einen Zonentransfer anfordert.

Vergessen Sie nicht, sowohl die Forward- als auch die Reversezonen zu ändern, nachdem Sie einen Hostnamen oder eine IP-Adresse geändert haben. Vergessen Sie die Reversedateien, schleichen sich Fehler ein: Einige Befehle funktionieren, andere dagegen nicht.

Eine Änderung der Datendateien ohne Hochsetzen der Seriennummer hat zur Folge, dass die Änderungen (nach erneutem Laden) auf dem Masterserver wirksam werden, aber nicht auf den Slaves.

Es ist nicht korrekt, Datendateien von Slaveservern zu bearbeiten. Sie werden von named gewartet; die Systemadministratoren sollten nicht an ihnen herumspielen. Solange Sie sie nicht ändern, dürfen Sie sie aber gern anschauen.

BIND lässt Zonenänderungen über eine Programmierschnittstelle zu, wie in RFC2136 festgelegt. Dieses Feature, die so genannten dynamischen Aktualisierungen (dynamic updates, Beschreibung des Mechanismus in Abschnitt 15.14.2), ist für die Unterstützung von Autokonfigurationsprotokollen wie DHCP erforderlich.

15.14.1 Zonentransfers

DNS-Server werden mithilfe so genannter Zonentransfers synchronisiert. Die ursprüngliche DNS-Spezifikation (sowie BIND 4) verlangte die sofortige Übertragung aller Zonendaten. Inkrementelle Aktualisierungen wurden schließlich in

RFC1995 definiert und in BIND 8.2 implementiert. Die ursprünglichen und die inkrementellen Zonentransfers werden gelegentlich als AXFR bzw. IXFR bezeichnet. Nach der Konfiguration gelten sie als gleichwertig.

Ein Slave, der seine Daten auffrischen will, fordert einen Zonentransfer vom Masterserver an und legt eine Sicherungskopie der Zonendaten auf seiner Festplatte ab. Haben sich die Daten auf dem Master nicht geändert, was durch den Vergleich der Seriennummern (nicht der Daten selbst) festgestellt wird, kommt es nicht zu einer Aktualisierung, und die Sicherungsdateien werden nur leicht verändert (nämlich ihre Modifizierungszeit auf die aktuelle Uhrzeit gesetzt).

Zonentransfers erfolgen über TCP an Port 53 und protokollieren ihre Informationen mit der BIND-Kategorie transfer-*. IXFR kann nach der IETF-Spezifikation TCP oder UDP verwenden, wobei es in BIND nur über TCP implementiert ist.

Sowohl der sendende als auch der empfangende Server stehen während des Zonentransfers weiter für Abfragen zur Verfügung. Der Slave beginnt erst nach Abschluss der Übertragung mit der Nutzung der neuen Daten. BIND 8 ruft ein eigenes Programm named-xfer für die Durchführung auf, während named die Transfers in BIND 9 direkt erledigt.

Bei umfangreichen (wie *com*) oder dynamisch aktualisierten Zonen (siehe nächster Abschnitt) fallen die Änderungen im Vergleich zur Gesamtgröße der Zone normalerweise recht gering aus. Bei IXFR werden nur die Änderungen gesendet (es sei denn, sie sind größer als die gesamte Zone, sodass ein normaler AXFR-Transfer stattfindet). Der IXFR-Mechanismus ähnelt dem Programm patch insofern, als er Unterschiede auf eine alte Datenbank überträgt, um sie mit einer neuen zu synchronisieren.

In BIND 9 ist IXFR die Standardeinstellung für alle Zonen, die für dynamische Aktualisierung eingerichtet sind, und named unterhält für jede ein Transaktionsprotokoll mit dem Namen zone name.jnl. Die Optionen provide-ixfr und request-ixfr lassen sich in den server-Anweisungen für einzelne Partner festlegen. Die erste aktiviert bzw. deaktiviert den IXFR-Dienst für Zonen, deren Master der Server ist, die zweite fordert inkrementelle Transfers für Zonen an, deren Slave der betreffende Server ist.

```
provide-ixfr yes ;   # in der BIND-9-server-Anweisung
request-ixfr yes ;   # in der BIND-9-server-Anweisung
```

Seit BIND 9.3 kann named Slaveservern inkrementelle Zonentransfers für manuell vorgenommene Änderungen anbieten. Dieses Verhalten aktivieren Sie mit der Zonenoption ixfr-from-differences (siehe Abschnitt 15.11).

IXFR setzt die einheitliche Sortierung der Zonendatei voraus. named erledigt diese Aufgabe für Sie, aber inkrementelle Transfers werden dadurch ungünstig. Auf den beteiligten Servern ist mehr Arbeitsspeicher und Prozessorzeit erforderlich, um den Netzwerkverkehr zu reduzieren.

Viel Arbeit wurde investiert, um zu gewährleisten, dass ein Serverausfall während eines inkrementellen Zonentransfers keine beschädigten Daten hinterlässt. Eine IXFR-Anforderung an einen Server, der sie nicht automatisch unterstützt, fällt auf den üblichen AXFR-Zonentransfer zurück.

15.14.2 Dynamische Aktualisierungen

Das DNS-System beruht auf der Voraussetzung, dass die Zuordnung von Namen zu Adressen relativ stabil ist und sich nur selten ändert. Ein Standort, der mithilfe von DHCP jedoch IP-Adressen beim Start von Rechnern und ihrem Anschluss an ein Netzwerk dynamisch zuweist, bricht diese Regel dauernd. Es gibt zwei klassische Lösungen für dieses Problem: das Einfügen allgemeiner Einträge in die DNS-Datenbank oder die ständige Bearbeitung der DNS-Dateien. Für viele Standorte ist keine der beiden zufriedenstellend.

Die erste sollte jedem vertraut sein, der einen Internetdienstanbieter für DFÜ benutzt hat. Die DNS-Konfiguration sieht etwa folgendermaßen aus:

```
dhcp-host1.domain.   IN   A   192.168.0.1
dhcp-host2.domain.   IN   A   192.168.0.2
...
```

Das ist zwar einfach, bedeutet aber, dass Hostnamen dauerhaft mit bestimmten IP-Adressen verknüpft sind und Computer deshalb ihren Hostnamen ändern, wenn sie eine neue IP-Adresse bekommen. In dieser Umgebung werden Protokollierung oder Sicherheitsmaßnahmen auf Basis von Hostnamen sehr schwierig.

Das Feature der dynamischen Aktualisierung in den neueren BIND-Versionen bietet eine Alternative. Es ermöglicht dem DHCP-Daemon, BIND über die vorgenommenen Adresszuweisungen zu informieren und auf diese Weise den Inhalt der DNS-Datenbank nebenbei zu aktualisieren. Dynamische Aktualisierungen können Ressourceneinträge hinzufügen, löschen oder ändern. Während sie durchgeführt werden, wird als Schutz bei Serverausfall eine Journaldatei (zone_name.jnl) geführt.

Eine dynamisch aktualisierte Zone lässt sich erst manuell bearbeiten, nachdem Sie den Aktualisierungs-Stream angehalten haben. Dazu benötigen Sie rndc freeze zone oder rndc freeze zone class view. Diese Befehle synchronisieren die Journaldatei mit der Masterzonendatei auf der Festplatte und löschen die Journaldatei anschließend. Danach können Sie die Zonendatei von Hand bearbeiten. Die ursprüngliche Formatierung der Zonendatei ist natürlich durch die Aktionen von named zerstört – sie sieht wie die von named für die Slaveserver unterhaltenen aus.

Ein Versuch dynamischer Aktualisierung wird abgeblockt, solange die Zone eingefroren ist; wenn Sie rndc thaw mit denselben Argumenten verwenden wie zum Einfrieren, wird die Zonendatei neu von der Festplatte geladen und dynamische Aktualisierungen sind wieder möglich.

Das zu BIND 9 gehörende Programm nsupdate stellt eine Befehlszeilenschnittstelle für dynamische Aktualisierungen bereit. Es wird im Batchmodus ausgeführt und nimmt Befehle über die Tastatur oder aus einer Datei entgegen. Eine Leerzeile oder send signalisiert das Ende einer Aktualisierung und sendet die Änderungen an den Server. Zwei Leerzeilen markieren das Ende der Eingaben. Die Befehlssprache enthält eine einfache if-Anweisung, um Konstrukte folgender Art auszudrücken: »Falls dieser Hostname in DNS nicht vorhanden ist, füge ihn hinzu.« Als Voraussetzung für eine Aktion von nsupdate können Sie das Vorhandensein oder Nichtvorhandensein eines Namens oder einen Ressourceneintrag vorschreiben, der auf »vorhanden« oder »nicht vorhanden« gesetzt ist.

Das folgende einfache nsupdate-Skript fügt zum Beispiel einen neuen Host und einen Nicknamen für einen vorhandenen Host hinzu, falls dieser Nickname nicht bereits verwendet wird. Die Eingabeaufforderung mit den spitzen Klammern wird von nsupdate erzeugt und gehört nicht zum Skript.

```
$ nsupdate
> update add newhost.cs.colorado.edu 86400 A 128.138.243.16
>
> prereq nxdomain gypsy.cs.colorado.edu
> update add gypsy.cs.colorado.edu CNAME evi-laptop.cs.colorado.edu
```

Dynamische Aktualisierungen für DNS sind furchtbar. Sie können unkontrollierten Schreibzugriff auf wichtige Systemdaten ermöglichen. Versuchen Sie nicht, IP-Adressen für die Zugriffssteuerung einzusetzen – sie lassen sich zu leicht fälschen. Die TSIG-Authentifizierung mit einem gemeinsamen Geheimnis ist günstiger; sie steht zur Verfügung und ist einfach einzurichten. BIND 9 unterstützt zwei Formate:

```
$ nsupdate -k keydir:keyfile
```

oder

```
$ nsupdate -y keyname:secretkey
```

Da das Passwort an der Befehlszeile eingegeben wird, kann es jeder sehen, der im richtigen Augenblick w oder ps ausführt. Deshalb ist die Form mit -k vorzuziehen. Weitere Einzelheiten über TSIG finden Sie in Abschnitt 15.15.3.

Dynamische Aktualisierungen für eine Zone werden in named.conf mit einer allow-update- oder einer update-policy-Klausel aktiviert. Die erste gewährt die Berechtigung zum Aktualisieren von Einträgen in Kombination mit Authentifizierung auf IP- oder Schlüsselbasis. Die zweite ist eine Erweiterung von BIND 9 und ermöglicht eine feine Abstufung der Steuerung von Aktualisierungen nach Hostname oder Eintragstyp. Sie setzt Authentifizierung auf der Grundlage von Schlüsseln voraus. Beide Optionen gelten auf Zonenebene.

15.14 Zonendateien aktualisieren

Wählen Sie update-policy, um Clients zu erlauben, ihre A- oder PTR-Einträge zu aktualisieren, aber nicht, den SOA-Eintrag, die NS- oder KEY-Einträge zu ändern. Außerdem können Sie damit einem Host die Aktualisierung seiner eigenen Einträge ermöglichen. Mit den Parametern können Sie Namen explizit als Subdomäne, als Jokerzeichen oder als das Schlüsselwort self angeben, was eine allgemeine Richtlinie für den Zugriff der Rechner auf ihre eigenen Einträge festlegt. Die Ressourceneinträge werden mit Klasse und Typ bezeichnet. Eine mit update-policy formulierte Regel hat folgende Syntax:

update-policy (grant | deny) *identity nametype name [types]* ;

Dabei bezeichnet *identity* den kryptografischen Schlüssel, der zur Autorisierung der Aktualisierung benötigt wird. Für *nametype* stehen vier Werte zur Wahl: name, subdomain, wildcard und self, wobei *name* für die zu aktualisierende Zone, und *types* für die Ressourceneintragstypen stehen, die aktualisiert werden können. Sind keine Typen angegeben, können alle Typen außer SOA, NS, RRSIG und NSEC aktualisiert werden, wie das folgende Beispiel zeigt:

update-policy { grant dhcp-key subdomain dhcp.cs.colorado.edu A } ;

Diese Konfiguration erlaubt jedem, der den Schlüssel dhcp-key kennt, Adresseinträge in der Subdomäne *dhcp.cs.colorado.edu* zu aktualisieren. Diese Anweisung gehört in die Datei named.conf des Masterservers unter die zone-Anweisung für *dhcp.cs.colorado.edu*. Außerdem muss eine Schlüsselanweisung vorhanden sein, die dhcp-key definiert.

Der folgende Auszug aus der Datei named.conf des Computer Science Department der University of Colorado verwendet die Anweisung update-policy, um Studenten in einem Systemadministrationskurs ihre eigenen Subdomänen aktualisieren zu lassen, ohne dass sie in der übrigen DNS-Umgebung Schaden anrichten können.

```
// saclass.net
zone "saclass.net" in {
   type master;
   file "saclass/saclass.net";
   update-policy {
      grant feanor_mroe. subdomain saclass.net.;
      grant mojo_mroe. subdomain saclass.net.;
      grant dawdle_mroe. subdomain saclass.net.;
      grant pirate_mroe. subdomain saclass.net.;
      // und noch viele andere
   };
...
```

15.15 Sicherheitsfragen

In der guten alten Zeit war das Internet klein, freundlich und im Wesentlichen für Freaks nützlich. Heute ist es eine feindliche Umgebung und gleichzeitig ein bedeutendes Stück Infrastruktur. In diesem Abschnitt behandeln wir sicherheitsbezogene Themen in einer Weise, die etwas paranoid wirken mag. Leider sind diese Themen und Vorsichtsmaßnahmen im Internet von heute bitter nötig.

DNS begann als von seiner Natur her offenes System, ist aber ständig sicherer geworden – oder wenigstens sicherbar. Standardmäßig kann jeder Internetnutzer Ihre Domäne durch einzelne Abfragen mit Tools wie `dig`, `host` oder `nslookup` erforschen. Manchmal lässt sich Ihre gesamte DNS-Datenbank ausgeben.

Um solche Schwachpunkte zu beseitigen, unterstützt BIND jetzt verschiedene Arten der Zugriffssteuerung auf der Grundlage von Host- und Netzwerkadressen oder kryptografischer Authentifizierung. Tabelle 15.11 fasst die Sicherheitsfeatures zusammen, die in `named.conf` eingerichtet werden.

Feature	Anweisungen	Abschnitt	Legt Folgendes fest
acl	verschiedene	15.11.3	Zugriffssteuerungslisten
allow-query	options, zone	15.11.2	Wer eine Zone oder einen Server abfragen kann
allow-recursion	options	15.11.2	Wer rekursive Abfragen starten kann
allow-transfer	options, zone	15.11.2	Wer Zonentransfers anfordern kann
allow-update	zone	15.11.11	Wer dynamische Aktualisierungen durchführen kann
blackhole	options	15.11.2	Welche Server vollständig ignoriert werden sollen
bogus	server	15.11.8	Welche Server nicht abgefragt werden sollen
update-policy	zone	15.14.2	Welche Aktualisierungen zulässig sind

Tabelle 15.11: Sicherheitsfeatures in der Datei named.conf

`named` kann in einer `chroot`-Umgebung mit einem geänderten Rootverzeichnis unter einer Benutzerkennung ohne Berechtigungen ausgeführt werden, um Sicherheitsrisiken zu minimieren. Es kann Transaktionssignaturen verwenden, um dynamische Aktualisierungen oder Zonentransfers zu steuern, und unterstützt natürlich auch den gesamten DNSSEC-Krempel. Diese Themen werden in den folgenden Abschnitten aufgegriffen.

15.15.1 Zugriffssteuerungslisten, Teil 2

Zugriffssteuerungslisten (acls, access control lists) sind benannte Adressvergleichslisten, die als Argumente für Anweisungen wie allow-query, allow-transfer und blackhole fungieren können. Ihre Grundsyntax haben wir bereits in Abschnitt 15.11.5 beschrieben. Sie können auf verschiedene Art zur Stärkung der Sicherheit beitragen.

Jeder Standort sollte mindestens über eine Zugriffssteuerungsliste für betrügerische und eine für lokale Adressen verfügen, die etwa folgendermaßen aussehen:

```
acl bogusnets {              // ACL für betrügerische Netzwerke
    0.0.0.0/8 ;              // Standard, Jokeradressen
    1.0.0.0/8 ;              // reservierte Adressen
    2.0.0.0/8 ;              // reservierte Adressen
    169.254.0.0/16 ;         // link-local delegierte Addressen
    192.0.2.0/24 ;           // Beispieladressen wie example.com
    224.0.0.0/3 ;            // Multicast-Adressraum
    10.0.0.0/8 ;             // privater Adressraum (RFC1918)[16]
    172.16.0.0/12 ;          // privater Adressraum (RFC1918)
    192.168.0.0/16 ;         // privater Adressraum (RFC1918)
} ;
acl cunets {                 // ACL für Netzwerke der University of Colorado
    128.138.0.0/16 ;         // Hauptnetzwerk des Campus
    198.11.16/24 ;
    204.228.69/24 ;
};
```

Im globalen options-Abschnitt Ihrer Konfigurationsdatei können Sie dann Folgendes unterbringen:

```
allow-recursion { cunets; } ;
blackhole { bogusnets; } ;
```

Außerdem ist es günstig, Zonentransfers auf legitime Slaveserver zu beschränken. Eine Zugriffssteuerungsliste erledigt dies hübsch sauber.

```
acl ourslaves {
   128.138.242.1 ;     // anchor
   ...
} ;
acl measurements {
   198.32.4.0/24 ;     // Bill Mannings Messungen, v4-Adresse
   2001:478:6:0::/48 ; // Bill Mannings Messungen, v6-Adresse
} ;
```

---

[16] Erklären Sie private Adressen nicht für betrügerisch, wenn Sie sie verwenden und gerade Ihre internen DNS-Server konfigurieren!

Die eigentliche Beschränkung wird mit einer Zeile folgender Art implementiert:

```
allow-transfer { ourslaves; measurements; } ;
```

In diesem Fall werden die Transfers auf unsere eigenen Slaveserver und die Rechner eines Internetmessprojekts beschränkt, das die DNS-Reversestruktur benutzt, um die Größe des Internets und den Prozentanteil schlecht konfigurierter Server zu ermitteln. Diese Art der Beschränkung von Transfers macht es anderen Standorten unmöglich, Ihre gesamte Datenbank mit einem Tool wie dig (siehe Abschnitt 15.16.5) auszugeben.

Mit einer Zugriffssteuerungsliste beschränkt zum Beispiel *caida.org* Transfers auf die Sekundärserver; der Befehl dig @*server domain* axfr funktioniert deshalb zwar von *jungle.caida.org*, aber nicht von *gypsy.cs.colorado.edu* aus:

```
jungle$ dig @rommie.caida.org caida.org axfr
; <<>> DiG 8.3 <<>> @rommie.caida.org caida.org axfr
; (1 server found)
$ORIGIN caida.org.
@    4H    IN    SOA    @ postmaster (
                        200406300    ; serial
                        1H           ; refresh
                        30M          ; retry
                        1W           ; expiry
                        )
...
gypsy$ dig @rommie.caida.org caida.org axfr
; <<>> DiG 9.2.4 <<>> @rommie.caida.org caida.org axfr
;; global options:  printcmd
; Transfer failed.
```

Natürlich sollten Sie Ihr Netzwerk trotzdem auf einer niedrigeren Ebene durch Routerzugriffssteuerungslisten und Standardsicherheitsmaßnahmen auf allen Hosts schützen. Sind solche Maßnahmen nicht möglich, können Sie DNS-Pakete zurückweisen, die nicht an einen Gateway gehen, den Sie scharf überwachen.

15.15.2 named einschränken

Um den Schaden gering zu halten, der entstehen kann, wenn Ihr Server geknackt wird, können Sie named in einer Umgebung mit einem geänderten Rootverzeichnis oder als Benutzer ohne Berechtigungen ausführen oder beides. Das Flag -t legt fest, in welches Verzeichnis chroot führt, das Flag -u, unter welcher Benutzerkennung named ausgeführt werden soll. Der folgende Befehl startet named beispielsweise mit der Benutzerkennung 53 und dem Rootverzeichnis /var/named:

```
# named -u 53 -t /var/named
```

15.15 Sicherheitsfragen

Wenn Hacker Ihren named kompromittieren, bekommen sie möglicherweise unter dem Deckmantel des Benutzers, unter dessen Namen named ausgeführt wird, Zugriff auf das System. Falls es sich dabei um root handelt und Sie keine mit chroot auf ein anderes Verzeichnis umgeleitete Umgebung einsetzen, kann ein derartiges Eindringen verheerende Folgen haben. Viele Standorte machen sich nicht die Mühe, die Flags -u und -t zu verwenden, müssen dann aber mit der Aktualisierung schneller sein als die Hacker mit ihren Angriffen, wenn eine neue Schwachstelle bekannt wird.

Das chroot-Verzeichnis darf nicht leer sein, weil es alle Dateien enthalten muss, die named üblicherweise benötigt, um zu laufen: /dev/null, die Zonendateien, named.conf, die Zieldateien des Systemprotokolls, den UNIX-Domänensocket, /var usw. Die named-Version von BIND 9 führt den chroot-Systemaufruf durch, nachdem alle Bibliotheken geladen sind, sodass es nicht mehr erforderlich ist, freigegebene Bibliotheken in das chroot-Verzeichnis zu kopieren.

Fedora installiert named standardmäßig in einer chroot-Umgebung.

15.15.3 Die Kommunikation zwischen Servern mit TSIG und TKEY schützen

Während der Entstehung von DNSSEC (siehe nächster Abschnitt) entwickelte die IETF einen einfacheren Mechanismus, TSIG (RFC2845), um die sichere Kommunikation zwischen Servern durch Verwendung von »Transaktionssignaturen« möglich zu machen. Die darauf basierende Zugriffssteuerung ist sicherer als diejenige, die sich nur auf IP-Quelladressen stützt. TSIG kann Zonentransfers zwischen einem Masterserver und seinen Slaves schützen und sichere dynamische Aktualisierungen implementieren.

Mit TSIG-Signaturen werden Nachrichten und Antworten zwischen Servern unterzeichnet, nicht solche zwischen Servern und Resolvern. Die Transaktionssignatur authentifiziert den Partner und bezeugt, dass die Daten nicht manipuliert wurden. Die Signaturen werden beim Eingang des Pakets geprüft und dann gelöscht; sie werden nicht gespeichert und gehen nicht in die DNS-Daten ein.

TSIG verwendet ein symmetrisches Verschlüsselungssystem, d.h., zum Ver- und Entschlüsseln wird derselbe Schlüssel benutzt. Dieser eine Schlüssel wird als gemeinsames Geheimnis bezeichnet. Obwohl die TSIG-Spezifikation mehrere Verschlüsselungsmethoden zulässt, implementiert BIND nur eine, den HMAC-MD5-Algorithmus.

Für jedes Serverpaar, dessen Kommunikation geschützt werden soll, sollten Sie ein eigenes Schlüsselpaar verwenden. TSIG ist vom Berechnungsaufwand her wesentlich günstiger als Public-Key-Kryptografie, eignet sich aber nur für ein lokales Netzwerk mit wenigen kommunizierenden Serverpaaren. Es lässt sich nicht auf das globale Internet erweitern.

Das BIND-Utility `dnssec-keygen`[17] erzeugt einen Schlüssel für ein Serverpaar. Um einen Hostschlüssel mit einem gemeinsamen Geheimnis für die Server `master` und `slave1` anzulegen, verwenden Sie den folgenden Befehl:

```
# dnssec-keygen -a HMAC-MD5 -b 128 -n HOST master-slave1
```

Das Flag `-b 128` weist `dnssec-keygen` an, einen Schlüssel von 128 Bit Länge zu erstellen. Es werden zwei Dateien angelegt: `Kmaster-slave1.+157+09068.private` und `Kmaster-slave1.+157+09068.key`. Die Zahl 157 steht für den Algorithmus HMAC-MD5, während 09068 eine zufällige Zahl[18] ist, die als Schlüsselkennung für den Fall benutzt wird, dass Sie mehrere Schlüssel für dasselbe Serverpaar haben. Die Datei `.private` sieht folgendermaßen aus:

```
Private-key-format: v1.2
Algorithm: 157 (HMAC_MD5)
Key: jxopbeb+aPc71Mm2vc9R9g==
```

Die Datei `.key` lautet wie folgt:

```
master-slave1. IN KEY 512 3 157 jxopbeb+aPc71Mm2vc9R9g==
```

Beide Dateien sollten Modus 600 aufweisen und im Besitz des `named`-Benutzers sein.

Beachten Sie den Punkt, der im Anschluss an die Zeichenfolge `master-slave1` in die Dateinamen und den Inhalt der Datei `.key` eingefügt wurde. Diese Konvention beruht darauf, dass Schlüsselnamen in anderen Kontexten vollständig qualifizierte Domänennamen sein und infolgedessen mit einem Punkt enden müssen.

Eigentlich benötigen Sie die Datei `.key` überhaupt nicht – sie wird angelegt, weil das Programm `dnssec-keygen` auch Public-Key-Paare erstellt, bei denen der öffentliche Schlüssel (die Datei `.key`) als KEY-Ressourceneintrag in die DNS-Zonendatei eingefügt wird. Die Zahl 512 im KEY-Eintrag ist nicht die Schlüssellänge, sondern ein Flag-Bit, das besagt, dass es sich um einen DNS-Schlüsseleintrag handelt.

Nach diesen komplizierten Dingen sind Sie möglicherweise enttäuscht, wenn Sie erfahren, dass der erzeugte Schlüssel nur eine lange Zufallszahl ist. Sie können ihn manuell erstellen, indem Sie eine ASCII-Zeichenkette der richtigen Länge (durch 4 teilbar) aufschreiben und behaupten, das sei die Base-64-Verschlüsselung von irgendetwas, oder eine zufällige Zeichenkette mit `mmencode` verschlüsseln. Wie der Schlüssel entsteht, spielt keine Rolle; er muss nur auf beiden Rechnern vorliegen.

---

17 *In BIND 8 heiß dieser Befehl* `dnskeygen`.
18 *Sie ist nicht wirklich zufällig oder auch nur pseudo-zufällig, sondern ein Hash-Wert des DNSKEY-Ressourceneintrags.*

15.15 Sicherheitsfragen

Kopieren Sie den Schlüssel mit scp auf die Rechner master und slave1 oder gehen Sie über die Zwischenablage. Verwenden Sie zum Kopieren aber *auf keinen Fall* telnet oder ftp; selbst interne Netzwerke können unsicher sein. Der Schlüssel muss in die Datei named.conf beider Rechner eingefügt werden. Da sie üblicherweise für alle lesbar sind, was für Schlüssel nicht der Fall sein sollte, sollten Sie den Schlüssel in einer eigenen Datei unterbringen, die Sie in named.conf einbinden. Dazu können Sie zum Beispiel die folgenden Zeilen in die Datei master-slave1.tsig schreiben:

Tipp

scp ist im SSH-Paket enthalten. Einzelheiten können Sie in Abschnitt 20.11 nachlesen.

```
key master-slave1. {
   algorithm hmac-md5 ;
   secret "shared-key-you-generated" ;
} ;
```

Sie sollte den Modus 600 aufweisen und im Besitz des Benutzers von named sein. Danach schreiben Sie die folgende Zeile in der Nähe des Dateianfangs in named.conf:

```
include "master-slave1.tsig" ;
```

Dieser Teil der Konfiguration enthält lediglich die Schlüsseldefinition. Damit sie tatsächlich zum Signieren und Prüfen von Aktualisierungen eingesetzt werden, muss der Master den Schlüssel für Transfers verlangen und der Slave den Master mit einer server-Anweisung und einer keys-Klausel identifizieren. Sie können zum Beispiel die erste der folgenden Zeilen in die zone-Anweisung auf dem Masterserver und die zweite in die Datei named.conf auf dem Slave schreiben:

```
allow-transfer { key master-slave1. ;} ;
server master's-IP-address { keys { master-slave1. ; } ; } ;
```

Wenn der Master dynamische Aktualisierungen zulässt, kann er den Schlüssel auch in seiner allow-update-Klausel in der Zonendatei verwenden.

Wir haben zur Bezeichnung der Server und des Schlüssels die allgemeinen Namen master und slave benutzt. Wenn Sie TSIG-Schlüssel für viele Zonen verwenden, sollten Sie auch die Zone in das Benennungssystem einbeziehen, um die Verwendung der Keys einfach nachvollziehbar zu machen.

Um Ihre TSIG-Konfiguration zu testen, führen Sie named-checkconf aus, damit Sie sehen, ob die Syntax in Ordnung ist. Anschließend versuchen Sie mit dig einen Zonentransfer (dig @master axfr) von slave1 und von einem anderen Computer aus.

Der erste sollte erfolgreich verlaufen, der zweite mit der Meldung »Transfer failed« scheitern. Um vollkommen sicher zu sein, dass alles klar ist, löschen Sie die `allow-transfer`-Klausel und starten die `dig`-Befehle erneut. Dieses Mal sollten beide ausgeführt werden. (Vergessen Sie nicht, die Klausel wieder einzufügen!) Als letzten Test setzen Sie die Seriennummer für die Zone auf dem Masterserver hoch und beobachten die Protokolldatei auf dem Slave, um zu sehen, ob er die Änderung erkennt und die Zone überträgt.

Wenn Sie anfangen, mit Transaktionssignaturen zu arbeiten, sollten Sie `named` eine Zeitlang auf der Debugging-Ebene 1 (Informationen über den Debugging-Modus folgen in Abschnitt 15.16) laufen lassen, um festzustellen, ob Fehlermeldungen auftreten. Ältere BIND-Versionen verstehen keine signierten Nachrichten und beschweren sich; gelegentlich weigern sie sich sogar, die Zone zu laden.

TKEY ist ein BIND-Mechanismus, der es zwei Hosts ermöglicht, automatisch einen Schlüssel als gemeinsames Geheimnis anzulegen, ohne ihn per Telefon oder in Form sicherer Kopien zu verteilen. Er verwendet als Algorithmus den so genannten Diffie-Hellman-Schlüsselaustausch, bei dem jede Seite eine Zufallszahl erzeugt, einige Berechnungen damit anstellt und der anderen Seite das Ergebnis schickt. Beide Seiten kombinieren dann die eigene Zahl mathematisch mit der erhaltenen und kommen zum selben Schlüssel. Ein Lauscher hört vielleicht die Übertragung ab, ist aber nicht in der Lage, die mathematischen Operationen umzukehren[19]. Leider wurde der Code nie implementiert, der TKEY wirklich hilfreich macht und das Speichern des TSIG-Schlüssels in der Konfigurationsdatei vermeidet; das steht hoffentlich auf der Aufgabenliste.

Bei der Verwendung von TSIG-Schlüsseln und Transaktionssignaturen zwischen Master- und Slaveservern sollten Sie die Uhren der Server mit NTP synchron halten. Weichen die Uhren zu weit voneinander ab (in BIND 9 mehr als 5 Minuten), funktioniert die Überprüfung der Signaturen nicht. Dieses Problem kann beim Debugging sehr schwer aufzudecken sein.

Tipp

In Abschnitt 29.12 erfahren Sie mehr über NTP.

---

[19] *Die erforderlichen mathematischen Operationen werden als »Problem des diskreten Logarithmus« bezeichnet und stützen sich darauf, dass Potenzieren für modulare Arithmetik einfach, die Potenzen mithilfe von Logarithmen aufzulösen jedoch nahezu unmöglich ist.*

Es ist gegenwärtig nicht möglich, die Kommunikation zwischen BIND und Microsoft-Servern mit TSIG-Schlüsseln zu schützen. Microsoft setzt TSIG nicht standardgemäß ein (GSS-TSIG) und gibt die Einzelheiten seines Systems nur im Rahmen einer Geheimhaltungsvereinbarung weiter. Verhandlungen zur Lösung dieses Konflikts laufen.

SIG(0) ist ein weiterer Mechanismus zur Signierung von Transaktionen zwischen Servern oder zwischen den Rechnern, die dynamische Aktualisierungen auslösen und dem Masterserver. Er verwendet Public-Key-Verschlüsselung; Einzelheiten finden Sie in den RFCs 2535 und 2931.

15.15.4 DNSSEC

DNSSEC ist eine Gruppe von DNS-Erweiterungen, die den Ursprung von Zonendaten authentifizieren und ihre Integrität mit Public-Key-Kryptografie prüfen, d. h. sie geben DNS-Clients die Möglichkeit, folgende Fragen zu stellen: »Stammen diese DNS-Daten tatsächlich vom Besitzer der Zone?« und »Handelt es sich wirklich um die Daten, die dieser Besitzer gesendet hat?«

DNS stützt sich auf eine kaskadenartige Vertrauenskette: Die Rootserver stellen Gültigkeitsinformationen für die Topleveldomänen zur Verfügung, diese für die Secondleveldomänen usw. Die `trusted-key`-Konfigurationsoption von BIND lässt uns den Vorgang starten und Teile der DNS-Struktur schützen, bevor der Root und die Topleveldomänen geschützt werden.

Public-Key-Kryptografiesysteme verwenden zwei Schlüssel: einen zum Verschlüsseln (Signieren) und einen anderen zum Entschlüsseln (Prüfen). Die Veröffentlicher signieren ihre Daten mit einem geheimen »privaten« Schlüssel. Jeder kann die Gültigkeit einer Signatur mit einem passenden »öffentlichen« Schlüssel prüfen, der weiträumig verteilt ist. Entschlüsselt ein öffentlicher Schlüssel die Signatur der Zonendatei korrekt, muss die Zone mit dem entsprechenden privaten Schlüssel signiert worden sein. Der Trick besteht darin, sicherzustellen, dass die zur Prüfung eingesetzten öffentlichen Schlüssel authentisch sind. Public-Key-Systeme erlauben einer Entität, den öffentlichen Schlüssel einer anderen zu signieren und dadurch die Legitimität des Schlüssels zu verbürgen, woraus sich die Bezeichnung »Vertrauenskette« ergibt.

Die Daten in einer DNS-Zone sind zu umfangreich, um mit Public-Key-Systemen verschlüsselt zu werden – es würde zu lange dauern. Da sie nicht geheim sind, wird stattdessen ein sicherer Hash der Daten (zum Beispiel eine MD5-Prüfsumme) erstellt und mit dem privaten Schlüssel der Zone signiert (verschlüsselt). Die Hash-Ergebnisse sind gleichsam ein Fingerabdruck der Daten und werden als digitale Signatur bezeichnet und als RRSIG-Einträge in der signierten Zonendatei an die Daten angehängt.

Um die Signatur zu prüfen, entschlüsseln Sie sie mit dem öffentlichen Schlüssel des Unterzeichners, unterziehen sie demselben sicheren Hash-Algorithmus und vergleichen den berechneten mit dem entschlüsselten Hash-Wert. Wenn sie übereinstimmen, haben Sie den Unterzeichner authentifiziert und die Integrität der Daten festgestellt.

Im DNSSEC-System hat jede Zone eigene öffentliche und private Schlüssel. Der private Schlüssel signiert jede Ressourceneintragsgruppe (also jede Gruppe von Einträgen desselben Typs für denselben Host). Der öffentliche Schlüssel prüft die Signaturen und steht in Form eines DNSSEC-Ressourceneintrags in den Zonendaten.

Übergeordnete Zonen signieren die öffentlichen Schlüssel ihrer untergeordneten Zonen. named prüft die Authentizität einer untergeordneten Zone durch Vergleich mit der Signatur der übergeordneten. Um die Authentizität des Schlüssels der übergeordneten Zone zu prüfen, kann named deren übergeordnete Zone prüfen usw. bis hin zum Root. Der öffentliche Schlüssel der Rootzone ist in der Roothinweisdatei zu finden.

Bevor wir uns damit befassen, wie Schlüssel erzeugt und Zonen signiert werden, müssen wir den aktuellen Stand von DNSSEC und seinen Einfluss auf Systemadministratoren ehrlich darstellen. Systemadministratoren müssen vielleicht in ein oder zwei Jahren mit DNSSEC arbeiten, aber es steht mit Sicherheit nicht auf der Aufgabenliste für diese Woche. Zahlreiche Anwendungen schreien nach einer Public-Key-Infrastruktur (»PKI), wobei DNS ein hervorragender Kandidat ist. Hier liegt jedoch in gewisser Weise ein Henne-Ei-Problem vor. Wir müssen sicher sein, dass DNS sicher ist, bevor wir ihm mit unseren Schlüsseln für andere Internettransaktionen vertrauen. Aber zum Schützen von DNS brauchen wir eine Public-Key-Infrastruktur.

Jüngste Änderungen der DNSSEC-Spezifikationen haben es der Einsatzfähigkeit erheblich nähergebracht als bisher. Die ursprüngliche Spezifikation sah vor, dass Kopien der signierten Schlüssel für die untergeordneten Zonen sowohl in der über- als auch in der untergeordneten Zone verwahrt wurden, sodass ständige Kommunikation erforderlich war, falls eine der beiden ihren Schlüssel ändern wollte. Da es mehrere Kopien jedes Schlüssels gab, war nicht klar, welcher Kopie Sie glauben sollten, wenn sie nicht synchron waren.

RFC4034 führt einen neuen Ressourceneintragstyp ein (DS, delegation signer, den Unterzeichner der Delegation), trennt Schlüssel in schlüssel- bzw. zonensignierende und ändert die Namen einiger Ressourceneinträge:

- Aus KEY wurde DNSKEY für kryptografische Schlüssel.
- Aus SIG wurde RRSIG, die Signatur für einen Ressourceneintrag.
- Aus NXT wurde NSEC zur Bezeichnung des nächsten sicheren Eintrags in der Delegation.

KEY- und SIG-Einträge werden im Zusammenhang mit SIG(0) und TSIG immer noch verwendet. DNSKEY, RRSIG und NSEC werden für DNSSEC benutzt, NXT ist überholt. Die Änderungen von SIG zu RRSIG und von NXT zu NSEC sind gering; geändert wurden die Namen, um nicht neue Software mit dem alten System zu verwirren.

Die Schlüssel in einem DNSSEC-Ressourceneintrag sind entweder schlüsselsignierende (Key Signing Keys, KSKs) oder zonensignierende (Zone Signing Keys, ZSKs). Das neue Flag SEP (Secure Entry Point) unterscheidet sie: Bit 15 des Flag-Felds ist für schlüsselsignierende Schlüssel auf 1 gesetzt, für zonensignierende auf 0. Nach dieser

15.15 Sicherheitsfragen

Konvention sind schlüsselsignierende Schlüssel also ungerade, zonensignierende gerade, wenn sie als Dezimalzahlen behandelt werden.

Der DS-Eintrag erscheint nur in der übergeordneten Zone und besagt, dass eine Subzone sicher (signiert) ist. Außerdem bezeichnet er den von der untergeordneten Zone zum Signieren ihrer eigenen Schlüssel-Ressourceneintragsgruppe verwendeten Schlüssel. Der DS-Eintrag enthält eine Schlüsselkennung (eine fünfstellige Zahl), einen Kryptografiealgorithmus, einen Digest-Typ und einen Digest des zur Signierung des Schlüsselressourceneintrags der untergeordneten Zone zulässigen (oder benutzten) Public-Key-Eintrags.

Die Frage, wie vorhandene Schlüssel in der über- und der untergeordneten Zone geändert werden sollen, war haarig und schien darauf zu zielen, Kooperation und Kommunikation zwischen beiden vorauszusetzen. DS-Einträge, getrennte Schlüssel zum Signieren von Schlüssel und Zonen und mehrere Schlüsselpaare haben zur Lösung des Problems beigetragen.

Es ist möglich, mehrere Schlüssel zu erstellen und zu signieren, sodass ein nahtloser Übergang von einem Schlüssel zum nächsten möglich ist. Die untergeordnete Zone kann ihre Schlüssel für die Zonensignierung ändern, ohne die übergeordnete zu benachrichtigen; sie muss sich nur mit ihr absprechen, wenn sie den schlüsselsignierenden Schlüssel ändert. Da die Schlüssel gleitend gewechselt werden, gelten eine Zeitlang sowohl der alte als auch der neue; sobald die im Internet gespeicherten Werte abgelaufen sind, kann der alte Schlüssel zurückgezogen werden.

Aktuelle BIND-Versionen haben OpenSSL aus der Distribution herausgenommen. Wenn Sie DNSSEC verwenden wollen, müssen Sie sich daher ein Paket mit DNSSEC-Unterstützung besorgen oder sich die SSL-Bibliotheken von *www.openssl.org* beschaffen und BIND mit eingeschalteter Kryptografieunterstützung neu kompilieren (mit der Option `--with-openssl` für `./configure`). Andernfalls beschwert sich `dnssec-keygen`, obwohl es dennoch TSIG-Schlüssel erzeugt, da diese OpenSSL nicht benötigen.

Um signierte Zonen anzulegen und zu benutzen, unternehmen Sie mehrere Schritte. Zuerst erstellen Sie ein oder mehrere Schlüsselpaare für die Zone. Mit der folgenden Zeile legen Sie mithilfe des DSA-Algorithmus ein 768-Bit-Schlüsselpaar zum Signieren der Zone *mydomain.com* an:

```
# dnssec-keygen -a DSA -b 768 -n ZONE mydomain.com
```

Zur Verfügung stehen mehrere Algorithmen mit einer Reihe von Schlüssellängen: RSAMD5 (512–4096), RSASHA1 (512–4096), DH (128–4096) und DSA (512–1024 und teilbar durch 64). Sie können das Flag `-f KSK` verwenden (das hier weggelassen wurde), um den erzeugten Schlüssel als schlüsselsignierend zu kennzeichnen, indem Sie sein SEP-Bit setzen.

`dnssec-keygen` gibt Folgendes an die Standardausgabe aus:

```
Kmydomain.com.+003+50302
```

Dabei steht *Kmydomain.com* für den Namen des Schlüssels, 003 ist die Kennung des DSA-Algorithmus und 50302 die Schlüsselkennung. `dnssec-keygen` legt Dateien mit dem öffentlichen und dem privaten Schlüssel an:

```
Kmydomain.com.+003+50302.key       # Öffentlicher Schlüssel
Kmydomain.com.+003+50302.private   # Privater Schlüssel
```

Der private Schlüssel wird zum Signieren der Dateneinträge einer Zone verwendet, der öffentliche zum Prüfen von Signaturen. Der öffentliche Schlüssel ist üblicherweise in der Zonendatei unmittelbar hinter dem SOA-Eintrag zu finden.

Idealerweise wird der private Teil jedes Schlüsselpaars offline verwahrt oder mindestens auf einem Rechner ohne Internetanschluss. Diese Vorsichtsmaßnahme ist für dynamisch aktualisierte Zonen nicht möglich und für zonensignierende Schlüssel unpraktisch, für schlüsselsignierende Schlüssel dagegen, die voraussichtlich ziemlich langlebig sind, vollkommen sinnvoll.

Es ist schwierig, die von `dnssec-keygen` erzeugten Dateien zu verstehen, ohne ihren Inhalt zu untersuchen. Werfen wir deshalb einen schnellen Blick darauf:

```
Kmydomain.com.+003+50302.key
mydomain.com. IN DNSKEY 256 3 3
BMORyx8sRz6EJ6ETfRjOPh4uraB1tLZTYI1WU6D707/GiBXwxAsvpgH6
sNXE3uwZVaQFxvDHfa6amy3JSSilcRNfiiOs3LfoyZzUWOceVo6zRBoO
3GTYpZ6efrFUackXKr9WsadC+4W+2fGx4yL8N6B32akBTiIMLp01FOJe
xqLe6QrJVE21eXzRqC58TC25R6TPMoOH6cuue5w8eNphcsOsGRfOf4hy
10wkb6T7etH//EQgfkLWqcwolVF9hjzskX64e0QeeENXRV8sFvTMVzTk
qA4KJsBCclVzrDSLAsLZtYH4g6VvrMZHuQ5C/ArCIsdnOROOmpH6ZUIl
WaSIE1pAxaZ7ynD4hT1RB5br2KiyGTr27dHi7QS4vOW7oDDPI9+lwAcK g2A3LHpmg1S59utmpxJa
Kmydomain.com.+003+50302.private
Private-key-format: v1.2
Algorithm: 3 (DSA)
Prime(p): tLZTYI1WU6D707/GiBXwxAsvpgH6sNXE3uwZVaQFxvDHfa6amy3JSSilc
RNfiiOs3LfoyZzUWOceVo6zRBoO3GTYpZ6efrFUackXKr9WsadC+4W+2fGx4yL8N6B32akB
Subprime(q): w5HLHyxHPoQnoRN9GPQ+Hi6toHU=
Base(g): TiIMLp01FOJexqLe6QrJVE21eXzRqC58TC25R6TPMoOH6cuue5w8eNphcs
OsGRfOf4hy10wkb6T7etH//EQgfkLWqcwolVF9hjzskX64e0QeeENXRV8sFvTMVzTkqA4K
Private_value(x): GqcQz8K56CmUxgo6ERuyEWMLVME=
Public_value(y): JsBCclVzrDSLAsLZtYH4g6VvrMZHuQ5C/ArCIsdnOROOmpH6ZUIl
WaSIE1pAxaZ7ynD4hT1RB5br2KiyGTr27dHi7QS4vOW7oDDPI9+lwAcKg2A3LHpmg1S59utmpxJa
```

Um den gleitenden Schlüsselwechsel zu vereinfachen, sollten Sie mehrere schlüsselsignierende Schlüsselpaare anlegen und alle von Ihrer übergeordneten Zone signieren lassen. Nachdem Sie mit dieser eine Vertrauensbeziehung aufgebaut haben (einen schlüsselsignierenden Schlüssel, der von der übergeordneten Zone signiert und in den DNS-Eintrag aufgenommen ist, der Ihre sichere Zone delegiert), können Sie mithilfe dieser Beziehung den Vorgang des Schlüsselwechsels einleiten. Senden Sie der übergeordneten Zone einfach diesen Schlüssel, um zu zeigen, wer Sie sind, zusam-

15.15 Sicherheitsfragen

men mit weiteren schlüsselsignierenden Schlüsseln, die Sie signiert und in die DS-Einträge aufgenommen haben möchten. Nach der Unterzeichnung der neuen Schlüssel können Sie den alten zurückziehen.

Sobald die übergeordnete Zone Ihren schlüsselsignierenden Schlüssel signiert und in Ihren DS-Eintrag eingefügt hat, können Sie die eigentlichen Daten Ihrer Zone signieren. Der Unterzeichnungsvorgang übernimmt eine normale Zonendatei als Eingabe und fügt unmittelbar hinter jeder Gruppe von Ressourceneinträgen RRSIG- und NSEC-Einträge ein. Die Ersteren sind die eigentlichen Signaturen, die Letzteren unterstützen die Signierung negativer Antworten.

Eine Zone wird mit dem Befehl dnssec-signzone signiert. Die folgende Zeile liest zum Beispiel die Zonendatei db.mydomain ein und erzeugt eine signierte Version mit dem Namen db.mydomain.signed:

```
# dnssec-signzone -o mydomain.com db.mydomain Kmydomain.com+003+50302
```

Außerdem legt sie zwei Dateien mit Schlüsselsets an:

```
keyset-mydomain.com.     # Schlüsselset
dsset-mydomain.com.      # Schlüsselset für sichere Delegation
```

Diese werden zum Signieren von Zonen bzw. Schlüsseln verwendet. Sie enthalten Folgendes:

```
keyset-mydomain.com.
$ORIGIN .
mydomain.com    172800    IN    DNSKEY    256 3 3 (
   BMORyx8sRz6EJ6ETfRj0Ph4uraB1tLZTYI1W
   U6D7O7/GiBXwxAsvpgH6sNXE3uwZVaQFxvDH
   fa6amy3JSSilcRNfiiOs3LfoyZzUWOceVo6z
   RBoO3GTYpZ6efrFUackXKr9WsadC+4W+2fGx
   4yL8N6B32akBTiIMLp01FOJexqLe6QrJVE21
   eXzRqC58TC25R6TPMoOH6cuue5w8eNphcsOs
   GRfOf4hy1Owkb6T7etH//EQgfkLWqcwo1VF9
   hjzskX64eOQeeENXRV8sFvTMVzTkqA4KJsBC
   clVzrDSLAsLZtYH4g6VvrMZHuQ5C/ArCIsdn
   OROOmpH6ZUI1WaSIE1pAxaZ7ynD4hT1RB5br
   2KiyGTr27dHi7QS4vOW7oDDPI9+1wAcKg2A3
   LHpmg1S59utmpxJa
   ) ; key id = 50302
dsset-mydomain.com.
mydomain.com. IN DS 50302 3 1 1B44471AFD5B4F4463BB3A0D7B66B6ABC018DA96
```

Außerdem werden alle Schlüsselsetdateien im aktuellen Verzeichnis signiert und in DS-Einträge einbezogen, die die sicheren Subzonen an die Server der untergeordneten Zonen delegieren und mit den signierten Schlüsseln authentifizieren. Das Signieren einer Zone kann lange dauern.

Wenn eine signierte Zone als Argument für `dnssec-signzone` übergeben wird, werden die Signaturen aller Einträge erneuert, die bald ablaufen. »Kurz vor Ablauf« ist als Überschreiten von drei Vierteln der Gültigkeitsdauer definiert. Standardmäßig sind Signaturen 30 Tage gültig, aber in der Befehlszeile für `dnssec-signzone` kann ein anderer Wert festgelegt werden. Die Neusignierung führt üblicherweise zu Änderungen, setzt aber (noch) nicht zwangsläufig die Seriennummer hoch, sodass die Systemadministratoren dies manuell erledigen müssen. Die Slaveserver der Zone müssen einen Zonentransfer durchführen, um sich zu synchronisieren.

Das folgende Beispiel zeigt Zonendaten vor und nach der Signierung[20]. Zunächst der Zustand vorher:

```
$TTL 172800 ; 2 Tage
@    IN    SOA    ns.mydomain.com. hostmaster.mydomain.com. (
                    2006081200    ; Seriennummer
                    7200          ; refresh (2 Stunden)
                    3600          ; retry (1 Stunde)
                    1728000       ; expire (2 Wochen 6 Tage)
                    172800        ; minimum (2 Tage)
                    )
     IN    NS    ns.cs.colorado.edu.
mydomain.com.    IN    DNSKEY    256 3 3
BMORyx8sRz6EJ6ETfRjOPh4uraB1tLZTYI1WU6D7O7/GiBXwxAsvpgH6
sNXE3uwZVaQFxvDHfa6amy3JSSilcRNfiiOs3LfoyZzUWOceVo6zRBoO
3GTYpZ6efrFUackXKr9WsadC+4W+2fGx4yL8N6B32akBTiIMLpO1FOJe
lOwkb6T7etH//EQgfkLWqcwolVF9hjzskX64eOQeeENXRV8sFvTMVzTk
qA4KJsBCclVzrDSLAsLZtYH4g6VvrMZHuQ5C/ArCIsdnOROOmpH6ZUI1
WaSIE1pAxaZ7ynD4hT1RB5br2KiyGTr27dHi7QS4vOW7oDDPI9+lwAcK g2A3LHpmg1S59utmpxJa
anchor    IN    A    128.138.242.1
          IN    A    128.138.243.140
          IN    MX   10 anchor
          IN    MX   99 @
awesome   IN    A    128.138.236.20
...
```

So sehen die Daten hinterher aus:

```
; Datei geschrieben am Donnerstag, 11. November 2006, 17:41:25 Uhr
; dnssec_signzone Version 9.3.0
mydomain.com. 172800 IN SOA ns.mydomain.com. hostmaster.mydomain.com. (
                    2006081200    ; Seriennummer
                    7200          ; refresh (2 Stunden)
                    3600          ; retry (1 Stunde)
                    1728000       ; expire (2 Wochen 6 Tage)
```

---

20 Wir haben versucht, das Beispiel zu vereinfachen, indem wir nur zwei Hosts und deren A- und MX-Einträge verwendet haben, aber `dnssec-signzone` benötigt eine »echte« Zone, sodass Sie SOA-, NS- und DNSKEY-Einträge auch für ein kurzes Beispiel eingefügt werden mussten. Entschuldigen Sie die Fülle!

15.15 Sicherheitsfragen

```
                172800        ; minimum (2 Tage)
                )
    172800    RRSIG   SOA 3 2 172800 20061211164125 (
              20061111164125 50302 mydomain.com.
              BElneYxZ3g9JnKbXdnmPhKVWfd13JTU8ajOO
              5dQta2WeBAatNuWt8dQ= )
    172800    NS    ns.cs.colorado.edu.
    172800    RRSIG   NS 3 2 172800 20061211164125 (
              20061111164125 50302 mydomain.com.
              BLG6LRrXtRHRdRFtTOmlQsadOIefqHAq5Rid
              PHZ74vOl/UkEW6wY6VA= )
    172800    NSEC    anchor.mydomain.com. NS SOA RRSIG NSEC DNSKEY
    172800    RRSIG   NSEC 3 2 172800 20061211164125 (
              20061111164125 50302 mydomain.com.
              BCz31GPChdQrmNrZypv4xxmXDCThZOI1kEGL
              TSkf7Q+TmCDmAADxmBE= )
    172800    DNSKEY   256 3 3 (
              BMORyx8sRz6EJ6ETfRjOPh4uraB1tLZTYI1W
              U6D7O7/GiBXwxAsvpgH6sNXE3uwZVaQFxvDH
              fa6amy3JSSilcRNfiiOs3LfoyZzUWOceVo6z
              RBoO3GTYpZ6efrFUackXKr9WsadC+4W+2fGx
              4yL8N6B32akBTiIMLpO1FOJexqLe6QrJVE21
              eXzRqC58TC25R6TPMoOH6cuue5w8eNphcsOs
              GRfOf4hylOwkb6T7etH//EQgfkLWqcwolVF9
              hjzskX64eOQeeENXRV8sFvTMVzTkqA4KJsBC
              clVzrDSLAsLZtYH4g6VvrMZHuQ5C/ArCIsdn
              OROOmpH6ZUIlWaSIE1pAxaZ7ynD4hT1RB5br
              2KiyGTr27dHi7QS4vOW7oDDPI9+lwAcKg2A3
              LHpmg1S59utmpxJa
              ) ; Schlüsselkennung = 50302
    172800    RRSIG   DNSKEY 3 2 172800 20061211164125 (
              20061111164125 50302 mydomain.com.
              BAgZDfk/YCOhVfuoyG5pgfyFCmsGqg4W7uuM
              Rm5eNP9BnOEbBnuT6XO= )
anchor.mydomain.com. 172800 IN A 128.138.242.1
    172800    IN A    128.138.243.140
    172800    RRSIG   A 3 3 172800 20061211164125 (
              20061111164125 50302 mydomain.com.
              BIRtKWOUm7ItfbPqRew+jKo152WJh+4nHkmK
              lePNxjsQWcgaKm5jiMU= )
    172800    MX    10 anchor.mydomain.com.
    172800    MX    99 mydomain.com.
    172800    RRSIG   MX 3 3 172800 20061211164125 (
              20061111164125 50302 mydomain.com.
              BGtmN2u3Oy1pMDzstWGgWZfXB31Dlmy5W6DP
              t/8D31QpyYNBjJPb8J4= )
    172800    NSEC    awesome.mydomain.com. A MX RRSIG NSEC
```

```
 172800    RRSIG   NSEC 3 3 172800 20061211164125 (
                  20061111164125 50302 mydomain.com.
                  BArN6oES72gzFgQmBHL3NzlquMbDbLfpvj7J
                  3CSb/c8U/bciWGXsV3Q= )
awesome.mydomain.com. 172800 IN A 128.138.236.20
 172800    RRSIG   A 3 3 172800 20061211164125 (
                  20061111164125 50302 mydomain.com.
                  BJ/qWBgLgS/2N5CoXGnI4vs91SsyIBKKfoq9
                  R+VsMpRmnVrSi1DU1n8= )
 172800    NSEC    mydomain.com. A RRSIG NSEC
 172800    RRSIG   NSEC 3 3 172800 20061211164125 (
                  20061111164125 50302 mydomain.com.
                  BKoByqF5wUceb2vc8H2uealgKrejH4VZOS5m
Q4KukWCUo2IAFX+msQ4= )
```

Wie Sie sehen, sind signierte Zonen hässlich. Sie sind üblicherweise vier bis zehn Mal länger als die ursprüngliche Zone und Ihre hübsche logische Ordnung ist weg. Eine signierte Zone ist praktisch kein Klartext mehr und kann wegen der RRSIG- und NSEC-Einträge nicht mehr manuell bearbeitet werden. Es gibt keine benutzerbedienbaren Teile mehr!

Folgende Informationen sind in einem RRSIG-Eintrag enthalten:

- Typ des zu signierenden Eintrags
- Verwendeter Signaturalgorithmus (hier 3 für DSA)
- TTL des signierten Eintrags
- Zeitpunkt der Signierung
- Schlüsselkennung (hier 50302)
- Name des Unterzeichners (*mydomain.com*)
- Schließlich die digitale Signatur als solche

Um die signierte Zone einzusetzen, ändern Sie den Dateiparameter in der zone-Anweisung von `named.conf` für mydomain.com so, dass er nicht mehr auf db.mydomain zeigt, sondern auf db.mydomain.signed. Uff! Das war's.

15.15.5 Negative Antworten

Digitale Signaturen sind für positive Antworten wunderbar, die etwa lauten wie folgt: »Hier ist die IP-Adresse für den Host *anchor.cs.colorado.edu* mit einer Signatur, die beweist, dass sie tatsächlich von *cs.colorado.edu* stammt und die Daten gültig sind.« Was ist aber mit negativen Antworten wie »no such host«? Sie geben üblicherweise keine signierbaren Einträge zurück.

Bei DNSSEC wird dieses Problem mit NSEC-Einträgen behoben, die den nächsten sicheren Eintrag in der Zone in einer ordnungsgemäß sortierten Reihenfolge angeben[21]. Hat der nächste Host in *cs.colrado.edu* nach *anchor* den Namen *awesome.cs.colorado.edu* und geht eine Abfrage nach *anthill.cs.colorado.edu* ein, ist die Antwort ein signierter NSEC-Eintrag folgender Art:

```
anchor.cs.colorado.edu.    IN   NSEC   awesome.cs.colorado.edu A MX NSEC
```

Dieser besagt, dass der in der Zone *cs.colorado.edu* unmittelbar auf *anchor* folgende Name *awesome.cs.colorado.edu* lautet und dass *anchor* mindestens einen A-, einen MX- und einen NSEC-Eintrag aufweist. NSEC-Einträge werden auch zurückgegeben, wenn der Host existiert, aber nicht der abgefragte Eintragstyp. Zielte die Abfrage beispielsweise auf einen LOC-Eintrag für *anchor*, wird derselbe NSEC-Eintrag zurückgegeben, der nur A-, MX- und NSEC-Einträge zeigt.

Der letzte NSEC-Eintrag einer Zone schließt den Kreis zum ersten Namen der Zone. Der NSEC-Eintrag für *zamboni.cs.colorado.edu* zeigt zum Beispiel zurück auf den ersten, also den für *cs.colorado.edu* selbst.

```
zamboni.cs.colorado.edu.   IN   NSEC cs.colorado.edu A MX NSEC
```

NSEC-Einträge bieten jemandem, der ständig abfragt, die Möglichkeit, den Inhalt einer Zone eintragsweise aufzulisten. Für die Sicherheit und die Privatheit ist das nicht gerade günstig.

15.15.6 Microsoft und DNS

Windows nutzt SRV-Einträge zur Ermittlung praktisch aller Informationen: Nameserver, Drucker, Dateisysteme usw. Bei der Implementierung der SRV-Einträge hat sich Microsoft an die IETF-Spezifikation gehalten, aber auf welche Weise die Einträge mithilfe sicherer dynamischer Aktualisierungen in DNS gelangen, ist nicht standardgemäß. Microsoft setzt eine Transaktionssignaturvariante ein, die als GSS-TSIG bezeichnet wird und ein vom Kerberos Key Distribution Center (KDC) bezogenes gemeinsames Geheimnis verwendet. Gegenwärtig nutzt die Microsoft-Implementierung das Feld für Anbietererweiterungen, was nicht mit der Open Source-Version von Kerberos 5 kompatibel ist.

Wenn Sie mit Windows arbeiten und SRV-Einträge benutzen wollen, müssen Sie Ihren vorhandenen Kerberos-Bereich (Kerberos realm) löschen und in Ihren Netzwerken einen Windows-Kerberos-Server betreiben. Für manche Standorte mit einer umfangreichen Kerberos-Infrastruktur bedeutet dies das Ende der Vorstellung. Microsoft verwendet offene Protokolle anscheinend gerade ausreichend, dass es zu

---

21 Die Reihenfolge ist irgendwie alphabetisch, wobei Namen, die in der DNS-Struktur weiter oben stehen, zuerst kommen. In der Zone cs.colorado.edu steht cs.colorado.edu zum Beispiel vor allen möglichen Adressen der Art host.cs.colorado.edu. Innerhalb einer Hierarchieebene gilt alphabetische Sortierung.

den Einkaufslisten von Firmen passt, aber nicht in einem Umfang, um jemand anderen kooperieren und im eigenen Marktsegment verkaufen zu lassen. Hoffen wir, dass Microsoft seine Erweiterungen ohne die gegenwärtig verlangte Geheimhaltungsvereinbarung dokumentiert, damit das ISC dafür sorgen kann, dass sein TSIG und GSS-TSIG von Microsoft miteinander auskommen.

Etwa eine Woche nach dem Erscheinen von Windows 2000 stieg die Abfragelast auf den DNS-Rootservern erheblich an. Ein wenig Nachforschen zeigte, dass Computer mit Windows 2000 versuchten, die Root- oder die Toplevelzonen dynamisch zu aktualisieren. Infolgedessen wuchs die Anzahl der UDP-Abfragen für den Rootserver A auf mehr als das Doppelte. Noch schlimmer: Als ihre Aktualisierungsanforderungen abgelehnt wurden, forderten die Windows 2000-Rechner einen KEY-Eintrag an, um eine authentifizierte Aktualisierung zu versuchen. Dies scheiterte ebenfalls, sodass sie einen letzten Versuch machten und eine TCP-Verbindung öffneten, um eine authentifizierte dynamische Aktualisierung zu starten. Ein Rootserver hat nicht die Zeit für die zahllosen TCP-Verbindungsanforderungen, die sich daraus ergaben.

Fehler, die die Internetinfrastruktur betreffen, sind einerseits schwerwiegend, andererseits möglicherweise blamabel, sodass wir davon ausgegangen sind, dass Microsoft das Problem inzwischen behoben hat. Wir freuten uns schon darauf, diesen Abschnitt in eine historische Fußnote umzuwandeln, aber der Gründlichkeit halber überprüften wir den Netzwerkverkehr eines neu installierten Windows XP-Systems mit Service Pack 2. Überraschenderweise stellten wir fest, dass es sich genauso kompromisslos verhält wie sein Vorgänger.

Das Problem tritt meistens (aber nicht ausschließlich) in den Reversezonen für private Adressräume nach RFC1918 auf. Informationen über diese Adressen sollten die lokale Umgebung niemals verlassen, aber Windows-Rechner versuchen, ihre umgebende Domäne zu aktualisieren, und wenn das scheitert, gehen sie die DNS-Benennungsstruktur aufwärts, bis sie schließlich die Rootserver erreichen.

Ist einem Windows-Computer beispielsweise von einem DHCP-Server die Adresse 192.168.1.10 zugewiesen, versucht er, die Domäne *1.168.192.in-addr.arpa* dynamisch zu aktualisieren. Bei Fehlschlag wiederholt er den Versuch für *168.192.in-addr.arpa*, dann für *192.in-addr.arpa*, für *in-addr.arpa* und schließlich für *arpa*.

Windows-Systeme, die ihre DNS-Standardeinstellungen nicht zurückgesetzt haben, nehmen an einem andauernden, massiven, langsamen, unbeabsichtigten, verteilten DoS-Angriff auf Rootnameserver teil. Um die Versuche von Windows 2000- oder -XP-Systemen zur Aktualisierung der Rootzonen zu stoppen und sie besser mit Ihren UNIX- oder Linux-Nameservern zusammenarbeiten zu lassen, können Sie folgendes Verfahren ausprobieren:

- Klicken Sie mit der rechten Maustaste auf ARBEITSPLATZ und wählen Sie EIGENSCHAFTEN, um das Fenster NETZWERKVERBINDUNGEN anzuzeigen.

- Klicken Sie mit der rechten Maustaste nacheinander auf die einzelnen Verbindungen und wählen Sie EIGENSCHAFTEN.

15.15 Sicherheitsfragen

- Klicken Sie auf INTERNET PROTOCOL (TCP/IP) und dann auf die Schaltfläche EIGENSCHAFTEN.
- Klicken Sie auf die Schaltfläche ERWEITERT unten auf der Eigenschaftenseite.
- Wechseln Sie auf die Registerkarte DNS.
- Deaktivieren Sie das Kontrollkästchen neben ADRESSE DIESER VERBINDUNG IN DNS REGISTRIEREN unten auf der Seite.
- Klicken Sie auf OK, bis Sie wieder am Ausgangspunkt sind.

Um Zeit zu gewinnen, haben die Operatoren der Rootzone die Reversezonen für den RFC1918-Adressraum an die Server *prisoner.iana.org*, *blackhole1.iana.org* und *blackhole2.iana.org* delegiert. Sie sind für diese Zonen maßgeblich (*prisoner* als Master, die beiden anderen als Slaves) und fangen die dynamischen Aktualisierungen ab, die von Windows-Systemen kommen, die der Welt mitteilen wollen, dass der Name »mypc« mit der Adresse 10.0.0.1 verknüpft werden soll. Diese Server von *iana.org* verwenden Anycast und haben bei den meisten großen Internetdienstanbietern eine Instanz, sodass die falschen DNS-Aktualisierungsmeldungen, die den lokalen Standort verlassen, nicht auf der gesamten Strecke zu den Rootservern das Internet vollmüllen.

Das ist aber noch nicht das Ende des Fehlverhaltens von Microsoft in Bezug auf DNS. Wenn die bevorzugten DNS-Server nicht innerhalb einer Sekunde auf eine Abfrage reagieren, starten Windows-Systeme ganz schnell mehrere gleichzeitige Abfragen an alle ihnen bekannten DNS-Server[22]. Anders ausgedrückt: Beim ersten Anzeichen von Serverüberlastung oder Netzwerkverstopfung versucht Windows, möglichst viel Netzwerk- und Serververkehr zu erzeugen. Sie können dieses Verhalten durch Deaktivieren des DNS-Clientdienstes ausschalten, sollten dabei aber bedenken, dass Sie damit auch den lokalen DNS-Cache aller Rechner deaktivieren. Den DNS-Clientdienst deaktivieren Sie wie folgt:

- Wählen Sie im Startmenü EINSTELLUNGEN | SYSTEMSTEUERUNG.
- Doppelklicken Sie in der Systemsteuerung auf VERWALTUNG.
- Doppelklicken Sie auf der Seite VERWALTUNG auf VERWALTUNGSWERKZEUGE.
- Klicken Sie auf der linken Seite auf das +-Zeichen neben DIENSTE UND ANWENDUNGEN, um den Knoten zu erweitern.
- Wählen Sie auf der linken Seite DIENSTE und doppelklicken Sie rechts auf DNS-CLIENT.
- Klicken Sie auf die Dropdownliste neben STARTTYP und wählen Sie MANUELL.

---

[22] Dieses Verhalten ist anscheinend beabsichtigt; weitere Informationen finden Sie im DNS-Whitepaper von Microsoft, auf das Artikel 286834 der Microsoft Knowledge Base (support.microsoft.com) verweist.

- Klicken Sie auf die Schaltfläche BEENDEN, um den bereits laufenden Dienst zu beenden.
- Klicken Sie auf OK, bis Sie wieder am Ausgangspunkt sind.

Wenn Sie nicht den Active-Directory-Dienst von Microsoft einsetzen, ist es für Sie wahrscheinlich am günstigsten, UNIX- oder Linux-Server für DNS zu benutzen und die Implementierung von Microsoft zu meiden. Active Directory macht die Angelegenheit leider komplizierter, aber Sie können es mit BIND unterstützen.

Noch ein abschließender Punkt: Microsoft-Server machen Krawall, wenn sie eine Zone abfragen, deren sämtliche Server lahm sind. Delegiert Ihr Standort an Server, die »lame« wirken, ist es besser, mindestens eine leere Zonendatei zu installieren, die die fehlenden Server ersetzt. Diese Maßnahme verhindert, dass Microsoft-Server, die nach dem lahmen Namen fragen, verwirrt werden und den Root und die gTLD-Server belästigen.

15.16 Tests und Debugging

named stellt einige integrierte Debugging-Hilfen bereit, deren wichtigste die üppig konfigurierbare Protokollierung ist. Debugging-Ebenen lassen sich über die Befehlszeile oder mit rndc festlegen. Sie können named auch anweisen, seine Betriebsstatistik in eine Datei auszugeben. Das Nachschlagen von Namen lässt sich mit externen Tools wie dig überprüfen.

15.16.1 Protokollierung

Die Protokollierungsfunktionen von named sind ausreichend flexibel, um Ihnen die Haare zu Berge stehen zu lasen. Ursprünglich verwendete BIND nur das Systemprotokoll zur Meldung von Fehlern und Anomalien. Neuere Versionen fassen dessen Konzepte allgemeiner, indem sie eine weitere Umleitungs- und Unterstützungsschicht für die direkte Aufzeichnung in Dateien hinzufügen. Werfen wir vor dem Einstieg einen Blick auf das Miniglossar der BIND-Protokollbegriffe in Tabelle 15.12.

> **Tipp**
> In Kapitel 10 finden Sie weitere Informationen über syslog.

15.16 Tests und Debugging

Begriff	Bedeutung
Channel	Ein Ort, an den Meldungen gehen können: das Systemprotokoll, eine Datei oder /dev/null[a]
Kategorie	Eine Klasse von Nachrichten, die named erstellen kann, zum Beispiel über dynamische Aktualisierungen oder die Beantwortung von Abfragen
Modul	Name eines Quellmoduls, der eine Nachricht erstellt
Facility	Name einer Systemprotokollanlage. DNS hat keine eigenen Anlagen, aber Sie haben die Wahl unter allen üblichen.
Schwere	Die »Schwere« einer Fehlermeldung, die das Systemprotokoll als Priorität betrachtet

Tabelle 15.12: Ein Protokoll-Lexikon für BIND

a) /dev/null *ist ein Pseudogerät, das alle Eingaben löscht.*

Die BIND-Protokollierung wird mit einer logging-Anweisung in named.conf eingerichtet. Zuerst definieren Sie Channels, die möglichen Ziele für Nachrichten. Dann weisen Sie bestimmte Nachrichtenkategorien bestimmten Channels zu.

Wenn eine Nachricht erstellt wird, wird ihr am Ausgangspunkt eine Kategorie, ein Modul und eine Schwere zugeteilt. Dann wird sie an alle Channels verteilt, die mit ihrer Kategorie und ihrem Modul verknüpft sind. Jeder Channel besitzt einen Schwerefilter, der besagt, welchen Schweregrad eine Nachricht haben muss, um durchzukommen. Channels, die zum Systemprotokoll führen, werden ebenfalls nach den Regeln in /etc/syslog.conf gefiltert.

Die folgenden Zeilen skizzieren eine logging-Anweisung:

```
logging {
    channel_def;
    channel_def;
    ...
    category category_name {
        channel_name;
        channel_name;
        ...
    };
};
```

Channels

Eine Channeldefinition sieht je nachdem, ob sie eine Datei oder das Systemprotokoll betrifft, etwas anders aus. Für jeden Channel müssen Sie file oder syslog wählen; ein Channel kann nicht beides bedienen.

```
channel channel_name {
   file path [versions numvers | unlimited] [size sizespec];
   syslog facility;
   severity severity;
   print-category yes | no;
   print-severity yes | no;
   print-time yes | no;
};
```

Für einen Dateichannel legt numvers fest, wie viele Sicherungsversionen einer Datei unterhalten werden, und sizespec gibt an, wie groß die Datei werden darf (Beispiele: 2048, 100k, 20m, 15g, unlimited, default), bevor automatisch eine neue Datei im Protokollzyklus angelegt wird. Wenn Sie einen Dateichannel mit mylog bezeichnen, heißen die Versionen im Zyklus mylog.0, mylog.1 usw.

Im Fall des Systemprotokolls gibt facility an, welcher syslog-Anlagenname für die Aufzeichnung der Nachricht verwendet wird. Jede Standardanlage ist zulässig. In der Praxis stellen nur daemon und local0 bis local7 sinnvolle Möglichkeiten dar.

Tipp

In Abschnitt 10.4 in Tabelle 10.3 finden Sie eine Liste mit syslog-Kategoriennamen.

Die übrigen Anweisungen in einer Channeldefinition sind optional. severity kann (in absteigender Reihenfolge) die Werte critical, error, warning, notice, info oder debug (mit einem optionalen numerischen Grad, beispielsweise severity debug 3) annehmen. Der Wert dynamic wird ebenfalls erkannt und entspricht der aktuellen Debugging-Ebene des Servers.

Die unterschiedlichen Ausgabeoptionen Print-* fügen den Nachrichten einen Präfix hinzu oder unterdrücken sie. syslog setzt Zeitpunkt und meldenden Host vor jede aufgezeichnete Nachricht, nicht jedoch die Schwere oder die Kategorie. Der Name der Quelldatei (des Moduls), der die Nachricht erstellt hat, steht ebenfalls als Ausgabeoption zur Verfügung. Es ist sinnvoll, print-time nur für Dateichannels zu aktivieren – die Zeitmarken von syslog brauchen Sie nicht zu kopieren.

Die vier in Tabelle 15.13 aufgeführten Channels sind standardmäßig vordefiniert. Sie sollten für die meisten Installationen geeignet sein.

15.16 Tests und Debugging

Name des Channels	Funktion
default_syslog	Sendet an syslog, facility daemon, severity info
default_debug	Zeichnet mit der Schwereeinstellung dynamic in named.run auf
default_stderr	Sendet an standard error des named-Prozesses, severity info
null	Löscht alle Meldungen

Tabelle 15.13: Vordefinierte Protokollchannels in BIND

Kategorien

Kategorien werden vom Programmierer beim Schreiben des Codes festgelegt. Sie ordnen Protokollmeldungen nach Thema oder Funktionalität, anstatt nur nach Schwere. Tabelle 15.14 zeigt die aktuelle Liste der Nachrichtenkategorien.

Kategorie	Inhalt
client	Clientanforderungen
config	Analyse und Verarbeitung der Konfigurationsdatei
database	Meldungen über Datenbankoperationen
default	Standard für Kategorien ohne bestimmte Protokolloptionen
delegation-only	Abfragen von Zonen des Typs delegation-only, die zwangsweise an NXDOMAIN geleitet werden
dispatch	Versand eingehender Pakete an Servermodule
dnssec	DNSSEC-Meldungen
general	Auffangen nicht klassifizierter Meldungen
lame-servers	Server, von denen angenommen wird, dass sie eine Zone bedienen, was aber nicht so ist
network	Netzwerkoperationen
notify	Meldungen über das Benachrichtigungsprotokoll »zone changed«
queries	Eine kurze Protokollnachricht für jede Abfrage, die beim Server eingeht (!)
resolver	DNS-Auflösung, zum Beispiel rekursive Suchen für Clients
security	Genehmigte bzw. nicht genehmigte Anforderungen
unmatched	Abfragen, die named nicht klassifizieren kann (schlechte Klasse, keine Ansicht)
update	Meldungen über dynamische Aktualisierungen
xfer-in	Zonentransfers, die beim Server eingehen
xfer-out	Zonentransfers, die der Server sendet

Tabelle 15.14: Protokollkategorien von BIND

Protokollmeldungen

Die Standardprotokollkonfiguration sieht folgendermaßen aus:

```
logging {
    category default { default_syslog; default_debug; };
};
```

Bei umfangreichen Änderungen an BIND sollten Sie die Protokolldateien beobachten und vielleicht eine höhere Protokollebene wählen. Führen Sie danach eine Neukonfiguration durch, um nur bedeutsame Meldungen zu bewahren, nachdem Sie sich davon überzeugt haben, dass named stabil ist.

Die Protokollierung von Abfragen kann sehr lehrreich sein. Sie können sich davon überzeugen, dass Ihre allow-Klauseln funktionieren, sehen, wer sie abfragt, fehlerhafte Clients feststellen usw. Nach größeren Neukonfigurationen ist dies eine gute Kontrollmöglichkeit, besonders, wenn Sie Ihre vorherige Abfrageauslastung einigermaßen gut kennen. Um die Abfrageprotokollierung zu starten, leiten Sie einfach die Kategorie queries an einen Channel. Es ist weniger effizient, in das Systemprotokoll zu schreiben als direkt in eine Datei; daher sollten Sie einen Dateichannel auf einer lokalen Festplatte benutzen, wenn Sie jede Abfrage aufzeichnen. Halten Sie eine Menge Speicherplatz vor und seien Sie bereit, die Protokollierung zu beenden, sobald Sie ausreichend Daten gesammelt haben. (Mit rndc querylog schalten Sie sie dynamisch ein und aus.)

Die Fehlersuche in Ansichten kann nervtötend sein, aber glücklicherweise wird die zu einer bestimmten Abfrage gehörende Ansicht ebenfalls protokolliert.

Folgende Protokollmeldungen treten häufig auf:

- Lame server: Wenn Sie diese Meldung für eine Ihrer Zonen erhalten, haben Sie bei der Konfiguration etwas falsch gemacht. Wenn es sich um eine Zone draußen im Internet handelt, ist sie relativ harmlos; dann ist es nicht Ihr Problem. Sie können sie verwerfen, indem Sie sie an den Nullchannel weiterleiten.
- Bad referral: Diese Meldung weist auf schlechte Kommunikation zwischen den Nameservern einer Zone hin.
- Not authoritative for: Ein Slaveserver kann keine maßgeblichen Daten für eine Zone bekommen. Vielleicht zeigt er auf den falschen Master, vielleicht hatte der Master aber auch Probleme beim Laden der fraglichen Zone.
- Rejected zone: Eine Zonendatei wurde von named zurückgewiesen, weil sie Fehler enthielt.
- No NS RRs found: In einer Zonendatei fehlten die NS-Einträge hinter dem SOA-Eintrag. Möglicherweise fehlen sie wirklich, oder sie fangen nicht mit einem Tabulator oder anderem Leerraum an. Im zweiten Fall sind sie nicht mit dem SOA-Eintrag der Zone verknüpft und werden deshalb fehlinterpretiert.

15.16 Tests und Debugging

- No default TTL set: Der Standard-TTL-Wert für Ressourceneinträge wird vorzugsweise mit einer $TTL-Direktive im Anfangsbereich der Zonendatei festgelegt. Diese Fehlermeldung besagt, dass sie fehlt; in BIND 9 ist sie aber erforderlich.

- No root name server for class: Ihr Server hat Probleme, die Rootnameserver zu finden. Überprüfen Sie Ihre Hinweisdatei und die Internetanbindung des Servers.

- Address already in use: Der Port, den named benutzen will, ist bereits von einem anderen Prozess belegt, wahrscheinlich einer weiteren Kopie von named. Wenn Sie keine solche sehen, ist sie möglicherweise abgestürzt und hat einen rndc-Steuersocket offengelassen, den Sie suchen und entfernen müssen[23]. Das Problem lässt sich beheben, indem Sie den named-Prozess stoppen und neu starten, etwa folgendermaßen:

  ```
  # /etc/init.d/named stop  (oder in Red Hat /sbin/service named stop)
  # /etc/init.d/named start (oder in Red Hat /sbin/service named start)
  ```

- Dropping source port zero packet from ...: Bei neueren BIND-Versionen können Sie die Nummer des Abfragequellports sehen. Systemadministratoren nutzen diese Funktion, um ihre Firewalls durch Regeln zu ergänzen, die ihre DNS-Pakete anhand des Quellports erkennen. 0 ist jedoch ein unzulässiger Wert für einen TCP/IP-Port. Bezieht sich die Fehlermeldung auf einen Ihrer Hosts, sollten Sie die query-source-Direktive in seiner Datei named.conf ändern.

- Denied update from [...] for ...: Es wurde eine dynamische Aktualisierung für eine Zone versucht und wegen der allow-update- oder der update-policy-Klausel in named.conf für diese Zone abgelehnt.

15.16.2 Beispielkonfiguration für die Protokollierung

Der folgende Auszug aus der ISC-Datei named.conf für einen stark gefragten Topleveldomänen-Nameserver veranschaulicht eine umfassende Protokollhandhabung:

```
logging {
  channel default_log {
    file "log/named.log" versions 3 size 10m;
    print-time yes;
    print-category yes;
    print-severity  yes;
    severity info;
  };
  category default { default_log; default_debug; };
  channel xfer-log {
    file "log/xfer.log" versions 3 size 10m;
    print-category yes;
    print-severity yes;
```

---

[23] *Auf einem gTLD-Server bedeutet diese Meldung wahrscheinlich, dass com noch lädt. :-)*

```
        print-time yes;
        severity info;
    };
    channel db-log {
        file "log/db.log" versions 3 size 1M;
        severity debug 1;
        print-severity yes;
        print-time yes;
    };
    category database { db-log; };
    category dnssec   { xfer-log; };
    category xfer-in  { xfer-log; };
    category xfer-out { xfer-log; };
    category notify   { xfer-log; };
};
```

15.16.3 Debugging-Ebenen

Die Debugging-Ebenen von named werden mit Integerzahlen von 0 bis 100 bezeichnet. Je höher die Zahl, desto wortreicher ist die Ausgabe. Ebene 0 schaltet das Debugging aus. Die Ebenen 1 und 2 eignen sich hervorragend zur Fehlersuche in Ihrer Konfiguration und Ihrer Datenbank. Höhere Ebenen als etwa 4 sollten für die Codepflege eingesetzt werden.

Sie starten das Debugging in der named-Befehlszeile mit dem Flag -d. Die folgende Zeile startet named beispielsweise mit der Debugging-Ebene 2:

```
# named -d2
```

Standardmäßig werden Debugging-Daten in der Datei named.run im aktuellen Arbeitsverzeichnis abgelegt, aus dem named aufgerufen wird. Die Datei named.run wächst sehr schnell. Sie sollten daher nicht auf ein Bier weggehen, um bei Ihrer Rückkehr keine größeren Probleme zu bekommen.

Sie können das Debugging auch aufrufen, wenn named läuft, und zwar mit dem Befehl rndc trace, der die Debugging-Ebene um 1 hochsetzt, oder mit rndc trace *level*, der den angegebenen Wert benutzt. Mit rndc notrace schalten Sie das Debugging vollständig aus. Sie können dazu auch einen Protokollchannel definieren, der eine Schwerespezifikation folgender Art enthält:

```
severity debug 3;
```

Diese sendet alle Debugging-Meldungen bis zur Ebene 3 an den betreffenden Channel. Weitere Zeilen in der Channeldefinition legen das Ziel der Debugging-Meldungen fest. Je höher der Schweregrad, desto mehr Informationen werden aufgezeichnet.

15.16 Tests und Debugging

Die Beobachtung der Protokolle oder der Ausgaben zeigt, wie häufig DNS-Daten in der Praxis falsch konfiguriert werden. Der verflixte kleine Punkt am Ende von Namen (oder eigentlich sein Fehlen) verursacht eine alarmierende Menge DNS-Verkehr. Theoretisch muss er jeden vollständig qualifizierten Domänennamen abschließen.

15.16.4 Debugging mit rndc

Tabelle 15.15 enthält einige von rndc akzeptierte Optionen. Die Eingabe von rndc ohne Argumente liefert eine Liste der verfügbaren Befehle. Befehle, die Dateien anlegen, schreiben sie in das Verzeichnis, das in named.conf als Stammverzeichnis von named festgelegt ist.

Befehl	Funktion
dumpdb	Gibt die DNS-Datenbank in named_dump.db aus
flush [view]	Löscht alle Caches oder diejenigen für eine bestimmte Ansicht
flushname name [view]	Löscht den angegebenen Namen aus dem Cache des Servers
freeze zone [class [view]]	Unterbricht Aktualisierungen an eine dynamische Zone
thaw zone [class [view]]	Setzt Aktualisierungen an eine dynamische Zone fort
halt	Hält named an, ohne ausstehende Aktualisierungen zu beenden
querylog	Schaltet die Protokollierung eingehender Abfragen ein bzw. aus
notrace	Schaltet das Debugging aus
reconfig	Lädt die Konfigurationsdatei neu und lädt alle neuen Zonen
refresh zone [class [view]]	Plant die Wartung für eine Zone
reload	Lädt named.conf und die Zonendateien neu
reload zone [class [view]]	Lädt nur die angegebene Zone oder Ansicht neu
restart[a]	Startet den Server neu
retransfer zone [class [view]]	Kopiert die Daten für die angegebene Zone neu vom Masterserver
stats	Schreibt statistische Daten in named.stats
status	Zeigt den aktuellen Status der laufenden named-Kopie an
stop	Speichert ausstehende Aktualisierungen und beendet named
trace	Setzt die Debugging-Ebene um 1 hoch
trace level	Ändert die Debugging-Ebene

Tabelle 15.15: rndc-Befehle

a) *In BIND 9 (9.3.0) noch nicht implementiert, aber zugesagt.*

Der Befehl `rndc reload` veranlasst named, seine Konfigurationsdatei neu einzulesen und die Zonendateien neu zu laden. Der Befehl `reload zone` ist praktisch, wenn sich nur eine Zone geändert hat und Sie nicht alle neu laden wollen, insbesondere auf einem stark gefragten Server. Sie können auch eine Klasse und eine Ansicht angeben, um nur die ausgewählte Ansicht der Zonendaten neu zu laden. Mit `rndc reconfig` fügen Sie neue Zonen einfach ohne vollständiges Neuladen hinzu; der Befehl lädt die Konfigurationsdatei neu ein und lädt alle neuen Zonen, ohne die alten zu stören.

Der Befehl `rndc freeze zone` stoppt dynamische Aktualisierungen und gleicht die Journaldatei ausstehender Aktualisierungen mit den Datendateien ab. Nach dem Einfrieren können Sie die Zonendaten von Hand bearbeiten. Solange die Zone eingefroren ist, werden dynamische Aktualisierungen abgelehnt. Nach Abschluss der Bearbeitung akzeptieren Sie mit `rndc thaw zone` wieder dynamische Aktualisierungen.

`rndc dump` veranlasst named, seine Datenbank in der Datei `named_dump.db` abzulegen. Die Ausgabedatei ist umfangreich und enthält nicht nur lokale Daten, sondern auch alle zwischengespeicherten Daten, die der Server gesammelt hat. Eine kürzlich vorgenommene Ausgabe des Datenbank-Caches unseres primären Nameservers umfasste über 16 MB, wobei die geladenen Zonendaten nur 200 KB ausmachten.

Wenn Sie named in einer mit `chroot` veränderten Umgebung ausführen, müssen Sie rndc den Pfad zum rndc-Socket liefern, weil sich dieser nicht in `/var/run` befindet, wie es rndc erwartet.

Verwenden Sie dazu etwa folgende Formulierung:

```
$ sudo rndc -l /var/named/var/run/rndc
```

In BIND 9 müssen Sie dafür sorgen, dass die Version von named mit der von rndc übereinstimmt, weil Sie sonst eine Fehlermeldung über abweichende Protokollversionen erhalten. Installieren Sie bei einer Aktualisierung einfach beide.

15.16.5 BIND-Statistiken

named unterhält einige zusammenfassende Informationen, die in die Datei `named.stats` im Arbeitsverzeichnis ausgegeben werden können, wenn ein Anstoß von rndc erfolgt:

```
$ sudo rndc stats
```

Die folgende Beispielausgabe stammt von einem stark gefragten Server bei *isc.org*:

```
+++ Statistics Dump +++ (1088897026)
success 19917007
referral 981446459
nxrrset 9958824
nxdomain 199644113
recursion 0
failure 322556
--- Statistics Dump --- (1088897026)
```

15.16 Tests und Debugging

Die Statistik stellt erfolgreiche und gescheiterte Suchen gegenüber und kategorisiert die verschiedenen Fehlerarten. Dieser Server hat 19,9 Mio. Abfragen erfolgreich beantwortet, 980 Mio. Verweise geliefert, etwa 200 Mio. mal »no such domain« (nxdomain) und etwa 10 Mio. mal »no such resource record set« (nxrrset) gesagt und konnte 320.000 mal nicht antworten.

Die 200 Millionen nxdomain-Fehler (fast 20 Prozent der insgesamt eine Milliarde Abfragen) wären deutlich zu viele, wenn Fehleingaben der Benutzer und Rechtschreibfehler die Hauptursache wären. Tatsächlich gingen die meisten Fehler auf falsche Windows-Konfigurationen und einen Fehler im Resolver von Microsoft[24] zurück, der zahlreiche Abfragen nach Adresseinträgen sendet, deren Datenfeld keinen Hostnamen enthält, wie es die DNS-Spezifikation verlangt, sondern eine IP-Adresse. Diese bizarren Abfragen haben eine sichtbare Topleveldomäne 56 (oder wie immer das letzte Byte der IP-Adresszeichenkette lautete), sodass sie den lokalen DNS-Server losschicken, damit er die Rootserver bezüglich dieser nicht existierenden Domäne nervt und schließlich einen nxdomain-Fehler bekommt.

Der failure-Eintrag zählt die Fehler, die weder mit nxdomain noch mit nxrrset zu tun haben.

15.16.6 Debugging mit dig

Die Shell bietet drei Tools zum Abfragen der DNS-Datenbank, nslookup, dig und host, die mit BIND zusammen geliefert werden. Das erste ist das älteste und gehörte schon immer zur BIND-Distribution. dig, immer auf der Suche nach Domänendaten (domain information groper), wurde ursprünglich von Steve Hotz verfasst und für BIND 9 von Michael Sawyer neu geschrieben und wird jetzt ebenfalls mit BIND 9 geliefert. host von Eric Wassenaar ist ein weiteres Open Source-Tool, das benutzerfreundliche Ausgaben sowie Funktionen zum Prüfen der Syntax der Zonendateien bietet.

Wir empfehlen dig und nslookup, und auch host ist ganz in Ordnung. Ausführlich gehen wir hier nur auf dig ein. Gelegentlich können diese Tools unterschiedliche Ergebnisse liefern, weil sie verschiedene Resolver-Bibliotheken verwenden: dig und host den Resolver von BIND und nslookup seinen eigenen.

Standardmäßig benutzt dig den lokalen Nameserver und gibt Adressinformationen zurück. Das Argument @nameserver richtet die Abfrage an einen bestimmten Nameserver[25]. Mithilfe dieser Fähigkeit können Sie überprüfen, ob alle Änderungen, die Sie an einer Zone vorgenommen haben, an die Sekundärserver und die Außenwelt weitergegeben wurden. Sie ist besonders sinnvoll, wenn Sie Ansichten verwenden und sicherstellen müssen, dass sie korrekt konfiguriert sind.

---

24 Behoben mit Windows 2000 Service Pack 2 und nachfolgenden Windows-Versionen.
25 Gibt es den Server nicht, fallen ältere Versionen von dig stillschweigend auf den lokalen Server zurück, sodass Sie die Ausgabe sorgfältig lesen sollten, um die Quelle zu prüfen. Seit BIND 9.2 meldet dig in diesem Fall einen Fehler und antwortet nicht.

Geben Sie einen Eintragstyp an, fragt dig nur danach. Der Pseudotyp ANY gibt alle mit dem angegebenen Namen verknüpften Daten zurück. Ein weiteres nützliches Flag ist -x, das die Bytes einer IP-Adresse umkehrt und eine Reverseabfrage einleitet. Das Flag +trace zeigt die iterativen Schritte des Auflösungsvorgangs von den Roots abwärts.

Eine dig-Ausgabe sieht aus wie folgt:

```
$ dig yahoo.com
; <<>> DiG 9.3.0rc2 <<>> yahoo.com
;; global options:  printcmd
;; Got answer:
;; ->>HEADER<<- opcode: QUERY, status: NOERROR, id: 16507
;; flags: qr rd ra; QUERY: 1, ANSWER: 3, AUTHORITY: 5, ADDITIONAL: 5
;; QUESTION SECTION:
;yahoo.com.                 IN    A
;; ANSWER SECTION:
yahoo.com.         300      IN    A     66.94.234.13
yahoo.com.         300      IN    A     216.109.127.28
yahoo.com.         300      IN    A     216.109.127.29
;; AUTHORITY SECTION:
yahoo.com.         74804    IN    NS    ns3.yahoo.com.
yahoo.com.         74804    IN    NS    ns4.yahoo.com.
yahoo.com.         74804    IN    NS    ns1.yahoo.com.
yahoo.com.         74804    IN    NS    ns2.yahoo.com.
;; ADDITIONAL SECTION:
ns1.yahoo.com.     72593    IN    A     66.218.71.63
ns2.yahoo.com.     72596    IN    A     66.163.169.170
ns3.yahoo.com.     72594    IN    A     217.12.4.104
ns4.yahoo.com.     72594    IN    A     63.250.206.138
;; Query time: 6 msec
;; SERVER: 204.152.184.109#53(204.152.184.109)
;; WHEN: Sun Jul  9 16:03:43 2006
;; MSG SIZE  rcvd: 245
```

Wenn die Antwort maßgeblich ist, steht in der Flag-Liste von dig der Vermerk aa. Da wir hier den lokalen Nameserver nach *yahoo.com* abfragen, ist die Antwort nicht maßgeblich.

Die Ausgabe von dig enthält nicht nur die Domänendaten, sondern auch die Anzahl der gesendeten Abfragen und die Dauer der Laufzeit. Sie ist für die Verwendung in einer Zonendatei korrekt formatiert, was besonders praktisch ist, wenn Sie nach den Rootservern für Ihre Hinweisdatei fragen. Kommentarzeichen in einer Zonendatei ist das Semikolon, das auch von dig zur Einbettung von Kommentaren in die Ausgabe verwendet wird.

Beim Testen einer neuen Konfiguration müssen Sie darauf achten, dass Sie Daten sowohl für lokale als auch für Remotehosts suchen. Können Sie auf einen Host mithilfe der IP-Adresse zugreifen, aber nicht über den Namen, ist vermutlich DNS der Übeltäter.

15.16.7 Lame delegation

Wenn Sie einen Domänennamen beantragen, bitten Sie darum, dass Ihrem primären Nameserver und Ihrem DNS-Administrator ein Teil der DNS-Namensstruktur delegiert wird. Benutzen Sie die Domäne nicht oder ändern Sie die Nameserver, ohne die Verbindungseinträge der übergeordneten Domäne zu aktualisieren, entsteht eine »lame delegation«.

Das kann schlimme Folgen haben. Versucht ein Benutzer, einen Host in Ihrer lahmen Domäne zu kontaktieren, verweigert Ihr Nameserver die Antwort. DNS macht einige hundert weitere Versuche bei Ihrem Masterserver und den Rootservern. BIND benutzt eine »Strafkasse« für lahme Server, um die dadurch verursachte Belastung zu reduzieren, die von Microsoft-Servern jedoch nicht implementiert wird.

Lahme Delegierungen lassen sich mit zwei Methoden aufspüren: bei der Durchsicht der Protokolldateien oder mit dem Tool doc (Domain Obscenity Control). Einige Beispiele für doc sehen wir uns im nächsten Abschnitt an, zuerst werfen wir aber einen Blick auf ein paar Protokolleinträge.

Viele Standorte lassen den lame-servers-Protokollchannel auf /dev/null zeigen und kümmern sich nicht weiter um lahme Delegationen anderer Benutzer. Das geht so lange gut, wie Ihre Domäne blitzsauber und nicht selbst Quelle oder Opfer lahmer Delegationen ist.

In einer Protokolldatei, die nach etwa einer Woche 3,5 MB groß war (auf der Ebene info), betraf über ein Drittel der Einträge lahme Delegationen. Bei 16 % davon ging es um Rootserver, vermutlich für nicht existierende Domänen. Ein Benutzer fragte die Rootserver mehrere hundertmal nach *tokyotopless.net*. Seufz. Das folgende Beispiel zeigt eine Protokollmeldung für eine lahme Delegation:

```
Jan 29 05:34:52 ipn.caida.org named[223]: Lame server on 'www.games.net' (in
'GAMES.net'?): [207.82.198.150].53 'NS2.EXODUS.net'
```

Mit dig gehen wir dem Problem folgendermaßen auf den Grund (einen Teil der wortreichen Ausgabe haben wir gekürzt):

```
$ dig www.games.net.
;; …
;; QUESTIONS:
;;      www.games.net, type = A, class = IN
;; ANSWERS:
www.games.net.       3600    A    209.1.23.92
;; AUTHORITY RECORDS:
games.net.           3600    NS   ns.exodus.net.
games.net.           3600    NS   ns2.exodus.net.
games.net.           3600    NS   ns.pcworld.com.
;; ADDITIONAL RECORDS: …
```

Die erste Abfrage des lokalen Servers gibt den Adresseintrag für *www.games.net* und eine Liste maßgeblicher Server zurück. Der Server bei *ns.exodus.net* funktionierte wunderbar, als wir ihn abfragten (hier nicht gezeigt), aber *ns2.exodus.net* ergibt ein anderes Bild:

```
$ dig @ns2.exodus.net www.games.net.
;; QUESTIONS:
;;      www.games.net, type = A, class = IN
;; AUTHORITY RECORDS:
net.    244362    NS    F.GTLD-SERVERS.net.
net.    244362    NS    J.GTLD-SERVERS.net.
net.    244362    NS    K.GTLD-SERVERS.net.
net.    244362    NS    A.GTLD-SERVERS.net.
;; ...
```

ns2 ist als maßgeblicher Server für *www.games.net* genannt, gibt aber keine Einträge zurück und verweist uns an Server für die Topleveldomäne *net*. Daraus können wir schließen, dass *ns2.exodus.net* falsch konfiguriert ist.

Wenn Sie bei dem Versuch, lahme Delegationen aufzudecken, den Befehl dig an einen maßgeblichen Server richten, werden gelegentlich keine Informationen zurückgegeben. Versuchen Sie es mit dem Flag +norecurse erneut, damit Sie genau sehen können, was der fragliche Server weiß.

15.16.8 doc (Domain Obscenity Control)

doc ist nicht Bestandteil von BIND, sondern wird gegenwärtig von Brad Knowles gepflegt, von dessen Website es heruntergeladen werden kann: *www.shub-internet.org/brad/dns/* (Achtung: »shub«, nicht »shrub«).

doc ist ein C-Shellskript. Wenn Sie vorhaben, es in Ihren Pfad einzubinden oder per cron auszuführen, müssen Sie das Skript bearbeiten und die Variable auxd auf das Installationsverzeichnis zeigen lassen.

doc prüft Delegationen durch wiederholtes Aufrufen von dig. Es meldet Inkonsistenzen, Fehler und andere Probleme im Zusammenhang mit einem bestimmten Domänennamen. Die Bildschirmausgabe fasst die gefundenen Probleme zusammen; außerdem wird im aktuellen Verzeichnis eine umfangreiche Protokolldatei mit Details erstellt.

Sehen wir uns ein paar Beispiele an. Bei *atrust.com* scheint alles in Ordnung zu sein:

```
$ doc atrust.com
Doc-2.2.3: doc atrust.com
Doc-2.2.3: Starting test of atrust.com.   parent is com.
Doc-2.2.3: Test date - Thu Jul  6 08:54:38 MDT 2006
Summary:
   No errors or warnings issued for atrust.com.
Done testing atrust.com.   Thu Jul  6 08:54:46 MDT 2006
```

15.16 Tests und Debugging

Die Protokolldatei (log.atrust.com) erwähnt, dass sich *com* und *atrust.com* über die Identität der Nameserver für *atrust.com* einig sind und die beiden Server in ihren SOA-Einträgen dieselbe Seriennummer aufweisen. Außerdem prüft doc die PTR-Einträge für beide Nameserver. Die tatsächlichen dig-Abfragen, die doc durchgeführt hat, sind am Ende der Protokolldatei zusammen mit den erhaltenen Antworten aufgeführt.

Das nächste Beispiel betrifft die Domäne *cs.colorado.edu*:

```
$ doc cs.colorado.edu
Doc-2.2.3: doc cs.colorado.edu
Doc-2.2.3: Starting test of cs.colorado.edu.   parent is colorado.edu.
Doc-2.2.3: Test date - Thu Jul  6 08:55:15 MDT 2006
dig: Couldn't find server 'rs0.netsol.com.': No address associated with hostname
DIGERR (NOT_ZONE): dig @rs0.netsol.com. for SOA of parent (colorado.edu.) failed
DIGERR (NOT_AUTHORIZED): dig @pacifier.com. for SOA of cs.colorado.edu. failed
dig: Couldn't find server 'xor.com.': No address associated with hostname
DIGERR (FORMAT_ERROR): dig @xor.com. for SOA of cs.colorado.edu. failed
Summary:
    ERRORS found for cs.colorado.edu. (count: 2)
    Incomplete test for cs.colorado.edu. (2)
Done testing cs.colorado.edu.  Thu Jul  6 08:55:26 MDT 2006
```

Hier sehen wir einige Probleme in der übergeordneten Domäne *colorado.edu*. Deren Zonendaten nennen zu Unrecht *rs0.netsol.com* als Server für *colorado.edu* sowie *xor.com* und *pacifier.com* als Server für *cs.colorado.edu*. Um die ganze Geschichte zu sehen, müssen wir doc für die übergeordnete Domäne, also *colorado.edu*, ausführen und die detaillierte Protokolldatei durchgehen.

Werfen wir abschließend einen Blick auf *nsa.cctldmd.net*:

```
$ doc nsa.cctldmd.net
Doc-2.2.3: doc nsa.cctldmd.net
Doc-2.2.3: Starting test of nsa.cctldmd.net.   parent is cctldmd.net.
Doc-2.2.3: Test date - Thu Jul  6 08:56:20 MDT 2006
SYSerr: No servers for nsa.cctldmd.net. returned SOAs ...
Summary:
    YIKES: doc aborted while testing nsa.cctldmd.net.  parent cctldmd.net.
    WARNINGS issued for nsa.cctldmd.net. (count: 2)
    Incomplete test for nsa.cctldmd.net. (1)
Done testing nsa.cctldmd.net.  Thu Jul  6 08:56:22 MDT 2006
```

Die Domäne *cctldmd.net* enthält eine lahme Delegation an *nsa.cctldmd.net*. Der folgende Eintrag aus der Datei log.nsa.cctldmd.net. verdeutlicht das Problem:

```
WARNING: register.dns.md. claims to be authoritative for nsa.cctldmd.net.
    == but no NS record at parent zone
```

Wenn Sie eine Domäne mit Subdomänen verwalten (oder den Verwaltern Ihrer übergeordneten Domäne nicht trauen), sollten Sie einmal wöchentlich doc per cron ausführen, um zu gewährleisten, dass alle Delegationen korrekt sind, die Ihre Zone betreffen.

15.16.9 Andere Prüfwerkzeuge für DNS

Es gibt noch einige andere Tools, die verschiedene Aspekte Ihrer DNS-Umgebung prüfen. Mit BIND 9 werden named-checkconf und named-checkzone geliefert, die die Basissyntax (nicht die Semantik) der Datei named.conf und Ihrer Zonendateien prüfen. Das ursprüngliche DNS-Prüfwerkzeug heißt nslint und wurde von Craig Leres geschrieben, als er bei Lawrence Berkeley Labs war. Das Tool lamers (von derselben Website wie doc) wühlt sich durch Protokolldateien und sendet E-Mails an die DNS-Administratoren der betreffenden Websites, die ihnen mitteilen, dass sie eine lahme Delegation haben, und beschreiben, wie das Problem zu beheben ist. DDT von Jorge Frazao und Artur Romao sucht Fehler in zwischengespeicherten Daten.

dnswalk durchquert Ihre Delegationsstruktur und stellt Inkonsistenzen zwischen über- und untergeordneten Zonen bzw. Forward- und Reverseeinträgen fest. Außerdem findet es fehlende Punkte, überflüssige glue Records usw. Es kümmert sich allgemein um die Sauberkeit von DNS. Um seine Zauberkraft wirken zu lassen, muss es in der Lage sein, Zonentransfers durchzuführen.

15.16.10 Leistungsprobleme

BIND 9 verzeichnet gegenwärtig einige Leistungsprobleme, die vom ISC bearbeitet werden. Seine Leistung kommt der von BIND 8 nahe, die Effizienz auf Mehrprozessorarchitekturen ist bisher aber enttäuschend. Die Computer von *f.rootservers.net* verwenden BIND 9 und verarbeiten ohne Weiteres etwa 5.000 Abfragen/s, was für die meisten Standorte wahrscheinlich völlig ausreicht.

Wir haben es bereits mehrfach gesagt, aber eine Wiederholung ist angebracht: Setzen Sie sinnvolle TTL-Werte (Wochen oder Tage, nicht Stunden oder Minuten). Mit kurzen Zeiten strafen Sie sowohl sich selbst (weil Sie dieselben Einträge ständig neu liefern müssen) als auch Ihre Clients (weil Sie sie ständig neu abrufen müssen).

Paging reduziert die Serverleistung nichtlinear; knausern Sie also nicht mit Arbeitsspeicher auf Servern, auf denen named läuft. Sie müssen etwa eine Woche abwarten, bevor sich der Speicherverbrauch von named stabilisiert hat (siehe Abschnitt 15.11.1).

Setzen Sie Forwarder ein. Forwardingarchitekturen werden in Abschnitt 15.11.4 erörtert.

15.17 Distributionsspezifische Informationen

Dieser Abschnitt beschreibt die Einzelheiten der named-Software und deren Standardkonfiguration für die einzelnen Distributionen. Linux-Distributionen werden recht schnell aktualisiert, wenn das ISC eine neue BIND-Software freigibt.

Alle unsere Referenzdistributionen setzen BIND als Standardnameserver ein, wobei nur wenige es in die Standardinstallation aufnehmen. Die übrigen Distributionen ent-

15.17 Distributionsspezifische Informationen

halten die BIND-Utilities (dig, nslookup, host usw.), aber nicht die Nameserversoftware selbst. Sie müssen entweder beim Einrichten des Computers angeben, dass BIND installiert werden soll, oder das BIND-Paket separat installieren.

Ein BIND-Client unter Linux legt seine Standarddomäne, die übrigen Domänen, die bei nicht vollständig qualifizierten Namen durchsucht werden sollen, und die IP-Adressen der lokalen Nameserver in der Datei /etc/resolv.conf fest. Ein Linux-Host, der als BIND-Server fungiert, verwendet außerdem die in Tabelle 15.16 aufgeführten named-Dateien.

Datei	Verzeichnis[a]	Beschreibung
resolv.conf	/etc	Konfigurationsdatei der Resolver-Bibliothek
named, lwres	/usr/sbin	Nameserver-Daemon
named.conf	/etc	Konfigurationsdatei für named (RHEL, Fedora und SUSE)
	/etc/bind	Konfigurationsdatei für named (Debian, Ubuntu)
named.pid	/var/run/named	PID der ausgeführten Kopie von named (RHEL/Fedora)
	/var/run/bind/run	PID der ausgeführten Kopie von named (Debian/Ubuntu)
	home/var/run/named	PID der ausgeführten Kopie von named (SUSE)
named.run	home	Ausgabedatei für Debugging
named.stats	home	Statistikausgabe
	home/var/log	Statistikausgabe (SUSE)
named_dump.db	home	Ausgabe der gesamten Datenbank
	home/var/log	Ausgabe der gesamten Datenbank (SUSE)

Tabelle 15.16: BIND-Dateien unter Linux

a) *Mit* home *meinen wir das Verzeichnis, das in* named.conf *als Stammverzeichnis der BIND-Dateien angegeben ist.*

Um festzulegen, wie die Zuordnung von Hostnamen zu IP-Adressen erfolgt, und ob DNS zuerst, zuletzt oder überhaupt nicht versucht werden soll, benutzt Linux die Switchdatei /etc/nsswitch.conf. Ist keine Switchdatei vorhanden, sieht das Standardverhalten aus wie folgt:

hosts: dns [!UNAVAIL=return] files

Die Klausel !UNAVAIL bedeutet, dass die Suche scheitern soll, wenn DNS verfügbar ist, aber kein Name gefunden wurde, anstatt mit dem nächsten Eintrag fortzufahren (in diesem Fall mit der Datei /etc/hosts). Ist kein Nameserver in Betrieb (wie es während des Startvorgangs der Fall sein kann), konsultiert der Suchvorgang *trotzdem* die Datei hosts.

Unsere Beispieldistributionen stellen alle die folgende Standarddatei `nsswitch.conf` bereit:

```
hosts: files dns
```

Es gibt wirklich nicht »die« Methode, die Suchvorgänge zu konfigurieren – es hängt davon ab, wie Ihr Standort verwaltet wird. Im Allgemeinen ziehen wir es vor, möglichst viele Hostinformationen in DNS abzulegen, statt in NIS oder in einfachen Dateien, aber wir versuchen auch, die Möglichkeit des Rückfalls auf die statische Datei `hosts` während des Startvorgangs zu bewahren.

Bei der Installation des BIND-Pakets von RHEL oder Fedora (im Augenblick `bind-9.2.3-13.i386.rpm`) werden die Binärdateien in `/usr/sbin` und die Manpages in `/usr/share/man` abgelegt, ein Benutzer und eine Gruppe mit dem Namen `named` angelegt und Verzeichnisse für Zonendateien erstellt. Der Benutzer `named` hat aufgrund der Gruppenberechtigungen Zugriff auf die Datendateien.

Die Konfigurationsdatei `named.conf` wird (wie es Paul Vixie und der liebe Gott beabsichtigt haben) in `/etc` untergebracht, die Zonendateien in `/var/named`. Wir zeigen hier keine Beispieldateien, aber im Paket `bindconf` sollten Sie sie finden.

Debian und Ubuntu lassen Ihnen abhängig davon, welches Paket Sie installieren (`bind` oder `bind9`), die Wahl zwischen BIND 8 und 9. Die folgenden Einzelheiten gehen von BIND 9 aus.

Die Programme und Dateien haben den Besitzer `root` und den Gruppenbesitzer `bind`, wobei die Berechtigungen so lauten, dass der Zugriff zugelassen wird, wenn `named` nicht als Benutzer `root` aufgerufen wird, sondern als `bind`.

In `/etc/bind` finden Sie einige hilfreiche Beispieldateien, darunter eine Datei `named.conf` und Zonendateien für Roothinweise, `localhost`, die Broadcastadressen und den privaten Adressraum. Die bereitgestellte Datei `named.conf` enthält die Dateien `named.conf.options` und `named.conf.local`. Sie setzt das BIND-Standardverzeichnis auf `/var/cache/bind`, das bei Lieferung vorhanden, aber leer ist.

Hinter der Unterbringung der Konfigurationsdaten in `/etc` und der Zonendaten in `/var` steckt die Logik, dass Sie keine Kontrolle über den Umfang der Zonendaten haben, die `named` anlegt, wenn Sie Sekundärserver für andere Standorte sind, und die Dateien deshalb wahrscheinlich in `/var` ablegen möchten. Zonen, deren Primärserver Sie sind, können in den Konfigurationsdateien stehen und absolute Pfade in der Datei `named.conf` verwenden oder ebenfalls in `/var/cache/bind` abgelegt werden.

Die Beispieldatei `named.conf` für Debian braucht nicht geändert zu werden, wenn Sie einen reinen Caching-Server betreiben wollen. Sie müssen alle Zonen einfügen, für die Sie maßgeblich sind, vorzugsweise in die Datei `named.conf.local`.

15.17 Distributionsspezifische Informationen

Die von Debian bereitgestellten Beispieldateien nutzen einige neue BIND-Features, um dazu beizutragen, dass Ihre Server gute DNS-Bürger im Netzwerk werden. Sie richten zum Beispiel die Zonen *com* und *net* als Zonen des Typs delegation-only ein, um zu verhindern, dass VeriSign durch sein Tool Site Finder Werbeeinnahmen aus den Tippfehlern Ihrer Benutzer zieht. Falls Sie intern keinen privaten Adressraum nach RFC1918 benutzen, verhindern die leeren RFC1918-Zonendateien, dass diese Adressen aus dem lokalen Netzwerk nach draußen gelangen. Auf, auf, Debian!

Das Verzeichnis /usr/share/doc/bind9 enthält einige wertvolle Verweise. Arbeiten Sie die Datei README.Debian durch (auch für Ubuntu), um Debians Strategie für die Konfiguration von BIND zu verstehen.

BIND aus einem rpm-Paket unter SUSE zu installieren, war aufgrund fehlender Abhängigkeiten frustrierend, aber nachdem dies behoben war, funktionierte die Installationsroutine gut. Sie sagt, was sie macht, und ergibt eine vernünftige, gut dokumentierte Nameserverinstallation. Später schlug ein SUSE-Wizard vor, anstelle von rpm YaST als die echte SUSE-Methode zur Installation zu benutzen, was wahrscheinlich die richtige Reaktion ist.

Standardmäßig wird named als Benutzer und Gruppe named in einer Umgebung mit einem geänderten Rootverzeichnis unterhalb von /var/lib/named ausgeführt. Die Installationsroutine legt ein Jail-Verzeichnis für chroot an und speichert dort alle Dateien, die zum Ausführen von named gebraucht werden, sogar hübsche Dinge wie den UNIX-Domänensocket für syslog. Zusätzliche Konfigurationsdateien (nicht named.conf) und Zonendateien sind in /etc/named.d untergebracht und werden beim Start von named in das geänderte Verzeichnis kopiert. Wenn Sie named nicht mit einem geänderten Rootverzeichnis ausführen wollen, müssen Sie die folgende Zeile in /etc/sysconfig/named ändern:

NAMED_RUN_CHROOTED="yes"

Mehr brauchen Sie nicht zu tun; die Startskripte in /etc/init.d arbeiten mit diesen Informationen und können named auf beide Arten aufrufen.

SUSE stellt eine Beispieldatei /etc/named.conf mit hilfreichen Kommentaren bereit, die zahlreiche Optionen erläutern. Die Datei /etc/named.conf liegt nicht im Klartext vor wie üblich. Die Standarddatei importiert eine Datei namens named.conf.include, die wiederum die Datei rndc-access.conf aus /etc/named.d importiert, die beide Klartext enthalten. Es ist nicht ganz klar, was SUSE hier in Bezug auf Sicherheit denkt. rndc ist so voreingestellt, dass es Steuerbefehle nur von der Adresse localhost akzeptiert.

Die SUSE-Datei named.conf kann verwendet werden wie sie ist, um einen reinen Caching-Server zu betreiben. Wenn Sie Ihre eigenen Zonen bedienen wollen, bringen Sie die Zonendateien im Verzeichnis /etc/named.d unter und listen ihre Namen in /etc/named.conf.include auf.

Die BIND-Dokumentation des ISC finden Sie in /usr/share/doc/packages/bind9.

15.18 Empfohlene Literatur

DNS und BIND werden an zahlreichen Stellen beschrieben, darunter die zur Distribution gehörende Dokumentation, Kapitel in mehreren Büchern über Internetthemen, einige Bücher der Nutshell-Serie von O'Reilly und verschiedene Onlinequellen.

15.18.1 Mailinglisten und Newsgroups

Mit BIND beschäftigen sich folgende Mailinglisten:

- bind-announce – um beizutreten, schicken Sie eine E-Mail an *bind-announce-request@isc.org*
- namedroppers – um beizutreten, schicken Sie eine E-Mail an *namedroppers-request@internic.net*
- bind-users – um beizutreten, schicken Sie eine E-Mail an *bind-users-request@isc.org*
- bind9-workers – um beizutreten, schicken Sie eine E-Mail an *bind9-workers-request@isc.org* (für Codekämpfer)

Bugs können Sie an *bind9-bugs@isc.org* melden.

15.18.2 Bücher und andere Dokumentationsformen

The Nominum and ISC BIND Development Teams: BINDv9 Administrator Reference Manual. Zu finden in der BIND-Distribution (doc/arm) von *www.isc.org*.

Dieses Dokument skizziert die Administration und Verwaltung von BIND 9. Eine neue Version der BIND-Dokumentation, das *BIND Reference Manual* (wahrscheinlich doc/brm), wird vom ISC gerade erstellt, steht aber noch nicht zur Verfügung. Ein früheres Dokument, der *Bind Operations Guide* (oder BOG, wie er meistens genannt wurde), beschrieb den Betrieb und die Konfiguration von BIND 4. Er ist in den BIND- Distributionen bis Version 8 enthalten.

Albitz, Paul und Cricket, Liu: *DNS and BIND (5th Edition)*. Sebastopol, O'Reilly Media, 2006.

Dieses beliebte und geachtete Buch über BIND behandelt BIND 8 und BIND 9. Es ist sehr umfassend.

15.18.3 Onlinequellen

Das DNS Resources Directory, *www.dns.net/dnsrd*, ist eine nützliche Sammlung von Quellen und Quellenverweisen, die von András Salamon unterhalten wird.

Google hat unter der folgenden Adresse einen Index für DNS-Quellen erstellt:

directory.google.com/Top/Computers/Internet/Protocols/DNS

Auch die Newsgroup *comp.protocols.dns.bind* bietet gute Informationen.

15.18.4 RFCs

Die RFCs, die das DNS-System definieren, stehen unter der Adresse *www.rfc-editor.org* zur Verfügung. Frühe Ideen und gerade aufkommende erscheinen zunächst in den Internet-Drafts und gelangen später in die RFCs. Früher haben wir etwa eine Seite mit den wichtigsten RFCs genannt, aber es gibt jetzt so viele (über hundert und weitere fünfzig Internet-Drafts), dass Sie besser wegkommen, wenn Sie die Webseite *rfc-editor.org* durchsuchen, um Zugriff auf das gesamte Archiv zu haben. In den Verzeichnissen doc/rfc und doc/draft der aktuellen BIND-Distribution finden Sie alle.

Die ursprünglichen definitiven Standards für DNS, Modell 1987, sind

- 1034 – Domain Names: Concepts and Facilities
- 1035 – Domain Names: Implementation and Specification

15.19 Übungen

1. Erläutern Sie die Funktion der folgenden DNS-Einträge: SOA, PTR, A, MX und CNAME.
2. Was sind Verbindungseinträge und warum sind sie erforderlich? Suchen Sie mit dig die Verbindungseinträge, die Ihre lokale Zone mit der übergeordneten Zone verknüpfen.
3. Welche Folgen hat negatives Zwischenspeichern? Warum ist es wichtig?
4. Erstellen Sie Pseudo-SPF-Einträge für Ihren Standort, um Spam besser zu kontrollieren.
5. ☆ Welche Schritte sind erforderlich, um eine neue Secondleveldomäne einzurichten? Berücksichtigen Sie technische und prozedurale Faktoren.
6. ☆ Wodurch unterscheiden sich eine maßgebliche und eine nicht maßgebliche Antwort auf eine DNS-Abfrage? Wie können Sie feststellen, ob eine Antwort maßgeblich war?
7. ☆ Welcher Computer ist Ihr lokaler Nameserver? Was muss er unternehmen, um den Namen *www.admin.com* aufzulösen, wenn keine Informationen über diese Domäne in DNS zwischengespeichert sind?
8. ☆ Erläutern Sie die Bedeutung der 512-Byte-Grenze für UDP-Pakete für DNS. Welche Umgehungslösungen gibt es für auftretende Probleme?

16 NFS (Network File System)

Mit dem Netzwerkdateisystem NFS (Network File System) können Rechner Dateien gemeinsam nutzen. NFS ist für die Anwender fast unsichtbar und »zustandslos«, d. h. es geht keine Information verloren, wenn ein NFS-Server abstürzt. Die Clients brauchen nur abzuwarten, bis der Server wieder läuft, und können dann weiterarbeiten, als ob nichts geschehen wäre.

NFS wurde 1985 von Sun Microsystems entwickelt. Es wurde ursprünglich als Ersatzdateisystem für Rechner ohne Festplatte eingesetzt, aber das Protokoll erwies sich als gut entworfen und als sehr brauchbar für den allgemeinen Einsatz beim gemeinsamen Zugriff auf Dateien. Man kann sich kaum noch an ein Leben vor NFS erinnern. Alle voll ausgebauten Linux-Distributionen unterstützen NFS.

16.1 Allgemeine Informationen über NFS

Derzeit wird NFS nur unter Linux und UNIX eingesetzt, um Dateien gemeinsam zu benutzen. Windows-Clients sollten CIFS/Samba für Dateidienste verwenden. In Abschnitt 26.6 erhalten Sie weitere Informationen über Samba und CIFS.

NFS besteht aus mehreren Komponenten, unter anderem einem Mount-Protokoll und einem Mount-Server, Daemons, die verschiedene Dateidienste koordinieren, und verschiedenen Diagnosewerkzeugen. Ein Teil der Software, sowohl server- als auch clientseitig, liegt im Kernel. Diese Teile von NFS müssen nicht konfiguriert werden und sind aus der Sicht des Administrators weitgehend unsichtbar.

16.1.1 Versionen des NFS-Protokolls

Das NFS-Protokoll ist im Laufe der Zeit bemerkenswert stabil geblieben. Die erste allgemein freigegebene Version war Version 2. In den frühen 1990ern wurde eine Gruppe von Änderungen aufgenommen, die die Leistung verbesserten und große Dateien besser unterstützten. Dies führte zur Version 3. Inzwischen stehen erste Implementierungen der Version 4 zur Verfügung. Version 4 enthält viele neue Erweiterungen, die wir weiter hinten beschreiben.

Clients der NFS-Version 2 können nicht davon ausgehen, dass eine Schreiboperation vollständig ausgeführt ist, bevor sie eine Bestätigung des Servers erhalten haben. Um Diskrepanzen im Falle eines Systemabsturzes zu vermeiden, müssen Server der Version 2 deshalb jeden Block auf die Platte schreiben, bevor sie antworten. Diese Einschränkung führt zu merklichen Verzögerungen bei NFS-Schreiboperationen, denn geänderte Blöcke werden üblicherweise nur in den Puffer des Speichers geschrieben.

NFS-Version 3 behebt diesen Engpass durch ein Kohärenzverfahren, das asynchrones Schreiben erlaubt. Bei ihr wurden auch einige weitere Bestandteile des Protokolls überarbeitet, die sich als Quelle von Leistungsmängeln erwiesen haben. Insgesamt ist NFS-Version 3 dadurch um einiges schneller als Version 2. Software der Version 3 kann immer mit Software der Version 2 zusammenarbeiten, sie greift dazu einfach auf das ältere Protokoll zurück.

NFS-Version 4 stabilisiert sich gerade und wird mit einigen Versionen von Linux ausgeliefert. Sie benötigt Kernel 2.6.1 oder höher und muss im Kernel ausdrücklich eingeschaltet werden. Zu den erweiterten Fähigkeiten gehören:

- Kompatibilität und Zusammenarbeit mit Firewalls und NAT-Geräten
- Integration des Sperr- und Verbindungsprotokolls in den Kern des NFS-Protokolls
- Verwendung von Zustandsinformationen
- Starke eingebaute Sicherheit
- Unterstützung von Replikation und Migration
- Unterstützung von UNIX- und Windows-Clients
- Zugriffssteuerungslisten (ACLs)
- Unterstützung von Unicode-Dateinamen
- Gute Leistung auch auf langsamen Verbindungen

nfs.sourceforge.net hat aktuelle Informationen über den Stand von NFSv4 für Linux und verweist auf die neuesten Softwareversionen.

Weil sich NFSv4 noch in der Entwicklung befindet, gehen wir in diesem Kapitel nicht im Einzelnen darauf ein. Halten Sie sich über die Entwicklung auf dem Laufenden, viele der geplanten Funktionen beheben seit langem bestehende Mängel von NFS. Hoffen wir, dass Version 4 die viel versprechenden Spezifikationen erfüllt.

16.1.2 Wahl des Transportprotokolls

NFS läuft auf dem RPC-Protokoll von Sun (Remote Procedure Call). RPC definiert, wie Prozesse systemunabhängig über ein Netzwerk kommunizieren können. Diese Architektur hat die angenehme Nebenwirkung, dass man ebenso UDP wie TCP als Transportprotokoll verwenden kann.

16.1 Allgemeine Informationen über NFS

Ursprünglich benutzte NFS UDP, denn das zeigte bei den LANs und Rechnern der 1980er die beste Leistung. Zwar hat NFS seine eigene Wiederherstellung der Paketreihenfolge und seine eigene Fehlerkontrolle, aber UDP und NFS fehlen beiden die Algorithmen zur Staukontrolle, die für einen guten Durchsatz in großen IP-Netzwerken unerlässlich sind.

Um diese Nachteile zu vermeiden, können Sie in allen modernen Systemen TCP statt UDP als Transportprotokoll für NFS verwenden. Diese Möglichkeit wurde ursprünglich geschaffen, damit NFS über Router hinweg und im Internet arbeiten kann. Gegenwärtig scheint aber Übereinstimmung darin zu bestehen, dass TCP auch für lokalen NFS-Verkehr die beste Wahl ist. Im Laufe der Zeit sind die meisten der ursprünglichen Gründe, UDP gegenüber TCP zu bevorzugen, dahingeschmolzen unter den sonnigen Aussichten schnellerer CPUs, billigen Speichers und intelligenterer Netzwerkgeräte. Linux hat NFS-Dienste über TCP seit Kernel 2.4 unterstützt.

Die meisten Server, die TCP unterstützen, nehmen Verbindungen über jedes der beiden Transportprotokolle an. Die Wahl zwischen TCP und UDP trifft deshalb der Client. Er legt seine Vorlieben als Option im mount-Befehl (bei manuellem Einhängen) oder in einer Konfigurationsdatei wie /etc/fstab fest.

16.1.3 Dateisperren (File locking)

Dateisperren (wie sie durch die Systemaufrufe flock, lockf und fcntl implementiert werden) sind seit langem ein wunder Punkt in UNIX-Systemen. In lokalen Dateisystemen funktionieren sie bekanntlich nicht perfekt. Im Umfeld von NFS steht man auf noch schwankenderem Grund. NFS-Server sind entwurfsbedingt zustandslos, sie haben keine Ahnung, welche Rechner eine gegebene Datei benutzen. Diese Information wird aber benötigt, um Sperren zu verwalten. Was tun?

Es hat sich eingebürgert, Dateisperren außerhalb von NFS zu verwalten. Die meisten Systeme stellen zwei Daemons zur Verfügung, lockd und statd, die versuchen, damit klarzukommen. Leider ist die Aufgabe aus verschiedenen gravierenden Gründen problematisch, weshalb Dateisperren in NFS normalerweise eine unsichere Angelegenheit sind.

16.1.4 Festplattenkontingente (Quotas)

Informationen über den verfügbaren Plattenplatz auf entfernten Rechnern kann man von einem unabhängigen Server, rquotad, erhalten. NFS-Server beachten Plattenkontingente, wenn solche für das zugrunde liegende Dateisystem vorgesehen sind. Benutzer können die Information über ihre Kontingente aber nur sehen, wenn rquotad auf dem entfernten Server läuft.

Wir halten Plattenkontingente im Großen und Ganzen für überholt. Manche Unternehmen verlassen sich noch auf sie, um Benutzer daran zu hindern, allen verfügbaren Plattenplatz zu usurpieren. Falls Sie für eine dieser Firmen arbeiten, ziehen Sie die

Dokumentation der jeweiligen Linux-Distribution über Plattenkontingente zurate. Wir gehen hier nicht weiter auf rquotad ein.

16.1.5 Cookies und zustandsloses Einhängen

Ein Client muss ein NFS-Dateisystem ausdrücklich einhängen (»mounten«), bevor er damit arbeiten kann, ebenso wie er ein Dateisystem auf einer lokalen Platte einhängen muss. Weil NFS aber zustandslos ist, führt der Server nicht Buch darüber, welche Clients das jeweilige Dateisystem eingehängt haben. Stattdessen hinterlegt der Server einfach ein geheimes »Cookie«, wenn eine Mount-Anforderung erfolgreich abgeschlossen wurde.

Das Cookie weist das eingehängte Verzeichnis gegenüber dem Server aus und bietet dem Client so ein Mittel, auf seine Inhalte zuzugreifen.

Wird ein Dateisystem auf dem Server aus- und wieder eingehängt, ändert sich üblicherweise sein Cookie. Als Ausnahme davon überstehen Cookies den Neustart eines Rechners. Dadurch kann ein abgestürzter Server in seinen vorherigen Zustand zurückkehren. Versuchen Sie aber nie, im Einbenutzerbetrieb hochzufahren, mit den Dateisystemen herumzuspielen und dann neu zu starten. Dieser Vorgang widerruft die Cookies und hindert Clients, auf die Dateisysteme zuzugreifen, die sie eingehängt haben. Sie müssen dann selbst neu hochfahren oder die Dateisysteme neu einhängen.

Hat ein Client ein derartiges Cookie erhalten, so verwendet er das RPC-Protokoll, um Operationen auf dem Dateisystem anzufordern, etwa um eine Datei zu erstellen oder einen Datenblock zu lesen. Weil NFS ein zustandsloses Protokoll ist, liegt es in der Verantwortung des Clients, sicherzustellen, dass der Server Schreibanforderungen bestätigt, und erst dann die eigene Kopie der zu schreibenden Daten zu löschen.

16.1.6 Namenskonventionen für gemeinsam genutzte Dateisysteme

NFS lässt sich leichter handhaben, wenn Ihre Namensregeln für eingehängte Dateisysteme den Namen des entfernten Servers einschließen (z. B. /anchor/tools für ein Dateisystem, das auf anchor liegt). Solche Namen helfen den Anwendern, Mitteilungen der Art »anchor wird Samstag wegen eines Upgrades außer Betrieb sein« in nützliche Information umzusetzen wie: »Also kann ich am Samstag meine Diplomarbeit nicht mit /anchor/tools/TeX fertig schreiben; da geh' ich besser zum Skifahren.«

Bei diesem Vorgehen muss das Verzeichnis /anchor im Wurzelverzeichnis aller Clientrechner liegen. Wenn ein Client auf Dateisysteme mehrerer anderer Hosts zugreift, kann das Wurzelverzeichnis unübersichtlich werden. Erwägen Sie, tiefer zu staffeln (z. B. /home/anchor, /home/rastadon usw.). Wir empfehlen, ein derartiges Verfahren mit einem Automounter-Daemon zu verwirklichen, wie er in Abschnitt 16.6 beschrieben ist.

16.1.7 NFS und die Sicherheit

NFS bietet eine bequeme Methode zum Zugriff auf Dateien in einem Netz, birgt dadurch aber auch ein großes Potenzial für Sicherheitsprobleme. In vielerlei Hinsicht ist NFS Version 3 ein Musterbeispiel für alles, was jemals bei der Sicherheit in UNIX und Linux im Argen lag. Das Protokoll wurde anfänglich ohne jeden Gedanken an Sicherheit entworfen, und Bequemlichkeit hat ihren Preis. Zum Glück hat Linux einige Eigenschaften, die die Sicherheitsprobleme, an denen NFS seit jeher litt, verringern und eingrenzen.

Zugriff auf NFS-Laufwerke erhält man mittels einer Datei namens /etc/exports, welche die Hostnamen (oder IP-Adressen) von Systemen aufführt, die auf die Dateisysteme eines Servers zugreifen dürfen. Unglücklicherweise ist das eine schwache Art Sicherheit, denn der Server vertraut den Clients, wenn sie angeben, wer sie sind. Man kann Clients leicht eine falsche Identität vortäuschen lassen, deshalb sollten Sie diesem Verfahren nicht voll vertrauen. Trotzdem sollten Sie Dateisysteme nur auf Clients exportieren, denen Sie vertrauen, und immer darauf achten, dass Sie nicht versehentlich Dateisysteme in alle Welt exportieren.

Tipp

In Abschnitt 16.2.1 finden Sie weitere Informationen zur exports-Datei.

Den Zugriff auf NFS-Ports sollten Sie immer streng beschränken. Erfreulicherweise enthalten alle Versionen von Linux eine Firewall, die das erledigen kann.

Genauso wie in lokalen Dateisystemen, wird der Zugriff auf NFS-Dateisysteme anhand von UID, GID und Dateiberechtigungen gesteuert. Aber auch hier überlässt es der NFS-Server dem Client mitzuteilen, wer auf Dateien zugreift. Wenn Johanna und Reinhard dieselbe UID haben, nur auf zwei verschiedenen Clients, haben sie jeweils Zugriff auf die NFS-Dateien des anderen. Darüber hinaus können Anwender mit root-Zugang zu einem System in jede beliebige UID wechseln; der Server wird ihnen freudig Zugriff auf die entsprechenden Dateien gewähren. Aus diesen Gründen empfehlen wir Ihnen dringend, netzweit eindeutige UIDs sowie die im folgenden Abschnitt beschriebene Option root_squash zu verwenden.

Wir kennen eine große Bildungseinrichtung, die den Fehler beging, root_squash nicht zu verwenden. Infolgedessen wurden fünf große Server und sechzig Desktoprechner missbraucht. Es brauchte ein langes Feiertagswochende, den Schaden einzudämmen und die Computer wieder einzurichten.

Wenn Ihr Betrieb eine Netzwerkfirewall eingerichtet hat, empfiehlt es sich, den Zugang zu den TCP- und UDP-Ports 2049 zu sperren, die NFS benutzt. Sie sollten auch den Zugriff auf den `portmap`-Daemon sperren, der in der Regel die TCP- und UDP-Ports 111 abhört. Es ist in diesen Vorsichtsmaßnahmen inbegriffen (aber wohl erwähnenswert), dass NFS-Dateisysteme nicht auf entfernte Rechner oder über das öffentliche Internet exportiert werden sollten.

Tipp

In Abschnitt 20.12 lesen Sie Näheres zu Netzwerkfirewalls.

16.1.8 root-Zugang und das nobody-Konto

Wenn die Benutzer im Allgemeinen auch unabhängig von ihrem Standort dieselben Rechte erhalten sollten, so ist es doch üblich, `root` daran zu hindern, auf eingehängten NFS-Dateisystemen herumzustolzieren. Standardmäßig fängt der Linux-NFS-Server Anfragen für die UID 0 ab und ändert sie so, dass sie von einem anderen Benutzer zu kommen scheinen. Diese Vorgehensweise heißt »root-Squashing«. Das `root`-Konto wird nicht völlig ausgesperrt, aber auf die Möglichkeiten eines gewöhnlichen Benutzers beschränkt.

Ein Ersatzkonto namens `nobody` dient eigens als der Pseudoanwender, als der sich ein entfernter `root` auf einem NFS-Server maskiert. Die übliche UID für `nobody` ist 65534 (als Zweierkomplement gleichwertig mit UID -2).[1] Sie können die voreingestellte UID- und GID-Zuordnung für `root` mit den Exportoptionen `anonuid` und `anongid` ändern. Mit der Option `all_squash` lassen sich alle Client-UIDs auf dieselbe UID des Servers abbilden. Diese Konfiguration beseitigt alle Unterschiede zwischen den Benutzern und schafft eine Art öffentlich zugängliches Dateisystem.

Am anderen Ende des Spektrums schaltet die Option `no_root_squash` die UID-Zuordnung für `root` aus. Diese Option wird bisweilen gebraucht, um Rechner ohne Festplatte oder Software zu unterstützen, die `root`-Zugriff auf das Dateisystem erfordert. Im Allgemeinen ist es keine gute Idee, diese Funktion einzuschalten, denn mit ihr können Benutzer mit root-Rechten auf dem Client Dateien ändern, die normalerweise geschützt sind. Wie dem auch sei, die Option ist vorhanden.

---

1 Obwohl der NFS-Server von Red Hat als Voreinstellung UID -2 hat, ist das nobody-Konto in der Datei passwd mit UID 99 eingetragen. Sie können das so lassen und einen passwd-Eintrag mit UID -2 hinzufügen oder anonuid und anongid auf 99 ändern, wenn Ihnen das lieber ist. Die anderen Distributionen verwenden in der Datei passwd wie erwartet UID -2 für die Konten nobody und nogroup.

Die Absicht hinter diesen Vorsichtsmaßnahmen ist gut, aber ihr wirklicher Wert ist nicht so hoch, wie es scheint. Bedenken Sie, dass root auf einem NFS-Client mit su zu jeder gewünschten UID wechseln kann. Deshalb sind Anwenderdateien nie wirklich geschützt. System-Logins wie bin und sys werden nicht auf eine UID abgebildet. Alle Dateien, die ihnen gehören, wie gelegentlich Systembinärdateien oder Anwendungen von Drittherstellern, sind durch Angriffe verwundbar. Die einzige echte Wirkung der UID-Zuordnung besteht darin, Zugriff auf Dateien zu verhindern, die root gehören und nicht für alle Welt lesbar oder schreibbar sind.

16.2 Serverseitiges NFS

Man sagt, ein Server »exportiert« ein Verzeichnis, wenn er es anderen Rechnern zum Zugriff zur Verfügung stellt.

In NFS Version 3 ist der Prozess, mit dem Clients ein Dateisystem einhängen (d. h. sein geheimes Cookie erfahren), von dem Prozess für den Dateizugriff völlig getrennt. Die Operationen benutzen unterschiedliche Protokolle und die Anforderungen werden von verschiedenen Daemons bedient: mountd für Anforderungen zum Einhängen und nfsd für den eigentlichen Dateidienst. Diese Daemons heißen in Wirklichkeit rpc.nfsd und rpc.mountd zur Erinnerung daran, dass sie auf RPC als zugrunde liegendem Protokoll beruhen (und deshalb voraussetzen, dass portmap läuft; siehe Abschnitt 29.3.4). Wir lassen das Präfix rpc der Lesbarkeit halber fort.

Auf einem NFS-Server sollten sowohl mountd als auch nfsd starten, wenn das System hochfährt, und laufen, solange das System in Betrieb ist. Die Startskripte des Systems starten die Daemons üblicherweise automatisch, falls Sie irgendwelche Exporte konfiguriert haben. Tabelle 16.1 zeigt die Namen der Startskripte des NFS-Servers für die einzelnen Distributionen.

Distribution	Pfade der Startskripte
Red Hat Enterprise	/etc/rc.d/init/nfs
Fedora	/etc/rc.d/init/nfs
SUSE	/etc/init.d/nfsboot[a]
Debian	/etc/init.d/nfs-kernel-server /etc/init.d/nfs-common
Ubuntu	/etc/init.d/nfs-kernel-server /etc/init.d/nfs-common

Tabelle 16.1: *Startskripte des NFS-Servers*

a) /etc/init.d/nfs *hängt bei SUSE die NFS-Clientdateisysteme ein.*

mountd und nfsd verwenden eine gemeinsame Datenbank für die Zugriffssteuerung, die ihnen sagt, welche Dateisysteme exportiert werden sollen und welche Clients sie einhängen dürfen. Die Arbeitskopie dieser Datenbank liegt standardmäßig in einer Datei mit dem Namen /usr/lib/nfs/xtab, zusätzlich zu internen Tabellen des Kernels. Da xtab nicht dafür gedacht ist, von Menschen gelesen zu werden, gibt es einen Hilfsbefehl – exportfs –, der Einträge hinzufügt und ändert. Entfernt werden Einträge aus der Exporttabelle mit exportfs -u.

Auf den meisten Systemen ist /etc/exports die maßgebliche für Menschen lesbare Liste der exportierten Verzeichnisse. Standardmäßig werden alle Dateisysteme in /etc/exports exportiert, wenn das System hochfährt. Sie können alle in /etc/exports aufgeführten Dateisysteme mit dem Befehl exportfs -a manuell exportieren. Das sollten Sie nach Änderungen in der Datei exports tun. Sie können Dateisysteme auch einmalig exportieren, indem Sie Client, Pfad und Optionen direkt in der exportfs-Befehlszeile angeben.

NFS arbeitet auf der logischen Ebene des Dateisystems. Jedes Dateisystem kann exportiert werden, es muss kein Mount-Punkt sein und ebensowenig die Wurzel eines physischen Dateisystems. Aufgrund der Sicherheit beachtet NFS allerdings die Grenzen zwischen Dateisystemen und verlangt, dass jedes Gerät gesondert exportiert wird. So kann man zum Beispiel auf einem Rechner, der eine Partition /users besitzt, das Wurzelverzeichnis exportieren, ohne /users zu exportieren.

Clients dürfen in der Regel Unterverzeichnisse eines exportierten Verzeichnisses einhängen, wenn sie das wollen. Das Protokoll fordert diese Fähigkeit aber nicht. Wenn beispielsweise ein Server /chimchim/users exportiert, könnte ein Client auch nur /chimchim/users/joe einhängen und den Rest des Verzeichnisses users unbeachtet lassen. Die meisten Varianten von UNIX lassen es nicht zu, Unterverzeichnisse eines exportierten Verzeichnisses mit abweichenden Optionen zu exportieren, Linux allerdings erlaubt das.

16.2.1 Die Datei exports

Die Datei /etc/exports zählt Dateisysteme auf, die mit NFS exportiert werden, sowie die Clients, die auf die einzelnen Dateisysteme zugreifen dürfen. Leerraumzeichen trennen das Dateisystem von der Liste der Clients und jedem Client folgt unmittelbar in (runden) Klammern eine durch Kommata getrennte Liste von Optionen. Zeilen können mit Backslash fortgesetzt werden.

So sieht das Format aus:

```
/home/boggsinura(rw,no_root_squash) lappie(rw)
/usr/share/man *.toadranch.com(ro)
```

16.2 Serverseitiges NFS

Es gibt keine Möglichkeit, zu einem Satz von Optionen mehrere Clients anzugeben, auch wenn manche Clientspezifikationen tatsächlich mehrere Hosts bezeichnen. Tabelle 16.2 listet die vier Arten von Clientspezifikationen auf, die in der Datei exports vorkommen können.

Typ	Syntax	Bedeutung
Hostname	hostname	Einzelner Host
Netzgruppe	@gruppenname	NIS-Netzgruppe, siehe Abschnitt 17.4
Platzhalter	* und ?	FQDNs mit Platzhaltern. * erfasst keinen Punkt.
IP-Netzwerke	ipadresse/maske	Angaben im Stil von CIDR (z. B. 128.138.92.128/25)

Tabelle 16.2: Clientangaben in der Datei /etc/exports

Tabelle 16.3 zeigt die am häufigsten vorkommenden Exportoptionen.

Option	Beschreibung
ro	Exportiert nur zum Lesen
rw	Exportiert zum Lesen und Schreiben (Voreinstellung)
rw=Liste	Exportiert im Allgemeinen zum Lesen; Liste zählt die Hosts auf, die zum Schreiben einhängen dürfen, alle anderen müssen schreibgeschützt einhängen
root_squash	Bildet UID 0 und GID 0 auf die mit anonuid und anongid angegebenen Werte ab. Dies ist die Voreinstellung.
no_root_squash	Gewährt root vollen Zugang. Gefährlich.
all_squash	Bildet alle UIDs und GIDs auf ihre anonymen Versionen ab. Nützlich, wenn PCs und nicht vertrauenswürdige Einzelbenutzerhosts unterstützt werden sollen.
anonuid=xxx	Bestimmt die UID, auf die entfernte Hosts abgebildet werden sollen
anongid=xxx	Bestimmt die GID, auf die entfernte Hosts abgebildet werden sollen
secure	Verlangt, dass Zugriffe von entfernten Hosts von einem privilegierten Port ausgehen
insecure	Erlaubt entfernten Hosts den Zugriff von jedem Port
noaccess	Sperrt den Zugriff auf dieses Verzeichnis und seine Unterverzeichnisse (wird bei verschachtelten Exportvorgängen benutzt)
wdelay	Verzögert Schreibzugriffe in der Hoffnung, dass sich mehrere zusammenfassen lassen
no_wdelay	Daten werden sobald wie möglich auf die Platte geschrieben

Tabelle 16.3: Häufige Exportoptionen

Option	Beschreibung
async	Lässt den Server auf Schreibanforderungen antworten, ohne abzuwarten, dass tatsächlich auf die Platte geschrieben wurde
nohide	Zeigt Dateisysteme, die in exportierte Dateisysteme eingehängt sind
hide	Gegenteil von nohide
subtree_check	Stellt sicher, dass jede angeforderte Datei in einer exportierten Unterhierarchie liegt
no_subtree_check	Stellt nur sicher, dass sich Dateianforderungen auf ein exportiertes Dateisystem beziehen
secure_locks	Prüft die Berechtigung bei allen Sperranforderungen.
insecure_locks	Legt weniger strenge Sperrkriterien fest (unterstützt ältere Clients)
auth_nlm	Gleichbedeutend mit secure_locks
no_auth_nlm	Gleichbedeutend mit insecure_locks

Tabelle 16.3: Häufige Exportoptionen (Forts.)

Der NFS-Server von Linux besitzt die ungewöhnliche Eigenschaft, dass Unterverzeichnisse exportierter Verzeichnisse mit abweichenden Optionen exportiert werden dürfen. Benutzen Sie die Option noaccess, um eine »Exportsperre« über Unterverzeichnisse zu verhängen, die Sie nicht zugänglich machen möchten.

Zum Beispiel erlaubt die folgende Konfiguration den Hosts in der Domäne toadranch.com, nach dem Einhängen auf den gesamten Inhalt von /home mit Ausnahme von /home/boggs zuzugreifen:

```
/home        *.toadranch.com(rw)
/home/boggs  (noaccess)
```

Da die zweite Zeile keinen Clientnamen enthält, wirkt die Option auf alle Hosts. So vorzugehen, dürfte etwas sicherer sein.

Die Option subtree_check (das ist die Voreinstellung) stellt sicher, dass jede Datei, auf die ein Client zugreift, in einem exportierten Unterverzeichnis liegt. Wenn Sie diese Option ausschalten, ist nur sichergestellt, dass die Datei in einem exportierten Dateisystem liegt. Die Prüfung auf Unterverzeichnisse kann gelegentlich zu Problemen führen, wenn eine angeforderte Datei umbenannt wird, während der Client sie geöffnet hat. Wenn Sie häufig mit solchen Situationen rechnen, ziehen Sie no_subtree_check in Betracht.

Die Option secure_locks verlangt Autorisierung und Authenifizierung, um Dateien zu sperren. Manche NFS-Clients senden keine Anmeldeinformationen mit Sperranforderungen und funktionieren nicht zusammen mit secure_locks. In diesem Fall können Sie nur allgemein lesbare Dateien sperren. Die beste Lösung ist, diese Clients durch

16.2 Serverseitiges NFS

solche zu ersetzen, die Anmeldeinformationen unterstützen. Als Lückenbüßer können Sie aber auch die Option insecure_locks setzen.

Denken Sie daran, exportfs -a laufen zu lassen, nachdem Sie die Datei exports geändert haben, damit Ihre Änderungen in Kraft treten.

16.2.2 nfsd: Dateianforderungen bedienen

Nachdem mountd die Mount-Anforderung eines Client bestätigt hat, kann der Client allerlei Dateisystemoperationen anfordern. Diese Anforderungen werden auf dem Server von nfsd bearbeitet, dem ausführenden Daemon von NFS[2]. Auf NFS-Clientrechnern braucht nfsd nicht zu laufen, es sei denn, der Client exportiert seinerseits Dateisysteme.

nfsd benötigt ein numerisches Argument, nämlich die Anzahl der Serverthreads, die er zu starten hat. Es ist wichtig, eine passende Anzahl von nfsd-Threads zu wählen, doch leider hat das etwas von einer schwarzen Kunst an sich. Ist die Anzahl zu hoch oder zu niedrig, kann die Leistung von NFS leiden.

Im Allgemeinen sind acht nfsd-Threads angemessen, wenn der Server nicht häufig in Anspruch genommen wird, auch sind es wenig genug, um keine ernsthaften Leistungsengpässe entstehen zu lassen. Auf einem Produktionsserver liegt ein guter Wert irgendwo zwischen zwölf und zwanzig. Wenn Sie feststellen, dass ps die meisten der nfsd-Threads im Zustand D anzeigt und noch ungenutzte CPU-Leistung übrig ist, dann ziehen Sie in Betracht, die Anzahl der Threads zu erhöhen. Sehen Sie die durchschnittliche Auslastung, wie sie von uptime angezeigt wird, steigen, dann sind Sie zu weit gegangen. Bleiben Sie etwas unterhalb dieser Schwelle. Sie sollten auch regelmäßig nfsstat laufen lassen, um auf Leistungsprobleme aufmerksam zu werden, die von der Anzahl der nfsd-Threads abhängen könnten. In Abschnitt 16.4 finden Sie weitere Information über nfsstat.

Auf einem ausgelasteten NFS-Server mit vielen UDP-Clients können UDP-Sockets überlaufen, wenn Anforderungen ankommen, während alle nfsd-Threads belegt sind. Sie können die Anzahl der Überläufe mit netstat -s überwachen. Fügen Sie weitere nfsd-Threads hinzu, bis die Anzahl der UDP-Socketengpässe auf null fällt. Diese Überläufe weisen auf eine schwere Unterversorgung an Server-Daemons hin. Sie sollten dann einige mehr einsetzen, als dieser Messwert anzeigt.

Die Anzahl der nfsd-Prozesse ändern Sie, indem Sie das entsprechende Startskript in /etc/init.d bearbeiten oder die Anzahl an der Befehlszeile angeben, falls Sie nfsd manuell starten. In Tabelle 16.1 finden Sie den Namen des Skripts, das Sie bearbeiten müssen.

---

[2] In Wirklichkeit ruft nfsd nur über einen nicht zurückkehrenden Systemaufruf den NFS-Servercode des Kernels auf.

16.3 Clientseitiges NFS

NFS-Dateisysteme werden weitgehend wie lokale Dateisysteme eingehängt. Der Befehl mount deutet die Schreibweise *hostname:verzeichnis* als Pfad *verzeichnis* auf Rechner *hostname*. Wie bei lokalen Dateisystemen, bildet mount das entfernte Verzeichnis auf dem entfernten Host auf ein Verzeichnis im lokalen Dateibaum ab. Nachdem es eingehängt ist, wird auf ein NFS-Dateisystem ebenso zugegriffen wie auf ein lokales. Der Systemadministrator eines NFS-Clients hat es hauptsächlich mit dem Befehl mount und dessen NFS-Erweiterungen zu tun.

Bevor ein NFS-Dateisystem eingehängt werden kann, muss es entsprechend exportiert werden (siehe den Abschnitt 16.2. Wollen Sie sich davon überzeugen, dass der Server seine Dateisysteme aus Clientsicht richtig exportiert hat, benutzen Sie auf dem Client den Befehl showmount:

```
$ showmount -e coyote
Export list for coyote:
/home/boggs inura.toadranch.com
```

Dieses Beispiel zeigt, dass der Server coyote das Verzeichnis /home/boggs für den Client inura.toadranch.com exportiert hat. Die Ausgabe von showmount sollten Sie als Erstes überprüfen, wenn ein NFS-Mount nicht funktioniert und Sie sich bereits überzeugt haben, dass die Dateisysteme auf dem Server korrekt mit exportfs exportiert wurden. (Sie könnten ja die Datei exports geändert und danach exportfs -a vergessen haben.)

Wenn das Verzeichnis auf dem Server richtig exportiert worden ist, aber showmount einen Fehler anzeigt oder eine leere Liste ausgibt, dann sollten Sie nochmals prüfen, ob auf dem Server alle erforderlichen Prozesse laufen (portmap, mountd, nfsd, statd und lockd), dass die Dateien hosts.allow und hosts.deny Zugang zu diesen Daemons gewähren und dass Sie auf dem richtigen Clientsystem arbeiten.

Um das Dateisystem dann einzuhängen, verwenden Sie einen Befehl wie diesen:

```
# mount -o rw,hard,intr,bg coyote:/home/boggs /coyote/home/boggs
```

Die Optionen hinter -o legen fest, dass das Dateisystem zum Lesen und Schreiben eingehängt werden soll, dass Zugriffe unterbrochen werden dürfen und dass Wiederholungsversuche im Hintergrund laufen sollen. Diese Einstellungen sind fast Standard, andere gebräuchliche Einstellungen enthält Tabelle 16.4.

Option	Beschreibung
rw	Hängt das Dateisystem zum Lesen und Schreiben ein (es muss auch so exportiert sein) (»read-write«)
ro	Hängt das Dateisystem nur zu Lesen ein (»read-only«)

Tabelle 16.4: NFS-Einhängeoptionen

16.3 Clientseitiges NFS

Option	Beschreibung
bg	Wenn das Einhängen fehlschlägt (der Server antwortet nicht), wird es im Hintergrund weiter versucht und mit anderen Mount-Anforderungen weitergemacht (»background«).
hard	Operationen, die auf einen nicht laufenden Server zugreifen wollen, werden blockiert, bis der Server wieder erreichbar ist.
soft	Operationen, die auf einen nicht laufenden Server zugreifen wollen, schlagen fehl und geben eine Fehlermeldung aus. Diese Einstellung ist sinnvoll, wenn Prozesse bei unwichtigen Mounts nicht »hängen bleiben« sollen.
intr	Gestattet Anwendern, hängende Operationen zu unterbrechen (und liefert eine Fehlermeldung) (»interrupt«).
nointr	Gestattet keine Unterbrechung durch den Anwender
retrans=n	Legt fest, wie oft eine Anforderung wiederholt werden soll, bevor bei einem mit soft eingehängten Dateisystem ein Fehler gemeldet wird (»retransmit«).
timeo=n	Stellt die Zeit ein (in Zehntelsekunden), nach der eine Anforderung abgebrochen wird (»timeout«)
rsize=n	Setzt die Größe des Lesepuffers auf n Bytes (»readsize«)
wsize=n	Setzt die Größe des Schreibpuffers auf n Bytes (»writesize«).
nfsvers=n	Wählt die Version 2 oder 3 des NFS-Protokolls (das geschieht gewöhnlich automatisch).
tcp	Wählt TCP als Transportprotokoll. Voreinstellung ist UDP.
async	Veranlasst den Server, auf Schreibanforderungen zu antworten, ohne den Schreibvorgang abzuwarten (»asynchronous«).

Tabelle 16.4: NFS-Einhängeoptionen (Forts.)

Fest (mit hard) eingehängte Dateisysteme (die Voreinstellung) lassen Prozesse hängen, wenn ihr Server herunterfährt. Dieses Verhalten ist besonders lästig, wenn die betroffenen Prozesse Standard-Daemons sind. Deshalb raten wir davon ab, kritische Systemprogramme über NFS bereitzustellen. Normalerweise haben Sie mit den Optionen soft und intr weniger NFS-Probleme. Diese Optionen können allerdings ihre eigenen unerwünschten Nebenwirkungen haben, wie eine zwanzigstündige Simulation abzuwürgen, nachdem sie achtzehn Stunden gelaufen ist, und das nur wegen einer vorübergehenden Störung im Netz[3]. Automatische Mounter wie autofs, das wir weiter hinten in diesem Kapitel besprechen, bieten auch einige Heilmittel für die Gebrechen beim Einhängen.

---

[3] Jeff Forys, einer unserer Fachlektoren, hat dazu angemerkt: »Die meisten Mountvorgänge sollten hard, intr und bg benutzen, denn diese Optionen bewahren die ursprünglichen Entwurfsziele von NFS am besten (Zuverlässigkeit und Zustandslosigkeit). soft ist abscheulich, ein teuflischer Hack. Wenn der Anwender unterbrechen möchte, gut. Sonst warte auf den Server und alles wird schließlich gut, ohne Datenverlust.«

Die Größe des Lese- und Schreibpuffers bezieht sich auf das Einhängen sowohl mit UDP als auch mit TCP, aber die günstigsten Werte sind verschieden. Da Sie sich darauf verlassen können, dass TCP die Daten wirkungsvoll überträgt, sollten die Werte höher sein, 32K ist ein guter Wert. Bei UDP ist 8K ein guter Wert, wenn Server und Client in demselben Netz hängen[4]. Die Voreinstellung ist 1K, obwohl sogar die man-Seite empfiehlt, aufgrund der besseren Leistung auf 8K zu erhöhen.

In den alten Kernels Linux 2.2 und 2.4 ist die Größe der Input-Queue auf 64K voreingestellt. Wenn acht nfsd-Threads auf dem NFS-Server laufen, kann auf jeder Instanz von nfsd nur eine Anforderung ausstehen, ohne dass Anforderungen fallen gelassen werden. Es ist deshalb überlegenswert, nur die Empfangswarteschlange für nfsd zu vergrößern und sie auf die Voreinstellung zurückzusetzen, wenn nfsd gestartet ist. Dann werden andere Prozesse von der Änderung nicht beeinträchtigt. Sie können die Eingabewarteschlange in Ihren Systemstartskripten mit procfs vergrößern.

Das folgende Beispiel setzt die Größe der Warteschlange auf 256K, was ein sinnvoller Standardwert ist:

```
rmem_default='cat /proc/sys/net/core/rmem_default'
rmem_max='cat /proc/sys/net/core/rmem_max'
echo 262144 > /proc/sys/net/core/rmem_default
echo 262144 > /proc/sys/net/core/rmem_max
```

Starten Sie rpc.nfsd (gegebenenfalls Neustart) und setzen Sie dann die Einstellungen auf ihre ursprünglichen Werte zurück.

```
echo $rmem_default > /proc/sys/net/core/rmem_default
echo $rmem_max > /proc/sys/net/core/rmem_max
```

Sie können das Einhängen mit df genauso wie bei einem lokalen Dateisystem prüfen:

```
$ df /coyote/home/boggs
Filesystem         1k-blocks    Used      Available   Use%    Mounted on
coyote:/home/boggs 17212156     1694128   14643692    11%     /coyote/home/boggs
```

Sie hängen NFS-Partitionen mit dem Befehl umount aus. Falls das NFS-Dateisystem gerade benutzt wird, wenn Sie versuchen, es auszuhängen, bekommen Sie einen Fehler wie den Folgenden:

```
umount: /coyote/home/boggs: device is busy
```

---

4   Wenn Sie iptables verwenden, müssen Sie vielleicht eine Regel einführen, dass Fragmente akzeptiert werden, denn 8K liegt über der MTU für Ethernet. Wenn Sie Fragmente akzeptieren, können Sie für Denial-of-Service-Angriffe verwundbarer werden.

16.3 Clientseitiges NFS

Wie jedes andere Dateisystem, kann ein NFS-Dateisystem nicht ausgehängt werden, solange es benutzt wird. Suchen Sie mit lsof Prozesse, die Dateien auf dem Dateisystem geöffnet haben, beenden Sie sie oder, wenn es sich um Shells handelt, wechseln Sie das Verzeichnis. Wenn alles andere versagt oder der Server nicht läuft, versuchen Sie, das Dateisystem mit umount -f zwangsweise auszuhängen.

16.3.1 Remote-Dateisysteme beim Booten einhängen

Sie können mit dem Befehl mount zeitweilig Dateisysteme im Netzwerk einhängen. Verbindungen, die zur ständigen Konfiguration des Systems gehören, sollten Sie aber in /etc/fstab eintragen. Sie werden dann automatisch beim Hochfahren eingehängt. Eine Alternative dazu bietet ein automatischer Mount-Dienst wie autofs.

Tipp

In Abschnitt 16.6.1 erfahren Sie Weiteres zu autofs.

Die folgenden Einträge in fstab hängen die Dateisysteme /home und /usr/local der Hosts coyote und inura ein:

```
# filesystem         mountpoint      fstype  flags                               dump fsck
coyote:/home         /coyote/home    nfs     rw,bg,intr,hard,nodev,nosuid        0    0
inura:/usr/local     /usr/local      nfs     ro,bg,intr,soft,nodev,nosuid        0    0
```

Tipp

In Abschnitt 7.4.6 stehen weitere Informationen über die Datei fstab.

Wenn Sie in fstab Einträge hinzufügen, dann achten Sie darauf, die entsprechenden Einhängepunkte mit mkdir zu erzeugen. Sie können Ihre Änderungen sofort in Kraft setzen, ohne neu zu starten, indem Sie mount -a -t nfs ausführen. Das hängt alle Dateisysteme ein, die in fstab den Typ nfs haben.

Das Feld flags von /etc/fstab legt Optionen für NFS-Mounts fest. Dies sind genau die Optionen, die Sie auch im Befehl mount angeben würden.

16.3.2 Exporte zu unsicheren Ports beschränken

NFS-Clients können beliebige UDP- oder TCP-Quellports benutzen, wenn sie sich mit einem NFS-Server verbinden. Allerdings können Linux-Systeme darauf bestehen, dass Anforderungen von einem privilegierten Port kommen, also einem Port mit einer Nummer unter 1024, wenn das Dateisystem mit der Option für sicheren Export exportiert wird. Diese Option ist standardmäßig eingeschaltet. In der Welt der PCs und Linux-Desktopcomputer bieten privilegierte Ports kaum Sicherheit.

NFS-Clients unter Linux übernehmen das herkömmliche (und immer noch empfehlenswerte) Verfahren, standardmäßig einen privilegierten Port zu benutzen, um möglichen Konflikten auszuweichen. Wenn Sie Mounts von unprivilegierten Quellports erlauben wollen, exportieren Sie das Dateisystem mit der Option für unsicheren Export (insecure).

16.4 nfsstat: NFS-Statistiken anzeigen

Der Befehl `nfsstat` gibt allerlei Statistiken aus, die das NFS-System führt. `nfsstat -s` zeigt Statistiken über NFS-Serverprozesse an, während `nfsstat -c` über Operationen von Seiten der Clients informiert. Hier ein Beispiel:

```
$ nfsstat -s
Server rpc stats:
calls           badcalls badauth       badclnt     xdrcall
24314112        311      9             302         0
Server nfs v2:
getattr         null     setattr       root        lookup          readlink
8470054 34%     58  0%   55199 0%      0     0%    1182897 4%      917   0%
read            wrcache  link          create      remove          rename
6602409 27%     0   0%   7452  0%      61544 0%    46712   0%      11537 0%
write           symlink  mkdir         rmdir       readdir         fsstat
7785789 32%     744 0%   3446  0%      2539  0%    13614   0%      69201 0%
```

Dieses Beispiel stammt von einem recht gesunden NFS-Server. Sind mehr als 3% der Aufrufe fehlerhaft, liegt das Problem wahrscheinlich bei Ihrem NFS-Server oder dem Netz. Werten Sie die allgemeine Netzstatistik mit `netstat -s` aus. Sie kann Probleme mit verlorenen Paketen, der Zusammensetzung von Fragmenten oder dem Überlauf von Netzwerkwarteschlangen aufdecken, die Ihre NFS-Leistung beeinträchtigen. Abschnitt 19.4 enthält mehr Informationen, wie Sie Ihr Netz mit `netstat` debuggen.

Sie sollten `nfsstat` und `netstat` gelegentlich ausführen und sich mit ihrer Ausgabe vertraut machen, um NFS-Probleme zu entdecken, bevor Ihre Anwender das tun.

16.5 Dedizierte NFS-Dateiserver

Ein schneller zuverlässiger Dateidienst gehört zu den wichtigsten Bestandteilen jeder Rechnerinfrastruktur in der Produktion. Sie können sicherlich Ihren eigenen Dateiserver auf einer Linux-Arbeitsstation und einer Hand voll Festplatten aus dem nächsten Laden betreiben. Das ist aber häufig nicht die leistungsstärkste oder am leichtesten zu verwaltende Lösung, wenn es auch oft die billigste ist.

Dedizierte NFS-Dateiserver gibt es seit mehr als einem Jahrzehnt. Sie bieten eine Menge Vorteile gegenüber dem Heimwerkeransatz.

- Sie sind für den Dateidienst optimiert und verfügen über die bestmögliche NFS-Leistung.

- Wenn die Speicheranforderungen wachsen, können sie stufenlos wachsen, um Terabytes an Speicher und Hunderte von Benutzern zu bedienen.

- Dank einfacherer Software, redundanter Hardware und dem Einsatz von Spiegelplatten sind sie zuverlässiger als Linux-Rechner.

- Sie bieten in der Regel Dateidienste sowohl für Linux- als auch für Windows-Clients. Manche enthalten sogar Web- und FTP-Server.

- Oft sind sie leichter zu verwalten als Linux-Dateiserver.

- Sie enthalten oft Sicherungs- und Checkpointfunktionen, die denen in gewöhnlichen Linux-Systemen überlegen sind.

Einige unserer bevorzugten dedizierten NFS-Server werden von Network Appliance Inc. (*www.netapp.com*) hergestellt. Ihre Produkte decken den Bereich von sehr klein bis sehr groß ab und die Preise sind in Ordnung. EMC ist ein anderer Anbieter auf dem Markt der High-End-Server. Diese Firma stellt gute Produkte her, aber machen Sie sich auf einen Schock angesichts der Preisschilder gefasst und üben Sie Toleranz gegenüber Marketingschlagwörtern[5].

SAN-Server (Storage Area Network) sind derzeit auch sehr beliebt. Sie unterscheiden sich von dedizierten Dateiservern dadurch, dass sie nichts von Dateisystemen wissen. Sie liefern einfach Plattenblöcke. Ein SAN ist deshalb nicht mit dem Überbau eines Betriebssystems belastet und bietet sehr schnellen Lese- und Schreibzugriff. Soweit die Theorie; in der Praxis fanden wir sie noch nicht so ausgereift für den produktiven Einsatz. Sie können ziemlich schwer in eine vorhandene Umgebung zu integrieren sein und es scheint, dass sie einen bemerkenswerten Betreuungsaufwand erfordern.

---

[5] Da wir gerade von Schlagwörtern sprechen: Eins, das Sie in diesem Zusammenhang häufig hören werden, ist »Network Attached Storage«, kurz NAS. Es ist nur eine phantasievolle Art, »Dateidienst« zu sagen.

16.6 Automatisches Einhängen

Das Vorgehen, Dateisysteme eins nach dem anderen einzuhängen, indem man sie in /etc/fstab einträgt, bringt in großen Netzen einige Probleme mit sich.

Erstens kann es mühsam sein, /etc/fstab auf einigen Hundert Rechnern zu pflegen. Jeder kann sich leicht von den anderen unterscheiden und damit individuelle Behandlung erfordern.

Zweitens kann Chaos entstehen, wenn Dateisysteme von vielen verschiedenen Hosts eingehängt werden, sobald einer dieser Server abstürzt. Jedes Programm, das auf den Mount-Punkt zugreift, wird hängen bleiben.

Drittens kann es, falls ein wichtiger Server abstürzt, die Benutzer schwer behindern, wenn dadurch wichtige Partitionen wie /usr/share/man unerreichbar werden. In dieser Lage ist es das Beste, wenn eine Kopie der Partition zeitweilig von einem Reserveserver eingehängt werden kann.

Ein Automountdämon hängt Dateisysteme ein, wenn sie angesprochen werden, und hängt sie aus, wenn sie nicht mehr gebraucht werden. Diese Arbeitsweise minimiert die Anzahl der aktiven Mount-Punkte und ist für die Anwender weitgehend unsichtbar. Den meisten Automountern können Sie auch eine Liste von »duplizierten« (identischen) Dateisystemen mitgeben, sodass das Netz weiterarbeiten kann, wenn ein Hauptserver ausfällt.

Um dieses Ein- und Aushängen im Hintergrund zu bewerkstelligen, hängt der Automounter einen virtuellen Dateisystemtreiber auf den Verzeichnissen ein, die Sie als Stellen für automatisches Einhängen bezeichnet haben. In der Vergangenheit tat der Automounter das, indem er sich als NFS-Server ausgab, aber diese Methode leidet unter merklichen Einschränkungen und ist auf heutigen Systemen kaum noch zu finden. Heute benutzt man einen Dateisystemtreiber, der im Kernel liegt, genannt autofs.

Anstatt ein echtes Dateisystem widerzuspiegeln, stellt ein Automounter aus den Angaben, die Sie in seine Konfigurationsdatei eintragen, eine Dateihierarchie zusammen. Wenn ein Benutzer auf ein Verzeichnis innerhalb des virtuellen Dateisystems des Automounters zugreift, fängt der Automounter den Zugriff ab und hängt das echte Dateisystem ein, das der Benutzer erreichen möchte.

16.6.1 automount: Dateisysteme nach Bedarf einhängen

Die Idee des Automounters stammt ursprünglich von Sun. Der Automounter von Linux, genannt autofs, ahmt den Automounter von Sun nach, verwirklicht das Konzept aber auf seine eigene Art und unterscheidet sich in mancher Hinsicht.

16.6 Automatisches Einhängen

automount ist ein Hintergrundprozess, der einen einzelnen Mount-Punkt für autofs den Kernelteil des Linux-Automounters konfiguriert. Das Startskript /etc/init.d/autofs verarbeitet eine »Masterdatei«, üblicherweise /etc/auto.master, und führt automount für jeden der aufgeführten Mount-Punkte aus. In der Regel findet man eine laufende Instanz von automount für jeden konfigurierten automatischen Mount-Punkt.

Sie müssen den Befehl automount selten selbst direkt verwenden, denn fast die gesamte Verwaltung des Automounters erledigt das Skript /etc/init.d/autofs (oder, im Fall von Red Hat und Fedora, /etc/rc/init.d/autofs).[6] Wie die meisten Startskripte, akzeptiert autofs einen einzigen Parameter, der den Wert start, stop, reload, restart oder status annehmen kann. Immer, wenn die Konfiguration des Automounters geändert wird, müssen Sie autofs reload ausführen, um die Änderungen in Kraft zu setzen. autofs status liefert Ihnen den Zustand der vorhandenen Automounts.

Die Datei auto.master verknüpft einen Mount-Punkt mit einer so genannten »Map«. Die Map setzt den Namen des angesprochenen Verzeichnisses – den Schlüssel – in eine Befehlszeile um, die mount verwenden kann, um den eigentlichen Mount-Vorgang auszuführen. Bei der Map kann es sich um eine Textdatei, ein ausführbares Programm oder eine NIS- oder LDAP-Datenbank handeln.

Wenn ein Anwender ein Dateisystem anspricht, das mit dem Kernelmodul des autofs-Dateisystems eingehängt wurde, benachrichtigt das Kernelmodul den benutzerseitigen automount-Prozess von dem Zugriff. Der automount-Prozess entscheidet, welches Dateisystem einzuhängen ist, indem er die maßgebliche Map-Datei oder das Programm zurate zieht. Er hängt es dann ein und überlässt danach die Steuerung wieder dem Anwender, der den Zugriff ausgelöst hat.

Sie können nachsehen, welche autofs-Dateisysteme es gibt und welchen automount-Prozessen sie zugeordnet sind, indem Sie mount und ps ausführen:

```
$ mount
/dev/hda3 on / type ext2 (rw)
proc on /proc type proc (rw)
/dev/hda1 on /boot type ext2 (rw)
automount(pid8359) on /misc type autofs     // automounter filesystem
(rw,fd=5,pgrp=8359,minproto=2,maxproto=4)
automount(pid8372) on /net type autofs      // automounter filesystem
(rw,fd=5,pgrp=8372,minproto=2,maxproto=4)

$ ps auxw | grep automount
root      8359  0.0  1.0  1360  652 ?      S     Dec27  0:00 /usr/sbin/automount
/misc file /etc/auto.misc
root      8372  0.0  1.0  1360  652 ?      S     Dec27  0:00 /usr/sbin/automount
/net program /etc/auto.net
```

---

[6] *Verwechseln Sie das Skript* autofs *nicht mit dem Dateisystem* autofs. *Die Beziehung der beiden besteht darin, dass das Skript dem Kernel sagt, wie er das Dateisystem zu konfigurieren hat.*

Sie sehen hier zwei autofs-Dateisysteme, eingehängt auf /misc und /net. Diese virtuellen Dateisysteme sind den automount-Prozessen mit den PIDs 8359 und 8372 zugeordnet. Welche automount-Befehle das Skript /etc/init.d/autofs gegeben hat, zeigt die Ausgabe von ps. auto.misc ist eine gewöhnliche Map-Datei, auto.net ein ausführbares Programm. Weiter hinten werden diese Maps ausführlich beschrieben.

16.6.2 Die Masterdatei

Die Datei /etc/auto.master führt die Verzeichnisse auf, an denen autofs-Dateisysteme eingehängt werden sollen, und ordnet jedem Verzeichnis eine Map zu. Außer dem Stammverzeichnis und dem Namen der Map können Sie auch Optionen angeben, und zwar in demselben Format wie hinter »-o« im Befehl mount. Diese Optionen wirken auf jeden Eintrag in der Map. Die Konventionen von Linux unterscheiden sich von denen von Sun darin, dass sie die Optionen der Masterdatei mit denen der Map vereinigen; beide Optionssätze werden an mount übergeben.

Eine einfache Masterdatei, die die Map-Datei aus dem nächsten Abschnitt nutzt, kann etwa wie folgt aussehen:

```
# Directory    Map               Options
/chimchim      /etc/auto.chim    -secure,hard,bg,intr
```

Die Masterdatei kann durch eine Version ersetzt oder ergänzt werden, die mittels NIS gemeinsam benutzt wird. Woher das System seine Informationen zum automatischen Einhängen nimmt, wird mit dem Feld automount in /etc/nsswitch.conf festgelegt. In Abschnitt 17.4.3 finden Sie weitere Informationen zur Datei nsswitch.conf.

16.6.3 Map-Dateien

Map-Dateien, in anderen Systemen als »indirekte Maps« bezeichnet, hängen mehrere Dateisysteme unterhalb eines gemeinsamen Verzeichnisses automatisch ein. Der Pfad des Verzeichnisses wird in der Masterdatei angegeben, nicht in der Map-Datei selbst. Für Dateisysteme, die unter /chimchim (entspricht dem obigen Beispiel) eingehängt werden, kann die Map folgendermaßen aussehen:

```
users    chimchim:/chimchim/users
devel    -soft,nfsproto=3 chimchim:/chimchim/devel
info     -ro chimchim:/chimchim/info
```

Die erste Spalte bezeichnet das Unterverzeichnis, in dem der betreffende Automount eingerichtet werden soll. Darauf folgen die Mount-Optionen und der Quellpfad des Dateisystems. Dieses Beispiel, gespeichert in /etc/auto.chim, sagt automount, dass er die Verzeichnisse /chimchim/users, /chimchim/devel und /chimchim/info des Hosts chimchim einhängen kann, wobei info nur zum Lesen und devel mit Version 3 des NFS-Protokolls eingehängt wird.

16.6 Automatisches Einhängen

In dieser Konfiguration lauten die Pfade auf chimchim und dem lokalen Rechner gleich. Notwendig ist das nicht. Und wenn man auf allen Rechnern dieselbe autofs-Konfiguration verwenden will, dann ist das sogar hinderlich.

16.6.4 Ausführbare Maps

Wenn eine Map-Datei ausführbar ist, wird angenommen, dass sie ein Skript oder Programm ist, das Automountinformation dynamisch erzeugt. Anstatt die Map als Textdatei zu lesen, führt der Automounter sie mit einem Argument aus, dem Schlüssel, der angibt, auf welches Unterverzeichnis der Anwender zuzugreifen versucht. Es obliegt dem Skript, einen passenden Map-Eintrag auszugeben. Wenn der angegebene Schlüssel ungültig ist, beendet sich das Skript ohne Ausgabe.

Diese großartige Fähigkeit gleicht viele der Mängel im eigenartigen Konfigurationssystem des Automounters aus. Sie können damit leicht eine standortweite Konfigurationsdatei für das automatische Einhängen in einem Format nach Ihrem Geschmack definieren. So können Sie ein einfaches Perl-Skript schreiben, mit dem Sie die globale Konfiguration auf jedem Rechner entschlüsseln. Manche Systeme werden mit einer bequemen ausführbaren Map-Datei /etc/auto.net ausgeliefert, die einen Hostnamen als Schlüssel nimmt und alle von dem Host exportierten Dateisysteme einhängt.

Der Automounter hat eine verwirrende Eigenschaft, die hier erwähnt werden soll: Wenn Sie den Inhalt des Elternverzeichnisses eines automatisch eingehängten Dateisystems auflisten lassen, scheint dieses Verzeichnis leer zu sein, so viele Dateisysteme dort auch eingehängt sein mögen. Sie können die Automounts nicht in einem grafischen Dateisystembrowser durchblättern. Beispiel:

```
$ ls /portal
$ ls /portal/photos
art_class_2004     florissant_1003          rmnp03
blizzard2003       frozen_dead_guy_Oct2004  rmnp_030806
boston021130       greenville.021129        steamboat2002
```

Das Dateisystem photos ist wohlauf und unter /portal automatisch eingehängt. Aber ein Blick ins Verzeichnis /portal verrät seine Existenz nicht. Es ist durch seinen vollen Pfadnamen erreichbar. Hätten Sie dieses Dateisystem über die Datei /etc/fstab oder manuell mit dem Befehl mount eingehängt, würde es sich wie jedes andere Verzeichnis verhalten und als Mitglied des Elternverzeichnisses sichtbar sein.

Als Ausweg aus diesem Sichtbarkeitsproblem können Sie ein Schattenverzeichnis einrichten, das symbolische Links auf die Automountpunkte enthält. Wenn zum Beispiel /automount/photos ein symbolischer Link auf /portal/photos ist, können Sie mit ls /automounts feststellen, dass photos ein automatisch eingehängtes Verzeichnis ist. Leider müssen diese symbolischen Links gewartet werden und können aus dem Takt zu den tatsächlichen Automounts geraten, wenn sie nicht regelmäßig durch ein Skript auf dem Laufenden gehalten werden.

16.7 Empfehlenswerte Literatur

Brent Callaghan. *NFS Illustrated*. Reading: Addison-Wesley, 1999.

Hal Stern, Mike Eisler und Ricardo Labiaga. *Managing NFS and NIS (2nd Edition)*. Sebastopol: O'Reilly Media, 2001.

Tabelle 16.5 führt die verschiedenen RFCs zum NFS-Protokoll auf

RFC	Titel	Autor	Datum
1094	Network File System Protocol Specification	Sun Microsystems	März 1989
1813	NFS Version 3 Protocol Specification	B. Callaghan et al.	Juni 1995
2623	NFS Version 2 and Version 3 Security Issues	M. Eisler	Juni 1999
2624	NFS Version 4 Design Considerations	S. Shepler	Juni 1999
3530	NFS Version 4 Protocol	S. Shepler et al.	April 2003

Tabelle 16.5: RFCs zu NFS

16.8 Übungen

☆ 1. Untersuchen Sie Ihre lokale NFS-Konfiguration. Wird NFS eingesetzt, oder ist ein anderes Verfahren installiert? Wird der Automounter verwendet? Welche Kompromisse wurden gemacht?

☆ 2. Wie sind die Beziehungen zwischen `mountd`, `nfsd` und `portmap`? Welche Auswirkungen hat die Abhängigkeit von NFS von `portmap` auf die Sicherheit?

☆☆ 3. Beschreiben Sie einige der Auswirkungen, die daher rühren, dass NFS als zustandsloses Protokoll entworfen wurde. Untersuchen Sie insbesondere alle Auswirkungen der Zustandslosigkeit auf Dateisperren, Zugriffsrechte und Sicherheit. Wie würde sich ein zustandsbehaftetes Netzwerkdateisystem von NFS unterscheiden?

☆☆ 4. Ihr Arbeitgeber möchte, dass Sie `/usr` und `/usr/local` mit NFS exportieren. Folgende Informationen und Anforderungen haben Sie erhalten:

   a. Aufgrund der Firmenrichtlinien möchten Sie, dass nur Ihre Abteilung (lokales Subnetz 192.168.123.0/24) auf diese exportierten Dateisysteme zugreifen kann. Welche Zeilen müssen in welche Dateien eingetragen werden, um diese Konfiguration zu verwirklichen? Achten Sie auf die geeigneten Exportoptionen.

   b. Führen Sie die Schritte auf, die nötig sind, damit `mountd` und `nfsd` diese nunmehr gemeinsam benutzbaren Dateisysteme erkennen. Wie können Sie feststellen, dass die Dateisysteme gemeinsam benutzt werden können, ohne dass Sie sie einhängen?

16.8 Übungen

c. Skizzieren Sie eine Strategie, die alle Rechner in Ihrem lokalen Subnetz automatisch die exportierten Verzeichnisse in die Mount-Punkte /mnt/usr und /mnt/usr/local einhängen lässt.

17 Systemdateien zentral verwalten

Ein planmäßig funktionierendes System ist auf Dutzende, ja vielleicht Hunderte Konfigurationsdateien angewiesen, die alle die richtigen Informationen enthalten müssen. Multipliziert man die Anzahl Konfigurationsdateien eines Hosts mit der Anzahl an Hosts in einem Netzwerk, resultiert das in Tausenden von Dateien – zu viele, um sie von Hand zu verwalten.

In der Praxis sind sich Rechner aus administrativer Sicht oft ähnlich. Statt auf jedem einzelnen Computer Textdateien zu bearbeiten, können Sie Konfigurationsinformationen für Gruppen von Rechnern zentral verwalten. Rechner können auf verschiedene Arten zusammengeschlossen werden.

Die einfachste Art ist es, von jeder Konfigurationsdatei an einem Ort eine Kopiervorlage aufzubewahren und diese bei jeder Änderung unter den Rechnern in der Gruppe zu verbreiten. Der Vorteil dieser Lösung liegt darin, dass sie einfach ist und auf jedem Linux-System (und jedem UNIX-System) läuft.

Ein anderer Ansatz ist es, alle Textdateien zu vermeiden und für jeden Rechner festzulegen, dass er seine Konfigurationsinformationen von einem zentralen Server zieht. Diese Lösung ist komplizierter als das Kopieren von Dateien, aber sie löst einige zusätzliche Probleme. So kann zum Beispiel kein Rechner eine Aktualisierung verpassen, selbst wenn er zum Zeitpunkt dieser Änderung nicht erreichbar ist. Es kann auch schneller sein, Informationen von einem Server zu erhalten als aus einer Datei, je nachdem, wie schnell die lokale Platte ist und wie viel der Server zwischenpuffern kann. Andererseits kann das ganze Netzwerk lahm liegen, wenn der zentrale Server ausfällt.

Noch schwieriger wird es dadurch, dass die meisten Organisationen heute nicht umhin kommen, einen Mix verschiedener Plattformen (UNIX, Linux, Windows) zu unterstützen. Die Benutzer reagieren zudem immer verärgerter auf Unannehmlichkeiten wie die, sich für jede Plattform verschiedene Passwörter merken (und gegebenenfalls ändern) zu müssen. Einheitliche Konfigurations- und Benutzerinformationen für stark unterschiedliche Systeme (so unterschiedlich wie Windows und Linux) war früher ein Wunschtraum – heute ist das Alltag.

Die Versuche, dezentrale administrative Datenbanken für große Netzwerke zu entwickeln, haben eine jahrzehntelange Geschichte und eine Reihe interessanter Systeme hervorgebracht. Allerdings scheint keines der heute verbreiteten Systeme vom Ansatz her wirklich richtig zu sein. Einige sind einfach, aber nicht sicher und nicht skalierbar. Andere sind zweckmäßig, aber unhandlich. Alle Systeme scheinen Grenzen zu haben, die es Ihnen unmöglich machen, das Netzwerk so einzurichten, wie Sie es wollen. Keines der Systeme kann sämtliche Informationen handhaben, die Sie vielleicht unter Ihren Rechnern gemeinsam nutzen wollen.

In diesem Kapitel behandeln wir zunächst einige grundlegende Techniken, wie Dateien in einem Netzwerk einheitlich gehalten werden können. Dann beschreiben wir NIS, ein früher häufig genutztes Datenbanksystem, das ursprünglich für UNIX eingeführt wurde. Schließlich wenden wir uns LDAP zu, einem ausgeklügelteren plattformunabhängigen System, das sich zum allgemeinen Standard entwickelt. Die meisten Sites richten sich heute auf LDAP aus. Weitgehend dürfte dies auf zwei Faktoren zurückzuführen sein: Zum einen auf die Tatsache, dass Microsoft den LDAP-Standard (zum großen Teil) in seinen Verzeichnisdienst Active Directory übernommen hat, zum anderen auf den Wunsch nach einer verbesserten Verflechtung von Linux- und Windows-Umgebungen.

17.1 Was lässt sich gemeinsam nutzen?

Nur bei einem Teil der zahlreichen Konfigurationsdateien eines Linux-Systems ist eine gemeinsame Nutzung zwischen Rechnern sinnvoll. Die am häufigsten zentral verwalteten Dateien zeigt Tabelle 17.1.

Dateiname	Funktion
/etc/passwd	Datenbank zu Benutzerkonteninformationen
/etc/shadow[a]	Enthält Shadow-Passwörter
/etc/group	Definiert UNIX-Gruppen
/etc/hosts	Ordnet Host-Namen IP-Adressen zu
/etc/networks[b]	Verknüpft Textnamen mit IP-Netzwerkadressen
/etc/services	Listet Portnummern für übliche Netzwerkdienste auf
etc/protocols	Ordnet Textnamen Protokollnummern zu
/etc/ethers	Ordnet Host-Namen Ethernet-Adressen zu
/etc/mail/aliases	Enthält E-Mail-Aliase
/etc/rpc	Listet Identifikationsnummern für RPC-Dienste auf
/etc/netgroup	Definiert Gruppierungen von Hosts, Benutzern und Netzwerken
/etc/cups/printcap	Datenbank zu Druckerinformationen

Tabelle 17.1: Häufig gemeinsam genutzte Systemdateien

17.1 Was lässt sich gemeinsam nutzen?

Dateiname	Funktion
/etc/printcap.cups	Datenbank zu Druckerinformationen (alternativer Pfad)
/etc/termcap	Datenbank zu Informationen zum Rechnertyp

Tabelle 17.1: Häufig gemeinsam genutzte Systemdateien (Forts.)

a) Lässt sich nicht unbedingt mit anderen Varianten von UNIX austauschen, da die Verschlüsselung sich unterscheiden kann, dazu mehr in Abschnitt 6.1.1.
b) Wird nicht in allen Systemen verwendet.

Viele andere Konfigurationsdateien können ebenfalls von Systemen gemeinsam verwendet werden, je nachdem, wie sehr sich die Rechner untereinander gleichen sollen. Diese anderen Konfigurationsdateien sind größtenteils mit speziellen Anwendungen verbunden (z. B. /etc/mail/sendmail.cf für sendmail) und werden nicht von administrativen Datenbanksystemen wie NIS und LDAP unterstützt. Zur gemeinsamen Verwendung dieser Dateien müssen Sie sie kopieren.

Früher wurden viele der Dateien in Tabelle 17.1 über Routinen in der C- Standardbibliothek angesteuert. So kann zum Beispiel die Datei /etc/passwd mit den Routinen getpwuid, getpwnam und getpwent durchsucht werden. Diese Routinen sorgen für das Öffnen, das Lesen und das Parsen der *passwd*-Datei, sodass Programme auf Benutzerebene dies nicht selbst tun müssen. Heutige Linux-Distributionen nutzen zudem steckbare Authentifizierungsmodule (Pluggable Authentication Modules, PAM), die eine Standard-Programmierschnittstelle zur Ausführung sicherheitsbezogener Suchen ermöglichen. PAM verhilft zu einer einfachen Einbindung von Systemen wie Kerberos und LDAP in Linux.

Tipp

In Abschnitt 20.5.6 finden Sie weitere Informationen zu PAM.

Administrative Datenbanksysteme machen die Dinge komplizierter. Für viele dieser Informationen bieten sie alternative Quellen. Die herkömmlichen C-Bibliotheksroutinen (getpwent usw.) berücksichtigen die üblichen Datenbanksysteme und können sie zusätzlich zu den normalen Dateien (oder an ihrer Stelle) aufrufen. Das genaue Komplement zu den genutzten Datenquellen setzt der Systemadministrator. Abschnitt 17.4.3 beschreibt die Vergabe von Prioritäten für Quellen von Verwaltungsinformationen im Detail.

17.2 nscd: Suchergebnisse zwischenspeichern

Bei manchen Distributionen hat auch nscd (der Cache-Daemon für den Namensdienst) die Hand im Spiel, wenn es um die Systemdateien geht. Dieser Daemon mit der etwas irreführenden Bezeichnung arbeitet mit der C-Bibliothek zusammen, um die Ergebnisse der Bibliotheksaufrufe wie getpwent im Cache-Speicher abzulegen. nscd ist nur ein Wrapper für diese Bibliotheksroutinen; das Programm weiß nichts von den eigentlichen Datenquellen, die zugezogen werden. Theoretisch sollte nscd die Suchleistung erhöhen, aber zumindest aus der subjektiven Sicht des Benutzers ist keine Verbesserung spürbar.

Die Bezeichnung »Name Service Cache Daemon« ist unserer Ansicht nach irreführend, denn der Begriff »Name Service« (also Namensdienst) bezieht sich im Normalfall auf DNS (Domain Name System), das dezentrale Datenbanksystem, das Hostnamen die zugehörigen IP-Adressen zuordnet. Tatsächlich legt nscd auch die Ergebnisse von DNS-Suchen im Cache-Speicher ab (da es gethostbyname usw. umschließt), aber daneben umschließt es auch die Bibliotheksroutinen, die auf Informationen aus den Dateien passwd und group und ihren Äquivalenten in Netzwerkdatenbanken zugreifen. (Aus Sicherheitsgründen werden Suchen in /etc/shadow nicht im Cache gespeichert.)

Tipp

In Kapitel 15 finden Sie mehr Informationen zu DNS.

Theoretisch sollte nscd keine anderen Auswirkungen auf den Systembetrieb haben als wiederholte Suchen zu beschleunigen. In der Praxis kann es aber unerwartetes Verhalten auslösen, da es eine eigene Kopie der Suchergebnisse behält. Suchen werden im Cache-Speicher für eine festgesetzte Zeit aufbewahrt (wobei diese in der Konfigurationsdatei von nscd, /etc/nscd.conf, festgelegt ist). Es ist daher immer möglich, dass kürzliche Änderungen sich erst im Cache-Speicher von nscd niederschlagen, wenn die bis dahin gültigen Daten nach Ablauf der Speicherzeit gelöscht werden. nscd ist clever genug, um lokale Datenquellen (wie zum Beispiel /etc/passwd) auf Änderungen hin zu überwachen, sodass sich lokale Updates innerhalb von 15 Sekunden verbreiten sollten. Bei einem Remote Entry hingegen, zum Beispiel einer Eingabe über NIS, müssen Sie unter Umständen die gesamte Speicherzeit abwarten, bevor sich Änderungen niederschlagen.

SUSE ist die einzige unserer Beispieldistributionen, die nscd standardmäßig ausführt. Fedora und RHEL installieren nscd, starten es aber nicht automatisch beim Hochfahren. Zum Aktivieren des Programms genügt es, chkconfig nscd on auszuführen. Debian und Ubuntu sind kompatibel mit nscd, beinhalten es jedoch nicht in der voreingestellten Installation. Mit apt-get install nscd können Sie das Programm herunterladen.

nscd startet mit dem Hochfahren und läuft ohne Unterbrechung. Standardmäßig legt /etc/nscd.conf eine Spanne von zehn Minuten für passwd-Daten und eine Stunde für die Daten zu hosts und group fest. Die Zeitspanne, bis eine erfolglose Suche wiederholt wird, beträgt 20 Sekunden (so genannter »negative timeout«). In der Praxis müssen diese Werte nur selten geändert werden. Wenn eine Änderung, die Sie kürzlich vorgenommen haben, nicht aufzutauchen scheint, liegt dies wahrscheinlich an nscd.

17.3 Dateien kopieren

Das Kopieren von Dateien ist eher eine Brachiallösung als ein eleganter Ansatz, aber es funktioniert auf jeder Rechnerart und ist leicht ein- und fortzuführen. Zudem ist es ein verlässliches System, weil es die gegenseitigen Abhängigkeiten zwischen den Computern minimiert (auch wenn es zwischen ihnen gleichzeitig schneller zu Abweichungen kommen kann). Das Kopieren von Dateien bietet auch die größte Flexibilität in Bezug darauf, was gemeinsam verwendet wird und wie. In der Tat wird es auch häufig dazu genutzt, neben Systemdateien auch Anwendungen und Informationsdateien auf dem aktuellen Stand zu halten.

Etliche Konfigurationsdateien werden von keinem der gewöhnlichen Datenbankdienste unterstützt. Beispiele sind die Dateien /etc/ntp.conf, die entscheidet, wie Hosts ihre Uhren aufeinander abstimmen können, und /etc/sendmail.cf, die sendmail sagt, wie E-Mails zuzustellen sind. Um solche Dateien einheitlich zu halten (was im Normalfall ratsam ist), haben Sie eigentlich keine andere Wahl, als zumindest einige Dateien zu kopieren, auch wenn Sie andere Arten von Konfigurationsinformationen über NIS oder LDAP verteilen.

Ein System auf Basis kopierter Dateien kann über Verteilen oder Abrufen funktionieren. Beim Verteilen gibt der Hauptserver die neuesten Dateien von Zeit zu Zeit an die einzelnen Rechner weiter, ob das nun von diesen gewollt ist oder nicht. Es kann explizit festgelegt werden, dass Dateien bei jeder Änderung neu zu verteilen sind, sie können auch einfach nach einem Terminplan regelmäßig verteilt werden (wobei einige Dateien vielleicht häufiger weitergegeben werden als andere).

Die Variante des Verteilens hat den Vorteil, dass das System zur gemeinsamen Verwendung zentral auf einem Rechner liegt. Dateien, Rechnerlisten, Aktualisierungsskripte und Zeitpläne liegen alle am gleichen Ort, was es leicht macht, das Modell zu überwachen. Ein Nachteil ist, dass jeder Client dem Hauptrechner erlauben muss, Änderungen an Systemdateien vorzunehmen, denn dies stellt ein Sicherheitsrisiko dar.

In einem System des Abrufens ist jeder Client selbst dafür verantwortlich, sich über den Hauptrechner zu aktualisieren. Das System stellt damit eine weniger zentralisierte Art dar, Dateien freizugeben, ist aber auch anpassungsfähiger und sicherer. Wenn Daten über administrative Grenzen hinweg gemeinsam genutzt werden, ist ein Abruf-System besonders reizvoll, da der Hauptrechner und die Clients nicht von der gleichen Verwaltungseinheit betrieben werden müssen.

17.3.1 rdist: Dateien verteilen

Der Befehl rdist ist die einfachste Art, Dateien von einem zentralen Server aus zu verteilen. Das schmeckt ein bisschen nach make: Sie benutzen einen Texteditor, um eine Aufstellung der zu verteilenden Dateien zu erstellen, und dann verwenden Sie rdist, um die Wirklichkeit mit Ihrer Vorstellung in Einklang zu bringen. rdist kopiert Dateien nur, wenn sie überholt sind. Sie können also Ihre Aufstellung so schreiben, als ob alle Dateien kopiert werden sollten, und dann rdist die überflüssige Arbeit aussortieren lassen.

rdist erhält Eigentümer, Gruppe, Modus und Änderungszeitpunkt der Dateien. Wenn rdist eine vorhandene Datei aktualisiert, löscht es erst die alte Version, bevor es die neue anlegt. Durch dieses Merkmal ist rdist in der Lage, ausführbare Dateien zu übertragen, die während der Aktualisierung laufen könnten.[1]

rdist lief anfangs oberhalb von rsh und nutzte zur Anmeldung auf Remote-Systemen eine Authentifizierung im rsh-Stil. Leider ist dieses System nicht sicher und wird in heutigen Betriebssystemen standardmäßig gesperrt. Auch wenn die rdist-Dokumentation weiterhin rsh erwähnt, lassen Sie sich nicht dazu verleiten anzunehmen, dass rsh eine sinnvolle Alternative ist.

Aktuelle Versionen von rdist sind in der Hinsicht ein Fortschritt, dass sie als Ersatz für rsh jeden Befehl mit der gleichen Syntax zulassen. In der Praxis dient ssh als Ersatz. ssh überprüft die Identität von Hosts mithilfe von Kryptografie und macht es Netzwerkspionen unmöglich, Kopien Ihrer Daten zu ziehen. Die Kehrseite ist, dass Sie Remote-Server unter ssh so betreiben müssen, dass sie kein Passwort verlangen (und sich Einzelrechner stattdessen mit einem Schlüsselpaar authentifizieren). Diese Konfiguration ist nicht so sicher, wie wir es normalerweise empfehlen würden, ist aber immer noch eine sehr große Verbesserung im Vergleich zu rsh. In Abschnitt 20.11.3 finden Sie mehr Informationen zu sshd und seine Authentifizierungsarten.

Nachdem wir nun lange genug auf den Gefahren von rdist herumgeritten sind, sollten wir uns seiner genauen Funktionsweise zuwenden. Genau wie make, sucht rdist im aktuellen Verzeichnis nach einer Steuerungsdatei (Distfile oder distfile). rdist -f distfile legt den Pfadnamen der Steuerungsdatei ausdrücklich fest. Innerhalb der Distfile-Datei werden Tabulatoren, Leerstellen und Zeilenvorschübe gleichermaßen als Trennzeichen verwendet. Kommentare werden mit einer Raute eingeleitet (#).

Inhaltlich besteht Distfile aus Anweisungen der folgenden Art:

```
label: pathnames -> destinations commands
```

---

[1] Zwar wird die alte Version aus dem Namensraum des Dateisystems gelöscht, sie bleibt aber erhalten, solange noch Bezüge vorliegen. Dies muss Ihnen auch bewusst sein, wenn Sie Protokolldateien verwalten. Dazu mehr in Kapitel 10.

17.3 Dateien kopieren

Das Feld `label` verbindet einen Namen mit der Anweisung. Von der Shell aus können Sie `rdist label` ausführen, um nur die Dateien zu verteilen, die in einer bestimmten Anweisung beschrieben sind.

`pathnames` und `destinations` sind Listen der Dateien, die kopiert werden sollen, bzw. der Hosts, wohin sie zu kopieren sind. Wenn eine Liste mehr als einen Eintrag enthält, müssen Sie die Liste mit Klammern umschließen und die Elemente mit Leerzeichen voneinander trennen. Die `pathnames` können Platzhalter im Shell-Stil enthalten (z. B. `/usr/man/man[123]` oder `/usr/lib/*`). Die Schreibweise `~user` ist ebenfalls zulässig, sie wird aber getrennt auf Quell- und Zielrechnern ausgewertet.

Gemäß Voreinstellung kopiert `rdist` die in `pathnames` bezeichneten Dateien und Verzeichnisse auf jeden Zielrechner unter den entsprechenden Pfad. Sie können diese Einstellung über eine Folge von Befehlen ändern, die Sie mit einem Semikolon abschließen. Hier die möglichen Befehle:

```
install options [destdir];
notify namelist;
except pathlist;
except_pat patternlist;
special [pathlist] string;
cmdspecial [pathlist] string;
```

Der Befehl `install` legt Optionen fest, die beeinflussen, wie `rdist` Dateien kopiert. Diese Optionen steuern im Normalfall, wie symbolische Verknüpfungen behandelt werden, ob der Prüfalgorithmus von `rdist` zu Abweichungen korrekt arbeitet und wie mit Löschungen zu verfahren ist. Die Optionen, denen ein `-o` voranzustellen ist, bestehen aus einer Liste von Optionsnamen, die mit Komma voneinander getrennt werden. Zum Beispiel lässt die Zeile

```
install -oremove,follow ;
```

`rdist` symbolischen Verknüpfungen folgen (statt sie einfach nur als Verknüpfungen zu kopieren) und entfernt Dateien auf dem Zielrechner, zu denen es auf dem Quellrechner kein Gegenstück gibt. Auf der Handbuchseite zu `rdist` finden Sie eine vollständige Auflistung der Optionen. Die Standardeinstellungen sind dabei fast für jeden das Richtige.

Die Bezeichnung »install« ist etwas irreführend, da die Dateien kopiert werden, egal, ob es einen Installationsbefehl gibt oder nicht. Optionen werden so angegeben, wie sie in der `rdist`-Befehlszeile stünden, aber in `Distfile` finden sie nur bei den Dateien Anwendung, für die dieser Installationsbefehl gilt.

`destdir` kann optional dazu genutzt werden, ein Installationsverzeichnis auf den Ziel-Hosts anzugeben. Standardmäßig nutzt `rdist` die ursprünglichen Pfadnamen.

Der Befehl `notify` hat eine Auflistung von E-Mail-Adressen als Argument. Immer wenn eine Datei aktualisiert wird, sendet `rdist` E-Mails an diese Adressen. An Adressen, die kein At-Zeichen (@) enthalten, wird der Name des Ziel-Hosts angehängt. So würde rdist zum Beispiel »pete« zu »pete@anchor« erweitern, um die Aktualisierung einiger Dateien auf dem Host »anchor« zu melden.

Die Befehle except und except_pat entfernen Pfadnamen von der Liste der zu kopierenden Dateien. Argumente des except-Befehls werden buchstäblich abgeglichen, die von except_pat werden als reguläre Ausdrücke gedeutet. Diese Befehle für auszunehmende Dateien sind sinnvoll, weil rdist analog zu make zulässt, dass Makros zu Beginn der Steuerungsdatei definiert werden. Es kann sinnvoll sein, eine ähnliche Liste für mehrere Anweisungen zu verwenden und darin nur die hinzuzufügenden und die auszunehmenden Dateien für die einzelnen Hosts festzulegen.

Der Befehl special führt auf jedem Remote-Host einen Shell-Befehl aus (mit dem Argument string in Anführungszeichen). Wenn es eine Pfadliste gibt, führt rdist den Befehl einmal nach dem Kopieren jeder der festgelegten Dateien aus. Ohne eine Pfadliste führt rdist den Befehl nach jeder Datei aus. cmdspecial arbeitet ähnlich, aber es führt den Shell-Befehl einmal aus, nachdem das Kopieren abgeschlossen ist. (Die Inhalte der Pfadliste werden als Umgebungsvariable an die Shell gegeben.)

Hier ein einfaches Beispiel für ein Distfile:

```
SYS_FILES= (/etc/passwd /etc/group /etc/mail/aliases)
GET_ALL= (chimchim lollipop barkadon)
GET_SOME= (whammo spiff)
all: ${SYS_FILES} -> ${GET_ALL}
    notify barb;
    special /etc/mail/aliases "/usr/bin/newaliases";
some: ${SYS_FILES} -> ${GET_SOME}
    except /etc/mail/aliases;
    notify eddie@spiff;
```

Diese Konfiguration reproduziert die drei aufgeführten Systemdateien auf den Rechnern *chimchim*, *lollipop* und *barkadon* und meldet per E-Mail an *barb@destination* alle Aktualisierungen und auftretenden Fehler. Nach dem Kopieren von /etc/mail/aliases führt rdist auf jedem Zielrechner newaliases aus. Nur zwei Dateien werden nach *whammo* und *spiff* kopiert. newaliases wird nicht ausgeführt. Ein Bericht wird an *eddie@spiff* gesendet.

Tipp

In Abschnitt 18.4 finden Sie mehr Informationen zu newaliases.

17.3 Dateien kopieren

Um `rdist` zwischen Rechnern zum Laufen zu bringen, müssen Sie auch `sshd` auf den empfangenden Hosts anweisen, dem Host zu vertrauen, von dem aus Sie Dateien zentral verwalten. Um dies zu tun, erstellen Sie einen Klartextschlüssel für den Haupt-Host und legen eine Kopie des öffentlichen Teils auf jedem Adressaten in der Datei `~root/.ssh/authorized_keys` ab. Vermutlich ist es auch ratsam, einzuschränken, was dieser Schlüssel bewirken kann und woher er sich einloggen kann. Mehr Informationen dazu finden Sie in der Beschreibung der Methode B in Abschnitt 20.11.3.

17.3.2 rsync: Dateien sicher übertragen

`rsync` geht auf Andrew Tridgell und Paul Mackerras zurück. Es ist `rdist` vom Grundgedanken her ähnlich, hat aber einen etwas anderen Schwerpunkt. Anders als `rdist` verwendet es keine dateikopierende Steuerungsdatei (auch wenn es auf Serverseite sehr wohl eine Konfigurationsdatei gibt). `rsync` ist ein wenig wie eine frisierte Fassung von `scp`, die sorgfältig darauf achtet, Verknüpfungen, Änderungszeiten und Zugriffsrechte zu erhalten. Im Netzwerk ist `rsync` effizienter als `rdist`, weil es einzelne Dateien untersucht und versucht, nur die Unterschiede zwischen verschiedenen Versionen weiterzuleiten. Die meisten Linux-Distributionen bieten `rsync` in einer zusammengestellten Fassung, auch wenn es standardmäßig nicht zwangsläufig installiert ist.

Aus unserer Sicht liegt der Hauptvorteil von `rsync` darin, dass die Zielrechner den Fernzugriff als Serverprozess aus `xinetd` oder `inetd` heraus laufen lassen können. Der Server (eigentlich nur eine andere Art von `rsync`, die sowohl auf dem Hauptrechner als auch auf den Clientrechnern installiert werden muss) ist recht gut konfigurierbar: Er kann den Fernzugriff auf eine bestimmte Gruppe von Verzeichnissen beschränken und vom Hauptrechner verlangen, sich mit einem Passwort auszuweisen. Da kein `ssh`-Zugang erforderlich ist, können Sie `rsync` zur Verteilung von Systemdateien ohne allzu viele Kompromisse hinsichtlich der Sicherheit einrichten. (Wenn Sie allerdings lieber `ssh` statt eines `inetd`-basierten Serverprozesses laufen lassen wollen, ist das mit `rsync` auch möglich.) Und obendrein kann `rsync` auch zum Abrufen genutzt werden (in diesem Fall würden Dateien vom `rsync`-Server abgerufen, statt auf ihn gezogen werden), was noch sicherer ist (mehr im Abschnitt 17.3.3 zum Abrufen von Dateien).

Leider ist `rsync` nicht annähernd so anpassungsfähig wie `rdist`, und seine Konfiguration ist weniger ausgeklügelt als `distfile` bei `rdist`. Sie können nicht beliebige Befehle auf den Clientrechnern ausführen und Sie können es auch nicht gleichzeitig für die Verteilung an mehrere Hosts nutzen.

So überträgt zum Beispiel der Befehl

```
# rsync -gopt --password-file=/etc/rsync.pwd /etc/passwd
lollipop::sysfiles
```

die Datei `/etc/passwd` an den Rechner *lollipop*. Die Optionen nach `-gopt` erhalten die Zugriffsrechte, Eigentümer und Änderungszeiten der Datei. Die beiden Doppelpunkte in `lollipop::sysfiles` sorgen dafür, dass `rsync` den Kontakt zum remote-seitigen `rsync` direkt über Port 873 aufnimmt, statt `ssh` zu benutzen. Das Passwort in /etc/rsync.pwd bestätigt die Verbindung.²

In diesem Beispiel wird nur eine Datei übertragen, `rsync` ist aber in der Lage, eine Vielzahl von Dateien gleichzeitig zu handhaben. Zudem können Sie über die Flags --include und --exclude eine Liste regulärer Ausdrücke erstellen, die mit Dateinamen abzugleichen sind. Damit können Sie eine recht ausgeklügelte Reihe von Übertragungskriterien festlegen. Wenn die Befehlszeile zu unhandlich wird, können Sie die Muster mit den Optionen --include-file und --exclude-file auch aus gesonderten Dateien lesen lassen.

Wenn das `rsync`-Paket installiert worden ist, bieten Red Hat, Fedora und auch SUSE entsprechende `xinetd`-Konfigurationen. Sie müssen allerdings /etc/xinetd.d/rsync bearbeiten und darin disable = yes in disable = no abändern, um den Server wirklich zu aktivieren.

Das `rsync`-Paket auf Debian und Ubuntu erfordert einen Eintrag in /etc/inetd.conf, um die Funktionalität des Servers zu aktivieren. Unter der Annahme, dass Sie TCP-Wrapper nutzen, müsste der Eintrag ungefähr wie folgt aussehen:

```
rsync stream tcp nowait root /usr/sbin/tcpd /usr/bin/rsyncd --daemon
```

Es ist empfehlenswert, `tcpd` so zu konfigurieren, dass Zugang von allen Hosts blockiert wird, außer von dem einen, der Ihre Systemdateien zentral verwaltet. Die Sperrung von Hosts lässt sich zudem auch in `rsyncd.conf` festlegen. Es schadet nie, mehrere Zugriffsbeschränkungen einzurichten.

Wenn Sie einmal `rsync` aktiviert haben, müssen Sie einige Konfigurationsdateien einrichten, um das Verhalten des `rsync`-Servers zu steuern. Die wesentliche Datei ist /etc/rsyncd.conf. Sie enthält sowohl allgemeine Konfigurationsparameter als auch einen Satz »Module«. Jedes dieser Module ist ein zu exportierender oder zu importierender Verzeichnisbaum. Eine sinnvolle Konfiguration für ein Modul, an das Sie Dateien verteilen können (d. h. das Dateiübertragungen erlaubt, die vom angeschlossenen Clientrechner stammen) sieht ungefähr so aus:

```
# sysfiles is just an arbitrary title for the particular module.
[sysfiles]
# This is the path you allow files to be pushed to. It could be just /.
path = /etc
# This is the file specifying the user/password pair to authenticate the module
secrets file = /etc/rsyncd.secrets
# Can be read only if you are pulling files
```

---

2 Auch wenn das Passwort nicht in Klartext über das Netzwerk versandt wird, sind die übertragenen Dateien nicht verschlüsselt. Wenn Sie mit `ssh` übertragen (`rsync -gopt -e ssh /etc/passwd /etc/shadow lollipop:/etc` – beachten Sie den einfachen Doppelpunkt), wird die Verbindung verschlüsselt, aber `sshd` wird dabei so konfiguriert werden müssen, dass kein Passwort abgefragt wird – eine Zwickmühle.

```
read only = false
# UID and GID under which the transfer will be done
uid = root
gid = root
# List of hosts that are allowed to connect
hosts allow = distribution_master_hostname
```

Viele weitere Optionen können angepasst werden, aber die Standardeinstellungen sind vernünftig. Diese Konfiguration beschränkt Operationen auf das Verzeichnis /etc und gewährt nur dem eingetragenen Host Zugang. Aus Sicht des Benutzers oder des Clients können Sie Dateien mit `rsync` an den Server mit dem Ziel `hostname::sysfiles` senden, der dem oben genannten Modul zugeordnet ist. Wenn Sie `rsync` für das Abrufen von Dateien einrichten wollen (und damit Dateien von einem zentralen `rsync`-Server abrufen), ist das mit der oben beschriebenen Konfiguration möglich, auch wenn Sie vielleicht alles etwas straffen wollen, zum Beispiel, indem Sie den Übertragungsmodus auf read-only stellen.

Als Letztes müssen Sie noch eine Datei namens `rsyncd.secrets` erzeugen. Sie liegt normalerweise unter /etc (Sie können sie aber auch woanders ablegen) und enthält die Passwörter, die Clientrechner verwenden können, um sich zu authentifizieren. Ein Beispiel:

```
root:password
```

In der Regel sollten `rsync`-Passwörter nicht den Systempasswörtern entsprechen. Da die Passwörter als Klartext angezeigt werden, darf `rsyncd.secrets` nur root zugänglich sein.

17.3.3 Dateien abrufen

Ein System zum Abrufen von Dateien können Sie auf verschiedene Arten einrichten. Die einfachste ist, die Dateien auf einem zentralen FTP- oder Webserver[3] bereitzustellen und dafür zu sorgen, dass die Clients sie nach Bedarf automatisch herunterladen. Früher spielten Administratoren dazu ihre eigenen Dienstprogramme auf (wobei sie häufig `ftp`-Skripte mit einem System wie zum Beispiel `expect` schrieben), aber handelsübliche Dienstprogramme erfüllen heute den gleichen Zweck.

Ein solches Dienstprogramm, das Teil der meisten Linux-Distributionen ist, ist das beliebte `wget`. Dieses kleine, überschaubare Programm ruft die Inhalte einer URL ab (FTP oder auch HTTP). Um mit `wget` zum Beispiel eine Datei von FTP-Seiten herunterzuladen, reicht Folgendes:

```
wget ftp://user:password@hostname/path/to/file
```

---

[3] Vergessen Sie nicht, dass sowohl HTTP als auch FTP Daten in Klartext übertragen. Wenn Sicherheit für Sie ein Thema ist, sollten Sie über HTTPS bzw. SFTP nachdenken.

Die genannte Datei `file` wird im aktuellen Verzeichnis abgelegt.

Als Alternative zu FTP gibt es nur `ncftp`, was auch bei den meisten Distributionen enthalten ist. Eigentlich ist es nur ein verbesserter FTP-Client, der das Erstellen von Skripten vereinfacht.

Manche Sites geben Dateien frei, indem sie sie auf einem rechnerübergreifenden Dateisystem wie NFS veröffentlichen. Dies ist vielleicht die einfachste Technik, was die Automatisierung angeht. Alles, was Sie brauchen, ist `cp`, zumindest theoretisch. In der Praxis dürften Sie wahrscheinlich etwas höhere Ansprüche haben und nach Anzeichen für Sicherheitsprobleme und manipulierten Inhalt suchen, bevor Sie blind Systemdateien kopieren. Die Veröffentlichung von sensiblen Systemdateien über NFS hat unter Sicherheitsaspekten viele Nachteile, ist aber ein einfacher und wirksamer Weg, Daten auf den Weg zu bringen. Um Eindringlingen weniger Chancen zum Abfangen zu geben, können Sie die Daten immer noch verschlüsseln.

Als letzte Möglichkeit können Sie `rsync` wie im vorangegangenen Abschnitt nutzen. Wenn Sie einen `rsync`-Server auf Ihrem zentralen, verteilenden Host laufen lassen, können Clients die Dateien einfach mit `rsync` herunterladen. Diese Methode ist vielleicht etwas komplizierter als FTP, Sie haben dafür aber Zugang zu allen Funktionen von `rsync`.

Egal, welches System Sie benutzen, sollten Sie darauf achten, Ihren Datenserver nicht zu überladen. Wenn viele Rechner im Netzwerk gleichzeitig versuchen, Ihren Server anzusprechen (z. B. wenn alle gleichzeitig über `cron` Aktualisierungen abrufen), kann dies einen versehentlichen DoS-Angriff (DoS – Denial of Service) auslösen. Größere Sites sollten sich dieses Problems stets bewusst sein und zeitlich versetzte oder zufällige Zugriffe ermöglichen. Auf einfache Art lässt sich dies tun, indem man `cron`-Aufträge in einem Perl-Skript wie folgt umschließt:

```
#!/usr/bin/perl
sleep rand() * 600; # sleep between 0 and 600 seconds (i.e., 10 minutes)
system(copy_files_down);
```

17.4 NIS (Network Information Service)

NIS, von Sun in den 80er Jahren auf den Markt gebracht, war die erste administrative Datenbank für die Allgemeinheit. Anfangs hieß sie Sun Yellow Pages, sie musste aber letztendlich aus rechtlichen Gründen umbenannt werden. NIS-Befehle beginnen immer noch mit den Buchstaben `yp`, was den ursprünglichen Namen nicht in Vergessenheit geraten lässt. Der Großteil der UNIX-Anbieter übernahm NIS, jede Linux-Distribution unterstützt es.

In NIS sind die freizugebenden Einheiten nicht Dateien, sondern Datensätze. Ein Datensatz entspricht normalerweise einer Zeile in einer `config`-Datei. Die maßgeblichen Kopien der Systemdateien liegen auf einem Hauptserver. Sie werden an ihrem ursprünglichen Ort und in ihrem ursprünglichen Format belassen und genau wie

17.4 NIS (Network Information Service)

vorher mit einem Texteditor bearbeitet. Ein Serverprozess macht die Inhalte der Dateien über das Netzwerk zugänglich. Ein Server und seine Clients bilden eine NIS-»Domäne«.[4]

Zur Verbesserung der Effizienz von Suchen verarbeitet die Bibliothek der Berkeley-Datenbank (Berkeley DB) Dateien über Hashing zunächst zu Datenbankdateien. Nach der Bearbeitung der Dateien auf dem Hauptserver können Sie NIS mit `make` auffordern, sie in ihr Hash-Format zu konvertieren.

Mit jedem Eintrag kann nur ein Schlüssel verknüpft werden. Daher muss eine Systemdatei unter Umständen in mehrere NIS-»Maps« übersetzt werden. Die Datei `/etc/passwd` zum Beispiel wird in zwei verschiedene Maps übersetzt, `passwd.byname` und `passwd.byuid`, wobei in der einen Einträge nach Benutzernamen nachgeschlagen werden, in der anderen nach Benutzerkennung (UID). Beide können dazu genutzt werden, die Einträge in `passwd` aufzulisten. Weil Hashing-Bibliotheken aber die Reihenfolge der Datensätze nicht erhalten, gibt es keine Möglichkeit, ein genaues Duplikat der Ausgangsdatei wiederherzustellen (außer diese hatte zufällig die gleiche Reihenfolge).

NIS macht es Ihnen möglich, Netzwerk-Maps auf einer Reihe von untergeordneten Servern nachzubilden. Die Nutzung mehr als eines Servers verringert die Belastung des Hauptservers und trägt dazu bei, Clients auch dann noch in Betrieb zu halten, wenn einige der Server nicht erreichbar sind. Immer wenn eine Datei auf dem Hauptserver geändert wird, muss die entsprechende NIS-Map an die Nebenserver verteilt werden, damit alle Server die gleichen Daten liefern. Clients unterscheiden nicht zwischen dem Hauptserver und den Nebenservern.

In der herkömmlichen NIS-Implementierung müssen Sie in jedes physische Netzwerk mindestens einen NIS-Server setzen. Clients nutzen IP-Broadcasting, um Server zu ermitteln, hingegen leiten weder Router noch Gateways Broadcast-Pakete weiter. Der Befehl `ypset` kann einen Client auf einen bestimmten Server ausrichten; beim ersten Anzeichen von Problemen versucht der Client aber, einen neuen Server über Broadcasting zu orten. Wenn dann kein Server im Netzwerk des Clients antwortet, kann diese Abfolge von Ereignissen dazu führen, dass der Client festhängt.

Dieses System verursacht viele Probleme, darunter nicht zuletzt extreme Sicherheitsmängel. Ein Eindringling kann einen bösartigen NIS-Server einrichten, der auf Broadcasts antwortet und entweder unsinnige Daten liefert oder zu einem DoS-Angriff führt, indem er erst eine Anbindung zulässt, dann aber Anfragen blockiert. Die bevorzugte Strategie dagegen ist heute, jedem Client eine detaillierte Auflistung der zulässigen NIS-Server zu geben. Dieses System hat auch den Vorteil, dass die Server nicht auf dem lokalen Teilnetz liegen müssen.

---

4 *NIS-Domänen dürfen nicht mit DNS-Domänen verwechselt werden. Sie sind vollkommen anders und haben nichts miteinander gemeinsam.*

Unter Linux werden Server in /etc/yp.conf aufgelistet. Hier ein Beispiel für die NIS-Domäne atrustnis:

```
domain  atrustnis  server  10.2.2.3
domain  atrustnis  server  10.2.2.4
```

Für jeden Server steht eine Zeile. Wenn ein Server ausfällt, geht NIS zum nächsten über. Beachten Sie, dass die Server mit ihren IP-Adressen angegeben werden. yp.conf erkennt Hostnamen an, diese müssen dann aber beim Hochfahren auffindbar sein (d. h. sie müssen in der Datei /etc/hosts stehen oder mit DNS auffindbar sein).

Wenn Sie den Broadcast-Modus nutzen müssen, ist die folgende Syntax anzuwenden:

```
domain  atrustnis  broadcast
```

17.4.1 Funktionsweise von NIS

Bei NIS liegen Dateien im Verzeichnis /var/yp. Jede NIS-Map liegt im Hash-Format in einem Unterverzeichnis des NIS-Verzeichnisses, das für die NIS-Domäne benannt ist. Es gibt eine Map (Datei) zu jedem Schlüssel, nach dem eine Datei durchsucht werden kann. In der Domäne cssuns könnten die Datenbankdateien für die /etc/passwd-Maps zum Beispiel Folgende sein:

```
/var/yp/cssuns/passwd.byname
/var/yp/cssuns/passwd.byuid
```

Die Datei passwd kann sowohl nach Namen als auch Benutzerkennung (UID) durchsucht werden, daher werden zwei Maps von ihr abgeleitet.

Der makedbm-Befehl erzeugt NIS-Maps aus einfachen Dateien. Sie müssen diesen Befehl jedoch nicht direkt aufrufen; Makefile unter /var/yp erzeugt alle gebräuchlichen NIS-Maps. Nach der Änderung einer Systemdatei wechseln Sie mit cd das Verzeichnis und lassen make unter /var/yp laufen. Der Befehl make gleicht die Änderungszeit jeder Datei mit den Änderungszeiten der abgeleiteten Maps ab und führt makedbm für jede neu zu erstellende Map aus.

Der Befehl ypxfr kopiert Maps vom Hauptserver auf die Nebenserver. ypxfr ist ein Befehl zum Abrufen von Dateien; er muss auf jedem Nebenserver ausgeführt werden, damit der Server die Map importiert. Im Normalfall führen Nebenserver ypxfr gelegentlich einfach aus, um sicherzustellen, dass sie die aktuellsten Maps haben; Sie können cron nutzen, um zu prüfen, wie oft dies geschieht.

Die Standardimplementierung zum Kopieren von Maps ist nicht wirklich effizient. Linux bietet einen Daemon namens rpc.ypxfrd, der auf dem Hauptserver ausgeführt werden kann, um Antworten auf ypxfr-Anfragen zu beschleunigen. rpc.ypxfrd umgeht das übliche NIS-Protokoll und gibt einfach Kopien der Map-Dateien aus.

17.4 NIS (Network Information Service)

yppush ist ein Befehl zum Verteilen von Dateien, der auf dem Hauptserver verwendet wird. Im eigentlichen Sinne überträgt er keine Daten, er weist aber jeden Nebenrechner an, ypxfr auszuführen. Makefile im NIS-Verzeichnis nutzt den yppush-Befehl dazu, sicherzustellen, dass frisch aktualisierte Maps an die Nebenrechner weitergegeben werden.

Die besondere Map mit dem Namen ypservers entspricht keiner einfachen Datei. Diese Map enthält eine Liste aller Server der Domäne. Sie wird automatisch erstellt, wenn die Domäne mit ypinit eingerichtet wird (zur Konfiguration von NIS-Servern mehr in Abschnitt 17.4.5). Ihre Inhalte werden untersucht, wenn der Hauptserver Maps an Nebenserver verteilen muss.

Nach der ersten Konfiguration sind die Daemons ypserv und ypbind die einzigen aktiven Bestandteile des NIS-Systems. ypserv läuft nur auf Servern (Haupt- wie Nebenservern); es nimmt Anfragen von Clients an und beantwortet sie mithilfe der Informationen, die es in den Map-Dateien in Hash-Format findet.

ypbind läuft auf jedem Computer in der NIS-Domäne, auch auf den Servern. Die C-Bibliothek kontaktiert den lokalen Daemon ypbind, wenn sie eine administrative Anfrage beantworten muss (vorausgesetzt, /etc/nsswitch.conf fordert dazu auf). ypbind findet ein ypserv in der dazugehörigen Domäne und meldet seine Identität an die C-Bibliothek, die dann direkt den Server kontaktiert. Der Abfragemechanismus wird in Abbildung 17.1 dargestellt.

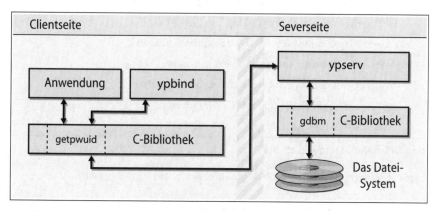

Abbildung 17.1: Eine NIS-Abfrageprozedur

Aktuelle Linux-Versionen von ypbind prüfen in regelmäßigen Abständen, dass sie es mit dem Server für eine NIS-Domäne zu tun haben, der am besten ansprechbar ist. Dies ist eine Verbesserung im Vergleich zur herkömmlichen Implementation, die sich auf einen bestimmten Server festlegt. Ein anderes Merkmal, dass nur Linux aufweist, ist, dass sich Clients für verschiedene Maps an verschiedene NIS-Domänen anbinden können.

NIS enthält eine Reihe kleinerer Befehle, die Maps untersuchen, die herausfinden, welche Fassung einer Map jeder Server verwendet und die Anbindung zwischen Client und Server steuern. Eine vollständige Auflistung von NIS-Befehlen und -Daemons gibt Tabelle 17.2 wieder.

Programm	Beschreibung
ypserv	Ist der NIS-Server-Daemon, startet beim Hochfahren
ypbind	Ist der NIS-Client-Daemon, startet beim Hochfahren
domainname	Legt die NIS-Domäne eines Computers fest (läuft beim Hochfahren)
ypxfr	Lädt die aktuelle Fassung einer Map vom Hauptserver herunter
ypxfrd	Bedient Anfragen von ypxfr (läuft auf dem Hauptserver)
yppush	Lässt Nebenserver ihre Fassung einer Map aktualisieren
makedbm	Erstellt eine Hash-Map aus einer einfachen Datei
ypmake	Erstellt neue Hash-Maps aus einfachen Dateien, die sich geändert haben
ypinit	Konfiguriert einen Host als Haupt- oder Nebenserver
ypset	Lässt ypbind mit einem bestimmten Server verbinden[a]
ypwhich	Findet heraus, welchen Server der aktuelle Host verwendet
yppoll	Findet heraus, welche Fassung einer Map ein Server verwendet
ypcat	Druckt die Werte in einer NIS-Map
ypmatch	Druckt Map-Einträge für einen festgelegten Schlüssel
yppasswd	Ändert ein Passwort auf dem NIS-Hauptserver
ypchfn	Ändert GECOS-Informationen auf dem NIS-Hauptserver
ypchsh	Ändert ein Login-Shell auf dem NIS-Hauptserver
yppasswdd	Ist der Server für yppasswd, ypchsh und ypchfn

Tabelle 17.2: NIS-Befehle und -Daemons

a) Muss gesondert aktiviert werden über ypbind -ypsetme *oder* ypbind -ypset *(gefährlich)*.

17.4.2 Vor- und Nachteile von NIS abwägen

Schön an NIS ist, dass es von Normalsterblichen verstanden werden kann. NIS funktioniert analog zum Kopieren von Dateien; in den meisten Fällen sind die internen Datenformate von NIS für Administratoren nicht von Belang. Die Verwaltung beruht auf den altbekannten einfachen Dateien, nur ein, zwei neue Prozeduren sind zu erlernen.

17.4 NIS (Network Information Service)

Da NIS-Domänen nicht verknüpft werden können, eignet sich NIS nicht zum Verwalten eines großen Rechnernetzes, außer wenn alle Computer mit der gleichen Konfiguration laufen. Sie können ein großes Netzwerk in mehrere NIS-Domänen einteilen, aber jede Domäne muss getrennt administriert werden. Auch wenn ein großes Netzwerk nur eine einzige Konfiguration verwendet, bedeuten Begrenzungen der Skalierung der Nebenserver, dass diese Sites in der Praxis normalerweise mit einem anderen Mechanismus aufwarten, um ihre NIS-Server aufeinander abgestimmt zu halten. Dies endet oft damit, dass sie ihre eigenen nachgestellten Datenbanken aufrufen und ihre NIS-Server ihre Daten von dieser zentralen Quelle holen lassen.

Wenn ein Nebenserver zum Zeitpunkt der Änderung einer Map abgeschaltet oder nicht erreichbar ist, wird seine Kopie nicht aktualisiert. Nebenserver müssen den Hauptserver regelmäßig pollen, um sicherzustellen, dass sie von jeder Map die aktuellste Fassung haben. Obwohl mit NIS grundlegende Werkzeuge für das Polling zur Verfügung gestellt werden, müssen Sie den Polling-Plan, den Sie wünschen, mit cron implementieren. Auch dann könnten unter Umständen zwei verschiedene Fassungen einer Map eine Zeitlang gleichzeitig bereit gestellt werden, wobei der Zufall entscheidet, welche Datei die Clients sehen.

Tipp

In Kapitel 8 finden Sie mehr Informationen zu cron.

NIS ist nur sehr begrenzt sicher. Der Broadcast-Modus ist besonders anfällig; jeder Host in einem Netzwerk kann behaupten, eine bestimmte Domäne zu bedienen und NIS-Clients gefälschte administrative Daten einspeisen. Dieses Problem können Sie vermeiden, indem Sie die zulässigen NIS-Server für jeden Client ausdrücklich auflisten.

Sie können die Hosts, die die Maps eines Servers lesen können, einschränken, indem Sie sie explizit in /etc/ypserv.conf aufführen; diese Methode bietet allerdings keine hundertprozentige Sicherheit. Sie können die Sicherheit Ihres Systems auch verbessern, indem Sie Ihre Shadow-Passwortdatei mit einer anderen Methode gemeinsam nutzen (wie zum Beispiel rdist oder rsync). Wir können nicht empfehlen, NIS zur Ausgabe von Shadow-Passwörtern zu benutzen.

Ältere Fassungen von NIS unter Linux enthalten bekannte Sicherheitslücken. Wenn Sie ein älteres System nutzen, stellen Sie sicher, dass Sie die neuesten Aktualisierungen bekommen, bevor Sie NIS starten.

17.4.3 Prioritäten für Quellen von Verwaltungsinformationen vergeben

Konfigurationsinformationen können auf verschiedene Arten gemeinsam genutzt werden. Jedes System kennt einfache Dateien und weiß DNS zu nutzen, um Hostnamen und Internetadressen nachzuschlagen. Die meisten verstehen auch NIS. Da eine bestimmte Information aus mehreren Quellen stammen könnte, bietet Linux Ihnen eine Möglichkeit, anzugeben, welche Quellen in welcher Reihenfolge geprüft werden sollen.

Ursprünglich (vor Linux) mussten einige NIS-Konfigurationsdateien (insbesondere die Dateien /etc/passwd und /etc/group) so konfiguriert werden, dass sie die Inhalte der entsprechenden NIS-Maps »einladen«. Diese Einladung erfolgte über die Einbindung von speziellen »Zauberformeln« in eben diesen Dateien. Ein einzeln stehendes »+« am Zeilenbeginn berücksichtigte die ganze NIS-Map, »+@netgroup« nur Einträge zu einer bestimmten Netzgruppe, »+name« einen einzelnen Eintrag.

Dieser Ansatz war nie besonders beliebt und wurde von einer zentralen Konfigurationsdatei verdrängt, /etc/nsswitch.conf. Diese ermöglicht es, für Verwaltungsinformationen je nach ihrer Art einen genauen Suchpfad anzugeben. Das ursprüngliche Verhalten kann über einen Kompatibilitätsmodus nachgeahmt werden, aber Sie werden dies kaum bei einem neu konfigurierten Netzwerk verwenden wollen. (In Nachahmungsversuchen liegt der Fehler der meisten Distributionen.)

Eine typische nsswitch.conf-Datei sieht ungefähr so aus:

```
passwd:     files nis
hosts:      files dns
group:      files
...
```

Jede Zeile konfiguriert eine andere Art Information (im Normalfall das Gegenstück zu einer flachen Datei). Die üblichen Quellen sind nis, nisplus, files, dns und compat; sie beziehen sich auf NIS, NIS+[5], einfache Dateien (Zeichen wie »+« werden dabei ignoriert), DNS bzw. an NIS angepasste einfache Dateien (unter Berücksichtigung des »+«). DNS ist nur für Host- und Netzwerkinformationen eine gültige Datenquelle.

Eine Programmbibliothek unterstützt jeden Quelltyp (/lib/libnss*), daher unterscheiden sich die Distributionen leicht in den Quellen, die sie unterstützen. Einige Distributionen stellen hervorragende Unterstützung für LDAP (dazu mehr in Abschnitt 17.5) und/oder Hesiod bereit, ein auf DNS basierendes Verzeichnis. Eine andere Quelle, die meist von Linux unterstützt (aber leider nicht besonders gut dokumentiert) wird, ist db. Dies liest die Map in einer Fassung im Hash-Format aus /var/db

---

[5] Dieser Nachfolger zum ursprünglichen NIS stand unter einem schlechten Stern und wird nicht mehr von Sun produziert, wird aber aus historischen Gründen immer noch von manchen Systemen unterstützt.

17.4 NIS (Network Information Service)

(zum Beispiel `/var/db/passwd.db`). Wenn Ihre einfachen Dateien groß sind, kann die Anwendung von Hashing Suchen erheblich beschleunigen.

Quellen werden von links nach rechts durchprobiert, bis eine von ihnen die Anfrage beantwortet. Im obigen Beispiel würde die Routine `gethostbyname` erst die Datei `/etc/hosts` prüfen. Wenn der Host dort nicht gelistet ist, würde sie dann DNS prüfen. Anfragen zu UNIX-Gruppen würden andererseits nur die Datei `/etc/group` prüfen.

Wenn nötig, können Sie das »Scheitern« einer Quelle durch Nachstellung eines geklammerten Ausdrucks genauer definieren. So wird zum Beispiel durch die Zeile

```
hosts:    dns [NOTFOUND=return] nis
```

nur DNS verwendet, wenn dies verfügbar ist; bei einer negativen Antwort des Namensservers werden Anfragen direkt (mit einem Fehlercode) zurückgesendet, ohne NIS zu prüfen. NIS wird aber genutzt, wenn kein Namensserver zur Verfügung steht. Tabelle 17.3 zeigt die verschiedenen Fehlerarten. Jede kann auf `return` oder `continue` eingestellt werden, je nachdem, ob eine Anfrage dann abgebrochen werden soll oder an die nächste Quelle weiterzuleiten ist.

Bedingung	Bedeutung
UNAVAIL	Die Quelle ist nicht vorhanden oder abgeschaltet.
NOTFOUND	Die Quelle ist vorhanden, konnte die Anfrage aber nicht beantworten.
TRYAGAIN	Die Quelle ist vorhanden, aber ausgelastet.
SUCCESS	Die Quelle konnte die Anfrage beantworten.

Tabelle 17.3: Fehlerarten in /etc/nsswitch.conf

Standardmäßig haben alle Linux-Distributionen `nsswitch.conf`-Dateien, die für einen Einzelrechner ohne NIS sinnvoll sind. Alle Einträge gehen an die Dateien, mit Ausnahme der Suchen nach Hosts, die erst in den Dateien nachsehen und dann in DNS. Die meisten Distributionen gehen standardmäßig in den `compat`-Modus für `passwd` und `group`, was man wahrscheinlich besser ändern sollte. Wenn Sie wirklich NIS verwenden, setzen Sie es einfach in die `nsswitch.conf`-Datei.

Debian und das ihm verwandte Ubuntu lassen `protocols`, `services`, `ethers` und `rpc` standardmäßig erst an `db` und dann `files` richten. Das ist ein wenig komisch, denn eigentlich enthalten Debian und Ubuntu weder `/var/db` noch einen Mechanismus, dies zu erhalten. Vermutlich wäre es ein wenig effizienter, `files` direkt anzusprechen. Wenn Sie wollen, können Sie die Einstellungen entsprechend ändern.

17.4.4 Netzgruppen verwenden

NIS führte mit Netzgruppen eine beliebte Abstraktion ein. Netzgruppen benennen Gruppen von Benutzern, Computern und Netzen, die damit in anderen Systemdateien leicht angesprochen werden können. Sie werden in `/etc/netgroup` definiert und werden auch als NIS-Map gemeinsam genutzt.

Das Format eines `netgroup`-Eintrags ist:

```
groupname list-of-members
```

Mitglieder werden mit Leerzeichen voneinander getrennt. Als Mitglieder können Namen von Netzgruppen angegeben werden oder ein dreiteiliger Ausdruck in folgender Form:

```
(hostname, username, nisdomainname)
```

Jedes leere Feld in einem solchen Ausdruck ist ein Platzhalter. So bezieht sich der Eintrag `(boulder,,)` auf alle Benutzer in allen Domänen auf dem Host namens *boulder* (oder auf den Host *boulder* selbst, je nach Kontext, in dem die Netzgruppe verwendet wird). Ein Gedankenstrich in einem Feld steht für eine Negation. Der Eintrag `(boulder,-,)` bezieht sich dementsprechend auf den Computer *boulder* und keine Benutzer. Definitionen von Netzgruppen lassen sich ineinander verschachteln.

Hier ein einfaches Beispiel für eine `/etc/netgroup`-Datei:

```
bobcats       (snake,,) (headrest,,)
servers       (anchor,,) (moet,,) (piper,,) (kirk,,)
anchorclients     (xx,,) (watneys,,) (molson,,)
beers         (anchor,,) (anchor-gateway,,) anchorclients
allhosts      beers bobcats servers
```

Diese Netzgruppen sind alle nach Hosts definiert, was in der Praxis der Normalfall ist.

Netzgruppen können in mehreren Systemdateien, die Zugriffsrechte definieren, verwendet werden. Am häufigsten werden Netzgruppen heute bei der Konfiguration von NFS-Exporten genutzt. Netzgruppen können in der Datei `/etc/exports` erwähnt werden, um Gruppen von Hosts anzugeben, die befugt sind, jedes Dateisystem einzurichten. Dies ist sehr praktisch, wenn Sie an eine Vielzahl von Hosts exportieren, besonders bei Systemen, die FQDNs erfordern, was die Zeilen in der Datei `exports` auf 1.024 Buchstaben beschränkt.

17.4 NIS (Network Information Service)

> **Tipp**
>
> Mehr Informationen zu NFS gibt es in Kapitel 16.

Netzgruppen sind angenehm, sie vereinfachen Systemdateien und machen sie leichter verständlich. Sie fügen eine Abstraktionsebene hinzu, die es möglich macht, den Status des Benutzers eines Rechners mit nur einer Datei statt mit fünfzehn verschiedenen zu ändern.

17.4.5 Eine NIS-Domäne anlegen

Sie müssen NIS auf dem Hauptserver, den Nebenservern und allen Clients initialisieren. Dies erfordert zwei Schritte. Lassen Sie erst auf jedem Server ypinit laufen. Dann setzen Sie auf jedem Rechner in der Domäne den Domänennamen über /etc/domainname oder eine der Systemstartdateien und konfigurieren /etc/nsswitch.conf, um NIS-Daten zu importieren.

Die NIS-Serverseite muss normalerweise als gesondertes, optionales Paket namens ypserv installiert werden. Debian und Ubuntu gehen die Dinge ein wenig anders an. Ihr nis-Paket enthält sowohl die Client- als auch die Serverseite.

ypinit initialisiert sowohl den Hauptserver als auch die Nebenserver für eine Domäne. Auf dem Hauptserver verwenden Sie folgende Befehle:

```
# cd /var/yp        /* The NIS directory, wherever it is */
# domainname foo    /* Name the new domain. */
# /usr/lib/yp/ypinit -m    /* Initialize as master server. */
# ypserv        /* Start the NIS server. */
```

Die Markierung -m für Master zeigt ypinit, dass es einen Hauptserver konfiguriert; es fordert Sie auf, eine Liste der Nebenserver einzugeben. Wenn der Hauptserver einmal eingerichtet ist und läuft, richten Sie jeden Nebenserver ein, indem Sie ypinit mit der Markierung -s (für Slave) laufen lassen:

```
# cd /var/yp
# /usr/lib/yp/ypinit -s master /* Argument is  master's hostname. */
# ypserv
```

ypinit -s legt eine lokale Kopie der aktuellen Daten vom Masterserver an; die Existenz der Dateien der Domäne genügt, um ypserv wissen zu lassen, dass es diese Domäne bedienen sollte.

Auf jedem Nebenserver sollten Sie crontab-Einträge einrichten, um frische Kopien aller Maps vom Hauptserver zu ziehen. Der Befehl ypxfr map, wobei map eine Bezeichnung wie zum Beispiel passwd.byuid ist, überträgt die benannte Map vom Hauptserver. Sie müssen den Befehl für jede Map neu ausführen. Maps neigen dazu, sich unterschiedlich oft zu ändern, daher wollen Sie vielleicht einige Maps häufiger als andere übertragen. In den meisten Fällen genügt es, alle Maps ein- oder zweimal täglich (z. B. nachts) zu übertragen. Das folgende Skript überträgt alle Maps:

Tipp

In Kapitel 8 finden Sie mehr Informationen zu cron.

```
#!/bin/sh
mydomain = `/bin/domainname`
cd /var/yp/$mydomain    # the NIS directory
for map in `/bin/ls`; do
    /usr/lib/yp/ypxfr $map
done
```

Auch vorgefertigte Skripte unter /usr/lib/yp übertragen NIS-Maps, wobei sie sich in der Wiederholungshäufigkeit unterscheiden (ypxfr_1perday, ypxfr_2perday und ypxfr_1perhour).

Wenn Sie wollen, dass Benutzer ihre Passwörter mit yppasswd ändern können, müssen Sie den Daemon yppasswdd auf dem NIS-Hauptserver ausführen. Die Linux-Version dieses Servers ist bekannt für ihre zahlreichen Abstürze, daher sollten Sie sicherstellen, dass sie noch läuft, wenn der Befehl yppasswd nicht ausgeführt zu werden scheint.

17.4.6 Zugriffssteuerungsoptionen in /etc/ypserv.conf festlegen

Optionen für die Linux-Version des Daemons ypserv können Sie in /etc/ypserv.conf festlegen; allerdings sind nur einige Optionen definiert, und für die meisten Sites wird es überflüssig sein, die Standardvorgaben zu ändern.

Von größerer Bedeutung ist, dass ypserv in der Datei ypserv.conf nach Anweisungen sucht, wie der Zugang zu NIS-Daten zu steuern ist. Statt wie die herkömmliche Implementation auf jede eingehende Anfrage einfach mit der Antwort herauszuplatzen, prüft ypserv unter Linux bei eingehenden Anfragen zunächst die Zugriffsliste. Jede Steuerzeile sieht so aus:

```
host:nisdomain:map:security
```

17.4 NIS (Network Information Service)

`host`, `nisdomain` und `map` identifizieren eine bestimmte Teilmenge von Anfragen, der Parameter `security` gibt Aufschluss darüber, wie damit zu verfahren ist: `deny` weist die Anfrage ab, `port` lässt die Anfrage zu, vorausgesetzt, sie stammt von einem privilegierten Netzwerkanschluss (< 1024), und `none` lässt die Anfrage in jedem Fall zu. Im Folgenden sehen Sie eine Beispielkonfiguration:

```
128.138.24.0/255.255.252.0:atrustnis:*:none
*:*:passwd.byuid:deny
*:*:passwd.byname:deny
128.138.:atrustnis:*:port
*:*:*:deny
```

Sie können ein Sternchen in den Feldern `host`, `nisdomain` und `map` verwenden, um beliebige Werte gelten zu lassen, Teilübereinstimmungen sind hingegen nicht zulässig. (So können Sie zum Beispiel nicht `passwd.*` verwenden, um alle von der Datei `/etc/passwd` abgeleiteten Maps gelten zu lassen.) Die Steuerzeilen werden eine nach der anderen geprüft, bis eine übereinstimmende Zeile gefunden wird. Wenn keine Zeilen übereinstimmen, wird die Anfrage standardmäßig beantwortet.

Der Parameter `host` kann, wie in der ersten Zeile, eine Netzwerkmaske enthalten, `ypserv` versteht aber die häufiger verwendete CIDR-Schreibweise nicht. Wie Sie in der vierten Zeile sehen, können Sie auch die hinteren Stellen einer IP-Adresse auslassen, um `ypserv` diese mit Nullen füllen zu lassen und eine analoge Netzwerkmaske zur Verfügung zu stellen.

Tipp

In Abschnitt 12.4.4 erläutern wir CIDR-Netzwerkmasken.

Die oben genannten Regeln ermöglichen Zugriff von einem beliebigen Host aus dem Rechnernetz unter 128.138.24/22. Hosts innerhalb von 128.138 können auf alle Maps in »atrustnis« zugreifen, mit Ausnahme derer, die aus der Datei `/etc/passwd` abgeleitet wurden, solange die Anfrage von einem privilegierten Port stammt. Jeder andere Zugriff wird verweigert.

Sie dürfen nicht vergessen, dass diese Art der Zugriffssteuerung bestenfalls eine Notlösung ist. Zufällige Eindringlinge kann sie vielleicht entmutigen, aber gegen einen entschlossenen Angreifer bietet sie kaum eine wirksame Abschreckung.

Aus historischen Gründen wird auch ein älterer Sicherheitsmechanismus, die Datei `/var/yp/securenets`, unterstützt. Neue Konfigurationen sollten `ypserv.conf` verwenden.

17.4.7 NIS-Clients konfigurieren

Nach Einrichtung der Server ist jeder Client zu konfigurieren, dass er Mitglied der neuen Domäne ist. Die Server einer Domäne sind üblicherweise auch Clients.

Der Befehl `domainname` legt die NIS-Domäne eines Rechners fest. Normalerweise wird er beim Hochfahren aus den Startskripts heraus ausgeführt. Die genauen Einstellungen, die für eine entsprechende Konfiguration erforderlich sind, unterscheiden sich je nach Distribution. Details dazu an späterer Stelle.

> **Tipp**
> In Kapitel 2 finden Sie mehr Informationen zu den Systemstartskripten.

Jeder Client muss zumindest eine minimale eigene Fassung der Dateien `passwd`, `group` und `hosts` haben. `passwd` und `group` sind notwendig, um dem root das Einloggen zu ermöglichen, wenn kein NIS-Server erreichbar ist. Sie sollten die normalen Systemkonten und -gruppen enthalten: `root`, `bin`, `daemon` usw. Die `hosts`-Datei (oder DNS) ist erforderlich, um Anfragen zu beantworten, die beim Hochfahren auftreten, wenn NIS noch nicht angelaufen ist.

17.4.8 Besonderheiten der einzelnen Distributionen

Unter Fedora und RHEL legen Sie den NIS-Domänennamen in `/etc/sysconfig/network` über die Variable NISDOMAIN fest. Die NIS-Serverseite wird als gesondertes Paket namens `ypserv` installiert. Die Daemons `ypbind`, `ypserv` und `yppasswdd` werden mit `chkconfig` aktiviert bzw. deaktiviert, zum Beispiel so:

```
# chkconfig ypbind on
```

SUSE legt den NIS-Domänennamen beim Hochfahren aus der Datei `/etc/domainname` fest. Die Serverseite von NIS wird als gesondertes Paket namens `ypserv` installiert. Mit `chkconfig` zwingen Sie das System dazu, `ypserv` und/oder `ypbind` beim Hochfahren automatisch zu starten. Befehlszeilenoptionen für `ypbind` können Sie in `/etc/sysconfig/ypbind` festlegen. Sie müssen in dieser Datei entweder YPBIND_BROADCAST auf »yes« setzen oder eine `/etc/yp.conf`-Datei installieren. Anderenfalls werden die Startskripte `ypbind` nicht starten.

Debian und Ubuntu halten den Namen der NIS-Domäne in /etc/defaultdomain. Die Startskripte führen ypbind automatisch aus, wenn diese Datei existiert. Um ypserv auszuführen, müssen Sie die Datei /etc/default/nis bearbeiten und den Wert der Variable NISSERVER auf slave oder master setzen.

17.5 LDAP (Lightweight Directory Access Protocol)

Sites unter UNIX und Linux müssen einen Weg finden, ihre administrativen Konfigurationsdaten freizugeben; das Problem hat jedoch noch eine ganz andere Dimension. Wie ist mit nicht-administrativen Daten wie zum Beispiel Telefon- und E-Mail-Verzeichnissen zu verfahren? Oder Informationen, die Sie Externen zugänglich machen wollen? Was wirklich gebraucht wird, ist ein allgemeiner Verzeichnisdienst.

Ein Verzeichnisdienst ist nur eine Datenbank, aber eine, die einige Annahmen trifft. Jeder Datensatz mit Eigenschaften, die mit diesen Annahmen übereinstimmen, wird in Betracht gezogen. Die grundlegenden Annahmen sind Folgende:

- Die Datenobjekte sind vergleichsweise klein.
- Die Datenbank wird oft verteilt abgelegt und im Cache abgelegt.
- Die Informationen sind attributbasiert.
- Daten werden oft gelesen, aber unregelmäßig geschrieben.
- Suchen werden häufig ausgeführt.

Nach den aktuellen IETF-Standards wird diese Rolle dem Lightweight Directory Access Protocol (LDAP) zugedacht. Die LDAP-Spezifikationen beeinflussen die Datenbank nicht selbst, sondern die Art, wie sie in einem Netzwerk angesprochen wird. Aber weil sie festlegen, wie die Daten schematisiert werden und wie Suchen durchzuführen sind, setzen sie auch ein recht spezifisches Datenmodell voraus.

LDAP wurde ursprünglich als Gateway-Protokoll entwickelt, das TCP/IP-Clients ermöglichte, mit einem älteren, heute nicht mehr verwendeten Verzeichnisdienst namens X.500 in Kontakt zu treten. Im Laufe der Zeit wurden zwei Dinge offensichtlich, zum einen, dass X.500 sich nicht dauerhaft am Markt halten können würde, und zum anderen, dass UNIX wirklich ein irgendwie geartetes Standardverzeichnis benötigte. Diese Faktoren führten zur Entwicklung von LDAP als vollwertiges eigenes Verzeichnissystem (und vielleicht auch dazu, dass das »L« langsam seine Berechtigung verliert).[6]

---

6 Die bewegte Vergangenheit von LDAP verleitet manche Quellen dazu, die Verbindungen zwischen X.500 und OSI zu LDAP breit auszuwalzen. Dieser Hintergrund ist jedoch nicht relevant für die heutige Verwendung von LDAP, also lassen Sie ihn getrost außer Acht.

Heute (im Jahre 2007) hat sich LDAP quasi als Standard etablieren können, vielleicht zum Teil auch dadurch vorangetrieben, dass Microsoft LDAP als Grundlage für seinen Verzeichnisdienst Active Directory übernommen hat. Für UNIX und Linux hat sich das OpenLDAP-Paket (*www.openldap.org*) zur Standardimplementierung entwickelt.

17.5.1 Die Struktur von LDAP-Daten

LDAP-Daten haben die Form von Eigenschaftslisten (property lists), Einträge genannt. Jeder Eintrag besteht aus einem Satz bezeichneter Attribute (wie »uid« oder »description«) mit ihren jeweiligen Werten. Windows-Benutzer dürften die Ähnlichkeit dieser Struktur mit der Registrierungsdatenbank unter Windows erkennen. In beiden kann jedes Attribut mehrere Werte haben.

Als Beispiel zeigen wir hier eine typische (wenn auch vereinfachte) Zeile aus /etc/passwd in Form eines LDAP-Eintrags:

```
uid: ghopper
cn: Grace Hopper
userPassword: {crypt}$1$pZaGA2RL$MPDJocOafuhHY6yk8HQFp0
loginShell: /bin/bash
uidNumber: 1202
gidNumber: 1202
homeDirectory: /home/ghopper
```

Dies ist ein einfaches Beispiel für LDIF (LDAP Data Interchange Format), dem Dateiformat zur Darstellung von Informationen aus einem LDAP-Verzeichnis. Dieses Format nutzen die meisten Werkzeuge und Serverimplementationen mit LDAP-Bezug. Die Tatsache, dass LDAP-Daten sich leicht aus bzw. in Klartext konvertieren lassen, ist einer der Gründe für den Erfolg von LDAP.

Einträge werden über die Verwendung von so genannten »distinguished names« (dn), die eine Art Suchpfad darstellen, in eine Rangordnung gebracht. Der dn für den oben eingeführten Benutzer könnte wie folgt aussehen:

```
dn: uid=ghopper,ou=People,dc=navy,dc=mil
```

Wie in DNS, steht auf der rechten Seite das »Wichtigere«. Die DNS-Bezeichnung navy.mil wurde hier benutzt, um die höheren Ebenen der LDAP-Rangfolge zu ordnen. Sie wurde in zwei Domänen-Objektklassen geteilt (domain components — dc), nämlich »navy« und »mil«, aber das ist nur eine von mehreren Gemeinsamkeiten.

Jeder Eintrag hat genau einen »distinguished name«. Daher sieht die Rangfolge der Einträge wie ein einfacher verzweigter Baum ohne Überschneidungen aus. Es gibt aber Vorkehrungen für symbolische Verknüpfungen zwischen Einträgen und für Verweise auf andere Server.

17.5 LDAP (Lightweight Directory Access Protocol)

Die Struktur der LDAP-Einträge ist im Normalfall über die Verwendung des Attributs zu einer Objektklasse schematisiert. Objektklassen legen die Attribute fest, die ein Eintrag enthalten kann, die zum Teil für bestimmte Objektklassen erforderlich sein können. Das Schema weist jedem Attribut auch einen Datentyp zu. Objektklassen verschachteln und verbinden sich in der herkömmlichen objektorientierten Weise. Die höchste Ebene der Objektklassen ist die Klasse »top«, die nur festlegt, dass ein Eintrag ein Objektklasse Attribut haben muss.

Tabelle 17.4 zeigt einige gebräuchliche LDAP-Attribute, deren Bedeutung nicht ganz offensichtlich sein könnte.

Attribut	Bezeichnung	Bedeutung
o	Organization	Identifiziert häufig den obersten Eintrag einer Site
ou	Organizational unit	Eine logische Untereinheit, z. B. Marketing
cn	Common name	Die Bezeichnung für einen Eintrag, die ihn am besten kennzeichnet
dc	Domain component	Von Sites verwendet, die ihre LDAP-Struktur über DNS modellieren
objectClass	Object class	Schema, dem die Attribute dieses Eintrags unterliegen

Tabelle 17.4: Einige gebräuchliche Attributnamen in LDAP-Hierarchien

17.5.2 Der Zweck von LDAP

Wenn man noch ungeübt im Umgang mit LDAP ist, kann dieses Konzept manchmal unverständlich sein. Anders als NIS löst LDAP selbst kein bestimmtes Administrationsproblem. Es gibt keine Hauptaufgabe, zu deren Lösung LDAP passgenau geschaffen wurde, und die Gründe dafür, LDAP-Server einzusetzen, sind äußerst vielfältig. Bevor wir uns mit den Besonderheiten bei der Installation und Konfiguration von OpenLDAP befassen wollen, ist es daher wichtig, etwas auf die Gründe einzugehen, warum LDAP für Ihre Site von Nutzen sein könnte. Hier die Wichtigsten:

- Sie können LDAP als Ersatz für NIS verwenden. Es hat unzählige Vorteile gegenüber NIS, darunter vor allem höhere Sicherheit, bessere Unterstützung von Werkzeugen und gesteigerte Flexibilität.

- In ähnlicher Weise können Sie LDAP verwenden, um Konfigurationsinformationen zu verbreiten, die außerhalb der üblichen NIS-Domäne liegen. Die meisten Mailsysteme, `sendmail` und Postfix eingeschlossen, können einen großen Teil ihrer Routinginformationen aus LDAP ziehen, und dies ist in der Tat eine der beliebtesten Anwendungen von LDAP. Auch so unterschiedliche Werkzeuge wie der Apache-Webserver und der Automounter `autofs` lassen sich so konfigurieren, dass sie LDAP beachten. Wahrscheinlich wird LDAP im Laufe der Zeit immer häufiger unterstützt werden.

Tipp

In Abschnitt 18.5.2 finden Sie mehr Informationen zur Verwendung von LDAP mit `sendmail`.

- Es ist leicht, auf LDAP-Daten mit Befehlszeilen-Werkzeugen wie `ldapsearch` zuzugreifen. Zudem wird LDAP von den üblichen Skriptsprachen wie Perl und Python (über die Verwendung von Bibliotheken) gut unterstützt. LDAP ist somit eine hervorragende Art, Konfigurationsinformationen für lokal geschriebene Skripte und administrative Dienstprogramme freizugeben.

- Es gibt exzellente internetbasierte Werkzeuge zur Verwaltung von LDAP, darunter zum Beispiel phpLDAPadmin (*phpldapadmin.sourceforge.net*) und Directory Administrator (*diradmin.open-it.org*). Diese Werkzeuge sind so einfach anzuwenden, dass Sie einfach loslegen und herumspielen können, ohne das Handbuch zu lesen.

- LDAP wird als öffentlicher Verzeichnisdienst gut unterstützt. Die meisten bedeutenderen E-Mail-Clients, einschließlich derer, die auf PCs laufen, unterstützten die Verwendung von LDAP beim Zugriff auf Benutzerverzeichnisse. Einfache LDAP-Suchen werden also von vielen Internetbrowsern durch die Verwendung einer Art LDAP-URL unterstützt.

- Active Directory von Microsoft basiert auf LDAP, und die aktuelle Fassung von Windows 2003 Server R2 enthält Erweiterungen (ursprünglich »Services for UNIX«, jetzt »Windows Security and Directory Services for UNIX« genannt), die die Abbildung von Linux-Benutzern und -Gruppen erleichtern.

17.5.3 Dokumentation und Spezifikationen für LDAP

Unseres Wissens nach gibt es keine wirklich herausragend gute Quelle für eine Einführung in die allgemeine Struktur von LDAP. Die früher gepflegte Liste von Antworten zu häufig gestellten Fragen (FAQ) gibt es nicht mehr. Für LDAP Version 2 empfehlen wir »Understanding LDAP« von Johner et al. Diese Quelle wurde aber leider nicht für Version 3 aktualisiert, und die Unterschiede im Protokoll sind tief greifend genug, dass sich die Suche nach anderen Quellen lohnen dürfte.

Die derzeit besten Stellen, mit denen man anfangen sollte, sind die Dokumentation für das OpenLDAP-Paket und das »LDAP HOWTO« für Linux. Angaben zu einer Auswahl vernünftiger Bücher zu LDAP finden Sie auch am Ende dieses Kapitels.

Die RFCs mit Bezug zu LDAP sind zahlreich und vielfältig. Insgesamt vermitteln sie den Eindruck großer Komplexität, was dem durchschnittlichen Gebrauch aber nicht entspricht. Einige der wichtigsten RFCs zeigt die folgende Tabelle 17.5.

17.5 LDAP (Lightweight Directory Access Protocol)

RFC	Titel
4519	LDAP: Schema für Benutzeranwendungen
4517	LDAP: Syntax- und Abgleichungsregeln
4516	LDAP: URL
4515	LDAP: Zeichenfolge von Suchfiltern
4514	LDAP: Zeichenfolge von Distinguished Names
4513	LDAP: Authentifizierungsmethoden und Sicherheitsmechanismen
4512	LDAP: Verzeichnisinformationsmodelle
4511	LDAP: das Protokoll
3672	Untereinträge im LDAP
3112	LDAP Passwortschema zur Authentifizierung
2849	Technische Spezifikation des LDIF
2820	Zugriffssteuerungserfordernisse (Access Control Requirements) für LDAP
2307	Ein Ansatz zur Nutzung von LDAP als Netzwerkinformationsdienst

Tabelle 17.5: Wichtige RFCs mit LDAP-Bezug

17.5.4 OpenLDAP: LDAP für Linux

OpenLDAP liegen Arbeiten der Universität von Michigan zugrunde. Heute wird es als Open Source-Projekt weiterentwickelt. Es ist Teil der meisten Distributionen, auch wenn es nicht zwangsläufig in der Standardinstallation enthalten ist. Die Dokumentation ist wohl am ehesten »lebhaft« zu nennen.

In OpenLDAP ist slapd der Standard-Server-Daemon und der Daemon slurpd ist zuständig für Kopien (Repliken der LDAP-Datenbank). Eine Auswahl von Befehlszeilenwerkzeugen ermöglicht Abfragen und Ändern von LDAP-Daten.

Die Einrichtung ist einfach. Sie müssen zuerst eine Datei /etc/openldap/slapd.conf erstellen, indem Sie die Vorlage vom OpenLDAP-Server kopieren. Achten Sie auf diese Zeilen:

```
database bdb
suffix "dc=mydomain, dc=com"
rootdn "cn=admin, dc=mydomain, dc=com"
rootpw {crypt}abJnggxhB/yWI
directory /var/lib/ldap
```

Als Datenbankformat wird standardmäßig Berkeley DB gesetzt, was für Daten innerhalb des OpenLDAP-Systems sinnvoll ist. Sie können eine Vielzahl anderer nachgeordneter Formate wählen, darunter auch Ad-hoc-Methoden wie Skripte, die Daten während der Bearbeitung erzeugen.

suffix ist Ihr LDAP-Basisname. Das ist die Wurzel Ihres Teils des LDAP-Namensraums, prinzipiell ähnlich Ihrem DNS-Domänennamen. Dieses Beispiel verdeutlicht eine gängige Praxis: die DNS-Domäne als LDAP-Basisnamen zu verwenden.

Der Name des Administrators steht hinter `rootdn`, und `rootpw` ist das Administratorpasswort im UNIX-Format (DES). Beachten Sie, dass auch die Domänenkomponenten, aus denen sich der Administratorname ableitet, anzugeben sind. Sie können das Passwort entweder aus /etc/shadow kopieren und einfügen (wenn Sie keine MD5-Passwörter verwenden) oder es mit einem einfachen Einzeiler in Perl erzeugen:

```
perl -e "print crypt('password','salt');"
```

password ist dabei das gewünschte Passwort und *salt* ist eine beliebige Kombination zweier Zeichen. Aufgrund dieses Passworts müssen Sie sicherstellen, dass die Zugriffsrechte in Ihrer slapd.conf-Datei auf 600 gestellt sind und dass der Benutzer root Eigentümer der Datei ist.

Sie sollten /etc/openldap/ldap.conf bearbeiten, um den Standardserver und den Basisnamen für LDAP-Client-Anfragen festzulegen. Das ist ziemlich einfach – setzen Sie einfach Ihren Server als Argument des Host-Eintrags und legen Sie die Basis auf den gleichen Wert wie suffix in slapd.conf. (Stellen Sie sicher, dass beide Zeilen nicht auskommentiert sind.)

Danach sollten Sie in der Lage sein, slapd zu starten, indem Sie es ohne Argumente ausführen.

17.5.5 LDAP als NIS-Ersatz

Sie müssen nicht unbedingt NIS benutzen, um auf LDAP überzugehen, aber da NIS einen genormten Satz gemeinsam genutzter Systemdateien definiert, dient es als nützlicher Bezugspunkt.

Die Dateien, die über NIS verteilt werden können, werden über die Datei /etc/nsswitch.conf »virtualisiert«. Clientseitige LDAP-Unterstützung ist daher recht leicht hinzuzufügen. Einige Distributionen installieren das erforderliche nss_ldap-Paket standardmäßig, anderenfalls wird das Paket normalerweise als Option angeboten. Dieses Paket beinhaltet ein PAM-Modul, das Ihnen die Nutzung von LDAP mit steckbaren Authentifizierungmodulen (plugable authentication modules) zusätzlich zu nss (name service switch) ermöglicht.

Tipp

Mehr Informationen zu steckbaren Authentifizierungsmodulen finden Sie in Abschnitt 20.5.6.

17.5 LDAP (Lightweight Directory Access Protocol)

Die Datei /etc/ldap.conf legt clientseitige LDAP-Standardeinstellungen für dieses Paket fest. Diese hat das gleiche Format wie die im vorangegangenen Abschnitt beschriebene Datei /etc/openldap/ldap.conf, enthält aber zusätzliche Optionen, die speziell im Kontext mit dem Namensdienst und PAM gelten. Sie müssen auch auf jedem Client die Datei /etc/nsswitch.conf bearbeiten, um ldap als Quelle für jeden Datentyp hinzuzufügen, den Sie unter LDAP nutzen wollen. (Aufgrund der Änderungen in nsswitch.conf leitet die C-Bibliothek Anfragen an die libnss_ldap-Bibliothek, die dann die Informationen aus /etc/ldap.conf nutzt, um herauszufinden, wie die LDAP-Anfragen auszuführen sind.)

RFC2307 definiert die standardmäßige Übertragung von herkömmlichen UNIX-Datensätzen, wie die Dateien passwd und group, in den LDAP-Namensraum. Zumindest in der Theorie ist RFC2307 ein nützliches Referenzdokument für Systemadministratoren, die LDAP als Ersatz für NIS verwenden. In der Praxis sind die Spezifikationen für Computer sehr viel leichter zu lesen als für Menschen. Sie haben mehr davon, sich Beispiele anzusehen.

Padl Software bietet einen kostenfreien Satz von Perlskripten, die vorhandene flache Dateien oder NIS-Maps in LDAP überführen. Es ist unter *www.padl.com/tools.html* verfügbar, und die Skripte sind leicht auszuführen. Sie können als Filter genutzt werden, um LDIF zu erzeugen, oder auf einem laufenden Server dazu dienen, Daten direkt hochzuladen. Das migrate_group-Skript zum Beispiel konvertiert diese Zeile aus /etc/group

```
csstaff:x:2033:evi,matthew,trent
```

in das folgende LDIF:

```
dn: cn=csstaff,ou=Group,dc=domainname,dc=com
cn: csstaff
objectClass: posixGroup
objectClass: top
userPassword: {crypt}x
gidNumber: 2033
memberuid: evi
memberuid: matthew
memberuid: trent
```

(Beachten Sie die Spezifikationen zu Objektklasse und distinguished name, die im passwd-Beispiel in Abschnitt 17.5.1 ausgelassen wurden.)

Wenn eine Datenbank einmal importiert worden ist, können Sie sicherstellen, dass die Übertragung korrekt ausgeführt wurde, indem Sie das slapcat-Programm laufen lassen, das die ganze Datenbank zeigt.

17.5.6 Sicherheit von LDAP

Früher wurde LDAP als eine Art Telefonverzeichnis genutzt. Zu diesem Zweck war es im Normalfall unproblematisch, Daten unverschlüsselt zu senden. Daher gewährt die übliche LDAP-Implementierung unverschlüsselt Zugang über den TCP-Port 389. Wir raten allerdings dringend von der unverschlüsselten Nutzung von LDAP zur Übertragung von Authentifizierungsinformationen ab, auch wenn Passwörter einzeln verschlüsselt werden, oder als Ergebnis einer Hash-Funktion übertragen werden.

Alternativ ist LDAP-over-SSL (LDAPS genannt, üblicherweise am TCP-Port 686) in den meisten Situationen (auch in der Welt von Microsoft) sowohl für Client als auch für Server verfügbar. Diese Zugriffsmethode ist zu bevorzugen, weil sie die Informationen schützt, die sowohl in der Anfrage als auch der Antwort enthalten sind. Nutzen Sie LDAPS sooft wie möglich.

Ein System mit der Komplexität und so vielen beweglichen Teilen wie LDAP läuft zwangsläufig Gefahr, die Sicherheit durch eine schlechte Konfiguration zu beeinträchtigen. Natürlich ist es auch nicht unwahrscheinlich, dass auch noch ein paar alte, unspektakuläre Sicherheitslücken enthalten sind – der Administrator sei gewarnt.

17.6 Empfohlene Literatur

Malère, Luiz Ernesto Pinheiro. *LDAP Linux HOWTO*. *www.tldp.org/HOWTO/ LDAP-HOWTO/*

Voglmaier, Reinhard. *The ABCs of LDAP: How to Install, Run, and Administer LDAP Services*. Boda Raton, FL: Auerbach Publications, 2004.

Carter, Gerald. *LDAP System Administration*. Sebastopol, O'Reilly Media, 2003.

17.7 Übungen

1. Warum ist es sicherer, die Dateien eines Rechners durch Abrufen zu aktualisieren als durch Verteilen?
2. Erklären Sie den folgenden Auszug aus einem `rdist` Distfile:
   ```
   LINUX_PASSWD = ( redhatbox debianbox susebox )
   passwd:
   ( /etc/passwd ) -> ( ${LINUX_PASSWD} )
   install /etc/passwd.rdist;
   cmdspecial /etc/passwd.rdist "/usr/local/sbin/mkpasswd";
   ```
☆ 3. Erklären Sie die Unterschiede zwischen `rdist` und `rsync`. In welchen Situationen ist eines dem anderen vorzuziehen?

17.7 Übungen

☆ 4. Vergleichen Sie NIS und LDAP. Wann würden Sie das eine verwenden, nicht aber das andere? Würden Sie je beides benutzen?

☆ 5. Mit welcher Methode gibt Ihre Site Systemdateien frei? Welche Sicherheitsaspekte sind bei dieser Methode relevant? Schlagen Sie eine alternative Methode zur gemeinsamen Nutzung von Systemdateien auf Ihrer Site vor und beschreiben Sie, welche Probleme damit zu lösen wären. Gäbe es auch Nachteile? Falls ja, welche?

★★★★★ 6. Entwerfen Sie ein LDAP-Schema, das Benutzerinformationen wie Login, Passwort, Shell, autorisierte Rechner usw. enthält. Erstellen Sie ein Werkzeug, das neue Benutzer interaktiv in die Datenbank aufnimmt oder sie einer Datei entnimmt, die die Benutzer auflistet. Erstellen Sie für die von Ihnen betreuten Rechner ein Werkzeug, das die Dateien `passwd`, `group` und `shadow` aus einer LDAP-Datenbank erzeugt. Ermöglichen Sie es den Benutzern, auf jedem Rechner falls gewünscht unter einem anderen Passwort zu arbeiten. (Nicht alle Benutzer sind zwangsläufig zur Nutzung aller Rechner befugt.) Ihr `adduser`-System zum Hinzufügen von Benutzern sollte in der Lage sein, Listen vorhandener Benutzernamen ebenso zu drucken wie Logins und Passworte für neue Benutzer paarweise.

18 E-Mail

Es ist kaum noch vorstellbar, wie es war, als es noch keine E-Mails gab. Heute verwendet jeder – vom Schulkind über die Großmutter bis hin zum schwerfälligsten Unternehmen – routinemäßig E-Mails zur Kommunikation mit der Familie, mit Mitarbeitern, Partnern, Kunden und sogar mit der Regierung. Eine völlig verrückte, mailfähige Welt.[1]

E-Mails sind beliebt, da das Konzept des Nachrichtenversands, dessen Modell enge Parallelen zur traditionellen Briefpost aufweist, für die Öffentlichkeit leicht verständlich ist. E-Mail »funktioniert eben einfach«. Wenn Sie die E-Mail-Adresse einer Person kennen, geben Sie eine an sie adressierte Nachricht ein und drücken auf Senden. Voilà! Sekunden später wird die Nachricht ihrem elektronischen Postfach zugestellt, und zwar unabhängig davon, ob sich die Person direkt nebenan oder am anderen Ende der Welt aufhält. Aus der Sicht des Benutzers könnte nichts einfacher sein.

Leider war es nicht immer so einfach, und selbst heute noch ist die zugrunde liegende Infrastruktur, die E-Mails in diesem großen Umfang ermöglicht, recht kompliziert. Es gibt mehrere Softwarepakete, die Sie für den Transport und die Verwaltung von E-Mails auf Ihrem Linux-System einsetzen können (drei davon werden später in diesem Kapitel erläutert), all diese erfordern jedoch ein gewisses Maß an Konfiguration und Verwaltung. Darüber hinaus ist es wichtig, dass Sie die zugrunde liegenden Konzepte und die mit E-Mail verbundenen Protokolle verstehen, damit Sie die Illusion Ihrer Benutzer nicht zerstören, dass plattformübergreifende E-Mails innerhalb des Unternehmens ein Geschenk Gottes sind, das wie von Zauberhand immer funktioniert.

Heute gibt es Alternativen zum Verständnis und zur Verwaltung der E-Mail-Infrastruktur. Eine Reihe von Dienstanbietern stellt nun »verwaltete« E-Mail-Dienste bereit, wobei die E-Mails auf deren Servern in einem weit entfernten Datencenter gespeichert werden und Sie eine monatliche oder jährliche Gebühr (eventuell pro Benutzer) für den Zugriff bezahlen. Ebenso sind inzwischen einige kostenlose Hostingdienste wie Yahoo! Mail, MSN Hotmail und Google Mail bei Privatpersonen weit verbreitet. Wenn Sie ein privates E-Mail-Konto oder ein Konto für ein (sehr) kleines

---

1 Selbst wenn Evi an den entlegensten Orten unterwegs ist, steht sie dank der Erreichbarkeit des GPRS-Netzwerks über ihren BlackBerry fast immer in E-Mail-Kontakt. Das Netzwerk funktioniert in 113 Ländern, nicht jedoch in Vermont!

Unternehmen suchen, stellen diese vielleicht eine brauchbare Lösung für Sie dar. Diese Dienste entlasten Sie in vielerlei Hinsicht, zum Beispiel bei der Speicherung, der Serververwaltung, der Softwareaktualisierung, der Konfiguration, der Spamfilterung und der Sicherheitsüberwachung, um nur einiges zu nennen. Als Gegenleistung für den kostenlosen Dienst wird möglicherweise Werbung eingeblendet. In vielen Fällen scheinen Sie dabei ein gutes Geschäft zu machen. Wenn diese Möglichkeit bei Ihnen funktioniert, haben Sie zumindest den Vorteil, dass Sie den Rest dieses Kapitels nicht zu lesen brauchen.

Allerdings ist das Hosting von E-Mails nicht für jeden die richtige Lösung. Unternehmen und andere große Organisationen, deren Betrieb vom E-Mail-Dienst abhängig ist, können in vielen Fällen das Risiko des externen E-Mail-Hostings nicht eingehen. Bei solchen Organisationen kann eine Vielzahl von Gründen für den Betrieb eines eigenen Mail-Systems vorliegen, z. B. die Sicherheit, die Leistung und die Verfügbarkeit. Für diese Gruppe ist dieses Kapitel bestimmt.

Ein Großteil dieses Kapitels – mehr als 100 Seiten – attestiert die Komplexität von E-Mail-Systemen. Es enthält sowohl Hintergrundinformationen als auch Einzelheiten über die Softwarekonfiguration, und zwar ungefähr in dieser Reihenfolge.

Wir haben versucht, dieses Kapitel in fünf kleinere Abschnitte (über Mail-Systeme, die Konfiguration von `sendmail`, Spam, Exim und Postfix) zu unterteilen, doch dadurch wurde es unübersichtlich, war voller Henne-Ei-Probleme und unserer Meinung nach weniger nützlich. Stattdessen bieten wir Ihnen mit Tabelle 18.1 eine mit Anmerkungen versehene Inhaltsübersicht.

	Abschnitt	Inhalt
Hintergrund	1	Mail-Systeme und ihre verschiedenen Bestandteile
	2	Adressierung, Syntax von Adressen, Mail-Header
	3	Grundgedanken, Client/Server-Entwurf, Mail-Homes
	4	Aliase, Mail-Routing, LDAP
	5	Software für Mailinglisten
sendmail-Konfiguration	6	sendmail: Installation, Inbetriebnahme, die Mailwarteschlange
	7	Einführung in die Konfiguration von sendmail, m4-Makros
	8	Grundlegende Elemente der sendmail-Konfiguration
	9	Anspruchsvollere Elemente der sendmail-Konfiguration
	10	Spam, die Datenbank access von sendmail
	11	Fallstudie zur Konfiguration
	12	Sicherheit

Tabelle 18.1: Ein Wegweiser durch dieses Kapitel

18 E-Mail

	Abschnitt	Inhalt
	13	Performance
	14	Statistikerfassung, Testen und Debuggen
Sonstiges	15	Exim, eine Alternative zu sendmail
	16	Postfix, eine Alternative zu sendmail
	17	Zusätzliche Informationsquellen

Tabelle 18.1: Ein Wegweiser durch dieses Kapitel (Forts.)

Durch diese Struktur ergibt sich ein gleichmäßigerer Fluss beim Durchlesen dieses Kapitels, manchmal werden jedoch die für eine bestimmte E-Mail-Aufgabe relevanten Punkte unterteilt. Der Postmaster eines mittelgroßen Unternehmens muss möglicherweise das gesamte Kapitel lesen, ein Systemadministrator, der die E-Mail-Unterstützung für den PC eines typischen Geschäftskunden einrichtet, muss dies sicherlich nicht.

Aufgabe	Abschnitte
Aktualisieren von sendmail	6, 7
Erstkonfiguration von sendmail	3, 6, 7, 8, 9, 10, 11, 12
Ändern der Konfigurationsdatei	7
Entwurf eines Mail-Systems für eine Site	3, 4, 5, 6, 7, 8, 9, 10, 11
Spambekämpfung	10
Sicherheitsüberwachung	12
Einrichten eines PCs für den Empfang von E-Mails	1, 3
Einrichten einer Mailingliste	5
Leistungsoptimierung	3, 9, 13
Virtuelles Hosting	9
Verwenden von Exim anstelle von sendmail	15
Verwenden von Postfix anstelle von sendmail	16

Tabelle 18.2: Die für verschiedene Aufgaben relevanten Abschnitte dieses Kapitels

Ein Großteil dieses Kapitels befasst sich mit der Konfiguration von sendmail, dem Standardprogramm zur Analyse und Weiterleitung von E-Mails. sendmail wurde ursprünglich von Eric Allman an der University of California, Berkeley, programmiert. Es gab drei große Versionen: Version 5, IDA und Version 8. Eine völlig neu gestaltete Version, Sendmail X, wurde kürzlich in einer frühen Betaversion veröffentlicht, ist jedoch noch nicht für den Einsatz in der Produktion bereit. (Laut Insiderinformationen wird sie Version 8 möglicherweise niemals ersetzen.) Version 5 und IDA sind nicht mehr häufig im Gebrauch, sondern wurden durch Version 8 ersetzt. In diesem Kapitel widmen wir uns Version 8 (8.13, um genau zu sein).

sendmail wird von der Firma Sendmail Inc. kommerziell entwickelt, die auch eine kostenlose Open Source-Version anbietet. Die kommerziellen Versionen enthalten ein grafisches Konfigurationswerkzeug und eine zentrale Überwachung und Berichterstellung – Funktionen, die für Sites mit hohem Mail-Aufkommen besonders nützlich sind.

18.1 Mail-Systeme

Theoretisch besteht ein Mail-System aus vier verschiedenen Komponenten:

- Einem »Mail-Benutzeragenten« (Mail User Agent, MUA), mit dem die Benutzer E-Mails lesen und erstellen können
- Einem »Mail-Transportagenten« (Mail Transfer Agents, MTS), der die Nachrichten unter den Rechnern weiterleitet
- Einem »Zustellungsagenten« (Delivery agent), der die Nachrichten in einem lokalen Speicher ablegt[2]; dieser wird manchmal auch als lokaler Zustellungsagent (lokal delivery agent, LDA) bezeichnet
- Einem optionalen »Zugriffsagenten« (access agent, AA), der eine Verbindung zwischen dem Benutzeragenten und dem Nachrichtenspeicher herstellt (z. B. über das IMAP- oder POP-Protokoll)

Einige Sites verwenden auch einen Mailübertragungsagenten, der SMTP (das Mailtransportprotokoll) beherrscht und einige der Aufgaben des Transportagenten übernimmt. Abbildung 18.1 zeigt die Beziehung zwischen diesen Komponenten.

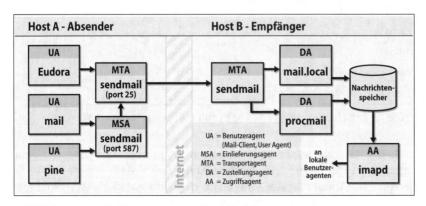

Abbildung 18.1: Die Komponenten eines Mail-Systems

---

2 Dabei handelt es sich um die Postfächer der Empfänger oder in manchen Fällen um eine Datenbank.

18.1.1 Benutzeragenten

E-Mail-Benutzer verwenden einen Benutzeragenten (der im Gegensatz zum angloamerikanischen Sprachgebrauch im Deutschen als Mail-Client bezeichnet wird) zum Lesen und Erstellen von Nachrichten. Ursprünglich bestanden E-Mail-Nachrichten nur aus Text, heute wird jedoch der so genannte MIME-Standard (Multipurpose Internet Mail Extension) verwendet, um Textformate und Anhänge (einschließlich vieler Viren) in E-Mails zu kodieren. Er wird von den meisten Mail-Clients unterstützt. Da er die Adressierung und den Transport von E-Mails nicht beeinflusst, wird er in diesem Kapitel nicht weiter erläutert.

Eine Aufgabe der Mail-Clients besteht darin, sicherzustellen, dass der gesamte in den Inhalt einer E-Mail-Nachricht eingebettete Text, der vom Mail-System falsch verstanden werden könnte, geschützt wird. Ein Beispiel dafür ist die Zeichenfolge »From«, die als Trennzeichen zwischen den einzelnen Nachrichteneinträgen verwendet wird.

/bin/mail war der ursprüngliche Mail-Client und bleibt das »gute alte Hilfsmittel« zum Lesen textbasierter E-Mail-Nachrichten an der Shell-Eingabeaufforderung. E-Mail im Internet hat das Zeitalter der reinen Textnachrichten hinter sich gelassen, und zwar mit allen Vor- und Nachteilen, sodass textbasierte Mail-Clients für die meisten Benutzer nicht mehr zweckmäßig sind. Grafische Benutzerschnittstellen erlauben den Zugriff auf Nachrichten per Mausklick und verarbeiten Anhänge wie Bilder, Microsoft Word-Dokumente und Tabellen ordnungsgemäß.

Eine der eleganten, in Abbildung 18.1 dargestellten Funktionen besteht darin, dass ein Mail-Client nicht unbedingt auf demselben System oder noch nicht einmal auf derselben Plattform wie der Rest des Mail-Systems ausgeführt werden muss. Die Benutzer können einen der vielen mit Linux ausgelieferten Mail-Clients verwenden, wenn sie an einem Linux-Desktopcomputer angemeldet sind, können aber auch über die Protokolle der Zugriffsagenten, z. B. IMAP oder POP, von ihrem Windows-Laptop aus auf ihre E-Mails zugreifen. Dies ist heute mit Abstand die gebräuchlichste Konfiguration. Wer behauptet, dass Windows und Linux nicht glücklich zusammenleben können?

Beispiele für gebräuchliche Mail-Clients mit ihren Originalquellen sind im Folgenden aufgeführt:

- /bin/mail unter Red Hat und Fedora ist die BSD-Version des ursprünglichen UNIX-Befehls mail; unter SUSE, Debian und Ubuntu befindet sich dieser Mail-Client im Verzeichnis /usr/bin/mail.[3] Dabei handelt es sich um einen rein textbasierten Mail-Client, der einen lokalen Mail-Speicher erfordert.

- Thunderbird von Mozilla für Linux, Windows und Mac OS

---

3 Auf anderen Systemen nennt sich dieser Benutzeragent manchmal Mail oder mailx. Dementsprechend stellt Red Hat eine Verknüpfung mit dem Namen Mail und SUSE, Debian und Ubuntu Verknüpfungen mit den Bezeichnungen Mail und mailx bereit.

- Evolution (alias Novell Evolution, früher Ximian Evolution) für Linux, Windows und Mac OS
- pine von der University of Washington, *www.washington.edu/pine*
- Eudora von Qualcomm für Macs oder PCs, auf denen Windows ausgeführt wird
- Outlook von Microsoft für Windows

18.1.2 Transportagenten

Ein Transportagent (MTA) muss E-Mails von einem Mail-Client annehmen, die Empfängeradressen verstehen und die E-Mails zur Zustellung an die richtigen Hosts weiterleiten. Die meisten Transportagenten fungieren auch als Nachrichtenübertragungsagenten, um neue Nachrichten in das Mail-System einzufügen. Sie beherrschen das in RFC2821 (ursprünglich in RFC821) definierte SMTP-Protokoll (Simple Mail Transport Protocol) oder das in den RFCs 1869, 1870, 1891 und 1985 festgelegte ESMTP-Protokoll (Extended SMTP).

Für UNIX- und Linux-Systeme stehen mehrere Transportagenten zur Verfügung (unter anderem PMDF, Postfix, smail, qmail, Exim und zmailer), sendmail ist jedoch am umfassendsten, flexibelsten und am weitesten verbreitet. Eine Untersuchung[4] von Mail-Systemen aus dem Jahr 2001 berichtete, dass sendmail von 60 %, Exim von 8 %, Microsoft Exchange Server von 4 % und Postfix von 2 % der Domänen verwendet wurde. Andere (etwa 50) waren unbedeutend.

Red Hat, Fedora und SUSE werden mit einer Installation von sendmail ausgeliefert. Debian gibt zwar vor, sendmail zu enthalten, wenn Sie sich die Angelegenheit jedoch näher ansehen, werden Sie feststellen, dass es sich bei sendmail in Wahrheit um eine Verknüpfung zum Mail-Transportagenten Exim handelt. Dieser wurde so sorgfältig entwickelt, dass er die Kommandozeilen-Flags von sendmail versteht. Mail-Clients, die sendmail explizit aufrufen, um eine E-Mail zu übertragen, dürften nicht klüger sein als zuvor. Mit Ubuntu wird standardmäßig Exim ausgeliefert.

18.1.3 Zustellungsagenten

Ein Zustellungsagent nimmt E-Mails von einem Transportagenten an und stellt sie den entsprechenden lokalen Empfängern zu. Die Zustellung kann an eine Person, eine Mailingliste oder sogar ein Programm erfolgen.

Jeder Empfängertyp benötigt möglicherweise einen anderen Agenten. /bin/mail ist der Zustellungsagent für lokale Benutzer, /bin/sh ist der ursprüngliche Zustellungsagent für E-Mails, die an ein Programm gesendet werden, während die Zustellung an eine Datei intern abgewickelt wird. Die neuesten Versionen von sendmail werden mit sichereren lokalen Zustellungsagenten ausgeliefert, die die Namen mail.local und

---

4 *Private Studie von Matrix.net für Sendmail Inc.*

smrsh (ausgesprochen wie »smursh«) tragen. procmail von *wwww.procmail.org* kann ebenfalls als lokaler Zustellungsagent eingesetzt werden (siehe hierzu auch den Abschnitt 18.9.16). Wenn Sie impad von Cyrus als Zugriffsagenten einsetzen, enthält dieser ebenfalls seinen eigenen lokalen Zustellungsagenten.

18.1.4 Nachrichtenspeicher

Der Nachrichtenspeicher ist der Ort auf dem lokalen Computer, an dem die E-Mails gespeichert werden. Dabei handelt es sich normalerweise um das Verzeichnis /var/spool/mail oder /var/mail, wobei die E-Mails in Dateien abgelegt werden, die nach den Anmeldenamen der Benutzer benannt sind. Dieser Nachrichtenspeicher ist immer noch am gebräuchlichsten, Internetdienstanbieter mit mehreren Tausend oder Millionen E-Mail-Kunden sind jedoch auf der Suche nach anderen Technologien für den Nachrichtenspeicher (normalerweise Datenbanken).

Auf Systemen, die den Speicher /var/spool/mail oder /var/mail verwenden, wird das Mail-Verzeichnis bei der Installation des Betriebssystems erstellt. Die Berechtigungen dafür sollten auf Modus 775 gesetzt werden, wobei die Gruppe mail der Besitzer sein sollte, sofern Sie nicht mail.local als lokalen Mailer verwenden, bei dem der Modus auf 755 gesetzt werden kann. Unsere Linux-Plattformen unterscheiden sich ein wenig voneinander:

```
Red Hat:  drwxrwxr-x 2 root    mail 1024 Dec  5 11:16/var/spool/mail
Fedora:   drwxrwxr-x 2 root    mail 4096 Mar 17 08:42/var/spool/mail
SUSE:     drwxrwxrwt 2 root    root 4096 Aug  2 23:25/var/spool/mail
Debian:   drwxrwsr-x 2 root    mail 4096 Aug  3 16:17/var/mail
Ubuntu:   drwxrwsr-x 2 root    mail 4096 Jan  8 03:22/var/mail
```

SUSEs Berechtigungen sind recht großzügig, den Dateien im Mail-Spoolverzeichnis wird jedoch Modus 660 mit Berechtigungen für die Gruppe root zugewiesen. Bei Verzeichnissen, für die das Sticky-Bit gesetzt ist (das t in den Berechtigungen), ist es den Benutzern nicht gestattet, Dateien anderer Benutzer zu löschen, selbst wenn sie über die Schreibberechtigung für dieses Verzeichnis verfügen. Ein böswilliger Benutzer könnte jedoch das Mail-Spoolverzeichnis füllen, es als Arbeitspartition verwenden oder das Postfach eines anderen Benutzers erstellen.

Tipp

Weitere Informationen über das Sticky-Bit finden Sie in Abschnitt 5.5.3.

18.1.5 Zugriffsagenten

Bei Programmen wie `imapd` und `spop` handelt es sich um Zugriffsagenten für PC-, Mac- oder Linux-Benutzer, deren E-Mails einem Linux-Server zugestellt und dann mithilfe von IMAP (Internet Message Access Protocol) bzw. POP (Post Office Protocol) heruntergeladen werden. IMAP und POP werden im Abschnitt 18.3.3 behandelt.

18.1.6 Mail-Einlieferungsagenten

Ein weiterer Neuling im Mail-Bereich, der für Sites mit hohem Mail-Aufkommen benötigt wurde, ist der Mail-Einlieferungsagent (Mail submission agent, MSA). Der Transportagent an einem stark ausgelasteten Mail-Hub verbringt viel Zeit mit der Vorverarbeitung von E-Mail-Nachrichten: Er stellt sicher, dass alle Hostnamen voll qualifiziert sind, ändert von veralteten Mail-Clients geerbte Header, protokolliert Fehler, schreibt Header neu usw. Mit RFC2476 wurde das Konzept eingeführt, den Mail-Einlieferungsagenten vom Mail-Transportagenten zu trennen, um die Arbeitslast zu verteilen und die Leistung zu maximieren.

Das Konzept besteht darin, den Mail-Einlieferungsagenten, der an einem anderen Port läuft, als eine Art »Rezeptionist« für neue, von lokalen Mail-Clients in das System eingefügte Nachrichten zu verwenden. Der Mail-Einlieferungsagent übernimmt alle Vorbereitungen sowie die Fehlerprüfung, die vor dem Versand einer Nachricht durch den Transportagenten erfolgen müssen. Dies erinnert ein wenig an den Einsatz eines Qualitätsprüfers zwischen dem Mail-Benutzer- und dem Mail-Transportagenten.

Insbesondere stellt der Mail-Einlieferungsagent sicher, dass alle Hostnamen voll qualifiziert sind. Er vergewissert sich, ob die lokalen Hostnamen richtig sind, bevor er den Teil der lokalen Domäne hinzufügt. Außerdem ergänzt er fehlende und repariert fehlerhafte Nachrichten-Header. Oftmals fügt der Mailübertragungsagent einen `From`- oder `Date`-Header hinzu oder passt den `Message-Id`-Header an. Eine letzte Aufgabe, die er ausführen kann, besteht darin, die Adresse des Absenders aus einem Anmeldenamen in einem bevorzugten externen Format wie *Vorname_Nachname* neu zu schreiben.

Damit dieses Schema funktioniert, müssen die Mail-Clients so konfiguriert werden, dass sie anstelle von Port 25, dem Standardport für Mails, eine Verbindung zu Port 587 herstellen. Wenn Ihre Mail-Clients nicht lernen können, Port 587 zu verwenden, können Sie weiterhin einen Mail-Einlieferungsagenten an Port 25 betreiben, allerdings nicht auf dem System, auf dem Ihr Mail-Transportagent ausgeführt wird. Außerdem müssen Sie Ihren Transportagenten so konfigurieren, dass er die vom Mail-Einlieferungsagenten erledigten Aufgaben nicht doppelt ausführt. Eine doppelte Verarbeitung hätte zwar keinen Einfluss auf die Richtigkeit der Mail-Verarbeitung, bringt jedoch nutzlose zusätzliche Arbeit mit sich.

Standardmäßig fungiert `sendmail` als Mail-Einlieferungs- und als Mail-Transportagent. Ab `sendmail` 8.10 hört eine einzige Programminstanz sowohl Port 25 als auch Port 587 ab. Oft rufen die Mail-Clients `sendmail` direkt mit Flags, die das Programm auffordern, eine E-Mail-Nachricht anzunehmen (`-bs` oder `-bm`), oder ganz ohne Flags auf, wodurch das Verhalten von `sendmail` standardmäßig auf `-bm` gesetzt wird. Der `sendmail`-Prozess merkt sich, auf welche Weise er aufgerufen wurde, und fungiert als Mail-Einlieferungsagent, wenn die Flags `-bs` oder `-bm` verwendet werden, oder als Mail-Transportagenten, wenn er mit `-bd` aufgerufen wird.

Mail-Clients, die eine SMTP-Verbindung direkt öffnen, müssen so geändert werden, dass sie Port 587 nutzen, um die Vorteile eines Mail-Einlieferungsagenten nutzen zu können.

18.2 Die Anatomie einer E-Mail-Nachricht

Eine E-Mail-Nachricht besteht aus drei verschiedenen Teilen, die Sie verstehen müssen, bevor Sie sich mit der Konfiguration von `sendmail` befassen:

- Envelope (Umschlag)
- Header (Kopfzeile)
- Textkörper der Nachricht

Der Envelope bestimmt, wem die Nachricht zugestellt wird oder an wen sie zurückgesendet wird, falls die Zustellung nicht erfolgen kann. Die Adressen des Envelopes entsprechen im Allgemeinen den Header-Zeilen From und To bei einem einzelnen Empfänger, was aber nicht der Fall ist, wenn die Nachricht an eine Mailingliste gesendet wird. Die Adressen werden separat an den Mail-Einlieferungsagenten übergeben. Der Envelope ist für die Benutzer unsichtbar und nicht Teil der Nachricht selbst: Er wird von `sendmail` intern verwendet, um zu ermitteln, wohin die Nachricht gesendet werden soll.

Bei den Headern handelt es sich um eine Sammlung von Eigenschaft/Wert-Paaren, die gemäß RFC2822 formatiert sind. Sie verzeichnen alle Arten von Informationen über die Nachricht, z. B. das Datum und die Uhrzeit des Versands und die Transportagenten, die sie auf den Weg gebracht haben. Die Header sind ein echter Bestandteil der E-Mail-Nachricht, obwohl die Mail-Clients bei der Anzeige oft einige der weniger interessanten vor dem Benutzer verbergen.

Der Textkörper der Nachricht ist der eigentliche Inhalt, der gesendet werden soll. Er muss aus Klartext bestehen, obwohl es sich bei diesem Text oft um eine mailsichere Kodierung verschiedener binärer Inhalte handelt.

Wenn wir zum Abschnitt über die Konfiguration kommen, sprechen wir manchmal von Envelope-Absendern und -Empfängern und manchmal von Header-Absendern und -Empfängern. Wenn es aus dem Kontext nicht hervorgeht, weisen wir darauf hin, auf welche Adressen wir uns beziehen.

18.2.1 Mail-Adressierung

Die lokale Adressierung ist einfach, da der Anmeldename eines Benutzers einen eindeutigen Bezeichner darstellt. Eine Internetadresse ist ebenso simpel: *benutzer@host.domäne* oder *benutzer@domäne*. In den Anfängen von E-Mail und Internet waren Adressen gebräuchlich, die aussahen wie in Tabelle 18.3 aufgeführt.

Adresstyp	Beispieladresse	Moderne Form
UUCP	mcvax!uunet!ucbvax!hao!boulder!lair!evi	evi@lair
Routebasiert	<@site1,@site2,…,@siteN:benutzer@endgueltige-site>	benutzer@endgueltige.site
»Percent hack«	benutzer%host1%host2@host3	benutzer@host1

Tabelle 18.3: Beispiele für veraltete Adresstypen

Ein Großteil der Komplexität der sendmail-Konfiguration ist durch die anfängliche Notwendigkeit entstanden, derartige Adressen zu verarbeiten. All diese Adressformate beruhen auf der Relay-Funktion, wobei die Relay-Funktion aufgrund von Spam von den Sites allmählich abgeschaltet wird. Bei »Percent hack« (letzte Zeile in Tabelle 18.3) handelt es sich um ein Lieblingswerkzeug der Spammer, die versuchen, ihre Identität zu verbergen oder Mails mit der Relay-Funktion über Ihre Computer weiterzugeben. Wenn Sie sich mit einem dieser Adressformate befassen müssen, sollten Sie die sendmail-Dokumentation oder das bei O'Reilly erschienene Buch über sendmail zurate ziehen.

18.2.2 Interpretation des Headers

Jede E-Mail-Nachricht beginnt mit mehreren Zeilen, die als Header bezeichnet werden und Informationen über die Nachricht enthalten. Am Anfang eines jeden Headers steht ein Schlüsselwort wie To, From oder Subject, gefolgt von einem Doppelpunkt und dem Inhalt des Headers. Das Format des Standard-Headers ist in RFC2822 definiert, doch auch benutzerdefinierte Header sind zulässig. Alle Header, die mit X- beginnen, werden vom Mail-System ignoriert, aber zusammen mit der Nachricht weitergegeben. Daher können Sie Ihren E-Mail-Nachrichten einen Header wie X-Witz-des-Tages hinzufügen, ohne die Weiterleitungsfähigkeit des Mail-Systems zu beeinträchtigen.[5]

Einige Header werden vom Mail-Client und einige vom Transportagenten hinzugefügt. Mehrere Header verfolgen den Pfad einer Nachricht durch das Mail-System zurück. Viele Mail-Clients verbergen diese »uninteressanten« Header vor Ihnen, es steht jedoch normalerweise eine Option zur Verfügung, die alle Header offen anzeigt. Das Lesen der Header wird zu einer bedeutenden Kunst, wenn wir mit Spam bom-

---

[5] Technisch gesehen können Sie jeden beliebigen Header hinzufügen, da beim Mail-Routing nur der Envelope verwendet und die Header ignoriert werden.

18.2 Die Anatomie einer E-Mail-Nachricht

bardiert werden, wobei wir manchmal versuchen müssen, eine Nachricht bis zu ihrer Quelle zurückzuverfolgen. Im Folgenden sehen Sie den Header-Block einer einfachen Nachricht:

```
From trent Fri, 30 Jun 2006 20:44:49
-0600

Received: from bull.atrust.com
(bull.atrust.com [127.0.0.1]) by
bull.atrust.com (8.13.1/8.13.1) with
ESMTP id k612inkG001576 for
<ned@bull.atrust.com>; Fri, 30 Jun 2006
20:44:49 -0600

Date: Fri, 30 Jun 2006 20:44:48 -0600

From: trent@atrust.com

Message-Id:
200607010244.k612im9h001575@bull.atrust.com

To: ned@bull.atrust.com

Cc: steve@bull.atrust.com

Subject: Yonder Mountain

------ body of the message was here ---
```

Diese Nachricht blieb stets auf dem lokalen Rechner; der Absender war trent und der Empfänger ned. Die erste From-Zeile wurde von mail.local hinzugefügt, wobei es sich in diesem Fall um den lokalen Zustellungsagenten handelte. Die Headerzeilen Subject und Cc wurden vom Mail-Client von trent hinzugefügt, der wahrscheinlich auch die Header To, From und Date eingefügt hat. Der Mail-Transportagent sendmail fügt die Header To, From und Date hinzu, wenn sie nicht vom Mail-Client geliefert werden. Jeder Rechner (oder, um genauer zu sein, jeder Mail-Transportagent), der mit einer Nachricht in Berührung kommt, fügt einen Received-Header hinzu.

Die Header einer E-Mail-Nachricht sagen viel darüber aus, an welchen Stellen sich die Nachricht befand, wie lange sie dort blieb und wann sie letztlich dem Bestimmungsort zugestellt wurde. Im Folgenden finden Sie eine vollständigere Analyse einer über das Internet gesendeten E-Mail-Nachricht. Sie ist mit Kommentaren durchsetzt, die den Zweck der verschiedenen Header beschreiben und die Programme kennzeichnen, von denen sie hinzugefügt wurden. Die Zeilennummern auf der linken Seite dienen als Verweise für die anschließende Erläuterung und sind nicht Bestandteil der Nachricht. Einige Zeilen wurden geteilt, damit das Beispiel auf die Seite passt.

1: From eric@knecht.sendmail.org

Zeile 1 wurde von /bin/mail oder mail.local bei der endgültigen Zustellung hinzugefügt, um diese Nachricht von den anderen sich im Postfach des Empfängers befindenden Nachrichten zu trennen. Einige Mail-Lesegeräte erkennen die Begrenzungen von Nachrichten, indem sie nach einer Leerzeile, gefolgt von der Zeichenfolge »From« suchen. Beachten Sie dabei das angefügte Leerzeichen. Diese Zeile ist erst bei der Zustellung der Nachricht vorhanden und unterscheidet sich von der Headerzeile »From:«. Viele E-Mail-Lesegeräte zeigen diese Zeile nicht an, sodass Sie sie möglicherweise überhaupt nicht sehen.

2: Return-Path: eric@knecht.Neophilic.COM

Zeile 2 gibt einen Rückleitungspfad an, bei dem es sich um eine andere als die später in der From:-Zeile des Mail-Headers angezeigte Adresse handeln kann. Fehlermeldungen sollten an die in der Headerzeile Return-Path angegebene Adresse geschickt werden.

3: Delivery-Date: Mon, 06 Aug 2001 14:31:07 -0600

Zeile 3 zeigt das Datum an, an dem die E-Mail dem lokalen Postfach von evi zugestellt wurde. Sie enthält die Abweichung der lokalen Zeitzone im Beispiel (MDT, Mountain Daylight Time) von der UTC.

4: Received: from anchor.cs.colorado.edu (root@anchor.cs.colorado.edu [128.138.242.1]) by rupertsberg.cs.colorado.edu (8.10.1/8.10.1) with ESMTP id f76KV7J25997 for <evi@rupertsberg.cs.colorado.edu>; Mon, 6 Aug 2001 14:31:07 -0600 (MDT)

5: Received: from mroe.cs.colorado.edu (IDENT:root@mroe.cs.colorado.edu [128.138.243.151]) by anchor.cs.colorado.edu (8.10.1/8.10.1) with ESMTP id f76KV6418006 for <evi@anchor.cs.colorado.edu>; Mon, 6 Aug 2001 14:31:06 -0600 (MDT)

6: Received: from knecht.Neophilic.COM (knecht.sendmail.org [209.31.233.176]) by mroe.cs.colorado.edu (8.10.1/8.10.1) with ESMTP id f76KV5Q17625 for <evi@anchor.cs.colorado.edu>; Mon, 6 Aug 2001 14:31:05 -0600 (MDT)

7: Received: from knecht.Neophilic.COM (localhost.Neophilic.COM [127.0.0.1]) by knecht.Neophilic.COM (8.12.0.Beta16/8.12.0.Beta17) with ESMTP id f76KUufp084340 for <evi@anchor.cs.colorado.edu>; Mon, 6 Aug 2001 13:30:56 -0700 (PDT)

Die Zeilen 4–7 dokumentieren die von der Nachricht auf dem Weg zum Postfach des Benutzers durch verschiedene Systeme zurückgelegte Strecke. Jeder Rechner, der eine E-Mail-Nachricht verarbeitet, fügt eine Received-Zeile in den Nachrichten-Header ein. Neue Zeilen werden am Anfang eingefügt, sodass Sie beim Lesen den Weg der Nachricht vom Empfänger bis zum Absender zurückverfolgen können. Handelt es sich bei der betrachteten Nachricht um Spam, ist die von Ihrem lokalen Computer erstellte Received-Zeile die einzige, der Sie wirklich glauben können.

18.2 Die Anatomie einer E-Mail-Nachricht

Jede Received-Zeile enthält den Namen des Absendercomputers, des Empfangsrechners, die auf dem Empfangscomputer verwendete Version von sendmail (oder des jeweils genutzten Transportagenten), den eindeutigen Bezeichner der Nachricht während ihres Aufenthalts auf dem Empfangsrechner, den Empfänger (wenn es sich nur um einen handelt), das Datum und die Uhrzeit und abschließend die Abweichung der lokalen Zeitzone von der UTC (Universal Coordinated Time, früher GMT für Greenwich Mean Time). Diese Daten werden mit den Daten der internen Makrovariablen von sendmail gefüllt. In den nächsten Absätzen verfolgen wir die Nachricht vom Absender bis zum Empfänger (aus der Sicht der Headerzeilen rückwärts).

Zeile 7 zeigt, dass die Nachricht von der localhost-Schnittstelle von knecht (die der spezielle Mail-Client von Eric für die Ausgangsverbindung ausgewählt hat) über das Kernelloopback-Pseudogerät an die externe Schnittstelle von knecht gesendet wurde. Zeile 6 dokumentiert, dass knecht dann die Nachricht an mroe.cs.colorado.edu weitergeleitet hat, obwohl sie an evi@anchor.cs.colorado.edu adressiert war (siehe Headerzeile 9). Eine schnelle Überprüfung mit dig oder nslookup ergibt, dass der Host anchor über einen MX-Eintrag verfügt, der auf mroe verweist, was dazu führt, dass die Zustellung umgeleitet wird. Auf dem Rechner von knecht wurde sendmail Version 8.12.0Beta16 ausgeführt.

> **Tipp**
>
> Weitere Informationen über MX-Einträge finden Sie in Abschnitt 15.7.6.

Auf dem Computer mroe wurde sendmail Version 8.10.1 eingesetzt und die Nachricht während ihres dortigen Aufenthalts mit der Warteschlangen-ID f76KV5Q17625 gekennzeichnet. Anschließend hat mroe hat die Nachricht an die angegebene Adresse anchor.cs.colorado.edu (Zeile 5) weitergeleitet, was eigenartig erscheinen mag, da die ursprüngliche Übertragung wegen der MX-Einträge von knecht von anchor auf mroe umgeleitet wurde. Der Grund für diese offensichtliche Unstimmigkeit besteht darin, dass die Domäne cs.colorado.edu eine »Split-DNS«-Konfiguration verwendet. Der von außen sichtbare MX-Eintrag für anchor verweist auf den Eingangs-Mastermailcomputer (mroe). Allerdings ist innerhalb der Domäne cs.colorado.edu selbst ein anderer Eintrag zu sehen. Die interne Version des Eintrags verweist zunächst auf anchor selbst und dann auf mroe als Backup.

Nachdem die E-Mail bei anchor eingetroffen war, wurde sie sofort wieder weitergeleitet, und zwar dieses Mal an rupertsberg. Der Grund für diesen Hop waren Aliase, eine Mail-Bearbeitungsfunktion, die im Abschnitt 18.4 ausführlich beschrieben wird.

Aliase spielen eine bedeutende Rolle im Mail-Ablauf. Ein Alias ordnet einen Benutzernamen etwas anderem zu, z. B. demselben Benutzer auf einem anderen Computer, einer Benutzergruppe oder sogar einer alternativen Schreibweise des Benutzernamens. Sie können die Ursache für die Umleitung einer E-Mail nicht herausfinden, indem Sie nur die Beispielheader überprüfen. Wie bei den MX-Einträgen, müssen Sie nach externen Informationsquellen suchen.

Die `Received`-Zeilen 5 und 6 enthalten den Ausdruck »`for evi@anchor.cs.colorado.edu`«, der darauf hinweist, wie die E-Mail bei ihrem Eintreffen am lokalen Standort adressiert war. Diese Information hilft Ihnen, falls Sie sich von einer Mailingliste abmelden wollen und entweder die Abmeldenachricht von demselben Host aus senden, von dem aus Sie sich angemeldet hatten (was in manchen Fällen viele Jahre zurückliegt), oder dessen Adresse kennen und diese als Parameter in Ihrer Abmeldung verwenden müssen.

Die letzte `Received`-Zeile (Zeile 4) enthält »`for evi@rupertsberg.cs.colorado.edu`«. Der Wert des Bestimmungsadress-Makros von `sendmail` hat sich durch die Aliassuche auf dem Computer `anchor` geändert. Der lokale Mail-Zustellungsagent von `rupertsberg` hat die E-Mail im Postfach von `evi` abgelegt.

```
8: Message-Id: <200108062030.f76KUufp084340@knecht.Neophilic.COM>
```

Zeile 8 enthält die Nachrichten-ID, die sich von der Warteschlangen-ID unterscheidet und im weltweiten Mail-System eindeutig ist. Sie wird der Nachricht hinzugefügt, wenn diese erstmals an das Mail-System übertragen wird.

```
 9: To: evi@anchor.cs.colorado.edu
10: From: Eric Allman eric@Sendmail.ORG
11: X-URL: http://WWW.Sendmail.ORG/~eric
12: Subject: example message for Evi
13: Date: Mon, 06 Aug 2001 13:30:56 -0700
14: Sender: eric@knecht.Neophilic.COM
```

Die Zeilen 9, 10, 12, 13 und 14 sind Standardzeilen. Obwohl ein `Subject`-Header nicht erforderlich ist, fügen ihn die meisten Mail-Clients ein. Die `To`-Zeile enthält die Adresse eines oder mehrerer Hauptempfänger. In der `From`-Zeile ist `eric@sendmail.org` als Absender aufgeführt, aus den `Received`-Zeilen geht jedoch hervor, dass sich der Absendercomputer in der Domäne `neophilic.com` befindet. Zusätzlich zu `sendmail.org` sind mehrere virtuelle Domänen mit Erics Computer verbunden.

In der `Date`-Zeile sind das Datum und die Uhrzeit des Nachrichtenversands angegeben. In diesem Fall stimmt die Versandzeit recht genau mit den Datumsangaben der `Received`-Zeilen überein, obwohl jede Zeit mit einer anderen Uhr gemessen wurde.

Zeile 11 gibt den URL von Erics Homepage an. Beachten Sie, dass sie mit einem X beginnt und damit zu einem inoffiziellen Header wird. Zum Zeitpunkt der ersten Mail-Spezifikation gab es solche Dinge wie das Web oder URLs noch nicht.

18.3 Grundgedanken der E-Mail-Verwaltung

Die Received-Zeilen werden normalerweise vom Transportagenten hinzugefügt (sofern sie nicht gefälscht sind), die anderen Header vom Mail-Client. Einige Mail-Clients sind veraltet und fügen keine richtigen Header hinzu. In diesem Fall schreitet sendmail ein und ergänzt die fehlenden Header.

Die (normalerweise auf dem Absendercomputer bei der Übertragung der E-Mail an die Ausgangsschnittstelle) zuerst hinzugefügte Received-Zeile enthält in manchen Fällen eine »ident«-Klausel, die den Anmeldenamen des Absenders angibt. Dieser sollte dem in der From-Zeile angegebenen Namen entsprechen, was allerdings bei einer gefälschten From-Zeile nicht der Fall ist. In unserem Beispiel hat der Computer von Eric den Daemon, der diese Funktion (identd) implementiert, nicht ausgeführt, sodass keine Klausel vorhanden ist, die den Anmeldenamen des Benutzers angibt.

Abbildung 18.2 illustriert den Weg dieser Nachricht durch das Mail-System. Sie zeigt, welche Aktionen ausgeführt wurden, wo dies stattfand und welches Programm dafür verantwortlich war.

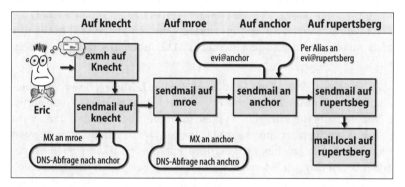

Abbildung 18.2: Eine Nachricht von Eric

Wie Sie sehen können, ist sendmail das Arbeitstier in diesem Prozess. Es verarbeitet die Nachricht von dem Zeitpunkt an, zu dem sie exmh in Berkeley verlässt, bis sie zur Zustellung bei rupertsberg angekommen ist.

18.3 Grundgedanken der E-Mail-Verwaltung

Die in diesem Kapitel aufgezeigten Grundgedanken der E-Mail-Verwaltung sind nahezu zwingend, um die Administration mittlerer und großer Sites überschaubar zu gestalten. Sie sind jedoch auch für kleine Sites geeignet. Die folgenden wichtigsten Konzepte führen zu einer einfachen Administration:

- Server für eingehende und ausgehende E-Mails oder eine Hierarchie für sehr große Sites
- Genau ein Mail-Home für jeden Benutzer an genau einem physischen Standort
- IMAP oder POP[6] zur Integration von PCs, Macs und Remote-Clients

Im Folgenden erörtern wir diese wichtigen Punkte im Einzelnen und nennen anschließend einige Beispiele. Andere Subsysteme müssen ebenfalls mit dem Entwurf Ihres Mail-Systems zusammenarbeiten: DNS-MX-Einträge müssen korrekt festgelegt werden, Internet-Firewalls müssen E-Mails herein- und herauslassen, die Nachrichtenspeicher-Computer müssen festgelegt werden usw.

Mail-Server haben vier Funktionen:

- Annehmen ausgehender E-Mails von den Mail-Clients und Einleiten in das Mail-System
- Empfangen eingehender externer E-Mails
- Zustellen von E-Mails an die Postfächer der Endbenutzer
- Zulassen des Zugriffs von Benutzern auf ihre Postfächer über IMAP oder POP

Bei einer kleinen Site kann es sich bei den Servern, die diese Funktionen implementieren, um ein und denselben Rechner handeln, der mehrere Funktionen übernimmt. Bei größeren Sites sollten separate Computer verwendet werden. Es ist viel einfacher, die Regeln für Ihre Netzwerk-Firewall zu konfigurieren, wenn eingehende E-Mails nur auf einem Rechner ankommen und ausgehende E-Mails ebenfalls nur von einem Rechner stammen.

Einige Sites verwenden einen Proxy zum Empfang externer E-Mails. Dieser verarbeitet die Mails nicht, sondern nimmt sie nur an und stellt sie in das Spool-Verzeichnis. Ein gesonderter Prozess leitet die im Spool-Verzeichnis befindliche E-Mail dann zum Transport und zur Verarbeitung an `sendmail` weiter. `smtpd` und `smtpfwdd` von *www.obtuse.com* sind Beispiele solcher Proxys für `sendmail`; `smtpd` kann auch eingehende E-Mails anhand von Zugriffslisten filtern. Bei beiden Beispielen handelt es sich um Open Source-Produkte, die in keinem der Standardinstallationspakete Ihrer Linux-Distributionen enthalten sind.

18.3.1 Mail-Server verwenden

Wählen Sie stabile, zuverlässige Rechner für die Verwendung als Mail-Server aus. Hier beschreiben wir einen Entwurf für ein Mail-System, das sich anscheinend gut skalieren lässt und relativ leicht zu verwalten und zu sichern ist. Es zentralisiert die Verarbeitung eingehender und ausgehender E-Mails auf für diese Zwecke dedizierten Servern. Abbildung 18.3 illustriert eine Form dieses Systems.

---

[6] IMAP wird heute POP vorgezogen. Wenn Ihr Unternehmen den externen E-Mail-Zugriff unterstützt, sollten Sie sicherstellen, dass Sie die SSL-verschlüsselten Versionen dieser Protokolle (IMAPS bzw. POPS) verwenden. Weitere Einzelheiten erfahren Sie im Abschnitt 18.3.3.

18.3 Grundgedanken der E-Mail-Verwaltung

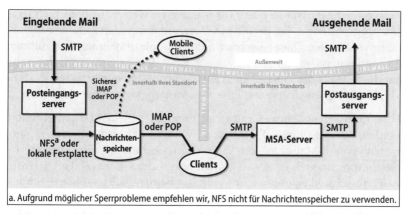

Abbildung 18.3: Die Architektur eines E-Mail-Systems, Diagramm1

Das in Abbildung 18.3 gezeigte Mail-System weist einen einzigen Gefahrenpunkt gegenüber der Außenwelt auf: den Mail-Server, der Nachrichten vom Internet empfängt. Der Ausgangs-Mail-Server ist zwar ebenfalls direkt mit dem Internet verbunden, aber weniger gefährdet, da er Verbindungen herstellt und nicht von externen Sites annimmt. Der Eingangs-Mail-Server sollte sorgfältig überwacht, mit Sicherheitspatches aktualisiert und mit der neuesten Version von sendmail mit Spamfiltern für eingehende E-Mails ausgestattet werden.

Der Server, der die ausgehenden E-Mails verarbeitet, muss ebenfalls gut gewartet werden. Er kann eigene Spamfilter enthalten, um sicherzustellen, dass kein lokaler Benutzer zum Spamproblem beiträgt. Wenn bei Ihrer Site Bedenken hinsichtlich des Verlusts proprietärer Informationen bestehen, vereinfacht die Einrichtung eines einzigen Servers, den alle ausgehenden E-Mails passieren müssen, die Implementierung oder Durchsetzung von Inhaltsrichtlinien. Wenn Ihre Site umfangreiche Mailinglisten verwaltet, kann der Ausgangs-Mail-Server so konfiguriert werden, dass er einige der leistungsorientierten Funktionen von sendmail nutzt. Einzelheiten dazu erfahren Sie im Abschnitt 18.13.

Sowohl die Ein- als auch die Ausgangs-Mail-Server können repliziert werden, wenn Ihre Mail-Auslastung es erfordert. Beispielsweise können sich mehrere Eingangs-Mail-Server hinter einer Lastausgleichsbox verbergen oder DNS-MX-Einträge verwenden, um die Last grob auszugleichen. Verschiedene Client-Computer können E-Mails über unterschiedliche Ausgangsserver leiten. Übertragen Sie jedoch keine E-Mails direkt zwischen den Eingangs- und Ausgangsservern; sie sollten durch eine interne Firewall voneinander getrennt werden.

Bei wirklich großen Sites werden Eingangs- und Ausgangsmail-Server repliziert. Eine zusätzliche Routing-Schicht kann hinzugefügt werden, um die Postfächer der Benutzer zu suchen (vielleicht über LDAP) und die E-Mails an den entsprechenden Nachrichtenspeicher weiterzuleiten. Die Routing-Schicht kann auch das Filtern von Spam und Viren vor der Zustellung der Nachrichten an die Benutzerpostfächer übernehmen.

Internetdienstanbieter, die ein Mail-System für Kunden entwerfen, sollten einen weiteren Server hinzufügen, der als Ziel für die MX-Backupeinträge der Kunden fungiert und Mailinglisten verarbeitet. Dieser Rechner muss E-Mails annehmen und mit der Relay-Funktion wieder herausgeben, muss aber streng gefiltert werden, um sicherzustellen, dass nur die E-Mails der tatsächlichen Kunden weitergeleitet werden. Außerdem sollte er durch eine Firewall von den Ein- und Ausgangsservern getrennt sein.

Durchschnittliche Linux-Hosts können mit einer minimalen `sendmail`-Konfiguration ausgestattet werden, die ausgehende E-Mails zur Verarbeitung an den Server weiterleitet. Sie brauchen keine E-Mails aus dem Internet anzunehmen. Einige Sites möchten dieses Weiterleitungsmodell eventuell etwas lockern und frei wählbaren Hosts gestatten, E-Mails direkt an das Internet zu senden. In beiden Fällen können Computer, bei denen es sich nicht um Server handelt, dieselbe `sendmail`-Konfiguration gemeinsam nutzen. Sie sollten die Konfiguration mit einem Werkzeug wie `rdist` oder `rsync` verteilen.

Tipp

Die Probleme bei der Dateiverteilung werden in Abschnitt 17.3 erörtert.

Sites, die Software wie Microsoft Exchange und Lotus Notes verwenden, aber nicht bereit sind, diese Anwendungen direkt dem Internet auszusetzen, können einen Entwurf anhand des in Abbildung 18.4 gezeigten Modells verwenden.

Unabhängig vom gewählten Entwurf sollten Sie sicherstellen, dass Ihre `sendmail`-Konfiguration, DNS-MX-Einträge und Firewall-Regeln dieselben Mail-Richtlinien implementieren.

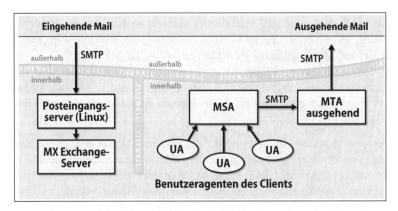

Abbildung 18.4: Die Architektur eines Mail-Systems, Diagramm 2

18.3.2 Mail-Homes verwenden

Für die Benutzer ist es bequem, ihre E-Mails auf einem einzigen Computer zu empfangen und aufzubewahren, selbst wenn sie von mehreren verschiedenen Systemen darauf zugreifen wollen. Mithilfe der Datei aliases oder einer LDAP-Datenbank (siehe Abschnitt 18.5.2) können Sie Mail-Homes implementieren. Mit IMAP oder POP können Sie den Remotezugriff auf die einzelnen Benutzerpostfächer bereitstellen.

Das von uns verwendete Aliasschema sorgt dafür, dass die Aliasdateien auf allen Computern einer administrativen Domäne identisch sind. Diese Einheitlichkeit stellt aus der Sicht des Administrators einen großen Gewinn dar. (Wir gehen davon aus, dass die Anmeldenamen und UIDs rechnerübergreifend eindeutig sind, was wir dringend empfehlen.)

Einige Sites zentralisieren Mails, indem sie /var/spool/mail über NFS exportieren. Sperrprobleme bei NFS-Dateien können dazu führen, dass E-Mails der Benutzer verloren gehen oder ihre Spool-Dateien verstümmelt werden. Im Hinblick auf ordnungsgemäße Sperren NFS, sendmail und die Zustellungsagenten zu kritisieren, hilft demjenigen Benutzer nicht, dessen Postfach beschädigt wurde (allerdings ist sendmail immer unschuldig, da es eigentlich nie die Zustellung von E-Mails übernimmt).

Einige NFS-Implementierungen (zum Beispiel auf dedizierten NFS-Dateiservern) enthalten einen Sperrenmanager, der korrekt arbeitet. Die meisten Implementierungen unterstützen Sperren gar nicht oder unzureichend. Einige Sites ignorieren das Sperrenproblem einfach und hoffen das Beste, während andere verlangen, dass die Benutzer die E-Mails auf dem Dateiserver lesen.

Wir empfehlen, kein über NFS freigegebenes /var/spool/mail-Verzeichnis zu verwenden.

18.3.3 IMAP oder POP verwenden

Bei IMAP und POP handelt es sich um Protokolle, die E-Mails auf den Desktopcomputer eines Benutzers herunterladen, wenn er sich am Netzwerk anmeldet. Dies ist eine ideale Möglichkeit, E-Mails zu verarbeiten, insbesondere für Hosts, die nicht ständig mit dem Netzwerk verbunden sind, da sie entweder bei Nichtbenutzung abgeschaltet werden oder zu Hause stehen und sich die Telefonleitung mit Teenagern teilen müssen. Ein Passwort ist erforderlich. Stellen Sie sicher, dass Sie eine Version (IMAPS oder POPS) verwenden, die die SSL-Verschlüsselung nutzt und somit das Passwort nicht als Klartext über das Internet überträgt.

Wir mögen IMAP (Internet Message Access Protocol) lieber als POP. Es stellt Ihre E-Mails einzeln nacheinander und nicht alle gleichzeitig zu, was wesentlich netzwerkfreundlicher ist (besonders bei langsamen Verbindungen) und besser für Benutzer, die von Ort zu Ort reisen. Es eignet sich besonders für die Behandlung sehr großer Anhänge, die einige Leute gerne versenden: Sie können die Header Ihrer E-Mail-Nachrichten durchsuchen und die Anhänge erst herunterladen, wenn Sie bereit sind, sie zu verarbeiten.

IMAP verwaltet Mail-Ordner über mehrere Sites, z. B. Ihrem Mail-Server und Ihrem PC. E-Mails, die sich auf dem Linux-Server befinden, können Bestandteil des normalen Backup-Zeitplans sein. Unter *www.imap.org* finden Sie sehr viele Informationen über IMAP sowie eine Liste verfügbarer Implementierungen.

POP (Post Office Protocol) ist ein ähnliches Protokoll, wendet jedoch ein Modell an, bei dem alle E-Mails vom Server auf den PC heruntergeladen werden. Dann können sie entweder vom Server gelöscht (in diesem Fall werden sie möglicherweise nicht gesichert) oder auf dem Server gesichert werden (in diesem Fall kann Ihre Mail-Spooldatei immer größer werden). Das Paradigma »Gesamtes Postfach auf einmal« ist im Netzwerk schwierig und für den Benutzer nicht so flexibel. Bei Einwahlverbindungen kann diese Methode sehr langsam sein, falls Sie ein Sammler sind und über eine große Mail-Spooldatei verfügen. Die Verwendung von POP läuft darauf hinaus, dass Ihre E-Mails schließlich überall verstreut sind.

Beide Protokolle können zu Ressourcenfressern werden, wenn die Benutzer ihre Nachrichten nie löschen. Bei IMAP dauert es eine Ewigkeit, die Header aller E-Mail-Nachrichten zu laden, POP überträgt das gesamte Postfach. Sorgen Sie dafür, dass Ihre Benutzer begreifen, wie wertvoll das Löschen von Nachrichten oder deren Ablage in lokalen Ordnern ist.

Eine sinnvolle Implementierung von POP3, der aktuellen Version des Protokolls, steht bei Qualcomm unter *wwww.eudora.com/products/unsupported/qpopper* zur Verfügung. Der `qpopper`-Server umfasst die TLS/SSL-Authentifizierung zwischen Server und Client und verschlüsselt Nachrichten.

Im Internet finden Sie eine Vielzahl weiterer POP3-Server für Linux. Vergewissern Sie sich, dass Sie einen Server auswählen, der aktiv gepflegt wird.

Software für IMAP-Server steht unter *www.washington.edu/imap* bereit. Eine Konfiguration ist nicht erforderlich, Sie müssen lediglich die richtigen IMAP-Einträge in die Dateien `/etc/services` und `/etc/inetd.conf` vornehmen und sicherstellen, dass Ihre Firewall (sofern vorhanden) IMAP nicht an seiner Arbeit hindert. In der Vergangenheit war IMAP für Sicherheitsprobleme verantwortlich. Sehen Sie sich dazu die CERT-Empfehlungen an und vergewissern Sie sich, dass Sie die neueste Version von IMAP erhalten, insbesondere wenn Sicherheitsbulletins vorhanden sind, die nach Ihrer Linux-Distribution erschienen sind.

Die Carnegie Mellon University hat einen IMAP-Server mit dem Namen Cyrus IMAP entwickelt, der auch das POP-Protokoll unterstützt. Aufgrund seines Funktionsreichtums und seiner Leistung für anspruchsvolle Benutzer ziehen wir diesen der UW IMAP-Implementierung vor.

Dovecot ist ein neueres Paket, das sowohl den IMAP- als auch den POP-Dienst implementiert. Es wurde nach strengen, expliziten Kodierungsrichtlinien programmiert, die seine Sicherheit zumindest theoretisch erhöhen. Dovecot weist ebenfalls einige interessante Funktionen auf, z. B. die Möglichkeit, E-Mails nicht im Dateisystem, sondern in einer SQL-Datenbank zu speichern. Dovecut weist noch keine Erfolgsgeschichte oder einen Benutzerstamm wie Cyrus auf, ist aber definitiv ein Projekt, das Sie im Auge behalten und in Ihre Auswahl einbeziehen sollten.

Alle von uns als Beispiel aufgeführten Linux-Distributionen enthalten einen IMAP-Server mit dem Namen imapd und einen Client, fetchmail, der sowohl IMAP als auch POP beherrscht. Bei imapd von Red Hat handelt es sich um den Cyrus IMAP-Server von CMU, während SUSE, Debian und Ubuntu die Version der University of Washington verwenden. Red Hat beinhaltet auch den POP-Server pop3d. Um nicht dahinter zurückzustehen, umfasst SUSE gleich drei: qpopper (den SUSE in popper umbenennt), pop2d und pop3d. Debian verfügt über mehrere Werkzeuge zur Postfachverwaltung mit IMAP, deren Namen Sie über man -k imap erfahren.

18.4 Mail-Aliase

Aliase gestatten die Umleitung von E-Mails durch den Systemadministrator oder einzelne Benutzer.[7] Sie können Mailinglisten definieren, E-Mails zwischen Computern übertragen oder den Benutzern die Verwendung mehrerer Namen gestatten. Die Aliasverarbeitung erfolgt rekursiv, sodass ein Alias auf andere Ziele verweise darf, bei denen es sich ebenfalls um Aliase handelt.

sendmail unterstützt mehrere Aliasmechanismen:

- Eine Vielzahl einfacher Dateizuordnungen, die die Benutzer und Systemadministratoren leicht einrichten können (z. B. /etc/mail/aliases)
- Vom Lieferanten geförderte veraltete Dateiverteilungssysteme, z. B. NIS und NIS+ von Sun[8] sowie NetInfo von Apple
- Verschiedene Mail-Routingdatenbanken
- LDAP (Lightweight Directory Access Protocol)

Tipp

Weitere Informationen über LDAP finden Sie in Abschnitt 17.5.

---

7 Technisch gesehen werden Aliase nur von Systemadministratoren eingerichtet. Bei der Benutzersteuerung für das Mail-Routing mithilfe einer .forward-Datei handelt es sich eigentlich nicht um Aliase, wir haben diese Möglichkeiten jedoch hier zusammengefasst.

8 Die Unterstützung von NIS+ wurde 2005 von Sun offiziell eingestellt. Als Ersatz ist LDAP vorgesehen.

Einfache Dateien wie /etc/mail/aliases (die weiter hinten in diesem Abschnitt erörtert wird) sind für kleine bis mittelgroße Sites bei weitem am einfachsten einzurichten. Wenn Sie das Mail-Homes-Konzept verwenden wollen und über eine große, komplexe Site verfügen, empfehlen wir Ihnen, Mail-Homes zu implementieren, indem Sie Aliase auf einem LDAP-Server speichern.

Wir werden LDAP in diesem Kapitel an drei verschiedenen Stellen ausführlicher erläutern und erwähnen es auch in Kapitel 17, »Systemdateien zentral verwalten«. Im Abschnitt 18.5.2, stellen wir LDAP vor und geben Erläuterungen dazu. Im Abschnitt 18.9.10, beschreiben wir dann die Interaktion zwischen LDAP und sendmail sowie der Konfigurationsdatei von sendmail. Bevor wir näher auf LDAP eingehen, beschreiben wir jedoch die traditionellen Aliasmechanismen einfacher Dateien.

Aliase lassen sich normalerweise an den drei folgenden Stellen definieren (leider mit drei unterschiedlichen Syntaxen):

- In der Konfigurationsdatei eines Mail-Clients (durch den Absender)
- In der systemweiten Datei /etc/aliases (durch den Systemadministrator)
- In der Weiterleitungsdatei ~/.forward eines Benutzers (durch den Empfänger)[9]

Der Mail-Client durchsucht die Konfigurationsdateien des Benutzers nach Aliasen und erweitert sie, bevor er die Nachricht in das Mail-System einleitet. Der Transportagent, sendmail, sucht in der globalen aliases-Datei und anschließend in den Weiterleitungsdateien der Empfänger nach Aliasen. Aliase werden nur auf Nachrichten angewendet, die sendmail als lokale Nachrichten betrachtet.[10]

Im Folgenden finden Sie einige Beispiele für Aliase im Format der Datei aliases:

```
nemeth: evi
evi: evi@mailhub
authors: evi,garth,trent
```

Die erste Zeile besagt, dass die an nemeth gesendete E-Mail der Benutzerin evi auf dem lokalen Computer zugestellt werden soll. Die zweite Zeile weist darauf hin, dass alle E-Mails an evi auf dem Computer mailhub zugestellt werden sollen, während die dritte angibt, dass die an authors adressierte E-Mail den Benutzern evi, garth und trent zugestellt werden soll. Die Rekursion wird unterstützt, sodass die an nemeth gesendete E-Mail letztlich an evi@mailhub geht.

---

9 ~/.forward *ist der Standardspeicherort, an dem* sendmail *sucht. Allerdings können Sie diesen Pfad durch Festlegen der* sendmail-*Option* ForwardPath *aufheben.*
10 *Eigentlich ist diese Anmerkung nicht ganz richtig. Wenn Sie dem SMTP-Mailer das Flag* F=A *hinzufügen, können Sie Aliase auch für Remoteadressen einrichten.*

18.4 Mail-Aliase

Der Pfad zur globalen `aliases`-Datei ist in der Konfigurationsdatei von `sendmail` angegeben. Unter Red Hat, SUSE und Ubuntu handelt es sich dabei um `/etc/aliases`. `/etc/mail/aliases` ist eigentlich der »Standardspeicherort«. Sites können über mehrere `aliases`-Dateien verfügen und auch alternative Möglichkeiten zum Speichern von Alias-Maps verwenden, z. B. NIS oder Datenbankdateien.

Tipp

Weitere Informationen über NIS finden Sie in Abschnitt 17.4.

Das Format eines Eintrags in der `aliases`-Datei sieht wie folgt aus:

`lokaler-name: empfänger1,empfänger2,…`

Bei `lokaler-name` handelt es sich um die ursprüngliche Adresse, die mit den eingehenden Nachrichten abgeglichen werden muss, und die Empfängerliste enthält entweder die Empfängeradressen oder die Namen anderer Aliase. Eingerückte Zeilen werden als Fortsetzung der vorangegangenen Zeile betrachtet.

Vom Standpunkt der E-Mail aus ersetzt die `aliases`-Datei `/etc/passwd`, sodass der folgende Eintrag verhindern würde, dass der lokale Benutzer `david` jemals eine E-Mail erhält:

`david: david@somewhere-else.edu`

Daher sollten die Administratoren und `adduser`-Werkzeuge bei der Auswahl neuer Benutzernamen sowohl die `passwd`- als auch die `aliases`-Datei überprüfen.

Die Datei `/etc/mail/aliases` sollte stets einen Alias mit dem Namen »postmaster« enthalten, der E-Mails an die Person schickt, die das Mail-System wartet. Ebenso ist der Alias »abuse« sinnvoll, falls eine Person außerhalb Ihres Unternehmens aufgrund von Spam oder verdächtigem Netzwerkverhalten, die von Ihrer Site ausgehen, Kontakt zu Ihnen aufnehmen muss. Ein Alias für automatische Nachrichten von `sendmail` muss ebenfalls vorhanden sein; er heißt normalerweise `Mailer-Daemon` und wird oft mit dem Alias `postmaster` versehen.

Mails von `root` sollten Sie an Ihre Siteadministratoren oder an eine Person weiterleiten, die sich jeden Tag anmeldet. Die Konten `bin`, `sys`, `daemon`, `nobody` und `hostmaster` (und alle weiteren von Ihnen eingerichteten Pseudobenutzerkonten) sollten ebenfalls über Aliase verfügen, die E-Mails an eine Person weiterleiten. Die in der sendmail-Distribution enthaltene Datei `sendmail/aliases` ist eine gute Vorlage für die einzufügenden systemweiten Aliase. Sie enthält auch Sicherheitsempfehlungen und ein Beispiel für das Routing einiger in Berkeley häufig gestellter Benutzeranfragen.

sendmail entdeckt Schleifen, die zum ständigen Hin- und Zurücksenden einer E-Mail führen würden, indem es die Anzahl der Received-Zeilen im Nachrichtenheader zählt und die E-Mail an den Absender zurücksendet, wenn die Anzahl einen vorgegebenen Grenzwert (normalerweise 25) überschreitet.[11] Jeder Aufenthalt auf einem neuen Rechner wird in der Fachsprache von sendmail als »Hop« bezeichnet; die Rücksendung einer Nachricht an den Absender ist unter dem Begriff »Bouncen« bekannt. Im richtigen Fachjargon hieße der vorangegangene Satz: »Die E-Mail wird nach 25 Hops gebounct.«[12]

Zusätzlich zu einer Liste von Benutzern können Aliase auf Folgendes verweisen:

- Eine Datei, die eine Adressliste enthält
- Eine Datei, an die Nachrichten angehängt werden sollen
- Einen Befehl, an den Nachrichten als Eingabe gegeben werden sollen

Da der Absender einer Nachricht deren gesamten Inhalt festlegt, wurden diese Zustellungsziele oft von Hackern missbraucht. sendmail ist im Hinblick auf den Besitz und die Berechtigungen für solche Dateien und Befehle sehr genau geworden. Um sendmails Paranoia zu überwinden, müssen Sie eine der Optionen von DontBlameSendmail festlegen, die so benannt wurden, um Sie von diesem Schritt abzuhalten. Leider sind die Fehlermeldungen, die sendmail beim Vorliegen unsicherer Berechtigungen oder Besitzverhältnisse generiert, nicht immer deutlich.

18.4.1 Mailinglisten aus Dateien gewinnen

Die :include:-Anweisung ist eine gute Möglichkeit, um den Benutzern zu erlauben, ihre eigenen Mailinglisten zu verwalten. Sie gestattet, dass die Mitglieder eines Alias einer externen Datei entnommen werden und nicht direkt in der aliases-Datei aufgeführt werden müssen. Die Datei kann auch ohne Eingreifen des für die globale aliases-Datei verantwortlichen Systemadministrators lokal geändert werden.

Beim Aufstellen der Liste muss der Systemadministrator den Alias in die globale aliases-Datei eintragen, die eingefügte Datei erstellen und mit chown die Datei in den Besitz des Benutzers übergeben, der die Mailingliste pflegt. Die aliases-Datei kann beispielsweise folgende Angaben enthalten:

```
sabook:
:include:/usr/local/mail/lah.readers
```

---

11 Der Standardgrenzwert für die Anzahl der Hops liegt bei 25, Sie können ihn jedoch in der Konfigurationsdatei ändern.
12 Die in diesem Kapitel verwendete Terminologie ist uneinheitlich, da wir eine zurückgesendete Nachricht manchmal als »Bounce« und manchmal als »Fehler« bezeichnen. Was wir damit wirklich sagen wollen, ist, dass eine Benachrichtigung über den Zustellungsstatus erstellt wurde. Eine solche Benachrichtigung weist normalerweise darauf hin, dass eine Nachricht unzustellbar ist und deshalb an den Absender zurückgeschickt wird.

18.4 Mail-Aliase

Die Datei `lah.readers` sollte sich im lokalen und nicht in einem über NFS eingehängten Dateisystem befinden[13], wobei nur dem Besitzer Schreibzugriff gewährt werden sollte. Der Vollständigkeit halber sollten wir auch Aliase für den Besitzer der Mailingliste einfügen, damit Fehler (Bounces) an den Besitzer der Liste und nicht an den Absender einer an die Liste adressierten Nachricht gesendet werden:

```
owner-sabook: evi
```

Mehr über Mailinglisten und ihre Interaktion mit der `aliases`-Datei erfahren Sie im Abschnitt 18.5.

18.4.2 Mails an Dateien senden

Wenn es sich beim Ziel eines Alias um einen absoluten Pfadnamen (in doppelten Anführungszeichen, wenn er Sonderzeichen enthält) handelt, werden die Nachrichten an die angegebene Datei angehängt. Die Datei muss bereits vorhanden sein. Im Folgenden sehen Sie ein Beispiel:

```
complaints: /dev/null
```

Es ist nützlich, die Möglichkeit zu haben, Mails an Dateien und Programme zu senden, allerdings bringt diese Funktion Sicherheitsbedenken mit sich und ist daher eingeschränkt. Diese Syntax gilt nur in der `aliases`-Datei und der `.forward`-Datei eines Benutzers (oder in einer Datei, die mit `:include:` in eine dieser Dateien eingefügt wird). Ein Dateiname wird nicht als normale Adresse verstanden, sodass Mails, die an `/etc/passwd@host.domain` adressiert werden, gebouncт werden.

Einige Mail-Clients erlauben Ihnen, die Mail in einer lokalen Datei (z. B. einem Postausgangsordner) zu speichern. Allerdings wird eine Kopie der Nachricht vom Mail-Client gespeichert und vom Mail-System niemals wirklich verarbeitet.

Wird die Zieldatei von der `aliases`-Datei referenziert, muss sie eine nicht ausführbare Setuid-Datei mit vollem Schreibzugriff (nicht ratsam) sein oder dem Standardbenutzer von `sendmail` gehören. Die Identität des Standardbenutzers wird mit der Option `DefaultUser` festgelegt. Normalerweise handelt es sich dabei um `mailnull`, `sendmail`, `daemon` oder `UID 1, GID 1`.

Wird die Datei in einer `.forward`-Datei referenziert, muss der ursprüngliche Nachrichtenempfängers der Besitzer sein und Schreibzugriff haben. Dabei muss es sich um einen gültigen Benutzer mit einem Eintrag in der Datei `/etc/passwd` und eine gültige Shell handeln, die in `/etc/shells` aufgeführt ist. Für Dateien, die `root` gehören, verwenden Sie Modus `4644` oder `4600`, eine Setuid-, aber keine ausführbare Datei.

---

[13] Wenn das NFS-Dateisystem »hart« eingehängt wird und NFS versagt, wird `sendmail` bei mehreren offenen Dateihandles und Wartevorgängen blockiert. Möglicherweise stehen Ihnen nicht mehr genug Prozess-IDs oder Dateihandles zur Verfügung, sodass Sie den Rechner neu starten müssen, um die Angelegenheit in Ordnung zu bringen.

18.4.3 Mails an Programme senden

Ein Alias kann auch Mails an die Standardeingabe eines Programms senden. Dieses Verhalten wird in einer Zeile angegeben, die zum Beispiel wie folgt aussieht:

```
autoftp: "|/usr/local/bin/ftpserver"
```

Bei dieser Funktion können noch einfacher Sicherheitslücken entstehen als beim Senden von Mails an eine Datei, sodass dies ebenfalls nur in aliases-, .forward- oder :include:-Dateien gestattet ist und die Standardkonfiguration von sendmail nun die Verwendung der eingeschränkten Shell smrsh verlangt.[14] In der aliases-Datei wird das Programm als Standardbenutzer von sendmail aufgeführt, andernfalls läuft es als Besitzer der .forward- oder :include:-Datei. Dieser Benutzer muss in der Datei /etc/passwd mit einer gültigen (in /etc/shells angegebenen) Shell aufgeführt sein.

Das Mailer-Programm ändert sein Arbeitsverzeichnis vor der Ausführung des Befehls in das Home-Verzeichnis des Benutzers (oder, falls dies nicht zugänglich ist, in das root-Verzeichnis), der die Mail empfangen soll. Standardmäßig wurde das Warteschlangenverzeichnis von sendmail verwendet, aber einige csh-basierte Shells haben dies nicht vertragen.

18.4.4 Beispiele für Aliase

Im Folgenden finden Sie einige typische Aliase, die ein Systemadministrator verwenden kann.

```
# Erforderliche Aliase[15]
postmaster: trouble, evi
postmistress: postmaster
MAILER-DAEMON: postmaster
hostmaster: trent
abuse: postmaster
webmaster: trouble, trent
root: trouble, trent
# include für den lokalen Alias trouble
trouble: :include:/usr/local/mail/trouble.alias
troubletrap: "/usr/local/mail/logs/troublemail"
tmr: troubletrap,:include:/usr/local/mail/tmr.alias
# Für den Systemadministrator von Vorteil
diary: "/usr/local/admin/diary"
info: "|/usr/local/bin/sendinfo"
```

---

[14] Das Senden von Mails an Programme stellt eine größere potenzielle Sicherheitslücke dar. Weitere Informationen über smrsh finden Sie in Kapitel 18.12.

[15] Eine fromme Lüge. Nur postmaster und MAILER-DAEMON sind (aufgrund der RFCs) wirklich erforderlich, es ist jedoch üblich, hostmaster, abuse und webmaster ebenfalls einzufügen.

18.4 Mail-Aliase

```
# Aliase für Seminare, die sich in jedem Semester ändern
sa-class: real-sa-class@nag
real-sa-class: :include:/usr/local/adm/sa-class.list
```

In diesem Beispiel wollen wir dafür sorgen, dass die Benutzer des gesamten Campus beim Auftreten von Problemen E-Mails an einen einzigen Alias, »trouble«, senden können. Problemberichte sollten stets an eine geeignete Gruppe lokaler Systemadministratoren weitergeleitet werden. Insbesondere wollen wir die Mail-Aliase wie folgt einrichten:

- Mails an trouble gehen immer an eine entsprechende Gruppe.
- Eine einzige Version der aliases-Datei wird auf allen Hosts eingesetzt.
- Die einzelnen Administratorgruppen steuern ihre eigenen Verteilerlisten.
- Eine Kopie aller Mails an trouble wird an eine lokale Protokolldatei der einzelnen Gruppen gesendet.

Die oben aufgeführte Konfiguration erfüllt diese Zwecke, indem sie die Definition des Alias trouble einer auf den einzelnen Rechnern befindlichen Datei entnimmt. E-Mails, die an die Adressen trouble@anchor und trouble@boulder gesendet werden, kommen an unterschiedlichen Stellen an, selbst wenn anchor und boulder dieselbe /etc/mail/aliases-Datei nutzen.

Mails an trouble werden normalerweise in jeder Gruppe auf einem bestimmten Rechner bearbeitet. Die Datei trouble.alias auf einem untergeordneten Computer kann beispielsweise die Adresse

trouble@*master*

enthalten, damit die Mails an trouble an den entsprechenden Hauptcomputer gesendet werden.

Wenn eine Nachricht an trouble aufgelöst wird, wird sie an den Alias tmr gesendet, der für »trouble mail readers« (Leser von Problemmails) steht. Dieser Alias archiviert die an den Alias troubletrap gerichtete Nachricht und sendet sie außerdem an eine Liste von Benutzern, die er einer Datei des Hauptcomputers entnimmt. Durch die Aufnahme neuer Administratoren in die tmr-Liste können diese die eingegangenen Supportanfragen, die Antworten der Administratoren und den im Unternehmen üblichen Tonfall lesen, der gegenüber den Benutzern (d. h. Kunden) angewendet werden sollte.

Der Alias sa-class verfügt über zwei Ebenen, sodass die Datendatei, die die Liste der Studenten enthält, nur auf einem einzigen Computer, nag, gepflegt werden muss. Das Beispiel des Alias sabook im Abschnitt 18.4.1 sollte wirklich denselben Umweg aufweisen, damit die include-Datei nicht repliziert werden muss.

Der Alias `diary` dient der Bequemlichkeit und stellt bei Administratoren, die sich sträuben, ihre Schritte zu dokumentieren, ein gutes Verfahren zur Extraktion von Dokumenten dar. Systemadministratoren können wichtige Ereignisse im Leben des Computers (Aktualisierungen des Betriebssystems, Hardwareänderungen, Abstürze usw.) einfach dokumentieren, indem sie eine Mail an die `diary`-Datei schicken. Legen Sie die Datei nicht in dem Dateisystem ab, das Ihre Protokolldateien enthält, denn dies würde Hackern erlauben, das Dateisystem zu füllen und `syslog` daran zu hindern, Protokolleinträge vorzunehmen (und damit ihre Spuren verwischen).

18.4.5 Mails weiterleiten

Bei der `aliases`-Datei handelt es sich um eine systemweite Konfigurationsdatei, die von einem Administrator gepflegt werden sollte. Wenn Benutzer ihre eigenen Mails umleiten wollen (und ihre Site nicht POP oder IMAP für den Mail-Zugriff verwendet), können sie dies durch die Erstellung von `.forward`-Dateien in ihren Home-Verzeichnissen vornehmen. `sendmail` durchsucht das Home-Verzeichnis eines Benutzers stets nach einer `.forward`-Datei, sofern die Variable `ForwardPath` nicht gesetzt ist und den Standardspeicherort aufhebt. Die Verwendung einer `.forward`-Datei ist bequem, wenn ein Benutzer Mails auf einem bestimmten Host empfangen möchte oder wenn jemand Ihren Standort verlässt und die Mails an einen neuen Standort weitergeleitet werden sollen.

Eine `.forward`-Datei besteht aus einer Liste kommagetrennter Adressen, die in einer einzigen Zeile stehen, oder aus mehreren Einträgen in getrennten Zeilen, z.B.

```
evi@ipn.caida.org
evi@atrust.com
```

oder

```
\mcbryan, "/home/mcbryan/archive", mcbryan@f1supi1.gmd.de
```

Im ersten Beispiel wird die Mail an `evi` nicht auf dem lokalen Computer zugestellt, sondern stattdessen an den Rechner `ipn` bei CAIDA in San Diego und an `atrust.com` weitergeleitet. Der zweite Eintrag stammt von einem Benutzer, der Mail-Systemen nicht vertraut und möchte, dass seine Mails an drei Stellen repliziert werden: im regulären Mail-Spoolverzeichnis auf dem lokalen Computer, in einem permanenten Archiv aller eingehenden E-Mails und an einer temporären Adresse in Deutschland, wo er sich zurzeit aufhält. Der Backslash vor seinem Benutzernamen weist darauf hin, dass die Mail unabhängig von den Angaben in der `aliases`- oder `forward`-Datei lokal zugestellt werden soll.

Bei vorübergehenden Änderungen am Mail-Routing ist die Verwendung einer `.forward`-Datei dem Einsatz der globalen `aliases`-Datei vorzuziehen. Der zusätzliche Aufwand (Computerzeit und menschliche Arbeitszeit), der für die systemweite Änderung der Aliase erforderlich ist, ist recht hoch.

18.4 Mail-Aliase

Die .forward-Datei eines Benutzers muss sich in seinem Besitz befinden, wobei kein Schreibzugriff für die Gruppe oder Others gewährt werden darf. Wenn sendmail den Verzeichnispfad zur .forward-Datei für sicher hält (d. h. die Berechtigungen von root abwärts in Ordnung sind), ist eine Verknüpfung möglich, andernfalls nicht. sendmail ignoriert Weiterleitungsdateien, deren Berechtigungen verdächtig aussehen. Auch die Rechte für das übergeordnete Verzeichnis müssen sicher sein (Schreibzugriff nur für den Benutzer, dem die Dateien gehören).

Natürlich muss sendmail in der Lage sein, auf dem Computer, auf dem die Mail zugestellt wird, auf das Homeverzeichnis eines Benutzers zuzugreifen, um herauszufinden, ob es eine .forward-Datei enthält. Permanente Adressänderungen sollten in der Datei /etc/mail/aliases abgelegt werden, da das Homeverzeichnis und die Dateien eines Benutzers möglicherweise entfernt werden.

sendmail verfügt über eine raffinierte Funktion, FEATURE(`redirect'), die bei der Verwaltung permanenter E-Mail-Änderungen hilft. Wenn ein Alias auf benutzer@neue-site.REDIRECT verweist, wird die E-Mail mit der Mitteilung der neuen Adresse an den Absender zurückgesandt. Die Nachricht wird nicht an die neue Adresse weitergeleitet, sodass der Absender sein Adressbuch aktualisieren und die Nachricht erneut senden muss.

Sie können sendmail für die Unterstützung eines zentralen Verzeichnisses für .forward-Dateien einrichten, allerdings erwarten die Benutzer diese Konfiguration nicht. Der Speicherort von .forward-Dateien wird durch die Option ForwardPath gesteuert, die normalerweise auf dieses zentrale Verzeichnis und dann auf das Homeverzeichnis des Benutzers verweist. Die im Abschnitt 18.8.3 beschriebene Domänendatei generic.m4 enthält ein Beispiel für einen zentralen Speicherort für .forward-Dateien.

Ein Eintrag in die globale aliases-Datei hat Vorrang vor einem Eintrag in eine .forward-Datei. Da diese Dateien von verschiedenen Personen gepflegt werden, müssen die Benutzer darauf achten, dass sie nicht versehentlich Mail-Schleifen erzeugen. Wenn ein Benutzer im Netzwerk über ein Mail-Home (und damit einen Eintrag in der globalen aliases-Datei) verfügt, kann er keine .forward-Datei verwenden, um die E-Mails auf einen anderen Computer umzuleiten, der dieselbe Aliase-Datei nutzt. An der University of Colorado, wo wir eine standortweite aliases-Datei verwenden, würden zum Beispiel ein Eintrag wie

evi: evi@boulder

und eine .forward-Datei auf dem Computer boulder, die den Eintrag

evi@anchor.cs

enthält, eine Schleife verursachen. Eine an evi adressierte E-Mail würde an boulder weitergeleitet, wo die .forward-Datei dafür sorgen würde, dass sie an anchor in der Subdomäne cs gesendet wird. Die aliases-Datei des Computers anchor würde die Rücksendung der E-Mail an boulder veranlassen usw. Nach 25 Hops würde sie an den Absender zurückgeschickt.

Einen Benutzer über eine Mail-Schleife zu informieren stellt eine Herausforderung dar, wenn Ihr Hauptkommunikationsmittel E-Mails sind. Eine E-Mail an *Benutzer*[16] stellt die Nachricht auf dem lokalen Computer zu, und zwar unabhängig davon, was in der systemweiten `aliases`-Datei oder der `.forward`-Datei des Benutzers vorgegeben ist. Wenn es sich bei dem lokalen Computer um den Rechner handelt, auf dem der Benutzer normalerweise seine E-Mails erwartet, ist es gut; andernfalls sollten Sie eine Mail an den Postmaster senden, um ihn über die Schleife in Kenntnis zu setzen, oder zum Telefonhörer greifen!

18.4.6 Die Aliase-Datenbank

Da sich die Einträge in der `aliases`-Datei in keiner bestimmten Reihenfolge befinden, wäre es ineffizient, wenn `sendmail` diese Datei direkt durchsuchen würde. Stattdessen wird mit dem Berkeley DB-Datenbanksystem eine Hash-Version erstellt. Diese Vorgehensweise beschleunigt die Aliassuche erheblich, besonders bei zunehmender Dateigröße.

Die von `/etc/mail/aliases` abgeleitete Datei heißt `aliases.db`. Bei jeder Änderung der `aliases`-Datei müssen Sie die Hash-Datenbank mit dem Befehl `newaliases` neu erstellen. Bei `newaliases` handelt es sich eigentlich nur um das getarnte `sendmail` mit Kommandozeilen-Flags (`-bi`), die das Programm anweisen, die Datenbank neu zu erstellen. Wenn Sie `newaliases` automatisch ausführen, sollten Sie die Fehlerausgabe speichern, denn Sie könnten Formatierungsfehler eingeschleust haben.

18.5 Mailinglisten und Software für ihre Handhabung

Bei einer Mailingliste handelt es sich um einen riesigen Alias, der eine Kopie aller dort eingehenden Nachrichten an alle Personen sendet, die sich in die Liste eingetragen haben. Das Verfahren weist Ähnlichkeiten mit den Usenet-Newsgroups aus alten Zeiten auf, die per E-Mail zugestellt werden. Einige Mailinglisten haben mehrere Tausend Empfänger.

Mailinglisten werden normalerweise in der `aliases`-Datei angegeben, aber in einer externen Datei gepflegt. Einige Standardnamenskonventionen werden von `sendmail` und einem Großteil der Mailinglistensoftware verstanden. Erfahrene Benutzer stützen sich inzwischen ebenfalls darauf. Am gebräuchlichsten sind das Suffix »`-request`« und das Präfix »`owner-`«, die dazu verwendet werden, die Koordinatoren der Liste zu erreichen. Die Konventionen werden durch die folgenden Aliase verdeutlicht:

---

[16] *Sie müssen möglicherweise zwei oder mehr Backslashes verwenden, damit einer nach der Shell übrig bleibt und in* `sendmail` *übernommen wird.*

18.5 Mailinglisten und Software für ihre Handhabung

```
mylist:         :include:/etc/mail/include/mylist
owner-mylist:   mylist-request
mylist-request: evi
owner-owner:    postmaster
```

In diesem Beispiel ist `mylist` der Name der Mailingliste. Die Mitglieder werden der Datei `/etc/mail/include/mylist` entnommen. Bounces von den Mails zur Liste werden an ihre Besitzerin, `evi`, gesendet, was auch für Anmeldeanfragen gilt. Der Umweg von »owner« über »request« zu `evi` ist sinnvoll, da die Adresse des Besitzers (in diesem Fall `mylist-request`) zur `Return-Path`-Adresse aller Nachrichten wird, die an die Liste gesendet werden. `mylist-request` ist für dieses Feld etwas besser geeignet als der eigentliche Koordinator. Fehler in Nachrichten an den Alias `owner-mylist` (eigentlich `evi`) würden an `owner-owner` gesendet.

Der Fall, dass eine Nachricht unzustellbar ist, wird als Bounce bezeichnet. Den Fall, dass die Bounce-Fehlermeldung nicht zugestellt werden kann, nennt man »Doppelbounce«. Daher werden in unserem Beispiel Doppelbounces an `owner-owner` oder `postmaster` gesendet.

Wenn Sie eine standortweite `aliases`-Datei verwenden, müssen Sie eine weitere Indirektionsebene hinzufügen, die `mylist` an `myreallist@master` verweist, sodass die Datendatei, die die Mitgliederliste enthält, nur an einer Stelle vorhanden zu sein braucht.

18.5.1 Softwarepakete zur Pflege von Mailinglisten

Mehrere Softwarepakete automatisieren die Pflege von Mailinglisten. Sie gestatten den Benutzern normalerweise, sich selbst in die Liste einzutragen oder daraus zu entfernen, Informationen über die Liste abzurufen und per E-Mail Dateien zu empfangen. Einige der beliebtesten Mailinglistenmanager (und ihre Downloadquellen) sind im Folgenden aufgeführt:

- Majordomo von *www.greatcircle.com* (in SUSE enthalten)
- Mailman, der GNU-Mailinglistenprozessor von *www.list.org*
- ListProc von *www.cren.net*
- SmartList, abgeleitet von *procmail*
- `listmanager` von *www.listmanager.org*
- LISTSERV Lite von *www.lsoft.com* (kostenlose Version der kommerziellen Software LISTSERV)

Im Allgemeinen ist SmartList klein und einfach, ListProc groß und komplex und die anderen Programme liegen dazwischen. Sie unterscheiden sich in ihrer Grundeinstellung zur Pflege von Listen, wobei bei einigen der Listen-Admin Systemverwalter ist; andere erlauben die Administration durch normale Benutzer (Majordomo, Mailman, SmartList, LISTSERV Lite). Majordomo, Mailman, `listmanager` und LISTSERV Lite unterstützen die Remoteverwaltung; der Listenkoordinator braucht noch nicht einmal eine Anmeldung für den Computer, auf dem sich die Liste befindet, da alle Transaktionen per E-Mail erfolgen. Die meisten dieser Listenpakete erlauben, dass die in die Liste eingetragenen Informationen zu Übersichten zusammengestellt werden; bei einigen geschieht dies automatisch (ListProc, Mailman, listmanager und LISTSERV Lite), bei anderen durch manuelle Konfiguration (SmartList und Majordomo).

Der von uns bevorzugte Listenmanager ist Mailman. Die Verwaltung macht Spaß, wobei die Listenkoordinatoren alle Funktionen ihrer eigenen Listen optimieren können. Bei ListProc und LISTSERV Lite handelt es sich um proprietäre Programme: das erste ist teuer, das andere rein binär und eingeschränkt. SmartList haben wir zwar nicht ausprobiert, aber wir mögen procmail, auf dem es beruht.

Im Folgenden geben wir eine kurze Beschreibung der einzelnen Pakete. Weitere Einzelheiten finden Sie in der in jedem Paket enthaltenen Dokumentation oder in dem bei O'Reilly erschienenen Buch *Managing Mailing Lists* von Alan Schwartz und Paula Ferguson.

Majordomo

Majordomo ist ein Perl/C-Paket, das bei *www.greatcircle.com* erhältlich ist. Ursprünglich wurde es von Brent Chapman geschrieben. Die Entwicklung von Majordomo wurde eingestellt. Bei Majordomo 2 handelt es sich um ein völlig neu geschriebenes Programm, das allerdings im Jahr 2004 anscheinend im Sande verlaufen ist, sodass wir nur die Originalversion beschreiben, die immer noch in Gebrauch ist. Von unseren Beispieldistributionen wird nur SUSE mit Majordomo ausgeliefert. Entgegen den Angaben auf der man-Seite (/usr/lib/mail/majordomo) verbirgt es sich im Verzeichnis /usr/lib/majordomo.

Majordomo wird normalerweise als unprivilegierter Benutzer mit dem Benutzernamen majordom oder mdom und der Standardgruppe daemon ausgeführt. Da Linux lange Benutzernamen (mehr als acht Zeichen) unterstützt, können Sie auch majordomo als Anmeldenamen nehmen. Dabei muss es sich um einen Benutzer handeln, der von sendmail als vertrauenswürdig eingestuft wird und in Ihrer sendmail-Konfiguration angegeben sein muss, normalerweise in einer confTRUSTED_USERS-Deklaration.[17]

> **Tipp**
>
> Weitere Informationen über vertrauenswürdige Benutzer finden Sie im Abschnitt 18.12.

---

17 Ein »vertrauenswürdiger« Benutzer darf die From-Headerzeile einer Nachricht ändern und die aliases-Datei neu erstellen.

18.5 Mailinglisten und Software für ihre Handhabung

Majordomo wird über die Datei `majordomo.cf` konfiguriert, die aus gültigen Perl-Befehlen besteht, die die Variablen initialisieren, die Verzeichnisse definieren, in denen Dateien abgelegt sind (oder abgelegt werden sollten), die unterstützten Listen angeben und die Verarbeitung von Bounce-Mails festlegen. Ein Hilfsprogramm, `config-test`, überprüft Ihre Konfigurationsdatei auf fehlende Variablen oder falsche Syntax. SUSE legt die Konfigurationsdatei im Verzeichnis `/etc` ab und belässt `config-test` bei der Majordomo-Distribution im Verzeichnis `/usr/lib/majordomo`.

Majordomo macht das Einfügen spezieller Aliase in die `aliases`-Datei von `sendmail` erforderlich. Die geschickteste Möglichkeit, diese Aliase zu integrieren, ist die Erstellung einer separaten Aliasdatei, die nur für Majordomo verwendet wird (die neuesten Versionen von `sendmail` unterstützen mehrere Aliasdateien). Diese Datei enthält eine Reihe von Aliasen für Majordomo selbst sowie einige Aliase für die einzelnen von diesem Programm verwalteten Mailinglisten. Die Distribution enthält eine Beispiel-Aliasdatei, `majordomo.aliases`.

Die Frage, die die Benutzer am häufigsten über Mailinglisten stellen, lautet: »Wie melde ich mich ab?« Bei von Majordomo verwalteten Listen lautet die Antwort, dass Sie für die Liste `listenname@host` eine E-Mail an die Adresse `majordomo@host` senden müssen, deren Textkörper (nicht die Betreffzeile) die Wörter »unsubscribe `listenname`« oder »unsubscribe `listenname e-mail-adresse`« enthalten muss.

Bei der ersten Version müssen Sie die Abmeldung von demselben Host abschicken, den Sie bei der Anmeldung verwendet haben; bei der zweiten Version ist dieser Host Teil der E-Mail-Adresse. Hinweise dazu, wie Sie diese Informationen aus den Mail-Headern entnehmen können, um sich auch dann ordnungsgemäß abmelden zu können, wenn Sie den bei der Listenanmeldung verwendeten Computer vergessen haben, finden Sie im Abschnitt 18.2.2. Einige Mailinglisten akzeptieren auch Mails an `listenname-request@host`, deren Textkörper nur das Wort »unsubscribe« enthält.

Senden Sie niemals eine Abmeldenachricht an die Liste selbst. Falls Sie dies tun, macht Ihre Nachricht alle Listenempfänger darauf aufmerksam, dass Sie nicht wissen, was Sie tun.

Mailman

Mailman, ein Neuzugang in den Reihen der Mailinglistensoftware (Version 2.18 wurde im April 2006 veröffentlicht), ist bei *www.list.org* oder in den GNU-Archiven erhältlich. Das Programm wurde ursprünglich von John Viega geschrieben und wird derzeit in Zusammenarbeit mit Ken Manheimer und Barry Warsaw entwickelt. Wie Majordomo ist Mailman vorwiegend in einer Skriptsprache mit C-Wrappern geschrieben, in diesem Fall handelt es sich bei der Sprache jedoch um Python (verfügbar unter *www.python.org*).

Die Autoren wurden durch die Verwendung von Majordomo, ihre Frustration angesichts von Bounce-Fehlern, die komplizierte Konfiguration erweiterter Funktionen wie Übersichten und moderierte Listen und Leistungsprobleme bei Massenmails zur Entwicklung von Mailman angeregt. Ein Mailman-Skript importiert Majordomo-Listen. Mailman kann auch bis zu einem gewissen Grad Spam erkennen und kontrollieren.

Mailmans größte Besonderheit ist seine Webschnittstelle, die es dem Moderator oder Postmaster erlaubt, eine Liste auf einfache Weise zu verwalten, und auch den Benutzern eine einfache Anmeldung, Abmeldung und Konfiguration ihrer Optionen ermöglicht.

ListProc

ListProc ist ein Oldtimer unter der Verwaltungsprogrammen für Mailinglisten. Es wurde 1991 von Anastasios Kotsikonas geschrieben und ungefähr bis 1994 gepflegt. Anschließend lag es einige Jahre brach, lebte dann aber 1998 mit einer neuen Betaversion wieder auf. Früher war es beim Fachbereich Informatik an der Boston University kostenlos erhältlich, wenn auch mit etwas seltsamen Lizenzbedingungen. Heute steht es unter *www.cren.net* gegen eine gesalzene Lizenzgebühr ($ 2.000 pro Kopie, selbst für Universitäten) zur Verfügung. Vergessen Sie ListProc und nehmen Sie eines der kostenlosen Open Source-Pakete.

SmartList

SmartList wurde ursprünglich von Stephen R. van den Berg geschrieben, bei dem es sich auch um den Originalautor von `procmail` handelt. Es ist bei *www.procmail.org* erhältlich. SmartList verwendet `procmail`, sodass Sie sowohl `procmail.tar.gz` als auch `SmartList.tar.gz` herunterladen müssen. Wahrscheinlich ist es am einfachsten, zu dem für Ihr System geeigneten Linux-Paket zu greifen.

SmartList ist klein und einfach. Es handelt sich um eine Kombination aus C-Code, `procmail`-Regeln und Shellskripten. Bounces, die Schwachstelle bei der Pflege von Mailinglisten, werden von der Software automatisch verarbeitet. Benutzer werden nach einer bestimmten Anzahl von Bounces an ihre Adresse automatisch aus einer Liste entfernt. SmartList macht einen Eintrag von Anmeldeinformationen in die `passwd`-Datei (»smart« oder vielleicht »list«) erforderlich, bei denen es sich um einen in der Konfigurationsdatei von `sendmail` angegebenen vertrauenswürdigen Benutzer handelt.

Die Installation umfasst `led`, einen Sperrwrapper für Bearbeitungszwecke, der versucht, SmartList vor einer unzusammenhängenden, teilweise bearbeiteten Konfigurationsdatei zu schützen.

listmanager

`listmanager` von Murray Kucherawy ist in C programmiert und damit schneller als die Pakete, die auf einer Skriptsprache wie Perl oder Python aufgebaut sind. Durch die Verwendung des DB-Datenbankpakets von *sleepycat.com* anstelle einfacher Dateien und des Dateisystems erhöht `listmanager` auch die Geschwindigkeit. Die Liste seiner Funktionen umfasst etwa eine Seite und enthält eine Webschnittstelle, Übersichten und mehrere Sicherheitserweiterungen.

listmanager scheint wirklich ein toller Listenmanager zu sein – der einzige Nachteil ist, dass der Quellcode noch nicht verteilt wurde. Laut der Webseite von *www.listenmanager.org*, wird der Code so lange zurückgehalten, bis der Autor eine Bereinigung durchgeführt hat, um mögliche Schwierigkeiten zu vermeiden. Eine Linux-Binärdatei ist verfügbar.

LISTSERV Lite

Bei LISTSERV Lite von Eric Thomas handelt es sich um eine eingeschränkte Version von LISTSERV, dem kommerziellen Produkt von L-Soft International Inc. Einige der Funktionen der eigentlichen Version fehlen, außerdem ist die Software auf die Verwaltung von zehn Mailinglisten mit bis zu 500 Teilnehmern beschränkt. LISTSERV Lite muss als Pseudobenutzer listserv ausgeführt werden, der im Besitz seiner Dateien sein muss. Außerdem sollte möglichst die Gruppe listserv vorhanden sein. LISTSERV Lite bietet eine Webschnittstelle sowohl für die Anmeldung an eine Liste als auch für deren Pflege.

Die Distribution ist bei *www.lsoft.com* erhältlich. Der Quellcode wird nicht verteilt, es werden jedoch vorkompilierte Binärdateien und Stubs für viele UNIX- und Linux-Versionen bereitgestellt. Sollten Sie bereits mit LISTSERV vertraut sein und über Listen verfügen, die diese Software nutzen, können Sie vielleicht die Ausführung eines rein binären, eingeschränkten Listenmanagers rechtfertigen. Wenn Sie von Grund auf neu beginnen, sollten Sie eine der oben genannten uneingeschränkten Open Source-Alternativen wählen.

18.5.2 LDAP (Lightweight Directory Access Protocol)

Bei LDAP handelt es sich um ein Protokoll, das den Zugriff auf einen generischen administrativen Verzeichnisdienst bereitstellt. Es existiert bereits seit einigen Jahren, gewann aber erst in letzter Zeit an Popularität.

Administratoren stellen fest, dass LDAP für viele Zwecke gut geeignet ist:

- sendmail-Konfiguration: Aliase, virtuelle Domänen, Mail-Homes, die Datenbank access und Tabellen
- Benutzerverwaltung: Anmeldenamen, Passwörter, Hosts (z. B. Stanford University)
- Administrative Konfigurationsdateien (z. B. SUSE)
- Ein Ersatz für NIS
- Ein Kalenderserver
- Einsatz mit PAM (Pluggable Authentication Modules)

Es ist beabsichtigt, dass LDAP irgendwann einmal zu einem globalen Verzeichnissystem wird, das für viele verschiedene Zwecke eingesetzt wird. Leider fehlen noch Werkzeuge, um die typischen Aufgaben eines Systemadministrators mit LDAP zu automatisieren.

LDAP ist aus den ISO-Protokollen und dem X.500-Verzeichnisservice entstanden. Dieses Erbe erweckt sofort die Vorstellung von komplex, aufgebläht, langatmig, schlecht usw., aber das L in LDAP soll all diese Dinge regeln. Die Protokollversionen 1 und 2 wurden standardisiert. Version 3 soll demnächst standardisiert werden. Glücklicherweise sind alle Versionen abwärtskompatibel. Die Version 3 des LDAP-Protokolls unterstützt hierarchische Server; die Datenabfrage auf einem Server kann zu einem Verweis auf einen anderen Server führen. Hierarchische *Daten* wurden von Version 2 unterstützt, hierarchische *Server* jedoch nur von Version 3.

Mail-Aliase passen besonders gut zu LDAP, insbesondere weil sendmail jetzt LDAP intern unterstützt. sendmail kann den LDAP-Server nach Aliasen suchen lassen, anstatt den Vorgang direkt auszuführen. Außerdem kann LDAP auch das Mail-Routing und virtuelle Domänen verwalten. Die LDAP-Unterstützung muss in die sendmail-Binärdatei kompiliert werden.

Wenn Sie nach einer LDAP-Implementierung Ausschau halten, empfehlen wir Ihnen den von der OpenLDAP-Gruppe unter *www.openldap.org* erstellten Server. Diese Gruppe hat den Code eines älteren, an der University of Michigan entwickelten Servers übernommen und erweitert. Etwas mehr Informationen über LDAP-Software finden Sie in Abschnitt 17.5, »Systemdateien zentral verwalten«.

LDAP-Datenbankeinträge ähneln einem termcap-Eintrag mit längeren Variablennamen. Die Attribute (Variablennamen) in der LDAP-Datenbank sind nicht vollständig standardisiert, was zur Inkompatibilität verschiedener Implementierungen führen kann.

Die Attribute in der ersten Zeile eines Datenbankeintrags werden von der LDAP-Konfigurationsdatei definiert. In den Beispielen dieses Abschnitts wird vorausgesetzt, dass der LDAP-Server-Daemon (im Fall von OpenLDAP slapd) mit dem folgenden eindeutigen Root-Namen (rootdn) konfiguriert wurde:

```
"cn=root, dc=synack, dc=net"
```

Das Attribut dc erscheint zweimal, da die Werte der Domänenkomponente keinen Punkt enthalten können; um die Domäne synack.net auszudrücken, sind zwei Einträge erforderlich. Weitere Attribute oder Variablennamen können von Ihnen beliebig festgelegt werden. Die Groß- und Kleinschreibung wird dabei nicht berücksichtigt. sendmail (dessen Code nach bestimmten Attributnamen sucht und diesen vorgegebene Interpretationen zuordnet), der LDAP-Server und der Ersteller der LDAP-Datenbank müssen zusammenarbeiten und dieselben Namenskonventionen verwenden.

Einige mögliche Attribute, die in der ersten Zeile eines Datenbankeintrags erscheinen können (die Datenbankschlüssel), sind `dn` für einen Domänennamen, `dc` für eine Domänenkomponente, `o` für den Namen einer Organisation, `c` für den Namen eines Landes und `uid` für einen eindeutigen Bezeichner (z. B. einen Anmeldenamen).

`sendmail` verwendet einen LDAP-Server ebenso wie den DNS-Nameserver. Es fordert den DNS-Server auf, Namen in IP-Adressen aufzulösen, damit Nachrichten gesendet werden können. Außerdem fordert es den LDAP-Server auf, Aliase zu suchen, damit Nachrichten an die richtige Stelle weitergeleitet werden können. In beiden Fällen haben sich die Suchvorgänge von einfachen Dateien (`hosts` und `aliases`) auf Datenbanken verlagert, wobei Server die Abfragen verwalten.

Standardmäßig erkennt `sendmail` die folgenden LDAP-Daten-Tags:

```
mailLocalAddress
mailRoutingAddress
mailHost
```

In Version 8.12 wurde dieser Standardsatz beträchtlich erweitert (siehe `cf/sendmail.schema`), wobei Sie auch Ihr eigenes Schema für die Verwendung beliebiger LDAP-Tags nutzen können.

Im Folgenden finden Sie ein Beispiel für die `slapd ldap.conf`-Datei der OpenLDAP-Implementierung:

```
# Die LDAP-Standardeinstellungen, ldap.conf file, sollten mit Lesezugriff für alle
versehen sein.
#
BASE    dc=synack, dc=net
HOST    gw.synack.net
PORT    389
```

Sie unterstützt Datenbankeinträge mit folgendem Format:

```
dn: uid=jon, dc=synack, dc=net
objectClass: inetLocalMailRecipient
mailLocalAddress: jon@synack.net
mailRoutingAddress: stabilej@cs.colorado.edu
uid:jon
```

Wurde `FEATURE(ldap_routing)` in der Konfigurationsdatei von `sendmail` angegeben, wird der Empfänger eingehender Nachrichten mit dem Feld `mailLocalAddress` abgeglichen. Liegt eine Übereinstimmung vor, wird die Mail an `mailRoutingAddress` umgeleitet. Die Zeile `objectClass` muss vorhanden sein – sie stammt aus dem RFC-Entwurf, der die Interaktion zwischen LDAP und Mail-Systemen definiert.

Auf dem Host `gw.synack.net` entspricht dieser Datenbankeintrag dem folgenden Alias:

```
jon: stabilej@cs.colorado.edu
```

Etwas umständlich, nicht wahr? Diese Datenbankeinträge könnten die normalen Einträge zur Definition eines Mail-Homes für die einzelnen Benutzer in der `aliases`-Datei ersetzen.

Einige große Unternehmen speichern Bereitstellungsinformationen der einzelnen Benutzer, z. B. ihr bevorzugtes Postfach, in einer anderen Datenbank. Ist das bei Ihrer Site der Fall, möchten Sie wahrscheinlich kurze Skripte schreiben, um diese Information zu extrahieren und an LDAP zu übertragen. Wenn es sich um eine kleine Firma handelt, wollen Sie möglicherweise an der traditionellen `/etc/mail/aliases`-Datei festhalten oder ein Skript erstellen, um die korrekten LDAP-Einträge an der Kommandozeile zu generieren.

Die `aliases`-Datei stellt immer noch die beste Möglichkeit zur Definition von Mailinglisten (mit der `:include:`-Anweisung) dar. Mailinglisten-Software leitet die Nachricht normalerweise an ein Wrapper-Skript weiter und sendet sie erneut. Eine LDAP-Abfrage kann zwar Aliase zurückgeben, die auf `:include:`-Dateien oder Programme wie `majordomo` verweisen, kann jedoch nicht ein Programm direkt aufrufen.

Ab Version 8.12 kann LDAP auch den Inhalt einiger anderer `sendmail`-Daten speichern (z. B. Tabellen und Klassen). Weitere Informationen über die Konfiguration von `sendmail` für den Einsatz von LDAP finden Sie im Abschnitt 18.9.10.

18.6 sendmail: Der Direktor des E-Mail-Zirkus

Alle fünf der von uns verwendeten Linux-Referenzplattformen werden mit einem Mail-Transportagenten ausgeliefert. Red Hat, Fedora und SUSE sind standardmäßig mit `sendmail` ausgestattet, Debian und Ubuntu enthalten Exim. In Abschnitt 18.15 finden Sie eine kurze Beschreibung von Exim. Viele der Konstrukte und Konfigurationsschalter von Exim verfügen über ein Gegenstück in `sendmail`. Da dieses Kapitel bereits viel zu lang ist, wird nur `sendmail` ausführlich behandelt. Exim beschreiben wir in Form der entsprechenden Möglichkeiten in `sendmail`.

`sendmail` ist in der Lage, sich an die Einfälle der Verfasser von Standards anzupassen, was teilweise der Flexibilität seiner Konfigurationsdatei zu verdanken ist, die es `sendmail` gestattet, den Anforderungen einer bunt gemischten Benutzergemeinschaft zu entsprechen. Der Rest dieses Kapitels widmet sich vorwiegend den Grundlagen und dem Aufbau dieser Konfigurationsdatei, der berüchtigten `sendmail.cf`.

Bei `sendmail` handelt es sich um einen Transportagenten, d. h. ein Programm, das als Schnittstelle zwischen Benutzer- und Zustellungsagenten fungiert. Es beherrscht das SMTP-Protokoll und liefert über das Internet Nachrichten an Peers, die sich auf Remotecomputern befinden. `sendmail` erledigt unter anderem die folgenden Aufgaben:

- Steuern von Nachrichten, sobald sie vom Computer des Benutzers abgesendet werden

18.6 sendmail: Der Direktor des E-Mail-Zirkus

- Verstehen der Empfängeradressen
- Auswahl eines geeigneten Zustellungs- oder Transportagenten
- Umschreibung von Adressen in einer für den Zustellungsagenten verständlichen Form
- Neuformatieren von Headern bei Bedarf
- Weiterleiten der übertragenen Nachricht an den Zustellungsagenten

Außerdem generiert sendmail Fehlermeldungen und sendet unzustellbare Nachrichten an den Absender zurück.

18.6.1 sendmail-Versionen

Zum Zeitpunkt der Drucklegung dieses Buches waren die Versionen unserer Beispieldistributionen von V8 abgeleitet. Sie liegen jedoch normalerweise ein oder zwei Releases hinter der Masterversion von Sendmail Inc. zurück. Oft passen die Anbieter eine bestimmte Version von sendmail individuell an und zögern dann, ihr Basissystem mit aktuellen Revisionen zu aktualisieren.

Unsere Erläuterungen zu sendmail beruhen auf V8.13, wobei die veralteten Versionen V5 und IDA völlig ignoriert werden. V8 nutzt den m4-Makroprozessor und ermöglicht damit eine einfache Konfiguration von Standardabläufen. Diese »leichte«-Version der Konfiguration beinhaltet alles, was die meisten Sites benötigen.

Wenn in Ihrer Konfiguration ein Problem auftritt, müssen Sie sich beim Debuggen leider möglicherweise auf die Grundlagen der Konfigurationsrohdatei stützen, über die wir schon Beschreibungen gehört haben wie: unzugänglich, abschreckend, heikel, kryptisch, lästig, berüchtigt, langweilig, sadistisch, verwirrend, mühsam, lächerlich, entstellt und verdreht. In älteren Versionen dieses Buches haben wir einiges über die Konfigurationsrohdatei geschrieben, da sie aber bei den heutigen Administratoren an Bedeutung verloren hat, verweisen wir nun auf das bei O'Reilly erschienene *sendmail*-Buch von Bryan Costales und Eric Allman (das den Titel *sendmail* trägt) und auf den in der sendmail-Distribution enthaltenen *Sendmail Installation and Operations Guide*.

Manchmal werden neue Releases von sendmail veröffentlicht, um Sicherheitsprobleme zu beseitigen. Wir empfehlen, die Release-Hinweise auf *www.sendmail.org* zu lesen und eine Aktualisierung vorzunehmen, wenn Sie sicherheitsrelevante Patches verpasst haben. Normalerweise bekommen Sie aktualisierte sendmail-Pakete direkt von Ihrem Linux-Anbieter, Sie sollten sich jedoch vergewissern, dass die Binärdatei, die Sie bekommen, mit der aktuellen sendmail-Version übereinstimmt. Falls Sie die Quelldistribution direkt von *www.sendmail.org* kompilieren und installieren müssen, brauchen Sie einen C-Compiler und den m4-Makropräprozessor (beides ist normalerweise in der Linux-Distribution enthalten).

In manchen Fällen ist es schwierig, das tatsächliche Basis-Release von sendmail zu ermitteln, aber wenn der Anbieter nicht zu viel geändert hat, können Sie den folgenden Befehl ausführen, damit sendmail offen legt, um welche Version es sich handelt, welche Optionen darin kompiliert wurden und was sie nach dem Lesen der Konfigurationsdatei zu sein glaubt:

```
$ /usr/sbin/sendmail -d0.1 -bt < /dev/null
```

Das -d-Flag legt eine Debugging-Ebene fest (weitere Informationen über das Debuggen von Ebenen finden Sie in Abschnitt 18.14), das -bt-Flag schaltet sendmail in den Adresstestmodus, wobei die Umleitung von /dev/null keine zu testenden Adressen liefert. Im Folgenden sehen Sie eine (etwas verkürzte) Beispielausgabe von einem Red Hat-System.

```
Version 8.11.6
 Compiled with: LDAPMAP MAP_REGEX LOG MATCHGECOS MIME7TO8 MIME8TO7 NAMED_BIND NETINET
NETINET6 NETUNIX NEWDB NIS QUEUE SASL SCANF SMTP TCPWRAPPERS USERDB
============ SYSTEM IDENTITY (after readcf) ============
(short domain name) $w = coyote
(canonical domain name) $j = coyote.toadranch.com
(subdomain name) $m = toadranch.com
(node name) $k = coyote.toadranch.com
========================================================
```

sendmail sollte immer DNS-MX-Einträge (Mail Exchanger) verwenden und tut dies auch, wenn es (wie im vorangegangenen Beispiel) mit der Option NAMED_BIND kompiliert wird. Die aus einem Buchstaben bestehenden Variablen, z.B. $w, stammen aus der Konfigurationsrohdatei oder werden zur Laufzeit ermittelt.

18.6.2 sendmail von sendmail.org installieren

Ab Version 8.12 hat sich die sendmail-Installationsumgebung ein wenig verändert. Es läuft nicht mehr mit auf root gesetzter setuid, sondern stattdessen wird setgid auf die sendmail-Gruppe smmsp gesetzt. Vor der Installation von sendmail müssen Sie sowohl den Benutzer als auch die Gruppe smmsp (dieser mysteriöse Name steht für »SendMail Mail Submission Program«) erstellen. Wir verwenden UID und GID 25, um die bekannte Portnummer des SMTP-Mailprotokolls anzupassen. Der Benutzer smmsp sollte als smmsp als Standardgruppe für die Anmeldung verwenden, die normalerweise in der Datei /etc/passwd festgelegt wird. Das Hinzufügen eines dedizierten sendmail-Benutzers und einer Gruppe führt dazu, dass sendmail mit verringerten Privilegien ausgeführt wird, und erhöht die Sicherheit.

Die zweite größere Änderung aus der Sicht eines Systemadministrators besteht darin, dass sendmail nun zwei Konfigurationsdateien nutzt: submit.cf und sendmail.cf. Die Datei submit.cf steuert die Verarbeitung von E-Mails, die vom lokalen Computer stammen (und erstmals an das Mail-System übertragen werden), und sendmail.cf steuert die eingehenden und die während der Übertragung in die Warteschlange eingereihten E-Mails. submit.cf wird mit der Distribution ausgeliefert und ist für alle Sites identisch; normalerweise besteht keine Notwendigkeit einer individuellen Anpassung.

18.6 sendmail: Der Direktor des E-Mail-Zirkus

In diesem Abschnitt wird der Installationsprozess kurz beschrieben. Einzelheiten und Probleme bei bestimmten Architekturen oder Betriebssystemen entnehmen Sie den Installationshinweisen der sendmail-Distribution. Der nächste Abschnitt beschreibt die sendmail-Installation mit apt-get auf einem Debian-System. Wenn Sie die ursprüngliche sendmail-Version Ihres Systems ersetzen, sind einige der Konfigurationsaufgaben (z. B. die Installation der Hilfedateien) eventuell bereits erledigt.

Folgende Komponenten sind beteiligt:

- Die Binärdatei von sendmail, die normalerweise im Verzeichnis /usr/sbin installiert wird:

    ```
    -r-xr-sr-x  root  smmsp  /usr/sbin/sendmail
    ```

- Die Konfigurationsdateien /etc/mail/sendmail.cf und /etc/mail/submit.cf (in Version 8.12 und höher), die vom Systemadministrator installiert werden:

    ```
    -rw-r--r--  root  bin  /etc/mail/sendmail.cf
    -rw-r--r--  root  bin  /etc/mail/submit.cf
    ```

- Die Mail-Warteschlangenverzeichnisse, /var/spool/mqueue und /var/spool/clientmqueue (in Version 8.12 und höher), die vom Systemadministrator oder dem Installationsprozess erstellt werden:

    ```
    drwxrwx---  smmsp  smmsp  /var/spool/clientmqueue
    drwx------  root   wheel  /var/spool/mqueue
    ```

- Verschiedene Verknüpfungen mit der Binärdatei von sendmail (newaliases, mailq, hoststat usw.)[18]

- Die sicheren lokalen Zustellungsagenten von sendmail, smrsh und mail.local (die normalerweise im Verzeichnis /usr/libexec installiert werden)

Die neueste Version von sendmail können Sie von www.sendmail.org herunterladen. Zur Kompilierung und Installation des Pakets folgen Sie den Anleitungen in der INSTALL-Datei der oberen Ebene. Fügen Sie zuerst den Benutzer und die Gruppe smmsp hinzu; geben Sie diesem Benutzer keine echte Shell. Im Folgenden sehen Sie einen typischen Eintrag in /etc/passwd:

```
smmsp:x:25:25:Sendmail Mail Submission
Prog:/nonexistent:/bin/false
```

Ein typischer Eintrag in /etc/group sieht wie folgt aus:

```
smmsp:*:25:smmsp
```

---

[18] *Seien Sie an dieser Stelle vorsichtig. Einige Anbieter verwenden harte Verknüpfungen, was dazu führt, dass Sie bei der Aktualisierung möglicherweise an eine sendmail-Version geraten, die nicht mit der Version von newaliases übereinstimmt, was zu heiklen und schwer feststellbaren Supportproblemen führt.*

Um die Software zu kompilieren, wechseln Sie in das `sendmail`-Verzeichnis der Distribution, führen das `Build`-Skript und anschließend `Build install` aus. Die Datei `devtools/OS/Linux` enthält die Voraussetzungen, um `sendmail` auf Linux-Systemen aufzusetzen. In den Linux-Distributionen gibt es keine standardisierten Speicherorte, sodass `devtools/OS/Linux` auf unseren Erfahrungen beruht und möglicherweise für Ihre Distribution nicht ganz zutrifft.

Bevor Sie mit der Kompilierung beginnen, müssen Sie sich für ein Datenbankformat und eine Strategie entscheiden, wie Sie `sendmail` mit den administrativen Datenbanken wie NIS verbinden. Für Festplattendatenbanken empfehlen wir das in der `Makefile`-Datei als `NEWDB` (Standard) angegebene Berkeley DB-Paket.

Bearbeiten Sie die `Makefile`-Datei nicht, um sie individuell anzupassen, sondern erstellen Sie eine eigene `site.config.m4`-Datei und legen Sie diese im Verzeichnis `devtools/Site` ab, um sie für Ihr Betriebssystem und die lokale Umgebung zu optimieren. Wenn Sie beispielsweise die Absicht haben, LDAP und die neue Mail-Spamfilterbibliothek zu verwenden, erstellen Sie in diesem Verzeichnis eine `site.config.m4`-Datei, die folgende Zeilen enthält:

```
APPENDDEF(`confMAPDEF', `-DLDAPMAP')
APPENDDEF(`confLIBS', `-lldap -llber')
APPENDDEF(`conf_sendmail_ENVDEF', `-DMILTER')
```

Eine `define`-Anweisung ersetzt die aktuelle Definition von Attributen; das Makro `APPENDDEF` wird an die aktuelle Definition angehängt.

Bei der Kompilierung von `sendmail` mit folgendem Befehl werden die sitespezifischen Einträge automatisch eingefügt:

```
$ sh ./Build
```

Um `sendmail` an der richtigen Stelle zu installieren, führen Sie folgenden Befehl aus:

```
$ sudo sh ./Build install
```

`sendmail` sollte normalerweise *nicht* so eingerichtet werden, dass es von `inetd/xinetd` gesteuert wird, sodass beim Hochfahren in den `rc`-Dateien explizit gestartet werden muss. Eine typische Befehlsfolge sieht in etwa wie folgt aus:

```
if [-f /usr/sbin/sendmail -a -f /etc/mail/sendmail.cf];
then
(cd /var/spool/clientmqueue; rm -f [tTx]f*)
(cd /var/spool/mqueue; rm -f [tTx]f*)
/usr/sbin/sendmail -bd -q30m    ### Daemon zur Warteschlangenausführung für die
                                    reguläre Warteschlange
/usr/sbin/sendmail -Ac -q30m &  ### Daemon zur Warteschlangenausführung für die
                                    Clientwarteschlange (8.12)
echo -n ' sendmail' > /dev/console
fi
```

18.6 sendmail: Der Direktor des E-Mail-Zirkus

Diese Zeilen überprüfen das Vorhandensein der sendmail-Binärdatei und deren Konfigurationsdatei und starten dann das Programm im Daemonmodus. Das sendmail-Paket für Ihre Linux-Distribution müsste ein passendes Startskript bereitstellen, das sich im Verzeichnis /etc/init.d befindet.

Bei der Übertragung einer Benutzernachricht an das Mail-System führen mehrere Benutzeragenten explizit sendmail aus (manchmal mit den Flags -bm oder -bs), anstatt das SMTP-Protokoll direkt anzusprechen. In dieser Situation verwendet sendmail die Konfigurationsdatei submit.cf und reiht Nachrichten in die Warteschlange /var/spool/clientqueue ein. Ein Aufruf von sendmail mit dem Flag -Am oder -Ac erzwingt die Einreihung der Nachrichten in mqueue bzw. clientqueue.

Red Hat und Fedora verfügen über ein Startskript für sendmail (/etc/init.d/sendmail), das die mqueue-Verzeichnisse nicht von überflüssigen Daten bereinigt (wie das obige Beispiel zeigt). Allerdings erstellt es die Datenbank neu. Bei sendmail 8.12 oder neueren Versionen kann LDAP für die Datenbank-Maps verwendet werden, wobei eine Neuerstellung der Maps im Anschluss an die Änderungen nicht erforderlich ist. Die in /etc/sysconfig/sendmail definierten Parameter bestimmen, ob sendmail im Daemonmodus gestartet wird und wie oft die Warteschlange ausgeführt wird, sodass Sie an dieser Stelle das Startverhalten von sendmail für Ihre Site festlegen sollten. Im Auslieferungszustand startet Red Hat sendmail im Daemonmodus und führt die Warteschlage alle 30 Minuten aus.

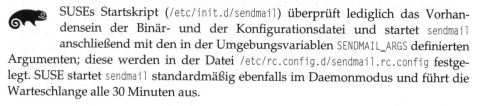

SUSEs Startskript (/etc/init.d/sendmail) überprüft lediglich das Vorhandensein der Binär- und der Konfigurationsdatei und startet sendmail anschließend mit den in der Umgebungsvariablen SENDMAIL_ARGS definierten Argumenten; diese werden in der Datei /etc/rc.config.d/sendmail.rc.config festgelegt. SUSE startet sendmail standardmäßig ebenfalls im Daemonmodus und führt die Warteschlange alle 30 Minuten aus.

Fügen Sie /etc/init.d/sendmail das oben gezeigte sh-Fragment (oder ein Ähnliches) hinzu, wenn Ihre Linux-Distribution kein Startskript für sendmail enthält. Ein anspruchsvolleres Skript aus der Installationsanleitung versucht, unterbrochene Warteschlangendurchläufe vorher zu bereinigen. Erstellen Sie sich eine Mischung und passen Sie sie nach Bedarf an.

In der Vergangenheit sind die Dateien zur Unterstützung von sendmail im Dateisystem umhergewandert und an Zielen wie /usr/lib, /etc, /usr/ucblib und /usr/share gelandet. Seit sendmail-Version 8.10 wird vorausgesetzt, dass sich alle Dateien (mit Ausnahme der Warteschlangenverzeichnisse) im Verzeichnis /etc/mail befinden.[19] Hoffen wir, dass die Anbieter den Hinweis aufnehmen und die Dateien an einem einheitlichen Speicherort belassen.

---

[19] Nun gut, es entspricht nicht ganz der Wahrheit, dass alle Dateien im Verzeichnis /etc/mail abgelegt werden. Die Datei sendmail.pid und in manchen Fällen auch die Statistikdateien werden immer noch woanders gespeichert.

18.6.3 sendmail auf Debian- und Ubuntu-Systemen

Zur Installation von sendmail können Sie das Programm apt-get verwenden. Das Paket installiert sendmail und m4 und deinstalliert darüber hinaus Exim. Nachdem apt-get das sendmail-Paket heruntergeladen und installiert hat, bietet das Programm an, sendmail zu konfigurieren. Wenn Sie mit Ja antworten, wird ein Skript aufgerufen, das Ihnen (etwa 20) Fragen zu der gewünschten sendmail-Konfiguration stellt. Im Allgemeinen sind die Standardeinstellungen sinnvoll. Die einzige Frage, die Sie wirklich anders beantworten müssen, ist die nach dem Mail-Namen; vorgegeben ist der unqualifizierte Hostname (z. B. lappie), erforderlich ist jedoch der voll qualifizierte Name (z. B. lappie.toadranch.com).

Die vom Skript gestellten Fragen zu beantworten, ist sinnvoller, wenn Sie mit den verschiedenen Optionen und Funktionen von sendmail vertraut sind, die weiter hinten in diesem Kapitel ausführlicher erläutert werden. Vom Konfigurationsskript nicht berücksichtigt wird der Inhalt der standardmäßig enthaltenen generischen Domänendatei. Das führt dazu, dass Sie eine Funktion ablehnen können, die aber letztlich sowieso wieder aktiviert wird (z. B. die Umleitungsfunktion).

18.6.4 Die Umschaltdatei

Linux-Systeme verfügen über eine Konfigurationsdatei für die »Dienstumschaltung«, /etc/nsswitch.conf, in der die Methoden genannt sind, die verschiedenen Standardabfragen gerecht werden, z. B. der Suche nach Benutzern und Hosts. Wenn mehr als eine Lösungsmethode für einen bestimmten Abfragetyp aufgeführt ist, ermittelt der Dienstumschalter auch die Reihenfolge, in der die Methoden herangezogen werden.

Tipp
Der Dienstumschalter wird in Kapitel 17 ausführlicher behandelt.

Die Verwendung des Dienstumschalters erfolgt normalerweise für die Software transparent. Allerdings wendet sendmail bei seinen Suchvorgängen gerne eine Feinsteuerung an, sodass es derzeit die Systemumschaltdatei ignoriert und stattdessen eine eigene interne Datei (/etc/mail/service.switch) verwendet.

Zwei Felder in der Umschaltdatei haben Auswirkungen auf das Mail-System: aliases und hosts. Die möglichen Werte für den Dienst hosts sind dns, nis, nisplus und files, für aliases sind es die Werte files, nis, nisplus und ldap. Die Unterstützung aller von Ihnen verwendeten Mechanismen (mit Ausnahme von files) muss in sendmail kompiliert werden, bevor der Dienst verwendet werden kann.

18.6 sendmail: Der Direktor des E-Mail-Zirkus

Der interne Dienstumschalter von sendmail enthält folgende Werte:

```
aliases files nisplus nis      # wenn mit nis/nis+ kompiliert
hosts dns nisplus nis files
```

18.6.5 Betriebsmodi

Sie können sendmail in mehreren Modi ausführen, die mit dem –b-Flag ausgewählt werden. -b steht für »be« oder »become« und wird stets zusammen mit einem weiteren Flag eingesetzt, das die Rolle festlegt, die sendmail übernimmt. In Tabelle 18.4 sind die gültigen Werte aufgeführt.

Flag	Bedeutung
-bd	Ausführen im Daemonmodus, Abhören der Verbindungen an Port 25
-bD	Ausführen im Daemonmodus, jedoch im Vordergrund und nicht im Hintergrund [a]
-bh	Anzeige von Informationen über die letzten Verbindungen (entspricht hoststat)
-bH	Bereinigt die Kopie auf der Festplatte von veralteten Verbindungsinformationen (entspricht purgestat)
-bi	Initialisiert Hash-Aliase (entspricht newaliases)
-bm	Ausführen als Mailer, Zustellen von E-Mails in der üblichen Weise (Standardeinstellung)
-bp	Drucken der Mail-Warteschlange (entspricht mailq)
-bP	Drucken der Anzahl von Einträgen in den Warteschlangen über den freigegebenen Speicher (8.12 und höher)
-bs	Wechseln in den SMTP-Servermodus (am Standardeingang, nicht an Port 25)
-bt	Wechseln in den Adressentestmodus
-bv	Nur E-Mail-Adressen prüfen, keine E-Mails senden

Tabelle 18.4: Kommandozeilen-Flags für die wichtigsten Modi von sendmail

a) *Dieser Modus wird zum Debuggen verwendet, sodass Sie Fehler- und Debuggingmeldungen sehen.*

Wenn Sie mit dem Eingang von E-Mails aus dem Internet rechnen, sollten Sie sendmail im Daemonmodus (-bd) ausführen. In diesem Modus hört sendmail den Netzwerkport 25 ab und wartet auf Arbeit.[20] Normalerweise geben Sie auch das -q-Flag an, das das Intervall festlegt, mit dem sendmail die Mail-Warteschlange verarbeitet. -q30m führt beispielsweise die Warteschlange alle 30 Minuten aus, -q1h jede Stunde.

---

20 *Die von* sendmail *abgehörten Ports werden mit* DAEMON_OPTIONS *festgelegt; Port 25 ist die Standardeinstellung.*

Normalerweise versucht sendmail, die Nachrichten sofort zuzustellen, wobei sie nur für einen Moment in die Warteschlange eingereiht werden, um die Zuverlässigkeit zu gewährleisten. Wenn Ihr Host aber zu stark ausgelastet oder der Empfangsrechner nicht erreichbar ist, stellt sendmail die Nachricht in die Warteschlange und versucht später noch einmal, sie zu versenden. Früher spaltete sendmail bei jeder Warteschlangenverarbeitung einen untergeordneten Prozess ab, mittlerweile unterstützt es jedoch persistente Daemons zur Warteschlangenausführung, die normalerweise während des Bootvorgangs gestartet werden. RFC1123 empfiehlt einen Abstand von mindestens 30 Minuten zwischen den Durchläufen. sendmail führt Sperrvorgänge durch, sodass mehrere gleichzeitige Warteschlangendurchläufe sicher sind.

Mit sendmail 8.12 wurde eine neue Funktion hinzugefügt, die Ihnen bei umfangreichen Mailinglisten und Warteschlangen behilflich ist: Warteschlangengruppen mit Envelope-Aufteilung. Dieses Thema wird in Abschnitt 18.13.2 ausführlicher behandelt.

sendmail liest seine Konfigurationsdatei, sendmail.cf, beim Start. Daher müssen Sie sendmail entweder beenden und neu starten oder ein HUP-Signal senden, wenn Sie die Konfigurationsdatei ändern. sendmail erstellt eine Datei mit dem Namen sendmail.pid, die seine Prozess-ID sowie den Befehl enthält, mit dem es gestartet wurde. Sie sollten sendmail mit einer absoluten Pfadangabe starten, da es sich bei Erhalt des HUP-Signals selbst erneut ausführt. Die Datei sendmail.pid gestattet, dass dem Prozess mit dem folgenden Befehl ein HUP-Signal gesendet wird:

```
# kill -HUP `head -1 sendmail.pid`
```

Der Speicherort der PID-Datei war früher ein Parameter zur Kompilierzeit, kann jetzt jedoch mit der Option confPID_FILE in der MC-Konfigurationsdatei festgelegt werden.

```
define(confPID_FILE, '/var/run/sendmail.pid')
```

Der Standardwert hängt vom Betriebssystem ab, normalerweise handelt es sich dabei jedoch entweder um /var/run/sendmail.pid oder /etc/mail/sendmail.pid. Die Red Hat-, Fedora-, Ubuntu- und Debian-Distributionen verwenden /var/run/sendmail.pid, SUSE speichert sie im Verzeichnis /var/run/sendmail.

18.6.6 Die Mail-Warteschlange

E-Mail-Nachrichten werden im Warteschlangenverzeichnis gespeichert, wenn der Computer zu stark ausgelastet ist, um sie sofort zustellen zu können, oder wenn ein Empfangsrechner nicht verfügbar ist. sendmail dient als Mailübertragungsagent, der Port 587 abhört, und erfüllt gleichzeitig seine normale Rolle als Daemon, der Port 25 abhört und die Warteschlange /var/spool/mqueue verwendet. Einige Benutzeragenten (z. B. /bin/mail) nutzen Port 587, den Mailübertragungsport, andere (Eudora, Outlook usw.) sprechen jedoch das an Port 25 ausgeführte sendmail direkt über SMTP an. Seit Version 8.12 fügen Mailübertragungsprogramme neue Nachrichten in das Mail-System ein, indem sie das Warteschlangenverzeichnis /var/spool/clientmqueue und die Konfigurationsdatei submit.cf verwenden. Alle Nachrichten werden kurz nach ihrer Ankunft in die Warteschlange eingereiht.

sendmail gestattet das Vorhandensein mehrerer Mail-Warteschlangen und erlaubt Ihnen, Teilmengen der Warteschlangen als Mitglieder einer Warteschlangengruppe zu kennzeichnen. Wenn beispielsweise das Verzeichnis mqueue die Unterverzeichnisse q1, q2 und q3 enthält und /var/spool/mqueue/q* von Ihnen als Warteschlangenverzeichnis festgelegt wurde, werden alle drei Warteschlangen verwendet. Die Fähigkeit von sendmail, mehrere Warteschlangen zu verarbeiten, erhöht die Leistung bei einer hohen Auslastung.[21] Wenn auf einer Site eine große Mailingliste geführt wird, teilt sendmail die Envelope-Empfängerliste in mehrere kleinere Listen auf und weist sie unterschiedlichen Warteschlangengruppen zu. Dieser Trick kann die Leistung erheblich steigern, da die kleineren Empfängerlisten parallel verarbeitet werden können.

Warteschlangengruppen wurden mit Version 8.12 eingeführt und bieten eine Feinsteuerungsmöglichkeit für einzelne Nachrichtentypen. Alle mit Warteschlangen verbundenen Parameter können auch für eine bestimmte Warteschlangengruppe festgelegt werden, einschließlich der Ausführungspriorität (mit dem Systemaufruf nice). E-Mails werden anhand der Adresse des ersten Empfängers der Nachricht an eine Warteschlangengruppe übertragen. Die Standardwarteschlangengruppe heißt mqueue, wird automatisch definiert und steht ohne weitere Konfiguration zum Gebrauch zur Verfügung. Warteschlangengruppen werden in Abschnitt 18.13.2 ausführlicher erläutert.

Wenn eine Nachricht in die Warteschlange eingereiht wird, wird sie in einzelnen Teilen in mehreren verschiedenen Dateien gespeichert. Jeder Dateiname besteht aus einem zweibuchstabigen Präfix, das den betreffenden Teil kennzeichnet, gefolgt von einer Zufalls-ID, die aus der Prozess-ID von sendmail gebildet wird. Dabei handelt es sich nicht um eine feste ID, da sendmail ständig weitere Spaltungen durchführt und jede Kopie eine neue Prozess-ID erhält. Tabelle 18.5 zeigt die sechs möglichen Teile.

Präfix	Dateiinhalt
qf	Header der Nachricht und Steuerungsdatei
df	Textkörper der Nachricht
tf	Temporäre Version der qf-Datei während der Aktualisierung der qf-Datei
Tf	Weist darauf hin, dass 32 oder mehr Sperrversuche unternommen wurden

Tabelle 18.5: Präfixe für die Dateien in der Mail-Warteschlange

---

21 *Verzeichnisse sind ein effizienter Speichermechanismus, wenn sie nicht zu viele Dateien enthalten. Wenn Sie einen ausgelasteten Mail-Server mit sehr vielen nicht mehr aktuellen Mailinglisten haben, kann das Warteschlangenverzeichnis leicht so groß werden, dass es nicht mehr zügig verarbeitet werden kann.*

Präfix	Dateiinhalt
Qf	Weist darauf hin, dass die Nachricht gebounct wurde und nicht zurückgesandt werden konnte
xf	Temporäre Transkriptionsdatei für Fehlermeldungen von Mailern

Tabelle 18.5: Präfixe für die Dateien in der Mail-Warteschlange (Forts.)

Sind die Unterverzeichnisse qf, df oder xf in einem Warteschlangenverzeichnis vorhanden, werden diese Teile der Nachricht in dem entsprechenden Unterverzeichnis abgelegt. Die qf-Datei enthält nicht nur den Nachrichten-Header, sondern auch die Envelope-Adressen, das Datum, an dem die Nachricht als unzustellbar zurückgesandt werden soll, die Priorität der Nachricht in der Warteschlange und den Grund für den Aufenthalt der Nachricht in der Warteschlange. Jede Zeile beginnt mit einem einbuchstabigen Code, der den Rest der Zeile kennzeichnet.

Jede in die Warteschlange eingereihte Nachricht muss über eine qf- und eine df-Datei verfügen. Alle anderen Präfixe werden von sendmail beim Zustellungsversuch verwendet. Wenn ein Computer abstürzt, sollten die tf-, xf- und Tf-Dateien beim Start von sendmail aus den einzelnen Warteschlangenverzeichnissen gelöscht werden. Der für E-Mail zuständige Systemadministrator sollte gelegentlich das Vorhandensein von Qf-Dateien überprüfen, falls die Bounces durch die lokale Konfiguration verursacht werden.

Bei der Mail-Warteschlange eröffnen sich mehrere Gelegenheiten, bei denen etwas schief gehen kann. Zum Beispiel kann sich das Dateisystem füllen (vermeiden Sie, /var/spool/mqueue und /var/log auf derselben Partition abzulegen), die Warteschlange kann verstopfen und verwaiste E-Mail-Nachrichten können in der Warteschlange hängen bleiben.

sendmail verfügt über eine Konfigurationsoption (confMIN_FREE_BLOCKS), die bei der Verwaltung des Speicherplatzes auf der Festplatte hilft. Wird das Dateisystem, das die Mail-Warteschlange enthält, zu voll, werden E-Mails mit der Fehlermeldung, es später noch einmal zu versuchen, abgelehnt, bis mehr Speicherplatz zur Verfügung gestellt wird. Diese Option lässt einen kleinen Pufferbereich übrig, sodass die E-Mail bereits abgelehnt werden, bevor das Dateisystem ganz voll ist und alles feststeckt.

Fällt ein wichtiger Mail-Hub aus, kann es zur Überlastung seiner MX-Backupsites durch Tausende von Nachrichten kommen. sendmail kann zu viele Kopien von sich selbst abspalten und einen Rechner zu Tode belasten. Zur Unterstützung der Leistung von sehr stark ausgelasteten Rechnern dienen mehrere Optionen, die wir in Abschnitt 18.13 zusammengestellt haben. Um eine vorübergehend verstopfte Warteschlange in einer älteren Version als 8.12 zu verarbeiten, schieben Sie das Hindernis beiseite, fahren mit der Verarbeitung neuer E-Mails in gewohnter Weise fort und führen für die verstopfte Warteschlange eine separate Kopie von sendmail aus, nachdem sich die Situation beruhigt hat. Die Vorgehensweise bei der Verarbeitung eines einzelnen Warteschlangenverzeichnisses sieht zum Beispiel in etwa wie folgt aus:

```
# kill 'head -1 sendmail.pid'
# mv mqueue cloggedqueue     /* Ggf. in ein anderes Dateisystem */
# mkdir mqueue      /* Besitzer/Berechtigungen ebenfalls festlegen */
# chown root mqueue
# chmod 700 mqueue
# /usr/sbin/sendmail -bd -q1h &
```

Wenn sich die Situation beruhigt hat, führen Sie sendmail mit den folgenden Flags aus:

```
# /usr/sbin/sendmail -oQ/var/spool/cloggedqueue -q
```

Diese Flags machen sendmail auf das verstopfte Warteschlangenverzeichnis aufmerksam und legen fest, dass sendmail es sofort verarbeiten sollte. Wiederholen Sie diesen Befehl so lange, bis sich die Warteschlange leert. Seit Version 8.12 verwendet sendmail harte Verknüpfungen auf Wegen, die unterbrochen werden, wenn Sie eine Warteschlange verschieben. Eine bessere Möglichkeit für den Umgang mit verstopften Verzeichnissen sind der Einsatz eines Sicherungscomputers und die Verwendung von MX-Einträgen; Einzelheiten erfahren Sie in dem Abschnitt, der sich mit der Leistung beschäftigt.

Tipp

Weitere Informationen über DNS-MX-Einträge finden Sie in Abschnitt 15.7.6.

Der Zeitpunkt, zu dem eine Warteschlange verstopft, hängt von der Site und der Hardware ab, auf der sendmail ausgeführt wird. Ihr System definiert eine verstopfte Warteschlange anders als der Mail-Hub von *aol.com*, wo täglich Millionen von Nachrichten verarbeitet werden. Informationen zum Messen des Umfangs Ihres Datenverkehrs erhalten Sie in Abschnitt 18.14.

18.7 Konfiguration von sendmail

Vor Version 8.12 wurden die Aktionen von sendmail durch eine einzige Konfigurationsdatei, /etc/mail/sendmail.cf (die sich früher im Verzeichnis /etc oder /usr/lib befand), gesteuert. Mit Version 8.12 wurde eine zweite Instanz der Konfigurationsdatei mit dem Namen submit.cf eingeführt (die ebenfalls im Verzeichnis /etc/mail abgelegt ist). Die Flags, mit denen sendmail gestartet wird, bestimmen die zu verwendende Konfigurationsdatei: -bm, -bs und -bt nutzen, sofern vorhanden, submit.cf, alle anderen Modi sendmail.cf. Natürlich ändern einige Kommandozeilen-Flags und

Optionen der Konfigurationsdatei die Namen der Konfigurationsdateien. Am besten ist es jedoch, die Namen unverändert zu lassen. Die Konfigurationsdatei legt für `sendmail` Folgendes fest:

- Auswahl der Zustellungsagenten
- Regeln für die Umschreibung von Adressen
- Formate der Mail-Header
- Optionen
- Sicherheitsvorkehrungen
- Spamabwehr

Die Konfigurationsrohdatei wurde so entworfen, dass sie leicht analysiert werden kann. Durch die Konzentration darauf mangelt es ihr ein wenig an angenehmen, benutzerfreundlichen Funktionen. Die Pflege der Konfigurationsdatei ist die wesentlichste administrative Aufgabe, die mit E-Mails verbundene ist, und selbst erfahrene Systemadministratoren zur Verzweiflung bringt.

Zwar nutzen alle `sendmail`-Versionen eine Konfigurationsdatei, aber die neuen Versionen vereinfachen den Konfigurationsprozess durch die Verwendung von m4-Makros, die einen Großteil der grundlegenden Komplexität verbergen. Man kann sagen, dass sich die Konfigurationsrohdatei auf dem Niveau der Assemblersprache befindet, während die m4-Konfiguration eher auf Perl-Ebene anzusiedeln ist.[22]

Bei der Einführung der m4-Makros bestand die Hoffnung, dass sie 80–90% der Fälle abdecken könnten. Tatsächlich hat sich herausgestellt, dass diese Quote viel höher liegt, wahrscheinlich eher bei 98%. In diesem Buch befassen wir uns nur mit der m4-basierten »leichten Konfiguration«. Mit der Konfigurationsdatei der unteren Ebene brauchen Sie sich nur zu befassen, wenn Sie ein heikles Problem beseitigen wollen, ihre Mail-Site auf besonders anwachsen lassen oder einen stark frequentierten Mail-Hub betreiben.

Drei wichtige Teile der Dokumentation sind das bei O'Reilly erschienene Buch *sendmail* von Bryan Costales und Eric Allman, das Dokument *Sendmail Installation and Operations Guide* von Eric Allman (das im Verzeichnis `doc/op` der `sendmail`-Distribution enthalten ist) und die `README`-Datei (im Verzeichnis `cf`). Wir verweisen oft auf das Costales/Allman-Buch als Quelle für weitere Informationen und bezeichnen es dabei als »*sendmail*-Buch«. Ebenso verweisen wir auf das Installationsdokument als »Installationsanleitung« und auf die `README`-Datei als `cf/README`.

---

[22] Die Konfigurationssprache von `sendmail` ist »Turing-vollständig«, d.h., dass sie zum Erstellen aller möglichen Computerprogramme verwendet werden kann. Leser, die über Erfahrungen mit der Konfigurationsrohdatei verfügen, werden erkennen, wie beängstigend dieses Konzept ist.

18.7.1 Der m4-Präprozessor

Zunächst beschreiben wir einige Funktionen von m4, zeigen, wie Sie eine Konfigurationsdatei aus einer m4-Masterdatei erstellen und beschreiben zum Schluss einige der wichtigsten vorgegebenen m4-Makros, die mit der sendmail-Distribution ausgeliefert werden.

m4 war ursprünglich als Front-End für Programmiersprachen gedacht, das es dem Benutzer ermöglichen sollte, besser lesbare (oder vielleicht kryptischere) Programme zu schreiben. m4 ist so leistungsfähig, dass es bei der Eingangstransformation in vielen Situationen nützlich ist, und funktioniert recht gut bei den Konfigurationsdateien von sendmail.

m4-Makros weisen folgendes Format auf:

name(arg1, arg2, ..., argn)

Zwischen dem Namen und der öffnenden Klammer darf kein Leerzeichen stehen. Einfache Anführungszeichen links und rechts kennzeichnen Zeichenfolgen als Argumente. Die m4-Konventionen für Anführungszeichen unterscheiden sich von denen anderer Sprachen, die Sie vielleicht bereits verwendet haben, da es sich bei den linken und rechten Anführungszeichen um verschiedene Zeichen handelt.[23] Anführungszeichen können auch verschachtelt sein. Bei den heutigen Compilererstellungswerkzeugen fragt man sich, wie m4 mit einer dermaßen starren und exotischen Syntax überleben konnte.

m4 verfügt über einige integrierte Makros, wobei die Benutzer auch eigene definieren können. In Tabelle 18.6 sind die gebräuchlichsten in der sendmail-Konfiguration verwendeten integrierten Makros aufgeführt.

Makro	Funktion
define	Definiert ein Makro mit dem Namen *arg1* und dem Wert *arg2*
undefine	Verwirft eine vorherige Definition des Makros mit dem Namen *arg1*
include	Fügt die Datei mit dem Namen *arg1* ein (interpoliert)
dnl	Verwirft die Zeichen bis einschließlich zum nächsten Zeilenvorschubzeichen
divert	Verwaltet Ausgangsströme

Tabelle 18.6: Die bei sendmail am häufigsten verwendeten m4-Makros

---

[23] Sie könnten die Anführungszeichen mit dem Makro changequote ändern, dies würde jedoch den Einsatz von m4 in sendmail völlig unterbrechen, da verschiedene Makros Vermutungen über die Anführungszeichen anstellen.

Einige Sites fügen am Ende jeder Zeile ein `dnl`-Makro ein, damit die übersetzte CF-Datei aufgeräumt bleibt; ohne `dnl` fügt `m4` zusätzliche Leerzeilen in die Konfigurationsdatei ein. Diese Leerzeilen beeinträchtigen zwar das Verhalten von `sendmail` nicht, allerdings ist die Konfigurationsdatei dadurch schwerer zu lesen. In unseren Beispielen haben wir `dnl`s ausgelassen. Andere Sites verwenden `dnl` am Anfang von Zeilen, die als Kommentare gedacht sind.

`m4` erkennt Kommentare in Dateien nicht richtig an. Der folgende Kommentar hatte nicht die erwartete Auswirkung, da `define` ein Schlüsselwort von `m4` ist und somit erweitert würde:

```
# And then define the ...
```

Verwenden Sie stattdessen das `m4`-Schlüsselwort `dnl` (delete to newline).

```
dnl # And then define the ...
```

würde funktionieren. Nach `dnl` muss ein Leerzeichen oder ein Interpunktionszeichen folgen, damit es als `m4`-Befehl erkannt wird.

18.7.2 Einzelheiten der sendmail-Konfiguration

Die `sendmail`-Distribution enthält das Unterverzeichnis `cf`, das alle für die `m4`-Konfiguration erforderlichen Teile umfasst: eine `README`-Datei sowie mehrere Unterverzeichnisse, die in Tabelle 18.7 aufgeführt sind.

Verzeichnis	Inhalt
cf	MC-Beispieldateien (Masterkonfigurationsdateien)
domain	m4-Beispieldateien für verschiedene Domänen in Berkeley
feature	Fragmente, die verschiedene Funktionen implementieren
hack	Besondere Funktionen von fragwürdigem Wert oder Implementierung
m4	Die grundlegende Konfigurationsdatei und andere Kerndateien
ostype	Vom Betriebssystem abhängige Dateispeicherorte und Eigenarten
mailer	m4-Dateien, die gebräuchliche Mailer (Zustellungsagenten) beschreiben
sh	Von m4 verwendete Shell-Skripte

Tabelle 18.7: Konfigurationsunterverzeichnisse

Das Verzeichnis `cf/cf` umfasst Beispiele für MC-Dateien. Tatsächlich enthält es so viele Beispiele, dass Ihres in dem Durcheinander verloren geht. Wir empfehlen Ihnen, Ihre eigenen MC-Dateien getrennt vom verteilten `cf`-Verzeichnis aufzubewahren. Erstellen Sie entweder ein neues, nach Ihrer Site benanntes Verzeichnis (`cf/sitename`) oder verschieben Sie das `cf`-Verzeichnis nach `cf.examples` und erstellen Sie ein neues cf-Verzeichnis. Kopieren Sie in diesem Fall das Makefile- und das Build-Skript in Ihr neues Verzeichnis, damit die Anweisungen in der README-Datei weiterhin Gültigkeit haben. Am besten ist es, auch alle MC-Konfigurationsdateien an einen zentralen Speicherort zu kopieren, anstatt sie in der sendmail-Distribution zu belassen. Das Build-Skript verwendet relative Pfadnamen, die geändert werden müssen, wenn Sie versuchen, eine CF-Datei aus einer MC-Datei zu erstellen, und sich dabei nicht in der Hierarchie der sendmail-Distribution befinden.

18.7.3 Eine Konfigurationsdatei aus einer MC-Beispieldatei erstellen

Bevor wir uns auf vielen Seiten eingehend mit den verschiedenen Konfigurationsmakros, -funktionen und -optionen beschäftigen, wollen wir das Pferd von hinten aufzäumen und eine Konfiguration »ohne Extras« erstellen, um den Prozess zu verdeutlichen. Unser Beispiel ist für einen Blattknoten, foo.com, bestimmt; die Masterkonfigurationsdatei heißt foo.mc.

Wir legen foo.mc in unserem brandneuen cf-Verzeichnis ab. Die (von m4) übersetzte Konfigurationsdatei heißt foo.cf und befindet sich in demselben Verzeichnis, wobei wir sie letztlich unter dem Namen sendmail.cf im Verzeichnis /etc oder /etc/mail installieren. Bei /etc/mail handelt es sich um sendmails Standardspeicherort für die Konfigurationsdatei, viele Distributionen verwenden jedoch /etc.

Einige Grundlagen sollten in jede neue MC-Datei einfließen:

```
divert(-1)
#### Grundlegende MC-Datei für foo.com
divert(0)
VERSIONID('$Id$')
```

Wenn Sie Kommentare an den Anfang Ihrer Datei stellen wollen, verwenden Sie eine divert-Anweisung in der ersten Zeile, damit m4 die unechten Einträge unberücksichtigt lässt und das Einfügen von dnl in #-Kommentaren vermieden wird. Als Nächstes kommen die Kommentare, gefolgt von einer weiteren divert-Anweisung.

Die Zeile VERSIONID (hier im RCS-Format) vervollständigt die Grundlage. Sie wird im nächsten Abschnitt ausführlich beschrieben.

In vielen Fällen wird die Konfiguration durch die Angabe von OSTYPE (siehe hierzu den Abschnitt 18.8.2) vervollständigt, um betriebssystemabhängige Pfade oder Parameter einzubringen, sowie einer Reihe von MAILER-Einträgen (siehe hierzu den Abschnitt 18.8.4):

```
OSTYPE('linux')
define('confCOPY_ERRORS_TO', 'postmaster')
MAILER('local')
MAILER('smtp')
```

Hier legen wir auch eine Option (confCOPY_ERRORS_TO) fest, die eine Kopie der Header aller gebouncten Mails an den lokalen Postmaster sendet. Diese Benachrichtigung erlaubt dem Postmaster, einzugreifen, falls am lokalen Standort ein Problem besteht.

Um die echte Konfigurationsdatei zu erstellen, führen Sie einfach den Befehl Build aus, den Sie in das neue cf-Verzeichnis kopiert haben:

```
# ./Build foo.cf
```

oder

```
# make foo.cf
```

Abschließend installieren Sie foo.cf an der richtigen Stelle – dies ist normalerweise /etc/mail/sendmail.cf, aber sowohl Red Hat als auch SUSE verstecken die Datei in /etc/sendmail.cf.

Eine größere Site kann eine eigene m4-Datei für standortweite Standardeinstellungen im Verzeichnis cf/domain erstellen. Einzelne Hosts können dann den Inhalt dieser Datei einfügen. Nicht jeder Host benötigt eine separate Konfigurationsdatei, aber jede aus ähnlichen Hosts (d.h. Hosts mit derselben Architektur und derselben Rolle: Server, Client usw.) zusammengesetzte Gruppe braucht wahrscheinlich eine eigene Konfiguration.

18.7.4 Die sendmail-Konfiguration ändern

Es wird häufig vorkommen, dass Ihre bestehende sendmail-Konfiguration fast die Richtige ist und Sie lediglich eine neue Funktion ausprobieren, eine neue Spamregel hinzufügen oder eine einfache Änderung vornehmen wollen. Dazu gehen Sie wie folgt vor:

- Bearbeiten Sie die MC-Datei und geben Sie Ihre Änderungen ein.
- Erstellen Sie die mithilfe des Build-Skripts die Konfigurationsdatei im Konfigurationsverzeichnis neu.
- Installieren Sie die daraus resultierende CF-Datei als sendmail.cf im richtigen Verzeichnis.
- Senden Sie sendmail ein HUP-Signal, damit die Konfigurationsdatei erneut gelesen wird.[24]

Selbst mit dem einfachen neuen Konfigurationssystem von sendmail müssen Sie bei der Konfiguration mehrere Entscheidungen für Ihre Site treffen. Denken Sie beim Lesen der nachstehenden Erläuterungen zu den Funktionen darüber nach, inwieweit diese für die Organisation Ihrer Site geeignet sind. Eine kleine Site verfügt wahrscheinlich nur über

---

[24] Verwenden Sie dazu den Befehl kill. Dank der Datei sendmail.pid ist die Prozess-ID von sendmail leicht zu finden; leider verfügt sie in den unterschiedlichen Distributionen nicht über einen einheitlichen Speicherort (versuchen Sie es mit /var/run/sendmail.pid). Ein Verwendungsbeispiel finden Sie in Abschnitt 18.6.5.

einen Hub-Knoten und Blattknoten, sodass nur zwei Versionen der Konfigurationsdatei erforderlich sind. Eine größere Site benötigt möglicherweise getrennte Hubs für ein- und ausgehende Mail und vielleicht einen separaten POP/IMAP-Server.

Unabhängig von der Komplexität und dem äußeren Erscheinungsbild (z. B. ungeschützt, hinter einer Firewall oder in einem virtuellen privaten Netzwerk), enthält das cf-Verzeichnis wahrscheinlich einige geeignete vorgefertigte Konfigurationsfragmente, die nur darauf warten, angepasst und eingesetzt zu werden.

18.8 Grundlegende Elemente der sendmail-Konfiguration

Bei den Konfigurationsbefehlen von sendmail wird die Groß- und Kleinschreibung berücksichtigt. Üblicherweise werden die Namen vordefinierter Makros in Großbuchstaben geschrieben (z. B. OSTYPE), m4-Befehle in Kleinbuchstaben (z. B. define), und die Namen von konfigurierbaren Variablen beginnen mit dem kleinbuchstabigen conf und enden mit einem großbuchstabigen Variablennamen (z. B. confCOPY_ERRORS_TO). Makros verweisen normalerweise auf eine m4-Datei mit dem Namen ../makroname/arg1.m4. Das Makro OSTYPE(`linux') sorgt beispielsweise dafür, dass ../ostype/linux.m4 eingefügt wird.

In diesem Abschnitt behandeln wir die grundlegenden Konfigurationsbefehle und verschieben die Erläuterung der anspruchsvolleren Funktionen auf später.

18.8.1 Das VERSIONID-Makro

Sie sollten Ihre Konfigurationsdateien mit CVS oder RCS pflegen, und zwar nicht nur, um gegebenenfalls auf eine frühere Version der Konfiguration zurückgreifen zu können, sondern auch um die Versionen der m4-Dateien zu kennzeichnen, aus denen sich die Konfigurationsdatei zusammensetzt. Verwenden Sie das VERSIONID-Makro, um die Versionsinformationen automatisch einzubetten. Die Syntax lautet wie folgt:

VERSIONID(`Id')

Die eigentliche Versionsinformation wird von RCS eingefügt, wenn Sie die Datei einchecken. Sie erscheint in der endgültigen sendmail.cf-Datei als Kommentar. Diese Information kann auch nützlich sein, wenn Sie vergessen, wo Sie die sendmail-Distribution abgelegt haben; oft wird der Speicherort von Dateien vom verfügbaren Speicherplatz auf der Festplatte vorgegeben und nicht von der Logik des Dateisystementwurfs.

18.8.2 Das OSTYPE-Makro

Die Dateien im ostype-Verzeichnis werden nach dem Betriebssystem benannt, dessen Standardwerte sie enthalten. In einer OSTYPE-Datei sind viele anbieterspezifische Informationen gebündelt, z. B. die erwarteten Speicherorte mailabhängiger Dateien, Pfade zu den von sendmail benötigten Befehlen, Flags für Mailer-Programme usw.

Üblicherweise werden die betriebssystemspezifischen Informationen mit dem OSTYPE-Makro in die Konfigurationsdatei eingefügt.[25] Jede Konfigurationsdatei muss über ein OSTYPE-Makro im oberen Abschnitt verfügen, das normalerweise direkt auf VERSIONID folgt.

OSTYPE-Dateien verrichten ihre Arbeit hauptsächlich, indem sie andere m4-Variablen definieren.

```
define('ALIAS_FILE', '/etc/aliases')
```

gibt zum Beispiel den Speicherort der systemweiten aliases-Datei an. Wenn Sie wollen, können Sie später die Standardwerte in der MC-Datei für Ihr Betriebssystem überschreiben, die gelieferte OSTYPE-Datei sollten Sie jedoch nicht ändern, sofern sie nicht wirklich falsch ist. In diesem Fall sollten Sie auch einen Fehlerbericht an *sendmail-bugs@sendmail.org* senden. Einige Sites wünschen sich einen plattformübergreifend einheitlichen Speicherort für die aliases-Datei und definieren deshalb ihren Speicherort in ihrer DOMAIN-Datei neu.

In der README-Datei im Verzeichnis cf werden alle Variablen aufgeführt, die in einer OSTYPE-Datei definiert werden können. Einige der wichtigen sowie einige, die Sie möglicherweise für die Spambekämpfung konfigurieren wollen (die aber standardmäßig nicht konfiguriert sind), sind in Tabelle 18.8 aufgeführt. Die Standardwerte werden verwendet, wenn in Ihrer OSTYPE-Datei nichts anderes angegeben ist.

Variable	Standardwert
ALIAS_FILE	/etc/mail/aliases
HELP_FILE	/etc/mail/helpfile
STATUS_FILE	/etc/mail/statistics
QUEUE_DIR	/var/spool/mqueue
MSP_QUEUE_DIR	/var/spool/clientmqueue
LOCAL_MAILER_PATH	/bin/mail
LOCAL_SHELL_PATH	/bin/sh
LOCAL_MAILER_MAX	*nicht definiert*
LOCAL_MAILER_MAXMSGS	*nicht definiert*
SMTP_MAILER_MAX	*nicht definiert*
SMTP_MAILER_MAXMSGS	*nicht definiert*

Tabelle 18.8: Standardwerte einiger in OSTYPE-Dateien festgelegter Variablen

---

25 *Wo wird nun das OSTYPE-Makro selbst definiert? In einer Datei im Verzeichnis* cf/m4, *die Ihrer Konfigurationsdatei wie von Zauberhand vorangestellt wird, wenn Sie das* Build-*Skript ausführen.*

18.8 Grundlegende Elemente der sendmail-Konfiguration

Wenn Sie `sendmail` unter einer neuen Version des Betriebssystems oder in einer neuen Architektur installieren, sollten Sie sicherstellen, dass Sie eine entsprechende `OSTYPE`-Datei erstellen und an *sendmail.org* weiterleiten, damit sie in die nächste Version übernommen werden kann. Erstellen Sie Ihre neue Datei einfach nach den bereits vorhandenen und überprüfen Sie sie dann anhand der Tabelle mit den Standardeinstellungen in der Datei `cf/README`. Ist der Wert einer Variablen Ihres neuen Systems identisch mit dem Standardwert, brauchen Sie dafür keinen Eintrag vorzunehmen (allerdings schadet es auch nichts, wenn Sie sich selbst für den Fall schützen, dass sich die Standardeinstellung ändert).

In Tabelle 18.9 sind die `OSTYPE`-Dateien für unsere Referenzplattformen aufgeführt.

System	Datei	Verzeichnis	Verwendung
Red Hat	linux.m4	/usr/share/sendmail-cf	OSTYPE(`linux')
Fedora	linux.m4	/usr/share/sendmail-cf	OSTYPE(`linux')
SUSE	suse-linux.m4	/usr/share/sendmail	OSTYPE(`suse-linux')
Debian	debian.m4	/usr/share/sendmail/sendmail.cf	OSTYPE(`debian')
Ubuntu	linux.m4	/usr/share/sendmail	OSTYPE(`linux')

Tabelle 18.9: Die OSTYPE-Dateien für Linux-Systeme

SUSE legt die `sendmail`-Distribution im Verzeichnis `/usr/share/sendmail` ab. Die `OSTYPE`-Datei `suse-linux.m4` befindet sich dort im Verzeichnis `ostype` und ist nicht Teil der `sendmail`-Distribution von *sendmail.org*. Diese Datei ist sehr lang (über 80 Zeilen) und enthält zahlreiche `FEATURE`- und andere Makros, die normalerweise in der Masterkonfigurationsdatei einer Site (der MC-Datei) und nicht in der `OSTYPE`-Datei zu finden sind. Damit wird die echte Konfiguration vor dem Systemadministrator verborgen – vielleicht ein zweifelhaftes Vergnügen, aber *keine* empfehlenswerte Vorgehensweise.

Debian versteckt die Konfigurationsdateien unter `/usr/share/sendmail/sendmail.cf/`. Das Verzeichnis `sendmail.cf` (eine verwirrende Namenswahl von den Debian-Entwicklern) entspricht dem Verzeichnis `cf` in der `sendmail`-Distribution und enthält alle Konfigurationsbestandteile, die Sie brauchen, einschließlich einer debianspezifischen `OSTYPE`-Datei, `ostype/debian.m4`. Diese Datei hat eine Länge von 50 Zeilen und besteht größtenteils aus Pfadnamen und Kommentaren, was auch der Fall sein sollte. Viele sind identisch mit den aktuellen Standardwerten von *sendmail.org* und müssen daher nicht unbedingt explizit umformuliert werden. Allerdings schützt eine Umformulierung Debian vor Änderungen an den Standardwerten, die anderenfalls zu Inkonsistenz oder Fehlern führen können. Die einzige Sünde der Entwicklungsabteilung von Debian im Hinblick auf die `OSTYPE`-Datei von `sendmail` ist die Einbeziehung der generischen `DOMAIN`-Datei, die mit der `sendmail`-Distribution ausgeliefert wird. Eine `DOMAIN`-Anweisung sollte weit oben in der eigentlichen MC-Datei erscheinen und sich nicht in der `OSTYPE`-Datei verstecken.

18.8.3 Das DOMAIN-Makro

Mit der DOMAIN-Anweisung können Sie standortweite generische Informationen an einer Stelle (cf/domain/*dateiname*.m4) festlegen und dann in der Konfigurationsdatei der einzelnen Hosts wie folgt darauf verweisen:

DOMAIN(`*dateiname*')

Wählen Sie einen Dateinamen aus, der Ihre Site beschreibt. Unsere Datei für unsere Informatikabteilung heißt zum Beispiel cs.m4 und erscheint wie folgt in unserer MC-Datei:

DOMAIN(`cs')

Wie OSTYPE bietet auch DOMAIN einfach eine gute Möglichkeit, eine Einfügung vorzunehmen. Allerdings macht es die Struktur der Konfigurationsdatei deutlicher und bietet einen Aufhänger für künftige Optimierungen. Besonders nützlich ist es, wenn Sie die CF-Dateien Ihrer gesamten Site zentralisieren und aus den an einem einzigen Speicherort befindlichen MC-Dateien erstellen.

Kleine Sites brauchen normalerweise keine Domänendatei, aber größere nutzen sie häufig für Verweise auf Relaycomputer, standortweite Maskierung oder Datenschutzoptionen sowie Verweise auf Tabellen für Mailer, virtuelle Domänen und Spamdatenbanken.

Die in der Distribution enthaltene generische DOMAIN-Datei weist die Arten von Einträgen auf, die normalerweise in standortweiten Domänendateien vorgenommen werden. Ihr Inhalt (ohne Kommentare und dnls) sieht wie folgt aus:

```
VERSIONID(`$Id: generic.m4,v 8.15 1999/04/04 00:51:09 ca Exp $')
define(`confFORWARD_PATH',
`$z/.forward.$w+$h:$z/.forward+$h:$z/.forward.$w:$z/.forward')
define(`confMAX_HEADERS_LENGTH', `32768')
FEATURE(`redirect')
FEATURE(`use_cw_file')
EXPOSED_USER(`root')
```

Die Datei legt den Pfad für den Speicherort der Weiterleitungsdateien der Benutzer fest, begrenzt die Headerlänge[26], fügt die Funktion redirect für Benutzer ein, die Ihr Unternehmen verlassen haben, und aktiviert die Funktion use_cw_file für die Verarbeitung identischer Computernamen. Wenn Ihre MC-Datei die Maskierung enthält, wird der Benutzer root nicht maskiert. Jedes dieser Konstrukte wird in diesem Kapitel ausführlicher beschrieben.

---

[26] Hacker haben sehr, sehr lange Header verwendet, um in älteren Versionen von sendmail ein Denial-of-Sevice zu verursachen. Diese Zeile dient für den Fall, dass Sie noch eine dieser gefährdeten Versionen (vor 8.9.3) im Einsatz haben.

18.8.4 Das MAILER-Makro

Für jeden der zu aktivierenden Zustellungsagenten müssen Sie ein MAILER-Makro einfügen. Eine vollständige Liste unterstützter Mailer finden Sie im Verzeichnis cf//mailers in der sendmail-Distribution. Derzeit stehen die Optionen local, smtp, fax, usenet, procmail, qpage, cyrus, pop, phquery und uucp zur Verfügung. Im Allgemeinen benötigen Sie zumindest die folgenden Optionen:

```
MAILER(`local')
MAILER(`smtp')
```

Die erste Zeile umfasst die Mailer local und prog, die zweite smtp, esmtp, dsmtp, smtp8 und relay. Mit Version 8.7 wurde dem lokalen Mailer die Unterstützung von E-Mail-Adressen im Format *benutzer+details@site.domäne* hinzugefügt.[27] *benutzer* definiert das Postfach, dem Nachrichten zugestellt werden sollen, und *details* fügt einen zusätzlichen Parameter hinzu, den ein lokales Mailprogramm wie procmail zum Sortieren eingehender E-Mails verwenden kann.

Wenn Sie die Optimierung von mailerbezogenen Makros (z. B. USENET_MAILER_ARGS oder FAX_MAILER_PATH) planen, sollten Sie sich vergewissern, dass die Zeilen, in denen diese Parameter festgelegt werden, *vor* der Zeile stehen, die den Mailer selbst aufruft; anderenfalls werden die alten Werte verwendet. Aus diesem Grund stehen MAILER-Deklarationen normalerweise recht weit am Ende der Konfigurationsdatei.

Der pop-Mailer bildet eine Schnittstelle zum Programm spop, das Teil des mh-Mailhandler-Pakets ist und das in RFC1460 definierte POP-Protokoll (Post Office Protocol) implementiert. Er wird für PCs und Macs verwendet, die auf E-Mails auf einem UNIX-Host zugreifen müssen. Der cyrus-Mailer ist für den Einsatz mit dem IMAP-Server von CMU gedacht und liegt in zwei Varianten vor: cyrus für die Zustellung von E-Mails an die Benutzerpostfächer und cyrusbb für die Zustellung an eine zentrale Mailbox. Der cyrus-Mailer versteht auch die Syntax *benutzer+details*; seine MAILER-Spezifikation muss im Anschluss an die des local-Mailers erfolgen.

Der fax-Mailer integriert das HylaFAX-Paket von Sam Leffler in das Mail-System. Bei SUSE befindet es sich im Verzeichnis /usr/bin/faxmail, während Red Hat, Fedora, Debian und Ubuntu HylaFAX standardmäßig nicht enthalten. Wenn eine E-Mail an *benutzer@ziel.fax* gesendet wird, wird der Textkörper der Nachricht als Fax-Dokument versendet. Bei *ziel* handelt es sich normalerweise um eine Telefonnummer. Um die Angabe symbolischer Namen (anstelle von reinen Telefonnummern) als Ziel zu gestatten, verwenden Sie eine verschlüsselte Datenbankdatei.

---

[27] *Die Syntax benutzer+details hat ihren Ursprung an der Carnegie Mellon University, wo sie bei lokalen Werkzeugen für das Routing und Sortieren von E-Mails eingesetzt wird.*

Tipp

HylaFAX ist bei *www.hylafax.org* erhältlich.

Sie müssen HylaFAX und sendmail miteinander verbinden, indem Sie ein Skript aus der HylaFAX-Distribution in /usr/local/bin installieren. Vielleicht müssen Sie auch den Wert des Makros FAX_MAILER_PATH ändern. Menschliches Eingreifen ist weiterhin erforderlich, um eingehende Faxe aus dem Spool-Bereich an das Postfach eines Benutzers auszuliefern. Sie können Fax-Dokumente (mit HylaFAX) in PostScript umwandeln und mit dem GNU-Paket ghostscript anzeigen lassen.

Tipp

ghostscript ist bei www.gnu.org erhältlich.

Der qpage-Mailer bildet eine Schnittstelle zur QuickPage-Software, um E-Mails an Ihren Pager zuzustellen. Weitere Informationen über QuickPage finden Sie unter *www.qpage.org*.

Die VERSIONID-, OSTYPE- und MAILER-Makros sind alles, was Sie brauchen, um eine grundlegende *hostname*.mc-Datei zu erstellen.

18.9 Anspruchsvollere Elemente der sendmail-Konfiguration

In den nächsten Abschnitten beschreiben wir weitere Makros und einige der gebräuchlichsten Funktionen, die das Standardverhalten von sendmail verändern. Außerdem erläutern wir einige Probleme mit Richtlinien im Hinblick auf die Konfiguration von sendmail: die Sicherheit, den Datenschutz, Spam und das Verfahren, durch den Einsatz der Maskierung und virtueller Domänen Informationen zu verbergen.

18.9.1 Das FEATURE-Makro

Mit dem FEATURE-Makro können Sie mehrere gebräuchliche Optionen aktivieren, indem Sie m4-Dateien aus dem Verzeichnis feature einfügen. In der nachfolgenden Erörterung mischen wir die Vorstellung von FEATURE mit einigen anderen Makros von sendmail, da sie gelegentlich ineinander greifen. Bei der Einführung der m4-Konfiguration in sendmail belegte die Beschreibung des FEATURE-Makros einen großen Abschnitt unseres Kapitels über E-Mail. Inzwischen wurden so viele Funktionen hinzugefügt, dass dem FEATURE-Makro beinahe ein eigenes Kapitel gewidmet werden müsste.

Die Syntax sieht wie folgt aus:

FEATURE(schlüsselwort, arg, arg, ...)

Dabei entspricht *schlüsselwort* einer Datei mit dem Namen *schlüsselwort*.m4 im Verzeichnis cf/feature, an die die Argumente übergeben werden. Eine genaue Liste der Funktionen finden Sie im Verzeichnis selbst oder in der Datei cf/README. Einige häufig verwendete Funktionen sind nachfolgend beschrieben.

18.9.2 Die Funktion use_cw_file

Die interne sendmail-Klasse w (daher der Name cw) enthält die Namen aller lokalen Hosts, für die dieser Host E-Mails annimmt und zustellt. Ein Clientcomputer kann seinen Hostnamen, seine Nicknames und den lokalen Host in diese Klasse einfügen. Wenn es sich bei dem konfigurierten Host um Ihren Mail-Hub handelt, sollte die Klasse w auch die lokalen Hosts und die virtuellen Domänen umfassen, für die sie E-Mails annehmen.

Die Funktion use_cw_file definiert die Klasse w aus der Datei /etc/mail/local-host-names (die früher sendmail.cw hieß). Der genaue Dateiname lässt sich mithilfe der Option confCW_FILE, die weiter hinten beschrieben wird, konfigurieren. Ohne diese Funktion stellt sendmail E-Mails nur dann lokal zu, wenn sie an den Computer adressiert sind, auf dem sendmail ausgeführt wird. Auf einem Eingangsmailserver müssen die Namen aller Computer und Domänen, für die er E-Mails verarbeitet, in der Datei local-host-names aufgeführt sein. Wenn Sie die Datei ändern, müssen Sie sendmail ein HUP-Signal senden, damit Ihre Änderungen in Kraft treten, denn sendmail liest diese Datei nur beim Start.

FEATURE(`use_cw_file')

ruft die Funktion auf und verwendet die Datei local-host-names als Datenquelle. Im Folgenden finden Sie ein Beispiel für die Datei local-host-names:

```
# local-host-names - alle Aliase für Ihren Computer hier einfügen.
toadranch.com
coyote.toadranch.com
big-tr.com
yoherb.com
herbmorreale.com
```

```
appliedtrust.com
applied-trust.com
atrust.com
```

Bei allen Einträgen dieses Beispiels handelt es sich um virtuelle Domänen, die sich auf dem lokalen Host befinden.

18.9.3 Die Funktion redirect

Wenn Mitarbeiter Ihr Unternehmen verlassen, leiten Sie normalerweise ihre E-Mails weiter oder bouncen sie mit einer Fehlermeldung an den Absender zurück. Die Funktion `redirect` unterstützt eine elegantere Möglichkeit, E-Mails zu bouncen. Wenn Joe Smith von `oldsite.edu` zu `newsite.com` wechselt, sorgt die Aktivierung von `redirect` mit

```
FEATURE(`redirect')
```

und das Hinzufügen der Zeile

```
smithj: joe@newsite.com.REDIRECT
```

zur `aliases`-Datei von `oldsite.edu` dafür, dass E-Mails an `smithj` mit einer Fehlermeldung an den Absender zurückgeschickt werden, in der dem Absender empfohlen wir, stattdessen die Adresse `joe@newsite.com` auszuprobieren. Die Nachricht selbst wird nicht automatisch weitergeleitet.

18.9.4 Die Funktion always_add_domain

Diese Funktion veranlasst `sendmail` dazu, nicht voll qualifizierten lokalen Zieladressen den lokalen Hostnamen hinzuzufügen. Stellen Sie sich beispielsweise vor, dass `lynda@cs.colorado.edu` eine Nachricht an die lokalen Benutzer `barb` und `evi` sendet. Ohne `always_add_domain` würden die Absender- und Empfängeradressen in den Mail-Headern als einfache Anmeldenamen erscheinen. Bei Aktivierung der Funktion `always_add_domain` würden alle Adressen zu voll qualifizierten Adressen, bevor die Nachricht den Computer von `lynda` verlässt.

Verwenden Sie `always_add_domain`, wenn Sie Spool-Verzeichnisse für mehrere Computer freigeben, die keine gemeinsame Aliasdatei nutzen oder nicht über dieselbe `passwd`-Datei verfügen (übrigens sollten Sie derartige Freigaben wahrscheinlich gar nicht vornehmen). E-Mails an einen Alias oder einen Benutzer, der nicht überall bekannt ist, wären auf dem Ursprungscomputer voll qualifiziert und könnten daher beantwortet werden.

Ein weiterer Vorteil dieser Funktion besteht darin, dass unqualifizierte Namen oft als Spam abgelehnt werden. Wir empfehlen Ihnen, die Funktion immer zu verwenden. (Es sei denn, Sie versenden Spam-Mails!)

18.9 Anspruchsvollere Elemente der sendmail-Konfiguration

Wenn Sie MASQUERADE_AS (siehe hierzu den Abschnitt 18.9.11) verwenden, fügt always_add_domain den Namen des maskierten Hosts und nicht den des lokalen Hosts hinzu. Dieser Grundsatz kann Probleme verursachen, wenn es sich bei der aliases- oder der passwd-Datei auf dem lokalen Host nicht um eine Teilmenge der entsprechenden Datei des MASQUERADE_AS-Hosts handelt.

18.9.5 Die Funktion nocanonify

sendmail überprüft normalerweise, ob der Abschnitt mit dem Domänennamen einer Adresse voll qualifiziert ist und es sich nicht um DNS-CNAME handelt. Ist dies nicht der Fall, schreibt sendmail die Adresse um. Dieser Vorgang wird als Kanonifizierung bezeichnet und erfolgt normalerweise durch eine DNS-Suche nach dem Hostnamen. Die Funktion nocanonify untersagt die Umschreibung, wobei die für die Zustellung einer Nachricht erforderliche DNS-Suche aufgeschoben wird. Bei einer Site mit einem Master-Mailhub und Clientcomputern, die alle E-Mails über den Master weiterleiten, können die Clients die folgende Funktion verwenden, um zu vermeiden, dass die DNS-Suche lokal erfolgt:

```
FEATURE(`nocanonify')
```

sendmail verfolgt nicht, ob auf dem Weg der Nachricht von Computer zu Computer innerhalb einer lokalen Site DNS-Suchvorgänge stattgefunden haben – es ist dazu nicht in der Lage. Die Funktion nocanonify ermöglicht Ihnen, den zeitlichen Ablauf dieser Suchvorgänge zu steuern. Ein Beispiel finden Sie in unserer Fallstudie zur Konfiguration weiter hinten in Abschnitt 18.11.

nocanonify kann auch in einem Schema mit Mailübertragungsagenten und Mailtransportagenten eingesetzt werden, wie es bei sehr großen Mail-Sites eingesetzt wird. In diesem Szenario übernimmt der Mailübertragungsagent alle DNS-Suchvorgänge und der Mastercomputer, auf dem der Mail-Transportagent ausgeführt wird, legt nocanonify fest.

In manchen Fällen wollen Sie vielleicht vermeiden, möglicherweise aufwändige DNS-Suchvorgänge durchzuführen, sind aber bereit, die Suche für die lokale Domäne auszuführen. Sie können bestimmte Domänen von der nocanonify-Spezifikation ausschließen, indem Sie entweder das Makro CANONIFY_DOMAIN oder CANONIFY_DOMAIN_FILE einfügen, das eine Liste der Domänen bzw. einen Dateinamen übernimmt. Die folgenden Zeilen würden zum Beispiel alle DNS-Suchvorgänge mit Ausnahme der Suche nach Adressen mit dem Format *benutzer*@cs.colorado.edu oder *benutzer*@cs zurückstellen:

```
FEATURE(`nocanonify')
CANONIFY_DOMAIN(`cs.colorado.edu cs')
```

Diese Ausnahmemakros wurden mit Version 8.12 eingeführt.

18.9.6 Tabellen und Datenbanken

Sendmail verfügt über mehrere Funktionen, die ein als »Tabelle« bezeichnetes Konstrukt verwenden, um herauszufinden, wohin eine E-Mail gesendet werden soll. Bei einer Tabelle handelt es sich normalerweise um eine Textdatei mit Angaben zum Routing, zu Aliasen, Richtlinien und anderen Informationen, die mit dem Befehl makemap extern in ein Datenbankformat umgewandelt und dann als interne Datenbank für verschiedene Suchvorgänge von sendmail verwendet wird. Obwohl die Daten normalerweise als Textdatei beginnen, ist dies nicht erforderlich. Daten für sendmail-Tabellen können von DNS, NIS, LDAP und anderen Quellen stammen. Die Verwendung eines zentralen IMAP- oder POP-Servers befreit sendmail von der Aufgabe, Benutzer zu verfolgen, sodass damit einige der im Folgenden erörterten Tabellen hinfällig sind. Tabelle 18.1 enthält eine Zusammenfassung der verfügbaren Tabellen.

Zwei Datenbankbibliotheken werden unterstützt: dbm/nbm, bei der es sich um die Standardbibliothek der meisten Linux-Versionen handelt, und Berkeley DB, eine erweiterungsfähigere Bibliothek, die mehrere Speicherschemata unterstützt. Die Auswahl der Datenbankbibliothek muss zur Kompilierzeit erfolgen. Sofern es Ihnen möglich ist, sie zu installieren, empfehlen wir DB; sie ist schneller als dbm und erstellt kleinere Dateien. DB ist bei *sleepycat.com* erhältlich.

Für Datenbank-Maps stehen drei Typen zur Verfügung:

- dbm – verwendet einen erweiterbaren Hash-Algorithmus (dbm/ndbm)
- hash – verwendet ein Standard-Hash-Schema (DB)
- btree – verwendet eine B-Baum-Datenstruktur (DB)

Für die meisten Tabellenanwendungen in sendmail ist der Datenbanktyp hash – der Standardtyp – am besten geeignet. Verwenden Sie den Befehl makemap, um die Datenbankdatei aus einer Textdatei zu erstellen; dabei geben Sie den Datenbanktyp und den Basisnamen der Ausgabedatei an. Die Textversion der Datenbank sollte in der Standardeingabe von makemap erscheinen, z. B.:

```
# makemap hash /etc/mail/access < /etc/mail/access
```

Auf den ersten Blick sieht dieser Befehl wie ein Fehler aus, der das Überschreiben der Eingabedatei durch eine leere Ausgabedatei zur Folge hat. Allerdings fügt makemap ein entsprechendes Suffix an, sodass die eigentliche Ausgabedatei /etc/mail/access.db heißt und in Wirklichkeit keine Konflikte auftreten. Jedes Mal, wenn sich die Textdatei ändert, muss die Datenbankdatei mit makemap neu erstellt werden (aber es muss kein HUP-Signal an sendmail gesendet werden).

In den meisten Fällen wird die größtmögliche Übereinstimmung für die Datenbankschlüssel verwendet. Wie bei allen Hash-Datenstrukturen, ist die Reihenfolge der Einträge in die Eingabetextdatei nicht von Bedeutung. Bei Funktionen, die als Parameter eine Datenbankdatei erwarten, ist hash der Standarddatenbanktyp und /etc/mail/tabellenname.db der Dateiname der Datenbank. Um dieses Verhalten aufzu-

18.9 Anspruchsvollere Elemente der sendmail-Konfiguration

heben, müssen Sie entweder den gewünschten Datenbanktyp im Befehl makemap und im FEATURE-Makro angeben oder die Standardeinstellung zurücksetzen, indem Sie für die Variable DATABASE_MAP_TYPE einen anderen Wert definieren. Im Folgenden sehen Sie ein Beispiel:

define(`DATABASE_MAP_TYPE', `dbm')

Um Ihre neue Datenbank access.db nutzen zu können, sollten Sie die folgende Zeile in Ihre MC-Datei einfügen:

FEATURE(`access_db', `hash /etc/mail/access')

Da diese Zeile den Standardtyp und das Standardbenennungsschema verwendet, können Sie einfach Folgendes schreiben:

FEATURE(`access_db')

Den Namen der Datenbankdatei können Sie entweder mit oder ohne Suffix (.db) angeben, wobei ohne die bevorzugte Variante ist.

Vergessen Sie nicht, nach jeder Änderung der Textdatei die Datenbankdatei mit makemap neu zu erstellen; anderenfalls treten Ihre Änderungen nicht in Kraft.

In den nächsten Abschnitten befassen wir uns mit den Funktionen mailertable, genericstable und virtusertable. access_db wird später im Abschnitt über Spam behandelt. user_db wird überhaupt nicht erörtert, da sie veraltet ist und letztendlich entfernt wird.

Seit Version 8.12 können alle Maps und Klassen LDAP als Datenquelle angeben, sodass Sie sendmail veranlassen können, eine Verbindung zum LDAP-Server herzustellen, um das Mail-Routing und die Umschreibung des Headers festzulegen. Geben Sie einfach LDAP als zweiten Parameter an.

FEATURE(`access_db', `LDAP')

Diese Zeile veranlasst access_db, das LDAP-Standardschema zu verwenden, das in der Datei cf/sendmail.schema der sendmail-Distribution definiert wird. Außerdem können Sie Ihr eigenes Datenbankschema mit zusätzlichen Argumenten für die FEATURE-Anweisung definieren; Einzelheiten dazu finden Sie in der Datei cf/README.

18.9.7 Die Funktion mailertable

Die Funktion mailertable leitet an einen bestimmten Host oder eine bestimmte Domäne adressierte E-Mails über einen bestimmten Mailer an ein Ersatzziel um. Sie wird angewendet, wenn die Mail die Site verlässt. Die Funktion mailertable beachtet lediglich den Host-, nicht jedoch den Benutzerabschnitt der Adresse. Die Header-Adresse wird nicht neu geschrieben, sodass die E-Mail weiterhin an denselben Benutzer adressiert, aber durch einen anderen Mailer an einen anderen Host gesendet wird.

`mailertable` war ursprünglich für den Umgang mit anderen Mail-Systemen wie UUCP, DECnet und BITNET ausgelegt, heute wird sie jedoch oft dazu verwendet, E-Mails von einem Gateway-Computer an einen internen Server oder einen Server an einem entfernten Standort weiterzuleiten, der nicht über einen direkten Internetzugang verfügt.

Um die Funktion `mailertable` zu verwenden, fügen Sie die folgende Zeile in Ihre MC-Datei ein:

```
FEATURE(`mailertable')
```

Ein Eintrag in `mailertable` hat folgendes Format:

alte_domäne mailer:ziel

Bei einem dem Schlüssel auf der linken Seite vorangestellten Punkt handelt es sich um einen Platzhalter für einen beliebigen Host dieser Domäne. Nur Host- und Domänennamen sind als `mailertable`-Schlüssel zugelassen; Benutzernamen sind nicht gestattet. Der Wert *ziel* auf der rechten Seite kann einer Domäne, einer *benutzer@domäne*-Klausel oder sogar NULL entsprechen. In diesem Fall wird der Envelope nicht geändert. Bei dem Wert *mailer* muss es sich um den Namen eines in einer MAILER-Klausel definierten Mailers handeln; siehe hierzu den Abschnitt 18.8.4.

Nehmen Sie zum Beispiel an, Sie hätten MS Exchange als internen Haupt-Mailserver verwendet, wollten ihn jedoch nicht dem Internet aussetzen. Sie könnten eine Linux-Box als Mail-Gateway an das Internet anschließen und dann nach einer Virusprüfung oder sonstiger Vorarbeiten alle E-Mails an den Exchange-Server senden. Im Folgenden finden Sie den `mailertable`-Eintrag, mit dem dieser Vorgang ausgeführt würde, wobei wir davon ausgehen, dass der Exchange-Server die angegebene interne IP-Adresse hat:

```
my-domain smtp:[192.168.1.245]
```

Allerdings handelt es sich dabei um eine Art von Relays, die, wie wir in Abschnitt 18.10.1 erfahren werden, gesteuert werden müssen. Um dieses Beispiel zu vervollständigen, müssen Sie die folgende Zeile in Ihre `access`-Datenbank einfügen, damit Relays für alle Mails an jeden beliebigen Benutzer in `my-domain` zugelassen werden.

18.9.8 Die Funktion genericstable

Die Funktion `genericstable` (d. h. »generics table«, nicht »generic stable«) ähnelt Aliasen für ausgehende E-Mails. Beispielsweise kann sie der Adresse *trent@atrust.com* in ausgehenden E-Mails die Adresse *trent.hein@atrust.com* zuordnen. Dabei werden die Header und nicht der Envelope umgeschrieben. Die Zustellung der E-Mails wird dadurch nicht beeinflusst, sondern lediglich die Antworten.

18.9 Anspruchsvollere Elemente der sendmail-Konfiguration

Mehrere Mechanismen können Hostnamen zuordnen, genericstable ist jedoch der einzige, der sowohl den Benutzernamen als auch den Hostnamen als Teil des Zuordnungsschlüssels enthält. Die weiter hinten in diesem Abschnitt erläuterten Funktionen masquerade_envelope und allmasquerade können ebenfalls auf Adressen in genericstable angewendet werden.

Um genericstable zu nutzen, sollten Sie sicherstellen, dass sich Ihre Domäne in der Klasse generics befindet. Um eine Domäne in diese Klasse einzufügen, können Sie sie entweder im Makro GENERICS_DOMAIN oder in der durch das Makro GENERICS_DOMAIN_FILE festgelegten Datei angeben.

Um genericstable mit den Standardeinstellungen für die Datenbank zu verwenden, fügen Sie Ihrer MC-Konfigurationsdatei zum Beispiel folgende Zeilen hinzu:

```
GENERICS_DOMAIN_FILE(`/etc/mail/local-host-names')
FEATURE(`genericstable')
```

In diesem Beispiel werden alle Hosts eingefügt, für die Sie E-Mails annehmen. Die Aktivierung der Funktion genericstable reduziert die Geschwindigkeit von sendmail ein wenig, da jede Absenderadresse nachgeschlagen werden muss.

18.9.9 Die Funktion virtusertable

Die virtuelle Benutzertabelle unterstützt Domänenaliase für eingehende E-Mails. Diese Funktion erlaubt das Vorhandensein mehrerer virtueller Domänen auf einem Hostcomputer, was bei Webhosting-Sites üblich ist.

Das Schlüsselfeld der Tabelle enthält entweder eine E-Mail-Adresse (*benutzer@host.domäne*) oder die Angabe einer Domäne (*@domäne*). Das Wertefeld ist eine lokale oder eine externe E-Mail-Adresse. Handelt es sich bei dem Schlüssel um eine Domäne, kann der Wert entweder das Feld *benutzer* als Variable %1 übergeben oder die E-Mail an einen anderen Benutzer weiterleiten. Wenn die Benutzerspezifikation das Format *benutzer+details* aufweist, dann enthält die Variable %2 *details* und Variable %3 *+details*: Wählen Sie das gewünschte Format aus.

Nun wollen wir uns einige Beispiele ansehen (wir haben Kommentare hinzugefügt):

```
info@foo.com    foo-info # Weiterleiten an einen lokalen Benutzer
info@bar.com    bar-info # ein anderer lokaler Benutzer
joe@bar.com error:No such user # Rückgabe eines Fehlers
@baz.org jane@elsewhere.com # alle E-Mails an jane
@zokni.org %1@elsewhere.com # an denselben Benutzer, andere Domäne
```

Alle Hostschlüssel auf der linken Seite der Daten-Mappings müssen in der cw-Datei, /etc/mail/local-host-names, (oder in der Klasse VirtHost) aufgeführt sein; anderenfalls versucht sendmail, den Host im Internet zu finden und die E-Mail dort zuzustellen. Wenn DNS sendmail an diesen Server zurück verweist, können Sie beim Bouncen die Fehlermeldung erhalten, dass ein lokaler Konfigurationsfehler vorliegt. Leider kann sendmail nicht darauf hinweisen, dass die Fehlermeldung für diese Instanz in Wirklichkeit lauten sollte, dass sich der virtusertable-Schlüssel nicht in der cw-Datei befindet.

Eigentlich sind hier mehrere Teile beteiligt:

- Es müssen DNS-MX-Einträge vorhanden sein, damit die E-Mails überhaupt an den richtigen Host weitergeleitet werden.
- Es müssen cw-Einträge vorhanden oder VIRTUSER_DOMAIN angegeben sein (oder entsprechend VIRTUSER_DOMAIN_FILE), um dem lokalen Rechner die Annahme von E-Mails zu gestatten.
- Schließlich muss die virtuelle Benutzertabelle sendmail mitteilen, was mit der E-Mail geschehen soll.

Die Funktion wird mit der folgenden Anweisung aufgerufen:

```
FEATURE(`virtusertable')
```

In den Beispielen im Abschnitt 18.11 wird virtusertable zur Implementierung virtueller Hosts verwendet.

18.9.10 Die Funktion ldap_routing

Als letztes Glied unter all diesen Aliasen, Umschreibungen und Verfälschungen findet sich LDAP (Lightweight Directory Access Protocol). LDAP (allgemeine Informationen darüber finden Sie in Abschnitt 18.5.2 dieses Kapitels) kann virtusertable beim Routing und der Annahme von E-Mails für virtuelle Domänen ersetzen. Außerdem verwaltet es Aliase, Maps und Klassen. Seit Version 8.12 leistet es auch ordentliche Arbeit bei Mailinglisten.

Um LDAP auf diese Weise einzusetzen, müssen Sie mehrere Anweisungen in Ihre Konfigurationsdatei einfügen und sendmail für die LDAP-Unterstützung eingerichtet haben. In Ihrer MC-Datei brauchen Sie die folgenden Zeilen, um sendmail mitzuteilen, dass Sie für das Routing eingehender E-Mails, die an die angegebene Domäne adressiert sind, eine LDAP-Datenbank verwenden wollen:

```
define(`confLDAP_DEFAULT_SPEC', `-h server -b suchbasis')
FEATURE(`ldap_routing')
LDAPROUTE_DOMAIN(`meine_domäne')
```

Die Option LDAP_DEFAULT_SPEC kennzeichnet den LDAP-Server und den Namen der Suchbasis für die Datenbank.

In dem folgenden Beispiel ist o=sendmail.com, c=US die Suchbasis. Wenn Sie LDAP an einem benutzerdefinierten Port (nicht 389) ausführen, müssen Sie der Option LDAP_DEFAULT_SPEC -p ldap_port# hinzufügen.

18.9 Anspruchsvollere Elemente der sendmail-Konfiguration

sendmail verwendet die Werte zweier Tags in der LDAP-Datenbank:

- mailLocalAddress für den Adressaten einer eingehenden E-Mail
- mailRoutingAddress für den Alias, an den sie gesendet werden soll

Außerdem unterstützt sendmail das Tag mailHost, das, sofern vorhanden, E-Mails mit mailRoutingAddress als Empfänger an die MX-Einträge für den angegebenen Host weiterleitet.

Der folgende LDAP-Eintrag (für einen Server, der mit dem Root-DN (Root Distinguished Name) cn=root, o=sendmail.com, c=US konfiguriert wurde) würde dazu führen, dass an eric@sendmail.org adressierte E-Mails (die aufgrund der DNS-MX-Einträge sendmail.com zugestellt werden) an eric@eng.sendmail.com gesendet werden:

```
dn: uid=eric, o=sendmail.com, c=US
objectClass: inetLocalMailRecipient
mailLocalAddress: eric@sendmail.org
mailRoutingAddress: eric@eng.sendmail.com
```

Enthielte der Eintrag auch die folgende Zeile, dann würden E-Mails an eric@sendmail.org an eric@eng.sendmail.com adressiert und nach der MX-Suche an den Host mailserver.sendmail.com gesendet:

```
mailHost: mailserver.sendmail.com
```

LDAP-Datenbankeinträge unterstützen einen Platzhalter, @domain, der die an irgendeinen Empfänger in der angegebenen Domäne adressierten E-Mails umleitet (wie es bei virtusertable der Fall war).

Ab Version 8.12 erhöhte sich die Flexibilität durch ein Konfigurationselement, LDAPROUTE_EQUIVALENT (oder LDAPROUTE_EQUIVALENT_FILE), mit dem Sie äquivalente Versionen des Domänennamens definieren können, für die Sie über LDAP eine Umleitung vornehmen. Für *user@host1.mydomain* eingehende E-Mails werden in der LDAP-Datenbank normalerweise wörtlich und dann in Form von @host1.mydomain abgefragt. Nach dem Einfügen der folgenden Zeile werden auch die Schlüssel user@mydomain and @mydomain ausprobiert:

```
LDAPROUTE_EQUIVALENT(`host1.mydomain')
```

Diese Funktion ermöglicht das Routing der E-Mails einer komplexen Site durch eine einzige Datenbank.

Zusätzliche Argumente für die Funktion ldap_routing erlauben Ihnen jetzt, mehr Details über das zu verwendende LDAP-Schema anzugeben und die Verarbeitung von Benutzernamen festzulegen, die den Abschnitt +detail enthalten. Ab der sendmail-Version 8.13 kann ein neues Argument für ldap_routing (sendertoo) SMTP-Mails eines in LDAP nicht vorhandenen Absenders ablehnen. Genauere Einzelheiten finden Sie wie immer in der Datei cf/README.

18.9.11 Maskierung mit dem Makro MASQUERADE_AS

Mit dem Makro MASQUERADE_AS können Sie eine einzige Identität festlegen, hinter der sich andere Computer verbergen. Alle E-Mails scheinen von dem genannten Rechner oder der angegebenen Domäne zu stammen. Anstelle von *benutzer@ursprungshost.domäne* wird die Adresse des Absenders in *benutzer@maskierungsname* umgeschrieben. Natürlich müssen diese maskierten Adressen gültig sein, damit die E-Mails beantwortet werden können.

Diese Konfiguration gestattet allen Benutzern einer Site, eine generische E-Mail-Adresse zu verwenden. Wenn beispielsweise alle Hosts von atrust.com mit der Domäne atrust.com maskiert werden, dann werden E-Mails von *benutzer@host.atrust.com* mit dem Absender *benutzer@atrust.com* versehen, wobei der Name des tatsächlichen Hosts, von dem der Benutzer die E-Mail gesendet hat, nicht erwähnt wird. Der Computer, der atrust.com repräsentiert, muss wissen, wie er die E-Mails aller Benutzer zustellen soll, selbst bei E-Mails für Benutzer, die nicht über Anmeldeinformationen auf dem Eingangs-Mail-Server verfügen. Natürlich müssen die Anmeldenamen über die gesamte Domäne hinweg eindeutig sein.

Einiger Benutzer und Adressen (z. B. root, postmaster, hostmaster, trouble, operations, Mailer-Daemon usw.) sollten von diesem Verhalten ausgenommen sein. Sie können mit dem Makro EXPOSED_USER explizit ausgeschlossen werden.

Die folgende Befehlsfolge stempelt E-Mails beispielsweise mit dem Absender *benutzer@atrust.com*, sofern sie nicht von root oder vom Mail-System stammen; in diesen Fällen würde die E-Mail den Namen des Ursprungshosts tragen:

```
MASQUERADE_AS(`atrust.com')
EXPOSED_USER(`root')
EXPOSED_USER(`Mailer-Daemon')
```

Eine Funktion, die mit Version 8.12 eingeführt wurde, ermöglicht Ihnen, E-Mails für die lokale Domäne (oder E-Mails, die die als Ausnahmen festgelegten Hosts betreffen) von der Maskierung auszunehmen. Diese Funktion kann beispielsweise bei einer Site praktisch sein, die lokal einen unregistrierten privaten Domänennamen nutzt und die Maskierung nur auf die für das Internet bestimmten Nachrichten anwenden will.

Die Syntax sieht wie folgt aus:

```
FEATURE(`local_no_masquerade')
MASQUERADE_EXCEPTION(`host.domain')
MASQUERADE_EXCEPTION_FILE(`filename')
```

18.9 Anspruchsvollere Elemente der sendmail-Konfiguration

Das grundlegende Makro MASQUERADE_AS verfügt über mehrere Erweiterungen, und zwar sowohl durch andere Makros als auch durch Funktionen:

- Das Makro MASQUERADE_DOMAIN
- Das Makro MASQUERADE_DOMAIN_FILE
- Das Makro MASQUERADE_EXCEPTION
- Das Makro MASQUERADE_EXCEPTION_FILE
- Die Funktion limited_masquerade
- Die Funktion allmasquerade
- Die Funktion masquerade_envelope
- Die Funktion masquerade_entire_domain

Wir empfehlen die Verwendung des oben beschriebenen Makros MASQUERADE_AS in Verbindung mit den Funktionen allmasquerade und masquerade_envelope. Die Funktion limited_masquerade ändert das Verhalten von MASQUERADE_DOMAIN und ist in virtuellen Hosting-Umgebungen nützlich. Mit MASQUERADE_DOMAIN können Sie die zu maskierenden Domänen auflisten. Die Liste wird zuvor aus der Klasse w geladen, die normalerweise mit der Funktion use_cw_file definiert wird, und enthält die Hosts Ihrer Domäne. limited_masquerade initialisiert die Liste nicht vorher mit Klasse w. Alle Domänen werden durch die von Ihnen maskierte Domäne verborgen.

Die Funktion allmasquerade dehnt die Maskierung auf die Empfänger der Nachricht (und nicht nur auf den Absender) aus und die Funktion masquerade_envelope auf den Envelope sowie die Header-Adressen.[28] Mit diesen beiden Erweiterungen werden alle Adressen in konsistenter Form verborgen. Die Funktion masquerade_entire_domain dehnt die Maskierung auf alle Hosts in der angegebenen Liste anderer Domänen aus.

Wenn Sie andere Maskierungsverfahren einsetzen wollen, können Sie deren Verhalten in der Datei cf/README oder im *sendmail*-Buch nachlesen. Lesen Sie gründlich, denn einige der Maskierungselemente können zu viel verbergen.

18.9.12 Die Makros MAIL_HUB und SMART_HOST

Die Maskierung gibt vor, dass alle E-Mails von einem einzigen Host oder einer einzigen Domäne stammen, indem die Header und wahlweise der Envelope umgeschrieben werden. Bei einigen Sites kann es der Fall sein, dass alle E-Mails tatsächlich von einem einzigen Computer stammen (oder dorthin gehen). Diese Konfiguration erzielen Sie mit den Makros MAIL_HUB für eingehende und SMART_HOST für ausgehende Mails.

---

28 *Bei den Header-Adressen handelt es sich um die im Header einer Nachricht erscheinenden* To-, From-, Cc- *und* Bcc-*Adressen. Die Envelope-Adressen sind die Adressen, an die die E-Mail tatsächlich zugestellt wird. Die Envelope-Adressen werden ursprünglich vom Benutzeragenten aus den Header-Adressen gebildet, aber von* sendmail *getrennt verarbeitet. Bei vielen der Maskierungs- und Umleitungsfunktionen von* sendmail *wäre eine Implementierung unmöglich, wenn die Unterscheidung zwischen Header- und Envelope-Adressen nicht beibehalten würde.*

Um alle eingehenden E-Mails an einen zentralen Zustellungsserver weiterzuleiten, setzen Sie MAIL_HUB auf den Wert *mailer:host*, wobei es sich bei *mailer* um den Agenten handelt, der verwendet werden soll, um den angegebenen Host zu erreichen. Wenn Sie keinen Zustellungsagenten angeben, wird relay verwendet. Im Folgenden sehen Sie ein Beispiel:

```
define(`MAIL_HUB', `smtp:mailhub.cs.colorado.edu')
```

Die Angabe von SMART_HOST führt dazu, dass ein Host lokale E-Mails zustellt, aber externe an SMART_HOST weiterleitet. Diese Funktion ist bei Computern nützlich, die sich hinter einer Firewall befinden und DNS nicht direkt nutzen können. Die Syntax entspricht der von MAIL_HUB; der Standardzustellungsagent ist wiederum relay. Im Folgenden sehen Sie ein Beispiel:

```
define(`SMART_HOST', `smtp:mailhub.cs.colorado.edu')
```

18.9.13 Maskierung und Routing

Da nun diese Funktionen und Makros bereitstehen und darauf warten, Ihre E-Mail-Adressen zu bearbeiten, dachten wir, dass es sinnvoll wäre, die verschiedenen Mechanismen dahingehend zu vergleichen, ob sie die Header, den Envelope oder die Zustellung einer Nachricht ändern, ob sie für eingehende oder ausgehende Nachrichten, die Adressen von Absendern oder Empfängern gelten usw. Wäre die Seite doppelt oder dreimal so breit, wäre es uns vielleicht gelungen, die Unterschiede zwischen den verschiedenen Konstrukten wirklich zu illustrieren.

Stattdessen geben wir Ihnen in Tabelle 18.10 nur Hinweise. Einzelheiten müssen Sie in der sendmail-Dokumentation nachschlagen, um die Nuancen der verschiedenen Varianten kennen zu lernen.

Bei den großbuchstabigen Einträgen in Tabelle 18.10 handelt es sich um m4-Makros, bei den kleinbuchstabigen um Funktionen, die mit dem FEATURE-Makro aufgerufen werden. Eingerückte Einträge sind von den übergeordneten Einträgen abhängig. Zum Beispiel hat eine Funktion, die das Verhalten von MASQUERADE_AS verändert, keine Aufgabe, solange MASQUERADE_AS nicht aktiviert ist. In der Tabelle ist die Funktion eingerückt, um auf diese Abhängigkeit hinzuweisen. Die Maskierung hat Einfluss auf die Header-Adressen ausgehender E-Mails und darauf, ob eine Nachricht beantwortet werden kann; das Routing hat Einfluss auf die eigentliche Zustellung der E-Mail.

Konstrukt		Richtung	Betrifft[a]	Welchen Teil
Maskieren	MASQUERADE_AS	aus	SH	*host.domäne*
	allmasquerade	aus	RH[b]	*host.domäne*
	MASQUERADE_DOMAIN[_FILE]	aus	SH	*host.domäne*

Tabelle 18.10: Vergleich der Maskierungs- und Routingfunktionen

18.9 Anspruchsvollere Elemente der sendmail-Konfiguration

Konstrukt		Richtung	Betrifft[a]	Welchen Teil
	masquerade_entire_domain	aus	SH	*host.sub.domäne*
	limited_masquerade	aus	SH	*host.domäne*
	masquerade_envelope	aus	SE[c]	*host.domäne*
	genericstable	aus	SH	*benutzer@ host.domäne*
Routing	mailertable	aus	MAD	*host.domäne*
	virtusertable	ein	RD	*benutzer@ host.domäne*
	ldap	ein	RD	*benutzer@ host.domäne*
	mailhub	ein	RD	lokale Mails
	smarthost	aus	RD	Remote-Mails

Tabelle 18.10: Vergleich der Maskierungs- und Routingfunktionen (Forts.)

a) S = Absender, R = Empfänger, D = Zustellung, H = Header, E = Envelope, M = Mailer, A = Adresse
b) Nachdem die Umschreibung des Empfängers mit der Funktion allmasquerade aktiviert wurde, schreiben alle anderen Maskierungskonstrukte nicht nur den Absender, sondern auch den Empfänger neu.
c) Nachdem die Umschreibung des Envelopes mit der Funktion masquerade_envelope aktiviert wurde, schreiben alle anderen Maskierungskonstrukte nicht nur den Header, sondern auch den Envelope neu.

18.9.14 Die Funktion nullclient

nullclient wird für einen Host verwendet, der E-Mails niemals direkt empfangen sollte und all seine Mails an einen zentralen Server sendet. Die MC-Datei für einen solchen Host besteht lediglich aus zwei Zeilen.

```
OSTYPE(`betriebssystem_typ')
FEATURE(`nullclient', `mail_server')
```

Die Funktion nullclient hebt viele andere Funktionen auf. Alle E-Mails werden ausnahmslos an mail_server zur Verarbeitung gesendet.[29] Beachten Sie, dass der Server dem Client gestatten muss, ihn als Relay zu verwenden, wenn die Benutzer regelmäßig E-Mails auf dem Client erstellen und keinen separaten Server für ausgehende Mail verwenden. Bei den neuesten Versionen von sendmail sind Relays standardmäßig abgeschaltet. Einzelheiten über die Relay-Steuerung finden Sie in Abschnitt 18.10 über Spam. Eine nullclient-Konfiguration wird als *mail_server* maskiert, sodass Sie vielleicht eine EXPOSED_USER-Klausel für root einfügen wollen.

---

29 Wenn Sie einen Client auf diese Weise konfigurieren und dann die Konfiguration mit sendmail -bt testen, scheint es, als stelle der Client lokale E-Mails lokal zu. Der Grund liegt darin, dass die nullclient-Anweisung später verarbeitet wird, und zwar in Regelsatz 5 der Konfigurationsrohdatei.

Der Client, der die Funktion `nullclient` verwendet, muss mit einem MX-Eintrag verknüpft sein, der auf den Server verweist. Er muss außerdem in der cw-Datei des Servers enthalten sein, bei der es sich normalerweise um /etc/mail/local-host-names handelt. Diese Einstellungen sorgen dafür, dass der Server E-Mails für den Client annimmt.

Ein Host mit einer `nullclient`-Konfiguration sollte keine eingehenden E-Mails annehmen. Wenn er es täte, würde er sie ohnehin einfach an den Server weiterleiten. `sendmail` ohne das -bd-Flag zu starten, damit es die SMTP-Verbindungen an Port 25 nicht abhört, ist eine Möglichkeit, den Empfang von E-Mails zu vermeiden. Einige Benutzeragenten versuchen allerdings erst einmal, eine E-Mail-Nachricht über Port 25 zu übertragen, und werden daran gehindert, wenn Ihr `sendmail` den Port nicht abhört. Eine bessere Möglichkeit, eingehende E-Mails abzuweisen, besteht darin, `sendmail` zwar mit dem -bd-Flag auszuführen, aber DAEMON_OPTIONS zu verwenden, um nur die Loopback-Schnittstelle abzuhören. In beiden Fällen sollten Sie das -30m-Flag an der Kommandozeile belassen, damit der Client bei einem Ausfall von *mail_server* die ausgehenden E-Mails in die Warteschlange stellen und später noch einmal versuchen kann, sie an *mail_server* zu senden.

`nullclient` eignet sich für Blattknoten von Sites, die über einen zentralen Mail-Computer verfügen. Bei größeren Sites sollten Sie die Mail-Auslastung des Hub-Computers berücksichtigen. Möglicherweise wollen Sie Ein- und Ausgangsserver trennen oder einen hierarchischen Ansatz verwenden.

> SUSE wird mit einer MC-Beispieldatei ausgeliefert, die die Funktion `nullclient` enthält und sich im Verzeichnis /etc/mail/linux.mullclient.mc befindet. Sie brauchen lediglich den Namen Ihres Mail-Servers einzugeben, m4 auszuführen, um die sendmail.cf-Datei zu erstellen, und sind schon fertig.

18.9.15 Die Funktionen local_lmtp und smrsh

Standardmäßig verwendet der lokale Mailer /bin/mail als lokalen Zustellungsagenten für Benutzer und Dateien sowie /bin/sh als Zustellungsagenten für Programme. `sendmail` bietet nun bessere Alternativen, insbesondere für die Zustellung an Programme. Beide Optionen stehen über das FEATURE-Makro zur Verfügung.

Wenn die Funktion `local_lmtp` angegeben wird, ist das Argument ein lokaler Mailer, der LMTP (Local Mail Transport Protocol, siehe RFC2033) beherrscht. Als Standard für die Zustellung an die Benutzer ist das Programm mail.local aus der sendmail-Distribution eingestellt. Ebenso gibt die Funktion `smrsh` den Pfad zu dem Programm an, das für die Zustellung von Mail an Programme zu verwenden ist. Eine ausführlichere Erläuterung zu mail.local und smrsh finden Sie in Abschnitt 18.12.3.

18.9.16 Die Funktion local_procmail

Sie können procmail von Stephen van den Berg als lokalen Mailer verwenden, indem Sie die Funktion local_procmail aktivieren. Sie übernimmt drei Argumente: den Pfad zur procmail-Binärdatei, das Argument vector, um diese aufzurufen, und Flags für den Mailer. Die Standardwerte sind in Ordnung, aber der Standardpfad (/usr/local/bin/procmail) steht im Konflikt mit dem in den meisten Distributionen gebräuchlichen Speicherort von procmail (/usr/bin).

procmail kann anspruchsvollere Aufgaben für den Benutzer ausführen als das einfache /bin/mail oder mail.local. Zusätzlich zur Zustellung von Mail an die Postfächer der Benutzer, kann es Nachrichten in Ordner einsortieren, in Dateien speichern, Programme ausführen und Spam filtern. Der Einsatz der Funktion local_procmail hebt die von smrsh bereitgestellten Sicherheitsverbesserungen (siehe hierzu den Abschnitt 18.12.3) auf. Wenn Sie jedoch die von Ihren Benutzern ausgeführten Programme nicht einzuschränken brauchen (d.h., wenn Sie *all* Ihren Benutzern vertrauen), kann procmail sehr praktisch sein. procmail wird nicht mit sendmail verteilt. Falls es nicht von Ihrem Anbieter installiert wurde, erhalten Sie es unter *www.procmail.org*.

Andere Mail-Verarbeitungsprogramme können Sie in Verbindung mit dieser Funktion verwenden, indem Sie sendmail ganz einfach täuschen und vorgeben, dass Sie ihm gerade eine lokale Kopie von procmail zeigen.

Wenn Sie procmail verwenden, sollten Sie sich in /usr/bin/mailstat (nicht zu verwechseln mit /usr/sbin/mailstats, das die sendmail-Statistiken anzeigt) nach nützlichen procmail-Statistiken umsehen. Es ist in allen Beispieldistributionen installiert und kann für eine Zusammenfassung der procmail-Protokolldateien verwendet werden.

18.9.17 Die LOCAL_*-Makros

Wenn Sie einige exotische neue Regeln schreiben müssen, um besonderen lokalen Situationen gerecht zu werden, können Sie eine Reihe Makros verwenden, denen LOCAL_ vorangestellt ist. Im Abschnitt über Spam weiter hinten in diesem Kapitel finden Sie einige Beispiele für dieses Konstrukt der unteren Ebene.

18.9.18 Konfigurationsoptionen

Die Optionen und Makros der Konfigurationsdatei (in der Sprache der Rohkonfiguration die Befehle O und D) können mit dem m4-Befehl define festgelegt werden. Eine vollständige Liste der als m4-Variablen zugänglichen Optionen und deren Standardwerte finden Sie in der Datei cf/README. Für die meisten Sites sind die Standardwerte in Ordnung.

Im Folgenden sehen Sie einige Beispiele:

```
define(`confTO_QUEUERETURN', `7d')
define(`confTO_QUEUEWARN', `4h')
define(`confPRIVACY_FLAGS', `noexpn')
```

Die Option QUEUERETURN bestimmt, wie lange eine Nachricht in der Mail-Warteschlange bleibt, wenn sie nicht zugestellt werden kann. Die Option QUEUEWARN legt fest, wie lange eine Nachricht dort verbleibt, bevor der Absender benachrichtigt wird, dass Zustellungsprobleme bestehen könnten. Die beiden ersten Zeilen setzten diese Frist auf sieben Tage bzw. vier Stunden.

Die nächste Zeile stellt die Datenschutz-Flags so ein, dass der Befehl SMTP EXPN (Expand Address) nicht zugelassen wird. Die Option confPRIVACY_FLAGS übernimmt eine kommagetrennte Werteliste. Bei einigen m4-Versionen sind zwei paar Anführungszeichen erforderlich, um die Kommata in einem Feld mit mehreren Einträgen zu schützen, aber das mit Linux ausgelieferte GNU-m4 ist eleganter und benötigt keine zusätzlichen Anführungszeichen:

```
define(`confPRIVACY_FLAGS', ``noexpn, novrfy'')
```

Tipp

Mehr Informationen über die Datenschutzoptionen erhalten Sie in Abschnitt 18.12.4.

Die Standardwerte für die meisten Optionen sind ganz gut geeignet für eine typische Site, die im Hinblick auf die Sicherheit nicht zu ängstlich oder in Bezug auf die Leistung nicht zu besorgt ist. Insbesondere versuchen die Standardwerte, Sie vor Spam zu schützen, indem sie Relaying ausschalten und voll qualifizierte Adressen sowie die Auflösung von Adressen zu einer IP-Adresse erforderlich machen. Wenn Ihr Mailhub-Computer stark ausgelastet ist und sehr viele Mailinglisten verarbeitet, müssen Sie eventuell einige der leistungsrelevanten Werte optimieren.

In Tabelle 18.11 sind einige Optionen (etwa 15% von etwa 175 Konfigurationsoptionen) mit ihren Standardwerten aufgeführt, die Sie eventuell anpassen müssen. Um Platz zu sparen, wurde bei den Optionsnamen auf das Präfix conf verzichtet; die Option FALLBACK_MX heißt beispielsweise eigentlich confFALLBACK_MX. Wir haben die Tabelle in Unterabschnitte unterteilt, die die Art von Problemen kennzeichnen, zu deren Lösung die Variable dient: Generisch, Ressourcen, Leistung, Sicherheit, Spambekämpfung und Sonstige. Einige Optionen passen eindeutig in mehr als eine Kategorie, wir haben sie jedoch nur einmal aufgeführt.

18.9 Anspruchsvollere Elemente der sendmail-Konfiguration

	Name der Option	Beschreibung und (Standardwert)
Generisch	COPY_ERRORS_TO	Erhält Fehlermeldungen als Cc (kein)
	DOUBLE_BOUNCE_ADDRESS	Erkennt viel Spam; einige Sites verwenden /dev/null, was jedoch über ernsthafte Probleme hinwegtäuschen kann (postmaster)
Ressourcen	MIN_FREE_BLOCKS	Für die Annahme von Mails verfügbarer Mindestspeicherplatz im Dateisystem (100)
	MAX_MESSAGE_SIZE	Maximale Größe einer einzelnen Nachricht in Byte (unbegrenzt)
	TO_*Diverses*	Zeitüberschreitung für diverse Dinge
	TO_IDENT	Zeitüberschreitung für Identitätsabfragen, um die Identität des Absenders zu überprüfen; lautet der Wert 0, erfolgt keine Identitätsüberprüfung (5 s.)
	MAX_DAEMON_CHILDREN	Maximale Anzahl der untergeordneten Prozesse[a] (keine Begrenzung)
Leistung	MCI_CACHE_SIZE	Anzahl der offenen ausgehenden TCP-Verbindungen im Cache (2)
	MCI_CACHE_TIMEOUT	Zeit, in der Verbindungen im Cache offen bleiben (5 min.)
	HOST_STATUS_DIRECTORY	Siehe Beschreibung in Abschnitt 18.13.5 (keine Vorgabe)
	FALLBACK_MX	Siehe Beschreibung in Abschnitt 18.13.5 (keine Vorgabe)
	FAST_SPLIT	Unterdrückt die MX-Suche, da die Empfänger sortiert und warteschlangenübergreifend aufgeteilt sind; siehe hierzu den Abschnitt 18.13.2 (1 = true)
	QUEUE_LA	Durchschnittliche Auslastung, bei der E-Mails in die Warteschlange eingereiht und nicht sofort zugestellt werden (8 x Anzahl der CPUs)
	REFUSE_LA	Durchschnittliche Auslastung, bei der E-Mails abgelehnt werden (12 x Anzahl der CPUs)
	DELAY_LA	Durchschnittliche Auslastung, bei der die Zustellung verlangsamt wird (0 = keine Begrenzung)
	MIN_QUEUE_AGE	Mindestzeit, in der Aufträge in der Warteschlange bleiben müssen; verbessert die Verarbeitung der Warteschlange bei einem stark ausgelasteten Rechner (0)
Sicherheit/ Spam	TRUSTED_USERS	Für die Besitzer von Mailinglisten-Software; gestattet das Fälschen der From-Zeile und die Neuerstellung der Aliasdatenbank (root, daemon, uucp)

Tabelle 18.11: Grundlegende Konfigurationsoptionen

	Name der Option	Beschreibung und (Standardwert)
	PRIVACY_FLAGS	Begrenzt die von SMTP ausgegebenen Informationen (authwarnings)
	INPUT_MAIL_FILTERS	Listet die Filter für eingehende E-Mails auf (leer)
	MAX_MIME_HEADER_LENGTH	Legt die maximale Größe von MIME-Headern fest (keine Begrenzung)[b]
	CONNECTION_RATE_THROTTLE	Verlangsamt DoS-Angriffe, indem die Häufigkeit, mit der Mail-Verbindungen angenommen werden, begrenzt wird (keine Begrenzung)
	MAX_RCPTS_PER_MESSAGE	Verlangsamt die Zustellung von Spam; stellt zusätzliche Empfänger zurück und sendet eine temporäre Fehlermeldung (unbegrenzt)
	DONT_BLAME_SENDMAIL	Hebt die Sicherheit und Dateiprüfung von sendmail auf; Sie sollten diese Einstellung nicht unbedacht ändern! (sicher)
	AUTH_MECHANISMS	SMTP-Authentifizierungsmechanismen für Cyrus SASL[c]
Sonstige	LDAP_DEFAULT_SPEC	Zuordnungsspezifikation für die LDAP-Datenbank, einschließlich des Hosts und des Ports, auf denen der Server läuft (nicht festgelegt)

Tabelle 18.11: Grundlegende Konfigurationsoptionen (Forts.)

a) Genauer gesagt, die maximale Anzahl der untergeordneten Prozesse, die gleichzeitig ausgeführt werden können. Ist der Grenzwert erreicht, lehnt sendmail Verbindungen ab. Diese Option kann DoS-Angriffe (Denial of Service) verhindern (oder verursachen).

b) Diese Option kann einen Pufferüberlauf des Benutzeragenten verhindern. »256/128« ist ein geeigneter Wert, der verwendet werden kann – er bedeutet 256 Byte pro Header und 128 Byte pro Parameter für diesen Header.

c) Der Standardwert ist EXTERNAL GSSAPI KERBEROS_V4 DIGEST-MD5 CRAM-MD5; sofern Sie die Sicherheit nicht verringern wollen, sollten Sie PLAIN LOGIN nicht hinzufügen.

18.10 sendmail-Funktionen zur Spamvermeidung

Spam ist ein Fachausdruck für unerwünschte Mail und wird auch als »unerwünschte Werbe-E-Mail« bezeichnet. Dies hat sich zu einem gravierenden Problem entwickelt, vor allem weil die Absender normalerweise nicht für jedes Byte bezahlen, sondern für die Verbindung eine Flatrate nutzen. Falls jedoch jedes Byte berechnet wird, versenden sie eine einzige Nachricht mit Tausenden von Empfängern und leiten sie über andere, als Relay fungierende Rechner weiter. Dieser andere Computer muss für die hohen Kosten pro Byte aufkommen, während der Spammer nur für ein Exemplar seiner Mail bezahlt. In vielen Ländern tragen die Endbenutzer die Kosten für empfangene Bytes und werden ziemlich ärgerlich, wenn sie für den Empfang von Spam etwas bezahlen müssen.

18.10 sendmail-Funktionen zur Spamvermeidung

Aus der Sicht der Vermarkter funktioniert Spam gut. Die Antwortquoten sind hoch, die Kosten niedrig und die Zustellung erfolgt sofort. Eine Liste mit 30 Millionen E-Mail-Adressen kosten ungefähr 30 Euro.

Viele Spammer geben sich unschuldig, indem sie Ihnen die Möglichkeit geben, auf ihre E-Mail mit einer Nachricht zu antworten, die das Wort »remove« enthält, wenn Sie aus der Mailingliste entfernt werden wollen. Obwohl sie Sie vielleicht daraus entfernen, haben Sie ihnen damit bewiesen, dass es sich um eine gültige, aktuelle E-Mail-Adresse handelt; aufgrund dieser Informationen können Sie dann auf anderen Listen landen. Spammer pfuschen auch gerne an ihren Mail-Headern herum und versuchen, den Absender der E-Mail und den Ursprungscomputer zu verschleiern.

Die Leute, die E-Mail-Adressen an Spammer verkaufen, haben kürzlich begonnen, eine Art Wörterbuchangriff zu nutzen, um unbekannte Adressen aufzuspüren. Ausgehend von einer Liste gebräuchlicher Nachnamen fügt die Scannersoftware diesen in der Hoffnung, auf eine gültige E-Mail-Adresse zu stoßen, verschiedene Anfangsbuchstaben von Vornamen hinzu. Um die Adressen zu überprüfen, stellt die Software zum Beispiel eine Verbindung zu den Mail-Servern von 50 großen Internetdienstanbietern her und führt dann auf jedem den VRFY- oder RCPT-Befehl für Abertausende von Adressen aus.

Diese Sondierungsmaßnahme hat große Auswirkungen auf Ihren Mail-Server und dessen Leistungsfähigkeit bei der Zustellung korrekter E-Mails. sendmail kann diese Situation mit der Datenschutzoption goaway bewältigen, die in Abschnitt 18.12.4 behandelt wird. Allerdings sind die intelligenteren Spamprogramme sehr robust; wird VRFY blockiert, versuchen sie es mit EXPN, und sind beide gesperrt, nehmen sie RCPT. Auf diese Weise können sie Millionen von Adressen ausprobieren, ohne auch nur eine einzige Nachricht zu versenden – dennoch beanspruchen sie damit natürlich Ihren Mail-Server.

Um ein solches Verhalten zu vereiteln, verfügt sendmail über die Option BAD_RCPT_THROTTLE. Wenn die Anzahl zurückgewiesener Adressen im Envelope einer Nachricht den Wert dieser Option überschreitet, schläft sendmail nach jedem abgelehnten RCPT-Befehl für eine Sekunde ein.

sendmail bietet einige sehr schöne Funktionen, die bei der Spamkontrolle und auch bei den gelegentlich mit E-Mails übertragenen Computerviren behilflich ist. Leider müssen die meisten Internetdienstanbieter alle E-Mails weiterleiten, sodass diese Funktionen im Hinblick auf den Umgang mit Kunden und dessen Mails eventuell zu drakonisch sind (oder anderseits vielleicht auch nicht). Allerdings können die Funktionen auf Seiten des Endbenutzers sehr wirkungsvoll eingesetzt werden.

Die Spamkontrolle steht in vier Varianten zur Verfügung:

- Regeln, die eine durch Dritte verursachte oder zufällige Weiterleitung über Relays steuern. Dabei handelt es sich um die Nutzung Ihres Mail-Servers durch einen externen Benutzer, um E-Mails an einen anderen externen Benutzer zu senden. Spammer verwenden oft Relays, um die wahre Quelle Ihrer Mail zu verbergen und damit zu vermeiden, dass sie von ihren Internetdienstanbietern entdeckt werden. Sie können damit auch *Ihre* Leistung verbrauchen und die eigene sparen. Das ist eine tolle Sache.

- Die Datenbank access, die Mails anhand der Adresse filtert, eigentlich wie eine Firewall für E-Mails.

- Schwarze Listen, die offene Relays und bekannte spamfreundliche Sites enthalten, mit denen sendmail einen Abgleich vornehmen kann.

- Die Überprüfung der Header und das Filtern eingehender E-Mails mithilfe einer generischen Mailfilter-Schnittstelle mit dem Namen libmilter. Sie gestattet das beliebige Scannen/Durchsuchen der Header *und des Inhalts* von Nachrichten und erlaubt Ihnen, Nachrichten zurückzuweisen, die mit einem bestimmten Profil übereinstimmen.

Wir beschreiben diese neuen Funktionen hier und sehen uns dann ein paar Spam-Mails an, die wir kürzlich erhalten haben, um herauszufinden, wie wir unser Mail-System hätten optimieren können, um sie automatisch zu erkennen und zurückzuweisen.

18.10.1 Relays

sendmail und andere Mail-Transportagenten nehmen eingehende E-Mails an, betrachten die Envelope-Adressen, entscheiden, wohin die Mail gehen soll, und leiten sie dann an ein entsprechendes Ziel weiter. Dabei kann es sich um ein lokales Ziel oder einen anderen, in der Zustellungskette weiter entfernt liegenden Transportagenten handeln. Wenn die eingehende Nachricht keine lokalen Empfänger aufweist, fungiert der Transportagent als so genanntes Relay.

Vor sendmail-Version 8.9 waren offene Relays (auch als »promiscuous Relay« bezeichnet) standardmäßig aktiviert. Damit hätte sendmail alle an Port 25 eingehenden Nachrichten angenommen und sein Möglichstes getan, um die Zustellung durchzuführen. Das war Nachbarschaftshilfe im Internet.

Leider fingen Spammer damit an, Relays zu missbrauchen. Sie nutzten sie, um ihre Identität zu verschleiern und, was noch wichtiger ist, statt der eigenen Ihre Bandbreite und Prozessorleistung zu nutzen. Inzwischen wird es als sehr ungünstig angesehen, einen Mail-Server als offenes Relay zu konfigurieren. Dennoch sind viele Server immer noch so eingerichtet.

Nur Hosts, die in der Datenbank access mit RELAY gekennzeichnet sind (siehe hierzu den Abschnitt 18.10.2) oder im Verzeichnis /etc/mail/relay-domains aufgeführt sind, dürfen Mails über Relays übertragen. In den nächsten Jahren dürfte sich der Anteil offener Relays aufgrund dieses geänderten Standardverhaltens, des wachsenden Bewusstseins der Öffentlichkeit und der proaktiven Auslese durch verschiedene Black-Hole-Listen verringern.

Der zufällige Einsatz von Relays ist also ungünstig. Gleichzeitig sind allerdings einige Arten von Relays nützlich und richtig. Woher wissen Sie, welche Nachrichten über Relays weitergeleitet und welche zurückgewiesen werden sollten? Relays sind eigentlich nur in zwei Situationen erforderlich:

- *Wenn der Transportagent als Gateway für Hosts fungiert, die auf anderem Wege nicht erreichbar sind*, zum Beispiel Hosts, die nicht immer eingeschaltet sind (Einwahl-Hosts, Windows-PCs), und virtuelle Hosts. In diesem Fall befinden sich alle Empfänger, für die Sie Relays nutzen wollen, in derselben Domäne.

- *Wenn der Transportagent als Ausgangsmailserver für andere, nicht so intelligente Hosts fungiert*. In diesem Fall handelt es sich bei den Angaben aller Absender um lokale (oder zumindest aufzählbare) Hostnamen oder IP-Adressen.

Alle anderen Situationen, die den Einsatz von Relays zu erfordern scheinen, deuten wahrscheinlich lediglich auf einen falschen Entwurf hin (wobei die Unterstützung mobiler Benutzer eventuell eine Ausnahme bildet). Die erste Einsatzmöglichkeit von Relays (siehe oben) können Sie umgehen, indem Sie einen zentralen Server für den Mail-Empfang (mit POP oder IMAP für den Client-Zugriff) festlegen. Der zweite Fall sollte immer zugelassen werden, allerdings nur für Ihre eigenen Hosts. Sie können die IP-Adressen oder Hostnamen überprüfen. Hostnamen sind zwar leichter zu fälschen, sendmail prüft jedoch, ob es sich um eine Fälschung handelt.

Obwohl bei sendmail der Einsatz von Relays standardmäßig deaktiviert ist, wurden einige Funktionen hinzugefügt, um sie wieder zu aktivieren, und zwar entweder vollständig oder in eingeschränkter, gesteuerter Weise. Diese Funktionen sind der Vollständigkeit halber unten aufgeführt, wir empfehlen jedoch, vorsichtig zu sein und nicht zu viel zu öffnen. Die meisten Sites benötigen keine der wirklich gefährlichen Funktionen aus der zweiten unten aufgeführten Liste. Die Funktion access_db, die im nächsten Abschnitt behandelt wird, bietet den sichersten Weg, die eingeschränkte Nutzung von Relays zu gestatten.

- FEATURE(`relay_entire_domain') – lässt den Einsatz von Relays nur für Ihre Domäne zu.

- RELAY_DOMAIN(`*domäne*, ...') – fügt weitere Domänen hinzu, für die der Einsatz von Relays erlaubt ist.

- RELAY_DOMAIN_FILE(`*dateiname*') – dito, entnimmt die Domänenliste jedoch einer Datei.

- FEATURE(`relay_hosts_only') – hat Einfluss auf RELAY_DOMAIN, accessdb.

Eine Ausnahme müssen Sie machen, wenn Sie die Angaben von SMART_HOST oder MAIL_HUB zur Weiterleitung von Mails über einen bestimmten Mail-Servercomputer verwenden. Dieser Server muss so eingerichtet werden, dass er für E-Mails von lokalen Hosts als Relay fungiert. Konfigurieren Sie ihn mit folgender Anweisung:

FEATURE(`relay_entire_domain')

Für Sites, die zum virtuellen Hosting bestimmt sind, ist eventuell auch RELAY_DOMAIN erforderlich, um die Verwendung von Relays für ihre virtuellen Namen zuzulassen, obwohl die folgende Anweisung im Grunde Relays für diese Domänen oder Hosts öffnet:

FEATURE(`use_cw_file')

Einige andere Möglichkeiten sind mit Problemen behaftet:

- FEATURE(`promiscuous_relay') – erlaubt jede Weiterleitung über Relays; sollte nicht verwendet werden.
- FEATURE(`relay_based_on_MX') – erlaubt die Weiterleitung über Relays für alle, die Ihren Rechner als MX-Host eingetragen haben.
- FEATURE(`loose_relay_check') – gestattet die »Percent Hack«-Adressierung.
- FEATURE(`relay_local_from') – prüft die Verwendung von Relays anhand der Adresse in der From-Zeile.

Die Funktion promiscuous_relay gestattet den Einsatz von Relays zwischen zwei beliebigen Sites. Der Einsatz dieser Funktion ist Ihre Fahrkarte in die Black-Hole-Listen. Sie sollten sie *nicht* auf einem Rechner verwenden, der über das öffentliche Internet zugänglich ist.

Die Funktion relay_based_on_MX ist nicht gut, da Sie dabei nicht steuern, welche Sites in ihren MX-Einträgen auf Sie verweisen dürfen. Normalerweise sind Ihre eigenen die einzigen Hosts, deren MX-Einträge auf Ihren Mail-Server verweisen, aber nichts hindert andere Sites daran, ihre MX-Einträge so zu verändern, dass sie ebenfalls auf Sie verweisen. Spammer können MX-Einträge normalerweise nicht ändern, aber unseriöse Sites könnten dies sicherlich.

Die Funktion loose_relay_check gestattet die Adressierung in Form eines »Percent Hack« (siehe hierzu den Abschnitt 18.2.1), die Spammer gerne benutzen.

Die Funktion relay_local_from vertraut der Absenderadresse des Nachrichten-Envelopes und leitet die Nachrichten über Relays weiter, die von einer lokalen Adresse zu stammen scheinen. Natürlich sind sowohl der Envelope als auch die Header von E-Mail-Nachrichten leicht zu fälschen, wobei Spammer Fälschungsexperten sind.

Wenn Sie in Erwägung ziehen, den Einsatz von Relays in irgendeiner Form zu aktivieren, sollten Sie die sendmail-Dokumentation in der Datei cf/README zurate ziehen, um sicherzustellen, dass Sie sich nicht unbeabsichtigterweise zum Freund der Spammer machen. Nach Abschluss sollten Sie sich über eine der Sites zur Überprüfung von Relays vergewissern, dass Sie nicht versehentlich ein offenes Relay erzeugt haben – probieren Sie *spam.abuse.net* aus.

Es gibt falsch angepasste Konfigurationen, durch die Ihr Host davon überzeugt werden kann, merkwürdige Adressen weiterzuleiten, die die UUCP-Adressierungssyntax missbräuchlich nutzen. Nur um sicherzugehen und dieser Möglichkeit zuvorzukommen, können Sie, falls Sie nicht über eine UUCP-Verbindung verfügen, die folgende Anweisung verwenden:

FEATURE(`nouucp', `reject')

Die aktuelle sendmail-Version unterstützt standardmäßig keine dieser alten Netzwerktechnologien wie UUCP, BITNET oder DECnet.

Ein weiteres gebräuchliches Relay ist LUSER_RELAY für nicht vorhandene lokale Benutzer. Diese Funktion wird standardmäßig wie folgt definiert:

define(`LUSER_RELAY', `error:No such user')

Eine Site, bei der sendmail falsch konfiguriert wurde, lässt manchmal unqualifizierte Namen an das Internet durch (normalerweise in der Zeile Cc). Eine Person, die die E-Mail beantwortet, antwortet dabei scheinbar an einen lokalen Benutzer, der aber nicht existiert. Dieses Relay wird häufig als »Verlierer-Relay« bezeichnet und wird an den error-Mailer weitergeleitet.

Sie brauchen diese Konfiguration nicht zu ändern, sofern Sie nicht eine andere Nachricht zurücksenden oder eine Art besonderer Behandlung implementieren wollen. Einige Sites leiten »Verlierer«-Mails an Personen oder Programme um, die ein fuzzy Matching vornehmen, falls der Absender einen Eingabefehler gemacht oder einfach den Anmeldenamen nicht ganz richtig eingegeben hat.

18.10.2 Die Datenbank access

sendmail umfasst die Unterstützung einer access-Datenbank, die Sie zum Erstellen einer mailspezifischen Firewall für Ihre Site nutzen können. Die Datenbank access überprüft alle von externen Sites gesendeten E-Mails und weist sie zurück, wenn sie von bestimmten Benutzern oder Domänen stammen. Außerdem können Sie diese Datenbank verwenden, um festzulegen, für welche Domänen ein Computer als Relay fungieren will.

Die Datenbank access lässt sich mit der folgenden Zeile aktivieren:

FEATURE(`access_db', `Typ Dateiname')

Werden *Typ* und *Dateiname* nicht angegeben, verwendet die Datenbank standardmäßig den Typ hash (beim Einsatz von DB-Datenbanken hängt dies von der DATABASE_MAP_TYPE-Einstellung ab) und wird aus der Datei /etc/mail/access erstellt. DBM-Datenbanken nutzen das Feld *Typ* nicht. Erstellen Sie die Datenbank wie immer mit makemap:

makemap hash /etc/mail/access < /etc/mail/access

Das Schlüsselfeld der `access`-Datei kann E-Mail-Adressen, Benutzernamen, Domänennamen oder Netzwerknummern enthalten.

Im Folgenden sehen Sie ein Beispiel:

```
cyberspammer.com           550 Spam not accepted
okguy@cyberspammer.com     OK
badguy@aol.com             REJECT
sendmail.org                 RELAY
128.32                     RELAY
170.201.180.16             REJECT
hotlivesex@                550 Spam not accepted
friend@                    550 You are not my friend!
```

Der Wertteil muss eines der in Tabelle 18.12 aufgeführten Elemente enthalten. Der Wert RELAY ist der toleranteste; er nimmt die Nachricht einfach an und leitet sie an ihr Ziel weiter. OK übernimmt die Nachricht, lässt aber keine Relays zu. REJECT nimmt die Nachricht überhaupt nicht an. SKIP erlaubt Ihnen, Ausnahmen festzulegen. Wenn Sie beispielsweise die E-Mails aller Hosts, mit Ausnahme von zwei Hosts einer bestimmten Domäne, über Relays weiterleiten wollen, können Sie die beiden betreffenden Hosts mit der Aktion SKIP und dann die Domäne mit der Aktion RELAY festlegen. Die Reihenfolge spielt keine Rolle.

Wert	Aktion
OK	Nimmt die Mail an und stellt sie auf normale Weise zu
RELAY	Nimmt die Mail entsprechend ihrer Adressierung an und leitet sie über Relays an ihr Ziel weiter; ermöglicht die Weiterleitung pro Host (unser Rechner ist das Relay)
SKIP	Erlaubt Ausnahmen von den allgemeineren Regeln
REJECT	Weist die Mail mit einer generischen Fehlermeldung ab
DISCARD	Verwirft die Mail stillschweigend
FRIEND	Für Spam, wird von der Funktion `delay-checks` verwendet; bei einer Übereinstimmung entfallen weitere Headerprüfungen
HATER	Für Spam, wird von der Funktion `delay-checks` verwendet; bei einer Übereinstimmung werden weitere Headerprüfungen durchgeführt
xxx Nachricht	Gibt eine Fehlermeldung zurück; bei *xxx* muss es sich um einen numerischen Code nach RFC821 handeln[a]
ERROR: *xxx Nachricht*	Wie oben, jedoch deutlich als Fehlermeldung gekennzeichnet
ERROR: *x.x.x Nachricht*	Bei *x.x.x* muss es sich um eine Benachrichtigung über den Zustellungsstatus nach RFC1893 handeln (eine verallgemeinerte Form des Fehlercodes 550)

Tabelle 18.12: Codes für den Zustellungsstatus gemäß RFC1893

a) *550 ist beispielsweise der Einzelfehlercode.*

Die oben genannte Datenbankdatei nimmt Nachrichten von *okguy@cyberspammer.com* an, weist jedoch alle anderen E-Mails von *cyberspammer.com* mit der angegebenen Fehlermeldung zurück. Mail von *sendmail.org* oder 128.32.0.0/16 (Netzwerk von UC Berkeley) werden über unser Relay weitergeleitet. E-Mails von *badguy@aol.com* sowie von *hotlivesex* und *friend* aus beliebigen Domänen werden ebenfalls zurückgewiesen.

IPv6-Adressen in ihrer durch Doppelpunkte getrennten Form können auf der linken Seite ebenfalls verwendet werden, es muss ihnen jedoch »IPv6« vorangestellt werden. Das @-Zeichen nach den Benutzernamen hotlivesex und friend ist erforderlich, da es die Benutzer- von den Domänennamen trennt.

Bei 550 handelt es sich um einen Fehlercode gemäß RFC821. RFC1893-Fehlercodes (oder »Benachrichtigungen über den Zustellungsstatus«, wie sie genannt werden delivery status notification messages, DSN) sind umfangreicher. Eine 4 als erste Ziffer weist auf einen temporären, 5 auf einen permanenten Fehler hin. Wir haben einige in Tabelle 18.13 zusammengestellt.

Temporär	Permanent	Bedeutung
4.2.1	5.2.1	Das Postfach ist deaktiviert
4.2.2	5.2.2	Das Postfach ist voll
4.2.3	5.2.3	Die Nachricht ist zu lang
4.2.4	5.2.4	Problem mit der Listenerweiterung
4.3.1	5.3.1	Das Mail-System ist voll
4.4.4	5.4.4	Keine Weiterleitung möglich
4.4.5	5.4.5	Mail-Stau
4.7.*	5.7.*	Verletzung von Siterichtlinien

Tabelle 18.13: Zustellstatuscodes gemäß RFC1893

Für eine noch feinere Steuerung kann das Schlüsselfeld (auf der linken Seite) die Tags Connect, To, From und ab Version 8.12 Spam enthalten, um die Verwendungsweise des Filters zu steuern. Connect bezieht sich auf Verbindungsinformationen, z. B. die IP-Adresse oder den Hostname des Clients. To und From verweisen auf die Envelope-Adressen und nicht auf die Header. Das Spam-Tag gestattet durch die »Spam-Friend-« und »Spam-Hater«-Tests Ausnahmen von den globalen Regeln. Es wird über die Funktion delay_checks aktiviert:

```
FEATURE(`delay_checks', `friend')
FEATURE(`delay_checks', `hater')
```

Die erste Funktion übergeht andere Regelsätze, die die Nachricht zurückweisen könnten, wenn ein passender Eintrag in access_db bei FRIEND auf der rechten Seite des Mappings vorhanden ist. Die zweite Funktion wendet andere Regelsätze an, wenn access_db den Wert HATER aufweist. Diese vier Tags erlauben Ihnen eine feinere Steuerung der Relayings und der Zurückweisung von Mails und heben auch andere Beschränkungen auf. Einzelne Benutzer, die sich über Ihre standortweite Spamrichtlinie beklagen, können mit den FRIEND- und HATER-Tags für Spam zufriedengestellt werden.

Wenn eines dieser Tags verwendet wird, wird die Suche zunächst mit der Tag-Information und dann ohne versucht, um die Abwärtskompatibilität mit älteren access-Datenbanken zu wahren.

Im Folgenden sehen Sie einige Beispiele:

```
From:spammer@some.domain    REJECT
To:good.domain              RELAY
Connect:good.domain         OK
Spam:abuse@                 FRIEND
```

Mails von *spammer@some.domain* werden blockiert, Sie können allerdings weiterhin E-Mails an diese Adresse senden, selbst wenn sie auf der schwarzen Liste steht. Die Mails werden über Relays an *good.domain*, aber nicht von dieser Domäne weitergeleitet (wobei wir davon ausgehen, dass Relays an anderer Stelle deaktiviert wurden). Verbindungen von *good.domain* sind zulässig, selbst wenn die Domäne in einer der DNS-basierten Zurückweisungslisten enthalten ist. E-Mails an *abuse@localdomain* kommen durch, sogar die Mails von *spammer@some.domain*, die von der ersten Zeile der access-Datenbank zurückgewiesen worden wären.

Viele Sites nutzen eine access-Datenbank, um Spam einzudämmen oder Richtlinien durchzusetzen. Der Eingangsmail-Mastercomputer in der Informatikabteilung der University of Colorado verwendet die Funktion access_db, um Mails von über 500 bekannten Spammern zurückzuweisen, deren Adressen, Domänen oder IP-Netzwerke identifiziert wurden.

18.10.3 Schwarze Listen für Benutzer und Sites

Wenn Sie über lokale Benutzer oder Hosts verfügen, für die Sie Mails sperren wollen, verwenden Sie die folgende Anweisung:

```
FEATURE(`blacklist_recipients')
```

Diese unterstützt die folgenden Arten von Einträgen in Ihre access-Datei:

```
To:nobody@                  550 Mailbox disabled for this user
To:printer.mydomain.edu     550 This host does not accept mail
To:user@host.mydomain.edu   550 Mailbox disabled for this user
```

Diese Zeilen blockieren an den Benutzer nobody eingehende Mails für alle Hosts, für den Host printer und für eine bestimmte Benutzeradresse auf einem bestimmten Computer. Die Verwendung des To:-Tags sorgt dafür, dass diese Benutzer Nachrichten senden, aber nicht empfangen; einige Drucker haben diese Möglichkeit.

18.10 sendmail-Funktionen zur Spamvermeidung

Leider ist es heutzutage nahezu unmöglich, eine schwarze Liste wie diese manuell zu pflegen. Glücklicherweise sind einige gemeinschaftlich gepflegte schwarze Listen über DNS zugänglich, wobei einige davon kostenlos bereitgestellt werden.

Um eine DNS-basierte schwarze Liste einzufügen, verwenden Sie die Funktion dnsbl:

```
FEATURE(`dnsbl', `sbl-xbl.spamhaus.org')
```

Diese Funktion veranlasst sendmail, E-Mails von allen Sites zurückzuweisen, deren IP-Adresse sich in der von Spamhaus bereitgestellten Sperrliste bekannter Spammer befindet, die von sbl-xbl.spamhaus.org gepflegt wird. Andere Blacklists erhalten Rechner, die offene Relays betreiben, sowie bekannte Einwahladressblöcke, die wahrscheinlich ein Paradies für Spammer darstellen.

Diese schwarzen Listen werden durch eine geschickte Anpassung/Nutzung des DNS-Systems verteilt; daher stammt auch der Name dnsbl. Ein besonderer Datensatz mit DNS-Ressourcen in der folgenden Form, der in der DNS-Datenbank der Domäne sbl-xbl.spamhaus.org abgelegt wird, blockiert Mails von diesem Host, wenn die Funktion dnsbl aktiviert ist (da sendmail das Vorhandensein eines solchen Datensatzes explizit überprüft):

```
IP-Adresse.sbl-xbl.spamhaus.org    IN   A   127.0.0.2
```

Bei der *IP-Adresse* in diesem Beispiel handelt es sich um eine Hostadresse in Form einer durch Punkte getrennten Vierergruppe, wobei die Oktette in umgekehrter Reihenfolge erscheinen.

Sie können die Funktion dnsbl mehrmals einfügen, um verschiedene Missbrauchslisten zu überprüfen: Fügen Sie einfach ein zweites Argument hinzu, um den Nameserver der schwarzen Liste anzugeben, und ein drittes Argument mit der zurückzugebenden Fehlermeldung. Wenn Sie das dritte Argument weglassen, wird eine feststehende Fehlermeldung der DNS-Datenbank zurückgegeben, in der sich die Datensätze befinden.

18.10.4 Headerprüfung

Spammer versuchen oft, ihre Identität zu verbergen. Seit Version 8.9 von sendmail werden E-Mails zurückgewiesen, wenn die From-Adresse des Envelopes nicht das Format *benutzer@gültige.domäne* aufweist. Sie können dieses Verhalten mit den folgenden Funktionen aufheben:

```
FEATURE(`accept_unresolvable_domains')
FEATURE(`accept_unqualified_senders')
```

Bei der ersten Funktion nimmt sendmail E-Mails von Domänen an, die nicht existieren oder in der DNS-Namensstruktur nicht aufgelöst werden. Bei der zweiten Funktion werden From-Adressen von sendmail akzeptiert, die nur einen Benutzernamen ohne Host- oder Domänenangabe enthalten. Sie sollten diese Funktionen nur verwenden, wenn Sie sich nicht hinter einer Firewall befinden und dort nur lokale DNS-Daten zur Verfügung haben. Falls Sie mit dem Gedanken spielen, diese Funktionen zu aktivieren, sollten Sie stattdessen wahrscheinlich eher Ihr `sendmail` und die DNS-Umgebungen umgestalten. Die Anforderung einer gültigen Envelope-Absenderadresse verringert das Spamaufkommen erheblich.

Eine detaillierte Headerprüfung ist ein leistungsfähiger Mechanismus zur Spambekämpfung, der die Syntax der `sendmail`-Konfigurationsdatei der unteren Ebene nutzt, die wir hier nicht behandeln. Durch den Einsatz der Headerprüfung kann `sendmail` nach bestimmten Mustern im Header suchen (z. B. »`To: friend@public.com`«) und Nachrichten zurückweisen, bevor sie den Postfächern Ihrer Benutzer zugestellt werden.

Die Headerprüfung kann auch von E-Mails transportierte Viren erkennen, wenn diese über eine unverwechselbare Headerzeile verfügen. Der Melissa-Virus aus dem Jahre 1999 enthielt beispielsweise die Betreffzeile »`Important Message From …`«. Innerhalb von wenigen Stunden, nachdem der Melissa-Virus veröffentlicht und erkannt worden war, stellte *sendmail.com* einen lokalen Regelsatz auf, um ihn zu identifizieren und zu verwerfen.

Ist der Fingerabdruck eines Virus unverwechselbar und mit `sendmail`-Regeln leicht auszudrücken, wird *sendmail.com* sowohl unter *sendmail.com* als auch unter *sendmail.org* schnell eine Lösung bereitstellen.

Ein repräsentatives Beispiel für die Filterregeln für Spam und Viren finden Sie in der `sendmail`-Konfiguration von Eric Allmans Heimcomputer, `knecht`. Diese Konfiguration ist in der `sendmail`-Distribution unter dem Namen `cf/cf/knecht.mc` enthalten. Übernehmen Sie die Spamfilterregeln und fügen Sie sie an das Ende Ihrer MC-Datei an.

Bei der Durchsicht verschiedener Beispiele haben wir für folgende Zwecke Regeln für die Headerprüfung gefunden:

- An alle Benutzer der Domäne *public.com* adressierte Mails
- An »`friend`« oder »`you`« adressierte Mails
- Mails mit dem Header `X-Spanska`, der auf den Wurm Happy99 schließen lässt
- Mails mit dem Betreff »`Important Message From …`« (der Melissa-Virus)
- Mails mit dem Betreff »`all.net and Fred Cohen …`« (der Papa-Virus)
- Mails mit dem Betreff »`ILOVEYOU`« (der iloveyou-Virus und seine Varianten)
- Abertausende von Marketing-Spam-Mails
- Mails mit einem beschädigten Outlook Express-Header (der Wurm SirCam)

Alle Regeln für die Headerprüfung werden in den `LOCAL_CONFIG`- und `LOCAL_RULESETS`-Anweisungen am Ende der MC-Konfigurationsdatei angegeben. Mithilfe des `m4`-Befehls `divert` weiß `sendmail` sofort, an welcher Stelle der Konfigurationsrohdatei sie einzufügen sind.

Bis zu einem gewissen Maß sperrt jede von Ihnen implementierte Spamabwehrmaßnahme einige Spammer, legt aber auch die Messlatte für die verbleibenden höher an. Verwenden Sie anstelle des `discard`-Mailers den `error`-Mailer mit der Fehlermeldung, dass der Benutzer unbekannt ist, da viele Spammer ihre Listen bereinigen. Bereinigte Listen sind wertvoller, sodass Sie vielleicht aus einigen Listen entfernt werden, wenn Sie die Spam-Mails abfangen, filtern und mit einer Fehlermeldung beantworten können.

18.10.5 Quoten- und Verbindungsbeschränkungen

Mit `sendmail` 8.13 wurde die Funktion `ratecontrol` hinzugefügt, die Quotenbegrenzungen für die Annahme eingehender Verbindungen pro Host oder Netz festlegt. Diese Beschränkungen können besonders nützlich sein, um Spam aus den Quellen zu bremsen, die nicht ohne Probleme vollständig gesperrt werden können, z. B. große Internetdienstanbieter, die über einen hohen Prozentsatz Einwahlbenutzer verfügen. Um Quotenbeschränkungen zu aktivieren, fügen Sie eine Zeile in die MC-Datei ein, die in etwa wie folgt aussieht:

```
FEATURE(`ratecontrol', `nodelay',`terminate')
```

Darüber hinaus müssen Sie auch die zu kontrollierenden Hosts und Netze sowie die Schwellenwerte für deren Beschränkung in Ihrer /etc/mail/access-Datei angeben. Die folgenden Zeilen begrenzen zum Beispiel die Hosts 192.168.6.17 und 170.65.3.4 auf zwei bzw. zehn neue Verbindungen pro Minute:

```
ClientRate:192.168.6.17    2
ClientRate:170.65.3.4      10
```

Die Funktion `conncontrol` legt ähnliche Beschränkungen für die Anzahl gleichzeitiger Verbindungen fest. Diese Funktion aktivieren Sie mit der folgenden Zeile in der MC-Datei:

```
FEATURE(`conncontrol', `no delay',`terminate')
```

Wie bei `ratecontrol` geben Sie in /etc/mail/access an, welche Grenzwerte für welche Hosts und Netze gelten sollen:

```
ClientConn:192.168.2.8    2
ClientConn:175.14.4.1     7
ClientConn:              10
```

Diese Konfiguration führt zu einer Beschränkung auf zwei gleichzeitige Verbindungen für 192.168.2.8, sieben für 175.14.4.1 und zehn für alle anderen Hosts.

18.10.6 Slamming

Eine weitere raffinierte Funktion, die mit Version 8.13 eingeführt wurde, ist greet_pause. Wenn ein Remote-Transportagent eine Verbindung zu Ihrem sendmail-Server herstellt, ordnet das SMTP-Protokoll an, dass er auf die Begrüßung Ihres Servers warten muss, bevor die Übertragung erfolgen kann. Es ist jedoch üblich, dass Spam-Mailer (und Würmer/Viren) sofort den Befehl EHLO/HELO ausgeben. Dieses Verhalten lässt sich teilweise durch die mangelhafte Implementierung des SMTP-Protokolls in den Werkzeugen zum Spamversand erklären, kann jedoch auch eine Funktion sein, die von Seiten des Spammers darauf abzielt, Zeit zu sparen. Worin der wahre Grund auch liegen mag, so ist dieses Verhalten verdächtig und wird als »Slamming« bezeichnet.

Die Funktion greet_pause sorgt dafür, dass sendmail zu Beginn einer Verbindung eine gewisse Zeit lang wartet, bis es seinen neuen Freund begrüßt. Wenn der Remote-Transportagent nicht abwartet, bis er ordnungsgemäß begrüßt wird, sondern während des geplanten heiklen Moments mit dem Befehl EHLO oder HELO fortfährt, protokolliert sendmail einen Fehler und verweigert Folgebefehle des Remote-Transportagenten.

Sie können die Begrüßungspause mit dem folgenden Eintrag in die MC-Datei aktivieren:

```
FEATURE(`greet_pause', `700')
```

Diese Zeile zieht eine Verzögerung von 700 Millisekunden zu Beginn jeder neuen Verbindung nach sich. Ähnlich wie bei conncontrol und ratecontrol ist es möglich, Verzögerungen pro Host oder Netz festzulegen, die meisten Sites verwenden aber einen Pauschalwert für diese Funktion.

18.10.7 Miltering: Mail-Filter

Mit Version 8.12 von sendmail wurde eine Verallgemeinerung der Headerfilter eingeführt, die sich zu einem der effektivsten Werkzeuge zur Spamabwehr entwickeln konnte. Dabei handelt sich dabei um eine Mail-Filter-API (Application Programming Interface), die zur Entwicklung eigener Mail-Filterprogramme eingesetzt werden kann. Diese Programme befinden sich zwischen sendmail und den eingehenden Nachrichten und können das Profil von Viren und Spamnachrichten erkennen und verwerfen oder protokollieren (oder eine andere Ihrer Meinung nach geeignete Maßnahme treffen). Sowohl die Metadaten als auch der Nachrichteninhalt können untersucht werden.

Miltering ist unter Umständen ein leistungsfähiges Werkzeug, und zwar sowohl zur Spambekämpfung als auch zur Verletzung des Datenschutzes der Benutzer. Führungskräfte, die genau wissen wollen, welche Informationen per E-Mail aus der

18.10 sendmail-Funktionen zur Spamvermeidung

Firma hinausgehen, könnten dieses Verfahren frühzeitig aufgreifen. Miltering für ausgehende E-Mails steht in Version 8.12 noch nicht zur Verfügung, ist aber bereits in Planung.

Die Miltering-Bibliothek trägt den Namen `libmilter`. `sendmail` ruft die Eingangsfilter mit der Konfigurationsanweisung `INPUT_MAIL_FILTER` oder `MAIL_FILTER` auf und steuert den Miltering-Vorgang mit den `MILTER_MACROS_*`-Optionen, die in jeder Phase der SMTP-Kommunikation eine Feinsteuerung der angewendeten Filter erlauben.

Die folgende Zeile übergibt beispielsweise über die im zweiten Argument angegebene Socket alle eingehenden Nachrichten an das Programm `/etc/mail/filtername`:

```
INPUT_MAIL_FILTER(`filtername', `S=mailer:/var/run/filtername.socket')
```

Weitere Informationen finden Sie unter `libmilter/README` oder in der HTML-Dokumentation im Verzeichnis `libmilter/docs` der `sendmail`-Distribution. Die `README`-Datei bietet eine Übersicht und ein einfaches Beispiel für einen Filter, der Nachrichten in einer Datei protokolliert. Die Dateien im Verzeichnis `docs` beschreiben die Bibliotheksschnittstelle und geben Auskunft darüber, wie die verschiedenen Aufrufe bei der Erstellung Ihres eigenen Mail-Filterprogramms einzusetzen sind.

18.10.8 Umgang mit Spam

Die Spambekämpfung kann eine schwierige und frustrierende Aufgabe sein. Ab einem gewissen Punkt ist sie auch ziemlich sinnlos. Lassen Sie sich nicht dazu verleiten, einzelne Spammer zu verfolgen, selbst wenn viele durch Ihr Spamabwehrschild hindurchkommen. Die Zeit, die Sie damit verbringen, die Header von Spam zu analysieren und sich über Spammer aufzuregen, ist vergeudete Zeit. Sicherlich ist es ein guter Kampf, aber die Zeit, die Sie für dieses Problem aufwenden, wird die Anzahl von Spam-Mails, die Ihre Site empfängt, wahrscheinlich nicht verringern.

Stationäre Spammer können Sie recht schnell festnageln, indem Sie sie bei ihrem Internetdienstanbieter melden, aber Hit-and-run-spammer, die ein Konto bei einem Anbieter nur einmal nutzen und es dann wieder aufgeben, lassen sich kaum zur Rechenschaft ziehen. Wenn Sie für eine Website werben, dann ist diese dafür verantwortlich; handelt es sich um eine Telefonnummer oder eine Postadresse, ist es zwar schwieriger, den Täter zu identifizieren, aber nicht unmöglich. Mobile Spammer dagegen scheinen praktisch/weitgehend gegen Bestrafung gefeit zu sein.

Die verschiedenen Black-Hole-Listen sind einigermaßen erfolgreich im Blockieren von Spam und haben die Anzahl offener Relays drastisch reduziert. Ein Eintrag in der schwarzen Liste kann gravierende Auswirkungen auf die Geschäfte haben, sodass einige Internetdienstanbieter und Unternehmen ihre Benutzer sehr sorgfältig kontrollieren.

Unsere Empfehlung für den Umgang mit Spam besteht hauptsächlich darin, die zur Verfügung stehenden Präventivmaßnahmen und öffentlich gepflegten schwarzen Listen zu verwenden. Eine weitere Möglichkeit ist die Umleitung Ihrer eingehenden E-Mails an ein externes Unternehmen zur Spambekämpfung wie Postini (*www.postini.com*). Allerdings könnte dies Option einige Kompromisse im Hinblick auf die Leistung, den Datenschutz oder die Zuverlässigkeit erfordern.

Sie sollten Ihren Benutzern raten, die erhaltenen Spam-Mails einfach zu löschen. Viele Spamnachrichten enthalten Anweisungen, wie die Empfänger aus der Mailingliste entfernt werden können. Wenn Sie diesen Anweisungen folgen, entfernen die Spammer Sie zwar möglicherweise aus der aktuellen Liste, fügen Sie jedoch sofort in mehrere andere Listen mit dem Vermerk wieder ein, dass unter Ihrer Adresse jemand zu erreichen ist, der die Nachricht liest. Ihre E-Mail-Adresse ist dann noch mehr wert.

Wenn Sie auf den Zug der Spambekämpfung aufspringen wollen, können Ihnen einige Websites behilflich sein. Eine gute Site ist *www.abuse.net*, zwei weitere interessante sind *spamcop.net* und *cauce.org*. SpamCop verfügt über Werkzeuge, die Ihnen bei der Analyse von Mailheadern helfen und den wahren Absender ermitteln. Die *cauce.org*-Site bietet gute Informationen über die Spamgesetzgebung. In den Vereinigten Staaten können Sie eventuell die Federal Trade Commission um Hilfe bitten, deren Website Sie unter *www.ftc.gov/spam* finden.

18.10.9 SpamAssassin

Bei SpamAssassin handelt es sich um einen Filter (der über einen `sendmail`-Milter aufgerufen werden kann), der bei der Spamerkennung sehr erfolgreich ist. Er verwendet ein Punktsystem zur Bewertung der Fehler in einer Nachricht. Er fängt im Wesentlichen alle echten Spam-Mails ab und liefert selten falsche Ergebnisse. Wenn eine Nachricht zu viele Punkte (die sowohl standortweit als auch pro Benutzer konfiguriert werden können) auf sich vereint, kennzeichnet SpamAssassin die Nachricht. Dann können Sie verdächtige Nachrichten in einem Spamordner ablegen, indem Sie entweder einen serverseitigen Filter wie `sieve` von Cyrus ausführen oder Ihren Benutzeragenten entsprechend konfigurieren. Sie können SpamAssassin sogar beibringen, was gute und schlechte Nachrichten sind. Stellen Sie sicher, dass Sie bei der Einrichtung von SpamAssassin und der Optimierung der Parameter alle Spamnachrichten sorgfältig prüfen. Schauen Sie es sich unter *spamassassin.apache.org* an.

18.10.10 SPF und Absender-ID

Die beste Möglichkeit zur Spamabwehr besteht darin, Spam an der Quelle zu stoppen. Das klingt einfach, stellt aber in Wirklichkeit eine nahezu unmögliche Herausforderung dar. Durch die Struktur des Internets ist es schwierig, die tatsächliche Quelle einer Nachricht aufzuspüren und ihre Authentizität zu prüfen. Die Gemeinschaft braucht einen todsicheren Weg, um zu beweisen, dass es sich bei der Entität, von der eine E-Mail gesendet wird, wirklich um die Stelle handelt, die sie vorgibt zu sein.

In vielen Vorschlägen wurde dieses Problem angesprochen, aber SPF und die Absender-ID haben sich am besten durchgesetzt. SPF (Sender Policy Framework) wurde jetzt von der IETF standardisiert (RFC4408). Es definiert eine Reihe von DNS-TXT-Einträgen (siehe Abschnitt 15.7.11), anhand derer eine Organisation ihre »offiziellen« Ausgangsmail-Relays kennzeichnen kann. Mail-Transportagenten können dann alle E-Mails von der Domäne dieser Organisation zurückweisen, wenn sie nicht aus diesen offiziellen Quellen stammen. Natürlich funktioniert dies nur dann gut, wenn die meisten Organisationen SPF-Einträge veröffentlichen. Mehrere zum Herunterladen zur Verfügung stehende Milter implementieren diese Funktionalität in sendmail.

Die Absender-ID und SPF sind in ihrer Form und Funktion praktisch identisch. Die Schlüsselteile der Absender-ID wurden jedoch von Microsoft patentiert und waren daher Gegenstand vieler Auseinandersetzungen. Zum Zeitpunkt der Drucklegung dieses Buches versuchte Microsoft immer noch, die Industrie von der Übernahme dieser proprietären Standards zu überzeugen.

18.11 Fallstudie zu Konfigurationsdateien

Im Rahmen einer Fallstudie zur Konfiguration von sendmail in der Praxis überprüfen wir in diesem Abschnitt die Konfigurationsdatei eines kleinen Unternehmens, das sendmail zu nutzen weiß, nämlich Sendmail Inc. Sein Mail-Entwurf umfasst einen Master-Mailhub sowohl für eingehende als auch ausgehende Mails. Alle eingehenden Mails werden angenommen und sofort an eine Reihe von internen IMAP-Servern weitergeleitet, die die einzelnen Nachrichten auf Viren prüfen, bevor sie den Postfächern der Benutzer zugestellt werden. Der Mailhub prüft auch alle ausgehenden Nachrichten auf Viren, sodass Sendmail Inc. niemals für die Verbreitung von Viren per E-Mail verantwortlich ist. Wir sehen uns zuerst die Konfiguration der Clients an, danach widmen wir uns den komplizierteren Mastercomputern.

In den Beispielen haben wir die Originale leicht geändert und dabei Copyright-Hinweise ausgelassen, gelegentlich Kommentare eingefügt und die m4-dnl-Anweisung am Zeilenende entfernt. Wenn Sie eines dieser Beispiele als Modell für Ihre MC-Datei nutzen, sollten Sie darauf achten, dass Sie die Kommentare am Ende der Zeilen entfernen.

18.11.1 Clientrechner auf sendmail.com

Die Datei smi-client.mc für Clientrechner ist recht einfach. Sie nutzt den Mastercomputer smtp.sendmail.com, wobei es sich eigentlich nur um einen anderen Namen für foon.sendmail.com handelt. Die Verwendung eines MX-Eintrags (oder eines CNAME[30]) als Verweis auf den Mail-Server ist sinnvoll; er lässt sich leicht ändern, wenn Sie mit Ihrem Master-Mailcomputer umziehen wollen.

---

30 Ein MX-Eintrag ist eigentlich wirksamer als ein CNAME; CNAMEs erfordern einen zweiten Suchvorgang nach dem echten Namen, um die IP-Adresse herauszufinden.

Beachten Sie, dass diese Datei das Datum vom Oktober 1998 trägt. sendmail wurde seitdem zwar mehrfach aktualisiert, aber die Konfigurationsdatei musste nicht geändert werden.

```
divert(-1)
##### Diese Datei enthält Definitionen für die
##### MC-Datei eines Clientrechners von Sendmail Inc.
divert(0)
VERSIONID(`@(#)smi-client.mc 1.0 (Sendmail) 10/14/98')
OSTYPE(`bsd4.4')
FEATURE(`nocanonify')
undefine(`ALIAS_FILE')
define(`MAIL_HUB', `smtp.sendmail.com')
define(`SMART_HOST', `smtp.sendmail.com')
define(`confFORWARD_PATH', `')
MAILER(`local')
MAILER(`smtp')
```

Die MAIL_HUB- und SMART_HOST-Zeilen leiten ein- und ausgehende Mails an den Host smtp.sendmail.com weiter. Die DNS-MX-Einträge sollten zusammenarbeiten und diesen Host mit einer höheren Priorität (einer niedrigeren Zahl im MX-Eintrag) angeben als die einzelnen Clientrechner. Der Pfad für .forward-Dateien wird ebenso auf den Wert null gesetzt wie die Aliasdatei. Die gesamte Aliaserweiterung erfolgt auf dem Mastercomputer. Die Funktion nocanonify wird hier angegeben, um Zeit zu sparen, da DNS-Suchvorgänge sowieso auf dem Master durchgeführt werden.

18.11.2 Mastercomputer auf sendmail.com

Der Mastercomputer auf sendmail.com ist möglicherweise eine der am häufigsten angegriffenen sendmail-Installationen, die es gibt. Er muss gegen all die hinterhältigen Mailer-Angriffe, mit denen die Menschen aufwarten, gesichert werden und die hinter ihm stehenden Rechner schützen. Seine Konfigurationsdatei sieht wie folgt aus:

```
divert(-1)
# Erstellt mit Sendmail Switch, einem kommerziellen Produkt von sendmail.com.
divert(0)
ifdef(`COMMERCIAL_CONFIG', `INPUT_MAIL_FILTER(`mime-filter', `S=local:/var/run/mime-filter/mime-filter.sock')')
LDAPROUTE_DOMAIN(`sendmail.com sendmail.net sendmail.org')
MASQUERADE_AS(`sendmail.com')
MASQUERADE_DOMAIN(`sendmail.com')
RELAY_DOMAIN(`sendmail.com sendmail.net sendmail.org')
define(`MAIL_HUB', `internal-hub.sendmail.com')
define(`QUEUE_DIR', `/var/spool/mqueue/q*')
define(`SMART_HOST', `virus-scan.sendmail.com')
ifdef(`COMMERCIAL_CONFIG', `define(`confCACERT', `/local/certs/cacert.pem')')
ifdef(`COMMERCIAL_CONFIG', `define(`confCACERT_PATH', `/local/certs/trustedcerts')')
```

18.11 Fallstudie zu Konfigurationsdateien

```
define(`confCHECK_ALIASES', `True')
ifdef(`COMMERCIAL_CONFIG', `define(`confCLIENT_CERT', `/local/certs/cert.pem')')
ifdef(`COMMERCIAL_CONFIG', `define(`confCLIENT_KEY', `/local/certs/key.pem')')
define(`confEIGHT_BIT_HANDLING', `mimify')
define(`confLDAP_DEFAULT_SPEC', ` -h "ldap.sendmail.com ldap2.sendmail.com" -b
"dc=sendmail,dc=com" -p 1389')
define(`confREFUSE_LA', `99')
define(`confRUN_AS_USER', `mailnull')
ifdef(`COMMERCIAL_CONFIG', `define(`confSERVER_CERT', `/local/certs/cert.pem')')
ifdef(`COMMERCIAL_CONFIG', `define(`confSERVER_KEY', `/local/certs/key.pem')')
define(`confTO_IDENT', `0s')
define(`confTO_QUEUEWARN', `2d')
ifdef(`confPOP_TO', `', `define(`confPOP_TO', `900')')
FEATURE(`accept_unqualified_senders')
FEATURE(`accept_unresolvable_domains')
FEATURE(`allmasquerade')
FEATURE(`always_add_domain')
FEATURE(`domaintable')
FEATURE(`ldap_routing', `ldap -1 -v mailHost -k ldap -1 -v mailhost -k
(&(objectclass=mailRecipient)(|(mail=%0)(|(mailAlternateAddress=%0))))', `ldap -1 -v
mail -k (&(objectclass=mailRecipient)(|(mailalternateaddress=%0)))', `passthru')
FEATURE(`mailertable')
FEATURE(`masquerade_entire_domain')
FEATURE(`masquerade_envelope')
FEATURE(`relay_entire_domain')
FEATURE(`use_cw_file')
MAILER(`local')
MAILER(`smtp')
LOCAL_RULESETS
SLocal_check_rcpt
R$*     $: $&{verify}
ROK     $# OK
```

Der Mastercomputer leitet eingehende Mails an den richtigen internen Server weiter und dient als intelligenter Relay-Host für ausgehende Mail. Aufgrund der beiden folgenden Zeilen, werden alle eingehenden E-Mails angenommen, selbst Mails von unqualifizierten Absendern und nicht auflösbaren Domänen:

```
FEATURE(`accept_unqualified_senders')
FEATURE(`accept_unresolvable_domains')
```

Auf diese Weise kommen potenzielle Kunden, die `sendmail` oder DNS falsch konfiguriert haben, immer noch durch. Diese Regeln machen die Standardregeln rückgängig, die große Mengen Spam mit gefälschten Headern abfangen. Ident wird deaktiviert (der Wert für die Zeitüberschreitung wird auf 0 gesetzt), um die Zustellung eingehender Mails zu beschleunigen.

Dieser Master-Mailcomputer prüft zuerst eingehende Nachrichten auf bestimmte Arten von MIME-Anhängen, die häufig von Viren genutzt werden (INPUT_MAIL_FILTER-Anweisung). Der dort aufgerufene mime-filter enthält drei Zeilen wie zum Beispiel die Folgenden:

```
*:anniv.doc:*    error:Your email was not accepted by Sendmail, it appears to be
infected with the Melissa-X virus.
*:.vbs:*    error:For security and virus protection reasons, Sendmail does not accept
messages with VBS files attached.  Please retransmit your message without the VBS
file.
```

MIME-Anhänge vom Typ VBA, DOT, EXE, COM, REG usw. werden zurückgewiesen, ein vollständiger Virenscan erfolgt jedoch nicht, da dies die Verarbeitung eingehender E-Mails verlangsamen würde. Der Master verwendet LDAP (mit einem sitespezifischen Schema), um die Empfänger der einzelnen Nachrichten nachzuschlagen und sie an den richtigen internen IMAP/POP-Server weiterzuleiten. Ist der Empfänger in der LDAP-Datenbank nicht zu finden, wird die E-Mail (mit der MAIL_HUB-Anweisung) zur weiteren Verarbeitung an einen internen Mastercomputer gesendet. Sowohl die IMAP/POP-Server als auch der interne Mastercomputer führen einen vollständigen Virenscan durch, bevor sie dem Postfach des Benutzers eine Nachricht zustellen.

Ausgehende Mails werden ebenfalls anhand von SMART_HOST-Anweisungen auf den Clientrechnern über diesen Mastercomputer weitergeleitet. Um eine Nachricht über die Mailserver von sendmail.com zu senden, müssen Hosts, die sich außerhalb dieser Domäne befinden, ein von der Zertifizierungsstelle von sendmail.com signiertes Zertifikat vorweisen. Mitarbeiter, die einen Kunden an dessen Standort besuchen, leiten E-Mails mithilfe dieses Mechanismus unter Verwendung von Relays über sendmail.com an einen Dritten weiter. Dieses Verfahren authentifiziert die einzelnen Benutzer und verhindert, dass gefälschte E-Mails über sendmail.com weitergeleitet werden.

Nach der Annahme von E-Mails, die für das Internet bestimmt sind, leitet der Mastercomputer diese zur Virenprüfung an den SMART_HOST weiter. Der Mastercomputer ist zwar nicht zu stark ausgelastet, um diese Virenprüfung selbst vornehmen zu können, wenn die Prüfung dort vorgenommen würde, müssten allerdings die Benutzer, die E-Mails versenden, so lange warten, bis die Überprüfung beendet ist, bevor ihre Nachricht wirklich gesendet wird. Die Mails in die Warteschlange des Computers einzureihen, der die Virenprüfung durchführt, hält die Benutzer bei Laune – es sieht so aus, als würden ihre Nachrichten sofort gesendet.

Die LOCAL_CONFIG-Regeln am Ende der Konfigurationsdatei befinden sich an der Stelle, wo die Headerprüfung auf verschiedene Viren und bekannte Spammer normalerweise angegeben wird. Gute Beispiele finden Sie in der Beispieldatei knecht.mc in der sendmail-Distribution. Wir haben unten ein Beispiel eingefügt.

18.12 Sicherheit von sendmail

Im Sommer 2001 war der destruktive Wurm SirCam weit verbreitet. Das folgende Fragment aus der Datei knecht.mc in der sendmail-Distribution fängt ihn ab. SirCam ist einer der ersten Nastygrams mit zufälligen Headern. Die normalen Werkzeuge hätten ihn nicht erkannt, es sei denn, die Autoren hätten einen Fehler gemacht, der eine SirCam- von einer echten Outlook Express-Nachricht unterschieden hätte. Der Inhalt der Nachricht sieht ganz normal aus (es wird um Ihren Rat zum beigefügten Anhang gebeten) und wäre daher ein Kandidat für die Fähigkeiten des neuen libmilter-Filters in Version 8.12. Ohne Produkthaftungsgarantie im Softwarebereich scheint es die einzige Lösung gegen all diese Microsoft-Viren und -Würmer zu sein, Windows den Laufpass zu geben und überall Linux zu installieren!

Tipp

Weitere Einzelheiten über libmilter finden Sie in Abschnitt 18.10.7.

```
LOCAL_RULESETS
KSirCamWormMarker regex -f -aSUSPECT multipart/mixed;boundary=----
.+_Outlook_Express_message_boundary
HContent-Type:     $>CheckContentType
SCheckContentType
R$+     $: $(SirCamWormMarker $1 $)
RSUSPECT     $#error $: "553 Possible virus, see
http://www.symantec.com/avcenter/venc/data/w32.sircam.worm@mm.html"
HContent-Disposition:$>CheckContentDisposition
SCheckContentDisposition
R$-     $@ OK
R$- ; $+     $@ OK
R$*     $#error $: "553 Illegal Content-Disposition"
```

Die Konfigurationsdateien der Clients von sendmail.com enthalten keine Spamkontrolle. Der Grund liegt darin, dass alle auf der Site eingehenden E-Mails über den externen Mailhub und einen internen Hub eintreffen, wo Spam aussortiert wird. Einige der Funktionen und andere Konstrukte in diesem Beispiel werden in unserem Abschnitt über die Konfiguration nicht behandelt, eine Dokumentation dazu finden Sie jedoch in der Datei cf/README.

18.12 Sicherheit von sendmail

Mit dem explosionsartigen Anwachsen des Internets haben Programme wie sendmail, die beliebige Benutzereingaben annehmen und lokalen Benutzern, Dateien oder Shells zustellen, oft den Weg für Hackerangriffe bereitet. Zusammen mit DNS und sogar IP kokettiert sendmail mit der Authentifizierung und Verschlüsselung als integrierte Lösung für einige dieser fundamentalen Sicherheitsprobleme.

Durch die kürzliche Lockerung der Exportgesetze in den Vereinigten Staaten in Bezug auf die Verschlüsselung kann sendmail jetzt mit integrierten Hooks für die Verschlüsselung ausgeliefert werden. Version 8.11 und neuere Versionen unterstützen sowohl die SMTP-Authentifizierung als auch die TLS-Verschlüsselung (Transport Layer Security), die früher unter dem Namen SSL (Secure Socket Layer) bekannt war. sendmail verwendet den Begriff TLS in diesem Zusammenhang und hat sie als Erweiterung, STARTTLS, zum SMTP-Protokoll implementiert. TLS brachte sechs neue Konfigurationsoptionen für Zertifikats- und Schlüsseldateien mit sich. Neue Aktionen für Übereinstimmungen mit der Datenbank access können eine erfolgreiche Authentifizierung erforderlich machen.

In diesem Abschnitt beschreiben wir die Entwicklung des Berechtigungsmodells, der Besitzverhältnisse und des Datenschutzes von sendmail. Eine kurze Erläuterung zu TLS und SASL (Simple Authentication and Security Layer) und deren Verwendung bei sendmail schließt sich daran an.

sendmail hat seine Sicherheit mit der Zeit stufenweise erhöht und ist nun im Hinblick auf Dateiberechtigungen sehr genau, bevor es beispielsweise den Inhalt einer .forward- oder aliases-Datei glaubt. Obwohl diese Verschärfung der Sicherheit allgemein begrüßenswert ist, ist es manchmal notwendig, die neuen strengen Richtlinien zu lockern. Zu diesem Zweck hat sendmail die Option DontBlameSendmail eingeführt, die in der Hoffnung so benannt wurde, der Name möge den Systemadministratoren suggerieren, dass ihre Vorgehensweise als unsicher gilt.

Diese Option verfügt über viele mögliche Werte – bei der letzten Zählung waren es 55. Die Standardeinstellung lautet safe. Eine vollständige Liste der Werte finden Sie in der Datei doc/op/op.ps der sendmail-Distribution. In der zweiten Auflage des bei O'Reilly erschienenen sendmail-Buches sind diese Werte nicht aufgeführt, was in der dritten Auflage aber sicherlich der Fall sein wird. Sie können natürlich auch einfach den Wert safe für diese Option beibehalten.

18.12.1 Besitzverhältnisse

Für sendmail sind drei Benutzerkonten von besonderer Bedeutung: DefaultUser, Trusted User und RunAsUser.

Standardmäßig werden alle Mailer von sendmail als DefaultUser ausgeführt, sofern die Flags des Mailers nichts anderes festlegen. Wenn in der Datei /etc/passwd der Benutzer mailnull, sendmail oder daemon vorhanden ist, ist dies der DefaultUser, anderenfalls handelt es sich dabei standardmäßig um UID 1 und GID 1. Wir empfehlen, das Konto mailnull und die Gruppe mailnull zu verwenden. Fügen Sie diese mit einem Sternchen als Passwort, ohne gültige Shell, ohne Home-Verzeichnis und mit der Standard-

18.12 Sicherheit von sendmail

gruppe `mailnull` in die Datei /etc/passwd ein. Außerdem müssen Sie den `mailnull`-Eintrag auch in die Datei /etc/group einfügen. Das Konto `mailnull` sollte keine Dateien besitzen. Wenn sendmail nicht als root ausgeführt wird, müssen die Mailer setuid sein.

Wird `RunAsUser` festgelegt, ignoriert sendmail den Wert von `DefaultUser` und erledigt alles als `RunAsUser`. Wenn Sie sendmail mit setgid-Rechten (für smmsp) ausführen, dann leitet das für die Übertragung verwendete sendmail die Nachrichten einfach über SMTP an das echte sendmail weiter. Beim echten sendmail ist das setuid-Bit nicht gesetzt, sondern es wird von den Startdateien als root ausgeführt.

Der `TrustedUser` von sendmail kann Maps und Aliasdateien besitzen. Er darf den Daemon starten oder die aliases-Datei neu erstellen. Diese Möglichkeit dient vorwiegend der Unterstützung der GUI-Schnittstellen zu sendmail, die für bestimmte Benutzer begrenzte administrative Steuerungsmöglichkeiten bereitstellen. Wenn Sie Trusted User festlegen, sollten Sie sicherstellen, dass das Konto, auf das er verweist, geschützt wird, da es leicht dazu genutzt werden kann, root-Zugriff zu erlangen. TrustedUser unterscheidet sich von der Klasse TRUSTED_USERS, die festlegt, wer die From-Zeile von Nachrichten neu schreiben darf.[31]

Bei `RunAsUser` handelt es sich um die UID, unter der sendmail läuft, nachdem es seine Socket-Verbindung mit Port 25 geöffnet hat. Ports, deren Nummer unter 1.024 liegt, können nur vom Superuser geöffnet werden; daher muss sendmail anfangs als root ausgeführt werden. Nach Erledigung dieses Vorgangs kann sendmail allerdings zu verschiedenen UIDs wechseln. Solch ein Schalter verringert das Schadens- oder Zugriffsrisiko, wenn sendmail überlistet wird, etwas Schädliches zu tun. Verwenden Sie die Funktion `RunAsUser` nicht auf Rechnern, die Benutzerkonten oder andere Dienste unterstützen; sie ist nur für die Verwendung bei Firewalls oder Bastion-Hosts bestimmt.

Standardmäßig wechselt sendmail die Identität nicht und läuft weiterhin als root. Wenn Sie `RunAsUser` so ändern, dass nicht root verwendet wird, müssen Sie auch andere Dinge ändern. RunAsUser muss Besitzer der Mail-Warteschlange und in der Lage sein, alle Maps zu lesen und Dateien einzufügen, Programme auszuführen usw. Sie müssen einige Stunden dafür einkalkulieren, alle zu ändernden Datei- und Verzeichnisbesitzverhältnisse zu suchen.

---

[31] Die Funktion TRUSTED_USERS wird normalerweise zur Unterstützung von Mailinglisten-Software eingesetzt. Wenn Sie zum Beispiel Majordomo verwenden, müssen Sie der Klasse TRUSTED_USERS den Benutzer »majordom« hinzufügen. Die Benutzer root und daemon sind die Standard-Mitglieder diese Klasse.

18.12.2 Berechtigungen

Datei- und Verzeichnisberechtigungen sind wichtig für die Sicherheit von `sendmail`. Um sicher zu sein, verwenden Sie die in Tabelle 18.14 aufgeführten Einstellungen.

Pfad	Besitzer	Modus	Inhalt
/var/spool/clientmqueue	smmsp	770	Mail-Warteschlange für die Erstübertragung[a]
/var/spool/mqueue	RunAsUser	700	Mail-Warteschlangenverzeichnis
/, /var, /var/spool	root	755	Pfad zu `mqueue`
/etc/mail/*	TrustedUser	644	Maps, die Konfigurationsdatei, Aliase
/etc/mail	TrustedUser	755	Übergeordnetes Verzeichnis für Maps
/etc	root	755	Pfad zum Mail-Verzeichnis

Tabelle 18.14: Besitzer und Berechtigungen von sendmail-spezifischen Verzeichnissen

a) Version 8.12 und höher

`sendmail` liest keine Dateien mit lockeren Berechtigungen (z. B. Dateien, die über Schreibberechtigungen für Gruppen oder für alle verfügen oder sich in Verzeichnissen mit diesen Berechtigungen befinden). Die strenge Vorgehensweise von `sendmail` liegt zum Teil in Betriebssystemen begründet, die es ihren Benutzern erlauben, ihre Dateien mit `chown` weiterzugeben (meistens jene, die von System V abgeleitet sind).

Linux-Systeme verfügen standardmäßig über eine sichere Version von `chown` und gestatten keine Weitergabe von Dateien. Allerdings kann `#ifdef` in den Code (`CAP_CHOWN`) eingefügt werden, um `chown` mit der System V-Semantik auszustatten. In diesem Fall müssten Sie den Kernel neu erstellen. Allerdings ist dieses Verhalten ungünstig; zwingen Sie Ihr empfindliches Linux-`chown` nicht dazu, sich wie das alte System V zu verhalten.

Im Hinblick auf den vollständigen Pfad zu Alias- oder Weiterleitungsdateien ist `sendmail` besonders penibel. Diese Genauigkeit kollidiert manchmal mit der Art und Weise, in der Sites die Aliase von Majordomo-Mailinglisten verwalten. Befindet sich die Majordomo-Liste beispielsweise im Verzeichnis `/usr/local`, muss der gesamte Pfad vertrauenswürdig sein; keine Komponente darf über Schreibberechtigungen für die Gruppe verfügen. Diese Einschränkung erschwert dem Listenbesitzer die Verwaltung der Aliasdatei. Um herauszufinden, wo Sie im Vergleich zu `sendmails` Vorstellungen in Bezug auf die Berechtigungen stehen, führen Sie den folgenden Befehl aus:

```
# sendmail -v -bi
```

Das `-bi`-Flag initialisiert die Aliasdatenbank und warnt Sie vor ungeeigneten Berechtigungen.

18.12 Sicherheit von sendmail

Eine .forward-Datei, deren Linkzahl größer ist als 1, liest sendmail nicht mehr, wenn der dort hinführende Verzeichnispfad unsicher ist (d.h. über lockere Berechtigungen verfügt). Diese Regel traf kürzlich Evi, als ihre .forward-Datei, bei der es sich normalerweise um eine harte Verknüpfung zu .forward.to.boulder oder .forward.to.sandiego handelte, stillschweigend versäumte, Ihre Mail von einer kleinen Site aus weiterzuleiten, an der sie nicht viele E-Mails erhielt. Erst Monate später erkannte sie, dass die Auskunft »Ich habe Ihre E-Mail nicht erhalten« ihr eigener Fehler und keine stichhaltige Entschuldigung war.

Viele der restriktiven Richtlinien für den Dateizugriff können Sie mit der Option DontBlameSendmail deaktivieren. Allerdings sollten Sie das nicht tun.

18.12.3 Sichere Mail an Dateien und Programme

Wir empfehlen Ihnen, smrsh anstelle von /bin/sh als Programm-Mailer und mail.local anstelle von /bin/mail als lokalen Mailer zu verwenden. Beide Programme sind in der sendmail-Distribution enthalten. Um sie in Ihre Konfiguration zu integrieren, fügen Sie Ihrer MC-Datei die folgenden Zeilen hinzu:

```
FEATURE(`smrsh', `Pfad-zu-smrsh')
FEATURE(`local_lmtp', `Pfad-zu-mail.local')
```

Wenn Sie die explizite Pfadangabe weglassen, geht das System davon aus, dass sich die Befehle im Verzeichnis /usr/libexec befinden. Sie können die Option confEBINDIR von sendmail verwenden, um den Standardspeicherort der Binärdateien nach Ihrem Ermessen zu ändern. Die Standardinstallation von Red Hat enthält mail.local überhaupt nicht. Bei SUSE ist es unter /usr/lib/sendmail.d/bin und bei Debian und Ubuntu unter /usr/lib/sm.bin abgelegt.

Bei smrsh handelt es sich um eine eingeschränkte Shell, die nur die Programme eines Verzeichnisses (standardmäßig /usr/adm/sm.bin) ausführt. Red Hat und Fedora installieren die Binärdatei von smrsh unter /usr/sbin, SUSE unter /usr/lib/sendmail.d/bin und Debian und Ubuntu unter /usr/lib/sm.bin. smrsh ignoriert vom Benutzer angegebene Pfade und versucht, die gewünschten Befehle in seinem als sicher bekannten Verzeichnis zu finden. Außerdem blockiert smrsh die Verwendung bestimmter Shell-Metazeichen wie »<«, das Symbol für die Eingangsumleitung. Symbolische Verknüpfungen sind in sm.bin gestattet, sodass Sie keine Duplikate der von Ihnen zugelassenen Programme anzufertigen brauchen.[32]

---

[32] Legen Sie keine Programme wie procmail, die eine Shell erzeugen können, in sm.bin ab. Außerdem sollten Sie procmail nicht als lokalen Mailer einsetzen, da die Benutzer von Ihrer ~/.procmailrc-Datei aus jedes beliebige Programm ausführen können. Das ist nicht sicher.

Im Folgenden finden Sie einige Beispiele für Shell-Befehle und deren mögliche Interpretation durch `smrsh`:

```
vacation eric              # führt /usr/adm/sm.bin/vacation eric aus
cat /etc/passwd            # zurückgewiesen, cat ist nicht in sm.bin
vacation eric < /etc/passwd # zurückgewiesen, < nicht zugelassen
```

Die Option `SafeFileEnvironment` von `sendmail` steuert, wo Dateien abgelegt werden können, wenn die E-Mail durch eine `aliases`- oder `.forward`-Datei an eine Datei umgeleitet wird. Sie veranlasst `sendmail`, einen `chroot`-Systemaufruf auszuführen, sodass das Root-Verzeichnis des Dateisystems nicht mehr /, sondern /safe oder ein anderer von Ihnen in der Option `SafeFileEnvironment` angegebener Pfad ist. Ein Alias, der beispielsweise Mail in die Datei /etc/passwd geleitet hat, wird tatsächlich in die Datei /safe/etc/passwd geschrieben.

Die Option `SafeFileEnvironment` schützt auch Gerätedateien, Verzeichnisse und andere besondere Dateien, indem sie Schreibvorgänge nur in regulären Dateien zulässt. Neben der Erhöhung der Sicherheit verringert diese Option die Auswirkungen von Benutzerfehlern. Einige Sites setzen den Wert dieser Option auf /home, um Zugriff auf die Home-Verzeichnisse zu gewähren, wobei die Systemdateien gesperrt bleiben.

Mailer können auch in einem `chroot`-Verzeichnis ausgeführt werden. Diese Option muss momentan in der Mailer-Definition angegeben werden, sollte jedoch bald mit m4 konfigurierbar sein.

18.12.4 Datenschutzoptionen

`sendmail` verfügt auch über Datenschutzoptionen, die Folgendes steuern:

- Was externe Personen durch die Verwendung von SMTP über Ihre Site herausfinden können
- Welche Anforderungen Sie an den Host am anderen Ende der SMTP-Verbindung haben
- Ob Ihre Benutzer die Mail-Warteschlange sehen oder abarbeiten lassen können

In Tabelle 18.15 sind die möglichen Werte der Datenschutzoptionen zum Zeitpunkt der Drucklegung dieses Buches aufgeführt; aktuelle Informationen finden Sie in der Datei `doc/op/op.ps` in der Distribution.

Wert	Bedeutung
public	Führt keine Datenschutz-/Sicherheitsprüfung durch
needmailhelo	Erfordert SMTP-HELO (identifiziert Remote-Host)
noexpn	Weist den SMTP-Befehl EXPN zurück

Tabelle 18.15: Werte der Variablen PrivacyOption

18.12 Sicherheit von sendmail

Wert	Bedeutung
novrfy	Weist den SMTP-Befehl VRFY zurück
needexpnhelo	Erweitert keine Adressen (EXPN) ohne HELO
needvrfyhelo	Überprüft keine Adressen (VRFY) ohne HELO
noverb[a]	Erlaubt den ausführlichen Modus für EXPN nicht
restrictmailq	Gestattet nur der Gruppe des Verzeichnisses mqueue, die Warteschlange einzusehen
restrictqrun	Erlaubt nur dem Besitzer des Verzeichnisses mqueue, die Warteschlange auszuführen
restrictexpand	Beschränkt die durch die Flags -bv und -v angezeigten Informationen[b]
Noetrn[c]	Lässt keine asynchrone Warteschlangenausführung zu
authwarnings	Fügt den Header Authentication-Warning hinzu (dies ist die Standardeinstellung)
noreceipts	Schaltet die Benachrichtigung über den Zustellungsstatus für Empfangsbestätigungen ab
nobodyreturn	Gibt in einer Benachrichtigung über den Zustellungsstatus den Textkörper der Nachricht nicht zurück
goaway	Deaktiviert alle SMTP-Statusabfragen (EXPN, VRFY usw.)

Tabelle 18.15: Werte der Variablen PrivacyOption (Forts.)

a) Der ausführliche Modus folgt auf .forward-Dateien, wenn der Befehl EXPN ausgegeben wird, und gibt weitere Informationen über den Verbleib der E-Mail eines Benutzers. Verwenden Sie auf allen mit der Außenwelt verbundenen Rechnern noverb oder, was noch besser ist, noexpn.
b) Sofern nicht von root oder TrustedUser ausgeführt.
c) Bei ETRN handelt es sich um einen ESMTP-Befehl, der von einen Einwahl-Host verwendet wird. Er fordert, dass die Warteschlange nur für Nachrichten an diesen Host ausgeführt wird.

Wir empfehlen die konservative Vorgehensweise. Verwenden Sie die folgende Zeile in Ihrer MC-Datei:

```
define(`confPRIVACY_OPTIONS', ``goaway, authwarnings, restrictmailq, restrictqrun'')
```

Der Standardwert von sendmail für die Datenschutzoptionen lautet authwarnings; die obige Zeile setzt diesen Wert zurück. Beachten Sie die doppelten Anführungszeichen; einige Versionen von m4 machen diese erforderlich, um die Kommas in der Liste der Werte für die Datenschutzoptionen zu schützen. Red Hat und Fedora weisen als Standardwert authwarnings, SUSE, Debian und Ubuntu authwarnings, needmailhelo, novrfy, noexpn und noverb auf.

18.12.5 sendmail mit chroot (Paranoia erforderlich)

Wenn Sie sich Sorgen machen, weil `sendmail` Zugriff auf Ihr Dateisystem hat, können Sie es in einem Jail mit `chroot` starten. Richten Sie diesen Bereich mit einem minimalen Dateisystem ein, einschließlich wesentlicher Dinge wie /dev/null, /etc (passwd, group, resolv.conf, sendmail.cf, Map-Dateien, mail/*), der von `sendmail` benötigten gemeinsam genutzten Bibliotheken, der Binärdatei von `sendmail`, des Mail-Warteschlangenverzeichnisses und der Protokolldateien. Wahrscheinlich müssen Sie sich ein wenig mit der Liste beschäftigen, um das Richtige auszuwählen. Verwenden Sie den Befehl `chroot`, um `sendmail` im Jail zu starten. Im Folgenden sehen Sie ein Beispiel:

```
# chroot /jail /usr/sbin/sendmail -bd -q30m
```

18.12.6 DoS-Angriffe

DoS-Angriffe sind schwer zu verhindern, da es keine Möglichkeit gibt, von vornherein festzustellen, ob eine Nachricht ein Angriff ist oder eine gültige E-Mail. Angreifer können viele unangenehme Dinge tun; dazu gehören auch das Überfluten des SMTP-Ports mit gefälschten Verbindungen, das Füllen von Festplattenpartitionen mit riesigen Nachrichten, das Blockieren ausgehender Verbindungen sowie Mail-Bombardements. `sendmail` verfügt über einige Konfigurationsparameter, die dabei helfen, die Auswirkungen eines DoS-Angriffs abzuschwächen oder zu begrenzen, diese können jedoch auch richtige Mails beeinträchtigen. Die Mail-Filterbibliothek (`milter`) kann Systemadministratoren dabei helfen, anhaltende DoS-Angriffe zu vereiteln.

Die Option `MaxDaemonChildren` begrenzt die Anzahl von `sendmail`-Prozessen. Sie verhindert, dass das System mit `sendmail`-Aufgaben überflutet wird, ermöglicht aber auch einem Angreifer, den SMTP-Dienst einfach zu stören. Die Option `MaxMessageSize` hilft zu verhindern, dass sich das Mail-Warteschlangenverzeichnis füllt; wenn Sie den Wert jedoch zu niedrig ansetzen, kommt es zum Bouncen regulärer E-Mails. (Sie können Ihren Grenzwert den Benutzern mitteilen, damit sie vom Bouncen ihrer Mail nicht überrascht werden. Wir empfehlen jedenfalls einen recht hohen Grenzwert, da einige reguläre E-Mails sehr groß sind.) Die Option `ConnectionRateThrottle`, die die Anzahl der zugelassenen Verbindungen pro Sekunde begrenzt, kann die Geschwindigkeit etwas drosseln. Schließlich kann noch die Einstellung `MaxRcptsPerMessage`, die die maximale Anzahl der Empfänger einer einzelnen Nachricht steuert, hilfreich sein.

`sendmail` war immer in der Lage, entsprechend der durchschnittlichen Systemauslastung Verbindungen zu verweigern (Option `REFUSE_LA`) oder E-Mails in die Warteschlange einzureihen (`QUEUE_LA`). Eine mit Version 8.12 eingeführte Variante, `DELAY_LA`, erhält den Mail-Fluss aufrecht, jedoch mit verringerter Geschwindigkeit. Einzelheiten erfahren Sie in Abschnitt 18.13.

Trotz all dieser Schalter zum Schutz Ihres Mail-Systems würde ein Mail-Bombardement die Verarbeitung regulärer Mails beeinträchtigen. Mail-Bombardements können recht unangenehm sein.

18.12 Sicherheit von sendmail

Die University of Colorado weist jedem Studenten (insgesamt ca. 25.000) ein E-Mail-Konto zu, wobei `pine` das Standardmailprogramm ist. Vor ein paar Jahren wurde ein Student, der eine neue Beschäftigung in einem lokalen Computergeschäft hatte, überredet, seinem Arbeitgeber eine Kopie der Passwortdatei zu geben. Daraufhin schickte die Firma mit Sendungen von jeweils etwa 1.000 Empfängern gleichzeitig (was eine sehr lange `To:`-Zeile ergab) eine Werbebotschaft an alle in der Passwortdatei enthaltenen Personen.

`pine` wurde mit dem Standardantwortmodus kompiliert, der so eingestellt ist, dass eine Antwort an alle Empfänger sowie den Absender erfolgt. Viele Studenten antworteten mit Fragen wie: »Warum haben Sie mir dieses Zeug geschickt?« Diese Antwort ging natürlich an alle anderen in der `To:`-Zeile angegebenen Empfänger. Dies führte zu einem kompletten Denial-of-Service auf dem Server – für E-Mails und alle anderen Verwendungszwecke. `sendmail` verbrauchte die gesamte CPU-Leistung, der Umfang der Mail-Warteschlange war enorm, und alle nützlichen Arbeiten kamen zum Erliegen. Die einzige Lösung schien zu sein, den Rechner offline zu schalten, in die Mail-Warteschlangen und jedes Benutzerpostfach zu gehen und die störenden Nachrichten zu löschen. (Eine Headerprüfung der Betreffzeile hätte ebenfalls durchgeführt werden können.)

18.12.7 Fälschungen

Das Fälschen von E-Mails war in der Vergangenheit alltäglich. Früher konnte jeder Benutzer E-Mails so fälschen, dass sie aussahen, als kämen sie von einer anderen Domäne. Mit Version 8.10 von `sendmail` wurde die SMTP-Authentifizierung eingeführt, um die Identität des Absendercomputers zu überprüfen. Die Authentifizierungsprüfung muss mit der Option `AuthMechanisms` aktiviert werden. Leider erfolgt die `sendmail`-Authentifizierung nicht durchgehend, sondern nur zwischen benachbarten Servern. Wird eine Nachricht von mehreren Servern verarbeitet, hilft die Authentifizierung zwar, kann jedoch nicht gewährleisten, dass die Nachricht nicht gefälscht wurde.

Ebenso kann jeder Benutzer in E-Mail-Nachrichten nachgeahmt werden. Seien Sie vorsichtig, wenn E-Mails von Ihrem Unternehmen als Autorisierungsmedium für Dinge wie Schlüssel, Zugangskarten und Geld verwendet werden. Sie sollten die administrativen Benutzer auf diese Tatsache hinweisen und vorschlagen, die Gültigkeit einer Nachricht zu überprüfen, wenn sie eine verdächtige E-Mail sehen, die von einer Autoritätsperson zu stammen scheint. Dies gilt doppelt, wenn in der Nachricht darum gebeten wird, einer Person übermäßige Privilegien zu erteilen, bei der dies ungewöhnlich ist. Eine E-Mail, mit der ein Hauptschlüssel für einfache Studenten bewilligt wird, kann suspekt sein!

Die Datenschutzoption `authwarnings` kennzeichnet lokale Fälschungsversuche, indem sie ausgehenden E-Mails einen `Authentication-Warning`-Header hinzufügt. Allerdings wird dieser Header standardmäßig von vielen Benutzeragenten verborgen.

Kommt die gefälschte Mail von einem Rechner, den Sie steuern, können Sie ein wenig dazu beitragen, dies zu vereiteln. Sie können den Daemon identd verwenden, um den echten Anmeldenamen eines Absenders zu überprüfen. sendmail stellt eine Rückfrage an den absendenden Host und bittet den dort ausgeführten Daemon identd um den Anmeldenamen des Benutzers, von dem die E-Mail stammt. Wird identd auf dem Remote-Host nicht ausgeführt, erfährt sendmail nichts. Wenn es sich bei dem Remote-Computer um eine Einzelbenutzerarbeitsstation handelt, kann deren Eigentümer identd so konfigurieren, dass eine gefälschte Antwort zurückgegeben wird. Ist der Remote-Host jedoch ein Rechner mit mehreren Benutzern, wie es zum Beispiel in vielen Universitätsrechenzentren der Fall ist, gibt identd den echten Anmeldenamen des Benutzers zurück, der von sendmail in den Header der Nachricht eingefügt wird.

Auf vielen Sites wird identd nicht ausgeführt, sondern häufig von Firewalls blockiert. identd ist nur innerhalb einer Site wirklich nützlich, da Computer, die nicht von Ihnen gesteuert werden, lügen können. Bei einer großen Site mit Benutzern, die wenig Verantwortung tragen (z. B. einer Universität), ist das großartig – schwächt aber auch die Leistung von sendmail.

Vor einigen Jahren, als wir zum ersten Mal mit identd experimentierten, war ein Student an unserem Standort frustriert über die Mitglieder seines Projektteams. Er versuchte, unter dem Namen seines Dozenten eine E-Mail an seine Teamkollegen zu senden, in der er ihnen mitteilte, dass sie sich seiner Meinung nach nicht genügend anstrengen und künftig härter arbeiten sollten. Leider machte er einen Syntaxfehler, sodass die Nachricht an den Dozenten gebounct wurde. Das IDENT-Protokoll von sendmail gab uns Auskunft, um wen es sich handelte. sendmail hatte die folgenden Zeilen in die gebouncte Nachricht eingefügt:

```
The original message was received at Wed, 9 Mar 1994
14:51 -0700 from student@benji.Colorado.EDU
[128.138.126.10]
```

Aber die Header der Nachricht selbst gaben etwas anderes an:

```
From: instructor@cs.Colorado.EDU
```

Die Moral von der Geschichte lautet: Vermeiden Sie Syntaxfehler, wenn Sie etwas heimlich tun. Aufgrund unserer Verfahrensweise bei gefälschten Mails wurde die Anmeldung des Studenten für den Rest des Semesters deaktiviert, was eigentlich genau das war, was der Student wollte. Er konnte nicht mehr an dem Projekt arbeiten, sodass seine Partner alles aufholen mussten.

18.12.8 Vertraulichkeit von Nachrichten

Eine Vertraulichkeit von Nachrichten besteht grundsätzlich erst, wenn Sie ein externes Verschlüsselungspaket wie Pretty Good Privacy (PGP) oder S/MIME verwenden. Standardmäßig werden alle E-Mails unverschlüsselt gesendet. Eine durchgehende Verschlüsselung erfordert eine Unterstützung durch die Mail-Benutzeragenten.

> **Tipp**
> Weitere Informationen über PGP finden Sie in Abschnitt 20.11.12.

Sowohl S/MIME als auch PGP sind in der RFC-Reihe dokumentiert, wobei es sich bei S/MIME um einen Standard handelt. Wir bevorzugen jedoch PGP, da dieses Verfahren auf breiter Basis zur Verfügung steht und von einem hervorragenden Kryptografen, Phil Zimmermann, entworfen wurde, dem wir vertrauen. Diese sich entwickelnden Standards bieten eine Grundlage für die Vertraulichkeit von E-Mails, die Authentifizierung, die Gewährleistung der Nachrichtenintegrität und die Nachweisbarkeit des Ursprungs. Eine Analyse des Nachrichtenverkehrs ist weiterhin möglich, da die Header und der Envelope in Klartext verfasst sind.

Weisen Sie Ihre Benutzer darauf hin, dass sie ihre Nachrichten selbst verschlüsseln müssen, wenn sie privat bleiben sollen.

18.12.9 SASL (Simple Authentication and Security Layer)

sendmail 8.10 und höhere Versionen unterstützen die in RFC2554 definierte SMTP-Authentifizierung. Sie beruht auf SASL (Simple Authentication and Security Layer) nach RFC2222. Bei SASL handelt es sich um ein Shared-Secret-System auf Host-zu-Host-Basis, wobei Sie für jedes Serverpaar, das sich gegenseitig authentifizieren soll, explizite Vorkehrungen treffen müssen.

Bei SASL handelt es sich um einen generischen Authentifizierungsmechanismus, der in eine Vielzahl von Protokollen integriert werden kann. Bisher wird er von sendmail, imapd von Cyrus, Outlook, Thunderbird und einigen Eudora-Versionen verwendet. Das SASL-Framework (es handelt sich dabei um eine Bibliothek) verfügt über zwei Grundkonzepte: einen Autorisierungs- und einen Authentifizierungsbezeichner. Diese kann es Dateiberechtigungen, Kontopasswörtern, Kerberos-Tickets usw. zuordnen. SASL umfasst sowohl eine Authentifizierungs- als auch eine Verschlüsselungskomponente. Um SASL mit sendmail nutzen zu können, besorgen Sie sich Cyrus SASL unter asg.web.cmu.edu/sasl.

TLS, ein weiteres Verschlüsselungs-/Authentifizierungssystem, ist in RFC2487 spezifiziert. Es ist in sendmail als SMTP-Erweiterung unter dem Namen STARTTLS implementiert. Sie können sogar sowohl SASL als auch TLS einsetzen.

TLS ist etwas schwieriger einzurichten und erfordert eine Zertifizierungsstelle. Sie können entweder viel Geld an VeriSign für die Ausstellung Ihrer Zertifikate (signierte öffentliche Schlüssel, die eine Entität kennzeichnen) bezahlen oder Ihre eigene Zertifizierungsstelle einrichten. Die starke Authentifizierung wird anstelle eines Hostnamens oder einer IP-Adresse als Autorisierungstoken für die Weiterleitung von Mail über Relays oder von vornherein zur Annahme einer Verbindung von einem Host verwendet. Ein Eintrag in `access_db` wie im folgenden Beispiel weist darauf hin, dass STARTTLS in Benutzung ist und E-Mails an die Domäne `secure.example.com` zumindest mit 112-Bit-Verschlüsselungsschlüsseln zu verschlüsseln sind:

```
TLS_Srv:secure.example.com    ENCR:112
TLS_Clt:laptop.example.com    PERM+VERIFY:112
```

E-Mails von einem Host der Domäne `laptop.example.com` sollten nur angenommen werden, wenn der Client sich authentifiziert hat.

Gregory Shapiro, ebenfalls Mitarbeiter von Sendmail Inc., hat einige gute Anleitungen über die Sicherheit und `sendmail` erstellt, die unter *www.sendmail.org/~gshapiro* erhältlich sind.

18.13 Leistung von sendmail

`sendmail` verfügt über mehrere Konfigurationsoptionen, die der Leistungsverbesserung dienen. Obwohl wir sie über das gesamte Kapitel verstreut haben, versuchen wir, in diesem Abschnitt auf die wichtigsten näher einzugehen. Dabei handelt es sich um Optionen und Funktionen, die Sie in Betracht ziehen sollten, wenn Sie ein System mit hohem Mail-Aufkommen (in beide Richtungen) betreiben. Falls Sie wirklich mehr als 1.000.000 E-Mail-Nachrichten pro Stunde versenden müssen und kein Spammer sind, sollten Sie die kommerzielle Version von `sendmail`, Sendmail Inc., verwenden.

18.13.1 Zustellungsmodi

`sendmail` verfügt über vier grundlegende Zustellungsmodi: im Hintergrund, interaktiv, Einreihung in die Warteschlange und Zurückstellen. Jeder Modus stellt einen Kompromiss zwischen Latenz und Durchsatz dar. Im Hintergrundmodus werden Mails sofort zugestellt, wofür `sendmail` allerdings einen neuen Prozess starten/erzeugen muss. Beim interaktiven Modus erfolgt die Zustellung ebenfalls sofort, dies geschieht jedoch durch denselben Prozess und hat zur Folge, dass die Remoteseite auf die Ergebnisse warten muss. Im Warteschlangenmodus werden eingehende E-Mails in eine Warteschlange eingereiht, damit sie später durch Daemons zur Warteschlangenbearbeitung zugestellt werden können. Der Zurückstellungsmodus weist Ähnlichkeiten mit dem Warteschlangenmodus auf, stellt jedoch auch alle Map-, DNS-, Alias- und Weiterleitungssuchvorgänge zurück. Der interaktive Modus wird selten genutzt. Der Hintergrundmodus begünstigt eine geringere Latenz, der Zurückstellungs- oder Warteschlangenmodus einen höheren Durchsatz. Der Zustellungsmodus wird mit der Option `confDELIVERY_MODE` festgelegt und ist standardmäßig auf den Hintergrundmodus eingestellt.

18.13.2 Warteschlangengruppen und Envelope-Aufteilung

Warteschlangengruppen sind eine neue Funktion von sendmail 8.12; sie ermöglichen Ihnen, mehrere Warteschlangen für ausgehende Mail zu erstellen und die Attribute der Warteschlangengruppen einzeln zu steuern. Warteschlangengruppen können ein einzelnes oder mehrere Warteschlangenverzeichnisse enthalten. Wenn Ihre Linux-Box beispielsweise als Mail-Hub für einen Internetdienstanbieter fungiert, können Sie eine Warteschlangengruppe für Ihre Einwahlbenutzer definieren und diesen dann erlauben, (mithilfe des SMTP-Befehls ETRN) eine Warteschlangenausführung auszulösen, wenn sie eine Verbindung herstellen, um ihre E-Mails herunterzuladen. Warteschlangengruppen werden mit einer Envelope-Teilungsfunktion eingesetzt, wobei viele Empfänger im Envelope auf mehrere Warteschlangengruppen aufgeteilt werden können. Diese Funktion sowie die Verwendung mehrerer Warteschlangenverzeichnisse pro Warteschlangengruppe verbessern Leistungsprobleme, die durch das Vorhandensein zu vieler Dateien in einem einzigen Verzeichnis des Dateisystems verursacht werden.[33]

Wenn eine Nachricht in das Mail-System eingefügt wird, wird sie einer oder mehreren Warteschlangengruppen zugewiesen. Die Warteschlangengruppe für die einzelnen Empfänger wird unabhängig davon bestimmt. Envelopes werden so umgeschrieben, dass sie den Zuweisungen der Warteschlangengruppe entsprechen. Werden mehrere Warteschlangenverzeichnisse verwendet, erfolgt eine zufällige Zuweisung der Nachrichten zu den Warteschlangen der richtigen Gruppe.

Liegt bei einer Warteschlangengruppe eine Begrenzung der maximalen Anzahl von Empfängern pro Envelope vor, teilt sendmail den Envelope der Nachricht in mehrere kleine Envelopes auf, die zu den Parametern der Warteschlangengruppe passen.

Warteschlangengruppen werden mit Anweisungen in der MC-Datei deklariert, werden aber eigentlich in der Sprache der Konfigurationsrohdatei durch LOCAL_RULESETS konfiguriert, die wir in diesem Buch nicht vollständig beschreiben. Wenn Sie Warteschlangengruppen verwenden wollen, um die Leistung zu verbessern oder für unterschiedliche Ziele verschiedene Dienstgütestufen einzusetzen, können Sie mit dem weiter hinten gezeigten Beispiel beginnen.

In Tabelle 18.16 sind die Attribute aufgeführt, die für eine Warteschlangengruppe festgelegt werden können. Bei der Definition der Warteschlangengruppe muss nur der erste Buchstabe des Attributnamens angegeben werden.

---

[33] Wenn Sie ein ext3-Dateisystem mit der Kernel-Version 2.6 oder höher einsetzen, können Verzeichnisindizes ebenfalls dazu beitragen, die Beeinträchtigung der Leistung durch große Verzeichnisse zu verringern. Mit dem Befehl tune2fs -O dir_index können Sie ein vorhandenes Dateisystem so ändern, dass es diese Funktion nutzt.

Attribute	Bedeutung
Flags	Hauptsächlich für künftige Schalter; für mehrere Daemons zur Warteschlangen-ausführung muss das Flag f gesetzt werden
Nice	Priorität für diese Warteschlangengruppe; verringert die Priorität wie der Systemaufruf nice
Interval	Wartezeit zwischen zwei Warteschlangendurchläufen
Path	Pfad zu dem mit der Warteschlangengruppe verknüpften Warteschlangenverzeichnis (erforderlich)
Runners	Anzahl der für die Warteschlangengruppe gleichzeitig auszuführenden sendmail-Prozesse
recipients	Maximale Anzahl von Empfängern pro Envelope

Tabelle 18.16: Attribute von Warteschlangengruppen

Nachfolgend sehen Sie ein Beispiel, das Warteschlangengruppen für lokale Mails, Mails an aol.com, Mails an andere Remote-Sites und eine Standardwarteschlange für alle restlichen E-Mails umfasst. Die folgenden Zeilen gehen in den regulären Teil der MC-Datei ein:

```
dnl ##### -- Warteschlangen
QUEUE_GROUP(`local', `P=/var/spool/mqueue/local')
QUEUE_GROUP(`aol', `P=/var/spool/mqueue/aol, F=f, r=100')
QUEUE_GROUP(`remote', `P=/var/spool/mqueue/remote, F=f')
```

Folgende Zeilen kommen an das Ende der MC-Datei:

```
LOCAL_RULESETS
Squeuegroup
R<$+>         $1
R$*@aol.com      $# aol
R$*@mydomain.com $# local
R$*@$*        $# remote
R$*           $# mqueue
```

In diesem Beispiel haben wir bei der Definition der Warteschlangengruppe für AOL einen Grenzwert von 100 Empfängern pro Nachricht festgelegt. Hätte eine ausgehende Nachricht 10.000 Empfänger, von denen 1.234 bei AOL sind, würden durch die Envelope-Aufteilung 13 Nachrichten in die Warteschlangengruppe aol eingefügt, und zwar zwölf mit jeweils 100 und eine mit den restlichen 34 Empfängern.

Um die Angelegenheit noch weiter zu beschleunigen, sollten Sie die schnelle Aufteilung ausprobieren, die die MX-Suchvorgänge während des Sortierprozesses zurückstellt:

```
define(`confFAST_SPLIT', `1')
```

18.13.3 Daemons zur Warteschlangenausführung

sendmail startet Kopien von sich selbst, um den eigentlichen Mail-Transport durchzuführen. Sie können die Anzahl der laufenden sendmail-Kopien jederzeit steuern und sogar festlegen, wie viele für die einzelnen Warteschlangengruppen zugeordnet werden. Mithilfe dieser Funktion können Sie die Aktivitäten von sendmail und des Betriebssystems auf Ihren ausgelasteten Mail-Hubcomputern ausgleichen.

Drei sendmail-Optionen steuern die Anzahl der Daemons zur Ausführung der einzelnen Warteschlangen:

- Die Option MAX_DAEMON_CHILDREN gibt die Gesamtanzahl der Kopien des sendmail-Daemons an, die gleichzeitig ausgeführt werden dürfen, einschließlich der Kopien, die Warteschlangen ausführen, und der Kopien, die eingehende Mail annehmen.
- Die Option MAX_QUEUE_CHILDREN legt die maximale Anzahl der gleichzeitig zugelassenen Daemons zur Warteschlangenausführung fest.
- Die Option MAX_RUNNERS_PER_QUEUE legt den Standardgrenzwert für die Daemons pro Warteschlange fest, wenn in der Definition der Warteschlangengruppe durch den Parameter Runners= (oder R=) kein expliziter Wert angegeben wurde.

Wenn Sie widersprüchliche Werte festlegen (z. B. maximal 50 Daemons zur Warteschlangenausführung, aber 10 für die lokale, 30 für die mydomain- und 50 für die AOL-Warteschlange), teilt sendmail die Warteschlangen in Arbeitsgruppen ein und nutzt zwischen diesen Gruppen ein Rundlaufverfahren. In diesem Beispiel bilden die Warteschlangen local und mydomain eine Arbeitsgruppe und die AOL-Warteschlange eine zweite. Wenn Sie widersprüchliche Grenzwerte auswählen (z. B. max=50, aber AOL=100), verwendet sendmail MAX_QUEUE_CHILDREN als absoluten Grenzwert für die Anzahl der Daemons zur Warteschlangenausführung.

18.13.4 Steuerung der Durchschnittslast

sendmail war schon immer in der Lage, bei zu hoher Durchschnittslast Verbindungen oder die Zustellung von Nachrichten aus der Warteschlange zu verweigern. Leider liegt die Granularität der Durchschnittslast nur bei einer Minute, sodass es kein besonders feingeschliffenes Werkzeug zum Ausgleich der von sendmail verbrauchten Ressourcen ist. Das neue Element DELAY_LA erlaubt Ihnen, einen Wert für die Durchschnittslast festzulegen, bei der sendmail das Tempo drosseln sollte; es schläft zwischen den SMTP-Befehlen für aktuelle Verbindungen und der Annahme neuer Verbindungen für eine Sekunde ein. Der Standardwert lautet 0 und deaktiviert diesen Mechanismus.

18.13.5 Nicht zustellbare Nachrichten in der Warteschlange

Nicht zustellbare Nachrichten in der Mail-Warteschlange können die Leistung eines stark ausgelasteten Mail-Servers ruinieren. sendmail verfügt über mehrere Funktionen, die im Hinblick auf Probleme mit unzustellbaren Nachrichten hilfreich sind.

Die effektivste ist die Option `FALLBACK_MX`, die eine Nachricht, die nicht beim ersten Versuch zugestellt werden kann, an einen anderen Computer übergibt. Ihr Hauptrechner gibt die Nachrichten an gute Adressen ab und schiebt die Problemkinder auf einen sekundären Ersatzrechner. Ein weiteres Hilfsmittel ist das Hoststatusverzeichnis, das den Status von Remote-Hosts über die Warteschlangendurchläufe hinweg speichert.

Die Option `FALLBACK_MX` führt zu einem hohen Leistungsgewinn bei Sites mit umfangreichen Mailinglisten, die praktisch sicher auch temporär oder permanent unzustellbare Adressen enthalten. Um sie verwenden zu können, müssen Sie den Host angeben, der die zurückgestellte Mail verarbeiten soll. Die folgende Anweisung leitet beispielsweise alle Nachrichten, deren erster Zustellungsversuch fehlschlägt, zur Weiterverarbeitung an den zentralen Server *mailbackup.atrust.com* weiter:

```
define(`confFALLBACK_MX', `mailbackup.atrust.com')
```

Seit Version 8.12 können mehrere Ausweichrechner vorhanden sein, wenn die gewünschten Hosts über mehrere MX-Einträge im DNS verfügen.

Auf den Ausweichrechnern können Sie die Option `HOST_STATUS_DIRECTORY` verwenden, die Ihnen bei wiederholt fehlgeschlagenen Zustellversuchen hilft. Diese Option weist `sendmail` an, für jeden Host, an den Mails gesendet werden, eine Statusdatei zu führen und diese Statusinformationen zu verwenden, um bei jeder Warteschlangenausführung die Priorität der Hosts festzulegen. Diese Statusinformation realisiert wirksam die negative Zwischenspeicherung und gestattet die gemeinsame Nutzung von Informationen über die Warteschlangenausführung hinweg. Dies bietet einen Leistungsgewinn auf Servern, die Mailinglisten mit Unmengen falscher Adressen verarbeiten, kann jedoch im Hinblick auf die Datei-E/A aufwändig sein.

Im Folgenden sehen Sie ein Beispiel, in dem das Verzeichnis `/var/spool/mqueue/.hoststat` genutzt wird (das Sie zuvor erstellen müssen):

```
define(`confHOST_STATUS_DIRECTORY', `/var/spool/mqueue/.hoststat')
```

Wenn das Verzeichnis `.hoststat` als relativer Pfad angegeben wird, wird es unterhalb des Warteschlangenverzeichnisses angelegt. `sendmail` legt seine eigene interne Hierarchie für Unterverzeichnisse anhand des Zielhostnamens an.

Schlägt beispielsweise die Zustellung einer E-Mail an *evi@anchor.cs.colorado.edu* fehl, werden die Statusinformationen in einer Datei mit dem Namen `anchor` im Verzeichnis `/var/spool/mqueue/.hoststat/edu./colorado./cs./` abgelegt, da der Host `anchor` über einen MX-Eintrag verfügt, der ihm selbst höchste Priorität einräumt. Würden die DNS-MX-Einträge die E-Mail von `anchor` an den Host `foo` weiterleiten, lautete der Dateiname `foo` anstelle von `anchor`.

Eine dritte Möglichkeit zur Leistungssteigerung auf stark ausgelasteten Rechnern ergibt sich aus der Angabe eines Mindestwarteschlangenalters, sodass alle Nachrichten, die beim ersten Versuch nicht zugestellt werden können, in die Warteschlange

18.13 Leistung von sendmail

eingereiht werden und zwischen den Versuchen für einen Mindestzeitraum dort verbleiben. Dieses Verfahren ist normalerweise mit Kommandozeilen-Flags verbunden, die die Warteschlange häufiger ausführen (z. B. -q5m). Wenn ein Daemon zur Warteschlangenausführung an einer falschen Nachricht hängen bleibt, wird ein anderer fünf Minuten später gestartet, sodass sich die Leistung für die zustellbaren Nachrichten verbessert. Die Ausführung der gesamten Warteschlange erfolgt in Stapeln, die von der Mindestaufenthaltszeit der Nachrichten bestimmt werden. Die Ausführung von sendmail mit den Flags -bd -q5m und der folgenden Option in der Konfigurationsdatei hätte ein reaktionsfähigeres System zur Folge:

```
define(`confMIN-QUEUE_AGE', `27m')
```

18.13.6 Kerneloptimierung

Wenn Sie planen, eine Linux-Box als Mail-Server mit hohem Mailaufkommen zu verwenden, sollten Sie mehrere Netzwerkkonfigurationsparameter des Kernels ändern und (je nach Ihrer Hardwarekonfiguration und der erwarteten Last) vielleicht sogar einen maßgeschneiderten Kernel erstellen. Entfernen Sie alle unnötigen Treiber, damit Sie mit einem gestrafften Kernel beginnen, der für Ihre Hardwarekonfiguration gerade richtig ist.

Verfügt der Hostcomputer über mehr als einen Prozessor (SMP), sollte der maßgeschneiderte Kernel die Unterstützung mehrerer Prozessoren umfassen. (Uns ist klar, dass diese Bemerkung für einen echten Linux-Freak so sinnvoll ist wie der Rat, das Atmen nicht zu vergessen. Da aber die Kenntnisse der Linux-Benutzer über den Aufbau des Kernes unterschiedlich sind, haben wir die Kommentare des Rezensenten ignoriert und diese Erinnerung beibehalten.)

Um die Parameter des Netzwerkstacks zurückzusetzen, verwenden Sie den zur richtigen Variablen im /proc-Dateisystem umgeleiteten Shell-Befehl echo. Kapitel 12 enthält eine allgemeine Beschreibung dieses Verfahrens. Tabelle 18.17 zeigt die auf einem Mail-Server mit hohem Mail-Aufkommen zu ändernden Parameter mit den Richt- und Standardwerten. Diese Änderungen sollten wahrscheinlich in das Shell-Skript eingefügt werden, das beim Booten abläuft und die entsprechenden echo-Befehle ausführt.

Variable (relativ zu /proc/sys)	Standardwert	Empfohlen
net/ipv4/tcp_fin_timeout	180	30
net/ipv4/tcp_keepalive_time	7200	1800
net/core/netdev_max_backlog	300	1024
fs/file_max	4096	16384
fs/inode_max	16384	65536

Tabelle 18.17: Auf Mail-Servern mit hohem Mail-Aufkommen zu ändernde Kernelparameter

Sie können beispielsweise den folgenden Befehl verwenden, um den Wert `tcp_fin_timeout` zu ändern:

```
echo 30 > /proc/sys/net/ipv4/tcp_fin_timeout
```

18.14 Statistiken, Tests und Debugging für sendmail

`sendmail` kann Statistiken über die Anzahl und die Größe der verarbeiteten Nachrichten erfassen. Diese können Sie mit dem Befehl `mailstats` einsehen, der die Daten nach Mailern anordnet. Die Option `STATUS_FILE` von `sendmail` (in der `OSTYPE`-Datei) gibt den Namen der Datei an, in der die Statistiken abgelegt werden sollten. Das Vorhandensein der genannten Datei aktiviert die Berechnungsfunktion.

Der Standardspeicherort für die Statistikdatei von `sendmail` ist `/etc/mail/statistics`, aber einige Anbieter nennen die Datei `sendmail.st` und legen sie im Verzeichnis `/var/log` ab. Die von `mailstats` angezeigten Gesamtwerte werden vom Zeitpunkt der Erstellung der Statistikdatei an kumuliert. Wenn Sie periodische Statistiken brauchen, können Sie über `cron` die Rotation und Neuinitialisierung der Datei veranlassen.

Hier sehen Sie ein Beispiel:

```
$ mailstats
Statistics from Tue Aug  1 02:13:30 2006
  M   msgsfr   bytes_from   msgsto   bytes_to   msgsrej   msgsdis   Mailer
  4       12          25K       63       455K         0         0    esmtp
  7        0           0K       18        25K         0         0    relay
  8       54         472K        0         0K         0         0    local
=====================================================================
  T       66         497K       81       480K         0         0
  C       66                    81                    0
```

Wenn die Mail-Statistikdatei mit Leserechten für alle ausgestattet ist, brauchen Sie nicht als `root` angemeldet zu sein, um `mailstats` ausführen zu können.

Sechs Werte werden angezeigt: empfangene Nachrichten und Kilobytes (`msgsfr`, `bytes_from`), gesendete Nachrichten und Kilobytes (`msgsto`, `bytes_to`), zurückgewiesene Nachrichten (`msgsrej`) und verworfene Nachrichten (`msgsdis`). Bei der ersten Spalte handelt es sich um eine Nummer, die den Mailer kennzeichnet. Die Zeile T gibt die Gesamtanzahl der Nachrichten und Bytes an und die Zeile C die Verbindungen. Diese Werte enthalten sowohl lokale als auch über Relays weitergeleitete Mails.

18.14.1 Tests und Debugging

m4-basierte Konfigurationen sind gewissermaßen vorgeprüft. Bei deren Verwendung brauchen Sie wahrscheinlich kein Debugging auf der unteren Ebene durchzuführen. Was die Debugging-Flags nicht testen können, ist Ihr Entwurf. Bei der Recherche für

18.14 Statistiken, Tests und Debugging für sendmail

dieses Kapitel haben wir in mehreren der von uns untersuchten Konfigurationsdateien und Entwürfe Fehler gefunden. Diese reichten vom Aufruf einer Funktion ohne das erforderliche Makro (z. B. die Verwendung von masquerade_envelope, ohne die Maskierung mit MASQUERADE_AS aktiviert zu haben) bis hin zu einem Gesamtkonflikt zwischen dem Entwurf der sendmail-Konfiguration und der Firewall, die steuert, ob und unter welchen Bedingungen eingehende E-Mails angenommen werden.

Sie können ein Mail-System nicht in einem Vakuum entwerfen. Es muss mit Ihren DNS-MX-Einträgen und Ihrer Firewall-Richtlinie abgestimmt sein (oder darf zumindest nicht damit in Konflikt stehen).

sendmail stellt einen der umfangreichsten Hilfsmittelsätze für das Debugging bereit, wobei es sich bei den Debug-Flags nicht um einfache Boolesche Verknüpfungen oder gar Ganzzahlen handelt, sondern um die zweidimensionale Größen x,y, wobei x Inhalt oder Thema und y die Menge der anzuzeigenden Informationen auswählt. Beim Wert 0 erfolgt kein Debugging und bei 127 müssen viele Bäume sterben, wenn Sie die Ausgabe drucken wollen. Die Werte für die Inhalte reichen von 0 bis 99; zurzeit sind etwa 80 definiert.

In der in der Distribution enthaltenen Datei sendmail/TRACEFLAGS sind die verwendeten Werte sowie die Dateien und Funktionen aufgeführt, in denen sie verwendet werden. Die gesamte Debugging-Unterstützung erfolgt auf der Ebene der Konfigurationsrohdatei. In vielen Fällen ist es hilfreich, sich die sendmail-Quelle zusammen mit der Debug-Ausgabe anzusehen.

Wird sendmail mit dem Flag -d$x.y$ aufgerufen, erfolgt die Debugging-Ausgabe auf dem Bildschirm (Standardfehlerausgabe). Tabelle 18.18 zeigt mehrere wichtige Werte für x und einige Richtwerte für y. Seien Sie vorsichtig, falls das Debugging erfolgen soll, wenn sendmail als Daemon ausgeführt wird (-bd), da die Debug-Ausgabe in den SMTP-Dialog eingehen und zu merkwürdigen Fehlern führen könnte, wenn sendmail mit Remote-Hosts kommuniziert.

Thema oder Inhalt (aber einheitlich)	Bedeutung und Vorschläge
0	Zeigt die Kompilierungsflags und die Systemidentität an (versuchen Sie es mit y = 1 oder 10)
8	Zeigt die DNS-Namensauflösung an (versuchen Sie es mit y = 8)
11	Verfolgt die Zustellung (zeigt die Mailer-Aufrufe an)
12	Zeigt die Übersetzung zwischen lokalem und Remote Namen an
17	Listet die MX-Hosts auf
21	Verfolgt die Umschreibungsregeln (verwenden Sie y = 2 oder y = 12 für mehr Details)

Tabelle 18.18: Inhalte für das Debugging

Thema oder Inhalt (aber einheitlich)	Bedeutung und Vorschläge
27	Zeigt Aliase und Weiterleitungen an (versuchen Sie es mit y = 4)
44	Zeigt die Dateiöffnungsversuche bei einem Fehlschlag an (y = 4)
60	Zeigt die Suchvorgänge für Datenbank-Maps an

Tabelle 18.18: Inhalte für das Debugging (Forts.)

Gene Kim und Rob Kolstad haben ein Perl-Skript namens checksendmail geschrieben, das sendmail im Adresstestmodus für eine von Ihnen bereitgestellte Datei mit Testadressen aufruft. Es vergleicht die Ergebnisse mit den erwarteten Werten. Mit diesem Skript können Sie neue Versionen der Konfigurationsdatei anhand einer Testfolge mit den typischen Adressen Ihrer Site testen, um sicherzustellen, dass Sie nicht versehentlich etwas kaputt gemacht haben, das normalerweise lief.

Tipp

checksendmail ist bei *www.harker.com* erhältlich.

18.14.2 Ausführliche Zustellung

Viele Benutzeragenten, die sendmail an der Kommandozeile aufrufen, nehmen ein -v-Flag an, das an sendmail übergeben wird und dafür sorgt, dass die zur Zustellung der Nachricht unternommenen Schritte angezeigt werden. Das im Folgenden gezeigte Beispiel verwendet den Befehl mail. Die fett gedruckten Wörter wurden als Eingabe für den Benutzeragenten geschrieben, bei dem Rest handelt es sich um die ausführliche Ausgabe von sendmail.

```
$ mail -v trent@toadranch.com
Subject: just testing, please ignore
hi
.
Cc: trent@toadranch.com... Connecting to coyote.toadranch.com. via esmtp...
220 coyote.toadranch.com ESMTP Sendmail 8.11.0/8.11.0; Tue, 7 Aug 2001 20:08:51 -0600
>>> EHLO anchor.cs.colorado.edu
250-coyote.toadranch.com Hello anchor.cs.colorado.edu [128.138.242.1], pleased to meet you
250-ENHANCEDSTATUSCODES
250-EXPN
```

18.14.3 Kommunikation in SMTP

```
250-VERB
250-8BITMIME
250-SIZE
250-DSN
250-ONEX
250-ETRN
250-XUSR
250-AUTH DIGEST-MD5 CRAM-MD5
250 HELP
>>> MAIL From:<evi@anchor.cs.colorado.edu> SIZE=65
250 2.1.0 <evi@anchor.cs.colorado.edu>... Sender ok
>>> RCPT To: <trent@toadranch.com>
250 2.1.5 <trent@toadranch.com>... Recipient ok
>>> DATA
354 Enter mail, end with "." on a line by itself
>>> .
250 2.0.0 f7828pi03229 Message accepted for delivery
trent@toadranch.com... Sent (f7828pi03229 Message accepted for delivery)
Closing connection to coyote.toadranch.com.
>>> QUIT
221 2.0.0 coyote.toadranch.com closing connection
```

Das sendmail von anchor ist mit dem sendmail von toadranch.com verbunden. Alle Rechner haben das ESMTP-Protokoll verwendet, um den Nachrichtenaustausch auszuhandeln.

18.14.3 Kommunikation in SMTP

Sie können SMTP beim Debuggen des Mail-Systems direkt nutzen. Um eine SMTP-Sitzung einzurichten, verwenden Sie sendmail -bs oder telnet mit TCP-Port 25. Das ist der Standardport, den sendmail abhört, wenn es im Daemon-Modus (-bd) ausgeführt wird. Wird sendmail als Mailübertragungsagent ausgeführt, verwendet es Port 587. Tabelle 18.19 zeigt die wichtigsten SMTP-Befehle.

Befehl	Funktion
HELO *Hostname*	Anmeldung des Hosts, wenn SMPT verwendet wird
EHLO *Hostname*	Anmeldung des Host, wenn ESMPT verwendet wird
MAIL From: *revpath*	Beginnt eine Mail-Transaktion (Envelope-Absender)
RCPT To: *fwdpath*[a]	Kennzeichnet den oder die Envelope-Empfänger
VRFY *Adresse*	Prüft, of diese *Adresse* gültig (zustellbar) ist
EXPN *Adresse*	Zeigt die Erweiterung von Aliasen und .forward-Mappings an
DATA	Beginnt den Textkörper der Nachricht[b]

Tabelle 18.19: SMTP-Befehle

Befehl	Funktion
QUIT	Beendet den Austausch und schließt die Verbindung
RSET	Setzt den Verbindungsstatus zurück
HELP	Druckt eine Zusammenfassung der SMTP-Befehle

Tabelle 18.19: SMTP-Befehle (Forts.)

a) Es können mehrere RCPT-Befehle für eine Nachricht vorhanden sein.
b) Sie beenden den Textkörper, indem Sie einen einzelnen Punkt in eine Zeile eingeben.

Die gesamte Sprache umfasst nur 14 Befehle, sodass sie recht einfach zu lernen und zu verwenden ist. Die Groß- und Kleinschreibung wird dabei nicht berücksichtigt. Die Spezifikation für SMTP finden Sie in RFC2821.

Die meisten Transportagenten, einschließlich sendmail, beherrschen sowohl SMTP als auch ESMTP; smap ist die einzige Ausnahme. Leider verstehen viele Firewall-Boxen, die aktive Filter bereitstellen, ESMTP nicht.

Agenten, die ESMTP beherrschen, beginnen die Konversation mit dem Befehl EHLO anstelle von HELO. Wenn der Prozess am anderen Ende diesen Befehl versteht und mit OK antwortet, handeln die Beteiligten unterstützte Erweiterungen aus und treffen sich auf dem kleinsten gemeinsamen Nenner für den Austausch. Wird ein Fehler zurückgegeben, greift der Agent, der ESMTP versteht, auf SMTP zurück.

18.14.4 Warteschlangen überwachen

Sie können den Befehl mailq (der sendmail -bp entspricht) verwenden, um den Status der sich in der Warteschlange befindenden Nachrichten einzusehen. Nachrichten werden in die Warteschlänge eingereiht, wenn sie zugestellt werden oder wenn der Zustellungsversuch gescheitert ist.

mailq druckt jederzeit eine für das menschliche Auge lesbare Zusammenfassung der Dateien im Verzeichnis /var/spool/mqueue. Die Ausgabe ist nützlich, um herauszufinden, warum sich die Zustellung einer Nachricht verzögert haben könnte. Wenn sich herausstellt, dass sich ein Mail-Rückstand entwickelt, können Sie den Status von sendmails Versuchen, den Stau aufzulösen, überwachen.

Beachten Sie, dass in Version 8.12 oder höheren Versionen von sendmail zwei Standardwarteschlangen existieren: eine für an Port 25 empfangene und eine weitere für an Port 587 (der Client-Übertragungswarteschlange) eingegangene Nachrichten. Um die Clientwarteschlange einzusehen, können Sie mailq -Ac aufrufen.

Im Folgenden sehen Sie eine typische Ausgabe von mailq. In diesem Fall werden drei Nachrichten gezeigt, die auf Zustellung warten:

```
$ sudo mailq
/var/spool/mqueue (3 requests)
-----Q-ID-----   --Size--   -----Q-Time-----   -----------Sender/Recipient-----------
k623gYYk008732   23217      Sat Jul 1 21:42    MAILER-DAEMON
    8BITMIME     (Deferred: Connection refused by agribusinessonline.com.)
                                                <Nimtz@agribusinessonline.com>
k5ULkAHB032374   279        Fri Jun 30 15:46   <randy@atrust.com>
                 (Deferred: Name server: k2wireless.com.: host name lookup fa)
                                                <relder@k2wireless.com>
k5UJDm72023576   2485       Fri Jun 30 13:13   MAILER-DAEMON
                 (reply: read error from mx4.level3.com.)
                                                <lfinist@bbnplanet.com>
```

Wenn Sie glauben, dass Sie die Situation besser verstehen als sendmail, oder einfach sendmail veranlassen wollen, sofort einen erneuten Zustellungsversuch für die Nachrichten in der Warteschlange zu unternehmen, können Sie mit sendmail -q eine Warteschlangenausführung erzwingen. Bei der Verwendung von sendmail -q -v zeigt sendmail die ausführlichen Ergebnisse der einzelnen Zustellungsversuche an, was für das Debugging oft sehr nützlich ist. Sich selbst überlassen, versucht sendmail in jedem Ausführungsintervall der Warteschlange (normalerweise 30 Minuten) eine erneute Zustellung.

18.14.5 Protokollierung

sendmail verwendet syslog zur Protokollierung von Fehler- und Statusmeldungen mit der syslog-Einrichtung mail und den Ebenen debug bis crit; Nachrichten werden mit der Zeichenfolge sendmail gekennzeichnet. Sie können die Protokollierungszeichenfolge sendmail mit der Kommandozeilenoption -L durch eine andere Zeichenfolge ersetzen, was praktisch ist, wenn Sie eine Kopie von sendmail debuggen, während andere Kopien ihren regulären auf E-Mails bezogenen Aufgaben nachgehen.

Tipp

Weitere Informationen über syslog finden Sie in Kapitel 10.

Die Option confLOG_LEVEL, die in der Kommandozeile oder der Konfigurationsdatei angegeben wird, bestimmt den Stärkegrad, den sendmail als Schwellenwert für die Protokollierung verwendet. Hohe Werte der Protokollierungsebene schalten niedrige Stärkegrade ein und sorgen dafür, dass mehr Informationen protokolliert werden.

Denken Sie daran, dass eine auf einer bestimmten Ebene in `syslog` protokollierte Nachricht an diese und alle darüberliegenden Ebenen gemeldet wird. Die Datei `/etc/syslog.conf` bestimmt das spätere Ziel der einzelnen Nachrichten.

Auf Red Hat- und Fedora-Systemen werden die `sendmail`-Protokolle standardmäßig unter `/var/log/maillog` abgelegt, bei SUSE unter `/var/log/mail` und bei Debian und Ubuntu unter `/var/log/mail.log`. Wäre es nicht schön, wenn die Standardisierungsbemühungen dazu führen würden, dass einige dieser willkürlichen und offensichtlich sinnlosen Unterschiede beseitigt würden und damit unsere Skripte leichter übertragbar wären?

Tabelle 18.20 zeigt eine ungefähre Zuordnung der Protokollierungsebenen von `sendmail` und der Stärkegrade von `syslog`.

L	Ebenen	L	Ebenen
0	Keine Protokollierung	4	notice
1	alert oder crit	4-11	info
2	crit	≥ 12	debug
3	err oder warning		

Tabelle 18.20: Die Protokollierungsebenen von sendmail im Vergleich zu den Ebenen von syslog

Ein schönes Programm von Jason Armstrong mit dem Namen `mreport` steht unter folgendem URL zur Verfügung:

ftp://ftp.riverdrums.com/pub/mreport

Es fasst die von `sendmail` geschriebenen Protokolldateien zusammen. Es lässt sich sehr gut mit `make` und anschließend `make install` erstellen. Im Folgenden sehen Sie ein Beispiel für eine `mreport`-Ausgabe von einem Red Hat-System:

```
# mreport -f -i /var/log/maillog -o mreport.out
[redhat.toadranch.com] [/var/log/maillog]
*  [  7]  592601 herb@yoherb.com               trent@toadranch.com
*  [  8]  505797 SNYDERGA@simon.rochester.edu  trent@toadranch.com
   [  1]  179386 steph@toadranch.com           bennettr@
                                               ci.boulder.co.us
   [  1]   65086 herb@yoherb.com               ned@xor.co
   [  7]   19029 evi@anchor.cs.colorado.edu    trent@toadranch.com
   [ 11]   17677 lunch-request@moose.org       trent@toadranch.com
   [  2]   16178 trent@toadranch.com           ned@camelspit.org
   [  3]   15229 reminders@yahoo-inc.com       herb@toadranch.com
   [  2]    4653 trent@toadranch.com           garth@cs.colorado.edu
   [  2]    1816 UNKNOWN                       trent@toadranch.com
. . . viele Zeilen gelöscht . . .
```

```
=====================
Total Bytes         : 7876372
Number of Records   : 192
---------------------
User Unknown        : 125
---------------------
Host Name           : redhat.toadranch.com
Input File          : maillog
Output File         : mreport.out
First Record        : Aug  5 04:47:31
Last Record         : Aug  7 18:16:25
---------------------
Time Taken          : 24317 ηs
=====================
```

Um `mreport` ausführen zu können, müssen Sie `sudo` verwenden oder als `root` angemeldet sein, falls Ihre Mail-Protokolldateien nur für `root` einsehbar sind (was der Fall sein sollte). Flags und Optionen sind auf der man-Seite von `mreport` dokumentiert. Das `-f`-Flag in diesem Beispiel weist darauf hin, dass eine Sammlung und Sortierung anhand des Absenders erfolgen soll; mit dem analogen `-t`-Flag können Sie nach Empfängern sortieren. Bei dem Argument `-i` handelt es sich um die Eingabe-, bei `-o` um die Ausgabedatei.

Falls Sie beabsichtigen, `mreport` regelmäßig auszuführen, sollten Sie Ihre Benutzer darüber informieren. Sie könnten es als Eindringen in ihre Privatsphäre auffassen, wenn der Systemadministrator die Mail-Protokolle mit einem hübschen Werkzeug wie diesem durchsucht.

18.15 Das Mail-System Exim

Die Debian- und Ubuntu-Distributionen werden nicht mit `sendmail`, sondern mit dem Mail-Transportagenten Exim ausgeliefert. Dabei handelt es sich zwar um ein einfacheres System mit weniger Schnickschnack, es bietet allerdings einfachere Konfigurationsmöglichkeiten für Sites, deren Mail-Aufkommen nicht so hoch und deren Mail-Systementwurf nicht so ausgefallen ist. Die Funktionalität von Exim entspricht den am häufigsten verwendeten Funktionen von `sendmail`.

18.15.1 Geschichte

Exim wurde 1995 von Philip Hazel an der University of Cambridge geschrieben und wird unter der GNU General Public License verteilt. Die Version 4 von Exim (alias exim4) wurde im Jahr 2002 herausgegeben und wird derzeit mit Debian und Ubuntu ausgeliefert. Philip Hazel hat auch ein Buch mit dem Titel *The Exim Smtp Mail Server: Official Guide for Release 4* geschrieben, das im Jahr 2007 veröffentlicht wurde. Was die

Einzelheiten zur Konfiguration von Exim anbelangt, verweisen wir auf dieses Buch sowie die Exim-Dokumentation unter *www.exim.org* und geben hier nur eine kurze Beschreibung.

18.15.2 Exim unter Linux

Wie beim `sendmail`-Paket, führen einige Befehle von Exim besondere Mail-Funktionen aus. Diese werden durch den Aufruf von `exim` mit bestimmten Kommandozeilen-Flags implementiert. In Tabelle 18.21 sind die Verhaltensweisen und die entsprechenden Flags aufgeführt.

Befehl	Äquivalent	Funktion
mailq	exim -bp	Zeigt die Mail-Warteschlange an
rsmtp	exim -bS	Batched SMTP-Verbindung
rmail	exim -i	Aufgrund der Kompatibilität mit smail[a]
runq	exim -q	Führt die Mail-Warteschlange aus

Tabelle 18.21: Die Hilfsprogramme von Exim (mit den entsprechenden Flags)

a) Nimmt eine Nachricht an, die mit einer aus einem einzelnen Punkt bestehenden Zeile endet.

18.15.3 Konfiguration von Exim

Exim umfasst drei logische Teile: Directors, Router und Transporte. Directors verarbeiten lokale Adressen, d.h. Adressen innerhalb der Heimatdomäne. Router verarbeiten Remote-Adressen, während sich Transporte um die eigentliche Zustellung kümmern.

Die Konfiguration von Exim weist große Ähnlichkeiten mit der von `smail3` oder Postfix auf, wobei die Konfigurationssprache das Format *Schlüsselwort = Wert* aufweist. Ab Exim 4 wird das System über eine durchdachte Sammlung von Konfigurationsdateien konfiguriert, die sich im Verzeichnis `/etc/exim4/conf.d` befinden. Nachdem Sie eine dieser Dateien hinzugefügt oder geändert haben, müssen Sie das Skript `update-exim4.conf` ausführen, das dann die Datei `/var/lib/exim4/config.autogenerated` erstellt. Exim verwendet die Datei `config.autogenerated` zur Laufzeit.

Die Konfigurationsdateien sind von Exim gut dokumentiert, wobei allen Variablen ein Kommentar vorangestellt ist, der beschreibt, welche Aufgabe die Variable hat, welchen Wert sie normalerweise aufweist und welche (schlimmen) Dinge passieren können, wenn Sie sie nicht definieren. Die Standardkonfigurationsdateien enthalten etwa 100 definierte Variablen, wobei es sich allerdings überwiegend um die Vorlage handelt, die einen Großteil des Verhaltens von `sendmail` emuliert, das wir in den vorangegangenen Abschnitten dokumentiert haben.

In unserem Testsystem brauchten wir nur vier Variablen festzulegen, um den grundlegenden E-Mail-Betrieb aufnehmen zu können. Zwei dieser Variablen betreffen Datenschutzüberlegungen und waren nicht unbedingt erforderlich. Nachfolgend sehen Sie die vier mit unseren Kommentaren versehenen Variablen:

```
qualify_domain = domänenname    ## Ist standardmäßig auf den unqualifizierten
                                   Hostnamen gesetzt
local_domains = localhost:domain-name
smtp_verify = false     ## Der Standardwert ist on, off deaktiviert den SMTP-Befehl
                           VRFY
modemask = 002    ## Der Standardwert 022 setzt voraus, dass für jeden Benutzer eine
                     Gruppe vorhanden ist
```

Im nächsten Abschnitt beschreiben wir einige der Funktionen im Vergleich zu `sendmail`, sodass Sie die Funktionalität der beiden Systeme vergleichen und entscheiden können, ob Sie statt Exim das echte `sendmail` installieren wollen.

18.15.4 Ähnlichkeiten zwischen Exim und sendmail

Einige Teile von Exim laufen mit `setuid root`, wie es vor Version 8.12 auch bei `sendmail` der Fall war. Daher ist es besonders wichtig, mit Sicherheitspatches auf dem Laufenden zu bleiben. Das Exim-Konzept vertrauenswürdiger Benutzer entspricht dem von `sendmail` und trägt hauptsächlich zur Vereinfachung der Verwaltung von Mailinglisten bei, deren `From`-Zeilen routinemäßig umgeschrieben werden. Exim erlaubt Ihnen auch, administrative Benutzer festzulegen, die Warteschlangendurchläufe auslösen dürfen. Der SMTP-Befehl `verify` (`VRFY`) ist standardmäßig zugelassen.

Bei Änderungen an der Konfigurationsdatei muss Exim mit dem Befehl `kill` ein SIGHUP-Signal gesendet werden. Seine Prozess-ID wird in der Datei `/var/spool/exim/exim-daemon.pid` gespeichert. Die Protokolle werden normalerweise in Dateien im Verzeichnis `/var/log/exim` abgelegt, aber auch `syslog` kann verwendet werden. Standardmäßig erfasst `exim` die Protokolle in seinen eigenen Dateien und ignoriert `syslog`, dennoch wird `syslog.conf` mit mehreren Mail-Protokolldateien konfiguriert, die leer sind, sich täglich abwechseln und komprimiert werden. (Leere Dateien sind nach der Komprimierung größer als zuvor!)

Exim erlaubt die Weiterleitung ausgehender Mail an einen Smart-Host und das Filtern eingehender Mail sowohl auf Host- als auch auf Benutzerebene. Es unterstützt virtuelle Domänen und verfügt über eine Wiederholungsdatenbank zur Verfolgung schwieriger Zustellungen, deren Funktionalität dem Hoststatusverzeichnis von `sendmail` ähnelt. Ein systemweiter (nicht benutzerspezifischer) Filtermechanismus kann Microsoft-Anhänge, Würmer oder Viren filtern.

Exim enthält eine schöne Funktion, die in `sendmail` nicht zur Verfügung steht, nämlich die Erkennung von Alias- und Weiterleitungsschleifen und deren sinnvolle Verarbeitung.

Abschließend sei `man -k exim` erwähnt, womit mehrere nützliche Werkzeuge aufgerufen werden können, die dabei helfen, das Mail-System aufzuräumen.

18.16 Postfix

Postfix ist eine weitere Alternative zu `sendmail`. Das Postfix-Projekt begann, als Wietse Venema ein Forschungsjahr im T. J. Watson Research Center von IBM verbrachte. Zu den Zielen des Postfix-Entwurfs gehörten die Strategie der Open Source-Verteilung, die Schnelligkeit, die Robustheit, die Flexibilität und die Sicherheit. Es handelt sich dabei um ein direktes Konkurrenzprodukt zu `qmail` von Dan Bernstein. Postfix ist in allen wichtigen Linux-Distributionen enthalten und wird seit Version 10.3 auch anstelle von `sendmail` als Standard-Mailsystem mit Mac OS X ausgeliefert.

Die wichtigste Eigenschaft von Postfix ist, dass es erstens nahezu ohne Vorbereitungen läuft (die einfachsten Konfigurationsdateien sind nur eine oder zwei Zeilen lang) und zweitens über Datenbanken mit regulären Ausdrücken verfügt, um E-Mails effektiv zu filtern, besonders in Verbindung mit der PCRE-Bibliothek (Perl Compatible Regular Expression). Postfix ist in dem Sinne mit `sendmail` kompatibel, dass die `aliases`- und `.forward`-Dateien dasselbe Format und dieselbe Semantik aufweisen wie in `sendmail`.

Postfix versteht ESMTP. Sowohl virtuelle Domänen als auch Spamfilter werden unterstützt. Im Gegensatz zu `sendmail` verwendet Postfix keine Sprache zum Umschreiben von Adressen; stattdessen stützt es sich auf das Nachschlagen in den Tabellen von einfachern Dateien, Berkeley DB, `dbm`, LDAP, NIS, NetInfo oder Datenbanken wie MySQL.

18.16.1 Architektur von Postfix

Postfix umfasst mehrere kleine Programme, die zusammenarbeiten und Netzwerknachrichten senden, Nachrichten empfangen, E-Mails lokal zustellen usw. Die Kommunikation zwischen den Programmen erfolgt über UNIX-Domänen-Sockets oder FIFOs. Diese Architektur unterscheidet sich dahingehend von `sendmail`, dass nicht ein einzelnes großes Programm die meiste Arbeit übernimmt.

Das Programm `master` wird gestartet und überwacht alle Postfix-Prozesse. In seiner Konfigurationsdatei, `master.cf`, sind die Ergänzungsprogramme mit Informationen darüber angegeben, wie sie gestartet werden sollten. Mit Ausnahme von sehr langsamen oder sehr schnellen Rechnern sind die festgelegten Standardwerte für alle Computer (oder Netzwerke) geeignet; im Allgemeinen ist keine Optimierung erforderlich. Eine gängige Änderung besteht darin, ein Programm auszukommentieren, z. B. `smtpd`, wenn ein Client den SMTP-Port nicht abhören soll.

Die wichtigsten an der Zustellung von E-Mails beteiligten Serverprogramme sind in Abbildung 18.5 dargestellt.

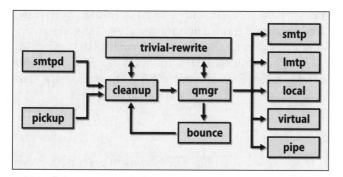

Abbildung 18.5: Postfix-Serverprogramme

18.16.2 Mails empfangen

Mails werden am SMTP-Port von smtpd in Empfang genommen, das auch prüft, ob die beteiligten Clients zum Versand der Mail berechtigt sind, die sie zuzustellen versuchen. Wenn E-Mails lokal über das Kompatibilitätsprogramm /usr/lib/sendmail gesendet werden, wird eine Datei im Verzeichnis /var/spool/postfix/maildrop abgelegt. Dieses Verzeichnis wird periodisch vom Programm pickup durchsucht, das alle dabei vorgefundenen neuen Dateien verarbeitet.

Alle eingehenden E-Mails passieren cleanup, wo fehlende Header hinzugefügt und Adressen in Übereinstimmung mit den canonical- und virtual-Maps umgeschrieben werden. Bevor sie in die incoming-Warteschlange eingereiht wird, übergibt cleanup die E-Mail an trivial-rewrite, das eine geringfügige Reparatur der Adressen vornimmt, z. B. eine Mail-Domäne an Adressen anhängt, die nicht voll qualifiziert sind.

18.16.3 Der Warteschlangenmanager

Mail, die auf ihre Zustellung wartet, wird von qmgr gesteuert, dem Warteschlangenmanager von fünf Warteschlangen:

- incoming – ankommende Mail
- active – zugestellte Mail
- deferred – Mail, deren Zustellung zuvor fehlgeschlagen ist
- hold – Mail, die in der Warteschlange vom Administrator blockiert wurde
- corrupt – Mail, die nicht gelesen oder analysiert werden kann

Der Warteschlangenmanager wählt im Allgemeinen mit einer einfachen FIFO-Strategie die nächste zu verarbeitende Nachricht aus, unterstützt aber auch einen komplexen Vorteilsalgorithmus, der Nachrichten mit wenigen Empfängern Massen-Mails vorzieht.

Um den Empfangshost besonders nach einem Ausfall nicht zu überfluten, verwendet Postfix einen langsamen Startalgorithmus zur Steuerung der Zustellungsgeschwindigkeit von E-Mails. Zurückgestellte Nachrichten erhalten einen Zeitstempel für einen neuen Versuch, der exponentiell zurückgesetzt wird, um keine Ressourcen für unzustellbare Nachrichten zu vergeuden. Ein Statuscache für nicht erreichbare Ziele vermeidet unnötige Zustellversuche.

18.16.4 Mails senden

qmgr entscheidet mithilfe von trivial-rewrite, wohin eine Nachricht gesendet werden soll. Die von trivial-rewrite getroffene Routing-Entscheidung kann von der Transport-Map aufgehoben werden.

Die Zustellung an Remote-Hosts über das SMTP-Protokoll erfolgt durch das Programm smtp. lmtp stellt Mails mithilfe des in RFC2033 definierten LMTP-Protokolls (Local Mail Transfer Protocol) zu. LMTP beruht auf SMTP, allerdings wurde das Protokoll so geändert, dass der Mail-Server keine Mail-Warteschlange verwalten muss. Der Mailer ist besonders nützlich bei der Zustellung von E-Mails an Postfachserver wie dem Cyrus IMAP-Paket.

Die Aufgabe von local besteht darin, E-Mails lokal zuzustellen. Es löst Adressen in der aliases-Tabelle auf und folgt den in den .forward-Dateien der Empfänger vorgefundenen Anweisungen. Nachrichten werden entweder an eine andere Adresse weitergeleitet, zur Verarbeitung an ein externes Programm übergeben oder in den Mail-Ordnern der Benutzer gespeichert.

Das Programm virtual liefert E-Mails an »virtuelle Postfächer« aus, d. h. Postfächer, die nicht mit einem lokalen Linux-Konto verbunden sind, aber immer gültige Ziele für E-Mails darstellen. Schließlich implementiert pipe die Zustellung durch externe Programme.

18.16.5 Sicherheit

Postfix implementiert die Sicherheit auf mehreren Ebenen. Die meisten der Postfix-Serverprogramme können in einer chroot-Umgebung ausgeführt werden. Es handelt sich um separate Programme ohne Verwandtschaftsbeziehung. Keines davon ist ein setuid-Programm. Das Verzeichnis maildrop verfügt über Schreibrechte für die Gruppe postdrop, für die das postdrop-Programm setgid ist.

Beeindruckenderweise wurden außer DoS-Angriffen noch keine anderen Exploits bei einer der Postfix-Versionen festgestellt.

18.16.6 Kommandos und Dokumentation von Postfix

Mehrere Kommandozeilen-Hilfsprogramme erlauben die Interaktion zwischen dem Benutzer und dem Mail-System:

- `sendmail, mailq, newaliases` – sind `sendmail`-kompatibler Ersatz
- `postfix` – startet und stoppt das Mail-System (muss als `root` ausgeführt werden)
- `postalias` – erstellt und ändert Aliastabellen und fragt sie ab
- `postcat` – druckt den Inhalt von Warteschlangendateien
- `postconf` – zeigt die Hauptkonfigurationsdatei, `main.cf`, an und bearbeitet sie
- `postmap` – erstellt und ändert Nachschlagetabellen oder fragt sie ab
- `postsuper` – verwaltet die Mail-Warteschlangen

Die Postfix-Distribution enthält eine Reihe von man-Seiten, die alle Programme und deren Optionen beschreiben. Darüber hinaus stehen unter *www.postfix.org* Online-dokumente zur Verfügung, die erläutern, wie verschiedene Aspekte von Postfix zu konfigurieren und zu verwalten sind. Dieselben Dokumente sind in der Postfix-Distribution enthalten, sodass sie auf Ihrem System installiert werden, und zwar normalerweise in einem Verzeichnis namens `README_FILES`.

18.16.7 Postfix konfigurieren

Die Datei `main.cf` ist die Hauptkonfigurationsdatei von Postfix. Die Datei `master.cf` konfiguriert die Serverprogramme. Außerdem definiert sie verschiedene Nachschlagetabellen, die von `main.cf` referenziert werden und verschiedene Arten von Dienst-Mappings bereitstellen.

Die man-Seite `postconf(5)` beschreibt jeden Parameter, der in der Datei `main.cf` festgelegt werden kann. Wenn Sie nur `man postconf` eingeben, gelangen Sie zur man-Seite des Programms `postconf`. Verwenden Sie `man -s 5 postconf`, um zu der Version zu gelangen, die die Optionen von `main.cf` beschreibt.

Die Konfigurationssprache von Postfix erinnert ein wenig einige Bourne-Shell-Kommentare und -Zuweisungsanweisungen. Variablen können in der Definition anderer Variablen referenziert werden, indem ihnen ein $-Zeichen vorangestellt wird. Die Variablendefinitionen werden genauso gespeichert, wie sie in der Konfigurationsdatei erscheinen; sie werden bis zu ihrem Einsatz nicht erweitert, und Ersetzungen erfolgen zu diesem Zeitpunkt.

Sie können neue Variablen erstellen, indem Sie ihnen Werte zuweisen. Achten Sie darauf, dass Sie Namen verwenden, die nicht mit vorhandenen Konfigurationsvariablen in Konflikt stehen.

Alle Postfix-Konfigurationsdateien, einschließlich der Nachschlagetabellen, betrachten Zeilen, die mit einem Leerraum beginnen als Folgezeilen. Diese Konvention führt zu sehr gut lesbaren Konfigurationsdateien, Sie müssen aber neue Zeilen in der ersten Spalte beginnen.

18.16.8 Was gehört in main.cf?

In der Datei main.cf können mehr als 300 Parameter angegeben werden. Allerdings brauchen Sie für eine durchschnittliche Site nur wenige davon festzulegen, da die Standardeinstellungen in den meisten Fällen geeignet sind. Der Autor von Postfix empfiehlt dringend, nur Parameter mit von der Standardeinstellung abweichenden Werten in Ihre Konfiguration einzufügen. Auf diese Weise übernimmt die Konfiguration künftig bei einer Änderung des Standardwerts eines Parameters den neuen Wert automatisch.

Die main.cf-Beispieldatei, die mit der Distribution ausgeliefert wird, enthält viele auskommentierte Beispielparameter zusammen mit einer kurzen Dokumentation. Die Originalversion sollte möglichst als Referenz erhalten bleiben. Beginnen Sie Ihre eigene Konfiguration mit einer leeren Datei, damit sich Ihre Einstellungen nicht in einer Flut von Kommentaren verlieren.

18.16.9 Grundeinstellungen

Beginnen wir mit einer möglichst einfachen Konfiguration: einer leeren Datei. Überraschenderweise handelt es sich dabei um eine völlig angemessene Postfix-Konfiguration. Sie ergibt einen Mail-Server, der E-Mails innerhalb derselben Domäne als lokalem Hostnamen lokal zustellt und Nachrichten an nicht lokale Adressen direkt an die entsprechenden Remote-Server sendet.

Eine weitere einfache Konfiguration ist ein »Null-Client«, d. h. ein System, das keine E-Mails lokal zustellt, sondern ausgehende Mail an einen gewünschten zentralen Server weiterleitet. Für diese Konfiguration definieren wir mehrere Parameter und beginnen dabei mit mydomain, der den Domänenteil des Hostnames definiert, und myorigin, bei dem es sich um die Mail-Domäne handelt, die an unqualifizierte E-Mail-Adressen angehängt wird. Sind die Parameter mydomain und myorigin identisch, können wir zum Beispiel Folgendes schreiben:

```
mydomain = cs.colorado.edu
myorigin = $mydomain
```

Ein weiterer Parameter, den wir festlegen sollten, ist mydestination, der die lokalen Mail-Domänen angibt. (Diese werden auch als »kanonische« Domänen bezeichnet.) Wenn die Empfängeradresse einer Nachricht mydestination als Mail-Domäne enthält, wird die Nachricht über das Programm local dem entsprechenden Benutzer zugestellt (wobei wir davon ausgehen, dass keine passende Alias- oder .forward-Datei vorhanden ist). Werden mehrere Mail-Domänen in mydestination eingefügt, werden diese als Aliase derselben Domäne betrachtet.

Wir wollen keine lokale Zustellung für unseren Null-Client, sodass dieser Parameter leer sein sollte:

```
mydestination =
```

Zum Abschluss weist der Parameter `relayhost` Postfix an, alle nicht lokalen Nachrichten nicht direkt an deren sichtbare Ziele, sondern an einen angegebenen Host zu senden:

```
relayhost = [mail.cs.colorado.edu]
```

Die eckigen Klammern weisen Postfix darauf hin, dass die angegebene Zeichenfolge als Hostname (DNS-A-Eintrag) und nicht als Name einer Mail-Domäne (DNS-MX-Eintrag) zu behandeln ist.

Da Null-Clients keine Mail von anderen Systemen erhalten sollten, müssen Sie bei einer Null-Client-Konfiguration zuletzt die `smtpd`-Zeile in der Datei `master.cf` auskommentieren. Diese Änderung verhindert, dass Postfix `smtpd` überhaupt ausführt. Mit diesen wenigen Zeilen haben wir einen voll funktionsfähigen Null-Client konfiguriert!

Für einen »echten« Mail-Server brauchen Sie ein paar weitere Konfigurationsoptionen sowie einige Mapping-Tabellen. Diese behandeln wir in den nächsten Abschnitten.

18.16.10 postconf

`postconf` ist ein praktisches Werkzeug, das Ihnen bei der Konfiguration von Postfix hilft. Wird es ohne Argumente ausgeführt, druckt es alle Parameter Ihrer aktuellen Konfiguration. Wenn Sie einen bestimmten Parameter als Argument benennen, druckt `postconf` dessen Wert. Die Option `-d` veranlasst `postconf`, anstelle der aktuellen Konfigurationswerte die Standardeinstellungen zu drucken. Es folgt ein Beispiel:

```
$ postconf mydestination
mydestination =
$ postconf -d mydestination
mydestination = $myhostname, localhost.$mydomain, localhost
```

Eine weitere nützliche Option ist `-n`, die dafür sorgt, dass `postconf` nur die von den Standardeinstellungen abweichenden Parameter druckt. Dies sind die Informationen über die Konfiguration, die Sie in Ihrer E-Mail erwähnen sollten, wenn Sie in der Postfix-Mailingliste um Hilfe bitten.

18.16.11 Nachschlagetabellen

Viele Aspekte des Verhaltens von Postfix werden durch die Verwendung von Nachschlagetabellen (lookup tables) geprägt, die Schlüsseln Werte zuordnen oder einfache Listen implementieren können. Die Standardeinstellung für die Tabelle alias_maps lautet beispielsweise wie folgt:

```
alias_maps = dbm:/etc/mail/aliases, nis:mail.aliases
```

Die Notation für Datenquellen lautet *Typ:Pfad*. Beachten Sie, dass diese besondere Tabelle zwei eindeutige Informationsquellen gleichzeitig nutzt: eine dbm-Datenbank und eine NIS-Map. Mehrere Werte können durch Komma, Leerzeichen oder beides getrennt werden. In Tabelle 18.22 sind die verfügbaren Datenquellen aufgeführt; mit postconf -m lassen sich diese Informationen ebenfalls anzeigen.

Typ	Beschreibung
dbm / sdbm	Traditionelle dbm- oder gdbm-Datenbankdatei
cidr	Netzwerkadressen im CIDR-Format
hash / btree	Berkeley DB-Hash-Tabelle (Ersatz für dbm) oder B-Baum-Datei
ldap	LDAP-Verzeichnisdienst
mysql	MySQL-Datenbank
nis	NIS-Verzeichnisdienst
pcre	Perl-kompatible reguläre Ausdrücke
pgsql	PostgreSQL-Datenbank
proxy	Zugriff über proxymap, z. B. um chroot zu entgehen
regexp	Reguläre POSIX-Ausdrücke
static	Gibt den als *Pfad* angegebenen Wert ungeachtet des Schlüssels zurück
unix	/etc/passwd- und /etc/group-Dateien von Linux; verwendet die NIS-Syntax[a]

Tabelle 18.22: Informationsquellen, die als Postfix-Nachschlagetabellen verwendbar sind

a) unix:passwd.byname *ist die* passwd- *und* unix:group.byname *die* group-*Datei.*

Verwenden Sie die Typen dbm und sdbm nur aus Gründen der Kompatibilität mit der traditionellen Aliastabelle von sendmail. Berkeley DB (hash) ist eine modernere Implementierung; sie ist sicherer und schneller. Wenn die Kompatibilität kein Problem darstellt, sollten Sie Folgendes verwenden:

```
alias_database = hash:/etc/mail/aliases
alias_maps = hash:/etc/mail/aliases
```

`alias_database` gibt die Tabelle an, die durch `newaliases` neu erstellt wird, und sollte mit der Tabelle übereinstimmen, die Sie in `alias_maps` angeben. Der Grund für das Vorhandensein zweier Parameter liegt darin, dass `alias_maps` nicht von DB stammende Quellen wie `mysql` oder `nis` enthalten könnte, die nicht neu erstellt werden müssen.

Alle Tabellen der DB-Klasse (`dbm`, `sdbm`, `hash` und `btree`) beruhen auf einer Textdatei, die zu einem effizient zu durchsuchenden Binärformat kompiliert werden. Die Syntax für diese Textdateien ähnelt im Hinblick auf Kommentare und Folgezeilen der der Konfigurationsdateien. Mit Ausnahme von Aliastabellen, bei denen ein Doppelpunkt auf den Schlüssel folgen muss, um die Kompatibilität mit `sendmail` aufrechtzuerhalten, werden Einträge als einfache, durch Leerzeichen getrennte Schlüssel/Wert-Paare angegeben. Die folgenden Zeilen sind beispielsweise für eine Aliastabelle geeignet:

```
postmaster:    david, tobias
webmaster:     evi
```

Als weiteres Beispiel folgt eine Zugriffstabelle, um Mails von einem beliebigen Client, dessen Hostname mit `cs.colorado.edu` endet, über Relays weiterzuleiten.

```
.cs.colorado.edu    OK
```

Textdateien werden mit dem Befehl `postmap` für normale Tabellen und `postalias` für Aliastabellen zu ihren Binärformaten kompiliert. Die Tabellenspezifikation (einschließlich des Typs) muss als erstes Argument übergeben werden, wie das folgende Beispiel zeigt:

```
$ postmap hash:/etc/postfix/access
```

`postmap` kann auch Werte aus einer Nachschlagetabelle abfragen:

```
$ postmap -q blabla hash:/etc/postfix/access
$ postmap -q .cs.colorado.edu hash:/etc/postfix/access OK
```

18.16.12 Lokale Zustellung

Das Programm `local` ist für die Zustellung von Mail an die kanonische Domäne verantwortlich. Es verarbeitet auch lokale Aliase. Wenn `mydestination` beispielsweise auf den Wert `cs.colorado.edu` gesetzt ist und eine E-Mail für evi@cs.colorado.edu eintrifft, führt `local` zunächst eine Suche in den `alias_maps`-Tabellen durch und ersetzt dann alle übereinstimmenden Einträge rekursiv.

Sind keine übereinstimmenden Aliase vorhanden, sucht `local` nach einer `.forward`-Datei im Home-Verzeichnis der Benutzerin evi und befolgt die Anweisungen dieser Datei, sofern vorhanden. (Die Syntax ist identisch mit der rechten Seite einer Alias-Map.) Ist keine `.forward`-Datei vorhanden, wird die E-Mail schließlich dem lokalen Postfach von evi zugestellt.

Standardmäßig schreibt `local` in Dateien im Standard-mbox-Format im Verzeichnis /var/mail. Dieses Verhalten können Sie mithilfe der in Tabelle 18.23 aufgeführten Parameter ändern.

Parameter	Beschreibung
mail_spool_directory	Stellt Mails einem zentralen Verzeichnis für alle Benutzer zu
home_mailbox	Stellt Mails an ~*Benutzer* unter dem angegebenen relativen Pfad zu
mailbox_command	Stellt Mails mit einem externen Programm zu, normalerweise `procmail`
mailbox_transport	Stellt Mails über einen Dienst zu, der in der Datei `master.cf` definiert ist[a]
recipient_delimiter	Gestattet erweiterte Benutzernamen (siehe Beschreibung im Folgenden)

Tabelle 18.23: Parameter für die Zustellung an ein lokales Postfach (festgelegt in der Datei main.cf)

a) Diese Option bildet eine Schnittstelle zu Postfachservern wie Cyrus `imapd`.

Die Optionen `mail_spool_directory` und `home_mailbox` generieren normalerweise Postfächer im mbox-Format, können aber auch `Maildir`-Postfächer im Stil von `qmail` erstellen. Um dieses Verhalten anzufordern, fügen Sie einen Schrägstrich an das Ende des Pfadnamens an.

Wenn `recipient_delimiter` auf + gesetzt wird, wird die Zustellung der an *evi+whatever@cs.colorado.edu* adressierten Mails an das Konto von *evi* akzeptiert. Mit dieser Möglichkeit können die Benutzer Adressen für bestimmte Zwecke erstellen und ihre Mail nach Zieladressen sortieren. Postfix versucht zunächst, die vollständige Adresse zu suchen, und legt nur dann die erweiterten Komponenten ab und greift auf die Basisadresse zurück, wenn dies fehlschlägt. Postfix sucht außerdem nach einer entsprechenden Weiterleitungsdatei, `.forward+whatever`, um weitere Aliase zu finden.

18.16.13 Virtuelle Domänen

Wenn Sie eine Mail-Domäne auf Ihrem Postfix-Mailserver hosten wollen, haben Sie drei Auswahlmöglichkeiten:

- Angabe der Domäne in `mydestination`. Die Zustellung erfolgt wie zuvor beschrieben: Die Aliase werden erweitert und die Mail den entsprechenden Benutzern zugestellt.

- Angabe der Domäne im Parameter `virtual_alias_domains`. Diese Option gibt der Domäne einen eigenen, von den Benutzerkonten des Systems unabhängigen Namespace für die Adressierung. Alle Adressen der Domäne müssen sich (durch Mapping) zu echten externen Adressen auflösen lassen.

- Angabe der Domäne im Parameter `virtual_mailbox_domains`. Wie bei der Option `virtual_alias_domains` verfügt die Domäne über einen eigenen Namespace. Allerdings können Mails unabhängig von den Benutzerkonten allen Postfächern unter einem angegebenen Pfad zugestellt werden.

Geben Sie die Domäne nur an einer dieser drei Stellen an. Wählen Sie diese sorgfältig aus, da viele Konfigurationselemente von dieser Auswahl abhängen. Wir haben die Handhabung der Methode `mydestination` bereits besprochen. Die anderen Optionen werden nachfolgend erörtert.

18.16.14 Virtuelle Aliasdomänen

Wenn eine Domäne als Wert des Parameters `virtual_alias_domains` angegeben ist, werden Mails an diese Domäne von Postfix angenommen und müssen an einen tatsächlichen Empfänger auf dem lokalen oder einem anderen Computer weitergeleitet werden.

Die Weiterleitung für Adressen in der virtuellen Domäne muss in einer Nachschlagetabelle definiert werden, die in den Parameter `virtual_alias_maps` eingefügt wird. In den Tabelleneinträgen steht die Adresse in der virtuellen Domäne auf der linken Seite und die tatsächliche Zieladresse auf der rechten.

Ein unqualifizierter Name auf der rechten Seite wird als Benutzername des lokalen Computers interpretiert.

Betrachten Sie das folgende Beispiel aus der Datei `main.cf`:

```
myorigin = cs.colorado.edu
mydestination = cs.colorado.edu
virtual_alias_domains = admin.com
virtual_alias_maps = hash:/etc/mail/admin.com/virtual
```

`/etc/mail/admin.com/virtual` könnte dann folgende Zeilen enthalten:

```
postmaster@admin.com    evi, david@admin.com
abuse@admin.com         evi
david@admin.com         david@schweikert.ch
evi@admin.com           evi
```

Mail für *evi@admin.com* würde an *evi@cs.colorado.edu* umgeleitet (`myorigin` wird angehängt) und letztlich dem Postfach der Benutzerin `evi` zugestellt, da `cs.colorado.edu` in `mydestination` enthalten ist.

Die Definitionen können rekursiv erfolgen: Die rechte Seite kann Adressen enthalten, die auf der linken Seite weiter definiert sind. Beachten Sie, dass auf der rechten Seite nur Adressen aufgeführt sein können. Wenn Sie ein externes Programm ausführen oder `:include:`-Dateien verwenden müssen, sollten Sie die E-Mail an einen Alias umleiten, der dann nach Ihren Bedürfnissen erweitert werden kann.

Um alles in einer Datei aufzubewahren, können Sie `virtual_alias_domains` auf dieselbe Nachschlagetabelle setzen wie `virtual_alias_maps` und einen speziellen Eintrag in die Tabelle vornehmen, um sie als virtuelle Aliasdomäne zu kennzeichnen. In `main.cf`:

```
virtual_alias_domains = $virtual_alias_maps
virtual_alias_maps = hash:/etc/mail/admin.com/virtual
```

In `/etc/mail/admin.com/virtual`:

```
admin.com           notused
postmaster@admin.com    evi, david@admin.com
...
```

Die rechte Seite des Eintrags für die Mail-Domäne (`admin.com`) wird niemals wirklich verwendet; das Vorhandensein von `admin.com` als unabhängiger Eintrag in der Tabelle reicht aus, damit Postfix sie als virtuelle Aliasdomäne betrachtet.

18.16.15 Virtuelle Postfachdomänen

Die unter `virtual_mailbox_domains` genannten Domänen weisen Ähnlichkeiten mit lokalen (kanonischen) Domänen auf, allerdings muss die Liste der Benutzer und der entsprechenden Postfächer unabhängig von den Benutzerkonten des Systems verwaltet werden.

Der Parameter `virtual_mailbox_maps` verweist auf eine Tabelle, in der alle gültigen Benutzer der Domäne aufgeführt sind. Das Map-Format sieht wie folgt aus:

benutzer@domäne   */Pfad/zum/Postfach*

Wenn der Pfad mit einem Schrägstrich endet, werden die Postfächer im `Maildir`-Format gespeichert. Der Wert von `virtual_mailbox_base` wird den angegebenen Pfaden stets vorangestellt.

In vielen Fällen wollen Sie vielleicht Aliase für einige der Adressen in `virtual_mailbox_domain` anlegen. Verwenden Sie dafür `virtual_alias_map`. Nachstehend finden Sie ein vollständiges Beispiel.

In `main.cf`:

```
virtual_mailbox_domains = admin.com
virtual_mailbox_base = /var/mail/virtual
virtual_mailbox_maps = hash:/etc/mail/admin.com/vmailboxes
virtual_alias_maps = hash:/etc/mail/admin.com/valiases
```

`/etc/mail/admin.com/vmailboxes` kann Einträge wie den Folgenden enthalten:

```
evi@admin.com       nemeth/evi/
```

/etc/mail/admin.com/valiases kann Folgendes enthalten:

postmaster@admin.com   evi@admin.com

Sie können virtuelle Alias-Maps sogar für Adressen verwenden, bei denen es sich nicht um virtuelle Aliasdomänen handelt. Diese erlauben Ihnen, eine beliebige Adresse von einer beliebigen Domäne umzuleiten, und zwar unabhängig von deren Typ (kanonische, virtuelle Alias- oder virtuelle Postfachdomäne). Da Postfachpfade nur auf der rechten Seite einer virtuellen Postfach-Map angegeben werden können, ist die Verwendung dieses Mechanismus die einzige Möglichkeit, Aliase in dieser Domäne einzurichten.

18.16.16 Zugriffssteuerung

Mail-Server sollten für Dritte bestimmte Mails nur bei vertrauenswürdigen Clients als Relays weiterleiten. Wenn ein Mail-Server E-Mails von unbekannten Clients an andere Server weiterleitet, fungiert er als so genanntes offenes Relay, was nicht sinnvoll ist. Einzelheiten zu diesem Problem finden Sie in Abschnitt 18.10.1.

Glücklicherweise fungiert Postfix standardmäßig nicht als offenes Relay. Tatsächlich sind seine Standardwerte recht restriktiv; wahrscheinlich müssen Sie die Berechtigungen eher lockern und nicht verschärfen. Die Zugriffssteuerung für SMTP-Transaktionen wird in Postfix über »Listen für die Zugriffsbeschränkung« (access restriction lists) gesteuert. Die in Tabelle 18.24 aufgeführten Parameter bestimmen, was in den verschiedenen Phasen einer SMTP-Sitzung überprüft wird.

Parameter	Anwendung
smtpd_client_restrictions	Bei Verbindungsanforderung
smtpd_helo_restrictions	Beim Befehl HELO/EHLO (Beginn der Sitzung)
smtpd_sender_restrictions	Beim Befehl MAIL FROM (Absenderangabe)
smtpd_recipient_restrictions	Beim Befehl RCPT TO (Empfängerangabe)
smtpd_data_restrictions	Beim Befehl DATA (Textkörper der Mail)
smtpd_etrn_restrictions	Beim Befehl ETRN[a]

Tabelle 18.24: Postfix-Parameter für SMTP-Zugriffsbeschränkungen

a) Dabei handelt es sich um einen besonderen Befehl, der für den erneuten Versand von Nachrichten in der Warteschlange verwendet wird.

Der wichtigste Parameter ist smtpd_recipient_restrictions, da die Zugriffssteuerung am einfachsten erfolgt, wenn die Empfängeradresse bekannt ist und als lokale oder nicht lokale Adresse identifiziert werden kann. Alle anderen Parameter aus Tabelle 18.24 sind in der Standardkonfiguration leer. Der Standardwert lautet wie folgt:

smtpd_recipient_restrictions = permit_mynetworks, reject_unauth_destination

Alle angegebenen Beschränkungen werden abwechselnd getestet, bis eine endgültige Entscheidung über die weitere Verarbeitung der Mail getroffen wird. Die gängigsten Beschränkungen sind in Tabelle 18.25 aufgeführt.

Beschränkung	Funktion
check_client_access	Überprüft die Hostadresse des Clients mithilfe einer Nachschlagetabelle
check_recipient_access	Überprüft die Mail-Adresse des Empfängers mithilfe einer Nachschlagetabelle
permit_mynetworks	Gewährt Zugriff auf die in mynetworks aufgeführten Adressen
reject_unauth_destination	Weist Mail für nicht lokale Empfänger zurück; keine Weiterleitung über Relays

Tabelle 18.25: Gängige Zugriffsbeschränkungen von Postfix

In diesen Restriktionen kann alles getestet werden, nicht nur bestimmte Informationen wie die Absenderadresse in smtpd_sender_restrictions. Daher wollen Sie vielleicht der Einfachheit halber alle Beschränkungen unter einem einzigen Parameter zusammenfassen, bei dem es sich um smtpd_sender_restrictions handeln sollte, da es der einzige ist, der alles testen kann (außer dem DATA-Teil).

In smtpd_recipient_restriction wird die Weiterleitung über Relays getestet. Sie sollten die Restriktion reject_unauth_destination beibehalten und die permit-Beschränkung vorher sorgfältig auswählen.

18.16.17 Zugriffstabellen

Jede Restriktion gibt eine der in Tabelle 18.26 aufgeführten Aktionen zurück. Zugriffstabellen werden in Beschränkungen wie check_client_access und check_recipient_access verwendet, um eine Aktion anhand der Hostadresse des Clients bzw. der Empfängeradresse auszuwählen.

Aktion	Bedeutung
4nn Text	Gibt den temporären Fehlercode 4nn und einen Meldungs-Text zurück
5nn Text	Gibt den permanenten Fehlercode 5nn und einen Meldungs-Text zurück
DEFER_IF_PERMIT	Wenn die Beschränkungen zu PERMIT führen, wird es in einen temporären Fehler geändert
DEFER_IF_REJECT	Wenn die Restriktionen zu REJECT führen, wird es in einen temporären Fehler geändert

Tabelle 18.26: Aktionen für Zugriffstabellen

18.16 Postfix

Aktion	Bedeutung
DISCARD	Nimmt die Nachricht an, aber verwirft sie stillschweigend
DUNNO	Gibt vor, dass der Schlüssel nicht gefunden wurde; testet weitere Beschränkungen
FILTER Transport:Ziel	Leitet die Mail durch den Filter Transport:Ziel[a]
HOLD	Blockiert die Mail in der Warteschlange
OK	Nimmt die Mail an
PREPEND Header	Fügt der Nachricht einen Header hinzu
REDIRECT Adresse	Leitet diese Mail an eine angegebene Adresse weiter
REJECT	Weist die Mail zurück
WARN Meldung	Trägt die vorgegebene Warnmeldung in die Protokolle ein

Tabelle 18.26: Aktionen für Zugriffstabellen (Forts.)

a) Siehe hierzu den Abschnitt 18.16.19.

Stellen Sie sich beispielsweise vor, Sie wollten für alle Rechner die Weiterleitung über Relays innerhalb der Domäne cs.colorado.edu erlauben und nur vertrauenswürdigen Clients gestatten, Einträge in die interne Mailingliste newsletter@cs.colorado.edu vorzunehmen. Sie könnten diese Richtlinien mit den folgenden Zeilen in main.cf implementieren:

```
smtpd_recipient_restrictions =
    check_client_access hash:/etc/postfix/client_access
    check_recipient_access hash:/etc/postfix/recipient_access
    reject_unauth_destination
```

Beachten Sie, dass die Kommas optional sind, wenn die Liste der Werte für einen Parameter festgelegt wird.

In /etc/postfix/client_access:

```
.cs.colorado.edu    OK
```

In /etc/postfix/recipient_access:

```
newsletter@cs.colorado.edublankREJECT Internal list
```

Bei dem auf REJECT folgenden Text handelt es sich um eine optionale Zeichenfolge, die zusammen mit dem Fehlercode an den Client gesendet wird. Sie informiert den Absender über den Grund für die Zurückweisung der Mail.

18.16.18 Clientauthentifizierung

Für Benutzer, die Mails von zu Hause aus senden, ist es normalerweise am einfachsten, ausgehende Mail ungeachtet der Absenderadresse, die auf der Mail erscheint, über den Mailserver des heimatlichen Internetdienstanbieters weiterzuleiten. Die meisten Internetdienstanbieter vertrauen Ihren direkten Clients und lassen Relaying zu. Wenn diese Konfiguration nicht möglich ist oder wenn Sie ein System wie die Absender-ID oder SPF verwenden, sollten Sie sicherstellen, dass mobile Benutzer außerhalb Ihres Netzwerks autorisiert werden können, Nachrichten an Ihren smtpd zu übertragen.

Eine Möglichkeit, dieses Problem zu lösen, besteht darin, die von POP oder IMAP verwendeten Authentifizierungsprotokolle hinzuzufügen. Benutzer, die Mails senden müssen, müssen auch ihre E-Mails lesen, sodass ein einziger Authentifizierungsschritt der Aktivierung beider Prozesse dienen kann.

Das Huckepacksystem, genannt POP vor SMTP oder IMAP vor SMTP, funktioniert wie folgt: Sobald ein Benutzer durch den POP- oder IMAP-Daemon authentifiziert wurde, wird die IP-Adresse des Benutzers explizit für etwa 30 Minuten für SMTP auf die weiße Liste gesetzt. Die Datenbank der auf der weißen Liste befindlichen Clients wird von einem für diese Aufgabe dedizierten Daemon gepflegt. Die Konfiguration in Postfix sieht wie folgt aus:

```
smtpd_recipient_restrictions = permit_mynetworks
    check_client_access hash:/etc/postfix/pop-before-smtp
    reject_unauth_destination
```

Eine elegantere Lösung dieses Problems ist die Verwendung des SMTP-AUTH-Mechanismus zur direkten Authentifizierung auf SMTP-Ebene. Postfix muss mit der Unterstützung für die SASL-Bibliothek kompiliert werden, damit diese Vorgehensweise funktioniert. Dann können Sie die Funktion wie folgt konfigurieren:

```
smtpd_sasl_auth_enable = yes
smtpd_recipient_restrictions = reject_non_fqdn_recipient
    permit_mynetworks
    permit_sasl_authenticated
```

Außerdem müssen Sie verschlüsselte Verbindungen unterstützen, um zu vermeiden, dass Passwörter in Klartext übertragen werden. Bei den Versionen vor Postfix 2.2 sollten Sie die Quelle mit dem Postfix/TLS-Patch ausbessern. Fügen Sie Zeilen in die Datei main.cf ein, die in etwa wie folgt aussehen:

```
smtpd_use_tls = yes
smtpd_tls_auth_only = yes
smtpd_tls_cert_file = /etc/certs/smtp.pem
smtpd_tls_key_file = $smtpd_tls_cert_file
```

18.16.19 Spam- und Virenabwehr

Postfix verfügt über viele Funktionen, die bei der Abwehr verdächtiger Mails helfen können.

Eine Schutzart befasst sich mit Aufrufen zur strengen Implementierung des SMTP-Protokolls. Seriöse Mail-Server sollten das Protokoll respektieren, aber die Absender von Spam und Viren treiben oft Schindluder damit und verraten sich damit selbst. Leider gibt es immer noch fehlerhafte Mailer, die reguläre Mails verarbeiten, sodass diese Technik nicht ganz narrensicher ist. Wählen Sie die Beschränkungen sorgfältig aus und überwachen Sie die Protokolldateien. Tabelle 18.27 zeigt einige der Funktionen in dieser Kategorie.

Option	Zweck
reject_non_fqdn_sender reject_non_fqdn_recipient reject_non_fqdn_hostname	Weist Nachrichten ohne voll qualifizierte Absenderdomäne, Empfängerdomäne oder HELO/EHLO-Hostnamen zurück (Beschränkung)
reject_unauth_pipelining	Bricht die aktuelle Sitzung ab, wenn der Client nicht auf den Status eines Befehls wartet, bevor er fortfährt (Beschränkung)
reject_unknown_sender_domain	Weist Nachrichten zurück, deren Absenderdomäne nicht aufgelöst werden kann (Beschränkung)
smtpd_helo_required	Erfordert HELO/EHLO zu Beginn der Konversation (Parameter, entweder yes oder no)
strict_rfc821_envelopes	Erfordert eine korrekte Syntax für E-Mail-Adressen in den Befehlen MAIL FROM und RCPT TO (Parameter, entweder yes oder no)

Tabelle 18.27: Parameter und Restriktionen für die strenge Überprüfung des SMTP-Protokolls

Um eine Restriktion vor der Übernahme in den Betrieb zu testen (was immer sinnvoll ist), fügen Sie die Restriktion warn_if_reject davor ein, um die Auswirkung von völliger Zurückweisung zu Warnmeldungen im Protokoll zu ändern.

18.16.20 Black-Hole-Listen

Wie bei sendmail, können Sie Postfix anweisen, eingehende E-Mails anhand einer DNS-basierten Black-Hole-Liste zu überprüfen. Weitere Einzelheiten finden Sie in Abschnitt 18.10.3. Um dieses Verhalten zu aktivieren, verwenden Sie die Beschränkung reject_rbl_client, gefolgt von der Adresse des zu befragenden DNS-Servers. Eine ähnliche Funktion ist reject_rhsbl_sender, die den Domänennamen der Absenderadresse anstelle des Hostnamens des Clients überprüft.

Das folgende Beispiel zeigt eine relativ vollständige Spamabwehrkonfiguration aus der Datei `main.cf`:

```
strict_rfc821_envelopes = yes
smtpd_helo_required = yes
smtpd_recipient_restrictions =reject_unknown_sender_domain
    reject_non_fqdn_sender
    reject_non_fqdn_recipient
    permit_mynetworks
    check_client_access hash:/etc/postfix/client_access
    reject_unauth_destination
    reject_unauth_pipelining
    reject_rbl_client relays.ordb.org
    reject_rhsbl_sender dsn.rfc-ignorant.org
```

Beachten Sie, dass wir einige Restriktionen vor `permit_mynetworks` eingefügt haben. Mit dieser Optimierung können wir überprüfen, ob unsere eigenen Clients korrekt formatierte Mails versenden. Dies ist eine einfache Möglichkeit, Konfigurationsfehler zu finden.

18.16.21 SpamAssassin und procmail

Postfix unterstützt SpamAssassin und andere Filter dieser Art. Allgemeine Informationen über diese Werkzeuge finden Sie in den Abschnitten 18.10.9 und 18.9.16.

`procmail` kann aus den `.forward`-Dateien der Benutzer heraus gestartet werden, was allerdings kompliziert und fehleranfällig ist. Eine bessere Lösung stellt das Einfügen der folgenden Zeile in die Datei `main.cf` dar:

```
mailbox_command = /usr/bin/procmail -a "$EXTENSION"
```

Postfix verwendet dann `procmail` für die Zustellung von Mails, anstatt Nachrichten direkt in das Mail-Spoolverzeichnis zu schreiben. Die `procmail` hinzugefügten Argumente übergeben die Adresserweiterung (den Abschnitt nach dem +-Zeichen); Sie können dann in `procmail` über $1 darauf zugreifen.

18.16.22 Richtliniendaemons

Mit Version 2.1 von Postfix wurde ein Mechanismus eingeführt, um die Zugriffssteuerung an externe Programme zu delegieren. Diese Programme, die als Richtliniendaemons (policy daemons) bezeichnet werden, erhalten alle Informationen, die Postfix über eine E-Mail-Nachricht hat, und müssen eine der in Tabelle 18.26 aufgeführten Dispositionsaktionen zurückgeben.

Die vielleicht interessanteste Funktion, die bei solchen Richtliniendaemons implementiert werden kann, sind »graue Listen«. Damit wird jede eingehende Nachricht anhand einer aus dem Hostnamen des Clients, der Absenderadresse und der Empfängeradresse bestehenden Dreiergruppe klassifiziert. Erscheint eine bestimmte Dreiergruppe zum ersten Mal, gibt Postfix eine temporäre Fehlermeldung an den Absender zurück. Seriöse Mail-Server versuchen nach etwa zehn Minuten eine erneute Zustellung, wobei die Nachricht dann zugelassen wird. Da der erste Neuzustellungsversuch normalerweise innerhalb weniger Minuten erfolgt, verzögert sich die Mail nicht übermäßig.

Graue Listen ähneln in ihrer Art den Postfix-Funktionen, die eine strenge Übereinstimmung mit dem SMTP-Protokoll erfordern. Bei den grauen Listen bildet der Versuch einer erneuten Zustellung selbst den Beweis, dass es sich um einen regulären Mail-Server handelt. Die grauen Listen haben sich beim Aussondern von Spam als recht effektiv erwiesen, da viele Spamquellen eine einfache Software verwenden, die keine erneute Zustellung versucht.

18.16.23 Inhaltsfilterung

Postfix kann reguläre Ausdrücke verwenden, um die Header und Textkörper von E-Mail-Nachrichten auf Verbotenes zu überprüfen. Außerdem kann es Nachrichten an andere Programme wie dedizierte Werkzeuge zur Spamabwehr oder Antivirenanwendungen übergeben.

Die Überprüfung von Headern und Textkörpern erfolgt in Echtzeit, wenn die Nachrichten über SMTP angenommen werden. Jeder geprüfte reguläre Ausdruck ruft eine der in Tabelle 18.26 angegebenen Aktionen auf, wenn regex zutrifft.

Die Zeile

```
header_checks = regexp:/etc/postfix/header_checks
```

in `main.cf` würde zusammen mit der folgenden Zeile in `/etc/postfix/header_checks` alle Nachrichten zurückweisen, deren Betreff mit »reject-me« beginnt:

```
/^Subject: reject-me/ REJECT You asked for it
```

Obwohl die Unterstützung regulärer Ausdrücke immer schön ist, stößt sie im Zusammenhang mit der E-Mail-Verarbeitung auf viele Vorbehalte. Insbesondere handelt es sich um keine effektive Methode zum Filtern von Spam oder Viren.

Eine professionelle Virenfilterung wird normalerweise durch Amavis implementiert, einem Perl-Programm, das eine Schnittstelle zwischen der Mailserver-Software und einem oder mehreren Antivirenanwendungen bildet. Solche Filter werden mit dem Parameter `content_filter` von Postfix konfiguriert, der Postfix anweist, dass alle eingehenden Nachrichten einmal den angegebenen Dienst durchlaufen müssen. Zusätzlich zur Angabe dieses Parameters müssen Sie einige bestehende Einträge in der Datei `master.cf` ändern und einige neue hinzufügen. Dazu enthält Amavis ausführliche Anweisungen. Von Amavis stehen viele Varianten zur Verfügung: Wir empfehlen `amavisd-new` von Mark Martinec.

18.16.24 Debugging

Wenn Sie ein Problem mit Postfix haben, sollten Sie zuerst die Protokolldateien überprüfen. Dort finden Sie wahrscheinlich die Antworten auf Ihre Fragen; es kommt nur darauf an, sie zu finden. Alle Postfix-Programme geben normalerweise einen Protokolleintrag für jede verarbeitete Nachricht aus. Der Weg einer ausgehenden Nachricht könnte zum Beispiel wie folgt aussehen:

```
Aug 18 22:41:33 nova postfix/pickup: 0E4A93688: uid=506
    from=<dws@ee.ethz.ch>
Aug 18 22:41:33 nova postfix/cleanup: 0E4A93688: message-id=
    <20040818204132.GA11444@ee.ethz.ch>
Aug 18 22:41:33 nova postfix/qmgr: 0E4A93688: from=<dws@ee.ethz.ch>,
    size=577,nrcpt=1 (queue active)
Aug 18 22:41:33 nova postfix/smtp: 0E4A93688:
    to=<evi@ee.ethz.ch>,relay=tardis.ee.ethz.ch[129.132.2.217],delay=0,
    status=sent (250 Ok: queued as 154D4D930B)
Aug 18 22:41:33 nova postfix/qmgr: 0E4A93688: removed
```

Wie Sie sehen können, sind interessante Informationen auf viele Zeilen verteilt. Beachten Sie, dass die ID `0E4A93688` in allen Zeilen auftaucht: Sobald eine Nachricht in das Mail-System eintritt, weist Postfix ihr eine Warteschlangen-ID zu, die sich niemals ändert. Wenn Sie die Protokolle nach dem Verlauf einer Nachricht durchsuchen, sollten Sie sich daher zunächst darauf konzentrieren, ihre Warteschlangen-ID herauszufinden. Ist Ihnen diese erst einmal bekannt, ist es einfach, die Protokolle mit dem Befehl `grep` nach allen relevanten Einträgen zu durchsuchen.

Postfix ist gut darin, hilfreiche Meldungen über festgestellte Probleme zu protokollieren. Allerdings ist es manchmal schwierig, unter Tausenden von normalen Statusmeldungen die richtigen Zeilen zu finden. An dieser Stelle ist es angebracht, den Einsatz einiger der in Abschnitt 10.5 erörterten Werkzeuge in Betracht zu ziehen.

18.16.25 Die Warteschlange einsehen

Eine weitere Stelle, an der Sie nach Problemen suchen können, ist die Mail-Warteschlange. Wie beim `sendmail`-System, druckt der Befehl `mailq` den Inhalt der Warteschlange. Sie können ihn verwenden, um herauszufinden, ob und warum eine Nachricht stecken geblieben ist.

Ein weiteres hilfreiches Werkzeug ist das Skript `qshape`, das mit den neuesten Versionen von Postfix ausgeliefert wird. Es zeigt eine Zusammenfassung der Statistik des Warteschlangeninhalts an. Die Ausgabe sieht in etwa wie folgt aus:

```
# qshape deferred
                 T    5   10   20   40   80  160  320  640 1280 1280+
         TOTAL  78    0    0    0    7    3    3    2   12    2   49
      expn.com  34    0    0    0    0    0    0    0    9    0   25
    chinabank.ph 5    0    0    0    1    1    1    2    0    0    0
  prob-helper.biz 3   0    0    0    0    0    0    0    0    0    3
```

qshape fasst die vorgegebene Warteschlange (hier die deferred-Warteschlange) sortiert nach Empfängerdomänen zusammen. Die Spalten geben die Anzahl von Minuten an, in denen sich die betreffenden Nachrichten in der Warteschlange befanden. Sie können zum Beispiel sehen, dass sich 25 Nachrichten für expn.com länger als 1.280 Minuten in der Warteschlange aufgehalten haben. Alle Ziele in diesem Beispiel erinnern an Nachrichten, die von Urlaubsskripten als Antwort auf Spam verschickt wurden.

Mithilfe des Flags -s kann qshape die Zusammenfassung auch anhand der Absenderdomänen erstellen.

18.16.26 Soft_bounce verwenden

Wird soft_bounce auf den Wert yes gesetzt, sendet Postfix immer dann temporäre Fehlermeldungen, wenn es normalerweise eine permanente Fehlermeldung »user unknown« oder »relaying denied« senden würde. Diese Funktion ist hervorragend zum Testen geeignet; Sie können damit die Disposition von Nachrichten nach einer Konfigurationsänderung überwachen, ohne Gefahr zu laufen, dass reguläre E-Mails dauerhaft verloren gehen. Alle Nachrichten, die Sie zurückweisen, kommen schließlich bei einem erneuten Versuch wieder zurück. Vergessen Sie aber nicht, diese Funktion zu deaktivieren, nachdem Sie die Tests beendet haben. Anderenfalls müssen Sie sich immer wieder mit den zurückgewiesenen Nachrichten beschäftigen.

18.16.27 Die Zugriffssteuerung testen

Die einfachste Möglichkeit, die Beschränkungen der Zugriffssteuerung zu testen, ist der Versuch, eine Nachricht von einem externen Host zu senden und abzuwarten, was geschieht. Dies ist ein guter, grundlegender Test, der allerdings keine besonderen Bedingungen, z. B. eine Mail von einer bestimmten Domäne, für die Sie keine Anmeldung haben, abdeckt.

Mit Postfix 2.1 wurde eine Erweiterung des SMTP-Protokolls mit dem Namen XCLIENT eingeführt, die Übertragungen von anderen Orten simuliert. Diese Funktion ist standardmäßig deaktiviert, kann aber mit der folgenden Konfigurationszeile in der Datei main.cf für von localhost stammende Verbindungen aktiviert werden:

```
smtpd_authorized_xclient_hosts = localhost
```

Eine Testsitzung kann wie folgt aussehen:

```
$ telnet localhost 25
Trying 127.0.0.1...
Connected to localhost.
Escape character is '^]'.
220 tardis.ee.ethz.ch ESMTP Postfix
XCLIENT NAME=mail.cs.colorado.edu ADDR=192.168.1.1
250 Ok
HELO mail.cs.colorado.edu
250 tardis.ee.ethz.ch
MAIL FROM: <evi@colorado.edu>
250 Ok
RCPT TO: <david@colorado.edu>
554 <david@colorado.edu>: Relay access denied
```

18.17 Empfohlene Literatur

Bryan Costales und Eric Allman. *sendmail (3rd Edition)*. Sebastopol: O'Reilly Media, 2002.

Dieses Buch ist ein echter Wälzer – 1.200 Seiten dick. Es enthält eine Anleitung sowie eine vollständige Referenz. Das Buch liest sich gut; Sie können auf einer beliebigen Seite beginnen, was unserer Meinung nach bei einem Referenzbuch wichtig ist. Außerdem verfügt es über einen guten Index.

Richard Clayton. »Good Practice for Combating Unsolicited Bulk Email.« RIPE/Demon Internet. 2000, *www.ripe.net/ripe/docs/ripe-206.html*

Dieses Dokument richtet sich an Internetdienstanbieter. Es enthält sehr viele Informationen über Richtlinien und einige gute Links zu technischen Themen.

Alan Schwartz. *SpamAssassin*. Sebastopol: O'Reilly Media, 2005.

Alan Schwartz und Paula Ferguson. *Managing Mailing Lists*. Sebastopol: O'Reilly Media, 1998.

Philip Hazel. *The Exim Smtp Mail Server: Official Guide for Release 4*. Cambridge, UK: User Interface Technologies, Ltd., 2003.

Eine Dokumentation und Informationen über Exim findet sich auch unter *www.exim.org*.

Die man-Seite von sendmail beschreibt dessen Kommandozeilen-Argumente. Eine Übersicht finden Sie in: *Sendmail: An Internetwork Mail Router* von Eric Allman.

Installationsanweisungen und eine gute Beschreibung der Konfigurationsdatei finden sich im *Sendmail Installation and Operation Guide*, der sich im Unterverzeichnis doc/op der sendmail-Distribution befindet. Dieses Dokument ist recht vollständig und bietet in Verbindung mit der README-Datei im Verzeichnis cf eine gute praxisbezogene Übersicht über das sendmail-System.

www.sendmail.org, *www.sendmail.org/~ca* und *www.sendmail.org/~gshapiro* bieten auf sendmail bezogene Dokumente, Anleitungen und Übungen.

RFC2822 als Ersatz für RFC822 beschreibt die Syntax von Nachrichten und Adressen in einem vernetzten Mail-System, RFC1123 beschreibt Anforderungen an die Hosts. Dies sind in gewissem Sinne die amtlichen Spezifikationen, nach denen sendmail aufgebaut wurde.

RFC2821 als Ersatz für RFC821 definiert das SMTP-Protokoll (Simple Mail Transport Protocol) und die RFCs 1869, 1870, 1891 und 1985 erweitern es zu ESMTP.

RFC974 beschreibt MX-Einträge im DNS (Domain Name System) und ihre Beziehung zum Mail-Routing. Die folgenden RFCs beziehen sich ebenfalls auf Mail:

- RFC1731 – IMAP4 Authentication Mechanisms
- RFC1733 – Distributed Electronic Mail Models in IMAP4
- RFC2033 – Local Mail Transfer Protocol
- RFC2076 – Common Internet Message Headers
- RFC2142 – Mailbox Names for Common Services, Roles and Functions
- RFC2505 – Anti-Spam Recommendations for SMTP MTAs
- RFC2635 – DON'T SPEW: Guidelines for Mass Unsolicited Mailings[34]
- RFC2821 – Simple Mail Transfer Protocol
- RFC2822 – Internet Message Format
- RFC4405 – SMTP Service Extension for Indicating Message Submitters[35]
- RFC4406 – Sender ID: Authenticating E-Mail
- RFC4408 – SPF for Authorizing Use of Domains in E-Mail, Version 1
- RFC4409 – Message Submission for Mail

Die RFCs 2821 (SMTP) und 2822 (Internet Message Format) räumen mit einigen der in Bezug auf E-Mails am häufigsten genannten RFCs auf; sie ersetzen die RFCs 821, 822, 974 und 1869. Die RFCs 2821 und 2822 wurden erstmals im April 2001 veröffentlicht und sind als Standard vorgeschlagen.

---

34 *Titel umformuliert.*
35 *Titel ebenfalls umformuliert.*

18.18 Übungen

1. [sendmail-spezifisch] Zählen Sie kurz die Unterschiede und Ähnlichkeiten zwischen genericstable und virtusertable auf. In welchen Situationen würden Sie diese jeweils verwenden?

2. [sendmail-spezifisch] Vergleichen Sie die Nutzung von /etc/mail/aliases zum Speichern von Mail-Aliasen mit der eines LDAP-Servers. Worin liegen die jeweiligen Vor- und Nachteile?

3. Erklären Sie kurz den Unterschied zwischen einem Mail-Benutzer-, einem Zustellungs- und einem Zugriffsagenten. Erläutern Sie anschließend den Unterschied zwischen einem Mail-Transport- und einem Maileinlieferungsagenten.

4. [sendmail-spezifisch] Was ist smrsh, und warum sollten Sie es anstelle von /bin/sh verwenden? Welche Programme dürfen als Programm-Mailer ausgeführt werden, wenn smrsh auf Ihrer Site im Einsatz ist?

5. [sendmail-spezifisch] Schreiben Sie eine kleine /etc/mail/aliases-Datei, die drei verschiedene Aliastypen zeigt. Erläutern Sie kurz, welche Aufgabe die einzelnen Zeilen haben und warum sie nützlich sein könnten.

☆ 6. Schreiben Sie eine kurze Beschreibung des folgenden E-Mail-Headers. Welchen Weg hat die E-Mail genommen? An wen wurde sie adressiert und wem wurde sie zugestellt? Wie lange dauerte ihr Weg vom Absender zum Ziel?

```
From clements@boulderlabs.com Fri Dec 28 17:06:57 2001
Return-Path: <clements@mail.boulderlabs.com>
Received: from boulder.Colorado.EDU (boulder.Colorado.EDU
    [128.138.240.1]) by ucsub.colorado.edu (8.11.6/8.11.2/ITS-5.0/student)
    with ESMTP idfBT06vF10618 for <hallcp@ucsub.Colorado.EDU>;
    Fri, 28 Dec 2001 17:06:57 -0700 (MST)
Received: from mail.boulderlabs.com (mail.boulderlabs.com
    [206.168.112.48]) by boulder.Colorado.EDU
    (8.10.1/8.10.1/UnixOps+Hesiod (Boulder)) with ESMTP id
    fBT06uL13184; Fri, 28 Dec 2001 17:06:56 -0700 (MST)
Received: from ath.boulderlabs.com (cpe-24-221-212-162.co.sprintbbd.net
    [24.221.212.162]) by mail.boulderlabs.com (8.11.6/8.11.6)
    with ESMTP id fBT06oQ29214 for <booklist@boulderlabs.com>;
    Fri, 28 Dec 2001 17:06:50 -0700 (MST) (envelope-from
    clements@mail.boulderlabs.com)
From: David Clements <clements@boulderlabs.com>
Received: (from clements@localhost) by ath.boulderlabs.com
    (8.11.6/8.11.4) id fBT06ma01470 for booklist@boulderlabs.com;
    Fri, 28 Dec 2001 17:06:48 -0700 (MST) (envelope-from clements)
Date: Fri, 28 Dec 2001 17:06:48 -0700 (MST)
Message-Id: <200112290006.fBT06ma01470@ath.boulderlabs.com>
To: boolist@boulderlabs.com
Subject: Book Questions
```

18.18 Übungen

☆ 7. [sendmail-spezifisch] Erstellen Sie eine Liste der Präfixe für Dateien im Warteschlangenverzeichnis und erklären Sie deren Bedeutung. Warum ist es bei einigen Dateien in der Warteschlange wichtig, sie zu löschen, aber bei anderen völlig falsch? Wie können einige der Präfixe zum Debuggen von Fehlern in der sendmail-Konfiguration eingesetzt werden?

8. Schauen Sie sich mailq auf dem Mail-Server Ihres Campus an. Befindet sich irgendetwas Überflüssiges in dem Verzeichnis? Sind dort Nachrichten ohne Steuerdateien oder umgekehrt vorhanden? Welche Nachricht in der Warteschlange ist am ältesten? (Erfordert root-Zugriff.)

☆ 9. [sendmail-spezifisch] Erläutern Sie den Zweck der folgenden m4-Makros. Falls das Makro eine Datei einbindet, geben Sie eine kurze Beschreibung des Inhalts, den die Datei haben sollte.

   a. VERSIONID
   b. OSTYPE
   c. DOMAIN
   d. MAILER
   e. FEATURE

☆ 10. Erklären Sie, was ein MX-Eintrag ist. Warum sind MX-Einträge wichtig für die Mail-Zustellung? Nennen Sie ein Beispiel, in dem ein falsch konfigurierter MX-Eintrag die Unzustellbarkeit einer Mail zur Folge hat.

☆ 11. Welche Auswirkungen hat ein Eintrag in der schwarzen Liste von *sbl-xbl.spamhaus.org* oder einer ähnlichen Black-Hole-Liste für Spam? Skizzieren Sie einige Verfahren, um nicht in solchen Listen zu erscheinen.

☆ 12. Falls Ihre Site den Einsatz von procmail zulässt und Sie die Berechtigung Ihrer lokalen Systemadministratorgruppe haben, richten Sie eine persönliche procmail-Konfigurationsdatei ein, um zu verdeutlichen, wie procmail die Sicherheit gefährden kann.

★★ 13. Erkunden Sie die aktuelle Konfiguration des Mail-Transportagenten auf Ihrer Site. Nennen Sie einige der besonderen Funktionen des bei Ihnen verwendeten Mail-Transportagenten. Können Sie Probleme mit der Konfiguration feststellen? Inwiefern ließe sich die Konfiguration verbessern?

★★ 14. Suchen Sie in Ihrem Postfach nach einer Spamnachricht und untersuchen Sie die Header. Benennen Sie Anzeichen dafür, dass die Mail gefälscht ist. Führen Sie dann einige der in diesem Kapitel genannten Werkzeuge aus, z. B. SpamCop oder SpamAssassin, und berichten Sie, was Sie herausgefunden haben. Wie haben Sie die gefälschten Header erkannt? Stellen Sie die Spam-Mail und Ihre Rückschlüsse auf den Absender, die Gültigkeit der aufgeführten Hosts und alles andere vor, das fehl am Platze zu sein scheint.

19 Netzwerkverwaltung und Debugging

Da Netzwerke die Anzahl der Abhängigkeiten zwischen Rechnern erhöhen, neigen sie dazu, Probleme zu vergrößern. Eine Redensart lautet: »Netzwerke zeichnen sich dadurch aus, dass Sie Ihre Arbeit nicht schaffen, da ein Rechner, von dem Sie noch nie gehört haben, zu einem Fehler führt.«

Die Netzwerkverwaltung ist die Kunst und Wissenschaft, ein Netzwerk gesund zu erhalten. Dies schließt im Allgemeinen die folgenden Aufgaben ein:

- Fehlererkennung bei Netzwerken, Gateways und kritischen Servern
- Verfahren, um einen Administrator über Probleme zu benachrichtigen
- Allgemeine Überwachung, um die Last auszugleichen und die Erweiterung zu planen
- Dokumentation und Visualisierung des Netzwerks
- Zentrale Verwaltung von Netzwerkgeräten

In einem einzelnen Netzwerksegment lohnt es sich im Allgemeinen nicht, formale Verfahren zur Netzwerkverwaltung einzurichten. Testen Sie das Netzwerk nach der Installation einfach gründlich und überprüfen Sie es gelegentlich, um sicherzustellen, dass seine Last nicht übermäßig ist. Wenn es ausfällt, reparieren Sie es.

Wenn Ihr Netzwerk wächst, sollten die Verwaltungsverfahren stärker automatisiert werden. In einem Netzwerk aus mehreren Subnetzen, die mit Switches oder Routern verknüpft sind, möchten Sie vielleicht automatische Verwaltungsaufgaben mit Shellskripten oder einfachen Programmen starten. Wenn Sie ein WAN oder ein komplexes lokales Netzwerk haben, sollten Sie die Installation einer dedizierten Station für die Netzwerkverwaltung in Betracht ziehen.

In einigen Fällen führt die Anforderung an die Zuverlässigkeit Ihres Unternehmens zwangsweise zur Entwicklung eines Netzwerkverwaltungssystems. Ein Problem mit dem Netzwerk kann die gesamte Arbeit zum Stillstand bringen. Wenn Ihr Unternehmen keine Ausfallzeit tolerieren kann, lohnt es sich eventuell, ein hochwertiges Netzwerkverwaltungssystem für Ihr Unternehmen zu erwerben und zu installieren.

Leider kann selbst das beste Netzwerkverwaltungssystem nicht alle Fehler verhindern. Es ist entscheidend, dass Ihnen ein gut dokumentiertes Netzwerk und eine hochqualifizierte Belegschaft zur Verfügung stehen, um die unvermeidlichen Ausfälle zu bewältigen.

19.1 Fehlerbehebung im Netzwerk

Zur Fehlerbehebung in einem Netzwerk auf der TCP/IP-Schicht stehen mehrere gute Werkzeuge zur Verfügung. Die meisten geben Informationen auf niedriger Ebene zurück, sodass Sie die wichtigsten Prinzipien von TCP/IP und Routing verstehen müssen, um die Debugging-Tools zu verwenden.

Andererseits können Netzwerkprobleme auch aus Schwierigkeiten mit Protokollen einer höheren Ebene stammen, wie DNS, NFS und HTTP. Sie sollten Kapitel 12, »TCP/IP-Netzwerke«, und Kapitel 13, »Routing«, lesen, bevor Sie sich mit diesem Kapitel beschäftigen.

In diesem Abschnitt beginnen wir mit einem allgemeinen Verfahren zur Fehlerbehebung. Anschließend behandeln wir mehrere grundlegende Werkzeuge wie ping, traceroute, netstat, tcpdump und Wireshark. Den Befehl arp erläutern wir in diesem Kapitel nicht, obwohl er ebenfalls ein nützliches Werkzeug zum Debuggen ist – weitere Informationen dazu finden Sie in Abschnitt 12.6.

Berücksichtigen Sie die folgenden Grundsätze, bevor Sie über Ihr Netzwerk herfallen:

- Nehmen Sie immer nur eine Änderung vor und testen Sie sie jeweils, um sicherzustellen, dass sie die von Ihnen beabsichtigte Wirkung hat. Verwerfen Sie Änderungen, die eine unerwünschte Wirkung haben.

- Dokumentieren Sie die Situation, die vorherrschte, bevor Sie einbezogen wurden, und dokumentieren Sie jede Änderung, die Sie nebenbei vornehmen.

- Beginnen Sie an einem »Ende« eines Systems oder Netzwerks und arbeiten Sie sich durch die entscheidenden Komponenten, bis Sie auf das Problem stoßen. Sie können z. B. damit beginnen, die Netzwerkkonfiguration auf einem Client zu betrachten, sich zu den physischen Verbindungen vorarbeiten, die Netzwerkhardware untersuchen und zum Schluss die physischen Verbindungen und die Softwarekonfiguration des Servers überprüfen.

- Führen Sie regelmäßig Besprechungen durch. Die meisten Netzwerkprobleme betreffen viele verschiedene Personen: Benutzer, ISPs, Systemadministratoren, Telekommunikationstechniker, Netzwerkadministratoren usw. Eine eindeutige, konsistente Kommunikation schützt Sie davor, sich gegenseitig bei den Bemühungen um eine Problemlösung zu behindern.

- Arbeiten Sie als ein Team. Die jahrelange Erfahrung zeigt, dass Menschen weniger dumme Fehler machen, wenn sie Gleichgestellte haben, die ihnen weiterhelfen.

- Verwenden Sie die Netzwerkschichten, um das Problem zu meistern. Beginnen Sie »oben« oder »unten« und arbeiten Sie sich durch den Protokollstapel hindurch.

Der letzte Punkt erfordert eine ausführlichere Erläuterung. Wie in Abschnitt 12.2 beschrieben, definiert die TCP/IP-Architektur mehrere Abstraktionsschichten, auf denen Netzwerkkomponenten funktionieren können. Beispielsweise hängt HTTP von TCP ab, TCP von IP, IP vom Ethernetprotokoll und das Ethernetprotokoll von der Funktionsfähigkeit des Netzwerkkabels. Sie können die zur Behebung eines Problems benötigte Zeit drastisch reduzieren, wenn Sie zuerst herausfinden, welche Schicht sich schlecht benimmt.

Stellen Sie sich beim Abarbeiten des Stapels selbst Fragen wie z. B. die Folgenden:

- Haben Sie eine physische Verbindung und ein Verbindungssignal?
- Ist Ihre Schnittstelle richtig konfiguriert?
- Zeigen Ihre ARP-Tabellen andere Hosts an?
- Können Sie die Adresse des lokalen Hosts anpingen (127.0.0.1)?
- Können Sie andere lokale Hosts anhand ihrer IP-Adresse anpingen?
- Arbeitet DNS korrekt?[1]
- Können Sie andere lokale Hosts anhand des Hostnamens anpingen?
- Können Sie Hosts in einem anderen Netzwerk anpingen?
- Funktionieren Dienste der höheren Ebene wie z. B. Web- und SSH-Server?

Wenn Sie erst einmal erkannt haben, wo das Problem liegt, gehen Sie einen Schritt zurück und betrachten Sie die Wirkung, die Ihre späteren Tests und zukünftigen Reparaturen auf andere Dienste und Hosts haben.

19.2 ping: Nach einem aktiven Host suchen

Der ping-Befehl ist erstaunlich einfach, aber in vielen Situationen das Einzige, was Sie benötigen. Er sendet ein ICMP ECHO_REQUEST-Paket an einen Zielhost und wartet darauf, dass der Host antwortet. Trotz seiner Einfachheit ist ping eines der Arbeitspferde für die Fehlerbehebung in Netzwerken.

Sie können ping verwenden, um den Status einzelner Hosts zu überprüfen und Netzwerksegmente zu testen. Die Verarbeitung eines Ping schließt Routingtabellen, physische Netzwerke und Gateways ein, sodass das Netzwerk mehr oder weniger funktionieren muss, damit ping erfolgreich sein kann. Wenn ping nicht funktioniert, können Sie ziemlich sicher sein, dass auch nichts Höherentwickeltes mehr funktioniert. Diese Regel gilt jedoch nicht für Netzwerke, die ICMP-Echoanfragen mit einer

---

1 Wenn sich Ihr Rechner während des Bootvorgangs aufhängt, sehr langsam hochfährt oder eingehende SSH-Verbindungen hängen, sollte DNS Ihr Hauptverdächtiger sein.

Firewall blockieren. Stellen Sie sicher, dass die Fehlerbehebung nicht durch eine Firewall behindert wird, bevor Sie schlussfolgern, dass der Zielhost einen ping ignoriert. Sie können eine störende Firewall für kurze Zeit deaktivieren, um die Fehlerbehebung zu erleichtern.

ping wird in einer unendlichen Schleife ausgeführt, sofern Sie nicht ein Argument für die Paketzählung angeben. Wenn Sie genug Pings hatten, geben Sie das Zeichen für den Abbruch ein (für gewöhnlich [Strg]-[C]), um herauszukommen.

Im Folgenden sehen Sie ein Beispiel:

```
$ ping beast
PING beast (10.1.1.46): 56 bytes of data.
64 bytes from beast (10.1.1.46): icmp_seq=0 ttl=54
    time=48.3ms
64 bytes from beast (10.1.1.46): icmp_seq=1 ttl=54
    time=46.4ms
64 bytes from beast (10.1.1.46): icmp_seq=2 ttl=54
    time=88.7ms
^C
--- beast ping statistics ---
3 packets transmitted, 3 received, 0% packet loss, time
    2026ms
rtt min/avg/max/mdev = 46.490/61.202/88.731/19.481 ms
```

Die Ausgabe für beast zeigt die IP-Adresse des Hosts, die laufende ICMP-Nummer jedes Antwortpakets und die Übertragungszeit hin und zurück an. Die offensichtlichste Sache, die Ihnen die vorstehende Ausgabe mitteilt, ist die Information, dass der Server beast funktioniert und mit dem Netzwerk verbunden ist.

In einem intakten Netzwerk erlaubt Ihnen ping zu bestimmen, ob ein Host inaktiv ist. Wenn bekannt ist, dass ein Remote-Host aktiv und in einem guten Zustand ist, kann Ihnen ping nützliche Informationen zum Befinden des Netzwerks liefern. Pingpakete werden anhand der üblichen IP-Mechanismen weitergeleitet, und eine erfolgreiche Rundreise bedeutet, dass alle zwischen Quelle und Ziel liegenden Netzwerke und Gateways korrekt funktionieren, zumindest dem ersten Anschein nach.

Die laufende ICMP-Nummer ist eine besonders wertvolle Information. Unterbrechungen in der Sequenz zeigen verloren gegangene Pakete an; sie werden normalerweise durch eine Nachricht für jedes fehlende Paket ergänzt. Obwohl IP die Zustellung von Paketen nicht garantiert, sollte ein gesundes Netzwerk sehr wenige davon verlieren. Es ist wichtig, dem Problem verlorener Pakete nachzugehen, da es durch Protokolle höherer Ebenen verschleiert wird. Das Netzwerk funktioniert scheinbar korrekt, aber es ist langsamer, als es sein sollte. Dies ist nicht nur wegen der erneut übertragenen Pakete der Fall, sondern auch wegen des Aufwands im Protokoll, der zu deren Erkennung und Verwaltung benötigt wird.

19.2 ping: Nach einem aktiven Host suchen

Um den Grund für verschwundene Pakete aufzuspüren, führen Sie zuerst traceroute aus (siehe den folgenden Abschnitt). Dies ermöglicht Ihnen, die Route zu entdecken, die Pakete zum Zielhost nehmen. Führen Sie anschließend der Reihe nach ein Ping für die Zwischengateways aus, um zu erkennen, welche Verbindung Pakete verliert. Um das Problem zu isolieren, müssen Sie eine statistisch signifikante Anzahl von Paketen senden. Der Netzwerkfehler liegt im Allgemeinen bei der Verbindung zwischen dem letzten Gateway, den Sie ohne bedeutenden Paketverlust anpingen können, und dem Gateway dahinter.

Die Übertragungszeit hin und zurück, die ping meldet, erlaubt Ihnen einen Einblick in die Gesamtleistung eines Pfads innerhalb eines Netzwerks. Geringe Abweichungen dieser Zeit zeigen normalerweise keine Probleme an. Pakete können gelegentlich ohne ersichtlichen Grund um einige zehn oder hundert Millisekunden verzögert werden; das entspricht einfach der Funktionsweise von IP. Für die Mehrheit der Pakete sollten Sie davon ausgehen, dass die Zeit für eine Rundreise ziemlich konsistent ist und gelegentlich Fehler auftreten. Viele der heutigen Router implementieren Antworten auf ICMP-Pakete, die durch Quoten beschränkt oder von niedrigerer Priorität sind. Das bedeutet, dass ein Router unter Umständen die Antwort auf Ihr Ping verzögert, wenn er bereits mit einem hohen sonstigen Datenverkehr beschäftigt ist.

Das Programm ping kann Echoanforderungspakete beliebiger Größe senden, sodass Sie durch die Verwendung eines Pakets, das größer als die maximale Übertragungseinheit (MTU) des Netzwerks ist (1.500 Byte für Ethernet), eine Fragmentierung erzwingen können. Die folgende Übung hilft Ihnen, Medienfehler oder andere Probleme der unteren Ebene zu erkennen, z. B. Probleme mit einem verstopften Netzwerk oder VPN. Um die gewünschte Paketgröße in Byte anzugeben, verwenden Sie die Option -s.

```
$ ping -s 1500 cuinfo.cornell.edu
```

Behalten Sie die folgenden Warnungen im Hinterkopf, wenn Sie den Befehl ping verwenden.

Erstens ist es schwierig, nur mit dem ping-Befehl einen Netzwerkfehler von einem Serverfehler zu unterscheiden. In einer Umgebung, in der Pingtests normalerweise funktionieren, sagt Ihnen ein fehlerhafter Ping nur, dass etwas falsch ist. (Netzwerkfirewalls blockieren manchmal »absichtlich« ICMP-Pakete.)

Zweitens bürgt ein erfolgreicher Ping kaum für den Zustand des Zielrechners. Echoanforderungspakete werden innerhalb des IP-Protokollstapels behandelt und erfordern nicht, dass ein Serverprozess auf dem untersuchten Host ausgeführt wird. Eine Antwort garantiert nur, dass ein Rechner eingeschaltet und keine Kernelpanik aufgetreten ist. Sie benötigen Methoden einer höheren Ebene, um die Verfügbarkeit einzelner Dienste wie HTTP und DNS zu überprüfen.

19.3 traceroute: IP-Pakete verfolgen

traceroute, das ursprünglich von Van Jacobson geschrieben wurde, deckt die Folge der Gateways auf, durch die ein IP-Paket reist, um sein Ziel zu erreichen. Alle modernen Betriebssysteme enthalten eine Version von traceroute. Die Syntax lautet einfach wie folgt:

traceroute *Hostname*

Es gibt eine Vielzahl Optionen, von denen die meisten im alltäglichen Gebrauch unbedeutend sind. Wie üblich, kann der Hostname entweder als DNS-Name oder als IP-Adresse angegeben werden. Die Ausgabe ist einfach eine Liste von Hosts, die mit dem ersten Gateway beginnt und am Ziel endet.

Ein traceroute vom Host jaguar zum Host nubark führt beispielsweise zu folgender Ausgabe:

```
$ traceroute nubark
traceroute to nubark (192.168.2.10), 30 hops max, 38
   byte packets
1  lab-gw (172.16.8.254)  0.840 ms  0.693 ms  0.671 ms
2  dmz-gw (192.168.1.254) 4.642 ms  4.582 ms  4.674 ms
3  nubark (192.168.2.10)  7.959 ms  5.949 ms  5.908 ms
```

Anhand dieser Ausgabe können wir sagen, dass jaguar genau drei Hops von nubark entfernt ist, und sehen, welche Gateways in die Verbindung einbezogen sind. Die Zeit für eine Rundreise für jeden Gateway wird auch angezeigt – drei Beispiele für jeden Abschnitt werden gemessen und angezeigt. Ein typischer traceroute zwischen Internethosts schließt oftmals mehr als 15 Hops ein.

traceroute funktioniert, indem das Time-to-live-Feld (TTL, eigentlich »hop count to live«) eines ausgehenden Pakets künstlich auf eine niedrige Nummer gesetzt wird. Sobald Pakete an einem Gateway eintreffen, wird deren TTL herabgesetzt. Wenn ein Gateway die TTL auf 0 herabsetzt, verwirft er das Paket und sendet die ICMP-Nachricht »Zeit überschritten« zurück an den ursprünglichen Host.

Bei den ersten drei traceroute-Paketen ist die TTL auf 1 festgesetzt. Der erste Gateway, der ein solches Paket sieht (in diesem Fall lab-gw), erkennt, dass die TTL überschritten wurde, und benachrichtigt jaguar über das gelöschte Paket, indem er eine ICMP-Nachricht zurücksendet. Die IP-Adresse des Senders im Header des Fehlerpakets identifiziert das Gateway; traceroute sucht diese Adresse in DNS, um den Hostnamen des Gateways herauszufinden.

19.3 traceroute: IP-Pakete verfolgen

> **Tipp**
> Weitere Informationen über umgekehrte DNS-Lookups finden Sie in Abschnitt 15.7.

Um den Gateway im zweiten Abschnitt zu identifizieren, sendet traceroute eine zweite Paketrunde, bei der die TTL-Felder auf 2 festgesetzt sind. Der erste Gateway leitet die Pakete weiter und setzt deren TTL um 1 herab. Auf dem zweiten Gateway werden die Pakete anschließend gelöscht und wie zuvor ICMP-Fehlermeldungen erstellt. Dieser Vorgang wird fortgesetzt, bis die TTL der Anzahl der Hops zum Zielhost entspricht und die Pakete ihr Ziel erreichen.

Die meisten Router senden ihre ICMP-Nachrichten von der Schnittstelle, die Ihrem Host am »nächsten« liegt. Wenn Sie traceroute ausgehend vom Zielhost rückwärts ausführen, sehen Sie wahrscheinlich, das andere IP-Adressen verwendet werden, um denselben Satz von Routern zu identifizieren. Sie könnten auch vollkommen verschiedene Pfade sehen; diese Konfiguration ist bekannt als »asymmetrisches Routing«.

Da traceroute für jeden Wert des TTL-Felds drei Pakete sendet, beobachten Sie vielleicht manchmal eine interessante Sache. Wenn ein dazwischen liegender Gateway den Verkehr über mehrere Routen gleichzeitig sendet, können die Pakete möglicherweise von verschiedenen Hosts zurückgegeben werden; in diesem Fall gibt traceroute einfach alle aus.

Nachfolgend sehen Sie ein interessanteres Beispiel von einem Host unter colorado.edu nach xor.com:

```
rupertsberg$ traceroute xor.com
traceroute to xor.com (192.225.33.1), 30 hops max, 38    byte packets
 1  cs-gw3-faculty.cs.colorado.edu (128.138.236.3)     1.362 ms  2.144 ms  2.76 ms
 2  cs-gw-dmz.cs.colorado.edu (128.138.243.193)  2.720     ms  4.378 ms  5.052 ms
 3  engr-cs.Colorado.EDU (128.138.80.141)  5.587 ms     2.454 ms  2.773 ms
 4  hut-engr.Colorado.EDU (128.138.80.201)  2.743 ms     5.643 ms  2.772 ms
 5  cuatm-gw.Colorado.EDU (128.138.80.2)  5.587 ms     2.784 ms  2.777 ms
 6  204.131.62.6 (204.131.62.6)  5.585 ms  3.464 ms     2.761 ms
 7  border-from-BRAN.coop.net (199.45.134.81)  5.593 ms     6.433 ms  5.521 ms
 8  core-gw-eth-2-5.coop.net (199.45.137.14)  53.806 ms     *  19.202 ms
 9  xor.com (192.225.33.1)  16.838 ms  15.972 ms  11.204     ms
```

Diese Ausgabe zeigt, dass Pakete fünf interne Gateways durchqueren müssen (cs-gw3-faculty bis cuatm-gw), bevor sie das Netzwerk colorado.edu verlassen. Der Gateway im nächsten Abschnitt des BRAN-Netzwerks (204.131.62.6) hat keinen Namen in DNS. Nach zwei Hops in coop.net erreichen wir xor.com.

Bei Hop 8 sehen wir anstelle einer Übertragungszeit einen Stern. Dies bedeutet, dass keine Antwort (Fehlerpaket) empfangen wurde. In diesem Fall ist die Ursache wahrscheinlich ein Stau, aber dies ist nicht die einzige Möglichkeit. traceroute beruht auf ICMP-Paketen niedriger Priorität, bei denen viele Router schlau genug sind, sie zu löschen, um »echten« Verkehr zu bevorzugen. Einige Sterne sollten Sie nicht in Panik versetzen.

Wenn Sie in allen Feldern für die Rundreisezeit für einen vorgegebenen Gateway Sterne sehen, treffen keine Zeitüberschreitungsmeldungen von diesem Rechner ein. Vielleicht ist der Gateway einfach inaktiv. Manchmal sind Gateways oder Firewalls so konfiguriert, dass sie Pakete mit abgelaufenen TTLs stumm verwerfen. In diesem Fall können Sie durch den stummen Host zu den dahinterliegenden Gateways schauen. Eine andere Möglichkeit ist, dass die Fehlerpakete des Gateways langsam zurückgegeben werden und traceroute aufgehört hat, bis zu ihrer Ankunftszeit zu warten.

Einige Firewalls blockieren die ICMP-Zeitüberschreitungsmeldung vollständig. Wenn eine solche Firewall entlang des Pfads liegt, erhalten Sie keine Informationen über die dahinterliegenden Gateways. Sie können jedoch noch immer die Gesamtzahl der Hops bis zum Ziel bestimmen, da die Pakete schließlich den gesamten Weg dorthin gelangen. Es können auch einige Firewalls die ausgehenden UDP-Datagramme blockieren, die traceroute sendet, um die ICMP-Antworten auszulösen. Dieses Problem führt dazu, dass traceroute insgesamt keine nützlichen Informationen meldet. In diesem Fall können Sie eventuell mit der Option -I das Versenden von ICMP-Requests statt UDP-Paketen verwenden.

Eine langsame Verbindung zeigt nicht unbedingt eine Funktionsstörung an. Einige physische Netzwerke haben eine natürliche hohe Wartezeit; drahtlose Netzwerke vom Typ 802.11 sind ein gutes Beispiel. Trägheit kann auch ein Zeichen für einen Stau im empfangenden Netzwerk sein, insbesondere wenn es eine CSMA/CD-Technologie verwendet, die wiederholte Versuche unternimmt, um ein Paket zu übertragen (Ethernet ist ein Beispiel). Inkonsistente Übertragungszeiten würden eine solche Hypothese unterstützen, da Kollisionen die Zufälligkeit des Netzwerkverhaltens erhöhen.

Manchmal sehen Sie anstelle eines Sterns oder der Übertragungszeit das Zeichen !N. Dieses zeigt an, das der aktuelle Gateway den Fehler »Netzwerk unerreichbar« zurückgesandt hat. Das bedeutet, dass er nicht weiß, wie er Ihr Paket weiterleiten soll. Andere Möglichkeiten sind !H für »Host unerreichbar« und !P für »Protokoll unerreichbar«. Ein Gateway, der eine dieser Fehlermeldungen zurückgibt, ist der letzte Hop, zu dem Sie gelangen können. Er hat wahrscheinlich ein Routingproblem (möglicherweise verursacht durch eine gestörte Verbindung): entweder sind seine statischen Routen falsch oder dynamische Protokolle sind daran gescheitert, eine verwendbare Route zum Ziel zu verbreiten.

Wenn `traceroute` anscheinend nicht funktioniert (oder wahrnehmbar langsam arbeitet), kann der Grund darin liegen, dass es Zeitüberschreitungen verursacht, während es versucht, die Hostnamen der Gateways mithilfe von DNS aufzulösen. Falls DNS auf dem Host ausgefallen ist, von dem die Überwachung erfolgt, verwenden Sie `traceroute -n`, um die numerische Ausgabe abzufragen. Diese Option verhindert die Verwendung von DNS; es ist u. U. die einzige Möglichkeit, damit `traceroute` in einem defekten Netzwerk funktioniert.

19.4 netstat: Netzwerkstatistiken abrufen

`netstat` sammelt eine Vielzahl von Informationen über den Zustand der Netzwerksoftware Ihres Computers, einschließlich Schnittstellenstatistiken, Routinginformationen und Verbindungstabellen. Es gibt keine echte Verbindung zwischen den verschiedenen Ausgabearten, abgesehen davon, dass sich alle auf das Netzwerk beziehen. Stellen Sie sich `netstat` als das Sammelbecken der Netzwerktools vor – es gibt eine Vielzahl von Netzwerkinformationen aus, die nirgendwo sonst hinpassen. Im Folgenden besprechen wir die fünf häufigsten Verwendungsmöglichkeiten von `netstat`:

- Informationen über die Schnittstellenkonfiguration untersuchen
- Den Zustand von Netzwerkverbindungen überwachen
- Lauschende Netzwerkdienste ermitteln
- Die Routingtabelle untersuchen
- Betriebsstatistiken für verschiedene Netzwerkprotokolle anzeigen

19.4.1 Informationen über die Schnittstellenkonfiguration untersuchen

`netstat -i` zeigt Informationen über die Konfiguration und den Zustand der Netzwerkschnittstellen des Hosts an. Sie können `netstat -i` als gutes Mittel ausführen, um sich selbst mit der Netzwerkeinrichtung eines neuen Rechners vertraut zu machen. Fügen Sie für zusätzliche Details die Option `-e` hinzu.

Beispiel:

```
$ netstat -i -e
Kernel Interface table
eth0    Link encap:Ethernet   HWaddr 00:02:B3:19:C8:82
        inet addr:192.168.2.1 Bcast:192.168.2.255
        Mask:255.255.255.0
        UP BROADCAST RUNNING MULTICAST   MTU:1500
        Metric:1
        RX packets:1121527 errors:0 dropped:0 overruns:0
```

```
        frame:0
        TX packets:1138477 errors:0 dropped:0 overruns:0
        carrier:0
        collisions:0 txqueuelen:100
        Interrupt:7 Base address:0xef00
eth1    Link encap:Ethernet  HWaddr 00:02:B3:19:C6:86
        inet addr:192.168.1.13  Bcast:192.168.1.255
        Mask:255.255.255.0
        UP BROADCAST RUNNING MULTICAST  MTU:1500
        Metric:1
        RX packets:67543 errors:0 dropped:0 overruns:0
        frame:0
        TX packets:69652 errors:0 dropped:0 overruns:0
        carrier:0
        collisions:0 txqueuelen:100
        Interrupt:5 Base address:0xed00
Lo      Link encap:Local Loopback
        inet addr:127.0.0.1  Mask:255.0.0.0
        UP LOOPBACK RUNNING  MTU:3924  Metric:1
        RX packets:310572 errors:0 dropped:0 overruns:0
        frame:0
        TX packets:310572 errors:0 dropped:0 overruns:0
        carrier:0
        collisions:0 txqueuelen:0
```

Dieser Host hat zwei Netzwerkschnittstellen: eine für den regulären Verkehr sowie eine zweite Verbindung für die Systemverwaltung mit der Bezeichnung eth1. RX- und TX-Pakete melden die Anzahl von Paketen, die seit dem Booten des Rechners jeweils auf der Schnittstelle empfangen und übertragen wurden. In den Fehlercontainern werden viele verschiedene Fehlerarten gezählt, und bei einigen ist es normal, dass sie auftauchen.

Fehler sollten bei weniger als 1% der versendeten oder empfangenen Pakete auftreten. Wenn die Fehlerquote hoch ist, vergleichen Sie die Quoten mehrerer benachbarter Rechner. Eine große Anzahl von Fehlern auf einem einzelnen Computer deutet auf ein Problem mit dessen Schnittstelle oder Verbindung hin. Tritt überall eine hohe Fehlerrate auf, zeigt dies sehr wahrscheinlich ein Medien- oder Netzwerkproblem an. Eine der häufigsten Ursachen einer hohen Fehlerquote ist ein Missverhältnis zwischen Ethernet-Geschwindigkeit und Duplexbetrieb, das durch das Versagen der automatischen Erkennung oder der automatischen Aushandlung verursacht wird.

Kollisionen deuten auf ein überlastetes Netzwerk hin; Fehler zeigen häufig Probleme bei der Verkabelung an. Obwohl eine Kollision eine Fehlerart ist, wird sie durch netstat gesondert gezählt. Das Feld mit der Bezeichnung Collisions meldet die Anzahl von Kollisionen, die beim Senden der Pakete auftraten[2]. Verwenden Sie diese

---

2 Dieses Feld ist nur in CSMA/CD-Netzwerken von Bedeutung, z. B. bei Ethernet.

19.4.2 Den Zustand von Netzwerkverbindungen überwachen

Ohne Argumente zeigt netstat den Status aktiver TCP- und UDP-Ports an. Inaktive (»lauschende«) Server, die auf Verbindungen warten, werden normalerweise nicht angezeigt; sie können mit netstat -a eingesehen werden[3]. Die Ausgabe sieht wie folgt aus:

```
$ netstat -a
Active Internet connections (servers and established)
Proto    Recv-Q   Send-Q   Local Address   ForeignAddress    State
tcp      0        0        *:ldap          *:*               LISTEN
tcp      0        0        *:mysql         *:*               LISTEN
tcp      0        0        *:imaps         *:*               LISTEN
tcp      0        0        bull:ssh        dhcp-32hw:4208    ESTABLISHED
tcp      0        0        bull:imaps      nubark:54195      ESTABLISHED
tcp      0        0        bull:http       dhcp-30hw:2563    ESTABLISHED
tcp      0        0        bull:imaps      dhcp-18hw:2851    ESTABLISHED
tcp      0        0        *:http          *:*               LISTEN
tcp      0        0        bull:37203      baikal:mysql      ESTABLISHED
tcp      0        0        *:ssh           *:*               LISTEN…
...
```

Dieses Beispiel stammt vom Host otter und wurde stark zusammengestrichen; z. B. werden UDP- und UNIX-Socketverbindungen nicht angezeigt. Die vorstehende Ausgabe zeigt eine eingehende SSH-Verbindung, zwei eingehende IMAPS-Verbindungen, eine eingehende HTTP-Verbindung, eine ausgehende MySQL-Verbindung und eine Gruppe von Ports, die auf andere Verbindungen lauschen.

Adressen werden als *Hostname:Dienst* angezeigt, wobei *Dienst* eine Portnummer ist. Für Standarddienste zeigt netstat den Port symbolisch an, wobei die in der Datei /etc/services definierte Zuordnung verwendet wird. Mit der Option -n können Sie numerische Adressen und Ports abrufen. Wenn Ihr DNS ausgefallen ist, ist netstat, wie bei den meisten Netzwerktools zur Fehlerbehebung, ohne den Schalter -n schlecht zu verwenden.

---

[3] *Verbindungen für UNIX-Domänensockets werden ebenfalls angezeigt. Da sie aber nicht mit Netzwerken in Verbindung stehen, erläutern wir sie hier nicht.*

Send-Q und Recv-Q zeigen die Größe der Sende- und Empfangswarteschlange für die Verbindung auf dem lokalen Host; die Warteschlangengrößen am anderen Ende einer TCP-Verbindung können davon abweichen. Sie sollten gegen 0 gehen und zumindest nicht beständig ungleich null sein. Wenn Sie netstat über ein Netzwerkterminal ausführen, ist die Sendewarteschlange für Ihre Verbindung natürlich niemals 0.

Der Verbindungszustand ist nur für TCP von Bedeutung, denn UDP ist ein verbindungsloses Protokoll. Die häufigsten Zustände, die Sie sehen, sind ESTABLISHED für gegenwärtig aktive Verbindungen, LISTEN für Server, die auf Verbindungen warten (was normalerweise nicht ohne -a angezeigt wird) und TIME_WAIT für Verbindungen während des Schließens.

Diese Anzeige ist vor allem zur Behebung von Fehlern auf einer höheren Ebene nützlich, nachdem Sie bestimmt haben, dass die grundlegenden Netzwerkeinrichtungen korrekt funktionieren. Sie ermöglicht Ihnen zu überprüfen, dass Server korrekt eingerichtet sind, und erleichtert die Diagnose bestimmter Typen der Fehlerkommunikation, insbesondere mit TCP. Eine Verbindung, die im Status SYN_SENT verbleibt, zeigt z. B. einen Prozess an, der versucht, mit einem nicht vorhandenen oder nicht zugänglichen Netzwerkserver Kontakt aufzunehmen.

Wenn netstat viele Verbindungen im Zustand SYN_WAIT anzeigt, kann Ihr Host wahrscheinlich nicht mit der Anzahl der angeforderten Verbindungen umgehen. Diese Unzulänglichkeit kann die Folge von Einschränkungen bei der Kerneloptimierung oder sogar von bösartiger Überflutung sein.

Tipp

Weitere Informationen über die Kerneloptimierung finden Sie in Kapitel 28.

19.4.3 Lauschende Netzwerkdienste ermitteln

Eine alltägliche Frage in diesem sicherheitsrelevanten Bereich lautet »Welche Prozesse auf diesem Rechner lauschen im Netzwerk auf eingehende Verbindungen?« netstat -a zeigt alle Ports, die aktiv lauschen (TCP-Ports im Zustand LISTEN und möglicherweise UDP-Ports), aber auf einem beschäftigten Rechner können diese Zeilen in der Flut der bestehenden TCP-Verbindungen untergehen. Verwenden Sie netstat -l, um nur die lauschenden Ports zu sehen. Das Ausgabeformat stimmt mit dem für netstat -a überein.

19.4 netstat: Netzwerkstatistiken abrufen

Sie können den Schalter `-p` hinzufügen, um netstat zu veranlassen, den einem lauschenden Port zugeordneten Prozess zu ermitteln (um alle Prozesse und nicht nur die eigenen zu sehen, müssen Sie als root angemeldet sein). Die folgende Beispielausgabe zeigt drei allgemeine Dienste (sshd, sendmail und named), gefolgt von einem ungewöhnlichen Dienst:

```
$ netstat -lp
...
tcp   0   0   0.0.0.0:22    0.0.0.0:*   LISTEN   23858/sshd
tcp   0   0   0.0.0.0:25    0.0.0.0:*   LISTEN   10342/sendmail
udp   0   0   0.0.0.0:53    0.0.0.0:*            30016/named
udp   0   0   0.0.0.0:962   0.0.0.0:*            38221/mudd
...
```

Hier lauscht mudd mit der PID 38221 auf UDP-Port 962. Je nach den Richtlinien Ihres Unternehmens über benutzerinstallierte Software, möchten Sie dem vielleicht nachgehen.

19.4.4 Die Routingtabelle untersuchen

netstat `-r` zeigt die Routingtabelle des Kernels an. Das folgende Beispiel stammt von einem Red Hat-Rechner mit zwei Netzwerkschnittstellen. (Die Ausgabe variiert leicht zwischen den Linux-Distributionen.)

```
$ netstat -rn
Kernel IP routing table
Destination    Gateway          Genmask         Flags   MSS Window  irtt Iface
192.168.1.0    0.0.0.0          255.255.255.0   U       0   0          0 eth0
10.2.5.0       0.0.0.0          255.255.255.0   U       0   0          0 eth1
127.0.0.0      0.0.0.0          255.0.0.0       U       0   0          0 lo
0.0.0.0        192.168.1.254    0.0.0.0         UG      0   0         40 eth0
...
```

Ziele und Gateways können entweder als Hostnamen oder als IP-Adressen angezeigt werden. Der Schalter `-n` verlangt eine numerische Ausgabe.

Tipp

Weitere Informationen zur Routingtabelle finden Sie in Abschnitt 12.5.1.

Die Flags charakterisieren die Route: U bedeutet aktiv (»up«), G ist ein Gateway und H eine Hostroute. U, G und H zusammen zeigen eine Hostroute an, die durch einen Zwischengateway führt. Das Flag D (nicht dargestellt) zeigt eine Route an, die aus einem ICMP-Redirect stammt. Die verbleibenden Felder bieten Statistiken über die Route: die aktuelle Anzahl von TCP-Verbindungen, die die Route verwenden, die Anzahl der gesendeten Pakete und die verwendete Schnittstelle.

Verwenden Sie diese Form von netstat, um das Befinden der Routingtabelle Ihres Systems zu überprüfen. Es ist besonders wichtig zu prüfen, dass das System eine Standardroute hat und dass diese Route korrekt ist. Die Standardroute wird durch eine Zieladresse dargestellt, die komplett aus Nullen besteht (0.0.0.0). Es ist möglich, keinen Eintrag für eine Standardroute zu haben, aber eine solche Konfiguration wäre höchst untypisch.

19.4.5 Betriebsstatistiken für Netzwerkprotokolle anzeigen

netstat -s gibt die Inhalte von Indikatoren aus, die über den Netzwerkcode verstreut sind. Die Ausgabe ist in einzelne Abschnitte für IP, ICMP, TCP und UDP unterteilt. Im Folgenden sehen Sie Teile der Ausgabe von netstat -s für einen typischen Server; sie wurden bearbeitet, um nur die vielsagendsten Informationen anzuzeigen.

```
Ip:
    671349985 total packets received
    0 forwarded
    345 incoming packets discarded
    667912993 incoming packets delivered
    589623972 requests sent out
    60 dropped because of missing route
    203 fragments dropped after timeout
```

Prüfen Sie, dass keine Pakete gelöscht oder verworfen werden. Es ist akzeptabel, dass einige eingehende Pakete fallen gelassen werden, aber ein schneller Anstieg dieser Kennzahl weist normalerweise auf einen Mangel an Arbeitsspeicher oder auf ein anderes Ressourcenproblem hin.

```
Icmp:
    242023 ICMP messages received
    912 input ICMP message failed.
    ICMP input histogram:
        destination unreachable: 72120
        timeout in transit: 573
        echo requests: 17135
        echo replies: 152195
    66049 ICMP messages sent
    0 ICMP messages failed
    ICMP output histogram:
        destination unreachable: 48914
        echo replies: 17135
```

In diesem Beispiel stimmt die Anzahl der Echoanfragen im Eingabeteil mit der Anzahl der Echoantworten im Ausgabeteil überein. Beachten Sie, dass die Nachricht »Destination unreachable« (Ziel unerreichbar) noch erstellt werden kann, selbst wenn alle Pakete scheinbar weitergeleitet werden können. Fehlerhafte Pakete erreichen schließlich einen Gateway, der sie zurückweist, und anschließend werden Fehlermeldungen entlang der Gatewaykette zurückgesendet.

```
Tcp:
    4442780 active connections openings
    1023086 passive connection openings
    50399 failed connection attempts
    0 connection resets received
    44 connections established
    666674854 segments received
    585111784 segments send out
    107368 segments retransmited
    86 bad segments received.
    3047240 resets sent
Udp:
    4395827 packets received
    31586 packets to unknown port received.
    0 packet receive errors
    4289260 packets sent
```

Es ist gut, ein Gefühl für die normalen Werte dieser Statistiken zu entwickeln, sodass Sie fehlerhafte Zustände erkennen können.

19.5 sar: Die aktuelle Schnittstellenaktivität untersuchen

Eine gute Möglichkeit, Netzwerkprobleme zu identifizieren, besteht darin, zu schauen, was gerade passiert. Wie viele Pakete wurden in den letzten fünf Minuten über eine bestimmte Schnittstelle gesendet? Wie viele Bytes? Treten Kollisionen oder andere Fehler auf? Sie können diese Fragen beantworten, indem Sie die aktuelle Schnittstellenaktivität beobachten.

Auf traditionellen UNIX-Systemen ist `netstat -i` das Werkzeug der Wahl. Leider ist die Fähigkeit von `netstat`, über aktuelle Schnittstellenaktivitäten zu berichten, unter Linux gestört. Wir empfehlen ein vollkommen anderes Werkzeug: `sar`. (In Abschnitt 25.3.6 erläutern wir `sar` aus der Perspektive der allgemeinen Systemüberwachung.) Die meisten Distributionen installieren `sar` nicht standardmäßig, aber es ist immer als optionales Paket verfügbar.

Damit `sar` eine Minute lang alle zwei Sekunden über die Internetaktivität berichtet (d. h. 30 Berichte), verwenden Sie die Syntax `sar -n DEV 2 30`. Das Argument `DEV` ist ein Schlüsselwort und kein Platzhalter für einen Geräte- oder Schnittstellennamen.

Die Ausgabe schließt die Anzeige der aktuellen und der durchschnittlichen Nutzung der Netzwerkschnittstelle in Bytes und Paketen ein. Das folgende Beispiel stammt von einem Red Hat-Rechner mit zwei physischen Schnittstellen. Die zweite physische Schnittstelle (eth1) wird offensichtlich nicht verwendet.

```
17:50:43   IFACE   rxpck/s   txpck/s   rxbyt/s   txbyt/s   rxcmp/s   txcmp/s   rxmcst/s
17:50:45      lo      3.61      3.61    263.40    263.40      0.00      0.00       0.00
17:50:45    eth0     18.56     11.86   1364.43   1494.33      0.00      0.00       0.52
17:50:45    eth1      0.00      0.00      0.00      0.00      0.00      0.00       0.00
```

Die ersten beiden Spalten geben die Zeit an, zu der die Daten geprüft wurden, und die Namen der Netzwerkschnittstellen. Die nächsten beiden Spalten zeigen die Anzahl der empfangenen bzw. übertragenen Pakete an. Die Spalten `rxbyt/s` und `txbyt/s` sind wahrscheinlich die nützlichsten, da sie die aktuell verwendete Bandbreite angeben. Die letzten drei Spalten bieten Statistiken für komprimierte (`rxcmp/s`, `txcmp/s`) und Multicast-Pakete (`rxmcst/s`).

`sar -n DEV` ist besonders nützlich, um die Fehlerquelle aufzuspüren. `ifconfig` kann Sie über das Vorhandensein von Problemen alarmieren, sagt Ihnen aber nicht, ob die Fehler von einem andauernden Problem auf niedriger Ebene oder von einem einmaligen, aber katastrophalen Ereignis stammen. Beobachten Sie das Netzwerk über längere Zeit unter einer Vielzahl von Lastbedingungen, um Ihren Eindruck des Geschehens zu festigen. Versuchen Sie, `ping` mit einer großen Paketlast (Größe) auszuführen, während Sie die Ausgabe von `sar -n DEV` beobachten.

19.6 Paketsniffer

`tcpdump` und Wireshark gehören zu einer Klasse von Werkzeugen, die als Paketsniffer bekannt sind. Sie lauschen auf den Verkehr in einem Netzwerk und geben Pakete aus oder zeichnen sie auf, die bestimmte vom Benutzer vorgegebene Kriterien erfüllen. Zum Beispiel können alle Pakete, die zu oder von einem bestimmten Host geschickt werden, oder TCP-Pakete, die zu einer bestimmten Netzwerkverbindung gehören, untersucht werden.

Paketsniffer sind sowohl nützlich, um bekannte Probleme zu lösen, als auch vollkommen neue Probleme zu entdecken. Es ist gut, Ihr Netzwerk gelegentlich zu überprüfen, um sicherzustellen, dass der Verkehr in Ordnung ist.

Paketsniffer müssen in der Lage sein, Verkehr abzufangen, den der lokale Rechner normalerweise nicht empfangen würde (oder dem er zumindest keine Beachtung schenken würde), sodass die zugrunde liegende Netzwerkhardware den Zugriff auf alle Pakete gestatten muss. Übertragungstechnologien wie z. B. Ethernet funktionieren gut, so wie auch die meisten anderen modernen lokalen Netzwerke.

19.6 Paketsniffer

Da Paketsniffer so viel wie möglich vom ursprünglichen Netzwerkverkehr sehen müssen, können sie durch Netzwerkswitches gestört werden, die durch ihren Entwurf versuchen, die Verbreitung »unnötiger« Pakete einzuschränken. Es kann dennoch informativ sein, einen Sniffer in einem Netzwerk mit Switches auszuprobieren. Sie können auf Probleme stoßen, die mit Broadcast- oder Multicast-Paketen zusammenhängen. Abhängig vom Hersteller Ihres Switches sind Sie vielleicht überrascht, wie viel Verkehr Sie sehen können.

Tipp

Weitere Informationen über Netzwerkswitches finden Sie in Abschnitt 14.2.

Zusätzlich zum möglichen Zugriff auf alle Netzwerkpakete muss die Schnittstellenhardware diese Pakete bis zur Softwareschicht transportieren. Paketadressen werden normalerweise durch die Hardware überprüft, und nur Broadcast-/Multicast-Pakete und Pakete, die an den lokalen Host adressiert sind, werden in den Kernel übertragen. Im promiscous mode ermöglicht eine Schnittstelle, dass das Kernel alle Pakete im Netzwerk liest, sogar die, die für andere Hosts bestimmt sind.

Paketsniffer verstehen viele der von Standardnetzwerkdiensten verwendeten Paketformate und können diese Pakete oftmals in einer für Menschen lesbaren Form ausgeben. Diese Fähigkeit erleichtert es, den Ablauf einer Unterhaltung zwischen zwei Programmen aufzuzeichnen. Einige Sniffer drucken zusätzlich zum Header die ASCII-Inhalte eines Pakets und sind somit nützlich, um Protokolle einer hohen Ebene zu untersuchen. Da einige dieser Protokolle Informationen (und sogar Kennwörter) als Klartext über das Netzwerk schicken, müssen Sie aufpassen, dass Sie die Privatsphäre Ihrer Anwender nicht verletzen.

Jede unserer Beispieldistributionen enthält einen Paketsniffer. Ein Sniffer muss Daten direkt von einem Netzwerkgerät lesen, sodass er als Benutzer `root` ausgeführt werden muss. Diese Einschränkung dient dazu, die Wahrscheinlichkeit zu verringern, dass normale Benutzer Ihren Netzwerkverkehr belauschen, ist aber kein großes Hindernis. Einige Unternehmen ziehen es vor, Snifferprogramme von den meisten Hosts zu entfernen, um die Wahrscheinlichkeit des Missbrauchs zu reduzieren. Wenn sonst nichts anliegt, sollten Sie Ihre Systemschnittstellen überprüfen, um sicherzustellen, dass sie nicht ohne Ihr Wissen oder Ihre Zustimmung im »promiscous mode« betrieben werden. Auf Linux-Systemen zeigt eine Schnittstelle im promiscous mode in der Statusausgabe von `ifconfig` das Flag PROMISC. Sie können auch Werkzeuge wie PromiScan (verfügbar unter *www.securityfriday.com*) verwenden, um Ihr Netzwerk auf Schnittstellen zu überprüfen, die im promiscous Modus betrieben werden.

19.6.1 tcpdump: Der König der Sniffer

tcpdump, noch ein anderes verblüffendes Netzwerktool von Van Jacobson, ist in den meisten Linux-Distributionen enthalten. tcpdump war lange Zeit der Standardsniffer der Branche; die meisten anderen Tools für die Netzwerkanalyse lesen und schreiben Tracedateien im tcpdump-Format.

Standardmäßig schaltet sich tcpdump bei der ersten Netzwerkschnittstelle ein, auf die es zufällig trifft. Wenn es die falsche Schnittstelle wählt, können Sie mit dem Schalter -i die Wahl einer Schnittstelle erzwingen. Wenn DNS ausgefallen ist oder Sie einfach nicht möchten, dass tcpdump Namenssuchen vornimmt, verwenden Sie die Option -n. Diese Option ist wichtig, da ein langsamer DNS-Dienst dazu führen kann, dass der Filter mit dem Verwerfen von Paketen beginnt, bevor diese von tcpdump verarbeitet werden können. Der Schalter -v erhöht die Informationen, die Sie zu Paketen sehen, und -vv bietet Ihnen sogar noch mehr Daten. Schließlich kann tcpdump mit dem Schalter -w Pakete in einer Datei speichern und mit -r erneut einlesen.

Die folgende gekürzte Ausgabe stammt beispielsweise von einem Rechner mit dem Namen nubark. Die Filterangabe host bull schränkt die Anzeige auf solche Pakete ein, die den Rechner bull entweder als Quelle oder als Ziel direkt einschließen.

```
# sudo tcpdump host bull
12:35:23.519339 bull.41537 > nubark.domain:  A?
    atrust.com. (28) (DF)
12:35:23.519961 nubark.domain > bull.41537:  A
    66.77.122.161 (112) (DF)
```

Das erste Paket zeigt den Host bull, der eine DNS-Suchanfrage über atrust.com an nubark sendet. Die Antwort ist die IP-Adresse des Rechners, der diesem Namen zugeordnet ist, also 66.77.122.161. Beachten Sie den Zeitstempel auf der linken Seite und das Verständnis von tcpdump über das Protokoll auf der Anwendungsebene (in diesem Fall DNS). Die Portnummer von bull ist willkürlich und wird numerisch angezeigt (41537), aber da die Portnummer des Servers (53) gut bekannt ist, zeigt tcpdump stattdessen dessen symbolischen Namen (domain).

Paketsniffer können eine überwältigende Fülle an Informationen anzeigen – überwältigend nicht nur für Sie, sondern auch für das zugrunde liegende Betriebssystem. Um dieses Problem in ausgelasteten Netzwerken zu vermeiden, erlaubt Ihnen tcpdump, komplexe Filter anzugeben. Der folgende Filter erfasst beispielsweise nur eingehenden Netzverkehr aus einem bestimmten Subnetz:

```
# sudo tcpdump src net 192.168.1.0/24 and dst port 80
```

Die man-Seite zu tcpdump enthält mehrere gute Beispiele für erweiterte Filter zusammen mit einer vollständigen Auflistung der grundlegenden Optionen[4].

---

4   Wenn Ihr Bedarf an Filtern die Fähigkeiten von tcpdump übersteigen, ziehen Sie ngrep in Betracht, womit Sie Pakete nach ihren Inhalten filtern können.

19.6.2 Wireshark: Ein visueller Sniffer

Wenn Sie eher dazu neigen, ein Programm mit Mausbedienung als Paketsniffer zu verwenden, ist Wireshark vielleicht für Sie geeignet. Wireshark ist ein unter der allgemeinen GNU-Lizenz auf *www.wireshark.org* verfügbarer GTK+-basierter (GIMP-Toolkit) GUI-Paketsniffer, der eine größere Funktionalität als die meisten kommerziellen Snifferprodukte bietet. Sie können Wireshark auf Ihrem Linux-Desktop ausführen, oder, wenn Ihr Laptop noch immer schmerzlich unter den dunklen Zeitaltern von Windows leidet, auch Binärdateien dafür herunterladen.

Zusätzlich zur Prüfung von Paketen hat Wireshark eine Reihe von Funktionen, die es noch praktischer machen. Eine schöne Funktion besteht darin, dass Wireshark eine große Anzahl von anderen Dateiformaten für die Paketverfolgung lesen und schreiben kann, unter anderem die Folgenden:

- TCPDUMP
- Sniffer von NAI
- Sniffer Pro
- NetXray
- Snoop
- Shomiti Surveyor
- Microsoft Netzwerkmonitor
- Novell LANalyzer
- Cisco Secure IDS iplog

Die zweite zusätzliche praktische Funktion besteht darin, dass Sie auf ein Paket in einem TCP-Stream klicken und Wireshark bitten können, die Nutzdaten aller Pakete im Strom wieder zusammenzubauen (miteinander zu verbinden). Dies ist nützlich, wenn Sie die während einer TCP-Konversation übertragenen Daten schnell untersuchen möchten, z. B. für eine Verbindung, die eine E-Mail-Nachricht über das Netzwerk übermittelt.[5]

Wireshark hat Erfassungsfilter, die genau wie die von tcpdump funktionieren. Seien Sie dennoch wachsam – ein wichtiger Knackpunkt ist das zusätzliche Feature der Anzeigefilter, die beeinflussen, was Sie sehen, und nicht, was tatsächlich vom Sniffer erfasst wird. Merkwürdigerweise verwenden Anzeigefilter eine vollkommen andere Syntax als Erfassungsfilter.

Wireshark ist ein sehr leistungsfähiges Analysewerkzeug und in der Werkzeugsammlung fast aller Netzwerkexperten enthalten. Außerdem ist es für diejenigen, die gerade beginnen, die Paketnetzwerke zu untersuchen, auch eine Lernhilfe von

---

5 Sie können das Hilfsprogramm tcpflow verwenden, um aufgrund einer tcpdump-*Ablaufverfolgung ein ähnliches Kunststück in der Kommandozeile auszuführen.*

unschätzbarem Wert. Das Hilfemenü von Wireshark stellt viele großartige Beispiele zur Verfügung, um Sie beim Start zu unterstützen. Scheuen Sie sich nicht, zu experimentieren!

19.7 Netzwerkverwaltungsprotokolle

Während des letzten Jahrzehnts sind Netzwerke in Größe und Wert schnell gewachsen. Zusammen mit diesem Wachstum entstand das Bedürfnis nach einer effizienten Möglichkeit, sie zu verwalten. Kommerzielle Hersteller und Standardisierungsorganisationen haben sich dieser Herausforderung auf vielen verschiedenen Wegen angenähert. Die wichtigsten Entwicklungen waren die Einführung verschiedener Standardprotokolle für die Geräteverwaltung und eine Schwemme hochwertiger Produkte, die diese Protokolle nutzen.

Netzwerkverwaltungsprotokolle standardisieren die Methode zur Untersuchung eines Geräts, um dessen Konfiguration, Funktionsfähigkeit und Netzwerkverbindungen zu ermitteln. Zusätzlich gestatten sie, dass einige dieser Informationen geändert werden können, sodass die Netzwerkverwaltung über verschiedene Rechnerarten hinweg standardisiert und von einem zentralen Ort ausgeführt werden kann.

Das am häufigsten für TCP/IP verwendete Verwaltungsprotokoll ist SNMP (Simple Network Management Protocol). Trotz seines Namens ist SNMP ziemlich komplex. Es legt einen hierarchischen Namensraum von Verwaltungsdaten und eine Möglichkeit fest, um die Daten an jedem Knoten zu lesen und zu schreiben. Außerdem definiert es eine Möglichkeit für verwaltete Server und Geräte (Agenten), um Benachrichtigungsmeldungen über Ereignisse (Traps) an Verwaltungsstationen zu senden.

Das SNMP-Protokoll selbst ist einfach; der Großteil der Komplexität von SNMP liegt oberhalb der Protokollschicht in den Konventionen zur Gestaltung des Namensraums und im unnötig barocken Vokabular, das SNMP wie eine schützende Mauer umgibt. Solange Sie nicht zu sehr über seine internen Mechanismen nachdenken, ist SNMP einfach zu verwenden.

Mehrere andere Standards sind im Umlauf. Viele von ihnen stammen von der DMTF (Distributed Management Task Force), die für Konzepte wie WBEM (Web-Based Enterprise Management), DMI (Desktop Management Interface) und CIM (Conceptual Interface Model) verantwortlich ist. Einige davon, besonders DMI, wurden von mehreren wichtigen Herstellern aufgegriffen und könnten eine nützliche Ergänzung zu (oder sogar ein Ersatz für) SNMP werden. Auch sind viele proprietäre Verwaltungsprotokolle im Umlauf. Derzeit findet ein Großteil der Netzwerk- und Linux-Systemverwaltung jedoch über SNMP statt.

Da SNMP nur ein abstraktes Protokoll ist, benötigen Sie sowohl ein Serverprogramm (Agent) als auch einen Client (Manager), um es nutzen zu können. (Der Intuition zuwiderlaufend stellt die Serverseite von SNMP den Teil dar, der verwaltet wird, und die Clientseite den Manager.) Clients reichen von einfachen Kommandozeilenhilfsprogrammen bis zu dedizierten Verwaltungsstationen, die Netzwerke und Fehler in einer knalligen Farbe anzeigen.

Dedizierte Netzwerkverwaltungsstationen sind der wichtigste Grund für das Vorhandensein von Verwaltungsprotokollen. Die meisten Produkte gestatten Ihnen, sowohl ein topografisches als auch ein logisches Modell des Netzwerks zu erstellen; beide werden gemeinsam am Bildschirm dargestellt, zusammen mit einer kontinuierlichen Anzeige des Status jeder Komponente.

Genau wie ein Diagramm die versteckte Bedeutung in einer Seite voller Zahlen enthüllt, kann eine Netzwerkverwaltungsstation den Zustand eines großen Netzwerks auf eine Art zusammenfassen, die sich vom menschlichen Verstand einfach aufnehmen lässt. Es ist fast unmöglich, diese Art der ausführenden Zusammenfassung auf andere Art und Weise zu erhalten.

Ein wichtiger Vorteil der Verwaltung durch ein Protokoll besteht darin, dass es alle Arten der Netzwerkhardware auf einer gemeinsamen Ebene zusammenbringt. Linux-Systeme sind im Grunde alle ähnlich, aber Router, Switches und andere Komponenten der unteren Ebene nicht. Mit SNMP sprechen sie alle eine gemeinsame Sprache und können von einem zentralen Ort aus untersucht, zurückgesetzt und konfiguriert werden. Es ist schön, für die gesamte Netzwerkhardware eine konsistente Schnittstelle zu haben.

19.8 SNMP (Simple Network Management Protocol)

Als SNMP erstmals in den frühen neunziger Jahren weiträumig verwendet wurde, löste dies einen kleinen Goldrausch aus. Hunderte von Unternehmen brachten SNMP-Verwaltungspakete heraus. Auch viele Hardware- und Softwarehersteller liefern als Teil ihres Produkts einen SNMP-Agenten aus.

Bevor wir in die wesentlichen Details von SNMP eintauchen, sollten wir anmerken, dass die damit verbundene Terminologie zum scheußlichsten Fachchinesisch zählt, das im Netzwerkbereich zu finden ist. Die Standardnamen für SNMP-Konzepte und -Objekte bringen Sie aktiv von einem Verständnis dessen ab, was stattfindet. Den Personen, die für diese Situation verantwortlich sind, sollte man die Tastaturen zerschmettern.

19.8.1 Gliederung von SNMP-Daten

SNMP-Daten werden in einer standardisierten Hierarchie angeordnet. Diese erzwungene Gliederung gestattet, dass der Datenraum sowohl universal als auch erweiterbar bleibt, zumindest theoretisch. Große Teile werden für die zukünftige Erweiterung reserviert und herstellerspezifische Zusätze lokalisiert, um Konflikte zu vermeiden. Die Namenshierarchie besteht aus MIBs (Management Information Bases), strukturierten Textdateien, die die über SNMP verfügbaren Daten beschreiben. MIBs enthal-

19 Netzwerkverwaltung und Debugging

ten Beschreibungen besonderer Datenvariablen, auf die mit Namen Bezug genommen wird, die wiederum als Objektbezeichner oder OIDs bezeichnet werden.

Ins Deutsche übersetzt bedeutet dies, dass SNMP einen hierarchischen Namensraum von Variablen definiert, deren Werte mit »interessanten« Parametern des Systems verbunden sind. Eine OID ist lediglich eine geschwollene Möglichkeit, um eine einzelne verwaltete Information zu benennen.

Die SNMP-Hierarchie ähnelt sehr stark einem Dateisystem. Als Trennzeichen wird jedoch ein Punkt verwendet, und jeder Knoten hat anstelle eines Namens eine Nummer. Aus Gewohnheit werden Knoten zum einfachen Verweis auch Textnamen gegeben, aber diese Bezeichnung ist wirklich nur eine Bequemlichkeit auf höherer Ebene und keine Funktionalität der Hierarchie (dies ähnelt im Prinzip der Zuordnung von Hostnamen zu IP-Adressen).

Die OID, die auf die Betriebszeit des Systems verweist, lautet z. B. 1.3.6.1.2.1.1.3, ist aber auch unter dem für Menschen lesbaren Namen iso.org.dod.internet.mgmt.mib-2.system.sysUpTime bekannt.

Die obersten Ebenen der SNMP-Hierarchie sind politische Artefakte und enthalten im Allgemeinen keine nützlichen Daten. Tatsächlich sind nützliche Daten gegenwärtig nur unter der OID iso.org.dod.internet.mgmt (numerisch 1.3.6.1.2) zu finden.

Die grundlegende SNMP-MIB für TCP/IP (MIB-I) definiert den Zugriff auf allgemeine Verwaltungsdaten: Informationen über das System, seine Schnittstellen, die Adressübersetzung und die Protokolloperationen (IP, ICMP, TCP, UDP und andere). Eine spätere und vollständigere Überarbeitung dieses MIB (MIB-II genannt) ist in RFC1213 definiert. Die meisten Hersteller, die einen SNMP-Server anbieten, unterstützen MIB-II. Tabelle 19.1 zeigt ein Muster von Knoten aus dem MIB-II-Namensraum.

OID[a]	Typ	Inhalte
system.sysDescr	string	Systeminformationen: Händler, Modell, Betriebssystem usw.
System.sysLocation	string	Physischer Standort des Rechners
System.sysContact	string	Kontaktinformationen für den Besitzer des Rechners
System.sysName	string	Systemname, gewöhnlich der vollständige DNS-Name
interfaces.ifNumber	int	Anzahl der derzeitigen Netzwerkschnittstellen
interfaces.ifTable	table	Tabelle der Infobits über jede Schnittstelle
ip.ipForwarding	int	1, wenn das System ein Gateway ist; ansonsten 2
ip.ipAddrTable	table	Tabelle der IP-Adressdaten (Masken usw.)
ip.ipRouteTable	table	Die Routingtabelle des Systems
icmp.icmpInRedirects	int	Anzahl der empfangenen ICMP-Redirects

Tabelle 19.1: Ausgewählte OIDs aus MIB-II

19.8 SNMP (Simple Network Management Protocol)

OID[a]	Typ	Inhalte
icmp.icmpInEchos	int	Anzahl der empfangenen Pings
tcp.tcpConnTable	table	Tabelle der aktuellen TCP-Verbindungen
udp.udpTable	table	Tabelle der UDP-Sockets mit lauschenden Servern

Tabelle 19.1: Ausgewählte OIDs aus MIB-II (Forts.)

a) In Bezug auf iso.org.dod.internet.mgmt.mib-2.

Zusätzlich zum grundlegenden MIB gibt es MIBs für verschiedene Arten von Hardwareschnittstellen und -protokollen, MIBs für einzelne Hersteller und MIBs für bestimmte Hardwareprodukte.

Eine MIB ist nur eine Konvention zur Bezeichnung von Verwaltungsdaten. Um nützlich zu sein, muss eine MIB mit Code auf der Seite des Agenten ausstaffiert werden, der eine Zuordnung zwischen dem SNMP-Namensraum und dem tatsächlichen Zustand des Geräts vornimmt. Code für die grundlegende MIB (jetzt MIB-II) wird mit dem standardmäßigen Linux-Agenten bereitgestellt. Einige Agenten sind erweiterbar, um zusätzliche MIBs aufzunehmen, andere nicht.

19.8.2 SNMP-Operationen

Es gibt nur vier grundlegende SNMP-Operationen: get, get-next, set und trap.

Get und set sind die grundlegenden Operationen, um Daten in einem Knoten zu lesen und zu schreiben, der durch eine OID bezeichnet wird. Get-next durchläuft eine MIB-Hierarchie und kann auch Tabelleninhalte lesen.

Ein Trap ist eine unaufgefordert zugesandte, asynchrone Benachrichtigung vom Server (Agent) zum Client (Manager), der über das Auftreten eines interessanten Ereignisses oder einer interessanten Bedingung berichtet. Mehrere Standardtraps sind definiert, darunter Benachrichtigungen über einen soeben erfolgten Start, Berichte über den Abbruch oder die Wiederherstellung einer Netzwerkstrecke und die Bekanntgabe verschiedener Routing- und Authentifizierungsprobleme. Viele andere »weniger standardkonforme« Traps werden häufig verwendet, darunter einige, die einfach die Werte anderer SNMP-Variablen beobachten und eine Meldung auslösen, wenn ein gegebener Bereich überschritten wird. Durch welchen Mechanismus die Ziele von Trapnachrichten angegeben werden, hängt von der Implementierung des Agenten ab.

Da SNMP-Nachrichten Konfigurationsinformationen möglicherweise ändern können, wird ein Sicherheitsmechanismus benötigt. Die einfachste Version der SNMP-Sicherheit beruht auf dem Konzept eines »SNMP Community String«. Dies ist wirklich nur eine furchtbar verwirrende Art, von einem Passwort zu sprechen. Es gibt normalerweise einen gemeinsamen Namen für den schreibgeschützten Zugriff und einen anderen, der Schreibvorgänge zulässt.

Obwohl viele Unternehmen noch die ursprüngliche Authentifizierung auf der Grundlage einer gemeinsamen Zeichenfolge verwenden, wurden in Version 3 des SNMP-Standards Zugriffssteuerungsmethoden mit einer höheren Sicherheit eingeführt. Auch wenn die Konfiguration dieser fortgeschritteneren Sicherheit ein wenig zusätzliche Arbeit erfordert, ist die Verringerung des Risikos den Aufwand auf jeden Fall wert. Wenn Sie aus irgendeinem Grund die SNMP-Sicherheit aus Version 3 nicht nutzen können, stellen Sie zumindest sicher, dass Sie einen schwer zu erratenden »Community String« ausgewählt haben.

19.8.3 RMON: MIB für die Remoteüberwachung

Die RMON-MIB erlaubt die Erfassung allgemeiner Daten über die Netzwerkleistung (d.h. Daten, die an kein bestimmtes Gerät gebunden sind). Netzwerksniffer oder »Sonden« können überall im Netzwerk bereitgestellt werden, um Informationen über die Nutzung und Leistung zu sammeln. Wenn erst einmal eine nützliche Datenmenge erfasst wurde, können Statistiken und interessante Informationen über die Daten zur Analyse und Darstellung zurück an eine zentrale Verwaltungsstation gesandt werden. Viele Sonden haben einen Paketerfassungspuffer und können eine Form von `tcpdump`-Verbindung über das Netzwerk bereitstellen.

RMON ist in RFC1757 definiert, das 1995 zum Entwurfsstandard wurde. Die MIB unterteilt sich in neun RMON-Gruppen, die jeweils einen eigenen Satz von Netzwerkstatistiken umfassen. Wenn Sie ein großes Netzwerk mit vielen WAN-Verbindungen haben, sollten Sie Sonden kaufen, um den SNMP-Verkehr über Ihre WAN-Verknüpfungen hinweg zu reduzieren. Sobald Sie Zugriff auf statistische Zusammenfassungen aus den RMON-Untersuchungen haben, besteht keine Notwendigkeit, Rohdaten über das Netzwerk zu sammeln. Viele Switches und Router unterstützen RMON und speichern zumindest einige Netzwerkstatistiken.

19.9 Der NET-SNMP-Agent

Als SNMP erstmals standardisiert wurde, schufen sowohl die Carnegie Mellon University als auch das MIT Implementierungen. Die Implementierung der CMU war vollständiger und wurde schnell zum De-facto-Standard. Als die aktive Entwicklung an der CMU zum Erliegen kam, übernahmen Forscher von UC Davis die Software. Nach der Stabilisierung des Codes verlagerten sie die laufende Wartung in ein Source Forge-Projekt. Das Paket ist jetzt unter der Bezeichnung NET-SNMP bekannt.

Die NET-SNMP-Distribution ist heute die maßgebliche kostenlose SNMP-Implementierung für Linux. Tatsächlich haben viele Netzwerkgerätehersteller NET-SNMP in ihre Produkte integriert. NET-SNMP enthält einen SNMP-Agenten, einige Kommandozeilentools, einen Server zum Empfang von Traps und sogar eine Bibliothek zur Entwicklung von SNMP-fähigen Anwendungen. Wir besprechen den Agenten hier ausführlicher und betrachten in Abschnitt 19.10 die Kommandozeilentools. Die aktuellste Version steht unter *net-snmp.sourceforge.net* zur Verfügung.

19.9 Der NET-SNMP-Agent

Wie in anderen Implementierungen, sammelt der Agent Informationen über den lokalen Host und liefert diese an die SNMP-Manager im Netzwerk. Die Standardinstallation enthält MIBs für Netzwerkschnittstellen-, Arbeitsspeicher-, Festplatten-, Prozess- und CPU-Statistiken. Der Agent ist einfach erweiterbar, da er einen beliebigen Linux-Befehl ausführen und die Befehlsausgabe als SNMP-Antwort zurückgeben kann. Sie können diese Funktionalität nutzen, um fast alles auf Ihrem System mit SNMP zu überwachen.

Standardmäßig wird der Agent als /usr/sbin/snmpd installiert. Er wird normalerweise während des Bootvorgangs gestartet und liest seine Konfigurationsinformationen aus Dateien im Verzeichnis /etc/snmp. Die wichtigste dieser Dateien ist snmpd.conf, die die meisten Konfigurationsinformationen enthält und mit einem Bündel aktivierter Erfassungsverfahren für Musterdaten ausgeliefert wird. Obwohl die Absicht der NET-SNMP-Autoren anscheinend darin bestanden hat, dass Benutzer nur die Datei snmpd.local.conf bearbeiten müssen, ist es zumindest einmal notwendig, auch snmpd.conf zu bearbeiten, um die standardmäßigen Datenerfassungsmethoden zu deaktivieren, die Sie nicht verwenden möchten.

Das NET-SNMP-Skript configure gestattet Ihnen, eine Standardprotokolldatei und einige andere lokale Einstellungen vorzugeben. Sie können snmpd -l verwenden, um eine alternative Protokolldatei anzugeben, oder -s, um Protokollnachrichten zu Syslog umzuleiten. In Tabelle 19.2 sind die wichtigsten Optionen für snmpd aufgeführt. Wir empfehlen, immer -a zu verwenden. Zur Fehlerbehebung sollten Sie die Optionen -V, -d oder -D benutzen, die jeweils einige Informationen mehr bereitstellen.

Option	Funktion
-l Protokolldatei	Protokolliert Informationen in der angegebenen Datei
-a	Protokolliert die Adressen aller SNMP-Verbindungen
-d	Protokolliert die Inhalte aller SNMP-Pakete
-V	Aktiviert die ausführliche Protokollierung
-D	Protokolliert Informationen zur Fehlerbehebung (sehr viele)
-h	Zeigt alle Argumente in snmpd an
-H	Zeigt alle Konfigurationsdateianweisungen an
-A	Hängt Informationen an die Protokolldatei an, anstatt diese zu überschreiben
-s	Protokolliert im Syslog (verwendet die Facility daemon)

Tabelle 19.2: Nützliche Schalter für snmpd von NET-SNMP

Es stehen viele nützliche Perl-Module für SNMP zur Verfügung. Wenn Sie daran interessiert sind, Ihre eigenen Netzwerkverwaltungsskripte zu schreiben, finden Sie die aktuellsten Informationen unter CPAN[6].

19.10 Netzwerkverwaltungsanwendungen

Wir beginnen diesen Abschnitt, indem wir die einfachsten SNMP-Verwaltungstools untersuchen: die mit dem NET-SNMP-Paket zur Verfügung gestellten Befehle. Sie können Ihnen dabei helfen, mit SNMP vertraut zu werden, und sind auch hervorragend für die einmalige Prüfung einzelner OIDs geeignet. Als Nächstes betrachten wir Cacti, ein Programm, das wunderschöne Verlaufsdiagramme von SNMP-Werten erzeugt, und Nagios, ein ereignisbasiertes Überwachungssystem. Wir schließen mit einigen Empfehlungen, worauf beim Kauf eines kommerziellen Systems zu achten ist.

19.10.1 Die NET-SNMP-Tools

Selbst wenn Ihr System einen eigenen SNMP-Server enthält, möchten Sie vielleicht dennoch die clientseitigen Tools aus dem NET-SNMP-Paket kompilieren und installieren. In Tabelle 19.3 sind die am häufigsten verwendeten Tools aufgeführt.

Befehl	Funktion
snmpdelta	Überwacht Änderungen an SNMP-Variablen
snmpdf	Überwacht den Platz auf dem Datenträger eines entfernten Hosts über SNMP
snmpget	Ruft den Wert einer SNMP-Variable von einem Agenten ab
snmpgetnext	Ruft die nächste Variable in der Reihenfolge ab
snmpset	Legt eine SNMP-Variable auf einem Agenten fest
snmptable	Ruft eine Tabelle von SNMP-Variablen ab
snmptranslate	Sucht und beschreibt OIDs in der MIB-Hierarchie
snmptrap	Erstellt einen Trap
snmpwalk	Durchläuft eine MIB, und liefert die Werte aus dem Baum, der an einer bestimmten OID startet

Tabelle 19.3: Kommandozeilentools im NET-SNMP-Paket

---

[6] CPAN (Comprehensive Perl Archive Network) ist eine erstaunliche Sammlung nützlicher Perl-Module. Weitere Informationen finden Sie unter www.cpan.org.

19.10 Netzwerkverwaltungsanwendungen

Zusätzlich zu ihrem Wert in der Kommandozeile sind diese Programme in einfachen Skripten äußerst nützlich. Es ist hilfreich, wenn `snmpget` im Abstand von einigen Minuten interessante Datenwerte in einer Textdatei speichert. (Verwenden Sie `cron`, um den regelmäßigen Start zu implementieren; siehe Kapitel 8.)

`snmpwalk` ist ein anderes nützliches Tool. Bei einer OID beginnend (oder standardmäßig am Anfang der MIB) führt dieser Befehl wiederholt `get next`-Aufrufe für einen Agenten aus. Dieses Verhalten führt zu einer vollständigen Liste der verfügbaren OIDs und ihrer zugeordneten Werte. `snmpwalk` ist besonders praktisch, wenn Sie versuchen, neue OIDs zu ermitteln, die Sie von Ihrem ausgefuchsten Enterprise-Netzwerkverwaltungstool aus überwachen können.

Im Folgenden sehen Sie ein gekürztes Beispiel zu `snmpwalk` für den Host tuva. Der Community String lautet `secret813community`, und `-v1` gibt die einfache Authentifizierung an.

```
$ snmpwalk -c secret813community -v1 tuva
SNMPv2-MIB::sysDescr.0 = STRING: Linux tuva.atrust.com
    2.6.9-11.ELsmp #1
SNMPv2-MIB::sysUpTime.0 = Timeticks: (1442) 0:00:14.42
SNMPv2-MIB::sysName.0 = STRING: tuva.atrust.com
IF-MIB::ifDescr.1 = STRING: lo
IF-MIB::ifDescr.2 = STRING: eth0
IF-MIB::ifDescr.3 = STRING: eth1
IF-MIB::ifType.1 = INTEGER: softwareLoopback(24)
IF-MIB::ifType.2 = INTEGER: ethernetCsmacd(6)
IF-MIB::ifType.3 = INTEGER: ethernetCsmacd(6)
IF-MIB::ifPhysAddress.1 = STRING:
IF-MIB::ifPhysAddress.2 = STRING: 0:11:43:d9:1e:f5
IF-MIB::ifPhysAddress.3 = STRING: 0:11:43:d9:1e:f6
IF-MIB::ifInOctets.1 = Counter32: 2605613514
IF-MIB::ifInOctets.2 = Counter32: 1543105654
IF-MIB::ifInOctets.3 = Counter32: 46312345
IF-MIB::ifInUcastPkts.1 = Counter32: 389536156
IF-MIB::ifInUcastPkts.2 = Counter32: 892959265
IF-MIB::ifInUcastPkts.3 = Counter32: 7712325
...
```

In diesem Beispiel sehen wir einige allgemeine Informationen über das System, gefolgt von Statistiken über die Netzwerkschnittstellen des Hosts, `lo`, `eth0` und `eth1`. Abhängig von den MIBs, die von dem durch sie verwalteten Agenten unterstützt werden, kann ein vollständiger Dump zu Hunderten von Zeilen führen.

19.10.2 Erfassung und grafische Darstellung von SNMP-Daten

Netzwerkbezogene Daten werden am besten im visuellen und historischen Kontext beurteilt. Es ist wichtig, eine Möglichkeit zu haben, um Leistungskennzahlen aufzuzeichnen und grafisch darzustellen, aber die genaue Wahl Ihrer Software ist dafür nicht entscheidend.

Eines der beliebtesten frühen SNMP-Abfrage- und -Grafikpakete war MRTG, geschrieben von Tobi Oetiker an der ETH in Zürich. MRTG ist fast vollständig in Perl geschrieben, wird regelmäßig aus `cron` heraus ausgeführt und kann Daten von jeder SNMP-Quelle sammeln. Jedes Mal, wenn das Programm ausgeführt wird, werden neue Daten gespeichert und neue Schaubilder erstellt.

In letzter Zeit hat Tobi seine Energie auf RRDTool konzentriert, ein Anwendungstoolkit zum Speichern und zur grafischen Darstellung von Leistungsmetriken. Alle führenden Open Source-Überwachungslösungen basieren auf RRDTool, auch unser Favorit Cacti.

Cacti, verfügbar unter *www.cacti.net*, bietet mehrere attraktive Funktionen. Erstens implementiert es eine wartungsfreie Datenbank fester Größe; die Software speichert nur ausreichend Daten, um die notwendigen Grafiken zu erstellen. Cacti könnte beispielsweise jede Minute eine Stichprobe für die Dauer eines Tages speichern, einen stündlichen Durchschnittswert für eine Woche und einen wöchentlichen Wert für ein Jahr. Dieses Konsolidierungsschema erlaubt Ihnen, wichtige Verlaufsinformationen aufzubewahren, ohne unwichtige Details speichern zu müssen oder Ihre Zeit mit der Datenbankadministration zu vergeuden.

Zweitens kann Cacti jede SNMP-Variable sowie viele andere Leistungsmetriken aufzeichnen und grafisch darstellen. Es steht Ihnen frei, alle Daten zu erfassen, die Sie wünschen. Bei der Kombination mit dem NET-SNMP-Agenten erstellt Cacti von fast jedem System oder fast jeder Netzwerkressource eine Verlaufsperspektive (graphische Darstellung der überwachten Werte?).

Abbildung 19.1 zeigt einige Beispiele der von Cacti erstellten Grafiken. Diese Schaubilder stellen die durchschnittliche Last auf einem Server über einen Zeitraum von mehreren Wochen und den Verkehr eines Tages an einer Netzwerkschnittstelle dar.

Cacti bietet eine einfache webbasierte Konfiguration sowie die anderen integrierten Vorteile von RRDTool, z. B. geringer Wartungsaufwand und schöne Grafiken. Links zu den aktuellen Versionen von RRDTool und Cacti sowie Dutzende andere Überwachungstools finden Sie auf Tobi Oetikers RRDTool-Homepage unter www.rrdtool.org.

19.10 Netzwerkverwaltungsanwendungen

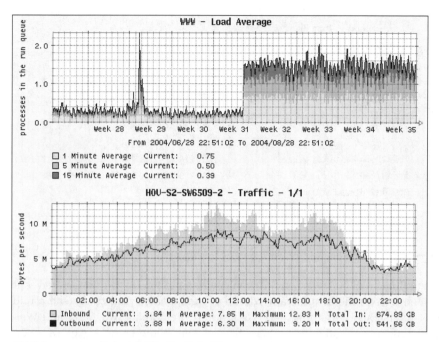

Abbildung 19.1: Beispiele für Cacti-Grafiken

19.10.3 Nagios: Ereignisgestützte SNMP- und Dienstüberwachung

Nagios ist auf die Meldung von Fehlerbedingungen in Echtzeit spezialisiert. Es kann jede SNMP-Metrik abrufen (sowie die von Hunderten anderer Netzwerkdienste) und Sie anhand definierter Fehlerbedingungen alarmieren. Zwar hilft Nagios Ihnen nicht dabei zu bestimmen, wie sehr sich Ihre Bandbreitennutzung während des letzten Monats erhöht hat, aber es kann Sie informieren, wenn Ihr Webserver ausfällt.

Die Nagios-Distribution enthält Plug-Ins, die eine Vielzahl häufiger Fehlerpunkte überwachen. Sie können neue Überwachungselemente in Perl herbeizaubern oder sogar in C, wenn Sie den Ehrgeiz haben. Als Benachrichtigungsmethoden kann die Nagios eine E-Mail senden, Webberichte erstellen und ein Modem verwenden, um Sie per SMS oder Pager zu informieren. Wie bei den Überwachungs-Plug-Ins, ist die Anpassung an die eigenen Bedürfnisse einfach.

Nagios sendet nicht nur Echtzeitbenachrichtigungen über Dienstausfälle, sondern unterhält auch ein Archiv dieser Daten. Es stellt mehrere leistungsfähige Berichtsschnittstellen zur Verfügung, die die Verfügbarkeit und Leistungstrends aufzeichnen. Viele Firmen verwenden Nagios, um die Übereinstimmung mit Service Level Agreements (SLAs) zu messen; Abbildung 19.2 zeigt die Verfügbarkeit eines DNS-Servers.

19 Netzwerkverwaltung und Debugging

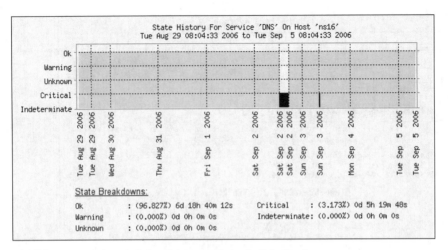

Abbildung 19.2: Anzeige der Serververfügbarkeit in Nagios

Nagios funktioniert in Netzwerken mit weniger als tausend Hosts und Geräten sehr gut. Es ist einfach an die Benutzeranforderungen anzupassen und zu erweitern und enthält leistungsfähige Funktionen wie Redundanz, Remoteüberwachung und Weiterleitung von Benachrichtigungen. Wenn Sie sich kein kommerzielles Netzwerkverwaltungstool leisten können, sollten Sie ernsthaft über Nagios nachdenken. Weitere Informationen finden Sie unter *www.nagios.org*.

19.10.4 Kommerzielle Verwaltungsplattformen

Hunderte von Unternehmen verkaufen Netzwerkverwaltungssoftware, und jede Woche betreten neue Wettbewerber den Markt. Anstatt die im Moment besten Produkte zu empfehlen (die vielleicht nicht mehr existieren, wenn dieses Buch gedruckt wird), geben wir die Funktionen an, nach denen Sie in einem Netzwerkverwaltungssystem Ausschau halten sollten.

Flexibilität beim Sammeln von Daten: Verwaltungstools müssen in der Lage sein, Daten von anderen Quellen als SNMP zu sammeln. Viele Pakete enthalten Möglichkeiten, um Daten von fast jedem Netzwerkdienst zu erfassen. Einige Pakete können beispielsweise SQL-Datenbankabfragen vornehmen, DNS-Datensätze überprüfen und sich mit Webservern verbinden.

Qualität der Benutzerschnittstelle: Teure Systeme bieten häufig eine Benutzer-GUI oder eine Webschnittstelle an. Bei den meisten gut verkauften Paketen wird heutzutage die Fähigkeit gepriesen, XML-Vorlagen zur Datendarstellung zu verstehen. Eine Benutzerschnittstelle ist nicht mehr einfach ein Marketinggag – Sie benötigen eine Schnittstelle, die Informationen deutlich, einfach und verständlich anzeigt.

Wert: Einige Verwaltungspakete haben einen gepfefferten Preis. OpenView von HP ist sowohl eines der teuersten als auch eines der am häufigsten gewählten Netzwerkverwaltungssysteme. Viele Unternehmen legen definitiv Wert darauf, sagen zu können, dass ihre Einrichtungen von einem hochwertigen kommerziellen System verwaltet werden. Wenn dies für Ihre Firma nicht so wichtig ist, sollten Sie am anderen Ende des Spektrums nach kostenlosen Tools wie Cacti und Nagios Ausschau halten.

Automatisierte Ermittlung: Viele Systeme bieten die Fähigkeit, Ihr Netzwerk zu ermitteln. Durch eine Kombination von Broadcast-Pings, SNMP-Anfragen, ARP-Tabellensuchen und DNS-Abfragen identifizieren sie alle lokalen Hosts und Geräte. Alle Ermittlungsimplementierungen, die wir gesehen haben, funktionieren ziemlich gut, aber keine ist in einem komplexen (oder stark durch Firewalls geschützten) Netzwerk sehr genau.

Features für die Berichterstattung: Viele Produkte können Warn-E-Mails senden, Pager aktivieren und automatisch Tickets für beliebte Problemverfolgungssysteme erstellen. Stellen Sie sicher, dass die von Ihnen gewählte Plattform Platz für eine flexible Berichterstellung bietet; wer weiß schon, mit welchen elektronischen Geräten Sie in einigen Jahren umgehen werden?

Konfigurationsverwaltung: Einige Lösungen gehen weit über Überwachung und Warnung hinaus und versetzen Sie in die Lage, die eigentlichen Host- und Gerätekonfigurationen zu verwalten. Eine CiscoWorks-Schnittstelle ermöglicht Ihnen beispielsweise, nicht nur den Zustand einer Routerkonfiguration mit SNMP zu überwachen, sondern sie auch zu ändern. Da die Gerätekonfigurationsinformationen die Analyse von Netzwerkproblemen vertiefen, sagen wir voraus, dass sich in der Zukunft viele Pakete in diese Richtung entwickeln werden.

19.11 Empfohlene Literatur

Cisco Online. SNMP Overview. 1996. *www.cisco.com/warp/public/535/3.html*

Douglas R. Mauro und Kevin J. Schmidt. *Essential SNMP (2nd Edition).* Sebastopol: O'Reilly Media, 2005.

SimpleWeb. *SNMP and Internet Management Site. www.simpleweb.org.*

William Stallings. *Snmp, Snmpv2, Snmpv3, and Rmon 1 and 2 (3rd Edition).* Reading: Addison-Wesley, 1999.

Außerdem können sich die folgenden RFCs als nützlich erweisen. Wir haben die eigentlichen Titel der RFCs durch eine Beschreibung der RFC-Inhalte ersetzt, da einige der Titel ein wenig hilfreiches Durcheinander von Modewörtern und SNMP-Jargon sind.

- RFC1155 – Merkmale des SNMP-Datenraums (Datentypen usw.)
- RFC1156 – MIB-I-Definitionen (Beschreibung der OIDs)
- RFC1157 – Simple Network Management Protocol

- RFC1213 – MIB-II-Definitionen (OIDs)
- RFC3414 – Benutzerbasiertes Sicherheitsmodell für SNMPv3
- RFC3415 – Sichtbasiertes Zugriffssteuerungsmodell für SNMPv3
- RFC3512 – Konfigurieren von Geräten mit SNMP (bester allgemeiner Überblick)
- RFC3584 – Praktische Koexistenz zwischen verschiedenen SNMP-Versionen

19.12 Übungen

1. Sie beheben ein Netzwerkproblem und `netstat -rn` liefert Ihnen die folgende Ausgabe. Worin besteht das Problem und welchen Befehl verwenden Sie, um es zu beheben?

   ```
   Destination    Gateway   Genmask         Flags MSS Window irtt Iface
   128.138.202.0  0.0.0.0   255.255.255.0   U     40  0      0    eth0
   127.0.0.0      0.0.0.0   255.0.0.0       U     40  0      0    lo
   ```

2. ☆ Schreiben Sie ein Skript, das einen gegebenen Satz von Rechnern überwacht und einen Administrator per E-Mail benachrichtigt, wenn ein Computer eine gegebene Zeitspanne lang nicht auf Pings antwortet. Speichern Sie die Liste der Rechner, die E-Mail-Adresse für die Benachrichtigung und die Zeitdauer, die der Bestimmung der ausbleibenden Antwort dient nicht im Skript, sondern in einer Konfigurationsdatei.

3. ☆ Experimentieren Sie damit, die Netzmaske auf einem Rechner in Ihrem lokalen Netzwerk zu ändern. Funktioniert es noch? Können Sie alle Computer an Ihrem Standort erreichen? Können andere Rechner Sie erreichen? Funktionieren Broadcasts (d. h. ARP-Anfragen oder DCHP-Discover-Pakete)? Erläutern Sie Ihre Suchergebnisse. (Erfordert den `root`-Zugriff.)

4. ☆ Verwenden Sie den Befehl `traceroute`, um Routingpfade in Ihrem Netzwerk zu ermitteln.

   a. Wie viele Hops werden benötigt, um Ihr Unternehmen zu verlassen?

   b. Gibt es zwischen Rechnern, auf denen Sie Konten haben, Router?

   c. Können Sie irgendwelche Engpässe entdecken?

   d. Ist Ihr Standort mehrfach vernetzt (multihomed)?

5. ☆☆ Entwerfen Sie eine MIB mit allen Variablen, die Sie als Linux-Systemadministrator abfragen oder festlegen möchten. Lassen Sie Möglichkeiten zur Erweiterung der MIB übrig, um die wichtige neue Variable `sysadmin` aufzunehmen, die Sie vergessen haben.

19.12 Übungen

★★ 6. Verwenden Sie den Befehl `tcpdump`, um den Verkehr über die folgenden Protokolle zu erfassen. Schließen Sie für TCP-Sitzungen die anfänglichen und endgültigen Pakete ein und weisen Sie darauf hin. Legen Sie eine saubere, gut formatierte `tcpdump`-Ausgabe vor. (Erfordert `root`-Zugriff.)

   a. ARP

   b. ICMP-Echoanforderung und -antwort

   c. SMTP

   d. FTP und FTP-DATA

   e. DNS (»domain«)

   f. NFS

★★ 7. Richten Sie Cacti-Diagramme ein, die die zu und von einem lokalen Router übertragenen Pakete anzeigen. Dieses Projekt erfordert ein SNMP-Paket, um den Router abzufragen. Außerdem müssen Sie den schreibgeschützten Community String für den Router kennen.

20 Sicherheit

War Games, ein Film aus dem Jahre 1983 mit Matthew Broderick in der Hauptrolle, ist ein faszinierender Blick auf die frühe rechnerknackende Subkultur. In diesem Film wendet David Lightman mehrere gut bekannte Angriffstechniken an, einschließlich War Dialing, Social Engineering, Telefon-Hacking (auch bekannt als »Phreaking«) und das Erraten von Passwörtern, um einen nuklearen Angriff zu beginnen und anschließend zu verhindern. War Games hat die Sicherheit von Rechnern ins Rampenlicht gerückt und damit einhergehend die fehlerhafte Bezeichnung »Hacker« als Etikett für lästige Wunderkinder im Teenageralter. Dieser frühe Film markiert nur den Anfang dessen, was jetzt zu einem globalen Problem geworden ist.

Fünf Jahre später trat die Welt der Computer und Netzwerke in ein neues Zeitalter ein, als der ursprüngliche »Internet Worm« von Robert Morris jr. auf die Menschheit losgelassen wurde. Vor diesem Ereignis befand sich das Internet in einem Zustand der Unschuld. Sicherheit war ein Thema, über das die Administratoren zumeist im Sinne von »was wäre wenn« nachdachten. Ein großer Sicherheitsvorfall bestand normalerweise in etwa darin, dass ein Benutzer administrativen Zugriff erworben hatte, um die E-Mails eines anderen Benutzers zu lesen, oftmals nur, um zu beweisen, dass er dazu in der Lage war.

Der Wurm von Morris vergeudete Tausende von Administratorstunden, erhöhte aber sehr das Sicherheitsbewusstsein im Internet. Einmal mehr wurden wir schmerzlich daran erinnert, dass Zäune die besten Mittel sind, um den Nachbarschaftsfrieden zu erhalten. Als Ergebnis entstanden eine Reihe hervorragender Tools für Systemadministratoren (sowie eine formale Organisation zum Umgang mit Zwischenfällen dieser Art).

Laut der CSI/FBI-Umfrage zu Computerkriminalität und -sicherheit aus dem Jahr 2006[1] gab die Mehrzahl der Unternehmen die Ausgaben für Sicherheit mit weniger als 5% ihres IT-Budgets an. Als Ergebnis gingen erschreckende 54.494.290 $ (174.103 $ je Unternehmen) aufgrund von Verletzungen der Computersicherheit verloren. Diese Zahlen stellen ein beängstigendes Bild des Sicherheitsbewusstseins von Unternehmen dar. Natürlich sind die ausgegebenen Geldsummen nicht unbedingt mit der Systemsicherheit gleichzusetzen; ein wachsamer Administrator kann einem Angreifer auf der Spur sein und diesen zum Stillstand bringen.

---

1 Diese Umfrage wird jährlich durchgeführt und ist unter *www.gocsi.com* zu finden.

Im Allgemeinen ist Sicherheit nichts, was Sie im Laden oder als Dienst von irgendeinem Drittanbieter kaufen können. Kommerzielle Produkte und Dienste können Teil einer Lösung für Ihr Unternehmen sein, aber sie sind kein Allheilmittel.

Um einen akzeptablen Grad der Sicherheit zu erreichen, sind eine enorme Geduld, Wachsamkeit, Wissen und Hartnäckigkeit erforderlich – nicht nur von Ihnen und anderen Administratoren, sondern von all Ihren Benutzern und Managern. Als Systemadministrator müssen Sie persönlich garantieren, dass Ihre Systeme sicher und Sie und Ihre Benutzer richtig erzogen sind. Sie sollten sich mit der aktuellen Sicherheitstechnologie vertraut machen, aktiv Mailinglisten zur Sicherheit beachten und bei Problemen, die Ihr Wissen übersteigen, die Hilfe professioneller Sicherheitsexperten in Anspruch nehmen.

20.1 Ist Linux sicher?

Nein, Linux ist nicht sicher. Dies ist auch kein anderes Betriebssystem, das in einem Netzwerk kommuniziert. Wenn Sie eine absolute, totale, unfehlbare Sicherheit haben müssen, benötigen Sie einen messbaren Abstand[2] zwischen Ihrem Computer und jedem anderen Gerät. Einige argumentieren, dass Sie Ihren Computer auch in einem besonderen Raum einschließen müssen, der die elektromagnetische Strahlung abhält. (Suchen Sie in Google nach »Faradayscher Käfig«). Wie sinnvoll ist das?

Sie können daran arbeiten, Ihr System bei einem Angriff etwas widerstandsfähiger zu gestalten. Selbst dann sorgen mehrere fundamentale Schwachstellen im Linux-Modell dafür, dass Sie niemals ein Paradies der Sicherheit erreichen werden:

- Wie UNIX, ist Linux für Bequemlichkeit optimiert und macht die Sicherheit nicht einfach oder natürlich. Die Linux-Philosophie legt Wert auf eine einfache Bearbeitung von Daten in einer vernetzten Mehrbenutzerumgebung.

- Sofern sie nicht sorgfältig implementiert ist, ist die Linux-Sicherheit tatsächlich binär: entweder sind Sie ein machtloser Benutzer oder root. Linux-Einrichtungen, z. B. die Ausführung von setuid, neigen dazu, mit einem Mal die gesamte Macht zu erteilen: Dank Security-Enhanced Linux, einem NSA-Projekt, wurde bei der Implementierung einer feineren Zugriffssteuerung ein gewisser Fortschritt erzielt. Aber in den meisten Fällen können leichte Versehen in der Sicherheit dennoch komplette Systeme bloßstellen.

- Linux-Distributionen werden von einer großen Gemeinschaft von Programmierern mit unterschiedlichem Grad an Erfahrungen, Aufmerksamkeit gegenüber dem Detail und der Kenntnis des Linux-Systems und seiner gegenseitigen Abhängigkeiten entwickelt. Als Ergebnis können selbst die meisten in guter Absicht entworfenen neuen Funktionen große Sicherheitslöcher einführen.

---

2 Natürlich führt die kabellose Netzwerktechnologie zu ganz neuen Problemen. Abstand bedeutet in diesem Zusammenhang »überhaupt kein Netzwerk«.

Da andererseits der Linux-Quellcode jedem zur Verfügung steht, können Tausende von Personen jede Codezeile auf mögliche Sicherheitsbedrohungen prüfen (und tun dies auch). Es wird allgemein angenommen, dass diese Vorkehrung zu einer besseren Sicherheit als bei geschlossenen Betriebssystemen führt, in denen nur eine eingeschränkte Anzahl von Personen die Möglichkeit hat, den Code auf Lücken zu untersuchen.

Viele Unternehmen hinken ein oder zwei Versionen hinterher, entweder weil die Lokalisierung zu schwierig ist oder sie keinen Softwarewartungsdienst eines Distributors abonniert haben. In Fällen, in denen Sicherheitslücken gestopft werden, verschwindet der Spielraum für Hacker häufig nicht über Nacht.

Man sollte annehmen, dass sich die Sicherheit von Linux im Laufe der Zeit allmählich verbessert, während Sicherheitsprobleme entdeckt und korrigiert werden, aber leider scheint dies nicht der Fall zu sein. Die Systemsoftware wird sogar immer komplizierter, Hacker organisieren sich immer besser und Computer verbinden sich immer enger über das Internet. Die Sicherheit ist eine laufende Schlacht, die nie richtig gewonnen werden kann. (Natürlich ist dies in der Windows-Welt sogar noch schlimmer ...)

Denken Sie auch an Folgendes:

$$\text{Sicherheit} = \frac{1}{(1{,}072 \times \text{Bequemlichkeit})}$$

Je sicherer Ihr System ist, desto eingezwängter fühlen Sie und Ihre Benutzer sich. Setzen Sie die in diesem Kapitel vorgeschlagenen Sicherheitsmaßnahmen nur um, nachdem Sie sorgfältig über die Folgen für Ihre Benutzer nachgedacht haben.

20.2 Wie die Sicherheit unterlaufen wird

Dieses Kapitel erläutert einige allgemeine Sicherheitsprobleme von Linux und die standardmäßigen Gegenmaßnahmen. Bevor wir in die Details eintauchen, sollten wir einen allgemeineren Blick darauf werfen, wie Sicherheitsprobleme in der Praxis auftreten. Die meisten Sicherheitsvergehen passen in die folgende Einteilung.

20.2.1 Social Engineering

Die menschlichen Benutzer (und Administratoren) eines Computersystems sind oftmals die schwächsten Glieder in der Sicherheitskette. Sogar in der heutigen Zeit eines gesteigerten Sicherheitsbewusstseins, sind ahnungslose Benutzer mit guten Absichten leicht zu überzeugen, sensible Informationen zu verraten.

Dieses Problem offenbart sich in vielen Formen. Angreifer rufen ihre Opfer unangemeldet an und geben sich als rechtmäßige verwirrte Benutzer aus, die versuchen, beim Zugriff auf das System Hilfe zu bekommen. Administratoren senden während der Problembehebung unabsichtlich sensible Informationen an öffentliche Foren. Physische Gefährdungen treten auf, wenn scheinbar berechtigtes Wartungspersonal den Wandschrank mit den Telefonumschaltern verdrahtet.

Der Begriff »Phishing« beschreibt Versuche, Informationen von Benutzern über betrügerische E-Mails, Instant-Messenger-Chats oder sogar SMS-Nachrichten auf dem Handy zu sammeln. Es kann sich als besonders schwer herausstellen, sich gegen Phishing zu wehren, da die Mitteilungen oftmals opferspezifische Informationen enthalten, die ihnen den Anschein von Authentizität verleihen.

Social Engineering bleibt weiterhin eine leistungsfähige Hackertechnik und ist eine der am schwierigsten zu neutralisierenden Bedrohungen. Die Sicherheitspolitik Ihres Unternehmens sollte eine Schulung für neue Mitarbeiter einschließen. Regelmäßige organisationsweite Mitteilungen sind eine wirksame Möglichkeit, um Informationen dazu, was man mit einem Telefon tun darf und was nicht, sowie über physische Sicherheit, E-Mail-Phishing und Passwortauswahl zur Verfügung zu stellen.

Um die Widerstandsfähigkeit Ihres Unternehmens gegen Social Engineering zu beurteilen, könnte es für Sie informativ sein, sich selbst an einige Social-Engineering-Angriffe zu wagen. Stellen Sie jedoch sicher, dass Sie dafür die ausdrückliche Genehmigung von Ihren eigenen Managern haben. Solche Taten sehen sehr verdächtig aus, wenn sie ohne einen eindeutigen Auftrag ausgeführt werden. Sie stellen eine Form von interner Spionage dar, sodass sie Ärger verursachen können, wenn sie nicht offen behandelt werden.

20.2.2 Schwachstellen in der Software

Im Laufe der Jahre wurden zahllose Fehler, die die Sicherheit schwächen, in der Computersoftware entdeckt (einschließlich Software von Drittanbietern, sowohl kommerziell als auch frei). Durch die Ausnutzung feiner Programmierfehler oder Kontextabhängigkeiten waren Hacker in der Lage, Linux dahingehend zu manipulieren, dass es all das tat, was sie wünschten.

Pufferüberläufe sind ein allgemeiner Programmierfehler mit komplexen Auswirkungen. Entwickler weisen häufig eine vorbestimmte Menge temporären Arbeitsspeichers zu, Puffer genannt, um bestimmte Informationen zu speichern. Wenn der Code nicht sorgfältig die Größe der Daten mit der Größe des Containers abgleicht, der sie speichern soll, besteht das Risiko, dass der dem zugewiesenen Platz angrenzende Arbeitsspeicher überschrieben wird. Geschickte Hacker können sorgfältig zusammengestellte Daten eingeben, die das Programm zum Absturz bringen oder im schlimmsten Fall beliebigen Code ausführen.

Glücklicherweise hat die schiere Anzahl der Pufferüberläufe in den vergangenen Jahren das Bewusstsein der Programmierer für dieses Problem gesteigert. Obwohl Probleme mit Pufferüberläufen immer noch auftreten, werden sie oft schnell entdeckt und korrigiert, insbesondere in Open Source-Anwendungen. Neuere Programmiersysteme wie Java und .NET enthalten Mechanismen, die automatisch die Datengrößen überprüfen und Pufferüberläufe verhindern.

Pufferüberläufe sind eine Unterkategorie einer größeren Klasse von Softwaresicherheitsfehlern, die als Schwachstellen bei der Eingabevalidierung bekannt sind. Fast alle Programme akzeptieren eine Art von Eingabe ihrer Benutzer (z. B. Befehlszeilenargumente oder HTML-Formulare). Wenn der Code solche Daten verarbeitet, ohne sie streng auf das passende Format und den geeigneten Inhalt zu überprüfen, können schlimme Dinge passieren. Betrachten Sie das folgende einfache Beispiel:

```perl
#!/usr/bin/perl
# Beispiel für einen Fehler bei der Validierung der
# Benutzereingabe
open (HTMLFILE, "/var/www/html/$ARGV[0]") or die
   "trying\n";
while (<HTMLFILE>) { print; }
close HTMLFILE;
```

Mit diesem Code wird wahrscheinlich die Absicht verfolgt, die Inhalte einer HTML-Datei unter /var/www/html zu drucken, wobei dies das standardmäßige Stammverzeichnis für Dokumente des httpd-Apache-Servers auf Red Hat-Servern ist. Der Code akzeptiert einen Dateinamen vom Benutzer und übergibt ihn als Argument an die Funktion open. Wenn ein böswilliger Benutzer als Argument ../../../etc/shadow angibt, werden die Inhalte von /etc/shadow zurückgegeben!

Was können Sie als Administrator tun, um diese Art Angriff zu verhindern? Sehr wenig, zumindest bis ein Fehler identifiziert und mit einem Patch behoben wurde. Für die meisten Administratoren besteht ein wichtiger Teil ihrer Aufgaben darin, sich über Patches und Sicherheitsmitteilungen auf dem Laufenden zu halten. Die meisten Distributionen enthalten automatisierte Dienstprogramme für Patches, wie z. B. yum unter Fedora und apt-get unter Debian und Ubuntu. Nutzen Sie diese Programme, um Ihr Unternehmen vor Sicherheitslücken durch fehlerhafte Software zu schützen.

20.2.3 Konfigurationsfehler

Viele Teile der Software können sicher oder weniger sicher konfiguriert werden. Da Software häufig der Bequemlichkeit wegen entwickelt wird, ist »weniger sicher« oftmals der Standard. Hacker erhalten oft Zugriff, indem sie Funktionen der Software ausnutzen, die unter weniger tückischen Umständen als hilfreich und bequem angesehen werden: Konten ohne Passwörter, Festplatten, die mit dem Rest der Welt geteilt werden, und ungeschützte Datenbanken, um einige zu nennen.

Ein typisches Beispiel für die Verletzlichkeit einer Hostkonfiguration ist die Standardpraxis, zu booten, ohne ein Passwort dafür zu verlangen. Sowohl LILO als auch GRUB können zur Installationszeit so konfiguriert werden, dass ein Passwort verlangt wird, aber Administratoren lehnen diese Option fast immer ab. Dieses Versäumnis lässt das System gegenüber einem physischen Angriff offen. Es ist jedoch auch ein perfektes Beispiel für das Bedürfnis, zwischen Sicherheit und Benutzbarkeit abzuwägen. Wird ein Passwort benötigt, bedeutet das, dass bei einem unbeabsichtigten Neustart des Systems (z. B. nach einem Stromausfall) ein Administrator physisch anwesend sein muss, um den Rechner erneut zum Laufen zu bringen.

Einer der wichtigsten Schritte beim Sichern eines Systems besteht einfach darin, sicherzustellen, dass Sie nicht aus Versehen einen roten Teppich für Hacker ausgelegt haben. Probleme in dieser Kategorie sind am einfachsten zu finden und zu beheben, obwohl es möglicherweise viele davon gibt und es nicht immer auf der Hand liegt, was überprüft werden soll. Die Werkzeuge zum Scannen von Ports und Aufspüren von Anfälligkeiten, die weiter hinten in diesem Kapitel behandelt werden, können einen motivierten Administrator bei der Suche der Behebung von Problemen unterstützen, bevor diese ausgenutzt werden.

20.3 Zertifikate und Standards

Wenn der Inhalt dieses Kapitels Sie einzuschüchtern scheint, machen Sie sich keine Sorgen. Die Sicherheit von Computern ist ein kompliziertes und gewaltiges Thema, wie zahllose Bücher, Webseiten und Zeitschriften bestätigen. Zum Glück wurde viel getan, um die verfügbaren Informationen zu quantifizieren und zu gliedern. Es gibt Dutzende von Standards und Zertifikaten, und aufmerksame Linux-Administratoren sollten über deren Hinweise und Vorschläge nachdenken.

Eines der grundlegendsten Prinzipien in der Informationssicherheit wird informell als »CIA-Dreiklang« bezeichnet.

Das Akronym steht für:

- Vertraulichkeit (Confidentiality)
- Integrität (Integrity)
- Verfügbarkeit (Availability)

Die Vertraulichkeit der Daten betrifft deren Geheimhaltung. Im Wesentlichen sollte der Zugriff auf Informationen auf diejenigen Personen beschränkt sein, die dafür autorisiert sind. Authentifizierung, Zugriffssteuerung und Verschlüsselung sind einige der Unterkomponenten der Vertraulichkeit. Wenn ein Hacker in ein Linux-System eindringt und eine Datenbank stiehlt, die Kontaktinformationen über Kunden enthält, wird die Vertraulichkeit unterlaufen.

Die Integrität hängt mit der Authentizität von Informationen zusammen. Die Technologie der Datenintegrität stellt sicher, dass Informationen gültig sind und nicht auf unbefugte Art und Weise geändert wurden. Außerdem spricht sie die Vertrauenswürdigkeit von Informationsquellen an. Wenn eine sichere Webseite ein signiertes SSL-Zertifikat bietet, beweist es dem Benutzer nicht nur, dass die von ihr gesendeten Informationen verschlüsselt sind, sondern auch, dass eine vertrauenswürdige Zertifizierungsstelle (wie z. B. VeriSign oder Equifax) die Identität der Quelle bestätigt hat. Technologien wie PGP und Kerberos garantieren ebenfalls Datenintegrität.

20.3 Zertifikate und Standards

Informationen müssen autorisierten Benutzern zur Verfügung stehen, wenn sie diese benötigen, sonst besteht kein Grund dazu, Informationen zu speichern. Ausfälle, die nicht von Eindringlingen verursacht wurden, z. B. durch Verwaltungsfehler oder Stromausfälle, fallen ebenfalls in die Kategorie der Verfügbarkeitsprobleme. Leider wird die Verfügbarkeit häufig ignoriert, bis etwas schief geht.

Berücksichtigen Sie die CIA-Prinzipien, wenn Sie Linux-Systeme entwerfen, implementieren oder warten. Wie das alte Sicherheitssprichwort besagt: »Sicherheit ist ein Prozess.«

20.3.1 Zertifikate

Dieser Intensivkurs zu CIA ist nur eine kurze Einführung in das größere Gebiet der Informationssicherheit. Große Unternehmen beschäftigen oftmals viele Vollzeitkräfte, deren Aufgabe darin besteht, Informationen zu schützen. Um Glaubwürdigkeit zu erreichen und ihr Wissen auf dem neuesten Stand zu halten, besuchen diese Experten Schulungen und erwerben Zertifikate. Machen Sie sich selbst auf zahlreiche Abkürzungen gefasst, wenn wir einige der beliebtesten Zertifikate vorstellen.

Eines der am weitesten anerkannten Sicherheitszertifikate ist das CISSP bzw. Certified Information Systems Security Professional. Es wird vom (ISC)² erteilt, dem International Information Systems Security Certification Consortium (sagen Sie das schnell zehnmal hintereinander!). Eines der wichtigsten Ziele des CISSP ist das, was das (ISC)² als »allgemein bekanntes Wissen« (common body of knowledge, CBK) bezeichnet, im Wesentlichen ein branchenweiter Leitfaden mit empfohlenen Vorgehensweisen zur Informationssicherheit. Das CBK deckt Gesetze, Kryptografie, Authentifizierung, physische Sicherheit und vieles mehr ab. Es ist eine unschätzbare Referenz für Sicherheitsleute.

Einer der Vorwürfe gegenüber dem CISSP richtet sich gegen dessen Breite und folglich die mangelnde Tiefe. So viele Themen im CBK und so wenig Zeit! Um dem entgegenzutreten, hat das (ISC)² CISSP-Konzentrationsprogramme herausgegeben, die besonderes Augenmerk auf die Architektur, Technik und Verwaltung legen. Diese spezialisierten Zertifikate fügen zum allgemeineren CISSP-Zertifikat Tiefe hinzu.

1999 schuf das System Administration, Networking and Security Institute (SANS) die Zertifikatesuite Global Information Assurance Certification (GIAC). Drei Dutzend einzelne Prüfungen decken den Bereich der Informationssicherheit ab, wobei die Prüfungen in fünf Kategorien unterteilt sind. Die Zertifikate bewegen sich in ihrer Schwierigkeit vom gemäßigten GISF, das aus zwei Prüfungen besteht, bis zum dreiundzwanzigstündigen GSE-Zertifikat auf Expertenebene. Das GSE hat den berüchtigten Ruf, eines der schwierigsten Zertifikate in der Branche zu sein. Viele der Prüfungen konzentrieren sich auf technische Einzelheiten und erfordern einiges an Erfahrung.

Das CISA (Certified Information Systems Auditor) ist schließlich ein Prüf- und Verfahrenszertifikat. Es konzentriert sich auf Business Continuity, Verfahren, Überwachung und andere Verwaltungsinhalte. Einige betrachten CISA als Zwischenzertifikat, das für die Rolle des Sicherheitsbeamten in einer Organisation geeignet ist. Eines seiner attraktivsten Aspekte ist die Tatsache, dass es nur eine einzige Prüfung umfasst.

Obwohl Zertifikate ein persönliches Bestreben sind, ist deren Anwendung im Geschäftsleben unabdingbar. Immer mehr Unternehmen erkennen jetzt Zertifikate als Merkmal eines Experten an. Viele Firmen bieten ihren zertifizierten Mitarbeitern ein höheres Gehalt und Beförderungen an. Wenn Sie sich für den Erwerb eines Zertifikats entscheiden, arbeiten Sie eng mit Ihrem Unternehmen zusammen, damit es die verbundenen Kosten bezahlt.

20.3.2 Standards

Wegen der zunehmenden Abhängigkeit von Datensystemen, wurden Gesetze und Vorschriften geschaffen, um die Verwaltung sensibler, geschäftskritischer Informationen zu regeln. Wichtige Gesetzgebungsprojekte wie HIPAA, FISMA und das Sarbanes-Oxley-Gesetz enthalten alle Abschnitte zur IT-Sicherheit. Obwohl die Anforderungen manchmal teuer umzusetzen sind, haben sie geholfen, einem zuvor ignorierten Aspekt der Technologie das passende Gewicht zu geben.

Leider sind die Gesetze in Juristensprache geschrieben und teilweise schwer zu interpretieren. Die meisten enthalten keine Einzelheiten dazu, wie ihre Anforderungen zu erfüllen sind. Als Ergebnis wurden Standards entwickelt, damit Administratoren die hochgesteckten Anforderungen des Gesetzgebers erfüllen. Diese Standards sind nicht auf bestimmte Gesetze zugeschnitten, aber ihnen zu folgen, stellt in der Regel die rechtliche Konformität sicher. Es wirkt einschüchternd, auf einmal mit den Anforderungen aller verschiedenen Standards konfrontiert zu sein, aber diese Pläne sind eine nützliche Richtlinie.

Der ISO/IEC 17799-Standard ist wahrscheinlich der am weitesten akzeptierte in der Welt. Erstmals 1995 als britische Norm eingeführt, ist er 34 Seiten lang und in 11 Abschnitte eingeteilt, wobei die Skala von der Richtlinie über die physische Sicherheit bis hin zur Zugriffssteuerung reicht. Ziele innerhalb jedes Abschnitts definieren besondere Anforderungen, und Kontrollen unter jedem Ziel beschreiben die empfohlenen Lösungen zur allgemeinen Vorgehensweise.

Die Anforderungen sind nicht technisch und können von einer Firma auf die Art und Weise erfüllt werden, die am besten zu ihren Bedürfnissen passt. Als Kehrseite hinterlässt der allgemeine Wortlaut des Standards beim Leser das Gefühl einer weit reichenden Flexibilität. Kritiker beklagen, dass die mangelnden Einzelheiten Unternehmen angreifbar lassen.

Nichtsdestotrotz ist dieser Standard eines der wertvollsten Dokumente, die der Informationssicherheitsbranche zur Verfügung stehen. Er überbrückt eine oftmals greifbare Lücke zwischen Management und Technik und hilft dabei, dass sich beide Parteien darauf konzentrieren, das Organisationsrisiko zu minimieren.

20.3 Zertifikate und Standards

PCI DSS (Payment Card Industry Data Security Standard) ist etwas ganz anderes. Dieser Standard ging aus dem Bedürfnis hervor, die Sicherheit in der kartenverarbeitenden Industrie nach einer Reihe von dramatischen Enthüllungen zu verbessern. Im Juni 2005 deckte CardSystems Services International beispielsweise den »Verlust« von 40 Millionen Kartennummern auf.

Das US-Ministerium für Heimatschutz hat geschätzt, dass allein im Jahre 2004 52,6 Milliarden Dollar aufgrund von Identitätsdiebstahl verloren gingen. Natürlich kann nicht alles davon direkt mit der Preisgabe von Kreditkarten in Verbindung gebracht werden, aber eine erhöhte Wachsamkeit durch Händler hätte mit Sicherheit einen positiven Einfluss gehabt. Das FBI hat den Kreditkartenbetrug sogar mit terroristischer Finanzierung in Verbindung gebracht, vor allem mit den Bombenanschlägen auf Bali und in Madrid.

Der Standard PCI DSS ist das Ergebnis einer gemeinsamen Arbeit zwischen Visa und Mastercard, obwohl er gegenwärtig von Visa gepflegt wird. Anders als ISO 17799 steht er für jeden kostenlos zum Download zur Verfügung. Er ist vollständig auf den Schutz der Datensysteme von Karteninhabern ausgerichtet und besteht aus 12 Abschnitten, die Anforderungen für den Schutz definieren.

Da PCI DSS auf Kartenprozessoren ausgerichtet ist, eignet er sich nicht für Unternehmen, die nicht mit Kreditkartendaten umgehen. Für diejenigen, die damit zu tun haben, ist eine strenge Konformität notwendig, um beträchtliche Geldstrafen und eine mögliche strafrechtliche Verfolgung zu vermeiden. Sie finden das Dokument auf der Website von Visa im Bereich Händlersicherheit.

Viele Unternehmen erstellen Kundensoftware, um spezielle Bedürfnisse zufriedenzustellen, aber Eile geht häufig auf Kosten der Sicherheit. Anfälligkeit für Pufferüberläufe, SQL-Injektionen und standortübergreifende Skriptangriffe (cross-site scripting) sind einige Beispiele für allgemeine Fehler bei selbst erstellter Software. Glücklicherweise hat die US-Regierung ein verfahrenstechnisches Dokument herausgegeben, um zu helfen, die Sicherheit solcher Anwendungen zu validieren. Die Checkliste zur Sicherheit von Anwendungen des US-Verteidigungsministeriums ist ein detaillierter Leitfaden, um eine Anwendung auf Sicherheitsschwächen zu überprüfen. Die aktuelle Version steht zum Herunterladen unter *iase.disa.mil/stigs/checklist* bereit.

Anders als die sonstigen in diesem Abschnitt erläuterten Standards, vertieft sich die Checkliste zur Sicherheit von Anwendungen in technische Einzelheiten und berührt manchmal einzelne Befehle, die ausgeführt werden sollten, um einen bestimmten Test durchzuführen. Der Standard ist nicht so lesenswert und so formell wie die anderen hier vorgestellten, aber enorm nützlich für Unternehmen, die Bedarf an hausinternen Entwicklungen haben.

20.4 Sicherheitstipps und Grundeinstellung

In diesem Kapitel wird eine breite Vielfalt von Sicherheitsbedenken besprochen. Im Idealfall sollten Sie alle davon in Ihrer Umgebung ansprechen. Wenn Sie nur wenig Zeit oder Geduld haben, finden Sie hier die sechs wichtigsten Sicherheitsprobleme, die zu bedenken sind, sowie einige Regeln, nach denen Sie leben sollten. (Die meisten Administratoren sollten den Inhalt des gesamten Kapitels wirklich durcharbeiten, am besten mehr als einmal.)

20.4.1 Paketfilter

Wenn Sie ein Linux-System mit einem Netzwerk mit Internetzugang verbinden, müssen Sie zwischen ihm und der Außenwelt einen Router mit Paketfilter oder eine Firewall haben. Als Alternative können Sie Paketfilter mithilfe von `iptables` auf dem Linux-System konfigurieren (in Abschnitt 20.13 erläutert). Egal, welche Implementierung Sie wählen – der Paketfilter sollte nur Verkehr für Dienste durchlassen, die Sie eigens auf dem Linux-System bereitstellen oder benutzen möchten.

20.4.2 Unnötige Dienste

Linux-Distributionen unterscheiden sich stark hinsichtlich der Netzwerkdienste, die als Teil der Standardinstallation aktiviert sind. Die meisten enthalten mehrere Netzwerkdienste, die nicht benötigt werden. Es liegt an Ihnen, die auf Ihrem System aktivierten Dienste zu untersuchen und jene auszuschalten, die nicht absolut notwendig sind. Die Befehle `netstat` und `fuser` sind eine großartige Möglichkeit, um zu beginnen. Um wirklich zu verstehen, welche Dienste ein Angreifer sehen kann, tasten Sie Ihre Systeme mit einem Portscanner von einem entfernten Host ab. `nmap`, das in Abschnitt 20.10.1 beschrieben wird, ist für einen Sicherheitsfachmann der wahrgewordene Traum eines Portscanners.

20.4.3 Softwarepatches

Alle wichtigen Linux-Distributionen geben regelmäßig sicherheitsrelevante Softwarepatches heraus, normalerweise mehrere im Monat. Sie müssen wachsam nach Sicherheitspatches Ausschau halten, die für Ihre Systemsoftware wichtig sind (und alle Softwarepakete, die Sie ausführen), und diese sofort installieren. Behalten Sie im Hinterkopf, dass zu dem Zeitpunkt, an dem ein Patch verfügbar ist, die »Schurken« das Sicherheitsloch vielleicht seit Wochen gekannt haben.

20.4 Sicherheitstipps und Grundeinstellung

20.4.4 Backups

Sie müssen regelmäßige Sicherungen all Ihrer Systeme ausführen, sodass Sie sich wirksam von einem Sicherheitsvorfall erholen können, wenn einer auftreten sollte. Keine noch so umfangreiche Spiegelung, RAID oder »Hot-Standby«-Technologie beseitigt den Bedarf nach Sicherungen. Informationen zum Ausführen von Sicherungen werden in Kapitel 9 bereitgestellt.

20.4.5 Passwörter

Wir sind einfache Menschen mit einfachen Regeln. Dies ist eine: Jedes Konto muss ein Passwort haben, und es muss etwas sein, das nicht einfach erraten werden kann. Es ist nie gut, mehrfach verwendbare Kennwörter im Klartext über das Internet zu versenden. Wenn Sie entfernte Anmeldungen an Ihrem System zulassen, müssen Sie SSH oder ein anderes sicheres System für den Remote-Zugriff verwenden (in Abschnitt 20.11.3 erläutert).

20.4.6 Wachsamkeit

Um die Sicherheit Ihres Systems zu garantieren, müssen Sie dessen Befinden, die Netzwerkverbindungen, die Prozesstabelle und den Gesamtstatus regelmäßig (üblicherweise täglich) überwachen. Führen Sie mithilfe der weiter hinten in diesem Kapitel erläuterten Leistungstools regelmäßige Bewertungen durch. Sicherheitsprobleme neigen dazu, klein zu beginnen und schnell zu wachsen, sodass Sie desto besser dran sind, je früher Sie eine Unregelmäßigkeit bemerken.

20.4.7 Allgemeine Grundeinstellung

Eine wirksame Systemsicherheit hat ihre Wurzeln im gesunden Menschenverstand. Im Folgenden sind einige Faustregeln aufgeführt:

- Legen Sie keine Dateien in Ihrem System ab, die wahrscheinlich für Hacker oder neugierige Mitarbeiter von Interesse sind. Handelsgeheimnisse, Personaldateien, Lohndaten, Wahlergebnisse usw. müssen mit Sorgfalt behandelt werden, wenn sie online bereitgestellt werden. Diese Informationen kryptografisch zu sichern, stellt einen weit höheren Sicherheitsgrad zur Verfügung, als einfach zu versuchen, nicht autorisierten Benutzern den Zugriff auf Dateien, die die pikanten Leckerbissen enthalten, zu verwehren.

- Die Sicherheitspolitik Ihres Unternehmens sollte genau angeben, wie sensible Informationen zu behandeln sind. Einige Vorschläge finden Sie in Kapitel 30, »Management und Geschäftspolitik«, und dem Abschnitt zu Sicherheitsstandards (Abschnitt 20.3.2) in diesem Kapitel.

- Stellen Sie Hackern keine Plätze zur Verfügung, um in Ihrer Umgebung heimisch zu werden. Hacker brechen häufig in ein System ein und verwenden es dann als Basis für Operationen, um in ein anderes zu gelangen. Manchmal verwenden Hacker Ihr Netzwerk, um ihre Spuren zu vertuschen, während sie ihr eigentliches Ziel angreifen. Öffentlich preisgegebene Dienste mit Anfälligkeiten, von aller Welt beschreibbare anonyme FTP-Verzeichnisse, gemeinsame Konten und vernachlässigte Systeme ermuntern zu Nistaktivitäten.

- Legen Sie Fallen an, um erfolgreiches und versuchtes Eindringen zu erkennen. Tools wie samhain, xinetd und John the Ripper (in Abschnitt 20.10.3 beschrieben) halten Sie über mögliche Probleme auf dem Laufenden.

- Überwachen Sie gewissenhaft die von diesen Sicherheitstools erstellten Berichte. Ein kleineres Problem, das Sie in einem Bericht ignorieren, kann bis zu dem Zeitpunkt, an dem der nächste Bericht gesendet wird, zu einer Katastrophe heranwachsen.

- Bringen Sie sich selbst etwas über Systemsicherheit bei. Traditionelles Wissen, Erziehung der Benutzer und gesunder Menschenverstand sind die wichtigsten Teile eines Sicherheitsplans für das Unternehmen. Bringen Sie externe Experten herein, um Lücken auszufüllen, aber nur unter Ihrer gründlichen Beaufsichtigung und Zustimmung.

- Streifen Sie herum, um nach ungewöhnlichen Aktivitäten Ausschau zu halten. Untersuchen Sie alles, was ungewöhnlich scheint, z. B. merkwürdige Protokollnachrichten oder Änderungen in den Aktivitäten eines Kontos (mehr Aktivitäten, Aktivitäten zu seltsamen Stunden oder Aktivitäten, während der Besitzer im Urlaub ist).

20.5 Sicherheitsprobleme in /etc/passwd und /etc/shadow

Schlechte Passwortverwaltung ist eine häufige Sicherheitsschwäche. Die Inhalte der Dateien /etc/passwd und /etc/shadow bestimmen, wer sich anmelden kann. Diese Dateien sind somit die erste Verteidigungslinie des Systems gegenüber Eindringlingen. Sie müssen gewissenhaft gewartet und frei von Fehlern, Sicherheitsrisiken und historischem Ballast sein.

Tipp

Weitere Informationen über die Datei passwd finden Sie in Abschnitt 6.1.

20.5 Sicherheitsprobleme in /etc/passwd und /etc/shadow

In Altsystemen enthielt das zweite Feld von /etc/passwd eine Zeichenfolge, die das verschlüsselte Passwort des Benutzers darstellte. Da /etc/passwd von außerhalb lesbar sein musste, damit Befehle wie ls funktionieren, war die verschlüsselte Passwortzeichenfolge für alle Benutzer im System verfügbar. Übeltäter konnten komplette Wörterbücher verschlüsseln und die Ergebnisse mit den Zeichenfolgen in /etc/passwd vergleichen. Wenn die verschlüsselten Zeichenfolgen übereinstimmten, war ein Passwort gefunden.

Wie groß ist diese Bedrohung? In den 80ern gab es zumindest eine Möglichkeit, Kennwörter schnellstens zu entschlüsseln[3], aber mittelmäßige Hacker begnügten sich mit der Verwendung der Bibliotheksroutine crypt[4], um Wörter aus Wörterbüchern zum Vergleich zu verschlüsseln. Ein »schneller« Rechner in den 80ern konnte einige Hundert Verschlüsselungen pro Sekunde vornehmen. Im Gegensatz dazu haben Brute-Force-Wettbewerbe jetzt 56-Bit-DES-Schlüssel in weniger als 24 Stunden geknackt. Zum Glück verwenden moderne UNIX- und Linux-Systeme crypt nicht und sind beachtlich sicherer.

Diese Ergebnisse sind beängstigend, und sie deuten darauf hin, dass der Benutzerzugriff auf verschlüsselte Passwortzeichenfolgen wirklich eingeschränkt werden muss. Die Standardvariante, um Einschränkungen aufzuerlegen, besteht darin, Kennwörter in eine separate Datei zu stecken, die nur vom Systemverwalter lesbar ist, sodass der Rest von /etc/passwd unverändert bleibt. Die Datei, die die eigentlichen Passwortinformationen enthält, wird dann als Shadow-Passwortdatei, /etc/shadow, bezeichnet. Alle modernen Linux-Distributionen verwenden Shadow-Passwörter.

20.5.1 Passwörter auswählen und prüfen

Linux gestattet Benutzern, ihre eigenen Kennwörter auszuwählen, und obwohl das sehr bequem ist, führt es zu vielen Sicherheitsproblemen. Wenn Sie Benutzern Ihre Logins übergeben, sollten Sie sie auch anweisen, wie ein gutes Passwort zu wählen ist. Teilen Sie ihnen mit, nicht ihren Namen oder ihre Initialen, den Namen eines Kinds oder Gatten oder ein Wort zu verwenden, das in einem Wörterbuch zu finden ist. Passwörter, die aus persönlichen Daten wie Telefonnummern oder Adressen abgeleitet sind, sind ebenfalls leicht zu knacken.

Passwörter sollten mindestens acht Zeichen lang sein und Zahlen, Satzzeichen und Änderungen in der Groß-/Kleinschreibung enthalten. Unsinnige Wörter, Kombinationen einfacher Wörter oder die ersten Buchstaben von Wörtern in einer einprägsamen Redewendung bilden die besten Passwörter. Natürlich ist »einprägsam« gut, aber »traditionell« ist riskant. Bilden Sie Ihre eigene Redewendung. Die Kommentare im Abschnitt 3.3 sind gleichermaßen auf Benutzerpasswörter anwendbar.

---

3 Im Jahre 1984 knackte Evi Nemeth mithilfe eines HEP-Supercomputers den Diffie-Hellman-Schlüsselaustausch, für den häufig DES verwendet wird. Obwohl DES als mathematisch sicher angesehen wird, bieten die kurzen Schlüssellängen beim allgemeinen Gebrauch relativ wenig Sicherheit.

4 Verwechseln Sie die Bibliotheksroutine crypt nicht mit dem Befehl crypt, der ein anderes und weniger sicheres Verschlüsselungsverfahren verwendet.

Es ist wichtig, fortlaufend (vorzugsweise täglich) zu überprüfen, dass jedes Login ein Passwort hat. Einträge in der Datei /etc/shadow, die Pseudobenutzer wie z. B. daemon beschreiben, also Dateien besitzen, aber sich niemals anmelden, sollten einen Stern (*) oder ein Ausrufezeichen (!) in ihrem verschlüsselten Passwortfeld haben. Diese Zeilen stimmen mit keinem Passwort überein und verhindern folglich die Verwendung des Kontos.

Die Datei /etc/shadow ist größtenteils wartungsfrei. Der folgende Perl-Einzeiler sucht jedoch nach leeren Kennwörtern.

```
$ sudo perl -F: -ane 'print if not $F[1];' /etc/shadow
```

Ein Skript, das diese Überprüfung ausführt und Ihnen die Ergebnisse per E-Mail schickt, kann aus cron heraus ausgeführt werden. Um bei der Überprüfung, dass alle Kontenänderungen berechtigt sind, zu helfen, können Sie ein Skript schreiben, das die Datei passwd mit einer Version des vorherigen Tags vergleicht und Ihnen Unterschiede meldet.

20.5.2 Ablauf von Passwörtern

Das Shadow-Passwortsystem von Linux kann Benutzer aufgrund einer Einrichtung, die als Ablauf von Passwörtern bekannt ist, dazu zwingen, ihre Passwörter regelmäßig zu ändern. Auf den ersten Blick scheint dies eine gute Idee zu sein, sie birgt aber mehrere Probleme in sich. Benutzer ärgern sich häufig darüber, ihre Passwörter ändern zu müssen, und da sie das neue Passwort nicht vergessen möchten, wählen sie etwas Einfaches, das leicht einzugeben und zu merken ist. Viele Benutzer wechseln jedes Mal, wenn sie zum Ändern gezwungen werden, zwischen zwei Passwörtern, was das Ziel des Ablaufs von Passwörtern zunichte macht. PAM-Module können helfen, starke Passwörter zu erzwingen, um diesen Fallstrick zu vermeiden.

Nichtsdestotrotz sollten Passwörter regelmäßig geändert werden, insbesondere das Passwort für den Benutzer root. Ein solches Passwort sollte leicht von den Fingern gehen, sodass es schnell eingegeben und nicht durch jemanden erraten werden kann, der die Bewegung der Finger auf der Tastatur beobachtet. Bei uns verwenden die meisten Personen anstelle des echten Passworts für den Benutzer root das Programm sudo, aber wir wählen dennoch sehr sorgfältig das Passwort für den Benutzer root aus.

Tipp

Weitere Informationen über sudo finden Sie in Abschnitt 3.4.2.

Das Programm chage überwacht den Ablauf von Passwörtern. Mithilfe von chage können Administratoren minimale und maximale Zeiten zwischen Passwortänderungen erzwingen sowie die Ablaufdaten für Passwörter, die Anzahl von Tagen, die Benutzer vorgewarnt werden, bevor deren Passwörter ablaufen, die Anzahl von inaktiven Tagen, die zulässig sind, bevor Konten automatisch gesperrt werden usw. Der folgende Befehl setzt die minimale Anzahl von Tagen zwischen Passwortänderungen auf 2, die maximale Anzahl auf 90 und das Ablaufdatum auf den 31. Juli 2007 und warnt die Benutzer 14 Tage lang, dass das Ablaufdatum naht:

```
$ sudo chage -m 2 -M 90 -E 2007-07-31 -W 14 ben
```

20.5.3 Gruppen- und gemeinsam genutzte Logins

Jedes Login, das von mehreren Personen verwendet wird, bedeutet Gefahr. Gruppenlogins (d. h. gast oder demo) sind ein sicheres Terrain für Hacker und in vielen Zusammenhängen durch US-Bundesvorschriften wie HIPAA verboten. Lassen Sie sie in Ihrem Unternehmen nicht zu.

Erlauben Sie Benutzern ebenso nicht, Logins mit der Familie oder Freunden zu teilen. Wenn Peter ein Login benötigt, um an seinem Schulprojekt zu arbeiten, geben Sie ihm eins mit diesem festgesetzten Ziel. Es ist viel einfacher, Peters Login wegzunehmen, wenn er es missbraucht, als Papa und sein Konto loszuwerden, insbesondere in Regierungseinrichtungen.

An einigen Standorten ist root ein Gruppenlogin. Gefährlich! Wir empfehlen, das sudo-Programm zu verwenden, um den root-Zugriff einzuschränken (siehe Abschnitt 3.4.2).

20.5.4 Benutzer-Shells

Verwenden Sie kein Skript als Shell für ein uneingeschränktes Login (ohne Passwort). Wenn Sie tatsächlich meinen, dass Sie ein Login ohne Passwort benötigen, sollten Sie stattdessen besser über ein SSH-Schlüsselpaar ohne Passphrase nachdenken.

20.5.5 root-artige Einträge

Das einzige Unterscheidungsmerkmal des root-Logins ist dessen UID mit dem Wert null. Da es mehr als einen Eintrag in der Datei /etc/passwd geben kann, der diese UID verwendet, kann mehr als eine Möglichkeit bestehen, sich als root anzumelden.

Ein alltäglicher Weg für Hacker, eine Hintertür zu installieren, wenn sie sich einmal eine Root-Shell verschafft haben, besteht darin, neue root-Logins in /etc/passwd einzugeben. Programme wie who und w verweisen auf den in /var/run/utmp gespeicherten Namen statt auf die UID, die die Login-Shell besitzt, sodass sie keine Hacker entlarven können, die unschuldige Benutzer zu sein scheinen, aber in Wirklichkeit als UID 0 angemeldet sind.

Die Verteidigung gegen diese List ist ein Mini-Skript ähnlich dem Skript, das verwendet wird, um Logins ohne Passwörter zu finden:

```
$ perl -F: -ane 'print if not $F[2];' /etc/passwd
```

Dieses Skript druckt alle Zeilen in der Datei passwd aus, die die UID NULL oder 0 haben. Sie können dieses Skript einfach bearbeiten, um Einträge mit verdächtigen Gruppen- oder UIDs zu finden, die mit denen der Schlüsselpersonen in Ihrer Firma übereinstimmen.

Sie sollten auch Einträge in passwd überprüfen, die keinen Benutzernamen oder Satzzeichen als Benutzernamen haben. Diese Einträge scheinen unsinnig, gestatten einem Hacker allerdings oft, sich anzumelden.

20.5.6 PAM: Schaumschlägerei oder Wunder der Authentifizierung?

Das PAM-API (Pluggable Authentication Module) wurde ursprünglich von Sun als flexible Möglichkeit entwickelt, um Benutzer zu authentifizieren. Für viele Jahre war die Authentifizierung in der UNIX-Umgebung einfach, indem Benutzer mit ihrem Eintrag in der Datei /etc/passwd verbunden wurden. Der Bedarf nach einer stärkeren Sicherheit und Unterstützung für eine breitere Vielfalt von Authentifizierungsmechanismen (z. B. Smartcards) hat dazu geführt, dass die Forderung nach einem flexibleren Verfahren besteht. Bestimmte PAM-LDAP-Module führen eine zentrale Authentifizierung in globalen Authentifizierungsverzeichnissen aus.

Linux-PAM wird mit allen vernünftigen Linux-Distributionen ausgeliefert und steht in keinem Zusammenhang mit der aktuellen Implementierung des PAM-Standards von Sun. Das Konzept ist einfach: Programme, die eine Authentifizierung erfordern, müssen nur wissen, dass ein Modul zur Verfügung steht, um die Authentifizierung für sie auszuführen. PAM ist so eingerichtet, dass Module jederzeit hinzugefügt, gelöscht und neu konfiguriert werden können – Module müssen nicht zu dem Zeitpunkt verlinkt werden (nicht einmal vorhanden sein), an dem ein Dienstprogramm kompiliert wird. Als Ergebnis dieser Architektur wurde PAM zu einem unglaublich leistungsfähigen Werkzeug für Systemadministratoren.

Dutzende von PAM-Modulen sind verfügbar. Unter *www.kernel.org/pub/linux/libs/pam* können Sie spezialisierte Module und deren Dokumentation herunterladen.

PAM-Module werden durch Dateien im Verzeichnis /etc/pam.d konfiguriert. Dateien für einzelne Dienste in diesem Verzeichnis enthalten Einträge der folgenden Form:

```
Modultyp Steuerkennzeichen Modulpfad Argumente
```

Das Modultyp-Feld kann die Werte auth, account, session und password haben. Ein auth-Eintrag legt fest, wer der Benutzer ist, und gewährt möglicherweise die Gruppenmitgliedschaft. Das account-Tag führt Entscheidungen aus, die nicht auf Authentifizierung beruhen, z. B. den von der Tageszeit abhängigen Zugriff. Aufgaben, die ausge-

20.5 Sicherheitsprobleme in /etc/passwd und /etc/shadow

führt werden müssen, bevor oder nachdem einem Benutzer ein Zugriff auf den Dienst ermöglicht wurde, werden mit dem `session`-Tag implementiert. Zum Schluss wird das `password`-Tag verwendet, wenn Authentifizierungsinformationen (z. B. ein Passwort) vom Benutzer abgefragt werden.

Das `Steuerkennzeichen`-Feld hat vier mögliche Werte: `required`, `requisite`, `sufficient` und `optional`. `required` und `optional` werden am häufigsten verwendet und bedeuten, dass ein Modul folgen muss, damit die Ausführung fortgesetzt wird, bzw. dass es egal ist, ob ein Modul folgt.

Das dritte und vierte Feld sind der Pfadname und die Argumente für das dynamisch ladbare Modulobjekt. Wenn das erste Zeichen des Pfads ein Schrägstrich (/) ist, wird der Pfad als absoluter Pfad angesehen. Ansonsten werden die Inhalte des Felds an den Standardpfad /lib/security angehängt.

PAM ist eine Lösung für die oben beschriebenen Schwierigkeiten der Passwortkomplexität. Das Modul `pam_cracklib` kann erzwingen, dass Passwörter minimale Anforderungen erfüllen. Die Einzelheiten variieren stark, sodass Sie `grep` verwenden sollten, um die geeignete Konfigurationsdatei zu finden. Um beispielsweise sicherzustellen, dass die Passwörter der Benutzer nicht von John the Ripper bestimmt werden können, sollte die Datei /etc/pam.d/system-auth unter Fedora folgenden Code enthalten:

Tipp

Weitere Informationen zu John the Ripper finden Sie in Abschnitt 20.10.3.

```
password required pam_cracklib.so retry=3 minlen=12
    difok=4
```

Wenn diese Zeile vorhanden ist, überprüft PAM die beabsichtigten neuen Passwörter der Benutzer anhand eines Wörterbuchs und einer Reihe von Regeln zum Knacken von Passwörtern. (Diese Einstellung erfordert das Vorhandensein der Systembibliothek `libcrack` und eines Systemwörterbuchs /usr/lib/cracklib_dict.*.) Wenn ein Benutzerpasswort nicht den Anforderungen von `cracklib` entspricht, wird eine Fehlermeldung wie »Das Passwort ist zu einfach« auf dem Bildschirm ausgegeben.

Die Regeln für das Argument `cracklib` sind kompliziert, aber im Folgenden sehen Sie die Interpretation der zuvor gezeigten Konfiguration:

- Das Argument `retry=3` gibt an, dass der Benutzer drei Versuche hat, ein starkes Passwort einzugeben.

- `minlen=12` gibt eine minimale Passwortlänge an. Großbuchstaben, Zahlen und Satzzeichen werden durch die Bibliothek gesondert behandelt und verringern das Minimum. Bei `minlen=12` ist das kürzeste Passwort, das ein Benutzer verwenden kann, tatsächlich 8 Zeichen lang, nicht 12, aber der Benutzer muss alle vier verfügbaren Zeichenarten einschließen, um ein Passwort mit 8 Zeichen festzulegen.
- `difok=4` gibt an, dass mindestens vier Zeichen des neuen Passworts nicht im alten Passwort vorhanden sein dürfen.

Moderne Linux-Distributionen enthalten und verwenden standardmäßig das Modul `pam_cracklib`, aber die Regeln für die Passwortkomplexität sind üblicherweise nicht aktiviert.

20.6 POSIX-Capabilitys

Linux-Systeme unterteilen die Leistung des Kontos für das Stammverzeichnis nach dem POSIX-Begriff der »Capabilitys«. Eine Capability erlaubt einem Prozess beispielsweise, berechtigte Operationen auf Netzwerksockets und Netzwerkschnittstellen auszuführen, während eine andere Capability einem Prozess gestattet, hardwarebezogene Optionen festzulegen. Capabilitys werden geerbt, maskiert und auf systematische Art und Weise verliehen, wodurch die Programme berechtigte Aufgaben ausführen können, ohne auf die volle Leistung des `root`-Kontos zuzugreifen. Da Berechtigungen strenger als in traditionellen UNIX-Systemen verteilt werden können, ist die Wahrscheinlichkeit einer Sicherheitsgefährdung, die zu einem unbeschränkten `root`-Zugriff führt, geringer – zumindest theoretisch.

In der Praxis ist das System der Capabilitys für Systemadministratoren von eingeschränktem Interesse. Software, die sich der Capabilitys bewusst ist, erfordert keine besondere Aufmerksamkeit hinsichtlich der Administration; sie legt einfach für sich selbst fest, dass sie in einem eingeschränkteren Modus arbeitet. Der größte Teil der UNIX- und Linux-Software setzt weiterhin das traditionelle Modell des allmächtigen Superusers voraus, das ohne bedeutende Schwierigkeiten und Opfer nicht deaktiviert werden kann. Einige der Anpassungen, die der Linux-Kernel trifft, um die Kompatibilität mit traditioneller UNIX-Software aufrechtzuerhalten, führen dazu, dass das System der Capabilitys »undichter« wird, als es in Wirklichkeit sein sollte[5].

Das Ergebnis ist, dass POSIX-Capabilitys sich gut für ein Cocktailgespräch eignen, aber eingeschränkte Auswirkungen auf die Praxis haben. Sie können zum größten Teil ignoriert werden, mit einer bemerkenswerten Ausnahme: Der Kernel wendet jedes Mal, wenn ein neues Programm ausgeführt wird, einen »globalen Satz zum Binden der Capabilitys« an (auf den über die Datei `/proc/sys/kernel/cap-bound` zugegriffen wird und der darüber festgelegt wird). Wenn Sie eine oder mehrere Capabilitys

---

5 Einer unserer Fachlektoren bemerkte: »Tatsächlich hat die Vererbung von Capabilitys in Linux nie richtig funktioniert; sie ist ein fortwährendes Problem.«

im ganzen System deaktivieren möchten, können Sie sie zu diesem globalen Satz zum Binden hinzufügen. Ausführliche Informationen finden Sie auf der man-Seite capabilities.

20.7 Setuid-Programme

Programme, die setuid ausführen, insbesondere solche, die UID auf root setzen, sind für Sicherheitsprobleme anfällig. Die mit Linux vertriebenen Setuid-Befehle sind theoretisch sicher, in der Vergangenheit wurden jedoch Sicherheitslücken entdeckt, was ohne jeden Zweifel auch in der Zukunft der Fall sein wird.

Der sicherste Weg, die Anzahl von Setuid-Problemen zu minimieren, besteht darin, die Anzahl der Setuid-Programme zu reduzieren. Denken Sie zweimal darüber nach, bevor Sie ein Softwarepaket installieren, dass setuid ausgeführt werden muss, und vermeiden Sie es, die Capability setuid in Ihrer selbstentwickelten Software zu verwenden. Eine durchschnittliche Linux-Distribution enthält über 35 Setuid-Programme, obgleich dies von Distribution zu Distribution variiert.

Es gibt keine Regel, die besagt, dass Setuid-Programme als root ausgeführt werden müssen. Wenn Sie lediglich den Zugriff auf eine bestimmte Datei oder Datenbank einschränken müssen, können Sie zur passwd-Datei einen Pseudobenutzer hinzufügen, der nur dazu vorhanden ist, um die eingeschränkten Ressourcen zu besitzen. Befolgen Sie die normalen Konventionen für Pseudobenutzer: Verwenden Sie eine niedrige UID, geben Sie im Passwortfeld einen Stern ein und nehmen Sie als Heimatverzeichnis für den Pseudobenutzer das Verzeichnis /dev/null.

Sie können setuid und seine Ausführung auf einzelnen Dateisystemen deaktivieren, indem Sie die Option -o nosuid beim Kommando mount angeben. Es ist eine gute Idee, diese Option auf Dateisystemen zu verwenden, die Heimatverzeichnisse der Benutzer enthalten oder die von weniger vertrauenswürdigen Verwaltungsdomänen verwaltet werden.

Es ist nützlich, Ihre Festplatten periodisch zu scannen, um nach neuen Setuid-Programmen zu suchen. Ein Hacker, der die Sicherheit Ihres Systems verletzt hat, erstellt manchmal eine private Setuid-Shell oder ein Dienstprogramm, um weitere Besuche zu erleichtern. Einige der Werkzeuge, die in Abschnitt 20.10 erläutert werden, machen solche Dateien ausfindig, aber dies können Sie fast genauso gut mit find erreichen. Der folgende Befehl sendet beispielsweise eine Liste aller Setuid-root-Dateien an den Benutzer netadmin:

```
/usr/bin/find / -user root -perm -4000 -print |
/bin/mail -s "Setuid root files" netadmin
```

20.8 Wichtige Dateiberechtigungen

Viele Dateien auf einem Linux-System benötigen bestimmte Berechtigungen, wenn Sicherheitsprobleme vermieden werden sollen. Einige Hersteller liefern Software mit Berechtigungen aus, die für ihre eigene »freundliche« Entwicklungsumgebung festgelegt wurden. Diese Berechtigungen sind eventuell nicht für Sie geeignet.

Der Schreibzugriff auf /etc/passwd und /etc/group sollte nicht von überall möglich sein. Ihnen sollte der Besitzer root und Modus 644 zugeordnet sein. /etc/shadow sollte Modus 600 haben und keine Berechtigungen für die Gruppe oder die restlichen Benutzer:

```
-rw-------   1 root     root         1835 May  8 08:07    /etc/shadow
```

Die Gruppen all dieser Dateien sollten auf eine Systemgruppe festgelegt werden, üblicherweise root. (Der Befehl passwd führt setuid für root aus, sodass Benutzer ihre Passwörter ändern können, ohne eine Schreibberechtigung auf /etc/passwd oder /etc/shadow haben zu müssen.)

Historisch waren FTP-Programme voller Sicherheitslücken und unsicherer Standardkonfigurationen. FTP überträgt auch Anmeldeinformationen in Klartext, ein dem Protokoll innewohnendes Problem, das dazu führt, dass es für das heutige Internet inakzeptabel ist.

> **Tipp**
>
> Weitere Informationen zur Einrichtung eines FTP-Servers finden Sie in Abschnitt 21.6.

Neue Technologien wie SFTP haben FTP ersetzt, und es gibt sehr wenige Fälle, in denen FTP erlaubt werden sollte. Lesen Sie in diesen seltenen Fällen die Softwaredokumentation jedoch gründlich, um die passende Konfiguration sicherzustellen. Wenn Sie einen anonymen FTP-Zugriff gestatten müssen, deaktivieren Sie entweder Verzeichnisse, die von überall beschreibbar sind, oder suchen Sie sie regelmäßig nach illegalen oder sensiblen Dateien ab.

Gerätedateien für Festplattenpartitionen sind eine andere mögliche Problemquelle. Lese- oder Schreibberechtigung für eine Datei für Festplattengeräte zu haben, ist im Wesentlichen dasselbe wie Lese- oder Schreibberechtigung für jede Datei des Dateisystems, die das Gerät darstellt. Nur root sollte sowohl Lese- als auch Schreibberechtigung haben. Der Gruppenbesitzer erhält manchmal Leseberechtigung, um Sicherungen zu erleichtern, aber es sollte keine Berechtigung für alle Benutzer geben.

20.9 Verschiedene Sicherheitsprobleme

Die folgenden Abschnitte sprechen verschiedenartige sicherheitsbezogene Themen an. Die meisten sind entweder Funktionen, die für Sie als Administrator nützlich sind, oder schlechte Funktionen, die Nistmöglichkeiten für Hacker bieten können, wenn sie nicht überwacht werden.

20.9.1 Remote-Ereignisprotokollierung

Syslog ermöglicht, dass Protokollinformationen für den Kernel und für Benutzerprozesse an eine Datei, eine Liste von Benutzern oder einen anderen Host in Ihrem Netzwerk geschickt werden können. Ziehen Sie in Erwägung, einen sicheren Host einzurichten, der als zentraler Protokollierungsrechner dient, Protokolldateien analysiert und E-Mails zu Ereignissen sendet, die von Interesse sind. Diese Vorsichtsmaßnahme verhindert, dass Hacker ihre Spuren verwischen, indem Protokolldateien überschrieben oder gelöscht werden.

Tipp

Weitere Informationen über Syslog finden Sie in Kapitel 10.

20.9.2 Sichere Terminals

Linux kann so konfiguriert werden, dass es `root`-Logins auf spezielle »sichere« Terminals beschränkt. Es ist eine gute Idee, `root`-Logins auf Kanälen wie SSH, VPNs oder anderen Remote-Verknüpfungen zu deaktivieren. Häufig werden auch Pseudoterminals für Netzwerke so festgelegt, dass `root`-Logins nicht anerkannt werden.

Die sicheren Kanäle sind als Liste von TTY-Geräten in der Konfigurationsdatei `/etc/securetty` angegeben. Es ist auch möglich, andere Logins als `root` mit Einträgen in der Datei `/etc/security/access.conf` auf bestimmte Speicherorte oder mit Einträgen in der Datei `/etc/security/time.conf` auf bestimmte Zeiten einzuschränken.

Administratoren können sich weiterhin normal anmelden und `sudo` verwenden, um auf Superuser-Berechtigungen zuzugreifen.

20.9.3 /etc/hosts.equiv und ~/.rhosts

Die Dateien hosts.equiv und ~/.rhosts definieren Hosts als administrativ »gleichwertig«, was Benutzern gestattet, sich an diesen Rechnern anzumelden (mit rlogin) und Dateien zwischen ihnen zu kopieren (mit rcp), ohne ihre Passwörter einzugeben. Die Verwendung dieser Capability war einst während der wilden Jahre von UNIX üblich, aber schließlich wachte jeder mit schlimmen Bauchschmerzen auf und stellte fest, dass dies keine so gute Idee war.

Glücklicherweise hat das SSH-Protokoll die Verwendung unsicherer Entsprechungen wie z. B. telnet, rsh und rlogin so gut wie beseitigt. Deren Verwendung wird weiter hinten in diesem Kapitel behandelt.

Einige der Ersetzungen für rlogin (einschließlich SSH!) schenken .rhosts und /etc/hosts.equiv Beachtung, wenn sie nicht richtig konfiguriert werden. Zur zusätzlichen Sicherheit können Sie die Datei /etc/hosts.equiv und eine Datei ~/.rhosts für jeden Benutzer (einschließlich root) als schreibgeschützte Datei mit der Länge null erstellen. Es ist einfacher, den Zustand einer Datei zu beurteilen, den sie 3 Uhr morgens hatte, wenn sie vorhanden und unangetastet ist, als den einer nicht vorhandenen Datei einzuschätzen. Dies kann wichtig sein, wenn Sie Eindringlinge und deren Versuche verfolgen, Ihr System zu unterlaufen.

20.9.4 Sicherheit von NIS

Anders als in der Überschrift dieses Abschnitts, sollten diese Wörter niemals zusammen verwendet werden. NIS (Network Information Service, ehemals die Gelben Seiten) ist ein Werkzeug der Sun-Datenbankdistribution, das viele Unternehmen verwenden, um Dateien wie /etc/group, /etc/passwd und /etc/hosts zu warten und zu verteilen. Leider ist es durch sein Wesen des »einfachen Zugriffs auf Informationen« ein schmackhafter Köder für Hacker.

> **Tipp**
> Weitere Informationen zu NIS finden Sie in Abschnitt 17.4.

Ein sichererer Weg zur Verteilung dieser Dateien besteht darin, eine Dienstanmeldung wie netadmin zu erstellen und die neuesten Kopien dieser Dateien in ~netadmin abzulegen. Anschließend können Sie cron verwenden, um auf jedem Clientrechner ein Skript auszuführen, das scp verwendet, die Funktionsfähigkeit überprüft und die Dateien installiert. Weitere Informationen über SSH, zu dem scp gehört, finden Sie in Abschnitt 20.11.3.

20.9.5 Sicherheit von NFS

NFSv4 ist eine IETF-Erweiterung für das frühere Protokoll von Sun, das eine starke Sicherheit und eine Anzahl anderer Vorteile gegenüber früheren Implementierungen bietet. Obgleich das Protokoll noch nicht vollständig ist, ist die Entwicklung in vollem Gange, und NFSv4 ist in der Linux 2.6-Kernelreihe enthalten.

Ältere Versionen von NFS verwenden ein schwaches Sicherheitsmodell. Weitere Informationen über die Sicherheit von NFS finden Sie in Abschnitt 16.1. Sie können `showmount -e` verwenden, um zu sehen, welche Dateisysteme exportiert werden und zu wem. Jedes exportierte Dateisystem sollte eine Zugriffsliste haben, und alle Hostnamen müssen vollständig qualifiziert sein.

20.9.6 Sicherheit von sendmail

`sendmail` ist ein riesiges Programm, das als `root` ausgeführt wird, zumindest anfänglich. Als Ergebnis war es oftmals Gegenstand von Hackerangriffen. Stellen Sie sicher, dass Sie auf all Ihren Systemen die aktuellste Version von `sendmail` ausführen. Da Sicherheitslücken zu einem der wahrscheinlichsten Probleme bei neuen Softwareveröffentlichungen zählen, ist es wahrscheinlich, dass alle Versionen von `sendmail` außer der aktuellsten verletzbar sind.

Tipp

Weitere Informationen zu `sendmail` finden Sie in Kapitel 18.

Details über die Sicherheit von `sendmail` werden in Abschnitt 18.12 behandelt; unter *www.sendmail.org* finden Sie Informationen zu einzelnen Releases.

20.9.7 Sicherheit und Backups

Regelmäßige Systembackups sind ein wesentlicher Bestandteil des Sicherheitsplans eines Unternehmens. Stellen Sie sicher, dass alle Partitionen regelmäßig auf Band archiviert werden und dass Sie einige Backups außerhalb des Standorts lagern. Wenn ein bedeutender Sicherheitsvorfall auftritt, haben Sie einen sauberen Prüfpunkt, von dem aus Sie die Wiederherstellung vornehmen können.

Tipp

Weitere Informationen zu Backups finden Sie in Kapitel 9.

Backups können auch ein Sicherheitsrisiko sein. Wird eine Bandsammlung gestohlen, kann dies die Systemsicherheit gefährden. Wenn Sie Bänder außerhalb Ihres Standorts lagern, verwenden Sie einen feuerfesten Safe, um Diebstahl zu vermeiden. Ziehen Sie die Verwendung einer Verschlüsselung in Betracht. Wenn Sie über eine Lagerung bei einem externen Dienstleister nachdenken, bitten Sie um eine Besichtigung vor Ort.

20.9.8 Viren und Würmer

Linux hat sich größtenteils immun gegenüber Viren erwiesen. Es gibt nur eine Hand voll (die meisten davon sind ihrem Wesen nach akademisch), und keiner davon hat den teuren Schaden verursacht, der in der Windows-Welt alltäglich ist. Nichtsdestotrotz hat dies einzelne Anbieter von Antiviren-Produkten nicht davon abgehalten, den Untergang der Linux-Plattform aufgrund böswilliger Software vorauszusagen – natürlich sofern Sie nicht deren Antiviren-Software zu einem besonderen Einführungspreis erwerben.

Der genaue Grund für den Mangel an böswilliger Software ist nicht klar. Einige behaupten, dass Linux einfach einen geringeren Marktanteil als seine Desktopkonkurrenten hat und daher kein interessantes Ziel für Virenautoren ist. Andere bestehen darauf, dass die Zugriffsberechtigungen von Linux einen weit verbreiteten Schaden durch einen sich selbst vermehrenden Wurm oder Virus einschränkt.

Das zweite Argument hat einige Stichhaltigkeit. Da Linux den Schreibzugriff auf ausführbare Systemdateien einschränkt, können unberechtigte Benutzerkonten nicht den Rest der Umgebung infizieren. Sofern der Virencode nicht durch `root` ausgeführt wird, ist der Spielraum für Infektionen bedeutend eingeschränkt. Die wichtigste Moral ist folglich, das Konto für `root` nicht für tägliche Aktivitäten zu verwenden.

Der Intuition möglicherweise widersprechend, besteht ein stichhaltiger Grund, Antiviren-Software auf Linux-Servern auszuführen, darin, das Windows-System ihres Unternehmens vor Windows-spezifischen Viren zu schützen. Ein Mailserver kann eingehende E-Mail-Anhänge auf Viren durchsuchen, und ein Dateiserver gemeinsam genutzte Dateien auf Infektionen. Diese Lösung sollte jedoch den Antiviren-Schutz auf dem Desktop ergänzen und nicht ersetzen.

ClamAV von Tomasz Kojm ist ein beliebtes kostenloses Antiviren-Produkt für Linux. Dieses weit verbreitete GPL-Tool ist ein vollständiges Antiviren-Toolkit mit Signaturen für Tausende von Viren. Sie können die aktuellste Version unter *www.clamav.net* herunterladen.

20.9.9 Trojanische Pferde

Trojanische Pferde sind Programme, die nicht das sind, was sie zu sein scheinen. Ein Beispiel für ein Trojanisches Pferd ist ein Programm mit der Bezeichnung `turkey`, das vor langer Zeit im Usenet verbreitet wurde. Das Programm behauptete, ein Bild eines Truthahns auf Ihren Terminalbildschirm zu zeichnen, aber tatsächlich löschte es Dateien aus Ihrem Heimatverzeichnis.

Ein umstritteneres Beispiel eines Trojanischen Pferds war die in den Jahren 2004 und 2005 auf vielen Audio-CDs von Sony enthaltene Software für den Kopierschutz. In einem unangebrachten Versuch, Musikkopierern einen Strich durch die Rechnung zu machen, installierte Sony ohne die Zustimmung oder das Wissen des Hörers Software auf Windows-Rechnern, die unberechtigtes Kopieren der CDs verhindern sollte. Die Software führte zu Anfälligkeiten auf dem Hostcomputer, die durch Würmer oder Viren ausgenutzt werden konnten.

Hin und wieder erscheinen Fragmente von Trojanischen Pferden in größeren Linux-Softwarepaketen. `sendmail`, `tcpdump`, OpenSSH und InterBase haben alle Hinweise über böswillige Software in ihren Produkten herausgegeben. Diese Trojanischen Pferde betten gewöhnlich böswilligen Code ein, der Hackern gestattet, nach Belieben auf die Systeme des Opfers zuzugreifen. Glücklicherweise reparieren die meisten Hersteller die Software und geben ein oder zwei Wochen später einen Hinweis heraus. Stellen Sie sicher, dass Sie in den Mailinglisten zum Thema Sicherheit nach Netzwerksoftwarepaketen Ausschau halten, die Sie auf Ihren Linux-Hosts ausführen.

In Anbetracht der Anzahl sicherheitsbezogener Eskapaden, die die Linux-Gemeinschaft während der letzten Jahre gesehen hat, ist es sogar bemerkenswert, wie wenige Vorfälle mit Trojanischen Pferden aufgetreten sind. Der Verdienst für diesen Stand der Dinge ist zum großen Teil der Geschwindigkeit der Internetkommunikation zuzuschreiben. Offensichtliche Sicherheitsprobleme neigen dazu, schnell erkannt und weiträumig erörtert zu werden. Böswillige Pakete stehen nur kurze Zeit auf gut bekannten Internetservern zur Verfügung.

Sie können sicher sein, dass jede Software, die sich als böswillig herausgestellt hat, großen Aufruhr im Internet verursacht. Wenn Sie eine kurze Überprüfung vornehmen möchten, bevor Sie etwas installieren, geben Sie den Namen des Softwarepakets in Ihre bevorzugte Suchmaschine ein.

20.9.10 Rootkits

Die geschicktesten Hacker versuchen, ihre Spuren zu verwischen und eine Entdeckung zu vermeiden. Oftmals hoffen sie, Ihr System weiterhin zu verwenden, um illegal Software zu verteilen, andere Netzwerke zu testen oder Angriffe gegen andere Systeme zu starten. Häufig verwenden sie »Rootkits«, die ihnen dabei helfen, unerkannt zu bleiben. Das Trojanische Pferd von Sony wandte rootkit-ähnliche Fähigkeiten an, um sich selbst vor dem Benutzer zu verbergen.

Rootkits sind Programme und Patches, die wichtige Systeminformationen wie Prozess-, Datenträger- oder Netzwerkaktivitäten verbergen. Es gibt sie in vielen Varianten und sie variieren in ihrer Entwicklung von der einfachen Ersetzung von Anwendungen (z. B. von Hackern bearbeiteten Versionen von ls und ps) bis hin zu Kernelmodulen, die fast unmöglich zu entdecken sind.

Hostbasierte Intrusion-Detection-Software wie z. B. samhain (im Folgenden beschrieben) ist eine wirksame Methode, um Systeme auf das Vorhandensein von Rootkits hin zu überwachen. Obwohl Programme zur Verfügung stehen, um Administratoren dabei zu unterstützen, Rootkits aus einem gefährdeten System zu entfernen, wäre die zum Durchführen einer gründlichen Säuberung benötigte Zeit besser damit genutzt, Daten zu speichern, den Datenträger neu zu formatieren und von vorn zu beginnen. Die fortgeschrittensten Rootkits wissen über die gebräuchlisten Entfernungsprogramme Bescheid und versuchen, diese zu unterlaufen.

20.10 Sicherheitstools

Einige der zeitaufwändigen schwierigen Aufgaben, die in den vorhergehenden Abschnitten erwähnt wurden, können mit kostenlos verfügbaren Tools automatisiert werden. Im Folgenden finden Sie einige der Werkzeuge, die Sie sich ansehen sollten.

20.10.1 nmap: Netzwerkports abtasten

nmap ist ein Netzwerk-Portscanner. Seine wichtigste Funktion besteht darin, eine Menge von Zielhosts zu überprüfen, um zu sehen, welche TCP- und UDP-Ports von Servern abgehört werden.[6] Da die meisten Netzwerkdienste Standard-Portnummern zugeordnet sind, sagt diese Information ziemlich viel über die Software aus, die auf einem Rechner läuft.

Das Ausführen von nmap ist eine großartige Möglichkeit, um herauszufinden, wie ein System auf jemanden wirkt, der darin einzudringen versucht. Im Folgenden sehen Sie z. B. einen Bericht einer Standardinstallation von Red Hat Enterprise Linux:

---

[6] Wie in Kapitel 12 beschrieben, ist ein Port ein nummerierter Kommunikationskanal. Eine IP-Adresse bezeichnet einen gesamten Rechner, und eine IP-Adresse + Portnummer einen einzelnen Serverdienst oder eine Netzwerkkonversation auf diesem Rechner.

20.10 Sicherheitstools

```
$ nmap -sT rhel.booklab.example.com
Starting Nmap 4.00 ( http://www.insecure.org/nmap/ ) at    2006-05-15 23:48 EDT
Interesting ports on rhel.booklab.example.com    (192.168.1.31):
(The 1668 ports scanned but not shown below are in    state: closed)
PORT       STATE      SERVICE
22/tcp     open       ssh
25/tcp     open       smtp
111/tcp    open       rpcbind
631/tcp    open       ipp
Nmap run completed -- 1 IP address (1 host up) scanned    in .158 second
```

Standardmäßig enthält nmap das Argument -sT, um zu versuchen, auf normale Art und Weise eine Verbindung mit jedem TCP-Port auf dem Zielhost herzustellen.[7] Wenn erst einmal eine Verbindung hergestellt wurde, trennt nmap diese sofort. Dies ist unhöflich, aber für einen richtig geschriebenen Netzwerkserver nicht schädlich.

Im obigen Beispiel können wir sehen, dass der Host rhel mehrere Dienste ausführt, die wahrscheinlich nicht verwendet werden und in der Vergangenheit mit Sicherheitsproblemen in Verbindung gebracht wurden: portmap (rpcbind), CUPS (ipp) und wahrscheinlich sendmail (smtp). Mehrere mögliche Angriffsrichtungen sind jetzt offensichtlich.

Die Spalte STATE in der Ausgabe von nmap zeigt open für Ports mit Servern an, unfiltered für Ports in einem unbekannten Zustand, closed für Ports ohne Server und filtered für Ports, die wegen eines einschreitenden Paketfilters nicht getestet werden können. Ungefilterte Ports sind der typische Fall und werden normalerweise nicht angezeigt, sofern nmap keinen ACK-Scan ausführt. Im Folgenden sehen Sie beispielsweise die Ausgabe eines sichereren Servers, *secure.example.com*:

```
$ nmap -sT secure.example.com
Starting Nmap 4.00 ( http://www.insecure.org/nmap/ ) at    2006-05-15 23:55 EDT
Interesting ports on secure.example.com (192.168.1.33):
(The 1670 ports scanned but not shown below are in    state: closed)
PORT       STATE      SERVICE
22/tcp     open       ssh
1241/tcp   open       nessus
Nmap finished: 1 IP address (1 host up) scanned in 0.143    seconds
```

In diesem Fall ist der Host so eingerichtet, dass SSH und der Netzwerkscanner Nessus zulässig sind. Eine Firewall blockiert den Zugriff auf andere Ports.

Zusätzlich zu den einfachen TCP- und UDP-Tests hat nmap auch ein Repertoire heimlicher Möglichkeiten, Ports zu testen, ohne eine tatsächliche Verbindung aufzunehmen. In den meisten Fällen führt nmap Versuche mit Paketen aus, die so aussehen, als ob sie aus der Mitte einer TCP-Konversation stammen (statt vom Anfang), und wartet

---

[7] Tatsächlich werden nur die priveligierten Ports (diejenigen mit einer Portnummern kleiner 1.024) und die Standardports überprüft. Verwenden Sie die Option -p, um explizit den Bereich der abzutastenden Ports anzugeben.

auf Diagnosepakete, die zurückgesandt werden. Diese heimlichen Tests können wirksam sein, um sich über eine Firewall hinwegzusetzen oder die Erkennung durch einen Netzwerksicherheitsmonitor auf der Suche nach Portscannern zu vermeiden. Wenn Ihr Unternehmen eine Firewall verwendet (siehe Abschnitt 20.12), ist es gut, sie mit diesen alternativen Scanmodi zu testen, um zu sehen, was dabei herauskommt.

nmap hat die magische und nützliche Capability, erraten zu können, welches Betriebssystem ein entferntes System ausführt, indem es die Einzelheiten seiner TCP/IP-Implementierung betrachtet. Manchmal kann es sogar die Software identifizieren, die auf einem offenen Port ausgeführt wird. Die Optionen -O bzw. -sV aktivieren dieses Verhalten, wie im folgenden Beispiel dargestellt wird:

```
$ nmap -O -sV secure.example.com
Starting Nmap 4.00 ( http://www.insecure.org/nmap/ ) at 2006-05-16 00:01 EDT
Interesting ports on secure.example.com (192.168.1.33):
(The 1670 ports scanned but not shown below are in state: closed)
PORT       STATE   SERVICE  VERSION
22/tcp     open    ssh      OpenSSH 3.6.1p2 (protocol 2.0)
1241/tcp   open    ssl      Nessus security scanner
Device type: general purpose
Running: Linux 2.4.X|2.5.X|2.6.X
OS details: Linux 2.4.0 - 2.5.20, Linux 2.5.25 - 2.6.8 or Gentoo 1.2 Linux 2.4.19
    rc1-rc7, Linux 2.6.3 - 2.6.10
Nmap finished: 1 IP address (1 host up) scanned in 8.095 seconds
```

Diese Funktionalität kann sehr nützlich sein, um eine Bestandsliste eines lokalen Netzwerks zu erstellen. Leider ist sie auch für Hacker sehr nützlich, die ihre Angriffe auf bekannte Schwächen des Zielbetriebssystems stützen können.

Denken Sie daran, dass die meisten Administratoren Ihre Bemühungen nicht schätzen, ihr Netzwerk zu scannen und dessen Anfälligkeiten aufzuzeigen, welche gute Absicht Sie auch immer verfolgen. Führen Sie nmap nicht auf einem anderen Netzwerk aus, ohne die Erlaubnis eines der Netzwerkadministratoren zu haben.

20.10.2 Nessus: Der Netzwerkscanner der nächsten Generation

Nessus, ursprünglich im Jahre 1998 von Renaud Deraison herausgegeben, ist ein leistungsfähiger und nützlicher Scanner für Softwareanfälligkeiten. Zum Zeitpunkt der Abfassung dieses Buches verwendet er mehr als 10.000 Plug-Ins, um eine Prüfung auf lokale und entfernte Schwachstellen vorzunehmen. Obwohl es jetzt ein proprietäres Produkt ohne Zugang zum Quelltext ist, ist es noch kostenlos verfügbar, und regelmäßig werden neue Plug-Ins herausgegeben. Es ist der am weitesten verbreitete und vollständigste Scanner für Schwachstellen.

Nessus wird damit beworben, der Sicherheitsscanner zu sein, der nichts als selbstverständlich hinnimmt. Anstatt anzunehmen, dass alle Webserver auf Port 80 ausgeführt werden, sucht er z. B. nach Webservern, die auf einem beliebigen Port ausgeführt werden, und prüft diese auf Anfälligkeiten. Statt sich auf die vom verbundenen Dienst mitgeteilten Versionsnummern zu verlassen, versucht Nessus, bekannte Schwachstellen auszunutzen, um zu sehen, ob der Dienst anfällig ist.

Obwohl eine beträchtliche Zeit für die Einrichtung erforderlich ist, damit Nessus ausgeführt wird (es erfordert mehrere Pakete, die nicht in der typischen Standardinstallation vorhanden sind), lohnt sich der Aufwand.

Das Nessus-System enthält einen Client und einen Server. Der Server dient als Datenbank und der Client kümmert sich um die GUI-Darstellung. Sie müssen den Server auf einem UNIX- oder Linux-System ausführen, aber es stehen Clients zur Verfügung, um Nessus von einer Vielzahl anderer Plattformen aus zu überwachen und anzuzeigen.

Einer der größten Vorteile von Nessus ist dessen modularer Entwurf, der es Drittherstellern einfach macht, neue Sicherheitsprüfungen hinzuzufügen. Dank einer aktiven Benutzergemeinschaft (und trotz jüngster Änderungen bei der Lizenzierung) wird Nessus wahrscheinlich auch in den kommenden Jahren ein nützliches Tool sein.

20.10.3 John the Ripper: Unsichere Passwörter finden

Eine Möglichkeit, die Wahl schlechter Passwörter zu durchkreuzen, besteht darin, selbst die Passwörter zu knacken und Benutzer zu zwingen, die von Ihnen ermittelten Passwörter zu ändern. John the Ripper ist ein hochentwickeltes Tool von Solar Designer, das verschiedene Algorithmen zum Knacken von Passwörtern in einem einzigen Werkzeug einsetzt. Es ersetzt das Tool `crack`, das in vorhergehenden Ausgaben dieses Buches behandelt wurde.

Obwohl die meisten Systeme eine Shadow-Passwortdatei verwenden, um verschlüsselte Passwörter vor dem Blick der Öffentlichkeit zu verbergen, ist es immer noch klug, zu überprüfen, ob die Passwörter Ihrer Benutzer knackbeständig sind. Ein Benutzerkennwort zu kennen, kann nützlich sein, da Menschen dazu neigen, dasselbe Passwort immer und immer wieder zu verwenden. Ein einzelnes Passwort kann den Zugriff auf ein anderes bereitstellen, Dateien entschlüsseln, die im Heimatverzeichnis eines Benutzers gespeichert sind und den Zugriff auf Finanzkonten im Netz ermöglichen. (Selbstverständlich ist es aus Sicht der Sicherheit nicht sehr klug, ein Passwort auf diese Weise wiederzuverwenden. Aber niemand möchte sich zehn Passwörter merken.)

Trotz seiner internen Komplexität ist John the Ripper ein extrem einfach zu verwendendes Programm. Richten Sie `john` auf die zu knackende Datei aus, am häufigsten `/etc/shadow`, und beobachten Sie das Zauberkunststück:

```
$ sudo ./john /etc/shadow
Loaded 25 password hashes with 25 different salts (FreeBSD MD5 [32/32])
password      (bad2)
badpass       (bad1)
```

In diesem Beispiel wurden 25 eindeutige Passwörter aus der Datei shadow ausgelesen. Wenn Passwörter geknackt werden, gibt John sie am Bildschirm aus und speichert sie in einer Datei mit der Bezeichnung john.pot. Die Ausgabe enthält das Passwort in der linken Spalte mit der Anmeldung in runden Klammern in der rechten Spalte. Um Passwörter erneut auszudrucken, nachdem john abgeschlossen wurde, führen Sie denselben Befehl mit dem Argument -show aus.

Während wir dies schrieben, ist die aktuellste stabile Version von John the Ripper die Version 1.7.0.2. Sie ist unter *www.openwall.com/john* verfügbar. Da die Ausgabe von John the Ripper die Passwörter enthält, die das Programm geknackt hat, sollten Sie sie sorgfältig schützen und löschen, sobald Sie fertig sind.

20.10.4 host_access: Zugriffssteuerung für den Host

Netzwerkfirewalls sind eine erste Verteidigungslinie gegen den Zugriff durch nicht autorisierte Benutzer, aber sie sollten nicht das einzige Hindernis sein. Linux verwendet zwei Dateien, /etc/hosts.allow und /etc/hosts.deny, um den Zugriff auf Dienste nach dem Ursprung der Netzwerkanfragen einzuschränken. Die Datei hosts.allow führt die Hosts auf, denen es gestattet ist, eine Verbindung mit einem Dienst herzustellen, und die Datei hosts.deny beschränkt den Zugriff. Diese Dateien überwachen den Zugriff nur für Dienste, die hosts_access kennen, wie die durch xinetd, sshd und einige Konfigurationen von sendmail verwalteten Dienste.

In den meisten Fällen ist es klug, restriktiv zu sein und den Zugriff nur auf unbedingt erforderliche Dienste von festgelegten Hosts zuzulassen. Wir empfehlen, mit der folgenden Zeile den Zugriff in der Datei hosts.deny standardmäßig zu verweigern:

```
ALL:ALL
```

Anschließend können Sie den Zugriff fallweise in der Datei hosts.allow gewähren. Die folgende Konfiguration gestattet den Zugriff auf SSH von Hosts aus den 192.168/16-Netzwerken und auf sendmail von überall:

```
sshd: 192.168.0.0/255.255.0.0
sendmail: ALL
```

Das Format eines Eintrags in diesen Dateien ist *dienst: host* oder *dienst: netzwerk*. Gescheiterte Verbindungsversuche werden in Syslog aufgezeichnet. Verbindungen von Hosts, denen es nicht gestattet ist, auf den Dienst zuzugreifen, werden sofort beendet.

Die meisten Linux-Distributionen enthalten standardmäßig die Dateien hosts.allow und hosts.deny, aber diese sind gewöhnlich leer.

20.10.5 Samhain: Hostbasiertes Intrusion-Detection-System

Samhain ist ein hostbasiertes Intrusion-Detection-System und ein Dateiintegritätsmonitor, der von Rainer Wichmann von Samhain Labs (*la-samhna.de*) entwickelt und gewartet wird. Dank seiner modularen Schnittstelle kann es die Integrität von Dateien überwachen, eingehängte Dateisysteme überprüfen, nach Rootkits suchen usw. Samhain macht es beispielsweise einfach festzustellen, ob ein Eindringling Ihre Kopie von /bin/login durch eine Kopie ersetzt hat, die Passwörter in einer »versteckten« Datei aufzeichnet.

Der konsolenorientierte Entwurf von Samhain unterhält Protokolldaten auf einem vertrauenswürdigen Host, was dabei hilft, die Vollständigkeit der Überwachungsdaten aufrechtzuerhalten. Berichte zu Änderungen des Hosts können über eine Webschnittstelle überprüft oder per E-Mail verteilt werden. Die Protokolle von Samhain können als Diagnosetool von Nutzen sein, um die Abfolge von Ereignissen bei einem Sicherheitsvorfall rekonstruieren zu können.

Samhain überprüft charakteristische Merkmale des Hosts anhand einer Datenbank mit Dateiinformationen und Prüfsummen, die zum Zeitpunkt der Datenbankerstellung als sinnvoll galten. Die Grundidee ist, eine Basisdatenbank aus einem vertrauenswürdigen Zustand des Systems zu erstellen und anschließend regelmäßig eine Überprüfung auf Unterschiede gegenüber der Datenbank vorzunehmen. Dateien, die sich bekanntermaßen unter normalen Verhältnissen ändern, können so konfiguriert werden, dass sie keine Warnungen auslösen. Wenn sich eine Systemkonfiguration ändert oder neue Software installiert wird, sollte die Datenbank neu erstellt werden, sodass wirkliche Probleme nicht in einer Flut von unechten Warnungen verschwinden.

Das vollständige System enthält drei Komponenten. Der Agent samhain wird auf Clients ausgeführt und meldet Daten an den Protokollserver. Der Protokollserver-Daemon, yule genannt, akzeptiert Verbindungen von samhain-Clients und fügt Daten zu den konfigurierten Protokollierungseinrichtungen hinzu, normalerweise Syslog oder eine Datenbank. Eine webbasierte Verwaltungskonsole mit der Bezeichnung Beltane verwaltet Systemgrundeinstellungen, bearbeitet Konfigurationen und signiert die Konfigurationen und Basisdatenbanken digital.

Der komponentenbasierte Entwurf des Systems bietet mehrere Vorteile gegenüber traditionellen Dateiintegritätsscannern. Die Daten, die gesammelt werden, befinden sich auf einem vertrauenswürdigen Host, sodass Angreifer eine geringere Chance haben, die Integrität der Datenbank zu gefährden. Die Verwaltung ist ebenfalls einfacher, da die Informationen an einem zentralen Ort gesammelt werden.

Sie können Samhain derart konfigurieren, dass es sich geradezu paranoid verhält. Samhain kann gerissene Dinge vollbringen, z. B. sich selbst in der Liste der Prozesse verbergen und seine Datenbank an eine Datei anhängen, die nicht an übermäßigen Daten zugrunde geht, wie z. B. eine JPEG-Datei, sodass die Datenbank erfolgreich in einem Bild verborgen wird. Mit der Webschnittstelle können kryptografische Signaturen von Konfigurationsdateien und Datenbanken erstellt werden, um nicht autorisierte Änderungen an diesen Dateien aufzudecken.

Im Folgenden sehen Sie ein einfaches Beispiel eines Berichts aus einem Syslog-Eintrag von Samhain:

```
# CRIT    : [2006-06-25T19:31:48-0600] msg=<POLICY [ReadOnly] --------T->,
path=</bin/login>, ctime_old=<[2006-06-26T01:24:34]>, ctime_new=<[2006-06-
26T01:31:47]>, mtime_old=<[2006-06-26T01:24:34]>, mtime_new=<[2006-06-26T01:31:47]>,
48CA06CC50B857DE77C27956ADE7245B0DF63F6A8A42F5B7
```

Es ist ein wenig rätselhaft, aber dieser Eintrag erklärt, dass eine Protokollnachricht des Schweregrads CRITICAL aufgetreten ist und dass sich die Attribute ctime und mtime des /bin/login-Programmes geändert haben. Höchste Zeit, Ermittlungen anzustellen!

Leider erfordert Samhain einen recht hohen Wartungsaufwand. Wie jedes System, das auf Überprüfungen anhand einer Systemgrundeinstellung beruht, neigt es dazu, eine beträchtliche Anzahl falscher positiver Warnungen zu erzeugen, die durch rechtmäßige tagtägliche Aktivitäten verursacht werden. Die Konfigurationsdatei von Samhain hilft dabei, Beschwerden über sich häufig ändernde Dateien auszusieben, aber Administratoren können nicht alles vorhersagen. Denken Sie daran, dass einiger Betreuungsaufwand erforderlich ist, insbesondere in einer umfangreichen Installation.

20.10.6 Security-Enhanced Linux (SELinux)

Wie Sie gesehen haben, hat das Sicherheitsmodell von Linux seine Fehler. Willkürliche Zugriffssteuerung (das Konzept, dass der Zugriff auf Dateien nach Ermessen eines Kontos mit den passenden Berechtigungen erlaubt wird) ist eine bequeme, aber unsichere Methode, den Zugriff auf Objekte des Dateisystems zu regeln. Es basiert von Natur aus auf Vertrauen: Vertrauen, dass zugriffsberechtigte Benutzer nicht böswillig sind, Vertrauen, dass Administratoren die passenden Berechtigungen für jede Datei in einem Softwarepaket kennen, und Vertrauen, dass Softwarepakete von Drittanbietern sich selbst mit strengen Kontrollen installieren. Aber selbst wenn all dieses Vertrauen gerechtfertigt wäre, könnte ein Fehler in der Software immer noch dazu führen, dass das System ungeschützt ist.

SELinux geht dieses Problem an, indem es eine zwingende Zugriffssteuerung verwendet (Mandatory Access Control, MAC). Unter MAC haben Benutzer keine maßgebliche Kontrolle über den Objektzugriff. Stattdessen definiert ein Administrator systemweite Zugriffsrichtlinien. Eine gut implementierte MAC-Richtlinie beruht auf dem Prinzip der geringsten Berechtigung (sodass der Zugriff nur dann gestattet wird, wenn er notwendig ist), so wie eine richtig entworfene Firewall nur einzelnen erkannten Diensten und Clients das Durchkommen gestattet. MAC kann verhindern, dass Software mit Schwachstellen bei der Codeausführung (z. B. Pufferüberläufen) das System gefährdet, indem der Bereich der möglichen Verletzungen auf die wenigen Ressourcen beschränkt wird, die von dieser Software benötigt werden.

20.10 Sicherheitstools

SELinux ist ein NSA-Projekt, das seit Ende 2000 kostenlos verfügbar ist. Es wurde in die 2.6-Serien des Linux-Kernels integriert. Die Annahme von SELinux durch einzelne Distributionen ist jedoch relativ schwach gewesen, mit den beachtenswerten Ausnahmen von Red Hat Enterprise Linux und Fedora.

Die Entwicklung von Richtlinien ist ein kompliziertes Thema. Zumindest ein Unternehmen bietet einen dreitägigen Kurs zu SELinux-Richtlinien an. Um beispielsweise einen neuen Daemon zu schützen, muss eine Richtlinie sorgfältig alle Dateien, Verzeichnisse und anderen Objekte aufzählen, auf die der Prozess Zugriff benötigt. Für komplizierte Software wie `sendmail` und `httpd` von Apache kann diese Aufgabe recht komplex sein.

Glücklicherweise sind viele allgemeine Richtlinien online verfügbar. Diese können einfach für Ihre Umgebung installiert und konfiguriert werden. Ein ausgereifter Richtlinien-Editor, der darauf abzielt, die Anwendung von Richtlinien zu vereinfachen, ist unter *seedit.sourceforge.net* zu finden.

  SELinux ist in RHEL seit Version 4 vorhanden. Fedora hat die Software in Core 2 aufgenommen und zusätzliche Unterstützung in Core 3 eingeschlossen. Eine Standardinstallation von Fedora oder Red Hat Enterprise Linux schließt von Haus aus einige SELinux-Schutzmaßnahmen ein.

Die Datei `/etc/selinux/config` enthält die SELinux-Konfiguration. Die interessanten Zeilen lauten wie folgt:

```
SELINUX=enforcing
SELINUXTYPE=targeted
```

Die erste Zeile hat drei mögliche Werte: `enforcing`, `permissive` oder `disabled`. Die Einstellung `enforcing` garantiert, dass die geladene Richtlinie angewandt wird, und verhindert Sicherheitsverletzungen. `permissive` lässt das Auftreten von Sicherheitsverletzungen zu, protokolliert sie aber über Syslog. `disabled` deaktiviert SELinux vollständig.

SELINUXTYPE verweist auf die anzuwendende Art der Richtlinie. Red Hat und Fedora verfügen über zwei Richtlinien: `targeted`, wodurch für Daemons, die durch Red Hat geschützt sind, zusätzliche Sicherheit definiert wird[8], und `strict`, wodurch das gesamte System geschützt wird. Obwohl die Richtlinie `strict` verfügbar ist, wird sie nicht von Red Hat unterstützt; die Einschränkungen sind so verschärft, dass das System schwer zu verwenden ist. Die Richtlinie `targeted` bietet wichtigen Netzwerk-Daemons Schutz, ohne die allgemeine Systemverwendung zu beeinflussen, zumindest theoretisch. Aber selbst diese Richtlinie ist nicht perfekt. Wenn Sie Probleme mit neu installierter Software haben, prüfen Sie `/var/log/messages` auf SELinux-Fehler.

 SUSE verwendet seine eigene Implementierung von MAC, genannt AppArmor, und schließt SELinux nicht ein.

---

8 Zu den geschützten Daemons zählen `httpd`, `dhcpd`, `mailman`, `named`, `portmap`, `nscd`, `ntpd`, `mysqld`, `postgres`, `squid`, `winbindd` *und* `ypbind`.

SELinux-Pakete für Debian und Ubuntu werden von Russel Coker gepflegt, dem Burschen von Red Hat, der die Richtlinien `strict` und `targeted` erstellt hat.

20.11 Kryptografietools

Viele der in Linux-Systemen allgemein verwendeten Protokolle stammen aus einer Zeit vor dem weit verbreiteten Einsatz des Internets und der modernen Kryptografie. Die Sicherheit spielte beim Entwurf vieler Protokolle einfach keine Rolle; in anderen wurden Sicherheitsbedenken mit der Übertragung von Passwörtern in Klartext oder mit einer vagen Überprüfung, ob Pakete von einem vertrauenswürdigen Host oder Port stammen, verscheucht.

Diese Protokolle finden sich jetzt selbst in den von Haifischen verseuchten Gewässern großer Unternehmens-LANs und des Internets wieder, in denen angenommen werden muss, dass der gesamte Verkehr zur Ansicht offen ist. Darüber hinaus gibt es kaum Mittel, um zu verhindern, dass sich jemand aktiv in Netzwerkkonversationen einmischt. Wie können Sie sicher sein, mit wem Sie sich wirklich unterhalten?

Die Kryptografie löst viele dieser Probleme. Seit langer Zeit ist es möglich, Nachrichten zu verschlüsselt, sodass ein heimlicher Lauscher sie nicht entziffern kann, aber dies waren nur die Anfänge der Wunder der Kryptografie. Entwicklungen wie die Kryptografie mit einem öffentlichen Schlüssel und sicheres Hashing haben den Entwurf von Kryptosystemen gefördert, die fast jede denkbare Anforderung erfüllen.[9]

Leider ist man größtenteils daran gescheitert, diese Entwicklungen auf dem Gebiet der Mathematik in sichere, benutzbare Software umzusetzen, die allgemein angenommen und verstanden wird. Die Entwickler kryptografischer Softwaresysteme neigen dazu, sehr an nachweisbarer Korrektheit und absoluter Sicherheit interessiert zu sein, und weniger daran, ob ein System in der Praxis tatsächlich sinnvoll ist. Ein Großteil der aktuellen Software ist ziemlich übertechnisiert, und es ist nicht überraschend, dass Benutzer schreiend davonlaufen, wenn sie nur können. Die Personen, die heute Kryptografie verwenden, sind größtenteils Bastler, die an Kryptografie interessiert sind, Verschwörungsparanoiker und diejenigen, die aufgrund von Verwaltungsrichtlinien keine andere Wahl haben.

Im Laufe der nächsten Jahre werden wir vielleicht sehen, dass man sich der Kryptografie vernünftiger annähert, vielleicht auch nicht. Währenddessen können einige aktuelle Angebote, die in den folgenden Abschnitten erläutert werden, weiterhelfen.

---

[9] Eine hervorragende Quelle für Kryptografieinteressierte sind die »Frequently Asked Questions about Today`s Cryptography« von RSA Labs unter www.rsasecurity.com/rsalabs/faq. Zusätzlich ist das Buch Crypto von Stephen Levy ein umfassender Leitfaden zur Geschichte der Kryptografie.

20.11.1 Kerberos: Ein einheitlicher Ansatz zur Netzwerksicherheit

Das Kerberos-System, das am MIT entworfen wurde, versucht einige Probleme der Netzwerksicherheit auf konsistente und erweiterbare Art und Weise anzugehen. Kerberos ist ein Authentifizierungssystem, d. h. ein Werkzeug, das »garantiert«, dass Benutzer und Dienste tatsächlich diejenigen sind, die sie zu sein behaupten. Darüber hinaus bietet es keine zusätzliche Sicherheit oder Verschlüsselung.

Kerberos verwendet DES, um verschachtelte Sätze von Berechtigungsnachweisen mit der Bezeichnung »Ticket« zu erzeugen. Tickets werden im Netzwerk weitergegeben, um Ihre Identität zu bescheinigen und Ihnen den Zugriff auf Netzwerkdienste zur Verfügung zu stellen. Jeder Kerberos-Standort muss mindestens einen physisch sicheren Rechner (Authentifizierungsserver genannt) verwalten, um den Kerberos-Daemon auszuführen. Dieser Daemon gibt Tickets an Benutzer oder Dienste aus, die Anmeldeinformationen, z. B. Passwörter, darstellen, wenn diese eine Authentifizierung verlangen.

Im Wesentlichen stellt Kerberos gegenüber der traditionellen Linux-Passwortsicherheit nur hinsichtlich zwei Möglichkeiten eine Verbesserung dar: Es überträgt niemals unverschlüsselte Passwörter im Netzwerk und es nimmt Benutzern die Aufgabe ab, Passwörter wiederholt eingeben zu müssen, wodurch der Passwortschutz von Netzwerkdiensten ein wenig schmackhafter wird.

Die Kerberos-Gemeinschaft kann sich eines der klarsten und erfreulichsten Dokumente rühmen, die jemals über ein Kryptosystem geschrieben wurden – Bill Bryants »Designing an Authentication System: a Dialogue in Four Scenes«. Es gehört für jeden, der Interesse an der Kryptografie hat, zur Pflichtlektüre und steht unter *web.mit.edu/kerberos/www/dialogue.html* zur Verfügung.

Es gibt auch eine gute FAQ-Liste: *www.nrl.navy.mil/CCS/people/kenh/kerberos-faq.html*.

Kerberos bietet ein besseres Modell zur Netzwerksicherheit als das der »vollständigen Ignoranz gegenüber der Netzwerksicherheit«. Es ist jedoch weder sicher noch mühelos zu installieren und zu betreiben und ersetzt keine der anderen in diesem Kapitel beschriebenen Sicherheitsmaßnahmen. Unserer Meinung nach sind die meisten Unternehmen ohne dieses System besser gestellt. Eine gute Systemhygiene und eine zielgerichtete kryptografische Lösung für Remote-Logins wie z. B. SSH sollten eine mehr als ausreichende Sicherheitsebene für Ihre Benutzer bieten.

Leider (und vielleicht vorhersagbar) verwendet das als Teil von Windows vertriebene Kerberos-System proprietäre, nicht dokumentierte Protokollerweiterungen. Als Folge daraus arbeitet es nicht gut mit Distributionen auf der Grundlage des MIT-Codes zusammen.

20.11.2 PGP (Pretty Good Privacy)

Philip Zimmermanns PGP-Paket stellt eine Werkzeugkiste kryptografischer Hilfsprogramme zur Verfügung, die sich in erster Linie auf die Sicherheit von E-Mails konzentrieren. Es kann verwendet werden, um Daten zu verschlüsseln, Signaturen zu erzeugen und den Ursprung von Dateien und Nachrichten zu überprüfen.

Versuche, die Verbreitung von PGP zu regulieren oder zu stoppen, haben zu einer recht wechselvollen Geschichte geführt. McAfee hat PGP in sein E-Business-Serverprodukt aufgenommen und das Unternehmen PGP verwendet PGP für eine Vielzahl von Verschlüsselungsprodukten. Das GNU-Projekt bietet eine hervorragende, kostenlose und weiträumig verwendete Implementierung, die als GnuPG bezeichnet wird und unter *www.gnupg.org* zur Verfügung steht. Eine staatlich überprüfte PGP-Version steht zur Verwendung in den Vereinigten Staaten bereit, und eine internationale Version mit einer stärkeren und flexibleren Verschlüsselung ist unter *www.pgpi.org* verfügbar. Die internationalen Download-Archive scheinen US-Adressen nicht herauszufiltern, sodass amerikanische Benutzer sehr vorsichtig sein müssen, nicht versehentlich auf *www.pgpi.org* zu gehen und die vollausgestattete Version von PGP herunterzuladen.

PGP ist die beliebteste kryptografische Software. Leider ist die UNIX/Linux-Version derart technisch, dass Sie eine ganze Menge an kryptografischem Hintergrund mitbringen müssen, um sie einzusetzen. Zum Glück (?) wird PGP mit einer 88-seitigen Abhandlung zur Kryptografie ausgeliefert, die die Voraussetzungen schaffen kann. Auch wenn Sie PGP für Ihre eigene Arbeit nützlich finden, empfehlen wir nicht, dass Sie es für Benutzer einsetzen, da es bekannt dafür ist, viele rätselhafte Fragen hervorzurufen. Wir haben festgestellt, dass die Windows-Version von PGP beträchtlich einfacher zu verwenden ist als der `pgp`-Befehl mit seinen 38 verschiedenen Betriebsmodi.

Softwarepakete im Internet werden häufig mit einer PGP-Signaturdatei ausgeliefert, die den Ursprung und die Reinheit der Software garantieren soll. Für Personen, die keine eingefleischten PGP-Benutzer sind, ist es schwierig, diese Signaturen zu validieren – nicht nur, weil der Validierungsvorgang kompliziert ist, sondern auch, weil echte PGP-Sicherheit nur dadurch zustande kommen kann, dass sie von Personen, deren Identitäten sie direkt überprüft haben, eine persönliche Bibliothek öffentlicher Schlüssel gesammelt haben. Einen einzelnen öffentlichen Schlüssel gemeinsam mit einer Signaturdatei und Softwaredistribution herunterzuladen ist so sicher, wie die Distribution allein herunterzuladen.

20.11.3 SSH (Secure Shell)

Das SSH-System, geschrieben von Tatu Ylönen, ist ein sicherer Ersatz für `rlogin`, `rcp` und `telnet`. Es verwendet eine kryptografische Authentifizierung, um die Identität eines Benutzers zu bestätigen, und verschlüsselt alle Mitteilungen zwischen den zwei Hosts. Das von SSH verwendete Protokoll wurde entworfen, um einer großen Vielfalt

20.11 Kryptografietools

möglicher Angriffe standzuhalten. Es ist durch die RFCs 4250 bis 4256 dokumentiert und jetzt vorgeschlagener Standard für die IETF.

SSH hat sich von einem kostenlos verteilten Open Source-Projekt (SSH1) zu einem kommerziellen Produkt gewandelt, das ein geringfügig anderes (und sichereres) Protokoll, nämlich SSH2, verwendet. Glücklicherweise hat die Open Source-Gemeinschaft durch die Freigabe des hervorragenden Pakets OpenSSH (von OpenBSD verwaltet) darauf reagiert, indem dieses nun beide Protokolle implementiert.

Die Hauptkomponenten von SSH sind der Server-Daemon `sshd` und zwei Befehle auf Benutzerebene: `ssh` für Remote-Logins und `scp` zum Kopieren von Dateien. Andere Komponenten sind der Befehl `ssh-keygen`, der Schlüsselpaare mit einem öfflichtlichen und einem privaten Schlüssel erzeugt, und einige Dienstprogramme, die bei der Unterstützung von sicherem X Window behilflich sind.

`sshd` kann Benutzeranmeldungen auf mehrere verschiedene Arten authentifizieren. Es liegt an Ihnen als Administrator, zu entscheiden, welche dieser Methoden akzeptabel sind:

- **Methode A:** Wenn der Name des Remote-Hosts, von dem sich der Benutzer anmeldet, in `~/.rhosts`, `~/.shosts`, `/etc/hosts.equiv` oder `/etc/shosts.equiv` aufgeführt ist, wird der Benutzer automatisch ohne Überprüfung des Passworts angemeldet. Dieses Verfahren spiegelt das des alten Daemons `rlogin` wider und ist unserer Meinung nach für die normale Verwendung nicht akzeptabel.

- **Methode B:** Als Verfeinerung von Methode A kann `sshd` auch die Kryptografie mit einem öffentlichen Schlüssel verwenden, um die Identität des Remote-Hosts zu überprüfen. Damit dies geschieht, muss der öffentliche Schlüssel des Remote-Hosts (zur Installationszeit erstellt) in der Datei `/etc/ssh_known_hosts` auf dem lokalen Host oder in der Benutzerdatei `~/.ssh/known_hosts` aufgeführt sein. Wenn der Remote-Host beweisen kann, dass er den entsprechenden privaten Schlüssel kennt (normalerweise gespeichert in `/etc/ssh_host_key`, einer für die Außenwelt schreibgeschützten Datei), wird der Benutzer angemeldet, ohne nach einem Passwort gefragt zu werden. Methode B ist restriktiver als Methode A, aber wir denken, dass sie immer noch nicht sicher genug ist. Wenn die Sicherheit des ursprünglichen Hosts unterwandert ist, ist der lokale Standort ebenfalls gefährdet.

- **Methode C:** `sshd` kann die Kryptografie mit einem öffentlichen Schlüssel verwenden, um die Identität des Benutzers herzustellen. Zum Zeitpunkt der Anmeldung muss der Benutzer Zugriff auf eine Kopie der Datei seines privaten Schlüssels haben und ein Passwort bereitstellen, um diesen zu entschlüsseln. Diese Methode ist die sicherste, aber ihre Einrichtung ist lästig. Sie bedeutet auch, dass Benutzer sich nicht anmelden können, wenn sie umherreisen, sofern sie nicht eine Kopie ihrer Datei des privaten Schlüssels mitbringen (vielleicht auf einem USB-Stick, hoffentlich verschlüsselt). Wenn Sie sich für die Verwendung von Schlüsselpaaren entscheiden, nutzen Sie bei der Problembehebung intensiv `ssh -v`.

- **Methode D:** Schließlich kann sshd dem Benutzer einfach erlauben, sein normales Anmeldepasswort einzugeben. Dies führt dazu, dass ssh sich sehr ähnlich wie telnet benimmt, mit der Ausnahme, dass Passwort und Sitzung beide verschlüsselt sind. Die wichtigsten Nachteile dieser Methode bestehen darin, dass Passwörter für die Systemanmeldung relativ schwach sein können, wenn Sie deren Sicherheit nicht aufgepeppt haben, und dass es gebrauchsfertige Werkzeuge gibt (z. B. John the Ripper), die entworfen wurden, um sie zu knacken. Diese Methode ist jedoch im Normalfall wahrscheinlich die beste Wahl.

Die Authentifizierungsrichtlinie wird in der Datei /etc/sshd_config festgelegt. Sie werden sofort sehen, dass diese Datei mit Konfigurationsmüll gefüllt ist, sodass Sie einen Großteil davon sicher ignorieren können. Die Optionen, die für die Authentifizierung von Bedeutung sind, sind in Tabelle 20.1 dargestellt.

Option	Methode[a]	Standard	Bedeutung
RhostsAuthentication	A	Nein	Gestattet die Anmeldung über ~/.shosts, /etc/shosts.equiv usw.
RhostsRSAAuthentication	B	Ja	Gestattet ~/.shosts u.a., erfordert aber auch den Hostschlüssel
IgnoreRhosts	A,B	Nein	Ignoriert die Dateien ~/.rhosts und hosts.equiv[b]
IgnoreRootRhosts	A,B	Nein[c]	Verhindert die rhosts/shosts-Authentifizierung für root
RSAAuthentication	C	Ja	Gestattet die kryptografische Authentifizierung einzelner Benutzer mit öffentlichem Schlüssel
PasswordAuthentication	D	Ja	Gestattet die Verwendung des normalen Anmeldepassworts

Tabelle 20.1: Optionen für die Authentifizierung in /etc/sshd_config

a) Authentifizierungsmethoden, für die diese Variable von Bedeutung ist.
b) Berücksichtigt aber weiterhin ~/.shosts und shosts.equiv.
c) Entspricht standardmäßig dem Wert von IgnoreRhosts.

Unsere empfohlene Konfiguration, die die Methoden C und D zulässt, aber nicht die Methoden A und B, lautet wie folgt:

```
RhostsAuthentication no
RhostsRSAAuthentication no
RSAAuthentication yes
PasswordAuthentication yes
```

Es ist niemals klug, root zu gestatten, sich entfernt anzumelden. Der Zugriff durch den Superuser sollte mithilfe von sudo erreicht werden. Verwenden Sie die folgende Option, um dieses Verhalten zu erreichen:

PermitRootLogin no

20.11.4 Einmal-Passwörter

Brute-Force-Tools, z. B. John the Ripper, konzentrieren sich auf die Unsicherheit statischer Passwörter. Selbst wenn diese durch Werkzeuge wie PAM und den Ablauf von Passwörtern eingeschränkt werden, wählen Benutzer immer wieder einfach zu merkende, aber schwache Passwörter aus, notieren sie anschließend auf Klebezetteln und teilen sie Arbeitskollegen mit. Einmalige Passwörter treten diesem Problem gegenüber, indem sie bei jeder Anmeldung ein eindeutiges Passwort erzwingen. Da sich das Passwort ständig ändert, ist ein Brute-Force-Tool wertlos.

Heute werden einmalige Passwörter am häufigsten in kommerziellen Sicherheitsprodukten gesichtet. Eine Reihe von Herstellern bieten Systeme für einmalige Passwörter an, die auf kleinen kreditkartengroßen Geräten mit LCD-Displays basieren und Passwörter dynamisch erstellen. Die Verteilung und der Ersatz der kleinen Hardwaregeräte wird Ihren Verwaltungsmitarbeiter zumindest einige Stunden je Woche beschäftigen.

20.11.5 Stunnel

Stunnel, erstellt von Michal Trojnara, ist ein Open Source-Paket, das beliebige TCP-Verbindungen verschlüsselt. Es verwendet SSL, Secure Sockets Layer, um »Tunnel« zwischen Endpunkten zu erstellen, durch die es Daten zu und von einem unverschlüsselten Dienst weitergibt. Es ist bekannt dafür, gut mit unsicheren Diensten wie Telnet, IMAP und POP zusammenzuarbeiten.

Ein stunnel-Daemon läuft sowohl auf Client- als auch auf Serversystemen. Der lokale stunnel akzeptiert standardmäßig Verbindungen auf dem traditionellen Port des Dienstes (d. h. Port 25 für SMTP) und leitet sie über SSL zu einem stunnel auf dem Remote-Host. Der entfernte stunnel akzeptiert die Verbindung, entschlüsselt die eingehenden Daten und leitet sie zu dem entfernten Port weiter, auf dem der Server lauscht. Dieses System gestattet, dass unverschlüsselte Dienste von der durch die Verschlüsselung angebotenen Vertraulichkeit und Integrität profitieren, ohne dass Änderungen an der Software erforderlich sind. Clientsoftware muss nur so konfiguriert werden, dass sie nach Diensten auf dem lokalen System Ausschau hält, statt auf dem Server, der sie letztlich bereitstellt.

Telnet ist ein gutes Beispiel, da es aus einem einfachen Daemon besteht, der auf einem einzelnen Port lauscht. Um für eine Telnet-Verknüpfung einen sicheren Tunnel zu erstellen, besteht der erste Schritt darin, ein SSL-Zertifikat zu erstellen. Stunnel ist unabhängig von der SSL-Bibliothek, sodass jede standardbasierte Implementierung ausreicht; wir bevorzugen OpenSSL, um das Zertifikat zu erstellen:

```
server# openssl req -new -x509 -days 365 -nodes -out stunnel.pem -keyout
stunnel.pem
Generating a 1024 bit RSA private key
.++++++
................................++++++
writing new private key to 'stunnel.pem'
-----
You are about to be asked to enter information that will be incorporated into your
certificate request.
What you are about to enter is what is called a Distinguished Name or a DN.
There are quite a few fields but you can leave some blank
For some fields there will be a default value,
If you enter '.', the field will be left blank.
Country Name (2 letter code) [GB]:US
State or Province Name (full name) [Berkshire]:Colorado
Locality Name (eg, city) [Newbury]:Boulder
Organization Name (eg, company) [My Company Ltd]:Booklab, Inc.
Organizational Unit Name (eg, section) []:
Common Name (eg, your name or your server's hostname) []:server.example.com
Email Address []:
```

Dieser Befehl erstellt ein selbstsigniertes Zertifikat ohne Passphrase. Obwohl es bequem ist, keine Passphrase zu verwenden (es muss nicht jedes Mal, wenn `stunnel` neu gestartet wird, ein Mensch anwesend sein, um eine Passphrase einzugeben), birgt es auch ein Sicherheitsrisiko. Passen Sie auf, dass Sie die Zertifikatsdatei mit restriktiven Berechtigungen schützen.

Definieren Sie als Nächstes die Konfiguration sowohl für die Server- als auch die Client-Stunnels. Die standardmäßige Konfigurationsdatei ist /etc/stunnel/stunnel.conf, aber Sie können mehrere Konfigurationen erstellen, wenn Sie mehr als einen Tunnel aufbauen möchten.

```
cert = /etc/stunnel/stunnel.pem
chroot = /var/run/stunnel/
pid = /stunnel.pid
setuid = nobody
setgid = nobody
debug = 7
output = /var/log/stunnel.log
client = no
[telnets]
accept = 992
connect = 23
```

20.11 Kryptografietools

Es gibt einige wichtige Punkte zur Serverkonfiguration anzumerken. Beachten Sie als Erstes die Anweisung chroot, die den stunnel-Vorgang auf das Verzeichnis /var/run/stunnel einschränkt. Pfade für zusätzliche Dateien müssen entweder im regulären Systemnamensraum oder im chroot-Namensraum ausgedrückt werden, abhängig von dem Punkt, an dem sie geöffnet werden. In diesem Fall befindet sich die Datei stunnel.pid tatsächlich in /var/run/stunnel.

Der Abschnitt [telnetd] hat zwei Anweisungen: accept teilt stunnel mit, dass Verbindungen über Port 992 akzeptiert werden sollen, und connect gibt diese Verbindungen an Port 23 weiter, den eigentlichen Telnet-Dienst.

Die Clientkonfiguration ist sehr ähnlich:

```
cert = /etc/stunnel/stunnel.pem
chroot = /var/run/stunnel/
pid = /stunnel.pid
setuid = nobody
setgid = nobody
debug = 7
output = /var/log/stunnel.log
client = yes
[telnets]
accept = 23
connect = server.example.com:992
```

Einige der Direktiven sind im Gegensatz zur Serverkonfiguration umgedreht. Die Anweisung client = yes teilt dem Programm mit, stunnel-Verbindungen zu initialisieren, anstatt diese zu akzeptieren. Der lokale stunnel lauscht auf Port 23 auf Verbindungen und stellt auf Port 992 eine Verbindung mit dem Server her. Der Hostname in der Anweisung connect sollte mit dem beim Erstellen des Zertifikats angegebenen Eintrag übereinstimmen.

Sowohl die Client- als auch die Server-stunnels können ohne Kommandozeilenargumente gestartet werden. Wenn Sie eine Prüfung mit netstat -an vornehmen, sollten der Server-stunnel auf Verbindungen auf Port 992 warten, der Client-stunnel auf Port 23.

Um auf den Tunnel zuzugreifen, führt der Benutzer einfach eine telnet-Sitzung auf dem lokalen Host aus:

```
client# telnet localhost 23
Trying 127.0.0.1...
Connected to localhost (127.0.0.1).
Escape character is '^]'.
Red Hat Enterprise Linux WS release 4 (Nahant Update 2)
Kernel 2.6.9-5.EL on an i686
login:
```

Der Benutzer kann sich jetzt sicher anmelden, ohne Angst vor dem Diebstahl des Passworts haben zu müssen. Ein wachsamer Administrator geht vorsichtig mit der Verwendung von TCP-Wrappern um, damit Verbindungen auf dem Client nur auf die lokale Schnittstelle beschränkt werden – die Absicht ist, dem Rest der Welt nicht zu erlauben, sicher eine `telnet`-Sitzung auf zum Server auszuführen! `stunnel` ist eines von mehreren Programmen, die eine integrierte Wrapper-Unterstützung haben und nicht die Verwendung von `tcpd` erfordern, um den Zugriff zu beschränken. Anweisungen finden Sie unter *www.stunnel.org*.

20.12 Firewalls

Zusätzlich zum Schutz einzelner Rechner können Sie auch Sicherheitsvorkehrungen auf Netzwerkebene implementieren. Das grundlegende Werkzeug der Netzwerksicherheit ist die »Firewall«. Die drei Hauptkategorien von Firewalls sind Paketfilterung, Dienstproxy und statusbehaftete Inspektion (stateful inspection).

20.12.1 Firewalls zur Paketfilterung

Eine Firewall zur Paketfilterung beschränkt die Verkehrsarten, die Ihren Internet-Gateway passieren können (oder einen internen Gateway, der Domänen innerhalb Ihrer Firma trennt), auf der Grundlage von Informationen im Paketheader. Dies ähnelt sehr stark der Situation, Ihr Auto durch eine Zollstation an einem internationalen Grenzübergang zu fahren. Sie geben an, welche Zieladressen, Portnummern und Protokolltypen akzeptabel sind, und der Gateway verwirft (und protokolliert in einigen Fällen) einfach Pakete, die das Profil nicht erfüllen.

Die Paketfilterung wird von dedizierten Routern unterstützt, z. B. denen von Cisco. Sie kann auch in der Software zur Verfügung stehen, abhängig von dem Rechner, den Sie als Gateway verwenden, und von dessen Konfiguration. Im Allgemeinen bieten Firewalls für die Paketfilterung eine bedeutende Zunahme der Sicherheit bei niedrigen Kosten für Leistung oder Komplexität.

Linux enthält Software zur Paketfilterung (weitere Informationen finden Sie in Abschnitt 20.13). Es ist auch möglich, kommerzielle Software zu kaufen, um diese Funktion auszuführen. Diese Pakete haben alle Unterhaltungswert und können eine einigermaßen sichere Firewall für ein Heimbüro oder ein kleines Büro bereitstellen. Sie sollten jedoch in den Bemerkungen am Anfang dieses Kapitels nachschlagen, bevor Sie über ein Linux-System als Produktionsfirewall im Unternehmen nachdenken.[10] Dies ist ein Fall, in dem Sie das Geld wirklich für ein dediziertes Netzwerkgerät wie z. B. die PIX-Firewall von Cisco ausgeben sollten.

---

10 Wir nehmen an, dass Sie bereits genug wissen, um etwas wie Windows nicht als Plattform für eine Firewall zu betrachten. Ruft der Name »Windows« Bilder der Sicherheit hervor? Windows ist für Desktops.

20.12.2 Wie Dienste gefiltert werden

Die meisten Standarddienste werden einem Netzwerkport in der Datei /etc/services oder dessen herstellerspezifischer Entsprechung zugeordnet. Die Daemons, die diese Dienste bereitstellen, binden sich an die geeigneten Ports und warten auf Verbindungen von entfernten Unternehmen.[11] Die meisten der Standarddienstports sind »privilegiert«, d. h. ihre Portnummern liegen im Bereich von 1 bis 1023. Diese Ports können nur von einem Prozess verwendet werden, der als root ausgeführt wird. Die Portnummern 1024 und höher werden als nicht-privilegierte Ports bezeichnet.

Die dienstspezifische Filterung gründet auf der Annahme, dass der Client (der Rechner, der eine TCP- oder UDP-Konversation ins Leben ruft) einen nicht privilegierten Port verwendet, um Kontakt mit einem privilegierten Port auf dem Server aufzunehmen. Wenn Sie beispielsweise für einen Rechner mit der Adresse 192.108.21.200 nur eingehende SMTP-Verbindungen zulassen möchten, installieren Sie einen Filter, der für diese Adresse vorgesehene TCP-Pakete auf Port 25 gestattet und ausgehende TCP-Pakete von dieser Adresse auf jedem Port erlaubt.[12] Die Art und Weise, in der ein solcher Filter installiert wird, hängt von der Art des Routers ab, den Sie verwenden.

Einige Dienste, z. B. FTP, fügen eine überraschende Schwierigkeit zum Puzzlespiel hinzu. FTP verwendet beim Übertragen einer Datei tatsächlich zwei TCP-Verbindungen: eine für Kommandos und die andere für Daten. Der Client initiiert die Kommandoverbindung und der Server die Datenverbindung. Wenn Sie FTP verwenden möchten, um Dateien aus dem Internet abzurufen, müssen Sie folglich den internen Zugriff auf alle nicht privilegierten TCP-Ports erlauben, da Sie keine Ahnung haben, welcher Port verwendet wird, um eine eingehende Datenverbindung zu gestalten.

Tipp

Weitere Informationen zur Einrichtung eines ftp-Servers finden Sie in Abschnitt 21.6.

Dies macht das Ziel der Paketfilterung zum großen Teil zunichte, da sich einige unsichere Dienste (z. B. X11 auf Port 6000) natürlich an nicht privilegierte Ports binden. Diese Konfiguration bietet neugierigen Benutzern innerhalb Ihres Unternehmens auch die Möglichkeit, ihre eigenen Dienste zu starten (z. B. telnet-Server auf einem nicht standardisierten und nicht privilegierten Port), auf den sie oder ihre Freunde aus dem Internet zugreifen können.

---

11 In vielen Fällen wartet xinetd in deren Auftrag. Weitere Informationen finden Sie in Kapitel 29.
12 Port 25 ist der SMTP-Port, wie in /etc/services definiert.

Eine bekannte Lösung des FTP-Problems besteht darin, das SSH-FTP zu verwenden. Es ist gegenwärtig ein Internet-Entwurf, wird aber weiträumig verwendet und ist ausgereift. Allgemein wird es als Unterkomponente von SSH genutzt, das für dessen Authentifizierung und Verschlüsselung zuständig ist. Anders als FTP verwendet SFTP nur einen einzigen Port für Befehle und Daten und löst damit praktisch das Paradoxon der Paketfilterung. Es gibt einige SFTP-Implementierungen. Wir erzielen gute Ergebnisse mit dem Kommandozeilen-SFTP-Client, der von OpenSSH angeboten wird.

Wenn Sie FTP verwenden müssen, besteht eine vernünftige Methode darin, FTP für die Außenwelt nur von einem einzelnen, isolierten Host aus bereitzustellen. Benutzer können sich am FTP-Rechner anmelden, wenn sie Netzwerkoperationen ausführen müssen, die vom inneren Netz verboten sind. Da die Replikation aller Benutzerkonten auf den FTP-»Server« das Ziel der administrativen Trennung zunichte machen würde, sollten Sie FTP-Konten nur auf Anfrage erstellen. Natürlich sollte der FTP-Host einen vollständigen Satz von Tools zur Überprüfung der Sicherheit ausführen.

Die sicherste Methode, einen Paketfilter zu verwenden, besteht darin, mit einer Konfiguration zu beginnen, die nichts außer eingehendem SMTP oder SSH erlaubt. Sobald Sie nützliche Dinge entdecken, die nicht funktionieren, können Sie den Filter Stück für Stück freigeben.

Einige sicherheitsbewusste Unternehmen verwenden einen zweistufigen Filter. Dabei ist ein Filter der Gateway zum Internet, während ein zweiter Filter zwischen dem äußeren Gateway und dem Rest des lokalen Netzwerks liegt. Die Idee ist, den äußeren Gateway relativ offen zu lassen und den inneren sehr konservativ zu gestalten. Wenn die Rechner in der Mitte administrativ vom Rest des Netzwerks getrennt sind, können Sie eine Vielzahl von Diensten im Internet mit verringertem Risiko bereitstellen. Das teilweise gesicherte Netzwerk wird üblicherweise als »demilitarisierte Zone« oder DMZ bezeichnet.

20.12.3 Dienstproxy-Firewalls

Dienstproxys fangen Verbindungen zur und von der Außenwelt ab und richten auf der entgegengesetzten Seite der Firewall neue Verbindungen ein, indem sie als eine Art Transporteur oder Anstandsdame zwischen den zwei Welten agieren. Dies ähnelt sehr stark einer Reise bis zur Grenze Ihres Landes, bei der Sie auf der anderen Seite ein gereinigtes frisch gewaschenes Auto mieten, um Ihre Fahrt fortzusetzen.

Aufgrund ihres Entwurfs sind Dienstproxy-Firewalls viel weniger flexibel (und viel langsamer) als reine Paketfilter. Ihr Proxy muss ein Modul haben, dass jedes Protokoll, das die Firewall durchqueren soll, entschlüsselt und übermittelt. In den frühen 90ern war das relativ einfach, da nur wenige Protokolle allgemein eingesetzt wurden. Heute verwenden Internauten mehrere Dutzend Protokolle in jeder Stunde, in der sie im Netz surfen. Als Folge davon sind die Dienstproxys in Unternehmen, die das Internet als primäres Kommunikationsmedium verwenden, relativ unbeliebt.

20.12.4 Statusbehaftete Inspection-Firewalls

Folgende Theorie steht hinter statusbehafteten Inspection-Firewalls: Wenn Sie alle Unterhaltungen (in allen Sprachen) sorgfältig hören und verstehen, die auf einem überfüllten Flughafen stattfinden, können Sie sicherstellen, dass niemand plant, später an diesem Tag ein Flugzeug zu sprengen. Statusbehaftete Inspection-Firewalls wurden entworfen, um den Verkehr zu prüfen, der durch sie hindurchfließt, und die aktuelle Netzwerkaktivität mit dem zu vergleichen, was geschehen »sollte«. Wenn die in einer FTP-Befehlssequenz ausgetauschten Pakete einen Port nennen, der später für eine Datenverbindung verwendet werden soll, sollte die Firewall erwarten, dass eine Datenverbindung nur auf diesem Port auftritt. Versuche des entfernten Unternehmens, sich mit anderen Ports zu verbinden, sind vermutlich unecht und sollten gelöscht werden.

Leider klafft hier wieder die berühmte Lücke zwischen Theorie und Praxis. Es ist keinesfalls realistischer, sich über den »Zustand« der Netzwerkverbindungen Tausender von Hosts auf dem Laufenden zu halten, die Hunderte von Protokollen verwenden, als auf einem überfüllten Flughafen auf jede Unterhaltung in jeder Sprache zu hören. Eines Tages, wenn sich die Kapazität von Prozessor- und Arbeitsspeicher erhöht hat, ist dies vielleicht machbar.

Was verkaufen Hersteller somit wirklich, wenn sie behaupten, eine statusbehaftete Inspektion zur Verfügung zu stellen? Ihre Produkte überwachen entweder eine sehr beschränkte Anzahl von Verbindungen oder Protokollen, oder sie suchen nach einer bestimmten Anzahl von »schlechten« Situationen. Nicht, dass etwas falsch daran wäre – einen gewissen Nutzen bietet jede Technologie, die Anomalien des Verkehrs aufdecken kann. In diesem besonderen Fall ist es jedoch wichtig, sich daran zu erinnern, dass die Ansprüche zum größten Teil Marketinggeschwätz sind.

20.12.5 Wie sicher sind Firewalls?

Eine Firewall sollte nicht Ihre primäre Verteidigungsmethode gegen Eindringlinge sein. Sie ist nur als eine ergänzende Sicherheitsmaßnahme geeignet. Die Verwendung von Firewalls bietet häufig eine falsche Vorstellung hinsichtlich der Sicherheit. Wenn sie dazu führt, andere Schutzmaßnahmen zu lockern, hat dies einen negativen Einfluss auf die Sicherheit Ihres Unternehmens.

Jeder Host innerhalb Ihrer Firma sollte individuell gesichert und regelmäßig mit Tools wie `xinetd`, nmap, Nessus und Samhain überwacht werden. Genauso muss Ihre gesamte Benutzergemeinschaft hinsichtlich der grundlegenden Sicherheitsmaßnahmen erzogen werden. Ansonsten bauen Sie eine Struktur auf, die außen hart und knusprig ist und innen einen weichen Kern hat.

Im Idealfall sollten lokale Benutzer in der Lage sein, sich mit einem beliebigen Internetdienst zu verbinden, wogegen sich Rechner im Internet nur mit einem beschränkten Satz lokaler Dienste verbinden können sollten. Sie können z. B. den FTP-Zugriff auf einen lokalen Archivserver und SMTP-Verbindungen (E-Mail) auf Ihren Mailserver zulassen.

Um den Wert Ihrer Internetverbindung zu maximieren, empfehlen wir, Bequemlichkeit und Zugänglichkeit bei der Entscheidung zur Einrichtung Ihres Netzwerks in den Vordergrund zu stellen. Unter dem Strich ist es die Wachsamkeit des Systemadministrators, die ein Netzwerk sicher macht, und kein kunstvoller Teil der Firewall-Hardware.

20.13 Firewall-Funktionen von Linux: iptables

In der Vergangenheit haben wir die Verwendung von Linux- (UNIX-, Windows-) Systemen als Firewalls wegen der Unsicherheit, ein voll ausgestattetes Allzweck-Betriebssystem auszuführen, nicht empfohlen. Eingebettete Geräte, die eigens für Routing und Paketfilterung entworfen wurden (z. B. die Cisco PIX-Box), gelten als die besten Firewalls[13], aber ein gehärtetes Linux-System ist ein guter Ersatz für Unternehmen, die nicht über das Budget für ein teures Firewall-Gerät verfügen.

Wenn Sie beabsichtigen, einen Linux-Rechner als Firewall zu verwenden, stellen Sie zumindest sicher, dass dieser hinsichtlich der Sicherheitskonfiguration und Patches auf dem aktuellen Stand ist. Ein Firewall-Rechner ist eine hervorragende Stelle, um alle Empfehlungen dieses Kapitels in die Tat umzusetzen. (Abschnitt 20.12.1 erläutert Firewalls zur Paketfilterung im Allgemeinen. Wenn Ihnen das grundlegende Konzept einer Firewall nicht vertraut ist, ist es wahrscheinlich klug, diesen Abschnitt zu lesen, bevor Sie hier fortfahren.)

In Version 2.4 des Linux-Kernels wurde ein völlig neues Modul für die Paketbehandlung mit der Bezeichnung Netfilter eingeführt. Das Tool iptables, das verwendet wird, um Netfilter zu konfigurieren, ist der große Bruder des älteren Befehls ipchains, der in Linux 2.2-Kerneln verwendet wurde. iptables wendet sortierte »Ketten« von Regeln auf Netzwerkpakete an. Sätze von Ketten bilden »Tabellen« und werden verwendet, um bestimmte Arten des Verkehrs zu behandeln.

Die standardmäßige iptables-Tabelle trägt z. B. die Bezeichnung »Filter«. Ketten von Regeln in dieser Tabelle werden zur Paketfilterung des Netzwerkverkehrs verwendet. Die Filtertabelle enthält drei Standardketten. Jedes Paket, das vom Kernel behandelt wird, wird durch genau eine dieser Ketten geleitet. Regeln in der FORWARD-Kette werden auf alle Pakete angewandt, die an einer Netzwerkschnittstelle eintreffen und an eine andere weitergeleitet werden müssen. Regeln in den INPUT- und OUTPUT-Ketten werden auf Verkehr angewandt, der an den lokalen Host adressiert ist bzw. von dort stammt. Diese drei Standardketten sind normalerweise alles, was Sie benötigen, um eine Firewall zwischen zwei Netzwerkschnittstellen zu betreiben.

---

13 Nichtsdestoweniger verwenden viele kundenorientierte Netzwerkgeräte wie z. B. die Routerprodukte von Linksys intern Linux und iptables.

20.13 Firewall-Funktionen von Linux: iptables

Wenn nötig, können Sie eine benutzerdefinierte Konfiguration anlegen, um komplexere Berechnungs- oder Routingszenarien zu unterstützen.

Zusätzlich zur Filtertabelle enthält iptables die Tabellen nat und mangle. Die nat-Tabelle enthält Ketten von Regeln, die die Netzwerkadressübersetzung (Network Address Translation, NAT) steuern (nat ist hier der Name der iptables-Tabelle und NAT die Bezeichnung des allgemeinen Verfahrens für die Adressübersetzung). Im Abschnitt 12.4.6 wird NAT erläutert, und in Abschnitt 12.12 ist auch ein Beispiel für die nat-Tabelle enthalten. Weiter hinten in diesem Abschnitt verwenden wir die PREROUTING-Kette der nat-Tabelle, um einer Fälschung von Paketabsender oder -empfänger vorzubeugen.

Die mangle-Tabelle enthält Ketten, die die Inhalte von Netzwerkpaketen außerhalb des Zusammenhangs von NAT und Paketfilterung ändern. Obwohl diese Tabelle für besondere Arten der Paketbehandlung nützlich ist, z. B. zum Zurücksetzen von Time-to-live-Werten für IP, wird sie in den meisten Produktionsumgebungen üblicherweise nicht verwendet. In diesem Abschnitt erläutern wir nur die Filter- und nat-Tabellen und überlassen die mangle-Tabelle dem Abenteurer.

Jede Regel, die eine Kette bildet, hat eine Zielklausel, durch die festgelegt wird, was mit übereinstimmenden Paketen geschieht. Wenn ein Paket mit einer Regel übereinstimmt, ist sein Schicksal in den meisten Fällen besiegelt; es werden keine zusätzlichen Regeln überprüft. Obwohl viele Ziele intern für iptables bestimmt sind, ist es möglich, eine andere Kette als Ziel einer Regel anzugeben.

Die für Regeln in der Filtertabelle verfügbaren Ziele sind ACCEPT, DROP, REJECT, LOG, MIRROR, QUEUE, REDIRECT, RETURN und ULOG. Wenn eine Regel zu einem ACCEPT führt, ist es übereinstimmenden Paketen gestattet, ihren Weg fortzusetzen. DROP und REJECT verwerfen beide ihre Pakete. DROP verhält sich stumm, während REJECT eine ICMP-Fehlermeldung zurückgibt. LOG bietet Ihnen eine einfache Möglichkeit, Pakete zu verfolgen, wenn sie mit Regeln übereinstimmen, und ULOG bietet eine erweiterte Protokollierung.

REDIRECT verschiebt Pakete auf einen Proxy, anstatt ihnen zu gestatten, auf ihrem Weg fröhlich weiterzugehen. Sie können diese Funktion verwenden, um zu erzwingen, dass der gesamte Webverkehr Ihres Unternehmens einen Webcache wie Squid durchläuft. RETURN beendet benutzerdefinierte Ketten und entspricht der Return-Anweisung im Aufruf einer Subroutine. Das MIRROR-Ziel tauscht die IP-Quelle und Zieladresse, bevor das Paket gesendet wird. Schließlich übergibt QUEUE Pakete durch ein Kernelmodul an lokale Benutzerprogramme.

Eine Linux-Firewall wird in der Regel als eine Folge von iptables-Befehlen implementiert, die in einem rc-Startskript enthalten sind. Einzelne iptables-Befehle nehmen eine der folgenden Formen an:

```
iptables -F Kettenname
iptables -P Kettenname Ziel
iptables -A Kettenname -i Schnittstelle -j Ziel
```

Die erste Form (-F) entfernt alle früheren Regeln aus der Kette, die zweite (-P) legt eine Standardrichtlinie (Ziel) für die Kette fest. Wir empfehlen, dass Sie für das Standardziel der Kette DROP verwenden. Die dritte Instanz (-A) hängt die aktuelle Spezifikation an die Kette an. Sofern Sie nicht eine Tabelle mit dem Argument -t angeben, gelten Ihre Befehle für Ketten in der Filtertabelle. Der Parameter -i wendet die Regel auf die benannte Schnittstelle an, während -j das Ziel kennzeichnet. iptables akzeptiert viele andere Klauseln, von denen einige in Tabelle 20.2 zu sehen sind.

Klausel	Bedeutung oder mögliche Werte
-p *protokoll*	Übereinstimmendes Protokoll: tcp, udp oder icmp
-s *quell-ip*	Übereinstimmung mit der IP-Adresse des Hosts oder der Netzwerkquelle (CIDR-Notation ist in Ordnung)
-d *ziel-ip*	Stimmt mit der Zieladresse des Hosts oder Netzwerks überein
--sport *port#*	Übereinstimmung mit dem Quellport (beachten Sie das doppelte Minuszeichen)
--dport *port#*	Übereinstimmung mit dem Zielport (beachten Sie das doppelte Minuszeichen)
--icmp-type *typ*	Übereinstimmung mit dem ICMP-Typcode (beachten Sie das doppelte Minuszeichen)
!	Negiert eine Klausel
-t *tabelle*	Gibt die Tabelle an, für die ein Befehl gilt (Standard ist filter)

Tabelle 20.2: Kommandozeilenoptionen für iptables-Filter

Im Folgenden betrachten wir ein vollständiges Beispiel. Wir nehmen an, dass die Schnittstelle ppp0 zum Internet führt und die Schnittstelle eth0 zu einem internen Netzwerk. Die IP-Adresse von ppp0 lautet 128.138.101.4, die IP-Adresse von eth0 ist 10.1.1.1, und beide Schnittstellen haben die Netzmaske 255.255.255.0. Dieses Beispiel verwendet eine statuslose Paketfilterung, um den Webserver mit der IP-Adresse 10.1.1.2 zu schützen. Dies ist die Standardmethode zum Schutz von Internet-Servern. Weiter hinten in diesem Beispiel zeigen wir, wie die statusbehaftete Filterung verwendet wird, um Desktop-Benutzer zu schützen.

Bevor Sie iptables als Firewall verwenden können, müssen Sie die IP-Weiterleitung aktivieren und sicherstellen, dass verschiedene iptables-Module in den Kernel geladen wurden. Weitere Informationen zur Aktivierung der IP-Weiterleitung finden Sie in Abschnitt 28.4 und in Abschnitt 12.11.8. Pakete, die iptables installieren, enthalten im Allgemeinen Startskripte, um diese Aktivierung und das Laden zu erreichen.

Unser erster Satz Regeln initialisiert die Filtertabelle. Zuerst werden alle Ketten in der Tabelle gelöscht, anschließend wird das Standardziel der INPUT- und FORWARD-Ketten auf DROP gesetzt. Wie bei jeder anderen Netzwerkfirewall, besteht die sicherste Strategie darin, alle Pakete zu verwerfen, die Sie nicht explizit zugelassen haben.

20.13 Firewall-Funktionen von Linux: iptables

```
iptables -F
iptables -P INPUT DROP
iptables -P FORWARD DROP
```

Da Regeln in der Reihenfolge ausgewertet werden, in der sie sich in einer Kette befinden, platzieren wir unsere geschäftigsten Regeln am Anfang.[14] Die ersten drei Regeln in der FORWARD-Kette lassen Verbindungen durch die Firewall zu Netzwerkdiensten auf 10.1.1.2 zu. Explizit lassen wir SSH (Port 22), HTTP (Port 80) und HTTPS (Port 443) den Weg zu unserem Webserver passieren. Die erste Regel lässt alle Verbindungen durch die Firewall hindurch, die aus dem vertrauenswürdigen Netz stammen.

```
iptables -A FORWARD -i eth0 -p ANY -j ACCEPT
iptables -A FORWARD -d 10.1.1.2 -p tcp --dport 22 -j ACCEPT
iptables -A FORWARD -d 10.1.1.2 -p tcp --dport 80 -j ACCEPT
iptables -A FORWARD -d 10.1.1.2 -p tcp --dport 443 -j ACCEPT
```

Der einzige TCP-Verkehr, den wir zu unserem Firewall-Host (10.1.1.1) gestatten, ist SSH. Dies ist nützlich, um die Firewall zu verwalten. Die zweite Regel, die unten aufgeführt ist, gestattet Loopback-Verkehr, der für unseren Firewall-Host lokal bleibt. Unsere Administratoren werden nervös, wenn sie kein ping für ihre Standardroute ausführen können. Daher erlaubt die dritte Regel ICMP ECHO_REQUEST-Pakete von internen IP-Adressen.

```
iptables -A INPUT -i eth0 -d 10.1.1.1 -p tcp --dport 22 -j ACCEPT
iptables -A INPUT -i lo -d 127.0.0.1 -p ANY -j ACCEPT
iptables -A INPUT -i eth0 -d 10.1.1.1 -p icmp --icmp- type 8 -j ACCEPT
```

Damit ein TCP/IP-Host richtig im Internet funktioniert, müssen bestimmte Arten von ICMP-Paketen durch die Firewall hindurchgelassen werden. Die folgenden acht Regeln lassen einen minimalen Satz von ICMP-Paketen zum Firewall-Host sowie zum Netzwerk dahinter durch.

```
iptables -A INPUT -p icmp --icmp-type 0 -j ACCEPT
iptables -A INPUT -p icmp --icmp-type 3 -j ACCEPT
iptables -A INPUT -p icmp --icmp-type 5 -j ACCEPT
iptables -A INPUT -p icmp --icmp-type 11 -j ACCEPT
iptables -A FORWARD -d 10.1.1.2 -p icmp --icmp-type 0 -j ACCEPT
iptables -A FORWARD -d 10.1.1.2 -p icmp --icmp-type 3 -j ACCEPT
iptables -A FORWARD -d 10.1.1.2 -p icmp --icmp-type 5 -j ACCEPT
iptables -A FORWARD -d 10.1.1.2 -p icmp --icmp-type 11 - j ACCEPT
```

Als Nächstes fügen wir Regeln zur PREROUTING-Kette in der nat-Tabelle hinzu. Obwohl diese Tabelle nicht für die Paketfilterung bestimmt ist, ist deren PREROUTING-Kette besonders nützlich für die Filterung, um eine Fälschung von IP-Adressen des Absenders oder Empfängers zu verhindern. Wenn wir DROP-Einträge in der

---

[14] Sie müssen jedoch achtsam sein, dass die Umsortierung der Regeln aus Leistungsgründen nicht die Funktionalität verändert.

PREROUTING-Kette platzieren, müssen sie in den INPUT- und FORWARD-Ketten vorhanden sein, da die PREROUTING-Kette auf alle Pakete angewandt wird, die den Firewall-Host passieren. Es ist sauberer, Einträge an einer einzigen Stelle zu platzieren, anstatt sie zu duplizieren.

```
iptables -t nat -A PREROUTING -i ppp0 -s 10.0.0.0/8 -j DROP
iptables -t nat -A PREROUTING -i ppp0 -s 172.16.0.0/12 - j DROP
iptables -t nat -A PREROUTING -i ppp0 -s 192.168.0.0/16 -j DROP
iptables -t nat -A PREROUTING -i ppp0 -s 127.0.0.0/8 -j DROP
iptables -t nat -A PREROUTING -i ppp0 -s 224.0.0.0/4 -j DROP
```

Schließlich beenden wir sowohl die INPUT- als auch die FORWARD-Ketten mit einer Regel, die alle nicht ausdrücklich erlaubten Pakete verbietet. Obwohl wir dieses Verhalten bereits mit dem Befehl `iptables -P` erzwungen haben, ermöglicht uns das LOG-Ziel zu sehen, wer aus dem Internet an unsere Tür klopft.

```
iptables -A INPUT -i ppp0 -j LOG
iptables -A FORWARD -i ppp0 -j LOG
```

Optional können wir IP-NAT einrichten, um den privaten Adressraum zu verschleiern, der im internen Netzwerk verwendet wird. Weitere Informationen über NAT finden Sie in Abschnitt 12.12.

Eine der leistungsfähigsten Funktionen, die Netfilter in der Linux-Firewall implementiert, ist die statusbehaftete Paketfilterung. Statt einzelne eingehende Dienste zu erlauben, muss eine Firewall für Clients, die sich mit dem Internet verbinden, eingehende Antworten auf deren Anfragen gestatten. Die folgende einfache statusbehaftete FORWARD-Kette gestattet, dass der gesamte Verkehr unser Netzwerk verlässt, erlaubt aber nur eingehenden Verkehr, der mit Verbindungen in Beziehung steht, die von unseren Hosts ausgelöst wurden.

```
iptables -A FORWARD -i eth0 -p ANY -j ACCEPT
iptables -A FORWARD -m state --state ESTABLISHED,RELATED    -j ACCEPT
```

Bestimmte Kernelmodule müssen geladen werden, um `iptables` in die Lage zu versetzen, komplexe Netzwerksitzungen zu verfolgen, z. B. die von FTP und IRC. Wenn diese Module nicht geladen sind, verbietet `iptables` einfach diese Verbindungen. Obwohl statusbehaftete Paketfilter die Sicherheit Ihres Unternehmens erhöhen können, fügen sie auch Komplexität zum Netzwerk hinzu. Stellen Sie sicher, dass Sie eine statusbehaftete Funktionalität benötigen, bevor Sie diese in Ihrer Firewall implementieren.

Der vielleicht beste Weg zum Debuggen Ihrer `iptables`-Regelsätze besteht darin, `iptables -L -v` zu verwenden. Diese Optionen teilen Ihnen mit, wie oft jede Regel in Ihren Ketten mit einem Paket übereingestimmt hat. Oftmals fügen wir temporäre `iptables`-Regeln mit dem LOG-Ziel hinzu, wenn wir mehr Informationen über die Pakete haben möchten, die übereinstimmen. Häufig können Sie knifflige Probleme lösen, indem Sie einen Paketsniffer wie z. B. `tcpdump` verwenden.

20.14 Virtuelle private Netzwerke (VPNs)

Eine der interessantesten Entwicklungen der letzten Jahre war das Auftreten von virtuellen privaten Netzwerken oder VPNs. Diese Technologie wurde größtenteils durch die gesteigerte Verarbeitungsleistung ermöglicht, die jetzt auf einem einzelnen Chip (und auf den Arbeitsstationen der Benutzer) zur Verfügung steht. In seiner einfachsten Form ist ein VPN eine Verbindung, die ein entferntes Netzwerk so erscheinen lässt, als ob es direkt verbunden wäre, selbst wenn es physisch Tausende von Meilen und viele Routerhops entfernt ist. Zur erhöhten Sicherheit wird die Verbindung nicht nur auf irgendeine Art und Weise authentifiziert (gewöhnlich mit einem »gemeinsamen Geheimnis« wie z. B. einem Passwort), sondern auch der Verkehr von einem zum anderen Ende verschlüsselt. Diese Anordnung wird üblicherweise als »sicherer Tunnel« bezeichnet.

Im Folgenden sehen Sie ein gutes Beispiel für Situationen, in denen ein VPN praktisch ist: Angenommen, ein Unternehmen hat Büros in Chicago, Boulder und Miami. Wenn jedes Büro eine Verbindung zu einem lokalen Internetdienstanbieter hat, kann das Unternehmen VPNs verwenden, um die Büros transparent (und größtenteils sicher) über das nicht vertrauenswürdige Internet zu verbinden. Das Unternehmen kann ein ähnliches Ergebnis erreichen, wenn es dedizierte Leitungen mietet, um die drei Büros zu verbinden, aber diese Option ist erheblich teurer.

Ein anderes gutes Beispiel ist ein Unternehmen, dessen Beschäftigte als Telearbeiter von zu Hause aus arbeiten. VPNs gestatten diesen Benutzern, die Vorteile ihres schnellen und preiswerten Kabelmodemdienstes zu genießen, während es immer noch so scheint, als ob sie direkt mit dem Unternehmensnetzwerk verbunden wären.

Wegen der Bequemlichkeit und Beliebtheit dieser Funktionalität, bietet jeder eine Art VPN-Lösung an. Sie können sie von Ihrem Routerhersteller kaufen, als Plug-In Ihres Betriebssystems oder sogar als dediziertes VPN-Gerät für Ihr Netzwerk. Abhängig von Ihrem Budget und Ihren Skalierbarkeitsbedürfnissen, können Sie eine der vielen kommerziellen VPN-Lösungen auf dem Markt in Betracht ziehen.

Wenn Sie kein Budget haben und nach einer schnellen Lösung suchen, können Sie SSH für einen sicheren Tunnel verwenden. SSH stellt normalerweise eine Verbindung mit jeweils einem Port her, kann aber auch eine Pseudo-VPN-Funktionalität zur Verfügung stellen, wie im Beispiel in Abschnitt 12.13, in dem PPP über einen SSH-Tunnel ausgeführt wird.

20.14.1 IPsec-Tunnel

Wenn Sie ein Fan von IETF-Standards sind (oder davon, Geld zu sparen) und eine echte VPN-Lösung benötigen, werfen Sie einen Blick auf IPsec (Internet Protocol security). IPsec wurde ursprünglich für IPv6 entwickelt, wurde aber auch für IPv4 implementiert. Es ist ein IETF-konformes, Ende-zu-Ende-Authentifizierungs- und

Verschlüsselungssystem. Fast alle seriösen VPN-Hersteller liefern ein Produkt aus, das mindestens einen IPsec-Kompatibilitätsmodus hat.

IPsec verwendet eine starke Kryptografie, um sowohl Authentifizierungs- als auch Verschlüsselungsdienste zur Verfügung zu stellen. Die Authentifizierung stellt sicher, dass Pakete vom richtigen Absender sind und während der Übertragung nicht geändert wurden, und die Verschlüsselung verhindert das nicht autorisierte Mitlesen der Paketinhalte.

In seiner gegenwärtigen Form verschlüsselt IPsec den Header der Transportschicht, der die Portnummern der Quelle und des Ziels enthält. Leider kollidiert dieses Verfahren direkt mit der Art und Weise, wie die meisten Firewalls arbeiten. Ein Vorschlag, um dieses Problem zu beheben, geht gerade seinen Weg durch die IETF.

Die Linux-Kernels 2.5.47 und neuer enthalten eine eigene IPsec-Implementierung, die sich vollkommen von der FreeS/WAN-Implementierung unterscheidet, die im Allgemeinen bei der Kernelreihe 2.4 verwendet wird. Da IPsec Teil des Kernels ist, ist es in all unseren Distributionen enthalten.

Beachten Sie, dass es einen Knackpunkt beim Thema IPsec-Tunnel und MTU-Größe gibt. Es ist wichtig sicherzustellen, dass ein Paket nach dem Verschlüsseln mithilfe von IPsec entlang des Pfads, den der Tunnel durchquert, nicht fragmentiert wird. Um dieses Meisterstück zu erreichen, müssen Sie ggfs. die MTU auf den Geräten vor dem Tunnel herabsetzen (in der Praxis klappt das gewöhnlich mit 1400 Byte). Weitere Informationen über die MTU-Größe finden Sie in Abschnitt 12.13.

20.14.2 Ich brauche nichts als ein VPN, oder?

Leider gibt es eine Kehrseite von VPNs. Obwohl sie einen (meistens) sicheren Tunnel zwischen den zwei Endpunkten des nicht vertrauenswürdigen Netzwerks aufbauen, kümmern sie sich gewöhnlich nicht um die Sicherheit der Endpunkte selbst. Wenn Sie beispielsweise ein VPN zwischen Ihrer Unternehmenshauptleitung und dem Haus Ihres Geschäftsführers einrichten, erstellen Sie aus Versehen einen Pfad für die 15-jährige Tochter des Geschäftsführers, sodass sie direkten Zugriff auf Ihr gesamtes Netzwerk erhält. Hoffentlich verwendet sie ihren neu erworbenen Zugang nur, um ein Treffen mit dem Büroboten zu vereinbaren.

Fazit: Sie müssen Verbindungen von VPN-Tunneln als externe Verbindungen behandeln und ihnen nur nach sorgfältiger Überlegung und bei absoluter Notwendigkeit zusätzliche Privilegien gewähren. Sie sollten in Betracht ziehen, einen eigenen Abschnitt zu den Sicherheitsrichtlinien Ihres Unternehmens hinzuzufügen, der festlegt, welche Regeln auf VPN-Verbindungen zutreffen.

20.15 Linux-Distributionen mit verstärkter Sicherheit

Glücklicherweise (?) wurden wir mit einer Vielzahl von Initiativen gesegnet, die sich der Erstellung von Linux-Distributionen mit verstärkter Sicherheit verschrieben haben. Diese bieten einen größeren Umfang an Sicherheitsfunktionen, als in den Hauptversionen zu finden sind. Die verstärkte Sicherheit wird durch besondere Zugriffssteuerung und Überwachungsfähigkeiten erreicht. Diese Funktionen sind wahrscheinlich besonders nützlich, wenn Sie beabsichtigen, Linux in einer Art benutzerspezifischem Netzwerkgerät zu verwenden. Es ist jedoch nicht gesagt, dass sie dem durchschnittlichen Benutzer beträchtliche Vorteile bieten. Sie erfordern immer noch Sorgfalt bei der Wartung, einen guten Paketfilter und all die anderen Dinge, die in diesem Kapitel erläutert wurden. Vielleicht verschaffen sie Ihnen zusätzlich etwas Seelenfrieden.

In Tabelle 20.3 sind einige der bekannteren Projekte zur Verstärkung der Sicherheit aufgeführt, sodass Sie sich darüber informieren können, was diese zu bieten haben.

Projektname	Website
Bastille Linux	www.bastille-linux.org
Engarde Linux	www.engardelinux.com
Openwall GNU/*/Linux	www.openwall.com/Owl

Tabelle 20.3: Linux-Distributionen mit verstärkter Sicherheit

Tipp

Weitere Informationen zu SELinux finden Sie in Abschnitt 20.10.6.

20.16 Was tun bei einem Angriff?

Der Schlüssel für den Umgang mit einem Angriff lautet einfach: keine Panik. Es ist sehr wahrscheinlich, dass zu dem Zeitpunkt, an dem Sie die Störung bemerken, ein Großteil des Schadens bereits eingetreten ist. Tatsächlich ist dieser wahrscheinlich schon vor Wochen oder Monaten aufgetreten. Die Chance, dass Sie einen Einbruch bemerkt haben, der gerade eben vor einer Stunde geschah, ist gering bis unwahrscheinlich.

Insofern empfiehlt die kluge Eule, tief durchzuatmen und damit zu beginnen, eine sorgfältige Strategie für den Umgang mit dem Einbruch zu entwickeln. Sie müssen vermeiden, dem Eindringling einen Tipp zu geben, indem Sie den Einbruch bekannt geben oder eine andere Aktivität ausführen, die jemandem anomal erscheinen würde, der möglicherweise die Aktivitäten Ihres Unternehmens seit vielen Wochen beobachtet. Hinweis: Das Ausführen einer Systemsicherung ist an diesem Punkt normalerweise eine gute Idee und erscheint dem Eindringling (hoffentlich!) als normale Aktivität.[15]

Dies ist auch ein guter Zeitpunkt, sich selbst daran zu erinnern, dass nach verschiedenen Studien in 60% der Sicherheitsvorfälle ein Insider verwickelt ist. Seien Sie sehr vorsichtig, mit wem Sie den Vorfall besprechen, bis Sie sich sicher sind, dass Sie alle Fakten haben.

Im Folgenden sehen Sie einen schnellen 9-Schritte-Plan, der Ihnen in Ihrer Krisenzeit behilflich sein kann:

Schritt 1: Keine Panik. In vielen Fällen wird ein Problem erst Stunden oder Tage, nachdem es aufgetreten ist, bemerkt. Einige Stunden oder Tage mehr werden das Ergebnis nicht beeinflussen, der Unterschied zwischen einer überängstlichen und einer vernünftigen Reaktion hingegen schon. Viele Wiederherstellungsprobleme verschlimmern sich durch die Zerstörung wichtiger Protokoll-, Zustands- und Verfolgungsinformationen während einer anfänglichen Panik.

Schritt 2: Entscheiden Sie sich für eine geeignete Reaktion: Niemand zieht einen Nutzen aus einem überbewerteten Sicherheitsvorfall. Bleiben Sie ruhig. Stellen Sie die Mitarbeiter und Ressourcen fest, die teilnehmen müssen. Alle anderen dürfen bei der Störungsanalyse mitwirken, nachdem alles vorbei ist.

Schritt 3: Sammeln Sie alle verfügbaren Verfolgungsinformationen. Überprüfen Sie Kontendateien und -Protokolle. Versuchen Sie herauszufinden, wo das eigentliche Sicherheitsleck auftrat. Sichern Sie all Ihre Systeme. Stellen Sie sicher, dass Sie einen physischen Schreibschutz für Sicherungsbänder verwenden, wenn Sie sie in ein Laufwerk legen, um sie zu lesen.

Schritt 4: Bewerten Sie die Größe des Sicherheitslecks. Bestimmen Sie, welche kritischen Informationen (wenn vorhanden) das Unternehmen »verlassen« haben, und denken Sie sich eine geeignete Strategie zur Schadensbegrenzung aus. Bestimmen Sie den Grad zukünftiger Risiken.

Schritt 5: Ziehen Sie den Stecker. Wenn es notwendig und passend ist, trennen Sie gefährdete Rechner vom Netzwerk. Schließend Sie bekannte Löcher und beenden Sie den Datenabfluss. CERT führt Schritte zur gründlichen Untersuchung einer Störung auf. Das Dokument ist unter *www.cert.org/tech_tips/win-UNIX-system_compromise.html* zu finden.

---

15 Wenn Systemsicherungen keine »normale« Aktivität in Ihrem Unternehmen sind, haben Sie viel größere Probleme als die Störung der Sicherheit.

Schritt 6: Denken Sie sich einen Wiederherstellungsplan aus. Erstellen Sie mit einem kreativen Kollegen einen Wiederherstellungsplan auf einer Tafel im nächsten Raum. Dieses Vorgehen ist am wirksamsten, wenn es ohne Zuhilfenahme einer Tastatur ausgeführt wird. Konzentrieren Sie sich darauf, das Feuer zu löschen und den Schaden zu minimieren. Vermeiden Sie es, Schuld zuzuweisen oder Aufregung zu verursachen. Vergessen Sie in Ihrem Plan nicht, den gegenseitigen Vertrauensverlust anzusprechen, den die Benutzer erleben können. Benutzer vertrauen von Natur aus anderen, und offenkundige Verletzungen des Vertrauens führen dazu, dass sich viele unbehaglich fühlen.

Schritt 7: Besprechen Sie den Wiederherstellungsplan. Informieren Sie die Benutzer und das Management über die Auswirkungen eines Einbruchs, das Potenzial für zukünftige Probleme und Ihre vorläufige Wiederherstellungsstrategie. Seien Sie offen und ehrlich. Sicherheitsvorfälle sind Teil des Lebens in einer modernen vernetzten Umgebung. Sie sind kein Spiegelbild Ihrer Fähigkeit als Systemadministrator oder etwas, das einem peinlich sein sollte. Offen einzugestehen, dass Sie ein Problem haben, macht 90% der Schlacht aus, solange Sie einen Plan vorweisen können, um die Situation zu meistern.

Schritt 8: Setzen Sie den Wiederherstellungsplan um. Sie kennen Ihre Systeme und Netzwerke besser als jeder andere. Folgen Sie Ihrem Plan und Ihren Instinkten. Sprechen Sie mit einem Kollegen in einer ähnlichen Einrichtung (vorzugsweise mit jemandem, der Sie gut kennt), um selbst auf der richtigen Spur zu bleiben.

Schritt 9: Teilen Sie den Vorfall den Behörden mit. Wenn der Vorfall Parteien von außerhalb einschließt, sollten Sie die Angelegenheit an das CERT melden. Es hat eine Hotline unter (+1 412) 268-7090 und ist per E-Mail unter cert@cert.org erreichbar. Stellen Sie so viele Informationen wie möglich zur Verfügung.

Um Ihrem Gedächtnis nachzuhelfen, steht unter *www.cert.org* ein Standardformular zur Verfügung. Im Folgenden sehen Sie einige der nützlicheren Informationen, die Sie bereitstellen können:

- Die Namen, Hardwaretypen und Betriebssystemversionen der betroffenen Rechner
- Die Liste der Patches, die zum Zeitpunkt des Vorfalls angewandt wurden
- Eine Liste der Konten, von denen bekannt ist, dass sie missbraucht wurden
- Die Namen und IP-Adressen der entfernten Hosts, die involviert waren
- Kontaktinformationen (falls bekannt) für die Administratoren von Remote-Standorten
- Relevante Protokolleinträge oder Überwachungsinformationen

Wenn Sie glauben, dass ein vorher nicht dokumentiertes Softwareproblem eine Rolle spielt, sollten Sie den Vorfall auch Ihrem Linux-Hersteller melden.

20.17 Informationensquellen zum Thema Sicherheit

Die Hälfte der Aufgabe, Ihr System sicher zu halten, besteht darin, mit sicherheitsbezogenen Entwicklungen im Allgemeinen Schritt zu halten. Wenn ein Einbruch in Ihrem Unternehmen erfolgte, ist dies wahrscheinlich nicht Folge der Verwendung einer neuartigen Technik. Es ist eher wahrscheinlich, dass der Riss in Ihrem Panzer eine bekannte Anfälligkeit ist, die in Wissensdatenbanken der Hersteller, in sicherheitsbezogenen Newsgruppen und in Mailinglisten besprochen wurde.

20.17.1 CERT: Ein Dienst der Carnegie Mellon University

Als Antwort auf den Tumult über den Internet-Wurm von 1988 bildete die Defense Advanced Research Projects Agency (DARPA) eine Organisation namens CERT (Computer Emergency Response Team), die als klärende Institution für Informationen zur Computersicherheit dient. Das CERT ist immer noch der bekannteste Anlaufpunkt für Sicherheitsinformationen, obwohl es in letzter Zeit ziemlich träge und bürokratisch geworden zu sein scheint. Es besteht jetzt auch darauf, dass der Name CERT keine Bedeutung hat und lediglich ein »Dienst der Carnegie Mellon University« ist.

In der Mitte des Jahres 2003 tat sich das CERT als Partner mit der National Cyber Security Division (NSCD) des Ministeriums für Heimatschutz zusammen. Die Fusion hat, zum Besseren oder zum Schlechteren, die vorhergehende Struktur der Mailingliste verändert. Die vereinigte Organisation, bekannt als US-CERT, bietet vier Nachrichtenlisten an, von denen »Technical Cyber Security Alerts« die wichtigste ist. Unter *forms.us-cert.gov/maillists* können Sie diese vier Listen abonnieren.

20.17.2 SecurityFocus.com und die BugTraq-Mailingliste

SecurityFocus.com ist eine Site, die sich auf sicherheitsbezogene Nachrichten und Informationen spezialisiert hat. Die Nachrichten schließen aktuelle Artikel zu allgemeinen Themen und besonderen Problemen ein; es gibt auch eine umfassende technische Bibliothek nützlicher Arbeiten, schön nach Themen sortiert.

Das Archiv der Sicherheitstools von SecurityFocus enthält Software für eine Vielzahl von Betriebssystemen, zusammen mit Beschreibungen und Benutzereinschätzungen. Es ist die umfassendste und ausführlichste Quelle von Tools, die wir kennen.

Die BugTraq-Liste ist ein moderiertes Forum, das Sicherheitsanfälligkeiten und deren Behebung erörtert. Um es zu abonnieren, besuchen Sie *www.securityfocus.com/archive*. Das Mail-Aufkommen auf dieser Liste kann recht groß sein, und das Signal-Stör-Verhältnis ziemlich schlecht. Eine Datenbank der BugTraq-Anfälligkeitsberichte ist ebenfalls auf der Website verfügbar.

20.17.3 Der Crypto-Gram-Newsletter

Der monatlich erscheinende Crypto-Gram-Newsletter ist eine wertvolle und manchmal unterhaltsame Informationsquelle über Computersicherheit und Kryptografie. Er wird von Bruce Schneier erstellt, dem Autor der hoch angesehenen Bücher *Angewandte Kryptographie* und *Secrets and Lies*. Aktuelle und zurückliegende Themen finden Sie auf der folgenden Site: *www.schneier.com/crypto-gram.html*.

Das Sicherheits-Blog von Schneier finden Sie auch unter *www.schneier.com/blog*.

20.17.4 SANS (System Administration, Networking, and Security Institute)

SANS ist eine professionelle Organisation, die sicherheitsbezogene Konferenzen und Trainingsprogramme sponsert sowie eine Vielzahl von Sicherheitsinformationen veröffentlicht. Ihre Website, *www.sans.org*, ist eine nützliche Quelle, die so etwas wie das Mittelgeschoss zwischen SecurityFocus und CERT in Anspruch nimmt: weder so ungebändigt wie die Erstere noch so schwerfällig wie die Letztere.

SANS bietet mehrere wöchentlich und monatlich erscheinende E-Mail-Bulletins an, für die Sie sich auf der Website anmelden können. Die wöchentlichen NewsBites sind nahrhaft, aber die monatlichen Zusammenfassungen enthalten viele Gemeinplätze. Keines ist eine großartige Quelle brandaktueller Sicherheitsnachrichten.

20.17.5 Quellen zur Sicherheit für einzelne Distributionen

Da Sicherheitsprobleme das Potenzial haben, für eine schlechte Werbung zu sorgen, sind Hersteller oftmals erpicht darauf, Kunden zu helfen, ihre Systeme sicher zu halten. Die meisten großen Hersteller haben eine offizielle Mailingliste, an die sicherheitsbezogene Bulletins geschickt werden, und viele unterhalten auch eine Website zu Sicherheitsproblemen. Es ist üblich, dass sicherheitsbezogene Softwarepatches kostenlos verteilt werden, sogar durch Hersteller, die Softwaresupport normalerweise in Rechnung stellen.

Sicherheitsportale im Netz, z. B. *www.securityfocus.com*, enthalten herstellerspezifische Informationen und Links zum neuesten offiziellen Herstellerdogma.

Eine Liste der Sicherheitsempfehlungen von Red Hat ist unter *www.redhat.com/security* zu finden. Zu dem Zeitpunkt, an dem dieses Buch geschrieben wird, ist keine offizielle Sicherheitsmailingliste von Red Hat gesponsert. Es gibt jedoch eine Vielfalt von Sicherheitsressourcen für Linux im Netz; ein Großteil der Informationen gilt direkt für Red Hat.

Sicherheitsempfehlungen für SUSE sind unter *www.novell.com/linux/security/securitysupport.html* zu finden.

Sie können sich der offiziellen Mailingliste der SUSE-Sicherheitsankündigungen anschließen, indem Sie *www.suse.com/en/private/support/online_help/mailinglists/index .html* besuchen.

Informieren Sie sich unter *www.debian.org*, um die aktuellsten Debian-Sicherheitsnachrichten anzuschauen, oder schließen Sie sich der Mailingliste unter *www.debian.org/MailingLists/subscribe#debian-security-announce* an.

Ubuntu hat eine Mailingliste zur Sicherheit unter *https://lists.ubuntu.com/mailman/listinfo/ubuntu-security-announce*.

Sicherheitsinformationen über Cisco-Produkte werden in der Form von Feldmitteilungen verteilt. Eine Liste davon zusammen mit einem News-Feed ist unter *www.cisco.com/public/support/tac/fn_index.html* zu finden. Um die Sicherheitsmailingliste von Cisco zu abonnieren, senden Sie eine E-Mail an *majordomo@cisco.com* mit der Zeile »subscribe cust-security-announce« im Nachrichtentext.

20.17.6 Weitere Mailinglisten und Websites

Die oben angeführten Kontakte stellen nur einen Auszug der vielen im Netz verfügbaren Sicherheitsressourcen dar. In Anbetracht der Menge an Informationen, die jetzt zur Verfügung stehen, und der Schnelligkeit, mit der Quellen kommen und gehen, dachten wir, dass es am hilfreichsten ist, Sie auf einige Meta-Ressourcen zu verweisen.

Ein guter Ausgangspunkt ist die X-Force-Website (*xforce.iss.net*) von Internet Security Systems, die eine Vielzahl nützlicher FAQs verwaltet. Eine davon ist eine aktuelle Liste sicherheitsbezogener Mailinglisten. Die Hersteller- und die Sicherheitspatch-FAQs enthalten nützliche Kontaktinformationen für eine Vielzahl von Herstellern.

www.yahoo.com hat eine umfangreiche Liste von Sicherheitslinks; suchen Sie im Yahoo!-Verzeichnis nach »security and encryption«. Eine andere gute Quelle von Links zum Thema Netzwerksicherheit ist unter *www.wikipedia.de* unter der Überschrift »Informationssicherheit« zu finden.

Das Linux Journal (*www.linuxjournal.com*) enthält eine hervorragende Kolumne mit der Bezeichnung »Paranoid Penguin«, die alle Aspekte der Linux-Sicherheit abdeckt. Die Zeitschrift enthält auch gelegentlich verschiedene Artikel zu Sicherheitsthemen.

Linux Weekly News ist ein besonderes Vergnügen und enthält regelmäßige Aktualisierungen zu Kernel, Sicherheit, Distributionen und anderen Themen. Der Sicherheitsabschnitt von LWN ist unter *lwn.net/security* zu finden.

20.18 Empfohlene Literatur

William Bryant. *Designing an Authentication System: a Dialogue in Four Scenes.* 1988. web.mit.edu/kerberos/www/dialogue.html

CERT Coordination Center. *Intruder Detection Checklist.* 1999. www.cert.org/tech_tips/intruder_detection_checklist.html

CERT Coordination Center. *UNIX Configuration Guidelines.* 1997. www.cert.org/tech_tips/unix_configuration_guidelines.html

William R. Cheswick, Steven M. Bellovin und Aviel D. Rubin. *Firewalls und Sicherheit im Internet: Schutz vor cleveren Hackern.* München: Addison-Wesley, 2004.

Matt Curtin, Marcus Ranum und Paul D. Robinson. *Internet Firewalls: Frequently Asked Questions.* 2004. www.interhack.net/pubs/fwfaq

Dan Farmer und Wietse Venema. *Improving the Security of Your Site by Breaking Into it.* 1993. www.deter.com/unix/papers/improve_by_breakin.html

Rik Farrow und Richard Power. Artikelserie *Network Defense.* 1998–2004. www.spirit.com/Network

B. Fraser (Hrsg.). *RFC2196: Site Security Handbook.* 1997. www.rfc-editor.org.

Michael D. Bauer *Linux Server-Sicherheit.* Köln: O'Reilly, 2005.

Simson Garfinkel, Gene Spafford und Alan Schwartz. *Practical UNIX and Internet Security (3rd Edition).* Sebastopol: O'Reilly Media, 2003.

Daniel J. Barrett, Richard E. Silverman und Robert G. Byrnes. *Linux-Sicherheitskochbuch.* Köln: O'Reilly, 2003.

FRED KERBY ET AL. *SANS Intrusion Detection and Response FAQ.* SANS. 2003. www.sans.org/resources/idfaq/

Scott Mann und Ellen L. Mitchell. *Linux System Security: The Administrator's Guide to Open Source Security Tools (2nd Edition).* Upper Saddle River: Prentice Hall PTR, 2002.

Robert Morris und Ken Thompson. *Password Security: A Case History.* Communications of the ACM, 22 (11): 594-597, November 1979. Nachgedruckt in *UNIX System Manager's Manual,* 4.3 Berkeley Software Distribution. University of California, Berkeley, April 1986.

Karyn Pichnarczyk, Steve Weeber und Richard Feingold. *UNIX Incident Guide: How to Detect an Intrusion.* Computer Incident Advisory Capability, U.S. Department of Energy, 1994. www.ciac.org/cgi-bin/index/documents

Dennis M Ritchie. *On the Security of UNIX.* Mai 1975. Nachgedruckt in *UNIX System Manager's Manual,* 4.3 Berkeley Software Distribution. University of California, Berkeley, April 1986.

Bruce Schneier. *Angewandte Kryptographie: Protokolle, Algorithmen und Sourcecode in C.* München: Pearson Studium, 2005.

Ralf Spenneberg. *SELinux & AppArmor.* München: Addison-Wesley, 2007.

Ken Thompson. *Reflections on Trusting Trust.* in *ACM Turing Award Lectures: The First Twenty Years 1966-1985.* Reading: ACM Press (Addison-Wesley), 1987.

Wes Sonnenreich und Tom Yates. *Building Linux and OpenBSD Firewalls.* New York: J. W. Wiley, 2000.

Dies ist ein Ehrfurcht gebietendes kleines Buch: Es ist einfach zu lesen, hat gute Beispiele, zeigt einen guten Sinn für Humor und ist einfach hervorragend. Das einzig Ärgerliche bei diesem Buch ist, dass es gegen die Verwendung von sudo für den root-Zugriff argumentiert, wobei behauptet wird, dass sudo schwer zu handhaben und die Schwierigkeiten nicht wert ist. Wir sind damit überhaupt nicht einverstanden.

20.19 Übungen

1. Vergleichen Sie die Stärke der SSH-Authentifizierung mit Linux-Passwörtern gegenüber der SSH-Authentifizierung mit einer Passphrase und einem Schlüsselpaar. Wenn die eine eindeutig sicherer als die andere ist, sollten Sie dann automatisch die sicherste Authentifizierungsmethode verwenden?

2. Samhain erkennt Dateien, die sich geändert haben.
   a. Was wird benötigt, um Samhain auf Ihrem Rechner einzurichten und zu verwenden?
   b. Gegen welche jüngsten Internet-Krankheiten ist Samhain wirksam?
   c. Gegen welche jüngsten Internet-Krankheiten ist Samhain machtlos?
   d. Wie kann Samhain umgangen werden, wenn der physische Zugriff auf ein System gegeben ist?
   e. Was können Sie folgern, wenn Samhain sagt, dass sich /bin/login verändert hat, aber scheinbar dieselbe Größe und dasselbe Änderungsdatum wie zuvor hat? Was ist, wenn das Programm sum Ihnen für die alten und neuen Versionen dieselben Werte übergibt? Wie ist es bei md5sum?

☆ 3. SSH-Tunnel sind oft die einzige Möglichkeit, Verkehr auf einen entfernten Rechner, auf den Sie keinen Administratorzugriff haben, über einen Tunnel zu übertragen. Lesen Sie die man-Seite ssh und stellen Sie eine Kommandozeile zur Verfügung, die den Verkehr von Port 113 des lokalen Hosts zu mail.remotenetwork.org auf Port 113 des Tunnels leitet. Der Weiterleitungspunkt Ihres Tunnels sollte ebenfalls der Host mail.remotenetwork.org sein.

20.19 Übungen

☆ 4. Wählen Sie einen aktuellen Sicherheitsvorfall aus und erforschen Sie ihn. Suchen Sie die besten Informationsquellen über den Vorfall und suchen Sie Patches oder Hilfskonstruktionen, die für die Systeme in Ihrem Labor geeignet sind. Führen Sie die Quellen auf und beschreiben Sie die Aktivitäten, die Sie vorschlagen, um Ihr Labor zu schützen.

★★ 5. Installieren Sie John the Ripper, das Programm, das nach Logins mit schwachen Passwörtern sucht (mit der Berechtigung Ihrer lokalen Systemadministratoren-Gruppe!).

   a. Ändern Sie den Quellcode, sodass nur die Anmeldenamen, denen schwache Passwörter zugeordnet sind, und nicht die Passwörter selbst ausgegeben werden.

   b. Führen Sie John the Ripper an der Passwortdatei Ihres lokalen Rechners aus (Sie benötigen Zugriff auf /etc/shadow) und schauen Sie, wie viele knackbare Passwörter Sie finden können.

   c. Setzen Sie Ihr eigenes Passwort auf ein Wort aus dem Wörterbuch und geben Sie john einfach Ihren eigenen Eintrag in /etc/shadow. Wie lange braucht john, um das Passwort zu finden?

   d. Versuchen Sie andere Muster (Großbuchstabe, Zahl nach dem Wörterbuch-Wort, Passwort aus einzelnen Buchstaben usw.), um genau zu sehen, wie klug john ist.

★★ 6. Richten Sie im Computerlabor zwei Rechner ein: ein Ziel und eine Sonde.

   a. Installieren Sie nmap und Nessus auf der Sonde. Greifen Sie das Ziel mit diesen Tools an. Wie können Sie den Angriff auf das Ziel erkennen?

   b. Richten Sie auf dem Ziel mithilfe von iptables eine Firewall ein, um sich gegen die Untersuchungen zu verteidigen. Können Sie den Angriff jetzt erkennen? Wenn ja, wie? Wenn nicht, warum nicht?

   c. Welche anderen Verteidigungsmöglichkeiten können gegen die Angriffe eingerichtet werden? (Erfordert root-Zugriff.)

★★ 7. Ein Sicherheitsteam hat vor kurzem eine große Lücke in vielen aktuellen und älteren sendmail-Servern gefunden. Suchen Sie eine gute Quelle für Informationen über die Lücke und besprechen Sie die Probleme und die beste Möglichkeit, um sie anzugehen.

★★ 8. Setuid-Programme sind manchmal ein notwendiges Übel, setuid-Shellskripte sollten jedoch vermieden werden. Warum?

★★ 9. Verwenden Sie tcpdump, um den FTP-Verkehr sowohl für aktive als auch für passive FTP-Sitzungen zu erfassen. Wie beeinflusst der Bedarf, einen anonymen FTP-Server zu unterstützen, die Firewallpolitik des Unternehmens? Was müssten die Firewallregeln gestatten? (Erfordert root-Zugriff.)

★★ 10. Was erlauben und verbieten die Regeln in der folgenden `iptables`-Ausgabe? Welche sehr einfachen Ergänzungen können die Sicherheit und Vertraulichkeit erhöhen? (Hinweis: Die OUTPUT- und FORWARD-Ketten können einige Regeln mehr verwenden.)

```
Chain INPUT (policy ACCEPT)
target    prot  opt  source         destination
block     all   --   anywhere       anywhere
Chain FORWARD (policy ACCEPT)
target    prot  opt  source         destination
          all   --   anywhere       anywhere
Chain OUTPUT (policy ACCEPT)
target    prot  opt  source         destination
Chain block (1 references)
target    prot  opt  source         destination
ACCEPT    all   --   anywhere       anywhere        state RELATED,ESTABLISHED
ACCEPT    tcp   --   anywhere       anywhere        state NEW tcp dpt:www
ACCEPT    tcp   --   anywhere       anywhere        state NEW tcp dpt:ssh
ACCEPT    tcp   --   128.138.0.0/16 anywhere        state NEW tcp dpt:kerberos
ACCEPT    icmp  --   anywhere       anywhere
DROP      all   --   anywhere       anywhere
```

★★ 11. Untersuchen Sie die Regelsätze einer lokalen Firewall. Diskutieren Sie, was Sie hinsichtlich der Richtlinien herausfinden. Gibt es irgendwelche auffälligen Sicherheitslücken? (Diese Übung erfordert voraussichtlich die Zusammenarbeit der für die Sicherheit Ihres lokalen Standorts verantwortlichen Administratoren.)

★★★★★ 12. Schreiben Sie ein Tool, das bestimmt, ob sich Netzwerkschnittstellen in Ihrem Unternehmen im »promiscous mode« befinden. Führen Sie es regelmäßig in Ihren Netzwerken aus, um zu versuchen, schnell eine derartige Störung zu entdecken. Wie groß ist die Last, die das Tool erzeugt? Müssen Sie es auf jedem Rechner ausführen, oder können Sie es aus der Ferne ausführen? Können Sie ein unscheinbares IP-Paket entwerfen, das Ihnen mitteilt, wenn sich eine Schnittstelle im gemischten Modus befindet? (Erfordert `root`-Zugriff.)

21 Webhosting und Internetserver

Die Komplexität der Webtechnologie scheint sich jedes Jahr zu verdoppeln. Glücklicherweise sind es Webdesigner und -programmierer, die sich mit dem Großteil dieser Technologie auseinandersetzen müssen. Das Webhosting hat sich in den letzten 10 Jahren eigentlich nur wenig geändert.

Webserversoftware läuft mittlerweile problemlos. Vorausgesetzt, die Server sind richtig konfiguriert und die Websites werden nicht von verbrecherischen Programmierern erstellt, sind Webserver recht sicher und zuverlässig. Trotz des Aufkommens von Web 2.0, AJAX (Asynchronous JavaScript And XML) und dynamischem HTML hat sich der Kern der Webserversoftware nicht großartig geändert.

Heute gibt es verschiedene Webhostingplattformen, wobei Microsoft Windows weitgehend als eine solche vermarktet wird. In der einschlägigen Presse gibt es unzählige Artikel, die sich mit der Frage beschäftigen, welche Webhostingplattform die beste ist. Dabei werden häufig Windows und Linux als gegensätzliche Pole dargestellt. Auch wenn ein Teil dieser Aufregung mit einem Streit zwischen »Schmeckt fantastisch« und »Hat weniger Kalorien« zu vergleichen ist, hat sich Linux sowohl aufgrund seiner geringen Kosten als auch seiner Geschwindigkeit, Zuverlässigkeit und Vielseitigkeit zur populärsten Hostingplattform entwickelt. Die so genannte LAMP-Plattform (Linux, Apache, MySQL und PHP/Perl/Python) hat sich bei den heutigen Webservern als dominierend herausgestellt.

Es gibt viele verschiedene internetgestützte Dienste, die Sie vielleicht betreiben möchten, entweder auf Ihrer eigenen Site oder bei einem der vielen Co-Location-Outsourcing-Provider. In diesem Kapitel stellen wir die beiden gebräuchlichsten Dienste vor: Web und FTP.

21.1   Grundlagen des Webhostings

Das Betreiben einer Website unterscheidet sich nicht großartig von der Bereitstellung anderer Netzwerkdienste. Das World Wide Web basiert auf dem Hypertext Transfer Protocol (HTTP). Hierbei handelt es sich um ein einfaches Protokoll, das auf TCP beruht und zur Übertragung von Dokumenten mit verschiedenen Medientypen wie Text, Bilder, Sound, Animationen und Videos dient. HTTP verhält sich wie andere im Internet verwendete Client/Server-Protokolle, z. B. SMTP (für E-Mail) und FTP (für Dateiübertragung).

Bei einem Webserver handelt es sich schlicht und einfach um ein System zur Beantwortung von HTTP-Anforderungen. Möchten Sie Ihr generisches Linux-System in eine Webhostingplattform umwandeln, installieren Sie einen Daemon, der an TCP-Port 80 (Standard-HTTP-Port) auf Verbindungen lauscht, Anforderungen für Dokumente annimmt und diese dem beantragenden Benutzer übermittelt.

Webbrowser wie Firefox, Opera und Internet Explorer nehmen Verbindung mit Remote-Webservern auf und stellen Anforderungen im Namen ihrer Benutzer. Die dadurch erhaltenen Dokumente können Hypertext-Zeiger (Links) enthalten, die auf andere Dokumente verweisen. Diese müssen nicht notwendigerweise auf dem Server vorhanden sein, mit dem die anfängliche Verbindung aufgenommen wurde. Da der HTTP-Protokollstandard wohldefiniert ist, können Clients beliebige Betriebssysteme und Systemarchitekturen verwenden und Verbindung mit beliebigen HTTP-Servern aufnehmen. Diese Plattformunabhängigkeit und die Fähigkeit, Benutzer von einem Server auf einen anderen umzuleiten, haben zu dem erstaunlichen Erfolg von HTTP beigetragen.

Mit reinem HTML ist jedoch nicht das Ende der Fahnenstange erreicht. Viele erweiterte Protokolle ermöglichen praktisch alles, von der Datenverschlüsselung bis zur Videowiedergabe. Auch wenn diese Dienste häufig von demselben physischen Server bereitgestellt werden, werden sie von verschiedenen Daemons verwaltet.

21.1.1 URLs

Bei einem URL handelt es sich um einen Zeiger auf ein Objekt oder einen Dienst im Internet. Er beschreibt, wie auf ein Objekt mithilfe von 5 grundlegenden Komponenten zugegriffen werden kann:

- Protokoll oder Anwendung
- Hostname
- TCP/IP-Port (optional)
- Verzeichnis (optional)
- Dateiname (optional)

In Tabelle 21.1 werden einige der in URLs verwendeten Protokolle aufgeführt.

21.1 Grundlagen des Webhostings

Protokoll	Aufgabe	Beispiel
file	Zugriff auf eine lokale Datei	*file:///etc/syslog.conf*
ftp	Zugriff auf eine Remote-Datei über FTP	*ftp://ftp.admin.com/adduser.tar.gz*
http	Zugriff auf eine Remote-Datei über HTTP	*http://admin.com/index.html*
https	Zugriff auf eine Remote-Datei über HTTP/SSL	*https://admin.com/order.shtml*
ldap	Zugriff auf LDAP-Verzeichnisdienste	*ldap://ldap.bigfoot.com:389/cn=Herb*
mailto	Senden einer E-Mail an die angegebene Adresse	*mailto:linux@book.admin.com*

Tabelle 21.1: URL-Protokolle

21.1.2 Funktionsweise von HTTP

Das World Wide Web funktioniert im Großen und Ganzen aufgrund des HTTP-Protokolls. Dies mag viele Leser überraschen, aber es handelt sich hierbei um ein verblüffend einfaches und zustandsloses Client/Server-Protokoll. Bei HTTP ist es immer der Client (normalerweise ein Browser), der eine Verbindung initiiert. Er fordert vom Server den »Inhalt« einer bestimmten URL an, woraufhin der Server entweder mit einer Flut von Daten oder mit einer Fehlermeldung antwortet. Der Client kann dann ein weiteres Objekt anfordern.

Da HTTP so einfach zu verwenden ist, können Sie Ihren Rechner mithilfe von telnet in einen einfachen Webbrowser verwandeln. Da es sich bei Port 80 um den Standardport für den HTTP-Service handelt, können Sie über telnet direkt über diesen Port auf den Webserver Ihrer Wahl zugreifen. Sobald die Verbindung hergestellt ist, können Sie HTTP-Befehle übergeben. Der gebräuchlichste Befehl ist GET, womit der Inhalt eines Dokuments abgerufen wird. Da durch GET / das Stammdokument (normalerweise die Homepage) des Servers abgerufen wird, mit dem Sie verbunden sind, ist dies der wohl wichtigste Befehl. Da bei HTTP Groß- und Kleinschreibung beachtet wird, vergessen Sie nicht, Befehle in Großbuchstaben zu verwenden.

```
$ telnet localhost 80
Trying 127.0.0.1...
Connected to localhost.atrust.com.
Escape character is '^]'.
GET /
<Inhalt Ihrer Standarddatei wird hier angezeigt>
Connection closed by foreign host.
```

Eine »vollständigere« HTTP-Anforderung enthält die folgenden Informationen: die HTTP-Protokollversion, den Host, für den die Abfrage bestimmt ist (erforderlich, falls eine Datei von einem namensbasierten virtuellen Host abgerufen wird), und andere Informationen. Die Antwort umfasst in diesem Fall sowohl Headerinformationen als auch übermittelte Daten. Beispiel:

```
$ telnet localhost 80
Trying 127.0.0.1…
Connected to localhost.atrust.com.
Escape character is '^]'.
GET / HTTP/1.1

Host: www.atrust.com
HTTP/1.1 200 OK
Date: Sun, 06 Aug 2006 18:25:03 GMT
Server: Apache/1.3.33 (Unix) PHP/4.4.0
Last-Modified: Sun, 06 Aug 2006 18:24:49 GMT
Content-Length: 7044
Content-Type: text/html
<Inhalt Ihrer Standarddatei wird hier angezeigt>
Connection closed by foreign host.
```

In diesem Fall haben wir dem Server mitgeteilt, dass wir HTTP-Version 1.1 verwenden. Außerdem haben wir den virtuellen Host benannt, von dem wir Informationen abrufen wollen. Der Server antwortet mit einem Statuscode (HTTP/1.1 200 OK), dem aktuellen Datum und der aktuellen Uhrzeit im Serverformat, dem Namen und der Version der ausgeführten Serversoftware, dem Datum, an dem die angeforderte Datei zum letzten Mal geändert worden ist, sowie der Größe und der Art des Inhalts der angeforderten Datei. Die Headerinformationen sind vom Inhalt durch eine einzelne Leerzeile getrennt.

21.1.3 Inhaltserstellung im laufenden Betrieb

Neben statischen Dokumenten können HTTP-Server den Benutzern im laufenden Betrieb erstellte Inhalte zur Verfügung stellen. Wenn Sie beispielsweise auf Ihrer Website die aktuelle Uhrzeit und Temperatur anzeigen wollen, kann der HTTP-Server ein Skript ausführen, das diese Informationen bereitstellt. Dieser beeindruckende Trick wird häufig durch Verwendung von CGI (Common Gateway Interface) erzielt.

CGI ist keine Programmiersprache, sondern eher eine Spezifikation, mit deren Hilfe HTTP-Server Informationen mit anderen Programmen austauschen. CGI-Skripte werden hauptsächlich in Perl, Python oder PHP geschrieben. Im Grunde genommen ist jedoch fast jede Programmiersprache, die E/A in Echtzeit ausführen kann, verwendbar. Denken Sie einfach an all die arbeitslosen COBOL-Programmierer, die ihre Fähigkeiten im Internet anbringen können.

Viele Webserver unterstützen nicht nur externe CGI-Skripte, sondern verfügen darüber hinaus auch über eine Plug-In-Architektur, mit der Skriptinterpreter-Sprachen wie Perl und PHP im Webserver selbst eingebettet sein können. Diese Bündelung verbessert die Leistung erheblich, da der Webserver nicht für jede Skriptanforderung

21.1 Grundlagen des Webhostings

einen separaten Prozess verwenden muss. Für Skriptprogramierer liegt diese Architektur größtenteils im Verborgenen. Wenn der Server eine Datei mit einer bestimmten Erweiterung (wie z. B. .pl oder .php) sieht, sendet er den Inhalt der Datei zur Ausführung an einen eingebetteten Interpreter.

Es sind hauptsächlich Webprogrammierer, die sich mit CGI-Skripten und Plug-Ins auseinandersetzen müssen. Unglücklicherweise gibt es zwischen ihnen und dem Systemadministrator in einem wichtigen Bereich einen Interessenkonflikt: Sicherheit. Da CGI-Skripte und -Plug-Ins Zugriff auf Dateien, Netzwerkverbindungen und andere Methoden zur Verschiebung von Daten haben, kann ihre Ausführung möglicherweise die Sicherheit des Computers beeinträchtigen, auf dem der HTTP-Server läuft. Letztendlich geben CGI-Skripte und Plug-Ins jedem Benutzer weltweit die Möglichkeit, ein Programm (Skript) auf Ihrem Server auszuführen. Aus diesem Grund müssen von Plug-Ins verarbeitete Dateien und CGI-Skripte genauso sicher sein wie andere über ein Netzwerk aufrufbare Programme. Ausführliche Informationen über das sichere Verwenden von CGI-Skripten können Sie auf *www.w3.org/Security/Faq* einsehen. Auch wenn diese Seite seit einiger Zeit nicht mehr aktualisiert worden ist, sind die auf ihr enthaltenen Informationen noch immer von Bedeutung.

21.1.4 Lastausgleich

Es ist recht schwierig, vorherzusagen, wie viele Treffer (Objektanforderungen einschließlich Abbildungen) oder Seitenaufrufe (Anforderungen von HTML-Seiten) ein Server während einer bestimmten Zeitspanne verarbeiten kann. Die Leistungsfähigkeit eines Servers hängt von der Hardwarearchitektur eines Systems (einschließlich der Subsysteme), des installierten Betriebssystems, dem Ausmaß und Schwerpunkt einer Systemoptimierung, aber wohl hauptsächlich vom Aufbau der abgerufenen Sites ab. (Enthalten diese Sites statische HTML-Seiten oder werden Daten aus Datenbanken abgerufen und mathematische Berechnungen durchgeführt?)

Die Frage »Wie viele Treffer?« kann nur durch direktes Benchmarking der Site auf Ihrer vorgesehenen Hardware beantwortet werden. Manchmal kann es bei der Planung hilfreich sein, Informationen anderer Personen einzuholen, die an ähnlichen Seiten und mit ähnlicher Hardware gearbeitet haben. Auf gar keinen Fall sollten Sie den Angaben der Systemanbieter Glauben schenken. Bedenken Sie darüber hinaus, dass die Netzwerk-Bandbreite Ihres Systems von besonderer Bedeutung ist. Ein einzelner Computer, der nur statische HTML-Dateien und Bilder bereitstellt, kann schnell so viele Daten verarbeiten, dass eine E3-Leitung (34 Mbit/s) ausgelastet ist.

Es ist also sinnvoller, sich auf die Skalierbarkeit des Systems zu konzentrieren, anstatt die Treffer auf einem einzelnen Server zu zählen. Ein Webserver wird nämlich CPU- oder E/A-lastig, bevor seine Internetschnittstelle ausgelastet ist. Sie und Ihr Webdesignteam sollten daher sicherstellen, dass die Last einer Site mit hohem Datenverkehr auf mehrere Server verteilt wird.

Durch Lastausgleich wird sowohl die Leistung als auch die Redundanz erhöht. Beim Lastausgleich gibt es verschiedene Ansätze: DNS-Round-Robin, hardwarebasierter Lastausgleich und softwarebasierte Lastverteiler.

DNS-Round-Robin ist die einfachste und unkomplizierteste Art des Lastausgleichs. In einem solchen System werden einem einzelnen Hostnamen mehrere IP-Adressen zugewiesen. Wird beim Namensserver die IP-Adresse einer Website angefordert, wird dem anfragenden Client eine der IP-Adressen übermittelt. Adressen werden dabei immer der Reihe nach vergeben.

Tipp

In Abschnitt 15.5.2 finden Sie weitere Informationen über die DNS-Round-Robin-Konfiguration.

Bei DNS-Round-Robin gibt es jedoch ein Problem. Wenn ein Server ausfällt, müssen die DNS-Daten aktualisiert werden, sodass dieser Server aus dem Antwortzyklus herausgenommen wird. Die Remote-Zwischenspeicherung von DNS-Daten kann diesen Vorgang problematisch und unzuverlässig machen. Wenn ein Reserveserver vorhanden ist, ist es häufig einfacher, ihm die IP-Adresse des ausgefallenen Servers zuzuweisen.

Hardwarebasierter Lastausgleich ist eine relativ einfache Alternative, die jedoch ein wenig mehr kostet. Bei kommerziell verfügbaren Drittanbieterprodukten handelt es sich beispielsweise um Big-IP Controller von F5 Networks, Webvermittlungsprodukte (Web-switching) von Nortel und Content Services Switches von Cisco. Diese Produkte verteilen eingehende Anforderungen auf der Grundlage einer Reihe von konfigurierbaren Parametern und berücksichtigen dabei die aktuellen Antwortzeiten der verschiedenen Server.

Softwarebasierte Lastverteiler erfordern keine besondere Hardware und können auf einem Linuxserver laufen. Es gibt sowohl kommerziell verfügbare als auch Open Source-Lösungen. In die letzte Kategorie fallen Linux Virtual Server (*www.linuxvirtualserver.org*), Ultra Monkey (*www.ultramonkey.org*) und das Modul mod_backhand für Apache (*www.backhand.org*). Kommerzielle Produkte werden beispielsweise von Zeus (*www.zeus.com*) angeboten.

Sie stellen sich vielleicht die Frage, wie Lastausgleich von größeren Sites, z. B. Google, gehandhabt wird. Google verwendet eine Kombination aus benutzerspezifischen DNS-Servern und hardwarebasiertem Lastausgleich. Weitere Informationen finden Sie im Wikipedia-Artikel *Google platform*.

Bedenken Sie jedoch, dass die meisten Sites heute dynamisch generiert werden, wodurch Datenbankserver besonders stark belastet werden. Ihr Datenbankadministrator kann Ihnen im Bedarfsfall weitere Informationen darüber geben, wie die Last am besten über mehrere Datenbankserver verteilt werden kann.

21.2 Installation eines HTTP-Servers

Die Installation und Pflege eines Webservers ist relativ einfach. Webdienste sind wesentlich weniger komplex als E-Mail und DNS und dazu einfacher zu verwalten.

21.2.1 Einen Server auswählen

Es gibt verschiedene HTTP-Server. Sie sollten jedoch mit dem Apache-Server beginnen, da dieser für seine Flexibilität und Leistungsfähigkeit bekannt ist. Im September 2006 lief Apache auf 63% der Webserver im Internet. Die verbleibenden 30% der Server verwenden hauptsächlich Microsoft-Produkte. Diese Prozentsätze haben sich im Großen und Ganzen in den letzten fünf Jahren nicht geändert. Detailliertere Marktanteilsstatistiken finden Sie unter der folgenden Adresse:

news.netcraft.com/archives/web_server_survey.html

Ein nützlicher Vergleich der im Moment verfügbaren HTTP-Server befindet sich auf der Website: *www.serverwatch.com/stypes/index.php* (wählen Sie WEB SERVERS aus). Folgende Faktoren sollten Sie bei der Auswahl eines Webservers beachten:

- Stabilität
- Leistungsfähigkeit
- Regelmäßigkeit von Updates und Programmfehlerkorrekturen
- Verfügbarkeit des Programmcodes
- Qualität des kommerziellen und Community-Supports
- Kosten
- Zugriffssteuerung und -sicherheit
- Einsatzmöglichkeit als Proxyserver
- Fähigkeit, Verschlüsselungsalgorithmen zu verwenden

Der Apache-HTTP-Server und sein kompletter Programmcode sind kostenlos auf der Apache Group Site unter *www.apache.org* verfügbar. Sollten Sie weniger abenteuerlustig sein, können Sie ein rein binäres Apache-Paket installieren, das als Teil von Linux mitgeliefert wird. (Es ist sogar durchaus möglich, dass es bereits unter /etc/apache2 installiert ist. Schauen Sie in /etc/apache2 nach.)

21.2.2 Apache installieren

Sollten Sie sich dazu entschlossen haben, den Apache-Programmcode herunterzuladen und selbst zu kompilieren, beginnen Sie diesen Prozess, indem Sie das in der Distribution enthaltene Skript `configure` ausführen. Es erkennt automatisch den Systemtyp und richtet die entsprechenden Makefile-Dateien ein. Verwenden Sie die Option `--prefix`, um anzugeben, wo der Apache-Server im Verzeichnisbaum installiert werden soll. Wird kein Präfix angegeben, wird der Server standardmäßig im Verzeichnis `/usr/local/apache2` installiert. Beispiel:

```
$ ./configure --prefix=/etc/httpd/
```

Verwenden Sie `configure --help`, um alle verfügbaren Optionen anzuzeigen. Die meisten dieser Optionen bestehen aus `--enable-Modul` und `--disable-Modul`, wodurch eine Reihe funktionaler Komponenten im Webserver entweder ein- oder ausgeschlossen wird.

Sie können ebenfalls Module in dynamisch gemeinsam benutzte Objektdateien durch die Option `--enable-Modul=shared` kompilieren (oder `--enabled-mods-shared=all` verwenden, um alle Module als »shared objects« zu erstellen). Dies ermöglicht Ihnen, später zu entscheiden, welche Module ein- oder ausgeschlossen werden sollen. Nur die Module, die in Ihrer `httpd`-Konfiguration angegeben sind, werden zur Laufzeit geladen. Dies ist genau genommen die Standardkonfiguration für das binäre Apache-Paket. Alle in ihm enthaltenen Module werden in gemeinsam genutzte Objekte kompiliert und dynamisch beim Start von Apache geladen. Der einzige Nachteil bei der Verwendung freigegebener Bibliotheken liegt in dem etwas längeren Programmstart und einem leichten Leistungsabfall (normalerweise weniger als 5%). Bei den meisten Websites wird dies jedoch in Kauf genommen, da es wichtiger ist, neue Module im laufenden Betrieb hinzufügen und vorhandene Module entfernen zu können, ohne dass eine Neukompilierung erforderlich ist.

Eine komplette Liste der Standardmodule finden Sie unter *httpd.apache.org/docs-2.0/mod*.

Auch wenn die Standardmodule ausreichen, sollten Sie unter Umständen die in Tabelle 21.2 angegebenen Module aktivieren.

Modul	Funktion
auth_dbm	Verwendet die DBM-Datenbank, um den Benutzer-/Gruppenzugriff zu verwalten (empfohlen, wenn bestimmte Bereiche Ihrer Website nur von Benutzern aufgerufen werden können, die über ein Passwort verfügen)
rewrite	Schreibt URLs mit regulären Ausdrücken um
expires	Ermöglicht es, Ablaufdaten für Dokumente festzulegen

Tabelle 21.2: Nützliche Apache-Module, die nicht standardmäßig aktiviert sind

21.2 Installation eines HTTP-Servers

Modul	Funktion
proxy	Verwendet Apache als Proxyserver (mehr hierzu später)
ssl	Aktiviert die Unterstützung von Secure Sockets Layer (SSL) (für HTTPS)

Tabelle 21.2: Nützliche Apache-Module, die nicht standardmäßig aktiviert sind (Forts.)

Andererseits möchten Sie vielleicht die Module in Tabelle 21.3 deaktivieren. Aus Sicherheits- und Leistungsüberlegungen ist es sinnvoll, Module zu deaktivieren, die nicht verwendet werden.

Modul	Funktion
asis	Ermöglicht das Senden bestimmter Dateiarten ohne HTTP-Header
autoindex	Zeigt den Inhalt der Verzeichnisse an, die keine Standard-HTML-Dateien enthalten
env	Ermöglicht die Einrichtung bestimmter Umgebungsvariablen für CGI-Skripte
include	Ermöglicht serverseitige Includes (für ein Verfahren zur Erstellung von Inhalten im laufenden Betrieb)
userdir	Ermöglicht es Benutzern, eigene HTML-Verzeichnisse zu haben

Tabelle 21.3: Apache-Module, die entfernt werden sollten

Wenn der Befehl configure ausgeführt worden ist, führen Sie die Befehle make und dann make install aus, um die entsprechenden Dateien zu kompilieren und zu installieren.

21.2.3 Apache konfigurieren

Nachdem der Server installiert ist, können Sie ihn für Ihre Umgebung konfigurieren. Die Konfigurationsdateien befinden sich im Unterverzeichnis conf (z. B. /usr/local/apache2/conf). Sie können die Datei httpd.conf anzeigen und gemäß Ihren Anforderungen ändern. Sie ist in drei Abschnitte unterteilt.

Im ersten Abschnitt werden globale Einstellungen behandelt, z. B. der Serverpool, der TCP-Port, an dem der HTTP-Server nach Anforderungen lauscht, und die Einstellungen für das dynamische Laden von Modulen. Beim TCP-Port handelt es sich normalerweise um Port 80, Sie können jedoch auch einen anderen wählen. Sie können sogar mehrere HTTP-Server an verschiedenen Ports auf dem gleichen Computer lauschen lassen.

Der zweite Abschnitt befasst sich mit der Konfiguration des Standardservers. Hierbei handelt es sich um den Server, der alle Anforderungen bearbeitet, die nicht von den VirtualHost-Definitionen beantwortet werden. Die in diesem Abschnitt angesprochenen Konfigurationsparameter umfassen den Benutzer und die Gruppe, unter deren

Namen der Server laufen wird (darf nicht root sein!), und die besonders wichtige DocumentRoot-Anweisung, mit der das Wurzelverzeichnis festgelegt wird, aus dem Dokumente bereitgestellt werden. Darüber hinaus werden z. B. der Umgang mit »besonderen« URLs behandelt. Hierbei kann es sich beispielsweise um URLs handeln, deren Syntax das Element *~Benutzer* enthält, um auf das Heimatverzeichnis eines Benutzers zuzugreifen.

Globale Sicherheitsbedenken werden ebenfalls in diesem Abschnitt der Konfigurationsdatei behandelt. Direktiven steuern den Zugriff auf bestimmte Dateien (Direktive <File>) oder bestimmte Verzeichnisse (Direktive <Directory>). Diese Berechtigungseinstellungen verhindern, dass auf wichtige Dateien durch httpd zugegriffen werden kann. Sie sollten wenigstens zwei Zugriffssteuerungen angeben: eine, die das ganze Dateisystem abdeckt, und eine für das Hauptdokumentverzeichnis. Die Standardeinstellungen von Apache reichen normalerweise aus; wir empfehlen jedoch, die Option AllowSymLinks zu entfernen, sodass httpd keinen symbolischen Links in Ihrem Dokumentbaum folgen kann. (Wir wollen es ja nicht ermöglichen, dass aus Versehen ein symbolischer Link zu /etc erstellt wird, oder?) Weitere Apache-Sicherheitshinweise finden Sie unter

httpd.apache.org/docs-2.0/misc/security_tips.html

Der dritte und letzte Abschnitt in der Konfigurationsdatei richtet virtuelle Hosts ein. Dieses Thema wird im Abschnitt 21.3.1 näher beschrieben.

Nachdem Sie alle Konfigurationsänderungen vorgenommen haben, überprüfen Sie die Syntax der Konfigurationsdatei mit dem Befehl httpd -t. Sollte Apache als Antwort Syntax OK zurückmelden, können Sie fortfahren. Anderenfalls überprüfen Sie die Datei httpd.conf auf Schreibfehler.

21.2.4 Apache ausführen

httpd kann manuell oder durch Startskripte gestartet werden. Die letztere Variante ist vorzuziehen, da dadurch sichergestellt wird, dass bei jedem Neustart des Computers auch der Webserver neu gestartet wird. Um den Webserver manuell zu starten, geben Sie einen Befehl wie den Folgenden ein:

```
$ /usr/local/apache2/bin/apachectl start
```

Soll httpd automatisch beim Systemstart gestartet werden, erstellen Sie in Ihrem rc-Verzeichnis einen Link zur Datei /etc/init.d/httpd (diese wird mit dem Paket httpd installiert). httpd sollte nach Möglichkeit gegen Ende der Bootsequenz gestartet werden, nachdem Daemons, die für Routing- und Zeitsynchronisationsfunktionen zuständig sind, bereits laufen.

> **Tipp**
> In Kapitel 2 finden Sie weitere Informationen über rc-Skripte.

21.2.5 Protokolldateien analysieren

Wenn sich Ihre Site in der Produktion befindet, möchten Sie wahrscheinlich Statistiken sammeln, z. B. die Anzahl der Seitenanforderungen, die durchschnittliche tägliche Anzahl von Treffern, den Prozentsatz fehlerhafter Anforderungen und die übertragene Datenmenge. Stellen Sie sicher, dass das kombinierte Protokollformat verwendet wird (Ihre CustomLog-Anweisungen weisen am Ende combined anstelle von common auf). Das kombinierte Protokollformat enthält Informationen darüber, wo eine Anforderung hergekommen ist (Seite, die den Link zum URL enthielt, sog. »referrer«), und den Benutzeragenten (Browser und Betriebssystem des Clients).

Zugriffs- und Fehlerprotokolle finden Sie im logs-Verzeichnis von Apache. Auch wenn diese Dateien von Ihnen gelesen werden können, benötigen Sie aufgrund der Vielzahl der in ihnen enthaltenen Informationen ein separates Analyseprogramm, das diese Informationen in sinnvoller Art und Weise darstellt. Es sind Hunderte kommerzielle und kostenlose Protokollanalyseprogramme verfügbar.

Es lohnt sich, einen Blick auf die beiden kostenlosen Analyseprogramme Analog (*www.analog.cx*) und AWStats (*awstats.sourceforge.net*) zu werfen. Beide Programme stellen jedoch nur ziemlich grundlegende Informationen zur Verfügung. Wenn Ihre Berichte etwas mehr Pfiff haben sollen, dann sollten Sie sich für ein kommerzielles Paket entscheiden. Eine hilfreiche Liste dieser Pakete finden Sie unter *www.practical-applications.net/kb/loganalysis.html*.

21.2.6 Hosting von statischen Inhalten auf hohe Leistung optimieren

Im Laufe der letzten Jahre hat die Hostinggemeinschaft festgestellt, dass eine Hochleistungs-Hostingplattform am einfachsten erstellt werden kann, indem einige Server für das Hosting statischer Inhalte optimiert werden. Gerade in diesem Bereich bietet Linux durch den TUX-Webserver einzigartige Funktionalität.

TUX ist ein kernelbasierter Webserver, der in Verbindung mit einem traditionellen Webserver z. B. Apache läuft. TUX stellt statische Seiten bereit, ohne jemals den Kernelspace zu verlassen. Dies kann in etwa mit der Art und Weise verglichen werden, wie rpc.nfsd Dateien bereitstellt. Aufgrund dieser Architektur ist es nicht notwendig, Daten zwischen Kernel- und Benutzerspace zu kopieren, und die Anzahl der Kontextwechsel wird minimiert. TUX sollte nicht von Anfängern verwendet werden; es ist jedoch eine ausgezeichnete Wahl für Sites, die statische Inhalte in Windeseile bereitstellen müssen.

Auch wenn TUX von Red Hat entwickelt worden ist (und unter www.redhat.com verfügbar ist), wurde es unter GPL freigegeben und kann mit anderen Linux-Distributionen verwendet werden. Die Konfiguration von TUX ist jedoch nicht besonders einfach. Weitere Details finden Sie unter *www.redhat.com/docs/manuals/tux*.

21.3 Virtuelle Schnittstellen

Anfangs diente ein Computer als Webserver für eine einzelne Website (z. B. *www.acme.com*). Im Zuge der Popularität des Internets wollte jeder seine eigene Website haben und über Nacht wurden aus Tausenden von Unternehmen Webhostinganbieter.

Anbieter fanden schnell heraus, dass sie erhebliche Ertragssteigerungen erzielen konnten, wenn mehrere Sites auf einem einzelnen Server betrieben wurden. Mithilfe dieses Tricks konnten *www.acme.com*, *www.ajax,com*, *www.toadranch.com* und viele andere Sites von derselben Hardware transparent bereitgestellt werden. Aufgrund dieses Bedürfnisses entstanden die virtuellen Schnittstellen.

Virtuelle Schnittstellen ermöglichen einem Daemon, Verbindungen nicht nur aufgrund der Zielportnummer (z. B. Port 80 für HTTP), sondern auch der IP-Adresse zu identifizieren. Heute sind virtuelle Schnittstellen weit verbreitet und haben sich auch bei anderen Anwendungen außerhalb des Webhostings als nützlich erwiesen.

Die Idee ist einfach: Ein einzelner Computer stellt mehr IP-Adressen im Netzwerk bereit, als er physische Netzwerkschnittstellen hat. Jede der resultierenden virtuellen Netzwerkschnittstellen kann dann mit einem entsprechenden Domänennamen verknüpft werden, zu dem ein Internetbenutzer eine Verbindung herstellen kann. Ein einzelner Computer kann somit Hunderte von Websites bereitstellen.

21.3.1 Namensbasierte virtuelle Hosts

Aufgrund der Funktionalität des Protokolls HTTP 1.1, die einer virtuellen Schnittstelle gleicht (offiziell »namensbasierte virtuelle Hosts« genannt), ist es nicht mehr notwendig, Webservern eindeutige IP-Adressen zuzuweisen oder besondere Schnittstellen auf Betriebssystemsebene zu konfigurieren. Hierdurch werden weniger IP-Adressen benötigt, was insbesondere für Sites vorteilhaft ist, bei denen ein einzelner Server Hunderte oder gar Tausende von Homepages bereitstellt (z. B. Universitäten).

Für kommerzielle Sites eignet sich dieses Vorgehen leider nicht besonders. Sowohl die Skalierbarkeit (die IP-Adresse einer Site muss geändert werden, wenn sie auf einen anderen Server verlegt werden soll) als auch die Sicherheit (falls der Zugriff auf eine Site anhand der IP-Adressen an der Firewall gefiltert wird) werden negativ beeinflusst. Darüber hinaus kann SSL nicht von namensbasierten virtuellen Hosts verwendet werden. Echte virtuelle Schnittstellen werden wohl noch einige Zeit im Umlauf sein.

21.3.2 Virtuelle Schnittstellen konfigurieren

Die Einrichtung virtueller Schnittstellen erfolgt in zwei Schritten. Zunächst muss die virtuelle Schnittstelle auf der TCP/IP-Ebene erstellt werden. Anschließend müssen die installierten virtuellen Schnittstellen im Apache-Server angemeldet werden. Dieser zweite Schritt wird in Kürze ausführlicher behandelt.

Virtuelle Schnittstellen werden in Linux als »Schnittstellen: Instanzen« bezeichnet. Wenn beispielsweise eth0 Ihre Ethernetschnittstelle ist, können die mit ihr verbundenen virtuellen Schnittstellen mit eth0:0, eth0:1 usw. bezeichnet werden. Alle Schnittstellen werden mit dem Befehl ifconfig konfiguriert. Der folgende Befehl richtet beispielsweise die Schnittstelle eth0:0 ein und weist ihr eine Adresse im Netzwerk 128.138.243.128/26 zu:

```
# ifconfig eth0:0 128.138.243.150 netmask 255.255.255.192 up
```

Sollen virtuelle Adresszuordnungen in Red Hat und Fedora permanent gemacht werden, können Sie für jede virtuelle Schnittstelle eine eigene Datei in /etc/sysconfig/network-scripts erstellen. Die dem obenstehenden ifconfig-Befehl entsprechende Datei ifcfg-eth0:0 enthält die folgenden Zeilen:

```
DEVICE=eth0:0
IPADDR=128.138.243.150
NETMASK=255.255.255.192
NETWORK=128.138.243.128
BROADCAST=128.138.243.191
ONBOOT=yes
```

Debian und Ubuntu verhalten sich ähnlich wie Red Hat. Die Schnittstellendefinitionen müssen jedoch in der Datei /etc/network/interfaces enthalten sein. Die der Schnittstelle eth0:0 im obigen Beispiel entsprechenden Einträge lauten:

```
iface eth0:0 inet static
   address 128.138.243.150
   netmask 255.255.255.192
   broadcast 128.138.243.191
```

In SUSE-Systemen können Sie virtuelle Schnittstellen entweder mit YaST oder manuell erstellen.

In SUSE werden alle IP-Adressen einer Schnittstelle in einer einzelnen Datei konfiguriert. Um die Schnittstellen manuell zu konfigurieren, suchen Sie im Verzeichnis /etc/sysconfig/network nach Dateien, deren Name mit ifcfg-*ifname* beginnt. Die Dateinamen für die eigentlichen Schnittstellen enthalten eine kompliziert aussehende, 6 Byte lange MAC-Adresse. Dies sind die Dateien, die Sie benötigen.

Eine der Konfigurationsdateien kann beispielsweise die folgenden Einträge enthalten, um zwei virtuelle Schnittstellen zu definieren:

```
IPADDR_0=128.138.243.149
NETMASK_0=255.255.255.192
LABEL_0=0
IPADDR_1=128.138.243.150
NETMASK_1=255.255.255.192
LABEL_1=1
STARTMODE="onboot"
NETWORK=128.138.243.128
```

Die auf IPADDR und NETMASK folgenden Suffixe (in diesem Beispiel _0 und _1) müssen nicht notwendigerweise numerisch sein, zur Vereinheitlichung ist dies jedoch eine sinnvolle Konvention.

21.3.3 Apache über virtuelle Schnittstellen informieren

Zusätzlich zur Erstellung der virtuellen Schnittstellen muss Apache darüber informiert werden, welche Dokumente bereitgestellt werden sollen, wenn ein Client über eine Schnittstelle (IP-Adresse) Verbindung aufnimmt. Dies wird durch die VirtualHost-Anweisung in der Datei httpd.conf erreicht. Für jede konfigurierte virtuelle Schnittstelle gibt es eine VirtualHost-Anweisung. Beispiel:

```
<VirtualHost 128.138.243.150>
    ServerName www.company.com
    ServerAdmin webmaster@www.company.com
    DocumentRoot /var/www/htdocs/company
    ErrorLog logs/www.company.com-error_log
    CustomLog logs/www.company.com-access_log combined
    ScriptAlias /cgi-bin/ /var/www/cgi-bin/company
</VirtualHost>
```

In diesem Beispiel werden jedem Client, der eine Verbindung mit dem virtuellen Host 128.138.243.150 aufnimmt, Dokumente aus dem Verzeichnis /var/www/htdocs/company bereitgestellt. Fast alle Apache-Direktiven können Teil einer VirtualHost-Klausel sein, um Einstellungen für einen bestimmten virtuellen Host zu definieren. Relative Verzeichnispfade, einschließlich der für die DocumentRoot-, ErrorLog- und CustomLog-Direktiven, werden im Kontext von ServerRoot interpretiert.

Bei namensbasierten virtuellen Hosts zeigen mehrere DNS-Namen auf dieselbe IP-Adresse. Die Apache-Konfiguration ist ähnlich. Sie geben dabei die primäre IP-Adresse an, an der Apache nach eingehenden benannten virtuellen Host-Anforderungen lauschen soll. Darüber hinaus lassen Sie die IP-Adresse in der VirtualHost-Klausel aus:

```
NameVirtualHost 128.138.243.150
<VirtualHost *>
    ServerName www.company.com
    ServerAdmin webmaster@www.company.com
    DocumentRoot /var/www/htdocs/company
    ErrorLog logs/www.company.com-error_log
    CustomLog logs/www.company.com-access_log combined
    ScriptAlias /cgi-bin/ /var/www/cgi-bin/company
</VirtualHost>
```

In dieser Konfiguration bestimmt Apache anhand der HTTP-Header die angeforderte Site. Der Server lauscht nach Anforderungen für *www.company.com* an der primären IP-Adresse 128.138.243.150.

21.4 SSL (Secure Sockets Layer)

Das Protokoll SSL[1] ist für die Sicherheit der Kommunikation zwischen Website und Clientbrowser zuständig. Websites, die mit `https://` beginnen, verwenden diese Technologie. SSL setzt Verschlüsselungsalgorithmen ein, die das Abhören, Manipulieren und Fälschen von Mitteilungen verhindern.

Um Verbindungen herzustellen, verwenden Browser und Server ein Authentifizierungssystem, das auf Zertifikaten beruht. Die eigentliche Kommunikation wird anschließend durch schnellere codebasierte Verschlüsselungsverfahren gesichert.

SSL läuft als eigenständige Ebene unterhalb des HTTP-Anwendungsprotokolls und ist dabei für die Sicherheit der Verbindung zuständig, ohne in die HTTP-Transaktion involviert zu sein. Aufgrund dieser sauber strukturierten Architektur sichert SSL nicht nur http, sondern auch SMTP, NNTP und FTP. Weitere Informationen finden Sie in der Wikipedia unter dem Eintrag *Secure Sockets Layer*.

Als SSL noch in den Kinderschuhen steckte, basierten die meisten symmetrischen Entschlüsselungsschlüssel auf nur 40 Bit. Das lag daran, dass die Regierung der USA den Export der Verschlüsselungstechnologie einschränkte. Diese Kontroverse und die resultierenden Rechtsverfahren zogen sich über Jahre hin, bevor die Regierung einige Aspekte der Exporteinschränkungen lockerte und es zuließ, dass für SSL die 128-Bit-Verschlüsselung für symmetrische Schlüssel verwendet werden durfte.

---

[1] Transport Layer Security (TLS) ist der Nachfolger von SSL und wird von allen modernen Browsern unterstützt. Die Webgemeinschaft bezeichnet dieses Protokoll bzw. Konzept jedoch noch immer als SSL.

> **Tipp**
>
> In Abschnitt 30.12 gibt es weitere Informationen zu rechtlichen Fragen bezüglich Kryptographie.

21.4.1 Ein Zertifikat anfordern

Der Eigentümer einer Website, auf der SSL verwendet werden soll, muss ein Zertifikat anfordern. Hierbei handelt es sich um eine digitale Datei mit einem öffentlichen Schlüssel und dem Unternehmensnamen. Das »Zertifikat« muss dann von einer vertrauenswürdigen Quelle, auch Certification Authority (CA) oder Zertifizierungsstelle genannt, »signiert« werden. Das von der Zertifizierungsstelle signierte Zertifikat enthält den öffentlichen Schlüssel, den Unternehmensnamen und die Bestätigung der Zertifizierungsstelle für die Site.

Webbrowser verfügen über interne Listen mit den Zertifizierungsstellen, deren signierte Zertifikate sie akzeptieren. Ein Browser, der die Zertifizierungsstelle Ihrer Site kennt, kann die Signatur auf Ihrem Zertifikat verifizieren und Ihren öffentlichen Schlüssel abrufen, wodurch er in der Lage ist, Mitteilungen zu senden, die nur von Ihrer Site entschlüsselt werden können. Sie können zwar Ihr eigenes Zertifikat signieren, doch wenn Zertifikate nicht von einer anerkannten Zertifizierungsstelle stammen, informieren Browser ihre Benutzer, dass die Zertifikate möglicherweise fragwürdig sind. Bei kommerziellen Sites ist dies offensichtlich ein Problem. Wenn Sie jedoch Ihre eigene Zertifizierungsstelle intern oder zu Testzwecken einrichten möchten, finden Sie Informationen dazu unter

httpd.apache.org/docs/2.0/ssl/ssl_faq.html#aboutcerts.

Zertifikate können von einer beliebigen vorhandenen Zertifizierungsstelle ausgestellt werden. Geben Sie *SSL-Zertifikat* in Google ein und treffen Sie Ihre Auswahl. Zertifizierungsstellen unterscheiden sich im Großen und Ganzen dadurch, wie viel Aufmerksamkeit sie der Verifizierung Ihrer Identität widmen, welche Garantien sie bieten und von wie vielen Browsern sie problemlos unterstützt werden (die meisten Zertifizierungsstellen werden von der Mehrheit der Browser unterstützt).

Es ist relativ einfach, ein Zertifikat zu erstellen und an eine Zertifizierungsstelle zu senden. Hierzu muss OpenSSL installiert sein, was standardmäßig bei den meisten Distributionen der Fall ist. Gehen Sie dabei folgendermaßen vor.

Erstellen Sie zunächst einen privaten 1024-Bit-RSA-Schlüssel für Ihren Apache-Server:

```
$ openssl genrsa -des3 -out server.key 1024
```

21.4 SSL (Secure Sockets Layer)

Sie werden aufgefordert, eine Passphrase einzugeben und zu bestätigen, wodurch der Serverschlüssel verschlüsselt wird. Erstellen Sie an einem sicheren Ort eine Backupkopie (nur von `root` lesbar) der Datei `server.key`, und stellen Sie sicher, dass Sie die eingegebene Passphrase nicht vergessen. Wenn es Sie interessieren sollte, können Sie die numerischen Details des Schlüssels mit dem folgenden Befehl abrufen:

```
$ openssl rsa -noout -text -in server.key
```

Erstellen Sie anschließend eine Zertifikatanforderung, die den generierten Serverschlüssel enthält:

```
$ openssl req -new -key server.key -out server.csr
```

Geben Sie den vollständig qualifizierten Domänennamen des Servers ein, wenn Sie nach einem »common name« gefragt werden. Wenn der URL Ihrer Site *https://www.company.com* lautet, geben Sie *www.company.com* als Ihren »common name« ein. Bedenken Sie, dass Sie für jeden Hostnamen ein eigenes Zertifikat benötigen. Hierbei werden selbst *company.com* und *www.company.com* als verschieden angesehen. Unternehmen registrieren im Allgemeinen nur einen »common name« und stellen dabei sicher, dass alle auf SSL basierenden Links auf den Hostnamen verweisen.

Die Details einer generierten Zertifikatanforderung zeigen Sie mit dem folgenden Befehl an:

```
$ openssl req -noout -text -in server.csr
```

Sie können jetzt die Datei `server.csr` an die Zertifizierungsstelle Ihrer Wahl senden, um sie signieren zu lassen. Es ist nicht notwendig, die lokale Kopie aufzubewahren. Das von der Zertifizierungsstelle zurückgesandte signierte Zertifikat sollte die Dateierweiterung `.crt` aufweisen. Bewahren Sie es an dem gleichen sicheren Platz auf, an dem sich auch Ihr privater Schlüssel befindet.

21.4.2 Apache für die Verwendung von SSL konfigurieren

HTTP-Anforderungen kommen über Port 80 herein, wohingegen HTTPS-Anforderungen Port 443 verwenden. Sowohl HTTPS- als auch HTTP-Verkehr kann von dem gleichen Apache-Prozess bearbeitet werden. SSL funktioniert jedoch nicht mit namensbasierten virtuellen Hosts. Jeder virtuelle Host muss eine eigene IP-Adresse haben. (Diese Einschränkung beruht auf dem Design von SSL.)

Um Apache für die Verwendung von SSL zu konfigurieren, stellen Sie zunächst sicher, dass das SSL-Modul in `httpd.conf` aktiviert ist. Dies geschieht durch Hinzufügen folgender Zeile:

```
LoadModule ssl_module     libexec/mod_ssl.so
```

Fügen Sie anschließend die `VirtualHost`-Direktive für den SSL-Port hinzu:

```
<VirtualHost 128.138.243.150:443>
    ServerName www.company.com
    ServerAdmin webmaster@www.company.com
    DocumentRoot /var/www/htdocs/company
    ErrorLog logs/www.company.com-ssl-error_log
    CustomLog logs/www.company.com-ssl-access_log combined
    ScriptAlias /cgi-bin/ /var/www/cgi-bin/company
    SSLEngine on
    SSLCertificateFile /usr/local/apache2/conf/ssl.crt/server.crt
    SSLCertificateKeyFile /usr/local/apache2/conf/ssl.key/server.key
</VirtualHost>
```

Beachten Sie die Angabe :443 hinter der IP-Adresse und die SSL-Direktiven, mit denen Apache mitgeteilt wird, wo Ihr privater Schlüssel und das signierte Zertifikat zu finden sind.

Nach dem Neustart von Apache werden Sie aufgefordert, die Passphrase für die Datei `server.key` einzugeben. Aufgrund dieser Interaktion startet `httpd` nicht mehr automatisch, wenn der Computer hochfährt. Sie können jedoch die Verschlüsselung Ihres privaten Schlüssels entfernen, was die Eingabe eines Passworts unnötig macht:

```
$ cp server.key server.key.orig
$ openssl rsa -in server.key.orig -out server.key
$ chmod 400 server.key server.key.orig
```

Natürlich kann sich jeder, der sich eine Kopie Ihres unverschlüsselten Schlüssels verschafft, als Ihre Site ausgeben.

Weitere Informationen über SSL finden Sie unter den folgenden Adressen:

```
httpd.apache.org/docs-2.0/ssl/ssl_faq.html
httpd.apache.org/docs/2.0/mod/mod_ssl.html
```

21.5 Zwischenspeicherung und Proxyserver

Die Wachstumsrate der im Internet bereitgestellten Informationen ist enorm. Um dieses Wachstum zu unterstützen, müssen die zur Verfügung stehende Bandbreite und die zur Verarbeitung der Informationen notwendige Computerleistung genauso schnell steigen. Kann dies ewig so weitergehen?

Die Antwort auf diese Frage lautet: nur durch Verwendung von Replikation. Unabhängig davon, ob es auf nationaler oder regionaler Ebene oder aber auf Siteebene geschieht, das Wachstum des Internets macht es erforderlich, dass die Informationen von einer näheren Quelle bereitgestellt werden. Es hat einfach keinen Sinn, die gleiche populäre Website über einen extrem teuren Link mehrere Millionen Mal am Tag von Australien nach Europa zu übertragen. Es sollte einen Weg geben, die Informa-

21.5 Zwischenspeicherung und Proxyserver

tionen, wenn sie erst einmal über den Link gesendet worden sind, zu speichern und wiederzuverwenden. Glücklicherweise ist das möglich.

21.5.1 Der Squid-Cache- und Proxyserver

Eine Möglichkeit ist der kostenlos verfügbare Squid-Cache[2] für Internetobjekte. Bei diesem Paket handelt es sich sowohl um einen Cashing- als auch um einen Proxyserver, der mehrere Protokolle, einschließlich HTTP, FTP und SSL, unterstützt.

Und so funktioniert es: Client-Webbrowser treten mit dem Squid-Server in Verbindung, um ein Objekt im Internet abzurufen. Der Squid-Server fordert daraufhin das Objekt im Namen des Clients an (oder stellt das Objekt aus seinem Cache bereit – siehe den folgenden Absatz) und übermittelt das Ergebnis an den Client. Proxyserver dieser Art werden häufig zur Erhöhung der Sicherheit oder zur Filterung von Inhalten verwendet.

In einem proxybasierten System benötigt nur ein Computer Zugang zum Internet durch die firmeneigene Firewall. In Organisationen wie z. B. Schulen kann ein Proxyserver auch Inhalte filtern, sodass ungeeignetes Material nicht in die falschen Hände kommt. Heute sind viele kommerzielle und kostenlose Proxyserver erhältlich (einige basieren auf Squid, andere dagegen nicht). Einige dieser Systeme beruhen auf Software allein (wie Squid), andere sind Teil der Hardware (z. B. BlueCoat; siehe *www.cacheflow.com*). Eine ausführliche Liste mit Proxyservern kann hier eingesehen werden: *http://www.web-caching.com/proxy-caches.html*.

Auch wenn Proxydienste recht nett sind, sind es eigentlich die Zwischenspeicherungsfunktionen von Squid, die das Leben erst so richtig angenehm machen. Squid speichert nicht nur Anforderungsinformationen lokaler Benutzer, sondern es ist auch möglich, eine Hierarchie von Squid-Servern zu erstellen. Gruppen von Squid-Servern verwenden das Internet Cache Protocol (ICP), um die im Zwischenspeicher enthaltenen Informationen bereitzustellen.

Mithilfe dieser Funktion können Administratoren Systeme erstellen, in denen lokale Benutzer mit einem internen Caching-Server in Verbindung treten, um Informationen aus dem Internet abzurufen. Sollte ein anderer Benutzer am selben Standort den gleichen Inhalt bereits abgerufen haben, wird eine Kopie der Informationen mit LAN-Geschwindigkeit bereitgestellt (normalerweise 100 Mbit/s oder schneller). Wenn das Objekt nicht auf dem lokalen Squid-Server vorhanden ist, kann dieser u. U. eine Anforderung an den regionalen Squid-Server stellen. Wie beim lokalen Server, wird das Objekt augenblicklich zur Verfügung gestellt, falls es bereits einmal zuvor angefordert worden ist. Anderenfalls kann auch der Caching-Server auf Landes- oder Kontinentebene usw. angesprochen werden. Benutzer sind in jedem Fall glücklich, da sie schneller bedient werden.

---

[2] Einige Sites kennzeichnen Ihre Seiten unglücklicherweise als nicht cachefähig. Squid funktioniert in dem Fall leider nicht. Genausowenig kann Squid dynamisch generierte Seiten zwischenspeichern.

Für viele Benutzer bietet Squid wirtschaftliche Vorteile. Da Benutzer dazu neigen, interessante Entdeckungen, die sie im Internet gemacht haben, miteinander auszutauschen, kann es selbst auf Sites von angemessener Größe zu erheblicher Duplizierung von externen Webanforderungen kommen. Eine Studie hat gezeigt, dass bei Verwendung eines Caching-Servers die Anforderungen an die externe Bandbreite um 40% zurückgegangen sind.

Squid kann besonders dann effektiv genutzt werden, wenn Sie Ihre Benutzer dazu zwingen, den Zwischenspeicher zu verwenden. Sie können entweder einen Standardproxyserver durch Active Directory (in einer Windows-Ungebung) konfigurieren oder richten Ihren Router so ein, dass der gesamte webbasierte Datenverkehr durch Verwendung des Web Cache Communication Protocol (WCCP) zum Squid-Cache umgeleitet wird.

21.5.2 Squid einrichten

Die Installation und Konfiguration von Squid ist recht einfach. Da Squid Platz für die Zwischenspeicherung benötigt, sollte es auf einem dedizierten Computer mit viel freiem System- und Festplattenspeicher ausgeführt werden. Für einen relativ großen Zwischenspeicher sollte der Computer um die 2 GB RAM und 200 GB Festplattenspeicher haben.

Sie erhalten das Squid-Paket im RPM- oder apt-get-Format von Ihrem Distributionsanbieter, können aber auch eine neue Kopie von *www.squid-cache.org* herunterladen. Wenn Sie sich dazu entscheiden sollten, Ihre eigene Kompilierung vorzunehmen, führen Sie nach dem Entpacken der Distribution das Skript configure am Beginn des Quellbaums aus. Das Skript geht davon aus, dass das Paket in /usr/local/squid installiert werden soll. Sollten Sie ein anderes Verzeichnis vorziehen, verwenden Sie die Option --prefix=*dir*. Nachdem configure ausgeführt worden ist, führen Sie make all und dann make install aus.

Nachdem Squid installiert worden ist, muss die Konfigurationsdatei squid.conf gemäß Ihren Anforderungen angepasst werden. Im Distributionsverzeichnis finden Sie die Datei QUICKSTART, die eine Liste der an der Beispieldatei squid.conf vorzunehmenden Änderungen enthält.

Sie müssen darüber hinaus den Befehl squid -z manuell ausführen und die Verzeichnisstruktur, in der zwischengespeicherte Websites abgelegt werden sollen, auf null setzen. Anschließend kann der Server manuell durch das Skript RunCache gestartet werden. Letztendlich sollten Sie dieses Skript von den rc-Systemdateien automatisch beim Systemstart ausführen lassen.

Um Squid zu testen, konfigurieren Sie Ihren Desktop-Webbrowser, sodass er Squid als Proxy verwendet. Diese Option ist normalerweise in den Voreinstellungen des Browsers zu finden.

21.6 Einen anonymen FTP-Server einrichten

Auch wenn FTP einer der ältesten und einfachsten Dienste im Internet ist, wird er heute immer noch verwendet. FTP kann zwar auf verschiedene Weisen intern verwendet werden, seine geläufigste Anwendung ist aber wohl als »anonymes FTP« bekannt. Hierbei sind Benutzer, die nicht über ein eigenes Benutzerkonto verfügen, in der Lage, von Ihnen bereitgestellte Dateien von Ihrer Site herunterzuladen.

FTP bietet sich zur Verteilung von Programmfehlerkorrekturen, Software, Dokumententwürfen usw. an. FTP-Server sind heute jedoch fast vollständig durch HTTP-Server ersetzt worden. Die Argumente, die für FTP sprechen, sind ziemlich schwach: FTP kann ein wenig zuverlässiger sein, und Benutzer brauchen keinen Webbrowser, um auf eine FTP-Site zuzugreifen (sie brauchen allerdings einen FTP-Client).

Einfaches FTP sollte *nur* verwendet werden, wenn anonymer Zugriff notwendig ist. Für nicht anonyme Anwendungen sollten Sie die sichere Variante SFTP verwenden. FTP überträgt Passwörter unverschlüsselt und hat in der Vergangenheit eine ganze Reihe von Sicherheitsproblemen gehabt.

ftpd wird von inetd verwaltet und besitzt aus diesem Grund einen Eintrag in den Dateien /etc/inetd.conf und /etc/services. (Wenn Ihre Distribution xinetd anstelle von inetd verwendet, sollte eine Datei für ftpd in /etc/xinetd.d existieren.) Wenn sich ein FTP-Benutzer anonym anmeldet, führt ftpd den Systemaufruf chroot (kurz für »change root« oder »root ändern«) aus. Hiermit werden Dateien außerhalb des Verzeichnisses ~ftp unsichtbar und unzugänglich gemacht. Aufgrund der öffentlichen Natur von FTP ist es wichtig, dass ftpd richtig konfiguriert ist, sodass vertrauliche Dateien nicht aus Versehen von jedermann abrufbar sind.

Um anonymes FTP auf Ihrer Site zu ermöglichen, führen Sie die folgenden Schritte in der aufgeführten Reihenfolge aus:

- Fügen Sie den Benutzer ftp den regulären Dateien /etc/password und /etc/shadow mit Ihrem und Ihrem Shadow-Passwort hinzu (der Benutzer ftp sollte bereits in allen Distributionen mit Ausnahme von Debian existieren). Da sich niemand mit dem ftp-Konto einloggen muss, verwenden Sie x als Passwort für ftp. Es ist außerdem keine schlechte Idee, /sbin/nologin oder /bin/false als Login-Shell für ftp anzugeben.
- Erstellen Sie das Heimatverzeichnis für ftp, falls es nicht bereits existiert.
- Erstellen Sie die Unterverzeichnisse bin, etc, lib und pub im Verzeichnis ~ftp. Da bei einer anonymen ftp-Sitzung das Wurzelverzeichnis auf ~ftp geändert wird (durch chroot), müssen die Unterverzeichnisse bin und etc eine Kopie aller von ftpd benötigten Befehle und Konfigurationsinformationen enthalten. Nach Ausführung von chroot geben sich ~ftp/bin und ~ftp/etc als /bin und /etc aus.
- Kopieren Sie das Programm /bin/ls in das Verzeichnis ~ftp/bin. Die Sicherheit kann weiter erhöht werden, indem Sie die Programmausführung von ~ftp/bin/ls auf Execute-only ändern. Hierzu muss sein Modus auf 111 geändert werden. Dieser

Kniff macht es Clients unmöglich, die Binärdatei zu kopieren und auf Schwachstellen zu analysieren. Symbolische Links funktionieren auch nicht, da diese nicht auf Dateien außerhalb der chroot-Umgebung zeigen können.

- Kopieren Sie die freigegebenen Bibliotheken, die von ls benötigt werden, nach ~ftp/lib, oder erstellen Sie einen harten Link zu ihnen. In der Dokumentation zu Ihrer Distribution finden Sie weitere Informationen darüber, welche Dateien notwendig sind. Bedenken Sie, dass harte Links nur bei Dateien funktionieren, die sich auf der gleichen Partition befinden.
- Kopieren Sie /etc/passwd und /etc/group nach ~ftp/etc.
- Bearbeiten Sie die Dateien passwd und group. ftpd verwendet nur den Befehl ls und elementare Kopien von /etc/passwd und /etc/group in ~ftp/etc. Die Dateien passwd und group unter ~ftp sollten nur root, daemon und ftp enthalten, wobei die Passwortfelder x aufweisen sollten.
- Weisen Sie den Dateien und Verzeichnissen unter ~ftp die entsprechenden Berechtigungen zu. Wir empfehlen die Berechtigungen aus Tabelle 21.4.
- Editieren Sie /etc/ftpusers, und entfernen Sie die Einträge ftp und anonymous, damit sich anonyme Benutzer anmelden können.
- Kopieren Sie die gewünschten Dateien nach ~ftp/pub.

Datei/Verzeichnis	Besitzer	Modus	Datei/Verzeichnis	Besitzer	Modus
~ftp	root	555	~ftp/etc/passwd	root	444
~ftp/bin	root	555	~ftp/etc/group	root	444
~ftp/bin/ls	root	111	~ftp/pub	root	755
~ftp/etc	root	555	~ftp/lib	root	555

Tabelle 21.4: Empfohlene Berechtigungen unter ~ftp

In der Tatsache, dass Benutzer Dateien in FTP-Verzeichnissen ablegen können, liegt eines der größten Sicherheitsrisiken von anonymem FTP. Unabhängig davon, wie verschleiert Ihre Verzeichnisse sind: Sobald sie für jedermann zugänglich sind, nisten sich Hacker und Kids in ihnen ein, die auf der Suche nach Verzeichnissen sind, über die Raubkopien ausgetauscht werden können. Dies bedeutet, dass Sie Bandbreite verlieren und sich im Mittelpunkt von unerwünschten, wenn nicht sogar illegalen Aktivitäten befinden. Unterstützen Sie diese Aktivitäten nicht, und erlauben Sie unter keinen Umständen, dass Ihr System anonyme beschreibbare Verzeichnisse enthält.

21.7 Übungen

☆ 1. Konfigurieren Sie eine virtuelle Schnittstelle in Ihrem System. Führen Sie `ifconfig` vorher und nachher aus, um die Unterschiede zu sehen. Können Sie die virtuelle Schnittstelle von einem anderen Computer im gleichen Subnet anpingen? Von einem anderen Netzwerk? Warum ist dies möglich, oder warum nicht? (Erfordert `root`-Zugriff.)

☆ 2. Zeichnen Sie mit einem Paketsniffer (`tcpdump`) eine bidirektionale HTTP-Konversation auf, mit der Informationen hochgeladen werden (z. B. Ausfüllen eines Formulars oder eines Suchfeldes). Erstellen Sie Anmerkungen zur Sitzung, aus denen hervorgeht, wie Ihr Browser Informationen an den Webserver weitergeleitet hat. (Erfordert `root`-Zugriff.)

☆ 3. Verwenden Sie einen Paketsniffer, um den Datenverkehr beim Besuch einer populären Website, wie z. B. der Homepage von *www.amazon.com* oder *cnn.com*, aufzuzeichnen. Wie viele separate TCP-Verbindungen werden geöffnet? Wer initiiert sie? Kann das System effizienter konzipiert werden? (Erfordert `root`-Zugriff.)

☆ 4. Suchen Sie die Protokolldateien eines Webservers, auf den über das Internet zugegriffen werden kann – vielleicht der Hauptserver Ihrer eigenen Site. Sehen Sie sich die Protokolldateien an. Welche Schlüsse ziehen Sie aus dem Zugriffsmuster während einer bestimmten Zeitspanne, z. B. einige Stunden? Welche Fehler sind während dieser Zeit aufgetreten? Welche Datenschutzprobleme werden durch den Inhalt der Protokolldateien offengelegt? (`root`-Zugriff ist unter Umständen erforderlich.)

☆☆ 5. Installieren Sie Apache in Ihrem System, und erstellen Sie ein paar Seiten. Verwenden Sie andere Computer, um sicherzustellen, dass Ihr Webserver ordnungsgemäß funktioniert. Öffnen Sie die Apache-Protokolldateien, aus denen hervorgeht, welche Browser auf Ihren Server zugreifen. Konfigurieren Sie Apache so, dass einige der Seiten auf der in obiger Übung 1 erstellten virtuellen Schnittstelle bereitgestellt werden. (Erfordert `root`-Zugriff.)

Teil C
Verschiedenes

22 Das X Window System

Das X Window System, auch als X11 oder einfach X bezeichnet, ist die Basis für die meisten grafischen Benutzerumgebungen für UNIX und Linux. X ist der natürliche Nachfolger eines – ob Sie es glauben oder nicht – als W bezeichneten Window Systems, das als Teil des »Athena-Projektes« von MIT Anfang der 80er Jahre entwickelt wurde. Die 1985 freigegebene Version 10 des X Window Systems war die erste, die breite Anwendung fand, und kurz danach folgte die Version 11 (X11). Dank relativ liberaler Lizenzbedingungen breitete sich das X Window System schnell auf andere Plattformen aus, und mehrere Implementierungen entstanden.

1988 wurde das MIT-X-Konsortium gegründet, das die allgemeine Richtung für das X Window-Protokoll festlegen sollte. In den darauf folgenden 10 Jahren brachten diese Gruppe und ihre Nachfolger ständig neue Protokollaktualisierungen heraus. X11R7.1 ist die neueste und umfangreichste, wobei der Trend offensichtlich dahin geht, der Versionsbezeichnung neue Zahlen hinzuzufügen und nicht die jeweilige Zahl hochzusetzen.

XFree86 (die Portierung von X auf Intel x86-Systeme) wurde zu *der* X-Server-Implementierung für Linux (und viele andere Plattformen), bis eine Änderung der Lizenzbedingungen 2004 viele Distributionen veranlasste, auf einen Zweig von XFree86 umzustellen, der durch die neue Lizenzklausel nicht erfasst wurde. Dieser Zweig wird durch die nichtkommerzielle X.Org Foundation unterstützt und stellt heute die vorherrschende Linux-Implementierung dar. Außerdem wurde der X.Org-Server nach Windows portiert und kann somit in der Linux-kompatiblen Cygwin-Umgebung genutzt werden. (Es gibt auch einige kommerzielle X-Server für Windows, siehe dazu Abschnitt 26.2.1).

Dieses Kapitel beschreibt die X.Org-Version von X Window, die in allen unseren Beispieldistributionen verwendet wird. Die Implementierungen von X.Org und XFree86 sind in ihrer Architektur unterschiedliche Wege gegangen, die meisten administrativen Details sind jedoch die gleichen. Es reicht häufig aus, in den Befehlen und Dateinamen xf86 durch xorg zu ersetzen, um von XFree86 nach X.org zu wechseln. XFree86 wird allmählich uninteressant und deshalb hier nicht mehr erörtert.

Das X Window System lässt sich in einige wenige Hauptkomponenten aufgliedern. Als Erstes enthält es einen *Anzeigemanager* (Display Manager), dessen Hauptaufgabe darin besteht, die Nutzer zu authentifizieren, sie einzuloggen und aus Startskripten eine Anfangsumgebung aufzubauen. Der Anzeigemanager startet außerdem den *X-Server*, der für die Bitmap-Anzeigen und die Eingabegeräte des Systems (z. B. Tastatur und Maus) eine abstrakte Schnittstelle definiert. Die Startskripte enthalten auch einen *Fenstermanager* (Window Manager), der es dem Benutzer ermöglicht, Fenster zu bewegen, in der Größe zu verändern, zu minimieren und zu maximieren sowie mehrere unabhängige virtuelle Desktops zu verwalten. Schließlich sind die Anwendungen auf der untersten Ebene mit einer *Widget-Bibliothek* verbunden, die Benutzeroberflächen-Hilfsmittel, wie z. B. Schaltflächen und Menüs. Abbildung 22.1 zeigt die Beziehungen zwischen dem Anzeigemanager, dem X-Server und den Benutzeranwendungen.

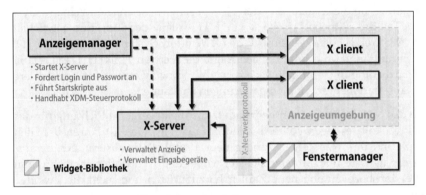

Abbildung 22.1: Das X-Client/Server-Modell

Der X-Server versteht über ein Netzwerk-API nur ein sehr begrenztes Spektrum an Zeichnungselementen, definiert aber kein Programminterface zu Einheiten höherer Ebenen, wie z. B. Schaltflächen, Textfeldern, Menüs und Schiebereglern. Mit diesem Aufbau werden zwei wichtige Ziele erreicht. Erstens ermöglicht er es, dass der X-Server auf einem von der Clientanwendung völlig unabhängigen Computer läuft. Zweitens sorgt er dafür, dass der Server mehrere verschiedene Fenstermanager und Widget-Einstellungen unterstützt.

Die Anwendungsentwickler können unter mehreren allgemeinen Widget-Bibliotheken und Benutzerschnittstellen-Standards wählen. Leider wird die Auswahl häufig eher durch persönliche Neigungen als durch reale Konfigurationsüberlegungen bestimmt. Auch wenn Wahlfreiheit schön ist, hat der bewusste Verzicht auf einen Standard-Widget-Set beim Aufbau der Benutzerschnittstelle von X Window nachweislich jahrelang zu schwachen Ergebnissen geführt.

In diesem Kapitel erläutern wir, wie man mit Programmen auf einem entfernten Bildschirm arbeitet und wie die Authentifizierung erfolgt. Des Weiteren zeigen wir, wie man einen X.Org-Server konfiguriert und wie man Konfigurationsfehler findet. Zum Schluss wollen wir noch kurz auf die verfügbaren Fenstermanager und Desktopumgebungen eingehen.

22.1 Der X-Anzeigemanager

Der Anzeigemanager ist das Erste, was der Benutzer üblicherweise zu sehen bekommt, sobald er sich an den Rechner setzt. Unbedingt nötig ist er nicht, viele Benutzer setzen den Anzeigemanager außer Betrieb und starten X Window von der Textkonsole aus oder mit ihrem .login-Skript, indem sie startx laufen lassen (das selbst ein Wrapper für das xinit-Programm ist, das den X-Server startet).

Andererseits glänzt der Anzeigemanager mit einem attraktiven, benutzerfreundlichen Login-Bildschirm und bietet einige zusätzliche Werkzeuge zum Konfigurieren. Der Anzeigemanager ermöglicht über das XDMCP-Protokoll entfernte Logins auf einen anderen Server. Er kann auch eine Anzeige der Authentifizierung ermöglichen (siehe Abschnitt 22.2.2). Der Original-Anzeigemanager trägt den Namen xdm (X display manager), seine Nachfolger, wie z. B. gdm (GNOME display manager) und kdm (KDE display manager) haben mehr oder weniger dieselben Eigenschaften und sehen wesentlich besser aus.

Üblicherweise startet der Anzeigemanager den X-Server, authentifiziert den Benutzer, meldet den Benutzer im System an und führt die Startskripts des Benutzers aus. Eine Reihe von Konfigurationsdateien, die sich zumeist im Verzeichnis /etc/X11/xdm befinden, legen fest, wie xdm laufen soll. Sie können beispielsweise die Xservers-Datei so bearbeiten, dass die Anzeigenummer für den Server geändert wird, wenn mehrere Server auf anderen virtuellen Terminals laufen. Sie können auch mit der layout-Option das Serverlayout ändern, falls Sie Layouts für mehrere Systeme definiert haben.

Nachdem der X-Server gestartet wurde, fragt xdm den Benutzernamen und das Passwort ab. Das Benutzerpasswort wird entsprechend den PAM-Modulen (Pluggable Authentication Modules) authentifiziert, die in /etc/pam.d/xdm festgelegt sind (oder in kdm/gdm, falls Sie den Anzeigemanager von KDE oder GNOME verwenden). Der Login-Bildschirm kann auch die Möglichkeit bieten, sich in verschiedene alternative Desktopumgebungen einzuloggen, einschließlich der im folgenden erörterten ausfallsicheren Lösung.

Tipp

In Abschnitt 20.5.6 erhalten Sie weitere Informationen zu PAM.

Die letzte Aufgabe des Anzeigemanagers ist es, das Xsession-Shellskript auszuführen, das die Desktopumgebung des Benutzers einrichtet. Dieses Skript, das auch häufig in /etc/X11/xdm zu finden ist, ist ein systemweites Startskript. Es legt Anwendungsstandards fest, installiert Standard-Tastenbelegungen und wählt Spracheinstellungen. Das Xsession-Skript führt danach das persönliche Startskript des Benutzers aus, das üblicherweise den Namen ~/.xsession trägt und den Fenstermanager, die Taskleiste, die Hilfsanwendungen und weitere Programme startet. GNOME und KDE haben eigene Startskripte, die den Desktop des Benutzers entsprechend den Konfigurationswerkzeugen von GNOME und KDE konfigurieren; dieses Verfahren ist weniger fehleranfällig als das Bearbeiten eigener Startskripte durch den Benutzer selbst.

Sobald die Ausführung von ~/.xsession abgeschlossen ist, wird der Benutzer aus dem System ausgeloggt, und der Anzeigemanager fragt erneut den Benutzernamen und das Passwort ab. Daher muss ~/.xsession alle Programme im Hintergrund starten (indem es an jeden Befehl ein & anhängt), *bis auf das letzte Programm*, in der Regel der Fenstermanager. (Würden alle Befehle in ~/.xsession im Hintergrund laufen, würde das Skript sofort beendet und der Benutzer sofort nach dem Einloggen wieder abgemeldet.) Läuft dagegen der Fenstermanager als Letzter im Vordergrund, wird der Benutzer erst dann ausgeloggt, nachdem der Fenstermanager beendet ist.

Die ausfallsichere Login-Option erlaubt es, dass die Benutzer sich einloggen können, um ihre defekten Startskripte zu reparieren. Diese Option kann üblicherweise im Login-Bildschirm des Anzeigemanagers ausgewählt werden. Dabei wird lediglich ein einfaches Terminalfenster geöffnet, und sobald dieses Fenster geschlossen wird, loggt das System den Benutzer aus. Jedes System sollte diese Reparaturmöglichkeit bieten, sie hilft den Benutzern, eigene Fehler selbst zu beheben, anstatt mitten in der Nacht um Hilfe rufen zu müssen.

Das häufigste Problem beim Start besteht darin, dass vergessen wird, einen Prozess in den Vordergrund zu stellen; es ist aber nicht die einzige Möglichkeit. Ist der Grund für auftretende Probleme nicht offensichtlich, können Sie in der ~/.xsession-errors-Datei nachsehen, die die Ausgabe der von ~/.xsession ausgeführten Befehle enthält. Überprüfen Sie dort, ob Sie Fehler oder unnormales Verhalten finden. Kommen Sie nicht weiter, schieben Sie das ~/.xsession-Skript völlig beiseite und versuchen Sie, sich ohne dieses Skript einzuloggen. Stellen Sie dann ein oder zwei Zeilen jeweils auf einmal wieder her, bis Sie die fehlerhafte Zeile gefunden haben.

22.2 Eine X-Anwendung ausführen

Der für die Ausführung einer X-Anwendung benötigte Prozess sieht auf den ersten Blick vielleicht sehr kompliziert aus. Sie werden jedoch bald sehen, welche Flexibilität das Client/Server-Anzeigemodell ermöglicht. Da Anzeigeaktualisierungen über das Netz übertragen werden, kann eine Anwendung (der Client) auf einem völlig anderen Rechner als auf dem laufen, auf dem seine grafische Benutzerschnittstelle gezeigt wird (dem Server). Ein X-Server kann Verbindungen zu vielen verschiedenen Anwendungen haben, die alle auf anderen Rechnern laufen.

Damit dieses Modell funktioniert, muss den Clients vorgegeben werden, welcher physische Bildschirm verwendet werden soll und welcher virtuelle Bildschirm auf

22.2 Eine X-Anwendung ausführen

diesem physischen Bildschirm Platz finden soll. Sind die Clients verbunden, müssen sie sich gegenüber dem X-Server authentifizieren, damit sichergestellt ist, dass die Person vor dem Bildschirm die Verbindung autorisiert hat.

Selbst mit Authentifizierung ist die Sicherheit von X Window relativ schwach ausgelegt. Sie können Verbindungen mit mehr Sicherheit handhaben, wenn Sie sie über einen SSH-Tunnel routen (siehe Abschnitt 22.2.3). Bei X Window-Verbindungen über das Internet empfehlen wir dringend, SSH zu verwenden. Es ist auch für den Datenverkehr im lokalen Netzwerk empfehlenswert.

Tipp

In Abschnitt 20.11.3 erhalten Sie weitere Informationen zu SSH.

22.2.1 Die Umgebungsvariable DISPLAY

X Window-Anwendungen konsultieren die Umgebungsvariable DISPLAY, um zu erfahren, wo sie angezeigt werden sollen. Die Variable enthält den Hostnamen oder die IP-Adresse des Servers, die Anzeigenummer (die diejenige Instanz eines X-Servers bezeichnet, auf der die Anzeige erfolgen soll) und eine optionale Monitornummer (für Anzeigen mit mehreren Monitoren). Laufen Anwendungen auf demselben Rechner, auf dem sie auch angezeigt werden, sind die meisten dieser Parameter entbehrlich, was die Prozedur vereinfacht.

Das folgende Beispiel zeigt sowohl das Format der DISPLAY-Variable als auch die bash-Syntax, mit der die Umgebungsvariable festgelegt wird:

```
client$ DISPLAY=servername.domain.com:10.2; export DISPLAY
```

Das sind Einstellungen für X-Anwendungen, die am Rechner servername.domain.com, Anzeige 10, Monitor 2 angezeigt werden. Die Anwendungen stellen eine TCP-Verbindung zum Server auf Port 6000 plus Anzeigenummer (in diesem Beispiel Port 6010) her, wo der X-Server, der diesen Bildschirm bedient, lauschen sollte.

Beachten Sie, dass jeder Prozess seine eigenen Umgebungsvariablen hat. Wenn Sie die DISPLAY-Variable für eine Shell festlegen, wird ihr Wert nur durch Programme übernommen, die innerhalb dieser Shell laufen. Falls Sie die oben genannten Befehle in einem xterm ausführen und danach versuchen, Ihre bevorzugte X Window-Anwendung von einem anderen xterm aus laufen zu lassen, hat die Anwendung keinen Zugang zu Ihrer sorgfältig aufgebauten DISPLAY-Variable.

Erwähnt werden muss weiterhin, dass X-Anwendungen, auch wenn sie ihre grafische Ausgabe an einen festgelegten X-Server senden, dennoch lokale stdout- und stderr-Kanäle haben. Eine Fehlermeldung kann auch noch auf dem Terminalfenster erscheinen, von dem aus eine X-Anwendung gestartet wurde.

Sind sowohl der Client als auch der Server Teil Ihres lokalen Netzwerkes, können Sie, je nachdem, wie Ihr Namensserver konfiguriert ist, in der DISPLAY-Variable auch auf den vollständigen Domänennamen des Servers verzichten. Da auch die meisten Systeme nur einen X-Server haben, ist die Anzeigenummer normalerweise die 0. Die Monitornummer kann auch weggelassen werden, dann wird 0 angenommen. Folglich ist es in den meisten Fällen richtig, den Wert von DISPLAY auf *servername*:0 zu setzen.

Tipp

Weitere Informationen zur DNS-Resolver-Konfiguration finden Sie in Abschnitt 15.10.1.

Läuft die Client-Anwendung auf demselben Rechner wie der X-Server, kann die DISPLAY-Variable durch Weglassen des Hostnamens weiter vereinfacht werden. Diese Maßnahme hat nicht nur kosmetische Aspekte: Bei weggelassenem Hostnamen nutzen die Clientbibliotheken, wenn sie Kontakt zum X-Server aufnehmen, statt eines Netzwerksockets ein UNIX-Domänensocket. Diese Verbindung ist nicht nur schneller und effizienter, sie übergeht auch alle Firewall-Beschränkungen auf dem lokalen System, die bemüht sind, externe X-Verbindungen abzuwehren. Der einfachste mögliche Wert für die DISPLAY-Umgebungsvariable ist folglich einfach :0.

Dieselben Clientbibliotheken, die die DISPLAY-Umgebungsvariable lesen, akzeptieren diese Information auch in Form eines Kommandozeilen-Arguments. So ist z. B. der folgende Befehl gleichwertig mit der Ausführung eines Programms, bei dem DISPLAY auf *servername*:0 gesetzt ist:

```
client$ xprogram -display servername:0
```

Die Befehlszeile hat Vorrang vor den Umgebungsvariablen. Das ist besonders vorteilhaft, wenn Sie auf einem Rechner mehrere Programme laufen lassen, die über verschiedene Bildschirme gesteuert werden.

22.2.2 Clientauthentifizierung

Auch wenn die X-Umgebung als relativ unsicher gilt, sind Vorsichtsmaßnahmen möglich, die unbefugten Zugriff verhindern. In früheren Zeiten, als die Sicherheit noch kein so dringendes Problem war, nahmen X-Server üblicherweise Verbindun-

22.2 Eine X-Anwendung ausführen

gen von allen Clients auf einem Host an, der mit dem Befehl xhost als sicher gekennzeichnet war. Da aber jeder Benutzer auf diesem Host eine Verbindung zu Ihrem Bildschirm herstellen und (absichtlich oder aus Versehen) Chaos anrichten kann[1], wurde der Steuerung der Zugriffsberechtigung über xhost schließlich verworfen. Wir werden sie deshalb hier nicht mehr erörtern und empfehlen dringend, sie nicht einzusetzen.

Die am weitesten verbreitete Alternative zur Sicherheit auf Hostbasis heißt Authentifizierung über magische Cookies. Auch wenn der Gedanke an magische Cookies bei einigen unserer Leser nostalgische Gefühle weckt, so werden sie in diesem Zusammenhang verwendet, um X-Verbindungen zu authentifizieren. Die Grundidee besteht darin, dass der X-Anzeigemanager zu Beginn des Login-Prozesses eine große Zufallszahl erzeugt, die als Cookie bezeichnet wird. Das Cookie für den Server wird in die Datei ~/.Xauthority im Heimatverzeichnis des Benutzers geschrieben. Alle Clients, die das Cookie kennen, dürfen auf den X-Server zugreifen. Benutzer können den Befehl xauth starten. Sie sehen dann, welche Cookies vorhanden sind, und können der Datei neue hinzufügen.

Am leichtesten lässt sich die Arbeitsweise anhand eines Beispiels zeigen. Angenommen, Sie haben Ihre DISPLAY-Variable im Clientsystem so eingestellt, dass sie die X-Anwendungen auf dem Rechner zeigt, vor dem Sie sitzen. Sie haben ein Programm gestartet und erhalten eine Fehlermeldung, die etwa so aussieht:

```
client$ xprogram -display server:0
Xlib: connection to "server:0.0" refused by server
xprogram:  unable to open display 'server:0'
```

Diese Nachricht sagt Ihnen, dass der Client nicht das richtige Cookie hat und dass der entfernte Server die Verbindung abgelehnt hat. Um das richtige Cookie zu finden, loggen Sie sich an dem Server ein (was Sie vermutlich schon getan haben, wenn Sie versuchen, die Anzeige dorthin zu lenken) und listen durch xauth list die Cookies des Servers auf:

```
server$ xauth list
server:0        MIT-MAGIC-COOKIE-1   f9d888df6077819ef4d788fab778dc9f
server/unix:0   MIT-MAGIC-COOKIE-1   f9d888df6077819ef4d788fab778dc9f
localhost:0     MIT-MAGIC-COOKIE-1   cb6cbf9e5c24128749feddd47f0e0779
```

Jede Netzwerkschnittstelle auf dem Server hat einen Eintrag. In diesem Beispiel haben wir ein Cookie für Ethernet, ein Cookie für das UNIX-Domänensocket für lokale Verbindungen und ein Cookie für die Loopback-Schnittstelle.

Die einfachste Art, das Cookie auf den Client zu bekommen (wenn Sie nicht SSH verwenden, das das Cookie für Sie verwaltet) ist das altbewährte Ausschneiden und Einfügen. Die meisten Terminalemulatoren (z. B. xterm) ermöglichen es, den Text mit der Maus zu markieren und in ein anderes Fenster einzufügen; zumeist ist dazu die mitt-

---

1 Das Programm xflip bzw. xmelt *ist dafür besonders geeignet*

lere Maustaste zu drücken. Erfreulicherweise akzeptiert der Befehl `xauth add` als Eingabe dasselbe Format, das `xauth list` anzeigt. So können Sie das Cookie an den Client anfügen:

```
client$ xauth add server:0 MIT-MAGIC-COOKIE-1
9d888df6077819ef4d788fab778dc9f
```

Überprüfen Sie, dass das Cookie korrekt angefügt wurde, indem Sie `xauth list` auf dem Client ausführen. Wenn die DISPLAY-Umgebungsvariable definiert und das richtige magische Cookie an den Client übergeben worden ist, sollten die Anwendungen nun korrekt auf dem Server erscheinen.

Haben Sie Probleme mit den Cookies, gehen Sie kurz zur `xhost`-Authentifizierung zurück und überprüfen Sie, dass es dort keine anderen Probleme gibt (z. B. Firewalls oder Einschränkungen im lokalen Netzwerk, die dem Client den Zutritt zum Server verwehren). Benutzen Sie stets `xhost -` (d. h. mit einem Strich als einzigem Argument), wenn Sie nach Abschluss Ihres Testes die Authentifizierung mittels `xhost` beenden möchten.

22.2.3 Weiterleitung von X-Verbindungen mit SSH

Cookies erhöhen die Sicherheit, narrensicher sind sie jedoch kaum. Ein Benutzer, der das Cookie Ihrer Anzeige herausbekommt, kann sich mit der Anzeige verbinden und Programme laufen lassen, die Ihre Handlungen überwachen. Auch ohne Ihr Cookie besteht Gefahr, denn das X-Protokoll überträgt die Daten unverschlüsselt über das Netz, sodass praktisch jeder sie ausspionieren kann.

Sie können die Sicherheit mit SSH, dem sicheren Shell-Protokoll, erhöhen. SSH bietet einen authentifizierten und verschlüsselten Terminaldienst, kann jedoch auch beliebige Netzwerkdaten, einschließlich X-Protokoll-Daten, über einen sicheren Kanal leiten. Das Weiterleiten von X-Daten ähnelt dem Weiterleiten generischer SSH-Ports, da SSH aber X kennt, gewinnen Sie einige zusätzliche Funktionen, so z. B. ein Pseudo-Terminal auf dem entfernten Rechner und die Übergabe der Cookies.

Tipp

In Abschnitt 20.11.3 finden Sie weitere Informationen zu SSH.

Normalerweise bauen Sie die `ssh`-Verbindung von dem Rechner, auf dem der X-Server läuft, zu dem Rechner auf, auf dem Sie die X-Programme ausführen möchten. Diese Anordnung sieht verwirrend aus, da der SSH-*Client* auf demselben Rechner

22.2 Eine X-Anwendung ausführen

wie der X-*Server* läuft und eine Verbindung zu einem SSH-*Server* herstellt, der derselbe Rechner wie der mit den X-*Client*-Anwendungen ist. Schlimmer noch, die virtuelle Anzeige, die SSH für Ihren X-Server aufbaut, ist für das entfernte System eine lokale Anzeige. Abbildung 22.2 zeigt, wie der X-Verkehr über die SSH-Verbindung fließt.

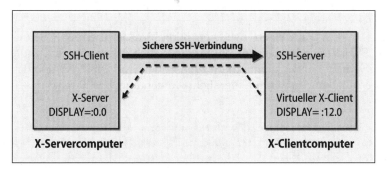

Abbildung 22.2: Anwendung von SSH bei X

Ihre Variable DISPLAY und die Authentifizierungsinformation werden automatisch von ssh erstellt. Die Anzeigenummer beginnt bei :10.0 und erhöht sich bei jeder SSH-Verbindung, die X-Verkehr überträgt.

Ein Beispiel soll die Abfolge veranschaulichen:

```
x-server$ ssh -v -X x-client.mydomain.com
OpenSSH_3.9p1, OpenSSL 0.9.7a Feb 19 2003
debug1: Reading configuration data /home/boggs/.ssh/config
debug1: Reading configuration data /etc/ssh/ssh_config
debug1: Applying options for *
debug1: Connecting to x-client.mydomain.com [192.168.15.9] port 22.
debug1: Connection established.
Enter passphrase for key '/home/boggs/.ssh/id_rsa':
debug1: read PEM private key done: type RSA
debug1: Authentication succeeded (publickey).
debug1: Entering interactive session.
debug1: Requesting X11 forwarding with authentication spoofing.
debug1: Requesting authentication agent forwarding.
x-client$
```

Aus den letzten beiden Zeilen ist ersichtlich, dass der Client eine Weiterleitung für X11-Anwendungen anfordert. Die X-Weiterleitung muss sowohl auf dem SSH-Server als auch auf dem SSH-Client freigegeben werden, und der Client muss auch das richtige Cookie für den Server haben. Sollte etwas nicht richtig zu laufen scheinen, versuchen Sie es mit den Schaltern -X und -v (OpenSSH), um ausdrücklich die X-Weiterleitung freizugeben und ausführliche Meldungen zu erzwingen. Überprüfen Sie auch die globalen SSH-Konfigurierungsdateien in /etc/ssh, um sicherzugehen, dass die

X11-Übertragung nicht auf administrativem Wege deaktiviert wurde. Sind Sie eingeloggt, können Sie auch gleich Ihre Anzeige und Ihre Cookies überprüfen.

```
x-client$ echo $DISPLAY
localhost:12.0
x-client$ xauth list
x-client/unix:12  MIT-MAGIC-COOKIE-1  a54b67121eb94c8a807f3ab0a67a51f2
```

Beachten Sie, dass DISPLAY auf einen virtuellen Bildschirm auf dem SSH-Server zeigt. Den anderen SSH-Verbindungen (sowohl Ihren als auch denen anderer Benutzer) werden andere virtuelle Anzeigennummern zugeordnet. Sind DISPLAY und das Cookie richtig eingestellt, können wir nun die Client-Anwendung ausführen.

```
x-client$ xeyes
debug1: client_input_channel_open: ctype x11 rchan 4 win 65536 max 16384
debug1: client_request_x11: request from 127.0.0.1 35411
debug1: channel 1: new [x11]
debug1: confirm x11
debug1: channel 1: FORCE input drain
```

Da mit `ssh -v` ausführliche Debug-Informationen geliefert werden, sehen Sie, dass `ssh` die Anfrage nach einer X-Verbindung erhalten hat und pflichtbewusst zum X-Server weitergeleitet hat. Möglicherweise ist die Weiterleitung bei einer weit entfernten Verbindung etwas langsam, die Anwendung sollte jedoch schließlich auf Ihrem Bildschirm zu sehen sein.

22.3 Einen X-Server konfigurieren

Es heißt, der X.Org-Server, Xorg, sei bei gegebener Hardware-Umgebung stets schwer zu konfigurieren. Dieser Ruf kommt nicht von ungefähr. Zum Teil lässt sich die Komplexität der Xorg-Konfiguration durch die Vielfalt der unterstützten Grafik-Hardware, Eingabegeräte, Videoeinstellungen, Auflösungen und Farbtiefen erklären. In den frühen Zeiten von XFree86 waren neue Benutzer von den kryptischen Konfigurationsdateien oft überwältigt. Es schien, als seien die chaotischen Zahlen aus den obskuren Informationen in den Anhängen des nicht existenten Monitor-Handbuches abgeleitet. Die Konfigurationsdatei von Xorg bietet für einige dieser anscheinend chaotischen Zahlen wesentlich mehr Struktur.

Die Konfigurationsdatei von Xorg befindet sich normalerweise in /etc/X11/xorg.conf, der X-Server sucht jedoch eine Menge Verzeichnisse danach ab. Auf der Manpage zu xorg.conf befindet sich ein vollständiges Verzeichnis. Vermerkt werden sollte jedoch, dass einige Pfade, die Xorg absucht, den Hostnamen und eine globale Variable enthalten. Das erleichtert das Speichern von Konfigurationsdateien an einer zentralen Stelle.

Einige Programme unterstützen Sie bei der X-Konfiguration (z. B. xorgconfig). Sie sollten dabei aber stets wissen, wie die Konfigurationsdatei aufgebaut ist, damit Sie die Konfiguration bei Bedarf direkt überprüfen oder bearbeiten können. Einige nützliche

22.3 Einen X-Server konfigurieren

Informationen erhalten Sie für den Anfang direkt vom X-Server, wenn Sie `Xorg -probeonly` ausführen und die Ausgabe auf Video-Chipsätze und andere abgefragte Werte kontrollieren. Sie können `Xorg -configure` ausführen, damit der X-Server auf der Basis der ausgelesenen Werte eine erste Konfigurationsdatei erstellt. Damit haben Sie im Zweifelsfall schon einmal einen guten Ausgangspunkt.

Die Datei `xorg.conf` besteht aus mehreren Abschnitten, von denen jeder mit dem Schlüsselwort `Section` beginnt und mit `EndSection` endet. Die häufigsten Absatzarten sind in Tabelle 22.1 aufgeführt.

Abschnitt	Beschreibung
`ServerFlags`	Listet die allgemeinen Konfigurationsparameter des X-Servers auf
`Module`	Definiert die dynamisch ladbaren Erweiterungen für beschleunigte Grafik, Schriftartrendering usw.
`Device`	Konfiguriert die Grafikkarte, den Treiber und die Hardware-Information
`Monitor`	Beschreibt die physischen Bildschirmparameter einschließlich der Monitorfrequenzen und -auflösungen
`Screen`	Verbindet den Monitor mit einer Grafikkarte (Device) und definiert die in dieser Konfiguration möglichen Auflösungen und Farbtiefen
`InputDevice`	Definiert die Eingabegeräte, z. B. Tastaturen und Mäuse
`ServerLayout`	Fasst die Eingabegeräte mit einem Satz von Anzeigen zusammen und ordnet die Bildschirme relativ zueinander an.

Tabelle 22.1: Abschnitte der Datei xorg.conf

Es ist häufig das Einfachste, eine Konfigurationsdatei von Grund auf neu zu schreiben, indem man zuerst die Abschnitte für die Ein- und Ausgabegeräte definiert und sie danach auf verschiedene Weise kombiniert. Bei diesem hierarchischen Herangehen kann eine Konfigurationsdatei für mehrere X-Server mit jeweils unterschiedlicher Hardware genutzt werden. Dieses Verfahren ist auch bei einem Einzelsystem mit mehreren Grafikkarten und Monitoren sinnvoll.

Abbildung 22.3 zeigt, wie einige dieser Abschnitte in der Konfigurationshierarchie von X.Org zusammenspielen. Ein physischer Bildschirm `Monitor` und eine Grafikkarte `Device` bilden einen `Screen`. Eine Gruppe von `Screens` und `InputDevices` bildet ein `ServerLayout`. In einer Konfigurationsdatei können mehrere Serverlayouts festgelegt werden, auch wenn für eine gegebene Instanz von `Xorg` nur eine aktiv ist.

Einige Abschnitte der `xorg.conf`-Datei sind relativ eng festgelegt. Die Standardeinstellungen können häufig direkt von einer vorhandenen Konfigurations-Beispieldatei übernommen werden. Andere, wie z. B. die Abschnitte `Device`, `Monitor`, `Screen`, `InputDevice` und `ServerLayout` hängen vom Hardwareaufbau des Hosts ab. In den folgenden Unterkapiteln wollen wir nun die interessantesten Abschnitte genauer untersuchen.

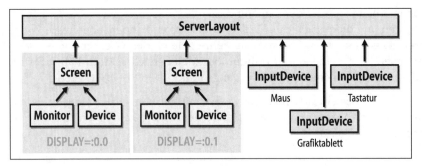

Abbildung 22.3: Wechselseitige Beziehungen der Konfigurations-Bereiche von xorg.conf

22.3.1 Device-Abschnitte

Der Abschnitt Device beschreibt eine bestimmte Grafikkarte. Sie müssen die Karte mit einer geeigneten Zeichenkette benennen und den dafür passenden Treiber festlegen. Der Treiber wird erst dann geladen, wenn die Karte durch einen entsprechenden Screen-Bereich angesprochen wird. Ein typischer Device-Abschnitt kann folgendermaßen aussehen:

```
Section "Device"
    Identifier      "STBVirge3D"
    Driver          "s3virge"
    option          wert
    ...
EndSection
```

Die man-Seite für den Treiber, in diesem Falle s3virge, beschreibt sowohl die angesteuerte Hardware als auch die vom Treiber unterstützten Optionen. Sehen Sie seltsame Grafikartefakte, können Sie versuchen, die Hardwarebeschleunigung herabzusetzen (falls sie unterstützt wird), den Videospeicherzugriff zu verlangsamen oder die PCI-Parameter abzuwandeln. Es ist stets ratsam, im Web nach Leidensgenossen und ihren Erfahrungen zu suchen, bevor Sie hektisch anfangen, Werte zu ändern.

22.3.2 Monitor-Abschnitte

Der Abschnitt Monitor beschreibt die an Ihren Rechner angeschlossenen physischen Bildschirme. Er kann detaillierte Timingvorgaben enthalten. Sie sind für ältere Hardware notwendig, werden aber bei den meisten modernen Bildschirmgeräten durch den X-Server automatisch erkannt. Technische Beschreibungen der Bildschirmgeräte sind normalerweise auf der Webseite des Herstellers zu finden, die besten Dienste leistet jedoch das mit dem Monitor mitgelieferte Originalhandbuch. Auf alle Fälle benötigen Sie zumindest die Horizontalsynchronisierung und die Vertikalwiederholrate Ihres Modells.

Ein typischer Monitor-Abschnitt kann folgendermaßen aussehen:

```
Section "Monitor"
  Identifier    "ViewSonic"
  Option        "DPMS"
  HorizSync     30-65
  VertRefresh   50-120
EndSection
```

Wie bei allen Abschnitten, vergibt die Zeile Identifier einen Namen, über den Sie später auf den betreffenden Bildschirm zugreifen können. Hier haben wir DPMS (Display Power Management Signaling) eingeschaltet, sodass der X-Server den Bildschirm auf Sparbetrieb schaltet, wenn wir ihn zu einer kleinen Kaffeepause verlassen.

Die Zeilen HorizSync und VertRefresh sind mit den für Ihren Bildschirm zutreffenden Werten auszufüllen. Die Angabe kann als Frequenzbereich (wie oben) oder als diskrete, durch Kommas getrennte Werte, erfolgen. Der Treiber kann theoretisch auch die unterstützten Modi abfragen, sind jedoch die Parameter definiert, versucht er nicht, nicht unterstützte Frequenzen auszuprobieren.

Es gibt immer wieder schreckliche Geschichten über ältere Röhrenbildschirme, die durch Ansteuerung mit ungeeigneten Frequenzen zerstört wurden. Die heutigen Röhrenbildschirme sind da jedoch etwas widerstandsfähiger. Im schlimmsten Fall senden sie einen hohen Quietschton aus, der zuverlässig jeden Hund erschreckt. Die modernen LCD-Monitore sind gegenüber Signalabweichungen noch toleranter, dennoch ist es sicher klug, beim Experimentieren mit Bildschirmfrequenzen Vorsicht walten zu lassen. Schalten Sie den Bildschirm einfach aus, wenn ihm das Signal, das er empfängt, nicht gefällt.

22.3.3 Screen-Abschnitte

Ein Screen-Abschnitt verbindet ein Gerät (eine Grafikkarte) mit einer bestimmten Farbtiefe und einem bestimmten Auflösungsvermögen mit einem Bildschirm. Das folgende Beispiel bezieht sich auf die zuvor genannte Grafikkarte und den Bildschirm.

```
Section "Monitor"
  Identifier    "Screen 2"
  Device        "STBVirge3D"
  Monitor       "ViewSonic"
  DefaultDepth  24
  Subsection "Display"
    Depth  8
    Modes  "640x400"
  EndSubsection
  Subsection "Display"
    Depth  16
    Modes  "640x400" "640x480" "800x600" "1024x768"
```

```
EndSubsection
Subsection "Display"
  Depth  24
  Modes  "1280x1024" "1024x768" "800x600" "640x400" "640x480"
EndSubsection
EndSection
```

Erwartungsgemäß hat der Bildschirm einen Namen, einen Identifier, und die Identifier des bereits definierten Videogerätes und des Monitors sind aufgeführt. Dieser Abschnitt hat als Erster der hier vorgestellten Abschnitte Unterabschnitte. Für jede Farbtiefe wird ein Unterabschnitt definiert, wobei die Standardeinstellung im Feld DefaultDepth festgelegt wird.

Eine gegebene Instanz des X-Servers kann nur mit einer Farbtiefe laufen. Zu Beginn legt der Server fest, welche Auflösungen für welche Farbtiefe unterstützt werden. Die möglichen Auflösungen hängen generell von der Speichergröße auf der Grafikkarte ab. Bei älteren Karten mit weniger Speicher ist es üblich, dass die Auflösung bei höherer Farbtiefe begrenzt wird. Der Abschnitt 22.4.1 beschreibt, wie durch die hier definierten Auflösungen navigiert werden kann.

Jede anständige moderne Grafikkarte sollte in der Lage sein, Ihren Bildschirm in 24-Bit- oder 32-Bit-Farbe mit voller Auflösung anzusteuern. Möchten Sie ältere Programme verwenden, die einen Server für 8-Bit-Farbe erfordern, lassen Sie einen zweiten X-Server auf einer gesonderten virtuellen Konsole laufen. Verwenden Sie den Schalter -depth 8 in der Xorg-Kommandozeile, wenn Sie die Option DefaultDepth überspringen möchten.

22.3.4 InputDevice-Abschnitte

Ein InputDevice-Abschnitt beschreibt eine Quelle von Eingabeereignissen, z. B. eine Tastatur oder eine Maus. Jedes Gerät erhält einen eigenen InputDevice-Abschnitt, und jeder ist, wie andere Abschnitte auch, mit einem Identifier-Feld bezeichnet. Haben Sie nur eine Konfigurationsdatei für mehrere Rechner mit unterschiedlicher Hardware, können Sie alle Eingabegeräte definieren; es werden nur die im Abschnitt ServerLayout enthaltenen benutzt. So sieht eine typische Tastaturdefinition aus:

```
Section "InputDevice"
  Identifier  "Generic Keyboard"
  Driver      "Keyboard"
  Option      "AutoRepeat" "500 30"
  Option      "XkbModel" "pc106"
  Option      "XkbLayout" "de"
  Option      "XkbVariant" "nodeadkeys"
EndSection
```

22.3 Einen X-Server konfigurieren

Sie können in der Tastaturdefinition Optionen setzen und damit z. B. Ihrer religiösen Überzeugung zum richtigen Platz der Strg- und Feststelltaste Ausdruck geben. In diesem Beispiel legt die Option AutoRepeat fest, wie lange eine Taste gedrückt bleiben muss, bis sie mit der Wiederholung beginnt, und wie schnell sie wiederholt.

Die Maus wird in einem gesonderten InputDevice-Abschnitt konfiguriert:

```
Section "InputDevice"
   Identifier    "Generic Mouse"
   Driver        "mouse"
   Option        "CorePointer"
   Option        "Device" "/dev/input/mice"
   Option        "Protocol" "IMPS/2"
   Option        "Emulate3Buttons" "off"
   Option        "ZAxisMapping" "4 5"
EndSection
```

Die Option CorePointer legt fest, dass diese Maus das primäre Zeigegerät des Systems ist. Die der Maus zugeordnete Gerätedatei wird als Option angegeben und normalerweise auf /dev/input/mice gesetzt. Das ist der Maus-Multiplexer. Das Protokoll hängt vom verwendeten Maustyp ab. Sie können es auf auto setzen, dann versucht der Server, Ihnen die Konfiguration abzunehmen. Funktioniert Ihr Mausrad nicht, versuchen Sie, das Protokoll auf IMPS/2 zu setzen. Haben Sie mehr als nur ein paar Tasten, ist es ratsam, das Protokoll ExplorerPS/2 zu verwenden.

Spricht /dev/input/mice Ihre Maus nicht an, wird die Konfiguration etwas komplexer. Das Programm gpm führt X-ähnliche mausgesteuerte Ausschneide-/Einfüge-Operationen auf virtuellen Terminals im Textmodus aus. Allerdings kann jeweils nur ein Programm einmal ein traditionelles Mausgerät öffnen. Um dieses Problem zu lösen, bildet gpm die Mausdaten in einer FIFO-Datei nach, sodass Anwendungen wie z. B. der X-Server dies auch sehen können (indem Sie die FIFO-Datei als Maus benutzen).[2] Diese Anordnung stattet das System mit der Funktionsweise von gpm aus und hält es dabei relativ transparent.

So veranlasst z. B. der folgende Befehl, dass gpm seine Eingangsdaten von /dev/mouse über das Protokoll IMPS/2 erhält und sie ohne Protokollübersetzung an die FIFO /dev/gpmdata (der Name ist nicht konfigurierbar) weiterleitet.

```
$ gpm -m /dev/mouse -t imps2 -Rraw
```

Anschließend ändern Sie die Option device der Maus in der Datei xorg.conf in /dev/gpmdata. Da gpm laufen muss, bevor der X-Server gestartet wird, muss dieser Befehl im System-Startskript enthalten sein, z. B. in der Form /etc/init.d/gpm. In Abschnitt 2.5 erhalten Sie weitere Informationen zu Startskripten.

---

[2] FIFO-Dateien werden mit dem Befehl mknod erstellt, zum Beispiel mknod p /dev/gpmdata.

Die Option `Emulate3Buttons` ermöglicht, dass eine Zweitasten-Maus eine Dreitasten-Maus emuliert, indem ein Klick auf beide Tasten als Klick auf die mittlere Taste gewertet wird. Die Option `ZAxisMapping` wird mitunter benötigt, um ein Rollrad oder einen Joystick zu unterstützen, indem die Tasten entsprechend abgebildet werden. Die meisten Mäuse haben heute mindestens drei Tasten, ein Scrollrad, einen eingebauten MP3-Player, ein Fußmassagegerät und einen Bierkühler.[3]

22.3.5 ServerLayout-Abschnitte

Der Abschnitt `ServerLayout` ist der oberste Knoten in der Konfigurationshierarchie. Jede Hardware-Konfiguration, auf der der Server läuft, sollte eine eigene `ServerLayout`-Instanz haben. Das von einem bestimmten X-Server benutzte Layout wird üblicherweise in der Kommandozeile angegeben.

Sie sehen hier ein Beispiel, wie ein vollständiger `ServerLayout`-Abschnitt aussehen kann:

```
Section "ServerLayout"
   Identifier   "Simple Layout"
   Screen       "Screen 1" LeftOf "Screen 2"
   Screen       "Screen 2" RightOf "Screen 1"
   InputDevice  "Generic Mouse" "CorePointer"
   InputDevice  "Generic Keyboard" "CoreKeyboard"
   Option       "BlankTime"   "10"  # Blank the screen in 10 minutes
   Option       "StandbyTime" "20"  # Turn off screen in 20 minutes (DPMS)
   Option       "SuspendTime" "60"  # Full hibernation in 60 minutes (DPMS)
   Option       "OffTime"     "120"# Turn off DPMS monitor in 2 hours
EndSection
```

Dieser Abschnitt verbindet alle anderen Abschnitte zu einer X-Anzeige. Er beginnt mit dem erforderlichen `Identifier`, der das Layout beschreibt. Dann ordnet er diesem Layout eine Reihe von Bildschirmen zu.[4] Sind mehrere Monitore an gesonderte Grafikkarten angeschlossen, wird jeder Bildschirm mit mehreren Varianten aufgeführt und so gezeigt, wie er physisch angeordnet ist. In diesem Beispiel befindet sich Bildschirm 1 links und Bildschirm 2 rechts.

Einige Grafikkarten können mehrere Bildschirme gleichzeitig ansteuern. In diesem Fall wird im Abschnitt `ServerLayout` nur ein `Screen` angegeben. Bei NVIDIA-Karten, die für diese Anwendung unter Linux gegenwärtig am meisten verwendet werden, aktivieren Sie im `Driver`-Abschnitt die Option `TwinView`. Einzelheiten dieser Konfiguration sprengen den Rahmen dieses Buches; sie sind jedoch in verschiedenen Internetforen problemlos zu finden.

---

3 Nicht alle Optionen werden von Xorg unterstützt. Einige werden gesondert vertrieben.
4 Denken Sie daran, dass Screens eine Kombination aus Bildschirm und Grafikkarte mit einer bestimmten Farbtiefe darstellen.

Auf die Bildschirmliste folgt die Palette der Eingabegeräte, die diesem Aufbau zuzuordnen sind. Die Optionen CorePointer und CoreKeyboard werden an den Abschnitt InputDevice übergeben, womit angezeigt wird, dass dies die aktiven Eingabegeräte für die Konfiguration sind. Die genannten Optionen können auch unmittelbar in den betreffenden InputDevice-Abschnitten gesetzt werden, es ist aber sauberer, sie im ServerLayout-Abschnitt aufzuführen.

In den letzten Zeilen werden verschiedene das Layout betreffende Auswahlmöglichkeiten konfiguriert. Im obigen Beispiel beziehen sie sich alle auf DPMS. Das ist die Schnittstelle, die Energy-Star-gerechten Bildschirmen mitteilt, wann sie in den Sparmodus zu gehen haben. Für die Bildschirme muss auch in den entsprechenden Monitor-Abschnitten die DPMS-Option aktiviert werden.

22.4 Fehlerbehebung und Debugging

Die X-Server-Konfiguration ist in den letzten zehn Jahren weit vorangekommen, dennoch kann es schwierig sein, Sonderwünsche zum Laufen zu bringen. Es kann erforderlich sein, dass Sie mit Bildschirmfrequnzen, Treibervarianten, proprietären Treibern oder Erweiterungen zur 3D-Darstellung experimentieren müssen. Und natürlich hat immer gerade dann Ihr Bildschirm ein Problem, wenn Sie ganz dringend die Debugging-Ausgabe sehen möchten. Zum Glück gibt Ihnen der X.Org-Server alle Informationen, die Sie brauchen (und auch die, die Sie nicht brauchen), um dem Problem auf die Spur zu kommen.

22.4.1 Besondere Tastaturkürzel für X

Da sich der X-Server Ihrer Tastatur, Ihres Bildschirms, Ihrer Maus und Ihres Privatlebens bemächtigt hat, ist es durchaus vorstellbar, dass Ihnen, wenn es nicht läuft, nichts anderes übrig bleibt, als das System auszuschalten. Bevor es so weit ist, können Sie jedoch noch einiges ausprobieren. Wenn Sie die `Strg`- und die `Alt`-Taste gedrückt halten und eine Funktionstaste (`F1`-`F6`) drücken, bringt Sie der X-Server zu einer der virtuellen Textkonsolen. Dort können Sie sich einloggen und den Fehler suchen. Möchten Sie zum X-Server auf dem virtuellen Terminal 7 zurückkehren, drücken Sie `Alt`-`F7`.[5] Sind Sie in einem Netz, können Sie auch versuchen, sich von einem anderen Computer aus einzuloggen und den X-Server herunterzufahren, um nicht den Reset-Knopf drücken zu müssen.

Läuft der Bildschirm nicht synchron zum Videosignal der Karte, versuchen Sie, die Bildschirmauflösung zu verändern. Die verfügbaren Bildschirmauflösungen sind in einer Modes-Zeile des Screen-Abschnittes der Konfigurationsdatei aufgeführt. Welche Modes-Zeile aktiv ist, hängt von der Farbtiefe ab; siehe dazu Abschnitt 22.3.3. Der

---

5 Beim X-Server muss die `Strg`-Taste gemeinsam mit der Tastenkombination `Alt`-`Fn` gedrückt werden, um zwischen virtuellen Terminals umzuschalten; bei der Textkonsole ist das nicht erforderlich.

X-Server hat als Standardeinstellung die erste Auflösung auf der aktiven Modes-Zeile. Sie können durch die verschiedenen Auflösungen navigieren, indem Sie die Strg- und die Alt-Taste gedrückt halten und auf der numerischen Tastatur die Plustaste (+) oder die Minustaste (-) drücken.

Drücken Sie Strg-Alt-←, schalten Sie den Server sofort ab. Haben Sie den Server von einer Konsole aus laufen lassen, befinden Sie sich nun wieder dort, wenn der Server ausgestiegen ist. Hat ein Anzeigemanager den Server gestartet, startet er normalerweise einen neuen Server und fragt erneut den Login-Namen und das Passwort ab. Sie müssen den Anzeigemanager (xdm, gdm usw.) von einer Textkonsole aus herunterfahren, um zu verhindern, dass er ständig neue X-Server startet.

22.4.2 Wenn der X-Server versagt

Sobald Sie die Kontrolle über den Rechner wiedererlangt haben, können Sie anfangen, Ihr Problem zu analysieren. Am besten beginnen Sie bei der Ausgabe des X-Servers. Diese Ausgabe erscheint vorübergehend auf dem virtuellen Terminal 1 (Strg-Alt-F1), also der Stelle, zu der die Ausgabe aller Startprogramme wandert. Meist fließt die Ausgabe des X-Servers in eine Protokolldatei wie /var/log/Xorg.0.log.

Im Folgenden ist zu sehen, dass jeder Zeile ein Symbol voransteht, das sie genauer klassifiziert. Sie können diese Symbole nutzen, um Fehler (EE) und Warnungen (WW) zu finden und um festzustellen, wie der Server die jeweiligen Informationen gefunden hat: durch Standardeinstellungen (==), in einer config-Datei (**), automatisch (--) oder durch die Befehlszeile des X-Servers (++).

Untersuchen wir einmal das folgende Fragment:

```
X Window System Version 6.8.2
Release Date: 9 February 2005
X Protocol Version 11, Revision 0, Release 6.8.2
Build Operating System: Linux 2.4.21-23.ELsmp i686 [ELF]
Current Operating System: Linux chinook 2.6.12-1.1372_FC3 #1 Fri Jul 15 00:59:10 EDT 2005 i686
Markers: (--) probed, (**) from config file, (==) default setting,
         (++) from command line, (!!) notice, (II) informational,
         (WW) warning, (EE) error, (NI) not implemented, (??) unknown.
(==) Log file: "/var/log/Xorg.0.log", Time: Mon May  1 08:41:02 2006
(==) Using config file: "/etc/X11/xorg.conf"
(==) ServerLayout "Default Layout"
(**) |-->Screen "Screen0" (0)
(**) |   |-->Monitor "Monitor0"
(**) |   |-->Device "Videocard1"
(**) |-->Input Device "Mouse0"
(**) |-->Input Device "Keyboard0"
```

22.4 Fehlerbehebung und Debugging

Die ersten Zeilen verraten Ihnen die Versionsnummer des X-Servers und die Nummer des X11-Protokolls, das er ausführt. Die folgenden Zeilen besagen, dass der Server für den Ort der `log`-Datei, der Konfigurationsdatei und die aktive Monitoranordnung (`ServerLayout`) Standardwerte verwendet. Die Bildschirme und Eingabegeräte werden schematisch aus der `config`-Datei übernommen.

Ein allgemeines Problem, das in den Protokolldateien zu Tage tritt, sind Probleme mit bestimmten Bildschirmauflösungen, die sich gewöhnlich durch Auflösungen zeigen, die auf dem X-Server nicht laufen und dann mit Fehlermeldungen abstürzen, wie z. B. »Unable to validate any modes; falling back to the default mode.« Haben Sie keine Frequenzliste für Ihren Bildschirm festgelegt, übernimmt der X-Server die Abfrage des Monitors und verwendet dafür EDID (Extended Display Identification Data). Unterstützt Ihr Bildschirm EDID nicht oder ist der Bildschirm abgeschaltet, wenn X gestartet wird, müssen Sie die für X nutzbaren Frequenzbereiche im `Monitor`-Abschnitt der Konfigurationsdatei aufführen.

Rundungsfehler in den Ergebnissen einer EDID-Prüfung haben möglichweise zur Folge, dass einige Auflösungen nicht genutzt werden können, obgleich sie sowohl von Ihrer Videokarte als auch Ihrem Bildschirm unterstützt werden. Protokolleinträge, wie z. B. »No valid modes for 1280x1024; removing« veranschaulichen das. Die Lösung besteht darin, den X-Server zu veranlassen, die EDID-Informationen zu ignorieren und die Frequenzen zu verwenden, die Sie mit den folgenden Zeilen im `Device`-Abschnitt definieren:

```
Option   "IgnoreEDID" "true"
Option   "UseEdidFreqs" "false"
```

Im nächsten Beispiel nehmen wir einmal an, Sie haben vergessen, den Maus-Abschnitt ordnungsgemäß zu definieren. Der Fehler würde in der Ausgabe so aussehen:

```
(==) Using config file: "/etc/X11/xorg.conf"
Data incomplete in file /etc/X11/xorg.conf
        Undefined InputDevice "Mouse0" referenced by ServerLayout "Default Layout".
(EE) Problem parsing the config file
(EE) Error parsing the config file
Fatal server error:
no screens found
```

Wenn X läuft und Sie eingeloggt sind, können Sie den Befehl `xdpyinfo` eingeben und erhalten dann weitere Informationen zur Konfiguration des X-Servers.[6] Die Ausgabe von `xdpyinfo` zeigt wieder den Namen des Bildschirms und die Version des X-Servers

---

[6] Wir empfehlen Ihnen nicht, sich bei X als root einzuloggen, da damit im root-Heimatverzeichnis, das üblicherweise / oder /root. ist, ein ganzer Packen Standard-Startdateien entstehen. Das ist auch definitiv unsicher. Loggen Sie sich lieber als normaler Benutzer ein und verwenden Sie sudo. Debian und Ubuntu zwingen durch ihre Standardeinstellung zu dieser Disziplin.

an. Sie sagt auch aus, welche Farbtiefen verfügbar sind sowie welche Erweiterungen geladen sind und gibt an, welche Bildschirme definiert sind und welche Abmessungen und Farbkonfigurationen sie haben.

Die Ausgabe von xdpyinfo kann durch ein Skript, ähnlich der Datei ~/.xsession, analysiert werden. So können Sie die Größe des aktiven Bildschirms bestimmen und die Desktopparameter entsprechend einstellen. Beim Debugging ist xdpyinfo sehr nützlich, um feststellen zu können, dass der X-Server läuft und Netzwerkanfragen entgegennimmt, dass er den Bildschirm und die Auflösung richtig konfiguriert hat und mit der gewünschten Farbtiefe arbeitet. Ist dieser Schritt getan, können Sie die X-Anwendungen starten.

22.5 Kleine Hinweise zu Desktopumgebungen

Die Flexibilität und Einfachheit des X-Client/Server-Modells hat dazu geführt, dass im Laufe der Jahre eine wahre Flut von Widget-Sets, Fenstermanagern, Browsern, Symbolleistenfunktionen und Dienstprogrammen entstanden ist. Aus dem Athena-Projekt bei MIT, dem Ursprung von X, entstanden die Athena-Widgets und *twm* (Tom's Window Manager, benannt nach seinem Schöpfer Tom LaStrange; auch bekannt als Tab Window Manager). Diese rudimentären Werkzeuge bildeten den De-facto-Standard für die ersten X-Anwendungen.

Das von Sun Microsystems und AT&T entwickelte OpenLook war ein anderes Werkzeug, mit dem ovale Schaltflächen und »Reißzwecken« eingeführt wurden, die Menüs und Dialogfelder im sichtbaren Bereich halten. Etwa zur selben Zeit führte die Open Software Foundation als Konkurrenzprodukt die Motif-Plattform (später CDE oder Common Desktop Environment genannt) ein, die schließlich auch von Sun übernommen wurde. Das dreidimensionale kantige Aussehen dieser Werkzeuge galt damals als elegant, und die verbreitete Nutzung fortgeschrittener UI-Elemente, wie z. B. Schieberegler und Menüs, machte sie für neue Software attraktiv. Beide Werkzeuge waren jedoch hochgradig proprietär, und durch die Lizenzkosten für die Entwicklerbibliotheken und Fenstermanager wurden sie für die allgemeine Öffentlichkeit unzugänglich.

Mit offenen Betriebssystemen wie Linux wurden dann auch offene Desktopumgebungen möglich. FVWM (der »F« Virtual Window Manager) war bei Linux wegen seiner leichten Konfigurierbarkeit und seiner Unterstützung für »virtuelle Desktops« beliebt, die den nutzbaren Arbeitsbereich des Anwenders über die Grenzen der Bildschirme mit niedriger Auflösung erweiterten, die den Standard der damaligen PCs bildeten.[7] Es gab jedoch kein entsprechendes Widget-Set, und so mussten sich die Benutzer immer noch mit einer Vielzahl unterschiedlichster Programme abgeben.

---

7   FVWM *war tatsächlich so flexibel konfigurierbar, dass er entweder wie* twm *oder wie* mwm *(der Motif-Fenstermanager) aussah.*

22.5 Kleine Hinweise zu Desktopumgebungen

Als sich die Anwendungen immer weiter entwickelten und immer mehr Funktionen in der Benutzerschnittstelle erforderlich machten, wurde klar, dass es eine neue Herangehensweise brauchte, um den Umgang mit der Schnittstelle zu vereinheitlichen und die Anwendungsentwickler besser zu unterstützen. Aus dieser Notwendigkeit heraus entstanden die beiden Großen der Linux-Desktopumgebung, GNOME und KDE. Auch wenn einige Anwender stark dazu neigen, einen von beiden zum einzig Wahren zu erklären, sind beide relativ vollständige Desktopmanager. Wenn Sie sich gerade in dem einen Bereich tummeln, heißt das nicht, dass Sie nicht Anwendungen des anderen nutzen können; sehen Sie die Dinge ruhig einmal aus einem anderen Blickwinkel und stellen Sie sich vor, dass nichts für die Ewigkeit gemacht ist.

Das Projekt freedesktop.org soll eine Umgebung schaffen, bei der Anwendungen mit beliebigen Desktopumgebungen kompatibel sind.

22.5.1 KDE

KDE, die Abkürzung von K Desktop Environment, ist in C++ geschrieben und baut auf der Qt-Toolkit-Bibliothek auf. Es wird oft von Benutzern bevorzugt, die sich an gefälliger Optik erfreuen, so z. B. an transparenten Fenstern, Schatten und animierten Mauszeigern. Es sieht hübsch aus, ist aber auf nicht ganz leistungsstarken Rechnern eher langsam. Bei Benutzern, die mehr auf dem Desktop herumklicken als Anwendungen auszuführen, führt die Abwägung zwischen Aussehen und Geschwindigkeit möglicherweise zu der Überlegung, ob KDE die richtige Lösung ist.

KDE wird häufig wegen seiner schönen Grafik von Personen bevorzugt, die von einer Windows- oder Mac-Umgebung kommen. Es ist auch der Favorit von Technikfreaks, die ihre Umgebung völlig nach ihrem Geschmack gestalten möchten. Für die anderen ist bei KDE einfach zu viel zu beachten, sodass GNOME die einfachere Lösung darstellt.

Für KDE geschriebene Anwendungen haben fast immer ein K im Namen, z. B. Konqueror (der Internet-/Dateibrowser), Konsole (der Terminalemulator) oder K Word (ein Textverarbeitungsprogramm). Der Standard-Fenstermanager KWin erfüllt die Spezifikation des Fenstermanager-Standards von freedesktop.org, bietet konfigurierbare Skins zur Veränderung des allgemeinen Erscheinungsbildes und viele andere Eigenschaften. Das KOffice-Anwendungspaket enthält Textverarbeitung, Tabellenkalkulation und Präsentationshilfen. KDE glänzt mit umfangreichen Entwicklerwerkzeugen einschließlich einer integrierten Entwicklerumgebung (IDE). Mit dieser Grundlage bietet KDE eine wirklich leistungsfähige und einheitliche Benutzerschnittstelle.

22.5.2 GNOME

GNOME ist eine weitere Desktopumgebung, die in C geschrieben ist und auf dem Widget-Set GTK+ basiert. Der Name GNOME war ursprünglich ein Kurzwort für GNU Network Object Model Environment, da aber diese Ableitung nicht mehr zutrifft, gilt GNOME heute einfach als Name.

GNOME ist im Vergleich mit KDE nicht so schick, lässt sich nicht so gut konfigurieren und ist insgesamt etwas weniger konsistent. Es ist aber merklich sauberer, schneller und einfacher. Die meisten Linux-Distributionen verwenden GNOME als Standard-Desktopumgebung.

GNOME hat wie auch KDE eine breite Anwendungspalette. GNOME-Anwendungen erkennt man gewöhnlich an einem G in ihrem Namen. Eine Ausnahme bildet der Standard-Fenstermanager von GNOME, der den Namen Metacity (Betonung auf der zweiten Silbe) trägt und die wichtigsten Fensterfunktionen und Skins für ein konfigurierbares Erscheinungsbild enthält. Wie bei GNOME üblich, ist Metacity schlank und eher klein ausgelegt. Wünschen Sie liebgewonnene Extrafunktionen wie z. B. einen virtuellen Desktop oder erweiterte Möglichkeiten der Fensterplatzierung, sind Sie auf externe Anwendungen wie brightside oder devilspie angewiesen. (Hier hat KDE seine starken Seiten.)

Zu den Office-Anwendungen gehören AbiWord für die Textverarbeitung, Gnumeric für die Tabellenkalkulation und – eines der beeindruckendsten Projekte, die GNOME je hervorgebracht hat – GIMP für die Bildbearbeitung. Es gibt auch noch einen Dateimanager mit dem Namen Nautilus und den Browser Epiphany. GNOME bietet wie auch KDE eine ausgedehnte Infrastruktur für Anwendungsentwickler. Insgesamt bietet GNOME eine leistungsstarke Architektur für die Anwendungsentwicklung in einer nutzerfreundlichen Desktopumgebung.

22.5.3 Was ist besser, GNOME oder KDE?

Wenn Sie diese Frage in einem öffentlichen Forum stellen, werden Sie sehr bald wissen, was eine polemische Diskussion im Netz ist. Da viele Anwender geneigt sind, sich für ihre Desktopvorlieben in einen Kreuzzug zu stürzen, sind die folgenden Absätze so neutral wie möglich formuliert.

Am besten ist es, beide Desktops auszuprobieren und dann zu entscheiden, welcher für Sie am besten geeignet ist. Denken Sie daran, dass Ihre Freunde, Ihre Anwender und Ihre Chefs ganz andere Ansprüche an die Desktopumgebung haben und dass das völlig in Ordnung ist.

Da freedesktop.org jetzt Standards zur Desktopvereinheitlichung schafft, entwickelt sich die Feindschaft zwischen den KDE- und GNOME-Lagern allmählich zu einem gesunden Wettbewerb, zur Entwicklung großartiger Software. Bedenken Sie dabei, dass die gewähle Desktopumgebung keine Vorschrift darstellt, welche Anwendungen Sie nutzen dürfen. Unabhängig vom gewählten Desktop können Sie Ihre Anwendungen aus der vollständigen Palette ausgezeichneter Software der beiden (und anderer) Open Source-Projekte auswählen.

22.6 Empfohlene Literatur

`x.org`, die Webseite von X.Org, informiert Sie über neue Versionen und enthält Links zur X.Org wiki, zu Mailinglisten und Downloads.

Die `man`-Seiten für `Xserver` und `Xorg` enthalten allgemeine X-Server-Optionen und `Xorg`-spezifische Kommandozeilenoptionen. Sie enthalten auch eine allgemeine Übersicht über die Arbeit mit dem X-Server. Die `man`-Seite von `xorg.conf` behandelt die `config`-Datei und beschreibt ihre verschiedenen Abschnitte im Detail. Diese `man`-Seite gibt im Bereich REFERENCES auch die Grafikkartentreiber an. Suchen Sie hier Ihre Grafikkarte und den Namen des Treibers heraus und gehen Sie dann auf die Webseite des Treibers, wo Sie die jeweiligen Treiberoptionen finden.

22.7 Übungen

1. Lassen Sie ein Programm mit SSH über das Netzwerk laufen. Überprüfen Sie mit `ssh`, ob die X-Weiterleitung korrekt vorgenommen wurde. Welchen Wert hat die DISPLAY-Variable, nachdem Sie sich eingeloggt haben? Listen Sie mit `xauth` die Cookies auf und überprüfen Sie, dass die Authentifizierung mit Cookies für diese Anzeige aktiviert ist.

2. Schreiben Sie eine Shell-Kommandozeile oder ein Skript, um die Ausgabe von `xdpyinfo` zu analysieren und drucken Sie die aktuelle Bildschirmauflösung im Format XxY, z. B. 1024×768.

3. Untersuchen Sie die Log-Datei von `Xorg` (`/var/log/Xorg.0.log`) und klären Sie möglichst viele der folgenden Punkte:
   a. Welche Grafikkarte wird verwendet und welchen Treiber hat sie?
   b. Wie viel Grafikspeicher hat die Karte?
   c. Wurde EDID verwendet, um die Bildschirmeinstellungen abzufragen? Woher wissen Sie das?
   d. Welche Modi (Einstellungen) werden unterstützt?
   e. Ist DPMS aktiviert?
   f. Welche physischen Bildschirmabmessungen legt der Server zugrunde?
   g. Welche Gerätedatei wird für die Maus verwendet?

4. Welcher Schalter deaktiviert nicht-lokale TCP-Verbindungen zum Server? Erklären Sie, warum diese Option nützlich ist.

23 Drucken

Die Druckerkonfiguration ist lästig und schwierig. Die Anwender setzen Drucken als selbstverständlich voraus, wobei aber die administrativen Verrenkungen für die Ausgabe perfekt dargestellter Seiten auf einem Drucker in unmittelbarer Umgebung des Anwenders bereits eine Herausforderung sein können.

Vor zwei Jahrzehnten waren die am häufigsten eingesetzten Drucker ASCII-Zeilendrucker. Laserdrucker waren teuer und selten. Ausgabegeräte mit hoher Auflösung benötigten besondere Treibersoftware und Formatierungsprogramme.

Heute sind Laserdrucker nicht mehr über eine serielle oder parallele Schnittstelle an einen einzelnen Computer angeschlossen, sondern werden oft über Ethernet oder drahtlos mit einem TCP/IP-Netzwerk verbunden. Laserdrucker haben das untere Marktsegment weitestgehend an Tintenstrahldrucker verloren. Farbdrucker waren früher ein Luxus, sind aber wie Farbfotografie und Farbmonitore üblich geworden. Bald wird es so schwer sein, einen Schwarzweißdrucker zu finden, wie einen Schwarzweißfilm zu bekommen.

An Einzelarbeitsplätzen und in kleinen Büros wurden Drucker, Scanner, Kopierer und Faxgeräte von Multifunktionsgeräten verdrängt, die all diese Aufgaben ausführen. Manchmal können diese Geräte sogar Dateien von den Speicherkarten Ihrer Digitalkamera einlesen.

Bei so vielen technologischen Änderungen erwarten Sie, dass das Linux-Drucksystem flexibel ist, und das ist es auch tatsächlich. Diese Flexibilität ist allerdings eine relativ neue Errungenschaft. Bis vor wenigen Jahren bauten die meisten Linux-Drucksysteme auf den Zeilendruckern von einst auf. Diese Systeme wurden bei dem Versuch, mit den fortschreitenden Technologien Schritt zu halten, ad-hoc mit neuen Funktionen ergänzt und überladen, waren aber nie wirklich in der Lage, moderne Drucker an modernen Netzwerken zu unterstützen. Glücklicherweise ist CUPS (Common UNIX Printing System) auf der Bühne aufgetaucht, um sich der Schwächen vieler älterer Systeme anzunehmen.

Sie finden CUPS auf den meisten modernen UNIX- und Linux-Systemen sowie unter Mac OS X. Einige wenige ältere Drucksysteme bleiben weiter in Verwendung (beispielsweise PDQ, *pdq.sourceforge.net*, und LPRng, *www.lprng.com*), wogegen frühe Drucksysteme wie das von System V, Palladium, rlpr, PLP, GNUlpr und PPR praktisch ausgestorben sind.

In diesem Kapitel konzentrieren wir uns auf CUPS als den gegenwärtigen De-facto-Standard. Wir beginnen mit einer allgemeinen Erörterung von Druckern und Drucktechniken. Dann beschreiben wir Linux-Drucksysteme im Allgemeinen und umreißen die Architektur von CUPS. Wir gehen zu den Besonderheiten der Konfiguration und Verwaltung von Druckern über und schließen dann mit einer kurzen Anleitung zur Fehlersuche bei Drucksystemen, einer Vorstellung optionaler druckbezogener Software und einigen allgemeinen Hinweisen für die Verwaltung.

23.1 Drucker sind kompliziert

Anwender werfen Drucker mit anderen Peripheriegeräten wie Monitoren und Lautsprechern in einen Topf, wobei diese Ansicht nicht die Komplexität von Druckern berücksichtigt. Es war einmal, dass der leistungsfähigste Computer, den Apple herstellte, der Apple LaserWriter war. Heute ist Ihr Desktop-Rechner wahrscheinlich leistungsfähiger als Ihr Drucker, aber Ihr Drucker ist immer noch ein Computer. Er verfügt über eine CPU, Speicher, ein Betriebssystem und vielleicht sogar eine Festplatte. Falls es sich um einen Netzwerkdrucker handelt, hat er seine eigene IP-Adresse und TCP/IP-Implementierung.

Wenn in Ihrer Umgebung ein moderner Netzwerkdrucker steht, geben Sie seine Netzwerkadresse (beispielsweise 192.168.0.9) in Ihrem Webbrowser ein. Es besteht die Aussicht, dass der Drucker einige Webseiten zurückgibt, mit denen Sie die Druckerhardware verwalten können. Auf dem Drucker läuft ein eigener Webserver.

Da Systemadministratoren sicherheitsbewusst sind, denken Sie sicher schon: »Bedeutet das, dass ein Drucker durch einen Denial-of-service-Angriff gefährdet oder getroffen werden kann?« Und ob! Sehen Sie sich den Abschnitt über Sicherheit (Abschnitt 23.7.8) an.

Welches Betriebssystem läuft auf Ihrem Drucker? Was, das wissen Sie nicht? Das überrascht nicht. Sie können das wahrscheinlich nicht ohne gründliche Nachforschung herausfinden – und möglicherweise selbst dann nicht. Das Betriebssystem unterscheidet sich von Hersteller zu Hersteller und manchmal auch von Modell zu Modell. Auf mittleren und größeren Druckern kann sogar ein UNIX- oder Linux-Derivat laufen.[1]

Die Betriebssystemverwirrung ist nur der Anfang. Drucker handhaben auch die verschiedensten Netzwerkprotokolle und nehmen Aufträge in unterschiedlichen druckerspezifischen Seiten- und Dokumentbeschreibungssprachen entgegen.

Wenn Sie eine größere Anlage verwalten, müssen Sie möglicherweise unterschiedliche Druckermodelle von mehreren Herstellern unterstützen. Die Drucksoftware auf Ihren Computern muss darauf eingerichtet sein, mit unterschiedlicher (und manchmal unbekannter) Hardware zu kommunizieren und eine Reihe von Protokollen zu verwenden.

---

1 Hacker haben Linux auf iPod und Xbox portiert. Wir warten darauf, wer es als Erster auf einen HP LaserJet überträgt.

23.2 Druckersprachen

Ein Druckauftrag ist tatsächlich ein Computerprogramm, das in einer spezialisierten Programmiersprache geschrieben ist. Diese Programmiersprachen sind insgesamt als Seitenbeschreibungssprachen (Page Description Language, PDL) bekannt.

Seiten, die in einer PDL kodiert sind, können viel kleiner und schneller übertragbar sein als die entsprechenden rohen Bilder. PDL-Beschreibungen können außerdem unabhängig von Gerät und Auflösung sein.

Die bekanntesten heutigen PDLs sind PostScript, PCL5, PCL6 (auch PCL/XL oder »pxl« genannt) und PDF. Viele Drucker können Eingaben in mehr als einer Sprache entgegennehmen. Wir erörtern alle diese Sprachen kurz in den folgenden Abschnitten.

Drucker müssen Aufträge in diesen Sprachen interpretieren und in eine Art von Bitmap umsetzen, die für die konkrete Hardware zur Bilddarstellung verständlich ist. Deshalb enthalten Drucker Sprachinterpreter. Wie bei C oder Java, gibt es diese Sprachen in mehreren Versionen. Die meisten PostScript-Drucker verstehen PostScript Level-3. Wenn Sie aber ein Level 3-Programm an einen Drucker senden, der nur Level 2 versteht, kommt der Drucker wahrscheinlich durcheinander. Würden Sie versuchen, ein FORTRAN-90-Programm mit einem FORTRAN-77-Compiler zu übersetzen? Sicher nicht.

Das Rastern der PDL-Beschreibung (oder etwas anderem, beispielsweise einer Bilddatei) in Bitmap-Seiten wird »Rasterbildverarbeitung« genannt, das dafür zuständige Programm RIP (Raster Image Processor). »Rippen« wird manchmal umgangssprachlich als Verb verwendet.

Es ist möglich, Druckaufträge auf Ihrem Computer zu rippen und die Bilder auf Ihrem Bildschirm anzusehen. In Abschnitt 23.7.3 erörtern wir die dafür benutzten hostbasierten Interpreter wie beispielsweise Ghostscript. Theoretisch können Sie mit Ihrem Computer Druckaufträge rippen und die vollständigen (und viel größeren) Bitmaps versenden, damit sie auf einem nicht so klugen Druckgerät ausgegeben werden. Tatsächlich arbeiten viele GDI-Drucker (Windows) so, und das wird in gewisser Weise auch unter Linux unterstützt.

23.2.1 PostScript

PostScript ist die auf Linux-Systemen gebräuchlichste PDL. Es wurde ursprünglich von Adobe Systems entwickelt, weshalb viele PostScript-Drucker immer noch einen von Adobe lizenzierten Interpreter benutzen. Fast alle Seitenlayoutprogramme können PostScript generieren, wobei einige nur mit PostScript arbeiten.

PostScript ist eine vollständig entwickelte Programmiersprache. Sie können die meisten PostScript-Programme mit einem Texteditor oder mit less lesen. Die Programme enthalten eine Vielzahl von Klammern, geschweiften Klammern und Schrägstrichen und beginnen häufig mit den Zeichen %!PS. Zwar werden diese einleitenden Zeichen nicht von der Sprache selbst benötigt, doch suchen PostScript-Interpreter und andere Drucksoftware oft nach ihnen, wenn sie versuchen, Druckaufträge zu erkennen und zu klassifizieren.

23.2.2 PCL

Eine Alternative zu PostScript ist PCL (Printer Control Language) von Hewlett-Packard. Es wird neben HP-Druckern auch von vielen anderen verstanden. Manche Drucker sprechen nur PCL. Im Gegensatz zu PostScript, das eine Turing-vollständige generalisierte Programmiersprache ist, teilt PCL dem Drucker lediglich mit, wie Seiten ausgegeben werden. PCL-Aufträge sind binär, nicht von Menschen lesbar und gewöhnlich viel kürzer als das entsprechende PostScript. Linux-Anwendungen generieren selten direkt PCL. Stattdessen können Filter PostScript in PCL konvertieren.

Im Gegensatz zu PostScript ist jede Version von PCL ein wenig anders. Die Unterschiede sind geringfügig, aber deutlich genug, um lästig zu sein. Aufträge, die auf einem LaserJet 5si richtig ausgegeben werden, können auf einem LaserJet 5500 geringfügig falsch ausgedruckt werden und umgekehrt. Es handelt sich nicht nur um dieses Paar von Modellen. Jeder PCL-Drucker hat einen PCL-Dialekt mit Befehlen für die besonderen Eigenschaften dieses Druckers.

Falls Sie beispielsweise Ihrem Computer mitteilen, dass Sie einen LaserJet 4500 haben, obwohl Sie tatsächlich über einen LaserJet 4550 verfügen, generiert er möglicherweise einige PCL-Befehle, die der 4550 ignoriert oder missversteht. Auch wenn Sie einen PCL-Druckauftrag gespeichert haben, z. B. ein leeres Bestellformular, und dann den Drucker, für den es generiert wurde, durch einen neueren ersetzen, müssen Sie möglicherweise den Druckauftrag neu erstellen.

Noch schlimmer ist, dass HP zwei nahezu voneinander unabhängige Sprachfamilien namens PCL definiert hat, PCL5 (5C bedeutet Farbe und 5E Schwarzweiß) und PCL6 (das auch PCL/XL genannt wird). Heutzutage haben neue HP-Drucker gewöhnlich Sprachinterpreter für beide.

PCL4 ist eine veraltete Ausprägung von PCL5. Behandeln Sie einen PCL4-Drucker (oder einen noch älteren), wie Sie einen Perl-4-Interpreter behandeln würden: Ersetzen Sie ihn durch einen neueren.

23.2.3 PDF

PDF (Portable Document Format) von Adobe wird von Adobe Acrobat und vielen anderen Desktop-Publishing-Programmen erstellt. OpenOffice beispielsweise kann Dokumente als PDF exportieren.

PDF-Dokumente sind unabhängig von der Plattform, und PDF wird regelmäßig zum elektronischen Dokumentenaustausch verwendet, sowohl online als auch offline (gedruckt). Der endgültige Text dieses Buches wurde als PDF-Datei an die Druckerei geliefert.

PDF ist eine Dokumenten- und nicht nur eine Seitenbeschreibungssprache. Es beschreibt nicht nur einzelne Seiten, sondern die übergeordnete Struktur eines Dokuments: Welche Seite gehört zu welchem Kapitel, welche Textspalte fließt in andere Textspalten über usw. Es umfasst außerdem eine Vielzahl von Multimedia-Eigenschaften für die Verwendung am Bildschirm.

Einige Drucker interpretieren PDF direkt. Falls Ihrer das nicht kann, können viele PDF-Anzeige- und -Übersetzungsprogramme (wie Ghostview, xpdf, kpdf, Evince und Acrobat Reader) Dokumente in ein anderes Format (beispielsweise PostScript) umsetzen, das umfassender verstanden wird. Ihr Drucksystem kann die erforderliche Konvertierung sogar vor Ihnen verbergen und PDF-Dokumente automatisch umsetzen, bevor sie zum Drucker geschickt werden.

23.2.4 XHTML

Am entgegengesetzten Ende des Spektrums wird am Horizont gerade eben der XHTML-Druck sichtbar. Ein Drucker, der einen XHTML-Druckdatenstrom empfängt (beispielsweise eine Webseite), erstellt im besten Glauben eine Darstellung des Auftrags, wobei unterschiedliche Drucker unterschiedliche Darstellungen anfertigen können, so wie verschiedene Browser die gleiche Webseite jeweils anders anzeigen.

Warum sollten die Anwender das wollen? Stellen Sie sich vor, dass Sie als stellvertretender Marketingleiter mit Ihrem Mobiltelefon im Web surfen und eine Webseite finden, die für eine geplante Präsentation bedeutsam ist. Sie gehen zu dem nächsten Bluetooth-fähigen Drucker und senden mit Ihrem Telefon den URL. Der Drucker übernimmt den Rest. Er lädt die Seite aus dem Web herunter, stellt sie dar und druckt Kopien aus. Sie nehmen die Kopien aus dem Ausgabeschacht und halten Ihre Präsentation.

23.2.5 PJL

PJL (Printer Job Language), die Druckauftragssprache von HP ist eigentlich keine PDL. Es handelt sich um eine Metasprache, die Druckaufträge beschreibt. Wir erläutern sie hier, weil sie in den Druckerbeschreibungen erwähnt wird.

PJL ist eine Sprache zur Auftragssteuerung, die unter anderem angibt, welche PDL ein Auftrag verwendet, ob der Auftrag ein- oder beidseitig gedruckt wird, welche Papiergröße verwendet wird usw. Die PJL-Befehle stehen am Anfang des Auftrags und beginnen alle mit @PJL:

```
@PJL SET COPIES=3
@PJL COMMENT FOO BAR MUMBLE
@PJL SET DUPLEX=ON
@PJL SET PAGEPROTECT=OFF
@PJL ENTER LANGUAGE=PCL
```

PJL wird von Nicht-HP-Druckern umfassend verstanden (oder bewusst ignoriert). Falls Sie aber Probleme mit dem Drucken von Aufträgen, die PJL enthalten, auf Nicht-HP-Druckern haben, versuchen Sie den PJL-Code mit einem Texteditor zu entfernen und den Druckauftrag erneut auszuführen.

23.2.6 Druckertreiber und ihre Handhabung von Druckersprachen

Die Software, die eine Datei in etwas umsetzt, das ein bestimmter Drucker versteht, ist der »Druckertreiber«. Wenn Sie PCL5 auf einem LaserJet 5500 drucken wollen, benötigen Sie einen LaserJet 5500 Treiber für PCL5.

Was ist, wenn ein Drucker nur eine Teilmenge der Sprachen versteht, die Sie verarbeiten müssen? Wenn Sie eine PostScript-Datei aus dem Web herunterladen und Ihr Drucker nur PCL5E versteht, was dann? Falls Ihr Drucker PDF nicht direkt interpretiert, wie drucken Sie dann eine PDF-Datei?

Eine Möglichkeit besteht darin, die Datei von Hand umzuwandeln. Linux-Distributionen werden mit einer Fülle von Konvertierungsprogrammen geliefert. Es gibt fast immer einen Weg, die vorliegende Datei so umzuwandeln, dass Ihr Drucker sie ausgeben kann. Browser können HTML-Seiten (oder XHTML) in PostScript transformieren, OpenOffice kann MS Word-Dateien in PDF umwandeln. Ghostscript kann PDF in PostScript umsetzen und PostScript in fast alles, einschließlich PCL.

Ein einfacherer Lösungsansatz besteht darin, Ihren Drucker die Arbeit für Sie erledigen zu lassen. Viele Systeme haben einiges Wissen darüber eingebaut, welche Konvertierungen ausgeführt werden müssen, und können die Umsetzungen automatisch für Sie durchführen.

Falls Sie bestimmen müssen, welche PDL eine Datei verwendet, und das nicht aus dem Dateinamen ableiten können (z. B. `foo.pdf`), kann Ihnen der `file`-Befehl das mitteilen (es sei denn, die Datei beginnt mit einem Batzen von PJL-Befehlen, wobei Ihnen `file` nur »HP Printer Job Language data« sagt).

Sichern Sie einige Druckaufträge in Dateien, anstatt sie zum Drucker zu schicken. Dann können Sie sehen, wie ein Programm in einer dieser Sprachen aussieht. Eine oder zwei Minuten zum Durchlesen jeder dieser Dateiarten in Ihrem Texteditor geben Ihnen einen guten Eindruck davon, wie unterschiedlich sie sind. Geben Sie sie nicht direkt mit `cat` auf Ihrem Bildschirm aus, denn nur PostScript ist ASCII.

23.2 Druckersprachen

PostScript:

```
%!PS-Adobe-3.0
%%BoundingBox: 0 0 612 792
%%Pages: 1
% ...
% Draw a line around the polygons...
pop pop pop dup 0 setgray 0 0 moveto dup 0 lineto 0.707106781 mul dup lineto
closepath stroke
```

PDF:

```
%PDF-1.3
%Ã¢Ã£ÃÃ"
 81 0 obj
<<
/Linearized 1
/O 83
/H [ 915 494 ]
/T 125075
>>
endobj
 xref
81 24
0000000016 00000 n
 Ã^<8f>
^P^@Ã¤Ã'<9e>
endstream
endobj
```

PCL5:

```
^[E^[&l1oOo1t016D^[&l1X^[*r0F^[*v0n10^[*p4300X^[%1BDT~,1TR0TD1SP1FT10,50CF3,1LB.~;^[%
1A^[*c100G^[*v2T^[&a0P^[*p0X^[*p0Y^[(10U^[(s1p12vsb4148T^[&l0E^[*p0Y^[*ct7920Y^[(10U^
[(s1p12vsb4101T^[&a0P^[&l0o66f0E^[9^[&a0P^[*p0X^[*p0Y^[*p474Y^[*p141X^[(10U^[(10U^[(s
1p12vsb4101T^[*p402Y^[*p186X^[*v00^[*c900a4b100g2P^[*v10^[*p250Y^[*v00^[*c900a4b100g2
P^[*v10^[*v00^[*c4a156b100g2P^[*v10^[*p251Y^[*p187X^[*v00^[*c899a154b10g2P^[*v10^[*p3
46Y^[*p256X
```

PCL/XL:

```
Ã'X^BX^BÃ¸<89>Ã^@Ã¸<86>Ã^CÃ¸<8f>AÃ^@Ã¸<88>Ã^AÃ¸<82>HÃ^@Ã¸(Ã^@Ã¸%ÃÃ¸cÃ^Ã^P^@TimesNewRm
nBdÃ¸Â¨Ã…UUÃ©BÃ¸Â¦Ãu^BÃ¸Âªo<85>Ã"Ã>^CA^BÃ¸LkÃf^@^@Ã¸Â¡dÃ^Ã:^@
```

23.3 Architektur von CUPS

CUPS hat eine Client/Server-Architektur. Ein CUPS-Server ist ein Spooler, der Druckwarteschlangen für Clients führt.

CUPS-Clients können Anwendungen mit Befehlszeilenschnittstellen wie `lpr` und `lpq` sein oder grafische Benutzeroberflächen besitzen wie `kprinter`. Andere CUPS-Server können aus der Sicht einzelner Server auch als Clients agieren.

Betrachten Sie die einfachste mögliche Konfiguration, einen CUPS-Server auf einem einzelnen Rechner, verbunden mit einem einzigen Drucker mit einer einzigen Druckwarteschlange. Die nächsten Abschnitte geben einen Überblick über die Befehle und Prozesse für einige übliche Druckaufträge.

23.3.1 Dokumente drucken

Die Dateien `foo.pdf` und `/tmp/testprint.pdf` können Sie wie folgt ausdrucken:

```
$ lpr foo.pdf /tmp/testprint.ps
```

Der Client überträgt Kopien der Dateien auf den CUPS-Server, der diese in der Druckwarteschlange speichert. CUPS verarbeitet eine Datei nach der anderen, sobald der Drucker bereit ist.

CUPS untersucht sowohl das Dokument als auch die PPD-Datei (PostScript Printer Description) des Druckers, um festzustellen, was unternommen werden muss, um das Dokument richtig ausgedruckt zu bekommen. (Wie wir später erklären, werden PPDs selbst für Nicht-PostScript-Drucker verwendet.)

Um einen Auftrag zur Ausgabe auf einem bestimmten Drucker vorzubereiten, übergibt CUPS ihn durch eine Pipeline von Filtern. Diese Filter können zahlreiche Funktionen ausführen. Ein Filter kann beispielsweise den Auftrag so umformatieren, dass zwei verkleinerte Seitenabbildungen auf jeder physischen Seite ausgedruckt werden (»zwei Seiten pro Blatt«), oder den Auftrag von einer PDL in eine andere transformieren. Außerdem können Filter druckerspezifische Verarbeitung ausführen, beispielsweise Druckerinitialisierung, und sogar die Rasterung für Drucker übernehmen, die über kein eigenes RIP verfügen.

Die letzte Stufe der Druckpipeline ist ein Back-End, das den Auftrag mit einem geeigneten Protokoll wie beispielsweise USB vom Host an den Drucker schickt. Das Back-End gibt auch Statusinformationen an den CUPS-Server zurück. Wenn Sie die verfügbaren Back-Ends sehen wollen, versuchen Sie es mit dem folgenden Befehl:

```
$ locate backend | grep -i cups
```

Nach dem Übertragen des Druckauftrags kehrt der CUPS-Daemon zur Verarbeitung seiner Warteschlangen zurück und behandelt Anfragen von Clients. Der Drucker geht an die Arbeit und versucht, den an ihn übergebenen Auftrag auszudrucken.

23.3.2 Die Druckwarteschlange anzeigen und bearbeiten

Der Befehl `lpq` fordert Informationen über den Auftragsstatus vom CUPS-Server an und formatiert sie zur Anzeige.

`lpstat -t` gibt eine gute Zusammenfassung des Gesamtzustands des Druckservers wieder.

CUPS-Clients können den Server auffordern, den Auftrag zu unterbrechen, abzubrechen oder die Priorität neu zu vergeben. Sie können außerdem Aufträge von einer Warteschlange in eine andere stellen. Für die meisten Änderungen müssen die Aufträge über ihre Auftragsnummer identifiziert werden, die mit `lpq` abgerufen wird.

Wenn Sie beispielsweise einen Druckauftrag entfernen wollen, führen Sie einfach `lprm` *auftragsid* aus.

23.3.3 Mehrere Drucker

Falls mehr als ein Drucker mit einem Rechner verbunden ist, unterhält CUPS für jeden von ihnen eine eigene Warteschlange.

Befehlszeilen-Clients können eine Option entgegennehmen (gewöhnlich `-P` *drucker* oder `-p` *drucker*), um die Druckwarteschlange anzugeben. Sie können außerdem einen standardmäßigen Drucker für sich einstellen, indem Sie wie folgt die Umgebungsvariable PRINTER setzen:

```
$ export PRINTER=druckername
```

Alternativ teilen Sie CUPS folgendermaßen einen bestimmten Standard für Ihr Konto mit:

```
$ lpoptions -d druckername
```

`lpoptions` stellt normalerweise Ihre persönlichen Standards ein, die in `~/.lpoptions` gespeichert werden. Wenn der Befehl als `root` gestartet wird, setzt er systemweite Standards in `/etc/cups/lpoptions`. `lpoptions -l` listet die gegenwärtigen Optionen auf.

23.3.4 Druckerinstanzen

Wenn Sie nur über einen Drucker verfügen, den Sie aber verschiedenartig nutzen wollen, angenommen für schnelle Entwürfe und endgültige Ausgaben, können Sie mit CUPS unterschiedliche »Druckerinstanzen« für diese unterschiedlichen Nutzungen einrichten.

Falls Sie beispielsweise bereits einen Drucker namens *Phaser_6120* haben, erstellt der folgende Befehl eine Instanz namens `Phaser_6120/2up`, die Ausdrucke mit zwei Seiten pro Seite ausgibt und Bannerseiten hinzufügt:

```
$ lpoptions -p Phaser_6120/2up -o number-up=2 -o job-sheets=standard
```

Der folgende Befehl druckt dann die PostScript-Datei biglisting.ps als Auftrag mit zwei Seiten pro Blatt mit Bannern:

```
$ lpr -P Phaser_6120/2up biglisting.ps
```

23.3.5 Drucken im Netzwerk

Aus der Sicht von CUPS unterscheidet sich ein Netzwerk mit vielen Rechnern nicht sehr von einem einzelnen Computer. Auf jedem Computer läuft ein CUPS-Daemon (cupsd), wobei sich alle CUPS-Daemons miteinander unterhalten.

Sie konfigurieren einen CUPS-Daemon, sodass er Druckaufträge von entfernten Systemen annimmt, indem Sie die Datei /etc/cups/cupsd.conf bearbeiten (siehe Abschnitt 23.4.1). Derart aufgesetzte CUPS-Server schicken standardmäßig alle 30 Sekunden Informationen über die Drucker als Broadcast. Als Ergebnis lernen Computer im lokalen Netzwerk automatisch die für sie verfügbaren Drucker kennen.

Die Bereitstellung von Druckern für mehrere Netzwerke oder Subnetze ist etwas kniffliger, da Broadcast-Pakete nicht über Subnetzgrenzen hinweg übertragen werden. Die übliche Lösung besteht darin, in jedem Subnetz einen Slave-Server festzulegen, der die Server der anderen Subnetze auf Informationen abfragt und dann diese Informationen an die Rechner in seinem lokalen Subnetz weiterleitet.

Als Beispiel nehmen wir an, dass sich die Druckserver allie (192.168.1.5) und jj (192.168.2.14) in unterschiedlichen Subnetzen befinden und dass es den Anwendern eines dritten Subnetzes 192.168.3 möglich sein soll, auf sie zuzugreifen. Damit das funktioniert, legen wir einfach einen Slave-Server (sagen wir copeland, 192.168.3.10) fest und fügen die folgenden Zeilen in seine cupsd.conf-Datei ein:

```
BrowsePoll allie
BrowsePoll jj
BrowseRelay 127.0.0.1 192.168.3.255
```

Die ersten beiden Zeilen teilen dem cupsd des Slaves mit, die cupsds auf allie und jj auf Informationen über die von ihnen bedienten Drucker abzufragen. Die dritte Zeile weist copeland an, alle gelernten Informationen an sein eigenes Subnetz weiterzugeben.

Benötigen Sie eine anspruchsvollere Einstellung? Mehrere Warteschlangen für einen Drucker mit jeweils unterschiedlichen Standards? Einen einzelnen Server, der Lastausgleich vornimmt, indem er Aufträge an mehrere Drucker verteilt? Mehrere Server, die austauschbare Instanzen der gleichen Art von Drucker verwalten? LPD- oder Windows-Clients? Es gibt zu viele Variationen, um sie hier alle durchzugehen. CUPS handhabt allerdings all diese Situationen, wobei die CUPS-Dokumentation Sie durch die Einzelheiten führt.

23.3.6 Das zugrunde liegende Protokoll von CUPS: HTTP

HTTP ist das zugrunde liegende Protokoll für alle Wechselwirkungen zwischen CUPS-Servern und ihren Clients. CUPS-Server hören auf Verbindungen am Port 631. Clients unterbreiten Aufträge mit der HTTP POST-Operation. Statusabfragen werden durch HTTP GET implementiert. Die CUPS-Konfigurationsdateien sehen wie Apache-Konfigurationsdateien aus.

Etwas Geschichte hilft Ihnen zu verstehen, wie das zustande kam.

Die erste kommerzielle UNIX-Anwendung war die Dokumentenerstellung. Zur Schlüsselsoftware gehörten Texteditoren, Auszeichnungssprachen (nroff/troff) und Druckprogramme.

Die Drucker waren einfach und so waren es auch die Spooler. Das galt auch für Nicht-UNIX-Systeme, obwohl diese proprietär waren. IBM-Computer wussten, wie IBM-Drucker angesteuert werden, Apple-Rechner wussten, wie Apple-Drucker bedient werden usw. Häufig wurde (zutreffend) davon ausgegangen, dass der Computer, auf dem Sie gearbeitet haben, direkt mit dem Drucker verbunden war. Die Druckerkonfiguration bestand aus der Beantwortung von Fragen wie: »Seriell oder parallel?«

Als Netzwerkdrucker verfügbar wurden, haben sich die Probleme multipliziert. Frühe Netzwerkdrucksysteme waren eigenartig und verwendeten eine Sammlung von Protokollen für die Kommunikation zwischen Spooler und Drucker, zwischen Client und Spooler und für die Übertragung des Netzwerkverkehrs.

Als die Komplexität zunahm, wurden verschiedene Versuche unternommen, einheitliche Standards zu schaffen, von denen aber keiner allgemeine Anerkennung fand. Die verwendeten Protokolle wurden älter und schwerfälliger. Neue Druckereigenschaften wie beidseitiger Druck spornten zum umfangreichen Hacken von Sonderfällen an.

Die Druckerarbeitsgruppe von IETF hat die Zähne zusammengebissen und das IPP (Internet Printing Protocol) erstellt, das auf HTTP aufbaut. Diese Auswahl strukturiert nicht nur das Protokoll mit einfachen GET- und POST-Anforderungen, sondern gestattet auch, beim Drucken verbreitete Techniken zur Authentifizierung, Zugriffssteuerung und Verschlüsselung zu verwenden.

Michael Sweet und Andrew Senft von Easy Software Products (ESP) haben IPP in Form einer CUPS-Implementierung für UNIX erschlossen. Heute ist CUPS die vollständigste IPP-Implementierung dieses Planeten.

Obwohl ESP seine eigene Marktnische und Produkte hat, ist CUPS ein Open Source-Projekt, das frei weitergegeben werden darf. Die meisten Linux- und UNIX-Systeme verwenden heute CUPS als standardmäßiges Drucksystem.

Ein CUPS-Server *ist* ein Webserver, wenn auch einer, der über Port 631 anstatt auf Port 80 kommuniziert. Sie können das prüfen, indem Sie Ihren lokalen CUPS-Server in einem Webbrowser (localhost:631) aufrufen. Sie werden sehen, dass sich der

CUPS-Server einer GUI-Oberfläche für seine volle Funktionalität bedient. (Sie können auch SSL auf Port 433 zur sicheren Kommunikation mit den Druckern verwenden.) CUPS spricht IPP mit Webbrowsern, Druckern, GUI und CLI-Werkzeugen und mit anderen CUPS-Servern.

23.3.7 PPD-Dateien

Wenn Sie kprinter aufrufen, um book.ps auf dem Farbdrucker Pollux auszugeben, fragt kprinter Sie möglicherweise, auf welchem Papierformat Sie drucken wollen. Aber warten Sie. Woher weiß CUPS, dass es seinem Client kprinter mitteilen soll, dass Pollux auf A4-Papier drucken kann? Woher weiß CUPS, dass Pollux PostScript versteht, und was soll CUPS unternehmen, falls das nicht der Fall ist? Wo findet CUPS die Information, dass Pollux ein Farbdrucker ist?

Diese Informationen werden in einer PPD-Datei (PostScript Printer Description) geführt, die die Attribute und Möglichkeiten eines PostScript-Druckers beschreibt. Der CUPS-Daemon liest die PPD-Dateien seiner Drucker und gibt die Informationen über sie an seine Clients und Filter weiter, sobald sie benötigt werden.

PPDs wurden zuerst für den Mac entwickelt, aber schnell von Windows-Software übernommen. Jeder neue Drucker wird vom Hersteller mit einer PPD geliefert. Mac- und Windows-Drucker verwenden die PPD-Datei, um herauszufinden, wie PostScript-Aufträge an den Drucker geschickt werden. Es ist beispielsweise sinnlos, einen in Amerika verkauften, einseitigen Schwarzweißdrucker aufzufordern, ein zweiseitiges Farbdokument auf europäischem B4-Papier auszudrucken.

Ältere UNIX- und Linux-Drucksysteme verwenden keine PPDs. Die Anwender haben entweder gelernt, ihren PostScript-Code anzupassen, oder sie leben mit dem, was sie als standardmäßige Ausgabe erhalten. Im Gegensatz dazu wurde CUPS von Grund auf so aufgebaut, dass diese reiche Informationsquelle vorteilhaft genutzt wird. Tatsächlich ist CUPS von PPDs abhängig.

Zum Auffinden von PPD-Dateien kann etwas Spürsinn erforderlich sein. Wenn auf Ihrem Rechner eine PPD vorhanden ist, steht sie wahrscheinlich in /etc/cups/ppd oder /usr/share/cups/model. Der Befehl locate .ppd hilft Ihnen dabei, sie zu finden. Für Netzwerkdrucker werden die PPDs möglicherweise entfernt gespeichert. CUPS-Clients erhalten die PPD-Informationen vom zuständigen CUPS-Server.

PPD-Dateien sind einfach Textdateien. Es ist aufschlussreich, sich eine anzusehen und festzustellen, welche Art von Informationen sie enthält.

PostScript-Drucker besitzen alle vom Hersteller bereitgestellte PPDs, die Sie auf der Installations-CD oder der Webseite des Herstellers finden. Die PPDs der mit CUPS gelieferten Bibliothek werden in /usr/share/cups/model aufbewahrt. CUPS kopiert PPDs, die gegenwärtig benutzt werden, nach /etc/cups/ppd.

CUPS verwendet auch PPDs, um Drucker zu beschreiben, die keinen PostScript-Interpreter haben. Ein zusätzliches Feld dient diesem Kunstgriff, wie Sie im Folgenden sehen:

```
$ grep cupsFilter /usr/share/cups/model/pxlmono.ppd
*cupsFilter:    "application/vnd.cups-postscript 0 pstopxl"
```

Sie können zwei eng verwandte PPDs mit `diff` vergleichen (versuchen Sie es mit `pxlmono.ppd` und `pxlcolor.ppd`), um festzustellen, worin sich die beiden Drucker genau unterscheiden.

Wenn der Hersteller Ihres Druckers keine PPD-Datei liefert – vielleicht, weil der Drucker keinen PostScript-Interpreter hat und der Hersteller sich nur um Windows kümmert –, gehen Sie zu *linuxprinting.org* und durchsuchen Sie die Foomatic-Datenbank nach weiteren Informationen. Ihr Drucker wird vielleicht auch vom Gutenprint-Projekt (*gutenprint.sourceforge.net*, früher als Gimp-Print bekannt) unterstützt. Wenn Sie die Wahl zwischen PPDs aus diesen Quellen haben und Ihre Anwender das letzte Quäntchen Qualität haben wollen, probieren Sie alle Optionen aus, um festzustellen, welche Ausgabe am besten aussieht.

Falls nirgendwo eine PPD-Datei zu finden ist, dann

- sollten Sie *linuxprinting.org* zurate gezogen haben, bevor Sie den Drucker erworben haben.
- kann es sehr wohl eine generische PPD-Datei geben, mit der Sie etwas drucken können, selbst wenn sie nicht alle Eigenschaften des Druckers unterstützt.
- sollten Sie Ihre neue PPD-Datei zur Foomatic-Datenbank beisteuern, falls Sie eine generische PPD-Datei so überarbeitet haben, dass sie besser mit Ihrem Drucker zusammenarbeitet.

23.3.8 Filter

Anstatt für jeden Drucker ein spezialisiertes Druckprogramm zu verwenden, benutzt CUPS eine Kette von Filtern, um eine von Ihnen gedruckte Datei so umzuwandeln, dass Ihr Drucker sie versteht.

Das Filterverfahren von CUPS ist elegant. Wenn Sie CUPS eine Datei zum Drucken übergeben, bestimmt es den MIME-Typ der Datei und stellt fest, welche MIME-Typen Ihr Drucker versteht und welche Filter es benötigt, um Ersteres in eines der Letzteren zu konvertieren.

CUPS verwendet Regeln aus `/etc/cups/mime.types`, um hinter den eingehenden Datentyp zu kommen. Die folgende Regel bedeutet beispielsweise: »Falls die Datei die Erweiterung `.pdf` hat oder mit dem String `%PDF` beginnt, dann ist ihr MIME-Typ `application/pdf`«.

```
application/pdf    pdf string (0,%PDF)
```

CUPS stellt fest, wie ein Datentyp in einen anderen konvertiert wird, indem es Regeln in der Datei `/etc/cups/mime.convs` nachschaut. Die folgende Regel bedeutet beispielsweise: »Um eine Datei vom Typ application/pdf in eine Datei vom Typ application/postscript zu konvertieren, starte den Filter `pdftops`«. Die Zahl 33 steht für den Aufwand der Konvertierung.

```
application/pdf     application/postscript 33 pdftops
```

Falls Sie (was unwahrscheinlich ist) Ihre eigenen Filter schreiben müssen, sollten Sie die bereitgestellten Dateien nicht ändern. Legen Sie einen neuen Satz von Dateien mit einem eigenen Basisnamen an (etwa `local.types` und `local.convs`) und stellen Sie ihn in `/etc/cups`, wo CUPS die Dateien finden kann. CUPS liest alle Dateien mit den Anhängen `.types` und `.convs` und nicht nur `mime.types` und `mime.convs`.

Die letzten Bestandteile in der CUPS-Pipeline sind Filter, die direkt mit dem Drucker sprechen. In der PPD eines Nicht-PostScript-Druckers können Sie Zeilen finden wie:

```
*cupsFilter: "application/vnd.cups-postscript 0 foomatic-rip"
```

Oder sogar:

```
*cupsFilter: "application/vnd.cups-postscript foomatic-rip"
```

Der in Anführungszeichen stehende String hat das gleiche Format wie die Zeile in `mime.convs`, aber es gibt nur einen MIME-Typ statt zwei. Die Zeile besagt, dass der Filter `foomatic-rip` Daten vom Typ `application/vnd.cups-postscript` in das ursprüngliche Format des Druckers konvertiert. Der Aufwand beträgt 0 (oder wird weggelassen), weil es nur eine Möglichkeit gibt, diesen Schritt auszuführen. Warum also so tun, als gäbe es einen Aufwand? (Gutenprint-PPDs für Nicht-PostScript-Drucker sind geringfügig anders.)

Bei einem gegebenen Dokument und Zieldrucker verwendet CUPS die `types`-Dateien, um den Dokumententyp zu bestimmen. Dann sieht es in der PPD nach, welchen Datentyp der Drucker benötigt. Anschließend leitet es mit den `.convs`-Dateien alle Filterketten ab, die das eine in das andere konvertieren können, und bestimmt, welchen Aufwand jede Kette verursacht. Schließlich nimmt es die Kette mit dem geringsten Aufwand und lässt das Dokument diese Filter durchlaufen.

Der letzte Filter der Kette übergibt das druckbare Format an ein Back-End, das die Daten mit irgendeinem Protokoll, das der Drucker versteht, an diesen übergibt.

Um die auf Ihrem System verfügbaren Filter zu finden, verwenden Sie `locate pstops`. (`pstops` ist ein beliebter Filter, der PostScript-Aufträge auf verschiedene Art bearbeitet, beispielsweise durch Hinzufügen von PostScript-Befehlen zur Einstellung der Anzahl der Kopien.) Die anderen Filter sind nicht weit weg.

Sie können CUPS nach einer Liste der verfügbaren Back-Ends fragen, indem Sie `lpinfo -v` ausführen. Wenn Ihrem System ein Back-End für das von Ihnen benötigte Netzwerkprotokoll fehlt, ist es möglicherweise im Web oder beim Hersteller erhältlich.

23.4 CUPS-Serververwaltung

`cupsd` wird beim Booten gestartet und läuft durchgängig. Alle unsere Linux-Beispieldistributionen sind standardmäßig so eingestellt.

Die CUPS-Konfigurationsdatei heißt `cupsd.conf` und steht gewöhnlich unter `/etc/cups`. Das Dateiformat ist dem der Apache-Konfigurationsdatei ähnlich. Wenn Sie mit einer dieser Dateien vertraut sind, kennen Sie auch die andere.

Nachdem Sie Änderungen an der Konfigurationsdatei vorgenommen haben, führen Sie `/etc/init.d/cups restart` aus, um den Daemon neu zu starten, damit Ihre Änderungen wirksam werden. (Debian- und Ubuntu-Distributionen verwenden stattdessen `/etc/init.d/cupsys restart`.)

Die standardmäßige Konfigurationsdatei ist gut dokumentiert. Die Kommentare und die man-Page von `cupsd.conf` sind ausreichend, sodass wir hier nicht die gleichen Informationen wiederkäuen.

Sie können die CUPS-Konfigurationsdatei von Hand bearbeiten oder, falls Sie die KDE-Arbeitsumgebung installiert haben, das System mit der KDE-Druckerverwaltung konfigurieren, die über das KDE-Kontrollzentrum erreichbar ist. Das Handbuch zu KDEPrint dokumentiert den Vorgang im Detail (siehe Abschnitt 23.4.1) und ist eine gute Referenz für CUPS-Variablen, ihre Bedeutung und ihre Standardwerte.

Sie können den CUPS-spezifischen Teil der KDE-Druckerverwaltung direkt mit dem Befehl `cupsdconf` aufrufen. Dieses Kommando ist in den `kdelibs`-Paketen der meisten Systeme enthalten, wobei es nicht nötig ist, die gesamte KDE zu installieren, um es zu verwenden.

Wir haben keine Erfahrung mit der KDE-GUI in der Produktion, aber bei unseren Tests war zu beanstanden, dass sie bestimmte Optionen der standardmäßigen `cupsd.conf`-Dateien nicht versteht, die in den Standarddateien all unserer Referenzsysteme vorhanden sind. Unter SUSE lief sie überhaupt nicht, offensichtlich weil die folgende Zeile in `cupsd.conf` sie nach der nicht vorhandenen Datei `/etc/passwd.md5` suchen ließ:

```
AuthType BasicDigest
```

(Andere Systeme verwenden standardmäßig `AuthType Basic`.) Möglicherweise machen Sie andere Erfahrungen.

23.4.1 Einen Netzwerk-Druckserver einrichten

Damit CUPS Druckaufträge über das Netzwerk entgegennimmt, ändern Sie die `cupsd.conf`-Datei an zwei Stellen. Ändern Sie zuerst

```
<Location />
Order Deny,Allow
Deny From All
Allow From 127.0.0.1
</Location>
```

in

```
<Location />
Order Deny,Allow
Deny From All
Allow From 127.0.0.1
Allow From netzadresse
</Location>
```

Ersetzen Sie *netzadresse* durch die IP-Adresse des Netzwerks, aus dem Druckaufträge entgegengenommen werden sollen (z. B. 192.168.0.0). Suchen Sie dann das Schlüsselwort `BrowseAddress` und stellen Sie es wie folgt auf die Broadcastadresse des Netzwerks mit dem CUPS-Port ein:

```
BrowseAddress 192.168.0.255:631
```

Diese beiden Schritte teilen dem Server mit, Anfragen von allen Computern in dem Netzwerk anzunehmen und seine Kenntnisse über die Drucker, die er bedient, als Broadcast an alle CUPS-Daemons des Netzwerks zu schicken.

Das war alles! Nachdem Sie den CUPS-Daemon neu gestartet haben, kommt er als Server zurück.

23.4.2 Automatische Konfiguration von Druckern

Sie können CUPS tatsächlich ohne Drucker verwenden (beispielsweise um Dateien in PDF oder ein Fax-Format zu konvertieren), aber seine typische Rolle ist die Verwaltung von echten Druckern. In diesem Abschnitt betrachten wir die Möglichkeiten, wie Sie die Drucker selbst handhaben können.

In einigen Fällen ist das Hinzufügen eines Druckers einfach. CUPS versucht, USB-Drucker automatisch zu erkennen, wenn sie angeschlossen werden, und herauszufinden, was mit ihnen zu tun ist.

Druckerhersteller stellen gewöhnlich Installationssoftware bereit, die für Sie unter Windows und selbst unter Mac OS X (das auch CUPS verwendet) den größten Teil der Einrichtung übernimmt. Sie können allerdings nicht erwarten, dass Hersteller die Installation unter Linux für Sie handhaben.

23.4 CUPS-Serververwaltung

Selbst wenn Sie die Arbeit selbst ausführen müssen, besteht das Hinzufügen eines Druckers häufig lediglich aus dem Anschließen der Hardware, der Verbindung mit der CUPS-Webschnittstelle unter der folgenden Adresse und dem Beantworten einiger Fragen.

```
localhost:631/admin
```

KDE und GNOME werden mit eigenen Druckerkonfigurations-Widgets geliefert, die Sie vielleicht der CUPS-Schnittstelle vorziehen.

Wenn ein anderer einen Drucker hinzufügt und ein oder mehrere CUPS-Server in dem Netzwerk ihn kennen, wird Ihr CUPS-Server über seine Anwesenheit unterrichtet. Sie müssen den Drucker nicht ausdrücklich zum lokalen Inventar hinzufügen oder PPDs auf Ihren Rechner kopieren. All das funktioniert automatisch.

23.4.3 Netzwerkdrucker konfigurieren

Netzwerkdrucker benötigen ihre eigene Konfiguration, um Mitglieder des TCP/IP-Netzwerks zu sein. Sie müssen insbesondere ihre IP-Adresse und Netzmaske kennen. Diese Informationen werden ihnen gewöhnlich auf einem von zwei möglichen Wegen zugeführt.

Die meisten modernen Drucker können diese Informationen über das Netzwerk von einem BOOTP- oder DHCP-Server bekommen. Dieses Verfahren funktioniert in Umgebungen mit vielen homogenen Druckern gut. Weitere Informationen über DHCP finden Sie in Abschnitt 12.9.

Alternativ können Sie eine statische IP-Adresse an der Konsole des Druckers einstellen, die normalerweise aus einer Gruppe von Knöpfen auf dem Bedienfeld des Druckers und einer einzeiligen Anzeige besteht. Durchsuchen Sie die Menüs, bis Sie herausfinden, wie die IP-Adresse eingestellt wird. (Wenn es eine Menüoption gibt, die Menüs auszudrucken, benutzen Sie sie und heben Sie sich die gedruckte Version auf.)

Einige wenige Drucker geben Ihnen über eine serielle Schnittstelle Zugriff auf eine virtuelle Konsole. Das ist eine nette Idee, aber der Gesamtaufwand ist wahrscheinlich ähnlich der Benutzung der Knöpfe des Bedienfelds. Die Grundlagen sind gleich.

Falls alles andere versagt, schauen Sie in das Handbuch, mit dem viele Drucker geliefert werden.

Nach der Konfiguration haben Netzwerkdrucker gewöhnlich eine »Webkonsole«, auf die mit einem Browser zugegriffen werden kann. Die Drucker müssen aber bereits eine IP-Adresse haben, bevor Sie so auf sie zugreifen können. Das Thema des ersten Zugriffs auf den Drucker bleibt also.

Nachdem Ihr Drucker im Netzwerk ist und Sie ihn mit Ping erreichen, achten Sie darauf, ihn wie im Abschnitt 23.7.8 zu schützen.

23.4.4 Beispiele für die Konfiguration von Druckern

Als Beispiel wollen wir den Paralleldrucker groucho und den Netzwerkdrucker fezmo an der Befehlszeile hinzufügen.

```
# lpadmin -p groucho -E -v parallel:/dev/lp0 -m pxlcolor.ppd
# lpadmin -p fezmo -E -v socket://192.168.0.12 -m laserjet.ppd
```

Wie Sie sehen, ist groucho mit dem Port /dev/lp0 verbunden, während fezmo die IP-Adresse 192.168.0.12 hat. Wir geben jedes Gerät als URI (Universal Resource Indicator) an und wählen eine PPD aus denen unter /usr/share/cups/model.

Solange der lokale cupsd als Netzwerkserver konfiguriert ist, stellt er die neuen Drucker unmittelbar den anderen Clients des Netzwerks zur Verfügung.

Anstatt die Befehlszeilenschnittstelle zu benutzen, können Sie die webbasierten Konfigurationswerkzeuge des CUPS-Servers verwenden, falls Sie das vorziehen. Das gilt für alle Verwaltungsaufgaben dieses Abschnitts.

CUPS akzeptiert eine große Vielzahl an URIs für Drucker. Es folgen einige weitere Beispiele:

```
ipp://zoe.canary.com/ipp
lpd://riley.canary.com/ps
serial://dev/ttyS0?baud=9600+parity=even+bits=7
socket://gillian.canary.com:9100
usb://XEROX/Phaser%206120?serial=YGG210547
```

Einige URIs enthalten Optionen (z. B. serial), andere nicht. lpinfo -v listet die Geräte auf, die Ihr System sehen kann, und die Arten der URIs, die CUPS versteht.

23.4.5 Die Druckerklasse einrichten

Eine »Klasse« ist eine Gruppe von Druckern, die sich eine Warteschlange teilen. Aufträge in der Warteschlange werden auf dem Drucker ausgegeben, der als erster verfügbar wird. Der folgende Befehl legt die Klasse haemer an und fügt die drei Drucker riley, gilly und zoe in sie ein:

```
# lpadmin -p riley -c haemer
# lpadmin -p gilly -c haemer
# lpadmin -p zoe -c haemer
```

Beachten Sie, dass es keinen ausdrücklichen Schritt gibt, um die Klasse zu erstellen. Die Klasse ist so lange vorhanden, wie ihr Drucker zugewiesen sind. Tatsächlich ist CUPS sogar noch klüger: Wenn mehrere Drucker in einem Netzwerk den gleichen Namen bekommen haben, behandelt CUPS sie als implizite Klasse und verteilt die Aufträge automatisch zwischen ihnen.

23.4.6 Dienste beenden

Wenn Sie einen Drucker oder eine Klasse entfernen wollen, können Sie das einfach mit `lpadmin -x` erreichen:

```
# lpadmin -x fezmo
# lpadmin -x haemer
```

Was ist aber, wenn Sie einen Drucker lediglich zeitweise deaktivieren wollen, anstatt ihn zu entfernen? Sie können die Warteschlange an beiden Enden blockieren. Wenn Sie das Ende der Warteschlange (den Ausgang oder die Druckerseite) deaktivieren, können die Anwender immer noch ihre Aufträge abgeben, aber die Aufträge werden nie gedruckt. Falls Sie den Kopf (Eingang) der Warteschlange deaktivieren, werden die Aufträge gedruckt, die sich bereits in der Warteschlange befinden, aber die Warteschlange weist die Erteilung weiterer Aufträge zurück.

Die Befehle `disable` und `enable` steuern die Ausgangsseite der Warteschlange und die Befehle `reject` und `accept` die Eingangsseite, wie das folgende Beispiel zeigt:

```
# disable groucho
# reject corbet
```

Welchen Befehl sollten Sie verwenden? Es ist keine gute Idee, Druckaufträge anzunehmen, die keine Aussicht haben, in absehbarer Zeit gedruckt zu werden. Verwenden Sie deshalb für längere Ausfallzeiten `reject`. Für kurze Unterbrechungen, die für den Anwender nicht sichtbar sein sollen (beispielsweise zur Behebung eines Papierstaus), benutzen Sie `disable`.

Administratoren fragen gelegentlich nach einer Merkhilfe, welche Befehle welches Ende der Warteschlange steuern. Wenn CUPS einen Auftrag »abweist« (`reject`), bedeutet das, dass Sie ihn nicht »einstellen« (inject) können. Eine andere Möglichkeit, die Befehle auseinanderzuhalten, besteht darin, daran zu denken, dass Annehmen (`accept`) und Abweisen (`reject`) Aktivitäten sind, die Sie an Druckaufträgen vornehmen, wogegen Deaktivieren (`disable`) und Aktivieren (`enable`) Tätigkeiten sind, die den Drucker betreffen. Es hat keinen Sinn, einen Drucker oder eine Druckwarteschlange anzunehmen (`accept`).

Als Warnung ist darauf hinzuweisen, dass `enable` nicht nur ein CUPS-Befehl ist, sondern auch ein eingebautes `bash`-Kommando. `bash` geht davon aus, dass Sie sein eigenes `enable` meinen, solange Sie nicht den vollständigen Pfadnamen des Befehls `/usr/bin/enable` angeben. Dabei aktiviert und deaktiviert die `bash`-Version von `enable` die eingebauten Befehle von `bash`, sodass Sie damit diesen Befehl selbst deaktivieren können[2]:

```
$ enable -n enable
```

---

2   Finden Sie heraus, wie Sie den in `bash` eingebauten `enable`-Befehl wieder aktivieren können, nachdem Sie den Zugriff darauf blockiert haben. `enable enable` *funktioniert nicht!*

CUPS deaktiviert selbst manchmal zeitweilig einen Drucker, mit dem es Probleme hat (beispielsweise weil jemand ein Kabel herausgezogen hat). Nachdem Sie das Problem behoben haben, denken Sie daran, die Warteschlange wieder zu aktivieren. Falls Sie das vergessen, weist Sie `lpstat` darauf hin. (Eine eingehendere Behandlung dieses Themas und einen anderen Ansatz finden Sie unter *www.linuxprinting.org/beh.html*).

23.4.7 Weitere Konfigurationsaufgaben

Die heutigen Drucker sind umfassend konfigurierbar, wobei Sie mit CUPS eine Vielzahl dieser Eigenschaften über seine Webschnittstelle oder über die Befehle `lpadmin` und `lpoptions` einstellen können. Als Faustregel dient `lpadmin` für systemweite und `lpoptions` für benutzerbezogene Aufgaben.

Mit `lpadmin` können Sie den Zugriff feiner einschränken als mit `disable` und `reject`. Sie können beispielsweise Druckquoten einrichten und angeben, welcher Anwender Daten auf welchen Druckern ausgeben kann.

23.4.8 Papiergrößen

In den Vereinigten Staaten und Kanada wird die gebräuchlichste Papiergröße Letter genannt und ist 8,5 x 11 Zoll groß. Einige Linux-Distributionen (z. B. Knoppix und SUSE) werden in Europa hergestellt. Hier und in Japan ist die gebräuchlichste Papierart A4, weshalb alle Drucker mit A4-Papiereinzügen geliefert werden. Folglich erstellen die Druckprogramme einiger Distributionen standardmäßig A4-Seitenabbildungen.

A4-Papier ist sinnvoll, weil es irrational ist – mathematisch gesehen. Das Verhältnis von Länge zu Breite von A4-Papier ist $\sqrt{2}$. Wenn Sie ein Blatt A4-Papier horizontal in der Mitte falten, erhalten Sie zwei halb so große Papierblätter, die das gleiche Verhältnis von Länge zu Breite aufweisen. Diese Papiergröße wird A5 genannt. Halbieren Sie A5 und Sie bekommen zwei Blatt A6. In der anderen Richtung hat A3 die doppelte Fläche von A4, aber die gleiche Form usw.

Mit anderen Worten können Sie A0-Papier mit einer Fläche von einem Quadratmeter herstellen und mit einer Papierschneidemaschine die anderen benötigten Größen erzeugen. Die einzige US-Papiergröße, mit der Sie dieses Spiel machen können, ist Ledger (11 x 17 Zoll), das Sie auf die Hälfte falten können, um zwei Blatt Letter zu bekommen.

Es gibt auch die ISO-Reihen B und C, die das Seitenverhältnis 1:$\sqrt{2}$ beibehalten, aber andere Basisgrößen haben. B0 ist 1 m hoch und C0-Papier hat eine Fläche von 2,25 m². Ingenieure werden sofort erkennen, dass die Seiten von Bn-Papier die geometrischen Mittelwerte von An-1- und An-Seiten sind, während Cn-Papierseiten das geometrische Mittel von An und Bn sind.

23.4 CUPS-Serververwaltung

Was bedeutet das alles? Bn hat das gleiche Aussehen wie An, ist aber größer, und Cn liegt zwischen den beiden. Ein Bericht auf A4-Papier passt wunderbar in einen C4-Umschlag. Wenn Sie A4-Briefe in der Mitte falten, um sie auf A5 zu bringen, passen sie in C5-Umschläge. Noch einmal gefaltet passen sie genauso gut in C6-Umschläge.

Damit es nicht so einfach ist, verwendet Japan eine eigene B-Reihe, die sich geringfügig von der europäischen unterscheidet. Obwohl sie das gleiche Seitenverhältnis wie ISO-Papier hat, ist die japanische B4-Papiergröße das arithmetische Mittel von A3 und A4, was sie etwas größer als ISO-B4-Papier macht. In Japan gibt es keine C-Reihe.

So wie das ISO-System es leicht macht, zwei Seiten eines B5-Buches auf einen einzelnen B4-Handzettel zu kopieren, vereinfacht es alle Arten von n-fachen Drucken (Drucken mehrerer verkleinerter Seitenabbildungen auf die gleiche Seite). Europäische Kopierer verfügen oft über Tasten, die um einen Faktor $\sqrt{2}$ verkleinern oder vergrößern.

Wenn auf Ihrem System der `paperconf`-Befehl installiert ist, können Sie mit ihm die Größen verschiedener benannter Papiere in Zoll, Zentimeter oder Druckerpunkten (72stel Zoll) ausdrucken. In Tabelle 23.1 sind einige typische Einsatzgebiete angegeben.

Größe	Übliche Verwendung
A0, A1	Poster
A3, B4	Zeitschriften
A4	Generisches »Blatt Papier«
A5	Notizzettel
B5, B6	Bücher, Postkarten, Toilettenpapier
A7	Karteikarten
B7	Pässe (selbst US-Pässe sind B7)
A8	Visitenkarten
B8	Spielkarten

Tabelle 23.1: Gebräuchliche ISO-Papiergrößen

Leider ist A4-Papier etwas schmaler und länger (8,5 x 11,7 Zoll) als amerikanisches Letter-Papier. Das Drucken eines A4-Dokuments auf Letter-Papier schneidet gewöhnlich wichtige Streifen wie Kopfzeilen, Fußzeilen und Seitennummern ab. Wenn Sie umgekehrt hier in Europa oder in Japan versuchen, amerikanische Seiten auf A4-Papier auszudrucken, sind möglicherweise die rechte und linke Seite Ihres Dokuments abgeschnitten (obwohl dieses Problem weniger schwerwiegend ist).

Einzelne Softwarepakete können ihre eigenen Standards in Bezug auf die Papiergröße haben. GNU `enscript` wird beispielsweise in Finnland von Markku Rossi gepflegt und verwendet standardmäßig A4-Papier. Sollten Sie in Amerika sein und sollte Ihre Distribution `enscript` nicht mit einer anderen Standardeinstellung kompiliert haben, besteht eine Option darin, den Quellcode neu zu konfigurieren. Gewöhnlich ist es allerdings einfacher, die Papiergröße an der Befehlszeile oder in einer GUI-Konfigurationsdatei einzustellen. Wenn die Enden oder Seiten Ihrer Dokumente beschnitten sind, ist die wahrscheinlichste Erklärung ein Konflikt bei der Papiergröße.

Sie können auch mit dem Befehl `paperconfig`, der Umgebungsvariablen `PAPERSIZE` und dem Inhalt der Datei `/etc/papersize` die Standardpapiergröße für viele Druckaufträge anpassen. (Beachten Sie: `paperconfig != paperconf`.)

23.4.9 Kompatibilitätskommandos

Früher gab es zwei konkurrierende Drucksysteme: Das eine auf BSD UNIX-Systemen und das andere auf System V UNIX-Systemen. Die beiden Systeme verwalteten relativ einfache Druckwarteschlangen und boten Befehle zum Anlegen, Löschen, Starten, Beenden und Anhalten der Warteschlangen und zum Einstellen und Entfernen von einzelnen Aufträgen darin.

Sie fragen sich vielleicht, warum es zwei Systeme gab und was die wesentlichen Unterschiede zwischen ihnen waren? Stehen Sie während einer Zusammenkunft einer Linux-Usergroup auf und rufen: »Jeder Benutzer von `vi` ist ein Idiot!« – danach können Sie uns die Frage noch einmal stellen.

Vernünftigerweise bietet CUPS kompatible Befehle, die beide Systeme ersetzen. Ein Teil der Motivation liegt darin, den Umstieg für alle zu erleichtern, die mit früheren Systemen vertraut sind. Ein wichtiges Ziel ist aber auch die Kompatibilität mit vorhandener Software.

Allerdings leisten diese Befehle nicht immer alles wie die Originale, während einige weniger verwendete und herstellerspezifische Befehle noch nicht implementiert sind. Dennoch funktionieren viele Skripte, die diese Befehle benutzen, wirklich gut mit CUPS. Betrachten Sie das Fehlende als Herausforderung. Wenn Sie selbst etwas tun wollen, ist hier immer noch Code übrig, den Sie schreiben können.

In Tabelle 23.2 sind die Befehlszeilenwerkzeuge von CUPS aufgeführt und nach ihrer Herkunft klassifiziert.

	Befehl	Funktion
CUPS	`lpinfo`	Zeigt die verfügbaren Geräte oder Treiber an
	`lpoptions`	Zeigt Druckeroptionen und -standards an oder legt sie fest
	`lppasswd`	Erfasst, ändert oder löscht Passwörter
	`cupsdconf`[a]	Ein CUPS-Konfigurationsprogramm

Tabelle 23.2: CUPS-Befehlszeilenwerkzeuge und ihre Herkunft

23.4 CUPS-Serververwaltung

	Befehl	Funktion
	cups-config[a]	Druckt Informationen über CUPS-API, Compiler, Verzeichnis und Verknüpfung
System V	lp	Druckt Dateien
	cancel	Bricht Aufträge ab
	accept, reject	Nimmt Aufträge in die Warteschlange an oder weist sie ab
	disable, enable	Beendet oder startet Drucker und Klassen
	lpstat	Druckt CUPS-Statusinformationen
	lpadmin	Konfiguriert CUPS-Drucker und Klassen
	lpmove	Verschiebt einen Auftrag an ein neues Ziel
BSD	lpr	Druckt Dateien
	lprm	Bricht Druckaufträge ab
	lpq	Zeigt den Status der Druckwarteschlange
	lpc	Ein allgemeines Druckersteuerprogramm

Tabelle 23.2: CUPS-Befehlszeilenwerkzeuge und ihre Herkunft (Forts.)

[a] *Verwechseln Sie diese ähnlichen Namen nicht.* cupsdconf *ist ein GUI-Programm in KDEPrint und* cups-config *ist ein CLI-Programm von CUPS.*

23.4.10 Gebräuchliche Drucksoftware

Zum Drucken gehört mehr als nur Spoolen und Ausgeben von Aufträgen. Selbst auf einem handelsüblichen Ubuntu-System führt der folgende Befehl mehr als 88 druckbezogene man-Pages auf – und das ist nur eine schnelle und oberflächliche Suche:

```
$ man -k . | egrep -i 'ghostscript|cups|print(er|ing| *(job|queue|filter))'
```

(Wenn wir von druckbezogenen Befehlen reden, bedenken Sie, dass der print-Befehl nichts mit Drucken zu tun hat.) Einige dieser Befehle und Programme sollten Sie kennen.

pr ist eines der ältesten Druckprogramme. Es formatiert Textdateien für die gedruckte Seite neu. Dabei teilt es seine Eingabe in Seiten zu 66 Zeilen auf, fügt Kopf- und Fußzeilen hinzu und kann den Text mit doppeltem Zeilenabstand ausgeben. Es ist ideal für kleinere Bearbeitungen von Text auf dem Weg zum Drucker.

Der enscript-Befehl von Adobe leistet ähnliche Konvertierungen mit etwas mehr Schnick-Schnack. Er gibt außerdem PostScript aus. GNU enscript ist eine Open Source-Version dieses Befehls, die mit der von Adobe rückwärtskompatibel ist. GNU enscript bietet allerdings eine Fülle neuer Eigenschaften wie sprachsensitve Hervorhebung, Unterstützung für verschiedene Papiergrößen, Herunterladen von Fonts und benutzerdefinierte Kopfzeilen.

Einer der wichtigsten Ansprüche von `enscript` auf Ruhm war die Implementierung des Ausdrucks von zwei Seiten pro Blatt. Wenn Sie wegen dieser Eigenschaft immer noch `enscript` verwenden, versuchen Sie die Option `-o number-up=2` mit `lpr` von CUPS.

Am oberen Ende des Komplexitätsspektrums steht Ghostscript, das ursprünglich von L. Peter Deutsch geschrieben wurde, um PostScript-Dokumente auf preiswerten PCL-Druckern ausgeben zu können. Heute interpretiert Ghostscript sowohl PostScript als auch PDF. CUPS verwendet es als Filter, aber Ghostscript kann auch Seitenabbildungen für den Bildschirm erstellen, entweder eigenständig oder mithilfe eines Front-Ends wie `gv`, GNOME `evince` oder KGhostView von KDE.

Alle Linux-Distributionen werden mit einer freien Version von Ghostscript geliefert. Weitere Informationen finden Sie unter *www.ghostscript.com*. Eine kommerzielle Version von Ghostscript mit Support ist bei Artifex Software erhältlich.

23.4.11 CUPS-Dokumentation

Es gibt keinen Mangel an CUPS-Dokumentation, aber manchmal müssen Sie sie erst aufstöbern. `man`-Seiten wie die für `lpr` können unzureichend sein. Wenn Sie etwas nicht auf einer `man`-Seite finden, bemühen Sie sich nicht weiter. Suchen Sie mit Google danach.

Die CUPS-Installation wird mit vielen Handbüchern im PDF- und HTML-Format geliefert. Sie können diese Dokumentation ansehen, wenn Sie sich mit einem CUPS-Server verbinden und auf die Verknüpfung für die Online-Hilfe klicken. Das hilft Ihnen aber nicht weiter, wenn Ihr Problem die Verbindung mit dem CUPS-Server ist.

Die gleiche Dokumentation finden Sie unter *www.cups.org*. Sie sollte auch unter `/usr/share/doc/cups` stehen. Falls Ihre Distribution sie nicht dort installiert haben sollte, versuchen Sie es mit dem folgenden Befehl:

```
$ locate doc | grep cups
```

Eine weitere Option besteht darin, den Paketmanager Ihrer Distribution zu befragen.

23.5 Tipps zur Fehlerbehebung

Denken Sie immer daran, `cupsd` neu zu starten, nachdem Sie seine Konfigurationsdatei geändert haben. Die beste Möglichkeit zum Neustart besteht darin, `/etc/init.d/cups restart` (`/etc/init.d/cupsys restart` unter Debian und Ubuntu) auszuführen. Sie können den Daemon auch mit der KDE-Druckerverwaltung neu starten. Theoretisch können Sie auch ein HUP-Signal an `cupsd` senden, aber das scheint den Daemon auf SUSE-Systemen einfach zu beenden.

23.5.1 CUPS-Protokollierung

CUPS führt drei Protokolldateien: ein Seitenprotokoll, ein Zugriffsprotokoll und ein Fehlerprotokoll. Das Seitenprotokoll ist eine Liste der gedruckten Seiten. Die beiden anderen entsprechen dem Zugriffs- und Fehlerprotokoll für Apache. Das ist nicht überraschend, weil der CUPS-Server ein Webserver ist.

Die Datei *cupsd.conf* gibt den Protokollierungsgrad und die Speicherorte der Protokolldateien an. Sie werden gewöhnlich unterhalb von /var/log geführt.

Hier folgt ein Auszug aus einer Protokolldatei, der einem einzelnen Druckauftrag entspricht:

```
I [26/Jul/2006:18:59:08 -0600] Adding start banner page "none" to job 24.
I [26/Jul/2006:18:59:08 -0600] Adding end banner page "none" to job 24.
I [26/Jul/2006:18:59:08 -0600] Job 24 queued on 'Phaser_6120' by 'jsh'.
I [26/Jul/2006:18:59:08 -0600] Started filter /usr/libexec/cups/filter/pstops (PID 19985) for job 24.
I [26/Jul/2006:18:59:08 -0600] Started backend /usr/libexec/cups/backend/usb (PID 19986) for job 24.
```

23.5.2 Probleme beim direkten Drucken

Um die physische Verbindung zu einem lokalen Drucker zu prüfen, können Sie das Back-End des Druckers direkt ausführen. Das folgende Beispiel zeigt, was wir erhalten, wenn wir das Back-End eines über USB angeschlossenen Druckers ausführen:

```
$ /usr/lib/cups/backend/usb
direct usb "Unknown" "USB Printer (usb)"
direct usb://XEROX/Phaser%206120?serial=YGG210547 "XEROX Phaser 6120" "Phaser 6120"
```

Wenn das USB-Kabel versehentlich herausgezogen wird (oder kaputtgeht), erscheint die folgende Zeile für den Drucker in der Ausgabe des Back-Ends:

```
$ /usr/lib/cups/backend/usb
direct usb "Unknown" "USB Printer (usb)"
```

23.5.3 Probleme beim Drucken im Netzwerk

Bevor Sie mit der Behebung eines Problems beim Drucken im Netzwerk beginnen, stellen Sie sicher, dass Sie von dem Computer aus drucken können, der den Drucker tatsächlich beherbergt. Ihr »Problem beim Drucken im Netzwerk« kann einfach ein »Problem beim Drucken« sein. Achten Sie auch darauf, dass das Netzwerk verfügbar ist.

Versuchen Sie als Nächstes, sich über einen Webbrowser (*hostname*:631) oder den telnet-Befehl (telnet *hostname* 631) mit dem Host-*cupsd* zu verbinden.

Falls Sie Probleme haben, den Fehler einer Netzwerkdruckerverbindung zu finden, denken Sie daran, dass es auf einem Computer eine Warteschlange für den Auftrag geben muss, eine Möglichkeit zu entscheiden, wohin der Auftrag gesendet werden soll, und eine Methode, um den Auftrag an den Rechner zu schicken, der die Druckwarteschlange beherbergt. Auf dem Druckserver muss es eine Stelle geben, wo der Auftrag in die Warteschlange gestellt wird, sowie genügend Berechtigungen, damit der Auftrag gedruckt werden kann, und eine Möglichkeit, etwas auf dem Gerät auszugeben.

Um diese Probleme aufzuspüren, müssen Sie unter Umständen an verschiedenen Stellen nachsehen:

- Suchen Sie in Systemprotokolldateien auf dem sendenden Rechner nach Problemen mit der Namensauflösung und den Berechtigungen.
- Suchen Sie in Systemprotokolldateien auf dem Druckserver nach Berechtigungsproblemen.
- Suchen Sie in CUPS-Protokolldateien auf dem sendenden Computer nach fehlenden Filtern, unbekannten Druckern, fehlenden Verzeichnissen usw.
- Suchen Sie in CUPS-Protokolldateien auf dem Druckserver nach Meldungen über ungültige Gerätenamen, falsche Formate usw.

Die Speicherorte der Systemprotokolldateien werden in /etc/syslog.conf angegeben, die Speicherorte der CUPS-Protokolldateien in /etc/cups/cupsd.conf.

23.5.4 Distributionsspezifische Probleme

CUPS befindet sich immer noch in der Entwicklung und häufig werden Fehlerbehebungen freigegeben. Einige Probleme sind schlimmer als andere und manche haben Auswirkungen auf die Sicherheit. Bei einigen älteren Versionen von Red Hat ist CUPS sehr kaputt. Die richtige Lösung für diese Systeme ist ein Upgrade des Betriebssystems. Falls Sie keine neuere Ausgabe von Red Hat oder Fedora installieren können, versuchen Sie, sich die aktuelle Ausgabe von CUPS zu beschaffen.

Easy Software Products verkauft eine CUPS-Version namens ESP PrintPro, die einen größeren Bereich von Druckern unterstützt als die freie Version. Wenn Sie einen ungewöhnlichen Drucker unterstützen müssen und die notwendigen Treiber nicht im Web finden können, läuft er möglicherweise bereits bei ESP. Dieses Unternehmen bietet auch kommerziell Unterstützung an. Sehen Sie unter *www.easysw.com* nach.

23.6 Druckereigenschaften

Der Umgang mit Druckern kann problematisch und enttäuschend sein. Die folgenden Regeln helfen Ihnen dabei das zu verkraften. Wenn alles fehlschlägt, seien Sie einfach froh, nicht mehr einen über eine serielle RS-232-Schnittstelle angeschlossenen Matrixdrucker zu verwenden; es sei denn, Sie benutzen einen.

23.6.1 Druckerauswahl

Bevor Sie einen Drucker kaufen oder einen »kostenlosen« Drucker annehmen, den jemand wegwirft, konsultieren Sie die Foomatic-Datenbank unter *linuxprinting.org* und prüfen Sie, wie gut der Drucker unter Linux unterstützt wird. Die Datenbank ordnet Drucker in vier Kategorien, von »Paperweight« bis »Perfect«. Sie benötigen »Perfect«.

CUPS mag PostScript-Drucker. Die Konfiguration dieser Drucker ist einfach.

Nicht-PostScript-Drucker werden auch unterstützt, aber nicht so gut. Um auf ihnen zu drucken, benötigen Sie Software, die Druckaufträge in die vom Drucker vorgezogenen PDLs oder Datenformate konvertiert. Es besteht die Aussicht, dass diese Software entweder in der CUPS-Distribution oder einer anderen in diesem Kapitel erwähnten Quelle verfügbar ist.

23.6.2 GDI-Drucker

Windows ist in einigen Bereichen immer noch führend. Einer davon ist die Unterstützung von einfachsten Druckern. Die billigsten von Windows-Systemen verwendeten Drucker werden als GDI- oder Win-Drucker bezeichnet. Sie haben nur sehr wenig eingebaute Intelligenz und keinerlei Interpreter für eine wirkliche PDL, sondern erwarten, dass die Rasterung auf dem Host-Computer stattfindet.

Einige der Informationen, die für die Kommunikation mit GDI-Druckern erforderlich sind, sind in proprietärem, Windows-spezifischem Code versteckt. Diese Geheimhaltung behindert die Entwicklung der Linux-Unterstützung für diese Geräte, aber die Open Source-Gemeinschaft hat ein bemerkenswertes Geschick beim Reverse-Engineering gezeigt. CUPS unterstützt viele Win-Drucker.

Eine zweite Stärke von Windows ist die Unterstützung von brandneuen Druckern. Wie neue Video- und Audio-Karten, werden neue Drucker zuerst mit Windows-Treibern ausgeliefert, die alle dokumentierten und nicht dokumentierten Eigenschaften des Modells vollständig unterstützen. Die Linux-Unterstützung fehlt im Allgemeinen. Wenn Sie einen phantastischen, gerade herausgekommenen Drucker kaufen, weil Sie seine fortschrittlichen Eigenschaften benötigen, müssen Sie sich möglicherweise eine Zeit lang damit begnügen, ihn unter Windows zu betreiben.

23.6.3 Doppelseitiger Ausdruck

Ein Duplexer ist eine Hardwarekomponente, mit der Ihr Drucker beide Seiten eines Blatts bedrucken kann. Einige Drucker enthalten sie standardmäßig und andere unterstützen sie als optionale Erweiterung.

Wenn Sie keinen Zugriff auf einen Duplex-Drucker haben (oder sich keinen leisten können), können Sie das Papier einmal durch den Drucker laufen lassen, um die ungeraden Seiten zu drucken, dann das Papier umdrehen und ein zweites Mal für die geraden Seiten durchlaufen lassen. Experimentieren Sie mit einem zweiseitigen Dokument, um herauszufinden, wie das Papier gewendet werden muss, und kleben Sie anschließend die Anweisungen auf den Drucker.

Eine Vielzahl von Drucksoftware kann Sie dabei unterstützen: Ghostview (gv) hat beispielsweise Symbole, mit denen Sie beide Sätze markieren können, und eine Option, nur markierte Seiten zu drucken. Die CUPS-Versionen von lp und lpr behandeln diese Aufgabe mit den Optionen -o page-set=odd und -o page-set=even. Sie können diese Optionen in eine »Druckerinstanz« einschließen, wenn Sie sie häufig verwenden (siehe Abschnitt 23.3.4).

Einige Drucker, insbesondere preiswerte Laserdrucker, wurden entworfen, ohne doppelseitiges Drucken zu berücksichtigen. Die Hersteller warnen häufig vor nicht behebbaren Beschädigungen beim Versuch, beide Seiten eines Blatts zu bedrucken. Wir haben nie einen Fall einer solchen Beschädigung tatsächlich gesehen, aber die Druckerhersteller würden Sie sicher nicht in die Irre führen. Oder?

23.6.4 Weiteres Druckerzubehör

Neben Duplexern können Sie bei vielen Druckern Speicher, zusätzliche Papiereinzüge, Festplatten und anderes Zubehör hinzufügen. Mit diesen Aufrüstungen können Aufträge druckbar sein, die ansonsten nicht möglich wären, oder Aufträge effizienter ausgedruckt werden. Wenn Sie Probleme haben, Aufträge zu drucken, untersuchen Sie die Fehlerprotokolle darauf hin, ob mehr Druckerspeicher möglicherweise hilft, das Problem zu lösen (siehe auch Abschnitt 23.5.1).

23.6.5 Serielle und parallele Drucker

Wenn Ihr Drucker direkt über ein Kabel an Ihren Computer angeschlossen ist, verwendet er eine Art von seriellem oder parallelem Anschluss.

Obwohl der parallele Standard nicht mit Würde alt geworden ist, bietet er uns Schnittstellen, über die wir relativ wenig nachdenken müssen. Wenn Sie einen parallelen Drucker haben, ist er wahrscheinlich leicht einzurichten – solange Ihr Computer auch eine parallele Schnittstelle besitzt.

Eine serielle Verbindung auf Mac-Hardware kann FireWire sein, aber in der Linux-Welt verwenden serielle Verbindungen gewöhnlich USB. Fragen Sie die Datenbank unter *www.qbik.ch/usb/devices* oder *www.linux-usb.org* nach unterstützten USB-Geräten ab, um den Status Ihrer Hardware festzustellen.

Sicherlich haben Sie keinen altmodischen seriellen RS-232-Drucker. Falls doch, kann eine Menge zusätzlicher Konfiguration erforderlich sein. Die Spooler-Software muss die geeigneten Werte für die Baudrate und andere serielle Optionen kennen, damit sie richtig mit dem Drucker kommunizieren kann. Sie geben all diese Optionen im URI des Geräts an. Weitere Informationen finden Sie online im *CUPS Software Admi-*

nistrators Manual. Möglicherweise geht es schneller, einen anderen Drucker zu kaufen, als die genaue Kombination serieller Magie herauszufinden, die nötig ist, damit alles funktioniert.

23.6.6 Netzwerkdrucker

Viele Drucker enthalten richtige Netzwerkschnittstellen, mit denen sie direkt am Netzwerk angeschlossen werden und Druckaufträge über ein oder mehrere Netzwerkprotokolle entgegennehmen können. Die Daten können an Netzwerkdrucker viel schneller gesendet werden als an Drucker, die über serielle oder parallele Schnittstellen verbunden sind.

23.7 Weitere Ratschläge zu Druckern

Einige administrative Aufgaben beim Drucken gehen über die Beherrschung von Linux und CUPS hinaus. Meistenteils treten diese Fragen auf, weil Drucker mechanische Geräte mit einem Eigenleben sind, deren Benutzung laufend Geld kostet.

23.7.1 Verwenden Sie Bannerseiten nur dann, wenn Sie sie brauchen

CUPS kann Vor- und Nachspannseiten für jeden Auftrag drucken, die die Überschrift des Auftrags und den Auftraggeber zeigen. Diese Bannerseiten sind manchmal nützlich, um die Aufträge auf Druckern zu trennen, die von vielen verschiedenen Personen benutzt werden, aber in den meisten Fällen sind sie eine Verschwendung von Zeit, Toner und Papier.

Wir empfehlen Ihnen, die Bannerseiten global mit der CUPS-GUI (oder mit `lpadmin`) auszuschalten und dann wie folgt für jeden einzelnen Auftrag einzuschalten, bei dem sie gebraucht werden:

```
$ lpr -o job-sheets=confidential gilly.ps
```

Sie können mit `lpoptions` die Banner auch für einzelne Anwender einschalten. Eine weitere Alternative besteht darin, eine Druckerinstanz zu verwenden, die Bannerseiten zu den Aufträgen hinzufügt (siehe Abschnitt 23.3.4).

Falls erforderlich, können Sie benutzerdefinierte Bannerseiten erstellen, indem Sie eine der vorhandenen in /usr/share/cups/banners kopieren und abändern. Stellen Sie die neue Seite unter einem neuen Namen zu den anderen.

23.7.2 Stellen Sie Altpapierbehälter bereit

Alle Arten von Computerpapier sind wiederverwertbar. Sie können die Kartons, in dem das Papier geliefert wird, als Sammelbehälter verwenden. Das Papier passt genau in sie hinein. Stellen Sie ein Schild auf, damit kein fremdes Material (beispielsweise Heftklammern, Büroklammern oder Zeitschriften) hier abgelegt wird.

23.7.3 Verwenden Sie die Druckvorschau

Anwender drucken oft ein Dokument, finden einen kleinen Formatierungsfehler, beheben ihn und drucken den Auftrag neu. Diese Verschwendung von Papier und Zeit lässt sich mit Software leicht vermeiden, die dem Anwender am Bildschirm zeigt, wie die gedruckte Ausgabe aussehen wird.

Es genügt nicht, eine Druckvorschau zu haben – die Anwender müssen auch wissen, wie sie benutzt wird. Gewöhnlich sind sie dankbar, es zu lernen. Ein Einsatzfall für Drucker-Accounting besteht darin, Fälle zu finden, in denen das gleiche Dokument wiederholt ausgedruckt wurde. Das ist manchmal ein Hinweis auf einen Anwender, der die Druckvorschau nicht kennt.

Viele moderne WYSIWYG-Editoren, Browser und Druckauftragsprogramme haben eine Druckvorschau eingebaut. Für andere Dokumentarten unterscheiden sich Ihre Möglichkeiten. Programme wie Ghostview (gv) zeigen beliebige PostScript- und PDF-Dokumente an. Für roff können Sie die Ausgabe von groff an Ghostview umleiten. Für die TeX-Ausgabe versuchen Sie es mit xdvi, kdvi oder Evince.

23.7.4 Kaufen Sie billige Drucker

Die Technik von Druckerhardware ist ausgereift. Sie müssen nicht viel Geld für eine gute Ausgabe und solide Mechanik ausgeben.

Geben Sie nicht mit einem teuren »Arbeitsgruppen«-Drucker an, außer Sie benötigen ihn wirklich. Falls Sie nur Text drucken, kann ein billiger »persönlicher« Drucker eine hochwertige Ausgabe fast genauso schnell und zuverlässig erstellen und dabei mehrere Kilogramm weniger wiegen. Ein Drucker mit einer Ausgabe von 10 Seiten pro Minute kann ungefähr fünf Vollzeitschreibkräfte bedienen. Sie sind möglicherweise besser bedient, für eine Gruppe von 25 Schreibern fünf 250-€-Drucker anstelle eines 1.250-€-Druckers zu kaufen.

Kaufen Sie im Allgemeinen keinen Drucker (und auch keine Festplatten und keinen Speicher) von einem Computerhersteller. Deren Drucker sind gewöhnlich handelsübliche Drucker mit neuem Markennamen zum doppelten Preis. PostScript-Drucker, die für den PC- und Macintosh-Markt hergestellt und unabhängig verkauft werden, sind ein besseres Geschäft. (Manche Unternehmen wie HP stellen sowohl Computer als auch Drucker her. Die sind ausgezeichnet.)

Selbst wenn Sie bei den großen Marken bleiben, ist kein einzelner Hersteller durchgängig eine gute Wahl. Wir haben ausgezeichnete Erfahrungen mit HP-Laserdruckern. Das sind solide Produkte und HP war sehr engagiert bei der Unterstützung sowohl von Linux als auch von CUPS. Dennoch waren einige HP-Drucker völlige Katastrophen. Suchen Sie im Internet nach Bewertungen, bevor Sie kaufen.

Auch hier ist billig vorteilhaft: Ein 250-€-Fehler ist leichter zu verwinden als ein 1.250-€-Fehler.

23.7.5 Halten Sie Reservekartuschen bereit

Bei Laserdruckern müssen gelegentlich die Tonerkartuschen ersetzt werden. Verblasste oder leere Bereiche auf der Seite sind Hinweise, dass der Toner des Druckers zu Ende geht. Kaufen Sie Ersatzkartuschen, bevor Sie sie benötigen. Zur Not entfernen Sie die Kartusche aus dem Drucker und schütteln sie vorsichtig, um die verbliebenen Tonerpartikel neu zu verteilen. Auf diese Weise können Sie oft weitere hundert Seiten mit einer Kartusche drucken.

Streifen und Flecken bedeuten wahrscheinlich, dass Sie Ihren Drucker reinigen sollten. Schauen Sie nach, ob es einen »Reinigungs«-Zyklus gibt. Falls nicht oder wenn das nicht hilft, lesen Sie die Reinigungsanweisungen des Herstellers sorgfältig oder bezahlen für einen Druckerservice.

Druckerhersteller hassen die Verwendung von wiederverwendeten und wiedervermarkteten Kartuschen und bemühen sich sehr, sie zu verhindern. Viele Geräte verwenden »chiffrierte« Verbrauchsmaterialien, deren Identität – elektronisch oder physisch – vom Drucker festgestellt wird. Selbst wenn zwei Drucker gleich aussehen (wie beispielsweise der Xerox Phaser 6120 und der Konica-Minolta Magicolor 2450) bedeutet das nicht notwendigerweise, dass Sie in beiden die gleichen Kartuschen verwenden können.

Manchmal können Sie die Kartuschen eines Herstellers mit einem operativen Eingriff für einen anderen Drucker umbauen, aber dann ist es hilfreich, wenn Sie genau wissen, was Sie tun. Gewöhnlich machen Sie nur Pfusch. Wenn Sie Toner verschütten, saugen Sie so viel Material wie möglich auf und wischen den Rest mit kaltem Wasser auf. Im Gegensatz zur allgemeinen Annahme ist der Toner von Laserdruckern weder gesundheits- noch umweltschädlich, obwohl es wie bei allen Feinstäuben das Beste ist, das Einatmen von Tonerstaub zu vermeiden.

Wenn Sie eine Kartusche ersetzen, bewahren Sie die Schachtel und die Folie auf, in der die neue Kartusche geliefert wird, und verwenden Sie sie, wenn Sie die verbrauchte Kartusche der Wiederverwertung zuführen. Suchen Sie dann im Telefonbuch oder im Web eine Firma, die Ihnen die alte Kartusche abnimmt.

Chiffrierte Verbrauchsmaterialien haben das Wachstum von Firmen gefördert, die alte Kartuschen für einen Bruchteil des Preises einer neuen wieder befüllen. Dort können Sie gewöhnlich Ihre alte Kartusche zur Wiederverwertung zurückgeben und gleichzeitig einen Ersatz bekommen.

Die Meinungen über die Qualität und Lebensdauer wiederverwerteter Kartuschen gehen auseinander. Eine uns bekannte Firma für Kartuschenrecycling befüllt keine Farbtonerkartuschen, weil sie der Meinung ist, dass die Einsparungen geringer sind als die erhöhten Wartungskosten für Drucker, die solche Kartuschen verwenden.

23.7.6 Achten Sie auf die Druckkosten pro Seite

Druckerhersteller verwenden das, was Kaufleute als »Metering« bezeichnen, um die Gesamtkosten des Produkts so linear wie möglich mit dem Grad von Nutzen zu skalieren, den die Kunden bekommen. Deshalb sind Toner und Tinte außerordentlich teuer, während phantastische Druckerhardware manchmal unter den Herstellungskosten verkauft wird.

Zur jetzigen Zeit verkauft ein Hersteller einen Farblaserdrucker für 299 €. Ein vollständiger Satz von Ersatzkartuschen kostet 278 €. Sie können bei Wal-Mart einen Tintenstrahldrucker für unter 50 € kaufen, aber es dauert nicht lange, bis Sie einen neuen Satz von Tintenpatronen kaufen müssen, der mehr als der Drucker kostet.

Sie können vorgeben, darüber zu stehen, aber die Druckerfirmen müssen irgendwie ihr Geld verdienen. Billigere Kartuschen bedeuten einfach teurere Drucker. Eine gute Faustregel besagt, dass Tintenstrahldrucker billig sind, solange Sie nicht mit ihnen drucken. Laserdrucker haben höhere Anfangskosten, aber die Verbrauchsmaterialien sind billiger und halten länger.

Eine volle Farbseite eines Tintenstrahldruckers kann 20 bis 50 Mal so teuer sein wie ein entsprechender Ausdruck eines Laserdruckers. Er benötigt außerdem Spezialpapier und druckt langsamer. Tintenstrahlpatronen sind schnell leer und verstopfen häufig oder werden schlecht. Die Tinte verläuft, wenn sie nass wird. Benutzen Sie also keinen Tintenstrahler, um ein Rezeptbuch auszudrucken, das in der Küche verwendet werden soll. Andererseits können Sie jetzt Fotodrucke von einem Tintenstrahler bekommen, die genauso gut aussehen wie die Abzüge eines Fotolabors. Farblaserfotos wirken dagegen nicht so hübsch.

Alle Drucker haben fehleranfällige mechanische Teile. Billige Drucker gehen schneller kaputt.

Mit anderen Worten: Sie müssen immer einen Kompromiss schließen. Für ein geringes Druckvolumen und persönliche Verwendung – um ein oder zwei Webseiten pro Tag oder ein paar Filmrollen pro Monat auszudrucken – ist ein billiger, vielseitiger Tintenstrahler eine ausgezeichnete Wahl.

Wenn Sie das nächste Mal einen Drucker kaufen, schätzen Sie vor dem Kauf ab, wie lange Sie ihn behalten wollen, wie viel Sie drucken werden und welche Art von Drucken Sie benötigen. Setzen Sie quantitativ die langfristigen Druckkosten pro Seite für jeden in Frage kommenden Drucker fest, und fragen Sie Ihren lokalen Wiederverwerter, ob er Kartuschen für diesen Drucker herstellt und zu welchem Preis.

23.7.7 Erwägen Sie den Einsatz eines Kostenstellenzählers

Erwägen Sie bei mittleren bis großen Installationen den Einsatz eines Kostenstellenzählers, selbst wenn Sie nicht vorhaben, die Druckerbenutzung zu verrechnen. Der zusätzliche Verwaltungsaufwand pro Auftrag ist unwichtig und Sie können feststellen, wer den Drucker benutzt. Demografische Informationen über die Quellen von Druckaufträgen sind wertvoll, wenn Sie die Aufstellung neuer Drucker planen.

Mehrere Kostenstellenzählerpakete (wie `accsnmp` und PyKota) wurden für CUPS entwickelt. ESP bietet eine zentrale, durchsuchbare Liste von Links auf diese und andere Produkte für CUPS unter *www.easysw.com/~mike/cups/links.php*.

23.7.8 Sichern Sie Ihre Drucker

Netzwerkdrucker unterstützen gewöhnlich die Remoteverwaltung. Sie können diese Drucker über das Netzwerk mit IPP oder SNMP oder aus einem Webbrowser heraus mit HTTP konfigurieren und überwachen. Über die Remoteschnittstelle können Sie Parameter wie die IP-Adresse des Druckers, sein Standardgateway, den Syslog-Server, die SNMP-Community, die Protokolloptionen und das Administrationspasswort einstellen.

Standardmäßig sind die meisten entfernt verwaltbaren Drucker nicht gesichert. Ihnen muss bei der Installation ein Passwort (oder ein SNMP-»Community-Name«) zugewiesen werden. Die Installationshandbücher Ihres Druckerherstellers sollten erläutern, wie das bei Ihrem Drucker vonstatten geht, aber GUI-Verwaltungsprogramme in der CUPS- und KDE-Druckerverwaltung sind zunehmend in der Lage, die herstellerabhängigen Unterschiede vor Ihnen zu verbergen. Gehen Sie davon aus, dass dieser Trend anhält.

23.8 Drucken unter KDE

Wir haben KDE mehrfach in diesem Kapitel erwähnt[3]. Die KDE-Möglichkeiten zum Drucken sind allerdings wirklich gut und werden hier kurz vorgestellt. In KDE wurde viel Aufwand investiert, um die Druckprogramme und -schnittstellen vom zugrunde liegenden Drucksystem unabhängig zu machen. Es wurde erstellt, nachdem CUPS bekannt wurde, sodass es alle CUPS-Eigenschaften behandeln kann. Es arbeitet allerdings mit allem, angefangen mit `LPRng` bis hin zu einem generischen externen Programm.

Die Druckmöglichkeiten von GNOME sind hinter denen von KDE zurückgeblieben, aber auch die GNOME-Entwickler wünschen den Anwendern eine gute Druckumgebung. Die Entwicklung schreitet schnell voran. Zum jetzigen Zeitpunkt können die Druckeigenschaften von GNOME möglicherweise mit denen von KDE konkurrieren. Ein Leser eines frühen Entwurfs dieses Kapitels merkte ironisch an, dass CUPS

---

[3] KDE ist ein Satz von Bibliotheken und Standards für grafische Benutzeroberflächen, der unter dem X Window System läuft, der Technik, auf die alle Linux-GUIs aufbauen. Es ist eine Alternative zum GNOME-System, das bei den meisten Distributionen der Standard ist. Abgesehen vom Erscheinungsbild, tun sich KDE und GNOME nicht viel. Eine allgemeinere Darstellung von GNOME und KDE finden Sie in Kapitel 22.

»widerstreitende Druckstandards ersetzt, die keine Lebensberechtigung haben, aber nicht sterben wollen«, nur um den Weg für den Wettstreit zwischen verschiedenen Desktop-Druckprogrammen zu bereiten.

KDEPrint ist das übergreifende Framework für das Drucken unter KDE. Es bietet Programme zum Hinzufügen von Druckern, zum Verwalten von Druckaufträgen, zum Neustarten von Druckservern usw. Ja, auch mit CUPS können Sie all das ausführen. Die KDEPrint-Programme gibt es aus zwei Gründen.

Zuerst haben sie ein KDE-Erscheinungsbild, was für KDE-Anwender Konsistenz bietet. Das kghostview-Programm bettet beispielsweise Ghostview in eine KDE-ähnlichere Oberfläche. (Sie haben wahrscheinlich bemerkt, dass selbst die *Namen* der KDE-Programme ein anderes Erscheinungsbild haben. Jemand hat uns kürzlich gefragt, ob ksh eine KDE-Anwendung sei.)

Zweitens ist KDEPrint vom Spooler unabhängig. Wenn Sie aus irgendwelchen Gründen nicht CUPS einsetzen (oder noch schlimmer, zwischen Drucksystemen hin- und herwechseln müssen), können Sie immer noch Ihre Druckvorgänge mit KDEPrint verwalten. Seien Sie vorgewarnt, dass CUPS mehr kann als andere Drucksysteme. Wenn Sie also zu einem alternativen Drucksystem zurückgehen müssen, wird einiges der Funktionalität von KDEPrint verschwinden.

Warum sollten Sie sich mit all diesen GUI-Oberflächen beschäftigen, wenn Sie Ihre Druckarbeit in der Shell erledigen? Nun, Ihre Anwender benutzen wahrscheinlich nicht die Shell-Schnittstelle, sodass Sie letzten Endes etwas über die KDE-Oberfläche wissen müssen, um sie zu unterstützen.

Die folgenden wichtigsten Bestandteile von KDEPrint sollten Sie kennen:

- kprinter, ein GUI-Programm, das Druckaufträge erteilt.
- Der Assistent für die Druckereinrichtung, der automatisch Netzwerkdrucker (JetDirect, IPP und SMB) und einige lokal angeschlossene Drucker findet. Mit diesem Assistenten können Sie auch Drucker hinzufügen und konfigurieren, die er nicht automatisch findet.
- Der Druckauftrags-Viewer, mit dem Sie Druckaufträge umleiten und abbrechen können und der Statusinformationen über die Druckaufträge anzeigt.
- Das Handbuch zu KDEPrint, das das System dokumentiert. Es ist über das KDE-Hilfezentrum erreichbar, kann aber unangenehm schwer zu finden sein. Ein leichterer Weg ist der Aufruf von z. B. kprinter und Anklicken von HILFE. Eine weitere Alternative besteht darin, konqueror help:/kdeprint zu starten. Eine andere Quelle für die KDEPrint-Dokumentation ist *printing.kde.org*.
- Der Drucker-Manager ist das wichtigste GUI-Verwaltungsprogramm des Drucksystems. Auch er kann schwer zu finden sein. Sie können das Hauptmenü des Desktops durchsuchen, wobei sich die Anordnung der Menüzweige zwischen den Distributionen unterscheidet. Eine weitere Option besteht darin, kcmshell printmgr oder konqueror print:/manager zu starten.

23.8 Drucken unter KDE

Der Assistent für die Druckereinrichtung und der Druckauftrags-Viewer sind entweder über kprinter oder den KDE-Drucker-Manager erreichbar. (Nicht zu vergessen über die URLs print:/manager und print:/printers in Konqueror.)

Die benutzerbezogenen Informationen von KDEPrint werden unter ~/.kde gespeichert. Diese Dateien können Sie zwar lesen, aber gepflegt werden sie vom Druck-Manager. Wenn Sie an ihnen herumbasteln, geschieht das auf eigene Gefahr.

23.8.1 kprinter: Dokumente drucken

kprinter ist ein GUI-Ersatz für lpr. Es kann auf ähnliche Weise an der Befehlszeile verwendet werden. Sie können die GUI sogar unterdrücken.

```
$ kprinter --nodialog -5 -P lj4600 riley.ps gillian.pdf zoe.prn
```

ist äquivalent zu

```
$ lpr -5 -P lj4600 riley.ps gillian.pdf zoe.prn
```

Ihre Anwender wollen wahrscheinlich eine GUI. Zeigen Sie ihnen, wie Dateien aus einem Dateimanager oder dem Arbeitsplatz in den kprinter-Dialog gezogen werden und anschließend der gesamte Stapel gedruckt wird. Ersetzen Sie im Druckdialog des Browsers der Anwender lpr durch kprinter und die Anwender haben einen GUI-Druckdialog. Überzeugen Sie die Anwender, auf das Kontrollkästchen DIALOG NACH ABSCHLUSS DES DRUCKVORGANGS GEÖFFNET LASSEN zu klicken, sodass sie nicht jedes Mal die Verzögerung durch das Neustarten des Programms hinnehmen müssen, wenn sie drucken wollen.

Beachten Sie das Menü AKTUELLES DRUCKSYSTEM, ein Beweis für die Systemneutralität von KDEPrint. Beachten Sie auch, dass kprinter IN DATEI DRUCKEN (PDF/ACROBAT) und AN FAX WEITERLEITEN anbietet, selbst wenn kein aktueller Drucker vorhanden ist. Die erweiterten Optionen sind einen Blick wert. Sie können Ihre Druckaufträge in die Warteschlange einfügen und angeben, dass sie gedruckt werden sollen, nachdem Ihr Chef nach Hause gegangen ist.

23.8.2 Mit Konqueror drucken

Viele Webbrowser erkennen eine Gruppe besonderer URIs, die als Gateways zu typischer Funktionalität dienen. Sie haben in Firefox wahrscheinlich zumindest *about:config* und *about:mozilla* ausprobiert. Ebenso ist die *print:*-Familie von URIs das Gateway von Konqueror zu KDEPrint.

Der URL *print:/* zeigt Ihnen alle Möglichkeiten: *print:/jobs/* überwacht Druckaufträge und *print:/manager/* startet die Druckerverwaltung im Konqueror.

Beachten Sie, dass Sie es hier nicht mit CUPS zu tun haben, zumindest nicht direkt. Dies alles ist Teil von KDEPrint.

23.9 Empfohlene Literatur

Michael Sweet. *CUPS: Common UNIX Printing System*. Indianapolis, Indiana: Sams Publishing, 2001. Das ist die CUPS-Bibel.

Wir haben *linuxprinting.org* mehrmals in diesem Kapitel erwähnt. Es ist eine gewaltige Sammlung von Linux-Druckressourcen und ein guter Ort, um mit der Beantwortung Ihrer Fragen zu beginnen. Diese Site hat auch einen netten CUPS-Kurs mit einem Abschnitt über die Fehlerbehebung.

Wikipedia und SUSE bieten beide einen guten Überblick über CUPS:

de.opensuse.org/SDB:CUPS_in_aller_K%C3%BCrze
de.wikipedia.org/wiki/Common_Unix_Printing_System

Sie finden eine Anzahl von Newsgroups zu CUPS unter *cups.org/newsgroups.php*. Das ist ein guter Ort, um Fragen zu stellen, aber machen Sie zuerst Ihre Hausaufgaben und fragen Sie freundlich.

KDE enthält man-Seiten für die KDEPrint-Befehle und das Handbuch zu KDEPrint. Weitere Informationen finden Sie unter *printing.kde.org*. Alle diese Quellen enthalten nützliche Verweise auf andere Dokumentationen. (Selbst wenn Sie kein KDE haben, enthält die KDE-Dokumentation gute allgemeine Informationen über CUPS.)

23.10 Übungen

1. Besuchen Sie mit einem Webbrowser einen CUPS-Server in Ihrem Netzwerk. Was hält Sie davon ab, administrative Änderungen an den Druckern dieses Servers vorzunehmen?

2. Suchen Sie jemanden, der nicht mit Computern vertraut ist (einen Kunststudenten, Ihre Mutter oder vielleicht einen Microsoft Certified Professional) und bringen Sie dieser Person bei, wie ein PDF-Dokument auf einem Linux-System ausgedruckt wird. Findet Ihre Versuchsperson einen der Schritte verwirrend? Wie können Sie den Vorgang für Anwender vereinfachen?

3. Besuchen Sie einen der physischen oder virtuellen großen Läden wie MediaMarkt oder *Amazon.de* und listen Sie die Drucker auf, die Sie für unter 200 € kaufen können. Falls Sie morgen einen dieser Drucker für Ihr Unternehmen kaufen müssen, welcher wäre das und warum? Begründen Sie Ihre Analyse mit Daten aus der *linuxprinting.org*-Datenbank.

4. Sie wurden aufgefordert, die Systemsoftware für einen Linux-basierten Laserdrucker für Unternehmenskunden zu entwerfen. Mit welcher Linux-Distribution beginnen Sie? Welche zusätzliche Software benutzen Sie und welche Software müssen Sie schreiben? Wie versorgen Sie Windows- und Mac OS-Clients? (Hinweis: Suchen Sie nach Linux-Distributionen für »eingebettete Systeme« bzw. »embedded systems«.)

24 Wartung und Betriebsumgebung

Mit der Zunahme von Desktop-Arbeitsplätzen und der Abkehr von Großrechnern entstand der Eindruck, dass die Tage des zentralen Rechnerraums (alias Rechenzentrum oder Datencenter) gezählt seien. Aber keine Angst! Während des letzten Jahrzehnts sind diese Desktop-Systeme zunehmend von einem Nukleus zentraler Server abhängig geworden, die Betriebssysteme wie Linux ausführen. Daher bevölkern nun ganze Herden von Servern die ehemals verlassenen Rechnerräume.

Wie eh und je ist es wichtig, sicherzustellen, dass sich diese Server in einer vernünftigen und gut gewarteten Betriebsumgebung befinden. Tatsächlich kommen die Anforderungen an Energie und Belüftungsanlagen, die ein Rack der neuesten 1-U-Server[1] stellt, oftmals den Bedürfnissen der Großrechner gleich, die sie ersetzen sollen. Und manchmal übertreffen sie diese sogar.

Dieses Kapitel gibt Ihnen einige Tipps bezüglich der Handhabung und Wartung von Hardware. Sie werden außerdem erfahren, wie man seiner Hardware ein schönes Zuhause bereiten kann.

24.1 Grundlagen der Hardwarewartung

Die Hardwarewartung wurde üblicherweise durch einen kostspieligen, jährlichen Wartungsvertrag abgedeckt. Obwohl es diese Verträge immer noch gibt, ist es heute weitaus üblicher und rentabler, sich selbst darum zu kümmern.

Wenn Sie ein Logbuch führen, wird Ihnen ein flüchtiger Blick auf die Aufzeichnungen der letzten 6 bis 12 Monate eine Vorstellung von Ihren Ausfallquoten vermitteln. Es ist vorteilhaft, über Ausfälle und Ersetzungen sorgfältig Buch zu führen, damit Sie genau die unterschiedlichen, Ihnen zur Verfügung stehenden Wartungsoptionen abwägen können. Einige Komponenten versagen häufiger, als der Hersteller vorausberechnet hat, sodass Verträge manchmal nicht nur zweckmäßig, sondern auch finanziell vorteilhaft sind. Aber denken Sie daran, dass es immer einen Zeitpunkt gibt, zu dem die Hardware ersetzt und nicht mehr länger gewartet werden sollte. Sie sollten Ihre Hardware

---

1 Ein »U« beträgt 1,75 Zoll und ist die Standardeinheit für die Bemessung von Racks.

gut kennen und sie in sinnvollen Abständen austauschen. Vielleicht ziehen Sie ja einmal in Erwägung, Ihre veraltete Ausrüstung einer Universität oder Schule in Ihrer Nähe zu vermachen, denn für derartige Einrichtungen ist Hardware selten zu alt.

Tipp

Weitere Informationen zum Ausmustern von Hardware finden Sie in Abschnitt 30.6.3.

Wenn Sie über eine Wartungsstrategie nachdenken, überlegen Sie, welche Komponenten am wahrscheinlichsten von einer frühzeitigen Alterung betroffen sein könnten. Geräte mit beweglichen Teilen neigen dazu, weitaus weniger zuverlässig zu arbeiten als feststehende Geräte, wie beispielsweise CPUs und Speicher. Folgende Geräte sind Kandidaten für das Altenheim:

- Bandlaufwerke
- Bandselbstladegeräte und Wechsler
- Festplattenlaufwerke
- Lüfter
- Tastaturen
- Mäuse
- Röhrenmonitore

24.2 Wartungsverträge

Einige größere Unternehmen bieten eine Hardwarewartung für Computerzubehör an, das sie nicht selbst verkaufen. Diese Anbieter sind darauf bedacht, den ursprünglichen Hersteller zu verdrängen und sozusagen ihren Fuß in die Tür zu bekommen. Sie können manchmal attraktive Wartungsverträge aushandeln, indem Sie einen Hersteller gegen einen Fremdanbieter ausspielen. Wenn möglich, holen Sie sich Referenzen über alle potenziellen Anbieter von Wartungsdiensten, vorzugsweise von Leuten, die sie kennen und denen Sie vertrauen.

24.2.1 Wartung vor Ort

Wenn Sie einen Vertrag haben, der eine Wartung vor Ort vorsieht, bringt ein Servicetechniker Ersatzteile direkt zu Ihrem Rechner. Die garantierte Antwortzeit schwankt zwischen 4 und 24 Stunden. Sie wird üblicherweise im Vertrag festgelegt. Antwortzeiten während der Geschäftszeit können kürzer als zu anderen Zeiten in der Woche sein.

Wenn Sie einen Wartungsvertrag mit einer schnellen Antwortzeit in Erwägung ziehen, ist es in der Regel lohnenswert, die Kosten für die Lagerung von Reservesystemen zu berechen, die man einwechseln kann, um fehlerhafte Computer zu ersetzen. Ein Austausch des gesamten Systems ermöglicht oft eine schnellere Reparatur als selbst der luxuriöseste Wartungsvertrag, und bei den derzeit niedrigen Hardwarepreisen ist die Investition minimal.

24.2.2 Komponentenaustausch

Ein Komponentenaustauschprogramm erfordert es, dass Sie und Ihre Angestellten Probleme feststellen, möglicherweise mithilfe des Kundendienstpersonals im Unternehmen des Herstellers. Nach der Fehlerdiagnose rufen Sie die Wartungsnummer an, beschreiben das Problem und bestellen die notwendige, auszutauschende Komponente. Sie wird in der Regel sofort versandt und kommt am nächsten Tag bei Ihnen an. Dann installieren Sie die Komponente, bekommen die Hardware wieder in Gang und schicken die alte Komponente in der gleichen Kiste zurück, in der die Neue geliefert wurde.

Der Hersteller weist der Transaktion eine Rücksendenummer zu. Stellen Sie sicher, dass Sie diese Nummer auf den Versandbeleg schreiben, wenn Sie die fehlerhafte Komponente zurückschicken.

24.2.3 Garantie

Die Länge der Garantie, die der Hersteller gewährt, sollte eine wichtige Rolle bei der Berechnung der Kosten spielen, die Ihnen durch den Besitz eines Rechners während seiner Laufzeit entstehen. In den meisten Fällen ist der beste Wartungsplan wahrscheinlich eine Strategie, die vor allem bei der Garantie wählerisch ist. Laufwerkhersteller bieten Garantien von bis zu 5 Jahren an, und manche Speichermodule haben eine lebenslange Garantie. Ein Jahr ist bei Computern der Standard, aber eine Garantie von mehreren Jahren ist nicht unüblich. Wenn Sie neue Ausrüstung kaufen, sehen Sie sich nach der besten Garantie um. Dadurch sparen Sie langfristig Geld.

Bei vielen Unternehmen scheint es leichter zu sein, Geld für Produktionsmittel als für Hilfspersonal oder Wartung zu bekommen. Wir haben zuweilen für eine »verlängerte Garantie« auf Hardware bezahlt (die man auch als im Voraus bezahlte Wartung beschreiben könnte), um Geld für Ausrüstung in Geld für Wartung zu verwandeln.

Bei vielen Hardwarekomponenten treten die größten Wartungs- und Zuverlässigkeitsprobleme kurz nach der Installation auf. Hardwareversagen, das ein oder zwei Tage nach dem Einsatz der Hardware auftritt, bezeichnet man als »Säuglingssterblichkeit«.

24.3 Umgang mit elektronischen Bauteilen

Platinen und andere elektronische Geräte sollten mit großer Sorgfalt behandelt werden. Lassen Sie die Geräte nicht fallen, besprenkeln Sie sie nicht mit Kaffee, stapeln Sie keine Bücher auf ihnen usw. Die meisten Servicetechniker (gemeint sind damit die freundlichen Personen für Reparaturen, die Teil Ihres Wartungsvertrages sind) gehen oft unangemessen mit Ausrüstungsgegenständen um.

24.3.1 Statische Elektrizität

Elektronische Bauteile reagieren empfindlich auf statische Elektrizität. Um gefahrlos mit ihnen umgehen zu können, müssen Sie sich vor und während der Installation erden. Eine um das Handgelenk gewickelte Erdungsmanschette, die mit »Masse« verbunden ist, schützt sie in angemessener Weise.

Denken Sie daran, dass Sie auf die statische Elektrizität Acht geben müssen, und zwar nicht nur, wenn Sie die Installation durchführen, sondern auch, wenn Sie zum ersten Mal die Verpackung öffnen und die ganze Zeit über, wenn Sie eine elektronische Komponente handhaben. Seien Sie besonders vorsichtig, wenn in dem Büro, in dem Sie Ihre Post empfangen, (und an Orten, wo Sie in Versuchung geraten könnten, Ihre Pakete zu öffnen), Teppichboden liegt. Böden mit Teppichen rufen mehr statische Elektrizität hervor als Böden ohne Teppiche.

Wenn Sie die Statik von Teppichböden reduzieren wollen, können Sie eine Sprühflasche kaufen und mit einem Teil Weichspüler und 30 Teilen Wasser füllen. Sprühen Sie dieses Gemisch einmal im Monat auf Ihren Fußboden (aber bitte nicht auf Ihre Computeranlage), um das Ausmaß der Statik niedrig zu halten. Diese Aktion hinterlässt zudem in Ihren Büroräumen die überaus wichtige Aprilfrische.

24.3.2 Einsetzen von Platinen

Manchmal kann man ein Hardwareproblem beheben, indem man einfach nur die Anlage abschaltet, die Kontakte an den Randsteckern der Schnittstellenkarten (SCSI, Ethernet usw.) reinigt, die Karten wieder einsetzt und das System einschaltet. Wenn dies nur vorübergehend funktioniert, aber das Problem eine Woche oder einen Monat später wieder auftritt, ist der elektrische Kontakt zwischen der Karte und der Hauptplatine möglicherweise schlecht.

Sie können die Kontakte mit einer speziellen Reinigungslösung und einem Reinigungssatz oder mit einem einfachen Radiergummi für Bleistifte sauber machen. Aber benutzen Sie dafür keine alten und harten Radiergummis. Wenn Ihr Radierer nicht in der Lage ist, Bleistiftspuren von Papier zu entfernen, wird er auch nicht gut bei elektrischen Kontakten funktionieren. Versuchen Sie, die Kontakte nicht zu berühren. »Radieren« Sie sie lediglich mit einem Radiergummi (einem milden Scheuermittel) sauber. Danach fegen Sie die Radiergummireste weg und installieren die Karte erneut.

24.4 Monitore

Während der letzten Jahre hatten wir das Glück, miterleben zu dürfen, wie die Preise für LCD-Monitore so weit fielen, dass sie in großem Umfang eingesetzt werden können. Obwohl die Anschaffungskosten für LCDs zunächst etwas höher sind als für Röhrenmonitore, benötigen LCDs weniger Energie und Wartung. Zudem strengen Sie die Augen weniger an als ihre auf Röhrentechnik basierenden Vorgänger. Wenn Sie in Ihrer Firma immer noch Röhrenmonitore haben, stellt schon deren Ersetzung durch LCD-Monitore einen guten Wartungsplan dar.

Sollten Sie immer noch dazu gezwungen sein, Röhrenmonitore zu betreiben, sollten Sie sich darüber im Klaren sein, dass viele von ihnen Helligkeits- und Konvergenzeinstellungen haben, auf die nur über die Platine zugegriffen werden kann. Leider benutzen Röhrenmonitore interne Ladungen von mehreren Tausend Volt, die noch längere Zeit weiter bestehen können, nachdem der Strom abgestellt worden ist. Aufgrund des Risikos eines Stromschlags empfehlen wir, dass Sie Ihre Monitore stets durch einen qualifizierten Techniker einstellen lassen. Versuchen Sie es bitte nicht selbst.

24.5 Speichermodule

Die heutige Hardware akzeptiert eher Speicher in Form von SIMMs (Single Inline Memory Modules), DIMMs (Dual Inline Memory Modules) oder RIMMs (Rambus Inline Memory Modules) als einzelne Chips. Die Kapazität dieser Module variiert zwischen 32 MB und 12 GB – und das alles auf einem kleinen Riegel.

Wenn Sie einer Arbeitsstation oder einem Server Speicher hinzufügen müssen, können Sie diesen in der Regel bei einem Fremdanbieter bestellen und selber installieren. Seien Sie bei der Wahl des Computerhändlers, dem Sie Speicher abkaufen wollen, vorsichtig, denn hinsichtlich der Preise sind viele von ihnen ziemlich einfallsreich.[2] Wenn Sie Speicher hinzufügen wollen, denken Sie in größeren Dimensionen. Nicht nur die Preise für Speicher nehmen ständig ab, sondern auch die Anzahl der Erweiterungssteckplätze an gängigen Hauptplatinen. Überprüfen Sie vor dem Speichereinbau Ihre Systemdokumentation noch einmal genau, bevor Sie Speicher bestellen, um sicherzustellen, dass Sie wissen, welche Arten von Speicher Ihre Systeme annehmen. Durch die Installation von Modulen, die eine höhere Busrate oder besondere Funktionen wie DDR (Double Data Rate) haben, können Sie oftmals die Leistungsfähigkeit verbessern. Überprüfen Sie, wie viele Speichererweiterungsplätze jedes System hat und ob es Beschränkungen für das Hinzufügen von neuen Modulen gibt. Manche Systeme erfordern, dass Module paarweise hinzugefügt werden. Andere verlangen dies zwar nicht unbedingt, aber ihre Leistungsfähigkeit wird durch das paarweise Hinzufügen von Modulen vergrößert.

---

2 Dies gilt nicht, wenn der Speicher Teil eines Pauschalangebots ist. Manche dieser Angebote sind ziemlich gut.

Sie sollten nachvollziehen können, wie alte und neue Speichermodule miteinander arbeiten. In den meisten Fällen können nur Funktionen und Geschwindigkeiten benutzt werden, die allen Modulen gemeinsam sind. Manchmal lohnt es sich, den ursprünglichen Speicher des Systems zu entfernen, wenn man es aufrüsten will.

Wenn Sie Ihren eigenen Speicher installieren, beachten Sie, dass Speicher deutlich empfindlicher als alle anderen Komponenten auf statische Elektrizität reagieren. Stellen Sie sicher, dass Sie geerdet sind, wenn Sie einen mit Speicher gefüllten Beutel öffnen. Auch sollten Speichermodule regelmäßig der Reinigungstechnik mit dem Radiergummi unterzogen werden, die weiter oben beschrieben wurde.

24.6 Vorbeugende Wartung

Es mag sich ja urzeitlich anhören (und einige von uns haben gedacht, dass wir dieses Elend hinter uns gelassen hätten), aber zahlreiche Hardwarekomponenten haben Luftfilter, die regelmäßig gereinigt oder ausgewechselt werden müssen. Verstopfte Filter behindern die Luftzufuhr und verursachen Überhitzung, die sehr häufig eine Ursache für den Ausfall der Ausrüstung sind. Es ist wichtig, dass die Luftlöcher von allen Ausrüstungsgegenständen offen und unversperrt sind, aber lassen Sie denjenigen Servern, die eng in kleine 1-U- oder 2-U-Fächer gepfercht sind, besondere Aufmerksamkeit zukommen. Sie brauchen ihre Belüftung, um abkühlen zu können. Ohne sie kommt es garantiert zur Kernschmelze.

Alle Geräte mit beweglichen Teilen erfordern regelmäßige Einfettung, Reinigung und Triebriemenwartung. Wenn Ihre ältere Ausrüstung quietscht, sollten Sie sie dementsprechend verwöhnen.

Bei Serversystemen versagen der Lüfter und das Netzteil am häufigsten, vor allem bei PCs, bei denen es häufig eine einzelne Systemkomponente ist, die ausgetauscht werden kann. Überprüfen Sie in regelmäßigen Abständen, ob sich die Hauptventilatoren Ihres Systems schnell und kraftvoll drehen. Sollte dies nicht der Fall sein, müssen Sie in der Regel das gesamte Netzteil austauschen, denn sonst riskieren Sie die Überhitzung Ihrer Anlage. Versuchen Sie nicht, nur den Ventilator einzufetten. Diese Aktion kann zwar den unvermeidlichen Zusammenbruch hinauszögern, aber sie kann das Problem auch verschlimmern oder anderen Teilen Schaden zufügen.

Viele PC-Gehäuse haben einen günstigen Einbauplatz für einen zweiten Ventilator (und auch elektrische Anschlüsse, um sie zu betreiben). Wenn Lärm keine Rolle spielt, ist es stets ratsam, einen zweiten Ventilator zu installieren.[3] Ein zusätzlicher Ventilator senkt nicht nur die Betriebstemperatur der Komponenten, sondern dient auch der Sicherheit, falls der Hauptventilator ausfällt. Ventilatoren sind preiswert; Sie sollten mehrere davon in Reserve halten.

---

[3] Oder aber Sie informieren sich bei www.silentview.com, wo Sie die letzten Neuigkeiten über besonders leise Lüfter erfahren können.

Bei einem Computer in einer staubigen Umgebung brennen Komponenten weitaus häufiger durch als bei einem, der sich in einer relativ sauberen Umgebung befindet. Staub verstopft Filter, trocknet Schmiermittel aus, blockiert bewegliche Teile (Lüfter) und bedeckt Komponenten mit einer Schicht staubiger »Isolierung«, die deren Fähigkeit, Hitze abzuleiten, reduziert. Derartige Bedingungen neigen dazu, die Betriebstemperatur zu erhöhen. In einer schlechten Umgebung sollten Sie das Innenleben Ihres Systems gelegentlich einem Hausputz unterziehen. (Eine Umgebung, in der Teppichboden liegt, ist wahrscheinlich als schlecht einzustufen.)

Durch Staubsaugen werden Sie Staub am leichtesten los, aber achten Sie darauf, dass der Motor mindestens 1,5 m von den Systemkomponenten und Disketten entfernt ist, um magnetische Betriebsstörungen zu minimieren. Im Serverraum sollte regelmäßig Staub gesaugt werden, doch achten Sie darauf, dass diese Aufgabe nur von Personen ausgeführt wird, die darin geschult wurden, den angemessenen Abstand zu respektieren und Ausrüstungsgegenstände nicht zu beschädigen. (Büroreinigungspersonal ist in der Regel nicht dazu geeignet.)

Auch Bandlaufwerke sollten regelmäßig gereinigt werden. Die meisten Laufwerke können Sie säubern, indem Sie eine spezielle Reinigungskassette einlegen.

24.7   Betriebsumgebung

Wie wir Menschen, arbeiten Computer besser und länger, wenn sie sich in ihrer Umgebung wohl fühlen. Auch wenn sie keinen besonderen Wert auf ein Fenster mit Ausblick legen, möchten sie, dass Sie ideale Bedingungen ihres Standortes schaffen.

24.7.1   Temperatur

Die ideale Betriebstemperatur für Computerausrüstung beträgt 17° bis 20°C bei einer Luftfeuchtigkeit von 45%. Unglücklicherweise stimmt diese Temperatur nicht mit der idealen Betriebstemperatur des Computerbenutzers überein. Umgebungstemperaturen von über 27°C bedeuten eine Temperatur von ungefähr 50°C innerhalb von Computern. Kommerziell klassifizierte Chips haben eine Betriebsspanne bis ungefähr 50°C. Ist diese Temperatur erreicht, hören sie auf zu arbeiten. Bei über 70°C gehen sie kaputt. Einlasstemperaturen sind entscheidend; der Hitzeausstrom eines Computers sollte nie zur Einlassöffnung eines anderen fließen.

24.7.2   Luftfeuchtigkeit

Die ideale Luftfeuchtigkeit für die Mehrheit der Computerhardware bewegt sich zwischen 40% und 55%. Wenn die Luftfeuchtigkeit zu niedrig ist, wird statische Elektrizität zum Problem. Ist sie zu hoch, kann sich Kondensation auf den Platinen bilden und Kurzschlüsse und Oxidation verursachen.

24.7.3 Kühlung im Büro

Heute befinden sich viele Computer in Büros und müssen mit dem leben, was die Klimaanlagen der Gebäude hergeben (die oftmals nachts und an Wochenenden ausgeschaltet werden). Auch müssen sie mit einer beträchtlichen Dosis von Büchern und Papieren zurechtkommen, die auf ihren Entlüftungsschlitzen abgelegt werden. Wenn Sie einen Computer in einem Büro aufstellen, denken Sie daran, dass er einen Teil der Klimatisierung, die ursprünglich für die dort anwesenden Personen bestimmt war, für sich in Anspruch nimmt. Falls Sie in der Lage sind, Einfluss auf Kühlleistung zu nehmen, gilt die Faustregel, dass eine Person in einem Raum etwa 90 W an Wärmeleistung verursacht, während ein PC ca. 320 W produziert. Erinnern Sie Ihre Techniker daran, die Sonneneinstrahlung durch alle Fenster, die direkt dem Sonnenlicht ausgesetzt sind, miteinzubeziehen.

24.7.4 Kühlung im Serverraum

Vielleicht haben Sie ja das »Glück«, Ihre Server in einem jener schicken Serverräume mit Doppelboden (raised floor) aufstellen zu können, die in den 80er Jahren gebaut wurden und die die Kapazität haben, Ihre gesamte Ausrüstung *und* die halbe Bundesrepublik zu kühlen. Dann wird es vermutlich Ihre größte Sorge sein, sich Kenntnisse zur Wartung eines primitiven Kühlungssystems anzueignen. Für den Rest von uns ist die richtige Dimensionierung des Kühlsystems auf längere Sicht von tragender Bedeutung. Ein angemessen gekühlter Serverraum ist ein guter Serverraum.

Wir haben festgestellt, dass es sinnvoll ist, die Kühllast, die von Klimaanlagentechnikern geschätzt wurde, noch einmal zu überprüfen, vor allem wenn Sie in Ihrem Serverraum ein Kühlsystem installieren wollen. Sie werden bestimmt einen Techniker brauchen, der Ihnen bei der Berechnung der Kühllast hilft, zu der Ihr Dach, Ihre Wände und Ihre Fenster (nebst Sonneneinstrahlung) in Ihrer Umgebung beitragen. Klimatechniker haben in der Regel sehr viel Erfahrung mit diesen Faktoren und sollten in der Lage sein, Ihnen eine akkurate Einschätzung zu geben. Ihre Aufgabe ist es, die interne Wärmelast für Ihren Serverraum zu berechnen.

Sie sollten die Wärmelast der folgenden Verursacher bestimmen:

- Dach, Wände und Fenster (bitten Sie einen Klimatechniker um seine Einschätzung)
- Elektronische Geräte
- Beleuchtungskörper
- Bedienpersonal

Elektronische Geräte

Die Wärmelast, die durch Ihre Server (und andere elektronische Geräte) verursacht wird, können Sie anhand ihres Energieverbrauchs bestimmen. Die direkte Messung des Energieverbrauchs ist die beste Methode, um an diese Informationen zu gelan-

24.7 Betriebsumgebung

gen. Der freundliche Elektriker in Ihrer Nähe kann oftmals dabei helfen. Sie können aber auch einen preiswerten Zähler kaufen und den Energieverbrauch selbst messen. Bei den meisten Geräten wird ihr maximaler Energieverbrauch in Watt angegeben, aber der normale Verbrauch ist oft bedeutend geringer als das Maximum. Wenn Sie beispielsweise einen Serverraum mit 25 Servern, die je 450 Watt verbrauchen, bauen wollen, müssen Sie folgende Berechnung anstellen:

$$\left(25\ \text{Server}\right) \left(\frac{450\ \text{W}}{\text{Server}}\right) = 11.250\ \text{W}$$

Beleuchtungskörper

Wie bei elektronischen Geräten, können Sie die durch Beleuchtungskörper verursachte Wärmelast anhand ihres Energieverbrauchs bestimmen. Gängige Beleuchtungskörper in Büros enthalten vier 40 Watt Leuchtstoffröhren. Wenn Ihr Serverraum 6 derartige Beleuchtungskörper enthält, müssen Sie folgende Berechnung anstellen:

$$\left(6\ \text{Einheiten}\right) \left(\frac{160\ \text{W}}{\text{Einheit}}\right) = 960\ \text{W}$$

Bedienpersonal

Von Zeit zu Zeit müssen Personen den Serverraum betreten, um etwas zu warten. Gehen Sie von 90 W pro Person aus, und nehmen wir an, dass sich vier Personen zur gleichen Zeit dort aufhalten. In diesem Fall müssen Sie folgende Berechnung anstellen:

$$\left(4\ \text{Personen}\right) \left(\frac{90\ \text{W}}{\text{Person}}\right) = 360\ \text{W}$$

Gesamtwärmelast

Sobald Sie die Wärmelast für jede Verursacherkategorie berechnet haben, addieren Sie die einzelnen Ergebnisse, um die Gesamtwärmelast zu bestimmen. In unserem Beispiel gehen wir davon aus, dass der Klimatechniker die durch Dach, Wände und Fenster verursachte Wärmelast auf 5900 W geschätzt hat.

  5.900 W für Dach, Wände und Fenster
11.250 W für Server und andere elektronische Geräte
   360 W für Beleuchtung
   360 W für Personal
18.470 W gesamt

Sie sollten außerdem von einem Abweichfaktor von 50% ausgehen, um möglichen Fehlern und zukünftigem Wachstum Rechnung zu tragen.

18.470 W × 1.5 = 27.705 W

Überprüfen Sie, ob Ihr Ergebnis mit der Einschätzung der Klimatechniker übereinstimmt.

24.7.5 Temperaturüberwachung

Wenn Sie eine unternehmenswichtige Computerumgebung betreiben, ist es sinnvoll, die Temperatur (und andere Umgebungsfaktoren wie Lärm und Strom) im Serverraum zu überwachen, selbst dann, wenn Sie abwesend sind. Es könnte sehr deprimierend für Sie sein, wenn Sie am Montagmorgen ankommen und eine Lache geschmolzenes Plastik auf dem Boden Ihres Serverraums vorfinden. Glücklicherweise können automatisierte Überwachungsgeräte für Serverräume auf Ihre Ausrüstung aufpassen, wenn Sie nicht da sind. Wir benutzen und empfehlen die Überwachungsgeräte der Produktfamilie Phonetics Sensaphone. (Es kann schwierig sein, derartige Geräte in Deutschland zu finden.) Diese preisgünstigen Geräte überwachen Umgebungsveränderungen wie Temperatur, Lärm und Strom und informieren Sie (oder Ihren Pager), wenn ein Problem festgestellt worden ist. Sie erreichen Phonetics im Web unter *www.sensaphone.com*.

24.8 Strom

Computerhardware bevorzugt guten, beständigen, sauberen Strom. Daher sollte sich im Serverraum ein Stromregler befinden, d. h. eine teure Kiste, die Spannungsspitzen filtert und in einer Weise eingestellt werden kann, dass sie die korrekte Spannung und Phase hervorbringt. In Büros hilft ein zwischen das Gerät und die Wand platzierter Überspannungsschutz dabei, Hardware von Spannungsspitzen zu isolieren.

Server und Netzinfrastruktur sollten an eine unterbrechungsfreie Stromversorgung (USV) angeschlossen werden. Gute USVs haben Schnittstellen für RS-232, Ethernet oder USB, über die sie an den Computer angeschlossen werden, die sie mit Strom versorgen. Diese Verbindung versetzt die USVs in die Lage, den Computer im Fall eines Stromausfalls zu warnen, dass er sich ordnungsgemäß herunterfahren soll, bevor die Batterien leer sind.

Tipp
Weitere Informationen zum Herunterfahren finden Sie in Abschnitt 2.6.

Einer Studie zufolge sollen 13% des Stroms, der in den Vereinigten Staaten verbraucht wird, für den Betrieb von Computern genutzt werden. Ursprünglich basierten UNIX-Rechner auf Hardware und Software, die voraussetzte, dass der Strom 24 Stunden täglich eingeschaltet ist. Heute müssen nur Server und Netzwerkgeräte ständig eingeschaltet sein. Desktop-Computer können in der Nacht abgestellt werden, wenn es eine einfache Möglichkeit für die Benutzer gibt, sie abzuschalten (und Sie Ihren Benutzern vertrauen können, dass sie es ordnungsgemäß tun).

Manchmal müssen Sie einen Server regelmäßig neu starten, da Hardware oder Kernel nach kurzer Zeit einer Störung unterliegen. Vielleicht haben Sie auch Server in Ihrem Serverraum, die nicht Linux ausführen und empfindlicher auf dieses Problem reagieren. In beiden Fällen sollten Sie in Erwägung ziehen, ein System zu installieren, das es Ihnen ermöglicht, problematische Server per Fernbedienung zu starten. (Aus unserer Erfahrung ist das ohnehin eine gute Idee, wenn Sie nicht immer im Rechenzentrum sind.)

24.9 Racks

Die Tage von Serverräumen mit Doppelboden, unter dem Stromkabel, Kühlung, Netzwerkverbindungen und Telefonleitungen verborgen wurden, sind vorbei. Haben Sie einmal versucht, den Verlauf eines Kabels zu verfolgen, das sich im Labyrinth unter einem solchen Boden befindet? Unsere Erfahrung hat uns gelehrt, dass der klassische Raum mit erhöhtem Boden ein verborgenes Rattennest ist. Heute sollte ein Doppelboden lediglich benutzt werden, um die Stromzuführung zu verbergen und kühle Luft zu verteilen, *und zu nichts anderem*.

Wenn es Ihr Ziel ist, Ihre Computeranlage professionell zu betreiben, ist ein abgeschlossener Serverraum für Geräte der Serverkategorie notwendig. Ein Serverraum sorgt nicht nur für eine angemessene Umgebung, deren Temperatur kontrolliert wird, sondern er spricht auch die physischen Sicherheitsbedürfnisse Ihrer Geräte an.

In einem abgeschlossenen Serverraum ist die Aufbewahrung der Ausrüstung in Racks die einzig vertretbare, professionelle Auswahlmöglichkeit (im Gegensatz dazu, sie z. B. einfach auf Tische oder den Boden zu stellen). Am besten sind Racks, die durch eine Deckenführung für Kabelkanäle miteinander verbunden sind. Diese Herangehensweise verleiht ein unwiderstehliches High-Tech-Gefühl, ohne klaren Aufbau oder Wartbarkeit außer Acht zu lassen.

Durch den Gebrauch von standardmäßigen 19-Zoll-Racks mit Einzelschiene können Sie sowohl in Regalen als auch in Schränken für montierte Server Aufbewahrungsplätze konstruieren. Zwei mit der Rückseite aneinandergestellte Racks dieser Art bilden ein nach High-Tech aussehendes, traditionelles Rack (für Gehäuse, bei denen Sie Rack-Hardware sowohl an der Vorder- als auch an der Rückseite installieren müssen). Wenn sich die Kabel in offenen Kanälen befinden, können Sie Ihren Verlauf leicht verfolgen und werden natürlich bestrebt sein, sie sauber zu halten.

24.10 Standards für Datencenter

Serverräume sind mittlerweile so weit verbreitet, dass einige Gruppen Standards für ihre Einrichtung gesetzt haben. Diese Standards legen normalerweise Qualitätsmerkmale wie die Vielfalt externer Netzwerkkonnektivität, die zur Verfügung stehende Kühlung und Energie (zusammen mit Sicherheitsplänen für diese Ressourcen) sowie die jährliche Ausschaltzeit für die Wartung fest. Das Uptime Institute publiziert einen dieser Standards, dessen Kategorien in Tabelle 24.1 zusammengefasst sind.

Grad	Betriebszeit	Energie/Kühlung	Redundanz
I	99.671%	Einweg	Keine redundanten Komponenten
II	99.741%	Einweg	Redundante Komponenten
III	99.982%	Mehrweg, 1 aktiv	Redundante Komponenten, gleichzeitige Wartung
IV	99.995%	Mehrweg, >1 aktiv	Redundante Komponenten, voll fehlertolerant

Tabelle 24.1: Serverstandards des Uptime Institutes

Außer einer eingehenden Beschreibung der einzelnen Grade und Erklärungen dazu, wie diese erreicht werden können, stellt das Uptime Institute statistische und praxisorientierte Informationen zu einer Vielzahl von Themen zur Verfügung, die für die Infrastruktur von fehlertoleranten Datencentern relevant sind. Sie können das Institut im Internet unter *www.Uptimeinstitute.com* besuchen.

24.11 Werkzeuge

Ein gut ausgerüsteter Systemadministrator ist ein effizienter Systemadministrator. Der Besitz einer zweckbestimmten Werkzeugkiste ist ein wichtiger Beitrag zur Minimierung der Abschaltzeit in Notfällen. Tabelle 24.2 listet einige der Gegenstände auf, die sich in Ihrer Werkzeugkiste oder zumindest in Ihrer unmittelbaren Reichweite befinden sollten.

Werkzeuge Allgemein	
Kreuzschlitzschraubenzieher	Pinzetten
Schlitzschraubenzieher	Scheren
Elektrikermesser oder Schweizer Taschenmesser	Steckschlüsselsatz
Flachzangen und reguläre Zangen	Kleine LED-Taschenlampe
Klitzekleine Juwelierschraubenzieher	Imbusschlüsselsatz
Kugelfinnenhammer	Torx-Schraubenschlüsselsatz
Spezialgeräte für Computer	
Abisolierer (mit integriertem Drahtschneider)	Tragbarer Netzwerkanalysator
Kabelbinder	Zusätzliches Stromkabel
Zusätzliches RJ-45-Kreuzkabel der Kategorie 5	RJ-45-Crimpzange
Zusätzliche RJ-45-Stecker (für Kabelseele und Litzen)	SCSI-Abschlussstecker

Tabelle 24.2: Die Werkzeugkiste eines Systemadministrators

Digitales Multimeter (DMM)	19«-Befestigungen und Werkzeug
Erdungsarmband	Serielles Kabel und Nullmodem-Kabel
Verschiedenes	
Liste mit Wartungskontakten für den Notfall[a]	Wattestäbchen
Privat- und Pagernummern von Bereitschaftspersonal	Isolierband
Erste-Hilfe-Kasten	Zahnarztspiegel
Sixpack mit Bier aus einer kleinen, ortsansässigen Brauerei[b]	Handy
Rufnummer des Pizza-Service	

Tabelle 24.2: Die Werkzeugkiste eines Systemadministrators (Forts.)

a) Und gegebenenfalls die Nummern des Wartungsvertrages.
b) Empfohlenes Minimum

24.12 Empfohlene Literatur

Die folgenden Literaturhinweise bieten weitere Informationen zu den Standards für Datencenter.

Telecommunications Infrastructure Standard for Data Centers. ANSI/TIA/EIA 942.

ASHRAE Inc. *ASHRAE Thermal Guidelines for Data Processing Environments.* Atlanta: ASHRAE, Inc., 2004.

Huston Euston, Joel Swisher, Cameron Burns, Jen Seal und Ben Emerson. *Design Recommendations for High Performance Data Centers.* Snowmass: Rocky Mountain Institute, 2003.

24.13 Übungen

1. Warum ist es sinnvoll, Computer in einem Rack zu montieren?
☆ 2. Umgebungsfaktoren haben Auswirkungen auf Personen und Computer. Erweitern Sie die in diesem Buch aufgeführten Faktoren durch Ihre eigenen (z. B. Staub, Lärm, Unordnung usw.). Wählen Sie vier Faktoren aus und bewerten Sie die Eignung Ihres Computerlabors für Personen und Rechner.
☆ 3. Ein PC verbraucht 0,4 A, und sein Monitor 0,3 A bei 220 V.
    a. Wie viel Energie verbraucht das System in Watt (Tipp: $P = UI$)?
    b. Wenn Strom ungefähr 0,20 €/kWh kostet, welche Kosten entstehen, wenn man ihn ein Jahr lang eingeschaltet lässt?

c. Wie viel Geld können Sie jährlich sparen, wenn Sie den Monitor durchschnittlich 16 Stunden am Tag abschalten (entweder manuell oder mithilfe von Energy-Star-Funktionen wie beispielsweise Display Power Management Signaling)?

★★ 4. Entwerfen Sie ein neues Computerlabor für Ihren Betrieb. Geben Sie Ihre Voraussetzungen hinsichtlich der Anzahl, des Typs und der Energielast der Computer an. Dann berechnen Sie die Anforderungen an Energie und Kühlung in Ihrem Labor. Beziehen Sie die durch Server und Benutzerarbeitsplätze und durch Raumaufteilung, Beleuchtung und Personen verursachten Belastungen mit ein.

25 Leistungsanalyse

Dieses Kapitel konzentriert sich auf die Leistung (Performance) der Systeme, die als Server verwendet werden. Desktop-Systeme haben andere Leistungsprobleme als Server, und die Antwort auf die Frage, wie man die Leistung eines Desktop-Rechners steigert, lautet fast immer: »Rüsten Sie die Hardware auf.« Die Benutzer mögen diese Antwort, weil sie glauben, dadurch öfter neue schicke Programme auf ihren Rechner zu bekommen.

Einer der Hauptunterschiede zwischen Linux und anderen gebräuchlichen Betriebssystemen besteht in der Menge an Daten, die es über seine internen Funktionen zur Verfügung stellt. Eine genaue Beschreibung ist für jede Stufe des Systems erhältlich und der Administrator verfügt über eine Vielzahl einstellbarer Parameter. Wenn Sie dann noch Schwierigkeiten haben, die Ursache für ein Leistungsproblem zu erkennen, ist der Quellcode immer für eine Überprüfung verfügbar. Aus diesen Gründen ist Linux oft das Betriebssystem für leistungsbewusste Verbraucher.

Leider ist die Leistungsoptimierung bei Linux nicht immer so einfach. Benutzer und Administratoren denken oft gleichermaßen, dass ihre Systeme doppelt so schnell wären, wenn sie nur die richtige »Magie« anwenden würden. Eine weitläufige Meinung geht dahin, die Kernelvariablen zu justieren, die die Auslagerung und die dann Caches steuern. Heute sind die Kernel der größeren Distributionen so angepasst, dass eine vernünftige (wenn auch zugegebenermaßen nicht optimale) Leistung unter einer Vielfalt von Lastbedingungen erreicht wird. Wenn Sie versuchen, das System auf der Grundlage eines einzelnen Leistungsmaßes (z. B. der Inanspruchnahme eines Puffers) zu optimieren, ist die Gefahr groß, dass Sie das Verhalten des Systems hinsichtlich anderer Leistungsdaten und Lastbedingungen stören.

Die schwerwiegendsten Leistungsprobleme liegen oft innerhalb der Anwendungen und haben wenig mit dem zugrunde liegenden Betriebssystem zu tun. Sofern Sie nicht innerbetriebliche Anwendungen entwickelt haben, werden Sie entweder glücklos oder dazu verdammt sein, viel Zeit am Telefon mit dem Support des Herstellers zu verbringen. Dieses Kapitel erörtert die Durchsatzverbesserung auf Systemebene, während die Optimierung auf Anwendungsebene in anderen Kapiteln beschrieben wird.

Auf jeden Fall nehmen Sie nicht alles, was Sie im Internet lesen, für bare Münze. Im Bereich der Systemleistung gibt es oberflächlich überzeugende Argumente zu allen

Themengebieten. Jedoch haben die meisten Befürworter dieser Theorien nicht die erforderliche Kenntnis, Disziplin und Zeit, um zuverlässige Versuche zu entwerfen, um diese Theorien zu bestätigen oder zu widerlegen. Die vielfache Unterstützung einer Aussage bedeutet recht wenig. Bei jedem noch so verrückten Vorschlag kann man damit rechnen, dass sich sehr viele Leute zu Wort melden mit: »Genau wie Joe es sagte, habe ich die Größe meines Zwischenspeichers um den Faktor 10 erhöht, und mein System läuft gleich VIEL, VIEL schneller!!!« Genau.

Leistungsoptimierung ist harte Arbeit und verlangt Geduld, einen methodischen Ansatz und sorgfältige Analyse. Nachfolgend einige Regeln, die Sie beachten sollten:

- Sammeln und überprüfen Sie *Verlaufsinformationen* über Ihr System. Wenn das System vor einer Woche ordentlich lief, wird eine Prüfung der geänderten Aspekte des Systems Ihnen wahrscheinlich den entscheidenden Hinweis liefern. Behalten Sie die Basiskonfiguration und Trends im Auge, um im Notfall darauf zurückgreifen zu können. Überprüfen Sie zuerst die Protokolldateien, um zu entscheiden, ob ein Hardwareproblem vorliegt.

- Kapitel 19, »Netzwerkverwaltung und Debugging«, behandelt einige Trendanalysewerkzeuge, die auch auf die Leistungsüberwachung anwendbar sind. Das in Abschnitt 25.3.6 diskutierte Dienstprogramm sar kann auch als einfaches Trendanalysewerkzeug verwendet werden.

- Tunen Sie Ihr System immer so, dass Sie die Ergebnisse mit der vorherigen Systemkonfiguration vergleichen können.

- Vergewissern Sie sich immer, dass Sie einen Notfallplan haben, falls Ihre geniale Lösung die Sache verschlechtert.

- Überladen Sie Ihre Systeme oder Ihr Netz nicht absichtlich. Linux gibt jedem Prozess ein Gefühl von unendlichen Ressourcen. Aber sobald 100% der Systemressourcen in Gebrauch sind, hat Linux einiges zu tun, um dieses Trugbild aufrecht zu erhalten, wodurch es Prozesse verzögert und häufig einen beträchtlichen Teil der Ressourcen selbst verbraucht.

25.1 Maßnahmen zur Leistungssteigerung

Hier nun einige Dinge, die Sie tun können, um die Leistung zu verbessern:

- Stellen Sie sicher, dass das System ausreichend Speicher hat. Wie Sie im nächsten Abschnitt sehen, hat die Speicherkapazität einen beträchtlichen Einfluss auf die Leistung. Speicher ist heute so billig, dass Sie es sich leisten können, jeden leistungsempfindlichen Rechner bis zum Anschlag aufzurüsten.

- Kontrollieren Sie die Konfiguration des Systems und der einzelnen Anwendungen lieber doppelt. Viele Anwendungen können auf verschiedenste Weisen eingestellt werden, die enorme Leistungsverbesserungen bringen (z. B. durch Verteilen von

25.1 Maßnahmen zur Leistungssteigerung

Daten auf Festplatten, durch das Verhindern von DNS-Lookups im laufenden Betrieb oder durch das Ausführen mehrerer Instanzen eines gängigen Serverprogramms).

- Korrigieren Sie Anwendungsprobleme, sowohl jene, die von Benutzern verursacht werden (zu viele gleichzeitig ausgeführte Aufgaben, wirkungslose Programmiermethoden, mit zu hoher Priorität und zu unpassenden Tageszeiten ausgeführte aufwändige Aufgaben), als auch jene, die auf das Konto des Systems (Quota, CPU-Accounting, unerwünschte Daemons) gehen.

- Wenn Sie Linux als Webserver oder als eine andere Art von Netzwerk-Anwendungsserver verwenden, möchten Sie vielleicht den Datenverkehr auf mehrere Systeme mit einer kommerziellen Lastausgleichsanwendung wie Content Services Switch von Cisco (*www.cisco.com*), ServerIron von Foundry (*www.foundry.com*) oder Alteon Application Switch von Nortel (*www.nortel.com*)[1] verteilen. Diese Container lassen mehrere physische Server nach außen hin wie einen logischen Server erscheinen. Sie gleichen die Last entsprechend den verschiedenen, vom Benutzer ausgewählten Algorithmen wie »der am ehesten erreichbare Server« oder »Umlaufverfahren« aus.

- Diese Lastverteiler bieten auch eine nützliche Redundanz, sollte mal ein Server ausfallen. Sie sind in der Tat notwendig, wenn Ihr Server unerwartete Verkehrsspitzen handhaben muss.

- Organisieren Sie Festplatten und die Dateiverwaltung so, dass die Last gleichmäßig ausgewogen ist und der E/A-Durchsatz maximiert wird. Stellen Sie sicher, dass Sie das passende Linux-E/A-Steuerprogramm für Ihre Festplatte gewählt haben (siehe Abschnitt 25.3.5). Für besondere Anwendungen wie Datenbanken können Sie eine Multidisk-Technik wie RAID mit Striping verwenden, um den Datentransfer zu optimieren. Holen Sie sich Empfehlungen vom Hersteller Ihrer Datenbank.

- Es ist wichtig anzumerken, dass verschiedene Arten von Anwendungen und Datenbanken unterschiedlich darauf reagieren, wenn sie über mehrere Platten verteilt werden. RAID weist verschiedene Varianten auf; nehmen Sie sich Zeit zu bestimmen, welche Form (wenn vorhanden) für Ihre Anwendung geeignet ist.

- Überwachen Sie Ihr Netzwerk, um sicher zu sein, dass es nicht mit Datenverkehr vollgestopft wird und die Fehlerquote niedrig ist. Eine Fülle von Netzwerkinformationen erhalten Sie über den Befehl `netstat`, der in Abschnitt 19.4 beschrieben wird (siehe auch Kapitel 19, »Netzwerkverwaltung und Debugging«).

- Erkennen Sie Situationen, in denen das System grundsätzlich nicht in der Lage ist, die Anforderungen zu erfüllen.

---

[1] Eine kostenlose (wenn auch weniger stabile) Alternative ist der Linux Virtual Server, der bei linux-virtualserver.org erhältlich ist.

Diese Schritte sind in grober Reihenfolge ihrer Wirksamkeit aufgeführt. Speicher hinzuzufügen und Datenverkehr über mehrere Server zu verteilen kann oft einen riesigen Unterschied in der Leistung ausmachen. Die Wirksamkeit anderer Maßnahmen erstreckt sich von spürbar bis kaum wahrnehmbar.

Die Analyse und Optimierung von Datenstrukturen der Software und von Algorithmen führt fast immer zu deutlichen Leistungsgewinnen. Sofern Sie keine wesentliche Menge lokal entwickelter Software haben, liegt dieser Grad an Kontrolle normalerweise außerhalb Ihrer Möglichkeiten.

25.2 Leistungsfaktoren

Die wahrgenommene Leistung hängt vom Wirkungsgrad ab, mit dem die Systemressourcen zugewiesen und verteilt werden. Die exakte Definition einer »Ressource« ist eher verschwommen. Sie kann Objekte wie zwischengespeicherte Kontexte in der CPU und Einträge der Adresstabelle des Speichercontrollers enthalten. Jedoch haben, als erste Annäherung, nur die folgenden vier Ressourcen eine gewisse Auswirkung auf die Leistung:

- CPU-Zeit
- Speicher
- Festplatten-E/A
- Netzwerk-E/A

Alle Prozesse verbrauchen einen Teil der Systemressourcen. Sollten noch Ressourcen übrig sein, nachdem aktive Prozesse sich ihren Teil genommen haben, ist die Leistung des Systems so gut, wie sie nur sein kann.

Wenn es nicht mehr genug Ressourcen gibt, müssen sich die Prozesse abwechseln. Ein Prozess, der keinen unmittelbaren Zugang zu den benötigten Ressourcen hat, muss einfach abwarten und nichts tun. Die aufgebrachte Zeit für das Warten ist das Hauptmaß der Leistungsminderung.

Rechenzeit ist die am leichtesten zu messende Ressource. Ein konstanter Teil der Rechenleistung ist immer verfügbar. In der Theorie beträgt dieser Anteil 100% der CPU-Zyklen, aber Overhead und zahlreiche Ineffizienzen drücken den wahren Wert eher auf 95%. Ein Prozess, der mehr als 90% der Rechenzeit in Anspruch nimmt, ist gänzlich CPU-gebunden und verbraucht die meiste zur Verfügung stehende Rechenleistung.

Viele vermuten, dass die Geschwindigkeit der CPU der wichtigste Faktor ist, der die gesamte Leistung eines Systems beeinflusst. Bei riesigen Mengen anderer Ressourcen oder bestimmten Arten von Anwendungen (z. B. numerische Simulationen) macht eine schnellere CPU *wirklich* einen dramatischen Unterschied aus. Aber im Alltag ist die CPU-Geschwindigkeit verhältnismäßig unbedeutend.

Ein bekannter Leistungsengpass auf Linux-Systemen ist die Festplattenbandbreite. Da Festplatten mechanische Systeme sind, dauert es viele Millisekunden, um einen Block ausfindig zu machen, seinen Inhalt zu holen und den Prozess zu starten, der auf ihn wartet. Verzögerungen dieser Größenordnung überschatten jede andere Quelle der Leistungsverschlechterung. Jeder Plattenzugriff verursacht einen Stillstand in einer Dauer von Hunderten von Millionen CPU-Anweisungen.

Da Linux virtuellen Speicher zur Verfügung stellt, stehen Festplattenbandbreite und Speicher in direkter Beziehung. Auf einem gestarteten System mit einem beschränkten Maß an RAM müssen Sie oft eine Seite auf die Festplatte schreiben, um eine frische Seite im virtuellen Speicher zu erhalten. Leider wird dadurch die Verwendung des Speichers häufig ebenso teuer wie die einer Festplatte. Durch aufgeblähte Software verursachte Auslagerung ist Leistungsfeind Nr. 1 auf den meisten Arbeitsstationen.

Die Netzbandbreite ähnelt aufgrund der eingeschlossenen Latenzen der Plattenbandbreite auf vielfache Weise. Jedoch sind Netzwerke dadurch untypisch, dass sie ganze Verbunde anstatt einzelne Computer einbeziehen. Sie sind auch für Hardwareprobleme und überlastete Server anfällig.

25.3 Überprüfen der Systemleistung

Die meisten Leistungsanalysewerkzeuge sagen Ihnen, was zu einem bestimmten Zeitpunkt los ist. Jedoch ändern sich wahrscheinlich die Menge und die Art der Last im Laufe des Tages. Achten Sie darauf, einen Querschnitt von Daten vor dem Ergreifen von Maßnahmen zu sammeln. Die beste Information über die Systemleistung wird oft nur nach einem langen Zeitraum (einen Monat oder mehr) der Datenerfassung ersichtlich. Besonders wichtig ist es, Daten während Zeiten mit Höchstbelastung zu sammeln. Ressourcenbeschränkungen und Systemfehlkonfigurationen sind häufig nur erkennbar, wenn der Rechner voll ausgelastet ist.

25.3.1 Die CPU-Nutzung analysieren

Sie werden wahrscheinlich drei Arten von CPU-Daten erfassen: die Gesamtauslastung, die Lastdurchschnitte und den CPU-Verbrauch pro Prozess. Die Gesamtauslastung kann helfen, Systeme zu erkennen, auf denen die Geschwindigkeit der CPU selbst der Engpass ist. Lastdurchschnitte geben Ihnen einen Eindruck der gesamten Systemleistung. CPU-Verbrauchsdaten pro Prozess können einzelne Prozesse identifizieren, die Ressourcen in Beschlag nehmen.

Sie können zusammenfassende Informationen mit dem Befehl vmstat erhalten. vmstat benötigt zwei Argumente: die Anzahl der Sekunden, die das System für jede Zeile der Ausgabe überwacht wird, und die Anzahl der Ausgabezeilen. Wenn Sie die Anzahl der Ausgabezeilen nicht angeben, läuft vmstat, bis Sie [Strg]+[C] drücken. Die erste von vmstat zurückgegebene Zeile zeigt Durchschnittswerte seit dem Systemstart. Die folgenden Zeilen sind Durchschnittswerte innerhalb der vorhergehenden Erfassungsphase, die standardmäßig auf fünf Sekunden gesetzt ist. Beispiel:

```
$ vmstat 5 5
procs-----------memory-------------swap-------io-----system------cpu----
   r  b   swpd    free   buff    cache  si so    bi  bo    in    cs us sy id wa
   1  0    820 2606356 428776  487092   0  0   4741  65  1063  4857 25  1 73  0
   1  0    820 2570324 428812  510196   0  0   4613  11  1054  4732 25  1 74  0
   1  0    820 2539028 428852  535636   0  0   5099  13  1057  5219 90  1  9  0
   1  0    820 2472340 428920  581588   0  0   4536  10  1056  4686 87  3 10  0
   3  0    820 2440276 428960  605728   0  0   4818  21  1060  4943 20  3 77  0
```

Die Benutzer-, die System- (Kernel-), die Leerlauf- und die Wartezeit auf E/A werden in den us-, sy-, id- und wa-Spalten ganz rechts angezeigt. Hohe CPU-Zahlen zeigen im Allgemeinen eine Berechnung an und hohe Systemzahlen Prozesse, die viele Systemanrufe oder E/A durchführen.

Eine universelle Faustregel für Server, die uns im Laufe der Jahre gute Dienste geleistet hat, lautet, dass das System etwa 50% seiner verbrauchten Rechenzeit im Userspace und 50% im Systemspace verbringt; die gesamte Leerlaufzeit sollte nicht null sein. Wenn Sie einem Server eine einzelne CPU-intensive Anwendung zuordnen, sollte der Großteil der CPU-Zeit im Userspace stattfinden.

Die Spalte cs zeigt Kontextwechsel pro Intervall und die Anzahl, wie oft der Kernel einen laufenden Prozess verändert. Die Anzahl der Interrupts pro Intervall (gewöhnlich von der Hardware oder den Kernelkomponenten hervorgerufen) zeigt die Spalte in. Extrem hohe cs- oder in-Werte weisen normalerweise auf ein Fehlverhalten oder eine Fehlkonfiguration von Hardwaregeräten hin. Die anderen Spalten sind nützlich für Speicher- und Festplattenanalysen, die wir weiter hinten in diesem Kapitel erörtern.

Langzeit-Mittelwerte der CPU-Statistiken erlauben Ihnen zu bestimmen, ob grundsätzlich genügend CPU-Leistung zur Verfügung steht. Wenn die CPU normalerweise einen Teil der Zeit im Leerlauf verbringt, gibt es Zyklen, die nicht benötigt werden. Das Aufrüsten auf eine schnellere CPU hilft nicht so sehr, den Gesamtdurchsatz des Systems zu verbessern. Dennoch kann das einzelne Operationen beschleunigen.

Wie Sie an diesem Beispiel sehen, springt die CPU im Allgemeinen zwischen höchster Auslastung und totalem Leerlauf hin und her. Deshalb ist es wichtig, diese Zahlen als Mittelwert über einen Zeitraum zu betrachten. Je kleiner die Überwachungsintervalle sind, desto weniger stimmen die Resultate überein.

Auf Multiprozessorrechnern zeigen die meisten Linux-Tools einen Durchschnitt der Prozessorstatistik quer durch alle Prozessoren. Der Befehl mpstat zeigt eine Ausgabe ähnlich wie vmstat für jeden einzelnen Prozessor. Mit der Option -P können Sie einen Bericht über einen einzelnen Prozessor darstellen. mpstat ist nützlich bei der Fehlerbeseitigung von Software, die symmetrischen Mehrprozessorbetrieb (SMP) unterstützt – es ist auch lehrreich zu sehen, wie (un)wirksam Ihr System mehrere Prozessoren verwendet.

25.3 Überprüfen der Systemleistung

Auf einem Einzelplatzrechner ist die CPU meist zu 99% im Leerlauf. Wenn Sie dann in einem Fenster scrollen, verschlägt es der CPU für einen Augenblick beinahe die Sprache. In dieser Situation sind Informationen über einen Langzeitdurchschnitt der CPU-Nutzung nicht so aussagekräftig.

Die zweite nützliche CPU-Statistik zur Erfassung der Systemauslastung ist der »Lastdurchschnitt«, der die durchschnittliche Anzahl der ausgeführten Prozesse anzeigt. Sie bekommen einen guten Einblick, in wie viele Stücke die CPU-Torte aufgeteilt ist. Den Lastdurchschnitt erhalten Sie mit dem Befehl uptime:

```
$ uptime
11:10am  up 34 days, 18:42, 5 users, load average: 0.95, 0.38, 0.31
```

Es werden drei Werte angezeigt, entsprechend den Durchschnittsintervallen von 5, 10 und 15 Minuten. In der Regel gilt: Je höher der Lastdurchschnitt, desto wichtiger wird die gesamte Systemleistung. Gibt es nur einen lauffähigen Prozess, ist dieser gewöhnlich an eine einzelne Ressource gebunden (üblicherweise an die Festplattenbandbreite oder die CPU). Die höchste Belastung für diese Ressource wird so zum ausschlaggebenden Leistungsfaktor.

Wenn sich die Prozesse das System teilen, sind die Lasten mehr oder weniger gleichmäßig verteilt. Wenn alle Prozesse im System CPU, Festplatte und Speicher verbrauchen, wird die Systemleistung weniger wahrscheinlich von einer einzelnen Ressource eingeschränkt. Hier wird es äußerst wichtig, die mittleren Verbrauchszahlen zu betrachten, z. B. die gesamte CPU-Auslastung.

Im Normalfall sind Linux-Systeme mit einer mittleren Last von 3 beschäftigt und können mit jenen über 8 nicht so gut umgehen. Ein Lastdurchschnitt dieser Größenordnung ist ein Hinweis darauf, dass Sie nach Wegen Ausschau halten sollen, die Last künstlich aufzuteilen, indem Sie z. B. den Befehl nice zum Setzen von Prozessprioritäten anwenden.

Tipp

In Abschnitt 4.1.5 lesen Sie mehr über Prioritäten.

Die durchschnittliche Systemlast ist ein hervorragendes Maß, das Sie als Teil der Baseline (als Vergleichswert) verfolgen sollten. Wenn Sie die Durchschnittslast Ihres Systems an einem normalen Tag kennen und sie denselben Umfang wie an einem schlechten Tag aufweist, ist das ein Zeichen dafür, dass Sie das Leistungsproblem woanders suchen sollten (z. B. im Netzwerk). Eine Durchschnittslast oberhalb der erwarteten Normwerte deutet darauf hin, dass Sie die laufenden Prozesse des Linux-Systems selbst betrachten müssen.

Ein anderer Weg, die CPU-Nutzung zu beobachten, besteht darin, den Befehl ps mit dem Argument aux aufzurufen. Er zeigt, wie viel jeder dieser Prozesse an CPU-Leistung verzehrt. Auf einem ausgelasteten System werden mindestens 70% der CPU-Leistung von einem oder zwei Prozessen verbraucht. (Denken Sie daran, dass ps selbst CPU-Leistung braucht.) Das Aufschieben der Ausführung dieser CPU-Verschwender oder das Reduzieren ihrer Priorität macht die CPU zugänglicher für andere Prozesse.

Eine sehr gute Alternative zu ps ist das Programm top. top liefert ähnliche Informationen wie ps, aber in einem »Live«-Format, wo Sie den Systemstatus im Laufe der Zeit betrachten können.[2]

Tipp

In Abschnitt 4.8 lesen Sie mehr über den Befehl top.

25.3.2 Speicherverwaltung unter Linux

Bevor wir näher auf die Besonderheiten beim Speichermanagement von Linux eingehen, ist es einmal mehr erwähnenswert, dass sich der Linux-Kernel schneller als fast jedes andere Betriebssystem entwickelt hat. Das Speichermanagement von Linux hat sich sogar nach Linux-Standards über viele Jahre in einem besonders rapiden Wandel befunden.

Der Kernel 2.6 enthält ein wesentlich verbessertes VM-System.[3] Jedoch ist die genaue Kernel-Version aufgrund unserer Betrachtungen in diesem Kapitel nicht so wichtig. Dieses Konzept trifft ohne Rücksicht auf die von Ihnen benutzte Kernel-Version zu.

Genau wie UNIX, verwaltet Linux den Speicher in Einheiten, die Seiten genannt werden. Die Größe einer Speicherseite beträgt auf einem PC üblicherweise 4 Kbyte[4]. Der Kernel weist Prozessen virtuelle Seiten zu, wenn sie nach Speicher verlangen. Jede virtuelle Seite wird echtem Speicher zugeordnet, entweder im RAM oder als »Zusatzspeicher« auf einer Platte. (Der Zusatzspeicher ist normaler Raum in einem Auslagerungsbereich, aber für Seiten, die ausführbaren Programmtext enthalten, ist der

---

[2] Das zu schnelle Aktualisieren von top kann selbst ein CPU-Verschwender sein, also gehen Sie vernünftig damit um.
[3] Der Kernel 2.6 besitzt die Option, das System ohne virtuellen Speicher laufen lassen zu können – eine Option, die vor allem für eingebettete Systeme nützlich ist. Wenn Sie ohne virtuellen Speicher arbeiten möchten, müssen Sie sicherstellen, dass genügend physischer Speicher zur Bewältigung aller erdenklichen Aufgaben vorhanden ist
[4] In Kernel 2.6 können Sie durch Setzen von HPAGE_SIZE auch 4 Mbyte verwenden.

Zusatzspeicher die ausführbare Datei.) Linux nutzt eine »Seitentabelle«, um die Abbildung zwischen diesen künstlichen virtuellen und realen Speicherseiten zu verfolgen.

Linux kann sehr wirksam so viel Speicher zuweisen, wie die Prozesse verlangen, indem der RAM mit einer Auslagerungsdatei ergänzt wird. Da die Prozesse die Übertragung ihrer virtuellen Seiten in realen Speicher erwarten, ist Linux ständig damit beschäftigt, Seiten zwischen RAM und Auslagerungsdatei hin und her zu schieben. Dieser Ablauf wird Auslagerung (Paging) genannt[5].

Linux versucht, den Systemspeicher so zu handhaben, dass kürzlich besuchte Seiten im Speicher bleiben und weniger aktive auf die Festplatte ausgelagert werden. Dieses Modell ist bekannt als LRU-System, da die am längsten nicht benutzten Seiten (»Least Recently Used«) diejenigen sind, die entfernt werden. Es wäre für den Kernel sehr unwirtschaftlich, alle Speicherverweise im Auge zu behalten. Also benutzt Linux einen Zwischenspeicher, um zu entscheiden, welche Seiten entfernt werden. Diese Vorgehensweise ist wesentlich günstiger als ein echtes LRU-System, liefert aber die gleichen Ergebnisse.

Linux hat ein Auge darauf, wie »alt« jede Seite im virtuellen Speicher ist. Jedes Mal, wenn Linux eine Seite untersucht und feststellt, dass sie kurz zuvor aktualisiert wurde, wird ihr Alter erhöht. (Der Ausdruck »Alter« ist etwas irreführend, weil der Wert tatsächlich die Häufigkeit und Aktualität des Zugriffs anzeigt. Je höher das Alter, desto neuer ist die Seite.) Unterdessen startet Linux den Prozess kswapd, der regelmäßig das Alter unreferenzierter Seiten senkt.

Der Kernel verwaltet mehrere Listen von Speicherseiten. Seiten mit einem Alter größer null werden als »aktiv« gekennzeichnet und sind im Page Cache in der »Aktive Liste« enthalten. Wenn das Alter einer Seite Null erreicht, überträgt kswapd die Seite in die »Inaktive Liste«. kswapd entfernt inaktive Seiten von der Seitentabelle und hält sie für geeignet zum Auslagern auf der Festplatte. Obwohl inaktive Seiten in der Seitentabelle nicht mehr unmittelbar zugänglich sind, bekommt sie der Kernel vom Speicher oder der Festplatte und schiebt sie auf Anforderung wieder zurück in die Seitentabelle.

Wenn der verfügbare Speicherplatz gering ist, versucht der Kernel zu erraten, welche Seiten auf der inaktiven Liste möglichst lange Zeit nicht benutzt wurden. Falls diese Seiten von einem Prozess verändert wurden, betrachtet Linux sie als »schmutzig« und muss sie auf die Festplatte auslagern, bevor der Speicher wieder verwendet werden kann. Seiten, die in dieser Form gereinigt wurden oder von Anfang an nie schmutzig waren, sind »sauber« und können von Linux für etwas anderes wieder verwertet werden.

---

5 Beachten Sie, dass »Paging« und »Swapping« in derselben Weise umgesetzt werden und denselben Auslagerungsbereich benutzen, um Seiten zu speichern, wenn diese nicht im RAM sind.

Wenn eine Seite auf der inaktiven Liste von einem Prozess referenziert wird, gibt der Kernel ihre Speicherzuordnung an die Seitentabelle zurück, setzt das Seitenalter neu und schiebt sie von der inaktiven in die aktive Liste. Auf die Festplatte geschriebene Seiten müssen wieder eingelagert werden, bevor sie reaktiviert werden können. Ein »soft fault« tritt auf, wenn ein Prozess eine inaktive Seite im Speicher referenziert, und ein »hard fault« ist die Folge von einem Verweis auf eine nicht vorhandene (ausgelagerte) Seite. Mit anderen Worten, ein harter Fehler erfordert, dass eine Seite von der Festplatte gelesen wird, ein weicher Fehler nicht.

Der Bedarf an Speicher variiert, sodass der Kernel den Alterungsalgorithmus von kswapd mit verschiedenen Geschwindigkeiten ausführen kann. Wenn extrem viel Speicher angefordert wird, dann wird der Algorithmus öfter ausgeführt. Speicherseiten müssen dann häufiger referenziert werden, um der Auslagerung zu entgehen.

Um aktive von inaktiven Seiten zu trennen, stützt sich der virtuelle Speicher (Virtual Memory, VM) auf den zeitlichen Abstand zwischen der Platzierung einer Seite auf der inaktiven Liste und ihrer tatsächlichen Auslagerung. Daher muss das VM-System die Seitenaktivität erahnen, um zu entscheiden, wie oft der kswapd-Algorithmus gestartet werden muss. Wenn er nicht oft genug läuft, gibt es vermutlich nicht genügend saubere inaktive Seiten, um die Anfrage zufriedenzustellen. Wird er zu oft ausgeführt, verbringt der Kernel unverhältnismäßig viel Zeit damit, weiche Seitenfehler zu verarbeiten.

Da der Seitenalgorithmus versucht, immer eine gewisse Menge Speicher verfügbar zu haben, gibt es nicht unbedingt eine eindeutige Übereinstimmung zwischen Auslagerungsereignissen und Seitenzuweisungen durch laufende Prozesse. Das Ziel des Systems ist es, genügend freien Speicher zu haben, sodass die Prozesse nicht jedes Mal auf das Auslagern warten müssen, wenn sie eine neue Speicherzuweisung vornehmen. Wenn die Seitenwechsel bei einem ausgelasteten System dramatisch zunehmen, ist mehr RAM wahrscheinlich die beste Lösung.

Sie können die »Swappiness«-Parameter (/proc/sys/vm/swappiness) des Kernels setzen, um ihm einen Tipp zu geben, wie schnell er physische Seiten zugänglich machen soll, um sie einem Prozess im Falle einer Speicherknappheit zurückzugeben. Standardmäßig hat dieser Parameter den Wert 60. Wenn Sie den Wert auf 0 setzen, fordert der Kernel Seiten zurück, die einem Prozess nur zugeteilt worden sind, wenn er alle anderen Möglichkeiten ausgeschöpft hat. Setzen Sie ihn auf mehr als 60 (der Maximalwert beträgt 100) ist es wahrscheinlicher, dass der Kernel Seiten von einem Prozess zurückfordert, wenn ihm der Speicher ausgeht. In allen Fällen gilt: Wenn Sie versucht sind, diesen Parameter selbst zu verändern, ist es vermutlich Zeit, sich mehr RAM zu besorgen.

Wenn der Kernel sowohl den RAM als auch die Auslagerungsdatei ausfüllt, dann ist der ganze virtuelle Speicher aufgebraucht. Linux verwendet einen »Speicherknappheits-Killer« (Out-Of-Memory killer, OOM), um mit diesem Umstand fertig zu werden. Diese Funktion wählt einen Prozess aus und beendet ihn, um Speicher freizugeben. Obwohl der Kernel versucht, den unwichtigsten Prozess auf Ihrem System zu löschen, ist das Füllen des gesamten Speichers nach Möglichkeit zu vermeiden. In dieser Situation ist es sehr wahrscheinlich, dass ein wesentlicher Anteil an Systemressourcen dem Speicherhaushalt, aber nicht der nützlichen Arbeit gewidmet wird.

Sogar laufende Prozesse mit einer niedrigen CPU-Priorität können heimtückische Seitendiebe sein. Angenommen, Sie lassen auf Ihrem Arbeitsplatz einen SETI[6]-Client mit sehr niedriger Priorität laufen und lesen gleichzeitig Ihre E-Mails. Wenn Sie beim Lesen eine Pause machen, fällt die CPU-Auslastung auf null und die Simulation darf ausgeführt werden. Sie importiert alle ihre Seiten, verdrängt Ihre Benutzerumgebung, den Windows-Server, das E-Mail-Programm und Ihren Bildschirm-Emulator. Wenn Sie zur nächsten Nachricht gehen, gibt es eine Verzögerung, da ein großer Teil des Systemspeichers umgewandelt wird. Im Alltag gibt eine geringe Priorität keine Garantie dafür, dass ein Prozess keine Leistungsprobleme verursacht.

25.3.3 Die Speichernutzung analysieren

Drei Kennzahlen beschreiben die Speicheraktivität: die Gesamtsumme des aktiven virtuellen Speichers und die Auslagerungs- (Paging) und Austauschraten (Swapping). Die erste Zahl zeigt Ihnen die gesamte Anforderung an den Speicher und die nächsten zwei geben den Anteil dieses Speichers wieder, der aktiv in Gebrauch ist. Ziel ist es, die Zugriffe zu reduzieren oder Speicher zu erhöhen, bis die Auslagerung auf einem passablen Niveau bleibt. Gelegentliches Auslagern ist aber unvermeidlich; versuchen Sie nicht, es vollständig zu unterdrücken.

Sie können den Befehl `free` zum Ermitteln der Speichermenge und des Auslagerungsraums einsetzen, der gerade in Benutzung ist. Verwenden Sie ihn mit der Option `-t`, um automatisch die Gesamtsumme des virtuellen Speichers zu berechnen.

```
$ free -t
                total       used       free     shared    buffers     cached
Mem:           127884      96888      30996      46840      57860      10352
-/+ buffers/cache:         28676      99208
Swap:          265032       3576     261456
Total:         392916     100464     292452
```

Die Spalte `free` zeigt die Anzahl an Kilobyte in der freien Liste des Systems an; Werte unter 3% des gesamten Systemspeichers deuten im Allgemeinen auf Probleme hin. Nehmen Sie den Befehl `swapon`, um genau zu bestimmen, welche Dateien und Partitionen für den Auslagerungsraum verwendet werden.

```
$ swapon -s
Filename        Type        Size       Used     Priority
/dev/sdb7       partition   265032     3576     -1
```

---

[6] *Search for Extraterrestrial Intelligence;* siehe http://setiathome.berkeley.edu/.

Dieses System verwendet zum Auslagern die Festplattenpartition sdb7. Da die Seitenaktivität eine bedeutsame Belastung der Plattenbandbreite sein kann, ist es fast immer besser, den Platz für die Auslagerung wenn möglich über mehrere physische Platten zu verteilen. Der Gebrauch von mehreren Auslagerungsplatten verringert den Zeitaufwand, den die einzelnen Festplatten mit den ausgelagerten Daten verbringen und erhöht so den Speicherdurchsatz.

Auf herkömmlichen UNIX-Systemen gibt der Befehl vmstat Informationen über das Auslagern. Jedoch ist der mit den meisten Linux-Distributionen ausgelieferte Befehl procinfo eine bessere Informationsquelle. Obwohl procinfo bei all unseren Beispielsystemen dabei ist, ist er nicht notwendigerweise in der Standardinstallation vorhanden, sodass Sie das Programmpaket mit procinfo zur Hand haben sollten.

procinfo benutzt keinen besonderen Weg, um an Ihre Systemdaten zu kommen, sondern gibt einfach die Daten aus den Dateien in Ihrem /proc-Dateisystem formatiert aus. Ohne ein Tool wie procinfo kann die Interpretation der /proc-Dateien eine beträchtliche Herausforderung darstellen. Um permanente Aktualisierungen alle 5 Sekunden zu erhalten, führen Sie procinfo -n5 aus.

> **Tipp**
>
> In Abschnitt 28.4 erhalten Sie weitere Informationen über das /proc-Dateisystem.

```
$ procinfo
Linux 2.6.9-34.EL (root@bull) (gcc 3.4.3 20050227 ) #1 1CPU [main]
Memory:        Total       Used        Free      Shared     Buffers
Mem:          463728     371512       92216           0     144042
Swap:        1866470        218     1626252
Bootup: Sat Jul 29 08:47:20 2006    Load average: 0.08 0.06 0.00
user  :        1:20:32.12    1.3%    page in:  0
nice  :        0:02:36.30    0.0%    page out: 0
system:        3:06:46.90    0.8%    swap in:  0
idle  :    1d 7:23:49.50   97.9%    swap out: 0
steal :        0:00:00.00    0.0%
uptime:    4d 1:51:43.64            context: 55465717
irq  0:     5748875398  timer        irq  8:          3  rtc
irq  1:              3               irq 11:   75300822  eth0
irq  2:              0  cascade [4]  irq 12:          3
irq  4:              4               irq 14:    7529735  ide0
```

Einige Informationen im Ergebnis von procinfo erhalten Sie auch über free, uptime und vmstat. Außerdem zeigt procinfo Informationen über Ihre Kernel-Version, die Speicherverwaltung, den Festplattenzugriff und IRQ-Zuweisungen an. Verwenden

25.3 Überprüfen der Systemleistung

Sie `procinfo -a`, um zusätzliche Informationen von Ihrem /proc-Dateisystem zu erhalten, darunter Kernel-Startoptionen, geladene Module, block- und zeichenorientierte Geräte und Dateisysteme.

Alle augenscheinlichen Widersprüchlichkeiten unter den speicherbezogenen Spalten sind größtenteils trügerisch. Einige Spalten zählen Seiten, andere Kilobyte. Alle Werte sind gerundete Durchschnittsangaben. Des Weiteren sind einige Durchschnitte von skalaren Mengen und andere durchschnittliche Differenzen. Beispielsweise können Sie nicht den nächsten Wert von `free` aus dem gegenwärtigen `free`-Wert und der Auslagerungsinformation berechnen, weil die Auslagerungsereignisse, die den nächsten Mittelwert von `free` bestimmen, noch nicht stattgefunden haben.

Verwenden Sie die `page in/out`- und `swap in/out`-Felder, um das Auslagerungs- und Austauschverhalten des Systems zu beurteilen. Ein `page-in` stellt nicht unbedingt eine wiederhergestellte Seite aus dem Auslagerungsbereich dar. Es könnte ausführbarer Code sein, der von einem Dateisystem eingeordnet wird oder eine Copy-on-write-Seite sein, die dupliziert wird, was beides normale Erscheinungen sind, die nicht notwendigerweise einen Speichermangel anzeigen. Andererseits stellen Auslagerungen immer auf die Festplatte geschriebene Daten dar, nachdem sie mit aller Gewalt vom Kernel ausgeworfen werden.

Wenn Ihr System einen konstanten Strom von Seitenauslagerungen hat, profitieren Sie wahrscheinlich von mehr Speicher. Aber wenn die Auslagerung nur gelegentlich stattfindet und keinen ärgerlichen Schluckauf oder Benutzerbeschwerden hervorruft, können Sie sie ignorieren. Wenn sich Ihr System irgendwo in der Mitte befindet, sollte eine weitere Analyse davon abhängen, ob Sie versuchen, einen Computer für interaktive Leistung zu optimieren, (z. B. eine Arbeitsstation) oder einen Rechner mit vielen gleichzeitigen Benutzern (z. B. ein Server) einzurichten.

Wenn die Hälfte der Operationen Auslagerungen sind, können Sie annehmen, dass alle 100 Auslagerungen etwa eine Sekunde Wartezeit auftritt. Falls 150 Auslagerungen auftreten müssen, um eimal zu blättern, warten Sie etwa 1,5 Sekunden. Eine von Forschern für Benutzeroberflächen verwendete Faustregel lautet, dass ein normaler Benutzer das System als langsam wahrnimmt, wenn die Antwortzeiten länger als sieben Zehntel Sekunden sind.

Es ist auch wichtig anzumerken, dass `procinfo` einige CPU-Informationen liefert, die bei `vmstat` oder `uptime` nicht erscheinen. Zusätzlich zum Bericht über den Lastdurchschnitt über 5, 10 und 15 Minuten zeigt `procinfo` die augenblickliche Anzahl an laufenden Prozessen, die Gesamtzahl und die ID des letzten ausgeführten Prozesses. Betrachten Sie als Beispiel den folgenden Auszug des Ergebnisses von `procinfo` auf einem beschäftigten Server:

```
Load average:    2.37    0.71    0.29    3/67    26941
```

Dieser Server hat gesamt 67 Prozesse, von denen 3 ausgeführt werden. Der letzte laufende Prozess hat die ID 26941 (in diesem Fall war es der Shell-Prozess, von dem aus `procinfo` gestartet wurde).

25.3.4 Die Festplatten-E/A analysieren

Sie können die Leistung der Festplatte mit dem Befehl iostat überwachen. Wie vmstat akzeptiert er optionale Argumente, mit denen Sie ein Intervall in Sekunden und eine Wiederholungszahl angeben. Die erste Zeile ist eine Zusammenfassung seit dem Hochfahren. iostat zeigt Ihnen, womit der Rechner seine Zeit verbringt. Beim folgenden Beispiel haben wir die unbedeutenden weggelassen, die nichts mit der Festplatte zu tun haben:

```
$ iostat
...
Device:    tps      Blk_read/s   Blk_wrtn/s   Blk_read   Blk_wrtn
hdisk0     0.54     0.59         2.39         304483     1228123
hdisk1     0.34     0.27         0.42         140912     216218
hdisk2     0.01     0.02         0.05         5794       15320
hdisk3     0.00     0.00         0.00         0          0
```

iostat sammelt Informationen vom /proc-Dateisystem, um eine Zeile für jede physische Platte in Ihrem System auszugeben. Leider liefert Linux nur minimale Plattenstatistiken und sogar diese Information ist sehr eingeschränkt. Jede Festplatte besitzt die Spalten tps, Blk_read/s, Blk_wrtn/s, Blk_read und Blk_wrtn, die E/A-Übertragungen, gelesene und geschriebene Blöcke pro Sekunde und alle gelesenen und geschriebenen Blöcke anzeigen. Zeilen mit Nullwerten werden dargestellt, wenn das System weniger als vier Festplatten hat.

Plattenblöcke sind normalerweise 1 Kilobyte groß, somit können Sie den wirklichen Plattendurchsatz in Kilobyte gleich bestimmen. Andererseits sind die Übertragungen ziemlich schwammig definiert. Eine Übertragungsanforderung kann mehrere logische E/A-Anfragen über mehrere Sektoren enthalten, also sind diese Daten meistens auch zur Kennzeichnung von Tendenzen oder von unregelmäßigem Verhalten nützlich.

Die Dauer für die Positionierung des Lesekopfes bildet den wichtigsten Faktor, der die Festplattenleistung betrifft. Als erste Annäherung können Sie davon ausgehen, dass die Rotationsgeschwindigkeit der Festplatte und die Geschwindigkeit des Busses, mit dem sie verbunden ist, relativ wenig Auswirkung haben. Moderne Platten können Dutzende Megabyte an Daten pro Sekunde übertragen, wenn sie von angrenzenden Sektoren gelesen werden, aber nur ungefähr 100 bis 300 Suchvorgänge pro Sekunde durchführen. Wenn Sie bei jedem Suchvorgang Daten aus einem anderen Sektor übertragen, können Sie leicht bei weniger als 5% des Höchstdurchsatzes der Festplatte landen.

Die Suchvorgänge werden teurer, wenn die Leseköpfe lange Wege zurücklegen müssen. Wenn Sie eine Festplatte mit mehreren Partitionen haben und Dateien von jeder zufällig gelesen werden, müssen die Leseköpfe zwischen den Partitionen hin und her springen. Andererseits sind Dateien innerhalb einer Partition relativ lokal zueinan-

25.3 Überprüfen der Systemleistung

der. Wenn Sie eine neue Festplatte partitionieren, sollten Sie die Auswirkung der Leistung bedenken und zusammengehörige Dateien in dasselbe Dateisystem stellen.

Um wirklich ein Maximum an Leistung zu erhalten, sollten Sie Dateisysteme auf verschiedenen Festplatten unterbringen, wenn diese häufig gleichzeitig verwendet werden. Obwohl die Busarchitektur und die Gerätetreiber die Leistungsfähigkeit beeinflussen, können die meisten Computer mehrere Festplatten unabhängig handhaben und dadurch drastisch den Durchsatz erhöhen. Zum Beispiel ist es häufig lohnend, oft verwendete Webserver-Daten und Protokolle auf mehrere Festplatten aufzuteilen.

Besonders wichtig ist es, den Auslagerungsbereich wenn möglich auf mehrere Festplatten aufzuteilen, da das Auslagern das ganze System zu verlangsamen droht. Diese Konfiguration wird durch den Befehl swapon unterstützt. Der Linux-Kernel kann Auslagerungspartitionen und -dateien auf einem formatierten Dateisystem verwenden.

Linux-Systeme erlauben auch die Einrichtung von vielen »speicherbasierten Dateisystemen«, die im Wesentlichen das gleiche sind wie PC-RAM-Disks. Ein besonderer Treiber tritt als Festplatte auf, speichert aber eigentlich Daten im schnellen Arbeitsspeicher. Viele Unternehmen verwenden eine RAM-Disk für ihr /tmp-Dateisystem oder für viel benutzte Dateien wie Webserver-Logs oder E-Mail-Zwischenspeicher. RAM-Disks können den für den allgemeinen Gebrauch verfügbaren Speicher reduzieren, machen aber das Lesen und Schreiben von temporären Dateien äußerst schnell. Das ist im Allgemeinen eine gute Wahl.

Die meisten Linux-Kernel sind mit RAM-Disk-Unterstützung eingerichtet. Auf Systemen, die RAM-Disks unterstützen, enthält das /dev-Verzeichnis mehrere RAM-Disk-Gerätedateien wie /dev/ram0 und /dev/ram1. Die Anzahl der Geräte variiert, aber normalerweise sind es mindestens fünf.

Um eine RAM-Festplatte zu verwenden, formatieren Sie zuerst das Dateisystem auf einer unbenutzten RAM-Festplatte, dann hängen Sie es in einem vorhandenen Verzeichnis ein:

```
# mke2fs /dev/ram12
# mount /dev/ram12 /tmp/fastdisk
```

Die standardmäßige RAM-Größe beträgt nur 4 Mbyte, was nicht groß genug für /tmp ist. Leider ist die Prozedur für das Ändern der Größe etwas mühsam, weil sie als Kernel-Variable gesetzt ist. Sie können entweder eine Zeile wie ramdisk_size=100000 zu Ihrer Bootkonfiguration hinzufügen, um den neuen Wert zur Startzeit einzureichen (die Größe wird in 1-Kbyte-Blöcken angegeben), oder Sie richten den RAM-Disk-Treiber als dynamisch ladbares Modul ein. Im zweiten Fall fügen Sie das notwendige Argument zur /etc/modprobe.conf-Datei hinzu oder geben es als Argument zu insmod an.

Eine Alternative zu RAM-Disks ist der Einsatz von tmpfs. tmpfs ist ein virtuelles Dateisystem, das alle Daten im Hauptspeicher hält. Der benötigte Platz wird dynamisch alloziert, sodass tmpfs normalerweise weniger Speicher als eine RAM-Disk belegen wird. Verwenden Sie etwa folgenden Eintrag in der Datei `/etc/fstab`:

```
none    /tmp    tmpfs    defaults,size=40m,mode=1777    0    0
```

Einige Software-Pakete vermindern die Systemleistung durch Verzögerung grundlegender Operationen. Zwei Beispiele sind Plattenkontingente (Quotas) und CPU-Buchhaltung (CPU Accounting). Die Kontingente erfordern, dass der belegte Festplattenplatz permanent aktualisiert wird, während Dateien geschrieben und gelöscht werden. Die CPU-Buchhaltung schreibt einen Datensatz in eine Buchhaltungsdatei, wann immer ein Prozess beendet ist. Das Speichern auf Platten hilft, den Einfluss dieser Eigenschaften abzuschwächen, aber sie können dennoch eine geringe Auswirkung auf die Leistung haben und sollten nicht eingesetzt werden, es sei denn, dass Sie sie wirklich brauchen.

25.3.5 Einen E/A-Scheduler auswählen

Ein E/A-Schedulingalgorithmus dient als eine Art Schiedsrichter zwischen den Prozessen, die um die Platten-E/A konkurrieren. Er optimiert Anordnung und Terminierung von Anfragen, um die bestmögliche E/A-Gesamtleistung zur Verfügung zu stellen.

Vier verschiedene Schedulingalgorithmen sind im Kernel 2.6 eingebaut. Suchen Sie sich einen aus. Leider wird der Schedulingalgorithmus durch das Kernelargument `elevator=algorithmus` gesetzt und kann so nur beim Start gesetzt werden. Es wird üblicherweise in der `grub.conf`-Datei angegeben.

Die verfügbaren Algorithmen sind:

- Completely Fair Queuing (`elevator=cfq`): Das ist der Standardalgorithmus und gewöhnlich die beste Wahl für einen Mehrzweckserver. Er versucht, die E/A-Bandbreite gleichmäßig zu verteilen.

- Deadline (`elevator=deadline`): Dieser Algorithmus versucht, die Wartezeit für jede Anfrage herabzusetzen. Er ordnet Anforderungen neu, um die Leistung zu erhöhen.

- NOOP (`elevator=noop`): Dieser Algorithmus führt eine einfache FIFO-Warteschlange durch. Er nimmt an, dass E/A-Anfragen vom Treiber oder einem Gerät (ähnlich wie bei einem intelligenten Controller) optimiert oder neu angeordnet werden. Diese Option scheint die beste Wahl in einigen SAN-Umgebungen zu sein.

- Anticipatory (`elevator=as`): Dieser Algorithmus verzögert Anfragen in der Hoffnung, sie für die bestmögliche Leistung anzuordnen. Diese Option kann für einen Desktop-Arbeitsplatz geeignet sein, aber sie ist selten optimal für einen Server.

25.3.6 sar: Statistiken erfassen und melden

Sie sind in der Lage, die Leistung der Festplatten-E/A direkt zu beeinflussen, indem Sie den zweckmäßigsten Schedulingalgorithmus für Ihre Umgebung bestimmen – Sie sollten alle vier versuchen.

25.3.6 sar: Statistiken erfassen und melden

Ein auf Linux-Systemen übliches Leistungsüberwachungswerkzeug ist sar. Dieser Befehl hat seine Wurzeln im frühen AT&T-UNIX, aber er wurde für den Gebrauch in Linux wiederentdeckt.

Auf den ersten Blick scheint sar die gleichen Informationen wie procinfo, vmstat und iostat anzuzeigen. Jedoch gibt es da einen wichtigen Unterschied: sar kann zurückliegende sowie gegenwärtige Daten darstellen.

Ohne Optionen zeigt der Befehl sar den CPU-Verbrauch in 10-Minuten-Intervallen für den Tag seit Mitternacht, wie im Folgenden dargestellt. Diese Verlaufsdatensammlung wird durch das sa1-Skript ermöglicht, das Teil des sar-Pakets (manchmal auch sysstat genannt) ist und eingerichtet werden muss, um von cron in periodischen Intervallen ausgeführt zu werden. sar speichert die gesammelten Daten in /var/log/sa in einem binären Format.

```
$ sar
Linux 2.6.9-11.ELsmp (bull.atrust.com)   08/04/2006
12:00:01 AM       CPU    %user    %nice   %system   %iowait    %idle
12:10:01 AM       all     0.10     0.00      0.04      0.06    99.81
12:20:01 AM       all     0.04     0.00      0.03      0.05    99.88
12:30:01 AM       all     0.04     0.00      0.03      0.04    99.89
12:40:01 AM       all     0.09     0.00      0.03      0.05    99.83
12:50:01 AM       all     0.04     0.00      0.03      0.04    99.88
01:00:01 AM       all     0.05     0.00      0.03      0.04    99.88
```

Zusätzlich zur CPU-Information kann sar auch Kriterien wie Festplatten- und Netzwerkaktivität sichtbar machen. Verwenden Sie sar -d für eine Tageszusammenfassung der Festplattenaktivität und sar -n DEV für Netzwerkschnittstellenstatistiken. sar -A zeigt alle verfügbaren Informationen an.

sar hat zwar einige Einschränkungen, ist aber eine gute Wahl für schnelle und saubere Verlaufsinformationen. Wenn Sie ernsthaft über eine Langzeitleistungskontrolle nachdenken, schlagen wir vor, dass Sie eine Datenerfassungs- und grafische Darstellungsplattform wie Cacti einrichten. Cacti kommt aus der Netzwerkverwaltung, aber es kann beliebige Systemmetriken wie CPU- und Speicherinformationen grafisch darstellen.

Tipp

In Abschnitt 19.10.2 sehen Sie eine einfache Cacti-Grafik.

25.3.7 oprofile: Umfassende Profilerstellung

oprofile ist ein sehr leistungsfähiges, integriertes Profilerstellungswerkzeug für Linux-Systeme ab Kernel 2.6. Alle Komponenten eines Linux-Systems können erfasst werden: Hard- und Software-Interrupthandler, Kernelmodule, der Kernel selbst, gemeinsame Bibliotheken und Anwendungen.

Wenn Sie gerade viel Zeit übrig haben und genau wissen möchten, wie Ihre Systemressourcen verbraucht werden (bis ins kleinste Detail), verwenden Sie oprofile. Dieses Werkzeug ist besonders nützlich, wenn Sie Ihre eigenen hausinternen Anwendungen oder Kernelcode entwickeln.

Sowohl das Kernelmodul als auch einige Werkzeuge auf Benutzerebene sind in der oprofile-Distribution enthalten, die auf *oprofile.sourceforge.net* zum Download bereitsteht.

 Bei Red Hat müssen Sie auch das Paket kernel-debuginfo für die von oprofile benötigten Dateien installieren.

25.4 Hilfe! Mein System ist auf einmal so langsam!

In den vorherigen Abschnitten haben wir meist über Punkte gesprochen, die sich auf die durchschnittliche Systemleistung beziehen. Lösungen dieser langfristigen Angelegenheiten nehmen allgemein die Form von Konfigurationsanpassungen oder Aktualisierungen an.

Sie werden jedoch feststellen, dass sogar ordnungsgemäß konfigurierte Systeme manchmal träger sind als üblich. Glücklicherweise sind vorübergehende Probleme häufig einfach zu diagnostizieren. In 90% der Fälle werden sie durch einen gierigen Prozess verursacht, der einfach so viel CPU-Leistung, Festplatten- oder Netzbandbreite verbraucht, sodass andere Prozesse blockiert werden. Gelegentlich nehmen böswillige Prozesse vorhandene Ressourcen in Beschlag, um ein System oder Netzwerk absichtlich zu verlangsamen, was als »Denial of Service« oder DoS-Angriff bekannt ist.

25.4 Hilfe! Mein System ist auf einmal so langsam!

Sie können oftmals herausfinden, welche Ressource in Beschlag genommen wird, sogar ohne einen Diagnosebefehl laufen zu lassen. Wenn das System nur noch »wie Sirup« läuft oder Sie hören, dass die Festplatte wie verrückt arbeitet, ist das Problem meist ein Festplattenbandbreitenmangel oder Speicherdefizit[7]. Wenn sich das System »träge« gibt (alles dauert ewig und Anwendungen können nicht sofort loslegen), liegt das Problem bei der CPU-Belastung.

Der erste Schritt in der Diagnose ist, `ps auxww` oder `top` laufen zu lassen, um nach offensichtlich außer Kontrolle geratenen Prozessen zu suchen. Jeder Prozess, der mehr als 50% der CPU verwendet, wird wahrscheinlich schuld sein. Wenn kein einziger Prozess einen übermäßigen Anteil der CPU bekommt, überprüfen Sie, wie viele Prozesse mindestens 10% erhalten. Wenn Sie mehr als zwei oder drei ausfindig machen (`ps` selbst zählen Sie nicht mit), ist der Lastdurchschnitt (load average) wahrscheinlich ziemlich hoch. Eine hohe Last ist in sich selbst eine Ursache der schlechten Leistung. Überprüfen Sie den Lastdurchschnitt mit `uptime` und benutzen Sie `vmstat` oder `top`, um zu überprüfen, ob die CPU jemals im Leerlauf ist.

Wenn keine CPU-Konkurrenzsituationen offensichtlich sind, führen Sie `vmstat` oder `procinfo` aus, um zu sehen, wie viel Auslagerung gerade stattfindet. Alle Festplattenaktivitäten sind bedeutsam: häufige Seitenauslagerungen können Speicherstreitigkeiten anzeigen und ein hoher Festplattenverkehr ohne Auslagerung kann nahe legen, dass ein Prozess die Festplatte in Beschlag nimmt, indem er ständig Dateien liest oder schreibt.

Es gibt keinen direkten Weg, Festplattenoperationen an Prozesse zu binden, aber `ps` kann die möglichen Verdächtigen für Sie einschränken. Jeder Festplattenverkehr hervorrufende Prozess muss eine bestimmte Menge CPU-Zeit verwenden. Sie können eine wohlbegründete Vermutung anstellen, welcher der aktiven Prozesse der wahre Übeltäter[8] ist. Verwenden Sie `kill -STOP`, um den Prozess zu unterbrechen und Ihre Theorie zu überprüfen.

Angenommen, Sie machen einen Prozess als Schuldigen aus – was sollten Sie dann tun? In der Regel nichts. Einige Operationen verlangen viele Ressourcen und kommen nicht umhin, das System zu verlangsamen. Es bedeutet nicht notwendigerweise, dass sie nicht zulässig sind. Es ist normalerweise ratsam, einen aufdringlichen CPU-gebundenen Prozess mit dem Befehl `renice` zu behandeln. Aber weisen Sie den Besitzer darauf hin, in Zukunft den Befehl `nice` zu verwenden. Manchmal kann das Tunen einer Anwendung die Nachfrage des Programms nach CPU-Ressourcen drastisch

---

7 D.h. es dauert eine lange Zeit, um zwischen Anwendungen umzuschalten, aber die Leistung ist akzeptabel, wenn eine Anwendung eine einfache Aufgabe wiederholt.
8 Ein großer virtueller Adressraum oder ein residenter Satz (RSS, im Hauptspeicher gehaltene Seiten eines Prozesses) sind immer ein verdächtiges Zeichen, aber gemeinsam genutzte Bibliotheken haben den Nutzen dieser Angaben eingeschränkt. `ps` wirkt nicht gerade sehr intelligent beim Trennen des Speichers der systemweiten gemeinsam genutzten Bibliotheken von den Adressbereichen der einzelnen Prozesse. Für viele Prozesse zeigt `ps` irrtümlich eine Belegung von mehreren Megabyte Speicher an, obwohl das meiste davon gemeinsam genutzte Bibliotheken sind.

reduzieren; diese Auswirkung ist besonders bei kundenspezifischer Netzwerkserver-Software wie Webanwendungen sichtbar.

Prozesse, die Festplatten- oder Speicherfresser sind, können nicht so leicht behandelt werden. Hier hilft `renice` normalerweise nicht. Sie haben die Wahl, den Prozess zu löschen oder zu beenden, aber wir empfehlen das nicht, wenn es sich nicht gerade um einen Notfall handelt. Wie bei CPU-Verschwendern können Sie die Low-Tech-Lösung verwenden, den Besitzer zu bitten, den Prozess später auszuführen.

Der Kernel erlaubt einem Prozess seinen eigenen Verbrauch an physischem Speicher einzuschränken, indem er den Systembefehl `setrlimit` aufruft. Diese Möglichkeit ist auch in der C-Shell durch den eingebauten Befehl `limit` verfügbar. Zum Beispiel nötigt der folgende Befehl alle nachfolgenden vom Benutzer eingegebene Befehle dazu, ihren Gebrauch von physischem Speicher auf 32 MB zu begrenzen:

```
% limit memoryuse 32m
```

Diese Eigenschaft ist für speichergebundene Prozesse ungefähr gleichwertig mit `renice`. Sie können Wiederholungstäter taktvoll darauf hinweisen, so eine Zeile in ihre `.cshrc`-Dateien einfügen.

Wenn ein außer Kontrolle geratener Prozess nicht die Quelle der schlechten Leistung zu sein scheint, betrachten Sie zwei andere mögliche Ursachen. Die erste ist ein überlastetes Netzwerk. Viele Programme sind so eng mit dem Netzwerk verbunden, dass es schwer zu sagen ist, wo Systemleistung endet und Netzwerkleistung anfängt. In Kapitel 19 lesen Sie mehr Informationen über Werkzeuge zur Netzwerküberwachung.

Einige Netzwerküberlastungsprobleme sind schwer zu bestimmen, weil sie sehr schnell kommen und gehen. Wenn z. B. jeder Computer im Netzwerk ein netzwerkbezogenes Programm aus `cron` heraus jeden Tag zu einer bestimmten Zeit laufen lässt, gibt es häufig einen kurzen, aber drastischen Leistungsabfall. Jeder Rechner im Netz hängt für fünf Sekunden und dann verschwindet das Problem so schnell, wie es gekommen ist.

Serverbezogene Verzögerungen sind eine andere mögliche Ursache für Leistungskrisen. Linux-Systeme fragen ständig entfernte Server nach NFS, NIS, DNS und einigen Dutzend anderer Einrichtungen ab. Wenn ein Server tot ist oder irgendein anderes Problem die Kommunikation mit ihm zu kostspielig macht, können sich die Auswirkungen zu den Clientsystemen fortpflanzen.

Beispielsweise verwendet so mancher Prozess alle paar Sekunden die Bibliotheksprozedur `gethostent`. Wenn eine DNS-Störung diese Routine auf zwei Sekunden ausdehnt, nehmen Sie wahrscheinlich einen Unterschied bei der Gesamtleistung wahr. Probleme bei DNS-Vorwärts- und Rückwärts-Lookups sind für eine erstaunliche Anzahl von Leistungsproblemen auf dem Server verantwortlich.

25.5 Empfohlene Literatur

Phillip G. Ezolt *Optimizing Linux Performance*. Upper Saddle River: Prentice Hall PTR, 2005.

S. Johnson et al. *Performance Tuning for Linux Servers*. Indianapolis: IBM Press, 2005.

Mike Loukides and Gian-Paolo D. Musumeci. *System Performance Tuning (2nd Edition)*. Sebastopol: O'Reilly & Associates, 2002.

25.6 Übungen

1. Geben Sie zur Ursache der folgenden Probleme jeweils eine begründete Vermutung ab:
   a. Beim Wechsel zwischen Anwendungen arbeitet die Festplatte wie wild und es gibt eine wahrnehmbare Verzögerung.
   b. Ein numerisches Simulationsprogramm dauert länger als normal, aber der Systemspeicher ist größtenteils frei.
   c. Benutzer auf einem sehr beschäftigten LAN beklagen sich über den langsamen NFS-Zugang, aber der Lastdurchschnitt auf dem Server ist sehr niedrig.
   d. Beim Ausführen eines Befehls (irgendeines Befehls) kommt häufig die Meldung »Platz im Hauptspeicher reicht nicht aus«.

2. Starten Sie `procinfo` auf einem Linux-Rechner und erläutern Sie Ihre Ergebnisse. Welche Ressourcen scheinen stark ausgelastet zu sein? Welche Ressourcen sehen ungenutzt aus? Schließen Sie das IRQ-Listing in Ihre Überlegungen mit ein.

☆ 3. Der Lastenausgleich (load balancing) kann einen schwerwiegenden Einfluss auf die Serverleistung haben, wie sie von außen wahrgenommen wird. Erklären Sie mehrere Mechanismen, die verwendet werden können, um Lastausgleich durchzuführen.

☆ 4. Nennen Sie die vier Hauptressourcen, die die Leistung beeinflussen. Geben Sie für jede Ressource ein Beispiel einer Anwendung, die leicht zu ihrer Erschöpfung führen kann. Zeigen Sie Wege zur Milderung der Beanspruchung auf.

☆ 5. Informieren Sie sich auf den Web- und `man`-Seiten über den Befehl `hdparm`. Welche Möglichkeiten stehen zur Verfügung, um Festplattenzugriffsgeschwindigkeiten zu prüfen? Wie können Sie sie mit `hdparm` manchmal verbessern?

★★ 6. Wählen Sie zwei Programme, die einen merklichen Anteil an Systemressourcen verwenden. Benutzen Sie `vmstat` und die anderen, in diesem Kapitel genannten Werkzeuge, um beide Anwendungen zu untersuchen. Stellen Sie eine Behauptung auf, was jedes dieser Programme zu einem Speicherfresser macht. Untermauern Sie Ihre Behauptung mit Daten.

26 Kooperation mit Windows

Mit großer Wahrscheinlichkeit enthält Ihre Umgebung Microsoft Windows- und Linux-Systeme. Wenn dies der Fall ist, gibt es viele Wege, wie diese Betriebssysteme einander unterstützen können. Neben anderen Leistungen können Windows-Anwendungen auf einem Linux-Desktop ausgeführt werden oder auf die Drucker und Dateien eines Linux-Servers zugreifen. Linux-Anwendungen können ihre Benutzerschnittstelle auf einem Windows-Desktop darstellen.

Beide Plattformen haben ihre Stärken und man kann sie dazu bringen, zusammenzuarbeiten. Windows ist eine populäre und funktionsreiche Desktop-Plattform, die die Lücke zwischen dem Benutzer und dem Netzwerkkabel, das aus der Wand kommt, überbrücken kann. Linux andererseits ist eine verlässliche und skalierbare Infrastruktur-Plattform. Wir wollen also nicht gegeneinander kämpfen, ja?

26.1 Login an einem Linux-System über Windows

Die Benutzer würden häufig gerne den schönen Anblick einer guten C-Shell- oder bash-Sitzung zu genießen, ohne den Windows-Computer auf ihrem Schreibtisch aufgeben zu müssen. Aus der Clientperspektive lässt sich dies am einfachsten mit dem telnet-Programm erzielen, das Microsoft mit Windows mitliefert. Linux allerdings hat heutzutage (klugerweise) seine telnet-Server aus Sicherheitsgründen deaktiviert. Wenn sich jemand einloggen möchte, benötigt er einen Terminal-Emulator, der SSH versteht.

Tipp

Weitere Informationen zu SSH erhalten Sie in Abschnitt 20.11.3.

Es gibt zahlreiche SSH-Implementierungen für Windows. Unser aktueller Favorit, das Open Source-Produkt PuTTY, ist einfach und effizient. Es unterstützt viele der Funktionen, die Sie von einer nativen Terminalanwendung wie xterm erwarten können. Die einzige Beschwerde, die uns zu Ohren gekommen ist, besagt, dass PuTTY Multibyte-Zeichen nicht korrekt handhabt; Benutzer asiatischer Sprachen sollten besser Tera Term Pro mit dem TTSSH-Plug-In kombinieren, auch wenn diese Installation nur die Version 1 des SSH-Protokolls unterstützt. PuTTY finden Sie unter *www.chiark.greenend.org.uk/~sgtatham/putty* und TeraTerm Pro unter *hp.vector. co.jp/authors/VA002416/teraterm.html*.

SSH unterstützt auch den Dateitransfer, während PuTTY über zwei Kommandozeilen-Clients für diesen Zweck verfügt: psftp und pscp. Hardcore-Windows-Benutzer mit dem Prinzip »Finger weg von Befehlszeilen« bevorzugen möglicherweise den grafischen WinSCP-Client von *winscp.sf.net*.

Eine andere plausible Option ist es, das etwas allgemeinere UNIX-on-Windows Cygwin-Paket zu installieren und dessen SSH-Utilitys in einem rxvt-Fenster auszuführen. Nähere Informationen zu Cygwin finden Sie in Abschnitt 26.4.

Eine pfiffige Zero-Footprint-Java-Anwendung von SSH mit dem Namen MindTerm steht bei AppGate (*www.appgate.com*) zur Verfügung. Für den persönlichen Gebrauch ist sie kostenlos. Sie läuft auf jedem System, das Java unterstützt, und lässt sich in einer Vielzahl von Varianten konfigurieren.

Eine interessante Eigenschaft von SSH ist dessen Fähigkeit, TCP-Ports zwischen Client und Server weiterzuleiten. Diese Eigenschaft erlaubt es beispielsweise, auf dem Client einen lokalen Port einzurichten, der eingehende Verbindungen auf einen anderen Port auf einem Rechner weiterleitet, die nur vom Server erreichbar ist. Diese Funktion öffnet zwar eine Welt von neuen Möglichkeiten, aber sie ist auch potenziell gefährlich und Sie müssen sich dessen bewusst sein, wenn Sie SSH Zugang zu Ihrem Server gewähren. Glücklicherweise lässt sich die Portweiterleitungsfunktion auf der Serverseite deaktivieren, um SSH auf den Terminalzugang und den Dateitransfer zu beschränken.

26.2 Zugriff auf Remote-Desktops

Grafische Desktops bei Linux sind eng verbunden mit dem kostenlosen X Window System, das mit Microsoft Windows nichts zu tun hat. X Window wurde Mitte der 80er Jahre am MIT entwickelt und von allen UNIX-Workstation-Herstellern und Linux-Distributoren übernommen. Es hat mehrere größere Updates durchlaufen; eine stabile Basis wurde dann mit der Version 11 erreicht, die in den frühen 90er Jahren herauskam. Die Versionsnummer des Protokolls wurde an das X angefügt und es entstand X11, der Name, unter dem es weitestgehend bekannt ist. (Der Name Windows selbst bezieht sich immer auf Microsoft Windows – sowohl in diesem Kapitel als auch im Alltag.)

26.2 Zugriff auf Remote-Desktops

X11 ist ein Client/Server-System. Der X-Server ist verantwortlich für die Darstellung der Daten auf dem Benutzerbildschirm und die Übernahme von Eingangssignalen von der Maus und der Tastatur des Benutzers. Er kommuniziert mit den Clientanwendungen über das Netzwerk. Server und Client müssen nicht auf demselben Rechner ausgeführt werden.

Eine detaillierte Erläuterung der X Window-Architektur befindet sich in Kapitel 22, »Das X Window System«.

26.2.1 Einen X-Server auf einem Windows-Computer ausführen

X11 ist ein umfassendes Protokoll, das über die Jahre hinweg viele Erweiterungen erhalten hat. Die Implementierung eines X-Servers ist daher ziemlich kompliziert. Trotzdem existieren inzwischen X-Server-Implementierungen für nahezu jedes Betriebssystem. X Window selbst ist »betriebssystemagnostisch«, d. h. X11-Clients, die in einem Linux-Fenster ausgeführt werden, können auf einem Server mit Microsoft Windows erscheinen und einem Benutzer erlauben, sie so zu bedienen, als ob er an der Systemkonsole sitzen würde.

Leider haben die ursprünglichen Entwickler der X-Protokolle nicht allzu viele Gedanken auf die Sicherheit verwendet. Jedes Programm, das sich mit Ihrem X-Server verbindet, kann alles lesen, was Sie auf der Tastatur tippen, und alles sehen, was auf Ihrem Bildschirm angezeigt wird. Um es noch schlimmer zu machen: Remote-Programme müssen nicht auf dem Bildschirm erscheinen, wenn sie auf Ihren Server zugreifen – sie können auch einfach im Hintergrund lauern.

Es wurden zahlreiche Methoden vorgeschlagen, X11 sicherer zu machen, aber sie erwiesen sich alle als ziemlich kompliziert. Resultat ist, dass Sie am besten dran sind, wenn Sie alle Remote-Verbindungen zu Ihrem X-Server so lange verhindern, bis Sie absolut sicher sind, was Sie tun. Die meisten X-Server sind standardmäßig so konfiguriert, dass sie Remote-Verbindungen verweigern, d.h., dass Sie so lange auf der sicheren Seite sind, wie Sie nicht das xhosts-Programm (oder etwas Ähnliches) ausführen, um einen Remote-Zugang zu gewähren.

Unglücklicherweise ist ein Remote-Zugang genau das, was Sie erlauben müssen, wenn Sie Linux-Programme auf Windows ausführen und deren Fenster anzeigen wollen. Welche Möglichkeit gibt es also, eine Remote-Anwendung auszuführen, ohne einen Zugang zum X-Server zuzulassen? Die gebräuchlichste Methode besteht darin, eine Funktion des SSH-Protokolls zu verwenden, die eigens zur Unterstützung von X11 entwickelt wurde. Dieses Schema erstellt einen sicheren Tunnel zwischen X-Clients, die auf dem Remote-Host laufen, und dem lokalen X-Server. Programme, die auf dem Remote-Host gestartet wurden, zeigen sich automatisch auf dem lokalen Rechner, aber durch die Tricks von SSH empfängt der lokale X-Server sie so, als seien sie ursprünglich lokal.

> **Tipp**
> Weitere Informationen zu SSH erhalten Sie in Abschnitt 20.11.3.

Beachten Sie, dass die X-Weiterleitung nur funktioniert, wenn die entsprechenden Funktionen sowohl auf dem SSH-Server als auch auf dem SSH-Client aktiviert wurden. Wenn Sie den PuTTY-SSH-Client unter Windows verwenden wollen, brauchen Sie lediglich die X11-Weiterleitungsfunktion in dessen Setup-Bildschirm zu aktivieren. Achten Sie darauf, dass auf der Seite des SSH-Servers (d.h. auf der X11-Clientseite, also dem Linux-Rechner) die /etc/ssh/sshd_config-Datei die folgende Zeile enthält:

```
X11Forwarding yes
```

Achten Sie darauf, dass Sie, wenn Sie die SSH-Server-Konfiguration modifizieren, den sshd-Prozess neu starten, um die neue Konfiguration zu aktivieren.[1]

Apple bietet einen kostenlosen X-Server für Mac OS X an, von Microsoft gibt es derartiges aber bedauerlicherweise nicht. Es gibt jedoch einen kostenlosen X-Server des Cygwin-Projekts (*cygwin.com*), der sehr gut arbeitet, sobald er konfiguriert ist. Leider stellt diese Konfiguration aber eine ziemliche Herausforderung für Benutzer dar, die nicht wissen, wie ein X-Server unter Linux zu konfigurieren ist. Zu den handelsüblichen X-Servern für Windows zählen eXeed und X-Win32. Diese ermöglichen eine bedeutend einfachere Konfiguration zu einem gesalzenen Preis.

26.2.2 VNC: Virtual Network Connecting

In den späten 90er Jahren wurde von einigen Mitarbeitern von AT&T Labs in Cambridge ein System für den Remote-Desktop-Zugang entwickelt, das so genannte VNC. Ihre Idee war, die Einfachheit des »dummen« Terminals mit der modernen Welt des Windows-Systems zu verheiraten. Im Gegensatz zu X11 befasst sich das VNC-Protokoll nicht mit einzelnen Anwendungen, sondern erstellt einen vollständigen virtuellen Desktop (oder bietet den Remote-Zugang zu einem vorhandenen Desktop) als eine Einheit. Unter VNC wird ein spezieller X11-Server auf dem zentralen Rechner ausgeführt und eine Viewer-Anwendung zum Zugriff auf diesen Server verwendet.

AT&T hat die VNC-Software unter einer liberalen Open Source-Lizenz zugänglich gemacht. Das ermöglichte auch anderen Personen, auf den Zug aufzuspringen und zusätzliche Server- und Viewer-Implementierungen sowie Protokollverbesserungen

---

1 *Glücklicherweise können Sie auch aus einer ssh-Sitzung heraus* /etc/init.d/ssh restart *verwenden, ohne dass Ihre aktuelle Sitzung beendet wird.*

26.2 Zugriff auf Remote-Desktops

für reduzierte Bandbreite zu entwickeln. Heute stehen VNC-Viewer für die meisten Geräte zur Verfügung, die gewisse Möglichkeiten einer grafische Darstellung anbieten. VNC-Server für UNIX/Linux und Windows sind weitgehend verfügbar.

Die Linux-Implementierung des VNC-Servers ist im Wesentlichen ein Grafikadapter-Emulator als Plug-In für den X Window-Server von X-Org. Wenn Sie vncserver unter Ihrem Linux-Konto ausführen, wird ein neuer virtueller Desktop erstellt, der in der abgeschlossenen Welt des Linux-Rechners ausgeführt wird. Sie können dann über einen VNC-Viewer von außen auf diesen Desktop zugreifen.

Das VNC-Protokoll ist zustandslos und bitmapbasiert. Die Viewer können sich daher frei verbinden und trennen. Es können sogar mehrere Viewer gleichzeitig auf denselben VNC-Server zugreifen. Diese letztgenannte Eigenschaft ist insbesondere für den Remote-Support und Schulungssituationen nützlich. Sie erleichtert außerdem den gemeinsamen Konsolenzugang für die Systemverwaltung.

VNC-Server in der Windows-Welt erzeugen normalerweise keinen Extra-Desktop, sondern exportieren lediglich den Standard-Windows-Desktop, so wie er auf dem Bildschirm gezeigt wird. Die Hauptanwendung für diese Technologie ist der Remote-Support.

Heute betreiben die ursprünglichen Autoren von VNC ihre eigene Firma, die RealVNC (*realvnc.com*). Das Ultr@VNC-Projekt (*ultravnc.sf.net*) konzentriert sich auf den Windows-Bereich mit einer sehr schnellen und funktionsreichen Windows-basierten VNC-Server-Implementation, während TightVNC (*tightvnc.com*) an verbesserten Komprimierungsraten arbeitet. Diese Gruppen kommunizieren miteinander, sodass sich die Merkmale der verschiedenen Implementierungen gegenseitig befruchten.

Das VNC-Protokoll wurde mit der Absicht konzipiert, es erweitern zu können. Alle Kombinationen von Viewern und Servern können zusammenarbeiten; sie suchen sich die besten Protokollvarianten, die beide Seiten verstehen. Implementationsspezifische Funktionen (wie z. B. der Dateitransfer) lassen sich üblicherweise aufrufen, indem ein Server und ein Client vom gleichen Projekt ausgeführt werden.

26.2.3 Windows RDP: Remote Desktop Protocol

Seit Einführung von Windows 2000 Server besitzt jeder Windows-Computer die technische Möglichkeit, einen grafischen Remote-Zugang für mehrere Benutzer zur gleichen Zeit zu gewähren. Die Komponente für den Remote-Zugang wird Remotedesktop genannt und verwendet ein Protokoll mit dem Namen Remote Desktop Protocol (RDP) für die Kommunikation zwischen Client und Server.

Mit ordentlicher PC-Hardware können Sie leicht 50 Microsoft-Office Sitzungen auf einem Windows 2003-Server nebeneinander ausführen. Aufgrund der Lizenzbeschränkungen ist diese wunderbare Fähigkeit bei Windows XP nur für eine einzige Sitzung zu verwenden. Wenn Sie sich bei einer externen Maschine einloggen, werden Sie lokal abgemeldet.

Wenn Sie eine Windows Server-Installation besitzen, können Sie den Terminalserver-Dienst aktivieren und das Open Source-Programm `rdesktop`-Programm (*www.rdesktop.org*) verwenden, um einen Windows-Desktop direkt von Ihrer Linux-Workstation aufzurufen. (Clients für Windows, Mac OS und Windows CE stehen ebenfalls direkt von Microsoft zur Verfügung.) Wie VNC ist auch RDP zustandslos. Es ist daher möglich, eine getrennte Sitzung wieder aufzunehmen oder eine entfernte Support-Sitzung auszuführen.

RDP erlaubt es sogar, lokale Drucker und Festplattenressourcen an die Remote-Windows-Sitzung weiterzugeben. Testen Sie die Installation und freuen Sie sich daran – setzen Sie es aber erst ein, wenn Sie die Lizenzierungsprobleme gelöst haben. Der Terminalserver öffnet eine 30-Tage-Testlizenz für jeden, der sich mit ihm verbindet; nach 30 Tagen gestattet er jedoch keinerlei Verbindungen mehr von diesem Client, bis Sie eine korrekte Terminalserver-Clientzugriffslizenz (CAL, Client Access License) erworben haben.

Das gesamte Konzept des Remote-Zuganges zu einem Windows-Computer scheint die Lizenzabteilungen von Microsoft und den meisten anderen Windows-Softwareherstellern zu verunsichern. Die Lizenzbedingungen ändern sich ständig, um die Ansprüche der Lizenzgeber sicherzustellen. Überzeugen Sie sich daher, dass Sie das letzte Wort zur aktuellen Preisstellung gehört haben, bevor Sie den Appetit Ihrer Anwender wecken. Das einzige Lizenzschema, das wir uns alle wünschen (Lizenz nach Anzahl der gleichzeitigen Benutzer), scheint bei keinem auf der Tagesordnung zu stehen. Aktuell liegt die Auswahl zwischen dem Kauf einer Lizenz für jeden Rechner oder für jeden einzelnen Benutzer, der je Zugriff auf den Server erlangen möchte.

26.3 Windows und Windows-ähnliche Anwendungen ausführen

Mit dem handelsüblichen Produkt VMware (*vmware.com*) können Sie mehrere Betriebssysteme gleichzeitig auf einem PC ausführen. VMware emuliert die gesamten virtuellen »Gast-Maschinen« auf einem Host-Betriebssystem, das entweder Linux oder Windows sein muss. Unabhängig vom Host-Betriebssystem lassen sich die meisten Intel-kompatiblen Betriebssysteme in einer virtuellen Maschine von VMware installieren.

VMware ist das ideale Werkzeug für Entwicklungs- und Testumgebungen. Es wird sogar mit einer Funktion ausgeliefert, die Ihre virtuellen Betriebssysteme vernetzt, sodass sie miteinander kommunizieren und die physische Ethernet-Verbindung des Systems teilen können.

Einen anderen Weg geht das Wine-System von *winehq.org*. Wine implementiert das Windows-API in der Linux-Umgebung, sodass Sie Windows-Anwendungen direkt auf Linux und X ausführen können. Diese freie Software übersetzt die nativen Windows-API-Aufrufe in deren Linux-Gegenstücke und braucht hierzu keinen Microsoft-Code. Wine gewährt Support für TCP/IP-Vernetzung, serielle Dienste und Sound-Ausgabe.

Das Wine-Projekt wurde 1993 von Bob Amstadt begonnen. Seitdem hat Wine einen sehr langen Weg hinter sich. Eine große Anzahl von Windows-Anwendungen lässt sich ohne Probleme ausführen, andere können mit ein paar Tricks zum Laufen gebracht werden (Einzelheiten finden Sie auf der Website). Leider ist es häufig nicht ganz einfach, eine Anwendung unter Wine auszuführen. Einige talentierte Leute bei *codeweavers.com* haben ein kommerzielles Installersystem geschrieben, das in der Lage ist, einige der sperrigeren Windows-Anwendungen zur Zusammenarbeit zu bewegen.

Toll, wenn Ihr bevorzugtes Tool von CodeWeavers unterstützt wird. Wenn nicht – versuchen Sie es trotzdem, vielleicht werden Sie angenehm überrascht. Wenn die Anwendung jedoch nicht von selbst läuft und Sie keine vorgefertigten Mittel finden, müssen Sie darauf gefasst sein, dass Sie, wenn Sie es selbst versuchen wollen, jede Menge Zeit dafür aufwenden müssen. Falls Ihre Mittel es erlauben, können Sie in Erwägung ziehen, sich von CodeWeavers helfen zu lassen.

Win4Lin von NeTraverse ist eine kommerzielle Alternative zu Wine. Win4Lin nimmt für sich in Anspruch, stabiler zu sein als Wine und einige Microsoft-Anwendungen mehr zu unterstützen. Andererseits erfordert es im Gegensatz zu Wine Kernel-Modifikationen. Win4Lin ist über *netraverse.com* erhältlich.

26.3.1 Dual-Boot oder: Warum Sie das lieber lassen sollten

Falls Sie einmal Linux auf einem Computer installiert haben, der ein Vorleben als Windows-Rechner besaß, wurde Ihnen sicherlich die Option angeboten, eine Dual-Boot-Konfiguration zu installieren. Heute funktionieren derartige Konfigurationen ziemlich gut. Es lassen sich sogar Windows-Partitionen unter Linux einhängen und Linux-Dateisysteme unter Windows aufrufen. In Abschnitt 2.3 finden Sie alles darüber, wie sich eine Dual-Boot-Konfiguration einrichten lässt.

Aber Vorsicht! Wenn Sie wirklich arbeiten und sowohl Windows als auch Linux aufrufen wollen, sollten Sie bei der Dual-Boot-Lösung sehr skeptisch sein. Beim Dual-Boot verwirklicht sich Murphys Gesetz in der schrecklichsten Weise: Es bootet immer das falsche Betriebssystem und die leichteste Aufgabe erfordert mehrfache Neustarts. Computer sind so billig und der Remote-Zugang ist so einfach, dass es normalerweise keinen Grund gibt, sich diese endlosen Qualen anzutun.

26.3.2 Die Alternative OpenOffice.org

Vor einigen Jahren veröffentlichte Sun eine Open Source-Version von StarOffice, seinem Microsoft Office-ähnlichen Anwendungspaket, unter dem Namen OpenOffice.org.

Zu OpenOffice.org gehören ein Tabellenkalkulationsprogramm, eine Textverarbeitung, ein Präsentationspaket und eine Zeichenanwendung. Diese Tools können Dateien lesen und schreiben, die von ihren Microsoft-Ebenbildern erzeugt wurden. Sie können das Paket unter *openoffice.org* herunterladen.

OpenOffice steht für alle größeren Plattformen wie Windows, Linux, Solaris und die meisten anderen Versionen von UNIX zur Verfügung. Es gibt unter dem Namen *NeoOffice* auch eine Version für Mac OS X (*www.neooffice.org*).

Wenn Sie ein Paket mit einem kommerziellen Supportvertrag suchen, können Sie auch StarOffice von Sun kaufen, das im Wesentlichen OpenOffice.org im Paket mit einer besseren Rechtschreibkorrektur und einer Datenbank ist.

26.4 Kommandozeilenwerkzeuge unter Windows verwenden

Was die meisten Linux-Benutzer vermissen, wenn sie mit Windows-Systemen arbeiten, ist das geliebte xterm – nicht einfach nur eine alte Terminalanwendung oder die als DOS-Fenster bekannte Scheußlichkeit, sondern ein ordentliches xterm mit der Unterstützung von Größenveränderung, Farben, Maussteuerung und all den tollen xterm-Maskierungssequenzen.

Es gibt zwar keinen nativen eigenständigen Port (d. h. ohne X) von xterm für Windows, aber ein hübsches kleines Programm mit dem Namen rxvt kommt ihm ziemlich nahe. Es ist ein Teil des Cygwin-Systems, das von *cygwin.com* heruntergeladen werden kann. Wenn Sie den X-Server von Cygwin installieren, können Sie das echte xterm benutzen.

Dieses System, das unter der GNU General Public License vertrieben wird, enthält eine umfangreiche Ergänzung allgemeiner UNIX-Befehle sowie eine Portierungsbibliothek, die die POSIX-APIs unter Windows implementiert. Der Weg von Cygwin, die UNIX- und die Windows-Kommandozeile und die Dateisystem-Konventionen miteinander auszusöhnen, ist wohldurchdacht und schafft es, eine Menge der Annehmlichkeiten einer UNIX-Shell auf die nativen Windows-Befehle zu übertragen. Damit sich UNIX-Benutzer auch richtig wohl fühlen, macht es ihnen Cygwin leicht, UNIX-Software unter Windows auszuführen. Details finden Sie unter *cygwin.com*.

Das MKS-Toolkit ist eine kommerzielle Alternative zu Cygwin. Nähere Informationen hierzu finden Sie auf der MKS-Website unter *mksoftware.com*.

Eine wachsende Anzahl von UNIX-Software lässt sich nunmehr auch nativ unter Windows ausführen: Apache, Perl, BIND, PHP, MySQL, Vim, Emacs, Gimp, Wireshark und Python.

26.5 Kompatibilität von Windows mit E-Mail- und Webstandards

In einer idealen Welt würde jeder offene Standards für die Kommunikation verwenden und allenthalben würde Freude herrschen. Aber dieses ist keine ideale Welt und viele haben Windows beschuldigt, ein Wust von proprietären Protokollen und halbherzigen Implementationen von Internetstandards zu sein. Das ist sicherlich teilweise richtig, aber andererseits gibt es eine Menge Bereiche, in denen Windows in der Welt der Standards nett mitspielt. Zwei dieser Bereiche sind E-Mail und das Web.

In der wechselhaften Geschichte des Web haben eine Anzahl von Unternehmen versucht, das Web in einer Weise einzuengen und zu erweitern, die es ihnen erlauben sollte, die Konkurrenz auszusperren und ihrem eigenen Geschäft einen gewaltigen Aufschub zu bringen. Microsoft spielt in diesem Gefecht auf der Browser-Ebene noch immer mit den zahllosen Erweiterungen für seinen Internet Explorer mit. Auf der zugrunde liegenden Ebene des HTTP-Protokolls sind Windows und die Windows-Browser jedoch ziemlich plattformunabhängig.

Microsoft liefert seinen eigenen Webserver, IIS, aber dessen Leistung ist historisch dem von Apache, der unter Linux ausgeführt wird, in signifikantem Ausmaß unterlegen. Außer wenn Sie eine serverseitige Technologie wie ASP verwenden, gibt es keinen überzeugenden Grund, Windows-Computer als Webserver zu benutzen. Als Webclients schlucken sie jedoch den gesamten Webinhalt, den Ihr UNIX- oder Linux-Server auftischt.

Für E-Mail propagiert Microsoft seine Exchange Server-Produkte als bevorzugte serverseitige Technologie. Um der Wahrheit gerecht zu werden: Die Fähigkeiten von Exchange Server stellen die Fähigkeiten von Mailsystemen nach Internet-Standards in den Schatten, insbesondere, wenn die Mail-Client Windows-Rechner sind, die Microsoft Outlook ausführen. Aber keine Sorge: Exchange Server spricht auch SMTP für ein- und ausgehende Mails und kann Mail unter Verwendung der Standardprotokolle IMAP und POP an Linux-Clients liefern. Auf der Clientseite können sich Outlook und dessen kostenloser Abkömmling Outlook Express mit IMAP- und POP-Servern verbinden. Sie können alle Kombinationen mischen, wie Sie wollen. Nähere Informationen über POP und IMAP finden Sie in Abschnitt 18.3.3.

26.6 Dateien mit Samba und CIFS freigeben

In den frühen 80er Jahren hat IBM ein API entwickelt, das es Computern erlaubte, im gleichen Subnetz unter Verwendung von Namen anstelle von kryptischen Nummern miteinander zu sprechen. Das Ergebnis nannte sich Network Basic Input/Output-System oder NetBIOS. Die Kombination von NetBIOS und dem zugrunde liegenden Netzwerk-Transportprotokoll wurde NetBIOS Extended User Interface oder Net-

BEUI genannt. Das NetBIOS-API wurde relativ populär und zur Verwendung auf einer Anzahl von verschiedenen Netzwerkprotokollen wie IPX, DECNet und TCP/IP angepasst.

Microsoft und Intel haben auf der Grundlage von NetBIOS ein Dateifreigabe-Protokoll entwickelt, das sie »das Kernprotokoll« nannten. Später wurde es in Server Message Block oder SMB umbenannt. Eine spätere Weiterentwicklung des SMB-Protokolls, die unter dem Namen Common Internet File System (CIFS) bekannt wurde, ist im Wesentlichen eine Version von SMB, die für den Betrieb in Weitbereichsnetzwerken (WANs) angepasst wurde. CIFS ist die aktuelle Lingua franca bei der Windows-Dateifreigabe.

In der Windows-Welt ist ein Dateisystem oder Verzeichnis, das über das Netzwerk verfügbar gemacht wird, als »Freigabe« (Share) bekannt. Das klingt für UNIX-Ohren etwas eigentümlich, aber wir folgen dieser Konvention, wenn wir uns auf CIFS-Dateisysteme beziehen.

26.6.1 Samba: CIFS-Server für UNIX

Samba ist ein sehr populäres Softwarepaket, das unter der GNU-Lizenz verfügbar ist und die Serverseite von CIFS auf Linux-Hosts implementiert. Samba wurde ursprünglich von Andrew Tridgell, einem Australier, entwickelt, der das SMB-Protokoll durch Reverse Engineering freilegte und den resultierenden Code im Jahre 1992 veröffentlichte.

Heute wird Samba umfangreich unterstützt und aktiv weiterentwickelt, um seine Funktionalität zu erweitern. Es bietet einen stabilen, industriegerechten Mechanismus zur Integration von Windows-Computern in ein Linux-Netzwerk. Die wahre Schönheit von Samba liegt darin, dass Sie lediglich ein Paket auf dem Server zu installieren brauchen; Windows-seitig ist keine besondere Software erforderlich.[2]

CIFS bietet hierzu fünf grundsätzliche Dienste:

- Dateifreigabe
- Drucken im Netzwerk
- Authentifizierung und Autorisierung
- Namensauflösung
- Dienstankündigung (Dateiserver- und Drucker-»Browsing«)

Samba betreut nicht nur die Dateien durch CIFS, sondern kann auch die grundlegenden Funktionen eines primären Windows-Domänencontrollers durchführen.[3] Es

---

[2] Der Winows-Computer muss bereits für Microsoft-Netzwerke konfiguriert sein.
[3] In Verbindung mit LDAP kann Samba auch als Backup-Domänencontroller dienen. Eine exzellente Beschreibung erhalten Sie in Samba-3 by Example von John H. Terpstra (Literaturhinweis am Ende des Kapitels). Näheres zu LDAP finden Sie in Abschnitt 17.5.

unterstützt einige fortschrittliche Funktionen, z. B. Windows-Domänenanmeldungen, servergespeicherte Windows-Benutzerprofile und CIFS-Drucker-Spooling.

Der größte Teil der Samba-Funktionalität wird von zwei Hintergrundprogrammen implementiert: smbd und nmbd. smbd implementiert die Datei- und Druckerdienste sowie die Authentifizierung und Autorisierung. nmbd liefert die restlichen größeren CIFS-Komponenten: Namensauflösung und Dienstankündigung.

Im Gegensatz zu NFS, das Unterstützung auf Kernelebene benötigt, erfordert Samba keine Treiber und lässt sich vollständig als Anwenderprozess ausführen. Es bindet sich an die Sockets, die für CIFS-Abfragen verwendet werden, und wartet, bis ein Client Zugriff auf eine Ressource anfordert. Sobald eine Anforderung authentifiziert wurde, erstellt smbd eine neue Instanz von sich selbst, die als der Benutzer ausgeführt wird, der die Anforderung erstellt. Als Resultat werden alle normalen Dateizugriffsberechtigungen (einschl. Gruppenberechtigungen) beachtet. Die einzige besondere Funktionalität, die smbd hinzufügt, ist ein Dateisperrdienst, der die Client-PCs mit der Sperrsemantik versorgt, an die sie gewöhnt sind.

26.6.2 Samba installieren

Samba wird mit allen Linux-Distributionen ausgeliefert, die in diesem Buch behandelt werden. Patches, Dokumentation und andere Bonbons sind bei *Samba.org* erhältlich. Achten Sie darauf, dass Sie das neueste für Ihr System verfügbare Samba-Paket verwenden, da eventuelle Bugs zu Datenverlusten oder Sicherheitsproblemen führen können.

Auf allen Systemen müssen Sie die smb.conf-Datei bearbeiten (die sich entweder unter /etc/samba/smb.conf oder /etc/smb.conf befindet), um Samba wissen zu lassen, wie es sich verhalten soll. In dieser Datei spezifizieren Sie die Verzeichnisse und Drucker, die freigegeben werden sollen, deren Zugriffsrechte und die allgemeinen Operationsparameter von Samba. Das Samba-Paket wird mit einer gut kommentierten smb.conf-Musterdatei ausgeliefert, die ein guter Ausgangspunkt für neue Konfigurationen ist. Beachten Sie, dass Samba, sobald es läuft, alle paar Sekunden seine Konfigurationsdatei überprüft und alle von Ihnen durchgeführten Änderungen lädt.

Sie müssen mit den Sicherheitskonsequenzen beim Freigeben von Dateien und anderen Ressourcen über ein Netzwerk vertraut sein. Für eine typische Installation müssen Sie zwei Dinge tun, um eine Grundsicherheit zu gewährleisten:

- Spezifizieren Sie ausdrücklich, welche Clients auf die von Samba freigegebenen Ressourcen zugreifen dürfen. Dieser Teil der Konfiguration wird von der Zulassungsklausel des Hosts und der smb.conf-Datei geregelt. Überzeugen Sie sich, dass diese nur die IP-Adressen (oder Adressenbereiche) enthält, die sie soll.

- Blockieren Sie den Zugriff auf den Server von außerhalb Ihres Unternehmens. Samba verwendet eine Verschlüsselung nur für die Passwort-Authentifizierung, aber nicht für seinen Datentransport. Je nach Natur der auf Ihrem Samba-Server gespeicherten Daten, kann es einen Grund geben, dass Sie den Zugang zum Server von außerhalb Ihres Unternehmens blockieren möchten, um zu verhindern, dass jemand zufällig Dateien vom Server herunterlädt. Dies erfolgt hauptsächlich auf der Ebene der Netzwerk-Firewall; Samba verwendet die UDP-Ports 137 bis 139 und die TCP-Ports 137, 129 und 445.

Seit der Samba-Version 3 steht eine hervorragende Dokumentation online auf *samba.org* zur Verfügung.

Samba wird mit sinnvollen Voreinstellungen für die meisten Konfigurationsoptionen ausgeliefert, und die meisten Unternehmen benötigen nur eine kleine Konfigurationsdatei. Mit dem Befehl `testparam -v` erhalten Sie ein Listing aller Samba-Konfigurationsoptionen und der Werte, auf die sie zurzeit eingestellt sind. Dieses Listing enthält sowohl Ihre Einstellungen aus der `smb.conf`-Datei als auch die voreingestellten Werte.

Vermeiden Sie das Einstellen von Optionen in der `smb.conf`-Datei, es sei denn, sie unterscheiden sich von den voreingestellten Werten und Sie wissen genau, warum Sie sie ändern wollen. Der Vorteil dieser Vorgehensweise ist, dass sich Ihre Konfiguration automatisch an die von den Samba-Autoren empfohlenen Einstellungen anpasst, wenn Sie auf eine neuere Version von Samba aktualisieren.

Achten Sie unbedingt darauf, dass die Passwortverschlüsselung eingeschaltet ist:

```
encrypt passwords = true
```

Diese Option verschlüsselt den Passwortaustausch zwischen Windows-Clients und Samba-Server. Dies ist zurzeit die Grundeinstellung, und es gibt keine denkbare Situation, in der Sie sie ausschalten sollten.

Die Verschlüsselungsfunktion erfordert, dass der Samba-Server einen eigenen Windows-Passwort-Hash für jeden Benutzer speichert. Windows-Passwörter funktionieren grundsätzlich anders als UNIX-Passwörter; es ist daher nicht möglich, die Passwörter von `/etc/shadow` zu verwenden.

Samba liefert ein besonderes Tool zur Einrichtung dieser Passwörter, nämlich `smbpasswd`. Wir wollen beispielsweise den Benutzer `tobi` hinzufügen und ein Passwort für ihn einrichten:

```
$ sudo smbpasswd -a tobi
New SMB password: Passwort
Retype new SMB password: Passwort
```

Der Benutzer kann auch sein eigenes Passwort mit `smbpasswd` ändern:

```
$ smbpasswd -r smbserver -U tobi
New SMB password: Passwort
Retype new SMB password: Passwort
```

In diesem Beispiel wurde das Samba-Passwort für den Benutzer `tobi` auf dem Server `smbserver` geändert.

26.6.3 Dateinamenkodierung

Seit der Version 3.0 kodiert Samba alle Dateinamen in UTF-8. Falls Ihr Server mit einer UTF-8-Ländereinstellung läuft, ist das großartig.[4] Wenn Sie in Europa leben und noch eine der ISO-8859-Ländereinstellungen auf Ihrem Server verwenden, werden Sie feststellen, dass Sonderzeichen wie ä, ö, ü, é oder è ziemlich seltsam aussehen, wenn Sie ls in ein Verzeichnis eingeben, in dem solche Dateien mit Samba erstellt wurden, das UTF-8 verwendet. Die Lösung besteht darin, Samba mitzuteilen, die gleiche Zeichenverschlüsselung wie Ihr Server zu verwenden:

```
unix charset = ISO8859-15
display charset = ISO8859-15
```

Es ist wichtig, darauf zu achten, dass die Dateinamenkodierung von Anfang an richtig ist. Anderenfalls sammeln sich falsch kodierte Dateinamen an. Diese später zu korrigieren, kann ziemlich umständlich werden.

26.6.4 Suchen in der Netzwerkumgebung

Früher war eine Windows-Vernetzung ziemlich einfach. Man packte einfach alle Windows-Rechner in ein Ethernet-Segment und die Systeme begannen, sich am Namen zu erkennen und waren imstande, Ressourcen zu teilen. Diese Leistung wurde von einem selbstorganisierenden System vollbracht, das auf Broadcasts und Auswahlverfahren beruhte; ein Windows-Computer wurde als Master ausgewählt und unterhielt dann eine Liste der verfügbaren Ressourcen.

Als Windows anfing, in TCP/IP zu sprechen, wurde dieses System portiert, um UDP-Broadcasts zu verwenden. Der Effekt war weitgehend der gleiche, jedoch mit dem IP-Subnetz als operative Einheit anstelle von Ethernet. Die gefundenen Hosts erschienen auf dem Windows-Desktop unter NETZWERKUMGEBUNG. Um die Anzeige besser zu strukturieren, kann jeder Windows-Rechner einer Arbeitsgruppe zugeordnet werden.

Samba nimmt an diesem System über das Hintergrundprogramm nmdb- teil. nmbd kann auch der Browse-Master werden und die Rolle übernehmen, alle Windows-Systeme im lokalen Subnetz zu gliedern. Allerdings reichen Broadcasts nicht aus, damit die Windows-Rechner einander sehen können, sobald das Netzwerk komplexer wird und mehrere Subnetze und Server umfasst.

Um dieses Problem zu beheben, können Sie mit folgendem Eintrag in smb.conf einen Server pro Subnetz als WINS-Server (Windows Internet Naming Service) einrichten:

```
wins support = yes
```

Verlinken Sie dann diese Server mit winsserver-Optionen.

---

[4] Geben Sie echo $LANG ein, um zu sehen, ob Ihr System im UTF-8-Modus läuft.

Unsere Erfahrungen mit dem Browsing-System von Microsoft sind gemischt – sogar bei reinen Windows-Netzwerken. Wir sind oft in eigentümliche Situationen geraten, in denen ein Host nicht auf seinen eigenen Namen reagiert oder in denen ein Computer direkt nebenan nicht gefunden werden konnte, obwohl wir sicher waren, dass er eingeschaltet und hochgefahren war. Die Probleme treten in großen Netzwerken mit zahlreichen Subnetzen noch häufiger auf.

Wenn Sie moderne Windows-Clients (Windows 2000 und höher) bedienen, DNS-Einträge für Ihre sämtlichen Hosts besitzen und keine Nachbarschaftssuche benötigen, dann können Sie den NetBIOS-Support aus Ihrem Samba-Server herausnehmen, wenn Sie es wünschen. Eine Tatsache weniger, um die Sie sich Sorgen machen müssen.

```
[global]
disable netbios = yes
name resolve order = host
```

Ohne NetBIOS muss Windows DNS verwenden, um die IP-Adresse eines Samba-Servers zu ermitteln, genau wie bei jeder anderer Ressource im Netz. Wenn Sie Samba ohne NetBIOS-Support ausführen, gibt es keinen Grund, `nmbd` zu starten. Entfernen Sie es aus dem Samba-Startskript in `/etc/init.d`.

Um sich mit einer Freigabe auf einem Samba-Server zu verbinden, dessen NetBIOS-Support ausgeschaltet ist, geben Sie am besten den vollen DNS-Namen des Servers ein. Beispiel:

`\\server.example.com.\myshare`

Achten Sie auf den Punkt am Ende des Servernamens. Er weist Windows an, nicht erst zu versuchen, den gewünschte Rechner über NetBIOS zu finden, sondern direkt über DNS zu gehen.

26.6.5 Benutzerauthentifizierung

In den Windows-Authentifizierungssystemen traut der Client dem Server nicht; das Benutzerpasswort läuft niemals im Klartext über das Netz. Windows verwendet stattdessen eine Challenge/Response-Methode für die Authentifizierung.

Wenn Sie einen Benutzernamen und ein Passwort beim Anmelden an ein Windows-System eingeben, versucht Windows, diese Informationen jedes Mal zu verwenden, wenn eine Authentifizierung angefordert wird. Aufgrund der Challenge/Response-Methode liegt in diesem Verhalten keine Gefahr, außer in der Tatsache, dass das Klartext-Passwort irgendwo im RAM abgespeichert ist. Toll ist, dass der Samba-Server, wenn ein Benutzer die gleiche Kombination aus Benutzername und Passwort auf dem Windows-Computer und dem Samba-Server verwendet, anscheinend passwortlos den Zugang zu den entsprechenden Samba-Freigaben gewährt. Die gesamte Authentifizierung erfolgt unsichtbar im Hintergrund.

Nachteil des Challenge-/Response-Verfahrens ist, dass der Server klartextäquivalente Passwörter speichern muss. Tatsächlich werden die Passwortkopien des Servers lokal verschlüsselt, aber dies ist hauptsächlich eine Vorsichtsmaßnahme gegen zufälliges Aufspüren. Ein Eindringling, der Zugang zu den verschlüsselten Passwörtern erlangt hat, kann diese verwenden, um auf die zugehörigen Konten zuzugreifen, ohne noch weiter Passwörter knacken zu müssen. Samba-Passwörter müssen noch rigoroser geschützt werden als die /etc/shadow-Datei.

In komplexeren Umgebungen mit mehreren Samba-Servern ist es sinnvoll, einen zentralen Verzeichnisdienst zu verwenden, der sicherstellt, dass auf allen Servern dasselbe Passwort aktiv ist. Samba unterstützt NIS[5], LDAP und Windows als Authentifizierungsdienste. NIS und LDAP werden in Kapitel 17, »Systemdateien zentral verwalten« behandelt.

Um die Authentifizierungssysteme von Windows und Linux zu verbinden, haben Sie zwei Optionen. Als Erstes können Sie einen Samba-Server so konfigurieren, dass er als primärer Windows NT4-Domänencontroller arbeitet (jedoch nicht als Active Directory-Server). Alternativ können Sie auf Ihren Windows-Clients pGina (*pgina.xpasystems.com*) installieren. Diese clevere Anwendung ersetzt das standardmäßige Windows-Anmeldesystem durch ein Framework, das alle Arten von Standard-Authentifizierungssystemen unterstützt, einschließlich LDAP und NIS.

26.6.6 Grundlegendes zur Dateifreigabe

Wenn jeder Benutzer ein Heimatverzeichnis besitzt, können diese in einem Rutsch freigegeben werden!

```
[homes]
comment = Home Directories
browseable = no
valid users = %S
writeable = yes
guest ok = no
```

Mit dieser Konfiguration kann beispielsweise der Benutzer oetiker sein Heimatverzeichnis über den Pfad \\sambaserver\oetiker aus jedem Windows-System heraus aufrufen.

Bei einigen Installationen gestatten die voreingestellten Berechtigungen für die Linux-Heimatverzeichnisse auch, die Dateien der anderen zu durchsuchen. Da sich Samba für die Implementierung von Zugangsbeschränkungen auf die UNIX-Dateiberechtigung verlässt, können Windows-Benutzer, die über CIFS hereinkommen, auch die persönlichen Verzeichnisse anderer lesen. Die Erfahrung hat gezeigt, dass

---

[5] Auch wenn dies in einigen Dokumentationen noch erwähnt wird, gibt es keinen Support für Samba Version 3. Es scheint, dass niemand den Code pflegen wollte, sodass diese Funktion entfernt wurde (zumindest im Moment).

dieses Verhalten die Windows-Anwender verunsichert und sie sich nackt fühlen. Die Zeile `valid users` im obigen Konfigurationsfragment sagt Samba, dass Verbindungen zu den persönlichen Verzeichnissen anderer Benutzer verhindert werden sollen. Lassen Sie sie weg, wenn das nicht das ist, was Sie wollen.

Samba verwendet seinen magischen `[homes]`-Abschnitt als letztes Mittel. Wenn es für das Heimatverzeichnis eines bestimmten Benutzers eine explizit definierte Freigabe in der Konfiguration gibt, haben die dort gesetzten Parameter Vorrang vor den über `[homes]` festgelegten.

26.6.7 Gruppenfreigaben

Samba kann Windows-Zugangssteuerungslisten (ACLs) auf Dateiberechtigungen oder ACLs abbilden (wenn das zugrunde liegende Dateisystem diese unterstützt). In der Praxis sind wir jedoch der Ansicht, dass das Konzept der ACLs für die meisten Benutzer zu kompliziert ist. Wir richten daher normalerweise lediglich eine Freigabe für jede Benutzergruppe ein, die eine benötigt, und konfigurieren Samba, sich darum zu kümmern, die notwendigen Berechtigungen einzurichten. Immer wenn ein Benutzer versucht, diese Freigabe einzuhängen, prüft Samba, ob der Antragsteller in der richtigen Linux-Gruppe ist, und schaltet dann dessen effektive UID auf die des gewünschten Besitzers der Gruppenfreigabe um (eines Pseudo-Benutzers für diesen Zweck). Beispiel:

```
[eng]
comment = Group Share for engineering
; Jeder in der eng-Gruppe kann auf diese Freigabe zugreifen.
; Die Anmeldung erfolgt über das Samba-Konto
valid users = @eng
; Wir haben das besondere Benutzerkonto "eng" erstellt.
; Alle Dateien in diesem Verzeichnis gehörten zu diesem
; Konto und zur Gruppe eng.
force user = eng
force group = eng
path = /home/eng
; Deaktivieren der NT-ACLs, da wir sie nicht verwenden.
nt acl support = no
; Alle Dateien müssen sinnvolle Berechtigungen haben.
create mask = 0660
force create mask = 0660
security mask = 0000
directory mask = 2770
force directory mask = 2770
directory security mask = 0000
; Normale Freigabeparameter
browseable = no
writeable = yes
guest ok = no
```

26.6 Dateien mit Samba und CIFS freigeben

Ein ähnlicher Effekt lässt sich über die Option `inherit permissions` von Samba erzielen. Wenn diese Option in einer Freigabe aktiviert ist, erben alle neuen Dateien und Verzeichnisse die Einstellungen aus ihrem übergeordneten Verzeichnis:

```
[eng]
comment = Group Share for engineering
path = /home/eng
nt acl support = no
browseable = no
writeable = yes
inherit permissions = yes
```

Da Samba jetzt Einstellungen aus dem übergeordneten Verzeichnis weitergibt, ist es wichtig, die Berechtigungen für die Wurzel der Freigabe entsprechend einzurichten:

```
$ sudo chmod u=rw,g=rws,o= /home/eng
$ sudo chgrp eng /home/eng
$ sudo chown eng /home/eng
```

Diese Konfiguration verlangt, dass Sie einen Pseudo-Benutzer `eng` anlegen, der als Besitzer des freigegebenen Verzeichnisses dient.

26.6.8 Umleitung im Hintergrund mit MS-DFS

Microsoft Distributed File System (MS-DFS) ermöglicht allen Verzeichnissen innerhalb einer Freigabe, auf den Clients auszulösen, dass andere Freigaben automatisch im Hintergrund eingehängt werden, sobald auf diese zugegriffen wird. Für Stammgäste von UNIX und Linux klingt dies nicht so gewaltig, aber für Windows ist das gesamte Konzept ziemlich revolutionär und unerwartet. Das ist sicher teilweise der Grund, warum es nicht häufig verwendet wird, obwohl DFS sogar von allen Windows-Versionen seit Windows 98 unterstützt wird.

Nachfolgend ein Beispiel:

```
[global]
; MS DFS-Unterstützung für diesen Samba-Server aktivieren.
host msdfs = yes
...
[mydfs]
; Diese Zeile weist Samba an, im Verzeichnis dieser
; Freigabe auf symbolische DFS-Links zu achten.
msdfs root = yes
path = /home/dfs/mydfs
```

Sie erstellen symbolische Links in `/home/dfs/mydfs`, um das eigentliche automatische Mounting einzurichten. Der nachfolgende Befehl beispielsweise macht das »Verzeichnis« `jump`- zu einem Link zu einem von zwei Verzeichnissen des anderen Servers.

(Beachten Sie die einfachen Anführungszeichen. Sie sind erforderlich, um die Backslashes zu schützen.)

```
$ sudo ln -s 'msdfs:serverX\shareX,serverY\shareY' jump
```

Wenn mehr als eine Quelle vorliegt (wie hier), kann Windows zwischen ihnen ein Failover ausführen. Benutzer, die \\server\mydfs\jump aufrufen, lesen jetzt in Wirklichkeit abhängig von der Verfügbarkeit Dateien aus ShareX auf ServerX oder ShareY auf ServerY. Wenn Dateisysteme zum Lesen und Schreiben exportiert werden, müssen Sie sicherstellen, dass Sie einige Mechanismen eingerichtet haben, um die Dateien zu synchronisieren. rsync kann hierfür nützlich sein.

Mit Samba ist es außerdem möglich, alle Clients, die auf eine bestimmte Freigabe zugreifen, auf einen anderen Server umzuleiten. Das kann ein Windows-Server nicht.

```
[myredirect]
msdfs root = yes
msdfs proxy = \\serverZ\shareZ
```

Beachten Sie, dass DFS nur bei Benutzern funktioniert, die an allen beteiligten Servern den gleichen Benutzernamen und das gleiche Passwort haben.

26.6.9 smbclient: Ein einfacher CIFS-Client

Zusätzlich zu seinen vielen serverseitigen Eigenschaften enthält das Samba-Paket ein einfaches Kommandozeilen-Transferprogramm mit dem Namen smbclient. Sie können es verwenden, um direkt auf jeden Windows- oder Samba-Server zuzugreifen. Beispiel:

```
$ smbclient //redmond/joes -U joe
Password: Passwort
Doman=[REDMOND] OS=[Windows 5.0] Server=[Windows 2000 LAN Manager]
smb: \>
```

Sobald Sie sich erfolgreich am Dateiserver eingeloggt haben, können Sie die standardmäßigen FTP-Befehle (wie get, put, cd, lcd und dir) verwenden, um sich zwischen den Dateien zu bewegen und sie zu übertragen.

26.6.10 Das Dateisystem smbfs

Linux enthält direkte clientseitige Unterstützung für das SMB/CIFS-Dateisystem. Sie können eine CIFS-Freigabe in Ihren Dateisystem-Baum genauso einhängen, wie Sie es mit jedem anderen Dateisystem können, das direkt vom Kernel verstanden wird. Beispiel:

```
# mount -t smbfs -o username=joe //redmond/joes /home/joe/mnt
```

26.6 Dateien mit Samba und CIFS freigeben

Obwohl diese Funktion nützlich ist, dürfen Sie nicht vergessen, dass Windows Netzwerk-Mounts so ansieht, als wären sie von einem bestimmten Anwender eingerichtet (daher die obige Option username=joe), während Linux sie gewöhnlich so betrachtet, als gehörten sie zum System als Ganzem. Windows-Server können grundsätzlich nicht mit dem Konzept umgehen, dass unterschiedliche Personen auf eine eingehängte Windows-Freigabe zugreifen könnten.

Aus der Perspektive des Linux-Clients erscheinen alle Dateien in dem Verzeichnis als zu dem Benutzer gehörend, der es eingehängt hat. Wenn Sie die Freigabe als root einhängen, gehören alle Dateien zu root und gewöhnliche Benutzer sind dann nicht in der Lage, Dateien auf dem Windows-Server zu schreiben.

Mit den Mount-Optionen uid, gid, fmask und dmask können Sie diese Optionen optimieren, sodass Besitzer- und Berechtigungssbits stärker auf die beabsichtige Zugangspolitik für diese Freigabe ausgerichtet sind. Informieren Sie sich auf der man-Seite mount.smbfs näher über dieses Verhalten.

Damit Benutzer eine eigene Windows-Freigabe einhängen können, fügen Sie eine Zeile im folgenden Format zu Ihrer /etc/fstab-Datei hinzu:

```
//redmond/joes /home/joe/mnt smbfs username=joe,fmask=600,dmask=700,user,noauto 0 0
```

Aufgrund der hier spezifizierten Benutzeroptionen können die Benutzer das Dateisystem jetzt einhängen, indem sie einfach folgenden Befehl ausführen:

```
$ mount /home/joe/mnt
```

mount erinnert den Benutzer daran, ein Passwort einzugeben, bevor er die Freigabe einhängt.

Obwohl NFS der UNIX-Standard für den Netzwerk-Dateidienst ist, kann es in manchen Situationen sinnvoller sein, Samba und CIFS zu verwenden, um Dateien auf UNIX- und Linux-Computern gemeinsam zu verwenden. Es ist zum Beispiel gefährlich, Benutzern zu gestatten, NFS-Dateisysteme des Unternehmens von ihren persönlichen Laptops aus einzuhängen.[6] Sie können jedoch CIFS verwenden, um diesen Laptops Zugang zu den Heimatverzeichnissen ihrer Besitzer zu geben.

> **Tipp**
>
> In Kapitel 16 finden Sie weitere Informationen zu NFS.

---

[6] Die NFS-Sicherheit beruht auf dem Gedanken, dass der Benutzer keinen root-Zugang auf dem Client besitzt und dass gleiche UIDs auf dem Client und dem Server verwendet werden. Dies ist normalerweise bei selbst verwalteten Rechnern nicht der Fall.

IBM hat darin investiert, den CIFS-Zugang von Linux so nahtlos wie möglich zu gestalten, um Samba als zuverlässige Alternative zu NFS zu etablieren. Ein frühes Ergebnis dieser Bemühung ist, dass Samba 3.x so konfiguriert werden kann, dass es »UNIX-Erweiterungen« bereitstellt. Wenn diese Funktion eingeschaltet ist, können Sie alle UNIX-Dateiattribute, Besitzrechte und Dateitypen sogar dann sehen, wenn Sie eine Freigabe mithilfe von Samba einhängen.

Zusammen mit den serverseitigen Modifikationen wurde auch ein neues clientseitiges Dateisystemmodul namens `cifs` entwickelt. Die aktuelle Entwicklung konzentriert sich auf das `cifs`-Modul, das bereits eine bessere Debugging- und Konfigurationsunterstützung hat, als das traditionelle `smbfs`.

26.7 Drucker mit Samba freigeben

Das einfache Verfahren für eine Druckerfreigabe besteht darin, einen [printer]-Abschnitt in die `smb.conf`-Datei einzufügen, wodurch Samba alle lokalen Drucker freigibt. Samba verwendet die System-Druckbefehle für diese Arbeit. Da jedoch der Linux-Druckprozess nicht sehr standardisiert ist, müssen Sie Samba mitteilen, welches Drucksystem auf Ihrem Server verwendet wird, indem Sie die Druckoption auf einen geeigneten Wert setzen. Auf der man-Seite `smb.conf` finden Sie eine Liste der Drucksysteme, die zurzeit unterstützt werden.

```
[printers]
; Wo sollen Druckdateien vor der Übergabe zum Drucksystem gespeichert werden?
path = /var/tmp
; Jeder kann die Drucker verwenden.
guest ok = yes
; Teilen Sie Samba mit, dass diese Freigabe ein Drucker ist.
printable = yes
; Machen Sie die Drucker bei Suchvorgängen sichtbar.
browseable = yes
; Sagen Sie sagen, welche Art Drucksystem verwendet wird.
printing = LPRNG
```

Tipp

In Kapitel 23 erhalten Sie weitere Informationen zum Drucken.

Windows-Clients können jetzt diese Drucker als Netzwerkdrucker verwenden, als ob sie von einem Windows-Server betreut würden. Es bleibt dennoch ein kleines Problem. Der Windows-Client möchte wissen, welche Art Drucker verwendet wird, und

26.7 Drucker mit Samba freigeben

fordert den Benutzer auf, einen geeigneten Druckertreiber auszuwählen. Dies führt zu einer großen Zahl von Support-Anfragen von Benutzern, die nicht wissen, wie sie in dieser Situation vorgehen sollen. Wenn der jeweilige Drucker einen Treiber erfordert, der nicht in Windows enthalten ist, wird die Angelegenheit mehr als supportintensiv.

Glücklicherweise lässt sich Samba so konfigurieren, dass es dem Windows-Client die erforderlichen Windows-Druckertreiber zur Verfügung stellt. Damit dies aber funktioniert, müssen Sie einige Vorbereitungen treffen. Als Erstes müssen Sie sicherstellen, dass sich Samba wie ein Druckerserver verhält, indem Sie die entsprechenden Eintragungen in den Abschnitt [global] der smb.conf-Datei eintragen.

```
[global]
; Wer ist der Druckeradministrator?
printer admin = printadm
; Die Folgenden haben standardmäßig den richtigen Wert.
disable spoolss = no
; Assistenten nicht anzeigen, es können ohnehin keine Drucker hinzugefügt werden
show add printer wizard = no
; Damit jeder drucken darf
guest ok = yes
browseable = no
```

Jetzt weiß Samba, dass es ein Druckerserver ist, und den Benutzer printadm als seinen Druckeradministrator akzeptiert.

Wenn Sie anfangen, Druckertreiber für Ihre Windows-Clients bereitzustellen, muss ein Platz vorhanden sein, um diese zu speichern. Dies erfolgt über die besondere Freigabe [print$].

```
[print$]
comment = Printer Driver Area
; Speicherort für Druckertreiber
path = /var/lib/samba/printers
browseable = yes
guest ok = yes
read only = yes
; Wer kann das Druckertreiber-Repository verwalten?
write list = printadm
```

Bevor Sie anfangen können, Druckertreiber auf den neuen Druckerserver hochzuladen, müssen Sie einige weitere Details auf Systemebene beachten. Achten Sie darauf, dass das printadm-Konto existiert und Berechtigungen zum Zugriff auf Samba besitzt.

```
$ sudo useradd printadm
$ sudo smbpasswd -a printadm
```

Samba kann Druckertreiber nur speichern, wenn die entsprechende Dateistruktur vorhanden ist und dem printadm gehört (wie es in der Option write list definiert ist).

```
$ sudo mkdir -p /var/lib/samba/printers
$ sudo cd /var/lib/samba/printers
$ sudo mkdir W32X86 WIN40
$ sudo chown -R printadm .
```

An diesem Punkt gibt es zwei Optionen: Sie können sich entweder an einem Windows-Rechner setzen und die Druckertreiber von dort hochladen oder Samba-Tools verwenden, um alles von der Kommandozeile aus zu veranlassen. Leider gibt es keine einfache Möglichkeit, zu wissen, was genau für einen Druckertreiber installiert werden muss; wir empfehlen daher für die meisten Situationen den ersten Weg. Lediglich wenn Sie häufig damit konfrontiert sind, einen Treiber auf mehreren Servern zu installieren, ist es die Mühe wert, die Installation zu untersuchen und zu lernen, sie mit den Kommandozeilen-Tools zu wiederholen.

26.7.1 Einen Druckertreiber von Windows aus installieren

Wenn Sie Treiber von einem Windows-Client aus installieren wollen, öffnen Sie eine Verbindung zum Samba-Server, indem Sie in das START |AUSFÜHREN-Dialogfeld den Pfad \\samba-server.example.com eingeben. Windows wird Sie auffordern, sich am Samba-Server anzumelden. Loggen Sie sich als Benutzer printadm ein. Wenn alles klappt, öffnet sich ein Fenster mit einer Liste der vom Server bereitgestellten Freigaben.

Im Unterverzeichnis Drucker sollten Sie alle Drucker sehen, die Sie von Ihrem Server aus freigegeben haben. Rechtsklicken Sie in das leere Feld um das Druckersymbol, um das Server-Eigenschaftendialogfeld zu aktivieren, und fügen Sie dann über die Registerkarte TREIBER Ihre bevorzugten Druckertreiber ein.

Die hochgeladenen Treiber landen in dem angegebenen Verzeichnis für die Freigabe [print$]. Sie können jetzt einen kurzen Blick auf die Eigenschaften des Treibers werfen, den Sie soeben hochgeladen haben. Diese Dateiliste ist es, die Sie dem Samba-Kommandozeilen-Tool übergeben müssen, falls Sie einmal das Hochladen der Treiber automatisieren wollen.

Sobald nun die richtigen Treiber hochgeladen sind, können Sie sie mit einzelnen Druckern verknüpfen. Öffnen Sie nacheinander die Eigenschaften-Liste der einzelnen Drucker (mit Rechtsklick und Auswahl von EIGENSCHAFTEN) und wählen Sie die geeigneten Treiber auf der Registerkarte ERWEITERT aus. Öffnen Sie dann das Dialogfeld STANDARDWERTE und modifizieren Sie die Einstellungen. Auch wenn Sie mit den Grundeinstellungen glücklich sind, sollten Sie zumindest eine kleine Änderung durchführen, um Windows zu zwingen, die Konfigurationsdatenstrukturen auf dem Samba-Server zu speichern. Samba liefert dann diese Daten an Clients, die auf diesen Drucker zugreifen. Wenn Sie diesen letzten Schritt auslassen, kann es passieren, dass Clients abstürzen, weil sich keine gültige Standardkonfiguration findet, wenn Sie versuchen, den Drucker zu verwenden.

26.7.2 Einen Drucker an der Kommandozeile installieren

Wie Sie sicherlich schon vermutet haben, sind einige dieser Schritte schwer nachzuvollziehen, ohne Windows zu verwenden – insbesondere das Einstellen der Druckerstandards. Wenn Sie jedoch Hunderte von Druckern auf einem Sambaserver einrichten wollen, ist es besser, dies an der Kommandozeile zu tun. Die Kommandozeilenkonfiguration funktioniert insbesondere für Postscriptdrucker gut, da der Windows-Druckerteiber für Postscript ohne Standard-Konfigurationsinformationen arbeitet.

Wenn Sie sich Notizen zu den Dateien gemacht haben, die für einen Treiber erforderlich sind, können Sie diesen Treiber von der Kommandozeile aus installieren. Kopieren Sie zuerst die erforderlichen Dateien in die [print$]-Freigabe.

```
$ cd ~/mydriver
$ smbclient -U printadm '//samba-server/print$' -c 'mput *.*'
```

Ordnen Sie als Nächstes den Treiber einem Drucker zu. Gehen wir davon aus, Sie haben einen einfachen Postscriptdrucker mit einer üblichen PPD-Datei.

```
$ rpcclient -U printadm -c "\
adddriver \"Windows NT x86\" \"Our Custom PS:\
PSCRIPT5.DLL:CUSTOM.PPD:PS5UI.DLL:PSCIPT.HLP:NULL:NULL:PSCRIPT.NTF\"" \
samba-server
```

Die Backslashes an den Enden der Zeilen erlauben es, das Kommando zur deutlicheren Darstellung auf mehrere Zeilen zu verteilen; Sie können diese aber auch weglassen und das Kommando in eine einzige Zeile eingeben, wenn Sie dies bevorzugen. Die Backslashes vor den Anführungszeichen dienen zur Unterscheidung der verschachtelten Anführungszeichen.

Der lange String im obigen Beispiel enthält die Informationen, die in dem Eigenschaftendialogfeld des Druckertreibers aufgeführt wurden, das bei der Installation über Windows zu sehen war.

- Langer Druckername
- Name der Treiber
- Name der Datendateien
- Name der Konfigurationsdateien
- Name der Hilfedateien
- Name des »Language Monitors« (setzen Sie dies auf NULL, wenn Sie keinen besitzen)
- Standarddatentyp (setzen Sie dies auf NULL, wenn es keinen gibt)
- Kommagetrennte Liste zusätzlicher Dateien

Um einen Drucker so zu konfigurieren, dass er einen der hochgeladenen Treiber verwendet, führen Sie Folgendes aus:

```
$ rpcclient -U printadm -c "\
set driver \"myprinter\" \"Our Custom PS\"" samba-server
```

26.8 Samba debuggen

Samba läuft normalerweise, ohne dass Sie ihm größere Aufmerksamkeit schenken müssen. Falls Sie jedoch ein Problem haben, können Sie auf zwei primäre Quellen mit Debugging-Informationen zurückgreifen, die per-Protokolldateien für die einzelnen Clients und den smbstatus-Befehl. Achten Sie darauf, dass Sie die richtigen Protokolldatei-Einstellungen in Ihrer Konfigurationsdatei haben.

```
[global]
; %m führt dazu, dass für jeden Client eine eigene Datei geschrieben wird.
log file = /var/log/samba.log.%m
max log size = 1000
; Zu protokollierende Menge an Informationen. Sie können
; auch Protokollierungsebenen für Systemkomponenten
; angeben (hier allgemein Ebene 3, aber 10 für
; Authentifizierung).
log level = 3 auth:10
```

Höhere Protokolliergrade liefern mehr Informationen. Die Protokollierung kostet Zeit; fragen Sie daher nicht nach zu vielen Details, außer wenn Sie beim Debugging sind. Der Ablauf kann beträchtlich langsamer werden.

Das nachfolgende Beispiel zeigt die Protokolleinträge, die von einem erfolglosen Verbindungsversuch gefolgt von einem erfolgreichen stammen.

```
[2004/09/05 16:29:45, 2] auth/auth.c:check_ntlm_password(312)
  check_ntlm_password:  Authentication for user [oetiker] -> [oetiker] FAILED with
error NT_STATUS_WRONG_PASSWORD
[2004/09/05 16:29:45, 2] smbd/server.c:exit_server(571)
  Closing connections
[2004/09/05 16:29:57, 2] auth/auth.c:check_ntlm_password(305)
  check_ntlm_password:  authentication for user [oetiker] -> [oetiker] -> [oetiker]
succeeded
[2004/09/05 16:29:57, 1] smbd/service.c:make_connection_snum(648)
  etsuko (127.0.0.1) connect to service oetiker initially as user oetiker (uid=1000,
gid=1000) (pid 20492)
[2004/09/05 16:29:58, 1] smbd/service.c:close_cnum(837)
  etsuko (127.0.0.1) closed connection to service oetiker
[2004/09/05 16:29:58, 2] smbd/server.c:exit_server(571)
  Closing connections
```

26.8 Samba debuggen

Der `smbcontrol`-Befehl ist praktisch, um die Debug-Ebene auf einem laufenden Samba-Server zu wechseln, ohne die `smb.conf`-Datei zu ändern. Beispiel:

```
$ sudo smbcontrol smbd debug "4 auth:10"
```

Das obige Beispiel setzt die globale Debug-Ebene auf 4 und die Debug-Ebene für Authentifizierungsprobleme auf 10.

Das `smbd`-Argument gibt an, dass für alle `smbd`-Hintergrundprogramme im System ihre Debug-Ebene eingestellt wird. Um eine spezielle Verbindung zu debuggen, können Sie den `smbstatus`-Befehl verwenden, um herauszufinden, welches Hintergrundprogramm die Verbindung handhabt, und dann dessen PID in `smbcontrol` verwenden, um nur diese eine Verbindung zu debuggen. Bei Protokolliergraden ab 100 sehen Sie die (verschlüsselten) Passwörter.

`smbstatus` zeigt die zurzeit aktiven Verbindungen und die gesperrten Dateien an. Diese Informationen können insbesondere dann nützlich sein, wenn Sie Sperrprobleme nachverfolgen wollen (z. B. »Welcher Benutzer hat die Datei `xyz` mit exklusiven Lese-/Schreibberechtigungen geöffnet?«). Der erste Teil der Ausgabe listet die Ressourcen auf, mit denen ein Benutzer verbunden ist, der zweite Teil sämtliche aktiven Dateisperren.[7]

```
Samba version 3.0.5
PID     Username  Group    Machine
------------------------------------------------------------
12636   zauck     ee       zhaka (192.168.1.228)
29857   milas     guests   beshil (192.168.1.123)
Service pid       machine Connected at
------------------------------------------------------------
milasa  29857     beshil   Fri Sep 3 17:07:39 2004
zaucker 12636     zhaka    Thu Sep 2 12:35:53 2004
Locked files:
Pid   DenyMode   Access   R/W  Oplock  Name
------------------------------------------------------------
29857 DENY_NONE  0x3      RDWR NONE    /home/milasa/hello.dba
12636 DENY_NONE  0x2019f  RDWR NONE    /home/zaucker/aufbest.doc
```

Wenn Sie den mit einem bestimmten Benutzer verknüpften `smbd`-Prozess beenden, verschwinden alle seine Sperren. Einige Anwendungen behandeln dies großzügig und fordern eine Sperre nur dann erneut an, wenn sie sie benötigen. Andere, wie MS Access, bleiben hängen und sterben eines langsamen Todes mit unzähligen Windows-seitigen Klicks, lediglich, um die unglückliche Anwendung zu schließen. So dramatisch wie das klingt, haben wir dennoch nicht erlebt, dass aus dieser Prozedur Dateibeschädigungen entstehen. Seien Sie auf jeden Fall vorsichtig, wenn Windows

---

[7] `smbstatus` enthält einige ziemlich lange Zeilen; wir haben sie zur besseren Übersicht komprimiert.

reklamiert, dass Dateien von einer anderen Anwendung gesperrt sind. Windows hat oft Recht und Sie müssen das Problem auf der Clientseite beheben, indem Sie die Anwendung schließen, statt dies mit Gewalt vom Server aus zu versuchen.

26.9 Empfohlene Literatur

John H. Terpstra *Samba-3 by Example: Practical Exercises to Successful Deployment (2nd Edition)*. Upper Saddle River: Prentice Hall PTR, 2006. (Eine Onlineversion dieses Buches finden Sie unter *samba.org*.)

John H. Terpstra, Jelmer R. Vernooij. *The Official Samba-3 HOWTO and Reference Guide (2nd Edition)*. Upper Saddle River: Prentice Hall PTR, 2006. (Eine Onlineversion dieses Buches finden Sie unter *samba.org*.)

26.10 Übungen

1. Aus welchem Grund sollten Sie einen Internetzugang zu den Ports 137–139 und 445 auf einem Samba-Server blockieren?

2. Installieren Sie die Cygwin-Software auf Ihrem Windows-Rechner und verwenden Sie `ssh` in `rxvt`, um eine Verbindung zu einem Linux-Rechner herzustellen. Welche Unterschiede zu PuTTY erkennen Sie?

★★ 3. Vergleichen Sie in Ihrer Testumgebung die Leistung eines Clients, der über Samba auf Dateien zugreift, mit einem, der über einen nativen CIFS-Server (z. B. einem Windows-Rechner) darauf zugreift. Falls Ihre beiden Testserver unterschiedliche Hardware aufweisen, erläutern Sie einen Weg, die Hardware-Unterschiede auszugleichen, sodass der Vergleich die Leistung der Server-Software deutlich macht. (Kann `root`-Zugang erfordern.)

★★ 4. Überwachen Sie im Labor mit einem Paket-Sniffer wie z. B. `tcpdump` oder Wireshark eine `telnet`-Sitzung zwischen einem Windows- und einem Linux-Server. Verwenden und installieren Sie die PuTTY-Software und wiederholen Sie die Überwachung. Was können Sie in beiden Fällen mit dem Paket-Sniffer sehen? (Erfordert `root`-Zugang.)

★★ 5. Richten Sie einen Samba-Druckerserver ein, der Windows-Druckertreiber für alle auf ihm freigegebenen Drucker bereitstellt. Achten Sie darauf, dass die Drucker eine vernünftige Standardkonfiguration haben.

27 Serielle Geräte

Seit 1969 ermöglicht der Standard RS-232C für serielle Schnittstellen die Kommunikation zwischen zahlreichen Gerätetypen verschiedener Hersteller. Es ist der einzige Standard für Computerschnittstellen, der im Laufe seiner fast 40-jährigen Geschichte praktisch unangetastet geblieben ist und noch heute Verwendung findet.

Serielle Ports kommen bei einer Vielzahl von Geräten zum Einsatz, einschließlich Druckern, Terminals und anderen Computern; sie finden sich außerdem oft bei Einzelanfertigungen, Bastler- und anderen Kleingeräten (z. B. Medienwechsler, Temperatursensoren, GPS-Empfänger und sogar Nähmaschinen). Ein serielles Gerät kann entweder direkt (über ein Kabel) an ein System angeschlossen werden oder über eine Telefonleitung mit einem Modem an jedem Ende.

In diesem Kapitel erfahren Sie, wie Sie serielle Geräte an Ihr System anschließen und Ihre Software so konfigurieren, dass sie die Geräte auch nutzen kann. Als Beispiele dienen uns Modems und Drucker, mit anderen Geräten sollte es jedoch ebenso funktionieren.

In den ersten Abschnitten befassen wir uns mit serieller Hardware und den möglichen Verkabelungsoptionen. Danach wenden wir uns der Software-Infrastruktur zu, die standardmäßig zur Unterstützung von Hardware-Terminals verwendet wird. Zwar kommen Terminals heute nur noch selten zum Einsatz, doch ihr Vermächtnis spiegelt sich wider in der Art, wie Linux Pseudo-Terminals und Windowsysteme handhabt und steuert. Im restlichen Teil des Kapitels (ab Abschnitt 27.14) erhalten Sie einige allgemeine Hintergrundinformationen über Modems, die Fehlerbehebung bei seriellen Geräten und USB (Universal Serial Bus).

27.1 Der RS-232C-Standard

Die meisten seriellen Ports basieren auf einer Variante des RS-232C-Standards, der die elektrischen Eigenschaften und die Bedeutung eines jeden Signaldrahts sowie die Pin-Zuordnungen beim traditionellen seriellen 25-Pin-Stecker (DB-25) (siehe Abbildung 27.1) genau vorgibt.

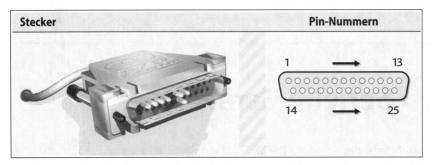

Abbildung 27.1: Männlicher DB-25-Stecker

Im Praxisgebrauch ist der vollständige RS-232C-Standard[1] eigentlich überdimensioniert, da er viele Signale definiert, die für die grundlegende Kommunikation unnötig sind; zudem sind DB-25-Stecker relativ unhandlich. Infolgedessen hat sich mit der Zeit eine Reihe von alternativen Steckern durchgesetzt, die wir in Abschnitt 27.2 beschreiben.

Der traditionelle RS-232-Standard verwendete abgeschirmte verdrillte Kabel (auch Twisted-Pair- bzw. TP-Kabel genannt), mit 0,7 mm dicken Litzen. Heute wird für die serielle Verkabelung das gleiche unabgeschirmte verdrillte Kabel (UTP-Kabel) verwendet wie für standardmäßige Ethernetverbindungen. Dieses Kabel entspricht technisch gesehen zwar nicht der RS-232-Spezifikation, funktioniert in der Praxis aber normalerweise ganz gut.

Ursprünglich betrug die Signalspannung für RS-232 ±12V DC, heute sind ±5V üblich, manchmal werden auch nur ±3V verwendet. Höhere Spannungen sind weniger störungsanfällig. Diese Volt-Angaben entsprechen der RS-232-Spezifikation, sodass Sie bedenkenlos auch Geräte mit anderen Volt-Standards anschließen können.

RS-232 ist kein elektrisch »ausgewogenes« System; es verwendet nur eine Ader für den Datenstrom in beide Richtungen. Folglich sind die speziellen elektrischen Eigenschaften einer verdrillten Verkabelung für die serielle Kommunikation vermutlich weniger bedeutsam als beispielsweise für Ethernet. Tatsächlich kann ein verdrilltes Kabel die Zuverlässigkeit und die Reichweite einer seriellen Verbindung einschränken, wenn die beiden Datenleitungen (TD und RD) zusammen in einem einzelnen Paar platziert werden. Wir raten daher dringend davon ab.

Es gibt keinen allgemein gültigen Standard, der besagt, dass RS-232-Signale zusammen durch ein verdrilltes Kabel geschickt werden müssen. Einige Quellen empfehlen, Signalmasse sowohl mit TD als auch mit RD zu paaren, doch dies erfordert eine zusätzliche Ader und stellt mehrere Wege für die Signalmasse bereit. So weit wir wissen, gibt es keinen zwingenden Grund, sich an diese Konvention zu halten.

---

1 *Die technisch korrekte Bezeichnung lautet inzwischen eigentlich EIA-232-E, doch mit diesem Begriff weiß kaum jemand etwas anzufangen.*

27.1 Der RS-232C-Standard

DB-25-Stecker sind entweder männlich (mit herausstehenden Pins, DB25P genannt) oder weiblich (mit entsprechenden Vertiefungen, DB25S). Die Pins bzw. Vertiefungen sind durch winzige, kaum sichtbare Zahlen von 1 bis 25 durchnummeriert (halten Sie den Stecker am besten seitlich ans Licht, um sie zu sehen). Manchmal sind auch nur die Pins 1, 13, 14 und 25 gekennzeichnet.

Abbildung 27.1 zeigt einen männlichen DB-25-Stecker. Wie bei allen seriellen Steckern, sind die Pin-Zahlen des weiblichen Steckers spiegelverkehrt zu denen des männlichen Steckers angeordnet, sodass Pins mit gleichen Zahlen jeweils miteinander verbunden werden. Das Diagramm leitet sich aus der gezeigten Ausrichtung ab (direkte Aufsicht auf den Stecker).

Beachten Sie, dass bei Abbildung 27.1 nur sieben Pins vorhanden sind, was in der Praxis üblich ist. Tabelle 27.1 enthält eine Liste der verschiedenen RS-232-Signale zusammen mit ihrer Pin-Zuordnung bei einem DB-25-Stecker. Nur die schattiert dargestellten Signale werden in der Praxis genutzt (zumindest bei typischen Computersystemen); alle anderen können ignoriert werden.

Pin	Name	Funktion
1	FG	Rahmenerdung (Frame ground)
2	TD	Übertragene Daten (Transmitted data)
3	RD	Empfangene Daten (Received data)
4	RTS	Aufforderung zum Senden (Request to send)
5	CTS	Sendebereit (Clear to send)
6	DSR	Datensatz fertig (Data set ready)
7	SG	Signalmasse (Signal ground)
8	DCD	Trägersignalerkennung (Data carrier detect)
9	-	Posititve Spannung (Positive voltage)
10	-	Negative Spannung (Negative voltage)
11	-	Nicht zugewiesen (Not assigned)
12	SDCD	Sekundäres DCD (Secondary DCD)
13	SCTS	Sekundäres CTW (Secondary CTS)
14	STD	Sekundäres STD (Secondary STD)
15	TC	Taktrate senden? (Transmit clock)
16	SRD	Sekundäres RD (Secondary RD)
17	RC	Taktrate erhalten? (Receive clock)
18	-	Nicht zugewiesen (Not assigned)
19	SRTS	Sekundäres RTS (Secondary RTS)

Tabelle 27.1: RS-232-Signale und Pin-Zuordnungen bei einem DB-25-Stecker

Pin	Name	Funktion
20	DTR	Datenterminal bereit (Data terminal ready)
21	SQ	Signalqualitätserkennung (Signal quality detector)
22	RI	Klingelanzeige (Ring indicator)
23	DRS	Datenratenübertragungsraten-Auswahl (Datarate selector)
24	SCTE	Externe Taktübertragung (Clock transmit external)
25	BUSY	Belegt (Busy)

Tabelle 27.1: RS-232-Signale und Pin-Zuordnungen bei einem DB-25-Stecker (Forts.)

Die beiden Schnittstellenkonfigurationen für serielle Geräte sind DTE (Data Terminal Equipment) und DCE (Data Communications Equipment). DTE und DCE haben dieselben Pin-Belegungen, interpretieren jedoch die RS-232-Signale unterschiedlich.

Jedes Gerät wird entweder mit DTE oder DCE konfiguriert; einige Geräte unterstützen beide Varianten, jedoch nicht gleichzeitig. Computer, Terminals und Drucker verwenden in der Regel DTE, die meisten Modems DCE. Serielle DTE- und DCE-Ports können in jeder Kombination miteinander kommunizieren, jedoch erfordern die verschiedenen Kombinationsarten unterschiedliche Verkabelungen.

Es gibt keinen sinnvollen Grund für die Koexistenz von DTE und DCE, da alle Geräte dasselbe Verkabelungsschema nutzen könnten. Die Tatsache, dass es beide Konfigurationen gibt, ist nur eine von vielen sinnlosen, geschichtlich bedingten Altlasten von RS-232.

DTE und DCE können ziemlich verwirrend sein, sobald Sie sich zu viele Gedanken darüber machen. Atmen Sie in diesem Fall tief durch und lesen Sie sich die folgenden Punkte durch:

- Die Pin-Belegung ist bei jedem RS-232-Stecker gleich, egal, ob er männlich oder weiblich ist (gleiche Zahlen bilden immer ein Paar) oder sich an einem Kabel, einem DTE- oder DCE-Gerät befindet.

- Die gesamte RS-232-Terminologie basiert auf dem Modell einer direkten Verbindung zwischen einem DTE- und einem DCE-Gerät (mit »direkt« ist hier gemeint, dass TD am DTE-Ende mit TD am DCE-Ende verbunden ist usw. Jeder Pin wird mit dem Pin mit derselben Nummer am anderen Ende verbunden.)

- Die Signale sind immer aus der Perspektive des DTE-Geräts benannt. So bedeutet die Bezeichnung TD (transmitted data = übertragene Daten) in Wirklichkeit »data transmitted from DTE to DCE«, also »von DTE zu DCE übertragene Daten«. Trotz seines Namens ist der TD-Pin ein *Eingang* für ein DCE-Gerät; dementsprechend ist RD ein Eingang für DTE und ein Ausgang für DCE.

- Wenn Sie zwei DTE-Geräte miteinander verbinden (Computer mit Terminal oder Computer mit Computer), müssen Sie beide mit einem Trick davon überzeugen, dass das jeweils andere ein DCE-Gerät ist. Ein Beispiel: Beide DTE-Geräte erwar-

27.1 Der RS-232C-Standard

ten, Daten über TD zu senden und über RD zu empfangen; Sie müssen daher die Adern über Kreuz anschließen, sodass der Sende-Pind (TD) des einen Geräts mit dem Empfänger-Pin (RD) des anderen Geräts verbunden ist, und umgekehrt.

- Drei Signalsätze müssen bei einer DTE-zu-DTE-Kommunikation auf diese Art gekreuzt werden (sofern Sie so eine Verbindung überhaupt herstellen möchten). TD und RD müssen gekreuzt werden, ebenso RTS und CTS. Der DTR-Pin jeder Seite muss jeweils mit den DCD- und DSR-Pins des Gegenübers verbunden werden.

- Um Sie komplett zu verwirren: Ein für die DTE-zu-DTE-Kommunikation gekreuztes Kabel wird oft auch als Nullmodemkabel bezeichnet. Sie könnten versucht sein, ein solches Kabel zum Anschließen eines Modems zu verwenden, doch da Modems DCE-Geräte sind, wird das nicht funktionieren! Ein für Modems geeignetes Kabel heißt schlicht Modemkabel oder gerades Kabel.

Da DTE und DCE nun mal so verwirrend sind, gibt es immer wieder gut gemeinte, aber unvernünftige Ansätze, ein wenig Sinn und Verstand in die Nomenklatur zu bringen, wobei jedoch DTE und DCE dann so definiert werden, als hätten sie separate Pin-Belegungen (z. B. wird der TD-Pin von DCE in RD umbenannt, und umgekehrt). Zwar mögen Pin-Belegungen variieren, doch für Kabelverbindungen (nach Signalname) gilt das nicht. Wir empfehlen Ihnen daher, jegliche Anleitungen zu ignorieren, in denen die Rede von einer »DTE-Pin-Belegung« oder einer »DCE-Pin-Belegung« ist, da solche Informationsquellen in der Regel unzuverlässig sind.

Ursprünglich sollten DTE-Geräte mit männlichen und DCE-Geräte mit weiblichen Steckern ausgestattet werden. Doch schließlich erkannten die Hardware-Designer, dass männliche Stecker empfindlicher sind. Deshalb verfügt teure Computer-Hardware heutzutage in der Regel über weibliche Stecker, während Kabel an beiden Enden männliche Stecker haben.[2]

Legende		Gerade		Nullmodem	
Rahmenerdung	FG	1 — 1		1 — 1	
Übertragene Daten	TD	2 — 2		2 ╲╱ 2	
Empfangene Daten	RD	3 — 3		3 ╱╲ 3	
Aufforderung zum Senden	RTS	4 — 4		4 ╲╱ 4	
Sendebereit	CTS	5 — 5		5 ╱╲ 5	
Datensatz fertig	DSR	6 — 6		6 — 6	
Signalmasse	SG	7 — 7		7 — 7	
Trägersignalerkennung	DCD	8 — 8		8 ╳ 8	
Datenterminal bereit	DTR	20 — 20		20 ╳ 20	

Abbildung 27.2: Pin-Zuordnungen und -Verbindungen für DB-25-Kabel

---

2 Beim Unternehmen Qwest gelten die Begriffe »männlich« und »weiblich« als unangemessen, weshalb die Mitarbeiter dazu angehalten werden, lieber »Stecker« und »Buchse« zu verwenden. Die Namen der Standardstecker DB25P und DB25S sind übrigens von einer dritten Namensvariante abgeleitet: »Pin« und »Socket« (Buchse).

Abbildung 27.2 zeigt die jeweiligen Pin-Zuordnungen und -Verbindungen für ein Nullmodem- und ein gerades Kabel. Nur die in der Praxis verwendeten Signale sind dargestellt.

27.2 Alternative Stecker

In den folgenden Abschnitten beschreiben wir Ihnen die gebräuchlichsten alternativen Steckersysteme: mini DIN-8, DB-9 und RJ-45. Trotz physischer Unterschiede ermöglichen diese Stecker Zugriff auf dieselben elektrischen Signale wie DB-25. Geräte mit anderen Anschlüssen können mithilfe eines passenden Konverterkabels immer kompatibel gemacht werden.

27.2.1 Die Mini-DIN-8-Variante

Mini-DIN-8-Stecker finden sich häufig an Laptops und Desktop-Computern. Diese fast runde und extrem kompakte Steckerart stellt Verbindungen für sieben Signale bereit (siehe Abbildung 27.3).

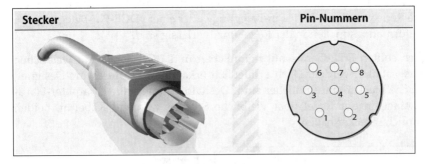

Abbildung 27.3: Männlicher Mini-DIN-8-Stecker

Beim Computerhändler um die Ecke bekommen Sie in der Regel ein passendes DB-25-auf-DIN-8-Konverterkabel. Versuchen Sie nicht, selbst eines zu basteln, denn ein Mini-DIN-8-Stecker ist so winzig, dass kaum ein kleiner Finger hineinpasst. Die entsprechenden Pin-Zuordnungen finden Sie in Tabelle 27.2.

DIN-8	DB-25	Signal	Funktion
3	2	TD	Übertragene Daten (Transmitted data)
5	3	RD	Empfangene Daten (Received data)
6	4	RTS	Aufforderung zum Senden (Request to send)
2	5	CTS	Sendebereit (Clear to send)

Tabelle 27.2: Pin-Zuordnungen für ein gerades Mini-DIN-8-auf-DB-25-Kabel

27.2 Alternative Stecker

DIN-8	DB-25	Signal	Funktion
4,8	7	SG	Signalmasse (Signal ground)
7	8	DCD	Trägersignalerkennung (Data carrier detect)
1	20	DTR	Datenterminal bereit (Data terminal ready)

Tabelle 27.2: Pin-Zuordnungen für ein gerades Mini-DIN-8-auf-DB-25-Kabel (Forts.)

27.2.2 Die DB-9-Variante

Dieser Stecker mit neun Pins (der aussieht wie der kleine Bruder des DB-25-Steckers) findet sich üblicherweise an PCs und stellt die acht am häufigsten verwendeten Signale zur Verfügung.

Abbildung 27.4: Männlicher DB-9-Stecker

Ein vorgefertigtes DB-9-auf-DB-25-Stecker-Konverterkabel sollten Sie wiederum bei Ihrem lokalen PC-Händler bekommen. Tabelle 27.3 zeigt die jeweiligen Pin-Zuordnungen.

DB-9	DB-25	Signal	Funktion
3	2	TD	Übertragene Daten (Transmitted data)
2	3	RD	Empfangene Daten (Received data)
7	4	RTS	Aufforderung zum Senden (Request to send)
8	5	CTS	Sendebereit (Clear to send)
6	6	DSR	Datensatz bereit (Data set ready)
5	7	SG	Signalmasse (Signal ground)
1	8	DCD	Trägersignalerkennung (Data carrier detect)
4	20	DTR	Datenterminal bereit (Data terminal ready)

Tabelle 27.3: Pin-Zuordungen für ein gerades DB-9-auf-DB-25-Kabel

27.2.3 Die RJ-45-Variante

Bei RJ-45 handelt es sich um einen achtadrigen modularen Telefonstecker. Er ähnelt dem RJ-11-Stecker, der in den USA standardmäßig für die Telefonverkabelung genutzt wird, hat jedoch acht Pins (RJ-11 hat nur vier)[3]. In vielen Fällen lässt sich die serielle Kommunikation über eine bestehende (vermutlich unter Berücksichtigung von TP-Ethernetkabeln installierte) Gebäudeverkabelung mithilfe von RJ-45 leichter umsetzen.

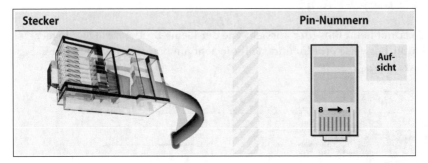

Abbildung 27.5: Männlicher RJ-45-Stecker

An Computern und anderen gewöhnlichen seriellen Geräten sind RJ-45-Buchsen für serielle Verbindungen in der Regel nicht vorhanden, sie werden jedoch häufig als Zwischenstecker für die Führung serieller Leitungen durch Schalttafeln verwendet. Gelegentlich wird RJ-45 zusammen mit flachen Telefonkabeln statt mit verdrillten Kabeln genutzt. Beide Kabelarten eignen sich für serielle Verbindungen, obwohl verdrillte Kabel über größere Entfernungen generell eine bessere Signalqualität erbringen. Flache Telefonkabel eignen sich dagegen keinesfalls für Ethernet-Verbindungen, weshalb viele Unternehmen ausschließlich verdrillte Kabel einsetzen, um das Risiko zu minimieren, dass ein ahnungsloser Benutzer versehentlich den falschen Kabeltyp wählt.

RJ-45-Stecker sind kompakt, selbstsichernd und günstig. Sie werden mithilfe einer Crimpzange am Kabel befestigt, was weniger als eine Minute dauert. Falls Sie also ein umfangreiches Verkabelungssystem von Grund auf entwerfen, ist der RJ-45-Standard eine gute Wahl für Zwischenstecker.

Einige Systeme ordnen die Pins eines RJ-45-Steckers einem DB-25-Stecker zu. Tabelle 27.4 zeigt den offiziellen RS-232D-Standard, der hier aber rein zufällig gewählt wurde.

---

[3] Bei genauerem Hinsehen zeigt sich, dass ein RJ-11-Stecker eigentlich sechs Schlitze für Pins hat, jedoch nur vier Adern vorhanden sind. Ein echter vieradriger Telefonstecker ist dagegen der Typ RJ-10; ein RJ-11-Stecker mit sechs funktionierenden Pins heißt RJ-12.

27.2 Alternative Stecker

RJ-45	DB-25	Signal	Function
1	6	DSR	Datensatz bereit (Data set ready)
2	8	DCD	Trägersignalerkennung (Data carrier detect)
3	20	DTR	Datenterminal bereit (Data terminal ready)
4	7	SG	Signalmasse (Signal ground)
5	3	RD	Empfangene Daten (Received data)
6	2	TD	Übertragene Daten (Transmitted data)
7	5	CTS	Sendebereit (Clear to send)
8	4	RTS	Aufforderung zum Senden (Request to send)

Tabelle 27.4: Pin-Zuordnungen für ein gerades RJ-45-auf-DB-25-Kabel

Alternativ kann RJ-45 in Verbindung mit einem Ansatz von Dave Yost verwendet werden, bei dem jedes Gerät mit einer RJ-45-Buchse versehen wird und nur eine einzige Art von RJ-45-Kabel zum Einsatz kommt, unabhängig davon, ob es sich um DTE- oder DCE-Geräte handelt. Diese Lösung ist mehr als nur eine einfache Pin-Belegung, sie eignet sich zum Aufbau eines kompletten Verkabelungssystems, das mehrere Probleme gleichzeitig abdeckt. Mit Daves Erlaubnis haben wir im nächsten Abschnitt eine von ihm selbst verfasste Beschreibung seines Standards abgedruckt.

27.2.4 Der Yost-Standard für die RJ-45-Verkabelung

Das folgende Schema bietet Lösungen für mehrere Probleme im Zusammenhang mit RS-232:

- Alle Kabelstecker sind vom selben Typ (männlicher RJ-45-Stecker).
- Es gibt keine Unterscheidung zwischen DTE und DCE.
- Es wird nur eine Art von Verbindungskabel benötigt.
- Die Kabel lassen sich leicht mithilfe einer Crimpzange herstellen.

Tipp

Diese Spezifikation stammt von Dave Yost (*Dave@Yost.com*).

Jeder serielle RS-232-Port eines jeden Geräts erhält seinen eigenen, entsprechend verdrahteten DB-25- oder DB-9-auf-RJ-45-Adapter, der permanent mit dem Port verschraubt wird. Danach verfügen alle Ports über dieselbe weibliche RJ-45-Schnittstelle, egal, ob der zugrunde liegende Anschluss vom Typ DB-25, DB-9, DTE oder DCE bzw. männlich oder weiblich ist. Darüber hinaus sendet und empfängt nun jeder serielle Port Daten über dieselben Pins.

Jetzt können Sie alle Geräte problemlos untereinander verbinden – ohne Nullmodemkabel, Nullterminals, speziell angefertigte Kabel oder Pin-Manipulationen. Sie können ein Modem an einen Computer oder ein Terminal, ein Terminal an einen Computer oder ein anderes Terminal, einen Computer an einen Computer anschließen usw., und das alles mit nur einem Kabeltyp.

In Yosts ursprünglicher Anleitung kommen ummantelte, achtadrige Flachbandkabel zum Einsatz; dabei werden die Stecker mit einer Crimpzange an den Kabelenden befestigt, sodass kein Löten oder Manipulieren der Pins nötig ist. Manche Unternehmen hegen allerdings eine Abneigung gegen diesen Kabeltyp und setzen den Yost-Standard stattdessen mit UTP-Verkabelung um.

Es gibt drei Signalleitungen pro Richtung (eine für die Daten und zwei für die Steuerung) sowie ein Leitungspaar für die Signalmasse. Hierbei sind die Kabel nicht normal verdrahtet (sodass jeder Pin mit dem entsprechenden Pin am anderen Ende des Kabels verbunden ist), sondern »gekreuzt« oder »spiegel- bzw. seitenverkehrt« (oder wie immer Sie es nennen wollen), sodass Pin 1 des einen Kabelendes mit Pin 8 des anderen Endes verbunden ist usw. Diese Lösung funktioniert, weil die Signale im Flachbandkabel symmetrisch ausgelegt sind, d.h., dass jeder Sende-Pin seinen entsprechenden Empfänger-Pin an der spiegelverkehrt angeordneten Drahtposition am anderen Ende des Kabels hat[4].

Fertige RJ-45-Kabel sind üblicherweise gerade verdrahtet. Um sie mit der vorgestellten Lösung verwenden zu können, müssen Sie den Stecker an einem Ende entfernen und ihn durch einen neuen, mit gekreuzten Drähten ersetzen. Ein RJ-45-Adapter weiblich auf weiblich dient der Kabelverlängerung, denken Sie jedoch daran: Wenn Sie zwei gekreuzte Kabel damit verbinden, erhalten Sie wieder ein gerades Kabel.

Häufig werden DB-25-auf-RJ-45-Adapter angeboten, deren interner Farbcode nicht den Kabelfarben entspricht. Zwar sind die entsprechenden Adapter, Stecker und Drähte in Elektrofachgeschäften erhältlich, leider meist ohne Beratung hinsichtlich der Verwendung mit dem RS-232-Standard.

---

4 *Dave Yost erwähnt es zwar nicht ausdrücklich, doch wenn Sie ein Flachbandkabel verwenden, müssen Sie das Kabel in Wirklichkeit ohne physische Kreuzung verdrahten, um den »spiegelverkehrten« Effekt zu erzielen. Da nämlich die Stecker an den Kabelenden in entgegengesetzte Richtungen zeigen, ist ihre Pin-Nummerierung automatisch seitenverkehrt.*

27.2 Alternative Stecker

Der Yost-Standard wurde für die Verwendung mit ummantelten Flachbandkabeln mit gerade nebeneinanderliegenden Adern ausgelegt. Verdrillte Kabel (Twisted-Pair) hingegen haben vier Leitungspaare, wobei jedes Paar über die gesamte Kabellänge hinweg in sich selbst gedreht (oder eben verdrillt) ist. Falls Sie also TP-Kabel (z. B. Cat-5) verwenden, dürfen Sie sie nicht so verdrahten, wie Sie es normalerweise bei RJ-45 (z. B. für 10BaseT, Telefon usw.) tun würden, sondern so, dass die Adern 3:4 und 5:6 jeweils ein Leitungspaar bilden. Andere Paarungen sind anfällig für Übersprechen. Die Paarung der übrigen Adern ist nicht so wichtig, doch 1:2 und 7:8 sind völlig in Ordnung.

Tipp

Weitere Informationen zu Cat-5-Kabeln finden Sie in Abschnitt 14.2.3.

Im Innern eines Adapters findet sich eine RJ-45-Buchse, aus der acht Adern mit RS-232-Pins herausragen. Diese Pins schieben Sie nun einfach in die entsprechenden Vertiefungen des RS-232-Steckers und bringen dann das Adaptergehäuse an. Verwenden Sie dabei die Pin-Belegung aus Tabelle 27.5.

RJ-45-Kabel	Adapter	Anschluss an DCE-Pins			Anschluss an DTE-Pins		
		DB-25	DB-9	Signal	DB-25	DB-9	Signal
1 Braun (zu Grau)	Blau	4	7	RTS	5	8	CTS
2 Blau (zu Orange)	Orange	20	4	DTR	8	1	DCD
3 Gelb (zu Schwarz)	Schwarz	2	3	TD	3	2	RD
4 Grün (zu Rot)	Rot	7	5	GND	7	5	GND
5 Rot (zu Grün)	Grün	7	5	GND	7	5	GND
6 Schwarz (zu Gelb)	Gelb	3	2	RD	2	3	TD
7 Orange (zu Blau)	Braun	8	1	DCD	20	4	DTR
8 Grau (zu Braun)	Weiß	5	8	CTS	4	7	RTS

Tabelle 27.5: Verdrahtung für einen Yost RJ-45-auf-DB-25- oder DB-9-Adapter

Es gibt jedoch ein Problem: Beide Erdungs-Pins müssen in dieselbe DB-25- bzw. DB-9-Vertiefung (Pin 7 bzw. 5). Um das zu erreichen, können Sie sie mit einem Adernverbinder aus Kunststoff (Tel-splice Connector ½ Tap Dry, No. 553017-4 von AMP) zusammenklemmen. Offensichtlich ist dieses kleine Teil bislang nur in Mengen von

1.000 Stück für rund 60 € erhältlich. Dave Yosts Kommentar dazu: »Glauben Sie mir, Sie werden sie brauchen, wenn Sie mehr als nur ein paar Adapter verdrahten.«

Einige DTE-Geräte verlangen ein aktives DSR-Signal, bevor sie Daten senden. Dieses kommt normalerweise vom DCE-Gerät, aber Sie können es auch vortäuschen, indem Sie die Pins 20 und 6 (4 und 6 bei DB-9) miteinander verdrahten. Auf diese Weise empfängt das DTE-Gerät das DSR-Signal von sich selbst, wann immer es DTR meldet.

Bei manchen DCE-Druckern sollte Pin 7 des RJ-45-Adapters (die braune Ader) mit der DSR-Leitung (Pin 6 bei DB-25 und DB-9) verbunden werden. Lesen Sie das Handbuch Ihres Druckers, um herauszufinden, ob er Quittungssignale für DSR anstatt für DCD bereitstellt.

Setzen Sie die genannten DSR-Hacks nicht standardmäßig ein, sondern nur, wenn bestimmten Geräten sie offenbar benötigen (oder nicht mit der Standardkonfiguration laufen). Einige »einfach gestrickte« Geräte tolerieren die zusätzlichen Verbindungen, andere geraten dadurch ins Schleudern.

27.3 Hard Carrier und Soft Carrier

Linux erwartet, dass das DCD-Signal (Trägersignalerkennung) hoch geht (positive Spannung), sobald ein Gerät angeschlossen und eingeschaltet wird. Dieses Signal wird von Pin 8 des Standard-DB-25-Steckers übertragen. Falls Ihr serielles Kabel eine DCD-Leitung besitzt und Ihr Computer sie tatsächlich berücksichtigt, dann verwenden Sie einen so genannten Hard Carrier. Die meisten Systeme erlauben auch die Verwendung von Soft Carrier, wobei der Computer vorgibt, dass DCD immer bestätigt wird.

Für bestimmte Geräte (besonders Terminals) ist Soft Carrier ein wahrer Segen. Hier werden nur drei Leitungen für jede serielle Verbindung benötigt: Senden, Empfangen und Signalmasse. Bei Modemverbindungen hingegen ist das DCD-Signal unverzichtbar. Ist ein Terminal über ein Modem angeschlossen und das Trägersignal geht verloren, sollte das Modem die Verbindung beenden (besonders bei einem Ferngespräch!).

Normalerweise legen Sie die Option Soft Carrier für einen seriellen Port in der Konfigurationsdatei der jeweils genutzten Clientsoftware fest (z. B. /etc/gettydefs oder /etc/inittab für ein Anmeldeterminal oder /etc/cups/printcap für einen Drucker). Mit stty -clocal können Sie Soft Carrier auch während der Übertragung aktivieren, z. B. so:

```
# stty -clocal < /dev/ttyS1
```

Diese Angabe aktiviert Soft Carrier für den Port ttyS1.

27.4 Hardware-Flusskontrolle

Die CTS- und RTS-Signale stellen sicher, dass ein Gerät Daten nicht schneller sendet, als der Empfänger sie verarbeiten kann. Wird beispielsweise bei einem Modem der Pufferspeicherplatz knapp (etwa weil die Verbindung zu einem Remote-System langsamer ist, als die serielle Verbindung zwischen lokalem Rechner und Modem), kann es dem Computer »einen Maulkorb verpassen«, bis wieder mehr Platz im Puffer verfügbar ist.

Die Flusskontrolle ist wesentlich für Hochgeschwindigkeitsmodems und auch äußerst nützlich für Drucker. Bei Systemen, die keine Hardware-Flusskontrolle unterstützen (entweder, weil die seriellen Ports sie nicht verstehen oder weil das serielle Kabel keine Übertragung von CTS und RTS-Signalen zulässt) kann diese manchmal bei der Software mithilfe der ASCII-Zeichen XON und XOFF simuliert werden. Die Software-Flusskontrolle muss zwar von übergeordneter Software explizit unterstützt werden, doch selbst dann funktioniert sie nicht einwandfrei.

XON und XOFF erzeugen Sie mit den Tastenkombinationen [Strg] + [Q] bzw. [Strg] + [S]. Bei Benutzern von emacs stellt das ein Problem dar, da hier [Strg] + [S] die Standardtastenkombination für den emacs-Suchbefehl ist. Weisen Sie in diesem Fall dem Suchbefehl einfach eine andere Tastenkombination zu oder verwenden Sie ssty start und stty stop, damit der Terminaltreiber XON und XOFF richtig interpretiert.

Die meisten Terminals ignorieren die Signale CTS und RTS. Indem Sie die Pins 4 und 5 an dem am Terminal angeschlossenen Kabelende mit einem Jumper verbinden, können Sie die paar Terminals austricksen, die zuerst ein Quittungssignal über diese Pins erwarten, bevor sie beginnen zu kommunizieren. Wenn das Terminal nun ein Bereit-Signal über Pin 4 sendet, bekommt es dasselbe Signal als Bestätigung über Pin 5 zurück. Auf diese Weise können Sie auch die DTR/DSR/DCD-Quittungssignale überbrücken.

Wie bei Soft Carrier, lässt sich die Hardware-Flusskontrolle über die Konfigurationsdateien manipulieren oder mithilfe von stty einstellen.

27.5 Kabellänge

Laut RS-232-Standard sollte die Kabellänge bei einer Datenrate von 9.600 Bps nicht mehr als knapp 23 Meter betragen. Doch Vorgaben dieser Art basieren meist auf vorsichtigen Schätzungen und RS-232 bildet da keine Ausnahme. Wir selbst haben RS-232-Kabel schon häufig über sehr viel größere Entfernungen – bis zu 300 Metern – verlegt. Erst irgendwo zwischen 240 und 300 Metern sind wir auf Grenzen gestoßen, und haben dabei festgestellt, dass es oft einen ziemlichen Unterschied macht, von welchem Hersteller die seriellen Geräte an den jeweiligen Kabelenden stammen.

Oft kommen bei RS-232 Leitungstreiber und Repeater zum Einsatz, um die maximale Kabellänge auszudehnen. Allerdings verstärken diese Vorrichtungen häufig nur die RD- und TD-Pins, sodass andere Signale unter Umständen überbrückt werden müssen.

27.6 Dateien für serielle Geräte

Serielle Ports werden durch Gerätedateien im Verzeichnis /dev repräsentiert. Die meisten Rechner verfügen über zwei integrierte serielle Ports: /dev/ttyS0 und /dev/ttyS1. Bei Linux-Distributionen wird in der Regel ein voller Satz Gerätedateien (64 oder mehr) für zusätzliche serielle Ports vorinstalliert, doch solange Sie keine neue Hardware hinzufügen, sind diese zusätzlichen Dateien überflüssig und sollten ignoriert werden.

Wie üblich, sind die Bezeichnungen der Gerätedateien nicht von Bedeutung. Die Zuordnung der Geräte erfolgt durch über- und untergeordnete Gerätenummern, die Namen dienen lediglich der einfacheren Handhabung.

27.7 setserial: Parameter für den seriellen Port festlegen

Die seriellen Ports eines PCs können so eingestellt werden, dass sie mehrere verschiedene E/A-Port-Adressen und Interrupts (IRQs) nutzen. Auf diese Einstellungen greifen Sie normalerweise während des Boot-Vorgangs über das BIOS Ihres Systems zu. Meist werden hier Änderungen vorgenommen, um einer empfindlichen Hardware entgegenzukommen, die schon wählerisch ist, wenn es um ihre eigenen Einstellungen geht, und nur dann korrekt funktioniert, wenn sie die Einstellungen, die normalerweise von einem seriellen Port genutzt werden, mitübernommen hat. Allerdings kann es sein, dass der serielle Treiber solche Konfigurationsänderungen nicht selbstständig entdeckt.

Die traditionelle UNIX-Antwort auf solcherlei Vielfalt besteht darin, die Festlegung der Parameter für den seriellen Port während der Kompilierung des Kernels zu erlauben. Zum Glück können Sie diesen mühseligen Schritt bei Linux überspringen und die Parameter mit dem Kommando setserial während der Übertragung ändern.

Mit setserial -g werden die aktuellen Einstellungen aufgelistet:

```
# setserial -g /dev/ttyS0
/dev/ttyS0, UART: 16550A, Port: 0x03f8, IRQ: 4
```

Um die Parameter zu setzen, geben Sie zuerst die Gerätedatei und dann eine Reihe von Parametern und Werten an. So legt beispielsweise das Kommando

```
# setserial /dev/ttyS1 port 0x02f8 irq 3
```

die E/A-Port-Adresse und die IRQ für den Port `ttyS1` fest. Es ist wichtig zu beachten, dass dieses Kommando keine Änderungen an der Hardware-Konfiguration vornimmt, sondern lediglich den seriellen Treiber von Linux von der Konfiguration in Kenntnis setzt. Um die Einstellungen der Hardware zu ändern, müssen Sie das BIOS Ihres Systems zurate ziehen.

`setserial` ändert nur die aktuelle Konfiguration und die Einstellungen bleiben lediglich bis zum nächsten Neustart erhalten. Leider gibt es keine Standardlösung, um diese Änderungen permanent zu machen; jede der in diesem Buch genannten Beispieldistributionen geht hier anders vor.

Unter Red Hat und Fedora prüft das Skript `/etc/rc.d/rd.sysinit`, ob `/etc/rc.serial` vorhanden ist, und führt es in diesem Fall gleich beim Systemstart aus. Eine Beispieldatei gibt es nicht, Sie müssen daher selbst eine erstellen, wenn Sie die Funktion nutzen wollen. Listen Sie einfach zeilenweise die `setserial`-Kommandos auf, die Sie ausführen möchten. Der Vollständigkeit halber können Sie die Datei ausführbar machen und `#!/bin/sh` in die erste Zeile setzen; dieser letzte Schliff ist aber nicht zwingend nötig.

Das SUSE-Skript `/etc/init.d/serial` steuert die Initialisierung der seriellen Ports. Leider hat es keine Konfigurationsdatei; Sie müssen es direkt bearbeiten, um die auszuführenden Kommandos wiederzugeben. Ein Minuspunkt für SUSE! Das Skript verwendet seine eigene Metasprache, um die `setserial`-Kommandozeilen zu erstellen, doch glücklicherweise gibt es eine ganze Reihe von kommentierten Beispielzeilen, aus denen Sie wählen können.

Debian bietet eine gut kommentierte Konfigurationsdatei, `/etc/serial.conf`, die von `/etc/init.d/setserial` gelesen wird. Diese Datei steht im `setserial`-Paket auch für Ubuntu zur Verfügung, ist dort aber nicht standardmäßig installiert. Ihre fortschrittlichen Eigenschaften (wie permanente Autokonfiguration) sind vermutlich nur für die Entwickler der Distribution von Nutzen. In einfachen Fällen entfernen Sie lediglich die Kommentare bei den betreffenden Zeilen oder fügen Ihr eigenes `setserial`-Format (ohne den Kommandonamen) hinzu.

27.8 Softwarekonfiguration für serielle Geräte

Nachdem Sie ein serielles Gerät mit dem passenden Kabel angeschlossen haben, ist es an der Zeit, die Software auf dem Hostcomputer so zu konfigurieren, dass sie das Gerät nutzen kann. Welche Einstellungen nötig sind, hängt vom Typ des Geräts ab und welchen Nutzen es erfüllt:

- Bei einem hartverdrahteten Terminal müssen Sie das System anweisen, den Terminal-Port auf Anmeldungen hin zu überwachen. Dabei legen Sie die Geschwindigkeit und die Parameter der seriellen Verbindung fest. Die Konfiguration von Terminals wird im nächsten Abschnitt beschrieben.

- Einwahlmodems werden ähnlich konfiguriert wie hartverdrahtete Terminals, der Vorgang kann sich jedoch bei einigen Systemen im Detail ein wenig anders gestalten.
- Wie Sie mithilfe eines Modems eine PPP-Verbindung zu einem Remote-Netzwerk herstellen, erfahren Sie in Abschnitt 12.13.
- Einzelheiten über die Einrichtung von seriellen Druckern finden Sie in Kapitel 23, »Drucken«. Einige Drucker empfangen nur Daten, andere arbeiten in beide Richtungen und können Statusinformationen an den Hostrechner zurückgeben.
- Ein benutzerdefiniertes serielles Gerät, das Sie nur von Ihrer eigenen Software aus steuern, benötigt keine besondere Konfiguration. Hier können Sie einfach die Gerätedatei öffnen, um auf das Gerät zuzugreifen. Auf der man-Seite termios erfahren Sie, wie Sie Geschwindigkeit, Flagbits und Puffermodus des seriellen Ports einrichten.

27.9 Konfiguration für hartverdrahtete Terminals

Im Laufe der letzten zwei Jahrzehnte wurden ASCII-Terminals fast vollständig durch günstige Computer ersetzt. Doch da die »Terminal«-Fenster grafischer Benutzeroberflächen die gleichen Treiber und Konfigurationsdateien verwenden wie echte Terminals, ist es für Systemadministratoren auch heute noch unumgänglich, die Funktionsweise dieser archaischen Technologie zu verstehen.

Die Terminalkonfiguration umfasst im Wesentlichen zwei Aufgaben: Sie müssen sicherstellen, dass Logins am Terminal mithilfe eines Prozesses verarbeitet werden, und gewährleisten, dass Informationen über das Terminal verfügbar sind, sobald sich ein Benutzer angemeldet hat. Bevor wir jedoch tiefer in die Materie eintauchen, sehen wir uns den Loginvorgang einmal genauer an.

27.9.1 Der Loginvorgang

Der Loginvorgang schließt eine Reihe von Programmen ein, das wichtigste davon ist der Daemon init. Eine seiner Aufgaben besteht in der Erzeugung eines Prozesses (allgemein bekannt als getty) für jeden in der Datei /etc/inittab aktivierten Terminal-Port. Der getty-Prozess legt die anfänglichen Eigenschaften des Ports (wie Geschwindigkeit und Parität) fest und gibt eine Login-Kommandozeile aus.

> **Tipp**
>
> Weitere Informationen über den Daemon init finden Sie in Abschnitt 2.5.1.

27.9 Konfiguration für hartverdrahtete Terminals

Der eigentliche Name des Programms getty variiert bei den verschiedenen Linux-Distributionen, einige enthalten auch mehrere Implementierungen. So verwenden Red Hat, Fedora und SUSE eine vereinfachte Version namens mingetty, um Logins in virtuellen Konsolen zu verarbeiten; für die Steuerung von Terminals und Einwahlmodems kommt dagegen die mgetty-Implementierung von Gert Doering zum Einsatz. Debian und Ubuntu nutzen ein individuelles getty von Wietse Venema et al., das wiederum auch bei SUSE unter dem Namen agetty enthalten ist. Eine ältere Version namens uugetty wurde inzwischen größtenteils durch mgetty verdrängt.

Um bei dieser Fülle von getty-Programmen den Überblick zu behalten und sie voneinander zu unterscheiden, ordnen Sie sie am besten nach ihrer Komplexität. mingetty ist die einfachste Variante und im Wesentlichen nur ein Platzhalter für getty. Sie kann lediglich Logins in virtuellen Linux-Konsolen verarbeiten. agetty ist ein wenig fortschrittlicher und kann sowohl serielle Ports als auch Modems steuern. mgetty ist der derzeitige Platzhirsch. Es verarbeitet sowohl eingehende Faxe als auch Logins und sorgt für ordnungsgemäße Sperren und Koordination, sodass ein und dasselbe Modem als Ein- und Auswahlleitung fungieren kann.

Die Ereignisse eines vollständigen Loginvorgangs laufen in folgender Reihenfolge ab:

- getty gibt die Inhalte der Datei /etc/issue zusammen mit einer Login-Kommandozeile aus.
- Ein Benutzer gibt seinen Login-Namen in der Kommandozeile von getty ein.
- getty führt das Programm login mit dem eingegebenen Namen als Argument aus.
- login fordert ein Passwort und vergleicht dieses mit /etc/shadow[5].
- login gibt die Meldung des Tages aus /etc/motd aus und startet die Shell.
- Die Shell führt die entsprechenden Startdateien aus[6].
- Die Shell gibt eine Kommandozeile aus und wartet auf Eingaben.

Sobald der Benutzer sich abmeldet, erhält init die Kontrolle zurück, wird aktiv und erzeugt ein neues getty für den Terminal-Port.

Die meisten Konfigurationsmöglichkeiten in dieser Ereigniskette finden sich in der Datei /etc/inittab, worin der normale Systemsatz von getty-Programmen definiert ist, sowie in der Datei /etc/gettydefs, die von einigen getty-Versionen nach zusätzlichen Konfigurationsinformationen durchsucht wird.

---

[5] Falls keine Schattenpasswörter in Gebrauch sind, stammt das Passwort möglicherweise direkt aus /etc/passwd. Zudem besteht die Möglichkeit, dass /etc/passwd durch ein administratives Datenbanksystem wie NIS ersetzt oder ergänzt wurde. Weitere Informationen dazu finden Sie in Kapitel 17, »Systemdateien zentral verwalten«.

[6] .profile *für* sh *und* ksh; .bash_profile *und* .bashrc *für* bash; .cshrc *und* .login *für* csh/tcsh.

27.9.2 Die Datei /etc/inittab

init unterstützt verschiedene »Ausführungsebenen« (»Runlevel«), die festlegen, welche Systemressourcen aktiviert werden. Es gibt sieben Ausführungsebenen (von 0 bis 6 durchnummeriert), wobei »s« als Synonym für Ebene 1 gilt (Einzelbenutzerbetrieb). Wenn Sie den Einzelbenutzermodus verlassen, fordert init Sie auf, eine Ausführungsebene einzugeben, sofern kein Feld initdefault in der Datei /etc/inittab existiert, wie unten beschrieben. init durchsucht inittab dann nach allen Zeilen, die der angegebenen Ausführungsebene entsprechen.

Ausführungsebenen werden so eingerichtet, dass es eine Ebene gibt, in der nur die Konsole aktiviert ist, und eine andere, die alle getty-Programme aktiviert. Sie können die Definition der Ausführungsebenen auf die Bedürfnisse Ihres Systems abstimmen, wir empfehlen Ihnen jedoch, dabei nicht zu sehr von den Standardeinstellungen abzuweichen.

Einträge in inittab haben das folgende Format:

id:ausfuehrungsebenen:aktion:prozess

Es folgen ein paar einfache Beispiele für Einträge in inittab:

```
# CTRL-ALT-DELETE erfassen
ca::ctrlaltdel:/sbin/shutdown -t3 -r now
# getty-Programme in Standardausfuehrungsebenen ausfuehren
1:2345:respawn:/sbin/mingetty tty1
2:2345:respawn:/sbin/mingetty tty2
```

In diesem Format steht *id* für eine Zeichenfolge mit einem oder zwei Zeichen zur Identifikation des Eintrags; hier darf auch null stehen. Bei Terminaleinträgen wird üblicherweise die Terminalnummer als *id* eingesetzt.

Im Feld *ausfuehrungsebenen* werden die Ausführungsebenen aufgezählt, zu denen der Eintrag gehört. Werden keine Ebenen angegeben (wie in der ersten Zeile), gilt der Eintrag für alle Ausführungsebenen. *aktion* gibt an, wie das Feld *prozess* verarbeitet wird. Tabelle 27.6 listet einige der am häufigsten verwendeten Werte auf.

Wert	Warten?	Bedeutung
initdefault	–	Legt die anfängliche Ausführungsebene fest
boot	Nein	Wird ausgeführt, wenn inittab zum ersten Mal gelesen wird
bootwait	Ja	Wird ausgeführt, wenn inittab zum ersten Mal gelesen wird
ctrlaltdel	Nein	Wird als Antwort auf die Tastatureingabe ⟨Strg⟩ + ⟨Alt⟩ + ⟨Entf⟩ ausgeführt

Tabelle 27.6: Gängige Werte für das Feld aktion von /etc/inittab

27.9 Konfiguration für hartverdrahtete Terminals

Wert	Warten?	Bedeutung
wait	Ja	Startet den Prozess einmal
respawn	Nein	Sorgt dafür, dass der Prozess permanent weiterläuft
powerfail	Nein	Wird ausgeführt, wenn init ein Stromausfallsignal erhält
powerwait	Ja	Wird ausgeführt, wenn init ein Stromausfallsignal erhält
sysinit	Ja	Wird ausgeführt, bevor auf die Konsole zugegriffen wird

Tabelle 27.6: Gängige Werte für das Feld aktion von /etc/inittab (Forts.)

Entspricht eine der *ausfuehrungsebenen* der aktuellen Ausführungsebene und zeigt das Feld *aktion* an, dass der Eintrag relevant ist, führt init mithilfe von sh das im Feld *prozess* angegebene Kommando aus (bzw. beendet es). Die Spalte »Warten?« in Tabelle 27.6 gibt an, ob init die vollständige Ausführung des Kommandos abwartet, bevor es fortfährt.

Im vorhergehenden Beispiel für inittab-Einträge erzeugen die letzten beiden Zeilen mingetty-Prozesse für die ersten beiden virtuellen Konsolen (auf die mit Alt + F1 und Alt + F2 zugegriffen wird). Wenn Sie hartverdrahtete Terminals oder Einwahlmodems hinzufügen, sehen die dazugehörigen inittab-Zeilen ähnlich aus. Bei solchen Geräten müssen Sie jedoch mgetty oder getty (agetty bei SUSE) verwenden, da mingetty nicht leistungsfähig genug ist, um sie zu steuern. Im Allgemeinen ist respawn die korrekte Aktion und 2345 ein geeigneter Satz von Ausführungsebenen.

Das Kommando telinit -q veranlasst init, die Datei inittab nach eine Änderung neu zu lesen.

 Die verschiedenen gettys erfordern unterschiedliche Konfigurationsprozeduren. Die unter SUSE, Debian und Ubuntu vorhandene Version getty/agetty ist im Allgemeinen etwas einfacher als mgetty, da sie alle Konfigurationsinformationen in der Kommandozeile (in /etc/inittab) akzeptiert.

Das allgemeine Modell sieht so aus:

/sbin/getty port geschwindigkeit termtyp

port steht für die Gerätedatei des seriellen Ports im Verzeichnis /dev, *speed* bezieht sich auf die Baudrate (z. B. 38400), *termtyp* bezeichnet den standardmäßigen Terminaltyp für den Port und bezieht sich auf einen Eintrag in der Datenbank terminfo. Die meisten Emulatoren simulieren ein DEC VT100-Terminal, angegeben als vt100. Der Großteil der vielen anderen unwichtigeren Optionen stehen im Zusammenhang mit der Steuerung von Einwahlmodems.

27 Serielle Geräte

Tipp

Einzelheiten über die Datenbank `terminfo` finden Sie im nächsten Abschnitt.

 Das unter Red Hat, Fedora und SUSE enthaltene `mgetty` ist bezüglich der Handhabung von Modems ein wenig ausgereifter als `agetty` und kann sowohl ein- als auch ausgehende Faxe verarbeiten. Leider ist seine Konfiguration ein wenig langatmiger. Neben anderen Kommandozeilen-Flags akzeptiert `mgetty` auch einen optionalen Verweis auf einen Eintrag in `/etc/gettydefs`, der die Konfigurationsdetails für den seriellen Treiber festlegt. Sofern Sie keine allzu raffinierte Modemkonfiguration einrichten wollen, kommen Sie in der Regel ohne `gettydefs`-Eintrag aus.

 Mit `man mgettydefs` rufen Sie auf Red Hat-Systemen die `man`-Seite für die Datei `gettydefs` auf. Sie wurde so benannt, um Konflikte mit einer älteren `man`-Seite für `gettydefs` zu vermeiden, die auf Linux-Systemen nicht mehr existiert.

Eine einfache `mgetty` Kommandozeile für ein hartverdrahtetes Terminal sieht folgendermaßen aus:

`/sbin/mgetty -rs` *geschwindigkeit geraet*

geschwindigkeit steht für die Baudrate (z. B. 38400) und *geraet* für die Gerätedatei des seriellen Ports (verwenden Sie hier den vollen Pfadnamen).

Falls Sie bei der Verwendung von `mgetty` einen Standardterminaltyp für einen Port festlegen möchten, müssen Sie dies statt in der `mgetty`-Kommandozeile, in der separaten Datei `/etc/ttytype` tun. Ein Eintrag in `ttytype` hat das folgende Format:

termtyp geraet

geraet steht für den Kurznamen der Gerätedatei, die den Port repräsentiert, während *termtype* dem Namen des zugehörigen `terminfo`-Eintrags entspricht (siehe nächster Abschnitt), z. B.:

```
linux    tty1
linux    tty2
vt100    ttyS0
vt100    ttyS1
```

1118

27.9.3 Unterstützung für Terminals: Die Datenbanken termcap und terminfo

Linux unterstützt eine Vielzahl von Terminaltypen, wobei es sich einer Datenbank von Terminalressourcen bedient, in der die Eigenschaften und Programmierungsbesonderheiten jedes Terminaltyps verzeichnet sind. Es gibt zwei konkurrierende Datenbankformate: termcap und terminfo. Um eine maximale Kompatibilität zu gewährleisten, unterstützen Linux-Distributionen im Allgemeinen beide Varianten. Die termcap-Datenbank findet sich in der Datei /etc/termcap, die terminfo-Datenbank ist unter /usr/share/terminfo gespeichert. Die beiden Datenbanken sind sich sehr ähnlich und verwenden auch jeweils dieselben Bezeichnungen für die einzelnen Terminaltypen, weshalb eine Unterscheidung zwischen ihnen nicht wichtig ist.

Tipp

Weitere Informationen über das Konfigurieren von Terminals während des Loginvorgangs finden Sie in Abschnitt 27.12.

Beide Datenbanken enthalten von Haus aus Hunderte von Terminaltypen, wovon allerdings die meisten in der heutigen »terminallosen« Zeit bedeutungslos geworden sind. Erfahrungsgemäß wird immer ein DEC VT100-Terminal emuliert, sofern nichts anderes angegeben ist. Viele Emulatoren unterstützen auch »ansi«; »linux« und »xterm« eignen sich gut für Linux-Konsolen bzw. xterm-Fenster (X Windows Terminal).

Linux-Programme ermitteln die Art des verwendeten Terminals mithilfe der Umgebungsvariablen TERM. Das Terminal kann dann in der Datenbank termcap oder terminfo herausgesucht werden. Normalerweise setzt das System die TERM-Variable während des Loginvorgangs in Übereinstimmung mit den Kommandozeilen-Argumenten für getty/agetty oder den Inhalten von /etc/ttytype.

27.10 Sonderzeichen für den Terminaltreiber

Der Terminaltreiber unterstützt verschiedene Sonderfunktionen, auf die Sie mithilfe bestimmter Tastenkombinationen (in der Regel in Verbindung mit Strg) zugreifen können. Die individuelle Tastenbelegung lässt sich mit den Kommandos tset und stty einrichten. Tabelle 27.7 führt einige dieser Funktionen zusammen mit ihren Standardtastenkombinationen auf.

Name	Standard	Funktion
erase	`Strg` + `?`	Löscht das zuletzt eingegebene Zeichen
werase	`Strg` + `W`	Löscht das zuletzt eingegebene Wort
kill	`Strg` + `U`	Löscht die gesamte aktuelle Zeile
eof	`Strg` + `D`	Sendet ein Dateiendezeichen
intr	`Strg` + `C`	Unterbricht den gerade laufenden Prozess
quit	`Strg` + `\`	Bricht den aktuellen Prozess mit einem Core Dump ab
stop	`Strg` + `S`	Stoppt die Bildschirmausgabe
start	`Strg` + `Q`	Startet die Bildschirmausgabe neu
susp	`Strg` + `Z`	Hält den aktuellen Prozess an
lnext	`Strg` + `V`	Fügt das nächste Zeichen uninterpretiert ein

Tabelle 27.7: Sonderzeichen für den Terminaltreiber

PC-Versionen des Linux-Kernels fügen standardmäßig ein Löschzeichen ein (`Strg` + `?`), sobald die Backspace-Taste gedrückt wird (sie ist je nach Tastatur mit einem Linkspfeil oder der Bezeichnung *Del* gekennzeichnet). Früher verwendeten viele UNIX-Systeme das Backspace-Zeichen (`Strg` + `H`) für diesen Zweck, doch leider hat die Existenz zweier unterschiedlicher Standards für diese Funktion eine Menge von Problemen mit sich gebracht.

Mit stty erase (siehe nächster Abschnitt) können Sie dem Terminaltreiber mitteilen, welchen Tastaturcode Ihre Konfiguration verwendet. Einige Programme (wie Texteditoren und Shells mit Kommandozeilenfunktion) haben jedoch ihre eigene Regelung für das Backspace-Zeichen und kümmern sich nicht immer um die Terminaltreibervorgabe. Andere wiederum interpretieren sowohl das Backspace- als auch das Löschenzeichen korrekt, was einerseits hilfreich, andererseits aber auch verwirrend sein kann. Sie werden möglicherweise auch feststellen, dass Remote-Systeme, bei denen Sie sich über das Netzwerk anmelden, oft andere Voraussetzungen aufweisen als Ihr lokales System.

Diese ärgerlichen kleinen Konflikte zu lösen, kann schon mal einen ganzen Sonntagnachmittag in Anspruch nehmen, und leider gibt es meist keinen einfachen, allgemeingültigen Ansatz. Jede Software muss individuell angepasst werden. Hilfestellung bei dieser Aufgabe finden Sie in der Anleitung »Linux Backspace/Delete mini-HOWTO« unter *www.tldp.org* sowie in dem themenbezogenen Artikel von Anne Baretta unter *www.ibb.net/~anne/keyboard.html*.

27.11 stty: Terminaloptionen festlegen

Mit `stty` lassen sich die verschiedenen Einstellungen des Terminaltreibers direkt modifizieren und abfragen. Es gibt wirklich eine Unmenge von Optionen, aber die meisten davon dürfen Sie getrost ignorieren. `stty` verwendet für die Treiberoptionen im Allgemeinen dieselben Bezeichnungen wie die man-Seite terminos, doch es gibt auch ein paar Abweichungen.

Die Kommandozeilenoptionen von `stty` können in beliebiger Reihenfolge und Kombination eingegeben werden; durch einen Bindestrich vor einer Option wird diese verneint. So sähe z. B. der Befehl zur Konfiguration eines Terminals mit einer Geschwindigkeit von 9.600 Bps, gerader Parität und ohne Hardware-Tabulatoren folgendermaßen aus:

```
$ stty 9600 even -tabs
```

Eine gute Kombination von Optionen für ein einfaches Terminal ist dieses Beispiel:

```
$ stty intr ^C kill ^U erase ^? -tabs
```

Hier verhindert die Angabe -tabs, dass der Terminaltreiber den im Terminal integrierten Tabellierungsmechanismus nutzt – eine sinnvolle Maßnahme, da viele Emulatoren nicht sehr gut mit Tabulatoren umgehen können. Mit den anderen Optionen werden die Sonderfunktionen interrupt, kill und erase jeweils den Tastenkombinationen [Strg] + [C], [Strg] + [U] und [Strg] + [?] (Löschen) zugewiesen.

Sie können mit `stty` die aktuellen Terminaltreiber-Modi sowohl abfragen als auch einrichten. `stty` ohne Argumente produziert eine Ausgabe wie diese:

```
$ stty
speed 38400 baud; line = 0;
-brkint -imaxbel
```

Einen ausführlicheren Statusbereich erhalten Sie durch Hinzufügen der Option -a:

```
$ stty -a
speed 38400 baud; rows 50; columns 80; line = 0;
intr = ^C; quit = ^\; erase = ^?; kill = ^U; eof = ^D; eol = <undef>;
eol2 = <undef>; start = ^Q; stop = ^S; susp = ^Z; rprnt = ^R; werase = ^W;
lnext = ^V; flush = ^O; min = 1; time = 0;
-parenb -parodd cs8 -hupcl -cstopb cread -clocal -crtscts
-ignbrk -brkint -ignpar -parmrk -inpck -istrip -inlcr -igncr icrnl ixon -ixoff
-iuclc -ixany -imaxbel
opost -olcuc -ocrnl onlcr -onocr -onlret -ofill -ofdel nl0 cr0 tab0 bs0 vt0 ff0
isig icanon iexten echo echoe echok -echonl -noflsh -xcase -tostop -echoprt
echoctl echoke
```

Dieses Ausgabeformat ähnelt dem des ersten Beispiels, jedoch werden hier mehr Informationen aufgelistet. Die Bedeutung der einzelnen Angaben dürfte selbsterklärend sein (wenn Sie erst kürzlich einen Terminaltreiber geschrieben haben).

stty funktioniert auf der Basis des Dateideskriptors seiner Standardeingabe, sodass Sie mithilfe das Eingabeumleitungszeichens (<) der Shell auch die Modi eines anderen Terminals abfragen und festlegen können. Um die Terminalmodi eines anderen Benutzers ändern zu können, müssen Sie über Superuser-Rechte verfügen.

27.12 tset: Optionen automatisch festlegen

tset initialisiert den Terminaltreiber und bringt ihn in den für das jeweilige Terminal geeigneten Modus. Der Typ kann in der Kommandozeile festgelegt werden; wird diese Angabe weggelassen, verwendet tset den Wert der Umgebungsvariable TERM.

tset unterstützt eine Syntax, mit deren Hilfe sich bestimmte Werte der Umgebungsvariable TERM anderen Werten zuweisen lassen. Diese Eigenschaft erweist sich besonders dann als nützlich, wenn Sie sich oft über ein Modem oder einen Datenswitch anmelden und möchten, dass der Terminaltreiber für das gerade verwendete Terminal konfiguriert wird und nicht für einen allgemeinen und nicht sehr hilfreichen Typ wie »dialup«.

Angenommen, Sie verwenden zu Hause xterm und das System, in das Sie sich einwählen, ist so konfiguriert, dass es annimmt, der Terminaltyp eines Modems sei »dialup«. Durch Hinzufügen des Befehls

```
tset -m dialup:xterm
```

in die Datei .login oder .profile wird der Terminaltreiber bei jeder Einwahl automatisch an xterm angepasst.

Leider ist das Kommando tset nicht ganz so simpel, wie es den Anschein hat. Damit tset die Umgebungsvariablen anpasst und die Terminalmodi einstellt, müssen Sie ein paar Zeilen wie diese eingeben:

```
set noglob
eval `tset -s -Q -m dialup:xterm`
unset noglob
```

Dieser kleine Zauberspruch unterdrückt die Meldungen, die tset normalerweise ausgibt (-Q-Flag), und führt dazu, dass stattdessen die Shell-Kommandos zum Einrichten der Umgebung ausgegeben werden (-s-Flag). Die von tset ausgegebenen Shell-Kommandos werden innerhalb der Backquotes erfasst und mithilfe des integrierten Kommandos eval als Eingabe in die Shell eingespeist, wodurch die Kommandos denselben Effekt haben, als hätte der Benutzer sie eingegeben.

set noglob verhindert, dass die Shell irgendwelche Metazeichen in der tset-Ausgabe wie »*« und »?« erweitert. sh/ksh-Benutzer benötigen dieses Kommando (sowie unset noglob zur Aufhebung) nicht, da diese Shells Sonderzeichen innerhalb von Backquotes normalerweise nicht erweitern. Das tset-Kommando selbst ist das gleiche, egal, welche Shell Sie verwenden; tset liest die Umgebungsvariable SHELL, um zu ermitteln, welche Art von Kommandos ausgegeben werden sollen.

27.13 Terminalprobleme lösen

Manche Programme (z. B. vi) nehmen zur Laufzeit drastische Veränderungen am Status des Terminaltreibers vor. Diese Einmischungen bleiben dem Benutzer normalerweise verborgen, da der Terminalstatus sorgfältig wiederhergestellt wird, sobald ein Programm beendet oder angehalten wird. Es kann aber auch vorkommen, dass ein Programm abstürzt oder abgebrochen wird, ohne dass dieser Schritt durchgeführt wird. In diesem Fall kann sich das Terminal recht seltsam verhalten: es verarbeitet dann möglicherweise Zeilenvorschübe nicht mehr richtig, gibt eingegebene Zeichen nicht wieder oder führt Befehle nicht mehr korrekt aus.

Eine andere häufige Ursache für die Verwirrung eines Terminals ist das versehentliche Ausführen von cat oder more bei einer binären Datei. Die meisten binären Dateien enthalten eine bunte Mischung aus Sonderzeichen, die garantiert dafür sorgt, dass weniger robuste Emulatoren sich aus heiterem Himmel verabschieden.

Mit reset oder stty sane schaffen Sie Abhilfe. reset ist eigentlich nichts weiter als eine Verknüpfung zu tset und akzeptiert die meisten Argumente von tset; es wird jedoch gewöhnlich ohne Argumente ausgeführt. Sowohl reset als auch stty sane stellen den ursprünglichen Zustand des Terminaltreibers wieder her und senden den entsprechenden Code zum Zurücksetzen aus termcap/terminfo, sofern vorhanden.

In vielen Fällen, in denen ein reset-Kommando angebracht ist, befindet sich das Terminal in einem Modus, in dem die eingegebenen Zeichen nicht verarbeitet werden. Die meisten Terminals erzeugen beim Drücken von ⏎ oder Enter Zeilenumschaltungen statt neuer Zeilen; ohne Eingabeverarbeitung erzeugt diese Taste aber Strg + M -Zeichen, anstatt das gerade eingegebene Kommando auszuführen. In diesem Fall drücken Sie statt der ⏎ -Taste die Tastenkombination Strg + J oder die Zeilenvorschubtaste (falls vorhanden), um neue Zeilen direkt einzugeben.

27.14 Modems

Ein Modem wandelt das digitale serielle Signal eines Computers in ein für die Übertragung über eine Standardtelefonleitung geeignetes, analoges Signal um. Glücklicherweise hat das Aufkommen von Breitbandinternetzugängen diese einst unverzichtbaren Geräte vielerorts zu Museumsanwärtern gemacht.

Externe Modems verfügen über einen RJ-11-Anschluss auf der analogen Seite (Telefonanschluss), die digitale Seite über eine RS-232-Schnittstelle – in der Regel eine weibliche DB-25-Buchse. An der Vorderseite befinden sich normalerweise LEDs, die den aktuellen Status und die Aktivität des Modems anzeigen. Sie geben meist nützliche Hinweise bei der Fehlerbehebung, weshalb ein Modem stets in Sichtweite platziert werden sollte.

Interne Modems finden sich meist in PCs. Sie passen in einen ISA-, PCI- oder PCMCIA-Slot und haben eine RJ-11-Buchse, die nach der Installation an der Rückseite des Computergehäuses zugänglich ist. Zwar sind sie günstiger in der Anschaffung, aber auch schwieriger zu konfigurieren und haben in der Regel keine Kontrollanzeigen.

Falls Sie sich für ein internes Modem entscheiden, sollten Sie beim Kauf auf die Kompatibilität zu Linux achten. Schnelle CPUs haben eine Vereinfachung der Modem-Hardware ermöglicht, da einige Signalverarbeitungsaufgaben vom Hostprozessor übernommen werden. Leider erfordern Modems dieser Art (üblicherweise als Winmodems bezeichnet) komplexe Treiber und werden von Linux nicht immer unterstützt. Der Artikel »Linmodem HOWTO« von Sean Walbran und Marvin Stodolsky (unter *www.tldp.org*) gibt Ihnen einen Überblick, welche Winmodems von Linux unterstützt werden. (Lesen Sie außerdem den Artikel »Modem HOWTO«, um einen umfassenderen Einblick in die Verwaltung vom Modems zu erhalten.)

Interne Modems sind meist so ausgelegt, dass sie bei der auf Benutzerebene installierten Software den Eindruck erwecken, als seien sie durch einen imaginären seriellen Port verbunden. Auf diese Weise kann die logische Funktion des Modems von seiner Hardwareimplementierung isoliert werden und Standardsoftwarepakete können das Modem steuern, ohne etwas über dessen Besonderheiten zu wissen.

Modems unterscheiden sich in ihrer allgemeinen Robustheit, was sich jedoch ohne entsprechende Erfahrungswerte schlecht beurteilen lässt. In früheren Jahren waren einige Modems z. B. erheblich toleranter gegenüber Leitungsgeräuschen als andere. Heute enthalten die meisten Modelle Standardchipsätze großer Hersteller, sodass die Unterschiede längst nicht mehr so gravierend sind.

Hochgeschwindigkeitsmodems erfordern eine komplexe Firmware, und die ist in der Regel fehlerhaft. Da die Hersteller wenn möglich dieselbe Firmware für verschiedene Modelle einsetzen, erstreckt sich gute oder schlechte Firmware meist auf bestimmten Produktlinien. Aus diesem Grund empfehlen wir nach wie vor, möglichst bekannte Marken zu wählen.

27.14.1 Protokolle zur Modulation, Fehlerkorrektur und Datenkomprimierung

Vor vielen Jahren war es wichtig, genau zu prüfen, welche Protokolle von einem Modem unterstützt wurden, da die Standards sich ständig änderten und die Modemhersteller nicht immer einen kompletten Satz von Protokollen implementierten. Heute unterstützen alle Modems mehr oder weniger dieselben Standards. Die einzigen wirklichen Unterschiede liegen in der Qualität der Firmware, der Elektronik und des technischen Supports.

27.14 Modems

Die Baudrate eines Protokolls steht für die Frequenz, mit der das Trägersignal moduliert wird. Gibt es mehr als zwei Signalebenen, kann pro Modulation mehr als ein Bit an Information gesendet werden und die Geschwindigkeit in Bits pro Sekunde wird höher als die Baudrate. Da Daten- und Signalgeschwindigkeit bei Modems früher für ein und dasselbe standen, werden die Begriffe »Baud« und »Bps« (Bits pro Sekunde) heute oft miteinander verwechselt.

Die meisten gängigen Modems verwenden den »56K« V90-Standard, der jedoch in der Realität keinen Datendurchsatz von 56 KB/s erbringt, sondern bestenfalls 33,6 KB/s vom Computer zum Internetprovider und 53 KB/s in umgekehrter Richtung. Der jüngste Modemstandard, V.92, sendet 48 KB/s statt 33,6 KB/s an den Provider. V. 90 und V.92 erreichen Geschwindigkeiten, die nahe an der theoretischen Grenze der Signalübertragung über normale Telefonleitungen liegen, und werden in absehbarer Zeit wohl nicht durch neue Standards abgelöst werden.

Leitungsgeräusche können bei einer Modemverbindung zu erheblichen Fehlermengen führen. Diverse Fehlerbehebungsprotokolle wurden entwickelt, um die übertragenen Daten zu paketieren und eine auf einer Prüfsumme basierende Fehlerkorrektur bereitzustellen und so den Benutzer bzw. Anwendungen vor Leitungsstörungen zu schützen. Früher war entsprechendes Wissen nötig, um ein Modem korrekt zu konfigurieren, heute funktionieren diese Dinge glücklicherweise meist von selbst.

Mithilfe von Datenkomprimierungsalgorithmen lässt sich die Anzahl der zwischen den analogen Endpunkten zu übertragenden Bits verringern. Dabei bewegt sich die Komprimierungsstärke zwischen null oder schlechter (wenn bereits komprimierte Daten übertragen werden) und maximal 4:1.; ein häufigerer Wert ist 1,5:1. Eine normale Konfiguration funktioniert im Allgemeinen besser, wenn einer der genannten Komprimierungsalgorithmen aktiviert ist.

27.14.2 minicom: Einwählen

Die traditionellen UNIX-Einwahlprogramme tip und cu sind relativ unbeliebt unter Linux-Benutzern, obwohl beide auf Linux portiert wurden (cu befindet sich meist in einem Paket zusammen mit UUCP, einem veralteten Telefonkommunikationssystem). Häufiger kommen unter Linux All-in-One-Pakete wie kermit und minicom zum Einsatz, die eine Terminal-Emulation sowie Unterstützung für Datentransferprotokolle bieten. Zur Fehlerbehebung und für die gelegentliche Nutzung empfehlen wir minicom, vor allem, weil es in vielen Fällen bereits vorinstalliert ist. Unter Debian wird es nicht standardmäßig installiert; sollte das Programm nicht vorhanden sein, führen Sie einfach apt-get install minicom aus.

Anders als die meiste Linux-Software, erinnert minicom eher an ein PC-Programm (ob dies nun gut oder schlecht ist, sei dahingestellt).

Falls Sie sich noch daran erinnern, wie Sie sich anno 1986 mit 1.200 Baud über einen MS-DOS-Terminal-Emulator angemeldet haben, dann wird Ihnen minicom sehr vertraut vorkommen. Um die Software zu konfigurieren, führen Sie minicom -s als root aus und wechseln ins Menü SERIAL PORT SETUP. Wählen Sie die Gerätedatei für das Modem aus, aktivieren Sie die Hardware-Flusskontrolle, setzen Sie die Kodierung auf 8N1 (8 Datenbits, keine Parität und 1 Stopbit) und stellen Sie sicher, dass die Geschwindigkeit in Ordnung ist. Kehren Sie ins Hauptmenü zurück und wählen Sie SAVE SETTINGS AS DFL, um Ihre Änderungen zu übernehmen.

Falls Sie mit der Hayes-Kommandosprache vertraut sind, die von den meisten Modems verwendet wird, können Sie die Kommandos auch einfach direkt eingeben (z. B. »ATDT5551212«, um 555-1212 zu wählen). Wenn Sie die Einwahl lieber `minicom` überlassen möchten, geben Sie [Strg] + [A] ein, um ins Einwahlmenü zu gelangen.

27.14.3 Bidirektionale Modems

Es ist oftmals praktischer, ein einziges Modem für Ein- und Auswahldienste zu verwenden, besonders, wenn Sie die Faxunterstützung nutzen möchten. Diese Konfiguration erfordert eine besonders sorgsame Steuerung des seriellen Ports durch `getty`, denn einfach die Kontrolle über den Port zu übernehmen und alle anderen Prozesse auszusperren, wäre in diesem Fall nicht angebracht.

Die gemeinsame Benutzung eines Ports wird mithilfe von Optionen für den Systemaufruf `open` erreicht und nutzt Eigenschaften des seriellen Treibers sowie des Kernels. Alle Programme, die sich den Port teilen, unterliegen dem entsprechenden Protokoll.

In früheren Jahren war die Konfiguration eines bidirektionalen Modems mit großem Aufwand verbunden, erforderte zahlreiche, systembezogene Änderungen und funktionierte häufig nicht zufriedenstellend. Glücklicherweise kommen die gängigen Linux-Softwarepakete von vornherein recht gut miteinander aus, so lange Sie `mgetty` oder den Vorgänger `uugetty` verwenden. `mgetty` wird im Allgemeinen bevorzugt, da es standardmäßig für gemeinsame Nutzung des Modems ausgelegt ist, sodass Sie das Modem einfach nur anschließen müssen und sofort loslegen können.

27.15 Serielle Verbindungen debuggen

Das Debuggen von seriellen Verbindungen ist nicht sonderlich schwer. Folgende Fehlerursachen treten häufig auf:

- `init` wurde nicht angewiesen, seine Konfigurationsdateien zu lesen.
- Bei Verwendung eines dreiadrigen Kabels wurde der Soft Carrier nicht eingerichtet.
- Ein Kabel mit der falschen Nullung wird verwendet.
- DB-25-Stecker wurden verkehrt herum gelötet oder gecrimpt.
- Ein Gerät wurde aufgrund mangelhafter oder fehlender Leitungspläne an eine falsche Leitung angeschlossen.
- Die Terminaloptionen wurden falsch eingerichtet.

Eine Breakoutbox ist ein unverzichtbares Werkzeug zur Behebung von Verkabelungsproblemen. Sie wird in der seriellen Leitung zwischengeschaltet und zeigt die Signale eines jeden Pins an, während sie durch das Kabel geleitet werden. Breakoutboxen von besserer Qualität haben sowohl männliche als auch weibliche Stecker auf beiden Seiten und sind somit sehr flexibel. Die mit den »wichtigen« Pins (2, 3, 4, 5, 6, 8 und 20) verbundenen LEDs zeigen deren jeweilige Aktivität an.

Einige Breakoutboxen lassen nur eine Überwachung der Signale zu; andere ermöglichen eine Neuverdrahtung der Verbindung sowie das Anlegen einer Spannung für einen bestimmten Pin. Wenn Sie beispielsweise vermuten, dass ein Kabel genullt (gekreuzt) werden muss, können Sie mithilfe der Breakoutbox die gegenwärtige Verdrahtung aufheben und die Pins 2 und 3 sowie 6 und 20 jeweils miteinander tauschen.

Eine schlechte Breakoutbox kann schlimmer sein als gar keine. Unser bevorzugtes Modell ist die BOB-CAT-B von Black Box (*www.blackbox.com*). Sie ist benutzerfreundlich und kostet rund 250 $.

> **Tipp**
>
> Einzelheiten zu Black Box finden Sie in Abschnitt 14.14.

27.16 Andere gebräuchliche E/A-Anschlüsse

Serielle Ports waren einst der unangefochtene Standard, wenn es darum ging, Peripheriegeräte mit geringer Geschwindigkeit an UNIX-Systeme anzuschließen. Heute jedoch ist PC-Hardware in aller Regel mit USB-Anschlüssen (Universal Serial Bus) ausgestattet, die diese Funktion übernehmen.

Der USB-Standard stellt traditionelle serielle (und parallele) Schnittstellen völlig in den Schatten, denn er ist schnell (bis zu 480 Mb/s), von elegantem Design und verwendet standardisierte Kabel, die einfach und obendrein günstig sind. Kein Wunder, dass USB schnell zum Standard für die meisten externen Geräte geworden ist.

Zudem gibt es Adapter mit einem USB-Port auf der einen und einem seriellen RS-232C-Anschluss auf der anderen Seite, die es ermöglichen, neuere PCs ohne eingebaute serielle Ports mit älteren seriellen Geräten zu verbinden. Wir persönlich haben gute Erfahrungen mit den USB-auf-RS-232C-Adaptern von Keyspan (*www.keyspan.com*) gemacht. Passende Treiber sind in den Linux-Kernel-Versionen 2.4.22 und höher enthalten.

Parallele Schnittstellen waren in den 80er Jahren weit verbreitet und ähneln vom Konzept her seriellen Ports, sie übertragen jedoch acht Bits gleichzeitig (statt nur einem). Traditionell finden sich parallele Schnittstellen an Druckern, in der Windows-Welt wurden sie früher auch zum Anschließen von Zip- und Bandlaufwerken verwendet. Diese Einsatzmöglichkeiten wurden jedoch schon vor langem durch USB ersetzt und auch Linux unterstützt parallele Geräte – abgesehen von Druckern – nur noch selten.

27.16.1 USB (Universal Serial Bus)

USB ist ein allgemeiner Standard zur Verbindung eines Computers mit Peripheriegeräten, der von Unternehmen wie Compaq, DEC, IBM, Intel, Microsoft, NEC und Northern Telecom entwickelt wurde. Der erste USB-Standard kam 1996 auf den Markt und hat sich im Laufe der letzten zehn Jahre in der Windows-Welt rasant verbreitet. Alle neueren PCs verfügen über USB-Ports und die meisten externen Geräte sind als USB-Variante erhältlich.

Tipp

Weiterführende Informationen zum Thema USB finden Sie unter *www.usb.org*.

USB ist ein großartiges System und wird wahrscheinlich noch viele Jahre im Einsatz bleiben. Es besitzt nahezu alle Eigenschaften, die man sich bei einem Kommunikationsbussystem nur wünschen kann:

- Es ist extrem kostengünstig.
- Bis zu 127 Geräte können angeschlossen werden.
- Die Kabel haben nur vier Adern: Strom, Erdung und zwei Signalleitungen.
- Anschlüsse und Stecker sind standardisiert.
- Die Stecker sind klein und die Kabel dünn und flexibel.
- Geräte können bei laufendem Betrieb angeschlossen und wieder entfernt werden.
- Signalgeschwindigkeiten bis zu 480 Mb/s sind möglich (USB 2.0).
- Ältere serielle und parallele Geräte können mithilfe von Adaptern angeschlossen werden.

USB lässt sich sogar für LAN-Verbindungen einsetzen, obwohl es dafür eigentlich gar nicht entwickelt wurde.

USB wird bereits umfassend und solide von Linux unterstützt. Der USB-Standard definiert Standardschnittstellen für verschiedene Klassen gängiger Geräte (wie Mäuse, Modems und Massenpeichergeräte), sodass deren Verwendung oft recht unkompliziert ist. Geräte wie Kameras und Scanner benötigen dagegen gelegentlich Chipsatz-spezifische Treiber.

Informationen über verfügbare USB-Geräte finden Sie in /proc/bus/usb. Nummerierte Dateien (wie 001, die den Hosteigenen USB-Controller repräsentieren) sind den einzelnen USB-Geräten zugeordnet. Die Datei /proc/bus/usb/devices stellt detaillierte Informationen über die aktuell angeschlossenen Geräte bereit, /proc/bus/usb/drivers enthält die Namen der aktuell registrierten USB-Treiber (egal, ob sie verwendet werden oder nicht). Beide Dateien können Sie mit less oder in Ihrem bevorzugten Texteditor ansehen. Alternativ können Sie den Befehl lsusb verwenden.

Obwohl das Dateisystem /proc/bus/usb Autokonfiguration unterstützt und beim Debuggen hilft, wird es im Allgemeinen nicht direkt von den Treibern der Kernel-Ebene genutzt. Der Zugriff auf die meisten USB-Geräte erfolgt über Gerätedateien im traditionellen UNIX-Stil (unter /dev).

USB wird üblicherweise zusammen mit Geräten zur Datenspeicherung (z. B. Flash-Memory-Laufwerke) verwendet. Einzelheiten zur Installation von USB-Laufwerken lesen Sie in Abschnitt 7.9. Aktuelle Informationen über andere Gerätearten finden Sie in der Geräteliste unter *www.linux-usb.org*.

27.17 Übungen

1. Was ist ein Nullmodemkabel? Wie genau wird es zur Verbindung von seriellen DCE- und DTE-Geräten eingesetzt?

2. Können Sie ein dreiadriges serielles Kabel für eine serielle Modemverbindung verwenden? Oder für einen seriellen Drucker? Falls ja, warum und falls nein, warum nicht?

3. Wie funktioniert die traditionelle serielle Hardware-Flusskontrolle? Was können Sie tun, wenn ein System keine Hardware-Flusskontrolle versteht?

4. Was versteht man unter einem Pseudo-Terminal? Welche Programme verwenden Pseudo-Terminals?

5. Entwickeln Sie einen inittab-Eintrag, der

    a) ein Programm namens server-fallback ausführt, auf dessen Beendigung wartet und dann bei Stromausfall sofort das System anhält.

    b) einen Server namens unstable-srv nach dessen Absturz neu erzeugt.

    c) ein Skript namens clean-temp ausführt, das bei jedem Systemneustart alle temporären Dateien löscht.

6. Sie haben ein neues USB-Gerät an Ihren Computer angeschlossen. Wie können Sie herausfinden, ob es erkannt wurde und nun zugänglich ist?

☆ 7. Vergleichen Sie die seriellen Standards RS-232 und USB miteinander.

☆ 8. Ein Freund hat sich fahrlässigerweise über Nacht bei seinem Linux-System nicht abgemeldet und hat nun mit merkwürdigen Problemen zu kämpfen, sobald er Shell-Anwendungen ausführt. Programme werden abgebrochen oder angehalten und vorherige Eingaben verschwinden, sobald bestimmte Kommandos gegeben bzw. Eingaben gemacht werden; andere Dinge scheinen jedoch normal zu funktionieren. Mit welcher Aktion könnte ein unfreundlicher Benutzer dieses Verhalten verursacht haben? Erklären Sie, wie Sie Ihre Antwort belegen könnten. Wie kann das Problem gelöst werden? Wer könnte diese gemeine Tat begehen?

28 Treiber und der Kernel

Es ist der Kernel, der die Systemhardware hinter einer abstrakten Programmierschnittstelle in Hochsprache verbirgt. Er sorgt für viele der Möglichkeiten, die Benutzer und Programme auf der Benutzerebene als selbstverständlich voraussetzen. So sorgt der Kernel auf der Basis von systemnäheren Hardware-Features zum Beispiel für alles Folgende:

- Prozesse (Verteilung der CPU-Zeit, geschützte Adressbereiche)
- Signale und Semaphore
- Virtueller Speicher (Swapping, Paging, Mapping)
- Dateisystem (Dateien, Verzeichnisse, Namespaces)
- Eingabe/Ausgabe im Allgemeinen (Spezialhardware, Tastatur, Maus)
- Interprozesskommunikation (Pipes und Netzwerkverbindungen)

Der Kernel enthält Gerätetreiber, die die Interaktion zwischen Kernel und einzelnen Teilen der Hardware regeln. Alles andere im Kernel ist weitgehend geräteunabhängig. Die Beziehung zwischen dem Kernel und seinen Gerätetreibern ähnelt der Beziehung zwischen Prozessen auf Benutzerebene und dem Kernel. Wenn ein Prozess den Kernel dazu auffordert, die ersten 64 Bytes von /etc/passwd zu lesen, kann der Kernel diesen Auftrag in eine Anweisung an einen Gerätetreiber übertragen, beispielsweise in »Hole Block 3348 von Gerät 3«. Der Treiber wiederum übersetzt diesen Befehl in aufeinanderfolgende Binärmuster, um sie dann an die Kontrollregister des Geräts zu reichen.

Der Kernel ist überwiegend in C geschrieben. Einzelne kleine Teile in Assemblersprache unterstützen die Ankopplung an hardware- oder chipspezifische Funktionen, die sich nicht über normale Compiler-Anweisungen ansprechen lassen.

Einer der Vorzüge der Linux-Umgebung ist es, dass es durch die Verfügbarkeit des Quellcodes vergleichsweise einfach ist, eigene Gerätetreiber und Kernelmodule schon von Beginn an zu integrieren. Anfangs kamen Linux-Anwender um Kenntnisse auf diesem Gebiet nicht herum. Wenn sie nicht in der Lage waren, das System in eine bestimmte Umgebung einzupassen, konnten sie es kaum erfolgreich verwenden.

Heute können Systemadministratoren problemlos arbeiten, ohne sich mit zähem Kernel-Code die Hände schmutzig zu machen. Man kann sogar behaupten, dass sie dies besser den Programmierern überlassen und sich selbst mehr auf die allgemeinen Bedürfnisse der Benutzergemeinde konzentrieren sollten. Systemadministratoren können den Kernel anpassen oder bereits existierende Module hinzufügen, wie es in diesem Kapitel beschrieben wird. Sie müssen aber nicht zwingend einen Intensivkurs für die Programmierung in C oder in Assemblersprache absolvieren.

Die Verwaltung heutiger Linux-Umgebungen hat wirklich nichts mehr mit der harten Grundlagenarbeit vor nur wenigen Jahren zu tun.

28.1 Kernelanpassung

Linux-Systeme arbeiten in einer Welt, die beliebig viele verschiedene Hardwareteile enthalten kann. Der Kernel muss sich an die Hardware auf dem Rechner anpassen, auf dem er läuft, egal welche das ist.

Ein Kernel kann die Systemhardware auf verschiedenste Arten erkennen. Am einfachsten ist es, dem Kernel ausdrückliche Informationen zu geben, welche Hardware er vorfinden sollte (bzw. gegebenenfalls nicht vorfinden dürfte). Darüber hinaus sucht der Kernel einige Geräte von selbst, entweder beim Hochfahren oder aber dynamisch, also im laufenden Betrieb. Für moderne Geräte ist Letzteres die gebräuchlichste Art, also zum Beispiel für solche, die über USB (Universal Serial Bus) angeschlossen sind, darunter Speichersticks, Modems, Digitalkameras und Drucker. Glücklicherweise bietet Linux für eine Vielzahl dieser Geräte angemessene Unterstützung.

Auf PCs, wo Linux sehr beliebt ist, stellt es eine besonders große Herausforderung dar, ein genaues Verzeichnis der Systemhardware anzulegen. Manchmal ist es sogar unmöglich. Im Laufe der Evolution hat sich alles Leben aus ersten Einzellern entwickelt, von Dingos bis hin zu Killerbienen, und PC-Hardware hat eine ähnliche Entwicklung hinter sich. Gravierender noch als diese Vielfalt ist der Umstand, dass Ihnen PC-Hersteller zu den Systemen, die sie verkaufen, kaum technische Informationen an die Hand geben. Um herauszufinden, welcher Ethernet-Chipsatz auf der Hauptplatine ist, oder andere Fragen zu klären, müssen Sie Ihr System daher oft auseinanderbauen und die Einzelteile in Augenschein nehmen.

Moderne Linux-Systeme leben von einem Mix aus statischen und dynamischen Kernelkomponenten, wobei das Mischungsverhältnis im Wesentlichen durch die Grenzen der PC-Hardware bestimmt ist. Mit hoher Wahrscheinlichkeit kommen Sie als Systemadministrator in Ihrer beruflichen Laufbahn irgendwann an den Punkt, wo Sie bei der Erstellung einer neuen Kernelkonfiguration mithelfen müssen.

28.2 Treiber und Gerätedateien

Ein Gerätetreiber ist ein Programm, das das Zusammenspiel zwischen dem System und einem Hardwaregerät regelt. Der Treiber übersetzt dabei zwischen den Hardwarebefehlen, die das Gerät versteht, und der vereinheitlichten Programmierschnittstelle, die der Kernel benutzt. Die Treiberschicht trägt dazu bei, Linux bis zu einem gewissen Grad geräteunabhängig zu halten.

Gerätetreiber sind Teil des Kernels und keine Benutzerprozesse. Trotzdem lässt sich ein Treiber sowohl vom Kernel als auch vom Userspace aus ansteuern. Von der Benutzerebene aus werden Geräte normalerweise über besondere Gerätedateien im /dev-Verzeichnis angesprochen. Der Kernel wandelt Operationen an diesen Dateien in Aufrufe an den Treibercode um.

In der Welt des Systemadministrators ist die PC-Hardware eine Quelle des Chaos. Es gibt eine verwirrende Menge an Hardware und »Standards« mit unterschiedlichem Grad an Unterstützung durch das Betriebssystem. Bedenken Sie Folgendes:

- Mehr als 30 verschiedene SCSI-Chipsätze sind heute erhältlich. Jeder davon wird von mindestens doppelt so vielen Anbietern abgepackt und verkauft.

- Es gibt über 200 verschiedene Netzwerkschnittstellen, die jeweils von mehreren verschiedenen Anbietern unter verschiedenen Namen vertrieben werden.

- Ständig wird neuere, bessere und preisgünstigere Hardware entwickelt. Um mit dem Linux Ihrer Wahl arbeiten zu können, brauchen Sie für jede Neuentwicklung einen neuen Treiber.

Angesichts der beachtlichen Geschwindigkeit, mit der neue Hardware entwickelt wird, ist es praktisch unmöglich, gängige Betriebssystem-Distributionen jeweils auf dem Stand der neuesten Hardware zu halten. Zur Unterstützung neuer Hardware müssen Sie gelegentlich einen Gerätetreiber zu Ihrem Kernel hinzufügen.[1]

Nur Gerätetreiber, die für die Nutzung unter Linux (und üblicherweise einer bestimmten Version des Linux-Kernels) entworfen wurden, lassen sich in einem Linux-System erfolgreich installieren, nicht aber Treiber für andere Betriebssysteme (z. B. Windows). Behalten Sie dies im Hinterkopf, wenn Sie neue Hardware kaufen. Darüber hinaus unterscheiden sich die Geräte in ihrem Ausmaß an Kompatibilität und Funktionalität bei der Nutzung unter Linux. Daher ist es immer ratsam zu beachten, welche Ergebnisse andere mit der Hardware erzielt haben, die Sie anschaffen wollen.

Anbieter widmen dem UNIX- und dem Linux-Markt zunehmend mehr Aufmerksamkeit und verkaufen ihre Produkte häufig mit Linux-Treibern. Im Idealfall liefert Ihnen Ihr Anbieter sowohl Treiber als auch Installationsanweisungen. Gelegentlich werden

---

1 Auf PCs können Sie mit dem lspci-Befehl die Geräte anzeigen lassen, die zu dieser Zeit an den PCI-Bus angeschlossen sind und vom Kernel erkannt werden.

Sie den von Ihnen benötigten Treiber nur auf einer unkommentierten Internetseite finden. Dieser Absatz zeigt Ihnen für beide Fälle, was wirklich geschieht, wenn Sie einen Gerätetreiber hinzufügen.

28.2.1 Gerätedateien und -nummern

Für viele Geräte gibt es eine zugehörige Datei im /dev-Verzeichnis. Bedeutsame Ausnahmen stellen bei den heutigen Betriebssystemen Netzwerkgeräte dar. Komplexe Server können Hunderte Geräte unterstützen.

Derartige Gerätedateien unter /dev sind jeweils mit einer Haupt- und einer Nebennummer (Major und Minor device number) verknüpft. Diese Nummern nutzt der Kernel dazu, Zugriffe auf die Gerätedatei auf den entsprechenden Treiber abzubilden.

Die Hauptnummer bezeichnet den Treiber, mit dem die Datei verknüpft ist, anders gesagt den Gerätetyp. Die Nebennummer gibt üblicherweise an, welche Instanz eines bestimmten Gerätetyps anzusprechen ist. Die Nebennummer wird manchmal auch Einheitennummer genannt.

Haupt- und Nebennummer einer Gerätedatei können Sie mit ls -l anzeigen lassen:

```
$ ls -l /dev/sda
brw-rw---- 1 root     disk     8,   0 Jan 5 2005 /dev/sda
```

Dieses Beispiel zeigt die erste SCSI-Platte eines Linux-Systems. Sie hat die Hauptnummer 8 und die Nebennummer 0.

Manchmal verwendet der Treiber die Nebennummer dazu, eine bestimmte Eigenschaft eines Geräts auszuwählen. So kann es unter /dev für ein einzelnes Bandlaufwerk mehrere Dateien mit unterschiedlichen Einstellungen für Aufnahmedichte und Rückspuleigenschaften geben. Dem Treiber ist es überlassen, die Nebennummer eines Geräts so zu deuten, wie er will. Schlagen Sie auf der man-Seite eines Treibers nach, nach welchem Grundsatz er dabei vorgeht.

Im Prinzip gibt es zwei Arten von Gerätedateien: solche für blockorientierte und solche für zeichenorientierte Geräte. Ein blockorientiertes Gerät schreibt oder liest Daten blockweise (ein Block umfasst dabei eine Anzahl von Bytes, üblicherweise ein Vielfaches von 512). Ein zeichenorientiertes Gerät schreibt oder liest Daten dagegen byteweise.

In manchen Fällen ist es zweckdienlich, einen nicht real vorhandenen Gerätetreiber einzuführen, auch wenn dieser kein echtes Gerät steuert. Solche Phantomgeräte nennt man virtuelle Geräte. So erhält zum Beispiel ein Benutzer, der sich über das Netzwerk anmeldet, ein Pseudo-Terminal zugewiesen und täuscht Hochsprachen-Software dadurch einen seriellen Anschluss vor. Durch diesen Kunstgriff funktionieren Programme aus den Zeiten, als noch jeder ein Terminal verwendete, auch noch in der heutigen, von Fenstern und Netzwerken geprägten Welt.

28.2 Treiber und Gerätedateien

Wenn ein Programm eine Operation an einer Gerätedatei durchführt, erkennt der Kernel automatisch den Verweis, schlägt den entsprechenden Funktionsnamen in einer Tabelle nach und übergibt ihm die weitere Verarbeitung. Bei der Durchführung einer unüblichen Operation, die kein direktes Gegenstück im Modell des Dateisystems hat (zum Beispiel beim Auswerfen einer CD), kann ein Programm den Systemaufruf ioctl nutzen, um den Treiber direkt vom Userspace aus anzusprechen.

28.2.2 Gerätedateien erstellen

Gerätedateien können mit dem Befehl mknod von Hand erstellt werden. Die Syntax lautet wie folgt:

mknod Dateiname Typ Hauptnummer Nebennummer

Dateiname ist dabei die zu erstellende Gerätedatei, während Typ bei einem zeichenorientierten Gerät auf c und bei einem blockorientierten Gerät auf b gesetzt wird. Hauptnummer und Nebennummer stehen für die Haupt- und Nebennummer. Wenn Sie manuell eine Gerätedatei erstellen, die auf einen bereits im Kernel vorhandenen Treiber verweist, prüfen Sie die man-Seite für den Treiber, um die zugehörigen Haupt- und Nebennummern herauszufinden.

Früher richtete der Systemadministrator die Gerätedateien unter /dev von Hand ein. Die meisten Systeme stellten im /dev-Verzeichnis ein Skript zur Verfügung, MAKEDEV genannt, das bei dieser Aufgabe half. MAKEDEV wusste manchmal, aber nicht immer, wie die richtige Gerätedatei für ein bestimmtes Zubehörteil zu erstellen war. Es war aber in jedem Fall ein lästiges Verfahren.

Ab Version 2.6[2] des Linux-Kernels verwaltet das udev-System dynamisch die Erstellung bzw. Entfernung von Gerätedateien, je nachdem, ob ein Gerät tatsächlich angeschlossen ist oder nicht. Der udevd-Daemon achtet auf Kernelnachrichten zu Änderungen im Gerätestatus. Wenn ein Gerät entdeckt oder entfernt wird, kann udevd auf der Grundlage der Konfigurationsinformationen unter /etc/udev/udev.conf und weiteren Unterverzeichnissen eine Vielzahl von Maßnahmen einleiten. Standardmäßig erstellt udevd Gerätedateien unter /dev. Wenn neue Netzwerkschnittstellen erkannt werden, versucht das Programm auch, Netzwerkkonfigurationsskripte auszuführen.

28.2.3 sysfs: Das Fenster zur Seele der Geräte

Ein anderer Bestandteil des Kernels, der mit Version 2.6 eingeführt wurde, ist sysfs. Dieses virtuelle Dateisystem liefert gut aufbereitete und sehr detaillierte Informa-

---

[2] udev ist ein vollständiger Ersatz für devfs, einen anderen neueren Ansatz mit ähnlicher Funktionalität. udev setzt nicht alle Fähigkeiten von devfs um, die Architektur gilt jedoch als klarer. Alle zusätzlichen, komfortablen Fähigkeiten von devfs werden dementsprechend zu überflüssigem Luxus erklärt – Geschmackssache.

tionen über verfügbare Geräte, ihre Konfigurationen und ihren Status. Die Informationen lassen sich sowohl vom Kernel als auch vom Userspace aus abrufen.

Das /sys-Verzeichnis, wo sysfs üblicherweise eingehängt ist, gibt Aufschluss zu allen möglichen Dingen, angefangen bei der Frage, welchen IRQ ein Gerät benutzt, bis zu der, wie viele Blöcke für das Schreiben auf einem Festplatten-Controller in eine Warteschlange gestellt wurden. Eines der Leitprinzipien von sysfs ist, dass jede Datei unter /sys nur genau eine Eigenschaft des zugrunde liegenden Geräts abbilden soll. Dieser Grundsatz erzwingt eine gewisse Struktur in einem ansonsten chaotischen Datensatz.

Ursprünglich lagen Angaben zu Gerätekonfigurationen, falls sie überhaupt verfügbar waren, im /proc-Dateisystem (procfs, dazu weiter hinten in diesem Kapitel noch mehr). Auch wenn /proc wohl auch in Zukunft Laufzeitinformationen zu Prozessen und zum Kernel enthalten wird, so ist längerfristig doch von einer Verschiebung gerätespezifischer Angaben nach /sys auszugehen.

Da sysfs noch recht neu ist, wird ein großer Teil des Leistungsvermögens dieses Systems noch nicht genutzt. Später einmal könnte es möglich sein, Geräte über sysfs in Echtzeit zu konfigurieren. Auf lange Sicht könnte es /dev sogar ganz oder in Teilen ersetzen. Aber das ist noch Zukunftsmusik.

28.2.4 Namenskonventionen für Geräte

Namenskonventionen für Geräte sind etwas willkürlich. So archaisch es heutzutage anmutet, so sind sie oft noch Überbleibsel aus den Zeiten, als auf DEC-PDP-11-Rechnern unter UNIX gearbeitet wurde.

Dateien für serielle Geräte werden mit ttyS benannt. Die nachfolgende Nummer kennzeichnet die Schnittstelle, an der der Port angeschlossen ist. Manchmal haben Terminals mehr als eine zugehörige Gerätedatei. Die zusätzlichen Dateien ermöglichen dabei üblicherweise Zugriff auf alternative Flusssteuerungen oder Sperrprotokolle.

Tipp

In Kapitel 27 finden Sie mehr Informationen zu seriellen Anschlüssen.

Bei Bandgeräten enthält der Name oft nicht nur einen Verweis auf das Laufwerk selbst, sondern auch einen Hinweis darauf, ob das Gerät nach dem Schließen zurückspult.

IDE-Festplatten werden mit /dev/hd*LP* bezeichnet. *L* kennzeichnet dabei das Gerät: a steht für den Master an der ersten IDE-Schnittstelle, b für den Slave an dieser Schnittstelle, c für den Master an der zweiten IDE-Schnittstelle usw. *P* ist die Partitionsnummer (hochgezählt von 1). So bezeichnet /dev/hda1 im Normalfall die erste Partition der ersten IDE-Platte. SCSI-Platten werden ähnlich benannt, statt mit /dev/hd, aber mit /dev/sd eingeleitet. Um eine Platte in ihrer Gesamtheit anzusprechen, kann man bei beiden Gerätearten die Partitionsnummer weglassen (z. B. /dev/hda).

Auf SCSI-CD-ROM-Laufwerke verweisen /dev/scd*N*-Dateien. *N* ist dabei eine Nummer, die mehrere CD-ROM-Laufwerke unterscheidet. Moderne IDE-CD-ROM-Laufwerke (also ATAPI-Laufwerke) haben die gleiche Bezeichnung wie IDE-Festplatten (z. B. /dev/hdc).

28.3 Kernelkonfiguration – Wie und warum?

Bei der Erstinstallation hat das Systems eine Basiskonfiguration, die so konzipiert ist, dass sie fast jede Anwendung auf fast jeder Hardware ausführen kann. Diese Basiskonfiguration umfasst viele verschiedene Gerätetreiber und Optionen und hat veränderbare Parameterwerte, die für den »universellen Gebrauch« voreingestellt sind. Wenn Sie diese Konfiguration sorgfältig untersuchen und an Ihre konkreten Bedürfnisse anpassen, sollten Sie in der Lage sein, die Leistung, die Sicherheit oder sogar die Zuverlässigkeit Ihres Systems zu verbessern.

Moderne Linux-Kernel können unerwünschte Treiber besser als ihre Vorgänger aufspüren und aus dem Speicher löschen. Einmal einkompilierte Optionen können jedoch nicht mehr abgeschaltet werden. Auch wenn es heute nicht mehr so wichtig wie früher ist, den Kernel zur Erhöhung der Effizienz neu zu konfigurieren, können Rekonfigurationen doch immer noch sinnvoll sein.

Tipp

Anweisungen, wie ein neuer Treiber hinzugefügt werden kann, finden Sie in Abschnitt 28.6.

Eine Neukonfiguration des Kernels kann auch dazu dienen, neue Gerätearten zu unterstützen (d. h. neue Gerätetreiber hinzuzufügen). Der Treibercode lässt sich nicht einfach wie Knetmasse auf den Kernel pressen; sondern muss in die Datenstrukturen und -tabellen des Kernels eingepasst werden. In einigen Systemen ist es dabei erforderlich, den Kernel komplett neu zu erstellen und das neue Gerät in die grundlegenden Konfigurationsdateien einzubinden. Bei anderen Systemen ist es möglich, einfach ein besonderes Programm zu starten, das dann diese Konfigurationsänderungen für Sie vornimmt.

Den Kernel zu konfigurieren, ist nicht schwierig; schwierig ist es aber, dabei begangene Fehler später wieder auszumerzen.

Es gibt grundsätzlich vier verschiedene Methoden, einen Linux-Kernel zu konfigurieren, die Sie wahrscheinlich alle gelegentlich einmal ausprobieren werden, und zwar Folgende:

- Anpassung veränderbarer (dynamischer) Konfigurationsparameter des Kernels
- Neuerstellung eines Kernels von Grund auf (was bedeutet, ihn aus dem Quellcode zu kompilieren, gegebenenfalls mit Änderungen und Ergänzungen)
- Laden neuer Treiber und Module im laufenden Betrieb in einen vorhandenen Kernel
- Anlegen von Betriebsrichtlinien beim Hochfahren durch den Bootloader LILO bzw. GRUB. In Abschnitt 2.3 finden Sie weitere Informationen über diese Systeme.

Diese Methoden finden jeweils in leicht unterschiedlichen Situationen Anwendung. Die Anpassung veränderbarer Parameter ist die einfachste und am weitesten verbreitete Methode, während die Erstellung eines Kernels aus Quelldateien die schwierigste und am seltensten erforderliche ist. Zum Glück gehen aber alle Vorgehensweisen mit ein bisschen Übung in Fleisch und Blut über.

28.4 Linux-Kernelparameter optimieren

Viele Module und Treiber im Kernel wurden in dem Bewusstsein entwickelt, dass unterschiedliche Probleme unterschiedliche Lösungen erfordern. Besondere Hooks zur Erhöhung der Flexibilität ermöglichen es dem Systemadministrator, Parameter wie die Größe einer internen Tabelle oder das Kernelverhalten in einer bestimmten Situation im laufenden Betrieb anzupassen. Diese Hooks können über die Dateien im Dateisystem /proc (procfs) angesprochen werden, die eine aufwändige Schnittstelle zwischen Kernel und Userland darstellen. Oft erfordern große Anwendungen (vor allem Anwendungen mit eigener »Infrastruktur« wie zum Beispiel Datenbanken) entsprechende Parameteranpassungen.

Besondere Dateien unter /proc/sys ermöglichen es Ihnen, Kerneloptionen im laufenden Betrieb zu prüfen und festzulegen. Diese Dateien ahmen gewöhnliche Linux-Dateien nach, bilden aber eine Hintertür in den Kernel. Wenn eine dieser Dateien einen Wert aufweist, den Sie ändern möchten, können Sie versuchen, diesen zu überschreiben. Leider können aber nicht alle Dateien überschrieben werden (auch wenn es zunächst so aussieht), und sie sind kaum dokumentiert. Wenn Ihnen der Quellbaum des Kernels zur Verfügung steht, können Sie dem Unterverzeichnis Documentation/sysctl einige der Werte und ihre Bedeutung entnehmen.

Um zum Beispiel die größtmögliche Anzahl von Dateien zu ändern, die gleichzeitig im System geöffnet sein können, versuchen Sie Folgendes:

```
# echo 32768 > /proc/sys/fs/file-max
```

28.4 Linux-Kernelparameter optimieren

Sobald Sie sich einmal an diese ungewöhnliche Schnittstelle gewöhnt haben, werden Sie sie recht nützlich finden, besonders um Konfigurationsoptionen zu ändern. Trotzdem seien Sie gewarnt: Änderungen sind nach einem Neustart nicht mehr aktiv. Die folgende Tabelle zeigt einige Parameter in der üblichen Einstellung.

Verzeichnis[a]	Datei	Standard	Funktion und Kommentar
C	autoeject	0	CD-ROM automatisch beim Aushängen auswerfen? Damit können Sie die Verantwortlichen für ein Rechenzentrum um 3 Uhr nachts aufschrecken.
F	file-max	4096	Bestimmt die maximale Anzahl geöffneter Dateien. Bei einem System, das viele Dateien verwaltet, können Sie versuchen, den Wert auf 16384 zu erhöhen.
F	inode-max	16384	Bestimmt die maximale Anzahl offener Inodes je Prozess. Mit diesem Wert herumzuspielen, kann sinnvoll sein, wenn Sie eine Anwendung schreiben, die Zehntausende von Dateibezügen öffnet.
K	ctrl-alt-del	0	Neustart nach der Tastenfolge ⌜Strg⌝-⌜Alt⌝-⌜Entf⌝? Das kann Geschmackssache sein, aber auf Serverkonsolen, die nicht physisch gesichert sind, die Sicherheit erhöhen.
K	printk_ratelimit	5	Mindestzeit zwischen Kernelnachrichten in Sekunden
K	printk_ratelimit_burst	10	Anzahl aufeinanderfolgender Nachrichten, bevor die printk-Mengenbegrenzung greift
K	shmmax	32M	Legt die maximale Menge des gemeinsam genutzten Speichers fest. Passen Sie den Wert an, wenn Ihre Anwendungen erheblichen Bedarf an solchem Speicher haben.
N	conf/default/rp_filter	0	Ermöglicht Routenverifizierung. Dieser Mechanismus soll Täuschungen verhindern: Der Kernel verwirft Pakete, die er aus unglaubwürdigen Quellen erhält.
N	icmp_echo_ignore_all	0	Ignoriert ICMP-Pings, wenn der Wert auf 1 gesetzt wird. Gut, wenn Sie Ihr System generell gegen Pings abschotten wollen.
N	icmp_echo_ignore_broadcasts	0	Ignoriert Broadcast-Pings, wenn der Wert auf 1 gesetzt wird – das ist fast immer empfehlenswert.

Tabelle 28.1: Dateien unter /proc/sys für einige Kernel-Parameter

28 Treiber und der Kernel

Verzeichnis[a]	Datei	Standard	Funktion und Kommentar
N	icmp_ignore_bogus_error_responses	0	Ignoriert unzulässig formatierte ICMP-Fehlermeldungen. Den Wert auf 1 zu setzen, ist fast immer anzuraten.
N	ip_forward	0	Lässt die IP-Weiterleitung zu, wenn der Wert 1 gesetzt wird. Höhere Sicherheit beim Wert 0; setzen Sie ihn auf 1, wenn Sie Ihr Linux-System als Router nutzen.
N	ip_local_port_range	32768 61000	Bestimmt den lokalen Port-Bereich, der bei einem Verbindungsaufbau zugewiesen wird. Bei Servern, die zahlreiche ausgehende Verbindungen auslösen, erweitern Sie dies zur Verbesserung der Leistung auf 1024–65000.
N	tcp_fin_timeout	60	Bestimmt die Wartezeit bis zum letzten FIN-Paket in Sekunden. Setzen Sie diesen Wert herunter (auf ungefähr 20), um auf stark belasteten Servern eine höhere Leistung zu erzielen.
N	tcp_syncookies	0	Schützt vor SYN-Flood-Attacken. Schalten Sie diesen Parameter ein, wenn Sie DoS-Angriffe (Denial of Service) befürchten.

Tabelle 28.1: Dateien unter /proc/sys für einige Kernel-Parameter (Forts.)

a) F = /proc/sys/fs, N = /proc/sys/net/ipv4, K = /proc/sys/kernel, C = /proc/sys/dev/cdrom

Für eine längerfristige Änderung dieser Parameter ist in den meisten Systemen der sysctl-Befehl vorgesehen. sysctl kann einzelne Variablen festlegen, entweder aus der Befehlszeile heraus oder indem eine Liste mit Wertsetzungen für Variablen (Variable = Wert) aus einer Datei eingelesen wird. Standardmäßig wird die Datei /etc/sysctl.conf beim Hochfahren gelesen. Ihre Inhalte werden dabei normalerweise auf ursprüngliche (gebräuchliche) Parameterwerte gesetzt.

Der folgende Befehl schaltet z. B. die IP-Weiterleitung aus:

```
# sysctl net.ipv4.ip_forward=0
```

Beachten Sie, dass Sie die von sysctl genutzten Variablennamen bilden, indem Sie die Schrägstriche in der /proc/sys-Verzeichnisstruktur durch Punkte ersetzen.

28.5 Einen Linux-Kernel erstellen

Angesichts der hohen Geschwindigkeit, mit der sich Linux entwickelt, werden Sie sich wahrscheinlich irgendwann mit der Notwendigkeit konfrontiert sehen, einen Linux-Kernel erstellen zu müssen. Ständig gibt es neue Kernel-Patches, Gerätetreiber und neue Funktionen. Das hat aber nicht nur Vorteile. Einerseits ist es zweckmäßig, immer das Neueste und Tollste zu befürworten. Andererseits kann es recht zeitaufwändig werden, mit der dauerhaften Flut an neuem Material mitzuhalten. Wenn Sie aber erst einmal einen Kernel erfolgreich erstellt haben, werden Sie sich bestätigt fühlen und darauf aus sein, es wieder zu tun.

Wenn Sie eine »stabile« Version nutzen, ist es weniger wahrscheinlich, dass Sie einen Kernel selbst erstellen müssen. Bei Linux wurden die herausgegebenen Versionen so nummeriert, dass der zweite Teil der Versionsnummer anzeigt, ob es sich (bei einer geraden Zahl) um einen stabilen Kernel handelt oder (bei einer ungeraden Zahl) um einen in der Entwicklungsphase. Demnach wäre zum Beispiel Version 2.6.6 ein »stabiler« Kernel, Version 2.5.4 hingegen ein Kernel in Entwicklung. Dieses Muster wird heute allerdings nicht mehr befolgt – alle Entwicklungen finden in der 2.6-Serie statt.

Für Anwender, die einen 2.6er-Kernel von *kernel.org* (und nicht von Ihrer Distribution) einsetzen, wurde der stable-Zweig geschaffen. In diesen Zweig werden Korrekturen für schwerwiegende Fehler und Sicherheitsprobleme aufgenommen (nachdem sie für die nächste Version bereits integriert wurden).

Prüfen Sie daher am besten auf der Homepage unter *kernel.org*, was offiziell dazu gesagt wird. Die Website *kernel.org* ist darüber hinaus die beste Bezugsquelle für Linux-Kernelquellcode, wenn Sie bei Ihrem Kernel nicht von einer bestimmten Distribution (oder einem bestimmten Lieferanten) abhängig sind.

28.5.1 Reparieren Sie nichts, was nicht kaputt ist

Alle paar Monate kommen neue Linux-Kernelversionen auf den Markt, und täglich werden neue Treiber und Patches herausgegeben. Da ist es einfach, eine Sucht nach Nach- und Aufrüstungen zu entwickeln. Was ist schließlich aufregender, als Ihrer Benutzergemeinde mitzuteilen, dass Sie gerade einen neuen Kernel-Patch gefunden haben und den Mailserver am Nachmittag herunterfahren werden, um ihn zu installieren? Manche Administratoren sehen in solchen Aufgaben ihre Existenzberechtigung, schließlich ist jeder gern ein Held.

Ein guter Systemadministrator wägt bei der Planung von Kernel-Upgrades und Nachrüstungen sorgfältig Bedürfnisse und Risiken ab. Natürlich dürfte die neue Version die aktuellste und die bisher beste sein, aber ist sie auch so stabil wie die derzeit installierte? Lässt sich das Upgrade oder der Patch hinauszögern und zusammen mit weiteren Patches am Monatsende installieren? Es ist wichtig, der Versuchung zu widerstehen, immer mit den »Klassenbesten« mithalten zu wollen (in diesem Fall mit den Besten in den Kreisen der Kernel-Hacker) und dies über das Wohlergehen Ihrer Benutzer zu stellen.

Als Faustregel gilt: Übernehmen Sie Upgrades oder Patches nur dann, wenn die Steigerung der Produktivität (üblicherweise gemessen an Zuverlässigkeit und Leistung), die Sie sich davon versprechen, den mit der Installation verbundenen Aufwand an Arbeit und Zeit übersteigt. Wenn Sie schon Probleme haben, den erzielbaren Nutzen zu quantifizieren, ist dies ein starkes Indiz dafür, dass der Patch auch noch einen Tag warten kann.

28.5.2 Kerneloptionen konfigurieren

Die Konfiguration des Linux-Kernels hat sich über Jahre fortentwickelt. Trotzdem wirkt sie im Vergleich zu den auf einigen anderen Systemen genutzten Verfahren immer noch primitiv. Ursprünglich lagen die Kernelquellen unter /usr/src/linux. Die Erstellung eines Kernels erforderte damals die Anmeldung als root. Die Kernelversionen 2.4, 2.6 und alle späteren lassen sich auch von Benutzern ohne Administratorrechte erstellen. Demzufolge ist es nun angebrachter, die Kernelquellen in einem lokalen Verzeichnis wie /usr/local/src/kernel oder ~*username*/kernel abzulegen.

In diesem Kapitel verwenden wir *Kernelquellpfad* als Platzhalter für das Verzeichnis, das Sie für Ihren Kernelquellcode frei wählen. In jedem Fall müssen Sie das Kernelquellpaket richtig installieren, bevor Sie einen Kernel erstellen. In Abschnitt 11.2.3 finden Sie Hinweise zur Paketinstallation.

Im Zentrum der Kernelkonfiguration steht die .config-Datei im Kernelquellverzeichnis. Sämtliche Informationen zur Kernelkonfiguration finden sich in dieser Datei. Ihr Format ist allerdings etwas geheimnisvoll. Nutzen Sie den Leitfaden unter

Kernelquellpfad/Documentation/Configure.help

um herauszufinden, welche Bedeutung die verschiedenen Optionen haben.

Linux hat mehrere make-Targets, die Ihnen die Konfiguration des Kernels über verschiedene Benutzerschnittstellen ermöglichen. Damit muss nicht jeder direkt die .config-Datei bearbeiten. Unter KDE stellt make xconfig die attraktivste Konfigurationsschnittstelle dar. Analog dürfte make gconfig die beste Lösung unter GNOME sein. Diese Befehle öffnen einen Konfigurationsbildschirm, auf dem Sie die Geräte anwählen können, die Sie zu Ihrem Kernel hinzufügen (oder als ladbare Module anlegen) wollen.

Unter anderen Benutzeroberflächen als KDE und GNOME können Sie die Curses-basierte[3] Alternative nutzen, die sich mit make menuconfig aufrufen lässt. Eine letzte Möglichkeit ist das altmodischere make config. Hier werden Sie nacheinander zu jeder einzelnen verfügbaren Konfigurationsoption befragt. Ihre Auswahl später zurückzunehmen und Ihre Meinung zu ändern, ist Ihnen dabei aber nicht möglich. Wir empfehlen make xconfig oder make gconfig, wenn Ihre Umgebung diese Befehle unterstützt, und ansonsten make menuconfig. Vermeiden Sie make config.

Beim Übergang von einer vorhandenen Kernelkonfiguration zu einer neuen Kernelversion (oder einem neuen Kernelbaum) können Sie den Befehl make oldconfig verwenden, um die vorherige Konfigurationsdatei zu lesen und nur die neuen Punkte abzufragen.

---

3 *Curses ist eine Bibliothek aus alten Zeiten, die man dazu nutzte, textbasierte Bedienoberflächen in Terminalfenstern zu erstellen.*

Diese Werkzeuge sind unkompliziert, was die anwählbaren Optionen angeht, aber nur mit großer Mühe dazu zu gebrauchen, mehrere Kernelversionen für parallele Rechnerarchitekturen oder Hardwarekonfigurationen zu pflegen.

Die oben beschriebenen verschiedenen Konfigurationsschnittstellen erstellen eine .config-Datei, die wie folgt aussehen kann:

```
# Automatically generated make config: don't edit
# Code maturity level options
CONFIG_EXPERIMENTAL=y
#
# Processor type and features
#
# CONFIG_M386 is not set
# CONFIG_M486 is not set
# CONFIG_M586 is not set
# CONFIG_M586TSC is not set
CONFIG_M686=y
CONFIG_X86_WP_WORKS_OK=y
CONFIG_X86_INVLPG=y
CONFIG_X86_BSWAP=y
CONFIG_X86_POPAD_OK=y
CONFIG_X86_TSC=y
CONFIG_X86_GOOD_APIC=y
...
```

Sie sehen, dass die Inhalte recht geheimnisvoll sind und die Bedeutung der CONFIG-Anweisungen unklar bleibt. Manchmal können Sie sie aber herausknobeln. Grundsätzlich bezieht sich jede CONFIG-Zeile auf eine bestimmte Option bei der Kernelkonfiguration. Der Wert y fügt die Option direkt in den Kernel ein; m aktiviert sie hingegen als ladbares Modul.

Manche Optionen können Sie als Modul konfigurieren, manche nicht. Welche Optionen das jeweils sind, muss man allerdings wissen; aus der .config-Datei geht das nicht hervor (sondern aus den Kconfig-Dateien). Genausowenig lässt sich aus den CONFIG-Anweisungen direkt die jeweilige Bedeutung erschließen.

28.5.3 Die Binärdatei des Kernels erstellen

Das Wichtigste bei der Linux-Kernelkonfiguration ist die Erstellung einer passenden .config-Datei. Um diese Datei in einen fertigen Kernel zu verwandeln, müssen Sie aber noch ein paar Hürden nehmen.

Das Vorgehen lässt sich wie folgt umreißen:

- Wechseln Sie mit cd zur höchsten Ebene des Kernel-Quellverzeichnisses.
- Führen Sie make xconfig, make gconfig oder make menuconfig aus.
- Führen Sie make dep aus (nicht erforderlich bei Kernel ab Version 2.6.x).

- Führen Sie `make clean` aus.
- Führen Sie `make` aus.
- Führen Sie `make modules_install` aus.
- Kopieren Sie `arch/i386/boot/bzImage` nach `/boot/vmlinuz`.
- Kopieren Sie `arch/i386/boot/System.map` nach `/boot/System.map`.
- Bearbeiten Sie (bei LILO) `/etc/lilo.conf` bzw. (bei GRUB) `/boot/grub/grub.conf`, um eine Konfigurationszeile für den neuen Kernel hinzuzufügen.
- Starten Sie, wenn Sie LILO verwenden, `/sbin/lilo`, um den rekonfigurierten Bootlader zu installieren.

Der Schritt `make clean` ist nicht immer absolut erforderlich, aber im Allgemeinen ist es ratsam, mit einer »sauberen« Umgebung anzufangen. In der Praxis lassen sich viele Probleme darauf zurückführen, dass dieser Schritt ausgelassen wurde.

28.6 Einen Linux-Gerätetreiber hinzufügen

Auf Linux-Systemen werden Gerätetreiber normalerweise auf eine der drei folgenden Arten verbreitet:

- Über einen Patch für eine bestimmte Kernelversion
- Als ladbares Modul
- Als Installationsskript oder -paket, das entsprechende Patches installiert

Am weitesten verbreitet sind Installationsskripte bzw. -pakete. Wenn Sie das Glück haben, so etwas für Ihr neues Gerät zu haben, sollte es kein Problem für Sie sein, den Anweisungen zur Ausführung des Skripts oder zur Installation des Pakets zu folgen. Der Kernel wird dann Ihr neues Gerät erkennen.

Wenn Ihnen ein Patch für eine bestimmte Kernelversion vorliegt, können Sie ihn in den meisten Fällen wie folgt installieren:[4]

`# cd Kernelquellpfad ; patch -p1 < Patchdatei`

`diff`-Dateien, die für eine andere Nebenversion des Kernels geschrieben wurden, können fehlschlagen, der Treiber sollte aber trotzdem funktionieren.

Ist dies nicht der Fall, so müssen Sie wahrscheinlich den neuen Gerätetreiber von Hand in den Kernelquellbaum einfügen. Wenn Sie Glück haben, liegt das daran, dass Sie Ihren eigenen Gerätetreiber geschrieben haben, und nicht daran, dass Sie Opfer eines kommerziellen Geräteanbieters geworden sind, der keine geeigneten Installationsskripte geliefert hat. Auf den folgenden Seiten zeigen wir Ihnen, wie Sie dem

---

4 Natürlich müssen Sie das Kernelquellpaket installieren, bevor Sie den Kernelbaum ändern können.

28.6 Einen Linux-Gerätetreiber hinzufügen

Kernel manuell einen hypothetischen »Snarf«-Netzwerktreiber hinzufügen. Linux macht dies allerdings zu einem recht langwierigen Vorgang, besonders im Vergleich zu einigen anderen UNIX-Versionen.

Im drivers-Unterverzeichnis des Kernelquellbaums können Sie das Unterverzeichnis finden, das der Art Ihres Geräts entspricht. Ein Verzeichnislisting der Treiber sieht wie folgt aus:

```
$ ls -F Kernelquellpfad/drivers
acorn/
acpi/
atm/
block/
bluetooth/
cdrom/
char/
dio/
fc4/
gxc/
hil/
hotplug/
i2c/
ide/
ieee1394/
input/
isdn/
macintosh/
Makefile/
md/
media/
message/
misc/
mtd/
net/
nubus/
parport/
pci/
pcmcia/
pnp
s390/
sbus/
scsi/
sgi/
sound/
tc/
telephony/
usb/
video/
zorro/
```

Treiber werden in den meisten Fällen den Verzeichnissen block, char, net, scsi, sound und usb hinzugefügt. Diese Verzeichnisse enthalten entsprechend Treiber für blockorientierte Geräte (wie IDE-Festplattenlaufwerke), zeichenorientierte Geräte (wie serielle Anschlüsse), Netzwerkgeräte, SCSI-Karten, Soundkarten und USB-Geräte. Einige der übrigen Verzeichnisse enthalten Treiber für die Busse selbst (z. B. pci, nubus und zorro). Es ist eher unwahrscheinlich, dass Sie diesen Verzeichnissen Treiber hinzufügen müssen. Manche Verzeichnisse enthalten plattformspezifische Treiber wie macintosh, s390 und acorn, andere wiederum Spezialgeräte wie atm, isdn und telephony.

Da das Gerät in unserem Beispiel ein Netzwerkgerät ist, fügen wir den Treiber in das Verzeichnis drivers/net ein. Wir ändern dafür folgende Dateien:

- drivers/net/Makefile, damit unser Treiber erstellt wird
- drivers/net/Kconfig, damit unser Treiber in den Konfigurationsoptionen auftaucht

Nach der Verschiebung der .c- und .h-Dateien für den Treiber in das Verzeichnis drivers/net/snarf ergänzen wir den Treiber unter drivers/net/Makefile. Wir fügen dafür folgende Zeile (fast am Ende der Datei) ein:

```
obj-$(CONFIG_SNARF_DEV) += snarf/
```

Diese Konfiguration fügt den Snarf-Treiber (im snarf/-Verzeichnis) in den Erstellungsprozess ein.

Nachdem das Gerät in Makefile angelegt wurde, müssen wir sicherstellen, dass wir es konfigurieren können, wenn wir den Kernel einrichten. Alle Netzwerkgeräte müssen in der Datei drivers/net/Kconfig verzeichnet sein. Mit folgender Zeile ergänzen wir das Gerät, damit es entweder als Modul oder als Teil des Kernels erstellt werden kann, je nachdem, was wir in Makefile festgesetzt haben:

```
config SNARF_DEV
tristate 'Snarf device support'
```

Das erste Token nach config ist das Konfigurationsmakro, das dem Token entsprechen muss, das in Makefile hinter CONFIG_ steht. Das Schlüsselwort tristate sagt aus, dass wir das Gerät als Modul erstellen können. Anderenfalls würden wir stattdessen das Schlüsselwort bool verwenden. Das folgende Token ist die Zeichenkette, die auf dem Konfigurationsbildschirm angezeigt wird. Das kann x-beliebiger Text sein, sollte aber das konfigurierte Gerät eindeutig kennzeichnen.

28.6.1 Geräte erkennen

Angenommen, es ist Ihnen gelungen, einen neuen Gerätetreiber in den Kernel einzubinden. Wie können Sie dem Kernel nun mitteilen, dass er diesen neuen Treiber nutzen soll? Bis zur Kernelversion 2.6 war das eine mühsame Aufgabe, die Programmierkenntnisse voraussetzte. Mit den neueren Änderungen an der Architektur des Gerätetreibermodells gibt es jetzt aber eine standardmäßige Treiberanbindung an den Kernel.

Es würde den Rahmen dieses Kapitels sprengen, dies im Detail zu erläutern. Kurz gesagt tragen sich Gerätetreiber, die für die Version 2.6 (und spätere) geschrieben wurden, selbst in das Makro MODULE_DEVICE_TABLE ein. Dieses Makro erstellt im Hintergrund die entsprechenden Verbindungen, damit andere Hilfsprogramme wie modprobe (auf das wir später noch eingehen) die neuen Treiber im Kernel freigeben können.

28.7 Ladbare Kernelmodule

LKM-Support, also die Unterstützung ladbarer Kernelmodule, ermöglicht einem Gerätetreiber – oder jedem anderen Kerneldienst – im laufenden Betrieb in den Kernel eingebunden bzw. aus ihm entfernt zu werden. Dies erleichtert die Installation von Treibern sehr, da sie eine Änderung der Binärdatei des Kernels erübrigt. Zudem ist der Kernel kleiner, denn Treiber werden erst geladen, wenn sie benötigt werden.

Ladbare Module werden im Kernel durch einen oder mehrere dokumentierte »Hooks« implementiert, auf die zusätzliche Gerätetreiber zugreifen können. Der insmod-Befehl auf Benutzerebene steht in Kommunikation mit dem Kernel und fordert ihn auf, neue Treiber in den Speicher zu laden. Der rmmod-Befehl entfernt Treiber wieder aus dem Speicher.

Ladbare Treiber mögen praktisch sein, sie bieten aber keine hundertprozentige Sicherheit. Jedes Mal, wenn Sie einen Treiber laden oder entladen, riskieren Sie einen Absturz des Kernels.[5] Wenn Sie den Rechner nicht abstürzen lassen wollen, empfehlen wir Ihnen, keine ungetesteten Module zu laden bzw. zu entladen.

Unter Linux kann fast alles als ladbares Kernelmodul erstellt werden. Ausnahmen sind die Art des Wurzeldateisystems, das Gerät, auf dem das Wurzeldateisystem liegt (das ist nicht die ganze Wahrheit – mittels initrd geht das schon, ist aber kompliziert einzurichten und fehleranfällig) und der PS/2-Maustreiber.

Ladbare Kernelmodule werden üblicherweise unter /lib/modules/*version* gespeichert, wobei *version* die Version Ihres Linux-Kernels ist, wie sie die Funktion uname -r ausgibt. Sie können die zurzeit geladenen Module mit dem lsmod-Befehl überprüfen:

```
# lsmod
Module          Size     Used by
ppp             21452    0
slhc            4236     0 [ppp]
ds              6344     1
i82365          26648    1
pcmcia_core     37024    0 [ds     i82365]
```

Auf diesem Rechner sind die PCMCIA-Steuermodule, der PPP-Treiber und die PPP-Header-Komprimierungsmodule geladen.

---

5 Diese Gefahr ist sehr gering, und eventuell so gering, dass sie in Ihrer Umgebung als bedeutungslos gilt.

Als Beispiel dafür, wie man ein Kernelmodul manuell lädt, zeigen wir nun, wie wir das Snarf-Modul einfügen, das wir im letzten Abschnitt erstellt haben:

```
# insmod /path/to/snarf.ko
```

Wir können ladbaren Kernelmodulen auch Parameter zuweisen, beispielsweise wie folgt:

```
# insmod /path/to/snarf.ko io=0xXXX irq=X
```

Wenn ein ladbares Kernelmodul einmal manuell in den Kernel eingefügt wurde, kann es nur entfernt werden, wenn Sie das explizit verlangen oder wenn das System neu gestartet wird. Um unser Snarf-Modul zu entfernen, könnten wir `rmmod snarf` verwenden.

`rmmod` können Sie jederzeit verwenden, es wird aber nur dann wirksam, wenn die Anzahl der aktuellen Bezüge zu dem Modul (die der Befehl `lsmod` in der Used-by-Spalte auflistet) 0 ist.

Mit `modprobe` können Sie ladbare Kernelmodule unter Linux auch halbautomatisch laden lassen. `modprobe` ist ein Wrapper für `insmod`, der Abhängigkeiten, Optionen und auch Installations- und Deinstallationsvorgänge versteht. `modprobe` verwendet die Datei /etc/modprobe.conf, um herauszufinden, wie mit den einzelnen Modulen jeweils umzugehen ist.

Mit `modprobe -c` können Sie dynamisch eine /etc/modprobe.conf-Datei erstellen, die sich auf Ihre sämtlichen zurzeit installierten Module bezieht. Das Ergebnis ist eine lange Liste wie die Folgende:

```
#This file was generated by: modprobe -c
path[pcmcia]=/lib/modules/preferred
path[pcmcia]=/lib/modules/default
path[pcmcia]=/lib/modules/2.6.6
path[misc]=/lib/modules/2.6.6
...
# Aliases
alias block-major-1 rd
alias block-major-2 floppy
...
alias char-major-4 serial
alias char-major-5 serial
alias char-major-6 lp
...
alias dos msdos
alias plip0 plip
alias ppp0 ppp
options ne io=x0340 irq=9
```

Die `path`-Anweisungen geben an, wo ein bestimmtes Modul zu finden ist. Einträge dieser Art können Sie ändern oder hinzufügen, wenn Sie Ihre Module an einem anderen Ort als üblich ablegen wollen.

Die Alias-Anweisung ordnet Major-Devicenummern für block- und zeichenorientierte Geräte, Dateisystemen, Netzwerkgeräten und Netzwerkprotokollen ihre zugehörigen Modulnamen zu.

Die `options`-Zeilen werden nicht dynamisch angelegt. Sie beschreiben Optionen, die einem Modul beim Laden zugewiesen werden sollen. So könnten wir unserem Snarf-Modul zum Beispiel mit der folgenden Zeile seine eigene E/A-Adresse und seinen Interruptvektor mitteilen:[6]

```
options snarf io=0xXXX irq=X
```

`modprobe` versteht auch die Anweisungen `install` und `remove`. Diese Anweisungen ermöglichen es, dass Befehle ausgeführt werden, wenn ein bestimmtes Modul im laufenden Betrieb in den Kernel eingefügt oder aus ihm entfernt wird.

28.8 Hot Plugging

Während es bei ladbaren Kernelmodulen um die Notwendigkeit geht, Gerätetreiber dynamisch in den Kernel einzufügen bzw. aus ihm zu entfernen, dient Hot Plugging unter Linux dazu, Informationen zur Verfügbarkeit der Geräte in den Userspace zu exportieren. Dieses Hilfsmittel veranlasst, dass Benutzerprozesse auf Ereignisse wie etwa den Anschluss einer Digitalkamera oder eines PDAs über USB reagieren. Vielleicht wollen Sie Bilder automatisch auf ein Laufwerk Ihres Rechners kopieren oder den Kalender auf Ihrem PDA mit Ihrem Rechner abgleichen. Die Grundidee beim Hot Plugging besteht darin, dass über das Einstöpseln des Geräts hinaus keine zusätzlichen Eingaben des Benutzers erforderlich sein sollten.

Ab Kernelversion 2.6 ist Hot Plugging an Bussen und Treibern verfügbar, die für die Verwendung von `sysfs` ausgelegt sind. Es besteht ein enger Zusammenhang zwischen Hot Plugging, `sysfs` und der Registrierung von Gerätetreibern, wie sie bereits weiter vorn dargestellt wurde.

Immer wenn der Kernel feststellt, dass ein Gerät hinzugefügt oder entfernt wurde, führt er beim Hot Plugging in seiner derzeitigen Implementierung den Benutzerprozess aus, den der Parameter `/proc/sys/kernel/hotplug` (normalerweise `/sbin/hotplug`) festlegt. `/sbin/hotplug` ist ein Shell-Skript, das einen gerätetypspezifischen Agenten aus dem Verzeichnis `/etc/hotplug/` auffordert, bei diesem Ereignis tätig zu werden.

---

6 Wenn Sie recht ausgefallene PC-Hardware nutzen, kann es eine Herausforderung sein, eine Konfiguration zu schaffen, in der IRQ-Vektoren der Geräte und die E/A-Ports nicht zusammenfallen. Sie können die aktuellen Belegungen auf Ihrem System mit `/proc/interrupts` bzw. `/proc/ioports` prüfen. Bei der heute üblicherweise verwendeten PC-Hardware treten Überlappungen im Normalfall nicht auf.

Wenn das Ereignis beispielsweise das Hinzufügen einer Netzwerkschnittstelle ist, wird das Skript /etc/hotplug/net.agent ausgeführt, um die Schnittstelle anzuschließen. Sie können Skripte im /etc/hotplug/-Verzeichnis hinzufügen oder bearbeiten, um das Hot-Plugging-Verhalten Ihres Systems individuell anzupassen.

Sie könnten zum Beispiel aus Sicherheitsgründen verhindern wollen, dass Ihr System auf ein bestimmtes Ereignis hin tätig wird. Diese Wirkung erzielen Sie, indem Sie die Geräte in der Datei /etc/hotplug/blacklist hinterlegen.

Umgekehrt können Sie Hot Plugging erzwingen, indem Sie »handmap«-Dateien erstellen, zum Beispiel /etc/hotplug/*type*.handmap. (Wenn Sie für *type* einen neuen Namen wählen, achten Sie darauf, dass es diesen nicht schon gibt.)

28.9 Bootoptionen festlegen

Wenn Sie einen funktionierenden, laufenden Kernel haben, müssen Sie ihm vielleicht einmal besondere Konfigurationsoptionen für das Hochfahren zuweisen. Dabei könnte es sich um das Root-Device handeln, das er nutzen soll, oder auch darum, nach mehreren Ethernet-Karten zu suchen. Der Bootlader (LILO oder GRUB) ist dafür zuständig, solche Optionen an den Kernel weiterzuleiten.

Optionen, die bei jedem Systemstart angewandt werden sollen, können Sie über die statischen Konfigurationen unter /etc/lilo.conf bzw. /boot/grub/grub.conf hinzufügen, je nachdem, welchen Bootlader Sie verwenden. In Abschnitt 2.3 finden Sie weitere Informationen dazu.

Lässt sich die Konfigurationsdatei des Bootladers nicht bearbeiten (vielleicht haben Sie ja etwas zerstört, weshalb der Rechner nicht hochfahren kann), können Sie die Optionen manuell eintragen. So können Sie zum Beispiel bei einer Boot-Eingabeaufforderung unter LILO Folgendes eingeben:

```
LILO: linux root=/dev/hda1 ether=0,0,eth0 ether=0,0,eth1
```

Damit weisen Sie LILO an, den mit der linux-Anweisung bezeichneten Kernel zu laden, das Root-Device /dev/hda1 zu benutzen und nach zwei Ethernet-Karten zu suchen.

Ein ähnliches Beispiel sieht mit GRUB wie folgt aus:

```
grub> kernel /vmlinuz root=/dev/hda1 ether=0,0,eth0 ether=0,0,eth1
grub> boot
```

Häufig tritt auch die Situation auf, dass LUNs (Logical Unit Numbers) auf einem Speichernetzwerk (Storage Area Network, SAN) getestet werden. Auch hier kann es sinnvoll sein, Bootoptionen zu verwenden. Standardmäßig sucht der Linux-Kernel nur nach LUN 0. Dies kann unzureichend sein, wenn Ihre Umgebung logische Speicherbereiche als getrennte LUNs darstellt. (Fragen Sie Ihren SAN-Administrator oder -Hersteller, um herauszufinden, ob dies der Fall ist.) Da der Test beim Hochfahren erfolgt, müssen Sie dem Kernel in so einem Fall mitteilen, wie viele LUNs er testen soll.

Wollen Sie zum Beispiel einen Kernel der Version 2.4.x die ersten 8 LUNs testen lassen, ist dies über eine Bootzeile nach folgendem Schema möglich:

```
grub> kernel /vmlinuz root/=dev/hda1 max_scsi_luns=8
grub> boot
```

Ab Kernelversion 2.6.x hat dieser Parameter einen geänderten Namen:

```
grub> kernel /vmlinuz root/=dev/hda1 max_luns=8
grub> boot
```

28.10 Empfohlene Literatur

Daniel P. Bovet und Marco Cesati. *Understanding the Linux Kernel (3rd Edition)*. Sebastopol: O'Reilly Media, 2006.

Jonathan Corbet et al. *Linux Gerätetreiber*. Köln: O'Reilly, 2005. Dieses Buch ist auch online verfügbar unter *lwn.net/Kernel/LDD3*.

Robert Love. *Linux-Kernel Handbuch*. München: Addison-Wesley, 2005.

Greg Kroah-Hartman. *Linux Kernel in a Nutshell*, Sebastopol O'Reilly, 2007

28.11 Übungen

1. Beschreiben Sie die Funktionsweise des Kernels. Erklären Sie den Unterschied zwischen dem Laden eines Treibers als Modul und seiner statischen Einbindung in den Kernel.

☆ 2. Untersuchen Sie die Werte mehrerer Parameter aus Tabelle 28.1 im Abschnitt 28.4. Verwenden Sie dabei als Methode sowohl /proc als auch sysctl. Ändern Sie zwei der Werte mit der einen Methode und lassen Sie sie dann mit der anderen Methode wieder auslesen. Stellen Sie sicher, dass sich das Systemverhalten tatsächlich entsprechend Ihren Einstellungen verändert hat. Verfassen Sie einen Bericht zu Ihrem Experiment. (Erfordert Anmeldung als root.)

☆ 3. Auf einem Flohmarkt erstehen Sie zu einem sehr günstigen Preis eine Laptopkarte mit Ethernet-Anbindung über den Parallelanschluss. Welche Schritte sind erforderlich, um Linux diese Karte erkennen zu lassen? Sollten Sie den Support direkt in den Kernel laden oder ihn als Modul ergänzen? Warum? (Zusatzaufgabe: Schätzen Sie die Arbeitskosten dafür, diese billige Ethernet-Schnittstelle zum Laufen zu bringen. Unterstellen Sie dabei ein Beraterhonorar von 80 € pro Stunde.)

☆ 4. Eine neue Linux-Kernelversion ist frisch auf den Markt gekommen. Welche Punkte müssen Sie berücksichtigen, wenn Sie alle Rechner in Ihrem Rechenzentrum aufrüsten wollen (rund fünfzig teils verschiedene Geräte)? Nach welchem Verfahren sollten Sie vorgehen? Welche Probleme könnten auftreten und wie gehen Sie mit diesen um?

☆☆ 5. Konfigurieren Sie im Rechenzentrum einen Kernel mit `xconfig` oder `menuconfig` und erstellen Sie eine Binärdatei. Installieren Sie das neue System und führen Sie es aus. Erstellen Sie mit `dmesg` Listen vom alten und vom neuen Kernel und markieren Sie die Unterschiede. (Erfordert Anmeldung als `root`.)

29 Daemons

Ein Daemon ist ein Hintergrundprozess, der eine bestimmte Aufgabe oder eine betriebssysteminterne Funktion ausführt. Dem UNIX-/Linux-Grundsatz der Modularität folgend, sind Daemons als Programme und nicht als Teile des Kernels zu betrachten. Viele Daemons starten beim Hochfahren des Systems und laufen, solange es aktiv ist. Andere werden bei Bedarf gestartet und sind aktiv, solang sie benötigt werden.

»Daemon« wurde als EDV-Begriff erstmals von dem Engländer Mick Bailey verwendet, der während der 1960er am MIT als Programmierer im CTSS-Projekt mitarbeitete.[1] Mick bezog sich bei Bedeutung und Schreibweise auf das Oxford English Dictionary. Die Wörter »daemon« und »demon« haben die gleiche Wurzel, allerdings ist »daemon« eine ältere Form mit einer etwas anderen Bedeutung. Ein Daemon ist ein dienstbarer Geist, der Charakter und Persönlichkeit beeinflusst. Daemons sind weder schlechte noch gute Lakaien, sondern Geschöpfe mit eigenständigen Gedanken und eigenem Willen. Daemons gelangten von CTSS über Multics zu UNIX und dann zu Linux, wo sie so verbreitet sind, dass sie einen Superdaemon (xinetd oder inetd) zur Verwaltung benötigen.

Dieses Kapitel gibt einen kurzen Überblick über die gebräuchlichsten Daemons in Linux. Nicht jeder der hier aufgeführten Daemons wird in allen Linux-Distributionen zur Verfügung gestellt, und nicht jeder Daemon, der mit einigen Linux-Distributionen ausgeliefert wird, ist hier aufgeführt. Neben einem besseren Verständnis der Funktionsweise von Linux, lässt Sie die Kenntnis aller verschiedenen Daemons als wirklich brilliant erscheinen, wenn einer Ihrer Anwender fragt: »Was macht klogd?«

Bevor inetd geschrieben wurde, starteten alle Daemons beim Booten und liefen ständig (oder genauer, sie blockierten, während sie auf Arbeit warteten). Mit der Zeit wurden mehr und mehr Daemons dem Betriebssystem hinzugefügt. Die Zahl der Daemons wurde so groß, dass es zu Performance-Problemen führte. Als Antwort darauf entwickelten die Berkeley-Gurus inetd, einen Daemon, der andere Daemons aufruft, wenn diese benötigt werden. Erfolgreich machte inetd das Modell eines Superdaemons bekannt, das als gebräuchlicher Weg beibehalten wurde, um die

---

[1] Dieser historische Beitrag kommt von Jerry Saltzer vom MIT auf dem Weg über Dennis Richie.

Anzahl der auf einem Server laufenden Prozesse klein zu halten. Die meisten Versionen von UNIX und Linux verwenden heute eine Kombination aus inetd und ständig aktiven Daemons.

Es gibt mehrere Daemons, mit denen der Systemadministrator sehr gut vertraut sein sollte – sei es, weil sie einen hohen Verwaltungsaufwand erfordern, oder weil sie eine große Rolle im laufenden Betrieb des Systems spielen. Einigen Daemons, die hier in ein oder zwei Zeilen beschrieben werden, haben wir an anderer Stelle in diesem Buch ein ganzes Kapitel gewidmet. An passender Stelle fügen wir Querverweise ein.

Wir beginnen dieses Kapitel mit der Vorstellung zweier für das Betriebssystem sehr wichtiger Daemons (init und cron) und fahren dann mit der Erörterung von xinetd und inetd fort. Schließlich beschreiben wir kurz die meisten der Daemons, mit denen Systemadministratoren in unseren vier ausgewählten Distributionen zu tun haben.

29.1 init: Der Urprozess

init ist der erste Prozess, der nach dem Systemstart läuft, und in vieler Hinsicht der wichtigste Daemon. Er hat immer die PID 1 und ist Stammvater aller Benutzerprozesse und bis auf wenige Ausnahmen aller Systemprozesse.

Beim Hochfahren setzt init das System in den Einzelbenutzermodus oder beginnt mit der Ausführung von Skripten, um das System in den Mehrbenutzermodus zu schalten. Ist das System im Einzelbenutzermodus hochgefahren, führt init das Startskript aus, nachdem Sie die Einzelbenutzer-Shell mit exit oder [Strg]+[D] beendet haben.

Im Mehrbenutzermodus ist init dafür verantwortlich sicherzustellen, dass Prozesse verfügbar sind, um eine Anmeldung auf jedem Gerät mit Anmeldeberechtigung abzuwickeln. Logins am seriellen Port werden generell durch einige Varianten von getty (z. B. agetty, mgetty oder mingetty, siehe Abschnitt 27.9) bearbeitet. init überwacht auch das grafische Login, das es Anwendern ermöglicht, sich direkt bei X Window anzumelden.

Zusätzlich zu den Aufgaben der Login-Verwaltung ist init für die Eliminierung von Zombieprozessen verantwortlich, die sich sonst auf dem System anhäufen würden. Die Rolle bei diesem Vorgang wird in Abschnitt 4.2 beschrieben.

init legt verschiedene »Ausführungsebenen« (»Runlevel«) fest, die bestimmen, welche Gruppe von Systemressourcen aktiviert wird. Es gibt sieben Ebenen, die von 0 bis 6 durchnummeriert werden. Die Bezeichnung »s« versteht sich als andere Bezeichnung für Ebene 1 (Single-User Mode – Einzelbenutzermodus). Die Merkmale der einzelnen Ausführungsebenen sind in der Datei /etc/inittab definiert.

29.2 cron und atd: Zeitplanung für Kommandos

Tipp

Informationen über die Datei `inittab` finden Sie in Abschnitt 27.9.2.

`init` liest normalerweise seine anfängliche Ausführungsebene aus der Datei `/etc/inittab`. Allerdings kann die Ausführungsebene auch als Argument vom Bootlader übergeben werden. Ist »s« definiert, beginnt `init` im Einzelbenutzermodus. Anderenfalls sucht `init` in der Datei `/etc/inittab` nach Einträgen, die zur angeforderten Ausführungsebene passen, und führt die zugehörigen Befehle aus.

Der Befehl `telinit` verändert die Ausführungsebene von `init`, nachdem das System gestartet ist. Zum Beispiel zwingt `telinit 4` den `init`-Prozess in die Ausführungsebene 4 (die in unseren Beispielsystemen nicht genutzt wird). Das nützlichste Argument von `telinit` ist `q`, das `init` veranlasst, die Datei `/etc/inittab` erneut zu lesen.

Linux-Distributionen implementieren gewöhnlich eine zusätzliche Abstraktionsebene oberhalb des grundlegenden Mechanismus der Ausführungsebenen, der von `init` zur Verfügung gestellt wird. Diese zusätzliche Ebene ermöglicht den einzelnen Softwarepaketen, ihr eigenes Startskript zu installieren, ohne die allgemeine Systemdatei `inittab` zu verändern. Bringt man `init` in eine neue Ausführungsebene, wird dadurch die Ausführung des zugehörigen Skripts mithilfe der Argumente `start` und `stop` veranlasst.

Eine ausführlichere Darstellung von `init` und dem Startskript finden Sie in Abschnitt 2.5.1.

29.2 cron und atd: Zeitplanung für Kommandos

Der Daemon `cron` (unter Red Hat bekannt als `crond`) ist zuständig für die Ausführung von Befehlen zu bestimmten Zeiten. Er nimmt Zeitplanungsdateien (`crontabs`) sowohl von Anwendern als auch von Administratoren an.

`cron` wird häufig für Administrationszwecke eingesetzt, darunter die Verwaltung von Protokolldateien und die tägliche Bereinigung des Dateisystems. In der Tat ist `cron` so wichtig für den Systemadministrator, dass wir ihm das ganze Kapitel 8, »Periodische Prozesse« gewidmet haben.

Der Daemon `atd` führt Befehle aus, die mit dem Kommando `at` geplant wurden. Die meisten Linux-Versionen enthalten auch die Jobsteuerung `anacron`, die Aufträge nicht zu festgelegten Zeiten, sondern in Zeitintervallen ausführt. `anacron` ist besonders nützlich auf Systemen, die nicht immer angeschaltet sind, zum Beispiel Laptops.

29.3 xinetd und inetd: Daemons verwalten

Die Daemons xinetd und inetd verwalten andere Daemons. Sie starten abhängige Daemons, sobald Arbeit für diese zu tun ist, und erlauben es ihnen, sich sauber zu beenden, wenn ihre Aufgabe fertig gestellt ist.

Die ursprüngliche Version von inetd kommt aus der UNIX-Welt, aber die meisten Linux-Distributionen sind zu xinetd von Panos Tsirigotis übergegangen, einer erweiterten Alternative mit Sicherheitsmerkmalen, die mit denen vergleichbar sind, die es früher in tcpd, dem »TCP-Wrapper«-Paket, gab. Ferner stellt xinetd einen besseren Schutz gegen DoS-Angriffe, bessere Funktionen zum Protokollmanagement und eine flexiblere Konfigurationssprache zur Verfügung.

Leider ist die Konfigurationsdatei von inetd nicht aufwärtskompatibel mit der von xinetd. Wir erläutern zuerst das gebräuchlichere xinetd und schauen uns inetd in einem späteren Abschnitt an.

In unseren Beispieldistributionen verwenden nur Debian und Ubuntu den Standarddaemon inetd, RHEL Fedora und SUSE verwenden nach Voreinstellung xinetd. Sie können jedes System anpassen, um den nicht voreingestellten Daemonmanager zu verwenden. Allerdings gibt es keinen zwingenden Grund, dies zu tun.

xinetd und inetd arbeiten nur mit Daemons zusammen, die Dienste über das Netzwerk bereitstellen. Um herauszufinden, wann jemand versucht, einen ihrer Clients aufzurufen, verbinden sich xinetd und inetd selbst mit dem Netzwerkport, der normalerweise vom ruhenden Daemon verwaltet wird. Sobald eine Verbindung erfolgt, starten xinetd/inetd den zugehörigen Daemon und verbinden den standardmäßigen E/A-Kanal mit dem Netzwerkport. Daemons müssen im Hinblick auf diesen Grundsatz geschrieben werden, um kompatibel zu sein.

Manche Daemons (wie die mit NIS und NFS verbundenen) sind auf eine weitere Umleitungsschicht angewiesen, die als RPC-System (Remote Procedure Call) bekannt ist. RPC wurde ursprünglich von Sun als eine Möglichkeit entworfen und implementiert, die Verteilung von Informationen in einer heterogenen Netzwerkumgebung zu begünstigen. Portzuordnungen für Daemons, die RPC benutzen, werden mit dem Daemon portmap verwaltet, der weiter hinten in diesem Kapitel besprochen wird.

Manche Daemons können entweder in herkömmlicher Weise (bei der sie einmal gestartet werden und bis zum Herunterfahren des Systems durchlaufen) oder durch xinetd/inetd ausgeführt werden. In diesem Kapitel besprochene Daemons werden mit »Inetd« gekennzeichnet, wenn sie kompatibel mit xinetd/inetd sind.

Da xinetd und inetd für die Verwaltung vieler gebräuchlicher netzwerkbezogener Dienste zuständig sind, spielen sie eine wichtige Rolle in der Absicherung des Systems. Es ist wichtig zu überprüfen, dass nur Dienste, die benötigt und vertrauenswürdig sind, aktiviert wurden. Auf einem neuen System ist es nahezu unumgänglich, die Standardkonfiguration anzupassen, um Dienste abzuschalten, die in Ihrer Systemumgebung nicht benötigt werden und unerwünscht sind.

29.3.1 xinetd konfigurieren

Die Hauptkonfigurationsdatei von `xinetd` ist üblicherweise /etc/xinetd.conf, obwohl Distributionen gemeinhin auch ein Konfigurationsverzeichnis /etc/xinetd.d bereitstellen. Einzelne Pakete können ihre Konfigurationsdateien in diesem Verzeichnis ablegen, ohne sich um das Überschreiben der Konfiguration anderer Pakete Gedanken zu machen.

Das folgende Beispiel zeigt die Einstellungen der Standardparameter und die Konfiguration eines FTP-Dienstes auf einem Red Hat Enterprise-System.

```
defaults
{
    instances       = 60
    log_type        = SYSLOG authpriv
    log_on_success  = HOST PID
    log_on_failure  = HOST
    cps             = 25 30
}
service ftp
{
    # Uneingeschränkte Instanz, da wu.ftpd eine eigene Lastverwaltung hat
    socket_type     = stream
    protocol        = tcp
    wait            = no
    user            = root
    server          = /usr/sbin/wu.ftpd
    server_args     = -a
    instances       = UNLIMITED
    only_from       = 128.138.0.0/16
    log_on_success  += DURATION
}
includedir /etc/xinetd.d
...
```

Tabelle 29.1 bietet ein kleines Parameter-Glossar.

Parameter	Wert	Bedeutung
Bind	*ipadresse/host*	Schnittstelle, über die der Dienst zur Verfügung gestellt wird
Cps	*num wartezeit*	Grenze für die Gesamtzahl der Verbindungen pro Sekunde
disable	yes/no	Deaktiviert einen Dienst, besser als ihn auszukommentieren

Tabelle 29.1: xinetd-Konfigurationsparameter (Liste ist nicht vollständig)

Parameter	Wert	Bedeutung
include	*pfad*	Liest den aufgeführten Pfad als zusätzliche Konfigurationsdatei
includedir	*pfad*	Liest alle Dateien in dem genannten Verzeichnis
instances	*num* UNLIMITED	Höchstzahl gleichzeitig aktiver Instanzen eines bestimmten Dienstes
log_on_failure	*Besonderer Wert*[a]	Protokolleinträge für Fehler und Zugriffsverweigerungen[b]
log_on_success	*Besonderer Wert*[a]	Protokolleinträge für erfolgreiche Verbindungen[b]
log_type	*Besonderer Wert*[a]	Konfiguriert Protokolldateien oder Syslog-Einstellungen[b]
max_load	*num*	Deaktiviert einen Dienst, wenn die durchschnittliche Auslastung > Schwellenwert
nice	*num*	Nettigkeitswert des neuen Serverprozesses
no_access	*Übereinstimmungsliste*	Verweigert den Dienst für die angegebenen IP-Adressen
only_from	*Übereinstimmungsliste*	Akzeptiert nur Anfragen von den angegebenen Adressen
per_source	*num*	Begrenzt die Anzahl der Instanzen pro Remote-Peer
protocol	tcp/udp	Übertragungsprotokoll
server	*pfad*	Pfad zum Server-Programm
server_args	*string*	Kommandozeilenargumente für den Server[c]
socket_type	stream/dgram	Verwendet stream für TCP-Dienste, dgram für UDP
user	*Benutzername*	Benutzer (UID), unter dem der Dienst laufen soll
wait	yes/no	Soll sich xinetd heraushalten, »bis der Daemon stoppt«?

Tabelle 29.1: xinetd-Konfigurationsparameter (Liste ist nicht vollständig) (Forts.)

a) Einen oder mehr Werte einer vorgegebenen Liste, die zu lang ist, um in dieser Tabelle wiedergegeben zu werden.
b) Beachten Sie, dass der Gebrauch der Anweisung USERID mit diesen Parametern xinetd veranlasst, IDENT-Anfragen an Verbindungen auszuführen. Dies führt oft zu bedeutenden Verzögerungen.
c) Anders als inetd benötigt xinetd keinen Serverbefehl als erstes Argument.

Einige Attribute von xinetd können Zuweisungen der Form += oder -= akzeptieren (wie beim Wert log_on_success für den FTP-Server), um die Standardwerte zu verändern, und nicht, um diese komplett zu ersetzen. Nur wenige Attribute werden wirklich für jeden Dienst benötigt.

Übereinstimmungslisten von Adressen für die Attribute only_from und no_access können in verschiedenen Formaten vorgegeben werden. Am gebräuchlichsten für IP-Adressen ist das CIDR-Format mit einer ausdrücklichen Maske (wie im Beispiel dargestellt) und einem Host- oder Domänennamen wie boulder.colorado.edu und .colorado.edu – beachten Sie den vorangestellten Punkt. Mehrere Angaben können mit einem Leerzeichen (wie in allen xinetd-Listen) getrennt werden.

xinetd kann entweder direkt in eine Datei protokollieren oder Protokolleinträge an Syslog übergeben. Da die Menge der Protokollinformationen auf einem ausgelasteten Server sehr hoch sein kann, ist es aus Performancegründen sinnvoll, die direkte Protokollierung zu verwenden. Denken Sie daran, dass die Protokollierung in eine Datei unsicherer ist als die durch Syslog auf einen entfernten Server, da ein Eindringling, der den Zugriff auf das lokale System erhalten hat, die Protokolldateien manipulieren kann.

xinetd kann einige interessante Dienste bereitstellen, zum Beispiel die Weiterleitung von Anfragen an einen internen Host, der nach außen nicht sichtbar ist. Es lohnt sich, die Beschreibung von xinetd durchzusehen, um eine Vorstellung von dessen Möglichkeiten zu erhalten.

29.3.2 inetd konfigurieren

Debian und Ubuntu sind die einzigen bedeutenden Linux-Distributionen, die weiterhin den ursprünglichen inetd verwenden. Diese Version von inetd zieht /etc/inetd.conf heran, um zu bestimmen, auf welchen Netzwerkports er horchen soll. Die Konfigurationsdatei enthält im Wesentlichen die gleichen Informationen wie xinetd.conf. Allerdings ist sie tabellarisch aufgebaut (in Form einer Attribut/Werte-Liste). Hier ist ein (gekürztes) Beispiel von einem Debian-System:

```
# Beispiel /etc/inetd.conf - von einem Debian System
#:INTERNAL: Internal services
#echo    stream   tcp     nowait   root     internal
#echo    dgram    udp     wait     root     internal
...
#time    stream   tcp     nowait   root     internal
#time    dgram    udp     wait     root     internal
#:STANDARD: These are standard services.
#:BSD: Shell, login, exec und talk sind BSD protocols.
#:MAIL: Mail, news and uucp services.
imap2    stream   tcp     nowait   root     /usr/sbin/tcpd /usr/sbin/imapd
imaps    stream   tcp     nowait   root     /usr/sbin/tcpd /usr/sbin/imapd
#:INFO: Info services
ident    stream   tcp     wait     identd   /usr/sbin/identd identd
...
#:OTHER: Other services
```

```
swat        stream    tcp       nowait.400  root    /usr/sbin/swat swat
# finger    stream    tcp       nowait      nobody  /usr/sbin/tcpd in.fingerd -w
391002/1-2  stream    rpc/tcp   wait        root    /usr/sbin/famd fam
```

Die erste Spalte enthält die Dienstbezeichnung. `inetd` bildet die Dienstbezeichnung auf Portnummern ab, entweder durch Abfrage der Datei /etc/services (für TCP- und UDP-Dienste) oder der Datei /etc/rpc und des Daemons portmap (für RPC-Dienste). RPC-Dienste werden anhand des Namens in der Gestalt *name/num* und der Angabe rpc in Spalte 3 identifiziert. In der vorherigen Beispielkonfiguration gehört die letzte Zeile zu einem RPC-Dienst.

Der einzige andere RPC-Dienst, der auf UNIX-Systemen üblicherweise von `inetd` verwaltet wird, ist `mountd`, der Daemon für NFS Mountvorgänge. Linux-Distributionen scheinen diesen Daemon auf herkömmliche Weise (Aktivierung während des Hochfahrens) zu starten. Daher sollte überhaupt kein RPC-Dienst in der Datei inetd.conf eingetragen sein.

Auf einem Host mit mehr als einer Netzwerkschnittstelle können Sie die Dienstbezeichnung mit einer Liste aus IP-Adressen oder symbolischen Hostnamen einleiten, um die Schnittstellen zu bestimmen, die `inetd` für Dienstabfragen abhören soll. Die Einträge der Liste werden mit Kommas getrennt. Als Beispiel stellt die folgende Zeile den Zeitdienst einzig auf der Schnittstelle zur Verfügung, die mit dem Namen inura aus DNS, NIS oder der Datei /etc/hosts verbunden ist:

```
inura:time   stream   tcp    nowait    root    internal
```

Die zweite Spalte bestimmt die Art des Sockets, den der Dienst nutzen wird. Dieser Wert ist immer stream oder dgram, wobei stream bei TCP-Diensten (verbindungsorientiert) verwendet wird und dgram für UDP. Jedoch verwenden einige Dienste auch beide, wie zum Beispiel bind.

Die dritte Spalte bestimmt das vom Dienst verwendete Kommunikationsprotokoll. Die erlaubten Typen sind in der Datei protocols (gewöhnlich in /etc) aufgeführt. Das Übertragungsprotokoll ist fast immer tcp oder udp. RPC-Dienste stellen dem Protokolltyp die Bezeichnung rpc/ voran, wie bei rpc/tcp im vorangehenden Beispiel.

Kann der beschriebene Dienst mehrere Anfragen zur gleichen Zeit ausführen (anstatt eine Anfrage auszuführen und zu beenden), sollte Spalte 4 auf wait gesetzt werden. Diese Option erlaubt dem aufgerufenen Daemon, die Verwaltung des Ports zu übernehmen, solange er aktiv ist. inetd wartet mit der Neuaufnahme der Portüberwachung auf die Beendigung des Daemons. Das Gegenteil von wait ist nowait. Es veranlasst inetd zur fortlaufenden Überwachung und dazu, jedes Mal eine neue Kopie des Daemons zu erstellen wenn er eine Anfrage erhält. Die Wahl von wait oder nowait muss zum tatsächlichen Verhalten des Daemons passen und sollte nicht willkürlich gesetzt werden. Wenn Sie einen neuen Daemon anlegen, ist es empfehlenswert, die Datei inetd.conf auf eine beispielhafte Konfigurationszeile zu durchsuchen oder die man-Seiten für den fraglichen Daemon hinzuzuziehen.

29.3 xinetd und inetd: Daemons verwalten

Die Form nowait.400, die in der Konfigurationszeile für swat verwendet wird, zeigt an, dass inetd höchstens 400 Instanzen des Serverdaemons pro Minute erzeugen soll. Der Standardwert ist mit 40 Instanzen pro Minute zurückhaltender. Angesichts der Eigenschaft dieses Dienstes (ein Administrationswerkzeug für Samba) ist es nicht einsichtig, warum diese Begrenzung angehoben wurde.

Die fünfte Spalte enthält den Benutzernamen, unter dem der Daemon laufen soll. Es ist immer sicherer, einen Daemon nicht als root, sondern als anderer Benutzer zu betreiben, wenn dies möglich ist. Im vorhergehenden Beispiel würde in.fingerd als der Benutzer nobody laufen (wenn die Zeile nicht auskommentiert wäre).

Die verbleibenden Felder enthalten den vollqualifizierten Pfadnamen zu dem Daemon und seine Kommandozeilenparameter. Der Schlüssel internal zeigt Dienste an, die von inetd intern implementiert werden.

Viele der Diensteinträge in diesem Beispiel starten ihren Daemon durch tcpd, anstatt sie direkt auszuführen. tcpd protokolliert Verbindungsversuche und richtet eine Zugangssteuerung gemäß der Quelle des Verbindungsversuches ein. Gewöhnlich sollten Dienste mit tcpd geschützt werden. Diese Beispielkonfiguration zeigt ein mögliches Sicherheitsproblem, da swat, ein Konfigurationsprogramm für den Datenaustausch, nicht geschützt ist.[2]

In der Standarddatei inetd.conf, die mit Debian ausgeliefert wird, sind die Server für rlogin, telnet, finger und rexec auch nicht mehr aufgeführt. Weitere Informationen zur Sicherheit erhalten Sie im Abschnitt 20.9.

Nach der Bearbeitung von /etc/inetd.conf senden Sie inetd das Signal HUP, um ihn aufzufordern, die Konfigurationsdatei erneut zu lesen und die durchgeführten Änderungen auszuführen. Nach der Signalisierung warten Sie einen Augenblick und prüfen dann die Protokolldatei auf Fehlermeldungen bezüglich der getätigten Änderungen (inetd protokolliert Fehler an syslog unter der Einrichtung »Daemon«). Überprüfen Sie jeden neuen Dienst, den Sie hinzugefügt habe, um sicherzugehen, dass er richtig arbeitet.

Tipp

Mehr Informationen zu syslog finden Sie in Kapitel 10.

---

2 Wenn tcpd *nicht verwendet wird, um einen Dienst zu schützen, sollte das erste Kommandozeilenargument des Daemons immer dessen eigener Kurzname sein. Diese Anforderung ist keine Eigenart von* inetd, *sondern eine übliche Konvention von UNIX, die normalerweise von der Shell verborgen wird.*

29.3.3 Die Datei services

Nach Hinzufügen eines neuen Dienstes zu inetd.conf oder xinetd.conf ist es notwendig, in der Datei /etc/services ebenfalls einen Eintrag einzufügen. Diese Datei wird von verschiedenen Standardbibliotheksroutinen verwendet, die Dienstbezeichnungen auf Portnummern abbilden. xinetd erlaubt auch die Portnummer direkt zu bestimmen, jedoch ist es stets eine gute Idee, eine Masterliste der Ports in der Datei services zu pflegen.

Wenn Sie den folgenden Befehl eingeben, schaut telnet nach der Portnummer für den SMTP-Dienst in der Datei services:

```
$ telnet anchor smtp
```

Die meisten Systeme werden bereits vorkonfiguriert mit den gebräuchlichsten Diensten ausgeliefert.

Die Datei services wird nur für normale TCP/IP-Dienste verwendet; ähnliche Informationen für den RPC-Dienst werden in /etc/rpc gespeichert.

Im Folgenden sehen Sie einige ausgewählte Zeilen aus der Datei services (das Original ist ca. 570 Zeilen lang):

```
tcpmux    1/tcp                  # TCP port multiplexer
echo      7/tcp
echo      7/udp
...
ssh       22/tcp                 #SSH Remote Login Protocol
ssh       22/udp                 #SSH Remote Login Protocol
smtp      25/tcp      mail
rlp       39/udp      resource   # resource location
name      42/tcp                 # IEN 116
domain    53/tcp                 # name-domain server
domain    53/udp
...
```

Das Format einer Zeile ist wie folgt aufgebaut:

```
name     port/proto    alias    # Kommentar
```

Dienste werden gewöhnlich in numerischer Ordnung aufgeführt, auch wenn diese Reihenfolge nicht notwendig ist. *name* ist der symbolische Name des Dienstes (der Name, den Sie in der Datei inetd.conf bzw. xinetd.conf verwenden). *port* ist die Portnummer, auf die der Dienst normalerweise horcht. Wird der Dienst von inetd verwaltet, wird der Port von inetd überwacht.[3]

---

[3] Portnummern sind nicht beliebig. Alle Computer müssen sich einigen, welche Dienste zu welchen Ports gehören. Anderenfalls werden Anfragen ständig an den falschen Port geleitet. Wenn Sie einen standortspezifischen Dienst anlegen, wählen Sie eine hohe Portnummer (größer als 1023), die nicht bereits in der Datei services aufgeführt ist.

Proto legt das vom Dienst verwendete Protokoll fest. In der Praxis ist es immer tcp oder udp. Wenn ein Dienst entweder UDP oder TCP verwenden kann, muss für jedes Protokoll eine Zeile eingefügt werden (wie bei ssh-Dienst im Beispiel). Das Feld *alias* enthält zusätzliche Namen für den Dienst (zum Beispiel kann whois auch als nicname nachgeschlagen werden).

29.3.4 portmap: RPC-Dienste zu TCP- und UDP-Ports zuordnen

portmap ordnet RPC-Dienstenummern den TCP/IP-Ports zu, die von den zugehörigen Servern überwacht werden. Wenn ein RPC-Server hochfährt, registriert er sich selbst bei portmap, horcht auf die von ihm unterstützten Dienste und die Ports, auf denen er angesprochen werden kann. Clients fragen portmap ab, um herauszufinden, wie sie Kontakt mit einem geeigneten Server bekommen.

Dieses System erlaubt es, einen Port auf einen symbolischen Dienstnamen abzubilden. Dies ist im Grunde eine andere Ebene der Abstraktion oberhalb der Datei services, die allerdings zusätzliche Komplexität (und Sicherheitsfragen) einbringt, ohne irgendein wirkliches Problem zu lösen.

Wenn der Daemon portmap ausfällt, müssen alle Dienste, die darauf angewiesen sind (einschließlich inetd und NFS), neu gestartet werden. Mit anderen Worten bedeutet dies, dass es Zeit ist, das System neu zu starten. portmap muss vor inetd gestartet werden, damit inetd RPC-Dienste ordnungsgemäß handhabt.

29.4 Kerneldaemons

Aufgrund der Architektur werden einige Teile des Linux-Kernels verwaltet, als ob sie Benutzerprozesse wären. In älteren Kernels können diese Prozesse über ihre niedrigen PIDs und ihren Namen erkannt werden, die mit k beginnen, zum Beispiel kupdate, kswapd, keventd und kapm. Die Benennung ist bei Kernels vor 2.6 wenig einheitlich, aber ps zeigt die Namen von Kernel-Threads immer in eckigen Klammern.

Zum größten Teil behandeln diese Prozesse verschiedene Aspekte der E/A, der Speicherverwaltung und der Synchronisation des Festplattencaches. Sie können vom Systemadministrator nicht beeinflusst werden und sollten in Ruhe gelassen werden.[4]

Tabelle 29.2 fasst kurz die Funktionen der wichtigsten Daemons des aktuellen Satzes zusammen. Daemons, die einen N-Parameter in ihren Namen aufweisen (wie bei ps gezeigt), laufen in einem Multiprozessorsystem getrennt auf jedem Prozessor. Der Parameter N zeigt, welche Kopie auf welchem Prozessor ausgeführt wird.

---

4 *Wenn Sie mit Kernelimplementierungen vertraut sind, ist es gelegentlich nützlich, die Ausführungspriorität dieser Prozesse zu ändern.*

Daemon	Funktion
ksoftirqd/N	Bearbeitet Softwareinterrupts bei hoher Last
kacpid	Kümmert sich um das Subsystem ACPI
kblockd/N	Block-Subsystem
aio/N	Wiederholt asynchrone E/A
kswapdN	Verschiebt Seiten in den Auslagerungsbereich
ata/N	Übernimmt die Verarbeitung für die SATA-Unterstützung
scsi_eh_N	Übernimmt die SCSI-Fehlerbehandlung
kjournald	Unterstützt Dateisystemaufzeichnungen
events/N	Übernimmt allgemeine Aufgaben der Warteschlangenverarbeitung

Tabelle 29.2: Wichtige Kernel-Daemons (2.6er Kernel)

Ein anderer Systemdaemon dieser Kategorie, wenn auch mit nicht dem Standard entsprechendem Namen, ist mdrevoceryd. Er ist Teil der »Mehrgeräte«-Implementierung (multiple devices, md), landläufiger als RAID bekannt.

29.4.1 klogd: Kernelnachrichten lesen

klogd ist dafür verantwortlich, Protokolleinträgen aus dem Nachrichtenpuffer des Kernels auszulesen und an syslog weiterzuleiten, sodass sie zum endgültigen Ziel gesandt werden können. Ebenso kann er Nachrichten selbstständig verarbeiten, wenn er entsprechend konfiguriert ist. Weitere Information finden Sie in Abschnitt 10.2.3 »Kernel- und Bootprotokollierung«.

29.5 Druckdaemons

Gewöhnlich werden verschiedene Drucksysteme eingesetzt. Jedes verfügt über einen eigenen Befehlssatz und eigene Daemons, die druckbezogene Dienste bereitstellen. In einigen Fällen haben sich die Befehlssätze gemischt, in anderen Fällen laufen mehrere Varianten auf einem einzigen System.

29.5.1 cupsd: Scheduler für CUPS

CUPS stellt mit der Implementierung von Version 1.1 des Internet Printing Protocol eine portierbare Druckeinrichtung bereit. Sie ermöglicht entfernten Benutzern unter Verwendung einer Webschnittstelle, in ihren Büros zu drucken (oder umgekehrt). CUPS wurde sehr populär und ist in den meisten Systemen der Standarddruckmanager. Es ist hinreichend anpassungsfähig, um eine Remote-Authentifizierung zu ermöglichen.

Tipp

Mehr Informationen zu CUPS finden Sie in Kapitel 23.

29.5.2 lpd: Druckverwaltung

lpd ist zuständig für das altmodische BSD-Druckspulersystem. Er nimmt Aufträge von Benutzern an und erstellt Prozesse, die den eigentlichen Druck ausführen. lpd ist gleichfalls verantwortlich für die Übertragung von Druckaufträgen von und zu entfernten Systemen. lpd kann sich manchmal aufhängen und muss dann manuell wieder gestartet werden.

Ihr System dürfte entweder die ursprüngliche lpd-Variante aufweisen oder die besondere Version, die Teil des LPRng-Pakets ist. Mehr Informationen zu dieser Alternative erhalten Sie in Kapitel 23, »Drucken«.

29.6 Daemons für Dateidienste

Die folgenden Daemons sind Teil von NFS oder dem gemeinsamen Dateizugriffssystem Samba. Wir geben hier nur eine kurze Beschreibung ihrer Funktionen. NFS wird im Detail in Kapitel 16 beschrieben, Samba in Abschnitt 26.6.

29.6.1 rpc.nfsd: Dateien bereitstellen

rpc.nfsd läuft auf einem Dateiserver und bearbeitet Anfragen von NFS-Clients. In den meisten NFS-Implementierungen ist nfsd in Wirklichkeit ein Teil des Kernels, der wegen des Schedulers als Prozess erscheint. Tatsächlich weist Linux zwei verschiedene Implementierungen von rpc.nfsd auf, von denen eine diesem Grundsatz folgt und die andere im Userspace läuft.

rpc.nfsd akzeptiert ein einziges Argument, das festlegt, wie viele Kopien er von sich selbst erzeugen kann. Etwas Fingerspitzengefühl ist bei der Auswahl der richtigen Anzahl an Kopien notwendig (Abschnitt 16.2).

29.6.2 rpc.mountd: Auf Einhängeanforderungen antworten

rpc.mountd nimmt Anfragen zum Einhängen von möglichen NFS-Clients an. Er prüft, dass jeder Client über die Berechtigung zum Einhängen des angeforderten Verzeichnisses verfügt. rpc.mountd schaut in die Datei /var/state/nfs/xtab, um zu bestimmen, welche Clients berechtigt sind.

29.6.3 amd und automount: Dateisysteme bei Bedarf einhängen

amd und automount sind NFS-Automounter, also Daemons, die warten, bis ein Prozess versucht, auf ein Dateisystem zuzugreifen, bevor sie es tatsächlich einhängen. Die Automounter hängen das Dateisystem aus, wenn auf sie während einer gegebenen Zeitdauer nicht zugegriffen wurde.

Der Gebrauch der Automounter ist in großen Umgebungen sehr hilfreich, wo Dutzende oder sogar Hunderte von Dateisystemen über das Netzwerk gemeinsam genutzt werden. Automounter erhöhen die Stabilität des Netzwerks und vermindern die Komplexität der Konfiguration, da alle Systeme im Netzwerk dieselbe amd- oder automountd-Konfiguration verwenden können. Wir behandeln den Gebrauch der Standard-Automounter von Linux eingehender in Abschnitt 16.6.

29.6.4 rpc.lockd und rpc.statd: NFS-Sperren verwalten

Obwohl rpc.lockd und rpc.statd unterschiedliche Daemons sind, laufen sie immer gemeinsam. rpc.lockd pflegt beratende Sperren (advisory locks, wie flock und lockf) für NFS-Dateien. rpc.statd erlaubt Prozessen, den Status anderer Computer zu überwachen, die NFS verwenden. rpc.lockd nutzt rpc.statd, um zu entscheiden, wann ein Verbindungsversuch mit einem entfernten Computer erfolgt.

29.6.5 rpciod: NFS-Blöcke zwischenspeichern

rpciod speichert Lese- und Schreibanfragen auf NFS-Clients zwischen. Er verwendet beide Pufferstrategien, Read-Ahead und Write-Behind, und steigert die Leistung des NFS außerordentlich. Der Daemon ist analog zu den Daemons biod und nfsiod auf anderen Systemen zu finden, obgleich er sich vom Aufbau etwas unterscheidet.

29.6.6 rpc.rquotad: Remote-Kontingente bereitstellen

rpc.rquotad ermöglicht entfernten Benutzern die Überprüfung ihres Kontingents auf den Dateisystemen, die mit NFS eingehängt sind. Die eigentliche Anwendung der Kontingentbeschränkungen wird weiterhin auf dem Server ausgeübt; rpc.rquotad sorgt nur für die richtige Ausführung des Befehls quota.

29.6.7 smbd: Datei- und Druckdienste für Windows-Clients bereitstellen

smbd ist der Datei- und Druckserver in der Samba-Suite. Er unterstützt Dienste für die gemeinsame Nutzung von Dateien und Druckern durch das Windows-Protokoll, das verschiedentlich als SMB oder CIFS bekannt ist. Mehr Informationen erhalten Sie in Abschnitt 26.6.

29.6.8 nmbd: NetBIOS-Namensserver

nmbd ist eine weitere Komponente von Samba. Er antwortet auf Anfragen des NetBIOS-Namendiensts, die von Windows-Rechnern gesendet werden. Ferner setzt er das Browser-Protokoll um, das Windows-Rechner zum Füllen des Ordners Netzwerkumgebung verwenden, und macht dort Freigaben der Festplatte des lokalen Hosts sichtbar. nmbd kann auch als WINS-Server verwendet werden.

29.7 Daemons für administrative Datenbanken

Verschiedene Daemons sind dem NIS-Datenbanksystem von Sun zugeordnet, das in Kapitel 17,»Systemdateien zentral verwalten«, beschrieben wird. Obgleich NIS von Sun stammt, wird es heute auch auf vielen Systemen anderer Hersteller eingesetzt, einschließlich Linux.

29.7.1 ypbind: NIS-Server finden

Der Daemon ypbind läuft auf allen NIS-Clients und -Servern. Er findet einen NIS-Server, an den Abfragen gerichtet werden können. ypbind führt keine eigentliche Abfrage durch, sondern teilt dem Clientprogramm nur den zu benutzenden Server mit.

29.7.2 ypserv: NIS-Server

ypserv läuft auf allen NIS-Servern. Er nimmt Abfragen von Clients an und antwortet mit der angeforderten Information. In Abschnitt 17.4.6 finden Sie Informationen über die Konfiguration des Rechners, der ypserv ausführt.

29.7.3 rpc.ypxfrd: NIS-Datenbanken übertragen

rpc.ypxfrd überträgt effizient NIS-Datenbanken auf Slave-Server. Ein Slave stößt eine Übertragung mit dem Befehl ypxfr an. Wann immer eine Datenbank auf dem Master geändert wird, sollte diese Änderung sofort auf alle Slaves übertragen werden, sodass die NIS-Server untereinander konsistent bleiben.

29.7.4 lwresd: Schlanker Resolver-Bibliotheksserver

lwresd stellt eine schnelle Methode bereit, um die Namensauflösung von Adresse zu Rechnername und Rechnername zu Adresse zwischenzuspeichern. Er wird von einem einfachen Resolver aufgerufen, der Teil der Standardbibliothek des Systems ist und von vielen Programmen direkt aufgerufen wird. Die Bibliothek und der Daemon kommunizieren über ein einfaches UDP-Protokoll.

29.7.5 nscd: Cachedaemon für den Namensdienst

nscd speichert die Ergebnisse von Aufrufen der Standard-C-Bibliotheksroutinen der Familie getpw*, getgr* und gethost* zwischen, die Daten suchen, die üblicherweise in den Dateien passwd, group und hosts gespeichert sind. Heutzutage ist die Spanne der möglichen Quellen größer und umfasst Möglichkeiten wie NIS und DNS. Tatsächlich weiß nscd nicht, woher die Daten kommen; er speichert einfach die Ergebnisse zwischen und benutzt sie, um nachfolgende Bibliotheksaufrufe zu umgehen. Methoden der Speicherung werden in der Datei /etc/nscd.conf festgelegt.

29.8 E-Mail-Daemons

Als Ergänzung zu den Nachrichtenübertragungssystemen sendmail und Postfix, die beide weit verbreitet sind, ermöglichen verschiedene Daemons den Fernzugriff auf Postfächer.

29.8.1 sendmail: E-Mail übertragen

Die Aufgaben von sendmail umfassen die Nachrichtenannahme von Benutzern und Remote-Standorten, das Umschreiben der Adressen, das Erweitern von Aliasen und das Weiterleiten von Nachrichten über das Internet. sendmail ist ein wichtiger und komplexer Daemon. Um das gesamte Leistungsspektrum zu sehen, schlagen Sie in Kapitel 18, »E-Mail«, nach.

29.8.2 smtpd: SMTP-Daemon

smtpd horcht auf Port 25 nach eingehenden E-Mail-Nachrichten und leitet sie zur Weiterverarbeitung an das nachgeordnete System. Weitere Informationen über den Umgang mit smtpd im sendmail- und Postfix-System bekommen Sie in den Abschnitten 18.3 und 18.16.

29.8.3 popd: Einfacher Postfachserver

Der Daemon popd implementiert POP (Post Office Protocol). Dieses Protokoll wird üblicherweise von Nicht-Linux-Systemen verwendet, um E-Mail zu empfangen.

29.8.4 imapd: Postfachserver de luxe

Der Daemon imapd implementiert IMAP (Internet Message Access Protocol), das eine ausgefeiltere und funktionsreichere Alternative zu POP ist. Er erlaubt Windows-Benutzern (oder Benutzern von Linux mit IMAP-fähigen E-Mail-Lesern) von wechselnden Orten aus auf ihre E-Mail zuzugreifen, wobei die Nachrichtenverzeichnisse auf einem Linux-Server gespeichert sind. Weitere Informationen über IMAP erhalten Sie unter *www.imap.org*.

29.9 Daemons für Remote-Login und Befehlsausführung

Die Möglichkeit, sich über das Netz anzumelden und Befehle auszuführen, war einer der ersten Beweggründe für die Entwicklung des Netzwerkbetriebs unter UNIX. Diese Möglichkeit ist immer noch einer der Hauptbestandteile der Systemadministration heute. Leider brauchte es in der UNIX-Gemeinde einige Jahrzehnte, bis sich eine notwendige Anerkennung der Sicherheitskonsequenzen dieser Technologie durchsetzte. Moderne Produktionssysteme sollten SSH (sshd) und nahezu nichts anderes einsetzen.

29.9.1 sshd: Sicherer Remote-Loginserver

sshd stellt einen Dienst zur Verfügung, der vergleichbar mit in.rlogind ist, jedoch werden seine Sitzungen über einen verschlüsselten Kanal übertragen (und authentifiziert). Es ist eine Vielzahl an Verschlüsselungsalgorithmen verfügbar. Aufgrund der rauen Umgebung des Internets heute sollte der Zugang auf die Shell über das Internet nur durch einen solchen Daemon und nicht mit in.rlogind oder in.telnetd erfolgen. Mehr Informationen über sshd gibt Abschnitt 20.11.3.

29.9.2 in.rlogind: Veralteter Remote-Loginserver

in.rolgind war vor langer Zeit der Standard für die Abwicklung von Remote-Logins. Wenn er mit inetd aufgerufen wird, versucht er automatisch, den entfernten Benutzer durch Abgleich mit der lokalen Benutzerdatei ~/.rhosts und systemweit mit /etc/hosts.equiv zu authentifizieren. Ist die automatische Authentifizierung erfolgreich, wird der Benutzer direkt angemeldet. Anderenfalls führt in.rlogind das Programm login aus, um den Benutzer nach einem Passwort zu fragen. Wegen der wertlosen und einfachen Authentifizierung ist in.rlogind das größte Sicherheitsrisiko. Mehr Hinweise zu diesem Thema finden Sie in Abschnitt 20.9.

29.9.3 in.telnetd: Noch ein Remote-Loginserver

in.telnetd ist vergleichbar mit in.rlogind, mit der Ausnahme, dass er das Protokoll Telnet benutzt. Dieses Protokoll erlaubt beiden Seiten (Client und Server), Flusssteuerung und Duplex-Einstellungen auszuhandeln, was ihn bei langsamen und unzuverlässigen Verbindungen zu der besseren Wahl als in.rloingd macht. Wie rlogin überträgt `telnet` Passwörter in Klartext über das Netzwerk. Von seinem Gebrauch ist deshalb in modernen Netzwerken abzuraten. Wie auch immer, viele Nicht-Linux-Systeme unterstützen `telnet`.

29.9.4 in.rshd: Server zur Remote-Befehlsausführung

`in.rshd` behandelt entfernte Anforderungen zur Befehlsausführung von `rsh` und `rcmd`. Die Authentifizierung, die vom Prozess `in.rshd` erzwungen wird, ist vergleichbar mit der von `in.rlogind`, außer dass bei nicht funktionierender automatischer Authentifizierung `in.rshd` die Anforderung ablehnt, ohne dem Benutzer eine Passworteingabe zu erlauben. `in.rshd` ist auch der Server für `rcp` (remote copy). Wie `in.rlogind` ist `in.rshd` so etwas wie ein Klotz am Bein für die Sicherheit und wird ausnahmslos abgeschaltet. Weitere Informationen finden Sie in Abschnitt 20.9.

29.10 Boot- und Konfigurationsdaemons

In den 1980ern wurde die UNIX-Welt überrollt von einer Manie für festplattenlose Arbeitsstationen. Diese Rechner starteten vollständig über das Netzwerk und führten die ganze Festplatten-E/A mithilfe einer Remote-Dateisystemtechnologie wie NFS aus. Als die Festplattenpreise sanken und die Geschwindigkeit stieg, verblasste das Interesse an festplattenlosen Arbeitsstationen schnell. Sie könnten dennoch jeden Moment wieder in Mode kommen, wie die Plateauschuhe aus den 1970ern. Die zwei wichtigsten Überbleibsel der festplattenlosen Ära sind die Fülle an Daemons, die für die Unterstützung dieser Systeme entworfen wurden, und der groteske Aufbau vieler Dateisysteme der Hersteller.

Für die Neugierigen erläutern wir mit einigen zusätzlichen Details festplattenlose Systeme, beginnend in Abschnitt 11.2.

Obgleich festplattenlose Arbeitsstationen nicht mehr gebräuchlich sind, eigneten sich andere Geräte ihre Startprotokolle an. Die meisten verwaltbaren Netzwerkhubs und Netzwerkdrucker starten unter Verwendung einer Kombination der in diesem Abschnitt angeführten Dienste.

29.10.1 dhcpd: Dynamische Adresszuweisung

DHCP (Dynamic Host Configurations Protocol) versorgt bei Systemstart Computer, Laptops und andere tragbare Systeme mit Informationen über ihre IP-Adresse, dem Standard-Gateway und dem Namensserver. Der Daemon `dhcpd` implementiert diesen Dienst unter Linux. Mehr Informationen über DHCP finden Sie in Abschnitt 12.9. Eine ausgefallenere Ausführung von DHCP, PXE (Pre-boot eXecution Environment) genannt, ermöglicht kompatiblen Geräten, vom Netzwerk zu starten, ohne ein lokales Startgerät zu benötigen. Mehr Details erhalten Sie in Abschnitt 11.1.2.

29.10.2 in.tftpd: Server für die einfache Dateiübertragung

in.tftpd implementiert ein Dateiübertragungsprotokoll vergleichbar mit dem von ftpd, aber sehr viel einfacher. Viele Systeme ohne Festplatte nutzen TFTP, um ihren Kernel von einem Server herunterzuladen. in.tftpd führt keine Authentifizierung durch, ist aber im Allgemeinen auf das Bereitstellen von Dateien aus einem einzigen Verzeichnis beschränkt (gewöhnlich /tftpboot). Da alles, was im TFTP-Verzeichnis abgelegt ist, für das gesamte Netzwerk erreichbar ist, sollte das Verzeichnis nur Bootdateien enthalten und öffentlich nicht beschreibbar sein.

29.10.3 rpc.bootparamd: Erweiterte Unterstützung für festplattenlose Clients

rpc.bootparamd nutzt die Datei /etc/bootparams, um Clients ohne Festplatte mitzuteilen, wo ihr Dateisystem zu finden ist. Der Dienst rpc.bootparamd wird oft von Rechnern verwendet, die ihre IP-Adresse mithilfe von RARP erhalten und die NFS zum Einhängen ihres Dateisystems nutzen.

29.10.4 hald: Daemon für die Hardwareabstraktionsschicht

hald sammelt aus verschiedenen Quellen Informationen über die Systemhardware. Er stellt eine aktuelle Geräteliste über D-BUS zur Verfügung.

29.10.5 udevd: Geräteverbindungsnachrichten serialisieren

udevd ist ein unbedeutender Teil des udev-Systems zur dynamischen Bezeichnung von Gerätenamen. Er ermöglicht das ordnungsgemäße Serialisieren von Hot-Plug-Ereignissen, die der Kernel manchmal in falscher Reihenfolge dem Userspace meldet.

29.11 Weitere Netzwerkdaemons

Jeder der folgenden Daemons nutzt Internet Protocol zur Bearbeitung von Anfragen, aber viele dieser »Internet« Daemons verbringen tatsächlich die meiste Zeit mit der Abwicklung lokaler Anfragen.

29.11.1 talkd: Netzwerk-Chatdienst

Verbindungsanfragen vom Programm talk werden von talkd behandelt. Wenn er eine Anforderung erhält, verhandelt talkd mit dem anderen Rechner, um eine Netzwerkverbindung zwischen den beiden Benutzern zu errichten, die talk ausführen.

29.11.2 snmpd: Netzwerkdienste für die Remote-Verwaltung bereitstellen

snmpd antwortet auf Anfragen, die SNMP (Simple Network Management Protocol) benutzen. SNMP vereinheitlicht einige der gebräuchlichen Netzwerkmanagement-Aufgaben. Weitere Informationen zu SNMP finden Sie in Abschnitt 19.8.

> **Tipp**
>
> Mehr Informationen über ftpd finden Sie in Abschnitt 21.6.

29.11.3 ftpd: Server für die Dateiübertragung

ftpd ist der Daemon, der Anfragen von ftp bearbeitet, dem Internet-Dateiübertragungsprotokoll (File Transfer Protocol). Viele Administratoren deaktivieren es, weil sie besorgt über die Sicherheit sind. ftpd kann eingerichtet werden, um allen die Übertragung von Dateien zu und von ihrem Rechner zu erlauben.

Für Linux-Systeme steht eine Vielzahl an ftpd-Implementierungen zur Verfügung. Wenn Sie einen Server mit hohem Datenverkehr planen oder zusätzliche Funktionen benötigen, zum Beispiel Lastmanagement, dürfte es sinnvoll sein, Alternativen zum Standard-ftpd Ihrer Distribution zu untersuchen.

WU-FTPD, an der Washington University entwickelt, ist eine der populärsten Alternativen zum Standard-ftpd. Weitere Informationen erhalten Sie unter *www.wu-ftpd.org*.

29.11.4 rsyncd: Dateien auf mehreren Hosts synchronisieren

rsyncd ist tatsächlich nur eine Verknüpfung zum Befehl rsync; die Option --daemon macht ihn zum Serverprozess. rsyncd führt die Dateisynchronisierung zwischen Rechnern durch. Er ist hauptsächlich eine leistungsfähige und mit Sicherheitsmerkmalen ausgestattete Version von rcp. rsync ist eine wirkliche Fundgrube für Systemadministratoren. Wir beschreiben seinen Gebrauch in diesem Buch in einigen unterschiedlichen Zusammenhängen. Grundlegende Informationen und einige Hinweise zum Gebrauch von rsync bei der gemeinsamen Nutzung von Systemdateien finden Sie in Abschnitt 17.3.2. rsync hat auch einen beträchtlichen Anteil an internen Installationsroutinen vieler Unternehmen.

29.11.5 routed: Routingtabellen pflegen

routed pflegt die Routinginformationen, die TCP/IP benutzt, um Pakete in einem Netzwerk zu senden und weiterzuleiten. Der Daemon kümmert sich nur um dynamisches Routing; Routen, die statisch festgelegt werden (das heißt, in die Routingtabelle des Systems mit dem Befehl route hartkodiert sind), werden nie von routed verändert. routed ist relativ dumm und leistungsschwach. Wir empfehlen seinen Gebrauch nur für wenige spezielle Situationen. Eine ausführlichere Erörterung von routed erhalten Sie in Abschnitt 13.4.

29.11.6 gated: Komplizierte Routingtabellen pflegen

gated versteht verschiedene Routingprotokolle einschließlich RIP, das von routed verwendete Protokoll. Der Daemon übersetzt Routinginformationen zwischen verschiedenen Protokollen und bietet viele Konfigurationsmöglichkeiten. Es kann viel freundlicher zu Ihrem Netzwerk sein als routed. Mehr Informationen über gated gibt es in Abschnitt 13.5.

29.11.7 named: DNS-Server

named ist der beliebteste Server für DNS. Er bildet Hostnamen auf Netzwerkadressen ab und vollbringt viele andere Leistungen und Tricks, die alle eine verteilte Datenbank benutzen, die allerorten von named gepflegt wird. Kapitel 15, »DNS (Domain Name System)« beschreibt die Pflege und die Aufgaben von named.

29.11.8 syslogd: Protokollnachrichten verarbeiten

syslogd fungiert als Sammelstelle für Statusinformationen und Fehlermeldungen, die von der Systemsoftware und den Daemons ausgegeben werden. Bevor es syslogd gab, schrieben Daemons ihre Fehlermeldungen direkt auf die Systemkonsole oder pflegten ihre eigene private Protokolldatei. Nun benutzen sie syslog-Bibliotheksroutinen zur Übertragung von Meldungen an syslogd, der diese nach den vom Systemadministrator aufgestellten Regeln sortiert.

Tipp

Mehr Informationen über syslog finden Sie in Abschnitt 10.4.

29.11.9 in.fingerd: Benutzer nachschlagen

in.fingerd liefert Informationen über die Benutzer, die am System angemeldet sind. Wenn erforderlich, kann er auch etwas mehr Details über einzelne Benutzer liefern. in.fingerd leistet selbst wenig eigene Arbeit: Er nimmt einfach Eingabezeilen an und leitet diese zum lokalen Programm finger weiter.

finger kann ziemlich viel an Informationen über einen Benutzer, einschließlich des Anmeldestatus, den Inhalt des GECOS-Felds für den Benutzer in /etc/passwd und den Inhalt der Benutzerdateien ~/.plan und ~/.project zurückgeben.

Wenn Sie mit dem Internet verbunden sind und in.fingerd ausführen, kann jeder weltweit auf diese Informationen zugreifen. in.fingerd hat einige wirklich tolle Dienste (wie zum Beispiel die Internet White Pages) ermöglicht. Allerdings hat er Menschen in die Lage versetzt, vielfältig Missbrauch damit zu treiben, wie zum Beispiel die Suche nach Adressen und Telefonnummern für unerwünschte Anrufe und für Spam. Einige Unternehmen haben auf diese Invasion mit dem Abschalten von in.fingerd geantwortet, während andere nur die Informationstiefe der Antwort beschränken. Gehen Sie nicht davon aus, dass in.fingerd aufgrund seiner Einfachheit notwendigerweise sicher ist – ein Pufferüberlauf des Daemons wurde vom Internetwurm von 1988 ausgenutzt.

29.11.10 httpd: WWW-Server

httpd macht Ihren Server zu einem Webserver. httpd kann Text, Bilder und Ton zu seinen Clients schicken. Mehr Informationen über die Bereitstellung von Webseiten finden Sie in Kapitel 21, »Webhosting und Internetserver«.

29.12 ntpd: Zeitsynchronisierungsdaemon

Während Computer zunehmend unabhängiger wurden, wurde es immer wichtiger für sie, eine einheitliche Zeitvorstellung zu teilen. Synchronisierte Uhren sind essenziell für korrelierende Protokolleinträge im Falle einer Sicherheitsverletzung und für eine Vielzahl von Anwendungen der Endbenutzer, von der gemeinsamen Abwicklung von Softwareprojekten bis zur Ausführung von Finanztransaktionen.

ntpd[5] implementiert das Network Time Protocol, das Computern erlaubt, ihre Uhren auf eine Differenz von Millisekunden zueinander abzugleichen. Die erste NTP-Implementierung startete um 1980 mit einer Genauigkeit von nur einigen hundert Millisekunden. Heute kann eine neue Variante der Kernel-Uhr die Zeit mit einer Genauigkeit von bis zu einer Nanosekunde halten. Die letzte Version des Protokolls (Version 4, beschrieben in RFC2783) ist kompatibel mit den früheren Versionen und ergänzt sie mit einer einfachen Konfiguration und einigen Sicherheitsmerkmalen.

---

5 Dieser Daemon war in früheren Ausformungen auch als xntpd bekannt.

29.12 ntpd: Zeitsynchronisierungsdaemon

NTP-Server sind hierarchisch angeordnet, wobei jede ihrer Ebenen als »Stratum« bezeichnet wird. Die Zeit auf dem Stratum 1-Server wird üblicherweise mit einer externen Referenzuhr gekoppelt, zum Beispiel einem Funkempfänger oder einer Atomuhr. Die Stratum 2-Server passen ihre Uhr an Stratum 1 an und agieren als Verteilknoten für die Zeit. Bis zu 16 Strata werden versorgt. Um sein eigenes Stratum zu bestimmen, addiert ein Zeitserver einfach 1 zum Stratum des Servers mit der höchsten Nummer, mit dem er sich synchronisiert. Eine Untersuchung des NTP-Netzwerkes von 1999, durchgeführt von Nelson Minar, zeigte, dass es zu diesem Zeitpunkt 300 Server mit Stratum 1, 20.000 Server mit Stratum 2 und mehr als 80.000 Server mit Stratum 3 gab[6].

Heute können NTP-Clients auf eine Vielzahl von Bezugszeitvorgaben zugreifen, wie jene, die über WWV (ein von der US-Regierung betriebener Radio-Sender) und GPS bereitgestellt werden. Hinweise zu den maßgeblichen Zeitservern in Deutschland finden Sie unter ptb.de/de/org/q/q4/q42/ntp/ntp_main.html.

Viele ISPs unterhalten ihre eigene Gruppe von Zeitservern, die aus Netzwerksicht näher an den nachgeordneten Clients stehen sollten (und wenn NTP richtig arbeitet, ebenso genau sind).

ntpd führt sowohl die Client- als auch die Serverseite des NTP-Protokolls aus. Beim Start liest er /etc/ntp.conf. In der Konfigurationsdatei kann man den Zugriff, Computernetzwerke, Zeitserver, Multicastclients, allgemeine Konfigurationen und die Authentifizierung spezifizieren; aber seien Sie nicht abgeschreckt, es ist alles ziemlich selbsterklärend.

Debian und Ubuntu scheinen ntpd standardmäßig nicht zu installieren, aber er ist durch apt-get leicht erhältlich. Sie können die aktuelle Software auch bei ntp.isc.org erhalten.

Sie können auch das schnelle, aber unsaubere Utility ntpdate nutzen, um die Systemzeit nach einem NTP-Server zu setzen. Dies ist verglichen mit ntpd eine wenig wünschenswerte Lösung, da sie den Zeitfluss unstetig erscheinen lässt. Es ist besonders schädlich, die Zeit plötzlich zurückzusetzen, da Programme manchmal annehmen, dass die Zeit eine monoton steigende Funktion ist.

ntpd benutzt den sanfteren Systemaufruf adjtimex, um die Anpassung der Systemzeit zu glätten und große Sprünge, rückwärts wie vorwärts, zu unterbinden. adjtimex beeinflusst die Geschwindigkeit der Systemuhr, sodass sie allmählich die richtige Einstellung annimmt.

---

[6] Siehe www.media.mit.edu/~nelson/research/ntp-survey99

29.13 Übungen

☆ 1. Bestimmen Sie mit `ps`, welche Daemons auf Ihrem System aktiv sind. Ermitteln Sie ebenfalls, welche Daemons für die Ausführung durch `inetd.conf` oder `xinetd.conf` verfügbar sind. Kombinieren Sie die Listen und beschreiben Sie, was jeder Daemon tut, wo er gestartet wurde und ob mehrere Kopien zur gleichen Zeit laufen können (oder es tun). Beschreiben Sie andere Attribute, die Sie herausbekommen können.

☆ 2. Installieren Sie im Labor den Netzwerkzeitdaemon `ntpd` und richten Sie ihn ein.

    a. Wie bestimmen Sie, ob Ihr System die richtige Zeit hat?

    b. Setzen Sie mit dem Befehl `date` Ihre Systemzeit 15 Sekunden zurück. Wie lange dauert es, bis die richtige Zeit erreicht ist?

    c. Setzen Sie Ihre Systemzeit manuell einen Monat vor. Wie reagiert `ntpd` auf diese Situation? (Dies erfordert `root`-Berechtigungen.)

★★ 3. Bestimmen Sie im Labor mit einem Programm wie zum Beispiel `netstat`, welche Ports auf dem Rechner den Status `listening` haben.

    a. Wie können Sie die Informationen von `netstat` mit denen in `inetd.conf` oder `xinetd.conf` abgleichen? Falls ein Unterschied besteht, was geht vor?

    b. Installieren Sie das Tool `nmap` auf einem anderen Rechner. Starten Sie einen Portscan mit Ihrem Rechner als Ziel, um das in Teil (a) Gelernte zu überprüfen. Welche zusätzlichen Informationen haben Sie von `nmap` erfahren (wenn überhaupt), die mit `netstat` nicht ersichtlich waren? (Mehr Informationen über `nmap` finden Sie in Abschnitt 20.10.1.)

30 Management und Geschäftspolitik

Vielleicht haben Sie das cleverste Administratorenteam, aber wenn Ihr technisches Management ungeeignet ist, werden Sie das Leben hassen, und Ihre Benutzer werden das dann auch. In diesem Abschnitt behandeln wir die nichttechnischen Aspekte beim Betrieb einer erfolgreichen IT-Organisation, zusammen mit einigen technischen Einzelheiten (Gestaltung der Infrastruktur, Fehlerticketsysteme usw.), die das Management der Systemadministration unterstützen.

Die meisten der in diesem Kapitel dargestellten Themen und Vorstellungen sind nicht auf eine bestimmte Umgebung zugeschnitten. Sie gelten gleichermaßen für einen Systemadministrator in Teilzeit wie für ein großes Team hauptamtlicher Experten mit Verantwortung für eine bedeutende IT-Installation. Sie sind wie Gemüse, das Ihnen ja gut tut, egal für wie viele Sie ein Essen zubereiten. (Für besonders große Betriebe mit Hunderten von IT-Mitarbeitern beschreiben wir kurz ITIL (Information Technology Interface Library), eine prozessorientierte IT-Managementarchitektur, die sich besonders für große Unternehmen eignet. Mehr dazu lesen Sie in Abschnitt 30.14.3)

Zusätzlich zu Managementhinweisen finden Sie auch Abschnitte zu Dokumentation (Abschnitt 30.8), Fehlerticketsystemen (Abschnitt 30.9), Notfallwiederherstellung (Abschnitt 30.10), schriftlichen Richtlinien (Abschnitt 30.11), Rechtsfragen (Abschnitt 30.12), Softwarepatenten (Abschnitt 30.13), Standardisierungsbemühungen (Abschnitt 30.14), Linux-Kultur (Abschnitt 30.15) sowie Organisationen, Konferenzen und Weiterbildungsmöglichkeiten für Systemadministratoren mit Linux-Bezug (Abschnitt 30.17).

30.1 Machen Sie alle glücklich

Systemadministration ist eine Dienstleistungsbranche, und sowohl Menschen als auch Rechner sind die Abnehmer dieser Dienstleistung. Einige eher technisch ausgerichtete Administratoren scheinen unter dem Eindruck zu stehen, dass die Benutzer ihrer Systeme kaum mehr als Ärgernisse sind, die der richtigen Arbeit im Wege stehen. Das ist ein hinderlicher und nicht zutreffender Standpunkt. Unser Job ist es, Benutzer mit der IT-Infrastruktur auszustatten, die sie zur effizienten und zuverlässigen Ausübung ihrer Arbeit benötigen.

Wir waren alle schon mal in unserem Berufsleben auf der anderen Seite des Helpdesks, also versetzen Sie sich in die Lage Ihrer Kunden: Wie waren Ihre Erfahrungen? Was würden Sie anders machen?

Benutzer sind zufrieden, wenn:

- Ihre Rechner laufen und sie sich einloggen können.
- Ihre Dateien so bleiben, wie sie sie hinterlassen haben.
- Ihre Anwendungssoftware installiert ist und erwartungsgemäß funktioniert.
- Freundliche, sachkundige Hilfe bei Bedarf verfügbar ist.

Benutzer wollen dies alles 24 Stunden täglich, sieben Tage die Woche, vorzugsweise kostenlos. Benutzer hassen:

- Ausfallzeiten, egal ob planmäßig oder außerplanmäßig.
- Nachrüstungen, die plötzliche Änderungen einführen und Kompatibilitätsprobleme auslösen.
- Unverständliche Systemmeldungen oder Administratormitteilungen.
- Lange Erklärungen dafür, warum etwas nicht richtig läuft.

Wenn etwas kaputt ist, wollen die Benutzer wissen, wann es repariert wird. Und Schluss. Es ist ihnen ziemlich egal, welche Festplatte oder welcher Generator ausgefallen ist oder warum. Diese Information können Sie für Ihre Berichte an die Geschäftsleitung aufheben.

Aus Benutzersicht ist es die schönste Neuigkeit, wenn es keine Neuigkeiten gibt. Das System funktioniert oder es funktioniert nicht. Wenn nicht, ist es egal, warum. Unsere Kunden sind am zufriedensten, wenn sie nicht einmal merken, dass es uns gibt! Traurig, aber wahr.

Benutzer sind unsere Hauptkunden, aber genauso wichtig ist es, die Zufriedenheit Ihrer Mitarbeiter zu erhalten. Gute Administratoren sind schwer zu finden, daher sind beim Entwurf der IT-Verwaltungssysteme auch ihre Bedürfnisse zu berücksichtigen.

Systemadministratoren und andere Mitarbeiter in der Technik sind zufrieden, wenn:

- Ihre Rechner und Supportsysteme laufen.
- Sie die Mittel zur Verfügung haben, die sie zur Ausübung ihrer Tätigkeit brauchen.
- Sie über die neuesten und besten Software- und Hardwarewerkzeuge verfügen.
- Sie arbeiten können, ohne ständig unterbrochen zu werden.
- Sie kreativ sein können, ohne dass der Chef hineinredet und sich in die Details einmischt.
- Ihre Arbeitsstunden und ihre Belastung innerhalb vernünftiger Grenzen liegen.

Technisch orientierte Menschen brauchen mehr als einfach nur den monatlichen Eingang ihres Einkommens auf ihrem Konto, um in Schwung zu bleiben. Sie brauchen das Gefühl, die kreative Kontrolle über ihre Arbeit und die Achtung von Kollegen, Vorgesetzten und Benutzern zu haben.

Die Voraussetzungen für zufriedene Kunden und zufriedene IT-Mitarbeiter überschneiden sich in Teilen. Einige Dinge scheinen jedoch auseinanderzuklaffen oder sich sogar entgegenzustehen. Der Chef muss die gegenseitige Verträglichkeit und die Erreichbarkeit all dieser unterschiedlichen Erwartungen sicherstellen.

In einigen Unternehmen übernimmt der Chef den Kundenkontakt, um die Mitarbeiter in der Technik vor Störungen von dieser Front zu schützen und ihnen damit den Freiraum für ihre »eigentliche« Arbeit zu geben. Unserer Erfahrung nach ist so eine Regelung gewöhnlich keine gute Idee. Sie verhindert, dass das technische Personal direkt mit den Kundenbedürfnissen konfrontiert wird, und endet oft darin, dass der Vorgesetzte Versprechen gibt, die seine Mitarbeiter nicht halten können.

30.2 Bestandteile einer funktionierenden IT-Organisation

Wenn eine IT-Organisation zu wachsen beginnt, wird offensichtlich, dass nicht jeder in diesem Bereich alles über die gesamte Infrastruktur wissen kann bzw. sollte. Genauso ist es unpraktisch (oder besser gesagt unmöglich), dass ein Einzelner alle täglichen Entscheidungen allein trifft. Bei Wachstum bilden sich normalerweise die folgenden organisatorischen Unterabteilungen heraus:

- Geschäftsführung: Definiert die Gesamtstrategie und führt die Organisation.

- Verwaltung: Spricht mit den Kunden über ihre Bedürfnisse, verhandelt Verträge, verschickt Rechnungen, erteilt Aufträge im Einkauf, bezahlt Lieferanten, befasst sich mit den administrativen Prozessen bei Personaleinstellungen und -entlassungen.

- Entwicklung: Entwirft, realisiert und testet neue Produkte und Dienstleistungen vor ihrem Einsatz bei Kunden.

- Produktion: Versorgt Kunden mit direkten Diensten, sowohl im Systemmanagement als auch im Support und bei Schulungen der Endbenutzer. Wir unterteilen diesen Bereich in Betrieb (auf Rechner bezogen) und Support (auf Menschen bezogen).

Diese Funktionen müssen nicht zwangsläufig auf Personen aufgeteilt werden. Sogar in einem kleinen Unternehmen mit nur einem Systemadministrator stellen diese vier Aufgabenbereiche quasi die verschiedenen Hüte dar, die der Systemadministrator abwechselnd tragen muss.

Die relative Größe jedes Bereichs spiegelt wider, welcher Art von Organisation die Verwaltung dient. Eine Forschungsuniversität hat eine andere Mischung als ein Unternehmen in der Softwareentwicklung oder eines aus dem produzierenden Gewerbe. Unsere Erfahrung an einer Forschungsuniversität deutet darauf hin, dass rund 5% der Arbeit in den Bereich Management fallen, rund 10% in den Bereich Verwaltung, 10% bis 20% in den Bereich Entwicklung und die restlichen 65% bis 75% in den Bereich Produktion.

Wir schlagen vor, dass in kleinen und mittleren Institutionen bzw. Unternehmen alle Mitarbeiter zumindest einen Teil ihrer Arbeitszeit im Support leisten. Dies setzt die technischen Mitarbeiter direkt den Problemen, Enttäuschungen und Wünschen der Kunden aus. Rückmeldungen der Kunden können dann dazu genutzt werden, die derzeitige Umgebung zu verbessern oder auch künftige Systeme und Dienstleistungen zu entwerfen. Der Nebeneffekt ist, dass die Kunden auch mit den besonders sachkundigen Mitarbeitern in Kontakt treten können. (Mussten Sie sich schon einmal mit Supportmitarbeitern der untersten Ebene herumärgern, ohne weiterzukommen?)

Zwanzig Prozent für Entwicklung mag hoch gegriffen klingen, aber ohne werden sich Ihre Lösungen nicht an eine Zunahme in Anzahl und Komplexität der unterstützten Systeme anpassen können. Ihre ursprünglichen Managementkonzepte werden stagnieren und schließlich überholt und nicht mehr zu reparieren sein.

Die ideale Anzahl von Personen, die ein Manager/Vorgesetzter direkt betreuen kann, scheint sich zwischen fünf und zehn zu bewegen. Darüber hinaus sollten Sie über zusätzliche Hierarchieebenen nachdenken.

Wir behandeln alle fünf Aufgabenbereiche in den folgenden Abschnitten.

30.3 Die Rolle der Geschäftsführung

Das übergeordnete Ziel eines Geschäftsführers ist es, die Arbeit der technischen Mitarbeiter zu erleichtern, denn diese sind die Experten, was die »eigentliche« Arbeit des Unternehmens angeht. Mehrere Aufgaben und Verantwortlichkeiten lasten auf den Schultern des Geschäftsführers:

- Das Unternehmen führen, Visionen entwickeln und für die notwendigen Mittel sorgen
- Mitarbeiter einstellen, entlassen, beurteilen und ihre Fähigkeiten entwickeln
- Mitarbeitern Aufgaben zuweisen und den Fortschritt verfolgen
- Die Management-Ebene managen
- Probleme lösen: Konflikte mit bzw. unter Mitarbeitern, böswillige Benutzer, veraltete Hardware usw.
- Als »übergeordnete Instanz« fungieren, an die Benutzer Probleme weiterleiten können
- Die Entwicklung einer skalierbaren Infrastruktur überwachen
- Für Notfälle vorsorgen
- Dokumentation aus den Köpfen verrückter Systemadministratoren extrahieren

Die Aufgabe der Abstimmung mit Kunden scheint auf dieser Liste zu fehlen. Wir glauben jedoch, dass die Mitarbeiter in der Technik diese Rolle am besten erfüllen. Manager haben gewöhnlich nicht den technischen Hintergrund, um die Schwierigkeit und die Machbarkeit der Kundenanforderungen einschätzen zu können. Es dürfte auf beiden Seiten weniger Überraschungen geben, wenn diejenigen, die die Arbeit letztendlich tun, auch die den Kunden versprochenen Ergebnisse und Zeitpläne erarbeiten.

Wir werden später einige dieser Funktionen genauer erläutern. Manche von ihnen überschreiten die Grenzen mehrerer funktionaler Bereiche und werden an anderer Stelle behandelt. So ist zum Beispiel die Entwicklung einer skalierbaren Infrastruktur ein gemeinsames Projekt von Geschäftsleitung und Entwicklung; siehe dazu unsere Anmerkungen in Abschnitt 30.5. Ähnlich fällt Notfallwiederherstellung sowohl in den Bereich Geschäftsführung als auch in den IT-Betrieb; wir erläutern sie in Abschnitt 30.10. Dokumentation ist so wichtig und so heikel, dass sie in einem eigenen Abschnitt (Abschnitt 30.8) behandelt wird.

30.3.1 Führung

Führung ist schwer zu beschreiben. Aber wenn sie fehlt oder mangelhaft ausgeübt wird, ist ihre Abwesenheit nur allzu schnell offensichtlich. In gewisser Weise ist Führung die »Systemadministration« von Unternehmen. Sie gibt die Richtung vor, stellt sicher, dass die einzelnen Teilbereiche zusammenarbeiten, und hält das ganze System mit so wenigen Störungsmeldungen wie möglich in Gang.

Das technische Geschick, das jemanden zu einem großartigen Systemadministrator macht, qualifiziert ihn leider nicht zwangsläufig für eine Führungsrolle, die eher auf Menschen ausgerichtete Fähigkeiten erfordert. Menschen sind deutlich schwieriger zu beherrschen als Perl.

Für neue Manager mit vorwiegend technisch geprägtem Hintergrund kann es besonders schwierig sein, sich auf Verwaltungsaufgaben zu konzentrieren und der Versuchung zu widerstehen, technische Arbeiten zu verrichten. Es ist bequemer und spaßiger, sich in die Lösung eines technischen Problems zu stürzen, als ein lange überfälliges Gespräch mit einem »schwierigen« Mitarbeiter zu führen. Aber was ist für das Unternehmen von größerem Wert?

Ihre Stellung in der Führungshierarchie können Sie mit dem folgenden einfachen (und vielleicht äußerst aufschlussreichen) Test prüfen. Machen Sie eine Liste der Aufgaben, an denen Ihr Unternehmen arbeitet. Markieren Sie in einer Farbe die Bereiche, in denen Sie das Boot steuern, und in einer anderen Farbe diejenigen, in denen Sie rudern müssen. Welche Farbe überwiegt auf dem Bild?

30.3.2 Personalverwaltung

Die Verwaltung des Personals kann eine besondere Herausforderung sein. Teil Ihrer Aufsichtsfunktion ist sowohl die Auseinandersetzung mit der fachlichen als auch die mit der persönlichen Seite Ihrer Angestellten. Nach dem gängigen Klischee haben technisch brillante Systemadministratoren häufig wenig Kommunikationstalent, und manchmal neigen sie dazu, mit Geräten besser auszukommen als mit ihren Mitmenschen. Als ihr Manager müssen Sie sie in beiderlei Hinsicht auf Wachstumskurs halten.

Technisches Wachstum ist recht leicht zu fördern und zu messen, aber persönliches Wachstum ist genauso wichtig. Nachfolgend finden Sie einige wichtige Fragen, die Sie bei der Beurteilung der »Benutzerschnittstelle« eines Angestellten stellen sollten:

- Ist das Verhalten dieses Mitarbeiters für unsere Arbeitsumgebung geeignet?
- Wie benimmt sich dieser Mitarbeiter im Umgang mit Behörden, Kunden und Lieferanten?
- Kommt dieser Mitarbeiter gut mit den anderen Teamkollegen zurecht?
- Hat dieser Mitarbeiter Führungsfähigkeiten, die gefördert werden sollten?
- Wie reagiert dieser Mitarbeiter auf Kritik und fachliche Auseinandersetzungen?
- Arbeitet dieser Mitarbeiter aktiv daran, die eigenen Wissenslücken zu schließen?
- Welche kommunikativen Fähigkeiten hat dieser Mitarbeiter?
- Kann dieser Mitarbeiter ein Kundenprojekt planen, durchführen und vorstellen?

Mitarbeiter einstellen

Diese Beurteilungen vorzunehmen, ist bei möglichen Neueinstellungen ebenso wichtig wie für die bereits angestellten Mitarbeiter. Die persönlichen Eigenschaften von Stellenbewerbern werden häufig übersehen oder unterschätzt. Auf diesem Gebiet sollten Sie keine Abkürzungen nehmen – Sie würden es später sicher bereuen!

Ein persönliches Gespräch kann einige dieser Fragen beantworten. Ein Telefongespräch mit Referenzgebern gibt im Normalfall mehr Aufschluss. Hören Sie sehr gut zu. Viele Menschen wollen nichts Schlechtes über einen früheren Angestellten oder Kollegen sagen und entdecken pfiffige Möglichkeiten, Ihnen mitzuteilen, dass ein Mitarbeiter Probleme hat (vorausgesetzt, Sie hören aufmerksam zu). Seien Sie sehr argwöhnisch, wenn der Bewerber seine letzten Arbeitgeber nicht als Referenzen benennt.

Es gibt zwei Vorgehensweisen, ein Team von Systemadministratoren aufzubauen:

- Stellen Sie erfahrene Mitarbeiter ein.
- Ziehen Sie sich Ihre Mitarbeiter selbst heran.

30.3 Die Rolle der Geschäftsführung

Erfahrene Mitarbeiter laufen gewöhnlich schneller zu ihrer Höchstform auf, doch Sie werden sich immer wünschen, sie würden bestimmte Dinge verlernen. Um ihre Arbeit auszuüben, benötigen sie Zugriff als `root`. Da Sie Ihre neuen Mitarbeiter aber noch nicht kennen, dürften Sie wenig geneigt sein, die Daten Ihres Unternehmens sofort in deren Hände zu legen. In der Einarbeitungsphase kann ein wenig Ausspionieren und Überwachen erforderlich sein, während Sie Ihr Vertrauen in diese Mitarbeiter steigern.

Es erfordert Geduld und Fleiß, einen Systemadministrator zu schulen, und Produktionsnetzwerke sind kein optimales Schulungsgelände. Mit dem richtigen Mitarbeiter (clever, aufgeschlossen, neugierig, sorgfältig usw.) ist das Endergebnis häufig besser.

Einige der Eigenschaften eines guten Systemadministrators stehen zueinander im Widerspruch. Er muss pfiffig genug sein, innovative Lösungen auszuprobieren, wenn er in einem Problem feststeckt, aber auch vorsichtig genug, nichts wirklich Schädliches zu testen. Zwischenmenschliches Gespür und pragmatische Problemlösungskompetenz sind gleichermaßen wichtig, doch scheinen sie bei vielen der uns bekannten Systemadministratoren unvereinbar zu sein. Einer unserer Fachlektoren behauptete, dass ein »umgänglicher Systemadministrator« ein Widerspruch in sich sei.

Wir haben zur Beurteilung erfahrener Bewerber zwei Instrumente entwickelt. Früher nannten wir sie »Tests«, aber es stellte sich heraus, dass einige Institutionen (wie staatliche Universitäten in den Vereinigten Staaten) nicht befugt sind, Bewerber zu testen. Wir testen daher nicht mehr, sondern beurteilen und bewerten.

Im Rahmen der ersten, schriftlichen Beurteilung werden Bewerber gebeten, ihre Erfahrung und ihr Wissen zu verschiedenen System- und Netzwerkaufgaben einzustufen, wobei das Ausmaß der Vertrautheit zwischen 0 bis 4 zu bewerten ist:

- Habe nie davon gehört (0).
- Habe schon davon gehört, es aber nie selbst verwendet (1).
- Habe es schon selbst verwendet und kann es unter Anleitung wieder tun (2).
- Kann es ohne Anleitung machen (3).
- Kenne es gut und könnte es jemand anderem beibringen (4).

Zwischen den Fragen finden sich mehrere Fallen. So gibt es im Hardwareteil direkt nach einer Frage zu RJ-45-Steckverbindungen eine zu »MX-Verbindungen« (MX bezieht sich auf einen DNS-Eintrag für den E-Mail-Verkehr, nicht auf einen Netzwerk- oder einen seriellen Anschluss). Diese Täuschungsfragen ermöglichen es Ihnen, den Anteil an Geschwindeltem in den Antworten eines Bewerbers zu ermessen. Eine 3 bei MX-Verbindungen wäre verdächtig. Nach der schriftlichen Einschätzung könnten Sie im persönlichen Gespräch unschuldig fragen: »Wofür nutzen Sie eigentlich MX-Verbindungen?«

Die zweite Beurteilung ist zum Einsatz während eines Telefongesprächs bestimmt. Die Gestaltung der Fragen zielt darauf ab, Bewerbern, die ihre Sache verstehen, schnelle Antworten zu entlocken. Wir geben einen Pluspunkt für eine richtige Antwort, null Punkte für ein »weiß nicht« und einen Punktabzug für offensichtlichen Blödsinn bzw. den Versuch, unauffällig man xxx zu tippen. Sie könnten genauso einen Pluspunkt geben für vernünftige Antworten in der Art wie »weiß ich nicht, aber ich würde es auf folgende Art herausfinden«. Oft ist es genauso gut zu wissen, wo man etwas nachschlagen kann, wie es auswendig zu können.

Diese beiden Systeme liefern uns einen recht guten Beurteilungsmaßstab. Über den Anteil an Täuschungsfragen, den wir verwenden, entscheiden unsere Mitarbeiter aus der Personalabteilung, ein oder zwei Fragen reichen nicht, um jemanden für untauglich erklären zu können.

Mitarbeiter entlassen

Wenn Sie beim Einstellen einen Fehler machen, beeilen Sie sich mit der Entlassung. Vielleicht trifft es dann auch die Spätzünder, aber wenn Sie Mitarbeiter behalten, die sich nicht in die Riemen legen, wird das die übrigen Mitarbeiter vor den Kopf stoßen, da sie umso mehr schuften und hinter den Versagern aufwischen müssen. Ihre Kunden werden auch erkennen, dass ein bestimmter Mitarbeiter seinen Aufgaben nicht gewachsen ist, und einen anderen Systemadministrator verlangen. Sie wollen doch nicht, dass Ihre Kunden sich im täglichen Geschäft in Ihre Managemententscheidungen einmischen.

In vielen Unternehmen ist es sehr schwer, jemanden zu entlassen, insbesondere nach Ablauf der anfänglichen Probezeit. Stellen Sie sicher, dass die Probezeit ernst genommen wird. Später könnte es sein, dass Sie zum Nachweis der Unfähigkeit Daten sammeln, offizielle Abmahnungen erteilen oder auch Leistungsziele setzen müssen usw. In extremen Fällen kann die einzige Möglichkeit, einen unfähigen, aber bauernschlauen Mitarbeiter zu entlassen, darin liegen, seine Stelle zu streichen.

Gründliches Testen und Qualitätssicherung

Der Manager legt fest, was als erledigter Auftrag anzusehen ist. Ein unerfahrener Systemadministrator denkt oft, dass ein Problem schon gelöst ist, erhält dann aber noch mehrere weitere Fehlermeldungen während der langsamen, vollständigen und korrekten Problembehebung. Diese Situation kann eintreten, wenn der Benutzer, der das Problem zuerst gemeldet hat, es nicht klar beschrieben oder eine ungeeignete (oder unsachgemäße) Lösung vorgeschlagen hat, die der Systemadministrator übernimmt, ohne sich aufzuraffen, eine eigene Diagnose vorzunehmen. Genauso häufig geschieht es, weil der Systemadministrator die Lösung nicht sorgfältig getestet hat.

Zu den üblichen Fehlern zählen:

- man-Seiten und Dokumentation sind für neue Software nicht installiert.
- Software ist nicht auf jedem Rechner installiert.
- Bei Software stellt sich heraus, dass sie dem Systemadministrator gehört oder mit falschen Berechtigungen installiert ist.

30.3 Die Rolle der Geschäftsführung

Das Testen ist langweilig, aber ein viel beschäftigter Systemadministrator riskiert die Produktivität zu halbieren, wenn er es auslässt. Jeder Fehlerbericht kostet Zeit und Aufwand, sowohl für Benutzer als auch für den Systemadministrator.[1] Die Arbeit ist nicht erledigt, bis alle operativen Störungen zu Tage getreten sind und ausgemerzt werden konnten und der Kunde zufrieden ist.

Häufig meldet ein Benutzer, dass »X nicht auf Rechner Y funktioniert«. Der Systemadministrator setzt sich an Rechner Y, versucht Befehl X – und es funktioniert problemlos. Als leicht kaltschnäuzige Antwort auf die Fehlermeldung kommt zurück: »Bei mir läuft's.«

Hätte der Systemadministrator den Befehl wirklich so getestet wie der Benutzer, der den Fehler meldete (z. B. durch vorherige Ausführung von `sudo su - Benutzername`), hätte das Problem vielleicht im ersten Versuch angegangen werden können. Das Argument – für `su` sorgt dafür, dass die resultierende Shell die Umgebung des Benutzers nutzt, zu dem gewechselt wird. Damit können Sie die Umgebung wiederherstellen, für die der Fehler gemeldet wurde.

Manchmal ist es nützlich, Ihre Tests zu schematisieren. Wenn Sie zum Beispiel den Verdacht haben, dass Ursache X das Problem P auslöst, entfernen Sie Ursache X und prüfen Sie, dass Problem P wirklich nicht mehr auftritt. Dann führen Sie X wieder ein und stellen sicher, dass P sich wieder einstellt. Schließlich entfernen Sie X und überprüfen, dass P sich klärt. Diese Abfolge gibt Ihnen zwei Möglichkeiten, zu erkennen, falls P und X in Wirklichkeit gar nicht in Zusammenhang stehen.

Benutzer können sich sehr ereifern, wenn ein Problem nicht im ersten Anlauf komplett gelöst wird. Versuchen Sie, die Erwartungen auf ein angemessenes Maß zu bringen. Es ist oft sinnvoll, den Benutzer, der ein Problem gemeldet hat, dazu zu bewegen, mit Ihnen an der Lösung zu arbeiten, insbesondere wenn sich das Problem auf ein weniger verbreitetes Softwarepaket bezieht. Sie werden zusätzliche Informationen erhalten, und der Benutzer wird weniger geneigt sein, Sie als Gegner zu betrachten.

Verwalten, nicht einmischen

Als Manager mit technischer Kompetenz werden Sie immer wieder in Versuchung geraten, Ihren Angestellten Ratschläge zu erteilen, wie sie ihre Arbeit machen sollen. Aber wenn Sie das tun, könnten Sie ihnen die Möglichkeit verwehren, zu wachsen und ihre Arbeit vollständig zu verantworten. Noch schlimmer ist es, wenn Sie nicht nur Ratschläge erteilen, sondern sogar entscheiden, wie Arbeiten zu erledigen sind. Eine derartige Einmischung in Details frustriert die Belegschaft, die ihr eigenes Fachwissen und ihre eigene Kreativität nicht ausleben kann.

---

[1] Manchmal ist ein Fehlerticket oder ein Anruf beim Helpdesk mit nicht zu knappen Kosten verbunden. So liegt externer Support aktuell bei rund 55 € je Anruf bzw. neuem Ticket.

Wenn Sie wirklich alles besser wissen als Ihre Angestellten, ist entweder etwas faul mit Ihrem Unternehmen (Ihre Zuständigkeit ist zu eng begrenzt) oder Sie haben die falsche Stelle oder die falschen Mitarbeiter. Oder Sie haben einfach nur einen Kontrollzwang.

Freizeitausgleich für gutes Verhalten

Universitätsangestellte genießen Beurlaubungen für ein Jahr oder sechs Monate, die man Forschungsurlaub oder Sabbatjahr nennt. Während dieser Zeit haben sie keine Lehrverpflichtungen und können an einer anderen Universität Forschung oder Arbeit an neuen Projekten von persönlichem Interesse durchführen. Der Grundgedanke ist, dass die Mitarbeiter mit anderen Menschen und Institutionen in Kontakt stehen müssen, um in Lehre und Forschung ihr Bestes geben zu können.

Systemadministratoren brauchen auch solche Sabbatjahre, aber oft gelten sie als so unabkömmlich, dass man nicht so lange auf sie verzichten kann – zumindest bis sie ausgebrannt sind und ihren endgültigen Abschied nehmen. Ein Austausch von Systemadministratoren mit einem anderen Unternehmen für einen Sommer (oder auch länger) kann dazu beitragen, wertvolle Mitarbeiter zu belohnen und etwas von dem Druck des ununterbrochenen Dienstes an vorderster Front abzubauen. Ausgeliehene Systemadministratoren brauchen vielleicht etwas Zeit, bevor sie in Ihrer Infrastruktur vollen Einsatz leisten können, aber sie bringen aus ihrer gewohnten Umgebung Ideen und Methoden ein, die Ihre Administrationspraktiken verbessern können.

Bei einem Austausch über Landesgrenzen hinweg kann eine kreative Finanzierung erforderlich sein, um die Bürokratie für offizielle Arbeitsvisa zu umgehen. Wir hatten ein paar Tauschgeschäfte, bei denen die ausgetauschten Systemadministratoren von ihrer eigenen Institution bezahlt wurden. In einem Fall wurden Wohnungen, Autos, Haustiere und Zimmerpflanzen getauscht – alles bis auf die Freundinnen!

30.3.3 Aufgaben zuweisen und verfolgen

Einer der kritischsten Aspekte der Projektaufsicht ist es sicherzustellen, dass jede Aufgabe einem genau bestimmten Besitzer zugeordnet ist.

Zwei Gefahren gilt es zu vermeiden:

- Es fallen Aufgaben zwischen die Ritzen, weil jeder denkt, dass jemand anders sich um sie kümmert.

- Ressourcen werden durch doppelten Aufwand verschwendet, wenn mehrere Menschen oder Teams unkoordiniert am gleichen Problem arbeiten.

Arbeit kann man teilen, Verantwortung ist hingegen unserer Erfahrung nach weniger gut teilbar. Für jede Aufgabe sollte es einen einzigen, genau festgelegten Ansprechpartner geben. Dies muss kein Abteilungsleiter oder Geschäftsführer sein, nur jemand, der bereit ist, als Koordinator oder Projektmanager zu fungieren.

Als wichtiger Nebeneffekt dieses Ansatzes wird offensichtlich, wer was implementiert oder welche Änderungen vorgenommen hat. Diese Transparenz gewinnt an Bedeutung, wenn Sie herausfinden wollen, warum etwas in einer bestimmten Weise getan wird oder warum etwas plötzlich anders oder gar nicht mehr funktioniert.

Für eine Aufgabe »verantwortlich« zu sein heißt nicht zwangsläufig, der Sündenbock zu sein, wenn Probleme auftreten. Wenn Ihr Unternehmen das so definiert, kann es sein, dass die Anzahl verfügbarer Projektverantwortlicher schnell schwindet. Das Ziel ist es, einfach Eindeutigkeit zu schaffen, wer sich um ein bestimmtes Problem oder Thema kümmern sollte.

Aus Kundensicht ist ein gutes System der Aufgabenzuweisung eines, das Probleme einer Person zuordnet, die sachkundig ist und die Probleme schnell und vollständig lösen kann. Aber aus der Sicht des Managements müssen Aufgabenzuweisungen gelegentlich Herausforderungen darstellen und über den Horizont des Beauftragten hinausgehen, damit die Mitarbeiter daran weiter wachsen und in Ausübung ihrer Arbeit dazulernen. Ihre Aufgabe ist die Suche nach einem Gleichgewicht zwischen dem Erfordernis, die Stärken der Mitarbeiter gezielt einzusetzen, und der Notwendigkeit, die Mitarbeiter ständig zu fordern – und gleichzeitig die Zufriedenheit sowohl der Kunden als auch der Angestellten zu erhalten.

Bei alltäglichen Administrationsaufgaben erfolgt die Zuweisung am besten über ein Fehlerticketsystem. Solche Systeme stellen sicher, dass Fehlerberichte nicht unbeantwortet bleiben, sondern in effizienter Weise an den Mitarbeiter weitergeleitet werden, der sie am besten bearbeiten kann. Fehlerticketsysteme sind ein Thema für sich, mehr Details dazu finden Sie in Abschnitt 30.9.

Umfassendere Aufgaben können alles Mögliche einschließen, bis hin zu ausgewachsenen Softwareentwicklungsprojekten. Diese Aufgaben können den Einsatz formeller Projektmanagementwerkzeuge und gewerbsmäßiger Softwareentwicklungsprinzipien erfordern. Wir erläutern diese Werkzeuge hier nicht; sie sind aber wichtig und sollten nicht außer Acht gelassen werden.

Manchmal wissen Systemadministratoren, dass eine bestimmte Aufgabe getan werden muss, aber sie tun sie nicht, weil die Aufgabe keinen Spaß macht. Ein Angestellter, der auf eine vernachlässigte, noch nicht zugewiesene oder unbeliebte Aufgabe hinweist, wird sie wahrscheinlich selbst übernehmen müssen. Dies ruft einen Interessenkonflikt hervor, da dies Mitarbeiter dazu motiviert, in solchen Fällen Stillschweigen zu bewahren. Verhindern Sie das in Ihrem Verantwortungsbereich.

30.3.4 Das obere Management

Um Ihre Managementpflichten effizient erfüllen zu können (besonders jene im Bereich »Führung«), benötigen Sie die Achtung und Unterstützung Ihres eigenen Managements. Sie brauchen die Möglichkeit, Strukturen und Mitarbeiter in Ihrem Bereich zu definieren, einschließlich der Entscheidungsgewalt über Einstellungen und Entlassungen. Sie brauchen die Federführung über Aufgabenzuweisungen, einschließlich der Befugnis zu entscheiden, wann Ziele erreicht worden sind und Mitarbeitern neue Aufgaben zugewiesen werden können. Schließlich brauchen Sie die Zuständigkeit dafür, Ihren Bereich sowohl innerhalb Ihres gesamten Unternehmens als auch gegenüber dem Rest der Welt zu vertreten.

Das obere Management hat häufig keine Vorstellung davon, was Systemadministratoren tun. Nutzen Sie Ihr Fehlerticketsystem, um diese Informationen zu liefern; das kann helfen, dass Ihr Chef sich für Personalaufstockungen oder zusätzliche Ausrüstung für die Systemadministration einsetzt.

Es kann ratsam sein, auch ohne konkretes Ziel gut Buch zu führen. Manager, insbesondere solche ohne technischen Hintergrund, liegen häufig bei ihrer Einschätzung der Schwierigkeit einer Aufgabe oder des erforderlichen Zeitaufwands zu ihrer Erfüllung komplett daneben. Diese Abweichung ist besonders auffällig bei Aufgaben in der Fehlerbehebung.

Versuchen Sie, realistische Erwartungen zu setzen. Wenn Sie keine große Erfahrung dabei haben, Ihre Arbeit zu planen, verdoppeln oder verdreifachen Sie Ihre zeitliche Einschätzung für größere oder kritische Aufgaben. Wenn ein Upgrade in zwei statt drei Tagen erledigt ist, sind die meisten Benutzer Ihnen dankbar, statt Sie zu verfluchen, wie sie es vielleicht getan hätten, wenn Ihre Einschätzung vorher bei einem Tag gelegen hätte.

Die tatsächliche Verwendung von lizenzierter Software stimmt häufig nicht mit ihren Lizenzbedingungen überein; das obere Management neigt dazu, auf diesem Auge blind zu sein. Vorschläge zum Umgang mit derartigen Unstimmigkeiten zwischen Theorie und Praxis finden Sie in Abschnitt 30.12.

Die Unterstützung des Managements für harte Sicherheitsrichtlinien ist nur schwierig zu bekommen. Eine Verschärfung der Sicherheit bedeutet immer Unannehmlichkeiten für die Benutzer, und die Benutzer sind Ihnen in der Regel sowohl zahlenmäßig überlegen als auch in ihrem Talent zum Jammern. Erhöhte Sicherheit kann die Produktivität der Benutzer reduzieren; führen Sie eine Risikoanalyse aus, bevor Sie eine beabsichtigte Änderung der Sicherheit vornehmen, um sicher zu sein, dass Management und Benutzer verstehen, warum Sie die Änderung vorschlagen.

Sorgen Sie dafür, dass jede Änderung in der Sicherheit, die Benutzer betrifft (z. B. die Umstellung von Passwörtern auf RSA/DSA-Schlüssel beim Einloggen per Fernzugriff) weit im Voraus angekündigt, gut dokumentiert und zum Zeitpunkt der Umstellung gut unterstützt wird. Die Dokumentation sollte leicht verständlich sein und wie ein Kochbuch Rezepte für den Umgang mit dem neuen System liefern. Planen Sie zusätzliche Arbeitsstunden ein, wenn Sie auf das neue System umstellen, damit Sie sich um die in Panik ausbrechenden Benutzer kümmern können, die ihre E-Mails nicht gelesen haben.

30.3.5 Konfliktlösung

Mehrere Aufgaben, die auf dem Programm eines Managers stehen, haben damit zu tun, mit anderen Menschen (gewöhnlich Kunden oder Mitarbeiter) in unangenehmen Situationen auszukommen. Wir werden uns erst mit dem Thema im Allgemeinen befassen und dann den Sonderfall des Umgangs mit »schwierigen« Kunden ansprechen.

Konflikte in der Welt der Systemadministration treten häufig zwischen Systemadministratoren und ihren Kunden, Kollegen oder Lieferanten auf. Beispiele sind ein Kunde, der nicht mit den ihm erbrachten Diensten zufrieden ist, ein Lieferant, der die versprochenen Dinge nicht pünktlich geliefert hat, ein Kollege, der nicht getan hat, was Sie erwarteten, oder eine Entwicklungsabteilung, die darauf besteht, dass sie die Kontrolle über die auf ihren Rechnern installierten Betriebssystemkonfigurationen hat.

Schlichtung

Die meisten Menschen reden nicht gerne über Konflikte und möchten nicht einmal zugeben, dass es sie gibt. Wenn die Gefühle hochkochen, ist das im Allgemeinen so, weil der Konflikt viel zu spät angegangen wird, nachdem eine unbefriedigende Situation eine längere Zeit ertragen wurde. In dieser Phase des Hochsteigerns haben die Parteien die Gelegenheit, ein Maß an Groll zu entwickeln und über die bösartigen Motive der jeweils anderen nachzugrübeln.

Ein persönliches Treffen in Anwesenheit eines neutralen Schlichters kann die Situation manchmal entschärfen. Versuchen Sie, die Sitzung auf ein einzelnes Thema zu beschränken, und begrenzen Sie die angesetzte Dauer auf eine halbe Stunde. Diese Maßnahmen mindern die Aussicht darauf, dass das Treffen zu einer endlosen Meckerei ausartet.

Wenn das Problem einmal definiert ist und die Wünsche jeder Seite dargelegt worden sind, versuchen Sie, zu einer Vereinbarung zu kommen, wie sich das erneute Auftreten des Problems vermeiden lässt. Ist die Lösung umgesetzt, überprüfen Sie die Situation, um sicherzustellen, dass die Lösung langfristig erfolgreich und brauchbar ist.

Schwierige Benutzer und Abteilungen

Die Einführung straff gelenkter Systeme führt oft zu Konflikten. Benutzer mit technischen Neigungen (und manchmal ganze Abteilungen) können das Gefühl haben, dass eine zentrale Systemadministration nicht angemessen auf ihre Konfigurationsbedürfnisse oder ihr Bedürfnis nach eigener Aufsicht über die von ihnen benutzten Rechner eingehen kann.

Vielleicht wollen Sie in einem ersten Impuls versuchen, solchen »schwierigen« Benutzern Standardkonfigurationen aufzuzwingen, um den für ihren Support erforderlichen Aufwand an Geld und Zeit zu minimieren. Ein so brachialer Lösungsansatz endet allerdings gewöhnlich mit unzufriedenen Benutzern und gleichermaßen unzufriedenen Systemadministratoren. Bedenken Sie, dass die Wünsche von schwierigen

Benutzern oft absolut legitim sind und dass es Aufgabe der Systemadministratoren ist, sie zu unterstützen oder zumindest davon Abstand zu nehmen, ihnen ihr Leben schwerer zu machen.

Die erstrebenswerteste Lösung für dieses Problem ist, die zugrunde liegenden Ursachen herauszufinden, aus denen die Benutzer Widerwillen zeigen, verwaltete Systeme zu akzeptieren. In vielen Fällen können Sie ihre Bedürfnisse gezielt ansprechen und sie damit wieder in die Herde Ihrer Schäfchen eingliedern.

Alternativ zur Integrationsstrategie können Sie Support gegen Selbstverwaltung eintauschen. Erlauben Sie schwierigen Benutzern oder Benutzergruppen zu tun, was immer sie wollen, unter der ausdrücklichen Absprache, dass sie auch die Verantwortung dafür übernehmen müssen, die maßgeschneiderten Systeme in Gang zu halten. Installieren Sie eine Firewall, um die Systeme unter Ihrer Aufsicht vor Eindringlingen oder Viren zu schützen, die aus dem selbstverwalteten Netzwerk stammen könnten. Und räumen Sie nicht auf, wenn es dort zu Kuddelmuddel kommt.

Überzeugen Sie sich, dass alle Benutzer im selbstverwalteten Netzwerk ein schriftliches Grundsatzpapier unterschreiben, das einige Sicherheitsrichtlinien festlegt. Wenn ihre Systeme zum Beispiel störende Auswirkungen auf den Rest des Unternehmens zeigen, kann ihre Netzwerkverbindung abgetrennt werden, bis sie wieder in Ordnung ist und das Produktionsnetzwerk nicht länger beeinträchtigen.

Es erfordert kreative Systemadministration, mit der zunehmenden Anzahl von Laptops umzugehen, die zur Arbeit mitgebracht werden. Sie müssen Wege finden, Dienste für diese (nicht vertrauenswürdigen) Geräte anzubieten, ohne die Unversehrtheit Ihrer Systeme in Gefahr zu bringen. Eine gute Idee kann es sein, ein getrenntes Netzwerk einzurichten.

Alle Betriebe haben ihre »Techno-Freaks«, Benutzer, die süchtig danach sind, jede Neuerung sofort zu bekommen. Solche Benutzer sind bereit, mit der Unbequemlichkeit von Beta-Versionen und instabilen Vorversionen zu leben, solange ihre Software hochaktuell ist. Finden Sie einen Weg, diese Menschen eher als nützliche Ressourcen zu behandeln, statt als lästige Steine in Ihren Schuhen. Sie sind ideale Kandidaten für Tests von neuer Software und oft bereit, Ihnen Fehlerberichte als Feedback zu geben und damit die Problembehebung zu ermöglichen.

30.4 Die Rolle der Verwaltung

In diesem Zusammenhang umfasst »Verwaltung« alle Aufgaben, die nicht direkt zur Produktionsleistung des Unternehmens beitragen, also zum Beispiel Buchhaltung, Personalbereich, Sekretariatsaufgaben, Verkauf, Einkauf und andere logistische Vorgänge.

Je nach Art Ihres Unternehmens, liegen Verwaltungsaufgaben vielleicht ganz in Ihrer Verantwortung, werden vollständig von Ihrer Muttergesellschaft geleistet oder auf eine Weise wahrgenommen, die irgendwo dazwischen liegt. Aber irgendwie müssen sie erledigt werden.

In kleinen, eigenständigen Bereichen sind diese Aufgaben in der Regel auf die einzelnen Mitarbeiter aufgeteilt. Dies ist aber wohl kaum ein effizienter Einsatz Ihrer hochqualifizierten und schwer aufzutreibenden IT-Fachleute. Zudem hassen viele Menschen administrative Arbeit. Gesetzliche und organisatorische Anforderungen erzwingen strenge Regeln, die kreativen Experten nicht immer gefallen. Eine wichtige Aufgabe für den Vorgesetzten ist es sicherzustellen, dass Verwaltungsaufgaben nach oben weitergeleitet, von geeignetem Personal übernommen, extern vergeben oder zumindest gerecht zwischen den Systemadministratoren aufgeteilt werden.

Wir berühren hier nur einige alltägliche Verwaltungsaufgaben, weil die meisten von der Muttergesellschaft vorgeschrieben werden und nicht verhandelt werden können.

30.4.1 Verkauf

Wenn Sie ins Auge fassen, ein Projekt für einen Neu- oder Altkunden zu übernehmen, brauchen Sie technische Mitarbeiter im Verkauf, die die Bedürfnisse potenzieller Kunden verstehen, die wissen, welche Dienstleistungen und Produkte Ihr Bereich liefern kann, und die sich der Kapazitäten (Auslastung) bewusst sind. Nichts ist schlimmer, als Versprechen zu geben, die nicht gehalten werden können. Wenn der Chef an den Verhandlungen teilnimmt, sollte er vom Fachpersonal genau instruiert worden sein. Oder noch besser, lassen Sie die Mitarbeiter in der Technik die Verhandlungen unter Beobachtung des Vorgesetzten führen.

30.4.2 Einkauf

In vielen Betrieben sind Systemadministrationsteam und Einkäuferteam voneinander völlig getrennt. Das ist schlecht, wenn das Einkaufsteam Entscheidungen trifft, ohne die Systemadministratoren einzubeziehen. Es ist noch schlimmer, wenn Einkaufsentscheidungen vom oberen Management auf dem Golfplatz getroffen werden oder auf Einladung des Lieferanten hin auf der Sponsorentribüne beim Eröffnungsspiel ihres Lieblingsfußballvereins.

Eine ganz typische Geschichte: Der Vizepräsident des IT-Bereichs eines Unternehmens im Bereich Bandspeicherung glaubte zu wissen, welche Plattenspeicherhardware für ein großes Serverprojekt erforderlich war. Eines Sonntags unterzeichnete er auf dem Golfplatz einen Vertrag mit IBM, ohne seine Mitarbeiter in der Systemadministration zurate zu ziehen. Die IBM-Festplattenarrays sollten an einen Sun-Server angeschlossen werden, und der IBM-Vertreter schwor, dass es funktionieren würde. Es stellte sich heraus, dass die Gerätetreiber aus kaum funktionsfähigem Programmcode in Alpha-Qualität bestanden. Der Server, an dem das Schicksal des Unternehmens hing, war in den kommenden drei Monaten häufiger außer Betrieb, als dass er lief, während IBM an den Treibern arbeitete. Entscheidende Projektfristen wurden verpasst, und die Mitarbeiter der IT-Abteilung sahen gegenüber dem Rest des Unternehmens wie Idioten aus. Die Speicherkatastrophe beeinträchtigte sogar den Unternehmensgewinn. Die Firma, vormals eine der größten in ihrem Marktsektor, wurde nun eine der kleinsten, weil sie mit entscheidenden Produkten zu spät an den Markt ging.

Systemadministratoren können gute Informationen zur Kompatibilität mit der vorhandenen Umgebung, zur Kompetenz von Lieferanten (insbesondere Einzelhändlern) und der Zuverlässigkeit von bestimmten Arten von Geräten geben. Informationen zur Zuverlässigkeit sind in der PC-Welt besonders entscheidend, wo die Preise so vom Wettbewerb bestimmt sind, dass die Qualität oftmals komplett außer Acht gelassen wird.

Systemadministratoren müssen von jeder neuen Hardware wissen, die bestellt wird, damit sie entscheiden können, wie sie in die vorhandene Infrastruktur integriert werden kann, und vorhersehen können, welche Projekte und Ressourcen zu ihrer Unterstützung erforderlich sind.

Beachten Sie, dass nicht die Systemadministratoren zu entscheiden haben, ob ein System unterstützt werden kann. Ihren Kunden gegenüber können Sie zwar Empfehlungen aussprechen, aber wenn sie ein bestimmtes Gerät zur Ausübung ihrer Arbeit benötigen, ist es Ihre Aufgabe, das zum Laufen zu bringen. Vielleicht müssen Sie zusätzliches Personal anstellen oder andere Systeme vernachlässigen. Geben Sie Ihrem Vorgesetzten die Wahl und lassen Sie die oberen Etagen entscheiden, welche Kompromisse sie bevorzugen.

Die Beteiligung eines Systemadministrators bei der Spezifikation der zu kaufenden Systeme ist besonders in Organisationen nützlich, die grundsätzlich von dem günstigsten Anbieter kaufen müssen (z. B. Regierungseinrichtungen und staatliche Universitäten). Die meisten Beschaffungsverfahren erlauben es Ihnen, Beurteilungskriterien festzulegen. Achten Sie darauf, Klauseln einzuarbeiten wie »muss mit der vorhandenen Umgebung kompatibel sein« oder »muss das XYZ-Softwarepaket ausführen können«.

Die Auswirkungen und Kosten einer zusätzlichen Hardware (oder manchmal auch neuer Software) sind nicht konstant. Ist es das sechzigste Teil dieser Architektur oder das erste? Hat es genug lokalen Speicherplatz für die Systemdateien? Hat es genug Speicher, um die heutigen umfangreichen Anwendungen auszuführen? Gibt es einen freien Netzwerkanschluss dafür? Ist es ein vollständig neues Betriebssystem?

Fragen wie diese zielen darauf, eine grundsätzlichere Frage zu betonen: Bleiben Sie beständig und kaufen Sie Ausrüstung bei Ihrem derzeitigen Lieferanten, oder versuchen Sie das neueste angesagte Spielzeug eines neuen Unternehmens, das die Welt verändern, aber genauso gut in einem Jahr nicht mehr im Geschäft sein könnte? Die Art Ihrer Firma könnte dies beantworten. Es ist nicht einfach ja oder nein; oft müssen Sie eine umfassende Abwägung zwischen dem neuesten Schrei auf dem Markt und den Geräten treffen, mit denen Sie vertraut sind und sich auskennen. Das sind betriebswirtschaftliche Entscheidungen, und man sollte sie auf strukturierte und unparteiische Art angehen.

Wenn Sie mit Lieferanten (offiziell oder auch anders) verhandeln dürfen, können Sie oft bessere Ergebnisse erzielen als Ihre Einkaufsabteilung. Seien Sie nicht schüchtern und nennen Sie Preise anderer Lieferanten für vergleichbare Ausrüstung. Seien Sie optimistisch, was das Ausmaß der für das kommende Jahr erwarteten Käufe betrifft. Schließlich sind die Vertreter optimistisch, was den Wert ihres Produkts angeht.

Käufe am Quartalsende oder auch kurz vor oder nach Änderungen in der Produktlinie eines Lieferanten können Ihnen gute Rabatte bescheren. Verkäufer müssen oft die Absätze im Quartal verbessern oder ihr Lager an bald veralteten Modellen reduzieren.

Unserer Erfahrung nach ist es schwierig, Lieferanten mit technisch qualifiziertem Personal zu finden, die zu Ihrer Unterstützung und Beratung zur Verfügung stehen. Wenn Sie einen solchen finden, geben Sie sich Mühe, dass Sie miteinander glücklich bleiben.

Sind Artikel einmal gekauft, sollte derjenige, der den Auftrag ursprünglich erteilt hat, den letztendlich gültigen Auftrag, die Versandliste und vielleicht auch die vom Zulieferer erstellte Rechnung überprüfen, um zu bestätigen, dass die richtige Ausrüstung geliefert und abgerechnet wurde. In den meisten Unternehmen sind die Artikel auch entsprechend der Geschäftspolitik in ein dezentrales Inventarsystem einzutragen.

30.4.3 Buchhaltung

Ihre Finanzen in Ordnung zu halten, ist eine andere wichtige Verwaltungsaufgabe. Diese Aufgabe ist aber so unternehmensspezifisch, dass wir sie nicht im Detail abdecken können. Es ist unumgänglich, dass Sie Ihre gesetzlichen und organisatorischen Anforderungen kennen und Ihre Bücher auf dem neuesten Stand halten. Buchprüfungen sind unangenehm.

30.4.4 Personalabteilung

Wir haben die Themen Einstellungen und Entlassungen schon (in Abschnitt 30.3.2) behandelt, aber jemandem eine Stellenzusage zu schreiben reicht nicht aus, um einen neuen Mitarbeiter in Ihre Infrastruktur zu integrieren. Sie müssen die Regeln Ihres Unternehmens zu Stellenausschreibungen, Probezeiten, Beurteilungen usw. kennen und befolgen. Andere Aufgabenbereiche umfassen, wie ein neuer Mitarbeiter mit einem Schreibtisch, einem Rechner, Schlüsseln, Konten, sudo-Zugriff usw. auszustatten ist.

Es ist vielleicht noch wichtiger, dass Sie bei Kündigung eines Mitarbeiters all diese Prozesse rückgängig machen müssen. Manche Einrichtungen (z. B. Sicherheitsunternehmen) verzichten während der gesetzlichen Kündigungsfrist auf den Mitarbeiter und geleiten ihn mit sofortiger Aufhebung jedes Zugriffs, ob physisch oder über das Netzwerk, direkt zur Tür. Das kann eine gute Zeit sein für eine schnelle interne Prüfung, ob der scheidende Mitarbeiter sich nicht ein Hintertürchen in Ihre Server offen gelassen hat. Einige handelsübliche Softwarepakete (z. B. der Verzeichnisdienst von Novell) werben mit ihrer Fähigkeit, frühere Mitarbeiter blitzartig zu löschen.

Die Mitarbeiter in der Systemadministration werden gewöhnlich nicht hinzugezogen, wenn ein Unternehmen einen massiven Stellenabbau plant, aber das sollten sie. Der Tag der Entlassungen kommt und die Geschäftsleitung schreit laut nach der Sicherstellung der Rechner der früheren Mitarbeiter, der Aufhebung ihres Zugriffs usw. Hardware verschwindet aufgrund von aufgebrachten Mitarbeitern und schlechter Planung.

30.4.5 Marketing

Systemadministration ist ein lustiges Geschäft. Wenn Sie Ihre Arbeit gut machen, halten Benutzer Ihr reibungsloses Computersystem für selbstverständlich und niemand nimmt wahr, was Sie tun. Aber in der heutigen Welt voller Viren, Spam und aufgeblähten Anwendungen und angesichts vollständiger Abhängigkeit vom Internet sind Mitarbeiter in der IT ein unverzichtbarer Bestandteil des Unternehmens.

Ihre zufriedenen Kunden sind Ihr bestes Marketinginstrument. Dennoch gibt es andere Möglichkeiten, in Ihrem Unternehmen und innerhalb der breiteren Gemeinschaft sichtbarer zu werden. Basierend auf unseren Erfahrungen mit Eigenreklame schlagen wir folgende besonders wirksame Methoden vor:

- Veranstalten Sie öffentliche Versammlungen, auf denen Benutzer ihre Probleme äußern und Fragen zur Computerinfrastruktur stellen können. Sie können sich auf eine solche Versammlung vorbereiten, indem Sie die Support-Anfragen der Benutzer analysieren, und die Versammlung mit einer kurzen Präsentation zu den Themen eröffnen, die Sie als die am häufigsten zu Störungen führenden erkannt haben. Bieten Sie Erfrischungen an, um eine rege Teilnahme sicherzustellen.

- Lassen Sie viel Zeit für Fragen und sorgen Sie dafür, dass Sie zu ihrer Beantwortung fachkundige Mitarbeiter zur Verfügung haben. Versuchen Sie aber nicht, sich mit Bluffs um unerwartete Fragen herumzuschiffen. Wenn Sie eine Antwort nicht aus dem Eff-Eff wissen, ist es am besten, das zuzugeben und später nachzufassen.

- Entwerfen Sie eine Seminarreihe mit Ausrichtung entweder auf Ihre Kollegen in der Systemadministration oder die Endbenutzer in Ihrem Unternehmen. Setzen Sie die Termine in Abständen von zwei bis drei Monaten an und verbreiten Sie die vorzustellenden Themen mit angemessenem Vorlauf.[2]

- Besuchen Sie Konferenzen zur Systemadministration und halten Sie Reden oder schreiben Sie Artikel zu den Werkzeugen, die Sie entwickeln. Solche Veröffentlichungen geben Ihnen nicht nur Rückmeldung von Ihren Standeskollegen, sondern zeigen auch Ihren Kunden (und Ihrem Vorgesetzten), dass Sie Ihre Arbeit gut machen.

Auch wenn wir diese Marketingtechniken im Abschnitt zur Administration aufgeführt haben, ist offensichtlich das ganze Team in die Marketingbemühungen einzubinden.

---

[2] Sie können externe Berufskollegen, die ebenfalls als Systemadministrator tätig sind, dazu einladen, in Ihrer Seminarreihe Gastvorträge zu halten. Stellen Sie sicher, dass ihre Präsentationen die gleiche hohe Qualität aufweisen wie die aus Ihrem internen Kollegium.

Bei Systemadministration geht es letztendlich um den Umgang mit Menschen und ihren Bedürfnissen. Persönliche Beziehungen sind genauso wichtig wie in jeder anderen Branche. Sprechen Sie mit Ihren Kunden und Kollegen, und räumen Sie Zeit für Gespräche und Austausch auf persönlicher Basis ein.

Wenn Sie einer Vielzahl von Kunden Support anbieten, ziehen Sie in Betracht, jedem von ihnen eine konkrete Person als Kundenbetreuer zuzuordnen. Diese Verbindungsleute sollten die Verantwortung für die allgemeine Zufriedenheit des Kunden übernehmen und regelmäßig mit den Endbenutzern des Kunden sprechen. Leiten Sie Nachrichten und Informationen zu Änderungen im Computersystem über diese Verbindung weiter, um zusätzliche Kontaktmöglichkeiten zu schaffen.

30.4.6 Verschiedene Verwaltungsaufgaben

Der Verwaltungsbereich erstickt in einer Menge kleiner logistischer Aufgaben:

- Bestandsführung

- Anschaffung von Möbeln und anderer Büroausstattung

- Instandhaltung der Kaffeemaschine und Organisation der Vorräte an Kaffee, Zucker und Milch. Kaffeevorräte sollten aus dem Bereichsbudget bezahlt werden, um sicherzustellen, dass jeder Mitarbeiter unter ausreichender Koffeinzufuhr die höchstmögliche Leistung bringt. Manche Firmen decken sich auch mit Knabberartikeln und Getränken ein.

- Gießen von Pflanzen und Blumen

- Absprachen mit der Abteilung für Gebäudeinstandhaltung (oder externen Wartungsdiensten) zur Organisation der Reinigung, der Wartung von Heizungs-, Klima- und Lüftungstechnik usw.

- Verwaltung von Schlüsseln oder anderen Mitteln der Zugangskontrolle

30.5 Die Rolle der Entwicklungsabteilung

Große Betriebe brauchen eine solide, skalierbare Computerinfrastruktur, damit Systemadministratoren nicht ihre ganze Zeit damit verbringen, mit einem unflexiblen, schlecht gestalteten, arbeitsintensiven System zu bekämpfen. In der Praxis bedeutet das, dass Sie kundenspezifische Software, strukturierte Architektur und Mitarbeiter benötigen, die ausdrücklich mit ihrer Gestaltung und Instandhaltung beauftragt sind.

Während Ihr Betrieb wächst und die Anzahl der Rechner steigt, werden Sie entweder langsam aber sicher den Verstand verlieren oder anfangen, Möglichkeiten zur Optimierung und Systematisierung des Administrationsprozesses zu ersinnen. Das verbreiteteste (und schlagkräftigste) Werkzeug ist die Automatisierung. Es verringert Handarbeit und stellt sicher, dass sich wiederholende Aufgaben konsistent ausgeführt werden.

Leider erfolgt eine solche Automatisierung oft ohne Struktur, mit der traurigen Folge, dass der Betrieb langsam eine große und zufällige Ansammlung von Notlösungen und Skriptfragmenten anhäuft. Diese tote Software verselbstständigt sich schließlich zu einem undokumentierten Albtraum für die Wartung.

Der Meinungsstreit zur Rechneranzahl, die ein Betrieb haben muss, bevor es sinnvoll ist, eine globale Strategie anzudenken, besteht fort. Nach unserem Gefühl ist es eigentlich keine Frage der Mitarbeiterzahl, sondern viel mehr eine Frage der Professionalität und Arbeitszufriedenheit. Ein Leben voller Noteinsätze und Dramen macht keinen Spaß, und es ist unweigerlich mit schlechter Dienstleistungsqualität verbunden. Auch die Anforderungen unterscheiden sich sehr. Eine Installation, die sich zur Unterstützung von Finanzmaklern eignet, ist unpassend für ein studentisches Rechenzentrum an einer Universität, und umgekehrt. Ihre Lösungen müssen sich für die Bedürfnisse Ihrer Benutzer eignen.

Manchmal wird der unbeholfene Ausdruck »Infrastrukturarchitektur« zur Beschreibung der übergeordneten konzeptionellen Arbeit der Systemadministration genutzt, im Gegensatz zu den Aufgaben im Alltag. Der Begriff »Infrastruktur« weist darauf hin, dass die IT zu einer Ware oder zu einer Art Versorgungsunternehmen geworden ist. Wie beim Telefonsystem oder bei Wasserhähnen erwartet man, dass sie einfach funktioniert. Wenn die Infrastruktur zusammenbricht, sollte es leicht sein, den ausfallenden Bestandteil ausfindig zu machen und zu ersetzen. Der Begriff »Architektur« bedeutet, dass eine Infrastruktur zu einem bestimmten Zweck entworfen und auf die Bedürfnisse der Kunden zugeschnitten wird.

In diesem Abschnitt skizzieren wir einige Merkmale einer funktionalen Infrastrukturarchitektur. Für eine tiefer gehende Behandlung dieses Themas folgen Sie den Literaturempfehlungen am Ende des Kapitels. Hilfreiche Tipps zur Implementierung finden sich in Kapitel 11.

30.5.1 Architektonische Prozesse

Die folgenden Abschnitte zeigen eine Auswahl empfohlener Vorgehensweisen zur Architektur, die Sie bei der IT-Planung in Betracht ziehen sollten. Diese Prinzipien sind besonders wichtig, wenn die von Ihnen zu betreuende Konfiguration neu oder unüblich ist, weil diese Situationen schwierig mit real existierenden Gegenstücken zu vergleichen sind. Gut gestaltete Prozesse beziehen diese Prinzipien ein oder unterstützen ihre Einhaltung.

Reproduzierbare Prinzipien

Systemadministration zählt nicht zu den darstellenden Künsten. Was immer getan wird, sollte dauerhaft und wiederholbar getan werden. Dies bedeutet gewöhnlich, dass Änderungen auf dem niedrigsten Niveau nicht von Systemadministratoren vorgenommen werden sollten, sondern von Skripten oder Konfigurationsprogrammen. Variationen in der Konfiguration sollten für Ihre Verwaltungssoftware in `config`-Dateien erfasst werden.

30.5 Die Rolle der Entwicklungsabteilung

Ein Skript, das einen neuen Rechner einrichtet, sollte zum Beispiel keine Fragen über die IP-Adresse und die zu installierenden Paketen stellen. Stattdessen sollte es ein Systemkonfigurationsverzeichnis prüfen, um über das Vorgehen zu entscheiden. Es kann diese Information bestätigen lassen, aber die Wahlmöglichkeiten sollten vorgegeben sein. Je weniger Benutzerdialog, desto geringer die Gefahr des menschlichen Irrtums.

Nicht, dass wir uns falsch verstehen: Wir beschreiben keinen Betrieb, in dem hochrangige Verwaltungsgötter politische Entscheidungen treffen, die von Drohnen ohne Nachdenken ausgeführt werden. Reproduzierbarkeit ist genauso relevant, wenn Sie der einzige Administrator in Ihrem Betrieb sind. Es ist im Allgemeinen keine gute Idee, spontane Konfigurationsentscheidungen ohne Verlaufsdokumentation zu treffen. Wenn etwas geändert werden muss, ändern Sie die zentralen Konfigurationsinformationen und arbeiteten sich von da aus weiter nach außen vor.

Anhaltspunkte hinterlassen

Wer tat was und zu welchem Zweck? Wenn es mit Ihrem System Probleme gibt, lässt es sich viel schneller reparieren, wenn Sie zum letzten betriebsfähigen Zustand zurückgehen oder zumindest herausfinden können, was sich seitdem geändert hat. Abgesehen von dem »Was« ist es auch wichtig, das »Wer« und »Warum« zu kennen. Mit der Person zu sprechen, die eine störende Änderung vorgenommen hat, führt oft zu wertvollen Einsichten. Vielleicht sind Sie in der Lage, die Änderung schnell zurückzusetzen, aber manchmal gab es einen guten Grund für diese Modifizierung, sodass das Annullieren alles nur noch schlimmer macht.

Systeme zum Konfigurationsmanagement bieten eine nützliche Möglichkeit, Änderungen zu verfolgen; wir beleuchten sie im Detail in Abschnitt 11.5. Sie bieten sowohl eine Aufzeichnung der Daten im Zeitverlauf als auch Informationen dazu, welcher Systemadministrator die Änderungen ausführte. Bei korrekter Anwendung ist jede Änderung mit einem Kommentar verbunden, der die Argumentation dahinter erklärt. Automatisierte Werkzeuge können sich in die `config`-Dateien eintragen, die sie ändern, und sich selbst im Kommentar zu erkennen geben. Auf diese Art ist es einfach, ein nicht richtig funktionierendes Skript zu identifizieren und die von ihm vorgenommenen Änderungen zurückzunehmen.

Eine andere nützliche Einrichtung ist eine Art von E-Mail-Tagebuch. Dies kann entweder eine ständige Aufzeichnung der Nachrichten sein, die an einen vorhandenen administrativen Verteiler in Ihrem Betrieb gesandt worden sind, oder einer Mail-Ablage, die nur zur Aufzeichnung der Tagebuchfortschreibung dient. Das Tagebuch bietet einen weithin bekannten Ort für Informationen über aufzuzeichnende Konfigurationsänderungen, und die Tatsache, dass es per E-Mail implementiert wurde, bedeutet, dass die Systemadministratoren keine Last mit Aktualisierungen haben. Der Nachteil eines E-Mail-Tagebuchs ist, dass es die Informationen nur chronologisch sortiert.

Die Wichtigkeit der Dokumentation

Tatsächlich ist Dokumentation so wichtig für eine skalierbare Infrastruktur, dass wir ihr einen eigenen Abschnitt widmen (Abschnitt 30.8).

Code verwenden und schreiben

Vorhandene Werkzeuge zu benutzen, ist eine Tugend, und Sie sollten das wann immer möglich tun. Aber kein Betrieb in der Welt ist genau so wie Ihrer. Ihr Unternehmen hat mit Sicherheit einige einzigartige Anforderungen. Eine IT-Infrastruktur, die ganz genau die Bedürfnisse des Unternehmens erfüllt, stellt einen Wettbewerbsvorteil dar und erhöht die Gesamtproduktivität.

Mit seiner hervorragenden Skriptfähigkeit und seinem Reichtum an Open Source-Werkzeugen ist Linux die optimale Grundlage für eine gut abgestimmte Infrastruktur. Aus unserer Sicht ist ein Systemadministrationsbereich ohne Softwareentwicklungsfunktion an den Füßen gefesselt.

Das System sauber halten

Beim Systemmanagement geht es nicht nur um Installationen, Neuerungen und Konfigurationen, sondern auch darum zu wissen, was zu behalten, was zu entfernen und was aufzupolieren ist. Wir nennen dieses Konzept »nachhaltiges Management«. Es ist toll, einen neuen Rechner Ihrer Umgebung innerhalb von fünf Minuten hinzufügen zu können, und es ist toll, ein neues Benutzerkonto innerhalb von zehn Sekunden einrichten zu können. Aber mit mehr Voraussicht ist es genauso wichtig, alte Konten und Rechner systematisch finden und entfernen zu können. Nachhaltigkeit im Systemmanagement bedeutet, dass Sie die Werkzeuge und Konzepte haben, die Ihr Unternehmen langfristig gut organisiert laufen lassen.

30.5.2 Anatomie von Managementsystemen

Ihr Managementsystem sollte die folgenden Hauptelemente enthalten:

- Automatisiertes Einrichten neuer Rechner. Dabei geht es nicht nur um die Installation des Betriebssystems, sondern auch um weitere Software und die lokale Konfiguration, die erforderlich ist, um den betrieblichen Einsatz eines Rechners zu ermöglichen. Es ist unvermeidbar, dass Ihr Betrieb mehr als eine Art der Konfiguration unterstützen muss, sodass Sie von Beginn an mehrere Rechnerarten in Ihre Planungen einbeziehen sollten. Das Kapitel zur grundlegenden Linux-Installation (Abschnitt 11.1) behandelt mehrere Systeme, die bei der Erstinstallation helfen.

- Systematisches Nach- und Aufrüsten vorhandener Rechner. Wenn Sie ein Problem in Ihrer Installation entdecken, brauchen Sie einen einheitlichen und einfachen Weg, alle betroffenen Geräte zu aktualisieren. Beachten Sie, dass Ihr Aktualisierungsplan auch Rechner berücksichtigen muss, die zum Zeitpunkt des Updates nicht im Netz sind, denn Computer laufen nicht immer (nicht einmal, wenn sie das tun sollten). Sie können nach Updates beim Hochladen oder in regelmäßigen Abständen suchen lassen. Mehr dazu lesen Sie in Abschnitt 11.7.

- Ein Monitoringsystem. Ihr Benutzer sollte Sie nicht benachrichtigen müssen, dass der Server nicht läuft, das ist nicht nur unprofessionell, Sie haben dann auch keine Ahnung, wie lange das System schon ausgefallen ist. Der Erste, der nach Ihnen ruft, ist wahrscheinlich nicht der Erste, der Probleme hatte. Sie brauchen eine Art Monitoringsystem, das Alarm schlägt, sobald Probleme zu Tage treten. Aber Alarme haben ihre Tücken. Wenn es zu viele gibt, beginnen Systemadministratoren, sie zu ignorieren; sind es zu wenige, werden wichtige Probleme übersehen.

- Ein Kommunikationssystem. Vergessen Sie nicht, sich über die Bedürfnisse Ihrer Benutzer auf dem Laufenden zu halten; sie zu unterstützen ist das letztendliche Ziel von allem, was Sie als Systemadministrator tun. Ein System zur Nachverfolgung von Anfragen ist eine Unumgänglichkeit (dazu mehr in Abschnitt 30.9). Ein zentraler Ort (in der Regel im Intranet), an dem Benutzer den Systemstatus und Kontaktinformationen finden können, ist auch hilfreich.

30.5.3 Der Werkzeugkasten des Systemadministrators

Gute Systemadministratoren sind faul (clever) und versuchen, ihre Arbeit zu automatisieren. Ein erfolgreicher Systemadministrator schreibt Skripte, um die Lücken zwischen den von Herstellern gelieferten Werkzeugen und denen aus dem Netz heruntergeladenen zu füllen, und stellt dann sicher, dass diese Skripte verfügbar sind, wo immer sie benötigt werden.

Die meisten Betriebe haben ihr eigenes adduser-Skript und wahrscheinlich auch ein rmuser-Skript. Als allein arbeitender Systemadministrator speichern Sie diese kleinen Juwelen wahrscheinlich in Ihrem eigenen ~/bin-Verzeichnis und leben glücklich und zufrieden bis an Ihr Lebensende. Wenn Sie Teil eines Teams von zwei oder mehr Kollegen sind, ist das Leben schon schwieriger. Notlösungen wie das Kopieren von Werkzeugen untereinander oder das Modifizieren von Suchpfaden, um die ~/bin-Verzeichnisse anderer Mitarbeiter anzusteuern, hilft eine begrenzte Zeit lang. Letztendlich sind Sie aber gezwungen, eine nachhaltige Lösung zu finden.

Unsere Lösung zu diesem Problem ist der »Werkzeugkasten des Systemadministrators«. Der Werkzeugkasten enthält alle vor Ort entwickelte Systemadministrationssoftware und liegt in seinem eigenen Verzeichnisbaum (z. B. /usr/satools). Und was am wichtigsten ist: Wir haben ein Grundsatzpapier, das beschreibt, wie Werkzeuge für diese Toolbox zu schreiben sind. Einer der Systemadministratoren ist »Besitzer« des Werkzeugkastens und trifft alle methodischen Entscheidungen, die das Grundsatzpapier nicht abdeckt.

Wenn Sie ein Verfahren wie dieses aufstellen, ist es wichtig sicherzustellen, dass jedes Element eine klare Daseinsberechtigung hat. Nur wenn die Beweggründe für die Regeln nachvollziehbar sind, können die Mitarbeiter dem Geist statt nur den Buchstaben der Grundsätze folgen.

Hier sind einige beispielhafte grundsätzliche Einträge:

- Öffentliche Werkzeuge liegen unter /usr/satools/bin, Konfigurationsinformationen unter /usr/satools/etc. Protokolldateien und andere Dateien, die die Werkzeuge bei ihrer Tätigkeit anlegen, landen in /usr/satools/var. Statische Dateien sind unter /usr/satools/share zu finden. Grund: Vereinheitlichung.

- Werkzeuge sollten in Perl oder Python geschrieben werden. Der Grund dafür: Vereinheitlichung; daneben vereinfacht das Übergaben und die Wiederbenutzung von Programmcode zwischen den Administratoren.

- Jedes Werkzeug muss seine eigene man-Seite haben. Grund: Wenn ein Werkzeug nicht dokumentiert ist, weiß nur der Autor, wie es funktioniert.

- Schreiben Sie bei der Entwicklung eines Werkzeugs zuerst die Dokumentation und lassen Sie diese den Verantwortlichen für den Werkzeugkasten vor dem Programmieren prüfen. Grund: Das führt zu einer Prüfung von Redundanz und Richtlinienkonformität, bevor die Arbeit getan ist.

- Jedes Werkzeug muss eine --no-action-Option akzeptieren, die es zeigen lässt, was es tut, ohne dass in Wirklichkeit etwas getan wird. Wenn so eine Möglichkeit nicht implementiert werden kann, muss das Werkzeug zumindest eine entsprechende Meldung geben. Grund: Das beugt Katastrophen vor, insbesondere bei etwas einschneidenderen Werkzeugen wie zum Beispiel rmuser oder mvhomedir.

- Alle Werkzeuge müssen der Revisionssteuerung in svn://server/satools unterliegen (eine Subversion-Ablage; mehr dazu in Abschnitt 11.5). Grund: Mehrere Mitarbeiter können an den Werkzeugen arbeiten, und eine klare Revisionsverwaltung vereinfacht Quellverwaltung und Fehlerbehebung.

Ein Grundsatzpapier kann in der Praxis mehrere (aber wenige) Seiten lang sein.

Vielleicht wollen Sie ein kleines Managementwerkzeug für Ihren Werkzeugkasten schreiben, das neue Werkzeuge aus der Subversion-Ablage in Ihren /usr/satools-Baum installiert. Zur Qualitätskontrolle kann das Managementwerkzeug versuchen, auch die Übereinstimmung mit den Richtlinien in einem gewissen Maß zu prüfen. Zum Beispiel kann es überprüfen, dass jedes Werkzeug eine Dokumentation installiert.

30.5.4 Prinzipien der Softwareentwicklung

Weil administrative Skripte nicht immer nach »richtiger« Software aussehen, könnten Sie in Versuchung geraten, zu glauben, dass sie nicht das Ausmaß an Voraussicht und Formalismus benötigen, die in typischen Softwareentwicklungsprojekten zu finden sind. Das kann richtig sein, muss es aber nicht. Ab einem gewissen Grad an Komplexität und Bedeutung müssen Sie diesen Projekten wirklich den Respekt erweisen, den sie verdienen.

Das klassische Buch von Frederick P. Brooks jun. zur Softwareentwicklung, *The Mythical Man-Month: Essays on Software Engineering*, lässt sich leicht lesen und ist eine gute Quelle. Es ist interessant zu sehen, dass die Probleme der Softwareentwicklung der 60er und 70er Jahre, die er anspricht, heute immer noch die unsrigen sind. Die folgende Checkliste zeigt Prinzipien und potenzielle Fallgruben bei Softwareprojekten (ohne besondere Reihenfolge):

- Projekte sollten einen klar definierten Umfang und einen eindeutig abgegrenzten Zeitrahmen für ihre Fertigstellung haben.

- Verantwortlichkeiten sollten klar definiert sein. Der an dem Projekt arbeitende Administrator, der Systemadministrationsmanager und der Endkunde müssen sich alle über Ziele, Umfang und mögliche Risiken einig sein.

- Vorbereitende Dokumentation sollte vor Beginn des Programmierens geschrieben werden.

- Schnittstellen zwischen verschiedenen Softwarekomponenten sollten eindeutig abgegrenzt und im Voraus dokumentiert sein.

- Kritische Programmteile sollten zunächst in Rohform erstellt und getestet werden. Es ist wichtig, Rückmeldungen von den späteren Softwareanwendern im frühestmöglichen Einwicklungsstadium zu bekommen.

- Die Kommunikation über den Status sollte ehrlich sein. Niemand mag Überraschungen, und schlechte Neuigkeiten kommen am Ende doch immer heraus.

- Analysieren Sie jedes Projekt nach Abschluss der Arbeiten, quasi als »Leichenschau«. Lernen Sie aus Fehlern und Erfolgen.

Das optimale Management von Softwareprojekten ist immer heftig diskutiert worden. Im vergangenen Jahrzehnt haben Entwickler »agilen« Methoden, die die schnelle Erstellung eines Prototyps, die frühzeitige Verbreitung, die schrittweise Erweiterung der Funktionalität und die Beseitigung von Verwaltungsarbeit betonen, große Aufmerksamkeit gewidmet. Ihr Wert ist noch lange nicht allgemein unumstritten, aber viele der Grundvorstellungen erscheinen vernünftig, und die »Leichtbauweise« des Ansatzes passt gut zu den kleineren Projekten, wie sie häufig im Bereich der Systemadministration zu finden sind. Mehr darüber erfahren Sie unter *de.wikipedia.org/wiki/Agile_Methoden*.

30.6 Die Rolle der Geschäftsvorgänge

Der Bereich der Betriebsprozesse ist für die Installation und Instandhaltung der IT-Infrastruktur verantwortlich. Zusammen mit dem Supportbereich ist er ein Bestandteil der Produktions-Funktion, wie sie in Abschnitt 30.2 beschrieben wird. Als Faustregel lässt sich sagen, dass Betriebsprozesse mit Computern zu tun haben, Support hingegen mit Menschen.

Betriebsprozesse umfassen nur vorhandene Dienstleistungen; alle »neuen Dinge« sollten vom Entwicklungsbereich entworfen, implementiert und getestet werden, bevor sie in eine Produktionsumgebung eingebracht werden.

Im Bereich der Betriebsprozesse geht es darum, für Kunden eine stabile und verlässliche Umgebung zu erzeugen. Seine Kernaufgaben sind Verfügbarkeit und Zuverlässigkeit. Die Mitarbeiter dieses Bereichs sollten keine Experimente machen oder an einem Freitagnachmittag schnelle Lösungen oder Verbesserungen einführen. Die Gefahr einer Fehlfunktion (und die, dass am Wochenende niemand außer den Kunden die Probleme feststellt) ist einfach zu groß.

30.6.1 Minimale Ausfallzeiten

Viele Menschen stützen sich auf Computerinfrastruktur, die wir bereitstellen. Der Fachbereich einer Universität kann wahrscheinlich eine Zeit lang ohne seinen Internetauftritt leben, aber ein Internetversandhaus wie Amazon.com kann das nicht. Manche werden nicht bemerken, wenn ihr Druckserver ausfällt, aber ein Student oder ein Professor, der eine bindende Abgabefrist für eine Forschungsarbeit oder einen Projektantrag einhalten muss, wird äußerst unglücklich sein. Sogar Benutzer an einer Universität werden mürrisch, wenn sie keinen Zugriff mehr auf ihre E-Mails haben. Zentrale Dateiserver sind eine andere mögliche Quelle für Katastrophen.[3]

In manchen Betrieben werden Sie Notfallservice gewährleisten müssen. In einer kommerziellen Umgebung kann dies Vor-Ort-Service durch ein erfahrenes Systemadministratorenteam rund um die Uhr bedeuten. Aber auch in einer nichtgewerblichen Umgebung wie zum Beispiel einem universitären Fachbereich hinterlässt es einen schlechten Eindruck, wenn über ein langes Wochenende alle Systeme ausfallen.

Auch wenn Sie nicht die finanziellen Mittel haben, um einen ausdrücklichen Rund-um-die-Uhr-Service anbieten zu können, sollten Sie darauf eingestellt sein, sich Administratoren zunutze zu machen, die zufällig spätabends oder am Wochenende anwesend sind. Ein Pager im Umlauf oder ein anderes Rufsystem kann »ausreichenden« Notfallschutz gewährleisten. Stellen Sie sicher, dass Benutzer auf diese Abdeckung in einfacher und bekannter Weise zugreifen können; zum Beispiel über einen E-Mail-Alias namens *support-pager*, der eine Verbindung zu dem im Umlauf befindlichen Pager herstellt.

30.6.2 Abhängigkeiten dokumentieren

Um präzise Aussage zu Verfügbarkeit oder Betriebszeiten machen zu können, müssen Sie nicht nur Ihre eigenen Stärken und Schwächen kennen (einschließlich der Verlässlichkeit der Hardware, die Sie anwenden), sondern auch die Abhängigkeiten der

---

[3] Wenn ein Dateiserver über einen längeren Zeitraum ausfällt, könnten aufgebrachte Benutzer darauf bestehen, Daten statt auf diesem Server auf ihren persönlichen Festplatten zu speichern (zumindest bis sie sich beim Ausfall der lokalen Platte ohne Sicherungskopie die Finger verbrennen).

IT-Systeme von anderen Faktoren wie Hardware, Software und Personal. Im Folgenden finden Sie einige Beispiele:

- Energie: Unabhängige Stromquellen und -netze, Schutz vor Überspannung und Kurzschlüssen, Reservestromsysteme wie Generatoren und unterbrechungsfreie Stromversorgung (USV), Stromleitungen im Gebäude, Pläne der Stromversorgung für besondere Geräte
- Netzwerk: Verkabelung im Gebäude, Reserveleitungen, Kundendienst für Internetdienstanbieter, Netzwerktopologie, Kontaktinformationen für andere Gruppen mit eigenen Netzwerkmanagementfunktionen innerhalb der Organisation.
- Hardware: Hochverfügbarkeitssysteme und Verfahren zu ihrer Nutzung, Bereitschaftszustände (warm/kalt).

30.6.3 Ältere Hardware umwidmen oder entfernen

Um Ihre Infrastruktur instandzuhalten, müssen Sie neue Rechner kaufen, ältere umwidmen und veraltete hinauswerfen. Wir haben den Einkauf im Abschnitt zur Verwaltung (30.4) behandelt, aber liebgewonnene alte Schätzchen loszuwerden, scheint doch mehr in den Bereich der Betriebsprozesse zu fallen.

Immer wenn die Hardwareleistung ansteigt, zieht die Software sie wieder herunter, gewöhnlich indem sie größer und komplexer wird. Windows 95 und 98 konnten zum Beispiel gut mit 32 Mbyte Speicherkapazität auskommen. Windows 2000 lief nicht gut, wenn Sie nicht mindestens 128 Mbyte hatten, und ein Laptop mit Windows XP scheint nun mehr als 256 Mbyte zu benötigen, um auch nur den Task-Manager auszuführen. Natürlich ist diese Aufblähung nicht nur ein Problem bei Windows; aktuelle Linux-Arbeitsumgebungen brauchen auch massenhaft Speicher.

Da Benutzer und Geschäftsführung sich oft sträuben, veraltete Geräte auszutauschen, müssen Sie manchmal selbst die Initiative ergreifen. Hinweise auf Kosten sind die überzeugendsten Beweise. Wenn Sie auf dem Papier nachweisen können, dass die Kosten zur Instandhaltung der alten Ausrüstung die für den Austausch übersteigen, können Sie viele der sachlichen Bedenken gegen die Modernisierung ausräumen. Manchmal ist es auch nützlich, heterogene Hardware auszuwechseln, einfach um die für die Pflege der verschiedenen Betriebssysteme und Softwareversionen erforderliche Zeit und Aufwand einzusparen.

Kostengünstige Intel/PC-Hardware ist die standardmäßige Architektur für Desktopcomputer, insbesondere jetzt, da Apple auf Intel-Hardware setzt. Die weite Verbreitung von PCs hat im Laufe der Jahre zu einer Kostenverschiebung im Computerbereich geführt, weg von der Hardware hin zu Software und Support.

Sie können den Übergang für die Benutzer alter Systeme erleichtern, indem Sie diese weiterhin verfügbar halten. Lassen Sie die alten Systeme angeschaltet, aber reduzieren Sie das Ausmaß an Support, das Ihr Administratorenteam bietet. Stellen Sie die Wartung alter Geräte ein und lassen Sie sie weiterhumpeln, bis sie von selbst den Geist aufgeben.

Sie können ältere Rechner bestimmten Diensten zuwidmen, die nicht Massen an Hardwarekapazität benötigen (z. B. Druck-, DHCP- oder Lizenzserver). Dabei müssen Sie nur sicherstellen, dass Sie für den Fall, dass Probleme auftreten, einen Plan zum Reparieren oder Ersetzen der Computer oder zur Verlagerung der Dienste auf andere Server erarbeitet haben.

Universitäten erhalten oft alte Computer und Zubehör als Spende von Unternehmen, die es auf Steuerminderung anlegen. Häufig ist die richtige Antwort: »Nein danke, wir haben keine Verwendung für 2.000 Neunspurbänder und die zugehörigen Gestelle.« Vor mehreren Jahren erhielt eine Universität in Budapest einen IBM-Großrechner. Statt »Nein« zu sagen und schnelle PCs anzuschaffen, verwandte man das ganze Budget im ersten Jahr auf den Transport und die elektrische Verkabelung und in den folgenden Jahren auf die Instandhaltung. Das hat sich nicht gelohnt. Andererseits bauen viele Universitäten enge Verbindungen zur örtlichen Computerbranche auf und bekommen haufenweise wertvolle Hardware geschenkt – die Computer sind gerade ein Jahr alt. Bedenken Sie bei einer Schenkung die Gesamtkosten und überlegen Sie gut, wann Sie »nein, danke« sagen sollten.

Wenn Sie ein Unternehmen sind und einen Überschuss an Computer und Zubehör haben, ziehen Sie in Betracht, es örtlichen Schulen oder Hochschulen zu spenden; sie haben oft nicht die finanziellen Mittel, ihre Rechenzentren auf dem neuesten Stand zu halten, und sind vielleicht froh über Ihre alten PCs.

Veraltete Rechner, die Sie nicht als Spende an eine gemeinnützige Institution entsorgen können, müssen ordnungsgemäß verwertet werden; sie enthalten Gefahrstoffe (z. B. Blei) und dürfen nicht in den normalen Abfall. Wenn Ihr Unternehmen keine Instandhaltungsabteilung hat, die mit alten Geräten umgehen kann, müssen Sie sie zur Entsorgung eventuell zu einem örtlichen Recyclinghof bringen.

30.7 Die Arbeit der Supportabteilung

Die Aufgabe der Supportabteilung ist es, mit den Menschen umzugehen, die von den Computersystemen in Ihrem Verantwortungsbereich Gebrauch machen. Diese Abteilung kann den Kunden über den üblichen Helpdesk- oder Hotline-Support hinaus auch Beratungsdienste anbieten oder Schulungsseminare zu besonderen Themen konzipieren. Im Idealfall erhöhen diese Hilfsdienste die Autarkie der Kunden und senken die Anzahl der Supportanfragen.

30.7.1 Verfügbarkeit

Guter IT-Support bedeutet, dass qualifizierte Mitarbeiter immer zur Verfügung stehen, wenn ein Kunde ihre Hilfe benötigt.

Die meisten Probleme sind von geringer Bedeutung und können gefahrlos der Eingangsreihenfolge nach abgearbeitet werden. Andere Probleme legen den Betrieb lahm und verdienen sofortige Aufmerksamkeit. Automatisierte Antworten durch ein

Auftragsbearbeitungssystem und aufgezeichnete Telefonansagen, die die regulären Dienststunden durchgeben, lösen nur Ärger aus. Sorgen Sie dafür, dass Benutzer bei Bedarf immer noch einen letzten Ausweg haben. Gewöhnlich genügt ein Mobiltelefon, das die Mitarbeiter in der Systemadministration außerhalb der Dienstzeiten abwechselnd bei sich führen.

Leider führt ausgezeichneter Support zu Abhängigkeit. Benutzer gewöhnen sich leicht an, das Helpdesk sogar dann nach Rat zu fragen, wenn das nicht angebracht ist. Wenn Sie erkennen, dass jemand das Supportsystem für Antworten nutzt, die ihm die man-Seiten oder Google ebenso gut hätten geben können, sollten Sie anfangen, auf diese Fragen mit der Angabe der entsprechenden man-Seite oder Internetadresse zu antworten. Diese Taktik geht bei Studierenden gut auf; wahrscheinlich ist sie bei Führungskräften weniger wirksam.

30.7.2 Umfang der Dienstleistung

Sie müssen die Dienstleistungen, die Ihr Supportteam bereitstellt, klar definieren. Anderenfalls werden die Erwartungen der Benutzer nicht der Realität entsprechen. Berücksichtigen Sie u. a. folgende Gesichtspunkte:

- Reaktionszeit
- Service am Wochenende und außerhalb der Dienstzeiten
- Hausbesuche (Rechner-Support vor Ort)
- Besondere (einzigartige) Hardware
- Veraltete Hardware
- Unterstützte Betriebssysteme
- Standardkonfigurationen
- Aufbewahrungszeit von Sicherungsbändern
- Software zu besonderen Zwecken
- Hausmeisterdienste (Reinigung der Bildschirme und Tastaturen)

In einem Betrieb mit Linux hat jeder Benutzer Zugang zum Quellcode und könnte sich leicht einen maßgeschneiderten Kernel für seinen Rechner erstellen. Sie müssen dies bei Ihrer Geschäftspolitik berücksichtigen und sollten versuchen, einige besondere Kernelkonfigurationen zu vereinheitlichen. Anderenfalls wird Ihr Ziel einer einfachen Instandhaltung und Anpassung an das Unternehmenswachstum auf ernsthafte Hindernisse stoßen. Ermutigen Sie Ihre kreativen Betriebssystemspezialisten, Kerneländerungen vorzuschlagen, die sie für ihre Arbeit benötigen. Integrieren Sie sie in den Prozess der Vereinheitlichung, damit Sie nicht für jeden Ingenieur einen eigenen Kernel unterhalten müssen.

Benutzer müssen nicht nur wissen, welche Dienstleistungen angeboten werden, sondern auch, nach welchem System den Aufgaben in der Warteschlange Prioritäten zugewiesen werden. Solche Systeme passen nie ganz genau, aber versuchen Sie, eines zu entwerfen, das die meisten Problemlagen mit nur wenigen Ausnahmen oder ausnahmslos abdeckt. Beachten Sie folgende Variablen bei der Zuweisung von Prioritäten:

- Das Dienstleistungsniveau, für das der Kunde bezahlt bzw. den Auftrag erteilt hat
- Die Anzahl der betroffenen Benutzer
- Die Bedeutsamkeit des betroffenen Benutzers (dies ist nicht leicht auszumachen, aber grundsätzlich werden Sie nicht denjenigen verärgern wollen, der Ihr Gehalt überweisen lässt)
- Die Fähigkeit des betroffenen Benutzers, sich Gehör zu verschaffen (nur quietschende Räder werden geölt)
- Die Bedeutung der Frist (Heimarbeit zu später Stunde ist abzuwägen gegen einen Antrag auf Forschungsförderung oder einen Vertragsabschluss)

Auch wenn alle diese Faktoren Ihre Rangzuweisungen beeinflussen, empfehlen wir ein einfaches Regelwerk in Kombination mit etwas gesundem Menschenverstand beim Umgang mit den Ausnahmen. Grundsätzlich verwenden wir die folgenden Prioritäten:

- Viele Mitarbeiter können nicht arbeiten
- Ein Mitarbeiter kann nicht arbeiten
- Verbesserungsvorschläge

Wenn zwei oder mehr Anfragen höchste Priorität haben und nicht parallel bearbeitet werden können, gründen wir unsere Entscheidung, welches Problem zuerst anzupacken ist, auf dem Gewicht der Probleme (so sind z. B. fast alle unglücklich, wenn die E-Mails nicht funktionieren, ein vorübergehender Ausfall eines Internetdienstes dürfte hingegen nur ein paar Mitarbeiter behindern). Weniger wichtige Aufträge in Warteschlagen werden im Normalfall nach der Reihenfolge ihres Eingangs abgearbeitet.

Vielleicht wollen Sie den gesunden Menschenverstand Ihrer Mitarbeiter im Support eichen. Wir stellen gewöhnlich Fragen wie die Folgende: »Stellen Sie sich vor, Sie arbeiten an einem Problem von höchster Priorität. Was tun Sie, wenn eine Vorgesetzte aus der obersten Chefetage in Ihr Büro kommt und Sie auffordert, ihren Drucker zu reparieren, weil sie ein paar Folien ausdrucken muss, die sie in einer Sitzung präsentieren muss. Das Taxi zum Flughafen fährt in 15 Minuten, und natürlich ist jeder andere IT-Mitarbeiter gerade zu Mittag außer Haus.« Jeder vernunftbegabte Supportmitarbeiter wird (zumindest nach kurzer Bedenkzeit) erkennen, dass es keinen Sinn hat, mit der sowieso schon heftig unter Druck stehenden Vorgesetzten herumzudiskutieren. Um sich Rückendeckung zu verschaffen, ist es sinnvoll nachzufragen, ob

30.7 Die Arbeit der Supportabteilung

der zentrale Dateiserver noch eine Weile auf seine Reparatur warten soll. Wenn die Antwort »Ja« lautet, ist es angebracht, alles stehen und liegen zu lassen und sich um den Ausdruck der Folien zu kümmern.

Dann fragen wir: »Was tun Sie, wenn dieselbe Vorgesetzte Ihnen ein paar Wochen später die gleiche Situation einbrockt?« Wieder sind Diskussionen sinnlos, aber diesmal dürfte es eine gute Idee sein, mit ihr nach ihrer Rückkehr einen Termin zu vereinbaren, um ihre Bedürfnisse im Support zu besprechen. Vielleicht braucht sie wirklich jemanden, der mit ihrer persönlichen Unterstützung beauftragt wird, und wenn sie auch bereit ist, dafür zu bezahlen, ist ja alles in Butter. Versuchen Sie aber bloß nicht, das zu besprechen, wenn sie gerade Angst hat, ihr Flugzeug zu verpassen.

Benutzer nehmen normalerweise an, dass alle ihre wichtigen Daten auf Sicherungsbändern gespeichert sind, die bis in alle Ewigkeit aufbewahrt werden. Aber Sicherungsbänder halten nicht unbegrenzt; magnetische Speichermedien haben eine endliche Lebensdauer, nach deren Ablauf das Lesen von Daten schwierig wird. (Sie müssen Ihre Daten regelmäßig neu speichern, möglicherweise auf neuere Medien, wenn Sie sie lange aufbewahren wollen.) Für Sicherungsbänder können auch besondere Auflagen gelten; vielleicht will Ihr Unternehmen nicht, dass alte Daten für alle Zeiten verfügbar sind. Es ist am besten, zusammen mit denjenigen, die für solche Entscheidungen verantwortlich sind, schriftlich festzulegen, wie lange Sicherungen aufzubewahren sind, ob mehrere Kopien anzufertigen sind (ist das vorgeschrieben, zulässig oder ausgeschlossen?) und ob solche Kopien an unterschiedlichen Orten gelagert werden müssen.

Sie sollten den Benutzern Ihrer Systeme diese Informationen zur Verfügung stellen, da dies realistische Erwartungen an Sicherungskopien fördert. Es setzt Benutzer zudem davon in Kenntnis, dass sie selbst Vorkehrungen treffen sollten, wenn sie das Gefühl haben, dass ihre Daten mehr Schutz benötigen.

30.7.3 Spektrum der Fähigkeiten

Nichts ist für einen erfahrenen Benutzer ärgerlicher als ein Ansprechpartner im Support, der fragt: »Haben Sie das Stromkabel eingestöpselt?« und dabei im Hintergrund wild eine Kundendienstdatenbank durchforstet. Anderseits wäre es Ressourcenverschwendung, Ihren erfahrensten Administrator einem Neuling erklären zu lassen, wo er für irgendein Textverarbeitungssystem die `Entf`-Taste findet.

In unserer Umgebung ist jedem Mitarbeiter eine bestimmte Anzahl Wochenarbeitsstunden im Support zugewiesen.[4] Supportmitarbeiter reservieren diese Zeit in ihrer wöchentlichen Planung und reduzieren sie jedes Mal, wenn sie eine Supportanfrage übernehmen. Die Zuweisung von Aufgaben richtet sich nach den Fertigkeiten, die die

---

4 *Standardmäßig hat jeder Systemadministrator ein Viertel der Arbeitszeit im Support zu leisten. Wenn ein Projekt die ganztägige Aufmerksamkeit eines bestimmten Systemadministrators erfordert, weichen wir von diesem Grundsystem ab, indem wir diesen Mitarbeiter für die Dauer des Projekts aus dem Pool für den Support abziehen.*

Lösung eines Problems verlangt, und der Restzeit, die jedem noch in seinem wöchentlichen Supportbudget verbleibt.

Damit dieses Modell erfolgreich laufen kann, stellen Sie sicher, dass Ihre Übersichtsliste über die Fähigkeiten Ihrer Mitarbeiter ausgewogen ist. Langfristig muss jeder Mitarbeiter in der Lage sein, die ihm zugewiesene Zeit im Support zu erbringen. Im Allgemeinen ist ein Mitarbeiter mit vielen Einträgen in dieser Fähigkeitenliste »wertvoller«. Es ist aber völlig in Ordnung, wenn Sie Mitarbeiter mit weniger Kenntnissen haben, solange genug Arbeit für sie da ist.

Eine sorgfältige Fähigkeitenliste hilft Ihnen zu überprüfen, dass Sie auch bei Beurlaubungen und Krankheitsfällen eine ausreichende Personalstärke für bestimmte Aufgaben haben. Sie können diese Fähigkeitenliste aufsetzen, wenn Probleme auftreten und von Mitarbeitern gelöst werden. Nehmen Sie die Aufgabe, den Namen des Mitarbeiters und das bewiesene Maß an Sachkenntnis auf.

Kompetenzen sollten mit einem geeigneten Abstraktionsgrad definiert werden, also weder zu spezifisch noch zu allgemein. Die folgende Auflistung beispielhafter Fertigkeiten zeigt den richtigen Detaillierungsgrad:

- Benutzer anlegen und entfernen, Passwörter einrichten, Quotas ändern
- CVS- oder SVN-Konten anlegen
- Dateien aus Sicherungskopien wiederherstellen
- Neue Hardwaretreiber in RIS integrieren (Windows)
- Eine Windows-Anwendung im MSI-Format packen
- Softwareanwendungspakete auf Linux erzeugen und installieren
- Protokolldateien analysieren
- Mailserverprobleme beheben
- Druckprobleme beheben
- Allgemeine Hardwareprobleme beheben
- DNS-Einträge vornehmen
- Softwarelizenzen verwalten
- Sicherheitsfragen unter Windows klären
- Sicherheitsfragen unter Linux klären
- Fragen zu Samba klären
- DHCP konfigurieren
- Einen LDAP-Server konfigurieren
- Internetseiten hinzufügen oder entfernen (Apache konfigurieren)

30.7.4 Zeitmanagement

In der Systemadministration muss man jeden Tag häufiger umdenken als in den meisten Jobs in einem Jahr, und dieses Chaos betrifft Mitarbeiter im Benutzersupport am stärksten. Jeder Administrator muss das Zeitmanagement gut beherrschen. Anderenfalls werden Sie Ihre Pflichten im Alltag nicht erfüllen können und in Frust und Depressionen enden. (Falls Sie bereits Frust und Depressionen haben, wird sich das sogar noch verschlimmern.)

Erschöpfungszustände sind bei Systemadministratoren weit verbreitet. Die meisten Administratoren halten nur wenige Jahre durch. Niemand möchte ununterbrochen auf Abruf bereitstehen und ständig angeschrien werden. Wege zu finden, wie Sie Ihre Zeit effizient verwalten und Ihre Kunden zufrieden halten können, bringt beiden Seiten Vorteile.

In seinem kürzlich veröffentlichten Buch *Zeitmanagement für Systemadministratoren* weist Tom Limoncelli auf Möglichkeiten hin, diese Fallgruben zu vermeiden. Den genauen Literaturhinweis finden Sie am Ende dieses Kapitels.

30.8 Dokumentation

So wie die meisten Menschen den gesundheitlichen Nutzen von sportlicher Betätigung und Gemüse anerkennen, schätzt jeder gute Dokumentation und hat eine vage Vorstellung davon, dass sie wichtig ist.

Leider bedeutet das nicht zwangsläufig, dass auch jeder von sich aus eine Dokumentation schreiben oder aktualisieren würde.

Wozu das gut sein sollte?

- Dokumentation senkt die Wahrscheinlichkeit einer singulären Fehlerstelle. Es ist toll, Dienstprogramme zu haben, die Arbeitsplätze in Nullkommanichts einrichten und Patches mit einem einzigen Befehl verteilen. Diese Werkzeuge sind aber fast wertlos, wenn es keine Dokumentation gibt und der Spezialist im Urlaub ist oder das Unternehmen verlassen hat.

- Dokumentation unterstützt die Reproduzierbarkeit. Werden Verfahren und Handlungsweisen in einem Unternehmen nicht explizit niedergelegt, dürfte ihnen kaum einheitlich Folge geleistet werden. Wenn Administratoren keine Informationen finden können, wie etwas zu tun ist, müssen sie improvisieren.

- Dokumentation spart Zeit. Es fühlt sich zwar nicht so an, als ob Sie Zeit sparen würden, während Sie sie schreiben. Die meisten Administratoren sind aber davon überzeugt, dass die Zeit nicht verschwendet ist, wenn sie mal ein paar Tage damit verbracht haben, ein Problem erneut zu lösen, das zwar schon einmal angegangen wurde, dessen Lösung aber inzwischen in Vergessenheit geraten ist.

- Schließlich, und das ist am wichtigsten, erhöht Dokumentation die Verständlichkeit eines Systems und ermöglicht es, nachträgliche Änderungen so vorzunehmen, dass sie mit dem vorgesehenen Betrieb des Systems harmonieren. Werden Änderungen auf der Basis eines unvollständigen Verständnisses ausgeführt, passen sie sich oft nicht richtig in die Architektur ein. Das Durcheinander nimmt im Laufe der Zeit zu, und sogar die Administratoren, die an dem System arbeiten, betrachten es schließlich als liederlich zusammengewürfeltes Stückwerk. Das endet oft in dem Wunsch, alles auf den Müll zu werfen und ganz von vorne anzufangen.

Lokale Dokumentation dient vielen Zwecken. Sind Sie je in einen Rechnerraum gegangen, um einen Server neu hochzufahren, und sahen sich zig Hardwareracks gegenüber, die sich alle gleichen, aber alle verschieden und nicht gekennzeichnet sind? Oder mussten Sie schon mal ein Hardwaregerät installieren, mit dem Sie vorher bereits zu tun hatten, aber sich nur noch daran erinnern konnten, dass es eine kniffelige Aufgabe war?

Lokale Dokumentation sollte an einem eindeutig festgelegten Ort aufbewahrt werden. Je nach Größe Ihres Betriebs, kann das ein Verzeichnis auf einem Dateiserver sein, der auf allen Ihren Rechnern eingehängt ist, oder auch im Benutzerverzeichnis eines besonderen Benutzerkontos für die Systemverwaltung.

30.8.1 Standardisierte Dokumentation

Unsere Erfahrung zeigt, dass Dokumentation am einfachsten und wirksamsten zu pflegen ist, wenn man sich auf kurz und knapp gefasste Dokumente festlegt. Statt ein Handbuch für das Systemmanagement in Ihrem Unternehmen zu verfassen, schreiben Sie viele Dokumente von nur einer Seite, die jeweils ein einzelnes Thema abdecken. Beginnen Sie mit einem groben Überblick und teilen Sie diesen dann in Stücke auf, die zusätzliche Informationen enthalten. Wenn Sie an einer Stelle mehr ins Detail gehen müssen, schreiben Sie ein ergänzendes einseitiges Dokument, das gezielt auf besonders schwierige oder komplizierte Schritte eingeht.

Dieser Ansatz hat mehrere Vorteile:

- Ihr Chef ist wahrscheinlich nur an dem allgemeinen Aufbau Ihrer Umgebung interessiert. Das ist alles, was benötigt wird, um Fragen von höheren Stellen zu beantworten oder eine Diskussion auf Managerebene zu führen. Lassen Sie nicht zu viele Details einfließen, denn sonst werden Sie Ihren Chef nur dazu verleiten, sich darin einzumischen.

- Das Gleiche gilt für Kunden.

- Ein neuer Mitarbeiter oder jemand, der innerhalb Ihres Unternehmens neue Pflichten übernimmt, braucht einen Überblick über die Infrastruktur, um sinnvolle Arbeit leisten zu können. Es ist nicht hilfreich, solche Mitarbeiter mit Informationen zuzuschaufeln.

30.8 Dokumentation

- Es ist effizienter, das richtige Dokument zu benutzen, als ein großes Dokument durchsuchen zu müssen.
- Es ist einfacher, Dokumentation auf dem neuesten Stand zu halten, wenn Sie dazu nur eine einzige Seite aktualisieren müssen.

Dieser letztgenannte Punkt ist besonders wichtig. Dokumentation auf dem neuesten Stand zu halten, ist eine große Herausforderung; es ist oft das Erste, was unter den Tisch fällt, wenn die Zeit knapp ist. Wir haben gelernt, dass eine Reihe besonderer Vorgehensweisen die Dokumentation im Fluss hält.

Stellen Sie zunächst die Anforderung, dass Dokumentation prägnant, sachbezogen und ohne Fisimatenten sein soll. Kommen Sie auf den Punkt; es geht darum, Informationen zu bieten. Nichts bringt die Quelle für Dokumentation schneller zum Versiegen als die Aussicht, eine Dissertation über Konstruktionstheorie gemäß umständlicher staatlicher Vorgaben schreiben zu müssen. Wenn Sie zu viel Dokumentation einfordern, bekommen Sie am Ende vielleicht überhaupt keine.

Integrieren Sie die Dokumentation dann in die Prozesse. Kommentare in Konfigurationsdateien sind oft die beste Dokumentation. Sie sind immer genau da, wo Sie sie brauchen, und ihre Pflege kostet praktisch keine Zeit. Die meisten gängigen Konfigurationsdateien lassen Kommentare zu, und sogar in die, die gegenüber Kommentaren nicht besonders entgegenkommend sind, kann man oft etwas zusätzliche Information hineinschmuggeln. So sind zum Beispiel die üblichen Inhalte des GECOS-Felds in der `passwd`-Datei (Büro, Telefonnummer usw.) oft nicht die nützlichsten Informationen, die Sie dort unterbringen können. Definieren Sie einfach Ihre eigenen innerbetrieblichen Gepflogenheiten. (Aber vergessen Sie in diesem besonderen Fall nicht, dass Benutzer die Inhalte dieses Felds ändern können, sodass Sie der dort gespeicherten Information nicht immer trauen können.)

Im Unternehmen selbst erstellte Werkzeuge können eine Dokumentation als Teil ihrer standardmäßigen Konfigurationsinformation erfordern. So kann zum Beispiel ein Hilfsprogramm, das einen neuen Rechner einrichtet, Informationen über den Besitzer des Computers, seinen Standort, seinen Supportstatus und zur Abrechnung erfordern, auch wenn diese Fakten die Softwarekonfiguration des Rechners nicht direkt beeinflussen.

Dokumentation sollte keine Informationsredundanzen schaffen. Wenn Sie beispielsweise eine betriebsweit geltende Hauptkonfigurationsdatei pflegen, die Rechner und ihre Internetadressen auflistet, sollte es keinen anderen Ort geben, wo diese Informationen manuell aktualisiert werden. Es wäre nicht nur eine Verschwendung Ihrer Zeit, Aktualisierungen an mehreren Stellen vorzunehmen, es ist auch sicher, dass sich im Laufe der Zeit Inkonsistenzen einschleichen. Wenn diese Information in anderen Zusammenhängen und Konfigurationsdateien benötigt wird, schreiben Sie ein Skript, das sie aus der Hauptkonfiguration bezieht (oder diese aktualisiert). Wenn Sie Redundanzen nicht vollständig ausräumen können, machen Sie zumindest deutlich, welche Quelle maßgeblich sein soll, und schreiben Sie Werkzeuge, die Ungereimtheiten abfangen und beispielsweise aus `cron` heraus regelmäßig ausgeführt werden.

30.8.2 Hardwarebeschriftung

In manchen Fällen wird die Dokumentation am besten auf Papier geschrieben oder auf ein Hardwaregerät geklebt. So sind zum Beispiel die Notfallanweisungen für einen vollständigen System- oder Netzwerkausfall nicht besonders nützlich, wenn sie auf einem ausgefallenen oder nicht ansprechbaren Rechner gespeichert sind.

Jeder Computer sollte identifizierbar sein, ohne dass jemand ihn anschalten und sich einloggen muss, weil solche Aktivitäten nicht immer möglich sind. Kennzeichnen Sie jeden Arbeitsplatzrechner eindeutig (Hostname, Internetadresse) und setzen Sie einen Aufkleber darauf, wie der Helpdesk erreicht werden kann.

In einem Serverraum müssen alle Systeme und ihre externen Bauteile mit einem Hostnamen gekennzeichnet sein (vollständig qualifiziert, wenn sich dort Rechner aus unterschiedlichen Domänen befinden). Es ist sinnvoll, diese Beschriftungen sowohl vorne als auch hinten an den Computern zu anzubringen (insbesondere in vollgestopften Racks), damit Sie leicht den Netzschalter des Rechners finden können, den Sie aus- oder einschalten wollen.

Wenn Ihre Umgebung viele verschiedene Arten von Systemen enthält, kann es sinnvoll sein, zusätzliche Informationen zu ergänzen, wie Architektur, Anleitung zum Hochfahren, besondere Tastenfolgen, Hinweise auf weiterführende Dokumentation, die Hotline des Anbieters oder die Telefonnummer des zuständigen Mitarbeiters. Tastenfolgen aufzuzeichnen mag ein wenig albern scheinen, aber Server sind oft eher an einen älteren Terminal- oder Konsolenserver angeschlossen als an einen eigenen Bildschirm.

Überzeugen Sie sich, dass Ihre zentralen Aufzeichnungen oder Bestandsdaten Kopien der Informationen von all diesen kleinen Klebeetiketten enthalten. Das wird Ihnen gelegen kommen, wenn Sie Ihre Rechner über eine TCP/IP-Verbindung zu Ihrem Konsolenserver verwalten, statt Ihren Arbeitstag in einem lauten Serverraum zu verbringen.

Kleben Sie den Hostnamen auch auf andere Hardware, die zu jedem Rechner gehört: Laufwerke, Modems, Drucker, Bandlaufwerke usw. Wenn mehrere identische externe Untersysteme an den gleichen Host angeschlossen sind, stellen Sie sicher, dass die Beschriftungen eindeutig sind.[5] In unserer Installation sind sogar die SCSI- und Fibre-Channel-Kabel beschriftet (und natürlich die verschiedenen Anschlüsse am Server), damit wir wirklich wissen, welches Gerät an welche Schnittstelle angeschlossen ist.

Wenn ein Host ein wichtiger Bestandteil Ihrer Infrastruktur (zum Beispiel ein Hauptserver oder ein entscheidender Router) ist, führen Sie auch auf, wo sich seine Sicherung befindet. Wenn eine Diskette oder eine Flash-Speicherkarte zum Hochfahren erforderlich ist, weisen Sie auf deren Standort hin. Bei wirklich wichtigen Servern

---

5 *Einer unserer Mitarbeiter ersetzte kürzlich die Schreibcache-Reservebatterie des falschen RAID-Arrays. Zum Glück resultierte aus diesem Fehler nur eine schwächere Leistung. Aber stellen Sie sich vor, Sie würden die falsche Platte in einem RAID-5-Array ersetzen, es nicht merken und dann einen zweiten Plattenausfall bekommen.*

sollten Sie jederzeit auf Informationen zu den Namen der Diskettenlaufwerke, Partitionstabellen, Einhängepunkten und den Standorten von Superblöcken zur Datensicherung zugreifen können. Kleben Sie die Informationen auch direkt auf die Platten-Subsysteme oder bewahren Sie sie an einem bekannten Platz auf, vielleicht im Rechnerraum.

Bandlaufwerke sollten Sie mit den Gerätedateien und Befehlen beschriften, die der Zugriff auf sie erfordert. Es ist auch eine gute Idee, die Art Bänder, die das Laufwerk benötigt, ebenso aufzuführen wie das nächste Geschäft, wo man sie kaufen kann, und auch den ungefähren Preis.

Drucker sollten Beschriftungen mit ihrem Namen, einer kurzen Druckanleitung und den Hosts tragen, von denen sie abhängen. Sie haben oft Netzwerkschnittstellen und sind vollwertige Netzwerkteilnehmer, aber dennoch hängen sie von einem Linux-Host ab, was Spooling und Konfiguration angeht.

Die Netzwerkverkabelung ist sorgfältig zu dokumentieren. Beschriften Sie alle Kabel, kennzeichnen Sie Patchfelder und Steckdosen und bezeichnen Sie Netzwerkgeräte. Machen Sie es Ihren Verkabelungstechnikern immer einfach, die Dokumentation auf dem neuesten Stand zu halten; lassen Sie einen Stift und Papier an der Wand im Kabelschrank hängen, damit problemlos eine Notiz gemacht werden kann, wenn ein Kabel zwischen Geräten getauscht wird. Später sollten Sie diese Daten online archivieren.

Noch etwas komplizierter wird es, wenn Ihre Netzwerkgeräte (z. B. Router und Switches) über das Netzwerk konfiguriert werden können. Auch wenn Sie jetzt Rechner zwischen den Teilnetzen von Ihrem gemütlichen Büro aus verschieben können, gewinnt Dokumentation nochmals an Bedeutung. Seien Sie noch vorsichtiger, weil Sie einen viel größeren Teil Ihrer Infrastruktur schneller und gründlicher ramponieren können.

30.8.3 Benutzerdokumentation

Es ist gut, ein gedrucktes Dokument vorzubereiten, das Sie neuen Benutzern aushändigen können. Es sollte interne Gepflogenheiten, das Vorgehen bei der Problemmeldung, die Namen und Standorte der Drucker, Ihre Zeitpläne für Sicherungen und Abschaltzeiten usw. dokumentieren. Ein solches Dokument kann der Systemadministration oder dem Benutzerservice sehr viel Zeit sparen. Sie sollten diese Informationen auch im Netz veröffentlichen. Ein ausgedrucktes Schriftstück hat größere Chancen, von neuen Benutzern gelesen zu werden, aber eine Webseite ist leichter zurate zu ziehen, wenn Fragen akut auftreten. Erarbeiten Sie beides und aktualisieren Sie sie regelmäßig. Es gibt nichts Ärgerlicheres als veraltete Online-Dokumentation oder FAQs.

Sie wollen vielleicht neben der Dokumentation Ihrer lokalen Computerumgebung auch Einführungsmaterial zu Linux erstellen. Das ist an einer Universität unentbehrlich, wo die Benutzergemeinde schnell wechselt und oft nicht mit Linux vertraut ist. Wir bieten gedruckte einseitige Handzettel, die die Befehle und Anwendungen aufführen, die unsere Benutzer gewöhnlich verwenden.

30.9 Nachverfolgung von Anforderungen und Fehlerberichterstattung

Wenn Sie eine große Belegschaft haben, werden Sie es hilfreich finden, Ihrer Auftragswarteschlage mithilfe eines Systems zur Nachverfolgung von Anforderungen eine formale Struktur zu geben. Sogar wenn Ihre IT-Organisation nur ein Ein-Mann-Betrieb ist, kann ein solches System sehr hilfreich sein, um alle unerledigten Probleme und Anfragen nachzuverfolgen. Systeme zur Nachverfolgung von Anforderungen sind daneben eine gute Quelle für Angaben, welche Arbeit Ihre Abteilung im Laufe der Zeit erledigt hat, und bieten eine einfache Möglichkeit, Ihre internen Arbeitslisten und Projekte rückzuverfolgen. Manager wollen immer wissen, was Sie gerade tun; die meisten dieser Systeme können Berichte erstellen, die Ihre Arbeitsbelastung, Ihre Arbeitsmittel und Ihren berechtigten Bedarf an mehr Personal und einem größeren Budget zeigen können.

Für diese Systeme gibt es mehrere Namen; am gebräuchlichsten sind »Nachverfolgung« (Tracking), »Fehlerticketsysteme« (Trouble Ticket Systems) und »Bug Tracker«. Das sind nur unterschiedliche Namen für die gleiche Sache. Die Internetseite *linas.org/linux/pm.html* führt eine Vielzahl von Open Source-Implementierungen auf und kategorisiert sie.

30.9.1 Übliche Funktionen von Fehlerticketsystemen

Ein Fehlerticketsystem empfängt Anfragen über verschiedene Schnittstellen (darunter E-Mail, Internetformulare und Befehlszeilen als die gebräuchlichsten) und verfolgt sie von der Einreichung zur Lösung. Manager können Tickets bestimmten Mitarbeiterteams oder einzelnen Mitarbeitern zuweisen. Mitarbeiter können das System abfragen, um die Warteschlange offener Tickets zu sehen und vielleicht einige von ihnen zu lösen. Benutzer können den Status einer Anforderung herausfinden und sehen, wer daran arbeitet. Manager können Informationen auf hoher Ebene herausziehen, darunter die Folgenden:

- Die Anzahl offener Tickets
- Die durchschnittliche Bearbeitungszeit für ein Ticket
- Die Produktivität der Systemadministratoren
- Den Prozentsatz ungelöster (langsam verfaulender) Tickets
- Die Aufteilung der Arbeitsbelastung gemessen an Zeit bis zur Lösung

Die im Ticketsystem gespeicherte Chronik der Anforderungen wird zur chronologischen Übersicht über die Probleme mit Ihrer IT-Infrastruktur und den Lösungen zu diesen Problemen. Wenn diese Zeittafel einfach durchforstet werden kann, wird sie zu einer unschätzbaren Hilfsquelle für die Mitarbeiter in der Systemadministration.

Gelöste Fehlermeldungen können an Neulinge und Trainees in der Systemadministration weitergeleitet, in ein FAQ-System eingefügt oder einfach protokolliert werden. Es kann für neue Mitarbeiter sehr hilfreich sein, die abgeschlossenen Tickets zu sehen, weil diese nicht nur technische Informationen enthalten, sondern auch Beispiele zu dem im Umgang mit Kunden geeigneten Tonfall und Kommunikationsstil.

Wie alle Dokumente, können die mit der Zeit von Ihrem Ticketsystem gespeicherten Daten theoretisch vor Gericht gegen Ihr Unternehmen verwendet werden. Befolgen Sie die Richtlinien Ihrer Rechtsabteilung zur Aufbewahrung von Dokumenten.

Die meisten Fehlerticketsysteme bestätigen automatisch neue Anforderungen und weisen ihnen eine Auftragsnummer zu, die die Fragesteller dazu nutzen können, den Status ihrer Anfrage nachzuverfolgen oder danach zu fragen. Die automatische Rückmeldung sollte klar zum Ausdruck bringen, dass es sich nur um eine Eingangsbestätigung handelt. Ihr sollte umgehend eine Nachricht von einem Mitarbeiter folgen, die das Vorgehen beim Lösen des Problems oder der Anfrage darlegt.

30.9.2 Akzeptanz von Ticketsystemen

Eine prompte Antwort von einem lebenden Menschen ist ein entscheidender Faktor für die Kundenzufriedenheit, sogar wenn die persönliche Antwort nicht mehr Informationen enthält als die automatische Rückmeldung. Bei den meisten Problemen ist es viel wichtiger, den Fragesteller wissen zu lassen, dass das Ticket von einem Mitarbeiter geprüft worden ist, als das Problem sofort zu lösen. Benutzer sehen ein, dass Administratoren viele Anfragen erhalten, und sie sind bereit, eine angemessene und vernünftige Zeitspanne auf Ihre Aufmerksamkeit zu warten. Aber sie sind nicht bereit, sich ignorieren zu lassen.

Unser Fehlerticketsystem verwendet den E-Mail-Alias `support`. Einmal wurden wir mit Fehlermeldungen bombardiert, die entweder unvollständig oder unverständlich waren. Wir schrieben ein Skript, das dem Benutzer genaue Fragen stellte, darunter die Folgenden:

- Auf welchem Host tritt das Problem auf?
- Lässt sich das Problem reproduzieren?
- Wie wichtig ist es, dass das Problem sofort gelöst wird?

Rund eine Stunde später liefen die Benutzer Sturm, und innerhalb eines Tages hatten wir das System zurückgezogen. Sein einziger Wert schien darin zu liegen, dass viele Benutzer gerade durch die Entrüstung über das Skript die darin gestellten Fragen wirklich lasen – die Güte unserer formlosen Fehlermeldungen stieg an.

Ein anderer Betrieb ging dieses Problem an, indem er eine Nachricht verschickte, die erklärte, welche Informationen in einer Fehlermeldung wichtig sind, und Beispiele nutzloser Meldungen zeigte. Wenn eine unbrauchbare Meldung einging, wurde sie mit einer Entschuldigung (»Tut mir Leid, ich habe nicht genug Informationen betreffend ...«) und einer Kopie der erläuternden Mitteilung beantwortet. Die Benutzer lernten rasch.

30 Management und Geschäftspolitik

Unserer Erfahrung nach eignen sich Formulare nur für Aufgaben, die stark vereinheitlicht sind, wie Anfragen nach der Einrichtung oder Löschung eines Benutzerkontos. In diesen Fällen sehen Ihre Kunden ein, dass Sie die angeforderten Informationen benötigen, um Ihre Arbeit zu tun. Manche Aufgaben können vollständig automatisiert werden, wenn das Formular einmal ausgefüllt ist, zum Beispiel die Einrichtung einer automatischen Rückantwort bei Abwesenheit eines Mitarbeiters. Anderes, wie die Einrichtung eines Kontos, kann in Teilen automatisiert werden, erfordert aber eine Freigabe oder eine andere Bearbeitung durch einen Mitarbeiter.

30.9.3 Ticketsysteme

Die Tabellen 30.1 und 30.2 fassen die Eigenschaften mehrerer bekannter Fehlerticketsysteme zusammen. Tabelle 30.1 zeigt Open Source-, Tabelle 30.2 kommerzielle Systeme.

Name	Eingabe[a]	Sprache	BE[b]	URL
Mantis	WE	PHP	M	www.mantisbt.org
RT: Request Tracker	W	Perl	M	www.bestpractical.com
Scarab	W	Java	M	scrab.tigris.org
Double Choco Latte	W	PHP	PM	dcl.sourceforge.net
OTRS	WE	Perl	PMOD	www.otrs.org
JitterBug[c]	WE	C	F	www.samba.org/jitterbug
WREQ	WE	Perl	G	math.duke.edu/~yu/wreq

Tabelle 30.1: Open Souce-Fehlerticketsysteme

a) Eingabearten: W = Web, E = E-Mail
b) Back-End: M = MySQL, P = PostgreSQL, O = Oracle, D = DB2, F = Flatfiles, G = gdbm
c) Nicht mehr fortgeführt.

Wir mögen Mantis sehr. Ursprünglich wurde es entwickelt, um Fehler in der Software für ein Videospiel zu tracken. Es läuft unter Linux, Solaris, Windows, Mac OS und sogar OS/2, ist schlank, einfach, leicht zu ändern und an individuelle Bedürfnisse anzupassen und erfordert PHP, MySQL und einen Webserver. Aber das Wichtigste: Es ist gut dokumentiert!

Ein anderes gutes System ist OTRS (Open Ticket Request System). OTRS weist Webschnittstellen für Kunden wie Systemadministratoren sowie eine E-Mail-Schnittstelle auf. Es lässt sich in hohem Maße an individuelle Bedürfnisse anpassen (z. B. für einzelne Warteschlangen einzurichtende Begrüßungsmeldungen) und kann sogar die Bearbeitungszeit für ein Ticket protokollieren. Pakete für jede unserer Linux-Beispieldistributionen sind auf der OTRS-Webseite verfügbar.

30.9 Nachverfolgung von Anforderungen und Fehlerberichterstattung

RT: Request Tracker Version 3 hat vielfältige Leistungsmerkmale, darunter hochgradig konfigurierbare Webschnittstellen sowohl für Benutzer als auch für Systemadministratoren. Weil es unzählige Perl-Module verwendet, kann es etwas schwierig zu installieren sein. Auch das Kommandozeilenprogramm ist bestenfalls rudimentär. Manche Betriebe nutzen eine gepatchte Variante der Version 1 (siehe *ee.ethz.ch/tools*), die einige der ärgerlicheren Defizite von RT ausgleicht, ohne die Unübersichtlichkeit der neueren Versionen zu übernehmen.

Tabelle 30.2 zeigt einige der kommerziellen Alternativen für das Anforderungsmanagement. Da die Internetseiten für kommerzielle Angebote vorwiegend Marketingzwecken dienen, sind Details wie die Sprache der Implementierung und das Back-End nicht aufgeführt.

Name	Größenordnung	URL
Remedy (jetzt BMC)	Sehr groß	*www.bmc.com/remedy*
ServiceDesk	Sehr groß	*manageengine.adventnet.com*
HEAT	Mittelgroß	*www.frontrange.com*
Track-It!	Mittelgroß	*www.numaraSoftware.com*

Tabelle 30.2: Kommerzielle Fehlerticketsysteme

Einige der kommerziellen Angebote sind so komplex, dass ein oder zwei Mitarbeiter sich darum kümmern müssen, sie instandzuhalten, zu konfigurieren und in Betrieb zu halten (Remedy und ServiceDesk). Diese Systeme sind für einen Betrieb mit sehr vielen IT-Mitarbeitern geeignet, aber nur Verschwendung für die typischen kleinen, überarbeiteten IT-Abteilungen.

30.9.4 Ticketausgabe

In einem großen Betrieb, sogar einem mit einem beeindruckenden Ticketsystem, gilt es immer noch, ein weiteres Problem zu lösen. Es ist nicht effizient, wenn mehrere Mitarbeiter ihre Aufmerksamkeit zwischen der Aufgabe, an der sie gerade arbeiten, und der Anfragenwarteschlange teilen, insbesondere wenn Anfragen per E-Mail in den persönlichen Posteingängen landen. Wir haben bei diesem Problem mit zwei Lösungen experimentiert.

In unserem ersten Versuch wiesen wir die Mitglieder unseres Systemadministratorenteams der Betreuung der Fehlerwarteschlange in Halbtagsschichten zu. Der jeweils diensthabende Mitarbeiter versuchte, in seiner Schicht so viele eingehende Anfragen wie möglich zu beantworten. Das Problem bei diesem Vorgehen war, dass nicht jeder die Kenntnisse hatte, alle Fragen zu beantworten und alle Probleme zu beheben. Manchmal wurden Antworten der Sache nicht gerecht, weil ein neuer Mitarbeiter Schicht hatte, der mit den Kunden, deren Umgebung oder den spezifischen Supportverträgen nicht vertraut war. In der Folge mussten die erfahreneren Mitarbeiter auf alles ein Auge haben und waren daher nicht richtig in der Lage, sich auf ihre eigene Arbeit zu konzentrieren. Letztendlich verschlechterte sich die Dienstleistungsqualität und nichts war wirklich gewonnen.

Nach dieser Erfahrung schufen wir die Funktion eines »Disponenten«, in der sich einige erfahrenere Administratoren monatlich abwechselten. Der Disponent ist dafür verantwortlich, das Ticketsystem auf neue Einträge hin zu prüfen und die Aufgaben gezielt an einzelne Mitarbeiter zu vergeben. Falls erforderlich, kontaktiert der Disponent Benutzer, um zusätzliche Informationen zu erhalten, die er für das Setzen von Prioritäten bei den Anfragen braucht. Der Disponent verwendet eine hauseigene Datenbank über die Mitarbeiter und deren Kenntnisse, um zu entscheiden, wer aus dem Supportteam die geeigneten Fertigkeiten und ausreichend Zeit hat. Er stellt auch sicher, dass Anfragen zeitgerecht geklärt werden.

30.10 Notfallwiederherstellung

Ihr Unternehmen ist auf eine funktionierende IT-Umgebung angewiesen. Sie sind nicht nur für alltägliche Aufgaben verantwortlich, sondern müssen auch Konzepte für den Umgang mit jedem vernünftigerweise vorhersehbaren Eventualfall zur Hand haben. Die Vorbereitung auf derartige Probleme großen Umfangs beeinflusst sowohl Ihre Gesamtstrategie als auch die Art, wie Sie tägliche Vorgänge definieren.

In diesem Abschnitt untersuchen wir verschiedene Arten von Katastrophen, die Daten, die Sie brauchen, um sich wieder davon zu erholen, und die wesentlichen Elemente eines Notfallplans.

Wir schlagen vor, dass Sie eine explizite schriftliche Aufstellung der möglichen Notfälle machen, vor denen Sie sich schützen wollen. Notfälle sind nicht alle gleich, daher brauchen Sie vielleicht mehrere verschiedene Pläne, um die ganze Breite der Möglichkeiten abzudecken. Berücksichtigen Sie folgende Gefahren:

- Sicherheitseinbrüche: Bis zum Jahr 2000 entstanden rund 60% davon innerhalb des eigenen Unternehmens. 2001 hatte allein die Anzahl externer Angriffe diesen Prozentsatz auf eher 30% abgesenkt. Im Jahr 2005 stiegen die intern gestarteten Angriffe wieder auf 47%.[6]

- Umgebungsprobleme: Stromspitzen und -ausfälle, Ausfälle der Kühlung, Überschwemmungen, Orkane, Erdbeben, Meteoriteneinschläge, Angriffe von Terroristen – oder Marsmenschen.

- Menschliches Versagen: gelöschte oder beschädigte Dateien und Datenbanken, abhanden gekommene Konfigurationsinformationen.

- Spontanes Hardwareversagen: ausgefallene Server, durchgeschmorte Festplatten, Netzwerke außer Funktion.

---

6 *Diese Daten stammen vom FBI und dem Computer Safety Institute.*

Fragen Sie sich selbst: Welchen Nutzen ziehen meine Benutzer aus der IT-Umgebung? Was ist davon am wichtigsten? Was gefährdet diesen Nutzen? Wie können wir uns vor diesen Gefahren schützen? Das Problem richtig zu definieren, ist keine belanglose Aufgabe, und es ist von entscheidender Bedeutung, dass sich Ihr gesamtes Unternehmen daran beteiligt, nicht nur die Abteilung Systemadministration.

30.10.1 Backups und Offline-Informationen

Aus offensichtlichen Gründen sind Datensicherungen ein wesentlicher Teil der Notfallplanung, der ausführlich in Kapitel 9 behandelt wird. Aber das Anlegen verlässlicher externer Backups ist noch lange nicht das Ende der Geschichte. Wie schnell können Sie auf diese Sicherungen zugreifen? Wie bringen Sie Ersatzhardware, notwendiges Personal und Sicherungsdaten zusammen, um einen ausgefallenen Server zu ersetzen?

Wir sind daran gewöhnt, das Netzwerk zur Kommunikation und zum Zugriff auf Dokumente zu verwenden. Diese Einrichtungen können aber nach einem Zwischenfall unerreichbar oder beeinträchtigt sein. Bewahren Sie alle relevanten Kontakte und Verfahren offline auf. Sie sollten wissen, wo Sie an kürzlich erstellte Sicherungsbänder kommen und welchen restore-Befehl Sie verwenden müssen, ohne /etc/dumpdates aufrufen zu müssen.

In allen Notfallsituationen werden Sie sowohl online als auch offline Zugriff auf Kopien von unentbehrlichen Informationen benötigen. Die Online-Kopien sollten, falls möglich, auf einem autarken Rechner aufbewahrt werden. Dieser weist ein reichhaltiges Angebot an Werkzeugen auf, hat die grundlegenden Umgebungen der Systemadministratoren, nutzt seinen eigenen Namensserver, verfügt über eine vollständige lokale /etc/hosts-Datei, ist nicht abhängig von gemeinsamem Dateizugriff, verfügt über einen eigenen Drucker usw. Verwenden Sie bloß keinen Schrottrechner, der zu nichts anderem mehr tauglich ist; der Rechner für die Notfallwiederherstellung sollte schnell sein und viel Speicher- und Scratch-Festplattenplatz haben, den Sie während der Wiederherstellung für Rückspeicherungen und Vergleiche nutzen können. Der Computer benötigt eine vollständige Entwicklungsumgebung, sodass er beeinträchtigte Software patchen und neu kompilieren kann. Es hilft, wenn der Rechner auch Schnittstellen für sämtliche Arten von Plattenlaufwerken hat, die in Ihrem Betrieb verwendet werden (IDE, SATA, SCSI, FC-AL usw.).

Folgende hilfreiche Daten sollten auf dem Reserverechner und ausgedruckt vorgehalten werden:

- Abriss des Notfallverfahrens: zu benachrichtigende Personen, Zeitpunkt und Inhalt der Benachrichtigung
- Telefonnummern und Kundennummern zum Wartungsvertrag
- Wichtigste lokale Telefonnummern: Mitarbeiter, Polizei, Feuerwehr, Vorgesetzter, Agentur für Arbeit

- Daten zu Hardware- und Softwarekonfigurationen: Version des Betriebssystems, Patches, Partitionstabellen, PC-Hardwareeinstellungen, IRQs, DMAs und Ähnliches[7]
- Sicherungsbänder und der Sicherungszeitplan, nach dem sie angelegt werden
- Netzwerkpläne
- Seriennummern der Software, Lizenzdaten und Passwörter
- Kontaktinformationen des Anbieters für die Dinge, die Sie unverzüglich benötigen

30.10.2 Verantwortliche für den Notfall

Entscheiden Sie im Voraus, wer die Verantwortung im Falle eines Notfalls tragen soll. Erstellen Sie eine Befehlskette und bewahren Sie die Namen und Telefonnummern der wichtigsten Mitarbeiter offline auf. Es kann sein, dass der Mitarbeiter, dem man am besten die Verantwortung überträgt, ein Systemadministrator von der vordersten Front ist und nicht der IT-Leiter (der im Allgemeinen für diese Rolle kaum taugt).

Der Verantwortliche muss jemand sein, der die Autorität und Entschlossenheit hat, harte Entscheidungen auf der Grundlage von minimalen Informationen zu treffen (z. B. die Entscheidung, eine ganze Abteilung vom Netzwerk abzutrennen). Die Fähigkeit, solche Entscheidungen zu treffen, sie in vernünftiger Weise zu vermitteln und die Mitarbeiter aus der Krise zu führen, sind wahrscheinlich wichtiger als theoretische Einsichten in das System- und Netzwerkmanagement. Wir bewahren eine kleine laminierte Karte mit miskroskopisch klein gedruckten wichtigen Namen und Telefonnummern auf. Sehr praktisch – und passt in Ihre Brieftasche.

Eine wichtige, aber manchmal nicht ausgesprochene Annahme, die die meisten Notfallpläne unterstellen, ist die, dass die Mitarbeiter aus der Systemadministration verfügbar sein werden, um die Situation zu retten. Leider werden Menschen krank, beenden ihr Studium, gehen in Urlaub oder wechseln die Stelle. Unter Stress können sie auch feindselig reagieren. Es ist eine Überlegung wert, was Sie tun würden, wenn Sie zusätzliche Hilfe im Notfall benötigten. (Nicht genügend Systemadministratoren zur Verfügung zu haben, kann manchmal einen Notfall für sich darstellen, wenn Sie anfällige Systeme oder wenig erfahrene Benutzer haben.)

Sie können versuchen, eine Art NATO-Pakt mit einer Unternehmensberatung oder einer Universität vor Ort zu schließen, deren Talent im Bereich Systemadministration Sie gerne mit nutzen würden. Natürlich müssen Sie bereit sein, ebenfalls einzuspringen, wenn Ihre Kumpels ein Problem haben. Was am wichtigsten ist: Arbeiten Sie im Alltag nicht hart am Limit. Stellen Sie genügend Systemadministratoren ein und erwarten Sie von ihnen nicht zwölf Stunden Arbeit täglich.

---

7 Netzwerkanwendungen können viele dieser Daten automatisch zusammenstellen. Zwei in Betracht zu ziehende Anwärter sind H-Inventory (sourceforge.net/Projekte/h-inventory) und LANsurveyor (www.neon.com).

30.10.3 Strom und Klimaanlagen

Testen Sie Ihren Notfallwiederherstellungsplan, bevor Sie auf ihn zurückgreifen müssen. Testen Sie Ihre Generatoren und Ihre unterbrechungsfreie Stromversorgung (USV) regelmäßig einmal im Monat oder im Quartal, je nachdem, wie viel Risiko Ihr Management zu übernehmen bereit ist. Überprüfen Sie, dass alles, was Ihnen am Herzen liegt, an eine USV angeschlossen ist, dass die Batterien dafür in Ordnung sind und dass der Mechanismus für die Ausfallsicherung funktioniert. Um eine einzelne USV zu prüfen, ziehen Sie einfach den Stecker heraus. Um sicherzustellen, dass entscheidende Ausrüstungsgegenstände korrekt an die USV angeschlossen sind, müssen Sie unter Umständen die Sicherung betätigen. Sie sollten die Abhängigkeiten und Schwachstellen Ihrer Stromversorgung kennen.

Auch jede USV benötigt Wartung. Diese Tätigkeit liegt wahrscheinlich außerhalb Ihres Aufgabenbereichs als Systemadministrator, aber Sie sind verantwortlich dafür, ihre Ausführung sicherzustellen.

Die meisten Störungen in der Stromzufuhr sind von kurzer Dauer, aber planen Sie zwei Stunden Batterielaufzeit ein, damit Sie Zeit haben, die Rechner im Falle eines längeren Ausfalls ordnungsgemäß herunterzufahren. Manche USV haben einen seriellen Anschluss oder eine Ethernet-Schnittstelle, die Sie benutzen können, um das Herunterfahren unkritischer Rechner nach (beispielsweise) fünf Minuten Stromausfall auszulösen.

Nutzen Sie Stromausfälle, um alle innerhalb von fünf Minuten möglichen Aktualisierungen vorzunehmen, die Sie bereits getestet, aber noch nicht verteilt haben. Die Rechner laufen sowieso nicht, also überraschen Unannehmlichkeiten niemanden. In manchen Unternehmen sind fünf zusätzliche Minuten Stromausfall leichter zu verkraften als mit einer Woche Vorlauf angekündigte planmäßige Ausfallzeiten. Wenn Sie alte Rechner im Verdacht haben, nicht mehr benutzt zu werden, lassen Sie sie ausgeschaltet, bis sich jemand beschwert. Es kann Wochen dauern, bis der »fehlende« Computer bemerkt wird – wenn überhaupt.

Kühlsysteme haben oft ein Benachrichtigungssystem, das Sie bei hoher Temperatur rufen kann. Stellen Sie den alarmauslösenden Wert so ein, dass Sie nach Benachrichtung durch das System Zeit für die Anfahrt haben, ohne dass die Geräte schon schmoren. Wir setzen den Wert auf 24 statt 32 Grad Celsius, da wir aus den Bergen 45 Minuten Anfahrt haben (im Sommer, im Winter nicht abzuschätzen). Bewahren Sie eine Reihe mechanischer oder batteriebetriebener Thermometer im Rechnerraum auf – auf Strom verzichten müssen bedeutet, dass Sie auch auf alle raffinierten elektronischen Messgeräte verzichten müssen, die Ihnen normalerweise die Temperatur anzeigen.

Tipp

In Abschnitt 23.4 finden Sie mehr Informationen zu Umgebungsproblemen.

Kürzlich baute ein großes staatliches Entwicklungsunternehmen in den Vereinigten Staaten ein neues hochmodernes Rechenzentrum mit einem Linux-Alphacluster aus 256 Knoten, auf dem große wissenschaftliche Modelle laufen sollten. Alles war an eine USV angeschlossen, und alle Anlagen entsprachen dem Stand der Technik. Leider legte ein kleiner Stromausfall das Zentrum vier Stunden lang lahm. Warum? Der PC, der die Heizungs- und Lüftungstechnik steuerte (Klimaanlage), hing nicht an der USV. Er fiel aus und brachte das Lüftungssystem komplett durcheinander. Seien Sie also sorgfältig beim Testen.

Wenn Sie Teile Ihrer Ausrüstung auslagern, bitten Sie darum, die Notstromanlagen an diesem Ort sehen zu dürfen, bevor Sie einen Vertrag unterzeichnen. Überprüfen Sie, dass der Stromgenerator funktioniert und regelmäßig getestet wird. Bitten Sie darum, beim nächsten Generatorentest anwesend sein zu dürfen; gleichgültig, ob Sie nun wirklich einem Test beiwohnen oder nicht, dürfte Ihnen das nützliche Informationen verschaffen.

30.10.4 Netzwerkredundanz

Internetdienstanbieter werden gelegentlich im Zuge einer Fusion geschluckt. Solche Fusionen haben vielen Unternehmen ihre sorgfältig durchdachten Pläne zur Pflege redundanter Internetverbindungen zerstört. Nach einer Fusion legt ein Internetdienstanbieter oft Leitungen zusammen, die vormals voneinander unabhängigen Unternehmen gehörten. Kunden, die vorher eigenständige Anbindungen hatten, kann es dann passieren, dass beide Verbindungen durch nur einen Kabelkanal verlaufen. Damit wären sie wieder gnadenlos der Situation ausgeliefert, dass ein einzelner Bagger ihre Anbindung durchtrennen kann.

Internetdienstanbieter sind auch dafür bekannt, mit »redundanten Leistungen« oder »Sicherungsverbindungen« von zweifelhafter Qualität zu werben. Bei näherer Betrachtung finden Sie vielleicht heraus, dass es in der Tat zwei Kabel gibt, beide aber im gleichen Kabelkanal geführt werden, oder dass die Sicherungsverbindung durch eine bereits ausgelastete ATM-Wolke führt. Prüfen Sie jedes Jahr Ihre Internetdienstanbieter, um sicherzustellen, dass sie immer noch über echte Redundanz verfügen.

30.10.5 Sicherheitszwischenfälle

Systemsicherheit behandeln wir ausführlich in Kapitel 20. Es ist aber wichtig, sie auch an dieser Stelle anzusprechen, weil Sicherheitsüberlegungen auf die überwiegende Mehrheit administrativer Aufgaben Einfluss haben. Es gibt keinen Aspekt in der Managementstrategie Ihres Betriebs, der ohne Berücksichtigung der Sicherheit entworfen werden kann. Kapitel 20 konzentriert sich vorwiegend auf Möglichkeiten, Sicherheitszwischenfälle zu verhindern. Überlegungen, wie Sie sich von einem Zwischenfall in puncto Sicherheit erholen können, sind aber ein ebenso wichtiger Teil der Sicherheitsplanung.

Wenn Ihre Webseite Opfer von URL-Hijacking wird, ist das eine besonders peinliche Art des Einbruchs. Für den Systemadministrator eines Webhosting-Unternehmens kann das ein katastrophales Ereignis sein, insbesondere, wenn die betroffene Site Kreditkartendaten verarbeitet. Anrufe strömen herein, von Kunden, von den Medien und von den hohen Tieren innerhalb des Unternehmens, die diesen Angriff gerade in den Nachrichten gesehen haben. Wer nimmt diese Anrufe entgegen? Was soll diese Person sagen? Wer ist verantwortlich? Welche Rolle spielt jeder Einzelne? Wenn Sie in einem Gewerbe tätig sind, das im Licht der Öffentlichkeit steht, lohnt es sich definitiv, diese Art Szenario zu durchdenken, einige im Voraus ersonnene Antworten parat zu haben und vielleicht sogar die Details in einer zur Übung abgehaltenen Versammlung zu erarbeiten.

Sites, die Kreditkartendaten annehmen, haben nach einem Hijacking bestimmte rechtliche Anforderungen zu bewältigen. Stellen Sie sicher, dass die Rechtsabteilung Ihres Unternehmens in die Planung für Sicherheitszwischenfälle eingebunden ist, und dass Sie die Namen der betreffenden Kontaktpersonen und die Telefonnummern haben, die in Krisenzeiten anzurufen sind.

Der gleiche Effekt, der den Verkehr auf Autobahnen verlangsamt, weil Schaulustige Blicke auf einen Unfall am Straßenrand werfen, tritt ein, wenn CNN oder Slashdot erklärt, dass Ihre Website nicht läuft. Ihr Internetverkehr steigt enorm an, oft bis hin zu dem Punkt, dass was immer Sie gerade repariert hatten, wieder ausfällt. Wenn Ihre Website nicht für einen Anstieg der Zugriffe um mindestens 25% ausgelegt ist, sollten Sie in Betracht ziehen, das Mehr an Verbindungen von Ihrem Gerät zur Lastverteilung an einen Server weiterleiten zu lassen, der eine Seite mit der folgenden einfachen Aussage zeigt: »Leider können wir Ihre Anfrage zurzeit wegen Überlastung nicht bearbeiten.«

30.10.6 Lehren aus den Angriffen auf das World Trade Center

Im Zusammenhang mit dem Angriff auf das World Trade Center in New York am 11. September 2001 haben wir einige lehrreiche Geschichten gehört. Leider erhielten die Systemadministratoren, deren Geschichten es sind, von ihrer Geschäftsleitung nicht die Erlaubnis zur Weitergabe. Statt es dabei zu belassen, geben wir hier einige Geschichten von ungeklärtem Wahrheitsgehalt aus zweiter und dritter Hand wieder. Sie stellen sicher nicht das letzte Wort zum Katastrophenmanagement dar, sind aber trotzdem interessant.

Ein Internetdienstanbieter leitete alle Aufrufe und sämtlichen Netzwerkverkehr durch eine Anlage, die sich in einem der kleineren Gebäude im Komplex des World Trade Centers befand. Dieses Gebäude überstand den Angriff, und die Anlage setzte ihren Betrieb mit Strom aus Notfallgeneratoren fort, hatte allerdings Probleme, die Hitze abzubauen, nachdem die Klimatisierung des Gebäudes ausgefallen war. Die Mitarbeiter des Unternehmens waren leider nicht in der Lage, das Grundstück zu betreten, um die Kraftstofftanks des Stromgenerators nachzufüllen. Fazit: Stellen Sie sicher, dass Sie für den Fall fortdauernder Notfallsituationen über Kapazitäten zur Stromerzeugung für mindestens einige Tage verfügen.

Ein anderes Unternehmen, das seine Räumlichkeiten in einem der Türme des World Trade Centers hatte, hatte seine Anlage zur Notfallwiederherstellung vormals in dem anderen Turm unterhalten. Zum Glück hatte das Unternehmen aber vor dem Angriff seine Definition des Begriffs »ausgelagert« überdacht. Ein drittes Unternehmen war in der Lage, sich zu erholen, weil seine kritischen Daten sämtlich auf mehreren Geräten an mehreren Orten repliziert worden waren, wobei sie über Fibre Channel synchron gespiegelt wurden. Dieses Unternehmen verlor jedoch eine große Menge seiner Akten und Papiere – nicht alles war in Dateien gespeichert.

Ein Finanzinstitut mit Sitz in den Türmen vergab die Archivierung seiner ausgelagerten Sicherungen an einen externen Dienstleister. Das Unternehmen wusste aber nicht, dass sich dessen Lager auch in einem der Türme befand. Es kann wichtig sein, zu wissen, wo Ihre ausgelagerten Materialien aufbewahrt werden.

Die Website von CNN erlebte am 11. September ein Verkehrsaufkommen, das nicht mehr messbar war. Das New Yorker Telefonsystem war überlastet, und Fernsehsender, die von Antennen auf dem World Trade Center aus gesendet hatten, wurden außer Gefecht gesetzt. Jeder wandte sich dem Internet zu und tippte *cnn.com* ein. Zunächst war der Betreiber von der Belastung überwältigt. Nachdem CNN eine Zeit lang versucht hatte, die Lage durch Wechsel zwischen verschiedenen Servern zu bewältigen, verringerte der Sender schließlich den Umfang seiner Homepage auf ein einziges Bild und reinen Text ohne Links. Nach ein paar Stunden lief die Internetseite wieder und hatte die Belastung im Griff.

Die Erfahrung dieser massiven Spitze im Internetverkehr führte zu strategischen Änderungen bei CNN bezüglich der Fragen, wann der Umfang der Homepage verringert werden kann und wer über einen derartigen Eingriff entscheiden kann. Die Macht und die Verantwortung wanderte in der Managementhierarchie abwärts, hin zu den Reihen der Systemadministratoren.

30.11 Schriftliche Richtlinien

Während wir für dieses Kapitel recherchierten, sprachen wir mit hohen Tieren aus der Welt der Systemadministration, der Computersicherheit, der Normung und des Computerrechts. Wir waren überrascht, dass sie alle »unterschriebene schriftliche Richtlinien« als unerlässlich für eine gesunde Organisation anführten.

30.11 Schriftliche Richtlinien

Es sollte mehrere verschiedene schriftliche Richtlinien geben:

- Richtlinien zum Administrationsservice
- Rechte und Pflichten der Benutzer
- Richtlinien zu Systemadministratoren (Benutzer mit besonderen Privilegien)
- Richtlinien zu Benutzerkonten für Gäste

Verfahren in der Form von Checklisten oder Rezepten können dazu verwandt werden, die gängige Praxis festzuschreiben. Sie sind sowohl für neue Systemadministratoren als auch für erfahrene Kräfte nützlich. Noch besser sind Verfahren in der Form ausführbarer Skripte. Einheitliche Verfahren haben mehrere Vorteile:

- Die Aufgaben werden immer gleich ausgeführt.
- Checklisten verringern die Wahrscheinlichkeit von Fehlern oder aus Versehen ausgelassenen Schritten.
- Es ist für den Systemadministrator schneller, nach einem Rezept zu arbeiten.
- Die Änderungen sind schon dokumentiert.
- Schriftliche Verfahren bieten einen messbaren Maßstab für Fehlerfreiheit.

Heute ersetzt Linux die großen Mainframes der Vergangenheit und erfüllt in der Geschäftswelt Funktionen von zentraler Bedeutung. In großen Firmen dienen Checklisten für gewöhnliche Aufgaben als Dokumentation. Sie existieren im Normalfall online und gleichzeitig als gedruckte Handbücher. Die Systemadministratoren, die diese Bücher schreiben und pflegen, befinden sich oft nicht auf der gleichen Ebene wie das Team im Support, das sie anwendet, aber eine solche Gliederung und Normierung zahlen sich langfristig aus.

Für folgende häufige Aufgaben sollten Sie Verfahren aufstellen:

- Einen Host hinzufügen
- Einen Benutzer hinzufügen
- Einen Rechner an lokale Gegebenheiten anpassen
- Sicherungen für einen neuen Rechner einrichten
- Einen neuen Rechner beschaffen
- Ein kompliziertes Softwareprogramm wieder in Gang setzen
- Eine Website wiederbeleben, die nicht antwortet oder keine Daten liefert
- Einen Papierstau beheben und einen Drucker neu starten
- Das Betriebssystem aktualisieren
- Softwarepatches einspielen
- Ein Softwarepaket installieren

- Software aus dem Netz installieren
- Kritische Software aktualisieren (`sendmail`, `gcc`, `named` usw.)
- Dateien sichern und wiederherstellen
- Sicherungsbänder löschen
- Notfallabschaltungen ausführen (alle Hosts, alle außer den wichtigen Hosts usw.)

Viele Angelegenheiten befinden sich genau in der Mitte zwischen Strategie und Verfahren. Beispiele:

- Wer kann ein Benutzerkonto haben?
- Was passiert beim Austritt von Mitarbeitern?

Die Entscheidungen zu solchen Fragen müssen schriftlich fixiert werden, damit Sie konsistent bleiben können und es vermeiden, dem wohlbekannten Kindertrick zum Opfer zu fallen: »Mami hat nein gesagt, also fragen wir Papi!« Oft fällt der »Wenn«-Teil unter Strategie und der »Wie«-Teil unter Verfahren.

Manche strategischen Entscheidungen diktiert die Software, die Sie nutzen, oder die Geschäftspolitik Dritter, wie zum Beispiel externer Lieferanten/Provider. Einige Strategien sind zwingend, wenn der Schutz der Daten Ihrer Benutzer gewährleistet werden soll. Diese Angelegenheiten nennen wir »nicht verhandelbare Richtlinien«.

Wir glauben insbesondere, dass IP-Adressen, Hostnamen, Benutzerkennungen, Gruppenkennungen und Benutzernamen sämtlich betriebsweit zu regeln sind. Manche Betriebe (zum Beispiel multinationale Großkonzerne) sind natürlich zu groß, um diese Strategie umzusetzen, aber wenn Sie sie in Schwung halten können, vereinfacht eine betriebsweite Regelung die Dinge sehr. Wir kennen ein Unternehmen, das betriebsweites Management für 35.000 Benutzer und 100.000 Rechner durchsetzt. Die Schwelle, ab der ein Unternehmen für ein betriebsweites Management zu groß wird, muss daher recht hoch sein.

Andere wichtige Problemkreise können über den Wirkungsbereich Ihres lokalen Systemadministratorenteams hinausgehen:

- Umgang mit Sicherheitseinbrüchen
- Kontrollen für Dateisystemexporte
- Kriterien für die Wahl des Passworts
- Begründete Löschung von Logins
- Urheberrechtlich geschütztes Material (z. B. MP3-Dateien und DVDs)
- Raubkopieren von Software

Die Pflege guter Kommunikationskanäle zwischen Administrationsabteilungen in einem großen Unternehmen kann Probleme verhindern und hilft, Vertrauen und Zusammenarbeit zu entwickeln. Ziehen Sie in Betracht, eine Party zu schmeißen, um die Kommunikation in Gang zu bringen. Manche Systemadministrationsabteilungen verwenden ein IRC-ähnliches MUD (Multi-User Dungeon) oder MOO (Multi-User Dungeon Object Oriented) oder ein anderes Chat-System als Träger der Kommunikation. Es kann leicht in Geschwätz ausarten, aber bei vernünftigem Gebrauch kann es Ihr Unternehmen ruhiger laufen lassen, insbesondere, wenn manche Mitarbeiter extern oder von zu Hause aus arbeiten. Chats können ausspioniert werden, also seien Sie vorsichtig und senden Sie keine sensiblen Informationen über Ihr Netzwerk und Ihr Unternehmen über das Netzwerk eines Dritten.

30.11.1 Sicherheitsrichtlinien

Was wollen Sie schützen? Ihre Daten? Ihre Hardware? Ihre Fähigkeit, sich nach einer Katastrophe schnell zu erholen? Sie müssen mehrere Kompromisse abwägen, wenn Sie Sicherheitsrichtlinien für Ihren Betrieb gestalten:

- Angebotene Dienste kontra gewährleistete Sicherheit (mehr Dienste = weniger Sicherheit)
- Leichte Nutzung und Benutzerkomfort kontra Sicherheit (Sicherheit = 1/Komfort)
- Kosten für Sicherheit kontra Risiko (Kosten) von Verlusten

RFC 2196, das *Site Security Handbook*, ist ein 75-seitiges Dokument, das eine Untergruppe der IETF (Internet Engineering Task Force) 1997 geschrieben hat. Es gibt Systemadministratoren Tipps zu verschiedenen Sicherheitsproblemen, Benutzerrichtlinien und Verfahrensweisen. Zwar enthält es kein Rezept zur Absicherung einer Internetseite, aber durchaus wertvolle Informationen. Die letzten 15 Seiten sind eine wunderbare Sammlung von Quellen, teils im Internet, teils offline veröffentlicht.

RFC 2196 schlägt vor, dass Ihre Richtlinien die folgenden Punkte enthalten sollten:

- *Richtlinien zum Einkauf von Hardware und Software*. Es kann ein großer Gewinn sein, Systemadministratoren in den Einkaufsprozess einzubinden, weil sie bei Hardware oft die Macken und bei Software die Grenzen und Probleme im Support kennen, die die Marketingabteilungen der Anbieter nicht an die große Glocke hängen.
- *Richtlinien zum Datenschutz*, die Vorgaben an die Überwachung des E-Mail-Verkehrs und von Tastenanschlägen der Benutzer stellen und Vorgaben zum Umgang mit Benutzerdateien machen.
- *Richtlinien zum Zugriff*: wer Zugriff haben kann, was er mit seinem Zugriff machen kann, welche Hardware und Software er installieren kann usw. Dieses Dokument sollte die gleichen Warnungen zu befugter Benutzung und der Überwachung von Verbindungen enthalten wie die Richtlinien zum Datenschutz.
- *Richtlinien zur Haftung*, die die Verantwortlichkeiten von Benutzern wie von Systemadministratoren verdeutlicht. Diese Richtlinien sollten ausdrücklich festlegen, wer Netzwerkverkehr ausschnüffeln, E-Mails der Benutzer lesen und andere ähnlich sensible Bereiche erkunden darf. Sie sollten auch die Umstände umreißen, in denen solche Recherchen stattfinden könnten.

- *Richtlinien zur Authentifizierung*, die Rahmenbedingungen für Passwörter und Fernzugriff setzen.

- *Richtlinien zur Verfügbarkeit*, die beschreiben, wann unterstellt wird, dass das System läuft, planmäßige Wartungszeiten aufführen, Anweisungen zur Meldung von Problemen geben und Anforderungen bezüglich Antwortzeiten stellen.

- *Richtlinien zur Wartung*, die Regeln zur Fremdvergabe enthalten und Verfahren für die Gewährung des Zugriffs durch externes Instandhaltungspersonal auflisten

Was offensichtlich in der Auflistung von RFC 2196 fehlt, sind Richtlinien zur Autorisierung, die festlegen, wer neue Konten und erweiterte Rechte autorisieren kann. Das ursprüngliche *Site Security Handbook*, RFC 1244, enthielt Listen konkreter Problemkreise, statt Arten von Richtlinien, was aus der Sicht eines Systemadministrators auch etwas nützlicher sein dürfte. Der neuere RFC enthält Empfehlungen für jede Art Dienst, die ein Rechner ausführen könnte, und beschreibt die Probleme der Dienste und potenzielle Lösungen.

ISO 117999 ist eine aktuellere Quelle und erfreut sich weiter Verbreitung in der Branche. COBIT ist eine andere beliebte Norm (und eine, die mehr als nur das Thema Sicherheit abdeckt).

Welche Sicherheitsrichtlinien Sie auch immer anwenden, sie müssen explizit sein, schriftlich fixiert, verstanden und von allen Benutzern und Systemadministratoren unterschrieben werden. Die Durchsetzung muss konsistent sein, sogar wenn die Benutzer Kunden sind, die für Computerdienstleistungen zahlen. Wird es unterlassen, die Richtlinien einheitlich anzuwenden, schwächt dies ihre rechtliche Gültigkeit ebenso wie ihre wahrgenommene.

30.11.2 Benutzerrichtlinien

Benutzerrichtlinien werden am Fachbereich Informatik der Universität von Colorado ausgehändigt, indem eine Begrüßungs-Shell sie ausdruckt. Die Benutzer werden aufgefordert, ihnen zuzustimmen und sie »abzuzeichnen«, bevor sie eine normale Shell bekommen und ihre Konten nutzen können. Dieses Vorgehen spart Zeit und Ärger, aber besprechen Sie das mit Ihren eigenen Juristen, bevor Sie es in Ihrem Betrieb übernehmen.

Folgende konkrete Problemkreise sollten in Benutzerrichtlinien angesprochen werden:

- Gemeinsame Benutzung von Konten unter Freunden und Verwandten (wir empfehlen: niemals)

- Ausführen von Programmen zum Knacken von Passwörtern im lokalen System

- Ausführen von Programmen zum Knacken von Passwörtern anderer Standorte.

- Unterbrechen des Dienstes

30.11 Schriftliche Richtlinien

- Unbefugter Zugriff auf andere Konten
- Missbräuchliche Verwendung oder Fälschung von E-Mails
- Allgemeine Verwendung von E-Mail und elektronischen Medien
- Öffnen der Dateien anderer Benutzer (falls lesbar? beschreibbar? auf Einladung?)
- Import von Software aus dem Internet (nie? immer? wenn der Benutzer sie überprüft?)
- Vorgeschriebene Verwendung einer Firewall und von Antivirus-Software auf Windows-Hosts
- Benutzung von Systemressourcen (Drucker, Speicherplatz, Modems, Prozessor)
- Kopieren von urheberrechtlich geschütztem Material (Software, Musik, Filme usw.)
- Anderen ermöglichen, urheberrechtlich geschütztes Material zu kopieren
- Nutzen von Ressourcen zu privaten oder kommerziellen Zwecken
- Ausübung illegaler Aktivitäten (Betrug, Verleumdung usw.)
- Ausübung von Aktivitäten, die mancherorts legal sind, anderenorts aber nicht (z. B. Pornografie, politische Aktivität)

Sie sollten sich aber vergegenwärtigen, dass auch die Anerkennung von Richtlinien niemanden davon abhalten kann, sie zu verletzen. Sie können sie als eine Waffe benutzen, um dem Missetäter damit einen Schlag auf den Kopf zu verpassen, können sein Konto schließen lassen, ihn entlassen oder exmatrikulieren oder was immer in Ihrer Situation geeignet scheint.

Das folgende Beispiel zeigt kurze und einfache Richtlinien, die der Fachbereich für Informatik an der Universität von Melbourne seine Studenten unterschreiben lässt, damit sie die Computer der Universität benutzen können:

»Ich, der/die Unterzeichnende, erkläre hiermit, dass ich den nachstehenden Regeln Folge leisten werde:

- Ich werde die Computer- und Netzwerkanlagen des Fachbereichs nur zu akademischen Zwecken nutzen, die sich direkt auf mein Studium von Lehrfächern im Bereich Informatik beziehen.
- Ich erkenne an, dass der Fachbereich Rechnerkonten zur ausschließlichen Nutzung durch den Bezieher gewährt. Aus diesem Grund werde ich anderen Personen die Nutzung meines Kontos und meiner Dateien nicht gestatten bzw. ermöglichen. Genauso wenig werde ich anderen Personen mein Passwort offenbaren.
- Ich werde auf keinen Computer, kein Computerkonto, kein Netzwerk und keine Dateien ohne ordnungsgemäße und ausdrückliche Autorisierung zugreifen oder zuzugreifen versuchen. Ein derartiger Zugriff ist gemäß den Gesetzen illegal und

widerspricht den Vorschriften der Universität. Ich werde das Sekretariat des Informatik-Fachbereichs sofort benachrichtigen, sollte ich Kenntnis von einem derartigen Zugriff erlangen.

- Ich erkenne an, dass manche Software und Daten in Dateisystemen, auf die ich zugreifen kann, durch das Urheberrecht und andere Gesetze sowie durch Lizenzen und andere vertragliche Vereinbarungen geschützt sind; aus diesem Grund werde ich nicht gegen diese Auflagen verstoßen.

- Ich werde die universitären Einrichtungen nicht dazu nutzen, Raubkopien von Software zu beziehen, zu erstellen, zu verwenden oder zu verbreiten.

- Ich verpflichte mich, Stillschweigen über jegliche Offenbarung der Universität mir gegenüber zu Software und den darin genutzten Methoden und Konzepten zu bewahren, zu deren Nutzung die Universität auf ihren Computern lizenziert ist, und werde die Universität für Ansprüche jeglicher Art entschädigen, die von meinen dieser Verpflichtung widersprechenden Enthüllungen zu der genannten Software anderen gegenüber entstehen.

- Ich verpflichte mich, in Bezug auf meine Nutzung der Computer- und Netzwerkanlagen des Fachbereichs das höchste Maß an Rechtschaffenheit und persönlicher Integrität einzuhalten. Ich sichere darüber hinaus zu, dass ich mich in Bezug auf meine Nutzung der Computer- und Netzwerkanlagen des Fachbereichs aller Tätigkeiten enthalten werde, die den Fachbereich oder die Universität in Misskredit bringen könnten.

Ich bin darüber im Bilde, dass ich der (im Studienhandbuch dargelegten) Anordnung 8.1.R7 der Universität von Melbourne unterliege, die meine Nutzung der Computer- und Netzwerkanlagen der Universität ebenfalls regelt und bestimmt.

Ich erkenne an, dass jedwede Verletzung eines der oben angeführten Grundsätze schwere Strafmaßnahmen nach sich ziehen wird, einschließlich des Nichtbestehens in einer Studienarbeit oder einem Lehrfach, der Aussetzung oder Aufhebung des Zugangs zu den Computeranlagen der Universität, der Beurlaubung oder den Ausschluss von der Universität, der Auferlegung von Geldbußen und/oder gerichtlichen Schritte gemäß dem Gesetz zur Computerkriminalität[8] von 1988.«

Legen Sie besonderes Augenmerk auf die listige Wortwahl zu Rechtschaffenheit, persönlicher Integrität und der Unterlassung von Tätigkeiten, die die Universität in Misskredit bringen könnten. Vage Anforderungen wie diese dienen dazu, Handlungsspielraum für die Zukunft zu lassen und besondere Fälle abzudecken, die aus Unachtsamkeit in den Richtlinien ausgelassen wurden. Auch wenn solche Anforderungen rechtlich wahrscheinlich kaum Gewicht haben dürften, kann es ratsam sein, sie in Ihre Benutzerrichtlinien aufzunehmen.

---

8 Vergessen Sie nicht, dass das ein australisches Gesetz ist, wobei jedoch Gesetze mit Computer- und Softwarebezug auch in der EU verabschiedet wurden.

30.11.3 Richtlinien für die Systemadministration

Richtlinien für die Systemadministration müssen Grundsätze zur Nutzung von root-Rechten und zur Anerkennung des Datenschutzes der Benutzer festlegen. IT-Manager müssen sicherstellen, dass die Mitarbeiter in der Systemadministration die Konsequenzen eines solchen Dokuments verstehen und unterstützen. Gleichzeitig ist es schwierig, auf die Beschwerde eines Benutzers zu reagieren, dass das E-Mail-System nicht funktioniert, ohne einen Blick auf die umhergeschickten Nachrichten zu werfen. (Eine Kopie der Kopfzeilen reicht jedoch meist aus, um das Problem zu identifizieren und zu lösen.)

Wenn Ihr Betrieb ein Werkzeug wie sudo für den root-Zugriff nutzt, ist es unumgänglich, dass Ihre Systemadministratoren gute Passwörter verwenden und Ihre Login-Daten an niemanden weitergeben. Ziehen Sie in Betracht, John the Ripper regelmäßig über die Passwörter der Systemadministratoren laufen zu lassen. Ebenso ist es grundlegend, dass Administratoren nicht sudo sh ausführen oder ein Shell-Escape nach Verwendung des sudo-Befehls in ihrem bevorzugten Texteditor benutzen; dies sind nur scheinbar sinnvolle Nutzungen von sudo und setzen die Protokollfunktion von sudo außer Kraft. Das Protokoll ist nicht dazu da, die Administratoren auszuspionieren; es dient zur Rekonstruktion der Abfolge der Ereignisse, wenn etwas schief läuft.

Tipp

Mehr Informationen zu sudo finden Sie in Abschnitt 3.4.2 und zu *John the Ripper* in Abschnitt 20.10.3.

Bei einigen Systemadministratoren besiegt der Drang, mit der Macht als root anzugeben, den gesunden Menschenverstand. Weisen Sie diese sanft, aber bestimmt auf andere berufliche Alternativen hin.

In manchen Betrieben ist der Besitz des root-Passworts ein Statussymbol, unter Umständen wertvoller als ein Schlüssel zur Toilette der Führungskräfte oder der Zugang zum nächstgelegenen Parkplatz. Häufig sind die Mitarbeiter, die das Passwort kennen, Techniker, die es nicht brauchen oder nicht haben sollten. Ein Betrieb, den wir kennen, bot Technikern das root-Passwort an, legte aber fest, dass jeder mit root-Zugriff einen Piepser bei sich tragen und anderen bei Bedarf helfen müsse. Die Anfragen sanken schlagartig ab.

Eine andere Taktik, die wir sehr erfolgreich angewandt haben, besteht darin, das root-Passwort in einen Umschlag einzuschließen und diesen an einem Platz zu verstecken, zu dem die Mitarbeiter in der Systemadministration Zugang haben. Die Systemadministratoren verwenden sudo im Normalfall zur Verrichtung ihrer Arbeit; wenn sie wirklich aus irgendeinem Grund das root-Passwort benötigen, öffnen sie den Umschlag. Sie müssen das root-Passwort dann ändern und einen neuen Umschlag verstecken. Dieses Verfahren ist unkompliziert und dennoch umständlich genug, um zur Verwendung von sudo anzuregen. Es ist wichtig, die alten Passwörter noch eine Zeit lang für die Rechner aufzuheben, die abgeschaltet oder nicht am Netz waren, als das neue Passwort herausgegeben wurde.

Wenn Ihre Belegschaft das root-Passwort kennt, müssen Sie es immer ändern, wenn ein Mitarbeiter das Unternehmen verlässt. Es kann zahlreiche administrative Passwörter in Ihrem Betrieb geben: für Computer, Drucker, Netzwerkhardware, PROMs und BIOSe, Datenbanken usw. Schreiben Sie alle Dinge auf, die zu ändern sind, wenn ein Mitarbeiter geht (und wie das zu tun ist).

30.12 Rechtsfragen

Einige wichtige Punkte auf dem rechtlichen Schauplatz sind die Haftung von Systemadministratoren, Netzwerkbetreibern und Webhosting-Anbietern, sichere Verschlüsselung im elektronischen Handel, Internettauschbörsen und ihre Bedrohlichkeit für die Unterhaltungsindustrie, Fragen des Urheberrechts und solche des Datenschutzes. Die Themenfelder in diesem Abschnitt erläutern diese offenen Fragen und eine Auswahl anderer rechtlicher Fallen mit Bezug zur Systemadministration.

30.12.1 Verschlüsselung

Das Bedürfnis nach Verschlüsselung im elektronischen Handel und der elektronischen Kommunikation ist offensichtlich. Verschlüsselung ist aber in manchen Ländern gesetzwidrig. Vollzugsbehörden wollen nicht, dass Bürger in der Lage sind, Daten zu speichern, die die Polizei nicht entschlüsseln kann.

In den Vereinigten Staaten ändern sich die Gesetze zur Verschlüsselung. In der Vergangenheit war es illegal, jede Art sicherer Verschlüsselungstechnik zu exportieren. Unternehmen mussten bei Software mit Verschlüsselung zwei verschiedene Versionen erstellen: eine zum Verkauf auf dem US- Markt und eine verkrüppelte Version zur Ausfuhr. Ein Nebeneffekt dieser Methode war, dass viele Softwareprojekte zum Thema Verschlüsselung in andere Länder verlagert wurden. Die offensichtliche Absurdität dieser Regelung (im Rest der Welt war Verschlüsselungstechnologie lange verbreitet) und die Bedürfnisse des elektronischen Handels brachten die Regierung der Vereinigten Staaten schließlich dazu, ihre Haltung zu ändern.

Auch wenn die Ausfuhrbeschränkungen noch nicht vollständig verschwunden sind, machen die 2004 eingeführten Änderungen die Situation in den Vereinigten Staaten besser als zuvor.

Die IETF hat an Normen zu sicherer durchgehender Kommunikation auf Protokollebene gearbeitet – eine Initiative namens IPsec (Internet Protocol Security) – und Anbieter fangen damit an, Systeme zu vertreiben, die dies einbeziehen. Die Authentifizierung wird im Normalfall nicht abgespalten, aber die Verschlüsselung wird oft separat installiert. Diese Konstruktion erhält die Flexibilität für Länder, in denen Verschlüsselung nicht angewendet werden darf.

Ein kürzlich (2006) in den Vereinigten Staaten gefälltes Gerichtsurteil verglich Softwarecode mit freier Meinungsäußerung und stellte es damit unter den Schutz des ersten Verfassungszusatzes. 1990 hatte Dan Bernstein, der damals ein Aufbaustudium an der Universität von Berkeley absolvierte, einen neuen Verschlüsselungsalgorithmus entwickelt. Das US-Außenministerium hatte ihm jedoch die Erlaubnis verweigert, den Algorithmus in der Öffentlichkeit zu erörtern. Das Ministerium hatte das Verfahren als »Munition« eingestuft. Die Bürgerrechtsorganisation »Electronic Frontier Foundation« (*eff.org*) ging der Sache nach und gewann letztendlich. Nur dauerte es 16 Jahre!

30.12.2 Urheberrecht

Die Musik- und Filmindustrie hat leicht konsterniert zur Kenntnis genommen, dass Heimcomputer in der Lage sind, Musik von CDs abzuspielen und Filme auf DVD zu zeigen. Für sie ist das sowohl eine Chance als auch eine Gefahr. Das Endergebnis wird davon abhängen, ob diese Branchen darauf mit Eigeninitiative oder nur mit schwerfälligen Reaktionen antworten; leider scheinen sie den letzteren Pfad eingeschlagen zu haben.

Das DVD-Format verschlüsselt die Inhalte mithilfe eines Algorithmus namens CSS (Content Scrambling System). Angestrebt wurde, die Abspielbarkeit von DVDs auf lizenzierte und zugelassene Wiedergabegeräte zu beschränken. Im Handel vertriebene DVD-Player enthalten den passenden Schlüssel zur Dechiffrierung, ebenso die Software-Player, die mit den meisten DVD-Laufwerken in Rechnern mitgeliefert werden.

Ein Student aus Norwegen entwickelte durch Reverse Engineering eine Umkehrung für den CSS-Verschlüsselungsprozess und verbreitete ein Programm namens DeCSS über das Internet. Das Programm umging die DVD-Verschlüsselung nicht, sondern nutzte einfach die Entschlüsselungstechnik eines zulässigen Windows-Players zur Dekodierung des DVD-Datenflusses und zur Speicherung auf Festplatte. Damit konnte er sie unter Linux abspielen, statt Windows nutzen zu müssen.

Sowohl die Motion Picture Association of America (MPAA) als auch die DVD Copy Control Association erhoben Klage gegen zahlreiche »Vertreiber« der DeCSS-Software; jeder, dessen Internetseite Links zu einer DeCSS-Kopie enthielt, wurde als Vertreiber angesehen. Die Gerichtsprozesse warfen den Beklagten nicht Diebstahl von urheberrechtlich geschütztem Material vor, sondern Verbreitung von Geschäftsgeheimnissen und die »Umgehung des Kopierschutzes«.[9] In den Vereinigten Staaten wurde Letzteres 1998 im Gesetz zum Urheberrecht im digitalen Zeitalter (Digital Millennium Copyright Act, DMCA) neu als eine Form der Urheberrechtsverletzung definiert. Die MPAA gewann diesen Fall; es wurde befunden, dass DeCSS gegen das DMCA verstößt. Zurzeit (2007) ist der Gebrauch von Open Source-DVD-Playern weder in den Vereinigten Staaten noch in Europa legal.

In zwei Fällen versuchten Unternehmen kürzlich, Aspekte zu Urheberrechten und gegen das Reverse Engineering im DMCA dazu zu verwenden, ihre Konkurrenz zu unterdrücken: Sears versuchte zu verbieten, dass Garagentore ihrer Marke mithilfe von Öffnern anderer Marken betätigt werden, und Lexmark versuchte, Unternehmen mithilfe des Gesetzes zu untersagen, leere Laserdruckerpatronen von Lexmark nachzufüllen und billiger als neue zu verkaufen. In beiden Fällen vertrat die EFF die Seite des kleinen Mannes und gewann.

Ein anderer Fall zum DMCA, der Fall MGM gegen Grokster und Streamcast, ging bis vor das höchste Gericht in den Vereinigten Staaten. Frühere Entscheidungen (z. B. der Präzedenzfall Sony Betamax aus den 70er Jahren) hatten den Verkauf von Technologie, die im Stande ist, jemandes Urheberrechte zu verletzen, für legal erklärt; um sich schuldig zu machen, musste man die Technologie auch wirklich zur Verletzung der Urheberrechte nutzen. Im Grokster-Fall verdiente das Unternehmen Streamcast Geld damit, seine Software mit ihrer Fähigkeit anzupreisen, urheberrechtlich geschützte Musik und Filme zu kopieren. Diese Anstiftung zum Rechtsbruch wurde als Verstoß gegen das DMCA gewertet, und das Gericht entschied mit neun zu null Stimmen gegen Grokster und zugunsten von MGM.

Internettauschbörsen wie BitTorrent mögen vor diesem Argument der »Anstiftung« sicher sein, da viele gemeinsam genutzte Dateien kein urheberrechtlich geschütztes Material umfassen. Die Einzelheiten liegen allerdings noch ziemlich im Dunkeln.

Die Firma SCO Group hat Linux-Anbieter damit kleinkriegen wollen, dass diese urheberrechtlich geschützten UNIX-Code in ihren Distributionen verwendet hätten. Sie reichte einige Klagen gegen Einzelpersonen ein und auch eine gegen IBM. Die Open Source Development Labs (ODSL) richteten einen Rechtsfonds in Höhe von 10 Millionen US-Dollar ein, um Linux-Benutzer zu schützen. Zu den Unternehmen, die die ODSL unterstützen, zählen Cisco, Dell, Ericsson, Fujitsu, Hitachi, HP, IBM, Intel, Nokia, Red Hat, Sun und Toshiba. Kürzlich (im Juli 2006) stützte eine Gerichtsentscheidung die Behauptung von IBM, dass die meisten der über 250 Anträge von SCO zu allgemein waren und aussortiert werden sollten; zusätzliche Einzelheiten finden Sie unter groklaw.net. Der Wortlaut der Entscheidung riet von einem Einspruch ab; vielleicht sind die Klagen der SCO hier auf eine Hürde gestoßen und die Albernheiten finden ein Ende.

---

9 Das DMCA untersagt die »Umgehung« von Maßnahmen zum Schutz digitaler Inhalte, sogar wenn der Grund für diese Überlistung unter die Ausnahmeregelungen zur »angemessenen Verwendung« des althergebrachten Urheberrechts fiel. Es erübrigt sich anzumerken, dass diese Änderung eine gravierende Einschränkung der Ausnahmeregelungen zur angemessenen Verwendung darstellt.

30.12.3 Datenschutz

Datenschutz war schon immer schwer zu gewährleisten, aber mit dem Wachsen des Internets ist er in größerer Gefahr denn je. Die Krankenblätter der an der Universität von Michigan behandelten Patienten wurden irrtümlich im Internet veröffentlicht. Die Daten waren monatelang frei zugänglich, bis ein Student das Versehen bemerkte. Datenbanken voller Kreditkartennummern wurden geknackt. Fast täglich kommt eine gefälschte E-Mail, die von Ihrer Bank zu stammen scheint und in der behauptet wird, dass Sie Ihre Kontodaten aufgrund von Problemen mit Ihrem Konto überprüfen müssen. Ein näherer Blick auf diese E-Mail im Textformat – statt sie als Internetseite anzeigen zu lassen – zeigt, dass die Daten an einen Hacker gehen würden und nicht an Ihre Bank.

DoubleClick

Ein anderer großer Datenschutzskandal, diesmal auf internationaler Ebene, betraf DoubleClick.net, eine Werbeagentur, die viele der Werbebanner auf Internetseiten erstellt. DoubleClick versprach jahrelang, dass Benutzer in ihrem System nie rückverfolgt oder identifiziert würden. Kürzlich kaufte DoubleClick jedoch eine Firma im Bereich DataMining auf und begann, Daten von jedem Benutzer zu sammeln, der eine Internetseite mit einem Banner von DoubleClick besuchte. Der folgende Aufruhr veranlasste DoubleClick dazu, von dem Projekt zunächst zurückzutreten. Die Agentur heuerte zwei hochrätige, auf Datenschutz spezialisierte Juristen an, die einen Weg finden sollen, wie die Werbeagentur die Benutzer, die ihren Werbebannern ausgeliefert sind, legal belauern kann.

Rootkits von Sony

Sony fügte auf mehreren Dutzend verschiedener CDs ein Programm mit dem Namen XCP (für eXtended Copy Protection) ein. Die Software installierte sich selbst auf dem Rechner des Besitzers, versteckte die eigenen Dateien, damit der Benutzer das nicht bemerkte, und meldete an Sony zurück, welche Musik der Benutzer hörte. Da XCP eine Art Rootkit ist, konnten die installierten Dateien den Rechner für Hacker zugänglich machen; dazu mehr in Abschnitt 20.9.9.

Mark Russinovich kaufte eine Sony-CD mit DRM (Digitaler Rechteverwaltung) von Amazon.com und installierte sie auf seinem Windows-System. Später entdeckte er das Rootkit von Sony und analysierte seine Folgen und das Ausmaß.

> *»Sony hatte nicht nur Software in mein System eingebracht, die üblicherweise von Malware genutzte Techniken verwandte, um ihre Anwesenheit zu verschleiern, die Software ist zudem schlecht geschrieben und bietet keine Möglichkeiten zur Deinstallation. Noch schlimmer, die meisten Benutzer, die die versteckten Dateien bei einer Überprüfung auf Rootkits entdecken, werden ihren Computer beschädigen, wenn sie das Nächstliegende versuchen, nämlich die versteckten Dateien zu löschen.*
>
> *Obwohl ich das Recht der Medienbranche befürworte, Kopierschutzmechanismen zur Verhinderung von Raubkopien zu verwenden, glaube ich nicht, dass wir das vernünftige*

Gleichgewicht zwischen angemessenem Gebrauch und Kopierschutz gefunden haben. In diesem Fall ist Sony mit DRM eindeutig zu weit gegangen.«

Dass es ein Rootkit gibt und es nicht deinstalliert werden kann, wird im Endbenutzer-Lizenzvertrag (End User License Agreement, EULA), den Benutzer bestätigen müssen, um die CD auf ihren Rechnern zu installieren, nicht erwähnt. In Großbritannien ist dies ein klarer Verstoß gegen das Gesetz gegen Computerkriminalität. Auch in Kalifornien ist das gemäß dem California Business & Protections Code illegal und kann mit einer Geldbuße von 1.000 $ je befallenem Computer geahndet werden. Die Organisation EFF hat gegen Sony eine Sammelklage eingereicht; siehe *www.sonybmg-cdtechsettlement.com*.

Warum sollte Systemadministratoren das kümmern? Nun, ist das Rootkit von Sony auf Ihren Arbeitsplatzrechnern installiert, dann kann Ihr gesamter Betrieb ungeschützt Missbrauch ausgesetzt sein.

Aufrufaufzeichnung und Webprotokolle

Drei der größten amerikanischen Telefongesellschaften werden beschuldigt, Listen der von ihren 200 Millionen Kunden gewählten Telefonnummern und aufgerufenen Internetseiten an den US-Nachrichtendienst National Security Agency (NSA) weitergegeben zu haben. Qwest, ein anderer großer Telefonanbieter in den Vereinigten Staaten, hatte sich aus Datenschutzgründen geweigert, mit der NSA zusammenzuarbeiten. Das Unternehmen blieb sogar standhaft, als die NSA durchblicken ließ, dass Qwest keine staatlichen Geheimaufträge mehr bekommen würde. Und das war gut für Qwest, denn die EFF verklagt nun die anderen drei Telefongesellschaften.

Die Vergangenheit hat gezeigt, wie Anrufaufzeichnungen missbraucht werden können. 2002 beschlagnahmte die Polizei den Rechner eines kolumbianischen Drogenkartells.[10] Bei der Analyse der Daten auf den Festplatten des Computers stellte sich heraus, dass Rufnummernlisten von Telefonvermittlungen 1994 dazu benutzt worden waren, die »Nähe« von Kartellmitgliedern zu Vollzugsbeamten zu bestimmen. Mehrere Mitglieder, die »zu nah dran« waren, wurden eliminiert. Die Analyse von Kommunikationsdaten ist ein schlagkräftiges Werkzeug, und sie wird auch so eingesetzt.

Mehrere bedeutende Suchmaschinen und Internetportale (z. B. Yahoo!) haben der US-Regierung Daten zu den Websuchen der Benutzer geliefert. Einzig Google knickte unter den Ansprüchen der Regierung nicht ein. Der chinesischen Regierung, die die Suchergebnisse in ganz China zensieren wollte, lieferte Google jedoch eine dementsprechend manipulierte Suchmaschine. Es heißt, Google überdenke diese Entscheidung.

Das US-Mobilfunknetz löst ebenfalls Unbehagen hinsichtlich des Datenschutzes aus. Wenn Sie sich mit einem Handy in der Tasche durch die USA bewegen, meldet sich das Gerät automatisch bei den jeweiligen lokalen Funkzellen an, damit Anrufe zu Ihnen weitergeleitet werden können. Leider benötigt die Regierung keine richterliche Anordnung und nicht mal einen hinreichenden Verdacht, um Ihr Handy zu lokalisieren.

---

10 Vgl. amsterdam.nettime.org/Lists-Archives/nettime-1-0207/msg00015.html

30.12 Rechtsfragen

Die Rechtsgrundlage dafür ist die Definition der so genannten Pen-Register-Daten. Im Zusammenhang mit Telefonen sind das die Informationen, wer wen wann angerufen hat, unabhängig von den eigentlichen Gesprächsinhalten. 1984 grenzte das Gesetz zum Datenschutz in der elektronischen Kommunikation (Electronic Privacy Communications Act) solche Daten von Inhalten ab (die zuvor beide unter Schutz standen). Das Gesetz segnete ab, dass Telefongesellschaften die Listen der gewählten Rufnummern auf einen Gerichtsbeschluss hin offenbaren, der leicht zu erwirken ist. 2001 erweiterte der US Patriot Act die auf Telefonnummern bezogene Definition auf Softwareprogramme und Informationen mit Internetbezug wie Internetadressen und URLs.

Demzufolge fallen URLs und Internetsuchen in den USA nun unter die Pen-Register-Daten. Sie sind ausdrücklich nicht als private Informationen geschützt. Eine richterliche Anordnung ist erforderlich, bevor ein Systemadministrator E-Mail- oder Benutzerdateien herausgeben muss, aber die Inhalte der meisten Protokolldateien erfordern nur einen Gerichtsbeschluss.

Ein anderes Merkmal von Pen-Register-Daten ist, dass sie in Gerichtsverhandlungen auch dann verwendet werden dürfen, wenn Vollzugsbeamte illegal in ihren Besitz kamen – gruselige Zeiten.

30.12.4 Ungelesene Endbenutzer-Lizenzverträge

EULA ist das Akronym für End User License Agreement, also für einen Endbenutzer-Lizenzvertrag. Wenn Sie Software installieren, die Sie gekauft haben, werden Sie aufgefordert, diesen Vertrag anzuerkennen. Die meisten lesen ihn nicht sorgfältig, oder wenn sie ihn lesen, klicken sie in jedem Fall auf JA, da sie ja schon für die Software bezahlt, die CD geöffnet und den Installationsprozess eingeleitet haben – es ist also zu spät, die Software zurückzugeben und das Geld zurückzufordern. Manche Endbenutzer-Lizenzverträge sind unzweideutig bösartig; unter anderem können Sie dazu aufgefordert werden folgende Dinge hinzunehmen:

- Dem Anbieter zu erlauben, Ihren Computer zu überwachen oder zu kontrollieren (Red Hat!)
- Das Produkt oder den Anbieter nicht zu kritisieren (Microsoft)
- Das Produkt nicht durch Benchmarktests mit anderen zu vergleichen bzw. die Ergebnisse nicht zu veröffentlichen (McAfee)
- Auf das Recht zu verzichten, die offizielle Datenschutzpolitik des Unternehmens gerichtlich einzufordern (McAfee)
- Es zu unterlassen, Ihren Computer individuell anzupassen oder zu reparieren
- Automatische Softwareupdates zuzulassen
- Das Produkt nicht im Reverse Engineering zu rekonstruieren
- Das Produkt nicht wieder von Ihrem Computer zu entfernen
- Das Produkt nicht parallel zu dem eines Konkurrenten zu benutzen

Dies ist eine recht lange Liste, und mit Sicherheit haben wir vieles vergessen ...

30.12.5 Richtlinien durchsetzen

Protokolldateien mögen Ihnen über jeden Schatten eines Zweifels hinaus beweisen, dass Person X Übeltat Y begangen hat, aber für ein Gericht gilt das alles nur als Hörensagen. Schützen Sie sich selbst mit schriftlichen Richtlinien. Protokolldateien umfassen manchmal Zeitnachweise, die nützlich sind, aber nicht zwangsläufig als Beweis zugelassen sind, wenn Ihr Computer nicht das Network Time Protocol (NTP) benutzt, um seine Zeit mit einem Referenzstandard abgestimmt zu halten.

Sie dürften Sicherheitsrichtlinien benötigen, um jemanden wegen unzulässiger Nutzung belangen zu können. Diese sollten eine Aussage wie folgende enthalten: »Unbefugte Nutzung der Computersysteme der Universität schließen nicht nur mögliche Verletzungen der Richtlinien der Universität ein, sondern auch den Verstoß gegen Bundes- und Landesgesetze. Unbefugte Nutzung ist eine Straftat und kann straf- und zivilrechtliche Folgen nach sich ziehen; sie wird im Rahmen des gesetzlich Möglichen verfolgt werden.«

Wir raten Ihnen, unter /etc/motd »message of the day« (also die Datei mit der Nachricht des Tages) eine Warnung abzulegen, die Benutzer über Ihre Überwachungsrichtlinien informiert. Bei uns sieht sie so aus:

```
Ihre Tastenanschläge können im Falle eines tatsächlichen oder angenommenen
Sicherheitszwischenfalls überwacht werden.
```

Vermutlich wollen Sie sicherstellen, dass Benutzer diesen Hinweis mindestens einmal sehen, indem Sie ihn in die Startdateien aufnehmen, die Sie neuen Benutzern geben. Wenn Sie zum Einloggen die Verwendung von ssh verlangen (und das sollten Sie), konfigurieren Sie sshd-config so, dass es immer die motd-Datei anzeigt.

Führen Sie auf jeden Fall explizit aus, dass die Benutzer Ihre schriftlichen Sicherheitsrichtlinien allein schon durch die Nutzung ihrer Konten anerkennen. Legen Sie dar, wo Benutzer zusätzliche Kopien dieser Richtlinien erhalten können, und machen Sie die wichtigsten Dokumente über ein geeignetes schwarzes Brett bekannt. Erwähnen Sie auch die genaue Strafe bei Nichteinhaltung (Kontolöschung usw.).

30.12.6 Kontrolle = Verantwortung

Internetdienstanbieter haben üblicherweise Richtlinien zur angemessenen Benutzung, die ihnen von ihren eigenen Providern vorgegeben werden und die sie wiederum eigenen Kunden auferlegen. Dieses »Durchreichen« der Verantwortlichkeit von oben nach unten schreibt den Benutzern selbst die Verantwortung für das zu, was sie tun, und nicht dessen Internetdienstanbieter oder dem Provider. Diese Richtlinien wurden genutzt, um zu versuchen, Spam (unerwünschte gewerbliche E-Mails) einzuschränken und die Internetdienstanbieter in Fällen zu schützen, in denen die Kunden in ihren Konten illegales oder urheberrechtlich geschütztes Material speichern. Prüfen Sie die in Ihrem Land geltende Gesetzgebung; es kann Unterschiede geben.

30.12 Rechtsfragen

Unterstellen wir einmal, dass etwas Bösartiges von Ihrer Website aus gemailt oder im Internet verbreitet wurde. Wenn Sie bei CompuServe sind (das heute zu AOL gehört), ist das ein Problem. In einem Rechtsfall, nämlich Cubby gegen CompuServe, war eine Verleumdung verbreitet worden. Der Richter entschied, dass CompuServe nicht schuldig war, aber der Moderator der Newsgroup, in der dies verbreitet worden war, fahrlässig gehandelt hatte. Je mehr Sie versuchen, Informationen zu kontrollieren, desto mehr Haftung fällt Ihnen zu.

Die Geschichte eines texanischen Unternehmens, das einer unserer geschäftstüchtigen Informatikstudenten namens Cheeser gründete, veranschaulicht dieses Prinzip sehr hübsch. Er schrieb Perl-Skripte zum Durchsuchen von Usenet-Newsgroups, sammelte dort anstößige Bilder und baute auf diesem Inhalt eine Internetseite auf, für die Mitgliedsbeiträge zu entrichten waren. Er stellte Abonnenten monatlich 12 $ in Rechnung und heimste rasch hohe Gewinne ein.

Cheeser versuchte, ein verantwortungsvoller Pornograf zu sein, und beteiligte sich nicht an Newsgroups, die bekanntermaßen Kinderpornografie enthielten. Er überwachte zudem mehrere Newsgroups, die in dieser Hinsicht an der Grenze lagen, manchmal hatten sie illegale Inhalte, manchmal nicht. Dieses minimale Versehen und seine Wahl eines konservativen Landkreises in Texas als Sitz für seine Firma waren sein Untergang.

Als Reaktion auf einen anonymen Hinweis (vielleicht von einem Konkurrenten) konfiszierte die örtliche Polizei seine Computer. Natürlich fanden sie einen Beleg für Kinderpornografie, der über eine der »ungefährlicheren« Newsgroups verbreitet worden war. In dieser Strafsache kam es nie zu einer Gerichtsverhandlung, aber während der Anhörungen wurde deutlich, dass der Richter Cheeser für schuldig hielt – nicht weil er den Inhalt entwickelt hatte, sondern weil er als Zensor nicht gut genug war. Die Schlussfolgerung war, dass Cheeser rechtlich überhaupt keine Probleme bekommen hätte, wenn er überhaupt nichts zensiert hätte. Also, zensieren Sie nie Ihr Pornoangebot!

Dieses Prinzip gilt auch bei anderen Wechselbeziehungen mit der Außenwelt. Aus rechtlicher Sicht stehen Sie umso stärker in der Verantwortung für die Taten und Beiträge Ihrer Benutzer, je mehr Sie deren Nutzung des Internets überwachen. Wenn Sie Kenntnis von einer illegalen oder belangbaren Aktivität erlangen, sind Sie rechtlich dazu verpflichtet, das zu untersuchen und Ihre Ergebnisse an den Großen Bruder zu melden.

Aus diesem Grund beschränken manche Unternehmen die Datenmenge, die sie protokollieren, die Dauer für die Protokolldateien aufbewahrt werden, und den Umfang der Protokolldateien, der auf Sicherungsbändern gespeichert wird. Manche Softwarepakete (z. B. der Webcache Squid) unterstützen die Umsetzung dieser Richtlinien, indem sie Protokollierungsgrade enthalten, die dem Systemadministrator helfen, Probleme zu beheben, ohne den Datenschutz der Benutzer zu verletzen. Aber berücksichtigen Sie, welche Art Protokollierung die in Ihrem Land geltenden Gesetze vorschreiben.

Systemadministratoren sollten mit allen relevanten Richtlinien des Unternehmens bzw. der Universität vertraut sein und sicherstellen, dass diese auch befolgt werden. Nicht durchgesetzte oder widersprüchliche Richtlinien sind schlimmer als keine Richtlinien, sowohl aus praktischer als auch aus rechtlicher Sicht.

30.12.7 Softwarelizenzen

Viele Betriebe haben für die Nutzung von K Kopien eines Softwarepakets bezahlt und haben N Kopien täglich in Gebrauch, wobei K < N. Dabei ertappt zu werden, kann dem Unternehmen Schaden zufügen, wahrscheinlich mehr Schaden als die Kosten für diese N – K zusätzlichen Lizenzen. Andere Betriebe haben eine Testversion eines kostspieligen Softwarepakets erhalten und knacken es (stellen das Datum auf dem Rechner zurück, ermittelten den Lizenzschlüssel usw.), damit es nach Ablauf der Testphase weiterhin lief. Wie gehen Sie als Systemadministrator mit Bitten um, Lizenzvereinbarungen zu brechen und Kopien von Software auf unlizenzierten Rechnern zu installieren? Was tun Sie, wenn Sie herausfinden, dass auf Rechnern in Ihrem Verantwortungsbereich Raubkopien laufen? Was ist mit Shareware, für die nie gezahlt wurde?

Das ist eine sehr schwere Aufgabe. Die Geschäftsführung wird Sie oft nicht unterstützen, wenn Sie dazu aufrufen, unlizenzierte Softwarekopien zu entfernen oder zu bezahlen. Oft ist es ein Systemadministrator, der die Vereinbarung zur Entfernung der Demokopien nach einem bestimmten Datum abzeichnet, aber ein Manager, der die Entscheidung trifft, sie nicht zu entfernen.

Auch wenn das die beste Stelle sein sollte, die Sie je hatten, steht hier Ihre persönliche und berufliche Integrität auf dem Spiel. Zum Glück finden gute Systemadministratoren auch auf dem heutigen Arbeitsmarkt guten Absatz, und Ihre Jobsuche wird von kurzer Dauer sein. Wir kennen mehrere Fälle, in denen sich der direkte Vorgesetzte eines Systemadministrators der Situation nicht stellte und den Systemadministrator aufforderte, keinen Ärger zu machen. Der Systemadministrator schrieb daraufhin ein Memo an den Chef mit der Bitte, die Situation in Ordnung zu bringen, wobei er die Anzahl lizenzierter Kopien der Software und die Anzahl der in Gebrauch befindlichen anführte. Der Administrator zitierte einige Sätze aus der Lizenzvereinbarung und sandte diese Mitteilung in Kopie an den Vorstandsvorsitzenden des Unternehmens und die Vorgesetzten seines Chefs. In einem Fall funktionierte diese Methode und der Vorgesetzte des Systemadministrators wurde entlassen. In einem anderen Fall kündigte der Systemadministrator, als sogar das höhere Management sich weigerte, das Richtige zu tun. Was immer Sie in einer solchen Situation tun, lassen Sie sich alles schriftlich geben. Bitten Sie um eine schriftliche Antwort. Wenn Sie nur mündliche Aussagen bekommen können, schreiben Sie ein kurzes Memo, das Ihre Interpretation der Anweisungen dokumentiert, und senden Sie es an den verantwortlichen Vorgesetzten.

30.12.8 Einhaltung gesetzlicher Bestimmungen

Eine Welle aufsehenerregender Buchhaltungsskandale in Unternehmen wie Enron und WorldCom (MCI) gab in den USA 2002 Anlass zur Verabschiedung eines Gesetzes mit der Bezeichnung Sarbanes-Oxley Act, umgangssprachlich als SOX bekannt. Das SOX regelt die Rechnungslegungspflichten für an US-Börsen notierte Unternehmen und macht leitende Angestellte persönlich für die Richtigkeit ihrer Finanzdaten haftbar.

Da Computer die Geschäftsbücher der meisten Unternehmen nachverfolgen, betrifft das SOX die Systemadministration. Einige der Maßnahmen, die das SOX vorschreibt, sind einfach (E-Mail-Protokolle, Buchungskontrollen, interne Kontrollen), aber manche sind etwas komplizierter. Zum Beispiel verlangt das SOX, eine Grundlast normaler Aktivität für den Aufbewahrungsort von Daten (z. B. einer Datenbank) zu ermitteln und Werkzeuge zur Aufdeckung unnormalen Verhaltens oder Zugriffs zu entwickeln. Zudem müssen Administratoren alles dokumentieren und beweisen, dass sie regelmäßig die von ihnen eingeführten Kontrollen durchführen. Die Einhaltung dieser Vorschriften fordert von der Produktivität und auch von der Arbeitsmoral des Systemadministrators einen nicht zu kleinen Tribut.

Andererseits ist Sarbanes-Oxley ein großer Gewinn für Firmen, die Speichergeräte oder Buchhaltungsdienstleistungen verkaufen. Für Großunternehmen lagen die durchschnittlichen Kosten der Regelbefolgung im vergangenen Jahr bei vier Millionen US-Dollar, und das sind keine einmaligen Ausgaben. Jetzt, wo leitende Angestellte für Verletzungen direkt haftbar sind und dafür ins Gefängnis kommen können, haben sie manchmal im Namen von SOX bizarre neue Methoden in der Systemadministration verlangt.

Das SOX betrifft auch private und gemeinnützige Unternehmen. Schriftliche Richtlinien, die dokumentieren, wie lange Daten aufbewahrt werden und wann planmäßige Bereinigungsaktionen auftreten, sind wichtig geworden, sowohl für Dokumente auf Papier als auch für elektronische.

Einmal hat ein Systemadministrator auf Anweisung einer internationalen Wirtschaftsprüfungsgesellschaft ein großes Unternehmen der Computerbranche auf mögliches Eindringen hin untersucht. Er wies nach, dass so ziemlich jeder auf die Oracle-Finanzdatenbank des Unternehmens als `root` zugreifen und an den Büchern des Unternehmens unentdeckt herumpfuschen konnte – dabei sollte SOX gewährleisten, dass genau das unmöglich ist. Die Wirtschaftsprüfungsgesellschaft verlangte, dass er seine Behauptungen durch Manipulation der Finanzdaten des Kunden bewies. Er lehnte das ab, man bestand aber darauf, und nachdem er lange in sich gegangen war, entschied er, das Geschäftsgebahren der Wirtschaftsprüfer beim zuständigen Büro des Kunden zu melden. Letztendlich wurde die Wirtschaftsprüfungsgesellschaft hinausgeworfen; der Systemadministrator verlor seinen Job kurz darauf.

Kontrollen und Steuerung der IT sind heute wichtige Themen. Gesetze und Standards zur Spezifizierung, Messung und Bestätigung der Einhaltung haben Myriaden von Akronymen hervorgebracht: SOX, ITIL, COBIT und ISO 17799, um nur einige zu nennen. Leider hinterlässt diese Buchstabensuppe im Mund der Systemadministratoren einen leicht bitteren Geschmack, und an Software zur Umsetzung aller Kontrollen, die die neue Gesetzgebung für erforderlich hält, mangelt es derzeit noch.

30.13 Softwarepatente

Am Anfang verfügte das Patentamt, dass Sie ein mathematisches Theorem nicht patentieren lassen können. Dann wurde das Theorem ein Algorithmus, und es konnte immer noch nicht patentiert werden. Dann wurde der Algorithmus in Hardware implementiert, und das konnte selbstverständlich patentiert werden. Firmware vielleicht. Software immer noch: nein. Aber Patente können angefochten werden, und eine der Vorinstanzen mochte Softwarepatente. Gegen seinen Willen fing das Patentamt damit an, sie zu gewähren, in manchen Fällen für Anwendungen, die 10 bis 15 Jahre vorher eingereicht worden waren.

Leider hat das Patentamt seit jeher ein nur begrenztes Verständnis für den neuesten Stand der Technik im Softwarebereich und hat viele ungeeignete (manche würden sagen, dumme) Patente gewährt. Es gibt fünf verschiedene Patente für den Lempel-Ziv-Algorithmus zur Datenkomprimierung. Dieser Algorithmus wurde in einem mathematischen Fachmagazin veröffentlicht und in Berkeley-UNIX implementiert und verbreitet. Das Konzept einer Header-Datei ist patentiert. Das Konzept eines Cursors ist patentiert. Die Subtraktion wurde als Methode patentiert, Software mit dem Jahr-2000-Problem zu reparieren. Der Prozess, ein Bild aus dem Speicher in ein Bildschirmfenster zu kopieren, ist patentiert, genauso wie die Verwendung der XOR-Operation zum Umgang mit überlappenden Fenstern. Mehrere Datenverschlüsselungsstandards sind patentiert. Das Konzept, Werbung in eine Benutzerschnittstelle zu integrieren, ist patentiert.

Wenn eine bestimmte Erfindung patentierbar ist, so ist das nach US-Patentrecht auch jede unbedeutende Verbesserung dieser Erfindung. Im Fall von Software kann so ziemlich alles als Schritt nach vorne im Sinne des Patentrechts betrachtet werden. Die Naivität des US-Patentamts in Bezug auf Software und seine fortgesetzte Unfähigkeit, Stand der Technik und Sinnfälligkeit zu erkennen, sind die Gründe dafür, dass es jedes Jahr Tausende heikler Softwarepatente ausstellt.

In den Vereinigten Staaten ist eine noch größere Bedrohung aufgetreten: das Softwarepatent auf Geschäftsmethoden. Unternehmen haben das Patentamt davon überzeugt, dass nahezu jede Methode der Computerisierung eines gewöhnlichen Geschäftsablaufs eine patentierbare Erfindung ist. Patente sind für banale Aktivitäten erstellt worden wie die, das Konto eines Kunden aus einer Computerdatenbank zu ziehen, wenn der Kunde beim Helpdesk anruft. Amazon.com erhielt ein Patent zur

30.13 Softwarepatente

Geschäftspraxis für die »1-Click-Technologie«; das Unternehmen erwirkte eine einstweilige Verfügung darüber, dass Barnes and Noble ihre Kunden mindestens zwei Mausklicks ausführen lassen müssen, um Bücher zu kaufen.[11]

Im Gegensatz dazu hat die Europäische Union im Juli 2005 entschieden, dass alles, was aus »Modellen, Regeln und Methoden zur Ausführung gedanklicher Vorgänge, zum Spielen oder zur Ausübung der Geschäftstätigkeit sowie Computerprogrammen« besteht, keine Erfindung und daher auch nicht patentierbar ist. Das Abstimmungsergebnis lag bei überwältigenden 648 zu 14 Stimmen.

Das US-Patentamt versucht, die Sache wieder in Ordnung zu bringen, aber der Schaden scheint in vielen Fällen schon geschehen. Ein wesentlicher Meilenstein war die Aufhebung eines Patents des Unternehmens Compton's New Media 1994, das Abrufsysteme für auf CD-ROM gespeicherte Daten umfasste. Manche Berater sahen es als genügend vage an, um 80% aller vorhandenen CD-ROM-Produkte abzudecken, obwohl das wahrscheinlich eine Übertreibung ist. Schließlich wurden alle 41 Ansprüche entkräftet, und zwar mithilfe einer teuren und zeitaufwändigen Kampagne von Softwareanbietern, die zeigte, dass das Patent bereits Stand der Technik war.

Der Befund zum Stand der Technik ist die eigentliche Schwäche im Verfahren des Patentamts. Patentanwendungen werden geheim gehalten, und da im Patentamt nur sehr wenig Softwarefachkenntnis vorhanden ist, kann es kaum wissen, welche Anwendungen wirklich neue Technik verkörpern. Gerichtsverfahren entscheiden schlussendlich, wobei die Anwälte in jedem Fall die eigentlichen Gewinner sind.

Im US-System hält nicht einmal die Ablehnung des Patentamts, ein Patent auf eine eingereichte Erfindung zu erteilen, Patentschwindler davon ab, vor Gericht zu ziehen. NTP Inc. beantragte fünf Patente im weiten Feld drahtlos übertragener E-Mails. Das Patentamt wies alle zurück; bei zwei von fünf handelte es sich um endgültige Ablehnungen ohne Einspruchsmöglichkeit. Trotzdem verklagte NTP auf der Grundlage dieser fünf vorgetäuschten und abgewiesenen Patente das kanadische Unternehmen Research in Motion (RIM), die Erfinder des BlackBerry-Handys mit E-Mail-Empfang.

RIM hatte definitiv einen guten Stand. Man hatte dort alles selbst erforscht und entwickelt, und das Patentamt hatte die NTP-Anwendungen als Patente abgelehnt. Nichtsdestotrotz schien der Richter bei der Anhörung des Falles geneigt, NTP eine einstweilige Verfügung zu gewähren, die es RIM verboten hätte, in den Vereinigten Staaten neue BlackBerrys zu verkaufen. Und was noch wichtiger war, die Verfügung hätte es für die Altkunden unmöglich gemacht, ihre BlackBerrys weiterhin für E-Mails zu nutzen.

RIM beurteilte das Risiko einer einstweiligen Verfügung als zu groß; das Unternehmen legte den Rechtsstreit durch einmalige Zahlung von 612.500 $ bei. Im Gegenzug erhielt das Unternehmen eine unbefristete Lizenz zur Nutzung der Technologie, die

---

11 Vielleicht könnte DoubleClick.net ihnen das bei Patentierung des Doppelklicks auch noch vorenthalten ...

die fünf abgewiesenen Patentanwendungen von NTP abdeckten. Ein Tag der Freude für BlackBerry-Benutzer wie uns, aber ein Tag der Trauer für kleine Unternehmen mit guten Ideen und guten Produkten.

Mehr Details bieten Ihnen die Archive der Electronic Frontier Foundation unter *www.eff.org*. Eine gute Quelle für brandneue Nachrichten ist der Patentbereich auf *slashdot.org*.

30.14 Standards

In manchen Fällen hilft uns der Standardisierungsprozess (Wi-Fi-Schnittstellen unterschiedlicher Hersteller können miteinander kommunizieren), in anderen schadet er uns (Beispiel OSI-Netzwerkprotokolle, wo Softwareentwicklung im Wert von mehreren Millionen Euro den Bach runterging). Normungsgremien sollten vorhandene Praxis kodifizieren und formalisieren, nicht neu erfinden.

Normen dienen dazu, das Spielfeld zu ebnen und es Kunden zu ermöglichen, kompatible Produkte von konkurrierenden Anbietern zu kaufen. Einige der Beteiligten im Standardisierungsprozess wollen wirklich einfach nur die bestehenden Verfahren festschreiben. Andere haben ein eher politisches Ansinnen: einen Wettbewerber zurückzuwerfen oder den Arbeitsaufwand zu senken, der erforderlich ist, um die Produkte ihres eigenen Unternehmens entsprechend anzupassen.

Regierungsorganisationen sind oft die größten Käufer für standardisierte Systeme und Anwendungen. Die Verwendung von Normen ermöglicht es ihnen, unter Wettbewerbsbedingungen zu kaufen, ohne eine bestimmte Marke zu bevorzugen. Einige Zyniker haben Standards allerdings als nichtmonetäres Handelshemmnis bezeichnet – Unternehmen verlangsamen den Normungsprozess, bis ihre Produkte aufholen.

Es gibt mehrere Standardisierungsorganisationen, sowohl formale als auch informelle. Jede hat andere Regeln für die Mitgliedschaft und Abstimmungen und anderen Einfluss. Aus der Sicht eines System- oder Netzwerkadministrators sind die wichtigsten Organisationen die LSB (Linux Standard Base) der Free Standards Group, POSIX (Portable Operating System Interfaces) und die IETF (die Internet Engineering Task Force, die in Abschnitt 12.1 beschrieben wird).

30.14.1 LSB (Linux Standard Base)

Die Free Standards Group ist eine gemeinnützige Organisation, die Open Source-Standards fördert – insbesondere die Normungsbemühungen für Linux. Zurzeit tragen rund 20 Gesellschaften dazu bei, einschließlich bedeutender Hersteller wie HP, IBM und Silicon Graphics. Wichtige Linux-Anbieter wie Red Hat, Novell (SUSE), Debian, Mandriva und Turbolinux beteiligen sich ebenso. Angestrebt wird, es unabhängigen Softwareentwicklern leichter zu machen, ein Softwareprodukt für Linux zu erstellen, und zwar in Form eines einzigen Produkts und nicht in 20 oder 50 leicht verschiedenen Varianten des gleichen Produkts.

30.14 Standards

Durch den Normungsprozess laufen:

- Bibliotheksschnittstellen, einschließlich verbreiteter Programmbibliotheken
- Konfigurationsdateien
- Systembefehle
- Ein gemeinsames Paketformat und Installationsrichtlinien
- Ein API für Systemschnittstellen
- Normen zur Dateisystemhierarchie

Während wir dies schreiben, hat die Mitte 2006 herausgegebene Version 3.1 der LSB die LSB-Kernspezifikation nach ISO-Norm (ISO/IEC 23360) übernommen und zum ersten Mal auch Funktionaliät der Benutzeroberfläche eingeschlossen, die die grafischen Toolkits Gtk und Qt normt. Die chinesische Regierung, die eine nationale Norm für Linux in China entwickelt, hat ein Abkommen unterzeichnet, ihr Standard-Linux auf der LSB zu begründen.

Leider hat bislang kein Anbieter eine LSB-konforme Anwendung auf den Markt gebracht – nicht eine. Es ist eine großartige Idee mit guter Unterstützung der Branche, die aber ins Nichts geführt hat.

30.14.2 POSIX

POSIX, ein Ableger der IEEE, der für Kopien ihrer Standads Kosten erhebt, hat sich in den letzten Jahren damit befasst, eine allgemeine Norm für UNIX zu definieren. In der Vergangenheit war die größte Anstrengung auf Befehle und Systemaufrufe bzw. Bibliotheksschnittstellen gerichtet. Linux ist mit POSIX konform und befolgt die POSIX-Normen.

30.14.3 ITIL (Information Technology Interface Library)

ITIL ist eher eine verfahrensorientierte Norm als ein technischer Standard für Linux, aber sie gehört zu denen, die für größere Unternehmen im IT-Bereich relevant ist.

Entwickelt wurde das ITIL-System in den 80er Jahren in England, um die Verwaltung von Großrechnern und die Softwareentwicklung in großen Betrieben zu unterstützen. Der Schwerpunkt lag eher auf Prozessen als auf Menschen, um die Beständigkeit von Aufgaben innerhalb eines Unternehmens zu gewährleisten, egal, wer das Unternehmen verließ oder in Urlaub ging. Zwölf Funktionsbereiche wurden abgegrenzt, die recht gut zu den übergeordneten IT-Bedürfnissen der meisten europäischen Unternehmen passten (Notfallwiederherstellung, Änderungssteuerung, Kapazitätsplanung usw.).

ITIL schlummerte sanft vor sich hin, bis die Informationstechnologie, ausgelöst durch das Internet, ein obligatorischer Bestandteil der meisten Unternehmen wurde. Große Unternehmen benötigen etwas Struktur in ihren IT-Prozessen, und ITIL ist nicht schlechter als jede andere Struktur. Für jeden der ITIL-Funktionsbereiche wurden empfohlene Vorgehensweisen definiert.

Zur Zähmung des Chaos stuft ITIL alle betrieblichen Ereignisse und Aktionen in der IT als »Änderung«, »Zwischenfall« (eine Art unerwartetes Ereignis) oder »Problem« (etwas, das langfristig auszubessern ist) ein.

Es gibt heute eine ISO-Norm (ISO 20000), die ITIL ähnelt, daher werden Sie gelegentlich auf Betriebe stoßen, die sich als ITIL- oder ISO-konform anpreisen. Im Normalfall ist das ITIL/ISO-Modell für Ihr Unternehmen nicht ganz passend. In diesem Fall heuern Sie eine Unternehmensberatung an, die es an Ihre Bedürfnisse anpasst. Mehrere der in Abschnitt 30.9 genannten kommerziellen Fehlerticketsysteme beanspruchen in Teilbereichen ITIL-Konformität.

Viele der großen Aktiengesellschaften in den Vereinigten Staaten richten ihre Blicke auf ITIL, da es ihnen helfen soll, ihre Probleme mit Datenbanken und Systemadministration im Zusammenhang mit dem Sarbanes-Oxley Act zu lösen (siehe Abschnitt 30.12.8).

30.14.4 COBIT (Control Objectives for Information and related Technology)

Wie ITIL ist COBIT ein Gerüst für das Informationsmanagement, das auf empfohlenen Vorgehensweisen beruht. Die Zielsetzung von COBIT ist es, »ein verbindliches, fortschrittliches, internationales Paket allgemein anerkannter Steuerungsziele in der Informationstechnologie zur täglichen Verwendung durch leitende Angestellte und Wirtschaftsprüfer zu untersuchen, zu entwickeln, zu veröffentlichen und zu fördern«.

COBIT ist ein Produkt der Information Systems Audit and Control Association (ISACA) und des IT Governance Institute (ITGI). Details finden Sie unter *www.isaca.org/cobit*.

Die erste Ausgabe dieses Systems wurde 1996 veröffentlicht, und augenblicklich stehen wir bei der 2005 herausgegebenen Version 4.0. Diese neueste Ausgabe wurde stark von den Anforderungen des Sarbanes-Oxley Act beeinflusst. Sie enthält 34 übergeordnete Ziele, die 215 »Kontrollziele« aus vier Bereichen abdecken: Planen und Organisieren, Erarbeiten und Umsetzen, Übergeben und Unterstützen sowie Überwachen und Beurteilen. (Nanu, sind das nicht acht Bereiche?)

30.15 Linux-Kultur

In den 80er und 90er Jahren konnte man PC-Benutzer von Mac-Benutzern anhand der Tiefe ihrer Gefühle voneinander unterscheiden. PC-Benutzer hielten ihre Computer für ein nützliches Werkzeug, Mac-Benutzer liebten ihre. Der Rechner eines Mac-Benutzers zählte wie ein geliebtes Haustier zur Familie.

Die gleiche Gefühlstiefe, die die Mac-Welt durchzog, ist heute vorherrschend in der Linux-Gemeinde. Linux-Benutzer mögen ihre Systeme nicht einfach nur – sie sind bereit, zu ihrer Verteidigung und ihrer Ausbesserung in den Kampf zu ziehen und sie besser, schneller und sicherer zu machen, als sich das je irgendein Rechner unter Windows hätte träumen lassen. Erstaunliche Mengen Energie fließen in die Linux-Entwicklung. Die Linux-Kultur hat ihre eigenen ethischen Grundsätze, Mythen, Götter und Helden.

Ein als Aprilscherz veröffentlichter RFC der IETF, RFC 1149, eine Norm für die Übertragung von IP-Paketen durch Vögel, löste das Interesse einer Gruppe begeisterter Anhänger von Linux von der Bergen Linux User Group im norwegischen Bergen aus. Dieser RFC legte das Carrier Pigeon Internet Protocol (CPIP) fest, das das Team mit dem Taubenschlag eines Nachbarn umsetzte. Im Folgenden ein Test ihrer Implementation (von der Projektseite unter *blug.linux.no/rfc1149* übernommen):

```
Skript started on Sat Apr 28 11:24:09 2001
vegard@gyversalen:~$ /sbin/ifconfig tun0
tun0 Link encap:Point-to-Point Protocol
inet addr:10.0.3.2  P-t-P:10.0.3.1  Mask:255.255.255.255
UP POINTOPOINT RUNNING NOARP MULTICAST  MTU:150  Metric:1
RX packets:1 errors:0 dropped:0 overruns:0 frame:0
TX packets:2 errors:0 dropped:0 overruns:0 carrier:0
collisions:0
RX bytes:88 (88.0 b)  TX bytes:168 (168.0 b)
vegard@gyversalen:~$ ping -i 900 10.0.3.1 13⁸
PING 10.0.3.1 (10.0.3.1): 56 Daten bytes
64 bytes from 10.0.3.1: icmp_seq=0 ttl=255 time=6165731.1 ms
64 bytes from 10.0.3.1: icmp_seq=4 ttl=255 time=3211900.8 ms
64 bytes from 10.0.3.1: icmp_seq=2 ttl=255 time=5124922.8 ms
64 bytes from 10.0.3.1: icmp_seq=1 ttl=255 time=6388671.9 ms
--- 10.0.3.1 ping statistics ---
9 packets transmitted, 4 packets received, 55% packet loss
round-trip min/avg/max = 3211900.8/5222806.6/6388671.9 ms
vegard@gyversalen:~$ exit
Skript done on Sat Apr 28 14:14:28 2001
```

---

[12] Beachten Sie die passende Verwendung des persönlichen Adressbereichs von RFC 1918. Natürlich wäre eine NAT-Implementierung für Tauben erforderlich, um das Testnetzwerk an die Außenwelt anzubinden.

Man könnte sagen, dass diese Leute zu viel Zeit übrig hatten, aber es ist genau diese Art von Kreativität und Enthusiasmus, die die Antriebskraft und die Lebensfreude der Open Source-Bewegung (zu der Linux gehört) ausmacht. Linux ist in Bewegung.

30.16 Mainstream-Linux

Linux ist derzeit das am schnellsten wachsende Betriebssystem, und es läuft überall, auf Großrechnern genauso wie auf Armbanduhren. Es beginnt allerdings, ein bisschen an den Inkompatibilitäten und kleinen Unterschieden zu leiden, die auch UNIX auf seinem Höhepunkt belasteten.

Früher hörte man in Geschäftskreisen oft Feststellungen wie: »Oh, wir können Linux nicht benutzen – das wird nicht unterstützt.« Aber die Welt hat sich schnell genug gewandelt, um bei Microsoft Besorgnis auszulösen. Linux hat sich in die Geschäftswelt eingeschlichen. Oft findet es seinen Zugang über neu angestellte Studenten, die Linux auf der Hochschule verwendet haben und es offen oder heimlich auf ihren Arbeitsplatzrechnern laufen lassen. Hat Linux erst einmal einen Fuß in der Tür, wird es oft die bevorzugte Plattform für E-Mail- oder Webserver, wo ihm seine Sicherheit, seine Leistung und seine Skalierbarkeit Vorteile gegenüber Markenlösungen von Microsoft verschaffen. Betriebskosten sind ein weiteres großes Plus zugunsten von Linux.

Das »frei« in freier Software hat zwei Bedeutungen: frei wie in Freibier – Sie müssen dafür nicht zahlen –, und frei in der Hinsicht, dass Sie bei dem, was Sie damit machen dürfen, auf recht wenige Grenzen stoßen. Die GNU General Public License (GPL) verleiht beiden Bedeutungen Nachdruck, und das erschreckt die IT-Abteilungen mancher Unternehmen. Ableitungen von Arbeiten, die unter GPL lizenziert sind, erben die GPL-Bestimmungen, wenn Sie sie verteilen. Einige Manager halten Linux-Entwickler für langhaarige Hippies und treten der GPL mit Angst, Unsicherheit und Zweifel gegenüber. Linux scheint sie jedoch langsam, aber sicher für sich gewinnen zu können.

Für die vergangenen Jahre hat *www.distrowatch.com* anhand der Besucher der jeweiligen Internetseiten eine Rangfolge der 100 am weitesten verbreiteten Linux-Distributionen erstellt. Die relativen Positionen unserer fünf Beispieldistributionen sind dabei gut durchgeschüttelt worden. Tabelle 30.3 zeigt einen Auszug aus dem Ranking.

Distribution	Letzte 6 Monate	Letzte 12 Monate	2005	2004	2003
Ubuntu	1	1	1	13	-
SUSE	2	2	3	4	7
Fedora	3	4	4	2	-
Debian	7	7	6	5	5
Red Hat	29	24	23	12	2

Tabelle 30.3: Rangfolge der Popularität im Verlauf der Zeit gemäß Distrowatch.com (Stand September 2006)

30.16 Mainstream-Linux

Die tatsächliche Anzahl der Zugriffe pro Tag schwankt im Normalfall zwischen unter 100 bis zu mehr als 3.000. Mehr als alles andere zeigen diese Positionen deutlich den Aufstieg von Ubuntu und die Spaltung zwischen Red Hat Enterprise Linux und Fedora.

Unternehmen von großer Bedeutung am Markt integrieren und fördern nun die Entwicklung von Linux: IBM, Hewlett-Packard, Silicon Graphics und Sun, um nur einige zu nennen. Interessant war es, die Hochzeit zweier so unterschiedlicher Partner zu beobachten, auf der einen Seite große, schwerfällige Softwareunternehmen, und auf der anderen Seite eine Linux-Kultur, die junge, unerfahrene Softwareentwickler vorantreiben, deren Tatkraft ihre Ungeschliffenheit oft mehr als aufwiegt. IBM musste sich einem umfassenden Paradigmenwechsel unterziehen, um sich an das Leben in der Open Source-Anarchie von Linux anzupassen. Der Beitrag von IBM lag in der Portierung seiner umfangreichen Bibliotheken aus erprobtem Programmcode. Mehr Information dazu finden Sie unter *ibm.com/linux* und *ibm.com/developerworks/opensource*.

SGI startete das Linux Test Project, eine Reihe von aufeinander aufbauenden Tests und Belastungsprüfmethoden, die die Zuverlässigkeit, Robustheit und Stabilität von Linux überprüfen. IBM führt dies nun fort. Die (während wir dies schrieben) neueste Ausgabe von Juni 2006 enthält über 2900 Tests plus Dokumentation und Prüfwerkzeuge.

Das Linux Documentation Project (*www.tldp.org*) stellt Dokumentation auf vielen technischen Ebenen zur Verfügung, einschließlich ausführlicher Einführungsbroschüren, FAQs, HOWTOs für verschiedene alltägliche Aufgaben und man-Seiten für alle wesentlichen Befehle und Pakete unter Linux. Das LDP unterstützt auch zwei Internetmagazine, *Linux Gazette* und *Linux Focus*. Die gesamte Dokumentation ist kostenfrei über das Internet erhältlich.

Zumindest ein Anbieter von Versicherungen gegen Computereinbrüche erkennt die Robustheit von Linux bei seiner Preisgestaltung an und berechnet für die Versicherung von Linux-Webservern 5 bis 15% weniger als für vergleichbare Microsoft-Systeme. Ein ZDNet-Artikel vom August 2001 machte dazu folgenden Kommentar:[13]

»Der Versicherungsmakler J. S. Wurzler Underwriting Managers ist dazu übergegangen, bis zu 15% höhere Prämien von Kunden zu verlangen, die die Internet Information Serversoftware von Microsoft verwenden, auf die sich der Wurm Code Red stürzte ... Wurzler, der seit 1998 Versicherungen gegen Hacker vertreibt, begründete seine Entscheidung auf über 400 Sicherheitsanalysen, die sein Unternehmen in den letzten drei Jahren vornahm. Er fand heraus, dass Systemadministratoren in Open Source-Systemen tendenziell besser geschult sind und ihren Arbeitgebern länger treu bleiben als die, die für Windows-Anwender arbeiten.«

Von unseren fünf Beispieldistributionen werden zwei von großen Unternehmen getragen: Red Hat von Red Hat selbst und SUSE von Novell; Ubuntu wird von einer

---

13 *www.zdnet.com/zdnn/stories/news/0,4586,2805929,00.html*

kleinen Firma namens Canonical Ltd. getragen, die der Südafrikaner Mark Shuttleworth gründete. Debian und Fedora sind zurzeit die Davids unter den Goliaths.

Innerhalb der Linux-Gemeinschaft hat sich zwischen Debian und den eher auf Unternehmen abzielenden Distributionen wie Red Hat und SUSE eine Art Spaltung herausgebildet. Debian-Tüftlern wurde es nicht leicht gemacht, bis ihre guten Ideen ernst genommen und in die LSB-Normungsbestrebungen aufgenommen wurden. Wir hoffen, dass die neuerliche Beliebtheit von Ubuntu helfen wird, Debian etwas zuverlässiger in den Linux-Mainstream zu integrieren.

Die englische CentOS-Distribution (Community ENTerprise Operating System) gewinnt an Popularität in Umgebungen, die ein stabiles Linux-System ohne Beteiligung von Red Hat wollen. Sie ist im Wesentlichen ein Klon des Red Hat Enterprise Linux. GPL verlangt von Red Hat, seine Softwarepatches öffentlich verfügbar zu machen. CentOS-Mitarbeiter patchen die Quellbäume, entfernen Logos und Markenzeichen von Red Hat und erstellen die Distribution noch einmal von Grund auf neu und erhalten dabei ohne Kosten oder Supportverträge etwas Ähnliches wie RHEL. Natürlich ist Support nichts, worüber man die Nase rümpfen sollte, und für RHEL gibt es eine Supportgarantie über sieben Jahre – fast eine Ewigkeit in der Linux-Welt.

Für die meisten Unternehmen sind auch die Gesamtbetriebskosten wichtig. Die meisten Distributionen sind am Anfang kostenlos und sind dank ihrer inhärenten Verwaltbarkeit über das Netzwerk auch billiger zu unterhalten. Windows XP Professional kostet zurzeit rund 185,- Euro je Platz allein für das Betriebssystem. Sind einmal Anwendungen hinzugefügt worden, kann das für ein großes Unternehmen mit einem erschreckend hohen Preis verbunden sein. Google.com läuft derzeit auf Hunderttausenden von Linux-Rechnern; stellen Sie sich mal vor, für jeden dieser Rechner eine Windows-Lizenz zu kaufen.

Softwarepiraterie wuchert in Fernost. In einer Anstrengung, in dieser Hinsicht »sauberer« zu werden, hat die chinesische Regierung Linux gegenüber Windows den Vorzug gegeben, weil es quelloffen ist und daher nicht raubkopiert werden kann. Mehrere Linux-Distributionen können die chinesische Sprache verarbeiten. Red Flag Linux ist eines der bekanntesten davon und kann mehr als 200 Millionen Benutzer aufweisen.

Linux wird von vielen Unterorganisationen der US-Regierung verwendet, einschließlich NASA, NERSC, NIH, NOAA und USGS, und von den folgenden Unternehmen: Fermilab, Los Alamos, Oak Ridge und Sandia National Laboratories. Viele der leistungsstärksten Rechner sind heute immer noch Großrechnersysteme, aber Beowulf-Cluster (vgl. *www.beowulf.org*) von Linux-Rechnern holen auf. Im September 2004 meldete IBM, dass das Unternehmen den zu diesem Zeitpunkt schnellsten Hochleistungsrechner der Welt hergestellt hatte, einen Cluster von 16.250 Prozessoren in nur acht Racks, der unter Linux mit einer dauerhaften Leistung von 36 Teraflops[14] läuft.

---

14 *Ein Teraflop entspricht einer Billion Fließkommaoperationen pro Sekunde.*

30.17 Organisationen, Konferenzen und andere Quellen

Viele Supportgruppen für UNIX und Linux – allgemeine und anbieterspezifische – helfen Ihnen, mit anderen Benutzern der gleichen Software in Verbindung zu treten. Tabelle 30.4 zeigt eine kurze Liste solcher Organisationen. Es gibt aber noch zahlreiche nationale und regionale Gruppen, die nicht in dieser Tabelle aufgeführt sind.

Name	URL	Was dahinter steckt
LPI	www.lpi.org	Linux Professional Institute
LI	www.li.org	Linux International, könnte eine Benutzergruppe werden
FSF	www.fsf.org	Free Software Foundation, Sponsor des GNU-Projekts
OSDL	www.osdl.org	Open Source Development Lab, für Entwickler
USENIX	www.usenix.org	UNIX-Usergroups, recht technisch orientiert
SAGE	www.sage.org	Die System Administrators Guild in Kooperation mit USENIX, hält jedes Jahr die LISA-Konferenz ab
LOPSA	www.lopsa.org	League of Professional System Administrators, eine Abspaltung von USENIX/SAGE
SANS	www.sans.org	Hält Konferenzen zu Systemadministration und Sicherheit ab; weniger technisch als SAGE mit Schwerpunkt auf Schulungen
EUROPEN	www.europen.org	War einmal so etwas wie die Vereinten Nationen für nationale Benutzergruppen, heute quasi bedeutungslos; Überreste noch vorhanden in NLUUG, DUUG, UKUUG, GUUG und anderen
GUUG	www.guug.de	German UNIX Users Group – organisiert/veranstaltet die »Frühjahrsfachgespräche« und den »Linux-Kongress«.
AUUG	www.auug.org.au	Australische UNIX-Benutzergruppe, deckt sowohl technische als auch Verwaltungsaspekte ab
SAGE-AU	www.sage-au.org.au	Australisches SAGE, hält jedes Jahr Konferenzen in Oz ab
SANE	www.sane.nl	System Administration and Network Engineering, hält jährliche Konferenzen in Nordeuropa ab

Tabelle 30.4: Linux- und UNIX-Organisationen

Einige der Organisationen halten Konferenzen zu Themen mit Linux-Bezug ab, wobei die meisten Konferenzen breiter gefasst sind als nur für Linux oder UNIX und auch Beiträge und Veranstaltungen für Windows umfassen.

Linux International (LI) und das Linux Professional Institute (LPI) fördern Linux auf verschiedene Weisen – LI durch Bemühungen im Marketing, Linux in die Geschäftswelt einzuführen (und einige der Open Source-Entwicklungsanstrengungen zu finanzieren) und LPI durch sein Zertifizierungsprogramm für Linux-Systemadministratoren (siehe Abschnitt 30.17.2).

Die Website von LI ist gut geeignet für Manager, die Open Source-Betriebssystemen zögerlich gegenüberstehen. LI sponsort Linux-Stände auf mehreren Messen, darunter LinuxWorld, Linux Expo und CeBit. Die Gruppe führt auch ein Internationalisierungsprojekt an, das alle Zeichensätze der Welt in Linux einarbeiten will. Das Programm für Sommerpraktikanten führt Studierende mit Linux-Entwicklern zusammen, um Ersteren praktische Erfahrung im Schreiben von marktreifem Programmcode zu vermitteln.

Jetzt, wo das Ziel, Linux in die Geschäftswelt einzuführen, erfüllt ist, fährt LI seine Aktivität herunter. In der nahen Zukunft könnte sich LI in eine Art Linux-Benutzergruppe verwandeln.

FSF, die Free Software Foundation, ist Stifter des GNU-Projekts (»GNU's Not Unix«, ein rekursives Akronym). Das »Free« im Namen der FSF ist das »frei« in freier Meinungsäußerung und nicht das in Freibier. Die FSF ist auch der Ursprung der GNU Public License, eine Lizenz, die den Großteil der Linux-Software abdeckt. Zurzeit ist GPLv3 in Entwicklung; Entwürfe sind bereits erhältlich und können öffentlich kommentiert werden.

OSDL, das Open Source Development Lab, ist ein gemeinnütziger Verein mit dem Ziel, die Verbreitung von Linux auf Unternehmensebene zu beschleunigen. OSDL wird von den bedeutendsten Linux-Kunden unterstützt und bietet Tests und technischen Support für die Linux-Entwicklergemeinde.

30.17.1 Konferenzen und Messen

Tabelle 30.5 enthält Details zu den drei jährlichen Entwicklungskonferenzen zu Linux.

Konferenz	URL	Dauer	Ort
Linux Symposium	www.linuxsymposium.org	4 Tage	Ottawa, Kanada
linux.conf.au	linux.conf.au	5 Tage	Australien
Linux-Kongress	www.linux-kongress.org	4 Tage	Deutschland
LinuxTag	www.linuxtag.de	4 Tage	Deutschland

Tabelle 30.5: Linux-Entwicklungskonferenzen

Die Konferenz in Ottawa, die gewöhnlich im August abgehalten wird, umfasst drei Veranstaltungen mit Referaten und parallel einen Schulungszweig. Die australische Entwicklungskonferenz bietet Schulungen, Seminare, Vorträge und Mini-Konferen-

30.17 Organisationen, Konferenzen und andere Quellen

zen, wobei sich eine von diesen der Systemadministration widmet. Die Konferenz findet in unterschiedlichen australischen Städten statt, normalerweise im Januar. Die deutsche Konferenz, der Linux-Kongress, umfasst zwei Tage Schulungen und zwei Tage technischer Präsentationen, die meisten in Englisch. Die Konferenz findet an wechselnden deutschen Orten statt, zumeist im September.

Linux Weekly News, *lwn.net*, ist ein Linux gewidmetes Internetmagazin. Elizabeth Coolbaugh und Jonathan Corbet riefen es 1997 ins Leben. Es stützt sich auf Abonnements, wobei die Abonnenten sofortigen Zugang zu allen Artikeln haben und Nicht-Abonnenten ungefähr eine Woche warten müssen. Der Abo-Preis richtet sich nach der Kategorie, unter die Sie fallen. »Hungernder Hacker« ist mit 2,50$ pro Monat die billigste, gefolgt von »professionellem Hacker« mit 5$ pro Monat und »Projektleiter« mit 10$ pro Monat.

USENIX, eine Organisation von Benutzern von Linux, UNIX und anderen Open Source-Betriebssystemen, veranstaltet jedes Jahr eine Konferenz zu allgemeinen Themen und mehrere spezialisierte (kleinere) Konferenzen oder Workshops. Die allgemeine Konferenz hat einen offenen Systemen gewidmeten Parallelzweig, der sich mit der laufenden Betriebssystementwicklung in der Linux- und in der BSD-Gemeinde (Berkeley Software Distribution) befasst.

Das große Ereignis für Systemadministratoren ist die LISA-Konferenz (Large Installation System Administration) von USENIX im Spätherbst. Messen sind oft an diese Konferenzen angeschlossen.

In den vergangenen Jahren hat USENIX als Service für die Linux-Gemeinde einen seiner Workshops auch der Linux-Kernelentwicklung gewidmet. Die Teilnahme an dieser zweitägigen Veranstaltung ist nur auf Einladung hin möglich.

SAGE, die Systemadministrators Guild von USENIX, ist die erste internationale Organisation für Systemadministratoren. Sie fördert den Beruf des Systemadministrators durch Veranstaltung von Konferenzen und informellen Programmen. Alle Details finden Sie unter *www.sage.org*.

2005 entzweiten sich USENIX und SAGE. Die Zukunft von SAGE war dadurch ungewiss. Als Ergebnis gründeten einige der alten Hasen bei SAGE eine separate Organisation unter dem Namen LOPSA, die League of Professional Systemadministrators, *www.lopsa.org*. Sie veranstalten bislang keine Konferenzen, könnten damit aber bald anfangen. SAGE hatte ein Zertifizierungsprogramm für Systemadministratoren, gab es aber auf. Es bleibt zu hoffen, dass LOPSA das wieder aufgreifen wird.

In vielen Gegenden gibt es regionale Gruppen von Benutzern von UNIX, Linux oder offenen Systemen. Einige davon sind an USENIX angegliedert, andere nicht. Die regionalen Gruppen haben gewöhnlich regelmäßige Treffen, Workshops mit örtlichen Rednern oder Gastrednern, und oft gemeinsames Essen vor oder nach den Treffen. Sie sind eine gute Möglichkeit zum Austausch mit anderen Systemadministratoren in Ihrer Region.

Die größte Fachausstellung zu Linux ist die LinuxWorld-Expo-Konferenz und -Ausstellung, die nun jährlich in den Vereinigten Staaten stattfindet, normalerweise im Sommer in San Francisco. Über das Jahr wird sie in Europa und Asien wiederholt; die nächsten Veranstaltungen sind in London, Peking, Moskau und Singapur.

Die älteste Fachausstellung für die Netzwerkbranche ist Interop; auch ihre Schulungsreihen sind von hoher Qualität. Interop war früher eine jährliche Veranstaltung, die Technik-Freaks und Anbieter gleichermaßen sehnsüchtig erwarteten. Interop findet nun mehrmals im Jahr statt – sozusagen als Netzwerk-Wanderzirkus. Die Vergütung der Kursleiter wurde halbiert, aber die Qualität der Schulungen scheint sich gehalten zu haben.

30.17.2 LPI (Linux Professional Institute)

Das LPI zertifiziert Linux-Systemadministratoren. Das heißt, es führt Tests durch, die die Kompetenz und das Wissen eines Systemadministrators zu verschiedenen Linux-Aufgaben messen. Drei Schwierigkeitsgrade der Zertifizierung stehen zur Verfügung, von denen jeder aus einem zweiteiligen Test besteht. Die bisherigen Tests (Stufe 1 und 2) haben Multiple-Choice-Format oder verlangen Kurzantworten und werden über das Internet von Vue Electronic Testing Service ausgegeben (*www.vue.com/lpi*).

Stufe 1 deckt anscheinend Linux-Befehle für sehr erfahrene Nutzer und sehr grundlegende Administratoraufgaben ab. Stufe 2 ist detaillierter und schließt Netzwerke ein. Stufe 3 ist definiert, aber bislang noch nicht vollständig entwickelt. Leider hat sich der Stand der Stufe 3 seit der vorhergehenden (US-)Auflage dieses Buches vor fünf Jahren nicht verändert. Die Internetseite von LPI (*www.lpi.org*) skizziert die Art Wissen, die auf den einzelnen Zertifizierungsstufen erwartet wird, und zeigt entsprechende Beispielfragen.

Zu zertifizieren ist wichtig, und es ist schwierig, das gut zu tun. Systemadministration ist eine praxisbetonte Wissenschaft (oder ist es eine Kunst?). Ein Multiple-Choice-Test, obschon einfach zu handhaben und zu benoten, ist nicht sehr gut geeignet, die Problemlösungskompetenzen zu messen, die das Markenzeichen eines guten Systemadministrators sind. Wir hoffen, dass Stufe 3 der LPI-Reihe eine Komponente zur praktischen Arbeit im Rechenzentrum enthalten wird, also näher an der CCIE-Zertifizierung von Cisco ist als am MCSE-Test von Microsoft.

Red Hat und SUSE haben ihre eigenen Zertifizierungsprogramme. Die Zertifizierung von Ubuntu stützt sich zurzeit komplett auf die durch LPI.

30.17.3 Mailinglisten und Quellen im Web

Systemadministratoren haben Zugang zu einer gewaltigen Vielfalt von Mailinglisten und Internetsuchmaschinen. Einige unserer Favoriten führen wir in Kapitel 1 an. Eine ausführliche Liste von Mailinglisten mit Linux-Bezug findet sich zudem unter *www.linux.org/docs/lists.html*.

Für Linux-spezifische Themen kann Linux-spezifisches Googlen durchaus effektiv sein. Gehen Sie auf *www.google.com/linux* und testen Sie, wie gut das funktioniert.

Es gibt auch Mailinglisten, die sich auf bestimmte Distributionen konzentrieren; Tabelle 30.6 zeigt einige speziell für unsere Beispieldistributionen.

Distribution	URL
Red Hat	*www.redhat.com/mailing-lists*
Fedora	*www.redhat.com/mailing-lists*
SUSE	*www.suse.com/us/support/online_help/mailingslists/*
Debian	*www.debian.org/MailingLists/*
Ubuntu	*lists.ubuntu.com*

Tabelle 30.6: Distributionsspezifische Mailinglisten

Red Hat bietet unzählige Mailinglisten, die Enterprise Linux und Fedora abdecken; *www.redhat.com/mailing-lists* enthält die Listennamen und jeweils eine kurze Zusammenfassung. Zusätzlich zu dem in der Tabelle angeführten URL bietet SUSE auch unter *www.suse.com/us/business/mailinglists.html* Informationen zu Mailinglisten. Archive dieser Listen finden sich unter *lists.suse.com/archives*.

30.17.4 Umfragen unter Systemadministratoren

SAGE, die Systemadministrators Guild in Verbindung mit der USENIX Association, und SANS, das System Administration, Networking, and Security Institute, führen jedes Jahr Umfragen durch, die sich vor allem auf die Entlohnung von Systemadministratoren beziehen, aber auch andere Themen einschließen. Die Umfragen sind unter *www.sage.org/salsurv* und *www.sans.org/salary2005* verfügbar. Neuere SAGE-Umfragen (Umfang 50–60 Seiten) stehen nur Mitgliedern zur Verfügung; ältere kann sich jeder herunterladen. Über den URL von SANS erhält man nur ein fünfseitiges PDF als Zusammenfassung der Ergebnisse der jüngsten Umfrage.

Zu den gesammelten statistischen Daten zählen:

- Gehaltsdaten: Gehaltsmedian, Verlauf der Gehaltserhöhungen, Prämien und Überstundenbezahlung
- Plattformmischung

- Geleistete Wochenstundenzahl
- Nachfrage am Arbeitsmarkt nach Systemadministratoren
- Tiefe der Kenntnisse, Bildungsniveau, Berufserfahrung
- Geografische, geschlechtsspezifische und altersbezogene Verteilung der Administratoren
- Die lästigsten und die erfreulichsten Aspekte des Jobs

Es ist interessant zu sehen, wie Ihre Organisation im Branchenvergleich abschneidet, den diese Ergebnisse abbilden. Dennoch müssen die Daten der Umfrage sorgfältig interpretiert werden. Die Ergebnisse werden von örtlichen Bedingungen und der wirtschaftlichen Gesamtlage beeinflusst. Gehälter, Lebenshaltungskosten und Steuersätze können zwischen Ländern oder sogar Regionen stark voneinander abweichen.

30.18 Empfohlene Literatur

30.18.1 Infrastruktur

Steve Traugott. *Bootstrapping and Infrastructure*. Boston: LISA 1998. *www.infrastructures.org/papers/bootstrap/bootstrap.html*

David Schweikert. *ISGTC: an alternative to ~bofh/bin*. Amsterdam, Niederlande: SANE 2004. *isg.ee.ethz.ch/publications/papers/isgtc-sane.pdf*

Tobias Oetiker. *TemplateTree II: The Post-Installation Setup Tool*. San Diego: LISA 2001. *isg.ee.ethz.ch/tools/tetre2/pub/tetre-lisa.pdf*

Mark S. Burgess. *Principles of Netzwerk und System Administration* (zweite Auflage). Hoboken: Wiley, 2003.

Viele der Werkzeuge und Konzepte, die wir in diesem Kapitel im Abschnitt zum Management beschreiben, finden Sie unter *isg.ee.ethz.ch/tools*.

30.18.2 Geschäftsleitung

Thomas A. Limoncelli und Christine Hogan. *The Practice of System and Network Administration*. Boston: Addison-Wesley, 2001.

Dieses Buch hat eine ebenfalls interessante zugehörige Website, *www.everythingsystemadmin.com*. Eine Neuauflage steht 2007 an.

Niccolò Machiavelli. *Der Fürst*. 1513. Frankfurt: Insel, 2001. Im Internet über *www.niccolomachiavelli.de/Schriften/der-furst-inhalt* erhältlich.

Thomas A. Limoncelli. *Zeitmanagement für Systemadministratoren*. Köln: O'Reilly, 2006.

Frederick P. Brooks Jr. *The Mythical Man-Month: Essays on Software development*. Reading: Addison-Wesley, 1995.

Ein wundervolles Büchlein, ursprünglich 1975 veröffentlicht und weithin immer noch zutreffend.

Steve McConnell. *Software Project Survival Guide: How to Be Sure Your First Important Project Isn't Your Last*. Redmond: Microsoft Press, 1998.

Dieses Buch ist sehr lebendig geschrieben und inhaltlich durchweg interessant.

Roger S. Pressman. *Software development: A Practitioner's Approach* (sechste Auflage). Boston: McGraw-Hill, 2005.

Ian Sommerville. *Software Engineering* (achte Auflage). München: Pearson Studium, 2007.

Die Website *www.itil-toolkit.com* ist ein guter Anfang, wenn Sie die Mengen an Fachausdrücken und das Management-Kauderwelsch verstehen wollen, die mit ITIL-Prozessen und Standards einhergehen.

Das bei Addison-Wesley 2006 erschienene Buch *ITIL-Basis-Zertifizierung* von Nadin Ebel ist nicht nur eine hervorragende Einführung, sondern bereitet Sie auch auf die Basiszertifizierung vor. Zum Zeitpunkt der Drucklegung dieses Buches ist eine Neuauflage zu ITIL 3.0 in Vorbereitung.

30.18.3 Richtlinien und Sicherheit

RFC 2196, *Site Security Handbook,* und sein Vorläufer, RFC 1244. Die Inhalte sind recht unterschiedlich, daher ist es sinnvoll, beide Ausgaben durchzusehen.

Lokale Richtlinien, Normen und Prozeduren für das San Diego Supercomputer Center sind verfügbar unter *security.sdsc.edu/help/SGs.shtml*. Dort findet sich eine großartige Sammlung von Richtlinien, die aber ein paar Jahre lang nicht mehr aktualisiert wurde.

30.18.4 Rechtsfragen, Patente und Datenschutz

Die Website der Electronic Frontier Foundation, *eff.org*, ist ein großartiger Fundort für Kommentare zu den neuesten Problemstellungen in den Bereichen Datenschutz, Verschlüsselung und Gesetzgebung – immer interessant zu lesen.

www.groklaw.net ist eine tolle Website für Neuigkeiten bei IT-Rechtsfragen. Die Problembeschreibung und -zusammenfassung sind in normalem Englisch verfasst und nicht in Juristensprache.

30.18.5 Allgemeine Branchennachrichten

slashdot.org ist eine gute Quelle für Technologienachrichten, hinkt aber Quellen wie den Sicherheitsmailinglisten oft ein, zwei Tage hinterher.

Jeffrey R. Harrow, *The Harrow Technology Report*. *www.theharrowgroup.com*

Diese Website bietet einige interessante Artikel zu Themen mit Technologiebezug. Es ist eine Mischung aus Meldungen und recherchiertem Inhalt. J. R. Harrow ist der Autor des inzwischen eingestellten Magazins *The Rapidly Changing Face of Computing*, das früher von Compaq herausgegeben wurde. Die Website wurde bis Ende 2005 gepflegt.

www.heise.de ist eine großartige Website für Nachrichten.

www.theregister.co.uk bzw. *www.theregister.com* ist auch eine gute Website für IT-Nachrichten.

30.19 Übungen

1. Welche wiederkehrenden Abläufe gibt es in Ihrem Unternehmen? Welche werden selten ausgeführt und jedes Mal wieder neu angegangen? Welche sind riskant?

2. Inwiefern sind Sie von externen Zulieferern abhängig? Brauchen Sie einen Plan B? Haben Sie einen? Erklären Sie, warum oder warum nicht. Beschreiben Sie Plan B, falls es einen gibt.

3. Sprechen Sie kurz mit mehreren internen Kunden, um ihre Erwartungen an die Verfügbarkeit der Computerinfrastruktur zu ermitteln. Sind die Erwartungen konsistent? Sind sie vernünftig? Sind sie konsistent mit den erklärten Zielen des Systemadministratorenteams?

4. Welche Art organisierter Infrastruktur für das Systemmanagement wurde in Ihrem Betrieb bereits eingeführt? Führen Sie die noch fehlenden Teile an.

5. Einer Ihrer Mitarbeiter wird morgen zum Mittagessen gehen und nie zurückkehren. Sie wissen noch nicht, welcher. Welche kritischen Abläufe könnten beeinträchtigt werden, und wie gut ist Ihr Unternehmen darauf vorbereitet, die durch das vermisste Belegschaftsmitglied entstandene Lücke zu schließen? Welche Dokumentation müsste es geben, damit eine Dienstunterbrechung verhindert werden kann?

6. Was würde passieren, wenn Sie die kommenden drei Monate lang ausfielen? Wie sehr würden Ihre Kollegen Sie hassen, wenn Sie schließlich zurückkehrten, und warum? Was können Sie in den nächsten zwei Wochen tun, um das Trauma eines solchen Ereignisses zu mindern?

30.19 Übungen

☆ 7. Ihr Chef ordnet an, dass Sie das Budget für die Systemadministration bis zum Ende des laufenden Jahres um 30% senken. Können Sie die Folgen dieses Einschnitts quantifizieren? Präsentieren Sie eine Zusammenfassung, die Ihrem Chef erlaubt, gut informiert eine Entscheidung zu treffen, welche Dienstleistungen zu verringern oder einzustellen sind.

☆ 8. Nennen Sie einige der derzeit bedeutendsten Unternehmen, die Linux fördern. Welche Interessen und Motivationen haben sie? Welche Art Beitrag leisten sie?

☆ 9. Nach einem Absturz der Festplatte räumen Sie auf und bemerken Dateien im `lost+found`-Verzeichnis. Bei weiterem Nachforschen entdecken Sie, dass manche dieser Dateien E-Mail-Nachrichten zwischen zwei Studenten sind, die die Firewall der Abteilung umgehen, um MP3-Dateien auf einem Remote-Dateiserver zu archivieren. Was sollten Sie tun? Sind Richtlinien oder Vorschriften in Kraft, die solche Zwischenfälle abdecken?

★★ 10. Beurteilen Sie die in Ihrem Betrieb vorhandene Dokumentation für neue Benutzer, Systemadministratoren, Richtlinien und Notfälle.

★★ 11. Sagen Sie die Zukunft für verschiedene kommerzielle und kostenfreie UNIX- und Linux-Varianten über die kommenden fünf Jahre voraus. Inwiefern werden die derzeitige Entwicklung und derzeitige Distributionsmodelle im Laufe der Zeit fortbestehen können? Welche langfristigen Auswirkungen wird die Übernahme von Linux durch Hardwareanbieter haben? Unterscheiden Sie zwischen dem Markt für Server und dem für Desktop-Computer.

Stichwortverzeichnis

Symbole
/etc/apt/sources.list file 353
/proc 133
:include 730

A
Administratoren 70, 73, 1199
   Richtlinien 1231
   Zeitmanagement 1209
Adresszuweisung 410
Advanced Package Tool
   siehe APT
AIT 262
Aliase 720, 725
   aliases 728
   Beispiele 732
   Datenbank 736
   LDAP 742
   Mailinglisten 730, 736
   Pfadnamen 731
   Programmeingabe 732
   sendmail 727
anacron 248
Anfangspasswort 184
Apache
   ausführen 960
   Installation 958
   Konfiguration 959
   Module 959
   SSL 967
   virtuelle Schnittstellen 964
APT 352
   apt-get konfigurieren 353
   automatisieren von
      apt-get 357
   Proxys für apt-get 355
   Server aufsetzen 356
Archivierungsprogramme 276
   cpio 277
   dd 277
   tar 276
ARK 377
ARP 418
Arusha-Projekt 377
ATM 502
Ausführungsebenen 92
autofs 661, 663, 666, 667, 668
automount 666, 667, 668
Automountdämon 666
   autofs 666
Automounter
   autofs 666
   Fedora 667

Red Hat 667
Sun 666
AutoYaST 339

B
Backups 71, 251, 1219
   Aktivität
      einschränken 255
   Aktualisierungen 275
   Anpassung an die
      Mediengröße 253
   Bacula 279
   Bandbibliotheken 263
   Bandgeräte 261
   Dateisysteme sichern 266
   dump 265
   Festplatten 263
   Geräte 258
   inkrementelles
      Verfahren 265
   kommerzielle
      Produkte 299
   Lagerung 254
   manuell 291
   Medien 258
   Medientypen 264
   optische Medien 259
   restore 270
   Revisionssicherung 360
   Sequenzen 269
   Überprüfung 256
   Wechselfestplatten 260
   wiederherstellen 270
Bacula 279
   Daemons 281
   Überwachung 296
bacula-dir.conf 283
bacula-sd.conf 287
Bandbibliotheken 263
Bandgeräte 261
bconsole.conf 289
Befehle 86
   add 271
   arp 856
   bsf 279
   cd 271
   chmod 158
   chown 159
   config term 483
   cp 360
   CVS-Befehle 366
   dig 536, 558
   domainname 696

enable 482
except 680
except_pat 680
exportfs 656
find 246
free 1061
fsck 82, 218
fsf 278
grep 561
grub-install 85
halt 103
hostname 484
ifconfig 468
info 64
install 679
isostat 1064
kill 126
killall 127
less 64
lilo 86
locate 69
logger 569
lpoptions 1029
man 64
mknod 1135
mount 143, 651, 652,
    660, 663
mpstat 1056
mv 360
Network Information
   Service 688
nice 129, 1069
offl 278
ping 857, 858
poweroff 103
procinfo 1062
ps 129
pwd 271
rdist 678, 679
reboot 103
renice 1069
restore 274
rew 278
rlog 364
rndc 593, 635
routed 478
sar 1067
setfacl 166
setrlimit 1070
show config 482
show interfaces 482
show running 482
showmount 660

shut down *102*
special *680*
status *278*
strace *134*
stty *1121*
su *110*
swapon *215, 1061*
telinit *103, 1155*
telnet *482*
tset *1122*
umask *160*
unmount *662*
updateb *69*
uptime *659, 1063*
useradd *189*
userdel *191*
vmstat *1055*
whereis *68*
which *68*
write mem *484*
xdpyinfo *995*
yppush *687*
ypset *685*
ypxfr *686*
Benutzer *169*
  /etc/group *180, 183*
  /etc/passwd *169*
  /etc/shadow *177*
  /users *656*
  Benutzer-ID *119, 173*
  entfernen *188*
  GECOS-Feld *175*
  GID-Nummer *175*
  Heimatverzeichnis *184*
  hinzufügen *181*
  Konten *70*
  Konten verwalten *189*
  Login deaktivieren *189*
  Login verifizieren *187*
  Loginname *170*
  Mail-Home *186*
  Standard-Startdateien *185*
  Statusinformationen *187*
  verschlüsseltes
    Passwort *172*
Benutzeragent *710*
Berechtigungen *158*
Berechtigungsbits *154*
Besitz
  ändern *159*
  Dateien *105*
  Prozesse *105*
Betriebsumgebung *1037, 1043*
bin *114*
BIND *559*
  acl-Anweisung *584*
  Aufgaben *570*
  Auswirkungen auf das
    System *573*

BIND 9 *532, 591*
Caching-Server *563*
Channels *629*
controls-Anweisung *593*
Debian *643, 644*
Debugging *637*
Debugging-Ebenen *634*
dig *637*
directory-Anweisung *577*
DS-Eintrag *621*
Fedora *643, 644*
forwarders *582*
Forwardzone
  einrichten *593*
geteiltes DNS *595*
Hardwarevoraus-
  setzungen *573*
Hinweise für Rootserver
  einrichten *591*
Implementierung *518*
include-Anweisung *576,
  603*
ISC *602*
key-Anweisung *585*
Klauseln *586, 596, 643*
Komponenten *562*
Konfigurations-
  beispiele *596*
Konfigurations-
  dateien *574*
Lame delegation *639*
localhost *597*
logging-Anweisung *588,
  629*
maßgebliche Server *563*
masters-Anweisung *587*
Masterserver
  einrichten *589*
named *562*
named starten *604*
Nameserver *562*
Neuerungen *531*
nichtrekursive Server *565*
OpenSSL *619*
options-Anweisung *576*
Praxisbeispiel *598*
Protokollchannels *631*
Protokolle *629*
Protokollkategorien *631,
  632*
Red Hat *644*
rekursive Server *565*
Resolver-Bibliothek *566*
Resolver-Konfiguration
  571*
Resolver-Tests *572*
RHEL *643*
server-Anweisung *586*
Serverkonfiguration *573*

Shell-Schnittstellen für
  DNS *567*
Sicherheit *610*
Slaveserver
  konfigurieren *590*
sortlist *582*
Statistiken *636*
SUSE *643, 645*
TKEY *613, 616*
trusted-keys-
  Anweisung *585*
TSIG *613, 616*
Ubuntu *643, 644*
Version ermitteln *560*
Versionen *560*
view-Anweisung *595*
zone-Anweisung *588, 589*
Zonendateien
  aktualisieren *605*
Zonentransfers *605*
Zugriffssteuerung *611*
Blockgerätedateien *150*
Bonusflags *161*
Booten *77*
  Pre-boot eXecution
    Environment *333*
  über das Netzwerk *333,
    335*
Bootlader *84*
Broadcast-Pings *444*
Buchhaltung *1193*

C
Cerf, Vint *391*
CERT *943, 944*
cfengine *376*
  Template Tree 2 *377*
CGI *954*
chmod *158*
chown *159*
CIDR *407*
CIM *378*
Cisco-Router *481*
COBIT *1246*
Common Information
  Model *378*
common name *967*
Common UNIX Printing
  System siehe CUPS
Concurrent Versions System
  siehe CVS
cpio *277*
CPU-Nutzung *1055*
cron *241, 245, 358, 684, 1155*
  Kommandos planen *241*
crontab *244, 694*
Crontab-Dateien *242*
CUBS
  Filter *1013*

Stichwortverzeichnis

CUPS *1001, 1008, 1027, 1028, 1029, 1030*
   Architektur *1008*
   Befehlszeilenwerkzeuge *1022*
   cupsd *1164*
   Dokumentation *1024*
   GUI *1029*
   HTTP *1011*
   Protokollierung *1025*
   Scheduler *1164*
   Serververwaltung *1015*
CVS *361, 365*
   Befehle *366*
   Probleme *365*
Cyrus IMAP *726*

D

daemon *114*
Daemons *660, 1153*
   atd *1155*
   Bootdaemons *1170*
   cron *1155*
   cupsd *1164*
   Dateidienste *1165*
   Definition *1153*
   Druckdaemons *1164*
   für administrative Datenbanken *1167*
   für Befehlsausführung *1169*
   für das Netzwerk *1171*
   für E-Mail *1168*
   für Remote-Login *1169*
   für Zeitsynchronisierung *1174*
   Geschichte *1153*
   inetd *1156*
   inetd konfigurieren *1159*
   init *1154*
   Kerneldaemons *1163, 1164*
   Kernelnachrichten lesen *1164*
   klogd *1164*
   Konfigurationsdaemons *1170*
   lockd *651*
   lpd *1165*
   mountd (rpc.mountd) *655*
   named *562, 569, 586, 590, 593, 604*
   Network Information Service *688*
   nfsd *659*
   nfsd (rpc.nfsd) *655*
   nfsstat *659*
   nscd *676*
   ntpd *1174*
   portmap *654, 1163*
   rpc.ypxfrd *686*
   services *1162*
   Sicherheit *1161*
   slapd *701*
   statd *651*
   svnserve *367*
   verwalten *1156*
   xinetd *1156*
   xinetd konfigurieren *1157*
   ypbind *687*
   ypserv *687*
Dateiattribute *153, 156*
Dateibaum *145*
Dateien
   abrufen *683*
   bereitstellen *1165*
   inittab *1116*
   kopieren *677*
   sicher übertragen *681*
Dateisystem *139*
   /proc *133*
   aushängen *142*
   Auslagerung *214*
   Berechtigungsbits *154*
   Bereinigung *246*
   Bonusflags *161*
   Dateiattribute *153, 156*
   Dateibäume *145*
   Dateitypen *148*
   einhängen *142, 211*
   erstellen *210*
   ext2fs/ext3fs *204*
   Pfadnamen *141*
   ReiserFS *205*
   reparieren *218*
   Standardberechtigungen *160*
   überprüfen *218*
   XFS/JFS *205*
   Zugriffsteuerungslisten *162*
Dateitypen *148*
Datenbanken
   termcap *1119*
   terminfo *1119*
Datencenter *1047*
Datenschutz *1235*
dd *277*
DDS/DAT *261*
Debian *332, 340, 354, 691, 697*
   BIND *644*
   getty *1115, 1117*
   inetd *1159*
   Installation *332*
   Installer *340*
   Mirrors *354*
   Network Information Service *697*
nscd *676*
Paketverwaltungssystem *345*
PXE *334*
rsync *682*
setserial *1113*
Startskripte *100*
   über das Netzwerk booten *334*
virtuelle Schnittstellen *963*
Dedizierte Server *665*
DHCP *437, 516*
Distanzvektorprotokolle *472*
Distfile *678*
Distributed Management Task Force *378*
Distributionen *58*
   IMAP *727*
   spezifische Informationen *63*
   spezifische Verwaltungstools *62*
DLT/S-DLT *261*
DMTF *378*
DNS *515, 676*
   A-Einträge *542*
   Aufgaben *570*
   Befehle in Zonendateien *555*
   Caching *529*
   Caching-Server *569*
   CNAME-Einträge *546*
   CNAME-Hack *547*
   Datenbank *534*
   Debugging *628*
   DNSSEC *532, 617*
   Domäneninflation *526*
   Domänennamen auswählen *526*
   Domänennamen registrieren *525*
   Eintragstypen *537*
   erweitertes Protokoll *530*
   Firewall *569*
   Funktionsweise *527*
   Geschichte *518*
   geteiltes DNS *595*
   glue records *556*
   Implementierung *518, 519*
   IPv6 *532*
   IPv6-Forwardeinträge *553*
   IPv6-Ressourceneinträge *552*
   IPv6-Reverseeinträge *554*
   Konfiguration *430*
   lame delegation *639*
   Leistungsprobleme *642*
   LOC-Einträge *549*
   maßgebliche Server *568*

Stichwortverzeichnis

Microsoft 625
MX-Einträge 544
Namespace 521
Namespace-
  Verwaltung 567
negative Antworten 624
neuen Computer
  hinzufügen 516
Neuerungen 531
NS-Einträge 541
Protokollierung 628
Prüfwerkzeuge 642
PTR-Einträge 543
Ressourceneinträge 534
Round-Robin 956
RRSIG 624
Serverarchitektur 570
Shell-Schnittstellen 567
Sicherheit 569
sicherheitsrelevante
  Einträge 554
SOA-Eintrag 538
SRV-Einträge 550
Subdomänen 527
Tests 628
TXT-Einträge 551
Umgebung entwerfen 567
Verbindungseinträge für
  Zonen 556
Zielgruppen 520
DNSSEC 617
doc 640
Dokumentation 72, 1209
Domain Name System siehe
  DNS
Domain Obscenity
  Control 640
Domänennamen
  Regeln 523
Domänensockets 152
Dovecot 726
dpkg 348
Drahtlose Netzwerke 497
Drucken 1001
  Abicherung 1033
  ASCII-Zeilendrucker 1001
  CUPS 1001
  CUPS-Filter 1013
  CUPS-Serververwaltung
    1015
  Dokumente drucken 1008
  doppelseitiger
    Ausdruck 1027
  Druckdaemons 1164
  Druckdienste
    bereitstellen 1166
  Drucker
    konfigurieren 1020

Drucker über
  Kommandozeile
  installieren 1095
Druckerauswahl 1027
Druckereigenschaften
  1026
Druckerinstanzen 1009,
  1028, 1029
Druckerklasse
  einrichten 1018
Druckersprachen 1003
Druckertreiber 1006
Druckertreiber
  installieren 1094
Druckerwarteschlange
  1009
Druckerzubehör 1028
Druckkosten 1032
Drucksoftware 1023
Druckverwaltung 1165
Druckvorschau 1030
Duplexdruck 1027
Fehlerbehebung 1024
FireWire 1028
GDI-Drucker 1027
Ghostscript 1024
im Netzwerk 1010, 1029
Kaufempfehlung 1030
KDEPrint 1034
Kompatibilitäts-
  kommandos 1022
Komplexität von
  Druckern 1002
Kostenstellenzähler 1032
kprinter 1035
Laserdrucker 1001
mehrere Drucker 1009
mit Konqueror 1035
Netzwerk-
  Druckerserver 1016
Netzwerkdrucker 1029,
  1033
Netzwerkdrucker
  konfigurieren 1017
Papiergrößen 1020, 1021
parallele Drucker 1028
PCL 1003, 1004, 1007
PDF 1004
PJL 1005
PostScript 1003, 1006
PPD 1012
Probleme 1025, 1026
Ratschläge 1029
serielle Drucker 1028
unter KDE 1033
USB 1028
Verbrauchs-
  materialien 1031
XHTML 1005

DSL 504
Dual-Boot 1079
dump 265
DVMRP 478
Dynamic Host Configuration
  Protocol
  siehe DHCP

E
E-Mail 707
  /bin/mail 711
  :include 730
  Adressierung 716
  Alias-Datenbank 736
  Aliase 720, 725
  Aufbau einer
    Nachricht 715
  Benutzeragent 710, 711
  Client 711
  Cyrus IMAP 726
  Dovecot 726
  Envelope 715
  Exim 712
  Header 715, 716
  Hop 730
  IMAP 725
  Komponenten 710
  listmanager 740
  ListProc 740
  LISTSERV Lite 741
  Mail an Dateien 731
  Mail-Einlieferungs-
    agent 714
  Mail-Homes 725
  Mail-Systeme 710
  Mailinglisten 730
  Mailman 739
  Mails an Programme 732
  Majordomo 738
  Nachrichtenspeicher 713
  NFS 725
  Percent-Hack 716
  POP 725
  Ports 714
  Proxy 722
  qpopper 726
  root 729
  sendmail 708, 712
  Server 722
  Server replizieren 723
  SmartList 740
  Spam 723
  SSL 725
  Sticky-Bit 713
  Systemarchitektur 723
  Transportagent 710, 712
  Weiterleitung 734
  Zugriffsagent 710, 714
  Zustellungsagent 710, 712

Stichwortverzeichnis

E/A 1064, 1066
    Anschlüsse 1127
EGID 120
Einzelbenutzermodus 90
Eltern-PID 118
Empfohlene Software 382
Entwicklungsabteilung 1195
Envelope 715
Ethernet 488
    ATM 502
    FDDI 500
    Frame Relay 503
    Funktionsweise 490
    Hubs 494
    Router 497
    Switches 495
    Topologie 490
    UTP-Kabel 491
EUID 119
Exim 712
Exportoptionen 657
    insecure_locks 659
    no_subtree_check 658
    noaccess 658
    secure_locks 658
    subtree_check 658
exports 656, 660
    Clientangaben 657
ext2fs/ext3fs 204

F

fcron 248
FDDI 500
Fedora 332, 335, 667
    Automounter 667
    Besonderheiten 696
    BIND 644
    getty 1115
    Installation 332
    Kickstart 335
    Paketverwaltungs-
        system 345
    PXE 334
    setserial 1113
    Startskripte 95
    über das Netzwerk
        booten 334
    virtuelle Adresszu-
        ordnungen 963
    xinetd 682
    yum 358
FedoraNew 696
Fehlerbehebung 72, 1068
Fehlerberichterstattung 1214
Festplatten 263, 1064
    anschließen 206
    Aufbau 202
    Dateisysteme 210

Fehlerbehebung 233
formatieren 207
hinzufügen 193, 221
IDE-Schnittstellen-
    parameter 215
Installationsüberblick 206
LVM 228
partitionieren 208
PATA 194
RAID 227
SATA 196
Schnittstellen 193
SCSI 197
Speicherplatz 235
USB-Laufwerke 236
Verwaltung 226
Festplattenloser Betrieb 342
    RAM als
        Zusatzspeicher 344
    Red Hat 343
Filesystem Hierarchy
    Standard (FHS) 373
Firewalls 930
    Dienstproxy-
        Firewalls 932
    Firewall-Funktionen 934
    hostbasiert 446
    Inspection-Firewalls 933
    iptables 934
    Sicherheit von 933
    zur Paketfilterung 930
FireWire 260
flags 663
Formatierung 207
Frame Relay 503
Freigaben 674
    freigegebene
        Systemdateien 674
fstab 663, 669
FTP
    anonymer FTP-Server 971
Führung 1181

G

Garantie 1039
gated 479
GECOS-Feld 175
Geschäftsführung 1180
Geschäftspolitik 1177
Geschäftsvorgänge 1201
getpwent 675
getpwnam 675
getpwuid 675
Ghostscript 1024
Ghostview 1005, 1028, 1030
    KDE 1034
GID 120
    Nummer 175

gimp 380
GRUB 84
    Einzelbenutzermodus 91
    Multiboot 88
Grundlagen 55
Gruppen
    ändern 159
    ID 120

H

halt 103
Hardware 70
    Konfiguration 79
    Wartung 1037
hdparm 215
Header 715, 716
Heimatverzeichnis 176, 184
Herunterfahren 101
Hop 730
Hostname 421
HOWTOs 64
HTTP
    Funtionsweise 953
httpd 960
HTTPS 683
Hubs 494

I

ICMP-Redirect 417
ifconfig 423
IGRP und EIGRP (Interior
    Gateway Routing
    Protocol) 477
IMAP 725
Informationsquellen 67
init 92
Installation
    über Mastersystem 341
Installer
    AutoYaST 339
    Debian 340
    SUSE 339
    Ubuntu 340
IP-Adressen 401
IP-Adressfälschung 445
iptables 934
    Kommandozeilen-
        optionen 936
IPv6 413
IS-IS 478
ISDN 504
IT-Organisation 1179
ITIL 1245

J

Jacobson, Van 391
JFS 205
Jukeboxen 263

Stichwortverzeichnis

K
Kapselung 395
KDE 1033
   Drucken 1033
   KDEPrint 1034
Kernel 1131
   Anpassung 1132
   Binärdatei erstellen 1143
   Bootoptionen
      festlegen 1150
   Daemons 1163, 1164
   Geräte erkennen 1146
   Gerätedateien 1133, 1134
   Gerätenummern 1134
   Gerätetreiber 1133
   Hardwareerkennung 1132
   Hot Plugging 1149
   Initialisierung 79
   Kernelnachrichten
      lesen 1164
   Konfiguration 1137, 1142
   ladbare Module 1147
   Linux-Gerätetreiber
      hinzufügen 1144
   Linux-Kernel
      erstellen 1140
   Namenskonventionen für
      Geräte 1136
   Optionen 87
   Parameter 1138, 1139
   stabiler Kernel 1141
   sysfs 1135
   Threads 80
   Treiber 1133
   Uhr 1174
   Upgrade mit
      Vorsicht 1141
   Version 1141
Kernelvariablen 447
Kickstart 335
   Konfiguration 335, 336
   Server aufsetzen 338
kill 126
killall 126
Knoppix 342
Konfiguration 369
   Daemons 1170
   einheitlich 673
   inetd 1159
   Kernel 1137, 1142
   Konfigurations-
      dateien 673
   Konfigurations-
      informationen 673
   NIS-Clients 696
   sendmail 708
   Tools für die
      Verwaltung 375
   Verwaltung 331
   X-Server 986, 995
   xinetd 1157
   zentral 673
Konfigurations-
   dateien 247, 673
   für APT 353
Kopiervorlage 673
   zentral 673
Konfigurationsinformationen
   abrufen 677
   verteilen 677
Konfliktlösung 1189
Kostenmetriken 474
Kryptografietools 922
   Kerberos 923
   PGP 924
   SSH 924
   Stunnel 927

L
LAN 488
Lastausgleich 955
LCFG 377
LDAP 674, 677, 697
   Attributnamen 699
   Dokumentation 700
   Einträge 742
   NIS-Ersatz 702
   Sicherheit 704
   Spezifikation 700
   Struktur 698
   Verwendungszweck 699, 741
Leistung
   Analyse 1051
   Speichernutzung 1061
   Speicherverwaltung 1058
   Steigerung 1052
   System 1055
Lightweight Directory Access
   Protocol siehe LDAP
LILO 84
   Einzelbenutzermodus 91
   Multiboot 89
Linux
   Beziehung zu UNIX 56
   booten 77
   Daemons 1153
   Dateisysteme 204
   Distributionen 58
   Distributionen mit
      verstärkter
      Sicherheit 941
   Drucker 1030
   Freigaben 674
   Gerätetreiber
      hinzufügen 1144

   Geschichte 57
   Grundlagen 55
   herunterfahren 77
   Hot Plugging 1149
   Informationen finden 64
   Informationsquellen 64, 67
   Installation 331
   Kernel 1133
   Kernel erstellen 1140
   Kernelkonfiguration 1142
   Kernelparameter 1138
   Konferenzen 1252
   Kultur 1247
   ladbare Kernel-
      module 1147
   LPI 1254
   Mainstream 1248
   NAT 447
   Network Information
      Service 684
   Netzwerkstack 432
   NFS 649
   OpenLDAP 701
   Organisationen 1251
   PPP 453
   Protokolldateien 307
   PXE einrichten 334
   Sicherheit 890
   Software finden und
      installieren 68
   Speicherverwaltung 1058
   Starten 77
   The Linux Documentation
      Project 64
   Wine 1078
listmanager 740
ListProc 740
LISTSERV Lite 741
Literatur 75
Loghost 322
Login 187, 189
Login-Shell 177
Loginname 170
logrotate 312
Lokalisierung 369
   gestalten 370
   organisieren 374
   Releases 371
   verteilen 374
LPI 1254
ls
   Codes 148
LSB 1244
LTO 262
LVM 226

Stichwortverzeichnis

M
Mail
  Einlieferungsagent 714
  Home 186
  Homes 725
  Server 722
Mailinglisten 730, 1255
  abmelden 739
  automatisierte Pflege 737
  listmanager 740
  ListProc 740
  LISTSERV Lite 741
  Mailman 739
  Majordomo 738
  Pflegen 736
  SmartList 740
Mailman 739
Majordomo 738
MAN 488
man 64
  Seiten 65, 66
Management 1177
  Anatomie 1198
  Buchhaltung 1193
  Dokumentation 1209
  Entwicklungsabteilung 1195
  Fehlerberichterstattung 1214
  Führung 1181
  Konfliktlösung 1189
  Marketing 1194
  Notfallwiederherstellung 1218
  Personalverwaltung 1182
  Rechtsfragen 1232
  Richtlinien 1224
  Sicherheitszwischenfälle 1223
  Verkauf/Einkauf 1191
Marketing 1194
Mehrbenutzerbetrieb 82
mii-tool 426
mkdir 663
Modems 1123
  bidirektionale 1126
  Datenkomprimierung 1124
  einwählen 1125
  Fehlerkorrektur 1124
  Modulation 1124
  Protokolle 1124
Monitore 1041
MOSPF 478
mount 660, 663, 668, 669
MTU 398
Multibooting 88

N
Nachrichtenspeicher 713
NAS 665
NAT 411, 447
ncftp 684
netstat 856, 863, 867
  Schnittstellenkonfiguration 863
Nettigkeit 120
Network Appliance Inc 665
Network Attached Storage 665
Network File System siehe NFS
Network Information Service siehe NIS
Netzwerke 333, 487, 494
  Adresszuweisung 410
  ARP 418
  CIDR 407
  Computer hinzufügen 420
  Daemons 1171
  Debugging 855
  DHCP 437
  distributionsspezifische Konfiguration 433
  DNS-Konfiguration 430
  drahtlos 397, 497
  DSL 504
  Entwürfe 509
  Erweiterungen 511
  Fehlerbehebung 856
  Firewall 862
  ICMP-Redirect 417
  ifconfig 423
  IP-Adressen 401
  IP-Adressfälschung 445
  IPv6 413
  ISDN 504
  Kapselung 395
  lauschende Dienste 866
  mii-tool 426
  MTU 398
  Nagios 883
  NAT 411
  Net-SNMP-Tools 880
  netstat 863, 867
  Paketadressierung 399
  Pakete 395
  Paketsniffer 870
  ping 857
  Ports 400
  PPP 448
  Protokolle 868
  RMON 878
  route 428
  Routing 415
  Routingtabelle untersuchen 867
  sar 869
  Schnittstellenaktivität 869
  Schnittstellenkonfiguration 863
  Sicherheit 443
  SNMP 875
  SNMP-Daten erfassen 882
  SNMP-Operationen 877
  Standards 392
  Statistiken 868
  Subnetze 402
  TCP/IP 389
  tcpdump 870, 872
  testen 506
  traceroute 860
  Tricks und Kniffe 461
  Übersicht 394
  Umkonfiguration 441
  Verkabelungsstandards 508
  Verwaltung 512, 855
  Verwaltungsprotokolle 874
  VPNs 446
  Wartung 511
  Wireshark 873
  Zukunft 505
  Zustand 865
Netzwerkredundanz 1222
Netzwerkstack 432
Neustart 101
NFS 649
  allgemeine Informationen 649
  ausführbare Maps 669
  automatisches Einhängen 666
  automount 666
  Benutzer 115
  clientseitig 660
  Cookies 652
  Dateianforderungen 659
  Dateisperren 651
  dedizierte Server 665
  E-Mail 725
  Einhängeoptionen 660
  Exporte beschränken 664
  Exportoptionen 657
  Kompatibilität 650
  Komponenten 649
  Literatur 670
  Map-Dateien 668
  Namensregeln 652
  nfsstat (Statistiken) 664
  nobody-Konto 654
  Remote-Dateisysteme einhängen 663
  root-Zugang 654
  Server 379
  serverseitig 655

Sicherheit 653, 684
Software freigeben 379
Transportprotokoll 650
Versionen 649
nfsd 659, 662
nfsstat 659, 664
nice 128
Nichtrekursive Server 565
NIS 684
    Befehle 688
    Clients konfigurieren 696
    Daemons 688
    Domäne 685, 696
    Domäne anlegen 693
    Funktionsweise 686
    Implemenierung 685
    Konfigurations-
      dateien 690
    Linux 684
    Maps 685, 690
    Netzgruppen 692
    Server 685
    Sicherheit 689
    UNIX 684
    Vor- und Nachteile 688
nobody 115
Notfallwiederherstellung 1218
nscd 676
    Debian 676
    Ubuntu 676

O
OpenLDAP 699, 701
OpenOffice.org 1079
OpenSSH 346, 378
oprofile 1068
Optische Medien 259
OSPF (Open Shortest Path First) 477

P
Paket-Namespaces 380
Paket-Repositorys 350
Paketadressierung 399
Paketverwaltung 344
    dpkg 348
    Metasysteme 348
    Systeme 345
Paketweiterleitung 468
PAM 902, 904, 979
Partitionierung 208
Passwort 172
PATA 194
Percent-Hack 716
Periodische Prozesse 241
Personalverwaltung 1182
Pfadnamen 141
PID 118

PIM 478
ping 856, 857
Pipes 152
Pluggable Authentication Module siehe PAM
POP 725
Ports 400
POSIX 1245
Postel, Jon 391
poweroff 103
PPID 118
PPP 448
Pre-boot eXecution Environment 333
Programme
    getty 1115
    minicom 1125
Projekte 382
Protokolle
    Archivierung 306
    Boot 311
    Dateien 307
    DVMRP 478
    EIGRP 477
    IGRP 477
    IS-IS 478
    Kernel 311
    logrotate 312
    MOSPF 478
    NFS 649
    OSPF 477
    PIM 478
    RIP 475
    RIP 2 476
    Rotation 304
    RPC 652
    Syslog 314
    TCP 650
    UDP 650
    Verfahren 303
Proxy 722
    Squid 969
    Webhosting 968
Prozesse 117
    Besitz 105
    Crontab-Dateien 242
    ID 118
    Konfigurations-
      dateien 247
    Lebenszyklus 121
    Periodisch 241
    ps 129
    Runaway 135
    Signale 122
    top 132
    Zustände 127
Pseudobenutzer 114
PuTTY 1074
PXE 333
    für Linux 334

Q
qpopper 726
Qualitätssicherung 1184

R
Racks 1047
RAID 226
RCS 361, 362
rdist 678, 679
    rsh 678
    ssh 678
reboot 103
Rechtsfragen 1232
Red Hat 331, 335, 349, 667, 696
    Automounter 667
    Besonderheiten 696
    BIND 644
    festplattenloser
      Betrieb 343
    getty 1115, 1118
    gettydefs 1118
    Installation 331
    Kickstart 335
    Paketverwaltungs-
      system 345, 349
    PXE 334
    setserial 1113
    Startskripte 95
    über das Netzwerk
      booten 334
    virtuelle Adresszu-
      ordnungen 963
    xinetd 682
Red Hat Network siehe RHN
Red Hat Package Manager 345
ReiserFS 205
Rekursive Server 565
renice 128
Ressourceneinträge 534
    A 542
    CNAME 546
    IPv6 552
    LOC 549
    MX 544
    NS 541
    PTR 543
    SOA 538
    SRV 550
    TXT 551
Revision Control System 361
Revisionssicherung 359
    Backupdateien
      erstellen 360
Revisionssicherungs-
    systeme 360
    CVS 361
    RCS 362
    Subversion 361
RHN 351
    Gebühren 351

Richtlinien 1224
RIP (Routing Information Protocol) 475
RIP-2 (Routing Information Protocol Version 2) 476
RMON 878
root 105, 110
   E-Mails 729
   Passwort 108
Rotation 304
route 428
routed 478
Router 497
Routing 415, 467
   Daemons 471
   Protokolle 471
   Verfahren 480
RPM 346
   yum 358
rsync 374, 681, 684
   Debian 682
   Serversteuerung 682
   Sicherheit 681
   Ubuntu 682
Runaway 135
Runlevel siehe Ausführungsebenen

S

SAIT 262
Samba 1081, 1082
   Benutzerauthentifizierung 1086
   Dateifreigabe 1087
   Dateinamenkodierung 1085
   Drucker freigeben 1092
   Druckertreiber installieren 1094
   Fehlerbehebung 1096
   Gruppenfreigaben 1088
   installieren 1083
   MS-DFS 1089
   Sicherheit 1083, 1084
   smbclient 1090
   smbfs-Dateisystem 1090
   suchen im Netz 1085
   Umleitung 1089
SAN 665
   Server 665
sar 1067
SATA 196
SCSI 197
sendmail 677, 708, 1168
   Adressverarbeitung 716
   Aliase 727
   Distributionen 712
   Einlieferungs-/Transportagent 715

LDAP 742
Namensauflösung 743
Weiterleitung 735
Serielle Geräte 1099, 1111
   alternative Stecker 1104
   Ausführungsebenen 1116
   Data Communications Equipment siehe DCE
   Data Terminal Equipment siehe DTE
   Dateien 1112
   DB-9 1105
   DCE 1102, 1110
   DTE 1102, 1110
   E/A-Anschlüsse 1127
   EIA-232-E 1100
   Flusskontrolle 1111
   Hard Carrier 1110
   Kabellänge 1111
   Loginvorgang 1114
   Mini-DIN-8 1104
   Modems 1123
   Optionen festlegen 1122
   Parameter 1112
   Pin-Zuordnungen
      für DB-25-Stecker 1101
      für DB-9 1105
      für Mini-DIN-8 1104
      für RJ-45 1107
   RJ-11 1123
   RJ-45 1106
   RJ-45 Farbcode 1108
   RS-232 1099, 1111
      Signale 1101
   Serielle Verbindungen 1126
   setserial 1112
   Soft Carrier 1110, 1111
   Softwarekonfiguration 1113
   Terminaloptionen 1121
   Terminalprobleme lösen 1123
   Terminals konfigurieren 1114
   Terminaltreiber-Sonderzeichen 1119, 1120
   Twisted-Pair 1109
   Unterstützung für Terminals 1119
   USB 1127, 1128
   Yost-Standard 1107
Server
   Kickstart 338
   NIS 685
setgid-Bits 155
setuid-Bits 155

SFTP 683
shutdown 102
Sicherheit 72, 889
   ablaufende Passwörter 902
   Backups 899, 911
   Benutzer-Shells 903
   Dateiberechtigungen 908
   Dienstproxy-Firewalls 932
   Einmal-Passwörter 927
   Firewall 915, 930, 933
   Firewall-Funktionen 934
   Grundeinstellung 898, 899
   Gruppenlogins 903
   HTTPS 683
   Informationsquellen 944
   Inspection-Firewalls 933
   IPsec-Tunnel 939
   iptables 934
   John the Ripper 917, 927
   Kickstart 337
   Konfigurationsfehler 893
   Kryptografietools 922
   LDAP 704
   Linux 890
   Linux-Distributionen 941
   Network File System 653, 684, 911
   Network Information Service 689, 910
   Netzwerkfirewall 654
   NFS (Network File System) 653, 684, 911
   Paketfilter 898
   Paketfilterung 930
   PAM 904
   Passwörter 899, 901
   Phishing 892
   POSIX-Capabilitys 906
   Pufferüberläufe 892
   Remote-Ereignisprotokollierung 909
   Root-Shells 903
   Rootkits 914
   rsync 681
   Setuid-Programme 907
   SFTP 683
   sichere Terminals 909
   Sicherheitslücke Mensch 891
   Sicherheitslücke Software 892
   Sicherheitsprobleme 900, 909
   Sicherheitstipps 898
   Sicherheitstools 914
   Social Engineering 891
   Softwarepatches 898

Standards 894, 896
Trojanische Pferde 913
unnötige Dienste
   abschalten 898
Viren 912
virtuelle private
   Netzwerke 939
von sendmail 911
Vorgehensweise bei
   Angriff 941
Wachsamkeit 899
Würmer 912
X Window 984
Zertifikate 894, 895
Sicherheitsinformationen
   BugTraq-Mailingliste 944
   CERT 944
   Crypto-Gram-
      Newsletter 945
   SANS 945
   SecurityFocus.com 944
Sicherheitstools 914
   host_access 918
   Intrusion-Detection-
      Systeme 919
   John the Ripper 917
   Nessus 916
   Netzwerkscanner 916
   nmap 914
   Portscanner 914
   Samhain 919
   Security-Enhanced
      Linux 920
   unsichere Passwörter
      finden 917
   Zugriffssteuerung für den
      Host 918
Sicherungsschicht 396
Signale 122, 126
Simple Network Management
   Protocol
   siehe SNMP
Skripte
   autofs 667
   ftp 683
   MAKEDEV 1135
   procfs 662
   Startskripte 655
   Wrapperskripte 381
SmartList 740
Sniffer 870
   tcpdump 872
   Wireshark 873
SNMP 875
   Daten erfassen 882
   NET-SNMP-Agent 878
   Operationen 877
Software 68, 71
   empfohlene 382
   hilfreiche Pakete 383

notwendige Pakete 383
Softwareentwicklung 1200
Softwarelizenzen 1240
Softwarepatente 1242
Softwareverwaltung 331
Sourcerouting 444
sources.list file 353
Spam 723
Speichermodule 1041
Speichernutzung 1061
Speicherverwaltung 1058
Squid
   einrichten 970
   Proxy 969
   Zwischenspeicherungs-
      funktionen 969
SSL 725, 965
   Apache 967
   common name 967
   Zertifikate 966
   Zertifizierungsstelle 966
Stacker 263
Standard-Startdateien 185
Standardeinträge 167
Standardrouten 430
Standardverzeichnisse 146
Starten
   Eingreifen des
      Bedieners 81
   Einzelbenutzermodus 90
   PCs 83
   Phasen 78
   Skripte 82, 91, 655
Startskripte
   autofs 667
Statische Elektrizität 1040
Steuerterminal 121
Sticky-Bit 155, 713
Storage Area Network
   siehe SAN
strace 134
Stromversorgung 1046
su 110
   Benutzeridentitäten 110
Subnetzmasken 402
Subversion 361, 367
   Dateiänderungen -
      anzeigen 369
   Repository einrichten 367
   svnserve 367
   Windows-GUI 369
sudo
   eingeschränkter su 111
Sun 666
   Automounter 666
Superuser 107
Supportabteilung 1204
SUSE 332, 339, 349, 696
   AutoYaST 339
   Besonderheiten 696

BIND 645
getty 1115, 1117
gettydefs 1118
Installation 332
Installer 339
Paketverwaltungssystem
   345, 349
PXE 334
setserial 1113
Startskripte 98
über das Netzwerk
   booten 334
virtuelle Schnittstellen 963
xinetd 682
svnserve 367
Switches 495
Symbolische Links 152
Syslog 303, 314, 321
   Architektur 315
   debuggen 325
   Konfiguration 316
   Nutzung 324
Systemadministrator 73
   Aufgaben 70
Systemadministratoren-
   syndrom 74
Systemaufrufe
   fcntl 651
   flock 651
   lockf 651
Systemdateien
   verwalten 673
Systemereignis-
   protokollierung 314
Systemleistung 1055
Systemüberwachung 72

T
tar 276
TCP/IP-Netzwerke 389
tcpdump 856, 870, 872
telinit 103
telnet 953
Temperatur-
   überwachung 1046
Template Tree 2 377
Ticketsysteme 1215
Tools
   cfengine 376
   gimp 380
   Implementierungs-
      tools 382
   Konfiguration der
      Verwaltung 375
   LCFG 377
top 132
Top-Level-Domains 522
   registrieren 525
traceroute 856, 859, 860

Stichwortverzeichnis

Transportagent *710, 712*
Treiber *1131, 1133*
   Geräte erkennen *1146*
   Gerätedateien *1133, 1134*
   Gerätedateien
      erstellen *1135*
   Gerätenummern *1134*
   Gerätetreiber *1133*
   ladbare Treiber *1147*
   Linux-Gerätetreiber
      hinzufügen *1144*
   Namenskonventionen für
      Geräte *1136*
   Snarf *1145, 1146*
   sysfs *1135*
   virtuelle Geräte *1134*
TUX *961*

U
Ubuntu *332, 340, 341, 354, 691, 697*
   BIND *644*
   Drucksoftware *1023*
   getty *1115, 1117*
   inetd *1159*
   Installation *332*
   Installer *340*
   Mirrors *354*
   Network Information
      Service *697*
   nscd *676*
   Paketverwaltungs-
      system *345*
   PXE *334*
   rsync *682*
   setserial *1113*
   Startskripte *100*
   über das Netzwerk
      booten *334*
   virtuelle Schnittstellen *963*
UID *119*
   Nummer *173*
umask *160*
Umkonfiguration *441*
umount *662*
Universal Serial Bus siehe USB
UNIX
   Freigaben *674*
   Grundlagen *55*
   Kernel *1133*
   Network Information
      Service *684*
   NFS *649*
Urheberrecht *1233*
URL *952*
USB *260, 1127, 1128*
   Eigenschaften *1128*
   Geräte *1129*
   LAN-Verbindungen *1128*
   Laufwerke *236*
UTP *507*
   Kabel *491*

V
Verbindungsstatus-
   protokolle *473*
Verkabelungsstandards *508*
Verschlüsselung *1232*
Verwalten
   Systemdateien *673*
Verwaltung
   Netzwerke *512*
Verwaltungstools *62*
Verzeichnisse *149*
Virtual Network Connecting
   siehe VNC
VMware *1078*
VNC *1076*
   RealVNC *1077*
   TightVNC *1077*
   Ultr@VNC *1077*
VPNs *446*
VXA/VXA-X *262*

W
WAN *488*
Wartung *1037*
   Wartungsverträge *1038*
   Werkzeuge *1048*
Webhosting
   anonymer FTP-Server *971*
   CGI-Skripte *954*
   Grundlagen *951*
   Inhaltserstellung *954*
   Konfiguration virtueller
      Schnittstellen *963*
   namensbasierte virtuelle
      Hosts *962*
   optimieren *961*
   Protokolldateien *961*
   Proxyserver *968*
   SSL *965*
   statische Inhalte *961*
   Trefferzahl *955*
   URL *952*
   virtuelle Schnittstellen *962*
   Webserver *957*
   Zertifikate *966*
   Zwischenspeicherung *968*
Webserver
   Apache *958*
   Auswahl *957*
   httpd *960*
   Installation *957*
   Lastausgleich *955*
   Protokolldateien *961*
   Proxy *968*
   Skriptsprachen *954*
   TUX *961*
Wechselfestplatten *260*
Werkzeuge *1048*
wget *683*
Wiederherstellung
   Aktualisierungen *275*
   Dateisysteme *273*
   einzelne Dateien *271*
   jobs *293*
Wiederherstellungsjob *293*
Windows
   an Linux-System
      anmelden *1073*
   CIFS *1081*
   DNS *1086*
   Kommandozeilenwerk-
      zeuge *1080*
   Kompatibilität mit
      E-Mail-Standards
      1081
   Kompatibilität mit
      Webstandards *1081*
   Kooperation *1073*
   MindTerm *1074*
   NetBIOS *1081, 1086*
   PuTTY *1074*
   Remote Desktop
      Protocol *1077*
   Samba *1081*
   UNIX-on-Windows *1074*
   VNC (Virtual Network
      Connecting) *1076*
   Wine *1078*
   X-Server ausführen *1075*
Wine *1079*
Wireshark *856*

X
X Window *977, 981*
   Ausfall des X-Server *994*
   Clientauthentifizierung
      982
   Cookies, magische *983*
   Debugging *993*
   Desktopumgebung *996*
   Device-Abschnitte *988*
   DISPLAY *981, 983*
   Fehlerbehebung *993*
   GNOME *997, 998*
   KDE *997, 998*
   Monitor-Abschnitte *988*
   PAM *979*
   Remote-Desktops *1074*
   Screen-Abschnitte *989*
   ServerLayout-
      Abschnitte *992*

Sicherheit *981*, *984*
SSH *984*, *985*
Tastaturkürzel für X *993*
Wine *1078*
X-Anwendung
 ausführen *980*
X-Anzeige *992*
X-Anzeigemanager *979*
X-Client/Server-
 Modell *978*
X-Server *978*, *979*, *990*,
 991, *992*
X-Server
 konfigurieren *986*
X-Verbindungen
 weiterleiten *984*

X-Server
 X-Client/Server-
  Modell *996*
XFS *205*
xinetd
 Fedora *682*
 Parameter *1157*
 Red Hat *682*
 SUSE *682*

Y
Yellowdog Updater
 Modified *358*
Yost *1107*
ypinit *693*
ypserv *693*

yum *346*, *358*
 yum update *359*

Z
Zeichengerätedateien *150*
Zeitmanagement *1209*
Zeitplanpriorität *128*
Zertifizierungsstelle *966*
Zonendateien
 aktualisieren *605*
 dynamische
  Aktualisierungen *607*
Zugriffsagent *710*, *714*
Zugriffssteuerungslisten *162*
Zustellungsagent *710*, *712*